De belangrijkste Prisma woordenboeken:

miniwoordenboeken
- voor cursus en vakantie
- in klein formaat
- in 24 talen, waaronder Turks, Fries, Afrikaans, Arabisch en Fins

basisonderwijs woordenboeken
- voor beginnende taalleerders, de basisschool, lagere school
- glasheldere uitleg en voorbeelden
- met illustraties
- Nederlands (verklarend), Frans en Engels

vmbo woordenboeken
- voor de beginnende woordenboekgebruiker
- aansluitend bij het vmbo/mbo, bso/tso en de onderbouw havo/vwo, onderbouw tso/aso
- actuele informatie over de hedendaagse basiswoordenschat
- zeer toegankelijk, veel voorbeeldzinnen
- Nederlands (verklarend), Engels

pocketwoordenboeken
- voor de middelbare scholier
- elk jaar bijgewerkt
- overzichtelijk: trefwoorden en tabs in kleur
- het pocketwoordenboek met de meeste trefwoorden
- Nederlands (verklarend), Engels, Frans, Duits, Spaans, Italiaans en Fries

handwoordenboeken
- voor bovenbouw havo/vwo, bovenbouw tso/aso, studie en beroep
- gebonden, duurzame uitvoering
- veel voorbeeldzinnen en uitdrukkingen, kaderteksten met weetjes
- Nederlands (verklarend), Engels, Frans en Duits

PRISMA POCKETWOORDENBOEK

Engels
Nederlands

drs. M.E. Pieterse-van Baars

prisma

Prisma maakt deel uit van Uitgeverij Unieboek | Het Spectrum bv
Postbus 97
3990 DB Houten

Pocketwoordenboek Engels - Nederlands

Oorspronkelijke auteurs: drs. F.J.J. van Baars en drs. J.G.J.A. van der Schoot
Bewerking: drs. M.H.M. Schrama, P. Gargano MEd., dr. F. Veldman, drs. J.L. Bol, drs. M.L. Albers, drs. R.E.H. Mitchell-Schuitevoerder MA
Omslagontwerp: Raak Grafisch Ontwerp
Typografie: M. Gerritse

ISBN 978 90 491 00 69   8
ISBN met cd-rom 978 90 491 0070 4
NUR 627
42ste druk

www.prisma.nl
www.prismawoordenboeken.be
www.unieboekspectrum.nl

Een taal leer je samen met Prisma

Een breed aanbod
De Prisma pocketwoordenboeken worden al meer dan 50 jaar aanbevolen
door docenten in het middelbaar onderwijs. Voor het basisonderwijs en voor
het vmbo heeft Prisma aparte woordenboeken ontwikkeld, zeer toegankelijk
en speciaal afgestemd op die twee onderwijsniveaus. Voor studie en beroep is
er de reeks dikke Prisma handwoordenboeken, met twee delen in één band
zodat je alle informatie over een taal handig bij elkaar hebt. En voor een
buitenlandse reis is een praktisch klein boekje uit de uitgebreide reeks Prisma
miniwoordenboeken de beste keuze.

Dit woordenboek
In dit woordenboek vind je tienduizenden trefwoorden op alle gebieden, met
duizenden voorbeeldzinnen om ze op de juiste manier te gebruiken. De Prisma
pocketwoordenboeken worden voortdurend actueel gehouden door een
netwerk van bewerkers. Dit woordenboek is helder geformuleerd en
overzichtelijk ingedeeld, zodat je snel kunt vinden wat je zoekt.

Prisma online
Met een Prisma online abonnement kun je overal inloggen en heb je altijd snel
toegang tot de (ver)taalinformatie die je nodig hebt. Neem een abonnement op
www.prisma.nl of www.prismawoordenboeken.be. Heb je belangstelling voor
een proefabonnement, ga dan naar www.prisma.nl/proefabonnement/2010.

Woordenboeken, taaltrainingen en taalbeheersing
Prisma is gespecialiseerd in uitgaven voor gebruik bij het leren van een taal.
Om helderheid te brengen in het aanbod zijn de uitgaven onderverdeeld in
drie hoofdgroepen: *Woordenboeken*, *Taaltrainingen* en uitgaven op het gebied
van *Taalbeheersing*. Aan de kleur in de bovenbalk van het omslag is te zien om
wat voor soort uitgave het gaat: woordenboeken zijn geel/oranje,
taaltrainingen groen en uitgaven op het gebied van taalbeheersing blauw.
De lichtste tint: eenvoudig van inhoud. De donkerste tint: het hoogste niveau.

Gebruiksaanwijzing

In dit woordenboek vind je veel **woorden met hun vertaling**. Soms heeft een trefwoord meerdere vertalingen. *Jam* kan bijvoorbeeld 'opstopping' betekenen, maar ook 'marmelade' of 'storing'. *Cure* kan een zelfstandig naamwoord zijn, maar ook een werkwoord. Daarom geven we **extra informatie** als dat nodig is, bijvoorbeeld over de betekenis of over de grammatica. We geven ook voorbeelden hoe woorden voorkomen in combinatie met andere woorden. Hieronder beschrijven we kort wat je kunt aantreffen.

Alle **trefwoorden** drukken we vet en blauw. Varianten erop en verwijzingen ernaar ook.

De **uitspraak** van de trefwoorden geven we weer in fonetisch schrift, tussen vierkante haken. Van de samengestelde trefwoorden (met een koppelteken of een spatie) is de uitspraak te vinden onder de afzonderlijke delen.Van afkortingen geven we alleen de uitspraak als die anders is dan de losse letters. Een verklaring van de uitspraaktekens staat op pagina 11.

Als een trefwoord meerdere **woordsoorten** heeft, geven we dat aan met blauwe Romeinse cijfers. Zoek je bijvoorbeeld de vertaling van *play*, dan vind je eerst (**I**) het werkwoord en een paar regels daarna (**II**) het zelfstandig naamwoord.

Als een trefwoord meerdere **betekenissen** heeft, dan staan daar blauwe bolletjes voor met daarin het nummer van de betekenis. Zoek je dus naar de vertaling van *glow*, dan kom je achter elk blauw bolletje een nieuwe vertaling tegen (*zn* ❶ gloed ❷ blos ❸ warm gevoel). Als twee vertalingen ongeveer hetzelfde betekenen, staat er geen bolletje, maar een komma tussen. Bij *goof* staat bijvoorbeeld 'sufferd, kluns'.
Engelse werkwoorden komen vaak voor in vaste combinatie met een **voorzetsel**, bijvoorbeeld *take off*. Deze krijgen ook een bolletje ervóór en zijn blauw gedrukt, zodat je ze snel vindt.

Bij een trefwoord vind je ook vaak **voorbeeldzinnen**. Deze laten zien hoe je het woord in combinatie met andere woorden kunt tegenkomen, bijvoorbeeld bij *sale* ('for sale': te koop) of *name* ('Christian name': voornaam). Soms betekent de combinatie iets heel anders dan de woorden los, bijvoorbeeld 'hit the roof': barsten van woede (en niet 'het dak slaan').

Extra informatie over de betekenis van een woord geven we met **labels**: muz betekent dat het woord te maken heeft met muziek, min betekent dat het woord een minachtende lading heeft. Ook tussen geknikte **haakjes** vind je soms extra informatie, die je helpt de juiste vertaling te kiezen, bijvoorbeeld dat een vertaling alléén gebruikt wordt ⟨bij rugby⟩.

Op **pagina 10** kun je zien hoe dit alles er in het boek uitziet.

Extra tips

★ Als je op zoek bent naar de vertaling van een uitdrukking of idioom, kijk dan eerst bij het **eerste zelfstandig naamwoord** dat daarin voorkomt. 'stand in line' vind je bij *line*, niet bij *stand* of *in*. Staan er meerdere zelfstandige naamwoorden in de zin, kijk dan ook eerst bij het eerste: 'race against time' vind je bij het trefwoord *race*, niet bij *time*.
Als je de gezochte vertaling niet bij het eerste zelfstandig naamwoord vindt, kijk dan bij het tweede, enzovoort.

★ Veel combinaties van woorden met **voorzetsels** (*at, by, for, through, with*) vind je bij de (werk)woorden waar ze vaak bij voorkomen: 'pull about' vind je bij *pull*, niet bij *about*; 'be in labour' vind je bij *labour*, niet bij *be* of *in*.

★ Zoek bij de **hele vorm** van het woord, niet bij de vervoeging of verbuiging: 'walked' vind je dus bij *walk*; 'stations' vind je bij *station*. Bij onregelmatige vervoegingen en verbuigingen vind je een verwijzing naar het juiste woord, bijvoorbeeld van *knew* naar *know*, van *mice* naar *mouse*.

★ Een aantal woorden kun je op meerdere manieren uitspreken. *Lead* (uitgesproken met ie-klank) betekent onder meer 'leiden' en *lead* (uitgesproken met è-klank) onder meer 'lood'. Deze woorden staan in het boek als afzonderlijke trefwoorden:
    lead[1] [liːd] [...]
    lead[2] [led] [...]
Hetzelfde geldt voor woorden met meerdere klemtonen:
    defect[1] [ˈdiːfekt/drˈfekt] [...]
    defect[2] [drˈfekt] [...]

★ Als je iets in het woordenboek niet begrijpt, zoek dan in de lijsten met **bijzondere tekens** en **afkortingen** hierna. Als die geen uitkomst bieden, mail ons dan: redactie@prisma.nl.

Beknopte grammatica

Achter in dit woordenboek vind je een beknopte grammatica van het Engels.

Bijzondere tekens

Voorbeelden van het gebruik van onderstaande tekens worden gegeven op pagina 10.

I, II enz. Als een trefwoord meerdere woordsoorten heeft (bv. overgankelijk én onovergankelijk werkwoord), worden deze voorafgegaan door blauw gedrukte romeinse cijfers.

❷ Als een trefwoord meerdere betekenissen heeft, worden deze voorafgegaan door een blauw bolletje met het nummer van de betekenis erin. Ook vaste combinaties van het trefwoord met een voorzetsel worden gezien als een aparte betekenis.

★ Na een blauwe ster volgt een voorbeeldzin.

▼ Na een blauw omgekeerd driehoekje volgt een voorbeeldzin die minder letterlijk, meer idiomatisch is.

[...] Tussen rechte haken staat uitspraakinformatie. Voor een verklaring van de tekens zie pagina 11.

[...] Tussen rechte haken staat extra grammaticale informatie.

⟨...⟩ Tussen geknikte haken staat extra uitleg over de betekenis of de vertaling daarvan.

~ Een tilde vervangt vaak het trefwoord in voorbeeldzinnen en zegswijzen.

/ Een schuine streep scheidt woorden die onderling verwisselbaar zijn.

≈ Een equivalentieteken geeft aan dat de vertaling een benadering is van het vertaalde. Een exactere vertaling is in dat geval niet te geven.

→ Een pijl verwijst voor meer informatie naar het erop volgende trefwoord.

Lijst van gebruikte afkortingen

aanw vnw	aanwijzend voornaamwoord
aardk	aardrijkskunde
admin	administratie
afk	afkorting
agrar	agrarisch, landbouw
anat	menselijke anatomie
Angl	Anglicaans
Aus	Australisch Engels, Australië
auto	auto's en motoren
audio-vis	audiovisueel
betr vnw	betrekkelijk voornaamwoord
bez vnw	bezittelijk voornaamwoord
bijw	bijwoord
biol	biologie, milieu
BN	Belgisch Nederlands
bnw	bijvoeglijk naamwoord
bouw	bouwkunde, architectuur
chem	chemie
comm	communicatie, voorlichting, reclame
comp	computer
cul	culinaria, voeding
deelw.	deelwoord
dial	dialect
dierk	dierkunde
drukk	drukkerij- en uitgeverijwezen
econ	economie
elek	elektronica
euf	eufemistisch
ev	enkelvoud
fig	figuurlijk
filos	filosofie
form	formeel
GB	vooral Brits-Engels, Groot-Brittannië
geo	geografie
gesch	geschiedenis
gmv	geen meervoud
her	heraldiek
humor	humoristisch
hww	hulpwerkwoord
id.	(verbuiging) identiek
iem.	iemand
infin.	infinitief
inform	informeel
iron	ironisch
IT	informatietechnologie
jeugdt	jeugdtaal
jur	juridisch, recht
kunst	beeldende kunst
kww	koppelwerkwoord
landb	landbouw
lett	letterlijk
lit	literatuur, letterkunde
luchtv	luchtvaart
lw	lidwoord
m	mannelijk
med	medisch, geneeskunde
media	media: televisie, radio, tijdschriften
meetk	meetkunde
mil	militair
min	minachtend, afkeurend
muz	muziek
mv	meervoud

myth	mythologie
natk	natuurkunde
NZ	vooral Nieuw-Zeelands, Nieuw-Zeeland
o	onzijdig
omschr	omschrijvend
onb telw	onbepaald telwoord
onb vnw	onbepaald voornaamwoord
onderw	onderwijs en wetenschappen
onov	onovergankelijk (zonder object)
onp	onpersoonlijk
onr.	onregelmatig
onv	onvervoegbaar
o.s.	oneself
o.t.t.	onvoltooid tegenwoordige tijd
oud	ouderwets
ov	overgankelijk (met object)
o.v.t.	onvoltooid verleden tijd
p.	persoon
pers vnw	persoonlijk voornaamwoord
plantk	plantkunde
plat	plat, ordinair
pol	politiek
psych	psychologie
reg	regionaal
rel	religie
samentr.	samentrekking
sb	somebody
scheepv	scheepvaart
scheik	scheikunde
sport	sport, lichamelijke oefening
sterrenk	sterrenkunde
sth	something
taalk	taalkunde
techn	techniek, mechanica
teg.	tegenwoordig
telw	telwoord
ton	toneel, theater
tw	tussenwerpsel
typ	typografie
uitr vnw	uitroepend voornaamwoord
USA	vooral Amerikaans Engels, Verenigde Staten
v	vrouwelijk
v.	van
v.d.	van de
v.e.	van een
v.h.	van het
viss	visserij
voetb	voetbal
volt.	voltooid
voorv.	voorvoegsel
vr vnw	vragend voornaamwoord
vulg	vulgair
vw	voegwoord
vz	voorzetsel
wisk	wiskunde
wkd vnw	wederkerend voornaamwoord
wkg vnw	wederkerig voornaamwoord
ww	werkwoord
www	internet
z.	zich
zn	zelfstandig naamwoord

liberal ['lɪbərəl] **I** zn liberaal **II** bnw ❶ liberaal
❷ overvloedig, royaal ★ ~ of royaal met
❸ ruimdenkend, onbevooroordeeld ★ ~ arts
vrije kunsten, alfawetenschappen (in de VS) ★ ~
education brede ontwikkeling

trefwoorden en eventuele varianten zijn vet gedrukt

liberalism ['lɪbərəlɪzəm] zn liberalisme

uitspraakweergave staat tussen rechte haken

libertine ['lɪbəti:n] **I** zn vrijdenker, losbol **II** bnw
vrijdenkend, losbandig

romeinse cijfers gaan vooraf aan een nieuwe woordsoort

liberty ['lɪbətɪ] zn vrijheid ★ be at ~ vrij / onbezet
zijn ★ set at ~ in vrijheid stellen ★ liberties [mv]
rechten, privileges ★ take liberties zich
(ongepaste) vrijheden (met iemand) veroorloven

tussen rechte haken wordt extra grammaticale informatie gegeven

Liberty Hall zn fig een vrijgevochten bende
librate [lar'breɪt] onov ww ❶ zich in evenwicht
houden ❷ schommelen, trillen

cijfers in blauwe bolletjes gaan vooraf aan de verschillende betekenissen van een trefwoord

Libyan ['lɪbɪən] **I** zn Libiër **II** bnw Libisch

pijltjes verwijzen naar een ander trefwoord

lice [laɪs] zn mv → louse

licence ['laɪsəns], USA **license** zn ❶ verlof,
vergunning, licentie (vnl. om drank te
verkopen), vrijheid, losbandigheid ★ artistic ~
artistieke vrijheid ❷ diploma, (rij)bewijs, brevet

woordsoorten zijn cursief gedrukt

license plate zn USA nummerbord
lid [lɪd] zn ❶ deksel ★ blow / take the lid off de
waarheid aan het licht brengen ★ keep a / the
lid on geheimhouden ★ that puts the lid on it dat
doet de deur dicht ★ with the lid off
onverbloemd, open en bloot, in volle glorie
▼ inform flip your lid over de rooie raken
❷ ooglid ★ without batting an eye(lid) zonder
een spier te vertrekken ❸ USA drankverbod

omgekeerde blauwe driehoekjes gaan vooraf aan voorbeeldzinnen die minder letterlijk en meer uitdrukking zijn

onderstreepte labels geven extra informatie over stijl, herkomst of vakgebied

life raft zn reddingsboot / -vlot
life sentence zn levenslange gevangenisstraf
life vest zn USA reddingsvest
lifetime ['laɪftaɪm] zn mensenleven, levensduur
★ a ~ career een beroep voor het leven ★ the
chance of a ~ de kans van je leven

tildes vervangen de vorm van het trefwoord

life-size ['laɪfsaɪz], **life-sized** ['laɪfsaɪzd] bnw
levensgroot
lift [lɪft] **I** ov ww ❶ verheffen, opslaan (van ogen),
omhoog steken ★ lift up one's horn eerzuchtig of
trots zijn ❷ opheffen, hijsen ★ lift sb down iem.
van de wagen aftillen / uit de auto helpen ★ lift
a hand een hand uitsteken (om iets te doen)
★ lift one's hand een eed afleggen ★ lift up one's
heel schoppen ★ lifting power hefvermogen,
trappen ❸ inpikken, stelen, wegvoeren (van
vee) ❹ rooien (van aardappelen) **II** onov ww
❶ omhoog getild worden, zich verheffen,
kromtrekken (van vloer) ❷ wegtrekken,
optrekken (van mist) ❸ ~ off opstijgen (van
vliegtuig) **III** zn ❶ GB lift ❷ (terrein)verhoging
❸ opwaartse druk, stijgkracht (van
vliegtuigvleugel) ❹ het (iemand laten)
meerijden ★ give sb a lift iem. een lift geven

schuine strepen staan tussen uitwisselbare varianten

tussen geknikte haken wordt extra informatie gegeven

blauwe sterretjes gaan vooraf aan voorbeeldzinnen

loaf [ləʊf] **I** zn [mv: loaves] brood ★ French loaf
stokbrood ★ fig half a loaf is better than no bread
een half ei is beter dan een lege dop ★ straatt
use your loaf! gebruik je hersens! **II** ov ww
rondslenteren, lummelen ★ loaf away one's time
z'n tijd verlummelen
liquorice ['lɪkərɪs] zn zoethout drop ★ ~ allsorts ≈
Engelse drop

een equivalentieteken geeft aan dat de volgende vertaling een benadering is

Uitspraak

ɑː	als a	in father [ˈfɑːðə]
æ	als a	in man [mæn]
aɪ	als i	in time [taɪm]
aɪə	als ire	in fire [ˈfaɪə]
aʊ	als ou	in house [haʊs]
aʊə	als our	in sour [ˈsaʊə]
ɑ̃	als an	in seance [ˈseɪɑ̃s]
ʌ	als u	in cup [kʌp]
b	als b	in but [bʌt]
d	als d	in day [deɪ]
e	als e	in bed [bed]
eə	als ai	in fair [feə]
eɪ	als ay	in day [deɪ]
ɜː	als er	in service [ˈsɜːvɪs]
ə	als a	in ago, villa [əˈgəʊ], [vɪlə]
f	als f	in father [ˈfɑːðə]
g	als g	in gun [gʌn]
h	als h	in hat [hæt]
iː	als ee	in three [θriː]
ɪ	als i	in it [ɪt]
ɪə	als ear	in near [nɪə]
j	als y	in you [juː]
k	als c	in come [kʌm]
l	als l	in late, mile [leɪt], [maɪl]
m	als m	in man [mæn]
n	als n	in no [nəʊ]
ŋ	als ng	in song [sɒŋ]
əʊ	als o	in so [səʊ]
ɔː	als or	in sport [spɔːt]
ɒ	als o	in not [nɒt]
ɔɪ	als oy	in boy [bɔɪ]
p	als p	in park [pɑːk]
r	als r	in right [raɪt]
s	als s	in song [sɒŋ]
ʃ	als sh	in fish [fɪʃ]
t	als t	in take [teɪk]
θ	als th	in thing [θɪŋ]
ð	als th	in the [ðɪ]
uː	als oe	in shoe [ʃuː]
ʊ	als oo	in good [gʊd]
ʊə	als oor	in boor [ˈbʊə]
v	als v	in very [ˈverɪ]
w	als w	in way [weɪ]
x	als ch	in het Nederlands toch, Schots loch [lɒx]
z	als z	in zero [ˈzɪərəʊ]
ʒ	als s	in measure [ˈmeʒə]

ˈ betekent dat de volgende lettergreep beklemtoond is
ː betekent dat de klank lang is

A

a [ə, eɪ] I *zn, letter* a ★ *A as in Abel* de a van Anton II *lw* ❶ een ❷ een zekere ★ *twice a day* twee keer per dag ★ *a Mr Hobbs* een zekere meneer Hobbs III *afk, acre / ampere / answer*

a- [eɪ] *voorv* a-, on-, niet ★ *amoral* amoreel ★ *atypical* atypisch

A [eɪ] I *zn* ❶ muz A ❷ onderw ≈ 80 - 100% ⟨schoolcijfer⟩ ★ *he needs A grades for Oxford University* hij heeft hoge cijfers nodig voor de universiteit van Oxford ★ *A1* eersteklas, inform geweldig II *afk, Advanced (levels)* VWO examen ★ *she needs three A levels to go to university* ze moet in drie vakken eindexamen doen om naar de universiteit te kunnen

AA *afk* ❶ GB *Automobile Association* ≈ ANWB ❷ *Alcoholics Anonymous* Anonieme Alcoholisten ★ *AA road service* ≈ Wegenwacht

abandon [ə'bændən] I *ov ww* ❶ in de steek laten, verlaten ❷ sport afgelasten ❸ opgeven ⟨van hoop / poging enz.⟩ ❹ ~ **to** overgeven aan ★ *he ~ed himself to his fate* hij gaf zich aan zijn lot over II *zn* losheid, ongedwongenheid, overgave ★ *do sth with* ~ iets met overgave doen

abandoned [ə'bændənd] *bnw* ❶ verlaten ❷ losbandig, verdorven ❸ ongeremd, uitbundig

abashed [ə'bæʃt] *ov ww* verlegen, beschaamd

abate [ə'beɪt] I *ov ww* ❶ verlagen ⟨van prijs⟩ ❷ doen afnemen, verminderen II *onov ww* afnemen, minder worden ★ *the wind ~d* de wind nam af

abattoir ['æbətwɑ:] *zn* abattoir, slachthuis

abbey ['æbɪ] *zn* abdij(kerk)

abbot ['æbət] *zn* abt

abbr. *afk* ❶ *abbreviation* afk., afkorting ❷ *abbreviated* afgekort

abbreviate [ə'bri:vɪeɪt] *ov ww* af- / be- / verkorten

abbreviation [əbri:vɪ'eɪʃən] *zn* afkorting ★ *W is an* ~ *for west* W is een afkorting voor west

ABC [eɪbi:'si:] *afk* abc ▼ *(as) easy as ABC* kinderlijk eenvoudig

abdicate ['æbdɪkeɪt] I *ov ww* ❶ afstand doen ⟨van de troon⟩ ❷ afschuiven ★ ~ *(from) the throne* afstand doen van de troon ★ ~ *all responsibilities* alle verantwoordelijkheid afstoten / afschuiven II *onov ww* aftreden

abdication [æbdɪ'keɪʃən] *zn* (het) aftreden, troonsafstand

abdomen ['æbdəmən] *zn* ❶ anat onderbuik ❷ achterlijf ⟨van insect⟩

abdominal [æb'dɒmɪnl] I *bnw* anat buik-, onderbuik- II *zn* mv buikspieren

abduct [əb'dʌkt] *ov ww* ontvoeren

abduction [æb'dʌkʃən] *zn* ontvoering

abet [ə'bet] *ov ww* (mee)helpen (aan iets slechts) ★ jur *accused of aiding and abetting* beschuldigd van medeplichtigheid

abeyance [ə'beɪəns] *zn* form latent, hangende, onbeslist ★ *hold in* ~ in afwachting van

abhor [əb'hɔ:] *ov ww* form verafschuwen, walgen van

abhorrence [əb'hɒrəns] *zn* form afschuw (**of** van)

abide [ə'baɪd] [onregelmatig] I *ov ww* form verdragen, dulden ★ *I cannot* ~ *him* ik kan hem niet uitstaan II *onov ww* ❶ form blijven ❷ ~ **by** trouw blijven aan ❸ zich schikken naar, zich houden aan ⟨de regel⟩

ability [ə'bɪlətɪ] *zn* ❶ vermogen, bevoegdheid ❷ talent, bekwaamheid ★ *to the best of one's* ~ naar beste kunnen

abject ['æbdʒekt] *bnw* ❶ rampzalig ❷ verachtelijk ★ ~ *misery* diepe ellende ★ ~ *poverty* bittere armoede

ablaze [ə'bleɪz] *bijw* ❶ in lichterlaaie ★ *set* ~ in vuur en vlam zetten ❷ schitterend, stralend ★ ~ *with colour* schitterende kleuren ★ fig ~ *with excitement* gloeiend van opwinding

able ['eɪbl] *bnw* ❶ bekwaam, kundig ❷ ★ *be able to* in staat zijn om, kunnen ★ *I'm perfectly able to manage myself* ik kan het heel goed zelf af

ably ['eɪblɪ] *bijw* → able

abnormal [æb'nɔ:ml] *bnw* ❶ abnormaal, afwijkend ❷ uitzonderlijk

aboard [ə'bɔ:d] I *vz* aan boord van ⟨schip, vliegtuig, trein, bus⟩ II *bijw* aan boord ★ *all* ~*!* iedereen instappen!

abode [ə'bəʊd] I *zn* form verblijf, woonplaats ★ *of / with no fixed* ~ zonder vaste woon- of verblijfplaats II *ww* [verleden tijd + volt. deelw.] → abide

abolish [ə'bɒlɪʃ] *ov ww* afschaffen

abolition [æbə'lɪʃən] *zn* afschaffing

abolitionist [æbə'lɪʃənɪst] *zn* voorstander v. afschaffing ⟨van wet, systeem, slavernij enz.⟩

abominable [ə'bɒmɪnəbl] *bnw* afschuwelijk

abominate [ə'bɒmɪneɪt] *ov ww* verafschuwen

abomination [əbɒmɪ'neɪʃən] *zn* gruwel, afschuw ★ *what an* ~ *these flats are!* wat zijn die flats oerlelijk!

aboriginal [æbə'rɪdʒɪnl] I *zn* oorspronkelijke bewoner ⟨van Australië⟩ II *bnw* oorspronkelijk, inheems, autochtoon

aborigine [æbə'rɪdʒəni:] *zn* oorspronkelijke bewoner van Australië

abort [ə'bɔ:t] I *ov ww* ❶ aborteren ❷ comp luchtv (voortijdig) afbreken, stoppen ★ *the plane's descent was ~ed* de daling van het vliegtuig werd voortijdig afgebroken ❸ doen mislukken II *onov ww* ❶ voortijdig bevallen, een miskraam hebben ❷ mislukken

abortion [ə'bɔ:ʃən] *zn* ❶ abortus ❷ miskraam ❸ mislukking

abortive [ə'bɔ:tɪv] *bnw* mislukt ★ *an* ~ *attempt* een mislukte poging ★ *prove* ~ verkeerd uitvallen, falen

abound [ə'baʊnd] *onov ww* ❶ overvloedig aanwezig zijn ❷ ~ **in/with** rijk zijn aan, wemelen van

about [ə'baʊt] I *bijw* ❶ om, in omloop ★ *there is a lot of measles* ~ er gaat veel mazelen rond ❷ ongeveer, bijna ★ *it's* ~ *20 miles* het is ongeveer 20 mijl ★ *that's* ~ *all / it* dat is het zo'n beetje ❸ aanwezig, in de buurt ★ *there is nobody* ~ er is niemand aanwezig ❹ andersom, omgekeerd ★ *turn it* ~ draai het om II *vz* ❶ over, betreffende ★ *there's sth strange* ~ *it* er is iets vreemds mee / aan ★ *can you do sth* ~ *it?* kun je er iets aan doen? ❷ om.....heen, rondom,

ab

in de buurt van ★ *I haven't any money ~ me* ik heb helemaal geen geld bij me ❸ omstreeks, ongeveer ★ *be ~ to* op het punt staan om ★ *not be ~ to* niet van plan zijn om

about-face, about-turn *zn* ook fig totale ommekeer, ommezwaai, rechtsomkeert

above [əˈbʌv] **I** *vz* ❶ boven ★ *~ all* vooral, bovenal ❷ verheven boven ★ *~ yourself* verwaand ❸ hoger dan, meer dan ★ *not be ~* je niet te goed voelen voor, in staat zijn om ❹ harder dan ⟨van geluid⟩ **II** *bijw* ❶ boven ❷ meer dan ❸ hierboven ★ *imposed from ~* van hogerhand opgelegd **III** *bnw* bovengenoemd, bovenstaand, hierboven ★ *the examples ~* de bovenstaande voorbeelden **IV** *zn* bovengenoemde(n), bovenstaande(n) ★ form *the ~* het bovenstaande

abrasion [əˈbreɪʒən] zn schaafwond

abrasive [əˈbreɪsɪv] **I** *zn* schuurmiddel, slijpmiddel **II** *bnw* krassend, schurend, ruw, fig scherp ★ *his words were ~* zijn woorden waren scherp

abreast [əˈbrest] *bijw* naast elkaar ★ *three ~* drie naast elkaar ★ *keep ~ of* op de hoogte blijven van, gelijke tred houden met

abridge [əˈbrɪdʒ] *ov ww* in- / verkorten

abroad [əˈbrɔːd] *bijw* in / naar het buitenland ★ *we usually go ~ for our holidays* we gaan meestal naar het buitenland op vakantie

abrupt [əˈbrʌpt] *bnw* ❶ abrupt, plotseling ❷ kortaf, bruusk

abscess [ˈæbses] *zn* abces, ettergezwel

abscond [əbˈskɒnd] *onov ww* stil er tussenuit trekken, zich aan het gerecht onttrekken ★ *twenty prisoners ~ed* twintig gevangenen ontsnapten

abseil [ˈæbseɪl] *ww* sport abseilen

absence [ˈæbsəns] *zn* afwezigheid, absentie ★ *~ of* afwezigheid van, gebrek aan ★ *take over in the ~ of the teacher* overnemen bij afwezigheid van de docent

absent[1] [ˈæbsənt] *bnw* afwezig ★ *~ with apologies* afwezig met kennisgeving ★ *~ colleague* afwezige collega

absent[2] [æbˈsent] *wkd ww* ★ *~ o.s.* zich verwijderen, niet gaan

absentee [æbsənˈtiː] *zn* ❶ afwezige ❷ iemand die niet in zijn land of huis verblijft ★ *~ landlord* verhuurder die elders woont

absenteeism [æbsənˈtiːɪzəm] *zn* werk- / schoolverzuim

absent-minded [æbsəntˈmaɪndɪd] *bnw* verstrooid, afwezig

absolute [ˈæbsəluːt] *bnw* ❶ absoluut, geheel ★ muz *~ pitch* absoluut gehoor ❷ volkomen, onbetwistbaar, onvoorwaardelijk ★ *I ~ly agree!* ik ben het volkomen met je eens! ❸ onbeperkt ⟨vnl. pol.⟩ ★ *~ power* absolute macht

absolutely [æbsəˈluːtlɪ] *bijw* → **absolute**

absolve [əbˈzɒlv] *ov ww* ❶ de absolutie geven, vergeven ❷ *~ from/of* vrijspreken van

absorb [əbˈzɔːb] *ov ww* ❶ absorberen, in zich opnemen, opslorpen ❷ fig geheel in beslag nemen ★ *~ed in thought* in gedachten verzonken

absorbent [əbˈzɔːbənt] *bnw* absorberend ★ USA *~ cotton* verbandwatten

absorbing *bnw* boeiend

absorption [əbˈzɔːpʃən] *zn* ❶ absorptie(vermogen) ❷ fig (het) opgaan (in)

abstain [əbˈsteɪn] *onov ww* ~ **from** afzien van, zich onthouden van ⟨alcohol, seks of stemmen⟩ ★ *she ~ed* ze dronk niet ★ *ten voted in favour, four ~ed* tien stemden voor, vier onthielden zich van stemmen

abstention [əbˈstenʃən] *zn* onthouding ⟨van alcohol, seks of stemmen⟩

abstinence [ˈæbstɪnəns] *zn* onthouding ⟨van alcohol, seks of stemmen⟩

abstract[1] [ˈæbstrækt] **I** *bnw* abstract, theoretisch **II** *zn* ❶ abstract kunstwerk ❷ abstractum, abstract begrip ❸ samenvatting ★ *in the ~* in theorie, in abstracto

abstract[2] [æbˈstrækt] *ov ww* ❶ eruit halen, onttrekken ❷ afleiden, abstraheren, (schriftelijk) samenvatten

abstracted [əbˈstræktɪd] *bnw* verstrooid, in gedachten verzonken

abstraction [əbˈstrækʃən] *zn* ❶ abstractie ❷ verstrooidheid ★ *momentary ~* een moment van verstrooidheid ★ *in ~* in gedachten verzonken ❸ techn onttrekking ★ *the ~ of water from a river* de onttrekking van water uit een rivier

abstract noun *zn* abstract zelfstandig naamwoord

abstruse [əbˈstruːs] *bnw* ingewikkeld, moeilijk te begrijpen

absurd [əbˈsɜːd] *bnw* absurd, dwaas, ongerijmd, belachelijk

absurdity [əbˈsɜːdətɪ] *zn* absurditeit, dwaasheid, ongerijmdheid, zinloosheid ★ *the ~ of the situation* het absurde van de situatie

abundance [əˈbʌndəns] *zn* overvloed

abundant [əˈbʌndənt] *bnw* overvloedig, rijk (**in** / aan), wemelend van ★ *the Mediterranean diet is ~ in red wine* de mediterrane keuken is rijk aan rode wijn

abuse[1] [əˈbjuːs] *zn* ❶ misbruik ⟨ook seksueel⟩, geweldpleging ❷ scheldwoorden ★ *scream ~ at sb* iem. uitschelden ★ *a stream of ~* een scheldkanonnade

abuse[2] [əˈbjuːz] *ov ww* ❶ misbruiken ⟨ook seksueel⟩, aanranden ❷ uitschelden ★ *~ o.s.* masturberen

abusive [əˈbjuːsɪv] *bnw* ❶ beledigend, gewelddadig ★ *~ language* beledigende taal ★ *~ behaviour* gewelddadig gedrag ❷ illegaal ★ *~ practices* illegale praktijken

abysmal [əˈbɪzml] *bnw* verschrikkelijk slecht, bodemloos, hopeloos ★ *an ~ failure* een gruwelijke mislukking ★ *~ homework* vreselijk slecht huiswerk

abyss [əˈbɪs] *zn* ❶ kloof, afstand ★ *the ~ between the two nations* de kloof tussen de twee naties ❷ afgrond, fig hel, bodemloze put

AC, ac *afk* ❶ *alternating current* wisselstroom ❷ USA airconditioning

academic [ækəˈdemɪk] **I** *bnw* ❶ academisch ❷ theoretisch, speculatief ★ *it was all ~ anyway* in de praktijk deed het niet ter zake ❸ leergierig, studieus **II** *zn* hoogleraar, universitair docent, student

academy [ə'kædəmɪ] *zn* ❶ academie, genootschap ❷ instituut voor speciale opleiding ❸ ⟨in Schotland⟩ gymnasium ❹ USA particuliere middelbare school

accede [æk'si:d] *onov ww* ❶ ~ **to** instemmen met ★ *the government ~d to their request* de regering stemde in met hun verzoek ❷ toetreden tot ★ ~ *to the throne* de troon bestijgen

accelerate [ək'seləreɪt] **I** *onov ww* versnellen, optrekken van auto ★ *the car ~d towards her* de auto trok kwam steeds sneller op haar af **II** *ov ww* versnellen, bespoedigen ★ *the shock ~d his birth* de schok versnelde zijn geboorte

acceleration [əksələ'reɪʃən] *zn* versnelling, bespoediging, auto acceleratie

accelerator [ək'seləreɪtə] *zn* gaspedaal

accent ['æksənt] *zn* ❶ accent, uitspraak ❷ accent(teken) ⟨op letter⟩, nadruk ⟨op woord of lettergreep⟩

accented [æk'sentɪd] *bnw* met accent ★ *heavily ~ English* Engels met een zwaar accent

accentuate [æk'sentjʊert] *ov ww* accentueren, beklemtonen

accept [ək'sept] *ov+onov ww* accepteren, aannemen, aanvaarden

acceptable [ək'septəbl] *bnw* ❶ ⟨algemeen⟩ aanvaardbaar, aannemelijk, acceptabel ❷ aangenaam, welkom ★ *coffee would be most ~* koffie zou zeer welkom zijn

acceptance [ək'septns] *zn* ❶ aanvaarding ★ *the idea is finding ~* het idee begint ingang te vinden ★ ~ *of one's fate* berusting in zijn lot ❷ econ acceptatie ❸ gunstige ontvangst ❹ instemming, goedkeuring

access ['ækses] **I** *zn* toegang (**to** tot) ★ *gain ~ to* toegang verkrijgen tot **II** *ov ww* ❶ zich toegang verschaffen tot ★ *he ~ed the hall* hij betrad de zaal ❷ comp opvragen

accessible [ək'sesɪbl] *bnw* toegankelijk, bereikbaar

accessory [ək'sesərɪ] *zn* ❶ accessoire, iets bijkomstigs ❷ medeplichtige ★ *an ~ before / after the fact* medeplichtige door aansporing / door steun achteraf

accident ['æksɪdnt] *zn* ❶ ongeluk, ongeval ❷ toeval ★ *by ~* bij toeval, per ongeluk ★ GB ~ *and emergency (A&E)* eerste hulp ★ fig ~*s will happen* ≈ een ongeluk zit in een klein hoekje

accidental [æksɪ'dentl] *bnw* toevallig

accidental death *zn* dood ten gevolge van een ongeluk

accident-prone *bnw* geneigd tot ongelukken

acclaim [ə'kleɪm] **I** *zn* gejuich, bijval **II** *ov ww* ❶ toejuichen ❷ uitroepen tot ★ *a highly ~ed work of art* een hooggeprezen kunstwerk

acclamation [æklə'meɪʃən] *zn* ❶ gejuich, toejuiching ❷ acclamatie ★ *by ~* bij acclamatie, door algemene luide instemming

acclimatization, acclimatisation [əklaɪmətər'zeɪʃn] *zn* acclimatisering, gewenning

acclimatize, acclimatise [ə'klaɪmətaɪz] *ov+onov ww* acclimatiseren, wennen (**to** aan)

accommodate [ə'kɒmədeɪt] *ov ww* ❶ huisvesten, onderbrengen ★ *the apartment can ~ four people* het is een vierpersoons appartement ❷ verzoenen ❸ van dienst zijn ★ ~ *sb's wishes*

aan iemands wensen tegemoetkomen ★ ~ *sb with sth* iem. met iets van dienst zijn ❹ ~ **to** aanpassen aan ❺ ~ **with** voorzien van

accommodating [ə'kɒmədeɪtɪŋ] *bnw* inschikkelijk, coulant

accommodation [əkɒmə'deɪʃən], USA **accommodations I** *zn* ❶ logies, onderdak, huisvesting ★ *sheltered ~* aanleunwoningen ❷ schikking, regeling, aanpassing ★ *a suitable ~ between the parties* een geschikte regeling tussen de partijen **II** *zn mv* USA pension

accompaniment [ə'kʌmpənɪmənt] *zn* muz begeleiding, bijkomstig iets

accompany [ə'kʌmpənɪ] *ov ww* ❶ vergezellen, begeleiden ❷ gepaard gaan met ❸ ~ **by** vergezeld doen gaan van ★ *the food was accompanied by excellent wine* het eten ging vergezeld van een uitstekende wijn

accomplice [ə'kʌmplɪs] *zn* medeplichtige

accomplish [ə'kʌmplɪʃ] *ov ww* ❶ tot stand brengen ❷ volbrengen ❸ bereiken

accomplished [ə'kʌmplɪʃt] *bnw* ❶ begaafd, (veelzijdig) getalenteerd ❷ volleerd, deskundig ❸ volbracht, voltooid ★ *an ~ fact* een voldongen feit

accomplishment [ə'kʌmplɪʃmənt] *zn* ❶ prestatie ❷ bekwaamheid, talent ★ *his technical ~s* zijn technische bekwaamheden ❸ voltooiing, (het) tot stand brengen ★ *a sense of ~* het gevoel iets volbracht te hebben

accord [ə'kɔ:d] **I** *zn* ❶ akkoord ★ *in ~ with (sth, sb)* in overeenstemming met ★ *of your own ~* uit eigen beweging ★ *with one ~* eenstemmig ❷ pol overeenkomst, verdrag ★ *draw up an ~* een verdrag opstellen **II** *ov ww* form verlenen ★ *power ~ed to the president* macht verleend aan de president **III** *onov ww* overeenstemmen ★ *the parties ~ed* de partijen stemden overeen

accordance [ə'kɔ:dns] *zn* ★ *in ~ with* in overeenstemming met ★ *in ~ with the rules* overeenkomstig de regels

accordingly [ə'kɔ:dɪŋlɪ] *bijw* dienovereenkomstig, derhalve

according to [ə'kɔ:dɪŋ'tʊ] *vz* volgens, naar gelang van

accost [ə'kɒst] *ov ww* aanklampen, lastig vallen ★ *reporters ~ed the footballers* verslaggevers vielen de voetballers lastig

account [ə'kaʊnt] **I** *zn* ❶ verslag, beschrijving ★ *detailed ~* uitvoerig verslag ★ *by / from all ~s* volgens veel mensen ★ *by your own ~* volgens eigen zeggen ★ *give a good / poor ~ of yourself* je van je goede / slechte kant laten zien ❷ rekening ★ *capital ~* kapitaalrekening ★ ~*s* boekhouding ★ *terminal ~* driemaandelijkse rekening ❸ verklaring ★ *call sb to ~* iem. ter verantwoording roepen ❹ (vaste) klant, opdrachtgever ❺ belang, waarde ★ *of no / little ~* van geen / weinig belang ★ *on sb's ~* ten behoeve van iem. ★ *put / turn sth to good ~* zijn voordeel doen met ❻ beschouwing, aandacht ★ *take ~ of sth / take sth into ~* rekening houden met ★ *leave sth out of ~* iets buiten beschouwing laten ▾ *on your own ~* voor eigen rekening, uit eigen beweging ▾ *on ~ of* vanwege ▾ *on no ~ / not on any ~* in geen geval ★ *on this / that ~*

ac

om deze reden / daarom **II** *ov ww* rekenen (**to** tot, **among** onder), beschouwen als ★ *she was ~ed among the victims* zij werd tot de slachtoffers gerekend **III** *onov ww* ~ **for** veroorzaken, verklaren, uitleggen, vormen, uitmaken, verantwoorden ★ *be called / brought to ~ for* ter verantwoording worden geroepen ★ *our antiaircraft guns ~ed for three enemy bombers* ons luchtdoelgeschut heeft drie vijandelijke bommenwerpers uitgeschakeld ★ *there's no ~ing for taste* over smaak valt niet te twisten

accountability [əkaʊntə'brlətɪ] *zn*
❶ verantwoordelijkheid, aansprakelijkheid
❷ verklaarbaarheid ★ *parental ~* ouderlijke aansprakelijkheid ❸ fin rekenplichtigheid

accountable [ə'kaʊntəbl] *bnw*
❶ verantwoordelijk, aansprakelijk
❷ verklaarbaar

accountancy [ə'kaʊntənsɪ] *zn* ❶ (het) boekhouden ❷ comptabiliteit ❸ beroep van (hoofd)boekhouder / accountant

accountant [ə'kaʊntənt] *zn* boekhouder ★ *certified public ~* registeraccountant ★ *chartered ~* beëdigd accountant, hoofdboekhouder

accounting [ə'kaʊntɪŋ] *zn* ❶ boekhouding ❷ verrekening

accredit [ə'kredɪt] *ov ww* ~ **to** toeschrijven aan, geloof hechten aan ★ *no value was ~ed to his story* aan zijn verhaal werd geen waarde gehecht

accumulate [ə'kju:mjʊleɪt] **I** *ov ww* verzamelen **II** *onov ww* (zich) ophopen

accumulation [əkju:mjʊ'leɪʃən] *zn* ophoping, opeenhoping, verzameling ★ *the ~ of papers on her desk* de opeenhoping van papieren op haar bureau

accumulative [ə'kju:mjʊlətɪv] *bnw* opstapelend, aangroeiend ★ *the ~ effects of pollution* de opstapelende gevolgen van vervuiling

accuracy ['ækjʊrəsɪ] *zn* nauwkeurigheid

accurate ['ækjʊrət] *bnw* nauwkeurig, stipt

accusation [ækju:'zeɪʃən] *zn* beschuldiging ★ *bring an ~ (of murder) against* een aanklacht (wegens moord) indienen tegen

accuse [ə'kju:z] *ov ww* beschuldigen, aanklagen

accused [ə'kju:zd] *bnw* ★ *the ~* de verdachte(n)

accustom [ə'kʌstəm] *ov ww* wennen ★ *~ o.s. to sth* wennen aan iets.

accustomed [ə'kʌstəmd] **I** *bnw* gebruikelijk ★ *be / grow ~ to sth* gewend zijn / raken aan iets **II** *ww* [volt. deelw.] → **accustom**

AC/DC ['eɪsi:'di:si:] *bnw* ❶ *Alternating Current / Direct Current* wisselstroom / gelijkstroom ❷ straatt biseksueel

ace [eɪs] *zn* ❶ aas (kaartspel) ❷ uitblinker (in competitie) ❸ sport ace ★ GB *have an ace up your sleeve* een troef achter de hand houden ★ USA *have an ace in the hole* een troef achter de hand houden ★ *hold all the aces* alle troeven in handen hebben ★ *he was / came within an ace of losing* het scheelde maar een haartje of hij had verloren

acetic [ə'si:tɪk] *bnw* azijn- ★ *~ acid* azijnzuur

ache [eɪk] **I** *zn* voortdurende pijn ★ *aches and*

pains allerlei pijntjes **II** *onov ww* ❶ pijn doen, pijn lijden ★ *I am aching all over* alles doet me pijn ❷ hunkeren (**for** naar) ★ *she ached to see him* zij verlangde er hevig naar hem te zien

achievable [ə'tʃi:vəbl] *bnw* ❶ uitvoerbaar
❷ bereikbaar, met kans van slagen ★ *the mountain summit is ~* de bergtop is haalbaar

achieve [ə'tʃi:v] *ov ww* volbrengen, bereiken (van doel), behalen (van succes)

achievement [ə'tʃi:vmənt] *zn* succes, prestatie

acid ['æsɪd] **I** *zn* ❶ zuur ❷ straatt lsd ★ *citric acid* citroenzuur ★ *cyanic acid* blauwzuur ★ *lactic acid* melkzuur **II** *bnw* ❶ zuur ❷ scherp

acidity [ə'sɪdətɪ] *zn* zuurtegraad, zuurheid

acid test *zn* ❶ scheik zuurproef ❷ fig lakmoesproef

acknowledge [ək'nɒlɪdʒ] *ov ww* ❶ toegeven (van fout e.d.) ❷ erkennen, bevestigen ★ *please ~ receipt of this letter* de ontvangst van deze brief graag bevestigen ❸ beantwoorden (van groet enz.) ❹ blijk geven van ❺ dank betuigen

acknowledgement [ək'nɒlɪdʒmənt] *zn*
❶ erkenning, bevestiging ❷ erkentelijkheid, dankbetuiging ★ *with due ~* met gepaste erkentelijkheid ❸ beantwoording (van groet)

acne ['æknɪ] *zn* acne, jeugdpuistjes

acorn ['eɪkɔ:n] *zn* plantk eikel

acoustic [ə'ku:stɪk], USA **acoustical** [ə'ku:stɪkl] *bnw* gehoor / geluid betreffend, akoestisch

acoustics [ə'ku:stɪks] *zn mv* geluidsleer, akoestiek

acquaint [ə'kweɪnt] *ov ww* ★ *~ o.s. with* zich vertrouwd maken met, zich op de hoogte stellen van ★ *~ sb with* iem. in kennis stellen van

acquaintance [ə'kweɪntəns] *zn* ❶ kennis (persoon) ❷ kennismaking ❸ bekendheid ★ *make s.o.'s ~* kennis maken met iem.

acquainted [ə'kweɪntɪd] *bnw* ❶ bekend, vertrouwd ★ *I'm not ~ with him* Ik ken hem niet ❷ op de hoogte

acquiesce [ækwɪ'es] *onov ww* ❶ berusten ❷ ~ **in** zich neerleggen bij

acquiescence [ækwɪ'esəns] *zn* berusting

acquire [ə'kwaɪə] *ov ww* ❶ verwerven (vnl. van kennis), verkrijgen ❷ aanleren ★ *an ~d taste* iets wat men moet / heeft léren waarderen

acquisition [ækwɪ'zɪʃən] *zn* verwerving (ook van kennis), aanwinst (van voorwerpen enz.)

acquit [ə'kwɪt] *ov ww* jur vrijspreken ★ *~ o.s. well / badly* het er goed / slecht afbrengen

acquittal [ə'kwɪtl] *zn* jur vrijspraak

acre ['eɪkə] *zn* acre (4047 m²) ★ fig *acres of space* enorm veel ruimte

acrid ['ækrɪd] *bnw* ❶ ook fig bijtend, scherp ❷ penetrant ★ *~ smell* penetrante geur

acrimonious [ækrɪ'məʊnɪəs] *bnw* ❶ bitter ❷ bits, fel

acrobat ['ækrəbæt] *zn* acrobaat

acrobatic [ækrə'bætɪk] *bnw* acrobatisch

acronym ['ækrənɪm] *zn* acroniem, letterwoord

across [ə'krɒs] *vz* ❶ van de ene naar de andere kant, overdwars, in een bepaalde richting, naar, horizontaal (in denksport) ★ *he walked ~ the street* hij liep naar de overkant (van de straat) ★ *the crater was 30 yards ~* de krater had een doorsnee van 30 meter ❷ tegenover, aan de overkant ★ *he parked ~ from the station* hij

parkeerde tegenover het station ★ *she sat down*
~ from him zij ging tegenover hem zitten
❸ overal, op / over ⟨deel van lichaam⟩ ★ *scars ~
the body* lidtekens over het lichaam ★ *her
children are scattered ~ the world* haar kinderen
zitten overal in de wereld

act [ækt] **I** *onov ww* ❶ acteren ❷ optreden, iets
doen, handelen ★ *act for / on behalf of sb*
optreden namens iem. ❸ zich gedragen, doen
alsof ★ inform *act the goat* ongein trappen
❹ *~* **up** slecht functioneren, lastig zijn, last
geven ⟨van lichaamsdeel⟩ ★ *my computer is
acting up again* mijn computer doet weer
vreemd ❺ *~* **(up)on** handelen volgens **II** *zn*
❶ handeling, daad ★ *in the act* op heterdaad
★ inform *get in on the act* meedoen, zorgen dat
je erbij bent ★ inform *get one's act together* de
boel op orde brengen, zijn zaakjes voor elkaar
krijgen ❷ wet ★ jur *Municipal Corporation Act*
gemeentewet ★ *licensing act* drankwet ❸ bedrijf
⟨toneel⟩ ★ ton *double act* duo ★ *put on an act*
zich aanstellen, komedie spelen ❹ nummer
⟨variété⟩ ▾ *clean up your act* je leven beteren ▾ jur
act of God natuurramp, force majeure

acting ['æktɪŋ] **I** *zn* (het) acteren **II** *bnw*
waarnemend ★ *~ head* waarnemend hoofd

action ['ækʃən] *zn* ❶ handeling, daad, actie ★ *take
~* iets doen, handelend optreden, stappen
ondernemen ★ *~s speak louder than words* geen
woorden maar daden ★ *want a piece / slice of
the ~* een graantje willen mee pikken ★ *that's
where the ~ is* daar gebeurt het allemaal ❷ jur
proces ❸ mechaniek ❹ werking, effect ❹ mechaniek

action replay *zn* herhaling ⟨van beelden van
sportwedstrijden⟩

activate ['æktɪveɪt] *ov ww* ❶ aanzetten, activeren
❷ ontketenen ❸ radioactief maken

active ['æktɪv] **I** *bnw* actief, werkzaam, werkend
II *zn* taalk bedrijvende vorm

activity [æk'tɪvətɪ] *zn* werk(zaamheid),
bedrijvigheid, activiteit, bezigheid

actor ['æktə] *zn* acteur, toneelspeler

actress ['æktrəs] *zn* actrice, toneelspeelster

actual ['æktʃʊəl] *bnw* (daad)werkelijk, feitelijk ★ *in
~ fact* in feite, eigenlijk vond ik haar best aardig

actually ['æktʃʊəlɪ] *bijw* ❶ werkelijk, wezenlijk ★ *I
saw him, but didn't ~ talk to him* ik heb hem wel
gezien, maar niet echt met hem gesproken
❷ eigenlijk, feitelijk, in werkelijkheid,
waarachtig, zowaar ★ *he ~ refused!* hij weigerde
nota bene / zowaar!, hij waagde het te
weigeren! ❸ trouwens ★ *~, he looks like his
mother* hij lijkt trouwens op zijn moeder ★ *it is
not true, ~* het is trouwens niet waar

actuate ['æktʃʊeɪt] *ov ww* ❶ veroorzaken, in
beweging zetten ❷ drijven ★ *she was ~d by
jealousy* ze werd gedreven door jaloezie

acumen ['ækjʊmən] *zn* scherpzinnigheid, inzicht
★ *business ~* zakelijk inzicht

acupuncture ['ækju:pʌŋktʃə] *zn* acupunctuur

acute [ə'kju:t] *bnw* ❶ acuut, intens, hevig ⟨van
ziekte, pijn⟩ ❷ scherpzinnig ❸ nijpend ★ *an ~
shortage* een nijpend tekort ❹ scherp ⟨van
gehoor, hoek⟩ ★ *~ hearing* scherp gehoor

ad [æd] *zn* inform → **advertisement**

AD *afk, Anno Domini* A.D., na Christus, in het jaar

onzes Heren

adamant ['ædəmənt] *bnw* onvermurwbaar,
keihard

adapt [ə'dæpt] **I** *ov ww* aanpassen, bewerken
II *onov ww* zich aanpassen

adaptability [ədæptə'bɪlətɪ] *zn*
❶ aanpassingsvermogen ❷ souplesse

adaptable [ə'dæptəbl] *bnw* aanpasbaar, soepel,
flexibel ★ *people are not always ~ to change*
mensen kunnen zich niet altijd gemakkelijk
aanpassen

adaptation [ædæp'teɪʃən] *zn* ❶ bewerking ⟨van
roman, film⟩ ❷ aanpassing ★ *~ to the curriculum*
aanpassing van het rooster

adapter *zn* ❶ techn tussenstuk, verdeel- /
verloopstekker ❷ bewerker

adaptive [ə'dæptɪv] *bnw* ❶ aanpasbaar
❷ soepel, flexibel

add [æd] **I** *ov ww* ❶ toevoegen (**to** aan) ★ *"I don't
like it", she added* "ik vind het niet mooi",
voegde ze eraan toe ★ *add insult to injury* de
ene belediging op de andere stapelen
❷ optellen **II** *onov ww* ❶ *~* **to** vergroten,
verhogen, bijdragen tot ★ *it added to the
excitement* het verhoogde de spanning
❷ inform *~* **up** kloppen, optellen, neerkomen
op ★ *this doesn't add up* dit klopt niet

added ['ædɪd] *bnw* toegevoegd, extra ★ *~ value*
toegevoegde waarde ★ *for ~ protection of the
skin* voor extra beveiliging van de huid

adder ['ædə] *zn* adder

addict ['ædɪkt] *zn* verslaafde

addicted [ə'dɪktɪd] *bnw* verslaafd ★ *become ~ to
drugs* verslaafd raken aan drugs

addiction [ə'dɪkʃən] *zn* verslaving, verslaafdheid

addictive [ə'dɪktɪv] *bnw* verslavend

addition [ə'dɪʃən] *zn* ❶ optelling, het optellen,
bijvoegsel ❷ aanwinst ❸ vermeerdering,
toevoeging ★ *in ~* bovendien ★ *in ~ to* behalve,
naast ★ *an ~ to the family* gezinsuitbreiding

additional [ə'dɪʃənl] *bnw* additioneel, bijkomend,
extra

additive ['ædətɪv] **I** *zn* toevoeging, additief
★ *preservatives and ~s* conserveringsmiddelen
en andere toevoegingen **II** *bnw* toevoegend,
toevoegings-, additief

add-on *zn* uitbreidingsmogelijkheid, extra, comp
randapparatuur

address [ə'dres] **I** *zn* ❶ adres ❷ toespraak ★ *form
/ mode of ~* correcte manier van aanspreken
/ aanschrijven ★ *in case of change of ~* indien
verhuisd **II** *ov ww* ❶ adresseren ❷ toespreken,
aanspreken ★ *~ the crowd* de menigte
toespreken ❸ behandelen, aan de orde stellen
★ *~ a problem* een probleem aanpakken

addressee [ædre'si:] *zn* geadresseerde

adept [æ'dept] **I** *zn* deskundige **II** *bnw* deskundig
(**at**, **in** in), bedreven

adequacy ['ædɪkwəsɪ] *zn* geschiktheid,
adequaatheid

adequate ['ædɪkwət] *bnw* ❶ voldoende
❷ geschikt, adequaat

adhere [əd'hɪə] *onov ww* ❶ (zich) houden (**to**
aan) ❷ trouw blijven aan, aanhangen

adherent [əd'hɪərənt] *zn* aanhanger, volgeling

adhesive [əd'hi:sɪv] **I** *zn* kleefmiddel **II** *bnw*

ad

ad

(zelf)klevend ★ ~ *tape* plakband

adjacent [ə'dʒeɪsənt] *bnw* ❶ aangrenzend (**to** aan), aanliggend ★ *an ~ house* een aangrenzende woning ❷ nabijgelegen

adjective ['ædʒɪktɪv] *zn* bijvoeglijk naamwoord, adjectief

adjoin [ə'dʒɔɪn] **I** *ov ww* samenvoegen, aangrenzen ★ *the sitting room ~s the dining room* de zitkamer grenst aan de eetkamer **II** *onov ww* aangrenzen, samenvoegen ★ *the gardens ~ed* de tuinen grensden aan elkaar

adjourn [ə'dʒɜːn] **I** *ov ww* verdagen ★ *the meeting was ~ed* de vergadering werd geschorst **II** *onov ww* op reces gaan

adjudicator [ə'dʒuːdɪkeɪtə] *zn* scheidsrechter, arbiter, jurylid

adjunct ['ædʒʌŋkt] *zn* ❶ toevoegsel, bijkomstige omstandigheid ❷ assistent ❸ taalk bepaling

adjust [ə'dʒʌst] *ov+onov ww* ❶ schikken, regelen ❷ instellen (van instrument), afstellen (van apparatuur), afregelen, bijstellen ★ *~ed for inflation* gecorrigeerd voor inflatie ★ *a well-~ed child* een goed aangepast kind ★ *~ your seatbelt* je veiligheidsgordel verstellen ❸ *~ to* aanpassen aan, afstemmen op

adjustable [ə'dʒʌstəbl] *bnw* verstel- / regelbaar

adjustment [ə'dʒʌstmənt] *zn* ❶ regeling ❷ techn instelling ❸ aanpassing, bijstelling

ad-lib [æd'lɪb] **I** *zn* kwinkslag, geestigheid **II** *bnw* spontaan, geïmproviseerd **III** *ov ww* improviseren ★ *he ~bed his entire speech* hij verzon zijn gehele toespraak ter plekke **IV** *bijw* ❶ vrijelijk, onbeperkt ❷ ongedwongen

admin ['ædmɪn] *zn* inform → administration

administer [əd'mɪnɪstə] *ov ww* ❶ beheren, besturen ❷ toedienen (van medicijn) (van schade, schop, stomp) (van straf) ★ *~ help* hulp verlenen ★ *~ justice* recht spreken ❸ uitvoeren (van wet)

administration [ədmɪnɪ'streɪʃən] *zn* ❶ administratie ❷ bestuur, beheer, regering ★ *the Kennedy Administration lasted about 1000 days* de regering van Kennedy bestond ongeveer duizend dagen ❸ dienst (van openbare instelling) ★ *the university ~* het bestuur van de universiteit ❹ toediening, het toedienen (van medicijn enz.) ❺ toepassing (van wet)

administrative [əd'mɪnɪstrətɪv] *bnw* ❶ administratief ❷ beheers-, bestuurs-

administrator [əd'mɪnɪstreɪtə] *zn* ❶ administrateur, beheerder ❷ executeur, curator

admirable ['ædmərəbl] *bnw* ❶ bewonderenswaardig ❷ prachtig, uitstekend ★ *an ~ piece of work* een uitstekend werkstuk

admiral ['ædmərəl] *zn* admiraal ★ GB *the Admiralty* ≈ het ministerie van marine

admiration [ædmɪ'reɪʃən] *zn* ❶ bewondering ★ *~ gaze in admiration* vol bewondering aanstaren ★ *be in ~ of* vol bewondering zijn voor ❷ ★ *~ for I am full of ~ for his work* ik sta vol respect voor zijn werk

admire [əd'maɪə] *ov ww* bewonderen (**for** om) ★ *I ~ him for his courage* ik bewonder hem om zijn moed

admirer [əd'maɪərə] *zn* aanbidder, bewonderaar ★ *a secret ~* een stille aanbidder

admission [əd'mɪʃən] *zn* ❶ toegang, toelating ❷ entreegeld ❸ opname (in ziekenhuis, inrichting) ❹ erkenning ★ *by his own ~* volgens eigen zeggen

admit [əd'mɪt] *ov ww* ❶ erkennen, toegeven ★ *he ~ted defeat* hij gaf zich gewonnen ❷ toelaten, toegang verlenen ★ *she was ~ted to the club* zij mocht tot de club toetreden ❸ opnemen ★ *be ~ted to hospital* in het ziekenhuis opgenomen worden ❹ aannemen, accepteren ★ *~ the truth* de waarheid accepteren ❺ jur ontvankelijk verklaren ★ *the evidence was ~ted as valid* het bewijsmateriaal werd geldig verklaard

admittance [əd'mɪtns] *zn* toegang ★ *no ~* verboden toegang

admittedly [əd'mɪtɪdlɪ] *bijw* ❶ toegegeven, zoals algemeen erkend wordt ❷ weliswaar

admonish [əd'mɒnɪʃ] *ov ww* ❶ waarschuwen (**of**, **against** voor, tegen), berispen ❷ aanmanen, aansporen

admonition [ædmə'nɪʃən] *zn* ❶ waarschuwing ❷ aanmaning

ado [ə'duː] *zn* drukte ★ *much ado about nothing* veel drukte om niks

adolescence [ædə'lesəns] *zn* puberteit, adolescentie

adolescent [ædə'lesənt] **I** *zn* puber, adolescent **II** *bnw* opgroeiend

adopt [ə'dɒpt] *ov ww* ❶ adopteren ❷ aannemen, overnemen ★ *~ an attitude* een houding aannemen ❸ kiezen, aanvaarden, goedkeuren ★ *my ~ed country* mijn tweede vaderland

adoption [ə'dɒpʃən] *zn* ❶ adoptie ❷ overneming ★ *adopt a word* een woord overnemen

adoptive [ə'dɒptɪv] *bnw* ★ *an ~ parent* een adoptiefouder

adorable [ə'dɔːrəbl] *bnw* aanbiddelijk, schattig

adoration [ædə'reɪʃən] *zn* ❶ aanbidding ❷ liefde, verering

adore [ə'dɔː] *ov ww* ❶ aanbidden, adoreren ❷ dol zijn op

adorn [ə'dɔːn] *ov ww* versieren

adrenalin [ə'drenəlɪn] *zn* adrenaline ★ *the ~(e) was going* de adrenaline stroomde

adrift [ə'drɪft] *bijw* ook fig stuurloos, op drift, losgeslagen ★ *cast / set sb ~* iem. de woestijn in sturen

ADSL *afk*, comp *Asymmetrical Digital Subscriber Line* ADSL

adult ['ædʌlt, æ'dʌlt] **I** *zn* volwassene **II** *bnw* ❶ volwassen ❷ euf pornografisch, porno- ★ *an ~ film* een pornofilm

adult education *zn* volwassenenonderwijs

adulterate [ə'dʌltəreɪt] *ov ww* ❶ vervalsen ❷ aanlengen, versnijden (van drinken) ★ *un~d nonsense* klinkklare onzin

adulterer [ə'dʌltərə] *zn* overspelige man

adulteress [ə'dʌltəres] *zn* overspelige vrouw

adulterous [ə'dʌltərəs] *bnw* overspelig

adultery [ə'dʌltərɪ] *zn* overspel

adulthood ['ædʌlthʊd] *zn* volwassenheid

advance [əd'vɑːns] **I** *zn* ❶ opmars (van leger) ❷ ook fig vooruitgang ★ *in ~ van* tevoren, bij voorbaat, voor(uit) ❸ voorschot (van geld)

❹ toenadering ⟨seksueel⟩ ★ *make ~s* avances maken **❺** ontwikkeling **II** *bnw* ★ *an ~ booking* een reservering ⟨vooraf⟩ ★ *~ notice* vooraankondiging ★ *~ party / group* vooruitgestuurde groep ★ *~ payment* vooruitbetaling **III** *ov ww* **❶** vervroegen ⟨van datum⟩, naar voren brengen ⟨van plan⟩ **❷** ontwikkelen, bevorderen ★ *they ~d their ideas* ze ontwikkelden hun ideeën **❸** verhogen ⟨van prijzen⟩ **❹** lenen, voorschieten **IV** *onov ww* **❶** vooruitgaan, vorderen ★ *her son ~d well at school* haar zoon ging op school goed vooruit **❷** vooruitkomen, naderen, oprukken ⟨van leger⟩ ★ *the water ~d quickly* het water naderde snel **❸** stijgen ⟨van aandelen⟩

advanced [əd'vɑ:nsəd] *bnw* **❶** modern, geavanceerd **❷** (ver)gevorderd ★ *~ English* Engels voor gevorderden ★ *of ~ years / ~ in age* op gevorderde leeftijd ★ GB onderw *Advanced Level* ≈ vwo-eindexamen

advancement [əd'vɑ:nsmənt] *zn* **❶** bevordering, vooruitgang, verbetering **❷** promotie

advance payment *zn* vooruitbetaling

advantage [əd'vɑ:ntɪdʒ] *zn* gunstige omstandigheid, voordeel ★ *take ~ of sb / sth* misbruik maken van iemand / iets ★ *turn sth to one's ~* zijn voordeel doen met ★ *to sb's (good / best) ~* in iemands voordeel

advantaged [əd'vɑ:ntɪdʒd] *bnw* bevoorrecht, geprivilegieerd

advantageous [ædvən'teɪdʒəs] *bnw* voordelig, gunstig

advent, Advent ['ædvent] *zn* advent, komst (van de Heer)

adventure [əd'ventʃə] *zn* **❶** avontuur **❷** risico **❸** speculatie

adventurer [əd'ventʃərə] *zn* avonturier

adventurous [əd'ventʃərəs] *bnw* avontuurlijk

adverb ['ædvɜ:b] *zn* bijwoord

adverbial [əd'vɜ:bɪəl] *bnw* bijwoordelijk

adversary ['ædvəsəri] tegenstander

adverse ['ædvɜ:s] *bnw* **❶** ongunstig, vijandig, nadelig ★ *~ weather conditions* slechte weersomstandigheden ★ *~ balance of trade* passieve handelsbalans **❷** ~ *to* tegen ★ *be ~ to the plans* tegen de plannen zijn

adversity [əd'vɜ:səti] *zn* tegenspoed

advert ['ædvɜ:t] *zn* inform → advertisement

advertise ['ædvətaɪz] **I** *ov ww* **❶** adverteren **❷** aankondigen, ruchtbaarheid geven **II** *onov ww* **❶** reclame maken, adverteren **❷** ~ *for* vragen om ⟨via advertentie⟩

advertisement [əd'vɜ:tɪsmənt] *zn* **❶** advertentie, reclame **❷** aankondiging ★ *classified ~* kleine advertentie ★ *poor ~* slechte reclame ★ *the adverts* reclameblok ⟨televisie⟩

advertiser ['ædvətaɪzə] *zn* **❶** adverteerder **❷** advertentieblad

advertising ['ædvətaɪzɪŋ] *zn* reclame, publiciteit

advice [əd'vaɪs] *zn* **❶** advies, raad **❷** bericht ★ *a piece / bit of ~* een advies ★ *~ column* vragenrubriek ⟨in krant, tijdschrift⟩

advisable [əd'vaɪzəbl] *bnw* raadzaam

advise [əd'vaɪz] **I** *ov ww* **❶** van advies dienen, aanraden, raad geven ★ *he ~d her to go* hij ried haar aan om te gaan **❷** informeren, inlichten

★ *well~d* weloverwogen, verstandig ★ *be well ~d* verstandig doen **II** *onov ww* ~ *against* af- / ontraden

adviser [əd'vaɪzə] *zn* adviseur, raadgever

advisory [əd'vaɪzəri] *bnw* adviserend, advies-

advocacy ['ædvəkəsi] *zn* **❶** advocatuur **❷** voorspraak, verdediging, steun

advocate[1] ['ædvəkət] *zn* **❶** advocaat, verdediger **❷** voorstander

advocate[2] ['ædvəkeɪt] *ov ww* voorstaan, aanbevelen ★ *he ~d red wine* hij beval rode wijn aan

aerial ['eərɪəl] **I** *zn* antenne **II** *bnw* **❶** lucht-, luchtig ★ *~ reconnaissance* luchtverkenning **❷** bovengronds

aero- ['eərəʊ] *voorv* aero-, lucht-, luchtvaart-

aerobatics [eərə'bætɪks] *zn mv* (het) stuntvliegen, luchtacrobatiek

aerobic [eə'rəʊbɪk] *bnw* aerobic ★ *~ dancing* aerobic dansen

aerobics [eə'rəʊbɪkʃ] *zn mv* aerobics

aerodrome ['eərədrəʊm] *zn* oud (klein) vliegveld

aerodynamic [eərəʊdaɪ'næmɪk] *bnw* aerodynamisch

aerodynamics [eərəʊdaɪ'næmɪks] *zn mv* aerodynamica

aeronautics [eərəʊ'nɔ:tɪks] *zn mv* luchtvaartkunde

aeroplane ['eərəpleɪn] *zn* GB vliegtuig

aerosol ['eərəsɒl] *zn* **❶** spray, spuitbus **❷** drukgas

aerospace ['eərəʊspeɪs] *zn* **❶** wereldruim, heelal **❷** ruimtevaarttechnologie / -industrie

aesthetic [i:s'θetɪk] *bnw* esthetisch ★ *the building has little ~ appeal* het gebouw is weinig aantrekkelijk

aesthetics, esthetics [i:s'θetɪks] *zn mv* esthetica, schoonheidsleer ★ *the roof fits the building's ~* het dak past bij het gebouw

afar [ə'fɑ:] *bijw* in de verte ★ *from afar* van verre

affability [æfə'bɪləti] *zn* vriendelijkheid, welwillendheid, innemendheid

affable ['æfəbl] *bnw* vriendelijk, welwillend, innemend

affair [ə'feə] *zn* **❶** zaak, kwestie **❷** ding, zaakje, geschiedenis **❸** verhouding ★ *a state of ~s* situatie ★ *current ~s* actualiteiten

affect [ə'fekt] *ov ww* **❶** beïnvloeden ★ *it ~ed the economy* het beïnvloedde de economie **❷** aantasten ★ *sweets ~ your teeth* snoep tast je tanden aan **❸** ontroeren ★ *his offer of help ~ed her* zijn aanbod om te helpen ontroerde haar **❹** voorwenden ★ *she ~ed sickness* ze wendde ziekte voor **❺** bij voorkeur dragen / gebruiken, enz. ★ *~ed by famine* getroffen door hongersnood

affected [ə'fektɪd] *bnw* aanstellerig, gemaakt ★ *~ mannerisms* aanstellerige maniertjes ★ *an ~ style* een gekunstelde stijl

affection [ə'fekʃən] *zn* **❶** genegenheid **❷** tederheid **❸** med aandoening ★ *play on sb's ~s* met iemands gevoelens spelen

affectionate [ə'fekʃənət] *bnw* hartelijk, warm ★ *puppies are very ~* jonge hondjes zijn erg aanhankelijk ★ *yours ~ly* veel liefs ⟨in informele correspondentie⟩

affiliate [ə'fɪlɪeɪt] *ov+onov ww* (zich) aansluiten

(**to/with** bij)

affiliated [ə'fɪlɪeɪtɪd] *bnw* ❶ aangesloten (**to** bij), lid (van) ❷ verbonden (**with** met) ★ ~ *society* aangesloten vereniging

affiliation [əfɪlɪ'eɪʃən] *zn* ❶ connectie, band ★ ~ *to a political group* banden met een politieke groepering ❷ filiaal, afdeling

affinity [ə'fɪnətɪ] *zn* affiniteit, verwantschap, overeenkomst

affirm [ə'fɜ:m] *ov ww* ❶ verzekeren, bevestigen ★ *she ~ed she would come* ze bevestigde dat ze zou komen ❷ verklaren, eed afleggen ★ ~ *loyalty to the queen* eed van trouw aan de koningin afleggen

affirmation [æfə'meɪʃən] *zn* bevestiging ★ *she nodded in* ~ ze knikte instemmend

affirmative [ə'fɜ:mətɪv] **I** *bnw* bevestigend ★ USA ~ *action* voorkeursbehandeling, positieve discriminatie **II** *zn* bevestiging ★ *reply in the* ~ bevestigend antwoorden

affix¹ [ˈæfɪks] *zn* taalk achter- / in- / voorvoegsel

affix² [əˈfɪks] *ov ww* ~ **on/to** aanhechten, (vast)plakken aan / op

afflict [əˈflɪkt] *ov ww* teisteren, kwellen, treffen ★ ~*ed with a disease* lijden aan een ziekte

affliction [əˈflɪkʃən] *zn* ❶ leed, kwelling ❷ aandoening ★ *a terrible* ~ een vreselijke aandoening ❸ nood, ramp

affluence [ˈæfluəns] *zn* rijkdom, welvaart

affluent [ˈæfluənt] *bnw* ❶ rijk ❷ overvloedig ★ *the* ~ *society* de welvaartsstaat

afford [əˈfɔːd] *ov ww* ❶ zich veroorloven ★ *I can't* ~ *the money* ik kan me het geld niet veroorloven ❷ verschaffen, bieden ★ *the window* ~*s beautiful views* het raam biedt prachtig uitzicht

affray [əˈfreɪ] *zn* jur opstootje, vechtpartij, rel ★ *guilty of* ~ schuldig aan ongeregeldheden

affront [əˈfrʌnt] **I** *zn* belediging **II** *ov ww* beledigen

afield [əˈfiːld] *bijw* op het veld ★ *far* ~ ver van huis, ver weg ★ *they came from far* ~ ze kwamen ver weg

aflame [əˈfleɪm] *bijw* in vuur en vlam, vlammend ★ *cheeks* ~ (met) wangen vuurrood van opwinding

afloat [əˈfləʊt] *bnw* ❶ drijvend, vlot ★ *stay / keep* ~ het hoofd boven water houden ❷ op zee ❸ op gang ★ *set* ~ in omloop brengen, op touw zetten ❹ onzeker ❺ overstroomd

afoot [əˈfʊt] *bnw* oud te voet ★ *the game is* ~ het spel is begonnen ★ *what is* ~? wat is er aan de hand?

aforementioned [əˈfɔːmenʃənd] *bnw* voornoemd

aforesaid [əˈfɔːsed] *bnw* voornoemd(e)

afraid [əˈfreɪd] *bnw* ❶ bang (**of** voor) ★ *I'm* ~ *we cannot help you* wij kunnen u helaas niet helpen ★ ~ *of the dog* bang voor de hond ❷ bezorgd (**for** om) ★ ~ *for their safety* bezorgd om hun veiligheid

afresh [əˈfreʃ] *bijw* opnieuw, van voren af aan ★ *let's start* ~ laten we opnieuw beginnen

Africa [ˈæfrɪkə] *zn* Afrika

African [ˈæfrɪkən] **I** *zn* Afrikaan(se) **II** *bnw* Afrikaans

African American I *zn* Amerikaan(se) met

Afrikaanse voorouders **II** *bnw* omschr als / van Amerikanen met Afrikaanse voorouders ★ ~ *music* muziek van Amerikanen met Afrikaanse voorouders

Afro [ˈæfrəʊ] *zn* afro ⟨uiterlijk⟩ ⟨kapsel⟩

Afro- [ˈæfrəʊ-] *voorv* Afrikaans-

after [ˈɑːftə] **I** *bijw* daarna, later ★ *the king died* ~ de koning stierf daarna **II** *vw* nadat ★ ~ *he had spoken to her, she left* nadat hij met haar had gesproken, vertrok ze **III** *vz* ❶ na ★ ~ *lunch* na het middageten ❷ achter ★ *she slammed the door* ~ *her* ze sloeg de deur achter zich dicht ❸ achterna ★ *the police were* ~ *him* de politie zocht hem ❹ naar, in navolging van ★ *they named her* ~ *her mother* ze vernoemden haar naar haar moeder ❺ volgend op ★ ~ *all* tenslotte, toch nog ★ *day* ~ *day* dag in dag uit ★ *time* ~ *time* steeds weer ★ *be* ~ *money* op geld uit zijn

aftercare [ˈɑːftəkeə] *zn* nazorg

after-effect [ˈɑːftərɪfekt] *zn* nawerking

after-hours *bnw* na sluitingstijd, na kantoortijd

afterlife [ˈɑːftəlaɪf] *zn* leven na de dood

aftermath [ˈɑːftəmæθ] *zn* ❶ fig naweeën ❷ naspel, nasleep ★ *in the* ~ *of the war* in de nasleep van de oorlog

afternoon [ɑːftə'nuːn] *zn* (na)middag

afternoon tea *zn* ★ ~ / *five o'clock tea* lichte maaltijd met thee, broodjes, zoetigheid

afters *zn* *mv* inform toetje ★ *what's for* ~? wat krijgen we toe?

after-sales service *zn* (klanten)service, serviceafdeling

aftertaste [ˈɑːftəteɪst] *zn* nasmaak

afterthought [ˈɑːftəθɔːt] *zn* ❶ latere / nadere overweging ❷ inform nakomertje

afterwards [ˈɑːftəwədz] *bijw* naderhand, daarna

again [əˈgeɪn] *bijw* ❶ weer, opnieuw, nog eens ★ ~ *and* ~ herhaaldelijk ★ *as much* ~ tweemaal zoveel ★ *all over* ~ weer opnieuw ★ *now and* ~ nu en dan ★ *every now and* ~ telkens weer ★ *once* ~ alweer ❷ daarentegen, bovendien, trouwens ★ *then / there* ~ aan de andere kant ❸ ook (al) weer ★ *what was her name* ~? hoe heette ze ook (al) weer?

against [əˈgeɪnst] *vz* ❶ tegen(over) ❷ ongunstig ★ *over* ~ (recht) tegenover

age [eɪdʒ] **I** *zn* ❶ leeftijd, ouderdom ★ *age of consent* leeftijd waarop je handelingsbekwaam wordt ★ *of an age* van dezelfde leeftijd ★ *under age* minderjarig ★ *come of age* meerderjarig worden ❷ tijdperk, eeuw ★ *in this day and age* vandaag de dag, tegenwoordig **II** *zn mv* eeuwigheid ★ *it took ages* het duurde een eeuwigheid ★ *the dark ages* de donkere middeleeuwen **III** *ov ww* doen verouderen, laten rijpen **IV** *onov ww* ouder worden, verouderen ★ *he's aged so well!* wat ziet hij er goed uit voor zijn leeftijd!

aged [ˈeɪdʒɪd] **I** *bnw* bejaard, oud ★ *a boy aged five* een jongen van vijf jaar **II** *zn* ★ *the aged* mensen op leeftijd, de bejaarden

ageless [ˈeɪdʒləs] *bnw* (leef)tijdloos, eeuwig

agency [ˈeɪdʒənsɪ] *zn* ❶ bureau, agentschap ★ *temping* ~ uitzendbureau ❷ bemiddeling ★ *by / through the* ~ *of* door toedoen van

agenda [ə'dʒendə] *zn* ❶ agenda ⟨van
vergadering⟩ ❷ werkprogramma ★ *hidden ~*
geheime agenda, verborgen motieven en
doelstellingen

agent ['eɪdʒənt] *zn* ❶ agent, zaakwaarnemer ★ *a
travel ~* een reisbureau ★ *a free ~* onafhankelijk
persoon ❷ tussenpersoon ❸ impresario
❹ (geheim)agent ★ *double ~* dubbelspion
❺ middel ❻ scheik agens ❼ comp
hulpprogramma

age-old *bnw* eeuwenoud

agglomerate¹ [ə'glɒmərət] **I** *zn* agglomeraat
⟨een grote verzameling⟩ ★ *a media ~ in the
centre of town* een media agglomeraat in het
stadscentrum **II** *bnw* opeengehoopt / -gestapeld

agglomerate² [ə'glɒməreɪt] **I** *ov ww*
opeenhopen ★ *~ functions* functies
bijeenbrengen **II** *onov ww* opeenstapelen
★ *particles ~ quickly* deeltjes stapelen zich snel
op

agglomeration [əglɒmə'reɪʃən] *zn* opeenhoping,
(ongeordende) verzameling

agglutinate [ə'glu:tɪnət] *bnw* ❶ (vast)gelijmd
❷ biol agglutinerend

aggravate ['ægrəveɪt] *ov ww* (ver)ergeren ★ *he ~d
the situation* hij verergerde de situatie

aggravation ['ægrəveɪʃən] *zn* ❶ verergering
❷ ergernis, irritatie

aggregate¹ ['ægrɪgət] **I** *zn* ❶ totaal, geheel
❷ bouw zand, grint ★ *in (the) ~* in totaal ★ sport
on ~ totaalscore **II** *bnw* gezamenlijk

aggregate² ['ægrɪgeɪt] **I** *ov ww* verzamelen,
samenvoegen **II** *onov ww* zich ophopen, zich
verenigen ★ *birds ~ at the end of the summer*
vogels verzamelen zich aan het eind van de
zomer

aggression [ə'greʃən] *zn* ❶ agressie ❷ aanval,
strijdlust

aggressive [ə'gresɪv] *bnw* ❶ agressief, strijdlustig
❷ ondernemend, dynamisch, ambitieus

aggressor [ə'gresə] *zn* aanvaller, agressor

aggrieved [ə'gri:vd] *bnw* ❶ gekrenkt, gekwetst
❷ jur aangetast in eer en goede naam

aggro ['ægrəʊ] *zn* ❶ straatt (het) ruzie zoeken
❷ agressie ❸ irritatie ★ *I am getting a lot of ~ at
work* ik heb veel gedonder (kritiek) op mijn
werk

aghast [ə'gɑ:st] *bnw* + *bijw* verbijsterd, ontzet

agile ['ædʒaɪl] *bnw* ❶ vlug en lenig ❷ fig alert,
waakzaam ★ *an ~ mind* een alerte geest

agility [ə'dʒɪlətɪ] *zn* ❶ ook fig lenigheid
❷ waakzaamheid

agitate ['ædʒɪteɪt] **I** *ov ww* ❶ verontrusten
❷ schudden, roeren ⟨van vloeistof⟩ ❸ opruien
II *onov ww* ageren ★ *~ for / against* actie voeren
voor / tegen

agitated ['ædʒɪteɪtɪd] *bnw* opgewonden,
geërgerd

agitation [ædʒɪ'teɪʃən] *zn* ❶ opwinding, agitatie
❷ actie ❸ (het) schudden / roeren ⟨van vloeistof⟩

agitator ['ædʒɪteɪtə] *zn* onruststoker, agitator

AGM *afk, annual general meeting* jaarvergadering

ago [ə'gəʊ] *bijw* geleden

agonize, agonise ['ægənaɪz] *onov ww* ❶ in
doodsangst verkeren, fig gekweld worden ★ *he
agonised in his dreams* hij werd in zijn dromen

gekweld ❷ ~ **about/over** zich het hoofd
breken over

agonizing ['ægənaɪzɪŋ] *bnw* kwellend,
hartverscheurend ★ *an ~ death* een smartelijke
dood ★ *an ~ decision* een pijnlijke / moeilijke
beslissing

agony ['ægənɪ] *zn* ❶ (ondraaglijke) pijn ★ *be / lie
in ~* creperen van de pijn ❷ bezoeking, ellende,
foltering ★ *pile on the ~* het er dik bovenop
leggen ❸ (doods)angst, doodsstrijd ★ *mortal ~*
doodsangst

agony column *zn* brievenrubriek over
persoonlijke problemen

agrarian [ə'greərən] *bnw* m.b.t. grondbezit /
landbouw, agrarisch

agree [ə'gri:] **I** *onov ww* ❶ het eens zijn,
overeenstemmen (**on/upon/about** over)
❷ akkoord gaan, instemmen (**to** met) ★ *~ to
differ / dis~* zich bij een meningsverschil
neerleggen ❸ overweg kunnen (**with** met)
★ *this food doesn't ~ with me* dit eten valt niet
goed ★ *life here certainly ~s with you!* het leven
hier doet je goed! **II** *ov ww* ❶ overeenkomen,
afspreken ★ *~d!* afgesproken! ★ *they ~d a price*
ze werden het over een prijs eens
❷ goedkeuren

agreeable [ə'gri:əbl] *bnw* ❶ aangenaam, prettig
❷ aanvaardbaar ★ *be ~ to* bereid zijn iets te
doen / te aanvaarden ★ *be ~ to helping sb* bereid
zijn iem. te helpen

agreement [ə'gri:mənt] *zn* ❶ afspraak,
overeenkomst ★ *verbal ~* mondelinge afspraak
❷ jur contract, verdrag ★ *collective ~*
cao-overeenkomst ★ *as per ~* volgens contract
❸ instemming, goedkeuring

agricultural [ægrɪ'kʌltʃərəl] *bnw* landbouw-

agriculture ['ægrɪkʌltʃə] *zn* landbouw

aground [ə'graʊnd] *bijw* aan de grond ★ *the ship
ran ~* het schip zat aan de grond

ahead [ə'hed] *bijw* ❶ voor, vooruit ★ *go ~!* ga je
gang! ★ *straight ~* rechtdoor ★ *we are ~ of
schedule* we lopen vóór op ons schema ★ *get ~*
vooruitkomen, carrière maken ★ *be ~* voor
liggen / lopen / staan / zijn ★ *~ of his time* zijn
tijd vooruit ❷ van tevoren ★ *weeks ~* weken van
te voren ❸ in het verschiet ★ *the task that lies ~*
de taak die op ons wacht

ahead of *vz* ❶ voor ⟨tijd en plaats⟩ ❷ vroeger,
eerder ❸ verder dan ★ *he was way ~ his time* hij
was zijn tijd ver vooruit

aid [eɪd] **I** *zn* ❶ hulp, bijstand ★ *come to sb's aid*
iem. helpen ★ *first aid* EHBO, eerste hulp (bij
ongelukken) ★ *foreign aid* ontwikkelingshulp
★ *in aid of* ten dienste van ❷ hulpmiddel
❸ helper, naaste medewerker **II** *ov ww*
❶ helpen ❷ bevorderen ★ *accused of aiding and
abetting* beschuldigd van medeplichtigheid

aide [eɪd] *zn* assistent, naaste medewerker ⟨vooral
pol.⟩ ★ mil *aide-de-camp* adjudant (te velde)

Aids [eɪdz] *zn, Acquired Immune Deficiency
Syndrome* aids

Aids inhibitor *zn* aidsremmer

ail [eɪl] *onov ww* oud mankeren ★ *what ails you?*
wat mankeert jou?

ailing ['eɪlɪŋ] *bnw,* form ook fig ziekelijk,
noodlijdend ★ *my ~ mother* mijn ziekelijke

ai

moeder
ailment ['eɪlmənt] *zn* (niet zo ernstige) kwaal
aim [eɪm] **I** *zn* ❶ doel, bedoeling ❷ (het) richten ★ *have an excellent aim* uitstekend kunnen schieten ★ *take aim at* richten op **II** *onov ww* ❶ mikken ❷ ook *fig* richten ★ *aim at achieving good results* zich richten op goede resultaten ❸ ~ **at/for/to** streven naar, gericht zijn op, richten op ★ *that comment was aimed at you* die opmerking was op jou gericht
aimless ['eɪmləs] *bnw* doelloos, zinloos
ain't [eɪnt] *samentr* ❶ *am / are / is not* → **be** ❷ *has / have not* → **have**
air [eə] **I** *zn* ❶ (de) lucht, het luchtruim ★ *air conditioned* met luchtbehandeling ★ *compressed air* perslucht ★ *float / walk on air* in de wolken zijn ★ *by air* per vliegtuig ⟨luchtpost⟩ ★ *hot air* gebakken lucht, poeha ★ *up in the air* onbeslist, onzeker ❷ houding, voorkomen ★ *airs and graces* verwaandheid ❸ melodie ❹ radio ★ *on / off the air* uitgezonden / niet uitgezonden **II** *ov ww* ❶ luchten ★ *air the room* de kamer luchten ❷ lucht geven aan ★ *air grievances* klachten uiten ❸ USA uitzenden ★ *his new program aired yesterday* zijn nieuwe programma is gisteren uitgezonden
airborne ['eəbɔːn] *bnw* in de lucht ★ ~ *troops* luchtlandingstroepen
airbrush ['eəbrʌʃ] **I** *zn* verfspuit **II** *ov ww* ❶ iets verven m.b.v. een verfspuit ❷ retoucheren van een foto
air cargo *zn* luchtvracht
air conditioning *zn* (systeem van) luchtbehandeling
aircraft ['eəkrɑːft] *zn* [mv: **aircraft, aircrafts**] vliegtuig ★ ~ *carrier* vliegdekschip
airfield ['eəfiːld] *zn* vliegveld
air force ['eə fɔːs] *zn* luchtmacht ★ *Airforce 1* Airforce 1 ⟨het vliegtuig van de president van de V.S.⟩
air hostess *zn* stewardess
airless ['eələs] *bnw* bedompt, zonder lucht
airlift ['eəlɪft] **I** *zn* luchtbrug **II** *ov ww* per luchtbrug vervoeren
airline ['eəlaɪn] *zn* luchtvaartmaatschappij
airliner ['eəlaɪnə] *zn* lijnvliegtuig
airlock ['eəlɒk] *zn* luchtsluis, luchtbel ⟨in een leiding⟩
airmail ['eəmeɪl] *zn* luchtpost
airplane ['eəpleɪn] *zn* USA vliegtuig
air pollution *zn* luchtvervuiling
airport ['eəpɔːt] *zn* luchthaven
air raid [eə reɪd] *zn* luchtaanval
airship ['eəʃɪp] *zn* luchtschip
airsick ['eəsɪk] *bnw* luchtziek
airspace ['eəspeɪs] *zn* luchtruim ⟨van land⟩
airstrip ['eəstrɪp] *zn* landingsbaan / -terrein
airtight ['eətaɪt] *bnw* luchtdicht
air traffic controller *zn* (lucht)verkeersleider
airy ['eərɪ] *bnw* ❶ fris ⟨van ruimte enz.⟩ ❷ luchtig, zorgeloos ❸ vluchtig, oppervlakkig ★ *airy fairy* wazig
aisle [aɪl] *zn* ❶ zijbeuk ⟨van gebouw⟩ ❷ gangpad ⟨in kerk⟩, pad tussen schappen ⟨in supermarkt⟩ ★ *go / walk down the ~* trouwen
aitch [eɪtʃ] *zn* (de letter) h ★ *drop one's ~es* de H

niet uitspreken ⟨Cockney⟩
ajar [ə'dʒɑː] *bijw* op een kier
AK *afk, Alaska* staat in de VS
akimbo [ə'kɪmbəʊ] *bijw* ★ *(with) arms ~* (met de) handen in de zij
akin [ə'kɪn] *bijw* ★ *akin to* verwant aan, lijkend op ★ *a fruit akin to an apple* een vrucht die op een appel lijkt
AL *afk, Alabama* staat in de VS
alacrity [ə'lækrətɪ] *zn* ❶ enthousiasme ★ *she accepted his invitation with ~* ze aanvaardde zijn uitnodiging met enthousiasme ❷ gretigheid
alarm [ə'lɑːm] **I** *zn* ❶ schrik, ontsteltenis ★ *there is no cause for ~* er is geen reden tot paniek ❷ alarm ⟨ook van auto, brand enz.⟩ ★ *sound the ~* alarm slaan **II** *ov ww* ❶ alarmeren ❷ verontrusten
alarm bell *zn* noodklok
alarm clock *zn* wekker
alarmed [ə'lɑːmd] *bnw* ❶ verschrikt ★ *he was ~* hij was verschrikt ❷ beveiligd ★ *the house was ~* het huis was beveiligd
alarming [ə'lɑːmɪŋ] *bnw* alarmerend, verontrustend
alarmist [ə'lɑːmɪst] *bnw* onrust zaaiend
alas [ə'læs] *tw* helaas!, ach!
Albanian [æl'beɪnɪən] **I** *zn* (het) Albanees **II** *bnw* Albanees
albatross ['ælbətrɒs] *zn* albatros
albeit [ɔːl'biːɪt] *bijw* zij het, al is het dan, ofschoon ★ ~ *the truth* al zij het de waarheid
album ['ælbəm] *zn* ❶ album ❷ langspeelplaat, cd
albumen ['ælbjʊmɪn] *zn* eiwit, albumine
alchemy ['ælkəmɪ] *zn* ❶ alchemie ❷ toverkunst
alcohol ['ælkəhɒl] *zn* alcohol
alcoholic [ælkə'hɒlɪk] **I** *zn* alcoholist ★ *Alcoholics Anonymous* Anonieme Alcoholisten **II** *bnw* alcoholhoudend, alcoholisch
alcoholism ['ælkəhɒlɪzəm] *zn* alcoholisme, drankzucht
alcopop ['ælkəʊpɒp] *zn* mixdrankje ⟨van frisdrank en alcohol⟩
alcove ['ælkəʊv] *zn* alkoof, nis
alder ['ɔːldə] *zn* elzenboom
alderman ['ɔːldəmən] *zn* wethouder
ale [eɪl] *zn* bier
alec ['ælɪk] *zn* inform ★ *smart alec* wijsneus
alert [ə'lɜːt] **I** *zn* (lucht)alarm ★ *red ~* hoogste alarmfase ★ *on red ~* extra waakzaam ★ *on the ~* op zijn hoede ★ *on (full) ~* een en al waakzaamheid **II** *bnw* waakzaam, op z'n hoede **III** *ov ww* alarmeren, alarm slaan
A level ['əʊlevəl] GB *afk, advanced level* ≈ vwo-eindexamen ★ *pass one's ~s* ≈ zijn eindexamen vwo halen
alfresco [æl'freskəʊ] **I** *bnw* in de open lucht, buiten ★ *an ~ meal* een maaltijd buiten **II** *bijw* in de open lucht, buiten ★ *dine ~* buiten dineren
alga ['ælgə] *zn* [mv: **algae**] alg(e), zeewier
algebra ['ældʒəbrə] *zn* algebra
Algerian [æl'dʒɪərɪən] **I** *zn* Algerijn **II** *bnw* Algerijns
alias ['eɪlɪəs] **I** *zn* alias, schuilnaam, comp pseudoniem **II** *bijw* alias, anders genoemd
alibi ['ælɪbaɪ] *zn* ❶ alibi ❷ uitvlucht, excuus
alien ['eɪlɪən] **I** *zn* ❶ buitenaards wezen

❷ buitenlander **II** *bnw* ❶ vreemd ★ ~ *to* strijdig met, vreemd aan ★ *the French culture is* ~ *to her* de Franse cultuur is haar vreemd ❷ buitenaards ❸ buitenlands

alienate ['eɪlɪəneɪt] *ov ww* vervreemden

alienation [eɪlɪə'neɪʃən] *zn* vervreemding

alight [ə'laɪt] **I** *onov ww* ❶ afstijgen, uitstappen ★ *this stop is for* ~*ing only* dit is een uitstaphalte ❷ landen, neerstrijken ★ ~ *on / upon sth* iets toevallig aantreffen, op iets komen **II** *bijw* ❶ verlicht ★ *eyes* ~ *with excitement* ogen die schitteren van opwinding ❷ brandend ★ *the house was* ~ het huis stond in brand

align [ə'laɪn] *onov ww* ❶ op één lijn brengen / zetten, uitlijnen ⟨van wielen⟩ ❷ aanpassen ★ ~ *o.s. with* zich aansluiten bij ★ *non*~*ed countries* niet-gebonden landen

alignment [ə'laɪnmənt] *zn* ❶ (het) in één lijn staan (met), opstelling in een rechte lijn ★ *out of* ~ *(with sth)* niet in lijn staan (met iets) ❷ (het) richten, richting ❸ rooilijn ❹ *fig* politieke steun

alike [ə'laɪk] *bijw* ❶ hetzelfde ❷ gelijk, gelijkend op ❸ op dezelfde wijze ★ *men and women* ~ zowel mannen als vrouwen

alimentary canal [ælɪ'mentəri kə'næl] *bnw* spijsverteringskanaal

alimony ['ælɪmənɪ] *zn* alimentatie, onderhoud

alive [ə'laɪv] *bijw* ❶ in leven, levend ★ *be* ~ *to* zich bewust zijn van ★ *look* ~*!* schiet op! ❷ levendig ★ ~ *and kicking* springlevend ★ ~ *with* vol zijn van, wemelen van ★ *she was* ~ *with happiness* ze straalde van geluk

alkaline ['ælkəlaɪn] *bnw* alkalisch

all [ɔːl] **I** *telw* al(le) ★ *all her children are sick* al haar kinderen zijn ziek ★ *all but one* alles / allen op één na ★ *inform of all people / things!* uitgerekend...!, nota bene...! **II** *onbep vnw* ❶ alle(n), alles, allemaal ★ *in all* in totaal ★ *is he as clever as all that?* is hij inderdaad zo knap? ★ *he jumped into the pool, clothes and all* hij sprong in het zwembad met kleren en al ★ *she was all smiles* zij was een en al glimlach ★ *'I'm starving.' 'Yeah, me and all.'* 'Ik rammel van de honger.' 'Ja, ik ook.' ★ *in all* in totaal ★ *I wonder if he'll come at all* ik vraag me af of hij überhaupt wel komt ★ *not at all* helemaal niet, niets te danken ★ *after all* tenslotte, toch nog, per slot van rekening ❷ het enige / alles wat ★ *that's all I have* dat is alles wat ik heb **III** *bijw* helemaal, geheel, een en al ★ *all along* vanaf het begin ★ *all the better / faster enz.* veel beter / sneller enz. ★ *all but* bijna ★ *I'm all but broke* ik ben zo goed als failliet / blut ★ *iron it must be all of 100 meters* het is zeker 100 meter ★ *all over* overal ★ *that's him all over* net iets voor hem ★ *all (a)round* in elk opzicht, voor iedereen ★ *inform he's not all there* hij heeft ze niet allemaal op een rijtje ★ *be all for sth / for doing sth* sterk vóór iets zijn ★ *inform be all over sb* zichtbaar dol op iem. zijn

allay [ə'leɪ] *ov ww* ❶ verminderen ❷ tot bedaren brengen

all-clear *zn* ❶ toestemming, verlof ❷ goedkeuring ⟨gezondheid⟩ ★ *his doctor gave him the* ~ zijn dokter zei dat alles nu in orde was

allegation [ælɪ'geɪʃən] *zn* bewering, aantijging ★ *wrong* ~*s* valse beweringen

allege [ə'ledʒ] *ov ww* beweren, aanvoeren ★ *he* ~*d that he had been attacked* hij beweerde dat hij was aangevallen

alleged [ə'ledʒd] *bnw* zogenaamd, zogeheten, zogenoemd ★ *his* ~ *friends* zijn zogenaamde vrienden

allegedly [ə'ledʒɪdlɪ] *bijw* zogezegd, naar verluidt ★ *the objects* ~ *stolen* de voorwerpen waarvan beweerd wordt dat zij gestolen zijn

allegiance [ə'liːdʒəns] *zn* (eed van) trouw ★ *swear* ~ *to* trouw zweren aan

allegorical [ælɪ'gɒrɪkl] *bnw* allegorisch

allegory ['ælɪgərɪ] *zn* allegorie

all-embracing *bnw* allesomvattend ★ *an* ~ *programme* een allesomvattend programma

allergen ['alədʒən] *zn* allergeen

allergic [ə'lɜːdʒɪk] *bnw* ❶ allergisch ❷ afkerig ★ *she's* ~ *to spinach* ze heeft een hekel aan spinazie

allergy ['ælədʒɪ] *zn* ❶ allergie ❷ afkeer (**to** van)

alleviate [ə'liːvɪeɪt] *ov ww* verzachten, verlichten ★ *the tablets* ~*d the pain* de tabletten verlichtten de pijn

alleviation [əliːvɪ'eɪʃən] *zn* ❶ verlichting ❷ verzachtend / kalmerend middel

alley ['ælɪ] *zn* ❶ steeg, pad ❷ kegelbaan ❸ doorgang ★ *blind* ~ doodlopende steeg, dood spoor ★ *fig be up a blind* ~ vastgelopen zijn ★ *inform right up your* ~ precies in je straatje

alliance [ə'laɪəns] *zn* ❶ verdrag, verbond ★ *marriage is an* ~ het huwelijk is een verbintenis ❷ verwantschap ★ *in* ~ *with* geallieerd met

allied ['ælaɪd] *bnw* ❶ geallieerd ❷ verbonden (**to** met) ★ *the* ~ *forces / the Allies* de geallieerden

alligator ['ælɪgeɪtə] *zn* alligator

all-in *bnw* allen / alles inbegrepen, totaal ★ *the price is* ~ alles is bij de prijs inbegrepen

all-night *bnw* de hele nacht durend / geopend

allocate ['æləkeɪt] *ov ww* toewijzen, bestemmen ★ *the seats were* ~*d to them* de plaatsen werden hen toegewezen

allocation [ælə'keɪʃən] *zn* toewijzing

allot [ə'lɒt] *ov ww* ❶ toewijzen, toebedelen ❷ bestemmen (**to**, **for** voor) ⟨van geld enz.⟩ ★ *within the time* ~*ted* binnen de beschikbare tijd

allotment [ə'lɒtmənt] *zn* ❶ volkstuintje ❷ toegewezen deel, contingent ❸ toewijzing

all-out *bnw* volledig, intensief, krachtig, met volle kracht ★ *an* ~ *effort* een uiterste inspanning

allow [ə'laʊ] *ov ww* ❶ toelaten, toestaan, toekennen ★ ~ *o.s.* zich veroorloven ★ ~ *me* staat u mij toe ★ *he* ~*ed her more money* hij kende haar meer geld toe ❷ mogen ★ *he was* ~*ed to stay up* hij mocht opblijven ❸ uittrekken ⟨geld⟩ ★ ~ *money for your holidays* geld uittrekken voor je vakantie ❹ *form* erkennen, toegeven ★ *he* ~*ed that she should be punished* hij gaf toe dat ze gestraft moest worden ❺ ~ **for** rekening houden met, mogelijk maken ★ ~ *for shrinkage* houd rekening met krimpen ★ ~ *time for this to happen* genoeg tijd uittrekken om dit mogelijk

al

te maken
allowance [ə'lavəns] *zn* ❶ toelage ❷ vergoeding, tegemoetkoming ⟨kosten⟩ ❸ belastingvrije som ❹ USA zakgeld ❺ vergunning ★ *family ~* kinderbijslag ★ *make ~(s) for* rekening houden met, in aanmerking nemen dat
alloy ['æloɪ] **I** *zn* ❶ legering ❷ allooi, gehalte **II** *ov ww* legeren, mengen
all-purpose *bnw* voor alle doeleinden ★ *~ scissors* schaar voor alle doeleinden
all-round *bnw* allround, veelzijdig
all-rounder *zn* allrounder, veelzijdig persoon
all-terrain *bnw* voor elk terrein geschikt ★ *~ vehicle* terreinwagen ★ *~ bike* allterrainbike
all-time ['ɔ:l'taɪm] *bnw* beste / beroemdste / grootste, enz. van alle tijd, onovertroffen ★ *an ~ favourite* ≈ een tijdloze klassieker ★ *an ~ low* een dieptepunt
allude [ə'lu:d] *onov ww ~ to* zinspelen op ★ *~ to an unpleasant situation* zinspelen op een onplezierige situatie
allure [ə'ljʊə] *zn* aantrekkingskracht, verleidelijkheid ★ *the ~ of working in the city* de leuke aspecten van werken in de stad
alluring [ə'lʊərɪŋ] *bnw* verleidelijk ★ *an ~ proposal* een verleidelijk aanbod
allusion [ə'lu:ʒən] *zn* toespeling, zinspeling
allusive [ə'lu:sɪv] *bnw* form zinspelend ★ *he was ~* hij zinspeelde erop
ally¹ ['ælaɪ] *zn* bondgenoot, medestander ★ *he found an ally in her* hij vond in haar een medestander
ally² [ə'laɪ] *ov ww ~ to/with* (zich) verenigen met, een verbond sluiten met ★ *England did not want to ally with France* Engeland wilde niet met Frankrijk een verbond sluiten
almanac ['ɔ:lmənæk] *zn* almanak
almighty [ɔ:l'maɪtɪ] *bnw* almachtig ★ *the Almighty* God
almond ['ɑ:mənd] *zn* amandel
almost ['ɔ:lməʊst] *bijw* bijna
alms [ɑ:mz] *zn mv* gesch aalmoes, aalmoezen
alone [ə'ləʊn] **I** *bijw* ❶ alleen ❷ eenzaam ★ *leave / let him ~* laat hem met rust ★ *let ~ the danger* nog afgezien van het gevaar ★ *leave / let well ~* wees ermee tevreden ★ *go it ~* iets in z'n eentje doen **II** *bnw* ★ *you are not ~ in knowing* je bent niet de enige die het weet
along [ə'lɒŋ] **I** *bijw* ❶ (er)langs, door ❷ met... mee, vergezeld van ★ *get ~ with a person* met iem. kunnen opschieten ★ *go ~ with sth* in iets meegaan ⟨vnl. argument⟩ ★ *I knew all ~* ik heb het al die tijd geweten ★ *all ~* altijd door ★ *take ~* meenemen ★ *we walked happily ~* we liepen vrolijk door / verder ★ *why didn't you come ~?* waarom ging je niet mee? ★ *the work's coming ~ fine* het werk schiet lekker op ★ *she was sacked ~ with 200 others* ze werd samen met 200 anderen ontslagen **II** *vz* langs ★ *~ the canal* langs het kanaal
alongside [əlɒŋ'saɪd] *vz* ❶ langszij ★ *the car stopped ~ him* de auto stopte naast hem ❷ naast, behalve ★ *she teaches maths ~ physics* ze onderwijst behalve natuurkunde ook wiskunde
aloof [ə'lu:f] **I** *bijw* op een afstand, gereserveerd

★ *she held ~* ze hield zich afzijdig **II** *bnw* gereserveerd, koel, afzijdig ★ *she is very ~* ze is zeer gereserveerd
aloud [ə'laʊd] *bijw* hardop
alp [ælp] *zn* ❶ alpenweide ❷ alp, bergtop ★ *the Alps* de Alpen
alphabet [ælfə'bet] *zn* alfabet, ABC ★ *manual ~* handalfabet
alphabetical [ælfə'betɪkl] *bnw* alfabetisch
alpine ['ælpaɪn] **I** *bnw* alpen-, berg- ★ *~ horn* alpenhoorn **II** *zn* alpenplant
already [ɔ:l'redɪ] *bijw* reeds, al, nu al
alright, all right I *bijw* gezond en wel, veilig ★ *he is ~* hij is gezond en wel **II** *bnw* goed, voldoende, geoorloofd ★ *was the tea ~?* was de thee goed? ★ *it is ~ to go?* mag ik gaan? ★ *it's ~ for some* sommige mensen zit alles mee **III** *tw* ❶ goed, in orde, oké, inderdaad ★ *she's crazy ~* ze is écht gek ★ *oh yes, it's him ~* dat is 'm zonder enige twijfel ❷ afgesproken
Alsatian [æl'seɪʃən] *zn* ❶ Duitse herder(shond) ❷ Elzasser
also ['ɔ:lsəʊ] *bijw* ook, bovendien
altar ['ɔ:ltə] *zn* altaar ★ *~ boy* misdienaar
alter ['ɔ:ltə] *ov ww* ❶ wijzigen ❷ vermaken ⟨van kleding⟩
alteration [ɔ:ltə'reɪʃən] *zn* ❶ wijziging, verandering ❷ verbouwing ⟨van huis enz.⟩
altercation [ɔ:ltə'keɪʃən] *zn* woordenwisseling, gekrakeel
alternate¹ [ɔ:l'tɜ:nət] *bnw* ❶ af- / verwisselend, beurtelings ❷ USA alternatief, vervangend ★ *on ~ days* om de dag
alternate² ['ɔ:ltəneɪt] *onov ww* afwisselen ★ *alternating current* wisselstroom ★ *~ between hope and despair* heen en weer geslingerd worden tussen hoop en wanhoop
alternation [ɔ:ltə'neɪʃən] *zn* afwisseling
alternative [ɔ:l'tɜ:nətɪv] **I** *zn* andere / tweede mogelijkheid ⟨bij keuze⟩, alternatief **II** *bnw* alternatief
alternatively [ɔ:l'tɜ:nətɪvlɪ] *bijw* anders, in het andere / tweede geval
although [ɔ:l'ðəʊ] *bijw* hoewel, ofschoon
altitude ['æltɪtju:d] *zn* hoogte
alto ['æltəʊ] *zn* alt(stem), altpartij, altinstrument
altogether [ɔ:ltə'geðə] *bijw* ❶ helemaal, in alle opzichten ❷ in totaal ❸ bij elkaar genomen ★ *that is not ~ true* dat is niet helemáál waar
altruism ['æltru:ɪzəm] *zn* onbaatzuchtigheid, altruïsme
aluminium [æl(j)ʊ'mɪnɪəm], USA **aluminum** [æ'lʊmɪnəm] *zn* aluminium
alumni [ə'lʌmni:] *zn mv* → **alumnus**
alumnus [ə'lʌmnəs] *zn* [mv: **alumni**] oud-leerling
always ['ɔ:lweɪz] *bijw* ❶ altijd, steeds ❷ altijd nog
Alzheimer's disease *zn* ziekte van Alzheimer
am [æm] *ww* → **be**
a.m., USA **A.M.** *afk, ante meridiem* a.m., vóór 12 uur 's middags ★ *8.30 a.m.* 8.30, half negen 's ochtends
amalgam [ə'mælgəm] *zn* ❶ mengsel ❷ amalgaam
amalgamate [ə'mælgəmeɪt] *ov+onov ww* ❶ een fusie aangaan, fuseren ❷ verenigen, integreren ❸ techn amalgameren

amateur ['æmətə] *zn* amateur, liefhebber

amateurish ['æmətərɪʃ] *bnw* amateuristisch

amaze [ə'meɪz] *ov ww* verbazen, verwonderen ★ *you never cease to ~ me!* je blijft me verbazen!

amazed [ə'meɪzd] *bnw* verbaasd (**at** over) ★ *I was ~ at her deceit* ik was verbaasd over haar bedrog

amazement [ə'meɪzmənt] *zn* verbazing ★ *she looked at me in ~* zij keek mij verbaasd aan

amazing [ə'meɪzɪŋ] *bnw* verbazingwekkend

amazon ['æməzən] **I** *zn* amazone **II** *bnw* van / uit het Amazonegebied

ambassador [æm'bæsədə] *zn* ambassadeur, afgezant

amber ['æmbə] **I** *zn* barnsteen, gele amber **II** *bnw* oranje ⟨van verkeerslicht⟩

ambidextrous [æmbɪ'dekstrəs] *bnw* links- en rechtshandig

ambience ['æmbɪəns], **ambiance** *zn* sfeer, ambiance

ambient ['æmbɪənt] *bnw* omringend ★ *~ temperature* omgevingstemperatuur

ambiguity [æmbɪ'gju:ətɪ] *zn* ambiguïteit, dubbelzinnigheid

ambiguous [æm'bɪgjʊəs] *bnw* ❶ ambigu, dubbelzinnig ❷ vaag, onduidelijk

ambition [æm'bɪʃən] *zn* ❶ eerzucht, ambitie ❷ streven, ideaal

ambitious [æm'bɪʃəs] *bnw* ❶ eerzuchtig, ambitieus ❷ groots, grootscheeps ★ *isn't this a bit ~?* is dit niet te hoog gegrepen?

ambivalence [æm'bɪvələns] *zn* ambivalentie, dubbelwaardigheid

ambivalent [æm'bɪvələnt] *bnw* ambivalent

amble ['æmbl] **I** *zn* ❶ (rustige) wandeling ❷ telgang **II** *onov ww* kuieren, in telgang lopen

ambulance ['æmbjʊləns] *zn* ❶ ambulance, ziekenwagen ❷ veldhospitaal ⟨verplaatsbaar⟩

ambulant ['æmbjʊlənt] *bnw* in beweging, rondtrekkend

ambush ['æmbʊʃ] **I** *zn* hinderlaag **II** *ov ww* in hinderlaag laten lopen / vallen **III** *onov ww* in hinderlaag liggen

ameliorate [ə'mi:lɪəreɪt] **I** *ov ww* verbeteren **II** *onov ww* beter worden

amen ['ɑ:men/'eɪmen] *zn* amen ★ *amen to that* daar ben ik het zeker mee eens

amenable [ə'mi:nəbl] *bnw* handelbaar, volgzaam ★ *~ to* ontvankelijk / vatbaar voor

amend [ə'mend] *ov ww* ❶ wijzigen ❷ zich ver)beteren, amenderen

amendment [ə'mendmənt] *zn* amendement ★ USA pol *the First Amendment* het recht op vrijheid van meningsuiting

amends [ə'mendz] *zn mv* ★ *make ~* het weer goedmaken

amenity [ə'mi:nətɪ] *zn* ❶ [meestal mv] voorziening, faciliteit ★ *public amenities* openbare voorzieningen ❷ [meestal mv] aantrekkelijke kant, goede ligging

America [ə'merɪkə] *zn* Amerika

American [ə'merɪkən] **I** *zn* Amerikaan **II** *bnw* Amerikaans ★ *as ~ as apple pie* typisch Amerikaans

Americanism [ə'merɪkənɪzəm] *zn* amerikanisme

Americanize, Americanise [ə'merɪkənaɪz] *ww* ❶ veramerikaniseren ❷ taalk amerikanismen gebruiken

amiable ['eɪmɪəbl] *bnw* beminnelijk, vriendelijk

amicability [æmɪkə'bɪlətɪ] *zn* vriend(schapp)elijkheid

amicable ['æmɪkəbl] *bnw* vriendschappelijk

amicably [æ'mɪkəblɪ] *bijw* op vriendschappelijke toon ★ *part ~* in goede verstandhouding uit elkaar gaan

amid [ə'mɪd], **amidst** [ə'mɪdst] *vz* te midden van, tussen

amiss [ə'mɪs] **I** *bijw* verkeerd, te onpas ★ *take sth ~* iets kwalijk nemen, iets verkeerd begrijpen / opvatten ★ *not come / go ~* welkom zijn **II** *bnw* verkeerd ★ *what's ~?* wat is er aan de hand?

ammonia [ə'məʊnɪə] *zn* ammoniak

ammunition [æmjʊ'nɪʃən] *zn* (am)munitie

amnesia [æm'ni:zɪə] *zn* geheugenverlies

amnesty ['æmnɪstɪ] *zn* amnestie

amok [ə'mɒk] *bijw* ★ *run amok* amok maken, als een bezetene tekeergaan

among [ə'mʌŋ], **amongst** [ə'mʌŋst] *vz* te midden van, onder ★ *let's keep it ~ ourselves* laten we het onder ons houden ★ *talk ~ yourselves* iets in een besloten groep bespreken

amoral [eɪ'mɒrəl] *bnw* amoreel

amorous ['æmərəs] *bnw* ❶ verliefd (**of** op) ❷ liefdes-

amorphous [ə'mɔ:fəs] *bnw* amorf, vormloos

amount [ə'maʊnt] **I** *zn* ❶ bedrag ★ *to the ~ of* ten bedrage van ❷ grootte, hoeveelheid, mate, omvang ★ *any ~ of sth* een berg, heleboel ★ *no ~ of sth* geen enkel(e) **II** *onov ww* ~ **to** bedragen, neerkomen op ★ *it ~s to* het komt neer op

amp [æmp] *zn* ❶ ampère ❷ inform versterker

ampersand ['æmpəsænd] *zn* ampersand ⟨teken: &⟩

amphetamine [æm'fetəmi:n] *zn* amfetamine

amphibian [æm'fɪbɪən] *zn* ❶ amfibie ❷ amfibievliegtuig / -voertuig **II** *bnw* amfibisch, amfibie-

amphitheatre, USA **amphitheater** ['æmfɪθɪətə] *zn* amfitheater

ample ['æmpl] *bnw* ❶ ruim, ampel, uitvoerig, overvloedig ❷ gezet ⟨van figuur⟩

amplification [æmplɪfɪ'keɪʃən] *zn* ❶ versterking ⟨geluidstechniek⟩ ❷ uitweiding, nadere verklaring

amplifier ['æmplɪfaɪə] *zn* versterker

amplify ['æmplɪfaɪ] *ov ww* ❶ versterken ⟨van geluid, beeld⟩ ❷ vergroten ❸ uitbreiden, uitweiden

amputate ['æmpjʊteɪt] *ov ww* amputeren, afzetten

amputation [æmpjʊ'teɪʃən] *zn* amputatie

amuck [ə'mʌk] *bijw* → amok

amuse [ə'mju:z] *ov ww* ❶ amuseren, vermaken ❷ aangenaam bezig houden ★ *I am not ~d* ik vind het niet leuk

amusement [ə'mju:zmənt] *zn* amusement, plezier

amusement arcade *zn* gokhal, automatenhal

amusing [ə'mju:zɪŋ] *bnw* amusant, vermakelijk

an [æn] *lw* → a

anabolic [ænə'bɒlɪk] **I** *zn* anabool **II** *bnw* anabool ★ *~ steroids* anabole steroïden

anaemia [ə'ni:mɪə] *zn* ❶ bloedarmoede, anemie

an

❷ lusteloosheid

anaemic [ə'ni:mɪk] *bnw* ❶ bloedarm, anemisch ❷ lusteloos ★ *an* ~ *performance* een bloedeloze voorstelling

anaesthesia [ænɪs'θi:zɪə] *zn* ❶ anesthesie ❷ narcose, verdoving

anaesthetic [ænɪs'θetɪk] **I** *zn* verdovingsmiddel **II** *bnw* verdovend

anaesthetist [ə'ni:sθətɪst] *zn* anesthesist

anaesthetize, anaesthetise [ə'ni:sθətaɪz] *ov ww* verdoven, onder narcose brengen

anal ['eɪnl] *bnw* anaal, aars-

analgesic ['ænəl'dʒi:sɪk] **I** *zn* analgeticum, pijnstillend middel **II** *bnw* pijnstillend

analog ['ænəlɒg] USA → **analogue**

analogous [ə'næləgəs] *bnw* analoog (**to** met), overeenkomstig

analogue ['ænəlɒg] **I** *zn* ❶ analoog ❷ parallel **II** *bnw* ❶ analoog ❷ met wijzerplaat ⟨van klok, horloge⟩

analogy [ə'nælədʒɪ] *zn* analogie, overeenkomst ★ *on the ~ of / by ~ with* naar analogie van

analyse, analyze ['ænəlaɪz] *ov ww* ❶ analyseren ❷ ontleden ❸ aan psychoanalyse onderwerpen

analysis [ə'næləsɪs] *zn* ❶ analyse ★ *in the final / last ~* in laatste instantie, uiteindelijk ❷ psychoanalyse

analyst ['ænəlɪst] *zn* ❶ analist ❷ (psycho)analyticus

analytical [ænə'lɪtɪkl], **analytic** [ænə'lɪtɪk] *bnw* analytisch

analyze *ov ww* USA → **analyse**

anarchism ['ænəkɪzəm] *zn* anarchisme

anarchist ['ænəkɪst] *zn* anarchist

anarchy ['ænəkɪ] *zn* anarchie

anathema [ə'næθəmə] *zn* banvloek, vervloekt iets of iemand, gruwel ★ *democracy is an ~ to them* democratie is hun een gruwel

anatomist [ə'nætəmɪst] *zn* anatoom

anatomy [ə'nætəmɪ] *zn* ❶ anatomie ❷ bouw, structuur ⟨van lichaam⟩ ❸ analyse, onderzoek ★ *human ~* menselijk lichaam ★ *morbid ~* pathologische anatomie

ancestor ['ænsestə] *zn* ❶ voorvader ❷ oertype, prototype

ancestral [æn'sestrəl] *bnw* ❶ voorouderlijk ❷ prototypisch

ancestry ['ænsestrɪ] *zn* ❶ voorouders ❷ afkomst

anchor ['æŋkə] **I** *zn* ❶ anker ★ *drop ~* het anker uitwerpen ★ *ride at ~* voor anker liggen ★ *weigh ~* het anker lichten ❷ steun **II** *ov ww* (ver)ankeren **III** *onov ww* voor anker gaan

anchorage ['æŋkərɪdʒ] *zn* ❶ verankering ❷ ligplaats ❸ *fig* steun

anchovy ['æntʃəvɪ] *zn* ansjovis

ancient ['eɪnʃənt] *bnw* ❶ (zeer) oud ❷ uit de (klassieke) oudheid ★ *fig ~ history* oude koeien ★ *the Ancients* de Klassieken ⟨i.h.b. Grieken en Romeinen⟩

ancillary [æn'sɪlərɪ] **I** *zn* assistent **II** *bnw* ❶ ondergeschikt, bijkomend ❷ hulp-, ondersteunend ★ *~ industries* toeleveringsbedrijven

and [ænd] *vw* en ★ *try and come* probeer te komen

anecdote ['ænɪkdəʊt] *zn* anekdote

anemia [ə'ni:mɪə] *zn* → **anaemia**

anemic [ə'ni:mɪk] *bnw* → **anaemic**

anemone [ə'nemənɪ] *zn* anemoon

anesthesia *zn* USA → **anaesthesia**

anesthetic *zn* USA → **anaesthetic**

anesthetist *zn* USA → **anaesthetist**

anesthetize *ov ww* USA → **anaesthetize**

anew [ə'nju:] *bijw* ❶ opnieuw ★ *she started anew in a different city* ze begon een nieuw leven in een andere stad ❷ anders

angel ['eɪndʒəl] *zn* ❶ ook fig engel ❷ schat ❸ inform sponsor ★ *guardian ~* beschermengel

angelic [æn'dʒelɪk] *bnw* engelachtig

anger ['æŋgə] **I** *zn* woede **II** *ov ww* boos maken, tergen **III** *onov ww* boos worden ★ *she ~s quickly* ze wordt snel boos

angle ['æŋgl] **I** *zn* ❶ hoek ★ *acute ~* scherpe hoek ★ *right ~* rechte hoek ★ *at an ~ (to)* schuin (op) ★ *at right ~s to* haaks op ★ *~ parking* schuin parkeren ★ *dead ~* dode hoek ★ *blind ~* dode hoek, blinde vlek ❷ gezichtspunt ★ *from all ~s* van meerdere kanten ★ *it gave her a whole new ~ on life* het gaf haar een heel nieuwe kijk op het leven **II** *ov ww* ~ **to(wards), at** richten op ★ *he ~d the light towards me* hij richtte het licht op me ★ *the magazine is ~d at teenagers* het tijdschrift is voor tieners bedoeld **III** *onov ww* ❶ zich kronkelen, buigen ❷ hengelen ★ *~ for compliments* vissen naar complimentjes

angler ['æŋglə] *zn* hengelaar

Anglican ['æŋglɪkən] **I** *bnw* anglicaans ★ *the ~ church* de anglicaanse kerk ⟨de Engelse staatskerk⟩ **II** *zn* anglicaan

anglicism ['æŋglɪsɪzəm] *zn* anglicisme

anglicize, anglicise ['æŋglɪsaɪz] *ov ww* verengelsen

angling ['æŋglɪŋ] *zn* hengelsport

Anglo- ['æŋgləʊ] *voorv* Engels, van Britse / Engelse oorsprong

Anglo-American *bnw* Anglo-Amerikaans

Anglophile ['æŋgləʊfaɪl] *zn* anglofiel ⟨met voorliefde voor alles wat Engels is⟩

Anglo-Saxon [æŋgləʊ'sæksən] **I** *zn* ❶ Angelsakser ❷ (typische) Engelsman **II** *bnw* ❶ Oud-Engels, Angelsaksisch ❷ USA Engels

angry ['æŋgrɪ] *bnw* ❶ boos (**at, with** op; **about, at** over) ★ *he's ~ at / with me* hij is boos op mij ★ *what is she ~ about?* waar is ze boos over? ❷ dreigend ❸ pijnlijk, ontstoken ★ *~ clouds* dreigende wolken ★ *~ wound* ontstoken wond

anguish ['æŋgwɪʃ] **I** *zn* ❶ (zielen)smart ❷ angst ❸ pijn, lijden ★ *be in ~* angsten uitstaan **II** *onov ww* ❶ pijn lijden, angst hebben ❷ ~ **about/over** angst hebben over

anguished ['æŋgwɪʃt] *bnw* vol smart, vol angst, gekweld

angular ['æŋgjʊlə] *bnw* ❶ hoekig ❷ benig, knokig ★ *~ features* hoekige gelaatstrekken

animal ['ænɪml] **I** *zn* ❶ dier ❷ dierlijk wezen ★ *domesticated ~* huisdier, getemd dier **II** *bnw* dierlijk

animate ['ænɪmeɪt] **I** *bnw* levend **II** *ov ww* ❶ bezielen, tot leven brengen ❷ animeren ❸ een animatiefilm maken

animated ['ænɪmeɪtɪd] *bnw* levend(ig), bezield ★ *an ~ discussion* een levendig gesprek ★ *~*

cartoon tekenfilm

animation [ænɪˈmeɪʃən] *zn* ❶ levendigheid, enthousiasme ❷ (het maken van een) tekenfilm

animosity [ænɪˈmɒsətɪ] *zn* vijandigheid

aniseed [ˈænɪsiːd] *zn* anijszaad(je)

ankle [ˈæŋkl] *zn* enkel

anklet [ˈæŋklət] *zn* ❶ enkelstuk, enkelkettinkje ❷ USA sok

annals [ˈænlz] *zn mv* annalen, jaarboeken

annex[1], GB **annexe** [ˈæneks] *zn* ❶ aanhangsel ⟨van document⟩ ❷ bijgebouw, dependance

annex[2] [əˈneks] *ov ww* ❶ annexeren ❷ aanhechten ⟨toevoegen als bijlage⟩

annexation [ˈænekˈseɪʃn] *zn* annexatie, inlijving

annihilate [əˈnaɪəleɪt] *ov ww* ❶ vernietigen ❷ (volledig) verslaan

annihilation [ənaɪəˈleɪʃən] *zn* vernietiging

anniversary [ænɪˈvɜːsərɪ] *zn* (jaarlijkse) gedenkdag ★ *20th wedding* ~ 20e trouwdag

annotate [ˈænəʊteɪt] *ov ww* annoteren, aantekeningen maken

annotation [ænəˈteɪʃən] *zn* annotatie, aantekening

announce [əˈnaʊns] *ov ww* aankondigen, bekendmaken, omroepen ★ *form we regret to ~ the death of our grandmother* met leedwezen geven wij kennis van het overlijden van onze grootmoeder

announcement [əˈnaʊnsmənt] *zn* aankondiging, bekendmaking

announcer [əˈnaʊnsə] *zn* aankondiger, omroeper

annoy [əˈnɔɪ] *ov ww* ❶ ergeren ❷ lastig vallen

annoyance [əˈnɔɪəns] *zn* ❶ ergernis, irritatie ★ *much to her* ~ tot haar grote ergernis ❷ last, hinder

annoyed [əˈnɔɪd] *bnw* geïrriteerd ★ *~ with sb* geïrriteerd over iem. ★ *~ with sth* geïrriteerd over iets

annoying [əˈnɔɪɪŋ] *bnw* hinderlijk, vervelend

annual [ˈænjʊəl] **I** *bnw* jaar-, jaarlijks ★ *~ income* jaarinkomen ★ *~ general meeting* jaarvergadering **II** *zn* ❶ jaarboekje ❷ éénjarige plant

annuity [əˈnjuːətɪ] *zn* lijfrente, jaargeld

annul [əˈnʌl] *ov ww* ❶ tenietdoen ❷ ongeldig / nietig verklaren

annulment [əˈnʌlmənt] *zn* ❶ tenietdoening ❷ ongeldig- / nietigverklaring

Annunciation [ənʌnsɪˈeɪʃən] *zn* ★ ~ *(day)* Maria-Boodschap ⟨25 maart⟩

anodyne [ˈænədaɪn] **I** *zn* pijnstillend / kalmerend middel **II** *bnw* ❶ pijnstillend ❷ kalmerend, sussend

anoint [əˈnɔɪnt] *ov ww* ❶ insmeren, zalven ⟨vooral rel.⟩ ❷ inform aftuigen

anomalous [əˈnɒmələs] *bnw* abnormaal, onregelmatig, uitzonderings- ★ *the ~ expansion of water* de buitengewone toename van water

anomaly [əˈnɒmətɪ] *zn* anomalie, onregelmatigheid

anon. [əˈnɒn] *afk, anonymous* anon., anoniem

anonymity [ænəˈnɪmətɪ] *zn* anonimiteit, naamloosheid

anonymous [əˈnɒnɪməs] *bnw* anoniem, naamloos ★ *a dull and ~ landscape* een saai, karakterloos landschap

anorectic [ænəˈrektɪk] *bnw* anorectisch

anorexia [ænəˈreksɪə] *zn* anorexia (nervosa), magerzucht

another [əˈnʌðə] *onbep vnw* ❶ nog een ★ *that's ~ matter* dat is iets heel anders ★ *for one reason or* ~ om de een of andere reden ❷ een ander ★ *would you like ~ biscuit?* wil je nog een koekje? ❸ een tweede ★ *Iraq is becoming ~ Vietnam* Irak wordt een tweede Vietnam ★ *one* ~ elkaar

answer [ˈɑːnsə] **I** *zn* antwoord ★ *have / know all the ~s* van alle markten thuis zijn, iron denken dat men alles weet **II** *ov ww* ❶ antwoorden op, beantwoorden (aan) ❷ reageren op ★ ~ *the door* opendoen ⟨na kloppen / bellen⟩ ★ ~ *the phone* de telefoon opnemen ★ *does this ~ your requirements?* voldoet dit aan je eisen? **III** *onov ww* ❶ antwoorden ❷ voldoende zijn ❸ ~ **back** een brutaal antwoord geven ❹ ~ **for** instaan voor, boeten voor ★ *have a lot to ~ for* heel wat op zijn geweten hebben ❺ ~ **to** luisteren naar, reageren op, verantwoorden tegenover, beantwoorden aan ★ ~ *to the name of* luisteren naar de naam

answerable [ˈɑːnsərəbl] *bnw* ❶ verantwoording verschuldigd, aansprakelijk ★ *you are ~ for your behaviour* je bent aansprakelijk voor je gedrag ❷ te beantwoorden

answering machine *zn* antwoordapparaat

answerphone [ˈɑːnsəfəʊn] *zn* antwoordapparaat

ant [ænt] *zn* mier ★ *have ants in one's pants* geen rust in zijn kont hebben

antagonism [ænˈtægənɪzəm] *zn* ❶ antagonisme ❷ tegenstrijdig principe ❸ vijandschap ★ *his proposal met with a lot of ~* zijn voorstel riep veel verzet op

antagonist [ænˈtægənɪst] *zn* antagonist, tegenstander

antagonistic [æntægəˈnɪstɪk] *bnw* antagonistisch, tegenwerkend, vijandig

antagonize, antagonise [ænˈtægənaɪz] *ov ww* ❶ tegen zich in het harnas jagen ❷ tegengaan / -werken

Antarctic [æntˈɑːktɪk] *zn* het zuidpoolgebied ★ *the ~* Antarctica

Antarctic Ocean *zn* Zuidelijke IJszee

ante [ˈæntɪ] **I** *zn* ★ *raise / up the ante* z'n eisen opschroeven **II** *ov ww* ~ **up** ophoesten ⟨van geld⟩

ante- [ˈæntɪ] *voorv* voor-, vooraf

antecedent [æntɪˈsiːdənt] **I** *zn* ❶ (het) voorafgaande, voorgeschiedenis ❷ ook taalk antecedent ★ ~*s* [mv] voorouders, verleden **II** *bnw* voorafgaand

antedate [æntɪˈdeɪt] **I** *zn* antidatering **II** *ov ww* ❶ antidateren, te vroeg dateren ❷ voorafgaan aan ❸ vervroegen

antelope [ˈæntɪləʊp] *zn* antilope, leer van antilope

antenatal [æntɪˈneɪtl] *bnw* prenataal ★ ~ *clinic* kliniek voor a.s. moeders ★ ~ *exercises* zwangerschapsgymnastiek

antenna [ænˈtenə] *zn* [mv: **antennae**] ❶ voelspriet ❷ ook fig antenne

antepenultimate [æntɪprˈnʌltɪmət] **I** *zn* op twee na de laatste lettergreep **II** *bnw* op twee na

an

laatste, voorvoorlaatst

anterior [æn'tɪərɪə] bnw ❶ voor-, voorste ★ ~ part of the brain voorste deel van de hersenen ❷ voorafgaand (**to** aan), vroeger ★ the king ~ to Queen Elizabeth I de koning voorafgaand aan koningin Elizabeth I

ant heap zn mierenhoop

anthem ['ænθəm] zn religieuze koorzang ★ national ~ volkslied

anthology [æn'θɒlədʒɪ] zn bloemlezing

anthropologist [ænθrə'pɒlədʒɪst] zn antropoloog

anthropology [ænθrə'pɒlədʒɪ] zn antropologie, leer van de mens

anthropomorphic [ænθrəpə'mɔːfɪk] bnw antropomorf, mensachtig

anti ['ænti/'æntaɪ] **I** zn tegenstander **II** vz tegen

anti- ['æntɪ/'æntaɪ] voorv tegen-, anti- ★ ~American anti-Amerikaans

anti-aircraft [æntɪ'eəkrɑːft] bnw ★ ~ guns luchtafweergeschut

antibiotic [æntɪbaɪ'ɒtɪk] **I** zn antibioticum **II** bnw antibiotisch, bacteriebestrijdend

antibody ['æntɪbɒdɪ] zn antilichaam, antistof

anticipate [æn'tɪsɪpeɪt] ov ww ❶ verwachten, tegemoetzien ★ war is widely ~d er wordt algemeen oorlog verwacht ❷ anticiperen, vooruitlopen op ❸ voorkomen, vóór zijn ❹ voorvoelen / -zien

anticipation [æntɪsɪ'peɪʃən] zn ❶ voorgevoel ❷ verwachting ★ in ~ bij voorbaat ★ in ~ of in afwachting van

anticipatory [æn'tɪsɪpətərɪ] bnw anticiperend

anticlimax [æntɪ'klaɪmæks] zn anticlimax

anticlockwise [æntɪ'klɒkwaɪz] bnw + bijw USA tegen de wijzers van de klok in, linksom draaiend

antics ['æntɪks] zn mv capriolen, potsierlijk gedrag ★ he is up to his ~ again hij doet weer eens gek

anticyclone [æntɪ'saɪkləʊn] zn gebied met hoge luchtdruk, anticycloon

antidotal [æntɪ'dəʊtl] bnw als tegengif

antidote ['æntɪdəʊt] zn tegengif (**against, for** tegen)

antifreeze [æntɪ'friːz] zn antivries

anti-lock bnw ★ ~ braking system antiblokkeersysteem

anti-nuclear [æntɪ'njuːklɪə] bnw antikernwapen(s), tegen kernenergie

antipathetic [æntɪpə'θetɪk] bnw antipathiek ★ ~ to new ideas niet openstaand voor nieuwe ideeën

antipathy [æn'tɪpəθɪ] zn antipathie, afkeer

antiquarian [æntɪ'kweərɪən] **I** zn ❶ oudheidkundige ❷ antiquaar, antiquair **II** bnw oudheidkundig

antiquated ['æntɪkweɪtɪd] bnw verouderd, achterhaald ★ ~ central heating verouderde centrale verwarming

antique [æn'tiːk] **I** zn antiek voorwerp **II** bnw antiek, oud

antique dealer zn antiquair

antiquity [æn'tɪkwətɪ] zn ❶ (de) oudheid ❷ ouderdom ★ antiquities [mv] oudheden

anti-Semitic bnw antisemitisch

anti-Semitism zn antisemitisme

antiseptic [æntɪ'septɪk] **I** zn ontsmettend middel **II** bnw antiseptisch, ontsmettend

antisocial [æntɪ'səʊʃəl] bnw ❶ asociaal ❷ ongezellig

anti-terrorist bnw ★ ~ organization antiterreurorganisatie

antithesis [æn'tɪθəsɪs] zn antithese, tegenstelling, contrast

antitoxin [æntɪ'tɒksɪn] zn tegengif, antitoxine

antler ['æntlə] zn [meestal mv] gewei

antonym ['æntənɪm] zn antoniem, tegengestelde ⟨woord met tegengestelde betekenis⟩

anus ['eɪnəs] zn anus, aars(opening)

anvil ['ænvɪl] zn ook anat aanbeeld

anxiety [æŋ'zaɪətɪ] zn ❶ angst ❷ bezorgdheid (**about, for** om) ★ ~ about his safety bezorgdheid om zijn veiligheid ❸ verlangen (**for, to** naar) ★ an ~ to please een sterk verlangen om te aardig gevonden te worden

anxious ['æŋkʃəs] bnw ❶ bezorgd (**about** over), nerveus ❷ verontrust ❸ verlangend (**for** naar) ★ ~ moments angstige ogenblikken ★ he was ~ to leave hij stond te popelen om te vertrekken, hij wilde graag vertrekken

any ['enɪ] onbep vnw ❶ enig(e), enkele, wat ★ are there any apples? zijn er ook appels? ❷ ieder(e), elk(e), wie / welke(e) ook ★ any pen will do elke pen is goed ★ they are as good as any ze zijn zo goed als welke dan ook ★ any time! graag gedaan! ★ at any time steeds, altijd, geen dank! ❸ een, iemand, niet(s), iets ★ not just any person niet zo maar iem., een bijzonder iem. ★ inform I'm not having any of it ik wil dit absoluut niet, er komt niets van in! ★ I'm afraid I'm not any the wiser after that class ik ben bang dat ik van die les niets heb opgestoken

anybody ['enɪbɒdɪ] onbep vnw → **anyone**

anyhow ['enɪhaʊ] bijw ❶ hoe dan ook, in ieder geval ★ I will come ~ ik kom in ieder geval ❷ nonchalant, ongeregeld ★ she dresses ~ ze kleedt zich slordig

anymore ['eni'mɔː] bijw [met ontkenning] meer ★ I don't live in Utrecht ~ ik woon niet meer in Utrecht

anyone ['enɪwʌn] onbep vnw ❶ iemand ★ would ~ help me, please? is er iem. die mij wil helpen? ❷ wie dan ook, iedereen ★ ~ who is ~ iedereen die iets te betekenen heeft ★ it could happen to ~ het kan iedereen overkomen

anything ['enɪθɪŋ] onbep vnw ❶ iets ❷ wat dan ook, (van) alles ★ ~ but allesbehalve ★ not for ~ voor niets ter wereld ★ as fast as ~ zo snel als wat ★ if ~ this is better dit is mogelijk nog beter

anyway ['enɪweɪ] bijw ❶ althans, tenminste, in ieder geval, toch, nou ja, eigenlijk ★ she wasn't invited but came ~ ze was niet uitgenodigd maar kwam toch ★ ~, I don't want to talk about it ik wil er eigenlijk niet over praten ❷ hoe dan ook

anywhere ['enɪweə] bijw ❶ ergens ❷ waar dan ook, overal ★ ~ miles from ~ mijlenver van alles verwijderd ★ there weren't ~ near enough chairs er waren bij lange niet genoeg stoelen ★ we are not getting ~ (with this) zo komen we (hiermee) geen klap verder

AOB *afk, any other business* wat verder ter tafel komt

aorta [eɪˈɔːtə] *zn* aorta, hoofdslagader

apart [əˈpɑːt] *bijw* ❶ apart, los, afzonderlijk ★ *set* ~ scheiden ★ ~ *from* afgezien van ★ *joking* ~ zonder dollen / gekheid ★ *John* ~, *not one of them is suitable* behalve John is niemand geschikt ❷ van / uit elkaar, gescheiden ⟨van tijd, plaats⟩ ★ *poles / worlds* ~ hemelsbreed van elkaar verschillend ★ *tell* ~ onderscheiden ❸ aan stukken ★ *take* ~ uit elkaar halen, demonteren, kritisch analyseren, afkraken

apartment [əˈpɑːtmənt] *zn* ❶ USA appartement, flat ❷ vertrek ★ ~ *block* flatgebouw ★ USA ~ *house* klein flatgebouw

apathetic [æpəˈθetɪk] *bnw* apathisch, lusteloos

apathy [ˈæpəθɪ] *zn* apathie, lusteloosheid

ape [eɪp] I *zn* mensaap, staartloze aap ★ USA *go ape(shit)* razend / knettergek worden II *ov ww* na-apen

aperitif [əperəˈtiv] *zn* aperitief

aperture [ˈæpətʃə] *zn* opening, spleet, audio-vis diafragma ⟨van fototoestel⟩

apex [ˈeɪpeks] *zn* ook fig top(punt) ★ *the apex of the roof* het hoogste punt van het dak ★ fig *the apex of his career* de top van zijn loopbaan

aphorism [ˈæfərɪzəm] *zn* aforisme, kernachtig gezegde

aphrodisiac [æfrəˈdɪziæk] *zn* afrodisiacum ⟨libidoverhogend middel⟩

apiece [əˈpiːs] *bijw* per stuk

aplomb [əˈplɒm] *zn* zelfverzekerdheid, aplomb

apnoea, apnea [apˈniːə] *zn* ademstilstand / -onderbreking

apocalypse [əˈpɒkəlɪps] *zn* ❶ openbaring, onthulling ❷ einde / vernietiging van de wereld

apologetic [əpɒləˈdʒetɪk] *bnw* verontschuldigend

apologize, apologise [əˈpɒlədʒaɪz] *onov ww* zich verontschuldigen

apology [əˈpɒlədʒɪ] *zn* verontschuldiging

apoplexy [ˈæpəpleksɪ] *zn* oud beroerte, apoplexie

apostle [əˈpɒsəl] *zn* ❶ apostel ❷ aanhanger

apostrophe [əˈpɒstrəfɪ] *zn* taalk apostrof, weglatingsteken

appal, USA appall [əˈpɔːl] *ov ww* ontstellen, ontzetten ★ *I was ~led at the news* ik was diep geschokt door het nieuws

appalling [əˈpɔːlɪŋ] *bnw* ❶ ontstellend, verbijsterend ❷ heel slecht ★ ~ *weather conditions* zeer slechte weersomstandigheden

apparatus [æpəˈreɪtəs] *zn* ❶ apparaat, apparatuur ❷ anat organen ★ *respiratory* ~ ademhalingsorganen

apparent [əˈpærənt] *bnw* ❶ duidelijk ❷ ogenschijnlijk ★ *with no* ~ *reason* zonder aanwijsbare reden

apparently [əˈpærəntlɪ] *bijw* blijkbaar, kennelijk

apparition [æpəˈrɪʃən] *zn* spook(verschijning)

appeal [əˈpiːl] I *zn* ❶ aantrekkingskracht ★ *have a wide* ~ in brede kring gehoor vinden ❷ jur beroep, appel, bezwaarschrift ★ *lodge an* ~ beroep aantekenen ★ *Court of Appeal* Hof van Appel ❸ oproep, smeekbede ★ *an* ~ *for help* een smeekbede om hulp II *onov ww* ❶ in beroep gaan ❷ dringend verzoeken ★ ~ *against a decision* beroep aantekenen tegen een

---

beslissing ★ ~ *for calm* verzoeken om stilte ❸ ~ **to** beroep doen op, zich beroepen op, aantrekkingskracht uitoefenen, aanspreken ★ ~ *to commons sense* een beroep doen op gezond verstand ★ *the idea ~ed to me* het idee sprak me aan

appealing [əˈpiːlɪŋ] *bnw* ❶ aantrekkelijk ❷ smekend ★ *an* ~ *look* een smekende blik

appear [əˈpɪə] I *onov ww* verschijnen ★ *she ~s regularly on television* ze verschijnt regelmatig op televisie II *hww* blijken, lijken ★ *she ~ed to be sick* ze bleek ziek te zijn ★ *that does not* ~ *to be a good idea* dat lijkt geen goed idee

appearance [əˈpɪərəns] *zn* ❶ uiterlijk, schijn ★ *keep up ~s* de schijn redden, stand ophouden ★ *to all ~s* zo te zien, kennelijk ★ *~s are deceptive* schijn bedriegt ❷ verschijning, (het) optreden ★ *make an* ~ optreden ★ *put in an* ~ zich even laten zien

appease [əˈpiːz] *ov ww* ❶ verzoenen, sussen, bevredigen ★ *the speech ~d them* de toespraak kalmeerde hen ❷ stillen ⟨van honger⟩

appeasement [əˈpiːzmənt] *zn* verzoening, verzoeningspolitiek door concessies, kalmering

append [əˈpend] *ov ww* bijvoegen, aanhechten

appendage [əˈpendɪdʒ] *zn* ❶ bijvoegsel, aanhangsel ❷ med aanhangsel

appendectomy [æpɪnˈdektəmɪ] *zn* blindedarmoperatie

appendices [əˈpendɪsiːz] *zn mv* → **appendix**

appendicitis [əpendrˈsaɪtɪs] *zn* blindedarmontsteking

appendix [əˈpendɪks] *zn* [mv: **appendices**] ❶ aanhangsel, appendix ❷ anat blindedarm, appendix

appertain [æpəˈteɪn] *onov ww* ~ **to** behoren aan / bij / tot, betreffen ★ *these duties* ~ *to his work* deze taken horen bij zijn werk

appetite [ˈæpɪtaɪt] *zn* ❶ eetlust ❷ begeerte (**for** naar)

appetizer, appetiser [ˈæpɪtaɪzə] *zn* ❶ aperitief ❷ voorgerecht

appetizing, appetising [ˈæpɪtaɪzɪŋ] *bnw* ❶ de eetlust opwekkend ❷ smakelijk

applaud [əˈplɔːd] I *ov ww* toejuichen ★ *they ~ed his arrival* ze juichten zijn komst toe II *onov ww* applaudisseren

applause [əˈplɔːz] *zn* applaus, bijval

apple [ˈæpl] *zn* appel ★ ~ *dumpling* appelbol ★ *the Big Apple* New York ★ ~ *of s.o.'s eye* iemands oogappel

applecart [ˈæplkɑːt] *zn* ★ *to upset the* ~ iemands plannen verijdelen

apple pie *zn* appeltaart ★ *as American as* ~ typisch Amerikaans ★ *left in* ~ *order* keurig netjes achtergelaten

appliance [əˈplaɪəns] *zn* toestel, apparaat, middel ★ *domestic ~s* huishoudelijke apparaten

applicable [ˈæplɪkəbl] *bnw* ❶ toepasselijk ❷ doelmatig ★ ~ *to* van toepassing op

applicant [ˈæplɪkənt] *zn* sollicitant

application [æplɪˈkeɪʃən] *zn* ❶ toepassing, gebruik ★ *for outward* ~ *only* alleen voor uitwendig gebruik ❷ sollicitatie, aanvraag(formulier), verzoek ❸ toewijding ❹ comp applicatie, toepassingsprogramma

applied [æ'plaɪd] *bnw* toegepast
apply [ə'plaɪ] I *ov ww* ❶ aanleggen, aanbrengen ★ ~ *glue* lijm aanbrengen ❷ toepassen, gebruiken ★ ~ *pressure* druk uitoefenen ★ ~ *the brakes* remmen ★ ~ *o.s. (to)* zich toeleggen (op), zich inspannen (voor) ★ *applied art* kunstnijverheid II *onov ww* ❶ van toepassing zijn, gelden ❷ ~ *for* solliciteren naar, aanvragen ❸ ~ *to* zich wenden tot
appoint [ə'pɔɪnt] *ov ww* ❶ aanstellen ★ ~ *a person* iem. aanstellen ❷ vaststellen ★ ~ *a time* een tijd vaststellen ❸ uitrusten, voorzien ★ *be well ~ed* welvoorzien zijn, goed uitgerust zijn
appointment [ə'pɔɪntmənt] *zn* ❶ afspraak ❷ benoeming ★ *by ~ only* alleen volgens afspraak
apportion [ə'pɔːʃən] *ov ww* toebedelen
appraisal [ə'preɪzəl] *zn* ❶ beoordeling ❷ waardebepaling ★ *staff / performance ~* beoordeling, evaluatie
appraise [ə'preɪz] *ov ww* ❶ schatten ❷ evalueren
appreciable [ə'priːʃəbl] *bnw* ❶ schatbaar ❷ merkbaar, aanzienlijk ★ *an ~ amount* een aanzienlijke hoeveelheid
appreciate [ə'priːʃɪeɪt] I *ov ww* ❶ appreciëren, waarderen ★ *I'd ~ it if you rang first* ik zou het op prijs stellen als je eerst belde ❷ begrijpen, inzien ★ *he doesn't ~ how I feel* hij begrijpt niet hoe ik me voel ❸ verhogen in koers / prijs II *onov ww* in waarde stijgen
appreciation [əpriːʃɪ'eɪʃən] *zn* ❶ appreciatie, waardering ❷ beoordeling ❸ waardevermeerdering
appreciative [ə'priːʃətɪv] *bnw* waarderend, erkentelijk ★ ~ *comments* waarderende opmerkingen
apprehend [æprɪ'hend] *ov ww* ❶ *form* begrijpen ❷ arresteren ★ *the thief was ~ed at the border* de dief werd aan de grens aangehouden ❸ vrezen
apprehension [æprɪ'henʃən] *zn* ❶ ongerustheid, vrees ★ *a sense of ~* een beklemd gevoel ❷ arrestatie ❸ begrip ★ *slow ~* langzaam begrip
apprehensive [æprɪ'hensɪv] *bnw* ongerust
apprentice [ə'prentɪs] I *zn* leerjongen II *ov ww* ❶ in de leer doen / nemen ❷ ~ *to* in de leer doen bij ★ *he was ~d to a printer* hij ging in de leer bij een drukker
apprenticeship [ə'prentɪsʃɪp] *zn* leerlingschap, leerjaren
approach [ə'prəʊtʃ] I *ov ww* ❶ naderen ★ *the plane ~ed the runway* het vliegtuig naderde de landingsbaan ❷ benaderen, aanpakken ★ *he ~ed the matter carefully* hij pakte de zaak voorzichtig aan II *zn* ❶ nadering ❷ toegang(sweg) ★ *an ~ road* een invalsweg ❸ benadering
approachable [ə'prəʊtʃəbl] *zn* ook fig toegankelijk ★ *the shops are ~ from the west* de winkels zijn van de westkant toegankelijk ★ *he is very friendly and ~* hij is zeer vriendelijk en toegankelijk
approbation [æprə'beɪʃən] *zn* (officiële) goedkeuring
appropriate¹ [ə'prəʊprɪət] *bnw* ❶ geschikt (**to, for** voor) ❷ passend ★ *take ~ measures* passende maatregelen treffen

appropriate² [ə'prəʊprɪeɪt] *ov ww* ❶ zich toe-eigenen ❷ toewijzen, bestemmen ★ ~ *money for the park* geld voor het park bestemmen
approval [ə'pruːvəl] *zn* goedkeuring ★ *on ~* op zicht ★ *meet with ~* bijval vinden
approve [ə'pruːv] *onov ww* ❶ akkoord gaan ★ *an ~d method* een beproefde methode ❷ ~ *of* goedkeuren
approx *afk, approximate(ly)* ongeveer, bij benadering
approximate¹ [ə'prɒksɪmət] *bnw* bij benadering (aangegeven)
approximate² [ə'prɒksɪmeɪt] *ov ww* (be)naderen, schatten
approximately [ə'prɒksɪmətlɪ] *bijw* bij benadering, ongeveer
approximation [ə'prɒksɪ'meɪʃn] *zn* benadering, schatting
Apr. *afk, April* apr, april
apricot ['eɪprɪkɒt] *zn* abrikoos
April ['eɪprɪl] *zn* april ★ ~ *Fools' Day / All Fools' Day* één april ★ ~ *fool* slachtoffer van aprilgrap
apron ['eɪprən] *zn* ❶ schort ❷ voortoneel ❸ verhard deel van vliegveld ★ *be tied to s.o.'s ~ strings* aan iemands leiband lopen
apt [æpt] *bnw* ❶ geschikt, passend ❷ geneigd ❸ gevat, kien ★ *an apt remark* een passende / gevatte opmerking
aptitude ['æptɪtjuːd] *zn* ❶ aanleg ❷ neiging ❸ geschiktheid ★ ~ *test* geschiktheidsonderzoek
aquaplane ['ækwəpleɪn] I *zn* waterskiplank II *onov ww* ❶ waterskiën ❷ over een glad oppervlak glijden, planeren
aquarium [ə'kweərɪəm] *zn* aquarium
Aquarius [ə'kweərɪəs] *zn* Waterman ⟨sterrenbeeld⟩
aquatic [ə'kwætɪk] *bnw* water-
aqueduct ['ækwɪdʌkt] *zn* aquaduct, waterleidingbuis
aqueous ['eɪkwɪəs] *bnw* water-, waterachtig
AR *afk, Arkansas* staat in de VS
Arab ['ærəb] I *zn* Arabier II *bnw* Arabisch ⟨met betrekking tot het volk⟩
Arabia [ə'reɪbɪə] *zn* Arabië
Arabian [ə'reɪbɪən] *bnw* Arabisch ★ ~ *Nights* Duizend-en-een-nacht
Arabic ['ærəbɪk] I *zn* (het) Arabisch II *bnw* Arabisch ⟨taal⟩
arable ['ærəbl] *bnw* bebouwbaar ★ ~ *land* (land)bouwgrond ★ ~ *farming* akkerbouw
arbiter ['ɑːbɪtə] *zn* ❶ scheidsrechter, arbiter ★ *the audience is the final ~* het publiek is de uiteindelijke scheidsrechter ❷ iemand die de toon aangeeft ⟨in smaak, mode, stijl⟩ ★ *the ~s of fashion* de toonaangevende modeontwerpers
arbitrary ['ɑːbɪtrərɪ] *bnw* willekeurig, arbitrair
arbitrate ['ɑːbɪtreɪt] I *onov ww* scheidsrechterlijk optreden, beslissen, bemiddelen ★ *the ombudsman ~s between the parties* de ombudsman bemiddelt tussen de partijen II *ov ww* als scheidsrechter laten regelen ★ *the insurance ~s claims* de verzekering regelt schadevergoedingen
arbitration [ɑːbɪ'treɪʃən] *zn* arbitrage ★ *go to ~* voorleggen aan een arbitragecommissie
arbitrator ['ɑːbɪtreɪtə] *zn* scheidsrechter ⟨bij

geschillen⟩, arbiter, bemiddelaar
arbour, USA **arbor** [ɑ:'bə] zn prieel
arc [ɑ:k] zn (cirkel)boog
arcade [ɑ:'keɪd] zn ❶ galerij
❷ speelautomatenhal ★ *shopping* ~
winkelgalerij
arch [ɑ:tʃ] **I** zn boog, gewelf, voetholte **II** *bnw*
ondeugend, schalks **III** *ov ww* welven ★ *the cat*
arched its back de kat welfde zijn rug **IV** *onov*
ww zich welven
arch- [ɑ:tʃ] *voorv* aarts-
archaeological [ɑ:kɪə'lɒdʒɪkl] *bnw*
archeologisch, oudheidkundig
archaeologist [ɑ:kɪ'ɒlədʒɪst] zn archeoloog,
oudheidkundige
archaeology [ɑ:kɪ'ɒlədʒɪ] zn archeologie,
oudheidkunde
archaic [ɑ:'keɪɪk] *bnw* archaïsch, verouderd
archangel ['ɑ:keɪndʒəl] zn aartsengel
archbishop [ɑ:tʃ'bɪʃəp] zn aartsbisschop
archdeacon [ɑ:tʃ'di:kən] zn aartsdiaken
archer ['ɑ:tʃə] zn boogschutter ★ *Archer*
Boogschutter ⟨sterrenbeeld⟩
archery ['ɑ:tʃərɪ] zn (het) boogschieten
archetype ['ɑ:kɪtaɪp] zn archetype,
oorspronkelijk model
archipelago [ɑ:kɪ'pelɪɡəʊ] zn archipel
architect ['ɑ:kɪtekt] zn architect, ontwerper,
maker ★ *naval* ~ scheepsbouwkundig ingenieur
architectural [ɑ:kɪ'tektʃərəl] *bnw* bouwkundig,
architectonisch
architecture ['ɑ:kɪtektʃə] zn architectuur,
bouwkunde
archive ['ɑ:kaɪv] **I** zn [vaak mv] archief **II** *ov ww*
archiveren
archivist ['ɑ:kɪvɪst] zn archivaris
archway ['ɑ:tʃweɪ] zn overwelfde / overdekte
(in)gang, poort
Arctic ['ɑ:ktɪk] **I** zn noordpoolgebied **II** *bnw*
❶ Arctisch, noordpool- ❷ ijskoud
Arctic Ocean zn Noordelijke IJszee
ardent ['ɑ:dnt] *bnw* vurig, ijverig ★ ~ *supporter*
vurige supporter
ardour, USA **ardor** ['ɑ:də] zn ❶ gloed, bezieling
★ *nothing could stop his* ~ niets kon zijn
enthousiasme tegenhouden ❷ ijver ★ *she*
worked with great ~ ze werkte zeer ijverig
arduous ['ɑ:dju:əs] *bnw* ❶ steil ❷ inspannend,
lastig ★ *an* ~ *task* een moeilijke taak
are [ɑ:] *ww* [o.t.t.] → **be**
area ['eərɪə] zn ❶ oppervlakte, gebied ★ *built-up*
area bebouwde kom ★ *depressed / distressed area*
gebied met hoge werkeloosheid ★ *no-go area*
verboden terrein ★ *wooded area* bosgebied ❷ fig
★ *an area of interest* een interessegebied
area code USA zn netnummer, kengetal
arena [ə'ri:nə] zn ❶ arena, strijdperk ❷ fig toneel
aren't [ɑ:nt] *samentr*, are not → **be**
argot ['ɑ:ɡəʊ] zn slang, Bargoens, jargon
arguable ['ɑ:ɡjʊəbl] *bnw* betwistbaar,
aanvechtbaar ★ *improvement is* ~ verbetering is
aanvechtbaar
argue ['ɑ:ɡju:] **I** *ov ww* ❶ redetwisten over ★ ~ *a*
point een kwestie bespreken ★ ~ *the toss* een
onherroepelijk besluit aanvechten ❷ betogen,
aanvoeren, beredeneren ★ ~ *sb into / out of sth*

iem. overhalen iets (niet) te doen ❸ duiden op
II *onov ww* ❶ debatteren, argumenteren ★ *she is*
successful, you can't ~ *with that* ze is succesvol,
dat is gewoon een feit / dat is buiten kijf
❷ ruzie maken
argument ['ɑ:ɡjʊmənt] zn ❶ betoog
❷ woordentwist, woordenwisseling, ruzie
❸ argument ★ *close* ~ waterdichte redenering
argumentation [ɑ:ɡjʊmen'teɪʃən] zn
bewijsvoering, argumentatie
argumentative [ɑ:ɡjʊ'mentətɪv] *bnw* twistziek
aria ['ɑ:rɪə] zn aria
arid ['ærɪd] *bnw* ook fig dor, droog, onvruchtbaar
★ *the land was arid* de grond was onvruchtbaar
Aries ['eri:z] zn Ram ⟨sterrenbeeld⟩
arise [ə'raɪz] *onov ww* [onregelmatig] ❶ zich
voordoen ❷ tot gevolg hebben ❸ opstaan,
verrijzen ★ *when the need* ~s indien nodig
❹ ~ *from/out of* voortkomen uit, ontstaan uit
arisen [ə'rɪzən] *ww* [volt. deelw.] → **arise**
aristocracy [ærɪ'stɒkrəsɪ] zn aristocratie, adel
aristocrat ['ærɪstəkræt] zn aristocraat
aristocratic [ærɪstə'krætɪk] *bnw* aristocratisch
arithmetic [ærɪθ'metɪk] zn rekenkunde ★ *mental*
~ hoofdrekenen
ark [ɑ:k] zn ❶ ark ❷ reg kist, mand, doos ★ *Ark of*
the Covenant / of Testimony Ark des Verbonds
★ *Noah's ark* de ark van Noach ★ *out of the ark*
uit het jaar nul
arm [ɑ:m] **I** zn ❶ arm ★ *keep sb at arm's length*
iem. op afstand houden ★ *twist sb's arm* iem.
het mes op de keel zetten ★ *make a long arm for*
sth reiken naar iets ★ *upper / lower arm* boven- /
onderarm ★ *cost / pay an arm and a leg* je blauw
betalen ❷ mouw ❸ armleuning ❹ molenwiek
❺ tak ⟨van organisatie⟩ ❻ [vaak mv] wapen
★ *take up arms against* de wapenen opnemen
tegen ★ *up in arms* gevechtsklaar ★ *up in arms*
about sth verontwaardigd over iets,
gealarmeerd door iets **II** *ov ww* bewapenen
III *onov ww* zich wapenen
armadillo [ɑ:mə'dɪləʊ] zn gordeldier
armament ['ɑ:məmənt] zn ❶ bewapening,
wapentuig ❷ krijgsmacht ★ *nuclear* ~
kernbewapening
armchair [ɑ:m'tʃeə] zn leunstoel ★ min ~ *socialist*
salonsocialist ★ ~ *traveller* iem. die alleen over
reizen leest
armed [ɑ:md] *bnw* ❶ gewapend ❷ uit- /
toegerust ❸ met armen ★ ~ *forces / services*
strijdkrachten
armful ['ɑ:mfʊl] zn armvol
armhole ['ɑ:mhəʊl] zn armsgat
armistice ['ɑ:mɪstɪs] zn wapenstilstand
★ *Armistice Day* (verjaar)dag van de
wapenstilstand ⟨11 november 1918⟩
armlock ['ɑ:mlɒk] zn houdgreep
armour, USA **armor** ['ɑ:mə] zn ❶ bepantsering,
pantservoertuigen, wapenrusting ❷ harnas,
duikerpak
armoured, USA **armored** *bnw* gepantserd,
gewapend, bewapend
armoury, USA **armory** ['ɑ:mərɪ] zn
(wapen)arsenaal, wapenzaal, -depot, -magazijn
armpit ['ɑ:mpɪt] zn oksel
arms [ɑ:mz] zn mv → **arm**

ar

arms race *zn* bewapeningswedloop
arms talks *zn mv* ontwapeningsonderhandelingen
army ['ɑːmɪ] *zn* ❶ leger ❷ menigte ★ *army of bees* zwerm bijen
A-road *zn* ≈ rijksweg
aroma [ə'rəʊmə] *zn* aroma, (lekkere) geur
aromatic [ærə'mætɪk] *bnw* geurig, aromatisch
arose [ə'rəʊz] *ww* [verleden tijd] → **arise**
around [ə'raʊnd] **I** *bijw* ❶ ongeveer, omstreeks ❷ ook fig rond ★ *this team is better all* ~ dit team is in elk opzicht beter ★ *the news got* ~ het nieuws verbreidde zich ★ *they sat* ~ *looking bored* ze hingen verveeld rond ★ *the other way* ~ omgekeerd ❸ in het rond, in de buurt, verspreid ★ *have been* ~ het klappen van de zweep kennen **II** *vz* rond(om), (in het) rond, om... heen ★ *they live* ~ *the corner* ze wonen om de hoek
arousal [ə'raʊzəl] *zn* ❶ opwinding ⟨ook seksueel⟩ ❷ geprikkeldheid
arouse [ə'raʊz] *ov ww* ❶ opwinden ⟨ook seksueel⟩ ❷ prikkelen ❸ uitlokken
arr. *afk* ❶ *arranged* gearrangeerd ❷ *arrival* aankomst
arrange [ə'reɪndʒ] *ov ww* ❶ schikken, ordenen ★ ~ *flowers* bloemen schikken ❷ regelen, afspreken ★ *let's* ~ *a time* een tijd afspreken ❸ muz arrangeren
arrangement [ə'reɪndʒmənt] *zn* ❶ regeling, afspraak ❷ ordening ❸ muz arrangement, bewerking ★ *make* ~*s* voorzorgsmaatregelen nemen
array [ə'reɪ] **I** *zn* ❶ serie, reeks, rits, stoet ❷ wisk matrix ❸ mars- / slagorde **II** *ov ww* ❶ opstellen ❷ uitdossen
arrears [ə'rɪəz] *zn mv* achterstallige schuld ★ *pay in* ~ achteraf betalen
arrest [ə'rest] **I** *zn* ❶ arrest, arrestatie ★ *under* ~ aangehouden / gearresteerd zijn ★ *under house* ~ onder huisarrest ❷ stilstand ★ med *cardiac* ~ hartstilstand **II** *ov ww* ❶ arresteren, treffen, boeien ★ ~ *(the) attention* de aandacht boeien ❷ form tegenhouden, stuiten ★ ~*ed development* tot stilstand gekomen ontwikkeling
arresting [ə'restɪŋ] *bnw* boeiend, opvallend, verrassend ★ *an* ~ *outfit* een opvallend kostuum
arrival [ə'raɪvəl] *zn* ❶ (aan)komst ❷ aangekomene
arrive [ə'raɪv] *onov ww* ❶ aankomen, arriveren ❷ fig er komen ★ *she has* ~*d* zij heeft het gemaakt ⟨succes⟩
arrogance ['ærəgəns] *zn* arrogantie, aanmatiging
arrogant ['ærəgənt] *bnw* arrogant, aanmatigend
arrow ['ærəʊ] *zn* pijl
arrowhead ['ærəʊhed] *zn* ❶ pijlpunt ❷ plantk pijlkruid
arse [ɑːs] **I** *zn* ❶ GB vulg reet, kont ❷ vulg klootzak ★ *shift your arse!* verdwijn!, rot op! ★ *get off your arse!* schiet toch eens op! ★ *my arse!* m'n reet!, ga toch weg! ★ *work one's arse off* zich in het zweet werken **II** *onov ww* ~ *about/around* (aan / rond)klooien
arsenal ['ɑːsənl] *zn* ook fig arsenaal, wapendepot
arsenic ['ɑːsnɪk] *zn* arsenicum
arson ['ɑːsən] *zn* brandstichting

arsonist ['ɑːsənɪst] *zn* brandstichter
art [ɑːt] *zn* ❶ [vaak mv] kunst ★ *arts and crafts* kunst en ambacht ★ *fine arts* schone kunsten ★ *visual arts* beeldende kunst ❷ vaardigheid ★ *get sth down to a fine art* iets perfect leren beheersen ★ *black arts* zwarte kunst ★ *martial arts* (oosterse) vechtsporten
artefact [ɑːtɪfækt, ɑːtɪfækt] *zn* ❶ artefact ❷ kunstproduct, kunstvoorwerp
arterial [ɑː'tɪərɪəl] *bnw* van de slagader ★ ~ *road* hoofdverkeersweg
artery ['ɑːtərɪ] *zn* ❶ slagader ❷ verkeersader
artful ['ɑːtfʊl] *bnw* listig, gekunsteld, kundig
arthritic [ɑː'θrɪtɪk] *bnw* jichtig
arthritis [ɑː'θraɪtɪs] *zn* artritis, gewrichtsontsteking
artichoke ['ɑːtɪtʃəʊk] *zn* artisjok
article ['ɑːtɪkl] *zn* ❶ artikel ⟨ook van contract⟩ ★ ~*s of association* statuten ⟨van bedrijf enz.⟩ ❷ voorwerp, deel van een set ★ ~*s* [mv] spullen, zaken ❸ taalk lidwoord
articulate¹ [ɑː'tɪkjʊlət] *bnw* ❶ welbespraakt, zich gemakkelijk uitdrukkend ❷ verstaanbaar, gearticuleerd ❸ geleed
articulate² [ɑː'tɪkjʊlert] *ov ww* ❶ zich duidelijk uitdrukken ❷ articuleren, duidelijk uitspreken ❸ aaneenkoppelen ⟨met gewricht enz.⟩ ★ ~*d bus* gelede bus, harmonicabus ★ GB ~*d lorry* truck met aanhanger / oplegger
articulation [ɑːtɪkjʊ'leɪʃən] *zn* articulatie
artifice ['ɑːtɪfɪs] *zn* list, kunstgreep ★ *her appeal was her lack of* ~ haar aantrekkingskracht was dat ze argeloos was
artificial [ɑːtɪ'fɪʃəl] *bnw* ❶ kunst-, namaak- ❷ kunstmatig ❸ gekunsteld, onnatuurlijk ★ ~ *fibres* kunstvezels ★ ~ *limb* kunstlidmaat, prothese
artillery [ɑː'tɪlərɪ] *zn* artillerie, geschut ★ *mounted* ~ veldartillerie
artisan [ɑːtɪ'zæn] *zn* handwerksman
artist ['ɑːtɪst] *zn* ❶ kunstenaar ⟨vnl. beeldend⟩ ❷ artiest(e)
artiste [ɑː'tiːst] *zn* (variété-)artiest
artistic [ɑː'tɪstɪk] *bnw* artistiek, kunst-
artless ['ɑːtləs] *bnw* ❶ ongekunsteld ❷ naïef ❸ onhandig
artwork ['ɑːtwɜːk] *zn* artwork, (reclame)tekeningen
arty ['ɑːtɪ] *bnw* artistiekerig
as [æz] **I** *bijw* zo, zoals, als, even ★ *as... as* even... als, (net) zoals ★ *as against / opposed to* in tegenstelling tot / tegenover ★ *as it is* op zichzelf ★ *as it were* als het ware ★ *it was as much as I could do* meer kon ik niet doen ★ *as much as 20 euros* maar liefst 20 euro ★ *as soon as* zodra ★ *as yet* alsnog / tot nu toe ★ *as you please / wish* zoals u wilt / wenst, zo je wenst / wat je maar wil(t) ★ mil *as you were!* doorgaan! ★ *as for / to / regards* wat betreft ★ *as of* van / vanaf / met ingang van ★ *as of now* nu ★ *as of January first* met ingang van / per 1 januari ★ *as such* als zodanig **II** *vz* als ★ *he inquired as to what it was all about* hij vroeg waar het allemaal om ging ★ *it came as a shock* het kwam als een schok **III** *vw* ❶ (zo)als ❷ aangezien ❸ naarmate ❹ terwijl ★ *as if / though* alsof ★ *old as I am,...*

hoe oud ik ook ben,..., ook al ben ik oud,... ★ *so as to* teneinde, om

asap *afk, as soon as possible* z.s.m., zo spoedig mogelijk

asbestos [æz'bestɒs] *zn* asbest

ascend [ə'send] *ov ww* ❶ opgaan, opvaren ❷ <u>ook muz</u> stijgen, bestijgen, beklimmen ★ ~ *the throne* de troon bestijgen

Ascension Day [ə'senʃən deɪ] *zn* Hemelvaartsdag

ascent [ə'sent] *zn* ❶ be- / opstijging ❷ helling, klim ❸ trap ❹ <u>fig</u> opkomst

ascertain [æsə'teɪn] *ov ww* <u>form</u> vaststellen, te weten komen ★ ~ *the cause* vaststellen wat de oorzaak was

ascertainable [æsə'teɪnəbl] *bnw* vast te stellen

ascetic [ə'setɪk] **I** *zn* asceet **II** *bnw* ascetisch

ASCII ['æskɪ] *afk, American Standard Code for Information Interchange* ASCII

ascribe [ə'skraɪb] *ov ww* toeschrijven (**to** aan)

asexual [eɪ'seksjʊəl] *bnw* geslachtloos, aseksueel

ash [æʃ] *zn* ❶ as ❷ es ⟨boom⟩ ★ *the town was reduced to ashes* de stad werd in de as gelegd ★ *Ash Wednesday* Aswoensdag

ashamed [ə'ʃeɪmd] *bnw* beschaamd ★ *be ~ for* zich schamen voor ★ *be ~ of* zich schamen over

ashen ['æʃən] *bnw* ❶ asgrauw ❷ doodsbleek ★ ~ *faced* lijkbleek

ashore [ə'ʃɔ:] *bijw* aan land / wal

ashtray ['æʃtreɪ] *zn* asbak

Asia ['eɪʒə] *zn* Azië

Asian ['eɪʒən] **I** *zn* Aziaat **II** *bnw* Aziatisch

Asiatic [eɪʃɪ'ætɪk] *bnw* Aziatisch

aside [ə'saɪd] **I** *zn* ❶ terzijde ⟨toneel⟩ ❷ terloops gemaakte opmerking **II** *bijw* terzijde ★ ~ *from* afgezien van ★ *brush / sweep* ~ terzijde schuiven ★ *leaving* ~ afgezien van ★ *set* ~ reserveren ★ *take / draw* ~ apart nemen

ask [ɑ:sk] **I** *ov ww* ❶ vragen (naar), verzoeken ★ *ask a question* een vraag stellen ★ *don't you think that, I ask you!* laat dat alsjeblieft niet vallen! ★ *it is yours for the asking* je hoeft het maar te vragen en je hebt / krijgt het ★ *asked price* vraag-, verkoopkoers ★ *don't ask!* daar kunnen we het beter niet over hebben ★ <u>straatt</u> *ask me another* ik zou het niet weten ★ *that's asking* dat gaat je niets aan, ik ga het je niet vertellen ❷ verlangen, eisen ★ *that's asking a lot* dat is wel heel veel gevraagd ❸ uitnodigen ★ *she wasn't asked* ze was niet uitgenodigd ❹ ~ **after/about** vragen naar ❺ ~ **for** vragen om / naar, uitlokken ❻ ~ **out** uitnodigen mee uit te gaan ❼ ~ **round** thuis uitnodigen **II** *onov ww* vragen ★ *it's there for the asking* het is zo te krijgen

askance [ə'skæns] *bijw* ❶ van terzijde ❷ achterdochtig ★ *look* ~ *at a person* iem. wantrouwend / kritisch aankijken ❸ dubbelzinnig

askew [ə'skju:] *bijw* scheef ★ *she had her hat* ~ haar hoed zat scheef

asleep [ə'sli:p] **I** *bnw* in slaap ★ *be* ~ slapen ★ *fast / sound* ~ in (een) diepe slaap **II** *bijw* ★ *drop / fall* ~ in slaap vallen

AS level. A / S level *afk, advanced supplementary level* ≈ examen op 5 vwo-niveau

asparagus [ə'spærəgəs] *zn* asperge

aspect ['æspekt] *zn* ❶ aspect, gezichtspunt ★ *in every* ~ in elk opzicht ❷ aanblik, ligging ★ *a house with a southern* ~ een huis op het zuiden ❸ zijde ★ *viewed from every* ~ van alle kanten bekeken

aspen ['æspən] *zn* esp

asperity [æ'sperətɪ] *zn* ❶ strengheid ❷ guurheid, bittere kou ❸ scherpheid ★ *say sth with some* ~ op wat strenge / onvriendelijke toon iets zeggen ★ *asperities* [mv] narigheid, misère

asphalt ['æsfælt] *zn* asfalt **II** *ov ww* asfalteren

asphyxia [æs'fɪksɪə] *zn* verstikking(sdood)

asphyxiate [æs'fɪksɪeɪt] *ov ww* doen (ver)stikken

aspirant ['æspɪrənt] **I** *zn* kandidaat, gegadigde **II** *bnw* strevend, eerzuchtig

aspirate[1] ['æspərət] *zn* <u>taalk</u> geaspireerde klank

aspirate[2] ['æspəreɪt] *ov ww* <u>taalk</u> aspireren, met aanblazing uitspreken

aspiration [æspɪ'reɪʃən] *zn* ❶ streven ❷ <u>taalk</u> geaspireerde klank

aspire [ə'spaɪə] *onov ww* streven (**to, after** naar), trachten ★ ~ *to better things* streven naar het betere

aspiring [ə'spaɪərɪŋ] *bnw* ❶ strevend, verlangend ❷ eerzuchtig ★ *an* ~ *student* een ambitieuze leerling ❸ hoog

aspirin® ['æsprɪn] *zn* aspirine

ass [æs] *zn* ❶ <u>GB</u> ezel ⟨dier⟩ ❷ <u>USA</u> <u>vulg</u> kont, reet ❸ <u>GB</u> <u>min</u> kluns ★ <u>inform</u> *kick ass* geweldig zijn

assail [ə'seɪl] *ov ww* bestormen, aanvallen

assailant [ə'seɪlənt] *zn* aanvaller

assassin [ə'sæsɪn] *zn* sluip- / huurmoordenaar

assassinate [ə'sæsɪnert] *ov ww* vermoorden

assassination [əsæsɪ'neɪʃən] *zn* sluip- / huurmoord

assault [ə'sɔ:lt] **I** *zn* ❶ geweldpleging, aanval, (seksuele) aanranding ★ *criminal / indecent* ~ aanranding / verkrachting, ontuchtige handeling ★ <u>jur</u> ~ *and battery* mishandeling, geweldpleging ❷ <u>mil</u> bestorming **II** *ov ww* ❶ aanvallen ❷ <u>mil</u> bestormen

assault course *zn* stormbaan

assay [ə'seɪ] **I** *zn* analyse **II** *ov ww* ❶ toetsen, analyseren ❷ vaststellen van gehalte ⟨metaal⟩

assemble [ə'sembl] **I** *ov ww* ❶ assembleren ❷ monteren, in elkaar zetten **II** *onov ww* bijeenkomen, zich verzamelen

assembly [ə'semblɪ] *zn* ❶ montage ★ ~ *line* lopende band ★ ~ *shop* montagehal, -werkplaats ❷ vergadering ★ *constituent* ~ constituerende vergadering ⟨bevoegd tot grondwetswijziging⟩ ❸ verzameling ★ *an* ~ *of birds* een samenscholing van vogels ❹ dagopening ⟨van school⟩

assent [ə'sent] **I** *zn* instemming ★ *Royal Assent* koninklijke bekrachtiging ⟨van wet⟩ **II** *onov ww* instemmen (**to** met)

assert [ə'sɜ:t] *ov ww* ❶ beweren ❷ laten / doen gelden ★ ~ *yourself* voor jezelf opkomen

assertion [ə'sɜ:ʃən] *zn* ❶ bewering, bevestiging ❷ handhaving

assertive [ə'sɜ:tɪv] *bnw* ❶ stellig, beslist ❷ zelfverzekerd, aanmatigend

assess [ə'ses] *ov ww* ❶ vaststellen ❷ waarderen, beoordelen ❸ (in)schatten ❹ belasten ★ ~*ed work* (school)werk dat cijfermatig beoordeeld zal worden

assessable [ə'sesəbl] *bnw* ❶ belastbaar ❷ beoordeelbaar

assessment [ə'sesmənt] *zn* beoordeling, evaluatie ★ *continuous* ~ doorlopende beoordeling

assessor [ə'sesə] *zn* ❶ expert ❷ taxateur ★ *external* ~ gecommitteerde ⟨bij examen⟩

asset ['æset] *zn* ❶ aanwinst ★ *she's quite an* ~ *to the business* ze is echt een aanwinst voor het bedrijf ❷ econ creditpost ❸ voordeel, pluspunt ★ *the swimming pool is an* ~ *to the town* het zwembad is een pluspunt voor de stad ❹ goed, bezit ★ *be a great* ~ veel waard zijn

assets ['æsets] *zn mv* activa, bezit ★ ~ *and liabilities* activa en passiva ★ *capital* ~ vaste activa, kapitaalgoederen ★ *frozen* ~ bevroren tegoeden

asshole ['ɑːshəʊl] *zn* vulg klootzak, lul

assign [ə'saɪn] *ov ww* ❶ toewijzen (to aan), toekennen (to aan), toebedelen (to aan) ★ *they were ~ed different jobs* zij zijn verschillende taken toegewezen ❷ opdragen ★ ~ *homework* huiswerk opgeven ❸ ook mil detacheren (to aan) ❹ jur overdragen (to aan) ❺ vaststellen ★ *they ~ed a date* ze stelden een datum vast

assignation [æsɪg'neɪʃən] *zn* ❶ form taak ❷ ⟨geheime⟩ afspraak, rendez-vous ★ *Juliet's* ~ *with Romeo* Juliets geheime afspraak met Romeo ❸ toewijzing

assignee [æsar'niː] *zn* gevolmachtigde, curator ⟨bij faillissement⟩

assignment [ə'saɪnmənt] *zn* ❶ opdracht, taak ★ *a written* ~ een geschreven opdracht ❷ toewijzing ❸ jur overdracht ❹ USA benoeming ★ *be on* ~ uitgezonden zijn (met opdracht)

assimilate [ə'sɪmɪleɪt] I *ov ww* ❶ assimileren ❷ opnemen, zich eigen maken II *onov ww* ❶ zich assimileren ❷ opgenomen / gelijk worden

assimilation [əsɪmə'leɪʃən] *zn* assimilatie, opneming

assimilation rate *zn* opnamecapaciteit / -snelheid

assist [ə'sɪst] I *ov ww* ❶ bijstaan, assisteren ❷ hulp verlenen ★ *he ~ed the police* hij verleende hulp aan de politie II *onov ww* ❶ ~ *at* iets bijwonen ★ *he ~ed at the meeting* hij woonde de vergadering bij ❷ ~ *in* ergens bij helpen ★ *she ~ed in keeping the peace* zij hielp om de vrede te bewaren ❸ ~ *with* ★ *she helped him with money* ze hielp hem met geld

assistance [ə'sɪstəns] *zn* ❶ hulp, steun ❷ inform sociale bijstand ★ *be of* ~ *to* iem. helpen / van dienst zijn ★ *lend* ~ hulp verlenen

assistant [ə'sɪstnt] I *zn* assistent, bediende II *bnw* adjunct-★ USA Can onderw ~ *professor* ≈ universitair docent

associate[1] [ə'səʊʃɪət] I *zn* ❶ compagnon, partner ❷ metgezel, collega II *bnw* ❶ verbonden ❷ begeleidend ❸ mede-★ USA Can onderw ~ *professor* ≈ universitair hoofddocent

associate[2] [ə'səʊʃɪeɪt] *onov ww* ❶ (zich) verenigen, zich associëren ★ *smoking has been ~d with lung cancer* roken is in verband gebracht met longkanker ❷ ~ *with* omgaan

met ★ ~ *yourself with* je aansluiten bij

associated [ə'səʊʃɪeɪtɪd] *bnw* ❶ gepaard gaand met ❷ banden hebbend met, gerelateerd zijnd aan

association [əsəʊsɪ'eɪʃən] *zn* ❶ vereniging ❷ samenwerking ❸ associatie ❹ verband ★ *by* ~ door samenwerking ★ *in* ~ *with* in samenwerking met ★ *wrecking* ~ bergingsmaatschappij ★ *buying* ~ inkoopcombinatie

assorted [ə'sɔːtɪd] *bnw* ❶ bij elkaar passend ❷ gemengd, gesorteerd ★ *ill-~* slecht bij elkaar passend ★ ~ *toffees* gemengde toffees

assortment [ə'sɔːtmənt] *zn* ❶ assortiment ★ *an unlike* ~ *of people* een niet voor de hand liggende combinatie van mensen ❷ sortering

assuage [ə'sweɪdʒ] *ov ww* verzachten, lenigen, kalmeren ★ ~ *one's conscience* zijn geweten sussen

assume [ə'sjuːm] *ov ww* ❶ aannemen, veronderstellen ★ *I* ~ *he is wrong* ik veronderstel dat hij het mis heeft ★ *he ~d a look of innocence* hij keek alsof hij onschuldig was ★ *let's* ~ stel dat ★ *assuming (that)* ervan uitgaand (dat) ❷ op zich nemen ★ ~ *responsibility for* verantwoordelijkheid nemen voor

assumed [ə'sjuːmd] *bnw* ❶ aangenomen, verzonnen ❷ verondersteld ★ *under an* ~ *name* onder een valse naam

assumption [ə'sʌmpʃən] *zn* ❶ veronderstelling, vermoeden ❷ aanvaarding ❸ overname ⟨van macht⟩ ★ *with an* ~ *of modesty* met gespeelde bescheidenheid ★ *Assumption (Day)* Maria-Hemelvaart

assurance [ə'ʃɔːrəns] *zn* ❶ verzekering, belofte ❷ zelfvertrouwen ❸ GB (levens)verzekering ❹ zekerheid

assure [ə'ʃɔːə] *ov ww* ❶ verzekeren ❷ zekerheid verschaffen ★ *I can* ~ *you* je kunt gerust zijn, ik beloof je

assured [ə'ʃɔːd] *bnw* ❶ zelfverzekerd ❷ zeker, stellig ★ *you may rest* ~ *that* u kunt ervan op aan dat

asterisk ['æstərɪsk] *zn* asterisk, sterretje

asthma ['æsmə] *zn* astma

asthmatic [æs'mætɪk] I *zn* astmapatiënt, astmaticus II *bnw* astmatisch

astir [ə'stɜː] *bnw* ❶ opgewonden ★ *the crowds are all* ~ de menigte is helemaal opgewonden ❷ op de been ★ *she was* ~ *before anyone else* ze was als eerste op

astonish [ə'stonɪʃ] *ov ww* verbazen ★ *be ~ed at* zich verbazen over

astonishing [ə'stonɪʃɪŋ] *bnw* verbazingwekkend

astonishment [ə'stonɪʃmənt] *zn* (stomme) verbazing ★ *he looked at me in* ~ hij keek me in stomme verbazing aan

astound [ə'staʊnd] *ov ww* ❶ zeer verbazen ❷ ontstellen ★ *be ~ed by* ontzet zijn door

astounding [ə'staʊndɪŋ] *bnw* verbazingwekkend

astray [ə'streɪ] *bnw* op een dwaalspoor, op het slechte / verkeerde pad ★ *go* ~ verdwalen ★ *lead sb* ~ iem. op een dwaalspoor / het slechte pad brengen

astride [ə'straɪd] *bijw* schrijlings

astrology [ə'strolədʒɪ] *zn* astrologie,

sterrenwichelarij

astronaut [ˈæstrənɔːt] *zn* astronaut, ruimtevaarder

astronomer [əˈstrɒnəmə] *zn* astronoom, sterrenkundige

astronomic [ænˈɑːkɪk] *bnw* fig enorm

astronomical [æstrəˈnɒmɪkl] *bnw* astronomisch

astronomy [əˈstrɒnəmɪ] *zn* astronomie, sterrenkunde

astute [əˈstjuːt] *bnw* scherpzinnig, slim, schrander ★ *an ~ judge of character* een goede mensenkenner

astuteness [əˈstjuːtnəs] *zn* scherpzinnigheid, slimheid, geslepenheid

asylum [əˈsaɪləm] *zn* ❶ ook pol asiel, schuilplaats ★ fig *he was offered ~* hij kreeg asiel aangeboden ❷ oud gesticht ★ min *lunatic ~* gekkenhuis

asylum seeker *zn* asielzoeker

asymmetric [eɪsɪˈmetrɪk], **asymmetrical** [eɪsɪˈmetrɪkl] *bnw* asymmetrisch

asymmetry [erˈsɪmətrɪ] *zn* asymmetrie

at [æt] *vz* ❶ op, in, bij, aan ⟨plaats⟩ ★ *he must be out at lunch* hij is vermoedelijk aan het lunchen ★ *that's where it's at!* daar is het te doen!, daar moet je zijn! ❷ om, in, tijdens ⟨tijd⟩ ❸ op ⟨leeftijd⟩ ❹ naar ⟨richting⟩ ❺ op, vanaf ⟨afstand⟩ ❻ in, op ⟨situatie⟩ ★ *I'm good at French* ik ben goed in Frans ★ *she was at her best / worst* zij was op haar best / slechtst ❼ met ⟨snelheid⟩ ❽ vanwege, met ⟨oorzaak⟩ ❾ op ⟨reactie⟩ ❿ voor ⟨in ruil voor⟩ ★ *I've got a new help and a good one at that* ik heb een nieuwe hulp en een (nog) een goeie ook

ate [et, ert] *ww* [verleden tijd] → eat

atheism [ˈeɪθɪɪzəm] *zn* atheïsme

atheist [ˈeɪθiɪst] *zn* atheïst

athlete [ˈæθliːt] *zn* atleet ★ *~'s foot* zwemmerseczeem, voetschimmel

athletic [æθˈletɪk] *bnw* atletisch

athletics [æθˈletɪks] *zn mv* atletiek, sport

Atlantic [ətˈlæntɪk] *zn* ★ *the ~ (Ocean)* de Atlantische Oceaan

atlas [ˈætləs] *zn* atlas

ATM *afk,* USA *Automated Teller Machine* geld- / pinautomaat

ATM-card *zn* pinpas

atmosphere [ˈætməsfɪə] *zn* ❶ atmosfeer, dampkring ❷ fig sfeer ★ *there was a good ~ at the party* er was een goede sfeer op het feestje

atmospheric [ætməsˈferɪk] *bnw* atmosferisch

atmospherics [ætməsˈferɪks] *zn mv* ❶ atmosferische storingen, luchtstoringen ❷ sfeerbepalende elementen

atom [ˈætəm] *zn* ❶ atoom ❷ greintje ★ *not an atom of sense* geen greintje logica

atomic [əˈtɒmɪk] *bnw* atoom-, kern- ★ *Atomic Age* atoomtijdperk

atomize, atomise [ˈætəmaɪz] *ov ww* ❶ verstuiven ❷ versplinteren ❸ vernietigen door atoomwapens

atomizer, atomiser [ˈætəmaɪzə] *zn* verstuiver, sproeier, vaporisator

atone [əˈtəʊn] *onov ww* ~ for weer goedmaken, boeten voor

atonement [əˈtəʊnmənt] *zn* verzoening ★ *make ~*

---

for weer goedmaken, boeten voor ★ *Day of Atonement* Grote Verzoendag

atrocious [əˈtrəʊʃəs] *bnw* gruwelijk, monsterachtig, wreed ★ *an ~ accent* een vreselijk accent

atrocity [əˈtrɒsətɪ] *zn* gruweldaad, wreedheid

atrophy [ˈætrəfɪ] **I** *zn* atrofie, verschrompeling **II** *onov ww* wegkwijnen, verschrompelen

attach [əˈtætʃ] **I** *ov ww* ❶ aanhechten, aansluiten, verbinden ❷ ~ to vastmaken aan ★ *be ~ed to sb* aan iem. gehecht zijn ★ *~ importance to sth* belang aan iets toekennen ★ *~ yourself to sb* je aan iem. vastklampen **II** *onov ww* vastzitten ★ *this part ~es to that* dit deel zit vast aan dat deel / dit deel moet vast aan dat deel

attaché case [əˈtæʃeɪ keɪs] *zn* attachékoffer

attached [əˈtætʃt] *bnw* ❶ (aan)gehecht ❷ verbonden (to met)

attachment [əˈtætʃmənt] *zn* ❶ binding, verbinding ❷ psych hechting ❸ techn hulpstuk ❹ comp attachment, emailbijlage ❺ jur beslag, beslaglegging

attack [əˈtæk] **I** *zn* ❶ aanval ❷ muz inzet ★ *play in ~* in een aanvallende positie spelen **II** *ov ww* ❶ aanvallen ❷ aanpakken ★ *let's ~ the problem* laten we het probleem aanpakken ❸ beschadigen, aantasten ❹ (fel) bekritiseren

attacker [əˈtækə] *zn* aanvaller

attain [əˈteɪn] *ov ww* form bereiken, verwerven ★ *~ high speeds* hoge snelheden bereiken

attainable [əˈteɪnəbl] *bnw* bereikbaar, verkrijgbaar

attainment [əˈteɪnmənt] **I** *zn* verworvenheid **II** *zn* [meestal mv] capaciteit, prestatie ★ *low ~s of the students* lage prestaties van de leerlingen

attempt [əˈtempt] **I** *zn* ❶ poging ❷ sport recordpoging ❸ aanslag ★ *an ~ on the minister's life* een (moord)aanslag op de minister **II** *ov ww* ❶ pogen ❷ aanvallen ★ *~ed rape / murder* poging tot verkrachting / moord

attend [əˈtend] **I** *ov ww* ❶ bijwonen, aanwezig zijn ★ *our children ~ the same school* onze kinderen zitten op dezelfde school ❷ begeleiden ★ *~ a machine* een machine bedienen **II** *onov ww* ~ to zorgen voor, verzorgen, opletten ★ *are you being ~ed to?* wordt u al geholpen?

attendance [əˈtendəns] *zn* ❶ aanwezigheid, opkomst ★ USA *take ~* absenten opnemen ❷ verzorging, bediening ★ *be in ~ on sb* iem. begeleiden / bedienen ★ *dance ~ on sb* iem. op zijn wenken bedienen

attendant [əˈtendənt] **I** *zn* bediende, begeleider ★ *a lavatory ~* een toiletjuffrouw **II** *bnw* ❶ aanwezig ❷ bijhorende ★ *~ circumstances* bijkomende omstandigheden ❸ bedienend

attention [əˈtenʃən] *zn* aandacht, attentie ★ *(for the) ~ of* ter attentie van ★ *pay ~ to* aandacht schenken aan ★ *pay close ~!* let goed op! ★ *attract / catch sb's ~* iemands aandacht trekken ★ *bring to sb's ~* onder iemands aandacht brengen ★ *call ~ to* aandacht vragen voor ★ mil *~!* geef acht! ★ mil *stand at / to ~* in de houding staan

attention span *zn* concentratieduur

attentive [əˈtentɪv] *bnw* aandachtig, attent

attenuate [ə'tenjʊeɪt] *ov ww* ❶ verzachten
❷ verdunnen, ver- / afzwakken ★ *attenuating
circumstances* verzachtende omstandigheden

attest [ə'test] *ov ww* ❶ plechtig verklaren
❷ getuigen van ❸ jur waarmerken ★ ~ *to sth*
getuigenis afleggen van

attic ['ætɪk] *zn* zolder(kamer) ★ *in the* ~ op zolder

attire [ə'taɪə] *zn* ❶ kledij, gewaad ❷ tooi
★ *suitable* ~ gepaste kledij

attitude ['ætɪtjuːd] *zn* ❶ houding, attitude ★ *what
is your* ~ *to...?* hoe staat u tegenover...?
❷ zienswijze

attn. USA **attn.** *afk, for the attention of* t.a.v., ter
attentie van

attorney [ə'tɜːnɪ] *zn* ❶ USA advocaat
❷ procureur, gevolmachtigde ★ USA *Attorney
General* procureur-generaal, minister van
justitie

attract [ə'trækt] *ov ww* (aan)trekken, boeien ★ *it
has ~ed much criticism* het heeft veel kritiek
uitgelokt / losgemaakt

attraction [ə'trækʃən] *zn* ❶ aantrekking(skracht)
❷ attractie

attractive [ə'træktɪv] *bnw* aantrekkelijk,
bekoorlijk

attributable [ə'trɪbjʊtəbl] *bnw* toe te schrijven
(**to** aan)

attribute[1] ['ætrɪbjuːt] *zn* kenmerk, eigenschap,
attribuut ★ *attractive physical ~s* aantrekkelijke
fysieke eigenschappen

attribute[2] [ə'trɪbjuːt] *ov ww* toeschrijven (**to** aan)
★ *the work is widely ~d to Van Gogh* het werk
wordt algemeen toegeschreven aan Van Gogh

attributive [ə'trɪbjʊtɪv] *zn* taalk bijvoeglijke
bepaling **‖** *bnw* ❶ toekennend ❷ taalk
attributief

attrition [ə'trɪʃən] *zn* ❶ form wrijving,
(af)schuring, (af)slijting ★ *war of* ~
uitputtingsslag ❷ natuurlijk verloop
❸ studie-uitval ❹ rel berouw

attune [ə'tjuːn] *ov ww* ❶ afstemmen ★ *they are
well ~d to each other* ze zijn goed op elkaar
afgestemd ❷ ~ **to** aanpassen aan

ATV *afk, all-terrain vehicle* terreinwagen

atypical [eɪ'tɪpɪkəl] *bnw* atypisch, afwijkend ★ ~
autumn weather ongewoon herfstweer

AU *afk, African Union* AU, Afrikaanse Unie

aubergine ['əʊbədʒiːn] *zn* GB aubergine

auburn ['ɔːbən] *bnw* kastanjebruin ⟨vnl. van
haar⟩

auction ['ɔːkʃən] **‖** *zn* veiling ★ *a Dutch* ~ een
veiling bij afslag ★ *the fish* ~ de visafslag **‖** *ov
ww* ❶ veilen, openbaar bij opbod verkopen
❷ ~ **off** bij opbod uit- / verkopen

auctioneer [ɔːkʃə'nɪə] *zn* veilingmeester

audacious [ɔː'deɪʃəs] *bnw* ❶ dapper, vermetel
★ *the takeover was an* ~ *move* de overname was
een gedurfde zet ❷ onbeschaamd

audacity [ɔː'dæsətɪ] *zn* ❶ dapperheid,
vermetelheid ❷ onbeschaamdheid ★ *she had the
~ to suggest it was my fault* ze had de brutaliteit
om te suggereren dat het mijn schuld was

audible ['ɔːdɪbl] *bnw* hoorbaar

audience ['ɔːdɪəns] *zn* ❶ toehoorders, publiek
★ *captive* ~ zeer geboeid publiek ❷ audiëntie

audio- ['ɔːdɪəʊ] *voorv* audio-, geluids-, gehoor-

audioconferencing [ɔːdɪəʊ'kɒnfərensɪŋ] *zn* (het)
telefonisch vergaderen

audio-visual *bnw* audiovisueel ★ ~ *aids /
materials* audiovisuele middelen

audit ['ɔːdɪt] **‖** *zn* accountantsonderzoek **‖** *onov
ww* de boekhouding controleren

audition [ɔː'dɪʃən] **‖** *zn* ❶ beluisteren ❷ auditie
‖ *onov ww* auditie doen

auditor ['ɔːdɪtə] *zn* ❶ accountant ❷ USA
toehoorder, auditor

auditorium [ɔːdɪ'tɔːrɪəm] *zn* gehoorzaal, aula

auditory ['ɔːdɪtərɪ] *bnw* gehoor-, auditief

Aug. *afk, August* aug, augustus

augment [ɔːg'ment] *ov+onov ww* (doen)
toenemen ★ ~ *one's income* zijn inkomen
aanvullen

August ['ɔːgəst] *zn* augustus

aunt [ɑːnt] *zn* tante

auntie ['ɑːntɪ] *zn* inform tante(tje)

au pair [əʊ 'peə] *bnw* ~ *girl* au pair(meisje)

aura ['ɔːrə] *zn* aura, sfeer, uitstraling ★ *an aura of
confidence* een zelfverzekerde uitstraling

aural ['ɔːrəl] *bnw* ❶ oor- ❷ akoestisch

auspices ['ɔːspɪsɪz] *zn mv* auspiciën ★ *under the* ~
of onder auspiciën / bescherming van

auspicious [ɔː'spɪʃəs] *bnw* veelbelovend, gunstig
★ *an* ~ *moment to have elections* een gunstig
moment om verkiezingen te houden

Aussie ['ɒzɪ, 'ɒsɪ] inform **‖** *zn* Australiër **‖** *bnw*
Australisch

austere [ɒ'stɪə] *zn* ❶ sober ★ *the cathedral is large
and* ~ de kathedraal is groot en sober
❷ grimmig, streng ★ *he looks* ~ hij ziet er streng
uit

austerity [ɒ'sterətɪ] *zn* ❶ soberheid ❷ strengheid

Australasia *zn* Australië, Nieuw-Zeeland en
naburige eilanden

Australasian [ɒstrə'leɪʒən] **‖** *zn* bewoner van
Australië of de naburige eilanden **‖** *bnw* m.b.t.
Australië en de naburige eilanden

Australia [ɒ'streɪlɪə] *zn* Australië

Australian [ɒ'streɪlɪən] **‖** *zn* Australiër **‖** *bnw*
Australisch

Austria ['ɒstrɪə] *zn* Oostenrijk

Austrian ['ɒstrɪən] **‖** *zn* Oostenrijker **‖** *bnw*
Oostenrijks

authentic [ɔː'θentɪk] *zn* authentiek, echt,
origineel ★ *the letter is an* ~ *document* de brief is
een origineel document

authenticate [ɔː'θentɪkeɪt] *ov ww* ❶ de
authenticiteit bevestigen / staven ★ *Rembrandt's
paintings were ~d* de authenticiteit van
Rembrandts schilderijen werd bevestigd ❷ de
rechtsgeldigheid bevestigen / staven,
legaliseren

authenticity [ɔːθen'tɪsətɪ] *zn* ❶ authenticiteit,
echtheid ❷ betrouwbaarheid

author ['ɔːθə] **‖** *zn* ❶ schrijver, auteur ★ *a
best-selling* ~ een successchrijver ❷ schepper,
bedenker ❸ jur dader **‖** *ov ww* schrijven ★ *she
has ~ed several articles* ze heeft verscheidene
artikels geschreven

authorisation *zn* GB → authorization

authoritarian [ɔːθɒrɪ'teərɪən] *bnw* autoritair,
eigenmachtig

authoritative [ɔː'θɒrɪtətɪv] *bnw* gezaghebbend

authority [ɔː'θɒrətɪ] *zn* ❶ autoriteit, gezag ★ *under the ~ of* op gezag van ★ *carry ~* invloedrijk zijn ❷ expert ❸ machtiging ★ *written ~* schriftelijke toestemming ❹ overheid(spersoon) ❺ gezaghebbende bron ★ *have it on good ~* iets uit betrouwbare bron hebben

authorization [ɔːθərar'zeɪʃən] *zn* ❶ machtiging, volmacht, autorisatie ❷ goedkeuring

authorize, authorise ['ɔːθəraɪz] *ov ww* ❶ machtigen ❷ goedkeuren

authorship ['ɔːθəʃɪp] *zn* auteurschap

autism ['ɔːtɪzm] *zn* autisme

autistic [ɔː'tɪstɪk] *bnw* autistisch

auto ['ɔːtəʊ] *zn* USA auto

autobiographical [ɔːtəʊbaɪə'ɡræfɪkl] *bnw* autobiografisch

autobiography [ɔːtəʊbaɪ'ɒɡrəfɪ] *zn* autobiografie

autocracy [ɔː'tɒkrəsɪ] *zn* alleenheerschappij

autocrat ['ɔːtəkræt] *zn* alleenheerser

autograph ['ɔːtəɡrɑːf] I *zn* handtekening II *ov ww* signeren ★ *~ed book / copy* door de schrijver gesigneerd boek

automate ['ɔːtəmeɪt] I *ov ww* automatiseren II *onov ww* automatisch werken, geautomatiseerd zijn ★ *~d teller machine* geld- / pinautomaat

automatic [ɔːtə'mætɪk] I *bnw* ❶ automatisch ★ *be on ~ pilot* op de automatische piloot vliegen / gaan ❷ werktuiglijk II *zn* automatisch wapen

automation [ɔːtə'meɪʃən] *zn* automatisering

automatism [ɔː'tɒmətɪzəm] *zn* automatisme, automatische handeling

automaton [ɔː'tɒmətn] *zn* automaat, robot

automobile ['ɔːtəʊməʊ'biːl] *zn* USA auto

autonomous [ɔː'tɒnəməs] *bnw* autonoom, met zelfbestuur

autonomy [ɔː'tɒnəmɪ] *zn* autonomie, zelfbestuur

auto pilot *zn* automatische piloot

autopsy ['ɔːtɒpsɪ] *zn* autopsie, lijkschouwing

autosearch ['ɔːtəʊsɜːtʃ] *zn* comp automatische zoekfunctie

autoteller ['ɔːtəʊtelə] *zn* geldautomaat

autumn ['ɔːtəm] *zn* ook fig herfst

autumnal [ɔː'tʌmnl] *bnw* herfstachtig

auxiliary [ɔːɡ'zɪljərɪ] I *zn* ❶ hulpstuk ❷ helper ❸ taalk hulpwerkwoord II *bnw* ❶ hulp- ★ *~ nurse* hulpverpleger ❷ aanvullend, reserve- ★ *~ power source* aanvullende krachtbron

avail [ə'veɪl] I *zn* baat, nut ★ *of / to no ~* nutteloos, vergeefs ★ *of little ~* van weinig nut II *ov ww* baten III *wkd ww* ★ *~ o.s. of* gebruik maken van

availability [ə'veɪləbɪlətɪ] *zn* beschikbaarheid, aanwezigheid ★ *this offer is subject to ~* dit aanbod geldt zolang de voorraad strekt

available [ə'veɪləbl] *bnw* ❶ beschikbaar ★ *not ~ for comment* niet beschikbaar voor commentaar ❷ geldig

avalanche ['ævəlɑːnʃ] *zn* ook fig lawine

avarice ['ævərɪs] *zn* hebzucht, gierigheid

avaricious [ævə'rɪʃəs] *bnw* hebzuchtig, gierig

Ave., USA Av. *afk, Avenue* str. ⟨straat⟩

avenge [ə'vendʒ] *ov ww* wreken

avenger [ə'vendʒə] *zn* wreker

avenue ['ævənjuː] *zn* ❶ brede straat, laan ❷ fig weg ⟨manier⟩

average ['ævərɪdʒ] I *zn* ❶ gemiddelde ★ *above ~* meer dan gemiddeld ★ *on ~* doorgaans ❷ jur scheepv averij II *bnw* gemiddeld, middelmatig, gewoon III *ov ww* het gemiddelde berekenen / halen over ★ *they ~d 30 miles an hour* ze haalden het gemiddelde van 30 mijl per uur IV *onov ww ~* out gemiddeld neer / uitkomen op ★ *it ~s out at over £1,000 per month* het komt gemiddeld neer op ruim £1000 per maand

averse [ə'vɜːs] *bnw* afkerig (to van), afwijzend ★ *not ~ to a pint of stout* niet afkerig van een biertje

aversion [ə'vɜːʃən] *zn* afkeer (to, for, from van)

avert [ə'vɜːt] *ov ww* afwenden ★ *~ one's eyes / gaze* de blik afwenden

avian ['eɪvɪən] *bnw* vogel-, ornithologisch

aviary ['eɪvɪərɪ] *zn* volière, vogelverblijf ⟨in dierentuin⟩

aviation [eɪv'eɪʃən] *zn* vliegsport, luchtvaart

avid ['ævɪd] *bnw* ❶ begerig (for naar) ❷ gretig ❸ fervent ★ *avid for revenge* wraakzuchtig ★ *an avid reader* een fervent lezer

avocado, GB avocado pear *zn* avocado

avoid [ə'vɔɪd] *ov ww* vermijden ★ *~ sb / sth like the plague* iemand / iets mijden als de pest

avoidable [ə'vɔɪdəbl] *bnw* vermijdbaar, te vermijden

avoidance [ə'vɔɪdəns] *zn* ❶ vermijding ❷ ontwijking ★ *tax ~* belastingontduiking

avow [ə'vaʊ] *ov ww* erkennen, bekennen

avowal [ə'vaʊəl] *zn* (openlijke) bekentenis ★ *a public ~* een openbare belofte

avowed [ə'vaʊd] *bnw* openlijk, erkend, verklaard ★ *an ~ enemy* een gezworen vijand

await [ə'weɪt] *ov ww* (af)wachten, te wachten staan ★ *she didn't know what was ~ing her* ze wist niet wat haar te wachten stond

awake [ə'weɪk] I *bnw* wakker ★ *wide ~* klaarwakker II *ov ww* [onregelmatig] wekken, wakker maken ★ *~ sb to sth* iem. bewust maken van iets III *onov ww* [onregelmatig] wakker worden ★ *~ to sth* zich bewust worden van iets

awaken [ə'weɪkən] *ww* → awake

awakening [ə'weɪkənɪŋ] *zn* ❶ (het) ontwaken ❷ bewustwording ★ *rude ~* ontgoocheling

award [ə'wɔːd] I *zn* ❶ bekroning, prijs ★ *an ~winning TV-programme* een bekroond tv-programma ❷ toekenning ⟨van schadevergoeding enz.⟩ ❸ uitspraak ⟨via arbitrage⟩ ❹ (studie)toelage II *ov ww* ❶ toekennen ❷ jur opleggen, beslissen

aware [ə'weə] *bnw* ❶ bewust ❷ bekend ★ *be ~ of* zich bewust zijn van ★ *as far as I'm ~* voor zover mij bekend

awareness [ə'weənəs] *zn* bewustzijn

awash [ə'wɒʃ] *bnw* ❶ onder water, overspoeld ★ fig *~ with* vol van ❷ ronddrijvend ❸ straatt aangeschoten, tipsy

away [ə'weɪ] I *bijw* ❶ weg, niet aanwezig, op afstand, van huis ★ *away from* op een afstand van ★ *hide / put sth away* iets ver- / opbergen ❷ ver ★ *far / miles away* ver hiervandaan ❸ op een andere plaats ❹ sport uit(-) ★ *play away* (een) uit(wedstrijd) spelen ▼ *talk away* maar raak praten II *bnw* ★ *an away game* uitwedstrijd

aw

III *zn* sport (gewonnen) uitwedstrijd
awe [ɔ:] **I** *zn* ontzag ★ *be / stand in awe of* groot respect / ontzag hebben voor **II** *ov ww* ontzag inboezemen
awe-inspiring [ˈɔ:ɪnspaɪərɪŋ] *bnw* ontzagwekkend, verbluffend, prachtig
awesome [ˈɔ:səm] *bnw* ❶ ontzagwekkend, vreselijk ❷ USA fantastisch
awestricken [ˈɔ:strɪkən] *bnw* vol ontzag
awestruck *bnw* → **awestricken**
awful [ˈɔ:fʊl] *bnw* ❶ afschuwelijk ★ *an ~ painting* een afschuwelijk schilderij ❷ ontzaglijk ★ *inform an ~ lot of money* ontzaglijk veel geld
awfully [ˈɔ:fʊlɪ] *bijw* ontzettend, enorm ★ *John is ~ clever* John is enorm slim
awhile [əˈwaɪl] *bijw* een poosje, even
awkward [ˈɔ:kwəd] *bnw* ❶ pijnlijk, gênant ★ *there was an ~ silence* er viel een pijnlijke stilte ❷ lastig, gevaarlijk ★ *he found himself in an ~ situation* hij was in een lastige situatie terechtgekomen ❸ opgelaten ★ *she felt ~ in his company* ze voelde zich in zijn gezelschap opgelaten ❹ onhandig
awning [ˈɔ:nɪŋ] *zn* zonnescherm, markies, luifel
awoke [əˈwəʊk] *ww* [verleden tijd + volt. deelw.] → **awake**
awoken [əˈwəʊkən] *ww* [volt.deelw.] → **awake**
awry [əˈraɪ] **I** *bnw* schuin, scheef ★ *his tie was awry* zijn stropdas zat scheef **II** *bijw* verkeerd ★ *all his plans had gone awry* al zijn plannen waren in de war gelopen
axe [æks] **I** *zn* bijl ★ *apply the axe* de botte bijl hanteren ⟨bezuinigen⟩ ★ *inform get the axe* de zak krijgen, gestopt / stilgelegd worden ⟨van project⟩ ★ *have an axe to grind* uit eigen belang handelen **II** *ov ww* ❶ voorwoorden ⟨met bijl⟩ ❷ afschaffen wegens bezuiniging ❸ ontslaan
axes [ˈæksəs] *zn mv* → **axis**
axis [ˈæksɪs] *zn* [mv: **axes**] ❶ techn as ❷ wisk as ❸ pol as ★ *axis of evil* as van het kwaad ❹ anat draaier
axle [ˈæksl] *zn* techn (draag)as
AZ *afk, Arizona* staat in de VS
azalea [əˈzeɪlɪə] *zn* azalea
azure [ˈæʒə] *bnw* hemelsblauw ★ *~ stone* lapis lazuli

B

b [bi:] *zn, letter* b ★ *B as in Benjamin* de b van Bernard
B *zn* ❶ muz B ❷ onderw ≈ 8 ⟨schoolcijfer⟩
B2B *afk, business-to-business* b2b ⟨van bedrijf naar bedrijf⟩
BA, USA B.A. *afk, Bachelor of Arts* B.A., bachelor in de geesteswetenschappen
babble [ˈbæbl] **I** *zn* ❶ getater, gekeuvel ❷ geleuter ❸ (baby)gebrabbel **II** *onov ww* ❶ ~ away/on babbelen, leuteren ❷ kabbelen ⟨van water⟩
babbler [ˈbæblər] *zn* leuteraar, babbelkous
babe [beɪb] *zn* ❶ inform schatje, liefje ❷ inform mooie meid ❸ oud dicht baby ★ *babes in the wood* onschuld ⟨van kinderen⟩
babel [ˈbeɪbl] *zn* ❶ (spraak)verwarring ❷ rumoer
baboon [bəˈbu:n] *zn* baviaan
baby [ˈbeɪbɪ] **I** *zn* ❶ baby, zuigeling ★ *throw the baby out with the bathwater* het kind met het badwater weggooien ★ *leave sb holding the baby* iem. met de gebakken peren laten zitten ★ *this project is his baby* dit project is zijn troetelkind ❷ de jongste ❸ fig klein kind ❹ inform schatje **II** *ov ww* als (een) kind behandelen
babybattering [ˈbeɪbɪˌbætərɪŋ] *zn* babymishandeling
baby blues *zn* inform postnatale depressie
baby boom *zn* geboortegolf
baby boomer *zn* iemand van de geboortegolfgeneratie
baby carriage USA *zn* kinderwagen
baby fat *zn* babyvet
baby grand *zn* kleine vleugel ⟨piano⟩
Babygro® [ˈbeɪbɪɡrəʊ] GB *zn* boxpakje
babyhood [ˈbeɪbɪhʊd] *zn* babytijd
babyish [ˈbeɪbɪʃ] *bnw* kinderachtig, kinderlijk
babyshower USA *zn* babyshower, feestje met cadeaus voor een aanstaande moeder
babysit [ˈbeɪbɪsɪt] **I** *zn* kinderoppas **II** *onov ww* babysitten, op kinderen oppassen **III** *ov ww* oppassen op
babysitter [ˈbeɪbɪsɪtə] *zn* kinderoppas
baby tooth *zn* melktand
baccalaureate [bækəˈlɔ:riət] *onderw zn* ❶ de graad van bachelor ⟨aan universiteit⟩ ❷ eindexamen vwo ⟨o.a. in Frankrijk, op internationale scholen⟩ ★ *International Baccalaureate* Internationaal Baccalaureaat ⟨internationaal erkend schooldiploma⟩ ❸ USA afscheidstoespraak ⟨na eindexamen⟩
bachelor [ˈbætʃələ] *zn* ❶ vrijgezel ★ *confirmed ~* verstokte vrijgezel ❷ onderw bachelor ⟨laagste academische graad⟩ ★ *Bachelor of Science ≈* bachelor in de exacte wetenschappen
bacilli [bəˈsɪlaɪ] *zn mv* → **bacillus**
bacillus [bəˈsɪləs] *zn* [mv: **bacilli**] bacil
back [bæk] **I** *zn* ❶ rug ★ *back to back* rug aan rug ★ *inform (flat) on your back* ziek in bed ★ *behind sb's back* achter iemands rug (om) ★ *be on sb's back* iem. jennen ★ *get / put sb's back up* iem. irriteren ★ *get off sb's back* iem. met rust laten ★ *you scratch my back and I'll scratch yours ≈* de

ene dienst is de andere waard ★ *have your back against the wall* met je rug tegen de muur staan ★ *put your back into sth* erg je best doen voor iets ★ *turn your back* je omdraaien ★ *turn your back on sb / sth* iemand / iets de rug toekeren ★ inform *be glad to see the back of sb / sth* blij van iemand / iets af te zijn, iemand / iets liever zien gaan dan komen ★ *break the back of sth* het grootste deel v. iets af / klaar hebben ❷ achterkant ★ *back to front* achterstevoren ★ *at / in the back of your mind* in je achterhoofd ★ humor *off the back of a lorry* van de vrachtwagen gevallen ⟨gestolen⟩ ★ *the back of beyond* een verloren uithoek ❸ rugleuning ❹ sport achterspeler **II** *bnw* ❶ achter(-) ❷ terug- ❸ ver (weg) ❹ oud ⟨van tijdschriften, enz.⟩ ❺ achterstallig ⟨bv. van huur⟩ **III** *bijw* ❶ achter(uit) ★ *back and forth* heen en weer ★ USA *back of* achter, aan de achterkant van ❷ op afstand ★ *stand back, please* houdt afstand, alstublieft ❸ terug ★ *as far back as 1950* al in 1950 ★ *be back where you started* terug zijn bij af **IV** *ov ww* ❶ achteruitrijden ★ *back the car into / onto a ferry* de auto achteruit de veerboot in- / oprijden ❷ (onder)steunen, bijstaan ★ *back a loan* een lening garanderen ❸ wedden op ★ *back the wrong / right horse* op het verkeerde / goede paard wedden ❹ liggen achter ★ *our house is backed by a park* ons huis grenst aan een park ❺ ~ up achteruitrijden, steunen, IT een reservekopie maken van **V** *onov ww* ❶ achteruitgaan / -rijden ❷ krimpen ⟨v. wind⟩ ❸ ~ away from achteruit weglopen van, terugdeinzen voor, zich terugtrekken van / uit ❹ ~ down on/from terugkrabbelen van / voor, toegeven aan ★ *back down on a decision* op een besluit terugkomen ❺ ~ off zich terugtrekken ★ *the crowd backed off* de menigte deinsde terug ★ *back off, don't yell at her* schei uit, niet zo schreeuwen tegen haar ❻ ~ off from intrekken ⟨steun, bewering enz.⟩ ❼ ~ onto achteruitrijden op, grenzen aan ⟨v. gebouw⟩ ❽ ~ out zich achterwaarts verwijderen, achteruit wegrijden, terugkrabbelen ❾ ~ up achteruitrijden, verstopt raken

backache ['bækeɪk] *zn* rugpijn

backbencher [bæk'bentʃə] *zn* gewoon Lagerhuislid

backbiting ['bækbaɪtɪŋ] *zn* roddel, achterklap

backbone ['bækbəʊn] *zn* ❶ ruggengraat ❷ wilskracht ★ *not have the ~ to face the truth* het lef niet hebben om de waarheid onder ogen te zien

back-breaking *bnw* slopend, zwaar

backchat ['bæktʃæt] GB *zn* tegenspraak, brutaal antwoord

backcloth ['bæklɒθ] GB *zn* ❶ ton doek / scherm ❷ fig achtergrond

back door *zn* achterdeur ★ fig *come in through the ~* via een achterdeurtje binnenkomen

back-door *bnw* geheim, achterbaks

backdrop ['bækdrɒp] *zn* ❶ ton doek / scherm ❷ fig achtergrond

backer [bækə] *zn* financier, sponsor

backfire ['bækfaɪə] *onov ww* ❶ terugslaan ⟨van

motor⟩ ❷ averechts werken, mislopen

backgammon ['bækgæmən] *zn* backgammon(spel)

background ['bækgraʊnd] *zn* achtergrond

backhand ['bækhænd] sport *zn* slag met de rug v.d. hand naar voren, backhand

backhanded ['bækhændɪd] *bnw* ❶ met de backhand ❷ dubbelzinnig, indirect ★ *a ~ compliment* een dubieus compliment

backhander ['bækhændə] GB *zn* smeergeld

backhoe ['bækhəʊ] *zn* graafmachine

backing ['bækɪŋ] *zn* ❶ steun, medestanders ❷ muz begeleiding ❸ achterkantversteviging ⟨bv. van boek⟩

backlash ['bæklæʃ] *zn* verzet, heftige reactie

backlog ['bæklɒg] *zn* achterstallig werk ★ *clear the ~* de achterstand wegwerken

backmost ['bækməʊst] *bnw* achterst(e)

backpack ['bækpæk] *zn* rugzak ★ *go ~ing* vakantie houden, (rond)trekken ⟨als rugzaktoerist⟩

backpacker ['bækpækə] *zn* rugzaktoerist

back-pedal ['bæk'pedl] *onov ww* ❶ terugtrappen ⟨fiets⟩ ❷ fig terugkrabbelen ★ *backpedal on a statement* (haastig) terugkomen op een uitspraak

backrest ['bækrest] *zn* rugleuning

backscratching ['bækskrætʃɪŋ] inform min *zn* vriendjespolitiek, handjeklap

backseat [bæk'si:t] *zn* zitplaats achterin ★ *take a ~* zich op de achtergrond houden

backseat driver *zn* ❶ iron meerijder ⟨betweterige passagier⟩ ❷ betweter

backside ['bæksaɪd] inform *zn* achterste ★ *get off your ~!* kom eens van je luie reet!

backslapping ['bækslæpɪŋ] *zn* joviaal gedrag

backslash ['bækslæʃ] *zn* backslash, schuine streep naar links / achter ⟨teken \⟩

backsliding ['bækslaɪdɪŋ] *zn* het terugvallen in oude fouten

backspace *zn* terugtoets

backstabbing ['bækstæbɪŋ] *zn* zwartmakerij

backstage [bæk'steɪdʒ] *bijw* achter het toneel, achter de schermen ook fig

backstairs [bæk'steəz] *bnw* heimelijk, onderhands, achterbaks ★ *~ gossip* roddel en achterklap

backstreet ['bækstri:t] **I** *zn* achterafstraatje **II** *bnw* illegaal, clandestien ★ *~ abortion* illegale abortus

backstroke ['bækstrəʊk] *zn* rugslag

backtrack ['bæktræk] *onov ww* ❶ op zijn schreden terugkeren ❷ fig terugkrabbelen ★ *~ on a promise* (haastig) terugkomen op een belofte

back-up ['bækʌp] **I** *zn* ❶ comp reservekopie ❷ steun ❸ USA reservespeler **II** *bnw* reserve- ★ comp *~ copy* reservekopie

backward ['bækwəd] **I** *bnw* ❶ achterwaarts, achteruit, terug ★ *a ~ step* een stap achteruit ❷ achter(lijk), achtergebleven ⟨in ontwikkeling⟩ ★ *she's not ~ in coming forward* ze is niet verlegen **II** *bijw*, backward USA → backwards

backwards ['bækwədz], **backward** ['bækwəd] *bijw* ❶ naar achteren, achteruit ook fig , terug ★ *take a step ~* een stap naar achteren doen ★ *bend / lean over ~ (to help sb)* zijn uiterste best ba

doen (om iem. te helpen) ★ ~ *and forwards* heen en weer ❷ achterstevoren ★ *know your lines* ~ je tekst van achter naar voren kennen ★ *a journey* ~ *in time* een reis terug in de tijd

backwash ['bækwɒʃ] *zn* ❶ terugslag, nasleep ❷ terugloop ⟨van water⟩

backwater ['bækwɔ:tə] *zn* ❶ nauwelijks stromend binnenwater ❷ min achtergebleven gebied ★ *he lives in a cultural* ~ hij woont in een cultureel achterlijk gebied

backwoods ['bækwʊdz] *zn mv* binnenlanden

backyard [bæk'jɑ:d] *zn* USA achtertuin ★ *nobody wants a factory in their own* ~ niemand wil een fabriek vlak in de buurt ★ *I know it like my own* ~ ik ken het als mijn broekzak ★ *the MP was facing opposition in his own* ~ het Parlementslid werd tegengewerkt door zijn eigen achterban

bacon ['beɪkən] *zn* spek ★ inform *bring home the* ~ succes hebben, de kost verdienen ★ inform *save his* ~ zijn hachje redden

bacteria [bæk'tɪərɪə] *zn mv* → **bacterium**

bacterial [bæk'tɪərɪəl] *bnw* bacterie-, bacterieel

bacteriology [bæktɪərɪ'ɒlədʒɪ] *zn* bacteriologie

bacterium [bæk'tɪərɪəm] *zn* [mv: **bacteria**] bacterie

bad [bæd] **I** *bnw* ❶ slecht, ondeugdelijk ★ *I'm bad at sports* ik ben niet goed in sporten ★ *not bad!* niet slecht! ★ *from bad to worse* van kwaad tot erger ★ *feel bad about sth* je schuldig voelen over iets ★ *feel bad for sb* medelijden hebben met iem. ★ *too bad!* jammer!, pech! ❷ hevig, ernstig ★ *his headache is getting worse* zijn hoofdpijn wordt erger ❸ ondeugend ★ *bad boy* stoute jongen ❹ schadelijk ★ *smoking is bad for your health* roken is slecht voor je gezondheid ❺ pijnlijk ⟨bv. voeten⟩ ❻ bedorven ⟨voedsel⟩ ★ *go bad* bederven ❼ USA inform geweldig, gaaf **II** *zn* ❶ slechte zaak ★ *take the bad with the good* iets op de koop toe nemen ★ *my bad!* mijn fout! ❷ schuld ★ *we were £50 to the bad* we waren er £50 op achteruit gegaan **III** *bijw,* USA inform heel erg, in hoge mate ★ *want sth real bad* iets heel graag willen ★ *have got it bad* het flink te pakken hebben, erg verliefd zijn

baddie, baddy ['bædɪ] GB inform *zn* slechterik, schurk

bade [bæd] [beɪd] *ww* [verleden tijd] → **bid**

badge [bædʒ] *zn* ❶ badge, embleem ❷ ⟨politie⟩penning, insigne ❸ naambordje

badger ['bædʒə] **I** *zn* das ⟨dier⟩ **II** *ov ww* lastig vallen ★ *she ~ed him into going* ze zeurde net zolang totdat hij ging

badly ['bædlɪ] *bnw + bijw* ❶ slecht ★ *be ~ off* slecht af zijn, arm zijn ★ *be ~ off for sth* iets tekort komen, te weinig hebben van iets ❷ erg, zeer ★ *need sth* ~ iets hard nodig hebben ★ *~ wounded* zwaar gewond

badmouth ['bædmaʊθ] inform *ov ww* kwaadspreken over, kritiek hebben op

bad-tempered *bnw* slechtgehumeurd

baffle ['bæfəl] *ov ww* verbijsteren

baffling ['bæflɪŋ] *bnw* verbijsterend, ongelooflijk ★ *a ~ problem* een probleem dat onoplosbaar lijkt, een raadsel

bag [bæg] **I** *zn* ❶ zak, tas ★ *an overnight bag* een weekendtas ★ *pack your bags* je biezen pakken,

vertrekken ★ *bag and baggage* met zijn hele hebben en houden ★ GB *bags of sth* [mv] heel veel van iets ★ inform *it's in the bag* dat zit ⟨wel⟩ goed, dat is kat in het bakkie ★ *that's (not) my bag* daar ben ik ⟨niet⟩ goed in, dat is niets voor mij ★ *be a bag of bones* vel over been zijn ★ USA inform *leave sb holding the bag* het iem. alleen laten opknappen ★ *mixed bag* ratjetoe ❷ *lucky bag* grabbelton ❷ wal ⟨onder oog⟩ ❸ vangst ❹ min vrouw ★ *old bag* oud wijf **II** *ov ww* ❶ in een tas doen ❷ bemachtigen, buit maken ★ *bag the best seats* de beste plaatsen inpikken ❸ inform vangen, schieten ⟨wild⟩ ❹ sport scoren **III** *onov ww* ⟨op⟩zwellen, wijder worden

bagel [beɪgl] USA *zn* rond broodje

baggage ['bægɪdʒ] *zn* bagage

baggage room *zn* bagagedepot

baggy ['bægɪ] *bnw* uitgezakt, flodderig ★ *~ trousers* ruimvallende broek

bag lady *zn* zwerfster

bagpipes ['bægpaɪpz] *zn mv* doedelzak

bail [beɪl] **I** *zn* ❶ borg(tocht) ★ *stand bail / put up bail for sb* borg staan voor iem. ★ *jump / skip bail* ertussenuit knijpen nadat vrije borgtocht is verleend ❷ bail ⟨cricket⟩ **II** *ov ww* ❶ borg staan voor ★ *be bailed* op borgtocht vrijkomen ❷ ⟨leeg⟩hozen ❸ ~ **out** door borgtocht vrij krijgen, uit de puree helpen **III** *onov ww,* USA inform ermee kappen

bailiff ['beɪlɪf] *zn* ❶ GB deurwaarder ❷ GB rentmeester ❸ USA gerechtsdienaar

bait [beɪt] **I** *zn* ⟨lok⟩aas ★ fig *rise to the bait / take the bait* happen, erin trappen **II** *ov ww* ❶ van aas / voer voorzien ❷ sarren

bake [beɪk] **I** *ov ww* bakken **II** *onov ww* bakken

baker ['beɪkə] *zn* bakker ★ *I'm going to the ~'s* ik ga naar de bakker(swinkel) ★ *a ~'s dozen* dertien

bakery ['beɪkərɪ] *zn* bakkerij, bakkerswinkel

baking ['beɪkɪŋ] *bnw* ❶ bak- ❷ snikheet

baking powder *zn* bakpoeder

balaclava ['bæləklɑ:və], **balaclava helmet** *zn* bivakmuts

balance ['bæləns] **I** *zn* ❶ lett balans, evenwicht ⟨van lichaam⟩ ★ *off* ~ uit evenwicht ★ fig *catch / throw sb off* ~ iem. overrompelen ❷ evenwicht ⟨gelijke hoeveelheid⟩ ★ *~ of power* machtsevenwicht ★ *redress the* ~ het evenwicht herstellen ★ *strike a* ~ een compromis vinden ★ *on* ~ alles in aanmerking genomen ❸ weegschaal ★ *shift / turn the* ~ de balans doen doorslaan ★ *be / hang in the* ~ onzeker zijn ❹ econ saldo ★ *~ of trade* handelsbalans ❺ econ restbedrag **II** *ov ww* ❶ ⟨af⟩wegen, overwegen ❷ opwegen tegen ❸ in evenwicht houden / brengen ★ econ *~ the books* boeken afsluiten ★ *be well ~d* evenwichtig zijn ⟨v. persoon bv.⟩ **III** *onov ww* ❶ in evenwicht zijn ❷ econ sluiten ⟨v. balans⟩ ★ *the books* ~ de boeken kloppen ❸ ~ **out** elkaar compenseren

balance sheet econ *zn* balans

balancing act *zn* koorddansnummer ook fig ★ *do a ~ between career and motherhood* proberen werk en gezin te combineren

balcony ['bælkənɪ] *zn* balkon

bald [bɔ:ld] *bnw* ❶ kaal ★ *as bald as a coot* zo kaal als een luis ❷ sober, onopgesmukt ★ *the bald*

ba

truth de naakte waarheid
bald-faced *bnw* schaamteloos ★ ~ *lie* onbeschaamde leugen
balding ['bɔ:ldɪŋ] *bnw* kalend
baldly ['bɔ:ldlɪ] *bijw* gewoonweg, zonder omwegen
baldy, baldie ['bɔ:ldɪ] inform *zn* kale
bale [beɪl] I *zn* baal II *ov ww* ❶ in balen pakken ❷ GB (leeg)hozen ❸ → **bail** III *onov ww* ~ **out** met parachute uit vliegtuig springen
baleful ['beɪlfʊl] form *bnw* ❶ onheilspellend ❷ verderfelijk
balk [bɔ:k] *ww* USA → **baulk**
ball [bɔ:l] I *zn* ❶ sport bal ★ *ball and chain* belemmering ★ *be on the ball* bij de les zijn ★ *carry the ball* het heft in handen nemen ★ *the ball is in your court* het initiatief is aan jou ★ *get / set / start the ball rolling* de zaak aan het rollen brengen ★ *keep the ball rolling* de zaak gaande houden ★ inform *play ball* USA honkbal spelen, fig meehelpen, meedoen ★ USA inform *the whole ball of wax* alles, het hele zaakje ★ USA *drop the ball* miskleunen ❷ bal (vorm) ❸ bal (dansfeest) ★ *fancy-dress ball* gemaskerd bal ★ *masked ball* gemaskerd bal ★ inform *have a ball* zich vermaken, een leuke tijd hebben ❹ biol bal (v. voet), muis (v. hand) ❺ sport wijd (honkbal) ❻ [mv] → **balls** II *bnw* ❶ (samen)ballen ★ *he balled (up) his fists* hij balde zijn vuisten ❷ USA vulg neuken III *onov ww* zich ballen
ballad ['bæləd] *zn* ballade
ballast ['bæləst] *zn* ballast
ball bearing *zn* kogellager
ballet ['bæleɪ] *zn* ballet
ball game *zn* ❶ balspel ★ fig *a different / new ~* een nieuwe situatie ❷ USA honkbalwedstrijd
ballistic [bə'lɪstɪk] *bnw* ballistisch ★ *go ~* in woede uitbarsten
ballistics [bə'lɪstɪks] *zn* ballistiek
ball lightning *zn* bolbliksem
balloon [bə'lu:n] I *zn* ❶ ballon ★ *captive ~* kabelballon ★ *go down like a lead ~* totaal mislukken ★ *when the ~ goes up* als de ellende begint II *onov ww* ❶ bol staan ❷ opzwellen ❸ ★ *go ~ing* ballonvaren
balloonist [bə'lu:nɪst] *zn* ballonvaarder
ballot ['bælət] I *zn* ❶ stemming, stemronde, aantal uitgebrachte stemmen ★ *put sth to the ~* over iets laten stemmen ❷ loting II *onov ww* ❶ stemmen ★ *~ for a strike* voor een staking stemmen ❷ loten ❸ balloteren
ballot box *zn* stembus
ballpark ['bɔ:lpɑ:k] USA *zn* honkbalstadion ★ *be in the same ~* niet veel verschillen
ballpark figure inform *zn* ruwe schatting
ballroom ['bɔ:lru:m] *zn* balzaal, danszaal
ballroom dancing *zn* stijldansen
balls I *zn mv* ❶ kloten, (teel)ballen ★ plat *have sb by the ~* iem. bij de kloten hebben ❷ inform lef ★ *have (a lot of) ~* (veel) lef hebben ❸ inform gelul, onzin II *ov ww* plat ★ ~ *sth up* iets naar de kloten helpen
balls-up GB plat *zn* knoeiboel ★ *make a ~ of sth* iets helemaal verpesten
ballyhoo [bælɪ'hu:] inform *zn* trammelant,

drukte
balm [bɑ:m] *zn* ook fig balsem
balmoral [bæl'mɒrəl] *zn* Schotse baret
balmy ['bɑ:mɪ] *bnw* zacht, mild ‹v. weer›
baloney [bə'ləʊnɪ] *zn* inform nonsens, flauwekul
balsam ['bɔ:lsəm] *zn* ook fig balsem
Baltic ['bɔ:ltɪk] *bnw* Baltisch ★ ~ *Sea* Oostzee
balustrade [bælə'streɪd] *zn* balustrade, reling
bamboo [bæm'bu:] *zn* bamboe
bamboozle [bæm'bu:zl] *ov ww* beetnemen
ban [bæn] I *zn* ❶ verbod ★ *put a ban on* verbieden ❷ ban(vloek) II *ov ww* ❶ verbieden ❷ verbannen, uitbannen
banal [bə'nɑ:l] *bnw* banaal
banality [bə'nælətɪ] *zn* banaliteit
banana [bə'nɑ:nə] *zn* banaan ▼ inform *go ~s* boos / gek worden
banana split *zn* roomijs met banaan en slagroom
band [bænd] I *zn* ❶ muz band, orkestje, kapel ★ *military band* militaire kapel ❷ groep(je) ❸ band, lint, (trouw)ring ❹ rand, strook ❺ bandbreedte II *ov ww* ❶ strepen ❷ ringen ‹v. vogels› ❸ naar niveau / tariefgroep indelen III *onov ww* ~ **together** zich tot groep verenigen
bandage ['bændɪdʒ] I *zn* verband, zwachtel II *ov ww* verbinden ★ ~ *up* verbinden
Band-Aid *zn* ❶ USA pleister ❷ fig noodverbandje, lapmiddel ★ *a ~ solution* een tijdelijke oplossing
B and B, B&B, b and b, b&b *afk, Bed and Breakfast* bed en breakfast, halfpension
bandit ['bændɪt] *zn* bandiet, (struik)rover ★ *one-armed ~* gokautomaat
banditry ['bændɪtrɪ] *zn* roverij
bandmaster ['bændmɑ:stə] *zn* kapelmeester
bandolier, bandoleer [bændə'lɪə] *zn* patroongordel
band saw *zn* lintzaag
bandstand ['bændstænd] *zn* muziektent
bandwagon ['bændwægən] *zn* muziekwagen ★ *climb / jump on the ~* met de massa / mode meedoen, aan de kant v.d. winnaar gaan staan
bandy-legged *bnw* met O-benen
bane [beɪn] *zn* ❶ vloek, pest ★ *you are the bane of my life* je bent een nagel aan mijn doodkist ❷ vergif
bang [bæŋ] I *zn* klap, smak, knal ★ sterrenk *the Big Bang* de oerknal ★ *sonic bang* supersone knal ★ inform *the party went with a bang* het was een knalfeest ★ *go out with a bang* eindigen met een knal, een grootse apotheose hebben ★ USA *more bang for the buck* meer waar voor je geld II *ov ww* ❶ hard slaan, knallen, smakken ★ *bang his hand on the table* met zijn hand op de tafel slaan ★ *he banged the money on the counter* hij smeet het geld op de toonbank ★ *bang the door behind me* de deur achter mij dichtslaan ★ *bang one's head against a brick wall* met het hoofd tegen de muur lopen ❷ vulg neuken ❸ rammelen ★ *bang out a tune* een melodie luid en onzuiver spelen ❹ ~ **up** GB (voor een nacht) opsluiten, USA vernielen III *onov ww* ❶ hard slaan, knallen ★ *he's banging on the door* hij bonst op de deur

ba

❷ ~ **about/around** (rond)stommelen ❸ ~ **into** aanlopen tegen ❹ GB ~ **on about** doordrammen over **IV** *bijw* ❶ boem ★ GB *bang goes that!* dat kunnen we wel vergeten! ★ *go bang* uit elkaar klappen ❷ precies ★ *bang on target!* precies raak / goed! **V** *tw* pats!, boem!

banger ['bæŋə] GB *zn* ❶ rammelkast ⟨auto⟩ ❷ worstje ❸ vuurwerk

bangle ['bæŋgl] *zn* ❶ armband ❷ enkelband

bang-up [bæŋ ʌp] USA inform *bnw* piekfijn, prima

banish ['bænɪʃ] *ov ww* verbannen

banishment ['bænɪʃmənt] *zn* ballingschap, verbanning

banister ['bænɪstə] *zn* trapleuning

bank [bæŋk] **I** *zn* ❶ econ bank ★ *national bank* centrale bank ★ *it won't break the bank!* zó duur is het nu ook weer niet! ★ *laugh all the way to the bank* snel veel geld verdienen ❷ oever ★ *the left bank* de linkeroever ❸ zandbank ❹ wolkenbank ❺ berm **II** *ov ww* ❶ storten ⟨bij bank⟩ ❷ verdienen ❸ opstapelen ★ *bank up earth* aarde ophopen ★ *bank up a fire* veel kolen op het vuur gooien ❹ indammen **III** *onov ww* ❶ bankrekening hebben ★ *bank met bankieren bij* ❷ hellen, schuin gaan ❸ ~ **on** vertrouwen op, rekenen op

bankable ['bæŋkəbl] *bnw* volle zalen trekkend ★ *a ~ star* een ster die veel publiek trekt

bank account *zn* bankrekening

bank balance *zn* saldo

bank card *zn* GB bankpasje

banker ['bæŋkə] *zn* bankier

banker's card *zn* GB bankpasje

bank holiday *zn* GB officiële vrije dag

banking ['bæŋkɪŋ] *zn* bankwezen

banknote ['bæŋknəʊt] GB *zn* bankbiljet

bank rate *zn* bankdisconto

bank roll ['bæŋk rəʊl] **I** *zn* USA fonds(en) **II** *ww* financieel steunen

bankrupt ['bæŋkrʌpt] **I** *bnw* failliet ★ fig ~ *of new ideas* met een totaal gebrek aan nieuwe ideeën **II** *ov ww* failliet doen gaan

bankruptcy ['bæŋkrʌptsɪ] *zn* faillissement

bank statement *zn* bankafrekening

banner ['bænə] *zn* ❶ banier ★ *under the ~ of* onder de vlag van ❷ spandoek ❸ comp banner

banner headline *zn* kop over hele pagina v. krant

bannister ['bænɪstə] *zn* trapleuning

banquet ['bæŋkwɪt] **I** *zn* banket, feestmaal **II** *ov ww* feestelijk onthalen **III** *onov ww* feesten, smullen

banshee ['bænʃiː] *zn* vrouwelijke geest die dood aankondigt

banter ['bæntə] **I** *zn* plagerij, scherts ★ *they engaged in some friendly ~* zij plaagden wat over en weer **II** *onov ww* schertsen ★ ~ *with sb* grappen maken met iem.

Bap., Bapt. *afk, Baptist* baptist

baptise *ww* → baptize

baptism ['bæptɪzəm] *zn* doop

baptismal [bæp'tɪzməl] *bnw* doop- ★ ~ *name* doopnaam

baptist ['bæptɪst] *zn* ❶ doopsgezinde ❷ doper

baptize, baptise [bæp'taɪz] *ov ww* ❶ dopen

❷ noemen

bar [baː] **I** *zn* ❶ bar ⟨horeca⟩ ★ *public bar* bar ⟨GB binnen een pub⟩ café ❷ reep ⟨chocolade⟩, stuk ⟨zeep⟩ ❸ balk, tralie, sport (doel)lat ★ inform *behind bars* achter de tralies ❹ staaf, stang ❺ slagboom ❻ zandbank ⟨voor haven- of riviermonding⟩ ❼ belemmering, bezwaar ❽ muz GB maat ❾ natk bar → Bar **II** *ov ww* ❶ versperren, beletten ★ *bar him from leaving the country* hem beletten het land te verlaten ★ *no holds barred* alles is toegestaan ⟨in gevecht, wedstrijd⟩ ❷ grendelen **III** *vz* behalve ★ *bar none* zonder uitzondering ★ *bar two* op twee na

Bar [baː] *zn* balie, advocatuur ★ *call to the Bar* toelaten als advocaat

barb [baːb] *zn* ❶ weerhaak ❷ steek onder water

barbarian [baː'beərɪən] *zn* ❶ barbaar ❷ onbeschaafd persoon

barbaric [baː'bærɪk] *bnw* barbaars, wreed

barbarity [baː'bærətɪ] *zn* barbaarsheid, wreedheid

barbarous ['baːbrəs] *bnw* barbaars, wreed

barbecue ['baːbɪkjuː] **I** *zn* ❶ barbecue, feest ❷ groot braadrooster ❸ voedsel bereid op barbecue **II** *ov ww* barbecueën

barbed ['baːbd] *bnw* ❶ met weerhaken ★ ~ *wire* prikkeldraad ❷ scherp kritisch / sarcastisch

barbell ['baːbel] *zn* halter

barber ['baːbə] *zn* herenkapper ★ *the ~'s* de kapper

barbie ['baːbɪ] *zn, inform* GB → barbecue

bar code *zn* streepjescode

bare [beə] **I** *bnw* ❶ naakt, bloot ★ *walk in bare feet* op blote voeten lopen ★ *with one's bare hands* met zijn blote handen ❷ onbedekt, kaal, leeg ★ *bare walls* kale muren ★ *lay bare* blootleggen, aan het licht brengen ❸ fig naakt ⟨van alle overbodigheid ontdaan⟩, essentieel ★ *the bare bones* de belangrijkste elementen ★ *the bare essentials* het allernoodzakelijkste ★ *the bare minimum* het absolute minimum **II** *ov ww* blootleggen, ontbloten ★ *bare all* alle kleren uitdoen, niets verbergen ★ *bare one's soul* zijn ziel en zaligheid blootleggen ★ *bare one's teeth* de tanden laten zien

bareback ['beəbæk] *bnw* zonder zadel

barefaced ['beəfeɪst] *bnw* schaamteloos ★ ~ *lie* onbeschaamde leugen

barefoot [beə'fʊt], **barefooted** [beə'fʊtɪd] *bnw* blootsvoets

bareheaded [beə'hedɪd] *bnw* blootshoofds

barely ['beəlɪ] *bijw* nauwelijks, amper, ternauwernood

bareness ['beənəs] *zn* naaktheid, kaalheid

barf ['baːf] *onov ww, inform* USA kotsen

barfly ['baːflaɪ] *zn inform* kroegloper

bargain ['baːgɪn] **I** *zn* ❶ koopje ★ *into the ~* op de koop toe ❷ afspraak ★ *drive a ~* een transactie sluiten ★ *drive a hard ~* iem. het vel over de oren halen ★ *keep one's side of the ~* zich aan zijn afspraak houden ★ *make / strike a ~ with sb* het eens worden met iem., een overeenkomst sluiten met iem. ★ *make the best of a bad ~* zich zo goed mogelijk (in iets) schikken ★ *a wet ~* een overeenkomst die met een borrel beklonken wordt **II** *onov ww* onderhandelen, marchanderen ★ ~ *for* / *on sth* verwachten dat iets gebeurt ★ *get more than he ~ed for* meer krijgen dan waar hij op rekende III *ov ww* ruilen ★ ~ *away their freedom* hun vrijheid verkwanselen

bargaining chip, GB bargaining counter *zn* troef ⟨bij onderhandelingen⟩

barge [bɑ:dʒ] I *zn* aak, praam, schuit II *onov ww* ❶ zich lomp bewegen ❷ inform ~ *in/into* binnenvallen ★ *he is always barging in* hij bemoeit zich overal mee

baritone ['bærɪtəʊn] *zn* bariton

bark [bɑ:k] I *zn* ❶ schors, bast ❷ geblaf ★ fig *his bark is worse than his bite* ≈ blaffende honden bijten niet II *ov ww* ❶ brullen ❷ GB schaven ⟨van huid⟩ III *onov ww* blaffen ★ *bark at sb* blaffen tegen iem., fig iem. afblaffen ★ *bark up the wrong tree* aan het verkeerde adres zijn ★ GB *barking mad* knettergek

barley ['bɑ:lɪ] *zn* gerst

barmaid ['bɑ:meɪd] *zn* barmeisje

barman ['bɑ:mən] *zn* barman, barkeeper

barmy ['bɑ:mɪ] *bnw*, inform GB getikt

barn [bɑ:n] *zn* schuur ★ *a barn of a house* een kast van een huis ★ *Dutch barn* open schuur ★ *were you born in a barn?* moet je de deur niet dichtdoen? ★ fig *close the barn door after the horse has escaped* de put dempen als het kalf verdronken is

barnacle ['bɑ:nəkl] *zn* eendenmossel, zeepok ★ ~ *(goose)* brandgans

barn dance *zn* volksdansen, boerenbal

barn owl *zn* kerkuil

barnstorm ['bɑ:nstɔ:m] *onov ww* op tournee gaan ⟨van acteurs, politici⟩

barnstorming ['bɑ:nstɔ:mə] *bnw* sensationeel

barnyard ['bɑ:njɑ:d] *zn* boerenerf

barometer [bə'rɒmətə] *zn* barometer

baron ['bærən] *zn* ❶ baron, fig magnaat ❷ gesch edelman

baroness ['bærənɪs] *zn* barones

baronet ['bærənɪt] *zn* GB baronet ⟨laagste erfelijke rang⟩

baronial [bə'rəʊnɪəl] *bnw* ❶ van een baron ❷ statig

baroque [bə'rɒk] *bnw* barok

barque [bɑ:k] *zn* bark

barrack ['bærək] I *zn* ❶ kazerne ❷ barak, keet II *ov ww* in kazerne onderbrengen

barracks ['bærəks] *zn mv* kazerne ★ *their ~ is / are near Hereford* hun kazerne ligt vlakbij Hereford

barrage ['bærɑ:ʒ] *zn* ❶ ook fig spervuur ❷ stuwdam, versperring

barrel ['bærəl] *zn* ❶ vat ⟨ook als inhoudsmaat voor olie: 159 liter⟩ ★ inform *life's not a ~ of fun* / *laughs* het leven is geen lolletje ★ inform *have* / *get sb over a ~* iem. in de tang hebben ★ *scrape the (bottom of the) ~* de laatste reserves verbruiken ❷ cilinder, loop ⟨van geweer / kanon⟩

barrel organ ['bærəl ɔ:gən] *zn* draaiorgel

barren ['bærən] *zn* onvruchtbaar, dor ★ *have a ~ patch* tijdelijk geen succes hebben

barricade [bærɪ'keɪd] I *zn* barricade ★ *go to the ~s* op de barricades staan II *ov ww* barricaderen ★ ~ *yourself in your room* je in je kamer opsluiten

barrier ['bærɪə] *zn* ❶ dranghek ❷ fig barrière, hinderpaal, grens

barrier reef *zn* barrièrerif

barring ['bɑ:rɪŋ] *vz* behalve, behoudens

barrister ['bærɪstə] *zn* GB advocaat, pleiter

barrow ['bærəʊ] *zn* ❶ GB handkar ❷ kruiwagen ❸ grafheuvel

bartender ['bɑ:tendə] *zn* USA barman / -keeper / -meisje

barter ['bɑ:tə] I *zn* ruilhandel II *onov ww* ruilhandel drijven III *ov ww* ruilen

basal ['beɪsəl] *bnw* basis-, grond-

base [beɪs] I *zn* ❶ basis, voet(stuk), mil basis(kamp) ❷ grondgetal ❸ scheik base ❹ sport honk ★ inform USA *off base* bij het verkeerde eind ★ *touch base with sb* vragen hoe het met iem. gaat II *ov ww* ❶ vestigen ❷ ~ *on* baseren op, als basis gebruiken voor ★ *where did he base his theory on?* waarop baseerde hij zijn theorie? III *bnw* ❶ laag, gemeen ❷ onedel ★ *base metal* onedel metaal

baseball ['beɪsbɔ:l] *zn* honkbal

baseboard *zn* USA plint

baseless ['beɪsləs] *bnw* ongegrond

baseline ['beɪslaɪn] *zn* ❶ sport achterlijn ❷ techn basis, uitgangspunt

basement ['beɪsmənt] *zn* souterrain

base rate *zn* GB basistarief

bases ['beɪsi:z] *zn mv* → **basis**

bash [bæʃ] inform I *zn* ❶ dreun, slag ★ GB *have a bash at* het (maar) eens proberen ❷ feest II *ov ww* ❶ hard slaan, rammen ❷ ~ *up* in elkaar slaan ❸ ~ *in/down* inslaan, kapotslaan ❹ fig uithalen naar, scherp kritiseren III *onov ww* ❶ botsen ❷ ~ GB *on/away* doorwerken, doorploeteren

bashful ['bæʃfʊl] *bnw* bedeesd, verlegen

-bashing ['bæʃɪŋ] *voorv* ★ het afranselen ❷ het afkraken ★ *Bible~* het fanatiek propageren van de Bijbel ★ *union~* het fel uithalen naar de vakbonden

basic ['beɪsɪk] *bnw* ❶ fundamenteel, elementair, basis- ★ ~ *pay* basisloon ❷ scheik basisch

basically ['beɪsɪklɪ] *bijw* in wezen, eigenlijk, voornamelijk

basics ['beɪsɪks] *zn mv* ❶ basisbehoeften ❷ grondbeginselen ★ *get* / *go back to* ~ teruggaan naar de basis

basil ['bæzl] *zn* basilicum

basin ['beɪsn] *zn* ❶ GB wastafel / -bak ❷ kom ❸ aardk stroomgebied, bekken, laagte ❹ haven, dok, bassin ⟨kom van havens, dokken⟩

basis ['beɪsɪs] *zn* [mv: bases] basis, grondslag ★ *the* ~ *of* / *for sth* het belangrijkste deel van iets ★ *on the* ~ *of* op grond van

bask [bɑ:sk] *onov ww* zich koesteren

basket ['bɑ:skɪt] *zn* mand, korf ★ *make* / *shoot a* ~ scoren ⟨bij basketbal⟩ ★ econ ~ *of currencies* mandje van valuta

basketball ['bɑ:skɪtbɔ:l] *zn* basketbal

basket case inform *zn* ❶ arm / achtergebleven land ❷ noodlijdende organisatie ❸ zenuwpees, halvegare

basket chair *zn* rieten stoel

Basque [bɑ:sk] I *zn* ❶ Bask(ische) ❷ Baskisch ⟨de

taal) ‖ *bnw* Baskisch
bass[1] [beɪs] I *zn* ❶ baspartij, lage tonen
❷ bas(stem) ❸ basgitaar ★ *muz double bass*
contrabas ‖ *bnw* bas- (van stem of instrument)
bass[2] [bæs] *zn* ❶ (zee)baars ❷ bast
bass clef ['beɪs klef] *zn* muz bassleutel
bassoon [bə'su:n] *zn* fagot
bastard ['bɑ:stəd] *zn* ❶ inform min rotzak
❷ inform vent ★ *lucky ~!* bofkont! ★ *poor ~!*
arme ziel! ❸ inform rotding, kreng ★ *a ~ of a*
problem een hels probleem ❹ bastaard (onecht
kind)
bastardize, bastardise ['bɑ:stədaɪz] *ov ww*
verbasteren, onnauwkeurig weergeven
baste [beɪst] *ov ww* ❶ met vet overgieten (tijdens
braden), bedruipen ❷ rijgen (naaiwerk)
bastion ['bæstiən] *zn* ook fig bastion, bolwerk
bat [bæt] I *zn* ❶ slaghout, bat ★ *be at bat* aan slag
zijn ★ GB *off one's own bat* op eigen houtje
★ USA inform *(right) off the bat* ogenblikkelijk
❷ vleermuis ★ *have bats in the belfry* kierewiet
zijn ★ *like a bat out of hell* razendsnel ★ *(as) blind
as a bat* zo blind als een mol ‖ *ov ww* ❶ slaan
★ *bat your eyes / eyelashes* knipperen met de
ogen ★ *without batting an eye(lid)* zonder een
spier te vertrekken ❷ ~ *around* bediscussiëren
‖ *onov ww* aan slag zijn, batten ★ USA inform
go to bat for sb iem. helpen
batch [bætʃ] *zn* ❶ partij, groep, stel ❷ baksel
❸ comp batch
bate [beɪt] *ov ww* verminderen ★ *with bated*
breath met ingehouden adem
bath [bɑ:θ] I *zn* ❶ bad, badkuip, badwater ★ *run a*
bath een bad laten vollopen ★ *take a bath* een
bad nemen, USA zwaar verlies lijden ‖ *ov ww*
in bad doen, wassen
bathe [beɪð] *ov ww* ❶ baden, natmaken,
schoonmaken (wond) ★ *~d in sweat* badend in
het zweet ❷ USA wassen (bijvoorbeeld baby)
❸ doen baden (in licht)
bather ['beɪðə] *zn* ❶ bader, zwemmer ❷ Aus [mv]
★ *~s* zwempak / -broek
bathing cap *zn* badmuts
bathing suit *zn* badpak
bathrobe ['bɑ:θrəʊb] *zn* ❶ badjas ❷ USA
kamerjas
bathroom ['bɑ:θru:m] *zn* ❶ badkamer ❷ USA wc
bathtub ['bɑ:θtʌb] *zn* badkuip
baton ['bætn] *zn* ❶ dirigeerstok ❷ gummistok
❸ staf ❹ estafettestokje ★ fig *pass / hand over the*
~ het stokje overhandigen
batsman ['bætsmən] *zn* sport batsman, slagman
battalion [bə'tæliən] *zn* bataljon
batten ['bætn] I *zn* lat, vloerplank ‖ *ov ww*
~ down (met latten) versterigen, afsluiten
‖ *onov ww ~* min on parasiteren op
batter ['bætə] I *zn* ❶ beslag ❷ slagman ‖ *ov ww*
❶ rammen, beuken tegen ★ *~ down the door* de
deur inrammen ★ *~ed to death* doodgeslagen
❷ deuken ★ *his confidence was ~ed* zijn
vertrouwen werd gehavend ‖ *onov ww* beuken
★ *~ away at sth* ergens tegenaan rammen /
beuken
battering *zn* mishandeling ★ fig *take a ~* het
zwaar te verduren krijgen

battering ram ['bætərɪŋ ræm] *zn* stormram
battery ['bætəri] *zn* ❶ batterij, accu ★ *dry ~*
batterij (met vaste chemicaliën) ★ *a car with a*
GB *flat* / USA *dead ~* een auto met een lege accu
★ fig *recharge a ~* jezelf weer opladen ❷ reeks,
flinke groep ❸ mil batterij ❹ GB legbatterij
❺ jur geweldpleging
battery charger *zn* batterij(op)lader
battery farm *zn* GB legbatterij
battle ['bætl] I *zn* strijd, veldslag ★ *do ~ over sth*
strijd leveren over iets ★ *fight a losing ~* een
hopeloze strijd leveren ★ *it's half the ~* hiermee
is de strijd al voor de helft gewonnen ‖ *onov*
ww strijden
battle array *zn* slagorde
battleaxe ['bætlæks] *zn* ❶ strijdbijl ❷ inform
kenau
battlecruiser ['bætlkru:zə] *zn* slagkruiser
battle cry *zn* strijdkreet
battledress ['bætldres] *zn* veldtenue
battlefield ['bætlfi:ld] *zn* slagveld, strijdtoneel
battleground ['bætlgraʊnd] *zn* gevechtsterrein,
slagveld
battlements ['bætlmənts] *zn* kantelen
battleship ['bætlʃɪp] *zn* slagschip
batty ['bæti] *bnw* inform gek, maf
bauble ['bɔ:bl] *zn* ❶ snuisterij, prul ❷ GB kerstbal
baud [bəʊd] *zn* baud (snelheidsmaat voor
overbrenging van informatie)
baulk, USA balk [bɔ:k] *onov ww* ❶ bezwaar
hebben ★ *~ at the high prices* terugschrikken
voor de hoge prijzen ❷ weigeren (van paard)
bawdy ['bɔ:di] *bnw* grof ★ *~ talk* schuine
grappen
bawl [bɔ:l] I *ov ww* ❶ brullen, schreeuwen
❷ inform ~ *out* de mantel uitvegen,
uitkafferen ‖ *onov ww* schreeuwen ★ *a bawling*
baby een brullende baby
bay [beɪ] I *zn* ❶ baai ❷ vak, ruimte ❸ nis, erker
❹ vos (paard) ❺ geblaf ★ *at bay* in het nauw
gedreven ★ *bring to bay* in het nauw drijven
★ *hold / keep at bay* in bedwang houden
❻ laurierboom ‖ *onov ww* blaffen ★ fig *be*
baying for blood bloed willen zien
bay leaf *zn* laurierblad
bayonet ['beɪənet] *zn* bajonet
bayonet catch *zn* bajonetsluiting
bayou ['baɪu:] *zn* moerassige rivierarm (in
Amerika)
bay window *zn* erkerraam
bazaar [bə'zɑ:] *zn* ❶ oosterse markt ❷ bazaar,
fancy fair
b & b *afk, bed and breakfast* logies met ontbijt
BBC *afk, British Broadcasting Corporation* Britse
Radio en Televisie Omroep
BBQ *afk, barbecue* BBQ
BC *afk, Before Christ* v.C., v.Chr., vóór Christus
BCE *afk, Before the Common Era* v.C., v.Chr., vóór
Christus
be [bi:] I *onov ww* [onregelmatig] ❶ zijn, bestaan,
plaatshebben ★ *leave / let sb / sth be* iemand /
iets met rust laten ★ *inform been there, done*
that dat heb ik al achter de rug ★ *as / that was*
voormalig ❷ liggen, staan, (ver)blijven ★ *your*
socks are in the drawer je sokken liggen in de la
❸ bezoeken, langskomen ★ GB inform *sb's been*

and ruined the lawn ze hebben het gazon verpest ❹ ~ **for** zijn voor, voorstander zijn van ❺ ~ **from** van(daan) komen ❻ ~ **in** aanwezig / binnen zijn, in de mode zijn, aan het bewind zijn, <u>sport</u> aan slag zijn ★ *he is not in* hij is niet thuis ★ *the tide is in* het is vloed ★ *there is nothing in it* het is niet van belang, er is niets van aan ★ *the communists are in* de communisten regeren ❼ ~ **in for** tegemoetzien ★ *you're in for a nasty surprise* er staat je een onaangename verrassing te wachten ★ *you're in for it* er zwaait wat voor je, je bent erbij ★ *be in for a job* kandidaat zijn voor een betrekking ★ <u>inform</u> *he's in for murder* hij zit gevangen wegens moord ❽ ~ **in on** betrokken zijn bij, weten van ★ *be in on it* van de partij zijn ★ *be in on a secret* van een geheim op de hoogte zijn ❾ ~ **in with** het eens zijn met, bevriend zijn met ★ *he's in with my neighbour* hij is goede maatjes met mijn buurman ❿ ~ **off** afgesloten zijn (elektra / gas / water), verwijderd zijn, niet doorgaan, afgelast zijn, weg zijn, starten, ervandoor gaan / zijn, niet in orde zijn ★ *the gas is off* het gas is afgesloten ★ *how far off is it?* hoe ver is het? ★ *his guess was far off* hij sloeg de plank helemaal mis ★ *he's off* hij slaapt, hij staat klaar om weg te gaan, hij is (al) weg, hij zit op zijn stokpaardje ★ *I'm off smoking* ik rook niet meer ★ *when they saw the police, the hooligans were off* toen ze de politie zagen, namen de herrieschoppers de benen ★ *how are you off for money?* hoeveel geld heb je nog? ★ *be badly off* er slecht voorstaan ★ *be well off* er warmpjes bij zitten ★ *they are well off for ze* zijn goed voorzien van ★ *the meat is a bit off* het vlees is niet helemaal fris ★ *his colour looks (a little) off* hij ziet er wat ziekelijk uit ⓫ ~ **on** / op zijn, doorgaan, in behandeling zijn, bezig zijn, aan de gang zijn, aan de beurt zijn, meedoen, gevorderd zijn, tipsy zijn, gebruiken, verslaafd zijn aan ★ *the light is still on* het licht is nog aan ★ *the kettle is on* het water staat op ★ *what's on?* wat is er aan de hand? ★ <u>inform</u> *that just isn't on* daar is geen sprake van ★ *the work is well on* het werk schiet goed op ★ *he is well on in his sixties* hij is ver over de zestig ★ *what's on at the cinema?* welke film draait er? ★ *the drinks are on me* ik trakteer ★ *are you on?* doe je mee? ★ *he's on the staff* hij hoort bij de staf ★ *be on to sb* iem. door hebben ★ *what's he on about?* waar heeft hij het over? ★ *he's always on at / to me* hij heeft altijd wat op me aan te merken ★ *be on drugs / alcohol* verslaafd zijn aan drugs / alcohol, (regelmatig) drugs / alcohol gebruiken ⓬ ~ **out** gepubliceerd zijn, (er)buiten / eruit zijn, om / weg zijn, in staking zijn, werkloos zijn, onmogelijk zijn ★ *the book will be out in March* het boek zal in maart verschijnen ★ *the results are out* de resultaten zijn bekendgemaakt ★ *the invitations are out* de uitnodigingen zijn verzonden ★ *the girl is out* het meisje heeft haar debuut gemaakt ★ *Labour is out* Labour is niet (meer) aan de macht ★ *you are far out* je zit er ver naast ★ *I am ten pounds out* ik kom 10 pond tekort ★ *he is out in A* hij zit helemaal in A ★ *my arm is out* mijn arm is uit de kom ★ *he is out*

and about hij is weer hersteld ★ *the teachers are out* de leraren staken ★ *the river is out* de rivier is buiten haar oevers getreden ★ *hot pants are out* hotpants zijn uit de mode ★ *the secret is out* het geheim is uitgelekt ★ *the stars are out* de sterren staan aan de hemel ★ *the tide is out* het is eb ★ *this book is always out* dit boek is altijd uitgeleend ★ *be out with a person* ruzie hebben met iem. ★ *be out of...* zonder... zitten, geen... meer hebben ★ *they are out for blood* ze willen bloed zien ★ *I'm all out for his plan* ik voel er alles voor ★ *he's out for himself* hij heeft alleen eigen voordeel op het oog ★ *driving home was out* naar huis rijden was uitgesloten ⓭ ~ **over** over / uit / voorbij zijn, op bezoek zijn, overschieten ★ *that's over and done with* dat is helemaal voorbij ⓮ ~ **through** het niet meer zien zitten, klaar zijn, er doorheen zijn ⓯ ~ **up** hoger / gestegen zijn, op / wakker zijn, op / over / voorbij zijn, aan de gang / hand zijn, ter discussie staan ★ *petrol is up again* de benzine is weer duurder ★ *his blood is up* zijn bloed kookt ★ *the road is up* de weg is opengebroken ★ *his spirit was up* hij was opgewekt ★ *be up and about* in de weer zijn, op de been zijn ★ *be full up* geheel bezet / uitverkocht zijn ★ *the game is up* het spel is voorbij ★ *the House is up* het Parlement is met reces ★ *Mr. X is up* meneer X is aan het woord ★ *be up against* in conflict komen met, staan tegenover ★ *she's up for election* zij stelt zich kandidaat ★ *be up in arms* onder de wapenen zijn ★ *what's up with him?* wat is er met hem aan de hand? ★ *be well up in a subject* veel weten van een onderwerp ★ *her name was up* ze ging over de tong ⓰ ~ **up to** doen, doorhebben ★ *she's up to anything* ze is voor alles te vinden ★ *be up to a task* opgewassen zijn tegen een taak ★ *it's up to you* het (initiatief) is aan u ★ *be up to sth* iets in zijn schild voeren ★ *I'm up to his tricks* ik doorzie zijn streken ‖ *kww* [onregelmatig] ❶ zijn ★ *be that as it may* hoe dan ook ★ *as happy as can be* zo blij als maar kan ★ *how are you?* hoe maakt u het?, hoe gaat het met je? ★ *how is it that...* hoe komt het dat... ★ *it was a long time before...* het duurde lang voordat... ★ *be about to...* op het punt staan om... ★ *don't be long!* blijf niet lang weg! ★ *whose are these gloves?* van wie zijn deze handschoenen? ❷ *form* bestaan ★ *when the sun ceases to be* als de zon ophoudt te bestaan ❸ worden ★ *a teacher-to-be* een leraar in wording ★ *the bride to be* de aanstaande bruid ★ *she was to be a great author* zij zou een groot auteur worden ★ *he is to be married next month* hij gaat volgende maand trouwen ★ *you are to be home by midnight* je moet (uiterlijk) om middernacht thuis zijn ★ *he is to send it* hij moet het verzenden ★ *it is nowhere to be found* het is nergens te vinden ❹ kosten ★ *how much are these books?* wat kosten deze boeken?

beach [bi:tʃ] Ⅰ *zn* strand Ⅱ *ov ww* op het strand zetten ★ *~ed whale* gestrande walvis

beach ball *zn* strandbal ⟨voorwerp⟩

beach bum *zn* strandliefhebber, jonge vent die op het strand rondhangt

beachcomber ['bi:tʃkəʊmə] *zn* strandjutter

be

beachfront [ˈbiːtʃ frʌnt] *bnw* aan / vlakbij het strand ⟨v. pand enz.⟩

beachhead [ˈbiːtʃhed] *zn* ❶ bruggenhoofd ❷ fig voet aan de grond

beacon [ˈbiːkən] *zn* ❶ baken, vuurtoren ❷ fig lichtend voorbeeld ❸ bakenzender

bead [biːd] *zn* ❶ kraal ★ *say / tell one's beads* rozenkrans bidden ❷ parel ⟨van zweet⟩ ❸ vizierkorrel ★ USA *draw / get a bead on sb* het vizier richten op iem.

beaded *bnw* van kralen voorzien, met zweetdruppeltjes

beading *zn* met kralen versierd handwerk, kraal ⟨lijstwerk⟩

beady [ˈbiːdɪ] *bnw* ❶ kraalvormig, kraal-★ GB *keep a ~ eye on sth* strak in de gaten houden, geen seconde uit het oog verliezen ❷ parelend

beagle [ˈbiːɡl] *zn* beagle, brak ⟨drijfhond⟩

beak [biːk] *zn* ❶ (scherpe) snavel ❷ tuit ❸ straatt neus

beaker [ˈbiːkər] *zn* beker(glas)

be-all *zn* essentie ★ *the ~ and end-all* de alfa en de omega, het enige wat telt

beam [biːm] **I** *zn* ❶ straal, stralenbundel, lichtbundel ★ *on full beam* met groot licht ★ GB *be off beam* er naast zitten ❷ brede glimlach ❸ balk, GB evenwichtsbalk **II** *ov ww* ❶ uitstralen, afgeven ❷ stralend zeggen ❸ uitzenden ⟨op tv⟩ ❹ ~ **up** omhoogstralen ⟨sciencefiction⟩ **III** *onov ww* ❶ stralen ★ *the sun beams down on the fields* de zon schijnt op de velden ❷ glunderen

beamer [ˈbiːmə] *zn* beamer ⟨projector⟩

bean [biːn] *zn* boon ★ *baked beans* witte bonen in tomatensaus ★ *French / green bean* sperzieboon ★ GB *broad bean* tuinboon ★ *full of beans* in een opgewekte stemming ★ *not have a bean* platzak zijn ★ *spill the beans* zijn mond voorbijpraten ★ USA *not know beans about sth* geen snars verstand hebben van iets

beanbag [biːn bæɡ] *zn* zitzak

bean curd [ˈbiːn kɜːd] *zn* tofoe, tahoe

beanie [ˈbiːniː] *zn* (wollen) muts

beanpole [ˈbiːnpəʊl] *zn* bonenstaak ook fig , lange slungel

bean sprouts [biːn spraʊts] *zn mv* taugé

bear [beə] **I** *zn* ❶ beer ★ *white bear* ijsbeer ★ *like a bear with a sore head* slechtgehumeurd ❷ fin baissier **II** *ov ww* [onregelmatig] ❶ (ver)dragen, dulden, uitstaan ★ *bear the responsibility for sth* de verantwoordelijkheid voor iets dragen ★ *bear comparison with* de vergelijking doorstaan met ★ *I can't bear that teacher* ik heb een hekel aan die leraar ★ *bear a hand* een handje helpen ★ *bring to bear* toepassen, laten gelden ★ *bring one's influence to bear* zijn invloed laten gelden ❷ dragen, vertonen ★ *the contract bore your signature* jouw handtekening stond op het contract ❸ baren ⟨kind⟩, voortbrengen ★ *bear fruit* vruchten dragen, fig vruchten afwerpen ❹ opbrengen, opleveren ⟨rente⟩ ❺ ~ **out** bevestigen ★ *bear yourself well* je goed gedragen / houden ▼ *be borne in on sb* tot iem. doordringen **III** *onov ww* ❶ druk uitoefenen ★ *bear hard / heavily on sb* zwaar op iem. drukken ❷ gaan ★ *bear left / right* links / rechts

aanhouden, naar links / rechts afslaan ❸ ~ **down on** snel afkomen op, druk uitoefenen op ❹ ~ **on/upon** betrekking hebben op ❺ ~ **up against/under** het hoofd bieden aan, zich goed houden onder ❻ ~ **with** geduld hebben met ★ *bear with me* heb even geduld, wacht even

bearable [ˈbeərəbl] *bnw* te (ver)dragen

beard [ˈbɪəd] **I** *zn* baard **II** *ov ww* tarten ★ *to ~ the lion in his den* zich in het hol van de leeuw wagen

bearded [ˈbɪədɪd] *bnw* ❶ met een baard ❷ met een staart ⟨komeet⟩

bearer [ˈbeərə] *zn* ❶ drager, houder ⟨van paspoort⟩, form toonder ❷ brenger ⟨van boodschap⟩ ❸ hoeder ⟨bv. van traditie⟩ ❹ stut

bear hug *zn* houdgreep, stevige omhelzing

bearing [ˈbeərɪŋ] *zn* ❶ invloed, verband ★ *this has no ~ on you* dit heeft niets met jou te maken ❷ gedrag, houding ❸ richting ⟨kompas⟩ ★ *lose your ~s* verdwalen, in verwarring raken ★ *get / find / take your ~s* je oriënteren ★ *take a ~* een peiling nemen

bearish [ˈbeərɪʃ] *bnw* ❶ lomp ❷ nors ❸ pessimistisch, dalend ⟨van effectenbeurs⟩

bearskin [ˈbeəskɪn] *zn* ❶ berenhuid ❷ berenmuts

beast [biːst] *zn* ❶ beest, viervoeter ★ *~ of burden* lastdier ★ *~ of prey* roofdier ❷ humor ⟨vervelende⟩ zaak ★ *the exam was a real ~* het was echt een rotexamen ★ *his new bike is an expensive ~* die nieuwe fiets van hem is een duur beestje

beastly [ˈbiːstlɪ] *bnw* ook fig beestachtig ★ *~ weather* hondenweer

beat [biːt] **I** *zn* ❶ slag, tik ❷ muz maat ★ *out of beat* uit de maat ❸ ronde, wijk ⟨van politie⟩ ★ *more police officers on the beat* meer politie / blauw op straat ❹ (jacht)terrein ❺ beatmuziek **II** *bnw* inform uitgeteld, (dood)op **III** *ov ww* [onregelmatig] ❶ slaan ★ *beat sb to death* iem. doodslaan ★ *the bird beat its wings* de vogel sloeg met zijn vleugels ★ *beat time* de maat slaan ❷ verslaan, verbeteren ⟨record⟩ ★ fig *if you can't beat them, join them* als je ze niet kunt verslaan, kun je ze maar beter te vriend houden ★ *I wanted to break up, but he beat me to it* ik wilde het uitmaken, maar hij was me voor ★ *can you beat that?* heb je ooit zoiets gehoord / gezien? ★ *that beats everything!* dat is het toppunt!, dat slaat alles! ★ *beats me!* het is me een raadsel! ★ *nothing beats the first kiss* er gaat niets boven de eerste kus ★ USA *beat him out of his money* iem. zijn geld listig afhandig maken ❸ ontkomen aan ★ *beat the traffic* de verkeersdrukte voor zijn ❹ bestrijden ❺ kloppen ⟨ook metaal⟩ ❻ mengen, klutsen ⟨ei⟩ ❼ ~ **down** overreden de prijs te verlagen ★ *beat down the price* de prijs drukken ❽ ~ **off** afweren, afslaan ⟨aanval enz.⟩ ❾ ~ **out** doven ⟨vuur⟩, uitdeuken ❿ ~ **up** aftuigen, opjagen, optrommelen ★ USA *beat yourself up over sth* jezelf de schuld van iets geven ▼ inform *beat it!* donder op! **IV** *onov ww* ❶ slaan ★ *his heart is beating* zijn hart klopt ❷ zich een weg banen ★ fig *beat about the bush* eromheen draaien ❸ ~ **down on** branden op ⟨v. zon⟩ ❹ USA ~ **up**

on aftuigen

beaten ['bi:tn] **I** bnw ❶ verslagen ❷ veel betreden / gebaand, platgetreden ❸ gedreven ⟨van goud⟩ **II** ww [volt. deelw.] → beat

beater ['bi:tə] zn ❶ klopper ⟨eieren, mat, enz.⟩ ❷ drijver ⟨bij jacht⟩

beat generation zn beat generation ⟨groep schrijvers rond 1960⟩

beatify [bɪtɪfaɪ] ww zalig verklaren ⟨r.-k.⟩

beating ['bi:tɪŋ] zn ook fig pak slaag ★ take some ~ moeilijk te overtreffen zijn

beatitude [bi:'ætɪtju:d] zn zaligheid ★ the Beatitudes de acht zaligheden

beat-up ['bi:t ʌp] bnw inform aftands

beaut [bju:t] USA Aus **I** zn prachtexemplaar **II** bnw fantastisch

beautician [bju:'tɪʃən] zn schoonheidsspecialist

beautiful ['bju:tɪfʊl] bnw mooi, knap

beautify ['bju:tɪfaɪ] ov ww verfraaien

beauty ['bju:tɪ] zn schoonheid ★ ~ is in the eye of the beholder ≈ over smaak valt niet te twisten ★ ~ is only skin-deep schoonheid is maar uiterlijk ★ Sleeping Beauty Schone Slaapster, Doornroosje

beauty mark zn USA schoonheidsvlekje

beauty parlour zn schoonheidssalon

beaver ['bi:və] **I** zn ❶ bever ★ inform eager ~ uitslover, harde werker ❷ beverbont ❸ vulg kut **II** onov ww ★ inform ~ away at sth ergens hard aan werken

became [bɪ'keɪm] ww [verleden tijd] → become

because [bɪ'kɒz] vw omdat ★ ~ of vanwege

beck [bek] zn ★ be at sb's beck and call altijd klaar staan voor iem., iem. op zijn wenken bedienen

beckon ['bekən] ov ww ❶ wenken ❷ lonken naar

become [bɪ'kʌm] [onregelmatig] **I** kww worden **II** onov ww ~ of worden van, aflopen met ★ what will ~ of you wat zal er van jou terechtkomen **III** ov ww ❶ goed staan ★ that suit ~s you well dat pak staat je goed ❷ passen, sieren

becoming [bɪ'kʌmɪŋ] [form] bnw ❶ betamelijk, passend ❷ flatterend ⟨van kleding enz.⟩

bed [bed] **I** zn ❶ bed ★ bed and breakfast (pension voor) overnachting, logies met ontbijt ★ convertible bed opklapbed ★ make the bed het bed opmaken ★ take to one's bed ziek worden ★ wet the bed bedplassen ★ you've made your bed, and now you must lie on it wie zijn billen brandt, moet op de blaren zitten ★ inform get out of bed on the wrong side met het verkeerde been uit bed stappen ★ inform go to bed with sb met iem. naar bed gaan ★ GB bed and board kost en inwoning ★ separate / divorce from bed and board scheiden van tafel en bed ❷ leger ⟨van dier⟩ ❸ bedding ❹ (onder)laag, bed ⟨planten⟩ ★ forcing bed broeibak ★ a bed of roses rozengeur en maneschijn **II** ov ww ❶ inbedden ❷ oud vrijen met ❸ ~ down naar bed brengen, een slaapplaats geven ⟨ook dieren⟩ ❹ ~ out uitplanten **III** onov ww gaan slapen ★ we'll bed down in the attic wij zoeken wel een plaatsje op zolder

bedazzle [bɪ'dæzəl] ov ww verblinden

bedbug ['bedbʌg] zn bedwants, wandluis

bedclothes ['bedkləʊðz] zn mv beddengoed

bedding ['bedɪŋ] zn ❶ beddengoed ❷ ligstro

❸ onderlaag

bedding plant zn tuinplant

bedeck [bɪ'dek] form ov ww (op)tooien, versieren

bedevil [bɪ'devəl] ov ww dwarszitten, bemoeilijken, teisteren

bedfellow ['bedfeləʊ] zn bedgenoot / -genote ★ fig make strange ~s van vijanden vrienden maken, niet echt bij elkaar horen

bedlam ['bedləm] zn ook fig gekkenhuis

bedraggled [bɪ'drægld] bnw ❶ doorweekt ❷ sjofel, gehavend ❸ besmeurd

bedridden ['bedrɪdn] bnw bedlegerig

bedrock ['bedrɒk] zn ❶ basis, fundament ❷ vast gesteente ❸ laagste punt, minimum

bedroom ['bedru:m] zn slaapkamer

bedroom town zn slaapstad

bedside ['bedsaɪd] zn ★ she remained at his ~ ze week niet van zijn bed

bedside manner zn gedrag t.o.v. de patiënt in bed

bedside table GB zn nachtkastje

bedsit ['bedsɪt], **bedsitter** ['bedsɪtə] GB zn zit-slaapkamer

bedsore ['bedsɔ:] zn doorligplek

bedspread ['bedspred] zn sprei

bedstead ['bedsted] zn ledikant

bee [bi:] zn ❶ bij ★ fig busy bee bezige bij ★ she thinks she's the bee's knees ze denkt dat ze heel wat is ★ have a bee in one's bonnet (about sth) (door iets) geobsedeerd zijn ❷ USA bijeenkomst van buren ⟨voor gezelligheid en werk⟩

beech [bi:tʃ] zn beuk ★ copper ~ bruine beuk

beef [bi:f] **I** zn ❶ rundvlees ★ corned / corn beef cornedbeef ❷ inform klacht **II** ov ww inform ~ up groter / beter / interessanter maken **III** onov ww inform klagen ★ beef about sth ergens over klagen

beefcake ['bi:fkeɪk] zn straatt krachtpatser, gespierde kerel

Beefeater ['bi:fi:tə] zn wacht bij de Tower of London

beefsteak ['bi:fsteɪk] zn runderlapje, biefstuk

beeftea [bi:f'ti:] zn bouillon

beef tomato, beefsteak tomato zn vleestomaat

beefy ['bi:fɪ] bnw stevig, gespierd

beehive ['bi:haɪv] zn ❶ bijenkorf ❷ humor hoog opgestoken haar

beekeeper ['bi:ki:pə] zn bijenhouder, imker

beeline ['bi:laɪn] zn rechte lijn ★ make a ~ for / to regelrecht afgaan op

been [bi:n] ww [volt. deelw.] → be

beep [bi:p] **I** zn ❶ pieptoon, piep(je) ❷ getoeter **II** onov ww ❶ piepen ❷ toeteren **III** ov ww USA oppiepen

beer [bɪə] zn bier, biertje

beery ['bɪərɪ] bnw ❶ beneveld ❷ naar bier ruikend

beeswax ['bi:zwæks] **I** zn bijenwas **II** ov ww boenen

beet [bi:t] zn biet

beetle ['bi:tl] **I** zn ❶ kever, tor ★ black ~ kakkerlak ❷ stamper **II** onov ww GB ~ off wegglippen, zich haasten

beetroot ['bi:tru:t] zn ❶ beetwortel ❷ GB rode biet ★ as red as a ~ knalrood worden

be

befall [bɪˈfɔːl] **I** *ov ww* overkomen, gebeuren met **II** *onov ww* voorvallen, gebeuren

befit [bɪˈfɪt] *ov ww* betamen, passen

before [bɪˈfɔː] **I** *bijw* ❶ vroeger, eerder ★ *I've seen this ~* ik heb het eerder meegemaakt ★ *not last week, but the week ~* niet verleden week, maar de week ervoor ❷ voorop / aan **II** *vz* voor ★ *the month ~ last* twee maanden geleden ★ *GB best ~ Oct 25* ten minste houdbaar tot 25 oktober ★ *~ long* weldra, spoedig ★ *turn right ~ the restaurant* rechts afslaan voor het restaurant ★ *(and) not ~ time* geen moment te vroeg **III** *vw* voor, voordat ★ *write it down ~ you forget* schrijf het op voordat je het vergeet

beforehand [bɪˈfɔːhænd] *bijw* van tevoren

befriend [bɪˈfrend] *ov ww* ★ *be ~ed by* bevriend raken met

befuddled [bɪˈfʌdld] *bnw* beneveld, in de war

beg [beg] **I** *ov ww* smeken, bedelen, verzoeken ★ *beg, borrow or steal sth* iets hoe dan ook bemachtigen ★ *form beg leave to do sth* permissie vragen iets te doen ★ *I beg your pardon* pardon, wat zegt u? ★ *beg the question* ontwijkend antwoorden, iets als bewezen veronderstellen **II** *onov ww* ❶ smeken, bedelen ★ *he's begging for mercy* hij smeekt om genade ★ *go begging* uit bedelen gaan ★ *GB if it's going begging* als niemand het wil, als het blijft liggen ★ *I beg to differ* ik ben het er niet mee eens ❷ opzitten ⟨van hond⟩ ❸ ~ **off** zich (laten) verontschuldigen, het laten afweten

began [bɪˈgæn] *ww* [verleden tijd] → **begin**

beget [bɪˈget] *ov ww* [onregelmatig] ❶ <u>form</u> veroorzaken ❷ <u>oud</u> verwekken, voortbrengen

beggar [ˈbegə] **I** *zn* ❶ bedelaar, schooier ★ *~s can't be choosers* je mag een gegeven paard niet in de bek kijken ❷ <u>inform</u> (arme) kerel ★ *lucky ~!* bofkont! **II** *ov ww* ❶ tot de bedelstaf brengen ❷ te boven gaan ★ *it ~s belief / description* het is niet te geloven / beschrijven

begin [bɪˈgɪn] **I** *onov ww* [onregelmatig] beginnen ★ *to ~* in het eerste, om te beginnen, in het begin ★ *I couldn't (even) ~ to understand her* ik begreep haar absoluut niet **II** *ov ww* beginnen (aan)

beginner [bɪˈgɪnə] *zn* beginneling ★ *~'s luck* beginnersgeluk

beginning [bɪˈgɪnɪŋ] *zn* begin, oorsprong ★ *from the very ~* van het begin af aan ★ *the ~ of the end* het begin van het einde ★ *in the ~ was the Word...* in den beginne was er het Woord... ★ *build up from small ~s* klein beginnen

begot [bɪˈgɒt] *ww* [verleden tijd] → **beget**

begotten [bɪˈgɒtn] *ww* [volt. deelw.] → **beget**

begrudge [bɪˈgrʌdʒ] *ov ww* ❶ misgunnen ❷ met tegenzin doen / betalen / geven

beguile [bɪˈgaɪl] *ov ww* ❶ verleiden, bekoren ❷ ~ **into** verleiden tot

beguiling [bɪˈgaɪlɪŋ] *bnw* verleidelijk, bekoorlijk

begun [bɪˈgʌn] *ww* [volt. deelw.] → **begin**

behalf [bɪˈhɑːf] *zn* ★ *on ~ of*, USA *ook in ~ of* namens, ten behoeve van ★ *in that ~* in dat opzicht

behave [bɪˈheɪv] **I** *onov ww* zich gedragen ★ *~!* gedraag je fatsoenlijk! ★ *be well ~d* fatsoenlijk zijn, beschaafd zijn **II** *wkd ww* zich (netjes)

gedragen ★ *~ yourself!* gedraag je fatsoenlijk!

behaviour [bɪˈheɪvjə] *zn* ❶ gedrag ★ *be on your best ~* je zo netjes mogelijk gedragen ★ *gross ~* lomp gedrag ❷ werking

behead [bɪˈhed] *ov ww* onthoofden

beheld [bɪˈheld] *ww* [verl. tijd + volt. deelw.] → **behold**

behind [bɪˈhaɪnd] **I** *zn* achterste ★ *fall on your ~* op je achterste vallen **II** *bijw* ❶ (er)achter, achteraan, achter de rug ★ *look ~* omkijken ★ *shot from ~* van achteren geschoten ❷ achterop ★ *get ~* achterop raken ★ *be ~ with* achter zijn / lopen met ⟨werk enz.⟩ **III** *vz* ❶ achter ★ *we're right ~ you* we staan pal achter je, we komen meteen achter je aan ❷ achter op ★ *be ~ schedule* achter op schema liggen

behindhand [bɪˈhaɪndhænd] *bnw + bijw* achter(op), te traag, te laat

behold [bɪˈhəʊld] *ov ww* [onregelmatig] <u>form</u> aanschouwen, zien

beholden [bɪˈhəʊldən] *bnw* <u>form</u> verschuldigd, verplicht

beholder [bɪˈhəʊldə] *zn* <u>form</u> aanschouwer

beige [beɪʒ] *bnw* beige

being [ˈbiːɪŋ] *zn* ❶ wezen ★ *a human ~* een mens ❷ bestaan ★ *come into ~* ontstaan ★ *call into ~* in het leven roepen ❸ essentie

belabour [bɪˈleɪbə] *ov ww* te uitvoerig behandelen ★ *~ a point* blijven hangen bij een onderwerp

belated [bɪˈleɪtɪd] *bnw* laat ★ *a ~ birthday card* een verlate verjaardagskaart ★ *a ~ acknowledgement* een late erkenning

belch [beltʃ] **I** *zn* boer, oprisping **II** *onov ww* boeren **III** *ov ww* uitspuwen ★ *~ forth smoke* rook uitbraken

beleaguered [bɪˈliːgə] *bnw* ❶ belegerd ❷ zwaar bekritiseerd

belfry [ˈbelfrɪ] *zn* klokkentoren

Belgian [ˈbeldʒən] **I** *zn* Belg, Belgische **II** *bnw* Belgisch

Belgium [ˈbeldʒəm] *zn* België

belie [bɪˈlaɪ] *ov ww* ❶ verkeerde indruk geven van ❷ tegenspreken, logenstraffen

belief [bɪˈliːf] *zn* geloof, overtuiging ★ *beyond ~* niet te geloven

believable [bɪˈliːvəbl] *bnw* geloofwaardig

believe [bɪˈliːv] **I** *ov ww* geloven ★ *~ it or not* of je het gelooft of niet ★ *~ (you) me* daar kun je van op aan ★ *don't you ~ it!* echt niet! ★ *I don't ~ it!* niet te geloven! ★ *if you ~ that, you'll ~ anything* ze kunnen jou ook alles wijs maken ★ *make ~* doen alsof, wijsmaken ★ *seeing is believing* zien is geloven ★ *would you ~ (it)?* je houdt het niet voor mogelijk ★ *you('d) better ~ it!* dat is zeker waar! ★ *come to ~* tot het besef gekomen **II** *onov ww* gelovig zijn ★ *he doesn't ~ in evolution* hij gelooft niet in de evolutietheorie

believer [bɪˈliːvə] *zn* ❶ aanhanger ❷ gelovige

Belisha beacon *zn* knipperbol

belittle [bɪˈlɪtl] *ov ww* ❶ kleineren ❷ verkleinen

bell [bel] **I** *zn* ❶ bel ★ *answer the bell* (de deur) opendoen ★ *that rings a bell* dat klinkt bekend ★ *bells and whistles* toeters en bellen ★ *GB give sb a bell* iem. even bellen ❷ klok ⟨van de kerk⟩ **II** *ov ww* de bel aanbinden **III** *onov ww* brullen

⟨van mannetjeshert⟩

bell-bottoms ['bel-bɒtəmz] *zn mv* jeans met wijde pijpen

bellboy ['belbɔɪ] *zn* piccolo

bellhop ['belhɒp] *zn* USA piccolo

bellicose ['belɪkəʊz] *bnw* agressief, oorlogszuchtig

belligerence [bə'lɪdʒərəns] *zn* ❶ vijandigheid, agressiviteit ❷ form status v. oorlogvoerende

belligerent [bə'lɪdʒərənt] I *zn* oorlogvoerende partij II *bnw* ❶ vijandig, agressief ❷ form oorlogvoerend

bellow ['beləʊ] I *zn* gebrul II *onov ww* loeien, brullen III *ov ww* schreeuwen

bellows ['beləʊz] *zn mv ✦ (a pair of)* ~ (blaas)balg

bell pepper USA *zn* → pepper

bell-push *zn* GB belknop

bell-ringer *zn* klokkenluider

belly ['belɪ] I *zn* ❶ buik ★ inform go ~ up op de fles gaan ❷ schoot ❸ ronding, bolle deel II *onov ww* bol staan III *ov ww* bol laten staan

bellyache ['belɪeɪk] inform I *zn* buikpijn II *onov ww* zeuren, klagen

belly button *zn* inform navel

belly dancer *zn* buikdanseres

bellyflop ['belɪflɒp] *ww* inform een buiklanding maken, plat op zijn buik gaan

bellyful ['belɪfʊl] *zn ★ have had a ~ of* de buik vol hebben van

belly laugh *zn* daverende lach

belong [bɪ'lɒŋ] *onov ww* ❶ horen ★ this plate ~s in that cupboard dit bord hoort in die kast ❷ ~ to behoren aan / tot, lid zijn van ❸ thuishoren, erbij horen ★ he does not quite ~ hij voelt zich niet echt / helemaal thuis

belongings [bɪ'lɒŋɪŋz] *zn mv* ❶ eigendom(men) ❷ bagage

beloved [bɪ'lʌvɪd] I *zn* geliefde II *bnw* geliefd

below [bɪ'ləʊ] I *bijw* beneden, onderaan ★ it's three degrees ~ het is drie graden onder nul ★ go ~ naar beneden gaan, benedendeks gaan II *vz* ❶ onder, beneden ★ ~ the surface onder de oppervlakte ★ be well ~ average ver beneden het gemiddelde zijn ❷ ten zuiden van ❸ stroomafwaarts

belt [belt] I *zn* ❶ gordel, riem, sport band ⟨als onderscheiding⟩ ★ sport black belt zwarte band ★ ook fig below the belt onder de gordel ★ belt and braces dubbele veiligheidsmaatregelen ★ have sth under one's belt iets achter de kiezen hebben, iets ervaren hebben ❷ zone ❸ inform opdonder, klap II *ov ww* ❶ de riem doen om, omgorden ❷ inform afranselen, een opdoffer geven ❸ inform hard zingen / spelen ★ belt out a song een lied brullen III *onov ww* ❶ GB racen ★ she belted down the stairs ze kwam de trap afstormen ❷ GB ~ up zijn veiligheidsriem omdoen ★ inform belt up! hou je kop!

bemoan [bɪ'məʊn] *ov ww* form bejammeren, beklagen

bemused [bɪ'mjuːzd] *bnw* ❶ verbijsterd ❷ verstrooid

bench [bentʃ] I *zn* ❶ bank ❷ rechtbank ★ serve / sit on the ~ rechter zijn ★ Queen's / King's Bench Division afdeling v.h. hooggerechtshof ❸ GB zetel in het parlement ★ back ~ bank voor gewone leden ⟨in het parlement⟩ ★ front ~ bank voor ministers en oppositieleiders ⟨in het parlement⟩ ❹ sport (reserve)bank, reserve ❺ werkbank II *ov ww* sport op de reservebank zetten

benchmark ['bentʃmɑːk] I *zn* ❶ maatstaf, criterium ❷ vast punt II *ov ww* als maatstaf gebruiken ★ be ~ed against sth afgezet worden tegen iets

bend [bend] I *zn* bocht, buiging ★ bends and stretches buig- en strekoefeningen ★ GB inform drive sb round the bend gek maken, iem. over zijn toeren jagen II *ov ww* [onregelmatig] ❶ buigen ★ on bended knees op de knieën ★ bend the rules de regels naar je hand zetten ★ bend the truth de waarheid verdraaien ★ bend over backwards zich tot het uiterste inspannen ★ inform bend sb's ear aan iemands hoofd zeuren, zijn hart luchten bij iem. ★ form bend sb to sth iem. aan je wil onderwerpen ❷ natk breken ⟨licht⟩ ❸ richten ⟨ogen, stappen, aandacht⟩ ★ form bend your mind to sth diep over iets nadenken ★ form bend your efforts to sth je helemaal concentreren op iets III *onov ww* ⟨zich⟩ buigen ★ the road bends to the left de weg buigt naar links

bender ['bendə] inform *zn* zuippartij ★ go on a ~ het op een zuipen zetten, flink drugs gebruiken

bends inform *zn mv* caissonziekte

bendy ['bendɪ] *bnw* ❶ buigzaam ❷ bochtig

beneath [bɪ'niːθ] I *bijw* ❶ (er)onder ❷ ondergeschikt II *vz* onder, beneden ★ ~ the stars onder de sterren ★ he had married ~ him hij was beneden zijn stand getrouwd

benediction [benɪ'dɪkʃən] *zn* ❶ zegen ❷ lof ⟨r.-k.⟩

benefaction [benɪ'fækʃən] form *zn* ❶ goede daad, schenking ❷ liefdadigheid

benefactor ['benɪfæktə] form *zn* weldoener

benefactress [benɪ'fæktrəs] form *zn* weldoenster

benefice ['benɪfɪs] *zn* predikantsplaats

beneficent [bɪ'nefɪsənt] form *bnw* liefdadig

beneficial [benɪ'fɪʃəl] *bnw* heilzaam ★ ~ to our patients goed voor de gezondheid van onze patiënten

beneficiary [benɪ'fɪʃərɪ] *zn* ❶ erfgenaam ❷ form begunstigde

benefit ['benɪfɪt] I *zn* ❶ voordeel, profijt ★ for sb's ~ ten bate van iem., ten voordele van iem. ★ give sb the ~ of the doubt iem. het voordeel van de twijfel gunnen ❷ toelage, uitkering ★ be on ~ bijstand trekken ★ supplementary ~ aanvullende uitkering ❸ benefiet ⟨wedstrijd / concert⟩ II *onov ww* ❶ voordeel hebben ❷ ~ by/from voordeel trekken uit III *ov ww* ten goede komen aan

benevolence [bə'nevələns] form *zn* ❶ welwillendheid, vriendelijkheid ❷ weldadigheid

benevolent [bə'nevələnt] *bnw* ❶ welwillend ❷ weldadig ★ ~ fund ondersteuningsfonds

benign [bɪ'naɪn] *bnw* ❶ vriendelijk ★ ~ despot verlicht despoot ❷ zacht, heilzaam ❸ goedaardig ⟨van gezwel⟩

bent [bent] I *bnw* ❶ gebogen, krom ❷ GB inform corrupt, omkoopbaar ❸ ~ on vastbesloten om,

be

geconcentreerd op **II** *ww* [verl. tijd + volt. deelw.] → **bend III** *zn* aanleg, voorliefde, neiging ★ *a bent for languages* aanleg voor talen **IV** *bend*

benzene ['benzi:n] *zn* benzeen

benzine ['benzi:n] *zn* wasbenzine

bequeath [bɪ'kwi:ð] form *ov ww* nalaten, vermaken

bequest [bɪ'kwest] form *zn* legaat

berate [bɪ'reɪt] *ov ww* form uitvaren tegen, uitschelden

bereave [bɪ'ri:v] *ov ww* beroven ⟨figuurlijk⟩ ★ *the ~d* de nabestaanden

bereavement [bɪ'ri:vmənt] *zn* ❶ verlies ❷ sterfgeval ★ *~ counselling* rouwbegeleiding

bereft [bɪ'reft] dicht *bnw* fig beroofd ★ *~ of hope* van iedere hoop verstoken ★ *utterly ~* diep bedroefd ⟨door overlijden⟩

beret ['bereɪ] *zn* baret, alpinomuts

berk [bɜ:k] *zn*, GB inform eikel, sukkel

Berlin [bɜ:'lɪn] *zn* Berlijn

Bermudas [bə'mju:dəz] *zn mv* ❶ Bermuda(-eilanden) ❷ → **Bermuda shorts**

Bermuda shorts *zn mv* bermuda, korte broek

berry ['berɪ] **I** *zn* ❶ bes ❷ ei ⟨van vis of kreeft⟩ **II** *onov ww* bessen vormen

berserk [bə'sɜ:k] *bnw* ★ *go ~* woest worden ★ *~ with excitement* gek van opwinding

berth [bɜ:θ] **I** *zn* ❶ lig- / ankerplaats ★ *give sb a wide ~* iem. uit de weg gaan ❷ slaapplek, kooi ⟨op schip⟩, couchette ⟨in trein⟩ **II** *ov ww* afmeren

beseech [bɪ'si:tʃ] *ov ww* [regelmatig + onregelmatig] smeken

beset [bɪ'set] *ov ww* omringen, bestoken, van alle kanten aanvallen ★ *~ with problems* met problemen overladen ★ *~ting sin* zonde waarin men vervalt, slechte gewoonte

beside [bɪ'saɪd] *vz* naast, in vergelijking met ★ *he sat ~ her* hij zat naast haar ★ *that is ~ the point* dat heeft er niets mee te maken ★ *~ o.s. with grief* buiten zichzelf van verdriet

besides [bɪ'saɪdz] **I** *bijw* ❶ bovendien ❷ daarnaast ❸ trouwens **II** *vz* behalve, naast ★ *~ novels, he wrote travel books* naast romans schreef hij reisboeken

besiege [bɪ'si:dʒ] *ov ww* ❶ belegeren ❷ bestormen ★ *~ him with questions* hem overstelpen met vragen

besmirch [bɪ'smɜ:tʃ] *ov ww* ❶ besmeuren ❷ fig bezoedelen ⟨reputatie e.d.⟩

besom ['bi:zəm] *zn* bezem

besotted [bɪ'sɒtəd] *bnw* stapelverliefd, verdwaasd ★ *be ~ with sb* stapelgek zijn op iem.

besought [bɪ'sɔ:t] *ww* [verl. tijd + volt. deelw.] → **beseech**

bespeak [bɪ'spi:k] *ov ww* [onregelmatig] getuigen van

bespectacled [bɪ'spektəkld] *bnw* met bril

bespoke [bɪ'spəʊk] **I** *bnw* GB op maat (gemaakt) ★ *~ suit* maatkostuum ★ *~ software* maat(werk)software **II** *ww* [o.v.t.] → **bespeak**

best [best] **I** *bnw + bijw* best(e) ★ *at best* op zijn best, hoogstens ★ *the best part* het beste deel ★ *we'll manage as best we can* we zullen er het beste van maken ★ *as best you can / may* zo goed mogelijk ★ *he had best leave* hij kan beter weggaan ★ GB *best before* ten minste houdbaar tot **II** *zn* de / het beste ★ *all the best!* het allerbeste! ⟨groet⟩, sterkte! ★ *do / mean sth for the best* de beste bedoelingen hebben ★ *have / get the best of sb* iem. te slim af zijn ★ *make the best of it / a bad job / things* het beste ervan maken ★ *to the best of my knowledge / belief* voor zover ik weet / op de hoogte ben ★ *with the best (of them)* met de besten, met wie dan ook ★ *it's all for the best* het is het beste zo ★ *hope for the best* het beste ervan hopen ★ *be past his best* zijn beste tijd gehad hebben **III** *ov ww* form verslaan, overtreffen

bestial ['bestɪəl] *bnw* beestachtig

bestiality [bestɪ'ælətɪ] *zn* ❶ beestachtigheid ❷ dierenseks

bestir [bɪ'stɜ:] *ov ww* ★ form *~ o.s.* in actie komen, zich beijveren

bestow [bɪ'stəʊ] *ov ww* form *~ upon* schenken aan

bestride [bɪ'straɪd] *ov ww* dicht schrijlings (gaan) staan over / zitten op

best-seller [best'selə] *zn* bestseller, goed verkopend product, populair boek

bet [bet] **I** *zn* ❶ weddenschap ★ *make a bet* een weddenschap aangaan ❷ inzet ❸ inform inschatting ★ *one's best bet* z'n beste kans ★ *a good / safe bet* een veilige weddenschap / belegging ★ *a long bet* tien tegen één **II** *ov ww* [onregelmatig + regelmatig] wedden, verwedden, inform zeker weten ★ *I bet!* / *I'll bet!* nogal wiedes!, iron zal wel! ★ *you bet!* nou en of! ★ inform *wanna bet?* wedden van niet? **III** *onov ww* wedden ★ *bet on sth* op iets wedden ★ *don't bet on it!* / *I wouldn't bet on it!* daar zou ik maar niet op rekenen!

betel ['bi:tl] *zn* sirihpruim

betray [bɪ'treɪ] *ov ww* ❶ verraden ❷ bedriegen, verleiden

betrayal [bɪ'treɪəl] *zn* verraad

betrayer [bɪ'treɪə] *zn* verrader

betrothal [bɪ'trəʊðəl] *zn* form verloving

betrothed [bɪ'trəʊðd] *zn* form verloofde

betted *ww* [verleden tijd + volt. deelw.] → **bet**

better ['betə] **I** *bnw* beter ★ *the ~ (of the two)* de beste (van de twee) ★ *~ off* beter af ★ *you'd ~!* dat is je geraden! ★ *you had ~ go* je moest maar liever gaan ★ *for ~ or worse* in voorspoed en tegenspoed ★ *all the ~* des te beter / meer ★ *get the ~ of sb* iem. de baas worden, iem. te slim af zijn ★ *little / no ~ than* weinig / nauwelijks beter dan ★ *that's (much) ~* dat is al (heel wat) beter ★ *the sooner / bigger / more / enz. the ~* hoe sneller / groter / meer / enz., hoe beter ★ *so much the ~* des te beter **II** *ov ww* verbeteren, overtreffen ★ *~ o.s.* zich beteren, zijn positie verbeteren

betterment ['betəmənt] *zn* verbetering

between [bɪ'twi:n] **I** *bijw* ertussen, tussendoor ★ *in ~* tussenin, tussendoor **II** *vz* tussen ★ *eat ~ meals* tussen de maaltijden door eten ★ *shall we share the pizza ~ us?* zullen we de pizza samen delen? ★ *~ you and me* / *~ ourselves* onder ons gezegd (en gezwegen) ★ *few and far ~* zeldzaam

betwixt [bɪ'twɪkst] oud **I** *bijw* ertussen ★ *~ and*

between noch het één, noch het ander **II** *vz* tussen

bevel ['bevəl] **I** *zn* schuine rand / kant **II** *ov ww* afschuinen ★ *~led* met schuine rand / kant

beverage ['bevərɪdʒ] *zn* drank

bevy ['bevɪ] *zn* ❶ inform troep ❷ vlucht ⟨van vogels⟩

bewail [bɪ'weɪl] *ov ww* form bewenen

beware [bɪ'weə] **I** *onov ww* oppassen, op de hoede zijn ★ *~ of the dog!* pas op voor de hond! **II** *ov ww* oppassen voor

bewilder [bɪ'wɪldə] *ov ww* verbijsteren

bewildering [bɪ'wɪldərɪŋ] *bnw* verbijsterend

bewilderment [bɪ'wɪldəmənt] *zn* verbijstering

bewitch [bɪ'wɪtʃ] *ov ww* betoveren

bewitching [bɪ'wɪtʃɪŋ] *bnw* betoverend

beyond [bɪ'jɒnd] **I** *zn* onbekende, hiernamaals ★ *the great ~* het grote onbekende ★ *the back of ~* diep in het binnenland **II** *bijw* verder, bovendien, meer **III** *vz* ❶ verder dan, meer dan ★ *~ the 20%* boven de 20% ★ *it was ~ him* hij kon het zich niet voorstellen, het ging hem boven de pet ❷ aan de andere kant van ★ *~ the mountains* over de bergen ❸ naast, behalve

bi- [baɪ] *voorv* bi-, twee- ★ *bilingual* tweetalig

biannual [baɪ'ænjʊəl] *bnw* halfjaarlijks

bias ['baɪəs] **I** *zn* ❶ vooroordeel, neiging, voorkeur ★ *a practical bias* een praktijkgerichte instelling ❷ afwijking ⟨van richting⟩, effect ❸ diagonaal ⟨v.e. stof⟩ ★ *cut on the bias* scheef geknipt **II** *ov ww* ❶ bevooroordeeld maken ❷ scheef knippen

biased, biassed ['baɪəst] *bnw* bevooroordeeld ★ *be ~ towards* een vooroordeel hebben jegens, veel aandacht hebben voor

biathlon [baɪ'æθlən] *zn* biatlon

bib [bɪb] *zn* ❶ slabbetje, bef(je) ★ Aus *stick one's bib in sth* zich bemoeien met iets ❷ borststuk ❸ GB rugnummer

Bible ['baɪbl] *zn* Bijbel

biblical ['bɪblɪkl] *bnw* Bijbels

biblio- ['bɪblɪəʊ-] *voorv* boeken betreffende

bibliographer [bɪblɪ'ɒgrəfə] *zn* bibliograaf

bibliography [bɪblɪ'ɒgrəfɪ] *zn* bibliografie

bibliophile ['bɪblɪəfaɪl] *zn* bibliofiel, boekenliefhebber

bib overalls *zn mv* tuinbroek, salopette

bicameral [baɪ'kæmrəl] *bnw* bestaand uit 2 kamers / huizen ⟨van parlement⟩

bicarbonate [baɪ'kɑːbənɪt] *zn* ★ *~ (of soda)* dubbelkoolzuurzout, zuiveringszout, bakpoeder

bicentenary [baɪsen'tiːnərɪ], USA **bicentennial** [baɪsen'tenɪəl] **I** *zn* 200-jarige gedenkdag **II** *bnw* 200-jarig

biceps ['baɪseps] *zn* biceps

bicker ['bɪkə] *onov ww* kibbelen

bickering ['bɪkərɪŋ] *zn* gekibbel

bicycle ['baɪsɪkl] *zn* fiets, rijwiel

bid [bɪd] **I** *zn* ❶ bod ★ *no bid* (ik) pas ⟨bij bridge⟩ ❷ prijsopgave, offerte ❸ poging ★ *make a bid for* een poging doen om, een gooi doen naar ❹ uitnodiging, aanbod ⟨om lid te worden⟩ **II** *onov ww* [o.v.t.: bid, volt. deelw.: bid] ❶ bieden, een bod doen ★ *bid against each other* tegen elkaar (op)bieden ★ *what am I bid?* wie biedt? ⟨veiling⟩ ❷ offerte / prijsopgave indienen

III *ov ww* [o.v.t.: bid, volt. deelw.: bid] ❶ bieden ★ *they bid £1,000 for the painting* ze boden £1.000 voor het schilderij ❷ *~ up* de prijs opdrijven van ★ *bid the price up* de prijs opdrijven **IV** *ov ww* [o.v.t.: bade, volt. deelw.: bidden] ❶ dicht bevelen, verzoeken ❷ form zeggen ★ *bid welcome* welkom heten ★ *bid farewell* vaarwel zeggen ★ *bid goodnight* goedenacht wensen

bidden ['bɪdn] *ww* [volt. deelw.] → bid

bidder ['bɪdə] *zn* bieder, gegadigde

bidding ['bɪdɪŋ] *zn* ❶ het bieden ⟨veiling, kaartspel⟩ ❷ inschrijving ⟨op een contract bijvoorbeeld⟩ ❸ aanbieding ❹ form bevel ★ *do s.o.'s ~* iem. gehoorzamen ★ *at s.o.'s ~* op iemands bevel

biddy ['bɪdɪ] *zn* min wijf, muts

bide [baɪd] *ov ww* ★ *bide one's time* zijn tijd / kans afwachten

bidet [biː'deɪ] *zn* bidet

biennial [baɪ'enɪəl] **I** *zn* tweejarige plant **II** *bnw* tweejarig

bier [bɪə] *zn* (lijk)baar, katafalk

biff [bɪf] inform **I** *zn* dreun **II** *ov ww* een klap geven

bifocals [baɪ'fəʊklz] *zn mv* dubbelfocusbril

bifold ['baɪfəʊld] *bnw* tweevoudig, dubbel

bifurcate¹ [baɪ'fɜːkeɪt] *bnw* gevorkt, gaffelvormig

bifurcate² ['baɪfəkeɪt] *onov ww* zich splitsen, zich vertakken

bifurcation [baɪfə'keɪʃən] *zn* vertakking, opsplitsing

big [bɪg] **I** *bnw + bijw* ❶ groot, omvangrijk ★ *we live in a great big house* wij wonen in een enorm groot huis ❷ belangrijk ★ *he's the big boss* hij is de grote baas ❸ groots ★ *have big plans* grootse plannen hebben ❹ populair ★ *that music is big in Germany* die muziek is populair in Duitsland ★ *be big on sth* goed in iets zijn, verzot zijn op iets ❺ groot(moedig) ★ iron *that's big of you* wat gul van je **II** *bijw* op indrukwekkende wijze ★ *go over big (with sb)* er in gaan als koek bij iemand) ★ *make it big* veel succes hebben

bigamy ['bɪgəmɪ] *zn* bigamie

biggie ['bɪgiː] *zn* inform belangrijke zaak / persoon ★ USA *no ~!* maakt niet uit!

biggish ['bɪgɪʃ] *bnw* nogal dik / groot

big-headed *bnw* verwaand

big-hearted *bnw* ruimhartig

bight [baɪt] *zn* bocht, baai

bigot ['bɪgət] *zn* dweper, fanaat

bigoted ['bɪgətɪd] *bnw* dweepziek, onverdraagzaam

bigotry ['bɪgətrɪ] *zn* dweepzucht

big-ticket *bnw* inform duur

big time I *zn* top, succes ★ *make / hit the ~* een doorslaand succes zijn **II** *bijw* geweldig

big-time *bnw* succesvol, eersteklas ★ *~ lawyer* topadvocaat

big-timer *zn* top ⟨artiest, speler, atleet, enz.⟩

bigwig ['bɪgwɪg] *zn* inform hoge ome, hoge piet

bijou [biː'ʒuː] *bnw* klein maar fijn

bike [baɪk] inform **I** *zn* ❶ fiets ❷ motorfiets ★ GB *on your bike!* wegwezen! **II** *onov ww* fietsen

biker ['baɪkə] *zn* ❶ motorrijder ❷ mountainbiker

bilateral [baɪ'lætərəl] *bnw* bilateraal, tweezijdig

bi

bilberry ['bɪlbərɪ] zn blauwe bosbes
bile [baɪl] zn gal
bilge [bɪldʒ] zn ❶ buik ⟨v. vat⟩, ruim ⟨v. schip⟩
❷ lenswater ❸ inform onzin
bilge water zn lenswater
bilingual [baɪˈlɪŋgwəl] bnw tweetalig
bilious ['bɪljəs] bnw ❶ misselijk ❷ walgelijk
❸ form humeurig
bilk [bɪlk] ov ww oplichten
bill [bɪl] I zn ❶ rekening ❷ USA bankbiljet ❸ wet,
wetsontwerp ★ GB Bill of Rights grondwet van
1689 ❹ aanplakbiljet ★ double bill programma
met twee hoofdacts / speelfilms ❺ document
★ bill of entry douaneverklaring ★ clean bill of
health verklaring v. goede gezondheid ★ bill of
indictment akte van beschuldiging ★ bill of sale
koopakte ★ bill of lading vrachtbrief ★ econ bill
of exchange wissel ❻ lijst ★ bill of fares tarieflijst
⟨in bus, tram enz.⟩ ★ bill of fare menu ❼ snavel
▼ fill / fit the bill aan het doel beantwoorden
▼ inform GB the (Old) Bill de politie II ov ww
❶ op de rekening zetten ★ be billed for sth een
rekening krijgen voor iets ❷ aankondigen
❸ volplakken met affiches ❹ boeken ▼ humor
bill and coo minnekozen
billboard ['bɪlbɔːd] zn reclamebord
billet ['bɪlɪt] I zn ❶ mil kwartier ❷ inform baantje
II ov ww mil ~ on inkwartieren bij
billfold ['bɪlfəʊld] zn USA portefeuille
billhook ['bɪlhʊk] zn kapmes, snoeimes
billiards ['bɪljədz] zn mv biljart, biljartspel ★ play
~ biljarten
billion ['bɪljən] zn ❶ miljard ❷ oud GB biljoen
billow ['bɪləʊ] I zn ❶ ⟨rook⟩wolk ❷ dicht
⟨vloed⟩golf II onov ww ❶ in rookpluimen
opstijgen ❷ golven, bollen
billposter ['bɪlpəʊstə] zn aanplakker
billsticker ['bɪlstɪkə] zn aanplakker
billy goat ['bɪlɪgəʊt] zn bok
bimbo ['bɪmbəʊ] min zn ❶ dom blondje
❷ sufferd
bimonthly [baɪˈmʌnθlɪ] I zn tweemaandelijks
tijdschrift II bnw tweemaandelijks
bin [bɪn] I zn ❶ bak, bus, trommel, mand ❷ GB
vuilnisbak ❸ scheepv voorraadruimte II ww,
inform GB weggooien
binary ['baɪnərɪ] I zn ❶ wisk binair getal
❷ sterrenk dubbelster II bnw binair,
tweevoudig, tweedelig
bind [baɪnd] [onregelmatig] I ov ww ❶ binden
⟨ook saus, beslag⟩, inbinden, verbinden,
vastbinden ❷ verplichten, dwingen
❸ bekrachtigen ★ bind the deal with a payment
de koop bevestigen met een betaling
❹ omboorden ⟨naaiwerk⟩ ❺ jur ~ over
dagvaarden, onder curatele plaatsen ⟨i.v.m.
openbare orde⟩ II onov ww ❶ binden ⟨v. saus⟩
❷ pakken ⟨v. sneeuw⟩ III zn ❶ band, binding,
gebondenheid ❷ inform moeilijkheid ★ double
bind dilemma ★ ironing is such a bind strijken is
zo vervelend ★ in a bind in de knoei
binder ['baɪndə] zn ❶ ⟨boek⟩binder ❷ omslag,
band ❸ bindmiddel ❹ agrar maaibinder
binding ['baɪndɪŋ] I zn ❶ ⟨boek⟩band ❷ boordsel
❸ sport binding II bnw bindend
bind weed zn winde

binge [bɪndʒ] I zn braspartij, drinkgelag, fuif ★ go
on a ~ gaan stappen, de bloemetjes buiten
zetten ★ a chocolate ~ een bui waarin men veel
chocola eet ★ a shopping ~ een koopvlaag
II onov ww zich te buiten gaan ★ ~ and purge
vreten en braken
binge drinking ['bɪndʒ drɪŋkɪŋ] ww comazuipen
bin-liner zn GB vuilniszak
binman ['bɪnmən] zn, inform GB vuilnisman
binoculars [bɪˈnɒkjʊləz] zn mv verrekijker,
veldkijker, toneelkijker
bio- ['baɪəʊ] voorv bio-, biologisch
biochemistry [baɪəʊˈkemɪstrɪ] zn biochemie
biodegradable [baɪəʊdɪˈgreɪdəbl] bnw
biologisch afbreekbaar
bio engineering zn biotechniek
biographer [baɪˈɒgrəfə] zn biograaf
biographical [baɪəˈgræfɪkl] bnw biografisch
biography [baɪˈɒgrəfɪ] zn levensbeschrijving
biological [baɪəˈlɒdʒɪkl] bnw biologisch ★ ook fig
the ~ clock de biologische klok
biologist [baɪˈɒlədʒɪst] zn bioloog
biology [baɪˈɒlədʒɪ] zn biologie
bionic [baɪˈɒnɪk] bnw bionisch
biopic ['baɪəʊpɪk] zn inform filmbiografie
biopsy ['baɪɒpsɪ] zn biopsie
biosphere ['baɪəʊsfɪə] zn techn biosfeer
biotechnology [baɪəʊtekˈnɒlədʒɪ] zn
biotechnologie
bipartisan [baɪpɑːtɪˈzæn] bnw twee partijen-
bipartite [baɪˈpɑːtaɪt] bnw tweedelig, tweeledig
biped ['baɪped] zn tweevoeter ⟨vogel, mens⟩
biplane ['baɪpleɪn] zn tweedekker
birch [bɜːtʃ] zn ❶ berk ❷ roede
bird [bɜːd] zn ❶ vogel ★ bird of prey roofvogel
★ bird of passage trekvogel, fig passant ★ the bird
has flown de vogel is gevlogen ★ the birds and
the bees de bloemetjes en de bijtjes ★ birds of a
feather (flock together) soort zoekt soort ★ a bird
in the hand is worth two in the bush beter één
vogel in de hand dan tien in de lucht ★ a little
bird told me, that... ≈ een kabouLANGtje heeft me
ingefluisterd dat... ★ the early bird catches the
worm de morgenstond heeft goud in de mond
★ inform be (strictly) for the birds onbenullig /
oninteressant zijn ❷ inform meisje ❸ inform
snuiter, type ★ Big Bird Pino ⟨Sesamstraat⟩
▼ inform give sb the bird GB iem. uitjouwen
/ uitfluiten USA de middelvinger opsteken
II onov ww vogels observeren ★ go birding
vogels gaan kijken
birdbrain ['bɜːdbreɪn] zn inform onnozele hals
birdcage ['bɜːdkeɪdʒ] zn vogelkooi
bird dog zn jachthond ⟨die vogels apporteert⟩
bird flu zn inform vogelgriep
birdie ['bɜːdɪ] zn ❶ inform vogeltje ❷ golf birdie
❸ USA badminton shuttle
bird's-eye view zn vogelperspectief
bird table zn voederplank ⟨v. vogels⟩
bird-watcher zn vogelaar, vogelwaarnemer
biretta [bɪˈretə] zn bonnet ⟨van r.-k. priester⟩
Biro ['baɪrəʊ] zn GB balpen
birth [bɜːθ] zn ❶ geboorte, fig ontstaan ★ give ~
to sb het leven schenken aan iem. ★ give ~ to sth
iets doen ontstaan ★ rel new ~ wedergeboorte
❷ afkomst ★ German by ~ Duits van geboorte

birth certificate *zn* geboorteakte
birth control *zn* geboortebeperking
birthday *zn* verjaardag ★ *wish him a happy ~* hem hartelijk feliciteren met zijn verjaardag
birthday honours *zn mv* ≈ lintjesregen
birthday suit *zn* iron adamskostuum
birthmark ['bɜ:θmɑ:k] *zn* moedervlek
birthplace ['bɜ:θpleɪs] *zn* geboorteplaats
birth rate *zn* geboortecijfer
birthright ['bɜ:θraɪt] *zn* geboorterecht
biscuit ['bɪskɪt] I *zn* ❶ GB biscuit, koekje ★ *cheese and ~s* kaas en crackers ★ *digestive ~* volkorenkoekje ❷ USA beschuitbol ▼ GB inform *take the ~* alles overtreffen / slaan II *bnw* lichtbruin
bisect [baɪˈsekt] *ov ww* in tweeën delen
bisexual [baɪˈsekʃʊəl] *bnw* biseksueel
bisexuality [baɪseksjʊˈælɪti] *zn* biseksualiteit
bishop ['bɪʃəp] *zn* ❶ bisschop ❷ loper ⟨van schaakspel⟩
bison ['baɪs(ə)n] *zn* bizon
bistro ['bi:strəʊ, 'bɪs-] *zn* bistro
bit [bɪt] I *zn* ❶ inform beetje, stukje, kleinigheid ★ *bit by bit* beetje bij beetje ★ *the (whole)... bit* gedoe, praktijken ★ *a bit much* wat te veel (gevraagd) ★ *a bit of...* een beetje...★ *have a bit on the side* vreemdgaan ★ GB *bits and pieces / bobs* spulletjes ★ *do your bit* je steentje bijdragen ★ *every bit as good as...* zeker zo goed als...★ *not a bit / not one (little) bit* helemaal niet ★ *not a bit of it* helemaal niet, geen sprake van ★ *to bits* aan stukken, heel veel ★ *not a blind bit* geen greintje (niets, geen) ❷ GB inform gedeelte ★ *the first bit of the chapter* het eerste gedeelte van het hoofdstuk ❸ comp bit ❹ bit ⟨van hoofdstel⟩ ★ *take the bit between his teeth* op hol slaan ⟨van paard⟩, fig iets enthousiast aanpakken ❺ boorijzer ❻ baard ⟨van sleutel⟩ ❼ bek ⟨van tang⟩ ❽ inform GB [mv] ★ *bits* zakie ⟨genitaliën van man⟩ II *ww* [verleden tijd] → bite III *ov ww* bit aandoen, beteugelen
bitch [bɪtʃ] I *zn* ❶ teef ❷ min rotwijf ❸ inform groot probleem ★ *life's a ~* het leven is niet eenvoudig II *onov ww* inform hatelijk doen, klagen ★ *~ about / at sb* op iem. kankeren
bitchy ['bɪtʃɪ] *bnw* inform hatelijk, boosaardig
bite [baɪt] I *ov ww* [onregelmatig] ❶ bijten ★ *bite off more than you can chew* teveel hooi op je vork nemen ★ fig *be bitten by sth* gegrepen zijn / worden door iets ★ *once bitten, twice shy* een ezel stoot zich geen tweemaal aan dezelfde steen ★ *biter bit* bedrieger bedrogen ❷ steken ⟨van insect⟩ ❸ ~ back inslikken ⟨woorden⟩ II *onov ww* ❶ bijten, happen ★ fig *will the customer bite?* zal de klant toehappen? ❷ steken ❸ voelbaar worden, pijn doen ❹ ~ back terugbijten III *zn* ❶ beet, hap ★ *have a bite (at)* een hap nemen (van) ★ *have a quick bite* snel even iets eten ★ *a bite at / of the cherry* een kans ❷ greep ❸ scherpte, pit ★ *have no bite to it* oninteressant zijn ❹ pittige smaak ❺ vinnige kou
bite-sized ['baɪtsaɪzd], **bite-size** *bnw* hapklaar ook fig
biting ['baɪtɪŋ] *bnw* ❶ bijtend ⟨koud⟩ ❷ scherp

⟨opmerking⟩
bit part *zn* bijrolletje ⟨in film⟩
bitten ['bɪtn] *ww* [volt. deelw.] → bite
bitter ['bɪtə] I *bnw* bitter ook fig , scherp ★ *a ~ blow* een zware slag ★ *a ~ pill* een bittere pil ★ *to / until the ~ end* tot het bittere eind II *zn* bitter (bier) ★ *a glass of (gin and) ~s* een bittertje
bittern ['bɪtn] *zn* dierk roerdomp
bitterness ['bɪtənəs] *zn* bitterheid
bitty ['bɪti] *bnw*, GB inform samengeraapt
bitumen ['bɪtʃəmən] *zn* bitumen, asfalt
bituminous [bɪˈtju:mɪnəs] *bnw* bitumineus ★ *~ coal* vetkool
bivouac ['bɪvʊæk] I *zn* bivak II *onov ww* bivakkeren
bivvy I *zn* tent, schuilplaats II *onov ww* slapen in een tent / schuilplaats
biz [bɪz] *zn* ❶ inform → business ❷ amusementswereld ★ *be the biz* hartstikke goed zijn
bizarre [bɪˈzɑ:] *bnw* bizar, vreemd
blab [blæb] I *onov ww* zijn mond voorbijpraten II *ov ww* eruit flappen, verklappen
blabber ['blæbə] *onov ww* kletsen
blabbermouth ['blæbəmaʊθ] inform *zn* kletskous, flapuit
black [blæk] I *bnw* ❶ zwart, donker ⟨ook v. huidskleur⟩, zonder melk ⟨v. koffie, thee⟩ ★ *be in sb's ~ books* slecht aangeschreven staan bij iem. ★ *not as ~ as sb is painted* niet zo kwaad als iem. afgeschilderd wordt ❷ vuil ★ *your hands are ~ with oil* je handen zien zwart van de olie ❸ somber ★ *a ~ day* een zwarte dag ❹ lit boosaardig ★ *his ~ deeds* zijn misdaden II *zn* ❶ zwart ★ *(in) ~ and white* zwart-op-wit, zwart-wit ★ *be in the ~* uit de rode cijfers zijn, geld hebben ❷ zwarte, neger III *ov ww* ❶ GB boycotten ❷ zwart maken ❸ ~ out onleesbaar maken ⟨tekst⟩, verduisteren ⟨ramen bv.⟩ IV *onov ww* ~ out (tijdelijk) het bewustzijn verliezen
blackball ['blækbɔ:l] *ov ww* deballoteren
blackberry ['blækbəri] *zn* braam
blackberrying ['blækberɪŋ] *zn* ★ *go ~* bramenplukken
blackbird ['blækbɜ:d] *zn* merel
blackboard ['blækbɔ:d] *zn* schoolbord
blackcurrant [blæk'kʌrənt] *zn* zwarte bes
blacken ['blækən] I *ov ww* ook fig zwart maken II *onov ww* zwart worden
blackhead ['blækhed] *zn* mee-eter
blacking ['blækɪŋ] *zn* oud schoensmeer
blackjack ['blækdʒæk] *zn* ❶ eenentwintigen ⟨kaartspel⟩ ❷ ploertendoder
blackleg ['blækleg] *zn*, min GB stakingsbreker
blacklist ['blæklɪst] I *zn* zwarte lijst II *ov ww* op de zwarte lijst plaatsen
blackmail ['blækmeɪl] I *zn* chantage II *ov ww* chanteren
blackmailer ['blækmeɪlə] *zn* afperser, chanteur
blackout ['blækaʊt] *zn* ❶ verduistering ❷ fig radiostilte ❸ psych black-out
blacksmith ['blæksmɪθ] *zn* (hoef)smid
blackthorn ['blækθɔ:n] *zn* sleedoorn
bladder ['blædə] *zn* ❶ anat blaas ❷ sport binnenbal
blade [bleɪd] *zn* ❶ lemmet, scheermesje,

bl

bl

schaatsijzer ❷ blad ⟨v. roeiriem, propeller, enz.⟩ ❸ (gras)spriet, halm ★ ~ *of grass* grassspriet

blading *zn* sport (het) skaten, (het) skeeleren

blag [blæg] *ov ww,* inform GB aftroggelen ★ *blag your way into sth* je ergens naar binnen lullen

blah [blɑː] inform **I** *zn* blabla, gezwets ★ *blah blah blah* onzin, enzovoort enzovoort **II** *bnw* ❶ waardeloos ❷ beroerd ⟨v. gevoel⟩

blame [bleɪm] **I** *ov ww* ❶ de schuld geven aan, verwijten ★ ~ *sb for sth* iem. van iets de schuld geven ★ ~ *sth on sb* iem. van iets de schuld geven ★ *you only have yourself to* ~ eigen schuld, dikke bult ❷ veroordelen, berispen **II** *zn* ❶ schuld ★ *put the* ~ *on sb* iem. de schuld geven ❷ berisping

blameless ['bleɪmləs] *bnw* onschuldig, vrij van blaam

blameworthy ['bleɪmwɜːðɪ] *bnw* laakbaar, afkeurenswaardig

blanch [blɑːntʃ] **I** *onov ww* form bleek worden, verschieten van kleur **II** *ov ww* blancheren

blancmange [blə'mɒnʒ] *zn* GB (gelatine)roompudding

bland [blænd] *bnw* ❶ saai, nietszeggend ❷ flauw ⟨v. voedsel⟩ ❸ laconiek, nuchter

blandishments ['blændɪʃmənts] *zn mv* vleierij, geslijm

blank [blæŋk] **I** *bnw* ❶ blanco, leeg ★ *my mind went* ~ ik wist niets meer ❷ uitdrukkingsloos ⟨v. gezicht⟩, verbijsterd, stom ⟨v. verbazing⟩ ★ *a* ~ *look* een wezenloze blik ❸ bot ⟨v. weigering bv.⟩ **II** *zn* ❶ leegte, open ruimte ⟨op formulier⟩ ★ *my mind is a* ~ ik heb geen flauw idee ❷ losse flodder ❸ niet (in loterij) ★ *draw a* ~ buiten de prijzen vallen, fig bot vangen ❹ onleesbaar gemaakt woord **III** *ov ww* ❶ GB negeren ❷ ~ *out* wissen, uit de gedachten bannen **IV** *onov ww* ❶ een black-out krijgen ❷ ~ *out* leeg worden **V** *ov ww*

blanket ['blæŋkɪt] **I** *zn* ❶ (wollen) deken ★ fig *wet* ~ domper, spelbreker ❷ (dikke) laag ★ ~ *of snow* dik pak sneeuw **II** *bnw* allesomvattend, insluitend ★ *a* ~ *ban* een algemeen verbod op **III** *ov ww* met een deken bedekken

blankety-blank *zn* euf puntje, puntje, puntje

blare [bleə] **I** *onov ww* schallen, brullen **II** *ov ww* doen schallen ★ *the radio ~d out music* muziek schalde uit de radio **III** *zn* geschal, gebrul

blarney ['blɑːni] *zn* vleierij, geslijm ★ *you have kissed the Blarney Stone* jij kunt goed slijmen

blaspheme [blæs'fiːm] *ov ww* godslasterlijk spreken, spotten

blasphemous ['blæsfəməs] *bnw* (gods)lasterlijk

blasphemy ['blæsfəmɪ] *zn* blasfemie, godslastering

blast [blɑːst] **I** *zn* ❶ explosie ❷ windstoot, stoot ⟨op stoomfluit, enz.⟩ ❸ felle kritiek ❹ USA dikke pret ▼ *at full* ~ in volle gang, voluit ▼ *a* ~ *from the past* iemand / iets van vroeger **II** *ov ww* ❶ opblazen, laten springen, schieten (op) ❷ doen verdorren ⟨planten⟩ ❸ fig vernietigen, aantasten ❹ blèren, tetteren, schetteren ❺ fel bekritiseren ❻ een poeier geven ⟨bal bv.⟩ ▼ GB inform ~ *it!* verdomme! **III** *onov ww* ❶ ~ *away* er op los knallen ❷ ~ *off* gelanceerd worden ⟨v. ruimteschip⟩, wegscheuren ⟨v. auto, enz.⟩

blasted ['blɑːstɪd] *bnw* vervloekt

blast furnace ['blɑːst fɜːnɪs] *zn* hoogoven

blast-off *zn* lancering

blatant ['bleɪtnt] *bnw* schaamteloos, overduidelijk

blather ['blæðə] *onov ww* dom kletsen

blaze [bleɪz] **I** *onov ww* ❶ fel branden, (op)vlammen ★ *his eyes were blazing with fury* zijn ogen gloeiden v. woede ❷ schitteren, fel schijnen ⟨v. lamp bv.⟩ ❸ uitbarsten ❹ ~ *away* er op los schieten ⟨v. vuurwapen⟩ ❺ ~ *up* oplaaien, opvliegen **II** *ov ww* rondbazuinen ▼ ~ *a trail* een voortrekkersrol spelen **III** *zn* ❶ vlam(men), vuur(zee) ❷ gloed ❸ uitbarsting ⟨v. emotie⟩ ❹ bles

blazer ['bleɪzə] *zn* blazer, sportjasje

blazing ['bleɪzɪŋ] *bnw* ❶ (fel) brandend, verblindend ★ ~ *hot* gloeiend heet ❷ woedend ★ *a* ~ *row* slaande ruzie ❸ inform overduidelijk ★ *a* ~ *fool* een verdomde idioot

blazon ['bleɪzən] *ov ww* in alle glorie tonen, rondbazuinen

bleach [bliːtʃ] **I** *ov ww* bleken **II** *onov ww* bleek worden **III** *zn* bleekmiddel

bleak [bliːk] *bnw* ❶ somber, troosteloos ★ *paint a* ~ *picture of the future* een somber beeld van de toekomst schetsen ❷ guur ⟨v. weer⟩ ❸ kaal ⟨v. landschap bv.⟩

bleary ['blɪərɪ] *bnw* wazig ⟨v. blik⟩, slaperig ⟨v. ogen⟩

bleary-eyed [blɪərɪ 'aɪd] *bnw* met wazige blik

bleat [bliːt] **I** *onov ww* ❶ blaten ❷ jammeren **II** *ov ww* jammeren over **III** *zn* geblaat

bled [bled] *ww* [verl. tijd + volt. deelw.] → **bleed**

bleed [bliːd] [onregelmatig] **I** *onov ww* bloeden ★ ~ *to death* doodbloeden **II** *ov ww* ❶ laten bloeden, aderlaten ❷ fig uitzuigen, afpersen ★ ~ *sb dry / white* iem. volledig uitzuigen

bleeder ['bliːdə] *zn* ❶ GB inform rotzak ❷ lijder aan bloederziekte

bleeding ['bliːdɪŋ] **I** *bnw,* inform GB verdomd **II** *zn* het bloeden

bleep [bliːp] **I** *zn* piepje **II** *onov ww* piepen **III** *ov ww* GB oppiepen

bleeper ['bliːpə] *zn* GB pieper ⟨om iemand op te roepen⟩

blemish ['blemɪʃ] **I** *zn* smet, klad **II** *ov ww* bevlekken, bekladden

blench [blentʃ] *onov ww* form terugdeinzen ⟨uit angst, enz.⟩

blend [blend] **I** *ov ww* mengen, vermengen **II** *onov ww* ❶ zich mengen, harmoniëren ❷ ~ *in/into* harmoniëren met, één geheel vormen met, goed passen bij **III** *zn* melange, mengsel

blender ['blendə] *zn* mixer, mengbeker

blent [blent] oud *ww* [verl. tijd + volt. deelw.] → **blend**

bless [bles] *ov ww* zegenen ★ *be ~ed with* gezegend zijn met ★ ~ *o.s.* een kruis slaan, zich gelukkig achten ★ ~ *me!* lieve hemel! ★ ~ *you!* gezondheid! ★ ~ *him / her!* de lieverd!

blessed ['blesɪd] *bnw* ❶ zalig, gezegend ❷ heerlijk ❸ inform vervloekt ★ *not a* ~ *thing* geen donder ★ *the whole* ~ *day* de godganse dag

blessing ['blesɪŋ] zn zegen(ing) ★ ask a ~ bidden ⟨aan tafel⟩ ★ a mixed ~ geen onverdeeld genoegen ★ a ~ in disguise een geluk bij een ongeluk

blew [blu:] ww [verleden tijd] → **blow**

blight [blaɪt] I ov ww ❶ <u>plantk</u> aantasten, doen verdorren ⟨door ziekte⟩ ❷ bederven, beschadigen ★ ~ed hopes verwoeste hoop II zn ❶ plantenziekte ⟨zoals meeldauw, brand, roest, enz.⟩ ❷ vernietigende invloed ★ cast a ~ on ernstig beschadigen, vergallen ★ urban ~ vervallen stedelijk gebied

blimey ['blaɪmɪ] tw, GB <u>inform</u> verdorie!, verrek!

blimp [blɪmp] zn zeppelin

blind [blaɪnd] I bnw ❶ blind ★ the ~ de blinden ★ go ~ in one eye aan één oog blind worden ★ (as) ~ as a bat zo blind als een mol ★ ~ to blind voor ★ turn a ~ eye to sth net doen alsof je niets ziet ★ the ~ leading the ~ de ene blinde leidt de andere ⟨onbetrouwbaar advies⟩ ❷ doodlopend ★ a ~ alley een doodlopende steeg / weg ❸ onzichtbaar ★ a ~ corner een blinde hoek ▼ <u>GB</u> not a ~ bit geen enkel II ov ww ❶ blind maken ❷ verblinden ★ to ~ sb with science iem. met feiten overdonderen ❸ blinderen III zn ❶ rolgordijn ★ venetian ~ jaloezie, luxaflex ❷ voorwendsel IV bijw blind ★ <u>luchtv</u> fly ~ instrumentvliegen ★ cul bake ~ zonder vulling bakken ★ <u>inform</u> ~ drunk stomdronken ★ rob sb ~ iem. volledig bestelen

blinder [blaɪndə] zn <u>sport</u> schitterende prestatie ★ USA ~s [mv] oogkleppen

blindfold ['blaɪndfəʊld] I ov ww blinddoeken II zn blinddoek III bnw + bijw geblinddoekt

blinding ['blaɪndɪŋ] bnw ❶ verblindend ★ a ~ headache een knallende hoofdpijn ❷ <u>GB</u> spectaculair

blindingly ['blaɪndɪŋlɪ] bijw uitermate ★ ~ obvious zonneklaar

blindside ['blaɪndsaɪd] <u>USA</u> ww ❶ aan de zijkant raken ❷ overrompelen

blind side zn blinde hoek

blindworm ['blaɪndwɜːm] zn <u>dierk</u> hazelworm

blink [blɪŋk] I onov ww knipperen (v. ogen / licht) ★ ~ at the facts de ogen sluiten voor de feiten ★ before you can ~ in 'n oogwenk II ov ww ❶ knipperen met ❷ ~ away/back wegpinken ⟨tranen⟩ III zn ❶ knippering (v. oog / licht) ★ in the ~ of an eye in 'n oogwenk ★ <u>inform</u> on the ~ defect ❷ glimp

blinker ['blɪŋkə] zn ❶ <u>inform</u> knipperlicht, richtingaanwijzer ❷ <u>GB</u> ★ ~s [mv] oogkleppen

blinkered ['blɪŋkəd] bnw <u>min</u> met oogkleppen, kortzichtig

blip [blɪp] zn ❶ piep ❷ echo ⟨op radarscherm⟩ ❸ tijdelijke verslechtering, dip

bliss [blɪs] zn geluk, gelukzaligheid ★ wedded ~ huwelijksgeluk II ov ww <u>inform</u> ~ out helemaal gelukkig maken

blissful ['blɪsfʊl] bnw (geluk)zalig

blister ['blɪstə] I zn blaar ★ raise a ~ 'n blaar trekken II onov ww ❶ blaren krijgen ❷ bladderen ⟨v. verf⟩ III ov ww ❶ blaren doen krijgen ❷ doen bladderen ⟨verf⟩ ❸ <u>USA</u> scherp bekritiseren

blistering ['blɪstərɪŋ] bnw hevig ★ in the ~ heat in de verschroeiende hitte ★ ~ criticism vernietigende kritiek

blister pack zn doordrukverpakking

blithe [blaɪð] bnw ❶ <u>min</u> zorgeloos, roekeloos ❷ <u>dicht</u> vreugdevol

blitz [blɪts] I zn ❶ <u>media</u> (overrompelende) actie ❷ plotselinge aanval ❸ blitzkrieg II ov ww bombarderen III onov ww <u>sport</u> op flitsende wijze aanvallen

Blitz zn Blitz ⟨Duitse bomaanvallen op Engeland in 1940⟩

blizzard ['blɪzəd] zn ❶ hevige sneeuwstorm ❷ <u>inform</u> overweldigende hoeveelheid, lawine

bloated ['bləʊtɪd] bnw opgeblazen, pafferig

bloater ['bləʊtə] zn bokking

blob [blɒb] zn klodder, vlek, druppel

bloc [blɒk] zn blok, coalitie

block [blɒk] I zn ❶ blok ★ ~ and tackle takelblok ★ go on the ~ tentoongesteld worden, geveild worden ★ put / lay your head on the ~ je reputatie op het spel zetten ❷ huizenblok, <u>GB</u> (groot) gebouw ★ two ~s away (from here) twee straten verder ★ have been around the ~ a few times al een tijdje meelopen, het klappen van de zweep kennen ❸ <u>USA</u> groot stuk land ❹ hoeveelheid ⟨aandelen, tijd, enz.⟩ ❺ blokkade II ov ww ❶ blokkeren <u>ook fig</u>, versperren, tegenhouden ★ ~ a road een weg afsluiten ★ ~ a bill een wetsontwerp blokkeren ❷ <u>comp</u> selecteren ❸ ~ in insluiten, ruw schetsen / opzetten ❹ ~ off afsluiten ❺ ~ out buitensluiten, uitwissen ❻ ~ up dichtmaken / -metselen ★ my nose is ~ed up mijn neus is verstopt

blockade [blɒ'keɪd] I zn blokkade II ov ww ❶ blokkeren ❷ afzetten

blockage ['blɒkɪdʒ] zn ❶ verstopping ❷ blokkade

blockbuster ['blɒkbʌstə] zn kassucces, bestseller

block calendar zn scheurkalender

blockhead ['blɒkhed] zn <u>inform</u> domkop

blockhouse ['blɒkhaʊs] zn ❶ bunker ❷ <u>USA</u> blokhuis

blog ['blɒg] <u>comp</u> I zn blog, weblog II onov ww een weblog bijhouden

bloke [bləʊk] zn, <u>inform</u> GB kerel, vent

blokeish, blokish ['bləʊkɪʃ] bnw <u>GB</u> echt-voor-mannen

blond [blɒnd] bnw → **blonde**

blonde [blɒnd] I zn blondine ★ a dumb / dizzy ~ een dom blondje II bnw blond

blood [blʌd] I zn ❶ bloed ★ let ~ aderlaten ★ make your ~ boil je bloed doen koken ★ be after / out for sb's ~ iemands bloed willen zien ★ in cold ~ in koelen bloede ★ make your ~ run cold je bloed doen stollen, je koude rillingen bezorgen ★ have ~ on your hands bloed aan je handen hebben ★ breed bad ~ kwaad bloed zetten ★ ~, sweat and tears bloed, zweet en tranen ★ get ~ from / out of a stone ijzer met handen breken ★ ~ and guts bloed / spanning en geweld ⟨in film⟩ ❷ bloedverwantschap, familie ★ be / run in your ~ in het bloed zitten ★ fig new / fresh ~ vers bloed ★ ~ is thicker than water het hemd is nader dan de rok ★ ~ will tell het bloed kruipt waar het niet gaan kan ❸ temperament ★ sb's ~ is up iem. is razend II ov ww inwijden, kennis

bl

bl

laten maken met

blood-and-thunder *bnw* sensatie-★ ~ *novel* sensatieroman

blood bank *zn* bloedbank

bloodbath ['blʌdbɑ:θ] *zn* bloedbad

blood brother *zn* bloedbroeder

blood clot *zn* bloedstolsel

blood count *zn* bloedonderzoek

blood-curdling *bnw* bloedstollend

blood donor *zn* bloeddonor

blood group *zn* GB bloedgroep

blood heat *zn* lichaamswarmte

bloodhound ['blʌdhaʊnd] *zn* bloedhond

bloodied ['blʌdɪd] *bnw* met bloed bevlekt

bloodless ['blʌdləs] *bnw* ❶ bloedeloos, zonder bloedvergieten ❷ bleek ❸ saai ❹ ongevoelig

bloodletting ['blʌdletɪŋ] *zn* aderlating

bloodlust ['blʌdlʌst] *zn* bloeddorst

blood money *zn* bloedgeld

blood poisoning *zn* bloedvergiftiging

blood pressure *zn* bloeddruk

blood-red *bnw* bloedrood

blood relation *zn* bloedverwant(e)

blood sausage *zn* bloedworst

bloodshed ['blʌdʃed] *zn* bloedvergieten

bloodshot ['blʌdʃɒt] *bnw* bloeddoorlopen

blood sport *zn* jacht, bloedige sport

bloodstain ['blʌdsteɪn] *zn* bloedvlek

bloodstained ['blʌdsteɪnd] *bnw* met bloed bevlekt

bloodstock ['blʌdstɒk] *zn* volbloedpaarden

bloodstream ['blʌdstri:m] *zn* bloedstroom

bloodsucker ['blʌdsʌkə] *zn* ook *fig* bloedzuiger

blood test *zn* bloedtest

bloodthirsty ['blʌdθɜ:stɪ] *bnw* bloeddorstig

blood transfusion *zn* bloedtransfusie

blood type *zn* USA bloedgroep

blood vessel *zn* bloedvat, ader

bloody ['blʌdɪ] **I** *zn* ❶ bloedig, bloederig ❷ bloeddorstig ❸ vulg verdomd★ ~ *nonsense* verdomde onzin **II** *ov ww* met bloed bevlekken

bloody-minded *bnw* ❶ wreed ❷ inform dwars, obstinaat

bloom [blu:m] **I** *zn* ❶ bloei★ *in (full)*~ in (volle) bloei ❷ bloem ❸ blos **II** *onov ww* ❶ bloeien ❷ floreren, gedijen

bloomer *zn* inform blunder

blooming ['blu:mɪŋ] *bnw*, inform GB vervloekt

blooper ['blu:pə] *zn* USA blunder, flater

blossom ['blɒsəm] **I** *zn* bloesem, bloei **II** *onov ww* tot bloei komen

blot [blɒt] **I** *ov ww* ❶ (af)vloeien ❷ (be)vlekken ★ *blot your copybook* slechte beurt maken ❸ ~ *out* aan het gezicht onttrekken, verduisteren, uitwissen ❹ ~ *up* absorberen **II** *zn* vlek, smet★ *a blot on the landscape* (landschap ontsierend) gebouw

blotch [blɒtʃ] *zn* vlek★ *come out in*~*es* onder de vlekken komen te zitten

blotchy [blɒtʃɪ], GB **blotched** [blɒtʃt] *bnw* met vlekken, vlekkerig

blotter ['blɒtə] *zn* ❶ vloeiblok ❷ USA politieregister

blouse [blaʊz] *zn* bloes

blow [bləʊ] [onregelmatig] **I** *ov ww* ❶ blazen (op), snuiten ⟨neus⟩, toewerpen ⟨handkus⟩

❷ techn doen doorbranden / -slaan ⟨zekering⟩ ❸ opblazen ❹ verraden ⟨bv. dekmantel⟩ ❺ verkwisten★ *blow his inheritance* zijn erfenis erdoorheen jagen ❻ verspelen ⟨kans⟩, verprutsen ❼ USA inform 'm smeren uit ❽ ~ *away* wegblazen, neerschieten, een verpletterende indruk maken op, USA in de pan hakken ❾ ~ *down* omblazen ❿ ~ *off* af- / wegblazen ⑪ ~ *out* uitblazen ⑫ ~ *up* opblazen, vergroten ⟨foto⟩ **II** *onov ww* ❶ blazen ★ *blow hot and cold* weifelen, veranderen als het weer ❷ waaien, stormen★ *it's blowing* het waait ❸ klinken, schallen ❹ techn doorbranden / -slaan ⟨v. zekering⟩ ❺ inform blowen ❻ ~ *down* omwaaien ❼ ~ *in/into* binnen komen waaien ❽ ~ *off* afwaaien ❾ ~ *out* uitwaaien ⟨v. vlam⟩, springen ⟨v. ruit bv.⟩, uitrazen★ *the storm blew itself out* de storm ging liggen ❿ ~ *over* omverwaaien, overwaaien ⟨v. ruzie⟩, gaan liggen ⟨v. storm⟩ ⑪ ~ *up* ontploffen, losbarsten, (boos) uitvallen ★ *his plans blew up in his face* zijn plannen liepen voor hem verkeerd af **III** *zn* ❶ klap, slag ★ *deal a blow to sb / sth* iemand / iets een slag toebrengen★ *without (striking) a blow* zonder slag of stoot★ *come to blows (over sth)* slaags raken★ *come as a blow* een shock zijn★ *soften / cushion the blow* de klap verzachten★ *blow by blow* v. moment tot moment ❷ windvlaag, rukwind★ *give your nose a good blow* je neus eens goed snuiten ❸ inform cannabis

blow-dry *ov ww* föhnen

blower ['bləʊə] *zn* ❶ aanjager, ventilator ❷ inform telefoon

blowhard *zn*, USA inform opschepper

blow job ['bləʊ dʒɒb] *zn* vulg pijpbeurt★ *give sb a* ~ iem. pijpen

blowlamp ['bləʊlæmp] *zn* soldeerlamp

blown *ww* [volt. deelw.] → **blow**

blowout ['bləʊaʊt] *zn* ❶ lekke band ❷ inform eetfestijn ❸ USA inform knalfeest ❹ USA inform eitje ⟨gemakkelijke overwinning⟩ ❺ ⟨ongewilde⟩ eruptie ⟨bij oliewinning⟩

blowsy ['blaʊzɪ] *bnw* inform groot, dik en slonzig ⟨v. vrouw⟩

blowtorch ['bləʊtɔ:tʃ] *zn* USA soldeerlamp

blow-up ['bləʊ ʌp] **I** *zn* ❶ vergroting ⟨v. foto⟩ ❷ USA uitbarsting ⟨v. woede, enz.⟩ **II** *bnw* opblaasbaar

blowy ['bləʊɪ] *bnw* winderig

blowzy *bnw* → **blowsy**

BLT *afk*, Bacon, Lettuce and Tomato bacon, sla en tomaat

blubber ['blʌbə] **I** *zn* walvisspek **II** *onov ww* grienen **III** *ov ww* snikkend zeggen **IV** *bnw* dik ⟨v. lippen⟩

bludgeon ['blʌdʒən] **I** *zn* knuppel **II** *ov ww* ❶ ranselen, aftuigen ❷ dwingen★ *we were*~*ed into signing* we werden tot ondertekening gedwongen

blue [blu:] **I** *bnw* ❶ blauw★ *blue with cold* blauw van de kou★ *blue baby* blauwe baby★ inform *till you are blue in the face* tot je blauw ziet ❷ inform somber ❸ inform porno-, schuin **II** *zn* ❶ blauw★ *the blue* de lucht / zee, het onbekende★ *out of the blue* als een donderslag bij heldere hemel ❷ Oxford / Cambridge sporter ★ *dark blue* donkerblauw ⟨kleur v. universiteit v. Oxford⟩ ★ *light blue* lichtblauw ⟨kleur v. universiteit v. Cambridge⟩ ❸ <u>Aus</u> inform fout, vergissing ❹ <u>Aus</u> inform ruzie

bluebell ['bluːbel] *zn* plantk wilde hyacint, grasklokje

blueberry ['bluːberɪ] [GB bluː'berɪ] *zn* bosbes

blue-blooded *bnw* met blauw bloed ⟨adellijk⟩

bluebottle ['bluːbɒtl] *zn* bromvlieg

blue-collar *bnw* blauweboorden- ★ ~ *workers* ⟨fabrieks⟩arbeiders ⟨tegenover kantoorpersoneel⟩

blue-eyed *bnw* GB ★ *sbd's* ~ *boy* iemands lievelingetje

bluegrass ['bluːɡrɑːs] *zn* ❶ <u>muz</u> bluegrass ⟨soort country⟩ ❷ plantk bleemdgras

bluejay ['bluːdʒeɪ] *zn* dierk blauwe gaai

blue-on-blue *bnw* GB ★ *a* ~ *attack* aanval op eigen troepen

blueprint ['bluːprɪnt] *zn* ook fig blauwdruk

blues [bluːz] *zn mv* <u>muz</u> blues ★ *have the* ~ in de put zitten

blue-sky *bnw* onrealistisch

bluestocking ['bluːstɒkɪŋ] *zn* min blauwkous

bluff [blʌf] I *onov ww* bluffen II *ov ww* ❶ overbluffen ❷ met bluffen intimideren ★ ~ *sb into doing sth* iem. zover krijgen iets te doen ★ *he ~ed his way through the audition* hij sloeg zich met bluf door de auditie heen III *zn* bluf, grote woorden ★ *call sb's* ~ iem. uitdagen te doen wat hij zegt IV *bnw* openhartig, joviaal en direct

bluish ['bluːɪʃ] *bnw* blauwachtig

blunder ['blʌndə] I *zn* blunder II *onov ww* ❶ een blunder begaan ❷ ~ *about/around* stommelen, strompelen ❸ ~ *into* ergens tegenaan lopen, verzeild raken in ❹ ~ *on* voortsukkelen, doorklunzen

blunderer ['blʌndərə] *zn* klungel, kluns

blunt [blʌnt] I *bnw* ❶ bot ★ *a* ~ *instrument* een stomp voorwerp, een grove methode ❷ openlijk, direct, recht voor z'n raap ★ *to be* ~ om het ronduit te zeggen ❸ dom II *ov ww* ❶ afzwakken ❷ bot maken

blur [blɜː] I *zn* ❶ klad, veeg ❷ waas ❸ vage omtrekken II *onov ww* vervagen, vertroebelen ★ *faces blur* gezichten vervagen III *ov ww* troebel / vaag maken ★ *blurred vision* wazig zicht ★ *blur the distinction between* geen duidelijk onderscheid maken tussen

blurb [blɜːb] *zn* flaptekst ⟨op boek⟩, reclametekst

blurt [blɜːt] *ov ww* ~ *out* eruit flappen

blush [blʌʃ] I *zn* ❶ blos, rode gloed ❷ schaamrood ▼ *at first* ~ op het eerste gezicht II *onov ww* blozen, zich schamen

bluster ['blʌstə] I *onov ww* ❶ brallen ❷ te keer gaan, razen ❸ loeien, bulderen ⟨van wind⟩ II *zn* ❶ gebral ❷ geraas, gebulder, getier ❸ storm

blustery ['blʌstərɪ] *bnw* stormachtig

Blvd. *afk, boulevard* boulevard

BM *afk* ❶ *Bachelor of Medicine* bachelor in geneeskunde ❷ *British Museum* Brits Museum ⟨in Londen⟩

BMI *afk,* <u>med</u> *Body-Mass-Index* BMI

BO *afk, body odour* lichaamsgeur ★ *you've got a terrible BO* je stinkt vreselijk

boar [bɔː] *zn* [mv: **boar, boars**] ❶ wild zwijn ❷ beer ⟨mannetjesvarken⟩

board [bɔːd] I *zn* ❶ plank ★ *above* ~ open en eerlijk ★ *ironing* ~ strijkplank ★ *GB skirting* ~ plint ❷ bord, paneel, aanplakbord, schakelpaneel ★ *across the* ~ voor iedereen (geldend) ❸ karton ❹ bestuur, commissie ★ ~ *of directors* raad van commissarissen ★ *Board of Trade* ministerie van handel, Kamer van Koophandel ⟨in USA⟩ ★ *executive* ~ raad van bestuur ❺ kost ★ ~ *and lodging* kost en inwoning ★ *full* ~ vol pension ★ *half / full* ~ half- / volpension ❻ scheepv boord ★ *ook fig on* ~ aan boord ★ *GB ook fig go by the* ~ overboord slaan / vallen, overboord gegooid worden ★ *take sth on* ~ overwegen, aannemen ⟨advies, idee, enz.⟩ II *ov ww* ❶ aan boord gaan van ⟨schip⟩, instappen in ⟨vervoersmiddel⟩ ❷ met planken betimmeren ❸ fig aanklampen ★ ~ *out* uitbesteden ★ ~ *out sb* iem. in de kost doen ❺ ~ *with* in de kost doen bij III *onov ww* ❶ instappen ❷ laveren ❸ ~ *out* buitenshuis eten ❹ ~ *with* in de kost zijn bij

boarder ['bɔːdə] *zn* ❶ interne leerling ❷ kostganger

board game *zn* bordspel

boarding ['bɔːdɪŋ] *zn* ❶ betimmering, schutting ❷ kost en inwoning

boarding card, boarding pass *zn* luchtv instapkaart

boarding house *zn* kosthuis, pension

boarding school ['bɔːdɪŋskuːl] *zn* kostschool

board meeting *zn* bestuursvergadering

boardroom ['bɔːdruːm] *zn* bestuurskamer, directiekamer

boardwalk ['bɔːdwɔːk] *zn* plankier

boast [bəʊst] I *onov ww* ❶ (kunnen) bogen op ❷ pochen, opscheppen ★ ~ *about / of your achievements* opscheppen over je prestaties II *zn* ❶ grootspraak, bluf ❷ trots

boaster ['bəʊstə] *zn* opschepper

boastful ['bəʊstfʊl] *bnw* pocherig, opschepperig

boat [bəʊt] I *zn* ❶ boot ★ *Venetian boat* gondel ★ *be in the same boat* in hetzelfde schuitje zitten ★ *miss the boat* de boot missen ★ *push the boat out* het breed laten hangen ★ *rock the boat* dwarsliggen ❷ saus- / juskom II *ov ww* per boot / schip vervoeren III *onov ww* ❶ met een boot varen ❷ roeitochtje maken

boat bridge *zn* schipbrug

boater ['bəʊtə] *zn* strooien hoed

boathouse ['bəʊthaʊs] *zn* botenhuis

boating ['bəʊtɪŋ] *zn* ❶ boottochtje ★ *go* ~ een boottochtje maken ❷ roeisport, zeilsport

boatman ['bəʊtmæn] *zn* ❶ botenverhuurder ❷ roeier

boat people *zn* bootvluchtelingen

boat race *zn* roeiwedstrijd

boatswain ['bəʊsn] *zn* scheepv bootsman

boatyard ['bəʊtjɑːd] *zn* scheepswerf

bob [bɒb] I *ov ww* ❶ knippen ⟨in bobmodel⟩ ★ *bobbed hair* pagekop ❷ couperen ⟨staart⟩ ❸ knikken ★ *he bobbed his head* hij knikte II *onov ww* ❶ dobberen, op en neer bewegen ❷ <u>GB</u> een (knie)buiging maken ❸ ~ *about/*

around ronddobberen ❹ ~ **under** onderduiken, naar beneden gaan ❺ ~ **up** opduiken, omhoog komen▼ *bob for apples* appelhappen III *zn* ❶ buiging ⟨kort⟩, hoofdknik ❷ bob ⟨kapsel⟩ ❸ gecoupeerde staart ❹ bobslee ❺ oud GB shilling ★ iron *he's got a few bob* hij is behoorlijk rijk

Bob *zn* ★ GB inform *Bob's your uncle* klaar is Kees
bobbin ['bɒbɪn] *zn* klos, spoel
bobble ['bɒbl] I *zn* GB pompon ⟨op muts⟩ II *onov ww* ❶ GB pluizen ❷ stuiteren ⟨v. bal⟩ III *ov ww* USA verknoeien
bobby ['bɒbɪ] *zn, GB* inform politieagent
bobcat ['bɒbkæt] *zn* rode lynx
bobsleigh ['bɒbsleɪ] GB, USA **bobsled** *zn* bobslee
bobtail ['bɒbteɪl] *zn* gecoupeerde staart
bod inform *zn* ❶ GB persoon, vent ❷ lichaam
bode [bəʊd] *onov ww* voorspellen ★ *bode well / ill for sb / sth* (niet) veel goeds voor iem. / iets voorspellen
bodge [bɒdʒ] GB *ov ww* in elkaar flansen, verknoeien
bodice ['bɒdɪs] *zn* bovenlijfje
bodily ['bɒdəlɪ] I *bnw* lichamelijk ★ ~ *harm* lichamelijk letsel II *bijw* ❶ lichamelijk ❷ in levenden lijve ❸ in zijn geheel
body ['bɒdɪ] I *zn* ❶ lichaam ★ *body and soul* met hart en ziel ★ GB *keep body and soul together* (net) overleven ★ *sell your body* je lichaam verkopen, zich prostitueren ❷ lijk ❸ persoon ❹ romp ❺ voorwerp ★ *the foreign body* het vreemde voorwerp ❻ groep, vereniging ★ *in a body* gezamenlijk, als één geheel ★ *the governing body* het bestuur ★ *corporate body* rechtspersoonlijk lichaam ❼ verzameling ★ *a body of water* een watermassa ★ *a body of evidence / information* een macht aan bewijsmateriaal / informatie ❽ voornaamste deel ❾ carrosserie ❿ volheid ⟨v. wijn⟩, volume ⟨v. haar⟩ II *ov ww* form ★ *body forth* voorstellen, belichamen
body armour, USA **body armor** *zn* kogelvrij vest
body bag *zn* lijkzak
body blow *zn* ❶ zware tegenslag ❷ stoot op het lichaam ⟨boksen⟩
body clock *zn* biologische klok
body count *zn* aantal doden
body double *zn* audio-vis stand-in
bodyguard ['bɒdɪɡɑ:d] *zn* lijfwacht
body language *zn* lichaamstaal
body mass index *zn* med body mass index ⟨voor bepaling overgewicht⟩, queteletindex
body odour, USA **body odor** *zn* lichaamsgeur
body politic *zn* natie
body search *zn* fouillering
body shop *zn* carrosseriebedrijf, autowerkplaats
bodywork ['bɒdɪwɜ:k] *zn* carrosserie
Boer [bəʊə, bʊə] *zn* Zuid-Afrikaan ⟨v. Nederlandse afkomst⟩
B of E *afk* ❶ *Bank of England* Bank van Engeland ❷ *Board of Education* onderwijsraad
boffin ['bɒfɪn] *zn, GB* inform expert
bog [bɒɡ] I *zn* ❶ moeras, veen ❷ GB inform plee II *ov ww* ❶ ~ **down** vertragen, doen vastlopen

★ fig *get bogged down in / with details* zich verliezen in details ❷ inform GB ★ *bog off!* donder op!
bogey ['bəʊɡɪ] *zn* ❶ boze geest, boeman ❷ spookbeeld ★ *the ~ of inflation* het inflatiespook ❸ ⟨balletje⟩ droge snot
bogeyman ['bəʊɡɪmæn] *zn* boeman
boggle ['bɒɡl] I *zn* scrupule ❷ warboel II *ov ww* ❶ verprutsen ❷ verbijsteren ★ *it ~s the mind* het gaat je verstand te boven III *onov ww* terugschrikken, aarzelen ★ *the mind ~s at it* het gaat je verstand te boven
boggy ['bɒɡɪ] *bnw* moerassig, drassig
bog man *zn* [mv: **bog people**] veenlijk
bog roll *zn,* GB inform pleepapier
bog standard *bnw,* GB inform gemiddeld, gewoon(tjes)
bogus ['bəʊɡəs] *bnw* pseudo-, vals, gefingeerd
bogy *zn* → **bogey**
bogyman *zn* → **bogeyman**
bohemian [bəʊ'hi:mɪən] I *zn* bohemien II *bnw* bohemien
boil [bɔɪl] I *onov ww* ❶ koken ★ *boil with anger* koken van woede ❷ ~ **down** inkoken ★ fig *it boils down to this* het komt hierop neer ❸ ~ **over** overkoken, exploderen, tot een uitbarsting komen, inform zieden van woede ❹ ~ **up** ontstaan ★ *feel anger boiling up inside me* de boosheid in mij voelen opkomen II *ov ww* ❶ (uit)koken, aan de kook brengen ❷ ~ **down** inkorten ❸ ~ **up** aan de kook brengen III *zn* ❶ kook, kookpunt ★ *come to the boil* beginnen te koken ★ GB *go off the boil* minder goed doen ★ GB *on the boil* aan de gang, lopend ❷ steenpuist
boiler ['bɔɪlə] *zn* boiler, (stoom)ketel
boiler suit *zn* overall, ketelpak
boiling point *zn* kookpunt
boisterous ['bɔɪstərəs] *bnw* luidruchtig, onstuimig
bok choy *zn* USA paksoi
bold [bəʊld] *bnw* ❶ moedig ❷ brutaal ★ *be / make so bold as to* zo vrij zijn om ★ inform GB *(as) bold as brass* (honds)brutaal ❸ krachtig, fors ★ *bold strokes of paint* krachtige verfstreken ❹ drukk vet ★ *printed in bold* vetgedrukt
boldface ['bəʊldfeɪs] *zn* drukk vetgedrukte letter
boldfaced [bəʊld 'feɪst] *bnw* ❶ brutaal ❷ drukk vetgedrukt
bole [bəʊl] *zn* (boom)stam
Bolivian [bə'lɪvɪən] I *zn* ❶ Boliviaan, Boliviaanse ❷ Boliviaans ⟨de taal⟩ II *bnw* Boliviaans
bollard ['bɒlɑ:d] *zn* ❶ bolder, meerpaal ❷ GB verkeerszuiltje
bollocking ['bɒləkɪŋ] GB vulg *zn* uitbrander
bollocks ['bɒləks] GB vulg *zn* ❶ gelul ❷ anat kloten
bolshie, bolshy ['bɒlʃɪ] *bnw, GB* inform obstinaat, dwars
bolster ['bəʊlstə] I *ww* (onder)steunen, versterken II *zn* peluw ⟨lang stevig kussen⟩
bolt [bəʊlt] I *zn* ❶ grendel ❷ bout, pin ❸ bliksemflits ★ *a bolt from the blue* een donderslag bij heldere hemel ❹ rol ⟨stof⟩ ❺ schicht ⟨v. kruisboog⟩ ★ *shoot your bolt* je kruit verschieten ▼ *make a bolt for it / sth* de

benen nemen **II** *ov ww* ❶ vergrendelen ❷ vastschroeven ❸ schrokken ★ *bolt down food* eten opschrokken ❹ USA plotseling verlaten ⟨partij bv.⟩ ❺ zeven ⟨meel⟩ **III** *onov ww* ❶ er vandoor gaan, op hol slaan ⟨v. paard⟩ ★ *the child bolted towards the door* het kind vloog naar de deur ★ *the prisoner had bolted* de gevangene was ontsnapt ❷ plantk doorschieten **IV** *bijw* ★ *sit / stand bolt upright* kaarsrecht zitten / staan

bolt-hole ['bəʊlthəʊl] *zn* ❶ uitweg ❷ schuilplaats

bomb [bɒm] **I** *zn* ❶ bom ★ *plant a bomb* een bom plaatsen ★ *dirty bomb* radioactieve bom ★ mil *smart bomb* slimme bom ★ GB *go down a bomb* / *go (like) a bomb* lopen als een trein ★ *go like a bomb* scheuren ⟨in auto, enz.⟩ ★ *she's the bomb* zij is geweldig ❷ GB inform bom duiten ★ *make a bomb* een bom geld verdienen ❸ USA flop ❹ USA spuitbus ❺ USA sport dieptepass **II** *ov ww* ❶ bombarderen ❷ USA verprutsen ⟨test⟩ **III** *onov ww* ❶ GB scheuren, racen ❷ inform floppen

bombard [bɒm'bɑːd] *ov ww* bombarderen ★ *~ sb with text messages* iem. met sms'jes bestoken

bombardier [bɒmbə'dɪə] *zn* ❶ bommenrichter ❷ korporaal bij de artillerie

bombardment [bɒm'bɑːdmənt] *zn* bombardement

bombast ['bɒmbæst] *zn* bombast, hoogdravende taal

bomb disposal *zn* ★ *~ squad* de bom- / mijnopruimingsdienst

bomber ['bɒmə] *zn* ❶ bommenwerper ⟨vliegtuig⟩ ❷ bommengooier

bombing ['bɒmɪŋ] *zn* bomaanval, bombardement

bombproof ['bɒmpruːf] *bnw* bomvrij

bomb scare *zn* bomalarm

bombshell ['bɒmʃel] *zn* fig bom ★ *come as a ~* inslaan als een bom ★ *drop a ~* een sensationele mededeling doen ★ *a blond(e) ~* een blonde stoot ⟨vrouw⟩

bomb site *zn* gebombardeerde plek

bona fide ['bəʊnə 'faɪdi] *bijw* bonafide ⟨betrouwbaar⟩

bonanza [bə'nænzə] *zn* ❶ voorspoed ❷ groot aanbod

bond [bɒnd] **I** *zn* ❶ band ❷ obligatie ❸ USA jur borg ❹ jur contract, overeenkomst ❺ hechting ⟨door lijm bv.⟩ ❻ scheik verbinding ❼ verband ⟨in metselwerk⟩ ▼ *in bonds* [mv] in de boeien, geboeid **II** *ov ww* hechten, ⟨aan elkaar⟩ vastmaken **III** *onov ww* zich verbonden voelen, een band opbouwen

bondage ['bɒndɪdʒ] *zn* ❶ slavernij ❷ bondage

bondholder ['bɒndhəʊldə] *zn* obligatiehouder

bonding ['bɒndɪŋ] *zn* psych hechtingsproces

bone [bəʊn] **I** *zn* ❶ bot, been, graat ⟨v. vis⟩ ★ *chicken off the bone* kip zonder bot ★ *funny* / USA *crazy bone* telefoonbotje ⟨in elleboog⟩ ★ *bred in the bone* erfelijk ★ *bone of contention* twistappel ★ *close* / *near to the bone* op het randje, gewaagd ★ *cut / pare / trim to the bone* uitkleden tot op het bot ★ *feel sth in your bones* iets aan je water voelen ★ *have a bone to pick* een appeltje te schillen hebben ❷ kluif ❸ essentie ★ *to the (bare) bone* tot op het bot,

uitermate ▼ *make no bones about* open en eerlijk zijn **II** *bnw* van been, benen, ivoren **III** *bijw* zeer ★ GB *bone idle* aartslui ★ *bone dry* gortdroog **IV** *ov ww* ❶ uitbenen ❷ ontgraten **V** *onov ww* inform *~ up* hard studeren ★ *bone up on a subject* een onderwerp duiken

bone china *zn* fijn porselein

bonehead ['bəʊnhed] *min zn* sufferd

boneless ['bəʊnləs] *bnw* ❶ graatloos, zonder bot(ten) ❷ fig slap

boner ['bəʊnə] USA *zn* ❶ vulg stijve ⟨penis⟩ ❷ blunder

bonfire ['bɒnfaɪə] *zn* (vreugde)vuur

bonkers ['bɒŋkəz] inform *bnw* idioot ★ *go ~* gek worden

bonnet ['bɒnɪt] *zn* ❶ dames- / babyhoedje ⟨met strik onder kin⟩ ❷ (Schotse) baret ❸ GB motorkap

bonny, bonnie ['bɒnɪ] *bnw* aantrekkelijk, knap

bonus ['bəʊnəs] *zn* ❶ bonus, premie ❷ meevaller ★ *the added ~* het bijkomend voordeel

bony ['bəʊnɪ] *bnw* ❶ benig, knokig, mager ❷ met veel graten

boo [buː] **I** *zn* boe, boegeroep ★ *he couldn't say boo to a goose* hij is zo bang als een wezel **II** *ov ww* uitjouwen

boob [buːb] inform *zn* ❶ tiet ❷ domoor ❸ GB blunder

boob tube inform *zn* ❶ GB topje zonder schouderbandjes ❷ USA televisie

booby ['buːbɪ] inform *zn* ❶ tiet(je) ❷ klungel, uilskuiken

booby prize *zn* poedelprijs

booby trap *zn* valstrik, valstrikbom

booby-trap ['buːbɪtræp] *ov ww* een valstrikbom aanbrengen bij

boogeyman ['buːgɪmæn] *zn* USA → bogeyman

boogie ['buːgi] *onov ww* inform dansen op snelle popmuziek

boohoo [buː'huː] **I** *zn* geblèr **II** *onov ww* blèren, huilen

book [bʊk] **I** *zn* ❶ boek ★ *books* [mv] boekhouding ★ *comic book* stripboek ★ *hardback / paperback books* boeken met harde / slappe kaft ★ *book of reference* naslagwerk ★ *be in sb's good / bad books* bij iem. in een goed / slecht blaadje staan ★ GB *bring sb to book* iem. ter verantwoording roepen, zijn gerechte straf laten ondergaan ★ *without book* zonder gezag, uit het hoofd ★ *by the book* volgens het boekje ★ *in my book* volgens mij ★ *on our books* bij ons ingeschreven ★ *the law is on the books* het staat in de wet ★ *suit sb's book* in iemands kraam te pas komen ★ inform *throw the book at sb* iem. zwaar straffen ★ humor *I wrote the book on that subject* ik weet alles over dat onderwerp ★ *cook the books* knoeien met de boekhouding ❷ mapje ⟨postzegels, lucifers, enz.⟩ **II** *ov ww* ❶ boeken, bespreken ★ *booked up* vol, bezet, besproken ❷ noteren ❸ bekeuren ❹ GB *~ in* inschrijven ⟨in hotel, enz.⟩ **III** *onov ww* ❶ een plaats bespreken ❷ GB *~ in* inchecken

bookable ['bʊkəbl] *bnw* te reserveren / bespreken ★ USA *a ~ offence* overtreding waar je voor opgepakt kunt worden

bookcase ['bʊkkeɪs] zn boekenkast
bookend ['bʊkend] zn boekensteun
bookie ['bʊkɪ] zn inform → **bookmaker**
booking ['bʊkɪŋ] zn bespreking, reservering
booking clerk GB zn kaartjesverkoper
booking office GB zn reserverings- / ticketbureau, kassa
bookish ['bʊkɪʃ] bnw ❶ geleerd ❷ pedant
bookkeeper ['bʊk kiːpə] zn boekhouder
bookkeeping ['bʊkkiːpɪŋ] zn boekhouding
booklet ['bʊklɪt] zn boekje
bookmaker ['bʊkmeɪkə] zn bookmaker ⟨bij wedrennen⟩
bookmark ['bʊkmɑːk] I zn ❶ boekenlegger ❷ comp bladwijzer, bookmark ⟨markering v. internetpagina⟩ II ov ww comp bookmarken
bookplate ['bʊkpleɪt] zn ex libris
bookseller ['bʊkselə] zn boekhandelaar
bookshelf ['bʊkʃelf] zn boekenplank
bookshop ['bʊkʃɒp] zn boekhandel
bookstall ['bʊkstɔːl] zn ❶ GB kiosk ❷ boekenstalletje
bookstore ['bʊkstɔː] zn USA boekwinkel
book token zn GB boekenbon
bookworm ['bʊkwɜːm] zn boekenwurm
Boolean ['buːlɪən] bnw comp booleaans
boom [buːm] I zn ❶ econ hoogconjunctuur, bloei ❷ forse toename, grote populariteit ❸ dreun, donder ★ sonic boom supersone knal ❹ scheepv giek ❺ (haven)boom, versperring ❻ techn statief ⟨v. camera, microfoon⟩ II onov ww ❶ econ grote vlucht nemen ❷ plotseling stijgen ⟨v. prijzen⟩ ❸ dreunen, bulderen ⟨v. stem⟩
boom box zn gettoblaster
boomerang [buːməræŋ] I zn boemerang II onov ww een boemerangeffect hebben, averechts werken
boom town zn snel gegroeide stad
boon [buːn] zn zegen
boon companion zn boezemvriend(in)
boondocks ['buːndɒks], **boonies** ['buːnɪz] zn mv, USA inform fig rimboe
boondoggle ['buːndɒgl] zn, USA inform verspilling van tijd en geld
boor [bʊə] zn lomperik
boost [buːst] I ov ww ❶ stimuleren, oppeppen, verhogen ❷ opvoeren ⟨motor⟩ II zn ❶ aanmoediging, verhoging ❷ het opvoeren ⟨v. motor⟩ ❸ USA duw (omhoog)
booster ['buːstə] zn ❶ stimulerend middel, stimulans, oppepper ❷ techn booster ⟨extra krachtbron⟩ ❸ luchtv hulp- / aanjaagraket ❹ USA aanprijzer, supporter
booster rocket zn luchtv hulp- / aanjaagraket
booster seat zn kinderzitje
boot [buːt] I zn ❶ hoge schoen, laars ★ fig grow / get too big for one's boots naast zijn schoenen gaan lopen ★ get the boot / be given the boot eruit gegooid worden ★ die with one's boots on in het harnas sterven, zijn vak beoefenen tot aan zijn dood ★ the boot is on the other foot het is precies andersom ★ GB inform put / stick the boot in trap na geven, in elkaar trappen ★ inform to boot op de koop toe, bovendien ❷ GB laadbak, bagageruimte ⟨v. auto⟩ ❸ sport trap, loeier ❹ USA wielklem II ov ww ❶ trappen

★ boot sb out iem. aan de dijk zetten ❷ comp booten ⟨systeem opstarten⟩ ★ USA inform be / get booted een wielklem hebben / krijgen III onov ww comp opstarten
boot camp zn ❶ trainingskamp voor militairen ❷ tuchtkamp
bootee, bootie [buː'tiː, 'buːtiː] zn ❶ (gebreid) schoentje ⟨v. baby's⟩ ❷ kort dameslaarsje
booth [buːð] zn ❶ telefooncel, hokje ❷ kraam, tent ❸ zithoek ⟨in restaurant⟩
bootlace ['buːtleɪs] zn veter
bootleg ['buːtleg] I bnw illegaal, zwart II ov ww ❶ smokkelen ⟨drank⟩ ❷ clandestien produceren / verkopen, illegaal maken / verspreiden ⟨geluidsopnamen⟩ III zn bootleg ⟨illegaal gemaakte geluidsopname⟩
bootstrap ['buːtstræp] zn ❶ drag / pull yourself up by your (own) ~s op eigen kracht opklimmen
booty ['buːtɪ] zn ❶ buit ❷ USA inform kontje
booze [buːz] inform I zn ❶ drank ❷ zuippartij II onov ww zuipen
boozer ['buːzə] inform zn ❶ zuiplap ❷ GB café
booze-up ['buːzʌp] zn, GB inform zuippartij
boozy ['buːzɪ] inform bnw ❶ drankzuchtig ❷ met veel drank, dronken
bop [bɒp] I zn, inform GB dans op popmuziek II onov ww, inform GB dansen op popmuziek III ov ww 'n tik geven
borage ['bɒrɪdʒ] zn plantk bernage
borax ['bɔːræks] zn borax, boorzure soda
border ['bɔːdə] I zn ❶ grens(streek) ★ the Border grensstreek tussen Engeland en Schotland ★ cross the ~ de grens oversteken ❷ rand, zoom ❸ border ⟨in tuin⟩ II ov ww ❶ grenzen aan ❷ begrenzen, omzomen III onov ww ~ on grenzen aan, liggen naast
borderland ['bɔːdəlænd] zn ❶ grensgebied ❷ overgangsgebied
borderline ['bɔːdəlaɪn] I zn grens, scheidslijn II bnw grens-, op het randje ★ ~ cases grensgevallen ★ a ~ pass een krappe voldoende
bore [bɔː] I ww [verleden tijd] → **bear** II ov ww ❶ vervelen ❷ boren III onov ww ~ into indringend aankijken ⟨v. ogen⟩ IV zn ❶ vervelend iets / iemand, saai persoon ★ cooking is such a bore koken is zo vervelend ❷ diameter ⟨v. pijp⟩, kaliber ⟨v. vuurwapen⟩ ❸ vloedgolf ❹ boorgat
bored [bɔːd] bnw ★ be ~ stiff je kapot vervelen ★ be ~ to death / tears je dood vervelen
boredom ['bɔːdəm] zn verveling
borehole ['bɔːhəʊl] zn boorgat
boric ['bɔːrɪk] bnw boor- ★ ~ acid boorzuur
boring ['bɔːrɪŋ] bnw vervelend, saai
born [bɔːn] bnw geboren ★ born of geboren uit ★ well born van goede huize ★ be born to be (a great poet) voorbestemd zijn om ⟨een groot dichter⟩ te worden ★ born and bred geboren en getogen ★ not be born yesterday! niet van gisteren zijn! ★ you don't know you are born je weet niet hoe goed je het hebt ★ a born driver een uitstekende chauffeur ★ a born loser een geboren verliezer
born-again bnw herboren, fanatiek
borne [bɔːn] ww [volt. deelw.] → **bear**
borough ['bʌrə] zn stad(sdeel) ⟨met eigen

bestuur⟩

borrow ['bɒrəʊ] **I** *ov ww* lenen, ontlenen ★ *~ money from sb* geld lenen van iem. ★ *be (living) on ~ed time* in geleende tijd leven **II** *onov ww* ❶ lenen ❷ overnemen

borrowing ['bɒrəʊɪŋ] *zn* ❶ het lenen, lening ❷ leenwoord

borstal ['bɔːstl] *zn* GB jeugdgevangenis, tuchthuis

bosom ['bʊzəm] *zn* ❶ boezem, borst ❷ schoot ⟨v. familie⟩ ★ *a ~ pal / friend* een boezemvriend(in)

bosomy *bnw* inform met grote borsten

boss [bɒs] **I** *zn* ❶ baas ★ *my own boss* eigen baas ❷ kopstuk ❸ rozet ⟨aan plafond⟩ **II** *ov ww* ~ *about/around* de baas spelen, commanderen

bossy ['bɒsɪ] *bnw* bazig

bossyboots ['bɒsɪbuːts] *zn*, inform GB bazig type

bosun ['bəʊsən] *zn* scheepv bootsman

botanical [bə'tænɪkl] *bnw* ★ *~ gardens* botanische tuin

botanist ['bɒtənɪst] *zn* plantkundige

botany ['bɒtənɪ] *zn* plantkunde

botch [bɒtʃ] **I** *ov ww* inform verknoeien ★ *~ sth up* iets verknallen ★ *a ~ed job* knoeiwerk **II** *zn* inform knoeiwerk

botcher ['bɒtʃə] *zn* inform knoeier, kluns

both [bəʊθ] *onbep vnw* allebei, beide(n) ★ *in both these countries* in deze beide landen ★ *(they) both take swimming lessons* beiden zijn op zwemles ★ *both... and...* zowel... als...

bother ['bɒðə] **I** *onov ww* de moeite nemen ★ *don't ~ about / with it* maak je er niet druk om / over ★ *don't ~* doe geen moeite, laat maar **II** *ov ww* lastigvallen, irriteren, hinderen ★ *I won't ~ you again* ik zal je niet meer lastigvallen ★ *not ~ yourself / your head with / about sth* je ergens niet druk over maken ★ *his elbow was ~ing him* hij had last van zijn elleboog ★ *be ~ed (about sb / sth)* (iemand / iets) belangrijk vinden ★ GB *can't be ~ed (to do sth)* je de moeite geven (iets te doen) **III** *zn* last, moeite, gezeur ★ *it's no ~* het is een kleine moeite ★ *go to the ~ (of)* de moeite nemen (om) ★ GB *get yourself into a spot of ~* jezelf in de nesten werken **IV** *tw* GB verdorie

bothersome ['bɒðəsəm] *bnw* ergerlijk, vervelend

bottle ['bɒtl] **I** *zn* ❶ fles ★ *break a ~* een fles (drank) aanbreken ★ *hit the ~* het op een drinken zetten ★ *take to the ~* naar de fles grijpen ❷ inform GB moed, lef **II** *ov ww* ❶ bottelen ❷ ~ *up* oppotten, opkroppen **III** *onov ww*, inform GB ~ **out** op het laatste moment ervan afzien

bottle bank *zn* GB glasbak

bottle-feed ['bɒtlfiːd] *ov ww* met de fles grootbrengen

bottle-green [bɒtl 'griːn] *bnw* donkergroen

bottleneck ['bɒtlnek] *zn* ❶ knelpunt, struikelblok ❷ wegversmalling

bottle-opener *zn* flesopener

bottom ['bɒtəm] **I** *zn* ❶ bodem, onderkant ★ *~ of the hill* voet v.d. heuvel ★ *~ up* ondersteboven ★ *at the ~ of* de onderaan ★ *start at the ~* onderaan (de ladder) beginnen ★ *at ~* in wezen, eigenlijk ★ *lie / be at the ~ of* de oorzaak zijn van ★ *from the ~ of my heart* vanuit het diepst v. mijn hart

★ *get to the ~ of sth* iets tot op de bodem uitzoeken ★ *the ~ drops / falls out of sth* iets stort helemaal in ★ *knock the ~ out of sth* iets versjteren ★ *~s up!* proost! ❷ eind ⟨v. straat, enz.⟩ ★ *at the ~ of our garden* achterin de tuin ❸ zitvlak, kont ❹ [mv] ★ *~s* slipje, broek ❺ scheepsromp **II** *bnw* ❶ onderste ★ *~ drawer* onderste la ❷ laatste ★ *come ~* het laagst scoren ★ *you can bet your ~ dollar on it* daar kun je gif op innemen ❸ fundamenteel **III** *onov ww* ~ **out** het laagste punt bereiken

bottom gear *zn* GB laagste versnelling

bottomless ['bɒtəmləs] *bnw* bodemloos, onbeperkt ★ *a ~ pit* een bodemloze put

bottom line *zn* ❶ kern, essentie ❷ (bedrijfs)resultaat ❸ bodemprijs

bottommost ['bɒtəmməʊst] *bnw* onderste, laagste

bottom-up *bnw* van beneden af ★ *a ~ approach* eerst de details dan de algemene punten

botulism ['bɒtjʊlɪzm] *zn* botulisme

bouffant ['buːfɒn] *bnw* wijd uitstaand ⟨v. haar⟩

bough [baʊ] *zn* grote tak

bought [bɔːt] *ww* [verleden tijd + volt. deelw.] → **buy**

boulder ['bəʊldə] *zn* grote kei

bounce [baʊns] **I** *onov ww* ❶ kaatsen, stuiteren ★ *the light ~s off the river* het licht wordt door de rivier weerkaatst ❷ springen, op-en-neer wippen ★ *he ~d across the street* hij stoof de straat over ❸ ongedekt zijn ⟨v. cheque⟩ ❹ (als onbestelbaar) terugkomen ⟨v. e-mail⟩ ❺ ~ **back** zich herstellen, er bovenop komen **II** *ov ww* ❶ (laten) stuiteren, kaatsen ★ *~ some ideas around* praten over een paar ideeën ❷ op-en-neer laten gaan, paardje laten rijden ⟨op knie⟩ ❸ weigeren ⟨cheque⟩ ❹ terugsturen ⟨email⟩ ❺ USA wegsturen ★ *~ sb from a post* iem. dwingen op te stappen ▼ GB ~ *sb into sth* iem. tot iets dwingen **III** *zn* ❶ stuit ❷ plotselinge toename ❸ veerkracht ❹ energie, vitaliteit ▼ GB *on the ~* achter elkaar

bouncer ['baʊnsə] *zn* uitsmijter ⟨in bar, enz.⟩

bouncing ['baʊnsɪŋ] *bnw* gezond en levendig ★ *a ~ baby* een levendige baby

bouncy ['baʊnsɪ] *bnw* ❶ levendig, druk ❷ goed stuiterend ⟨v. bal⟩ ❸ veerkrachtig ★ GB *~ castle* springkasteel

bound [baʊnd] **I** *bnw* ❶ gebonden ★ *be ~ together by / in* nauw verbonden door ★ *~ up with* nauwverbonden met ★ *be ~ up in* in beslag genomen worden / zijn door ❷ zeker / waarschijnlijk (te gebeuren) ★ *it is ~ to happen* dat moet haast wel gebeuren ★ *I'll be ~* wis en waarachtig, zeker weten ★ USA *~ and determined* vastbesloten ❸ verplicht ❹ op weg naar, met bestemming ★ *homeward ~* op weg naar huis ❺ gebonden ⟨v. boek⟩ **II** *zn* ❶ sprong ⟨naar voren / omhoog⟩ ❷ [mv] ★ *~s* grenzen ★ *out of ~s* verboden toegang, onacceptabel, onredelijk **III** *ov ww* beperken, begrenzen **IV** *onov ww* ❶ springen ❷ stijgen **V** *ww* [verleden tijd + volt. deelw.] → **bind**

boundary ['baʊndərɪ] *zn* grens ★ *push back the boundaries* de grenzen verleggen

bounden ['baʊndən] *bnw* ★ *~ duty* dure plicht

bo

boundless ['baʊndləs] *bnw* grenzeloos
bounteous ['baʊntɪəs], **bountiful** ['baʊntɪfl] form *bnw* ❶ gul ❷ overvloedig
bounty ['baʊntɪ] *zn* ❶ premie, beloning ❷ geschenk, gift ❸ gulheid
bounty hunter *zn* premiejager
bouquet [bu:'keɪ] *zn* ❶ boeket ❷ bouquet ⟨v. wijn⟩
bourbon ['bɜ:bən] *zn* bourbon ⟨whisky⟩
bourgeois ['bʊəʒwɑ:] *bnw* ❶ bourgeois ❷ ⟨klein⟩burgerlijk, bekrompen
bout [baʊt] *zn* ❶ tijdje, korte periode, vlaag ⋆ *drinking bout* drinkgelag ❷ aanval ⋆ *bout of fever* koortsaanval ❸ boks- / worstelwedstrijd
bovine ['baʊvaɪn] *bnw* ❶ runder- ❷ sloom, dom
bow¹ [baʊ] **I** *ov ww* buigen ⋆ *be bowed down by* gebukt gaan onder **II** *onov ww* ❶ (zich) buigen, knielen ⋆ *bow and scrape* hielen likken ❷ ~ out zich terugtrekken ❸ min ~ down to toegeven aan, zich schikken naar ❹ ~ to zich neerleggen bij ⋆ *bow to the inevitable* het onvermijdelijke accepteren **III** *zn* ❶ buiging ⋆ ton *take a / your bow* buigen naar het publiek ⟨om het applaus in ontvangst te nemen⟩ ❷ scheepv boeg
bow² [baʊ] **I** *zn* ❶ boog ⋆ *bow and arrow* pijl en boog ❷ strik ❸ strijkstok **II** *ov ww* muz strijken
bowdlerize, bowdlerise ['baʊdləraɪz] *ov ww* censureren
bowel movement *zn* ontlasting
bowels ['baʊəlz] *zn mv* darmen, ingewanden ⋆ med *move / open your* ~ zich ontlasten ⋆ *the* ~ *of the earth* het binnenste der aarde
bower ['baʊə] *zn* dicht prieel, schaduwrijk plekje in tuin
bowl [baʊl] **I** *zn* ❶ kom, schaal ❷ komvormig deel v.e. voorwerp, bak ⟨v. lepel⟩, (pijpen)kop, (closet)pot ❸ bal ⟨bij bowlen, enz.⟩ ❹ USA stadion, amfitheater **II** *ov ww* ❶ ~ over omverrijden ❷ van zijn stuk brengen **III** *onov ww* ❶ bowlen ❷ snel rijden
bow-legged ['baʊ'legɪd] *bnw* met O-benen
bowler ['baʊlə] *zn* ❶ sport bowler ❷ bolhoed
bowler hat *zn* bolhoed
bowling ['baʊlɪŋ] *zn* het bowlen, het kegelen
bowling alley ['baʊlɪŋælɪ] *zn* bowling- / kegelbaan
bowling green *zn* bowlingveld
bowsprit ['baʊsprɪt] *zn* boegspriet
bow tie [baʊ'taɪ] *zn* vlinderdas
bow window [baʊ'wɪndəʊ] *zn* rond erkerraam
bow-wow *tw* woef
box [bɒks] **I** *zn* ❶ doos, kist, pak, trommel ⋆ *wooden box* kist(je) ⋆ *musical box* speeldoos ⋆ luchtv *black box* zwarte doos ❷ hokje ⋆ *tick a box* een hokje aanvinken ❸ aparte hoek, (theater)loge, nis ⟨in restaurant⟩ ❹ inform GB buis ⟨tv⟩ ❺ sport strafschopgebied ❻ postbus ❼ GB telefooncel ❽ buxus(boom) ▼ oud *a box on the ears* een oorvijg **II** *ov ww* ❶ boksen tegen ❷ in een doos verpakken ❸ ~ in insluiten, vrijheid van handelen ontnemen ❹ ~ off afscheiden ▼ oud *box sb's ears* iem. om de oren slaan **III** *onov ww* boksen ⋆ GB *box clever* het slim aanpakken
box calf *zn* boxcalf ⟨leer⟩
boxcar ['bɒkskɑ:] *zn* USA gesloten goederenwagon
boxer ['bɒksə] *zn* ❶ sport bokser ❷ bokser ⟨hond⟩
boxing ['bɒksɪŋ] *zn* boksen
Boxing Day ['bɒksɪŋ deɪ] *zn* GB tweede kerstdag
box junction *zn* GB kruispunt ⟨waar men niet mag stilstaan⟩
box lunch *zn* USA lunch ⟨in trommeltje⟩
box number *zn* antwoordnummer
box office *zn* reserveringsbureau, (theater)bespreekbureau, kassa
box-office *bnw* ⋆ ~ *success* kassucces, publiekstrekker ⋆ ~ *take* bruto opbrengst
boxroom ['bɒksru:m] *zn* GB berghok
boxwood ['bɒkswʊd] *zn* palmhout, buxushout
boy [bɔɪ] **I** *zn* ❶ jongen, zoon ❷ man, vent ⋆ *he's a local boy* hij komt hier uit de buurt ⋆ *the boys* club van ⟨stoere⟩ mannen ⋆ GB *the boys in blue* de politie ⋆ *boys will be boys* ≈ het zijn nou eenmaal jongens / mannen ⋆ *good boy!* braaf! ⟨tegen hond⟩ ❸ USA min bediende ⟨meestal een zwarte bediende⟩ **II** *tw* tjonge
boycott ['bɔɪkɒt] **I** *zn* boycot **II** *ov ww* boycotten
boyf *zn*, inform GB vriendje
boyfriend ['bɔɪfrend] *zn* vriendje ⟨partner⟩
boyhood ['bɔɪhʊd] *zn* jongensjaren
boyish ['bɔɪɪʃ] *bnw* jongensachtig
Boy Scout [bɔɪ'skaʊt] *zn*, USA oud padvinder
bozo ['baʊzəʊ] *zn* min sukkel
BR *afk, British Railways* Britse Spoorwegen
bra [brɑ:] *zn* beha
brace [breɪs] **I** *zn* ❶ klamp, beugel, (muur)anker ❷ steun ❸ techn kraag ❹ beugel ⟨in gebit⟩ ❺ booromslag ⋆ techn ~ *and bit* booromslag ❻ drukk accolade ❼ GB koppel ⟨v. geschoten dieren⟩ **II** *ov ww* ❶ steunen, versterken ⋆ ~ *o.s. for* zich schrap zetten voor, zich voorbereiden op ⋆ ~ *o.s. against* zich schrap zetten tegen ❷ spannen ❸ opwekken ⋆ *a bracing breeze* een verfrissende wind
bracelet ['breɪslət] *zn* armband ⋆ inform ~*s* [mv] handboeien
braces ['breɪsɪz] *zn mv* ❶ GB bretels ❷ USA ⟨gebits⟩beugel
bracing ['breɪsɪŋ] *bnw* verkwikkend, versterkend ⟨v. klimaat⟩
bracken ['brækən] *zn* (adelaars)varen(s)
bracket ['brækɪt] **I** *zn* ❶ taalk haakje ⋆ *between / in* ~*s* tussen haakjes ❷ groep, klasse ⋆ *in the 55-60 age* ~ in de leeftijdscategorie van 55-60 jaar ❸ steun ⟨aan muur⟩ ❹ muurplank, console, klamp **II** *ov ww* ❶ tussen haakjes zetten ❷ gelijkstellen, koppelen, in één adem noemen ❸ van stegunen voorzien
brackish ['brækɪʃ] *bnw* brak
bract [brækt] *zn* plantk schutblad
bradawl ['brædɔ:l] *zn* priem, els
brae ['breɪ] *zn* steile helling / heuvel ⟨in Schotland⟩
brag [bræg] **I** *onov ww* opscheppen **II** *zn* blufpoker
braid [breɪd] **I** *zn* ❶ vlecht ❷ tres **II** *ov ww* vlechten
Braille, braille [breɪl] *zn* braille
brain [breɪn] **I** *zn* hersenen, verstand, brein ⋆ *the* ~*s* degene(n) met hersens, het brein ⟨dat achter iets zit⟩ ⋆ *blow sb's* ~*s out* iem. voor de kop

schieten ★ **have** sth **on the** ~ ergens voortdurend aan denken ★ **pick** sb's ~s hulp vragen aan iem. die er meer van weet ~s **rack your** ~s je het hoofd breken ★ **turn** sb's ~ iem. het hoofd op hol brengen ★ inform *beat one's* ~s *out* zich de hersens afpijnigen, iem. de hersens inslaan **II** *ov ww* de hersens inslaan

brainchild ['breɪntʃaɪld] *zn* geesteskind

brain damage *zn* hersenbeschadiging

brain-dead *bnw* ❶ hersendood ❷ humor stompzinnig, oerstom

brain death *zn* hersendood

brain drain *zn* kennisvlucht

brain fever *zn* hersenvliesontsteking

brainless ['breɪnləs] *bnw* dom, stom

brain power *zn* intelligentie, intellectueel vermogen

brainstorm ['breɪnstɔ:m] **I** *zn* ❶ GB black-out ❷ USA lumineuze inval **II** *ov ww* brainstormen

brainstorming ['breɪnstɔ:mɪŋ] *zn* het brainstormen

brain teaser *zn* hersenbreker, moeilijke puzzel / vraag

brain trust *zn* commissie v. deskundigen, adviesraad

brainwash ['breɪnwɒʃ] *ov ww* hersenspoelen

brainwave ['breɪnweɪv] *zn* ❶ lumineuze inval, ingeving ❷ hersengolf

brainy ['breɪnɪ] *bnw* inform intelligent

braise [breɪz] *ov ww* stoven, smoren ⟨vlees⟩

brake [breɪk] **I** *zn* rem ★ *put the* ~s *on* sth vertragen, stoppen ★ *act as a* ~ *on* sth een rem zijn op **II** *onov ww* remmen ★ ~ *to a halt* remmend tot stilstand komen **III** *ov ww* remmen

brake cable *zn* remkabel

brake fluid *zn* remvloeistof

brake light *zn* remlicht

bramble ['bræmbl] *zn* ❶ braamstruik ❷ braam

bran [bræn] *zn* zemelen

branch [brɑ:ntʃ] **I** *zn* ❶ tak, zijtak ★ *a* ~ *of the family* een tak van de familie ❷ filiaal, departement, branche **II** *onov ww* ❶ zich vertakken, zich splitsen ❷ ~ **off** afslaan ❸ ~ **out** zich uitbreiden ⟨v. zaken⟩

branch manager *zn* vestigingsdirecteur

brand [brænd] **I** *zn* ❶ merk ★ *generic* ~ huismerk ❷ brandmerk ❸ fakkel, brandend stuk hout **II** *ov ww* ook fig brandmerken ★ *be* ~ed *upon one's memory* in het geheugen gegrift staan

brandish ['brændɪʃ] *ov ww* (dreigend) zwaaien met

brand name *zn* merknaam

brand-new [brænd'nju:] *bnw* splinternieuw

brandy ['brændɪ] *zn* ❶ cognac ❷ brandewijn

brash [bræʃ] *bnw* ❶ brutaal, vrijpostig ❷ schreeuwerig ⟨dingen en plaatsen⟩

brass [brɑ:s] **I** *zn* ❶ geelkoper, messing ❷ inform centen ❸ muz koperen instrumenten ★ *music for* ~ muziek voor koper ❹ brutaliteit ★ *as bold as* ~ zo brutaal als de beul ▾ *top / the* ~ hoge pieten **II** *bnw* koperen

brass band *zn* fanfarekorps

brassière ['bræzɪə] *zn* form bustehouder

brassy ['brɑ:sɪ] *bnw* ❶ koperachtig ❷ schetterend ❸ ordinair ❹ brutaal, onbeschaamd

brat [bræt] *zn* jochie, blaag

bravado [brə'vɑ:dəʊ] *zn* vertoon van moed / lef, overmoed

brave [breɪv] **I** *bnw* dapper, flink **II** *ov ww* trotseren, tarten ★ ~ *the elements* het slechte weer trotseren ★ ~ *(it) out* zich er doorheen slaan ★ ~ *a difficult situation* een moeilijke situatie doorstaan

bravery ['breɪvərɪ] *zn* dapperheid, moed

brawl [brɔ:l] **I** *zn* ruzie, knokpartij **II** *onov ww* ruziën

brawn [brɔ:n] *zn* ❶ spieren ❷ GB zult, hoofdkaas

brawny ['brɔ:nɪ] *bnw* gespierd

bray [breɪ] **I** *zn* ❶ gebalk ❷ geschetter **II** *onov ww* ❶ balken ❷ schetteren, schallen ⟨van trompet⟩

brazen ['breɪzən] **I** *bnw* ❶ brutaal ❷ schel ⟨v. klank⟩ ❸ koperen, koperkleurig **II** *ov ww* ★ ~ *it out* zich ergens brutaal doorheen slaan

brazen-faced [breɪzən'feɪst] *bnw* onbeschaamd

brazier ['breɪzɪə] *zn* komfoor, stoof

Brazil [brə'zɪl] *zn* Brazilië

Brazilian [brə'zɪlɪən] **I** *zn* Braziliaan, Braziliaanse **II** *bnw* Braziliaans

breach [bri:tʃ] **I** *zn* ❶ breuk ★ ~ *of promise / faith* woordbreuk ★ ~ *of the peace* ordeverstoring ❷ bres ★ *step into the* ~ te hulp komen ★ ~ *of security* gat in de beveiliging ❸ het breken ⟨v. golven⟩, branding **II** *ov ww* bres slaan, verbreken

bread [bred] *zn* ❶ brood ★ ~ *and butter* besmeerde boterham, belangrijkste inkomstenbron ★ *make one's* ~ zijn brood verdienen ★ *his* ~ *is buttered on both sides* het gaat hem zeer goed ★ inform *the best thing since sliced* ~ de beste uitvinding sinds het wiel ❷ straatt poen

bread-and-butter *bnw* essentieel, basis- ★ ~ *issue* belangrijke kwestie

breadbasket *zn* ❶ broodmand ❷ straatt maag

breadcrumb ['bredkrʌm] *zn* broodkruimel ★ ~s paneermeel

breaded ['bredɪd] *bnw* gepaneerd

breadfruit ['bredfru:t] *zn* [mv: breadfruit] broodvrucht

breadline ['bredlaɪn] *zn* ★ *on the* ~ zeer arm

breadroll ['bredrəʊl] *zn* broodje

breadth [bredθ] *zn* ❶ breedte, breedheid ★ ~ *of vision* ruimdenkendheid ❷ baan ⟨v. stof⟩

breadwinner ['bredwɪnə] *zn* kostwinner

break [breɪk] [onregelmatig] **I** *ov ww* ❶ breken, kapotmaken, stukmaken ⟨wet, regel⟩ ❷ onderbreken ❸ klein maken ⟨bankbiljet⟩ ❹ ~ **down** afbreken ook scheik , specificeren ❺ ~ **in** inwijden, africhten, inlopen ⟨schoenen⟩ ❻ ~ **off** afbreken, onderbreken, beëindigen ❼ ~ **up** in stukken breken, beëindigen **II** *onov ww* ❶ breken, kapotgaan ❷ ontsnappen ★ ~ *free / loose / out from* zich losrukken van ★ *the news broke* het nieuws kwam naar buiten ❸ inbreken ★ ~*ing and entering* inbraak ❹ ~ **away from** ontsnappen aan, zich losmaken van ❺ ~ **down** ineenstorten, kapotgaan, uiteenvallen ⟨in delen⟩, instorten ⟨geestelijk⟩, scheik afbreken ★ ~ *down in tears* in tranen uitbarsten ★ *the talks broke down* de onderhandelingen mislukten ❻ ~ **for**

br

afstormen op ❼ ~ **in** inbreken, interrumperen ❽ ~ **into** inbreken in, beginnen, losbarsten in, aanspreken ⟨voorraad⟩, kleinmaken ⟨bankbiljet⟩ ★ ~ *into a run* plotseling beginnen te rennen ❾ ~ **off** afbreken, ophouden ❿ ~ **out** uitbreken ⟨van oorlog, ziekte bv.⟩, ontsnappen ★ ~ *out in spots* onder de vlekjes komen te zitten ★ ~ *out of jail* uit de gevangenis ontsnappen ⓫ ~ **through** dóórbreken, doorbréken ★ ~ *through the wall* door de muur breken ★ ~ *through sb's defences* iemands verdediging doorbreken ⓬ ~ **up** in stukken breken, kapotgaan, eindigen, uit elkaar gaan ⟨relatie⟩, USA schaterlachen ★ *John and I broke up* John en ik zijn uit elkaar gegaan ★ GB *school ~s up* de schoolvakantie begint ⓭ ~ **up with** het uitmaken met ⟨relatie⟩ **III** *zn* ❶ breuk, opening, gat ★ *a clean ~* een radicale breuk ★ inform *make a ~ for it* proberen te ontsnappen ❷ onderbreking, pauze ★ *have / take a ~* even pauzeren ★ inform *give me a ~!* houd toch op!, laat me met rust! ❸ muz intermezzo ❹ korte vakantie ❺ verandering ★ ~ *in the weather* weersomslag ★ ~ *of day / dawn* dageraad ❻ kans ★ *have a lucky ~* geluk hebben ❼ serie ⟨bij biljarten⟩ ❽ servicedoorbraak ⟨bij tennis⟩ ❾ econ plotselinge prijsdaling ▼ ~ *even* quitte spelen

breakable ['breɪkəbl] *bnw* breekbaar
breakage ['breɪkɪdʒ] *zn* ❶ breuk ❷ ⟨vergoeding voor⟩ gebroken waar
breakaway ['breɪkəwer] *zn* afscheiding, afgescheiden groep
breakdown ['breɪkdaʊn] *zn* ❶ instorting ★ *mental / nervous ~* zenuwinzinking ❷ defect, storing, ⟨auto⟩pech ❸ specificatie
breakdown lane *zn* USA vluchtstrook
breakdown truck *zn* GB takelwagen
breaker ['breɪkə] *zn* brandingsgolf, stortzee
breakers ['breɪkəz] *zn mv* branding
break-even *zn* omslagpunt, evenwichtspunt, rentabiliteitsdrempel
breakfast ['brekfəst] **I** *zn* ontbijt ★ *have ~* ontbijten ★ *what's for ~?* wat hebben we bij het ontbijt? ★ *continental ~* ontbijt met koffie, broodjes enz. ★ *English ~* ontbijt met bacon, gebakken ei, witte bonen in tomatensaus enz. **II** *onov ww* ontbijten
break-in *zn* inbraak
breakneck ['breɪknek] *bnw* halsbrekend ★ *at ~ speed* met razende snelheid
breakout ['breɪkaʊt] *zn* ontsnapping, uitbraak
breakthrough ['breɪkθruː] *zn* doorbraak
break time *zn* GB pauze
break-up *zn* ❶ opheffing, opsplitsing ❷ inform scheiding ⟨v. partner⟩
breakwater ['breɪkwɔːtə] *zn* golfbreker, havendam
bream [briːm] *zn* brasem
breast [brest] **I** *zn* ❶ borst, boezem ★ *make a clean ~ of sth* iets opbiechten ★ *beat one's ~* misbaar maken ⟨in verdriet⟩ ❷ voorkant **II** *ov ww* form trotseren, doorklieven, bestijgen
breastbone ['brestbəʊn] *zn* borstbeen
breastfeed ['brestfiːd] **I** *onov ww* borstvoeding geven **II** *ov ww* borstvoeding geven aan

breast pocket *zn* borstzak
breaststroke ['breststrəʊk] *zn* schoolslag
breath [breθ] *zn* ❶ adem ★ *get a ~ of (fresh) air* een luchtje scheppen ★ fig *a ~ of fresh air* een frisse wind ★ *get one's ~ (back / again)* (weer) op adem komen ★ *hold one's ~* zijn adem inhouden ★ iron *don't hold your ~!* ik zou er maar niet op wachten! ★ *save your ~* bespaar je de moeite, houd je mond maar ★ *be short of ~* kortademig zijn ★ *in the same ~* in één adem(teug) ★ *one's dying / last ~* de laatste adem ★ *out of ~* buiten adem ★ *under one's ~* fluisterend ★ *take away one's ~* iem. de adem benemen ★ *the ~ of life* noodzaak ❷ zuchtje, zweempje ★ *a ~ of hope* een sprankje hoop
breathalyse, USA **breathalyze** ['breθəlaɪz] *ov ww* inform ademproef afnemen ⟨alcoholcontrole⟩, laten blazen
breathalyser, USA **breathalyzer** ['breθəlaɪzə] *zn* inform blaaspijpje ⟨voor alcoholcontrole⟩
breath-catching *bnw* adembenemend
breathe [briːð] **I** *onov ww* ❶ ademen, ademhalen ★ ~ *(easily / freely) again* weer (vrijuit) kunnen ademen ❷ blazen ❸ fluisteren ❹ ~ **in** inademen ❺ ~ **out** uitademen **II** *ov ww* ❶ (in)ademen ★ ~ *new life into sth* iets nieuw leven inblazen ❷ uitblazen ★ ~ *one's last* de laatste adem(tocht) uitblazen ★ *don't ~ a word* geen woord erover ❸ fluisteren ❹ ~ **in** inademen ❺ ~ **out** uitademen
breather ['briːðə] *zn* korte rustpauze ▼ *heavy ~* hijger
breath freshener *zn* ademverfrisser
breathing ['briːðɪŋ] *zn* ademhaling
breathing-space ['briːðɪŋspeɪs] *zn* adempauze
breathless ['breθləs] *bnw* ❶ ademloos, buiten adem ❷ bladstil
breathtaking ['breθteɪkɪŋ] *bnw* ❶ adembenemend, wonderschoon ❷ schandelijk
breath test *zn* blaastest ⟨alcoholcontrole⟩
breathy ['breθɪ] *bnw* hijgerig
bred [bred] *ww* [verl. tijd + volt. deelw.] → **breed**
breech [briːtʃ] *zn* staartstuk ⟨van geweer⟩
breech birth *zn* stuitbevalling
breech delivery *zn* stuitbevalling
breeches ['brɪtʃɪz] *zn mv* (rij)broek ★ fig *grow / get too big for one's ~* naast zijn schoenen gaan lopen
breed [briːd] **I** *zn* ras, soort **II** *ov ww* [onregelmatig] ❶ kweken, fokken, fig voortbrengen ★ ~ *sth into sb* iem. iets met de paplepel ingeven ❷ opvoeden, grootbrengen ★ *well bred* goed opgevoed **III** *onov ww* zich voortplanten
breeder ['briːdə] *zn* fokker, kweker
breeder reactor *zn* kweekreactor
breeding ['briːdɪŋ] *zn* ❶ het fokken, het kweken ❷ opvoeding, manieren
breeding ground *zn* broedplaats, kweekplaats
breeze [briːz] **I** *zn* ❶ bries ❷ makkie, simpel karweitje **II** *onov ww* ❶ met zelfvertrouwen gaan ★ ~ *into the meeting room* de vergaderzaal binnenstuiven ❷ ~ **through** vliegen door
breeze block bouw GB *zn* B2-blok
breezy ['briːzɪ] *bnw* ❶ winderig, fris ❷ joviaal

brethren ['breðrən] *zn mv* form → **brother**

breve [bri:v] *zn* ❶ muz brevis 〈noot met lengte van twee hele noten〉 ❷ taalk breve 〈boogje boven korte klinker, teken ˘〉

brevity ['brevətɪ] *zn* ❶ kortheid ❷ bondigheid

brew [bru:] **I** *ov ww* ❶ brouwen 〈bier〉 ❷ zetten 〈thee / koffie〉 ❸ fig broeien op 〈plan e.d.〉 ❹ ~ up zetten 〈thee / koffie〉 **II** *onov ww* ❶ trekken 〈van thee〉, doorlopen 〈van koffie〉 ❷ fig broeien, op til zijn ★ *sth is brewing* er broeit iets ★ *a storm is brewing* er is storm op komst **III** *zn* ❶ brouwsel, bier ❷ GB pot thee

brewer ['bru:ə] *zn* brouwer

brewery ['bru:ərɪ] *zn* brouwerij

briar ['braɪə], **brier** *zn* ❶ doornstruik, wilde roos ★ *sweet* ~ egelantier ❷ boomheide

bribe [braɪb] **I** *zn* steekpenning, omkoopmiddel ★ *take a* ~ smeergeld aannemen **II** *ov ww* omkopen

bribery ['braɪbərɪ] *zn* omkoping

brick [brɪk] **I** *zn* ❶ baksteen ★ *Dutch* ~ baksteen ★ fig *drop a* ~ zijn mond voorbijpraten, een blunder begaan ★ fig *make* ~*s without straw* ijzer met handen willen breken ★ ~*s and mortar* vastgoed ❷ blok 〈v. bouwdoos〉 **II** *bnw* van bakstenen **III** *ov ww* ❶ ~ in/up dichtmetselen ❷ ~ off ommuren

brickbat ['brɪkbæt] *zn* schimpscheut

bricklayer ['brɪkleɪə] *zn* metselaar

brickwork ['brɪkwɜ:k] *zn* metselwerk

brickworks ['brɪkwɜ:ks] *zn mv* steenbakkerij

bridal ['braɪdl] *bnw* bruids-

bride [braɪd] *zn* bruid ★ ~*-to-be* aanstaande bruid

bridegroom ['braɪdgru:m] *zn* bruidegom

bridesmaid ['braɪdzmeɪd] *zn* bruidsmeisje

bridge [brɪdʒ] **I** *zn* ❶ brug ★ *burn your* ~*s* je schepen achter je verbranden ❷ rug 〈v. neus〉 ❸ kam 〈v. snaarinstrument〉 ❹ bridge 〈kaartspel〉 **II** *ov ww* overbruggen

bridgedrive ['brɪdʒdraɪv] *zn* bridgewedstrijd

bridgehead ['brɪdʒhed] *zn* bruggenhoofd

bridle ['braɪdl] **I** *zn* ❶ toom ❷ hoofdstel en bit ❸ beteugeling **II** *ov ww* beteugelen **III** *onov ww* gepikeerd / geïrriteerd raken

bridle path *zn* ruiterpad

brief [bri:f] **I** *bnw* kort, bondig ★ *in* ~ kortom, in het kort **II** *zn* ❶ GB taakopdracht ★ jur *hold no* ~ *for sb / sth* iemand / iets niet steunen ★ fig *stick to one's* ~ zijn boekje niet te buiten gaan ❷ jur dossier ❸ jur instructie 〈voor advocaat〉 ❹ GB inform advocaat ❺ USA kort verslag **III** *ov ww* instrueren

briefcase ['bri:fkeɪs] *zn* aktetas

briefing ['bri:fɪŋ] *zn* ❶ instructie(s) ❷ voorlichting

briefs [bri:fs] *zn mv* slip(je) 〈v. man / vrouw〉

brier ['braɪə] *zn* → **briar**

brig [brɪg] *zn* ❶ brik ❷ USA scheepsgevangenis

brigade [brɪ'geɪd] *zn* brigade

brigadier *zn* GB brigadegeneraal van het leger

brigadier general *zn* USA brigadegeneraal van het leger, de luchtmacht of de marine

bright [braɪt] *bnw* ❶ helder, stralend ★ *a* ~ *spot* lichtpuntje ★ *the* ~ *lights* het uitgaansleven ★ *look on the* ~ *side* de dingen van de zonzijde bezien ★ ook iron GB ~ *spark* slimmerik ❷ pienter ★ *as* ~ *as a button* zo helder als glas,

erg slim ❸ levendig ★ ~ *and early* voor dag en dauw ❹ hoopvol 〈bv. v. toekomst〉

brighten ['braɪtn] **I** *ov ww* ❶ helder / licht maken ❷ ~ (up) opvrolijken 〈vrolijk maken〉, opfleuren **II** *onov ww* ❶ helder / licht worden ❷ ~ (up) opvrolijken 〈vrolijk worden〉, opfleuren

bright-eyed *bnw* met heldere / stralende ogen

brilliance ['brɪljəns] *zn* ❶ schittering, glans ❷ virtuositeit

brilliant ['brɪljənt] **I** *bnw* briljant, schitterend **II** *zn* briljant

brim [brɪm] **I** *zn* ❶ boord ❷ rand ★ *filled to the brim* tot(aan) de rand gevuld **II** *onov ww* ~ over with bruisen / overlopen van

brimful [brɪm'fʊl] *bnw* boordevol

brindle ['brɪndl], **brindled** ['brɪndld] *bnw* bruingeel met strepen 〈v. dieren〉

brine [braɪn] *zn* ❶ pekel ❷ het zilte nat 〈zee〉

bring [brɪŋ] [onregelmatig] *ov ww* ❶ brengen, binnenbrengen, inbrengen, meebrengen, aanvoeren ❷ indienen 〈bv. klacht〉 ❸ ~ about veroorzaken, wenden 〈schip〉 ❹ ~ along meebrengen, stimuleren 〈in groei / bloei〉 ❺ ~ (a)round meebrengen, bijbrengen 〈uit bewusteloosheid〉, overreden ★ ~ *the conversation round to sth* het gesprek brengen op iets ❻ ~ back terugbrengen, meenemen, in de herinnering terugbrengen, herinvoeren ❼ ~ down neerleggen, neerhalen, verlagen, verslaan, doen landen 〈een vliegtuig〉 ❽ ~ forth opleveren, voortbrengen, baren ❾ ~ forward naar voren brengen, admin transporteren, vervroegen ❿ ~ in binnenhalen / -brengen, inbrengen, erbij halen, introduceren, indienen 〈wetsontwerp〉 ★ jur ~ *in a verdict* uitspraak doen ⓫ ~ on veroorzaken ★ *you brought it on yourself* je hebt het jezelf op de hals gehaald ★ inform ~ *it on!* kom maar op! ⓬ ~ out naar buiten brengen, tot uiting laten komen, uitbrengen, in de handel brengen ★ ~ *sb out of himself* iem. helpen zich te ontplooien ⓭ ~ over laten (over)komen ⓮ ~ through er doorheen slepen ⓯ ~ to brengen tot, bijbrengen 〈uit bewusteloosheid〉 ⓰ ~ under brengen onder, onderdrukken ⓱ ~ up naar voren brengen, jur voorleiden, opvoeden, opgeven 〈slijm, braaksel〉 ▼ *you will* ~ *it off* jij komt er wel

brink [brɪŋk] *zn* rand

briny ['braɪnɪ] **I** *zn* inform zee **II** *bnw* zilt

brio ['bri:əʊ] *zn* levendigheid, vuur

brisk [brɪsk] **I** *bnw* ❶ levendig, kwiek ❷ fris, verkwikkend **II** *onov ww* ~ ~ (up) levendig worden, opfleuren

brisket ['brɪskɪt] *zn* borststuk 〈van rundvlees〉

bristle ['brɪsl] **I** *zn* ❶ stoppel ❷ borstelhaar ★ *a brush with long* ~*s* een kwast met lange haren **II** *onov ww* ❶ nijdig worden ★ *it made him* ~ *with rage* het maakte hem woedend ❷ overeind gaan staan 〈v. haar〉 ❸ ~ with vol zitten met, wemelen van

bristly ['brɪslɪ] *bnw* ❶ borstelig ❷ stoppelig

Britain ['brɪtn] *zn* Brittannië

Britannic [brɪ'tænɪk] *bnw*, oud form Brits

British I *bnw* Brits ★ *the* ~ *Empire* het Britse Rijk **II** *zn mv* Britten

br

br

Britisher ['brɪtɪʃə] *zn*, USA inform Brit
Briton ['brɪtn] *zn* Brit, Britse
Brittany ['brɪtənɪ] *zn* Bretagne
brittle ['brɪtl] *bnw* ❶ bros, broos ❷ kil ⟨van lach bv.⟩
broach [brəʊtʃ] **I** *zn* ❶ braadspit ❷ boorstift **II** *ov ww* ❶ aanbreken ⟨bv. fles⟩ ❷ aansnijden ⟨onderwerp⟩
broad [brɔ:d] **I** *bnw* ❶ breed, wijd, uitgestrekt ⟨v. gebied⟩ ★ GB *it's as ~ as it's long* 't is zo lang als het breed is, 't maakt niet uit ❷ algemeen, ruim ★ *a ~ outline* een ruwe samenvatting ★ *~ly (speaking)* in het algemeen gesproken ❸ (over)duidelijk ⟨v. hint bv.⟩ ❹ vrijzinnig ⟨v. opvatting⟩ ❺ plat ⟨van taalgebruik, humor⟩ **II** *zn*, USA min meid
broadband ['brɔ:dbænd] *zn* comm breedband
broad-based *bnw* breed ⟨v. draagvlak bv.⟩
broad-brush ['brɔ:dbrʌʃ] *bnw* globaal
broadcast ['brɔ:dkɑ:st] **I** *ov ww* ⟨onregelmatig⟩ ❶ uitzenden ⟨radio / tv⟩ ❷ omroepen, rondbazuinen ❸ breedwerpig zaaien **II** *onov ww* uitzenden **III** *zn* uitzending ⟨radio / tv⟩ **IV** *bnw* ❶ uitgezonden ⟨radio / tv⟩ ❷ breedwerpig gezaaid
broaden ['brɔ:dn] **I** *ov ww* ❶ breder maken ★ *travel ~s the mind* door reizen verruimt men de blik ❷ *~ out* verbreden **II** *onov ww* ❶ breder worden ❷ *~ out* breder worden
broad-minded [brɔ:d'maɪndɪd] *bnw* ruimdenkend
broadsheet ['brɔ:dʃi:t] *zn* ❶ kwaliteitskrant, krant ⟨groot formaat⟩ ❷ aan één kant bedrukt groot blad papier
brocade [brə'keɪd] *zn* brokaat
brochure ['brəʊʃə] *zn* brochure
brogue [brəʊg] *zn* ❶ accent ⟨vnl. Iers / Schots⟩ ❷ gaatjesschoen
broil [brɔɪl] USA **I** *ov ww* ❶ grilleren, op rooster braden ❷ verhitten ★ *~ing day* snikhete dag **II** *onov ww* liggen bakken ⟨in de zon⟩
broiler ['brɔɪlə] USA *zn* ❶ braadkip, braadkuiken ❷ grill, grillpan ❸ braadrooster ❹ snikhete dag
broke [brəʊk] **I** *zn* platzak, bankroet ★ *be flat ~* volkomen platzak zijn ★ inform *go for ~* alles op één kaart zetten **II** *ov ww* [o.v.t.] → **break**
broken ['brəʊkən] **I** *bnw* ❶ gebroken, kapot, onderbroken ★ *speak in ~ Dutch* gebrekkig Nederlands praten ★ *~ home* éénoudergezin ★ *~ marriage* stukgelopen huwelijk ❷ oneffen ⟨terrein⟩ **II** *ww* [volt. deelw.] → **break**
broken-down *bnw* ❶ vervallen, kapot ❷ uitgeput, op
broken-hearted *bnw* geslagen, gebroken ⟨van verdriet⟩
broken-winded *bnw* dampig ⟨v. paard⟩
broker ['brəʊkə] *zn* ❶ (effecten)makelaar ❷ pandjesbaas
brokerage ['brəʊkərɪdʒ] *zn* ❶ makelaardij ❷ econ courtage
bromide ['brəʊmaɪd] *zn* ❶ scheik bromide ❷ gemeenplaats, banaliteit
bromine ['brəʊmi:n] *zn* scheik broom
bronchial ['brɒŋkaɪ] *bnw* bronchiaal, bronchiën-
bronchitis [brɒŋ'kaɪtɪs] *zn* bronchitis
bronze [brɒnz] **I** *zn* ❶ brons ❷ kunstwerk in

brons ❸ bronskleur ❹ derde prijs **II** *bnw* ❶ bronzen ❷ bronskleurig **III** *ov ww* ❶ bronzen ❷ bruinen
brooch [brəʊtʃ] *zn* broche
brood [bru:d] **I** *zn* ❶ broedsel ❷ humor gebroed **II** *onov ww* ❶ broeden ❷ *~ on/over* tobben over
broodmare ['bru:dmeə] *zn* fokmerrie
broody ['bru:dɪ] *bnw* ❶ broeds ❷ bedrukt, somber
brook [brʊk] **I** *zn* beek **II** *ov ww* dulden ★ *~ no nonsense* geen flauwekul dulden
brooklet ['brʊklət] *zn* beekje
broom [bru:m] **I** *zn* ❶ bezem ★ *a new ~ sweeps clean* nieuwe bezems vegen schoon ❷ brem **II** *ov ww* bezemen
broomstick ['bru:mstɪk] *zn* bezemsteel ★ *marry over the ~* ongehuwd samenwonen
Bros, Bros. *afk*, *Brothers* gebr., gebroeders
broth [brɒθ] *zn* bouillon ★ *Scotch ~* Schotse maaltijdsoep
brothel ['brɒθəl] *zn* bordeel
brother ['brʌðə] *zn* ❶ broer, rel broeder ★ *big ~* instantie / autoriteit die teveel macht uitoefent ❷ collega ❸ makker
brotherhood ['brʌðəhʊd] *zn* broederschap
brother-in-law ['brʌðərɪnlɔ:] *zn* zwager
brotherly ['brʌðəlɪ] *bnw* broederlijk
brought [brɔ:t] *ww* [verl. tijd + volt. deelw.] → **bring**
brow [braʊ] *zn* ❶ voorhoofd ❷ wenkbrauw ★ *knit one's brows* het voorhoofd fronsen ❸ top ⟨van heuvel⟩ ❹ uitstekende rand ❺ scheepv loopplank
browbeat ['braʊbi:t] *ov ww* intimideren
brown [braʊn] **I** *bnw* bruin ★ GB *as ~ as a berry* zeer bruin ▼ *in a ~ study* in gepeins verzonken **II** *zn* bruin **III** *ov ww* bruin maken, bruineren ▼ GB inform *~ed off* het spuugzat zijn **IV** *onov ww* bruin worden
brownie ['braʊnɪ] *zn* ❶ goede elf / kabouter ❷ kabouter ⟨padvindster (tussen 7-11 jaar)⟩ ❸ chocoladecakeje
brown-nose *ov ww*, inform min slijmen tegen, kontlikken
brownstone ['braʊnstəʊn] *zn* ❶ roodbruine zandsteen ❷ (voornaam) huis van roodbruine zandsteen
browse [braʊz] **I** *onov ww* ❶ naar informatie zoeken, bladeren, comp browsen, rondneuzen, grasduinen ★ *~ through the magazine* het tijdschrift doorbladeren ❷ (af)grazen **II** *ov ww* ❶ rondneuzen in ❷ browsen (op) ⟨het web⟩ **III** *zn* ❶ het rondneuzen ❷ twijgen, scheuten ⟨voedsel voor dieren⟩
browser ['braʊzə] *zn* ❶ comp browser ❷ snuffelaar ⟨in winkel⟩
BRS *afk*, *British Road Services* Britse Wegenwacht
bruise [bru:z] **I** *zn* ❶ blauwe plek, (gekneusd) plekje ⟨op fruit⟩ **II** *ov ww* ❶ fijnstampen ❷ kneuzen ❸ kwetsen
bruiser ['bru:zə] *zn* inform rouwdouwer
bruising ['bru:zɪŋ] *bnw* uitputtend
brunch [brʌntʃ] *zn* brunch ⟨ontbijt en lunch ineen⟩
brunt [brʌnt] *zn* piek, grootste klap ⟨v. schok /

aanval⟩ ★ *bear / take the ~* het het hardst te verduren hebben

brush [brʌʃ] I *zn* ❶ borstel ★ *give a ~* lichtjes afborstelen ★ *as daft as a ~* zo gek als een deur ❷ kwast, penseel ★ *with a broad ~* in grote lijnen ❸ veeg ❹ confrontatie, onaangename ontmoeting ❺ plantk kreupelbos ❻ biol vossenstaart II *ov ww* ❶ borstelen, vegen ★ *~ your teeth* poets je tanden ❷ bestrijken ❸ fig *~ aside* opzij schuiven, negeren ❹ *~ down* afborstelen, schoonvegen, fig de mantel uitvegen ❺ *~ off* afborstelen, fig de bons geven, afschepen ❻ *~ up* opfrissen ⟨van kennis⟩ III *onov ww* ❶ licht aanraken ❷ *~ past* licht aanraken in het voorbijgaan

brush-off *zn* afscheping ★ inform *give sb the ~* iem. bot afwijzen

brush stroke *zn* penseelstreek

brushwood ['brʌʃwʊd] *zn* ❶ kreupelhout ❷ sprokkelhout

brusque [brʊsk] *bnw* bruusk, kortaf

brusqueness ['brʊsknəs] *zn* bruuskheid

Brussels sprout *zn* spruit

brutal ['bru:tl] *bnw* ❶ wreed, beestachtig ❷ grof

brutality [bru:'tælətɪ] *zn* wreedheid, beestachtigheid

brutalize, brutalise ['bru:təlaɪz] *ov ww* ❶ onmenselijk behandelen ❷ verwilderen, verdierlijken

brute [bru:t] I *zn* ❶ bruut ❷ beest II *bnw* ❶ wreed ★ *~ force / strength* brute kracht ❷ redeloos

brutish ['bru:tɪʃ] *bnw* dierlijk, liederlijk

BS *afk* ❶ *British Standard* Britse Standaard ⟨normalisatie-instituut⟩ ❷ plat *bullshit* onzin, rotzooi ❸ → **BSc**

BSc *afk,* onderw *Bachelor of Science*≈ bachelor in de exacte wetenschappen

BSE [bi:esi:] *afk, bovine spongiform encephalopathy* BSE, gekkekoeienziekte

BST *afk, British Summer Time* Britse zomertijd

btw *afk, by the way* trouwens

bubble ['bʌbl] I *zn* ❶ (lucht)bel ❷ ook fig zeepbel ★ *the ~ burst* de zeepbel spatte uiteen, men kwam bedrogen uit ★ *burst sb's ~* iemands hoop de bodem in slaan II *onov ww* ❶ borrelen, bruisen ❷ *~ over with* overlopen van ★ *~ over with excitement* zijn mond niet kunnen houden van opwinding ❸ *~ up* opborrelen

bubble bath *zn* ❶ badschuim ❷ schuimbad

bubblegum ['bʌblgʌm] *zn* klapkauwgom

bubbly ['bʌblɪ] I *zn* inform champagne II *bnw* ❶ bruisend, sprankelend ❷ goedgemutst

bubonic [bju:'bɒnɪk] *bnw* ★ *~ plague* builenpest

buccaneer [bʌkə'nɪə] I *zn* ❶ boekanier ❷ gladde zakenman II *onov ww* zeeroverij plegen

buck [bʌk] I *zn* ❶ USA Aus dollar ★ *big bucks* een boel geld, goeie handel ★ inform *make a fast / quick buck* snel geld verdienen ❷ bok, ram, rammelaar ⟨mannetjesdieren⟩ ▼ *pass the buck* verantwoordelijkheid op iem. anders afschuiven ▼ *the buck stops here* de uiteindelijke verantwoordelijkheid ligt bij mij II *ov ww* ❶ afwerpen ❷ inform tegenwerken, zich verzetten tegen ★ *buck the trend* tegen de trend ingaan ❸ inform *~ up* moed inspreken / geven ▼ GB inform *buck your ideas up* ga eens aan de

slag III *onov ww* ❶ bokken ❷ *~ up* moed houden

bucket ['bʌkɪt] I *zn* emmer ★ inform *~s* [mv] grote hoeveelheden ★ *she cried ~s* ze huilde tranen met tuiten ★ euf *kick the ~* het hoekje omgaan ⟨sterven⟩ II *onov ww* inform *~ down* met bakken naar beneden komen ⟨v. regen⟩

bucketful ['bʌkɪtfʊl] *zn* emmer (vol)

bucket seat *zn* kuipstoel ⟨in auto / vliegtuig⟩

bucket shop *zn* ❶ kantoor voor beursspeculanten ❷ inform GB reisbureau voor goedkope vliegtickets

buckle ['bʌkl] I *onov ww* ❶ kromtrekken, verbuigen ★ *my knees ~d* mijn knieën knikten ❷ wankelen ❸ in elkaar zakken ❹ *~ down to* zich storten op ❺ USA *~ up* (veiligheids)riem omdoen II *ov ww* ❶ (vast)gespen ❷ kromtrekken, verbuigen III *zn* gesp, gordel

buckram ['bʌkrəm] I *zn* ❶ buckram, grof, stijf linnen ❷ stijfheid II *bnw* stijf

buckshot ['bʌkʃɒt] *zn* grove hagel

buckskin ['bʌkskɪn] *zn* ❶ hertenleer ❷ geitenleer

buck teeth [bʌk'tu:θ] *zn* vooruitstekende boventanden

buckwheat ['bʌkwi:t] *zn* boekweit

bucolic [bju:'kɒlɪk] *bnw* ❶ landelijk ❷ pastoraal

bud [bʌd] I *zn* ❶ knop ❷ kiem ★ *nip in the bud* in de kiem smoren ❸ USA inform *buddy* maat II *onov ww* ❶ uitbotten ❷ ontluiken ❸ zich ontwikkelen III *ov ww* oculeren, enten

Buddhism ['bʊdɪzəm] *zn* boeddhisme

Buddhist ['bʊdɪst] I *zn* boeddhist II *bnw* boeddhistisch

budding ['bʌdɪŋ] *bnw* aankomend, ontluikend ★ *a ~ artist* een aankomend kunstenaar

buddy ['bʌdɪ] I *zn* ❶ maat, kameraad ❷ partner ❸ buddy ⟨v. aidspatiënt⟩ II *onov ww* USA *~ up* goede maatjes worden

budge [bʌdʒ] *onov ww* zich verroeren ★ *don't ~* geef niet toe ★ GB inform *~ up a bit!* schuif eens wat op!

budgerigar ['bʌdʒərɪgɑː] *zn* grasparkiet

budget ['bʌdʒɪt] I *zn* budget, begroting II *onov ww ~ for* een begroting maken voor, geld uittrekken voor III *ov ww ~ for* reserveren voor

budgetary ['bʌdʒɪtrɪ] *bnw* budgettair

budgie ['bʌdʒi] *zn* inform → **budgerigar**

buff [bʌf] I *zn* ❶ bruingeel ❷ bruingeel leer ❸ expert, liefhebber ▼ *in the buff* naakt ▼ *blind man's buff* blindemannetje II *bnw* bruingeel III *ov ww* polijsten

buffalo ['bʌfələʊ] *zn* ❶ bizon ❷ buffel

buffer ['bʌfə] I *zn* buffer II *ov ww* ❶ een buffer zijn voor ❷ comp in het buffergeheugen opslaan

buffet[1] ['bʌfɪt] I *zn* klap ⟨hand / vuist⟩ II *ov ww* ❶ worstelen ❷ slaan, stompen ★ *a ~ing wind* harde windstoten ★ *~ed by war* door oorlog geteisterd

buffet[2] ['bʊfeɪ] *zn* ❶ (lopend) buffet ❷ restauratie(wagen) ❸ USA buffet(kast)

bug [bʌg] I *ov ww* ❶ afluisteren ❷ lastigvallen, dwars zitten ❸ irriteren II *onov ww* USA *~ out* uitpuilen ▼ USA *bug off* lazer op III *zn* ❶ ziektekiem, bacil, ook fig virus ★ *be bitten by the (travel) bug* enthousiast worden (voor reizen)

❷ inform insect ❸ wandluis ❹ inform verborgen microfoon ❺ comp storing ❻ obsessie

bugaboo ['bʌgəbu:] zn ❶ spook(beeld), schrikbeeld ❷ oorzaak van overlast

bugbear ['bʌgbeə] zn ❶ spook(beeld), schrikbeeld ❷ oorzaak van overlast

bug-eyed bijw ❶ met uitpuilende ogen ❷ USA opgewonden

bugger ['bʌgə] GB straatt I ov ww ❶ ★ ~ it! verdomme! ❷ kapot maken ❸ ~ about/around sollen met ❹ ~ up verpesten II onov ww ❶ ★ ~ off! donder op! ❷ ~ about/around donderjagen, rondklooien ❸ ~ off opdonderen, wegwezen III zn ❶ min klootzak ★ inform poor ~ arme drommel ★ inform tough ~ taaie rakker ❷ rotding ▼ ~ all geen sodemieter ⟨niets⟩ IV tw verdomme ⟨bij (onaangename) verrassing⟩

buggered ['bʌgəd] GB straatt bnw ❶ naar de kloten ❷ afgepeigerd ▼ I'll be ~! verdomme! ⟨verrast⟩ ▼ I'm ~ if I know ik heb Godverdomme geen idee

buggery ['bʌgəri] zn anaal geslachtsverkeer

buggy ['bʌgi] zn ❶ sportieve open auto ❷ GB wandelwagen ⟨kind⟩ ❸ licht rijtuigje

bugle ['bju:gl] zn ❶ signaalhoorn ❷ plantk zenegroen

bugle call zn hoornsignaal

bugler ['bju:glə] zn hoornblazer

build [bild] [onregelmatig] I ov ww ❶ bouwen ★ ~ a reputation een reputatie opbouwen ★ Rome was not built in a day Keulen en Aken zijn niet op één dag gebouwd ⟨gezegde⟩ ❷ samenstellen ❸ ontwikkelen ❹ ~ in inbouwen, opnemen in ❺ ~ on aan-/ bijbouwen, baseren op ❻ ~ onto aanbouwen aan ❼ ~ up opbouwen, ontwikkelen, sterk(er) maken, ophemelen / prijzen ★ ~ up hopes verwachtingen wekken II onov ww ❶ bouwen ❷ groter / meer worden ★ tension is ~ing de spanning stijgt ❸ ~ on verder ontwikkelen, vertrouwen op ❹ ~ up groter / meer worden ❺ ~ up to zich voorbereiden op III zn (lichaams)bouw

builder ['bildə] zn ❶ bouwer ❷ aannemer

building ['bildiŋ] zn gebouw

building block zn ook fig bouwsteen

building line zn rooilijn

building site zn bouwterrein, perceel

building society zn bouwfonds, hypotheekbank

build-up ['bildʌp] zn ❶ toename ❷ publiciteit, campagne ❸ opbouw, ontwikkeling ★ the ~ to the concert de voorbereidingstijd voor het concert

built [bilt] ww [verl. tijd + volt. deelw.] → build

built-in bnw ingebouwd

built-up bnw ★ ~ area bebouwde kom

bulb [bʌlb] I zn ❶ knol, (bloem)bol ❷ gloeilamp II onov ww bolvormig opzwellen

bulbous ['bʌlbəs] bnw ❶ bolvormig ❷ uitpuilend ⟨van ogen⟩ ★ ~ nose dikke ronde neus

Bulgarian [bʌl'geəriən] I zn Bulgaar, Bulgaarse II bnw Bulgaars

bulge [bʌldʒ] I zn ❶ bobbel, bolling ❷ inform vetlaag ❸ piek, golf II onov ww uitpuilen

bulgy ['bʌldʒi] bnw ❶ uitpuilend ❷ opgezwollen ★ his bulging muscles zijn spierballen

bulk [bʌlk] I zn ❶ grote partij ❷ het grootste deel ❸ lading ❹ massa, omvang ★ load in bulk met stortgoederen laden II bnw in grote hoeveelheden ★ bulk buying inkoop in het groot III ov ww ~ up/out uitbreiden, dikker / groter maken IV onov ww ~ large van groot belang / grote omvang lijken

bulk cargo zn lading stortgoederen

bulk goods zn mv bulkgoederen

bulky ['bʌlki] bnw omvangrijk

bull [bʊl] I zn ❶ stier ⟨ook van olifant, walvis⟩ ★ a bull of a man grote, sterke, agressieve kerel ★ like a bull in a china shop als een olifant in een porseleinkast ★ fig vatten the bull by the horns de stier bij de horens vatten ❷ econ haussier ❸ pauselijke bul ❹ inform bullshit onzin ★ a load of bull gezeik ★ shoot the bull onzin vertellen ❺ inform blunder ★ Irish bull lachwekkende ongerijmdheid ❻ USA smeris II ov ww ★ bull the market de markt opdrijven III onov ww à la hausse speculeren

bulldog ['bʊldɒg] zn buldog

bulldog clip zn GB papierklem

bulldoze ['bʊldəʊz] ov ww ook fig platwalsen ★ he ~d her into selling hij dwong haar tot verkoop

bulldozer ['bʊldəʊzə] zn bulldozer

bullet ['bʊlit] zn ❶ kogel ⟨uit geweer⟩ ★ take a ~ geraakt worden door een kogel ★ inform bite the ~ de tanden op elkaar zetten ★ magic ~ wondermiddel ❷ drukk bullet ⟨opsommingsteken⟩

bulletin ['bʊlətin] zn bulletin

bulletin board zn ❶ comp bulletinboard ❷ USA mededelingenbord

bulletproof ['bʊlitpru:f] bnw kogelvrij

bullfight ['bʊlfait] zn stierengevecht

bullfighter ['bʊlfaitə] zn stierenvechter

bullfinch ['bʊlfintʃ] zn goudvink

bullfrog ['bʊlfrɒg] zn (brul)kikvors

bullhead ['bʊlhed] zn inform stommerd

bull-headed [bʊl'hedid] bnw koppig

bullion ['bʊliən] zn ongemunt goud / zilver

bullish ['bʊliʃ] bnw ❶ stier-, stieren- ❷ optimistisch, stijgend ⟨van effectenbeurs⟩

bullock ['bʊlək] zn os

bullring ['bʊlriŋ] zn arena voor stierengevechten

bull session zn, USA inform groepsdiscussie

bull's-eye ['bʊlzai] zn ❶ roos ⟨v. schietschijf⟩ ❷ ook fig schot in de roos

bullshit ['bʊlʃit] zn inform gelul, gezeik

bully ['bʊli] I zn ❶ pestkop, kwelgeest ❷ bullebak, tiran ❸ bully ⟨bij hockey⟩ II bnw uitstekend ★ iron ~ for you! wat knap van je! III ov ww ❶ pesten ❷ tiranniseren, koeioneren

bully boy zn, inform GB zware jongen

bulrush ['bʊlrʌʃ] zn lisdodde

bulwark ['bʊlwək] zn ❶ bolwerk, verschansing ⟨ook van schip⟩ ★ ~ of freedom bastion van de vrijheid ❷ golfbreker

bum [bʌm] inform I zn ❶ GB achterste ★ bums on seats het aantal bezoekers ❷ USA zwerver, nietsnut II bnw waardeloos ★ a bum deal een waardeloze overeenkomst III ov ww bedelen, bietsen IV onov ww ❶ rondzwerven ❷ ~ about/around nutteloos rondhangen

bumbag ['bʌmbæg] *zn* GB heuptasje
bumble ['bʌmbl] *onov ww* ❶ zoemen
❷ mompelen ❸ aanrommelen, stuntelen
bumblebee ['bʌmblbi:] *zn* hommel
bumf [bʌmf] GB *zn* ❶ min paperassen,
papierrommel ❷ straatt pleepapier
bummer ['bʌmə] I *zn* tegenslag, vervelend iets
II *tw* klote!
bump [bʌmp] I *zn* ❶ bons ★ fig *back to earth with
a bump* met een klap terug op aarde ❷ botsing
❸ buil ❹ hobbel II *ov ww* ❶ bonzen tegen
❷ botsen tegen ❸ stoten ❹ inform verplaatsen
★ *be bumped from the flight* niet mee kunnen
vliegen ⟨door het overboeken⟩ ❺ USA afzetten,
ontslaan ❻ inform ~ *off* vermoorden ❼ inform
~ *up* verhogen, opkrikken ⟨prijs⟩ ★ *be bumped
up to* bevorderd worden tot III *onov ww*
❶ hobbelen ❷ inform ~ *into* bij toeval
ontmoeten, botsen tegen ❸ ~ *up* aangift
tegen het lijf lopen IV *bijw* ★ humor *things that
go bump in the night* enge geluiden in het
donker
bumper ['bʌmpə] I *zn* ❶ bumper ★ ~ *to* ~ bumper
aan bumper ❷ buffer ⟨van spoorwagen⟩ ❸ vol
glas II *bnw* zeer groot ★ *a ~ crop* een
recordoogst
bumper car *zn* USA botsautootje
bumph *zn →* bumf
bumpkin ['bʌmpkɪn] *zn* ★ *(country)* ~
boerenpummel / -kinkel
bumptious ['bʌmpʃəs] *bnw* verwaand
bumpy ['bʌmpɪ] *bnw* bultig, hobbelig ★ fig *give
sb a ~ ride* het iem. moeilijk maken
bun [bʌn] *zn* ❶ broodje ★ iron *have a bun in the
oven* in verwachting zijn ❷ haarwrong
❸ inform [mv] ★ buns billen
bunch [bʌntʃ] I *zn* ❶ bos ★ GB *in* ~es in twee
staartjes ⟨haardracht⟩ ❷ tros ❸ troep, stel ★ *the
best of a bad* ~ de minst kwade v.h. stel ★ iron
thanks a ~ nou, bedankt hoor II *ov ww*
❶ samenbinden ❷ verfrommelen III *onov ww*
❶ een bos / groep vormen ❷ ~ *together/up*
samenklitten ⟨v. mensen⟩
bundle ['bʌndl] I *zn* ❶ bundel, bos, pak ★ *a ~ of
fun / laughs* iem. die een hoop lol / plezier
heeft, lachebekje ★ *a ~ of joy* een baby, iron een
bron van vreugde ★ *a ~ of nerves* een
zenuwpees ★ GB inform *go a ~ on sth*
enthousiast worden over iets ❷ inform hoop
geld II *ov ww* ❶ bundelen, samenvoegen
❷ proppen, wegwerken ⟨persoon⟩ ❸ ~ *off*
wegsturen ❹ ~ *up* bundelen, warm aankleden
III *onov ww* ❶ zich haasten ⟨als groep⟩ ❷ ~ *up*
zich warm aankleden
bung [bʌŋ] I *zn* ❶ stop ❷ inform GB smeergeld
II *ov ww* ❶ verstoppen ★ *his nose is bunged up*
zijn neus is verstopt ❷ GB inform smijten,
dichtgooien ★ *just bung a pizza in the oven* gooi
maar een pizza in de oven ❸ ~ *up* dichtgooien
bungee jumping *zn* het bungeejumpen
bungle ['bʌŋgl] I *zn* prutswerk II *ov ww*
(ver)prutsen
bungler ['bʌŋglə] *zn* prutser
bunion ['bʌnjən] *zn* eeltknobbel ⟨op grote teen⟩
bunk [bʌŋk] I *zn* ❶ kooi, couchette ❷ (stapel)bed
▼ GB inform *do a bunk* er tussenuit knijpen

II *onov ww* ❶ naar bed gaan, slapen ❷ GB
inform ~ *off* er tussenuit knijpen, spijbelen
bunk bed *zn* stapelbed
bunker ['bʌŋkə] I *zn* ❶ kolenruim ❷ mil sport
bunker II *ov ww* ❶ van brandstof voorzien
❷ sport in een bunker slaan
bunny ['bʌnɪ] *zn* konijntje ★ GB *a happy ~* innig
tevreden mens
bunting ['bʌntɪŋ] *zn* ❶ gors ⟨vogel⟩ ❷ gekleurde
vlaggetjes / vaantjes
buoy [bɔɪ] I *zn* ton, boei II *ov ww* ❶ ⟨rugge⟩steun
geven ❷ ~ *up* drijvende houden, aanmoedigen
buoyancy ['bɔɪənsɪ] *zn* ❶ drijfvermogen
❷ opgewektheid, levendigheid ❸ veerkracht
buoyant ['bɔɪənt] *bnw* ❶ drijvend ❷ opgewekt,
vrolijk ★ *a ~ economy* een gezonde economie
burble ['bɜːbl] *onov ww* ❶ snateren, kwebbelen
❷ borrelen, kabbelen
burden ['bɜːdn] I *zn* ❶ last, taak, verplichting
★ jur ~ *of proof* bewijslast ❷ vracht ❸ tonnage
❹ refrein ❺ hoofdthema II *ov ww* ❶ belasten
❷ drukken
burdensome ['bɜːdnsəm] form *bnw* ❶ drukkend
❷ loodzwaar
burdock ['bɜːdɒk] *zn* plantk klis
bureau ['bjʊərəʊ] *zn* ❶ kantoor, dienst ❷ GB
schrijfbureau ❸ USA ladenkast
bureaucracy [bjʊə'rɒkrəsɪ] *zn* bureaucratie
bureaucrat ['bjʊərəkræt] *zn* bureaucraat
bureaucratic [bjʊərə'krætɪk] *bnw* bureaucratisch
burgeon ['bɜːdʒən] I *zn* knop II *onov ww* ❶ snel
groeien ❷ uitbotten
burger ['bɜːgə] *zn* (ham)burger
burgess ['bɜːdʒɪs] *zn* burger
burglar ['bɜːglə] *zn* inbreker
burglar alarm *zn* alarminstallatie, inbraakalarm
burglar-proof ['bɜːgləpruːf] *zn* inbraakvrij
burglary ['bɜːglərɪ] *zn* inbraak
burgle ['bɜːgl] *ov ww* GB inbreken bij / in
burial ['berɪəl] *zn* begrafenis
burial grounds *zn* begraafplaats
burial service *zn* uitvaartplechtigheid / -dienst
burlap ['bɜːlæp] *zn* jute
burlesque [bɜː'lesk] I *zn* ❶ parodie ❷ USA revue,
variété II *bnw* burlesk, boertig, plat III *ov ww*
parodiëren
burly ['bɜːlɪ] *bnw* zwaar, stevig
burn [bɜːn] [regelmatig + onregelmatig] I *ov ww*
❶ (ver)branden ★ *burnt offering* brandoffer, iron
aangebrand eten ❷ verstoken ❸ verteren
❹ ~ *away* wegbranden ❺ ~ *down* tot de
grond toe verbranden ❻ ~ *up* geheel
verbranden II *onov ww* ❶ (ver)branden ★ *you
are burning!* je bent warm! ⟨bij raad-/
zoekspelletje⟩ ★ *be burning to...* branden van
verlangen om te... ❷ aanbranden ❸ ~ *down*
tot de grond toe verbranden, doven ❹ ~ *out*
uitbranden, opbranden ❺ ~ *up* geheel
verbranden, opvlammen, hoge koorts hebben
III *zn* ❶ brandwond ❷ beekje ⟨Schots⟩
burned [bɜːnd] *ww* [verleden tijd + volt. deelw.] →
burn
burner ['bɜːnə] *zn* pit ⟨van fornuis⟩, brander ★ fig
on the back ~ op een laag pitje
burning ['bɜːnɪŋ] *bnw* gloeiend, vurig ★ ~ *hot*
gloeiend heet ★ *a ~ issue / problem* een urgent /

bu

cruciaal probleem

burnish ['bɜːnɪʃ] *ov ww* polijsten, doen glanzen ★ *~ed brass / copper* gepolijst / gepoetst koper ★ *~ your reputation* je reputatie versterken

burnout ['bɜːnaʊt] *zn* ❶ burn-out (inzinking) ❷ het uitgebrand / doorgebrand zijn

burnt [bɜːnt] *ww* [verl. tijd + volt. deelw.] → **burn**

burp [bɜːp] **I** *onov ww* boeren, een boer laten **II** *ov ww* een boertje laten doen ⟨baby⟩ **III** *zn* boer

burqa ['bɜːkə], **burka** *zn* boerka

burr [bɜː] *zn* ❶ **taalk** brouw-r, keel-r ❷ brom ❸ **plantk** ook **fig** klit ❹ braam ⟨in metaal⟩

burrow ['bʌrəʊ] **I** *zn* hol, tunnel **II** *onov ww* ❶ een hol maken ❷ wroeten, zoeken ❸ **fig** zich begraven **III** *ov ww* ❶ graven ❷ **fig** nestelen

bursar ['bɜːsə] *zn* ❶ thesaurier (v. universiteit) ❷ beursstudent

bursary ['bɜːsəri] *zn* ❶ thesaurie ❷ studiebeurs

burst [bɜːst] [onregelmatig] **I** *onov ww* ❶ (door- / open)breken ★ *the river ~ its banks* de rivier is buiten haar oevers getreden ★ *~ sb's bubble* iemands hoop de bodem in slaan ★ *~ing at the seams with...* barstensvol... ❷ *~ upon* doordringen tot ★ *the truth ~ upon us* plotseling drong de waarheid tot ons door **II** *ov ww* ❶ barsten, (door)breken, (open)springen ★ *be ~ing to do sth* popelen om iets te doen ★ *the door ~ open* de deur vloog open ❷ *~ in on/upon* (ruw) onderbreken ❸ *~ into* uitbarsten in, binnenvallen / -stormen ⟨een pand enz.⟩ ★ *~ into tears / laughter / song* uitbarsten in tranen / gelach / gezang ★ *~ into blossom* in bloei schieten ★ *~ into flames* in brand vliegen ★ *~ into sight / view* opduiken, tevoorschijn komen ❹ *~ out* uitbarsten, uitbreken, naar buiten dringen ❺ *~ with* barsten van ★ *~ with health* blaken van gezondheid ★ *~ with joy* dolgelukkig zijn ★ *~ with pride* apetrots zijn **III** *zn* ❶ barst, scheur ❷ vlaag ❸ opwelling ▼ *~ of fire* salvo

bury ['beri] *ov ww* ❶ begraven ❷ verbergen ★ *bury your differences* je geschillen bijleggen

bus [bʌs] **I** *zn* [mv: **buses**, USA **busses**] ❶ bus ★ *take / catch the bus* de bus nemen ❷ **inform** kist ⟨vliegtuig⟩ ❸ **inform** wagen (auto) **II** *onov ww* met de bus gaan **III** *ov ww* per bus vervoeren

busboy ['bʌsbɔɪ] *zn* USA hulpkelner

busby ['bʌzbɪ] *zn* berenmuts

bush [bʊʃ] *zn* ❶ struik ★ *beat about the bush* om de hete brei heen draaien ❷ haarbos ❸ oerwoud, rimboe

bushed [bʊʃt] *bnw* **inform** bekaf

bushel ['bʊʃəl] *zn* schepel ★ **inform** USA *~s* [mv] massa's, stapels

Bushman ['bʊʃmən] *zn* Bosjesman

bush-ranger *zn* AUS struikrover

bushy ['bʊʃɪ] *bnw* ❶ ruig ★ *a ~ tail* een volle staart ★ *~ eyebrows* borstelige wenkbrauwen ❷ met struikgewas begroeid

business ['bɪznəs] *zn* ❶ handel, zaken ★ *~ is ~* zaken zijn zaken ★ *on ~* voor zaken ★ *get down to ~* ter zake komen ★ **inform** *be in ~* startklaar zijn, aan de slag zijn ★ *I mean ~* het is mij ernst ★ **inform** *big ~* (grote) zaken, flinke handel ★ *out*

of ~ zonder werk, buiten bedrijf ⟨wegens faillissement⟩ ★ **inform** *take care of ~* zijn zaakjes goed regelen ★ *~ as usual* de gewone gang van zaken ❷ bedrijf, zaak ❸ klandizie, omzet ❹ beroep ❺ taak ★ *that's none of your ~* dat gaat je niet aan ★ *go about one's ~* met de dagelijkse dingen bezig zijn ★ *send sb about his ~* iem. de laan uitsturen ★ *have no ~ to...* niet het recht hebben om... ★ *I am not in the ~ of doing sth* ik ben niet van plan om iets te doen ❻ kwestie ★ *any other ~* wat verder ter tafel komt ⟨agendapunt⟩ ★ *unfinished ~* nog niet afgehandelde kwesties ▼ **inform** *like nobody's ~* als geen ander ⟨heel snel of goed⟩

business card *zn* visitekaartje, adreskaartje

business end *zn* deel dat het werk uitvoert, uiteinde, **fig** essentie ★ *the business of a gun* de loop van het geweer

business hours *zn mv* kantooruren ★ *during ~* tijdens kantooruren

businesslike ['bɪznəslaɪk] *bnw* zakelijk

businessman ['bɪznəsmæn] *zn* zakenman

business park *zn* bedrijvenpark

business studies *zn mv* commerciële economie, bedrijfskunde

businesswoman ['bɪznəswʊmən] *zn* zakenvrouw

busk [bʌsk] *onov ww* GB optreden als straatmuzikant

busker ['bʌskə] *zn* GB straatmuzikant

buslane ['bʌsleɪn] *zn* busbaan

busman ['bʌsmən] *zn* buschauffeur

busman's holiday *zn* vakantie waarin men zijn beroep toch weer uitoefent

bus shelter *zn* bushokje, abri

bus stop *zn* bushalte

bust [bʌst] **I** *zn* ❶ buste, boezem, borstbeeld ❷ **inform** inval ⟨door de politie⟩ ❸ USA flop **II** **inform** ❶ **inform** failliet ★ *go bust* failliet gaan ★ *iron Hollywood or bust!* ≈ alles of niets! ❷ GB kapot **III** *ov ww* ❶ kapotmaken ❷ arresteren ❸ een inval doen in ❹ **inform** *~ up* tegenhouden, verknallen ▼ *be busted* er gloeiend bij zijn **IV** *onov ww* ❶ kapotgaan ❷ **inform** *~ up* met geweld ontsnappen ❸ *~ up* trammelant hebben, uit elkaar gaan

buster ['bʌstə] *zn* ❶ USA **inform** kerel ❷ [als tweede lid] bestrijder

bustle ['bʌsl] **I** *zn* ❶ drukte ★ *the hustle and ~ of city life* de drukte van het stadsleven ❷ queue ⟨aan taille⟩ **II** *ov ww* opjagen **III** *onov ww* *~ about* druk in de weer zijn

bustling ['bʌstlɪŋ] *bnw* bedrijvig

bust-up GB **inform** *zn* ❶ bonje ❷ einde

busty ['bʌstɪ] *bnw* rondborstig, met zware borsten

busy ['bɪzɪ] **I** *bnw* ❶ druk, (druk) bezig ★ *be busy doing sth* druk bezig zijn met iets ★ *get busy* aan de slag gaan ★ *keep sb busy* iem. bezighouden ★ *busy design* druk ontwerp ★ *as busy as a bee* zo bezig als een bij ★ **plantk** *busy Lizzie* vlijtig Liesje ❷ bemoeiziek ❸ bezet, in gesprek ⟨telefoonlijn⟩ **II** *ov ww* ★ *busy o.s.* zich bezighouden, zich bemoeien **III** *zn*, GB **inform** detective

busybody ['bɪzɪbɒdɪ] *zn* bemoeial

busywork ['bɪzɪwɜːk] *zn* <u>USA</u> tijdverdrijf
but [bʌt] **I** *vw* ❶ maar ★ *strong, but not invincible* sterk, maar niet onoverwinnelijk ★ *but then (again)* echter, daarentegen, maar ja ❷ behalve ★ *no choice but to leave* geen andere keuze dan weg te gaan ❸ slechts ★ *we cannot but try* wij kunnen het slechts proberen ★ *you cannot but like him* je moet hem wel aardig vinden ★ *not but that...* ondanks (het feit) dat... **II** *vz* behalve, zonder ★ *but for you we would have lost* zonder jou hadden we verloren ★ *but for this* als dit niet gebeurd was ★ *the last but one* op één na de laatste ★ *who but you?* wie anders dan jij? ★ *anyone but me* iedereen behalve ik ★ *anything but this* alles behalve dit ★ *nothing but this* uitsluitend dit ★ *all but dead* bijna dood **III** *bijw* slechts ★ *I'm but 16 years old* ik ben nog maar 16 jaar **IV** *zn* ★ *no buts!* geen gemaar!
butane ['bjuːteɪn] *zn* butaan(gas)
butch [bʊtʃ] *zn* ❶ macho ⟨man⟩ ❷ <u>min</u> manwijf ⟨lesbische⟩
butcher ['bʊtʃə] **I** *zn* slager ★ *~'s* slagerij **II** *ov ww* ❶ slachten ❷ <u>USA</u> verknallen
butchery ['bʊtʃərɪ] *zn* slachting
butt [bʌt] **I** *zn* ❶ doelwit, fig mikpunt ⟨v. grap, kritiek enz.⟩ ❷ peuk ❸ (dik) achtereinde, geweerkolf ❹ <u>vulg</u> achterste, reet ★ *get off your lazy butt!* kom van je luie reet! ★ <u>USA</u> *kick some butt* er flink tegenaan gaan ❺ stoot ❻ <u>GB</u> ton **II** *ov ww* stoten ⟨met hoofd of hoorns⟩ **III** *onov ww* ❶ ~ **in** interrumperen in, zich indringen in ★ *butt in on my affairs* je bemoeien met mijn zaken ❷ <u>USA</u> ~ **out** ophoepelen
butter ['bʌtə] **I** *zn* ❶ boter ★ fig ~ *wouldn't melt in her mouth* ze ziet er uit als de geboren onschuld ❷ vleierij **II** *ov ww* ❶ beboteren ❷ <u>inform</u> ~ **up** slijmen
buttercup ['bʌtəkʌp] *zn* boterbloem
butterfingers ['bʌtəfɪŋɡəz] *zn mv* <u>inform</u> brokkenmaker
butterfly ['bʌtəflaɪ] *zn* ❶ vlinder ★ <u>inform</u> *butterflies in your stomach* vlinders in je buik ❷ sport vlinderslag
buttermilk ['bʌtəmɪlk] *zn* karnemelk
butterscotch ['bʌtəskɒtʃ] *zn* ❶ boterbabbelaar ❷ <u>USA</u> butterscotchsaus
buttery ['bʌtərɪ] **I** *zn* provisiekamer **II** *bnw* ❶ als boter, met boter (besmeerd) ❷ fig slijmerig, kruiperig
buttock ['bʌtək] *zn* bil, bilspier
button ['bʌtn] **I** *zn* ❶ knoop ❷ knop ★ <u>USA</u> *on the ~* spijker op de kop, precies op tijd ★ *at the touch of a ~* moeiteloos ★ *he knows how to push my ~s* hij weet hoe hij me kwaad kan maken ★ *push the right ~s* zeggen wat men graag wil horen ❸ button **II** *ov ww* ❶ (dicht)knopen ★ <u>inform</u> ~ *it!* kop dicht! ❷ ~ **up** dichtknopen, afronden **III** *onov ww* ❶ dichtgeknoopt worden, sluiten ★ *the blouse ~s down the back* de bloes heeft knopen aan de achterkant ❷ ~ **up** dichtgeknoopt worden
buttonhole ['bʌtnhəʊl] **I** *zn* ❶ knoopsgat ❷ <u>GB</u> corsage **II** *ov ww* aanklampen
buttress ['bʌtrɪs] **I** *zn* ❶ steunbeer, stut ❷ fig steun **II** *ov ww* form ondersteunen, onderbouwen ⟨een bewering enz.⟩

butty ['bʌtɪ] *zn*, <u>GB</u> <u>inform</u> boterham
buxom ['bʌksəm] *bnw* weelderig, mollig
buy [baɪ] **I** *ov ww* [onregelmatig] ❶ kopen, inkopen, verkrijgen ★ *buy time* tijd winnen ❷ omkopen ❸ fig slikken, geloven, pikken ❹ <u>GB</u> ~ **in** inkopen ⟨in grote hoeveelheden⟩ ❺ ~ **off** kopen van, omkopen, afkopen, uitkopen ❻ ~ **out** uitkopen ❼ ~ **up** opkopen ▼ <u>inform</u> *(have) bought it* om het leven komen **II** *onov ww* ❶ ~ **into** *a company* je inkopen in een bedrijf ★ <u>inform</u> *don't buy into that story* dat verhaal moet je niet geloven **III** *zn* (aan)koop
buyer ['baɪə] *zn* ❶ koper, klant ❷ inkoper
buyer's market ['baɪəs 'maːkɪt] *zn* <u>econ</u> kopersmarkt
buyout *zn* opkoop, bedrijfsovername
buzz [bʌz] **I** *zn* ❶ gezoem ❷ geroezemoes ❸ <u>inform</u> gerucht ❹ <u>inform</u> belletje, telefoontje ★ *give sb a buzz* iem. bellen ❺ positief gevoel, kick ★ *a buzz of excitement* een opgewonden sfeer **II** *ov ww* ❶ oproepen ⟨met een 'buzzer'⟩ ❷ <u>inform</u> laag scheren over ⟨v. vliegtuig⟩ ❸ ~ **about/around** rondfluisteren **III** *onov ww* ❶ zoemen, gonzen ❷ op de zoemer drukken ❸ ~ **about/around** druk in de weer zijn ❹ <u>inform</u> ~ **off** opdonderen ❺ ~ **with** gonzen van, duizelen van, trillen van ★ *his head is buzzing with ideas* in zijn hoofd gonst het van de ideeën
buzzard ['bʌzəd] *zn* ❶ <u>GB</u> buizerd ❷ <u>USA</u> gier
buzzer ['bʌzə] *zn* zoemer
buzz word *zn* modewoord
by [baɪ] **I** *vz* ❶ door ★ *a play by Shakespeare* een toneelstuk van Shakespeare ★ *by o.s.* geheel op eigen krachten, alleen ★ *know sb by...* iem. herkennen aan... ★ *ten divided by two equals five* tien gedeeld door twee is vijf ❷ bij, aan ★ *by the river* aan de rivier ★ *north-east by east* noordoost ten oosten ❸ met, per ★ *travel by car* met de auto reizen ❹ tegen ⟨een bep. tijd⟩ ★ *by 10 o'clock* tegen tienen ❺ van ★ *a child by his second wife* een kind van zijn tweede vrouw ★ *Dutch by birth* Nederlander van geboorte ❻ volgens ★ *by my watch* volgens mijn horloge ▼ *by the hour* uren achtereen, per uur ▼ *by day / night* overdag / 's nachts **II** *bijw* langs, nabij ★ *drive by* langsrijden ★ *put by* opzijetten, sparen ★ <u>inform</u> *by and large* over het algemeen ★ *form by and by* straks, weldra
bye [baɪ] **I** *tw* tot ziens ★ *bye for now* tot kijk **II** *zn* sport ★ *have a bye through to* automatisch doorgaan naar
bye-bye [baɪ'baɪ] *tw* tot ziens ★ <u>inform</u> <u>GB</u> *go (to) ~s* naar bed(je) gaan
by-election ['baɪɪlekʃən] *zn* tussentijdse verkiezing
bygone ['baɪɡɒn] **I** *bnw* vroeger **II** *zn* ★ *let ~s be ~s* geen oude koeien uit de sloot halen
by-law, bye-law ['baɪlɔː] *zn* ❶ (plaatselijke) verordening ❷ regel ⟨club / bedrijf⟩
byline ['baɪlaɪn] *zn* naamregel
BYO *afk, Bring Your Own* omschr neem je (eigen) drank mee ⟨naar restaurant⟩
bypass ['baɪpɑːs] **I** *zn* ❶ rondweg ❷ omleiding ❸ med bypass **II** *ov ww* ❶ leiden om, gaan langs ❷ mijden, omzeilen ❸ med een bypass

by

aanbrengen om
by-product ['baɪprɒdʌkt] *zn* ❶ bijproduct
❷ neveneffect
bystander ['baɪstændə] *zn* omstander
byway ['baɪweɪ] *zn* binnenweg, zijweg ★ fig ~*s*
[mv] minder bekende gebieden
byword ['baɪwɜːd] *zn* spreekwoord, zegswijze
★ *his name is a ~ for laziness* zijn luiheid is
spreekwoordelijk

C

c [siː] **I** *zn*, letter c ★ *C as in Charley* de c van
Cornelis **II** *afk* ❶ *century* eeuw ❷ *circa* ca., circa
C I *zn* ❶ muz c, do ❷ onderw ≈ 7 à 8 (schoolcijfer)
II *afk*, *circa* ca., circa
ca *afk*, *circa* ca., circa
CA *afk* USA California ⟨staat⟩
cab [kæb] *zn* ❶ taxi ❷ plaats van bestuurder ⟨in
bus, trein, vrachtauto⟩
cabaret ['kæbəreɪ] *zn* ❶ variété, show
❷ restaurant met theatervoorstelling
cabbage ['kæbɪdʒ] *zn* ❶ kool ❷ GB inform
kasplantje, vegeterend iemand
cabby, cabbie ['kæbi] *zn* inform taxichauffeur
cabin ['kæbɪn] *zn* ❶ hut, houten huisje ❷ scheepv
hut ❸ cabine ⟨in vliegtuig⟩
cabin crew *zn* cabinepersoneel ⟨in vliegtuig⟩
cabin cruiser *zn* motorjacht
cabinet ['kæbɪnət] *zn* ❶ kabinet, ministerraad
❷ kast ★ *filing ~* archiefkast
cabinetmaker ['kæbɪnətmeɪkə] *zn* meubelmaker
cable ['keɪbl] **I** *zn* ❶ kabel ★ *fibre-optic ~*
glasvezelkabel ❷ kabeltelevisie ❸ oud telegram
II *ov ww* ❶ bekabelen ❷ oud telegraferen
cable car *zn* gondel ⟨van kabelbaan⟩
cable railway *zn* kabelspoor(weg), kabelbaan
cable television *zn* kabeltelevisie
caboodle [kə'buːdl] *zn* inform ★ *the whole (kit
and) ~* het hele zootje, de hele handel
caboose [kə'buːs] *zn* USA personeelswagen
⟨laatste wagon v. goederentrein⟩
cache [kæʃ] *zn* ❶ geheime voorraad, geheime
bergplaats ⟨van wapens, explosieven⟩ ❷ comp
cachegeheugen
cachet ['kæʃeɪ] *zn* cachet, stijl, allure
cack-handed [kæk-'hændɪd] GB inform *bnw*
onhandig, met twee linkerhanden
cackle ['kækl] **I** *onov ww* ❶ kakelen ⟨van kip⟩
❷ het uitkraaien ⟨v.h. lachen⟩, hoog kakelend
lachen **II** *zn* ❶ gekakel ⟨van kip⟩ ❷ schelle lach,
gekraai
cacophony [kə'kɒfənɪ] *zn* kakofonie
cacti ['kæktaɪ] *zn mv* → **cactus**
cactus ['kæktəs] *zn* [mv: **cacti**] cactus
CAD *afk*, *computer-aided design* ontwerp m.b.v.
computer
cadaver [kə'deɪvə] med *zn* (menselijk) lijk
cadaverous [kə'dævərəs] *bnw* dicht lijkbleek, als
een levend lijk
caddie, caddy ['kædɪ] **I** *zn* sport caddie **II** *onov
ww* als caddie optreden
caddy ['kædɪ] *zn* ❶ GB theebusje ❷ USA tasje
⟨voor make-upspullen enz.⟩ ❸ → **caddie**
cadence ['keɪdns] *zn* ❶ stembuiging, intonatie
❷ muz cadens ❸ ritme
cadenza [kə'denzə] muz *zn* cadens
cadet [kə'det] mil *zn* cadet ★ *naval ~* adelborst
cadge [kædʒ] GB inform **I** *ov ww* bietsen,
aftroggelen ★ *he ~d a lift with his sister* hij wist
een lift te versieren van / met zijn zus **II** *onov
ww* klaplopen
cadger ['kædʒə] GB inform *zn* bietser, klaploper
cadre ['kɑːdə] *zn* kader(lid)

caesarean, caesarean section <u>med</u> zn
keizersnede
cafe, café [ˈkæfeɪ] zn ❶ eethuisje, eetcafé ❷ <u>USA</u>
café, bar
cafeteria [kæfɪˈtɪərɪə] zn
zelfbedieningsrestaurant, kantine
cage [keɪdʒ] **I** zn kooi **II** ov ww opsluiten ⟨in kooi⟩
cagey [ˈkeɪdʒɪ] bnw terughoudend, gesloten,
ontwijkend
cahoots [kəˈhuːts] zn mv ▼ <u>inform</u> be in ~ with
onder een hoedje spelen met
caiman [ˈkeɪmən] zn kaaiman ⟨krokodil⟩
cairn [keən] zn steenhoop ⟨als grens- of grafteken⟩
cajole [kəˈdʒəʊl] ov ww door vleierij gedaan
krijgen ★ ~ sb into giving you money van iem.
geld aftroggelen
cake [keɪk] **I** zn ❶ cake, taart, gebak(je) ★ you
can't have your cake and eat it je kunt niet alles
tegelijk hebben ★ sell like hot cakes als zoete
broodjes over de toonbank gaan ❷ blok ★ a
cake of soap een stuk zeep ▼ <u>USA</u> <u>inform</u> that
takes the cake dat slaat alles **II** ov ww doen
aankoeken ★ her boots were caked with mud
haar laarzen zaten onder de modder **III** onov
ww aankoeken
CAL afk, computer-assisted learning
computerondersteund onderwijs
calabash [ˈkæləbæʃ] zn ❶ <u>plantk</u> kalebasboom
❷ kalebas, pompoen
calamitous [kəˈlæmɪtəs] bnw rampzalig
calamity [kəˈlæmətɪ] zn ramp(spoed), ellende
calciferous [kælˈsɪfərəs] bnw kalkhoudend
calcify [ˈkælsɪfaɪ] ov+onov ww verkalken,
verstenen
calculable [ˈkælkjʊləbl] bnw ❶ berekenbaar
❷ betrouwbaar
calculate [ˈkælkjʊleɪt] ov ww ❶ berekenen,
uitrekenen ❷ (in)schatten
calculated [ˈkælkjʊleɪtɪd] bnw bewust, opzettelijk
★ ~ risk ingecalculeerd risico ▼ be ~ to do sth
bedoeld zijn om iets te doen
calculating [ˈkælkjʊleɪtɪŋ] bnw min berekenend
calculation [kælkjʊˈleɪʃən] zn <u>ook</u> fig berekening
★ <u>min</u> an act of cold ~ een daad uit koele
berekening
calculative [ˈkælkjʊlætɪv] bnw berekenend,
bedachtzaam
calculator [ˈkælkjʊleɪtə] zn (elektronische)
rekenmachine
calculi [ˈkælkjʊlaɪ] zn mv → **calculus²**
calculus¹ [ˈkælkjʊləs] zn [mv: **calculuses**]
berekening ★ ~ of probabilities kansberekening
★ differential ~ differentiaalrekening
calculus² zn [mv: **calculi**] med steentje ⟨in nier
enz.⟩
caldron [ˈkɔːldrən] zn <u>USA</u> → **cauldron**
calendar [ˈkæləndə] **I** zn ❶ kalender ❷ geplande
evenementen, lijst ❸ <u>USA</u> agenda ❹ <u>jur</u> rol **II** ov
ww inplannen
calf [kɑːf] zn [mv: **calves**] ❶ kalf, jong ⟨v. olifant
bv.⟩ ★ in / with calf drachtig ⟨v. koe⟩ ★ kill the
fatted calf for sb iem. feestelijk onthalen
❷ kalfsleer ❸ kuit ⟨v. been⟩
calf love zn kalverliefde
calfskin [ˈkɑːfskɪn] zn kalfsleer
calibrate [ˈkælɪbreɪt] ov ww kalibreren

calibration [kæləˈbreɪʃən] zn schaalverdeling
calibre, USA caliber [ˈkælɪbə] zn ook fig kaliber
calico [ˈkælɪkəʊ] zn ❶ katoen ❷ <u>USA</u> bedrukte
katoen
calico cat zn lapjeskat
caliph, calif [ˈkeɪlɪf] zn kalief
caliphate [ˈkælɪfeɪt] zn kalifaat
call [kɔːl] **I** ov ww ❶ noemen ❷ roepen, oproepen
(tot) ★ call an election een verkiezing
afkondigen ★ call a meeting een vergadering
bijeenroepen ★ call a strike oproepen tot staking
❸ opbellen ❹ kort bezoeken, langsgaan
❺ inviteren ⟨kaartspel⟩, bieden ⟨kaartspel⟩
❻ ~ after noemen naar ❼ ~ back terugbellen,
terugroepen ❽ form ~ forth oproepen,
uitlokken ❾ ~ in laten komen, uit de circulatie
halen ★ call in the doctor de dokter laten komen
❿ ~ off afgelasten, uitmaken ⟨verloving⟩, tot
de orde roepen ⟨hond bv.⟩ ⓫ ~ out de hulp
inroepen van, tot staking oproepen ⓬ ~ up
opbellen, oproepen ⟨tot militaire dienst, geest⟩,
sport opstellen ⟨in nationaal team⟩, doen
denken aan, in (zijn) herinnering roepen
II onov ww ❶ (uit)roepen ❷ ~ at stoppen ⟨v.
trein⟩ ❸ ~ back terugbellen / -komen ❹ ~ for
ophalen, roepen / vragen om, vereisen ★ that
gesture wasn't called for dat gebaar was niet op
zijn plaats ❺ ~ in opbellen, langs komen ★ call
in sick zich ziek melden ❻ ~ on/upon kort
bezoeken, een beroep doen op ❼ ~ out
uitroepen **III** zn ❶ telefoongesprek ★ call
waiting wisselgesprek ★ long-distance call
interregionaal telefoongesprek ★ roaming call
internationaal mobiel telefoongesprek ★ collect
call <u>omschr</u> telefoongesprek betaald door de
gebelde ★ take the call de telefoon
beantwoorden ❷ (uit)roep, oproep, roeping,
dicht aantrekkingskracht, signaal ★ within call
binnen gehoorsafstand ★ on call direct
opvorderbaar ⟨v. geld⟩, oproepbaar ⟨v. dokter
bv.⟩ ★ be on call dienst hebben ★ vote by call
hoofdelijk stemmen ★ wind a call een
(fluit)signaal geven ★ <u>humor</u> the call of nature
de drang om naar de wc te gaan ★ go beyond
the call of duty meer dan je plicht doen ❸ visite,
kort bezoek ★ pay a call een bezoek brengen
❹ aanleiding, noodzaak ★ there's no call for
alarm er is geen reden voor paniek ★ have no
call to worry je geen zorgen hoeven maken
❺ beroep, aanspraak ★ there's not much call for
road salt now er is nu niet veel vraag naar
strooizout ★ have first call op de eerste plaats
komen ❻ beslissing ⟨ook bij sport⟩ ★ make the
call beslissen ★ it's your call ≈ jij mag het
zeggen / beslissen, ≈ je moet het zélf maar
weten ❼ bod ⟨kaartspel⟩ ▼ <u>fig</u> that was a close call
dat was op het nippertje
callable [ˈkɔːləbl] bnw opvorderbaar
call box zn ❶ <u>GB</u> telefooncel ❷ <u>USA</u> praatpaal
call centre, USA call center zn callcenter,
telefonisch informatiecentrum
caller [ˈkɔːlə] zn ❶ bezoeker ❷ beller
call girl zn callgirl, prostituee ⟨via telefoon⟩
calligrapher [kəˈlɪɡrəfə] zn kalligraaf
calligraphy [kəˈlɪɡrəfɪ] zn kalligrafie,
schoonschrift

ca

ca

calling ['kɔ:lɪŋ] *zn* ❶ roeping ❷ beroep
calling credit *zn* beltegoed
callisthenics [kælɪs'θenɪks] *zn mv* ❶ ritmische gymnastiek ❷ heilgymnastiek
callosity [kə'lɒsətɪ] *zn* ❶ eelt(knobbel) ❷ ongevoeligheid
callous ['kæləs] *bnw* ongevoelig
calloused, USA **callused** ['kæləst] *bnw* ❶ ruw en hard ⟨v. hand⟩ ❷ met eelt bedekt
callow ['kæləʊ] *bnw* min groen, onervaren
call sign *zn* roepletters, zendercode
call-up *zn* ❶ mil GB oproep ❷ sport uitnodiging voor nationale ploeg
callus ['kæləs] *zn* eelt(plek)
calm [kɑ:m] **I** *bnw* kalm, windstil **II** *ov ww* ❶ kalmeren ❷ ~ **down** tot bedaren brengen **III** *onov ww* ❶ bedaren, kalmeren ❷ ~ **down** tot bedaren komen, gaan liggen ⟨v. storm bv.⟩ **IV** *zn* windstilte, kalmte ★ fig *the calm before the storm* de stilte voor de storm
calorie ['kælərɪ] *zn* calorie
calumniate [kə'lʌmnɪeɪt] *ov ww* belasteren
calumny ['kæləmnɪ] *zn* laster
calve [kɑ:v] *ov+onov ww* (af)kalven
calves [kɑ:vz] *zn mv* → **calf**
calyx ['keɪlɪks] *zn* [mv: **calyces**] bloemkelk
cam [kæm] *zn* ❶ nok, kam ❷ tand ⟨v. wiel⟩
CAM *afk, computer aided manufacturing* productie m.b.v. computers
camber ['kæmbə] **I** *zn* ❶ welving ⟨v. weg, scheepsdek, enz.⟩ ❷ wielvlucht ⟨v. e. motorvoertuig⟩ **II** *ov+onov ww* schuin oplopen ⟨v. weg in bocht⟩
cambric ['kæmbrɪk] **I** *zn* batist **II** *bnw* batisten
came [keɪm] *ww* [verleden tijd] → **come**
camel ['kæml] *zn* ❶ kameel ❷ kameelhaar
cameo ['kæmɪəʊ] *zn* ❶ letterk karakterschets ❷ camee ❸ ★ ~ *(appearance)* gastrol ⟨in film, enz.⟩
camera ['kæmrə] *zn* camera ★ *candid* ~ verborgen camera ★ jur *in* ~ met gesloten deuren
camomile ['kæməmaɪl] *zn* kamille
camouflage ['kæməflɑ:ʒ] **I** *zn* camouflage **II** *ov ww* camoufleren
camp [kæmp] *zn* ❶ kamp(ement) ★ *break / strike camp* (tenten) opbreken ★ *pitch camp* zijn tenten opslaan ❷ inform nichterig gedrag **II** *onov ww* ❶ kamperen ❷ (zich) legeren ❸ ~ **out** ook fig kamperen **III** *bnw* ❶ inform verwijfd, nichterig ❷ inform bizar, overdreven, opzettelijk kitscherig
campaign [kæm'peɪn] **I** *zn* ❶ mil veldtocht ❷ campagne **II** *onov ww* een campagne voeren, op campagne zijn
campaigner [kæm'peɪnə] *zn* campagnevoerder, activist ★ *an old* ~ een oudgediende
campanile [kæmpə'ni:lɪ] *zn* klokkentoren
camp bed *zn* veldbed
camper ['kæmpə] *zn* ❶ kampeerder ❷ kampeerauto
campfire ['kæmpfaɪə] *zn* kampvuur
camp follower *zn* ❶ aanhanger ❷ marketent(st)er
campground ['kæmpɡraʊnd] *zn* USA kampeerterrein, camping
camphor ['kæmfə] *zn* kamfer

campsite ['kæmpsaɪt] *zn* kampeerterrein, camping
camp stool *zn* vouwstoeltje
campus ['kæmpəs] *zn* campus, universiteitsterrein
camshaft ['kæmʃɑ:ft] *zn* nokkenas
can [kæn] **I** *hww* [onregelmatig] ❶ kunnen ❷ mogen ★ *can't be doing with sb / sth* niets moeten hebben v. iemand / iets **II** *ov ww* ❶ inblikken ❷ USA inform afdanken ❸ USA inform in de gevangenis zetten ❹ USA inform ophouden **III** *zn* ❶ USA kan, blikje, bus ❷ inmaakblik ❸ USA inform bajes ❹ USA inform plee ▼ inform *a can of worms* een beerput ▼ media inform *in the can* klaar (voor vertoning) ⟨v. film⟩ ▼ *carry the can* de schuld op je nemen
Canadian [kə'neɪdɪən] **I** *zn* Canadees **II** *bnw* Canadees
canal [kə'næl] *zn* ❶ kanaal ❷ vaart, gracht **II** *ov ww* kanaliseren
canalize, canalise ['kænəlaɪz] *ov ww* ook fig kanaliseren
canard [kæ'nɑ:d] *zn* loos bericht
Canaries [kə'neərɪz] *zn mv*, *Canary Islands* Canarische Eilanden
canary [kə'neərɪ] **I** *zn* kanarie **II** *bnw* kanariegeel
cancel ['kænsəl] **I** *ov ww* ❶ annuleren, intrekken, afgelasten, afbestellen ★ GB ~ *a cheque* een cheque blokkeren ❷ schrappen, doorhalen ❸ opheffen, ongedaan maken ❹ afstempelen ❺ ~ **out** neutraliseren, compenseren **II** *onov ww* wisk ~ **out** tegen elkaar wegvallen
cancellation, USA **cancelation** [kænsə'leɪʃən] *zn* ❶ annulering ❷ afzegging ❸ ontbinding ⟨v. contract⟩
cancer ['kænsə] *zn* kanker ★ *Cancer* Kreeft ⟨sterrenbeeld⟩
cancerous ['kænsərəs] *bnw* kankerachtig
candelabra [kændɪ'lɑ:brə], **candelabrum** [kændɪ'lɑ:brəm] *zn* [mv: **candelabra**, **candelabras**] kroonkandelaar
candid ['kændɪd] *bnw* ❶ oprecht ❷ onpartijdig ★ ~ *photo* ongedwongen foto
candidacy ['kændɪdəsɪ], **candidature** ['kændɪdətʃə] *zn* kandidatuur
candidate ['kændɪdeɪt] *zn* kandidaat
candied ['kændɪd] *bnw* ❶ geglaceerd ❷ gekonfijt
candle ['kændl] *zn* kaars ▼ *cannot hold a* ~ *to sb / sth* het niet halen bij iemand / iets ▼ *not worth the* ~ de moeite niet waard ▼ *burn the* ~ *at both ends* jezelf overbelasten
candlelight ['kændllaɪt] *zn* kaarslicht
Candlemas ['kændlməs] *zn* Maria-Lichtmis
candlestick ['kændlstɪk] *zn* kandelaar
candlewick ['kændlwɪk] *zn* kaarsenpit
candour, USA **candor** ['kændə] *zn* oprechtheid, openheid
candy ['kændɪ] **I** *zn* USA snoepgoed ★ *cotton* ~ suikerspin **II** *ov ww* ❶ konfijten, glaceren ❷ tot suiker uitkristalliseren
candy-ass *zn* USA schijterd
candyfloss ['kændɪflɒs] *zn* suikerspin
candyman ['kændɪmæn] *zn*, USA inform drugsdealer
cane [keɪn] **I** *zn* ❶ riet, rotan ❷ wandelstok

❸ gesch Spaans rietje ⟨voor lijfstraf⟩ ★ *get the cane* met een rietje afgeranseld worden ❹ plantk stam, scheut ⟨v. druif, framboos, enz.⟩ **II** *ov ww* met het rietje geven, afranselen

cane sugar *zn* rietsuiker

canine ['keɪnaɪn] **I** *bnw* ❶ honden-, honds **II** *zn* form hond

canine tooth *zn* hoektand

canister ['kænɪstə] **I** *zn* ❶ trommel, bus, blik ❷ mil (granaat)kartets **II** *ov ww* in een trommel of blik doen

canker ['kæŋkə] **I** *zn* ❶ plantk kanker ❷ fig slechte invloed, kanker **II** *ov ww* aantasten met kanker

cankered ['kæŋkəd], **cankerous** ['kæŋkərəs] *bnw* ❶ aangetast ❷ kwaadaardig ❸ kankerachtig

canker rose *zn* hondsroos

canker sore *zn* mondzeer

cannabis ['kænəbɪs] *zn* cannabis, marihuana, hasj

canned [kænd] *bnw* ❶ ingeblikt ❷ USA dronken

cannery ['kænərɪ] *zn* conservenfabriek

cannibal ['kænɪbl] *zn* kannibaal

cannibalism ['kænɪbəlɪzəm] *zn* kannibalisme

cannibalistic [kænɪbə'lɪstɪk] *bnw* kannibaals

cannibalize, cannibalise ['kænɪbəlaɪz] *ov ww* kannibaliseren, alleen de onderdelen hergebruiken ⟨v. machines, voertuigen⟩

canning ['kænɪŋ] *zn* inmaak, het inblikken

cannon ['kænən] **I** *zn* ❶ kanon(nen) ★ fig *loose ~* ongeleid projectiel ⟨persoon⟩ ❷ boordwapen ❸ carambole ⟨bij biljart⟩ **II** *onov ww* ❶ vuren (met kanon) ❷ ~ **into** opbotsen tegen

cannonade [kænə'neɪd] **I** *zn* kannonnade **II** *ov ww* kanonneren

cannon ball *zn* kanonskogel

cannoneer [kænə'nɪə] *zn* kanonnier

cannon fodder *zn* kanonnenvlees

cannot ['kænɒt] *samentr, can not* → **can**

cannulate ['kænjuleɪt] *ov ww* med voorzien v. buisje

canny ['kænɪ] *bnw* slim, handig, verstandig ⟨vooral in zaken, politiek⟩

canoe [kə'nu:] GB **I** *zn* kano **II** *onov ww* kanoën

canon ['kænən] *zn* ❶ kanunnik ❷ canon

canonic [kə'nɒnɪk] *bnw* ❶ muz als v.e. canon ❷ → canonical

canonical [kə'nɒnɪkl] *bnw* canoniek

canonization, canonisation [kænənar'zeɪʃən] *zn* heiligverklaring

canonize, canonise ['kænənaɪz] *ov ww* heilig verklaren

canon law *zn* kerkelijk recht

canoodle [kə'nu:dl] *ov+onov ww* inform knuffelen

can opener *zn* blikopener

canopy ['kænəpɪ] **I** *zn* ❶ baldakijn, hemel, luifel, overkapping ❷ bladerdak ❸ scherm ⟨v. parachute⟩ **II** *ov ww* overkappen

cant [kænt] *zn* ❶ vroom of huichelachtig gepraat ❷ min jargon, groepstaal ★ *thieves' cant* dieventaal

can't [kɑ:nt] *samentr, can not* → **can**

cantankerous [kæn'tæŋkərəs] *bnw* ruziezoekend, knorrig

cantata [kæn'tɑ:tə] *zn* cantate

canteen [kæn'ti:n] *zn* ❶ kantine ❷ veldfles ❸ GB ★ *~ of cutlery* cassette ⟨v. bestek⟩

canter ['kæntə] **I** *onov ww* in handgalop gaan **II** *zn* handgalop, korte galop ★ *win at / in a ~* op je gemak winnen

canticle ['kæntɪkl] *zn* lofzang ★ *Canticles* [mv] Hooglied

canton ['kæntɒn] *zn* kanton

cantonal ['kæntɒnəl] *bnw* kantonnaal

canvas ['kænvəs] *zn* ❶ zeildoek, canvas, linnen ⟨schildersdoek⟩ ★ *under ~* in een tent, scheepv onder vol zeil ❷ schilderij ⟨op linnen⟩ ❸ zeil ❹ vloer ⟨v. boksring⟩

canvass ['kænvəs] **I** *zn* ❶ opinieonderzoek ⟨bij verkiezingen⟩ ❷ werving **II** *ov ww* ❶ bezoeken ⟨om stemmen te werven⟩ ❷ onderzoeken, (opinie)onderzoek doen naar ❸ grondig bespreken **III** *onov ww* ❶ stemmen werven ⟨bij verkiezingen⟩ ❷ colporteren, klanten werven

canvasser ['kænvəsə] *zn* ❶ stemmenwerver, campagnevoerder ⟨bij verkiezingen⟩ ❷ colporteur

canyon ['kænjən] *zn* diep ravijn

cap [kæp] **I** *zn* ❶ muts, pet, sport pet v. geselecteerde speler ⟨in nationaal team⟩ ❷ kap(je), dop(je), hoed ⟨v. paddenstoel⟩ ❸ kroon ⟨op tand⟩ ❹ bovengrens ⟨v. lening, uitgave⟩ ❺ slaghoedje, klappertje ❻ inform pessarium ★ *cloth cap* werkmanspet ▼ *cap in hand* nederig ▼ *if the cap fits(, wear it)* wie de schoen past(, trekke hem aan) **II** *ov ww* ❶ een muts, enz. opzetten ❷ beschermen met kap, dop, enz. ❸ overtreffen, overtroeven ❹ van slaghoedje voorzien ❺ selecteren als international ▼ *to cap it all* als klap op de vuurpijl, tot overmaat v. ramp

capability [keɪpə'bɪlətɪ] *zn* ❶ bekwaamheid, vermogen ❷ mil slagkracht

capable ['keɪpəbl] *bnw* ❶ in staat ★ *~ of* geschikt voor, in staat om ❷ bekwaam, begaafd ❸ vatbaar

capacious [kə'peɪʃəs] *bnw* ruim

capacitate [kə'pæsɪteɪt] *ov ww* ❶ geschikt maken ❷ in staat stellen ❸ kwalificeren

capacity [kə'pæsətɪ] *zn* ❶ bekwaamheid, vermogen, vaardigheid ★ *diminished ~* verminderde toerekeningsvatbaarheid ❷ (berg)ruimte, inhoud, volume ★ *filled / full to ~* (stamp)vol ❸ hoedanigheid, positie ❹ capaciteit, kracht ⟨v. machine, fabriek, enz.⟩

capacity house *zn* stampvolle zaal

cape [keɪp] *zn* ❶ kaap ❷ cape

caper ['keɪpə] **I** *zn* ❶ cul kappertje ❷ inform onwettige praktijk, fig capriool ★ *a little ~* een akkefietje ❸ sprongetje ★ *cut a little ~* een bokkensprongetje maken ❹ komische actiefilm **II** *onov ww* dicht capriolen maken

capercaillie *zn* auerhoen

capillary [kə'pɪlərɪ] **I** *zn* anat haarvat **II** *bnw* capillair, haarvormig ★ *~ action* capillaire werking

capital ['kæpɪtl] **I** *zn* ❶ hoofdstad ❷ kapitaal, (bedrijfs)vermogen ★ fig *make ~ out of sth* profiteren van iets ❸ hoofdletter ★ *hospitality with a ~ H!* gastvrijheid met een hoofdletter! ⟨voor nadruk⟩ ❹ kapiteel **II** *bnw*

❶ voornaamste, hoofd-, zeer belangrijk ★ ~ *letter* hoofdletter ❷ GB oud geweldig

capital gain *zn* vermogensaanwas ★ *~s sharing* vermogensaanwasdeling

capital goods *zn* econ kapitaalgoederen

capital-intensive *bnw* kapitaalintensief

capitalism ['kæpɪtəlɪzəm] *zn* kapitalisme

capitalist ['kæpɪtəlɪst] **I** *zn* kapitalist **II** *bnw* kapitalistisch

capitalization, capitalisation [kæpɪtəlaɪ'zeɪʃən] *zn* ❶ kapitalisatie ❷ drukk gebruik v. hoofdletters

capitalize, capitalise ['kæpɪtəlaɪz] *ov+onov ww* ❶ kapitaliseren ❷ munt slaan uit

capital levy *zn* vermogensbelasting

capital punishment *zn* doodstraf

capital sum *zn* uitkering ineens ⟨bv. van verzekering⟩

capitation [kæpɪ'teɪʃən] *zn* ❶ hoofdelijke omslag ❷ premie per hoofd

Capitol ['kæpɪtəl] *zn* USA Capitool ⟨zetel van het Congres⟩

capitulate [kə'pɪtjʊleɪt] *onov ww* capituleren

capitulation [kəpɪtjʊ'leɪʃən] *zn* capitulatie

capon ['keɪpən] *zn* kapoen

caponize, caponise ['keɪpənaɪz] *ov ww* castreren ⟨v. pluimvee⟩

caprice [kə'priːs] *zn* gril(ligheid)

capricious [kə'prɪʃəs] *bnw* grillig

Capricorn ['kæprɪkɔːn] *zn* Steenbok ⟨sterrenbeeld⟩

capriole ['kæprɪəʊl] *zn* capriool ⟨ook bij het hogeschoolrijden⟩, bokkensprong

capsicum ['kæpsɪkəm] *zn* Spaanse peper

capsize [kæp'saɪz] *ov+onov ww* (doen) kapseizen

capstone ['kæpstəʊn] *zn* ❶ deksteen ❷ USA fig kroon

capsule ['kæpsjuːl] *zn* ❶ capsule ❷ plantk doosvrucht, zaaddoos ❸ anat omhulsel, kapsel

Capt. *afk, Captain* kapt., kapitein

captain ['kæptɪn] **I** *zn* ❶ mil scheepv kapitein, luchtv gezagvoerder, sport aanvoerder, leider ★ ~ *of industry* grootindustrieel ❷ ploegbaas **II** *ov ww* aanvoeren, kapitein zijn van

caption ['kæpʃən] **I** *zn* opschrift, onderschrift, titel, ondertiteling ⟨bv. v. film⟩ **II** *ov ww* voorzien van onder- / opschrift

captious ['kæpʃəs] *bnw* vitterig, muggenzifterig

captivate ['kæptɪveɪt] *ov ww* boeien, betoveren

captive ['kæptɪv] **I** *bnw* ❶ gevangen ❷ fig geboeid **II** *zn* (krijgs)gevangene

captivity [kæp'tɪvəti] *zn* gevangenschap

captor ['kæptə] *zn* overmeesteraar, kaper

capture ['kæptʃə] **I** *ov ww* ❶ vangen, gevangen nemen, innemen, veroveren, bemachtigen ★ ~ *the headlines* de krantenkoppen halen ❷ vastleggen ⟨in woord, beeld, enz.⟩ **II** *zn* ❶ gevangenneming ❷ vangst, buit, prijs

car [kɑː] *zn* ❶ auto ❷ USA (spoor)wagon, tram ❸ wagen, kar(retje), schuit, gondel ❹ USA liftkooi

carafe [kə'ræf] *zn* karaf

caramel ['kærəmel] **I** *zn* karamel **II** *bnw* karamelkleurig

carat ['kærət] *zn* karaat ★ *the purest gold is 24 ~s* het zuiverste goud is 24 karaats

caravan ['kærəvæn] *zn* ❶ GB caravan

❷ woonwagen ❸ karavaan

caraway ['kærəweɪ] *zn* karwij

carbide ['kɑːbaɪd] *zn* carbid

carbine ['kɑːbaɪn] *zn* karabijn

carbohydrate [kɑːbə'haɪdreɪt] *zn* koolhydraat

car bomb *zn* autobom, bomauto

carbon ['kɑːbən] *zn* ❶ scheik kool(stof) ❷ carbonpapier ❸ doorslag ⟨op carbonpapier⟩

carbonaceous [kɑːbə'neɪʃəs] *bnw* koolstofhoudend

carbonate ['kɑːbəneɪt] **I** *zn* carbonaat **II** *ov ww* carboniseren

carbonated ['kɑːbəneɪtɪd] *bnw* koolzuurhoudend

carbon copy *zn* ❶ doorslag ⟨met carbonpapier⟩ ❷ evenbeeld ★ *she's a ~ of her mother* zij is het evenbeeld van haar moeder

carbon dating *zn* koolstofdatering

carbonic acid *zn* scheik koolzuur

carboniferous [kɑːbə'nɪfərəs] *bnw* aardk koolstofhoudend ★ *Carboniferous age / period* het carboon

carbonization, carbonisation [kɑːbənar'zeɪʃən] *zn* carbonisatie, verkoling

carbonize, carbonise ['kɑːbənaɪz] *ov ww* ❶ carboniseren ❷ verkolen

carbon monoxide *zn* koolmonoxide, kolendamp

carbon neutral *bnw* klimaatneutraal

carbon paper *zn* carbonpapier

car boot sale *zn* kofferbakverkoop

carboy ['kɑːbɔɪ] *zn* mandfles

carbuncle ['kɑːbʌŋkl] *zn* ❶ (steen)puist ❷ karbonkel

carburettor [kɑːbə'retə], USA **carburetor** [kɑːbə'retə] *zn* carburator

carcass, carcase ['kɑːkəs] *zn* ❶ karkas, romp ⟨v. geslacht dier⟩, min lijk ⟨v. mens⟩ ❷ wrak ⟨v. auto bv.⟩, rest, geraamte, skelet ⟨v. gebouw bv.⟩

carcinogen [kɑː'sɪnədʒən] *zn* kankerverwekkende stof

carcinogenic [kɑːsɪnə'dʒɛnɪk] *bnw* kankerverwekkend

carcinoma [kɑːsɪ'nəʊmə] *zn* carcinoom, kankergezwel

card [kɑːd] **I** *zn* ❶ kaart, wenskaart, speelkaart ★ sport *show sb a yellow / red card* iem. een gele / rode kaart geven ★ *cards* [mv] kaartspel ★ *leading card* troef, krachtig argument ★ GB *get your cards* ontslag krijgen ★ *have a card up your sleeve* nog iets achter de hand hebben ★ *hold all the cards* alle troeven in handen hebben ★ *hold / keep / play your cards close to your chest* je niet in de kaart laten kijken ★ *lay / put your cards on the table* open kaart spelen ★ *it's in the cards that* het is waarschijnlijk dat ★ *play your cards right* het slim / goed spelen ❷ programma ⟨v. wedstrijd, enz.⟩ ❸ scorekaart ⟨bij golf enz.⟩ ❹ comp uitbreidingskaart ❺ techn (wol)kaarde ▼ *a knowing card* een gehaaid iem. ▼ *speak by the card* zich zeer precies uitdrukken **II** *ov ww* ❶ sport een kaart geven aan ❷ USA inform vragen zich te legitimeren ❸ kaarden ⟨wol⟩

cardboard ['kɑːdbɔːd] **I** *zn* karton **II** *bnw* kartonnen

card-carrying *bnw* ★ *a ~ member of the party* een officieel / actief lid van de partij

card game *zn* kaartspel

cardholder ['ka:dhəʊldə] *zn* bezitter van creditcard

cardiac ['ka:dɪæk] *bnw* hart- ★ ~ *arrest* hartstilstand ★ ~ *failure* hartfalen

cardigan ['ka:dɪgən] *zn* wollen vest

cardinal ['ka:dɪnl] I *zn* ❶ kardinaal ❷ hoofdtelwoord ❸ kardinaalvogel II *bnw* ❶ voornaamst, kardinaal, fundamenteel ★ ~ *sin* rel hoofdzonde, fig doodzonde ❷ donkerrood

card index *zn* kaartsysteem

cardiologist [ka:dɪˈɒlədʒɪst] *zn* cardioloog

cardiology [ka:dɪˈɒlədʒɪ] *zn* cardiologie

card table ['ka:dteɪbl] *zn* speeltafeltje

care [keə] I *zn* ❶ zorg, bezorgdheid ★ *take care* oppassen ★ *take care of* zorgen voor, passen op ★ *handle with care* pas op, breekbaar ★ *in sb's care* onder iemands hoede ★ *under the care of* onder het beheer van ★ *(in) care of, c / o* per adres ★ *not have a care in the world* helemaal zonder zorgen zijn ★ *care killed the cat* geen zorgen voor morgen ❷ verzorging ★ *coronary care* hartbewaking ★ *domiciliary care* thuiszorg / -verpleging ★ *medical care* gezondheidszorg ★ *GB in care* in een kindertehuis II *onov ww* ❶ erom geven ★ *who cares about the environment* wie bekommert zich om het milieu ★ *I don't care if you do* ik heb er niets op tegen, mij best ★ *who cares!* wat zou dat?, wat kan mij dat schelen? ★ *I don't care a damn / pin / rap / straw* het kan mij geen steek schelen ❷ ~ *for* zorgen voor, houden van, geven om III *ov ww* ❶ geven om ★ *I couldn't care less* het zal me een zorg zijn ❷ (wel / graag) willen ★ *would you care to join me?* wilt u misschien met mij meegaan?

care assistant *zn* verzorger ⟨v. zieken, bejaarden, gehandicapten⟩

careen [kəˈriːn] *onov ww* ❶ scheepv overhellen ❷ USA voortdenderen

career [kəˈrɪə] I *zn* ❶ carrière, loopbaan ❷ loop, ontwikkeling II *onov ww* voortdenderen

career coach *zn* loopbaanbegeleider

career day *zn* omschr open dag voor beroepsoriëntatie ⟨op school⟩

career diplomat *zn* beroepsdiplomaat

careerism [kəˈrɪərɪzəm] *zn* bezetenheid met carrière

careerist [kəˈrɪərɪst] *zn* ❶ carrièrejager ❷ streber

careers officer *zn* beroepskeuzeadviseur, schooldecaan

career woman *zn* carrièrevrouw

carefree ['keəfriː] *bnw* zorgeloos

careful ['keəfʊl] *bnw* ❶ voorzichtig ❷ zorgvuldig ❸ nauwkeurig

careless ['keələs] *bnw* ❶ onvoorzichtig, onzorgvuldig, slordig ❷ onachtzaam ❸ achteloos

carer ['keərə], USA **caregiver** ['keəgɪvə(r)] *zn* mantelzorger

caress [kəˈres] I *ov ww* liefkozen, strelen II *zn* liefkozing

caressing [kəˈresɪŋ] *bnw* liefdevol, teder

caretaker ['keəteɪkə] *zn* ❶ GB conciërge ❷ huisbewaarder ❸ toezichthouder

care worker *zn* verzorger ⟨v. zieken, bejaarden, gehandicapten⟩

careworn ['keəwɔːn] *bnw* afgetobd

cargo ['ka:gəʊ] *zn* ❶ vracht ❷ scheepslading

cargo pants, cargoes *zn mv* ≈ legerbroek ⟨broek met veel zakken⟩

Caribbean [kærɪˈbiːən] I *zn* ★ *the* ~ het Caribisch gebied II *bnw* Caribisch

caricature ['kærɪkətʃʊə] I *zn* karikatuur II *ov ww* tot een karikatuur maken

caricaturist [kærɪkəˈtʃʊərɪst] *zn* cartoontekenaar, cartoonist

caries ['keəriːz] *zn* cariës, tandbederf

carillon [kəˈrɪljən] *zn* ❶ carillon ❷ beiaard

caring ['keərɪŋ] *bnw* zorgzaam, verzorgend

carious ['keərɪəs] *bnw* med aangevreten ⟨v. botten, tanden⟩

carmine ['ka:maɪn] I *zn* karmijn II *bnw* karmijnrood

carnage ['ka:nɪdʒ] *zn* slachting, bloedbad

carnal ['ka:nl] *bnw* min vleselijk, zinnelijk

carnation [ka:ˈneɪʃən] *zn* anjer

carnival ['ka:nɪvəl] *zn* ❶ carnaval ❷ USA kermis

carnivore ['ka:nɪvɔː] *zn* carnivoor, vleeseter

carnivorous [ka:ˈnɪvərəs] *bnw* vleesetend

carol ['kærəl] I *zn* (kerst)lied II *ov+onov ww* (jubelend) zingen

carotid [kəˈrɒtɪd] I *zn* halsslagader II *bnw* halsslagaderlijk

carousel [kærəˈsel] *zn* ❶ USA draaimolen ❷ luchtv draaiende bagageband

carp [ka:p] I *zn* karper II *onov ww* ❶ zeuren ❷ vitten

car park *zn* GB parkeerplaats / -garage enz.

carpenter ['ka:pəntə] *zn* timmerman

carpentry ['ka:pəntrɪ] *zn* ❶ timmerwerk ❷ het timmervak

carpet ['ka:pɪt] I *zn* tapijt, loper ★ *fitted* ~ vaste vloerbedekking ★ *magic* ~ vliegend tapijt ▼ *(be / get called) on the* ~ op het matje geroepen worden II *ov ww* ❶ met tapijt bedekken ❷ een uitbrander geven

carpetbagger ['ka:pɪtbægə] *zn* avonturier

carpet-bomb *onov ww* ❶ een bommentapijt uitwerpen over ❷ econ reclamemateriaal versturen naar heel veel mensen ⟨vooral via e-mail⟩

carpeting ['ka:pɪtɪŋ] *zn* tapijt

carpet sweeper *zn* rolveger

carpool *onov ww* carpoolen

car pool *zn* groep carpoolers

carriage ['kærɪdʒ] *zn* ❶ wagen, rijtuig, GB treinwagon ★ ~ *and pair / four* / twee- / vierspan ❷ vervoer, vracht(prijs) ❸ techn slede ❹ form houding

carriageway ['kærɪdʒweɪ] *zn* verkeersweg, rijbaan, brugdek ★ GB *dual* ~ vierbaansweg

carrier ['kærɪə] *zn* ❶ vervoerbedrijf, expediteur, luchtvaartmaatschappij ❷ passagiersvliegtuig ❸ mil vervoermiddel v. mensen en materieel, vliegdekschip ❹ med drager v.e. ziekte, vector ❺ bagagedrager ❻ GB (boodschappen)tasje

carrier bag *zn* boodschappentas

carrier pigeon *zn* postduif

carriole ['kærɪəʊl] *zn* ❶ rijtuigje ❷ Canadese slee

carrion ['kærɪən] I *zn* kadaver, aas II *bnw* rottend, weerzinwekkend

carrion crow *zn* zwarte kraai

ca

ca

carrot ['kærət] zn ❶ wortel(tje) ❷ lokmiddel ★ ~s [mv] rooie ⟨scheldnaam voor roodharige⟩ ★ hold out a ~ to sb iem. een worst voor houden ★ use the ~ and the stick approach ≈ (naar willekeur) belonen en bestraffen

carry ['kærɪ] I ov ww ❶ dragen, vervoeren, transporteren, bij zich hebben / dragen, besmet zijn met, mee- / wegvoeren ★ ~ a gun een wapen bij zich hebben ★ fraud carries a sentence of five years op fraude staat vijf jaar ★ the packet carries a health warning op het pakje staat een gezondheidswaarschuwing ★ ~ sth in your head iets in je hoofd hebben, iets onthouden ❷ met zich meebrengen, impliceren ❸ steunen, goedkeuren ★ ~ a motion een motie aannemen / steunen ❹ media publiceren, uitzenden ❺ verkopen, in het assortiment hebben ❻ invallen voor ❼ oud zwanger zijn van ▼ ~ things too far de zaak te ver drijven ▼ ~ yourself je gedragen, optreden ▼ ~ x to the 3rd power x tot de 3e macht verheffen ▼ be / get carried away te hard van stapel lopen, je mee laten slepen ▼ ~ all / everything before you in ieder opzicht succes hebben ❽ ~ **back** terugvoeren ❾ econ ~ **forward** transporteren ❿ ~ **off** het er goed vanaf brengen, winnen ⟨prijs, enz.⟩ ⓫ ~ **on** doorgaan, voortzetten, volhouden, aangaan ⓬ ~ **out** uitvoeren, vervullen ⓭ ~ **over** meenemen, transporteren, overhevelen, uitstellen ⓮ ~ **through** doorvoeren, erdoor helpen, tot een goed einde brengen II onov ww ❶ dragen ❷ reiken ❸ ~ **on** doorgaan, rechtdoor gaan, inform tekeergaan, oud scharrelen ❹ ~ **over** bijblijven, meekrijgen

carrycot ['kærɪkɒt] zn reiswieg

carrying agent zn expediteur

carrying capacity zn laadvermogen

carrying trade zn goederenvervoer, vrachtvaart

carry-on zn inform heisa, drukte ⟨om niks⟩

carry-over zn overblijfsel

carsick ['kɑːsɪk] bnw wagenziek

cart [kɑːt] I zn kar, wagen, USA winkelwagentje, USA serveerwagen ★ put the cart before the horse het paard achter de wagen spannen II ov ww ❶ (per kar) vervoeren ❷ inform zeulen ❸ inform afvoeren

cartcover ['kɑːtkʌvə] zn huif

cartel [kɑːˈtel] zn econ kartel

cartilage ['kɑːtɪlɪdʒ] zn kraakbeen

cartload ['kɑːtləʊd] zn ❶ karrenvracht ❷ grote hoeveelheid

cartographer [kɑːˈtɒɡrəfə] zn cartograaf, kaarttekenaar

cartography [kɑːˈtɒɡrəfɪ] zn cartografie

cartomancy ['kɑːtəmænsɪ] zn het kaartleggen ⟨om voorspelling te doen⟩

carton ['kɑːtn] I zn karton, kartonnen doos ★ a ~ of 200 cigarettes een slof met 200 sigaretten II ov ww in karton verpakken

cartoon [kɑːˈtuːn] zn ❶ spotprent ❷ stripverhaal ❸ tekenfilm ❹ voorstudie ⟨voor schilderij⟩

cartoonist [kɑːˈtuːnɪst] zn spotprenttekenaar

cartridge ['kɑːtrɪdʒ] zn ❶ patroon ❷ vulling, cassette, cartridge ★ blank ~ losse patroon ★ mil live ~ scherpe patroon

cart track zn karrenspoor

cartwheel ['kɑːtwiːl] zn wagenrad ★ turn ~s radslagen maken

carve [kɑːv] I ov ww ❶ kerven, beeldhouwen, graveren ★ ~ your way je een weg banen ❷ voorsnijden ⟨vlees⟩ ❸ ~ **out** veroveren, bevechten ⟨baan of reputatie⟩ ★ ~ out one's fortune zijn eigen fortuin scheppen ❹ ~ **up** verdelen, steken, GB snijden ⟨in het verkeer⟩ II onov ww (voor)snijden

carver ['kɑːvə] zn ❶ houtsnijder, beeldhouwer ❷ graveur

carving ['kɑːvɪŋ] zn beeldhouwwerk, snijwerk

carving knife zn voorsnijmes

car wash zn autowasplaats

cascade [kæsˈkeɪd] I zn ❶ (kleine) waterval ❷ comp deels overlappende weergave van schermen II onov ww bruisend / golvend neerstorten

case [keɪs] I zn ❶ geval, zaak ★ hard case moeilijk geval, netelig punt ❷ (rechts)zaak, proces, geding ❸ bewijs(materiaal), pleidooi ❹ huls, overtrek, foedraal, tas(je), etui, kist, koffer ★ packing case pakkist ★ writing case schrijfmap ❺ kast ❻ staat, toestand ❼ patiënt ❽ taalk naamval ★ drukk lower case kleine letter ▼ drukk upper case hoofdletter ▼ as the case may be al naargelang de omstandigheden ▼ be on sb's case zich bemoeien met iemands zaken ▼ get off my case laat me met rust ▼ a case in point een goed voorbeeld ▼ in any case in ieder geval, hoe dan ook ▼ in case... voor het geval dat... ▼ just in case voor alle zekerheid ▼ in case of... in geval van... ▼ no case to... geen aanleiding / (rechts)grond om... ▼ there's a case for / to... er is wat voor te zeggen om... ▼ I rest my case daarmee heb ik wel genoeg gezegd, dit lijkt me overtuigend bewijs II ov ww ❶ in een huls of andere verpakking doen ❷ overtrekken

casebook ['keɪsbʊk] zn ❶ register met verslagen van rechtszaken ❷ patiëntenregister

case clock zn staande klok

case history zn ❶ ziektegeschiedenis ❷ dossier

case law zn jur jurisprudentie

caseload zn ❶ het aantal te behandelen cliënten / patiënten ❷ de totale praktijk van advocaat / arts

casemate ['keɪsmeɪt] zn kazemat

casement ['keɪsmənt] zn (klein) raam

case-sensitive bnw comp hoofdlettergevoelig

case study ['keɪsstʌdɪ] zn casestudy, beschrijving ⟨v. praktijkgeval⟩

casework ['keɪswɜːk] zn sociaal werk ⟨vnl. psychologisch gericht⟩

caseworker ['keɪswɜːkə] zn maatschappelijk werker ⟨vnl. psychologisch gericht⟩

cash [kæʃ] I zn (contant) geld, kas(geld), contant(en) ★ ready cash contanten ★ digital cash digitaal geld ★ cash on delivery onder rembours ★ cash with order vooruitbetaling ★ inform cash in hand contant ⟨mogelijk zwart⟩ ★ be in cash bij kas zijn ★ be out of cash niet bij kas zijn ★ short of cash slecht bij kas ★ hard / USA cold cash klinkende munt ★ cash down / USA cash up front contante betaling II ov ww ❶ innen, wisselen, verzilveren ⟨cheque⟩ ❷ ~ **in** verzilveren, te gelde maken III onov ww ❶ ~ **in**

★ *cash in on sth* v. iets profiteren ❷ <u>GB</u> ~ **up** de kas opmaken

cash card *zn* pinpas

cash cow *zn* melkkoe

cash crop *zn* marktgewas

cash desk *zn* kassa

cash dispenser *zn* geldautomaat

cashew ['kæʃu:] *zn* cashewnoot

cashier [kæ'ʃɪə] **I** *zn* kassier, caissière **II** *ov ww* <u>mil</u> oneervol ontslaan

cash machine *zn* geldautomaat

cashmere ['kæʃmɪə] *zn* ❶ kasjmier ❷ sjaal

cashpoint ['kæʃpɔɪnt] *zn* geldautomaat

cash register *zn* kasregister

cash-starved *bnw* krap bij kas

cash-strapped *bnw* armlastig

casing ['keɪsɪŋ] *zn* omhulsel, overtrek, verpakking, bekleding, bekisting

cask [kɑ:sk] **I** *zn* vat, fust **II** *ov ww* op fust doen

casket ['kɑ:skɪt] **I** *zn* ❶ kistje, cassette ❷ <u>USA</u> doodskist **II** *ov ww* in een kistje doen

casserole ['kæsərəʊl] *zn* ❶ stoofschotel ❷ stoofpan

cassette [kə'set] *zn* cassette

cassock ['kæsək] *zn* ❶ soutane ❷ toog

cast [kɑ:st] **I** *zn* ❶ bezetting, rolverdeling ❷ afgietsel, gietvorm ❸ gipsverband ❹ gooi, worp ❺ aard, type, soort, uiterlijk ⟨v. gezicht⟩ **II** *ov ww* ⟨onregelmatig⟩ ❶ toewijzen ⟨rol⟩, casten ❷ werpen ⟨blik, licht, schaduw, enz.⟩, uitwerpen ⟨hengel⟩, afwerpen ⟨huid⟩, opwerpen ⟨twijfel⟩ ❸ rangschikken, indelen ❹ uitbrengen ⟨stem⟩ ❺ trekken ⟨horoscoop⟩ ❻ <u>techn</u> gieten ★ *cast in the mould of* sterk lijkend op ❼ ~ **aside** afstand doen van, verwerpen ❽ ~ **down** deprimeren, neerslaan ⟨ogen⟩ ★ *be cast down* terneergeslagen zijn ❾ ~ **off** zich ontdoen van, losgooien ⟨boot⟩, afhechten ⟨breiwerk⟩ ❿ ~ **on** opzetten ⟨breiwerk⟩ ⓫ <u>dicht</u> ~ **out** verstoten **III** *onov ww* ⟨onregelmatig⟩ ❶ ~ **about for/around for** ⟨koortsachtig⟩ zoeken ❷ ~ **off** losgegooid worden ⟨v. boot⟩, opgezet worden ⟨v. breiwerk⟩

castanets [kæstə'net] *zn mv* castagnetten

castaway ['kɑ:stəweɪ] **I** *zn* schipbreukeling **II** *bnw* aangespoeld ⟨na schipbreuk⟩

caste [kɑ:st] *zn* ❶ kaste ❷ kastenstelsel ★ *lose* ~ in stand achteruitgaan

caster ['kɑ:stə] *zn* <u>USA</u> → **castor**

caster sugar *zn* fijne kristalsuiker

castigate ['kæstɪgeɪt] *ov ww* ernstig verwijten

castigation [kæstɪ'geɪʃən] *zn* ernstig verwijt

casting ['kɑ:stɪŋ] *zn* ❶ <u>ton</u> rolverdeling ❷ gietsel

cast iron I *zn* gietijzer **II** *bnw*, **cast-iron** ❶ gietijzeren ❷ ijzersterk

castle ['kɑ:səl] **I** *zn* ❶ kasteel ❷ toren ⟨schaakstuk⟩ ★ *(build)* ~*s in the air* luchtkastelen ⟨bouwen⟩ ★ *bouncy* ~ groot springkussen **II** *ov+onov ww* rokeren ⟨met schaken⟩

cast-off I *zn* afdankertje **II** *bnw* afgedankt

castor ['kɑ:stə] *zn* ❶ wieltje ⟨onder meubel⟩ ❷ strooier ⟨v. suiker, enz.⟩

castor oil *zn* wonderolie

castor sugar *zn* fijne kristalsuiker

castrate [kæ'streɪt] *ov ww* castreren

castration [kæ'streɪʃən] *zn* castratie

casual ['kæʒʊəl] **I** *bnw* ❶ informeel, gemakkelijk ⟨ook v. kleding⟩, los, nonchalant ❷ toevallig, oppervlakkig ★ *a* ~ *acquaintance* een oppervlakkige kennis ❸ tijdelijk ⟨werk⟩, ongeregeld ❹ terloops ★ *glance* ~*ly through the mags* de tijdschriften vluchtig bekijken **II** *zn* ❶ tijdelijke kracht ❷ [mv] ★ ~*s* informele kleding

casualty ['kæʒʊəltɪ] *zn* ❶ ongeluk, ramp ❷ slachtoffer ★ *casualties* [mv] doden en gewonden

casualty department *zn* eerste hulp ⟨afdeling in ziekenhuis⟩

casuistry ['kæʒju:ɪstri] *zn* drogreden

cat [kæt] *zn* ❶ kat ❷ <u>biol</u> katachtige ❸ <u>inform</u> vent ★ *fat cat* rijke stinkerd ▼ <u>inform</u> *that is the cat's whiskers / pyjamas* dat is geweldig, dat is je van het ▼ *let the cat out of he bag* een geheim verklappen ▼ *I was like a cat on hot bricks / on a hot tin roof* ik zat op hete kolen ▼ *like a cat that's got the cream* erg tevreden met jezelf ▼ <u>USA</u> *like the cat that got / ate / swallowed the canary* erg tevreden met jezelf ▼ *it's raining cats and dogs* het regent pijpenstelen ▼ *you look like sth the cat brought in* jij ziet er ellendig uit ▼ *I don't have / stand a cat in hell's chance* ik heb geen schijn van kans ▼ *play cat and mouse* een kat-en-muisspelletje spelen ▼ *put / set the cat among the pigeons* de kat op het spek binden ▼ *see which way the cat jumps* de kat uit de boom kijken ▼ *when the cat's away the mice will play* als de kat van huis is, dansen de muizen op tafel ▼ *like a scalded cat* als de gesmeerde bliksem

cataclysm ['kætəklɪzəm] *zn* ❶ ramp, overstroming, oorlog ❷ grote omwenteling

cataclysmic [kætə'klɪzmɪk] *bnw* enorme beroering teweegbrengend

catacomb ['kætəku:m] *zn* catacombe

catalogue ['kætəlɒg] **I** *zn* ❶ catalogus ❷ lijst, reeks **II** *ov ww* catalogiseren

catalyst ['kætəlɪst] *zn* katalysator

catalytic converter *zn* <u>auto</u> katalysator

catamaran [kætəmə'ræn] *zn* catamaran

catamount [kætə'maʊnt], **catamountain** [kætə'maʊntɪn] *zn* poema

catapult ['kætəpʌlt] **I** *zn* katapult, <u>luchtv</u> lanceerinrichting **II** *ov ww* ❶ met een katapult af- / beschieten ❷ lanceren, slingeren **III** *onov ww* afgeschoten worden

cataract ['kætərækt] *zn* ❶ waterval ❷ <u>med</u> grauwe staar

catarrh [kə'tɑ:] *zn* ❶ <u>med</u> slijmvliesontsteking ❷ snot

catastrophe [kə'tæstrəfɪ] *zn* catastrofe, ramp

catastrophic [kætə'strɒfɪk] *bnw* catastrofaal, rampzalig

cat burglar *zn* geveltoerist

catcall ['kætkɔ:l] **I** *zn* ⟨afkeurend⟩ gejoel, schel gefluit **II** *ov+onov ww* uitfluiten

catch [kætʃ] **I** *ov ww* ❶ (op)vangen, grijpen, pakken, trekken ⟨aandacht⟩ ★ ~ *hold of your arm* je arm vastpakken ★ ~ *fire* vlam vatten ★ ~ *your eye* je blik vangen, je opvallen ★ ~ *a film* naar de film gaan ★ *I didn't* ~ *her name* ik heb haar naam niet goed gehoord ★ *you can* ~ *me at the office* ik ben op mijn kantoor bereikbaar ❷ nemen, halen ⟨bus, enz.⟩ ❸ betrappen, verrassen, ontdekken, vinden ★ ~ *you red-handed* je op heterdaad betrappen ★ *caught by a storm* door een storm overvallen ★fig ~ *you napping* je overrompelen ❹ oplopen, krijgen ⟨v. ziekte⟩ ★ ~ *cold* kouvatten ★ ~ *your death (of cold)* 'n zware verkoudheid oplopen ★inform ~ *it* er flink van langs krijgen ❺ raken, treffen ★ ~ *sb on the nose* iem. een klap op zijn neus geven ❻ snappen, begrijpen ★ ~ *me!* dat kun je begrijpen! ❼ vastraken met ★ ~ *your finger in the door* met je vinger bekneld raken tussen de deur ❽ GB sport uitvangen ▼ ~ *your breath* je adem stokt, op adem komen ❾ ~ **at** betrappen op ❿ ~ **out** overvallen, klem zetten, erin laten lopen ⓫ ~ **up** inhalen **II** *onov ww* ❶ vast komen te zitten, blijven haken ⟨aan spijker, enz.⟩ ❷ besmettelijk zijn ❸ pakken, sluiten ⟨v. grendel⟩ ❹ vlam vatten ❺ ~ **at** grijpen naar ❻ ~ **on** populair worden, begrijpen ★ ~ *on to sth* iets snappen ❼ ~ **up** ⟨achterstand⟩ inhalen, bijpraten ★ ~ *up on some sleep* slaap inhalen ❽ ~ **up in** vastzitten in, betrokken raken bij ❾ ~ **up with** eindelijk te pakken krijgen, achterhalen, inhalen, wegwerken ⟨achterstand⟩ **III** *zn* ❶ vangst, het vangen, buit, aanwinst ★ *a good* ~ een goede partij ⟨voor huwelijk⟩ ❷ vangbal ⟨balspel⟩ ❸ sluiting, haak(je) ❹ valstrik, strikvraag ❺ hapering ▼ ~ *22* omschr onoplosbare situatie

catch-all *zn* vergaarbak ★ ~ *term* verzamelnaam

catcher ['kætʃə] *zn* ❶ vanger ❷ sport achtervanger

catching ['kætʃɪŋ] *bnw* ❶ besmettelijk ❷ aanstekelijk

catchment ['kætʃmənt] *zn* neerslag- / stroomgebied

catchment area *zn* ❶ verzorgingsgebied ❷ neerslag- / stroomgebied

catchphrase ['kætʃfreɪz] *zn* cliché, (populaire) kreet

catchy ['kætʃɪ] *bnw* ❶ pakkend, aantrekkelijk ❷ goed in het gehoor liggend

catechism ['kætɪkɪzəm] *zn* catechismus

catechumen [kætɪ'kjuːmən] *zn* doop- / geloofsleerling

categorical [kætɪ'gɒrɪkl] *bnw* ❶ categorisch ❷ stellig

categorize, categorise ['kætɪgəraɪz] *ov ww* categoriseren

category ['kætɪgərɪ] *zn* categorie

catena [kæ'tiːnə] *zn* reeks, aaneenschakeling

catenary [kə'tiːnərɪ] *bnw* ketting-

cater ['keɪtə] *onov ww* ❶ cateren, voedsel verzorgen / leveren ❷ ~ **for** zorgen voor, leveren aan ★ ~ *for the needs of the elderly* voorzien in (alle) behoeften van ouderen ❸ ~ **to** ★ *mags ~ing to the masses* tijdschriften gericht op de grote massa

caterer ['keɪtərə] *zn* cateraar, cateringbedrijf

catering ['keɪtərɪŋ] *zn* catering, proviandering, receptie- / dinerverzorging

caterpillar ['kætəpɪlə] *zn* ❶ rups ❷ rupsband

caterwaul ['kætəwɔːl] **I** *zn* kattengejank **II** *onov ww* krollen

catfish ['kætfɪʃ] *zn* ❶ meerval ❷ katvis

cat flap *zn* poezenluik

catgut ['kætgʌt] *zn* darmsnaar ⟨v. schaap⟩

catharsis [kə'θɑːsɪs] *zn* catharsis, loutering

cathedral [kə'θiːdrəl] *zn* kathedraal

Catherine wheel *zn* vuurrad

cathode ['kæθəʊd] *zn* kathode

catholic ['kæθəlɪk] *bnw* ruim, veelzijdig

Catholic ['kæθəlɪk] **I** *zn* katholiek **II** *bnw* ❶ (rooms-)katholiek ❷ algemeen christelijk

Catholicism [kə'θɒlɪsɪzm] *zn* katholicisme

catkin ['kætkɪn] *zn* katje ⟨aan wilg, hazelaar⟩

catnap ['kætnæp] *zn* hazenslaapje

cat's foot *zn* plantk hondsdraf

catsleep *zn* hazenslaapje

cat's paw *zn* omschr iemand die het vuile werk voor een ander opknapt

cat's tail, cattail ['kæteɪl] *zn* plantk lisdodde

catsuit ['kætsuːt] *zn* jumpsuit, bodystocking

cattery ['kætərɪ] *zn* poezenpension

cattle ['kætl] *zn* (rund)vee ★ *a herd of* ~ een kudde koeien ★ *twenty head of* ~ twintig stuks vee

cattle grid, USA **cattle guard** *zn* wildrooster

catty ['kætɪ] *bnw* kattig

catwalk ['kætwɔːk] *zn* catwalk, plankier ⟨bij modeshows⟩, smal looppad ⟨bv. langs brug⟩

Caucasian [kɔː'keɪʒən] **I** *zn* blanke ⟨v.h. Indo-Europese ras⟩ **II** *bnw* blank ⟨v.h. Indo-Europese ras⟩

caucus ['kɔːkəs] *zn* ❶ (besloten) vergadering v. partijleden ⟨over kandidaten en / of beleid⟩ ❷ groepering

caught [kɔːt] *ww* [verleden tijd + volt. deelw.] → catch

cauldron ['kɔːldrən] *zn* ❶ grote ketel ❷ heksenketel

cauliflower ['kɒlɪflaʊə] *zn* bloemkool

caulk [kɔːk] *ov ww* breeuwen, waterdicht maken

causal ['kɔːzəl] *bnw* causaal, oorzakelijk

causality [kɔː'zælətɪ] *zn* causaliteit, oorzakelijkheid

causative ['kɔːzətɪv] **I** *bnw* ❶ veroorzakend ❷ taalk causatief **II** taalk causatief

cause [kɔːz] **I** *zn* ❶ oorzaak ❷ reden, motief, grond ★ *no ~ for concern* geen reden tot ongerustheid ❸ zaak, principe ★ *be for / in a good* ~ voor een goede zaak zijn / werken ❹ rechtszaak, proces **II** *ov ww* veroorzaken, teweegbrengen, zorgen dat

'cause [kəs] *vw* inform → **because**

causeway ['kɔːzweɪ] *zn* verhoogde weg ⟨door nat gebied⟩

caustic ['kɔːstɪk] *bnw* ❶ brandend, bijtend ❷ sarcastisch

cauterize, cauterise ['kɔːtəraɪz] *ov ww* ❶ med uit- / dichtbranden ⟨v. wond⟩ ❷ verharden, gevoelloos maken

caution ['kɔːʃən] **I** *zn* ❶ voorzichtigheid, omzichtigheid ★ *throw / cast ~ to the wind(s)* alle voorzichtigheid laten varen ❷ waarschuwing ❸ berisping **II** *ov ww* ❶ waarschuwen ★ *be ~ed* een waarschuwing krijgen ❷ berispen

cautionary ['kɔːʃənərɪ] *bnw* waarschuwend

cautious ['kɔːʃəs] *bnw* omzichtig, voorzichtig, behoedzaam

cavalcade [kævəl'keɪd] *zn* ❶ ruiterstoet ❷ (bonte)

optocht

cavalry ['kævəlrɪ] *zn* cavalerie

cavalryman ['kævəlrɪmən] *zn* cavalerist

cave [keɪv] **I** *zn* hol, grot **II** *ov+onov ww* **①** uithollen, uitgraven **②** ~ **in** instorten, bezwijken, zwichten

caveat ['kævɪæt] *zn* **①** *jur* caveat, protest **②** voorbehoud

cave-in *zn* instorting, verzakking

caveman ['keɪvmæn] *zn* holbewoner

cavern ['kævən] *zn* hol, grot

cavernous ['kævənəs] *bnw* **①** vol holen, grot- **②** grotachtig

caviar, caviare ['kævɪɑː] *zn* kaviaar

cavil ['kævɪl] **I** *zn* muggenzifterij **II** *onov ww* vitten

caving ['keɪvɪŋ] *zn* ★ *go* ~ grotten verkennen

cavity ['kævətɪ] *zn* **①** holte **②** gaatje ⟨in tand / kies⟩

cavity wall *zn* spouwmuur

cavort [kə'vɔːt] *onov ww* dartelen, rondspringen

cavy ['keɪvɪ] *zn* cavia

caw [kɔː] **I** *zn* gekras ⟨v. kraai, enz.⟩ **II** *onov ww* krassen ⟨v. kraai, enz.⟩

cay [keɪ] *zn* **①** zandbank **②** koraalrif

cayenne [keɪ'en] *zn* ★ ~ *(pepper)* cayennepeper

cayman ['keɪmən] *zn* → **caiman**

CBE *afk, Commander of the Order of the British Empire* Commandeur in de Orde van het Britse Rijk

cc *afk* **①** *carbon copy* cc'tje **②** *cubic centimetre(s)* cc

CCTV *afk, closed-circuit television* camerabewaking ★ *CCTV footage* opname gemaakt door bewakingscamera

CD *afk, Compact Disc* cd

CD-R *afk, Compact Disc Recordable* cd-r

CD-ROM *afk, Compact Disc Read Only Memory* cd-rom

CDT *afk* **①** *Central Daylight Time* Centrale Daglichttijd ⟨tijdzone in oostelijk-centraal USA⟩ **②** *GB* onderw *Craft, Design and Technology* ≈ handvaardigheid

cease [siːs] *ov+onov ww* ophouden

ceasefire ['siːsfaɪə] *zn* staakt-het-vuren, wapenstilstand

ceaseless ['siːsləs] *bnw* onophoudelijk

cedar ['siːdə] **I** *zn* **①** plantk ceder **②** cederhout **II** *bnw* ceder(houten)

cede [siːd] *ov ww* form afstaan

Ceefax ['sɪːfæks] *zn* ≈ teletekst ⟨v. BBC⟩

ceiling ['siːlɪŋ] *zn* **①** plafond **②** bovengrens, limiet ⟨v. loon, enz.⟩ **③** maximale hoogte ⟨v. vliegtuig, enz.⟩ ▾ *hit the* ~ ontploffen van woede

celeb [sə'leb] *zn* inform → **celebrity**

celebrant ['seləbrənt] *zn* **①** priester die de mis opdraagt **②** USA feestvierder

celebrate ['seləbreɪt] **I** *ov ww* **①** vieren **②** huldigen, loven **③** opdragen ⟨de mis⟩ **II** *onov ww* feestvieren

celebrated ['seləbreɪtɪd] *bnw* gevierd, beroemd

celebration [selə'breɪʃən] *zn* viering, feestelijke herdenking, huldiging ★ *lustral* ~ lustrumviering

celebrity [sɪ'lebrətɪ] *zn* **①** roem **②** beroemdheid ⟨persoon⟩

celerity [sɪ'lerətɪ] *zn* snelheid

celery ['selərɪ] *zn* selderie, bleekselderij

celestial [sɪ'lestɪəl] *bnw* **①** hemels, hemel- **②** goddelijk ★ ~ *body* hemellichaam ★ *the Celestial Empire* het Hemelse Rijk, China

celibacy ['seləbəsɪ] *zn* celibaat, ongehuwde staat

celibate ['selɪbət] **I** *zn* **①** ongehuwde **②** celibaat, ongehuwde staat **II** *bnw* ongehuwd, celibatair

cell [sel] *zn* **①** cel, gevangeniscel, monnikscel, bijencel **②** pol groep(je)

cellar ['selə] **I** *zn* kelder **II** *ov ww* in kelder bewaren

cellist ['tʃelɪst] *zn* cellist

cellophane ['seləfeɪn] *zn* cellofaan

cellphone ['selfəʊn] *zn* mobiele telefoon

cellular ['seljʊlə] *bnw* **①** celvormig, met cellen **②** luchtig **③** mobiel ⟨van telefoon⟩

cellulite ['seljʊlaɪt] *zn* cellulitis

cellulose ['seljʊləʊz] **I** *zn* cellulose **II** *bnw* v. celstof

Celt [kelt] *zn* Kelt

Celtic ['keltɪk] *bnw* Keltisch

cement [sɪ'ment] **I** *zn* **①** cement **②** ook *fig* bindmiddel, cohesie **II** *ov ww* **①** met cement verbinden / bestrijken **②** bevestigen, versterken **③** één worden

cement mixer *zn* betonmolen

cemetery ['semɪtərɪ] *zn* begraafplaats

censer ['sensə] *zn* wierookvat

censor ['sensə] **I** *zn* **①** censor **②** zedenmeester **II** *ov ww* censuur uitoefenen over, censureren

censorious [sen'sɔːrɪəs] *bnw* vol kritiek

censorship ['sensəʃɪp] *zn* **①** ambt v. censor **②** censuur

censure ['senʃə] **I** *ov ww* berispen, afkeuren, kritiseren **II** *zn* berisping, terechtwijzing, afkeuring

census ['sensəs] *zn* volkstelling

cent [sent] *zn* cent ★ *per cent* procent

cent. [sent] *afk* **①** *centigrade* Celsius **②** *century* eeuw

centaur ['sentɔː] *zn* centaur ⟨half mens, half paard⟩

centenarian [sentɪ'neərɪən] **I** *bnw* honderdjarig **II** *zn* honderdjarige

centenary [sen'tiːnərɪ], USA **centennial** [sen'tenɪəl] **I** *zn* **①** eeuw **②** eeuwfeest **II** *bnw* honderdjarig

center ['sentə] *zn* USA → **centre**

center- ['sentə-] *voorv* USA → **centre-**

centigrade ['sentɪgreɪd] *bnw* met / op de schaal v. Celsius

centimetre ['sentɪmiːtə] *zn* centimeter

centipede ['sentɪpiːd] *zn* duizendpoot

central ['sentrəl] *bnw* **①** voornaamste, hoofd- ★ ~ *government* centrale overheid ★ ~ *locking* centrale vergrendeling ★ ~ *processing unit, CPU* centrale verwerkingseenheid, CVE **②** centraal, midden- ★ *Central America* Midden-Amerika

centrality [sen'trælətɪ] *zn* centrale ligging

centralize, centralise ['sentrəlaɪz] *ov+onov ww* centraliseren

centre, USA **center** ['sentə] **I** *zn* **①** middelpunt, midden **②** centrum **③** instelling, centrum **④** *fig* kern, bron, haard **⑤** middenspeler ★ ~ *(forward)* midvoor, centrumspits ★ ~ *of gravity* zwaartepunt **II** *ov ww* **①** in het midden plaatsen

ce

ce

❷ concentreren ❸ het midden zoeken / bepalen van ❹ sport voorzetten, naar het midden spelen
centre-, USA **center-** ['sentə] *voorv* midden-, centraal
centreboard, USA **centerboard** ['sentəbɔːd] *zn* middenzwaard ⟨v. zeiljacht⟩
centrefold, USA **centerfold** ['sentəfəʊld] *zn* ❶ uitklapplaat ⟨in tijdschrift⟩, ≈ pin-up ❷ pin-upgirl
centremost, USA **centermost** ['sentəməʊst] *zn* middelste
centrepiece, USA **centerpiece** ['sentəpiːs] *zn* ❶ het belangrijkste ❷ middenstuk ⟨tafelversiering⟩
centre stage, USA **center stage** *zn* middelpunt v. belangstelling
centricity [sen'trɪsətɪ] *zn* centrale ligging
centrifugal [sentrɪ'fjuːgl] *bnw* middelpuntvliedend
centripetal [sen'trɪpɪtl] *bnw* middelpuntzoekend
centrist ['sentrɪst] **I** *zn* iemand met gematigde politieke opvattingen **II** *bnw* centrum-, gematigd
centurion [sen'tjʊərɪən] *zn* gesch centurio, honderdman
century ['sentʃərɪ] *zn* eeuw
CEO *afk*, econ *Chief Executive Officer* voorzitter v. Raad v. Bestuur ⟨v. groot bedrijf⟩
ceramic [sɪ'ræmɪk] **I** *zn* ★ ~s [mv] keramiek **II** *bnw* keramisch
cereal ['sɪərɪəl] **I** *zn* ❶ graan ❷ graanproduct ⟨als ontbijt⟩ **II** *bnw* graan-
cerebellum [serɪ'beləm] *zn* kleine hersenen
cerebral ['serɪbrəl] *bnw* ❶ hersen- ★ ~ *palsy* spastische verlamming ❷ cerebraal, intellectueel
cerebrum ['serɪbrəm] *zn* grote hersenen
ceremonial [serɪ'məʊnɪəl] **I** *zn* ceremonieel, plechtigheid **II** *bnw* ceremonieel, plechtig
ceremonious [serɪ'məʊnɪəs] *bnw* ❶ ceremonieel, plechtstatig ❷ vormelijk
ceremony ['serɪmənɪ] *zn* ❶ ceremonie, plechtigheid ❷ vormelijkheid ❸ formaliteit(en) ★ *stand on* ~ hechten aan vormen ★ *without* ~ zonder plichtplegingen
cert [sɜːt] **I** *zn* inform → **certainty II** *bnw* inform → **certain**
cert. *afk* ❶ *certificate* certificaat ❷ *certified* gewaarmerkt
certain ['sɜːtn] *bnw* zeker ★ *he is* ~ *to come* hij komt zeker ▾ *for* ~ zeker, met zekerheid ▾ *make* ~ *(that)* zich ervan vergewissen (dat) ▾ *of a* ~ *age* niet jong maar ook niet oud
certainty ['sɜːtntɪ] *zn* zekerheid ★ *for a* ~ stellig
certifiable [sɜːtɪ'faɪəbl] *bnw* ❶ certificeerbaar ❷ rijp voor een inrichting
certificate¹ [sə'tɪfɪkət] *zn* ❶ certificaat, verklaring, bewijs, attest, akte ❷ diploma ★ ~ *of bankruptcy* verklaring v. opheffing / faillissement ▾ *be married by* ~ huwen voor de ambtenaar v.d. burgerlijke stand
certificate² [sə'tɪfɪkeɪt] *ov ww* ❶ een certificaat geven, certificeren ❷ met een verklaring machtigen
certification [sɜːtɪfɪ'keɪʃən] *zn* ❶ verklaring, bevoegdheid ❷ verlening van diploma

certify ['sɜːtɪfaɪ] *ov ww* ❶ (officieel) verklaren, waarmerken, een diploma / certificaat uitreiken / verlenen ❷ krankzinnig verklaren ❸ getuigen
certitude ['sɜːtɪtjuːd] *zn* zekerheid
cervical ['sɜːvɪkəl] *bnw* ❶ anat hals-, nek- ❷ baarmoederhals- ★ ~ *cancer* baarmoederhalskanker ★ ~ *smear* uitstrijkje
cessation [se'seɪʃən] *zn* het ophouden, beëindiging
cession ['seʃən] *zn* ❶ afstand, overdracht ❷ cessie ★ ~ *of rights* overdracht van rechten
cesspit ['sespɪt], **cesspool** ['sespuːl] *zn* beerput ook fig ★ ~ *of iniquity* poel v. ongerechtigheid
CET *afk*, *Central European Time* Midden-Europese tijd
cetacean [sɪ'teɪʃən] *zn* walvis, walvisachtig zoogdier **II** *bnw* walvisachtig
cf. *afk*, *confer* ⟨Latijn⟩ vergelijk
chador ['tʃʌdə] *zn* chador
chafe [tʃeɪf] **I** *zn* schaafwond **II** *onov ww* ❶ zich ergeren ❷ pijn doen ⟨door schuren⟩ **III** *ov ww* schuren, (warm) wrijven, (open) schaven
chafer ['tʃeɪfə] *zn* (mei)kever
chaff [tʃɑːf] **I** *zn* ❶ kaf ★ fig *separate / sort the* ~ *from the wheat* het kaf van het koren scheiden ❷ haksel ❸ stroken aluminiumfolie ⟨tegen radardetectie⟩
chaffinch *zn* vink
chagrin ['ʃægrɪn] *zn* ❶ teleurstelling ❷ verdriet
chain [tʃeɪn] **I** *zn* ❶ ketting ★ ~ *of office* ambtsketen ❷ reeks, keten **II** *ov ww* ❶ ketenen, aan de ketting leggen ★ fig *be ~ed to their desks* aan hun bureau gekluisterd zitten ❷ ~ **up** aan de ketting leggen, met een ketting vastmaken
chain gang *zn* ploeg geketende dwangarbeiders ★ *work on the* ~ dwangarbeid verrichten
chain letter *zn* kettingbrief
chain-link fence *zn* afrastering v. harmonicagaas
chain mail *zn* maliënkolder
chainsaw ['tʃeɪnsɔː] *zn* kettingzaag
chain-smoker *zn* kettingroker
chain store *zn* winkelketen
chain wheel *zn* kettingwiel
chair [tʃeə] **I** *zn* ❶ stoel, zetel ★ *easy* ~ leunstoel, fauteuil ★ *high* ~ kinderstoel ★ *musical* ~*s* stoelendans ⟨spel⟩ ❷ voorzitter, voorzitterschap ★ *be in the* ~ voorzitter zijn ★ *take / leave the* ~ de vergadering openen / sluiten ❸ leerstoel, hoogleraarschap ❹ USA inform de elektrische stoel **II** *ov ww* vóórzitten
chairman ['tʃeəmən] *zn* voorzitter ★ ~ *of the (supervisory) board* president-commissaris
chairmanship ['tʃeəmənʃɪp] *zn* voorzitterschap
chairperson ['tʃeəpɜːsən] *zn* voorzitter, voorzitster
chairwoman ['tʃeəwʊmən] *zn* voorzitster
chalet ['ʃæleɪ] *zn* ❶ chalet ❷ vakantiehuisje
chalice ['tʃælɪs] *zn* kelk
chalk [tʃɔːk] **I** *zn* ❶ krijt ★ *like* ~ *and cheese* verschillen als dag en nacht ❷ (kleur)krijtje ▾ *by (a) long ~(s)* verreweg ▾ *not by a long* ~ op geen stukken na **II** *ov ww* ❶ met krijt opschrijven ❷ ~ **out** schetsen, aangeven ❸ ~ **up** opschrijven, noteren, toeschrijven, krijten ⟨keu⟩

★ ~ *up to experience* als een leermoment beschouwen

chalky ['tʃɔːkɪ] *bnw* ❶ krijtachtig ❷ krijtwit

challenge ['tʃælɪndʒ] **I** *zn* ❶ uitdaging, moeilijke zaak / taak ❷ jur wraking ❸ vraag om uitleg ❹ med immuniteitsonderzoek ★ *rise to the ~* de uitdaging aannemen, de handschoen oppakken **II** *ov ww* ❶ uitdagen ❷ aanvechten, betwisten ❸ opwekken, prikkelen ❹ aanhouden ❺ eisen, vragen ❻ jur wraken

challenge cup *zn* sport wisselbeker

challenged ['tʃælɪndʒd] *bnw* euf gehandicapt ★ USA *physically / mentally ~* lichamelijk / geestelijk gehandicapt

challenger ['tʃælɪndʒə] *zn* uitdager

challenging ['tʃælɪndʒɪŋ] *bnw* ❶ een uitdaging vormend ❷ euf moeilijk

chamber ['tʃeɪmbə] *zn* ❶ vertrek, kamer ❷ pol kamer ❸ anat kamer, holte

chamberlain ['tʃeɪmbəlɪn] *zn* ❶ kamerheer ❷ penningmeester

chambermaid ['tʃeɪmbəmeɪd] *zn* kamermeisje

chamber music *zn* kamermuziek

chamber pot *zn* po

chameleon [kə'miːlɪən] *zn* ❶ kameleon ❷ min onstandvastig iemand, draaier

chamfer ['tʃæmfə] **I** *zn* schuine kant **II** *ov ww* afschuinen, soevereinen

chamois¹ ['ʃæmwɑː] *zn* gems

chamois² ['ʃæmwɑː /'ʃæmɪ] *zn* gemzenleer, zeemleer

chamomile ['kæməmaɪl] *zn* kamille

champ [tʃæmp] **I** *zn*, inform *champion* kampioen **II** *onov ww* (hoorbaar) kauwen ★ fig *be ~ing at the bit* popelen **III** *ov ww* (hoorbaar) bijten op

champagne [ʃæm'peɪn] *zn* champagne

champers ['ʃæmpəz] *zn mv*, GB inform champagne

champion ['tʃæmpɪən] **I** *zn* ❶ kampioen ❷ voorvechter **II** *bnw + bijw* prima, geweldig **III** *ov ww* verdedigen, krachtig opkomen voor

championship ['tʃæmpɪənʃɪp] *zn* ❶ kampioenschap ❷ verdediging, krachtige steun

chance [tʃɑːns] **I** *zn* ❶ kans ❷ gelegenheid ❸ risico ❹ toeval ★ *leave nothing to ~* niets aan het toeval overlaten ▾ *as ~ would have it* het toeval wilde ▾ *the ~s are against it* er is niet veel kans ▾ *by ~* toevallig ▾ *by any ~* soms, misschien, toevallig ▾ *the ~s are that* er is veel kans dat ▾ *on the off ~* voor het geval iets onverhoopt toch goed zou uitpakken ▾ *stand a fair ~* kans hebben ▾ *a good ~* heel waarschijnlijk ▾ *take a ~* het erop wagen, de gelegenheid aangrijpen ▾ *do sth on the off ~* iets tegen beter weten in tóch proberen te doen ▾ *have an eye to the main ~* op eigen voordeel letten **II** *bnw* toevallig **III** *ov ww* wagen, riskeren **IV** *onov ww* ❶ gebeuren ★ *I ~d to see it* ik zag het toevallig ❷ ~ **on** toevallig tegenkomen

chancel ['tʃɑːnsəl] *zn* (priester)koor

chancellery ['tʃɑːnsələrɪ] *zn* ❶ kanselierschap ❷ kanselarij

chancellor ['tʃɑːnsələ] *zn* ❶ kanselier ❷ titulair hoofd v.e. universiteit ★ *vice ~* rector magnificus ★ GB *Lord Chancellor* ≈ minister van justitie,

voorzitter v.h. Hogerhuis en opperste rechter ★ GB *Chancellor of the Exchequer* minister v. financiën

chancy ['tʃɑːnsɪ] *bnw* gewaagd, riskant

chandelier [ʃændɪ'lɪə] *zn* kroonluchter

chandler ['tʃɑːndlə] *zn* handelaar in scheepsbenodigdheden

change [tʃeɪndʒ] **I** *ov ww* ❶ veranderen ★ *~ colour* verschieten v. kleur ❷ (ver)wisselen, verruilen, omruilen, ruilen ★ *~ oil* olie verversen ★ *~ jobs* van baan veranderen ★ *~ planes / trains at Detroit* in Detroit overstappen ❸ je verkleden, verschonen ★ *~ clothes* je omkleden ★ *get ~d* je omkleden ❹ schakelen ★ *~ gear* (over)schakelen ❺ ~ **around/round** verplaatsen ❻ ~ **back into** weer omtoveren tot **II** *onov ww* ❶ veranderen, (om)ruilen ❷ zich verkleden ★ *~ into a dress* een jurk aantrekken ❸ overstappen ❹ techn schakelen ❺ ~ **back into** zich weer verkleden ★ *~ back into work clothes* je werkkleding weer aantrekken ❻ GB auto ~ **down** terugschakelen ❼ ~ **into** overgaan in, zich verkleden ★ *~ into shorts* een korte broek aantrekken ❽ ~ **over** omschakelen, omzwaaien ❾ GB auto ~ **up** naar hogere versnelling schakelen **III** *zn* ❶ verandering, overgang ★ *a ~ of scene* een andere omgeving ★ *for a ~* voor de verandering ★ *~ for the better / worse* verandering ten goede / kwade ★ *~ of heart* verandering van inzicht, bekering ★ *~ of mind* verandering v. gedachten ★ *~ of life* menopauze, overgang ★ GB *ring the ~s (on sth)* (iets) anders aanpakken, (iets) grondig veranderen ❷ verwisseling, (ver)ruiling, verschoning ⟨v. kleding⟩ ❸ overstap ❹ kleingeld, wisselgeld ★ *loose ~* kleingeld ★ *keep the ~* het is goed zo ⟨ik hoef het wisselgeld niet⟩ ▾ *get no ~ out of sb* bij iem. aan het verkeerde adres zijn

changeability [tʃeɪndʒə'bɪlətɪ] *zn* veranderlijkheid

changeable ['tʃeɪndʒəbl] *bnw* veranderlijk

changeless ['tʃeɪndʒləs] *bnw* onveranderlijk

changeover ['tʃeɪndʒəʊvə] *zn* ❶ ommezwaai, omschakeling ❷ overgang

change-over ['tʃeɪndʒ-əʊvə] *bnw* ★ *~ switch* omschakelaar

changing room GB *zn* kleedkamer, kleedhokje

channel ['tʃænl] **I** *zn* ❶ kanaal, waterloop, stroombed, vaargeul ★ *the (English) Channel* Het Kanaal ★ *the Channel Islands* de Kanaaleilanden ❷ comm kanaal, station ★ fig *through the usual ~s* via de gebruikelijke kanalen, langs de gewone weg **II** *ov ww* kanaliseren, (in vaste banen) leiden ★ *~ money into ailing schools* geld in noodlijdende scholen stoppen

channel-hop, channel-surf *onov ww* audio-vis zappen

chant [tʃɑːnt] **I** *zn* ❶ lied, melodie, deun ❷ koraal, psalm ❸ zangerige toon ❹ (gescandeerde) kreet, spreekkoor **II** *ov ww* ❶ scanderen ❷ zingen, reciteren

chanter ['tʃɑːntə] *zn* ❶ voorzanger ❷ schalmeipijp ⟨v. doedelzak⟩

chaos ['keɪɒs] *zn* chaos

chaotic [keɪ'ɒtɪk] *bnw* chaotisch

chap [tʃæp] **I** *zn* ❶ kinnebak, kaak ❷ GB inform

ch

ch

kerel, vent **II** *ov+onov ww* splijten, kloven
chap. *afk, chapter* hoofdstuk
chapel ['tʃæpl] *zn* ❶ kapel, zijkapel ⟨v. kerk⟩
❷ (niet-anglicaanse) kerk ❸ kerkdienst ★ *be ~*
niet tot de Engelse staatskerk behorend
chaplain ['tʃæplɪn] *zn* ❶ veldprediker,
aalmoezenier ❷ huiskapelaan
chaplet ['tʃæplɪt] *zn* ❶ (bloemen)krans
❷ rozenkrans, rozenhoedje ❸ halssnoer
chapped ['tʃæpt] *bnw* met kloven ⟨handen⟩,
gesprongen ⟨lippen⟩
chapter ['tʃæptə] *zn* ❶ hoofdstuk ★ *fig ~ and verse*
tekst en uitleg ❷ episode, periode ⟨in leven⟩
❸ kapittel ❹ USA afdeling v.e. vereniging **▼** *~ of*
accidents reeks tegenslagen
chapter house *zn* ❶ kapittelhuis ❷ USA
studentenhuis
char [tʃɑ:] **I** *ov+onov ww* (doen) verkolen,
branden, schroeien **II** *zn* oud, **charwoman**
werkster *inform* thee
character ['kærəktə] *zn* ❶ karakter, aard, natuur
★ *in / out of ~* typisch / helemaal niet typisch
★ *in ~ with* passend bij ❷ reputatie ❸ type,
snuiter ★ *she's quite a ~* zij is me er eentje
❹ personage, rol ⟨in film⟩ ★ *public ~* bekend
persoon / type ❺ teken, letter
character actor *zn* karakterspeler
characteristic [kærəktə'rɪstɪk] **I** *zn* ❶ kenmerk
❷ wisk index v. logaritme **II** *bnw* kenmerkend
characterization, characterisation
[kærəktəraɪ'zeɪʃən] *zn* karakterisering
characterize, characterise ['kærəktəraɪz] *ov ww*
kenmerken
characterless ['kærəktələs] *bnw* karakterloos
character reference *zn* aanbevelingsbrief
charade [ʃə'rɑ:d] *zn* schertsvertoning ★ *~s* hints
⟨spelletje⟩
charcoal ['tʃɑ:kəʊl] *zn* houtskool
charge [tʃɑ:dʒ] **I** *zn* ❶ (on)kosten, vergoeding,
prijs ★ *no ~ / free of ~* gratis ★ *at your ~* op jouw
kosten ★ *reverse ~s* degene die gebeld wordt de
gesprekskosten laten betalen ★ GB *call-out ~*
voorrijkosten ❷ USA *inform* kostenpost,
rekening ⟨v. hotel, enz.⟩ ❸ jur aanklacht,
beschuldiging ★ *face a ~* terechtstaan voor
★ *bring / press / prefer ~s against you* jou iets ten
laste leggen ★ *drop the ~s* een aanklacht
intrekken ❹ zorg, leiding ★ *be in ~ of*
verantwoordelijk zijn voor ★ *in / under the ~ of*
onder de hoede van ★ *official in ~* dienstdoende
beambte ❺ form taak, plicht ❻ form humor
pupil ❼ aanval ❽ lading ⟨elektriciteit, emotie⟩
❾ lading, springstof **▼** USA *inform get a ~ out of*
sth ergens een kick v. krijgen **II** *ov ww* ❶ in
rekening brengen, vragen, rekenen
❷ afboeken, afschrijven ⟨als kosten⟩, USA met
de creditcard betalen ★ *~ € 25 to your account*
€ 25 op je rekening laten schrijven ⟨die je later
betaalt⟩ ❸ jur beschuldigen, aanklagen
❹ aanvallen, losstormen op ❺ laden ★ *~ up*
opladen ❻ form gelasten, opdragen ❼ form
vullen ⟨glazen bv.⟩, verzadigen ⟨lucht bv.⟩ ★ *fig a*
highly ~d atmosphere een erg gespannen sfeer
III *onov ww* ❶ geld vragen ❷ aanvallen,
rennen, vliegen ★ *~ into sb* op iem. losstormen,
tegen iem. aanbotsen ★ *~ into a room* een

kamer binnenstormen ❸ opladen
chargeable ['tʃɑ:dʒəbl] *bnw* ❶ te declareren
❷ belastbaar ⟨v. inkomen⟩
charge account *zn* USA klantenrekening
charge card *zn* klanten(krediet)kaart, klantenpas
chargehand ['tʃɑ:dʒhænd] *zn* ploegbaas
charge nurse *zn* hoofdverpleegkundige
charger ['tʃɑ:dʒə] *zn* oplader, acculader
chariot ['tʃærɪət] *zn* zegekar
charioteer [tʃærɪə'tɪə] *zn* wagenmenner
charisma [kə'rɪzmə] *zn* charisma, uitstraling
charitable ['tʃærɪtəbl] *bnw* ❶ liefdadig
❷ welwillend, mild
charity ['tʃærɪtɪ] *zn* ❶ liefdadigheid ★ *live on / off*
~ van liefdadigheid leven ★ *~ begins at home* het
hemd is nader dan de rok
❸ liefdadigheidsinstelling ❸ (naasten)liefde
❹ mildheid ★ *judge with ~* met mildheid
beoordelen
charlady ['tʃɑ:leɪdɪ] *zn* werkster
charlatan ['ʃɑ:lətn] *zn* charlatan
Charles [tʃɑ:lz] *zn* Karel
charley horse *zn*, USA *inform* kramp
charlotte ['ʃɑ:lət] *zn* vruchtenpudding
charm [tʃɑ:m] **I** *zn* ❶ charme ❷ betovering,
tovermiddel, toverwoord, toverspreuk ★ *work*
like a ~ werken als een zonnetje ★ USA *third*
time's a / the ~ driemaal is scheepsrecht
❸ bedeltje ❹ amulet ★ *lucky ~* talisman **II** *ov*
ww ❶ charmeren, bekoren ❷ bezweren, met
magische kracht beschermen ★ *~ sth out of a*
person iem. iets (weten te) ontlokken
charmer ['tʃɑ:mə] *zn* charmeur
charming ['tʃɑ:mɪŋ] *bnw* charmant,
aantrekkelijk, allerliefst
charnel house ['tʃɑ:nlhaʊs] *zn* knekelhuis
chart [tʃɑ:t] **I** *zn* ❶ (zee- / weer)kaart ❷ grafiek,
tabel ★ *the ~s* de hitparade **II** *ov ww* ❶ in kaart
brengen ❷ plannen **III** *onov ww* in de hitparade
komen
charter ['tʃɑ:tə] **I** *zn* ❶ handvest, oorkonde
★ *Olympic ~* Olympisch handvest
❷ oprichtingsakte, statuten ❸ octrooi, privilege
❹ GB vrijbrief (voor slecht gedrag) ❺ het
charteren **II** *ov ww* ❶ charteren, huren
❷ octrooi / privilege / recht verlenen aan
chartreuse [ʃɑ:'trɜ:z] *zn* ❶ lichtgroen
❷ chartreuse (likeur)
charwoman ['tʃɑ:wʊmən] *zn* werkster
chary ['tʃeərɪ] *bnw* behoedzaam ★ *~ of* huiverig
voor, karig met
chase [tʃeɪs] **I** *ov+onov ww* ❶ achtervolgen,
achterna zitten, vervolgen, najagen, proberen
te bereiken ❷ *inform* proberen te versieren
❸ *inform* achter de broek zitten ❹ *inform*
aflopen / -rennen ❺ techn drijven ⟨v. zilver⟩
II *~ ~ away/out/off, etc* wegjagen
❷ USA *~ down* [ov] opsporen ❸ *~ up* [ov]
opsporen **III** *zn* ❶ vervolging, achtervolging
❷ het najagen ⟨v. succes, enz.⟩ ❸ jacht
❹ jachtterrein ❺ bejaagd wild, prooi ★ *in ~ of*
op jacht naar **▼** *inform cut to the ~* ter zake
komen **▼** *give ~* de achtervolging inzetten
chaser ['tʃeɪsə] *zn* ❶ koopstoot ❷ paard voor
steeplechase ❸ jager, achtervolger ❹ ciseleur,
drijver

ch

chasm ['kæzəm] zn afgrond, kloof

chassis ['ʃæsɪ] zn chassis

chaste [tʃeɪst] bnw ❶ kuis ❷ eenvoudig, sober

chasten ['tʃeɪsən] ov ww kuisen

chastise [tʃæ'staɪz] ov ww kastijden, tuchtigen

chastity ['tʃæstətɪ] zn kuisheid

chasuble ['tʃæzjʊbl] zn kazuifel

chat [tʃæt] I onov ww ❶ kletsen, babbelen ❷ www chatten II ov ww, GB inform ~ up (proberen te) versieren III zn ❶ gesprek, babbel ❷ gepraat

château ['ʃætəʊ] zn kasteel, landhuis

chat show zn discussieprogramma, praatprogramma ⟨op radio of tv⟩

chatter ['tʃætə] I zn ❶ geklets, gekwebbel ❷ geratel ⟨v. machine⟩, gekwetter ⟨v. vogels⟩ ❸ geklapper ⟨v. tanden⟩ II onov ww ❶ kletsen, kwebbelen ❷ ratelen, kwetteren ❸ klapperen ⟨v. tanden⟩

chatterbox ['tʃætəbɒks] zn babbelkous

chatty ['tʃætɪ] bnw ❶ praatziek ❷ inform gezellig

chauffeur ['ʃəʊfə] zn chauffeur

cheap [tʃiːp] bnw + bijw ❶ goedkoop, voordelig ❷ v. weinig waarde ▾ ~ and cheerful niet duur maar prettig ▾ feel ~ je schamen, je rot / niet lekker voelen ▾ on the ~ voor een habbekrats ▾ ~ at the price waar voor je geld ▾ go ~ weggaan voor een prikje ▾ this doesn't come ~ dit kost nogal wat

cheapen ['tʃiːpən] ov+onov ww ❶ je reputatie geweld aan doen ❷ in prijs verminderen / verlagen ❸ afbreuk doen aan

cheapskate ['tʃiːpskeɪt] zn vrek

cheat [tʃiːt] I ov+onov ww ❶ beetnemen ❷ afzetten ❸ valsspelen ❹ frauderen ❺ vreemdgaan ★ inform ~ on sb iem. ontrouw zijn ▾ ~ death aan de dood ontsnappen ❻ ~ (out) of aftroggelen, door de neus boren II zn ❶ bedrog, zwendel, afzetterij ❷ bedrieger, afzetter ❸ valsspeler

check [tʃek] I ov ww ❶ controleren, verifiëren ❷ stopzetten, tegenhouden, beteugelen, intomen ★ ~ yourself je inhouden ❸ USA (ter bewaring) afgeven ⟨jas, enz.⟩ ❹ inchecken ❺ aankruisen, afvinken ⟨hokje, lijst⟩ ★ ~! akkoord! ❻ schaak zetten ❼ ~ against vergelijken met ❽ ~ in inschrijven, inchecken ❾ USA ~ off aankruisen, afvinken ❿ ~ out uitschrijven, onderzoeken, natrekken, uitproberen, USA lenen ⟨bibliotheekboek⟩, USA afrekenen ⟨bij kassa⟩ ⓫ ~ over/through nauwkeurig nakijken II onov ww ❶ controleren ★ ~ with your doctor before... raadpleeg je arts voordat... ❷ kloppen, overeenkomen ❸ het spoor bijster raken en blijven staan ⟨tijdens jacht⟩ ❹ ~ in zich melden, inchecken ❺ ~ into aankomen ⟨in hotel, enz.⟩, onderzoeken ❻ ~ on controleren ❼ ~ out vertrekken, zich uitschrijven, kloppen ⟨waar zijn⟩ ❽ ~ up on controleren III zn ❶ controle, proef, test, verificatie ❷ beteugeling, belemmering, rem, stop ★ hold / keep in ~ in toom houden ❸ ruitjespatroon ❹ schaak ⟨van koning⟩ ❺ USA rekening ⟨v. hotel, enz.⟩ ❻ USA → cheque ❼ USA vinkje, kruisje ❽ USA garderobe, vestiaire ❾ USA bonnetje, reçu ⟨v. garderobe, enz.⟩

check card zn USA → cheque card

checked [tʃekt] bnw geruit

checker ['tʃekə] zn ❶ USA caissière ❷ controle ❸ controleur

checkerboard ['tʃekəbɔːd] zn USA dambord

checkered bnw USA → chequered

checkers ['tʃekəs] zn mv USA damspel

check-in desk zn afhandelingsbalie

checklist ['tʃeklɪst] zn controlelijst

check mark zn USA streepje, kruisje ⟨v. afvinken⟩

checkmate ['tʃekmeɪt] zn schaakmat ook fig

checkout ['tʃekaʊt] zn kassa

checkpoint ['tʃekpɔɪnt] zn ❶ controlepost, controlepunt ❷ doorlaatpost

check-up ['tʃekʌp] zn controle(beurt), algeheel (vnl. medisch) onderzoek

Cheddar ['tʃedə] zn cul cheddarkaas

cheek [tʃiːk] I zn ❶ wang ★ fig ~ by jowl dicht bij elkaar, met twee handen op één buik ★ fig turn the other ~ de andere wang toekeren ❷ brutaliteit, lef ❸ bil II ov ww, GB inform brutaal zijn tegen

cheekbone ['tʃiːkbəʊn] zn jukbeen

cheeky ['tʃiːkɪ] bnw brutaal

cheep [tʃiːp] I zn getjilp II onov ww tjilpen

cheer ['tʃɪə] I zn ❶ hoera(atje), gejuich ❷ aanmoediging, bijval ❸ (goede / vrolijke) stemming, vrolijkheid ❹ onthaal ❺ → cheers II ov ww ❶ (toe)juichen, aanmoedigen ❷ opvrolijken III ww ❶ ~ up moed scheppen ❷ [ov] opvrolijken ★ ~ up! kop op! ★ the results were ~ing de resultaten waren bemoedigend

cheerful ['tʃɪəfʊl] bnw vrolijk, opgeruimd

cheerfulness ['tʃɪəfʊlnəs] zn vrolijkheid, opgeruimdheid

cheerio [tʃɪəri'əʊ] tw inform dag!, tot ziens!

cheerless ['tʃɪələs] bnw triest, somber

cheers ['tʃɪəz] tw ❶ proost, gezondheid ❷ tot ziens ❸ bedankt

cheery ['tʃɪərɪ] bnw vrolijk, opgewekt

cheese [tʃiːz] I zn kaas ★ a chunk / piece / slice of ~ een stukje / plakje kaas ★ say ~ even lachen ⟨bij het maken v. foto⟩ II ov ww inform ~ off tot wanhoop brengen, frustreren, vervelen ★ be ~d off de pest in hebben

cheeseburger ['tʃiːzbɜːgə] zn cul kaasburger

cheesecake ['tʃiːzkeɪk] zn kwarktaart

cheese-paring I zn krenterigheid II bnw krenterig

cheese straw zn kaasstengel

cheesy ['tʃiːzɪ] bnw ❶ kaasachtig ❷ inform goedkoop, afgezaagd ❸ gemaakt ⟨v. lach⟩

chef [ʃef] zn chef-kok

chef-d'oeuvre [ʃeɪ'dɜːvr] zn meesterstuk, meesterwerk

chemical ['kemɪkl] I bnw chemisch II zn scheikundige stof ★ ~s [mv] chemicaliën

chemise [ʃə'miːz] zn dameshemd

chemist ['kemɪst] zn ❶ GB apotheker ❷ drogist ❸ scheikundige ★ dispensing ~ apotheker

chemistry ['kemɪstrɪ] zn ❶ chemie, scheikunde ❷ (scheikundige) samenstelling v. eigenschappen ❸ fig werking v. iets tussen personen

chemotherapy [kiːməʊ'θerəpi], inform **chemo** ['kiːməʊ] zn med chemotherapie

ch

cheque [tʃek] zn cheque ★ *blank* ~ blanco cheque ★ *certified* ~ gedekte cheque

cheque card zn betaalpas

chequered ['tʃekəd] bnw geblokt ★ *the* ~ *flag* zwart-wit geblokte vlag (bij finish autoraces) ★ ~ *life* veelbewogen leven

cherish ['tʃerɪʃ] ov ww ❶ koesteren ❷ liefhebben

cherry ['tʃerɪ] I zn ❶ kers ★ ~ *bob* twee kersen aan één steeltje ★ ~ *brandy* kersenbrandewijn ❷ kersenboom, kersenhout ▼ *take two bites at a* ~ iets half doen, knoeien II bnw kerskleurig, cerise

cherry-pick ov ww de beste uitkiezen

cherubic [tʃə'ru:bɪk] bnw engelachtig

chervil ['tʃɜ:vɪl] zn kervel

chess [tʃes] zn schaakspel

chessboard ['tʃesbɔ:d] zn schaakbord

chessman ['tʃesmæn], **chess piece** zn schaakstuk

chest [tʃest] zn ❶ borst(kas) ❷ koffer, kist ❸ kas (bv. v. instelling) ★ ~ *of drawers* ladekast, commode ★ *get sth off your* ~ iets opbiechten, je hart uitstorten

chesterfield ['tʃestəfi:ld] zn ❶ chesterfield (soort sofa / bank) ❷ Can bank, sofa

chestnut ['tʃesnʌt] I zn ❶ kastanje ❷ kastanjeboom II bnw kastanjebruin

chesty ['tʃesti] bnw ❶ met weelderige boezem ❷ met zwakke longen

chevalier [ʃevə'lɪə] zn ridder, galante man

chevron ['ʃevrən] zn ❶ visgraatmotief ❷ mil (V-vormige) streep (op mouw)

chew [tʃu:] I zn GB zuigsnoepje II onov ww ❶ kauwen, (af)kluiven ❷ inform ~ *on* overpeinzen III ov ww ❶ kauwen (op), bijten (op) ★ fig inform *chew the fat* kletsen ❷ inform ~ *over* nadenken over

chewing gum zn kauwgom

chic [ʃi:k] I bnw chic II zn stijl, elegantie

chicane [ʃɪ'keɪn] I zn auto chicane II ov+onov ww ❶ chicaneren ❷ bedriegen

chicanery [ʃɪ'keɪnərɪ] zn ❶ chicane(s) ❷ slimme drogreden

chichi ['ʃi:ʃi:] bnw gewild chic, opzichtig, protserig

chick [tʃɪk] zn ❶ kuiken(tje), jong vogeltje ❷ jong grietje

chicken ['tʃɪkɪn] I zn ❶ kip ★ fig *your* ~*s come home to roost* je oude fouten achtervolgen je ❷ kuiken ❸ inform lafaard ▼ *count your* ~ *before they are hatched* de huid verkopen voor de beer geschoten is II onov ww inform ~ *out* uit angst niet doen, ervoor terugschrikken

chicken feed zn ❶ USA kippenvoer ❷ kleingeld

chicken-hearted bnw laf, bang

chickenpox ['tʃɪkɪnpɒks] zn waterpokken

chicken wire zn kippengaas

chickpea ['tʃɪkpi:] zn keker, kikkererwt

chicory ['tʃɪkərɪ] zn ❶ cichorei ❷ Brussels lof, witlof ❸ USA andijvie

chide [tʃaɪd] ov+onov ww ❶ berispen ❷ tekeergaan

chief [tʃi:f] I zn leider, hoofd, chef, commandant ★ *in* ~ in de eerste plaats, voornamelijk ▼ *too many* ~*s and not enough Indians* te veel bazen en te weinig knechten II bnw voornaamste, hoofd-, leidend(e)

Chief Constable zn (hoofd)commissaris v. politie

chiefly ['tʃi:flɪ] I bnw van of als een leider II bijw voornamelijk

chieftain ['tʃi:ftn] zn aanvoerder, hoofdman, opperhoofd

chiffon ['ʃɪfɒn] zn dun gaas (v. zijde / nylon)

chilblain ['tʃɪlbleɪn] zn winter(aandoening) ★ ~*ed feet / hands* wintervoeten / -handen

child [tʃaɪld] zn [mv: children] kind ★ *as a* ~ als kind ★ *from a* ~ van kindsbeen af ▼ *be with* ~ zwanger zijn ▼ ~*'s play* kinderspel

child abuse zn kindermisbruik, kindermishandeling

childbearing ['tʃaɪldbeərɪŋ] zn het baren

child benefit zn kinderbijslag

childbirth ['tʃaɪldbɜ:θ] zn bevalling

childhood ['tʃaɪldhʊd] zn kindertijd ▼ *second* ~ kindsheid

childish ['tʃaɪldɪʃ] bnw kinderachtig

childless ['tʃaɪldləs] bnw kinderloos

childlike ['tʃaɪldlaɪk] bnw kinderlijk

childminder ['tʃaɪldmaɪndə] zn kinderoppas

childproof ['tʃaɪldpru:f] bnw kindveilig

children ['tʃɪldrən] zn mv → child

child soldier zn kindsoldaat

chill [tʃɪl] I zn ❶ kou, kilte ★ *cast a* ~ *over sth* ergens een domper op zetten ❷ verkoudheid ❸ koude rilling ★ *send a* ~ *down your spine* je de koude rillingen geven II bnw kil, koel III ov ww ❶ afkoelen ❷ ontmoedigen IV onov ww ❶ afkoelen ❷ beslaan (v. ruit, enz.) ❸ inform ~ *out* chillen, bijkomen

chilli ['tʃɪlɪ] zn ❶ Spaanse peper ❷ cul chili

chilling ['tʃɪlɪŋ] bnw huiveringwekkend

chilly ['tʃɪlɪ] bnw ❶ kil ❷ huiverig

chimaera, chimera [kaɪ'mɪərə] zn hersenschim, schrikbeeld

chime [tʃaɪm] I zn ❶ klok, klokkenspel ❷ samenklank, harmonie II onov ww ❶ luiden ❷ samenklinken, harmoniëren ❸ ~ *in* ook iets zeggen ❹ ~ *in with* overeenstemmen met III ov ww luiden

chimney ['tʃɪmnɪ] zn ❶ schoorsteen ❷ rotskloof, spleet (bergsport)

chimney jack zn gek (op schoorsteen)

chimney piece zn schoorsteenmantel

chimney pot zn schoorsteen(pot)

chimney stack zn schoorsteen (op het dak)

chimney sweep zn schoorsteenveger

chimpanzee [tʃɪmpən'zi:], inform **chimp** [tʃɪmp] zn chimpansee

chin [tʃɪn] zn kin ★ *double chin* onderkin ▼ *(keep your) chin up* hou de moed erin ▼ *take sth on the chin* je ergens moedig doorheen slaan

china ['tʃaɪnə] zn ❶ porselein ❷ porseleinen kopjes, bordjes enz.

China ['tʃaɪnə] China

china clay zn porseleinaarde

Chinese [tʃaɪ'ni:z] I zn ❶ Chinees ❷ taalk Chinees II bnw Chinees

chink [tʃɪŋk] I zn ❶ spleet ★ fig *a* ~ *of light* straaltje licht / hoop ★ fig *a* ~ *in sb's armour* een zwakke plek ❷ gerinkel ❸ min spleetoog, Chinees II onov ww rinkelen III ov ww klinken, doen rinkelen

chintz [tʃɪnts] zn chintz, bedrukte katoenen stof

chip [tʃɪp] I zn ❶ spaan(der), schilfer, splintertje

ch

❷ plakje, schijfje ❸ fiche ❹ comp chip ★ *chip and PIN / pin* PIN-systeem, het betalen met pinpas ★ *chips* [mv] GB patat, USA chips ★ *bargaining chip* troef ⟨bij onderhandelingen⟩ ★ *blue chip* goed aandeel, veilige investering ▼ *a chip off the old block* 'n aardje naar zijn vaartje ▼ *have a chip on your shoulder* een wrok koesteren II *ov ww* ❶ (af)hakken, (af)bikken ❷ beitelen ❸ sport een boogballetje geven III *onov ww* ❶ afbrokkelen, afschilferen ❷ ~ **away** stukjes wegbeitelen / uitsnijden ❸ fig langzaam zwakker maken ❹ ~ **in** in de rede vallen ❺ (zijn steentje) bijdragen ❻ ~ **off** afbreken ⟨klein stukje⟩

chipboard ['tʃɪpbɔːd] *zn* spaanplaat
chipmunk ['tʃɪpmʌŋk] *zn* USA wangzakeekhoorn
chipper ['tʃɪpə] I *zn* ❶ houtversnipperaar ❷ patatsnijder II *bnw* opgewekt, vrolijk
chippie ['tʃɪpɪ] *zn* → **chippy**
chipping ['tʃɪpɪŋ] *zn* scherfje ★ ~*s* steenslag
chippy ['tʃɪpɪ] I *zn* ❶ inform snackbar ❷ inform timmerman II *bnw* inform prikkelbaar
chip shop *zn* inform snackbar
chiropodist [kɪ'rɒpədɪst] *zn* pedicure
chiropody [kɪ'rɒpədɪ] *zn* pedicure
chirp [tʃɜːp] I *ov+onov ww* ❶ tjilpen, kwelen ❷ opgewekt praten II *zn* getjilp
chirpy ['tʃɜːpɪ] *bnw* vrolijk
chirrup ['tʃɪrəp] *zn* → **chirp**
chisel ['tʃɪzəl] I *zn* beitel II *ov ww* ❶ beitelen, beeldhouwen ❷ bedriegen ★ ~ *sb out of some euros* iem. een paar euro lichter maken
chiselled, USA **chiseled** ['tʃɪzəld] *bnw* ❶ gebeiteld, gebeeldhouwd ❷ ★ ~ *features* krachtige trekken
chit [tʃɪt] *zn* ❶ briefje, bonnetje ❷ min oud brutaaltje ★ *chit of a girl* jong ding
chit-chat ['tʃɪttʃæt] *zn* inform gebabbel, gekeuvel
chivalrous ['ʃɪvəlrəs], **chivalric** ['ʃɪvəlrɪk] *bnw* ridderlijk
chivalry ['ʃɪvəlrɪ] *zn* ❶ ridderschap ❷ ridderlijkheid
chives ['tʃaɪvz] *zn mv* bieslook
chivvy ['tʃɪvɪ] *ov ww* ❶ inform opjagen ❷ aandringen ★ ~ *sb into sth* iem. tot iets aanzetten
chloride ['klɔːraɪd] *zn* chloride
chlorine ['klɔːriːn] *zn* chloor
chlorophyll ['klɒrəfɪl] *zn* chlorofyl, bladgroen
choc [tʃɒk] *zn* inform → **chocolate**
choc ice ['tʃɒkaɪs] *zn* ijsje met laagje chocola erop
chock [tʃɒk] I *zn* blok, klamp, klos II *ov ww* vastzetten
chock-a-block [tʃɒk ə 'blɒk] *bnw* tjokvol, propvol
chock-full [tʃɒk'fʊl] *bnw* propvol
chocolate ['tʃɒklət] I *zn* ❶ chocola, chocolaatje ❷ bonbon ★ *hot* ~ chocolademelk ★ *a bar / piece of* ~ een reep / stuk chocola II *bnw* chocoladebruin
choice [tʃɔɪs] I *zn* keuze, voorkeur ★ *multiple* ~ meerkeuze- ★ *he had no* ~ *but to leave* hij moest wel weggaan ★ *by* ~ naar keuze ★ *of your* ~ naar eigen keuze ★ *not through* ~ *of his own* niet uit eigen vrije wil II *bnw* uitgelezen, met zorg gekozen ★ *the* ~*st ingredients* de ingrediënten van de hoogste kwaliteit ★ ~ *words* welgekozen

woorden, humor grof taalgebruik
choir ['kwaɪə] *zn* koor
choirboy ['kwaɪəbɔɪ] *zn* koorknaap
choirmaster ['kwaɪəmɑːstə] *zn* koordirigent
choke [tʃəʊk] I *onov ww* ❶ zich verslikken, stikken ❷ verstikken ❸ USA inform klunzen II *ov ww* ❶ wurgen, smoren ❷ verstikken ❸ verstoppen, afsluiten ❹ ~ **back** terugdringen ⟨tranen, enz.⟩ ❺ ~ **down** onderdrukken, inslikken, met moeite verwerken ❻ ~ **off** afsnijden, beperken ❼ (iemand) de mond snoeren ❽ ~ **out** met moeite uitbrengen ❾ ~ **up** een brok in de keel hebben III *zn* auto choke
choker ['tʃəʊkə] *zn* nauw sluitende halsketting
choleric ['kɒlərɪk] *bnw* opvliegend
choose [tʃuːz] *ov+onov ww* ❶ (onregelmatig) kiezen, verkiezen, wensen ★ ~ *not to marry* ervoor kiezen niet te trouwen ▼ *there is nothing / little to* ~ *between them* ze zijn nagenoeg hetzelfde
chooser ['tʃuːzə] *zn* → **beggar**
choosy ['tʃuːzɪ] *bnw* kieskeurig
chop [tʃɒp] I *ov+onov ww* ❶ (fijn)hakken, kappen ❷ sterk reduceren ▼ *chop and change* steeds ⟨v. gedachten⟩ veranderen ❸ ~ **down** omhakken ❹ ~ **off** afhakken ❺ ~ **up** fijnhakken II *zn* ❶ karbonade, kotelet ❷ slag, houw, stoot ❸ korte golfslag ★ *chops* [mv] kaken, trucjes ⟨virtuositeit⟩ ▼ *get the chops* de zak krijgen, afgeblazen worden ⟨v. plan⟩
chophouse ['tʃɒphaʊs] *zn* eethuis ⟨gespecialiseerd in steaks enz.⟩
chopper ['tʃɒpə] *zn* ❶ inform helikopter ❷ hakmes ❸ USA motorfiets ⟨met hoog stuur⟩ ★ ~*s* [mv] inform tanden
chopping board *zn* snijplank
choppy ['tʃɒpɪ] *bnw* taalk hortend en onsamenhangend ⟨v. stijl⟩ ★ ~ *sea* ruwe zee
chopstick ['tʃɒpstɪks] *zn* eetstokje
chopsuey [tʃɒp'suːɪ] *zn* tjaptjoi
choral ['kɔːrəl] *bnw* koraal-, koor-, zang- ★ ~ *music* koormuziek ★ ~ *society* zangvereniging
chorale [kɒ'rɑːl] *zn* ❶ kerkgezang ❷ USA koor
chord [kɔːd] *zn* ❶ muz akkoord ❷ wisk koorde ★ *vocal* ~*s* stembanden ▼ *strike / touch a cord (with sb)* een gevoelige snaar raken (bij iemand)
chore [tʃɔː] *zn* (onaangenaam) karweitje ★ *household / domestic* ~*s* [mv] huishoudelijke taken
chorea [kɒ'rɪə] *zn* med sint-vitusdans
choreographer [kɒrɪ'ɒgrəfə] *zn* choreograaf
choreography [kɒrɪ'ɒgrəfɪ] *zn* choreografie
chorister ['kɒrɪstə] *zn* koorzanger, koorknaap
chortle ['tʃɔːtl] *onov ww* ❶ schateren ❷ grinniken
chorus ['kɔːrəs] I *zn* ❶ refrein ❷ koor ▼ *in* ~ in koor, allemaal samen II *ov ww* in koor zingen
chorus girl *zn* danseres ⟨in musical⟩
chose [tʃəʊz] *ww* [verleden tijd] → **choose**
chosen ['tʃəʊzən] *ww* [volt. deelw.] → **choose**
chough [tʃʌf] *zn* kauw ⟨vogel⟩
chow [tʃaʊ] *zn* ❶ inform eten ❷ chowchow ⟨hondenras⟩
chowder ['tʃaʊdə] *zn* dikke vissoep
Christ [kraɪst] *zn* Christus
christen ['krɪsən] *ov ww* ❶ dopen ❷ noemen ❸ inwijden

ch

Christendom ['krɪsəndəm] *zn* christenheid

christening ['krɪsnɪŋ] *zn* doop, het dopen

Christian ['krɪstʃən] **I** *zn* christen ★ ~ *Democratic* christendemocratisch **II** *bnw* christelijk

Christianity [krɪstɪˈænɪtɪ] *zn* christendom

Christmas ['krɪsməs] *zn* Kerstmis

Christmas box *zn* kerstcadeautje ⟨voor leveranciers / werknemers⟩

Christmas carol *zn* kerstlied

Christmas Eve *zn* kerstavond

Christmas tree *zn* kerstboom

chromatic [krəˈmætɪk] *bnw* chromatisch

chrome [krəʊm] *zn* chroom

chromium ['krəʊmɪəm] *zn* chroom ★ ~ *plated* verchroomd

chromosome ['krəʊməsəʊm] *zn* chromosoom

chronic ['krɒnɪk] *bnw* ❶ chronisch ❷ *inform* verschrikkelijk slecht

chronicle ['krɒnɪkl] **I** *zn* kroniek, geschiedenis **II** *ov ww* te boek stellen

chronicler ['krɒnɪklə] *zn* kroniekschrijver

chronograph ['krɒnəgrɑːf] *zn* ❶ precisietijdmeter ❷ stopwatch

chronological [krɒnəˈlɒdʒɪkl] *bnw* chronologisch

chronology [krəˈnɒlədʒɪ] *zn* chronologie

chrysalis ['krɪsəlɪs] *zn* pop ⟨v. insect⟩

chrysanthemum [krɪˈsænθəməm] *zn* chrysant

chubby ['tʃʌbɪ] *bnw* mollig

chuck [tʃʌk] **I** *ov ww* ❶ gooien, smijten ❷ ~ **(in/up)** stoppen, er de brui aan geven ❸ de bons geven ▼ *inform it's ~ing it down* het regent dat het giet **II** *onov ww* ~ **(up)** overgeven **III** *ww* ❶ ~ **away** [ov] weggooien ❷ ~ **off/out** [ov] eruit smijten **IV** *zn* ❶ *techn* klem ⟨aan draaibank⟩ ❷ *inform* schatje ❸ schouderstuk ⟨v. rund⟩

chuckle ['tʃʌkl] **I** *onov ww* gniffelen, grinniken **II** *zn* lachje, gegrinnik

chuck steak *zn* schouderstuk ⟨v. rund⟩

chuffed [tʃʌft] *bnw* verrukt, verrast

chug [tʃʌg] **I** *zn* geronk **II** *onov ww* ronken, puffen ⟨v. motor⟩ **III** *ov ww, USA inform* naar binnen klokken ⟨drank(je)⟩

chum [tʃʌm] *zn inform* kameraad

chummy ['tʃʌmɪ] *bnw* innig gezellig ★ *we are* ~ we zijn goede maatjes met elkaar

chump [tʃʌmp] *zn* stomkop

chunk [tʃʌŋk] *zn* homp, brok, bonk, stuk

chunky ['tʃʌŋkɪ] *bnw* ❶ dik en zwaar, omvangrijk ❷ gezet, gedrongen ⟨v. postuur⟩ ❸ met grote brokken

church [tʃɜːtʃ] *zn* kerk ★ *Church of England* anglicaanse Kerk ★ *Established Church* staatskerk ★ *Low Church* calvinistische richting in de anglicaanse Kerk ★ *go into / enter the Church* geestelijke / predikant worden

churchgoer ['tʃɜːtʃgəʊə] *zn* kerkganger

churchwarden [tʃɜːtʃˈwɔːdn] *zn* kerkmeester, kerkvoogd

churchy ['tʃɜːtʃɪ] *bnw* kerks

churchyard ['tʃɜːtʃjɑːd] *zn* kerkhof

churlish ['tʃɜːlɪʃ] *bnw* form* lomp, bot

churn [tʃɜːn] **I** *zn* ❶ karn ❷ melkbus **II** *onov ww* ❶ schuimen ❷ zieden ⟨van zee⟩ ❸ stampen ⟨van scheepsmotor⟩ ❹ omdraaien ⟨v. maag⟩ **III** *ov ww* ❶ karnen ❷ omroeren ❸ kwaad maken

❹ doen schuimen ❺ ~ **out** aan de lopende band produceren ❻ ~ **up** omwoelen ⟨v. grond⟩

chute [ʃuːt] *zn* ❶ glijbaan ❷ stortkoker ❸ *inform* parachute

CIA *afk, USA Central Intelligence Agency* Centrale Inlichtingendienst

ciborium [sɪˈbɔːrɪəm] *zn* ciborie

cicada [sɪˈkɑːdə] *zn* krekel

CID *afk, Criminal Investigation Department* opsporingsdienst, recherche

cider ['saɪdə] *zn* cider

c.i.f. *afk, cost, insurance, freight* kosten, verzekering, vracht

cigar [sɪˈgɑː] *zn* sigaar ▼ *USA close, but no* ~ bijna goed, maar geen prijs ⟨antwoord, gok enz.⟩

cigarette [sɪgəˈret] *zn* sigaret

cigarette butt, cigarette end *zn* peuk

cigarette lighter *zn* aansteker

cigarette paper *zn* vloei

cinch [sɪntʃ] **I** *zn* ❶ *inform* makkie ❷ *USA* iets dat zeker is ❸ *USA* zadelriem **II** *ov ww* ❶ vastgespen ❷ *USA* singelen ⟨paard⟩

cinder ['sɪndə] *zn* sintel, slak ★ *~s* [mv] as ▼ *burn sth to a* ~ iets erg laten aanbranden / verbranden

Cinderella [sɪndəˈrelə] *zn* Assepoester

cinder track *zn sport* sintelbaan

cinema ['sɪnɪmɑː] *zn* ❶ *GB* bioscoop

cinematic [sɪnɪˈmætɪk] *bnw* film-

cinnamon ['sɪnəmən] **I** *zn* kaneel **II** *bnw* geelbruin

cipher ['saɪfə] *zn* ❶ code, geheimschrift ❷ nul ⟨cijfer⟩ ❸ onbelangrijk persoon ❹ *GB* monogram

circle ['sɜːkl] **I** *zn* cirkel, kring, ring ★ *Arctic Circle* noordpoolcirkel ★ *ton dress* ~ balkon eerste rang ★ *ton upper* ~ balkon tweede rang ▼ *come / turn full* ~ op het beginpunt terugkeren **II** *onov ww* rondgaan, ronddraaien, rondcirkelen **III** *ov ww* omcirkelen

circlet ['sɜːklɪt] *zn* ❶ cirkeltje, ring ❷ band

circuit ['sɜːkɪt] *zn* ❶ circuit, kring, omtrek, *sport* racebaan ❷ ronde, rondgang ⟨v. rechter⟩ ❸ *elek* circuit, stroomkring ★ *short* ~ kortsluiting ★ *put in / out the* ~ stroom in- / uitschakelen ★ *closed* ~ *television* gesloten tv-systeem

circuitous [sɜːˈkjuːɪtəs] *bnw* omslachtig ★ ~ *route* omweg

circuitry ['sɜːkɪtrɪ] *zn* elektriciteitsnet, elektrische installatie, bedrading

circular ['sɜːkjʊlə] **I** *bnw* cirkelvormig, rond(gaand) ★ ~ *tour* rondreis **II** *zn* circulaire

circulate ['sɜːkjʊleɪt] **I** *onov ww* ❶ circuleren, in omloop zijn ❷ rondlopen ⟨op receptie⟩ **II** *ov ww* laten circuleren, in omloop brengen

circulation [sɜːkjʊˈleɪʃən] *zn* ❶ omloop, circulatie, verspreiding ★ *take out of* ~ uit de roulatie nemen ❷ bloedsomloop ❸ oplage

circum- ['sɜːkəm] *voorv* om-, cirkel-

circumcise ['sɜːkəmsaɪz] *ov ww* besnijden

circumcision [sɜːkəmˈsɪʒən] *zn* besnijdenis

circumference [səˈkʌmfərəns] *zn wisk* omtrek ⟨v. cirkel⟩

circumlocution [sɜːkəmləˈkjuːʃən] *zn* omhaal v. woorden

circumlocutory [sɜːkəmləˈkjuːtərɪ] *bnw*

omslachtig

circumscribe ['sɜːkəmskraɪb] *ov ww* ❶ begrenzen, beperken ❷ omcirkelen

circumscription [sɜːkəm'skrɪpʃən] *zn* ❶ begrenzing ❷ omtrek

circumspect ['sɜːkəmspekt] *bnw* omzichtig

circumspection [sɜːkəm'spekʃən] *zn* omzichtigheid

circumstance ['sɜːkəmstns] *zn* ❶ omstandigheid ❷ (financiële) situatie ▼ *in / under no ~s* onder geen enkele voorwaarde

circumstantial [sɜːkəm'stænʃəl] *bnw* ❶ jur (afhankelijk) van de omstandigheden, indirect, bijkomstig ⟨bewijs⟩ ❷ uitvoerig ⟨beschrijving⟩

circumvent [sɜːkəm'vent] *ov ww* omzeilen, ontwijken

circumvention [sɜːkəm'venʃən] *zn* ❶ misleiding ❷ ontduiking

circus ['sɜːkəs] *zn* ❶ circus ❷ rond plein

cirrocumulus [sɪrəʊ'kjuːmjʊləs] *zn* schapenwolkje(s)

cirrus ['sɪrəs] *zn* ❶ vederwolk ❷ plantk hechtrank

CIS *afk, Commonwealth of Independent States* GOS, Gemenebest van Onafhankelijke Staten

cissy I *zn min* mietje, homo II *bnw* min mietjesachtig, verwijfd

cistern ['sɪstn] *zn* ❶ waterreservoir ❷ stortbak

citadel ['sɪtədl] *zn* fort, citadel

citation [saɪ'teɪʃən] *zn* ❶ citaat ❷ jur dagvaarding ❸ eervolle vermelding

cite [saɪt] *ov ww* ❶ citeren, aanvoeren, noemen ❷ USA jur dagvaarden ❸ eervol vermelden

citizen ['sɪtɪzən] *zn* ❶ (staats)burger ❷ stedeling

citizenry ['sɪtɪzənrɪ] *zn* burgerij

citizenship ['sɪtɪzənʃɪp] *zn* ❶ (staats)burgerschap ❷ burgerrecht

citric ['sɪtrɪk] *bnw* citroen- ★ *~ acid* citroenzuur

citron ['sɪtrən] *zn* soort citroen(boom)

city ['sɪtiː] *zn* (grote) stad ★ *the City* de city van Londen ⟨financieel en zakelijk centrum⟩ ★ *inner city* binnenstad

city council *zn* gemeenteraad

city hall *zn* USA gemeente- / stadhuis

cityscape ['sɪtɪskeɪp] *zn* ❶ aanblik v. stad ❷ stadsbeeld

city slicker *zn, inform min* stadse meneer / madam

civic ['sɪvɪk] *bnw* ❶ stads- ❷ burger-, burgerlijk

civic centre, USA **civic center** *zn* ❶ bestuurscentrum ❷ USA gemeenschapscentrum

civics ['sɪvɪks] *zn mv*, USA onderw maatschappijleer, staatsinrichting

civil ['sɪvəl] *bnw* ❶ beschaafd, beleefd ❷ privaatrechtelijk, civiel ❸ burger-★ *~ war* burgeroorlog ❹ burgerlijk ⟨bv. huwelijk⟩

civilian [sɪ'vɪliən] I *zn* burger II *bnw* burger-

civility [sɪ'vɪlətɪ] *zn* beleefdheid ★ *civilities* [mv] plichtplegingen

civilization, civilisation [sɪvɪlaɪ'zeɪʃən] *zn* ❶ beschaving ❷ beschaafde wereld

civilize, civilise ['sɪvɪlaɪz] *ov ww* beschaven

civvy ['sɪvɪ] *bnw inform* burger-★ *in civvies* in burger(kleding) ★ *Civvy Street* de burgermaatschappij

CJ *afk, Chief Justice* opperrechter

cl *afk, centilitre* centiliter

clack [klæk] I *onov ww* klikken, tikken II *zn* geklik, getik

clad [klæd] *ww* [volt. deelw.] → **clothe**

claim [kleɪm] I *zn* ❶ bewering ❷ aanspraak, recht, eis, claim, vordering ★ *have a ~ on* recht hebben op, een vordering hebben op ★ *lay ~ to* claimen ★ *stake (out) a ~ to / for / on sth* iets opeisen II *ov ww* ❶ beweren ❷ aanspraak maken op, (op)eisen ❸ ~ **back** terugvorderen

claimant ['kleɪmənt] *zn* ❶ eiser ❷ uitkeringsgerechtigde

clairvoyance [kleə'vɔɪəns] *zn* helderziendheid

clairvoyant [kleə'vɔɪənt] I *zn* helderziende II *bnw* helderziend

clam [klæm] I *zn* ≈ mossel II *onov ww* inform ~ **up** je mond stijf dicht houden

clamber ['klæmbə] I *onov ww* klauteren II *zn* zware beklimming

clammy ['klæmɪ] *bnw* ❶ klam ❷ kleverig, klef

clamorous ['klæmərəs] *bnw* luidruchtig, schreeuwerig

clamour, USA **clamor** ['klæmə] I *onov ww* ❶ schreeuwen ❷ protesteren, eisen II *zn* ❶ geschreeuw, misbaar ❷ luid protest, roep, eis

clamp [klæmp] I *ov ww* ❶ klampen, vastklemmen, op elkaar klemmen, krammen ❷ stevig vasthouden ❸ een wielklem bevestigen II *ww* ❶ ~ **down (on)** [onov] onderdrukken, de kop indrukken ❷ ~ **on** [ov] opleggen ⟨regel, wet, enz.⟩ III *zn* ❶ klamp, klem, kram ❷ (muur)anker ❸ wielklem

clan [klæn] *zn* ❶ clan (stam in Schotse Hooglanden) ❷ familie ❸ kliek

clandestine [klæn'destɪn] *bnw* clandestien

clang ['klæŋ] I *zn* ❶ metalige klank ❷ klokgelui, belgerinkel II *onov ww* klinken, kletteren, rinkelen III *ov ww* laten klinken

clanger ['klæŋə] *zn inform* blunder ★ *drop a ~* een flater slaan

clangour, USA **clangor** ['klæŋgə] *zn form* (voortdurend) gekletter

clank [klæŋk] I *onov ww* rammelen, kletteren II *ov ww* laten kletteren III *zn* metaalgerinkel

clap [klæp] I *onov ww* ❶ klappen, slaan ❷ applaudisseren, toejuichen II *ov ww* ❶ klappen voor ❷ klappen in ⟨handen⟩, slaan in ★ *clap in irons* in de boeien slaan ★ *clap in prison* in de gevangenis zetten ❸ (stevig) zetten / plaatsen ★ *clap eyes on* zien ★ *clap a hand over your mouth* een hand voor je mond slaan ★ GB *clap hold of* vasthouden III *zn* ❶ applaus ❷ klap, slag ★ *clap of thunder* donderslag ❸ inform ★ *the clap* druiper

clapped out inform *bnw* ❶ doodop, uitgeteld ❷ gammel

clapper ['klæpə] *zn* ❶ klepel ❷ ratel ▼ inform *run like the ~s* er als een haas vandoor gaan

claptrap ['klæptræp] *zn* mooie praatjes, geklets

claret ['klærət] I *zn* ❶ rode bordeaux(wijn) ❷ bloed II *bnw* wijnrood, bordeauxrood

clarification [klærəfɪ'keɪʃən] *zn* ❶ opheldering ❷ zuivering

clarify ['klærəfaɪ] I *ov ww* ❶ ophelderen, verhelderen ❷ helder / zuiver maken II *onov ww* helder / zuiver worden

cl

clarinet [klærə'net] zn klarinet
clarion call ['klærɪən kɔ:l] zn oproep tot actie
clarity ['klærətɪ] zn ❶ helderheid, klaarheid
❷ duidelijkheid
clash [klæʃ] I zn ❶ botsing, strijd ❷ conflict,
tegenstrijdigheid ❸ gekletter II onov ww
❶ botsen ★ these colours ~ deze kleuren vloeken
❷ kletteren ❸ ~ with in botsing komen met,
twisten over, vloeken met III ov ww ❶ doen
botsen ❷ doen kletteren
clasp [klɑ:sp] I zn ❶ gesp, slot ❷ greep, handdruk
❸ omhelzing II ov ww ❶ pakken, grijpen ★ ~
hands de hand drukken ❷ omhelzen,
omklemmen ❸ sluiten, dichthaken
class [klɑ:s] I zn ❶ klasse ⟨categorie⟩ ★ in a ~ of
your own een klasse apart ❷ klasse ⟨sociale
stand⟩ ★ the lower / upper ~(es) de lagere /
hogere kringen, het lagere / betere milieu
❸ ⟨school⟩klas ❹ les(uur), cursus ★ cut ~
spijbelen ❺ klasse ⟨stijl⟩ II bnw van stand,
superieur III ov ww classificeren, indelen
class action zn rechtszaak ⟨door groep
belanghebbenden⟩
class-conscious bnw klassenbewust
classic ['klæsɪk] I zn ❶ klassiek werk, klassieke
schrijver ❷ klassieker ⟨film, enz.⟩ II bnw
❶ klassiek ❷ kenmerkend
classical ['klæsɪkl] bnw klassiek
classicism ['klæsɪsɪzəm] zn classicisme
classicist ['klæsɪsɪst] zn ❶ classicus ❷ navolger
van het classicisme
classifiable [klæsɪ'faɪəbl] bnw classificeerbaar
classification [klæsɪfɪ'keɪʃən] zn classificatie
classified ['klæsɪfaɪd] bnw ❶ geheim
❷ geclassificeerd
classify ['klæsɪfaɪ] ov ww ❶ rangschikken,
classificeren, in systeem onderbrengen
❷ geheim verklaren
classmate ['klɑ:smeɪt] zn klasgenoot
classroom ['klɑ:sru:m] zn leslokaal
classy ['klɑ:sɪ] bnw elegant, chic, duur
clatter ['klætə] I zn gekletter, geratel II ov+onov
ww kletteren, ratelen
clause [klɔ:z] zn ❶ taalk bijzin ★ coordinate ~
nevenschikkende bijzin ★ subordinate ~
onderschikkende bijzin ❷ jur clausule
claustrophobia [klɔ:strə'fəʊbɪə] zn claustrofobie
claustrophobic [klɔ:strə'fəʊbɪk] bnw
claustrofobisch
clavicle ['klævɪkl] anat zn sleutelbeen
claw [klɔ:] I zn ❶ klauw, poot, schaar ⟨van kreeft⟩
★ get your claws into sb iem. in je klauwen
krijgen, iem. afkraken ❷ (klem)haak II ov ww
❶ krabben ❷ grissen, grijpen ❸ ~ back
terugvorderen ★ claw your way back langzaam
maar vastbesloten de weg terug gaan III onov
ww klauwen, graaien
claw hammer zn klauwhamer
clay [kleɪ] I zn klei, leem, aarde II bnw van klei
clayey ['kleɪɪ] bnw kleiachtig
clean [kli:n] I bnw ❶ schoon, zuiver, helder
★ scrub the floor ~ de vloer schoonboenen ★ a ~
copy een schone kopie ❷ onschuldig ⟨v. humor⟩,
netjes, eerlijk ⟨v. wedstrijd⟩, blanco ⟨v. strafblad⟩,
inform van de drugs / drank af ❸ glad, zonder
oneffenheden, helder ⟨v. stijl bv.⟩ ❹ vakkundig,

handig ★ a ~ shot een zuiver schot ❺ fris ⟨v.
smaak⟩ ▼ come ~ with sb about sth iem. een lang
verzwegen geheim vertellen II ov ww
❶ schoonmaken, reinigen ★ ~ the mud off your
shoes de modder van je schoenen poetsen ★ ~
the fish de vis schoonmaken ❷ ~ down
grondig schoonmaken ❸ ~ out opruimen,
schoonmaken, leegmaken, leegroven, blut
maken ❹ ~ up schoonmaken, opruimen,
opknappen ★ fig ~ up the streets de straten
schoonvegen III onov ww ❶ schoon worden
❷ schoonmaken, schoonmaker zijn ❸ ~ up
opruimen, inform dikke winst maken ★ ~ up
after your children de rommel van je kinderen
opruimen IV bijw ❶ totaal ❷ schoon ★ keep it ~!
hou het netjes ★ keep / stay ~ geen drugs meer
gebruiken ▼ come ~ bekennen V zn GB
schoonmaakbeurt
clean-cut [kli:n'kʌt] bnw ❶ verzorgd, netjes
❷ scherp omlijnd
cleaner ['kli:nə] zn ❶ schoonmaker ❷ stofzuiger,
schoonmaakmiddel ❸ ⟨dry-⟩~'s stomerij
▼ inform take sb to the ~s iem. van al zijn geld
afhelpen, iem. inmaken ⟨in wedstrijd⟩
cleaning ['kli:nɪŋ] zn schoonmaak ★ do the ~ and
cooking schoonmaken
cleaning lady, cleaning woman zn ★ ~
werkster, schoonmaakster
cleanliness ['klenlɪnəs] zn netheid, properheid
cleanly ['kli:nlɪ] bnw ❶ schoon, netjes ❷ zuiver,
nauwkeurig
cleanse [klenz] ov ww zuiveren, reinigen
cleanser ['klenzə] zn reinigingsmiddel
clean-shaven bnw gladgeschoren
cleansing ['klenzɪŋ] zn (het) schoonmaken
★ ethnic ~ etnische zuivering
clean-up ['kli:nʌp] zn schoonmaak
clear [klɪə] I bnw ❶ duidelijk, klaar, helder
★ crystal ~ kristalhelder ★ I am quite ~ about it
het is mij duidelijk ★ (as) ~ as day zonneklaar
★ inform humor as ~ as mud zo helder als
koffiedik ❷ glad ⟨v. huid⟩ ❸ zuiver, onbezwaard
⟨v. geweten⟩ ❹ vrij ★ ~ of vrij van, buiten ⟨bereik
van⟩ ❺ veilig ★ the coast is ~ de kust is veilig
❻ netto ★ a ~ € 100 profit een nettowinst van
€ 100 ❼ totaal, helemaal ★ three ~ days drie
volle dagen II bijw los, weg, vrij ★ keep ~ of
doors deuren vrijhouden ★ stand ~! uit de weg!
III ov ww ❶ opruimen, afruimen ⟨tafel⟩ ❷ vrij
maken, ontruimen ⟨gebouw enz.⟩, leegmaken
★ ~ a dish / plate een bord leegeten ★ ~ your
throat je keel schrapen ★ fig ~ the way / ground
for de weg vrijmaken voor ❸ wegnemen
⟨hindernis⟩, nemen ⟨horde⟩ ❹ verhelderen,
ophelderen, verduidelijken ★ fig ~ the air de
lucht zuiveren ❺ (laten) passeren ⟨douane⟩ ★ ~
inward / outward inklaren / uitklaren
❻ vrijspreken ❼ laten goedkeuren ❽ aflossen
⟨schuld⟩ ❾ (schoon) verdienen ❿ comp wissen
⓫ ~ away opruimen, afruimen ⓬ ~ out
wegdoen, opruimen, uitmesten ⓭ ~ up
opruimen IV onov ww ❶ optrekken, helder
worden ❷ wegtrekken, oplossen ⟨v.
file⟩ ❸ overgeboekt worden ❹ ~ away
optrekken ⟨van mist⟩ ❺ ~ off wegrennen,
verdwijnen ❻ ~ out er tussenuit knijpen

❼ ~ **up** opklaren, ophelderen, verdwijnen **V** *zn* ★ *in the* ~ uit de gevarenzone, vrij van verdenking / schuld enz.
clearance ['klɪərəns] *zn* ❶ vergunning, toestemming ❷ speling, ruimte ❸ ontruiming, sloop ❹ sport het wegwerken ⟨v. bal⟩ ❺ econ verrekening, boeking
clearance sale *zn* opruiming
clear-cut [klɪə'kʌt] *bnw* scherpomlijnd
clear-headed *bnw* helder denkend, verstandig
clearing ['klɪərɪŋ] *zn* open plek in bos
clearing house *zn* ❶ verrekenkantoor ❷ informatiecentrum
clearly ['klɪəlɪ] *bijw* ❶ helder, duidelijk ❷ begrijpelijk ❸ ongetwijfeld
clear-sighted [klɪə'saɪtɪd] *bnw* ❶ scherpzinnig ❷ met scherpe blik
clearway ['klɪəweɪ] *zn* autoweg ⟨met stopverbod⟩
cleat [kli:t] *zn* ❶ klamp ❷ scheepv kikker ❸ antislipzool
cleavage ['kli:vɪdʒ] *zn* ❶ inform decolleté ❷ kloof, scheiding
cleave [kli:v] [regelmatig + onregelmatig] **I** *ov ww* ❶ kloven, splijten ❷ doorklieven **II** *onov ww* (aan)kleven ★ ~ *to an idea / belief* trouw blijven aan een idee / geloof
cleaver ['kli:və] *zn* hakmes
cleavers ['kli:vəz] *zn* plantk kleefkruid
clef [klef] *zn* muz sleutel ★ muz *treble clef* g-sleutel
cleft [kleft] **I** *zn* spleet, barst **II** *bnw* ▼ *be (caught) in a* ~ *stick* in de knel zitten **III** *ww* [verl. tijd + volt. deelw.] → **cleave**
cleft lip *zn* hazenlip
cleft palate *zn* gespleten gehemelte
clemency ['klemənsɪ] *zn* genade
clement ['klemənt] *bnw* ❶ zacht ❷ mild ❸ tegemoetkomend
clench [klentʃ] *ov ww* ❶ dichtklemmen, op elkaar klemmen ⟨van tanden⟩ ❷ ballen ⟨van vuist⟩ ❸ vastgrijpen
clergy ['klɜ:dʒɪ] *zn* geestelijkheid, geestelijken
clergyman ['klɜ:dʒɪmən] *zn* dominee, priester
cleric ['klerɪk] *zn* ❶ geestelijke ❷ religieus leider
clerical ['klerɪkl] *bnw* ❶ administratief ❷ priester- ❸ dominees- ★ ~ *error* schrijffout
clerk [klɑ:k] *zn* ❶ klerk, kantoorbediende ❷ secretaris, griffier ★ ~ *of works* bouwopzichter ★ *confidential* ~ procuratiehouder ★ *filing* ~ archiefmedewerker ★ *managing* ~ procuratiehouder ❸ USA winkelbediende ❹ USA receptionist(e)
clever ['klevə] *bnw* ❶ intelligent, slim ❷ handig ❸ inform min brutaal ★ ~ ~ eigenwijs ★ ~ *Dick / clogs* eigenwijs ventje, wijsneus ★ *too* ~ *by half* veel te eigenwijs ★ *don't you get* ~ *with me!* we worden toch niet bijdehand!
cleverness ['klevənəs] *zn* ❶ slimheid ❷ handigheid
cliché, clichе ['kli:ʃeɪ] *zn* cliché
click [klɪk] **I** *zn* ❶ klik, tik ❷ comp muisklik ❸ ⟨op teller⟩ kilometer, mijl ★ *it's ten* ~*s to Utrecht* het is tien kilometer naar Utrecht **II** *ov ww* ❶ knippen ⟨met de vingers⟩, klikken, klakken ⟨met de tong⟩ ❷ comp aanklikken ⟨met muis⟩ **III** *onov ww* ❶ comp klikken ❷ klikken, het samen goed kunnen vinden, goed kunnen

samenwerken ❸ plotseling duidelijk worden ★ *it* ~*s* het werkt, het gaat goed! ❹ comp ~ *through (to)* doorklikken naar
click-through rate, click rate *zn* comp aantal hits ⟨op website⟩
client ['klaɪənt] *zn* ❶ cliënt, klant ❷ comp client
clientele [kli:ɒn'tel] *zn* clientèle, klantenkring
cliff [klɪf] *zn* ❶ klif ❷ steile rots(wand) ⟨aan zee⟩
cliffhanger ['klɪfhæŋə] *zn* media cliffhanger ⟨spannende situatie die pas na een pauze wordt opgelost⟩
cliff-hanging ['klɪfhæŋɪŋ] *bnw* ❶ met onzekere afloop ❷ sensatie-
climactic [klaɪ'mæktɪk] *bnw* een climax vormend, heel spannend, heel belangrijk
climate ['klaɪmɪt] *zn* klimaat ★ *continental* ~ landklimaat ★ *benign* ~ zacht / heilzaam klimaat
climatic [klaɪ'mætɪk] *bnw* klimaat-
climax ['klaɪmæks] **I** *zn* ❶ hoogtepunt, climax ★ *come to / reach a* ~ tot een climax komen ❷ orgasme **II** *onov ww* ❶ een hoogtepunt bereiken ❷ klaarkomen
climb [klaɪm] **I** *ov ww* beklimmen **II** *onov ww* ❶ klimmen ❷ stijgen ❸ opklimmen ⟨in rang, enz.⟩ ❹ ~ **down** een toontje lager zingen, een fout toegeven **III** *zn* ❶ klim ❷ helling ❸ stijging
climbdown ['klaɪmdaʊn] *zn* ❶ vernedering ❷ stap terug
climber ['klaɪmə] *zn* ❶ klimmer ❷ bergbeklimmer ❸ klimplant ★ min *social* ~ streber
clime [klaɪm] *zn*, humor lit → **climate**
clinch [klɪntʃ] **I** *ov ww* beklinken, sluiten ⟨overeenkomst⟩, de doorslag geven (voor) **II** *onov ww* ❶ ⟨met elkaar⟩ in de clinch gaan ❷ inform elkaar omhelzen **III** *zn* ❶ omklemming ❷ inform ? omhelzing
clincher ['klɪntʃər] *zn* afdoend argument
cling [klɪŋ] *onov ww* [onregelmatig] ❶ vastklemmen, kleven, hangen ❷ ~ **to** zich vastklampen aan, trouw blijven aan
clinging ['klɪŋɪŋ], **clingy** ['klɪŋi] *bnw* ❶ nauwsluitend ❷ min aanhankelijk
cling-wrapped ['klɪŋræpd] *bnw* in folie verpakt
clinic ['klɪnɪk] *zn* ❶ kliniek ❷ klinisch onderwijs ❸ workshop
clinical ['klɪnɪkl] *bnw* ❶ klinisch, geneeskundig ❷ emotieloos ❸ min koel, zakelijk ⟨v. vertrek, enz.⟩
clink [klɪŋk] **I** *onov ww* ❶ klinken ❷ rinkelen **II** *ov ww* ❶ klinken met ⟨glazen⟩ ❷ laten rinkelen **III** *zn* ❶ gerinkel ❷ inform oud gevangenis, nor
clinker ['klɪŋkə] *zn* ❶ sintel, slak ❷ klinker ⟨steen⟩ ❸ USA mislukking, fiasco
clip [klɪp] **I** *zn* ❶ klem ❷ knipbeurt ❸ (video)clip, (film)fragment ❹ inform mep ❺ patroonhouder ★ *a clip round the ear* een draai om de oren ▼ USA *at a fast / good / steady clip* snel **II** *ov ww* ❶ klemmen (**on** aan), (vast)hechten ❷ (af)knippen, kort knippen, snoeien, trimmen, scheren ⟨v. schapen⟩ ❸ half uitspreken, afbijten ⟨van woorden⟩ ❹ een draai om de oren geven ❺ inform ~ **off** afknabbelen ★ *clip 5 seconds off the world record* het wereldrecord verbeteren met 5 seconden ❻ ~ **out** uitknippen
clipboard ['klɪpbɔ:d] *zn* klembord

cl

cl

clip joint *zn* peperdure nachtclub

clip-on *bnw* met een klem ★ *a ~ tie* een nepdasje

clipper ['klɪpə] *zn* ❶ schaar(tje) ❷ scheepv klipper ★ *~s* [mv] tondeuse, kniptang

clipping ['klɪpɪŋ] *zn* (kranten)knipsel ★ *~s* [mv] snoeisel

clique [kli:k] *zn* min kliek, clubje

clitoridectomy [klɪtərɪ'dektəmɪ] *zn* clitoridectomie, vrouwenbesnijdenis

clitoris ['klɪtərɪs] *zn* clitoris, kittelaar

cloak [kləʊk] **I** *zn* ❶ cape, mantel ❷ dekmantel **II** *ov ww* omhullen, verhullen

cloak-and-dagger *bnw* (onnodig) mysterieus ★ *~ story* mysterieus spionageverhaal

cloakroom ['kləʊkru:m] *zn* ❶ GB garderobe ❷ GB toiletten

clobber ['klɒbə] **I** *zn,* inform GB kleren, spullen, boeltje **II** *ov ww* ❶ inform een pak rammel geven ★ *get ~ed* in de pan gehakt worden ❷ hard aanpakken

cloche [klɒʃ] *zn* stolp, beschermkap ⟨voor jonge planten⟩

clock [klɒk] **I** *zn* ❶ klok, uurwerk ★ *six o'~* 6 uur ★ *around / round the ~* de klok rond, 24 uur per dag ★ *work against the ~* tegen de klok werken ★ fig *beat the ~* iets doen binnen in de gegeven tijd ★ *the ~ is ticking* de klok tikt door ★ *turn the ~ back* de klok terugzetten ❷ prikklok ❸ kilometerteller, meter **II** *ov ww* ❶ sport klokken, de tijd / snelheid opnemen van ❷ ~ **up** (laten) noteren ⟨tijd / afstand⟩, halen ⟨snelheid bv.⟩ **III** *onov ww* ❶ ~ **in/on** inklokken ⟨op prikklok⟩ ❷ ~ **out/off** uitklokken ⟨op prikklok⟩

clock radio *zn* wekkerradio

clockwise ['klɒkwaɪz] *bijw* met de wijzers v.d. klok mee, rechtsom draaiend

clockwork ['klɒkwɜ:k] *zn* uurwerk, raderwerk ★ *regular like ~* met de regelmaat van de klok ▾ *go / run like ~* gesmeerd lopen

clod [klɒd] *zn* ❶ kluit (aarde) ❷ inform stommeling

clodhopper ['klɒdhɒpə] *zn* ❶ min boerenpummel ❷ humor schuit ⟨grote, zware schoen⟩

clog [klɒg] **I** *zn* klomp(schoen) **II** *ov ww* verstoppen ★ *tears clogged her throat* tranen verstikten haar keel **III** *onov ww* ~ **(up)** verstopt raken **(with** door)

cloister ['klɔɪstə] *zn* ❶ kloostergang, kruisgang ❷ kloosterleven

cloistered *bnw* afgezonderd, teruggetrokken

clone [kləʊn] **I** *zn* kloon **II** *ov ww* klonen

close¹ [kləʊs] **I** *bnw* ❶ dichtbij ❷ nabij, intiem, hecht, dik ⟨v. vriendschap⟩ ❸ nauwkeurig ❹ gesloten, dicht opeen ❺ nauwsluitend ❻ kortgeknipt ❼ op het nippertje ❽ streng bewaakt ❾ benauwd ❿ zwijgzaam, gesloten ⓫ gierig **II** *bijw* dicht(bij) ▾ *~ by / to / up* dichtbij, vlakbij ▾ *~ at hand* vlakbij ▾ *~ on / to* bijna ▾ *~ up to* dicht tegen ▾ *come ~ to* bijna bereiken ▾ *run sb / sth ~* bijna net zo goed zijn als **III** *zn* ❶ binnenplaats, erf, hofje ❷ speelveld ❸ terrein ⟨rond kerkgebouw enz.⟩ ❹ doodlopende straat

close² [kləʊz] **I** *ov ww* ❶ (af)sluiten, besluiten ❷ insluiten **II** *onov ww* ❶ (zich) sluiten ❷ dichter bij elkaar komen ❸ het slot vormen van **III** *ww* ❶ ~ **down** [onov] sluiten ❷ [ov] eindigen, opheffen ❸ ~ **in** [onov] slechter worden ⟨v. weer⟩ ❹ invallen ⟨v. duisternis⟩ ❺ korten ⟨v.d. dagen⟩ ★ ~ *in on* omsingelen ❻ ~ **off** [ov] afsluiten ❼ USA ~ **out** [ov] uitverkopen ❽ beëindigen ❾ ~ **up** [ov] blokkeren ❿ afsluiten, dichtdoen ⓫ [onov] dichtgaan, dichter bij elkaar gaan staan ★ *he ~d up* hij zei geen woord meer **IV** *zn* besluit, einde

close-clipped [kləʊs-'klɪpt] *bnw* kort geknipt

close-cropped [kləʊs-'krɒpt] *zn* → **close-clipped**

closed-circuit [kləʊzd 'sɜ:kɪt] *bnw* via een gesloten circuit ★ ~ *television* camerabewaking

close-down ['kləʊzdaʊn] *zn* sluiting, stopzetting

close-fitting *bnw* nauwsluitend

close-knit *bnw* hecht

close-set *bnw* dicht bij elkaar

closet ['klɒzɪt] **I** *zn* ❶ USA kast ❷ (privé)kamertje, kabinet ▾ *come out of the ~* uit de kast komen ⟨zijn (homo)seksuele aard bekendmaken⟩ **II** *ov ww* opsluiten

closing date *zn* sluitingsdatum

closure ['kləʊʒə] *zn* ❶ sluiting ❷ slot ❸ afsluiting

clot [klɒt] **I** *zn* kluit, klont(er) ★ *clot of blood* trombose **II** *onov ww* klonteren, stollen

cloth [klɒθ] *zn* ❶ laken, stof ❷ tafellaken, linnen ❸ doek, stofdoek, dweil ★ *the ~* de geestelijkheid

clothe [kləʊð] [onregelmatig] *ov ww* ❶ kleden, bekleden ★ *leather-clad motorists* in leer gehulde motorrijders ★ *snow-clad* met sneeuw bedekt ❷ inkleden, omkleden

clothes [kləʊðz] *zn mv* kleding, kleren ★ *casual ~* vrijetijdskleding

clothes hanger *zn* klerenhanger

clothes horse *zn* ❶ droogrek ⟨voor kleren⟩ ❷ min modepop

clothes line *zn* waslijn

clothes peg, USA **clothes pin** *zn* wasknijper

clothier ['kləʊðɪə] *zn* form handelaar in kleding

clothing ['kləʊðɪŋ] *zn* kleding

cloud [klaʊd] **I** *zn* wolk ★ *every ~ has a silver lining* achter de wolken schijnt de zon ⟨gezegde⟩ ★ inform *on ~ nine* in de zevende hemel ★ *under a ~* uit de gratie **II** *ov ww* ❶ bewolken, verduisteren, fig een schaduw werpen over ❷ vertroebelen ook fig **III** *onov ww* ~ **over** betrekken

cloudburst ['klaʊdbɜ:st] *zn* wolkbreuk

cloud-capped *bnw* met de top in de wolken

cloud cuckoo land, USA **cloud land** *zn* min droomwereld

cloudless ['klaʊdləs] *bnw* onbewolkt

cloudy ['klaʊdɪ] *bnw* ❶ bewolkt ❷ troebel ❸ onduidelijk

clout [klaʊt] **I** *zn* ❶ (politieke) invloed ❷ klap, mep **II** *ov ww* meppen, slaan

clove [kləʊv] **I** *zn* ❶ kruidnagel ❷ ★ *a ~ of garlic* een teentje knoflook **II** *ww* [verleden tijd] → **cleave**

cloven ['kləʊvən] *ww* [volt. deelw.] → **cleave**

clover ['kləʊvə] *zn* klaver ★ *four-leaf ~* klavertjevier ▾ *be / live in ~* een prinsheerlijk leven leiden, op rozen zitten

cloverleaf ['kləʊvəli:f] *zn* ❶ klaverblad
❷ verkeersknooppunt
clown [klaʊn] I *zn* ❶ clown ❷ *ook fig* hansworst
II *onov ww* de clown uithangen
clownish ['klaʊnɪʃ] *bnw* → **clown**
cloy [klɔɪ] I *ov ww* ❶ (over)verzadigen ❷ doen
walgen II *onov ww* tegenstaan
cloying ['klɔɪŋ] *bnw ook fig* misselijk makend
cloze test *zn* onderw invuloefening
club [klʌb] I *zn* ❶ club, sociëteit, clubgebouw
❷ knuppel ❸ golfstick ❹ klaverkaart ★ *clubs*
[mv] klaveren ▼ *be in the club* in verwachting
zijn II *ov ww* met knuppel slaan III *onov ww*
❶ (zich) verenigen ❷ ★ *go clubbing* uitgaan ⟨in
nachtclubs⟩ ❸ ~ *together* geld bij elkaar
leggen
cluck [klʌk] I *zn* geklok ⟨als v.e. kip⟩ II *onov ww*
klokken ⟨als een kip⟩
clue [klu:] I *zn* ❶ aanwijzing ❷ (sleutel tot)
oplossing ▼ *I don't have a clue* ik heb geen idee,
ik begrijp er niets van II *ov ww* ~ **in/up**
informeren, bijpraten
clueless ['klu:ləs] *bnw* inform stom ★ ~ *about
computers* geen flauw benul van computers
clump [klʌmp] I *zn* ❶ groep ⟨van bomen⟩
❷ klomp, brok ★ *a* ~ *of hair* een pluk haar
❸ geklos ⟨v. schoenen⟩ II *ov ww* ❶ klonteren
❷ bij elkaar doen / planten III *onov ww* klossen
clumsiness ['klʌmzɪnəs] *zn* klungeligheid,
onhandigheid
clumsy ['klʌmzɪ] *bnw ook fig* klungelig, onhandig
clung [klʌŋ] *ww* [verl. tijd + volt. deelw.] → **cling**
clunk [klʌŋk] *zn* bons, klap
cluster ['klʌstə] I *zn* ❶ cluster, groep, zwerm,
troep ❷ bos, tros II *onov ww* ❶ zich groeperen
❷ ~ **together** bij elkaar komen
cluster bomb *zn* mil clusterbom
clutch [klʌtʃ] I *onov ww* ❶ stevig vasthouden
❷ vastgrijpen II *onov ww* ~ **at** grijpen naar
III *zn* ❶ techn koppeling(spedaal) ❷ stel, groep
❸ greep, macht ❹ broedsel ❺ USA → **clutch bag**
★ inform *have in your* ~*es* in je macht / klauwen
hebben
clutch bag *zn* avond- / damestasje ⟨zonder
hengsel⟩
clutter ['klʌtə] I *ov ww* ~ **(up)** rommelig maken
★ ~ *(up) with* volstoppen met II *zn* ❶ rommel
❷ bende
c/o *afk, care of* p / a
co- [kəʊ] *voorv* co-, mede-
CO *afk* ❶ *Commanding Officer* bevelvoerend
officier ❷ *Colorado* staat in de VS
coach [kəʊtʃ] I *zn* ❶ sport coach ❷ repetitor,
privédocent ❸ bus, touringcar ❹ koets, rijtuig,
spoorwagon ❺ diligence ❻ USA tweede klas ⟨in
vliegtuig⟩ ★ *to fly* ~ goedkoop vliegen II *ov ww*
❶ sport onderw begeleiden, coachen
❷ instrueren
coachman ['kəʊtʃmən] *zn* koetsier
coachwork ['kəʊtʃwɜ:k] *zn* koetswerk, carrosserie
coagulate [kəʊ'ægjʊleɪt] *onov ww* stremmen,
stollen
coagulation [kəʊ,ægjʊ'leɪʃən] *zn* stremming,
stolling
coal [kəʊl] *zn* (steen)kool, kolen ★ *living coal*
gloeiend kooltje ▼ *carry coals to Newcastle* water

naar de zee dragen ▼ *haul / rake sb over the coals*
iem. flink de waarheid zeggen
coal black *bnw* pikzwart
coalesce [kəʊə'les] *onov ww* samensmelten,
samenvallen
coal gas *zn* steenkolengas
coalition [kəʊə'lɪʃən] *zn* coalitie, verbond
coal mine *zn* kolenmijn
coalminer ['kəʊlmaɪnə] *zn* mijnwerker
coalmining ['kəʊlmaɪnɪŋ] *zn* kolenwinning
coal pit *zn* kolenmijn
coal tar *zn* koolteer
coarse [kɔ:s] *bnw* ❶ grof, ruw ❷ platvloers ★ ~
fish zoetwatervis ⟨behalve zalm en forel⟩
coarsen ['kɔ:sən] I *ov ww* ruw maken II *onov ww*
ruw worden
coast [kəʊst] I *zn* kust ★ *the* ~ *is clear* de kust is
veilig II *onov ww* ❶ (naar beneden) glijden,
freewheelen ❷ zonder inspanning
vooruitkomen ❸ langs de kust varen
❹ ~ *through* ★ *he* ~*ed through his exams* hij
haalde zijn examen op zijn sloffen
coastal ['kəʊstl] *bnw* kust-
coaster ['kəʊstə] *zn* ❶ bierviltje, onderzetter
❷ kustvaartuig
coast guard *zn* kustwacht(er)
coastline ['kəʊstlaɪn] *zn* kustlijn
coat [kəʊt] I *zn* ❶ jas, mantel ★ *coat and skirt*
mantelpak ★ *coat of mail* maliënkolder ★ *cut
your coat according to your cloth* de tering naar
de nering zetten ❷ vacht, pels ❸ (dek)laag ▼ *coat
of arms* familiewapen, wapenschild II *ov ww*
(be)dekken, van een laag(je) voorzien
coat check *zn* ❶ USA garderobe ❷ USA toiletten
coat hanger *zn* kleerhanger
coating ['kəʊtɪŋ] *zn* laag(je)
coatroom ['kəʊtru:m] *zn* USA → **cloakroom**
coat stand *zn* kapstok
coat-tails ['kəʊtteɪlz] *zn mv* jaspanden ▼ *on sb's* ~
je succes te danken hebben aan iem.
co-author *zn* medeauteur
coax [kəʊks] *ov ww* ❶ vleien, zover krijgen
❷ ~ *away from* met zachte hand verwijderen
van ❸ ~ *into* overhalen om, verleiden tot
❹ ~ *out of* aftroggelen, ontlokken aan
cob [kɒb] *zn* ❶ maïskolf ❷ GB rond brood ❸ sterk
paard ⟨met korte benen⟩ ❹ GB hazelnoot
cobalt ['kəʊbɔ:lt] *zn* kobalt(blauw)
cobble ['kɒbl] I *zn* ❶ kinderkopje ⟨straatsteen⟩
❷ Aus makker II *ov ww* ❶ bestraten ⟨met keien⟩
❷ ~ **together** in elkaar flansen
cobbler ['kɒblə] *zn* ❶ USA vruchtentaart
❷ inform GB [mv] ★ ~*s* flauwekul
cobblestone ['kɒblstəʊn] *zn* kinderkopje
⟨straatsteen⟩
cobweb ['kɒbweb] *zn* spinnenweb, spinrag
▼ *blow / clear the* ~*s away* uitwaaien
cocaine [kə'keɪn] *zn* cocaïne
cock [kɒk] I *zn* ❶ haan ❷ mannetje ❸ vulg lul, pik
❹ kraan, tap ❺ oud makker ❻ haan ⟨v.
vuurwapen⟩ ★ *cock-and-bull story* kolderverhaal
★ *cock of the walk* haantje-de-voorste ▼ *that cock
won't fight* die vlieger gaat niet op II *ov ww*
❶ scheef zetten / houden ❷ (op)steken, optillen
❸ (op)zetten ❹ de haan spannen ⟨v. vuurwapen⟩
❺ GB inform ~ **up** verprutsen, verknallen

CO

cock-a-doodle-doo [kɒkədu:dl'du] *zn* kukeleku
cock-a-hoop [kɒkə'hu:p] *bnw* juichend, uitgelaten
cock-a-leekie [kɒkə'li:kɪ] *zn* kippensoep met prei en spek
cockatoo [kɒkə'tu:] *zn* kaketoe
cockchafer ['kɒktʃeɪfə] *zn* meikever
cockerel ['kɒkərəl] *zn* jonge haan
cockeyed ['kɒkaɪd] *bnw* ❶ scheef ❷ onzinnig, dwaas
cockfighting ['kɒkfaɪtɪŋ] *zn* hanengevechten
cockle ['kɒkl] *zn* kokkel ▼ *warm the ~s of your heart* je hart goed doen
cockney ['kɒknɪ] *zn* ❶ geboren Londenaar (uit het East End) ❷ het Cockney (Londens dialect) **II** *bnw* cockney
cockpit ['kɒkpɪt] *zn* ❶ cockpit, stuurhut ❷ strijdtoneel
cockroach ['kɒkrəʊtʃ] *zn* kakkerlak
cocksure [kɒk'ʃɔ:] *bnw* ❶ stellig ❷ zelfbewust ❸ pedant
cocktail stick *zn* cocktailprikker
cock-up ['kɒkʌp] *zn* rotzooi, bende
cocky ['kɒkɪ] *bnw* verwaand, eigenwijs
coco ['kəʊkəʊ] *zn* kokospalm
cocoa ['kəʊkəʊ] *zn* ❶ cacao ❷ (een beker) chocolademelk
coconut ['kəʊkənʌt] *zn* kokosnoot
coconut matting *zn* kokosmat
coconut palm *zn* kokospalm
cocoon [kə'ku:n] **I** *zn* ❶ cocon ❷ omhulsel, fig geborgenheid **II** *ov ww* ❶ inspinnen ❷ afschermen **III** *onov ww* ergens knus in zitten / liggen, cocoonen
cod [kɒd] **I** *zn* ❶ kabeljauw ❷ inform grap **II** *onov ww* inform voor de gek houden
COD, cod *afk,* GB *cash on delivery,* USA *collect on delivery* rembours, betaling bij ontvangst
codger ['kɒdʒə] *zn* ouwe baas, ouwe knar
codification [kəʊdɪfɪ'keɪʃən] *zn* codificatie
codify ['kəʊdɪfaɪ] *ov ww* codificeren
codswallop ['kɒdzwɒləp] *zn* gezwam in de ruimte, kletskoek
coeducation [kəʊedju:'keɪʃən] *zn* co-educatie, gemengd onderwijs
coefficient [kəʊɪ'fɪʃənt] *zn* coëfficiënt
coequal [kəʊ'i:kwəl] *bnw* gelijk(waardig)
coerce [kəʊ'ɜ:s] *ov ww* dwingen (into tot)
coercion [kəʊ'ɜ:ʃən] *zn* dwang
coercive [kəʊ'ɜ:sɪv] *bnw* dwang-
coeval [kəʊ'i:vəl] **I** *zn* tijdgenoot, leeftijdsgenoot **II** *bnw* ❶ even oud (with als) ❷ van gelijke duur
coexist [kəʊɪg'zɪst] *onov ww* co-existeren, naast elkaar leven, gelijktijdig bestaan
coexistence [kəʊɪg'zɪstəns] *zn* co-existentie
C. of E. *afk, Church of England* anglicaanse Kerk
coffee ['kɒfɪ] *zn* koffie ★ *Irish ~* Irish coffee (koffie

met whisky en slagroom) ★ *white ~* koffie met melk
coffee bar *zn* koffiebar
coffee break *zn* koffiepauze
coffee grounds *zn mv* koffiedik
coffee maker *zn* koffiezetapparaat
coffee shop *zn* café, koffiewinkel
coffee table *zn* salontafel(tje) ★ *coffee-table book* kijkboek
coffer ['kɒfə] *zn* (geld)kist
coffin ['kɒfɪn] **I** *zn* doodskist **II** *ov ww* kisten
cog [kɒg] *zn* tand (v. wiel) ▼ *a cog in the machine / wheel* een radertje in het grote geheel
cogency ['kəʊdʒənsɪ] *zn* overtuigingskracht
cogent ['kəʊdʒənt] *bnw* overtuigend
cogged [kɒgd] *bnw* getand
cogitate ['kɒdʒɪteɪt] *ov+onov ww* overdenken
cogitation [kɒdʒɪ'teɪʃən] *zn* overdenking
cognac ['kɒnjæk] *zn* cognac
cognate ['kɒgneɪt] **I** *zn* (bloed)verwant **II** *bnw* verwant (with aan)
cognition [kɒg'nɪʃən] *zn* ❶ het (bewust) kennen, kennis ❷ perceptie
cognizance, cognisance ['kɒgnɪzəns] *zn* kennis ▼ *take ~ of* nota nemen van
cognizant, cognisant ['kɒgnɪzənt] *bnw* bekend (of met), op de hoogte van
cogwheel ['kɒgwi:l] *zn* tandwiel, kamwiel
cohabit [kəʊ'hæbɪt] *onov ww* samenwonen
cohabitation agreement *zn* samenlevingscontract
cohere [kəʊ'hɪə] *onov ww* ❶ coherent zijn, (logisch) samenhangen (with met) ❷ samenwerken
coherence [kəʊ'hɪərəns] *zn* samenhang
coherent [kəʊ'hɪərənt] *bnw* samenhangend
cohesion [kəʊ'hi:ʒən] *zn* ❶ cohesie, samenhang ❷ natk scheik binding
cohesive [kəʊ'hi:sɪv] *bnw* ❶ samenhangend, coherent ❷ bindend, verbindend
coiffure [kwɑ:'fjʊə] *zn* kapsel
coign [kɔɪn] *zn* ★ *~ of vantage* gunstige hoek / waarnemingspost
coil [kɔɪl] **I** *zn* ❶ spiraal(veer) ❷ tros ❸ bocht, kronkel ❹ rol ❺ inductie(spoel) ❻ med spiraaltje **II** *ov ww* oprollen, in bochten leggen **III** *onov ww* (zich) kronkelen
coin [kɔɪn] **I** *zn* ❶ munt ★ *flip / toss a coin* kruis of munt gooien ★ *pay sb back in his own coin* iem. met gelijke munt betalen ★ *the other side of the coin* de andere kant van de medaille ❷ geld **II** *ov ww* ❶ munten ★ GB *fig be coining it (in) / be coining money* geld verdienen als water ❷ verzinnen ★ *coin a phrase* een cliché gebruiken, een woordspeling maken
coinage ['kɔɪnɪdʒ] *zn* ❶ munt(stelsel) ❷ het munten ❸ neologisme
coincide [kəʊɪn'saɪd] *onov ww* ❶ samenvallen ❷ overeenstemmen
coincidence [kəʊ'ɪnsɪdns] *zn* ❶ toeval, samenloop van omstandigheden ❷ overeenstemming ★ *what a ~!* wat toevallig! ★ *by (sheer) ~* door puur toeval
coincident [kəʊ'ɪnsɪdnt] *bnw* samenvallend
coincidental [kəʊɪnsɪ'dentl] *bnw* toevallig
coitus ['kəʊɪtəs], **coition** [kəʊ'ɪʃən] *zn* coïtus,

geslachtsdaad
coke [kəʊk] zn ❶ inform cocaïne ❷ cokes
Coke zn inform cola
col [kɒl] zn bergpas
colander ['kʌləndə] zn vergiet
cold [kəʊld] I bnw ❶ koud, koel ★ the cold facts / truth de naakte feiten / waarheid ★ cold news ontmoedigend nieuws ❷ bewusteloos ★ knock sb out cold iem. bewusteloos slaan II zn ❶ kou ★ cold front kou(de)front ▼ leave sb out in the cold ook fig iem. in de kou laten staan, iem. aan zijn lot overlaten ❷ verkoudheid ★ a bad / heavy cold een zware verkoudheid ★ catch a cold verkouden worden
cold-blooded [kəʊld'blʌdɪd] bnw koelbloedig
cold-calling zn telemarketing
cold-hearted [kəʊld'hɑːtɪd] bnw harteloos
cold-shoulder ov ww de rug toekeren, negéren
coleslaw ['kəʊlslɔː] zn koolsalade
colic ['kɒlɪk] zn (darm)koliek
collaborate [kə'læbəreɪt] onov ww ❶ meewerken ❷ min collaboreren
collaboration [kəlæbə'reɪʃən] zn ❶ medewerking ❷ min collaboratie ★ in ~ with samen met
collaborator [kə'læbəreɪtə] zn ❶ medewerker ❷ min collaborateur
collapse [kə'læps] I onov ww ❶ ineenstorten, in elkaar zakken ★ ~ into laughter dubbel liggen van het lachen ❷ mislukken ❸ neerzijgen, neerploffen (in een stoel bv.) ❹ scherp dalen II ov ww inklappen, opvouwen ★ a ~d lung een klaplong III zn ❶ ineenstorting ★ be in a state of ~ op instorten staan ★ nervous ~ zenuwinzinking ❷ mislukking
collapsible [kə'læpsəbl] bnw opvouwbaar
collar ['kɒlə] I zn ❶ kraag, boord ❷ (hals)ketten, (hals)band ❸ straatt arrestatie II ov ww ❶ vaak humor aanklampen ❷ straatt in de kraag vatten, arresteren
collarbone ['kɒləbəʊn] zn sleutelbeen
collate [kə'leɪt] ov ww ❶ verzamelen om te vergelijken (bv. cijfers) ❷ ordenen
collateral [kə'lætərəl] I bnw ❶ bijkomend, secundair ★ mil ~ damage collaterale / bijkomende schade ❷ zij aan zij, zijdelings ❸ verwant in de zijlijn II zn ❶ econ onderpand ❷ bloedverwant in de zijlijn
colleague ['kɒliːg] zn collega
collect [kə'lekt] I ov ww ❶ verzamelen ★ ~ rainwater regenwater opvangen ❷ innen, collecteren, incasseren ❸ ophalen (kinderen bv.) ❹ in de wacht slepen, op de kop tikken (prijs, enz.) ❺ onder controle krijgen ★ ~ a horse een paard in toom houden ★ ~ your thoughts je gedachten ordenen ★ to ~ yourself jezelf weer onder controle krijgen II onov ww zich verzamelen, samenkomen III bijw USA ★ call ~ collect bellen (op kosten van de ontvanger)
collection [kə'lekʃən] zn ❶ verzameling, collectie ❷ collecte, inzameling ❸ het verzamelen / ophalen ❹ lichting (v. brievenbus)
collective [kə'lektɪv] I bnw collectief, gezamenlijk, gemeenschappelijk ★ ~ bargaining cao-onderhandelingen II zn collectief
collective noun taalk zn verzamelnaam
collectivize, collectivise [kə'lektɪvaɪz] ov ww tot

collectief bezit maken
collector [kə'lektə] zn ❶ verzamelaar ❷ inzamelaar, collectant ❸ ontvanger ❹ techn collector
collector's item zn gezocht (verzamel)object
colleen [kɒ'liːn] zn meisje (in Ierland)
college ['kɒlɪdʒ] zn ❶ college, hogeschool, academie ★ be at / in ~ studeren ❷ faculteit ❸ college (groep mensen) ★ electoral ~ kiescollege, USA college van kiesmannen
collegiate [kə'liːdʒɪət] bnw ❶ studenten-, studentikoos ❷ bestaand uit verschillende 'colleges'
collide [kə'laɪd] onov ww botsen
collie ['kɒlɪ] zn collie (Schotse herdershond)
collier ['kɒlɪə] zn mijnwerker
colliery ['kɒlɪərɪ] zn kolenmijn
collision [kə'lɪʒən] zn ❶ botsing ❷ fig conflict ▼ be on a ~ course op ramkoers liggen / afstevenen op een conflict
colloquial [kə'ləʊkwɪəl] bnw tot de spreektaal behorend
colloquialism [kə'ləʊkwɪəlɪzəm] zn alledaagse uitdrukking
collusion [kə'luːʒən] zn complot
collywobbles ['kɒlɪwɒblz] zn mv ❶ inform de zenuwen ❷ inform buikpijn (v. zenuwen / angst)
colon ['kəʊlən] zn ❶ med dikke darm ❷ taalk dubbele punt
colonel ['kɜːnl] zn ❶ kolonel ❷ overste
colonial [kə'ləʊnɪəl] bnw koloniaal
colonialism [kə'ləʊnɪəlɪzəm] zn kolonialisme
colonist ['kɒlənɪst] zn kolonist
colonization, colonisation [kɒlənaɪ'zeɪʃən] zn kolonisatie
colonize, colonise ['kɒlənaɪz] ov+onov ww koloniseren
colonnade [kɒlə'neɪd] zn zuilengalerij
colony ['kɒlənɪ] zn kolonie
colophon ['kɒləfɒn] zn drukk colofon
color ['kʌlə] zn USA → colour
color- ['kʌlə-] zn USA → colour-
colossal [kə'lɒsəl] bnw kolossaal
colossus [kə'lɒsəs] zn kolos
colour ['kʌlə] I zn ❶ kleur ❷ gelaatskleur, blos, tint ★ gain ~ weer kleur krijgen ★ lose ~ bleek worden ❸ (donkere) huidskleur ★ person / woman / man of ~ kleurling ❹ klank- / toonkleur, timbre ❺ verf, kleurstof ❻ schijn, voorwendsel ❼ ★ show your true ~s je ware aard tonen ❽ ★ ~s [mv] clubkleuren, vaandel, nationale vlag ★ local ~ couleur locale ★ trooping the ~(s) vaandelparade ▼ off ~ niet gezond / lekker zijn, er niet goed uitzien, ongepast (v. grap) ▼ under the ~ of onder het voorwendsel dat ▼ with flying ~s met vlag en wimpel ▼ nail your ~s to the mast kleur bekennen ▼ see the ~ of sb's money kijken of iem. kredietwaardig is II ov ww ❶ (in)kleuren, verven ❷ fig kleuren, een verkeerde voorstelling geven ❸ blozen ★ ~ at sb's remark een kleur krijgen door iemands opmerking
colour- kleur-, kleuren-
colour bar zn rassendiscriminatie
colour-blind bnw ❶ kleurenblind ❷ USA

CO

onbevooroordeeld t.o.v. ras
coloured ['kʌləd] *bnw* gekleurd ★ ~ *person* kleurling
colour-fast *bnw* kleurecht
colourful ['kʌləfʊl] *bnw* ❶ kleurrijk ❷ interessant
colouring ['kʌlərɪŋ] *zn* ❶ kleur(sel) ❷ huid- / gelaatskleur
colourless ['kʌlələs] *bnw* ❶ kleurloos ❷ oninteressant
colour supplement *zn* kleurenbijlage
colt [kəʊlt] *zn* ❶ colt ⟨vuurwapen⟩ ❷ GB sport lid v. jong team
coltish ['kəʊltɪʃ] *bnw* dartel
column ['kɒləm] *zn* ❶ kolom, zuil ❷ column ⟨artikel⟩ ❸ mil colonne
com- [kɒm, kəm, kʌm] *voorv* com-, con-, samen-
coma ['kəʊmə] *zn* coma ★ *go into / be in a coma* in coma raken / zijn
comatose ['kəʊmətəʊs] *bnw* ❶ med comateus, diep bewusteloos ❷ humor doodop, slaperig
comb [kəʊm] I *zn* ❶ kam ★ *go over / through sth with a fine-tooth(ed) comb* iets zorgvuldig onderzoeken ❷ hanenkam ❸ honingraat II *ov ww* ❶ kammen ❷ doorzoeken ❸ ~ **out** gladkammen, nauwkeurig onderzoeken ❹ ~ **through** uitkammen, doorzoeken
combat ['kɒmbæt] I *zn* strijd, gevecht ★ *(un)armed* ~ (on)gewapende strijd II *ov ww* bestrijden
combatant ['kɒmbətnt] *zn* strijder
combat fatigue *zn* oorlogsneurose
combative ['kɒmbətɪv] *bnw* strijdlustig
combats ['kɒmbæts] *zn mv* ≈ legerbroek ⟨broek met veel zakken⟩
comb honey *zn* raathoning
combination [kɒmbɪ'neɪʃən] *zn* combinatie ★ *(motorcycle)* ~ motor met zijspan
combination lock *zn* combinatieslot, cijfer- / letterslot
combine¹ ['kɒmbaɪn] *zn* syndicaat ★ ~ *harvester* maaidorser
combine² [kəm'baɪn] I *ov ww* verenigen, combineren ★ *~d efforts* gezamenlijke inspanning II *onov ww* ❶ zich verenigen ❷ samenwerken, samenspelen
combust [kəm'bʌst] I *ov ww* verbranden II *onov ww* ontbranden
combustible [kəm'bʌstɪbl] *bnw* brandbaar
combustion [kəm'bʌstʃən] *zn* verbranding ★ *spontaneous* ~ zelfontbranding
come [kʌm] [onregelmatig] I *onov ww* ❶ komen, aankomen, gebeuren ★ *it comes as a relief* het was een opluchting ★ *you're as clever / stupid as they come* jij bent zo slim / stom als wat ★ *first come, first served* wie het eerst komt, het eerst maalt ★ *come to think of it* nu ik erover nadenk ★ inform *how come?* hoezo? ★ inform *how come the school is closed?* hoe komt het dat de school gesloten is? ★ *in weeks / years to come* (in) de komende weken / jaren ★ form *come what may* wat er ook gebeurt ★ form *come to pass* gebeuren ❷ verkrijgbaar zijn ❸ worden, gaan ★ *they came to appreciate his work* ze begonnen zijn werk te waarderen ★ *my laces have come undone* mijn veters zitten los ❹ inform klaarkomen ▼ inform *come again?* wat zeg je?

❺ ~ **about** gebeuren, ontstaan, tot stand komen ❻ ~ **across** tegenkomen, oversteken, overkomen ⟨bv. grap, informatie⟩, GB op de proppen komen ★ *you come across as trustworthy* je komt betrouwbaar over ❼ ~ **after** komen na, achterna komen ❽ ~ **along** meegaan, eraan komen, zich voordoen, goed vooruitgaan, zich ontwikkelen, opschieten ❾ ~ **apart** losgaan, uit elkaar vallen ★ fig *come apart at the seams* aan flarden liggen ❿ ~ **around/round** langskomen, terugkeren, in aantocht zijn ⟨v. seizoen, enz.⟩, (weer) bijkomen ⟨na flauwte⟩, (van mening) veranderen, bijtrekken ⟨na ruzie⟩, draaien ⟨v. wind⟩ ⓫ ~ **at** ook fig afkomen op, benaderen ⓬ ~ **away** weggaan, GB losraken ⓭ ~ **back** terugkomen, een reactie krijgen, weer voor de geest komen ★ *the name will come back to me* ik kom nog wel op de naam ⓮ ~ **back to** terugkomen op ⓯ ~ **before** belangrijker zijn dan, behandeld worden door ⓰ ~ **between** komen tussen ⓱ ~ **by** toevallig krijgen, (even) langskomen ★ *be hard to come by* moeilijk te krijgen / vinden zijn ⓲ ~ **down** naar beneden komen, instorten, neerstorten ⟨v. vliegtuig⟩, dalen, zakken ⟨in prijs⟩, overkomen ⟨in zuidelijke richting, naar kleinere plaats⟩, meegaan naar, overgeleverd worden ⟨v. traditie⟩, een beslissing nemen ★ *come down in favour of sth* voor iets zijn ⓳ ~ **down on** aanvallen, straffen, tekeergaan tegen ⓴ ~ **down to** reiken tot ⟨bep. hoogte⟩, bereiken, neerkomen op, nagelaten worden aan ㉑ ~ **down with** krijgen ⟨ziekte⟩ ★ *I'm coming down with the flu* ik heb de griep opgelopen ㉒ ~ **for** komen voor, ophalen, (dreigend) afkomen op ㉓ ~ **forth** tevoorschijn komen, voor de dag komen ㉔ ~ **forward** zich aanbieden, voor de dag komen ㉕ ~ **from** vandaan komen, (voort)komen uit, het resultaat zijn van ★ inform *(not) know where sb is coming from* (niet) weten wat iem. bezielt ㉖ ~ **in** binnenkomen, thuiskomen, aankomen ⟨v. persoon, bericht bv.⟩, binnenkomen ⟨v. bus, trein, enz.⟩, binnendringen ⟨v. geluid, regen, enz.⟩, opkomen ⟨getij⟩, in de mode komen, beginnen ⟨v. seizoen⟩, in werking treden, v. kracht worden ⟨v. wet⟩, zich mengen in ⟨discussie⟩, meedoen, aan de macht komen ⟨v. regering⟩, betrokken zijn bij ★ *come in on a discussion* je mengen in een discussie ★ *come in useful / handy* goed van pas komen ㉗ ~ **in for** te verduren krijgen, je op de hals halen ㉘ ~ **into** komen in, krijgen, erven, relevant zijn voor ★ *come into office* aan het bewind komen ⟨v. regering⟩ ★ *come into a fortune* een fortuin erven ★ *come into your own* erkenning krijgen ㉙ ~ **of** tot gevolg hebben, stammen uit ㉚ ~ **off** komen van, (af / uit)komen van, losraken, lukken, succes hebben, plaatsvinden, uit de strijd komen, afkomen van ⟨bv. drugs⟩ ★ *come off it!* schei ermee uit!, hoe kan dat nou? ㉛ ~ **on** vorderen ⟨v. werk, enz.⟩, beginnen, aangaan ⟨v. licht, enz.⟩, ton opkomen, vertoning / uitzending beginnen ⟨v. film, nieuws, enz.⟩, naderen ⟨v. seizoen, weer, enz.⟩, komen opzetten ⟨v. verkoudheid, enz.⟩, toevallig stuiten op, **óverkomen ★ come on!** kom op!, opschieten! ★ *come (on) in!* kom binnen! ★ inform *come on strong* het er dik bovenop leggen ㊵ **~ on to** aansnijden ⟨onderwerp⟩, inform flirten met ★ GB *it comes on to rain* het begint te regenen ㊸ **~ out** (er) uitkomen, komen naar, tevoorschijn komen, aan het licht komen, uitkomen voor ⟨geaardheid⟩, debuteren, GB in staking gaan ★ *come out and say it* het eerlijk / hardop zeggen ★ *the stains do not come out* de vlekken gaan er niet uit ㊹ GB **~ out in** ★ *come out in a rash* uitslag krijgen ㊺ **~ out of** het resultaat zijn van ★ *come out of yourself* meer zelfvertrouwen hebben ㊻ GB **~ out with** op de proppen komen met ㊼ **~ over** even langskomen, óverkomen, overgaan / -lopen ⟨naar andere partij bv.⟩, begrepen worden, inform worden ★ *what has come over him?* waarom doet hij plotseling zo (raar)? ★ *come over (all) dizzy* plotseling duizelig worden ㊽ **~ through** doorkomen, (duidelijk) overkomen, overleven, inform over de brug komen ㊾ **~ to** komen tot / op, bijkomen, ten deel vallen ★ *it comes to € 5,99* het komt op € 5,99 ★ *that come easily / naturally to me* dat zit me in het bloed ★ *when it comes to your age, do you lie?* als het om je leeftijd gaat, lieg je dan? ★ *come to your senses* tot bezinning komen ★ *it comes to the same thing* het komt op hetzelfde neer ★ *it doesn't come to much* er komt niet veel van terecht ★ *come to nothing* niets van terechtkomen ★ *come to that / if it comes to that* trouwens ㊿ **~ under** voorwerp worden van ⟨kritiek, enz.⟩, vallen onder ㊶ **~ up** opkomen ⟨v. plant, zon, probleem, bv.⟩, (naar) boven komen, eruit komen ⟨voedsel⟩, komen ⟨in noordelijke richting, naar grotere plaats⟩, zich voordoen, naar voren brengen, ter sprake komen, ter behandeling komen ⟨rechtszaak⟩, verschijnen ⟨op beeldscherm⟩, binnenkort plaatsvinden, aankomen ⟨als student⟩, opsteken ⟨v. wind⟩, aangaan ⟨v. licht⟩, vooruitkomen ★ *come up in the world* vooruitkomen in de wereld ㊷ **~ up against** te maken krijgen met ㊸ form **~ upon** aantreffen, overvallen ⟨v. gevoel, gedachte⟩ ㊹ **~ up to** komen tot ⟨bep. hoogte bv.⟩, afkomen op ⟨persoon bv.⟩, voldoen aan ㊺ **~ up with** op de proppen komen met, over de brug komen met ⟨geld⟩ ㊻ **~ with** komen met, geleverd worden met **II** *ov ww* afleggen ⟨afstand⟩ ★ *I've come a long way* ik kom van ver **III** *zn* vulg sperma

comeback ['kʌmbæk] *zn* ❶ comeback, terugkeer, hernieuwd optreden ❷ inform bijdehand antwoord ❸ verhaal, vergoeding

comedian [kə'miːdɪən] *zn* komiek

comedienne [kəmiːdɪ'en] *zn* vrouwelijke komiek

comedown ['kʌmdaʊn] *zn* ❶ inform vernedering, achteruitgang ❷ tegenvaller

comedy ['kɒmɪdɪ] *zn* komedie, blijspel

comely ['kʌmlɪ] *bnw* lit aantrekkelijk ⟨v. vrouw⟩

come-on ['kʌmɒn] *zn* inform aanmoediging ⟨vnl. seksueel⟩ ★ *give the ~* avances maken

comer ['kʌmə] *zn* ❶ aangekomene, bezoeker ❷ inform USA veelbelovend iemand ★ *all ~s*

[mv] iedereen

comet ['kɒmɪt] *zn* komeet

comeuppance [kʌm'ʌpəns] *zn* inform verdiende loon

comfort ['kʌmfət] **I** *zn* ❶ comfort, gemak ★ *too close for ~* al te dichtbij ❷ troost, bemoediging ★ *draw ~ from* troost putten uit ★ *cold / Dutch ~* schrale troost ❸ welstand **II** *ov ww* troosten

comfortable ['kʌmftəbl] *bnw* ❶ comfortabel, gerieflijk, gemakkelijk ❷ rustig, op je gemak ❸ royaal, ruim ❹ bemiddeld

comfortably ['kʌmftəblɪ] *bijw* ❶ gerieflijk ❷ met gemak, zonder problemen ▼ *be ~ off* er warmpjes bij zitten

comfort eating *zn* troosteten

comforter ['kʌmfətə] *zn* ❶ trooster ❷ fopspeen ❸ USA dekbed, gewatteerde deken

comforting ['kʌmfətɪŋ] *bnw* troostend, troostrijk

comfortless ['kʌmfətləs] *bnw* ❶ troosteloos ❷ ongerieflijk

comfort stop *zn* sanitaire stop

comfrey ['kʌmfrɪ] *zn* plantk smeerwortel

comfy ['kʌmfɪ] *bnw* inform → **comfortable**

comic ['kɒmɪk] **I** *bnw* komisch **II** *zn* ❶ komiek ❷ stripverhaal, stripboek

coming ['kʌmɪŋ] **I** *zn* komst ★ *~ of age* het volwassen worden ⟨volgens de wet⟩ ★ *~s and goings* komen en gaan **II** *bnw* ❶ komend, aanstaand ★ *this ~ Saturday* aanstaande zaterdag ❷ veelbelovend

coming-out [kʌmɪŋ-'aʊt] *zn* het openbaar maken, coming-out ⟨het openlijk uitkomen voor je geaardheid, politieke overtuiging, enz.⟩

comma ['kɒmə] *zn* komma

command [kə'mɑːnd] **I** *zn* ❶ bevel, order, ook comp commando ★ *be in ~ of* het bevel voeren over ★ *second in ~* onderbevelhebber, eerste officier ⟨bij marine⟩ ❷ (leger)onderdeel ❸ beheersing, controle ★ *~ of language* vaardigheid in taal ★ *be in ~ of the situation* de toestand onder controle hebben ▼ *at your ~* tot je beschikking **II** *ov ww* ❶ bevelen, commanderen, het commando voeren over ❷ afdwingen ⟨bv. respect⟩ ❸ reiken, uitzicht bieden op ★ *this spot ~s a splendid view (of)* vanuit deze plek heb je een prachtig uitzicht (op) ❹ beschikken over

commandeer [kɒmən'dɪə] *ov ww* vorderen

commander [kə'mɑːndə] *zn* ❶ commandant ❷ gezagvoerder ★ *~ in chief* opperbevelhebber

commanding [kə'mɑːndɪŋ] *bnw* ❶ bevelvoerend ❷ leidend ⟨v. positie⟩ ❸ indrukwekkend ❹ met goed uitzicht

commandment [kə'mɑːndmənt] *zn* gebod

commando [kə'mɑːndəʊ] *zn* commando, stoottroep(er)

commemorate [kə'meməreɪt] *ov ww* herdenken

commemoration [kəmemə'reɪʃən] *zn* herdenking

commemorative [kə'memərətɪv] *bnw* herdenkings-

commence [kə'mens] *ov ww* form aanvangen, beginnen

commencement [kə'mensmənt] *zn* ❶ form aanvang, opening ❷ USA plechtige uitreiking v. bul / diploma

CO

co

commend [kə'mend] *ov ww* ❶ prijzen
❷ aanbevelen
commendable [kə'mendəbl] *bnw*
❶ prijzenswaardig ❷ aanbevelenswaardig
commendation [kɒmen'deɪʃən] *zn* ❶ lof
❷ aanbeveling ❸ eervolle vermelding
commensurate [kə'menʃərət] *bnw* evenredig
(**with/to** aan)
comment ['kɒment] **I** *zn* commentaar, kritiek
II *onov ww* commentaar leveren, aan- of
opmerkingen maken
commentary ['kɒməntərɪ] *zn* ❶ reportage
❷ commentaar ❸ uiteenzetting ★ *running ~*
ooggetuigenverslag
commentate ['kɒməntert] **I** *ov ww* een verslag
geven van **II** *onov ww* commentaar leveren (**on**
op)
commentator ['kɒməntertə] *zn* ❶ commentator
❷ media verslaggever
commerce ['kɒmɜːs] *zn* handel, verkeer
commercial [kə'mɜːʃəl] **I** *zn* reclameboodschap
⟨op radio⟩, reclamefilm / -spot ⟨op tv⟩ **II** *bnw*
commercieel, handels-
commercialism [kə'mɜːʃəlɪzəm] *zn* min
handelsgeest
commercialize, commercialise [kə'mɜːʃəlaɪz] *ov
ww* tot handelsobject maken
commie ['kɒmɪ] *zn*, USA min communist
commingle [kə'mɪŋgl] **I** *ov ww* vermengen
II *onov ww* zich vermengen
commiserate [kə'mɪzəreɪt] *ww* medelijden
hebben / betuigen (**with** met)
commiseration [kəmɪzə'reɪʃən] *zn* medeleven,
deelneming
commissariat [kɒmɪ'seərɪət] *zn* ❶ intendance
❷ voedselvoorziening
commissary ['kɒmɪsərɪ] *zn* ❶ mil voedsel- /
kledingmagazijn ❷ kantine ⟨i.h.b. in filmstudio⟩
commission [kə'mɪʃən] **I** *zn* ❶ commissie
❷ provisie ★ *work on* ~ op commissiebasis
werken ❸ opdracht ❹ mil aanstelling (tot
officier) ★ *get your* ~ officier worden ★ *lose /
resign your* ~ ontslagen worden, ontslag nemen
als officier ❺ het plegen ⟨v. misdrijf⟩ ▼ *in* ~ in
actieve dienst ▼ *out of* ~ buiten dienst **II** *ov ww*
❶ opdracht geven tot / aan ❷ mil aanstellen ⟨als
officier⟩
commissionaire [kəmɪʃə'neə] *zn* GB portier
commissioned [kə'mɪʃənd] *bnw* ❶ gemachtigd
❷ in opdracht
commissioned officer *zn* officier
commissioner [kə'mɪʃənə] *zn* ❶ commissaris,
gevolmachtigde ❷ USA (hoofd)commissaris v.
politie ❸ hoofd v. departement ❹ commissielid,
USA hoofdbestuurslid ⟨v. sportorganisatie⟩ ▼ GB
~ *for oaths* jurist die beëdigde verklaringen
afneemt
commit [kə'mɪt] **I** *ov ww* ❶ plegen, bedrijven
❷ binden, committeren ★ ~ *yourself* je
verplichten ❸ toevertrouwen, verwijzen,
toewijzen ⟨geld bv.⟩ ★ ~ *to hospital* in een
ziekenhuis (laten) opnemen ★ ~ *to memory* van
buiten leren ★ ~ *to paper* opschrijven ★ ~ *to
prison* gevangen zetten **II** *onov ww* zich binden,
vaste relatie aangaan
commitment [kə'mɪtmənt] *zn* ❶ verplichting,

toezegging ★ *make a* ~ *to sb* je aan iem. binden
❷ betrokkenheid, engagement ❸ toewijzing,
het laten opnemen in een inrichting
committal [kə'mɪtl] *zn* ❶ opsluiting ⟨in
gevangenis / psychiatrische kliniek⟩
❷ teraardebestelling
committed [kə'mɪtɪd] *bnw* ❶ toegewijd
❷ geëngageerd
committee [kə'mɪtɪ] *zn* ❶ commissie, comité
❷ bestuur ★ *consultative* ~ commissie van advies
commode [kə'məʊd] *zn* ❶ commode, ladekast
❷ USA toiletstoel
commodious [kə'məʊdɪəs] *bnw* form ruim en
gerieflijk
commodity [kə'mɒdətɪ] *zn* ❶ (handels)artikel,
product ❷ basisproduct, grondstof
commodore ['kɒmədɔː] *zn* commodore ⟨hoge
marineofficier⟩
common ['kɒmən] **I** *bnw* ❶ algemeen
(voorkomend) ❷ gemeenschappelijk ❸ gewoon
★ ~ *sense* gezond verstand ★ ~ *or garden* huis-,
tuin-, en keuken-, gewoon ❹ ordinair, vulgair
II *zn* ❶ onbebouwd (stuk) land ❷ meent,
gemeenschappelijke grond ★ USA ~*s* [mv]
eetzaal ⟨in school, college, enz.⟩ ★ *(the)
Commons* het Lagerhuis ▼ *in* ~ *with* evenals,
gemeen(schappelijk) ▼ *sth out of the* ~ iets
ongewoons
commoner ['kɒmənə] *zn* ❶ (gewoon) burger
❷ lid v. House of Commons ❸ niet-beursstudent
commonly ['kɒmənlɪ] *bijw* gewoonlijk,
gebruikelijk
commonplace ['kɒmənpleɪs] **I** *zn* ❶ gemeengoed
❷ gemeenplaats **II** *bnw* doodgewoon, alledaags
common room GB *zn* docentenkamer,
gezamenlijke ruimte voor leerlingen /
studenten
commonwealth ['kɒmənwelθ] *zn*
❶ gemenebest, aantal verbonden staten
❷ bepaalde staten van de VS ❸ USA
onafhankelijke staat met sterke band met de VS
★ *the (British) Commonwealth (of Nations)* Britse
Gemenebest, Britse Rijk
commotion [kə'məʊʃən] *zn* opschudding
communal ['kɒmjʊnl] *bnw* gemeente-,
gemeenschaps- ★ ~ *spirit* gemeenschapszin
commune[1] ['kɒmjuːn] *zn* ❶ commune
❷ gemeente ⟨in Frankrijk, enz.⟩
commune[2] [kə'mjuːn] *onov ww* ~ **with**
vertrouwelijk praten met, je één voelen met
communicant [kə'mjuːnɪkənt] *zn* ❶ rel
communicant ⟨r.-k.⟩ ❷ deelnemer aan
Avondmaal ⟨prot.⟩
communicate [kə'mjuːnɪkeɪt] **I** *onov ww*
❶ communiceren, contact hebben ❷ in
verbinding staan ★ *communicating door*
tussendeur ❸ ~ **with** van gedachten wisselen
met **II** *ov ww* ❶ doorgeven, overbrengen
❷ verspreiden ⟨ziekte⟩
communication [kəmjuːnɪ'keɪʃən] *zn*
❶ communicatie, contact ❷ bericht ⟨via
communicatiemiddel⟩ ❸ verbinding
communication cord *zn* noodrem
communication skills *zn* communicatieve
vaardigheden
communicative [kə'mjuːnɪkətɪv] *bnw*

❶ mededeelzaam ❷ communicatief

communion [kə'mju:nɪən] *zn* ❶ gemeenschap, omgang ❷ kerkgenootschap ❸ verbinding, verbondenheid ★ *Holy Communion* het Avondmaal ⟨prot.⟩, heilige communie ⟨r.-k⟩ ★ *in ~ with nature* één met de natuur

communiqué [kə'mju:nɪkeɪ] *zn* communiqué, bekendmaking ⟨vnl. aan de pers⟩

communism ['kɒmjʊnɪzəm] *zn* communisme

communist ['kɒmjʊnɪst] **I** *zn* communist **II** *bnw* communistisch

community [kə'mju:nətɪ] *zn* ❶ gemeenschap, buurt, bevolking, bevolkingsgroep ❷ biol kolonie

community care *zn* mantelzorg

community centre, USA **community center** *zn* buurthuis, wijkcentrum

community college, community school *zn* GB omschr voortgezet volwassenenonderwijs

community lawyers *zn* juridisch loket, wetswinkel

community library *zn* gemeentelijke bibliotheek

community property *zn* gemeenschappelijk eigendom ⟨v. man en vrouw⟩

community service *zn* ❶ vrijwilligerswerk ❷ dienstverlening, taakstraf

commutable [kə'mju:təbl] *bnw* ❶ goed bereikbaar ⟨in woon-werkverkeer⟩ ❷ form vervangbaar

commutation [kɒmju:'teɪʃən] *zn* ❶ jur omzetting van straf ❷ econ het afkopen en omzetten ⟨v. schuld of verplichting⟩

commutation ticket *zn* USA trajectkaart

commutative [kə'mju:tətɪv] *bnw* verwisselbaar

commutator ['kɒmju:teɪtə] *zn* natk stroomwisselaar

commute [kə'mju:t] **I** *onov ww* forenzen **II** *ov ww* ❶ veranderen, afkopen / omzetten ⟨schuld of verplichting⟩ ❷ verlichten ⟨straf⟩ **III** *zn* reis ⟨naar werk als forens⟩

commuter [kə'mju:tə] *zn* forens, pendelaar

commuter belt *zn* slaapsteden, buitenwijken

commuter train *zn* forenzentrein

compact[1] ['kɒmpækt] *zn* ❶ USA kleine auto ❷ poederdoos ❸ form verdrag, overeenkomst

compact[2] [kəm'pækt] **I** *bnw* ❶ compact, klein, vast, stevig, gedrongen ❷ bondig, beknopt **II** *ov ww* samenpakken, condenseren

companion [kəm'pænjən] **I** *zn* ❶ makker, metgezel, deelgenoot ❷ gezelschapsdame ❸ gezelschap ❹ bijbehorende deel, pendant ❺ handboek **II** *ov ww* form vergezellen

companionable [kəm'pænjənəbl] *bnw* gezellig

companionship [kəm'pænjənʃɪp] *zn* kameraadschap

companionway [kəm'pænjənweɪ] *zn* scheepv trap naar kajuit

company ['kʌmpənɪ] *zn* ❶ gezelschap ★ *keep sb ~* iem. gezelschap houden ★ *the ~ sb keeps* het gezelschap waarin iem. verkeert ★ *get into / keep bad ~* met verkeerde mensen in aanraking komen / omgaan ★ *be in good ~* niet de enige zijn ⟨die bv. een fout maakt⟩ ★ *two's ~, three's a crowd* drie is te veel ★ *part ~* uiteengaan ❷ bedrijf, firma, vennootschap, maatschappij ❸ toneelgezelschap ❹ bezoek(ers) ❺ genootschap ❻ mil compagnie ▼ *weep for ~* van de weeromstuit meehuilen

company car *zn* auto van de zaak

comparable ['kɒmpərəbl] *bnw* vergelijkbaar

comparative [kəm'pærətɪv] **I** *zn* taalk vergrotende trap **II** *bnw* vergelijkend **III** *bijw* betrekkelijk, relatief ★ *he was ~ly small* hij was betrekkelijk klein

compare [kəm'peə] **I** *ov ww* vergelijken **II** *onov ww* vergeleken worden ★ *nobody can ~ with* niemand kan de vergelijking doorstaan met

comparison [kəm'pærɪsən] *zn* vergelijking ★ *bear / stand ~ with* de vergelijking kunnen doorstaan met ★ *degrees of ~* trappen v. vergelijking ▼ *by ~* in vergelijking ▼ *there's no ~* niet te vergelijken

compartment [kəm'pɑ:tmənt] *zn* ❶ coupé ❷ afdeling, vak

compartmentalize, compartmentalise [kɒmpɑ:t'mentəlaɪz] *ov ww* in vakken onderverdelen

compass ['kʌmpəs] *zn* ❶ kompas ❷ form bereik ⟨ook van stem⟩, gebied, omtrek ❸ [mv] ★ *~es* passer ★ *a pair of ~es* een passer

compass bearing *zn* kompaspeiling

compassion [kəm'pæʃən] *zn* medelijden, medeleven

compassionate [kəm'pæʃənət] **I** *bnw* meelevend, medelijdend **II** *ov ww* medelijden hebben

compatibility [kəmpætə'bɪlətɪ] *zn* ❶ verenigbaarheid ❷ uitwisselbaarheid

compatible [kəm'pætəbl] *bnw* ❶ verenigbaar ❷ comp compatible ★ *~ with* aangepast aan, verenigbaar met

compatriot [kəm'pætrɪət] *zn* landgenoot

compel [kəm'pel] *ov ww* (af)dwingen, verplichten

compelling [kəm'pelɪŋ] *bnw* ❶ onweerstaanbaar, boeiend, fascinerend ❷ dwingend

compendium [kəm'pendɪəm] *zn* samenvatting

compensate ['kɒmpenseɪt] *ov ww* ❶ compenseren ❷ goedmaken, vergoeden

compensation [kɒmpen'seɪʃən] *zn* compensatie, (schade)vergoeding

compère [kəm'peə] **I** *zn* GB presentator **II** *ww* presenteren, als presentator optreden

compete [kəm'pi:t] *onov ww* wedijveren, concurreren, meedingen

competence ['kɒmpɪtns] *zn* ❶ (vak)bekwaamheid, competentie ❷ jur bevoegdheid

competent ['kɒmpɪtnt] *bnw* ❶ competent, (vak)bekwaam ❷ geschikt ❸ bevoegd

competition [kɒmpə'tɪʃən] *zn* ❶ concurrentie, competitie ❷ wedstrijd ★ *stiff ~* geduchte concurrentie ★ *be in ~ with* wedijveren met

competitive [kəm'petɪtɪv] *bnw* ❶ concurrerend ❷ prestatiegericht

competitor [kəm'petɪtə] *zn* ❶ concurrent, rivaal ❷ deelnemer

compilation [kɒmpɪ'leɪʃən] *zn* ❶ samenstelling ❷ verzameling

compile [kəm'paɪl] *ov ww* ❶ samenstellen ❷ bijeenbrengen ❸ comp compileren

compiler [kəm'paɪlə] *zn* ❶ samensteller, compilator ❷ comp compiler

CO

co

complacency [kəm'pleɪsənsɪ], **complacence** [kəm'pleɪsəns] zn (zelf)genoegzaamheid

complacent [kəm'pleɪsənt] bnw (zelf)genoegzaam

complain onov ww klagen, een klacht indienen ★ ~ bitterly vreselijk klagen

complainant [kəm'pleɪnənt] zn eiser, aanklager

complaint [kəm'pleɪnt] zn ❶ klacht ❷ kwaal, aandoening ❸ jur aanklacht ★ a letter of ~ een klachtenbrief ★ no ground for ~ geen reden om te klagen ★ make a ~ je beklag doen ★ form file / lodge a ~ against sb iem. aangeven (bij de politie)

complaisant [kəm'pleɪzənt] bnw oud minzaam, inschikkelijk

complement ['kɒmplɪmənt] I ov ww aanvullen II zn ❶ aanvulling ❷ vereiste / toegestane hoeveelheid, vereist / toegestaan aantal ❸ taalk wisk complement

complementary [kɒmplɪ'mentərɪ] bnw aanvullend

complete [kəm'pli:t] I bnw ❶ compleet, volkomen, voltallig ★ a ~ and utter disaster een complete ramp ★ come ~ with... geleverd worden inclusief / met... ❷ klaar, voltooid II ov ww ❶ voltooien, afmaken ❷ aanvullen ❸ invullen

completion [kəm'pli:ʃən] zn ❶ voltooiing, afwerking ❷ invulling (v. formulier)

complex ['kɒmpleks] I bnw ❶ ingewikkeld, complex ❷ taalk samengesteld II zn ❶ complex ❷ samenstel, geheel

complexion [kəm'plekʃən] zn ❶ gelaatskleur ❷ aanzien ▼ put a new / different ~ on sth iets een heel ander aanzien geven

complexity [kəm'pleksətɪ] zn complexiteit

compliance [kəm'plaɪəns] zn toestemming, nakoming, inwilliging ★ in ~ with overeenkomstig

compliant [kəm'plaɪənt] bnw ❶ meestal min meegaand ❷ volgens de regels

complicate ['kɒmplɪkeɪt] ov ww ingewikkeld maken

complicated ['kɒmplɪkeɪtɪd] bnw ingewikkeld, gecompliceerd

complication [kɒmplɪ'keɪʃən] zn complicatie

complicity [kəm'plɪsətɪ] zn medeplichtigheid

compliment ['kɒmplɪmənt] I zn compliment ★ econ ~s slip begeleidend briefje ★ please accept this with the ~s of dit wordt u aangeboden door II ov ww complimenteren (on met)

complimentary [kɒmplɪ'mentərɪ] bnw ❶ gratis ❷ complimenteus

comply [kəm'plaɪ] onov ww gehoorzamen, berusten ★ ~ with the UN resolution gehoor geven aan de VN-resolutie

component [kəm'pəʊnənt] I zn component, bestanddeel II bnw samenstellend

component part zn onderdeel

comport [kəm'pɔ:t] onov ww form ★ ~ yourself je gedragen

comportment [kəm'pɔ:tmənt] zn form gedrag

compose [kəm'pəʊz] ov+onov ww ❶ vormen, samenstellen ❷ componeren, schrijven ❸ kalmeren ★ ~ yourself tot bedaren komen

composed [kəm'pəʊzd] bnw rustig, bedaard, beheerst ★ be ~ of bestaan uit

composer [kəm'pəʊzə] zn componist

composite ['kɒmpəzɪt] I bnw samengesteld II zn ❶ samengesteld materiaal ❷ plantk composiet ❸ USA compositietekening, montagefoto

composition [kɒmpə'zɪʃən] zn ❶ samenstelling ❷ mengsel ❸ compositie, opstel ❹ schrijfvaardigheid ❺ schikking

compost ['kɒmpɒst] I zn compost, mengmest II ov ww ❶ bemesten met compost ❷ composteren

compost heap zn composthoop

composure [kəm'pəʊʒə] zn bedaardheid, kalmte, (zelf)beheersing

compote ['kɒmpəʊt] zn vruchtenmoes, compote

compound¹ ['kɒmpaʊnd] I zn ❶ combinatie, samenstel ❷ taalk samenstelling ❸ scheik verbinding ❹ kamp, omheind terrein (met gebouwen / huizen) II bnw samengesteld ★ ~ eye facetoog ★ ~ fracture gecompliceerde breuk

compound² [kəm'paʊnd] ov ww ❶ verergeren, vergroten ❷ samenstellen, (ver)mengen ❸ samengestelde interest betalen / in rekening brengen

comprehend [kɒmprɪ'hend] ov ww ❶ begrijpen ❷ inhouden, omvatten

comprehensibility [kɒmprɪhensə'bɪlətɪ] zn begrijpelijkheid

comprehensible [kɒmprɪ'hensɪbl] bnw begrijpelijk ★ easily / readily ~ gemakkelijk te begrijpen

comprehension [kɒmprɪ'henʃən] zn begrip, bevattingsvermogen ★ be beyond ~ het begrip te boven gaan, onbegrijpelijk zijn

comprehensive [kɒmprɪ'hensɪv] I bnw ❶ alles- / veelomvattend, uitgebreid ❷ onderw schoolbreed II zn scholengemeenschap

compress¹ ['kɒmpres] zn kompres

compress² [kəm'pres] ov ww samendrukken, comprimeren

compression [kəm'preʃən] zn ❶ samenpersing, compressie ❷ bondigheid, compactheid

compressor [kəm'presə] zn compressor

comprise [kəm'praɪz] ov ww ❶ bestaan uit, bevatten ★ be ~d of bestaan uit ❷ omvatten, vormen

compromise ['kɒmprəmaɪz] I zn compromis, vergelijk, tussenoplossing ★ reach a ~ tot een compromis komen II ov ww ❶ een compromis sluiten ❷ compromitteren, in gevaar brengen III onov ww tot een compromis komen

comptroller [kən'trəʊlə] zn → controller

compulsion [kəm'pʌlʃən] zn ❶ dwang ❷ psych dwangneurose, dwanggedachte

compulsive [kəm'pʌlsɪv] bnw ❶ dwingend ❷ dwangmatig ★ ~ drinker alcoholist ★ ~ liar aartsleugenaar ★ ~ reading boeiende lectuur

compulsory [kəm'pʌlsərɪ] bnw verplicht

compunction [kəm'pʌŋkʃən] zn wroeging, spijt

computation [kɒmpju:'teɪʃən] zn berekening

compute [kəm'pju:t] ov+onov ww ❶ rekenen ❷ berekenen

computer [kəm'pju:tə] zn computer, elektronisch brein

computerate [kəm'pju:tərət] bnw comp

computerkundig ★ *applicants need to be* ~ sollicitanten moeten met een computer om kunnen gaan

computer game *zn* computerspelletje

computerization, computerisation [kəmpju:tərar'zerʃən] *zn* automatisering

computerize, computerise [kəm'pju:təraɪz] I *ov ww* met computer verwerken, in computer opslaan II *ov+onov ww* op de computer overgaan, automatiseren

computer-literate *bnw* computerkundig

computer science *zn* informatica

computing [kəm'pju:tɪŋ] *zn* comp informatica

comrade ['kɒmreɪd] *zn* kameraad

comradely ['kɒmreɪdlɪ] *bnw + bijw* kameraadschappelijk

comsat ['kɒmsæt] *zn, communication satellite* communicatiesatelliet

con [kɒn] I *zn* **0** inform oplichterij, zwendel **0** inform veroordeelde **0** *contra* nadeel ★ *pros and cons* voor en tegen II *ov ww* inform oplichten ★ *con sb out of his money* iem. zijn geld afhandig maken ★ *con sb into signing* met mooie praatjes iem. overhalen te tekenen

con- [kɒn, kən] *voorv* con-, samen-

Con *afk, Conservative* lid v.d. Conservatieve Partij

concatenation [kən'kætɪnerʃən] *ov ww* aaneenschakeling

concave ['kɒŋkeɪv] *bnw* concaaf, holrond

conceal [kən'si:l] *ov ww* verbergen, geheim houden

concealment [kən'si:lmənt] *zn* **0** het verborgen houden **0** geheimhouding

concede [kən'si:d] I *ov ww* **0** toegeven **0** toestaan, afstaan ★ ~ *a game* verliezen ★ *it must be* ~*d that* toegegeven,... II *onov ww* zich gewonnen geven, opgeven

conceit [kən'si:t] *zn* **0** eigendunk, verwaandheid **0** bizar idee **0** lit stijlfiguur

conceited [kən'si:tɪd] *bnw* verwaand, arrogant

conceivable [kən'si:vəbl] *bnw* denkbaar

conceive [kən'si:v] I *onov ww* **0** geloven, zich voorstellen **0** zwanger worden **0** ~ **of** bedenken II *ov ww* **0** bedenken, voorstellen **0** verwekken

concentrate ['kɒnsəntreɪt] I *onov ww* **0** (zich) concentreren **0** samenkomen II *ov ww* **0** concentreren **0** samen laten komen **0** scheik inkoken, indikken III *zn* concentraat, extract

concentrated ['kɒnsəntreɪtɪd] *bnw* **0** geconcentreerd, onverdund **0** intens

concentration [kɒnsən'treɪʃən] *zn* concentratie

concentric [kən'sentrɪk] *bnw* concentrisch

concept ['kɒnsept] *zn* begrip, denkbeeld, idee

conception [kən'sepʃən] *zn* **0** het ontstaan van een idee **0** begrip, idee, voorstelling ⟨mentaal⟩ **0** bevruchting ★ *immaculate* ~ onbevlekte ontvangenis

conceptual [kən'septʃʊəl] *bnw* conceptueel, begrips- ★ ~ *framework* basisconcept

conceptualize, conceptualise [kən'septʃʊəlaɪz] *ov ww* zich een beeld vormen van

concern [kən'sɜ:n] I *ov ww* **0** betrekking hebben op, aangaan **0** gaan over **0** verontrusten **0** belangrijk vinden ▼ *as far as I'm* ~*ed* wat mij betreft ▼ *to whom it may* ~ LS (Lectori Salutem)

⟨aanhef open brief⟩ II *wkd ww* zich interesseren, zich inlaten III *zn* **0** zorg, bezorgdheid ★ *cause for* ~ reden voor ongerustheid ★ *it is a matter of* ~ *to us all* het gaat ons allemaal aan ★ *have no* ~ *for* zich niet bekommeren om **0** belang **0** form verantwoordelijkheid **0** zaak, firma ★ *the whole* ~ de hele zaak, het hele spul ★ *a going* ~ een succesvolle onderneming ▼ *have no* ~ *with* niets te maken hebben met

concerned [kən'sɜ:nd] *bnw* **0** bezorgd (about over) **0** betrokken (in bij) **0** geïnteresseerd (about/with in)

concerning [kən'sɜ:nɪŋ] *bijw* betreffende, in verband met

concert ['kɒnsət] *zn* **0** concert ★ *The Beatles in* ~ een optreden van The Beatles **0** overeenstemming ▼ *in* ~ gezamenlijk ▼ *work in* ~ samenwerken ▼ form *in* ~ *with* in samenwerking met

concerted [kən'sɜ:tɪd] *bnw* gezamenlijk

concert-goer ['kɒnsətgəʊə] *zn* concertganger

concert grand *zn* concertvleugel

concertina [kɒnsə'ti:nə] *zn* concertina ⟨kleine zeshoekige accordeon⟩

concerto [kən'tʃeətəʊ] *zn* concert

concession [kən'seʃən] *zn* **0** concessie **0** vergunning, toestemming **0** concessieveld / -terrein, shop-in-shop **0** korting, reductie

concessive [kən'sesɪv] *bnw* taalk toegevend

conch [kɒŋk] *zn* schelp(dier)

conciliate [kən'sɪlɪeɪt] *ov ww* **0** form verzoenen **0** kalmeren, gunstig stemmen

conciliation [kənsɪlɪ'eɪʃən] *zn* verzoening

conciliator [kən'sɪlɪeɪtə] *zn* bemiddelaar

conciliatory [kən'sɪlɪətrɪ] *bnw* verzoeningsgezind

concise [kən'saɪs] *bnw* beknopt

conclave ['kɒnkleɪv] *zn* conclaaf

conclude [kən'klu:d] I *ov ww* **0** (be)sluiten, beëindigen ★ *to be* ~*d* slot volgt ★ *an agreement was* ~*d* er was een overeenkomst gesloten **0** concluderen **0** ~ **from** opmaken uit II *onov ww* **0** eindigen, aflopen **0** tot een conclusie / akkoord komen

conclusion [kən'klu:ʒən] *zn* conclusie, besluit ▼ *in* ~ tenslotte ▼ *jump / leap to* ~*s* overhaaste conclusies trekken

conclusive [kən'klu:sɪv] *bnw* beslissend, overtuigend ★ jur ~ *evidence* doorslaggevend bewijs

concoct [kən'kɒkt] *ov ww* **0** bereiden, brouwen, in elkaar draaien **0** verzinnen

concoction [kən'kɒkʃən] *zn* **0** brouwsel **0** verzinsel

concomitant [kən'kɒmɪtnt] I *bnw* bijbehorend, samengaand II *zn* begeleidend verschijnsel

concord ['kɒnkɔ:d] *zn* **0** verdrag **0** eendracht ★ *in* ~ *with* in harmonie met

concordance [kən'kɔ:dns] *zn* **0** concordantie **0** harmonie, overeenstemming

concordant [kən'kɔ:dnt] *bnw* harmonieus

concordat [kən'kɔ:dæt] *zn* concordaat

concourse ['kɒnkɔ:s] *zn* **0** menigte, op- / samen- / toeloop **0** plein, (stations)hal, trefpunt

concrete ['kɒnkri:t] I *zn* beton ★ fig *be set in* ~ in beton gegoten zijn II *bnw* **0** v. beton

❷ concreet, tastbaar **III** *ov ww* v.e. laag beton voorzien

concrete mixer *zn* betonmolen

concubine ['kɒŋkjʊbaɪn] *zn* concubine, bijzit

concupiscence [kən'kju:pɪsəns] *zn*, form vaak min wellust

concupiscent [kən'kju:pɪsənt] *bnw*, form vaak min wellustig

concur [kən'kɜ:] *onov ww* ❶ het eens zijn ❷ samenvallen

concurrence [kən'kʌrəns] *zn* ❶ overeenstemming ❷ het samenvallen

concurrent [kən'kʌrənt] *bnw* samenvallend, gelijktijdig

concuss [kən'kʌs] *ov ww* iemand een hersenschudding bezorgen ⟨door klap op het hoofd⟩ ★ *be ~ed* een hersenschudding oplopen

concussion [kən'kʌʃən] *zn* ❶ hersenschudding ❷ dreun, schok

condemn [kən'dem] *ov ww* ❶ afkeuren ❷ veroordelen ❸ onbruikbaar verklaren, onbewoonbaar verklaren ★ *be ~ed* afgekeurd / veroordeeld worden

condemnation [kɒndem'neɪʃən] *zn* afkeuring, veroordeling

condemnatory [kɒndem'neɪtərɪ] *bnw* afkeurenswaardig

condemned [kən'demd] *zn* veroordeelde

condemned cell *zn* dodencel

condensation [kɒndən'seɪʃən] *zn* ❶ condensatie ❷ inkorting ⟨v. tekst⟩

condense [kən'dens] *ov+onov ww* ❶ condenseren ❷ concentreren ❸ inkorten ⟨v. tekst⟩

condenser [kən'densə] *zn* condens(at)or

condescend [kɒndɪ'send] *onov ww* ❶ zich verwaardigen ❷ uit de hoogte doen, neerbuigend doen

condescending [kɒndɪ'sendɪŋ] *bnw* uit de hoogte, neerbuigend

condign [kən'daɪn] *bnw* passend, verdiend ⟨vnl. straf⟩

condiment ['kɒndɪmənt] *zn* ❶ kruiderij ❷ USA sausje, chutney

condition [kən'dɪʃən] **I** *zn* ❶ staat, toestand ❷ voorwaarde, conditie ❸ aandoening, kwaal ❹ rang, stand ★ *~s* [mv] omstandigheden ★ *in ~* in vorm / conditie, gezond ★ *on ~ that* op voorwaarde dat ★ *out of ~* niet in vorm / conditie, niet gezond ▼ *on /* USA *under no ~* onder geen beding **II** *ov ww* ❶ conditioneren, trainen ❷ bepalen ❸ in goede staat brengen ❹ als voorwaarde stellen ★ *it is ~ed by* het hangt af van

conditional [kən'dɪʃənl] **I** *bnw* ❶ voorwaardelijk ❷ afhankelijk (on/upon van) **II** *zn* taalk voorwaardelijke bijzin

conditioner [kən'dɪʃənə] *zn* ❶ conditioner, crèmespoeling ❷ wasverzachter

condo ['kɒndoʊ] *zn* → **condominium**

condole [kən'dəʊl] **I** *ov ww* condoleren, je deelneming betuigen (with met, on met) ★ *~ sb on / with the death of* iem. condoleren met de dood van **II** *onov ww ~* **with** deelneming betuigen aan ★ *~ with sb on the loss of* iem. condoleren met het verlies van

condolence [kən'dəʊləns] *zn* deelneming,

medeleven ★ *~s* [mv] condoleance ★ *my ~s!* gecondoleerd! ★ *give / offer / express your ~s* je medeleven betuigen

condom ['kɒndɒm] *zn* condoom

condominium [kɒndə'mɪnɪəm] *zn* ❶ USA (gebouw met) koopflats, koopflat (in een 'condominium') ❷ jur (gebied onder) gemeenschappelijk bestuur

condone [kən'dəʊn] *ov ww* gedogen, door de vingers zien

conducive [kən'dju:sɪv] *bnw* ★ *~ to* bevorderlijk voor

conduct[1] ['kɒndʌkt] *zn* ❶ gedrag, optreden ❷ beleid, wijze v. uitvoering ▼ *safe ~ / passage* vrijgeleide, vrije doorgang

conduct[2] [kən'dʌkt] *ov ww* ❶ uitvoeren ❷ leiden, (aan)voeren ❸ dirigeren ❹ natk geleiden ▼ *~ yourself* je gedragen

conduction [kən'dʌkʃən] *zn* natk geleiding

conductive [kən'dʌktɪv] *bnw* natk geleidend

conductivity [kɒndʌk'tɪvəti] *zn* natk geleidend vermogen

conductor [kən'dʌktə] *zn* ❶ dirigent ❷ conducteur ❸ natk geleider

conductor rail *zn* stroomrail ⟨v. spoorweg⟩

conductress [kən'dʌktrəs] *zn* conductrice

conduit ['kɒndjʊɪt] *zn* ❶ techn leiding, geleidingsbuis ❷ fig doorvoerkanaal

cone [kəʊn] *zn* ❶ kegel ★ *paper cone* puntzak ❷ pylon ❸ ijshoorn ❹ plantk kegel ⟨v. spar, den bv.⟩

confab ['kɒnfæb] *zn* ❶ inform babbeltje ❷ USA vergadering

confabulation [kənfæbjʊ'leɪʃn] *zn* ❶ form verzinsel ❷ form gesprek

confection [kən'fekʃən] *zn* ❶ gebak, lekkernij ❷ stijlvol kledingstuk, creatie ❸ bereiding

confectioner [kən'fekʃənə] *zn* banketbakker, snoepgoedfabrikant, snoepwinkel

confectionery [kən'fekʃənərɪ] *zn* ❶ gebak, snoepgoed ❷ banketbakkerij

confederacy [kən'fedərəsɪ] *zn* ❶ (ver)bond, statenbond, (con)federatie ❷ complot

confederate[1] [kən'fedərət] **I** *zn* ❶ bondgenoot ❷ medeplichtige **II** *bnw* in een federatie verenigd

confederate[2] [kən'fedəreɪt] *onov ww* ❶ (zich) verbinden, een federatie vormen ❷ samenspannen

confederation [kənfedə'reɪʃən] *zn* (con)federatie

confer [kən'fɜ:] **I** *ov ww* verlenen **II** *onov ww* confereren, beraadslagen

conference ['kɒnfərəns] *zn* ❶ conferentie ❷ USA sport competitie, klasse ★ *in ~* in bespreking / vergadering

conference call *zn* telefonische vergadering

conferment [kən'fɜ:mənt] *zn* verlening

confess [kən'fes] **I** *ov ww* ❶ bekennen, erkennen ❷ (de) biecht afnemen **II** *onov ww* ❶ biechten ❷ *~ to* bekennen

confession [kən'feʃən] *zn* ❶ bekentenis, biecht ❷ (geloofs)belijdenis ❸ kerkgenootschap, gezindte ★ *have a ~ to make* iets moeten bekennen

confessional [kən'feʃənl] *zn* ❶ biechtstoel ❷ biecht

confessor [kən'fesə] *zn* ❶ biechtvader
❷ biechteling ❸ belijder
confidant [kɒnfɪ'dænt] *zn* [v: **confidante**]
❶ vertrouweling ❷ deelgenoot ⟨v. geheim⟩
confide [kən'faɪd] **I** *ov ww* ❶ vertrouwen
❷ toevertrouwen ⟨to aan⟩ **II** *onov ww* ~ in zich
verlaten op, in vertrouwen nemen
confidence ['kɒnfɪdns] *zn* ❶ vertrouwen,
zekerheid, overtuiging ★ *take sb into your* ~ iem.
in vertrouwen nemen ★ *be in sb's* ~ iemands
vertrouwen zijn ❷ zelfvertrouwen
❸ vertrouwelijke mededeling
confidence trick *zn* form (geval van) oplichting
confidence trickster *zn* form oplichter
confident ['kɒnfɪdnt] *bnw* ❶ vol zelfvertrouwen,
vrijmoedig ❷ zeker, overtuigd
confidential [kɒnfɪ'denʃəl] *bnw* vertrouwelijk
confiding [kən'faɪdɪŋ] *bnw* vertrouwend ★ *a* ~
relationship een vertrouwelijke relatie
configuration [kənfɪgjʊ'reɪʃən] *zn* ❶ formatie
❷ gedaante, vorm ❸ ook comp configuratie
confine [kən'faɪn] *ov ww* ❶ beperken, begrenzen
❷ opsluiten ★ *be* ~*d to your bed* in bed moeten
blijven
confined [kən'faɪnd] *bnw* krap, nauw ⟨ruimte⟩
★ *a* ~ *space* een besloten ruimte
confinement [kən'faɪnmənt] *zn* ❶ opsluiting,
beperking ❷ med bevalling ★ *datum
waarop iem. uitgerekend is* ★ *solitary* ~
eenzame opsluiting
confines ['kɒnfaɪnz] *zn mv* grenzen
confirm [kən'fɜːm] *ov ww* ❶ bevestigen,
bekrachtigen ❷ vaste aanstelling geven
❸ confirmeren, bevestigen ⟨als lidmaat v. prot.
kerk⟩, het Heilig Vormsel toedienen ⟨r-k⟩
confirmation [kɒnfə'meɪʃən] *zn* bevestiging ⟨ook
als lidmaat v. kerk⟩
confirmed [kən'fɜːmd] *bnw* overtuigd
confiscate ['kɒnfɪskeɪt] *ov ww* confisqueren, in
beslag nemen, afpakken
confiscation [kɒnfɪ'skeɪʃən] *zn* confiscatie,
inbeslagneming
conflagration [kɒnflə'greɪʃən] *zn* grote brand
conflate [kən'fleɪt] *ov ww* form samenvoegen
conflation [kən'fleɪʃən] *zn* form samenvoeging
conflict[1] ['kɒnflɪkt] *zn* ruzie, strijd, conflict ▼ ~ *of
interests* tegenstrijdige belangen
conflict[2] [kən'flɪkt] *onov ww* conflicteren, strijdig
zijn, botsen
conflicting [kən'flɪktɪŋ] *bnw* (tegen)strijdig
confluence ['kɒnfluəns] *ww* ❶ samenvloeiing ⟨v.
twee rivieren⟩ ❷ versmelting
conform [kən'fɔːm] **I** *onov ww* ~ (to) zich
conformeren, zich aanpassen **II** *onov ww*
❶ ~ (to/with) zich voegen naar, naleven ⟨v.
regels⟩ ❷ ~ (to) voldoen aan, overeenstemmen
met
conformation [kɒnfɔː'meɪʃən] *zn* vorm, structuur
conformist [kən'fɔːmɪst] *zn* ❶ conformist ❷ lid v.
anglicaanse staatskerk
conformity [kən'fɔːmətɪ] *zn* ❶ conformiteit,
aanpassing, naleving ❷ overeenstemming ▼ *in* ~
with the regulations conform de regels
confound [kən'faʊnd] *ov ww* ❶ verbazen,
verwarren ❷ beschamen
confraternity [kɒnfrə'tɜːnətɪ] *zn* broederschap

confront [kən'frʌnt] *ov ww* confronteren,
tegenover elkaar staan / stellen, het hoofd
bieden ★ *be* ~*ed with a killer* oog in oog staan
met een moordenaar ★ ~ *sb with a plan* een
plan voorleggen aan iem.
confrontation [kɒnfrʌn'teɪʃən] *zn* confrontatie
confuse [kən'fjuːz] *ov ww* ❶ in de war brengen
❷ verwarren
confused [kən'fjuːzd] *bnw* ❶ verward, beduusd
❷ warrig
confusion [kən'fjuːʒən] *zn* ❶ verwarring, chaos,
paniek ❷ verbijstering ★ *to avoid* ~ om
verwarring te voorkomen ★ *look at sb in* ~ iem.
verbijsterd aankijken
confute [kən'fjuːt] *ov ww* ❶ form weerleggen ⟨v.
argument⟩ ❷ (iemand) tot zwijgen brengen
congeal [kən'dʒiːl] *ov+onov ww* ❶ (doen) stollen
❷ fig overgaan in, veranderen
congenial [kən'dʒiːnɪəl] *bnw* ❶ sympathiek,
gelijkgestemd ❷ prettig ★ ~ *to* geschikt voor
congenital [kən'dʒenɪtl] *bnw* aangeboren ⟨v.
ziekte, enz.⟩ ★ *a* ~ *liar* een aartsleugenaar
congested [kən'dʒestɪd] *bnw* ❶ overvol ⟨v.
wegen⟩ ❷ med verstopt
congestion [kən'dʒestʃən] *zn*
❶ verkeersopstopping ❷ med congestie,
opeenhoping
congestion charge *zn* tol ⟨voor stadscentrum⟩
conglomerate [kən'glɒmərət] *zn* conglomeraat
conglomeration [kənglɒmə'reɪʃən] *zn*
conglomeraat
congrats [kən'græts] *tw* inform gefeliciteerd
congratulate [kən'grætʃʊleɪt] *ov ww* feliciteren
⟨on met⟩
congratulations [kəngrætʃʊ'leɪʃənz] **I** *zn mv*
felicitaties, gelukwensen **II** *tw* gefeliciteerd!
congratulatory [kəngrætʃʊ'leɪtərɪ] *bnw* ★ *a* ~
letter een felicitatiebrief
congregate ['kɒŋgrɪgeɪt] **I** *ov ww* verzamelen
II *onov ww* vergaderen, (zich) verzamelen
congregation [kɒŋgrɪ'geɪʃən] *zn* ❶ congregatie
❷ gemeente ⟨v. kerk⟩
congress ['kɒŋgres] *zn* ❶ congres ❷ USA
★ *Congress* Parlement ⟨Senaat en Huis v.
Afgevaardigden⟩
congressional [kən'greʃənəl] *bnw* congres-, USA
betreffende het Congres
Congressman ['kɒŋgresmən] *zn* [v: **-woman**]
Congreslid
congruence ['kɒŋgruəns] *zn* ❶ overeenstemming
❷ wisk congruentie
congruent ['kɒŋgruənt] *bnw* overeenstemmend,
congruent
congruity [kɒŋ'gruːɪtɪ] *zn* (punt van)
overeenstemming
congruous ['kɒŋgruəs] *bnw* overeenstemmend
conic ['kɒnɪk] **I** *zn* kegelsnede **II** *bnw* kegelvormig
conical ['kɒnɪkl] *bnw* kegelvormig, conisch
conifer ['kɒnɪfə] *zn* conifeer
coniferous [kə'nɪfərəs] *bnw* ★ ~ *trees* naaldbomen
conjectural [kən'dʒektʃərəl] *bnw* speculatief
conjecture [kən'dʒektʃə] **I** *zn* gissing, vermoeden
II *onov ww* gissen, vermoeden
conjoin [kən'dʒɔɪn] *ov+onov ww* (zich) verenigen
conjoint [kən'dʒɔɪnt] *bnw* verenigd
conjugal ['kɒndʒʊgl] *bnw* echtelijk, huwelijks- ★ ~

CO

rights huwelijksrechten

conjugate ['kɒndʒʊgeɪt] I *ov ww* taalk vervoegen II *onov ww* ❶ taalk vervoegd worden ❷ biol zich verbinden

conjugation [kɒndʒʊ'geɪʃən] *zn* ❶ vervoeging ❷ conjugatie

conjunction [kən'dʒʌŋkʃən] *zn* ❶ taalk voegwoord ★ *coordinating* ~ nevenschikkend voegwoord ★ *subordinating* ~ onderschikkend voegwoord ❷ form samenloop ❸ sterrenk samenstand ▼ *in* ~ *with* in samenwerking met

conjunctive [kən'dʒʌŋktɪv] I *zn* taalk aanvoegende wijs II *bnw* verbindend ★ ~ *tissue* bindweefsel

conjunctivitis [kəndʒʌŋktɪ'vaɪtɪs] *zn* bindvliesontsteking

conjuncture [kən'dʒʌŋktʃə] *zn* ❶ crisis ❷ samenloop ⟨v. omstandigheden⟩

conjure ['kʌndʒə] *ov+onov ww* ❶ goochelen, (tevoorschijn) toveren ★ *a name to* ~ *with* een beroemde naam ❷ ~ *up* oproepen, voor de geest roepen

conjuror, conjurer ['kʌndʒərə] *zn* goochelaar

conk [kɒŋk] I *ov ww* een knal voor de kop geven II *onov ww* ~ **out** het opgeven ⟨v. machine⟩, in zwijm vallen, als een blok in slaap vallen, het loodje leggen ⟨v. persoon⟩ III *zn* GB kokkerd

con man *zn* oplichter, zwendelaar

connect [kə'nekt] I *ov ww* ❶ verbinden, koppelen, aansluiten ❷ in verband brengen ★ ~ *cell phones and cancer* mobieltjes in verband brengen met kanker ▼ *well* ~*ed* van goede familie, met goede connecties II *onov ww* ❶ in verbinding staan ❷ aansluiten, aansluiting hebben ★ fig *we* ~*ed* het klikte tussen ons, we hadden een band ❸ doel treffen, raak zijn

connection, connexion [kə'nekʃən] *zn* ❶ verband ★ *in* ~ *with* in verband met ★ form *in this / that* ~ in dit verband, in verband hiermee ❷ verbinding, aansluiting, koppeling ❸ relatie, connectie ❹ familielid, verwant ❺ inform USA drugsdealer

connective [kə'nektɪv] I *bnw* med verbindend ★ ~ *tissue* bindweefsel II *zn* taalk verbindingswoord

conning tower *zn* commandotoren ⟨van onderzeeboot⟩

connivance [kə'naɪvəns] *zn* samenspanning ★ *with the* ~ *of* met medeweten van

connive [kə'naɪv] *onov ww* ❶ oogluikend toezien ❷ ~ **at** oogluikend toelaten ❸ ~ **with** onder een hoedje spelen met

connoisseur [kɒnə'sɜː] *zn* fijnproever, kenner

connotation [kɒnə'teɪʃən] *zn* bijbetekenis, connotatie

connote [kə'nəʊt] *ov ww* form insluiten, suggereren, (ook nog) betekenen

connubial [kə'njuːbɪəl] *bnw* echtelijk, huwelijks-

conquer ['kɒŋkə] *ov+onov ww* ❶ veroveren ❷ overwinnen

conqueror ['kɒŋkərə] *zn* veroveraar, overwinnaar

conquest ['kɒŋkwest] *zn* verovering ★ *the Norman Conquest* de verovering v. Engeland door de Normandiërs (1066) ★ *make a* ~ veroveren

consanguinity [kɒnsæŋ'gwɪnətɪ] *zn* bloedverwantschap

conscience ['kɒnʃəns] *zn* geweten ▼ *in all / good* ~ waarachtig ▼ *on your* ~ je schuldig voelen

conscience clause *zn* omschr bepaling waardoor gewetensbezwaren worden gerespecteerd

conscience-stricken *bnw* vol wroeging

conscientious [kɒnʃɪ'enʃəs] *bnw* gewetensvol, nauwgezet, scrupuleus

conscious ['kɒnʃəs] *bnw* ❶ (zich) bewust ❷ bij kennis ❸ weloverwogen ★ *environmentally* ~ milieubewust

consciousness ['kɒnʃəsnəs] *zn* bewustzijn ★ *lose* ~ het bewustzijn verliezen ★ *regain* ~ (weer) bijkomen

conscript[1] ['kɒnskrɪpt] *zn* dienstplichtige

conscript[2] [kən'skrɪpt] *ov ww* oproepen voor militaire dienst

conscription [kən'skrɪpʃən] *zn* dienstplicht

consecrate ['kɒnsɪkreɪt] *ov ww* ❶ (in)wijden ❷ consacreren

consecration [kɒnsɪ'kreɪʃən] *zn* ❶ wijding ❷ consecratie ⟨deel v. r-k mis⟩

consecutive [kən'sekjʊtɪv] *bnw* ❶ (opeen)volgend ❷ taalk gevolgaanduidend

consensus [kən'sensəs] *zn* consensus, eenheid v. gevoelens, overeenstemming

consent [kən'sent] I *zn* ❶ toestemming ★ *by common* ~ éénstemmig, met algemene instemming ★ *by mutual* ~ met wederzijds goedvinden ❷ vergunning II *onov ww* ❶ toestemmen ★ ~*ing adult* iem. die (volgens de wet) oud genoeg is om seks te bedrijven ❷ ~ **to** toestaan

consequence ['kɒnsɪkwəns] *zn* (logisch) gevolg ★ *in* ~ dientengevolge ★ form *in* ~ *of* ten gevolge van ★ form *of no* ~ van geen belang ★ *sb of* ~ iem. van gewicht / met invloed

consequent ['kɒnsɪkwənt] *bnw* ❶ consequent ❷ daaruit volgend / voortvloeiend

consequential [kɒnsɪ'kwenʃəl] *bnw* ❶ voortvloeiend, resulterend ❷ zwaarwegend, belangrijk

consequently ['kɒnsɪkwentlɪ] *bijw* dus, derhalve

conservancy [kən'sɜːvənsɪ] *zn* ❶ milieu- / natuurbeheer ❷ raad / commissie v. toezicht ⟨op waterschap, monumenten, enz.⟩ ❸ het conserveren

conservation [kɒnsə'veɪʃən] *zn* ❶ behoud, instandhouding ❷ milieubescherming, natuurbehoud ❸ monumentenzorg

conservation area *zn* ❶ (beschermd) natuurgebied ❷ beschermd stadsgezicht

conservationist [kɒnsə'veɪʃənɪst] *zn* natuur- / milieubeschermer

conservatism [kən'sɜːvətɪzəm] *zn* conservatisme

conservative [kən'sɜːvətɪv] I *bnw* ❶ conservatief, behoudend ❷ gematigd ★ *Conservative* m.b.t. de Britse Conservatieve Partij ★ ~ *estimate* voorzichtige schatting II *zn* lid v.e. conservatieve partij, conservatief ★ *Conservative* lid v.d. Britse Conservatieve Partij

conservatoire [kən'sɜːvətwɑː] *zn* ❶ conservatorium ❷ toneelschool

conservator [kən'sɜːvətə] *zn* ❶ restaurateur ❷ conservator ⟨in museum⟩

conservatory [kən'sɜːvətərɪ] *zn* ❶ broeikas, serre ❷ USA → **conservatoire**

conserve [kən'sɜːv] **I** *ov ww* ❶ besparen op, zuinig zijn met ❷ in stand houden, bewaren, goed houden ⟨v. voedsel⟩ **II** *zn* jam, marmelade, ingemaakt fruit

consider [kən'sɪdə] **I** *ov ww* ❶ overwegen, nadenken over, rekening houden met ★ *all things ~ed* alles in aanmerking genomen ★ form *~ your position* overwegen je baan op te zeggen ❷ beschouwen (als) ★ inform *~ it done!* natuurlijk, geen probleem! **II** *onov ww* nadenken

considerable [kən'sɪdərəbl] *bnw* ❶ form aanzienlijk, veel ❷ belangrijk

considerate [kən'sɪdərət] *bnw* attent

consideration [kənsɪdə'reɪʃən] *zn* ❶ overweging ★ *take into ~* in aanmerking nemen ★ *in ~ of* vanwege, in ruil voor ★ *out of ~ for* met het oog op ★ *under ~* in beraad ❷ overtuiging ❸ consideratie, voorkomendheid, egards ❹ beloning, compensatie

considered *bnw* weloverwogen

considering [kən'sɪdərɪŋ] *vw* gezien (het feit)

consign [kən'saɪn] form *ov ww* ❶ deponeren, storten ❷ overleveren, overdragen ❸ verzenden ❹ *~ to* toevertrouwen aan, verwijzen naar

consignee [kɒnsaɪ'niː] *zn* geadresseerde

consignment [kən'saɪnmənt] *zn* ❶ zending ❷ vracht

consist [kən'sɪst] *onov ww* ❶ *~ in* bestaan in ❷ *~ of* bestaan uit

consistency [kən'sɪstənsɪ], **consistence** [kən'sɪstəns] *zn* ❶ consistentie, vaste lijn ❷ dikte ⟨v. vloeistof⟩

consistent [kən'sɪstnt] *bnw* ❶ consequent, consistent, constant ❷ in lijn, strokend ★ *be ~ with* kloppen met

consolation [kɒnsə'leɪʃən] *zn* troost

consolatory [kən'sɒlətərɪ] *bnw* troostend

console[1] ['kɒnsəʊl] *zn* ❶ console ❷ bedieningspaneel

console[2] [kən'səʊl] *ov ww* troosten

consolidate [kən'sɒlɪdeɪt] **I** *ov ww* ❶ bevestigen, consolideren ❷ samenvoegen **II** *onov ww* samengaan, fuseren

consolidation [kənsɒlɪ'deɪʃən] *zn* consolidatie

consommé [kɒn'sɒmeɪ] *zn* heldere soep, bouillon

consonance ['kɒnsənəns] *zn* ❶ overeenstemming ❷ harmonie

consonant ['kɒnsənənt] **I** *zn* taal medeklinker **II** *bnw* ❶ welluidend ❷ overeenstemmend ★ *~ to / with* in overeenstemming met

consort[1] ['kɒnsɔːt] *zn* gemalin, gemaal

consort[2] [kən'sɔːt] *onov ww* *~ with* zich inlaten met, optrekken met

consortium [kən'sɔːtɪəm] *zn* consortium, syndicaat

conspicuous [kən'spɪkjʊəs] *bnw* in het oog springend, opvallend▼ *be ~ by absence* schitteren door afwezigheid

conspiracy [kən'spɪrəsɪ] *zn* samenzwering

conspirator [kən'spɪrətə] *zn* samenzweerder

conspire [kən'spaɪə] *onov ww* ❶ samenzweren, samenspannen ❷ beramen

constable ['kʌnstəbl] *zn* politieagent

constabulary [kən'stæbjʊlərɪ] **I** *zn* politiekorps / -macht **II** *bnw* politie-

constancy ['kɒnstənsɪ] *zn* ❶ standvastigheid ❷ trouw, loyaliteit

constant ['kɒnstnt] **I** *bnw* ❶ voortdurend ❷ standvastig, trouw ★ *~ly* steeds (maar) **II** *zn* constante

constellation [kɒnstə'leɪʃən] *zn* ❶ constellatie ❷ sterrenbeeld

consternation [kɒnstə'neɪʃən] *zn* consternatie, ontsteltenis

constipated ['kɒnstɪpeɪt] *bnw* verstopt ★ *be ~* last hebben v. constipatie

constipation [kɒnstɪ'peɪʃən] *zn* verstopping ⟨v. darm⟩

constituency [kən'stɪtjʊənsɪ] *zn* ❶ pol kiesdistrict ❷ de kiezers, achterban ⟨in een district⟩ ❸ doelgroep

constituent [kən'stɪtjʊənt] **I** *zn* ❶ pol kiezer ❷ bestanddeel, onderdeel **II** *bnw* ❶ electoraal, kiezers- ❷ samenstellend, constituerend

constitute ['kɒnstɪtjuːt] *ov ww* ❶ vormen, uitmaken ❷ stichten, instellen ❸ aanstellen (tot), benoemen ❹ samenstellen

constitution [kɒnstɪ'tjuːʃən] *zn* ❶ constitutie, grondwet, (partij)programma ❷ gestel, constitutie ❸ constructie, opbouw ❹ instelling, vorming ⟨v. commissie, enz.⟩

constitutional [kɒnstɪ'tjuːʃənl] *bnw* constitutioneel, grondwettelijk ★ *a ~ly elected government* een wettig gekozen regering

constitutionalize, constitutionalise [kɒnstɪ'tjuːʃənəlaɪz] *ov ww* grondwettelijk maken

constrain [kən'streɪn] *ov ww* ❶ in- / beperken ❷ af- / bedwingen

constrained [kən'streɪnd] *bnw* geremd, geforceerd, onnatuurlijk

constraint [kən'streɪnt] *zn* ❶ beperking ❷ dwang ❸ geremdheid, (zelf)beheersing ★ *without ~* ongedwongen

constrict [kən'strɪkt] *ov ww* ❶ samentrekken, nauwer / kleiner maken ❷ in- / beperken

constriction [kən'strɪkʃən] *zn* ❶ vernauwing, samentrekking ❷ benauwing, beklemming

construct [kən'strʌkt] *ov ww* construeren, (op)bouwen, aanleggen

construction [kən'strʌkʃən] *zn* ❶ constructie, (op)bouw, aanleg ❷ form betekenis, interpretatie ★ *under ~* in aanleg / aanbouw

constructional [kən'strʌkʃənl] *bnw* constructief

constructive [kən'strʌktɪv] *bnw* opbouwend ⟨vnl. van kritiek⟩

constructor [kən'strʌktə] *zn* constructeur, aannemer, bouwer ⟨auto's, vliegtuigen⟩

construe [kən'struː] *ov ww* interpreteren, uitleggen

consul ['kɒnsəl] *zn* consul

consular ['kɒnsjʊlə] *bnw* consulair

consulate ['kɒnsjʊlət] *zn* consulaat

consult [kən'sʌlt] **I** *ov ww* consulteren, raadplegen **II** *onov ww* beraadslagen, overleggen

consultant [kən'sʌltənt] *zn* ❶ adviseur ❷ med specialist

consultant engineer *zn* technisch adviseur

consultation [kɒnsəl'teɪʃən] *zn* ❶ beraadslaging

❷ consult ⟨bij arts⟩ ❸ raadpleging
consultation paper *zn* discussienota
consultative [kən'sʌltətɪv] *bnw* advies-, adviserend
consulting room *zn* spreekkamer
consumable [kən'sju:məbl] **I** *bnw* <u>econ</u> verbruiks- **II** *zn* econ consumptieartikel
consume [kən'sju:m] **I** *ov ww* ❶ consumeren, nuttigen ❷ verbruiken **II** *onov ww* ver- / wegteren
consumer [kən'sju:mə] *zn* verbruiker, consument
consumer durables *zn mv* duurzame gebruiksgoederen
consumerism [kən'sju:mərɪzəm] *zn* ❶ bescherming en bevordering van consumentenbelangen ❷ consumentisme, sterke drang tot consumeren
consummate[1] [kən'sʌmət] *bnw* ❶ volkomen, volmaakt ❷ <u>min</u> doortrapt (bv. leugenaar)
consummate[2] ['kɒnsəmeɪt] *ov ww* voltooien, de laatste hand leggen aan ★ ~ *a marriage* een huwelijk consumeren
consummation *zn* ❶ consummatie, voltrekking v. huwelijk door de coïtus ❷ voltooiing, vervolmaking
consumption [kən'sʌmpʃən] *zn* ❶ verbruik, consumptie ❷ <u>oud</u> tuberculose, tering
cont. *afk* ❶ *contents* inhoud ❷ *continued* voortgezet
contact ['kɒntækt] **I** *zn* ❶ contact, aanraking, raakpunt, betrekking ⟨v. handel bv.⟩ ★ *stay in ~* contact houden ❷ contactpersoon ❸ <u>med</u> bacillendrager ❹ contactlens **II** *ov ww* ❶ in contact komen met, zich in verbinding stellen met ❷ aanraken
contagion [kən'teɪdʒən] *zn* ❶ besmetting ❷ <u>oud</u> besmettelijke ziekte
contagious [kən'teɪdʒəs] *bnw* ❶ besmettelijk ⟨m.b.t. ziekte⟩ ❷ <u>fig</u> aanstekelijk
contain [kən'teɪn] *ov ww* ❶ bevatten ❷ beheersen, bedwingen, onder controle houden ★ ~ *yourself* je beheersen ❸ deelbaar zijn door ★ *24 ~s 3* 24 is deelbaar door 3
container [kən'teɪnə] *zn* container, bak, kist, bus, doos, vat ⟨enz.⟩
container ship *zn* vrachtschip
contaminate [kən'tæmɪneɪt] *ov ww* ❶ bevuilen, verontreinigen ❷ <u>form</u> corrumperen, bederven ★ ~d *soil* vervuilde grond
contamination [kəntæmɪ'neɪʃən] *zn* ❶ besmetting ❷ contaminatie
contemplate ['kɒntəmpleɪt] **I** *ov ww* beschouwen, overpeinzen, overwegen **II** *onov ww* na- / overdenken, peinzen
contemplation [kɒntəm'pleɪʃən] *zn* overpeinzing, overdenking, bezinning, contemplatie ⟨ook religieus⟩ ▼ *in ~* in overweging
contemplative [kən'templətɪv] *bnw* ❶ beschouwend, bespiegelend ❷ contemplatief
contemporaneous [kəntempə'reɪnɪəs] *bnw* ❶ <u>form</u> gelijktijdig ❷ even oud
contemporary [kən'tempərərɪ] **I** *zn* ❶ tijdgenoot ❷ leeftijdgenoot **II** *bnw* ❶ van dezelfde tijd, even oud ❷ hedendaags, eigentijds
contempt [kən'tempt] *zn* min- / verachting

★ *beneath ~* beneden alle peil ★ *in ~ of* zonder respect voor ★ *hold in ~* min- / verachten
contemptible [kən'temptɪbl] *bnw* verachtelijk
contemptuous [kən'temptjʊəs] *bnw* minachtend
contend [kən'tend] **I** *ov ww* <u>form</u> beweren **II** *onov ww* ❶ strijden, wedijveren ❷ ~ *with* te kampen hebben met
contender [kən'tendə] *zn* ❶ mededinger ❷ <u>sport</u> uitdager
content[1] [kən'tent] **I** *zn* → **contentment** **II** *bnw* ❶ tevreden ❷ bereid **III** *ov ww* tevredenstellen ★ ~ *yourself with* genoegen nemen met
content[2] ['kɒntent] *zn* ❶ inhoud ★ ~s inhoud, inhoudsopgave, inboedel ⟨v. woning⟩ ❷ gehalte ❸ <u>www</u> content
contented [kən'tentɪd] *bnw* tevreden
contention [kən'tenʃən] *zn* ❶ geschil, conflict ❷ standpunt ▼ *in ~ for* strijden om / voor ▼ *out of ~ for* kansloos voor
contentious [kən'tenʃəs] *bnw* ❶ controversieel, betwistbaar ❷ twistziek ★ *have a ~ nature* altijd ruzie zoeken
contentment [kən'tentmənt] *zn* tevredenheid
contest[1] ['kɒntest] *zn* ❶ wedstrijd ❷ strijd ★ *close ~* gelijkopgaande strijd ▼ *be no ~* geen partij zijn
contest[2] [kən'test] *ov ww* ❶ dingen naar, strijden om ❷ betwisten, aanvechten
contestant [kən'testnt] *zn* deelnemer ⟨aan wedstrijd⟩
context ['kɒntekst] *zn* samenhang ★ *in the ~ of* in verband met / tegen de achtergrond van ★ *words used out of ~* uit hun verband gerukte woorden
contextual [kən'tekstjuːəl] *bnw* contextueel, contextgebonden
contiguous [kən'tɪgjʊəs] *bnw* aangrenzend, naburig
continence ['kɒntɪnəns] *zn* ❶ <u>form</u> zelfbeheersing, (seksuele) onthouding ❷ continentie
continent ['kɒntɪnənt] *zn* vasteland, werelddeel ★ *the Continent* Europese vasteland ★ *the Dark Continent* omschr Afrika
continental [kɒntɪ'nentl] **I** *zn*, <u>oud</u> <u>min</u> bewoner v.h. Europese vasteland **II** *bnw* continentaal, het vasteland v. Europa betreffende
contingency [kən'tɪndʒənsɪ] *zn* eventualiteit
contingent [kən'tɪndʒənt] **I** *zn* ❶ contingent, aandeel ❷ afvaardiging **II** *bnw* ❶ <u>form</u> voorwaardelijk ★ ~ *on* afhankelijk van ❷ bijkomend ❸ onzeker, toevallig
continual [kən'tɪnjʊəl] *bnw* ❶ herhaaldelijk ❷ voortdurend
continuance [kən'tɪnjʊəns] *zn* ❶ <u>form</u> voortduring, handhaving, duur ❷ <u>USA</u> jur verdaging
continuation [kəntɪnjʊ'eɪʃən] *zn* ❶ voortzetting, prolongatie ❷ vervolg
continue [kən'tɪnjuː] **I** *ov ww* door (laten) gaan met, voortzetten **II** *onov ww* blijven (bestaan), doorgaan, hervatten ★ *thanks for your ~d interest* bedankt voor je voortdurende belangstelling
continuity [kɒntɪ'njuːətɪ] *zn* ❶ continuïteit ❷ logisch verband ❸ <u>media</u> tekstboek ⟨radio, tv⟩, draaiboek ⟨v. film⟩

continuous [kən'tɪnjʊəs] *bnw* ❶ onafgebroken
❷ ononderbroken ❸ voortdurend
contort [kən'tɔːt] *ov ww* (ver)draaien, verwringen
★ *his face ~ed with anger* zijn gezicht vertrok v.
woede
contortion [kən'tɔːʃən] *zn* (ver)draaiing ★ *facial ~s*
bekkentrekkerij
contortionist [kən'tɔːʃənɪst] *zn* slangenmens
contour ['kɒntʊə] *zn* ❶ contour, omtrek
❷ hoogtelijn
contoured *bnw* ❶ met de omtrek(lijn), gevormd
❷ met hoogtelijnen
contour map *zn* kaart met hoogtelijnen
contra- ['kɒntrə] *voorv* contra-, tegen-
contraband ['kɒntrəbænd] **I** *zn* smokkelwaar /
-handel **II** *bnw* smokkel-
contraception [kɒntrə'sepʃən] *zn* anticonceptie
contraceptive [kɒntrə'septɪv] **I** *zn*
voorbehoedmiddel **II** *bnw* anticonceptie-
contract[1] ['kɒntrækt] *zn* contract, verdrag,
overeenkomst ★ *by private ~* onderhands ★ USA
take out a ~ on sb overeenkomen iem. te
vermoorden
contract[2] [kən'trækt] **I** *ov ww* ❶ contracteren,
aannemen, aangaan, sluiten ★ *~ an alliance* een
bondgenootschap / alliantie sluiten ★ *~ a
marriage* een huwelijk sluiten ❷ samentrekken,
spannen ❸ oplopen (ziekte bv.) ❹ ~ out
uitbesteden **II** *onov ww* ❶ krimpen (v. metaal
bv.), zich samentrekken (v. spier bv) ❷ zich
verbinden ▼ *~ed ideas* bekrompen ideeën ❸ GB
~ in zich verplichten tot ❹ GB *~ out* zich
terugtrekken uit
contractable *bnw* besmettelijk
contractible [kən'træktɪbl] *bnw* samentrekbaar,
intrekbaar
contractile [kən'træktaɪl] *bnw* samentrekbaar,
samentrekkend
contraction [kən'trækʃən] *zn* ❶ samentrekking
ook taalk ❷ med (barens)wee
contractor [kən'træktə] *zn* ❶ aannemer(sbedrijf)
❷ econ leverancier (v. goederen of diensten)
contractual [kən'træktʃʊəl] *bnw* contractueel
contract work *zn* aangenomen werk
contradict [kɒntrə'dɪkt] *ov ww* ontkennen,
tegenspreken
contradiction [kɒntrə'dɪkʃən] *zn*
❶ tegenstrijdigheid ❷ tegenspraak ▼ *~ in terms*
contradictio in terminis
contradictory [kɒntrə'dɪktəri] *bnw* tegenstrijdig,
in tegenspraak
contradistinction [kɒntrədɪ'stɪŋkʃən] *zn* form
onderscheid ▼ *in ~ to* in tegenstelling tot
contralto [kən'træltəʊ] *zn* alt
contraption [kən'træpʃən] *zn* uitvindsel, raar
apparaat / toestel (onnodig ingewikkeld)
contrariety [kɒntrə'raɪəti] *zn* ❶ tegenstrijdigheid
❷ inconsistentie
contrariwise [kən'treərɪwaɪz/'kɒntrərɪwaɪz] *bijw*
❶ daarentegen ❷ andersom
contrary[1] ['kɒntrəri] **I** *bnw* tegen(gesteld) ★ *~ to
popular belief* in tegenstelling tot wat men
denkt **II** *zn* tegengestelde ▼ *on / quite the ~*
integendeel ▼ *to the ~* van het tegenovergestelde
contrary[2] [kən'treəri] *bnw* form dwars, tegen de
draad in

contrast[1] ['kɒntrɑːst] *zn* contrast(werking) ★ *a
sharp / stark / striking ~* een opvallend verschil
★ *by ~* in vergelijking ★ *in ~ to* in tegenstelling
tot ★ *stand in total ~ to* een volledig contrast
vormen met
contrast[2] [kən'trɑːst] **I** *ov ww* vergelijken, naast
elkaar leggen **II** *onov ww* contrasteren ★ *~
sharply* fel afsteken (**with** bij / met)
contrastive [kən'trɑːstɪv] *bnw* contrastief,
contrasterend
contravene [kɒntrə'viːn] *ov ww* ❶ overtreden
❷ in strijd zijn met
contravention [kɒntrə'venʃən] *zn* overtreding
★ *in ~ of* in strijd met
contribute [kən'trɪbjuːt] *ov+onov ww* bijdragen
★ *~ to a magazine* schrijven voor een blad
contribution [kɒntrɪ'bjuːʃən] *zn* ❶ bijdrage
❷ premie (v. pensioen, enz.) ❸ contributie
contributor [kən'trɪbjʊtə] *zn* ❶ (journalistiek)
medewerker ❷ ★ *be a ~ to* een bijdrage leveren
aan
contributory [kən'trɪbjʊtəri] *bnw*
❶ medebepalend, medeverantwoordelijk
❷ betaald door werkgever en werknemer (bv.
pensioen, verzekering)
contrite ['kɒntraɪt] *bnw* berouwvol
contrition [kən'trɪʃən] *zn* berouw
contrivance [kən'traɪvəns] *zn* ❶ gekunsteldheid
❷ toestel, vinding, ding ❸ slimme truc, list
contrive [kən'traɪv] *ov ww* ❶ klaarspelen,
uitdenken ❷ voor elkaar boksen ❸ beramen
contrived [kən'traɪvd] *bnw* onnatuurlijk,
gekunsteld
control [kən'trəʊl] **I** *zn* ❶ macht, gezag ★ *be in ~
(of sth)* de leiding hebben (over iets), (iets) in de
hand hebben ❷ beheersing, controle ★ *beyond ~*
onhandelbaar ★ *under ~* onder controle ★ *get /
run / enz. out of ~* uit de hand lopen ❸ toezicht,
beheer ❹ bestuur, leiding ❺ beteugeling,
bediening (v. apparaat), besturing (v. voertuig)
★ *~s* [mv] knoppen, bedieningspaneel, besturing
★ *be at the ~s* aan de knoppen zitten ★ *dual ~*
dubbele stuurinrichting (v. auto) ★ *remote ~*
afstandsbediening ★ *out of ~* onbestuurbaar
(machine e.d.), onhandelbaar (persoon e.d.),
chaotisch (situatie) ❻ psych controle(groep)
II *ov ww* ❶ beheren, leiden, besturen
❷ beheersen ❸ regelen ❹ zich beheersen, kalm
blijven
control freak *zn* regelnicht / -neef
controllable [kən'trəʊləbl] *bnw* ❶ beheersbaar
❷ controleerbaar
controller [kən'trəʊlə] *zn* ❶ hoofd (v. afdeling),
controller ❷ techn regelaar ❸ econ hoofd v.
afdeling financiën
control panel *zn* bedieningspaneel
control stick, control lever *zn* luchtv
stuurknuppel
control tower *zn* luchtv verkeerstoren
controversial [kɒntrə'vɜːʃəl] *bnw* controversieel
controversy ['kɒntrəvɜːsi] *zn* ❶ controverse
❷ geschil, twistpunt, polemiek ★ *beyond ~*
buiten kijf
contuse [kən'tjuːz] *ov ww* kneuzen
contusion [kən'tjuːʒən] *zn* kneuzing
conundrum [kə'nʌndrəm] *zn* ❶ raadselachtige

CO

zaak ❷ woordraadsel

conurbation [kɒnɜ:'beɪʃən] *zn* agglomeratie, verstedelijkt gebied

convalesce [kɒnvə'les] *onov ww* herstellende zijn

convalescence [kɒnvə'lesəns] *zn* herstel(periode)

convalescent [kɒnvə'lesənt] **I** *bnw* herstellend ⟨v. ziekte⟩ **II** *zn* herstellende zieke

convection [kən'vekʃən] *zn* natk convectie, warmtestuwing

convene [kən'vi:n] **I** *ov ww* bijeenroepen **II** *onov ww* bijeenkomen

convener, convenor [kən'vi:nə] *zn* ❶ iemand die vergaderingen uitschrijft ❷ vakbondsvertegenwoordiger ⟨in bedrijf⟩

convenience [kən'vi:nɪəns] *zn* gemak, gerief, comfort ★ *public ~* openbaar toilet ★ *for (the sake of) ~* voor het gemak, gemakshalve▼ *at your ~* waar / wanneer het u / jou schikt▼ *at your earliest ~* zo spoedig mogelijk ⟨zakenbrief⟩

convenience food *zn* gemaksvoedsel, kant-en-klaarmaaltijd(en)

convenience store *zn* USA buurtwinkel voor kleine boodschappen ⟨vaak open 24 uur per dag⟩

convenient [kən'vi:nɪənt] *bnw* geschikt ⟨v. moment, plaats, enz.⟩, gemakkelijk ★ *~ for* gunstig gelegen voor

convent ['kɒnvənt] *zn* ❶ klooster ❷ zustersschool ★ *~ school* nonnenschool

convention [kən'venʃən] *zn* ❶ conventie, gebruik, gewoonte ❷ conventie, verdrag ⟨tussen staten⟩ ❸ bijeenkomst, vergadering, (partij)congres ★ *by ~* gewoontegetrouw

conventional [kən'venʃənl] *bnw* ❶ behoudzuchtig ❷ conventioneel, vormelijk, traditioneel ❸ niet-nucleair ⟨v. bewapening⟩

conventionality [kənvenʃə'nælətɪ] *zn* ❶ vormelijkheid ❷ gebruikelijkheid

converge [kən'vɜ:dʒ] **I** *ov ww* in één punt laten samenkomen **II** *onov ww* in één punt samenkomen

convergence [kən'vɜ:dʒəns] *zn* convergentie

convergent [kən'vɜ:dʒənt] *bnw* convergerend, convergent

conversant [kən'vɜ:sənt] *bnw* form bedreven, vertrouwd ★ *~ with* goed op de hoogte van

conversation [kɒnvə'seɪʃən] *zn* conversatie, gesprek

conversational [kɒnvə'seɪʃənl] *bnw* gespreks-

conversation piece *zn* ❶ onderwerp van gesprek ❷ genrestuk ⟨in schilderkunst⟩

converse¹ ['kɒnvɜ:s] **I** *zn* (het) omgekeerde **II** *bnw* omgekeerd

converse² [kən'vɜ:s] *onov ww* converseren

conversion [kən'vɜ:ʃən] *zn* ❶ omzetting, verbouwing ★ *fraudulent ~* verduistering ⟨v. gelden⟩ ❷ bekering ❸ GB herontwikkeld gebouw ❹ sport conversie ⟨rugby⟩

convert¹ ['kɒnvɜ:t] *zn* bekeerling

convert² [kən'vɜ:t] **I** *ov ww* ❶ omzetten, verbouwen ❷ bekeren **II** *onov ww* ❶ veranderen ❷ zich bekeren

converter, convertor [kən'vɜ:tə] *zn* elek convertor, omvormer

convertible [kən'vɜ:tɪbl] **I** *bnw* omkeerbaar, in- / verwisselbaar **II** *zn* cabriolet

convex ['kɒnveks] *bnw* convex, bol

convexity [kən'veksətɪ] *zn* bolheid

convey [kən'veɪ] *ov ww* ❶ mededelen, uitdrukken ❷ vervoeren

conveyance [kən'veɪəns] *zn* ❶ form vervoer ❷ form vervoermiddel ❸ jur ⟨akte v.⟩ overdracht / transport

conveyor, conveyer [kən'veɪə] *zn* ❶ vervoerder ❷ lopende band, transportband

conveyor belt *zn* lopende band, transportband

convict¹ ['kɒnvɪkt] *zn* veroordeelde, gevangene

convict² [kən'vɪkt] *ov ww* schuldig bevinden, veroordelen

conviction [kən'vɪkʃən] *zn* ❶ veroordeling ❷ overtuiging

convince [kən'vɪns] *ov ww* overtuigen

convincing [kən'vɪnsɪŋ] *bnw* overtuigend

convivial [kən'vɪvɪəl] *bnw* ❶ feestelijk ❷ gezellig

convocation [kɒnvə'keɪʃən] *zn* ❶ (kerkelijke) synode, senaat ⟨v. universiteit⟩ ❷ oproep, convocatie ❸ USA ceremoniële uitreiking v. bul

convoke [kən'vəʊk] *ov ww* bijeenroepen

convoluted *bnw* ❶ ingewikkeld ❷ gedraaid, gekronkeld

convolution [kɒnvə'lu:ʃən] *zn* kronkel(ing), draaiing

convoy ['kɒnvɔɪ] **I** *zn* konvooi, escorte **II** *ov ww* begeleiden

convulse [kən'vʌls] **I** *ov ww* (hevig) in beroering brengen ★ *be ~d with laughter* in een deuk liggen ⟨van het lachen⟩ **II** *onov ww* (krampachtig) samentrekken, stuiptrekken

convulsion [kən'vʌlʃən] *zn* ❶ stuiptrekking ❷ opschudding

convulsive [kən'vʌlsɪv] *bnw* ❶ verkrampt, spastisch ❷ schokkend ❸ stuiptrekkend

coo [ku:] *onov ww* ❶ koeren ❷ kirren ⟨v. baby⟩ → **bill**

cook [kʊk] **I** *onov ww* koken, bereiden ★ inform *sth is cooking* er is iets loos **II** *ov ww* ❶ koken, klaarmaken ❷ knoeien met, vervalsen ❸ inform *~ up* bekokstoven, verzinnen **III** *zn* kok▼ *too many cooks spoil the broth* teveel koks bederven de brij

cook book, cookery book *zn* kookboek

cooker ['kʊkə] *zn* fornuis, kookplaat

cookery ['kʊkərɪ] *zn* kookkunst ★ *French ~* de Franse keuken

cookie ['kʊkɪ] *zn* ❶ USA koekje ❷ inform USA persoon, type ❸ comp cookie

cooking ['kʊkɪŋ] *zn* het koken ★ *French ~* Frans eten ★ *home ~* gewone pot / kost

cool [ku:l] **I** *bnw* ❶ koel ❷ fris ⟨v. kleur⟩ ❸ kalm ★ *cool, calm and collected* bedaard ❹ kil, koud ❺ gaaf, cool ❻ onverstoord, onderkoeld▼ *a cool hundred* een slordige £100▼ *(as) cool as a cucumber* heel bedaard▼ inform *play it cool* rustig te werk gaan **II** *ov+onov ww* ❶ afkoelen ▼ *cool it* rustig▼ *cool your heels* lang staan wachten ❷ *~ down/off* [onov] afkoelen **III** *zn* koelte▼ *keep your cool* je kalm houden▼ *lose your cool* boos / opgewonden worden **IV** *bnw* cool, gaaf

coolant ['ku:lənt] *zn* koelmiddel

cooler ['ku:lə] *zn* ❶ koeler, koelkan / -kuip / -vat ❷ USA verkoelende drank ⟨met ijs en (vaak)

wijn⟩
cool-headed [ku:l'hedɪd] *bnw* koel, kalm
coolhunter ['ku:lhʌntə] *zn*, inform omschr
  iemand die op zoek is naar de nieuwste trend
  onder de jeugd ⟨met commercieel oogmerk⟩
coolie ['ku:lɪ] *zn*, oud min koelie
coon [ku:n] *zn*, USA min nikker
coop [ku:p] **I** *zn* kippenhok / -mand **II** *ov ww*
  ~ in/up opsluiten
co-op *zn* → cooperation
cooper ['ku:pə] *zn* kuiper
cooperate [kəʊ'ɒpəreɪt] *onov ww*
  ❶ samenwerken ❷ meewerken
cooperation, co-operation [kəʊɒpə'reɪʃən] *zn*
  ❶ samenwerking ❷ coöperatie
cooperative [kəʊ'ɒpərətɪv] *bnw* samen- /
  meewerkend, coöperatief
co-opt *ov ww* ❶ opnemen, erbij kiezen ❷ inlijven
coordinate¹ [kəʊ'ɔ:dɪnət] *zn* coördinaat
coordinate² [kəʊ'ɔ:dɪneɪt] **I** *ov ww* coördineren,
  laten samenwerken, combineren **II** *onov ww*
  samenwerken
coordination *zn* coördinatie
coot [ku:t] *zn* ❶ meerkoet ❷ inform USA
  uilskuiken
cop [kɒp] **I** *zn* agent, smeris ★ *play cops and*
  robbers diefje spelen ▼ inform GB *not much cop*
  niet veel soeps ▼ inform GB *it's a fair cop* ik ben
  erbij, dat zat er in **II** *ov ww* inform ❶ te
  verduren krijgen ❷ GB krijgen ▼ *cop a load of*
  this luister eens hier ▼ GB *cop hold of sth* op de
  kop tikken ▼ USA *cop a plea* schuld bekennen
  ⟨voor strafvermindering⟩ ▼ GB *cop it* er van langs
  krijgen, er geweest zijn *onov ww* inform ❸ zich
  terugtrekken ❷ GB ~ **off with** versieren ⟨man /
  vrouw⟩ ❸ ~ **out** er tussenuit knijpen,
  terugkrabbelen
co-partner *zn* compagnon
cope [kəʊp] **I** *onov ww* ❶ het aankunnen
  ❷ ~ **with** het hoofd bieden aan **II** *zn* koorkap,
  mantel
copier ['kɒpɪə] *zn* kopieerapparaat
co-pilot *zn* tweede piloot
copious ['kəʊpɪəs] *bnw* overvloedig, uitvoerig
copiousness ['kəʊpɪəsnəs] *zn* overvloed
cop-out *zn* smoes, uitvlucht
copper ['kɒpə] **I** *zn* ❶ (rood) koper ❷ koperen
  ketel ❸ oud koperen munt ❹ oud smeris **II** *bnw*
  koperen
copperplate ['kɒpəpleɪt] *zn* ❶ koper(druk)plaat
  ❷ kopergravure ❸ (ouderwets) schuinschrift
coppersmith ['kɒpəsmɪθ] *zn* koperslager
coppery ['kɒpərɪ] *bnw* koperachtig
coppice ['kɒpɪs], **copse** [kɒps] *zn* kreupelbosje
cop shop *zn* inform politiebureau
copter ['kɒptə] *zn* heli(kopter)
copula ['kɒpjʊlə] *zn* taalk koppelwerkwoord
copulate ['kɒpjʊleɪt] *onov ww* paren
copulation [kɒpjʊ'leɪʃən] *zn* paring,
  geslachtsdaad
copy ['kɒpɪ] **I** *zn* ❶ kopie, afschrift ❷ exemplaar
  ❸ kopij ★ *back copy* oud nummer ⟨v. tijdschrift⟩
  ★ *complimentary copy* presentexemplaar ★ *fair*
  copy gecorrigeerde versie **II** *ov ww* ❶ kopiëren,
  overschrijven (**off/from** van) ❷ imiteren,
  nabootsen ❸ fotokopiëren ❹ ~ **in** cc'tje sturen

★ *make sure you're copied in* zorg ervoor dat je
  ook een cc'tje krijgt ❺ ~ **out** volledig kopiëren
copybook ['kɒpɪbʊk] **I** *zn* schoonschrift met
  voorbeelden **II** *bnw* perfect, volgens het boekje
  ★ ~ *drill* perfect verlopen oefening
copycat ['kɒpɪkæt] *zn* na-aper
copyright ['kɒpɪraɪt] **I** *zn* auteursrecht **II** *ov ww*
  (zich) verzekeren van het auteursrecht
copywriter ['kɒpɪraɪtə] *zn* tekstschrijver
cor [kɔ:]. **cor blimey** *tw*, GB inform jemig
coral ['kɒrəl] **I** *zn* koraal(dier) **II** *bnw*
  ❶ koraalrood ❷ koralen
coralline ['kɒrəlaɪn] **I** *zn* koraalmos **II** *bnw*
  ❶ koraal- ❷ koraalrood
coral reef *zn* koraalrif
corbie ['kɔ:bɪ] *zn* raaf, kraai ⟨in Schotland⟩
cord [kɔ:d] *zn* ❶ streng, koord ❷ USA (elektrisch)
  snoer ❸ ribfluweel ★ *cords* [mv] ribfluwelen
  broek ★ *spinal cord* ruggenmerg ★ *umbilical*
  cord navelstreng ★ *vocal cords* [mv] stembanden
corded ['kɔ:dɪd] *bnw* ❶ geribd ❷ voorzien van
  een koord
cordial ['kɔ:dɪəl] **I** *bnw* form hartelijk,
  hartversterkend **II** *zn* ❶ likeur
  ❷ limonadesiroop
cordite ['kɔ:daɪt] *zn* cordiet
cordless ['kɔ:dləs] *bnw* draadloos
cordon ['kɔ:dn] **I** *zn* kordon **II** *ov ww* ~ **off** met
  een kordon afzetten
corduroy ['kɔ:dərɔɪ] *zn* ribfluweel ★ ~*s* [mv]
  ribfluwelen broek
core [kɔ:] **I** *zn* ❶ kern, binnenste ★ *hard core*
  harde kern ★ *be at the core of* ten grondslag
  liggen aan ★ *to the core* door en door ❷ comp
  kerngeheugen ❸ klokhuis ⟨v. appel⟩ **II** *ov ww*
  uitboren ⟨appel bv.⟩
core business *zn* kernactiviteit, voornaamste
  bezigheid
corer ['kɔ:rə] *zn* appelboor
co-respondent [kəʊrɪ'spɒndənt] *zn* jur als
  medeplichtige gedaagde ⟨bij echtscheiding⟩
cork [kɔ:k] **I** *zn* kurk **II** *bnw* kurken- **III** *ov ww*
  ❶ kurken, met een kurk afsluiten ❷ ~ **up**
  kurken
corker ['kɔ:kə] *zn* inform 'n fantastisch iemand /
  iets
corkscrew ['kɔ:kskru:] **I** *zn* kurkentrekker **II** *onov*
  ww zich spiraalvormig bewegen
corm [kɔ:m] *zn* plantk knol
cormorant ['kɔ:mərənt] *zn* aalscholver
corn [kɔ:n] *zn* ❶ GB koren, graan ★ *ears / sheaves*
  of corn korenaren / -schoven ❷ USA maïs ★ *corn*
  on the cob maïskolf ★ *Indian corn* maïs ❸ inform
  iets banaals / sentimenteels ❹ likdoorn ★ *tread*
  upon sb's corns iem. op de tenen trappen
corn beef, corned beef *zn* cornedbeef
corn circle *zn* graancirkel
corn cob *zn* USA maïskolf
cornea ['kɔ:nɪə] *zn* hoornvlies
corned [kɔ:nd] *bnw* ❶ gezouten, ingemaakt
  ❷ USA inform dronken
cornel ['kɔ:nl] *zn* plantk kornoelje
corner ['kɔ:nə] **I** *zn* ❶ hoek ★ *see sth out of the* ~ *of*
  your eye iets zien vanuit je ooghoek ★ *(just)*
  around / round the ~ om de hoek, vlakbij ★ *turn*
  the ~ over het kritieke punt heenkomen

CO

★ *between / within the four ~s* binnen de perken ★ *in a ~* in het geheim ★ *in a tight ~* in een lastig parket ★ *drive sb into a ~* iem. in het nauw drijven ❷ hoekschop ▾ min *cut ~s* regels, enz. omzeilen, de gemakkelijkste weg kiezen **II** *ov ww* in de hoek drijven / zetten ★ ~ *the market in cars* de automarkt veroveren **III** *onov ww* de bocht nemen ⟨v. auto bv.⟩

corner shop *zn* buurtwinkeltje
cornerstone ['kɔːnəstəʊn] *zn* ❶ hoeksteen, fundament ❷ essentieel deel
cornet ['kɔːnɪt] *zn* ❶ muz cornet ❷ (ijs)hoorn
cornfield ['kɔːnfiːld] *zn* koren- / maïsveld
cornflour ['kɔːnflaʊə] *zn* maïzena
cornflower ['kɔːnflaʊə] *zn* korenbloem
cornice ['kɔːnɪs] *zn* bouw (kroon)lijst, lijstwerk
Cornish ['kɔːnɪʃ] **I** *zn* taal v. Cornwall **II** *bnw* m.b.t. Cornwall
corn poppy, corn rose *zn* klaproos
cornrows ['kɔːnrəʊz] *zn mv* (rijen) vlechtjes ⟨haarstijl v. vnl. zwarte vrouwen⟩
corn salad *zn* veldsla
cornstarch ['kɔːnstɑːtʃ] *zn* USA maïzena
corny ['kɔːnɪ] *bnw* afgezaagd, sentimenteel
corolla [kə'rɒlə] *zn* plantk bloemkroon
corollary [kə'rɒlərɪ] *zn* gevolg, uitvloeisel
corona [kə'rəʊn] *zn* [mv: coronae] ❶ sterrenk corona, kring om zon / maan ❷ plantk kroon
coronary ['kɒrənərɪ] *bnw* ❶ kroonvormig ❷ med hart-, m.b.t. de krans(slag)aderen
coronation [kɒrə'neɪʃən] *zn* kroning
coroner ['kɒrənə] *zn* lijkschouwer ★ ~*'s inquest* gerechtelijk(e) lijkschouwing / vooronderzoek
coronet ['kɒrənɪt] *zn* ❶ kroontje ❷ diadeem
Corp. *afk* ❶ *Corporation* vennootschap ❷ *Corporal* korporaal
corpora ['kɔːpərə] *zn mv* → corpus
corporal ['kɔːprəl] **I** *zn* korporaal **II** *bnw* lichamelijk
corporal punishment *zn* ★ ~ lijfstraf
corporate ['kɔːpərət] *bnw* ❶ bedrijfs-, ondernemings- ❷ rechtspersoonlijkheid bezittend
corporation [kɔːpə'reɪʃən] *zn* ❶ onderneming, corporatie, maatschappij, rechtspersoon(lijk lichaam) ❷ USA bedrijf ★ *municipal ~* gemeentebestuur / -raad
corporation tax *zn* vennootschapsbelasting
corporeal [kɔː'pɔːrɪəl] *bnw* ❶ stoffelijk ❷ lichamelijk
corps [kɔː] *zn* ❶ (leger)korps, wapen ❷ corps ★ *diplomatic ~* corps diplomatique ★ ~ *de ballet* groep balletdansers
corpse [kɔːps] *zn* lijk
corpulence ['kɔːpjʊləns] *zn* zwaarlijvigheid
corpulent ['kɔːpjʊlənt] *bnw* zwaarlijvig
corpus ['kɔːpəs] *zn* [mv: corpora, corpuses] ❶ corpus, verzameling teksten ❷ corpus, lichaam
corpuscle ['kɔːpʌsəl] *zn* anat (bloed)lichaampje
corpus delicti *zn* voorwerp van de misdaad
corral [kɒ'rɑːl] **I** *zn* kraal, omheining **II** *ov ww* ❶ in kraal drijven ❷ bijeendrijven
correct [kə'rekt] **I** *bnw* ❶ correct, goed, juist ❷ beleefd, gepast **II** *ov ww* ❶ corrigeren, verbeteren ★ ~ *me if I'm wrong* corrigeer me als

het niet zo is ❷ onderw nakijken ⟨corrigeren en becijferen⟩ ❸ terechtwijzen ★ *I stand ~ed* je hebt volkomen gelijk **III** *onov ww* ~ **for** corrigeren voor
correction [kə'rekʃən] **I** *zn* verbetering ★ *speak under ~* spreken onder voorbehoud **II** *tw* herstel ★ ~ *- I do know* herstel - ik weet het wel
corrective [kə'rektɪv] **I** *bnw* verbeterend, correctief **II** *zn* correctief (middel)
correlate ['kɒrəleɪt] **I** *ov+onov ww* correleren, in onderling verband brengen / staan met **II** *zn* correlaat, onderling verband
correlation [kɒrə'leɪʃən] *zn* correlatie, onderling verband
correspond [kɒrɪ'spɒnd] *onov ww* ❶ corresponderen ❷ kloppen, overeenstemmen (to/with met) ❸ overeenkomstig zijn (to met)
correspondence [kɒrɪ'spɒndəns] *zn* ❶ correspondentie, briefwisseling ❷ overeenstemming
correspondence course *zn* schriftelijke cursus
correspondence school *zn* instituut voor schriftelijk onderwijs
correspondent [kɒrɪ'spɒndənt] **I** *zn* correspondent **II** *bnw* overeenkomend, overeenkomstig
corresponding [kɒrɪ'spɒndɪŋ] *bnw* overeenkomstig
corridor ['kɒrɪdɔː] *zn* corridor, gang ▾ *the ~s of power* de wandelgangen
corrigendum [kɒrɪ'gendəm] *zn* (druk)fout
corrigible ['kɒrɪdʒɪbl] *bnw* verbeterbaar
corroborate [kə'rɒbəreɪt] *ov ww* form bekrachtigen, bevestigen
corroboration [kərɒbə'reɪʃən] *zn* bekrachtiging, bevestiging
corroborative [kərɒbə'reɪtɪv] *bnw* bevestigend
corrode [kə'rəʊd] **I** *ov ww* aantasten **II** *onov ww* wegteren, (ver)roesten, corroderen
corrosion [kə'rəʊʒən] *zn* corrosie, roest
corrosive [kə'rəʊsɪv] *bnw* ❶ corrosief, bijtend ❷ form ondermijnend
corrugate ['kɒrʊgeɪt] *ov+onov ww* rimpelen ★ ~*d iron* golfplaat
corrugated ['kɒrʊgeɪt] *ov+onov ww* rimpelen
corrugation [kɒrə'geɪʃən] *zn* rimpeling
corrupt [kə'rʌpt] **I** *ov ww* ❶ corrumperen, omkopen ❷ beschadigen, aantasten, bederven **II** *bnw* ❶ corrupt, omkoopbaar ❷ aangetast, verknoeid, beschadigd ❸ verdorven, immoreel ❹ verbasterd ⟨van tekst⟩
corruptible [kə'rʌptəbl] *bnw* ❶ omkoopbaar ❷ bederfelijk
corruption [kə'rʌpʃən] *zn* ❶ corruptie, omkoping ❷ verval, verloedering ❸ verbastering
corsage [kɔː'sɑːʒ] *zn* corsage
corselette, corselet [kɔːsə'let/'kɔːsəlet] *zn* corselet
corset ['kɔːsɪt] *zn* korset
cortège, cortege [kɔː'teɪʒ] *zn* (rouw)stoet
cortex ['kɔːteks] [mv: cortices] ['kɔːtɪsiːz] *zn* plantk schors ★ anat *cerebral / renal ~* hersen- / nierschors
cortical ['kɔːtɪkl] *bnw* m.b.t. de schors
coruscate ['kɒrəskeɪt] *onov ww* ❶ flikkeren, schitteren ❷ sprankelen

cos[1], **'cos** [kəs] *vw* inform → **because**

cos[2] *afk* wisk → **cosine**

cosh [kɒʃ] **I** *zn* ploertendoder, knuppel ▾ *under the cosh* onder zware druk **II** *ov ww* afrossen

co-signatory [kəʊ'sɪgnətərɪ] *zn* medeondertekenaar

cosine ['kəʊsaɪn] *zn* wisk cosinus

cosmetic [kɒz'metɪk] **I** *zn* schoonheidsmiddel **II** *bnw* schoonheids-

cosmetician [kɒzmə'tɪʃən] *zn* USA schoonheidsspecialist(e)

cosmic ['kɒzmɪk] *bnw* kosmisch

cosmographer [kɒz'mɒgrəfə] *zn* kosmograaf

cosmography [kɒz'mɒgrəfɪ] *zn* kosmografie

cosmonaut ['kɒzmənɔːt] *zn* ruimtevaarder

cosmopolitan [kɒzmə'pɒlɪtn] **I** *zn* wereldburger, kosmopoliet **II** *bnw* kosmopolitisch

cosmos ['kɒzmɒz] *zn* kosmos, heelal

cosset ['kɒsɪt] *ov ww* verwennen

cost [kɒst] **I** *zn* ❶ prijs, kosten, uitgaven ★ *cost of living* kosten v. levensonderhoud ★ *prime cost* primaire kosten ★ *at a cost of* voor het bedrag van ★ *but it will cost you* maar dat kost een paar centen ★ *at cost* tegen kostprijs ★ *at all cost(s)* tot elke prijs ★ *at any cost* koste wat het kost, tot elke prijs ★ *count the cost (of sth)* de voor- en nadelen (van iets) overwegen, het moeten bezuren (om iets) ❷ schade ★ *know / learn / find sth to your cost* tot je schade / aan den lijve ondervinden **II** *ov ww* ❶ [onregelmatig] kosten ★ *this will cost you dear* dit zal je duur komen te staan ❷ [regelmatig] begroten ★ *the project was costed at € 10 million* het project werd begroot op € 10 miljoen

co-star I *zn* ton tegenspeler / -speelster **II** *onov ww* ton samen optreden

cost-benefit *zn* ★ ~ *analysis* kosten-batenanalyse

cost-cutting *zn* kostenbesparing, bezuiniging

cost-effective *bnw* rendabel

costing ['kɒstɪŋ] *zn* (kost)prijsberekening

costly ['kɒstlɪ] *bnw* kostbaar, duur

cost price *zn* kostprijs

cost reduction *zn* kostenverlaging

costume ['kɒstjuːm] *zn* ❶ kostuum ❷ klederdracht ❸ inform badpak, zwempak

costume jewellery *zn* namaakjuwelen

cosy ['kəʊzɪ] **I** *bnw* ❶ gezellig, knus ❷ min dik ★ *have a cosy relationship with* nogal dik zijn met **II** *zn* ❶ theemuts ❷ eierwarmer **III** *onov ww* ❶ ~ *up* zich nestelen ❷ ~ *up to* in de gunst proberen te komen bij

cot [kɒt] *zn* ❶ (kinder)ledikantje ❷ USA veldbed, stretcher ❸ scheepv kooi

cot death *zn* wiegendood

cote [kəʊt] *zn* hok, kooi

coterie ['kəʊtərɪ] *zn* min kliek

cottage ['kɒtɪdʒ] *zn* ❶ huis(je) ❷ landhuis(je) ❸ vakantiehuisje

cottage cheese *zn* hüttenkäse, kwark

cottage hospital *zn* plattelandsziekenhuis

cottage industry *zn* huisnijverheid

cottage loaf *zn* boerenbrood

cottage pie *zn* soort jachtschotel

cottager ['kɒtɪdʒə] *zn* gesch (boeren)arbeider, dorpeling

cotter pin *zn* splitpen

cotton ['kɒtn] **I** *zn* ❶ katoen(plant) ❷ katoenen stof ❸ GB garen ❹ USA watten **II** *bnw* katoenen, van katoen ▾ ~ *candy* suikerspin **III** *onov ww* inform ❶ ~ *on* (het) snappen ❷ USA ~ *to* aardig vinden

cotton bud *zn* wattenstaafje

cottontail ['kɒtənteɪl] *zn* USA konijn

cotton wool *zn* GB watten ★ *medicated* ~ verbandwatten

couch [kaʊtʃ] **I** *zn* bank, sofa, divan ★ fig *on the* ~ in therapie **II** *ov ww* formuleren ★ *~ed in vague terms* verwoord in vage termen **III** *onov ww* gaan liggen ⟨dieren⟩, klaar liggen voor de sprong

couchette [kuːˈʃet] *zn* couchette

couch potato *zn* humor ≈ tv-verslaafde

cougar ['kuːgə] *zn* USA poema

cough [kɒf] **I** *onov ww* hoesten, kuchen **II** *ov ww* ❶ ophoesten ❷ inform ~ *up* over de brug komen, dokken, GB opbiechten **III** *zn* hoest, kuch

cough drop, cough sweet *zn* hoesttablet, keelpastille

cough mixture *zn* hoestdrank

could [kəd] *ww* [verleden tijd] → **can**

coulisse [kuːˈliːs] *zn* coulisse

couloir ['kuːlwaː] *zn* bergspleet

council ['kaʊnsəl] *zn* ❶ raad(svergadering), gemeentebestuur ❷ concilie, synode ❸ vergadering ★ ~ *of war* krijgsraad ★ *hold* ~ *with* beraadslagen met

council estate *zn* wijk v. gemeentewoningen

council house *zn* gemeentewoning

councillor ['kaʊnsələ], USA **councilman** ['kaʊnsəlmən] *zn* raadslid

council tax *zn* ≈ onroerendezaakbelasting

counsel ['kaʊnsəl] **I** *zn* ❶ form advies, raad(geving) ★ *take* ~ raadplegen, overleggen ★ *keep your own* ~ mening / plannen voor je houden ❷ jur advocaten, advocaat ★ ~ *for the defence* verdediger ★ ~ *for the prosecution* openbare aanklager ★ *King's / Queen's Counsel* titel voor uitmuntende advocaten **II** *ov ww* ❶ counselen, begeleiden ❷ form adviseren

counselling, USA **counseling** ['kaʊnsəlɪŋ] *zn* ❶ counseling ⟨psychiatrie⟩ ❷ psych hulpverlening ⟨ook sociaal⟩

counsellor ['kaʊnsələ] *zn* ❶ (studie)adviseur, (studenten)decaan ❷ USA raadsman / -vrouw ❸ USA leider v. jeugdkamp

count [kaʊnt] **I** *ov ww* ❶ tellen, optellen ★ *be able to* ~ *sth on (the fingers of) one hand* iets op een hand kunnen tellen ❷ rekenen ★ ~ *yourself lucky* van geluk spreken ▾ *stand up and be ~ed* kleur bekennen ❸ ~ *against* aanrekenen ❹ ~ *among* rekenen tot ❺ ~ *in* meerekenen ❻ ~ *out* uittellen ⟨ook bokser⟩, niet meerekenen ★ ~ *me out!* reken niet op mij!, ik doe niet mee! **II** *onov ww* ❶ tellen, optellen ★ ~ *(up) to 10* tot tien tellen ★ ~ *... and ~ing* ... en de teller loopt nog ❷ meetellen, gelden ★ *make it* ~! maak er iets van! ❸ ~ *against* pleiten tegen ❹ ~ *down* aftellen ❺ ~ *for* meetellen ★ ~ *for sth / nothing* iets / niets waard zijn ❻ ~ *on/upon* rekenen op **III** *zn* ❶ tel, telling, aantal ★ *out of* ~ ontelbaar ★ *at the last* ~

CO

volgens de laatste telling / gegevens ★ *keep / lose ~* de tel bijhouden / kwijtraken ★ *lose all ~ of time* elk besef van tijd verliezen ★ *sport out / USA down for the ~* ook fig gevloerd ❷ punt, onderdeel ❸ jur punt v. aanklacht ★ jur *found guilty on all ~s* op alle punten schuldig bevonden ❹ graaf ⟨niet-Engelse edelman⟩

countable ['kaʊntəbl] *bnw* telbaar

countdown ['kaʊntdaʊn] *zn* het aftellen

countenance ['kaʊntɪnəns] **I** *zn* gezicht(suitdrukking) **II** *ov ww* steunen, goedkeuren

counter ['kaʊntə] **I** *zn* ❶ toonbank, balie, loket ★ *over the ~* zonder recept ⟨v. medicijnen⟩ ★ *sell under the ~* clandestien / vanonder de toonbank verkopen ❷ USA aanrecht(blad) ❸ damsteen, fiche ❹ teller ❺ form tegenhanger, respons **II** *ov ww* ❶ weerleggen ❷ tegengaan **III** *onov ww* tegenwerpen **IV** *bijw* in tegengestelde richting, op tegengestelde wijze ★ *run ~ to* strijdig zijn met, indruisen tegen

counter- ['kaʊntə] *voorv* tegen-, contra-

counteract [kaʊntə'rækt] *ov ww* tegengaan, neutraliseren

counteraction [kaʊntə'rækʃən] *zn* tegenactie

counter-attack ['kaʊntərətæk] **I** *zn* tegenaanval **II** *onov ww* een tegenaanval doen, v. repliek dienen

counterbalance ['kaʊntəbæləns] **I** *ov ww* opwegen tegen, neutraliseren **II** *zn* tegenwicht

counterblast ['kaʊntəblɑːst] *zn* ❶ heftige reactie ❷ tegenstoot

countercharge ['kaʊntətʃɑːdʒ] **I** *zn* tegenaanklacht, tegenbeschuldiging **II** *onov ww* tegen(aan)klacht indienen

counterclaim ['kaʊntəkleɪm] *zn* jur tegeneis

counterclockwise [kaʊntə'klɒkwaɪz] *bijw* tegen de wijzers v.d. klok in, linksom draaiend

counterculture ['kaʊntəkʌltʃə] *zn* alternatieve cultuur

counterespionage [kaʊntər'espɪənɑːʒ] *zn* contraspionage

counterexample [kaʊntər'ɪgzɑːmpl] *zn* tegenvoorbeeld

counterfeit ['kaʊntəfɪt] **I** *bnw* nagemaakt, vals **II** *ov ww* vervalsen

counterfeiter ['kaʊntəfɪtə] *zn* valsemunter

counterfoil ['kaʊntəfɔɪl] *zn* bewaarstrookje ⟨v. cheque⟩

counterintelligence [kaʊntərɪn'telɪdʒəns] *zn* contraspionage

countermand [kaʊntə'mɑːnd] *ov ww* afbestellen, annuleren

countermeasure ['kaʊntəmeʒə] *zn* tegenmaatregel

countermove ['kaʊntəmuːv] *zn* tegenzet

counteroffensive [kaʊntərə'fensɪv] *zn* tegenoffensief

counterpane ['kaʊntəpeɪn] *zn* gestikte deken, sprei

counterpart ['kaʊntəpɑːt] *zn* ❶ tegenhanger ❷ jur duplicaat

counterpoint ['kaʊntəpɔɪnt] *zn* ❶ contrapunt ❷ contrast

counterproductive [kaʊntəprə'dʌktɪv] *bnw* averechts werkend, contraproductief

countersign ['kaʊntəsaɪn] *ov ww* medeondertekenen

countersunk ['kaʊntəsɪŋk] *bnw* techn met platte kop ⟨v. schroef⟩

counter-tenor *zn* hoge tenor

countertop ['kaʊntətɒp] *zn* USA aanrecht(blad)

countervailing ['kaʊntəveɪlɪŋ] *bnw* compenserend, tegenwicht vormend

counterweight ['kaʊntəwet] *zn* tegenwicht

countess ['kaʊntɪs] *zn* (niet-Engelse) gravin

countless ['kaʊntləs] *bnw* talloos

count noun, countable noun taalk *zn* telbaar naamwoord

countrified ['kʌntrɪfaɪd] *bnw* ❶ boers ❷ landelijk

country ['kʌntrɪ] *zn* ❶ land, natie, volk ★ *developing ~* ontwikkelingsland ★ *Low Countries* Lage Landen, Nederlanden ★ *native ~* vaderland ❷ platteland, de provincie, streek ★ *across ~* via binnenwegen ★ *in the ~* op het platteland, buiten ❸ land(erijen), velden ★ *farming ~* boerenland ❹ country-and-westernmuziek ▼ pol GB *go to the ~* verkiezingen uitschrijven

country club *zn* buitensociëteit

country cousin *zn* provinciaal

country dancing *zn* volksdansen

country house *zn* landhuis, buitenplaats

countryman ['kʌntrɪmən] *zn* ❶ landgenoot ❷ provinciaal, buitenman

country seat *zn* landgoed

countryside ['kʌntrɪsaɪd] *zn* platteland, regio

countrywide [kʌntrɪ'waɪd] *bnw* over het hele land verspreid

countrywoman ['kʌntrɪwʊmən] *zn* ❶ landgenote ❷ plattelandsvrouw

county ['kaʊntɪ] *zn* ❶ USA provincie ❷ graafschap, bestuurlijk gewest

county council *zn* ≈ Provinciale Staten, graafschapsraad

county court *zn* ≈ arrondissementsrechtbank

county family *zn* deftige plattelandsfamilie

county town *zn* hoofdstad v. graafschap / provincie

coup [kuː] *zn* ❶ coup, staatsgreep ❷ goede slag / zet

coupé ['kuːpeɪ] *zn* tweedeursauto, coupé

couple ['kʌpl] **I** *zn* paar(tje), tweetal ★ *a ~ of* twee, een paar ★ *a married ~* een getrouwd stel **II** *ov ww* ❶ koppelen ❷ associëren (**with** met) **III** *onov ww* paren

couplet ['kʌplɪt] *zn* twee rijmende versregels

coupling ['kʌplɪŋ] *zn* ❶ koppeling ❷ paring

coupon ['kuːpɒn] *zn* ❶ coupon ❷ (waarde)bon ★ *money-off ~* kortingsbon

courage ['kʌrɪdʒ] *zn* moed, durf, lef ★ *pluck up / summon ~* moed bijeenrapen ★ *take ~ from* moed putten uit ★ *take your ~ in both hands* alle moed bij elkaar rapen ★ *have the ~ of your convictions* voor jezelf opkomen ★ *Dutch ~* dronkenmansmoed

courageous [kə'reɪdʒəs] *bnw* moedig

courier ['kʊrɪə] *zn* ❶ koerier ❷ reisleider

course [kɔːs] **I** *zn* ❶ onderw cursus, leergang ❷ ook fig koers ⟨gedragslijn⟩ ❸ fig weg, aanpak ❹ loop ⟨v. rivier⟩, verloop, reeks ⟨v. gebeurtenissen⟩ ❺ gang ⟨v. maaltijd⟩ ❻ med kuur ❷ laag ⟨stenen⟩ ❸ weg, (ren)baan ★ ~ *of action* aanpak, gedragslijn ★ ~ *of exchange* wisselkoers ▼ *in* ~ *of (preparation)* in (voorbereiding) ▼ *in the* ~ *of* gedurende / in de loop van ▼ *in the* ~ *of time* op den duur / te zijner tijd ▼ *in due* ~ / *time* te zijner tijd ▼ *in the ordinary* ~ *of events* normaliter ▼ *of* ~ natuurlijk ▼ *be on* ~ *for* afstevenen op ▼ *run* / *take its* ~ zijn loop hebben **II** *onov ww* snellen, stromen

coursework ['kɔ:swз:k] *zn* schoolonderzoeken

court [kɔ:t] **I** *zn* ❶ hof ⟨woning van vorst⟩ ❷ jur rechtbank, gerechtshof ❸ sport baan ❹ binnenplaats ★ ~ *of appeal* hof v. appel ★ ~ *of inquiry* / *enquiry* enquêtecommissie ★ ~ *of justice* / *law* gerechtshof ★ *High Court (of Justice)* Hoge Raad ★ *Supreme Court* ≈ de Hoge Raad ★ *at* ~ aan het hof ★ *in* ~ voor het gerecht ★ *bring a case to* ~ een zaak voor het gerecht brengen ★ *settle sth out of* ~ iets in der minne schikken ★ *take sb to* ~ iem. voor het gerecht dagen ★ *hard* ~ gravelbaan ▼ *rule* / *throw sth out of* ~ iets terzijde schuiven **II** *ov ww* ❶ vleien, in de gunst proberen te komen, het hof maken ❷ streven naar ❸ uitlokken ★ ~ *danger* het gevaar tarten **III** *onov ww* verkering hebben

court card *zn* heer / boer / vrouw in kaartspel

court case *zn* jur rechtszaak

courteous ['kз:tɪəs] *bnw* hoffelijk

courtesy ['kз:təsɪ] *zn* hoffelijkheid ★ *(have) the common* ~ het fatsoen (hebben) ★ *exchange of courtesies* uitwisseling v. beleefdheden

courtesy call *zn* beleefdheidsbezoek

courtesy title *zn* omschr uit hoffelijkheid (en niet rechtens) verleende titel

courthouse ['kɔ:thaʊs] *zn* ❶ gerechtsgebouw ❷ USA ≈ provinciehuis

courtier ['kɔ:tɪə] *zn* hoveling

courtly ['kɔ:tlɪ] *bnw* hoffelijk

courtly love *zn*, lit gesch hoofse liefde

court martial *zn* krijgsraad

court-martial *ov ww* voor de krijgsraad brengen

court order *zn* rechterlijk bevel / vonnis, gerechtelijk bevel

courtroom ['kɔ:tru:m] *zn* rechtszaal

courtship ['kɔ:tʃɪp] *zn* ❶ oud hofmakerij, vrijerij, verkering ★ *dierk* ~ *display* baltsgedrag ❷ geflirt

courtyard ['kɔ:tjɑ:d] *zn* binnenplaats

cousin ['kʌzən] *zn* neef ⟨zoon v. oom / tante⟩, nicht ⟨dochter v. oom / tante⟩ ★ *first* ~ volle neef / nicht ★ *second* ~ achterneef / -nicht ★ *distant* ~ verre neef / nicht

cove [kəʊv] *zn* ❶ kleine baai ❷ inform kerel, vent

coven [kʌvn] *zn* heksensamenkomst

covenant ['kʌvənənt] **I** *zn* verbond, verdrag **II** *ov ww* contractueel bestemmen voor

Coventry ['kɒvəntrɪ] *zn* Coventry ▼ *send sb to* ~ iem. negeren, doen of iem. lucht is

cover ['kʌvə] **I** *ov ww* ❶ afdekken, verbergen, bedekken ★ ~ *your tracks* je sporen uitwissen ❷ bestrijken, v. toepassing zijn op ❸ (financieel) dekken ❹ zich uitstrekken over, afleggen ⟨afstand⟩ ★ ~ *all the bases* niets aan het toeval overlaten ❺ media verslaan ★ ~ *a meeting* een vergadering verslaan ❻ invallen ❼ beschermen, dekken ★ ~ *your back* jezelf indekken ❽ nieuwe versie v. oud nummer opnemen ❾ ~ *over*

geheel bedekken ❿ ~ **up** verbergen, toedekken, in de doofpot stoppen **II** *onov ww* invallen **III** *zn* ❶ deksel, bedekking ★ ~*s* [mv] beddengoed ❷ kaft, boekomslag ★ *hard* ~ ingebonden ★ *from* ~ *to* ~ van het begin tot het einde ❸ muz cover ❹ dekking, bescherming, fig dekmantel ★ *break* ~ uit je schuilplaats komen ★ *run for* ~ / *take* ~ dekking zoeken ★ *under* ~ heimelijk, beschut ★ *under (the)* ~ *of* beschut door, onder het mom van, gedekt door ❺ invaller ▼ econ *under separate* ~ separaat

coverage ['kʌvərɪdʒ] *zn* ❶ dekking ⟨ook v. verzekering⟩ ❷ bericht- / verslaggeving ❸ bereik

coveralls ['kʌvərɔ:lz] *zn mv* USA overall

cover charge *zn* couvert(kosten)

cover girl *zn* covergirl, fotomodel ⟨op omslag tijdschrift⟩

covering ['kʌvərɪŋ] *zn* ❶ laag ❷ bedekking ❸ dek, hoes

coverlet ['kʌvəlɪt] *zn* gestikte deken, sprei

cover story *zn* coverstory, omslagartikel

covert ['kʌvət] **I** *bnw* heimelijk **II** *zn* struikgewas

cover-up *zn* doofpotaffaire

covet ['kʌvɪt] *ov ww* begeren

covetous ['kʌvɪtəs] *bnw* begerig, hebzuchtig

cow [kaʊ] **I** *zn* ❶ koe ★ fig *sacred cow* heilige koe ❷ wijfje ⟨v. bep. zoogdieren⟩ ★ *holy cow!* jezus mina! ▼ *till the cows come home* tot sint-juttemis **II** *ov ww* koeioneren, intimideren

coward ['kaʊəd] *zn* lafaard

cowardice ['kaʊədɪs] *zn* lafheid

cowardly ['kaʊədlɪ] *bnw* + *bijw* lafhartig

cowboy ['kaʊbɔɪ] *zn* ❶ cowboy, veedrijver ❷ beunhaas

cower ['kaʊə] *onov ww* (neer)hurken, ineenkrimpen

cowfish ['kaʊfɪʃ] *zn* zeekoe

cowhide ['kaʊhaɪd] *zn* rundleer

cowman ['kaʊmən] *zn* veehoeder, cowboy

co-worker *zn* ❶ collega ❷ teamgenoot

cowpat ['kaʊpæt] *zn* koeienvlaai

cowpox ['kaʊpɒks] *zn* koepokken

cowshed ['kaʊʃed] *zn* koestal

cowslip ['kaʊslɪp] *zn* ❶ platte sleutelbloem ❷ USA koeienbloem

cox [kɒks] *ov+onov ww* sturen, besturen

coy [kɔɪ] *bnw* ❶ bedeesd ❷ koket, quasi-schuchter ❸ terughoudend

coyness ['kɔɪnəs] *zn* ❶ bedeesdheid ❷ terughoudendheid

coyote [kɔɪ'əʊtɪ] *zn* USA coyote, prairiewolf

cozy *bnw* USA → **cosy**

cp. *afk, compare* vergelijk

CPI *afk, Consumer Price Index* prijsindex v. verbruiksgoederen

crab [kræb] *zn* ❶ krab ❷ techn lier ❸ ★ *crabs* [mv] platjes, schaamluis ★ *catch a crab* een snoek slaan ⟨misslag bij het roeien⟩

crab apple *zn* wilde appel

crabbed ['kræbɪd] *bnw* ❶ kriebelig, slecht leesbaar ⟨handschrift⟩ ❷ ontoegankelijk ⟨v. stijl⟩

crabby ['kræbɪ] *bnw* kribbig, nors

crack [kræk] **I** *zn* ❶ barst, scheur, kier, spleet ★ fig *slip* / *fall through the ~s* door de mazen van het net vallen ❷ (ge)knal, klap ★ GB *a (fair)* ~ *of the whip* een (eerlijke) kans ❸ dreun, oplawaai,

cr

mep ❹ inform gooi, poging ★ have a ~ at proberen, een gooi doen naar ❺ crack ⟨vnl. cocaïne⟩ ❻ inform grap, spottende opmerking ▼ the ~ of doom het laatste Oordeel ▼ at the ~ of dawn bij het krieken v.d. dag **II** bnw prima, eersteklas **III** ov ww ❶ breken, scheuren, kraken, barsten ★ ~ a safe een kluis openbreken ❷ meppen, een dreun geven ❸ laten knallen, doen barsten ★ he ~ed his head against the wall he sloeg met zijn hoofd tegen de muur ★ inform ~ a bottle een fles openen ❹ een oplossing vinden van, ontcijferen ⟨code⟩, ook comp kraken ❺ stoppen, oprollen ★ ~ crime misdaad aanpakken ❻ vertellen ★ ~ a joke een mop vertellen ★ not all sb is ~ed up to be niet zo goed als ze van iem. zeggen **IV** onov ww ❶ scheuren, breken ★ the mirror ~ed de spiegel brak ❷ knallen ★ thunder ~ed er was een donderslag ❸ breken / overslaan ⟨v. stem⟩ ❹ ⟨geestelijk⟩ instorten ⟨onder druk⟩, bezwijken ❺ ~ down stevig aanpakken ❻ ~ up omvallen van het lachen, ⟨geestelijk⟩ instorten ▼ get ~ing aan de slag gaan

crackbrained ['krækbreɪnd] zn inform knettergek

cracked [krækt] bnw ❶ gescheurd, gekneusd ★ in a ~ voice met gebroken stem ❷ getikt, maf

cracker ['krækə] zn ❶ cracker, dun biscuitje ❷ knalbonbon, rotje ❸ GB inform iets heel goeds

crackerjack ['krækədʒæk] USA inform zn kei, eersteklas speler, enz.

crackers ['krækəz] bnw, inform GB stapelgek

crackhead zn USA crackgebruiker

cracking ['krækɪŋ] inform bnw ❶ snel ★ at a ~ pace met een stevige vaart ❷ GB oud uitstekend, geweldig

crackle ['krækl̩] **I** zn geknetter **II** onov ww knetteren, knappen ⟨v. vuur⟩, kraken ⟨v. telefoon⟩

crackling ['krækl̩ɪŋ] zn ❶ geknetter ❷ kaantjes ★ USA ~s kaantjes

cracknel ['kræknl̩] zn krakeling

crackpot ['krækpɒt] **I** zn inform zonderling **II** bnw excentriek

cradle ['kreɪdl̩] **I** zn ❶ wieg ❷ bakermat ❸ GB hangstelling ⟨t.b.v. glazenwassers⟩ ❹ haak ⟨v. telefoon⟩ **II** ov ww wiegen

craft [krɑːft] **I** zn [geen mv] ❶ handvaardigheid ❷ vak, (kunst)vaardigheid, ambacht ❸ sluwheid, list **II** zn [mv: craft] vaartuig ⟨boot, schip, enz.⟩, vliegtuig, ruimteschip **III** ov ww maken

craftsman ['krɑːftsmən] zn vakman, handwerksman

craftsmanship ['krɑːftsmənʃɪp] zn ❶ vakmanschap ❷ (vak)bekwaamheid

crafty ['krɑːftɪ] bnw listig

crag [kræg] zn ❶ steile rots ❷ schelpzand

craggy ['krægɪ] bnw ❶ rotsig, woest ❷ fig verweerd, met sterke (gelaats)trekken

cram [kræm] **I** ov ww ❶ proppen, overladen ★ cram sth down sb's throat iets met geweld aan iem. opdringen ★ cram down food eten naar binnen werken ❷ inpompen ⟨kennis⟩ **II** onov ww ❶ (zich) volstoppen ❷ blokken ⟨op leerwerk⟩

crammer ['kræmə] zn repetitor

cramp [kræmp] **I** zn kramp ★ ~s [mv] maagkramp

II ov ww belemmeren ▼ ~ sb's style belemmerende invloed uitoefenen op iemands gedrag

cramped [kræmpt] bnw ❶ benauwd, krap ❷ beknot ⟨in bewegingsvrijheid⟩ ❸ kriebelig ⟨v. handschrift⟩

crampon ['kræmpən] zn klimijzer

cranberry ['krænbərɪ] zn veenbes

crane [kreɪn] **I** zn ❶ (hijs)kraan ❷ kraanvogel **II** ov ww ★ ~ your neck reikhalzen **III** onov ww de hals uitstrekken

crane fly zn langpootmug

cranesbill ['kreɪnzbɪl] zn plantk ooievaarsbek

cranium ['kreɪnɪəm] [mv: craniums / crania] zn schedel

crank [kræŋk] **I** zn ❶ GB zonderling ❷ USA narrig persoon ❸ kruk(stang), crank ⟨v. fiets⟩ **II** ov ww ❶ fig aanzwengelen ❷ inform ~ out aan de lopende band produceren ❸ inform ~ up starten ⟨motor⟩, harder zetten ⟨muziek⟩, hoger zetten ⟨verwarming bv.⟩ **III** bnw GB ★ ~ call telefoontje v.e. gek

crankcase ['kræŋkkeɪs] zn techn carter

crankshaft ['kræŋkʃɑːft] zn techn krukas

cranky ['kræŋkɪ] bnw ❶ inform bizar ❷ inform humeurig

cranny ['krænɪ] zn gaatje, spleetje

crap [kræp] **I** zn vulg ❶ gelul ★ load / bunch of crap alleen maar gelul ★ cut the crap geen gezeik ❷ rotzooi ❸ stront ★ have a crap schijten **II** bnw klote **III** onov ww ❶ schijten, bouten ❷ ~ on doorlullen

crappy ['kræpɪ] bnw vulg klote

crash [kræʃ] **I** ov ww ❶ te pletter laten slaan tegen, botsen op ★ ~ your car against the ~ barrier met je auto tegen de vangrail knallen ❷ neersmijten / -gooien ★ ~ a door shut een deur dichtknallen ❸ sport verpletterend verslaan ❹ inform onuitgenodigd binnenvallen **II** onov ww ❶ botsen, neerstorten, te pletter vallen ★ ~ into a tree tegen een boom opbotsen ★ a tile ~ed through the window met donderend geraas vloog er een tegel door het raam ❷ dreunen, knallen, ratelen ⟨v. donder⟩ ★ the door ~ed open de deur knalde open ❸ econ failliet gaan, ineenstorten ⟨v. prijzen, enz.⟩ ★ inform ~ and burn ten onder gaan ❹ sport verpletterend verslagen worden ❺ comp crashen ❻ inform pitten ❼ med een hartstilstand krijgen ❽ GB ~ about/around iets doen met veel kabaal ❾ inform ~ out schallen, schetteren, in slaap vallen **III** zn ❶ botsing ❷ klap ❸ econ val, krach ❹ comp crash, storing

crash barrier zn GB vangrail

crash-dive ww ❶ snel duiken ⟨v. onderzeeër⟩ ❷ plotseling neerstorten ⟨v. luchtvaartuig⟩

crash helmet zn valhelm

crashing ['kræʃɪŋ] bnw inform verpletterend

crash-land onov ww luchtv noodlanding maken

crass [kræs] bnw grof, bot

crate [kreɪt] **I** zn ❶ kist ❷ krat **II** ov ww ~ (up) verpakken in kist / krat

crater ['kreɪtə] zn ❶ krater ❷ bomtrechter

cravat [krə'væt] zn halsdoek, das, choker

crave [kreɪv] **I** ov ww smeken, verzoeken **II** onov

_ww_ ❶ hunkeren, smachten ❷ ~ **for** vurig verlangen naar

craven ['kreɪvn] _bnw_ lafhartig

craving ['kreɪvɪŋ] _zn_ onweerstaanbare trek in iets

craw [krɔ:] _zn_ krop

crawfish ['krɔ:fɪʃ] _zn_ USA crayfish

crawl [krɔ:l] **I** _onov ww_ ❶ kruipen, sluipen, langzaam vooruitkomen, niet opschieten ★ _time ~s by_ de tijd kruipt voorbij ❷ slijmen ★ ~ _to his boss_ de hielen van zijn baas likken ❸ crawlen ⟨zwemmen⟩ ❹ <u>inform</u> ~ **with** krioelen van ▼ _it makes your skin / flesh ~_ je krijgt er kippenvel van **II** _zn_ ❶ slakkengangetje ❷ crawl(slag)

crawler ['krɔ:lə] _zn_ ❶ kruiper ❷ GB <u>min</u> hielenlikker ❸ boxpakje ❹ USA (regen)worm

crawly ['krɔ:lɪ] _bnw_ griezelig

crayfish ['kreɪfɪʃ] _zn_ rivierkreeft, langoest

crayon ['kreɪən] **I** _zn_ ❶ kleurpotlood, tekenkrijt ❷ pastel(tekening) **II** _ov ww_ tekenen met crayon

craze [kreɪz] _zn_ manie, rage

crazy ['kreɪzɪ] _bnw_ ❶ gek, krankzinnig ❷ erg boos, woest ❸ buiten zinnen ★ ~ **about** dol / gek / stapel op ★ _go ~_ uit je dak gaan ▼ _like ~ / mad_ als een idioot / heel hard, snel, enz.

creak [kri:k] **I** _onov ww_ piepen, kraken ▼ ~ _under the strain_ in zijn voegen kraken **II** _zn_ gepiep, gekraak

creaky ['kri:kɪ] _bnw_ ❶ krakend ❷ aftands

cream [kri:m] **I** _zn_ ❶ room ★ _clotted ~_ dikke room ★ GB _double ~_ dikke room ★ _whipped ~_ geslagen room, slagroom ❷ gerecht met room ★ _the ~ of mushroom soup_ champignoncrèmesoep ❸ crème ★ _moisturizing ~_ vochtregulerende crème ▼ ~ _of the jest / joke_ het fijne / de kern van de grap ▼ _the ~ of the ~ / crop_ de crème de la crème, het neusje van de zalm **II** _bnw_ crème(kleurig) **III** _ov ww_ ❶ tot room maken ★ ~ _ed potatoes_ aardappelpuree ❷ USA <u>inform</u> <u>fig</u> kloppen, inmaken ❸ <u>ook fig</u> ~ **off** afromen

creamer ['kri:mə] _zn_ ❶ koffiemelkpoeder ❷ roomkan(netje)

creamery ['kri:mərɪ] _zn_ karnhuis

cream puff _zn_ roomsoes

cream tea _zn_ thee met scones, jam en dikke room

creamy ['kri:mɪ] _bnw_ ❶ smeuïg ❷ zacht, vol ❸ crème(kleurig)

crease [kri:s] **I** _zn_ ❶ vouw, kreukel ❷ rimpel **II** _ov ww_ ❶ een vouw maken in, kreukelen ❷ rimpelen ❸ <u>inform</u> GB ~ **up** in een deuk doen liggen **III** _onov ww_ ❶ vouwen ❷ rimpelen ❸ <u>inform</u> GB ~ **up** in een deuk liggen

create [kri:'eɪt] _ov ww_ ❶ scheppen, creëren, (aan)maken ❷ teweegbrengen ❸ benoemen

creation [kri:'eɪʃən] _zn_ ❶ schepping, stichting ❷ <u>vaak humor</u> creatie ❸ <u>comp</u> het aanmaken v.e. bestand ★ _(the) Creation_ de schepping

creative [kri:'eɪtɪv] _bnw_ ❶ creatief ❷ artistiek ★ <u>min</u> ~ _accounting_ creatief boekhouden ★ ~ _director_ artistiek leider

creativity [kri:er'tɪvɪtɪ] _zn_ creativiteit

creator [kri:'eɪtə] _zn_ schepper ★ _the Creator_ God

creature ['kri:tʃə] _zn_ ❶ schepsel, dier ❷ creatuur ★ _a ~ of habit_ een gewoontedier ▼ <u>form</u> <u>min</u> _the / a ~ of sb / sb's ~_ protegé / beschermeling

creature comforts _zn_ alle geneugten des levens

crèche, creche [kreʃ] _zn_ crèche

cred [kred] _zn_ → **street cred**

credence ['kri:dns] _zn_ geloof, geloofwaardigheid ★ _gain ~_ geloofwaardiger worden ★ _lend ~ to sth_ iets geloofwaardig maken

credentials [krə'denʃəlz] _zn mv_ ❶ kwalificaties, diploma's ❷ geloofsbrieven

credibility [kredə'bɪlətɪ] _zn_ geloofwaardigheid

credibility gap _zn_ vertrouwenscrisis, gebrek aan vertrouwen

credible ['kredɪbl] _bnw_ geloofwaardig

credit ['kredɪt] **I** _zn_ ❶ krediet, lening ❷ kredietwaardigheid ❸ credit(zijde) ❹ tegoed ❺ geloof, vertrouwen ❻ verdienste, eer ❼ goede naam, sieraad ❽ <u>media</u> vermelding in aftiteling ❾ <u>onderw</u> studiepunt(en) ★ ~_s_ [mv] aftiteling ⟨v. film, enz.⟩ ★ _calling ~_ beltegoed ★ ~ _where ~ is due_ ere wie ere toekomt ★ _be a ~ to_ tot eer strekken ★ _give sb ~ for_ iem. belonen voor ★ _take the ~ for_ met de eer gaan strijken ▼ _on the ~ side_ als pluspunt ▼ _to sb's ~_ het siert iem. ▼ _do sb ~ / do ~ to sb_ iem. eer aan doen ▼ _have to your ~_ op je naam hebben **II** _ov ww_ ❶ crediteren ❷ toeschrijven, toedichten ❸ geloven ★ ~ _sb with_ iem. iets nageven

creditable ['kredɪtəbl] _bnw_ ❶ <u>form</u> eervol, prijzenswaardig ❷ bewonderenswaardig

credit card _zn_ creditcard

credit crunch _zn_ kredietcrisis

credit note _zn_ tegoedbon

creditor ['kredɪtə] _zn_ crediteur, schuldeiser

credit transfer _zn_ overboeking

creditworthy ['kredɪtwɜ:ðɪ] _bnw_ kredietwaardig

credo ['kri:dəʊ] _zn_ credo, geloofsbelijdenis

credulity [krə'dju:lətɪ] _zn_ lichtgelovigheid

credulous ['kredjʊləs] _bnw_ lichtgelovig

creed [kri:d] _zn_ <u>rel</u> geloof(sbelijdenis) ★ _the Creed_ het credo

creek [kri:k] _zn_ ❶ kreek ❷ inham ❸ USA Aus riviertje ▼ _up the ~ (without a paddle)_ in de nesten zitten

creel [kri:l] _zn_ visfuik / -mand

creep [kri:p] **I** _onov ww_ [onregelmatig] ❶ sluipen ❷ <u>ook plantk</u> kruipen ❸ bekruipen ❹ hielenlikken ❺ ~ **in/into** binnensluipen ❻ ~ **up** omhoogkruipen ❼ ~ **up on** besluipen, bekruipen **II** _zn_ ❶ <u>inform</u> griezel ❷ slijmbal ▼ _give sb the ~s_ iem. kippenvel bezorgen

creeper ['kri:pə] _zn_ kruipdier / -plant, bodembedekker ▼ _short-toed tree ~_ boomkruiper

creepy ['kri:pɪ] _bnw_ griezelig, eng

creepy-crawly _zn_ <u>inform</u> insect, beestje

cremate [krɪ'meɪt] _ov ww_ cremeren

cremation [krɪ'meɪʃən] _zn_ crematie, lijkverbranding

crematorium [kremə'tɔ:rɪəm], **crematory** ['krɪ:mətɔ:rɪ] _zn_ crematorium

creole ['kri:əʊl] **I** _zn_ creool **II** _bnw_ creools

crêpe, crepe [kreɪp] _zn_ ❶ crêpe, krip ❷ rubber ❸ flensje

crepitate ['krepɪteɪt] _onov ww_ knetteren

crept [krept] _ww_ [verl. tijd + volt. deelw.] → **creep**

crescendo [krɪ'ʃendəʊ] _bnw_ <u>muz</u> crescendo

crescent ['krezənt] _zn_ ❶ maansikkel, halve maan ❷ rij huizen in halve cirkel ★ _the Crescent_ de halvemaan ⟨islam⟩

cr

cress [kres] *zn* tuinkers, waterkers

cresset ['kresɪt] *zn* gesch bakenvuur

crest [krest] *zn* ❶ top, heuveltop, (schuim)kop op golf ★ fig *the ~ of a / the wave* op het hoogtepunt ❷ her wapen ❸ kuif, kam ★ *gold~* goudhaantje **II** *ov ww* form de top bereiken van **III** *onov ww* koppen vormen (van golf)

crested ['krestɪd] *bnw* ❶ met wapen ❷ met een kam / kuif / pluim

crestfallen ['krestfɔ:lən] *bnw* terneergeslagen

cretin ['kretɪn] *zn* idioot

Creutzfeldt-Jakobdisease *zn* med gekkekoeienziekte

crevasse [krə'væs] *zn* ❶ gletsjerspleet ❷ dijkdoorbraak

crevice ['krevɪs] *zn* spleet, scheur ⟨in rots, enz.⟩

crew [kru:] **I** *zn* ❶ bemanning, personeel, (film)ploeg ❷ inform troep, groepje ★ *motley crew* zootje ongeregeld ❸ roeiploeg ★ USA *go out for crew* bij een roeiploeg gaan **II** *ov ww* bemannen **III** *onov ww* bemanningslid zijn

crew cut *zn* crewcut ⟨egaal kortgeknipt⟩

crewman ['kru:mən] *zn* bemanningslid

crew neck *zn* ronde hals

crib [krɪb] **I** *zn* ❶ USA kinderledikantje ❷ kribbe, voederbak ❸ kerststal ❹ inform spiekbriefje, gegapte tekst ❺ krib ⟨in rivier⟩ ❻ USA inform optrekje **II** *onov ww* ❶ spieken, frauderen ⟨bij examen, enz.⟩ ❷ plagiaat plegen

crib death *zn* USA wiegendood

crick [krɪk] *zn* ★ *~ in the back* spit ★ *~ in the neck* stijve nek

cricket ['krɪkɪt] *zn* ❶ krekel ❷ sport cricket ▼ *not ~* niet fair / eerlijk

cricketer ['krɪkɪtə] *zn* cricketspeler

crier ['kraɪə] *zn* ❶ huiler ❷ omroeper, schreeuwer

crikey ['kraɪkɪ] *tw* allemachtig!

crime [kraɪm] *zn* misdaad ★ *capital ~* halsmisdaad ★ *~ of violence* geweldsmisdrijf ★ *it's a ~* het is een schande ★ *commit a ~* een misdaad plegen ★ *organized ~* de georganiseerde misdaad

crime buster *zn* misdaadbestrijder

crime rate *zn* misdaadcijfer

criminal ['krɪmɪnl] **I** *bnw* ❶ misdadig, crimineel ❷ jur strafrechtelijk ❸ schandalig **II** *zn* misdadiger ★ *hardened ~s* doorgewinterde misdadigers

criminality [krɪmɪ'næləti] *zn* criminaliteit

crimp [krɪmp] **I** *ov ww* ❶ plooien, plisseren ❷ krullen ⟨haar⟩ ❸ USA inform tegenwerken **II** *zn* plooi, krul

crimson ['krɪmzən] **I** *zn* karmijnrood **II** *bnw* karmijnrood ★ *go / turn ~* rood worden

cringe [krɪndʒ] **I** *zn* onderdanige buiging **II** *onov ww* ineenkrimpen, terugdeinzen

cringeworthy *bnw* gênant

crinkle ['krɪŋkl] **I** *ov+onov ww* rimpelen, kreukelen, (ver)frommelen **II** *zn* vouw, kreukel, rimpel, plooi

crinkly ['krɪŋklɪ] *bnw* ❶ gekreukeld, gerimpeld, verfrommeld ❷ gekruld

crinoline ['krɪnəlɪn] *zn* hoepelrok

cripes ['kraɪps] *tw* inform jeetje

cripple ['krɪpl] **I** *zn* min invalide **II** *ov ww* ❶ verlammen ❷ verminken, beschadigen ★ *an emotional ~* een binnenvetter ★ *crippling debts*

verlammende schuldenlast

crisis ['kraɪsɪs] *zn* [mv: **crises**] crisis ★ pol *a ~ of confidence* vertrouwenscrisis ★ *midlife ~* midlifecrisis

crisp [krɪsp] **I** *bnw* ❶ bros, knappend, krokant ❷ knapperig, stevig, vers ❸ knisperend nieuw ⟨v. papier, textiel, enz.⟩ ❹ fris en helder ⟨v. weer, lucht⟩ ❺ knerpend ⟨v. sneeuw, enz.⟩ ❻ helder en duidelijk ⟨v. opname⟩ **II** *zn* ★ *(potato) ~s* [mv] chips ▼ *burn sth to a ~* iets laten aanbranden / verbranden **III** *ov ww* krokant maken **IV** *onov ww* krokant worden

crispate ['krɪspeɪt] *bnw* plantk gekruld, golvend

crispbread ['krɪspbred] *zn* knäckebröd

crispy ['krɪspɪ] *bnw* → crisp

criss-cross ['krɪskrɒs] **I** *bnw* kriskras, kruiselings ★ *a ~ pattern* een patroon v. elkaar kruisende lijnen **II** *zn* wirwar, netwerk **III** *ov ww* (kriskras) doorkruisen / -snijden **IV** *onov ww* kriskras door elkaar gaan, kruisen

criterion [kraɪ'tɪərɪən] *zn* criterium, maatstaf

critic ['krɪtɪk] *zn* ❶ criticus, recensent ❷ criticus, criticaster

critical ['krɪtɪkl] **I** *bnw* ❶ kritisch ★ *~ thinking* kritisch / onafhankelijk denken ★ *receive ~ acclaim* lof toegezwaaid krijgen v. critici ★ *with a ~ eye* kritisch ❷ kritiek, cruciaal ★ *it's ~ to us* het is voor ons v. essentieel belang ★ *~ care* intensive care ❸ hachelijk, kritiek ❹ natk kritisch ★ *~ mass* kritische massa ★ *~ path* kritisch traject ❺ wisk m.b.t. een uiterste waarde **II** *bijw* uitermate ★ *~ly ill* ernstig ziek

criticism ['krɪtɪsɪzəm] *zn* ❶ kritiek ❷ kritische bespreking

criticize, criticise ['krɪtɪsaɪz] *ov ww* ❶ (be)kritiseren, kritiek uitoefenen ❷ beoordelen

critique [krɪ'ti:k] *zn* kritische analyse, (kunst)kritiek, recensie

croak [krəʊk] **I** *onov ww* ❶ kwaken ⟨v. kikker⟩, krassen ⟨v. raaf bv.⟩ ❷ met hese / schorre stem spreken ❸ vulg creperen **II** *zn* ❶ gekwaak, gekras ❷ schorheid, heesheid ★ *speak with a ~* met hese / schorre stem spreken

croaky ['krəʊkɪ] *bnw* ❶ schor, hees ❷ kwakend, krassend

crochet ['krəʊʃeɪ] **I** *zn* haakwerk **II** *ov+onov ww* haken ⟨met wol, enz.⟩

crochet hook *zn* haaknaald

crock [krɒk] *zn* ❶ aardewerken pot(scherf) ❷ inform ouwe lul, ouwe muts ❸ inform ouwe brik ▼ USA vulg *a ~ of shit* geouwehoer / bullshit

crocked [krɒkt] *bnw* USA in de lorum

crockery ['krɒkərɪ] *zn* ❶ aardewerk, serviesgoed ❷ USA ovenvaste schalen, enz.

crocodile ['krɒkədaɪl] *zn* ❶ krokodil ❷ krokodillenleer ❸ lange rij kinderen die twee aan twee lopen ▼ *~ tears* krokodillentranen

croft [krɒft] *zn* perceeltje bouwland, kleine pachtboerderij ⟨vnl. in Schotland⟩

crofter ['krɒftə] *zn* keuterboer, pachtboertje

cromlech ['krɒmlek] *zn* hunebed ⟨in Wales⟩

crone [krəʊn] *zn* oud wijf

crony ['krəʊnɪ] *zn* min gabber

cronyism ['krəʊnɪɪzəm] *zn* vriendjespolitiek

crook [krʊk] **I** *zn* ❶ oplichter, boef ★ *on the ~*

oneerlijk ❷ kromte, bocht, haak ★ *the ~ of your arm / elbow* de ellebooggholte ❸ kromstaf **II** *ov ww* buigen

crooked ['krʊkɪd] *bnw* ❶ krom, gebogen, scheef, bochtig ❷ inform oneerlijk, onbetrouwbaar

croon [kru:n] *ov+onov ww* ❶ neuriën ❷ muz croonen, zwoel zingen

crop [krɒp] **I** *zn* ❶ gewas ❷ oogst, opbrengst ❸ groep mensen / aantal dingen bij elkaar, lichting ❹ zeer kort geknipt haar ❺ krop ⟨v. vogel⟩ ❻ zweep ★ *in / under crop* bebouwd ★ *out of crop* onbebouwd / braak **II** *ov ww* ❶ knippen ⟨v. haar⟩ ❷ afknippen, afsnijden ⟨v. foto⟩ ❸ afgrazen ⟨v. grasland⟩ ❹ bebouwen **III** *onov ww* ❶ een goede oogst opleveren ❷ ~ **up** zich (plotseling) voordoen, (plotseling) opduiken

crop circle *zn* graancirkel

crop dusting *zn* gewasbespuiting

cropper ['krɒpə] *zn* ★ *come a ~* een smak maken, finaal onderuit gaan / mislukken

crop rotation *zn* wisselbouw

crop top *zn* naveltruitje

croquet ['krəʊkeɪ] *zn* croquetspel

cross [krɒs] **I** *zn* ❶ kruis ❷ kruising, mengeling ❸ voetb kruispass, voorzet ★ mil *Victoria Cross* Victoriakruis ⟨onderscheiding⟩ ★ *(it was) a ~ between* (het hield) het midden tussen ★ *on the ~* overhoeks, diagonaal ★ *have a (heavy) ~ to bear* een (zwaar) kruis te dragen hebben **II** *ov ww* ❶ oversteken, passeren ❷ dwarsbomen ❸ kruisen ⟨v. dieren, planten⟩ ❹ dwars over elkaar leggen ★ ~ *yourself* een kruis maken ★ *with your legs ~ed* met de benen over elkaar ▼ ~ *that bridge when you come to it* geen zorgen voor morgen ▼ ~ *your fingers* je vingers gekruist houden ▼ ~ *my heart (and hope to die)* erewoord! / zeker weten! ▼ ~ *your mind* in je (gedachten) opkomen ▼ ~ *sb's palm with silver* iem. omkopen / iemand betalen voor een gunst ▼ ~ *swords with sb* met iem. de degens kruisen **III** *onov ww* ❶ oversteken, gaan over / door ❷ (elkaar) kruisen ❸ sport voorzetten ⟨v. bal⟩ **IV** *ww* ❶ ~ **off** [ov] wegstrepen, doorstrepen ❷ ~ **out** [ov] wegstrepen, doorstrepen ❸ ~ **over** [onov] oversteken, overlopen **V** *bnw* uit zijn humeur ★ ~ *with* boos op

cross- [krɒs-] *voorv* zij-, dwars-, kruis-

crossbar ['krɒsbɑ:] *zn* ❶ sport doellat ❷ stang ⟨v. herenfiets⟩

cross-beam *zn* dwarsbalk

cross-bench *zn* ★ ~ *mind* onafhankelijke of lauwe mentaliteit

cross-bencher *zn* onafhankelijk lid v. het Hogerhuis

cross-border *bnw* over de grens, grensoverschrijdend

crossbow ['krɒsbəʊ] *zn* kruisboog

cross-breed I *ov+onov ww* (zich) kruisen ⟨genetisch⟩ **II** *zn* gekruist ras, kruising, bastaard

cross-buttock I *zn* heupworp / -zwaai ⟨worstelen⟩ **II** *ov ww* met heupworp vloeren

cross check *zn* contra controle / check

cross-check *ov ww* m.b.v. ander methode controleren, kruislings controleren

cross-country *bnw* ❶ dwars door het land, crosscountry ❷ (dwars) over / door een land ★ ~

race veldloop ★ ~ *train journeys* treinreizen dwars door een land

cross cultural *bnw* intercultureel

cross current *zn* ❶ dwarsstroom ❷ fig tegenkracht

cross-dresser *zn* travestiet

cross-dressing *zn* travestie

cross-examination *zn* kruisverhoor

cross-examine *ov ww* ❶ aan een kruisverhoor onderwerpen ❷ stevig aan de tand voelen, scherp ondervragen

cross-eyed *bnw* scheel

cross-fertilization, cross-fertilisation *zn* ook fig kruisbestuiving

cross-fertilize, cross-fertilise *ov ww* kruisen

crossfire ['krɒsfaɪə] *zn* kruisvuur ★ fig *get caught in the ~* tussen twee vuren raken

cross-grained *bnw* ❶ techn met dwarsnaad ❷ tegen de draad in, dwars

cross head *zn* kruiskopschroef

crossing ['krɒsɪŋ] *zn* ❶ overtocht ❷ oversteekplaats, overweg ★ GB *level ~* gelijkvloerse kruising ⟨v. weg en spoorlijn⟩ ❸ kruising, kruispunt

crossing guard *zn* klaar-over, verkeersbrigadier

cross-legged *bnw* in kleermakerszit

crossness ['krɒsnəs] *zn* ❶ slecht humeur ❷ dwars- / koppigheid

crossover ['krɒsəʊvə] *zn* ❶ oversteekplaats, viaduct, overstapplaats ❷ overstap / -gang ❸ muz twee genres gecombineerd

cross-ply *bnw* ★ ~ *tyres* diagonaalbanden

cross purposes *zn mv* tegenstrijdige belangen / doelstellingen ★ *we're talking at ~* je begrijpt me verkeerd

cross-question *ov ww* scherp / met strikvragen ondervragen

cross reference *zn* verwijzing

crossroads ['krɒsrəʊdz] *zn* [mv: **crossroads**] kruispunt ▼ *at a ~* op een belangrijk punt

cross section *zn* dwarsdoorsnede

cross stitch *zn* kruissteek

cross street *zn* zij- / dwarsstraat

crosstalk ['krɒstɔ:k] *zn* ❶ overspraak ❷ flitsend woordenspel

crosstown [krɒs'taʊn] *bijw* door de hele stad

crosswalk ['krɒswɔ:k] *zn* USA (gemarkeerde) voetgangersoversteekplaats

crosswind *zn* zijwind

crosswise ['krɒswaɪz] *bnw* kruiselings, dwars over

crossword ['krɒswɜ:d] *zn* kruiswoordpuzzel, cryptogram

crotch [krɒtʃ] *zn* kruis ⟨v. menselijk lichaam / broek⟩

crotchet ['krɒtʃɪt] GB muz *zn* kwartnoot

crotchety ['krɒtʃətɪ] *bnw* prikkelbaar, nors

crouch [kraʊtʃ] *onov ww* ❶ kruipen ook fig ❷ ~ **down** neerhurken, zich bukken

croup [kru:p] *zn* med kroep

crow [krəʊ] **I** *zn* ❶ kraai ★ *hooded crow* bonte kraai ★ fig *white crow* witte raaf ★ *as the crow flies* hemelsbreed ❷ gekraai ▼ USA *eat crow* je ongelijk bekennen **II** *onov ww* ❶ kraaien ❷ ~ **about/over** juichen om / over, leedvermaak hebben over

crowbar ['krəʊbɑ:] zn koevoet
crowd [kraʊd] I zn menigte, publiek, gedrang, troep, gezelschap, hoop ★ the ~ de grote massa ★ the madding ~ het jachtige leven, de jachtige maatschappij ★ follow / stand out from the ~ meedoen / zich onderscheiden v.d. massa ★ pass in a ~ er mee door kunnen II ov ww ❶ volproppen, samenpakken ❷ overstelpen ★ ~ sail alle zeilen bijzetten III onov ww ❶ (zich ver)dringen, (te) dicht op elkaar staan ❷ ~ around samendrommen ❸ ~ into naar binnen dringen ❹ ~ in on zich opdringen aan ❺ ~ out zich naar buiten dringen
crowded ['kraʊdɪd] bnw druk, vol, samengepakt
crowd pleaser zn inform iemand die op het publiek speelt
crowd-puller zn publiekstrekker
crown [kraʊn] I zn ❶ kroon, krans ❷ kruin, hoogste punt ❸ sport inform kampioenstitel ❹ bol ⟨v. hoed⟩ ❺ oud vijfshillingstuk ★ ~ imperial keizerskroon II ov ww ❶ kroon zetten op, (be)kronen, alles overtreffen ❷ een dam halen ⟨bij damspel⟩
crown case zn jur strafzaak
Crown court zn jur rechtbank voor strafzaken ⟨met jury⟩
crown jewel zn kroonjuweel
crown land zn kroondomein
Crown prince zn [v: **Crown princess**] kroonprins
Crown prosecutor zn jur openbare aanklager
crow's-feet zn mv kraaienpootjes ⟨rimpels rond de ogen⟩
crucial ['kru:ʃəl] bnw cruciaal, essentieel, kritiek ★ ~ test vuurproef
crucible ['kru:sɪbl] zn ❶ smeltkroes ❷ fig vuurproef
crucifix ['kru:sɪfɪks] zn kruisbeeld
crucifixion [kru:sɪ'fɪkʃən] zn kruisiging
crucify ['kru:sɪfaɪ] ov ww ❶ kruisigen ❷ inform fig aan de paal nagelen
crud [krʌd] zn ❶ inform viezigheid ❷ afval ❸ rotzak
crude [kru:d] I bnw ❶ globaal, grof ❷ ruw, onafgewerkt ❸ vulgair ❹ ruw, ongezuiverd ★ ~ oil ongeraffineerde / ruwe olie II zn ruwe olie
crudeness ['kru:dnəs], **crudity** ['kru:dətɪ] zn ❶ ruwheid, grofheid ❷ lompheid
cruel ['kru:əl] bnw gemeen, wreed
cruelty ['kru:əltɪ] zn wreedheid
cruet ['kru:ɪt] zn ❶ zout- / pepervaatje ❷ olie- / azijnflesje
cruise [kru:z] I zn ❶ cruise ❷ tocht II ov ww bevaren III onov ww ❶ varen, een cruise maken ❷ kruisen ⟨m.b.t. snelheid⟩ ❸ zoekend rondrijden, patrouilleren ❹ met gemak behalen ❺ jagen (**for** op) ⟨seksuele partner⟩ ★ cruising speed kruissnelheid
cruise control zn snelheidsregelaar / -begrenzer
cruise missile zn kruisraket
cruiser ['kru:zə] zn ❶ scheepv kruiser ❷ scheepv motorjacht ❸ USA politieauto
cruiserweight ['kru:zəweɪt] zn licht zwaargewicht
crumb [krʌm] zn kruim(el) ★ ~ of comfort schrale troost

crumble ['krʌmbl] I ov ww verkruimelen, (ver)brokkelen II onov ww kruimelen, afbrokkelen, vergaan ★ ~ into dust tot stof vergaan
crumbly ['krʌmblɪ] bnw kruimelig
crummy ['krʌmɪ] zn slecht, waardeloos
crumpet ['krʌmpɪt] zn ❶ plaatkoek ❷ plat lekker stuk
crumple ['krʌmpl] I ov ww ~ (up) kreuk(el)en, rimpelen, (ver)frommelen II onov ww ~ (up) kreuk(el)en, verschrompelen ★ her face ~d haar gezicht betrok
crumple zone zn techn kreukelzone
crunch [krʌntʃ] I zn ❶ knerpend geluid ❷ probleem ❸ plotseling tekort ⟨vnl. geld⟩ ❹ kritiek moment ★ when it comes to the ~ als het erop aan komt II ov ww ❶ (kapot)knauwen ❷ doen knerpen ❸ ~ up verfrommelen III onov ww ❶ knerpen, knarsen ❷ knauwen
crunchy ['krʌntʃɪ] bnw ❶ krokant ❷ knapperig ❸ bijtgaar
crusade [kru:'seɪd] I zn ❶ kruistocht II onov ww campagne voeren
crusader [kru:'seɪdə] zn ❶ kruisvaarder ❷ gedreven actievoerder
crush [krʌʃ] I ov ww ❶ verpletteren ❷ proppen ❸ persen, pletten ❹ de kop indrukken II zn ❶ samengepakte mensenmassa, gedrang ❷ (hevige) verliefdheid ❸ geperst vruchtensap ★ have a ~ on sb verliefd zijn op iem.
crush barrier zn dranghek
crusher ['krʌʃə] zn pers
crushing ['krʌʃɪŋ] bnw ★ a ~ blow / defeat een verpletterende klap / nederlaag
crust [krʌst] zn ❶ (brood)korst ❷ cul korst ⟨op gerecht⟩ ❸ korst ⟨op zacht of vloeibaar materiaal⟩ ★ inform the upper ~ aristocratie ▼ GB inform earn a / your ~ je brood verdienen
crustacean [krʌ'steɪʃən] I zn schaaldier II bnw m.b.t. schaaldieren
crusted ['krʌstɪd] bnw ❶ met een korst ❷ fig respectabel
crustie zn → crusty
crusty ['krʌstɪ] I bnw ❶ knapperig ❷ inform korzelig ★ ~ bread brood met knapperige korst II zn zwerver, schooier
crutch [krʌtʃ] zn ❶ kruk ❷ fig steun, toeverlaat ❸ → crotch
crux [krʌks] zn ❶ essentie, kern ❷ crux, probleem ★ the crux of the matter de kern v.d. zaak
cry [kraɪ] I onov ww ❶ huilen, schreeuwen, (uit)roepen ❷ schreeuwen ⟨v. dier⟩, janken ⟨v. wolf⟩, roepen ⟨v. vogel⟩, krijsen ⟨v. meeuw⟩ ▼ for crying out loud potverdorie ▼ it's no use crying over spilt milk gedane zaken nemen geen keer ⟨gezegde⟩ II ov ww huilen ★ cry yourself to sleep jezelf in slaap huilen III ww ❶ ~ down [ov] naar beneden halen ❷ ~ for [onov] schreeuwen om / van ❸ ~ off [onov] afzien van ❹ ~ out (against) [onov] (het) uitschreeuwen, luid protesteren ❺ ~ out for [onov] schreeuwen om IV zn ❶ kreet, (ge)schreeuw, uitroep ❷ schreeuw ⟨v. dier⟩, roep ⟨v. vogel⟩ ❸ huilbui, gehuil ❹ roep, smeekbede ❺ publieke opinie ❻ strijdkreet, leus ▼ a far cry from in de verste verte niet lijkend op ▼ in full cry enthousiaste

geluiden makend
crybaby ['kraɪbeɪbɪ] *zn* huilebalk
crying ['kraɪɪŋ] *bnw* ▼ *a ~* shame tenhemelschreiend ▼ *a ~* need een schreeuwende behoefte
crypt [krɪpt] *zn* crypte
cryptic ['krɪptɪk] *bnw* geheim(zinnig)
cryptogram ['krɪptəgræm] *zn* ❶ in geheimschrift geschreven stuk ❷ cryptogram
cryptography [krɪp'tɒgrəfɪ] *zn* geheimschrift
crystal ['krɪstl] *zn* ❶ kristal ❷ horlogeglas
crystal-gazing *zn* waarzeggerij ⟨met glazen bol⟩
crystalline ['krɪstəlaɪn] *bnw* kristallijn, transparant
crystallize, crystallise ['krɪstəlaɪz] I *ov ww* ❶ laten kristalliseren ❷ vaste vorm geven II *onov ww* ❶ (uit)kristalliseren ❷ vaste vorm aannemen
CSE *afk,* onderw *Certificate of Secondary Education* ≈ vmbo-diploma
CST *afk,* Aus *Central Standard Time* Centrale Standaardtijd ⟨tijdzone in centraal Australië⟩
ct, USA **ct.** *afk* ❶ *cent* cent ❷ *carat* karaat
CT *afk, Connecticut* staat in de VS
cu. *afk, cubic* kubiek
cub [kʌb] *zn* ❶ welp, jong ⟨v. beer, vos, leeuw⟩ ❷ fig groentje ★ *Cubs* welpen ⟨padvinderij⟩
Cuban ['kju:bən] I *zn* Cubaan II *bnw* Cubaans
cubbyhole ['kʌbɪhoʊl] *zn* gezellig hoekje
cube [kju:b] I *zn* ❶ kubus ❷ blok(je) ❸ dobbelsteen II *ov ww* ❶ wisk tot de derdemacht verheffen ❷ in dobbelsteentjes snijden
cube root *zn* wisk derdemachtswortel
cubic ['kju:bɪk] *bnw* ❶ kubiek ❷ kubusvormig
cubicle ['kju:bɪkl] *zn* ❶ hokje, stemhokje ❷ slaaphokje ❸ kleedhokje
cubism ['kju:bɪzəm] *zn* kubisme
cubist ['kju:bɪst] I *zn* kubist II *bnw* kubistisch
cuckold ['kʌkəʊld] I *zn* bedrogen echtgenoot II *ww* echtgenoot / echtgenote bedriegen
cuckoo ['kʊku:] I *zn* koekoek II *bnw* gek, niet goed snik
cuckoo clock *zn* koekoeksklok
cuckoo pint *zn* plantk aronskelk
cucumber ['kju:kʌmbə] *zn* komkommer
cud [kʌd] *zn* ▼ *cows chewing the cud* herkauwende koeien ▼ *chew the cud* iets nog eens overdenken
cuddle ['kʌdl] I *ov ww* knuffelen II *onov ww* ❶ zich nestelen ❷ *~* **up against** knus gaan liggen / zitten tegen III *zn* knuffel
cuddly ['kʌdlɪ] *bnw* aanhalig
cudgel ['kʌdʒəl] I *zn* knuppel ▼ *take up the ~s for sb* het opnemen voor iem. III *ov ww* (neer)knuppelen ▼ *~ your brains about sth* je het hoofd breken over iets
cue [kju:] I *zn* ❶ signaal, ton wachtwoord ★ *(right) on cue* (precies) op het goede moment ★ *take your cue from* een voorbeeld nemen aan ❷ keu II *ov ww* een seintje geven
cuff [kʌf] I *zn* ❶ manchet ❷ USA broekomslag ❸ tikje ⟨met vlakke hand⟩ ❹ inform [*mv*] ★ *cuffs* handboeien ▼ *off the cuff* voor de vuist weg II *ov ww* ❶ een tikje geven ❷ inform handboeien omdoen
cufflink *zn* manchetknoop

cuirass [kwɪ'ræs] I *zn* gesch kuras II *ov ww* pantseren
cuisine [kwɪ'zi:n] *zn* cuisine, keuken, kookstijl
cul-de-sac ['kʌldəsæk] *zn* doodlopende steeg / straat
culinary ['kʌlɪnərɪ] *zn* culinair, keuken-, kook-
cull [kʌl] I *zn* het afmaken ⟨v. zwakke beesten in kudde⟩ II *ov ww* ❶ afmaken ⟨v. zwakke beesten in kudde⟩ ❷ *~* **from** selecteren uit
culminate ['kʌlmɪneɪt] *onov ww* culmineren, uitlopen, het toppunt bereiken
culmination [kʌlmɪ'neɪʃən] *zn* hoogtepunt, toppunt
culottes [kju:'lɒts] *zn mv* broekrok
culpability [kʌlpə'bɪlətɪ] *zn* jur (verwijtbare) schuld
culpable ['kʌlpəbl] *bnw* ❶ schuldig ❷ jur verwijtbaar
culprit ['kʌlprɪt] *zn* ❶ schuldige ❷ boosdoener ❸ jur beschuldigde, beklaagde
cult [kʌlt] I *zn* ❶ rage, verering ❷ sekte ❸ cultus, eredienst II *bnw* cult- ★ *cult movie* cultfilm ★ *cult figure* idool
cultivable ['kʌltɪvəbl] *bnw* bebouwbaar, ontginbaar
cultivate ['kʌltɪveɪt] *ov ww* ❶ agrar cultiveren, bebouwen, ontginnen ❷ verbouwen, kweken ❸ vormen, ontwikkelen ⟨gedrag, houding, enz.⟩ ❹ proberen voor je te winnen ★ *~ sb('s friendship)* iemands vriendschap cultiveren
cultivated ['kʌltɪveɪtɪd] *bnw* ❶ gecultiveerd, beschaafd, ontwikkeld ❷ agrar bebouwd, ontgonnen ❸ plantk gekweekt
cultivation [kʌltɪ'veɪʃən] *zn* ❶ agrar cultivering, bebouwing, ontginning ❷ beschaving, ontwikkeling
cultivator ['kʌltɪveɪtə] *zn* ❶ boer, kweker ❷ agrar kleine ploeg
cultural ['kʌltʃərəl] *bnw* cultureel
culture ['kʌltʃə] I *zn* ❶ cultuur, beschaving, (algemene) ontwikkeling ★ *~ of confession* sorrycultuur ❷ med kweek ⟨v. bacteriën⟩, teelt ⟨v. gewassen⟩ II *ov ww* med kweken
cultured ['kʌltʃəd] *bnw* ❶ beschaafd, ontwikkeld ❷ med gekweekt ★ *~ pearls* cultivéparels
culture shock *zn* cultuurschok
culture vulture *zn* cultuurvreter
culvert ['kʌlvət] *zn* duiker ⟨onder een weg, enz. door⟩
cum [kʌm] *vz* ❶ met, inclusief ❷ tevens ★ onderw *cum laude* met lof ★ *bed-cum-sitting room* zit-slaapkamer
cumbersome ['kʌmbəsəm] *bnw* ❶ moeilijk hanteerbaar, log ❷ moeizaam
cumin, cummin ['kʌmɪn] *zn* komijn
cumulate ['kju:mjʊlət] I *ov ww* ophopen II *onov ww* z.ophopen
cumulative ['kju:mjʊlətɪv] *bnw* ❶ cumulatief, aangroeiend ❷ op(een)hopend
cumuli ['kju:mjʊlaɪ] *zn mv* → **cumulus**
cumulus ['kju:mjʊləs] *zn* [*mv:* **cumuli**] cumulus, stapelwolk
cuneiform ['kju:nɪfɔ:m] *zn* spijkerschrift
cunnilingus [kʌnɪ'lɪŋgəs] *zn* het beffen
cunning ['kʌnɪŋ] I *bnw* ❶ sluw ❷ knap II *zn* ❶ sluwheid ❷ slimheid

cunt [kʌnt] *zn* ❶ vulg kut ❷ min klootzak, kutwijf

cup [kʌp] **I** *zn* ❶ kop(je) ⟨ook als maat⟩, beker(tje) ❷ sport (wedstrijd)beker ❸ kelk, rel (lijdens- / mis)kelk ❹ cup ⟨van bh⟩ ❺ vruchtenbowl, punch ❻ USA hole ⟨v. golfbaan⟩ ❼ USA sport toque ⟨bescherming v. genitaliën⟩ ★ *my cup was full* ik kon mijn geluk niet op / mijn verdriet niet aan ★ sport *lift the cup* winnen ▼ inform *in your cups* aangeschoten ▼ *not your cup of tea* niets voor jou **II** *ov ww* tot een kom vormen ★ *in cupped hands* in de (holte v. d.) handen ★ *cup your ear* de hand achter het oor houden ★ *cup your hands round sth* je handen om iets heenleggen, iets in je handen nemen

cupboard ['kʌbəd] *zn* ❶ kast ❷ GB ★ *built-in ~* inloopkast ▼ *the ~ is bare* de koek is op ▼ *love* geveinsde liefde ⟨om iets te krijgen⟩

cupcake *zn* cakeje

cup final, Cup Final *zn* sport bekerfinale

cupful ['kʌpfʊl] *zn* kop(je) ⟨inhoudsmaat: ±250ml⟩ ★ *a ~ of flour* een kopje meel

cupidity [kjuː'pɪdətɪ] *zn* heb- / graaizucht

cupola ['kjuːpələ] *zn* koepel

cuppa ['kʌpə] *zn,* inform *cup of...* koppie / bakkie thee

cup tie *zn* bekerwedstrijd

cur [kɜː] *zn* straathond

curable ['kjʊərəbl] *bnw* geneeslijk, te genezen

curate ['kjʊərət] *zn* ❶ hulppredikant ❷ kapelaan ⟨in r.k. kerk⟩ ▼ *a ~'s egg* deels goed, deels slecht

curative ['kjʊərətɪv] *bnw* geneeskrachtig

curator [kjʊə'reɪtə] *zn* ❶ curator ❷ conservator ⟨in museum⟩

curb [kɜːb] **I** *zn* ❶ fig beteugeling, beperking ❷ USA → kerb **II** *ov ww* fig beteugelen, beperken ★ *curb your dogs!* hond in de goot!

curd [kɜːd], **curds** [kɜːdz] *zn* stremsel, kwark

curdle ['kɜːdl] *ov+onov ww* (doen) stremmen, (doen) stollen

cure ['kjʊə] **I** *ov ww* ❶ genezen, beter maken ❷ fig verhelpen ⟨probleem, enz.⟩ ❸ behandelen ⟨tegen bederf, rot enz.⟩ ★ *cure sb of a disease* iem. genezen van een ziekte **II** *zn* ❶ geneesmiddel, remedie, kuur, behandeling ❷ genezing ❸ fig middel, oplossing ❹ behandeling ⟨tegen bederf, enz.⟩ ★ *a cure for cancer* een middel tegen kanker

cure-all *zn* wondermiddel, panacee

curfew ['kɜːfjuː] *zn* ❶ avondklok ❷ USA ★ *have a 10 o'clock ~* om 10 uur thuis moeten zijn

curio ['kjʊərɪəʊ] *zn* rariteit

curiosity [kjʊərɪ'ɒsətɪ] *zn* ❶ nieuwsgierigheid ❷ rariteit ★ *idle ~* zomaar uit nieuwsgierigheid ▼ *~ killed the cat* ≈ je bent veel te nieuwsgierig ⟨gezegde⟩

curious ['kjʊərɪəs] *bnw* ❶ nieuwsgierig ❷ merkwaardig, eigenaardig ★ *~ about* nieuwsgierig naar ★ *be ~ to find out* graag willen weten ★ *be ~ as to what happened* nieuwsgierig zijn naar wat er gebeurd is

curl [kɜːl] **I** *onov ww* ❶ krullen ❷ zich oprollen ❸ kronkelen, kringelen ⟨v. rook⟩ **II** *ov ww* ❶ doen krullen ❷ kronkelen om ❸ smalend optrekken ⟨v. mondhoeken⟩ **III** *ww* ❶ *~ up* [ov + onov] (zich) oprollen, omkrullen, opkrullen ❷ [onov] ineenkrimpen [ov], ineen doen

krimpen ⟨v. schaamte⟩ **IV** *zn* krul

curler ['kɜːlə] *zn* krulspeld

curlew ['kɜːljuː] *zn* dierk wulp

curling ['kɜːlɪŋ] *zn* curling, ijswerpen ⟨spel op ijs⟩

curly ['kɜːlɪ] *bnw* gekruld, met krullen

curmudgeon [kə'mʌdʒən] *zn* oud zuurpruim

currant ['kʌrənt] *zn* ❶ krent ❷ bes

currency ['kʌrənsɪ] *zn* ❶ valuta, munteenheid ❷ gangbaarheid ❸ geldigheid ★ *paper ~* papiergeld ★ *foreign currencies* vreemde valuta ★ *gain ~* zich verspreiden

currency union *zn* monetaire unie

current ['kʌrənt] **I** *bnw* ❶ actueel, lopend, huidig ★ *~ affairs* actualiteiten ★ *his ~ book* zijn laatste / nieuwste boek ❷ gangbaar ❸ geldig, geldend **II** *zn* ❶ stroming ⟨v. lucht, water, enz.⟩, stroom ❷ tendens ❸ elek stroom ★ *alternating ~* wisselstroom ★ *direct ~* gelijkstroom

current account *zn* rekening-courant, lopende rekening

currently ['kʌrəntlɪ] *bijw* tegenwoordig, op het ogenblik

curricular [kə'rɪkjələ] *bnw* m.b.t. het curriculum

curriculum [kə'rɪkjələm] *zn* [mv: **curricula / curriculums**] curriculum, leerplan, onderwijsprogramma

curriculum vitae [kə'rɪkjələm 'viːtaɪ] *zn* curriculum vitae

curry ['kʌrɪ] **I** *zn* ❶ kerrie ❷ curry ⟨Indiaas gerecht⟩ **II** *ov ww* ❶ curry maken ❷ USA roskammen ▼ min *~ favour with sb* een wit voetje bij iem. halen

curry powder *zn* kerriepoeder

curse [kɜːs] **I** *zn* ❶ vloek ❷ vervloeking ❸ plaag ★ inform *the ~* menstruatie **II** *onov ww* vloeken **III** *ov ww* ❶ vervloeken ❷ plagen, kwellen ❸ *~ with* gebukt gaan onder, opgezadeld zitten met

cursed ['kɜːsɪd] *bnw* vervloekt

cursive ['kɜːsɪv] *bnw* lopend, schuin ⟨v. handschrift⟩

cursory ['kɜːsərɪ] *bnw* vluchtig, oppervlakkig

curt [kɜːt] *bnw* kortaf, bits

curtail [kɜː'teɪl] *ov ww* ❶ beperken ❷ inkorten

curtailment [kɜː'teɪlmənt] *zn* ❶ beperking ❷ inkorting

curtain ['kɜːtn] **I** *zn* ❶ gordijn, scherm, ton doek ★ *draw / pull the ~s* de gordijnen open- / dichtdoen ★ *the final ~* het einde / de dood ★ ton *drop the ~* het doek laten zakken ★ inform *be ~s (for sb)* een verloren zaak ⟨voor iemand⟩ zijn ★ *bring down the ~ on sth* een einde aan iets maken ❷ USA vitrage **II** *ov ww* ❶ voorzien van gordijnen ❷ GB *~ off* afschermen ⟨met gordijn⟩

curtain call *zn* ton applaus ⟨na optreden waarmee artiest wordt teruggeroepen⟩

curtain-raiser *zn* ton voorprogramma

curtness ['kɜːtnəs] *zn* kortafheid, bitsheid

curtsy, curtsey ['kɜːtsɪ] **I** *zn* reverence ★ *drop / make a ~* een reverence maken voor **II** *onov ww* een reverence maken

curvaceous [kɜː'veɪʃəs] *bnw* inform met goed gevormde rondingen ⟨v. (vrouwelijk) lichaam⟩, welgevormd

curvature ['kɜːvətʃə] *zn* kromming, boog, (ver)buiging

curve [kɜ:v] **I** zn ❶ curve, gebogen lijn, bocht ★ *blind ~* gevaarlijke bocht ⟨in weg⟩ ❷ ronding, welving ⟨v. vrouw⟩ ❸ sport effectbal ★ fig USA *throw you a ~ (ball)* je in verwarring brengen **II** onov ww ⟨zich⟩ buigen, ⟨zich⟩ krommen, met een boog gaan

cushion [ˈkʊʃn] **I** zn ❶ kussen ❷ fig buffer, sport voorsprong ❸ band ⟨v. biljart⟩ **II** ov ww ❶ dempen ⟨val, schok⟩ ★ *~ the blow* de klap verzachten ❷ beschermen

cushy [ˈkʊʃɪ] bnw, inform vaak: min gemakkelijk, fijn, lekker **v** *a ~ number* een luizenbaantje, een makkie

cusp [kʌsp] zn ❶ techn (snij)punt ❷ sterrenk hoorn ⟨v.d. maan⟩

cuss [kʌs] inform → curse

cussed [ˈkʌsɪd] bnw inform koppig

custard [ˈkʌstəd] zn custard ⟨warme vla⟩

custard pie zn taart ⟨zoals gebruikt bij slapstick⟩

custodian [kʌˈstəʊdɪən] zn ❶ bewaker, conservator, hoeder ❷ USA conciërge

custody [ˈkʌstədɪ] zn ❶ voogdij ❷ jur bewaring, hechtenis, detentie ★ *in the ~ of* onder de hoede van ★ *remanded in ~* in voorarrest / voorlopige hechtenis ★ *take into police ~* in hechtenis nemen

custom [ˈkʌstəm] **I** zn ❶ gewoonte, gebruik ❷ GB econ klandizie ❸ [mv] ★ ~s douane, invoerbelasting ★ *go through ~s* door de douane gaan ★ ~s *duty / duties* invoerbelasting **II** bnw op maat, aangepast

customary [ˈkʌstəmərɪ] bnw gebruikelijk

custom-built bnw op bestelling gemaakt, op maat gemaakt

customer [ˈkʌstəmə] zn ❶ klant ❷ inform type ⟨persoon⟩ ★ *a tough ~* een taaie

customize, customise [ˈkʌstəmaɪz] ov ww aanpassen ⟨aan wensen gebruiker⟩

customs officer zn douanebeambte

cut [kʌt] **I** ov ww [onregelmatig] ❶ snijden, door- / af- / wegsnijden, uit- / weghakken, knippen, af- / bij- / wegknippen ★ comp *cut and paste* knippen en plakken ❷ couperen ⟨kaartspel⟩ ❸ slijpen ❹ verwonden, pijn doen ❺ verlagen, verminderen, inkorten ❻ verminderen ❼ stoppen, verbreken ★ *cut an engine* een motor afzetten ❽ audio-vis monteren ⟨film⟩ ❾ versnijden ⟨drugs⟩ ❿ opnemen ⟨muziek, voor cd enz.⟩ ★ *cut short* onderbreken, de mond snoeren **v** *cut it fine* precies afpassen **v** *(not) cut it* het (niet) maken ⓫ ~ **back** snoeien, verlagen, verminderen ⓬ ~ **down** omhakken, verlagen, verminderen, kleiner maken ★ fig *cut sb down to size* iem. op zijn nummer zetten ⓭ ~ **in** laten meedelen ★ *cut sb in on the profit* iem. laten meedelen in de winst ⓮ ~ **off** afsnijden, isoleren, stopzetten, afsluiten, blokkeren, onderbreken, uitsluiten, onterven ⓯ ~ **out** (uit)snijden, (uit)knippen, verwijderen, uitschakelen, ophouden, stoppen, verdringen, uitsluiten, tegenhouden, ermee stoppen ★ *cut it out!* houd op!, schei uit! ⓰ ~ **up** in stukken snijden, verwonden, psych erg aangrijpen ★ *I was cut up about his death* zijn dood greep me erg aan **II** onov ww [onregelmatig] ❶ (zich laten) snijden, knippen, hakken ★ *cut loose from* zich (met moeite) losmaken van ❷ stoppen ★ *cut and run* er vandoor gaan ❸ ~ **across** overstijgen, strijdig zijn met, afsnijden, een kortere weg nemen ❹ ~ **back on** inkrimpen, bezuinigen ❺ ~ **down on** minderen ★ *cut down on smoking* minder gaan roken ❻ ~ **in** aanslaan ⟨van motor⟩, snijden ⟨met auto⟩, onderbreken ★ *cut in on a conversation* een gesprek interrumperen ❼ ~ **into** aansnijden, onderbreken, een aanslag doen op ❽ ~ **out** weigeren, afslaan ⟨v. motor⟩ ❾ ~ **out for** geschikt zijn voor ★ *be cut out for sth* geschikt zijn voor iets ❿ ~ **through** zich een weg banen door, dwars door iets heen gaan, klieven door ⟨water⟩ **III** zn ❶ snee, knip, (snij)wond ❷ iets dat is uit- / afgesneden, (uit- / afgesneden) stuk ★ *a cut of lamb* een stuk lamsvlees ❸ verlaging, vermindering ★ *a cut in pay* een loonsverlaging ❹ coupe, knipbeurt ⟨van haar⟩ ❺ snit ⟨van kleding⟩ ❻ (aan)deel ❼ audio-vis coupure, montage ★ *director's cut* montage van de regisseur ❽ opname ⟨van cd⟩ **v** *a cut above sb / sth* een stuk beter dan iemand / iets **v** *cut and thrust* fel debat **IV** bnw ❶ gesneden ❷ geslepen ⟨glas⟩

cut and dried bnw ❶ kant-en-klaar ❷ bij voorbaat vaststaand

cutaway [ˈkʌtəweɪ] bnw opengewerkt ⟨v. bouwtekening, enz.⟩

cutback [ˈkʌtbæk] zn bezuiniging

cute [kju:t] bnw ❶ schattig ❷ inform USA leuk, sexy ❸ bijdehand

cutesy [ˈkju:tsi] bnw inform aanstellerig

cuticle [ˈkju:tɪkl] zn nagelriem

cutie [ˈkju:tɪ] zn inform schatje, aardig iemand

cutlass [ˈkʌtləs] zn gesch kort zwaard

cutlery [ˈkʌtlərɪ] zn bestek

cutlet [ˈkʌtlɪt] zn kotelet

cut-off [ˈkʌtɒf] zn grens, limiet ★ ~s [mv] afgeknipte spijkerbroek

cut-out [ˈkʌtaʊt] zn ❶ uitsnede ❷ knipsel ❸ elek stroomonderbreker

cut-price, USA cut-rate bnw afgeprijsd ★ ~ *articles* afgeprijsde artikelen ★ ~ *store* discountwinkel

cutter [ˈkʌtə] zn ❶ snijder, snijmachine ❷ audio-vis montagetechnicus ❸ scheepv kotter ❹ scheepv sloep ★ ~s [mv] schaar, tang

cut-throat [ˈkʌtθrəʊt] bnw meedogenloos ★ ~ *competition* moordende concurrentie

cutting [ˈkʌtɪŋ] **I** zn ❶ GB knipsel ⟨uit krant, enz.⟩ ❷ stek ⟨v. plant⟩ ❸ GB doorgang **II** bnw ❶ scherp, grievend ⟨opmerking⟩ ❷ snijdend ⟨wind⟩

cutting-edge [kʌtɪŋ ˈedʒ] bnw uiterst geavanceerd, experimenteel, innovatief

cuttlefish [ˈkʌtlfɪʃ] zn [mv: **cuttlefish**] inktvis

cutup [ˈkʌtʌp] zn, inform USA pias

CV afk, curriculum vitae cv, curriculum vitae

c.w.o. afk, cash with order vooruitbetaling

cyan [ˈsaɪən] zn drukk cyaan ⟨groenblauw⟩

cyanide [ˈsaɪənaɪd] zn scheik cyanide, cyaankali

cyber- [ˈsaɪbə] voorv cyber-, computer-

cybercafe [ˈsaɪbəkæfeɪ] zn internetcafé

cyberdating [ˈsaɪbədeɪtɪŋ] zn internetdaten

cybernetics [saɪbəˈnetɪks] zn mv cybernetica

cy

cyborg ['saɪbɔ:rg] zn cyborg ‹mens-robot›
cycle ['saɪkl] I zn ❶ fiets, motorfiets ❷ cyclus ❸ omwenteling ❹ <u>elek</u> periode ❺ <u>natk</u> hertz II onov ww ❶ fietsen ❷ in kring ronddraaien
cycle track zn fietspad
cyclic ['saɪklɪk], **cyclical** ['saɪklɪkl] bnw cyclisch, tot een cyclus behorend
cycling ['saɪklɪŋ] zn het fietsen
cyclist ['saɪklɪst] zn fietser
cyclone ['saɪkləʊn] zn cycloon
Cyclops ['saɪklɒps] zn cycloop
cygnet ['sɪgnɪt] zn jonge zwaan
cylinder ['sɪlɪndə] zn cilinder, rol ▾ working / firing on all ~s op volle toeren draaien
cylindrical [sə'lɪndrɪkl] bnw cilindrisch
cymbal ['sɪmbl] zn <u>muz</u> cimbaal, bekken
cynic ['sɪnɪk] I zn cynicus II bnw cynisch
cynical ['sɪnɪkl] bnw cynisch
cynicism ['sɪnɪsɪzəm] zn cynisme
cypher ['saɪfə] → cipher
cypress ['saɪprəs] zn cipres
Cypriot ['sɪprɪət] I zn Cyprioot II bnw Cyprisch
cyst [sɪst] zn <u>med</u> cyste, (beurs)gezwel
czar [zɑː] zn tsaar
czarina [zɑː'riːnə] zn tsarina
Czech [tʃek] I zn Tsjech II bnw Tsjechisch
Czechoslovak [tʃekə'sləʊvæk] I zn <u>gesch</u> Tsjecho-Slowaak II bnw <u>gesch</u> Tsjecho-Slowaaks

D

d [di:] zn, letter d ⋆ D as in David de d van Dirk
'd [d] ww ❶ had → **have** ❷ would → **will**
D zn ❶ <u>muz</u> d, re ❷ <u>onderw</u> ≈ 6 ‹schoolcijfer›
DA USA afk, District Attorney officier van justitie ‹bij arrondissementsrechtbank›
dab [dæb] I ov ww ❶ betten, deppen ⋆ dab your eyes with a handkerchief je ogen droog / schoon betten met een zakdoek ❷ ~ **off** weghalen, wegvegen ‹met zacht doekje, watten› ❸ ~ **on** op- / aanbrengen II onov ww betten, deppen ⋆ dab at your eyes with a handkerchief je ogen droog / schoon betten met een zakdoek III zn ❶ veeg(je) ⋆ a dab of paint een likje verf ❷ tik(je) ❸ dierk schar
dabble ['dæbl] I onov ww ~ **in/at** liefhebberen in II ov ww in het water spelen met ⋆ ~ your feet in the water met je voeten in het water spelen / badderen
dab hand GB inform zn kei (**at** in), expert
dachshund ['dæksnd] zn teckel
dad [dæd] zn inform pap, papa
daddy ['dædɪ] zn inform papa, pappie
daddy-long-legs inform zn ❶ GB langpootmug ❷ USA hooiwagen ‹spin›
dado zn ❶ lambrisering ❷ **dado rail** sierlijst ‹als afscheiding tussen lambrisering en rest van de muur›
daffodil ['dæfədɪl] zn plantk narcis
daffy inform bnw maf, stom
daft [dɑːft] bnw inform stom, idioot, maf
dagger ['dægə] zn dolk ▾ be at ~s drawn op voet van oorlog staan ▾ look ~s at sb vernietigend / venijnig naar iem. kijken
Dáil ['dɔɪl], **Dáil Eireann** zn Iers Lagerhuis
daily ['deɪlɪ] I bnw + bijw dagelijks II zn dagblad
dainty ['deɪntɪ] I bnw ❶ sierlijk, teer, fijn ‹v. mensen / dingen› ⋆ a ~ eater een kieskeurige eter ❷ gracieus ‹v. beweging› ❸ verfijnd ‹v. smaak› II zn lekkernij
dairy ['deərɪ] I bnw zuivel- ⋆ ~ products / produce zuivelproducten ⋆ ~ cattle melkvee ⋆ ~ farm melkveebedrijf II zn ❶ zuivelfabriek ❷ melkstal, melkschuur ❸ zuivel, zuivelproducten
dairyman ['deərɪmən] zn ❶ melkboer ❷ melkveehouder
dais ['deɪɪs] zn podium
daisy ['deɪzɪ] zn madeliefje ⋆ as fresh as a ~ zo fris als 'n hoentje ⋆ be pushing up (the) daisies onder de groene zoden liggen
dale [deɪl] zn dal ‹in noorden v. Engeland›
dally ['dælɪ] onov ww ❶ oud treuzelen, talmen ❷ ~ **with** flirten / spelen met ⋆ I'm ~ing with the idea of starting my own business ik speel met het idee om voor mezelf te beginnen
Dalmatian [dæl'meɪʃən] zn dalmatiër ‹hond›
dam [dæm] I zn (stuw)dam, dijk II ov ww, **dam up** ❶ afdammen, indammen ❷ - onderdrukken ‹woede, verdriet›
damage ['dæmɪdʒ] I zn ❶ schade ❷ ⋆ ~s [mv] schadevergoeding, schadeloosstelling ⋆ collateral ~ bijkomende / onbedoelde schade, <u>euf</u> burgerslachtoffers ‹v. mil. aanval› ▾ what's

the ~? wat is de schade?, wat kost 't? **II** *ov ww* ❶ beschadigen ❷ in diskrediet brengen, schaden

damage control, damage limitation *zn* schadebeperking

damaging *bnw* schadelijk, nadelig

damask ['dæməsk] *zn* damast

dame [deɪm] *zn* ❶ dame, vrouwe ⟨eretitel⟩ ❷ USA inform wijf

dammit ['dæmɪt] *tw* verdomme

damn [dæm] inform **I** *tw* verdomme **II** *bnw+bijw* vervloekt ★ that damn cat! die rotkat! ★ *you know damn well that...* je weet verdomd goed dat... ★ *you'll damn well do as you're told* je doet het om de dooie dood wel ▼ *know damn all about sth* geen reet van iets afweten **III** *zn* ▼ *I don't give / care a (tinker's) damn* het kan me geen donder schelen **IV** *ov ww* ❶ vervloeken, verdoemen ★ *damn it!* (wel) verdomme! ★ *well I'll be damned!* krijg nou wat! ★ *damn the fellow* die vervloekte kerel ★ *I'm damned if I know* ik mag hangen als ik het weet ★ *I'll be damned if I do it* Ik verdom het te doen ❷ afmaken, afkraken ★ *damn with faint praise* het graf in prijzen ▼ *as near as damn it* zo goed als **V** *onov ww* vloeken

damnation [dæm'neɪʃən] **I** *zn* vervloeking, verdoemenis **II** *tw* oud vervloekt!

damned [dæmd] inform *bnw + bijw* ❶ vervloekt, verdoemd ❷ verdomd ★ *dammed proud* retetrots

damnedest inform *zn* ★ *do one's ~* zijn uiterste best doen

damning *bnw* vernietigend, bezwarend

damp [dæmp] **I** *bnw* vochtig, klam ▼ GB inform *it was a bit of a damp squib* het viel erg tegen, het was een fiasco **II** *zn* vocht(igheid) ★ *rising damp* (vochtigheid door) opstijgend grondwater **III** *ov ww* ❶ bevochtigen ❷ ~ **down** temperen, sussen

damp course *zn* bouw vochtwerende laag

dampen ['dæmpən] *ov ww* ❶ bevochtigen ❷ dempen ★ *nothing could ~ her enthusiasm* niets kon haar enthousiasme dempen

damper ['dæmpə] *zn* ❶ demper ⟨v. snaren⟩ ❷ regelklep ⟨v. kachel⟩ ▼ inform *put a ~ on sth* een domper op iets zetten

damp-proof *bnw* bestand tegen vocht, vochtwerend

damsel ['dæmzl] *zn* lit jongedame ★ humor *a ~ in distress* een jonkvrouw in nood

dance [dɑːns] **I** *ov ww* dansen **II** *onov ww* dansen ★ *~ to the music* dansen op de muziek ★ *~ to sb.'s tune* naar iems. pijpen dansen **III** *zn* ❶ dans ★ *would you like a ~?* wil je dansen? ❷ danskunst ❸ bal, dansfeest ▼ *lead sb. a pretty ~* iem. het leven zuur maken

dance hall *zn* dancing, danszaal

dance music *zn* dance ⟨muziek met harde beat⟩

dancer ['dɑːnsə] *zn* danser, danseres

dancing ['dɑːnsɪŋ] *zn* het dansen, dans(kunst)

dandelion ['dændɪlaɪən] *zn* paardenbloem

dandruff ['dændrʌf] *zn* (hoofd)roos

dandy ['dændɪ] **I** *bnw*, USA inform prima, puik **II** *zn* dandy, fat

Dane [deɪn] *zn* Deen ▼ *Great Dane* Deense dog

danger ['deɪndʒə] *zn* gevaar ★ *be in / out of ~* in / buiten gevaar zijn ★ *be in ~ of losing your job* (het) gevaar lopen je baan te verliezen

danger area *zn* gevarenzone

danger money *zn* gevarengeld

dangerous ['deɪndʒərəs] *bnw* gevaarlijk ★ fig *on ~ ground / territory* op gevaarlijk terrein

dangle ['dæŋgl] **I** *ov ww* laten bengelen ★ *~ sth before / in front of sb* iem. iets als een worst voor houden, iem. proberen te paaien met iets ▼ *keep / leave sb dangling* iem. in het onzekere laten **II** *onov ww* bengelen

Danish ['deɪnɪʃ] **I** *bnw* Deens **II** *zn* inform Deens gebak ⟨soort koffiebroodje met vruchten en noten⟩

dank [dæŋk] *bnw* klam, vochtig, bedompt

dapper ['dæpə] *bnw* parmantig, kwiek, keurig (gekleed)

dappled ['dæpld] *bnw* gespikkeld, gevlekt

dare [deə] **I** *ov ww* uitdagen, tarten ★ *they dared him to ring the bell* ze daagden hem uit aan te bellen **II** *hww* durven ★ *she didn't dare (to) say it* ze durfde het niet te zeggen ▼ *don't you dare!* waag het niet! ▼ *I dare say...* waarschijnlijk..., ik neem aan dat..., dat zal wel **III** *zn* ★ *do sth for / USA on a dare* iets doen omdat je wordt uitgedaagd

daredevil ['deədevl] **I** *bnw* roekeloos, doldriest **II** *zn* waaghals, durfal

daring ['deərɪŋ] **I** *bnw* ❶ gedurfd ❷ gewaagd, uitdagend **II** *zn* durf, stoutmoedigheid

dark [dɑːk] **I** *bnw* ❶ donker ★ *darkly lit* slecht verlicht ❷ somber, zwart ❸ duister, geheim(zinnig) ★ GB *keep sth dark* iets geheim houden ❹ slecht, kwaad, snood **II** *zn* (het) donker, (het) duister ★ *before / after dark* voor / na het donker ▼ *be in the dark (about sth)* (omtrent iets) in het duister tasten ▼ *it was a shot / stab in the dark* het was maar een gok ▼ inform *be whistling in the dark* bluffen

darken ['dɑːkən] **I** *ov ww* ❶ donker maken, verduisteren ★ *a ~ed room* een verduisterde kamer ❷ versomberen, triest stemmen, boos maken ▼ oud *never ~ my door again!* je komt er bij mij niet meer in! **II** *onov ww* ❶ donker worden, verduisteren ❷ versomberen, triest worden, boos worden ★ *his face ~ed* hij keek boos

darkness ['dɑːknəs] *zn* het donker, duisternis ★ *in ~* in het donker

darkroom ['dɑːkruːm] *zn* donkere kamer, doka

darling ['dɑːlɪŋ] **I** *zn* lieveling ★ inform *he is such a ~!* het is toch zo'n lieverd! ★ *he's the ~ of the BBC* hij kan bij de BBC geen kwaad doen **II** *bnw* geliefd, lief(ste) ★ inform *a ~ dress!* een schattig jurkje!

darn [dɑːn] **I** *ov ww* stoppen ⟨sokken⟩ **II** *zn* stop ⟨in sok⟩ **III** *bnw + bijw*, **darned** verdraaid ★ *it's a darn good film* het is een verdraaid goede film ▼ USA inform *I'll be darned!* krijg nou wat! **IV** *tw* verdorie ▼ USA inform *darn it!* verdorie!

darned [dɑːnd] *bnw+bijw* → **darn**

dart [dɑːt] **I** *onov ww* rennen, stuiven ★ *dart across the room* door de kamer stormen **II** *ov ww* ★ *dart a glance / look at sb* iem. een snelle blik toewerpen **III** *zn* ❶ pijltje ⟨bv. om dier te

da

verdoven⟩, dartpijltje ★ *darts* [mv] darts ⟨spel⟩ ❷ plotselinge sprong, uitval ★ *make a dart fort the door* in een keer bij de deur zijn, naar de deur stuiven ❸ figuurnaad

dash [dæʃ] **I** *zn* ❶ spurt, snelle vaart, sprint ⟨ook sport⟩ ★ *make a dash for the train* een sprint trekken om de trein te halen ★ *make a dash for the pub* zo snel mogelijk in de kroeg zien te komen ★ *make a dash for it* snel proberen te ontsnappen ❷ scheutje, tintje, tikje ★ *with a dash of brandy* met een scheutje cognac ❸ gedachtestreepje ❹ <u>auto</u> USA dashboard ▼ *cut a dash* een wervelende indruk maken **II** *onov ww*, **dash off** snel lopen / weggaan, vlug weg wezen, er snel vandoor gaan ★ <u>inform</u> *I must dash / have to dash* ik moet er als een speer vandoor **III** *ov ww* ❶ smijten, smakken, slaan ★ *dash to pieces* verpletteren ★ *dash sb's hope* iemands hoop de bodem in slaan ❷ **~ off** iets haastig opschrijven / tekenen

dashboard ['dæʃbɔːd] *zn* ❶ <u>auto</u> dashboard ❷ instrumentenpaneel

dashing ['dæʃɪŋ] *bnw* ❶ aantrekkelijk (en elegant) ⟨v. man⟩ ❷ zwierig, chic ⟨v. ding⟩

data ['deɪtə] *zn* data, informatie, gegevens

database *zn* database, databank

data entry *zn* gegevensinvoer

data processing *zn* <u>comp</u> dataverwerking

data protection *zn* <u>comp</u> wettelijke bescherming v. computergegevens

date [deɪt] **I** *zn* ❶ datum ★ *date of birth* geboortedatum ★ *at an early date* binnenkort ★ *at a later date* later ★ *due date* vervaldatum ⟨m.b.t. betalingen⟩, dag waarop je uitgerekend bent ⟨m.b.t. geboorte⟩ ★ *out of date* verouderd, verlopen ★ *to date* tot nu toe tot op dit momen ★ *up to date* modern, bij(gewerkt) ★ *bring up to date* moderniseren, bijwerken ★ *fix / set a date* een datum vaststellen ★ *marked with a use-by date* voorzien van houdbaarheidsdatum ❷ <u>GB</u> afspraak ★ *make a date with sb* met iem. afspreken ❸ (romantisch) afspraakje ★ *blind date* afspraak met onbekende ★ *have a hot date* een spannend afspraakje hebben ❹ <u>USA</u> date ⟨partner, vriend of vriendin⟩ ❺ dadel **II** *ov ww* ❶ dateren, dagtekenen ❷ ouderdom vaststellen van ⟨bv. fossielen⟩, de leeftijd verraden van ★ *I saw Springsteen in 1975. I suppose that really dates me* ik heb Springsteen in 1975 gezien; dan weet je nu hoe oud ik ben ❸ (geregeld) uitgaan met, verkering hebben met, daten met **III** *onov ww* ❶ verouderen, uit de tijd raken ❷ (romantische) afspraakjes hebben, daten ❸ **~ back to** dateren / stammen uit

datebook <u>USA</u> *zn* agenda

dated ['deɪtɪd] *bnw* gedateerd, ouderwets

date line ['deɪtlaɪn] *zn* ★ *the (international) ~* de (internationale) datumgrens ⟨meridiaan waar de datum verspringt⟩

date rape *zn* verkrachting ⟨na avondje stappen⟩

dating agency *zn* relatiebureau, bemiddelingsbureau

daub [dɔːb] **I** *zn* ❶ pleisterkalk ❷ lik ⟨verf⟩, veeg ⟨lippenstift⟩ ❸ kladschilderij **II** *ov ww* bekladden, (be)smeren ★ *walls daubed with purple paint* muren met paarse verf erop

gekwakt

daughter ['dɔːtə] *zn* dochter

daughter-in-law *zn* schoondochter

daunt [dɔːnt] *ov ww* ontmoedigen, bang maken ★ *a ~ing task* een afschrikwekkende opdracht ▼ <u>form</u> *nothing ~ed* onverschrokken, resoluut

dauntless ['dɔːntləs] <u>form</u> *bnw* onverschrokken, resoluut

dawdle ['dɔːdl] *onov ww* treuzelen, lummelen, slenteren

dawn [dɔːn] **I** *zn* ❶ dageraad, zonsopgang ★ *leave at dawn* vertrekken bij het ochtendgloren ★ *we arrived as dawn broke* wij kwamen aan bij het krieken van de dag ★ *from dawn till dusk* van de vroege ochtend tot de late avond ❷ de eerste tekenen ⟨van een bepaalde periode, iets nieuws⟩, begin **II** *onov ww* ❶ dagen, licht worden ❷ aanbreken ❸ **~ on** ★ *it dawned on me* het begon me te dagen, het werd me duidelijk

day [deɪ] *zn* ❶ dag ★ *the day after tomorrow* overmorgen ★ *the day before yesterday* eergisteren ★ *a day per dag* ★ *all day (long)* de hele dag ★ *by day* overdag ★ *during the day* overdag ★ *for days* dagenlang ★ *soup of the day* soep van de dag ★ *it's not his day* het is zijn dag niet ⟨alles zit tegen⟩ ★ *the other day* onlangs ★ *one / some day* op zekere dag, op een goede dag ★ *day after day* dag na / aan dag, dag in, dag uit ★ *day by day* steeds, elke dag een beetje ★ *any day (now)* heel gauw ★ *from day one* vanaf de allereerste dag, meteen ★ *from one day to the next* van de ene op de andere dag ★ *name the day* de (huwelijks)dag bepalen ★ *that makes my day* dat maakt mijn dag goed ★ *take it / things one day at a time* het rustig aan doen ❷ (bepaalde) tijd ★ *in my day* in mijn tijd, toen ik jong was ★ *my day will come* mijn tijd komt nog (wel) ★ *a day of reckoning* het uur der waarheid ★ *have had your day* je beste tijd gehad hebben ★ *these days* tegenwoordig ★ *one of these days* vandaag of morgen ★ *one of those days* een rotdag ★ *in this day and age* vandaag de dag ★ *have seen / known better days* betere tijden gekend hebben ★ *it's early days (yet)* we staan nog maar aan het begin ▼ <u>iron</u> *that will be the day* dat moeten we nog zien ▼ *all in a day's work* niets bijzonders ▼ *(save) for a rainy day* 'n appeltje voor de dorst (bewaren) ▼ *to the day* precies, op de kop af ▼ *to this day* nu nog ▼ *call it a day* het welletjes vinden (voor vandaag), ophouden ▼ *carry / win the day* de slag winnen ▼ *lose the day* de slag verliezen ▼ <u>inform</u> *(as) plain / clear as day* overduidelijk, zo duidelijk als wat

Day *zn* ★ *Day of Judgement* Dag des Oordeels ★ *All Souls' Day* Allerzielen ★ *All Saints' Day* Allerheiligen

daybreak ['deɪbreɪk] *zn* het aanbreken v.d. dag, zonsopgang

day care *zn* dagopvang ⟨voor kleine kinderen / zieken / bejaarden⟩

day centre, day care centre, <u>USA</u> **day center** *zn* dagverblijf ⟨voor kleine kinderen / zieken / bejaarden⟩

daydream ['deɪdriːm] **I** *zn* dagdroom **II** *onov ww* dagdromen

daylight ['deɪlaɪt] *zn* daglicht ★ *I haven't seen ~ for days* ik ben in geen dagen buiten geweest ★ *fig see* ~ het snappen, het door krijgen ★ *before* ~ voor het licht wordt ★ *in broad* ~ op klaarlichte dag ▼ *beat / knock the (living) ~s out of sb* iem. flink aftuigen ▼ *scare the (living) ~s out of sb* iem. de stuipen op het lijf jagen

daylight robbery GB inform *zn* pure afzetterij, je reinste oplichterij

daylight saving time *zn* zomertijd

daylong ['deɪlɒŋ] *bnw* + *bijw* een hele dag durend

day nursery GB *zn* crèche

day off *zn* vrije dag

day out *zn* dagje uit

day pupil GB *zn* externe leerling

day release GB *zn* studiedag, studieverlof ★ *study on* ~ een dag per week naar school / cursus / college gaan ★ *on* ~ met / tijdens studieverlof

day return *zn* dagretour

day school *zn* dagschool (i.t.t. internaat)

daytime ['deɪtaɪm] *zn* dag (ook in samenstellingen) ★ *in the* ~ overdag ★ ~ *phone number* (telefoon)nummer waar je overdag te bereiken bent ★ ~ *television* televisie overdag

day-to-day *bnw* ❶ dagelijks ★ *on a* ~ *basis* per dag ❷ van dag toto dag

day tripper *zn* dagjesmens

daze [deɪz] *zn* ▼ *in a daze* als verdoofd, verbijsterd

dazed *bnw* (als) verdoofd, verbijsterd

dazzle ['dæzl] **I** *zn* ❶ schittering, pracht ❷ iets schitterends / overweldigends ★ *the* ~ *of her intelligence* haar verbluffende / overweldigende intelligentie **II** *ov ww* ❶ verblinden ★ *~d by the light* verblind door het licht ❷ verbluffen, verbijsteren ★ *~d by her charm* totaal onder de indruk van haar charme

dazzling ['dæzlɪŋ] *bnw* (oog)verblindend, verbijsterend

DC *afk* ❶ *direct current* DC (gelijkstroom) ❷ USA District of Columbia

D-Day ['diː.deɪ] *afk* ❶ *Decision Day* dag van invasie (WO II) ❷ kritische beginddag

de- [dɪ] *voorv* de-, ont-, af- ★ *decapitate* onthoofden ★ *demilitarize* demilitariseren

DE *afk, Delaware* staat in de VS

deacon ['diːkən] *zn* ❶ diaken ❷ ouderling

deaconess [diːkə'nes] *zn* lekenassistente (protestantse kerk), vrouwelijke diaken (r.-k. en anglicaanse kerk)

deactivate [diː'æktɪveɪt] *ov ww* onschadelijk maken, demonteren (bom)

dead [ded] **I** *bnw* ❶ dood ★ *dead as a dodo* dood als een pier ★ *dead as a doornail* dood als een pier ★ *dead and gone* dood en begraven ★ *if he finds out, I'm dead (meat)* als hij er achter komt, dan zwaait er wat ★ *fig dead to the world* in diepe slaap ★ *over my dead body* over mijn lijk ★ *she wouldn't be seen / caught dead...* zij zou zich dood schamen... ❷ achterhaald (v. plan / idee), in onbruik ★ *a dead language* een dode taal ❸ leeg (v. batterij), buiten werking (v. machine / telefoon) ★ *go dead* het niet meer doen, ermee ophouden ❹ doods, uitgestorven (v. plaats) ❺ inform slap (v. handel) ❻ inform

doodop ★ *dead on one's feet* doodmoe ❼ gevoelloos, ongevoelig ★ *go dead* gevoelloos worden (v. ledematen e.d.) ★ *be dead to* ongevoelig zijn voor ❽ dof (v. oog), mat (v. stem) ❾ absoluut, totaal ★ *dead silence / calm* doodse stilte ★ *dead centre* precies in het midden ❿ sport uit (v. bal) ▼ *a dead duck* een fiasco ▼ *dead in the water* mislukt **11** *zn* ★ *the dead* de doden ▼ *in the dead of night / at dead of night* in het holst v.d. nacht ▼ *in the dead of winter* in hartje winter **III** *bijw* ❶ volkomen ★ *dead on time* precies / exact op tijd ★ *dead against* mordicus tegen ★ *be dead set on getting sth* vastbesloten zijn iets te krijgen ★ *stop dead in your tracks* plotseling stokstijf stilstaan ❷ uiterst ★ *dead slow* zeer langzaam ▼ *cut sb dead* iem. negeren

deadbeat ['dedbiːt] USA inform *zn* ❶ nietsnut, uitvreter ❷ wanbetaler

dead beat inform *bnw* doodop, bekaf

dead cert inform *zn* ★ *it's a* ~ het is 100% / absoluut zeker

deaden ['dedn] *ov ww* dempen (geluid), verzachten, verdoven (pijn)

dead end *zn* ❶ doodlopende straat ❷ dood punt ★ *come to a* ~ tot niets leiden, op een dood punt komen

dead-end job *zn* uitzichtloze baan

deadline ['dedlaɪn] *zn* deadline, tijdslimiet ★ *meet / miss a* ~ een deadline halen / niet halen

deadlock ['dedlɒk] *zn* impasse ★ *reach* ~ in een impasse raken, vastlopen (bv. v. onderhandelingen)

deadly ['dedlɪ] **I** *bnw* ❶ dodelijk, fataal ❷ compleet, totaal ★ *in* ~ *earnest* in alle ernst ❸ van een dodelijke precisie ★ *a* ~ *striker* een uiterst doeltreffende spits ❹ GB inform oersaai ▼ *the seven ~ sins* de zeven hoofdzonden **II** *bijw* uiterst ★ ~ *serious* uiterst serieus ★ ~ *boring* oersaai

deadpan ['dedpæn] *bnw* met uitgestreken / stalen gezicht

dead ringer inform *zn* dubbelganger ★ *be a ~ for sb* sprekend op iem. lijken

deaf [def] *bnw* ❶ doof ❷ ★ *the deaf* [zn] de doven ★ *deaf to* doof voor ★ oud *deaf and dumb* doofstom

deafen ['defən] *ov ww* doof maken ★ *be ~ed by the noise of the racing cars* niets kunnen horen door het lawaai van de raceauto's

deafening ['defənɪŋ] *bnw* oorverdovend

deal [diːl] **I** *ov ww* [onregelmatig] ❶ geven (bij kaartspel) ❷ dealen (in) ❸ ~ **in** ★ *deal me in* ik doe mee ❹ ~ **out** toekennen, uitdelen, delen (kaarten) **II** *onov ww* ❶ dealen ❷ ~ **in** handelen in, doen aan / in ★ *she doesn't deal in gossip* zij doet niet aan roddelen ❸ ~ **with** behandelen (onderwerp), aanpakken (probleem), zaken doen met ★ *deal with stress* omgaan met stress **III** *zn* ❶ transactie, overeenkomst ★ *it's a deal!* afgesproken! ★ *cut / strike a deal* een deal maken, elkaar tegemoet komen ❷ (vuil) zaakje, handeltje ❸ het geven, gift (kaartspel) ★ *my deal* ik moet geven (bij kaartspel) ❹ vurenhout ▼ *iron big deal!* geweldig! ▼ *a good / great deal* aardig

de

wat ▼ *fair / square deal* eerlijke behandeling ▼ *raw / rough deal* onheuse behandeling ▼ pol *New Deal* economisch herstelplan v.d. VS (1932) ▼ inform *what's the deal?* wat gaan we doen?

dealer ['diːlə] *zn* ❶ handelaar ❷ dealer ❸ gever ⟨bij kaartspel⟩

dealing ['diːlɪŋ] *zn* ❶ behandeling, aanpak ❷ manier v. zaken doen ❸ het handelen ★ *have ~s with* zaken doen met, te maken hebben met

dealt [delt] *ww* [verleden tijd + volt. deelw.] → deal

dean [diːn] *zn* ❶ rel deken ❷ onderw decaan ⟨v. faculteit⟩ ❸ onderw studentenadviseur (met disciplinaire bevoegdheden) ⟨in Oxford / Cambridge⟩

deanery ['diːnəri] *zn* ❶ decanaat ❷ ambtsgebied / -woning v. deken

dear [dɪə] **I** *bnw* ❶ lief, dierbaar ★ *my dearest friend* mijn beste / liefste vriend / vriendin ★ *his children were dear to him* zijn kinderen waren hem dierbaar ★ *Dear Sir* Geachte heer ⟨aanhef boven brief⟩ ★ *Dear Sheila* Beste / Lieve Sheila ★ *what a dear little thing* wat een schatje ★ *run for dear life* lopen voor je leven ❷ duur, kostbaar **II** *tw* ★ *dear, oh dear!* goeie hemel! ★ *oh dear!* o jee! **III** *zn* ❶ schat(je) ★ *would you be a dear and get me a drink?* zou je zo goed willen zijn om een drankje voor me te halen? ❷ liefste ❸ kindje ⟨v. oudere tot kind⟩

dearest ['dɪərɪst] **I** *bnw* ★ *her ~ wish* haar diepste wens ★ oud *Dearest Janet* Lieve Janet ⟨aanhef boven brief⟩ **II** *zn* oud liefste

dearie ['dɪəri] *zn*, GB oud liefje

dearly ['dɪəli] *bijw* ❶ heel erg, zeer ❷ duur ★ *it cost her ~* het heeft haar heel wat gekost ★ *pay ~ for sth* iets duur betalen, flink moeten boeten voor iets

dearth [dɜːθ] *zn* schaarste, gebrek

death [deθ] *zn* ❶ dood, (het) sterven ★ *~ and destruction* dood en verderf ★ *the Black Death* de Zwarte Dood ⟨pest⟩ ★ *be at ~'s door* op sterven na dood zijn ★ *to the ~* tot aan de dood ★ *fight to the ~* een gevecht op leven en dood ★ *put to ~* ter dood brengen ★ *starve / bleed to ~* doodhongeren / -bloeden ★ *be the ~ of sb* iemands dood zijn ❷ sterfgeval ❸ einde, vernietiging ★ *the ~ of apartheid* het einde van apartheid ▼ *feel like ~ warmed up / USA over* zo ziek als een hond zijn ▼ *look like ~ warmed-up* er als een levend lijk uitzien ▼ *to ~* heel erg, extreem ▼ *frighten / scare sb to ~* iem. de doodschrik op het lijf jagen ▼ *be worried to ~* doodongerust zijn ▼ *do sth to ~* iets tot vervelens toe doen

deathbed ['deθbed] *zn* doodsbed

death blow *zn* doodklap, genadeslag

death certificate *zn* overlijdensakte

death knell *zn* doodsklok ★ *sound the ~ of / for* de doodsklok luiden voor / over, het einde betekenen voor

deathless ['deθləs] dicht *bnw* onsterfelijk

deathly ['deθli] *bnw + bijw* doods, dodelijk ★ *~ silence* doodse stilte ★ *~ silent* doodstil ★ *~ cold* ijskoud

death penalty *zn* doodstraf

death rate *zn* sterftecijfer

death row *zn* dodencellen ★ *be on deathrow* in een dodencel zitten, op executie wachten

death sentence *zn* doodstraf, doodvonnis ⟨ook fig.⟩

death squad *zn* moordcommando, doodseskader

death throes *zn mv* doodsstrijd

death toll *zn* aantal dodelijke slachtoffers

death trap ['deθtræp] *zn* levensgevaarlijk(e) plek / gebouw / ding, val ★ *this tunnel is a ~ in case of fire* bij brand kun je in deze tunnel geen kant op

death warrant ['deθwɒrənt] *zn* executiebevel ★ *sign your own ~* je eigen doodvonnis tekenen

death wish *zn* doodsverlangen ★ *have a ~* dood willen

debacle [der'bɑːkl] *zn* debacle, totale mislukking

debar [dɪ'bɑː] *ov ww* uitsluiten, verhinderen ★ *be ~red from sth* uitgesloten worden van iets ★ *be ~red from doing sth* belet / verhinderd worden iets te doen

debark [dɪ'bɑːk] *onov ww* ontschepen, van boord gaan

debarkation [diːbɑː'keɪʃən] *zn* ontscheping ★ *our port of ~* de haven waar we van boord gaan

debase [dɪ'beɪs] *ov ww* neerhalen, vernederen

debasement [dɪ'beɪsmənt] *zn* vernedering, verlaging, verwording

debatable [dɪ'beɪtəbl] *bnw* aanvechtbaar, betwistbaar ★ *it is highly ~ whether...* het valt zeer te betwisten of...

debate [dɪ'beɪt] **I** *zn* debat (about/on/over over) ★ *a lively / heated ~* een levendig / verhit debat ★ *the subject under ~* het onderwerp v. discussie ★ *be open to ~* ter discussie staan **II** *ov ww* ❶ bespreken ❷ overwegen ★ *he ~d divorcing her* hij overwoog van haar te scheiden **III** *onov ww* ❶ debatteren ★ *~ about sth* debatteren over iets ❷ overleggen ★ *~ with yourself whether you should do it or not* overdenken / je beraden of je het moet doen of niet

debauched [dɪ'bɔːtʃt] *bnw* losbandig, liederlijk

debauchery [dɪ'bɔːtʃəri] *zn* losbandigheid

debenture [dɪ'bentʃə] *zn* econ obligatie

debilitate [dɪ'bɪlɪteɪt] *ov ww* verzwakken ⟨m.b.t. (geestelijke) gezondheid⟩

debility [dɪ'bɪləti] *zn* zwakte, zwakheid ⟨m.b.t. (geestelijke) gezondheid⟩

debit ['debɪt] **I** *zn* debet, schuld, debetpost ★ *direct ~* automatische incasso / afschrijving **II** *ov ww* debiteren, als debet(post) boeken ★ *the sum of fifty pounds will be ~ed from your account* het bedrag van vijftig pond zal van uw rekening worden afgeschreven

debit card *zn* betaalpas, pinpas

debonair [debə'neə] *bnw* oud galant, voorkomend

debrief [diː'briːf] *ov ww* nabespreken, ondervragen over uitgevoerde taak ⟨piloot, spion, diplomaat e.d.⟩

debris ['debriː/də'briː] *zn* ❶ puin, brokstukken, resten ❷ (rondslingerend) afval

debt [det] *zn* (financiële) schuld ★ *national debt* staatsschuld ★ *out of debt* vrij van schuld ★ *be in debt* in de schulden zitten ★ *run into / up debt(s)* schulden maken ▼ **form** *be in sb's debt* iem. dank verschuldigd zijn, bij iem. in het krijt staan

debt collector ['detkəlektə] *zn* incasseerder

debtor ['detə] *zn* schuldenaar, debiteur

debug [di:'bʌg] *ov ww* comp fouten opsporen en verwijderen

debunk [di:'bʌŋk] *ov ww* ❶ doorprikken, onderuithalen (theorie) ❷ tot ware proporties terugbrengen (reputatie)

debut ['deɪbju:] I *zn* debuut ⟨ook in samenstellingen⟩ ★ *his ~ CD / novel* zijn debuut-cd / debuutroman II *onov ww* debuteren, voor het eerst spelen / optreden / publiceren

Dec. *afk, December* dec, december

decade ['dekeɪd] *zn* decennium, (periode van) tien jaar

decadence ['dekədns] *zn* decadentie

decadent ['dekədnt] *bnw* min decadent, genotzuchtig

decaf inform *zn* decafé, cafeïnevrije koffie

decaffeinated *bnw* cafeïnevrij

decamp [dɪ'kæmp] *onov ww* ervandoor gaan, met de noorderzon vertrekken

decant [dɪ'kænt] *ov ww* voorzichtig overschenken ⟨wijn, van fles in karaf⟩, decanteren

decanter [dɪ'kæntə] *zn* wijnkaraf

decapitate [dɪ'kæpɪteɪt] *ov ww* onthoofden

decathlete [də'kæθli:t] *zn* tienkamper

decathlon [dɪ'kæθlən] *zn* tienkamp

decay [dɪ'keɪ] I *onov ww* vervallen, bederven, rotten ★ *the ~ing city centre* het in verval rakende / verloederende stadscentrum II *zn* bederf, verval ★ *fall into ~* in verval raken

decease [dɪ'si:s] *zn* form het overlijden

deceased [dɪ'si:st] *bnw* form overleden, pas gestorven ★ *the ~* de overledene(n)

deceit [dɪ'si:t] *zn* bedrog, misleiding

deceitful [dɪ'si:tfʊl] *bnw* bedrieglijk, misleidend, oneerlijk

deceive [dɪ'si:v] *ov ww* bedriegen, misleiden ★ *~ yourself* jezelf voor de gek houden ★ *~ sb into doing sth* iem. (door list en bedrog) ertoe krijgen iets te doen

decelerate [di:'seləreɪt] *onov ww* vaart minderen ⟨v. voertuig⟩, langzamer gaan, afnemen ⟨v. groei⟩

deceleration [di:selə'reɪʃən] *zn* snelheidsvermindering ⟨v. voertuig⟩, afname ⟨v. groei⟩

December [di'sembə] *zn* december

decency ['di:sənsɪ] *zn* fatsoen ★ GB form *the decencies* [mv] goede omgangsvormen ★ *a lack of common ~* een gebrek aan goed fatsoen

decent ['di:sənt] *bnw* ❶ behoorlijk, fatsoenlijk, netjes, gepast ★ *a ~ pair of shoes* een goed / fatsoenlijk stel schoenen ★ *do the ~ thing* doen wat je hoort te doen ★ oud *don't come in, I'm not ~* niet binnenkomen, ik ben niet aangekleed ❷ inform geschikt, aardig ★ *a really ~ guy* een heel geschikte kerel

decentralize, decentralise [di:'sentrəlaɪz] *ov ww* decentraliseren

deception [dɪ'sepʃən] *zn* bedrog, misleiding

deceptive [dɪ'septɪv] *bnw* bedrieglijk, misleidend

decibel ['desɪbel] *zn* decibel

decide [dɪ'saɪd] I *ov ww* beslissen, uitmaken ★ *that ~d me* dat gaf de doorslag II *onov ww* ❶ beslissen ★ *the judge ~d in his favour* de rechter stelde hem in het gelijk ❷ ~ **against** ★ *~ against sth* besluiten iets iets niet te nemen / doen ★ *~ against doing sth* besluiten iets niet te doen ❸ ~ **on/upon** een besluit nemen over ★ *~ on the blue dress* besluiten de blauwe jurk te nemen, de blauwe jurk kiezen

decided [dɪ'saɪdɪd] *bnw* beslist, overduidelijk, onmiskenbaar

decider [dɪ'saɪdə] *zn* sport beslissingswedstrijd, beslissend doelpunt

deciduous [dɪ'sɪdjʊəs] *bnw* elk jaar zijn bladeren verliezend ★ *~ tree* loofboom

decimal ['desɪml] I *zn* wisk tiendelige / decimale breuk ★ *recurring ~s* repeterende decimalen II *bnw* tientallig, decimaal ★ wisk *~ fraction* tiendelig breuk ★ econ *go ~* overgaan op het decimale stelsel

decimate ['desɪmeɪt] *ov ww* decimeren, sterk uitdunnen, sterk verzwakken

decipher [dɪ'saɪfə] *ov ww* ontcijferen

decision [dɪ'sɪʒən] *zn* ❶ beslissing, besluit ★ *make / take a ~* een beslissing nemen ❷ vastberadenheid ★ *act with ~* besluitvaardig / resoluut optreden

decision-making *zn* besluitvorming

decisive [dɪ'saɪsɪv] *bnw* ❶ beslissend ❷ beslist ★ *take ~ action* doortastend optreden

deck [dek] I *zn* ❶ dek, verdieping ⟨v. bus, enz.⟩ ★ *main deck* eerste tussendek ⟨op schip⟩ ❷ USA spel kaarten ❸ USA veranda ❹ (cassette)deck II *ov ww* ❶ inform vloeren ❷ ~ **out** versieren, mooi aankleden

deckchair ['dektʃeə] *zn* dekstoel, (opvouwbare) ligstoel

deckhand ['dekhænd] *zn* dekmatroos

decking GB *zn* veranda

deck shoe *zn* gymschoen

declaim [dɪ'kleɪm] I *ov ww* declameren, voordragen II *onov ww* ~ **against** uitvaren tegen, luid protesteren tegen

declamation [deklə'meɪʃən] *zn* voordracht ⟨v. poëzie, rede⟩

declamatory [dɪ'klæmətərɪ] *bnw* form hoogdravend ⟨v. stijl, geschreven stuk⟩

declaration [deklə'reɪʃən] *zn* ❶ verklaring ★ *a ~ of war* een oorlogsverklaring ★ USA *the Declaration of Independence* de onafhankelijkheidsverklaring ★ *the Universal Declaration of Human Rights* Universele Verklaring van de Rechten van de Mens ❷ aangifte ⟨belasting enz.⟩

declare [dɪ'kleə] I *ov ww* ❶ verklaren, afkondigen, bekendmaken ★ *~ war on* de oorlog verklaren aan ⟨ook fig.⟩ ❷ vaststellen ★ *the Jamaican sprinter Bolt was ~d the winner* de Jamaicaanse sprinter Bolt werd tot winnaar uitgeroepen ❸ aangifte doen ⟨bij belasting enz.⟩, aangeven ⟨bij de douane⟩ II *onov ww* ~ **against/for** ★ *~ against / for sb / sth* zich tegen / voor iemand / iets uitspreken

declared [dɪ'kleəd] *bnw* erkend, openlijk ★ *a ~ opponent of this policy* een verklaard tegenstander van dit beleid

de

declassify [di:'klæsɪfaɪ] *ov ww* vrijgeven ⟨geheime informatie⟩

decline [dɪ'klaɪn] **I** *zn* afname, terugval, daling ★ *moral ~* moreel verval ★ *be on the ~ / in ~* afnemen, achteruit gaan ★ *fall into (a) ~* in verval raken **II** *ov ww* **❶** (beleefd) afwijzen, (beleefd) weigeren **❷** taalk verbuigen **III** *onov ww* **❶** dalen, afnemen, achteruitgaan **❷** bedanken, (beleefd) weigeren

decode [di:'kəʊd] *ov ww* decoderen, omzetten uit code

décolletage [deɪkɒl'tɑ:ʒ] *zn* decolleté

décolleté [deɪ'kɒlteɪ] *bnw* gedecolleteerd, laag uitgesneden, met decolleté

decolonization, decolonisation [di:kɒlənaɪ'zeɪʃn] *ov ww* dekolonisatie

decommission [di:kə'mɪʃn] *ov ww* ontmantelen ⟨kernwapens, kernreactor⟩

decompose [di:kəm'pəʊz] *onov ww* rotten, zich ontbinden ★ *a decomposing body* een in staat van ontbinding verkerend lichaam, een half vergaan lichaam

decomposition [di:kɒmpəzɪʃən] *zn* ontbinding, afbraak, desintegratie

decompress [di:kəm'pres] *ov ww* druk verlagen, druk wegnemen

decongestant [di:kən'dʒestnt] *zn* anticongestiemiddel ⟨verlicht de benauwdheid bij een verkoudheid⟩

decontaminate [di:kən'tæmɪneɪt] *ov ww* ontsmetten

decor ['deɪkɔ:] *zn* inrichting, interieur ⟨v. kamer, huis⟩

decorate ['dekəreɪt] *ov ww* **❶** versieren **❷** schilderen en / of behangen **❸** decoreren, ridderen

decoration [dekə'reɪʃən] *zn* **❶** versiering, decoratie **❷** het schilderen en / of behangen **❸** onderscheidingsteken, lintje

decorative ['dekərətɪv] *bnw* decoratief ★ *~ plants* sierplanten

decorator ['dekəreɪtə] *zn* huisschilder, behanger, decorateur ★ *interior ~* binnenhuisarchitect, interieurontwerper

decorous ['dekərəs] *bnw* waardig, fatsoenlijk

decorum [dɪ'kɔ:rəm] *zn* decorum, waardigheid, fatsoen

decoy[1] ['di:kɔɪ] *zn* **❶** lokmiddel **❷** lokeend, lokvogel

decoy[2] [di:'kɔɪ] *ov ww* lokken

decrease[1] [di:'kri:s] *zn* afname ★ *a ~ in fertility* een afname van de vruchtbaarheid ★ *a ~ of five per cent* een afname van vijf procent

decrease[2] [di:'kri:s] **I** *ov ww* verlagen, doen dalen, verminderen **II** *onov ww* afnemen, dalen

decree [dɪ'kri:] **I** *ov ww* bepalen, verordonneren, bevelen **II** *zn* **❶** bevel, decreet, gebod **❷** vonnis

decrepit [dɪ'krepɪt] *bnw* **❶** vervallen ⟨v. gebouw⟩, gammel ⟨v. voertuig⟩ **❷** versleten, afgeleefd ⟨v. persoon⟩

decrepitude [dɪ'krepɪtju:d] *zn* (toestand van) verval, afgeleefdheid

decry [dɪ'kraɪ] *ov ww* openlijk afkeuren ★ *~ as* uitmaken voor, bestempelen als

dedicate ['dedɪkeɪt] *ww* **❶** wijden, in dienst stellen van ★ *~ three pages / hours to sth* drie pagina's / uur besteden aan iets **❷** opdragen ★ *~ a poem to sb* een gedicht opdragen aan iem. **❸** inwijden ⟨bv. een kerk⟩

dedicated ['dedɪkeɪtɪd] *bnw* **❶** toegewijd **❷** specifiek bedoeld voor (een bepaald doel) ★ *a ~ Arabic music channel* een zender / kanaal bestemd om alleen Arabische muziek uit te zenden

dedication [dedɪ'keɪʃən] *zn* **❶** toewijding **❷** plechtige opening ⟨v. gebouw enz.⟩ **❸** opdracht

deduce [dɪ'dju:s] *ov ww* afleiden, concluderen ★ *we can ~ from this* wij kunnen hier uit afleiden

deduct [dɪ'dʌkt] *ov ww* aftrekken, in mindering brengen

deductible [dɪ'dʌktɪbl] *bnw* aftrekbaar ⟨van de belasting⟩

deduction [dɪ'dʌkʃən] *zn* **❶** deductie, (logische) afleiding, conclusie **❷** aftrek, korting

deductive [dɪ'dʌktɪv] *bnw* deductief ★ *by ~ reasoning* door logisch af te leiden, door logisch te redeneren

deed [di:d] *zn* **❶** form daad ★ *a good deed* een goede daad **❷** [meestal mv] eigendomsakte

deem [di:m] *ov ww* achten ★ *deem sth necessary* iets nodig achten

deep [di:p] **I** *bnw* **❶** diep(liggend), hoog ⟨sneeuw⟩ ★ *a deep wound* een diepe wond ★ *deep in the woods* diep in het bos **❷** laag, zwaar ⟨v. geluid⟩ **❸** diepzinnig ⟨gesprek, persoon⟩, moeilijk, ontoegankelijk ★ *he is a deep one* hij is moeilijk te doorgronden **❹** ernstig, hevig, zwaar ⟨crisis⟩ ★ *deep sleep* diepe slaap ★ *a few deep breaths* een paar diepe / flinke ademhalingen ★ *deep in thought* diep in gedachten ★ *in deep trouble / water(s)* zwaar in de problemen **❺** donker ★ *deep blue / red* diep / donker blauw / rood **II** *bijw* diep ★ *four / six deep* vier / zes rijen dik ▼ *deep down* diep van binnen ★ *Iran's hatred of the US runs deep* Iraans haat tegenover de VS zit diep ▼ *still waters run deep* stille wateren hebben diepe gronden **III** *zn* lit ★ *the deep* de diepte, de zee

deepen ['di:pən] **I** *onov ww* **❶** dieper worden, toenemen **❷** donkerder worden ⟨v. kleur⟩, lager worden ⟨v. geluid, stem⟩ **II** *ov ww* dieper maken, verdiepen, doen toenemen

deep freeze, freezer, deep freezer *zn* diepvries → **freezer**

deep-fry *ov ww* frituren

deeply ['di:plɪ] *bijw* **❶** diep **❷** in hoge mate

deep-sea *bnw* diepzee-

deep-seated, deep-rooted *bnw* diepgeworteld, diepliggend

deep-set *bnw* diepliggend ⟨v. ogen⟩

deep-six USA inform *ov ww* begraven ⟨plan, project⟩, lozen

deer [dɪə] *zn* [mv: deer] hert(en)

deerstalker ['dɪəstɔ:kə] *zn* jachtpet ⟨met klep voor en achter⟩

deface [dɪ'feɪs] *ov ww* **❶** schenden, beschadigen **❷** bekladden

defacement [dɪ'feɪsmənt] *zn* **❶** schending **❷** bekladding

defamation [defə'meɪʃən] *zn* smaad, laster

defamatory [dɪˈfæmətərɪ] *bnw* lasterlijk

defame [dɪˈfeɪm] *ov ww* belasteren ★ ~ *sb's good name* iemands goede naam aantasten

default [dɪˈfɔːlt] **I** *zn* **❶** afwezigheid, gebrek ★ *judgement went by* ~ vonnis werd gewezen bij verstek ★ *by* ~ bij gebrek aan deelnemers, bij gebrek aan beter ★ *form* ~ *in* ~ *of* bij ontstentenis van, bij gebrek aan **❷** comp standaardinstelling **❸** wanbetaling, verzuim ★ *be in* ~ *on a loan* verzuimen een lening (op tijd) af te betalen **II** *onov ww* **❶** in gebreke blijven, nalatig zijn ★ ~ *on your payments* je betalingsverplichtingen niet nakomen, niet (op tijd) betalen **❷** niet verschijnen ⟨bv. bij een wedstrijd⟩, verstek laten gaan ⟨voor de rechtbank⟩

defaulter [dɪˈfɔːltə] *zn* wanbetaler

defeat [dɪˈfiːt] **I** *ov ww* **❶** verslaan **❷** verwerpen ⟨voorstel⟩ **❸** doen mislukken ⟨plan⟩ ★ ~ *the object of the exercise* het doel van de oefening voorbijschieten **❹** form verbijsteren, niet kunnen vatten **II** *zn* **❶** nederlaag ★ *admit* ~ zich gewonnen geven **❷** mislukking

defeatism [dɪˈfiːtɪzəm] *zn* defaitisme

defecation [defəˈkeɪʃən] *zn* ontlasting

defect¹ [ˈdiːfekt/dɪˈfekt] *zn* gebrek, mankement, foutje

defect² [dɪˈfekt] *onov ww* overlopen ⟨naar tegenpartij⟩

defection [dɪˈfekʃən] *zn* afval(ligheid), ontrouw, het overlopen

defective [dɪˈfektɪv] *bnw* **❶** defect **❷** gebrekkig, beschadigd

defector [dɪˈfektə] *zn* overloper, verrader

defence [dɪˈfens] *zn* **❶** verdediging, defensie ★ ~*s* [mv] verdedigingswerken ★ *in sb's* ~ ter verdediging van iem. ★ *leap to sb's* ~ voor iem. in de bres springen **❷** afweermiddel **❸** sport de verdedigers, verdediging **❹** jur verweer **❺** jur ★ *the* ~ de verdediging, advocaat die verdachte verdedigt

defenceless [dɪˈfensləs] *bnw* weerloos

defend [dɪˈfend] *ov ww* verdedigen, beschermen ★ *the* ~*ing champion* de titelverdediger ★ ~ *sb from sth* iem. tegen iets beschermen

defendant [dɪˈfendənt] *jur zn* gedaagde

defender [dɪˈfendə] *zn* verdediger

defense *zn* USA → **defence**

defenseless *zn* USA → **defenceless**

defensible [dɪˈfensɪbl] *bnw* verdedigbaar, houdbaar

defensive [dɪˈfensɪv] **I** *bnw* verdedigend, defensief **II** *zn* v *on the* ~ in verdedigende houding, in het defensief

defer [dɪˈfɜː] **I** *ov ww* uitstellen **II** *onov ww* ~ **to** zich voegen naar, zich neerleggen bij

deference [ˈdefərəns] *zn* eerbied, eerbiediging ★ *in* ~ *to* / *out of* ~ *to* uit eerbied voor

deferential [defəˈrenʃəl] *bnw* eerbiedig

defiance [dɪˈfaɪəns] *zn* trotsering, uitdaging, (openlijk) verzet ★ *in* ~ *of* in strijd met, in weerwil van, ondanks

defiant [dɪˈfaɪənt] *bnw* uitdagend, tartend

deficiency [dɪˈfɪʃənsɪ] *zn* **❶** tekort, gebrek **❷** mankement, onvolkomenheid

deficient [dɪˈfɪʃənt] *bnw* **❶** ontoereikend ★ ~ *in* met een tekort aan, arm aan **❷** onvolkomen,

gebrekkig

deficit [ˈdefɪsɪt] *zn* **❶** econ tekort ★ *be in* ~ een tekort vertonen **❷** achterstand

defile [dɪˈfaɪl] *ov ww* **❶** bezoedelen, bevuilen **❷** onteren, ontwijden

definable [dɪˈfaɪnəbl] *bnw* definieerbaar

define [dɪˈfaɪn] *ov ww* beschrijven, omschrijven, definiëren, kenmerken ★ *sharply* ~*d against the sky* scherp afgetekend tegen de lucht

definite [ˈdefɪnɪt] *bnw* **❶** duidelijk, onmiskenbaar **❷** vastomlijnd ⟨plan⟩, definitief ⟨datum⟩ **❸** zeker, beslist ★ *be very* ~ *about sth* zeer stellig zijn over iets, geen twijfel laten bestaan over iets

definitely [ˈdefɪnɪtlɪ] *bnw* beslist, zeker ★ *I* ~ *will come tonight* ik kom vanavond beslist

definition [defɪˈnɪʃn] *zn* **❶** definitie ★ *by* ~ per definitie **❷** (beeld)scherpte

definitive [dɪˈfɪnɪtɪv] *bnw* **❶** definitief, onherroepelijk **❷** afdoend, meest gezaghebbend

deflate [dɪˈfleɪt] **I** *ov ww* **❶** leeg laten lopen ⟨band, ballon enz.⟩, doorprikken ⟨verwaandheid enz.⟩ **❷** kleineren, minder belangrijk maken ★ *totally* ~*d* geheel ontmoedigd **❸** econ de hoeveelheid geld inkrimpen, deflatie veroorzaken ★ ~ *the prices* (door beleid) de prijzen doen zakken **II** *onov ww* leeglopen ⟨v. band, ballon⟩

deflation [dɪˈfleɪʃən] *zn* econ deflatie

deflationary [diːˈfleɪʃənrɪ] econ *bnw* ★ ~ *policy* deflatiepolitiek

deflect [dɪˈflekt] **I** *ov ww* **❶** afweren, doen afwijken **❷** afleiden ★ *not be* ~*ed from* vasthouden aan ★ ~ *attention from sth* de aandacht van iets afleiden **II** *onov ww* afketsen

deflection [dɪˈflekʃən] *zn* afbuiging, verandering van richting

deflower [dɪˈflaʊə] *ov ww* lit ontmaagden

defoliant [diːˈfəʊlɪənt] *zn* ontbladeringsmiddel

defoliate [diːˈfəʊlɪeɪt] *ov ww* ontbladeren

deforestation [diːfɒrɪˈsteɪʃən] *zn* ontbossing

deform [dɪˈfɔːm] **I** *ov ww* misvormen, deformeren, vervormen **II** *onov ww* misvormd raken

deformation [diːfɔːˈmeɪʃən] *zn* vervorming, misvorming, deformatie

deformed [dɪˈfɔːmd] *bnw* misvormd, mismaakt

deformity [dɪˈfɔːmətɪ] *zn* mismaaktheid, misvorming

defraud [dɪˈfrɔːd] *ov ww* bedriegen, oplichten ★ ~ *sb of $10 000* iem. oplichten voor $10.000

defray [dɪˈfreɪ] form *ov ww* bekostigen ★ ~ *costs* / *expenses* kosten vergoeden

defrock [diːˈfrɒk] *ov ww* uit het (priester)ambt ontzetten

defrost [diːˈfrɒst] **I** *ov ww* ontdooien **II** *onov ww* ontdooien

defroster [diːˈfrɒstə] *zn* voorruitverwarmer

deft [deft] *bnw* behendig, bedreven, knap

deftness [ˈdeftnəs] *zn* behendigheid

defunct [dɪˈfʌŋkt] *bnw* form ter ziele, niet meer bestaand ★ ~ *ideas* achterhaalde ideeën

defuse [diːˈfjuːz] *ov ww* **❶** onschadelijk maken ⟨bom⟩ **❷** de druk van de ketel halen van

defy [dɪˈfaɪ] *ov ww* **❶** ingaan tegen ⟨autoriteit,

de

wet, bevel⟩ ❷ te boven gaan ★ *it defies explanation* het valt niet uit te leggen ❸ trotseren, tarten ★ *defy all the odds and succeed* tegen alle verwachtingen in slagen ★ *defy sb to do sth* iem. uitdagen iets te doen

deg. *afk, degree* gr, graad

degenerate¹ [dr'dʒenərət] **I** *bnw* gedegenereerd, ontaard **II** *zn* ontaard / pervers persoon

degenerate² [dr'dʒenəreɪt] *onov ww* degenereren, ontaarden

degradable [dr'greɪdəbl] *bnw*, USA techn (chemisch) afbreekbaar

degradation [degrə'deɪʃən] *zn* ❶ vernedering ❷ achteruitgang ★ *environmental* ~ achteruitgang van het milieu ❸ ontaarding, degeneratie

degrade [dr'greɪd] **I** *ov ww* ❶ vernederen ❷ verlagen, verslechteren ❸ scheik afbreken, desintegreren **II** *onov ww* scheik desintegreren, uiteenvallen

degrading [dr'greɪdɪŋ] *bnw* vernederend

degree [dr'gri:] *zn* ❶ natk wisk graad ❷ mate, graad ★ *a third* ~ *burn* een derdegraads verbranding ★ *to a* ~ in zekere mate, tot op zekere hoogte ★ *by* ~s stukje bij beetje ❸ onderw universitaire graad ★ *a four-year course* een universitaire studie van vier jaar ★ *take a* ~ *in physics* afgestudeerd zijn in natuurkunde ★ *take one's* ~ afstuderen

dehumanize, dehumanise [di:'hju:mənaɪz] *ov ww* ontmenselijken, van menselijkheid ontdoen

dehydrate [di:'haɪdreɪt] **I** *ov ww* drogen ⟨voedsel⟩ **II** *onov ww* uitdrogen

de-icer [di:'aɪsə] *zn* middel / apparaat tegen ijsvorming, middel / apparaat waarmee ijs verwijderd wordt

deify ['di:ɪfaɪ] form *ov ww* vergoddelijken, verafgoden

deign [deɪn] *onov ww* zich verwaardigen ★ *not* ~ *to answer* niet eens de moeite nemen om te antwoorden

deity ['di:əti] *zn* god(heid)

dejected [dr'dʒektɪd] *bnw* terneergeslagen, ontmoedigd

dejection [dr'dʒekʃən] *bnw* neerslachtigheid

delay [dr'leɪ] **I** *zn* vertraging, oponthoud ★ *without* ~ zonder uitstel, meteen **II** *ov ww* uitstellen, vertragen ★ *suffer a* ~*ed reaction* last hebben van een vertraagde reactie ★ *the plane was* ~*ed for over two hours* het vliegtuig had een vertraging van meer dan twee uur **III** *onov ww* talmen, dralen

delectable [dr'lektəbl] *bnw* verrukkelijk

delegate¹ ['delɪgət] *zn* afgevaardigde

delegate² ['delɪgeɪt] *ov ww* ❶ delegeren ⟨taken, verantwoordelijkheden⟩, overdragen ❷ afvaardigen, opdragen

delegation [delɪ'geɪʃən] *zn* ❶ delegatie, afvaardiging ❷ het delegeren ⟨van taken, verantwoordelijkheden⟩, overdracht

delete [dr'li:t] *ov ww* wissen, schrappen

deletion [dr'li:ʃən] *zn* doorhaling, schrapping, het wissen

deli ['deli] *afk* inform → **delicatessen**

deliberate¹ [dr'lɪbərət] *bnw* ❶ opzettelijk ❷ weloverwogen, bedachtzaam

deliberate² [dr'lɪbəreɪt] *onov ww* overwegen, overleggen ★ ~ *on / about sth* overleggen over iets

deliberation [dɪlɪbə'reɪʃən] *zn* ❶ beraadslaging, overleg ★ *after much* ~ na lang wikken en wegen ❷ behoedzaamheid, bedachtzaamheid

delicacy ['delɪkəsi] *zn* ❶ teerheid, fijnheid ❷ fijngevoeligheid, fijnzinnigheid, tact ❸ delicatesse

delicate ['delɪkət] *bnw* ❶ fragiel, teer, broos ❷ zwak ⟨v. gezondheid⟩ ❸ fijn en welgevormd ⟨v. handen⟩, delicaat, verfijnd ⟨voorwerp⟩, subtiel ⟨v. kleur, geur enz.⟩ ❹ tactvol, fijn(gevoelig) ❺ netelig, moeilijk

delicatessen [delɪkə'tesn] *zn* delicatessenwinkel

delicious [dr'lɪʃəs] *bnw* lekker, heerlijk

delight [dr'laɪt] **I** *zn* genot, vreugde, genoegen ★ *take* ~ *in* behagen scheppen in, zich amuseren met **II** *onov ww* behagen scheppen ★ ~ *in bullying* het heerlijk vinden om te pesten **III** *ov ww* blij maken, in verrukking brengen ★ *I'd be* ~*ed* het zal mij een waar genoegen zijn, graag ★ *be* ~*ed with / at sth* erg blij zijn met iets

delightful [dr'laɪtfʊl] *bnw* verrukkelijk

delimit [dr'lɪmɪt] *ov ww* afbakenen

delineate [dr'lɪnɪeɪt] *ov ww* ❶ omlijnen ★ *clearly* ~*d ideas* duidelijk omlijnde ideeën ❷ tekenen

delinquency [dr'lɪŋkwənsi] *zn* misdadig gedrag ⟨vnl. v. jongeren⟩ ★ *juvenile* ~ jeugdcriminaliteit

delinquent [dr'lɪŋkwənt] **I** *bnw* ❶ geneigd tot misdadig gedrag ⟨v. jongeren⟩ ❷ USA achterstallig ⟨met betaling⟩ **II** *zn* delinquent, jeugdige wetsovertreder ★ *juvenile* ~ jeugdige crimineel / misdadiger

delirious [dr'lɪriəs] *bnw* ❶ ijlend ⟨v. koorts⟩ ❷ uitzinnig ⟨v. vreugde⟩

delirium [dr'lɪriəm] *zn* ❶ delirium, ijltoestand, ijlkoorts ❷ uitzinnigheid ⟨v. vreugde⟩

deliver [dr'lɪvə] **I** *ov ww* ❶ bezorgen, (af)leveren ❷ afsteken, houden ⟨speech enz.⟩ ❸ overhandigen, overdragen ❹ verlossen ⟨zwangere vrouw⟩ ❺ toebrengen ⟨klap⟩ ❻ oud bevrijden **II** *onov ww* doen wat je belooft hebt ★ ~ *on your promises* je beloften nakomen

deliverance [dr'lɪvərəns] *zn* bevrijding

delivery [dr'lɪvəri] *zn* ❶ het (af)leveren, bestelling, bezorging ★ USA *general* ~ poste restante ★ *take* ~ *of* in ontvangst nemen van ★ GB *recorded* ~ aangetekende bestelling ❷ bevalling, verlossing ❸ voordracht ❹ worp ⟨v. bal⟩

delivery costs *zn mv* (af)leveringskosten, bezorgkosten

delivery note *zn* afleveringsbon, vrachtbrief

delivery room *zn* verloskamer

delivery truck, delivery van *zn* bestelwagen

dell [del] *zn* nauw bebost dal

delouse [di:'laʊs] *ov ww* ontluizen

delta ['deltə] *zn* delta ⟨v. rivier⟩

delude [dr'lu:d] *ov ww* misleiden ★ ~ *o.s.* zichzelf iets wijsmaken

deluge ['delju:dʒ] **I** *zn* ❶ stortvloed ⟨v. klachten, brieven⟩ ❷ (zond)vloed **II** *ov ww* overstromen, overstelpen

delusion [dr'lu:ʒən] *zn* ❶ waanidee, waanvoorstelling ★ *be under the* ~ in de waan verkeren ❷ (zelf)bedrog

delusive [dɪ'luːsɪv] *bnw* bedrieglijk, misleidend

delve [delv] *onov ww* speuren, graven ★ ~ *into sb's past* in iemands verleden graven / spitten ★ ~ *into your pocket for sth* in je zak (met je hand) naar iets zoeken, iets in je zak proberen te vinden

demagogic ['deməˈgɒgɪk] *bnw* demagogisch

demagogue ['deməgɒg] *zn* volksmenner, demagoog

demand [dɪ'mɑːnd] **I** *zn* ❶ eis, verlangen ★ *make great ~s* on veel vergen van ★ *meet / satisfy sb's ~s* aan iemands eisen voldoen ❷ vraag ★ *the ~ for sth* de vraag naar iets ★ *by popular ~* omdat er zoveel vraag naar is ★ *be in ~* in trek zijn, gewild zijn ★ *on ~* op verzoek ★ *econ supply and ~* vraag en aanbod **II** *ov ww* ❶ eisen, verlangen ❷ vragen, vergen, vereisen

demanding [dɪ'mɑːndɪŋ] *bnw* veeleisend

demarcate ['diːmɑːkeɪt] form *ov ww* afbakenen, begrenzen

demarcation [diːmɑː'keɪʃən] form *zn* ❶ grens ❷ afbakening, begrenzing

demean [dɪ'miːn] *ov ww* vernederen, verlagen ★ ~ *yourself* je verlagen ★ ~*ing to women* vrouwonvriendelijk

demeanour, USA **demeanor** [dɪ'miːnə] form *zn* houding, gedrag

demented [dɪ'mentɪd] *bnw* ❶ inform krankzinnig ★ *drive sb ~* iem. hoorndol / stapelgek maken ❷ oud / med dement

dementia [dɪ'menʃə] *zn* med dementie

demerara sugar [deməˈreərə] *zn* bruine (riet)suiker

demerge **I** *ov ww* afsplitsen, opsplitsen ⟨eerder gefuseerde bedrijven⟩ **II** *onov ww* zich afsplitsen / opsplitsen ⟨van eerder gefuseerde bedrijven⟩

demerit [diːˈmerɪt] *zn* ❶ gebrek, tekortkoming ❷ fout ❸ USA onderw slechte aantekening, minpunt ⟨op je rapport, voor slecht gedrag⟩

demesne [dɪ'miːn] *zn* domein, landgoed

demigod ['demɪgɒd] *zn* halfgod

demilitarize, **demilitarise** [diːˈmɪlɪtəraɪz] *ov ww* demilitariseren

demise [dɪ'maɪz] *zn*, form / humor het ter ziele gaan, einde

demist [diːˈmɪst] *ov ww* condensvrij maken / blazen ⟨autoruit⟩

demo ['deməʊ] inform *zn* ❶ demonstratie ★ *give sb a demo* iem. een demonstratie geven ❷ GB demonstratie, betoging ❸ muz demo ❹ USA auto waarin je een proefrit maakt

demobilization, **demobilisation** [diːməʊbəlaɪ'zeɪʃən] mil *zn* demobilisatie

demobilize, **demobilise** [diːˈməʊbɪlaɪz] mil **I** *ov ww* demobiliseren, laten afzwaaien **II** *onov ww* demobiliseren, afzwaaien

democracy [dɪ'mɒkrəsi] *zn* democratie

democrat ['deməkræt] *zn* democraat ★ USA *Democrat* lid v.d. Democratische Partij

democratic [deməˈkrætɪk] *bnw* democratisch

democratize, **democratise** [dɪ'mɒkrətaɪz] *onov ww* democratiseren, democratisch(er) maken

demolish [dɪ'mɒlɪʃ] *ov ww* ❶ slopen, vernielen ★ fig *that ~ed his confidence* dat knakte zijn

zelfvertrouwen ❷ omverwerpen ⟨een theorie⟩ ❸ sport inmaken ❹ GB inform naar binnen werken

demolition [deməˈlɪʃən] *zn* sloop ★ GB *do a ~ job on a proposal* een voorstel volledig afkraken

demon ['diːmən] *zn* ❶ boze geest, duivel, demoon ❷ bezetene, fanatiekeling ★ *a ~ for work* een echte werkezel ▼ GB humor *the ~ drink* sterkedrank, de fles

demonic [dɪ'mɒnɪk] *bnw* duivels, bezeten

demonstrable [de'mɒnstrəbl] *bnw* aantoonbaar

demonstrate ['demənstreɪt] **I** *ov ww* ❶ een demonstratie geven van, demonstreren ❷ bewijzen, aantonen ❸ tonen **II** *onov ww* demonstreren, betoging houden

demonstration [demən'streɪʃən] *zn* ❶ betoging, protestmars ❷ demonstratie ❸ bewijs ❹ uiting, betuiging

demonstrative [dɪ'mɒnstrətɪv] *bnw* demonstratief ⟨met gevoelens, gebaren⟩, extravert, open ⟨v. persoon⟩

demonstrator ['demənstreɪtə] *zn* ❶ demonstrant, betoger ❷ demonstrateur

demoralize, **demoralise** [dɪ'mɒrəlaɪz] *ov ww* demoraliseren, moedeloos maken

demote [dɪ'məʊt] *ov ww* degraderen

demotivate [diːˈməʊtɪveɪt] *ov ww* demotiveren, ontmoedigen

demur [dɪ'mɜː] form **I** *onov ww* bezwaar maken, protesteren ★ ~ *at sth* bedenkingen hebben tegen iets **II** *zn* bezwaar ★ *without ~* zonder meer

demure [dɪ'mjʊə] *bnw* ingetogen, eerbaar ★ *a ~ dress* een zedige / keurige jurk

den [den] *zn* ❶ hol ⟨v. dier / misdadigers⟩ ❷ USA huiskamer ❸ oud GB (werk)kamer ❹ (geheime) hut ⟨v. kinderen⟩

denationalization, **denationalisation** [diːnæʃənəlaɪ'zeɪʃən] *zn* privatisering

denationalize, **denationalise** [diːˈnæʃənəlaɪz] *ov ww* privatiseren

deniable [dɪ'naɪəbl] *bnw* loochenbaar, te ontkennen

denial [dɪ'naɪəl] *zn* ❶ ontkenning ★ psych *be in ~* in de ontkenningsfase zitten ❷ ontzegging ⟨v. bepaalde rechten⟩

denigrate ['denɪgreɪt] *ov ww* denigreren, kleineren

denim ['denɪm] *zn* spijkerstof ★ *a ~ jacket* een spijkerjasje

denizen ['denɪzən] *zn*, form humor bewoner

Denmark ['denmɑːk] *zn* Denemarken

denominate [dɪ'nɒmɪneɪt] *ov ww* ❶ in (de genoemde valuta) uitdrukken ⟨v. bedrag, schuld enz.⟩ ★ *dollar~d bonds / debts* in dollars uitgedrukte obligaties / schulden ❷ (be)noemen, betitelen

denomination [dɪnɒmɪ'neɪʃən] *zn* ❶ gezindte, kerkgenootschap ❷ coupure, (munt)waarde ★ *notes of various ~s* bankbiljetten in verschillende coupures ★ *coins of various ~s* munten van verschillende waarden

denominational [dɪnɒmɪ'neɪʃnəl] *bnw* confessioneel ★ ~ *schools* bijzondere scholen ⟨op religieuze grondslag⟩

denominator [dɪ'nɒmɪneɪtə] wisk *zn* noemer ⟨in

de

breuk) ★ *lowest common* ~ kleinste gemene deler ★ *common* ~ gemene deler, gemeenschappelijke noemer

denote [dɪ'nəʊt] *ov ww* ❶ aanduiden, wijzen op ❷ betekenen

denouement [deɪ'nu:mənt] form *zn* ontknoping ⟨v. verhaal⟩

denounce [dɪ'naʊns] *ov ww* ❶ openlijk aan de kaak stellen, openlijk bekritiseren, hekelen ❷ aangeven, verklikken

dense [dens] *bnw* ❶ dicht, compact ★ *a* ~ *piece of writing* een compact stuk tekst ★ *a* ~*ly populated area* een dichtbevolkt gebied ❷ inform dom

density ['densətɪ] *zn* ❶ (bevolkings)dichtheid ❷ compactheid

dent [dent] I *zn* deuk ★ inform fig *make a dent in* een hap nemen uit, flink doen dalen II *ov ww* deuken, fig schaden ★ *he dented his car* hij reed een deuk in zijn auto ★ *this dented her reputation* hierdoor werd haar reputatie geschaad

dental ['dentl] *bnw* ❶ tand- ★ ~ *care* gebitsverzorging ❷ tandheelkundig ★ ~ *dam* cofferdam ⟨rubber lapje, gebruikt door de tandarts⟩, beflapje ★ ~ *hygienist* mondhygiënist

dentine, USA **dentin** ['denti:n] *zn* tandbeen

dentist ['dentɪst] *zn* tandarts

dentistry ['dentɪstrɪ] *zn* tandheelkunde

dentures ['dentʃəz] *zn mv* kunstgebit

denudation [di:'njʊ'deɪʃən] *zn* ❶ erosie ❷ ontbossing

denude [dɪ'nju:d] *ov ww* ❶ blootleggen, kaal maken ★ *be ~d of* ontdaan van ❷ ontbossen

denunciation [dɪnʌnsɪ'eɪʃən] *zn* publieke afkeuring, het aan de kaak stellen, openlijke veroordeling

Denver boot *zn* USA wielklem

deny [dɪ'naɪ] *ov ww* ❶ ontkennen ★ *there's no denying that he was a great singer* het valt niet te ontkennen dat hij een geweldige zanger was ❷ verloochenen ⟨persoon, geloof⟩ ❸ ontzeggen, weigeren

deodorant [di:'əʊdərənt] *zn* deodorant

dep. *afk* ❶ *departure* vertrek ❷ *depart(s)* vertrek

depart [dɪ'pɑ:t] I *onov ww* ❶ vertrekken ❷ ~ **for** vertrekken naar ❸ ~ **from** vertrekken van / uit, afwijken van ★ form ~ *from this life* heen- / doodgaan II *ov ww* USA verlaten, vertrekken uit ★ *he* ~*ed his job as chief editor* hij stapte op als hoofdredacteur, hij stopte met zijn werk als hoofdredacteur

departed [dɪ'pɑ:tɪd] form *bnw* overleden ★ *the* ~ de overledene(n)

department [dɪ'pɑ:tmənt] *zn* ❶ departement ★ *the Department of Trade and Industry* ministerie v. Economische Zaken ❷ afdeling ⟨in winkel, bedrijf⟩ ★ fig inform *that's your* ~ dat is jouw afdeling / pakkie-an ❸ onderw sectie, vakgroep

departmental [di:pɑ:t'mentl] *bnw* afdelings- ★ ~ *manager* afdelingschef / -hoofd

department store *zn* warenhuis

departure [dɪ'pɑ:tʃə] *zn* ❶ vertrek, vertrektijd ★ *the next* ~ *for London will be at 10.00* de volgende bus / de volgende trein / het volgende vliegtuig naar Londen vertrekt om 10 uur ❷ afwijking ★ *a new* ~ een nieuwe koers

depend [dɪ'pend] *onov ww* ❶ inform ervan afhangen ★ *that / it* ~*s* dat hangt er (maar) van af ❷ ~ **on/upon** vertrouwen op, rekenen op, afhankelijk zijn van, afhangen van ★ ~ *upon it!* reken maar! ★ ~*ing on* afhankelijk van, al naargelang

dependable [dɪ'pendəbl] *bnw* betrouwbaar

dependant, dependent [dɪ'pendənt] *zn* afhankelijk persoon ⟨v.w.b. onderdak, voedsel, geld⟩ ★ *my* ~*s* zij die aan mij toevertrouwd zijn

dependence [dɪ'pendəns] *zn* ❶ afhankelijkheid ❷ verslaving ★ *drug / alcohol* ~ drugs- / alcoholverslaving

dependency [dɪ'pendənsɪ] *zn* ❶ afhankelijkheid ❷ gebiedsdeel, gewest ❸ verslaving

dependent [dɪ'pendənt] *zn* → **dependant** II *bnw* afhankelijk ★ ~ *on / upon* afhankelijk van

depict [dɪ'pɪkt] *ov ww* ❶ afschilderen ★ ~ *sb as a criminal* iem. afschilderen als een misdadiger ❷ uitbeelden, afbeelden

depiction [dɪ'pɪkʃən] *zn* afschildering

depilatory [dɪ'pɪlətərɪ] I *zn* ontharingsmiddel II *bnw* ontharings- ★ ~ *appliance* epileerapparaat

deplane [di:'pleɪn] *onov ww* uitstappen ⟨uit vliegtuig⟩

deplete [dɪ'pli:t] *ov ww* leeghalen, uitputten ⟨v. voorraad⟩, verminderen

depletion [dɪ'pli:ʃən] *zn* het ledigen, uitputting, vermindering ★ *ozone* ~ de vermindering van ozon

deplorable [dɪ'plɔ:rəbl] *bnw* betreurenswaardig, bedroevend slecht

deplore [dɪ'plɔ:] *ov ww* betreuren

deploy [dɪ'plɔɪ] *ov ww* plaatsen ⟨v. wapens⟩, inzetten ⟨v. troepen⟩ ★ ~ *arguments* argumenten in stelling brengen ★ ~ *resources* bronnen aanwenden

deployment [dɪ'plɔɪmənt] *zn* plaatsing ⟨v. wapens⟩, inzetting ⟨v. troepen, personeel⟩

depopulate [di:'pɒpjʊlet] *ov ww* ontvolken

deport [dɪ'pɔ:t] *ov ww* verbannen, deporteren, uitzetten

deportation [di:pɔ:'teɪʃən] *zn* deportatie, uitzetting

deportee [di:pɔ:'ti:] *zn* gedeporteerde

deportment [dɪ'pɔ:tmənt] *zn* ❶ gedrag, (lichaams)houding ❷ oud USA manieren

depose [dɪ'pəʊz] I *ov ww* ❶ afzetten ❷ (onder ede) verklaren II *onov ww* getuigen

deposit [dɪ'pɒzɪt] I *zn* ❶ aanbetaling ★ *put down a* ~ *on sth* een aanbetaling doen op iets ❷ waarborgsom ❸ storting, deposito ★ *on* ~ in deposito ★ USA *direct* ~ (salaris)overschrijving ❹ aardk bezinksel, afzetting II *ov ww* ❶ deponeren, in bewaring geven ❷ (op een rekening) storten, als waarborg storten ❸ (neer)leggen, (neer)zetten ❹ afzetten III *onov ww* neerslaan

deposit account GB *zn* depositorekening, spaarrekening

deposition [di:pə'zɪʃən] *zn* ❶ afzetting ⟨v. heerser⟩ ❷ aardk afzetting ❸ jur (getuigen)verklaring

depositor [dɪ'pɒzɪtə] *zn* depositeur, inlegger ⟨v.

geld bij een bank⟩

depository [dɪ'pɒzɪtərɪ] *zn* bewaarplaats, opslagplaats

depot ['depəʊ] *zn* ❶ depot ❷ GB remise ❸ USA klein (bus- / trein)station

deprave [dɪ'preɪv] *ov ww* bederven, slecht maken ★ *a ~d man* een verdorven / slecht mens

depravity [dɪ'prævətɪ] *zn* verdorvenheid, slechtheid ★ *a life of ~* een verdorven leven

deprecate ['deprɪkeɪt] form *ov ww* afkeuren

deprecatory ['deprəkeɪtərɪ] form *bnw* ❶ afkeurend ❷ (zich) verontschuldigend

depreciate [dɪ'pri:ʃɪeɪt] **I** *ov ww* ❶ econ afschrijven ❷ kleineren, denigreren **II** *onov ww* in waarde verminderen, devalueren

depreciation [dɪpri:ʃɪ'eɪʃən] *zn* ❶ econ afschrijving ❷ ontwaarding, waardevermindering

depredation [deprɪ'deɪʃən] form *zn* plundering, verwoesting

depress [dɪ'pres] *ov ww* ❶ deprimeren, neerslachtig maken ❷ form (neer)drukken ⟨economie, markt⟩, verlagen ⟨prijzen, lonen⟩ ❸ form indrukken ⟨pedaal, knop enz.⟩

depressant [dɪ'presənt] *zn* kalmerend middel

depressed [dɪ'prest] *bnw* ❶ gedeprimeerd ❷ med depressief ❸ onder de maat, achtergebleven ★ *~ prices* te lage prijzen

depressing [dɪ'presɪŋ] *bnw* deprimerend

depression [dɪ'preʃən] *zn* ❶ med depressiviteit ❷ neerslachtigheid, gedrukte stemming ❸ econ depressie, crisis ❹ natk depressie, gebied v. lage luchtdruk ❺ form laagte

depressive [dɪ'presɪv] **I** *zn* depressief iemand **II** *bnw* depressief, neerslachtig

deprivation [deprɪ'veɪʃən] *zn* ontbering, gemis ★ *the ~s of war* de ontberingen van de oorlog ★ *social ~* sociale armoe ★ *sleep ~* slaapgebrek

deprive [dɪ'praɪv] *ov ww* beroven ★ *~ yourself of sth* jezelf iets ontnemen / onthouden

deprived [dɪ'praɪvd] *bnw* arm, misdeeld

Dept. USA **Dept.** *afk, Department* departement

depth [depθ] *zn* ❶ diepte, fig diepgang ★ *the ~s* [mv] het dieptepunt, het diepste / laagste / hevigste ⟨v. iets⟩ ★ *in the ~s of the night* in het holst van de nacht ★ *in the ~s of the country* diep in het binnenland ★ *in ~* grondig, diepgaand ★ *lack ~* diepgang missen ❷ intensiteit ⟨v. gevoel⟩ ▼ *be out of your ~* geen grond onder de voeten hebben, er niets (meer) van snappen

depth charge *zn* dieptebom

deputation [depjʊ'teɪʃən] *zn* afvaardiging, deputatie

depute [dɪ'pju:t] *ov ww* afvaardigen, (vol)machtigen

deputize, deputise ['depjʊtaɪz] *onov ww* ~ **for** ★ *~ for sb* (voor) iemand waarnemen, iemand (tijdelijk) vervangen

deputy ['depjʊtɪ] *zn* ❶ plaatsvervanger ⟨ook in samenstellingen⟩ ★ *the ~ chairman* de vicevoorzitter ❷ afgevaardigde ⟨in parlement v. sommige landen⟩ ❸ USA hulpsheriff

derail [dɪ'reɪl] **I** *ov ww* doen ontsporen ★ *the train was ~ed* de trein ontspoorde ★ fig *~ peace talks* de vredesonderhandelingen doen / laten

mislukken **II** *onov ww* ontsporen ★ *the train ~ed* de trein ontspoorde

derailment [dɪ'reɪlmənt] *zn* ontsporing

deranged [dɪ'reɪndʒd] *bnw* (geestelijk) gestoord

derangement [dɪ'reɪndʒmənt] *zn* waanzin

derby ['dɑ:bɪ] *zn* ❶ GB sport derby ⟨wedstrijd tussen ploegen uit dezelfde regio / stad⟩ ❷ sport race, wedstrijd ★ *the Derby* de Derby ⟨jaarlijkse paardenrennen, m.n. in Epsom⟩ ❸ USA bolhoed

deregulate [di:'regjʊleɪt] *ov ww* dereguleren

derelict ['derəlɪkt] **I** *bnw* ❶ verwaarloosd, vervallen ⟨v. gebouw⟩ ❷ verlaten ⟨v. land⟩ **II** *zn* form dakloze, zwerver

dereliction [derɪ'lɪkʃən] *zn* verwaarlozing, verval ★ *~ of duty* plichtsverzuim

deride [dɪ'raɪd] *ov ww* uitlachen, belachelijk maken ★ *he was ~d as a monster* hij werd uitgemaakt voor een monster ★ *he was ~d as insane* hij werd voor gek uitgemaakt

derision [dɪ'rɪʒən] *zn* spot ★ *(become) an object of ~* een voorwerp van spot (worden)

derisive [dɪ'raɪsɪv] *bnw* spottend, de spot drijvend

derisory [dɪ'raɪsərɪ] *bnw* ❶ form bespottelijk ★ *a ~ £15 a week* een belachelijk bedrag van £15 per week ❷ spottend

derivation [derɪ'veɪʃn] *zn* afleiding, afkomst ook taalk

derivative [də'rɪvətɪv] **I** *zn* ❶ derivaat, afgeleid product ❷ afgeleid woord, afleiding **II** *bnw* min afgeleid, niet oorspronkelijk

derive [dɪ'raɪv] **I** *ov ww* ~ **from** afleiden van, ontlenen aan, winnen / verkrijgen uit **II** *onov ww* ~ **from** voortkomen uit, afstammen van

dermatologist [dɜ:mə'tɒlədʒɪst] *zn* med dermatoloog, huidarts

dermatology [dɜ:mə'tɒlədʒɪ] *zn* med dermatologie, leer van de huidziekten

derogate ['derəgeɪt] form **I** *ov ww* denigreren, kleineren **II** *onov ww* ~ **from** afwijken van, afbreuk doen aan

derogatory [dɪ'rɒgətərɪ] *bnw* geringschattend, minachtend, beledigend

derrick ['derɪk] *zn* ❶ hijskraan, bok ❷ boortoren

descale [di:'skeɪl] *ov ww* ontkalken

descant ['deskænt] *zn* muz bovenstem, sopraan

descend [dɪ'send] **I** *ov ww* afdalen, afgaan, afkomen **II** *onov ww* ❶ (af)dalen ★ *in ~ing order* van boven naar beneden ❷ neerdalen, neerkomen ★ fig *night / darkness ~ed at 6.30 pm* de nacht viel / de duisternis zette in om halfzeven ❸ ~ **from** afstammen van, teruggaan op ★ *be ~ed from sb* van iem. afstammen ❹ form ~ **into** vervallen tot / in ★ *~ into chaos* in een chaos raken ❺ ~ **on** (onverwacht) binnen- / overvallen ★ *a deep depression ~ed on him* hij werd overvallen door een diep gevoel van depressie ❻ ~ **to** zich verlagen tot

descendant [dɪ'sendənt] *zn* afstammeling

descent [dɪ'sent] *zn* ❶ (af)daling, neergang ook fig ❷ helling, afdaling ❸ afkomst ★ *be of Spanish ~* van Spaanse afkomst zijn

describe [dɪ'skraɪb] *ov ww* beschrijven

description [dɪ'skrɪpʃən] *zn* ❶ beschrijving, omschrijving ★ *pain that goes beyond ~* een onbeschrijfelijke pijn ★ *it defies ~* er zijn geen woorden voor ❷ klasse, soort ★ *vehicles of every*

de

~ allerlei soorten voertuigen

descriptive [dɪ'skrɪptɪv] *bnw* beschrijvend

descry [dɪ'skraɪ] *ov ww* lit ontwaren, bespeuren

desecrate ['desɪkreɪt] *ov ww* schenden, ontheiligen

desegregate [di:'segrɪgeɪt] *ov ww* rassenscheiding opheffen in

desegregation [di:segrɪ'geɪʃən] *zn* opheffing van rassenscheiding

de

deselect [di:sɪ'lekt] *ov ww* ❶ GB niet langer als kandidaat handhaven ⟨parlementslid⟩ ❷ comp uit menu verwijderen

desensitize, desensitise [di:'sensɪtaɪz] *ov ww* ongevoelig(er) maken

desert[1] ['dezət] *zn* woestijn

desert[2] [dɪ'zɜːt] **I** *ov ww* in de steek laten, verlaten **II** *onov ww* mil deserteren **III** *zn* ▾ get your (just) ~s je verdiende loon krijgen

deserted *bnw* ❶ verlaten, leeg ❷ in de steek gelaten

deserter [dɪ'zɜːtə] *zn* deserteur

deserve [dɪ'zɜːv] *ov ww* verdienen, recht hebben op ★ ~ a medal een lintje verdienen ★ get what you ~ je verdiende loon krijgen ★ ~ all / everything you get je verdiende loon krijgen

deservedly [dɪ'zɜːvɪdlɪ] *bijw* verdiend, terecht

deserving [dɪ'zɜːvɪŋ] *bnw* het nodig hebbend ★ give money to one of the most ~ areas geld geven aan een van de gebieden die het het hardst nodig hebben ★ this is ~ of attention dit verdient alle aandacht

desiccated ['desɪkreɪtɪd] *bnw* ❶ gedroogd ⟨v. voedsel⟩ ❷ uitgedroogd

desideratum [dɪzɪdə'rɑːtəm] *zn* [mv: **desiderata**] gewenst iets

design [dɪ'zaɪn] **I** *zn* ❶ ontwerp(tekening), schets ❷ vormgeving ❸ form plan, opzet ★ by accident or ~ per ongeluk of expres ★ without ~ zonder bijbedoeling ❹ patroon ▾ form have ~s on azen op ▾ form humor have ~s on sb een oogje op iem. hebben **II** *ov ww* ❶ ontwerpen ❷ vormgeven ❸ bedenken, ontwikkelen ❹ bestemmen, bedoelen ★ ~ed for / as bestemd voor / als ★ this was ~ed to help people who are in between jobs dit was bedoeld om (tijdelijk) werklozen te helpen

designate ['dezɪgneɪt] *ov ww* ❶ bestemmen ❷ (be)noemen ★ ~ as benoemen / bestempelen tot ❸ aanduiden, aangeven

designation [dezɪg'neɪʃən] *zn* ❶ bestemming, benoeming ❷ aanduiding

designer [dɪ'zaɪnə] **I** *zn* ontwerper **II** *bnw* merk-★ ~ clothes designerkleding, haute-couturekleding

designer drug *zn* designerdrug ⟨chemische drug, bv. ecstasy⟩

desirability [dɪzaɪərə'bɪlətɪ] *zn* ❶ wenselijkheid ❷ begeerlijkheid

desirable [dɪ'zaɪərəbl] *bnw* ❶ begeerlijk, aantrekkelijk ❷ wenselijk

desire [dɪ'zaɪə] **I** *zn* ❶ wens, verlangen ★ they have no ~ to work for that company ze willen niet voor dat bedrijf werken ❷ begeerte ★ animal ~s vleselijke lusten **II** *ov ww* ❶ wensen ★ have the ~d effect het gewenste effect hebben ★ leave a lot / much / enz. to be ~d veel te

wensen over laten ❷ begeren

desirous [dɪ'zaɪərəs] form *bnw* verlangend, begerig ★ be ~ of peace naar vrede verlangen ★ be ~ of having children naar kinderen verlangen

desist [dɪ'zɪst/dɪ'sɪst] form *onov ww* ❶ stoppen ❷ ~ from afzien van, ophouden met

desk [desk] *zn* ❶ schrijftafel, bureau, lessenaar ❷ balie ❸ afdeling ⟨bv. bij krant, zender⟩

desk clerk USA *zn* receptionist(e)

desk job *zn* kantoorbaan

desktop ['desktɒp] *zn* ❶ bureaublad ❷ comp desktop, bureaublad

desktop publishing *zn* desktoppublishing, dtp ⟨elektronisch publiceren⟩

desolation [desə'leɪʃən] *zn* ❶ eenzaamheid, ellende ❷ troosteloosheid

despair [dɪ'speə] **I** *zn* wanhoop ▾ be the ~ of sb iem. tot wanhoop drijven **II** *onov ww* wanhopen ★ ~ of having children de hoop opgeven ooit kinderen te krijgen

despairing [dɪ'speərɪŋ] *bnw* wanhopig

despatch [dɪ'spætʃ] GB → **dispatch**

desperado [despə'rɑːdəʊ] *zn* oud desperado, roekeloos, nietsontziend persoon

desperate ['despərət] *bnw* ❶ wanhopig, hopeloos, radeloos ★ I'm ~ for a cigarette ik snak naar een sigaret ❷ vreselijk ★ be in ~ need of sth iets heel erg nodig hebben ★ a ~ shortage of water een zeer ernstig tekort aan water

desperation [despə'reɪʃən] *zn* wanhoop, vertwijfeling ★ in ~ wanhopig, vertwijfeld

despicable ['despɪkəbl] *bnw* verachtelijk, gemeen

despise [dɪ'spaɪz] *ov ww* verachten

despite [dɪ'spaɪt] *vz* ondanks, in weerwil van

despoil [dɪ'spɔɪl] *ov ww* form plunderen

despondency [dɪ'spɒndənsɪ] *zn* wanhoop, moedeloosheid

despondent [dɪ'spɒndənt] *bnw* wanhopig, moedeloos

despot ['despɒt] *zn* despoot, tiran

despotic [dɪ'spɒtɪk] *bnw* despotisch, als een tiran

despotism ['despətɪzəm] *zn* despotisme, tirannie

dessert [dɪ'zɜːt] *zn* dessert, inform toetje

destabilize, destabilise [di:'steɪbɪlaɪz] *ov ww* destabiliseren, ontwrichten

destination [destɪ'neɪʃən] *zn* bestemming ★ arrive at / reach your ~ je bestemming bereiken, op je bestemming aankomen

destine ['destɪn] *ov ww* bestemmen ★ be ~d for a business career voorbeschikt zijn voor een carrière in de zakenwereld ★ a flight ~d for Dublin een vlucht met bestemming Dublin

destiny ['destɪnɪ] *zn* (nood)lot, bestemming

destitute ['destɪtjuːt] *bnw* berooid, arm ★ form ~ of verstoken van

destitution [destɪ'tjuːʃən] *zn* armoede, behoeftigheid

destroy [dɪ'strɔɪ] *ov ww* ❶ vernietigen, ruïneren ❷ afmaken ⟨dier⟩

destroyer [dɪ'strɔɪə] *zn* ❶ mil torpedojager ❷ vernieler

destruction [dɪ'strʌkʃən] *zn* vernietiging, vernieling

destructive [dɪ'strʌktɪv] *bnw* vernietigend, verwoestend

desultory ['desəltərɪ] *bnw* form zonder plan, onsamenhangend ★ *in a ~ fashion / manner* onsystematisch, doelloos

detach [dɪ'tætʃ] I *ov ww* ❶ eraf halen, losmaken ❷ mil detacheren II *wkd ww* ~ **from** zich losmaken van, zich distantiëren van III *onov ww* losgaan

detachable [dɪ'tætʃəbl] *bnw* afneembaar

detached [dɪ'tætʃt] *bnw* ❶ vrijstaand (v. huis) ❷ emotieloos, afstandelijk ❸ objectief, onbevooroordeeld

detachment [dɪ'tætʃmənt] *zn* ❶ afstandelijkheid, onverschilligheid ❷ objectiviteit ❸ mil detachement

detail ['di:teɪl] I *zn* ❶ detail, bijzonderheid, onderdeel, bijzaak ★ *go into ~(s)* nader op iets ingaan ★ *~s* [mv] inlichtingen, gegevens ⟨zoals naam, adres enz.⟩, informatie ★ *a matter of ~* bijzaak ★ *in ~* grondig, volledig ❷ mil detachement ⟨met bep. taak⟩ II *ov ww* ❶ uitvoerig beschrijven / opnoemen, details geven over ❷ mil aanwijzen ⟨voor speciale taak⟩

detain [dɪ'teɪn] *ov ww* ❶ vasthouden, gevangen houden, laten nablijven ⟨op school⟩ ❷ ophouden ★ *she has been ~ed by a traffic accident* zij is vertraagd / opgehouden door een verkeersongeluk

detainee [di:teɪ'ni:] *zn* gevangene

detect [dɪ'tekt] *ov ww* ❶ ontdekken, opsporen ❷ bespeuren

detection [dɪ'tekʃən] *zn* ❶ ontdekking, opsporing ★ *the ~ rate is too low* het opsporingspercentage is te laag ❷ speurwerk ★ *Morse is a master of ~* Morse is een meesterspeurder

detective [dɪ'tektɪv] *zn* detective, rechercheur ★ *private ~* privédetective

détente ['deɪtɒnt] *zn* pol detente, ontspanning

detention [dɪ'tenʃən] *zn* ❶ opsluiting, hechtenis ❷ schoolblijven ★ *give sb (a) ~* iem. laten nablijven

detention centre, USA **detention center** *zn* ❶ jeugdgevangenis ❷ detentiecentrum ⟨voor illegalen⟩

deter [dɪ'tɜ:] *ov ww* afschrikken ★ *the price didn't ~ her from buying the dress* de prijs weerhield haar er niet van de jurk te kopen

detergent [dɪ'tɜ:dʒənt] *zn* ❶ schoonmaakmiddel, reinigingsmiddel ❷ (af)wasmiddel

deteriorate [dɪ'tɪərɪəreɪt] *onov ww* slechter worden, verslechteren, ontaarden

deterioration [dɪtɪərɪə'reɪʃən] *zn* verslechtering

determinable [dɪ'tɜ:mɪnəbl] form *bnw* bepaalbaar, vast te stellen

determinant [dɪ'tɜ:mɪnənt] form *zn* beslissende factor

determinate [dɪ'tɜ:mɪnət] form *bnw* vast, bepaald

determination [dɪtɜ:mɪ'neɪʃən] *zn* ❶ vastberadenheid ❷ bepaling ★ *the ~ of sth* het vaststellen van iets

determine [dɪ'tɜ:mɪn] I *ov ww* ❶ vaststellen, bepalen ❷ beslissen II *onov ww* besluiten ★ *~ to buy a new car* besluiten een nieuwe auto te kopen

determined [dɪ'tɜ:mɪnd] *bnw* vastbesloten, vastberaden

determinism [dɪ'tɜ:mɪnɪzəm] *zn* filos determinisme, ontkenning v.d. vrije wil

deterrence [dɪ'terəns] *zn* afschrikking ★ *a policy of nuclear ~* een nucleaire afschrikkingspolitiek

deterrent [dɪ'terənt] I *zn* afschrikwekkend middel ★ *nuclear ~s* kernwapens als afschrikmiddel, nucleaire afschrikkingswapens II *bnw* afschrikwekkend

detest [dɪ'test] *ov ww* verafschuwen, haten

detestable [dɪ'testəbl] *bnw* afschuwelijk

dethrone [di:'θrəʊn] *ov ww* onttronen ook sport, afzetten

detonate ['detəneɪt] I *ov ww* doen ontploffen II *onov ww* ontploffen

detonator ['detəneɪtə] *zn* ontstekingsmechanisme, detonator

detour ['di:tʊə] I *zn* ❶ omweg ★ *make / take a ~* een omweg maken, omrijden ❷ omleiding II *onov ww* USA een omweg maken, omrijden

detox inform I *zn* ❶ ontwenning(skuur) ❷ ontslakking(skuur) II *onov ww* ❶ ontwennen, afkicken ❷ ontslakken III *ov ww* ❶ laten afkicken ❷ ontslakken

detract [dɪ'trækt] I *ov ww* afnemen, afleiden ★ *~ attention from other important issues* de aandacht afleiden van andere belangrijke kwesties II *onov ww* ~ **from** afbreuk doen aan, kleineren

detraction [dɪ'trækʃən] *zn* geringschatting, het kleineren

detrain [di:'treɪn] USA form *onov ww* uitstappen ⟨uit trein⟩

detriment ['detrɪmənt] form *zn* nadeel, schade ★ *to the ~ of* ten nadele van

detrimental [detrɪ'mentl] *bnw* schadelijk

detritus [dɪ'traɪtəs] *zn* ❶ resten, afval ❷ puin, gruis ⟨door erosie⟩

deuce [dju:s] *zn* ❶ 40 gelijk ⟨tennis⟩, twee ⟨dobbelsteen / speelkaart⟩ ❷ oud inform du(i)vel ★ *who the ~ do you think you are?* wie denk je verdorie wel dat je bent? ★ *what the ~ is he doing?* wat voert die bliksemse jongen uit?

devaluation [di:vælju:'eɪʃən] *zn* waardevermindering, devaluatie

devalue [di:'vælju:] I *ov ww* ❶ devalueren, in waarde doen dalen ❷ minder waarderen, onderschatten II *onov ww* devalueren, in waarde dalen

devastate ['devəsteɪt] *ov ww* verwoesten ★ fig *we were ~d by the news* het nieuws heeft ons diep geschokt

devastating ['devəsteɪtɪŋ] *bnw* ❶ verwoestend ❷ schokkend ❸ geweldig, indrukwekkend

devastation [devə'steɪʃən] *zn* verwoesting(en) ★ *cause ~* vernielingen / verwoestingen aanrichten

develop [dɪ'veləp] I *ov ww* ❶ ontwikkelen, doen ontstaan ❷ (last) krijgen (van) ⟨ziekte, probleem⟩ ★ *~ pneumonia* longontsteking oplopen ❸ uitwerken ⟨idee, thema⟩ ❹ ontginnen, bouwrijp maken II *onov ww* ❶ zich ontwikkelen ★ *~ into* zich ontwikkelen tot, komen tot ❷ ontstaan ⟨van ziekte, probleem⟩, optreden

developer [dɪ'veləpə] *zn* ❶ projectontwikkelaar ❷ audio-vis ontwikkelaar ❸ productontwikkelaar

de

development [dɪ'veləpmənt] *zn* ❶ ontwikkeling
❷ nieuwbouwproject, projectontwikkeling

developmental [dɪveləp'mentl] *bnw*
ontwikkelings-, groei- ★ *a ~ process* een
ontwikkelingsproces, een groeiproces

deviance ['di:vɪəns], **deviancy** ['di:vɪənsɪ] form
zn afwijkend gedrag

deviant ['di:vɪənt] I *zn* afwijkend persoon II *bnw*
afwijkend, abnormaal

de **deviate** ['di:vɪeɪt] *onov ww* afwijken, afdwalen

deviation [di:vɪ'eɪʃən] *zn* afwijking

device [dɪ'vaɪs] *zn* ❶ toestel, apparaat, uitvinding
❷ bom, wapen ★ *nuclear ~* atoombom
❸ (hulp)middel ❹ truc, list ▼ *leave sb to their own
~s* iem. met rust laten

devil ['devəl] *zn* ❶ duivel, boze geest ★ *the Devil*
de Duivel ❷ inform kerel ★ *poor ~* arme donder
★ *lucky ~* geluksvogel ▼ GB inform *be a ~!* doe
eens gek!, spring eens uit de band ▼ *better the ~
you know than the ~ you don't* je weet wat je
hebt, niet wat je krijgt ▼ *between the ~ and the
deep (blue) sea* tussen twee vuren ▼ *what / how /
why the ~* wat / hoe / waarom in 's hemelsnaam
▼ *talk / speak of the ~ (and he is sure to appear)* als
je over de duivel spreekt (trap je 'm op zijn
staart) ▼ *when you sleep with the ~, there's always
hell to pay* wie z'n gat (ver)brandt moet op de
blaren zitten

devilish ['devəlɪʃ] *bnw* duivels ★ *~ schemes*
duivelse / snode plannen

devil-may-care *bnw* onverschillig, zorgeloos

devilment ['devəlmənt], **devilry** ['devɪlrɪ] form
zn baldadigheid, uitgelatenheid

devil's advocate *zn* advocaat v.d. duivel

devious ['di:vɪəs] *bnw* slinks ★ *~ route / path*
omweg

devise [dɪ'vaɪz] *ov ww* bedenken, verzinnen,
beramen

devoid [dɪ'vɔɪd] *bnw* ★ *~ of all humour* zonder
enig gevoel voor humor

devolution [di:və'lu:ʃən] *zn* ❶ pol decentralisatie
⟨v. bestuur⟩, overdracht ⟨van
bestuur(sbevoegdheden)⟩ ❷ biol degeneratie

devolve [dɪ'vɒlv] I *ov ww* overdragen ★ *~ sth to /
on / upon sb* iets aan iem. overdragen
⟨bevoegdheid, verantwoordelijkheid⟩ II *onov
ww* jur *~ to* toevallen aan ⟨v. bezit, door
erfenis⟩

devote [dɪ'vəʊt] *ov ww* wijden, geven, besteden
⟨tijd, aandacht⟩ ★ *~ yourself to sb / sth* je geheel
wijden aan iemand / iets

devoted [dɪ'vəʊtɪd] *bnw* toegewijd, verknocht
★ *~ to* gehecht aan, dol op, gewijd aan ⟨van
programma, boek, tentoonstelling⟩, besteed aan
⟨van ruimte, tijd e.d.⟩

devotee [devə'ti:] *zn* ❶ enthousiast liefhebber,
aanbidder ❷ rel aanhanger

devotion [dɪ'vəʊʃən] *zn* ❶ grote liefde,
toewijding ❷ godsvrucht ★ *~s* [mv] gebeden,
godsdienstoefeningen

devotional [dɪ'vəʊʃənl] *bnw* godsdienstig

devour [dɪ'vaʊə] *ov ww* ❶ verslinden ook fig
❷ verteren ⟨door vuur⟩ ★ *be ~ed by envy*
verteerd worden door jaloezie

devout [dɪ'vaʊt] *bnw* vroom, toegewijd ★ *~ly
hope* vurig hopen

dew [dju:] *zn* dauw

dewdrop ['dju:drɒp] *zn* dauwdruppel

dewlap ['dju:læp] *zn* halskwab ⟨bij rund / hond⟩

dewy ['dju:ɪ] *bnw* bedauwd, dauwachtig

dewy-eyed *bnw* met vochtige ogen,
sentimenteel

dexterity [dek'sterətɪ] *zn* handigheid

dexterous ['dekstərəs], **dextrous** ['dekstrəs] *bnw*
handig

dextrose ['dekstrəʊs] *zn* druivensuiker

dhal *zn* dhal ⟨Indiase linzenschotel⟩

diabetes [daɪə'bi:ti:z] *zn* suikerziekte, diabetes

diabetic [daɪə'betɪk] I *zn* suikerpatiënt,
diabeticus II *bnw* suikerziekte- ★ *a ~ diet* een
dieet voor diabetici ★ *be ~* suikerziekte hebben
★ *~ women* vrouwen met suikerziekte

diabolic [daɪə'bɒlɪk] *bnw* duivels, kwaadaardig

diabolical [daɪə'bɒlɪkl] *bnw* ❶ inform afgrijselijk,
vreselijk ❷ kwaadaardig, duivels

diadem ['daɪədem] *zn* diadeem

diagnose ['daɪəgnəʊz] *ov ww* de diagnose stellen
van / bij, constateren ★ *she's been ~d with acute
leukaemia* er is acute leukemie bij haar
vastgesteld, de diagnose bij haar is acute
leukemie

diagnosis [daɪəg'nəʊsɪs] *zn* diagnose

diagnostic [daɪəg'nɒstɪk] I *bnw* diagnostisch,
kenmerkend ★ *a ~ examination* een
diagnostisch onderzoek ⟨om de ziekte vast te
stellen⟩ ★ *be ~ of AIDS* op aids duiden,
kenmerkend zijn voor aids II *zn* ❶ symptoom
❷ comp diagnoseprogramma ★ *~s* [mv]
diagnostiek

diagonal [daɪ'ægənl] I *zn* diagonaal II *bnw*
diagonaal

diagram ['daɪəgræm] *zn* diagram, schematische
voorstelling

diagrammatic [daɪəgrə'mætɪk] *bnw* schematisch

dial ['daɪəl] I *ov ww* comm draaien, kiezen ★ *dial
999* 999 bellen II *zn* ❶ wijzerplaat, zonnewijzer
❷ techn (afstem)schaal, (afstem)knop ⟨op radio
e.d.⟩ ❸ kiesschijf ⟨v. oud type telefoon⟩

dialling code GB *zn* netnummer, kengetal

dialling tone GB *zn* kiestoon

dialogue ['daɪəlɒg] *zn* dialoog, gesprek

dial tone USA *zn* kiestoon

diameter [daɪ'æmɪtə] *zn* diameter, middellijn,
doorsnee

diametrical [daɪə'metrɪkl] *bnw* lijnrecht,
diametraal ★ *~ly opposed views* volkomen
tegengestelde meningen

diamond ['daɪəmənd] *zn* ❶ diamant ⟨ook in
samenstellingen⟩ ★ *a ~ necklace / bracelet* een
diamanten halsketting / armband ★ *rough ~*
ongeslepen diamant, ruwe bolster, blanke pit
❷ ruit ★ *~s* [mv] ruiten ⟨speelkaart⟩ ❸ sport USA
honkbalveld, gebied binnen de honken

diamond cutter *zn* diamantslijper

diaper ['daɪəpə] USA *zn* luier

diaphanous [daɪ'æfənəs] *bnw* doorschijnend,
ragfijn ⟨v. stof⟩

diaphragm ['daɪəfræm] *zn* ❶ middenrif
❷ pessarium ❸ membraan

diarist ['daɪərɪst] *zn* dagboekschrijver

diarrhoea, USA **diarrhea** [daɪə'rɪə] *zn* diarree

diary ['daɪərɪ] *zn* ❶ dagboek ❷ GB agenda

diaspora [dar'æspərə] *zn* diaspora, verstrooiing ⟨van (gelovige) minderheid tussen andersdenkenden⟩

diatribe ['darətraɪb] *zn* felle aanval ⟨met woorden⟩ ★ *launch a ~ against sth* fel van leer trekken tegen iets

dibs [dɪbz] USA inform *zn mv* ★ *dibs on the chocolate ice!* het chocolade-ijs is voor mij / wil ik! ▾ *have / get first dibs on sth* als eerste recht hebben op iets

dice [daɪs] I *zn* [mv: **dice**] ❶ dobbelsteen ★ *roll / throw / shake the dice* de dobbelstenen gooien / schudden ❷ dobbelspel ▾ inform *no dice* vergeet het maar, dat gaat (mooi) niet door II *zn mv* cul dobbelsteentjes III *onov ww* dobbelen ▾ *dice with death* met je leven spelen IV *ov ww* cul, **dice up** in dobbelsteentje snijden

dicey ['daɪsɪ] *bnw* inform link, riskant ★ *it looks a bit ~ to me!* ik vertrouw het voor geen meter!

dichotomy [daɪ'kɒtəmɪ] form *zn* tweedeling

dick [dɪk] *zn* ❶ vulg lul, pik ❷ min lul, zak, idioot

dickens ['dɪkɪnz] inform oud *zn* ❶ verdorie, in 's hemelsnaam ★ *what the ~ are you up to?* waar ben jij verdorie mee bezig? ❷ USA ★ *cute as the ~* verdomd knap

dicker ['dɪkə] USA *onov ww* ❶ kibbelen ❷ marchanderen ★ *~ over the price of a new car* afdingen op de prijs van een nieuwe auto

dickey *zn* front(je) ⟨kledingstuk⟩

dicky ['dɪkɪ] I *zn* ❶ front(je) ⟨kledingstuk⟩ ❷ kofferbak ⟨v. auto⟩ II *bnw*, GB inform zwak ⟨van hart⟩, wankel

dicky bird GB jeugdt *zn* vogeltje ★ *not say a ~* geen woord zeggen

dicta ['dɪktə] *zn mv* → **dictum**

dictate [dɪk'teɪt] I *ov ww* ❶ dicteren ❷ opleggen, voorschrijven, commanderen II *onov ww* commanderen ★ *refuse to be ~d to* zich niet laten commanderen, zich niet de wet laten voorschrijven III *zn* form voorschrift, bevel ★ *the ~s of conscience* de stem van het geweten

dictation [dɪk'teɪʃən] *zn* ❶ dictee, dictaat ★ *take ~* opschrijven wat er gezegd wordt ❷ bevel

dictatorial [dɪktə'tɔːrɪəl] *bnw* dictatoriaal ⟨van regering, heerser e.d.⟩, autoritair ⟨van houding, gedrag, toon⟩

dictatorship [dɪk'teɪtəʃɪp] *zn* dictatuur

diction ['dɪkʃən] *zn* ❶ dictie, wijze v. uitspreken ❷ woordkeuze

dictionary ['dɪkʃənrɪ] *zn* woordenboek

dictum ['dɪktəm] *zn* [mv: **dicta, dictums**] gezegde, uitspraak

did [dɪd] *ww* [verleden tijd] → **do¹**

didactic [daɪ'dæktɪk] *bnw* ❶ belerend, moraliserend ❷ schoolmeesterachtig

diddle ['dɪdl] inform *ov ww* bedriegen, afzetten ★ *~ sb out of his money* iem. zijn geld ontfutselen

die¹ [daɪ] I *onov ww* ❶ doodgaan, sterven, omkomen ★ *die of / from leukaemia* doodgaan aan leukemie ★ *I nearly died* ik schrok / schaamde me rot ★ *die laughing* je doodlachen ★ *never say die!* de moed niet opgeven! ★ *die in your bed* 'n natuurlijke dood sterven ❷ uitsterven, verdwijnen ❸ stilvallen ⟨van machine⟩ ❹ uitgaan ⟨van vuur⟩ ▾ inform *be dying for sth* snakken naar iets ▾ inform *(it is sth) to die for* daar zou ik een moord voor doen ❺ *~ away/down* wegsterven, afnemen, wegkwijnen ❻ *~ back* afsterven ⟨van plant⟩ ❼ *~ off* uitsterven, een voor een sterven ⟨van mensen, dieren⟩ ❽ *~ out* (langzaam) uitsterven ⟨van ziektes, gewoontes, mensen, dieren⟩ II *ov ww* sterven ★ *die a natural death* een natuurlijke dood sterven ★ *die a hero / millionaire* als (een) held / miljonair sterven ▾ GB inform *die a / the death* floppen III *zn* [mv: **dice**] dobbelsteen ★ *the die is cast* de teerling is geworpen

die² *zn* ❶ muntstempel ❷ matrijs, gietvorm

diehard ['daɪhɑːd] I *zn* ❶ aartsconservatief ❷ doorzetter, volhouder II *bnw* onverzettelijk, verstokt

diesel [diːzl] *zn*, **diesel oil** dieselolie, diesel ⟨auto met dieselmotor⟩

diesel engine *zn* dieselmotor

diet ['daɪət] I *zn* ❶ voeding, voedsel ★ *have a balanced diet* evenwichtig / goed uitgebalanceerd eten ★ *survive on a diet of burgers and fries* zich in leven houden met friet en hamburgers ❷ dieet ⟨ook in samenstellingen, met als betekenis light, caloriearm⟩ ★ *go on a diet* op dieet gaan ★ *diet cola* lightcola ❸ menu ★ *be fed a diet of soap operas* alleen maar soaps voorgeschoteld krijgen II *onov ww* lijnen

dietary ['daɪətrɪ] *bnw* dieet-, voedsel- ★ *~ habits* eetgewoonten

dietetics [daɪə'tetɪks] *zn mv* voedselleer

dietitian, dietician [daɪə'tɪʃən] *zn* diëtist(e), voedingsdeskundige

differ ['dɪfə] *onov ww* ❶ verschillen ★ *~ from your sister in hair colour* een andere kleur haar hebben dan je zus ❷ van mening verschillen ★ *~ with sb about / on / over sth* over iets met iem. van mening verschillen

difference ['dɪfrəns] *zn* ❶ verschil ★ *a marked ~* een duidelijk verschil ★ *can you tell the ~?* kun je het verschil zien? ★ *make no ~* geen verschil uitmaken, niet uitmaken ★ *make all the ~* alles uitmaken ★ *same ~* maakt niks uit ★ *with a ~* bijzonder, anders dan anders ❷ onenigheid ★ *we've had our ~s...* we waren het niet altijd eens...

different ['dɪfrənt] *bnw* ❶ ander(e), verscheiden(e) ❷ verschillend ★ *~ from / to / than* anders dan ❸ inform anders, apart

differential [dɪfə'renʃəl] I *zn* verschil ⟨in hoeveelheid / waarde⟩ II *bnw* form verschillend, ongelijk

differentiate [dɪfə'renʃɪeɪt] I *ov ww* ❶ onderscheiden ❷ doen verschillen (van) II *onov ww* ❶ onderscheid / verschil maken, zich onderscheiden, differentiëren ❷ ongelijk behandelen ★ *not ~ between your sons and daughters* je zonen en dochters gelijk behandelen, geen verschil maken tussen je zonen en dochters

differentiation [dɪfərenʃɪ'eɪʃən] *zn* ❶ onderscheid, verschil ❷ differentiatie

difficult ['dɪfɪkəlt] *bnw* moeilijk, lastig

difficulty ['dɪfɪkəltɪ] *zn* ❶ probleem, moeilijkheid ★ *run into ~ / difficulties* in problemen komen

di

di

diffidence ['dɪfɪdns] *zn* gebrek aan zelfvertrouwen

diffident ['dɪfɪdnt] *bnw* bedeesd, verlegen

diffract [dɪ'frækt] *ov ww* <u>natk</u> breken (licht)

diffraction [dɪ'frækʃən] *zn* <u>natk</u> breking ⟨v. licht⟩

diffuse¹ [dɪ'fju:s] *bnw* ❶ verspreid, verstrooid, diffuus ❷ omslachtig

diffuse² [dɪ'fju:z] I *ov ww* verspreiden, uitstralen II *onov ww* zich verspreiden

diffusion [dɪ'fju:ʒən] *zn* verspreiding, uitstraling

dig [dɪg] [onregelmatig] I *ov ww* ❶ graven, opgraven, uitgraven ❷ rooien ⟨aardappelen⟩ ❸ duwen, porren ❹ <u>oud inform</u> gaaf / cool vinden ❺ ~ **in** onderspitten ⟨bv. kunstmest⟩, ingraven ★ *dig yourself in* je verschansen ⟨soldaten⟩ ❻ ~ **out** opgraven, *fig* opdiepen, uitvissen ❼ ~ **over** omspitten ❽ ~ **up** uitgraven, rooien, *fig* oprakelen II *onov ww* ❶ graven ❷ zoeken ★ *dig for more information* zoeken / spitten naar meer informatie ⟨door de pers, politie⟩ ❸ ~ **in** je ingraven, je tijd afwachten, aanvallen ⟨op eten⟩ ❹ ~ **into** graven in <u>ook fig</u>, aanvallen op ⟨het eten⟩, aanspreken ⟨bv. spaargeld⟩ ★ *the edge of the table was digging into my stomach* de tafelrand drong zich / porde in mijn maag ★ *dig into sb's past in* iemands verleden spitten / duiken III *zn* ❶ por, stoot ★ *a dig in the ribs* een por in de zij ★ *have a dig at sb* iem. een steek onder water geven ❷ opgraving

digerati *zn mv* computerfanaten, computerfreaks

digest¹ [daɪ'dʒest] I *ov ww* ❶ verteren ❷ verwerken ⟨info⟩, in zich opnemen II *onov ww* verteren

digest² ['daɪdʒest] *zn* samenvatting

digestible [daɪ'dʒestəbl] *bnw* ❶ licht verteerbaar ❷ begrijpelijk, te snappen ⟨van informatie⟩

digestion [daɪ'dʒestʃən] *zn* spijsvertering → **digest¹**

digestive [daɪ'dʒestɪv] I *zn* ❶ spijsvertering bevorderend middel ❷ **digestive biscuit** volkorenkoekje II *bnw* ❶ de spijsvertering bevorderend ❷ spijsverterings-

digger ['dɪgə] *zn* ❶ graafmachine ❷ (goud)delver

digit ['dɪdʒɪt] *zn* ❶ cijfer ⟨getal van 0-9⟩ ★ <u>USA</u> *double ~s* dubbele cijfers, tientallen ❷ <u>anat</u> vinger, teen, duim

digital ['dɪdʒɪtl] *bnw* digitaal ★ *~ camera / watch* digitale camera, digitaal horloge

digitize, GB **digitise** *ov ww* digitaliseren

dignified ['dɪgnɪfaɪd] *bnw* waardig, statig

dignify ['dɪgnɪfaɪ] *ov ww* ❶ waardigheid geven aan, vereren ★ *not ~ sb's remark by reacting to it* ≈ iemands opmerking geen antwoord waardig achten ❷ opluisteren

dignitary ['dɪgnɪtəri] *zn* hoogwaardigheidsbekleder

dignity ['dɪgnəti] *zn* ❶ waardigheid ★ *stand on your ~* erop staan respectvol behandeld te worden ❷ zelfrespect

digress [daɪ'gres] *onov ww* ❶ afdwalen ❷ ~ **on** uitweiden over

digression [daɪ'greʃən] *zn* uitweiding

dike [daɪk] *zn* → **dyke**

diktat ['dɪktæt] *zn* dictaat, van bovenaf opgelegde regeling

dilapidated [dɪ'læpɪdeɪtɪd] *bnw* vervallen, bouwvallig ⟨gebouw⟩, krakkemikkig ⟨voertuig⟩

dilapidation [dɪlæpɪ'deɪʃən] *zn* verval, bouwvalligheid

dilatation [daɪlə'teɪʃn], **dilation** [daɪ'leɪʃn] *zn* <u>med</u> verwijding, dilatatie ★ *~ and curettage* ⟨dilatatie en⟩ curettage ⟨schoonschrapen van de baarmoeder⟩

dilate [daɪ'leɪt] I *onov ww* wijder worden, zich uitzetten II *ov ww* verwijden, uitzetten

dilatory ['dɪlətəri] *bnw* traag ★ *~ in doing sth* traag met iets zijn

dildo *zn* dildo ⟨kunstpenis⟩

dilemma [daɪ'lemə] *zn* dilemma ★ *be in a ~ about whether to return or not* voor een dilemma staan: terugkeren of niet

dilettante [dɪlə'tænti] *zn* dilettant ⟨oppervlakkig kunst- / muziek- / ballet- / ... kenner⟩

diligence ['dɪlɪdʒəns] <u>form</u> *zn* toewijding, ijver

diligent ['dɪlɪdʒənt] <u>form</u> *bnw* ijverig

dill [dɪl] *zn* plantk dille

dilly-dally ['dɪli'dæli] <u>oud inform</u> *onov ww* treuzelen, zeuren

dilute [daɪ'lju:t] I *ov ww* ❶ ⟨met water⟩ verdunnen, aanlengen ❷ afzwakken II *bnw* verdund

dilution [daɪ'lu:ʃən] *zn* verdunning, ⟨slap⟩ aftreksel <u>ook fig</u>

dim [dɪm] I *bnw* ❶ zwak ⟨licht / schijnsel⟩ ❷ donker, schemerig ★ *the dim and distant past* het grijs verleden ❸ flauw, vaag ❹ <u>GB inform</u> dom ❺ weinig hoopvol ⟨v. situatie⟩ ▼ *take a dim view of sb / sth* niet veel op hebben met iemand / iets II *ov ww* ❶ donker / schemerig maken ★ *dim the lights* de lichten dimmen ❷ temperen, vervagen III *onov ww* ❶ donker / schemerig worden ❷ vervagen, verflauwen

dime [daɪm] *zn* <u>USA</u> dubbeltje ⟨10 dollarcent⟩ ▼ <u>inform</u> *(these rappers are) a dime a dozen* ⟨van deze rappers zijn er⟩ dertien in een dozijn, ⟨deze rappers zijn⟩ niets bijzonders

dime novel *zn* <u>USA</u> stuiversroman

dimension [daɪ'menʃən] *zn* afmeting, omvang, dimensie

diminish [dɪ'mɪnɪʃ] I *onov ww* verminderen, afnemen II *ov ww* ❶ verminderen, verkleinen ❷ bagatelliseren, afbreuk doen aan

diminution [dɪmɪ'nju:ʃən] *zn* verkleining, vermindering, afname

diminutive [dɪ'mɪnjʊtɪv] *bnw* erg klein, miniatuur

dimple ['dɪmpl] *zn* ❶ kuiltje ❷ rimpeltje ⟨in wateroppervlak⟩

dimpled *bnw* met kuiltjes / een kuiltje ⟨van kin, wang⟩

dimwitted [dɪm'wɪtɪd] <u>inform</u> *bnw* traag van begrip, stom

din [dɪn] I *zn* kabaal II *ov ww* ★ *din sth into sb* er iets bij iem. inhameren

dine [daɪn] *onov ww* ❶ dineren ❷ ~ **in** thuis / in je hotel dineren ❸ ~ **off/on** zijn ⟨middag⟩maal doen met, ⟨bij het diner⟩ eten ❹ ~ **out** buitenshuis dineren

diner ['daɪnə] *zn* ❶ gast, eter ❷ USA (goedkoop) restaurantje

dinette *zn* USA eethoek / -kamer

ding I *zn* ❶ ping ⟨geluid van een bel(letje)⟩ ❷ USA deuk(je) ⟨in auto e.d.⟩ **II** *onov ww* 'ping' doen **III** *ov ww* ❶ USA licht beschadigen, (in)deuken ⟨auto e.d.⟩ ❷ USA *fig* raken, schade berokkenen

dingbat USA inform *zn* malloot, halvegare

ding-dong ['dɪŋdɒŋ] *zn* ❶ dingdong, bimbam ⟨geluid van bel⟩ ❷ GB inform fel gevecht, fikse ruzie

dinghy ['dɪŋɪ] *zn* ❶ (kleine) roei- / zeilboot ❷ rubberboot

dingo ['dɪŋgəʊ] *zn* [mv: **dingoes**] dingo ⟨Australische wilde hond⟩

dingy ['dɪndʒɪ] *bnw* smerig, vuil

dining car *zn* restauratiewagen

dining room *zn* eetkamer, eetzaal

dinkie ['dɪŋkɪ] *zn, double income, no kids* dinkie ⟨één van stel tweeverdieners zonder kinderen⟩

dinkum ['dɪŋkəm] *bnw, Aus* inform onvervalst, echt

dinky ['dɪŋkɪ] *bnw* ❶ leuk, aardig ❷ USA klein, armzalig

dinner ['dɪnə] *zn* (warm) eten, middagmaal, diner ★ *what's for ~?* wat eten we vandaag? ★ *have ~* eten, het middagmaal gebruiken, dineren

dinner jacket *zn* smoking

dinner lady GB *zn* kantinejuf / -mevrouw ⟨op school⟩

dinner party *zn* dinertje

dinner service, dinner set *zn* eetservies

dinner table *zn* eettafel

dinosaur ['daɪnəsɔː] *zn* dinosaurus

dint [dɪnt] form *zn* ★ *by dint of hard work* door hard werken

diocesan [daɪ'ɒsɪsn] *bnw* van / m.b.t. een bisdom

diocese ['daɪəsɪs] *zn* bisdom

dioxide [daɪ'ɒksaɪd] *zn* scheik dioxide

dip [dɪp] **I** *ov ww* ❶ (even) indopen, dompelen ★ *dip candles* kaarsen trekken ★ *dip sheep* schapen dompelen ⟨om ze te ontdoen v. parasieten⟩ ❷ dimmen ⟨koplampen⟩ ❸ ~ **into** ★ *dip your hand into the water* je hand in het water steken **II** *onov ww* ❶ (even) duiken ❷ dalen, ondergaan ❸ hellen ❹ ~ **into** ★ *dip into a book* een boek vluchtig bekijken ★ *dip into your savings* je spaargeld aanspreken ▼ inform *dip into your pocket* in de buidel tasten, dokken **III** *zn* ❶ duik ook *fig* ❷ dip, inzinking ❸ kuil ⟨in oppervlak⟩ ❹ (dip)saus ❺ ★ *a dip into sth* snelle blik (in iets) ❻ knikje ⟨v. hoofd⟩ ▼ *lucky dip* grabbelton

diphtheria [dɪf'θɪərɪə] *zn* difterie

diploma [dɪ'pləʊmə] *zn* diploma, getuigschrift ★ *take a ~ in IT* een cursus / college IT volgen / lopen

diplomacy [dɪp'ləʊməsɪ] *zn* diplomatie

diplomat ['dɪpləmæt] *zn* diplomaat

diplomatic [dɪplə'mætɪk] *bnw* ❶ diplomatiek, tactvol ❷ m.b.t. diplomatieke dienst ★ *~ immunity* diplomatieke onschendbaarheid ★ *establish ~ relations with* diplomatieke betrekkingen aanknopen met

dip net *zn* schepnet

dipper ['dɪpə] *zn* dierk waterspreeuw ▼ oud GB *big ~* achtbaan ▼ USA *the Big Dipper* de Grote Beer

dippy ['dɪpɪ] inform *bnw* getikt

dipsomaniac [dɪpsə'meɪnɪæk] *zn* alcoholist

dipstick ['dɪpstɪk] *zn* peilstok

dip switch *zn* auto dimschakelaar

diptych ['dɪptɪk] *zn* tweeluik

dire ['daɪə] *bnw* zeer ernstig, gruwelijk ★ *be in dire need of help* snakken naar hulp

di

direct [daɪ'rekt] **I** *bnw+bijw* ❶ direct, rechtstreeks ❷ exact ★ *a ~ quote* een woordelijk / exact citaat ★ *they're ~ opposites* zij zijn totaal tegenovergesteld aan elkaar ❸ zonder omhaal, oprecht, openhartig **II** *ov ww* ❶ richten ❷ leiding geven aan, regisseren, dirigeren ❸ aanwijzingen geven ★ *~ sb to the station* iem. de weg wijzen naar het station ❹ voorschrijven, verordonneren ❺ adresseren ⟨post⟩ **III** *onov ww* ❶ regisseren ❷ leiden

direction [daɪ'rekʃən] *zn* ❶ richting, kant ★ *in the ~ of Amsterdam* naar / richting Amsterdam ★ *sense of ~* richtingsgevoel ★ *lack ~* geen doel hebben, niet weten wat je wilt ★ *~s* [mv] routebeschrijving ❷ bestuur, leiding, regie ★ *under the ~ of* onder leiding van ❸ instructie aanwijzing

directional [də'rekʃənl] *bnw* richtings- ★ *~ aerial* richtantenne

directive [də'rektɪv] **I** *zn* richtlijn **II** *bnw* leidend

directly [daɪ'rektlɪ] **I** *bijw* ❶ rechtstreeks, direct ❷ precies, vlak ★ *~ opposite* recht tegenover ★ *~ below* vlak daaronder ❸ meteen **II** *vw* GB zodra

directness [də'rektnəs] *zn* directheid, openhartigheid

director [daɪ'rektə] *zn* ❶ directeur, directielid, hoofd ⟨v. afdeling⟩ ★ *managing ~* directeur ★ *be on the board of ~s* lid zijn van de raad van bestuur ❷ regisseur, dirigent ▼ *Director of Public Prosecutions* openbaar aanklager ⟨in Engeland / Wales⟩

directorate [daɪ'rektərət] *zn* ❶ raad v. bestuur ❷ directoraat ⟨v. ministerie⟩

directorial [daɪrek'tɔːrɪəl] *bnw* ❶ regie- ❷ leidinggevend ❸ directeurs-

directorship [daɪ'rektəʃɪp] *zn* directeurschap, directeurspost

directory [daɪ'rektərɪ] *zn* ❶ gids, adresboek ❷ comp map, directory

dirge [dɜːdʒ] *zn* klaagzang

dirigible ['dɪrɪdʒɪbl] **I** *zn* zeppelin **II** *bnw* form bestuurbaar

dirk [dɜːk] *zn* dolk

dirt [dɜːt] *zn* ❶ vuil, modder ★ *treat sb like dirt* iem. als oud vuil behandelen ★ *eat dirt* door het stof gaan, slikken ⟨v. belediging⟩ ❷ USA aarde, grond ❸ roddel, laster ★ *dish the dirt on sb* roddelen over iem., praatjes rondstrooien over iem. ❹ inform stront, poep

dirt bike *zn* crossmotor

dirt cheap *bnw* spotgoedkoop

dirt farmer *zn* USA keuterboer

dirt poor *bnw* straatarm

dirt road, USA dirt track *zn* onverharde weg

dirt track *zn* sport crossbaan ⟨voor auto's, motoren⟩

di

dirty [dɜːtɪ] I *bnw* ❶ vies, smerig ❷ schuin ⟨v. grap enz.⟩ ❸ gemeen, laag-bij-de-gronds ★ GB inform *do the ~ on sb* iem. gemeen behandelen ★ *give sb a ~ look* iem. vuil aankijken ❹ USA drugsverslaafd II *bijw*, GB inform ▼ ~ *great / big* hartstikke groot ▼ *play ~* een smerig spelletje spelen III *ov ww* bevuilen, smerig maken

dis [dɪs] USA inform *ov ww* dissen, afzeiken

dis- [dɪs] *voorv* dis-, af-, on-, ont-

disability [dɪsə'bɪlətɪ] *zn* ❶ handicap, belemmering ❷ invaliditeit ★ *full ~ (to work)* volledige arbeidsongeschiktheid

disability benefit *zn* ≈ WIA-uitkering

disability insurance *zn* arbeidsongeschiktheidsverzekering

disable [dɪs'eɪbl] *ov ww* ❶ invalide maken, (arbeids)ongeschikt maken ❷ onklaar maken

disabled [dɪs'eɪbld] *bnw* invalide, lichamelijk gehandicapt ★ *mentally ~* geestelijk gehandicapt ★ *the ~* [mv] de invaliden ★ *~ access / entrance* toegang / ingang voor invaliden

disabuse [dɪsə'bjuːz] *ov ww* ❶ form uit de droom helpen ❷ ~ *of* afbrengen van, genezen van ⟨een idee⟩

disadvantage [dɪsəd'vɑːntɪdʒ] I *zn* nadeel ★ *at a ~* in het nadeel ★ *work / be to sb's ~* in iemands nadeel werken / zijn II *ov ww* benadelen

disadvantaged [dɪsəd'vɑːntɪdʒd] *bnw* minder bevoorrecht, kansarm

disadvantageous [dɪsædvən'teɪdʒəs] *bnw* nadelig

disaffected [dɪsə'fektɪd] *bnw* afvallig, ontrouw, ontevreden

disaffection [dɪsə'fekʃən] *zn* afvalligheid, ontrouw

disaffiliate [dɪsə'fɪlɪeɪt] *onov ww* ★ ~ *from an organisation* de relaties met een organisatie verbreken

disagree [dɪsə'griː] *onov ww* ❶ het oneens zijn ❷ verschillen ❸ ~ **with** tegenstander zijn van, ziek maken ★ *fish ~s with me* ik kan niet tegen vis

disagreeable [dɪsə'griːəbl] *bnw* onaangenaam

disagreement [dɪsə'griːmənt] *zn* ❶ meningsverschil, onenigheid ❷ verschil

disallow [dɪsə'laʊ] *ov ww* niet toestaan, afkeuren

disappear [dɪsə'pɪə] *onov ww* verdwijnen

disappearance [dɪsə'pɪərəns] *zn* verdwijning

disappoint [dɪsə'pɔɪnt] *ov ww* ❶ teleurstellen ★ *I'm very ~ed in her* zij stelt me zeer teleur ❷ verijdelen, tenietdoen ★ *his expectations of success were ~ed* het succes dat hij verwachtte bleef uit

disappointing [dɪsə'pɔɪntɪŋ] *bnw* teleurstellend, tegenvallend

disappointingly [dɪsə'pɔɪntɪŋlɪ] *bijw* teleurstellend ★ ~, *he didn't turn up* tot onze teleurstelling kwam hij niet opdagen

disappointment [dɪsə'pɔɪntmənt] *zn* teleurstelling

disapprobation [dɪsəprəʊ'beɪʃən] *zn* form afkeuring ⟨op morele gronden⟩

disapproval [dɪsə'pruːvəl] *zn* afkeuring ★ *shake your head in ~* afkeurend het hoofd schudden ★ *look with ~* afkeurend kijken

disapprove [dɪsə'pruːv] *onov ww* ❶ afkeuren, afwijzen ❷ ~ **of** afkeuren

disapprovingly [dɪsə'pruːvɪŋlɪ] *bijw* afkeurend

disarm [dɪs'ɑːmn] I *ov ww* ❶ ontwapenen ook fig ★ *her ~ing personality* haar ontwapenende persoonlijkheid ❷ ontmantelen ⟨i.h.b. kernwapens⟩ II *onov ww* ontwapenen

disarmament [dɪs'ɑːməmənt] *zn* ontwapening

disarrange [dɪsə'reɪndʒ] form *ov ww* in de war brengen

disarray [dɪsə'reɪ] *zn* ❶ wanorde ★ *throw plans into ~* plannen in de war sturen ★ *be in complete ~* een grote bende zijn ❷ verwarring

disassociate [dɪsə'səʊʃɪeɪt] *ov ww* → **dissociate**

disaster [dɪ'zɑːstə] *zn* ramp ook fig , narigheid ★ ~ *struck when the wheel came off* het noodlot sloeg toe toen het wiel eraf liep ★ *it's a recipe for ~* dat is vragen om ellende ★ *spell ~ for* een ramp betekenen voor

disaster area *zn* ❶ rampgebied ❷ inform ramp, puinhoop ⟨v. organisatie enz.⟩

disastrous [dɪ'zɑːstrəs] *bnw* rampzalig

disavow [dɪsə'vaʊ] form *ov ww* ontkennen, loochenen, verwerpen

disavowal [dɪsə'vaʊəl] *zn* verloochening, ontkenning

disband [dɪs'bænd] I *ov ww* ontbinden II *onov ww* uiteengaan, ontbonden worden

disbar [dɪs'bɑː] *ov ww* jur royeren ⟨vnl. advocaten⟩

disbelief [dɪsbɪ'liːf] *zn* ongeloof ★ *look on in ~* je ogen niet kunnen geloven

disbelieve [dɪsbɪ'liːv] I *ov ww* niet geloven II *onov ww* ~ **in** niet geloven in

disbeliever [dɪsbɪ'liːvə] *zn* ongelovige

disburse [dɪs'bɜːs] *ov ww* form (uit)betalen ⟨uit fonds⟩

disbursement [dɪs'bɜːsmənt] form *zn* uitbetaling

disc [dɪsk] *zn* ❶ rond plaatje ❷ cd ❸ comp schijf ▼ med *slipped disc* hernia

disc brake *zn* auto schijfrem

discern [dɪ'sɜːn] *ov ww* ❶ onderscheiden, waarnemen ❷ bespeuren, ontwaren

discernible [dɪ'sɜːnəbl] *bnw* waarneembaar

discerning [dɪ'sɜːnɪŋ] *bnw* scherpzinnig, opmerkzaam

discernment [dɪ'sɜːnmənt] *zn* inzicht, onderscheidingsvermogen

discharge[1] [dɪs'tʃɑːdʒ] I *ov ww* ❶ wegsturen, ontslaan ⟨uit ziekenhuis / baan⟩ ❷ ontslaan v. rechtsvervolging, vrijlaten ❸ lozen, uitstoten ❹ ontladen ⟨m.b.t. elektriciteit⟩ ❺ afvuren, lossen ⟨schot⟩ ❻ (in)lossen, betalen ⟨schuld⟩ ❼ vervullen ⟨plicht⟩ II *onov ww* ❶ zich ontladen ⟨van elektriciteit⟩ ❷ uitmonden

discharge[2] ['dɪstʃɑːdʒ] *zn* ❶ ontslag ⟨uit ziekenhuis / baan⟩ ★ *dishonourable ~* oneervol ontslag ⟨uit het leger⟩ ❷ lozing, uitstoot, ontlading ❸ afscheiding ⟨uit wond⟩ ❹ ontslag van rechtsvervolging, vrijspraak ❺ vervulling ⟨v. plicht⟩ ★ ~ *of debts* betaling v. schulden

disciple [dɪ'saɪpl] *zn* ❶ leerling, volgeling ❷ rel discipel

disciplinarian [dɪsɪplɪ'neərɪən] *zn* strenge leermeester

disciplinary ['dɪsɪplɪnərɪ] *bnw* disciplinair

discipline ['dɪsɪplɪn] I zn ❶ discipline, tucht, (handhaving v.) orde ★ keep / maintain ~ orde houden ❷ training, methode ❸ zelfbeheersing ❹ vak, tak v. wetenschap II ov ww ❶ disciplinaire maatregelen nemen ❷ leren gehoorzamen, discipline bijbrengen ★ ~ yourself je leren beheersen ★ a very ~d person een zeer gedisciplineerd iem.

disclaim [dɪs'kleɪm] ov ww ❶ ontkennen, van de hand wijzen ❷ afstand doen van

disclaimer [dɪs'kleɪmə] zn ❶ ontkenning, afwijzing ❷ jur disclaimer, bewijs v. afstand

disclose [dɪs'kləʊz] ov ww onthullen, bekendmaken

disclosure [dɪs'kləʊʒə] zn onthulling, openbaring, bekendmaking

discolour, USA **discolor** [dɪs'kʌlə] I onov ww verkleuren, verschieten II ov ww doen verkleuren

discomfit [dɪs'kʌmfɪt] form ov ww in verlegenheid brengen ★ be ~ted in verlegenheid verkeren, van zijn / haar stuk gebracht zijn

discomfiture [dɪs'kʌmfɪtʃə] form zn verlegenheid, verwarring

discomfort [dɪs'kʌmfət] I zn ❶ onbehaaglijkheid ❷ ongemak II ov ww onbehagen veroorzaken ★ be ~ed by her presence zich ongemakkelijk voelen door haar aanwezigheid

discompose [dɪskəm'pəʊz] form ov ww verwarren, verontrusten

discomposure [dɪskəm'pəʊʒə] form zn verontrusting, verwarring

disconcert [dɪskən'sɜːt] ov ww verwarren, verontrusten

disconcerting [dɪskən'sɜːtɪŋ] bnw verontrustend

disconnect [dɪskə'nekt] ov ww ❶ uitschakelen ❷ afsluiten ⟨gas, water enz.⟩ ❸ losmaken, loskoppelen ❹ verbinding verbreken ⟨v. telefoon / Internet⟩

disconnected [dɪskə'nektɪd] bnw los, onsamenhangend

disconsolate [dɪs'kɒnsələt] bnw form ontroostbaar, terneergedrukt

discontent [dɪskən'tent], **discontentment** [dɪskən'tentmənt] zn ontevredenheid ★ ~ with / at onvrede over

discontented [dɪskən'tentɪd] bnw ontevreden

discontinue [dɪskən'tɪnjuː] I ov ww ❶ niet voortzetten, stoppen, ophouden ❷ opzeggen II onov ww ophouden

discontinuity [dɪskɒntɪ'njuːətɪ] form zn ❶ onderbreking ❷ discontinuïteit, gebrek aan continuïteit / regelmaat

discontinuous [dɪskən'tɪnjʊəs] form bnw onderbroken, met onderbrekingen

discord ['dɪskɔːd] zn ❶ form tweedracht, onenigheid ❷ muz dissonant

discordant [dɪ'skɔːdnt] bnw ❶ strijdig, niet overeenstemmend ❷ muz dissonant

discotheque ['dɪskətek] oud zn discotheek

discount¹ ['dɪskaʊnt] zn korting ★ at a ~ met korting

discount² [dɪs'kaʊnt] ov ww ❶ buiten beschouwing laten ❷ weinig geloof / belang hechten aan, afdoen als ❸ in prijs verlagen, met korting verkopen

discounter ['dɪskaʊntə], **discount store** zn discountwinkel

discount rate fin zn ❶ wisseldisconto ❷ disconto ⟨rente van de centrale bank⟩

discourage [dɪ'skʌrɪdʒ] ov ww ❶ (ervan) afhouden, afschrikken ❷ ontmoedigen

discouragement [dɪ'skʌrɪdʒmənt] zn ❶ moedeloosheid ❷ ontmoediging ❸ afschrikking, het (ervan) afhouden

discourse¹ ['dɪskɔːs] form zn ❶ verhandeling, uiteenzetting ❷ gesprek, rede

discourse² [dɪs'kɔːs] form onov ww ~ on/upon een verhandeling houden over, (lang) spreken over

discourteous [dɪs'kɜːtɪəs] bnw form onhoffelijk, onbeleefd

discourtesy [dɪs'kɜːtəsɪ] zn form onbeleefdheid

discover [dɪ'skʌvə] ov ww ontdekken, tot de ontdekking komen

discoverer [dɪ'skʌvərə] zn ontdekker, uitvinder

discovery [dɪ'skʌvərɪ] zn ontdekking, vondst

discredit [dɪs'kredɪt] I ov ww ❶ in diskrediet brengen ❷ in twijfel trekken II zn schande, diskrediet ★ bring ~ on the club de club in diskrediet / opspraak brengen

discreditable [dɪs'kredɪtəbl] bnw form schandelijk

discreet [dɪ'skriːt] bnw ❶ discreet, kies, tactvol ❷ bescheiden

discrepancy [dɪs'krepənsɪ] zn verschil, tegenstrijdigheid, discrepantie

discrete [dɪ'skriːt] form bnw afzonderlijk, apart

discretion [dɪ'skreʃən] zn ❶ wijsheid, beleid, tact, voorzichtigheid ★ use your ~ naar eigen goedvinden handelen ★ at sb's ~ naar iemands eigen inzicht ❷ discretie, geheimhouding

discretionary [dɪ'skreʃənərɪ] form bnw naar eigen oordeel

discriminate [dɪ'skrɪmɪneɪt] I ov ww onderscheiden II onov ww ❶ discrimineren ❷ (een) onderscheid maken ❸ ~ against onderscheid maken ⟨ten nadele van⟩, discrimineren

discriminating [dɪ'skrɪmɪneɪtɪŋ] bnw scherpzinnig, opmerkzaam

discrimination [dɪskrɪmɪ'neɪʃən] zn ❶ discriminatie ★ ~ against women discriminatie van vrouwen ★ reverse / positive ~ positieve discriminatie ❷ inzicht, scherpzinnigheid ❸ form onderscheidingsvermogen

discriminatory [dɪ'skrɪmɪnətrɪ] bnw discriminerend

discursive [dɪ'skɜːsɪv] bnw onsamenhangend

discus ['dɪskəs] zn discus

discuss [dɪ'skʌs] ov ww bespreken, behandelen

discussion [dɪ'skʌʃən] zn ❶ bespreking, discussie ★ it's still under ~ daar praat men nog over, dat is nog in behandeling ❷ verhandeling (of over)

disdain [dɪs'deɪn] I zn minachting II ov ww form hooghartig afwijzen / weigeren

disdainful [dɪs'deɪnfʊl] bnw minachtend, hooghartig

disease [dɪ'ziːz] zn ziekte, kwaal ★ catch / contract / get a ~ een ziekte oplopen ★ Parkinson's ~ ziekte van Parkinson ★ kissing ~

di

di

ziekte van Pfeiffer

diseased [dɪ'zi:zd] *bnw* ❶ ziek(elijk) ❷ verziekt

disembark [dɪsɪm'ba:k] *onov ww* uitstappen, aan wal gaan

disembodied [dɪsɪm'bɒdɪd] *bnw* zonder lichaam, onstoffelijk, niet tastbaar

disembowel [dɪsɪm'baʊəl] *ov ww* ❶ de ingewanden verwijderen, ontweien ⟨wild⟩ ❷ openrijten

disempower *ov ww* de macht ontnemen

disenchanted [dɪsɪn'tʃɑ:ntɪd] *bnw* ontgoocheld, gedesillusioneerd

disenchantment [dɪsɪn'tʃɑ:ntmənt] *zn* desillusie, ontgoocheling

disenfranchise [dɪsɪn'fræntʃaɪz] *ov ww* het kiesrecht / de burgerrechten ontnemen

disengage [dɪsɪn'geɪdʒ] **I** *ov ww* ❶ vrijmaken, bevrijden ❷ – losmaken ❸ mil terugtrekken **II** *onov ww* ❶ losraken ❷ mil zich terugtrekken

disengaged [dɪsɪn'geɪdʒd] *bnw* los, vrij

disengagement [dɪsɪn'geɪdʒmənt] *zn* ❶ bevrijding ❷ terugtrekking ⟨v. troepen⟩ ❸ ongedwongenheid ❹ verbreking v. verloving

disentangle [dɪsɪn'tæŋgl] *ov ww* ❶ ontwarren ❷ losmaken ❸ bevrijden

disestablish [dɪsɪ'stæblɪʃ] form *ov ww* de officiële status opheffen van ★ ~ *the Church* de Kerk van de Staat scheiden

disfavour, USA disfavor [dɪs'feɪvə] *zn* ❶ afkeer, tegenzin ★ *loop upon sth with* ~ iets afkeuren, iets niet graag zien / hebben ❷ ongenade ★ *fall into* ~ *with sb* bij iem. in ongenade vallen

disfigure [dɪs'fɪgə] *ov ww* verminken, misvormen, ontsieren

disfigurement [dɪs'fɪgəmənt] *zn* mismaaktheid, verminking

disgorge [dɪs'gɔ:dʒ] *ov ww* uitbraken ook fig , uitstoten

disgrace [dɪs'greɪs] **I** *zn* ❶ ongenade ❷ schande ★ *bring* ~ *on* te schande maken **II** *ov ww* ❶ in ongenade doen vallen ❷ te schande maken ★ ~ *yourself* je schandelijk gedragen

disgraceful [dɪs'greɪsfʊl] *bnw* schandelijk

disgruntled [dɪs'grʌntld] *bnw* knorrig, ontevreden, teleurgesteld

disguise [dɪs'gaɪz] **I** *zn* ❶ vermomming ★ *in* ~ vermomd ❷ dekmantel **II** *ov ww* ❶ vermommen, onherkenbaar maken ★ ~*d voice* verdraaide stem ❷ verbergen, verhullen ★ ~ *your feelings* je gevoelens verbergen

disgust [dɪs'gʌst] **I** *zn* afschuw, walging ★ *in* ~ vol / met afkeer, walgend **II** *ov ww* doen walgen

disgusted [dɪs'gʌstɪd] *bnw* walgend, vol afkeer

disgusting [dɪs'gʌstɪŋ] *bnw* weerzinwekkend, walgelijk

disgustingly [dɪs'gʌstɪŋlɪ] *bijw* soms humor ★ ~ *healthy* walgelijk gezond

dish [dɪʃ] **I** *zn* ❶ schaal, schotel ★ *do the dishes* de afwas doen ❷ gerecht ❸ schotelantenne ❹ inform lekker ding / wijf **II** *ov ww* ❶ ~ **out** uitdelen ⟨dingen, kritiek, advies⟩, opscheppen ⟨eten⟩ ★ *dish it out* ervan langs geven ⟨kritiseren⟩ ❷ ~ **up** opdienen, opdissen

disharmony [dɪs'hɑ:mənɪ] form *zn* onenigheid, disharmonie

dishcloth ['dɪʃklɒθ] *zn* ❶ vaatdoek ⟨doekje waarmee wordt afgewassen i.p.v. een afwaskwast⟩ ❷ droogdoek, theedoek

dishearten [dɪs'hɑ:tn] *ov ww* ontmoedigen

dishevelled, USA disheveled ['dɪ'ʃevld] *bnw* slonzig, onverzorgd

dishonest [dɪs'ɒnɪst] *bnw* oneerlijk

dishonesty [dɪs'ɒnɪstɪ] *zn* oneerlijkheid

dishonour, USA dishonor [dɪs'ɒnə] form **I** *zn* oneer, schande **II** *ov ww* ❶ te schande maken ❷ schenden, niet nakomen ⟨beloften e.d.⟩

dishonourable [dɪs'ɒnərəbl] *bnw* ❶ schandelijk ❷ oneervol

dishpan USA *zn* afwasteil

dishtowel ['dɪʃtaʊəl] *zn* thee- / droogdoek

dishwasher ['dɪʃwɒʃə] *zn* ❶ vaatwasmachine ❷ bordenwasser

dishwater ['dɪʃwɔ:tə] *zn* ❶ afwaswater ❷ fig slootwater ▼ *as dull as* ~ oersaai

dishy ['dɪʃɪ] oud inform *bnw* zeer aantrekkelijk ⟨v. persoon⟩

disillusion [dɪsɪ'lu:ʒən] *ov ww* teleurstellen, ontgoochelen

disillusionment [dɪsɪ'lu:ʒənmənt] *zn* teleurstelling, desillusie, ontgoocheling

disincentive *zn* ontmoediging, factor om iets niet te (gaan) doen

disinclination [dɪsɪnklɪ'neɪʃən] form *zn* tegenzin

disinclined [dɪsɪn'klaɪnd] form *bnw* met tegenzin ★ *be / feel* ~ *to do sth* geen zin hebben om iets te doen

disinfect [dɪsɪn'fekt] *ov ww* ❶ ontsmetten ❷ comp virusvrij maken

disinfectant [dɪsɪn'fektnt] *zn* ontsmettend middel

disinfection [dɪsɪn'fekʃən] *zn* ontsmetting

disinformation *zn* (opzettelijk) valse / foutieve informatie

disingenuous [dɪsɪn'dʒenjʊəs] form *bnw* onoprecht, oneerlijk

disinherit [dɪsɪn'herɪt] *ov ww* onterven

disintegrate [dɪs'ɪntɪgreɪt] *onov ww* uit elkaar vallen, ontbinden

disintegration [dɪsɪntɪ'greɪʃən] *zn* ontbinding, desintegratie, (het) uit elkaar vallen

disinter [dɪsɪn'tɜ:] *ov ww* ❶ opgraven ⟨dode⟩ ❷ fig oprakelen

disinterest [dɪs'ɪntrəst] *zn* ❶ ongeïnteresseerdheid ❷ belangeloosheid

disinterested [dɪs'ɪntrəstɪd] *bnw* ❶ belangeloos, onbevooroordeeld ❷ ongeïnteresseerd

disinterment [dɪsɪn'tɜ:mənt] *zn* ❶ opgraving ❷ onthulling

disinvest [dɪsɪn'vest] *onov ww* investeringen terugtrekken, minder investeren

disjointed [dɪs'dʒɔɪntɪd] *bnw* onsamenhangend, verward

disjunction [dɪs'dʒʌŋkʃən] form *zn* scheiding, kloof

disk [dɪsk] *zn* ❶ comp disk, schijf ★ *floppy disk* diskette ★ *hard disk* harde schijf ❷ USA → **disc**

disk drive comp *zn* diskdrive, diskettestation

diskette comp *zn* diskette, floppy

dislike [dɪs'laɪk] **I** *ov ww* een hekel hebben aan, niet houden van **II** *zn* afkeer ★ *my likes and* ~*s* alles wat ik leuk en niet leuk vind ★ *take a* ~ *to* een hekel krijgen aan

dislocate ['dɪsləkeɪt] *ov ww* ❶ ontwrichten ⟨schouder e.d.⟩ ❷ verstoren

dislocation [dɪslə'keɪʃən] *zn* ❶ ontwrichting ⟨v. schouder e.d.⟩ ❷ verstoring

dislodge [dɪs'lɒdʒ] *ov ww* ❶ loswrikken ❷ verjagen

disloyal [dɪs'lɔɪəl] *bnw* trouweloos, ontrouw

disloyalty [dɪs'lɔɪəltɪ] *zn* ❶ trouweloosheid, ontrouw ❷ trouweloze daad

dismal ['dɪzml] *bnw* ❶ triest, naar, akelig ❷ <u>inform</u> pover ⟨v. kwaliteit⟩, armzalig ★ *a ~ result* een treurig resultaat

dismantle [dɪs'mæntl] *ov ww* ❶ uit elkaar halen ❷ ontmantelen, (geleidelijk) een eind maken aan

dismay [dɪs'meɪ] **I** *zn* verbijstering, verslagenheid ★ *look at sb in ~* iem. ontsteld aankijken ★ *to my ~* tot mijn ontzetting **II** *ov ww* ontstellen, onthutsen, ontmoedigen

dismayed [dɪs'meɪd] *bnw* onthutst, ontsteld

dismember [dɪs'membə] *ov ww* ❶ (in stukken) scheuren, uiteenrukken ❷ (in stukken) verdelen

dismiss [dɪs'mɪs] *ov ww* ❶ verwerpen, van tafel vegen ❷ van je afzetten ⟨angst, gedachte enz.⟩ ★ *~ a subject* van een onderwerp afstappen ❸ ontslaan ❹ wegsturen ❺ <u>jur</u> niet ontvankelijk verklaren

dismissal [dɪs'mɪsəl] *zn* ❶ ontslag ❷ verwerping ❸ wegzending ❹ <u>jur</u> verklaring van onontvankelijkheid

dismissive *bnw* geringschattend, neerbuigend ★ *be ~ of* minachtend / neerbuigend doen over

dismount [dɪs'maʊnt] *onov ww* afstijgen, afstappen

disobedience [dɪsə'biːdɪəns] *zn* ongehoorzaamheid ★ *civil ~* burgerlijke ongehoorzaamheid

disobedient [dɪsə'biːdɪənt] *bnw* ongehoorzaam

disobey [dɪsə'beɪ] **I** *ov ww* niet gehoorzamen ★ *~ the rules* de regels overtreden **II** *onov ww* ongehoorzaam zijn

disobliging [dɪsə'blaɪdʒɪŋ] <u>form</u> *bnw* onvriendelijk, weinig behulpzaam, niet erg tegemoetkomend

disorder [dɪs'ɔːdə] *zn* ❶ wanorde ★ *be in (a state of) ~* een chaos / rotzooi zijn ❷ oproer, rel ❸ aandoening, stoornis, kwaal

disordered [dɪs'ɔːdəd] *bnw* ❶ verward, ontregeld, ordeloos ❷ gestoord ★ *emotionally ~ children* kinderen met een emotionele stoornis

disorderly [dɪs'ɔːdəlɪ] *bnw* ❶ slordig, wanordelijk ❷ aanstootgevend, opstandig, bandeloos ★ *they were drunk and ~* zij waren dronken en verstoorden de openbare orde

disorganized, disorganised [dɪs'ɔːgənaɪzd] *bnw* ❶ slecht georganiseerd, rommelig ❷ inefficiënt ⟨v. persoon⟩

disorientate [dɪs'ɔːrɪənteɪt], **disorient** [dɪs'ɔːrɪent] *ov ww* desoriënteren <u>ook fig</u>, stuurloos maken ★ *be ~d by sth* gedesoriënteerd zijn door iets, in de war zijn door iets

disown [dɪs'əʊn] *ov ww* verstoten, verloochenen, niet meer erkennen

disparage [dɪ'spærɪdʒ] *ov ww* kleineren, afgeven op

disparaging [dɪ'spærɪdʒɪŋ] *bnw* geringschattend, kleinerend

disparate ['dɪspərət] <u>form</u> *bnw* wezenlijk verschillend, ongelijksoortig

disparity [dɪ'spærətɪ] <u>form</u> *zn* ongelijkheid, ongelijkwaardigheid, verschil

dispassionate [dɪ'spæʃənət] *bnw* onpartijdig, neutraal

dispatch [dɪ'spætʃ] *ov ww* <u>form</u> ❶ sturen, verzenden ❷ zich ontdoen van, wegwerken ❸ <u>oud</u> uit de weg ruimen *zn* ❶ bericht ⟨over krijgsverrichtingen⟩ ❷ reportage ⟨voor krant⟩ ❸ <u>form</u> verzending ▾ <u>form</u> *with ~* doeltreffend, (zeer) efficiënt

dispatch box *zn* ❶ aktetas, aktedoos ⟨voor officiële stukken⟩ ❷ ★ *the Dispatch Box* het spreekgestoelte ⟨in Brits Lagerhuis⟩

dispatcher [dɪ'spætʃə] *zn* ❶ <u>USA</u> manager vertrektijden ⟨bij transportbedrijf⟩ ❷ coördinator noodvervoer

dispatch rider <u>GB</u> *zn* koerier, motorordonnans

dispel [dɪ'spel] *ov ww* verdrijven

dispensable [dɪ'spensəbl] *bnw* niet essentieel, niet onontbeerlijk

dispensary [dɪ'spensərɪ] *zn* apotheek

dispensation [dɪspen'seɪʃən] *zn* ❶ dispensatie, vrijstelling ❷ distributie ★ *the ~ of justice* het toepassen van recht

dispense [dɪ'spens] **I** *ov ww* ❶ uitdelen, verstrekken ★ *~ a range of healthy drinks* een assortiment van gezonde drankjes aanbieden / verstrekken ❷ toedienen ★ *~ justice* het recht toepassen, (het) recht laten geschieden ❸ klaarmaken (en verstrekken) ⟨recept, medicijnen⟩ **II** *onov ww* <u>form</u> *~ with* (kunnen) stellen zonder

dispenser [dɪ'spensə] *zn* automaat, houder

dispensing chemist <u>GB</u> *zn* apotheker

dispersal [dɪ'spɜːsəl] *zn* (ver)spreiding, verstrooiing, uiteendrijving

disperse [dɪ'spɜːs] **I** *ov ww* ❶ uiteen doen gaan, uiteendrijven ❷ verspreiden **II** *onov ww* ❶ uiteengaan ❷ zich verspreiden

dispersion [dɪ'spɜːʃən] *zn* ❶ verspreiding ❷ het uiteenjagen ★ *the ~ (of the Jews)* de diaspora ⟨v.d. Joden⟩

dispirited [dɪ'spɪrɪtɪd] *bnw* ontmoedigd, moedeloos

dispiriting [dɪ'spɪrɪtɪŋ] *bnw* ontmoedigend

displace [dɪs'pleɪs] *ov ww* ❶ verdringen, verdrijven ❷ verplaatsen ❸ vervangen ❹ <u>USA</u> ontslaan, afzetten

displacement [dɪs'pleɪsmənt] *zn* ❶ (water)verplaatsing, verschuiving ❷ vervanging

display [dɪ'spleɪ] **I** *zn* ❶ tentoonstelling, uitstalling ★ *on ~* te zien ❷ vertoning ❸ vertoon, demonstratie ❹ beeldscherm, display **II** *ov ww* ❶ tentoonstellen ❷ (ver)tonen, aan de dag leggen

displease [dɪs'pliːz] <u>form</u> *ov ww* niet aanstaan / bevallen, ergeren

displeased [dɪs'pliːzd] *bnw* ontevreden (with/about/at over)

displeasing [dɪs'pliːzɪŋ] *bnw* onaangenaam

displeasure [dɪs'pleʒə] <u>form</u> *zn* ongenoegen,

di

di

ergernis

disport [dɪ'spɔ:t] oud humor ov ww ★ ~ o.s. zich ontspannen, zich vermaken

disposable [dɪ'spəʊzəbl] bnw ❶ wegwerp-★ ~ gloves wegwerphandschoenen ❷ beschikbaar ★ ~ income besteedbaar inkomen

disposal [dɪ'spəʊzəl] zn opruiming ⟨van gevaarlijk afval, bommen enz.⟩, het wegdoen ▼ at your ~ tot uw beschikking

dispose [dɪ'spəʊz] I ov ww ❶ form rangschikken, plaatsen ❷ ~ to bewegen tot, brengen tot ★ this medicine ~s you to / towards sleep dit medicijn brengt je in slaap ★ be ~d to do sth geneigd zijn iets te doen, zin hebben iets te doen ★ ~d to depression met een depressieve inslag ★ well ~d to welgezind jegens II onov ww ~ of zich ontdoen van ⟨(gevaarlijk) afval⟩, afrekenen met ⟨tegenstander in sport⟩, uit de weg ruimen ⟨vijand, probleem⟩, afhandelen ★ ~ of an argument een argument ontzenuwen

disposition [dɪspə'zɪʃən] zn ❶ aard, aanleg, neiging ★ have a cheerful ~ een opgeruimd karakter hebben ★ have / show the ~ to do sth de neiging hebben iets te doen ❷ opstelling, plaatsing

dispossess [dɪspə'zes] ov ww afnemen, beroven, onteigenen ★ the ~ed [mv] de mensen die hun land / huis afgenomen is

disproportion [dɪsprə'pɔ:ʃən] form zn onevenredigheid, wanverhouding

disproportionate [dɪsprə'pɔ:ʃənət] bnw onevenredig, disproportioneel, niet in verhouding

disprove [dɪs'pru:v] ov ww weerleggen

disputable [dɪ'spju:təbl] bnw betwistbaar

disputation [dɪspju:'teɪʃən] form zn geschil, dispuut

dispute [dɪ'spju:t] I zn geschil, twist(gesprek), verschil van mening ★ a ~ about / over een conflict over / om ★ beyond ~ buiten kijf ★ the matter in ~ het punt van discussie ★ it's open to ~ er valt over te twisten II ov ww betwisten, fel discussiëren over ★ the issue remains hotly ~d over dit punt wordt nog heftig gediscussieerd ★ to ~ a will een testament aanvechten III onov ww redetwisten

disqualification [dɪskwɒlɪfɪ'keɪʃən] zn diskwalificatie, uitsluiting

disqualify [dɪs'kwɒlɪfaɪ] ov ww ❶ diskwalificeren, uitsluiten ❷ onbevoegd verklaren ★ he was disqualified from driving for sixteen months zijn rijbevoegdheid werd hem zestien maanden ontzegd, zijn rijbewijs werd voor anderhalf jaar ingenomen

disquiet [dɪs'kwaɪət] form zn onrust, ongerustheid

disquieting [dɪs'kwaɪətɪŋ] form bnw onrustbarend, verontrustend

disregard [dɪsrɪ'gɑ:d] I ov ww negeren, zich niets aantrekken van II zn veronachtzaming, minachting ★ show a ~ for / of geen waarde hechten aan, negeren

disrepair [dɪsrɪ'peə] zn vervallen staat ★ fall into ~ in verval raken

disreputable [dɪs'repjʊtəbl] bnw berucht, (als) slecht (bekendstaand)

disrepute [dɪsrɪ'pju:t] zn diskrediet ★ bring into ~ in opspraak brengen ★ fall into ~ in diskrediet raken

disrespect [dɪsrɪ'spekt] zn gebrek aan eerbied ★ no ~ intended goedbedoeld ★ no ~ (to Radiohead), but it wasn't their best gig ik wil niet oneerbiedig zijn (over Radiohead), maar het was niet hun beste optreden

disrespectful [dɪsrɪ'spektfʊl] bnw oneerbiedig, onbeschaamd

disrobe [dɪs'rəʊb] form I onov ww zich ontkleden II ov ww ontkleden

disrupt [dɪs'rʌpt] ov ww ontwrichten, verstoren

disruption [dɪs'rʌpʃən] zn ontwrichting, verstoring

disruptive bnw ontwrichtend, de orde verstorend, storend

dissatisfaction [dɪssætɪs'fækʃən] zn ontevredenheid, ongenoegen (**with** over)

dissatisfied [dɪs'sætɪsfaɪd] bnw ontevreden (**with** over), teleurgesteld

dissect [dɪ'sekt] ov ww ❶ ontleden ook fig ★ ~ a book / theory een boek / theorie grondig onderzoeken / analyseren ❷ (ver)delen

dissection [dɪ'sekʃən] zn ontleding ook fig , sectie

dissemble [dɪ'sembl] form I ov ww veinzen, verbergen II onov ww veinzen, doen alsof

dissembler [dɪ'semblə] form zn veinzer, huichelaar

disseminate [dɪ'semɪneɪt] form ov ww verspreiden ⟨van kennis, informatie⟩

dissemination [dɪsemɪ'neɪʃən] form zn verspreiding ⟨van kennis, informatie⟩

dissension [dɪ'senʃən] form zn onenigheid, verdeeldheid

dissent [dɪ'sent] I zn verschil v. inzicht ★ political ~ de afwijkende politieke opinie, het politieke tegengeluid II onov ww form van mening verschillen, afwijken van de algemeen geldende mening ★ a ~ing voice een tegengeluid ★ a ~ing opinion een afwijkende / andere mening ★ ~ing minister afgescheiden dominee

dissenter [dɪ'sentə] zn andersdenkende

dissertation [dɪsə'teɪʃən] zn verhandeling, scriptie, proefschrift

disservice [dɪs's3:vɪs] zn ▼ do sb a ~ iem. een slechte dienst bewijzen

dissidence ['dɪsɪdns] zn het anders denken, het hebben van een afwijkende mening

dissident ['dɪsɪdnt] I zn andersdenkende II bnw andersdenkend

dissimilar [dɪ'sɪmɪlə] bnw ongelijk

dissimilarity [dɪsɪmɪ'lærəti] zn verschil, ongelijkheid

dissimulate [dɪ'sɪmjʊleɪt] form I onov ww huichelen, veinzen II ov ww verbergen

dissimulation [dɪsɪmjʊ'leɪʃən] zn huichelarij, veinzerij

dissipate ['dɪsɪpeɪt] form I ov ww ❶ verspillen, verkwisten ❷ verdrijven, doen verdwijnen II onov ww verdwijnen

dissipated ['dɪsɪpeɪtɪd] bnw liederlijk, losgeslagen

dissipation [dɪsɪ'peɪʃən] form zn ❶ verspilling, verkwisting ❷ het (doen) verdwijnen

❸ losbandigheid

dissociate [dɪˈsəʊʃɪeɪt] *ov ww* ❶ losmaken ★ ~ *yourself (from sb / sth)* je distantiëren (van iemand / iets) ❷ <u>form</u> scheiden ★ ~ *the two things* de twee dingen los zien van elkaar

dissolute [ˈdɪsəluːt] <u>form</u> *bnw* losbandig

dissolution [dɪsəˈluːʃən] *zn* ❶ het uiteenvallen, desintegratie, (geleidelijke) verdwijning ❷ ontbinding ⟨van parlement, huwelijk, overeenkomst⟩

dissolve [dɪˈzɒlv] **I** *ov ww* ❶ oplossen ★ *dissolving views* in elkaar overgaande lichtbeelden ❷ ontbinden ⟨parlement, huwelijk, overeenkomst⟩, opheffen ❸ doen verdwijnen ❹ ~ *into* ★ ~ *into tears / laughter* in huilen / lachen uitbarsten **II** *onov ww* ❶ (zich) oplossen ❷ zich ontbinden, verdwijnen

dissonance [ˈdɪsənəns] *zn* ❶ wanklank, dissonant ❷ <u>form</u> onenigheid

dissonant [ˈdɪsənənt] *bnw* ❶ onwelluidend, dissonant ❷ niet overeenstemmend

dissuade [dɪˈsweɪd] *ov ww* ❶ af- / ontraden ❷ ~ *from* afbrengen van, weerhouden van

dissuasion [dɪˈsweɪʒən] *zn* ontrading

distance [ˈdɪstns] **I** *zn* ❶ afstand, verte ★ *at a* ~ op afstand ★ *from a* ~ van een afstand ★ *in / into the* ~ in de verte ★ *within walking* ~ op loopafstand ★ *travel long* ~ reizen over een lange afstand ★ *call long* ~ interregionaal bellen ❷ afstandelijkheid, distantie ★ *keep one's* ~ afstand bewaren ★ *put some* ~ *between yourself and your parents* wat ruimte scheppen tussen jou en je ouders ▼ *go the (full)* ~ de hele wedstrijd uitspelen / -vechten, het tot het einde volhouden **II** *ov ww* ★ ~ *yourself from* afstand nemen van, je losmaken van

distance learning *zn* afstandsonderwijs

distant [ˈdɪstnt] *bnw* ❶ ver (weg) ❷ afstandelijk, op een afstand

distaste [dɪsˈteɪst] *zn* afkeer, weerzin ★ *a* ~ *for sth* een hekel aan iets, een afkeer van iets

distasteful [dɪsˈteɪstfʊl] *bnw* onaangenaam, weerzinwekkend

distemper [dɪˈstempə] *zn* ❶ infectieziekte ⟨v. honden, katten⟩ ❷ muurverf

distend [dɪˈstend] <u>form</u> **I** *ov ww* (doen) opzwellen **II** *onov ww* opzwellen

distension [dɪˈstenʃən] <u>form</u> *zn* zwelling

distil, USA **distill** [dɪˈstɪl] *ov ww* ❶ zuiveren, distilleren ❷ stoken, branden ❸ <u>form</u> distilleren, afleiden ⟨uit grote hoeveelheid gegevens / informatie⟩

distillation [dɪstɪˈleɪʃən] *zn* distillatie, distillaat ⟨product van distillatie⟩

distillery [dɪˈstɪlərɪ] *zn* distilleerderij, stokerij

distinct [dɪˈstɪŋkt] *bnw* ❶ duidelijk ❷ apart, onderscheiden ★ ~ *from* niet hetzelfde als, anders dan ★ *as* ~ *from* in tegenstelling tot

distinction [dɪˈstɪŋkʃən] *zn* ❶ onderscheid, verschil ★ *draw a* ~ *between* onderscheid maken tussen ❷ aanzien, voornaamheid ★ *a writer of* ~ een vooraanstaand schrijver ★ *have the* ~ *of* de eer hebben om ❸ <u>GB</u> onderscheiding ★ *graduate with* ~ met lof afstuderen

distinctive [dɪˈstɪŋktɪv] *bnw* onderscheidend, kenmerkend

distinguish [dɪˈstɪŋgwɪʃ] **I** *ov ww* ❶ verschil zien, onderscheiden ❷ kenmerken ★ *this* ~*es her from her friends* hierin onderscheidt zij zich van haar vrienden ▼ ~ *yourself (as a painter / writer)* jezelf onderscheiden (als schilder / schrijver) **II** *onov ww* ~ **among/between** onderscheid maken tussen

distinguishable [dɪˈstɪŋgwɪʃəbl] *bnw* te onderscheiden, waarneembaar

distinguished [dɪˈstɪŋgwɪʃt] *bnw* ❶ voornaam, gedistingeerd ❷ befaamd

distort [dɪˈstɔːt] *ov ww* ❶ vervormen, verwringen ★ ~*ed face* vertrokken gezicht ❷ verdraaien ⟨de waarheid, feiten⟩, vertekenen

distortion [dɪˈstɔːʃən] *zn* ❶ vervorming ❷ verdraaiing ⟨van de waarheid, feiten⟩

distract [dɪˈstrækt] *ov ww* afleiden ★ ~ *attention from sth* de aandacht van iets afleiden

distracted [dɪˈstræktɪd] *bnw* ❶ verward, verontrust ❷ afgeleid, afwezig

distraction [dɪˈstrækʃən] *zn* ❶ afleiding ❷ ontspanning ❸ verwarring ★ *drive sb to* ~ iem. hoorndol maken ★ *love sb to* ~ stapelgek zijn op iem.

distraught [dɪˈstrɔːt] *bnw* wanhopig ★ ~ *with grief* radeloos van verdriet

distress [dɪˈstres] **I** *zn* ❶ leed, pijn, angst ❷ nood, ellende ★ *in* ~ in nood, in moeilijkheden ★ *financial* ~ armoede **II** *ov ww* ❶ leed berokkenen, verdriet doen ❷ verontrusten

distressed [dɪˈstrest] *bnw* ❶ van streek, overstuur ❷ (kunstmatig) oud gemaakt ⟨v. kleding / meubels⟩

distressing [dɪˈstresɪŋ] *bnw* pijn / angst veroorzakend, pijnlijk, verontrustend

distress signal *zn* noodsignaal

distribute [dɪˈstrɪbjuːt] *ov ww* ❶ uitdelen, verdelen ❷ distribueren ⟨goederen, producten⟩ ❸ verspreiden

distribution [dɪstrɪˈbjuːʃən] *zn* ❶ uitdeling, verdeling ❷ distributie ⟨van goederen / producten⟩ ❸ verspreiding

distributor [dɪˈstrɪbjʊtə] *zn* ❶ groothandelaar ❷ techn (stroom)verdeler

district [ˈdɪstrɪkt] *zn* ❶ district, streek, gebied ❷ wijk

district attorney USA *zn* officier v. justitie ⟨in arrondissement⟩

district nurse *zn* wijkverpleegster

distrust [dɪsˈtrʌst] **I** *ov ww* wantrouwen **II** *zn* wantrouwen ★ *a deep* ~ *of* een diep wantrouwen jegens

distrustful [dɪsˈtrʌstfʊl] *bnw* wantrouwig

disturb [dɪˈstɜːb] *ov ww* ❶ (ver)storen ❷ verplaatsen, beroeren ❸ verontrusten

disturbance [dɪˈstɜːbəns] *zn* ❶ verstoring, stoornis ❷ beroering, opschudding ❸ relletje

disturbed [dɪˈstɜːbd] *bnw* ❶ gestoord ★ *emotionally / mentally* ~ psychisch / geestelijk gestoord ❷ aangeslagen

disturbing [dɪˈstɜːbɪŋ] *bnw* verontrustend, schokkend

disunited [dɪsjʊˈnaɪtɪd] *bnw* verdeeld, verscheurd, niet eensgezind

disunity [dɪsˈjuːnətɪ] *zn* onenigheid ★ *political* ~ politieke verdeeldheid

di

disuse [dɪs'ju:s] zn ★ fall into ~ in onbruik raken

disused [dɪs'ju:zd] bnw niet meer in gebruik, verlaten

ditch [dɪtʃ] I zn sloot, greppel II ov ww ❶ inform afdanken ❷ inform de bons geven, dumpen, in de steek laten ❸ een noodlanding laten maken op zee ⟨een vliegtuig⟩ III onov ww een noodlanding maken op zee

ditchwater ['dɪtʃwɔ:tə] zn ▼ as dull as ~ oersaai

dither ['dɪðə] I onov ww aarzelen, dubben II zn opwinding, paniek ★ be in a ~ niet weten wat te doen, opgewonden / van streek zijn

ditto ['dɪtəʊ] I zn aanhalingsteken ⟨twee komma's voor woord / getal dat herhaald moet worden⟩ II bijw inform dezelfde, hetzelfde, (idem) dito

ditty ['dɪtɪ] zn vaak humor liedje, deuntje

ditzy USA inform bnw getikt, maf

diurnal [daɪ'ɜ:nl] bnw ❶ biol overdag actief ★ ~ animals dagdieren ❷ form dagelijks

divan [dɪ'væn, USA 'daɪvæn] zn ❶ springbox ❷ divan, sofa

divan bed zn springbox

dive [daɪv] I onov ww ❶ duiken ★ dive for cover wegduiken ❷ kelderen ⟨van prijzen⟩ ❸ sport een schwalbe maken ❹ ~ in ★ dive in! tast toe! ❺ ~ in/into je ergens in / op storten ⟨onvoorbereid⟩ ❻ ~ into een greep doen in II zn ❶ duik, duikvlucht ★ make a dive for duiken naar, grijpen naar ★ fig take a dive kelderen ⟨van prijzen⟩ ❷ inform kroeg ⟨louche⟩ ❸ sport schwalbe ★ take a dive een schwalbe maken

dive-bomb ov ww in duikvlucht bombarderen

diver ['daɪvə] zn duiker

diverge [daɪ'vɜ:dʒ] onov ww uiteenlopen, afwijken

divergence [daɪ'vɜ:dʒəns] zn divergentie, het uiteenlopen, afwijking, verschil

divergent [daɪ'vɜ:dʒənt] bnw uiteenlopend, afwijkend, verschillend

diverse [daɪ'vɜ:s] bnw verschillend, gevarieerd

diversify [daɪ'vɜ:sɪfaɪ] I ov ww ❶ variëren, afwisselen ❷ verscheidenheid aanbrengen in, diverser maken II onov ww diverser worden ★ ~ into new products het assortiment uitbreiden met nieuwe andere producten

diversion [daɪ'vɜ:ʃən] zn ❶ omweg ❷ GB omleiding ook fig van geldstromen ❸ afleidingsmanoeuvre ❹ form verstrooiing, attractie

diversionary [daɪ'vɜ:ʃənəri] bnw afleidend

diversity [daɪ'vɜ:sətɪ] zn variatie, verscheidenheid

divert [daɪ'vɜ:t] ov ww ❶ omleiden ❷ een andere bestemming of richting geven ❸ afleiden ❹ form vermaken

divest [daɪ'vest] [form] ov ww ❶ ontdoen, afstand doen van iets ★ ~ yourself of sth je ontdoen van iets ★ ~ yourself of your jacket je uittrekken ❷ ontnemen, beroven ★ she was ~ed of her power haar was de macht ontnomen

divide [dɪ'vaɪd] I ov ww ❶ verdelen, (in)delen ★ ~ and rule verdeel en heers ★ ~d against itself onderling verdeeld ❷ scheiden ★ ~ sth off iets afscheiden ❸ wisk delen ★ 15 ~d by 3 is 5 15 gedeeld door 3 is 5 ❹ ~ up verdelen, (in)delen II onov ww, **divide up** zich verdelen ❶ wisk delen ❷ zich splitsen ⟨van weg, cel⟩ III zn ❶ scheidslijn ❷ USA waterscheiding

dividend ['dɪvɪdend] zn ❶ dividend ★ fig pay ~s lonen, zich uitbetalen ❷ GB geldprijs in voetbaltoto

divider [dɪ'vaɪdə] zn ❶ kamerscherm ❷ (ver)deler, iets dat / iemand die een scheiding veroorzaakt ⟨bv. tussen arm en rijk, blank en zwart⟩ ▼ ~s [mv] (verdeel)passer

divination [dɪvɪ'neɪʃən] zn waarzeggerij, voorspelling

divine [dɪ'vaɪn] I bnw ❶ goddelijk ❷ oud inform fantastisch II ov ww raden, voorspellen III onov ww met een wichelroede lopen / zoeken

diving zn ❶ (het) duiken ❷ (het) schoonspringen

diving bell zn duikerklok

diving board zn duikplank

divinity [dɪ'vɪnətɪ] zn ❶ god(heid) ❷ goddelijkheid ❸ oud godgeleerdheid

divisible [dɪ'vɪzɪbl] bnw deelbaar

division [dɪ'vɪʒən] zn ❶ deling ook biol wisk , scheiding ★ wisk long ~ staartdeling ❷ verdeeldheid, meningsverschil ❸ afdeling, groep, branche ❹ sport mil divisie ❺ scheiding, scheidslijn ❻ stemming ⟨vóór of tegen⟩

divisional [dɪ'vɪʒənl] bnw divisie-, afdelings-, branche-

divisive [dɪ'vaɪsɪv] bnw leidend tot ongelijkheid of verdeeldheid

divisor [dɪ'vaɪzə] wisk zn deler

divorce [dɪ'vɔ:s] I zn ❶ echtscheiding ★ get a ~ gaan scheiden ❷ form scheiding II ov ww ❶ scheiden van, zich laten scheiden van ⟨je echtgenoot / echtgenote⟩ ❷ form scheiden ★ be ~d from reality buiten de werkelijkheid staan III onov ww scheiden

divorcé [dɪvɔ:'seɪ] USA zn gescheiden man

divorcee [dɪvɔ:'si:] zn gescheiden persoon ⟨meestal vrouw⟩

divorcée [dɪvɔ:'seɪ] USA zn gescheiden vrouw

divulge [daɪ'vʌldʒ] form ov ww openbaar maken, bekendmaken

divvy up ['dɪvɪ ʌp] inform ov ww (ver)delen

Dixie ['dɪksɪ] inform zn zuidelijke staten van de VS

Dixieland ['dɪksɪlænd] muz zn dixieland

DIY afk, do-it-yourself doe-het-zelf

dizzy ['dɪzɪ] I bnw ❶ duizelig ❷ duizelingwekkend ❸ USA inform maf, lijp II ov ww duizelig maken ★ at a ~ing pace met duizelingwekkende snelheid

DJ afk, disc jockey dj, deejay, diskjockey

DLitt afk, Doctor of Letters doctor in de letterkunde

DNA afk, deoxyribonucleic acid DNA ★ DNA fingerprinting / profiling DNA-vingerafdruktechniek- / profilering

do¹ [du:] [onregelmatig] I ov ww ❶ doen ★ what do you do (for a living)? wat doe je (voor de kost)? ★ what can I do for you? wat kan ik voor je doen / betekenen?, kan ik je helpen? ★ do research / the dishes / the shopping onderzoek / de afwas / de boodschappen doen ❷ leren, studeren ★ she's doing chemistry zij studeert scheikunde ❸ oplossen ⟨opgave, puzzel⟩

❹ maken, produceren ★ *do a drawing / sketch* een tekening maken ★ *do a translation* een vertaling maken ❺ maken, bereiden ★ *who's doing lunch today?* wie zorgt er vandaag voor de lunch? ★ *how would you like your steak done?* well done hoe wil je je biefstuk? goed doorbakken ❻ verkopen ★ *do drinks and sandwiches* drankjes en sandwiches verkopen ❼ ton spelen (voor), imiteren ★ *do King Lear* King Lear spelen / opvoeren ★ *do (a great) Michael Jackson* Michael Jackson (erg goed) imiteren / nadoen ❽ klaar zijn, afhebben, afkrijgen ★ *get sth done in time* iets op tijd afhebben ❾ afleggen (afstand), verbruiken ⟨brandstof⟩, een bepaalde snelheid rijden ★ *do 80 miles an hour* 120 kilometer per uur rijden ❿ bezoeken, bekijken ★ *we did Amsterdam in two days* we zijn twee dagen in Amsterdam geweest, we hebben Amsterdam in twee dagen bezichtigd ⓫ doorbrengen ⟨tijd⟩, zitten ⟨tijd in gevangenis⟩ ⓬ behandelen, helpen ⟨klant⟩ ⓭ <u>inform</u> ertussen nemen, oplichten, beroven ★ *he did me for £ 20* hij boorde me £ 20 door de neus ★ *do sb out of £ 20* iem. £ 20 lichter maken ★ *they did three supermarkets in one week* ze beroofden drie supermarkten in een week ⓮ bestraffen, beboeten ★ *be / get done for sth* gepakt worden voor iets ★ *they got done for speeding* ze kregen een boete voor te hard rijden ⓯ <u>inform</u> gebruiken ⟨drugs⟩ ⓰ <u>inform</u> seks hebben met ★ *do it with sb* het met iem. doen, iem. neuken ⓱ ~ **away with** afschaffen, wegdoen, eraf zien te komen ★ *do away with sb / yourself* iemand / jezelf van kant maken ⓲ <u>inform</u> ~ **for** ruïneren, doden, einde maken aan ★ *he is done for* het is met hem gedaan, hij is er geweest ⓳ <u>inform</u> ~ **in** ruïneren, bezeren, van kant maken ★ *do one's back in* je rug blesseren ★ *be done in* doodmoe / afgepeigerd zijn ⓴ <u>inform</u> ~ **out** grondig schoonmaken, inrichten en afwerken ⟨kamer, keuken⟩ ㉑ <u>inform</u> ~ **over** in elkaar slaan, aftuigen, <u>GB</u> overhoop halen ⟨woning⟩ <u>USA</u> opnieuw inrichten, <u>USA</u> opnieuw doen ★ *their place had been done over* er was bij hen ingebroken ㉒ ~ **to** *do sth to sb* iem. iets aandoen ⟨iets onaangenaams⟩, iem. iets doen, iem. raken ⟨m.b.t. gevoelens⟩ ㉓ ~ **up** opknappen, opkalefateren, opruimen, inpakken, dichtknopen, sluiten ⟨kleding⟩ ★ *do yourself up* je optutten, je mooi maken ▼ <u>inform</u> *no can do* dat kan ik niet doen ▼ *that's done it* nu ben je de klos / pineut ▼ <u>inform</u> *that does it* de maat is vol ▼ *that is the done thing* dat is zoals het hoort **II** *onov ww* ❶ doen ★ *how do you do?* hoe maakt u het? ★ *how are you doing?* hoe staat het leven? ★ *wait till I have done* wacht tot ik klaar ben ❷ zich gedragen / ontwikkelen ★ *do well* het goed doen, slagen, winst maken ★ *she's doing well at school* ze doet het goed op school ★ *mother and child are doing well* moeder en kind maken het goed ★ *do well by sb* iem. goed behandelen ★ *you would do well to visit your uncle* je zou er goed aan doen je oom te bezoeken ❸ genoeg zijn, (ermee door) gaan ★ *it won't do* dat gaat (zo) niet, dat is niet genoeg

★ *that will do!* en zo is het genoeg! ❹ ~ **for** dienen als ★ *not do much for sb* iem. niet mooi staan ❺ ~ **up** dichtgaan ⟨van kleding⟩ ❻ ~ **with** nodig hebben, kunnen gebruiken, zin hebben in ★ *be / have / be (sth / nothing) to do with sb / sth* (iets / niets) te maken hebben met iemand / iets ★ *I've done with him!* ik heb het met hem gehad! ★ *be / have done with sth* klaar zijn met iets ★ *over and done with* afgelopen, klaar ❼ ~ **without** doen zonder, niet nodig hebben **III** *hww* blijft vaak onvertaald; vooral gebruikt bij vragen, ontkenningen e.d. en om nadruk te geven ★ *do you know her?* ken je haar ★ *I don't know you* ik ken je niet ★ *but I did knock* maar ik heb wél geklopt ★ *I do wish she...* ik zou toch zo graag willen dat ze... ★ *and so did I* en ik ook ★ *he sees it as clearly as I do* hij ziet het even duidelijk als ik ★ *I don't mind if I do!* dat laat ik me geen twee keer zeggen! ⟨bij aanbod⟩ **IV** *zn* [mv: **dos**, **do's**] feest, sociaal gebeuren ▼ *dos / do's and don'ts* wat wel en wat niet mag

do² [dəʊ] *zn* → **doh**

dob [dɒb] <u>GB</u> <u>inform</u> *ov ww* ~ **in** verlinken

doc [dɒk] *zn* ❶ <u>inform</u> *doctor* dokter ❷ <u>comp</u> *document* documentje

docile ['dəʊsaɪl] *bnw* gedwee, volgzaam, handelbaar

docility [dəʊ'sɪlətɪ] *zn* gedweeheid, volgzaamheid

dock [dɒk] **I** *zn* ❶ dok ★ *dry dock* droogdok ★ *wet dock* drijvend dok ❷ haven ★ *the Liverpool docks* de haven(s) van Liverpool, het Liverpoolse havengebied ❸ beklaagdenbank ❹ <u>USA</u> aanlegsteiger, laadperron ❺ <u>plantk</u> zuring **II** *ov ww* ❶ dokken ❷ koppelen ⟨in ruimtevaart⟩, aansluiten ⟨laptop⟩ ❸ korten ⟨op salaris⟩ ❹ couperen **III** *onov ww* ❶ meren, dokken ❷ gekoppeld worden ⟨in ruimtevaart⟩

docker ['dɒkə] *zn* dokwerker, havenarbeider

docket ['dɒkɪt] *zn* ❶ (pak)bon, (geleide)briefje, label ⟨aan een pakje⟩ ❷ <u>USA</u> <u>jur</u> rol ⟨lijst van aanhangige zaken⟩ ❸ <u>USA</u> agenda ⟨v. vergadering⟩

dockland ['dɒklənd], **docklands** [mv] *zn* havengebied / -kwartier

dockyard ['dɒkjɑːd] *zn* ❶ scheepswerf ❷ haventerrein

doctor ['dɒktə] **I** *zn* ❶ dokter ★ <u>humor</u> *just what the ~ ordered* net wat we nodig hebben ❷ doctor **II** *ov ww* ❶ knoeien met, vervalsen ❷ vergiftigen, versnijden ★ *the food had been ~ed* er was iets in het eten gestopt ❸ <u>inform</u> helpen ⟨castreren, steriliseren van dieren⟩

doctoral ['dɒktərəl] *bnw* doctors- ★ ~ *thesis* proefschrift

doctorate ['dɒktərət] *zn* doctoraat, titel / graad van doctor

doctrinaire [dɒktrɪ'neə] <u>form</u> *bnw* strikt, streng, doctrinair

doctrine ['dɒktrɪn] *zn* leer(stuk), dogma

docudrama ['dɒkjʊdrɑːmə] *zn* docudrama ⟨film / tv-programma gebaseerd op de werkelijkheid⟩

document ['dɒkjʊmənt] **I** *zn* ❶ document, bewijsstuk ❷ <u>comp</u> document, gegevens- / tekstbestand **II** *ov ww* documenteren do

documentary [dɒkjʊˈmentərɪ] **I** *zn* documentaire **II** *bnw* ❶ op de werkelijkheid gebaseerd ★ *a ~ film* een documentaire (film) ❷ gedocumenteerd

documentation [dɒkjʊmenˈteɪʃən] *zn* documentatie

docusoap [ˈdɒkjʊsəʊp] *zn* docusoap ⟨amusementsprogramma op tv over bestaande mensen⟩

doddering [ˈdɒdərɪŋ], **doddery** [ˈdɒdərɪ] *bnw* wankelend, beverig, schuifelend ⟨door ouderdom⟩

doddle [ˈdɒdl] GB *inform zn* makkie

dodge [dɒdʒ] **I** *ov ww* ❶ ontwijken ❷ handig ontduiken ★ *~ paying taxes* belasting ontduiken **II** *onov ww* uitwijken ★ *~ behind a tree* achter een boom springen / duiken **III** *zn* ❶ slimmigheidje, truc, foefje ❷ ontwijkende beweging

dodgem [ˈdɒdʒəm] GB *zn* botsauto

dodger [ˈdɒdʒə] *inform zn* ontduiker ⟨ook in samenstellingen⟩ ★ *fare ~* zwartrijder ★ *tax ~* belastingontduiker

dodgy [ˈdɒdʒɪ] GB *inform bnw* ❶ listig, geslepen ❷ wankel, gammel, slecht ❸ riskant, link

dodo [ˈdəʊdəʊ] *zn* ❶ dodo ★ *(as) dead as a dodo* (zo) dood als een pier, totaal verouderd ❷ USA stom figuur

doe [dəʊ] *zn* ❶ hinde ❷ wijfje ⟨van haas, konijn⟩

doer [ˈduːə] *zn* doener, iemand die van aanpakken weet

does [dʌz] *ww* → **do¹**

dog [dɒg] **I** *zn* ❶ hond ★ GB *the dogs* [mv] de (wind)hondenrennen ❷ mannetjeswolf, mannetjesvos ❸ USA *inform* fiasco, flop ❹ USA lelijk wijf ❺ *inform* (rot)vent ★ *a dirty dog* een schoft / hufter ▼ GB *inform a dog's breakfast / dinner* zooitje ▼ *a case of dog eat dog* een strijd op leven en dood ▼ GB *a dog in the manger* iem. die de zon niet in het water kan zien schijnen ▼ *a dog's life* een ellendig bestaan ▼ *every dog has his day* het zit iedereen wel eens mee ▼ *give a dog a bad name (and hang him)* ≈ Barbertje moet hangen ▼ *inform go to the dogs* naar de haaien gaan ▼ *not have a dog's chance* geen schijn van kans hebben **II** *ov ww* ❶ achtervolgen ❷ volgen, iemands gangen nagaan

dog biscuit *zn* hondenkoekje, hondenbrok(je)

dog collar *zn* ❶ halsband ❷ *inform* priesterboord

dog days *zn mv* hondsdagen ⟨warmste tijd van het jaar⟩

dog-eared *zn* met ezelsoren

dog-end *inform zn* ❶ peukje ❷ laatste loodjes, staartje

dogfight [ˈdɒgfaɪt] *zn* ❶ luchtgevecht ❷ hevige knokpartij / ruzie ❸ (illegaal) hondengevecht

dogfish [ˈdɒgfɪʃ] *zn* hondshaai

dogged [ˈdɒgɪd] *bnw* vasthoudend, volhardend

doggerel [ˈdɒgərəl] *zn* rijmelarij

doggone [ˈdɒgɒn] USA *inform oud bnw+bijw* verdomd, verrekt ★ *well, ~ it!* wel verdomd!

doggy, doggie [ˈdɒgɪ] **I** *zn* hondje **II** *bnw* honden- ★ *a ~ smell* een hondengeur / -lucht ★ *~ style / fashion* op z'n hondjes

doggy bag, doggie bag *zn inform* zak verstrekt door restaurant om rest v. maaltijd in mee te nemen

doggy-paddle *zn* → **dog-paddle**

dog handler *zn* agent v.d. hondenbrigade

doghouse [ˈdɒghaʊs] USA *zn* hondenhok ★ *inform be in the ~* eruit liggen, uit de gratie zijn

dogleg *zn* scherpe bocht

dogma [ˈdɒgmə] *zn* dogma

dogmatic [dɒgˈmætɪk] *bnw* dogmatisch, autoritair

dogmatism [ˈdɒgmətɪzəm] *zn* dogmatisme, dogmatiek

do-gooder [duːˈgʊdə] *zn iron* wereldverbeteraar

dog-paddle *zn* het op zijn hondjes zwemmen

dogsbody [ˈdɒgzbɒdɪ] *zn* manusje-van-alles, duvelstoejager

dogsled [ˈdɒgsled] *zn* hondenslee

dog tag *zn* ❶ hondenpenning ❷ USA *mil inform* identiteitsplaatje

dog-tired *bnw* doodmoe

dogwood [ˈdɒgwʊd] *zn* plantk kornoelje

doh [dəʊ] *zn muz* do

d'oh *inform tussenw* duh

doily [ˈdɔɪlɪ] *zn* (decoratief) onderleggertje, kleedje ⟨onder taartje / cake⟩

doing [ˈduːɪŋ] *zn* daad, handeling ★ *it's your ~* het komt door jou, het is jouw schuld ★ *take some ~* voeten in aarde hebben ★ ~s [mv] activiteiten ★ *sb's ~s* iemands doen en laten

do-it-yourself *bnw* doe-het-zelf

doldrums [ˈdɒldrəmz] *zn mv* ❶ neerslachtigheid ★ *be in the ~* in de put zitten ❷ econ stagnatie ★ *be in the ~* stagneren, stilstaan ⟨van markten, bedrijven e.d.⟩

dole [dəʊl] **I** *zn* GB (werkloosheids)uitkering ★ *be on the dole* steun trekken ★ *in the dole queue* werkloos **II** *ov ww inform ~ out* uitdelen

doleful [ˈdəʊlfʊl] *bnw* somber, treurig

doll [dɒl] **I** *zn* ❶ pop ❷ USA *inform* stuk, spetter **II** *ov ww inform ~ up* optutten

dollar [ˈdɒlə] *zn* dollar

dollar sign *zn* dollarteken ★ *see ~s* dollartekens in de ogen hebben, geld ruiken

dollop [ˈdɒləp] *zn* kwak ⟨jam, room e.d.⟩ ★ *fig a big ~ of luck* een grote portie geluk

doll's house, USA **doll house** *zn* poppenhuis

dolly [ˈdɒlɪ] *zn* ❶ *inform* popje ❷ dolly ⟨camerakarretje⟩

dolly bird [ˈdɒlɪbɜːd] GB *inform oud zn* leuk (maar dom) meisje, modepopje

dolmen [ˈdɒlmən] *zn* dolmen, hunebed

dolorous [ˈdɒlərəs] *form bnw* treurig, droevig

dolphin [ˈdɒlfɪn] *zn* dolfijn

dolt [dəʊlt] *oud zn* domoor, stommeling

domain [dəˈmeɪn] *zn* ❶ gebied, domein ★ *it's public ~* het is openbaar toegankelijk, het is voor iedereen te gebruiken ❷ www domein(naam)

domain name www *zn* domeinnaam

dombo *inform zn* stommerd, oen

dome [dəʊm] *zn* koepel

domed [ˈdəʊmd] *bnw* koepelvormig

domestic [dəˈmestɪk] **I** *bnw* ❶ huiselijk, huishoudelijk ★ *~ appliances* huishoudelijke apparaten ❷ binnenlands ❸ tam ★ *~ animals*

huisdieren II *zn* ❶ *inform* huiselijke ruzie, huiselijk geweld ❷ *oud* huishoudelijke hulp

domesticate [dəˈmestɪkeɪt] *ov ww* ❶ temmen, tot huisdier maken ❷ *plantk* cultiveren ❸ *vaak humor* aan huiselijk leven wennen ★ *be ~d* een goede huisman / huisvrouw zijn

domesticity [dɒməˈstɪsəti] *zn* huiselijk leven

dome tent *zn* koepeltent

domicile [ˈdɒmɪsaɪl] *form* I *zn* woonplaats, domicilie II *ov ww* vestigen ★ *be ~d in* gevestigd zijn in / te, zijn / haar woonplaats hebben in

domiciliary [dɒmɪˈsɪliəri] *form bnw* huis-, thuis-, woon-

dominance [ˈdɒmɪnəns] *zn* dominantie, overheersing

dominant [ˈdɒmɪnənt] *bnw* dominant, overheersend

dominate [ˈdɒmɪneɪt] I *ov ww* domineren, beheersen, overheersen II *onov ww* heersen, domineren, de overhand hebben

domination [dɒmɪˈneɪʃən] *zn* overheersing

domineering [dɒmɪˈnɪərɪŋ] *bnw* bazig

Dominican [dəˈmɪnɪkən] *zn* ❶ dominicaan ⟨in klooster⟩ ❷ inwoner Dominicaanse Republiek

dominion [dəˈmɪnɪən] *form zn* ❶ heerschappij ❷ gebied

Dominion [dəˈmɪnɪən] *gesch zn* deel v. Britse Gemenebest met zelfbestuur

domino [ˈdɒmɪnəʊ] *zn* domino(steen) ★ *~es* [mv] dominospel ★ *a set of ~es* een dominospel

don [dɒn] I *zn* ❶ docent aan een universiteit ⟨i.h.b. Oxford en Cambridge⟩ ❷ *inform* maffiabaas II *ov ww form* aandoen, aantrekken ⟨kleren⟩

donate [dəʊˈneɪt] *ov ww* ❶ schenken, geven ❷ bloed / orgaan geven

donation [dəʊˈneɪʃən] *zn* schenking, gift ★ *organ ~* orgaandonatie

done [dʌn] I *ww* [volt. deelw.] → **do¹** II *bnw* ❶ gaar ★ *well done* volkomen gaar, doorbakken ❷ klaar, over ❸ – gepast, netjes ★ *that just isn't done in England* dat doe je niet in Engeland III *tw* aangenomen ⟨v. aanbod⟩, akkoord

dongle comp *zn* dongle ⟨apparaatje aan je computer dat je software beschermt⟩

donkey [ˈdɒŋki] *zn* ezel ★ *talk the hind legs off a ~* iem. de oren van het hoofd praten

donkey jacket *zn* jekker

donkey's years GB *inform zn* lange tijd ★ *for / in ~* in geen eeuwen

donkey work [ˈdɒŋkwɜːk] *zn* slavenwerk

donor [ˈdəʊnə] *zn* ❶ donateur, schenker ❷ donor ⟨van bloed, organen⟩

donor card *zn* donorcodicil, donorverklaring

don't [dəʊnt] *samentr, do not* → **do¹**

donut [ˈdəʊnʌt] *zn* → **doughnut**

doodah [ˈduːdɑː], USA **doodad** [ˈduːdæd] *zn inform* dinges, ding(etje)

doodle [ˈduːdl] I *zn* krabbel, figuurtje II *onov ww* gedachteloos poppetjes tekenen

doom [duːm] I *zn* ondergang, (nood)lot ★ *meet one's doom* de ondergang vinden ★ *spell doom for* de ondergang betekenen voor / van ★ *doom and gloom* een en al somberheid II *ov ww* (ver)doemen, veroordelen ★ *doomed* ten dode opgeschreven ★ *doomed to failure* gedoemd te

mislukken

doomsayer *zn* onheilsprofeet, doemdenker

doomsday [ˈduːmzdeɪ] *zn* dag des oordeels ★ *till ~* tot sint-juttemis

door [dɔː] *zn* deur ★ *Dutch door* onder- en bovendeur ★ *a few doors down* een paar huizen verder ★ *answer the door* opendoen ★ *from door to door* huis aan huis ★ *deliver sth to your door* iets bij je thuis bezorgen ★ *show sb the door* iem. de deur wijzen, iem. eruit zetten ★ *out of doors* in de buitenlucht ★ *be on the door* bij de deur / ingang staan ⟨bv. als controleur⟩ ★ *close / shut the door on sth* de deur dichtgooien voor iets ★ *lay sth at a sb's door* iets in de schoenen schuiven ★ *leave the door open (for sth)* (de zaak) open laten ★ *open the door (to)* mogelijk maken (voor) ★ *shut / slam the door in sb's face* voor iemands neus de deur dichtgooien, weigeren iem. te spreken

doorbell [ˈdɔːbel] *zn* huisbel, deurbel

do-or-die *bnw* erop of eronder

doorjamb USA *zn* deurstijl

doorkeeper [ˈdɔːkiːpə] *zn* portier

doorman [ˈdɔːmən] *zn* portier

doormat *zn* ❶ deurmat ❷ *fig* voetveeg

doorpost [ˈdɔːpəʊst] *zn* deurstijl

doorstep [ˈdɔːstep] *zn* ❶ stoep ★ *on the / your ~* op steenworp afstand ❷ *inform* dikke pil, dikke boterham

doorway [ˈdɔːweɪ] *zn* deuropening, ingang

dope [dəʊp] I *zn* ❶ drug(s) ⟨i.h.b. cannabis; in VS heroïne⟩ ❷ doping ⟨pepmiddel⟩ ❸ *inform* sufferd ❹ *inform* info ★ *give me the dope on the new neighbours* vertel mij alle roddels over de nieuwe buren II *ov ww* ❶ dope geven ⟨aan mens of dier⟩ ❷ **dope up** drogeren, bedwelmen ★ *doped up* stoned

dopey [ˈdəʊpi] *inform bnw* ❶ suf, versuft ❷ dom

dork [dɔːk] *zn* malloot, mafkees, sufferd

dorm [dɔːm] *zn inform* → **dormitory**

dormant [ˈdɔːmənt] *bnw* slapend, (nog) niet actief, sluimerend

dormer [ˈdɔːmə], **dormer window** *zn* dakkapel

dormitory [ˈdɔːmɪtəri] *zn* slaapzaal

dormitory town *zn* slaap- / forenzenstad

Dormobile [ˈdɔːməbiːl] *zn* kampeerauto

dormouse [ˈdɔːmaʊs] *zn* [mv: **dormice**] relmuis

dorsal [ˈdɔːsəl] *bnw* van / aan de rug, rug-

dosage [ˈdəʊsɪdʒ] *zn* dosis, dosering

dose [dəʊs] I *zn* dosis ★ *small doses* kleine hoeveelheden, *fig* korte periodes ▼ GB *oud inform like a dose of salts* in een record tempo II *ov ww*, **dose up** een medicijn / middel toedienen ★ *dose yourself (up) with vitamin C* vitamine C nemen ★ *strawberries heavily dosed with pesticides* aardbeien die onder de bestrijdingsmiddelen zitten

dosh [dɒʃ] GB *inform zn* poen, pegels

doss [dɒs] *inform* I *onov ww* GB, **doss down** pitten ⟨op een geïmproviseerd bed⟩, **doss about / around** aanrommelen, rondklungelen II *zn* GB makkie

dosser [ˈdɒsə] GB *zn* ❶ zwerver, dakloze ❷ *inform* lamlul

dosshouse [ˈdɒshaʊs] GB *inform zn* opvanghuis voor daklozen

do

do

dossier ['dɒsɪə] *zn* dossier ★ *a ~ on sb* een dossier over iem.

dot [dɒt] **I** *zn* stip, punt ★ *on the dot* precies op tijd **II** *ov ww* ❶ stippen / punten zetten op, bestippelen ★ *dot your i's and cross your t's* de puntjes op de i zetten ❷ bezaaien ★ *a lake dotted with boats* een meer, bezaaid met boten

dotage ['dəʊtɪdʒ] *zn* ▼ *be in your ~* seniel zijn

dotcom [dɒt'kɒm] *zn* econ dotcom, internetbedrijf

dote [dəʊt] *onov ww ~ on/upon* dol zijn op

doting ['dəʊtɪŋ] *bnw* dol / verzot (op), liefhebbend ⟨zonder enige kritiek⟩

dotty ['dɒtɪ] GB inform *bnw* ❶ niet helemaal goed snik ❷ dol op ★ *~ about horses* gek op / met / van paarden

double ['dʌbl] **I** *bnw* ❶ dubbel, tweeledig ★ *Anne's name is spelt with a ~ n* Anne's naam is met twee n'nen ❷ dubbele ⟨hoeveelheid, omvang, sterkte⟩ ❸ tweepersoons- ★ *~ bed / room* tweepersoonsbed / -kamer ▼ *do a ~ take* een late reactie vertonen **II** *telw* twee keer zoveel ★ *~ the size* tweemaal zo groot ★ *her income is ~ his* zij verdient twee keer zoveel als hij **III** *bijw* dubbel, in tweeën ★ *fold ~* dubbelvouwen ★ *see ~* dubbelzien **IV** *zn* ❶ dubbele ★ *~ or quits /* USA *nothing* het dubbele of niets ⟨risico bij het gokken⟩ ❷ tweepersoonskamer ❸ dubbelganger, evenbeeld ❹ stand-in, stuntman ⟨in films⟩ ❺ sport twee overwinningen of kampioenschappen in één seizoen ▼ *~s* dubbelspel ⟨bij tennis⟩ ▼ *play ~s or singles* dubbel of enkel spelen ⟨bij tennis⟩ ★ *at / play on the ~* in looppas, onmiddellijk, opschieten! **V** *ov ww* ❶ verdubbelen ❷ **double over** dubbelslaan, dubbelvouwen ~ **over/up** doen ineenkrimpen ⟨van de pijn⟩, doen kromliggen ⟨van het lachen⟩ **VI** *onov ww* ❶ verdubbelen ❷ **double up** een dubbele functie hebben ★ *~ (up) as* ook dienen als ❶ een tweehonkslag maken ⟨bij honkbal⟩ ❷ ~ **back** omkeren en terugkomen / terugkeren ❸ ~ **over/up** ineenkrimpen ⟨van de pijn⟩, kromliggen ⟨van het lachen⟩ ❹ ~ **up** (samen) delen, een kamer delen

double-barrelled, USA **double-barreled** [dʌbl'bærəld] *bnw* dubbelloops ⟨v. geweer⟩

double-breasted *zn* met 2 rijen knopen ⟨v. jas⟩

double-check *ov ww* tweemaal controleren

double-cross I *ov ww* dubbel spel spelen met, bedriegen **II** *zn* bedriegerij

double-dealer *zn* oplichter, bedrieger

double-dealing *zn* oplichterij

double-decker *zn* dubbeldekker

double-digit *bnw* met twee cijfers, in tientallen

double-edged *bnw* ❶ tweesnijdend ❷ fig met twee (tegengestelde) kanten eraan

double entendre *zn* dubbelzinnigheid

double-jointed *bnw* bijzonder lenig

double-quick [dʌbl'kwɪk] *bnw* supersnel

doublespeak ['dʌblspi:k], **doubletalk** ['dʌbltɔ:k] *zn* dubbelzinnigheden, onzin

doublet ['dʌblɪt] *zn* gesch ★ *~ and hose* wambuis en pofbroek

doubly ['dʌblɪ] *bijw* dubbel, extra

doubt [daʊt] **I** *zn* twijfel, onzekerheid ★ *be in ~*

twijfelen ⟨van iemand⟩, twijfelachtig / niet zeker zijn ⟨van iets⟩ ★ *beyond (any) ~* ongetwijfeld ★ *have your ~s (about sth)* ⟨iets⟩ betwijfelen ★ *if in ~* bij twijfel ★ *without ~* ongetwijfeld ★ *no ~ he's a nice guy, but...* ongetwijfeld is hij een aardige man, maar... **II** *ov ww* betwijfelen, twijfelen aan **III** *onov ww* twijfelen ★ *~ing Thomas* ongelovige Thomas

doubtful ['daʊtfʊl] *bnw* ❶ weifelend ❷ onwaarschijnlijk, twijfelachtig ❸ bedenkelijk, precair ★ *of ~ quality* van dubieuze kwaliteit

doubtless ['daʊtləs] *bijw* ongetwijfeld

douche [du:ʃ] *zn* (uit)spoeling ⟨v. vagina⟩

dough [dəʊ] *zn* ❶ deeg ❷ inform oud poen

doughnut ['dəʊnʌt] *zn* donut ⟨soort platte oliebol met een gat in het midden⟩

dour [dʊə] *bnw* streng, hard, koel, ongenaakbaar

douse [daʊs] *ov ww* ❶ overgieten ❷ blussen ⟨vuur⟩, uitdoen ⟨licht⟩

dove [dʌv] *zn* duif(je) ook fig

dovecote, dovecot ['dʌvkɒt] *zn* duiventil

dovetail ['dʌvteɪl] **I** *zn,* **dovetail joint** zwaluwstaart(verbinding) ⟨in timmervak⟩ **II** *onov ww* precies (in / op elkaar) passen **III** *ov ww* ❶ precies (in / op elkaar) laten passen ❷ met zwaluwstaarten verbinden

dovish ['dʌvɪʃ] *bnw* vredelievend

dowdy ['daʊdɪ] *bnw* ❶ slecht gekleed ⟨v. vrouw⟩, slonzig ❷ saai, onaantrekkelijk

dowel ['daʊəl] *zn* deuvel ⟨om bv. twee stukken hout met elkaar te verbinden⟩

down [daʊn] **I** *bijw* ❶ (naar) beneden, naar een lager niveau, naar / op een lager gelegen plaats, stroomafwaarts ❷ verticaal ⟨in kruiswoordpuzzel⟩ ❸ naar / in het zuiden ⟨v. een land⟩ ❹ op papier ★ *write things down* dingen opschrijven ❺ kwijt, verloren ★ *be £200 down* £200 kwijt zijn ▼ *two goals down* twee doelpunten achter ▼ *six down and four to go* zes gedaan en nog vier te gaan ▼ *a long way down* een heel eind weg ▼ *down with fever* met koorts in bed ▼ *from... down to...* van... tot (aan)... ▼ *not able to keep your food down* je voedsel niet binnen kunnen houden ▼ *be down for* ingeschreven zijn voor, op de agenda staan ▼ inform *be down on sb* iem. niet mogen ▼ *be down to sb* iemands verantwoordelijkheid zijn, aan iem. te danken zijn ▼ *be down to (£2)* nog maar (£2) over hebben ▼ *down under* Australië en / of Nieuw-Zeeland ▼ *down with...!* weg met...! **II** *vz* van... af, langs, (naar beneden) in ★ *throw sth down the well* iets in de put gooien ★ *down the river* stroomafwaarts ★ *down the road* verderop op de weg ★ *go down the road* de weg afgaan **III** *ov ww* ❶ snel naar binnen werken ⟨v. drinken, eten⟩ ❷ naar beneden halen, neerhalen **IV** *bnw* ❶ down (depressief) ❷ techn down (niet operationeel) **V** *zn* ❶ dons ❷ hooggelegen land ❸ inform periode met tegenslag ▼ GB inform *have a down on* de pest hebben aan

down- [daʊn-] *voorv* neerwaarts, naar beneden

down and out *bnw* ❶ aan lager wal geraakt ❷ kansloos

down-and-out [daʊnən'aʊt] *zn* zwerver

down at heel *bnw* versleten, sjofel, armoedig

(gekleed)

downbeat *bnw* ❶ somber, pessimistisch ❷ mat

downcast ['daʊnkɑːst] *bnw* ❶ terneergeslagen ❷ neergeslagen ⟨v. ogen⟩

downer ['daʊnə] *zn* ❶ kalmerend middel ❷ afknapper ★ <u>inform</u> *be on a ~* erg depri zijn, niet lekker gaan

downfall ['daʊnfɔːl] *zn* ondergang, val

downgrade ['daʊnɡreɪd] *ov ww* ❶ degraderen, op een lager niveau plaatsen ❷ naar beneden halen ⟨waarde, belang enz.⟩

downhearted [daʊn'hɑːtɪd] *bnw* moedeloos

downhill [daʊn'hɪl] **I** *bijw* naar beneden ★ <u>fig</u> *go ~* bergafwaarts gaan **II** *bnw* hellend, neerwaarts ▼ *be (all) ~* / *be ~ all the way* van een leien dakje gaan ⟨na een moeilijk begin⟩ steeds slechter worden **III** *zn* afdaling ⟨skiën⟩

Downing Street *zn* <u>fig</u> de regering in Londen ⟨de ambtswoning v.d. minister-president staat in die straat⟩, de (Britse) premier

download ['daʊnləʊd] **I** *ov ww* <u>comp</u> downloaden **II** *zn* <u>comp</u> download

downmarket [daʊn'mɑːkɪt] *bnw* derderangs, gericht op een minder koopkrachtig publiek

downplay *ov ww* afzwakken, relativeren

downpour ['daʊnpɔː] *zn* stortbui

downright ['daʊnraɪt] *bnw + bijw* gewoon, echt, bot(weg), door en door ★ *a ~ lie* een pure leugen / echt onbeschoft zijn ★ *a ~ lie* een pure leugen

downscale [daʊn'skeɪl] <u>USA</u> *bnw* derderangs, gericht op het minder koopkrachtige publiek

downshift ['daʊnʃɪft] *onov ww* ❶ het rustiger aan gaan doen ❷ <u>USA</u> terugschakelen ⟨in auto enz.⟩

downsize ['daʊnsaɪz] **I** *ov ww* <u>econ</u> inkrimpen, bezuinigen op, snoeien in **II** *onov ww* <u>econ</u> inkrimpen, bezuinigen

downstage [daʊn'steɪdʒ] *bijw* vóór op het toneel

downstairs [daʊn'steəz] **I** *bnw+bijw* (naar) beneden **II** *zn* benedenverdieping

downstream [daʊn'striːm] *bnw + bijw* stroomafwaarts

down to earth *bnw* praktisch, realistisch

downtown [daʊn'taʊn] <u>USA</u> **I** *bnw* in het centrum **II** *bijw* het centrum in **III** *zn* binnenstad, centrum

downtrodden ['daʊntrɒdn] *bnw* onderdrukt

downturn ['daʊntɜːn] *zn* ❶ neergang ❷ daling, achteruitgang

downward ['daʊnwəd] *bnw + bijw* naar beneden, neerwaarts

downwards ['daʊnwədz] *bijw* naar beneden, neerwaarts

downwind ['daʊnwɪnd] *bnw + bijw* met de wind mee

downy ['daʊnɪ] *bnw* donzig

dowry ['daʊərɪ] *zn* bruidsschat

dowser ['daʊzə] *zn* wichelroedeloper

doyen ['dɔɪən] <u>form</u> *zn* [v: **doyenne**] nestor

doz. *afk, dozen* dozijn

doze [dəʊz] **I** *onov ww* ❶ dutten, soezen ❷ *~ off* indutten **II** *zn* dutje, tukje

dozen ['dʌzən] *zn* dozijn, veel ★ *in ~s* in groten getale, bij tientallen

dozy ['dəʊzɪ] <u>inform</u> *bnw* ❶ soezerig, slaperig ❷ <u>GB</u> dom

DP *afk, data processing* gegevensverwerking

DPhil *afk, Doctor of Philosophy* doctor (in de wijsbegeerte)

Dr, Dr. *afk, Doctor* doctor

drab [dræb] *bnw* saai, eentonig

draconian [drə'kəʊnɪən] *bnw* draconisch, zeer streng ⟨van maatregelen⟩

draft [drɑːft] **I** *zn* ❶ schets, ontwerp, concept, klad ❷ <u>USA</u> dienstplicht ❸ <u>USA</u> lichting, rekrutering ❹ wissel, cheque ❺ <u>USA</u> tocht, trek ▼ <u>USA</u> *on ~* van / uit het vat **II** *bnw* <u>USA</u> tap-, van het vat ★ *~ beer* tapbier **III** *ov ww* ❶ ontwerpen, opstellen, schetsen ❷ <u>USA</u> oproepen ⟨voor mil. dienst⟩ ❸ selecteren ★ *~ people in to do sth* mensen aantrekken om iets te doen

draft dodger <u>USA</u> *zn* dienstweigeraar

draftee [drɑːf'tiː] <u>USA</u> *zn* dienstplichtige

draftsman ['drɑːftsmən], **drafter** ['drɑːftə] *zn* ❶ opsteller ⟨van wetten, documenten⟩ ❷ <u>USA</u> ontwerper ❸ <u>USA</u> tekenaar

drafty ['drɑːftɪ] *bnw* <u>USA</u> tochtig

drag [dræg] **I** *ov ww* ❶ trekken, slepen <u>ook comp</u> ★ *drag sb along to sth* iemand ergens mee naar toe slepen / sleuren ★ *drag yourself out of bed* jezelf uit bed hijsen ★ *drag yourself away from the TV* je losrukken van de tv ❷ over de grond slepen ❸ dreggen in ⟨water, rivier⟩ ❹ *~ down* omlaaghalen, deprimeren ❺ *~ in* erbij slepen ⟨onbelangrijke zaken / details⟩, erbij betrekken ⟨andere personen⟩ ❻ *~ into* erin betrekken ❼ *~ out* rekken ⟨bv. vergadering⟩, eruit trekken ⟨informatie⟩ ★ *drag a confession out of sb* een bekentenis loskrijgen van iem. ❽ *~ up* oprakelen ▼ *drag your feet / heels* de zaak traineren **II** *onov ww*, **drag by** lang duren, kruipen ⟨v. tijd⟩ ❶ niet opschieten ★ *drag behind* achterblijven ❷ slepen ★ *drag on the ground* over de grond slepen ❸ *~ on* zich voortslepen **III** *zn* ❶ <u>inform</u> stomvervelend iemand / iets ❷ rem, blok aan het been ❸ <u>inform</u> trek, haal ⟨aan sigaret⟩ ❹ <u>inform</u> vrouwenkleding ⟨v. travestiet⟩ ★ *in drag* als vrouw verkleed ❺ luchtweerstand

dragon ['drægən] *zn* ❶ draak ❷ <u>GB</u> kenau

dragonfly ['drægənflaɪ] *zn* waterjuffer, libel

dragoon [drə'ɡuːn] **I** *zn* dragonder **II** *ov ww* <u>form</u> ★ *~ sb into sth* iem. dwingen iets te doen

drag queen *zn* (mannelijke) travestiet

drain [dreɪn] **I** *ov ww* ❶ afwateren, droogleggen, draineren, rioleren ❷ aftappen, afgieten ❸ leegmaken, opmaken ★ *~ your glass* je glas leegdrinken ❹ uitputten ★ *emotionally ~ed* emotioneel uitgeput **II** *onov ww* ❶ leeg- / weglopen, afdruipen, afwateren ❷ wegtrekken ⟨van kleur op je gezicht⟩ **III** *zn* ❶ afvoerpijp, riool ★ *the ~s* [mv] de riolering ❷ ijzeren putdeksel ❸ <u>USA</u> gootsteen ❹ last, belasting ★ *be a ~ on your purse* veel kosten ❺ <u>med</u> drain ⟨slangetje om wondvocht af te voeren⟩ ▼ <u>inform</u> *down the ~* naar de knoppen

drainage ['dreɪnɪdʒ] *zn* ❶ drainage ❷ riolering

drainer ['dreɪnə] *zn* afdruiprek / -plaat

draining board *zn* afdruiprek / -plaat

drainpipe ['dreɪnpaɪp] *zn* ❶ regenpijp ❷ afvoerbuis

drake [dreɪk] *zn* <u>dierk</u> woerd

dr

dr

dram [dræm] zn neut ⟨meestal whisky⟩
drama ['drɑːmə] zn ❶ toneel, toneelstuk ❷ drama
dramatic [drə'mætɪk] bnw ❶ veelzeggend, aangrijpend, dramatisch ❷ indrukwekkend ❸ toneel- ❹ overdreven
dramatics [drə'mætɪks] inform zn mv overdreven / theatraal gedrag
dramatist ['dræmətɪst] zn toneelschrijver
dramatization, dramatisation [dræmətɑr'zeɪʃən] zn ❶ toneelbewerking ❷ dramatisering, aanstellerij
dramatize, dramatise ['dræmətaɪz] I ov ww ❶ voor toneel bewerken ❷ dramatiseren, overdrijven II onov ww zich aanstellen
drank [dræŋk] ww [verleden tijd] → **drink**
drape [dreɪp] ov ww ❶ draperen, bekleden ❷ ⟨achteloos⟩ leggen om
drastic ['dræstɪk] bnw drastisch, doortastend ★ ~ measures ingrijpende maatregelen
draught [drɑːft] I zn ❶ GB tocht, trek ★ sit in a ~ in de tocht zitten ❷ form teug, slok, med drankje ▼ GB on ~ van / uit het vat II bnw GB tap-, van het vat ★ ~ beer tapbier
draughtboard ['drɑːftbɔːd] GB zn dambord
draught excluder GB zn tochtband / -strip / -lat
draughts [drɑːfts] GB zn mv damspel
draughtsman ['drɑːftsmən] GB zn ❶ ontwerper ❷ tekenaar
draughty, USA drafty ['drɑːftɪ] bnw tochtig
draw [drɔː] [onregelmatig] I ov ww ❶ trekken, slepen ★ draw aside apart nemen ★ draw the line between de grens trekken tussen ❷ tekenen, schetsen ❸ sluiten of openen ⟨gordijnen⟩ ❹ trekken ⟨wapen, publiek, conclusie⟩ ❺ losmaken ⟨als reactie⟩ ❻ uithoren, aan de praat krijgen ❼ trekken ⟨lot⟩ ★ draw a blank niet in de prijzen vallen, bot vangen ★ draw the short straw aan het kortste eind trekken ❽ sport gelijkspelen ★ draw a game een wedstrijd onbeslist laten ❾ econ opnemen ⟨geld⟩ ❿ betrekken, (ergens uit) tevoorschijn halen ★ draw blood bloed doen vloeien ⓫ inademen ★ draw (USA a) breath op adem komen ⓬ ~ **down** opnemen ⟨lening, geld⟩, minderen ⓭ ~ **in** erbij betrekken ⓮ ~ **off** uittrekken, aftappen ⓯ form ~ **on** aantrekken ⟨kleding⟩ ⓰ ~ **out** (uit)rekken, opnemen ⟨geld⟩, uithoren, aan de praat krijgen ⓱ ~ **up** opstellen ⟨contract⟩, schrijven, aanschuiven ⟨stoel⟩ ★ draw yourself up je oprichten II onov ww ❶ tekenen, schetsen ❷ bewegen ⟨in genoemde richting⟩ ★ draw to a close tegen het einde lopen ★ draw closer dichterbij komen ★ draw to a halt stoppen ❸ pistool / zwaard trekken ❹ loten ❺ sport gelijk spelen ❻ trekken ⟨aan sigaret enz.⟩ ❼ ~ **away** terugwijken, vertrekken ❽ ~ **back** terugdeinzen, terugwijken ❾ ~ **in** korter worden ⟨van dagen, nachten⟩, binnenlopen ⟨trein⟩ ❿ ~ **into** ★ the train drew into the station de trein reed het station binnen ⓫ ~ **on** het einde naderen ⟨van seizoen⟩, voorbijgaan, een trek nemen van ⟨sigaret⟩ ⓬ ~ **on/upon** gebruik maken van, putten uit ⓭ ~ **out** lengen ⟨van dagen, avonden⟩, vertrekken ⟨van trein⟩ ⓮ ~ **up** vóórrijden, stoppen III zn ❶ loterij, trekking ❷ gelijkspel ❸ publiekstrekker ❹ trekje

⟨aan sigaret enz.⟩
drawback ['drɔːbæk] zn nadeel, gebrek, schaduwzijde
drawbridge ['drɔːbrɪdʒ] zn ophaalbrug
drawer ['drɔːə] zn ❶ lade ❷ econ trekker ⟨van een wissel⟩ ★ ~s [mv] oud onderbroekje
drawing ['drɔːɪŋ] zn ❶ tekening ❷ het tekenen
drawing board zn tekentafel ▼ go back to the ~ (weer) van voren af aan beginnen
drawing pin ['drɔːɪŋpɪn] GB zn punaise
drawing room ['drɔːɪŋruːm] oud zn salon, ontvangkamer
drawl [drɔːl] I zn lijzige manier van praten II onov ww lijzig praten
drawn [drɔːn] I bnw afgetobd ⟨van gezicht⟩, minnetjes II ww [volt. deelw.] → **draw**
dray [dreɪ] zn sleperswagen, bierwagen
dread [dred] I ov ww vrezen, duchten, opzien tegen ★ inform I ~ to think what will happen to them ik moet er niet aan denken wat er met hen zal gebeuren II zn angst ★ live / be in ~ of angst hebben voor
dreaded humor bnw gevreesd
dreadful ['dredfʊl] bnw vreselijk ★ I'm ~ly busy at the moment ik heb het momenteel heel erg druk / vreselijk druk
dreadlocks ['dredlɒks] zn mv dreadlocks, rastahaar
dream [driːm] I zn droom ★ not in my wildest ~s niet in mijn stoutste dromen ★ go / work like a ~ gaan / werken als een tierelier ★ in your ~s! dat had je gedroomd! ★ wet ~ natte droom ook fig II ov ww [regelmatig + onregelmatig] ❶ dromen ★ I never ~t that I would get the job Ik had nooit gedacht dat ik de baan zou krijgen ❷ ~ **up** verzinnen ⟨iets idioots⟩ III onov ww [regelmatig + onregelmatig] ❶ dromen ❷ ~ **of** ★ I wouldn't ~ of asking her out het zou niet in mijn hoofd opkomen om haar uit te vragen ❸ ~ **on** ★ iron ~ on! blijf maar lekker dromen!
dreamed ['driːmd] ww [verleden tijd + volt. deelw.] → **dream**
dreamer ['driːmə] zn dromer
dreamland ['driːmlænd] zn ❶ droomwereld ❷ dromenland
dreamlike ['driːmlaɪk] bnw onwezenlijk
dreamt [dremt] ww [verl. tijd + volt. deelwoord] → **dream**
dream team zn dreamteam, best denkbare team
dream ticket zn ideale combinatie / team
dreamy ['driːmɪ] bnw ❶ dromerig, vaag ❷ inform geweldig
dreary ['drɪərɪ] bnw somber, akelig
dreck USA inform zn rotzooi, troep
dredge [dredʒ] I ov ww ❶ baggeren, dreggen ❷ bestrooien ❸ ~ **up** ophalen ⟨herinneringen⟩, oprakelen II onov ww baggeren, dreggen
dredger ['dredʒə] zn ❶ baggeraar, baggermachine ❷ strooibus
dregs [dregz] zn mv droesem, drab, bezinksel ★ fig the ~ of society het schuim der natie, het uitschot
drench [drentʃ] ov ww doorweken, kletsnat maken
dress [dres] I zn ❶ japon, jurk ❷ kleding, dracht ★ formal ~ avondkleding ★ full ~ ceremonieel

tenue ⟨van militairen⟩ ★ *fancy* ~ kostuum ⟨v. verkleedpartij⟩ **II** *ov ww* ❶ kleden ★ *get* ~*ed* zich aankleden ❷ opmaken ⟨haar⟩ ❸ inrichten ⟨etalage⟩ ❹ bewerken ⟨hout, leer, steen⟩ ❺ aanmaken ⟨salade⟩, bereiden, schoonmaken ⟨vis, vogels⟩ ❻ verbinden ⟨wond⟩ ❼ ~ **down** op z'n kop geven ❽ ~ **up** verkleden, mooi(er) maken / voorstellen dan het is **III** *onov ww* ❶ zich (aan)kleden, zich verkleden, toilet maken ❷ ~ **down** zich zeer eenvoudig kleden ❸ ~ **up** zich mooi aankleden, zich verkleden, zich opdirken

dressage [ˈdresɑːʒ] *zn* dressuur

dress circle *zn* ton 1e balkon

dress code *zn* kledingvoorschrift

dressed *bnw* (aan)gekleed ▾ *be* ~ *to kill* er piekfijn / fantastisch uitzien ▾ ~ *(up) to the nines* onberispelijk gekleed

dresser [ˈdresə] *zn* ❶ GB dressoir, keukenkast ★ *Welsh* ~ buffetkast ⟨met boven open planken voor borden⟩ ❷ USA ladekast ❸ ook ton kleder, kleedster ★ *a snappy* ~ iem. die zich piekfijn kleedt

dressing [ˈdresɪŋ] *zn* ❶ (sla)saus, dressing ★ *French* ~ vinaigrette ❷ verband ❸ vulling ⟨voor wild, gevogelte⟩

dressing-down *zn* uitbrander

dressing gown GB *zn* peignoir, kamerjas

dressing room *zn* kleedkamer

dressing table *zn* toilettafel

dressmaker [ˈdresmeɪkə] *zn* naaister

dress rehearsal *zn* generale repetitie

dress sense *zn* goede smaak ⟨in kleding⟩

dress uniform *zn* gala-uniform, ceremonieel tenue

dressy [ˈdresɪ] *bnw* chic, elegant

drew [druː] *ww* [verleden tijd] → **draw**

dribble [ˈdrɪbl] **I** *onov ww* ❶ kwijlen ❷ druppelen ❸ dribbelen ⟨bij voetbal⟩ **II** *ov ww* ❶ kwijlen ❷ druppelen ❸ sport dribbelen met **III** *zn* ❶ straaltje, beetje ❷ kwijl ❸ dribbel ⟨bij voetbal⟩

dribs [drɪbz] *zn mv* ▾ *in* ~ *and drabs* stukje bij beetje

dried [draɪd] **I** *bnw* gedroogd **II** *ww* [verl. tijd + volt. deelwoord] → **dry**

drier [ˈdraɪə] **I** *zn* droger **II** *bnw* [vergrotende trap] → **dry**

driest [ˈdraɪɪst] *bnw* [overtreffende trap] → **dry**

drift [drɪft] **I** *zn* ❶ trek, gang, tendens ★ *a* ~ *from capitalism* een zich langzaam afkeren van het kapitalisme ★ *continental* ~ continentverschuiving ❷ scheepv drift, afwijking, afdrijving ❸ stroom ❹ hoop, massa ★ *a* ~ *of daffodils* een massa narcissen ★ ~*s of snow* sneeuwhopen ❺ strekking, bedoeling ★ *inform catch my* ~? snap je 'm? ★ *get the* ~ globaal begrijpen **II** *onov ww* ❶ (af)drijven, glijden ⟨van blik⟩ ❷ (toevallig) verzeild raken ❸ – doelloos gaan ★ ~ *away from sth* iets geleidelijk verlaten, langzaam wegraken van iets ★ *the conversation* ~*ed from music to literature* het gespreksonderwerp veranderde zomaar van muziek naar literatuur ❹ (zich) ophopen ⟨van sneeuw, zand enz.⟩ ❺ ~ **about/around** maar wat doen (zonder plan) ❻ ~ **apart** van elkaar vervreemden ❼ ~ **off** ★ ~ *off to sleep* in slaap

sukkelen

drifter [ˈdrɪftə] *zn* lanterfanter, zwerver

drift net *zn* drijfnet

driftwood [ˈdrɪftwʊd] *zn* drijfhout

drill [drɪl] **I** *zn* ❶ boor(machine), drilboor ❷ exercitie, het drillen ❸ oefening ❹ dril ⟨stof⟩ ❺ zaaimachine **II** *onov ww* ❶ boren ❷ oefenen **III** *ov ww* ❶ boren ❷ drillen, africhten ❸ ~ **into** ★ ~ *sth into sb* iets erin stampen (bij iemand)

drily [ˈdraɪlɪ] *bijw* → **dry**

drink [drɪŋk] **I** *zn* ❶ drank(je) ★ *soft* ~ frisdrank ★ *food and* ~ eten en drinken ❷ dronk, teug ❸ borrel ❹ het overmatig drinken ★ *the worse for* ~ beschonken ★ *drive sb to* ~ iem. wanhopig maken, iem. naar de fles doen grijpen ★ *take to* ~ aan de drank raken **II** *ov ww* [onregelmatig] ❶ (op)drinken ★ ~ *and drive* rijden onder invloed ★ ~ *sb's health* op iemands gezondheid drinken ❷ ~ **away** verdrinken ⟨geld, verdriet enz.⟩ ❸ ~ **down** opdrinken ❹ ~ **in** gretig in zich opnemen ❺ ~ **up** opdrinken **III** *onov ww* [onregelmatig] ❶ drinken ★ ~ *like a fish* drinken als een tempelier ❷ ~ **to** drinken op ★ *I'll* ~ *to that!* helemaal mee eens! ❸ ~ **up** leegdrinken

drinkable [ˈdrɪŋkəbl] *bnw* ❶ drinkbaar ❷ lekker

drink-driver GB *zn* dronken bestuurder

drink-driving GB *zn* het rijden onder invloed

drinker [ˈdrɪŋkə] *zn* ❶ alcoholist ★ *a hard / heavy* ~ een stevige drinker ❷ drinker

drinking problem USA *zn* drankprobleem, alcoholprobleem

drinking water *zn* drinkwater

drink problem GB *zn* drankprobleem, alcoholprobleem

drip [drɪp] **I** *ov ww* (laten) druppelen **II** *onov ww* ❶ druppelen ❷ ~ **with** druipen van **III** *zn* ❶ (ge)druppel ❷ med infuus

drip-dry *bnw* strijkvrij ★ *a* ~ *shirt* een 'no-iron' overhemd

drip-feed I *zn* infuus **II** *ov ww* via een infuus toedienen

dripping [ˈdrɪpɪŋ] **I** *bnw* drijfnat **II** *zn* braadvet, afdruipend vleessap / vet

drive [draɪv] **I** *ov ww* [onregelmatig] ❶ (be)sturen, rijden ❷ (aan)drijven, voortdrijven ❸ (aan)jagen, brengen tot ★ ~ *crazy / mad* gek maken ★ ~ *sb to despair* iem. tot wanhoop drijven ❹ slaan, stoten ★ ~ *a nail into a wall* een spijker in een muur slaan ❺ hard slaan / schoppen ⟨bal⟩ ❻ ~ **away** wegrijden, wegjagen ❼ ~ **down** laten kelderen ⟨prijzen⟩ ❽ ~ **off/out** verdrijven ❾ ~ **up** opdrijven ⟨prijzen⟩ ▾ ~ *(sth) home* (iets) duidelijk maken **II** *onov ww* [onregelmatig] ❶ (auto)rijden ❷ beuken ⟨van golven⟩ ❸ ~ **at** ★ *what are you driving at?* wat bedoel je? ❹ ~ **away** wegrijden ❺ ~ **off** wegrijden ❻ ~ **on** doorrijden ❼ ~ **up** voorrijden **III** *zn* ❶ rit, tocht ★ *go for a* ~ een ritje maken ❷ drang ❸ energie ★ *full of* ~ *and ambition* met veel energie en ambitie ❹ – (grootscheepse) actie, campagne ★ *embark on a* ~ *to save energy* een campagne beginnen om energie te besparen ❺ sport slag ❻ wedstrijd ⟨kaartspel⟩ ❼ drijfjacht ❽ laan, dreef ⟨in straatnamen⟩ ❾ GB oprijlaan, oprit ❿ aandrijving ★ *left-hand / right-hand* ~ *car*

dr

dr

auto met het stuur links / rechts ★ USA *all-wheel
~* vierwielaandrijving ⓫ comp (disk)drive
drive-by *bnw* ★ *~ shooting / killing* beschieting /
moord vanuit een rijdend voertuig
drive-in USA *zn* drive-inbioscoop / -restaurant
drivel ['drɪvəl] **I** *zn*, inform min gezwets, onzin
II *onov ww* kletsen ★ *~ on* doorleuteren
driven ['drɪvən] **I** *ww* [volt. deelw.] → drive **II** *bnw*
gedreven ★ *a market~ economy* een
marktgestuurde economie
driver ['draɪvə] *zn* ❶ bestuurder, chauffeur,
machinist ★ *designated ~* Bob ⟨bewust
onbeschonken bestuurder⟩ ❷ soort golfstick
❸ drijfveer ❹ comp besturingsprogramma
driver's license *zn* USA rijbewijs
drive-through USA *zn* drive-inrestaurant /
-bank / -winkel
drive time *zn* spitsuur
driveway ['draɪvweɪ] *zn* oprijlaan, inrit
driving ['draɪvɪŋ] **I** *zn* het (auto)rijden **II** *bnw*
❶ energiek, stimulerend ★ *the ~ force* de
drijvende kracht ❷ hevig ★ *~ snow* hevige
sneeuwval
driving licence *zn* GB rijbewijs
driving school *zn* autorijschool
driving seat *zn* plaats achter het stuur ★ fig *be in
the ~* het voor het zeggen hebben, de baas zijn
driving test *zn* rijexamen
drizzle ['drɪzəl] **I** *zn* motregen **II** *onov ww*
motregenen **III** *ov ww* sprenkelen
drizzly ['drɪzlɪ] *bnw* druilerig, miezerig
droll [drəʊl] *bnw* iron grappig
dromedary ['drɒmɪdərɪ] *zn* dromedaris
drone [drəʊn] **I** *zn* ❶ gegons, dreun ❷ dar
❸ leegloper ❹ radiografisch bestuurd vliegtuig
II *onov ww* ❶ ronken, dreunen, gonzen,
brommen ❷ *~ on* doorzeuren
drool [druːl] *onov ww* ❶ kwijlen ❷ *~ over*
dwepen met, smachtend kijken naar
droop [druːp] **I** *onov ww* ❶ (neer)hangen,
dichtvallen ⟨van ogen⟩ ❷ zakken, verflauwen
★ *my spirits ~ed when I heard the news* ik raakte
terneergeslagen / verloor de moed toen ik het
nieuws hoorde **II** *zn* het (laten) hangen
droopy *bnw* hangend ★ *a ~ moustache* een
hangsnor
drop [drɒp] **I** *ov ww* ❶ laten vallen, laten zakken
★ *drop anchor* ankeren ★ *drop a curtsy* een
reverence maken ★ *drop your eyelids* de ogen
neerslaan ★ *drop a hint* een wenk geven ★ *drop
me a line* schrijf me eens ★ *drop your voice* je
stem laten zakken ★ *let sth / sb drop* iets /
iemands naam laten vallen ⟨in een gesprek⟩
❷ droppen, afzetten, afgeven ★ *drop sb at his
home* iem. thuis afzetten ❸ weglaten ★ *drop
your h's* de h niet uitspreken ❹ ophouden met,
niet meer omgaan met ★ *drop it!* schei uit!
★ *drop everything and come immediately* stop
direct met alles en kom meteen ★ *drop your old
friends* je oude vrienden dumpen / in de steek
laten ★ *let's drop the subject* laten we het er niet
meer over hebben ❺ inform verliezen ⟨punten,
geld⟩ ❻ *~ off* afzetten ⟨persoon, op een plek⟩,
afgeven ⟨iets⟩ ❼ *~ round* afgeven **II** *onov ww*
❶ vallen ★ *ready to drop* erbij neervallen ⟨van
vermoeidheid⟩ ★ *it has dropped out of use* het is

niet meer in gebruik ❷ afnemen, minder
worden, zakken ❸ naar beneden gaan
❹ *~ away* afnemen ❺ *~ back* afnemen,
inhouden, langzamer gaan ❻ *~ back/behind*
achter(op) raken ❼ *~ by/in/round* even
langskomen, binnenwippen ❽ *~ off* in slaap
sukkelen, afnemen ❾ *~ out* zich terugtrekken,
zich van de maatschappij afkeren, een studie
opgeven, uitvallen **III** *zn* ❶ druppel, fig greintje,
beetje ★ *eye / ear drops* oog- / oordruppels ⟨als
medicijn⟩ ★ *a drop in the ocean /* USA *bucket* een
druppel op een gloeiende plaat ❷ val, daling,
achteruitgang ★ *at the drop of a hat* plotsklaps,
van de ene dag op de andere ❸ helling
❹ borreltje, slokje ❺ zuurtje ❻ dropping
❼ inform bezorging
drop-dead inform *bw* adembenemend ★ *a ~
gorgeous girl* een fantastisch mooi meisje
drop-in centre *zn* inloopcentrum ⟨voor advies⟩
droplet ['drɒplət] *zn* druppeltje
dropout ['drɒpaʊt] *zn* drop-out ⟨iemand die
school verlaat of zich van de maatschappij
afkeert⟩
droppings ['drɒpɪŋz] *zn mv* uitwerpselen
drop shot *zn* dropshot ⟨bal die loodrecht naar
beneden komt⟩
dross [drɒs] *zn* ❶ rommel ❷ metaalslakken
drought [draʊt] *zn* droogte
drove [drəʊv] **I** *zn* samengedreven kudde,
mensenmenigte ★ *in ~s* in drommen **II** *ww*
[verleden tijd] → drive
drover ['drəʊvə] *zn* veedrijver
drown [draʊn] **I** *onov ww* verdrinken **II** *ov ww*
❶ verdrinken ★ *be ~ed* verdrinken ★ humor *~
your sorrows* je verdriet verdrinken ❷ drenken,
onder water zetten ❸ **drown out**
overstemmen
drowse [draʊz] *onov ww* dutten, soezen
drowsy ['draʊzɪ] *bnw* ❶ slaperig
❷ slaapverwekkend
drubbing ['drʌbɪŋ] inform sport *zn* pak slaag
drudge [drʌdʒ] *zn* werkezel, zwoeger
drudgery ['drʌdʒərɪ] *zn* saai werk
drug [drʌg] **I** *zn* ❶ drug ⟨verdovend middel⟩
★ *hard drug* harddrug ★ *soft drug* softdrug ★ *be
on drugs* aan de drugs zijn ★ inform *do drugs*
drugs gebruiken ★ *push drugs* drugs verkopen
❷ medicijn, drankje **II** *ov ww* ❶ een drug /
pepmiddel / medicijn geven ★ *they must have
drugged his wine* ze moeten iets in zijn wijn
gedaan hebben ★ *be drugged up to the eyeballs*
onder de pillen zitten ❷ bedwelmen
drug addict *zn* drugsverslaafde
druggie, druggy [drʌgi] *zn* inform
drugsgebruiker
druggist [drʌgɪst] *zn* USA apotheker, drogist
drug pusher *zn* drugshandelaar
drug runner *zn* drugskoerier
drugs squad *zn* USA narcoticabrigade
drugstore ['drʌgstɔː] *zn* USA drugstore
⟨combinatie van drogisterij, apotheek en
parfumerie⟩
drum [drʌm] **I** *zn* ❶ trommel, (metalen) vat
❷ olievat ❸ muz trom(mel) ★ *bang / beat the
drum for* ⟨luidkeels⟩ reclame maken voor, groot
voorstander zijn van ★ *drums* [mv] drumstel

❹ geroffel, getrommel **II** *onov ww* trommelen, roffelen, drummen **III** *ov ww* ❶ trommelen, roffelen ★ *drum your fingers on the table* met je vingers op de tafel roffelen ❷ ~ **into** ★ *drum sth into sb's head* iets er bij iem. in heien / stampen ❸ ~ **up** proberen te krijgen

drumbeat ['drʌmbiːt] *zn* (ritmisch) tromgeroffel

drum kit *zn* drumstel, drums

drum major *zn* tamboer-majoor

drum majorette *zn* majorette

drummer ['drʌmə] *zn* drummer, tamboer

drumstick ['drʌmstɪk] *zn* ❶ trommelstok ❷ drumstick, boutje (van kip e.d.)

drunk [drʌŋk] **I** *bnw* dronken ook *fig* ★ ~ *and disorderly* in (kennelijke) staat v. dronkenschap ★ *blind / roaring* ~ stomdronken **II** *zn* dronkaard **III** *ww* [volt. deelw.] → **drink**

drunkard ['drʌŋkəd] *zn* oud dronkaard

drunk-driver USA *zn* dronken bestuurder

drunk-driving USA *zn* het rijden onder invloed

drunken ['drʌŋkən] *bnw* dronken

dry [draɪ] **I** *bnw* ❶ droog ★ *run dry* opdrogen ook *fig* ★ *as dry as a bone* zo droog als kurk ★ *milk sb dry* iem. uitmelken ❷ sec, niet zoet, droog (van wijn) ❸ nuchter ★ *dry humour* droge humor ❹ saai ❺ dorstig ❻ zonder alcohol ★ *a dry country* een land waar geen alcohol verkocht wordt **II** *ov ww* ❶ drogen, afdrogen ❷ ~ **off** opdrogen ❸ ~ **out** door en door droog laten worden, uitdrogen, laten afkicken ❹ ~ **up** afdrogen, laten opdrogen **III** *onov ww* drogen, af- / opdrogen **IV** *ww* ❶ ~ **off** opdrogen ❷ ~ **out** uitdrogen, afkicken ❸ ~ **up** opdrogen, opraken, afnemen, ophouden, niet verder kunnen (van toneelspeler), niets meer weten te zeggen, stokken (van gesprek)

dry-clean *ov ww* chemisch reinigen

dry cleaner's *zn* stomerij (voor chemische reiniging)

dryer, drier ['draɪə] *zn* droger, (haar)droogkap, wasdroger

dry-eyed *bnw* met droge ogen

drystone wall *zn* stapelmuur

drywall [draɪwɔːl] USA *zn* gipsplaat

DST *afk, daylight saving time* zomertijd

dual ['djuːəl] *bnw* dubbel, tweeledig

dub [dʌb] **I** *ov ww* ❶ betitelen (als), de bijnaam geven van ❷ nasynchroniseren ★ *a French film dubbed into English* een in het Engels nagesynchroniseerde Franse film ❸ muz dubben **II** *zn* muz dub

dubbin ['dʌbɪn] *zn* (leer)vet, leerwas

dubious ['djuːbɪəs] *bnw* twijfelachtig ★ *be very ~ about* erg twijfelen aan

ducal ['djuːkl] *bnw* hertogelijk

duchess ['dʌtʃɪs] *zn* hertogin ★ *grand ~* groothertogin

duchy ['dʌtʃɪ] *zn* hertogdom

duck [dʌk] **I** *zn* [mv: **ducks, duck**] ❶ eend ★ *lame duck* sukkelaar, zwakkeling, USA niet herkiesbare ambtenaar / politicus ★ *sitting duck* gemakkelijke prooi ★ *get / have all your ducks in a row* alles keurig voor elkaar hebben ★ *(take to sth) like a duck to water* in je element zijn, iets is je op het lijf geschreven ❷ liefje, schatje **II** *ov ww* ❶ ontwijken (klap, moeilijke vraag /

kwestie) ❷ snel intrekken / weghalen ★ *duck one's head* snel bukken ❸ onderduwen **III** *onov ww* ❶ (weg)duiken ★ *duck into a room* snel een kamer in duiken / schieten ❷ zich bukken ❸ ontwijken ❹ ~ **out of** er onderuit komen, ontkomen aan

duckboards ['dʌkbɔːdz] *zn mv* loopplank (op drassige grond)

duckling ['dʌklɪŋ] *zn* jonge eend

duckweed ['dʌkwiːd] *zn* (eenden)kroos

ducky ['dʌkɪ] **I** *zn*, GB inform schatje **II** *bnw*, USA humor geweldig fijn

duct ['dʌkt] *zn* leiding, buis, kanaal

ductile ['dʌktaɪl] *bnw* uitrekbaar tot dunne draad (v. metaal), rekbaar

dud [dʌd] **I** *zn* ❶ inform blindganger ❷ inform fiasco, sof, iets dat het niet doet **II** *bnw* inform waardeloos, niet werkend ★ GB *a dud cheque* een ongedekte cheque

dude [duːd] *zn*, USA inform kerel

dude ranch *zn* USA vakantieboerderij

dudgeon ['dʌdʒən] *form zn* diepe wrok ★ *in high ~* woedend, hevig verontwaardigd

due [djuː] **I** *bnw* ❶ schuldig, verschuldigd, verplicht ★ *be due for* recht hebben op, verdienen, toe zijn aan ★ *due to* vanwege, door, te wijten aan ❷ gepast, juist ★ *with due care* met gepaste zorgvuldigheid ❸ verwacht ★ *be due* verwacht worden ★ *the next bus is due in ten minutes* de volgende bus moet er over tien minuten zijn ★ *your essay is due next Monday* volgende week maandag moet je je essay inleveren **II** *zn* waar je recht op hebt ★ *to give her her due* om haar recht te geven, om eerlijk te zijn ★ *dues* [mv] financiële verplichtingen, gelden, rechten **III** *bijw* precies ★ *sail due east* pal oost varen

duel ['djuːəl] **I** *zn* duel **II** *onov ww* duelleren

duet [djuː'et] *zn* duet

duff [dʌf] **I** *bnw*, GB inform waardeloos **II** *zn*, USA inform kont **III** *ov ww*, GB inform ~ **up** aftuigen

duffel bag, duffle bag ['dʌfəlbæg] *zn* ❶ GB plunjezak ❷ USA weekendtas, reistas

duffel coat, duffle coat ['dʌfəlkəʊt] *zn* duffel, houtje-touwtjejas

duffer ['dʌfə] inform *zn* sufferd, stomkop

dug [dʌg] *ww* [verl. tijd + volt. deelw.] → **dig**

dugout ['dʌgaʊt] *zn* ❶ sport dug-out ❷ schuttersput ❸ kano gemaakt van uitgeholde boomstam

duh *tw* ❶ inform jeugdt ≈ da's nogal logisch, duh ❷ min jeugdt ≈ doe niet zo suf

DUI USA *afk, driving under the influence* rijden onder invloed

duke [djuːk] *zn* hertog

dukedom ['djuːkdəm] *zn* hertogdom

dulcimer ['dʌlsɪmə] *zn* muz hakkebord

dull [dʌl] **I** *bnw* ❶ saai ❷ somber, dof (van licht, kleur, geluid, pijn) ❸ somber, bewolkt (van het weer) ❹ dom, stom, sloom (van persoon) ❺ stomp, bot (van mes enz.) ❻ econ lusteloos, slap (van handel) **II** *ov ww* ❶ somber maken ❷ suf maken ❸ dempen (geluid) ★ *dull the pain* de pijn verzachten **III** *onov ww* ❶ somber worden ❷ dof / mat worden

du

dullard ['dʌləd] oud zn botterik
dullness ['dʌlnəs] zn saaiheid
duly ['dju:lɪ] bijw ❶ prompt, stipt ★ they duly began in March ze begonnen in maart zoals gepland ❷ naar behoren, terecht
dumb [dʌm] I bnw ❶ inform dom, stom ★ act dumb doen alsof je van niks weet ★ the dumb animal het stomme / arme dier ⟨om medelijden uit te drukken⟩ ❷ sprakeloos ★ be struck dumb met stomheid geslagen zijn, sprakeloos zijn ❸ oud stom ⟨m.b.t. handicap⟩ II ov ww ~ down versimpelen
dumb-bell ['dʌmbel] zn ❶ halter ❷ USA inform stommerik
dumbfound [dʌm'faʊnd] ov ww sprakeloos doen staan
dumbfounded [dʌm'faʊndɪd], **dumbstruck** ['dʌmstrʌk] bnw sprakeloos
dummy ['dʌmɪ] I zn ❶ (pas)pop, etalagepop ❷ lege verpakking, nepding, dummy ❸ USA inform stommerd ❹ sport schijnbeweging ❺ GB fopspeen ❻ blinde ⟨bij kaartspel⟩ II bnw namaak-★ ~ bomb nepbom
dummy run zn ❶ repetitie ❷ mil oefenaanval
dump [dʌmp] I ov ww ❶ je ontdoen van, lozen ⟨waar het niet hoort⟩ ❷ opzadelen ★ dump a problem on sb else iem. anders met een probleem opzadelen ❸ econ dumpen ❹ neergooien, storten ⟨vuil⟩ ★ dump computer data computerdata overzetten van één informatiedrager naar een andere ❺ de bons geven, dumpen, afserveren II onov ww ▼ USA inform dump on sb iem. er van langs geven, iem. fel bekritiseren III zn ❶ vuilnisbelt ❷ mil opslagplaats ❸ inform troosteloze plek, puinhoop ❹ comp het dumpen van data, kopie / lijst van gedumpte data ❺ inform het poepen ★ take / have a dump poepen, bouten ▼ down in the dumps depri, in de put
dumper ['dʌmpə] zn USA iemand die gevaarlijke stoffen loost / stort ⟨op verkeerde plek⟩
dumper truck, USA **dump truck** zn kiepauto
dumping ground zn stortplaats, vuilstort
dumpling ['dʌmplɪŋ] zn ❶ cul knoedel ❷ cul (appel)bol
Dumpster zn USA afvalcontainer
dumpy ['dʌmpɪ] bnw kort en dik
dun [dʌn] bnw grijsbruin
dunce [dʌns] oud zn domkop, langzame leerling
dunderhead ['dʌndəhed] zn sufferd
dune [dju:n] zn duin
dung [dʌŋ] zn mest
dungarees [dʌŋɡə'ri:z] zn mv ❶ GB tuinbroek ❷ USA oud spijkerbroek ⟨als werkbroek⟩
dungeon ['dʌndʒən] zn kerker
dunghill ['dʌŋhɪl] zn mesthoop
dunk [dʌŋk] ov ww ❶ soppen, dopen ❷ onderdompelen ❸ sport van bovenaf inwerpen ⟨bij basketbal⟩
dunno [də'nəʊ] samentr, inform do not know → know
duo ['dju:əʊ] zn ❶ duo, paar ❷ duet
duodenal [dju:əʊ'di:n*l] bnw m.b.t. de twaalfvingerige darm
duodenum [dju:əʊ'di:nəm] zn twaalfvingerige darm

dupe [dju:p] I ov ww beetnemen ★ dupe sb into doing sth iem. met smoesjes / trucjes / bedrog ertoe krijgen iets te doen II zn dupe, gedupeerde, bedrogene
duplex ['dju:pleks] zn ❶ USA halfvrijstaand huis ❷ – maisonnette
duplicate[1] ['dju:plɪkət] I zn duplicaat, kopie ★ in ~ in duplo II bnw gekopieerd
duplicate[2] ['dju:plɪkeɪt] ov ww ❶ kopiëren, dupliceren ❷ nog een keer doen
duplicity [dju:'plɪsətɪ] zn onbetrouwbaarheid
durability [djʊərəbɪlətɪ] zn duurzaamheid
durable ['djʊərəbl] bnw duurzaam
duration [djʊə'reɪʃən] zn duur ★ form for the ~ of your stay in Italy gedurende uw verblijf in Italië ★ inform for the ~ voorlopig
duress [djʊə'res] form zn dwang
during ['djʊərɪŋ] vz gedurende, tijdens
dusk [dʌsk] zn (avond)schemering
dusky ['dʌskɪ] bnw duister, schemerig, donker ⟨van kleur⟩
dust [dʌst] I zn ❶ stof, gruis ★ clouds of dust stofwolken ★ bite the dust in het zand bijten ★ gathering dust ongebruikt ★ USA leave sb in the dust iem. ver achter je laten ★ let the dust settle / wait for the dust to settle afwachten ★ when the dust has settled als de rust is weergekeerd ❷ GB het afstoffen ★ give sth a dust ergens met de stofdoek overheen gaan II ov ww ❶ afstoffen ❷ dust down / off afkloppen, afschuieren, afborstelen ❸ bestuiven, bepoederen ❷ ~ off opfrissen ⟨kennis, vaardigheden⟩, weer uit de kast halen ⟨bv. oude plannen⟩
dustbin ['dʌstbɪn] zn GB vuilnisbak
dust bowl zn USA verdorde streek ⟨met veel zandstormen⟩
dustcart ['dʌstkɑ:t] GB zn vuilniswagen
dust cover zn ❶ stofomslag ⟨van boek⟩ ❷ stoflaken ⟨over meubels⟩
duster ['dʌstə] zn ❶ stofdoek ❷ USA oud stofjas
dust jacket zn stofomslag ⟨van boek⟩
dustman ['dʌstmən] GB zn vuilnisman
dustpan ['dʌstpæn] zn blik ⟨van stoffer en blik⟩
dust sheet GB zn stoflaken ⟨over meubels⟩
dust-up GB inform zn gevecht, ruzie
dusty ['dʌstɪ] bnw ❶ stoffig ❷ mat, dof
Dutch [dʌtʃ] I bnw Nederlands ★ inform double ~ gebrabbel ★ go ~ de kosten delen II zn taalk Nederlands III zn mv Nederlanders
Dutchman ['dʌtʃmən] zn [v: **Dutchwoman**] Nederlander ★ I am a ~ if... ik mag een boon zijn als...
dutiable ['dju:tɪəbl] bnw belastbaar ⟨van goederen⟩
dutiful ['dju:tɪfl] bnw plichtmatig, plichtsgetrouw
duty ['dju:tɪ] zn ❶ plicht ★ act out of (a sense of) duty uit plichtsbesef handelen ❷ functie, dienst, taak ★ administrative duties administratief werk ★ be on duty dienst hebben, in functie zijn ★ be off duty geen dienst hebben, vrij zijn ★ GB do duty for fungeren als ❸ accijns, belasting ★ duties [mv] rechten, invoerrechten, uitvoerrechten, accijnzen
duty-bound form bnw moreel verplicht
duty-free I bnw belastingvrij, vrij van rechten

II zn, GB inform belastingvrije goederen
duty officer zn officier v. dienst
duvet ['du:veɪ] zn donzen dekbed
DVD [di:vi:'di:] afk, comp digital versatile / video disc dvd
dwarf [dwɔ:f] **I** zn [mv: **dwarfs, dwarves**] dwerg **II** ov ww nietig doen lijken, klein(er) doen lijken
dwarfism ['dwɔ:fɪzm] zn dwerggroei
dweeb [dwi:b] zn, USA inform nerd, sul
dwell [dwel] onov ww [onregelmatig] ➊ wonen, verblijven ➋ ~ **on/upon** uitweiden over, (lang) stilstaan bij
dwelling ['dwelɪŋ], **dwelling house** form zn woning
dwelling place oud zn woonplaats, woning
dwelt [dwelt] ww [verleden tijd + volt. deelw.] → **dwell**
DWI USA afk, driving while intoxicated rijden onder invloed
dwindle ['dwɪndl], **dwindle away** onov ww afnemen, achteruitgaan
dye [daɪ] **I** ov ww verven ⟨haar, kleding⟩ **II** zn verf(stof)
dyed-in-the-wool bnw door de wol geverfd, doorgewinterd, onbuigzaam
dying ['daɪɪŋ] bnw stervend, sterf- ★ the ~ [mv] de stervenden ★ to my ~ day tot mijn laatste snik
dyke [daɪk] zn ➊ dijk, dam, wal ➋ afwateringsgreppel, sloot ➌ vulg pot ⟨lesbienne⟩
dynamic [daɪ'næmɪk] **I** zn dynamiek, stuwkracht **II** bnw dynamisch, energiek
dynamics [daɪ'næmɪks] zn mv ➊ dynamica ➋ muz dynamiek
dynamism ['daɪnəmɪzəm] zn dynamiek
dynamite ['daɪnəmaɪt] **I** zn dynamiet **II** ov ww met dynamiet vernielen
dynamo ['daɪnəməʊ] zn ➊ dynamo ➋ inform fig drijvende / stuwende kracht, motor
dynasty ['dɪnəstɪ] zn dynastie
dysentery ['dɪsəntərɪ] zn dysenterie
dysfunctional [dɪs'fʌŋkʃənl] bnw verstoord, niet goed werkend
dyslexia [dɪs'leksɪə] zn dyslexie, woordblindheid
dyslexic bnw dyslectisch, woordblind
dyspepsia [dɪs'pepsɪə] zn spijsverteringsstoornis
dyspeptic [dɪs'peptɪk] bnw ➊ met spijsverteringsklachten ➋ oud chagrijnig

E

e [i:] zn, letter e ★ E as in Edward de e van Eduard
e- [ɪ, e] voorv ⟨oaf⟩electronic⟨ / oaf⟩ elektronisch
E [i:] **I** zn ➊ muz E, mi ➋ GB onderw ≈ 6- ⟨schoolcijfer⟩ **II** afk, East(ern) oost(elijk)
each [i:tʃ] onbep vnw elk, ieder ★ $5 each $5 per stuk ★ each and everyone allemaal
each other [i:tʃ 'ʌðə] wkg vnw elkaar
eager ['i:gə] bnw vurig (verlangend), gretig, enthousiast ★ be ~ for sth iets erg graag willen (hebben) ★ they're ~ to please zij zijn erg behulpzaam ★ ~ly await sth met spanning op iets wachten
eagle ['i:gl] zn adelaar, arend
eagle-eyed fig bnw scherpziend
ear [ɪə] zn ➊ oor ★ deaf in one ear doof aan één oor ★ fall on deaf ears geen gehoor vinden ★ turn a deaf ear (to sb / sth) doof zijn (voor iemand / iets) ★ be all ears een en al oor zijn ★ cock an ear de oren spitsen ★ inform be out on your ear eruit geknikkerd zijn ★ be up to your ears in sth tot over je oren ergens in zitten ★ my ears are burning ze hebben het over mij ★ this has come to / has reached my ears dit is mij ter ore gekomen ★ sb's ears are flapping iem. probeert mee te luisteren ★ in one ear and out the other het ene oor in en het andere uit ★ keep / have your ear to the ground de vinger aan de pols houden, alles goed in de gaten houden ➋ gehoor ★ have sb's ear / have the ear of sb iemands aandacht hebben ★ play it by ear op het gehoor spelen, fig improviseren ➌ (koren)aar
earache ['ɪəreɪk] zn oorpijn
earbashing ['ɪəbæʃɪŋ] inform zn ★ give sb an ~ iem. de oren van het hoofd kletsen, iem. langdurig de les lezen
eardrum ['ɪədrʌm] zn trommelvlies
earful ['ɪəfʊl] inform zn ★ give sb an ~ iem. (onomwonden) de waarheid zeggen
earl [ɜ:l] zn (Britse) graaf
ear lobe zn oorlel
early ['ɜ:lɪ] **I** bnw ➊ vroeg ★ at the earliest niet eerder dan ➋ spoedig ★ an ~ recovery een spoedig herstel **II** bijw ➊ vroeg ★ ~ on in een vroeg stadium ➋ te vroeg ★ an hour ~ een uur te vroeg
earmark ['ɪəmɑ:k] ov ww ➊ aanduiden ★ she is being ~ed as the next president zij wordt gezien als de volgende president ➋ reserveren, bestemmen
earn [ɜ:n] ov ww ➊ verdienen ★ earn a living de kost verdienen ★ well earned welverdiend ➋ behalen, bezorgen ★ the victory earned him fame de overwinning bezorgde hem roem
earner ['ɜ:nə] zn ➊ verdiener ➋ inform iets winstgevends ★ a nice little ~ een mooie bron van inkomsten
earnest ['ɜ:nɪst] **I** bnw ernstig, serieus ★ I ~ly believe that dat geloof ik echt **II** zn ernst ★ in deadly ~ bloedserieus ★ be in ~ het menen ★ begin in ~ pas echt beginnen
earnings ['ɜ:nɪŋz] zn mv ➊ inkomsten ★ ~-related

ea

inkomensafhankelijk ❷ winst

earphones ['ɪəfəʊnz] *zn mv* koptelefoon

earpiece ['ɪəpi:s] *zn* oortelefoon

earplug ['ɪəplʌg] *zn* oordopje

earring ['ɪərɪŋ] *zn* oorring, oorbel

earshot ['ɪəʃɒt] *zn* ★ *out of / within* ~ buiten / binnen gehoorsafstand

ear-splitting *bnw* oorverdovend

earth [ɜ:θ] **I** *zn* ❶ aarde ⟨wereld⟩ ★ *why on* ~? waarom in vredesnaam?, waarom toch eigenlijk? ★ *cost / pay the* ~ een vermogen kosten / betalen ❷ aarde ⟨materie⟩ ❸ grond(oppervlak) ★ *come back / down to* ~ weer met beide benen op de grond komen te staan ❹ hol ⟨van vos, das⟩ ★ *go to* ~ onderduiken ★ *run sth to* ~ iets opsporen **II** *ov ww* ❶ *techn* aarden ❷ *agrar* ~ **up** aanaarden

Earth [ɜ:θ] *zn* aarde ⟨planeet⟩

earthbound ['ɜ:θbaʊnd] *bnw* ❶ aan de aarde gebonden ❷ op weg naar de aarde ❸ saai, ongeïnspireerd

earthen ['ɜ:θən] *bnw* ❶ aarden ⟨vloer / wal⟩ ❷ van aardewerk

earthenware ['ɜ:θənweə] *zn* aardewerk

earthling ['ɜ:θlɪŋ] *zn* aardbewoner

earthly ['ɜ:θlɪ] *bnw* aards, op aarde ★ *no* ~ *chance* geen schijn van kans ★ *no* ~ *reason* geen enkele reden

earthquake ['ɜ:θkweɪk] *zn* aardbeving

earth science *zn* aardwetenschappen

earthwork ['ɜ:θwɜ:k] *zn* ❶ grondwerk ❷ aarden wal

earthworm ['ɜ:θwɜ:m] *zn* aardworm

earthy ['ɜ:θɪ] *bnw* ❶ gronderig, aard- ★ *in* ~ *colours* in aardkleuren ❷ *fig* platvloers, laag-bij-de-gronds

earwax ['ɪəwæks] *zn* oorsmeer

earwig ['ɪəwɪg] *zn* oorworm

ease [i:z] **I** *zn* ❶ gemak ★ *ease of use* gebruiksvriendelijkheid ★ *at (your) ease* op je gemak ★ *put sb at ease* iem. op zijn gemak stellen ★ *pass with ease* met gemak slagen ❷ rust, comfort ★ *a life of ease* een luxeleventje ★ *(stand) at ease* op de plaats rust **II** *ov ww* ❶ verlichten ★ *ease sb's mind* iem. geruststellen ❷ vergemakkelijken ❸ losser maken ❹ ~ **into** langzaam inwerken ❺ ~ **out (of)** er geleidelijk uitwerken **III** *onov ww* ❶ voorzichtig bewegen / doen ❷ naar beneden gaan (in prijs / waarde) ❸ ~ **off** afnemen ⟨in hevigheid⟩, kalmer aan doen, minder worden ❹ ~ **up** kalmer aan doen, minder worden ★ *ease up on alcohol* kalmer aan doen met de alcohol

easel ['i:zəl] *zn* (schilders)ezel

easement ['i:zmənt] *jur zn* erfdienstbaarheid, recht van overpad

easily ['i:zəlɪ] *bijw* ❶ gemakkelijk ★ ~ *bored* gauw verveeld ❷ zonder twijfel ★ ~ *the best / the nicest / enz.* absoluut de / het beste / mooiste / enz.

east [i:st] **I** *zn* het oosten ★ *to the east of* ten oosten van ★ *the East* het Oosten **II** *bnw* oostelijk, oost(en)- ★ *the east wind* de oostenwind ★ *the east side* de oostkant **III** *bijw* in / naar het oosten

eastbound ['i:stbaʊnd] *bnw* in oostelijke

richting, (op weg) naar het oosten

Easter ['i:stə] *zn* Pasen ★ ~ *Day / Sunday* eerste paasdag

easterly ['i:stəlɪ] **I** *bnw* oostelijk, oosten- **II** *zn* oostenwind

eastern ['i:stən] *bnw* ❶ oostelijk, oosten- ❷ oosters

Eastern ['i:stən] *bnw* oosters

easterner ['i:stənə] *zn* oosterling, iemand uit het oosten ⟨vooral uit het oosten v.d. VS⟩

easternmost ['i:stənməʊst] *bnw* meest oostelijk

eastward ['i:stwəd] *bnw + bijw* oostwaarts

eastwards [i:stwədz] *bijw* naar het oosten, in oostelijke richting

easy ['i:zɪ] **I** *bnw* ❶ gemakkelijk ★ *within easy reach* goed bereikbaar ★ *as easy as anything / as pie / as ABC / as falling off a log* zo gemakkelijk als wat, een eitje ★ *easy money* gemakkelijk verdiend geld, mazzeltje ★ *take the easy way out* de gemakkelijkste weg kiezen ❷ comfortabel, relaxed ★ *easy on the eye / ear* leuk om te zien / horen ★ *an easy street* in goeden doen ❸ ongedwongen, op zijn gemak ★ *inform I'm easy* het maakt mij niet uit ❹ *inform* min willig, los van zeden ⟨van vrouw⟩ **II** *bijw* ❶ voorzichtig ★ *easy does it* rustig aan (dan breekt het lijntje niet) ★ *go easy on sb* iem. met mildheid behandelen ★ *go easy on sth* iets spaarzaam gebruiken ❷ gemakkelijk ★ *easy come, easy go* zo gewonnen, zo geronnen ★ *take it easy* het gemakkelijk opnemen, uitrusten ★ *easier said than done* gemakkelijker gezegd dan gedaan

easy-going *bnw* ontspannen, tolerant

eat [i:t] ⟨onregelmatig⟩ **I** *onov ww* ❶ eten, de maaltijd gebruiken ❷ ~ **in** thuis eten ❸ ~ **out** buiten de deur eten **II** *ov ww* ❶ eten ❷ op(vr)eten ★ *inform what's eating you?* wat zit je dwars? ❸ aantasten ❹ ~ **away** wegvreten, verteren ❺ ~ **away at** knagen aan, aanvreten ❻ ~ **into** aantasten, een bres schieten in ⟨reserves⟩ ❼ ~ **out** wegvreten ❽ ~ **up** (alles) opeten, verteren, opsouperen

eatable ['i:təbl] *bnw* eetbaar

eaten [i:tn] *ww* ⟨volt. deelw.⟩ → **eat**

eater ['i:tə] *zn* ❶ eter ❷ gast (aan tafel) ❸ *GB inform* handappel / -peer

eatery ['i:tərɪ] *inform zn* eethuisje / -café

eating disorder *zn* eetstoornis

eats [i:ts] *inform zn mv* (borrel)hapjes, eten

eaves [i:vz] *zn mv* (overhangende) dakrand

eavesdrop ['i:vzdrɒp] *onov ww* stiekem meeluisteren ★ ~ *on sth* iets afluisteren

eavesdropper ['i:vzdrɒpə] *zn* luistervink

ebb [eb] **I** *zn* ❶ eb ★ *the ebb and flow of sth* het op- en neergaan van iets ❷ verval, afname ★ *at a low ebb* in de put, aan lager wal **II** *onov ww* ~ **away** vervallen, afnemen

Ebola fever [iː'bəʊlə fiːvə] *med zn* ebolakoorts

ebonite ['ebənaɪt] *zn* eboniet

ebony ['ebənɪ] **I** *zn* ❶ ebbenhout ❷ ebbenboom **II** *bnw* ❶ van ebbenhout ❷ donkerbruin, zwart

ebullience [ɪ'bʌlɪəns] *zn* ❶ het bruisen van enthousiasme ❷ uitbundigheid

ebullient [ɪ'bʌlɪənt] *bnw* ❶ bruisend van energie ❷ uitbundig

e-business ['iː 'bɪznəs] *zn* internetbedrijf

EC [i:'si:] *afk* ❶ *European Community* EG, Europese Gemeenschap ❷ *European Committee* EC, Europese Commissie

eccentric [ɪk'sentrɪk] **I** *bnw* ❶ zonderling, excentriek ❷ excentrisch **II** *zn* zonderling, excentriekeling

eccentricity [eksen'trɪsətɪ] *zn* excentriciteit

ecclesiastic [ɪkli:zɪ'æstɪk] **I** *zn* geestelijke **II** *bnw* → **ecclesiastical**

ecclesiastical [ɪkli:zɪ'æstɪkl], **ecclesiastic** [ɪkli:zɪ'æstɪk] *bnw* kerkelijk

ECG [i:si:'dʒi:] *afk, electrocardiogram* ECG, elektrocardiogram

echelon ['eʃəlɒn] *zn* ❶ echelon, rang ❷ formatie ⟨soldaten / vliegtuigen⟩

echo ['ekəʊ] **I** *zn* [mv: **echoes**] ❶ echo ❷ weerklank **II** *onov ww* ❶ weergalmen ❷ weerklank vinden **III** *ov ww* ❶ weerkaatsen ❷ herhalen

éclat ['eɪklɑ:] *zn* ❶ glans, luister ❷ aanzien

eclectic [ɪ'klektɪk] **I** *bnw* eclectisch **II** *zn* eclecticus

eclipse [ɪ'klɪps] **I** *zn* ❶ maans- / zonsverduistering ❷ verdwijning ★ *fig in* ~ op de achtergrond geraakt, van het toneel verdwenen **II** *ov ww* ❶ verduisteren ❷ *fig* overschaduwen

eco- ['i:kəʊ-] *voorv* eco-, ecologisch

ecological [i:kə'lɒdʒɪkl] *bnw* ecologisch ★ *~ly sustainable* ecologisch duurzaam

ecologist [ɪ'kɒlədʒɪst] *zn* ecoloog

ecology [ɪ'kɒlədʒɪ] *zn* ecologie

e-commerce ['i: 'kɒmɜ:s] *zn* handel via internet

economic [i:kə'nɒmɪk] *bnw* ❶ economisch ❷ lonend

economical [i:kə'nɒmɪkl] *bnw* ❶ zuinig ★ *euf be ~ with the truth* liegen, informatie achterhouden ❷ voordelig ❸ economisch ★ *~ly important* economisch van belang

economics [i:kə'nɒmɪks] *zn mv* ❶ economie ❷ economische aspecten

economist [ɪ'kɒnəmɪst] *zn* econoom

economize, economise [ɪ'kɒnəmaɪz] *ov ww* bezuinigen (**on** op)

economy [ɪ'kɒnəmɪ] *zn* ❶ economie ⟨van land / regio⟩ ★ *the black ~* het zwartgeldcircuit ★ *a controlled ~* een geleide economie ❷ (zuinig) beheer, spaarzaamheid ★ *(a) false ~* verkeerde zuinigheid ★ *be on an ~ drive* een zuinigheidscampagne voeren ❸ besparing ★ *economies of scale* besparingen door schaalvergroting ★ *travel ~ class* toeristenklasse reizen

economy pack [ɪ'kɒnəmɪ 'pæk] *zn* voordeelpak

ecstasy ['ekstəsɪ] *zn* extase

Ecstasy ['ekstəsɪ] *zn* XTC, ecstasy ⟨drug⟩

ecstatic [ɪk'stætɪk] *bnw* extatisch, verrukt ★ *~ally happy* dolgelukkig

ecumenical [i:kju'menɪkl] *bnw* oecumenisch

eczema ['eksɪmə] *zn* eczeem, huiduitslag

ed. *afk* ❶ *edited* uitgegeven ❷ *edition* uitgave ❸ *editor* redacteur

eddy ['edɪ] **I** *zn* ❶ draaikolk ❷ dwarrelwind **II** *onov ww* ❶ (rond)draaien, kolken ❷ ronddwarrelen

edge [edʒ] **I** *zn* ❶ rand, kant ★ inform *on the edge of your seat* op het puntje van je stoel, geboeid ★ *be on edge* gespannen / ongedurig zijn

❷ snede, scherpe kant ★ *this knife has lost its edge* dit mes is bot geworden ★ *be at the cutting / leading edge of sth* het modernst / best zijn in iets ★ *give sb the edge of your tongue* iem. flink op zijn nummer zetten ★ *take the edge off sth* het ergste wegnemen ❸ voorsprong ★ *have the edge over sb* vóór liggen op iem. **II** *ov ww* ❶ omzomen ❷ ~ *out* verdringen, er langzaam uitwerken **III** *onov ww* ❶ zich (langzaam en voorzichtig) bewegen ★ *edge closer to sb* dichter naar iem. toekruipen ❷ ~ *down* omlaagkruipen ⟨v. prijzen, enz.⟩

edgeways ['edʒweɪz], USA **edgewise** ['edʒwaɪz] *bijw* op z'n kant ★ *not get a word in ~* er geen woord tussen krijgen

edging ['edʒɪŋ] *zn* rand, franje

edgy ['edʒɪ] *bnw* ❶ zenuwachtig, gespannen ❷ geïrriteerd

edible ['edɪbl] *bnw* eetbaar ★ *it was barely ~* het was eigenlijk niet te eten

edict ['i:dɪkt] *zn* edict, bevelschrift

edifice ['edɪfɪs] form *zn* bouwwerk

edify ['edɪfaɪ] form *ov ww* stichten, geestelijk verheffen

edifying [edɪ'faɪɪŋ] *bnw* stichtelijk, verheffend

edit ['edɪt] *ov ww* ❶ bewerken ⟨voor publicatie⟩ ❷ redigeren ❸ monteren ⟨van film, enz.⟩ ❹ ~ *out* schrappen

edition [ɪ'dɪʃən] *zn* ❶ editie, uitgave ★ *third ~* 3e druk ❷ oplage

editor ['edɪtə] *zn* ❶ redacteur ❷ bewerker ❸ comp tekstverwerker

editorial [edɪ'tɔ:rɪəl] **I** *bnw* redactioneel **II** *zn* hoofdartikel

editorialize, editorialise [edɪ'tɔ:rɪəlaɪz] *onov ww* een subjectief verslag geven

editorship ['edɪtəʃɪp] *zn* redacteurschap

educate ['edjʊkeɪt] *ov ww* ❶ opleiden, onderwijzen ❷ opvoeden

education [edjʊ'keɪʃən] *zn* onderwijs, opleiding ★ *denominational ~* bijzonder onderwijs ★ *further ~* voortgezet onderwijs ★ *visiting China was quite an ~* ons Chinabezoek was een interessante ervaring

educational [edjʊ'keɪʃənl] *bnw* ❶ leerzaam ❷ onderwijs-

educationalist [edjʊ'keɪʃənəlɪst], **educationist** [edjʊ'keɪʃənɪst] *zn* onderwijsdeskundige

educative ['edjʊkətɪv] *bnw* opvoedend

educator ['edjʊkeɪtə] *zn* ❶ onderwijzer(es) ❸ onderwijsdeskundige

eel [i:l] *zn* paling, aal

eerie ['ɪərɪ] *bnw* ❶ eng, vreemd ★ *eerily quiet* akelig stil ❷ luguber

eff [ef] euf inform *onov ww* ❶ vloeken ★ *eff and blind* vloeken en tieren ❷ ~ *off* ophoepelen

efface [ɪ'feɪs] *ov ww* ❶ uitwissen ★ ~ *o.s.* zich wegcijferen ❷ *fig* overschaduwen

effect [ɪ'fekt] *zn* ❶ effect ★ *for ~* om indruk te maken ★ *with ~ from* geldend vanaf ❷ resultaat, (uit)werking ★ *...or words to that ~* ...of woorden van die strekking ★ *(a note) to the ~ that* (een briefje) dat er op neer kwam dat ★ *to good / bad / enz. ~* met een goed / slecht / enz. resultaat ★ *to no ~* tevergeefs ★ *bring / put / carry into ~* ten uitvoer brengen ★ *come into ~*

van kracht worden ★ *take* ~ uitwerking hebben, van kracht worden
effective [ɪ'fektɪv] *bnw* ❶ effectief, doeltreffend ❷ werkzaam ★ ~ *from April 1st* geldend vanaf 1 april
effectively [ɪ'fektɪvlɪ] *bijw* eigenlijk, in feite
effectiveness [ɪ'fektɪvnəs], **effectivity** [ɪfek'tɪvətɪ] *zn* ❶ doeltreffendheid ❷ uitwerking
effects [ɪ'fekts] *zn mv* bezittingen, goederen
effectual [ɪ'fektʃʊəl] *bnw* ❶ doeltreffend ❷ jur bindend
effectuate [ɪ'fektʃʊeɪt] form *ov ww* bewerkstelligen
effeminacy [ɪ'femɪnəsɪ] *zn* verwijfdheid
effeminate [ɪ'femɪnət] *bnw* verwijfd
effervesce [efə'ves] *onov ww* (op)bruisen, borrelen
effervescent [efə'vesənt] *bnw* ❶ borrelend ❷ bruisend ❸ fig uitgelaten
effete [ɪ'fiːt] *bnw* ❶ verzwakt, slap ❷ verwijfd ⟨van man⟩
efficacious form [efɪ'keɪʃəs] *bnw* ❶ werkzaam ❷ kracht(dad)ig ❸ efficiënt
efficacy form ['efɪkəsɪ] *zn* ❶ uitwerking ❷ doeltreffendheid ❸ kracht(dad)igheid
efficiency [ɪ'fɪʃənsɪ] *zn* ❶ efficiëntie, doelmatigheid ❷ techn rendement
efficient [ɪ'fɪʃənt] *bnw* ❶ efficiënt, doeltreffend ❷ kracht(dad)ig ❸ bekwaam ❹ techn renderend
effigy ['efɪdʒɪ] *zn* (af)beeld(ing), beeldenaar ⟨op munt⟩
effluent ['eflʊənt] *zn* afvalwater, rioolwater
effort ['efət] *zn* ❶ (krachts)inspanning, poging ★ *a joint* ~ een gezamenlijke krachtsinspanning, met vereende krachten ★ *with some* ~ met moeite ★ *make every* ~ alles in het werk stellen ❷ prestatie ★ *good* ~, *chaps!* goed gedaan, jongens!
effortless ['efətləs] *bnw* moeiteloos, ongedwongen
effrontery [ɪ'frʌntərɪ] *zn* onbeschaamdheid ★ *he had the* ~ *to call me stupid* hij had het lef om mij stom te noemen
effusion [ɪ'fjuːʒən] *zn* ❶ uitstroming ❷ fig ontboezeming
effusive [ɪ'fjuːsɪv] *bnw* (te) uitbundig ⟨m.b.t. dankbetuiging, enz.⟩
EFTA afk, *European Free Trade Association* EVA, Europese Vrijhandelsassociatie
e.g. afk, *exempli gratia* bv., bijvoorbeeld
egalitarian [ɪgælɪ'teərɪən] I *bnw* gelijkheids-, gelijkheid voorstaand II *zn* voorstander van gelijkheid
egg [eg] I *zn* ei ★ *a fried egg* een spiegelei ★ inform *have egg on your face* voor schut staan ★ inform *.put all your eggs in one basket* alles op één kaart zetten II *ov ww* ~ **on** aanzetten, ophitsen
egg cup ['egkʌp] *zn* eierdopje
egghead ['eghed] inform *zn* intellectueel
eggnog ['egnɒg] *zn* eierpunch, flip
eggplant ['egplɑːnt] USA *zn* aubergine
eggshell ['egʃel] I *zn* eierschaal ★ ~ *china* zeer dun porselein II *bnw* matglanzend ⟨van verf⟩
ego ['iːgəʊ] *zn* ❶ ego ❷ eigenwaarde, trots ❸ psych ik-bewustzijn

egocentric [iːgəʊ'sentrɪk] *bnw* egocentrisch
egoism ['iːgəʊɪzəm], **egotism** ['iːgəʊtɪzəm] *zn* egoïsme
egoist ['iːgəʊɪst], **egotist** ['egətɪst] *zn* egoïst
egoistic [iːgəʊ'ɪstɪk], **egoistical** [iːgəʊ'ɪstɪkl], **egotistic** [egə'tɪstɪk], **egotistical** [egə'tɪstɪkl] *bnw* egoïstisch
egotism ['iːgətɪzəm] *zn* → **egoism**
egotist ['egətɪst] *zn* → **egoist**
egotistic [egə'tɪstɪk], **egotistical** [egə'tɪstɪkl] *bnw* → **egoistic**
egregious [ɪ'griːdʒəs] form *bnw* schandelijk, stuitend ★ ~ *errors* koeien van fouten
egret ['iːgrət] *zn* zilverreiger
Egypt ['iːdʒɪpt] *zn* Egypte
Egyptian [ɪ'dʒɪpʃən] I *bnw* Egyptisch II *zn* Egyptenaar, Egyptische
Eid [iːd] rel *zn* islamistisch feest, suikerfeest
eider ['aɪdə], **eider duck** ['aɪdə dʌk] *zn* eidereend
eiderdown ['aɪdədaʊn] *zn* (dekbed van) eiderdons
eight [eɪt] I *telw* acht II *zn* boot voor acht roeiers, roeiploeg van acht
eighteen ['eɪ'tiːn] *telw* achttien
eighteenth [er'tiːnθ] *telw* achttiende
eighth [eɪtθ] *telw* achtste
eightieth ['eɪtɪəθ] *telw* tachtigste
eighty ['eɪtɪ] *telw* tachtig ★ *the eighties* de jaren tachtig
Eire ['eərə] *zn* Ierland
either ['aɪðə, 'iːðə] I *vnw* ❶ allebei ★ ~ *colour is suitable* beide kleuren zijn geschikt ❷ één van beide ★ *select* ~ *of the two options* kies één van beide mogelijkheden II *vw* ★ ~ *...... or of...* of, hetzij... hetzij ★ *it's* ~*or* het is of het één of het ander III *bijw* ook ★ *if you don't go, I shan't* ~ als jij niet gaat, dan ga ik ook niet ★ *I don't understand it* ~ ik begrijp het evenmin
ejaculate [ɪ'dʒækjʊleɪt] *ov+onov ww* ejaculeren, een zaadlozing hebben
ejaculation [ɪdʒækjʊ'leɪʃən] *zn* ejaculatie, zaadlozing
eject [ɪ'dʒekt] I *ov ww* ❶ verdrijven, uitzetten ⟨met geweld⟩ ❷ uitwerpen II *onov ww* per schietstoel verlaten ★ *the pilot was able to* ~ *from the plane* de piloot kon het toestel per schietstoel verlaten
ejector seat, ejection seat *zn* schietstoel
eke [iːk] *ov ww* ~ **out** rekken ★ *eke out a living / livelihood* je met moeite in leven kunnen houden
elaborate¹ [ɪ'læbərət] *bnw* ❶ gedetailleerd ❷ met zorg uitgewerkt, uitgebreid ★ *an* ~ *ruse* een ingewikkelde list
elaborate² [ɪ'læbəreɪt] *ov ww* ❶ uitwerken ❷ ~ **on/upon** uitweiden over, nader bespreken
elaboration [ɪlæbə'reɪʃən] *zn* verfijnde uitwerking, precisering, detaillering ★ *this point needs* ~ dit punt moet verder worden uitgewerkt
elapse [ɪ'læps] *onov ww* verstrijken ⟨van tijd⟩
elastic [ɪ'læstɪk] I *bnw* ❶ elastisch, rekbaar, elastieken ★ *an* ~ *band* een elastiekje ❷ soepel, flexibel II *zn* elastiek
elasticity [iːlæ'stɪsətɪ] *zn* elasticiteit
elated [ɪ'leɪtɪd] *bnw* opgetogen ★ *she's* ~ *at / by*

her success ze is in de wolken met haar succes

elation [ɪ'leɪʃən] *zn* opgetogenheid

elbow ['elbəʊ] **I** *zn* elleboog ⟨ook van pijpleiding⟩ ★ inform *up to your* ~s tot over je oren ★ inform *get / give the* ~ de bons krijgen / geven ★ USA inform *rub* ~s *with* in aanraking komen met, omgaan met **II** *ov ww* (met de ellebogen) dringen / duwen ★ ~ *your way* je een weg banen

elbow grease inform *zn* zwaar werk ⟨vooral poets- / schoonmaakwerk⟩ ★ *it just needs a bit of* ~ het heeft alleen maar een flinke poetsbeurt nodig

elbow room inform *zn* bewegingsruimte, armslag

elder ['eldə] **I** *bnw* ouder, oudste ⟨van twee⟩ **II** *zn* **❶** oudere, oudste ⟨van twee⟩ ★ *my* ~s *and betters* degenen die ouder en wijzer zijn dan ik **❷** ouderling **❸** plantk vlier

elderberry ['eldəberi] *zn* vlierbes

elderly ['eldəli] *bnw* op leeftijd

eldest ['eldɪst] *bnw* oudste

elect [ɪ'lekt] **I** *ov ww* (ver)kiezen **II** *bnw* uitverkoren ★ *the president* ~ de gekozen president ⟨nog niet in functie⟩

election [ɪ'lekʃən] *zn* verkiezing ★ *run for* ~ meedoen aan de verkiezingen ★ *stand for* ~ verkiesbaar zijn

electioneering [ɪlekʃə'nɪə] *zn* verkiezingscampagne voeren

elective [ɪ'lektɪv] **I** *bnw* **❶** kies-, keuze- **❷** op verzoek **❸** facultatief **II** *zn* keuzevak

elector [ɪ'lektə] *zn* kiezer

electorate [ɪ'lektərət] *zn* electoraat, de kiezers

electric [ɪ'lektrɪk] *bnw* **❶** elektrisch **❷** opwindend **❸** opgewonden ⟨sfeer enz⟩

electrical [ɪ'lektrɪkl] *bnw* elektrisch

electric fence [ɪ'lektrɪk 'fens] *zn* schrikdraad

electrician [ɪlek'trɪʃən] *zn* elektricien

electricity [ɪlek'trɪsəti] *zn* elektriciteit ★ *switch off the* ~ de stroom uitschakelen

electrics [ɪ'lektrɪkz] *zn mv* ★ *the* ~ de bedrading

electric shock *zn* **❶** elektrische schok **❷** med inform elektroshock

electrify [ɪ'lektrɪfaɪ] *ov ww* **❶** elektrificeren **❷** onder stroom zetten **❸** fig opwinden, enthousiast maken

electrocute [ɪ'lektrəkju:t] *ov ww* elektrocuteren, terechtstellen op de elektrische stoel

electrocution [ɪlektrə'kjuʃən] *zn* elektrocutie

electrolysis [ɪlek'trɒləsɪs] *zn* elektrolyse

electronic [ɪlek'trɒnɪk] *bnw* elektronisch ★ ~ *data processing* verwerking van informatie per computer ★ ~ *tagging* elektronisch volgsysteem ⟨t.b.v. de politie⟩ ★ ~ *shopping* elektronisch winkelen

electronics [ɪlek'trɒnɪks] *zn mv* elektronica

elegance ['elɪɡəns] *zn* elegantie

elegant ['elɪɡənt] *bnw* **❶** sierlijk, smaakvol **❷** elegant

elegy ['elədʒi] *zn* treurdicht / -zang

element ['elɪmənt] *zn* **❶** element, onderdeel **❷** iets, wat ★ *there's an* ~ *of danger* het kan gevaarlijk zijn

elemental [elɪ'mentl] *bnw* **❶** essentieel **❷** dicht v.d. de elementen, natuur-

elementary [elɪ'mentəri] *bnw* eenvoudig, elementair, basis- ★ ~ *school* basisschool

elements ['elɪmənts] *zn mv* ★ *the* ~ de elementen ⟨het weer⟩, de (grond)beginselen

elephant ['elɪfənt] *zn* olifant

elephantine [elɪ'fæntaɪn] *bnw* als een olifant, plomp

elevate ['elɪveɪt] *ov ww* **❶** bevorderen, promoveren **❷** opheffen, omhoog houden / brengen, verhogen **❸** veredelen, verheffen

elevation [elɪ'veɪʃən] *zn* **❶** bevordering, promotie **❷** verhoging **❸** hoogte, heuvel **❹** bouw aanzicht, gevel ★ *the rear* ~ de achtergevel

elevator ['elɪveɪtə] USA *zn* lift

eleven [ɪ'levən] **I** *telw* elf **II** *zn* elftal

elevenses [ɪ'levənzɪz] GB inform *zn* thee / koffie met iets erbij ⟨rond elf uur⟩, elfuurtje

eleventh [ɪ'levənθ] *telw* elfde ★ *at the* ~ *hour* te elfder ure

elf [elf] *zn* [mv: **elves**] elf, kabouter

elfin ['elfɪn] *bnw* elfen-, elfachtig, kabouterachtig

elicit [ɪ'lɪsɪt] *ov ww* ontlokken, loskrijgen ★ ~ *a response from sb* iem. een antwoord ontlokken ★ ~ *the truth* de waarheid aan het licht brengen

eligible ['elɪdʒəbl] *bnw* **❶** bevoegd ★ ~ *to vote* met stemrecht ★ *you may be* ~ *for a loan* u komt misschien in aanmerking voor een lening **❷** geschikt, begeerd

eliminate [ɪ'lɪmɪneɪt] *ov ww* **❶** elimineren, uitschakelen **❷** uit de weg ruimen, liquideren **❸** uit- / verdrijven

elimination [ɪlɪmɪ'neɪʃən] *zn* **❶** eliminatie, schrappen **❷** uitschakeling **❸** liquidatie **❹** uitsluiting

elitist [ɪ'li:tɪst] *bnw* elitair

elixir [ɪ'lɪksɪə] dicht *zn* elixer, toverdrank ★ *the* ~ *of love* het liefdeselixer

elk [elk] *zn* **❶** eland **❷** USA wapitihert

ellipse [ɪ'lɪps] *zn* ellips, ovaal

ellipsis [ɪ'lɪpsɪs] *zn* taalk ellips, weglating

elliptical [ɪ'lɪptɪkl] *bnw* **❶** onvolledig, beknopt **❷** elliptic elliptisch

elm [elm], **elm tree** *zn* iep ★ *Dutch elm disease* iepziekte

elocution [elə'kju:ʃən] *zn* voordracht(skunst)

elongate ['i:lɒŋɡeɪt] **I** *ov ww* (uit)rekken **❷** verlengen **II** *onov ww* langer worden

elongation [i:lɒŋ'ɡeɪʃən] *zn* verlenging

elope [ɪ'ləʊp] *onov ww* weglopen, er vandoor gaan ⟨om te trouwen⟩

elopement [ɪ'ləʊpmənt] *zn* het weglopen ⟨om te trouwen⟩

eloquence ['eləkwəns] *zn* welsprekendheid

eloquent ['eləkwənt] *bnw* welsprekend, welbespraakt ★ *he writes* ~*ly* hij schrijft goed

else [els] *bijw* nog meer, anders ★ *anything else?* anders nog iets? ★ *did anyone else ring?* heeft er verder nog iem. gebeld? ★ inform *shut up or else!* kop dicht of er zwaait wat!

elsewhere ['elsweə] *bijw* elders, ergens anders

ELT *afk*, *English Language Teaching* onderwijs in de Engelse taal

elucidate [ɪ'lu:sɪdeɪt] *ov ww* ophelderen, toelichten

elucidation [ɪlu:sɪ'deɪʃən] *zn* opheldering, toelichting

el

elude [ɪ'lu:d] *ov ww* ❶ ontwijken ★ *he managed to ~ the police* hij wist aan de politie te ontkomen ❷ ontgaan ★ *her name ~s me* ik kan niet op haar naam komen

elusive [ɪ'lu:sɪv] *bnw* ❶ onvindbaar, ongrijpbaar ★ *success can be ~* succes ligt soms net buiten het bereik ❷ ontwijkend

elves [elvz] *zn mv* → **elf**

'em [əm] *pers vnw, them*, ze, hun, hen ★ *you just tell 'em!* vertel ze de waarheid maar!

emaciated [ɪ'meɪsɪeɪtɪd] *bnw* uitgeteerd, uitgemergeld

email, e-mail ['i:meɪl] **I** *zn* e-mail **II** *ov ww* e-mailen

emanate ['eməneɪt] *ov ww* ❶ uitstralen ❷ ~ **from** (voort)komen uit

emancipate [ɪ'mænsɪpeɪt] *ov ww* ❶ emanciperen ❷ vrij maken

emancipation [ɪmænsɪ'peɪʃən] *zn* ❶ emancipatie ❷ vrijmaking van slavernij

emasculate [ɪ'mæskjʊleɪt] *ov ww* ❶ ontmannelijken ❷ *fig* ontkrachten

embalm [ɪm'bɑ:m] *ov ww* balsemen

embankment [ɪm'bæŋkmənt] *zn* ❶ kade ❷ (spoor)dijk, opgehoogde weg

embargo [em'bɑ:gəʊ] **I** *zn* ❶ in- / uitvoerverbod ❷ embargo, (tijdelijk) publicatieverbod **II** *ov ww* een embargo leggen op

embark [ɪm'bɑ:k] **I** *ov ww* ❶ aan boord nemen, inschepen ❷ ~ **on/upon** zich begeven / wagen in, (ergens) aan beginnen **II** *onov ww* aan boord gaan, zich inschepen

embarkation [embɑ:'keɪʃən] *zn* inscheping

embarrass [ɪm'bærəs] *ov ww* ❶ in verlegenheid brengen ❷ in moeilijkheden brengen

embarrassing [ɪm'bærəsɪŋ] *bnw* lastig, pijnlijk, gênant

embarrassment [ɪm'bærəsmənt] *zn* ❶ verlegenheid, schaamte ★ *much to our ~* tot onze grote verlegenheid ★ *she's an ~ to her family* ze is een schande voor haar familie ❷ lastig pakket, moeilijkheid

embassy ['embəsɪ] *zn* ambassade, gezantschap

embattled [ɪm'bætld] *bnw* ❶ in moeilijkheden ❷ omringd door vijanden

embed, imbed [ɪm'bed] *ov ww* inbedden, insluiten ★ *the bullet is ~ded in his leg* de kogel zit vast in zijn been ★ *technology is ~ded in our culture* de technologie zit diep verankerd in onze cultuur

embellish [ɪm'belɪʃ] *ov ww* verfraaien, versieren, opsmukken

ember ['embə] *zn* gloeiend kooltje ★ *the ~s were still hot* de sintels waren nog heet

embezzle [ɪm'bezəl] *ov ww* verduisteren (van geld)

embitter [ɪm'bɪtə] *ov ww* verbitteren

emblazon [ɪm'bleɪzən] *ov ww* versieren

emblem ['embləm] *zn* ❶ embleem ❷ symbool

emblematic [emblə'mætɪk] *bnw* symbolisch ★ *be ~ of* symboliseren

embodiment [ɪm'bɒdɪmənt] *zn* belichaming

embody [ɪm'bɒdɪ] *ov ww* ❶ belichamen ❷ uitdrukken ❸ omvatten

embolden [ɪm'bəʊldn] *ov ww* aanmoedigen

embolism ['embəlɪzəm] <u>med</u> *zn* embolie

embossed [ɪm'bɒst] *ov ww* ❶ in reliëf ❷ gedreven (van metaal)

embrace [ɪm'breɪs] **I** *ov ww* ❶ omhelzen ❷ *fig* omarmen ★ ~ *an opportunity* een gelegenheid aangrijpen ★ *he ~d communism* hij werd communist ❸ omvatten **II** *onov ww* elkaar omhelzen **III** *zn* omhelzing

embroider [ɪm'brɔɪdə] *ov ww* ❶ borduren ❷ opsmukken, versieren (van verhaal)

embroidery [ɪm'brɔɪdərɪ] *zn* borduurwerk

embroil [ɪm'brɔɪl] *ov ww* verwikkelen

embroilment [ɪm'brɔɪlmənt] *zn* ❶ verwikkeling ❷ twist

embryo ['embrɪəʊ] *zn* embryo, kiem ▼ *in ~* in embryonale toestand

embryonic [embrɪ'ɒnɪk] *bnw* nog niet ontwikkeld ★ *at an ~ stage* in een pril stadium

emcee [em'si:] <u>USA</u> *inform* <u>zn</u>, *MC, master of ceremonies* ceremoniemeester, programmaleider

emend [ɪ'mend] *ov ww* verbeteren, corrigeren

emendation [i:men'deɪʃən] *zn* ❶ verbetering, correctie (in tekst) ❷ het verbeteren (van tekst)

emerald ['emərəld] **I** *zn* smaragd **II** *bnw* ❶ smaragden ❷ smaragdgroen ★ *the Emerald Isle* Ierland

emerge [ɪ'mɜ:dʒ] *onov ww* ❶ naar buiten / tevoorschijn komen, zich vertonen ❷ (naar) boven komen ❸ zich voordoen ❹ blijken

emergence [ɪ'mɜ:dʒəns] *zn* ❶ opkomst, het verschijnen ❷ het bovenkomen

emergency [ɪ'mɜ:dʒənsɪ] *zn* ❶ onverwachte / onvoorziene gebeurtenis ❷ nood(toestand) ★ *in an ~* in geval van nood ★ *a state of ~* noodtoestand ★ *an ~ meeting* een spoedvergadering ❸ spoedgeval

emergency number *zn* alarmnummer

emergency room <u>USA</u> *zn* eerstehulpafdeling

emergency service *zn* hulpdienst (politie, brandweer of ambulance)

emergent [ɪ'mɜ:dʒənt], **emerging** [ɪ'mɜ:dʒɪŋ] *bnw* opkomend, zich ontwikkelend

emery board *zn* nagelvijl (met laagje amaril)

emetic [ɪ'metɪk] **I** *bnw* braakwekkend **II** *zn* braakmiddel

EMF *afk, European Monetary Fund* EMF, Europees Monetair Fonds

emigrate ['emɪgreɪt] *onov ww* emigreren

emigration [emɪ'greɪʃən] *zn* emigratie

émigré ['emɪgreɪ] *zn* emigrant (vaak om politieke redenen)

eminence ['emɪnəns] *zn* ❶ hoge positie ❷ eminentie

eminent ['emɪnənt] *bnw* eminent, verheven, vooraanstaand

eminently ['emɪnəntlɪ] *bijw* in hoge mate, uiterst, bij uitstek

emissary ['emɪsərɪ] *zn* gezant

emission [ɪ'mɪʃən] *zn* ❶ afgifte, uitstraling ❷ uitlaatgas (van auto) ❸ emissie, uitstoot (van schadelijke gassen enz.)

emit [ɪ'mɪt] *ov ww* ❶ uiten ❷ uitzenden (van geluid, licht enz.) ❸ uitstoten (van schadelijke stoffen)

emollient [ɪ'mɒlɪənt] **I** *bnw* verzachtend **II** *zn* verzachtend middel

emotion [ɪˈməʊʃən] zn emotie, ontroering ★ ~s *are running high* de emoties lopen hoog op
emotional [ɪˈməʊʃənl] bnw ❶ emotioneel, ontroerend ❷ gevoels- ❸ ontroerd, geroerd
emotive [ɪˈməʊtɪv] bnw (ont)roerend
empanel [ɪmˈpænl] ov ww → **impanel**
empathize, empathith [ˈempəθaɪz] onov ww ❶ meeleven (**with** met) ❷ zich inleven (in)
empathy [ˈempəθɪ] zn empathie, het zich inleven
emperor [ˈempərə] zn keizer
emphasis [ˈemfəsɪs] zn [mv: **emphases**] ❶ accent ★ *the ~ is on the first syllable* de klemtoon ligt op de eerste lettergreep ❷ nadruk
emphasize, emphasise [ˈemfəsaɪz] ov ww de nadruk leggen op, benadrukken
emphatic [ɪmˈfætɪk] bnw ❶ nadrukkelijk ❷ krachtig ★ *an ~ victory* een overduidelijke overwinning ❸ beslist
emphysema [emfɪˈsiːmə] med zn emfyseem
empire [ˈempaɪə] zn imperium, keizerrijk
empirical [emˈpɪrɪkl], **empiric** [emˈpɪrɪk] bnw empirisch, gebaseerd op ervaring
employ [ɪmˈplɔɪ] I ov ww ❶ in dienst hebben / nemen ❷ gebruiken ▼ *she is busily ~ed making dinner* ze is druk bezig eten te koken II zn ★ *be in the ~ of* in dienst zijn van
employable [ɪmˈplɔɪəbl] bnw bruikbaar, inzetbaar ★ *with her background, she is highly ~* met haar achtergrond komt ze zo aan de slag
employee [emplɔɪˈiː] zn werknemer
employer [ɪmˈplɔɪə] zn werkgever
employment [ɪmˈplɔɪmənt] zn ❶ werk, beroep ❷ werkgelegenheid ❸ tewerkstelling
employment agency zn uitzendbureau
employment office zn arbeidsbureau
employment package zn arbeidsvoorwaarden
emporium [emˈpɔːrɪəm] zn grootwinkelbedrijf, warenhuis
empower [ɪmˈpaʊə] ov ww ❶ machtigen ❷ in staat stellen ❸ zelfvertrouwen geven
empress [ˈemprɪs] zn keizerin
empties [ˈemptɪz] inform zn mv lege flessen / glazen
emptiness [ˈemptɪnəs] zn leegheid, leegte
empty [ˈemptɪ] I bnw ❶ leeg ❷ fig nietszeggend II ov ww leeg maken, legen III onov ww leeg raken
empty-handed bnw met lege handen
empty-headed bnw dom, onnozel
emu [ˈiːmjuː] zn emoe
emulate [ˈemjʊleɪt] ov ww proberen te evenaren
emulation [emjʊˈleɪʃən] zn ❶ wedijver ❷ nabootsing
emulsify [ɪˈmʌlsɪfaɪ] ov ww emulgeren
emulsion [ɪˈmʌlʃən] zn ❶ emulsie ❷ emulsieverf
enable [ɪˈneɪbl] ov ww ❶ in staat stellen, mogelijk maken ❷ machtigen
enact [ɪˈnækt] ov ww ❶ tot wet verheffen ❷ spelen ⟨van rol⟩ ★ *the scene being ~ed before them* het tafereel dat zich voor hun ogen afspeelde ❸ in praktijk brengen
enactment [ɪˈnæktmənt] zn ❶ wet(geving) ❷ verheffing tot wet ❸ vertolking ⟨van rol⟩
enamel [ɪˈnæml] I zn ❶ vernis, email, lak ❷ tandglazuur II ov ww vernissen, emailleren,

lakken
enamoured, USA **enamored** [ɪˈnæməd] bnw ★ *not ~ with* niet (zo) gelukkig zijn met ★ *dicht she was ~ of / with him* ze was verliefd / dol op hem
encamp [ɪnˈkæmp] onov ww ❶ (zich) legeren ❷ kamperen
encampment [ɪnˈkæmpmənt] zn kamp(ement)
encapsulate [ɪnˈkæpsjuleɪt] ov ww ❶ inkapselen ❷ samenvatten
encase [ɪnˈkeɪs] ov ww omhullen, omsluiten
encephalitis [ensefəˈlaɪtəs/enkefəˈlaɪtɪs] zn hersenontsteking
enchant [ɪnˈtʃɑːnt] ov ww ❶ betoveren ❷ verrukken ★ *they were ~ed by the view* ze waren gecharmeerd van het uitzicht
enchanter [ɪnˈtʃɑːntə] zn tovenaar
enchanting [ɪnˈtʃɑːntɪŋ] bnw aantrekkelijk, charmant, betoverend
enchantment [ɪnˈtʃɑːntmənt] zn ❶ verrukking ❷ betovering
enchantress [ɪnˈtʃɑːntrəs] zn ❶ tovenares ❷ betoverende vrouw
enchilada [entʃɪˈlɑːdə] zn enchilada ⟨gevulde tortilla met chilisaus⟩ ▼ inform *a big ~* een hoge piet ▼ inform *the whole ~* de hele mikmak
encircle [ɪnˈsɜːkl] ov ww omringen, insluiten, omsingelen
encl. *afk, enclosed* ingesloten ⟨in zakenbrief⟩
enclose [ɪnˈkləʊz] ov ww ❶ omgeven, omheinen ❷ bijsluiten, insluiten ⟨bij brief⟩ ★ *please find ~d* ingesloten vindt u
enclosure [ɪnˈkləʊʒə] zn ❶ omheind gebied, besloten ruimte ❷ bijlage
encode [ɪnˈkəʊd] ov ww coderen
encompass [ɪnˈkʌmpəs] ov ww ❶ omgeven, omsluiten ❷ omvatten
encore [ˈɒŋkɔː] I zn toegift II tw bis
encounter [ɪnˈkaʊntə] I ov ww ❶ geconfronteerd worden met ❷ (onverwachts) ontmoeten, treffen II zn ❶ confrontatie ❷ ontmoeting ★ *his first sexual ~* zijn eerste seksuele ervaring
encourage [ɪnˈkʌrɪdʒ] ov ww ❶ aanmoedigen, stimuleren ❷ bemoedigen
encouragement [ɪnˈkʌrɪdʒmənt] zn aanmoediging
encroach [ɪnˈkrəʊtʃ] I onov ww opdringen, oprukken II ov ww ~ **(up)on** inbreuk maken op
encroachment [ɪnˈkrəʊtʃmənt] zn ❶ aantasting ❷ overschrijding
encrust [ɪnˈkrʌst] ov ww (met een korst) bedekken ★ *~ed with diamonds* bezet met diamanten
encumber [ɪnˈkʌmbə] ov ww ❶ belemmeren, hinderen ★ *~ed by his plaster cast* gehandicapt door zijn gipsverband ❷ belasten ★ *~ed with a sick mother* belast met de zorg voor een zieke moeder ★ *~ed with shopping bags* beladen met boodschappentassen
encumbrance [ɪnˈkʌmbrəns] zn last, hindernis
encyclopedia, encyclopaedia [ensaɪkləˈpiːdɪə] zn encyclopedie
end [end] I zn ❶ eind(e), uiteinde ★ *at an end* voorbij ★ *in the end* ten slotte, op den duur ★ inform *end of story* punt uit, einde verhaal ★ *from end to end* van het begin tot het eind ★ *for weeks on end* wekenlang ★ inform *no end*

en

of heel veel ★ *at the end of the day* ten slotte, als puntje bij paaltje komt ★ *at the end of his tether* / USA *rope* aan het einde van zijn krachten, ten einde raad ★ *reach the end of the line* / *road* in het laatste stadium komen, het breekpunt bereiken ❷ dood ★ *near his end* de dood nabij ★ *come to a bad* / *sticky end* lelijk / ongelukkig aan zijn eind komen, slecht aflopen, er slecht afkomen ❸ kant, zijde ★ *end to end* in de lengte, achter elkaar ★ inform *it made my hair stand on end* het deed me de haren te berge rijzen ★ *make both ends meet* de eindjes aan elkaar knopen, fig rondkomen ★ *go off the deep end* uit zijn vel springen, plotseling enorm tekeergaan ★ *jump in at the deep end* een sprong in het duister wagen ★ *be thrown in at the deep end* in het diepe gegooid worden, voor het blok gezet worden ★ *be on* / *at the receiving end* daar zijn / zitten waar de klappen vallen **II** *ov ww* beëindigen, een eind maken aan ★ inform *a party to end all parties* een feest zoals je nog nooit meegemaakt hebt ★ *end it all* zelfmoord plegen **III** *onov ww* ❶ eindigen ❷ ~ **up** belanden, eindigen (in), uitlopen op

endanger [ɪn'deɪndʒə] *ov ww* in gevaar brengen ★ *an ~ed species* een bedreigde diersoort

endear [ɪn'dɪə] *ov ww* geliefd maken

endearing [ɪn'dɪərɪŋ] *bnw* schattig, vertederend

endearment [ɪn'dɪəmənt] *zn* liefkozing ★ *terms of ~* liefkozende woorden, koosnaampjes

endeavour, USA **endeavor** [ɪn'devə] **I** *onov ww* proberen **II** *zn* poging, inspanning

endemic [en'demɪk] *bnw* inheems, plaatsgebonden

ending ['endɪŋ] *zn* ❶ einde ❷ het beëindigen ❸ taalk uitgang

endive ['endaɪv] *zn* ❶ andijvie ❷ USA witlof

endless ['endləs] *bnw* eindeloos ★ *he talked ~ly* hij praatte aan één stuk door

endo- ['endəʊ-] *voorv* in(wendig)-, binnen-

endocrinology [endəʊkrɪ'nɒlədʒɪ] med *zn* hormonenleer

endorse [ɪn'dɔːs] *ov ww* ❶ publiekelijk steun betuigen ❷ aanbevelen ⟨in reclameboodschap⟩ ❸ endosseren, handtekening zetten op achterkant ⟨van cheque⟩ ★ *~ a (driver's) licence* achterop rijbewijs overtreding vermelden

endorsement [ɪn'dɔːsmənt] *zn* ❶ steunbetuiging ❷ aanbeveling van product ⟨in reclameboodschap⟩ ❸ vermelding van overtreding ⟨op rijbewijs⟩

endow [ɪn'daʊ] *ov ww* ❶ schenken, begiftigen ★ *she's also ~ed with intelligence* ze is nog intelligent ook ★ inform *very well ~ed* groot geschapen ⟨borsten / penis⟩ ❷ subsidiëren

endowment [ɪn'daʊmənt] *zn* ❶ talent ❷ gift ❸ het schenken

end product *zn* ❶ eindproduct ❷ fig (het) uiteindelijke resultaat

endurance [ɪn'djʊərəns] *zn* ❶ lijdzaamheid, geduld, uithoudingsvermogen ★ *beyond ~* onverdraaglijk ❷ duurzaamheid

endure [ɪn'djʊə] **I** *ov ww* verdragen, uithouden **II** *onov ww* (voort)duren, in stand blijven

enduring [ɪn'djʊərɪŋ] *bnw* blijvend

end-user *zn* ge- / verbruiker

endways ['endweɪz], USA **endwise** ['endwaɪz] *bijw* ❶ overeind ❷ met het eind naar voren ❸ in de lengte

enema ['enɪmə] *zn* klysma, darmspoeling

enemy ['enəmɪ] **I** *zn* vijand **II** *bnw* vijandelijk

energetic [enə'dʒetɪk] *bnw* ❶ energiek ❷ krachtig

energize, energise ['enədʒaɪz] *ov ww* ❶ enthousiasmeren ❷ activeren, meer kracht / energie geven

energy ['enədʒɪ] *zn* ❶ energie, werkkracht ★ *be bursting with ~* boordevol energie zitten ★ *renewable ~* duurzame energie ❷ wilskracht

enervate ['enəveɪt] *ov ww* ontkrachten, verzwakken

enfeeble [ɪn'fiːbl] *ov ww* zwak maken

enforce [ɪn'fɔːs] *ov ww* ❶ (streng) handhaven ❷ (af)dwingen

enforceable [ɪn'fɔːsəbl] *bnw* af te dwingen

enforcement [ɪn'fɔːsmənt] *zn* ❶ handhaving ❷ dwang

enfranchise [ɪn'fræntʃaɪz] *ov ww* kies- / stemrecht verlenen

engage [ɪn'geɪdʒ] **I** *ov ww* ❶ verbinden, in beslag nemen ★ *she tried to ~ him in conversation* ze probeerde een gesprek met hem aan te knopen ❷ in dienst nemen ❸ techn koppelen, inschakelen ❹ ~ **in** deelnemen aan, zich begeven in **II** *onov ww* ❶ contact leggen ★ *she ~s easily with children* ze kan goed met kinderen omgaan ❷ slaags raken, de strijd aanbinden ❸ tech koppelen, inschakelen

engaged *bnw* ❶ verloofd ❷ bezig ★ *be ~ in* / *on* bezig zijn met ★ *she is otherwise ~* ze is met iets anders bezig ❸ GB bezet, in gesprek ⟨van telefoon⟩

engagement [ɪn'geɪdʒmənt] *zn* ❶ verloving ❷ afspraak ❸ mil gevecht ❹ form betrokkenheid **(with** bij) ❺ dienstbetrekking

engaging [ɪn'geɪdʒɪŋ] *bnw* innemend, charmant

engender [ɪn'dʒendə] *ov ww* teweegbrengen, veroorzaken

engine ['endʒɪn] *zn* ❶ motor ★ *a twin~d plane* een tweemotorig vliegtuig ❷ machine ❸ locomotief

engine driver *zn* machinist

engineer [endʒɪ'nɪə] **I** *zn* ❶ ingenieur ❷ technicus ❸ scheepv machinist ❹ luchtv boordwerktuigkundige ❺ USA treinmachinist ❻ geniesoldaat ❼ aanstichter **II** *ov ww* ❶ vaak min beramen, bekokstoven ❷ bouwen ❸ manipuleren

engineering [endʒɪ'nɪərɪŋ] *zn* ❶ (machine)bouwkunde ❷ techniek ❸ technische wetenschappen ★ *chemical ~* chemische technologie ❹ bouw, constructie ❺ manipulatie

English ['ɪŋglɪʃ] **I** *zn* ❶ Engels ⟨taal⟩ ★ *oud the King's* / *Queen's ~* algemeen beschaafd Engels ★ *in plain ~* in klare taal ❷ ★ *the ~* [mv] de Engelsen **II** *bnw* Engels

Englishman ['ɪŋglɪʃmən] *zn* Engelsman ★ *an ~'s home is his castle* een Engelsman is baas in eigen huis

English-speaking *bnw* Engelstalig

Englishwoman ['ɪŋglɪʃwʊmən] *zn* Engelse

engrave [ɪn'greɪv] *ov ww* graveren ★ *be ~d on / in your heart / memory* in het geheugen gegrift staan

engraver [ɪn'greɪvə] *zn* graveur

engraving [ɪn'greɪvɪŋ] *zn* ❶ gravure ❷ graveren

engross [ɪn'grəʊs] *ov ww* voor zich opeisen, geheel in beslag nemen ★ *~ed in a book* verdiept in een boek

engrossing [en'grəʊsɪŋ] *bnw* boeiend

engulf [ɪn'gʌlf] *ov ww* ❶ overspoelen ❷ verzwelgen ★ *~ed by fear* overmand door angst

enhance [ɪn'hɑːns] *ov ww* verhogen, vermeerderen, verbeteren

enhancement [ɪn'hɑːnsmənt] *ov ww* verhoging, vermeerdering, verbetering

enhancer [ɪn'hɑːnsə] *zn* versterkend(e) stof / middel ★ *flavour ~s* smaakstoffen

enigma [ɪ'nɪgmə] *zn* raadsel ★ *she was an ~ to me* ze was me een raadsel

enigmatic [enɪg'mætɪk] *bnw* raadselachtig, geheimzinnig

enjoin [ɪn'dʒɔɪn] *ov ww* voorschrijven, bevelen ★ *jur ~ from* verbieden

enjoy [ɪn'dʒɔɪ] **I** *ov ww* genieten (van) ★ *~ good health* een goede gezondheid genieten ★ *inform ~!* geniet ervan! **II** *wkd ww* zich vermaken / amuseren

enjoyable [ɪn'dʒɔɪəbl] *bnw* prettig

enjoyment [ɪn'dʒɔɪmənt] *zn* ❶ plezier ❷ genoegen

enlarge [ɪn'lɑːdʒ] **I** *ov ww* ❶ vergroten, verruimen ❷ *~ (up)on* uitweiden over, dieper ingaan op **II** *onov ww* groter worden

enlargement [ɪn'lɑːdʒmənt] *zn* ❶ vergroting ❷ uitbreiding

enlighten [ɪn'laɪtn] *ov ww* informeren, inlichten

enlightened [ɪn'laɪtnd] *bnw* verlicht

enlightenment [ɪn'laɪtnmənt] *zn* ❶ opheldering, verduidelijking ❷ verlichting

Enlightenment [ɪn'laɪtnmənt] *zn* ★ *the ~* de Verlichting

enlist [ɪn'lɪst] **I** *ov ww* ❶ inroepen ⟨van hulp⟩ ❷ mil rekruteren, werven **II** *onov ww* dienst nemen ★ *~ in the army* in dienst gaan

enlisted USA *bnw* zonder rang ★ *an ~ man / woman* een gewoon soldaat

enlistment [ɪn'lɪstmənt] *zn* ❶ het inroepen ⟨van hulp⟩ ❷ mil diensttijd

enliven [ɪn'laɪvən] *ov ww* verlevendigen, opvrolijken

enmesh [ɪn'meʃ] *ov ww* verstrikken ★ *be ~ed in* verstrikt zijn in

enmity ['enmɪtɪ] *zn* vijandschap

ennoble [ɪ'nəʊbl] *ov ww* ❶ adelen, veredelen ❷ in de adelstand verheffen ❸ verheffen, grotere waardigheid geven

enormity [ɪ'nɔːmɪtɪ] *zn* ❶ enormiteit, enorme omvang ❷ gruweldaad

enormous [ɪ'nɔːməs] *bnw* enorm, kolossaal

enough [ɪ'nʌf] *bnw + bijw* ❶ genoeg ★ *nowhere near ~* bij lange na niet genoeg ★ *~ is ~* genoeg is genoeg, en daarmee uit ★ *~ said* laten we er maar over ophouden, dat zegt genoeg ★ *I've had ~ (of it)* ik ben het zat ❷ redelijk ★ *she seems nice ~* ze komt tamelijk aardig over ★ *would you*

be kind ~ to zou je zo vriendelijk willen zijn om te

enquire [ɪn'kwaɪə], vooral USA **inquire I** *onov ww* form navragen, informeren **II** *ov ww* ❶ *~ about/after* informeren naar, onderzoeken ❷ *~ into* een onderzoek instellen naar ❸ form *~ of* inlichtingen inwinnen bij

enquirer, inquirer [ɪn'kwaɪərə] *zn* onderzoeker, enquêteur

enquiring, inquiring [ɪn'kwaɪərɪŋ] *bnw* ❶ onderzoekend, vragend ❷ weetgierig

enquiry, inquiry [ɪn'kwaɪərɪ] *zn* ❶ (officieel) onderzoek ★ *euf help the police with their inquiries* ondervraagd worden door de politie ❷ aan- / navraag ❸ informatie ★ *make enquiries* inlichtingen inwinnen

enrage [ɪn'reɪdʒ] *ov ww* woedend maken

enraptured [ɪn'ræptʃəd] *bnw* verrukt

enrich [ɪn'rɪtʃ] *ov ww* rijk(er) maken, verrijken

enrichment [ɪn'rɪtʃmənt] *zn* verrijking ★ *an ~ plant* een (uranium)verrijkingsfabriek

enrol, USA **enroll** [ɪn'rəʊl] **I** *onov ww* zich (laten) inschrijven ★ *~l in a course* zich opgeven voor een cursus **II** *ov ww* inschrijven, in dienst nemen

enrolment, USA **enrollment** [ɪn'rəʊlmənt] *zn* ❶ inschrijving ❷ aantal inschrijvingen

ensconce [ɪn'skɒns] **I** *ov ww* veilig wegstoppen ★ *be ~d in* veilig verstopt in **II** *wkd ww* zich (behaaglijk) nestelen

ensemble [ɒn'sɒmbl] *zn* ❶ (muziek)ensemble, groep ❷ ensemble ⟨dameskleding⟩

enshrine [ɪn'ʃraɪn] form *ov ww* ❶ vastleggen, (als kostbaar goed) bewaren ❷ in- / omsluiten

enshroud [ɪn'ʃraʊd] dicht *ov ww* (om)hullen

ensign ['ensaɪn] *zn* ❶ vlag, vaandel ❷ USA luitenant-ter-zee derde klasse

enslave [ɪn'sleɪv] *ov ww* ❶ (doen) verslaven ❷ tot slaaf maken

enslavement [ɪn'sleɪvmənt] *zn* slavernij

ensnare [ɪn'sneə] *ov ww* verstrikken

ensue [ɪn'sjuː] *onov ww* volgen, resulteren

en suite [ɒn 'swiːt] *bnw* ★ *an ~ bathroom / a bathroom ~* een eigen (wc en) badkamer

ensure [ɪn'ʃɔː] *ov ww* ❶ verzekeren, waarborgen ❷ je vergewissen (van) ❸ veilig stellen ★ *~ against burglary* tegen inbraak beveiligen

ENT *afk* ear, nose and throat KNO, keel-, neus- en oor-

entail [ɪn'teɪl] *ov ww* tot gevolg hebben, met zich meebrengen ★ *what is ~ed in the job? / what does the job ~?* wat houdt de baan in?

entangle [ɪn'tæŋgl] *ov ww* verwikkelen ★ *be ~d in / with* verstrikt / verward zitten in

entanglement [ɪn'tæŋglmənt] *zn* ❶ ingewikkelde relatie ❷ het verstrikt raken

enter ['entə] **I** *onov ww* ❶ binnengaan ❷ lid worden, zich opgeven ❸ ton opkomen **II** *ov ww* ❶ binnengaan / -komen, binnendringen ★ *it never ~ed my head* het kwam nooit in mij op ★ *~ Parliament* parlementslid worden ★ *~ politics* de politiek ingaan ❷ toelaten (als lid) ❸ beginnen ⟨een activiteit⟩ ❹ zich inschrijven ⟨voor examen, wedstrijd, enz.⟩ ❺ invullen, invoeren ⟨gegevens⟩ ❻ form (officieel) verklaren ★ *~ a vote* een stem uitbrengen ★ *~ a protest* een protest indienen

en

❼ boeken ❽ ~ **for** zich opgeven voor ⟨wedstrijd, examen, enz.⟩, toelaten tot ❾ ~ **into** erbij komen, een rol gaan spelen, aangaan ⟨van contract, enz.⟩, aanknopen, beginnen ★ *what he thinks doesn't ~ into it* wat hij denkt doet er niet toe ❿ form ~ **(up)on** aanvaarden, beginnen met

enteritis [entəˈraɪtɪs] *zn* darmontsteking

enterprise [ˈentəpraɪz] *zn* ❶ onderneming ❷ ondernemingsgeest, initiatief ★ *a man of ~* een man met ondernemingszin / durf

enterprising [ˈentəpraɪzɪŋ] *bnw* ondernemend

entertain [entəˈteɪn] *ov ww* ❶ gastvrij onthalen / ontvangen ❷ onderhouden, aangenaam bezig houden, vermaken ❸ koesteren ⟨gevoelens⟩ ★ ~ *doubts* twijfels hebben ❹ in overweging nemen ⟨voorstel⟩

entertainer [entəˈteɪnə] *zn* conferencier, kleinkunstenaar, zanger(es)

entertaining [entəˈteɪnɪŋ] *bnw* amusant, onderhoudend

entertainment [entəˈteɪnmənt] *zn* amusement, vermaak

enthral, USA **enthrall** [ɪnˈθrɔːl] *ov ww* boeien, betoveren

enthrone [ɪnˈθrəʊn] *ov ww* kronen, installeren

enthronement [ɪnˈθrəʊnmənt] *zn* kroning, installering

enthuse [ɪnˈθjuːz] I *ov ww* enthousiast maken II *onov ww* enthousiast zijn, dwepen

enthusiasm [ɪnˈθjuːzɪæzəm] *zn* enthousiasme, geestdrift

enthusiast [ɪnˈθjuːzɪæst] *zn* enthousiasteling, geestdriftig bewonderaar

enthusiastic [ɪnθjuːzɪˈæstɪk] *bnw* enthousiast

entice [ɪnˈtaɪs] *ov ww* (aan- / ver)lokken, verleiden

enticement [ɪnˈtaɪsmənt] *zn* ❶ lokmiddel ❷ verlokking, verleiding

enticing [ɪnˈtaɪsɪŋ] *bnw* verleidelijk, verlokkelijk

entire [ɪnˈtaɪə] *bnw* ❶ (ge)heel ★ *be in ~ agreement* het er helemaal mee eens zijn ❷ compleet

entirely [ɪnˈtaɪəlɪ] *bijw* helemaal, totaal

entirety [ɪnˈtaɪərətɪ] *zn* geheel ★ *in its ~* in z'n geheel

entitle [ɪnˈtaɪtl] *ov ww* ❶ betitelen ★ *her book is ~d 'Emma'* haar boek heeft de titel 'Emma' ❷ recht geven op ★ *be ~d to* recht hebben op, recht geven op

entitlement [ɪnˈtaɪtlmənt] *zn* ❶ recht (to op) ❷ betiteling ❸ USA uitkering

entity [ˈentətɪ] *zn* entiteit, eenheid

entomb [ɪnˈtuːm] *ov ww* begraven, bijzetten ⟨in grafkelder⟩

entombment [ɪnˈtuːmmənt] *zn* begrafenis, bijzetting ⟨in grafkelder⟩

entomologist [entəˈmɒlədʒɪst] *zn* insectenkundige

entomology [entəˈmɒlədʒɪ] *zn* insectenleer

entourage [ɒntʊˈrɑːʒ] *zn* gevolg, begeleiding

entrails [ˈentreɪlz] *zn mv* ingewanden, binnenste

entrance¹ [ˈentrəns] *zn* ❶ ingang, toegang ★ *no ~* verboden toegang ★ *an ~ exam* een toelatingsexamen ❷ intocht, binnenkomst, entree ★ *make your ~* binnen- / opkomen ★ *an ~*

fee entreegeld ❸ ⟨ambts⟩aanvaarding

entrance² [ɪnˈtrɑːns] *ov ww* verrukken

entrant [ˈentrənt] *zn* ❶ nieuweling ❷ deelnemer, inschrijver

entrapment [ɪnˈtræpmənt] *zn* ❶ vangst ⟨in val⟩ ❷ jur ontlokking van een bekentenis

entreat [ɪnˈtriːt] form *ov ww* smeken, bidden

entreaty [ɪnˈtriːtɪ] *zn* smeekbede

entrée [ˈɒntreɪ] *zn* ❶ hoofdgerecht, voorgerecht ❷ toegang

entrench, intrench [ɪnˈtrentʃ] *ov ww* ❶ stevig verankeren ★ *sexism is deeply ~ed here* seksisme is hier diepgeworteld ❷ mil verschansen

entrepreneur [ɒntrəprəˈnɜː] *zn* ondernemer

entrepreneurship [ɒntrəprəˈnɜːʃɪp] *zn* ondernemerschap

entrust [ɪnˈtrʌst] *ov ww* toevertrouwen ★ ~ *sb with sth* iem. iets toevertrouwen ★ ~ *sth to sb* iem. iets toevertrouwen

entry [ˈentrɪ] *zn* ❶ (binnen)komst, intocht ❷ ingang ❸ inzending ⟨voor wedstrijd⟩ ❹ boeking ❺ intekening, inschrijving, aantal inschrijvingen ❻ post ⟨in boekhouding⟩ ★ *by double / single ~* dubbel / enkel ⟨bij boekhouden⟩ ❼ notitie ⟨in dagboek⟩ ❽ invoering ⟨van gegevens⟩

entwine [ɪnˈtwaɪn] *ov ww* ❶ ineenvlechten, ineenstrengelen ★ *their arms were ~d around each other* ze hielden elkaar in hun armen ❷ verbinden ★ *their destinies are ~d* hun lot is met elkaar verbonden

enumerate [ɪˈnjuːməreɪt] *ov ww* opnoemen, opsommen

enunciate [ɪˈnʌnsɪeɪt] *ov ww* ❶ (duidelijk) uitspreken ❷ form uiteenzetten, formuleren

envelop [ɪnˈveləp] *ov ww* ❶ omhullen ❷ omwikkelen, inwikkelen

envelope [ˈenvələʊp] *zn* ❶ envelop ❷ map

enviable [ˈenvɪəbl] *bnw* benijdenswaardig

envious [ˈenvɪəs] *bnw* afgunstig ★ ~ *of* jaloers op

environment [ɪnˈvaɪərənmənt] *zn* ❶ omgeving ❷ milieu

environmental [ɪnvaɪərənˈmentl] *bnw* milieu- ★ ~*ly friendly* milieuvriendelijk

environmentalist [ɪnvaɪərənˈmentəlɪst] *zn* ❶ milieudeskundige ❷ milieuactivist

environs [ɪnˈvaɪərənz] *zn mv* ❶ omstreken ❷ omgeving

envisage [ɪnˈvɪzɪdʒ] *ov ww* ❶ beschouwen ❷ voorzien, zich voorstellen

envoy [ˈenvɔɪ] *zn* (af)gezant

envy [ˈenvɪ] I *zn* (voorwerp van) afgunst, jaloezie, nijd ★ *green with envy* groen en geel van afgunst ★ *look on sb with envy* jaloers zijn op iem. ★ *it's the envy of all my friends* al mijn vrienden zijn hier jaloers op II *ov ww* benijden, jaloers zijn ★ *he envies me my car* hij benijdt mij mijn auto

enzyme [ˈenzaɪm] *zn* enzym

ephemeral [ɪˈfemərəl] *bnw* vluchtig, kortstondig

epic [ˈepɪk] I *zn* ❶ episch gedicht, epos ❷ historische actiefilm ⟨meestal lang⟩ ❸ humor lang en moeilijk karwei II *bnw* ❶ episch ❷ lang en moeizaam ❸ indrukwekkend

epicentre, USA **epicenter** [ˈepɪsentə] *zn* epicentrum

epicure ['epɪkjʊə] zn gastronoom, lekkerbek
epidemic [epɪ'demɪk] I zn epidemie II bnw epidemisch
epidermis [epɪ'dɜːmɪs] med zn opperhuid
epidural [epɪ'djʊərəl] med zn ruggenprik
epigram ['epɪgræm] zn puntdicht
epigraph [epɪ'grɑːf] zn ❶ epigraaf ❷ opschrift, motto
epilepsy ['epɪlepsɪ] zn epilepsie, vallende ziekte
epileptic [epɪ'leptɪk] I zn epilepsiepatiënt II bnw epileptisch
epilogue ['epɪlɒg], USA **epilog** zn slotwoord, naschrift
epiphany [ɪ'pɪfənɪ] zn openbaring
Epiphany [ɪ'pɪfənɪ] zn (feest van) Driekoningen ⟨6 januari⟩
episcopal [ɪ'pɪskəpl] bnw bisschoppelijk
episode ['epɪsəʊd] zn ❶ episode ❷ aflevering ⟨van serie⟩
epistle [ɪ'pɪsəl] humor form zn brief
epistolary [ɪ'pɪstələrɪ] bnw ★ an ~ novel een briefroman
epitaph ['epɪtɑːf] zn ❶ grafschrift ❷ aandenken
epithet ['epɪθet] zn ❶ bijnaam ❷ USA scheldwoord
epitome [ɪ'pɪtəmɪ] zn toonbeeld, personificatie
epitomize, epitomise [ɪ'pɪtəmaɪz] ov ww ❶ het toonbeeld zijn van ❷ samenvatten, beknopt weergeven
epoch ['iːpɒk] zn ❶ tijdvak ❷ tijdperk
epoch-making ['iːpɒkmeɪkɪŋ] bnw baanbrekend, gewichtig
eponymous [ɪ'pɒnɪməs] bnw titel- ★ the ~ hero of the novel de titelheld van de roman
epoxy [ɪ'pɒksɪ], **epoxy resin** zn epoxyhars ★ a two-part ~ tweecomponentenlijm
equable ['ekwəbl] bnw evenwichtig, gelijkmatig ★ be in an ~ mood in een goed humeur zijn
equal ['iːkwəl] I bnw ❶ gelijk(matig) ★ an ~ fight een gelijk opgaand gevecht ★ on ~ terms op voet van gelijkheid ❷ dezelfde, hetzelfde ★ b squared is ~ to c squared b kwadraat is c kwadraat ❸ bestand ★ ~ to the task tegen de taak opgewassen II zn gelijke ★ be without ~ / have no ~ ongeëvenaard zijn, zonder weerga zijn III ov ww gelijk zijn aan, evenaren ★ 2 plus 2 ~s 4 2 plus 2 is 4
equality [ɪ'kwɒlətɪ] zn gelijkheid, gelijkwaardigheid
equalization, equalisation [iːkwəlar'zeɪʃən] zn ❶ het gelijkmaken ❷ het evenredig verdelen
equalize, equalise ['iːkwəlaɪz] I ov ww gelijk maken / stellen II onov ww sport de gelijkmaker scoren
equalizer, equaliser ['iːkwəlaɪzə] zn sport gelijkmaker
equally ['iːkwəlɪ] bijw ❶ even ❷ gelijk(elijk) ❸ tegelijkertijd, evenzeer
equanimity [ekwə'nɪmətɪ] zn ❶ evenwichtigheid ❷ berusting ★ with ~ berustend
equate [ɪ'kweɪt] ov ww ❶ gelijkstellen, vergelijken ❷ ~ to/with gelijk zijn aan ★ ~ sth with sth else iets vereenzelvigen met iets anders
equation [ɪ'kweɪʒn] zn ❶ wisk scheik vergelijking ★ fig enter the ~ in het geding komen ❷ het gelijk maken / stellen

equator [ɪ'kweɪtə] zn ★ the ~ de evenaar
equatorial [ekwə'tɔːrɪəl] bnw equatoriaal
equerry [ɪ'kwerɪ] zn adjudant ⟨van lid koninklijk huis⟩
equestrian [ɪ'kwestrɪən] I bnw ruiter- II zn ruiter
equi- ['iːkwɪ, 'ekwɪ] voorv equi-, gelijk-
equidistant [iːkwɪ'dɪstənt] bnw op gelijke afstand
equilateral [iːkwɪ'lætərəl] meetk bnw gelijkzijdig ⟨van een driehoek⟩
equilibrium [iːkwɪ'lɪbrɪəm] zn evenwicht
equine ['iːkwaɪn] bnw paarden-
equinox ['iːkwɪnɒks] zn (dag- en-)nachtevening
equip [ɪ'kwɪp] ov ww ❶ uit- / toerusten ❷ klaar / geschikt maken
equipment [ɪ'kwɪpmənt] zn ❶ uitrusting, outillage ❷ gereedschap, apparatuur ★ a useful piece of ~ een bruikbaar stuk gereedschap ❸ het uitrusten / outilleren
equitable ['ekwɪtəbl] bnw ❶ billijk ❷ onpartijdig
equities ['ekwətɪz] econ zn mv aandelen
equity ['ekwətɪ] zn ❶ econ (netto) vermogen ❷ billijkheid
equivalence [ɪ'kwɪvələns] zn gelijkwaardigheid
equivalent [ɪ'kwɪvələnt] I zn equivalent II bnw gelijkwaardig ★ a cup is ~ to 250 ml een kop komt overeen met 250 ml
equivocal [ɪ'kwɪvəkl] bnw ❶ dubbelzinnig ❷ twijfelachtig, dubieus
equivocate [ɪ'kwɪvəkeɪt] onov ww dubbelzinnig spreken, er omheen draaien
equivocation [ɪkwɪvə'keɪʃən] zn dubbelzinnigheid, draaierij ★ endorse sth without ~ iets onvoorwaardelijk onderschrijven
er tw eh ⟨bij aarzeling⟩
ER afk ❶ med Emergency Room ≈ eerstehulpafdeling ❷ Elizabeth Regina koningin Elizabeth
era ['ɪərə] zn tijdperk
eradicate [ɪ'rædɪkeɪt] ov ww uitroeien
eradication [ɪrædɪ'keɪʃən] zn uitroeiing
erase [ɪ'reɪz] ov ww ❶ uitvegen, uitwissen ❷ comp wissen
eraser [ɪ'reɪzə] zn ❶ vlakgum ❷ bordenwisser
erasure [ɪ'reɪʒə] zn ❶ uitwissing ❷ vernietiging
ere [eə] dicht I vz vóór ★ ere long weldra II vw voordat
erect [ɪ'rekt] I bnw ❶ rechtop ❷ omhoogstaand ⟨penis / tepels⟩ II ov ww ❶ bouwen, oprichten ❷ opzetten ❸ neerzetten
erection [ɪ'rekʃən] zn ❶ erectie ❷ het oprichten / bouwen ❸ form (groot) gebouw
ergonomics zn mv ergonomie
ermine ['ɜːmɪn] zn hermelijn
erode [ɪ'rəʊd] I ov ww ❶ eroderen, wegbijten / -vreten, uitschuren ❷ fig uithollen ❸ fig verzwakken II onov ww eroderen, wegspoelen
erogenous [ɪ'rɒdʒɪnəs] bnw erogeen
erosion [ɪ'rəʊʒən] zn erosie, uitholling ⟨ook fig.⟩ ★ ~ of confidence het ondermijnen van vertrouwen
erotic [ɪ'rɒtɪk] bnw erotisch
erotica [ɪ'rɒtɪkə] zn mv erotische literatuur
eroticism [ɪ'rɒtɪsɪzəm] zn erotiek
err [ɜː] ov ww een fout begaan, zich vergissen ★ err on the side of caution het zekere voor het onzekere nemen

errand ['erənd] *zn* boodschap ★ *run ~s* boodschappen doen / rondbrengen

errant ['erənt] *humor form bnw* ❶ zondigend, van het rechte pad af ❷ ontrouw ⟨overspelig⟩

erratic [ɪ'rætɪk] *bnw* ❶ onregelmatig, onevenwichtig ❷ grillig, onvoorspelbaar

erratum [ɪ'rɑ:təm] *drukk zn* [mv: **errata**] erratum, fout

erroneous [ɪ'rəʊnɪəs] *bnw* onjuist, verkeerd

error ['erə] *zn* ❶ fout, vergissing ★ *due to human ~* door een menselijke fout ★ *due to an ~ of judgement* door een inschattingsfout ★ *in ~* per vergissing ❷ dwaling ★ *see the ~ of his ways* zijn dwaling inzien

error message *comp zn* foutmelding

ersatz ['eəzæts] *zn* surrogaat

erstwhile ['ɜ:stwaɪl] *form bnw* voormalig

erudite ['eru:daɪt] *bnw* erudiet

erupt [ɪ'rʌpt] *onov ww* ❶ uitbarsten ⟨van vulkaan⟩ ❷ losbarsten ❸ uitbarsten ⟨van gevoelens⟩ ★ *the crowd ~ed into cheers* het publiek barstte in gejuich uit ❹ opkomen ⟨van (huid)uitslag⟩

eruption [ɪ'rʌpʃən] *zn* ❶ uitbarsting ❷ (huid)uitslag

escalate ['eskəleɪt] I *onov ww* ❶ escaleren, verhevigen ★ *~ into war* escaleren tot een oorlog ❷ toenemen II *ov ww* laten escaleren

escalation [eskə'leɪʃən] *zn* ❶ stijging ⟨van prijzen⟩ ❷ verheviging ⟨van geweld / spanning⟩

escalator ['eskəleɪtə] *zn* roltrap

escapade ['eskəpeɪd] *zn* escapade, wild avontuur

escape [ɪ'skeɪp] I *onov ww* ontsnappen ⟨ook van gas, enz.⟩, ontkomen ★ *she ~d unhurt* zij kwam er ongedeerd vanaf II *ov ww* ontgaan ⟨straf, enz.⟩ ★ *it has ~d my notice* het is aan mijn aandacht ontsnapt ★ *the name ~d him* de naam ontschoot hem ★ *we narrowly ~d death* wij ontkwamen ternauwernood aan de dood ★ *there was no escaping the fact* er was geen ontkomen aan III *zn* ❶ ontsnapping ★ *they had a narrow ~* ze ontsnapten op het nippertje ❷ vlucht

escape clause *zn* ontsnappingsclausule

escapee [ɪskeɪ'pi:] *zn* ontsnapte gevangene

escarpment [ɪ'skɑ:pmənt] *zn* steile (rots)wand ⟨langs plateau⟩

eschew [ɪs'tʃu:] *form ov ww* schuwen, mijden

escort[1] ['eskɔ:t] *zn* escorte, geleide

escort[2] [ɪ'skɔ:t] *ov ww* escorteren, begeleiden

escort agency *zn* escort service

esoteric [i:səʊ'terɪk] *bnw* esoterisch, voor ingewijden

esp. *afk, especially* vooral, speciaal

espalier [ɪ'spælɪə] *zn* leiboom

especially [ɪ'speʃli] *bijw* ❶ vooral ❷ bijzonder ★ *not feeling ~ happy* niet erg vrolijk zijn

espionage ['espɪənɑ:ʒ] *zn* spionage

espousal [ɪ'spaʊzəl] *form zn* omhelzing, aannemen ⟨van idee, godsdienst, enz.⟩

espouse [ɪ'spaʊz] *form ov ww* aannemen ⟨van godsdienst, overtuiging, enz.⟩

Esq. *afk, Esquire* Dhr ★ *John Smith Esq.* de Weledele Heer John Smith

essay ['eseɪ] I *zn* ❶ essay, korte studie ❷ *onderw* opstel ★ *do an ~ on democracy* een opstel schrijven over democratie, een werkstuk maken over democratie ❸ *form* poging II *ov ww* *form* pogen

essayist ['eserɪst] *zn* essayschrijver

essence ['esəns] *zn* ❶ wezen, kern ★ *of the ~* van essentieel belang ❷ extract, parfum

essential [ɪ'senʃəl] I *bnw* wezenlijk, onontbeerlijk II *zn* het wezenlijke, het onontbeerlijke ★ *the bare ~s* de meest noodzakelijke dingen

essentially [ɪ'senʃəlɪ] *bijw* in wezen, essentieel

establish [ɪ'stæblɪʃ] I *ov ww* ❶ oprichten, vestigen ★ *well ~ed* lang bestaand, lang gevestigd, solide ❷ tot stand brengen ❸ vaststellen II *wkd ww* ❶ zichzelf bewijzen ❷ zich vestigen

establishment [ɪ'stæblɪʃmənt] *zn* ❶ instelling, organisatie ❷ hotel, grote zaak ❸ stichting, het tot stand brengen

Establishment *zn* ★ *the ~* de gevestigde orde

estate [ɪ'steɪt] *zn* ❶ landgoed ❷ *GB* stadsdeel, woonwijk ★ *real ~* onroerend goed ❸ *jur* boedel, nalatenschap ★ *USA ~ tax* successiebelasting

estate agent *zn* makelaar in onroerend goed

estate car *GB zn* stationcar

esteem [ɪ'sti:m] I *zn* achting ★ *hold sb in high ~* iem. hoogachten II *ov ww* achten, waarderen

esthetic *USA bnw* → **aesthetic**

esthetics *USA zn mv* → **aesthetics**

estimable ['estɪməbl] *form bnw* achtenswaardig

estimate[1] ['estɪmət] *zn* raming, schatting ★ *at a rough ~* ruwweg, grof geschat

estimate[2] ['estɪmeɪt] *ov ww* ❶ schatten, taxeren ❷ *~ at* schatten op, begroten op

estimation [estɪ'meɪʃən] *zn* ❶ schatting ❷ oordeel, mening ★ *in my ~* volgens mij ❸ achting ★ *go up in sb's ~* in iemands achting stijgen

estranged [ɪ'streɪndʒd] *bnw* vervreemd ★ *her ~ husband* haar ex-man

estrangement [ɪ'streɪndʒmənt] *zn* vervreemding

estrogen ['i:strədʒən] *USA zn* oestrogeen

estuary ['estjʊərɪ] *zn* trechtermonding ⟨van rivier⟩

et al. *afk, et alii* e.a., en anderen

etc. *afk, et cetera* enz., enzovoorts

etch [etʃ] *ov+onov ww* etsen ★ *be etched on your memory / heart / mind* in je geheugen gegrift staan

etching ['etʃɪŋ] *zn* ets

eternal [ɪ'tɜ:nl] *bnw* eeuwig

eternity [ɪ'tɜ:nətɪ] *zn* eeuwigheid

ethereal [ɪ'θɪərɪəl] *bnw* ❶ etherisch ❷ vluchtig ❸ hemels

ethical ['eθɪkl] *bnw* ethisch

ethics ['eθɪks] *zn mv* ethiek

ethnic ['eθnɪk] *bnw* ❶ etnisch ❷ volkenkundig

ethnography [eθ'nɒɡrəfɪ] *zn* etnografie

ethnologist [eθ'nɒlədʒɪst] *zn* etnoloog

ethnology [eθ'nɒlədʒɪ] *zn* volkenkunde

ethos ['i:θɒs] *form zn* ethos, zedelijke houding / motivatie

etymologist [etɪ'mɒlədʒɪst] *zn* etymoloog

etymology [etɪ'mɒlədʒɪ] *zn* etymologie, (studie van) woordafleiding

eucalyptus [ju:kə'lɪptəs] *zn* eucalyptus(boom)

Eucharist ['ju:kərɪst] *rel zn* ★ *the ~* de eucharistie, het Avondmaal

eugenic [juːˈdʒenɪk] *bnw* eugenetisch
eugenics [juːˈdʒenɪks] *zn mv* eugenese, eugenetica
eulogize, eulogise [ˈjuːlədʒaɪz] *ov ww* prijzen, loven ★ ~ *over sth* de loftrompet steken over iets
eulogy [ˈjuːlədʒɪ] *zn* lof(rede)
euphemism [ˈjuːfɪmɪzəm] *zn* eufemisme
euphemistic [juːfəˈmɪstɪk] *bnw* eufemistisch
euphoria [juːˈfɔːrɪə] *zn* euforie, gelukzalig gevoel
euphoric [juːˈfɒrɪk] *bnw* euforisch ★ *he was not exactly ~ about the film* hij was niet bepaald enthousiast over de film
Eurasian [jʊəˈreɪʒən] **I** *zn* Eurazïer **II** *bnw* Euraziatisch, Europees-Aziatisch
euro [ˈjʊərəʊ] *zn* euro
Eurocrat [ˈjʊərəʊkræt] *soms min zn* eurocraat ⟨hoge euroambtenaar⟩
European [jʊərəˈpɪən] **I** *zn* Europeaan **II** *bnw* Europees
euthanasia [juːθəˈneɪzɪə] *zn* euthanasie
evacuate [ɪˈvækjʊeɪt] *ov ww* ❶ evacueren ❷ ontruimen, ledigen ❸ ontlasten ⟨van ingewanden⟩
evacuation [ɪvækjʊˈeɪʃən] *zn* ❶ evacuatie ❷ ontruiming ❸ ontlasting ⟨van darmen⟩
evacuee [ɪvækjuːˈiː] *zn* evacué
evade [ɪˈveɪd] *ov ww* ontduiken / -wijken, vermijden, uit de weg gaan ⟨van probleem, enz.⟩
evaluate [ɪˈvæljʊeɪt] *ov ww* evalueren, beoordelen
evaluation [ɪvæljʊˈeɪʃən] *zn* evaluatie, nabeschouwing, beoordeling
evanescent [iːvəˈnesənt] *dicht bnw* voorbijgaand, vluchtig
evangelical [iːvænˈdʒelɪkl] **I** *bnw* evangelisch **II** *zn* evangelisch christen
evangelism [iːˈvændʒəlɪzəm] *zn* evangelieprediking
evangelist [ɪˈvændʒəlɪst] *zn* evangelist ⟨evangelieschrijver / prediker⟩
evangelize, evangelise [ɪˈvændʒəlaɪz] *ov ww* evangeliseren, het evangelie verkondigen ★ ~ *for political change* politieke verandering preken
evaporate [ɪˈvæpəreɪt] *ov+onov ww* ❶ (doen) verdampen ★ ~*d milk* gecondenseerde melk ❷ verdwijnen ⟨van steun, zelfvertrouwen enz.⟩
evaporation [ɪvæpəˈreɪʃən] *zn* ❶ verdamping, uitwaseming ❷ verdwijning ⟨van steun, zelfvertrouwen enz.⟩
evaporator [ɪˈvæpəreɪtə] *zn* verdampingstoestel, verdamper
evasion [ɪˈveɪʒən] *zn* ontwijking, ontduiking ★ *tax* ~ belastingontduiking
evasive [ɪˈveɪsɪv] *bnw* ontwijkend
eve [iːv] *zn* ❶ vooravond, dag vóór ★ *the eve of the elections* de vooravond van de verkiezingen ❷ dicht avond
even [ˈiːvən] **I** *bnw* ❶ effen ❷ even ⟨van getallen⟩ ❸ gelijk ★ *be even* quitte zijn ★ *get even with sb* iem. iets betaald zetten ❹ vlak ❺ gelijk- / regelmatig **II** *bijw* ❶ zelfs ★ *she never even saw him* ze zag hem niet eens ★ *even if I have to do it myself* al moet ik het ook zelf doen ★ *even though she can be annoying* hoewel ze irritant

kan zijn ❷ (zelfs) nog ★ *she's even taller than me* ze is zelfs nog groter dan ik ★ *even so* maar dan nog ★ *even now* maar nog steeds, (al)hoewel ★ *even then* ook toen al, desondanks ❸ dicht juist, net ★ *even as* op het zelfde ogenblik (dat) **III** *ov ww* ❶ gelijk maken, gelijkstellen ❷ ~ **out** gelijkmatig verdelen / -spreiden ❸ ~ **up** gelijk maken **IV** *onov ww* ~ **up** gelijk worden
even-handed *bnw* onpartijdig
evening [ˈiːvnɪŋ] *zn* avond ★ *in the* ~ 's avonds ★ *he'll be here for the* ~ hij zal de avond hier doorbrengen ★ *good* ~*!* goedenavond!
evening class *zn* avondschool / -cursus
evening dress *zn* ❶ avondkleding, avondjurk ❷ rok(kostuum), smoking
evenings [ˈiːvnɪŋz] *USA bijw* 's avonds ★ *he works* ~ hij werkt 's avonds
evenly [iːvənlɪ] *bijw* ❶ gelijkmatig ❷ rustig
event [ɪˈvent] *zn* ❶ gebeurtenis, geval ★ *in any* ~ / *at all* ~*s* wat er ook gebeurt, in elk geval ★ *in the* ~ *of / that* in het geval dat er iets gebeurt ★ *in the normal course of ~s* gewoonlijk ❷ evenement ❸ *sport* nummer, wedstrijd
even-tempered *bnw* gelijkmatig van humeur
eventful [ɪˈventfʊl] *bnw* veelbewogen ★ *the day was not very ~* de dag was nogal saai
eventual [ɪˈventʃʊəl] *bnw* uiteindelijk
eventuality [ɪventʃʊˈælɪtɪ] *zn* mogelijke gebeurtenis ★ *in the ~ of* voor het geval dat
eventually [ɪˈventʃʊəlɪ] *bijw* ten slotte, uiteindelijk
eventuate [ɪˈventʃʊeɪt] *form* **I** *onov ww* aflopen **II** *ov ww* ~ **in** uitlopen op
ever [ˈevə] *bijw* ❶ ooit ★ *never (ever)!* nooit van mijn leven! ★ *did he ever!* en hoe! ★ *nothing ever happens here* hier gebeurt nooit wat ★ *as quick as you ever can* zo vlug als je maar kunt ★ *why ever did he do that?* waarom deed hij dat in hemelsnaam? ❷ altijd ★ *ever after* sindsdien, daarna ★ *for ever* eeuwig ★ *ever since* van toen af aan, sindsdien ★ *ever yours / yours ever* voor altijd de jouwe, je... ⟨onder brief⟩ ▼ *he may be ever so rich / be he ever so rich* al is hij nog zo rijk ▼ inform *ever so much* heel veel ▼ inform *ever so cold* erg koud
evergreen [ˈevəgriːn] *zn* ❶ groenblijvende plant ❷ blijvend populair nummer
everlasting [evəˈlɑːstɪŋ] **I** *bnw* ❶ eeuwig(durend) ❷ voortdurend, onophoudelijk **II** *zn* strobloem
evermore [evəˈmɔː] *bijw* voor eeuwig
every [ˈevrɪ] *onbep vnw* ❶ ieder, elk ★ ~ *other day* om de andere dag ★ ~ *three days* om de 3 dagen ★ ~ *now and then / again* nu en dan ★ ~ *so often* nu en dan ★ ~ *which way* alle kanten op ★ *he's* ~ *bit his father* hij is precies zijn vader ❷ alle, alle mogelijke ★ *you have* ~ *reason to be worried* je hebt alle reden om je zorgen te maken
everybody [ˈevrɪbɒdɪ] *onbep vnw* iedereen
everyday [ˈevrɪdeɪ] *bnw* ❶ alledaags ❷ dagelijks
everyone [ˈevrɪwʌn] *onbep vnw* iedereen ★ ~ *else but John was there* ze waren er allemaal behalve John
everything [ˈevrɪθɪŋ] *onbep vnw* alles ★ *how's* ~ *(with you)?* hoe gaat het (met je)? ★ *he left* ~ *else to charity* hij liet de rest na aan goede doelen ★ *have you got your tickets and* ~*?* heb je je

kaartjes en zo?

everywhere ['evrɪweə] *bijw* overal ★ ~ *else is booked out* overal elders is uitverkocht

evict [ɪ'vɪkt] *ov ww* uitwijzen, uitzetten

eviction [ɪ'vɪkʃən] *zn* uitzetting, ontruiming

evidence ['evɪdəns] **I** *zn* ❶ aanwijzing, teken ★ *on the ~ of* op grond van ★ *be in ~* opvallend aanwezig zijn ❷ bewijs, bewijsstuk / -materiaal ★ *jur circumstantial ~* indirect bewijs ★ *not a shred of ~* geen spoor van bewijs ❸ getuigenis ★ *be called in ~* als getuige worden opgeroepen ★ *give ~* getuigenis afleggen ★ *turn King's / Queen's / USA State's ~* getuigen tegen een medeverdachte ⟨in ruil voor minder straf⟩ **II** *ov ww* form bewijzen, tonen, getuigen (van)

evident ['evɪdənt] *bnw* duidelijk ★ *they played with ~ enjoyment* ze speelden met zichtbaar plezier ★ *it has become ~ to us* het is ons duidelijk geworden

evil ['i:vəl] **I** *bnw* ❶ kwaad, slecht, duivels ★ *oud the Evil One* de duivel ❷ uiterst onaangenaam ⟨van geur, enz.⟩ ★ *face the evil hour / day / moment* iets onplezierigs onder ogen zien **II** *zn* ❶ form het kwaad ❷ zonde ❸ onheil ★ *poverty and other social evils* armoede en ander sociaal onrecht ★ *the evils of prostitution* het onheil van de prostitutie

evil-doer *zn* boosdoener

evil-tempered *bnw* slechtgehumeurd

evince [ɪ'vɪns] form *ov ww* duidelijk tonen, aangeven

evocation [i:vəʊ'keɪʃən] *zn* ❶ evocatie ❷ beeldende / levensechte weergave

evocative [ɪ'vɒkətɪv] *bnw* ❶ herinneringen opwekkend ★ *be ~ of* doen denken aan ❷ beeldend ⟨van taal⟩

evoke [ɪ'vəʊk] *ov ww* oproepen, opwekken

evolution [i:və'lu:ʃən] *zn* ❶ evolutie ❷ geleidelijke ontwikkeling

evolutionary [i:və'lu:ʃənərɪ] *bnw* evolutie-

evolutionism [i:və'lu:ʃənɪzm] *zn* evolutieleer

evolve [ɪ'vɒlv] **I** *ov ww* ontwikkelen **II** *onov ww* ❶ zich ontplooien ❷ geleidelijk ontstaan

ewe [ju:] *zn* ooi

ex [eks] **I** *zn* inform ex **II** *vz* ❶ zonder ★ *ex VAT* zonder btw ❷ (komend) uit ★ *ex factory* af fabriek

ex- [eks-] *voorv* ex-, voormalig

exacerbate [ɪg'zæsəbeɪt] *ov ww* verergeren

exact [ɪg'zækt] **I** *bnw* ❶ exact, precies, nauwkeurig ★ *to be ~* om precies te zijn ❷ nauwgezet ❸ afgepast ⟨bedrag⟩ **II** *ov ww* form eisen ★ *~ revenge* wraak nemen

exacting [ɪg'zæktɪŋ] *bnw* veeleisend

exactitude [ɪg'zæktɪtju:d] *zn* nauwkeurigheid

exactly [ɪg'zæktlɪ] *bijw* ❶ precies, juist, nauwkeurig ❷ eigenlijk ★ *not ~* eigenlijk niet, niet bepaald

exaggerate [ɪg'zædʒəreɪt] *ov ww* overdrijven

exaggerated [ɪg'zædʒəreɪtɪd] *bnw* overdreven

exaggeration [ɪgzædʒə'reɪʃən] *zn* overdrijving

exalt [ɪg'zɔ:lt] form *ov ww* ❶ verheffen ❷ verheerlijken, loven, prijzen

exaltation [egzɔ:l'teɪʃən] *zn* ❶ form verheerlijking ❷ verrukking

exalted [ɪg'zɔ:ltɪd] form *bnw* ❶ ook humor

verheven ❷ opgetogen, in vervoering

exam [ɪg'zæm] *zn* examen

examination [ɪgzæmɪ'neɪʃən] *zn* ❶ examen ★ *do / sit / take an ~* examen doen ❷ onderzoek ★ *on closer ~* bij nader onderzoek ★ *still under ~* nog in onderzoek ❸ jur verhoor

examination paper *zn* examenopgave

examine [ɪg'zæmɪn] *ov ww* ❶ onderzoeken ❷ jur ondervragen ❸ examineren ★ *you will be ~d on this subject* je zult over dit onderwerp geëxamineerd worden

examinee [ɪgzæmɪ'ni:] *zn* examenkandidaat

examiner [ɪg'zæmɪnə] *zn* examinator

example [ɪg'zɑ:mpl] *zn* voorbeeld ★ *a shining ~* een lichtend voorbeeld ★ *set an ~ for others* een voorbeeld zijn voor anderen ★ *for ~* bij voorbeeld ★ *make an ~ of sb* iem. ten voorbeeld stellen ⟨door hem / haar te straffen⟩

exasperate [ɪg'zɑ:spəreɪt] [USA ɪg'zæspəreɪt] *ov ww* tergen, irriteren

exasperating [ɪg'zɑ:spəreɪtɪŋ] [USA ɪg'zæspəreɪtɪŋ] *bnw* tergend, onuitstaanbaar

exasperation [ɪgzɑ:spə'reɪʃən] [USA ɪgzæspə'reɪʃən] *zn* ergernis, frustratie

excavate ['ekskəveɪt] *ov ww* op- / uitgraven

excavation [ekskə'veɪʃən] *zn* opgraving

excavator ['ekskəveɪtə] *zn* graafmachine

exceed [ɪk'si:d] *ov ww* ❶ overschrijden ❷ te boven gaan, overtreffen ★ *~ expectations* de verwachtingen overtreffen

exceedingly [ɪk'si:dɪŋlɪ] *bijw* buitengewoon

excel [ɪk'sel] **I** *onov ww* uitblinken ★ *she ~led at acting* ze blonk uit in toneelspelen **II** *ov ww* overtreffen ★ *~ yourself* jezelf overtreffen

excellence ['eksələns] *zn* voortreffelijkheid ★ *the school is noted for its ~ in teaching* de school staat er bekend om dat er zo goed wordt lesgegeven

excellency ['eksələnsɪ] *zn* excellentie

excellent ['eksələnt] *bnw* uitstekend ★ *the snow is ~ for skiing* de sneeuw is geschikt voor skiën

except [ɪk'sept] **I** *vz* ~ **(for)** behalve, uitgezonderd **II** *vw* behalve, maar **III** *ov ww* uitzonderen ★ *open 9 to 5, Saturdays ~ed* geopend van 9 tot 5 behalve zaterdags

excepting [ɪk'septɪŋ] *vz* behalve, uitgezonderd

exception [ɪk'sepʃən] *zn* uitzondering ★ *the ~ that proves the rule* de uitzondering die de regel bevestigt ▾ *take ~ to* zich ergeren aan, protesteren tegen

exceptional [ɪk'sepʃənl] *bnw* uitzonderlijk

excerpt ['eksɜ:pt] *zn* ❶ fragment, passage ❷ uittreksel

excess¹ [ɪk'ses, 'ekses] *zn* overmaat, overschot, buitensporigheid ★ *an ~ of caffeine* te veel ★ *in ~ of* meer dan ★ *in an ~ of* in een vlaag van ★ *drink to ~* zich te buiten gaan aan drank ★ *~es* excessen, excessief / onacceptabel gedrag

excess² ['ekses] *bnw* ❶ bovenmatig ❷ extra-, over- ★ *~ fat* overtollig vet ★ *~ baggage* overgewicht ⟨van bagage⟩

excessive [ɪk'sesɪv] *bnw* buitensporig ★ *~ noise* buitensporig veel lawaai

exchange [ɪks'tʃeɪndʒ] **I** *zn* ❶ uitwisseling, ruil ★ *she cooked and I checked her report in ~* ze kookte en in ruil daarvoor keek ik haar rapport na ❷ woordenwisseling, gedachtewisseling ❸ beurs ❹ het wisselen ⟨van geld⟩ ❺ telefooncentrale **II** *ov ww* ❶ wisselen, omwisselen ❷ ruilen, uitwisselen ★ ~ *words with sb* een woordenwisseling met iem. hebben

exchangeable [ɪks'tʃeɪndʒəbl] *bnw* omwisselbaar

exchange rate *zn* wisselkoers

Exchequer [ɪks'tʃekə] *zn* ★ *the* ~ het ministerie van Financiën

excise[1] ['eksaɪz] *zn* accijns ★ *an increase in* ~ *duties* een verhoging van de accijnzen

excise[2] [ek'saɪz] *form ov ww* (chirurgisch) verwijderen, uitsnijden

excision [ɪk'sɪʒən] *zn* coupure, verwijdering

excitable [ɪk'saɪtəbl] *bnw* gauw opgewonden

excite [ɪk'saɪt] *ov ww* ❶ opwinden ❷ (op)wekken, oproepen ❸ prikkelen (seksueel) ❹ stimuleren

excited [ɪk'saɪtɪd] *bnw* ❶ opgewonden ★ *nothing to get* ~ *about* niets bijzonders ❷ nerveus ❸ geil

excitement [ɪk'saɪtmənt] *zn* ❶ opwinding (ook seksueel) ★ *in* ~ opgewonden, van opwinding ❷ iets opwindends ★ *what's all the* ~ *about?* waar komt al die opwinding vandaan?

exciting [ɪk'saɪtɪŋ] *bnw* opwindend, spannend

exclaim [ɪk'skleɪm] *ov ww* uitroepen

exclamation [eksklə'meɪʃən] *zn* uitroep

exclamation mark *zn* uitroepteken

exclude [ɪk'sklu:d] *ov ww* ❶ uitsluiten, niet toelaten, weren ★ ~*d from school* geschorst ⟨wegens wangedrag⟩ ❷ buiten beschouwing laten

excluding [ɪk'sklu:dɪŋ] *vz* zonder, niet inbegrepen

exclusion [ɪk'sklu:ʒən] *zn* uitsluiting ★ *to the* ~ *of* met uitsluiting van

exclusion zone *zn* verboden terrein

exclusive [ɪk'sklu:sɪv] **I** *bnw* ❶ exclusief, alleen- ★ *have* ~ *access to* als enige toegang hebben tot ★ ~ *of* exclusief, met uitsluiting van ★ *the two are mutually* ~ de twee sluiten elkaar uit ❷ exclusief ⟨van club / groep / kleding, enz.⟩ **II** *zn* primeur ⟨journalistiek⟩, exclusief artikel / interview

exclusively [ɪk'sklu:sɪvlɪ] *bijw* uitsluitend

excommunicate [ekskə'mju:nɪkeɪt] *ov ww* in de (kerkelijke) ban doen, excommuniceren

excommunication [ekskəmju:nɪ'keɪʃən] *zn* excommunicatie

ex-con inform *zn, ex-convict* voormalig gevangene

excrement ['ekskrɪmənt] *zn* uitwerpsel(en), ontlasting

excreta [ɪk'skri:tə] *zn mv* afscheidingsproducten, excreten

excrete [ɪk'skri:t] *ov ww* uit- / afscheiden

excretion [ɪk'skri:ʃən] *zn* uitscheiding

excruciating [ɪk'skru:ʃɪeɪtɪŋ] *bnw* ondraaglijk

excursion [ɪk'skɜ:ʃən] *zn* ❶ excursie, uitstapje ❷ uitweiding

excuse[1] [ɪks'kju:s] *zn* ❶ excuus, verontschuldiging ★ *there's no* ~ *for such behaviour* zulk gedrag is onvergeeflijk ❷ uitvlucht, smoes ★ *it's a good* ~ *for staying inside* het is een goede reden om binnen te blijven

excuse[2] [ɪks'kju:z] *ov ww* ❶ excuseren,

verontschuldigen ★ ~ *me for* neemt u me niet kwalijk dat ★ ~ *me, but where is...?* pardon, waar kan ik... vinden? ★ *you might be* ~*d for thinking...* het is begrijpelijk dat je dacht dat... ★ ~ *yourself* jezelf verontschuldigen, bedanken ⟨voor een uitnodiging⟩ ❷ vrijstellen ★ *may I be* ~*d?* mag ik gaan?

execute ['eksɪkju:t] *ov ww* ❶ uitvoeren, ten uitvoer brengen, vervullen ★ ~ *orders* een opdracht uitvoeren ❷ ter dood brengen ❸ maken / produceren ⟨van kunstwerk⟩

execution [eksɪ'kju:ʃən] *zn* ❶ terechtstelling, executie ❷ uitvoering ★ *carry / put into* ~ ten uitvoer brengen ❸ afwikkeling ⟨van plannen enz.⟩

executioner [eksɪ'kju:ʃənə] *zn* beul

executive [ɪg'zekjʊtɪv] **I** *zn* ❶ directeur, hoofd van afdeling ❷ directie, bestuur ❸ uitvoerende macht **II** *bnw* ❶ leidinggevend ❷ uitvoerend, verantwoordelijk

executor [ɪg'zekjʊtə] *zn* ❶ jur executeur-testamentair ❷ uitvoerder

exemplary [ɪg'zemplərɪ] *bnw* voorbeeldig

exemplify [ɪg'zemplɪfaɪ] *ov ww* als voorbeeld dienen

exempt [ɪg'zempt] **I** *bnw* vrijgesteld **II** *ov ww* vrijstellen, excuseren

exemption [ɪg'zempʃən] *zn* vrijstelling

exercise ['eksəsaɪz] **I** *zn* ❶ oefening, (lichaams)beweging ★ *shopping with children is an* ~ *in self-control* winkelen met kinderen is zelfbeheersing oefenen ❷ opgave, taak ★ *do* ~*s 1, 2 and 4 for your homework* maak opgave 1, 2 en 4 als huiswerk ❸ uitoefening, gebruik **II** *onov ww* ❶ oefeningen doen / maken ❷ aan lichaamsbeweging doen, sporten **III** *ov ww* ❶ gebruik maken van, in acht nemen ❷ trainen, oefenen ★ *puzzles* ~ *the mind* puzzels trainen de hersens

exercise bike *zn* hometrainer

exercise book *zn* schrift

exert [ɪg'zɜ:t] **I** *ov ww* uitoefenen, aanwenden **II** *wkd ww* zich inspannen ★ *don't* ~ *yourself too much* span je niet al te erg in

exertion [ɪg'zɜ:ʃən] *zn* ❶ inspanning ❷ uitoefening, aanwending

exhalation [ekshə'leɪʃən] *zn* uitademing

exhale [eks'heɪl] *ov+onov ww* uitademen

exhaust [ɪg'zɔ:st] **I** *ov ww* ❶ uitputten, verbruiken ❷ uitputtend behandelen **II** *zn* ❶ uitlaatgas(sen) ❷ uitlaat ⟨van motor⟩

exhaustion [ɪg'zɔ:stʃən] *zn* uitputting ★ *he collapsed from* ~ hij stortte van uitputting in elkaar ★ *the* ~ *of the natural resources* de uitputting van de natuurlijke hulpbronnen

exhaustive [ɪg'zɔ:stɪv] *bnw* volledig, grondig

exhibit [ɪg'zɪbɪt] **I** *ov ww* ❶ tentoonstellen ❷ (ver)tonen, aan de dag leggen **II** *zn* ❶ tentoongesteld voorwerp, inzending ⟨op tentoonstelling⟩ ❷ jur bewijsstuk

exhibition [eksɪ'bɪʃən] *zn* ❶ tentoonstelling ★ *make an* ~ *of yourself* je aanstellen ★ *on* ~ tentoongesteld ❷ demonstratie ⟨van wat iemand kan⟩ ❸ studiebeurs

exhibitionism [eksɪ'bɪʃənɪzəm] *zn* ❶ aanstellerij ❷ exhibitionisme

ex

exhibitor [ɪgˈzɪbɪtə] exposant
exhilarate [ɪgˈzɪləreɪt] *ov ww* opvrolijken, opwinden, een kick geven
exhilarating [ɪgˈzɪləreɪtɪŋ] *bnw* ❶ opwekkend, opbeurend ❷ opwindend
exhilaration [ɪgzɪləˈreɪʃən] *zn* opwinding, plezier, kick
exhort [ɪgˈzɔːt] *ov ww* aansporen, manen
exhortation [egzɔːˈteɪʃən] *zn* aansporing
exhume [eksˈhjuːm] *ov ww* opgraven ⟨lijk⟩
exile [ˈeksaɪl] **I** *zn* ❶ verbanning, ballingschap ★ *send sb into ~* iem. verbannen ❷ balling **II** *ov ww* verbannen
exist [ɪgˈzɪst] *onov ww* ❶ bestaan ★ *does life ~ on Mars?* is er leven op Mars? ❷ overleven ★ *they managed to ~ on rice* ze wisten zich met rijst in leven te houden
existence [ɪgˈzɪstns] *zn* bestaan ★ *come into ~* ontstaan
existent [ɪgˈzɪstnt] *bnw* bestaand
exit [ˈeksɪt] **I** *zn* ❶ uitgang ⟨van gebouw, voertuig enz.⟩ ❷ vertrek ⟨het weggaan⟩ ★ *make your exit* weggaan, van het toneel verdwijnen ❸ afslag ⟨van snelweg⟩ **II** *onov ww* ❶ weggaan, verlaten ⟨gebouw, voertuig enz⟩ ❷ ton afgaan
exodus [ˈeksədəs] *zn* uittocht
exonerate [ɪgˈzɒnəreɪt] *ov ww* ❶ zuiveren ❷ vrijstellen, ontlasten ⟨van taak / plicht⟩
exoneration [ɪgzɒnəˈreɪʃən] *zn* ❶ zuivering ❷ vrijstelling, ontlasting ⟨van taak / plicht⟩
exorbitant [ɪgˈzɔːbɪtnt] *bnw* buitensporig ⟨van kosten⟩
exorcism [ˈeksɔːsɪzəm] *zn* duiveluitbanning, uitdrijving ⟨van duivel⟩
exorcist [ˈeksɔːsɪst] *zn* exorcist, uitdrijver ⟨van duivel⟩
exorcize, exorcise [ˈeksɔːsaɪz] *ov ww* ❶ uitdrijven ⟨van duivel⟩ ❷ verdrijven
exotic [ɪgˈzɒtɪk] *bnw* exotisch, uitheems
expand [ɪkˈspænd] **I** *ov ww* ❶ uitbreiden, uitspreiden ❷ nader ingaan op, uitwerken ⟨van aantekeningen⟩ ❸ **~ on/upon** uitweiden over **II** *onov ww* ❶ uitzetten, toenemen ❷ (zich) uitbreiden, (zich) ontwikkelen
expanse [ɪkˈspæns] *zn* uitgestrektheid, uitgestrekt oppervlak ★ *the house looks out over an ~ of water* het huis kijkt uit op een watervlakte
expansion [ɪkˈspænʃn] *zn* ❶ uitbreiding ❷ ontwikkeling
expansive [ɪkˈspænsɪv] *bnw* ❶ wijd, breed ❷ mededeelzaam, open ⟨van karakter⟩ ❸ expansief, op uitbreiding gericht
expatriate¹ [eksˈpætrɪət], *inform* **expat** [ˈekspet] *zn* emigrant, expat
expatriate² [eksˈpætrɪeɪt] *onov ww* in het buitenland gaan wonen, emigreren
expect [ɪkˈspekt] *ov ww* ❶ verwachten, wachten op ★ *she's ~ing (a baby)* ze is in verwachting ❷ rekenen op ★ *they ~ a lot of their employees* ze stellen hoge eisen aan hun werknemers ❸ inform denken, vermoeden ★ *I ~ so* ik denk het
expectancy [ɪkˈspektənsɪ] *zn* ❶ verwachting, hoop ★ *there was an air of ~ among the crowd* de menigte was vol verwachting ❷ vooruitzicht

★ *life ~* vermoedelijke levensduur
expectant [ɪkˈspektnt] *bnw* ❶ verwachtingsvol ❷ aanstaande (moeder of vader)
expectation [ekspekˈteɪʃən] *zn* ❶ vooruitzicht ★ *a life ~ of two years* een vermoedelijke levensduur van twee jaar ❷ verwachting ★ *there was an air of ~* er hing een sfeer van verwachting
expectorant [ekˈspektərənt] *zn* slijmoplossend middel
expediency [ɪkˈspiːdɪənsɪ], **expedience** [ɪkˈspiːdɪəns] *zn* ❶ opportunisme ❷ geschiktheid
expedient [ɪkˈspiːdɪənt] **I** *zn* (red)middel **II** *bnw* ❶ opportuun, opportunistisch ❷ geschikt, passend
expedite [ˈekspɪdaɪt] *form ov ww* ❶ bespoedigen, bevorderen ❷ vlot afdoen
expedition [ekspɪˈdɪʃən] *zn* expeditie
expeditious [ekspɪˈdɪʃəs] *form bnw* vlot, efficiënt
expel [ɪkˈspel] *ov ww* ❶ verwijderen ⟨ook van school⟩ ❷ verbannen, wegsturen ⟨uit een land⟩ ★ *they were ~led for spying* ze werden wegens spionage het land uitgezet ❸ verdrijven
expend [ɪkˈspend] *form ov ww* ❶ besteden, uitgeven ❷ verbruiken
expendable [ɪkˈspendəbl] *form bnw* ❶ te verwaarlozen, waardeloos ❷ overtollig, overbodig ❸ vervangbaar ★ *workers are ~* arbeiders zijn vervangbaar
expenditure [ɪkˈspendɪtʃə] *zn* ❶ uitgaven ★ *capital ~* (kapitaal)investering ❷ verbruik
expense [ɪkˈspens] *zn* ❶ uitgave(n), (on)kosten ★ *they holidayed with no ~s spared* ze hielden vakantie en lieten het geld rollen ★ *at sb's ~* ten koste van iem. ★ *go on the ~ of* geld uitgeven aan ★ *put sb to the ~ of* iem. op kosten jagen ❷ moeite, opoffering
expensive [ɪkˈspensɪv] *bnw* duur
experience [ɪkˈspɪərɪəns] **I** *zn* ❶ ervaring ⟨kennis, kunde⟩ ❷ beleving, belevenis ★ *quite an ~* een hele belevenis **II** *ov ww* ervaren, beleven, ondervinden
experienced [ɪkˈspɪərɪənst] *bnw* ervaren
experiment [ɪkˈsperɪmənt] **I** *zn* experiment ★ *China's ~ in socialism* China's poging tot socialisme **II** *onov ww* proeven nemen, experimenteren ★ *~ing on animals is cruel* dierproeven zijn wreed
experimental [ɪksp`erɪˈmentl] *bnw* ❶ experimenteel, onbeproefd ❷ nieuw en innovatief ⟨m.b.t. kunst⟩
experimentation [eksperɪmenˈteɪʃən] *zn* proefneming
expert [ˈekspɜːt] **I** *zn* expert, deskundige ★ *he's an ~ at his work* hij is een deskundige op zijn werkterrein **II** *bnw* deskundig, bedreven
expertise [ekspəˈtiːz] *zn* expertise, deskundigheid
expiration [ekspɪˈreɪʃən], **expiry** *zn* afloop ★ *on ~* bij afloop, op de vervaldatum
expire [ɪkˈspaɪə] *onov ww* ❶ aflopen, vervallen ❷ dicht of humor de laatste adem uitblazen, sterven
expiry date, USA expiration date *zn* vervaldatum, uiterste verkoopdatum
explain [ɪkˈspleɪn] *ov ww* ❶ uitleggen, verklaren ★ *listen and I'll ~ it to you* luister, dan leg ik het

je uit ★ ~ *yourself* je gedrag uitleggen, je nader verklaren ❷ ~ **away** wegredeneren, goedpraten

explanation [eksplə'neɪʃən] *zn* uitleg, verklaring
explanatory [ɪk'splænətərɪ] *bnw* verklarend
expletive [ɪk'spli:tɪv] *zn* vloek
explicable [ɪk'splɪkəbl] form *bnw* verklaarbaar
explicit [ɪk'splɪsɪt] *bnw* ❶ expliciet, nauwkeurig omschreven ❷ uitdrukkelijk, uitgesproken ❸ euf nietsverhullend
explode [ɪk'spləʊd] I *onov ww* ❶ ontploffen ★ ~ *into laughter* in lachen uitbarsten ★ ~ *into action* plotseling in actie komen ❷ snel toenemen II *ov ww* ❶ tot ontploffing brengen ❷ omverwerpen ⟨theorie enz.⟩
exploit[1] ['eksplɔɪt] *zn* (helden)daad, prestatie
exploit[2] [ɪk'splɔɪt] *ov ww* ❶ exploiteren ❷ uitbuiten, profiteren van
exploitation [eksplɔɪ'teɪʃən] *zn* ❶ uitbuiting ❷ exploitatie
exploration [eksplə'reɪʃən] *zn* ❶ verkenning ❷ onderzoek
exploratory [ɪk'splɒrətərɪ] *bnw* verkennend, onderzoekend
explore [ɪk'splɔ:] *ov ww* ❶ verkennen ❷ onderzoeken ❸ tastend onderzoeken
explorer [ɪk'splɔ:rə] *zn* ontdekkingsreiziger
explosion [ɪk'spləʊʒən] *zn* ❶ explosie ❷ uitbarsting ⟨van woede, enz.⟩
explosive [ɪk'spləʊsɪv] I *bnw* ❶ explosief, ontplofbaar ❷ opvliegend ⟨van aard⟩ II *zn* springstof
exponent [ɪk'spəʊnənt] *zn* ❶ vertegenwoordiger, drager ⟨van idee / theorie⟩ ❷ wisk exponent ❸ vertolker
exponential [ekspə'nenʃəl] *bnw* exponentieel
export[1] ['ekspɔ:t] *zn* ❶ export ❷ exportartikel
export[2] [ɪk'spɔ:t] *ov ww* exporteren
exportation [ekspɔ:'teɪʃən] *zn* ❶ export(handel) ❷ het exporteren
expose [ɪk'spəʊz] I *ov ww* ❶ ontbloten ❷ ontmaskeren, onthullen ❸ belichten ⟨van film⟩ ❹ tentoonstellen II *wkd ww* potloodventen, zich exhibitionistisch gedragen
exposé [ek'spəʊzeɪ] *zn* onthulling
exposed [ɪk'spəʊzd] *bnw* ❶ open, onbeschut ❷ kwetsbaar
exposition [ekspə'zɪʃən] *zn* ❶ uiteenzetting ❷ (handels)beurs, tentoonstelling
expostulate [ɪk'spɒstjʊleɪt] form *onov ww* protesteren, argumenteren
exposure [ɪk'spəʊʒə] *zn* ❶ blootstelling ⟨aan gevaar, risico, enz.⟩ ❷ het onbeschermd zijn ⟨tegen weersomstandigheden⟩ ★ *death by ~* dood door onderkoeling ❸ bekendmaking, ontmaskering ❹ publiciteit ❺ belichting ⟨van film⟩ ❻ het ontbloten ⟨van geslachtsdelen⟩ ★ *indecent ~* exhibitionisme ❼ ligging ⟨van gebouw⟩
expound [ɪk'spaʊnd] form *ov ww* uiteenzetten
express [ɪk'spres] I *ov ww* ❶ uitdrukken, betuigen ❷ uitpersen, afkolven ⟨moedermelk⟩ II *wkd ww* zich uitdrukken ★ *she doesn't ~ herself well* ze drukt zich niet duidelijk uit III *bnw + bijw* ❶ expres(se) ⟨post, enz.⟩ ★ ~ *delivery* snelpost ★ *send sth ~* iets per expres

versturen ❷ form uitdrukkelijk, stellig ★ *with the ~ purpose* met opzet IV *zn* ❶ sneltrein ❷ expresse ⟨post⟩
expression [ɪk'spreʃən] *zn* ❶ uitdrukking ★ *beyond ~* onuitsprekelijk ★ *freedom of ~* vrijheid van meningsuiting ★ *if you'll pardon the ~ excuser* le mot ❷ expressie, uitdrukkingskracht
Expressionism [ɪk'spreʃənɪzəm] *zn* expressionisme
expressionless [ɪk'spreʃənləs] *bnw* wezenloos, uitdrukkingsloos ⟨van gezicht⟩, dof ⟨van stem⟩
expressive [ɪk'spresɪv] *bnw* expressief, veelzeggend ★ *be ~ of* uitdrukken, uitdrukking geven aan
expressly [ɪk'spreslɪ] *bijw* ❶ uitdrukkelijk, met nadruk ❷ speciaal
expressway [ɪk'spresweɪ] *zn* autosnelweg
expropriate [eks'prəʊprɪeɪt] form jur *ov ww* onteigenen, confisqueren
expulsion [ɪk'spʌlʃən] *zn* ❶ verwijdering ★ *he was threatened with ~ from school* ze dreigden hem van school te sturen ❷ verbanning, uitwijzing, verdrijving
exquisite ['ekskwɪzɪt] *bnw* ❶ voortreffelijk ❷ (ver)fijn(d)
ex-serviceman [eks'sɜ:vɪsmən] *zn* oudgediende
extempore [ɪk'stempərɪ] *bnw + bijw* voor de vuist weg
extemporize, extemporise [ɪk'stempəraɪz] form *ov ww* improviseren
extend [ɪk'stend] I *ov ww* ❶ groter maken, uitbreiden, verlengen ❷ uitstrekken, aanreiken, uitsteken ★ *their property ~s to the river* hun bezit strekt zich uit tot aan de rivier ❸ verlenen, bieden ★ *the bank will ~ credit to them* de bank zal hun krediet verlenen ❹ aanbieden, betuigen ★ *please ~ a warm welcome to...* ik vraag u... hartelijk welkom te heten II *onov ww* zich uitstrekken, reiken
extension [ɪk'stenʃən] *zn* ❶ uitbreiding ❷ aanbouw ❸ verlenging ★ *by ~* in het verlengde, ruimer gezien ❹ extra telefoonlijn ★ ~ *3* toestel 3
extension lead, USA **extension cord** *zn* verlengsnoer
extensive [ɪk'stensɪv] *bnw* ❶ uitgestrekt, groot, veelomvattend ❷ uitgebreid, veelomvattend ★ *he has travelled ~ly* hij heeft veel gereisd
extent [ɪk'stent] *zn* ❶ omvang ★ *the full ~ of the cyclone's damage* de volle omvang van de schade door de cycloon ❷ mate ★ *to a certain ~* in zekere mate ★ *to such an ~ that* zozeer dat
extenuating [ɪk'stenjʊeɪtɪŋ] *bnw* ★ ~ *circumstances* verzachtende omstandigheden
exterior [ɪk'stɪərɪə] I *zn* buitenkant, uiterlijk II *bnw* buiten-
exterminate [ɪk'stɜ:mɪneɪt] *ov ww* uitroeien, verdelgen
extermination [ɪkstɜ:mɪ'neɪʃən] *zn* uitroeiing, verdelging
external [ɪk'stɜ:nl] *bnw* ❶ uitwendig ★ *for ~ use only* alleen voor uitwendig gebruik ❷ van buiten af, extern ★ *an ~ student* een extraneus ❸ uiterlijk ❹ buitenlands
externalize, externalise [ɪk'stɜ:nəlaɪz] psych *ov*

ex

ex

ww projecteren ★ *he ~s his inner conflicts* hij projecteert zijn innerlijke conflicten naar buiten

externals [ɪkˈstɜːnlz] *zn mv* uiterlijkheden ★ *you shouldn't go / judge by ~ alone* je moet niet alleen naar de buitenkant kijken

extinct [ɪkˈstɪŋkt] *bnw* uitgestorven ★ *an ~ volcano* een dode vulkaan

extinction [ɪkˈstɪŋkʃən] *zn* ❶ (het) uitsterven ★ *threatened with / by ~* met uitsterven bedreigd ★ *on the verge of ~* op het punt van uitsterven ❷ (uit)blussing, uitdoving

extinguish [ɪkˈstɪŋgwɪʃ] *ov ww* ❶ (uit)blussen, (uit)doven ❷ vernietigen, uitroeien, beëindigen ★ *~ all hope* alle hoop de bodem in doen slaan

extinguisher [ɪkˈstɪŋgwɪʃə] *zn* blusapparaat

extol [ɪkˈstəʊl] *ov ww* prijzen, ophemelen

extort [ɪkˈstɔːt] *ov ww* afdwingen, afpersen

extortion [ɪkˈstɔːʃən] *zn* ❶ afpersing ❷ afzetterij

extortionate [ɪkˈstɔːʃənət] *bnw* buitensporig, exorbitant

extra [ˈekstrə] **I** *bnw* extra ★ *there will be ~ trains that day* er zullen die dag extra treinen worden ingezet **II** *bijw* extra ★ *they don't charge ~ for children* er is geen meerprijs voor kinderen **III** *zn* ❶ iets extra's ★ *hidden ~s* onverwachte kosten ★ *no hidden ~s* alles inbegrepen ❷ extra nummer ★ *(special) ~* laatste editie van avondblad ❸ figurant (in film)

extra- [ˈekstrə] *voorv* ❶ buiten- ❷ inform zeer, buitengewoon

extract¹ [ɪkˈstrækt] *ov ww* ❶ winnen (from uit), halen (uit) ❷ ontfutselen, loskrijgen ‹informatie, geld, enz.› ❸ (uit)trekken, (uit)halen ★ *have a tooth ~ed* een kies / tand laten trekken

extract² [ˈekstrækt] *zn* ❶ passage ‹uit boek› ❷ extract

extraction [ɪkˈstrækʃən] *zn* ❶ winning ‹van olie enz.› ❷ het trekken ‹van tand / kies› ❸ afkomst ★ *of Dutch ~* van Nederlandse afkomst

extractor [ɪkˈstræktə], **extractor fan** *zn* (raam)ventilator, afzuigkap

extracurricular [ekstrəkəˈrɪkjʊlə] *bnw* buitenschools

extradite [ˈekstrədaɪt] *ov ww* uitleveren

extradition [ekstrəˈdɪʃən] *zn* uitlevering

extramarital [ekstrəˈmærɪtl] *bnw* buitenechtelijk

extraneous [ɪkˈstreɪnɪəs] *bnw* buiten de zaak staand

extraordinary [ɪkˈstrɔːdɪnərɪ] *bnw* buitengewoon

extrasensory [ekstrəˈsensərɪ] *bnw* ★ *~ perception* buitenzintuiglijke waarneming

extraterrestrial [ekstrətəˈrestrɪəl] **I** *bnw* buitenaards **II** *zn* buitenaards wezen

extra time GB sport verlenging

extravagance [ɪkˈstrævəgəns] *zn* ❶ verkwisting ❷ buitensporigheid, uitspatting ★ *the ~ of the decor* de overdreven uitbundigheid van het decor

extravagant [ɪkˈstrævəgənt] *bnw* ❶ verkwistend ❷ overdreven, extravagant

extravaganza [ɪkstrævəˈgænzə] *zn* spectaculaire theater- / televisieproductie

extreme [ɪkˈstriːm] **I** *bnw* ❶ hevig, extreem ❷ buitengewoon ❸ uiterst(e), ultra- **II** *zn* ❶ uiterste, (uit)einde ★ *the opposite ~* het andere uiterste ★ *go to ~s / take sth to ~s* tot het uiterste

gaan ★ *go from one ~ to another* van het ene uiterste naar het andere uiterste gaan ❷ hoogste graad ★ *in the ~* uitermate

extremely [ɪkˈstriːmlɪ] *bijw* buitengewoon, uitermate

extremist [ɪkˈstriːmɪst] *zn* extremist

extremities [ɪkˈstremətɪz] *zn mv* ledematen ★ *a tingling sensation in the ~* tintelende handen en voeten

extremity [ɪkˈstremətɪ] *zn* uiterste (punt), extreem, extremiteit ★ *she always takes things to an ~* ze drijft alles altijd tot het uiterste door

extricate [ˈekstrɪkeɪt] *ov ww* bevrijden ‹uit lastige situatie›

extrovert [ˈekstrəvɜːt] *bnw* extravert

extrude [ɪkˈstruːd] *ov ww* ❶ uitstoten / -werpen ❷ techn (uit)persen

extrusion [ɪkˈstruːʒən] *zn* ❶ uitwerping ❷ techn (uit)persing

exuberance [ɪgˈzjuːbərəns] *zn* ❶ uitbundigheid ❷ weelderigheid ‹van groei›

exuberant [ɪgˈzjuːbərənt] *bnw* ❶ uitbundig ❷ overvloedig, weelderig

exude [ɪgˈzjuːd] *ov ww* ❶ uitstralen ❷ afscheiden ‹van zweet, enz.›

exult [ɪgˈzʌlt] *onov ww* juichen, dolblij zijn

exultant [ɪgˈzʌltənt] *bnw* juichend, opgetogen

exultation [egzʌlˈteɪʃən] *zn* opgetogenheid, vreugde

eye [aɪ] **I** *zn* oog ★ *a black eye* een blauw oog ★ *an eye for an eye (and a tooth for a tooth)* oog om oog (en tand om tand) ★ *my eye!* onzin! ★ *be up to your eyes in sth* tot over je oren in iets zitten ★ *clap / lay / set eyes on* zien ★ *cock an eye* oplettend kijken ★ *have an eye for* oog hebben voor ★ *have eyes in the back of your head* ogen in je achterhoofd hebben ★ *have your eye on* in de gaten houden, een oogje hebben op ★ *keep an eye out / open* de ogen open houden ★ *keep your eyes open / peeled / skinned* goed uit je doppen kijken ★ *make eyes at sb / give sb the eye* naar iem. lonken ★ *see eye to eye (with sb)* het eens zijn (met iemand) ★ *one in the eye* teleurstelling, klap ★ *only have eyes for* alleen oog hebben voor ★ *shut / close your eyes to sth* je ogen voor iets sluiten ★ *with an eye to* met het oog op ★ *with your eyes open* met open ogen **II** *ov ww* ❶ kijken, bekijken ❷ inform *~ up* verlekkerd kijken naar

eyeball [ˈaɪbɔːl] **I** *zn* ❶ oogappel ❷ oogbol ★ *~ to ~* oog in oog ★ *up to your ~s* tot over je oren **II** *ov ww* inform aanstaren

eyebrow [ˈaɪbraʊ] *zn* wenkbrauw ★ *up to your ~s* tot over je oren

eye-catcher *zn* blikvanger

eye-catching *bnw* opvallend

eyeful [ˈaɪfʊl] *zn* ❶ iets in je oog ★ *an ~ of mud* een spatje modder in je oog ★ *get an ~ of sth* iets heel goed bekijken ❷ inform lust voor het oog

eyeglass [ˈaɪglɑːs] *zn* monocle

eyelash [ˈaɪlæʃ] *zn* wimper

eyelet [ˈaɪlət] *zn* oogje, vetergaatje

eyelid [ˈaɪlɪd] *zn* ooglid

eye-opener *zn* ❶ openbaring ❷ verrassing

eyes glasses USA *zn mv* bril

eyeshot [ˈaɪʃɒt] *zn* ★ *out of ~* niet meer te zien

★ *within* ~ nog te zien
eyesight ['aɪsaɪt] *zn* ❶ gezichtsvermogen ❷ zicht ⟨zintuig⟩
eyesore ['aɪsɔ:] *zn* iets foeilelijks, doorn in het oog
eye tooth ['aɪtu:θ] *zn* hoektand ★ *give one's eye teeth for sth* alles voor iets over hebben
eyewash ['aɪwɒʃ] *zn* ❶ oogwater ❷ <u>inform</u> onzin
eyewitness ['aɪwɪtnɪs] *zn* ooggetuige
eyrie ['ɪərɪ] *zn* ❶ roofvogelnest ❷ <u>fig</u> arendsnest

F

f [ef] *zn, letter* f ★ *F as in Frederic* de f van Ferdinand
F [ef] **I** *afk* Fahrenheit **II** *zn* ❶ <u>muz</u> F ❷ <u>onderw</u> fail ≈ onvoldoende ⟨schoolcijfer⟩
FA *afk* ❶ <u>GB</u> *Football Association* Voetbalbond ❷ <u>vulg</u> *fuck all* / *euf Fanny Adams* ★ *sweet FA* geen ene moer, absoluut niets
fab [fæb] <u>inform</u> *bnw* fantastisch, geweldig
fable ['feɪbl] *zn* ❶ fabel ❷ leugen, praatje
fabled ['feɪbld] *bnw* legendarisch
fabric ['fæbrɪk] *zn* ❶ stof, weefsel ❷ constructie, structuur ★ *the ~ of society* het maatschappelijk systeem
fabricate ['fæbrɪkeɪt] *ov ww* ❶ verzinnen ⟨smoes e.d.⟩ ❷ maken
fabulous ['fæbjʊləs] *bnw* ❶ buitengewoon ❷ <u>inform</u> fantastisch, geweldig ❸ mythisch, fabelachtig
fabulously ['fæbjʊləslɪ] *bijw* geweldig ★ ~ *rich* geweldig rijk ★ *they get along* ~ ze kunnen heel goed met elkaar overweg
facade, façade [fə'sɑ:d] *zn* ❶ <u>bouw</u> voorgevel ❷ <u>fig</u> façade, schijn
face [feɪs] **I** *zn* ❶ gezicht ★ *face to face* tegenover elkaar ★ <u>inform</u> *his face doesn't fit* hij past er niet tussen ★ *to sb's face* in iemands gezicht ★ *make / pull faces* rare gezichten trekken ★ *set your face against sb / sth* tegen iemand / iets gekant zijn ★ *laugh on the wrong side of one's face* lachen als een boer die kiespijn heeft ❷ gezichtsuitdrukking ★ *his face fell* zijn gezicht betrok ❸ aanzien, voorkomen ★ *lose face* gezichtsverlies lijden, afgaan ★ *save face* zijn figuur redden ★ *in the face of sth* ondanks iets, als gevolg van iets ★ *on the face of it* op het eerste gezicht ★ *fly in the face of sth* lijnrecht tegen iets ingaan ❹ voorkant ★ *full face* en face, van voren ★ *face down / up* gedekt / met beeldzijde zichtbaar ⟨kaartspel⟩ ★ <u>mil</u> *about face!* rechtsomkeert! ❺ zijde, kant, oppervlakte ★ *the face of the earth* het aardoppervlak ❻ wijzerplaat ⟨van klok⟩ **II** *ov ww* ❶ tegemoet treden ★ *he faced a lot of problems* hij had te kampen met een hoop problemen ❷ aankijken ❸ onder ogen (durven) zien ★ *face the facts* de feiten onder ogen zien ★ *face the music* de consequenties accepteren ★ *let's face it* laten we er geen doekjes om winden ★ *be faced with a problem* geconfronteerd worden met een probleem ❹ openleggen ⟨kaart bij kaartspel⟩ ❺ afzetten ⟨kledingstuk met stof⟩ ❻ bekleden ★ *a building faced with marble* een met marmer bekleed gebouw ❼ ~ **down** overbluffen ❽ ~ **up to** flink aanpakken, onder ogen zien **III** *onov ww* ❶ liggen / staan tegenover, uitzicht geven op ★ *the house faces east* het huis ligt op het oosten ❷ ~ **about** omdraaien ❸ ~ **off** de (wed)strijd beginnen
face card *zn* boer / vrouw / heer ⟨v. kaartspel⟩
facecloth ['feɪsklɒθ], **face flannel** *zn* washandje / -lapje
faceless ['feɪsləs] *bnw* ❶ onpersoonlijk ⟨van

fa

plaats / gebouw⟩ ❷ anoniem
facelift ['feɪslɪft] *zn* ❶ facelift ❷ opknapbeurt
face pack, face mask *zn* schoonheidsmasker
face-saving *bnw* ★ *a ~ solution* een oplossing om gezichtsverlies te voorkomen
facet ['fæsɪt] *zn* facet, aspect
facetious [fə'si:ʃəs] *bnw* (ongepast) geestig ★ *a ~ remark* een (ongepast/vlakkige) spottende opmerking ★ *I was only being ~* het was niet serieus bedoeld
face value *zn* ❶ nominale waarde ❷ eerste indruk ★ *take sth at ~* iets kritiekloos accepteren
facia ['feɪʃə] *zn* → **fascia**
facial ['feɪʃəl] I *zn* gezichtsmassage II *bnw* gelaats- ★ *his ~ expression* zijn gelaatsuitdrukking
facile ['fæsaɪl] *bnw* ❶ oppervlakkig ❷ *form* gemakkelijk ⟨van succes⟩
facilitate [fə'sɪlɪteɪt] *ov ww* ❶ vergemakkelijken ❷ mogelijk maken
facilities *zn mv* faciliteiten, voorzieningen ★ *a holiday house with all ~* een van alle gemakken voorzien vakantiehuis
facility [fə'sɪlətɪ] *zn* ❶ voorziening ★ *a nuclear waste ~* een opslagplaats voor kernafval ❷ gemak, talent ★ *a ~ for languages* talenknobbel ❸ mogelijkheid ★ *an overdraft ~* de mogelijkheid om rood te staan
facing ['feɪsɪŋ] *zn* ❶ bekleding ⟨op muur en metaal⟩ ❷ beleg ⟨op kledingstuk⟩
facings ['feɪsɪŋz] *zn mv* garneersel ⟨decoratie op kledingstuk⟩
facsimile [fæk'sɪmɪlɪ] *zn* ❶ facsimile, exacte kopie ❷ fax
fact [fækt] *zn* feit, werkelijkheid ★ *hard facts* nuchtere feiten ★ *fact and fiction* schijn en werkelijkheid ★ *facts and figures* exacte gegevens ★ *a fact of life* een onvermijdelijk gegeven ★ *the facts of life* de harde werkelijkheid, *inform* euf de bloemetjes en de bijtjes ★ *the fact of the matter is* het feit wil ★ *after the fact* achteraf ★ *in (actual) fact* in feite, inderdaad ★ *inform is that a fact?* echt waar?, goh ★ *get your facts right* de feiten op een rijtje krijgen ★ *know sth for a fact* iets zeker weten
fact-finding *bnw* onderzoeks- ★ *a ~ mission* een opdracht om feitenmateriaal te verzamelen, een inspectiereis
faction ['fækʃən] *zn* ❶ factie ⟨binnen groepering⟩ ❷ interne ruzie ❸ *inform* docudrama
factor ['fæktə] I *zn* *ook wisk* factor II *ov ww ~ in/into* erin betrekken, meerekenen
factory farming *zn* intensieve veehouderij, bio-industrie
factory floor *zn* werkvloer
factotum [fæk'təʊtəm] *humor form zn* manusje-van-alles
factual ['fæktʃʊəl] *bnw* feitelijk, feiten-
faculty ['fækəltɪ] *zn* ❶ vermogen, handigheid, talent ★ *in full possession of your faculties* bij je volle verstand ❷ faculteit ❸ *USA* wetenschappelijk personeel
fad [fæd] *zn* rage, mode ★ *the latest fad* de laatste mode
faddy ['fædɪ] *inform bnw* grillig, kieskeurig
fade [feɪd] I *onov ww* ❶ verbleken ★ *fade into insignificance* heel onbelangrijk worden

❷ verwelken ❸ <u>sport ton</u> terugvallen, verslappen ❹ *~ away* langzaam verdwijnen, wegkwijnen ❺ *~ in* infaden ⟨langzaam zichtbaar / hoorbaar worden⟩ ❻ *~ out* vervagen, verdwijnen, uitfaden ⟨langzaam onzichtbaar / onhoorbaar worden⟩ II *ov ww* ❶ doen verbleken ❷ doen verwelken ❸ infaden ⟨langzaam zichtbaar / hoorbaar maken⟩ ❹ *~ in* infaden ⟨langzaam zichtbaar / hoorbaar maken⟩ ❺ *~ out* uitfaden ⟨langzaam onzichtbaar / onhoorbaar maken⟩
faeces, USA feces ['fi:si:z] *zn* fecaliën, uitwerpselen
fag [fæg] <u>inform</u> I *zn* ❶ <u>GB</u> saffie, sigaret ❷ <u>USA</u> <u>inform</u> homo ❸ <u>inform</u> vermoeiend en vervelend werk ★ *too much of a fag* te veel werk ❹ <u>GB</u> <u>oud</u> jongere leerling die diensten verricht voor oudere ⟨public school⟩ II *onov ww* <u>inform</u> zich afsloven ★ *I can't be fagged to do the dishes* ik ben te afgepeigerd om af te wassen III *ov ww* ❶ <u>inform</u> afpeigeren ❷ *~ out* uitputten, afmatten
fag end <u>GB</u> <u>inform</u> *zn* peuk ★ *the ~ of a conversation* het staartje van een gesprek
fagged [fægd], **fagged out** <u>GB</u> <u>inform</u> *bnw* doodop
faggot ['fægət] *zn* ❶ <u>GB</u> bal gehakt ❷ <u>USA</u> <u>inform</u> flikker ❸ <u>USA</u> takkenbos ⟨voor op het vuur⟩
fail [feɪl] I *ov ww* ❶ in de steek laten ★ *words fail me* woorden schieten me te kort ❷ teleurstellen ❸ ⟨laten⟩ zakken ⟨voor examen⟩ ❹ nalaten, verzuimen ★ *I fail to see this* zo zie ik het niet II *onov ww* ❶ falen, mislukken ★ *the crops failed* de oogst is mislukt ❷ zakken ⟨voor examen⟩ ❸ het laten afweten, het begeven ⟨van machine / lichaamsdeel⟩ ❹ minder worden ⟨van licht⟩ III *zn* onvoldoende ▾ *without fail* zonder mankeren
failing ['feɪlɪŋ] I *zn* gebrek, zwak(te) II *bnw* achteruitgaand, falend ★ *~ eyesight* achteruitgaand gezichtsvermogen III *vz* bij gebrek aan ★ *~ this* als dit niet gebeurt
fail-safe *bnw* ❶ (uitgerust) met noodbeveiliging ❷ betrouwbaar
failure ['feɪljə] *zn* ❶ mislukking ❷ gebrek, onvermogen ❸ mankement ⟨v. machine / lichaamsdeel⟩ ❹ nalatigheid, verzuim ★ *~ to stop after an accident is an offence* niet stoppen na een ongeluk is een misdrijf
faint [feɪnt] I *bnw* ❶ nauwelijks waarneembaar, vaag, onduidelijk ⟨beeld, geluid⟩ ★ *a ~ hope* een sprankje hoop ★ *I don't have the ~est (idea)* ik heb geen flauw idee ❷ halfhartig, zwak ★ *a ~ smile* een flauwe glimlach ❸ wee, flauw ⟨v.d. honger⟩ II *onov ww* flauwvallen III *zn* flauwte
faint-hearted *bnw* laf ★ *not for the ~* niet voor bangeriken
fair [feə] I *zn* ❶ markt, beurs, jaarmarkt ❷ kermis II *bnw* ❶ rechtvaardig, eerlijk, zuiver ★ *that's not fair to / on her* dat is niet eerlijk tegenover haar ★ *fair enough!* oké, jij gelijk!, prima! ❷ blank ⟨van huid⟩, licht(gekleurd), blond ⟨van haar⟩ ❸ vrij groot / goed ⟨omvang / kwaliteit⟩ ❹ gunstig, mooi ⟨van weer⟩ III *bijw* ★ *play fair* eerlijk spel spelen ★ *fair and square* eerlijk, precies

fairground ['feəgraʊnd] *zn* kermisterrein

fair-haired *bnw* blond

fairly ['feəlɪ] *bijw* ❶ tamelijk ❷ eerlijk, redelijk

fair-minded *bnw* rechtvaardig, eerlijk

fairway ['feəweɪ] *zn* verzorgde golfbaan ⟨tussen tee en green⟩

fair-weather *bnw* ★ ~ *friends* mensen die alleen in voorspoed vrienden zijn

fairy ['feərɪ] *zn* ❶ fee, elfje ★ *be away with the fairies* onrealistisch zijn ❷ <u>inform</u> min homo

fairyland ['feərɪlænd] *zn* sprookjeswereld

fairy tale *zn* sprookje

fairy-tale *bnw* sprookjesachtig, sprookjes- ★ *a ~ princess* een sprookjesprinses

faith [feɪθ] *zn* ❶ vertrouwen ★ *break ~ with sb* je niet aan je woord houden ★ *in good / bad ~* te goeder / kwader trouw ❷ geloof, godsdienst

faithful ['feɪθʊl] **I** *bnw* ❶ trouw, betrouwbaar ❷ waarheidsgetrouw, nauwgezet ❸ gelovig **II** *zn mv* ★ *the ~* de gelovigen

faithfully ['feɪθʊlɪ] *bijw* ❶ eerlijk, oprecht ❷ nauwgezet, trouw ▾GB *yours ~* ⟨in brief⟩ hoogachtend

faith healing *zn* gebedsgenezing

faithless ['feɪθləs] *bnw* trouweloos, ontrouw

fake [feɪk] **I** *zn* ❶ namaak, vervalsing ❷ bedrieger **II** *bnw* vals, namaak, nep **III** *ov ww* vervalsen, voorwenden **IV** *onov ww* simuleren, doen alsof

falcon ['fɔːlkən] *zn* valk

falconry ['fɔːlkənrɪ] *zn* valkenjacht

fall [fɔːl] **I** *onov ww* [onregelmatig] ❶ vallen, neerkomen ★ *he fell to his knees* hij viel op zijn knieën ★ *fall to bits* in stukken uiteenvallen ★ *she fell down the stairs* ze viel van de trap ★ *the joke fell flat* de mop kwam niet over ❷ worden ★ *fall ill / in love* ziek / verliefd worden ❸ sneuvelen ❹ gebeuren, plaatsvinden ★ *Easter fell early* het was een vroege Pasen ❺ afnemen ⟨v. hoeveelheid, aantal, kracht⟩ ★ *the temperature fell* de temperatuur daalde ❻ betrekken ⟨v. gezicht⟩ ❼ ~ **about** omvallen van het lachen ❽ ~ **apart** uit elkaar vallen, kapot gaan ❾ ~ **away** weg- / uit- / afvallen, naar beneden aflopen, verminderen, wegsterven ⟨v. geluid⟩ ❿ ~ **back** terugvallen, zich terugtrekken, terugdeinzen ⓫ ~ **behind** achterop raken ⓬ ~ **down** neervallen, instorten, falen, tekortschieten ⓭ ~ **in** instorten, aantreden ⟨v. soldaten, enz.⟩ ⓮ ~ **off** afvallen, achteruitgaan, verminderen ⓯ ~ **out** uitvallen, inrukken ⟨v. soldaten⟩ ⓰ ~ **over** omvallen ⓱ ~ **through** mislukken **II** *ov ww* ❶ ~ **back on** zijn toevlucht nemen tot, achter de hand hebben ❷ ~ **behind** achterop raken bij ❸ ~ **for** verliefd worden op ★ *fall for sth* ergens intrappen ❹ ~ **in with** akkoord gaan met ❺ ~ **into** vervallen tot, zich schikken naar ★ *the tradition fell into disuse* de traditie raakte in onbruik ❻ ~ **on/upon** zich storten op, neerkomen op, om de nek vliegen, vallen op ❼ ~ **out with** ruzie krijgen met ❽ ~ **over** struikelen over ❾ ~ **to** toevallen aan, vervallen aan, beginnen met ★ *they fell to talking* ze begonnen te praten **III** *zn* ❶ val ★ *take a fall* vallen ★ *a heavy fall of snow* een flink pak sneeuw ❷ daling ❸ verval, ondergang

❹ [meestal mv] waterval ★ *Victoria Falls* Victoria Waterval ❺ <u>USA</u> herfst ❻ <u>USA</u> <u>inform</u> schuld ★ *take the fall* de schuld krijgen

fallacious [fə'leɪʃəs] *bnw* bedrieglijk ★ *a ~ argument* een drogreden

fallacy ['fæləsɪ] *zn* ❶ misvatting ❷ denkfout

fallback ['fɔːlbæk] *zn* uitwijkmogelijkheid, alternatief

fallen ['fɔːlən] *ww* [volt. deelw.] → **fall**

fall guy <u>USA</u> <u>inform</u> *zn* ❶ zondebok ❷ dupe

fallibility [fælə'bɪlətɪ] *zn* feilbaarheid

fallible ['fæləbl] *bnw* feilbaar

fallout ['fɔːlaʊt] *zn* ❶ radioactieve neerslag ❷ <u>fig</u> nare / ongewenste bijverschijnselen

fallow ['fæləʊ] *bnw* ❶ braak(liggend) ⟨v. landbouwgrond⟩ ❷ <u>fig</u> niet productief ⟨bep. periode⟩

fallow deer *zn* damhert

false [fɔːls] *bnw* ❶ fout, verkeerd ❷ onecht, vals ★ ~ *teeth* een kunstgebit ★ *a ~ bottom* een dubbele bodem ❸ <u>dicht</u> onrechtvaardig, ontrouw ★ *play sb ~* iem. bedriegen

falsehood ['fɔːlshʊd] *zn* leugen, onwaarheid

falsies ['fɔːlsɪːz] <u>inform</u> *zn mv* ❶ vulling in beha, voorgevormde beha ❷ schoudervulling

falsification [fɔːlsɪfɪ'keɪʃən] *zn* vervalsing

falsify ['fɔːlsɪfaɪ] *ov ww* ❶ vervalsen ❷ weerleggen ⟨v. argument / theorie⟩

falsity ['fɔːlsətɪ] *zn* ❶ valsheid ⟨in geschrifte⟩ ❷ onwaarheid, leugen

falter ['fɔːltə] *onov ww* ❶ wankelen ❷ teruglopen ⟨v. zaken⟩ ❸ haperen ⟨v. stem⟩ ❹ aarzelen

fame [feɪm] *zn* ❶ faam, roem ★ *fame and fortune* roem en rijkdom ★ *what's his claim to fame?* wat heeft hij gepresteerd? ❷ reputatie

famed [feɪmd] *bnw* beroemd ★ ~ *for* beroemd om / vanwege

familiar [fə'mɪlɪə] *bnw* ❶ vertrouwd, bekend, gewoon ❷ op de hoogte van ❸ vertrouwelijk, intiem ★ *be on ~ terms with sb* vertrouwelijk omgaan met iem. ❹ (al te) familiair

familiarity [fəmɪlɪ'ærətɪ] *zn* ❶ vertrouwdheid, familiariteit, bekendheid ★ ~ *breeds contempt* van familiariteit komt minachting ❷ ongedwongenheid ❸ vrijpostigheid

familiarize, familiarise [fə'mɪlɪəraɪz] *ov ww* bekend / vertrouwd maken met ★ ~ *yourself with sth* je iets eigen maken

family ['fæməlɪ] *zn* ❶ gezin, gezinsleden ★ *a young ~* een gezin met jonge kinderen ★ *start a ~* een gezin stichten ★ <u>inform</u> *be in the ~ way* zwanger zijn ❷ familie ★ *the immediate ~* de naaste verwanten ★ *it runs in the ~* het zit in de familie ★ *marry into the ~* door te trouwen familielid worden ❸ geslacht

family allowance *zn* kinderbijslag

family doctor, family practitioner *zn* huisarts

family likeness *zn* familietrek

family planning *zn* geboorteregeling, gezinsplanning

family tree *zn* stamboom

famine ['fæmɪn] *zn* ❶ hongersnood ★ *the country faces ~* er dreigt hongersnood in het land ❷ schaarste

famished ['fæmɪʃt] *bnw* uitgehongerd ★ <u>inform</u> *I'm ~!* ik rammel van de honger!

fa

famous ['feɪməs] *bnw* beroemd ★ ~ *for* beroemd om / vanwege ★ *get on* ~*ly* heel goed kunnen opschieten

fan [fæn] **I** *zn* **①** fan, bewonderaar **②** ventilator **③** waaier **II** *ov ww* **①** koelte toewaaien **②** ook fig aanwakkeren **III** *onov ww* ~ **out** uitwaaieren, verspreiden

fanatic [fə'nætɪk] *zn* fanatiekeling

fanatical [fə'nætɪkl] *bnw* fanatiek

fanaticism [fə'nætɪsɪzəm] *zn* fanatisme

fan belt *zn* ventilatorriem

fancier ['fænsɪə] *zn* liefhebber, fokker / kweker

fanciful ['fænsɪfʊl] *bnw* **①** fantasievol **②** denkbeeldig, min ingebeeld

fancy ['fænsɪ] **I** *zn* **①** inbeelding, verbeelding, fantasie **②** gril, inval ★ *a passing* ~ een bevlieging ★ *as / whenever the* ~ *takes you* wanneer je maar wilt ▼ *catch / take sb's* ~ iem. aantrekken, iem. behagen ▼ *take a* ~ *to* een voorliefde ontwikkelen voor, gaan houden van **II** *bnw* **①** extravagant (v. prijzen e.d.) **②** chic, elegant ★ ~ *articles / goods* luxeartikelen **③** uitbundig **④** decoratief **III** *ov ww* **①** zich verbeelden ★ *she fancies herself as an intellectual* ze denkt dat ze een intellectueel is ★ inform ~ *that!* stel je (toch) eens voor! **②** zin hebben / krijgen in, leuk vinden ★ ~ *a coffee?* heb je zin in koffie? **③** een hoge dunk hebben van ★ *she doesn't* ~ *my chances* zij geeft niet veel voor mijn kansen **IV** *wkd ww* inform ★ ~ *yourself* hoge dunk van jezelf hebben

fancy dress *zn* kostuum ★ *go in* ~ verkleed gaan

fancy man inform *zn* vrijer

fancy woman inform *zn* minnares

fanfare ['fænfeə] **①** trompetgeschal **②** drukte, ophef

fang [fæŋ] *zn* hoektand, snijtand (v. hond / wolf), giftand (v. slang)

fanny ['fænɪ] *zn* **①** GB vulg kut **②** USA inform kont

fantasize, fantasise ['fæntəsaɪz] *ov+onov ww* fantaseren

fantastic [fæn'tæstɪk] *bnw* **①** inform fantastisch **②** inform enorm, gigantisch **③** grillig, bizar, vreemd

fantasy ['fæntəsɪ] *zn* **①** fantasie **②** illusie

FAO *afk, Food and Agricultural Organization* Wereldvoedsel- en Landbouworganisatie (van de Verenigde Naties)

far [fɑ:] **I** *bijw* **①** ver (verwijderd) ★ *as far as the fence* (aan) het hek ★ *as far as the eye can see* zo ver als je kunt kijken ★ *far and near* overal ★ *far and wide* wijd en zijd ★ *go far* succes hebben ★ *go far towards* veel bijdragen tot ★ *go so / as far as to* zo ver gaan dat ★ *so far, so good* tot zover gaat het goed ★ *far from it* helemaal niet **②** veel, verreweg ★ *far different* heel anders ★ *by far* verreweg ★ *far and away the best* verreweg de beste ★ *how far can we trust him?* in hoeverre kunnen we hem vertrouwen? ★ inform *not far wrong / out / off* bijna goed **③** lang ★ *as far back as 1900* in 1900 ★ *we worked far into the night* we werkten door tot diep in de nacht ★ *so / thus far* tot nog / nu toe ▼ *as far as I'm concerned* wat mij betreft ▼ inform *far be it from / for me to do sth* het is niet aan mij

om dat te doen ▼ inform *far out!* helemaal te gek! **II** *bnw* (ver)afgelegen ★ *on the far right* uiterst rechts (ook politiek) ★ *the far side of the river* de overkant van de rivier ★ *it's a far cry from...* het lijkt in de verste verte niet op...

faraway [fɑ:rə'weɪ] *bnw* **①** ver(afgelegen) **②** afwezig (v. blik)

farce [fɑ:s] *zn* **①** klucht **②** farce, aanfluiting

farcical ['fɑ:sɪkl] *bnw* bespottelijk

fare [feə] **I** *zn* **①** vervoerprijs, tarief (trein, enz.) **②** kost (eten) **II** *onov ww* gaan ★ *how did you fare?* hoe is het gegaan? ★ *fare much better* het veel beter doen

farewell [feə'wel] *zn* vaarwel

far-fetched *bnw* vergezocht

far-flung *bnw* **①** ver verspreid **②** verafgelegen

farm [fɑ:m] **I** *zn* **①** boerderij **②** landbouwbedrijf **③** fokkerij, kwekerij (v. vis) **II** *onov ww* boeren **III** *ov ww* **①** bewerken, bebouwen **②** ~ **out** min verzorgen tegen betaling (vooral v. kind), uitbesteden (v. werk)

farmer ['fɑ:mə] *zn* boer, landbouwer

farmhand ['fɑ:mhænd] *zn* boerenknecht

farmhouse ['fɑ:mhaʊs] *zn* boerderij, boerenhoeve

farming ['fɑ:mɪŋ] **I** *zn* het boeren **II** *bnw* landbouw-

farmland ['fɑ:mlænd] *zn* bouwland

farmstead ['fɑ:msted] *zn* boerderij

farmyard ['fɑ:mjɑ:d] *zn* boerenerf

far-off *bnw* **①** afgelegen **②** afwezig (v. blik)

far-reaching *bnw* vérstrekkend

far-sighted *bnw* **①** vooruitziend **②** verziend

fart [fɑ:t] inform **I** *zn* **①** scheet ★ zeur, lul ★ *a silly old fart* een oude lul **II** *onov ww* **①** een scheet laten **②** ~ **around/about** aanklooien, rondlummelen

farther ['fɑ:ðə] *bnw + bijw* → **further**

farthermost ['fɑ:ðəməʊst] *bnw* furthermost

farthest ['fɑ:ðɪst] *bnw + bijw* → **furthest**

farthing ['fɑ:ðɪŋ] fig *zn* minieme hoeveelheid ★ *not a* ~ niets

fascia, facia ['feɪʃə] *zn* **①** instrumentenpaneel, dashboard **②** fascia, band (op gevel) **③** naambord (van winkel)

fascinate ['fæsɪneɪt] *ov+onov ww* fascineren, boeien

fascinating ['fæsɪneɪtɪŋ] *bnw* fascinerend, boeiend

fascination [fæsɪ'neɪʃən] *zn* **①** (sterke) aantrekkingskracht ★ *stamps hold a* ~ *for many* postzegels hebben een grote aantrekkingskracht op veel mensen **②** geboeidheid, fascinatie ★ *look on in* ~ gefascineerd toekijken

fascist ['fæʃɪst] **I** *zn* fascist **II** *bnw* fascistisch

fashion ['fæʃən] **I** *zn* **①** mode ★ *come into* ~ in de mode komen ★ *set the* ~ de toon aangeven ★ *go out of* ~ uit de mode raken ★ inform *like it's going out of* ~ alsof zijn leven er van afhangt **②** gebruik, gewoonte **③** manier, wijze ★ *after a* ~ tot op zekere hoogte ★ *in such a* ~ zo, op die manier **II** *ov ww* vormen, modelleren

fashionable ['fæʃnəbl] *bnw* **①** modieus ★ *a* ~ *restaurant* een chic restaurant **②** in de mode, populair **③** gangbaar

fast [fɑːst] **I** bnw ❶ snel, vlug, vlot ★ *a fast worker* een snelle werker, inform een snelle jongen ★ inform *pull a fast one* een gemene streek uithalen, (iemand) een loer draaien ★ inform *a fast talker* een gladde prater ★ *a fast and furious film* een geweldige actiefilm ❷ vast, stevig, hecht ★ *he made sure the ropes were fast* hij zorgde dat de touwen goed vast zaten ★ *the two have formed a fast friendship* de twee zijn onafscheidelijke / dikke vrienden geworden ❸ wasecht ⟨v. kleur⟩ ❹ vóór ⟨v. klok⟩ **II** bijw ❶ snel, vlug, vlot ★ *as fast as his legs could carry him* zo snel als hij kon ★ *live fast* maar raak leven ★ *don't drive so fast* rij niet zo hard ❷ stevig, vast ★ *stand fast / firm* op zijn stuk blijven ★ *the window is stuck fast* het raam zit vast ★ *fast asleep* in diepe slaap **III** zn het vasten **IV** onov ww vasten

fasten [ˈfɑːsən] **I** ov ww ❶ vastmaken, vastbinden, bevestigen ★ *the dog ~ed its teeth in my leg* de hond zette zijn tanden in mijn been ❷ sluiten, dichtdoen ❸ vestigen op, richten ⟨ogen, aandacht⟩ ❹ ~ off afhechten ⟨draad⟩ ❺ ~ up vastmaken (jas) **II** onov ww dichtgaan, sluiten ★ *this zipper won't ~* deze rits wil niet dicht

fastener [ˈfɑːsnə], **fastening** [ˈfɑːsnɪŋ] zn sluiting

fast food zn fastfood, gemaksvoedsel

fastidious [fæˈstɪdɪəs] bnw ❶ nauwgezet ❷ overdreven schoon ❸ kieskeurig, veeleisend

fat [fæt] **I** zn vet ★ inform *then the fat was in the fire* toen had je de poppen aan het dansen ★ *live off / on the fat of the land* van het goede der aarde genieten **II** bnw ❶ vet, vlezig, dik ❷ groot ★ iron *fat chance!* weinig kans! ★ iron *a fat lot of good that will do* daar schiet je geen moer op ★ iron *a fat lot you know!* en jij zou dat weten!

fatal [ˈfeɪtl] bnw ❶ fataal, dodelijk ★ *the illness proved ~ to her* de ziekte werd haar dood ❷ noodlottig, rampzalig

fatality [fəˈtælətɪ] zn ❶ ongeluk met dodelijke afloop ❷ dodelijk verloop ⟨v. ziekte⟩ ❸ noodlot

fatally [ˈfeɪtlɪ] bijw fataal, dodelijk

fate [feɪt] zn lot, noodlot ★ *seal sb's fate* iemands lot bezegelen ★ *a fate worse than death* iets gruwelijks ★ *by a strange twist of fate* door een gril van het lot

fated [ˈfeɪtɪd] bnw ❶ voorbestemd ❷ gedoemd

fateful [ˈfeɪtfʊl] bnw ❶ noodlottig ❷ belangrijk

fathead [ˈfæthed] inform zn domkop, dwaas

father [ˈfɑːðə] **I** zn ❶ vader ★ *a founding ~* een grondlegger ★ *from ~ to son* van vader op zoon ★ *like ~, like son* zo vader, zo zoon ❷ pater, pastoor **II** ov ww ❶ voortbrengen ❷ vaderschap op zich nemen, een vader zijn voor ❸ zich opwerpen als maker / vader van

Father Christmas zn Kerstman

fatherhood [ˈfɑːðəhʊd] zn vaderschap

father-in-law [fɑːˈðərɪnlɔ:] zn schoonvader

fatherly [ˈfɑːðəlɪ] bnw vaderlijk

fathom [ˈfæðəm] **I** zn vadem (6 voet (ca. 1.80 m)) **II** ov ww ❶ peilen ❷ fig doorgronden

fathomless [ˈfæðəmləs] bnw peilloos, ondoorgrondelijk

fatigue [fəˈtiːg] **I** zn vermoeidheid, moeheid ⟨ook v. metaal⟩ **II** ov ww vermoeien

fatigues zn mv ❶ gevechtspak ❷ (straf)corvee

fatso [ˈfætsəʊ] inform zn vetzak

fatten [ˈfætn] **I** ov ww ~ (up) vetmesten **II** onov ww dik / vet worden

fatty [ˈfætɪ] **I** zn inform dikzak **II** bnw vet(tig) ★ ~ *acids* vetzuren

fatuous [ˈfætjʊəs] form bnw dom, dwaas, idioot

faucet [ˈfɔːsɪt] USA zn kraan

fault [fɔːlt] zn ❶ schuld, fout ★ *at* ~ schuldig ★ *find* ~ *(with)* aanmerking maken (op) ❷ onvolkomenheid, gebrek, storing ★ *to a* ~ buitengewoon, al te... ❸ breuk in aardlaag ❹ verkeerd geserveerde bal (tennis)

fault-finding zn muggenzifterij

faultless [ˈfɔːltləs] bnw onberispelijk, foutloos

faulty [ˈfɔːltɪ] bnw ❶ defect, niet in orde ❷ gebrekkig, onjuist, verkeerd

fauna [ˈfɔːnə] zn fauna, dierenwereld

fave [feɪv] inform **I** zn favoriet persoon / ding **II** bnw favoriet-, lievelings-

favour, USA **favor** [ˈfeɪvə] **I** zn ❶ gunst ★ *in* ~ *of* ten gunste van ★ *as a* ~ *to...* om... een plezier te doen ★ *do sb a* ~ iem. een dienst bewijzen ★ inform *do me a* ~! zeg, doe mij een lol! ★ *owe sb a* ~ iem. iets schuldig zijn ★ *fall from / lose* ~ uit de gratie raken ★ *call in a* ~ om een wederdienst vragen ❷ goedkeuring, steun ★ *find* ~ *with* steun krijgen van ★ *look with* ~ *upon sth* iets goedkeuren, iets met welgevallen beschouwen ★ *be all in* ~ *of* volledig steunen ❸ begunstiging, voorkeur ★ *high heels have come back into* ~ hoge hakken zijn weer in de mode ★ *come down in* ~ *of* uiteindelijk kiezen voor **II** ov ww ❶ verkiezen, bij voorkeur dragen ⟨v. kleren⟩ ❷ begunstigen, bevoordelen ❸ goed / gunstig zijn voor

favourable, USA **favorable** [ˈfeɪvərəbl] bnw gunstig, positief ★ ~ *to* te verkiezen boven

favourite, USA **favorite** [ˈfeɪvərɪt] **I** zn ❶ favoriet ★ GB *the red-hot* ~ de torenhoge favoriet ❷ gunsteling, lieveling **II** bnw lievelings-

favouritism, USA **favoritism** [ˈfeɪvərɪtɪzəm] zn voortrekkerij, vriendjespolitiek

fawn [fɔːn] **I** zn jong hert, reekalf **II** bnw licht geelbruin **III** ov ww min ~ **on/over** kruipen voor, vleien

faze [feɪz] inform ov ww van zijn stuk brengen

fear [fɪə] **I** zn ❶ vrees, angst ★ *shake with fear* bibberen van angst ★ *for fear of / that* uit vrees voor / dat ★ *in fear of* bang voor ★ *without fear or favour* rechtvaardig, eerlijk ★ inform *no fear!* absoluut niet! ★ *put the fear of God into sb* iem. erg bang maken **II** ov ww ❶ vrezen, bang zijn voor ❷ vermoeden ❸ ~ **for** bang zijn voor, bezorgd zijn over **III** onov ww vrezen ★ *never fear! / fear not!* wees (maar) niet bang!

fearful [ˈfɪəfʊl] bnw ❶ bang, angstig ❷ vreselijk, angstaanjagend

fearless [ˈfɪələs] bnw onbevreesd, onverschrokken

fearsome [ˈfɪəsəm] bnw afschrikwekkend

feasibility [fiːzɪˈbɪlətɪ] zn ❶ uitvoerbaarheid ❷ haalbaarheid

feasible [ˈfiːzɪbəl] bnw doenlijk, uitvoerbaar

feast [fiːst] **I** zn ❶ feest(maal) ❷ kerkelijk feest **II** ov ww ❶ trakteren ❷ ~ **on** zich te goed doen aan, zich verlustigen in ★ ~ *one's eyes on sth* genieten van de aanblik van iets III *onov ww* feest vieren

feat [fiːt] *zn* ❶ heldendaad ❷ prestatie ★ *no mean feat* een hele prestatie / toer

feather ['feðə] I *zn* veer, pluim ★ *a ~ in your cap* iets om trots op te zijn ★ *they're birds of a ~* het is één pot nat, ze hebben veel van elkaar weg II *ov ww* met veren bedekken ★ ~ *one's nest* zijn zakken vullen

feather-bed *ov ww* in de watten leggen
feather-brained *bnw* leeghoofdig
feather duster *zn* plumeau
feathered ['feðəd] *bnw* gevederd, gevleugeld
featherweight ['feðəweɪt] *zn* ❶ sport vedergewicht ❷ fig onbeduidend iets / persoon
feathery ['feðərɪ] *bnw* vederachtig, luchtig
feature ['fiːtʃə] I *zn* ❶ belangrijke eigenschap, kenmerk ❷ gelaatstrek ❸ hoofdartikel in krant ❹ hoofdfilm ★ USA *a double ~* een programma met twee hoofdfilms II *onov ww* een belangrijke plaats innemen, opvallen, een (hoofd)rol spelen III *ov ww* als speciale attractie hebben

feature film *zn* speel- / hoofdfilm
featureless ['fiːtʃələs] *bnw* saai, vervelend, niet interessant
Feb. ['februərɪ] *afk, February* febr, februari
feces USA *zn* → **faeces**
fecund ['fekənd] *bnw* productief, vruchtbaar
fed [fed] *ww* [verl. tijd + volt. deelw.] → **feed**
Fed inform *afk, federal agent* FBI-agent
federal ['fedərəl] *bnw* ❶ federaal, bonds- ❷ USA nationaal, regerings-
federate ['fedərət] *bnw* verbonden
federation [fedə'reɪʃən] *zn* ❶ (staten)bond, federatie ❷ eenwording
fed up *bnw* ontevreden, (het) zat, balend ★ *be ~ with sth* van iets balen
fee [fiː] *zn* ❶ honorarium, loon ❷ contributie, entreegeld ★ *school fees* schoolgeld
feeble ['fiːbl] *bnw* ❶ zwak, futloos, teer ❷ flauw ★ *a ~ excuse for a novel* een zwak excuus voor een roman ★ *a ~ attempt* een halfhartige poging

feeble-minded *bnw* zwakzinnig
feed [fiːd] [onregelmatig] I *ov ww* ❶ voeden, voederen, te eten geven ★ *they have six children to feed* ze moeten zes kinderen te eten geven ★ *well fed* goed doorvoed ★ inform *feed your face* schransen ★ *feed a need* een behoefte bevredigen ★ *feed one's eyes on* zich verlustigen in ❷ toevoeren ★ *the media feeds us lies* via de media krijgen we leugens te horen ❸ voedsel geven aan, stimuleren ❹ invoeren, instoppen ⟨computer⟩ ❺ ~ **up** vetmesten II *onov ww* ❶ eten, zich voeden ❷ weiden ⟨van vee⟩ III *zn* ❶ inform eten ★ *be off one's feed* geen trek in eten hebben ❷ maaltijd ⟨van baby enz.⟩ ❸ voer, voeding ⟨v. vee / planten⟩ ❹ invoer ⟨machine⟩

feedback ['fiːdbæk] *zn* ❶ terugkoppeling, feedback, reactie ❷ het rondzingen ⟨van geluidsinstallatie⟩
feeder ['fiːdə] *zn* ❶ eter ❷ toevoer ❸ voederbak
feeding bottle *zn* zuigfles, flesje
feel [fiːl] I *ov ww* [onregelmatig] ❶ voelen, tasten

★ *feel your way* op de tast gaan, fig het terrein verkennen ❷ gewaarworden ★ *feel your ears burning* denken dat anderen over je roddelen ★ *she felt herself blushing* ze voelde zich rood worden ❸ vinden, van mening zijn ★ *he feels (that) we should wait* hij denkt dat we beter kunnen wachten ❹ ~ **for** meevoelen met, sympathiseren met ❺ ~ **out** zorgvuldig onderzoeken ❻ vulg ~ **up** seksueel betasten ❼ ~ **up to** aankunnen, opgewassen zijn tegen II *onov ww* [onregelmatig] ❶ voelen, aanvoelen ★ *I feel like...* ik heb zin in / om... ★ *it feels like rain* het voelt alsof het gaat regenen ★ *it feels like real leather* het voelt aan als echt leer ❷ gevoelens hebben ❸ tasten, verkennen III *kww* zich voelen ★ *feel cold / hot* het koud / warm hebben ★ *feel free to...* wees zo vrij om te... ★ *feel good* zich goed voelen ★ *feel sick* misselijk zijn ★ *feel sorry for sb* medelijden hebben met iem. ★ *not feel yourself* je niet lekker voelen ★ *feel your age* voelen dat de jaren tellen IV *zn* ❶ gevoel ★ *firm to the feel* stevig aanvoelend ★ *get the feel of sth* aan iets gewend raken, iets in de vingers krijgen ★ *have a feel for sth* gevoel hebben voor iets ❷ tast, tastzin ★ *have a feel of this leather* voel dit leer eens ★ *it was smooth / rough to the feel* het voelde glad / ruw aan ❸ aanvoelen ★ *the song has a romantic feel to it* het liedje doet romantisch aan

feeler ['fiːlə] *zn* voelhoorn / -spriet, proefballonnetje ★ *put out ~s* een proefballon oplaten
feel-good *bnw* positief, een goed gevoel gevend ★ *a ~ movie* een film waar je een goed gevoel aan overhoudt
feeling ['fiːlɪŋ] I *zn* ❶ gevoel ★ *bad / ill ~* wrok, bitterheid ❷ idee, indruk ❸ mening, opinie ❹ sympathie, medeleven ❺ sfeer, stemming II *bnw* gevoelig, gevoelvol, meelevend
feelingly ['fiːlɪŋlɪ] *bijw* met gevoel, gevoelvol
feelings ['fiːlɪŋz] *zn mv* gevoelens emoties ★ ~ *ran high* de gemoederen raakten verhit ★ *hurt sb's ~* iem. (diep) kwetsen ★ *no hard ~!* even goede vrienden!
feet [fiːt] *zn mv* → **foot**
feign [feɪn] *ov ww* veinzen, doen alsof
feint [feɪnt] *zn* schijnbeweging
felicitous [fə'lɪsɪtəs] dicht *bnw* goed (gevonden) en toepasselijk
felicity [fə'lɪsətɪ] dicht *zn* ❶ groot geluk, zegen(ing) ❷ toepasselijkheid
feline ['fiːlaɪn] I *zn* katachtige II *bnw* katachtig
fell [fel] I *onov ww* [verleden tijd] → **fall** II *ov ww* vellen III *zn* (kale) heuvel, heidevlakte ⟨N.-Engeland⟩
fellow ['feləʊ] I *zn* ❶ vent, kerel, makker ❷ gelijke ❸ lid van universiteitsbestuur wetenschappelijk genootschap ❹ wederhelft, andere helft II *bnw* ❶ gelijke ❷ -genoot, mede- ★ *my ~ passengers* mijn medepassagiers, mijn reisgenoten
fellow feeling *zn* sympathie, medeleven
fellowship ['feləʊʃɪp] *zn* ❶ kameraadschappelijke omgang, collegialiteit, vriendschap ❷ genootschap ❸ beurs ❹ lidmaatschap ⟨van academische /

professionele organisatie⟩

felon ['felən] *zn* misdadiger

felonious [fɪ'ləʊnɪəs] *bnw* misdadig

felony ['felənɪ] *zn* zware misdaad

felt [felt] **I** *zn* vilt **II** *bnw* vilten **III** *onov ww* [verl. tijd + volt. deelw.] → **feel**

felt-tip pen *zn* viltstift

female ['fi:meɪl] **I** *zn* ❶ vrouw, meisje ❷ dierk wijfje **II** *bnw* ❶ vrouwelijk ★ *a ~ artist* een kunstenares ★ *two of the gang were* ~ twee bendeleden waren vrouw ❷ wijfjes-

feminine ['femɪnɪn] *bnw* vrouwelijk, vrouwen-

femininity [femə'nɪnətɪ] *zn* vrouwelijkheid

feminism ['femɪnɪzm] *zn* feminisme

femora ['femərə] *zn mv* → **femur**

femur ['fi:mə] anat *zn* [mv: **femora of femurs**] dij(been)

fen [fen] *zn* moeras, ondergelopen land

fence [fens] **I** *zn* ❶ hek, omheining, schutting ★ *an electric* ~ schrikdraad ★ *be / sit / stay on the* ~ geen partij kiezen ❷ sport hindernis ❸ inform heler **II** *ov ww* ❶ beschutten, omheinen ❷ ~ **in** omheinen, afrasteren, fig belemmeren ❸ ~ **off** afscheiden, afschermen ⟨met hek⟩ **III** *onov ww* sport schermen

fencing ['fensɪŋ] *zn* ❶ omheining ❷ schermkunst / -sport

fend [fend] *ov ww* ❶ ~ **off** afweren, ontwijken ❷ ~ **for** zorgen voor ★ *fend for yourself* voor jezelf opkomen / zorgen

fender ['fendə] *zn* ❶ spatbord ⟨v. auto⟩ ❷ haardscherm

fennel ['fenl] *zn* venkel

feral ['ferəl] *bnw* ❶ verwilderd ★ *go* ~ verwilderen, inform zich gedragen als een beest ❷ wild, dierlijk

ferment ['fɜ:mənt] **I** *ov ww* ❶ doen fermenteren / gisten ❷ in beroering brengen **II** *onov ww* fermenteren, gisten **III** *zn* opwinding, (sociale) onrust

fermentation [fɜ:men'teɪʃən] *zn* ❶ gisting ❷ onrust, beroering

fern [fɜ:n] *zn* varen(s)

ferocious [fə'rəʊʃəs] *bnw* woest, wild, wreed

ferocity [fə'rɒsətɪ] *zn* woestheid, wreedheid

ferret ['ferɪt] **I** *zn* fret **II** *onov ww* ❶ met fretten jagen ❷ snuffelen **III** *ov ww* ~ **out** uitvissen, opdiepen

Ferris wheel ['ferɪswi:l] *zn* reuzenrad ⟨op kermis⟩

ferry ['ferɪ] **I** *zn* veer(boot) **II** *ov ww* overzetten, vervoeren

ferryman ['ferɪmən] *zn* veerman

fertile ['fɜ:taɪl] *bnw* ❶ vruchtbaar ❷ creatief, rijk ⟨verbeelding⟩

fertility [fɜ:'tɪlətɪ] *zn* vruchtbaarheid

fertilization, fertilisation [fɜ:tɪlaɪ'zeɪʃən] *zn* bevruchting, bemesting

fertilize, fertilise ['fɜ:tɪlaɪz] *ov ww* ❶ bevruchten, vruchtbaar maken ❷ met (kunst)mest behandelen

fertilizer, fertiliser ['fɜ:təlaɪzə] *zn* (kunst)mest

fervent ['fɜ:vənt] *bnw* heet, vurig, hartstochtelijk

fervour, USA **fervor** ['fɜ:və] *zn* hitte, vuur, enthousiasme

fester ['festə] *onov ww* ❶ zweren, verrotten ❷ knagen

festive ['festɪv] *bnw* feest-, feestelijk

festivities [fe'stɪvətɪz] *zn mv* feestelijkheden, festiviteiten

festivity [fe'stɪvətɪ] *zn* ❶ feestvreugde ❷ festiviteit

festoon [fe'stu:n] *ov ww* versieren met slingers / bloemen

fetch [fetʃ] **I** *ov ww* ❶ halen, brengen ❷ trekken, tevoorschijn brengen ⟨bloed, tranen enz.⟩ ❸ opbrengen, opleveren **II** *onov ww* ❶ apporteren ★ *~ and carry* apporteren, voor bediende spelen ❷ inform ~ **up** terechtkomen

fetching ['fetʃɪŋ] *bnw* enig, leuk, aantrekkelijk

fête [feɪt], **fete** **I** *zn* feest, bazaar **II** *ov ww* fêteren, feestelijk onthalen

fetid ['fi:tɪd] form *bnw* stinkend

fetish ['fetɪʃ] *zn* ❶ fetisj ❷ fixatie, obsessie

fetter ['fetə] **I** *zn* [meestal mv] ❶ voetboei, keten ❷ belemmering **II** *ov ww* ❶ boeien ❷ belemmeren

fetus ['fi:təs] USA → **foetus**

feud [fju:d] **I** *zn* vete **II** *onov ww* twisten, ruziën

feudal ['fju:dl] *bnw* feodaal

feudalism ['fju:dəlɪzəm] *zn* feodaal stelsel

fever ['fi:və] *zn* ❶ koorts, verhoging ★ *come down with a* ~ koorts krijgen ❷ (koortsachtige) opwinding

fevered ['fi:vəd], **feverish** ['fi:vərɪʃ] *bnw* ❶ koortsig ❷ koortsachtig

fever pitch *zn* hoogtepunt, climax ★ *at* ~ op het kookpunt

few [fju:] **I** onbep vnw weinige(n) ★ *a few* enkele, een paar ★ *no fewer than 80 people* wel 80 mensen ★ *quite a few* vrij veel ★ GB *a good few* heel wat ★ inform *have had a few* teveel op hebben ⟨alcohol⟩ **II** *bnw* (maar) weinig ★ *a few* enkele, een paar ★ *every few days* om de zoveel dagen ★ *few and far between* dungezaaid, sporadisch **III** *zn* ★ *the few* de weinigen, de enkelen ★ *the happy few* een kleine / uitverkoren minderheid

ff. *afk, and following (pages)* en volgende (pagina's)

fiancé ['fɪ'ɒnseɪ, fi'a:nseɪ] *zn* verloofde ⟨man⟩

fiancée ['fɪ'ɒnseɪ, fi'a:nseɪ] *zn* verloofde ⟨vrouw⟩

fiasco [fɪ'æskəʊ] *zn* fiasco, afgang

fiat ['faɪæt] *zn* fiat, goedkeuring

fib [fɪb] **I** *zn* leugentje ★ *tell fibs* jokken **II** *onov ww* jokken

fibber ['fɪbə] *zn* jokkebrok

fibre, USA **fiber** ['faɪbə] *zn* ❶ vezel(s) ★ *a high~ diet* een vezelrijk dieet ★ *with every ~ of my being* met heel mijn ziel ❷ vezelachtige stof ❸ karakter ★ *moral* ~ ruggengraat

fibreboard, USA **fiberboard** ['faɪbəbɔ:d] *zn* (hout)vezelplaat

fibreglass, USA **fiberglass** ['faɪbəglɑ:s] *zn* fiberglas, glasvezel

fibrous ['faɪbrəs] *zn* vezelig

fibula ['fɪbjʊlə] anat *zn* kuitbeen

fickle ['fɪkl] *bnw* wispelturig, grillig

fiction ['fɪkʃən] *zn* ❶ fictie ★ *a work of* ~ een roman ❷ onwaarheid

fictional ['fɪkʃənl] *bnw* fictief, roman-

fictitious [fɪk'tɪʃəs] *bnw* verzonnen, fictief, onecht ★ *a ~ name* een gefingeerde naam

fi

fiddle ['fɪdl] **I** *zn* ❶ inform viool ★ *play second ~* tweede viool spelen ★ *(as) fit as a ~* kiplekker ❷ inform knoeierij, bedrog ❸ inform lastige klus, (hele) toer **II** *ov ww* ❶ spelen ❷ inform knoeien, rommelen ⟨vooral met de boekhouding⟩ **III** *onov ww* ❶ inform viool spelen ❷ friemelen, spelen ❸ *~ about/around* keutelen, rommelen

fiddle-faddle ['fɪdlfædl] inform *zn* onzin

fiddler ['fɪdlə] inform *zn* ❶ vioolspeler ❷ knoeier, oplichter

fiddlesticks ['fɪdlstɪks] inform *zn mv* nonsens, flauwekul, smoesjes

fiddling ['fɪdlɪŋ] inform *bnw* onbeduidend, nietig

fidelity [fɪ'deləti] *zn* trouw, getrouwheid, loyaliteit ★ *high ~* natuurgetrouwe geluidsweergave

fidget ['fɪdʒɪt] **I** *onov ww* ~ **(about)** niet stil kunnen zitten **II** *zn* druk en nerveus persoon ★ *have the ~s* niet stil kunnen zitten

fidgety ['fɪdʒəti] *bnw* onrustig, druk

field [fi:ld] **I** *zn* ❶ veld, weiland ★ *~ of vision* gezichtsveld ★ *a ~ of wheat* een akker tarwe ❷ gebied, terrein ❸ spelers ⟨v.e. wedstrijd⟩ ★ *lead the ~* voorop lopen ★ inform *play the ~* pakken wat je pakken kunt ⟨op seksueel gebied⟩ **II** *ov ww* ❶ kandidaat stellen ⟨voor verkiezing⟩ ❷ sport terugspelen ❸ afhandelen, pareren ⟨v. vraag⟩ **III** *onov ww* sport veldspeler zijn

field day *zn* sportdag ★ fig *have a ~* er van smullen, de dag van je leven hebben

fielder ['fi:ldə] *zn* veldspeler

field events *zn mv* atletiek ⟨uitgezonderd baannummers⟩

field glasses ['fi:ldgla:sɪz] *zn mv* veldkijker

field marshal mil *zn* veldmaarschalk

fieldsman ['fi:ldzmən] *zn* veldspeler

field sports *zn mv* buitensport ⟨zoals jagen en vissen⟩

field test I *zn* praktijktest **II** *ov ww* in de praktijk testen

field trip *zn* excursie, veldwerk

fieldwork ['fi:ldwɜːk] *zn* veldonderzoek, praktijk, vergaren van gegevens

fiend [fi:nd] *zn* ❶ duivel ❷ inform maniak ★ *he's a ~ for rules* hij doet fanatiek over regels

fiendish ['fi:ndɪʃ] *bnw* ❶ gemeen, duivels ❷ inform verduiveld moeilijk

fierce ['fɪəs] *bnw* ❶ woest, wreed, fel ❷ onstuimig, hevig ★ *~ opposition* heftige tegenstand

fiery ['faɪəri] *bnw* ❶ vurig ❷ opvliegend, fel ⟨boosheid⟩ ❸ heet, scherp ⟨voedsel⟩

fife [faɪf] *zn* kleine dwarsfluit

fifteen [fɪf'ti:n] **I** *telw* vijftien **II** *zn* vijftiental ⟨bij rugby⟩

fifteenth [fɪf'ti:nθ] *telw* vijftiende

fifth [fɪfθ] *telw* vijfde

fiftieth ['fɪftɪəθ] *telw* vijftigste

fifty ['fɪfti] *telw* vijftig ★ *~~* half om half ★ *the fifties* de jaren vijftig ★ *she is in her fifties* ze is in de vijftig

fig [fɪg] *zn* ❶ vijgenboom ❷ vijg ★ inform *not care / give a fig* geen moer kunnen schelen

fight [faɪt] **I** *ov ww* ⟨onregelmatig⟩ ❶ vechten tegen, bestrijden ★ *~ fire with fire* vuur met

vuur bestrijden ★ *a losing battle* voor een verloren zaak vechten ★ *~ tooth and nail* tot het uiterste vechten ★ *~ your own battles* je eigen zaakjes opknappen ▼ *they fought their way to the door* ze baanden zich een weg naar de deur ❷ *~ back* wegslikken, onderdrukken ⟨angst, boosheid, tranen⟩ ❸ *~ down* onderdrukken ❹ *~ off* verdrijven ❺ *~ out* uitvechten **II** *onov ww* ⟨onregelmatig⟩ ❶ vechten, strijden ★ *~ like a tiger* vechten als een leeuw ★ *~ shy of* zich niet inlaten met, terugschrikken voor ❷ ruzie maken ❸ *~ back* terugvechten **III** *zn* ❶ gevecht, strijd, ruzie ★ *a ~ broke out* er ontstond een gevecht ★ *get into a ~* in gevecht raken ★ *have a ~ on your hands* nog flink moeten vechten ★ *put up a good ~* zich goed weren ★ *~ or flight* vechten of wegwezen ★ *a ~ to the finish* een gevecht tot het bittere eind ❷ vechtlust ★ *there was plenty of ~ left in him* hij weerde zich nog terdege

fighter ['faɪtə] *zn* ❶ vechtersbaas ❷ luchtv gevechtsvliegtuig

fighting chance *zn* kansje op succes ⟨als je erg je best doet⟩

fighting spirit *zn* vechtlust

figment ['fɪgmənt] *zn* verzinsel ★ *a ~ of your imagination* een hersenspinsel

figurative ['fɪgərətɪv] *bnw* ❶ figuurlijk ❷ figuratief

figure ['fɪgə] **I** *zn* ❶ cijfer, getal, bedrag ★ *double ~s* dubbele cijfers, tientallen ★ *run into three / six ~s* in de duizenden / miljoenen lopen ★ *bad at ~s* slecht in rekenen ★ *do some ~s* sommen maken ★ *put a ~ on sth* de prijs van iets schatten ❷ figuur, gedaante, gestalte ★ *watch your ~* aan de lijn denken ★ *cut a ~* een figuur slaan ❸ personage, persoon ★ *be / become a ~ of fun* het mikpunt zijn / worden van plagerijen ❹ ⟨geometrische⟩ figuur, afbeelding, motief **II** *ov ww* ❶ ⟨zich⟩ voorstellen, afbeelden ❷ USA inform geloven, denken ❸ USA *~ on* rekenen op, vertrouwen op ❹ *~ out* uitrekenen, uitvogelen, hoogte krijgen van **III** *onov ww* ❶ een rol spelen, voorkomen ❷ inform voor de hand liggen ★ *that ~s!* dat is logisch! ▼ inform *go ~!* snap jij het, snap ik het!

figurehead ['fɪgəhed] *zn* ❶ scheepv boegbeeld ❷ leider in naam, stroman

figure of speech *zn* stijlfiguur, metafoor, manier van spreken

figure skating *zn* kunstrijden

figurine [fɪgjʊ'ri:n] *zn* beeldje

filament ['fɪləmənt] *zn* ❶ gloeidraad ❷ vezel

filch [fɪltʃ] *ov ww* pikken, gappen

file [faɪl] **I** *zn* ❶ map, dossier ★ *on file* in het dossier ❷ comp bestand, document, file ❸ vijl ❹ gelid, rij ★ *in file* in de rij ★ *in single file* achter elkaar **II** *ov ww* ❶ archiveren, opbergen ⟨in dossier⟩ ❷ indienen ⟨eis, klacht, verzoek⟩, insturen ⟨v. bericht, rapportage enz.⟩ ❸ vijlen, bijschaven ❹ *~ away* opbergen, archiveren ❺ *~ for* aanvragen ★ *file for divorce* verzoek tot echtscheiding indienen **III** *onov ww* achter elkaar lopen ★ *file past* in een rij voorbijkomen

filial ['fɪlɪəl] *bnw* van dochter / zoon, kinderlijk

filibuster ['fɪlɪbʌstə] *zn* vertragingstactiek ⟨in

parlementair debat⟩
filigree ['filigri:] zn filigrein(werk)
filing cabinet zn archiefkast
filings ['faɪlɪŋz] zn vijlsel
Filipino [fɪlɪ'pi:nəʊ] I zn Filippijn II bnw Filippijns
fill [fɪl] I ov ww ❶ (op)vullen ❷ uitvoeren ⟨order⟩ ❸ voldoen aan ⟨een behoefte⟩ ❹ volproppen ⟨met eten⟩ ❺ bekleden ⟨ambt⟩ ❻ ~ **in** invullen ⟨v. formulier⟩, opvullen, inkleuren ⟨v. tekening⟩, inlichten, bijpraten ❼ ~ **out** invullen ⟨v. formulier⟩ ❽ ~ **up** opvullen ⟨ook v. ruimte / plaats⟩, invullen ⟨v. tijd⟩, invullen ⟨formulier⟩, vol doen ⟨benzinetank⟩ II onov ww ❶ zich vullen, vol raken, vol lopen ❷ ~ **in** de plaats innemen / vervangen ❸ ~ **out** dikker worden ❹ ~ **up** zich geheel vullen, tanken, dichtslibben III zn ❶ vulling ❷ voldoende hoeveelheid ★ eat your fill je buik rond eten ★ have one's fill of sb / sth schoon genoeg hebben v. iem. / iets
filler ['fɪlə] zn ❶ vulmiddel, (op)vulsel, plamuur ❷ inform opvulling
fillet ['fɪlɪt] I zn filet ⟨v. vlees / vis⟩, lendenstuk ⟨v. rund⟩ ★ a ~ of pork een varkenshaas ★ ~ steak biefstuk v.d. haas, lendenbiefstuk II ov ww fileren
filling ['fɪlɪŋ] I zn vulling II bnw voedzaam, zwaar op de maag liggend
filling station zn benzinestation
filly ['fɪlɪ] zn merrieveulen
film [fɪlm] I zn ❶ filmrolletje ❷ GB film, de filmindustrie ★ a documentary film een documentaire ❸ folie ★ cling film huishoudfolie ❹ dunne laag, vlies, waas II ov ww (ver)filmen III onov ww ❶ filmen ❷ ~ **over** zich met vlies / waas bedekken
filmy ['fɪlmɪ] bnw dun, doorzichtig
filter ['fɪltə] I zn filter II ov ww filtreren, zuiveren III onov ww ❶ filtreren ❷ voorsorteren ★ ~ to the left links voorsorteren ❸ ~ **in** doorschemeren, doorsijpelen, invoegen ⟨auto⟩ ❹ ~ **through** door- / uitlekken, doorsijpelen
filter tip zn sigarettenfilter, filtersigaret
filth [fɪlθ] zn ❶ vuiligheid ❷ obsceniteit, vuile taal ❸ GB inform ★ the ~ smerissen
filthy ['fɪlθɪ] I bnw ❶ vuil, smerig ❷ schunnig, obsceen ❸ inform slecht, gemeen ⟨bui, blik⟩ ❹ inform guur ⟨v. weer⟩ II bijw inform heel erg ★ ~ dirty onvoorstelbaar smerig ★ ~ rich stinkend rijk
fin [fɪn] zn ❶ vin, zwemvlies ❷ stabilisator ⟨aan voertuig, raket⟩
final ['faɪnl] I bnw ❶ laatste, eind-, slot- ❷ definitief, afdoend, onherroepelijk II zn finale, eindwedstrijd
finality [far'næləti] zn ❶ beslistheid ★ in a tone of ~ op besliste toon ❷ vormkracht ★ reach ~ realiseren ❸ onontkoombaarheid
finalize, finalise ['faɪnəlaɪz] ov ww de laatste hand leggen aan, afmaken, afronden
finally ['faɪnəlɪ] bijw ❶ ten slotte ❷ afdoend, definitief
finals ['faɪnlz] zn mv ❶ laatste universitaire examens ❷ sport ★ the ~ de eindwedstrijd
finance ['faɪnæns] I ov ww financieren II zn ❶ financiën ❷ financieel beheer, geldwezen
finances zn mv geldmiddelen, financiën ★ sort

out your ~ je financiën op orde krijgen
financial [far'nænʃəl] bnw financieel
finch [fɪntʃ] zn vink
find [faɪnd] I ov ww [onregelmatig] ❶ vinden, ontdekken, aantreffen ★ nowhere to be found nergens te vinden ★ many children were found to be overweight veel kinderen bleken te dik te zijn ★ take people as you find them mensen nemen zoals ze zijn ★ find your voice / tongue je spraak hervinden ❷ (gaan) zoeken / halen ❸ van mening zijn ★ I find that it's better to... in mijn ervaring kun je beter... ❹ (ver)krijgen ★ have you found work yet? heb je al werk kunnen krijgen? ❺ jur verklaren ★ find sb guilty iem. schuldig bevinden ❻ jur ~ **against/for** in het ongelijk / gelijk stellen ❼ ~ **out** ontdekken, door hebben, betrappen II onov ww ~ **out** er achter komen III zn vondst
finder ['faɪndə] zn vinder ★ ~s, keepers (losers weepers)! eerlijk gevonden!
finding ['faɪndɪŋ] zn ❶ [meestal mv] bevindingen, resultaat ❷ jur uitspraak
fine [faɪn] I bnw ❶ fijn, mooi ⟨ook iron.⟩, goed ❷ verfijnd, subtiel, delicaat ❸ dun, fijn ⟨haar⟩, scherp ❹ fijn ⟨v. korrel⟩ ❺ uitstekend, in orde, gezond ⟨conditie⟩ ★ I'm fine, thank you! met mij gaat het prima, dank je! ★ inform fine by me! mij best! ❻ helder, droog ⟨weer⟩ ★ one fine day vandaag of morgen II bijw ❶ goed, mooi, prima ★ a sandwich will do me fine een boterham is genoeg ❷ fijn, klein ★ cut it / things fine precies genoeg tijd voor iets hebben, de tijd krap bemeten III zn geldboete IV ov ww beboeten
fine arts zn mv ★ the ~ de schone kunsten
fine print zn ★ the ~ de kleine lettertjes
finery ['faɪnərɪ] zn opschik, mooie kleren
finesse [fɪ'nes] zn handigheid, spitsvondigheid
fine-tune ov ww precies afstemmen / instellen
finger ['fɪŋgə] I zn vinger ★ all ~s and thumbs erg onhandig ★ get your ~s burned / burnt je vingers branden ★ inform get / pull your ~ out je handen laten wapperen ★ inform give sb the ~ de middelvinger opsteken naar iem. ★ have your ~ in the till geld stelen uit de kassa ⟨van je baas⟩ ★ have a ~ in the pie een vinger in de pap hebben ★ keep your ~s crossed ⟨ergens voor⟩ duimen ★ not lift / move / raise / stir a ~ geen vinger uitsteken ★ not put your ~ on sth iets niet helemaal kunnen plaatsen ★ work your ~s to the bone je kapot werken II ov ww ❶ met de vingers beroeren / aanraken ❷ USA inform verlinken
fingermark ['fɪŋgəmɑ:k] zn vingerafdruk, (vette) vinger ⟨op oppervlak⟩
fingerprint ['fɪŋgəprɪnt] zn vingerafdruk
fingertip ['fɪŋgətɪp] zn vingertop ★ have sth at your ~s iets bij de hand hebben ★ to your ~s helemaal, op-en-top
finicky ['fɪnɪkɪ] bnw ❶ (al te) kieskeurig ❷ pietepeuterig, nauwgezet
finish ['fɪnɪʃ] I zn ❶ finish, einde ★ a close / tight ~ een nipte overwinning ★ to the ~ tot het (bittere) eind ❷ afwerking(slaag), laatste laag, glanslaag II ov ww ❶ voltooien, eindigen, afmaken ★ ~ a book een boek uitlezen ★ I'm ~ed ik ben klaar, inform ik ben doodop ★ inform

fi

that ~es it all dat doet de deur toe ❷ opeten, opdrinken, oproken ⟨enz.⟩ ❸ garneren, afwerken, de laatste hand leggen aan ❹ ~ **off** beëindigen, afmaken, opmaken, afwerken, uitputten, inform van kant maken ❺ ~ **up** alles opeten / opdrinken ❻ ~ **up with** als resultaat krijgen / hebben ❼ ~ **with** afmaken, klaar zijn met, niet meer nodig hebben, zich afmaken van, het uitmaken met **III** *onov ww* ❶ ~ **(up)** eindigen, ophouden ❷ ~ **up in** uiteindelijk terecht komen in

finished [ˈfɪnɪʃt] *bnw* ❶ klaar, af ❷ geruïneerd ★ *his career is ~* zijn carrière ligt in duigen ❸ afgewerkt ★ *~ products* eindproducten

finishing touch *zn* laatste hand ★ *put the ~es to sth* de laatste hand leggen aan iets

finite [ˈfaɪnaɪt] *bnw* eindig, beperkt

Finnish [ˈfɪnɪʃ] **I** *bnw* Fins **II** *zn* Fins

fiord [fjɔːd] *zn* fjord

fir [fɜː] *zn* den(neboom), spar

fir cone *zn* pijnappel, sparappel

fire [ˈfaɪə] **I** *zn* ❶ vuur, brand ★ *on fire* in brand, in vuur en vlam ★ *catch fire* vlam vatten ★ *go through fire and water* door het vuur gaan ★ *set fire to / set on fire* in brand steken ❷ (vuur)haard ❸ (kanon / geweer)vuur, het vuren, beschieting ★ *in the line of fire* in de vuurlinie ★ *come under fire* onder vuur komen te liggen ★ *hang / hold fire* vertragen, uitstellen ❹ enthousiasme, inspiratie **II** *ov ww* ❶ in brand steken, ontsteken, aansteken ❷ stoken (oven) ❸ bakken ⟨aardewerk⟩ ❹ (af)schieten, vuren, afvuren ⟨v. vragen⟩ ★ *fire a salute* saluutschoten lossen ❺ ontslaan ❻ aanvuren, aanwakkeren ★ ~ **off** afvuren, afsteken ⟨redevoering⟩ **III** *onov ww* ❶ vuren, schieten ❷ aanslaan, ontsteken ⟨v. motor⟩ ★ *fire on all (four) cylinders* op volle toeren draaien ❸ ~ **away** er op los schieten, van leer trekken, inform beginnen ★ *fire away!* brand maar los!

fire alarm [ˈfaɪərəlɑːm] *zn* brandalarm

firearm [ˈfaɪərɑːm] *zn* vuurwapen

fireball [ˈfaɪəbɔːl] *zn* vuurbal, vuurbol

firebrand [ˈfaɪəbrænd] *zn* activist, ruziestoker

firebreak [ˈfaɪəbreɪk] *zn* brandgang, brandstrook

fire brigade *zn* brandweerkorps

firebug [ˈfaɪəbʌg] inform *zn* brandstichter

firecracker [ˈfaɪəkrækə] *zn* voetzoeker, rotje

fire drill *zn* brandweeroefening

fire engine, USA **fire truck** *zn* brandweerwagen

fire escape [ˈfaɪərɪskeɪp] *zn* brandtrap

fire extinguisher *zn* brandblusapparaat

firefight [ˈfaɪəfaɪt] *zn* vuurgevecht

firefighter [ˈfaɪəˈfaɪtə] *zn* brandweerman, brandbestrijder

firefly [ˈfaɪəflaɪ] *zn* vuurvliegje, glimworm

fireguard [ˈfaɪəgɑːd] *zn* haardscherm

fire hose *zn* brandweerslang

fire hydrant *zn* brandkraan

firelight [ˈfaɪəlaɪt] *zn* vuurgloed

firelighter [ˈfaɪəlaɪtə], USA **fire starter** *zn* aanmaakblokje

fireman [ˈfaɪəmən] *zn* ❶ brandweerman ❷ stoker

fireplace [ˈfaɪəpleɪs] *zn* open haard, schouw, schoorsteen

fireproof [ˈfaɪəpruːf] **I** *bnw* brandvrij, vuurvast, brandveilig **II** *ov ww* brandvrij maken

fire retardant *zn* brandvertragende middel

fire screen *zn* vuurscherm

fireside [ˈfaɪəsaɪd] *zn* (hoekje bij de) haard

fire starter USA *zn* → **firelighter**

fire station *zn* brandweerkazerne

fire trap *zn* brandgevaarlijk gebouw

fire truck USA *zn* → **fire engine**

firewall [ˈfaɪəwɔːl] *zn* ❶ brandvrij schot ❷ comp firewall, netwerkbeveiliging

fireworks [ˈfaɪəwɜːks] *zn mv* vuurwerk

firing line *zn* ★ *be in / on the ~* zich in de vuurlinie bevinden ⟨ook fig.⟩

firing squad, firing party *zn* vuurpeloton

firm [fɜːm] **I** *bnw* ❶ stevig, vast ★ *firm friends* dikke vrienden ★ *be on firm ground* vaste grond onder de voeten hebben ⟨ook fig.⟩ ❷ vastberaden, standvastig ★ *stand firm* op je stuk blijven staan ★ *a firm believer in* een overtuigd aanhanger van ★ *the euro remained firm against the dollar* de euro handhaafde zich ten opzichte van de dollar ❸ streng, hard ★ *she's firm with the children* ze is streng tegen de kinderen ❹ vast in hand ⟨van bod⟩ **II** *onov ww* ~ **up** vaster worden ⟨v. prijzen⟩

first [fɜːst] **I** *telw* ❶ eerst ❷ belangrijkst **II** *bijw* ❶ eerst ★ *~ and foremost* bovenal, allereerst ★ *~ and last* au fond, in de grond ★ *~ come, ~ served* wie het eerst komt, het eerst maalt ❷ voor het eerst ★ *at ~* eerst, in het begin ❸ in de eerste plaats ★ *~ of all* vooral, allereerst ★ *her children come ~* haar kinderen komen op de eerste plaats ★ *put sb / sth ~* het belangrijkst vinden ★ GB inform ~ **off** eerst ★ GB inform ~ **up** eerst, om te beginnen ❹ (nog) liever **III** *zn* ❶ eerste ★ *get a ~ in maths* cum laude afstuderen in wiskunde ★ *~ among equals* de eerste onder gelijken ❷ eerste keer ★ *the ~ I heard about it was when...* ik hoorde er voor het eerst iets over toen... ❸ begin ★ *from ~ to last* van het begin tot het eind ❹ eerste versnelling

first-class *bnw + bijw* ❶ eersteklas ❷ prima

first-ever *bnw* allereerst(e)

first-hand [fɜːstˈhænd] *bnw* uit de eerste hand

firstly [ˈfɜːstlɪ] *bijw* ten eerste

first-name *bnw* ★ *be on ~ terms* elkaar bij de voornaam noemen

first-rate *bnw* eersteklas, prima

fish [fɪʃ] **I** *zn* vis ★ *a cold fish* een kouwe kikker ★ *like a fish out of water* als een vis op het droge ★ *drink like a fish* zuipen als een ketter ★ *neither fish nor fowl* vlees noch vis ★ *have bigger / other fish to fry* nog meer / wel wat anders te doen hebben ★ *there are plenty more fish in the sea* er lopen nog genoeg andere vrouwen / mannen rond **II** *ov ww* ❶ vissen ❷ ~ **for** vissen naar ❸ ~ **out/up** opvissen

fish bone *zn* vissengraat

fish cake *zn* visburger

fisherman [ˈfɪʃəmən] *zn* visser

fishery [ˈfɪʃərɪ] *zn* ❶ visgrond / -plaats ❷ viskwekerij ❸ visserij

fish farm *zn* viskwekerij

fish finger *zn* visstick

fishing line *zn* vissnoer

fishing tackle zn vistuig
fishmonger ['fɪʃmʌŋgə] zn visverkoper
fishwife ['fɪʃwaɪf] zn visvrouw, viswijf
fishy ['fɪʃɪ] bnw ❶ naar vis smakend / ruikend
❷ visachtig ❸ inform niet pluis, verdacht
fission ['fɪʃən] zn splijting, deling ★ nuclear ~
atoomsplitsing
fissure ['fɪʃə] zn splijting, kloof, spleet
fist [fɪst] zn vuist ★ make a poor fist of sth het
verknoeien
fistful ['fɪstfʊl] zn handvol
fit [fɪt] I zn ❶ toeval, stuip, aanval ⟨v. ziekte,
woede⟩ ★ inform give sb a fit iem. de stuipen op
het lijf jagen ★ inform he'd have / throw a fit if
he knew hij zou boos / verontrust worden als hij
het wist ❷ bui ⟨lachen, hoesten⟩, opwelling,
vlaag ★ he had us in fits (of laughter) hij liet ons
vreselijk lachen ★ by / in fits and starts bij vlagen
❸ pasvorm ★ it's a tight / good fit het zit krap /
goed II bnw ❶ gezond, in goede conditie ★ feel
fighting fit het gevoel hebben dat je alles kunt
★ run until you are fit to drop rennen tot je er
bijna bij neervalt ❷ geschikt ★ a dinner fit for a
king een koningsmaal ❸ gepast ★ form see /
think fit juist achten III ov ww ❶ passen,
geschikt maken ❷ geschikt zijn voor
❸ aanbrengen, monteren ❹ ~ in plaats / tijd
vinden voor ❺ ~ in with kloppen /
overeenkomen met, aanpassen aan ❻ ~ on
(aan)passen ❼ ~ out uitrusten ⟨bv. schip⟩
❽ ~ up monteren, uitrusten, inform erin luizen
IV onov ww ❶ passend / geschikt zijn ★ the facts
just don't fit together de feiten kloppen niet met
elkaar ❷ ~ in inpassen
fitful ['fɪtfʊl] bnw ❶ afwisselend, bij vlagen ★ a ~
sleep een rusteloze nacht ❷ onbestendig ⟨weer⟩
fitment ['fɪtmənt] zn ❶ inrichting, montage
❷ [meestal mv] inbouwmeubel ★ kitchen ~s
ingebouwde keukenapparatuur
fitness ['fɪtnəs] zn ❶ fitness, (goede) lichamelijke
conditie ★ return to ~ weer fit worden
❷ geschiktheid
fitted ['fɪtəd] bnw ❶ op maat gemaakt ❷ vast,
ingebouwd ★ a ~ kitchen een inbouwkeuken
fitted sheet zn hoeslaken
fitter ['fɪtə] zn monteur, installateur
fitting ['fɪtɪŋ] I bnw passend, gepast II zn
❶ pasbeurt ❷ onderdeel, hulpstuk, accessoire
❸ beslag ⟨op kist, enz.⟩
fitting room zn paskamer
fittings ['fɪtɪŋz] zn mv armaturen uitrusting
★ fixtures and ~vaste inrichting ⟨van een
gebouw⟩, wat spijkervast is ⟨in een huis⟩
five [faɪv] telw vijf ★ inform give sb five elkaar een
high five geven, de vlakke hand hoog tegen
elkaar slaan ⟨groet / overwinningsgebaar⟩
★ inform take five een korte rustpauze nemen
fivefold ['faɪvfəʊld] bnw vijfvoudig
fiver ['faɪvə] inform zn briefje van vijf
fix [fɪks] I ov ww ❶ repareren, in order brengen
★ fix your face / hair je gezicht / haar opmaken
❷ vastleggen / -maken, bevestigen, monteren
❸ vestigen, fixeren ⟨blik⟩ ★ fix sb with a look
iem. strak aankijken ❹ vaststellen, bepalen ⟨v.
tijd / positie⟩ ❺ regelen, organiseren
❻ bereiden, klaarmaken ⟨v. eten⟩ ★ can I fix you

a drink? kan ik je iets inschenken? ❼ inform
omkopen ⟨jury⟩ ❽ inform straffen ★ I'll fix you,
young man! ik krijg je wel ventje! ❾ inform
~ on besluiten tot ❿ ~ up regelen,
organiseren, in elkaar flansen, opknappen
★ inform he fixed me up with a date hij heeft
een afspraakje voor me geregeld ★ inform could
you fix me up for the night? kan ik vannacht bij
jullie slapen? II zn ❶ inform oplossing ★ a quick
fix een lapmiddel, een noodoplossing ❷ inform
moeilijkheid, dilemma ★ be in a fix in de
problemen zitten ❸ positie(bepaling) ★ inform
try to get a fix on sb / sth iets / iemand proberen
te begrijpen ❹ inform doorgestoken kaart,
omkoperij ❺ inform shot, dosis ⟨drugs⟩ ★ I need
a coffee fix ik moet nodig koffie hebben
fixation [fɪk'seɪʃən] zn fixatie, obsessie
fixative ['fɪksətɪv] zn fixeer, hechtmiddel
fixed [fɪkst] bnw ❶ vast ❷ min vastgeroest ⟨idee⟩
❸ bewezen ⟨feit⟩ ❹ onbeweeglijk ⟨v. gezicht⟩
❺ geregeld ★ how are we ~ for Sunday? wat
doen wij zondag? ★ how are you ~ for cash? heb
je geld genoeg?
fixer ['fɪksə] zn ❶ inform regelaar, ritselaar
❷ fixeer
fixings ['fɪksɪŋz] zn mv toebehoren, uitrusting
★ with all the ~ met alles erop en eraan ★ all the
~ for a simple meal alle ingrediënten voor een
eenvoudige maaltijd
fixture ['fɪkstʃə] zn ❶ sport ⟨vaste datum van⟩
wedstrijd ❷ iets dat vast is ★ humor he's a
permanent ~ hij hoort bij het meubilair
fizz [fɪz] I zn ❶ gesis, gebruis ❷ fig fut, pit ★ the
fizz has gone out of the economy de economie is
zijn pep kwijt ❸ inform mousserende wijn /
champagne II onov ww mousseren, bruisen
fizzle ['fɪzəl] onov ww ❶ ⟨zachtjes⟩ sissen,
sputteren ❷ ~ out als een nachtkaars uitgaan,
mislukken
fizzy ['fɪzɪ] bnw mousserend, bruisend ★ ~
lemonade limonade met prik
FL afk, Florida staat in de VS
flab ['flæb] inform zn vet(kwab)
flabbergasted ['flæbəgɑːstɪd] inform bnw
verbijsterd ★ we were ~ at / by the news het
nieuws verbijsterde ons
flabby ['flæbɪ] inform bnw kwabbig ⟨vel⟩, slap ⟨v.
spieren / karakter⟩
flaccid ['flæksɪd] form bnw slap, hangend
flack [flæk] zn → flak
flag [flæg] I zn ❶ vlag ★ fly a flag een vlag voeren
⟨v. schip⟩ ★ fig keep the flag flying doorgaan,
volharden ★ swear allegiance to the flag trouw
zweren aan de vlag ❷ gele lis ❸ flagstone II ov
ww ❶ versieren, seinen met vlaggen ❷ van een
merk voorzien ❸ ~ down doen stoppen,
aanroepen ⟨taxi⟩ III onov ww verslappen,
verflauwen
flagging ['flægɪŋ] bnw afnemende, verflauwend
flagman ['flægmən] zn ❶ vlagseiner
❷ baanwachter
flagon ['flægən] zn ❶ schenkkan ❷ ⟨grote⟩ fles
flagpole ['flægpəʊl] zn vlaggenstok
flagrant ['fleɪgrənt] bnw flagrant, grof,
schandelijk ⟨belediging⟩
flagship ['flægʃɪp] zn vlaggenschip

fl

flagstaff ['flægstɑːf] *zn* ❶ vlaggenstok ❷ fig paradepaardje

flagstone ['flægstəʊn] *zn* flagstone, natuursteen tuintegel

flag-waving *zn* vlagvertoon

flail [fleɪl] I *zn* dorsvlegel II *ov ww* ❶ dorsen ❷ (af)ranselen III *onov ww* ❶ wild zwaaien (met de armen) ❷ ~ (around/about) worstelen

flair ['fleə] *zn* flair, bijzondere handigheid, gemak ★ she has a ~ for maths ze heeft een wiskundeknobbel

flak, flack [flæk] *zn* ❶ luchtafweergeschut ❷ inform hevige kritiek ★ come in for some flak bekritiseerd worden

flake [fleɪk] I *zn* schilfer ⟨verf⟩, vlok ⟨sneeuw⟩ II *ov ww* tot vlokken maken III *onov ww* ❶ afschilferen, pellen ❷ ~ off loslaten, afschilferen ❸ inform ~ out in slaap vallen, omvallen v. moeheid

flaky ['fleɪkɪ] *bnw* ❶ vlokkig, schilferachtig ❷ USA inform maf, excentriek

flaky pastry *zn* bladerdeeg

flamboyant [flæm'bɔɪənt] *bnw* ❶ flamboyant, uitbundig ❷ opzichtig

flame [fleɪm] I *zn* vlam, vuur ★ burst into ~s in brand vliegen II *ov ww* ❶ in brand steken ❷ flamberen III *onov ww* ❶ branden ❷ ~ (up) oplvammen, opstuiven

flaming ['fleɪmɪŋ] *bnw* ❶ heet, brandend ★ a ~ sun een verzengende zon ❷ hoogoplopend, hevig ⟨v. ruzie⟩ ❸ vuurrood, felgekleurd ❹ inform verdomd, rot-

flammable ['flæməbl] *bnw* brandbaar

flan [flæn] *zn* ❶ ≈ vlaai ❷ quiche

Flanders ['flɑːndəz] *zn* Vlaanderen

flank [flæŋk] I *zn* zijde, flank II *ov ww* grenzen aan, staan / liggen langs, flankeren ★ a river ~ed by trees een rivier met bomen erlangs ★ ~ed by bodyguards omringd door lijfwachten

flannel ['flænl] I *zn* ❶ flanel ❷ washandje ❸ inform mooie praatjes II *bnw* flanellen

flannelette [flænə'let] *zn* katoenflanel

flannels ['flænlz] *zn mv* flanellen broek

flap [flæp] I *zn* ❶ omslag, klep, blad ❷ geflapper, gefladder ❸ inform paniek, ophef, consternatie ★ get into a flap in paniek raken II *ov ww* slaan (met), klapperen (met) III *onov ww* klapperen, fladderen

flare [fleə] I *zn* ❶ helle vlam ❷ lichtkogel, lichtsignaal ❸ opwelling ⟨v. emotie⟩ ❹ klokken, uitstaan ⟨van rok⟩ II *onov ww* ❶ (op)flikkeren, gloeien ❷ ~ (out) uitwaaieren, klokken ❸ ~ (up) oplaaien, opstuiven

flarepath ['fleəpɑːθ] *zn* verlichte landingsbaan

flares [fleəz] *zn mv* broek met wijd uitlopende pijpen

flare-up ['fleərʌp] *zn* ❶ uitbarsting ⟨van geweld / vijandelijkheden, enz.⟩ ❷ opflikkering

flash [flæʃ] I *zn* ❶ flits, flikkering ★ a ~ of lightning een bliksemstraal ★ a ~ in the pan een eenmalig succes ★ in / like a ~ in 'n oogwenk ❷ lichtsein / -signaal ❸ vlaag, opwelling ★ a ~ of inspiration een inval ❹ flitser, flits(licht) ⟨foto⟩ II *bnw* inform opzichtig, patserig III *ov ww* ❶ (doen) flitsen, laten schijnen ★ be / get ~ed geflitst worden ❷ pronken met ★ he likes to ~ his money

around hij houdt ervan met zijn geld te wapperen ❸ seinen ❹ snel laten zien ★ ~ a look at sb / sth een snelle blik op iemand / iets werpen ★ ~ a smile at sb even naar iemand lachen IV *onov ww* ❶ flitsen, flikkeren, opvlammen ❷ plotseling verschijnen, flitsen ★ ~ into view / sight plotseling in het zicht komen ★ it ~ed through my mind that... het schoot mij door het hoofd dat... ❸ inform portloodventen ❹ ~ back plotseling terugdenken aan ❺ ~ past voorbijvliegen

flashback ['flæʃbæk] *zn* terugblik, flashback

flashbulb ['flæʃbʌlb] *zn* flitslampje

flasher ['flæʃə] *zn* ❶ knipperlicht ⟨auto⟩ ❷ inform exhibitionist, potloodventer

flash flood *zn* plotseling opkomend hoogwater ⟨door zware regenval⟩

flashlight ['flæʃlaɪt] *zn* ❶ flitslamp ❷ zaklantaarn

flashpoint ['flæʃpɔɪnt] *zn* ★ at ~ op het kookpunt ⟨van gemoederen e.d.⟩

flashy ['flæʃɪ] inform *bnw* patserig, opvallend, pretentieus

flask [flɑːsk] *zn* ❶ thermosfles, veld- / heupfles ❷ flacon

flat [flæt] I *bnw* ❶ vlak, plat, laag ❷ dof, mat, niet glanzend ❸ gelijkmatig, effen, uniform ❹ verschaald ⟨bier⟩, zonder koolzuur ⟨water⟩ ❺ flauw, mat ⟨stemming⟩, gedrukt ⟨markt⟩ ❻ leeg ⟨accu⟩, lek ⟨band⟩ ❼ compleet, absoluut, vierkant ★ his request met with a flat refusal zijn verzoek werd bot geweigerd ★ you're staying at home and that's flat! je blijft thuis en daarmee basta! ❽ te laag ⟨toon⟩ ❾ muz mol, mineur II *bijw* ❶ verlaagd, te laag ⟨toon⟩ ❷ plat ★ fall flat geen effect hebben ⟨van grap⟩ ★ fall flat on your face plat op je gezicht vallen, fig totaal mislukken ★ knock sb flat iem. tegen de grond slaan ★ the news knocked him flat het nieuws overweldigde hem ❸ botweg, ronduit, helemaal ★ flat out zo hard mogelijk ★ flat broke helemaal platzak ❹ precies, op de kop af ★ in five seconds flat in precies vijf seconden III *zn* ❶ flat(gebouw), appartement ❷ platte kant ❸ vlakte ❹ lekke band ❺ [meestal mv] schoen met platte hak ❻ muz mol

flat-footed *bnw* met platvoeten

flatly ['flætlɪ] *bijw* ❶ uitdrukkingsloos ❷ plat, botweg, helemaal ★ she ~ refused to go ze vertikte het om te gaan

flat-out *bnw* regelrecht ★ a ~ refusal een botte weigering

flatten ['flætn] I *ov ww* ❶ pletten, met de grond gelijk maken ⟨ook fig.⟩ ❷ inform vloeren ❸ klein krijgen, vernederen ❹ verlagen ⟨v. toon⟩ ❺ ~ (out) plat maken II *onov ww* ~ (out) plat / vlak worden, afnemen

flatter ['flætə] *ov ww* ❶ vleien, strelen ⟨van ego / ijdelheid⟩ ★ he ~ed himself that he had gone down well hij vleide zich met de gedachte hij goed overgekomen was ❷ flatteren

flattering ['flætərɪŋ] *bnw* ❶ vleiend ❷ flatterend, flatteus

flattery ['flætərɪ] *bnw* vleierij, vleiende woorden ★ ~ will get you nowhere met vleierij kom je er niet

flatties ['flætɪz] inform *zn mv* schoenen met

platte hak

flatulent ['flætjʊlənt] *bnw* ❶ winderig, met een opgeblazen gevoel ❷ fig hoogdravend

flatways ['flætweɪz], USA **flatwise** ['flætwaɪz] *bnw + bijw* met / op de platte kant

flaunt [flɔːnt] I *ov ww* te koop lopen met, pralen met ★ humor *if you've got it, ~ it* als je het breed hebt, moet je het breed laten hangen II *wkd ww* pronken

flautist ['flɔːtɪst], USA **flutist** ['fluːtɪst] *zn* fluitist

flavor ['fleɪvə] USA *zn* flavour

flavorful ['fleɪvəfʊl] USA *bnw* → flavoursome

flavoring USA *zn* → flavouring

flavorless, USA *bnw* → flavourless

flavour ['fleɪvə] flavor ['fleɪvə] I *zn* ❶ aroma, smaak en geur ★ fig *the ~ of the month* (tijdelijk) populair iets / iemand ★ fig *there's an unpleasant ~ about it* er zit een (onaangenaam) luchtje aan ❷ het karakteristieke II *ov ww* smakelijk maken, kruiden ★ *coffee~ed ice cream* ijs met koffiesmaak

flavour enhancer *zn* smaakversterker

flavouring, USA **flavoring** ['fleɪvərɪŋ] *zn* ❶ het kruiden, kruiderij ❷ smaakstof

flavourless, USA **flavorless** ['fleɪvələs] *bnw* zonder geur of smaak, smaakloos

flavoursome ['fleɪvəsəm], USA **flavorful** *bnw* smakelijk, geurig

flaw [flɔː] I *zn* ❶ gebrek, fout, zwakke plek (in iemands karakter) ❷ barst, scheur, breuk II *ov ww* ontsieren, bederven ★ *the test was flawed by poor equipment* het onderzoek was onbetrouwbaar door slechte apparatuur

flawless ['flɔːləs] *bnw* perfect, onberispelijk, smetteloos

flax [flæks] *zn* vlas

flaxen ['flæksən] *bnw* van vlas ★ *~ hair* vlasblond haar

flay [fleɪ] *ov ww* ❶ villen ❷ afranselen ❸ fig scherp bekritiseren, hekelen

flea [fliː] *zn* vlo

fleck [flek] I *zn* vlek, spikkel II *ov ww* bevlekken, bespikkelen

fled [fled] *ww* [verleden tijd + volt. deelw.] → flee, fly

fledged ['fledʒd] *bnw* kunnende vliegen (van vogel) ★ fig *fully ~* geheel ontwikkeld, volwassen, ervaren

fledgling, fledgeling ['fledʒlɪŋ] I *zn* vogel die pas kan vliegen II *bnw* beginnend ★ *a ~ democracy* een jonge democratie

flee [fliː] [onregelmatig] *ov+onov ww* (ont)vluchten

fleece [fliːs] I *zn* ❶ vacht (v. schaap) ❷ fleecejack / -trui II *ov ww* ❶ scheren ❷ inform plukken, afzetten

fleecy ['fliːsɪ] *bnw* wollig, vlokkig ★ *~ clouds* schapenwolkjes

fleet [fliːt] I *zn* ❶ vloot ❷ schare, groep ★ *a ~ of journalists* een horde journalisten II *bnw* rap, snel, behendig ★ *~ of foot* gezwind III *onov ww* (voorbij)snellen, vliegen

fleeting ['fliːtɪŋ] *bnw* snel, vergankelijk, vluchtig ★ *catch a ~ glimpse of* een glimp opvangen van

Flemish ['flemɪʃ] *bnw* Vlaams

flesh [fleʃ] I *zn* vlees ★ *your own ~ and blood* je

naaste verwanten ★ *in the ~* in levenden lijve ★ *make sb's ~ creep / crawl* iem. kippenvel bezorgen ★ *put on / lose ~* dik / mager worden II *ov ww* ~ **out** nader preciseren, uitwerken, dikker worden III *onov ww* ~ **out** aankomen

fleshy ['fleʃɪ] *bnw* ❶ vlezig ❷ dik

flew [fluː] *ww* [verleden tijd] → fly

flex [fleks] I *ov ww* buigen, strekken, samentrekken (v. spier) ★ *flex your muscles* je spierballen laten zien (ook fig.) II *zn* (elektrisch) snoer

flexibility [fleksə'bɪlətɪ] *zn* flexibiliteit, buigzaamheid

flexible ['fleksɪbl] *bnw* ❶ flexibel ❷ buigzaam, handelbaar ❸ variabel

flexitime ['fleksɪtaɪm], USA **flextime** ['flekstaɪm] *zn* (systeem met) variabele werktijden

flick [flɪk] I *ov ww* ❶ tikken, knippen ★ *~ a smile at sb* even naar iem. lachen ❷ ~ **on/off** aan / uitzetten ❸ ~ **over** omslaan, doorbladeren ❹ ~ **through** doorbladeren, zappen II *zn* tik(je), rukje, knip (met nagel)

flicker ['flɪkə] I *zn* ❶ geflikker (licht) ❷ opflikkering, trilling ❸ sprankje, vleugje ★ *a ~ of interest* een vleugje interesse II *ov+onov ww* (doen) flikkeren, knipperen, trillen, fladderen

flick knife *zn* springmes

flicks [flɪkz] inform *zn mv* ★ *the ~* de bioscoop

flier ['flaɪə] *zn* → flyer

flight [flaɪt] *zn* ❶ vlucht ★ *put to ~* op de vlucht drijven ★ *take ~* op de vlucht slaan ❷ het vliegen ★ *the age of ~* het tijdperk van de luchtvaart ❸ baan (v. projectiel) ❹ zwerm, troep, formatie (vliegtuigen) ❺ reeks ★ *a ~ of stairs* een trap ★ *a ~ of steps* een bordes ★ *three ~s up* drie trappen hoog ❻ inval, opwelling ★ *she's prone to ~s of fancy / the imagination* zij heeft een rijke verbeelding

flight attendant *zn* steward(ess)

flight deck *zn* vliegdek

flight recorder *zn* vluchtregistrator, zwarte doos

flighty ['flaɪtɪ] *bnw* grillig, wispelturig, onberekenbaar

flimsy ['flɪmzɪ] *bnw* ❶ dun ★ *a ~ dress* een licht en dun jurkje ❷ zwak, niet overtuigend (excuus / bewijs) ❸ niet stabiel, ondeugdelijk

flinch [flɪntʃ] I *onov ww* wijken, terugschrikken, ineenkrimpen (v.d. pijn) ★ *he didn't ~ at the sight* hij vertrok geen spier toen hij het zag II *ov ww* ~ **from** terugdeinzen voor

fling [flɪŋ] I *zn* inform uitspatting, korte affaire ★ *have a ~ with sb* een verzetje hebben met iem. II *ov ww* [onregelmatig] ❶ (weg)smijten, (neer)gooien, neerwerpen ★ *~ insults at sb* iem. beledigingen naar het hoofd slingeren ❷ inform ~ **at** ★ *~ yourself at sb* openlijk lonken naar iem. ❸ ~ **into** zich storten op (een activiteit) ❹ ~ **off** afgooien (v. kleren) ❺ ~ **out** eruit gooien, uitspreiden (v. armen)

flint [flɪnt] *zn* ❶ keisteen, vuursteen ❷ steentje (van aansteker)

flinty ['flɪntɪ] *bnw* ❶ steenachtig ❷ (kei)hard

flip [flɪp] I *ov ww* ❶ (op)gooien ★ *flip a coin* een munt opgooien ❷ (om) laten kantelen, (snel) omdraaien ❸ ~ **on/off** aan / uitschakelen ❹ ~ **over** omdraaien, omgooien, omkeren

fl

❸ ~ through doorbladeren **II** *onov ww* **❶** inform **~ (out)** flippen ⟨door drugs⟩, de controle verliezen, door het dolle heen raken **❷ ~ (over)** een salto doen **III** *zn* **❶** gooi, salto ★ *his heart did a flip* zijn hart sloeg over ★ *the government has done a flip on immigration* de regering heeft haar standpunt over immigratie radicaal gewijzigd **❷** flip, eierpunch ▼ *have a quick flip through the newspaper* de krant snel doorbladeren

flip-flop *zn* teenslipper

flippancy ['flɪpənsɪ] *zn* spot, oneerbiedige opmerking

flippant ['flɪpənt] *bnw* oneerbiedig, spottend ★ *a ~ remark* een ongepaste opmerking

flipper ['flɪpə] *zn* **❶** zwemvlies **❷** vin, zwempoot

flipping ['flɪpɪŋ] inform *bnw* verdraaid, verdomd

flip side *zn* **❶** keerzijde **❷** fig nadeel

flirt [flɜːt] **I** *zn* flirt **II** *ov ww* **~ with** flirten met, spelen met ⟨gedachte⟩ ★ *~ with danger* met vuur spelen **III** *onov ww* flirten

flirtation [flɜː'teɪʃən] *zn* (ge)flirt

flirtatious [flɜː'teɪʃəs], inform **flirty** ['flɜːtɪ] *bnw* flirterig

flit [flɪt] **I** *zn* inform ★ *do a moonlight / midnight flit* met de noorderzon vertrekken **II** *onov ww* **❶** fladderen, vliegen **❷** snel heen en weer gaan, schieten ★ *a smile flitted across her face* een glimlach gleed over haar gezicht ★ *the thought flitted through my mind* het gedachte schoot door mij heen

flitter ['flɪtə] *onov ww* fladderen

float [fləʊt] **I** *ov ww* **❶** laten drijven, doen zweven **❷** econ laten zweven ⟨valuta⟩ **❸** in omloop brengen ⟨idee / gerucht⟩ **II** *onov ww* **❶** drijven, zweven **❷** vlot komen **❸ ~ around** de ronde doen ⟨geruchten⟩, rondzwerven ⟨voorwerp⟩ **III** *zn* **❶** dobber **❷** (praal)wagen **❸** econ eerste emissie ★ *do a ~* aandelen in omloop brengen

floatation [fləʊ'teɪʃən] *zn* → flotation

floating ['fləʊtɪŋ] *bnw* **❶** drijvend, vlottend, zwevend ★ *a ~ voter* een zwevende kiezer **❷** variabel, wisselend, veranderlijk ★ *a ~ population* een wisselende bevolking

floating voter *zn* zwevende kiezer

flock [flɒk] **I** *zn* **❶** kudde, troep, zwerm **❷** schare, groep **❸** vulling, kapok **II** *onov ww* **~ (together)** (in groten getale) samenstromen

floe [fləʊ] *zn* drijvende ijsschots(en)

flog [flɒg] *ov ww* **❶** geselen, slaan ⟨met stok⟩ ★ inform *flog a dead horse* zich vergeefs inspannen ★ inform *flog a story to death* een verhaal tot vervelens toe vertellen ★ inform *flog yourself to death* je doodwerken **❷** inform **~ (off)** verpatsen, aansmeren ★ *she tried to flog it off onto me* ze probeerde mij het aan te smeren

flogging ['flɒgɪŋ] *zn* pak slaag / rammel

flood [flʌd] **I** *zn* **❶** vloed, overstroming ★ *the Rhine is in ~* de Rijn is buiten zijn oevers getreden ★ *the Flood* de zondvloed **❷** stroom, stortvloed ★ *in ~s of tears* helemaal in tranen **II** *ov ww* **❶** (doen) overstromen, onder water zetten **❷** overspoelen **❸** verzuipen ⟨v. motor⟩ **III** *onov ww* **❶** buiten de oevers treden, overstromen **❷ ~ back** met kracht terugkomen, terugstromen **❸ ~ in** binnenstromen

floodgate ['flʌdgeɪt] *zn* sluis(deur) ★ *open the ~s to* de deuren wagenwijd openzetten voor ★ fig *the ~s opened* de waterlanders kwamen tevoorschijn

floodlight ['flʌdlaɪt] **I** *zn* schijnwerper **II** *ov ww* verlichten met schijnwerpers

floodlit ['flʌdlɪt] *bnw* verlicht met schijnwerpers / spotjes

flood tide ['flʌdtaɪd] *zn* vloed

floor [flɔː] **I** *zn* **❶** vloer, bodem ★ *go through the ~* diep wegzakken ⟨prijzen⟩ ★ *take to the ~* gaan dansen ★ fig *wipe the ~ with sb* de vloer met iem. aanvegen, iem. volkomen inmaken **❷** verdieping ★ *on the first ~* op de eerste verdieping, USA op de begane grond **❸** zaal ⟨van parlement⟩ ★ *take the ~* het woord nemen **II** *ov ww* **❶** vloeren, neerslaan **❷** een vloer leggen **❸** inform overdonderen, verbijsteren

floorboard ['flɔːbɔːd] *zn* vloerplank

floorcloth ['flɔːklɒθ] *zn* dweil

flooring ['flɔːrɪŋ] *zn* vloer(materiaal)

floor manager *zn* afdelingschef ⟨warenhuis⟩

floor show *zn* nachtcluboptreden

floozy, floozie ['fluːzɪ] inform *zn* sloerie, sletje

flop [flɒp] **I** *zn* **❶** plof, plons **❷** flop, fiasco **II** *onov ww* **❶** neerploffen, neersmakken **❷** een mislukking worden, zakken ⟨v. examen⟩ **❸** inform pitten

floppy ['flɒpɪ] *bnw* flodderig, slap

floral ['flɔːrəl] *bnw* bloemen-, gebloemd, bloemetjes- ★ *a ~ arrangement* een bloemstuk

florid ['flɒrɪd] *bnw* **❶** blozend ⟨v. gezicht⟩ **❷** min (te) bloemrijk, opzichtig

florist ['flɒrɪst] *zn* bloemist, bloemenverkoper

floss [flɒs] **I** *ov ww* flossen **II** *zn* vlaszijde ★ *dental ~* tandzijde, floss

flotation, floatation [fləʊ'teɪʃən] *zn* **❶** het drijven **❷** econ eerste emissie ⟨van aandelen⟩

flotsam ['flɒtsəm] *zn* drijf / wrakhout ★ *~ and jetsam* aangespoeld drijf / wrakhout, fig rommel, fig zwervers

flounce [flaʊns] **I** *zn* **❶** boze zwaai / ruk **❷** strook, roesje **II** *onov ww* wegbenen, wegstormen ⟨in drift⟩ ★ *~ around the room* door de kamer ijsberen

flounder ['flaʊndə] **I** *onov ww* **❶** ploeteren, spartelen **❷** in de war zijn, de draad kwijtraken, hakkelen **II** *zn* bot ⟨vis⟩

flour ['flaʊə] **I** *zn* bloem, meel **II** *ov ww* bestrooien met meel

flourish ['flʌrɪʃ] **I** *onov ww* **❶** bloeien, gedijen **❷** in zijn bloeitijd zijn **II** *zn* **❶** zwierig gebaar ★ *with a ~* met vertoon **❷** versiering, krul ⟨als versiering in handschrift⟩ **❸** fanfare, geschal ★ *a ~ of trumpets* trompetgeschal, fanfare

floury ['flaʊərɪ] *bnw* melig, bedekt met meel, kruimig ⟨v. aardappel⟩

flout [flaʊt] *ov ww* negeren, aan zijn laars lappen, niets van aantrekken

flow [fləʊ] **I** *onov ww* **❶** stromen, golven ★ *the conversation didn't flow easily* het gesprek vlotte niet erg **❷** golven, loshangen **II** *ov ww* **~ from** (voort)vloeien uit **III** *zn* **❶** vloed **❷** stroom, (door)stroming ★ *in full flow* in volle gang ★ *go with the flow* met de stroom meegaan

flow chart, flowsheet zn stroomschema, processchema

flower ['flauə] I zn bloem ★ in ~ in bloei II onov ww bloeien, tot bloei komen

flowery ['flauərɪ] bnw bloemrijk, gebloemd, bloemen-

flowing ['fləʊɪŋ] bnw ❶ vloeiend ❷ loshangend

flown [fləʊn] ww [volt. deelw.] → **fly**

flowsheet → **flow chart**

fl oz afk, fluid ounce ⟨inhoudsmaat: GB 28,35 cc; USA 29,6 cc⟩

flu [flu:] zn griep

fluctuate ['flʌktʃʊeɪt] onov ww op en neer gaan, schommelen

fluctuation [flʌktʃʊ'eɪʃən] zn fluctuatie, schommeling

flue [flu:] zn rookkanaal, vlampijp

fluency ['flu:ənsɪ] zn ❶ spreekvaardigheid ❷ welbespraaktheid

fluent ['flu:ənt] bnw ❶ vloeiend ❷ sierlijk

fluff [flʌf] I zn ❶ pluisjes ❷ dons ❸ inform amusement II onov ww pluizen III ov ww ❶ inform verknoeien ❷ opschudden ⟨v. kussen⟩ ❸ ~ out/up opkloppen, laten uitstaan ⟨v. haar⟩, opzetten v. veren ⟨vogels⟩

fluffy ['flʌfɪ] bnw ❶ donzig, pluizig ❷ luchtig

fluid ['flu:ɪd] I zn vloeistof II bnw ❶ vloeiend, beweeglijk ❷ instabiel, veranderlijk ❸ vloeibaar

fluidity [flʊ'ɪdətɪ] zn ❶ soepelheid ❷ instabiliteit ❸ vloeibaarheid

fluke [flu:k] I zn ❶ inform puur geluk, meevaller ❷ staartvin ⟨van walvis⟩ II ov ww inform met geluk voor elkaar krijgen

flummox ['flʌməks] inform ov ww versteld / perplex doen staan ★ I was ~ed ik was perplex!

flump [flʌmp] I zn plof II ov ww neersmijten III onov ww (neer)ploffen

flung [flʌŋ] ww [verl. tijd + volt. deelw.] → **fling**

flunk [flʌŋk] inform I ov ww laten zakken ⟨bij examen⟩ II onov ww ❶ zakken ❷ USA ~ out weggestuurd worden ⟨v. school / universiteit⟩

fluorescent [flʊə'resənt] bnw fluorescerend ★ a ~ light een tl-buis

fluoridate ['flʊərɪdeɪt] ov ww fluorideren

flurried ['flʌrɪd] bnw verward, geagiteerd

flurry ['flʌrɪ] zn ❶ drukte, vlaag ⟨v. opwinding⟩ ❷ bui

flush [flʌʃ] I ov ww ❶ doorspoelen, wegspoelen, schoonspoelen ❷ ~ out uit schuilplaats verjagen II onov ww ❶ doorspoelen ❷ kleuren, blozen, rood aanlopen III zn ❶ blos, gloed ★ in the first ~ of youth piepjong ❷ (water)spoeling IV bnw ❶ inform goed bij kas ❷ vlak, gelijk ★ make sure the tiles are ~ with the floor zorg dat de tegels vlak zijn met de vloer

flushed [flʌʃt] bnw rood ⟨v. opwinding / woede⟩ ★ ~ with success opgetogen met succes

fluster ['flʌstə] I zn opwinding, (nerveuze) drukte ★ in a ~ opgewonden II ov ww zenuwachtig maken, van de wijs brengen ★ hot and ~ed rood van opwinding

flute [flu:t] zn ❶ dwarsfluit ❷ champagneglas, fluit

fluted ['flu:tɪd] bnw geplooid, geribbeld, gegroefd

flutist zn → **flautist**

flutter ['flʌtə] I zn ❶ gefladder, geknipper ⟨met ogen⟩ ❷ snel(ler) kloppen ⟨v. hart⟩ ★ her heart gave a ~ haar hart begon sneller te kloppen ❸ agitatie, drukte ★ be in a ~ geagiteerd zijn ★ cause quite a ~ een sensatie / opschudding veroorzaken ❹ GB inform gokje II ov ww vlug heen en weer bewegen, fladderen met ★ ~ your eyelashes knipperen met je ogen III onov ww ❶ vlug heen en weer bewegen, fladderen, dwarrelen ❷ snel / onregelmatig slaan ⟨v. hart⟩

flux [flʌks] zn ❶ voortdurende verandering ★ in a state of flux steeds in beweging, aan verandering onderhevig ❷ vloei- / smeltmiddel

fly [flaɪ] I zn ❶ vlieg ★ a fly in the ointment een minpunt ★ a fly on the wall een spion ★ inform (there are) no flies on him! hij weet van wanten! ★ die / fall / drop like flies bij bosjes neervallen / omkomen ❷ gulp ❸ tentflap, buitentent ▼ on the fly in het voorbijgaan, snel tussendoor II onov ww [onregelmatig] ❶ (in het rond) vliegen ★ fig fly high succes hebben ★ let fly at sb with your fists met je vuisten op iem. aanvliegen ★ let fly with abuse een scheldkanonnade afvuren ❷ snel bewegen, omvliegen ★ his hand flew to his gun zijn hand flitste naar zijn pistool ★ how time flies wat gaat de tijd snel voorbij ❸ wapperen ⟨v. vlag, haar enz.⟩ ❹ ~ around rondvliegen, in omloop zijn ❺ ~ by/past voorbijvliegen ❻ ~ in/out per vliegtuig aankomen / vertrekken III ov ww [onregelmatig] ❶ besturen ⟨vliegtuig⟩ ❷ oplaten ⟨vlieger⟩ ★ fly a kite vliegen, een proefballonnetje oplaten ★ USA inform (go) fly a / your kite! rot op! ❸ voeren ⟨v. vlag⟩ ❹ ~ (out) at uitvaren tegen, aanvliegen ❺ [o.v.t.: fled, volt. deelw.: fled] ontvluchten ★ inform fly the coop 'm smeren

flyblown ['flaɪbləʊn] bnw vuil, besmet ⟨met maden⟩

fly-by-night inform bnw louche, niet te vertrouwen

fly-drive bnw ★ a ~ holiday een vliegvakantie, incl. huurauto

flyer, flier ['flaɪə] zn ❶ vlieger, piloot ❷ vliegtuigpassagier ★ frequent ~ miles ≈ airmiles ❸ strooibiljet, flyer

flying ['flaɪɪŋ] I bnw vliegend ★ ~ glass rondvliegend glas ★ with ~ colours met vlag en wimpel ★ take a ~ leap een sprong met aanloop nemen ★ ~ visit bliksembezoek II bijw ★ go ~ op de grond kieperen ★ send sb ~ iem. doen vallen / struikelen

flying start zn ★ get off to a ~ zeer goed beginnen

flyleaf ['flaɪli:f] zn schutblad

flyover ['flaɪəʊvə] zn viaduct, ongelijkvloerse kruising

fly-past ['flaɪpɑ:st] zn luchtparade

foal [fəʊl] I zn veulen ★ in / with foal drachtig ⟨merrie⟩ II onov ww een veulen werpen

foam [fəʊm] I onov ww schuimen ★ foam at the mouth schuimbekken ⟨ook fig.⟩ II zn ❶ schuim ❷ schuimrubber

foamy ['fəʊmɪ] bnw schuimend, schuimig

fob [fɒb] ov ww ~ off ⟨met smoesjes⟩ afschepen ★ fob sth off on sb iemand iets in de maag

fo

fo

splitsen

fob watch *zn* zakhorloge

focal ['fəʊkl] *bnw* centraal, belangrijk, brandpunt(s)- ★ ~ *point* brandpunt, middelpunt

focus ['fəʊkəs] **I** *zn* [*mv:* **foci** of **focuses**] ❶ brandpunt, centrum, middelpunt ★ *a change of* ~ andere manier van kijken ❷ scherpte ★ *in* ~ duidelijk, scherp ★ *out of* ~ onscherp, verdraaid **II** *ov ww* ❶ instellen, scherp stellen ⟨v. camera⟩ ❷ ~ **on/upon** (zich) concentreren / richten op ⟨v. gedachten⟩, vestigen op ⟨v. ogen⟩ **III** *onov ww* zich concentreren

fodder ['fɒdə] *zn* voer ⟨ook fig.⟩

foe [fəʊ] dicht *zn* vijand

foetus, USA **fetus** ['fiːtəs] *zn* foetus, ongeboren kind

fog [fɒg] **I** *zn* ❶ mist, nevel, sluier ★ *patches of fog* mistflarden ❷ fig onduidelijkheid, verwarring ★ *her mind was in a fog* zij was de kluts kwijt **II** *ov ww* ❶ in mist hullen ❷ onduidelijk maken, vertroebelen ❸ doen beslaan **III** *onov ww* ~ **up/over** beslaan

fogbound ['fɒgbaʊnd] *bnw* ❶ in mist gehuld ❷ niet verder kunnen door de mist

fogey, fogy ['fəʊgɪ] inform *zn* ouderwets iemand, ouwe zeur

foggy ['fɒgɪ] *bnw* ❶ mistig ❷ vaag ★ inform *not have the foggiest (idea)* geen idee hebben

foghorn ['fɒghɔːn] *zn* misthoorn

foible ['fɔɪbl] *zn* ❶ zwakheid, zwakke kant ❷ gril

foil [fɔɪl] *zn* ❶ (aluminium)folie, zilverpapier ❷ achtergrond, contrast ❸ floret ⟨schermen⟩ **II** *ov ww* verijdelen, dwarsbomen

foist [fɔɪst] *ov ww* ~ **on/upon** ★ ~ *sth on / upon sb* iem. iets opdringen

fold [fəʊld] **I** *ov ww* ❶ vouwen, kruisen ★ *fold your arms* de armen over elkaar doen ★ *fold the sugar into the egg whites* meng de suiker luchtig door het eiwit ❷ opsluiten, sluiten ⟨in de armen⟩, drukken ⟨aan de borst⟩ ❸ ~ **back** terugslaan ⟨lakens⟩ ❹ ~ **out** uitklappen ❺ ~ **up** op-,dichtvouwen, opklappen **II** *onov ww* ❶ zich laten vouwen ❷ inform het begaan, over de kop gaan ❸ ~ **up** dichtgaan ⟨bloemknop⟩, inform faillliet gaan, inform krom liggen ⟨van het lachen⟩ **III** *zn* ❶ vouw, plooi ❷ schaapskooi ❸ kudde

foldaway ['fəʊldəweɪ] *bnw* vouw-, in- / opklap-, opklapbaar

folder ['fəʊldə] *zn* ❶ map ⟨voor documenten⟩ ❷ folder

folding ['fəʊldɪŋ] *bnw* vouw-, klap-, opvouwbaar

foliage ['fəʊlɪdʒ] *zn* gebladerte, loof, blad

folk [fəʊk] **I** *zn* *mv* ❶ inform mensen ❷ volk ❸ inform [meestal *mv*] ouders, ouwelui, familie **II** *zn* volksmuziek **III** *bnw* volks-

folklore ['fəʊklɔː] *zn* ❶ folklore ❷ volkskunde

folk singer *zn* zanger(es) van volksliedjes

folksy ['fəʊksɪ] *bnw* ❶ volks- ❷ gezellig, plattelands-, eenvoudig

folk tale *zn* volksverhaal

follicle ['fɒlɪkl] *zn* (haar)zakje

follow ['fɒləʊ] **I** *ov ww* ❶ volgen ❷ opvolgen, navolgen ❸ laten volgen op ❹ begrijpen ❺ uitoefenen ⟨v. ambacht⟩ ❻ ~ **from** voortvloeien uit ❼ ~ **through** afmaken,

afwerken, (nauwkeurig) uitvoeren ❽ ~ **up** nagaan, onderzoeken, voortzetten, laten volgen **II** *onov ww* ❶ volgen ★ ~ *in sb's footsteps* in iemands voetstappen treden ★ *anything to* ~? nog iets toe? ❷ begrijpen ❸ ~ **on** volgen, aansluiten ❹ ~ **through** de slag afmaken ⟨bij tennis, golf enz.⟩

follower ['fɒləʊə] *zn* ❶ volgeling, aanhanger ❷ navolger ❸ volger

following ['fɒləʊwɪŋ] **I** *zn* ❶ volgelingen, aanhang ❷ het volgende / de volgende **II** *bnw* volgend **III** *vz* na, volgend op

follow-through *zn* ❶ het afmaken van zwaai ⟨in tennis / golf, enz.⟩ ❷ afwerking

follow-up *zn* ❶ vervolg, follow-up ❷ med nazorg

folly ['fɒlɪ] *zn* dwaasheid, stommiteit

fond [fɒnd] *bnw* ❶ lief, dierbaar ❷ innig, teder, liefhebbend ★ *be fond of sb* van iem. houden ★ *be fond of sth* dol / verzot zijn op iets ★ *she's fond of telling me what to do* ze heeft de neiging me te vertellen wat ik moet doen

fondle ['fɒndl] *ov ww* liefkozen, strelen

fondness ['fɒndnəs] *zn* ❶ tederheid ❷ voorliefde, zwak

font [fɒnt] *zn* ❶ doopvont ❷ drukk lettertype

food [fuːd] *zn* voedsel, eten, voedingsartikel ★ *Italian food* Italiaans eten, Italiaanse keuken ★ *frozen foods* diepvriesproducten ★ *be off your food* geen eetlust hebben ★ *food for thought* stof tot nadenken

food chain *zn* voedselketen

foodie ['fuːdɪ] inform *zn* lekkerbek

food processor *zn* keukenmachine

foodstuff ['fuːdstʌf] *zn* voedingsmiddel, levensmiddel

fool [fuːl] **I** *zn* ❶ idioot, gek ★ *live in a fool's paradise* in een droomwereld leven ★ *make a fool of sb* iem. voor gek zetten ★ *make a fool of yourself* je aanstellen / belachelijk maken ★ inform *more fool you* dat was dom van jou ★ *no fool like an old fool* hoe ouder hoe gekker ★ *a fool and his money are soon parted* domme mensen zijn hun geld zo kwijt ❷ nar, clown ★ *act / play the fool* de clown uithangen ★ *be nobody's fool* zich niet voor de gek laten houden ❸ (kruisbessen)vla **II** *bnw* inform dwaas **III** *ov ww* voor de gek houden, wijsmaken ★ inform *you could have fooled me* maak dat de kat wijs **IV** *onov ww* ~ **about/around** tijd verbeuzelen, rondhangen, lol trappen, aanrotzooien / -rommelen ⟨ook seksueel⟩

foolery ['fuːlərɪ] *zn* dwaas gedoe, gedol

foolhardy ['fuːlhɑːdɪ] *bnw* roekeloos

foolish ['fuːlɪʃ] *bnw* ❶ dwaas, dom ❷ belachelijk

foolproof ['fuːlpruːf] *bnw* waterdicht ⟨plan, enz.⟩, volkomen betrouwbaar, onfeilbaar ⟨methode. enz.⟩, kinderlijk eenvoudig

foot [fʊt] **I** *zn* [*mv:* **feet**] ❶ voet, poot ★ inform *my foot!* flauwekul! ★ *in bare feet* op blote voeten ★ *on / by foot* te voet ★ *on your feet* op de been ★ *on your own (two) feet* op eigen benen ★ *be under your feet* voor de voeten lopen ★ *be rushed / run off your feet* het razend druk hebben ★ *fall / land on your feet* op je pootjes terechtkomen, mazzel hebben ★ *find your feet* wennen ★ *get cold feet* bang worden ★ *get / have* your / a foot in the door een voet tussen de deur krijgen / hebben ★ get / start off on the right / wrong foot goed / verkeerd beginnen ★ get / rise to your feet gaan staan ★ have feet of clay een zwakke plek hebben ⟨in karakter⟩ ★ have / keep your feet on the ground met beide benen op de grond staan ★ have / keep a foot in both camps geen partij kiezen ★ leap to your feet snel gaan staan ★ not put a foot wrong geen fouten maken ★ put your foot down krachtig optreden, *inform* plankgas geven ★ put your best foot forward je beste beentje voorzetten ★ *inform* put your foot in it een stommiteit begaan ★ put your feet up gaan zitten met de benen omhoog ★ set foot in / on sth binnengaan / betreden ★ set sth on its feet iets op poten zetten ❷ onderste deel ⟨meubilair, enz.⟩, voeteneinde ⟨bed⟩ ★ voet ⟨30,48 cm⟩ **II** ov ww ▼ inform foot the bill voor de kosten opdraaien ▼ inform foot it lopen

footage ['fʊtɪdʒ] zn ❶ stuk film ❷ lengte ⟨gemeten in voeten⟩

foot-and-mouth disease zn mond-en-klauwzeer

football ['fʊtbɔːl] zn ❶ GB voetbal ❷ USA American Football ❸ voetbal ⟨rond / ovaal⟩, fig speelbal

footbridge ['fʊtbrɪdʒ] zn voetbrug

footer ['fʊtə] zn ❶ voetregel ❷ inform van... voet ★ a six-~ shark een zes voet haai

-footer ['fʊtə] inform achterv van... voet ★ a six~ shark een zesvoet haai

foothill ['fʊthɪl] zn uitloper ⟨v. gebergte⟩

foothold ['fʊthəʊld] zn ❶ steunpunt ⟨voor voet⟩ ❷ fig vaste voet ⟨aan de grond⟩ ★ gain a ~ on the property market greep krijgen op de huizenmarkt

footie, footy ['fʊti] inform zn voetbal

footing ['fʊtɪŋ] zn ❶ vaste voet, steunpunt ★ lose your ~ uitglijden, je evenwicht raken ❷ voet, basis ★ on an equal ~ op voet van gelijkheid ★ on a war ~ voorbereid op oorlog ★ treat on the same ~ gelijk behandelen

footlights ['fʊtlaɪts] zn mv voetlicht

footloose ['fʊtluːs] bnw vrij, ongebonden ★ ~ and fancy-free vrij om te doen wat je wilt

footman ['fʊtmən] zn lakei

footmark zn → **footprint**

footnote ['fʊtnəʊt] zn voetnoot, fig kanttekening

footpath ['fʊtpɑːθ] zn voetpad, trottoir

footprint ['fʊtprɪnt], **footmark** ['fʊtmɑːk] zn voetspoor, voetafdruk

foot race zn hardloopwedstrijd

footrest ['fʊtrest] zn voetensteun

footsie ['fʊtsi] zn ★ play ~ voetjevrijen

footsore ['fʊtsɔː] bnw met pijnlijke voeten

footstep ['fʊtstep] zn ❶ ⟨geluid van⟩ voetstap ❷ stap, pas

footstool ['fʊtstuːl] zn voetenbankje

footway ['fʊtweɪ] zn trottoir, voetpad

footwear ['fʊtweə] zn schoeisel

footy ['fʊti] zn → **footie**

for [fɔː] **I** vz ❶ voor, om ★ there's no need for you to go je hoeft niet te gaan ❷ in plaats van, ⟨in ruil⟩ voor, namens ★ the S is for Saskia de S staat voor Saskia ★ she can now nod for 'yes' ze kan

nu 'ja' knikken ★ he spoke for the employees hij voerde het woord namens de werknemers ❸ ten gunste van ★ she plays for Australia ze speelt voor Australië ★ there's / that's a hero for you dat is nog eens held ❹ wat betreft, met betrekking tot ★ for her, that's a big step dat is een grote stap voor haar ★ I for one ik voor mij ★ for all I care voor mijn part ★ for all I know voor zover ik weet ★ so much for that dat is dat ★ for all that ondanks alles ❺ wegens, vanwege ★ it was all for a good cause het was allemaal voor een goed doel ★ jump for joy op en neer springen van vreugde ★ you'll feel better for a good night's sleep je voelt je beter na een goede nachtrust ❻ ⟨in dienst⟩ bij ★ she's working for a legal firm ze werkt voor een advocatenkantoor ❼ vóór ⟨iets zijn⟩ ★ vote for the Greens stemmen op de Groenen ❽ als ★ be hanged for a spy opgehangen worden als spion ❾ gedurende ★ for hours and hours urenlang ★ he's here for a few days hij is hier een paar dagen ❿ naar ★ we leave for France tomorrow we vertrekken morgen naar Frankrijk ★ what are you looking for? waar zoek je naar? ★ inform now for it! er op los! ⓫ aan ★ it's for me to decide het is aan mij om te beslissen ▼ inform be (in) for it problemen krijgen **II** vw dicht want, aangezien

forage ['fɒrɪdʒ] onov ww ❶ foerageren, zoeken naar voedsel ❷ ~ about zoeken ★ she ~d about in her bag for her keys ze zocht overal in haar tas naar haar sleutels

foray ['fɒreɪ] zn ❶ inval, rooftocht ❷ uitstapje ❸ poging

forbade [fə'bæd] ww [verleden tijd] → **forbid**

forbearance [fɔː'beərəns] form zn verdraagzaamheid

forbid [fə'bɪd] ov ww ⟨onregelmatig⟩ ❶ verbieden ❷ verhinderen, voorkómen ★ God / Heaven ~ (that)... God / de hemel verhoede (dat)...

forbidden [fə'bɪdn] **I** bnw verboden ★ strictly ~ ten strengste verboden **II** ww [volt. deelw.] → **forbid**

forbidding [fə'bɪdɪŋ] bnw ❶ onheilspellend ❷ afstotelijk

force [fɔːs] **I** zn ❶ kracht ★ gravitational ~ zwaartekracht ★ a ~ to be reckoned with iem. waar je niet omheen kunt ★ a ~ for change een instrument om dingen te kunnen veranderen ★ join / combine ~s de krachten bundelen ❷ macht ★ in ~ in groten getale ★ (from / out of) ~ of habit ⟨uit⟩ macht der gewoonte ★ a superior ~ overmacht ❸ geweld ★ by ~ met geweld ❹ geldigheid ★ by ~ of door middel van ★ come / enter into ~ van kracht worden, gelden ★ put in ~ in werking stellen ❺ groep, korps ★ GB inform the ~ de politie **II** ov ww ❶ dwingen, noodzaken ★ she was ~d into signing ze werd tot zingen gedwongen ★ ~ sb's hand iem. dwingen ★ ~ the issue iets er door drukken ❷ afdwingen ⟨tranen, bekentenis⟩ ❸ forceren, openbreken ❹ ⟨op⟩drijven, duwen, dringen ★ ~ your way je een weg banen ❺ ~ down moeite moet binnen werken, naar beneden drukken ❻ ~ back onderdrukken ❼ ~ on opdringen aan ❽ ~ up opdrijven

forced [fɔːst] bnw gedwongen, onoprecht,

fo

gemaakt

force-feed *ov ww* dwingen te eten

forceful ['fɔːsfʊl] *bnw* krachtig, sterk

forcemeat ['fɔːsmiːt] *zn* gehakt, farce

forceps ['fɔːseps] *zn* tang ★ *a pair of ~* een tang ⟨v. chirurg⟩

forces ['fɔːsəz] *zn mv* ★ *the (armed) ~* de strijdkrachten

forcible ['fɔːsəbl] *bnw* gedwongen, gewelddadig

forcibly ['fɔːsəblɪ] *bijw* ❶ met geweld ❷ overtuigend

ford [fɔːd] **I** *zn* doorwaadbare plaats **II** *ov ww* doorwaden

fore [fɔː] **I** *zn* voorgrond ★ *come to the / be at the fore* op de voorgrond treden ★ *bring sth to the fore* iets naar voren brengen **II** *bnw* voor(ste) **III** *bijw* voor(aan)

fore- [fɔː] *voorv* voor

forearm ['fɔːrɑːm] *zn* onderarm

forebear, forbear ['fɔːbeə] *zn* voorouder / -vader

foreboding [fɔːˈbəʊdɪŋ] *zn* voorgevoel ★ *have a sense of ~* een slecht voorgevoel hebben

forecast ['fɔːkɑːst] **I** *zn* ❶ (weers)voorspelling ❷ prognose **II** *ov ww* voorspellen

foreclose [fɔːˈkləʊz] *jur onov ww* executeren ★ *~ on a mortgage* een hypotheek executeren

forecourt ['fɔːkɔːt] *zn* voorplein, voorterrein

forefathers ['fɔːfɑːðəz] *zn mv* voorvaderen

forefinger ['fɔːfɪŋgə] *zn* wijsvinger

forefront ['fɔːfrʌnt] *zn* voorste deel, voorste gelederen ★ *be at the ~* een vooraanstaande plaats innemen

forego *ww* → **forgo**

foregoing [fɔːˈgəʊɪŋ] *bnw* bovenvermeld, voorafgaand

foregone conclusion ['fɔːgɒn kənˈkluːʒən] *zn* uitgemaakte zaak

foreground ['fɔːgraʊnd] *zn* voorgrond

forehead ['fɒrɪd] *zn* voorhoofd

foreign ['fɒrɪn] *bnw* vreemd, buitenlands ★ *dishonesty is ~ to him* oneerlijkheid is hem vreemd

foreigner ['fɒrɪnə] *zn* buitenlander, vreemdeling

foreman ['fɔːmən] *zn* ❶ voorman, ploegbaas ❷ voorzitter van jury

foremost ['fɔːməʊst] **I** *bnw* voornaamste, voorste, eerste **II** *bijw* in de eerste plaats

forensic [fəˈrensɪk] *bnw* forensisch, gerechtelijk

foreplay ['fɔːpleɪ] *zn* voorspel ⟨in de liefde⟩

forerunner [fɔːrʌnə] *zn* voorloper, voorbode

foresee [fɔːˈsiː] *ov ww* voorzien, verwachten

foreseeable [fɔːˈsiːəbl] *bnw* ❶ te voorzien ❷ afzienbaar ★ *in the ~ future* in de nabije toekomst

foreshadow [fɔːˈʃædəʊ] *ov ww* aankondigen, voorspellen

foreshore ['fɔːʃɔː] *zn* ❶ strand ⟨tussen eb en vloed⟩ ❷ waterkant

foresight ['fɔːsaɪt] *zn* vooruitziende blik ★ *a lack of ~* een gebrek aan planning, te weinig zorg

foreskin ['fɔːskɪn] *zn* voorhuid

forest ['fɒrɪst] *zn* woud, bos ★ *not see the ~ for the trees* door de bomen het bos niet zien

forestall [fɔːˈstɔːl] *ov ww* ❶ vóór zijn ❷ vooruitlopen op ❸ voorkómen, dwarsbomen

forester ['fɒrɪstə] *zn* houtvester

forestry ['fɒrɪstrɪ] *zn* bosbouw(kunde)

foretaste ['fɔːteɪst] *zn* voorproef(je)

foretell [fɔːˈtel] *ov ww* voorspellen

forethought ['fɔːθɔːt] *zn* planning

forever [fəˈrevə] **I** *bijw* ❶ voor eeuwig / altijd ❷ onophoudelijk, steeds maar (door) ★ *she's ~ complaining* ze klaagt altijd **II** *tw* leve, hiep hiep hoera ★ *FC Utrecht ~* FC Utrecht gaat nooit verloren

forewarn [fɔːˈwɔːn] *ov ww* van te voren waarschuwen ★ *~ed is forearmed* een gewaarschuwd man telt voor twee

foreword ['fɔːwɜːd] *zn* voorwoord

forfeit ['fɔːfɪt] *ov ww* verspelen, verliezen

forgave [fəˈgeɪv] *ww* [verleden tijd] → **forgive**

forge [fɔːdʒ] **I** *ov ww* ❶ smeden ⟨ook fig.⟩, bedenken, beramen ❷ vervalsen ❸ zich een weg banen ★ *she ~d her way to the top* ze baande zich een weg naar de top **II** *onov ww* ❶ zich een weg banen ★ *~ ahead* gestaag vorderingen maken, een leidende positie verwerven, zich snel ontwikkelen **III** *zn* ❶ smidse, smidsvuur ❷ smeltoven, smelterij

forger ['fɔːdʒə] *zn* vervalser, oplichter

forgery ['fɔːdʒərɪ] *zn* ❶ valsheid in geschrifte ❷ vervalsing

forget [fəˈget] **I** *ov ww* [onregelmatig] vergeten ★ *I've forgotten what to do* ik weet niet meer wat ik moet doen ★ *let's ~ our differences* laten we onze verschillen aan de kant zetten **II** *onov ww* vergeten ★ *~ about it* laat maar

forgetful [fəˈgetfʊl] *bnw* vergeetachtig

forget-me-not *zn* vergeet-mij-nietje

forgivable [fəˈgɪvəbl] *bnw* vergeeflijk

forgive [fəˈgɪv] *ov ww* [onregelmatig] ❶ vergeven ★ *~ me for asking...* als ik vragen mag... ★ *~ me for interrupting* neem me niet kwalijk dat ik stoor ★ *she might be ~n for thinking that...* het is begrijpelijk dat ze dacht dat... ❷ form kwijtschelden

forgiven [fəˈgɪvən] *ww* [volt. deelw.] → **forgive**

forgiveness [fəˈgɪvnəs] *zn* vergiffenis

forgiving [fəˈgɪvɪŋ] *bnw* vergevingsgezind

forgo [fɔːˈgəʊ] *ov ww* [onregelmatig] afzien / zich onthouden van, opgeven, afstand doen van

forgot *ww* [verl. tijd] → **forget**

forgotten *ww* [volt. deelw.] → **forget**

fork [fɔːk] **I** *zn* ❶ vork, gaffel, greep ❷ vertakking, splitsing ⟨in weg, enz.⟩ **II** *onov ww* ❶ zich vertakken / splitsen ★ *the road forks to the left* er is een afslag naar links ❷ afslaan **III** *ov ww* ❶ verplaatsen, spitten ⟨met een gaffel / greep⟩ ❷ inform *~ out* dokken, ophoesten, geld neertellen

forked [fɔːkt] *bnw* gevorkt, gesplitst

forklift truck *zn* vorkheftruck

forlorn [fəˈlɔːn] *bnw* ❶ mistroostig, ongelukkig, eenzaam ★ *a ~ hope* een ijdele / laatste hoop ★ *a ~ attempt* een wanhopige poging ❷ verlaten, troosteloos

form [fɔːm] **I** *zn* ❶ vorm, gedaante ★ *take form* zich ontwikkelen, vaste vorm aannemen ★ *in any shape or form* in welke vorm dan ook ❷ systeem, soort, type ★ *true to form* geheel in stijl ★ *the book takes the form of a diary* het boek heeft de vorm van een dagboek ❸ manier, wijze ★ *on current form* zoals het nu gaat ★ *depression can take several different forms* depressie kan zich op verschillende manieren uiten ❹ formulier ❺ conditie ★ *in great form* in uitstekende conditie, in 'n opperbeste stemming, goed op dreef ★ *out of form* niet in vorm, in slechte conditie ★ *be right on form* het heel goed doen ❻ procedure, formaliteit ★ *as a matter of form* bij wijze van formaliteit ❼ fatsoen ★ *bad form* niet zoals het hoort ❽ **GB** schoolklas / -jaar **II** *ov ww* ❶ vormen, maken, construeren ❷ formeren ❸ ~ **into** zich vormen tot **III** *onov ww* ❶ zich vormen, zich ontwikkelen ❷ mil ~ **up** zich opstellen, aantreden

formal [ˈfɔːml] **I** *bnw* ❶ formeel ★ *pay a ~ call* een beleefdheidsbezoek afleggen ❷ officieel ❸ vormelijk **II** *zn* **USA** gala(feest)

formality [fɔːˈmælətɪ] *zn* ❶ formaliteit ❷ vormelijkheid, stijfheid

formalize, formalise [ˈfɔːməlaɪz] *ov ww* ❶ officieel maken ❷ formaliseren

format [ˈfɔːmæt] **I** *zn* ❶ opzet ❷ formaat ❸ comp opmaak, indeling **II** *ov ww* formatteren, opmaken, indelen ⟨v. tekst op scherm⟩

formation [fɔːˈmeɪʃən] *zn* ❶ formatie, opstelling ★ *a ~ of bombers* een eskader bommenwerpers ❷ vorming

formative [ˈfɔːmətɪv] *bnw* vormend ★ *the ~ years* de jeugdjaren, de beginjaren

former [ˈfɔːmə] **I** *bnw* ❶ vroeger, voormalig ★ *be your ~ self again* weer de oude zijn ★ *his ~ wife* zijn ex-vrouw ❷ eerstgenoemde **II** *zn* de eerstgenoemde ⟨van twee⟩

formerly [ˈfɔːməlɪ] *bijw* eertijds, vroeger

formidable [ˈfɔːmɪdəbl] *bnw* geducht, ontzagwekkend, formidabel

formula [ˈfɔːmjʊlə] *zn* [mv: **formulae**] ❶ formule, recept, methode ❷ woorden, cliché ❸ **formula milk** melkpoeder, flesvoeding

formulate [ˈfɔːmjʊleɪt] *ov ww* ❶ formuleren ❷ opstellen

fornicate [ˈfɔːnɪkeɪt] *onov ww* ❶ overspel plegen ❷ ontucht plegen

fornication [fɔːnɪˈkeɪʃən] *zn* ❶ ontucht ❷ overspel

forsake [fəˈseɪk] *ov ww* [onregelmatig] in de steek laten, verlaten, afstand doen van

forsaken [fəˈseɪkən] *ww* [volt. deelw.] → **forsake**

forsook [fəˈsʊk] *ww* [verleden tijd] → **forsake**

fort [fɔːt] *zn* fort ★ inform *hold the fort / USA hold down the fort* de zaak draaiende houden

forte [ˈfɔːteɪ] *zn* forte, sterke kant

forth [fɔːθ] *bijw* ❶ uit, naar buiten ★ *bring sth ~* iets te voorschijn halen ❷ voort ★ *from this time ~* van nu af aan ★ *and so ~* enzovoorts ▼ *hold ~* uitweiden

forthcoming [fɔːθˈkʌmɪŋ] *bnw* ❶ aanstaande, komend ❷ *no answer was ~* het antwoord bleef uit ❸ mededeelzaam, toeschietelijk

forthright [ˈfɔːθraɪt] *bnw* open, eerlijk, rechtuit

forthwith [fɔːθˈwɪθ] form *bijw* terstond, onmiddellijk

fortieth [ˈfɔːtɪθ] *telw* veertigste

fortification [fɔːtɪfɪˈkeɪʃən] *zn* versterking

fortify [ˈfɔːtɪfaɪ] *ov ww* ❶ versterking aanbrengen, (ver)sterken ❷ verrijken ⟨voedsel⟩ ❸ alcohol toevoegen aan

fortitude [ˈfɔːtɪtjuːd] *zn* vastberadenheid, moed

fortnight [ˈfɔːtnaɪt] *zn* twee weken ★ *a ~'s holiday* twee weken vakantie ★ *see you Sunday ~* tot zondag over veertien dagen

fortnightly [ˈfɔːtnaɪtlɪ] **I** *bnw* veertiendaags **II** *bijw* iedere twee weken

fortress [ˈfɔːtrɪs] *zn* vesting, fort

fortuitous [fɔːˈtjuːɪtəs] inform *bnw* ❶ toevallig ❷ fortuinlijk, gelukkig

fortunate [ˈfɔːtʃənət] *bnw* gelukkig

fortunately *bijw* gelukkig

fortune [ˈfɔːtʃən] *zn* ❶ (nood)lot ★ *~ favours the bold* wie waagt, die wint ⟨zegswijze⟩ ★ *Fortune smiled on me* ik had geluk ★ *tell sb's ~* iem. de toekomst voorspellen ❷ geluk ★ *she had the good ~ to miss that plane* gelukkig voor haar miste ze die vlucht ❸ fortuin (geld) ★ *he earns a ~* hij verdient veel geld

fortune cookie *zn* hol koekje met een spreuk (in Chinese restaurants)

fortune hunter *zn* gelukzoeker

fortune teller *zn* waarzegger, waarzegster

forty [ˈfɔːtɪ] *telw* veertig ★ *take ~ winks* 'n dutje doen

forum [ˈfɔːrəm] *zn* forum, discussiegroep

forward [ˈfɔːwəd] **I** *bnw* ❶ voorwaarts, voorste ❷ vroegrijp, vroegtijdig ❸ vooruitstrevend, toekomstgericht ★ *~ planning* toekomstplanning ❹ brutaal **II** *bijw* → **forwards** **III** *ov ww* ❶ sturen, doorsturen ❷ bevorderen, vooruithelpen **IV** *zn* sport voorhoedespeler

forwarder [ˈfɔːwədə] *zn* expediteur, verzender

forwarding address *zn* doorstuuradres

forward-looking *bnw* (met) vooruitziend(e blik), op de toekomst gericht

forwardness [ˈfɔːwədnəs] *zn* vrijpostigheid, brutaliteit

forwards [ˈfɔːwədz], **forward** [ˈfɔːwəd] *bijw* ❶ voorwaarts ❷ vooruit ❸ voorover

forwent [fɔːˈwent] *ww* [verleden tijd] → **forego**

fossil [ˈfɒsəl] *zn* ❶ fossiel ❷ inform fossiel, ouwe zak

fossilize, fossilise [ˈfɒsəlaɪz] *onov ww* verstenen

foster [ˈfɒstə] **I** *bnw* pleeg- **II** *ov ww* ❶ bevorderen, koesteren ❷ een pleegkind opnemen in het gezin ⟨tijdelijk⟩

foster- [ˈfɒstə-] *voorv* pleeg- ⟨ouders, kind⟩

fought [fɔːt] *ww* [verl. tijd + volt. deelw.] → **fight**

foul [faʊl] **I** *bnw* ❶ walgelijk, stinkend, bedorven ⟨lucht⟩ ★ *foul weather* slecht weer ★ *a foul day* een rotdag ❷ slecht, vals, laag ⟨misdaad⟩ ❸ obsceen, vulgair ⟨taal⟩ ▼ *fall foul of sb* in aanvaring / conflict komen met iem. **II** *zn* sport overtreding **III** *onov ww* ❶ sport een overtreding begaan ❷ verstopt raken, in de war raken **IV** *ov ww* ❶ bevuilen ❷ sport een overtreding begaan tegen ❸ onklaar maken ★ *a rope fouled the propeller* een touw raakte verstrikt in de propeller ❹ ~ **up** verknoeien, verprutsen

foully [ˈfaʊlɪ] *bijw* op 'n gemene manier

foul-mouthed *bnw* grof in de mond, vuile taal uitslaand

foul play *zn* ❶ vals / onsportief spel ❷ misdaad, geweldpleging, moord ★ *he met with ~* hij werd vermoord

foul-up *zn* ❶ puinhoop, knoeiboel, verwarring ❷ storing

found [faʊnd] **I** *ww* [verleden tijd + volt. deelw.] → find **II** *ov ww* ❶ stichten ❷ grondvesten ★ *a relationship ~ed on respect* een verhouding die op respect is gebaseerd ❸ smelten en gieten ⟨v. metaal⟩ ★ *well ~ed* gegrond, gefundeerd

foundation [faʊn'deɪʃən] *zn* ❶ fundering ★ *rock / shake sth to its ~s* iets op zijn grondvesten laten schudden ❷ basis, grondslag ★ *the report has no ~* het rapport is ongegrond ❸ fonds, stichting ❹ oprichting ❺ foundation ⟨onderlaag voor make-up⟩

foundation stone *zn* eerste steen

founder ['faʊndə] **I** *zn* oprichter, stichter **II** *onov ww* ❶ in duigen vallen, mislukken ⟨v. plan⟩ ❷ vergaan ⟨v. schip⟩

founding father *zn* grondlegger, stichter

foundling ['faʊndlɪŋ] *zn* vondeling

foundry ['faʊndrɪ] *zn* (metaal)gieterij

fount [faʊnt] humor *zn* ★ *the ~ of all knowledge* de bron van alle kennis

fountain ['faʊntɪn] *zn* ❶ fontein ❷ regen ★ *a ~ of sparks* een vonkenregen ❸ bron ⟨ook fig⟩

fountain pen ['faʊntɪn pen] *zn* vulpen

four [fɔː] **I** *telw* vier **II** *zn* ❶ viertal ❷ boot ⟨voor 4 roeiers⟩ ▼ *on all fours* op handen en voeten

four-letter word ['fɔːletəwɜːd] *zn* drieletterwoord, schuttingwoord

four-poster *zn* hemelbed

foursome ['fɔːsəm] *zn* ❶ sport dubbelspel, viertal ❷ gezelschap van vier personen

four-square *bnw + bijw* vierkant, potig, stevig ★ *a ~ meal* een stevige maaltijd ★ *she's ~ behind him* ze staat vierkant achter hem

fourteen [fɔː'tiːn] *telw* veertien

fourteenth [fɔː'tiːnθ] *telw* veertiende

fourth [fɔːθ] **I** *telw* vierde **II** *zn* ❶ kwart ❷ vierde man

fourthly ['fɔːθlɪ] *bijw* ten vierde

four-wheel drive *zn* vierwielaandrijving

fowl [faʊl] *zn* ❶ gevogelte ⟨ook het vlees⟩ ❷ kip, haan

fox [fɒks] **I** *zn* vos **II** *ov ww* ❶ inform beetnemen, bedriegen ❷ inform in de war brengen

foxglove [fɒksɡlʌv] *zn* vingerhoedskruid

foxhound ['fɒkshaʊnd] *zn* jachthond ⟨voor de vossenjacht⟩

fox-hunting *zn* vossenjacht

foxy ['fɒksɪ] *bnw* ❶ vosachtig ❷ sluw

foyer ['fɔɪeɪ] *zn* ❶ foyer ❷ USA entree, hal

fracas ['frækɑː] *zn* herrie, vechtpartij

fraction ['frækʃən] *zn* ❶ fractie, klein deel ❷ wisk breuk ❸ (onder)deel

fractious ['frækʃəs] *bnw* ❶ dwars, lastig ❷ humeurig

fracture ['fræktʃə] **I** *zn* ❶ barst ❷ botbreuk **II** *ov ww* breken **III** *onov ww* uit elkaar vallen

fragile ['frædʒaɪl] *bnw* ❶ breekbaar, broos, bros ❷ zwak, teer

fragment[1] ['frægmənt] *zn* ❶ fragment ❷ scherf, (brok)stuk

fragment[2] [fræg'ment] *ov+onov ww*

versplinteren, verbrokkelen

fragmentary ['frægməntərɪ] *bnw* fragmentarisch

fragrance ['freɪɡrəns] *zn* ❶ geur ❷ parfum

fragrant ['freɪɡrənt] *bnw* geurig

frail [freɪl] *bnw* broos, zwak, kwetsbaar

frailty ['freɪltɪ] *zn* zwakheid ⟨ook v. karakter⟩

frame [freɪm] **I** *zn* ❶ lijst, kozijn ★ *be in the ~* kandidaat zijn voor ❷ frame, geraamte ⟨v. constructie⟩ ❸ bouw, gestel ⟨v. mens / dier⟩ ❹ kader, structuur, opzet ⟨v. systeem / tekst⟩ ★ *~ of mind* gemoedsgesteldheid ★ *~ of reference* referentiekader ❺ beeld, plaatje ⟨v. film⟩ **II** *ov ww* ❶ inlijsten, omlijsten ❷ opstellen, formuleren ⟨v. plan, concept⟩ ❸ inform vals beschuldigen, erin luizen

frames [freɪmz] *zn mv* montuur ⟨v. bril⟩

frame-up inform *zn* complot, doorgestoken kaart

framework ['freɪmwɜːk] *zn* ❶ geraamte, skelet ❷ stelling, basis ❸ structuur, kader

France [frɑːns] *zn* Frankrijk

franchise ['fræntʃaɪz] *zn* ❶ vergunning, licentie ❷ econ concessie, franchise ❸ stemrecht

frank [fræŋk] **I** *bnw* openhartig ★ *to be ~ with you* om eerlijk te zijn **II** *ov ww* frankeren ⟨met frankeermachine⟩, stempelen

frankfurter ['fræŋkfɜːtə] *zn* knakworstje

frankly ['fræŋklɪ] *bijw* ❶ eerlijk gezegd ❷ openhartig, ronduit

frankness ['fræŋknəs] *zn* openhartigheid

frantic ['fræntɪk] *bnw* ❶ verwoed, razend, hectisch ❷ buiten zinnen, gek, krankzinnig

fraternal [frə'tɜːnl] *bnw* ❶ broederlijk ❷ vriendschappelijk

fraternity [frə'tɜːnətɪ] *zn* ❶ broederschap ❷ vereniging, genootschap ❸ USA studentenclub / -corps

fraternize, fraternise ['frætənaɪz] *onov ww* vriendschappelijk omgaan

fraud [frɔːd] *zn* ❶ fraude, bedrog, oplichterij ❷ bedrieger ❸ vervalsing

fraudster ['frɔːdstə] *zn* fraudeur, bedrieger

fraudulence ['frɔːdjʊləns] *zn* bedrog, bedrieglijkheid

fraught [frɔːt] *bnw* ❶ beladen, vol ★ *there was a ~ silence* er viel een geladen stilte ★ *~ with danger* vol gevaar ❷ bezorgd, gespannen

fray [freɪ] **I** *zn* strijd ★ *the political fray* de politieke arena **II** *ov ww* ❶ rafelen, verslijten ❷ geprikkeld worden ★ *tempers began to fray* men raakte geïrriteerd

frazzle ['fræzl] *zn* ★ *burnt / worn to a ~* totaal op

frazzled ['fræzld] *bnw* uitgeput

freak [friːk] **I** *zn* ❶ gedrocht, abnormaal verschijnsel ★ *a ~ of nature* een speling der natuur ★ *by a ~ of fate* door zuiver toeval ❷ zonderling, grillig figuur ❸ inform fanaat, freak **II** *bnw* uitzonderlijk, abnormaal ★ *a ~ accident* een bizar ongeluk **III** *onov ww* inform ~ out buiten zinnen raken, hallucinaties krijgen ⟨door drugs⟩

freakish ['friːkɪʃ], inform **freaky** ['friːkɪ] *bnw* ❶ vreemd ❷ bizar

freckle ['frekl] *zn* sproet

freckled ['frekld] *bnw* ❶ sproeterig ❷ gespikkeld

free [friː] **I** *bnw* ❶ vrij, vrijwillig ★ *free speech* vrijheid van meningsuiting ❷ onbelemmerd, ongedwongen, spontaan ★ *feel free!* ga je gang! ★ *get / have a free hand* de vrije hand krijgen / hebben ★ *be too free with your opinions* (al te) graag je mening verkondigen ★ *free and easy* relaxed ❸ onafhankelijk ★ *she's a free spirit* ze is erg onafhankelijk ★ *India became free in 1947* India werd onafhankelijk in 1947 ❹ beschikbaar, niet bezet ★ *the toilet is not free just now* het toilet is momenteel niet bezet ❺ kosteloos, gratis ★ *free of charge* kosteloos ★ *work for free* voor niets werken ★ inform *there's no such thing as a free lunch* voor niets gaat de zon op ❻ vrijgevig ★ *free with money* royaal met geld ❼ los ★ *both his hands were now free* beide handen waren nu los **II** *bijw* ❶ kosteloos ★ *we got in free* we zijn gratis binnengekomen ❷ los ★ *cut free* lossnijden ★ *pull / break free* losrukken ★ *run free* los rondlopen ★ *set free* bevrijden ★ *walk free* niet naar de gevangenis hoeven ▼ *make free with sb* te vrij met iem. omgaan **III** *ov ww* ❶ bevrijden, los / vrij maken ★ *free your mind* stort je hart uit ❷ vrijstellen, ontslaan ⟨v. belofte⟩ ★ *the legacy freed her to write* door het legaat kreeg ze tijd om te schrijven ❸ ~ **up** vrijmaken

freebie ['fri:bɪ] inform *zn* weggevertje

freebooter ['fri:bu:tə] *zn* vrijbuiter

freedom ['fri:dəm] *zn* ❶ vrijheid ★ ~ *of speech* vrijheid van meningsuiting ★ *he has the ~ of the house* hij mag komen en gaan als hij wil ★ *she was given ~ of the city* ze kreeg het ereburgerschap van de stad ❷ vrijstelling, vrijwaring

free-for-all *zn* ❶ ieder-voor-zich-situatie ❷ vrije discussie ❸ algemene ruzie

freehand ['fri:hænd] *bnw* + *bijw* uit de vrije hand

freehold ['fri:həʊld] **I** *zn* vrij bezit ⟨onroerend goed⟩ **II** *bnw* vrij, in volledig eigendom

freeholder ['fri:həʊldə] *zn* eigenaar ⟨v. onroerend goed⟩

freelance ['fri:lɑ:ns] **I** *bnw* onafhankelijk, freelance **II** *onov ww* freelance werken

freeloader ['fri:ləʊdə] inform *zn* klaploper, profiteur

freely ['fri:lɪ] *bijw* ❶ vrij(elijk), openlijk ❷ overvloedig, royaal

freeman ['fri:mən] *zn* ❶ ereburger ❷ vrije / stemgerechtigde burger

Freemason ['fri:meɪsn] *zn* vrijmetselaar

free-range *bnw* scharrel- ★ ~ *eggs* scharreleieren

freestyle ['fri:staɪl] *zn* vrije slag / stijl

freethinker [fri:'θɪŋkə] *zn* vrijdenker

freeway ['fri:weɪ] *zn* (auto)snelweg

freewheel [fri:'wi:l] *onov ww* fietsen zonder te trappen

freeze [fri:z] **I** *ov ww* [onregelmatig] ❶ ook fig doen bevriezen ★ ~ *your blood / make your blood ~* het bloed in de aderen doen stollen ❷ invriezen ❸ laten stilstaan ⟨beeldband / film⟩ ❹ blokkeren ★ ~ *wages* een loonstop afkondigen ★ ~ *prices* prijzen stabiliseren ❺ ~ **out** uitsluiten, boycotten **II** *onov ww* [onregelmatig] ❶ vriezen ★ ~ *to death* doodvriezen ❷ fig bevriezen, verstijven ⟨door angst enz.⟩ ★ inform ~*!* blijf staan of ik schiet! ❸ ~ **over** dichtvriezen

III *zn* ❶ bevriezing ★ *a wage ~* een loonstop ❷ vorst(periode)

freezer ['fri:zə], USA **deep freezer**, **deep freeze** *zn* diepvries

freezing ['fri:zɪŋ] *bnw* ❶ ijskoud ❷ vries- ★ ~ *point* vriespunt

freight [freɪt] **I** *zn* ❶ vracht(prijs) ❷ lading ❸ vrachtvervoer **II** *ov ww* verzenden

freightage ['freɪtɪdʒ] *zn* ❶ vracht(prijs) ❷ lading ❸ vrachtvervoer

freight car *zn* goederenwagon

freighter ['freɪtə] *zn* ❶ bevrachter ❷ vrachtboot / -vliegtuig

French [frentʃ] **I** *zn* ❶ Frans ⟨taal⟩ ★ inform *pardon my ~* sorry voor mijn taalgebruik ❷ ★ *the ~* [mv] de Fransen **II** *bnw* Frans

Frenchman ['frentʃmən] *zn* Fransman

Frenchwoman ['frentʃwʊmən] *zn* Française

frenetic [frə'netɪk] *bnw* hectisch, koortsachtig

frenzied ['frenzɪd] *bnw* dol, heftig, hysterisch

frenzy ['frenzɪ] *zn* vlaag ⟨van waanzin / geweld⟩, (aanval van) razernij ★ *be in a ~ of joy* uitzinnige vreugde vertonen ★ *the ~ of the mob* de dolle woede van de meute ★ *he worked the crowd up into a ~* hij bracht het publiek in een staat van opwinding

frequency ['fri:kwənsɪ] *zn* ❶ frequentie, herhaald voorkomen, veelvuldigheid ★ *heatwaves have increased in ~* hittegolven komen steeds vaker voor ❷ golflengte

frequent[1] ['fri:kwənt] *bnw* frequent, vaak voorkomend, veelvuldig ★ *at ~ intervals* met regelmatige tussenpozen ★ ~ *flyer points* ≈ airmiles

frequent[2] [fri'kwent] *ov ww* regelmatig / vaak bezoeken

frequenter [fri'kwentə] *zn* regelmatig bezoeker, stamgast

frequently ['fri:kwəntlɪ] *bijw* vaak, herhaaldelijk ★ *diabetics should eat ~* diabeten moeten met regelmatige tussenpozen eten

fresh [freʃ] **I** *bnw* ❶ vers ❷ fris ❸ nieuw ★ ~ *paint!* nat!, geverfd! ★ *make a ~ start* helemaal opnieuw beginnen ❹ zoet ⟨water⟩ ❺ helder ⟨v. kleur⟩ ❻ energiek ❼ jong en onervaren ❽ inform brutaal **II** *bijw* ❶ dicht vers ★ ~*-mown grass* versgemaaid gras ❷ inform pas ★ ~ *from / out of school* net van school ★ *we're ~ out of bread* het brood is net op

freshen ['freʃən] **I** *ov ww* ❶ ~ (up) opfrissen ❷ ~ (up) bijschenken **II** *onov ww* ❶ aanwakkeren ⟨v. wind⟩ ❷ ~ up zich opfrissen

freshener ['freʃnə] *zn* ❶ opfrissing ❷ verfrisser

fresher inform *zn* → freshman

freshly ['freʃlɪ] *bijw* ❶ fris, vers ★ ~ *baked bread* versgebakken brood ❷ pas, zo-even ★ ~ *arrived* net aangekomen

freshman ['freʃmən], inform **fresher** ['freʃə] *zn* eerstejaars (student)

freshwater ['freʃwɔ:tə] *bnw* zoetwater-

fret [fret] **I** *ov ww* ~ **about/over** ongerust zijn over **II** *onov ww* ❶ zich ongerust maken, zich ergeren, zich opvreten ❷ verdrietig zijn, zeuren **III** *zn* fret, richel ⟨op toets v. snaarinstrument⟩

fretful ['fretfʊl] *bnw* geïrriteerd, zeurderig, prikkelbaar

fr

fretsaw ['fretsɔ:] zn figuurzaag
Fri. afk, Friday vrijdag
friable ['fraɪəbl] bnw bros, brokkelig
friar ['fraɪə] zn monnik, broeder
friction ['frɪkʃən] zn ❶ wrijving ❷ onenigheid
Friday ['fraɪdeɪ] zn vrijdag
fridge [frɪdʒ] zn koelkast, ijskast
fried [fraɪd] I ww [verl. tijd + volt. deelw.] → **fry**
II bnw gebakken ★ a ~ egg een spiegelei
friend [frend] zn ❶ vriend(in), kameraad ★ my
honourable / noble ~ de geachte afgevaardigde
⟨in House of Commons en House of Lords⟩ ★ my
learned ~ mijn geachte confrater ★ a ~ in need is
a ~ indeed in nood leert men zijn vrienden
kennen ★ ~s in high places invloedrijke
vrienden, kruiwagens ❷ supporter, voorstander,
bondgenoot
friendly ['frendlɪ] bnw ❶ vriendelijk,
vriendschappelijk ★ be on ~ terms op
vriendschappelijk voet staan ❷ bevriend ★ we
became ~ we raakten bevriend
friendly fire zn eigen vuur ★ come under ~
beschoten worden door de eigen troepen
friendship ['frendʃɪp] zn vriendschap ★ strike up a
~ een vriendschap aangaan
fries [fraɪz] zn mv patat frites, friet(en)
frieze [fri:z] zn fries, sierlijst
frig [frɪg] straatt onov ww ~ **around/about**
rond- / aanklooien
frigate ['frɪgɪt] zn fregat
frigging ['frɪgɪŋ] straatt bnw verdomd, klote-
fright [fraɪt] zn angst, vrees, schrik ★ give sb a ~
iem. de schrik op het lijf jagen ★ look a ~ er
verschrikkelijk uitzien ★ take ~ bang worden
★ he was shaking with ~ hij beefde van angst
frighten ['fraɪtn] ov ww ❶ bang maken, doen
schrikken ★ ~ sb to death / ~ the wits out of sb
iem. de stuipen op het lijf jagen ❷ ~ **away/off**
verjagen, afschrikken ❸ ~ **into** dwingen ⟨door
bang te maken⟩ ❹ ~ **out of** zich laten
afschrikken
frightened ['fraɪtnd] bnw ❶ angstig, verschrikt,
bang ★ ~ to death / out of your wits doodsbang
★ ~ of spiders bang voor spinnen ❷ bezorgd
★ they are ~ for her safety ze maken zich zorgen
over haar veiligheid
frightening ['fraɪtnɪŋ] bnw angstaanjagend
frightful ['fraɪtfʊl] bnw afschuwelijk, vreselijk
frigid ['frɪdʒɪd] bnw ❶ frigide ❷ koud, ijzig, kil
frill [frɪl] zn volant, ruche, manchet ⟨om poten
van kalkoen enz.⟩ ★ with no ~s zonder franje /
extra's ★ with all the ~s met alles erop en eraan
frilly ['frɪlɪ] bnw met kantjes en strookjes
fringe [frɪndʒ] zn ❶ pony ⟨v. haar⟩ ❷ franje
❸ zoom, rand ★ on the ~s of society aan de
zelfkant van de samenleving ★ ~ theatre
≈avant-garde theater
fringe benefits zn mv secundaire
arbeidsvoorwaarden
frisk [frɪsk] I zn ❶ het fouilleren
❷ (bokken)sprong II ov ww fouilleren III onov
ww ~ **(around)** springen, dartelen
frisky ['frɪski] bnw dartel, vrolijk
fritter ['frɪtə] I zn (appel)beignet II ov ww
~ **away** verkwisten, verspillen
frivolous ['frɪvələs] bnw ❶ frivool, lichtzinnig

❷ onbelangrijk, onnozel
frizz [frɪz] I zn kroeshaar II onov ww krullen,
kroezen ⟨v. haar⟩
frizzle ['frɪzəl] I zn gekroesd haar II ov ww
❶ krullen ⟨haar⟩ ❷ doen sissen ⟨bij braden⟩
III onov ww sissen
fro [frəʊ] bijw ★ to and fro heen en weer
frock [frɒk] zn jurk
frog [frɒg] zn kikker, kikvors ★ have a frog in your
throat een kikker in de keel hebben, hees zijn
frogman ['frɒgmən] zn kikvorsman
frogmarch ['frɒgmɑ:tʃ] ov ww vastpakken en
voortduwen
frogspawn ['frɒgspɔ:n] zn kikkerdril
frolic ['frɒlɪk] I zn pret, lol, gekheid II onov ww
❶ rondspringen, (rond)dartelen ❷ pret maken
★ ~ on the beach stoeien op het strand
frolicsome ['frɒlɪksəm] bnw dartel, vrolijk
from [frəm] vz ❶ van, weg van, van... af, (van)uit,
voor ❷ als gevolg van, vanwege, aan de hand
van, door ★ sick from fatigue ziek van
vermoeidheid ▼ 100 years from now over 100
jaar ▼ from now on vanaf nu
frond [frɒnd] zn varen- / palmblad
front [frʌnt] I zn ❶ voorkant, voorste gedeelte,
voorzijde ★ he rolled onto his ~ hij ging op zijn
buik liggen ★ at / in the ~ vooraan, voorin ★ in ~
voorop, vooraan, aan de voorkant ★ our team is
in ~ ons team staat voor ★ in ~ of vóór ★ on the
~ op de voorkant ⟨van boek enz.⟩ ★ to the ~
vooruit, naar voren ★ out ~ (vooraan) in de zaal
⟨van schouwburg⟩ ★ we'll wait out (the) ~ we
wachten vlak bij de ingang ★ up ~ eerlijk,
oprecht van tevoren ❷ façade ★ put on a bold ~
zich moedig voordoen ❸ front ⟨ook weerk⟩ ★ the
battle ~ het (oorlogs)front ❹ waterkant,
boulevard ❺ mantelorganisatie, stroman
❻ inform lef, onbeschaamdheid ★ you've got a ~
to ask me that! hoe durf je me dat te vragen!
II bnw voorste, voor- ★ the ~ door de voordeur
★ fig keep sth on the ~ burner iets warm / in de
belangstelling houden III ov ww ❶ staan
tegenover ❷ aan het hoofd staan van ❸ ~ **for**
vertegenwoordigen ❹ ~ **onto** uitkijken op
❺ Aus ~ **up to** komen opdagen voor IV onov
ww ❶ als façade dienen ❷ Aus ~ **up** komen
opdagen, je gezicht laten zien
frontage ['frʌntɪdʒ] zn ❶ gevel, front
❷ frontbreedte ★ a house with river ~ een huis
aan een rivier
frontal ['frʌntl] bnw ❶ frontaal ★ launch a ~
attack on sth iets frontaal aanvallen ❷ voor-,
front- ❸ anat voorhoofds-
frontbencher zn lid van het kabinet /
schaduwkabinet ⟨zit vooraan in het Parlement⟩
frontier ['frʌntɪə] zn grens, grensgebied
front line ['frʌntlaɪn] zn frontlinie, vuurlijn ★ in
the ~ of technology in het voorfront van de
technologie
front-page bnw ★ make ~ news de voorpagina's
halen
frost [frɒst] I zn vorst, rijp ★ we had eight degrees
of ~ het vroor acht graden ★ Jack Frost Koning
Winter II ov ww ❶ met rijp / ijs / ijsbloemen
bedekken ❷ glaceren ⟨taart⟩ III onov ww
~ **over/up** met rijp / ijs / ijsbloemen bedekt

worden
frostbite ['frɒstbaɪt] *zn* (beschadiging / verwonding door) bevriezing
frostbitten ['frɒstbɪtn] *bnw* bevroren
frosted *bnw* ❶ mat ⟨v. glas⟩ ❷ met rijp bedekt ❸ geglaceerd
frosting ['frɒstɪŋ] *zn* glazuur ⟨op taart⟩
frosty ['frɒstɪ] *bnw* ❶ ijzig ❷ berijpt, bevroren ❸ kil, koud
froth [frɒθ] **I** *zn* ❶ schuim ❷ luchtigheid, oppervlakkigheid **II** *onov ww* schuimen ★ ~ *at the mouth* schuimbekken
frown [fraʊn] **I** *zn* frons, fronsende blik ⟨van afkeuring, ontevredenheid, door concentratie⟩ **II** *onov ww* dreigend kijken, het voorhoofd fronsen **III** *ov ww* ~ *on/upon* afkeuren
froze [frəʊz] *ww* [verleden tijd] → **freeze**
frozen ['frəʊzən] **I** *ww* [volt. deelw.] → **freeze** **II** *bnw* ❶ bevroren ⟨ook fig.⟩, ijskoud ❷ verstijfd ★ ~ *with fear* verstijfd van angst
frugal ['fru:gl] *bnw* ❶ zuinig, spaarzaam ❷ sober
fruit [fru:t] **I** *zn* fruit, vrucht ⟨ook fig.⟩ ★ *in* ~ vruchtdragend ★ *bear* ~ vrucht dragen, **fig** succes hebben **II** *onov ww* vrucht(en) dragen
fruit cake *zn* ❶ vruchtencake ★ **inform** *as nutty as a* ~ zo gek als een deur ❷ **inform** excentriek persoon
fruiterer ['fru:tərə] *zn* fruithandelaar
fruitful ['fru:tfʊl] *bnw* vruchtbaar, productief
fruition [fru'ɪʃən] *zn* verwezenlijking, vervulling ★ *bring to* ~ verwezenlijken ★ *come to* ~ werkelijkheid worden
fruitless ['fru:tləs] *bnw* ❶ zonder vruchten ❷ vruchteloos, nutteloos
fruit machine *zn* fruitautomaat, gokautomaat
fruity ['fru:tɪ] *bnw* ❶ fruitig ⟨wijn⟩, geurig, pikant ❷ vol en diep ⟨stem⟩ ❸ **inform** getikt
frump [frʌmp] *zn* trut, ouwe slons
frustrate [frʌ'streɪt] *ov ww* ❶ frustreren, teleurstellen ❷ verijdelen, tegenwerken, dwarsbomen
frustration [frʌ'streɪʃən] *zn* ❶ teleurstelling, frustratie ❷ mislukking
fry [fraɪ] **I** *zn* gebakken / gebraden vlees ▾ *small fry* jong volkje, onbetekenende mensen **II** *ov ww* braden, bakken, frituren ★ **inform** *alcohol fries the brain* alcohol vernietigt de hersenen
frying pan, frypan ['fraɪpæn] *zn* koekenpan ★ *out of the* ~ *into the fire* van de regen in de drup
fry-up **inform** *zn* gebakken / gebraden gerecht / maaltijd
ft *afk, foot / feet* voet ⟨lengtemaat⟩
fuck [fʌk] **vulg** **I** *ov ww* ❶ neuken, naaien ★ *fuck it!* godverdomme! ★ *fuck you! / go fuck yourself!* sodemieter op! ❷ ~ *about/around* belazeren ❸ ~ *up* verpesten, opfokken **II** *onov ww* ❶ neuken, naaien ❷ ~ *about/around* rotzooien, aanklooien ❸ ~ *off* opsodemieteren **III** *zn* het neuken, neukpartij ★ *not a fuck* geen reet ★ *get the fuck out of here* lazer op ★ *not give a fuck (about sb / sth)* geen bal geven (om iemand / iets)
fuck all **vulg** *zn* geen reet ★ *I've done* ~ *today* ik heb vandaag geen reet uitgevoerd
fucker ['fʌkə] **vulg** *zn* klootzak

fucking ['fʌkɪŋ] **vulg** *bnw* + *bijw* klote-, klere-, kut-
fuddled ['fʌdld] *bnw* ❶ beneveld ❷ verward ★ *a* ~ *idea* een vaag idee
fuddy-duddy **inform** *zn* fossiel ⟨persoon⟩
fudge [fʌdʒ] **I** *zn* zachte karamel, kunstgreep, slimmigheid **II** *ov ww* ❶ knoeien met ⟨feiten / cijfers⟩ ❷ ontwijken
fuel ['fju:əl] **I** *zn* ❶ brandstof ★ *add fuel to the fire / flames* olie op het vuur gooien ❷ voeding ⟨ook fig.⟩ **II** *ov ww* ❶ voorzien van brandstof ❷ voeden, aanwakkeren ★ *fuel rumours* geruchten aanwakkeren **III** *onov ww* tanken
fug [fʌg] **inform** *zn* bedompte / benauwde lucht
fugitive ['fju:dʒɪtɪv] **I** *zn* voortvluchtige, vluchteling ★ *a* ~ *from justice* een voortvluchtige **II** *bnw* ❶ voortvluchtig ❷ **dicht** kortstondig
fugue [fju:g] *zn* fuga
fulfil, USA fulfill [fʊl'fɪl] *ov ww* ❶ vervullen, beantwoorden aan ⟨doel⟩ ❷ uitvoeren, nakomen ❸ voldoening geven
fulfilment, USA fulfillment [fʊl'fɪlmənt] *zn* ❶ vervulling ❷ voldoening
full [fʊl] **I** *bnw* ❶ vol ★ *the hotel is full up* het hotel is volgeboekt ❷ **full up** verzadigd ❸ vervuld ★ *he's full of his own importance* hij is overtuigd van zijn eigen belangrijkheid ❹ volledig, compleet ★ *come full circle* weer terugkomen bij het begin ★ *in full view* open en bloot ★ *the full details* alle details ★ *he's a full ten centimetres taller* hij is een volle tien centimeter groter ★ *in full* volledig ❺ volslank ❻ wijd ⟨kleren⟩ ❼ druk, actief **II** *bijw* ten volle ★ *he looked me full in the face* hij keek me recht in het gezicht ★ *go full out* uit alle macht gaan ★ *know full well* heel goed weten **III** *zn* ★ *to the full / USA to the fullest* ten volle
fullback ['fʊlbæk] **sport** *zn* achterspeler, verdediger
full-blooded [fʊl'blʌdɪd] *bnw* ❶ krachtig, sterk ❷ volbloed-, raszuiver
full-blown *bnw* ❶ geheel ontwikkeld, volledig ★ *a* ~ *crisis* een regelrechte crisis ❷ in volle bloei
full-bodied *bnw* ❶ zwaar ❷ vol ⟨smaak / geluid⟩
full-colour, USA full-color *bnw* veelkleurig, veelkleuren-
full-fledged, fully fledged *bnw* ❶ volwassen, volledig ontwikkeld ❷ volleerd, volwaardig
full forward **sport** *zn* aanvaller, voorhoedespeler
full-grown *bnw* volwassen
full-length *bnw* ❶ in volle lengte, ten voeten uit, levensgroot ❷ volledig ⟨niet ingekort⟩ ❸ tot op de grond ⟨van gordijnen⟩ ❹ lang ⟨van rok enz.⟩
full marks *zn mv* ❶ het hoogste cijfer ❷ **fig** tien met een griffel ★ ~ *to the chef!* de complimenten aan de chef!
fullness, fulness ['fʊlnəs] *zn* ❶ volheid ★ *in the* ~ *of time* op den duur ❷ volledigheid
full-page *bnw* paginagroot
full-scale *bnw* ❶ totaal, compleet ❷ op ware grootte
full stop *zn* ❶ punt ❷ complete stilstand ★ *come to a* ~ plotseling tot stilstand komen
full-term *bnw* voldragen ⟨v. kind⟩
full-time *bnw* fulltime ★ *a* ~ *job* een volledige dagtaak
fully ['fʊlɪ] *bijw* ❶ volledig, volkomen, geheel

fu

❷ minstens, ten minste ★ ~ *fifty per cent* wel vijftig procent

fulminate ['fʌlmɪneɪt] *onov ww* ❶ donderen, fulmineren ❷ heftig uitvaren

fulsome ['fʊlsəm] *bnw* ❶ overdreven ⟨v. lof, verontschuldiging enz.⟩ ❷ overvloedig

fumble ['fʌmbl] I *ov ww* ❶ bevoelen, betasten ❷ *sport* verknoeien ⟨v. bal⟩ II *onov ww* ❶ tasten, morrelen, friemelen ★ *he ~d for the light switch* hij tastte naar de goeie schakelaar ❷ struikelen, hakkelen ★ *she ~d for words* ze stond te hakkelen ❸ ~ **around** rondtasten

fumbling I *zn* gestuntel II *bnw* onhandig, stuntelig

fume [fju:m] *onov ww* ❶ dampen, roken ❷ koken ⟨van woede⟩

fumes [fju:mz] *zn mv* gassen

fumigate ['fju:mɪgeɪt] *ov ww* uitroken, ontsmetten

fun [fʌn] I *zn* plezier, pret, lol ★ *have fun!* veel plezier! ★ *what fun!* wat leuk! ★ *for / in fun* voor de aardigheid, voor de grap ★ *fun and games* loltrapperij ★ *make fun of / poke fun at* voor de gek houden II *bnw* plezierig, aardig, leuk ★ *she's fun to be with* je kunt veel plezier met haar hebben

function ['fʌŋkʃən] I *zn* ❶ functie, taak ❷ werking ★ *height is a ~ of age* lengte staat in direct verband met leeftijd ❸ plechtigheid, receptie, feest II *onov ww* functioneren III *ov ww* ~ **as** fungeren als

functional ['fʌŋkʃənl] *bnw* ❶ functioneel ❷ in functie, operationeel

functionary ['fʌŋkʃənərɪ] *zn* ambtenaar, beambte, functionaris

fund [fʌnd] I *zn* ❶ fonds ❷ voorraad, schat, rijke bron ★ *a fund of experience* een schat aan ervaring II *ov ww* financieren

fundamental [fʌndə'mentl] I *bnw* fundamenteel, wezenlijk ★ *food is ~ to life* voedsel is essentieel voor leven II *zn* principe, grondbeginsel ★ *get down to ~s* ter zake komen

fundamentalist [fʌndə'mentəlɪst] I *zn* fundamentalist II *bnw* fundamentalistisch

fund-raising *zn* fondsenwerving

funds [fʌndz] *zn mv* kapitaal, geld ★ *be short of ~* krap bij kas zijn

funeral ['fju:nərəl] *zn* begrafenis(plechtigheid), rouwdienst ★ *inform* *that's your ~!* dat is jouw pakkie-an!

funeral director *zn* begrafenisondernemer

funeral parlour, USA **funeral parlor, funeral home** *zn* rouwkamer, mortuarium

funeral pile, funeral pyre *zn* brandstapel ⟨bij lijkverbranding⟩

funerary ['fju:nərərɪ] *bnw* begrafenis-, lijk-

funereal [fju:'nɪərɪəl] *bnw* ❶ begrafenis- ❷ droevig, triest, somber

funfair ['fʌnfeə] *zn* kermis, pretpark

fungi ['fʌŋgiː/'fʌŋgaɪ/'fʌŋʒaɪ] *zn mv* → **fungus**

fungicide ['fʌŋgɪsaɪd] *zn* fungicide, schimmeldodend middel

fungus ['fʌŋgəs] *zn* [mv: **funguses, fungi**] ❶ paddenstoel, zwam ❷ schimmel

funicular [fju:'nɪkjʊlə] *zn* kabelbaan

funk [fʌŋk] *zn* ❶ *muz* funk ❷ *inform* angst,

depressie ★ *be in a blue funk* lelijk in de rats zitten

funky ['fʌŋkɪ] *inform* *bnw* ❶ *muz* funky ❷ trendy, modieus

funnel ['fʌnl] I *zn* ❶ trechter ❷ schoorsteenpijp ⟨v. schip⟩ II *ov ww* ❶ afvoeren ⟨door pijp, enz.⟩ ❷ sturen, in bepaalde banen leiden

funnies ['fʌnɪz] *inform* *zn mv* moppenpagina, strippagina ⟨in krant⟩

funnily ['fʌnəlɪ] *bijw* vreemd, eigenaardig ★ *~ enough, I've never met her* gek genoeg heb ik haar nog nooit ontmoet

funny ['fʌnɪ] *bnw* ❶ grappig, leuk ★ *he saw the ~ side of it* hij zag de grap ervan in ★ *inform ~ ha-ha or ~ peculiar?* bedoel je grappig of raar? ★ *inform* *don't you get ~ with me!* we worden toch niet brutaal? ❷ vreemd, raar, gek ★ *inform* *the printer keeps going ~* de printer vertoont kuren ❸ *inform* eigenaardig, verdacht ❹ *inform* misselijk ★ *I feel a bit ~* ik voel me niet lekker

fun run *zn* recreatieloop, sponsorloop

fur [fɜː] I *zn* ❶ bont, vacht, pels ★ *inform* *the fur will fly* dat geeft gedonder ❷ bontjas ❸ aanslag, beslag II *bnw* bonten, bont-

furious ['fjʊərɪəs] *bnw* ❶ woedend, razend ★ *he's ~ at / with me* hij is kwaad op mij ❷ verwoed, fel

furl [fɜːl] *ov ww* oprollen en vastbinden ⟨zeil⟩

furlough ['fɜːləʊ] *zn* verlof ★ *on ~* met verlof

furnace ['fɜːnɪs] *zn* (stook)oven, smeltoven

furnish ['fɜːnɪʃ] *ov ww* ❶ meubileren, uitrusten ❷ leveren ★ *they ~ed us with a list of addresses* ze hebben ons een lijst met adressen gegeven

furnishings ['fɜːnɪʃɪŋz] *zn mv* meubilering en stoffering

furniture ['fɜːnɪtʃə] *zn* meubilair, huisraad

furniture van *zn* verhuiswagen

furore [fjʊə'rɔːrɪ], USA **furor** ['fjʊərə] *zn* furore, opwinding, opschudding

furrier ['fʌrɪə] *zn* bontwerker, bonthandelaar

furrow ['fʌrəʊ] I *zn* ❶ voor, groef ❷ rimpel II *ov ww* ❶ een voor maken, ploegen ❷ fronsen

furry ['fɜːrɪ] *bnw* ❶ met bont bekleed ❷ zacht

further ['fɜːðə.] I *bnw*, **farther** verder ⟨afstand⟩, **farther** verste ★ *the ~ side* de overkant nog, nader, meer ★ *until ~ notice* tot nadere aankondiging ★ *any ~ questions?* nog meer vragen? II *bijw* verder ★ *take sth ~* verder / hogerop gaan met iets ★ *this mustn't go any ~* dit mag niet verder verteld worden ★ *I served it with rice to make it go ~* ik heb het met rijst geserveerd om het wat uit te vullen ★ *nothing could be ~ from my mind* ik pieker er niet over III *ov ww* bevorderen, stimuleren

furthermore [fɜːðə'mɔː:] *bijw* bovendien, verder

furthermost ['fɜːðəməʊst], **farthermost** ['fɑːðəməʊst] *bnw* verst (verwijderd)

furthest ['fɜːðɪst], **farthest** ['fɑːðɪst] *bnw + bijw* verst(e) ⟨niet alleen m.b.t. afstand⟩ ★ *at the ~* hoogstens ★ *Pluto is the ~ away from the sun* Pluto staat het verst van de zon af

furtive ['fɜːtɪv] *bnw* heimelijk, stiekem

fury ['fjʊərɪ] *zn* woede, razernij ★ *fly into a fury* woedend worden ★ *like fury* als 'n bezetene

fuse [fju:z] I *zn* ❶ zekering, stop ★ *a fuse has*

blown er is een stop doorgeslagen ★ *fig blow a fuse* uit elkaar spatten van woede ★ *have a short fuse* opvliegend van aard zijn ❷ USA **fuze** lont, USA **fuze** ontstekingsmechanisme **II** *ov ww* (samen)smelten **III** *onov ww* ❶ doorslaan ⟨v. zekering⟩ ❷ fuseren, samengaan

fuse box *zn* zekeringkast, meterkast

fuselage ['fjuːzəlaːʒ /'fjuːzəlɪdʒ] *zn* romp ⟨van vliegtuig⟩

fusion ['fjuːʒən] *zn* ❶ fusie(proces), samensmelting ❷ kernfusie ❸ mengeling ❹ muz fusion ⟨mengvorm v. jazz en rock⟩

fuss [fʌs] **I** *zn* (onnodige) drukte, ophef ★ *kick up / make a fuss* heibel maken ★ *make a fuss of / over sb* overdreven aandacht schenken aan iem. **II** *ov ww* ~ **over** betuttelen, overdreven aandacht besteden aan ★ inform *not be fussed (about sb / sth)* zich niet druk maken (over iemand / iets) **III** *onov ww* ❶ drukte maken, zich druk maken ❷ zeuren ❸ ~ **about** druk in de weer zijn

fusspot ['fʌspɒt], USA **fussbudget** ['fʌsbʌdʒɪt] inform *zn* pietlut, bemoeial

fussy ['fʌsɪ] *bnw* ❶ pietluttig, kieskeurig ★ inform *I'm not* ~ het is mij om het even ★ *be ~ about details* zich druk maken om details ❷ gejaagd, zenuwachtig ❸ druk ⟨van versierselen enz.⟩

fusty ['fʌstɪ] *bnw* ❶ muf ❷ ouderwets ★ ~ *ideas* bekrompen ideeën

futile ['fjuːtaɪl] *bnw* nutteloos, zinloos, vergeefs

futility [fjuːˈtɪlətɪ] *zn* nutteloosheid, futiliteit

future ['fjuːtʃə] **I** *zn* toekomst ★ taalk *the* ~ de toekomende tijd ★ *in (the)* ~ voortaan, in het vervolg, in de toekomst **II** *bnw* ❶ toekomstig ★ *some verbs can be used as a* ~ *tense* sommige werkwoorden kunnen worden gebruikt om de toekomende tijd aan te duiden ❷ aanstaand

fuze [fjuːz] USA *zn* fuse

fuzz [fʌz] *zn* ❶ dons ❷ kroeshaar ❸ vaag beeld ▾ GB inform *the fuzz* de smerissen

fuzzy ['fʌzɪ] *bnw* ❶ donzig, pluizig ❷ kroes- ⟨v. haar⟩ ❸ wazig, vaag, onduidelijk

F-word euf *zn* ★ *the* ~ een vies woord, een vloekwoord

FYI *afk, for your information* ter informatie

G

g [dʒiː] *zn, letter* g ★ *G as in George* de g van Gerard

G muz *zn* G, sol

GA *afk, Georgia* staat in de VS

gab [gæb] inform **I** *onov ww* doorratelen ★ *what is she gabbing (on) about?* waar heeft ze het in hemelsnaam over? **II** *zn* ❶ gesnater ❷ radheid van tong ★ *have the gift of the gab / USA the gift of gab* goed van de tongriem gesneden zijn

gabble ['gæbl] **I** *ov ww* afraffelen **II** *onov ww* kwebbelen, kakelen **III** *zn* gekakel

gable ['geɪbl] *zn* gevelspits

gabled ['geɪbld] *bnw* met puntgevel ★ *a* ~ *roof* een zadeldak

gad [gæd] inform *onov ww* ~ **about/around** stappen, aan de zwier zijn

gadabout ['gædəbaʊt] inform *zn* boemelaar, feestvierder

gadfly ['gædflaɪ] *zn* ❶ steekvlieg, horzel ❷ fig lastig persoon

gadget ['gædʒɪt] *zn* (handig) dingetje, apparaatje

gadgetry ['gædʒɪtrɪ] *zn* ❶ technische snufjes ❷ apparatuur

Gaelic ['geɪlɪk] **I** *bnw* Gaelic **II** *zn* Gaelic ⟨Keltische taal⟩

gaff [gæf] *zn* ❶ visspeer ❷ scheepv gaffel ❸ inform ondernemen ▾ *blow the gaff (on sb / sth)* zijn mond voorbijpraten (over iemand / iets)

gaffe [gæf] *zn* blunder

gaffer ['gæfə] *zn* ❶ GB inform ploegbaas ❷ inform ouwe baas ❸ audio-vis lichttechnicus

gag [gæg] **I** *zn* ❶ mondprop ❷ fig spreekverbod ❸ inform geintje, grap ★ *a running gag* zich herhalende grap **II** *ov ww* ❶ een prop in de mond stoppen ❷ fig de mond snoeren **III** *onov ww* kokhalzen

gaga ['gɑːgɑː] inform *bnw* ❶ kinds, dement ❷ stapelgek ★ *he's gaga about his car* hij is stapelgek op zijn auto

gage [geɪdʒ] USA → gauge

gaggle ['gægl] *zn* ❶ vlucht (ganzen) ❷ inform (luidruchtig) gezelschap

gaiety ['geɪətɪ] *zn* vrolijkheid, pret

gaily ['geɪlɪ] *bijw* ❶ vrolijk ❷ fleurig

gain [geɪn] **I** *ov ww* ❶ winnen, behalen, bereiken ★ *gain confidence* meer zelfvertrouwen krijgen ★ *gain ground / time* terrein / tijd winnen ❷ vermeerderen ★ *gain weight* aankomen ★ *the clock gains a minute a day* de klok loopt per dag een minuut voor ❸ ~ **on** inhalen **II** *onov ww* ❶ winst maken ❷ groeien, toenemen ★ *the idea is gaining in popularity* het idee wint aan populariteit **III** *zn* ❶ toename, groei, stijging ❷ voordeel, winst ★ *for personal gain* uit winstbejag

gainful ['geɪnfʊl] *bnw* winstgevend ★ ~ *employment* betaald werk

gainsay [geɪnˈseɪ] form *ov ww* tegenspreken, ontkennen

gait [geɪt] *zn* gang, pas

gaiter ['geɪtə] *zn* ❶ slobkous ❷ beenkap

gal [gæl] *zn*, inform USA meisje

galactic [gəˈlæktɪk] *bnw* sterrenk v.d. melkweg, galactisch

galaxy [ˈgæləksɪ] *zn* ❶ melkweg(stelsel) ❷ fig uitgelezen groep

gale [geɪl] *zn* storm ★ *a gale of laughter* een lachsalvo ★ *it's blowing a gale* er staat een stormachtige wind

gall [gɔːl] **I** *zn* ❶ gal(blaas) ❷ fig bitterheid ❸ galappel / -noot ❹ onbeschaamdheid ★ *she had the gall to ask my boyfriend out* ze had het lef om mijn vriendje uit te vragen **II** *ov ww* irriteren ★ *his behaviour galls me* ik baal van zijn gedrag

gallant [ˈgælənt, USA gəˈlænt] *bnw* ❶ galant, hoffelijk ❷ dicht dapper

gallantry [ˈgæləntrɪ] *zn* ❶ dapperheid ❷ hoffelijkheid

gall bladder [ˈgɔːl ˈblædə] *zn* galblaas

galleon [ˈgælɪən] gesch *zn* galjoen

gallery [ˈgælərɪ] *zn* ❶ galerij ❷ museum ❸ galerie ❹ balkon ❺ ton ★ *the* ~ de engelenbak ★ *play to the* ~ op het publiek spelen

galley [ˈgælɪ] *zn* ❶ gesch galei ❷ kombuis

Gallic [ˈgælɪk] *bnw* ❶ Gallisch ❷ Frans

gallivant [ˈgælɪvænt] inform *onov ww* stappen, boemelen ★ ~ *around the town* de hort op zijn

gallon [ˈgælən] *zn* gallon ⟨GB 4,54 liter, USA 3,8 liter⟩

gallop [ˈgæləp] **I** *zn* galop ★ *at a* ~ in galop **II** *ov ww* laten galopperen **III** *onov ww* galopperen ★ ~ *through sth* iets dóórvliegen

galloping [ˈgæləpɪŋ] *bnw* snel toenemend ★ ~ *inflation* hollende inflatie

gallows [ˈgæləʊz] *zn mv* galg

gallstone [ˈgɔːlstəʊn] *zn* galsteen

galore [gəˈlɔː] inform *bijw* in overvloed, massa's

galoshes [gəˈlɒʃəz] *zn mv* (gummi)overschoenen

galvanic [gælˈvænɪk] *bnw* ❶ techn galvanisch ❷ plotseling, dramatisch

galvanize, galvanise [ˈgælvənaɪz] *ov ww* ❶ techn galvaniseren ❷ opzwepen (tot actie)

gambit [ˈgæmbɪt] *zn* ❶ gambiet ⟨bij schaken⟩ ❷ listige zet

gamble [ˈgæmbl] **I** *ov ww* ❶ op het spel zetten ❷ ~ **away** vergokken ❸ ~ **on** gokken op **II** *onov ww* ❶ gokken, spelen ❷ speculeren, risico nemen **III** *zn* gok ★ *we took a* ~ *on the weather being fine* we gokten op mooi weer

gambling [ˈgæmblɪŋ] *zn* het gokken

gambol [ˈgæmbl] *onov ww* springen, dartelen

game [geɪm] **I** *zn* ❶ spel, spelletje, comp game ★ *none of your games!* geen kunsten! ★ *is that your little game?* zo, dus daar ben je mee bezig? ★ *it's all in the game* dat hoort er nu eenmaal bij, zo gaat dat ⟨nu eenmaal⟩ ★ *beat sb at his own game* iem. een koekje van eigen deeg geven ★ *be off / on one's game* in slechte / goede vorm zijn ★ *give the game away* de boel verraden ★ *play the game* eerlijk spel spelen ★ *play the game by sb* eerlijk zijn tegenover iem. ★ *two can play at that game!* wie kaatst, kan de bal verwachten ★ *the game is up* het spel is uit / voorbij ❷ wedstrijd, partij ★ *a game of tennis* een partij tennis ❸ wild ⟨jachtterm⟩ ★ *fair game* gemakkelijke prooi ▼ inform *be on the game* in

de prostitutie zitten **II** *bnw* ❶ flink, moedig ★ *it was very game of you to give it a try* het was dapper van je om het te proberen ❷ bereid ★ *who's game?* wie doet mee? ★ *they're game for anything* ze zijn overal in voor ❸ oud kreupel, lam **III** *onov ww* spelen ⟨om geld⟩, comp gamen

gamecock [ˈgeɪmkɒk], **gamefowl** [ˈgeɪmfaʊl] *zn* vechthaan

gamekeeper [ˈgeɪmkiːpə] *zn* jachtopziener

gamesmanship [ˈgeɪmzmənʃɪp] *zn* gehaaidheid

gamey [ˈgeɪmɪ] *bnw* → gamy

gamma radiation [ˈgæmə reɪdrˈeɪʃən] natk *zn* gammastraling

gamma rays [ˈgæmə ˈreɪz] *zn mv* gammastralen, gammastraling

gammon [ˈgæmən] *zn* ❶ gerookte ham ❷ ⟨gekookte⟩ achterham

gamut [ˈgæmət] *zn* ★ *run the* ~ *of sth* het volledige scala van iets doorlopen

gamy, gamey [ˈgeɪmɪ] *bnw* naar wild geurend / smakend

gander [ˈgændə] *zn* ❶ mannetjesgans ❷ inform blik ★ *have / take a* ~ *at sth* iets vluchtig bekijken

gang [gæŋ] **I** *zn* ❶ bende, groep mensen, troep ❷ ploeg ⟨werklui⟩ **II** *onov ww* ~ **together** samenklitten, een bende vormen **III** *ov ww* ~ **up against/on** zich collectief keren tegen, samenspannen tegen

gang bang [ˈgæŋbæŋ] vulg *zn* ❶ groepsseks ❷ groepsverkrachting

gangbuster [ˈgæŋbʌstə] USA inform *zn* boevenvanger ▼ *it's going* ~*s* het gaat geweldig ▼ *like* ~*s* enthousiast en energiek

gangland [ˈgæŋlænd] *zn* onderwereld

gangling [ˈgæŋglɪŋ], **gangly** [ˈgæŋglɪ] *bnw* slungelig

gangplank [ˈgæŋplæŋk] *zn* scheepv loopplank

gang rape [ˈgæŋ reɪp] *zn* groepsverkrachting

gangrene [ˈgæŋgriːn] *zn* gangreen, koudvuur

gangrenous [ˈgæŋgrɪnəs] *bnw* door koudvuur aangetast

gangsta [ˈgæŋstə] USA plat *zn* ❶ lid v. jeugdbende ❷ **gangsta rap** [ˈgæŋstə ræp] gangstarap

gangster [ˈgæŋstə] *zn* gangster, bendelid

gangway [ˈgæŋweɪ] *zn* ❶ gangpad, doorgang ★ ~*!* uit de weg! ❷ scheepv loopplank, loopbrug

ganja [ˈgændʒə] plat *zn* wiet ⟨marihuana⟩

gannet [ˈgænɪt] *zn* jan-van-gent ⟨zeevogel⟩

gantry [ˈgæntrɪ] *zn* seinbrug, rijbrug ⟨onder kraan⟩

gaol [dʒeɪl] GB *zn* → jail

gaoler [dʒeɪlə] GB *zn* → jailer

gap [gæp] *zn* ❶ gat, opening, bres ❷ onderbreking ❸ hiaat ❹ fig kloof

gape [geɪp] **I** *onov ww* ❶ gapen ❷ ~ **open** openstaan **II** *ov ww* ~ **at** aangapen ★ *the crowd gaped at the procession* het publiek keek met open mond naar de optocht

gap-toothed *bnw* met uit elkaar staande tanden

gap year [ˈgæp jɪə] *zn* tussenjaar ⟨tussen school en universiteit⟩

garage [ˈgærɑː(d)ʒ/-ɪdz] **I** *zn* ❶ garage ❷ garagebedrijf ❸ **garage rock** garagerock ⟨ongepolijste luide vorm van rockmuziek⟩ **II** *ov*

ga

ww in de garage stallen

garage sale ['gærɑ:dʒ/-idz serl] *zn* rommelmarkt ⟨bij particulier⟩

garb [gɑ:b] *zn* kledij ★ *prison garb* gevangeniskleren

garbage ['gɑ:bɪdʒ] *zn* ❶ USA afval, vuilnis ❷ inform onzin

garbage can USA, **garbage bin** *zn* vuilnisbak

garbled ['gɑ:bld] *bnw* verward, onbegrijpelijk

garden ['gɑ:dn] I *zn* ❶ tuin, - ❷ [vooral *mv*] plantsoen, park II *onov ww* tuinieren

gardener ['gɑ:dnə] *zn* ❶ tuinman, hovenier ❷ tuinier

garden frame *zn* broeibak, broeikas

gardening ['gɑ:dnɪŋ] *zn* tuinieren

garden party *zn* tuinfeest

garden path *zn* tuinpad ★ inform *lead sb up the ~* iem. om de tuin leiden

garden pea ['gɑ:dn pi:] *zn* doperwt

garden-variety *bnw* gewoon, huis-tuin-en-keuken

gargantuan [gɑ:'gæntjʊən] *bnw* reusachtig

gargle ['gɑ:gl] I *onov ww* gorgelen II *zn* gorgeldrank

gargoyle ['gɑ:gɔɪl] *zn* waterspuwer ⟨aan dakgoten vooral bij Gotische kerken⟩

garish ['geərɪʃ] *bnw* opzichtig, bont

garland ['gɑ:lənd] I *zn* guirlande, bloemslinger / -krans II *ov ww* omkransen

garlic ['gɑ:lɪk] *zn* knoflook

garment ['gɑ:mənt] *zn* kledingstuk, gewaad

garner ['gɑ:nə] form *ov ww* vergaren, verwerven

garnet ['gɑ:nɪt] *zn* granaat(steen)

garnish ['gɑ:nɪʃ] I *ov ww* garneren, opmaken II *zn* garnering, versiering

garotte [gə'rɒt] *zn* → **garrotte**

garret ['gærɪt] *zn* zolderkamer(tje)

garrison ['gærɪsən] I *zn* garnizoen II *ov ww* ❶ bezetten (met een garnizoen) ❷ in garnizoen leggen

garrotte [gə'rɒt] I *ov ww* wurgen II *zn* wurgring, wurgsnoer

garrulous ['gærələs] *bnw* praatziek

garter ['gɑ:tə] *zn* kousenband

garter belt *zn* jarretelgordel

garters ['gɑ:təz] *zn mv* jarretelles ★ *he'll have your guts for ~* hij gaat je genadeloos straffen

gas [gæs] I *zn* ★ *natural gas* aardgas ❷ USA benzine ★ *step on the gas* gas geven, er vaart achter zetten ★ *run out of gas* zonder benzine komen te zitten, fig aan kracht verliezen ❸ wind ⟨in buik⟩ ▼ inform *it was a gas!* het was hartstikke gaaf! ▼ USA *be cooking with gas* erg veel succes hebben II *ov ww* vergassen III *onov ww* ❶ inform kletsen ❷ USA *~ up* tanken

gasbag ['gæsbæg] inform *zn* opschepper, kletsmajoor

gas chamber ['gæs ˈtʃeɪmbə] *zn* gaskamer

gaseous ['gæsɪəs] *bnw* gasachtig

gas-fired *bnw* gasgestookt

gas guzzler USA inform *zn* auto die benzine slurpt

gash [gæʃ] I *zn* diepe snede, jaap II *ov ww* (open)snijden

gasholder ['gæshəʊldə] *zn* → **gasometer**

gasket ['gæskɪt] techn *zn* pakking ★ *the head ~*

has blown de koppakking is lek

gasman ['gæsmən] inform *zn* meteropnemer

gas mask ['gæsmɑ:sk] *zn* gasmasker

gasoline, gasolene ['gæsəli:n] USA *zn* benzine

gasometer [gæ'sɒmɪtə], **gasholder** *zn* gashouder

gasp [gɑ:sp] I *ov ww* ~ *out* met moeite uitbrengen II *onov ww* (naar adem) snakken / happen, hijgen ★ *he gasped for water* hij snakte naar water III *zn* ★ *his last gasp* zijn laatste snik ★ *the economy is on its last gasp* de economie is vastgelopen

gas station USA *zn* benzinestation

gassy ['gæsɪ] *bnw* ❶ met (te) veel prik ❷ USA winderig ⟨door darmgas⟩ ❸ inform kletserig

gastric ['gæstrɪk] *bnw* v.d. maag, maag-

gastro-enteritis [gæstrəʊentə'raɪtɪs] *zn* gastro-enteritis, maag-darmontsteking

gastronome ['gæstrənəʊm] *zn* gastronoom, fijnproever

gastronomy [gæ'strɒnəmɪ] *zn* gastronomie

gasworks ['gæswɜ:ks] *zn mv* gasfabriek

gate [geɪt] *zn* ❶ hek, slagboom ❷ poort, in- / uitgang ★ USA inform *be given the gate* de laan uitgestuurd worden ❸ aantal bezoekers ⟨van sportevenement⟩ ❹ → **gate money**

gatecrash ['geɪtkræʃ] *onov ww* komen binnenvallen ⟨als ongenode gast⟩

gatecrasher ['geɪtkræʃə] *zn* ongenode gast

gatehouse ['geɪthaʊs] *zn* portierswoning

gatekeeper ['geɪtki:pə] *zn* portier

gateleg table *zn* hangoortafel, klaptafel

gate money ['geɪt mʌnɪ], **gate** *zn* recette, totaal aan geïnd entreegeld

gatepost ['geɪtpəʊst] *zn* deurpost, stijl ⟨van hek⟩ ★ inform *between you, me and the ~* onder ons gezegd en gezwegen

gateway ['geɪtweɪ] *zn* ❶ poort ❷ comp toegangspoort

gather ['gæðə] I *ov ww* ❶ verzamelen, bijeen brengen ★ *she ~ed her clothes together* ze pakte haar kleren bij elkaar ★ ~ *(up) courage* moed verzamelen ★ ~ *force / momentum / speed* vaart krijgen ❷ rimpelen, plooien ❸ begrijpen, afleiden ★ *I ~ from this that you don't agree* ik maak hieruit op dat je het er niet mee eens bent ❹ oogsten, plukken II *onov ww* samenkomen, vergaderen, zich samenpakken ⟨wolken enz.⟩ ★ *a storm was ~ing* er kwam een storm opzetten ★ *they ~ed around their mother* ze schaarden zich rond hun moeder

gathering ['gæðərɪŋ] *zn* ❶ bijeenkomst ❷ inzameling

gauche [gəʊʃ] *bnw* onhandig, lomp

gaudy ['gɔ:dɪ] *bnw* opzichtig, felgekleurd

gauge [geɪdʒ] *zn* gage I *zn* ❶ peilstok / -glas, ijkmaat, meter ⟨voor brandstof, temp. enz.⟩ ❷ maat, omvang, kaliber ⟨geweer⟩ ★ *a ~ 8 screw* een schroef van 8mm dikte ❸ fig maatstaf ★ *serve as a ~* als maatstaf dienen ❹ spoorbreedte II *ov ww* ❶ meten, peilen ❷ ook fig schatten, taxeren

Gaul [gɔ:l] *zn* ❶ Gallië ❷ Galliër

gaunt [gɔ:nt] *bnw* mager, ingevallen

gauntlet ['gɔ:ntlɪt] *zn* ❶ gesch ijzeren handschoen ★ *run the ~* spitsroeden lopen

★ *throw down the* ~ iem. uitdagen
❷ motorhandschoen, sporthandschoen
gauze [gɔ:z] *zn* ❶ tule ❷ gaas ★ *sterile* ~ steriel gaas, verbandgaas
gave [geɪv] *ww* [verleden tijd] → give
gavel ['gævəl] *zn* (voorzitters)hamer
gawk [gɔ:k], GB **gawp** [gɔ:p] *onov ww* aangapen, met open mond aanstaren
gawky ['gɔ:kɪ] *bnw* onhandig, klungelig
gay [geɪ] I *zn* homo(seksueel) II *bnw* ❶ homoseksueel ❷ oud vrolijk, opgewekt ★ *with gay abandon* uitbundig ❸ oud fleurig, bont
gaze [geɪz] I *onov ww* staren ★ *gaze into space* doelloos voor zich uit staren II *ov ww* ~ *at* aanstaren III *zn* starende blik
gazebo [gə'zi:bəʊ] *zn* tuinhuisje
gazelle [gə'zel] *zn* gazelle
gazette [gə'zet] I *zn* ❶ krant ❷ Staatscourant II *ov ww* officieel publiceren
gazump [gə'zʌmp] *ov ww*, GB inform oplichten ⟨overeengekomen prijs van huis verhogen⟩
GB *afk*, *Great Britain* Groot-Brittannië
GCSE onderw *afk*, *General Certificate of Secondary Education* ≈ einddiploma middelbare school
gear [gɪə] I *zn* ❶ versnelling ★ *change gear* schakelen ★ *in / out of gear* in- / uitgeschakeld ★ *ook fig get into gear* op gang komen ★ *step up a gear* een tandje hoger gaan ★ *throw into / out of gear* in- / uitschakelen ❷ uitrusting ❸ inform spullen ❹ inform kleding ❺ plat drugs II *ov ww* ❶ ~ *to/towards* aanpassen aan, afstemmen op ❷ ~ *up* klaar maken, voorbereiden III *onov ww* ~ *down/up* naar een lagere / hogere versnelling schakelen ★ *she's geared up for her exams* ze is helemaal voorbereid op haar examens
gearbox ['gɪəbɒks] *zn* versnellingsbak
gearing ['gɪərɪŋ] *zn* tandwieloverbrenging
gear lever, **gearstick**, USA **gear shift** *zn* versnellingshendel / -pook
gee [dʒi:] I *tw* inform goh ★ *gee whiz!* jeetje! ★ *gee up, horsey!* hop, paardje, hop! II *ov ww* ~ *up* aanmoedigen
gee gee ['dʒi:dʒi:] inform *zn* paardje ⟨kindertaal⟩
geek [gi:k] inform *zn* ❶ sukkel, slome ❷ fanaat, freak ★ *a computer geek* een computerfanaat
geese [gi:s] *mv* → goose
geezer ['gi:zə] inform *zn* ❶ gozer, vent ❷ USA ouwe sok
gel [dʒel] I *zn* gel II *onov ww* → jell
gelatin, **gelatine** ['dʒelətɪn] *zn* gelatine
gelatinous [dʒɪ'lætɪnəs] *bnw* gelatineachtig
geld [geld] *ov ww* castreren
gelding ['geldɪŋ] *zn* ruin ⟨gecastreerd paard⟩
gem [dʒem] *zn* edelsteen, juweel(tje) ⟨ook fig.⟩
Gemini ['dʒemɪnaɪ] *zn* Tweeling ⟨sterrenbeeld⟩
gender ['dʒendə] *zn* ❶ geslacht ❷ taalk (grammaticaal) geslacht
gender bender inform *zn* androgyn persoon
gene [dʒi:n] *zn* gen
genealogical [dʒi:nɪə'lɒdʒɪkl] *bnw* genealogisch ★ *a* ~ *tree* een stamboom
genealogist [dʒi:nɪ'ælədʒɪst] *zn* genealoog
genealogy [dʒi:nɪ'ælədʒɪ] *zn* ❶ genealogie, familiekunde ❷ stamboom
gene pool *zn* genenvoorraad

genera ['dʒenərə] *zn mv* → genus
general ['dʒenərəl] I *bnw* algemeen, gewoon(lijk) ★ *as a* ~ *rule* in / over het algemeen ★ *the* ~ *direction* ongeveer de richting II *zn* ❶ generaal ❷ algemeenheid ★ *in* ~ meestal, over / in het algemeen
generality [dʒenə'rælətɪ] *zn* algemeenheid
generalization, **generalisation** [dʒenərəlaɪ'zeɪʃən] *zn* generalisatie ★ *avoid sweeping* ~*s* je moet niet generaliseren
generalize, **generalise** ['dʒenərəlaɪz] I *ov ww* algemeen maken, verbreiden II *onov ww* generaliseren ★ *we can't* ~ *from these results* we kunnen geen algemene conclusies trekken uit deze resultaten ★ *you can't* ~ *about men* je kunt niet alle mannen over één kam scheren
generally ['dʒenərəlɪ] *bijw* ❶ in / over het algemeen ★ ~ *speaking* in het algemeen, globaal genomen ❷ meestal
general practitioner ['dʒenərəl præk'tɪʃənə], GP *zn* huisarts
general-purpose *bnw* voor algemeen gebruik, multifunctioneel
general store ['dʒenərəl stɔ:] *zn* dorpswinkel
generate ['dʒenəreɪt] *ov ww* ❶ genereren, voortbrengen ★ ~ *wealth* welvaart creëren ❷ opwekken ⟨elektriciteit⟩ ❸ ontwikkelen ⟨warmte⟩
generation [dʒenə'reɪʃən] *zn* ❶ generatie ❷ het genereren, het creëren ❸ ontwikkeling, voortplanting
generation gap *zn* generatiekloof
generator ['dʒenəreɪtə] *zn* ❶ generator ❷ techn dynamo ❸ GB elektriciteitsmaatschappij
generic [dʒɪ'nerɪk] *bnw* ❶ algemeen ❷ merkloos ★ ~ *drugs* merkloze geneesmiddelen
generosity [dʒenə'rɒsətɪ] *zn* ❶ edelmoedigheid ❷ vrijgevigheid, gulheid
generous ['dʒenərəs] *bnw* ❶ royaal ❷ overvloedig ❸ aardig, edelmoedig
genesis ['dʒenɪsɪs] *zn* ontstaan, oorsprong
genetic [dʒɪ'netɪk] *bnw* genetisch ★ ~*ally modified* genetisch gemanipuleerd
genetics [dʒɪ'netɪks] *zn mv* genetica, erfelijkheidsleer
genial ['dʒi:nɪəl] *bnw* vriendelijk, sympathiek
genie ['dʒi:nɪ] *zn* [mv: genies, genii] geest ⟨in Arabische sprookjes⟩ ★ *the* ~ *is out of the bottle* de geest is uit de fles
genital ['dʒenɪtl] *bnw* genitaal, geslachts-
genitals ['dʒenɪtlz], **genitalia** [dʒenɪ'teɪlɪə] *zn mv* geslachtsdelen
genius ['dʒi:nɪəs] *zn* [mv: geniuses] ❶ genialiteit, talent ★ *a stroke of* ~ een geniaal idee ★ *she has a* ~ *for* always finding the right word ze heeft het talent om altijd het juiste woord te vinden ❷ genie
genocide ['dʒenəsaɪd] *zn* genocide, volkerenmoord
gent [dʒent] inform *zn* meneer ★ *the gents* [mv] het herentoilet
genteel [dʒen'ti:l] *bnw* ❶ chic, deftig ❷ fatsoenlijk, (te) rustig ⟨van plaats⟩ ★ *live in* ~ *poverty* proberen de stand op te houden
gentile, **Gentile** ['dʒentaɪl] I *zn* niet-jood, niet-Jood II *bnw* niet-joods, niet-Joods

gentility [dʒen'tɪlətɪ] *zn* deftigheid
gentle ['dʒentl] *bnw* ❶ kalm, rustig ★ *gently does it!* rustig / kalmpjes aan! ❷ zacht, vriendelijk ★ *the ~ sex* het zwakke geslacht ❸ licht ⟨helling, bocht enz.⟩
gentleman ['dʒentlmən] *zn* (echte) heer
gentleman farmer *zn* herenboer
gentlemanly *bnw* als een heer, beschaafd
gentleman's agreement *zn* herenakkoord
gentrification [dʒentrɪfɪ'keɪʃən] *zn* sociale opwaardering ⟨v.e. woonwijk⟩
gentry ['dʒentrɪ] *zn* gegoede / deftige burgerij ★ *the landed ~* de grootgrondbezitters
genuflect ['dʒenjʊflekt] *onov ww* een kniebuiging maken
genuflection, genuflexion [dʒenjʊ'flekʃən] *zn* kniebuiging, knieval ⟨ook fig.⟩
genuine ['dʒenjʊɪn] *bnw* ❶ echt, onvervalst ★ *that watch is not the ~ article* dat horloge is een imitatie ❷ oprecht ❸ serieus
genus ['dʒiːnəs] *zn* [mv: genera] soort, klasse
geo- ['dʒiːəʊ] *voorv* geo-, aard-
geographer [dʒɪ'ɒɡrəfə] *zn* aardrijkskundige
geographical [dʒiːə'ɡræfɪkl], **geographic** [dʒiːə'ɡræfɪk] *bnw* geografisch
geography [dʒɪ'ɒɡrəfɪ] *zn* aardrijkskunde
geological [dʒiːə'lɒdʒɪkl] *bnw* geologisch
geologist [dʒɪ'ɒlədʒɪst] *zn* geoloog
geology [dʒɪ'ɒlədʒɪ] *zn* geologie
geometric [dʒiːə'metrɪkl], **geometrical** [dʒiːə'metrɪk] *bnw* meetkundig
geometry [dʒɪ'ɒmətrɪ] *zn* meetkunde
geophysical [dʒiːəʊ'fɪzɪkl] *bnw* geofysisch
geophysics [dʒiːəʊ'fɪzɪks] *zn mv* geofysica
Georgian ['dʒɔːdʒən] *bnw* 18e-eeuws ⟨tijd van koningen George I-IV⟩
geothermal [dʒiːəʊ'θɜːml] *bnw* geothermisch, m.b.t. aardwarmte
geriatric [dʒerɪ'ætrɪk] *bnw* geriatrisch
geriatrics [dʒerɪ'ætrɪks] *zn mv* geriatrie
germ [dʒɜːm] *zn* ❶ ziektekiem ❷ fig begin, oorsprong ❸ biol kiem
German ['dʒɜːmən] I *zn* Duitser II *bnw* Duits
germane [dʒɜː'meɪn] form *bnw* toepasselijk ★ *it is ~ to our discussion* het is van toepassing op ons gesprek
Germanic [dʒɜː'mænɪk] *bnw* Germaans
German measles *zn mv* rodehond, rubella
Germany ['dʒɜːmənɪ] *zn* Duitsland
germinate ['dʒɜːmɪneɪt] *ov+onov ww* (doen) ontkiemen
germination [dʒɜːmɪ'neɪʃən] *zn* ontkieming
germ warfare *zn* biologische oorlogvoering
gerontology [dʒerɒn'tɒlədʒɪ] *zn* gerontologie
gerrymander ['dʒerɪmændə], **jerrymander** I *ov ww* vervalsen ⟨door geknoei met kiesdistricten⟩ II *zn* knoeierij ⟨met de indeling van kiesdistricten⟩
gestation [dʒe'steɪʃən] *zn* ❶ zwangerschap, draagtijd ❷ form ontwikkeling ⟨van idee of plan⟩
gesticulate [dʒe'stɪkjʊleɪt] *onov ww* gebaren maken
gesticulation [dʒestɪkjʊ'leɪʃən] *zn* ❶ het gebaren ❷ gebaar
gesture ['dʒestʃə] I *zn* gebaar, geste ★ *a ~ of*

goodwill een welwillend gebaar II *onov ww* gebaren
get [get] [onregelmatig] I *ov ww* ❶ krijgen, ontvangen ★ *get a birthday present* een verjaardagscadeautje krijgen ★ inform *watch it or you'll get it* pas op, anders krijg je ervanlangs ❷ pakken, halen, kopen ★ *the police will get you* de politie zal je wel te pakken krijgen ★ *I'll get you a coffee* ik haal je een kop koffie ★ *I have to get a new bike* ik moet een nieuwe fiets kopen ❸ opwonen, oplopen ★ *get a cold* verkouden worden ★ *get the worst of it* er heel slecht afkomen ❹ behalen, bereiken ★ *get a new job* een nieuwe baan krijgen ★ *get a pass* een voldoende halen ❺ hebben ★ inform *you've got it* jij hebt het in je, jij kunt het ❻ overhalen, laten, ervoor zorgen dat ★ *get sb to talk* iem. aan het praten krijgen ❼ bezorgen, laten komen ★ *he got us a taxi* hij liet een taxi voor ons komen ❽ (klaar)maken, bereiden ★ *who's getting dinner tonight?* wie kookt er vanavond? ❾ inform snappen ★ *you've got it!* jij hebt het begrepen!, raak! ★ *get the message* het doorhebben ❿ ~ **across** duidelijk maken ★ *get an idea across* een idee overbrengen ⓫ ~ **along** with goed overweg kunnen met ⓬ ~ **(a)round** inpalmen, oplossen ⟨probleem⟩, ontduiken ⓭ ~ **around to** toekomen aan, tijd vinden om ⓮ ~ **at** inform bekritiseren, bereiken, achterhalen ★ inform *what are you getting at?* wat bedoel je? ⓯ ~ **away** from ontkomen aan ★ inform *get away from it all* even er helemaal tussenuit zijn ⓰ ~ **away** with ermee wegkomen, ongestraft blijven ⓱ ~ **back** terugkrijgen, terugbrengen ⓲ ~ **back at** betaald zetten ⓳ ~ **down** deprimeren, doorslikken, noteren ⓴ ~ **down to** komen tot ★ *get down to business* tot zaken komen ★ *get down to work* aan het werk gaan ㉑ ~ **in** binnenhalen ㉒ ~ **into** komen / belanden in, toegelaten worden ⟨tot school enz.⟩ ★ inform *what's got into you?* wat bezielt je? ㉓ inform ~ **off** on kicken op ㉔ inform ~ **off with** aanpappen met, het aanleggen met ㉕ ~ **on** aantrekken ★ inform USA *get on with sb* 'het' doen met iem. ㉖ ~ **on** with goed overweg kunnen met, doorgaan met ㉗ ~ **out** uitbrengen, aan het licht brengen, eruit halen / krijgen ㉘ ~ **out of** weggaan van, ontsnappen ★ *get out of the way* uit de weg gaan ㉙ ~ **over** duidelijk maken, te boven komen ★ *get sth over and done (with)* ergens een eind aan maken ★ inform *I can't get over it* ik kan er niet over uit ㉚ ~ **through** erdoor krijgen ★ *i can't get it through to her* ik kan het haar niet duidelijk maken ㉛ ~ **through to** doordringen tot ㉜ ~ **through with** afmaken ㉝ ~ **to** komen / krijgen te, bereiken ㉞ ~ **up** organiseren, produceren, omhoog krijgen ★ *get up courage* moed verzamelen ★ inform *get it up* een erectie krijgen ★ *what are they getting up to?* wat voeren ze in hun schild? II *onov ww* ❶ (ge)raken, worden ★ *his arm got broken* hij brak zijn arm ★ *get in touch / contact with sb* contact opnemen met iem. ❷ komen, bereiken, terechtkomen ★ *he got to Paris in one day* hij

bereikte Parijs in één dag ★ *you'll get there eventually* jij komt er wel op den duur ★ *get to work* aan het werk gaan, op zijn werk komen ❸ beginnen ★ *he's getting old* hij begint oud te worden ★ *she's getting on my nerves* ze werkt me op de zenuwen ★ *let's get going* laten we aan de slag gaan ❹ de gelegenheid krijgen ★ *I never got to learn the piano* ik heb nooit de gelegenheid gehad piano te leren spelen ❺ ~ **about/around** zich verspreiden, rondlopen ❻ ~ **across** (goed) overkomen, oversteken ❼ ~ **along** vorderen, opschieten, zich redden ❽ ~ **(a)round** zich voortbewegen, rondreizen ❾ ~ **away** weggaan, ontkomen ❿ ~ **back** terugkomen / -gaan ⓫ ~ **by** zich redden, (net) voldoen ⓬ ~ **down** van tafel gaan ⟨van kinderen⟩, naar beneden gaan / komen ⓭ ~ **in** binnenkomen, instappen, erin / ertussen komen, gekozen worden ⟨voor parlement⟩ ⓮ ~ **off** vertrekken, weggaan, uitstappen, in slaap vallen, *inform* er goed afkomen ⓯ ~ **on** vooruitkomen, opschieten ★ *time is getting on* het is al laat ★ *he's getting on for forty* hij loopt tegen de veertig ★ *how are you getting on?* hoe staat het ermee? ⓰ ~ **out** uitlekken, weggaan, ontkomen ⓱ ~ **over** begrepen worden, overkomen ⓲ ~ **through** (er) door komen, slagen, bereiken ⓳ ~ **together** bijeenkomen ⓴ ~ **up** opstaan, opsteken ⟨van wind⟩

get-at-able [getˈætəbl] *bnw* bereikbaar, toegankelijk

getaway [ˈgetəweɪ] *zn* ❶ ontsnapping ★ *they made their ~ in a car* ze ontsnapten in een auto ❷ *inform* korte vakantie

get-together *inform zn* samenkomst, bijeenkomst

get-up *inform zn* uitdossing

get-up-and-go *inform zn* energie, enthousiasme

geyser [ˈgiːzə, USA ˈgaɪzə] *zn* ❶ geiser, natuurlijke hete bron ❷ GB (gas)geiser

ghastly [ˈgɑːstli] *bnw* ❶ gruwelijk, afgrijselijk ❷ *inform* afschuwelijk ❸ *dicht* doodsbleek

gherkin [ˈgɜːkɪn] *zn* augurk

ghetto [ˈgetəʊ] *zn* getto

ghost [gəʊst] I *zn* ❶ geest, spook ★ *give up the ~* de geest geven, doodgaan ❷ spookbeeld ❸ spoor ★ *a ~ of a smile* een vage glimlach ★ *not have a ~ of a chance* geen schijn van kans hebben II *ov ww* ★ ~*(write)* anoniem schrijven voor iem. anders

ghostly [ˈgəʊstli] *bnw* spookachtig

ghost town *zn* spookstad

ghostwriter [ˈgəʊstraɪtə] *zn* ghostwriter

ghoul [guːl] *zn* ❶ lijkeneter, grafschenner ❷ morbide geest

ghoulish [ˈguːlɪʃ] *bnw* ❶ walgelijk, gruwelijk ❷ morbide

GHQ *afk, General Headquarters* centraal hoofdkwartier

GI *afk, General Issue* soldaat ⟨in VS⟩

giant [ˈdʒaɪənt] I *zn* ❶ reus, gigant ❷ *fig* grote naam ⟨in de kunst enz.⟩ II *bnw* reuzen-, gigantisch

giantess [ˈdʒaɪəntəs] *zn* reuzin

gibber [ˈdʒɪbə] *onov ww* brabbelen

gibberish [ˈdʒɪbərɪʃ] *zn* brabbeltaal

gibe [dʒaɪb] → **jibe**

giblets [ˈdʒɪblɪts] *zn mv* ingewanden ⟨van gevogelte⟩

giddy [ˈgɪdi] *bnw* ❶ duizelig ❷ duizelingwekkend ★ *inform that's the ~ limit* dat is (wel) het toppunt

gift [gɪft] I *zn* ❶ geschenk ❷ gave, talent ★ *have a gift for sth / for doing sth* talent voor iets hebben ❸ *inform* buitenkansje II *ov ww* begiftigen, schenken

gifted [ˈgɪftɪd] *bnw* begaafd

gift token, gift voucher, USA **gift certificate** *zn* cadeaubon

gig [gɪg] *inform zn* ❶ optreden ❷ *comp* gigabyte

gigantic [dʒaɪˈgæntɪk] *bnw* reusachtig, gigantisch

giggle [ˈgɪgl] I *onov ww* giechelen II *zn* gegiechel ★ *for a ~* voor de lol ★ *have the ~s* de slappe lach hebben

giggly [ˈgɪgli] *bnw* giechelig

gild [gɪld] *ov ww* vergulden ★ *gild the lily* iets onnodig mooier maken

gilded [ˈgɪldɪd] *bnw* verguld

gill[1] [gɪl] *zn* [meestal mv] kieuw ★ *inform stuffed to the gills* propvol ★ *green about the gills* bleek om de neus

gill[2] [dʒɪl] kwart pint ⟨0,14 l⟩

gilt [gɪlt] I *zn* ❶ verguldsel ❷ II *bnw* verguld

gilt-edged *bnw* ❶ verguld op snee ❷ *fin* solide ⟨met rijksgarantie⟩ ★ ~ *shares* goudgerande aandelen ⟨aandelen met rijksgarantie⟩

gimcrack [ˈdʒɪmkræk] *bnw* prullerig

gimlet [ˈgɪmlət] *zn* hand- / fretboor(tje) ★ *with eyes like ~s* met priemende ogen

gimme [ˈgɪmi] *samentr, give me* → **give**

gimmick [ˈgɪmɪk] *zn* truc(je), foefje

gimmicky [ˈgɪmɪki] *bnw* ❶ op effect gericht ❷ vol foefjes

gin [dʒɪn] *zn* gin, ≈ jenever

ginger [ˈdʒɪndʒə] I *zn* ❶ gember ❷ rode kleur II *bnw* rood ⟨van haar⟩ ★ *a ~ (tom)cat* een rooie kater III *ov ww* ❶ stimuleren, opjutten ❷ ~ **up** verlevendigen, wat leven in de brouwerij brengen

ginger ale, ginger beer *zn* gemberbier

gingerbread [ˈdʒɪndʒəbred] *zn* gemberkoek(je)

ginger group GB *zn* actiegroep

gingerly [ˈdʒɪndʒəli] *bijw* behoedzaam, voorzichtig

gingham [ˈgɪŋəm] *zn* geruite katoenen stof

gingivitis [dʒɪndʒɪˈvaɪtɪs] *zn* gingivitis, tandvleesontsteking

ginormous [dʒaɪˈnɔːməs] *inform bnw* enorm

gipsy [ˈdʒɪpsi] *zn* → **gypsy**

giraffe [dʒəˈrɑːf] *zn* giraffe

gird [gɜːd] *dicht ov ww* [regelmatig + onregelmatig] een gordel omdoen, om- / insluiten ★ *humor gird (up) your loins* jezelf vermannen

girder [ˈgɜːdə] *zn* steun- / draagbalk

girdle [ˈgɜːdl] I *zn* ❶ step-in, korset ❷ gordel II *ov ww* omringen

girl [gɜːl] *zn* ❶ meisje ★ *go out with the girls* met de meiden op stap gaan ★ *look, old girl* kijk es, oudje ❷ dochter

girl Friday *zn* vrouwelijke assistente

girlfriend ['gɜːlfrend] *zn* ❶ vriendin(netje), meisje ❷ USA vriendin ⟨van vrouw⟩
Girl Guide *zn* padvindster
girlhood ['gɜːlhʊd] *zn* meisjesjaren, meisjestijd
girlie, girly ['gɜːlɪ] *bnw* ❶ min meisjes- ❷ bloot-
★ *a ~ calendar* een pin-upkalender ★ *a ~ magazine* een blootblad
girlish ['gɜːlɪʃ] *bnw* meisjesachtig
girt [gɜːt] *ww* [verl. tijd + volt. deelw.] → **gird**
girth [gɜːθ] *zn* ❶ omvang, taille ❷ buikriem, singel ⟨v. paard⟩
gismo, gizmo ['gɪzməʊ] inform *zn* dingetje, apparaatje
gist [dʒɪst] *zn* ❶ kern, hoofdzaak ★ *get the gist of sth* de essentie van iets begrijpen ❷ strekking
★ *I don't quite follow your gist* ik begrijp niet helemaal wat je bedoelt
git ['gɪt] GB inform *zn* sukkel, klootzak, lul
give [gɪv] [onregelmatig] **I** *ov ww* ❶ geven, schenken ★ *give your regards* de groeten doen ★ *give sb a piece of your mind* iem. flink de waarheid zeggen ★ *give or take a minute* het kan een minuutje schelen ❷ verschaffen, verstrekken ★ *give ear to* luisteren naar ★ *give judgement* een oordeel vellen ❸ aanbieden, opofferen ★ *give ground* zich terugtrekken, terugkrabbelen ★ *give way* bezwijken, wijken, zwichten ❹ opleveren, bezorgen ★ *this wheat gives a high yield* deze tarwe levert een hoge opbrengst op ★ *give birth to* voortbrengen, bevallen van ★ *give rise to* veroorzaken, doen ontstaan ★ *I gave him a fright* ik liet hem schrikken ❺ doen, maken ★ *give chase* er achteraan gaan ★ *give a sigh of relief* een zucht van verlichting slaken ★ *she gave a bow* ze maakte een buiging ❻ toegeven ★ *I'll give you that* dat kan ik niet ontkennen ❼ ~ **away** verklappen, weggeven ★ *give away the bride* de bruid ten huwelijk geven ❽ ~ **back** teruggeven ❾ ~ **in** inleveren, erbij geven ❿ ~ **off** afgeven ⓫ ~ **onto/to** uitkomen op ⓬ ~ **out** aankondigen, bekend maken, opgeven, afgeven ⓭ ~ **over** opgeven, laten varen ★ *be given over to* verslaafd zijn aan, last hebben van ⓮ ~ **up** opgeven, afstand doen / afzien van, ophouden met, overleveren ★ *give yourself up* je overgeven ⓯ ~ **up on** geen hoop meer hebben voor **II** *onov ww* ❶ *give as good as you get* met gelijke munt terugbetalen ★ *come on, give!* vertel op! ❷ toegeven, meegeven ❸ het begeven ▼ inform *what gives?* is er nog nieuws? ❹ ~ **in** toegeven, zwichten, zich gewonnen geven ❺ ~ **out** opraken ❻ ~ **up** (het) opgeven **III** *zn* het meegeven, elasticiteit ▼ *give and take* geven en nemen, compromis
giveaway ['gɪvəweɪ] inform **I** *zn* ❶ weggevertje, (relatie)geschenk ❷ (ongewild) verraad ★ *her body language was a dead ~* haar lichaamstaal verried haar **II** *bnw* weggeef- ★ *~ prices* weggeefprijzen
given ['gɪvən] **I** *ww* [volt. deelw.] → **give II** *bnw* bepaald ★ *at any ~ moment* op elk willekeurig moment ▼ *form be ~ to (doing) sth* gewend / gewoon zijn om iets (te doen), verslaafd zijn aan iets **III** *vz* gezien ★ *~ the circumstances* de omstandigheden in aanmerking genomen

IV *zn* gegeven
given name *zn* voornaam
giver ['gɪvə] *zn* schenker, gever
gizmo → **gismo**
glacé ['glæseɪ] *bnw* gekonfijt, geglaceerd ⟨van fruit⟩
glacial ['gleɪʃəl] *bnw* ❶ ijs-, gletsjer- ★ *the ~ period* de ijstijd ❷ ijzig, ijskoud
glacier ['glæsɪə] *zn* gletsjer
glad [glæd] *bnw* verheugd, blij (**of/at** om / over) ★ *I would be glad to come* ik zou graag komen ★ *we would be glad to* met genoegen zullen wij ★ *we'd be glad to see the back of him* we zullen blij zijn als hij vertrekt
gladden ['glædn] *ov ww* blij maken
glade [gleɪd] dicht *zn* open plek ⟨in bos⟩
gladly ['glædlɪ] *bijw* graag, met alle plezier
glamor ['glæmə] USA *zn* glamour
glamorize, glamorise ['glæməraɪz] *ov ww* verheerlijken, idealiseren
glamorous ['glæmrəs] *bnw* betoverend, zeer aantrekkelijk, glitter-
glamour, USA glamor ['glæmə] *zn* ❶ betovering, aantrekkelijkheid ❷ glans
glance [glɑːns] **I** *onov ww* ❶ (vluchtig) kijken ❷ ~ **off** afschampen **II** *ov ww* ~ **at/over/through** een (vluchtige) blik werpen op, dóórkijken **III** *zn* (vluchtige) blik ★ *steal a ~* onopvallend kijken ★ *at a (single) ~* in één oogopslag ★ *at first ~* op het eerste gezicht
glancing ['glɑːnsɪŋ] *bnw* afschampend, schamp-
gland [glænd] *zn* klier
glandular ['glændjʊlə] *bnw* m.b.t. klier, klierachtig
glandular fever *zn* ziekte van Pfeiffer
glare [gleə] **I** *onov ww* ❶ woedend kijken ❷ fel schijnen / stralen **II** *zn* ❶ hel licht, schittering ★ *in the full ~ of publicity* met voortdurende aandacht van de media ❷ boze blik
glaring ['gleərɪŋ] *bnw* ❶ opvallend ★ *a ~ blunder* een enorme miskleun ❷ (oog)verblindend ★ *~ colours* schreeuwende kleuren ❸ woedend
glass [glɑːs] **I** *zn* ❶ glas ★ *raise one's ~ to* toosten op ❷ raam, ramen ❸ GB spiegel ★ *a looking ~* een spiegel ❹ (verre)kijker, lens ★ *the ~* barometer **II** *bnw* glazen **III** *ov ww* ❶ van glas / ruiten voorzien ❷ GB inform met een glas in het gezicht slaan
glasses [glɑːsɪz] *zn mv* bril verre- / toneelkijker ★ *dark ~* een (donkere) zonnebril
glass fibre, USA glass fiber *zn* glasvezel
glasshouse ['glɑːshaʊs] *zn* broeikas
glasspaper ['glɑːsˌpeɪpə] *zn* fijn schuurpapier
glassware ['glɑːsweə] *zn* glaswerk
glassy ['glɑːsɪ] *bnw* ❶ glazen, spiegelglad ❷ wezenloos
glaucoma [glɔːˈkəʊmə] *zn* glaucoom
glaze [gleɪz] **I** *ov ww* ❶ van glas voorzien ❷ glazuren ❸ vernissen **II** *onov ww* ~ (**over**) glazig worden **III** *zn* ❶ glazuur(laag) ❷ vernis, glans
glazier ['gleɪzɪə] *zn* glazenmaker
glazing ['gleɪzɪŋ] *zn* ❶ glazuur ❷ glaswerk, ruiten ★ *double ~* dubbele ramen / beglazing
gleam [gliːm] **I** *zn* ❶ glans, schijnsel ❷ glimp ❸ fig sprankje ★ *a ~ of hope* een sprankje hoop

gl

ll *onov ww* ❶ schijnen ❷ glanzen ❸ glimmen
glean [gli:n] *ov ww* verzamelen, (moeizaam) vergaren ⟨van informatie⟩
glee [gli:] *zn* ❶ vrolijkheid, blijdschap ❷ leedvermaak
gleeful ['gli:fʊl] *bnw* ❶ triomfantelijk ❷ met leedvermaak
glen [glen] *zn* nauw dal ⟨in Schotland / Ierland⟩
glib [glɪb] *bnw* ❶ rad van tong, welbespraakt ❷ oppervlakkig
glide [glaɪd] **l** *onov ww* ❶ glijden ❷ zweven **ll** *zn* glijvlucht
glider ['glaɪdə] *zn* zweefvliegtuig
gliding ['glaɪdɪŋ] *zn* ❶ zweefvliegen ❷ het glijden
glimmer ['glɪmə] **l** *zn* ❶ zwak flikkerend licht ❷ *fig* straaltje, greintje ★ *a ~ of hope* een sprankje hoop **ll** *onov ww* flikkeren, (zwak) schijnen
glimpse [glɪmps] **l** *zn* ❶ glimp, (vluchtige) blik ★ *catch a ~ of* een glimp opvangen van ❷ kijkje ★ *a ~ into the future* een kijkje in de toekomst **ll** *ov ww* ❶ even vluchtig zien / kijken ❷ beginnen te begrijpen
glint [glɪnt] **l** *onov ww* glinsteren, blinken **ll** *zn* ❶ glinstering ❷ flikkering ❸ sprankje, spoortje
glisten ['glɪsən] *onov ww* glinsteren, fonkelen ★ *her eyes ~ed with tears* haar ogen glommen van de tranen
glitch [glɪtʃ] inform *zn* storing, hapering
glitter ['glɪtə] **l** *onov ww* blinken, schitteren, fonkelen **ll** *zn* ❶ schittering, glans ❷ schone schijn ❸ glittertjes ⟨decoratie⟩
glitterati *zn mv* rijke beroemdheden ⟨krantentaal⟩
glittering ['glɪtərɪŋ] *bnw* ❶ uiterst succesvol ⟨carrière enz.⟩ ❷ schitterend
glitz [glɪts] *zn* schone schijn
gloat [gləʊt] **l** *onov ww* zich verkneukelen **ll** *ov ww* ❶ ~ *on/over* begerig kijken naar ❷ ~ *over* zich verkneukelen over
glob [glɒb] inform *zn* kluit, klodder, kwak
global ['gləʊbl] *bnw* ❶ wereldwijd ★ ~*ly, a million have died* er zijn wereldwijd een miljoen mensen omgekomen ❷ globaal, allesomvattend ★ *a ~ picture* een totaalbeeld
global warming *zn* opwarming van de aarde
globe [gləʊb] *zn* ❶ globe, wereldbol ❷ aarde ★ *from every corner of the ~* van alle delen van de wereld ❸ bol(vormig voorwerp)
globetrotter ['gləʊbtrɒtə] inform *zn* globetrotter, wereldreiziger
globular ['glɒbjʊlə] *bnw* bolvormig
globule ['glɒbju:l] *zn* bolletje, druppel
gloom [glu:m] *zn* ❶ somberheid, zwaarmoedigheid ★ ~ *and doom* doemdenken ★ *her death cast a ~ over their lives* haar dood wierp een donkere schaduw over hun leven ❷ dicht duisternis
gloomy ['glu:mɪ] *bnw* ❶ donker ❷ somber ❸ deprimerend
glorify ['glɔ:rɪfaɪ] *ov ww* ❶ verheerlijken ❷ ophemelen ❸ mooier voorstellen
glorious ['glɔ:rɪəs] *bnw* ❶ roemrijk ❷ heerlijk, prachtig ❸ stralend ⟨van weer⟩
glory ['glɔ:rɪ] **l** *zn* ❶ eer, roem, luister ★ *the glories*

of Florence het allermooiste van Florence ★ *her hair is her crowning ~* haar haar is haar trots ❷ glorie, heerlijkheid ★ ~ *to God* ere zij God **ll** *ov ww* ~ *in* erg genieten van, prat gaan op
gloss [glɒs] **l** *zn* ❶ glans ❷ glansverf ❸ (schone) schijn ❹ kanttekening, tekstuitleg **ll** *ov ww* ~ *over* verdoezelen, verbloemen ★ *he ~ed over her faults* hij bedekte haar fouten met de mantel der liefde
glossary ['glɒsərɪ] *zn* verklarende woordenlijst
gloss paint *zn* glansverf
glossy ['glɒsɪ] *bnw* ❶ glanzend ❷ duur uitziend ★ *a ~ magazine* een glossy, een duur uitgevoerd tijdschrift
glove [glʌv] *zn* handschoen ★ *fit like a ~* precies passen ★ *he's ready to take the ~s off* hij is klaar voor de strijd
glove compartment *zn* handschoenenvakje ⟨in auto⟩
glow [gləʊ] **l** *onov ww* gloeien, stralen ★ *glow with pride* glimmen van trots **ll** *zn* ❶ gloed ❷ blos ❸ warm gevoel
glower ['glaʊə] *onov ww* woedend kijken (at naar)
glowing ['gləʊɪŋ] *bnw* ❶ gloeiend, vlammend ❷ enthousiast
glowworm ['gləʊwɜ:m] *zn* glimworm
glucose ['glu:kəʊs] *zn* glucose, druivensuiker
glue [glu:] **l** *zn* lijm **ll** *ov ww* lijmen, (vast)plakken ★ *be glued to sth* je ergens niet los van kunnen maken ★ *inform they were glued to the television* ze zaten aan de televisie gekluisterd ★ *glued to the spot* (als) aan de grond genageld
glue-sniffing *zn* lijmsnuiven
gluey [glu:ɪ] *bnw* ❶ kleverig ❷ met lijm bedekt
glum [glʌm] *bnw* ❶ somber, triest ❷ nors
glut [glʌt] **l** *zn* ★ *there is a glut of oil on the market* de markt is met olie overvoerd **ll** *ov ww* (over)verzadigen, overladen, overvoeren
glutinous ['glu:tɪnəs] *bnw* lijmachtig, kleverig
glutton ['glʌtn] *zn* gulzigaard, veelvraat ★ *a ~ for work / punishment* een workaholic / masochist
gluttony ['glʌtənɪ] *zn* vraatzucht, gulzigheid
gm *afk, gram* g., gram
GM *afk, GM* genetisch gemanipuleerd
GMT *afk, Greenwich Mean Time* Greenwichtijd
gnarl [nɑ:l] *zn* knoest
gnarled [nɑ:ld] *bnw* ❶ knoestig ❷ knokig
gnarly [nɑ:lɪ] USA inform *bnw* ❶ moeilijk, lastig ❷ onaangenaam ❸ tof
gnash [næʃ] *ov ww* ★ *he ~ed his teeth* hij knarsetandde
gnat [næt] *zn* mug
gnaw [nɔ:] **l** *ov ww* knagen aan **ll** *onov ww* knabbelen, knagen ook fig ★ *uncertainty gnawed (away) at him* hij werd gekweld door onzekerheid
gnome [nəʊm] *zn* kabouter, aardmannetje
GNP *afk, Gross National Product* bnp, bruto nationaal product
gnu [nu:] *zn* gnoe, wildebeest
go [gəʊ] [onregelmatig] **l** *ov ww* ❶ gaan, afleggen ★ *he went five kilometres* hij heeft vijf kilometer afgelegd ★ *go places* reizen, uitgaan ★ *go a long way* lang toereikend zijn ★ *go a long way towards* veel bijdragen aan ❷ doen, maken

★ *go halves / shares* eerlijk delen ★ *go it!* toe maar! ★ *go it alone* het helemaal alleen doen ❸ bieden ★ *go hearts* harten bieden ★ *go one better* een méér bieden, overtroeven ❹ ~ **about** bezig zijn met, aanpakken ★ *he went about it the wrong way* hij pakte het verkeerd aan ❺ ~ **about with** omgaan met ❻ ~ **after** achterna gaan, achter (iets / iemand) aangaan ❼ ~ **against** tegenin gaan, in het nadeel zijn van, in strijd zijn met ❽ ~ **along with** meegaan met, het eens zijn met ❾ ~ **at** aanvallen, aanpakken ❿ ~ **back on** terugkomen op, terugdraaien, zich niet houden aan ⓫ ~ **back to** teruggaan naar, weer oppakken ⓬ ~ **before** verschijnen voor ⓭ ~ **beyond** overschrijden, verder gaan dan, te boven gaan ⓮ ~ **by** afgaan op, volgen ⟨regels, wet⟩ ★ *it is not much to go by* je hebt er niet veel aan, je kunt er niet veel uit opmaken ⓯ **vulg** ~ **down** on beffen, pijpen ⓰ ~ **down to** verslagen worden door ⓱ ~ **down with** krijgen ⟨ziekte⟩ ⓲ ~ **for** te lijf gaan, gaan halen, ervoor gaan, gelden, leuk vinden, kiezen, weggaan voor ⟨bedrag⟩ ⓳ ~ **in for** (mee)doen aan, leuk vinden ★ *go in for an examination* opgaan voor een examen ★ *go in for journalism* journalistiek gaan studeren ⓴ ~ **into** ergens in komen / raken, binnengaan, ingaan (op), deelnemen (aan), zorgvuldig onderzoeken, besteed worden aan ⟨van tijd, geld enz.⟩ ★ *the car went into a skid* de auto begon te slippen ㉑ ~ **off** **inform** niet meer aardig / lekker vinden ㉒ ~ **off with** er vandoor gaan met ㉓ ~ **out for** zich inzetten voor ㉔ ~ **out of** verlaten ㉕ ~ **over** dóórlopen ⟨van thema / huis⟩, nakijken, de revue laten passeren ㉖ ~ **over to** overgaan op / naar ㉗ ~ **through** doornemen, doorzoeken, doorstaan, meemaken, opmaken ㉘ ~ **through with** doorgaan met, volhouden ㉙ ~ **to** besteed worden aan ㉚ ~ **towards** besteed worden aan ㉛ ~ **with** passen bij, overeenkomen met, samengaan, het eens zijn met, **inform** verkering hebben met ㉜ ~ **without** het stellen zonder **II** *onov ww* ❶ gaan, lopen, reizen ★ *go and fetch it* ga het eens halen ★ *go far* het ver brengen, lang meegaan ★ *go behind a person's words* iets achter iemands woorden zoeken ★ *go to all lengths* zich niet laten weerhouden ★ *as far as it goes* tot op zekere hoogte ★ *still be going strong* het nog steeds goed doen ★ *go to great lengths* alle mogelijke moeite doen ❷ starten, beginnen ★ *go for a walk* een wandeling gaan maken ★ *don't go doing sth* doe geen stomme dingen ❸ vertrekken ★ **USA** *(coffee) to go* (koffie) om mee te nemen ★ *be gone!* maak dat je wegkomt! ❹ verstrijken, aflopen ★ *the years went past* de jaren verstreken ❺ wegraken, verdwijnen ★ *the rest can go* de rest kan vervallen ❻ doodgaan ❼ verkocht worden ★ *go cheap* weinig kosten, weinig opbrengen ★ *going, going, gone!* eenmaal, andermaal, verkocht ❽ (beginnen te) worden ★ *go bad* bederven, zuur worden ★ *go hungry* honger krijgen ★ *go mad* gek worden ❾ zijn ★ *as people / things go* vergeleken met de meeste mensen / dingen ❿ werken,

functioneren ★ *go easy* het kalmpjes aan doen ★ *go all out for sth / to do sth* de grootste moeite doen voor / om te ★ *go by / under the name of* bekend staan als, heten ⓫ gelden, gebeuren ★ *anything goes* alles is mogelijk ⓬ passen, behoren ★ *the milk goes in the fridge* de melk hoort in de koelkast ⓭ luiden, klinken ★ *as the proverb goes* zoals het spreekwoord luidt ⓮ **inform** naar de wc gaan ▼ *have a lot going* veel voordelen hebben ⓯ ~ **about** rondgaan ⓰ ~ **ahead** vooruitgaan, beginnen, doorgaan ★ *go ahead!* ga je gang! ⓱ ~ **along** (verder) gaan ⓲ ~ **(a)round** rondgaan, voldoende zijn, even langsgaan ⓳ ~ **away** weggaan, er vandoor gaan, op reis gaan ⓴ ~ **back** teruggaan, teruglopen ㉑ ~ **before** vooraf gaan ㉒ ~ **by** voorbijgaan, verstrijken ㉓ ~ **down** naar beneden gaan, gebeuren, aan de hand zijn, dalen ⟨van prijs, temperatuur⟩, vallen, zinken, óndergaan, in de smaak vallen, niet meer functioneren ★ *go down in history* in de geschiedenis vermeld worden als ★ *that won't go down with me* dat wil er bij mij niet in ㉔ ~ **in** naar binnen gaan, schuilgaan ⟨van zon⟩ ㉕ ~ **off** weggaan, afgaan, ontploffen, uitgaan, **inform** in slaap vallen, achteruitgaan ⟨in kwaliteit⟩ ★ *go off well* goed verlopen ㉖ ~ **on** doorgaan (met), volhouden, aangaan, aan de hand zijn, afgaan op ★ *going on for six* tegen zessen lopen ㉗ ~ **out** uitgaan, uit de mode raken ★ *the tide is going out* het is eb ★ *they're going out together* ze hebben verkering ㉘ ~ **over** overlopen ㉙ ~ **through** doorgaan ㉚ ~ **together** (bij elkaar) passen, samengaan ㉛ ~ **under** (ten) onder gaan, **inform** failliet gaan ㉜ ~ **up** opgaan, stijgen, ontploffen, gebouwd worden **III** *zn* ❶ beurt, keer ★ *at / in one go* in één keer ❷ poging ★ *have a go at sth* iets proberen ❸ drukte, vaart ★ *be all go* druk zijn ★ *be on the go* in volle actie zijn ❹ aanval ★ *have a go at sb* iem. te lijf gaan ▼ *be a go* mogelijk zijn ▼ *make a go of sth* er een succes van maken ▼ **inform** *no go* het gaat (toch) niet ▼ *from the word go* meteen vanaf het begin **IV** *bnw* in orde ★ *all systems go* alles is startklaar

goad [gəʊd] **I** *ov ww* ❶ drijven ❷ prikkelen ★ *he goaded her into attending* hij stimuleerde haar om aanwezig te zijn ❸ ~ **(on)** opstoken, uitlokken **II** *zn* ❶ prikstok (voor vee) ❷ prikkel

go-ahead ['gəʊəhed] **I** *zn* ★ *give / get the* ~ het groene licht geven / krijgen **II** *bnw* vooruitstrevend

goal [gəʊl] *zn* ❶ doel ❷ doelpunt ❸ (eind)bestemming

goalkeeper ['gəʊlkiːpə], **inform** **goalie** ['gəʊli] *zn* keeper, doelverdediger

goalpost ['gəʊlpəʊst] *zn* doelpaal ★ **GB** **inform** *move the ~s* stiekem de regels / procedure veranderen

goat [gəʊt] *zn* ❶ geit, bok ★ **inform** *get sb's goat* iem. irriteren ❷ ezel, stomkop ★ *act / play the goat* idioot doen

goatee [gəʊˈtiː] *zn* sik(je) ⟨klein baardje⟩

goatherd ['gəʊthɜːd] *zn* geitenhoeder

gob [gɒb] **inform** **I** *zn* ❶ smoel, bek ★ *shut your gob!* kop dicht! ❷ fluim ★ **USA** *gobs of sth* heel

go

veel van iets **||** *onov ww* spugen

gobbet ['gɒbɪt] *zn* brok, homp

gobble ['gɒbl] **|** *ov ww* ~ **(up/down)** naar binnen schrokken, opslokken *ook fig* **||** *onov ww* **❶** schrokken **❷** klokken ⟨van kalkoen⟩ **|||** *zn* gekakel, geklok ⟨van kalkoen⟩

gobbledegook, gobbledygook ['gɒbldɪguːk] inform *zn* ambtelijke taal, abracadabra ★ *it's all ~ to me* het is allemaal abracadabra voor me

go-between ['gəʊbɪtwiːn] *zn* tussenpersoon, bemiddelaar

goblet ['gɒblət] *zn* glas met voet, bokaal

goblin ['gɒblɪn] *zn* kobold

gobsmacked ['gɒbsmækt] inform *bnw* stomverbaasd, sprakeloos, verbijsterd

go-cart *zn* → **go-kart**

god [gɒd] *zn* **❶** (af)god ★ *for God's sake!* in hemelsnaam! **❷** godheid ★ *it's in the lap of the gods* het is nog onzeker **❸** fig idool, invloedrijk persoon ★ *she's a god to her fans* haar fans aanbidden haar

god-awful inform *bnw* vreselijk

godchild ['gɒdtʃaɪld] *zn* petekind

goddam ['gɒdæm], **goddamn, goddamned** inform *bnw* + *bijw* verdomd

goddess ['gɒdɪs] *zn* godin

godfather ['gɒdfɑːðə] *zn* peter, peettoom, peetvader

God-fearing ['gɒdfɪərɪŋ] *bnw* godvrezend

god-forsaken ['gɒdfəseɪkən] *bnw* **❶** van God verlaten **❷** ellendig

godless ['gɒdləs] *bnw* goddeloos

godlike ['gɒdlaɪk] *bnw* goddelijk

godly ['gɒdlɪ] *bnw* godvruchtig, vroom

godmother ['gɒdmʌðə] *zn* meter, peettante

godparent ['gɒdpeərənt] *zn* peet

godsend ['gɒdsend] *zn* meevaller, buitenkansje

godson ['gɒdsʌn] *zn* peetzoon

goer ['gəʊə] *zn* **❶** iemand die gaat, iets dat gaat **❷** veelbelovend project ★ GB inform een wilde meid

gofer ['gəʊfə] *zn* manusje-van-alles

go-getter ['gəʊgetə] inform *zn* doorzetter, doordouwer

goggle ['gɒgl] *onov ww* rollen ⟨van ogen⟩, uitpuilen ⟨van ogen⟩ ★ *she ~d at him* ze staarde hem aan

goggle-eyed *bnw* + *bijw* met uitpuilende ogen, verbaasd

goggles ['gɒglz] *zn mv* duik- / motor- / ski- / stofbril

go-go | *zn* het discodansen **||** *bnw* **❶** disco- ★ *~ girls* discomeisjes **❷** USA inform dynamisch ★ *a ~ company* een snelgroeiend, bruisend bedrijf

going ['gəʊɪŋ] **|** *zn* **❶** het gaan ★ *when the ~ gets tough* als het moeilijk wordt ★ *while the ~ /* USA *getting is good* zolang het nog kan ★ *Nietzsche is heavy ~* Nietzsche is moeilijk door te komen **❷** vertrek **❸** overlijden **||** *bnw* **❶** voorhanden, beschikbaar ★ *the best ~* de beste die er is **❷** (goed) werkend **❸** gangbaar

going-over *zn* **❶** controle(beurt) **❷** inform pak rammel

goings-on inform *zn mv* wederwaardigheden, voorvallen, gedoe ★ *there are some strange ~* er gebeuren wat rare dingen

go-kart ['gəʊkɑːt], **go-cart** *zn* kart, skelter

gold [gəʊld] **|** *zn* goud ★ *strike gold* goud vinden, fig in de roos schieten ★ *as good as gold* heel braaf, weer helemaal goed **||** *bnw* gouden

goldcrest *zn* goudhaantje

gold-digger ['gəʊlddɪgə] *zn* **❶** goudzoeker **❷** inform min op geld beluste vrouw

gold dust *zn* stofgoud ★ GB *be like ~* zeldzaam zijn

golden ['gəʊldn] *bnw* **❶** dicht gouden, van goud, goud- **❷** goudkleurig **❸** speciaal, succesvol ★ *the ~ age of film* het gouden tijdperk van de film

golden eagle ['gəʊldn 'iːgl] *zn* steenarend

golden oldie inform *zn* gouwe ouwe

golden syrup *zn* stroop ⟨licht van kleur⟩

goldfinch ['gəʊldfɪntʃ] *zn* puttertje

goldfish ['gəʊldfɪʃ] *zn* goudvis

gold leaf, gold foil *zn* bladgoud

gold mine *zn* goudmijn

gold-plated *bnw* verguld, doublé

gold rush *zn* trek naar de goudvelden

goldsmith ['gəʊldsmɪθ] *zn* goudsmid

golf [gɒlf] *zn* golf(spel)

golf course *zn* golfbaan

golfer ['gɒlfə] *zn* golfspeler

golf links *zn* golfterrein

golliwog ['gɒlɪwɒg], inform **golly** ['gɒlɪ] *zn* (lappen) negerpop

golly [gɒlɪ] inform *tw* gossie! ★ *by ~!* verdorie!

gondola ['gɒndələ] *zn* gondel

gone [gɒn] **|** *ww* [volt. deelw.] → **go ||** *bnw* **❶** weg, verdwenen **❷** voorbij ★ *just gone twelve* net 12 uur geweest **❸** op ★ *the wine is all gone* de wijn is helemaal op **❹** dood ★ *grandma is long since gone* oma is al lang overleden **❺** zwanger ★ *how far gone is she?* hoe lang is ze al zwanger?

goner [gɒnə] inform *zn* ★ *he's a ~* hij is verloren

gonna ['gɒnə] inform *samentr, going to* → **go**

goo [guː] inform *zn* slijmerig / kleverig spul

good [gʊd] **|** *bnw* **❶** goed, hoogwaardig ★ *good!* goed zo! ★ *as good as it gets* beter wordt het niet ★ *be good for another 5 years* nog wel 5 jaar meegaan **❷** degelijk, kundig ★ *good at maths* goed in wiskunde **❸** geschikt, gunstig, voordelig ★ *a good buy* een koopje ★ *Tuesday isn't good for me* dinsdag schikt me niet ★ *all in good time* alles op zijn tijd ★ *too much of a good thing* teveel van het goede ★ *...and a good thing too!* ...en maar goed ook! **❹** braaf ★ *he was as good as gold* hij was heel braaf ★ *good for you / Aus good on you!* goed zo! **❺** correct, fatsoenlijk, betrouwbaar ★ *a good Catholic girl* een degelijk katholiek meisje ★ *keep good time* gelijk lopen ⟨van uurwerk⟩ ★ *act in good faith* te goeder trouw handelen ★ *he's always good for a laugh* je kunt altijd met hem lachen **❻** flink, aanzienlijk ★ *a good while* een hele tijd ★ *a good few* verscheidene ★ *make good time* lekker opschieten ★ *stand a good chance* een goede kans maken **❼** vriendelijk, aardig ★ *in a good mood* in een goed humeur ★ *how good of you to come* wat aardig dat u gekomen bent **❽** geldig ★ *the rule still holds good* de regel geldt nog steeds ★ *he made good his promise* hij maakten zijn belofte waar **❾** minstens ★ *a good half hour* ruim een half uur ⋆ *as good as ready* bijna klaar ⋆ inform *not until I'm good and ready* niet tot ik er klaar voor ben ‖ *zn* goed, welzijn, nut ⋆ *for your own good* voor je eigen bestwil ⋆ *for the common good* in het algemeen belang ⋆ *be no good, not be any / much good* van geen nut zijn, niets waard zijn ⋆ *what's the good of it?* wat heeft het voor zin? ⋆ *all to the good* mooi meegenomen ⋆ *be up to no good* niets goeds in de zin hebben ▾ *for good* voorgoed

goodbye, USA **goodby** [gʊd'baɪ] **I** *tw* tot ziens ‖ *zn* afscheid, afscheidsgroet ⋆ *say* ~ afscheid nemen, vaarwel zeggen

good-for-nothing [gʊdfə'nʌθɪŋ] inform **I** *zn* nietsnut, deugniet ‖ *bnw* waardeloos

good-humoured, USA **good-humored** *bnw* goedgehumeurd, opgewekt ⋆ *a* ~ *atmosphere* een plezierige sfeer

good-looking *bnw* knap ⟨van uiterlijk⟩

good-natured *bnw* goedhartig, aardig

goodness ['gʊdnəs] *zn* ❶ goedheid ⋆ *thank ~!* goddank! ⋆ ~ *(me)! / my ~! / ~ gracious!* goeie genade! / lieve hemel! ⋆ ~ *knows!* Joost mag het weten ⋆ *for ~' sake* in 's hemelsnaam ❷ voedingswaarde

goods [gʊdz] *zn mv* goederen ⋆ *dry* ~ droogwaren ⋆ *soft* ~ manufacturen ⋆ *white* ~ witgoed ⟨koelkasten, wasmachines e.d.⟩ ⋆ *consumer* ~ verbruiksgoederen ⋆ inform *deliver the / come up with the* ~ aan de verwachtingen voldoen

goods and chattels [gʊdz ənd 'tʃætlz] *zn mv* persoonlijke bezittingen ⟨vaak schertsend gebruikt⟩

goods train *zn* goederentrein

good-tempered *bnw* goedgehumeurd

goodwill [gʊd'wɪl] *zn* ❶ welwillendheid ❷ econ goodwill

goody, **goodie** ['gʊdɪ] inform **I** *zn* ❶ goeie ⟨held in film, enz.⟩ ⋆ *the goodies and the baddies* de goeien en de slechteriken ❷ lekkernij ‖ *tw* jippie!

goody-goody inform *zn* heilig boontje

gooey ['gu:ɪ] inform *bnw* ❶ kleverig ❷ klef, overdreven sentimenteel

goof [gu:f] inform **I** *zn* ❶ sufferd, kluns ❷ miskleun ‖ *onov ww* ❶ miskleunen ❷ ~ *around* aanklooien ❸ USA ~ **off** niksen

goofy ['gu:fɪ] USA *bnw* ❶ geschift, stompzinnig ❷ met vooruitstekende tanden

goon [gu:n] inform *zn* ❶ USA handlanger ❷ sukkel

goose [gu:s] **I** *zn* [mv: **geese**] ❶ gans ⋆ *the golden* ~ de kip met de gouden eieren ❷ inform uilskuiken ▾ *cook sb's* ~ iem. dwars zitten ‖ *ov ww* ❶ inform in de billen knijpen ❷ USA ~ **(along/up)** opjutten

gooseberry ['gʊzbərɪ] *zn* kruisbes ⋆ inform *play* ~ het vijfde wiel aan de wagen zijn

gooseberry fool *zn* kruisbessenvla

gooseneck ['gu:snek] *zn* zwanenhals ⟨in afvoerbuis⟩

goose pimples, goosebumps ['gu:sbʌmps] *zn mv* kippenvel

goose-step I *zn* ganzenpas, paradepas ‖ *onov ww* in paradepas lopen

gopher ['gəʊfə] *zn* ❶ USA grondeekhoorn ❷ comp zoeksysteem ❸ → **gofer**

gore [gɔ:] **I** *zn* (geronnen) bloed ⋆ *the movie is not just blood and gore* de film is niet alleen maar gewelddadig ‖ *ov ww* doorboren, priemen

gorge [gɔ:dʒ] *zn* ❶ bergengte ❷ oud keel, strot ⋆ *my* ~ *rises* ik walg ervan ‖ *ov+onov ww* ⋆ ~ *(o.s.) (on)* (zich) volproppen (met)

gorgeous ['gɔ:dʒəs] *bnw* ❶ prachtig, schitterend ❷ inform aantrekkelijk

gormless ['gɔ:mləs] inform *bnw* onnozel, stom

gory ['gɔ:rɪ] *bnw* bloederig, bebloed ⋆ inform *all the gory details* alles tot in detail

gosh [gɒʃ] inform *tw* gossie!, jeetje!

goshawk *zn* havik

gosling ['gɒzlɪŋ] *zn* jonge gans

go-slow *zn* langzaamaanactie

gospel ['gɒspl] *zn* ❶ evangelie ⋆ *take a thing as* ~ *(truth)* iets voor absoluut waar aannemen ❷ gospelmuziek

gossamer ['gɒsəmə] **I** *zn* ❶ herfstdraad / -draden ❷ ragfijn weefsel ‖ *bnw* ragfijn

gossip ['gɒsɪp] **I** *zn* ❶ geroddel, roddel ❷ roddelaar ‖ *onov ww* roddelen

gossip column *zn* roddelrubriek

gossipy ['gɒsɪpɪ] *bnw* roddelachtig, praatziek ⋆ *a* ~ *letter* een brief met allerlei nieuwtjes

got [gɒt] *ww* [verl. tijd + volt. deelw.] → **get**

gotcha [gɒtʃə] *samentr, I have got you* hebbes!

goth [gɒθ] inform *zn* gothic ⟨subcultuur⟩

Gothic ['gɒθɪk] **I** *zn* gotiek ‖ *bnw* gotisch

gotta ['gɒtə] *samentr, inform got to* → **get**

gotten ['gɒtən] *ww* USA [volt. deelw.] → **get**

gouge [gaʊdʒ] **I** *zn* ❶ guts ❷ groef ‖ *ov ww* ❶ ~ **(out)** gutsen, uithollen ❷ ~ **out** uitsteken ⟨ogen⟩

gourd [gʊəd] *zn* kalebas, pompoen

gourmand ['gʊəmənd] *zn* ❶ vreetzak ❷ fijnproever, lekkerbek

gourmet ['gʊəmeɪ] *zn* fijnproever

gout [gaʊt] *zn* jicht

govern ['gʌvən] *ov ww* ❶ regeren, besturen ❷ bepalen, beheersen

governance ['gʌvənəns] *zn* bestuur, leiding ⋆ *corporate* ~ (goed) ondernemingsbestuur

governess ['gʌvənəs] *zn* gouvernante

government ['gʌvənmənt] *zn* overheid, regering, bestuur

governmental [gʌvən'mentl] *bnw* overheids-, regerings-

government paper *zn* staatsobligatie

governor ['gʌvənə] *zn* ❶ gouverneur ❷ GB directeur / bestuurder ⟨van instituut⟩ ❸ baas

gown [gaʊn] **I** *zn* ❶ japon, (avond)jurk ❷ toga ❸ operatieschort ‖ *onov ww* ~ **up** een operatieschort aandoen

goy [gɔɪ] *zn* niet-jood, niet-Jood

GP *afk, general practitioner* huisarts

grab [græb] **I** *ov ww* ❶ grijpen, pakken, grissen ⋆ *he grabbed hold of her* hij pakte haar beet ⋆ *grab sb's attention* iemands aandacht trekken ⋆ inform *how does that grab you?* hoe lijkt je dat? ❷ inform inpikken ❸ aanlopen ⟨van remmen⟩ ❹ ~ **(at)** aangrijpen ⋆ *he'll grab (at) any excuse* hij grijpt elk excuus aan ❺ ~ **at/for** grijpen naar ‖ *zn* greep ⋆ *make a grab at* grijpen naar ★ *up for grabs* voor het grijpen

grace [greɪs] I *zn* ❶ gratie, elegantie ❷ gepastheid, fatsoen ★ *have the (good)~ to* zo beleefd zijn om ★ *with good ~* graag, van harte ★ *with bad ~* met tegenzin ❸ genade ★ *be in sb's good ~* fall *from ~* in ongenade vallen ❹ uitstel ⟨van betaling⟩ ★ *a year's ~* een jaar uitstel ❺ tafelgebed ★ *say ~* bidden ⟨aan tafel⟩ ▼ *Her / His / Your Grace* Uwe Hoogheid ⟨titel van hertog(in) of aartsbisschop⟩ II *ov ww* ❶ (ver)sieren, opluisteren ❷ *~ with* vereren met

graceful ['greɪsfʊl] *bnw* ❶ elegant, sierlijk ❷ waardig

graceless ['greɪsləs] *bnw* ❶ onbehouwen, grof ❷ lelijk ❸ lomp, onhandig

gracious ['greɪʃəs] I *bnw* ❶ hoffelijk, waardig, goedgunstig ❷ stijlvol II *tw* goeie genade!, lieve hemel!

grad [græd] *inform zn* afgestudeerde

gradate [grə'deɪt] *ov+onov ww* geleidelijk (doen) overgaan

gradation [grə'deɪʃən] *zn* ❶ gradatie, (geleidelijke) overgang ❷ schaalverdeling, maatstreep

grade [greɪd] I *zn* ❶ graad ❷ soort, klasse ★ *a low~ fever* een lage koorts ❸ onderw cijfer ★ *inform make the ~* slagen ❹ USA klas ❺ helling ★ *on the up ~* in stijgende lijn, opwaarts II *ov ww* ❶ sorteren, rangschikken ❷ USA beoordelen met cijfer ❸ nivelleren ⟨van weg⟩ ❹ inschalen ⟨loonschaal⟩ ❺ *~ down* degraderen, (geleidelijk) beperken ❻ *~ up* verbeteren, opwaarderen

grade crossing USA *zn* ❶ gelijkvloerse kruising ❷ spoorwegovergang

grader ['greɪdə] *zn* ❶ bulldozer ❷ corrector ❸ USA ★ *a third ~* een derdeklasser

grade school USA *zn* basisschool

gradient ['greɪdɪənt] *zn* ❶ helling(shoek) ❷ natk gradiënt

grading ['greɪdɪŋ] *zn* beoordeling ⟨van schoolwerk⟩

gradual ['grædʒʊəl] *bnw* geleidelijk ★ *a ~ slope* een flauwe helling

gradually ['grædʒʊəlɪ] *bijw* geleidelijk aan, langzamerhand

graduate[1] ['grædʒʊət] I *zn* afgestudeerde, USA ook gediplomeerde II *bnw* afgestudeerd, USA ook gediplomeerd

graduate[2] ['grædʒʊeɪt] I *ov ww* ❶ in graden verdelen ❷ *~ to* opklimmen tot II *onov ww* graad behalen, USA ook diploma behalen ★ *~ from third to fourth grade* van de vierde naar de vijfde klas overgaan

graduate school USA *zn* ≈ (post)doctorale opleiding

graduation [grædʒʊ'eɪʃən] *zn* ❶ het afstuderen ❷ buluitreiking, USA ook diploma-uitreiking ❸ schaalverdeling, maatstreep

Graeco- ['griːkəʊ], **Greco-** *voorv* Grieks, Grieks-

graft [grɑːft] I *zn* ❶ ent(ing) ❷ med transplantaat, transplantatie ❸ GB) (inform hard werk ❹ USA omkoperij ⟨in politiek, enz.⟩ II *ov ww* ❶ enten ❷ med transplanteren ❸ samenvoegen III *onov*

ww, GB *inform* hard werken

grail [greɪl] *zn* ❶ graal ❷ fig wensdroom

grain [greɪn] *zn* ❶ graan ❷ korrel ❸ grein(tje) ❹ structuur, nerf ⟨van hout⟩, draad ⟨van stof⟩ ★ *go against the ~* tegen de draad in gaan, tegen de borst stuiten

grainy ['greɪnɪ] *bnw* korrelig

gram [græm], **gramme** gram

grammar ['græmə] *zn* ❶ grammatica(boek) ❷ taalgebruik ★ *bad ~* onjuist taalgebruik ❸ → **grammar school**

grammarian [grə'meərɪən] *zn* grammaticus

grammar school, GB *inform* **grammar** *zn* ❶ GB middelbare school ❷ oud ≈ gymnasium

grammatical [grə'mætɪkl] *bnw* grammaticaal

gramme [græm] *zn* → **gram**

gramophone ['græməfəʊn] *zn* grammofoon

gran [græn] *inform zn* oma, omaatje

granary ['grænərɪ] *zn* graanschuur

grand [grænd] I *bnw* ❶ groot(s), imposant ❷ voornaam ❸ inform fantastisch, prima II *zn* ❶ inform 1000 pond, 1000 dollar ❷ inform vleugel ⟨muziekinstrument⟩ ★ *a baby ~* een kleine vleugel

grandad, grandadd ['grændæd] *inform zn* opa

grandchild ['græntʃaɪld] *zn* kleinkind

granddaughter ['grændɔːtə] *zn* kleindochter

grandee [græn'diː] *zn* ❶ gesch grande ⟨Spaanse edelman⟩ ❷ hooggeplaatst persoon

grandeur ['grændʒə] *zn* grootsheid, pracht ★ *suffer from delusions of ~* aan grootheidswaanzin lijden

grandfather ['grænfɑːðə] *zn* grootvader

grandfather clock *zn* staande klok

grandiloquent [græn'dɪləkwənt] *bnw* hoogdravend, bombastisch

grandiose ['grændɪəʊs] *bnw* groots, pompeus, hoogdravend

grandma ['grænmɑː] *inform zn* oma

grandmother ['grænmʌðə] *zn* grootmoeder

grandpa ['grænpɑː] *inform zn* opa

grandparent ['grænpeərənt] *zn* grootouder

grand piano *zn* vleugel ⟨muziekinstrument⟩

grandson ['grænsʌn] *zn* kleinzoon

grandstand ['grænstænd] *zn* overdekte tribune

grandstanding ['grænstændɪŋ] *zn* het bespelen van het publiek

grange [greɪndʒ] *zn* landhuis met boerderij

granite ['grænɪt] *zn* graniet

granny, grannie ['grænɪ] *inform zn* oma(atje)

granny flat *zn*, GB *inform* aparte woonruimte in huis ⟨voor ouder familielid⟩

grant [grɑːnt] I *ov ww* ❶ vergunnen, toestaan, verlenen ★ *take sth for ~ed* al (te) vanzelfsprekend voor waar aannemen ★ *take sb for ~ed* iem. niet (meer) waarderen ❷ toegeven ★ *I'll ~ you that* dat moet ik je toegeven II *zn* (overheids)subsidie, toelage, (studie)beurs

granular ['grænjʊlə] *bnw* korrelig

granule ['grænjuːl] *zn* korreltje

grape [greɪp] *zn* druif ★ fig *sour ~s* jaloezie

grapevine ['greɪpvaɪn] *zn* wijnstok ★ *hear sth on / through the ~* iets via via horen

graph [grɑːf] *zn* grafiek

graphic ['græfɪk] *bnw* ❶ grafisch ❷ aanschouwelijk, levendig ★ *in ~ detail* in geuren en kleuren

graphics ['græfɪks] *zn mv* ❶ grafiek ❷ plaatjes, tekeningen

graphite ['græfaɪt] *zn* grafiet

graph paper *zn* millimeterpapier

grapple ['græpl] I *ov ww* ❶ beetpakken ook fig ❷ ~ with worstelen met ook fig II *zn* worsteling ook fig

grasp [grɑːsp] I *ov ww* ❶ aangrijpen, vasthouden ❷ begrijpen, inzien ❸ ~ at grijpen naar ★ ~ at straws zich aan strohalmen vastklampen II *zn* ❶ greep, houvast ❷ bereik ❸ begrip, bevattingsvermogen ★ have a limited ~ of sth een beperkt inzicht in iets hebben

grasping ['grɑːspɪŋ] *bnw* hebberig, inhalig

grass [grɑːs] I *zn* ❶ gras(soort) ★ the ~ gazon ★ the ~ is always greener on the other side (of the fence) het gras bij de buren is altijd groener ★ not let the ~ grow under your feet er geen gras over laten groeien ★ inform put sb out to ~ iem. ontslaan / wegsturen ❷ inform marihuana ❸ GB inform verklikker II *ov ww* ❶ met gras(zoden) bedekken ❷ inform ~ on verlinken ❸ inform ~ up verklikken III *onov ww* inform klikken

grasshopper ['grɑːshɒpə] *zn* sprinkhaan

grass roots *zn* ❶ basis(elementen) ❷ achterban, gewone leden

grass-roots *bnw* aan de basis, fundamenteel ★ ~ support steun van de achterban, populaire steun

grass snake *zn* ringslang

grass widow *zn* onbestorven weduwe ⟨vrouw waarvan de man vaak weg is⟩

grassy ['grɑːsɪ] *bnw* ❶ grasachtig ❷ bedekt met gras

grate [greɪt] I *ov ww* ❶ raspen ❷ knarsen ❸ ~ on irriteren ★ ~ on sb's nerves iem. op de zenuwen werken II *onov ww* schuren, krassen III *zn* ❶ rooster ❷ open haard

grateful ['greɪtfʊl] *bnw* dankbaar ★ I'm ~ to you for your advice ik ben je erkentelijk voor je advies

grater ['greɪtə] *zn* rasp

gratification [grætɪfɪ'keɪʃən] *zn* voldoening

gratify ['grætɪfaɪ] *ov ww* ❶ bevredigen, voldoen ❷ voldoening schenken

gratifying ['grætɪfaɪɪŋ] *bnw* aangenaam, verheugend

grating ['greɪtɪŋ] I *zn* tralies, traliewerk II *bnw* knarsend ⟨geluid⟩, irriterend, krakend ⟨stemgeluid⟩

gratitude ['grætɪtjuːd] *zn* dankbaarheid

gratuitous [grə'tjuːɪtəs] *bnw* ❶ ongegrond ❷ nodeloos ❸ kosteloos

gratuity [grə'tjuːətɪ] *zn* ❶ fooi ❷ premie ⟨bij ontslag⟩

grave [greɪv] I *zn* graf ★ turn / USA roll in one's ~ zich in zijn graf omdraaien ★ as quiet / silent as the ~ doodstil II *bnw* ❶ ernstig, gewichtig ❷ plechtig

gravedigger ['greɪvdɪgə] *zn* doodgraver

gravel ['grævəl] I *zn* ❶ grind, kiezel ❷ gravel ⟨van tennisbanen⟩ II *ov ww* ❶ met grind bedekken ❷ USA inform boos maken, irriteren

gravelly ['grævəlɪ] *bnw* ❶ vol kiezel(zand) ❷ raspend ⟨van stem⟩

gravestone ['greɪvstəʊn] *zn* grafsteen, zerk

graveyard ['greɪvjɑːd] *zn* kerkhof

gravitate ['grævɪteɪt] *ov ww* ~ to/towards aangetrokken worden door

gravitation [grævɪ'teɪʃən] *zn* zwaartekracht, aantrekkingskracht

gravity ['grævətɪ] *zn* ❶ zwaartekracht ❷ gewicht(igheid), ernst

gravy ['greɪvɪ] *zn* jus, saus

gravy boat *zn* juskom

gravy train inform *zn* goudmijntje ★ get on / ride on the ~ slapende rijk worden

gray [greɪ] USA → grey

graze [greɪz] I *onov ww* grazen, weiden II *ov ww* ❶ laten grazen ❷ afgrazen ❸ rakelings langs gaan, schampen ❹ schaven III *zn* schaafwond

grease [griːs] I *zn* ❶ vet ❷ smeer(olie) II *ov ww* insmeren, invetten ▼ inform ~ sb's hand / palm iem. omkopen

grease gun *zn* vetspuit

grease monkey inform *zn* automonteur

greasepaint ['griːspeɪnt] *zn* schmink

greaseproof ['griːspruːf] *bnw* vetvrij

greasy ['griːsɪ] *bnw* ❶ vettig ❷ glibberig ook fig

great [greɪt] I *bnw* ❶ groot ★ a ~ leader een groot leider ❷ omvangrijk, reuzen- ★ a ~ big lie een kanjer van een leugen ★ a ~ deal heel wat ★ the Great War de Eerste Wereldoorlog ❸ belangrijk, buitengewoon ★ a matter of ~ importance een heel belangrijke zaak ★ inform no ~ shakes niet veel bijzonders ★ ~ friends dikke vrienden ❹ hoog, lang ★ she lived to a ~ age zij bereikte een hoge leeftijd ❺ inform prachtig, geweldig, uitstekend ★ what a ~ goal! wat een schitterend doelpunt! ★ that's ~! prima! ★ we had a ~ time we hebben ons uitstekend vermaakt ❻ ijverig, enthousiast ★ a ~ reader een verwoed lezer ★ I'm a ~ fan of his music ik ben een grote fan van zijn muziek ★ be a ~ one for (doing) sth iets veel en graag doen II *zn* ★ the ~ (and the good) de groten der aarde

great- *voorv* over-, achter-, oud-

great-aunt *zn* oudtante

greatcoat ['greɪtkəʊt] *zn* (militaire) overjas

great-grandfather *zn* overgrootvader

great-grandson *zn* achterkleinzoon

greatly ['greɪtlɪ] *bijw* zeer, buitengewoon ★ her condition is ~ improved haar toestand is sterk verbeterd

greatness ['greɪtnəs] *zn* grootheid

grebe [griːb] *zn* fuut

Grecian ['griːʃən] *bnw* Grieks

Greece [griːs] *zn* Griekenland

greed [griːd] *zn* ❶ hebzucht ❷ vraatzucht, gulzigheid

greedy ['griːdɪ] *bnw* ❶ hebzuchtig ❷ gulzig

Greek [griːk] I *zn* ❶ Griek ❷ Griekse taal ★ it's all ~ to me ik begrijp er geen jota van II *bnw* Grieks

green [griːn] I *bnw* ❶ groen ★ ~ with envy groen van jaloezie ❷ onrijp ❸ onervaren II *zn* ❶ groen ❷ grasveld III *ov ww* ❶ groen maken, van (meer) groen voorzien ⟨van steden⟩ ❷ milieubewust maken IV *onov ww* groen worden

greenback ['griːnbæk] inform *zn* dollarbiljet

green bean *zn* sperzieboon

gr

green card USA *zn* werk- en woonvergunning voor buitenlanders

greenery ['gri:nəri] *zn* (blad)groen

green-eyed *bnw* jaloers

greenfly ['gri:nflaɪ] *zn* bladluis

greengage ['gri:ngeɪdʒ] *zn* reine-claude ⟨pruim⟩

greengrocer ['gri:ngrəʊsə] *zn* groenteman

greengrocery ['gri:ngrəʊsərɪ] *zn* groente- en fruithandel

greenhorn ['gri:nhɔ:n] USA inform *zn* groentje, nieuweling

greenhouse ['gri:nhaʊs] *zn* broeikas

Greenland ['gri:nlənd] *zn* Groenland

green room *zn* artiestenkamer

greens [gri:nz] *zn mv* bladgroente ★ pol *the Greens* de Groenen

greet [gri:t] *ov ww* (be)groeten ★ *they were ∼ed by a hail of bullets* ze werden begroet met een regen van kogels

greeting ['gri:tɪŋ] *zn* ❶ groet ★ *Christmas / birthday ∼s* kerst- / verjaardagswensen ❷ begroeting

gregarious [grɪ'geərɪəs] *bnw* ❶ van gezelschap / gezelligheid houdend, sociaal ❷ dierk in kudde / kolonie levend

grenade [grɪ'neɪd] *zn* granaat

grew [gru:] *ww* [verleden tijd] → **grow**

grey [greɪ], USA **gray** I *bnw* ❶ grijs ❷ somber ❸ bewolkt, grauw ❹ kleurloos II *zn* ❶ (grijze) schimmel ❷ grijze kleur III *onov ww* grijs worden

grey-haired *bnw* grijs, met grijs haar

greyhound ['greɪhaʊnd] *zn* hazewind(hond)

grid [grɪd] *zn* ❶ raster ★ *grid D9* kaartvak D9 ⟨op landkaart⟩ ❷ (wild)rooster ❸ net(werk) ⟨van elektriciteit en gas⟩

griddle ['grɪdl] *zn* bakplaat

gridiron ['grɪdaɪən] *zn* ❶ (braad)rooster ❷ USA Amerikaans voetbalveld

gridlock [grɪdlɒk] *zn* ❶ verkeersopstopping ❷ impasse

grief [gri:f] *zn* verdriet, leed ★ *come to ∼* totaal mislukken, verongelukken ★ inform *good ∼!* lieve hemel!

grievance ['gri:vəns] *zn* ❶ grief, klacht ❷ bitter gevoel ★ *nurse a ∼* wrok koesteren

grieve [gri:v] *ov ww* ❶ verdriet doen ★ *it ∼s me to hear that* het spijt me dat te horen ❷ ∼ **about/ at/for/over** treuren om / over

grievous ['gri:vəs] *bnw* ❶ pijnlijk ❷ ernstig, afschuwelijk ★ ∼ *bodily harm* zwaar lichamelijk letsel

grill [grɪl] I *zn* ❶ grill ❷ rooster ❸ geroosterd vlees(gerecht) II *ov ww* ❶ grillen, roosteren ❷ stevig aan de tand voelen

grille, grill [grɪl] *zn* ❶ traliewerk ❷ auto radiatorscherm

grim [grɪm] *bnw* ❶ grimmig, streng, onverbiddelijk ★ *hang / hold on for / like grim death* wanhopig vasthouden ❷ akelig, deprimerend ★ *the financial outlook is grim* de financiële toekomst ziet er slecht uit ❸ GB inform beroerd

grimace ['grɪməs] I *zn* grijns, grimas II *onov ww* grijnzen ★ *he ∼d at the memory* hij trok een scheef gezicht bij de herinnering

grime [graɪm] *zn* vuil

grimy ['graɪmɪ] *bnw* vies, vuil, smerig

grin [grɪn] I *onov ww* breed glimlachen, grijnzen ★ *grin and bear it* geen krimp geven II *zn* brede glimlach, grijns ★ *take that silly grin off your face!* sta niet zo dom te lachen!

grind [graɪnd] I *ov ww* [onregelmatig] ❶ (fijn)malen ❷ slijpen ❸ knarsen, schuren, krassen ★ ∼ *one's teeth* knarsetanden ★ ∼ *the gears* misschakelen ⟨versnelling⟩ ❹ ergens in drukken ⟨met draaiende beweging⟩ ❺ draaien ⟨orgel⟩ ❻ ∼ **down** onderdrukken ❼ ∼ **out** aan de lopende band produceren II *onov ww* [onregelmatig] ❶ knarsen, schuren ❷ ∼ **on** almaar doorgaan III *zn* ❶ het malen, maling ★ *a fine ∼* fijn gemalen ⟨koffie⟩ ❷ geknars ❸ inform ⟨vervelend⟩ karwei ★ *escape the daily ∼* uit de dagelijkse sleur ontsnappen ❹ USA inform hardwerkende student

grinder ['graɪndə] *zn* ❶ molen ❷ slijpmachine ❸ slijper

grindstone ['graɪndstəʊn] *zn* slijpsteen ★ inform *keep one's nose to the ∼* zich afbeulen, stug doorwerken ★ inform *go back to the ∼* weer aan het werk gaan

gringo ['grɪŋgəʊ] inform *zn* gringo, vreemdeling ⟨in Latijns-Amerika⟩

grip [grɪp] I *zn* ❶ greep ❷ beheersing, macht ★ *get a grip on yourself!* beheers je! ❸ begrip ★ *I couldn't get a grip on what he was saying* ik snapte niet wat hij vertelde ★ *come to grips with sth* vat krijgen op iets ❹ handvat II *ov ww* ❶ grijpen, vastpakken ❷ boeien III *onov ww* pakken ⟨van rem enz.⟩

gripe [graɪp] I *zn* ❶ inform klacht ❷ koliek, kramp ★ *the ∼s* buikkramp II *onov ww* inform klagen (**about** over), jeremiëren

grisly ['grɪzlɪ] *bnw* ❶ griezelig ❷ weerzinwekkend

gristle ['grɪsəl] *zn* kraakbeen

grit [grɪt] I *zn* ❶ zand(korreltje), (steen)gruis ❷ pit, durf II *ov ww* ❶ knarsen ⟨tanden⟩ ❷ met zand bestrooien ⟨gladde wegen⟩

gritty ['grɪtɪ] *bnw* ❶ zanderig, korrelig ❷ kranig ❸ onverbloemd

grizzle ['grɪzəl] inform *onov ww* jengelen ⟨van kind⟩

grizzled ['grɪzəld] *bnw* grijs, grijzend

groan [grəʊn] I *onov ww* kreunen, steunen ★ *tables ∼ing with food* overvolle tafels II *ov ww* ❶ ∼ **about** klagen over ❷ ∼ **under** zuchten onder III *zn* gekreun

grocer ['grəʊsə] *zn* kruidenier ★ *the ∼'s* de kruideniers winkel

groceries ['grəʊsərɪz] *zn mv* ❶ kruideniers waren ❷ boodschappen

grocery ['grəʊsərɪ] *zn* kruidenierswinkel

grocery bag *zn* boodschappentas

groggy ['grɒgɪ] *bnw* ❶ wankel ❷ versuft

groin [grɔɪn] *zn* lies, kruis

groom [gru:m] I *zn* ❶ bruidegom ❷ stalknecht II *ov ww* ❶ verzorgen ★ *well ∼ed* goed verzorgd, gesoigneerd ❷ borstelen ⟨van dieren⟩ ❸ opleiden, trainen ❹ zich inlikken ⟨van pedofiel bij kind⟩

groomsman ['gru:mzmən] *zn* bruidsjonker

groove [gru:v] **I** *zn* ❶ groef, sleuf, sponning ❷ sleur, routine ★ *be (stuck) in a* ~ in een sleur zitten ❸ *muz* groove, swing **II** *onov ww* <u>inform</u> swingen

groovy ['gru:vi] <u>inform</u> *bnw* gaaf, tof, blits

grope [grəʊp] **I** *ov ww* ❶ <u>inform</u> betasten, aanraken ⟨met seksuele bedoelingen⟩ ❷ ~ **after/around/for** (rond)tasten naar **II** *onov ww* (tastend) zoeken

gross [grəʊs] **I** *bnw* ❶ bruto ❷ grof, lomp, dik ❸ flagrant, erg ❹ <u>inform</u> walgelijk, afschuwelijk **II** *bijw* bruto **III** *ov ww* ❶ bruto verdienen, een brutowinst hebben van ❷ <u>USA</u> <u>inform</u> ~ **out** doen walgen **IV** *zn* gros ⟨144⟩

grotesque [grəʊ'tesk] **I** *zn* groteske **II** *bnw* ❶ bespottelijk ❷ potsierlijk

grotto ['grɒtəʊ] *zn* (kunstmatige) grot

grotty ['grɒti] <u>inform</u> *bnw* ❶ armzalig, waardeloos ❷ akelig, beroerd

grouch [graʊtʃ] <u>inform</u> **I** *zn* ❶ gemopper ★ *have a* ~ *about sth* ergens over mopperen ❷ mopperkont **II** *onov ww* mopperen

grouchy ['graʊtʃi] <u>inform</u> *bnw* mopperig, humeurig

ground [graʊnd] **I** *zn* grond, aarde, bodem ★ *a dumping* ~ een stortplaats ★ *find common* ~ overeenstemming zoeken / bereiken ★ *fig break new / fresh* ~ nieuw terrein ontginnen, nieuwe wegen banen ★ *cut the* ~ *from under sb's feet* iem. het gras voor de voeten wegmaaien ★ *(down) to the* ~ geheel en al ★ *gain* ~ terrein winnen ★ *get sth off the* ~ iets van de grond krijgen ★ *give* ~ wijken ★ *go to* ~ zich schuil houden, onderduiken ★ *go over the same* ~ *twice* iets herhalen ★ *hold / stand your* ~ voet bij stuk houden ★ *run / drive / work yourself into the* ~ jezelf uit de naad werken ★ *thick / thin on the* ~ dik / dun gezaaid **II** *ww* [verl. tijd + volt. deelw.] → **grind III** *ov ww* ❶ gronden, baseren ★ *well ~ed* gegrond, gefundeerd ❷ aan / op de grond houden ⟨van vliegtuig⟩ ❸ <u>inform</u> huisarrest geven ★ *I've been ~ed for three weeks* ik heb drie weken huisarrest ❹ <u>USA</u> aarden ⟨van elektriciteit⟩ **IV** *onov ww* <u>scheepv</u> aan de grond lopen

groundbreaking ['graʊndbreɪkɪŋ] *bnw* baanbrekend, vernieuwend

ground cloth *zn* grondzeil

ground control *zn* vluchtleiding

ground crew *zn* grondpersoneel

ground floor *zn* begane grond, benedenverdieping

ground frost ['graʊnd frɒst] *zn* vorst aan de grond

grounding ['graʊndɪŋ] *zn* basis, vooropleiding ★ *for this job, a good* ~ *in maths is needed* voor deze baan is een gedegen basiskennis in wiskunde nodig

groundless ['graʊndləs] *bnw* ongegrond

groundnut ['graʊndnʌt] *zn* pinda, aardnoot

ground plan *zn* ❶ plattegrond ❷ ontwerp

grounds [graʊndz] *zn mv* ❶ terrein ❷ drab, bezinksel ★ *coffee* ~ koffiedik ❸ redenen, gronden, basis ★ *no* ~ *for complaint* geen basis voor klachten

groundsheet ['graʊndʃi:t] *zn* grondzeil

groundsman ['graʊndzmən] *zn* tuinman, terreinknecht

groundwork ['graʊndwɜ:k] *zn* onderbouwing, grondslag ★ *do the* ~ *for sth* de basis for iets leggen

group [gru:p] **I** *zn* groep **II** *ov+onov ww* (zich) groeperen

group captain *zn* kolonel ⟨bij de luchtmacht⟩

grouping ['gru:pɪŋ] *zn* groepering

grouse [graʊs] **I** *zn* ❶ korhoen(ders) ❷ <u>inform</u> klacht **II** *onov ww* <u>inform</u> kankeren, mopperen

grout [graʊt] **I** *zn* dunne mortel **II** *ov ww* voegen

grove [grəʊv] *zn* bosje

grovel ['grɒvəl] *onov ww* zich vernederen, <u>fig</u> kruipen

grovelling ['grɒvəlɪŋ] *bnw* kruiperig

gu

grow [grəʊ] [onregelmatig] **I** *ov ww* ❶ laten groeien ★ *grow a beard* zijn baard laten staan ❷ verbouwen, kweken ❸ ~ **apart/away from** vervreemden van ❹ ~ **into** uitgroeien tot, je draai vinden ❺ ~ **on** steeds aantrekkelijker worden voor ★ *it's growing on me* ik begin het steeds leuker te vinden ❻ ~ **out of** ontstaan uit, ontgroeien **II** *onov ww* ❶ groeien ❷ worden, beginnen ★ *grow to accept sth* iets leren accepteren ❸ ~ **up** opgroeien, volwassen worden, ontstaan

grower ['grəʊə] *zn* kweker, teler

growing ['grəʊɪŋ] *bnw* groeiend, groei-

growing pains *zn mv* ❶ groeistuipen ❷ <u>fig</u> kinderziekten

growl [graʊl] **I** *zn* ❶ gegrom ❷ snauw **II** *onov ww* ❶ grommen (at naar) ❷ grauwen, snauwen

grown [grəʊn] *ww* [volt. deelw.] → **grow**

grown-up I *bnw* volwassen **II** *zn* <u>inform</u> volwassene ⟨kindertaal⟩

growth [grəʊθ] *zn* ❶ groei, uitbreiding, toename ★ *a week's* ~ *(of beard)* een baard van een week ❷ gewas ❸ gezwel

grub [grʌb] **I** *zn* ❶ larve, engerling, made ❷ <u>inform</u> eten ★ *grub's up* het eten is klaar **II** *ov ww* ~ **(up)** opgraven, uitgraven **III** *onov ww* wroeten, graven

grubby ['grʌbi] *bnw* smerig, vies, goor

grudge [grʌdʒ] **I** *zn* wrok ★ *bear / hold / have a* ~ *against sb* wrok koesteren jegens iem. **II** *ov ww* misgunnen

grudging ['grʌdʒɪŋ] *bnw* gereserveerd, aarzelend

grudgingly ['grʌdʒɪŋli] *bijw* onwillig, schoorvoetend, met tegenzin

gruel ['gru:əl] *zn* watergruwel

gruelling, <u>USA</u> **grueling** ['gru:əlɪŋ] *bnw* afmattend, slopend

gruesome ['gru:səm] *bnw* ijzingwekkend, akelig

gruff [grʌf] *bnw* ❶ bars, nurks, nors ❷ grof

grumble ['grʌmbl] **I** *onov ww* mopperen, grommen **II** *ov ww* ~ **about/at/over** zich beklagen over **III** *zn* gemopper, gegrom ★ *have a* ~ *about sth* ergens over mopperen

grumpy ['grʌmpi] *bnw* knorrig, humeurig

grungy ['grʌndʒi] <u>inform</u> *bnw* vunzig

grunt [grʌnt] **I** *onov ww* ❶ knorren ❷ grommen **II** *zn* geknor

G-string ['dʒi:strɪŋ] *zn* ❶ (g-)string ⟨slipje⟩ ❷ <u>muz</u> g-snaar

guarantee [gærən'ti:] **I** *zn* ❶ garantie, waarborg

★ there is no ~ of success succes is niet gegarandeerd ❷ borg **II** ov ww ❶ garanderen ★ be ~d to do sth iets gegarandeerd doen ❷ ~ against/from waarborgen tegen
guarantor [gærən'tɔ:] jur zn borg ⟨persoon⟩
guard [gɑ:d] **I** zn ❶ bewaker ❷ wacht, bewaking ★ mount / stand / keep ~ de wacht houden ★ on ~ op wacht ❸ bescherming, beveiliging ❹ waakzaamheid ★ be on / off your ~ (niet) op je hoede zijn ★ catch sb off ~ iem. ergens mee overvallen ★ lower / drop your ~ je waakzaamheid laten verslappen ❺ USA cipier ❻ oud conducteur ❼ sport verdediging ❽ scherm, kap **II** ov ww ❶ beschermen ❷ bewaken ★ ~ your steps behoedzaam lopen / te werk gaan ❸ ~ against behoeden voor, beschermen tegen, waken voor **III** onov ww ❶ zich hoeden ❷ zich verdedigen
guard dog zn waakhond
guarded ['gɑ:dɪd] bnw voorzichtig
guardhouse ['gɑ:dhaʊs] zn ❶ wachthuisje ❷ arrestantenlokaal
guardian ['gɑ:dɪən] zn ❶ beschermer ❷ voogd, curator
guardian angel zn beschermengel, engelbewaarder
guardianship ['gɑ:dɪənʃɪp] zn voogdij
guard rail zn ❶ leuning, reling ❷ vangrail
guardsman ['gɑ:dzmən] zn gardesoldaat, lid van een garderegiment
guerrilla, guerilla [gə'rɪlə] zn guerrillastrijder
guess [ges] **I** ov ww ❶ raden, gissen ❷ denken, geloven **II** onov ww raden, gissen (at naar) ★ inform I ~ (so) ik denk het ★ keep sb ~ing iem. in het ongewisse laten **III** zn gissing, schatting ★ at a ~ naar schatting ★ an educated ~ een goed onderbouwde schatting ★ have / take a ~! raad eens! ★ it's anybody's ~ dat weet geen mens ★ your ~ is as good as mine ik weet het net zo min als jij
guesstimate ['gestɪmət] inform zn ruwe schatting
guesswork ['geswɜ:k] zn gissing, veronderstelling ★ take the ~ out of sth de onzekerheid over iets wegnemen
guest [gest] **I** zn ❶ gast ★ make a ~ appearance als gast optreden ★ a paying ~ een betalende logé ★ inform be my ~! ga je gang ❷ introducé **II** onov ww USA als gast optreden (on in) ⟨show, concert enz.⟩
guest house zn pension
guest room zn logeerkamer
guest worker zn gastarbeider
guff [gʌf] inform zn geklets, onzin
guffaw [gʌ'fɔ:] **I** zn schaterlach **II** onov ww schaterlachen
guidance ['gaɪdns] zn ❶ leiding ❷ begeleiding, advies ★ parental ~ begeleiding door ouders ★ spiritual ~ geestelijke bijstand ★ vocational ~ beroepsvoorlichting
guide [gaɪd] **I** zn ❶ (reis)gids ❷ (reis)leider ❸ leidraad ★ as a rough ~,.. als richtlijn... ★ a (Girl) Guide een padvindster **II** ov ww ❶ leiden, begeleiden ★ she was ~d by her instinct ze liet zich leiden door haar instinct ❷ besturen
guidebook ['gaɪdbʊk] zn reis- / stadsgids

guide dog zn (blinden)geleidehond
guideline ['gaɪdlaɪn] zn richtlijn
guild [gɪld] zn ❶ gesch gilde ❷ vakbond
guilder ['gɪldə] zn oud gulden
guildhall [gɪld'hɔ:l] zn ❶ gildehuis ❷ stadhuis
guile [gaɪl] zn bedrog, list
guileful ['gaɪlfʊl] bnw slinks, vals
guileless ['gaɪlləs] bnw argeloos, onschuldig
guillotine ['gɪləti:n] **I** zn ❶ guillotine ❷ papiersnijder ❸ pol vaststelling van tijdslimiet ⟨tijdens debat in parlement⟩ **II** ov ww ❶ onthoofden ❷ snijden ⟨papier⟩ ❸ pol erdoor jagen ⟨wetsontwerp⟩
guilt [gɪlt] zn schuld(gevoel)
guiltless ['gɪltləs] bnw onschuldig
guilt trip inform zn sterk schuldgevoel
guilty ['gɪlti] bnw schuldig ★ ~ of schuldig aan
guinea pig zn ❶ cavia ❷ fig proefkonijn
guise [gaɪz] zn voorwendsel, schijn ★ in / under the ~ of onder het mom van
guitar [gɪ'tɑ:] zn gitaar
gulch [gʌltʃ] USA zn ravijn
gulf [gʌlf] zn ❶ golf ❷ afgrond, kloof ook fig
gull [gʌl] zn meeuw
gullet ['gʌlɪt] zn slokdarm, strot ★ stick in one's ~ onverteerbaar zijn voor iemand.
gulley ['gʌli] zn → gully
gullible ['gʌlɪbl] bnw goedgelovig, onnozel
gully ['gʌli], **gulley** zn ❶ ravijn ❷ geul, goot
gulp [gʌlp] **I** zn ❶ slok ❷ slikbeweging **II** ov ww ❶ (in)slikken ❷ (op)slokken ❸ ~ back onderdrukken ❹ ~ down in één keer achteroverslaan / opslokken **III** onov ww slikken, slokken ★ gulp for air naar adem snakken
gum [gʌm] **I** zn ❶ [meestal mv] tandvlees ❷ gom ❸ gombal ❹ kauwgom ❺ gomhars ❻ USA rubberlaars **II** ov ww ❶ met gom insmeren / plakken ❷ inform ~ up onklaar maken
gumdrop ['gʌmdrɒp] zn gombal
gummy ['gʌmi] bnw kleverig
gumption ['gʌmpʃən] inform zn lef, vindingrijkheid
gum tree zn gomboom, eucalyptus
gun [gʌn] **I** zn ❶ vuurwapen, geweer, pistool ❷ ★ go great guns als een speer gaan ★ hold / put a gun to sb's head iem. dwingen iets te doen ★ jump the gun een valse start maken, op de zaak vooruit lopen ★ stand / stick to one's guns voet bij stuk houden ★ a smoking gun het onomstotelijke bewijs ★ inform the top gun de hoogste baas ★ inform (with) all / both guns blazing energiek en vastberaden **II** ov ww ❶ ★ be gunning for het gemunt hebben op, streven naar ❷ ~ down neerschieten
gunboat ['gʌnbəʊt] zn kanonneerboot
gunboat diplomacy zn machtspolitiek
gun dog zn jachthond
gunfight ['gʌnfaɪt] zn vuurgevecht
gunfire ['gʌnfaɪə] zn kanonvuur, kanonschot(en)
gunge [gʌndʒ], **gunk** [gʌnk] inform zn kleeftroep, viezigheid
gung-ho [gʌŋ 'həʊ] bnw onvervaard, overdreven enthousiast
gunman ['gʌnmən] zn gewapende bandiet, moordenaar

gunner ['gʌnə] *zn* ❶ mil artillerist, kanonnier ❷ boordschutter

gunnysack ['gʌnisæk] USA *zn* jutezak

gunpoint ['gʌnpɔɪnt] *zn* ★ *at* ~ met het geweer / pistool (op zich) gericht

gunpowder ['gʌnpaʊdə] *zn* (bus)kruit

gunrunner ['gʌnrʌnə] *zn* wapensmokkelaar

gunshot ['gʌnʃɒt] *zn* ❶ geweer- / pistoolschot ❷ reikwijdte, schootsafstand ★ *out of / within* ~ buiten / binnen schootsbereik

gunsmith ['gʌnsmɪθ] *zn* wapensmid

gurgle ['gɜːgl] I *zn* ❶ gekir ❷ geklok ❸ gemurmel II *onov ww* ❶ kirren ❷ klokken ❸ murmelen

guru ['gʊruː] *zn* goeroe

gush [gʌʃ] I *onov ww* ❶ gutsen, (uit)stromen ❷ dwepen, overdreven doen II *zn* ❶ stroom ❷ opwelling

gusher ['gʌʃə] USA *zn* oliebron

gushy ['gʌʃɪ] *bnw* overdreven

gust [gʌst] *zn* (wind)vlaag

gusto ['gʌstəʊ] *zn* smaak, genot, animo

gusty ['gʌstɪ] *bnw* stormachtig

gut [gʌt] I *zn* darm ★ fig *bust a gut* zich uit de naad werken II *ov ww* ❶ kaken ⟨van vis⟩, uithalen ❷ leeghalen, uitbranden ⟨van huis⟩

gut feeling *zn* inform voorgevoel

gutless ['gʌtləs] *bnw* ❶ laf ❷ fig zonder ruggengraat

guts [gʌtz] *zn mv* ❶ ingewanden ★ inform *have sb's guts for garters* iem. op zijn sodemieter geven ★ inform *hate sb's guts* de pest hebben aan iem. ★ inform *work your guts out* je uit de naad werken ❷ inform lef, durf

gutsy ['gʌtsɪ] *bnw* ❶ dapper ❷ gewaagd, gedurfd

gutter ['gʌtə] I *zn* (dak)goot II *onov ww* druipen, flakkeren ⟨van kaars⟩

gutter press *zn* schandaalpers, riooljournalistiek

guttural ['gʌtərəl] I *zn* taalk keelklank II *bnw* keel-

guy [gaɪ] *zn* ❶ USA vent, kerel ★ *come on, (you) guys, let's go* kom op, jongens, we gaan ★ inform *a bad guy* een boef ★ inform *a good guy* een goeie vent ❷ scheerlijn

guy rope *zn* scheerlijn

guzzle ['gʌzəl] inform *ov+onov ww* (op)schrokken, (op)zuipen

guzzler ['gʌzlə] inform *zn* ❶ zuiplap ❷ schrokker

gym [dʒɪm] *zn* ❶ inform gymzaal ❷ gymnastiekles ❸ fitnesscentrum

gymkhana [dʒɪm'kɑːnə] *zn* gymkana, ruiterwedstrijd / -show

gymnasium [dʒɪm'neɪzɪəm] *zn* gymnastiekzaal, gymnastiekschool

gymnast ['dʒɪmnæst] *zn* ❶ gymnast(e) ❷ turn(st)er

gymnastics [dʒɪm'næstɪks] *zn mv* gymnastiek, turnen ★ *vocal* ~ stemoefeningen

gynaecologist [gaɪnɪ'kɒlədʒɪst], USA **gynecologist** *zn* gynaecoloog

gynaecology [gaɪnɪ'kɒlədʒɪ], USA **gynecology** *zn* gynaecologie

gyp [dʒɪp] I *zn* ❶ GB inform pijn ❷ USA oplichterij ▼ *give sb gyp* iem. er flink van langs geven, iem. pijnigen II *ov ww* oplichten

gypsum ['dʒɪpsəm] *zn* gips

gypsy ['dʒɪpsɪ], **gipsy** *zn* zigeuner(in)

gyrate ['dʒaɪəreɪt] *onov ww* (rond)draaien, wentelen

gyration [dʒaɪə'reɪʃən] *zn* omwenteling, spiraalbeweging

gyroscope ['dʒaɪərəskəʊp] *zn* gyroscoop

gy

H

h [eitʃ] *zn, letter* h ★ *H as in Harry* de h van Hendrik

haberdashery ['hæbədæʃərɪ] *zn* ❶ GB fournituren(zaak / -afdeling) ❷ USA herenmodezaak / -afdeling

habit ['hæbɪt] *zn* ❶ gewoonte ★ *I got into the ~ of exercising regularly* ik ben gewend geraakt aan regelmatig trainen ❷ verslaving ★ *she has a drug ~* ze is drugsverslaafd ★ *kick the ~* afkicken ❸ pij, habijt

habitable ['hæbɪtəbl] *bnw* bewoonbaar

habitat ['hæbɪtæt] *zn* verspreidingsgebied ‹van dier / plant›, woongebied

habitation [hæbɪ'teɪʃən] *zn* bewoning ★ *declare unfit for human ~* onbewoonbaar verklaren

habitual [hə'bɪtʃʊəl] *bnw* ❶ gewoonte-, uit gewoonte ★ *a ~ smoker* een gewoonteroker ❷ regelmatig, constant ★ *his ~ smoking annoys her* zijn constante roken irriteert haar

habitually [hə'bɪtʃʊəlɪ] *bijw* gewoonlijk, doorgaans ★ *he complains ~* hij klaagt alsmaar door

hack [hæk] **I** *zn* ❶ broodschrijver ❷ loonslaaf ❸ huurpaard, rijpaard ❹ sport schop tegen de schenen ❺ houw, snee ★ *he took a hack at the branch* hij hakte naar de tak ❻ houweel **II** *bnw* afgezaagd ★ *hack work* saai werk **III** *ov ww* ❶ hakken, houwen ★ *they hacked their way through the jungle* ze hakten een pad door de rimboe ❷ inform verdragen ★ *she can't hack it any longer* zij kan er niet meer tegen ❸ kraken ‹computer› ❹ ~ *into* inhakken op, kraken ‹computer› **IV** *onov ww* ❶ erop inhakken ❷ hacken ‹computer›

hacker ['hækə] *zn* ❶ computerkraker, hacker ❷ computerfreak

hacking ['hækɪŋ] *bnw* ★ *a ~ cough* een droge kuch / hoest

hackles ['hæklz] *zn mv* nekharen nekveren ★ *my ~ rose* de haren rezen mij te berge ★ *the very idea made her ~ rise* het idee alleen al maakte haar kwaad

hackney cab ['hæknɪ kæb] *zn* huurrijtuig

hackneyed ['hæknɪd] *bnw* afgezaagd, banaal

hacksaw ['hæksɔ:] *zn* ijzerzaag

had [hæd] *ww* [verleden tijd + volt. deelw.] → have

haddock ['hædək] *zn* schelvis

hadn't ['hædnt] *samentr, had not* → have

haemo-, USA hemo- ['hi:məʊ] *voorv* hemo-, bloed-

haemoglobin, USA **hemoglobin** [hi:mə'gləʊbɪn] *zn* hemoglobine

haemophilia, USA **hemophilia** [hi:mə'fɪlɪə] *zn* hemofilie, bloederziekte

haemophiliac, USA **hemophiliac** [hi:mə'fɪlɪæk] *zn* hemofiliepatiënt

haemorrhage, USA **hemorrhage** ['hemərɪdʒ] *zn* bloeding

haemorrhoids, USA **hemorrhoids** ['hemərɔɪdz] *zn mv* aambeien

hag [hæg] *zn* ❶ heks ❷ oud wijf

haggard ['hægəd] *bnw* mager, ingevallen

haggle ['hægl] *onov ww* ❶ (af)pingelen, afdingen ★ ~ *over the price* afdingen op de prijs ❷ kibbelen

Hague [heɪg] *zn* ★ *The ~* Den Haag

hail [heɪl] **I** *ov ww* ❶ begroeten ★ *the meeting was hailed as a success* de vergadering werd als een succes bestempeld ❷ aanroepen, praaien **II** *onov ww* hagelen, neerkomen ▼ *he hails from...* hij komt van / uit... **III** *tw* wees gegroet ★ *six hail Marys* zes weesgegroetjes **IV** *zn* ❶ hagel ❷ heil, welkom ★ *within hail* binnen hoorafstand ★ *be hail-fellow-well-met* goede maatjes zijn

hailstone ['heɪlstəʊn] *zn* hagelsteen

hailstorm ['heɪlstɔ:m] *zn* hagelbui

hair [heə] *zn* haar, haren ★ *big hair* een grote bos haar ★ iron *a bad hair day* een dag waarop alles misgaat ★ *not a hair out of place* bijzonder netjes gekleed ★ *they escaped detection by a hair's breadth* het scheelde weinig of ze waren ontdekt ★ inform *she gets in my hair* zij ergert me ★ *it makes your hair stand on end* het maakt dat je haren te berge rijzen ★ inform *let your hair down* laat je gaan ★ *tear your hair out* je de haren uit het hoofd trekken ★ *not turn a hair (in a difficult situation)* geen spier vertrekken (in een moeilijke situatie) ★ inform *keep your hair on!* maak je niet dik! ★ inform *a hair of the dog that bit you* een borrel om een kater te verdrijven

hairbrush ['heəbrʌʃ] *zn* haarborstel

haircloth ['heəklɒθ] *zn* haardoek

haircut ['heəkʌt] *zn* ❶ het knippen ★ *I need a ~* ik moet nodig naar de kapper ❷ coupe, kapsel

hairdo ['heədu:] inform *zn* kapsel

hairdresser ['heədresə] *zn* kapper

hairless ['heələs] *bnw* onbehaard, kaal

hairline ['heəlaɪn] **I** *zn* haargrens ★ *a receding ~* een terugtrekkende haargrens **II** *bnw* haar- ★ *a ~ crack* een haarscheurtje

hairpiece ['heəpi:s] *zn* haarstukje, toupet

hairpin ['heəpɪn] *zn* ❶ haarspeld ❷ scherpe bocht ★ *a ~ bend* een haarspeldbocht

hair-raiser ['heəreɪzə] inform *zn* iets huiveringwekkends

hair-raising *bnw* huiveringwekkend, angstaanjagend

hairslide ['heəslaɪd] *zn* haarspeld(je)

hair-splitting ['heəsplɪtɪŋ] *zn* haarkloverij

hairspray ['heəspreɪ] *zn* haarlak

hairstyle ['heəstaɪl] *zn* kapsel

hairstylist ['heəstaɪlɪst] *zn* (dames)kapper / -kapster

hairy ['heərɪ] *bnw* ❶ harig ❷ inform hachelijk

hake [heɪk] *zn* heek ‹soort kabeljauw›

halberd ['hælbəd] *zn* hellebaard

halcyon ['hælsɪən] *bnw* voorspoedig, kalm ★ ~ *days* vredige tijden

hale [heɪl] *bnw* gezond, kras ★ *hale and hearty* fris en gezond

half [hɑ:f] **I** *zn* [mv: **halves**] ❶ de helft ★ *one's better half* iemands wederhelft ‹partner› ❷ een halve ★ inform *a beating and a half* een flink pak slaag ★ inform *he's too clever by half* hij heeft meer hersens dan goed voor hem is

★ inform *too cheeky by half* veel te brutaal ★ *do things by halves* half werk leveren ★ *cut in half / in two halves* doormidden snijden ★ *fold in half / in two halves* in tweeën vouwen ★ *go halves* samen delen **II** *bnw* half ★ *two and a half pounds* tweeënhalf pond ★ *half measures* halve maatregelen ★ *half a minute* een halve minuut ★ *half (past) three* half vier **III** *bijw* half ★ *half as much again* anderhalf maal zoveel ★ inform *not half!* en of! ★ *I half wish...* ik zou haast wensen... ★ inform *he didn't half swear* hij vloekte danig ★ inform *not half bad* nog zo kwaad / gek niet

half-baked [ha:f'beikt] inform *bnw* ❶ halfbakken ❷ halfgaar

half-breed [ha:'bri:d] min **I** *zn* halfbloed **II** *bnw* halfbloed

half-caste ['ha:fka:st] min *zn* halfbloed

half-hearted [ha:f'ha:tid] *bnw* halfslachtig, lauw ★ *he made a ~ attempt* hij gooide er met de pet naar

half holiday [ha:f'holədei] *zn* vrije middag

half-hourly *bnw + bijw* om het halfuur, ieder halfuur

half-life *zn* halveringstijd

half-light *zn* schemering

half-moon *zn* halvemaan

halfpenny ['heipni] *zn* ★ fig *a ~ worth* een verwaarloosbare hoeveelheid

half-term [ha:f'tɜ:m] *zn* korte vakantie

half-timbered *bnw* vakwerk-

half-time [ha:f'taim] **I** *zn* rust **II** *bnw + bijw* voor de halve tijd ★ *she works ~* ze werkt halve dagen

halftone [ha:f'təʊn] *zn* ❶ halftoon ❷ halftint

half-truth *zn* halve waarheid

halfway [ha:f'wei] **I** *bnw* ❶ halverwege ★ *we met at the ~ point* we kwamen elkaar halverwege tegen ❷ compromis- ★ *a ~ solution* een compromisoplossing **II** *bijw* halfweg, halverwege

halfwit inform *zn* halvegare

half-witted [ha:f'witid] inform *bnw* niet goed wijs

half-yearly *bnw + bijw* halfjaarlijks

halibut ['hælibət] *zn* heilbot

hall [ho:l] *zn* ❶ zaal, hal ❷ vestibule, gang ❸ eetzaal ❹ groot huis, stadhuis ❺ klein college

hallmark ['ho:lma:k] **I** *zn* ❶ keur, waarmerk ❷ kenmerk ★ *it had all the ~s of a well-planned attack* het had alle kenmerken van een goedgeplande aanval **II** *ov ww* stempelen, waarmerken

hallo → **hello**

hallowed ['hæləʊd] *bnw* gezegend, geheiligd

Halloween, Hallowe'en [hæləʊ'i:n] *zn* allerheiligenavond (kinderverkleedfestijn op de avond van 31 oktober)

hallucinate [hə'lu:sineit] *ov+onov ww* hallucineren

hallucination [həlu:si'neiʃən] *zn* hallucinatie

hallucinogenic [həlu:sinə'dʒenik] *bnw* hallucinogeen

hallway ['ho:lwei] *zn* ❶ portaal, vestibule ❷ gang

halo ['heiləʊ] **I** *zn* ❶ halo, lichtkring ❷ krans, stralenkrans ★ *has the president lost his halo already?* is de president zijn populariteit nu al kwijt? **II** *ov ww* met een halo omgeven

halogen ['hælədʒən] *zn* halogeen

halt [ho:lt] **I** *zn* ❶ halte ❷ rust, stilstand ★ *come to a halt* tot stilstand komen ★ *call a halt to* sth besluiten iets te stoppen **II** *ov ww* tot stilstand brengen **III** *onov ww* tot stilstand komen, stoppen

halter ['ho:ltə] *zn* ❶ halster ❷ bovenstukje van bikini, topje (gestrikt met bandjes in de nek)

halterneck ['ho:ltənek] *bnw* in halterlijn ★ *a ~ dress* een halterjurk

halting ['ho:ltɪŋ] *bnw* aarzelend, weifelend ★ *she answered in ~ French* ze antwoordde in stamelend Frans

halve [ha:v] *ov ww* halveren

halves ['ha:vz] *zn mv* → **half**

ham [hæm] **I** *zn* ❶ ham ❷ inform dij, bil ❸ inform amateur **II** *ov ww* ★ *he hammed it up* hij overdreef / overacteerde

ham-fisted [hæm'fistid] inform *bnw* lomp, onhandig

hamlet ['hæmlət] *zn* gehucht

hammer ['hæmə] **I** *zn* hamer ❶ ★ *go at sth ~ and tongs* uit alle macht aan iets beginnen **II** *ov ww* ❶ hameren ★ *~ sth into sb* iets bij iem. erin hameren ★ *~ sth home* iets volkomen duidelijk maken ❷ inmaken, verslaan ❸ de grond in boren ❹ *~ away at* ploeteren aan, zwoegen op ❺ *~ out* ontwerpen, verzinnen, uitwerken, (met moeite) bereiken / tot stand doen komen **III** *onov ww* ❶ hameren ❷ *~ away* erop los kloppen / hameren

hammock ['hæmək] *zn* hangmat

hamper ['hæmpə] **I** *zn* ❶ picknickmand ★ *a Christmas ~* een kerstpakket ❷ USA wasmand **II** *ov ww* belemmeren, verwarren

hamstring ['hæmstrɪŋ] **I** *zn* ❶ kniepees ❷ hakpees (van paard) **II** *ov ww* ❶ de hakpees doorsnijden ❷ fig lamleggen, verlammen

hand [hænd] **I** *zn* ❶ hand ★ *(close) at hand* dichtbij, bij de hand, ophanden ★ *the subject at hand* de onderwerp dat aan de orde is ★ *by hand* met de hand ★ *brought up by hand* met de fles grootgebracht ★ *by the hand of* door ★ *hands down* op zijn dooie gemak, moeiteloos ★ *in hand* in de hand, in handen, onder handen, in bedwang, contant ★ *the matter in hand* de zaak in behandeling ★ *take sth in hand* iets aanpakken, zich belasten met iets ★ *go hand in hand* samengaan ★ *be hand in glove with* nauw verbonden zijn met ★ *keep your hand in* je vaardigheid onderhouden, bijblijven ★ *hands off!* handen thuis!, niet aankomen! ★ *off hand* voor de vuist weg, zomaar, ineens ★ *on hand* voorhanden, ter beschikking ★ *lay hands on* de hand leggen op, de hand slaan aan ★ *work on your hands* nog te verrichten werk ★ *out of hand* direct, op staande voet ★ *get out of hand* uit de hand lopen ★ *hand over hand / fist* gestadig, snel ★ *hand to hand* man tegen man ★ *hand to mouth* van de hand in de tand ★ *hands up!* handen omhoog! ★ *get the upper hand* de overhand krijgen ★ *first hand* uit de eerste hand ★ *at first hand* rechtstreeks ★ *change hands* in andere handen overgaan, verhandeld worden ★ *have clean hands* onschuldig zijn ★ *wash one's hands of* niets te maken willen hebben met

ha

ha

★ *have a heavy hand with sth* te veel gebruiken van iets ★ *serve sb hand and foot* iem. slaafs dienen ★ *be a dab hand at...* bekwaam zijn in... ★ *give your hand to* in een huwelijk toestemmen met ❷ voorpoot, schouder ⟨varkensvlees⟩ ❸ hulp, steun ★ *give sb a hand* iem. een handje helpen ★ *lend sb a helping hand* iem. een helpende hand toesteken ❹ wijzer ⟨v. klok⟩ ★ *the seconds hand* de secondewijzer ❺ arbeider, werknemer, bemanningslid ★ *a hired hand* een tijdelijke arbeidskracht ★ *a cool hand* een gladde vent ★ *an old hand* een ouwe rot ★ *all hands on deck* alle hens aan dek ❻ kant ★ *on the one / other hand* aan de ene / andere kant ❼ <u>inform</u> applaus ★ *give sb a (warm / big) hand* iem. een (hartelijk) applaus geven ❽ handschrift ❾ handvol, tros ⟨bananen⟩ ❿ kaart(en), hand ⟨bij kaartspel⟩ ★ *be dealt a bad hand* slechte kaarten krijgen ⓫ partijtje, beurt ⟨bij kaartspel⟩ ⓬ handbreedte ⟨4 inch (maat voor paarden)⟩ **II** *ov ww* ❶ overhandigen, aangeven ★ *I've got to hand it to you:...* ik moet het je nageven / toegeven:... ★ <u>inform</u> *nobody's going to hand it to you on a plate* je krijgt het niet op een presenteerblaadje ❷ ~ **(a)round** uitdelen ❸ ~ **down** aan / doorgeven, overleveren ❹ ~ **in** inleveren, erin helpen, aanbieden ❺ ~ **on** doorgeven ❻ ~ **out** aanreiken, uitdelen, eruit helpen ❼ ~ **over** overhandigen, overleveren, overdragen

handbag ['hændbæg] *zn* handtas(je)
handbasin ['hændbeɪsn] *zn* wasbak
handbill ['hændbɪl] *zn* (strooi)biljet, pamflet
handbook ['hændbʊk] *zn* handboek
handbrake ['hændbreɪk] *zn* handrem
handcart ['hændkɑːt] *zn* handkar
handcraft *zn* → handicraft
handcrafted ['hændkrɑːftɪd] *bnw* handgemaakt
handcuff ['hændkʌf] **I** *zn* handboei **II** *ov ww* de handboeien aandoen
handful ['hændfʊl] *zn* ❶ hand(je)vol ❷ lastig kind
handhold ['hændhəʊld] *zn* houvast
handicap ['hændɪkæp] **I** *zn* ❶ handicap ❷ belemmering, hindernis **II** *ov ww* ❶ nadelige invloed hebben op ❷ belemmeren, hinderen
handicapped ['hændɪkæpt] *bnw* ❶ gehandicapt ❷ <u>sport</u> met een handicap
handicraft ['hændɪkrɑːft], <u>USA</u> handcraft *zn* handarbeid, handwerk
handiwork ['hændɪwɜːk] *zn* werk, handwerk, schepping
handkerchief ['hæŋkətʃɪf] *zn* zakdoek
handle ['hændl] **I** *ov ww* ❶ hanteren, aanpakken ★ *there is nothing he can't* ~ er is niets dat hij niet aan kan ❷ gebruiken, bedienen ❸ aanraken, betasten ❹ behandelen, omgaan met ★ *glass: ~ with care* glas: voorzichtig, breekbaar ❺ verwerken, aankunnen ★ *she can't ~ the situation any longer* ze kan de situatie niet meer aan **II** *wkd ww* zich gedragen ★ ~ *yourself well / badly* je goed / slecht gedragen **III** *zn* ❶ hendel, heft, greep ★ <u>inform</u> *get a* ~ *on sth* greep op iets krijgen ★ <u>inform</u> *fly off the* ~ plotseling kwaad worden, niet meer te houden zijn ❷ kruk, knop, oor
handlebars ['hændlbɑːz] *zn mv* stuur ⟨v. fiets⟩

handler ['hændlə] *zn* ❶ africhter, trainer ⟨van honden⟩ ❷ afhandelaar ⟨van bagage⟩
handling ['hændlɪŋ] *zn* ❶ (af)handeling, behandeling ❷ het hanteren
hand luggage *zn* handbagage
handmade [hænd'meɪd] *bnw* met de hand gemaakt ★ ~ *paper* geschept papier
hand-me-down **I** *zn* afdankertje **II** *bnw* afgedankt, gedragen ⟨kleding⟩
handout ['hændaʊt] *zn* ❶ gift ★ *government* ~*s* uitkeringen ❷ communiqué ❸ hand-out ⟨korte samenvatting van lezing enz.⟩
hand-picked ['hænd-pɪkt] *bnw* zorgvuldig gekozen
handrail ['hændreɪl] *zn* leuning
handshake ['hændʃeɪk] *zn* handdruk
hands-off *bnw* vrij, tolerant ★ *a* ~ *approach to education* een vrije benadering van het onderwijs
handsome ['hænsəm] *bnw* ❶ flink ❷ mooi, knap ❸ royaal, overvloedig ❹ aardig ★ *how* ~ *of him to pay* het was erg gul van hem om te betalen
hands-on *bnw* ❶ praktijk-, uit ervaring ★ *he's had* ~ *experience* ze ❷ praktisch ★ *he's a* ~ *person* hij is iem. van de praktijk
handwork ['hændwɜːk] *zn* ❶ handwerk ❷ handenarbeid
handwriting ['hændraɪtɪŋ] *zn* handschrift
handwritten ['hænd'rɪtn] *bnw* met de hand geschreven
handy ['hændɪ] *bnw* ❶ handig ★ *come in* ~ (goed) te pas komen ★ *are you* ~ *with a chain saw?* kun je goed met een kettingzaag overweg? ❷ bij de hand
handyman ['hændɪmæn] *zn* klusjesman, manusje-van-alles
hang [hæŋ] **I** *ov ww* [o.v.t.: hung, volt. deelw.: hung] ❶ hangen ★ *hang one's head* het hoofd laten hangen ❷ ophangen ❸ behangen ▼ <u>inform</u> *hang a left / right (turn)* links / rechts afslaan ❹ ~ **on/onto** zich vastklampen aan, hangen aan, met aandacht luisteren naar ❺ ~ **out** uithangen, ophangen ⟨was e.d.⟩ ❻ ~ **over** boven het hoofd hangen ★ *be hung over* katterig zijn ❼ ~ **up** ophangen ❽ ~ **upon** steunen op, afhangen van ★ *the case hangs upon...* de zaak is afhankelijk van... **II** *ov ww* [o.v.t.: hanged, volt. deelw.: hanged] ophangen ⟨om te doden⟩ ★ *I'll be hanged if...* ik mag hangen als... ★ <u>inform</u> *hang the expense!* wat kunnen mij de kosten schelen! ★ <u>inform</u> *hang it (all)!* verdikkeme! **III** *onov ww* [o.v.t.: hung, volt. deelw.: hung] ❶ hangen ❷ zweven, blijven hangen ❸ niet opschieten ★ *time hangs heavy* de tijd valt lang ❹ onbeslist zijn ★ *hang in the balance* nog onbeslist zijn ❺ ~ **about** (doelloos) rondhangen ★ <u>inform</u> *hang about!* wacht 'ns even! ❻ ~ **back** dralen, niet mee willen komen ❼ ~ **behind** achterblijven ❽ ~ **on** volhouden ★ *hang on a minute* even wachten ★ <u>inform</u> *hang on!* wacht even! ★ <u>inform</u> *hang on by the eyebrows* er maar bij hangen ❾ ~ **out** uithangen ★ <u>inform</u> *let it all hang out* je uitleven ❿ ~ **together** één lijn trekken, samenhangen ⓫ ~ **up** (telefoon) ophangen ★ *she hung up on me* ze liet me niet

uitspreken **IV** *zn* ❶ wijze waarop iets hangt, val, het zitten ⟨van kleding⟩ ❷ inform slag ★ *get the hang of sth* iets onder de knie krijgen ▼ *I don't give / care a hang* het kan me geen zier schelen

hangar ['hæŋə] *zn* hangar

hangdog ['hæŋdɒg] *bnw* schuldbewust ★ *a ~ expression* een schuldige blik

hanged [hæŋd] *ww* [verleden tijd + volt. deelw.] → hang

hanger ['hæŋə] *zn* ❶ haak ❷ kleerhanger

hanger-on [hæŋə'rɒn] *zn* volgeling ★ *the president and his hangers-on* de president en zijn groepje aanhangers

hangglider ['hæŋglaɪdə] *zn* deltavlieger

hanging ['hæŋɪŋ] **I** *zn* ❶ ophanging ★ *death by ~* dood door ophanging ❷ wandtapijt **II** *bnw* (af)hangend ★ *a ~ question / issue* een onopgeloste vraag / zaak

hangman ['hæŋmən] *zn* beul

hang-out ['hæŋaʊt] inform *zn* ❶ verblijf(plaats), hol ❷ hangplek

hangover ['hæŋəʊvə] *zn* kater

hang-up ['hæŋʌp] inform *zn* complex, obsessie ★ *have a ~ about flying* vliegangst hebben

hank [hæŋk] *zn* streng ⟨garen⟩

hanker ['hæŋkə] *onov ww* hunkeren ★ *~ after / for summer* hunkeren naar de zomer ★ *she's ~ing to leave school* ze kan haast niet wachten om van school af te gaan

hankering ['hæŋkərɪŋ] *zn* hunkering, hang ★ *a ~ after / for chocolate* een hunkering naar chocolade

hanky, hankie ['hæŋkɪ] inform *zn* zakdoek

hanky-panky [hæŋkɪ'pæŋkɪ] inform *zn* hocus pocus, slinksheid, kunsten

hansom, hansom cab ['hænsəm, 'hænsəm kæb] *zn* tweewielig huurrijtuig

haphazard [hæp'hæzəd] *bnw + bijw* ❶ op goed geluk, lukraak ❷ wanordelijk, ongeorganiseerd

hapless ['hæpləs] form *bnw* ongelukkig, onfortuinlijk

happen ['hæpən] **I** *onov ww* gebeuren, voorvallen ★ *whatever ~s* wat er ook mag gebeuren ★ *it so ~ed that* het toeval wilde, dat ★ *I ~ed to meet him* ik heb hem toevallig ontmoet ★ *whatever ~ed to your wedding ring?* waar is jouw trouwring gebleven? **II** *ov ww* *~ (up)on* toevallig aantreffen

happening ['hæpənɪŋ] **I** *zn* ❶ gebeurtenis ❷ manifestatie **II** *bnw* inform hip, trendy

happily ['hæpəlɪ] *bijw* ❶ gelukkig(erwijs) ❷ met (veel) genoegen

happiness ['hæpɪnəs] *zn* geluk

happy ['hæpɪ] *bnw* ❶ gelukkig, tevreden ❷ blij, verheugd ★ *we are ~ to announce...* we maken met blijdschap bekend... ❸ geschikt, passend ★ *not a ~ choice of words* geen gelukkige woordkeus ❹ voorspoedig

happy-go-lucky [hæpɪgəʊ'lʌkɪ] *bnw* onbekommerd, zorgeloos

harangue [hə'ræŋ] **I** *zn* (heftige) rede, filippica **II** *onov ww* een heftige toespraak houden

harass ['hærəs] *ov ww* ❶ lastig vallen ❷ pesten, kwellen ❸ teisteren, bestoken ⟨van de vijand⟩

harassment [hə'ræsmənt, 'hærəsmənt] *zn* ❶ moedwillige overlast, pesterij ❷ aanranding

★ *sexual ~* ongewenste intimiteiten ❸ het bestoken ⟨door vijandelijk leger⟩

harbinger ['hɑːbɪndʒə] dicht *zn* voorbode

harbour, USA harbor ['hɑːbə] **I** *zn* ❶ haven ❷ (veilige) schuilplaats **II** *ov ww* ❶ herbergen ❷ koesteren **III** *onov ww* voor anker gaan

hard [hɑːd] **I** *bnw* ❶ hard, vast ★ *a hard bed* een hard bed ★ *hard water* hard water ❷ moeilijk, moeizaam, zwaar ★ *hard times* moeilijke tijden ★ *hard of hearing* hardhorend ★ *hard to come by* moeilijk te vinden ★ *hard to believe* haast niet te geloven ★ *it's hard going* het valt niet mee ❸ intensief, krachtig, sterk ★ *hard liquor* sterke drank ★ *a hard sell* een agressieve verkoopmethoden ★ *a hard frost* strenge nachtvorst ❹ hardvochtig, streng ★ *don't be hard on him* wees niet te hard voor hem ★ *hard feelings* wrok ★ *hard luck* pech ❺ vaststaand ★ *a hard and fast rule* een vaste regel ★ *hard evidence* concrete bewijzen ★ *hard facts* naakte feiten **II** *bijw* ❶ hard, vast ★ *set hard* hard worden ⟨van cement enz.⟩ ❷ sterk, krachtig, intensief ★ *look hard at sb* iem. streng aankijken ❸ moeilijk, moeizaam ❹ zwaar, langdurig ★ *drink hard* zwaar drinken ❺ dichtbij ★ *hard by* vlakbij ★ *hard (up)on* vlakbij, naderend

hardback ['hɑːdbæk] *zn* gebonden boek

hardbitten [hɑːd'bɪtn] *bnw* taai, cynisch

hard-boiled [hɑːd'bɔɪld] *bnw* ❶ hardgekookt ❷ nuchter, zakelijk ❸ ongevoelig, hard

hard copy *zn* uitdraai, afdruk

hard-core *bnw* ❶ hard ⟨drug / porno⟩ ❷ verstokt, fanatiek

hard-earned [hɑːd'ɜːnd] *bnw* zuurverdiend

harden ['hɑːdn] **I** *ov ww* harden, hard / gevoelloos maken, verharden **II** *onov ww* ❶ hard / vast worden, stollen ❷ strenger worden ★ *attitudes have ~ed* opvattingen zijn minder flexibel geworden

hard-headed [hɑːd'hedɪd] *bnw* ❶ zakelijk, nuchter ❷ koppig ★ *a ~ man* een stijfkop

hard-hearted [hɑːd'hɑːtɪd] *bnw* hardvochtig

hardliner *zn* voorstander van de harde lijn

hardly ['hɑːdlɪ] *bijw* ❶ met moeite ★ *I could ~ keep my eyes open* ik kon mijn ogen maar met moeite open houden ❷ nauwelijks, bijna niet, zelden ★ *~ had he finished when...* hij was amper klaar of... ★ iron *I need ~ remind you...* ik hoef je toch niet te herinneren aan... ★ *they ~ looked at her* zij keken nauwelijks naar haar ★ *~ an hour passed without...* er ging bijna geen uur voorbij zonder... ★ *you were ~ nice to her* je was niet bepaald aardig tegen haar

hard-on vulg *zn* stijve ⟨erectie⟩

hard-pressed [hɑːd'prest] *bnw* ❶ in het nauw gedreven ❷ in verlegenheid ★ *be ~ for time* in tijdnood zitten ★ *I'd be ~ to do it today* ik zal er vandaag niet aan toe komen

hardship ['hɑːdʃɪp] *zn* last, tegenspoed, ontbering

hard-up *bnw* slecht bij kas ★ *hard up for money* slecht bij kas, verlegen om geld

hardware ['hɑːdweə] *zn* ❶ ijzerwaren ❷ apparatuur, hardware

hard-wearing [hɑːd'weərɪŋ] *bnw* duurzaam

hardwood ['hɑːdwʊd] *zn* hardhout

ha

ha

hardy ['hɑːdɪ] *bnw* ❶ stoutmoedig ❷ sterk, gehard

hare [heə] I *zn* haas ★ *hare and hounds* snipperjacht ★ *run with the hare and hunt with the hounds* schipperen ★ *as mad as a March hare* stapelgek II *onov ww* rennen ★ *hare away / off* hard wegrennen

hare-brained ['heəbreɪnd] *bnw* onbesuisd, onbezonnen

harelip ['heəlɪp] *zn* hazenlip

haricot ['hærɪkəʊ], **haricot bean** *zn* snijboon witte boon

hark [hɑːk] *dicht onov ww* ❶ luisteren ★ inform *hark at you!* moet je jou horen! ❷ ~ **back** in herinnering brengen, doen herinneren

harlequin ['hɑːlɪkwɪn] *zn* harlekijn

harm [hɑːm] I *zn* kwaad, letsel ★ *out of harm's way* in veiligheid ★ *I'll see that she comes to no harm* ik zal zorgen dat haar niets overkomt ★ *where's the harm in that?* wat is daar verkeerd aan? II *ov ww* kwaad doen, letsel toebrengen, benadelen

harmful ['hɑːmfʊl] *bnw* schadelijk, nadelig

harmless ['hɑːmləs] *bnw* ❶ onschuldig ❷ onschadelijk

harmonic [hɑːˈmɒnɪk] I *bnw* harmonisch II *zn* muz boventoon

harmonica [hɑːˈmɒnɪkə] *zn* mondharmonica

harmonious [hɑːˈməʊnɪəs] *bnw* ❶ eensgezind ❷ harmonisch, welluidend

harmonize, harmonise ['hɑːmənaɪz] I *ov ww* harmoniseren II *onov ww* harmoniëren

harmony ['hɑːmənɪ] *zn* ❶ harmonie ❷ overeenstemming, eensgezindheid

harness ['hɑːnɪs] I *zn* (paarden)tuig ★ *get back in ~* weer aan het werk gaan II *ov ww* ❶ inspannen ❷ benutten, gebruiken

harp [hɑːp] I *zn* harp II *onov ww* ❶ op de harp spelen ❷ ~ **on** doorzeuren

harpist ['hɑːpɪst] *zn* harpist

harpoon [hɑːˈpuːn] I *zn* harpoen II *ov ww* harpoeneren

harpsichord ['hɑːpsɪkɔːd] *zn* klavecimbel

harrow ['hærəʊ] I *zn* eg II *ov ww* eggen

harrowing ['hærəʊɪŋ] *bnw* aangrijpend, schokkend

harry ['hærɪ] *ov ww* ❶ lastig vallen ❷ teisteren

harsh [hɑːʃ] *bnw* ❶ hard(vochtig), streng ❷ ruw ❸ krassend, krijsend ❹ scherp, fel

hart [hɑːt] *zn* mannetjeshert

harum-scarum I *zn* onbesuisd persoon, dolleman II *bnw + bijw* onbesuisd, dol

harvest ['hɑːvɪst] I *zn* oogst II *ov ww* oogsten, inzamelen

harvester ['hɑːvɪstə] *zn* ❶ oogster ❷ oogstmachine

has [hæz,əz] *ww* → **have**

has-been ['hæzbiːn] inform *zn* iemand die heeft afgedaan ★ *he's a political ~* hij is politiek op zijn retour

hash [hæʃ] *zn* ❶ hachee ❷ inform zootje ★ *make a hash of sth* iets verknoeien ❸ inform hasj ❹ **hash sign** hekje ⟨teken (#)⟩

hash browns USA *zn mv* opgebakken aardappels

hashish ['hæʃiːʃ] *zn* hasj

hassle ['hæsəl] I *zn* gedoe ★ *the Internet takes the ~ out of shopping* het internet maakt boodschappen doen gemakkelijk II *ov ww* lastigvallen

haste [heɪst] *zn* haast ★ *more ~, less speed* haastige spoed is zelden goed

hasten ['heɪsən] I *ov ww* versnellen, bespoedigen II *onov ww* zich haasten

hasty ['heɪstɪ] *bnw* ❶ haastig ❷ overhaast

hat [hæt] *zn* hoed ★ *I'll eat my hat if...* ik mag doodvallen als... ★ *keep sth under your hat* iets geheim houden ★ inform *talk through your hat* als een kip zonder kop praten ★ *take off your hat to sb* voor iem. je hoed afnemen ★ *old my hat!* nu breekt mijn klomp! ★ *hat in hand* onderdanig ★ *pass the hat round* met de pet rondgaan

hatch [hætʃ] I *zn* ❶ luikgat ★ *down the ~!* proost! ★ *fig batten down the ~es* veiligheidsmaatregelen nemen ❷ onderdeur ❸ doorgeefluik II *ov ww* ❶ uitbroeden ❷ beramen III *onov ww* ❶ broeden ❷ ~ **(out)** uit het ei komen

hatchback ['hætʃbæk] *zn* (auto met) vijfde deur

hatchery ['hætʃərɪ] *zn* broederij, kwekerij ⟨vnl. vis⟩

hatchet ['hætʃɪt] *zn* bijl(tje) ★ *bury the ~* de strijdbijl begraven

hatchway ['hætʃweɪ] *zn* luikgat

hate [heɪt] I *zn* haat II *ov ww* een hekel hebben aan, haten ★ inform *hate sb's guts* iem. niet kunnen uitstaan ▼ *I hate to trouble you* het spijt me dat ik u moet lastig vallen

hateful ['heɪtfʊl] *bnw* ❶ erg vervelend, akelig, afschuwelijk ★ *be ~ to sb* hatelijk zijn tegen iem. ❷ haatdragend

hatred ['heɪtrɪd] *zn* haat ★ *~ for* haat jegens

hatter ['hætə] *zn* hoedenmaker / -maakster ★ *as mad as a ~* stapelgek

haughtiness ['hɔːtɪnəs] *zn* hoogmoed, arrogantie

haughty ['hɔːtɪ] *bnw* uit de hoogte, arrogant

haul [hɔːl] I *ov ww* ❶ halen, slepen ★ *she hauled herself out of the armchair* ze kwam met moeite omhoog uit haar leunstoel ★ *haul sb over the coals* iem. een uitbrander geven ❷ vervoeren ❸ ~ **(up)** dagvaarden ★ *be hauled (up) before a court of law* voor de rechter moeten verschijnen II *onov ww* scheepv wenden, draaien III *zn* ❶ haal, trek ★ *it will be a long haul* het wordt een lange ruk, het gaat veel moeite kosten ❷ vangst, buit

haulage ['hɔːlɪdʒ] *zn* ❶ transport, vrachtvervoer ❷ vervoerkosten

haunch [hɔːntʃ] *zn* ❶ lende, schoft, bil ★ *get down on your ~es* op je hurken gaan zitten ❷ lendenstuk

haunt [hɔːnt] I *ov ww* ❶ rondspoken in / om ❷ (veelvuldig) bezoeken ❸ kwellen, achtervolgen ★ *the idea ~s me* het idee laat me niet los II *zn* ❶ veel bezochte plaats ❷ verblijf(plaats), hol, schuilplaats

haunted ['hɔːntəd] *bnw* spook- ★ *a ~ house* een spookhuis

have [hæv] I *ov ww* [onregelmatig], **have got** hebben, bezitten ★ *they have horses* ze houden paarden ❶ ontvangen, krijgen ★ *is there any wine to be had here?* is er hier wijn te krijgen? ★ *she's having a baby* ze is in verwachting ★ inform *let sb have it* iem. er van langs geven ★ inform *have had it* versleten zijn, doodop zijn, er geweest zijn, het helemaal gehad hebben (met iemand) ❷ nemen ❸ toelaten, toestaan ★ *I won't have you smoking here* ik wil niet hebben dat je hier rookt ★ inform *I'm not having any of it* ik pieker er niet over ❹ **have got** bestaan uit ★ *the play has three acts* het stuk heeft drie bedrijven, **have got** te pakken hebben, ervaren ★ *she has the flu* ze heeft griep ★ *the police thought they had him* de politie dacht dat ze hem te pakken hadden ★ *I've got it* ik snap het ❶ inform *beetnemen* ★ *you've been had* je bent voor de gek gehouden ❷ nuttigen, gebruiken ★ *have tea / coffee* een kopje thee / koffie drinken ★ *have a cigar* een sigaar roken ❸ laten, doen, maken ★ *he's had a house built* hij heeft een huis laten bouwen ★ *he had me build a house* hij liet mij een huis bouwen ★ *have a swim* (gaan) zwemmen ★ *they had us crying* ze maakten ons aan het huilen ❹ **have got** moeten ★ *I have to go* ik moet gaan ★ *there has to be a reason* er moet een reden zijn ▼ *he will have it that* hij beweert dat ▼ inform *have it coming to you* je verdiende loon krijgen ▼ inform *... what have you* ... en wat al niet ▼ *you had better go* je kunt maar beter gaan ❶ ~ **against** *have sth against sb* iets tegen hebben op iem. ❷ ~ **in** laten komen ⟨om te werken⟩ ★ inform *have it in for sb* de pik hebben op iem. ❸ inform ~ **off/away** ★ *have it off with sb* een nummertje maken met iemand ❹ ~ **on** aanhebben, dragen ★ *the police has nothing on him* de politie kan hem niets maken ★ inform *you're having me on!* je neemt me in de maling! ❺ ~ **out** uitvechten, verwijderen ★ *have it out with sb* het uitvechten / afrekenen met iem. ★ *have a tooth out* een tand laten trekken ❻ inform ~ **up** voor laten komen, beschuldigen **II** *hww* ⟨onregelmatig⟩ hebben, zijn ★ *they've seen the queen* ze hebben de koningin gezien ★ *he had fallen down the stairs* hij was van de trap gevallen ★ *he will have finished when I get there* hij zal al klaar zijn als ik daar kom ★ *have done with sth* ophouden met iets

haven ['heɪvən] *zn* haven, toevluchtsoord ★ *a safe ~* een veilige (schuil)plaats

have-nots [hæv'nɒts] *zn mv* armen ★ *the haves and the ~* de rijken en de armen

haven't ['hævənt] *samentr,* have not → **have**

haves [hævz] *zn mv* rijken

havoc ['hævək] *zn* verwoesting, ravage ★ *wreak ~ on sth* iets totaal verwoesten ★ *play ~ with sth* flinke schade aanrichten onder iets

Hawaiian [həˈwaɪən] **I** *zn* ❶ Hawaïaan ❷ Hawaïaans ⟨taal⟩ ❸ Hawaïaanse muziek **II** *bnw* Hawaïaans

hawk [hɔːk] **I** *zn* havik ⟨ook fig.⟩ ★ *he watched her like a hawk* hij hield haar nauwlettend in de gaten **II** *ov ww* leuren met, venten **III** *onov ww* de keel schrapen

hawker ['hɔːkə] *zn* venter

hawthorn ['hɔːθɔːn] *zn* meidoorn

hay [heɪ] *zn* hooi ★ *make hay* hooien ★ *make hay while the sun shines* het ijzer smeden als het heet is ★ inform *hit the hay* gaan pitten

hay fever *zn* hooikoorts

haymaking ['heɪmeɪkɪŋ] *zn* hooibouw

haystack ['heɪstæk], **hay rick** ['heɪrɪk] *zn* hooiberg

haywire ['heɪwaɪə] inform *bnw* in de war ★ *go ~* van streek raken

hazard ['hæzəd] **I** *zn* gevaar, risico ★ *a fire ~* brandgevaarlijk ★ *pose a ~ to life* levensgevaarlijk zijn **II** *ov ww* riskeren, wagen

hazardous ['hæzədəs] *bnw* gewaagd, riskant

haze [heɪz] **I** *zn* ❶ nevel, waas ❷ zweem **II** *ov ww* benevelen, in nevel hullen **III** *onov ww* ~ **over** nevelig worden

hazel ['heɪzəl] **I** *zn* hazelaar **II** *bnw* lichtbruin

hazelnut ['heɪzəlnʌt] *zn* hazelnoot

hazy ['heɪzɪ] *bnw* ❶ vaag ★ *hazy with alcohol* aangeschoten ❷ heiig

H-bomb ['eɪtʃbɒm] *zn* waterstofbom

he [hiː] *pers vnw* ❶ hij ❷ mannetjes-

head [hed] **I** *zn* ❶ hoofd, kop ★ *be head and shoulders above sb* ook fig met kop en schouders boven iem. uitsteken ★ *I can't make head or tail of it* ik kan er geen touw aan vastknopen ★ inform *talk your head off* blijven doorpraten ★ inform *work / laugh your head off* je doodwerken / doodlachen ★ *do sth on your head* iets op je sloffen af doen ★ *head over heels* halsoverkop ★ *be in over your head* er tot over je oren inzitten ★ *go over sb's head* iem. passeren ★ *head first / foremost* voorover ★ *scratch your head* je achter het oor krabben ❷ persoon, stuk ⟨vee⟩ ★ *$10 a / per head* $10 per persoon ★ *100 head of cattle* 100 stuks vee ❸ verstand, hersens ★ *the idea never entered my head* het idee kwam niet eens bij me op ★ *put sth into sb's head* iem. iets aanpraten ★ *I don't have a head for figures* ik kan slecht rekenen ★ *have a good head on your shoulders* een goed stel hersens hebben ★ *have an old head on young shoulders* zeer wijs zijn voor je leeftijd ★ *be soft in the head* niet goed snik zijn ★ *be off your head* niet goed snik zijn ★ *two heads are better than one* twee weten meer dan een ❹ kalmte ★ *keep your head* kalm blijven, je hoofd erbij houden ★ *lose your head* de kluts kwijtraken ❺ hoofdpersoon, chef, directeur ❻ top, voorste positie ❼ hoofdeinde ❽ bovenkant, kruin ❾ bron, oorsprong ❿ bovenste punt, puist, spits ★ *come to / reach a head* kritiek worden ★ *bring sth to a head* iets op de spits drijven ⓫ vulg orale seks ★ *give head* pijpen **II** *ov ww* ❶ de leiding geven / nemen / hebben ❷ vóór- / bovenaan staan ❸ van kop / titel voorzien ★ *an article headed...* een artikel getiteld... ❹ sport koppen ❺ aftoppen ❻ ~ **for** afsteven op iets ★ *they're heading for bankruptcy* ze stevenen regelrecht af op een faillissement ❼ ~ **off** de pas afsnijden, verhinderen ❽ ~ **up** leiding geven aan **III** *onov ww* ❶ gaan ★ *head (for / towards) home* naar huis gaan ❷ ~ **back** teruggaan ❸ ~ **off** weggaan, vertrekken

he

he

headache ['hedeɪk] zn hoofdpijn ★ have a ~ hoofdpijn hebben ★ the new system is causing a lot of ~s het nieuwe systeem veroorzaakt een hoop problemen

headband ['hedbænd] zn hoofdband

headbutt ['hedbʌt] I zn kopstoot II ov ww een kopstoot geven

headdress ['heddres] zn hoofdtooi

header ['hedə] zn ❶ duik ⟨met hoofd voorover⟩ ❷ kopbal ❸ drukk koptekst

headhunter ['hedhʌntə] zn ❶ koppensneller ❷ headhunter

heading ['hedɪŋ] zn opschrift, titel, kop ★ reading the paper not fall under the ~ of work de krant lezen valt niet onder werken

headlamp ['hedlæmp] zn → headlight

headland ['hedlənd] zn ❶ voorgebergte ❷ kaap

headless ['hedləs] bnw zonder hoofd / kop

headlight ['hedlaɪt], **headlamp** zn koplamp

headline ['hedlaɪn] zn krantenkop, voornaamste nieuws

headlong ['hedlɒŋ] bnw + bijw ❶ languit voorover ❷ onbesuisd, blindelings

headman ['hedmən] zn ❶ opperhoofd, dorpshoofd, hoofdman ❷ voorman

headmaster [hed'mɑːstə] zn hoofd van een school, rector, directeur

headmistress [hed'mɪstrəs] zn hoofd van een school, rectrix, directrice

head-on bnw + bijw frontaal

headphones ['hedfəʊnz] zn mv koptelefoon

headquarters [hed'kwɔːtəz] zn mv hoofdkwartier

headrest ['hedrest] zn hoofdsteun(tje)

headroom ['hedruːm] zn vrije hoogte

heads zn mv kop ⟨beeldzijde van munt⟩ ★ ~ or tails? kop / kruis of munt?

headset ['hedset] zn koptelefoon en microfoon, hoor- / spreekset

headspace inform zn belevingswereld

head start zn voorsprong ⟨bij aanvang⟩

headstone ['hedstəʊn] zn grafzerk

headstrong ['hedstrɒŋ] bnw koppig, eigenzinnig

headway ['hedweɪ] zn vaart, vooruitgang ★ make ~ vooruitkomen, vooruitgang boeken

headwind ['hedwɪnd] zn tegenwind

heady ['hedɪ] bnw ❶ onstuimig ❷ koppig

heal [hiːl] ov+onov ww genezen

heal-all zn wondermiddel

healer [hiːlə] zn genezer

health [helθ] zn gezondheid ★ drink (to) sb's ~ drinken op iemands gezondheid

health care zn gezondheidszorg

health food zn natuurvoeding

health insurance zn ziektekostenverzekering

healthy ['helθɪ] bnw gezond

heap [hiːp] I zn ❶ hoop ❷ inform boel, massa ★ heaps of time tijd zat ❸ inform roestbak II ov ww ❶ ophopen ❷ laden, beladen, overladen

heaps [hiːpz] inform bijw een heleboel ★ they love him ~ ze houden erg veel van hem

hear [hɪə] I tw ★ her, hear! bravo! II ov ww ⟨onregelmatig⟩ ❶ horen, vernemen ❷ luisteren naar, overhoren, verhoren ★ hear things stemmen horen ❸ ~ of horen over ★ I won't hear of… daar wil ik niets over horen… ❹ ~ out aanhoren tot het einde III onov ww

⟨onregelmatig⟩ horen, luisteren

heard [hɜːd] ww [verleden tijd + volt. deelw.] → hear

hearer ['hɪərə] zn toehoorder

hearing ['hɪərɪŋ] zn ❶ hoorzitting ❷ het aanhoren ★ give sb a fair ~ iem. onpartijdig aanhoren ❸ gehoor ★ hard of ~ hardhorend ❹ gehoorafstand ★ in sb's ~ binnen gehoorsafstand van iem.

hearing aid zn gehoorapparaat

hearing-impaired I bnw slechthorend II zn ★ the ~ de slechthorende(n)

hearsay ['hɪəseɪ] zn praatjes ★ by / from ~ van horen zeggen

hearse [hɜːs] zn lijkkoets, lijkauto

heart [hɑːt] zn ❶ hart ★ my ~ leapt mijn hart ging sneller kloppen ★ have your ~ in your mouth het hart in de keel voelen kloppen ❷ gemoed, gevoel ★ a ~-to-~ talk een openhartig gesprek ★ ~ and soul met hart en ziel ★ in her ~ of ~s in het diepst van haar hart ★ to your ~'s content naar hartenlust ★ give / lose one's ~ to verliefd worden op ★ have / find the ~ to over zijn hart verkrijgen, het hart hebben om ★ take sth to ~ iets (erg) aantrekken ★ wear your ~ on your sleeve het hart op de tong dragen ★ iron my ~ bleeds for you wat heb ik een medelijden met jou ★ eat your ~ out je verbijten ⟨uit frustratie⟩ ❸ moed, durf ★ take ~ moed vergaren ★ down at ~ moedeloos ❹ kern, essentie ★ the ~ of the matter de kern van de zaak ❺ hartje ★ an oasis in the ~ of the city een oasis in de binnenstad ❻ geest, gedachten ★ know sth by ~ iets uit je hoofd kennen ★ learn sth by ~ iets van buiten leren ★ have a change of ~ van gedachten veranderen ★ at ~ in de grond ⟨van zijn hart⟩

heartache ['hɑːteɪk] zn hartzeer

heart attack zn hartaanval

heartbeat ['hɑːbiːt] zn hartslag

heartbreak ['hɑːbreɪk] zn groot verdriet

heartbreaking ['hɑːbreɪkɪŋ] bnw hartverscheurend

heartbroken ['hɑːbrəʊkən] bnw met gebroken hart, verpletterd

heartburn ['hɑːbɜːn] zn (brandend maag)zuur

heart condition zn hartkwaal

hearten ['hɑːtn] ov ww bemoedigen

heart failure zn hartstilstand

heartfelt ['hɑːtfelt] bnw innig, hartgrondig

hearth [hɑːθ] zn haard

heartily ['hɑːtɪlɪ] bijw ❶ hartgrondig ❷ van harte ❸ flink, hartig ❹ ontzettend

heartiness ['hɑːtɪnəs] zn ❶ hartelijkheid ❷ vitaliteit, energie

heartless ['hɑːtləs] bnw ❶ harteloos ❷ flauw

heart-rending ['hɑːtrendɪŋ] bnw hartverscheurend

heart-searching ['hɑːt sɜːtʃɪŋ] I bnw diep nadenkend II zn zelfonderzoek, diep nadenken

heart seizure zn hartverlamming

heartsick ['hɑːtsɪk] dicht bnw moedeloos

heart-stopping bnw adembenemend

heartstrings ['hɑːtstrɪŋz] zn mv ★ pull at / tug at / touch sb's ~ een gevoelige snaar bij iem. raken

heart-throb ['hɑːtθrɒb] inform zn hartenbreker

hearty ['hɑːtɪ] bnw ❶ hartelijk, joviaal ❷ grondig

❸ stevig ❹ gezond

heat [hi:t] **I** *zn* ❶ hitte, warmte ★ *in the heat of the heat* tijdens het warmste deel van de dag ❷ vuur ★ *cook at a low heat* op een laag pitje koken ❸ verwarming ❹ heftigheid ❺ inform kritiek, druk ★ *the heat is on* de druk zit op de ketel ❻ pikantheid ❼ heat, loop, manche ▼ *in / on heat* tochtig, loops **II** *ov ww* ~ **(up)** heet / warm maken **III** *onov ww* ~ **(up)** warm worden, verhit raken

heated ['hi:tɪd] *bnw* ❶ verwarmd ❷ verhit, razend, woest

heater ['hi:tə] *zn* kacheltje, verwarmingstoestel

heath [hi:θ] *zn* heide

heathen ['hi:ðn] **I** *zn* heiden **II** *bnw* heidens

heather ['heðə] *zn* heide(struik)

heating ['hi:tɪŋ] *zn* verwarming(sinstallatie)

heat rash *zn* uitslag ⟨op huid, door hitte⟩

heatstroke ['hi:tstrəʊk] *zn* zonnesteek, hitteberoerte

heave [hi:v] **I** *ov ww* [regelmatig + onregelmatig] ❶ (op)heffen, optillen, ophijsen ❷ scheepv [hove] hijsen, lichten ★ ~ *anchor* het anker lichten ❸ inform gooien ❹ slaken ⟨zucht⟩ **II** *onov ww* [regelmatig + onregelmatig] ❶ op (en neer) gaan, deinen ❷ trekken ❸ kokhalzen ❹ scheepv [hove] ~ **about** overstag gaan ❺ scheepv [hove] ~ **to** stil gaan liggen, bijdraaien ❻ ~ **up** overgeven **III** *zn* ❶ hijs, ruk ❷ deining, (op)zwelling

heaven ['hevən] *zn* hemel ★ inform ~ *forbid!* God verhoede het! ★ inform ~ *knows!* Joost mag het weten! ★ inform *for ~'s sake* in hemelsnaam ★ inform *smell / stink to high* ~ uren in de wind stinken, het daglicht niet kunnen velen

heavenly ['hevənlɪ] *bnw* hemels

heavy ['hevɪ] **I** *bnw* + *bijw* ❶ zwaar ★ *make ~ weather of sth* zwaar aan iets tillen ★ *time hangs ~ on his hands* de tijd valt hem lang ❷ dik, drukkend ⟨lucht⟩ ❸ moeilijk, saai ★ *find sth ~ going* iets saai / moeilijk vinden ❹ serieus, ernstig ❺ streng ★ *be ~ on sb* iem. hard aanpakken ❻ somber, zwaarmoedig, droevig ★ *with a ~ heart* droevig ❼ lomp, grof ★ ~ *humour* lompe humor ❽ diep ⟨slaap⟩ ❾ druk ⟨verkeer⟩ **II** *zn* ❶ inform bodyguard ❷ inform belangrijk persoon

heavy-duty [hevɪ'dju:tɪ] *bnw* ❶ bestand tegen hoge belasting ❷ zeer duurzaam, ijzersterk

heavy-handed [hevɪ'hændɪd] *bnw* ❶ lomp, tactloos ❷ te royaal ⟨met ingrediënten⟩

heavy-hearted [hevɪ'hɑ:tɪd] *bnw* zwaarmoedig

heavyweight ['hevɪweɪt] *zn* ❶ sport zwaargewicht ❷ inform belangrijk persoon

Hebrew ['hi:bru:] **I** *zn* ❶ Hebreeër ❷ Hebreeuws ⟨taal⟩ **II** *bnw* Hebreeuws

heck [hek] **I** *tw* verdorie! **II** *zn* ★ *a heck of a fuss* veel trammelant ★ *a heck of a long way* erg ver ★ *what the heck...?* wat in hemelsnaam...?

heckle ['hekl] *ov ww* steeds onderbreken

hectic ['hektɪk] *bnw* koortsachtig, druk, hectisch

he'd [hi:d] *samentr* ❶ *he had* → **have** ❷ *he would* → **will**

hedge [hedʒ] **I** *zn* ❶ heg, haag ❷ fin dekking **II** *ov ww* ❶ omheinen ❷ indekken tegen ★ ~

your bets een slag om de arm houden **III** *onov ww* ❶ zich indekken, een slag om de arm houden ❷ om de zaken heen draaien

hedgehog ['hedʒhɒg] *zn* egel

hedgerow ['hedʒrəʊ] *zn* haag

heebie-jeebies [hi:bɪ'dʒi:bɪz] inform *zn mv* de zenuwen, de griezels

heed [hi:d] **I** *zn* aandacht, oplettendheid ★ *give / pay heed to* aandacht schenken aan ★ *take heed* oppassen **II** *ov ww* aandacht schenken aan ★ *if only I'd heeded his advice* had ik zijn advies maar opgevolgd

heedless ['hi:dləs] *bnw* achteloos ★ ~ *of* zonder te letten op

hee-haw ['hi:hɔ:] *onov ww* balken ⟨van een ezel⟩

heel [hi:l] *zn* ❶ hiel ⟨v. voet, sokken enz.⟩, hak ⟨v. schoeisel⟩ ★ *bring sb to heel* iem. in het gareel krijgen ★ *drag your heels* opzettelijk treuzelen ★ *dig your heels in* je hakken in het zand zetten ★ *kick up your heels* aan de zwier gaan / zijn ★ *take to your heels* er vandoor gaan ★ *turn on your heel* je plotseling omdraaien ★ *be at sb's heels* iem. op de hielen zitten ★ *down at heel* versleten, sjofel, armoedig (gekleed) ❷ oud rotzak

heels [hi:lz] *zn mv* hooggehakte schoenen

hefty ['heftɪ] *bnw* ❶ zwaar, fors ❷ fiks

heifer ['hefə] *zn* vaars

height [haɪt] *zn* ❶ hoogte ★ *have no head for ~s* hoogtevrees hebben ★ *scale the dizzy ~s* stijgen tot grote hoogte ❷ lengte, grootte ★ *three metres in* ~ drie meter lang ❸ toppunt, hoogtepunt ★ *at the ~ of his fame* op het hoogtepunt van zijn roem ★ *at the ~ of summer* hartje zomer ★ *the ~ of stupidity* het toppunt van domheid

heighten ['haɪtn] *ov ww* verhogen, versterken, verhevigen

heinous ['heɪnəs] form *bnw* afschuwelijk

heir [eə] *zn* erfgenaam ★ *the heir to the throne* de troonopvolger

heiress ['eərɪs] *zn* erfgename

heirloom ['eəlu:m] *zn* erfstuk

held [held] *ww* [verleden tijd + volt. deelw.] → hold

helices ['helɪsi:z] *zn mv* → helix

heliport ['helɪpɔ:t] *zn* helihaven

helix ['hi:lɪks] *zn* [mv: helices] schroef(lijn), spiraal(lijn)

hell [hel] *zn* hel ★ *come hell or high water* wat er ook gebeurt ★ inform *for the hell of it* zomaar, voor de gein ★ inform *the neighbours / builders / enz. from hell* de slechtst denkbare buren / aannemers / enz. ★ inform *a hell of a mess* een heidense bende ★ inform *go to hell!* loop naar de bliksem! ★ inform *there'll be hell to pay!* dan heb je de poppen aan het dansen! ★ inform *give sb hell* iem. het leven zuur maken, iem. op z'n donder geven, iem. kwellen ★ inform *ride hell for leather* in vliegende vaart ★ *when hell freezes over* met sint-juttemis ★ *you scared the hell out of me!* je hebt me enorm laten schrikken!

he'll [hi:l] *samentr*, *he will* → will

hell-bent [hel'bent] *bnw* vastbesloten ★ *she seems ~ on ruining her life* ze lijkt erop gebrand haar leven te verknoeien

he

hellish ['helıʃ] *bnw* hels
hello [hə'ləʊ] *tw* ❶ hallo ❷ hé
helm [helm] *zn* roer ★ *be at the helm* aan het roer staan
helmet ['helmɪt] *zn* helm
helmsman ['helmzmən] *zn* roerganger
help [help] **I** *ov+onov ww* ❶ helpen, bijstaan ❷ dienen, bedienen ★ *inform help yourself to sth* jezelf van iets bedienen, *iron* iets stelen ❸ verhelpen, voorkomen ★ *I couldn't help seeing it* ik moest het wel zien ★ *don't be longer than you can help* blijf niet langer weg dan nodig ★ *it couldn't be helped* er was niets aan te doen ❹ ~ *along* voorthelpen ❺ ~ **off/on** helpen uit- / aantrekken ⟨v. kleding⟩ ❻ ~ **out** uit de brand helpen ❼ ~ **to** helpen aan, bedienen van ❽ ~ **up** helpen op te staan **II** *zn* ❶ hulp, nut ★ *be of help to sb* van nut zijn voor iem. ★ *it's not much help* het helpt niet veel, het is niet erg zinvol / nuttig ★ *with the help of* met behulp van ★ *there's no help for it* er is niets aan te doen ❷ helper ★ *domestic help* huishoudelijke hulp **III** *tw* help
helpful ['helpfʊl] *bnw* ❶ behulpzaam ❷ handig, nuttig
helping ['helpıŋ] *zn* portie
helpless ['helpləs] *bnw* hulpeloos
helter-skelter [heltə'skeltə] **I** *bnw* onbesuisd, verward **II** *bijw* halsoverkop
hem [hem] **I** *zn* zoom **II** *ov ww* ❶ omzomen ❷ ~ **in** insluiten, omsingelen, beletten
he-man ['hi:mæn] *humor zn* stoere kerel, bink
hemi- ['hemi] *voorv* half-
hemisphere ['hemɪsfɪə] *zn* ❶ halve bol ❷ halfrond
hemline ['hemlaın] *zn* roklengte
hemlock ['hemlɒk] *zn* dolle kervel
hemo- *voorv* → haemo-
hemoglobin *zn* → haemoglobin
hemophilia *zn* → haemophilia
hemophiliac *zn* → haemophiliac
hemorrhage *zn* → haemorrhage
hemorrhoids *zn mv* → haemorrhoids
hemp [hemp] *zn* ❶ hennep ❷ cannabis, hasj
hen [hen] *zn* ❶ kip ★ *as rare as hen's teeth* heel zeldzaam ❷ pop, wijfje ⟨bij vogels⟩
hence [hens] *bijw* ❶ van nu af ❷ vandaar, daarom
henceforth [hens'fɔ:θ], **henceforward** [hens'fɔ:wəd] *form bijw* voortaan
henchman ['hentʃmən] *zn* volgeling, trawant, handlanger
henhouse ['henhaʊs] *zn* kippenhok
henna ['henə] **I** *zn* henna **II** *ov ww* met henna verven
hen party *inform zn* geitenfuif ⟨vrijgezellenfeest voor bruid⟩
henpecked ['henpekt] *inform bnw* onder de plak zittend ★ *a ~ husband* een pantoffelheld
hepatitis [hepə'taɪtɪs] *zn* hepatitis, geelzucht
her [hɜ:] **I** *pers vnw* ❶ (aan) haar ❷ zij **II** *bez vnw* haar
herald ['herəld] **I** *zn* ❶ heraut, bode ❷ voorbode **II** *ov ww* ❶ aankondigen ❷ ~ **in** inluiden
heraldry ['herəldrɪ] *zn* heraldiek
herb [hɜ:b] *zn* kruid, tuinkruid

herbaceous [hɜ:'beɪʃəs] *bnw* kruidachtig, met kruiden ★ *a ~ border* een border met vaste planten
herbal ['hɜ:bl] **I** *bnw* kruiden- **II** *zn* kruidenboek
herbalist ['hɜ:bəlɪst] *zn* ❶ kruidenkenner ❷ kruidendokter
herbivorous [hɜ:'bɪvərəs] *bnw* plantenetend
herd [hɜ:d] **I** *zn* ❶ kudde ★ *fig follow the herd* meegaan met de massa ★ *fig stand out from the herd* boven het maaiveld uitsteken ❷ troep, horde **II** *ov ww* ❶ hoeden, bijeendrijven ⟨van kudde⟩ ❷ ~ **together** samendrijven ❸ ~ **with** zich aansluiten bij, omgaan met **III** *onov ww* ❶ in kudde / samen leven ❷ ~ **together** samendrommen
herdsman ['hɜ:dzmən] *zn* veehoeder
here [hɪə] **I** *tw* ❶ present! ❷ wacht! **II** *bijw* hier(heen) ★ *here, there and everywhere* overal ★ *neither here nor there* het raakt kant noch wal, het heeft er niets mee te maken ★ *here you are!* alstublieft! ★ *here's to you!* op je gezondheid! ★ *here's luck!* op je gezondheid!
hereabouts [hɪərə'baʊts], USA **hereabout** [hɪərə'baʊt] *bijw* hier in de buurt
hereafter [hɪər'ɑ:ftə] **I** *zn* het hiernamaals **II** *bijw* ❶ hierna ❷ verderop ⟨in boek⟩ ❸ in het hiernamaals
hereby [hɪə'baɪ] *bijw* hierdoor, hiermee
hereditary [hɪ'redɪtərɪ] *bnw* erfelijk
heredity [hɪ'redɪtɪ] *zn* erfelijkheid, overerving
herein [hɪə'rɪn] *bijw* hierin
heresy ['herəsɪ] *zn* ketterij
heretic ['herətɪk] *zn* ketter
heretical [hə'retɪkl] *bnw* ❶ ketters ❷ onrechtzinnig
herewith [hɪə'wɪð] *bijw* hiermee, bij deze
heritage ['herɪtɪdʒ] *zn* erfenis, erfgoed, erfdeel
hermetic [hɜ:'metɪk] *bnw* hermetisch
hermit ['hɜ:mɪt] *zn* kluizenaar
hernia ['hɜ:nɪə] *zn* (ingewands)breuk
hero ['hɪərəʊ] *zn* ❶ held ❷ hoofdpersoon, hoofdrolspeler
heroic [hə'rəʊɪk] *bnw* heldhaftig
heroics [hə'rəʊɪks] *zn mv* ❶ gezwollen taal, valse pathos ❷ heldhaftigheid / -heden
heroin ['herəʊɪn] *zn* heroïne
heroine ['herəʊɪn] *zn* ❶ heldin ❷ hoofdrolspeelster, hoofdpersoon
heroism ['herəʊɪzəm] *zn* heldenmoed
heron ['herən] *zn* reiger
herring ['herɪŋ] *zn* haring ★ *a red ~* een afleidingsmanoeuvre
herringbone ['herɪŋbəʊn] *zn* ❶ haringgraat ❷ visgraatpatroon
hers [hɜ:z] *bez vnw* het / de hare, van haar
herself [hə'self] *wkd vnw* ❶ zich(zelf) ★ *she should be ashamed of ~* ze moet zich schamen ❷ zelf ★ *all by ~* helemaal alleen ★ *she's quite ~ again* zij is weer helemaal de oude
he's [hi:z] *samentr* ❶ *he is* → **be** ❷ *he has* → **have**
hesitancy ['hezɪtənsɪ] *zn* aarzeling
hesitant ['hezɪtnt] *bnw* aarzelend
hesitate ['hezɪteɪt] *onov ww* ❶ aarzelen ❷ weifelen
hesitation [hezɪ'teɪʃən] *zn* ❶ aarzeling ★ *have no ~ about recommending sb* iem. van ganser harte

aanbevelen ❷ hapering

hessian ['hesɪən] **I** *zn* zakkengoed, grove jute
II *bnw* van jute

heterogeneous [hetərəʊ'dʒiːnɪəs] *bnw*
heterogeen, ongelijksoortig

heterosexual [hetərəʊ'sekʃʊəl] *bnw*
heteroseksueel

hew [hjuː] *ov ww* [regelmatig + onregelmatig]
❶ kappen, houwen ❷ hakken ★ *hew one's way
through a forest* zich een weg door een bos
banen ❸ ~ **down** omhakken, vellen ❹ ~ **off**
afhakken

hewn [hjuːn] *ww* [volt. deelw.] → hew

hex ['heks] **I** *zn* betovering, vloek ★ *put a hex on
sth / sb* een vloek over iets uitspreken **II** *ov ww*
beheksen, betoveren

hexa- ['heksə] *voorv* zes-

hexagon ['heksəgən] *zn* zeshoek

hexagonal [hek'sægənl] *bnw* zeshoekig

hey [heɪ] *tw* hee!, hé! ★ *hey you!* hé, jij daar! ★ *hey
presto!* hocus pocus pilatus pas!

heyday ['heɪdeɪ] *zn* bloei(tijd), hoogtepunt

HI *afk, Hawaii* staat in de VS

hiatus [haɪ'eɪtəs] <u>form</u> *zn* leemte, hiaat

hibernate ['haɪbəneɪt] *onov ww* ❶ winterslaap
doen ❷ winter doorbrengen

hibernation [haɪbə'neɪʃən] *zn* winterslaap

hiccup, hiccough ['hɪkʌp] **I** *zn* ❶ hik ❷ <u>inform</u>
probleempje **II** *onov ww* hikken

hick [hɪk] <u>inform</u> **I** *zn* boer **II** *bnw* boers

hickey ['hɪkɪ] <u>USA inform</u> *zn* zuigzoen

hickory ['hɪkərɪ] *zn* ❶ Noord-Amerikaanse
notenboom ❷ notenhout

hid [hɪd] *ww* [verleden tijd] → hide

hidden [hɪdn] *ww* [volt. deelw.] → hide

hide [haɪd] [onregelmatig] **I** *ov ww* verbergen
★ *hide one's light under a bushel* zijn talenten
voor anderen verbergen **II** *onov ww* zich
verbergen, zich schuil houden ★ *hide from
view / sight* uit het zicht blijven **III** *zn* ❶ huid
★ *tan sb's hide* iem. een pak rammel geven
❷ <u>inform</u> hachje ★ *save one's hide* je hachje
redden ❸ schuilplaats

hide-and-seek *zn* verstoppertje

hideaway ['haɪdəweɪ] *zn* geheime schuilplaats

hideous ['hɪdɪəs] *bnw* afschuwelijk, vreselijk

hideout ['haɪdaʊt] *zn* schuilplaats

hiding ['haɪdɪŋ] *zn* ❶ <u>inform</u> pak rammel ★ *a
good ~* flink pak slaag ❷ het verborgen zijn ★ *go
into ~* onderduiken

hiding place *zn* schuilplaats

hierarchical [haɪə'rɑːkɪkl] *bnw* hiërarchisch

hierarchy ['haɪərɑːkɪ] *zn* hiërarchie

hieroglyph ['haɪərəglɪf] *zn* hiëroglief

hi-fi ['haɪfaɪ] *zn* ❶ hifi geluidsinstallatie ❷ (met)
getrouwe geluidsweergave

higgledy-piggledy [hɪgldɪ'pɪgldɪ] *bnw + bijw*
schots en scheef, overhoop

high [haɪ] **I** *bnw* ❶ hoog ❷ hooggelegen ★ *take
the moral high ground* zich superieur opstellen
★ *have friends in high places* belangrijke /
machtige vrienden hebben ❸ groot ⟨aantal⟩
❹ intens, sterk ★ *high winds* storm ❺ verheven
★ *high art* kunst met een grote K ❻ duur ★ *pay
a high price* duur betalen ❼ bedorven, adellijk
⟨v. vlees / wild⟩ ❽ opgewekt, vrolijk

❾ bedwelmd, high ▼ *have a high hand* autoritair
zijn ▼ *high and mighty* aanmatigend, autoritair
▼ *high and dry* gestrand, <u>fig</u> verlaten <u>fig</u> zonder
middelen **II** *bijw* hoog ★ <u>fig</u> *aim high* op succes
mikken ★ *feelings ran high* de emoties liepen
hoog op ★ *look high and low* overal zoeken
III *zn* ❶ hogedrukgebied ❷ record, hoogtepunt,
climax ★ *hit an all-time high* een record
bereiken ❸ <u>inform</u> het high-zijn, euforie ▼ *on
high* omhoog, in de hoogte, in de hemel

highbrow ['haɪbraʊ] **I** *bnw* ❶ intellectueel
❷ superieur **II** *zn* (pedante) intellectueel

high chair *zn* kinderstoel

high-class [haɪ'klɑːs] *bnw* ❶ uitstekend, van
prima kwaliteit ❷ voornaam

high command *zn* opperbevel

high-dependency *bnw* die veel zorg nodig
hebben ⟨van ziekenhuispatiënten⟩ ★ *a ~ ward*
intensieve zorg afdeling

highfalutin [haɪfə'luːtɪn] <u>inform</u> <u>min</u> *zn*
hoogdravend

high fashion *zn* haute couture

high finance *zn* het grote geld

high-flier, high-flyer *zn* hoogvlieger

high-flown [haɪ'fləʊn] <u>min</u> *bnw* hoogdravend

high-grade *bnw* van uitstekende kwaliteit

high-handed [haɪ'hændɪd] *bnw* ❶ laatdunkend
❷ autoritair

high-heeled *bnw* met hoge hakken

high jump ['haɪdʒʌmp] *zn* hoogspringen

highlands ['haɪləndz] *zn mv* hooglanden

high-level *bnw* op hoog niveau

high life *zn* ★ *the ~* (het leven van) de jetset

highlight ['haɪlaɪt] **I** *zn* hoogtepunt **II** *ov ww*
❶ markeren ⟨met markeerpen⟩ ❷ goed doen
uitkomen, in het licht stellen

highly ['haɪlɪ] *bijw* ❶ hoog(lijk), hoogst ★ *~
inflammable* licht ontvlambaar ★ *~ strung*
hypernerveus, overgevoelig ❷ lovend,
goedkeurend

high-maintenance *bnw* ❶ onderhoudsintensief
❷ <u>inform</u> die veel aandacht vraagt ⟨vooral
vrouw⟩

high-minded [haɪ'maɪndɪd] *bnw* met sterke
morele principes

highness ['haɪnəs] *zn* ❶ hoogheid ❷ hoogte

high-pitched *bnw* ❶ hoog, schel ❷ steil ⟨van
dak⟩

high-powered [haɪ'paʊəd] *bnw* ❶ (zeer)
krachtig, met groot vermogen ❷ machtig,
zwaar, verantwoordelijk

high-pressure *bnw* hoge druk-

high-profile *bnw* opvallend, in de publiciteit ★ *a
~ job* een baan in de schijnwerpers

high-ranking *bnw* hoog(staand)

high-rise ['haɪraɪz] *bnw* hoogbouw ★ *a ~ flat* een
torenflat

high road <u>GB</u> *zn* ❶ hoofdweg ❷ <u>fig</u> kortste weg

high roller <u>USA</u> <u>inform</u> *zn* ❶ iem. die met veel
geld smijt ❷ iem. die hoog inzet ⟨bij gokken⟩

high-sounding <u>min</u> *bnw* ❶ hoogdravend
❷ holklinkend

high-speed *bnw* met grote snelheid, snel-

high-strung *bnw* hypernerveus, overgevoelig

hightail ['haɪteɪl] <u>inform</u> *onov ww* 'm smeren

high-tech, hi-tech *bnw, high technology*

hi

geavanceerd

high-tension *bnw* hoogspannings-

high tide *zn* hoogwater, vloed

high-up inform *zn* hoge piet

highway ['haɪweɪ] *zn* grote weg, verkeersweg

highwayman ['haɪweɪmən] *zn* struikrover

hijack ['haɪdʒæk] **I** *zn* kaping **II** *ov ww* kapen

hijacker ['haɪdʒækə] *zn* kaper

hike [haɪk] *zn* ❶ trektocht ★ inform *take a hike!* hoepel op! ❷ inform verhoging ★ *prices have taken a hike* de prijzen zijn flink omhoog gegaan **II** *ov ww* ❶ ophijsen ❷ ~ **up** verhogen ⟨prijzen enz.⟩ **III** *onov ww* rondtrekken

hiker ['haɪkə] *zn* wandelaar, trekker

hilarious [hɪ'leərɪəs] *bnw* hilarisch, uiterst komisch

hilarity [hɪ'lærətɪ] *zn* hilariteit

hill [hɪl] *zn* heuvel, berg ★ *up hill and down dale* heuvel op, heuvel af ★ inform *over the hill* over zijn hoogtepunt heen

hillbilly ['hɪlbɪlɪ] USA *zn* hillbilly, boerenpummel

hillock ['hɪlək] *zn* heuveltje

hillside ['hɪlsaɪd] *zn* helling

hilltop ['hɪltɒp] *zn* heuveltop ★ *a ~ village* een hooggelegen dorp

hilly ['hɪlɪ] *bnw* heuvelachtig

hilt [hɪlt] *zn* gevest ★ *up to the hilt in debt* tot over zijn oren in de schuld

him [hɪm] *pers vnw* ❶ (aan) hem ❷ hij

himself [hɪm'self] *wkd vnw* ❶ zich(zelf) ★ *full of ~* vol van zichzelf ❷ zelf ★ *all by ~* helemaal alleen ★ *he's quite ~ again* hij is weer helemaal de oude

hind [haɪnd] **I** *zn* hinde **II** *bnw* achterst

hinder ['hɪndə] **I** *bnw* achter(ste) **II** *ov ww* (ver)hinderen, beletten, tegenhouden

hindmost ['haɪndməʊst] *bnw* achterste

hindquarters [haɪnd'kwɔːtəz] *zn* achterdeel, achterste

hindrance ['hɪndrəns] *zn* obstakel, belemmering

hindsight ['haɪndsaɪt] *zn* wijsheid achteraf ★ *with ~* achteraf bekeken

Hindu ['hɪnduː] **I** *zn* hindoe **II** *bnw* hindoes

Hinduism ['hɪnduːɪzəm] *zn* hindoeïsme

hinge [hɪndʒ] **I** *zn* ❶ scharnier ❷ spil (figuurlijk) ★ *off its ~s* in de war **II** *ov ww* met scharnier vastmaken **III** *onov ww* rusten, draaien

hint [hɪnt] **I** *zn* ❶ hint, zinspeling ★ *drop a hint* een hint geven ★ *take a hint* een hint oppikken / begrijpen ❷ aanwijzing ❸ zweem, vleugje **II** *ov ww* ~ **at** zinspelen op

hinterland ['hɪntəlænd] *zn* achterland

hip [hɪp] **I** *zn* ❶ heup ❷ rozenbottel **II** *bnw* inform hip **III** *tw* ★ *hip, hip, hooray!* hiep hiep hoera!

hip bath *zn* zitbad

hippie, hippy ['hɪpɪ] *zn* hippie, hippe vogel

hippo ['hɪpəʊ] inform *zn* nijlpaard

hip pocket *zn* achterzak

hippodrome ['hɪpədrəʊm] *zn* renbaan

hippopotamus [hɪpə'pɒtəməs] *zn* [mv: **hippopotami of -es**] nijlpaard

hippy ['hɪpɪ] *zn* → **hippie**

hipsters ['hɪpstəz] *zn mv* heupbroek

hire ['haɪə] **I** *ov ww* ❶ huren ❷ in dienst nemen ❸ ~ **out** verhuren **II** *zn* ❶ huur ★ *for / on hire* te

huur ❷ loon

hireling ['haɪəlɪŋ] *zn* huurling

hire purchase *zn* huurkoop

hirsute ['hɜːsjuːt] *bnw* harig, ruig, borstelig

his [hɪz] *bez vnw* het / de zijne, zijn, van hem

hiss [hɪs] **I** *ov ww* ❶ (uit)fluiten ❷ sissen ❸ ~ **off** van het podium fluiten **II** *onov ww* sissen **III** *zn* sissend geluid

historian [hɪ'stɔːrɪən] *zn* historicus

historic [hɪ'stɒrɪk] *bnw* historisch

historical [hɪ'stɒrɪkl] *bnw* historisch, geschiedkundig

history ['hɪstərɪ] *zn* geschiedenis ★ *natural ~* biologie ★ inform *our disagreements are ~* onze meningsverschillen zijn verleden tijd

histrionics [hɪstrɪ'ɒnɪks] *zn mv* theatraal gedoe, aanstellerij

hit [hɪt] **I** *ov ww* ❶ slaan ★ *hit the nail on the head* de spijker op zijn kop slaan ★ ook fig *hit below the belt* onder de gordel slaan ❷ treffen, raken ★ *hit home* zijn doel treffen ★ *hard hit* zwaar getroffen / geteisterd ★ inform *hit the road* (op) weg gaan ★ inform *hit the hay / sack* onder de wol kruipen ❸ stoten, botsen tegen ★ *hit the roof* barsten van woede ★ *hit and run* doorrijden na aanrijding ❹ bereiken, halen ★ *hit the headlines* de voorpagina halen ❺ ~ **back** terugslaan ❻ ~ **off** precies treffen ★ *hit it off with sb* het goed kunnen vinden met iem. ❼ ~ **(up)on** toevallig aantreffen, stuiten op **II** *onov ww* ~ **out** slaan, van zich afslaan **III** *zn* ❶ slag, stoot ❷ (vol)treffer ❸ hit (iets populairs) ❹ comp hit ⟨keer dat een internetpagina wordt geraadpleegd⟩

hitch [hɪtʃ] **I** *zn* ❶ hapering, storing ★ *go off without a ~* probleemloos verlopen ❷ ruk, zet, duw ❸ inform lift **II** *ov ww* ❶ liften ★ *~ a ride* liften ❷ vastmaken, vasthaken ★ *~ a horse to a cart* een paard voor een wagen spannen ❸ ~ **up** ophijsen, optrekken ⟨met een rukje⟩ **III** *onov ww* liften

hitched [hɪtʃt] inform *bnw* getrouwd ★ *get ~* trouwen

hitch-hike ['hɪtʃhaɪk] *onov ww* liften, liftend trekken door

hi-tech *bnw* → **high-tech**

hither ['hɪðə] dicht *bijw* hierheen ★ *~ and t~* her en der

hitherto [hɪðə'tuː] *bijw* tot dusver

hit list inform *zn* dodenlijst ⟨lijst van te vermoorden personen⟩

hit man inform *zn* huurmoordenaar

hit-or-miss *bnw* lukraak

HIV [eɪtʃ aɪ 'viː] *afk, human immunodeficiency virus* hiv ★ *HIV positive* seropositief

hive [haɪv] **I** *zn* ❶ bijenkorf ★ *a hive of activity* een grote bedrijvigheid ❷ bijenzwerm **II** *ov ww* econ ~ **off** uitbesteden

hives [haɪvz] *zn mv* netelroos, galbulten

HM *afk, Her / His Majesty* Hare / Zijne Majesteit

hoard [hɔːd] **I** *zn* ❶ geheime voorraad, schat ❷ hoop, verzameling **II** *ov ww* vergaren, (op)sparen, hamsteren

hoarding ['hɔːdɪŋ] *zn* ❶ het hamsteren ❷ schutting, aanplakbord

hoar frost [hɔː'frɒst] *zn* rijp

hoarse [hɔːs] *bnw* schor, hees

hoary ['hɔːrɪ] *bnw* ❶ grijs, wit ⟨van ouderdom⟩ ❷ afgezaagd ⟨mop⟩

hoax [həʊks] **I** *zn* bedrog, nep ★ *the bomb warning was a hoax* de bommel;ding was een loos alarm ★ *hoax sb* om de tuin leiden

hob [hɒb] *zn* kookplaat

hobble ['hɒbl] **I** *onov ww* strompelen **II** *ov ww* ❶ kluisteren ⟨paard⟩ ❷ belemmeren, hinderen **III** *zn* strompelgang

hobby ['hɒbɪ] *zn* hobby, liefhebberij ★ *his ~ is collecting stamps* hij verzamelt postzegels als hobby

hobby horse *zn* ❶ hobbelpaard ❷ stokpaardje, hobby

hobgoblin [hɒb'gɒblɪn] *zn* ❶ kabouter ❷ kwelgeest

hobnail boot ['hɒbneɪl buːt] *zn* spijkerschoen

hobnob ['hɒbnɒb] *inform onov ww* omgaan

hobo ['həʊbəʊ] *zn* zwerver, landloper

hock [hɒk] **I** *zn* ❶ hielgewricht ⟨van paard⟩ ❷ ⟨varkens⟩kluif ★ *a pork hock* een varkenskluif ❸ Rijnwijn ❹ *inform* pand ★ *in hock* verpand **II** *ov ww inform* verpanden

hockey ['hɒkɪ] *zn* hockey, USA ijshockey ★ USA *field ~* hockey

hocus-pocus [həʊkəs'pəʊkəs] *zn* hocus pocus, bedriegerij ★ *a load of ~* een hoop flauwekul

hodgepodge ['hɒdʒpɒdʒ] *zn* → **hotchpotch**

hoe [həʊ] **I** *zn* schoffel **II** *ov ww* ❶ schoffelen ❷ *inform* → **into** flink toetsteken, aanvallen **III** *onov ww* ❶ schoffelen ❷ *inform* → **in** flink toetasten

hog [hɒg] **I** *zn* ❶ ⟨slacht⟩varken ❷ *inform* vreetzak ▾ *inform go the whole hog* iets grondig doen **II** *ov ww inform* zich inhalig gedragen, inpikken ★ *don't hog the couch!* neem niet de hele bank in beslag!

Hogmanay ['hɒgmæneɪ] *zn* ⟨in Schotland⟩ oudejaarsavond, oudejaarsdag

hogwash ['hɒgwɒʃ] *zn* ❶ *inform* nonsens, larie ❷ varkensvoer

ho hum *tw* zal wel ⟨uitdrukking van ongeïnteresseerdheid⟩

hoi polloi [hɔɪ 'pɒlɔɪ] *zn mv* ★ *the ~* het gajes, plebs

hoist [hɔɪst] **I** *zn* hijstoestel, lift, hijsinrichting **II** *ov ww* (op)hijsen ★ *be ~ with your own petard* zelf in de kuil vallen die je voor een ander gegraven hebt

hoity-toity [hɔɪtɪ'tɔɪtɪ] *inform bnw* arrogant

hokum ['həʊkəm] *inform zn* ❶ kitsch ⟨m.b.t. toneel / film⟩ ❷ onzin, kletspraat

hold [həʊld] **I** *ov ww* [onregelmatig] ❶ houden, vasthouden ★ *hold sth over sb* iem. dreigen met iets ★ *be left holding the baby* met de gebakken peren blijven zitten ★ *hold one's head high* zich fier gedragen ★ *hold up one's head* moed houden, nieuwe moed scheppen ❷ dragen ❸ (be)houden, aanhouden ★ *hold sb in hand* iem. aan het lijntje houden ★ *hold one's own* stand houden, zich goed houden, zich staande houden ❹ inhouden, (kunnen) bevatten ★ *fig that story doesn't hold water* dat verhaal houdt geen steek / klopt niet ❺ in bezit / pacht hebben / houden, bewaren ❻ innemen, bekleden ⟨positie⟩ ★ *hold a place* een betrekking bekleden ❼ achten, van oordeel zijn, er op na houden ★ *hold cheap* geen hoge dunk hebben van ★ *hold in esteem / repute* hoogachten ★ *hold it good to* het raadzaam vinden om ❽ stoppen, tegenhouden ★ *hold at bay* op een afstand houden ★ *hold it! stop!* blijf staan! ★ *hold your tongue!* hou je mond! ★ *hold your noise!* hou je gemak! ❾ houden ⟨vergadering, verkiezingen enz.⟩, voeren ⟨gesprek⟩ ❿ *~ against* kwalijk nemen, verwijten ⓫ *~ back* achterhouden, tegenhouden ⓬ *-~ by* blijven bij, vasthouden aan ⓭ *~ down* in bedwang houden, bekleden ⟨betrekking⟩ ⓮ *~ in* onderdrukken ⟨gevoelens⟩ ⓯ *~ off* uitstellen, op een afstand houden ⓰ *~ on to* vast blijven houden ⓱ *~ out* uitsteken ★ *hold out an olive branch* vrede sluiten ⓲ *~ over* uitstellen, prolongeren ⓳ *~ to* houden aan ★ *hold sb to an opinion* iem. op zijn mening vastpinnen ★ *hold sb to a promise* iem. aan zijn belofte houden ⓴ *~ up* overvallen, vertragen, ondersteunen ㉑ *~ on to* vasthouden aan, niet opgeven, niet loslaten, niet loskomen van **II** *onov ww* [onregelmatig] ❶ volhouden ★ *hold to one's course* doorzetten ❷ van kracht zijn / blijven ❸ aanhouden, blijven ★ *hold true* blijken waar te zijn ❹ *~ back* aarzelen, zich inhouden ❺ *~ forth* betogen, oreren ❻ *~ off* wegblijven, geen actie ondernemen ❼ *~ on* volhouden, doorgaan, niet loslaten ★ *hold on a minute!* wacht even! ❽ *~ out* volhouden, toereikend zijn ❾ *~ up* volhouden, standhouden **III** *zn* ❶ houvast, vat, greep ⟨ook in sport⟩ ★ *take / get / catch hold of* vastpakken, aangrijpen ★ *keep hold of* vasthouden ★ *no holds barred* alles is toegestaan ⟨in gevecht, wedstrijd⟩ ❷ macht, controle ★ *hold on to* macht over, vat op ❸ *scheepv* ruim ▾ *on hold* uitgesteld, in de wachtkamer

holdall ['həʊldɔːl] *zn* plunjezak, reistas

holder ['həʊldə] *zn* ❶ bezitter, houder ❷ bekleder ⟨van ambt⟩ ❸ houder, pijpje, etui

holding ['həʊldɪŋ] *zn* ❶ aandeel ❷ bezit ❸ boerenbedrijf

hold-up *zn* ❶ stremming, vertraging, oponthoud ❷ overval

hole [həʊl] **I** *zn* ❶ holte, kuil, gat ⟨ook figuurlijk⟩ ★ *inform need sth like a hole in the head* iets kunnen missen als kiespijn ★ *pick holes in sth* aanmerkingen maken op iets, iets ontzenuwen ⟨argument⟩ ❷ opening, bres ❸ hiaat ❹ hol ⟨van dier⟩ ❺ *inform* penibele situatie ★ *be in a hole* in de knoei zitten ❻ *sport* hole **II** *ov ww* ❶ gaten maken in ❷ graven ❸ (door)boren ❹ in hole slaan ⟨bij golf⟩ ❺ *~ up* verbergen, verschuilen **III** *onov ww* *~ up* zich verbergen, zich verschuilen

holiday ['hɒlədeɪ] **I** *zn* ❶ vakantie ★ *go on ~* op / met vakantie gaan ❷ feestdag, vakantiedag ★ *a public ~* een officiële feestdag **II** *onov ww* de vakantie doorbrengen

holidaymaker ['hɒlədeɪmeɪkə] *zn* vakantieganger

holiday season *zn* ❶ GB vakantieperiode, vakantietijd ❷ USA feestdagen aan het eind van het jaar

ho

holiness ['həʊlɪnəs] zn heiligheid

holler ['hɒlə] inform I zn schreeuw, gil II ov+onov ww schreeuwen

hollow ['hɒləʊ] I bnw + bijw ❶ hol ★ ~ cheeks ingevallen wangen ❷ leeg, geveinsd, ijdel ★ ~ promises loze beloftes ▼ beat sb ~ iem. totaal verslaan II zn ❶ holte ❷ dal, laagte III ov ww (uit)hollen, hol maken

holly ['hɒlɪ] zn hulst

hollyhock ['hɒlɪhɒk] zn stokroos

holocaust ['hɒləkɔːst] zn ❶ holocaust, volkerenmoord ❷ slachting, vernietiging ★ a nuclear ~ een atoomramp

holster ['həʊlstə] zn (pistool)holster

holy ['həʊlɪ] bnw heilig, gewijd

holy water zn wijwater

Holy Week zn de Stille / Goede Week

homage ['hɒmɪdʒ] zn hulde ★ pay / do ~ to hulde betuigen aan

homburg ['hɒmbɜːg] zn gleufhoed ⟨met omgekrulde rand⟩

home [həʊm] I zn ❶ huis, thuis, woongebied ★ home sweet home eigen haard is goud waard ★ at home thuis ★ fig be at home with / in sth op de hoogte zijn van iets, goed bekend zijn met iets ★ feel at home je thuis voelen ★ make yourself at home doe alsof je thuis bent ★ the forest is home to owls het bos is het woongebied van uilen ❷ tehuis ★ a convalescent home een herstellingsoord ❸ geboorteland / plaats, vaderland, moederland ★ America, the home of capitalism Amerika, de bakermat van het kapitalisme ★ they made their home in America ze vestigden zich in Amerika ★ back home in mijn geboorteland, (bij ons) thuis ❹ eindstreep, thuishonk II bnw ❶ huiselijk, thuis ★ a home match een thuiswedstrijd ❷ eigen ★ a home brew een eigen brouwsel ❸ huishoudelijk ❹ binnenlands III bijw ❶ naar huis, thuis ★ bring sth closer to home iets tastbaarder maken ★ bring sth home to sb iem. doordringen van iets, iem. iets in zijn hoofd prenten ★ come home to duidelijk worden ★ inform it's coming home to me daar staat me iets van bij ★ go home naar huis gaan ★ nothing to write home about niet veel soeps ❷ naar het doel, raak ★ drive sth home iets duidelijk maken, iets vastslaan ⟨een spijker⟩ ★ hit home raak zijn IV ov ww ~ in on het doel zoeken ⟨van projectiel⟩, aanvliegen, afgaan op V onov ww ~ in naar binnen komen zoemen, aanvliegen

home body inform zn huismus ⟨figuurlijk⟩

homecoming ['həʊmkʌmɪŋ] zn ❶ thuiskomst ❷ repatriëring

home cooking zn koken zoals het thuis gebeurt

home economics zn huishoudkunde

home-grown bnw ❶ inlands, van eigen bodem ❷ zelf verbouwd

homeland ['həʊmlænd] zn ❶ geboorteland ❷ gesch thuisland ⟨in Zuid-Afrika⟩

homely ['həʊmlɪ] bnw ❶ simpel, eenvoudig ❷ alledaags ❸ USA niet mooi

home-made bnw ❶ zelfgemaakt ❷ inlands

homeopath, homoeopath ['həʊmɪəʊpæθ] zn homeopaat

homeopathy, homoeopathy [həʊmɪ'ɒpəθɪ] zn homeopathie

homer ['həʊmə] zn homerun ⟨honkbal⟩

home rule zn zelfbestuur

homespun ['həʊmspʌn] bnw ❶ zelf gesponnen ❷ onopgesmukt, eenvoudig

homestead ['həʊmsted] zn hofstede

home truth zn harde waarheid ★ tell sb some ~s iem. flink de waarheid zeggen

homeward ['həʊmwəd] bnw + bijw huiswaarts ★ ~ bound op thuisreis

homewards ['həʊmwədz] bijw huiswaarts

homework ['həʊmwɜːk] zn huiswerk ★ do your ~ je huiswerk maken

homey, homy ['həʊmɪ] bnw huiselijk

homicidal [hɒmɪ'saɪdl] bnw moord-, moorddadig

homicide ['hɒmɪsaɪd] zn doodslag

homily ['hɒməlɪ] zn preek, leerrede

homing ['həʊmɪŋ] bnw naar huis terugkerend ★ a ~ device een stuurorgaan ⟨van geleide projectielen⟩ ★ the ~ instinct het instinct om eigen huis terug te vinden

homing pigeon zn postduif

homo ['həʊməʊ] min zn homo

homoeopath zn → **homeopath**

homoeopathy zn → **homeopathy**

homogeneous [həʊməʊ'dʒiːnɪəs] bnw gelijksoortig, homogeen

homonym ['hɒmənɪm] zn gelijkluidend woord, homoniem

homosexual [həʊməʊ'sekʃʊəl] I zn homoseksueel II bnw homoseksueel

homy ['həʊmɪ] bnw → **homey**

hone [həʊn] ov ww ❶ aanzetten, slijpen ❷ verbeteren ★ a finely honed style of writing een goedgepolijste schrijfstijl

honest ['ɒnɪst] I bnw ❶ rechtschapen, braaf ❷ eerlijk ❸ onvervalst, deugdelijk II tw inform echt waar!

honestly ['ɒnəstlɪ] I bijw eerlijk ★ ~ speaking eerlijk gezegd II tw inform zeg, maar, zeg!

honest-to-goodness I bnw ongecompliceerd, zuiver II tw echt!

honesty ['ɒnɪstɪ] zn eerlijkheid, oprechtheid ★ in all ~ eerlijk gezegd, met zijn hand op het hart ★ ~ is the best policy eerlijk duurt het langst

honey ['hʌnɪ] zn ❶ honing ❷ schat, liefje

honeybee ['hʌnɪbiː] zn honingbij

honeycomb ['hʌnɪkəʊm] I zn honingraat II ov ww ❶ gaatjes maken in, doorboren ❷ ondermijnen

honeydew melon ['hʌnɪdjuː melən] zn suiker meloen

honeyed ['hʌnɪd] bnw (honing)zoet ★ ~ words lieve woordjes

honeymoon ['hʌnɪmuːn] I zn huwelijksreis, wittebroodsweken II onov ww de huwelijksreis / wittebroodsweken doorbrengen ★ they are ~ing in Spain ze zijn op huwelijksreis in Spanje

honeysuckle ['hʌnɪsʌkl] zn kamperfoelie

honk [hɒŋk] I zn ❶ getoeter ❷ geschreeuw ⟨van gans⟩ II onov ww ❶ toeteren ❷ schreeuwen

honorary ['ɒnərərɪ] bnw ❶ ere- ❷ onbezoldigd

honour, USA honor ['ɒnə] I zn ❶ eer, eerbewijs ★ his word of ~ zijn erewoord ★ in ~ of... ter ere van... ★ do sb the ~ of... iem. vereren met... ★ Your Honour Edelachtbare ❷ eergevoel,

reputatie, aanzien **II** *ov ww* ❶ eren
❷ honoreren

honourable, USA **honorable** ['ɒnərəbl] *bnw*
❶ eervol ❷ eerzaam ❸ ≈ edelachtbaar

honours, USA **honors** ['ɒnəz] *zn mv* ❶ cum
laude ★ *graduate with* ~ cum laude promoveren
★ *an* ~ *degree* een graad na gespecialiseerde
studie ❷ onderscheidingen, eer(bewijzen)
★ *with full military* ~ met militaire eer ★ *do the*
~ als gastheer optreden, inform iets aanbieden /
inschenken

honours list *zn* lijst van personen die koninklijk
onderscheiden worden ⟨≈ lintjesregen⟩

hood [hʊd] *zn* ❶ kap, capuchon ❷ USA motorkap
❸ overkapping, kap, vouwdak ⟨van auto⟩
❹ afzuigkap ❺ inform crimineel

hooded ['hʊdɪd] *bnw* bedekt ⟨met kap⟩

hoodie, hoody ['hʊdɪ] inform *zn* sweatshirt met
capuchon

hoodlum ['hu:dləm] *zn* gangster, crimineel,
bendelid

hoodwink ['hʊdwɪŋk] *ov ww* misleiden, zand in
de ogen strooien

hooey ['hu:i] inform *zn* waardeloze nonsens

hoof [hu:f] **I** *zn* [mv: **hooves**] hoef, poot ★ *on the
hoof* levend, (nog) niet geslacht **II** *ov ww*
trappen, slaan ⟨door paard⟩ ▼ inform *hoof it* te
voet gaan

hook [hʊk] **I** *zn* ❶ haak, vishaak ★ *take the
receiver off the hook* de hoorn van de haak
nemen ★ inform *get sb off the hook* iem. uit de
narigheid halen ★ *hook, line and sinker*
compleet, helemaal ❷ sikkel, snoeimes, kram
❸ hoek(stoot) ⟨boksen⟩ ▼ *by hook or by crook*
eerlijk of oneerlijk, hoe dan ook **II** *ov ww*
❶ vasthaken, aanhaken ❷ aan de haak slaan
❸ inpikken ❹ tot verslaafdheid brengen ❺ ~ **up**
vasthaken, aan de haak slaan ❻ ~ **up with** bij
elkaar komen, gaan samenwerken **III** *onov ww*
❶ blijven haken ❷ ~ **on** aanhaken, in elkaar
haken

hookah ['hʊkə] *zn* waterpijp

hooked [hʊkt] *bnw* ❶ haakvormig, met haak
❷ inform verslaafd ★ ~ *on* verslaafd aan

hooker ['hʊkə] inform *zn* hoer

hook-up *zn* onderlinge verbinding van
radiostations

hooky, hookey ['hʊkɪ] USA inform *zn* ★ *play* ~
spijbelen

hooligan ['hu:lɪgən] *zn* vandaal, relschopper,
hooligan

hooliganism ['hu:lɪgənɪzəm] *zn* vandalisme

hoop [hu:p] *zn* ❶ hoepel ★ *go / be put through the
hoops* het zwaar te verduren hebben ❷ ring,
band

hooray [hʊ'reɪ] *tw* → **hurrah**

hoot [hu:t] **I** *ov ww* ❶ uitjouwen ★ *he was hooted
off the stage* hij werd van het podium
weggejouwd ❷ toeteren ★ *hoot the horn*
claxonneren ★ *hoot a warning* een
waarschuwing toeteren **II** *onov ww* ❶ krassen
⟨van uil⟩ ❷ toeteren, claxonneren ❸ (hard)
lachen **III** *zn* ❶ gekras ❷ gejouw ❸ getoeter
❹ inform giller ▼ *not care a hoot about sth* ergens
geen snars om geven

hooter ['hu:tə] *zn* ❶ stoomfluit, sirene, claxon

❷ inform snufferd, neus ❸ inform tiet

hoover ['hu:və] **I** *zn* stofzuiger **II** *ov+onov ww*
stofzuigen

hooves ['hu:vz] *zn mv* → **hoof**

hop [hɒp] **I** *ov ww* ★ inform *hop it!* hoepel op!
II *onov ww* ❶ springen, hinken, huppelen
❷ ~ **in** instappen ❸ ~ **off** ophoepelen,
uitstappen ❹ ~ **out** uitstappen **III** *zn* ❶ plantk
hop ❷ etappe ❸ dansje, sprong(etje) ★ *on the
hop* druk in de weer

hope [həʊp] **I** *zn* hoop, verwachting ★ *their hopes
were dashed* hun hoop werd de grond in
geboord ★ *live in hope* blijven hopen ★ inform
not a hope in hell geen schijn van kans **II** *ov ww*
❶ hopen ❷ ~ **for** hopen op ★ *hope for the best*
het beste maar hopen **III** *onov ww* hopen
★ *hope against hope* hopen tegen beter weten in
★ *I should hope so!* dat zou ik wel denken!

hopeful ['həʊpfʊl] **I** *bnw* hoopvol ★ *they are* ~ *of
success* ze hopen op succes **II** *zn* ❶ veelbelovend
persoon ❷ persoon met ambities

hopefully ['həʊpfʊlɪ] *bijw* hopelijk

hopeless ['həʊpləs] *bnw* ❶ hopeloos, uitzichtloos
★ *they were* ~*ly lost* ze waren hopeloos
verdwaald ❷ inform waardeloos ❸ heel slecht
★ *I'm* ~ *at sport* ik ben heel slecht in sport

hopper ['hɒpə] *zn* ❶ vultrechter ❷ tremel ⟨van
een molen⟩

hopping ['hɒpɪŋ] inform *bnw* ★ ~ *mad* spinnijdig

hopscotch ['hɒpskɒtʃ] *zn* hinkelspel

horde [hɔ:d] *zn* horde, bende ★ *they turned up in*
~*s* ze kwamen in meutes opdagen

horizon [hə'raɪzən] *zn* horizon, einder ★ fig *have
limited* ~*s* een beperkt blikveld hebben

horizontal [hɒrɪ'zɒntl] **I** *zn* horizontale lijn,
horizontaal vlak **II** *bnw* horizontaal ★ *store* ~*ly*
liggend bewaren

hormone ['hɔ:məʊn] *zn* hormoon

horn [hɔ:n] *zn* ❶ hoorn, voelhoorn ★ *take the bull
by the horns* de koe bij de hoorns vatten ★ *draw
in your horns* (je) matigen, in je schulp kruipen
❷ trompet ★ inform *blow your own horn*
opscheppen ❸ claxon ★ *toot the horn* toeteren

horned [hɔ:nd] *bnw* met hoorns

hornet ['hɔ:nɪt] *zn* horzel ★ *stir up a* ~*'s nest* zich
in een wespennest steken

hornpipe ['hɔ:npaɪp] *zn* horlepijp

horn-rimmed [hɔ:n'rɪmd] *bnw* met hoornen
montuur

horny ['hɔ:nɪ] *bnw* ❶ hoornachtig, vereelt
❷ inform heet, geil

horoscope ['hɒrəskəʊp] *zn* horoscoop

horrendous [hə'rendəs] *bnw* gruwelijk,
afgrijselijk, verschrikkelijk

horrible ['hɒrɪbl], inform **horrid** ['hɒrɪd] *bnw*
afgrijselijk, verschrikkelijk, vreselijk ★ ~ *weather*
akelig weer ★ *be horribly wrong* het vreselijk mis
hebben

horrific [hə'rɪfɪk] *bnw* afschuwelijk,
weerzinwekkend

horrify ['hɒrɪfaɪ] *ov ww* ❶ met afschuw vervullen
❷ ergernis wekken

horror ['hɒrə] *zn* ❶ afgrijzen, gruwel, afschuw
★ *to her* ~ tot haar grote schrik ★ *give sb the* ~*s*
iem. een angstaanval bezorgen ❷ inform
engerd, loeder ★ *that child is a little* ~ wat is dat

ho

ho

een vervelend kind

horse [hɔːs] **I** *zn* ❶ paard ★ *break in a ~* een paard africhten ★ *a gift ~* een gegeven paard ★ *a dark ~* een outsider, een onbekende mededinger ★ *eat like a ~* eten als een wolf ★ inform *flog a dead ~* oude koeien uit de sloot halen ★ inform *hold your ~s!* rustig aan! ★ inform *straight from the ~'s mouth* uit de eerste hand, rustig aan! ★ inform *get on your high ~* hoog van de toren blazen, je arrogant gedragen ★ *you can lead a ~ to water, but you can't make it drink* met onwillige honden is het slecht hazen vangen ❷ rek, schraag **II** *onov ww* inform *~ about/around* stoeien

horseback [ˈhɔːsbæk] *zn* ★ *on ~* te paard

horse chestnut *zn* wilde kastanje

horseman [ˈhɔːsmən] *zn* ruiter

horsemanship [ˈhɔːsmənʃɪp] *zn* rijkunst

horseplay [ˈhɔːspleɪ] *zn* ruw gestoei

horsepower [ˈhɔːspaʊə] *zn* paardenkracht

horse racing *zn* het paardenrennen

horseradish [ˈhɔːsrædɪʃ] *zn* mierikswortel

horse sense inform *zn* boerenverstand

horseshoe [ˈhɔːʃuː] *zn* hoefijzer

horse-trading *zn* sluwe onderhandelingswijze

horsewhip [ˈhɔːswɪp] **I** *zn* rijzweep **II** *ov ww* er van langs geven, met rijzweep afranselen

horsewoman [ˈhɔːswʊmən] *zn* paardrijdster

horsey, horsy [ˈhɔːsɪ] *bnw* ❶ als (van) een paard ★ *a ~ face* een gezicht als een paard ❷ dol op paarden(sport)

horticulture [ˈhɔːtɪkʌltʃə] *zn* tuinbouw

horticulturist [hɔːtɪˈkʌltʃərɪst] *zn* hovenier, tuinbouwer

hose [həʊz] **I** *ov ww* ❶ (schoon)spuiten ❷ *~ down* schoonspuiten, natspuiten ❸ *~ out* uitspuiten **II** *zn* ❶ panty, maillot, kousen ❷ slang, tuinslang, brandslang

hosiery [ˈhəʊzɪərɪ] *zn* kousen en panty's

hospice [ˈhɒspɪs] *zn* verpleeghuis (voor terminale patiënten)

hospitable [ˈhɒspɪtəbl] *bnw* gastvrij

hospital [ˈhɒspɪtl] *zn* ziekenhuis ★ *be admitted to ~* opgenomen worden in het ziekenhuis

hospitality [hɒspɪˈtælətɪ] *zn* gastvrijheid

hospitalize, hospitalise [ˈhɒspɪtəlaɪz] *ov ww* in ziekenhuis opnemen ★ *be ~d* in het ziekenhuis liggen

host [həʊst] **I** *zn* ❶ gastheer, waard, herbergier ★ *a host city* een gaststad ❷ menigte, massa ★ *a host of daffodils* een zee van narcissen ★ *a host of problems* erg veel problemen ❸ rel hostie **II** *ov ww* ❶ gastheer / -vrouw zijn bij ★ *host a program* een programma presenteren ❷ comp hosten

hostage [ˈhɒstɪdʒ] *zn* gijzelaar ★ *hold sb ~* iem. gijzelen

hostel [ˈhɒstl] *zn* tehuis, jeugdherberg

hostess [ˈhəʊstɪs] *zn* ❶ gastvrouw ❷ waardin ❸ stewardess

hostile [ˈhɒstaɪl] *bnw* ❶ vijandig ❷ vijandelijk ★ *she is ~ to the idea* zij is tegen het idee

hostility [hɒˈstɪlətɪ] *zn* ❶ vijandigheid ❷ vijandschap

hot [hɒt] **I** *bnw* ❶ heet, warm ★ *make it / the place too hot for sb* iem. het leven onmogelijk maken

★ inform *get into hot water* in de problemen raken ❷ driftig, heftig, hevig ★ *in hot pursuit* op de hielen zittend ★ *be hot on sb's trail / track* iem. op de hielen zitten ★ *hot and bothered* geërgerd ★ *hot under the collar* woedend, razend ★ *have a hot temper* opvliegend zijn ★ inform *be hot on sth* gebrand zijn op iets ❸ pikant ⟨van eten⟩ ❹ kersvers, gloednieuw, actueel ★ *hot off the press* recent ⟨nieuws⟩ ❺ controversieel ❻ inform 'in', populair ★ inform *not so / too hot* niet denderend ❼ inform gestolen, illegaal **II** *ov ww* ~ **up** opvoeren ⟨van motor⟩, op laten lopen **III** *onov ww* ~ **up** verhit raken

hot air *zn* blabla, gebakken lucht

hotbed [ˈhɒtbed] *zn* ❶ broeibak ❷ broeinest

hot-blooded [hɒtˈblʌdɪd] *bnw* heetgebakerd, driftig

hotchpotch [ˈhɒtʃpɒtʃ], **hodgepodge** [ˈhɒdʒpɒdʒ] *zn* mengelmoes, warboel

hot dog *zn* hotdog, sport waaghals

hotel [həʊˈtel] *zn* hotel

hotelier [həʊˈtelɪə] *zn* hotelhouder

hotfoot [ˈhɒtfʊt] **I** *ov ww* inform ★ *~ it* er vandoor gaan **II** *bijw* in (grote) haast

hothead [ˈhɒthed] *zn* heethoofd

hotheaded [hɒtˈhedɪd] *bnw* onbesuisd, driftig

hothouse [ˈhɒthaʊs] *zn* broeikas ★ *a ~ flower* een kasbloem

hotline [ˈhɒtlaɪn] *zn* hotline ⟨directe telefoonlijn tussen staatshoofden⟩

hotly [ˈhɒtlɪ] *bijw* vurig, fel

hots [hɒtz] inform *zn* ★ *have the hots for sb* geilen op iem.

hot seat inform *zn* ★ *be in the ~* de verantwoordelijkheid hebben

hot-tempered *bnw* opvliegend, heetgebakerd

hot-water bottle *bnw* bedkruik

hound [haʊnd] **I** *zn* ❶ (jacht)hond ❷ inform hond van een vent **II** *ov ww* ❶ vervolgen ❷ aanhitsen ❸ *~ out* verjagen, wegjagen

hour [aʊə] *zn* ❶ uur ★ *the small / wee hours* de kleine uurtjes ★ *a good hour* ruim een uur ★ *happy hour* happy hour ⟨in horeca, periode waarin drank goedkoper is⟩ ★ *peak / rush hour* spitsuur ★ *after hours* na sluitings- / kantoortijd ★ *in an hour's time* over een uur ★ *on the hour* op het hele uur / de hele uren ★ *till all hours* tot diep in de nacht ★ *for hours on end* uren achtereen ★ *keep early / late hours* vroeg / laat naar bed gaan / opstaan ★ *keep regular hours* op gezette tijden naar bed gaan / opstaan ❷ moment, tijd ★ *this was their finest hour* dit was hun mooiste moment ★ *in his hour of need* nu de nood het hoogst is ★ *he thought his hour had come* hij dacht dat zijn tijd gekomen was

hourglass [ˈaʊəglɑːs] *zn* zandloper

hour hand *zn* kleine wijzer ⟨v. klok, die uren aangeeft⟩

hourly [ˈaʊəlɪ] *bnw + bijw* ❶ per uur ❷ van uur tot uur, voortdurend ❸ om het uur

hourly wage *zn* uurloon

house[1] [haʊs] *zn* ❶ huis ★ *an owner occupied ~* een koopwoning ★ *a terrace(d) ~* een rijtjeshuis ★ *stay in the ~* binnen blijven ★ *get on like a ~ on fire* de beste vrienden zijn ★ *eat sb out of ~*

and home iem. de oren van het hoofd eten ❷ huishouden ★ *keep ~* huishouden ❸ schouwburg(zaal) ★ *bring down the ~* geweldig applaus veroorzaken ★ *full ~* volle zaal, full house ⟨pokerspel⟩ ❹ firma, zaak ★ *this one is on the ~* deze is van de zaak ⟨gratis⟩ ❺ geslacht, stamhuis

house² [haʊz] *ov ww* huisvesten, herbergen, stallen

house agent ['haʊseɪdʒənt] *zn* makelaar ⟨in onroerend goed⟩

houseboat ['haʊsbəʊt] *zn* woonboot

housebound ['haʊsbaʊnd] *bnw* aan huis gebonden

housebreaker ['haʊsbreɪkə] *zn* inbreker

housebreaking ['haʊsbreɪkɪŋ] *zn* inbraak

housecoat ['haʊskəʊt] *zn* duster

household ['haʊshəʊld] *zn* ❶ gezin, huisgenoten ❷ huishouden ★ *who does the ~ chores?* wie doet het huishouden?

householder ['haʊshəʊldə] *zn* ❶ bewoner van een huis ❷ gezinshoofd

household word *zn* ★ *a ~* een begrip

housekeeper ['haʊskiːpə] *zn* huishoudster

housekeeping ['haʊskiːpɪŋ] *zn* het huishouden

house party *zn* ❶ logeerpartij ❷ house party ⟨feest met housemuziek⟩

house-proud ['haʊspraʊd] *bnw* gesteld op een keurig huis

houseroom ['haʊsruːm] *zn* woonruimte ★ inform *I wouldn't give it ~* ik zou het niet cadeau willen hebben

house-to-house *bijw* huis-aan-huis

housetop ['haʊstɒp] *zn* dak ★ *proclaim / shout sth from the ~s* iets van de daken schreeuwen

house-warming ['haʊswɔːmɪŋ] *zn* huisinwijdingsfeestje

housewife ['haʊswaɪf] *zn* huisvrouw

housewifely ['haʊswaɪflɪ] *bnw* huishoudelijk

housework ['haʊswɜːk] *zn* huishoudelijk werk

housing ['haʊzɪŋ] *zn* ❶ behuizing ❷ huisvesting ❸ techn (metalen) kast / ombouw

housing association *zn* woningbouwvereniging

housing estate *zn* nieuwbouw wijk

hove [həʊv] scheepv *ww* [verl. tijd + volt. deelw.] → heave

hovel ['hɒvəl] *zn* hut, krot

hover ['hɒvə] *onov ww* ❶ rondhangen, blijven hangen ❷ zweven

how [haʊ] *bijw* ❶ hoe ⟨op welke manier⟩ ★ *how come?* hoe komt dat? ★ form *how do you do?* hoe maakt u het? ❷ hoe ⟨groot, lang, veel enz.⟩ ★ *how much is it?* hoeveel kost het? ❸ wat ★ *how strange!* wat vreemd! ★ *how crazy is that!* kan het nog gekker! ❹ hoe...ook, op welke manier ook, zoals ★ *just do it how you like* doe het maar zoals je zelf wilt ★ *and how!* nou en of! ▼ *how about a cup of tea?* zin in een kopje thee? ▼ *how about tomorrow?* schikt het morgen? ▼ *how about this dress? / how's this dress?* wat vind je van deze jurk?

howdy ['haʊdi] *tw,* USA inform *how do you do?* hoi

however [haʊ'evə] *bijw* ❶ echter ❷ hoe... ook, op welke manier ook, zoals

howl [haʊl] **I** *zn* ❶ gehuil ❷ gebrul ★ *howls of laughter* bulderend gelach ★ *howls of protest* gebrul van protest **II** *ov ww* ~ **down** weghonen **III** *onov ww* brullen, huilen, janken

howler ['haʊlə] inform *zn* enorme blunder

howling ['haʊlɪŋ] **I** *zn* gebrul **II** *bnw* ❶ gierend ★ *a ~ gale* een gierende storm ❷ inform enorm, verschrikkelijk ★ *a ~ success* een enorm succes ★ *a ~ shame* een grof schandaal ★ *fly into a ~ rage* vreselijk boos worden

h.p., HP *afk, horse power* pk, paardenkracht

HQ *afk, Headquarters* hoofdkwartier

hr, hr. *afk, hour* uur

HRH *afk, Her / His Royal Highness* Hare / Zijne Koninklijke Hoogheid

hrs, hrs. *afk, hours* uur

hub [hʌb] *zn* ❶ naaf ❷ middelpunt

hubbub ['hʌbʌb] *zn* ❶ kabaal, herrie ❷ drukte

hubby ['hʌbi] inform *zn* echtgenoot, manlief

hubcap ['hʌbkæp] *zn* wieldop

huddle ['hʌdl] **I** *zn* ❶ dicht opeengepakte groep, hoop ⟨gebouwen⟩ ❷ onderonsje, conferentie ★ *go into a ~* de koppen bij elkaar steken **II** *onov ww* ❶ in elkaar duiken ❷ ~ **together** bijeen kruipen ❸ ~ **up** zich zo klein mogelijk maken, bijeen kruipen

hue [hjuː] *zn* tint, kleur

hue and cry *zn* geschreeuw, alarmkreet ★ *raise a ~* luid protesteren

huff [hʌf] **I** *zn* nijdige bui, lichtgeraaktheid ★ *get into a huff* gepikeerd raken ★ *go off in a huff* gepikeerd weggaan **II** *onov ww* ❶ blazen, puffen ❷ fig razen, tieren ★ *huff and puff* razen en tieren, puffen

huffy ['hʌfi] inform *bnw* humeurig, geïrriteerd

hug [hʌg] **I** *ov ww* ❶ omhelzen, omarmen, tegen zich aandrukken ❷ fig zich vastklemmen aan ★ *hug the shore / coast* dicht bij de kust blijven **II** *zn* omhelzing, knuffel

huge [hjuːdʒ] *bnw* reusachtig

hulk [hʌlk] *zn* ❶ romp ⟨van afgetuigd schip⟩ ❷ bonk ⟨grote man⟩ ❸ joekel

hulking ['hʌlkɪŋ] *bnw* log, lomp

hull [hʌl] **I** *zn* ❶ peul, schil, omhulsel ❷ ⟨scheeps⟩romp **II** *ov ww* pellen

hullabaloo [hʌləbə'luː] *zn* rumoer, drukte, kabaal

hum [hʌm] **I** *onov ww* ❶ neuriën ❷ zoemen, brommen, bruisen ★ *the office was humming with activity* het kantoor gonsde van activiteit ★ *make things hum* de zaak op dreef helpen, leven in de brouwerij brengen ▼ *hum and haw* aarzelen ⟨zijn mening te zeggen⟩ **II** *ov ww* neuriën **III** *zn* ❶ gezoem, gebrom ❷ zoemtoon, bromtoon **IV** *tw* tja, hm

human ['hjuːmən] **I** *bnw* menselijk **II** *zn,* **human being** mens

humane [hjuː'meɪn] *bnw* humaan, menslievend, menselijk

human interest *zn* het menselijk element, human interest

humanise *ww* → humanize

humanism ['hjuːmənɪzəm] *zn* humanisme

humanitarian [hjuːmænɪ'teərɪən] **I** *zn* filantroop, sociaal betrokken persoon **II** *bnw* ❶ filantropisch, sociaal betrokken ❷ humanitair ❸ inform menselijk

hu

humanities [hju:'mænətɪz] *zn mv* ≈ geesteswetenschappen

humanity [hju:'mænətɪ] *zn* ❶ mensdom ❷ het mens zijn, menselijkheid ❸ menslievendheid

humanize, humanise ['hju:mənaɪz] *ov ww* beschaven, menselijk(er) maken

humankind [hju:mən'kaɪnd] *zn* (de) mensheid

humanly ['hju:mənlɪ] *bijw* menselijkerwijs

humble ['hʌmbl] **I** *bnw* ❶ nederig, onderdanig ★ *eat ~ pie* zijn excuses moeten aanbieden ❷ bescheiden **II** *ov ww* vernederen

humbug ['hʌmbʌg] *zn* ❶ bedrog, huichelarij ❷ hypocriet ❸ nonsens, onzin ❹ (pepermunt)balletje

humdinger ['hʌmdɪŋə] inform *zn* ❶ fig kei, geweldenaar ❷ knaller, iets geweldigs

humdrum ['hʌmdrʌm] **I** *zn* alledaagsheid, saaiheid, sleur **II** *bnw* alledaags, saai **III** *onov ww* in de oude sleur voortgaan

humid ['hju:mɪd] *bnw* (warm en) vochtig

humidity [hju:'mɪdətɪ] *zn* vochtigheid

humiliate [hju:'mɪlɪeɪt] *ov ww* vernederen

humiliation [hju:mɪlɪ'eɪʃən] *zn* vernedering

humility [hju:'mɪlətɪ] *bnw* nederigheid

humming ['hʌmɪŋ] *zn* gezoem

hummingbird ['hʌmɪŋbɜːd] *zn* kolibrie

hummock ['hʌmək] *zn* heuveltje

humorous ['hju:mərəs] *bnw* geestig, grappig

humour, USA **humor** ['hju:mə] **I** *zn* ❶ humor ★ *a sense of ~* een gevoel voor humor ❷ humeur, stemming ★ *out of ~* ontstemd **II** *ov ww* zijn zin geven, toegeven (aan)

hump [hʌmp] **I** *zn* ❶ bult ★ fig *be over the hump* het moeilijkste gedeelte de ruig hebben ❷ inform kwade bui ★ *rude drivers give me the hump* onbeschofte chauffeurs geven me de balen **II** *ov ww* ❶ zeulen ❷ vulg neuken, naaien

humpback ['hʌmpbæk] *zn* ❶ bochel ❷ min gebochelde ❸ **humpback whale** bultrug (soort walvis)

humus ['hju:məs] *zn* teelaarde, humus

hunch [hʌntʃ] **I** *zn* voorgevoel, (vaag) idee **II** *ov ww ~ up* optrekken **III** *onov ww* ❶ krommen, krombuigen ❷ *~ forward* voorovergebogen zitten

hunchback ['hʌntʃbæk] *zn* ❶ bochel ❷ min gebochelde

hundred ['hʌndrəd] *telw* honderd, honderdtal ★ *a ~ to one (chance)* (een kans van) één op honderd ★ inform *~s* een heleboel ★ *still a ~ and one things to do* nog duizend-en-één dingen te doen

hundredfold ['hʌndrədfəʊld] *bnw* honderdvoudig

hundredth ['hʌndrədθ] *telw* honderdste

hung [hʌŋ] *ww* [verleden tijd + volt. deelw.] → hang

Hungarian [hʌŋ'geərɪən] **I** *zn* ❶ Hongaar(se) ❷ het Hongaars **II** *bnw* Hongaars

Hungary ['hʌŋgərɪ] *zn* Hongarije

hunger ['hʌŋgə] **I** *zn* ❶ honger ❷ fig verlangen, hunkering **II** *ov ww ~ for / after sth* hunkeren naar iets

hunger strike *zn* hongerstaking

hung-over [hʌŋ 'əʊvə] *bnw* katterig

hungry ['hʌŋgrɪ] *bnw* ❶ hongerig ★ *be ~* trek hebben ★ *go ~* honger lijden, niet te eten

krijgen ❷ hongerig makend ★ *chopping wood is ~ work* van houthakken krijg je honger ❸ fig verlangend, hunkerend ★ *be ~ for affection* hunkeren naar liefde

hung-up [hʌŋ 'ʌp] inform *bnw* ★ *be ~ on / about sb / sth* geobsedeerd zijn door iemand / iets, verslingerd zijn aan iemand / iets

hunk [hʌŋk] *zn* ❶ brok, homp ❷ inform lekker stuk (leuk uitziend persoon)

hunky-dory [hʌŋkɪ'dɔːrɪ] inform *bnw* prima

hunt [hʌnt] **I** *ov ww* ❶ najagen ❷ jagen op ❸ fig afzoeken ❹ *~ down* in het nauw drijven, achterna zitten ❺ *~ out* opsporen, achterhalen **II** *onov ww* ❶ jagen (met honden / paard) ❷ fig zoeken **III** *zn* ❶ jacht ❷ zoektocht ★ *the hunt is on for the escaped prisoner* er is een zoektocht gaande naar de ontsnapte gevangene ❸ jachtstoet, jachtgezelschap ❹ jachtclub

hunter ['hʌntə] *zn* jager

hunting ['hʌntɪŋ] *zn* jacht ★ *fox ~* vossenjacht

hunting ground *zn* jachtterrein

huntsman ['hʌntsmən] *zn* jager

hurdle ['hɜːdl] *zn* ❶ horde ❷ verplaatsbaar hek, tijdelijke afzetting ❸ fig obstakel

hurdler ['hɜːdlə] *zn* hordeloper, hordeloopster

hurdles *zn mv* ★ *the ~* de hordeloop

hurdy-gurdy ['hɜːdɪgɜːdɪ] *zn* draailier, buik- / draaiorgel(tje)

hurl [hɜːl] **I** *zn* worp **II** *ov ww* werpen, smijten ★ *hurl abuse at sb* iem. verwijten naar het hoofd slingeren ★ *she hurled herself into her work* ze stortte zich op haar werk

hurly-burly ['hɜːlɪbɜːlɪ] *zn* rumoer, tumult

hurrah [hʊ'rɑː], **hurray, hooray** [hʊ'reɪ] **I** *tw* hoera! **II** *zn* hoeraatje ★ *give a loud ~* luid hoera roepen **III** *onov ww* hoera roepen

hurricane ['hʌrɪkən] *zn* orkaan, cycloon

hurried ['hʌrɪd] *bnw* gehaast

hurry ['hʌrɪ] **I** *ov ww* ❶ overhaasten ❷ tot haast aanzetten ❸ haast maken met ❹ haastig vervoeren ❺ *~ along/on* voortjagen, opjagen ❻ *~ away* in haast wegbrengen **II** *onov ww* ❶ zich haasten ❷ *~ along/on* voortijlen ❸ *~ away* wegsnellen ❹ *~ up* haast maken, voortmaken **III** *zn* haast ★ *be in a ~* haast hebben ★ *there's no ~ about it* er zit geen haast bij ★ *you won't beat that in a ~* dat doe je niet zo gemakkelijk beter ★ *I won't ask again in a ~* ik zal het niet zo snel een tweede keer vragen

hurt [hɜːt] **I** *ov ww* ❶ bezeren ❷ kwetsen, beledigen ❸ schaden, benadelen ★ *it doesn't hurt to try* baat het niet, dan schaadt het niet **II** *onov ww* ❶ pijn doen, pijn hebben ★ *my back hurts* mijn rug doet pijn ❷ schaden ★ *one little drink won't hurt* één klein drankje kan geen kwaad **III** *zn* ❶ pijn ❷ letsel ❸ krenking

hurtful ['hɜːtfʊl] *bnw* ❶ nadelig, schadelijk ❷ pijnlijk, kwetsend

hurtle ['hɜːtl] **I** *ov ww* slingeren, smakken **II** *onov ww* kletteren, razen

husband ['hʌzbənd] *zn* man, echtgenoot

husbandry ['hʌzbəndrɪ] *zn* landbouw en veeteelt ★ *animal ~* veeteelt

hush [hʌʃ] **I** *ov ww* ❶ sussen ❷ doen stilhouden, tot zwijgen brengen ❸ *~ up* in de doofpot stoppen, verzwijgen **II** *onov ww* zwijgen,

stilhouden **III** *tw* sst! **IV** *zn* ❶ stilte ❷ gesus
hush money ['hʌʃmʌnɪ] *zn* zwijggeld
husk [hʌsk] **I** *zn* schil, kaf, dop **II** *ov ww* van schil enz. ontdoen, pellen
husky ['hʌskɪ] **I** *zn* poolhond **II** *bnw* schor, hees
hussy ['hʌsɪ] *zn* ❶ brutale meid ❷ slet
hustle ['hʌsəl] **I** *zn* gedrang ★ ~ *and bustle* drukte, ('t) jachten en jagen **II** *ov ww* ❶ haastig verwerken ★ *he was ~d out of the room* hij werd vlot de kamer uitgewerkt ❷ dringen, duwen ★ *they had been ~d into signing* ze waren onder druk gezet om te tekenen ❸ inform versjacheren, dealen in **III** *onov ww* dringen, duwen
hustler ['hʌslə] USA inform *zn* ❶ oplichter ❷ hoer
hut [hʌt] *zn* ❶ hut ❷ barak
hutch [hʌtʃ] *zn* (konijnen)hok
hyacinth ['haɪəsɪnθ] *zn* hyacint
hyaena [haɪ'iːnə] *zn* hyena
hybrid ['haɪbrɪd] **I** *zn* bastaard(vorm) **II** *bnw* bastaard-, hybridisch
hybridism ['haɪbrɪdɪzəm] *zn* verbastering
hybridize, hybridise ['haɪbrɪdaɪz] *ov ww* kruisen
hydrangea [haɪ'dreɪndʒə] *zn* hortensia
hydrant ['haɪdrənt] *zn* brandslang, standpijp
hydraulic [haɪ'drɔːlɪk] *bnw* hydraulisch
hydraulics [haɪ'drɔːlɪks] *zn mv* hydraulica
hydro- ['haɪdrəʊ] *voorv* hydro-, water-
hydrocarbon [haɪdrəʊ'kɑːbən] *zn* koolwaterstof
hydroelectric [haɪdrəʊ'lektrɪk] *bnw* hydro-elektrisch
hydrofoil ['haɪdrəfɔɪl] *zn* (draag)vleugelboot
hydrogen ['haɪdrədʒən] *zn* waterstof ★ *the ~ bomb* de H-bom
hydroplane ['haɪdrəpleɪn] *zn* ❶ glijboot ❷ watervliegtuig
hydroponics [haɪdrə'pɒnɪks] *zn mv* hydrocultuur
hygiene ['haɪdʒiːn] *zn* hygiëne
hygienic [haɪ'dʒiːnɪk] *bnw* hygiënisch
hymn [hɪm] *zn* lofzang, hymne
hype [haɪp] **I** *zn* hype, sensatie, overdadige promotie **II** *ov ww* ~ **(up)** opzwepen
hyper- ['haɪpə] *voorv* hyper-, over-
hyperbole [haɪ'pɜːbəlɪ] *zn* hyperbool, overdrijving
hypercritical [haɪpə'krɪtɪkl] *bnw* overkritisch
hypermarket ['haɪpəmɑːkɪt] *zn* grote supermarkt
hypersensitive [haɪpə'sensɪtɪv] *bnw* overgevoelig
hypertension [haɪpə'tenʃən] *zn* verhoogde bloeddruk
hyperventilation [haɪpə'ventɪleɪʃən] *zn* hyperventilatie
hyphen ['haɪfən] **I** *zn* verbindingsstreepje **II** *ov ww* met streepje verbinden
hyphenate ['haɪfəneɪt] *ov ww* met streepje verbinden ★ *a ~d name* een dubbele naam
hypnosis [hɪp'nəʊsɪs] *zn* hypnose
hypnotic [hɪp'nɒtɪk] *bnw* slaapverwekkend
hypnotism ['hɪpnətɪzəm] *zn* hypnotisme
hypnotist ['hɪpnətɪst] *zn* hypnotiseur
hypnotize, hypnotise ['hɪpnətaɪz] *ov ww* hypnotiseren
hypo- *voorv* onder-
hypochondria [haɪpə'kɒndrɪə] *zn* hypochondrie
hypochondriac ['haɪpə'kɒndriæk] **I** *zn*

hypochonder II *bnw* hypochondrisch
hypocrisy [hɪ'pɒkrəsɪ] *zn* hypocrisie
hypocrite ['hɪpəkrɪt] *zn* hypocriet
hypocritical [hɪpə'krɪtɪkl] *bnw* hypocriet
hypodermic [haɪpə'dɜːmɪk] **I** *bnw* onderhuids ★ *a ~ needle* een injectiespuit **II** *zn* injectiespuit
hypothesis [haɪ'pɒθɪsɪs] *zn* hypothese, veronderstelling
hypothesize, hypothesise [haɪ'pɒθɪsaɪz] **I** *ov ww* veronderstellen **II** *onov ww* een veronderstelling maken
hypothetical [haɪpə'θetɪkl] *bnw* hypothetisch
hysterectomy [hɪstə'rektəmɪ] *zn* verwijdering van de baarmoeder
hysteria [hɪ'stɪərɪə] *zn* hysterie
hysteric [hɪ'sterɪk] *bnw* hysterisch
hysterical [hɪ'sterɪkl] **I** *zn* hysterisch persoon **II** *bnw* hysterisch
hysterics [hɪ'sterɪks] *zn mv* hysterische aanval ★ *go into ~* hysterische aanvallen krijgen ★ inform *be in ~* zich een breuk lachen

I

i [aɪ] *zn, letter* i ★ *I as in Isaac* de i van Izaak
I [aɪ] *pers vnw* ik
IA *afk, Iowa* staat in de VS
ibex ['aɪbeks] *zn* steenbok
ice [aɪs] **I** *zn* ijs ★ *black ice* ijzel ★ *as cold as ice* ijskoud ★ *fig on thin ice* op glad ijs ★ *fig break the ice* het ijs breken ★ *fig cut ice* invloed hebben, nut / zin hebben ★ *put on ice* in de ijskast leggen ⟨ook fig.⟩ **II** *ov ww* glaceren ⟨van gebak⟩ **III** *onov ww* ~ **over/up** dichtvriezen, met ijs bedekt worden, ijs vormen ⟨op vliegtuig⟩
ice age *zn* ijstijd
ice-bound ['aɪsbaʊnd] *zn* bevroren, ingevroren
icebox ['aɪsbɒks] *zn* ❶ ijskast ❷ USA koelkast
icebreaker ['aɪsbreɪkə] *zn* ijsbreker
ice-cold *bnw* ijskoud
ice cream *zn* ❶ (room)ijs ❷ ijsje
ice cube *zn* ijsblokje
ice floe *zn* ijsschots
ice hockey *zn* ijshockey
Icelandic [aɪs'lændɪk] **I** *zn* IJslands ⟨de taal⟩ **II** *bnw* IJslands, van IJsland
ice rink *zn* kunstijsbaan
ice skate *zn* schaats
ice-skate *onov ww* schaatsen
ice skating *zn* schaatsen
icicle ['aɪsɪkl] *zn* ijspegel
icily ['aɪsɪlɪ] *bnw* ijzig
icing ['aɪsɪŋ] *zn* suikerglazuur ★ *winning a bottle of wine was the ~ on the cake* het winnen van een fles wijn maakte het helemaal compleet
icing sugar *zn* poedersuiker
icon, ikon ['aɪkɒn] *zn* icoon
iconoclast [aɪ'kɒnəklæst] *zn* beeldenstormer
icy ['aəsɪ] *bnw* ❶ ijs- ❷ bevroren, met ijs bedekt, vriezend ❸ ijskoud, ijzig, afstandelijk
I'd [aɪd] *samentr* ❶ *I had* → **have** ❷ *I would* → **will** ❸ *I should* → **should**
ID *afk* ❶ *identity, identification* identiteit ★ *the police made a positive ID* de politie heeft de identiteit vastgesteld ❷ identiteitsbewijs ★ *everybody has to carry some ID* iedereen moet zich kunnen legitimeren ❸ *Idaho* staat in de VS
idea [aɪ'dɪə] *zn* ❶ idee, gedachte ★ *I don't have the faintest idea* ik heb geen flauw idee ★ *bounce ideas off sb* ideeën loslaten op iem. ★ *not my idea of a nice place* niet wat je noemt een gezellig plaatsje ❷ plan ❸ bedoeling ★ inform *get the idea?* begrijp je? ★ inform *that's the idea!* mooi zo! ★ *my parents had the right idea when they banned TV* mijn ouders hadden gelijk toen ze de tv verboden
ideal [aɪ'diːəl] **I** *zn* ideaal **II** *bnw* ❶ ideaal ❷ ideëel, denkbeeldig
idealisation *zn* → **idealization**
idealise *ww* → **idealize**
idealism [aɪ'dɪəlɪzəm] *zn* idealisme
idealistic [aɪdɪə'lɪstɪk] *bnw* idealistisch
idealization [aɪdɪələr'zeɪʃən] *zn* idealisering
idealize [aɪ'dɪəlaɪz] *ov ww* idealiseren
ideally [aɪ'dɪəlɪ] *bijw* ideaal, als ideaal
identical [aɪ'dentɪkl] *bnw* gelijkwaardig, identiek

identical twins *zn* eeneiige tweeling
identifiable [aɪ'dentɪfaɪəbl] *bnw* identificeerbaar, te identificeren, herkenbaar
identification [aɪdentɪfɪ'keɪʃən] *zn* ❶ legitimatie, identifiatiebewijs ❷ gelijkstelling, identificatie
identify [aɪ'dentɪfaɪ] *ov ww* ❶ identificeren ★ ~ *flowers* bloemen determineren ❷ ~ **with** gelijkstellen met, in verband brengen met, zich identificeren met
identikit [aɪ'dentɪkɪt] *zn* compositietekening, montagefoto
identity [aɪ'dentətɪ] *zn* ❶ identiteit, persoon(lijkheid) ★ *under an assumed ~* met een valse identiteit ★ *mistaken ~* persoonsverwisseling ★ *a new corporate ~* een nieuwe huisstijl ❷ gelijkheid
ideological [aɪdɪə'lɒdʒɪkl] *bnw* ideologisch
ideologist [aɪdɪ'ɒlədʒɪst] *zn* ideoloog
ideology [aɪdɪ'ɒlədʒɪ] *zn* ideologie
idiocy ['ɪdɪəsɪ] *zn* ❶ dwaasheid, stommiteit ❷ idioterie
idiom ['ɪdɪəm] *zn* ❶ idioom, uitdrukking ⟨met eigen betekenis⟩ ❷ taal, dialect ❸ stijl ⟨in muziek of kunst⟩
idiomatic [ɪdɪə'mætɪk] *bnw* idiomatisch
idiosyncrasy [ɪdɪəʊ'sɪŋkrəsɪ] *zn* eigenaardigheid
idiosyncratic [ɪdɪəʊsɪŋ'krætɪk] *bnw* eigenaardig
idiot ['ɪdɪət] *zn* idioot
idiotic [ɪdɪ'ɒtɪk] *bnw* idioot
idle ['aɪdl] **I** *bnw* ❶ lui ❷ ijdel, nutteloos ★ *idle gossip* kletspraat ★ *idle threats* loze dreigementen ★ *it is idle to pretend that the system is effective* het is een illusie om te doen alsof het systeem werkt ❸ ongebruikt, onbenut, stil(liggend, -staand) ❹ werkeloos **II** *ov ww* ★ *idle away one's time* z'n tijd verluieren **III** *onov ww* ❶ luieren ❷ stationair draaien
idleness ['aɪdlnəs] *zn* nutteloosheid
idler ['aɪdlə] *zn* leegloper, nietsdoener
idly ['aɪdlɪ] *bijw* ❶ terloops ❷ zonder bepaalde bedoeling ★ *we can't just stand idly by* we kunnen niet doen alsof onze neus bloedt
idol ['aɪdl] *zn* ❶ afgod ❷ idool
idolatry [aɪ'dɒlətrɪ] *zn* ❶ afgoderij ❷ fig aanbidding
idolize, idolise ['aɪdəlaɪz] *ov ww* ❶ verafgoden ❷ fig aanbidden ★ *she ~s the baby* ze is dol op de baby
idyll ['ɪdl] *zn* idylle
idyllic [ɪ'dɪlɪk] *bnw* idyllisch
i.e. *afk* d.w.z.
if [ɪf] **I** *zn* inform voorwaarde ★ *ifs and buts* mitsen en maren ★ *if she succeeds - and it's a big if* als ze slaagt, en dat is nog maar de vraag **II** *vw* ❶ indien, zo, als ★ *if not...* zo niet, dan... ★ *if so...* zo ja, dan... ★ *the damage, if any...* de eventuele schade ★ *if anything, she's put on weight* ze is zelfs aangekomen lijkt het ★ *if anything, see the film for its music* ga de film zien, al is het alleen maar voor de muziek ★ *if applicable* indien van toepassing ★ *if only* als... maar ★ *if only I had...* had ik maar... ★ inform *it's not as if she can help it* zij kan er toch niets aan doen ❷ of ★ *I wonder if she knows* ik vraag me af of ze het weet ★ *as if she didn't know* alsof zij het niet wist ★ inform *she's 30 if she's a day* zij is minstens 30 ❸ al, zij

het ★ *a nice day, if rather windy* ondanks wat wind toch een mooie dag ★ *if not rich, he's not poor* hij mag dan niet rijk zijn, arm is hij ook niet ❹ warempel ★ *if it isn't John!* kijk eens, daar hebben we John!

iffy ['ɪfɪ] *inform* *bnw* ❶ twijfelachtig, onzeker ❷ niet helemaal te vertrouwen ★ *the milk smells a bit iffy* de melk ruikt een beetje bedorven

igloo ['ɪglu:] *zn* iglo

igneous ['ɪgnɪəs] *bnw* vulkanisch ⟨van gesteente⟩ ★ ~ *rock* stollingsgesteente

ignite [ɪg'naɪt] I *ov ww* doen gloeien, in brand steken, ontsteken II *onov ww* ❶ in brand raken, ontbranden ❷ verhit raken

ignition [ɪg'nɪʃən] *zn* ❶ ontsteking ⟨van motor⟩ ★ *put the key in the* ~ steek de sleutel in het contact ❷ ontbranding

ignoble [ɪg'nəʊbl] *bnw* gemeen, laag

ignominious [ɪgnə'mɪnɪəs] *bnw* ❶ schandelijk ❷ oneervol

ignoramus [ɪgnə'reɪməs] *zn* domkop

ignorance ['ɪgnərəns] *zn* ❶ onwetendheid, onkunde ★ ~ *is bliss* alles te weten maakt niet gelukkig ❷ onbekendheid ★ *our* ~ *of their customs* onze onbekendheid met hun gewoontes

ignorant ['ɪgnərənt] *bnw* ❶ onwetend, onkundig ★ ~ *of* onbekend met ❷ onopgevoed, onbeleefd, dom

ignore [ɪg'nɔ:] *ov ww* negeren

ikon ['aɪkɒn] *zn* → **icon**

IL *afk, Illinois* staat in de VS

ilk [ɪlk] *bnw* soort, slag ★ *people of that ilk* dat soort mensen

ill [ɪl] I *zn* kwaad, kwaal ★ *I wish them no ill* ik wens hun niets kwaads toe II *bnw* ❶ ziek, misselijk ★ *fall ill* ziek worden ❷ slecht, kwaad ★ *ill blood / feeling* kwaad bloed ★ *it is an ill wind that blows nobody any good* het is 'n slecht land waar het niemand goed gaat ❸ nadelig, schadelijk ★ *the drug has no ill effects* het medicijn heeft geen schadelijke bijwerkingen III *bijw* ❶ slecht, kwalijk ★ *don't speak ill of the dead* van de doden niets dan goeds ❷ amper, nauwelijks ★ *they can ill afford it* ze kunnen het zich nauwelijks permitteren ▼ *ill at ease* niet op z'n gemak

I'll [aɪl] *samentr* ❶ *I shall* → **shall** ❷ *I will* → **will**

ill-advised [ɪləd'vaɪzd] *bnw* onverstandig, onvoorzichtig

ill-assorted [ɪlə'sɔ:tɪd] *bnw* niet bij elkaar passend

ill-bred [ɪl'bred] *bnw* onopgevoed, ongemanierd

ill-disposed *bnw* ❶ slechtgezind ❷ gekant (**towards** tegen)

illegal [ɪ'li:gl] *bnw* illegaal, onwettig, verboden

illegality [ɪli:'gælətɪ] *zn* onwettigheid

illegible [ɪ'ledʒɪbl] *bnw* onleesbaar

illegitimacy [ɪlɪ'dʒɪtɪməsɪ] *zn* onwettigheid, illegitimiteit

illegitimate [ɪlɪ'dʒɪtɪmɪt] *bnw* ❶ onwettig ❷ onecht, buitenechtelijk ★ *an* ~ *child* een buitenechtelijk / natuurlijk kind

ill-equipped *bnw* slecht toegerust

ill-fated [ɪl'feɪtɪd] *bnw* noodlottig, rampzalig

illicit [ɪ'lɪsɪt] *bnw* onwettig, ongeoorloofd, illegaal

★ ~ *work* zwart werk

illiteracy [ɪ'lɪtərəsɪ] *zn* ❶ analfabetisme ★ *the* ~ *rate is high* veel mensen zijn analfabeet ❷ ongeletterdheid

illiterate [ɪ'lɪtərət] *bnw* ❶ analfabeet ❷ ongeletterd

ill-judged [ɪl'dʒʌdʒd] *bnw* ❶ onverstandig ❷ onberaden

ill-mannered [il'mænəd] *bnw* ongemanierd

ill-natured *bnw* onvriendelijk, nors

illness ['ɪlnəs] *zn* ziekte ★ *she died after a long* ~ ze stierf na een lang ziektebed

illogical [ɪ'lɒdʒɪkl] *bnw* onlogisch, tegenstrijdig

ill-prepared *bnw* slecht voorbereid

ill-starred [ɪl'stɑ:d] *bnw* ongelukkig, rampspoedig, noodlottig

ill-tempered [ɪl'tempəd] *bnw* humeurig

ill-timed [ɪl'taɪmd] *bnw* ongelegen, misplaatst

ill-treat [ɪl'tri:t] *ov ww* mishandelen, slecht behandelen

ill-treatment [ɪl'tri:tmənt] *zn* mishandeling, slechte behandeling

illuminate [ɪ'lu:mɪneɪt] *ov ww* ❶ verlichten ❷ licht werpen op, verhelderen ❸ met feestverlichting versieren

illuminating [ɪ'lu:mɪneɪtɪŋ] *bnw* verhelderend, verduidelijkend

illumination [ɪlu:mɪ'neɪʃən] *zn* ❶ verlichting ❷ verheldering, verduidelijking

illusion [ɪ'lu:ʒən] *zn* ❶ illusie ★ *she's under the* ~ *that...* ze verkeert in de illusie dat... ❷ zinsbegoocheling

illusionist [ɪ'lu:ʒənɪst] *zn* goochelaar

illusive [ɪ'lu:sɪv], **illusory** [ɪ'lu:sərɪ] *bnw* ❶ bedrieglijk ❷ denkbeeldig

illustrate ['ɪləstreɪt] *ov ww* ❶ illustreren ❷ verduidelijken

illustration [ɪlə'streɪʃən] *zn* ❶ illustratie, afbeelding ❷ verduidelijking

illustrator ['ɪləstreɪtə] *zn* illustrator, tekenaar

illustrious [ɪ'lʌstrɪəs] *bnw* vermaard, beroemd

I'm [aɪm] *samentr, I am* → **be**

image ['ɪmɪdʒ] *zn* ❶ beeld, beeltenis, voorstelling ★ *her spitting* ~ haar evenbeeld ❷ imago, reputatie ★ *America is struggling to live up to its* ~ Amerika probeert zijn reputatie waar te maken ❸ personificatie

imagery ['ɪmɪdʒərɪ] *zn* ❶ beelden ❷ beeldspraak

imaginable [ɪ'mædʒɪnəbl] *bnw* denkbaar, mogelijk

imaginary [ɪ'mædʒɪnərɪ] *bnw* denkbeeldig, imaginair

imagination [ɪmædʒɪ'neɪʃən] *zn* verbeelding, voorstellingsvermogen ★ *a figment of your* ~ een hersenspinsel ★ *not by any stretch of the* ~ op geen enkele manier, helemaal niet

imaginative [ɪ'mædʒɪnətɪv] *zn* ❶ fantasierijk ❷ verbeeldings-

imagine [ɪ'mædʒɪn] *ov ww* ❶ zich voorstellen, fantaseren ★ *you're imagining things* je haalt je dingen in je hoofd ❷ veronderstellen ★ *I* ~ *so* ik denk het

imbalance [ɪm'bæləns] *zn* onevenwichtigheid

imbecile ['ɪmbɪsi:l] I *zn* stommerd II *bnw* imbeciel, stom

imbecility [ɪmbə'sɪlətɪ] *zn* ❶ geesteszwakheid

im

❷ dwaasheid

imbed [ɪm'bed] → **embed**

imbibe [ɪm'baɪb] *ov ww* ❶ drinken ❷ fig in zich opnemen

imbroglio [ɪm'brəʊlɪəʊ] *zn* verwarde situatie

imbue [ɪm'bju:] *ov ww* (door)drenken, bezielen ★ *a garden ~d with colour* een tuin vol kleuren

IMF *afk, International Monetary Fund* IMF, Internationaal Monetair Fonds

imitate ['ɪmɪteɪt] *ov ww* nabootsen, navolgen, na-apen ★ *glass can be made to ~ diamonds* glas kun je op diamanten laten lijken

imitation [ɪmɪ'teɪʃən] I *zn* imitatie, namaak, nabootsing II *bnw* imitatie-, kunst- ★ *~ leather* kunstleer

imitative ['ɪmɪtətɪv] *bnw* nabootsend

immaculate [ɪ'mækjʊlət] *bnw* ❶ onberispelijk, smetteloos ★ *the Immaculate Conception* de Onbevlekte Ontvangenis ❷ perfect

immaterial [ɪmə'tɪərɪəl] *bnw* ❶ onstoffelijk ❷ onbelangrijk

immature [ɪmə'tjʊə] *bnw* onrijp, onvolwassen, onontwikkeld

immaturity [ɪmə'tjʊərətɪ] *zn* onvolgroeidheid, onvolwassenheid

immeasurable [ɪ'meʒərəbl] *bnw* oneindig, onmeetbaar

immediacy [ɪ'mi:dɪəsɪ] *zn* ❶ onmiddellijkheid ❷ dringendheid, urgentie

immediate [ɪ'mi:dɪət] *bnw* ❶ onmiddellijk, direct ❷ nabij, naast ★ *in the ~ future* in de nabije toekomst

immediately [ɪ'mi:dɪətlɪ] I *bijw* ❶ onmiddellijk, meteen ❷ rechtstreeks II *vw* zodra

immemorial [ɪmɪ'mɔ:rɪəl] *bnw* ★ *from / since time ~* sinds mensenheugenis

immense [ɪ'mens] *bnw* onmetelijk, enorm

immensely [ɪ'menslɪ] *bijw* ❶ onmetelijk, immens ❷ mateloos, heel erg

immensity [ɪ'mensətɪ] *zn* ❶ oneindigheid ❷ grootte ★ *the sheer ~ of the job* de enorme omvang van de taak

immerse [ɪ'mɜ:s] *ov ww* ❶ onderdompelen, indopen ❷ absorberen ★ *~d in a book* verdiept in een boek ★ *~d in her thoughts* in gedachten verzonken

immersion [ɪ'mɜ:ʃən] *zn* ❶ onderdompeling, indoping ❷ verzonkenheid, verdieptheid

immigrant ['ɪmɪgrənt] *zn* immigrant ★ *~ workers* gastarbeiders

immigrate ['ɪmɪgreɪt] *onov ww* immigreren

immigration [ɪmɪ'greɪʃən] *zn* immigratie

imminent ['ɪmɪnənt] *bnw* dreigend, op handen zijnde ★ *the bridge is in ~ danger of collapse* de brug staat op instorten

immobile [ɪ'məʊbaɪl] *bnw* ❶ onbeweeglijk ❷ onbeweegbaar

immobilise *ww* → **immobilize**

immobility [ɪməʊ'bɪlɪtɪ] *zn* onbeweeglijkheid

immobilization, immobilisation [ɪməʊbəlaɪ'zeɪʃən] *zn* immobilisatie

immobilize, immobilise [ɪ'məʊbɪlaɪz] *ov ww* onbeweeglijk maken, stilleggen, inactiveren ★ *the strike has ~d all traffic* de staking heeft alle verkeer lamgelegd

immoderate [ɪ'mɒdərət] *bnw* buitensporig, onmatig

immodest [ɪ'mɒdɪst] *bnw* ❶ onbetamelijk ❷ onbescheiden

immolate ['ɪmələt] *ov ww* verbranden ⟨vaak als offer⟩

immolation [ɪmə'leɪʃən] *zn* verbranding

immoral [ɪ'mɒrəl] *bnw* ❶ immoreel ❷ onzedelijk

immorality [ɪmə'rælətɪ] *zn* ❶ immoraliteit ❷ verdorvenheid

immortal [ɪ'mɔ:tl] I *zn* onsterfelijke II *bnw* onsterfelijk

immortality [ɪmɔ:'tælətɪ] *zn* onsterfelijkheid

immortalize, immortalise [ɪ'mɔ:təlaɪz] *ov ww* onsterfelijk maken, vereeuwigen

immovable [ɪ'mu:vəbl] *bnw* ❶ onbeweeglijk ❷ onveranderlijk, onwrikbaar ❸ *jur* onroerend

immune [ɪ'mju:n] *bnw* ❶ immuun ★ *she's ~ to criticism* ze is ongevoelig voor kritiek ❷ *jur* vrijgesteld ★ *~ from prosecution* gevrijwaard van vervolging

immunity [ɪ'mju:nətɪ] *zn* ❶ immuniteit ★ *diplomatic ~* diplomatieke onschendbaarheid ❷ vrijstelling

immunization, immunisation [ɪmjʊnaɪ'zeɪʃən] *zn* immunisering, immunisatie

immunize, immunise ['ɪmjʊnaɪz] *ov ww* ❶ immuun maken ❷ inenten

immutable [ɪ'mju:təbl] *bnw* onveranderlijk, onveranderbaar

imp [ɪmp] *zn* ❶ kabouter ❷ *inform* stout kind, duiveltje

impact[1] ['ɪmpækt] *zn* ❶ stoot, slag, schok ★ *the helicopter exploded on ~* de helikopter ontplofte bij de botsing ❷ invloed, uitwerking, effect

impact[2] [ɪm'pækt] I *ov ww* indrijven II *onov ww* ❶ invloed hebben, effect hebben ★ *the strikes ~ed on the whole country* de stakingen hadden hun weerslag op het hele land ❷ inslaan

impair [ɪm'peə] *ov ww* ❶ beschadigen ❷ verzwakken

impairment [ɪm'peəmənt] *zn* ❶ beschadiging ❷ verzwakking

impale [ɪm'peɪl] *ov ww* spietsen

impanel [ɪm'pænl], **empanel** *ov ww* samenstellen ⟨van jury⟩

impart [ɪm'pɑ:t] *ov ww* ❶ mededelen ❷ geven, verlenen

impartial [ɪm'pɑ:ʃəl] *bnw* onpartijdig

impartiality [ɪmpɑ:ʃɪ'ælətɪ] *zn* onpartijdigheid

impassable [ɪm'pɑ:səbl] *bnw* ❶ onoverkomelijk ❷ onbegaanbaar ★ *the river is ~ further north* verder naar het noorden kan de rivier niet overgestoken worden

impasse ['æmpæs] *zn* impasse ★ *our discussions have reached an ~* onze besprekingen zijn in het slop geraakt

impassion [ɪm'pæʃən] *ov ww* aanvuren

impassioned [ɪm'pæʃənd] *bnw* hartstochtelijk

impassive [ɪm'pæsɪv] *bnw* ❶ ongevoelig, gevoelloos ❷ onbewogen

impatience [ɪm'peɪʃəns] *zn* ongeduld, ongeduldigheid

impatient [ɪm'peɪʃənt] *bnw* verlangend, ongeduldig ★ *the country is ~ for change* het land smacht naar verandering

impeach [ɪm'pi:tʃ] *ov ww* beschuldigen, in staat

im

van beschuldiging stellen ⟨wegens politiek misdrijf⟩

impeachable [ɪm'pi:tʃəbl] *bnw* beschuldigbaar

impeachment [ɪm'pi:tʃmənt] *zn* beschuldiging

impeccable [ɪm'pekəbl] *bnw* feilloos, smetteloos ★ ~ *manners* perfecte manieren

impede [ɪm'pi:d] *ov ww* verhinderen, beletten

impediment [ɪm'pedɪmənt] *zn* belemmering, verhindering ★ *a speech* ~ een spraakgebrek

impel [ɪm'pel] *ov ww* ❶ aanzetten, dringen ❷ aandrijven, voortdrijven, voortbewegen

impending [ɪm'pendɪŋ] *bnw* dreigend, aanstaand, ophanden zijnd

impenetrable [ɪm'penɪtrəbl] *bnw* ❶ ondoordringbaar, ontoegankelijk ❷ ondoorgrondelijk, onbegrijpelijk

imperative [ɪm'perətɪv] **I** *zn* (eerste) vereiste ★ taalk *the* ~ *(mood)* de gebiedende wijs **II** *bnw* ❶ gebiedend ❷ verplicht, noodzakelijk, vereist

imperceptible [ɪmpə'septɪbl] *bnw* onmerkbaar

imperfect [ɪm'pɜ:fɪkt] **I** *zn* ★ taalk *the* ~ de onvoltooid verleden tijd **II** *bnw* onvolkomen, onvolmaakt

imperfection [ɪmpə'fekʃən] *zn* onvolmaaktheid, onvolkomenheid

imperial [ɪm'pɪərɪəl] *bnw* keizerlijk, keizer(s)-, rijks-

imperialism [ɪm'pɪərɪəlɪzəm] *zn* imperialisme

imperialist [ɪm'pɪərɪəlɪst] **I** *zn* ❶ imperialist ❷ keizersgezinde **II** *bnw* imperialistisch

imperil [ɪm'perɪl] *ov ww* in gevaar brengen

imperious [ɪm'pɪərɪəs] *bnw* heerszuchtig, gebiedend

imperishable [ɪm'perɪʃəbl] *bnw* onvergankelijk

impermeable [ɪm'pɜ:mɪəbl] *bnw* ondoordringbaar

impersonal [ɪm'pɜ:sənl] *bnw* ❶ zakelijk ❷ onpersoonlijk

impersonality [ɪmpɜ:sə'nælətɪ] *zn* onpersoonlijkheid, zakelijkheid

impersonate [ɪm'pɜ:sənert] *ov ww* ❶ nadoen, imiteren ❷ zich voordoen als

impersonation [ɪmpɜ:sə'neɪʃən] *zn* ❶ impersonatie ❷ imitatie

impersonator [ɪm'pɜ:səneɪtə] *zn* imitator ★ *a female* ~ een travestieartiest

impertinence [ɪm'pɜ:tɪnəns] *zn* onbeschaamdheid

impertinent [ɪm'pɜ:tɪnənt] *bnw* ❶ brutaal, onbeschaamd ❷ ongepast

imperturbable [ɪmpə'tɜ:bəbl] *bnw* onverstoorbaar

impervious [ɪm'pɜ:vɪəs] *bnw* ❶ ondoordringbaar ❷ ongevoelig ★ ~ *to* doof voor

impetuosity [ɪmpetjʊ'ɒsətɪ] *zn* onstuimigheid

impetuous [ɪm'petʃʊəs] *bnw* onstuimig, impulsief

impetus ['ɪmpɪtəs] *zn* ❶ bewegingsstuwkracht, vaart ★ *the campaign has lost its* ~ de fut is eruit bij de campagne ❷ impuls, stimulans, stoot

impinge [ɪm'pɪndʒ] *ov ww* ~ **(up)on** inbreuk maken op, van invloed zijn op, treffen

impingement [ɪm'pɪndʒmənt] *zn* inbreuk

impious ['ɪmpɪəs] *bnw* ❶ goddeloos, profaan ❷ oneerbiedig

impish ['ɪmpɪʃ] *bnw* ondeugend, duivels

implacable [ɪm'plækəbl] *bnw* ❶ onverbiddelijk, onvermurwbaar ❷ onverzoenlijk

implant [ɪm'plɑ:nt] **I** *ov ww* ❶ inprenten, inhameren ❷ med implanteren **II** *onov ww* zich innestelen ⟨van eicel of embryo⟩ **III** *zn* implantaat

implausible [ɪm'plɔ:zɪbl] *bnw* onwaarschijnlijk

implement[1] ['ɪmplɪmənt] *zn* werktuig, instrument, gereedschap

implement[2] ['ɪmplɪmənt] *ov ww* uitvoeren, verwezenlijken, toepassen

implementation [ɪmpləmen'teɪʃən] *zn* uitvoering, verwezenlijking, toepassing

implicate ['ɪmplɪkeɪt] *ov ww* ❶ betrokkenheid bewijzen ★ *the new evidence* ~*s him further* de nieuwe bewijzen tonen zijn betrokkenheid nog verder aan ❷ betrokken zijn ★ *stress is* ~*d as a cause of illness* spanning wordt gezien als een oorzaak van ziekte

implication [ɪmplɪ'keɪʃən] *zn* ❶ (stilzwijgende) gevolgtrekking ★ *by* ~ als logische conclusie ★ *the flu outbreak will have* ~*s for tourism* het uitbreken van griep heeft gevolgen voor het toerisme ❷ implicatie, suggestie ❸ betrokkenheid

implicit [ɪm'plɪsɪt] *bnw* ❶ stilzwijgend, onuitgesproken, erin begrepen ❷ onvoorwaardelijk

implied [ɪm'plaɪd] *bnw* impliciet

implore [ɪm'plɔ:] *ov ww* (af)smeken

imply [ɪm'plaɪ] *ov ww* suggereren ★ *the study implies that men are not good communicators* het blijkt uit de studie dat mannen slecht communiceren ❷ betekenen, insluiten

impolite [ɪmpə'laɪt] *bnw* onbeleefd

import[1] ['ɪmpɔ:t] *zn* ❶ import, invoer ★ ~*s of cars have dropped* de invoer van auto's is gedaald ❷ invoerartikel

import[2] [ɪm'pɔ:t] *ov ww* importeren, invoeren

importance [ɪm'pɔ:tns] *zn* ❶ belang, gewicht ★ *ranked in order of* ~ op volgorde van belangrijkheid ❷ gewichtigheid

important [ɪm'pɔ:tnt] *bnw* ❶ belangrijk ★ *the* ~ *thing is...* het belangrijkste is... ★ *your ideas are* ~ *to us* uw ideeën zijn belangrijk voor ons ❷ gewichtig(doend)

importation [ɪmpɔ:'teɪʃən] *zn* invoer(ing)

importer [ɪm'pɔ:tə] *zn* importeur

impose [ɪm'pəʊz] **I** *ov ww* ❶ opleggen ❷ ~ **on** zich opdringen, opleggen ⟨van plicht, belasting⟩ **II** *onov ww* misbruik maken, tot last zijn ★ *she's always imposing on people* ze maakt altijd misbruik van mensen

imposing [ɪm'pəʊzɪŋ] *bnw* imponerend, indrukwekkend

imposition [ɪmpə'zɪʃən] *zn* ❶ oplegging ❷ belasting, last

impossibility [ɪmpɒsɪ'bɪlətɪ] *zn* onmogelijkheid

impossible [ɪm'pɒsɪbl] *bnw* onmogelijk

impostor [ɪm'pɒstə] *zn* bedrieger

impotence ['ɪmpətns] *zn* ❶ onmacht, onvermogen ❷ impotentie

impotent ['ɪmpətnt] *bnw* ❶ machteloos ❷ impotent

impound [ɪm'paʊnd] *ov ww* in beslag nemen ⟨van goederen⟩

im

impoverish [ɪm'pɒvərɪʃ] *ov ww* ❶ uitputten ⟨van land⟩ ❷ verarmen
impoverishment [ɪm'pɒvərɪʃmənt] *zn* ❶ verarming ❷ uitputting
impracticability [ɪmpræktɪkə'bɪlətɪ] *zn* ❶ onuitvoerbaarheid ❷ onhandelbaarheid
impracticable [ɪm'præktɪkəbl] *bnw* ❶ onuitvoerbaar ❷ ondoenlijk
impractical [ɪm'præktɪkl] *bnw* onpraktisch
imprecise [ɪmprɪ'saɪs] *bnw* onnauwkeurig
imprecision [ɪmprɪ'sɪʒən] *zn* onnauwkeurigheid
impregnable [ɪm'pregnəbl] *bnw* onneembaar, onaantastbaar ★ ~ *to* bestand tegen
impregnate ['ɪmpregneɪt] *ov ww* ❶ bevruchten ❷ impregneren, doortrekken
impregnation [ɪmpreg'neɪʃən] *zn* ❶ bevruchting ❷ impregnatie, verzadiging
impress [ɪm'pres] *ov ww* ❶ stempelen, inprenten ❷ indruk maken op, imponeren ❸ ~ **on/upon** drukken op, op het hart drukken, inprenten
impression [ɪm'preʃən] *zn* ❶ indruk ★ *be under the ~ that...* in de veronderstelling verkering dat... ★ *get the distinct ~ that...* duidelijk het idee krijgen dat... ★ *create the ~ that...* de schijn wekken dat... ❷ imitatie ❸ afdruk
impressionable [ɪm'preʃənəbl] *bnw* ontvankelijk, beïnvloedbaar
Impressionism [ɪm'preʃənɪzəm] *zn* impressionisme
impressionist [ɪm'preʃənɪst] *zn* imitator
impressive [ɪm'presɪv] *bnw* indrukwekkend
imprint[1] ['ɪmprɪnt] *zn* ❶ stempel ❷ afdruk
imprint[2] [ɪm'prɪnt] *ov ww* ❶ stempelen ❷ inprenten, griffen
imprison [ɪm'prɪzən] *ov ww* in de gevangenis zetten
imprisonment [ɪm'prɪzənmənt] *zn* ❶ gevangenschap ❷ gevangenneming
improbability [ɪmprɒbə'bɪlətɪ] *zn* onwaarschijnlijkheid
improbable [ɪm'prɒbəbl] *bnw* onwaarschijnlijk
impromptu [ɪm'prɒmptju:] **I** *zn* improvisatie **II** *bnw + bijw* onvoorbereid
improper [ɪm'prɒpə] *bnw* ❶ onjuist ❷ ongepast, onfatsoenlijk
impropriety [ɪmprə'praɪətɪ] *zn* ❶ ongepastheid ❷ ongeschiktheid
improve [ɪm'pru:v] **I** *ov ww* ❶ verhogen, verbeteren, beter maken ❷ ~ **(up)on** verbeteren, het beter doen, overtreffen **II** *onov ww* vooruitgaan, beter worden
improvement [ɪm'pru:vmənt] *zn* ❶ beterschap, vooruitgang ❷ verbetering
improvisation [ɪmprəvaɪ'zeɪʃən] *zn* improvisatie
improvise ['ɪmprəvaɪz] *ov ww* improviseren, onvoorbereid (iets) doen / maken ★ *we'll ~ a meal* we zullen een maaltje in elkaar flansen
imprudent [ɪm'pru:dnt] *bnw* onvoorzichtig
impudence ['ɪmpjʊdns] *zn* schaamteloosheid
impudent ['ɪmpjʊdnt] *bnw* onbeschaamd, schaamteloos
impulse ['ɪmpʌls] *zn* ❶ opwelling, impuls ★ *his first ~ was to hide* zijn eerste opwelling was om zich te verstoppen ★ *on (an) ~* in een opwelling, impulsief ❷ stoot, prikkel
impulsive [ɪm'pʌlsɪv] *bnw* impulsief

impunity [ɪm'pju:nətɪ] *zn* ★ *with ~* ongestraft
impure [ɪm'pjʊə] *bnw* ❶ verontreinigd, onzuiver ❷ onzedig
impurity [ɪm'pjʊərətɪ] *zn* onzuiverheid
impute [ɪm'pju:t] *ov ww* ten laste leggen, toeschrijven, wijten (aan)
in [ɪn] **I** *vz* ❶ in, binnen ★ *there's sth in that* daar zit wel iets in ★ *in good health* gezond ❷ van, op, uit ★ *in search of* op zoek naar ★ *10 in 100* 10 op de 100 ★ *he's one in a million* hij is er één op een miljoen ❸ naar, volgens ★ *in my opinion* naar mijn mening ❹ ter ★ *in honour of* ter ere van ❺ bij ★ *(all) in all* alles bij elkaar ❻ met, met...aan / op ★ *they were sold in scores* ze werden met tientallen tegelijk verkocht ★ *in yellow shoes* met gele schoenen aan ❼ over ★ *in a year's time* over een jaar ★ *in the daytime* overdag ❽ tijdens ★ *in a storm, disconnect your computer* schakel uw computer uit tijdens een storm ❾ in zover, omdat, doordat ★ *I was fortunate in being able to meet him* ik had het geluk hem te mogen ontmoeten ★ *in doing so* zodoende ❿ wat betreft ★ *the latest in modern warfare* het nieuwste op het gebied van moderne oorlogvoering **II** *bijw* ❶ (naar) binnen, aanwezig, er ★ *when Bush was in* toen Bush president was ▼inform *he's not in yet* zij is nog niet thuis ★ *tulips are in now* nu is het de tijd voor tulpen ★ *let sb in on the secret* iem. laten delen in een geheim ❷ aan het bewind ★ *when Bush was in* toen Bush president was ▼inform *you're in for it!* je bent er bij! ▼inform *he's in with my neighbour* het is koek en ei tussen hem en mijn buurman ▼inform *he's got it in for me* hij heeft de pik op mij ▼inform *be all in* (dood)op zijn **III** *bnw* ❶ intern, inwonend ★ *an in-patient* een interne patiënt ❷ exclusief, modieus ★ *an in-joke* een grapje voor ingewijden ★ *it's the in place* het is een populaire plek **IV** *zn* ★ *the ins and outs* alle details, de bijzonderheden
in. *afk, inch(es)* inch(es)
in- [ɪn-] *voorv* in-, on-
IN *afk, Indiana* staat in de VS
inability [ɪnə'bɪlətɪ] *zn* onvermogen
inaccessibility [ɪnæksesə'bɪlətɪ] *zn* ontoegankelijkheid
inaccessible [ɪnæk'sesɪbl] *bnw* ontoegankelijk, onbereikbaar ★ *the area is ~ to traffic* het gebied is afgesloten voor verkeer
inaccuracy [ɪn'ækjʊrəsɪ] *zn* ❶ onnauwkeurigheid ❷ fout(je)
inaccurate [ɪn'ækjʊrət] *bnw* onnauwkeurig, onjuist
inaction [ɪn'ækʃən] *zn* inactiviteit ★ *20 years of ~* twintig jaar nietsdoen
inactive [ɪn'æktɪv] *bnw* ❶ niet actief, buiten dienst / werking, stil ❷ traag
inactivity [ɪnæk'tɪvətɪ] *zn* ❶ nietsdoen ★ *after 200 years of ~, the volcano erupted* na 200 jaar geslapen te hebben barstte de vulkaan uit ❷ traagheid
inadequacy [ɪn'ædɪkwəsɪ] *zn* ❶ onvolledigheid, tekortkoming ★ *he had a constant sense of ~* hij had constant het gevoel dat hij te kort schoot ❷ ontoerekenbaarheid
inadequate [ɪn'ædɪkwət] *bnw* ❶ ontoereikend, onvoldoende ❷ ongeschikt, onbekwaam ★ *he*

im

felt ~ at work hij voelde zich niet opgewassen tegen zijn baan

inadmissible [ɪnəd'mɪsɪbl] *bnw* ontoelaatbaar

inadvertent [ɪnəd'vɜːtnt] *bnw* ❶ onoplettend ❷ onbewust, onopzettelijk ★ *she had ~ly left the door open* ze had per ongeluk de deur open laten staan

inalienable [ɪn'eɪlɪənəbl] *bnw* onvervreemdbaar

inane [ɪ'neɪn] *bnw* leeg, idioot, zinloos ★ *an ~ sitcom* een inhoudloze sitcom

inanimate [ɪn'ænɪmət] *bnw* levenloos

inapplicability [ɪnəplɪkə'bɪlətɪ] *zn* het niet van toepassing zijn

inapplicable [ɪn'æplɪkəbl] *bnw* niet toepasselijk ★ *the rule is ~ to this case* de regel is niet van toepassing op deze zaak

inappropriate [ɪnə'prəʊprɪət] *bnw* ❶ ongepast ❷ ongeschikt ★ *he was dressed ~ly for the ceremony* hij was niet correct gekleed voor de ceremonie

inarticulate [ɪnɑː'tɪkjʊlət] *bnw* ❶ onverstaanbaar ❷ zich moeilijk uitdrukkend

inasmuch [ɪnəz'mʌtʃ] *bijw* ★ ~ *as* aangezien

inattention [ɪnə'tenʃən] *zn* ❶ onachtzaamheid ❷ onvoorzichtigheid

inattentive [ɪnə'tentɪv] *bnw* ❶ onoplettend ★ *he was ~ to her needs* hij had geen oog voor haar noden ❷ onvoorzichtig

inaudible [ɪn'ɔːdɪbl] *bnw* onhoorbaar

inaugural [ɪ'nɔːgjʊrəl] *bnw* inaugureel, openings-, oprichtings-

inaugurate [ɪ'nɔːgjʊreɪt] *ov ww* ❶ installeren ❷ inwijden ❸ openen ⟨nieuw tijdperk⟩

inauguration [ɪnɔːgjʊ'reɪʃən] *zn* ❶ installatie ❷ openings / inwijdingsplechtigheid

inauspicious [ɪnɔː'spɪʃəs] *bnw* onheilspellend, ongunstig, ongelukkig

inborn [ɪn'bɔːn] *bnw* aangeboren

inbound ['ɪnbaʊnd] *bnw* inkomend

inbox ['ɪnbɒks] *zn* comp ≈ postvak IN

inbred ['ɪn'bred] *bnw* ❶ uit inteelt voortgekomen ❷ aangeboren

inbreeding ['ɪnbriːdɪŋ] *zn* inteelt

Inc. [ɪŋk] *afk*, *incorporated* ≈ nv

incalculable [ɪn'kælkjʊləbl] *bnw* onberekenbaar, onmetelijk

incandescent [ɪnkæn'desənt] *bnw* ❶ gloeiend ★ *an ~ (lamp)* een gloeilamp ❷ fig witheet

incantation [ɪnkæn'teɪʃən] *zn* ❶ toverformule ❷ toverij

incapable [ɪn'keɪpəbl] *bnw* onbekwaam ★ ~ *of* niet in staat om

incapacitate [ɪnkə'pæsɪteɪt] *ov ww* ongeschikt maken, uitschakelen

incapacity [ɪnkə'pæsətɪ] *zn* ❶ onvermogen ❷ ongeschiktheid

incarcerate [ɪn'kɑːsəreɪt] *ov ww* gevangenzetten

incarceration [ɪnkɑːsə'reɪʃən] *zn* opsluiting

incarnate¹ [ɪn'kɑːnət] *bnw* vleselijk, vleesgeworden ★ *the devil* ~ de baarlijke duivel

incarnate² ['ɪnkɑːneɪt] **I** *ov ww* belichamen **II** *onov ww* incarneren ★ *they believe he ~d as a monkey* ze geloofden dat hij was teruggekomen als aap

incarnation [ɪnkɑː'neɪʃən] *zn* ❶ incarnatie ❷ verpersoonlijking ★ *the ~ of evil* het vleesgeworden kwaad

incautious [ɪn'kɔːʃəs] *bnw* onvoorzichtig

incendiary [ɪn'sendɪərɪ] *bnw* ❶ brand- ★ *an ~ device* een brandbom ❷ opruiend

incense¹ ['ɪnsens] *zn* wierook

incense² [ɪn'sens] *ov ww* woedend maken ★ *fans were ~d at the umpire's decision* de fans waren woedend over de beslissing van de scheidsrechter

incentive [ɪn'sentɪv] *zn* ❶ prikkeling, aansporing, stimulans ★ *there is no ~ for people to use busses* de mensen worden niet gestimuleerd om de bus te nemen ❷ premie, beloning ★ *tax ~s* belastingvoordeel

inception [ɪn'sepʃən] *zn* begin

incessant [ɪn'sesənt] *bnw* onophoudelijk

incestuous [ɪn'sestjʊəs] *bnw* incestueus

inch [ɪntʃ] **I** *zn* Engelse duim ⟨2,54 cm⟩ ★ *by inches* rakelings ★ *inch by inch* heel langzaam ★ *give him an inch and he'll take a mile* als je hem de vinger geeft, neemt hij de hele hand ★ *beat sb to within an inch of his life* iem. bijna doodslaan ★ *every inch a gentleman* op en top een heer **II** *onov ww* zich zeer langzaam voortbewegen

incidence ['ɪnsɪdns] *zn* frequentie, vóórkomen ★ *a high ~ of infant mortality* een hoog kindersterftecijfer

incident ['ɪnsɪdnt] *zn* incident, voorval, episode

incidental [ɪnsɪ'dentl] *bnw* bijkomstig, bijkomend ★ *this service is ~ to our main business* deze dienst is een bijproduct van onze hoofdtaak

incidentally [ɪnsɪ'dentəlɪ] *bijw* ❶ overigens, trouwens ❷ terloops

incinerate [ɪn'sɪnəreɪt] *ov ww* verassen, verbranden

incineration [ɪnsɪnə'reɪʃən] *zn* verbranding

incinerator [ɪn'sɪnəreɪtə] *zn* verbrandingsoven

incipient [ɪn'sɪpɪənt] *bnw* beginnend, begin-

incise [ɪn'saɪz] *ov ww* ❶ insnijden ❷ graveren

incision [ɪn'sɪʒən] *zn* insnijding, kerf

incisive [ɪn'saɪsɪv] *bnw* scherp, doortastend

incisor [ɪn'saɪzə] *zn* snijtand

incite [ɪn'saɪt] *ov ww* ❶ aansporen ❷ opruien, opstoken

inclement [ɪn'klemənt] *bnw* guur

inclination [ɪnklɪ'neɪʃən] *zn* ❶ neiging, genegenheid, tendens ★ *she has an ~ towards obsessive behaviour* ze neigt naar obsessief gedrag ★ *he was a progressive thinker by ~* hij was van nature een progressief denker ❷ geneigdheid, zin ❸ helling ❹ inclinatie ❺ buiging ⟨van het hoofd⟩

incline¹ ['ɪnklaɪn] *zn* ❶ hellend vlak ❷ helling

incline² [ɪn'klaɪn] **I** *ov ww* ❶ buigen, doen (over)hellen ❷ geneigd maken **II** *onov ww* ❶ (over)hellen, buigen ❷ geneigd zijn, neiging vertonen ★ *he ~s towards violence* hij neigt naar geweld

inclined [ɪn'klaɪnd] *bnw* geneigd ★ *I'm ~ to believe him* ik neig ertoe hem te geloven ★ *if you feel so ~* zoals je wilt ★ *he's not very mathematically ~* hij heeft weinig aanleg voor wiskunde

include [ɪn'kluːd] *ov ww* ❶ insluiten, omvatten, meerekenen ★ *does the price ~ tax?* is de prijs inclusief btw? ★ *everything ~d* alles inbegrepen ❷ opnemen, inschakelen ★ *we were all there, Jill*

~d we waren er allemaal, Jill ook

inclusion [ɪnˈkluːʒən] *zn* ❶ insluiting, opneming ❷ insluitsel

inclusive [ɪnˈkluːsɪv] *bnw* inclusief ★ *~ of...* met... inbegrepen ★ *pages 5 to 7* ~ blz. 5 tot en met 7 ★ *all* ~ alles inbegrepen

incognito [ɪnkɒɡˈniːtəʊ] *bnw + bijw* incognito

incoherence [ɪnkəʊˈhɪərəns] *zn* onsamenhangendheid

incoherent [ɪnkəʊˈhɪərənt] *bnw* ❶ verward ❷ onsamenhangend

income [ˈɪnkʌm] *zn* inkomsten, inkomen ★ *annual* ~ jaarinkomen ★ *disposable* ~ besteedbaar / netto inkomen

income support *zn* bijstand

income tax *zn* inkomstenbelasting

incoming [ˈɪnkʌmɪŋ] *bnw* ❶ binnenkomend ❷ opkomend ⟨van getij⟩ ❸ opvolgend, nieuw

incommunicado [ɪnkəmjuːnɪˈkɑːdəʊ] *bnw* ❶ (v.d. buitenwereld) afgeschermd, geïsoleerd ❷ niet te bereiken

incomparable [ɪnˈkɒmpərəbl] *bnw* onvergelijkbaar, onvergelijkelijk, uniek

incompatibility [ɪnkəmpætəˈbɪlətɪ] *zn* onverenigbaarheid, tegenstrijdigheid ★ *there is an ~ between their blood groups* hun bloedgroepen komen niet overeen

incompatible [ɪnkəmˈpætɪbl] *bnw* ❶ onverenigbaar, tegenstrijdig ★ *violence and love are mutually ~* geweld en liefde sluiten elkaar uit ❷ niet bij elkaar passend

incompetence [ɪnˈkɒmpɪtns] *zn* onbekwaamheid, ondeskundigheid

incompetent [ɪnˈkɒmpɪtnt] *bnw* onbekwaam, ondeskundig

incomplete [ɪnkəmˈpliːt] *bnw* ❶ onvolledig, gebrekkig ❷ onvoltooid

incomprehensible [ɪnkɒmprɪˈhensɪbl] *bnw* onbegrijpelijk

incomprehension [ɪnkɒmprɪˈhenʃən] *zn* onbegrip

inconceivable [ɪnkənˈsiːvəbl] *bnw* onvoorstelbaar, onbegrijpelijk

inconclusive [ɪnkənˈkluːsɪv] *bnw* ❶ niet beslissend ❷ niet overtuigend

incongruity [ɪnkɒnˈɡruːətɪ] *zn* ❶ gebrek aan overeenstemming ❷ ongerijmdheid

incongruous [ɪnˈkɒŋɡruəs] *bnw* ❶ ongelijksoortig ❷ onlogisch ★ *~ with* niet passend bij ❸ uit de toon vallend

inconsequential [ɪnkɒnsɪˈkwenʃəl] *bnw* niet ter zake doend, onbelangrijk

inconsiderable [ɪnkənˈsɪdərəbl] *bnw* onbelangrijk, onbeduidend, gering

inconsiderate [ɪnkənˈsɪdərət] *bnw* onbedachtzaam, onattent

inconsistency [ɪnkənˈsɪstənsɪ] *zn* tegenstrijdigheid

inconsistent [ɪnkənˈsɪstnt] *bnw* ❶ tegenstrijdig ❷ niet consequent

inconsolable [ɪnkənˈsəʊləbl] *bnw* ontroostbaar

inconspicuous [ɪnkənˈspɪkjuəs] *bnw* onopvallend

incontestable [ɪnkənˈtestəbl] *bnw* onbetwistbaar

incontinence [ɪnˈkɒntɪnəns] *zn* incontinentie, bedwateren

incontinent [ɪnˈkɒntɪnənt] *bnw* incontinent

incontrovertible [ɪnkɒntrəˈvɜːtɪbl] *bnw* onbetwistbaar

inconvenience [ɪnkənˈviːnɪəns] **I** *zn* ongemak, ongerief **II** *ov ww* in ongelegenheid brengen

inconvenient [ɪnkənˈviːnɪənt] *bnw* ongelegen, lastig

incorporate [ɪnˈkɔːpəreɪt] *ov ww* ❶ opnemen, integreren, verenigen ★ *parts of Poland were ~d into Germany* stukken van Polen werden bij Duitsland ingelijfd ❷ bevatten, omvatten

incorrect [ɪnkəˈrekt] *bnw* ❶ onjuist ❷ ongepast

incorrigible [ɪnˈkɒrɪdʒɪbl] *bnw* onverbeterlijk

increase¹ [ˈɪŋkriːs] *zn* groei, toename, verhoging ★ *an ~ in taxes* een belastingverhoging ★ *be on the ~* toenemen

increase² [ɪŋˈkriːs] **I** *ov ww* ❶ doen toenemen, vermeerderen ❷ vergroten, verhogen, versterken **II** *onov ww* stijgen, toenemen ★ *petrol has ~d in price* de prijs van benzine is gestegen

increasingly [ɪnˈkriːsɪŋlɪ] *bijw* steeds meer, steeds verder, in toenemender mate ★ *~ difficult* steeds moeilijker

incredible [ɪnˈkredɪbl] *bnw* ongelofelijk, onvoorstelbaar ★ *inform you're an ~ person!* je bent een fantastisch mens!

incredulity [ɪnkrəˈdjuːlətɪ] *zn* ongeloof

incredulous [ɪnˈkredjʊləs] *bnw* niet gelovende, ongelovig

increment [ˈɪnkrɪmənt] *zn* ❶ periodieke (loons)verhoging ❷ toename

incriminate [ɪnˈkrɪmɪneɪt] *ov ww* ❶ beschuldigen ⟨van misdaad⟩ ❷ pleiten tegen ★ *incriminating evidence* belastend bewijs

incrimination [ɪnkrɪmɪˈneɪʃən] *zn* aanklacht

incriminatory [ɪnˈkrɪmɪnətrɪ] *bnw* bezwarend, belastend

incubate [ˈɪnkjubeɪt] **I** *ov ww* ❶ uitbroeden ❷ kweken **II** *onov ww* broeden ★ *the virus ~s for three days* het virus heeft een incubatietijd van drie dagen

incubation [ɪnkjuˈbeɪʃən] *zn* incubatie(tijd)

incubator [ˈɪnkjubeɪtə] *zn* ❶ broedmachine ❷ couveuse

inculcate [ˈɪnkʌlkeɪt] *ov ww* inprenten

incumbent [ɪnˈkʌmbənt] **I** *zn* bekleder van ambt ★ *the White House's present ~* de huidige bewoner van het Witte Huis **II** *bnw* ❶ verplicht, moreel gebonden ★ *it is ~ on me to...* het is mijn plicht om... ❷ dienstdoende, aan de macht zijnde

incur [ɪnˈkɜː] *ov ww* ❶ oplopen, maken ⟨schulden⟩ ❷ zich op de hals halen ★ *he ~red the wrath of the governor* hij haalde zich de toorn van de gouverneur op de hals

incurable [ɪnˈkjʊərəbl] *bnw* ❶ ongeneeslijk ❷ onverbeterlijk

incursion [ɪnˈkɜːʃən] *zn* ❶ vijandelijke inval, onverwachte aanval ❷ inbreuk

indebted [ɪnˈdetɪd] *bnw* schuldig, verschuldigd ★ *I am ~ to my wife for her support* voor haar steun ben ik mijn vrouw veel dank verschuldigd

indecency [ɪnˈdiːsənsɪ] *zn* ❶ ongepastheid, onfatsoenlijkheid ❷ ongepaste daad

indecent [ɪnˈdiːsənt] *bnw* onzedelijk, onfatsoenlijk, onbehoorlijk ★ *~ assault*

aanranding
indecipherable [ɪndɪ'saɪfərəbl] *bnw* niet te ontcijferen, onleesbaar
indecision [ɪndɪ'sɪʒən] *zn* besluiteloosheid
indecisive [ɪndɪ'saɪsɪv] *bnw* ❶ besluiteloos, weifelend ❷ onbeslist, niet beslissend
indeed [ɪn'diːd] *bijw* ❶ inderdaad, zeker ★ *he is ~ sick* hij is echt ziek ❷ sterker nog, zelfs ★ *I know that woman: ~, I even remember her name* ik ken die vrouw, ik kan me zelfs herinneren hoe ze heet ❸ echt, heus ★ *thank you very much ~* dank u zeer ❹ toegegeven, weliswaar ★ *that's ~ true, but...* dat mag dan wel waar zijn, maar... ★ *'why him and not me?' 'why ~?'* 'waarom hij wel en ik niet?' 'ja, waarom eigenlijk?' ❺ belachelijk ★ *sick ~! he's not sick!* hij ziek? laat mij niet lachen!
indefatigable [ɪndɪ'fætɪgəbl] *bnw* onvermoeid, onvermoeibaar
indefensible [ɪndɪ'fensɪbl] *bnw* onverdedigbaar
indefinable [ɪndɪ'faɪnəbl] *bnw* ondefinieerbaar, niet te bepalen
indefinite [ɪn'defɪnɪt] *bnw* ❶ onbepaald ★ *teachers are going on a ~ strike* leraren gaan voor een onbepaalde tijd staken ❷ onduidelijk, vaag, onzeker
indelible [ɪn'delɪbl] *bnw* onuitwisbaar
indelicate [ɪn'delɪkət] *bnw* onkies, niet fijnzinnig, grof
indemnification [ɪndemnɪfɪ'keɪʃən] *zn* ❶ vrijwaring ❷ schadeloosstelling
indemnify [ɪn'demnɪfaɪ] *ov ww* ❶ vrijwaren ❷ ontslaan van verantwoordelijkheid, schadeloos stellen
indemnity [ɪn'demnətɪ] *zn* ❶ schadeloosstelling ❷ vrijwaring, vrijstelling ❸ garantie
indent [ɪn'dent] *ov ww* (laten) inspringen ⟨regel⟩
indentation [ɪnden'teɪʃən] *zn* ❶ inspringing, inspringen ❷ indruksel, deuk, inkeping
independence [ɪndɪ'pendəns] *zn* onafhankelijkheid
independent [ɪndɪ'pendənt] **I** *zn* iemand die niet politiek gebonden is ★ *he's standing as an ~* hij doet mee als een onafhankelijke kandidaat **II** *bnw* onafhankelijk ★ *an ~ school* een particuliere school ★ *she's an ~ thinker* zij heeft haar eigen mening ★ *both teams work ~ly of each other* beide teams werken los van elkaar
indescribable [ɪndɪ'skraɪbəbl] *bnw* onbeschrijfelijk, niet te beschrijven
indestructible [ɪndɪ'strʌktɪbl] *bnw* onverwoestbaar
indeterminable [ɪndɪ'tɜːmɪnəbl] *bnw* niet te bepalen, niet te beslissen
indeterminate [ɪndɪ'tɜːmɪnət] *bnw* ❶ vaag, onduidelijk ❷ onbepaald, onbeslist ★ *a dog of ~ breed* een hond van een onbestemd ras
indetermination [ɪndɪtɜːmɪ'neɪʃən] *zn* besluiteloosheid
index ['ɪndeks] *zn* [mv: **indices**] ❶ register, index ⟨van kosten, prijzen⟩ ❷ alfabetisch register, catalogus ❸ exponent ⟨in algebra⟩
indexation [ɪndek'seɪʃən] *zn* indexering
index finger *zn* wijsvinger
India ['ɪndɪə] *zn* India
Indian ['ɪndɪən] **I** *zn* ❶ Indiër ❷ indiaan ★ *an*

American ~ een indiaan **II** *bnw* ❶ Indisch ❷ indiaans
Indian Ocean *zn* Indische Oceaan
indicate ['ɪndɪkeɪt] **I** *ov ww* ❶ aanwijzen, aangeven, te kennen geven ❷ duiden op, wijzen op ★ *a rash ~s an allergic reaction* uitslag is een symptoom / teken van een allergische reactie ❸ indiceren ★ *knee surgery is ~d* er lijkt een knieoperatie nodig te zijn **II** *onov ww* richting aangeven ⟨in verkeer⟩
indication [ɪndɪ'keɪʃən] *zn* aanwijzing, aanduiding, teken ★ *she gave no ~ of her feelings* ze liet haar gevoelens niet blijken
indicative [ɪn'dɪkətɪv] **I** *zn* ★ *the ~* de aantonende wijs **II** *bnw* aantonend ★ *be ~ of* duiden op
indicator ['ɪndɪkeɪtə] *zn* ❶ meter, teller ❷ richtingaanwijzer
indices ['ɪndɪsiːz] *zn mv* → **index**
indict [ɪn'daɪt] *ov ww* beschuldigen, aanklagen
indictable [ɪn'daɪtəbl] *bnw* vervolgbaar, strafbaar
indictment [ɪn'daɪtmənt] *zn* ❶ aanklacht ❷ (staat van) beschuldiging
indie ['ɪndɪ] **I** *zn, muz independent* onafhankelijke platenmaatschappij **II** *bnw, muz independent* onafhankelijk ⟨van popgroep of platenlabel⟩
indifference [ɪn'dɪfrəns] *zn* onverschilligheid, gebrek aan interesse
indifferent [ɪn'dɪfrənt] *bnw* ❶ onverschillig ★ *he is ~ to what people think* het maakt hem niet uit wat de mensen denken ❷ middelmatig, zozo
indigenous [ɪn'dɪdʒɪnəs] *bnw* inheems ★ *the koala is ~ to Australia* de koala hoort in Australië thuis
indigestible [ɪndɪ'dʒestɪbl] *bnw* onverteerbaar
indigestion [ɪndɪ'dʒestʃən] *zn* indigestie
indignant [ɪn'dɪgnənt] *bnw* verontwaardigd
indignation [ɪndɪg'neɪʃən] *zn* verontwaardiging
indignity [ɪn'dɪgnətɪ] *zn* ❶ vernedering ❷ belediging
indirect [ɪndaɪ'rekt] *bnw* ❶ indirect, zijdelings ★ *he took an ~ route* hij nam een niet rechtstreekse route ★ *some plants require ~ light* sommige planten kunnen geen direct zonlicht verdragen ★ *the ~ object* het meewerkend voorwerp ❷ ontwijkend ★ *an ~ attack* een verkapte aanval
indiscernible [ɪndɪ'sɜːnɪbl] *bnw* niet te onderscheiden, onzichtbaar
indiscreet [ɪndɪ'skriːt] *bnw* ❶ onoordeelkundig ❷ onbezonnen ❸ onbescheiden
indiscretion [ɪndɪ'skreʃən] *zn* ❶ onbezonnenheid ★ *youthful ~s* jeugdzondes ❷ onvoorzichtigheid ★ *in a moment of ~* in een onvoorzichtig moment
indiscriminate [ɪndɪ'skrɪmɪnət] *bnw* ❶ onzorgvuldig, kritiekloos ❷ lukraak, in het wilde weg
indispensable [ɪndɪ'spensəbl] *bnw* onmisbaar, noodzakelijk
indisposed ['ɪndɪ'spoʊzd] *bnw* ❶ onwel ❷ onwelwillend ★ *the cow seemed ~ to move* de koe scheen niet van plan uit de weg te gaan
indisposition [ɪndɪspə'zɪʃən] *zn* ongesteldheid
indisputable [ɪndɪ'spjuːtəbl] *bnw* onbetwistbaar ★ *this is indisputably one of her greatest books* dit

in

is zonder twijfel een van haar beste boeken

indissoluble [ɪndɪˈsɒljʊbl] *bnw* ❶ onoplosbaar ❷ onverbrekelijk

indistinct [ɪndɪˈstɪŋkt] *bnw* onduidelijk, vaag

indistinguishable [ɪndɪˈstɪŋgwɪʃəbl] *bnw* niet te onderscheiden

individual [ɪndɪˈvɪdʒʊəl] **I** *zn* ❶ individu, persoon, figuur ★ *it's up to the ~* de keus is aan het individu ★ *private ~s* particulieren ❷ enkeling **II** *bnw* ❶ individueel, persoonlijk, eigen ★ *his style is highly ~* hij heeft een heel eigen stijl ❷ afzonderlijk

individualise *ww* → **individualize**

individuality [ɪndɪvɪdʒʊˈælətɪ] *zn* eigen karakter, individualiteit

individualize, individualise [ɪndɪˈvɪdʒʊəlaɪz] *ov ww* individualiseren, toespitsen op individu

indivisible [ɪndɪˈvɪzɪbl] *bnw* ondeelbaar

indoctrinate [ɪnˈdɒktrɪneɪt] *ov ww* indoctrineren

indolence [ˈɪndələns] *zn* traagheid, luiheid

indolent [ˈɪndələnt] *bnw* lui, sloom

indomitable [ɪnˈdɒmɪtəbl] *bnw* ontembaar, onoverwinnelijk

Indonesian [ɪndəˈniːzɪən] **I** *zn* Indonesiër, Indonesische **II** *bnw* Indonesisch

indoor [ˈɪndɔː] *bnw* binnenhuis, huis- ★ *an ~ swimmingpool* een binnenbad ★ *~ games* zaalsporten

indoors [ɪnˈdɔːz] *bijw* binnenshuis ★ *they ran ~* ze renden naar binnen

indrawn [ɪnˈdrɔːn] *bnw* ★ *~ breath* ingehouden adem

indubitable [ɪnˈdjuːbɪtəbl] *bnw* onbetwistbaar ★ *it is indubitably his best film* het is zonder twijfel zijn beste film

induce [ɪnˈdjuːs] *ov ww* ❶ bewegen tot, ertoe krijgen ❷ veroorzaken, leiden tot, teweegbrengen ❸ opwekken ⟨van weeën⟩

inducement [ɪnˈdjuːsmənt] *zn* beweegreden, lokmiddel

induct [ɪnˈdʌkt] *ov ww* ❶ installeren ❷ inwijden

induction [ɪnˈdʌkʃən] *zn* ❶ installatie, inleiding ❷ kunstmatig ingeleide bevalling

indulge [ɪnˈdʌldʒ] **I** *ov ww* ❶ verwennen ❷ toegeven aan, zich overgeven aan ★ *he ~d her every whim* hij gaf toe aan al haar grillen **II** *onov ww* ❶ *inform* te veel drinken ★ *she ~s in drink* zij drinkt te veel ❷ zich permitteren ★ *they ~d in an overseas trip* ze trakteerden zich op een buitenlandse reis

indulgence [ɪnˈdʌldʒəns] *zn* ❶ toegeeflijkheid, toegevendheid ❷ overmatig gebruik ❸ bron van vermaak ★ *champagne is her only ~* champagne is de enige weelde die ze zich permitteert

indulgent [ɪnˈdʌldʒənt] *bnw* (al te) toegeeflijk

industrial [ɪnˈdʌstrɪəl] *bnw* ❶ industrieel, bedrijfs- ★ *~ espionage* bedrijfsspionage ❷ arbeids- ★ *~ unrest* arbeidsonrust ❸ industrie-, geïndustrialiseerd ★ *an ~ area* een industriegebied

industrialisation *zn* → **industrialization**

industrialise *ww* → **industrialize**

industrialist [ɪnˈdʌstrɪəlɪst] *zn* industrieel

industrialization, industrialisation [ɪndʌstrɪəlaɪˈzeɪʃən] *zn* industrialisatie

industrialize, industrialise [ɪnˈdʌstrɪəlaɪz] *ov+onov ww* industrialiseren

industrious [ɪnˈdʌstrɪəs] *bnw* hardwerkend, arbeidzaam

industry [ˈɪndəstrɪ] *zn* ❶ industrie, bedrijf ❷ ijver

inebriated [ɪˈniːbrɪeɪtɪd] *bnw* dronken

inebriation [ɪniːbrɪˈeɪʃən] *zn* dronkenschap

inedible [ɪnˈedɪbl] *bnw* oneetbaar

ineffective [ɪnɪˈfektɪv] *bnw* ❶ ondoeltreffend ❷ incompetent

ineffectual [ɪnɪˈfektʃʊəl] *bnw* ❶ vruchteloos, vergeefs ❷ ontoereikend ❸ incapabel

inefficiency [ɪnɪˈfɪʃənsɪ] *zn* ondoelmatigheid

inefficient [ɪnɪˈfɪʃənt] *bnw* ❶ onbekwaam ❷ ondoelmatig

inelegant [ɪnˈelɪgənt] *bnw* onelegant, niet fraai

ineligible [ɪnˈelɪdʒɪbl] *bnw* niet in aanmerking komend ★ *she's ~ for a grant* ze komt niet in aanmerking voor subsidie ★ *foreigners are ~ to vote* buitenlanders hebben geen stemrecht

inept [ɪˈnept] *bnw* ❶ ongerijmd, dwaas, absurd ❷ ongeschikt, ondeskundig

ineptitude [ɪˈneptɪtjuːd], **ineptness** *zn* ❶ dwaasheid, ongerijmdheid ❷ onhandigheid, ondeskundigheid

inequality [ɪnɪˈkwɒlətɪ] *zn* verschil, ongelijkheid

inequitable [ɪnˈekwɪtəbl] *bnw* onrechtvaardig, onbillijk

inequity [ɪnˈekwətɪ] *zn* onrechtvaardigheid

ineradicable [ɪnɪˈrædɪkəbl] *bnw* onuitroeibaar, onuitwisbaar

inert [ɪˈnɜːt] *bnw* traag, log ★ *~ gas* edelgas

inertia [ɪˈnɜːʃə] *zn* traagheid

inescapable [ɪnɪˈskeɪpəbl] *bnw* onontkoombaar

inessential [ɪnɪˈsenʃəl] *bnw* niet essentieel, bijkomstig

inestimable [ɪnˈestɪməbl] *bnw* onschatbaar

inevitable [ɪnˈevɪtəbl] *bnw* onvermijdelijk

inexact [ɪnɪgˈzækt] *bnw* onnauwkeurig, niet helemaal juist

inexactitude [ɪnɪgˈzæktɪtjuːd] *zn* ❶ onnauwkeurigheid ❷ onjuistheid

inexcusable [ɪnɪkˈskjuːzəbl] *bnw* onvergeeflijk, niet goed te praten

inexhaustible [ɪnɪgˈzɔːstɪbl] *bnw* onuitputtelijk

inexorable [ɪnˈeksərəbl] *bnw* onverbiddelijk

inexpensive [ɪnɪkˈspensɪv] *bnw* goedkoop

inexperience [ɪnɪkˈspɪərɪəns] *zn* onervarenheid

inexperienced [ɪnɪkˈspɪərɪənst] *bnw* onervaren

inexpert [ɪnˈekspɜːt] **I** *zn* ondeskundige, leek **II** *bnw* onbedreven, ondeskundig

inexplicable [ɪnɪkˈsplɪkəbl] *bnw* onverklaarbaar

inexpressible [ɪnɪkˈspresɪbl] *bnw* onuitsprekelijk

inextinguishable [ɪnɪkˈstɪŋgwɪʃəbl] *bnw* ❶ onblusbaar ❷ niet te lessen

inextricably [ɪnˈekstrɪkəblɪ] *bijw* onlosmakelijk

infallibility [ɪnfælɪˈbɪlətɪ] *zn* onfeilbaarheid

infallible [ɪnˈfælɪbl] *bnw* onfeilbaar

infamous [ˈɪnfəməs] *bnw* ❶ schandelijk ❷ berucht

infamy [ˈɪnfəmɪ] *zn* ❶ beruchtheid ❷ schande, schanddaad

infancy [ˈɪnfənsɪ] *zn* ❶ vroege jeugd ★ *their second child died in ~* hun tweede kind overleed als baby ❷ beginstadium ★ *nanotechnology is still in its ~* de nanotechnologie staat nog in de kinderschoenen

infant ['ɪnfənt] **I** zn ❶ zuigeling ❷ kind ★ the ~ class de kleuterklas **II** bnw kinder- ★ ~ formula zuigelingenvoeding

infanticide [ɪn'fæntɪsaɪd] zn kindermoord

infantile ['ɪnfəntaɪl] bnw kinder-, kinderlijk, kinderachtig

infantry ['ɪnfəntrɪ] zn infanterie

infantryman ['ɪnfəntrɪmən] zn infanterist

infatuate [ɪn'fætjʊet] ov ww verdwazen, verblinden ★ ~d by / with smoorverliefd op

infatuated bnw smoorverliefd ★ she became ~ with her teacher ze werd verliefd op haar leraar

infatuation [ɪnfætjʊ'eɪʃən] zn (hevige) verliefdheid ★ a passing ~ een voorbijgaande verliefdheid ★ her ~ with music started early haar liefde voor muziek begon al vroeg

infect [ɪn'fekt] ov ww ❶ besmetten ❷ bederven, verpesten ❸ aansteken ★ his laughter ~ed us all zijn lachen werkte aanstekelijk op allemaal

infection [ɪn'fekʃən] zn ❶ besmetting, infectie ★ he passed on the ~ to her hij heeft de infectie op haar overgedragen ❷ bederf, verpesting

infectious [ɪn'fekʃəs] bnw besmettelijk, aanstekelijk

infer [ɪn'fɜː] ov ww ❶ afleiden, concluderen ★ children ~ meaning from pictures kinderen halen betekenis uit plaatjes ★ it's left to the viewer to ~ what happened de kijker mag raden wat er gebeurde ❷ inform suggereren ★ are you ~ring that I'm lying? wil je suggereren dat ik lieg?

inference ['ɪnfərəns] zn gevolgtrekking ★ by ~ bijgevolg

inferior [ɪn'fɪərɪə] **I** zn ondergeschikte **II** bnw ❶ lager, minder, ondergeschikt ★ an ~ rank een lagere rang ❷ minderwaardig, inferieur ★ he is ~ to none hij doet voor niemand onder

inferiority [ɪnfɪərɪ'ɒrətɪ] zn minderwaardigheid

infernal [ɪn'fɜːnl] bnw ❶ hels, duivels ❷ inform afschuwelijk

inferno [ɪn'fɜːnəʊ] zn vuurzee ★ by now the fire had become an ~ het vuur was nu een vlammenzee geworden

infertile [ɪn'fɜːtaɪl] bnw onvruchtbaar

infertility [ɪnfɜː'tɪlətɪ] zn onvruchtbaarheid

infest [ɪn'fest] ov ww teisteren, onveilig maken ★ be ~ed with geteisterd worden door, vergeven zijn van ★ swim in shark-~ed waters zwemmen in water vol met haaien

infestation [ɪnfe'steɪʃən] zn teistering, plaag

infidel ['ɪnfɪdl] zn ongelovige

infidelity [ɪnfɪ'delətɪ] zn ❶ ongeloof ❷ ontrouw

infighting ['ɪnfaɪtɪŋ] zn onderlinge strijd, interne machtsstrijd

infiltrate ['ɪnfɪltreɪt] ov+onov ww ❶ infiltreren, binnendringen ❷ dóórdringen

infiltrator ['ɪnfɪltreɪtə] zn infiltrant, indringer

infinite ['ɪnfɪnɪt] **I** zn ★ the ~ de oneindigheid, de oneindige ruimte **II** bnw ❶ oneindig ❷ zeer veel ★ iron the president, in his ~ wisdom, decided... de president, in zijn onmetelijke wijsheid, besloot...

infinitesimal [ɪnfɪnɪ'tesɪml] bnw oneindig klein

infinitive [ɪn'fɪnɪtɪv] taalk zn ★ the ~ de onbepaalde wijs

infinity [ɪn'fɪnətɪ] zn ❶ oneindigheid ★ the plain seems to stretch into ~ de vlakte scheen zich oneindig ver uit te strekken ❷ oneindige hoeveelheid / uitgestrektheid

infirm [ɪn'fɜːm] bnw zwak

infirmary [ɪn'fɜːmərɪ] zn ziekenhuis, ziekenzaal

infirmity [ɪn'fɜːmətɪ] zn zwakheid, zwakte

inflame [ɪn'fleɪm] ov ww ❶ opwinden, kwaad maken ❷ verergeren

inflamed [ɪn'fleɪmd] bnw ontstoken, rood

inflammability [ɪnflæmə'bɪlətɪ] zn ontvlambaarheid

inflammable [ɪn'flæməbl] bnw ❶ ontvlambaar ❷ fig opvliegend

inflammation [ɪnflə'meɪʃən] zn ontsteking

inflammatory [ɪn'flæmətərɪ] bnw ❶ opwindend, opruiend ❷ ontstekings-

inflatable [ɪn'fleɪtəbl] bnw opblaasbaar

inflate [ɪn'fleɪt] ov ww ❶ oppompen, opblazen ❷ (kunstmatig) opdrijven, verhogen ⟨van prijzen⟩

inflated [ɪn'fleɪtɪd] bnw ❶ opgepompt ★ ~ prices kunstmatig opgevoerde prijzen ❷ gezwollen, opgeblazen

inflation [ɪn'fleɪʃən] zn ❶ het oppompen ❷ opgeblazenheid ❸ inflatie

inflect [ɪn'flekt] taalk ov ww verbuigen

inflection, inflexion [ɪn'flekʃən] zn ❶ taalk verbuiging ❷ (stem)buiging ★ he read his speech with little ~ hij las zijn rede monotoon op

inflexibility [ɪnfleksə'bɪlətɪ] zn standvastigheid, onbuigbaarheid

inflexible [ɪn'fleksɪbl] bnw standvastig, onbuigbaar, onbuigzaam

inflexion zn → inflection

inflict [ɪn'flɪkt] ov ww ❶ toebrengen, toedienen ❷ opleggen ⟨straf⟩ ❸ ~ on/upon opdringen aan ★ they ~ themselves (up)on us every weekend ze komen ons elk weekend lastig vallen met hun bezoek

infliction [ɪn'flɪkʃən] zn ❶ toebrengen, doen ondergaan ❷ kwelling, last

in-flight bnw tijdens de vlucht

inflow ['ɪnfləʊ] zn ❶ het binnenstromen ❷ binnenstromende hoeveelheid

influence ['ɪnfluəns] **I** zn ★ invloed ★ bring ~ to bear invloed uitoefenen ★ under the ~ onder invloed ⟨van drank⟩ **II** ov ww invloed hebben op, beïnvloeden

influential [ɪnflʊ'enʃəl] bnw invloedrijk

influenza [ɪnflʊ'enzə] zn griep ★ avian ~ vogelgriep

influx ['ɪnflʌks] zn instroming, toevloed

inform [ɪn'fɔːm] ov ww ❶ mededelen, berichten ★ they ~ed us about their plans ze brachten ons op de hoogte van hun plannen ★ please ~ us of any change of address geef ons alstublieft uw adreswijziging door ❷ informeren ❸ form bezielen ❹ ~ on verklikken, verraden, aangeven

informal [ɪn'fɔːml] bnw ❶ informeel, alledaags ★ ~ language spreektaal ❷ niet officieel

informality [ɪnfɔː'mælətɪ] zn informaliteit

informant [ɪn'fɔːmənt] zn ❶ zegsman ★ the survey's ~s were aged between 12 and 18 de zegslieden voor het onderzoek waren tussen de

in

12 en 18 ❷ informant
informatics [ɪnfə'mætɪks] *zn mv* informatica
information [ɪnfə'meɪʃən] *zn* ❶ informatie,
voorlichting ★ *for your ~* ter kennisgeving
★ *inform for your ~, I don't even have a
boyfriend* je weet er niets van, ik heb niet eens
een vriendje ★ *according to my ~* volgens mijn
inlichtingen ❷ mededeling, bericht ★ *a piece of
~* een stukje informatie
information desk *zn* informatiebalie,
inlichtingenbureau
information superhighway *zn* elektronische
snelweg
information technology *zn*
informatietechnologie
informative [ɪn'fɔːmətɪv] *bnw* informatief,
leerzaam
informatory [ɪn'fɔːmətərɪ] *bnw* → **informative**
informed [ɪn'fɔːmd] *bnw* ❶ ingelicht, op de
hoogte ❷ weloverwogen ⟨keus, beslissing⟩
informer [ɪn'fɔːmə] *zn* ❶ informant
❷ aanbrenger
infrared [ɪnfrə'red] *bnw* infrarood
infrastructure ['ɪnfrəstrʌktʃə] *zn* infrastructuur
infrequency [ɪn'friːkwənsɪ] *zn* zeldzaamheid
infrequent [ɪn'friːkwənt] *bnw* zeldzaam ★ *not ~ly*
nogal eens
infringe [ɪn'frɪndʒ] *ov ww* overtreden, inbreuk
maken op
infringement [ɪn'frɪndʒmənt] *zn* inbreuk,
overtreding
infuriate [ɪn'fjʊərɪeɪt] *ov ww* woedend maken
infuse [ɪn'fjuːz] **I** *ov ww* ❶ laten trekken ⟨van
thee⟩ ★ *tea ~d with ginger* thee (gezet) met
gember ❷ doordrenken, bezielen **II** *onov ww*
trekken ⟨van thee⟩
infusion [ɪn'fjuː.ʒən] *zn* ❶ infusie, aftreksel
❷ toevoeging, inbreng ★ *what we need is an ~ of
new blood* we hebben een injectie van nieuw
bloed nodig
ingenious [ɪn'dʒiːnɪəs] *bnw* vernuftig, vindingrijk
ingenuity [ɪndʒɪ'njuːətɪ] *zn* vernuft,
vindingrijkheid
ingenuous [ɪn'dʒenjʊəs] *bnw* onschuldig,
ongekunsteld, naïef
ingest [ɪn'dʒest] *ov ww* opnemen ⟨van voedsel⟩
inglorious [ɪn'ɡlɔːrɪəs] *bnw* roemloos, schandelijk
ingot ['ɪŋɡɒt] *zn* staaf, baar ⟨van metaal⟩
ingrained [ɪn'ɡreɪnd] *bnw* ❶ diepgeworteld,
ingeroest ❷ ingebed ⟨van vuil⟩
ingratiate [ɪn'ɡreɪʃɪeɪt] *wkd ww* zich bemind
maken, trachten in de gunst te komen ★ *an
ingratiating smile* een innemende glimlach
ingratitude [ɪn'ɡrætɪtjuːd] *zn* ondankbaarheid
ingredient [ɪn'ɡriːdɪənt] *zn* ingrediënt,
bestanddeel
in-group ['ɪnɡruːp] *zn* kliek, hechte groep
inhabit [ɪn'hæbɪt] *ov ww* wonen in, bewonen
inhabitable [ɪn'hæbɪtəbl] *bnw* bewoonbaar
inhabitant [ɪn'hæbɪtənt] *zn* bewoner, inwoner
inhalation [ɪnhə'leɪʃən] *zn* inademing
inhale [ɪn'heɪl] *ov ww* inademen, inhaleren
inhaler [ɪn'heɪlə] *zn* inhaleerapparaat
inherent [ɪn'herənt] *bnw* inherent ★ *~ in* eigen
aan
inherently [ɪn'herəntlɪ] *bijw* als zodanig

inherit [ɪn'herɪt] *ov ww* erven
inheritance [ɪn'herɪtns] *zn* ❶ erfenis,
nalatenschap ❷ overerving
inheritance tax *zn* successiebelasting
inheritor [ɪn'herɪtə] *zn* erfgenaam
inhibit [ɪn'hɪbɪt] *ov ww* remmen, verhinderen, in
de weg staan
inhibited [ɪn'hɪbɪtɪd] *bnw* verlegen, geremd
inhibition [ɪnhɪ'bɪʃən] *zn* onderdrukking,
remming ★ *they soon lost their ~s* ze waren hun
geremdheid gauw kwijt ★ *she has some ~s about
wearing a bikini* ze durft niet goed een bikini te
dragen
inhospitable [ɪnhɒ'spɪtəbl] *bnw* ❶ ongastvrij
❷ onherbergzaam
inhospitality [ɪnhɒspɪ'tælətɪ] *zn* ❶ ongastvrijheid
❷ onherbergzaamheid
inhuman [ɪn'hjuːmən] *bnw* ❶ onmenselijk
❷ monsterlijk, beestachtig
inhumane [ɪnhjuː'meɪn] *bnw* wreed
inhumanity [ɪnhjuː'mænətɪ] *zn* wreedheid
inimitability [ɪnɪmɪtə'bɪlətɪ] *zn*
onnavolgbaarheid
inimitable [ɪ'nɪmɪtəbl] *bnw* onnavolgbaar,
weergaloos
iniquitous [ɪ'nɪkwɪtəs] *bnw* (hoogst)
onrechtvaardig
iniquity [ɪ'nɪkwətɪ] *zn* onrechtvaardigheid
initial [ɪ'nɪʃəl] **I** *zn* voorletter **II** *bnw* eerste,
begin-, voor- **III** *ov ww* paraferen
initially [ɪ'nɪʃəlɪ] *bijw* eerst, aanvankelijk
initiate[1] [ɪ'nɪʃɪət] *zn* ingewijde
initiate[2] [ɪ'nɪʃɪeɪt] *ov ww* ❶ inwijden, inleiden
❷ beginnen, initiëren, opstarten ⟨proces⟩
initiation [ɪnɪʃɪ'eɪʃən] *zn* ❶ inwijding ❷ begin
initiative [ɪ'nɪʃətɪv] *zn* initiatief ★ *use your ~!* toon
eens wat initiatief!
inject [ɪn'dʒekt] *ov ww* ❶ inspuiten ❷ inbrengen
★ *she ~ed new life into his campaign* ze blies
nieuw leven in zijn campagne
injection [ɪn'dʒekʃən] *zn* injectie ★ *what the firm
needs is an ~ of funds* wat de firma nodig heeft
is een financiële stimulans
in-joke *zn* privégrapje
injudicious [ɪndʒuː'dɪʃəs] *bnw* onverstandig
injunction [ɪn'dʒʌŋkʃən] *zn* ❶ bevel, rechterlijk
verbod ❷ form dringend verzoek
injure ['ɪndʒə] *ov ww* ❶ verwonden ★ *she ~d her
knee while training* ze liep een knieblessure op
tijdens de training ❷ onrecht aandoen,
benadelen, krenken
injurious [ɪn'dʒʊərəs] *bnw* schadelijk ★ *~ to
health* schadelijk voor de gezondheid
injury ['ɪndʒərɪ] *zn* letsel, schade, verwonding
★ *suffer minor injuries* lichte verwondingen
oplopen ★ *there were no injuries* niemand raakte
gewond ★ *he'll miss the game because of ~* hij
moet de wedstrijd missen vanwege een blessure
injury time *zn* sport blessuretijd
injustice [ɪn'dʒʌstɪs] *zn* onrecht,
onrechtvaardigheid
ink [ɪŋk] **I** *zn* inkt **II** *ov ww* met inkt insmeren
inkling ['ɪŋklɪŋ] *zn* flauw vermoeden, flauw idee
inlaid [ɪn'leɪd] *bnw* ingelegd
inland ['ɪnlənd] **I** *zn* binnenland **II** *bnw*
binnenlands, binnen- ★ *~ navigation* de

binnenvaart ★ *an ~ sea* een binnenzee ★ *Inland Revenue* ≈ de belastingdienst III *bijw* in / naar het binnenland, landinwaarts

in-laws ['ɪnlɔ:z] *inform zn mv* aangetrouwde familieleden, schoonouders

inlay[1] ['ɪnleɪ] *zn* inlegsel, mozaïek

inlay[2] [ɪn'leɪ] *ov ww* inleggen ⟨versiering⟩

inlet ['ɪnlet] *zn* ❶ inham ❷ techn inlaat

inmate ['ɪnmeɪt] *zn* gevangene, patiënt ⟨in een psychiatrische inrichting⟩

inmost ['ɪnməʊst] *bnw* ❶ binnenste ❷ meest intieme, diepste, geheimste

inn [ɪn] *zn* ❶ herberg, taveerne ❷ ⟨dorps⟩hotel

innards ['ɪnədz] *inform zn mv* ❶ maag, ingewanden ❷ binnenste ⟨van een machine⟩

innate [ɪ'neɪt] *bnw* aangeboren, natuurlijk

inner ['ɪnə] *bnw* ❶ inwendig, innerlijk, binnen... ★ *an ~ tube* een binnenband ❷ intiem, verborgen ★ *a story with an ~ meaning* een verhaal met een diepere betekenis

innermost ['ɪnəməʊst] *bnw* ❶ binnenste ❷ diepste ★ *her ~ secrets* haar diepste geheimen

innings ['ɪnɪŋz] *zn* [mv: **innings**] slagbeurt ⟨bij cricket⟩ ★ *inform she's had a good ~* zij heeft lang en gelukkig geleefd

innkeeper ['ɪnki:pə] *zn* waard, herbergier

innocence ['ɪnəsəns] *zn* ❶ onschuld ★ *she still maintains her ~* ze houdt nog steeds vol dat ze onschuldig is ❷ onnozelheid

innocent ['ɪnəsənt] I *bnw* onschuldig, schuldeloos ★ *he was found ~* hij werd niet schuldig bevonden II *zn* onschuldig iemand ⟨vooral klein kind⟩

innocuous [ɪ'nɒkjʊəs] *bnw* onschadelijk, ongevaarlijk

innovate ['ɪnəveɪt] *ov+onov ww* vernieuwen

innovation [ɪnə'veɪʃən] *zn* ❶ vernieuwing, innovatie ❷ nieuwigheid

innovative ['ɪnəveɪtɪv] *bnw* vernieuwend

innuendo [ɪnjʊ'endəʊ] *zn* ❶ insinuatie, toespeling ❷ verdachtmaking

innumerable [ɪ'nju:mərəbl] *bnw* ontelbaar

inoculate [ɪ'nɒkjʊleɪt] *ov ww* inenten

inoculation [ɪnɒkjʊ'leɪʃən] *zn* inenting

inoffensive [ɪnə'fensɪv] *bnw* geen aanstoot gevend, onschadelijk

inoperable [ɪn'ɒpərəbl] *bnw* ❶ niet te opereren ❷ onuitvoerbaar, onbruikbaar

inoperative [ɪn'ɒpərətɪv] *bnw* ❶ niet werkend ❷ ongeldig ⟨van wet enz.⟩

inopportune [ɪn'ɒpətju:n] *bnw* ontijdig, ongelegen

inordinate [ɪn'ɔ:dɪnət] *bnw* buitensporig, onmatig, overdreven

inorganic [ɪnɔ:'gænɪk] *bnw* anorganisch

input ['ɪnpʊt] *zn* ❶ inbreng ❷ input, invoer ⟨van gegevens⟩

inquest ['ɪnkwest] *zn* gerechtelijk onderzoek ★ *a coroner's ~* een gerechtelijke lijkschouwing

inquire [ɪn'kwaɪə] *ov+onov ww* → **enquire**

inquirer [ɪn'kwaɪərə] *zn* → **enquirer**

inquiring [ɪn'kwaɪərɪŋ] *bnw* → **enquiring**

inquiry [ɪn'kwaɪərɪ] *zn* → **enquiry**

inquisitive [ɪn'kwɪzɪtɪv] *bnw* ❶ nieuwsgierig ★ *babies soon become ~ about their surroundings* baby's interesseren zich al gauw voor hun

omgeving ❷ onderzoekend, leergierig

inroad ['ɪnrəʊd] *zn* inval ★ *make ~s into sth* een aanval plegen op iets ⟨portemonnee enz.⟩ ★ *make ~s into a market* een stuk van de markt veroveren

insane [ɪn'seɪn] *bnw* krankzinnig, onzinnig

insanitary [ɪn'sænɪtərɪ] *bnw* ongezond, onhygiënisch

insanity [ɪn'sænətɪ] *zn* ❶ krankzinnigheid ★ *plead ~* ontoerekeningsvatbaarheid pleiten ❷ dwaasheid

insatiable [ɪn'seɪʃəbl] *bnw* onverzadigbaar

inscribe [ɪn'skraɪb] *ov ww* ❶ graveren, inschrijven, inprenten ★ *~d in my mind* in mijn geheugen gegrift ❷ opdragen, signeren ⟨een boek⟩

inscription [ɪn'skrɪpʃən] *zn* ❶ inscriptie ❷ opdracht ⟨in boek⟩

inscrutable [ɪn'skru:təbl] *bnw* ondoorgrondelijk, geheimzinnig

insect ['ɪnsekt] *zn* insect

insecure [ɪnsɪ'kjʊə] *bnw* ❶ onzeker, bang ❷ onveilig, onbetrouwbaar

insecurity [ɪnsɪ'kjʊərətɪ] *zn* ❶ onzekerheid ❷ onveiligheid

inseminate [ɪn'semɪneɪt] *ov ww* bevruchten, insemineren

insemination [ɪnsemɪ'neɪʃən] *zn* bevruchting, inseminatie ★ *artificial ~* kunstmatige inseminatie

insensible [ɪn'sensɪbl] *bnw* ❶ bewusteloos ❷ zich niet bewust ★ *~ of the dangers* zich van geen gevaar bewust ❸ ongevoelig ★ *~ to cold* ongevoelig voor kou

insensitive [ɪn'sensɪtɪv] *bnw* ongevoelig, onverschillig ★ *she's ~ to his feelings* ze is onverschillig voor zijn gevoelens

inseparable [ɪn'sepərəbl] *bnw* onafscheidelijk, niet te scheiden

insert[1] ['ɪnsɜ:t] *zn* ❶ inlas ❷ bijvoegsel, bijsluiter ❸ inzetstuk ★ *shoe ~s* steunzolen

insert[2] [ɪn'sɜ:t] *ov ww* ❶ invoegen, inzetten ❷ insteken, inwerpen ⟨munt⟩ ❸ plaatsen ⟨van artikel, advertentie⟩

insertion [ɪn'sɜ:ʃən] *zn* ❶ plaatsing, tussenvoeging ❷ inplanting ❸ tussenzetsel ⟨extra alinea enz.⟩

in-service [ɪn'sɜ:vɪs] *bnw* tijdens het werk ★ *~ training* bijscholing

inset ['ɪnset] *zn* ❶ ingelaste bladen, bijvoegsel, tussenzetsel ★ *an ~ map* een bijkaart ⟨in atlas⟩ ❷ inzetsel

inside[1] ['ɪnsaɪd] I *zn* ★ *the ~* de binnenkant, de rechter rijstrook ⟨in GB enz: de linker rijstrook⟩, de huizenkant ⟨van trottoir⟩ ★ *overtaking on the ~ is illegal* rechts inhalen is niet toegestaan ⟨in GB enz: links inhalen⟩ II *bnw* binnen-, binnenste ★ *~ information* inlichtingen uit de eerste hand ★ *inform an ~ job* inbraak / diefstal door bekenden

inside[2] [ɪn'saɪd] I *bijw* ⟨van / naar⟩ binnen ★ *inform he's ~* hij zit achter de tralies II *vz* binnen, in

inside out ['ɪnsaɪd aʊt] *bijw* binnenstebuiten ★ *turn sth ~* een plek grondig doorzoeken ★ *know sb ~* iem. door en door kennen

insider [ɪn'saɪdə] *zn* ingewijde, lid ★ ~ *trading* handelen met voorkennis

insides inform ['ɪnsaɪdz] *zn mv* ingewanden

insidious [ɪn'sɪdɪəs] *bnw* verraderlijk, ongemerkt bedreigend ★ *corrosion is a slow and* ~ *process* corrosie is een langzaam en sluipend proces

insight ['ɪnsaɪt] *zn* inzicht

insignia [ɪn'sɪgnɪə] *zn mv* [mv: **insignia**] insignes, ordeteken

insignificance [ɪnsɪg'nɪfɪkəns] *zn* onbeduidendheid ★ *fade into* ~ totaal onbelangrijk worden

insignificant [ɪnsɪg'nɪfɪkənt] *bnw* ❶ onbeduidend, onbelangrijk ❷ gering, nietig

insincere [ɪnsɪn'sɪə] *bnw* onoprecht, hypocriet

insincerity [ɪnsɪn'serətɪ] *zn* onoprechtheid, hypocrisie

insinuate [ɪn'sɪnjʊeɪt] **I** *ov ww* insinueren, suggereren ★ *her insinuating smile* haar insinuerende glimlach ★ *I'm not sure what you're trying to* ~ ik begrijp niet precies wat je daarmee wilt zeggen **II** *wkd ww* ~ **into** op slinkse wijze binnendringen

insinuation [ɪnsɪnjʊ'eɪʃən] *zn* ❶ insinuatie ❷ het ongemerkt binnendringen

insipid [ɪn'sɪpɪd] *bnw* ❶ saai, oninteressant ❷ smakeloos ⟨eten⟩

insist [ɪn'sɪst] *onov ww* ❶ erop staan, aandringen ★ *she* ~ed *that he come too* ze eiste met klem dat hij meeging ❷ met klem beweren ★ *he* ~ed *that he was innocent* hij hield bij hoog en bij laag vol dat hij onschuldig was

insistence [ɪn'sɪstns] *zn* aandrang ★ *at my* ~, *they turned the radio down* op mijn aandringen zetten ze de radio zachter

insistent [ɪn'sɪstnt] *bnw* aanhoudend, dringend, onophoudelijk

insofar [ɪnsəʊ'fɑ:] *bijw* ★ ~ *as* voor zover

insole ['ɪnsəʊl] *zn* binnenzool, inlegzool, voetbed

insolence ['ɪnsələns] *zn* onbeschaamdheid, brutaliteit

insolent ['ɪnsələnt] *bnw* onbeschaamd, brutaal

insoluble [ɪn'sɒljʊbl] *bnw* onoplosbaar

insolvency [ɪn'sɒlvənsɪ] *zn* insolventie

insolvent [ɪn'sɒlvənt] *bnw* insolvent, humor blut

insomnia [ɪn'sɒmnɪə] *zn* slapeloosheid ★ *suffer from* ~ aan slapeloosheid lijden

insomniac [ɪn'sɒmnɪæk] *zn* lijder aan slapeloosheid

insomuch [ɪnsəʊ'mʌtʃ] *bijw* ★ ~ *as* in zoverre dat ★ ~ *that* zó dat

insouciance [ɪn'su:sɪəns] *zn* onverschilligheid, zorgeloosheid

inspect [ɪn'spekt] *ov ww* onderzoeken, inspecteren, keuren

inspection [ɪn'spekʃən] *zn* inspectie, keuring ★ *on closer* ~ bij nader onderzoek ★ *for (your)* ~ ter inzage ★ *an* ~ *copy* een exemplaar ter inzage

inspector [ɪn'spektə] *zn* ❶ inspecteur, controleur, opzichter ❷ GB adjudant ⟨bij politie⟩

inspiration [ɪnspɪ'reɪʃən] *zn* ❶ inspiratie ❷ ingeving, inval ★ *a flash of* ~ een plotselinge inval

inspirational [ɪnspə'reɪʃənəl] *bnw* ❶ geïnspireerd ❷ inspirerend

inspire [ɪn'spaɪə] *ov ww* ❶ inspireren, bezielen

❷ opwekken, doen ontstaan ★ *the pilot didn't exactly* ~ *me with confidence* de piloot boezemde mij weinig vertrouwen in

inspired [ɪn'spaɪəd] *bnw* geïnspireerd

instability [ɪnstə'bɪlətɪ] *zn* instabiliteit, onvastheid, onstandvastigheid

install, instal [ɪn'stɔ:l] *ov ww* ❶ installeren ❷ plaatsen, monteren, aanbrengen

installation [ɪnstə'leɪʃən] *zn* ❶ installatie, bevestiging ❷ plaatsing, aanbrenging, montage

instalment, USA installment [ɪn'stɔ:lmənt] *zn* ❶ (afbetalings)termijn ⟨van betaling⟩ ★ *they pay in monthly* ~s ze betalen in maandelijkse termijnen ★ *keep up (with) the* ~s bijblijven met de betalingen ❷ aflevering ❸ installatie

instance ['ɪnstns] *zn* voorbeeld, geval ★ *for* ~ bijvoorbeeld ★ *in the first* ~ in de eerste plaats, in eerste instantie

instant ['ɪnstnt] **I** *zn* ogenblik ★ *at any* ~ elk ogenblik ★ *come here this (very)* ~! kom ogenblikkelijk / onmiddellijk hier! ★ *she rang the* ~ *she arrived* ze belde meteen toen ze aankwam **II** *bnw* ❶ ogenblikkelijk, onmiddellijk ❷ klaar voor (direct) gebruik ★ ~ *coffee* oploskoffie

instantaneous [ɪnstən'teɪnɪəs] *bnw* ogenblikkelijk, onmiddellijk

instantly ['ɪnstəntlɪ] *bijw* onmiddellijk, dadelijk, op staande voet ★ *the driver was killed* ~ de chauffeur was op slag dood

instate [ɪn'steɪt] *ov ww* installeren, vestigen

instead [ɪn'sted] *bijw* in plaats hiervan / daarvan ★ ~ *of* in plaats van

instep ['ɪnstep] *zn* wreef ⟨van voet⟩

instigate ['ɪnstɪgeɪt] *ov ww* ❶ in gang zetten ❷ aansporen, aanzetten tot

instigation [ɪnstɪ'geɪʃən] *zn* aansporing, ophitsing, aanstichting ★ *at the* ~ *of* op aandringen van

instigator ['ɪnstɪgeɪtə] *zn* ophitser, aanzetter

instil, USA instill [ɪn'stɪl] *ov ww* inboezemen, inprenten ★ ~ *fear into sb* iem. angst aanjagen

instinct ['ɪnstɪŋkt] *zn* instinct, intuïtie ★ *animals learn by* ~ dieren leren instinctief ★ *my* ~ *tells me I'm right* ik weet intuïtief dat ik gelijk heb

instinctive [ɪn'stɪŋktɪv] *bnw* instinctief, intuïtief ★ *my* ~ *reaction was to brake* mijn automatische reactie was om te remmen

institute ['ɪnstɪtju:t] **I** *zn* instelling, instituut **II** *ov ww* stichten, instellen, op gang brengen ★ ~ *proceedings against sb* een rechtszaak tegen iem. aanspannen

institution [ɪnstɪ'tju:ʃən] *zn* ❶ instituut, instelling ❷ gesticht ❸ inform ingewortelde gewoonte, sociale institutie ★ *high tea is a British* ~ high tea is een Brits gebruik ❹ inform bekend iemand

instruct [ɪn'strʌkt] *ov ww* ❶ onderrichten, laten weten ★ *I've always been* ~ed *that honesty is the best policy* men heeft mij altijd verteld dat eerlijk het langst duurt ❷ inlichtingen verstrekken, voorlichten ❸ bevelen

instruction [ɪn'strʌkʃən] *zn* ❶ instructie, voorschrift ★ ~s *for use* gebruiksaanwijzing ❷ bevel ❸ onderwijs

instruction manual *zn* gebruiksaanwijzing, handleiding

instructive [ɪn'strʌktɪv] *bnw* leerzaam
instructor [ɪn'strʌktə] *zn* ❶ instructeur ❷ leraar, docent
instrument ['ɪnstrəmənt] *zn* ❶ instrument, werktuig, gereedschap ❷ middel ★ *dialogue can be an ~ of change* dialoog kan een middel tot verandering zijn
instrumental [ɪnstrə'mentl] *bnw* ❶ instrumentaal ❷ behulpzaam, bevorderlijk ★ *she was ~ in my decision* ze speelde een cruciale rol bij mijn besluit
instrumentalist [ɪnstrʊ'mentəlɪst] *zn* bespeler van instrument
insubordinate [ɪnsə'bɔ:dɪnət] *bnw* ongehoorzaam, opstandig
insubordination [ɪnsəbɔ:də'neɪʃən] *zn* insubordinatie, ongehoorzaamheid
insufferable [ɪn'sʌfərəbl] *bnw* on(ver)draaglijk, onuitstaanbaar
insufficient [ɪnsə'fɪʃənt] *bnw* onvoldoende ★ *~ money* te weinig geld
insular ['ɪnsjʊlə] *bnw* ❶ geïsoleerd ❷ bekrompen ⟨van geest⟩
insulate ['ɪnsjʊleɪt] *ov ww* ❶ isoleren ❷ afzonderen
insulation [ɪnsjʊ'leɪʃən] *zn* isolatie(materiaal)
insulin ['ɪnsjʊlɪn] *zn* insuline
insult[1] ['ɪnsʌlt] *zn* belediging ★ *add ~ to injury* de zaak nog erger maken
insult[2] [ɪn'sʌlt] *ov ww* beledigen
insuperable [ɪn'su:pərəbl] *bnw* onoverkomelijk
insupportable [ɪnsə'pɔ:təbl] *bnw* ondraaglijk
insurance [ɪn'ʃʊərəns] *zn* verzekering ★ *comprehensive ~* allriskverzekering ★ *they received one million dollars in ~* ze kregen een miljoen dollar van de verzekering
insure [ɪn'ʃʊə] *ov ww* verzekeren ★ *the ~d* de verzekerde(n)
insurer [ɪn'ʃʊərə] *zn* verzekeraar
insurgence [ɪn'sɜ:dʒəns], **insurgency** [ɪn'sɜ:dʒənsɪ] *zn* oproer, opstand
insurgent [ɪn'sɜ:dʒənt] **I** *zn* rebel, opstandeling **II** *bnw* oproerig, opstandig
insurmountable [ɪnsə'maʊntəbl] *bnw* onoverkomelijk, onoverwinnelijk
insurrection [ɪnsə'rekʃən] *zn* opstand
insurrectionary [ɪnsə'rekʃənərɪ] **I** *zn* opstandeling **II** *bnw* opstandig
intact [ɪn'tækt] *bnw* intact, heel, ongeschonden
intake ['ɪnteɪk] *zn* ❶ opneming, inname ★ *an ~ of breath* een inademing ★ *the annual ~ of students* de jaarlijkse instroom van studenten ❷ inlaat, invoer ⟨van apparaat⟩ ❸ opgenomen hoeveelheid ★ *restrict your daily ~ of salt* beperk uw dagelijkse zoutinname ❹ ontvangsten
intangible [ɪn'tændʒɪbl] *bnw* ❶ ongrijpbaar, vaag ❷ immaterieel
integer ['ɪntɪdʒə] wisk *zn* geheel getal
integral ['ɪntɪgrəl] **I** *zn* integraal **II** *bnw* ❶ integraal, volledig ❷ essentieel deel uitmakend, wezenlijk ★ *its simplicity was ~ to the plan's success* eenvoud was de kern van het succes van het plan ❸ ingebouwd
integrate ['ɪntəgreɪt] **I** *ov ww* ❶ tot één geheel verenigen ❷ integreren **II** *onov ww* geïntegreerd worden, deel gaan uitmaken,

integreren
integration [ɪntɪ'greɪʃən] *zn* integratie
integrity [ɪn'tegrɪtɪ] *zn* ❶ integriteit, eerlijkheid, onkreukbaarheid ★ *Lincoln was a man of great ~* Lincoln was een zeer integere man ❷ volledigheid ★ *the country's ~ must be respected* de eenheid van het land moet in acht worden genomen
intellect ['ɪntəlekt] *zn* intellect, verstand
intellectual [ɪntə'lektʃʊəl] **I** *zn* intellectueel **II** *bnw* ❶ intellectueel ❷ verstandelijk, verstands- ★ *his ~ development is that of a 2-year-old* hij heeft het verstand van een kind van twee
intelligence [ɪn'telɪdʒəns] *zn* ❶ verstand, begrip ★ *artificial ~* kunstmatige intelligentie ★ *she didn't even have the ~ to ask first* ze had niet eens het benul om eerst te vragen ❷ inlichtingen, bericht(en) ★ *~ operations* spionage ❸ inlichtingendienst
intelligent [ɪn'telɪdʒənt] *bnw* intelligent
intelligently [ɪn'telɪdʒəntlɪ] *bijw* met verstand
intelligible [ɪn'telɪdʒɪbl] *bnw* begrijpelijk, verstaanbaar ★ *their language was not ~ to him* hun taal was voor hem niet te verstaan / begrijpen
intemperate [ɪn'tempərət] *bnw* ❶ overdreven, onbeheerst, heftig ⟨taal⟩ ❷ drankzuchtig ❸ guur ⟨weer, klimaat⟩
intend [ɪn'tend] *ov ww* ❶ van plan zijn ❷ bestemmen ★ *~ed as* bedoeld als
intended [ɪn'tendɪd] *bnw* ❶ aanstaande ❷ beoogd ★ *the shot missed its ~ target* het schot miste het beoogde doel ★ *the film is ~ for a young audience* de film is bedoeld voor een jong publiek ❸ opzettelijk
intending [ɪn'tendɪŋ] *bnw* aanstaande ★ *~ buyers* potentiële kopers
intense [ɪn'tens] *bnw* intens, krachtig, sterk ★ *an ~ longing* een vurig verlangen
intensify [ɪn'tensɪfaɪ] **I** *ov ww* ❶ versterken ❷ verhevigen ❸ intensiveren **II** *onov ww* toenemen, intenser worden
intensity [ɪn'tensətɪ] *zn* intensiteit, sterkte, hevigheid
intensive [ɪn'tensɪv] *bnw* intensief, grondig, ingespannen
intent [ɪn'tent] **I** *zn* bedoeling, opzet ★ *to all ~s and purposes* feitelijk, in alle opzichten **II** *bnw* ❶ (in)gespannen ❷ doelbewust, vastbesloten ★ *she is ~ (up)on finding the truth* ze is vastbesloten achter de waarheid te komen ★ *they are ~ (up)on revenge* ze zijn uit op wraak
intention [ɪn'tenʃən] *zn* voornemen, doel, bedoeling ★ *she has no ~ of retiring* ze is niet van plan af te treden
intentional [ɪn'tenʃənl] *bnw* opzettelijk
inter [ɪn'tɜ:] *ov ww* begraven
inter- ['ɪntə] *voorv* inter-, tussen ★ *intergovernmental* intergouvernementeel
interact [ɪntər'ækt] *onov ww* op elkaar inwerken ★ *he ~s well with the other children* hij en de andere kinderen reageren goed op elkaar
interaction [ɪntər'ækʃən] *zn* wisselwerking
interbreed [ɪntə'bri:d] **I** *ov ww* kruisen **II** *onov ww* zich kruisen

in

intercede [ɪntəˈsiːd] *onov ww* bemiddelen, tussenbeide komen ★ ~ *on sb's behalf* een goed woordje voor iem. doen

intercept [ɪntəˈsept] *ov ww* onderscheppen, tegenhouden

intercession [ɪntəˈseʃən] *zn* tussenkomst, bemiddeling

interchange[1] [ˈɪntətʃeɪndʒ] *zn* ❶ (uit)wisseling, ruil ❷ ongelijkvloerse kruising

interchange[2] [ɪntəˈtʃeɪndʒ] *ov ww* (uit)wisselen, ruilen, (met elkaar) wisselen

interchangeable [ɪntəˈtʃeɪndʒəbl] *bnw* (onderling) verwisselbaar

intercollegiate [ɪntəkəˈliːdʒət] *bnw* tussen colleges onderling ⟨van universiteiten⟩

intercontinental [ɪntəkɒntɹˈnentl] *bnw* intercontinentaal

intercourse [ˈɪntəkɔːs] *zn* ❶ geslachtsverkeer ★ *sexual* ~ geslachtsgemeenschap ❷ form omgang

interdenominational [ɪntədɪnɒmɪˈneɪʃənl] *bnw* interkerkelijk

interdependent [ɪntədɪˈpendənt] *bnw* onderling afhankelijk

interest [ˈɪntrəst] **I** *zn* ❶ belangstelling ★ *places of* ~ bezienswaardigheden ★ *she shows no* ~ *in learning* ze toont geen enkele interesse in leren ★ *as a matter of* ~ trouwens ❷ (eigen)belang, voordeel ★ *a controlling* ~ een meerderheidsbelang ❸ interesse, hobby ❹ rente ★ *the* ~ *rate* de rentevoet ❺ belangengroepering **II** *ov ww* ❶ belangstelling wekken ★ *he always* ~*ed himself in political affairs* hij heeft altijd belangstelling gehad voor politiek ❷ ~ **in** belangstelling wekken voor

interested [ˈɪntərestɪd] *bnw* ❶ belang hebbend, betrokken ★ ~ *parties* belanghebbenden ❷ geïnteresseerd zijn

interest-free [ˈɪntrəstˈfriː] *bnw* renteloos

interesting [ˈɪntrəstɪŋ] *bnw* interessant, belangwekkend

interface [ˈɪntəfeɪs] *zn* ❶ raakvlak ❷ comp interface, koppeling

interfere [ɪntəˈfɪə] **I** *onov ww* ❶ zich ermee bemoeien, tussenbeide komen ❷ techn interferentie veroorzaken **II** *ov ww* ~ **with** zich bemoeien met, aankomen, betasten, belemmeren, zich vergrijpen aan ★ *he caught her interfering with his papers* hij betrapte haar bij het doorzoeken van zijn papieren

interference [ɪntəˈfɪərəns] *zn* ❶ tussenkomst, bemoeiing ❷ hinder ❸ interferentie, storing ❹ sport blokkeren

interfuse [ɪntəˈfjuːz] **I** *ov ww* ❶ doordringen ❷ (ver)mengen **II** *onov ww* in elkaar overlopen, zich vermengen

interim [ˈɪntərɪm] **I** *zn* tussentijd ★ *in the* ~ ondertussen, intussen **II** *bnw* tussentijds, voorlopig, tijdelijk

interior [ɪnˈtɪərɪə] **I** *zn* ❶ het inwendige, interieur ❷ binnenland ❸ binnenste ★ USA *Department of the Interior* Ministerie van Binnenlandse Zaken **II** *bnw* ❶ binnenlands ❷ binnenshuis ❸ binnen-, binnenst ❹ innerlijk ★ *an* ~ *decorator* een binnenhuisarchitect

interject [ɪntəˈdʒekt] *ov ww* tussen werpen, uitroepen, opmerken

interjection [ɪntəˈdʒekʃən] *zn* tussenwerpsel, uitroep, opmerking

interlace [ɪntəˈleɪs] **I** *ov ww* ❶ in elkaar vlechten ❷ doorspekken **II** *onov ww* elkaar doorkruisen

interlink [ɪntəˈlɪŋk] *ov ww* onderling verbinden

interlock [ɪntəˈlɒk] **I** *ov ww* met elkaar verbinden **II** *onov ww* in elkaar sluiten / grijpen

interloper [ˈɪntələʊpə] *zn* indringer

interlude [ˈɪntəluːd] *zn* ❶ pauze, onderbreking ❷ tussenspel, intermezzo

intermarriage [ɪntəˈmærɪdʒ] *zn* ❶ gemengd huwelijk ❷ huwelijk tussen naaste verwanten

intermarry [ɪntəˈmærɪ] *onov ww* ❶ onderling trouwen ⟨van verschillende groepen, stammen of volkeren⟩ ❷ onder elkaar trouwen ⟨van naaste verwanten⟩

intermediary [ɪntəˈmiːdɪərɪ] **I** *zn* bemiddelaar, tussenpersoon **II** *bnw* bemiddelend

intermediate [ɪntəˈmiːdɪət] *bnw* ❶ tussenliggend, tussen-★ ~ *frequency* middengolf ★ ~ *range ballistic missile* middellangeafstandsraket ❷ iets gevorderd ★ *an* ~ *textbook* een tekstboek voor gevorderden

interment [ɪnˈtɜːmənt] *zn* begrafenis

interminable [ɪnˈtɜːmɪnəbl] *bnw* eindeloos

intermingle [ɪntəˈmɪŋgl] **I** *ov ww* (ver)mengen **II** *onov ww* ❶ zich (laten) vermengen ★ *the royal family* ~*d with the crowd* de koninklijke familie mengde zich onder de toeschouwers ❷ met elkaar omgaan

intermission [ɪntəˈmɪʃən] *zn* pauze, onderbreking

intermittent [ɪntəˈmɪtnt] *bnw* (af)wisselend, bij tussenpozen ★ *cloudy with* ~ *showers* bewolkt met af en toe buien

intermix [ɪntəˈmɪks] *ov+onov ww* (ver)mengen

intern[1], **interne** [ˈɪntɜːn] *zn* ❶ USA coassistent ❷ stagiair

intern[2] [ɪnˈtɜːn] *ov ww* interneren

internal [ɪnˈtɜːnl] *bnw* ❶ inwendig, innerlijk, binnen-★ *an* ~ *combustion engine* een verbrandingsmotor ★ ~ *evidence* bewijs uit de zaak zelf ★ ~ *doors* binnendeuren ❷ binnenlands, intern ★ *the job was only advertised* ~*ly* de baan was alleen intern geadverteerd

internalize, **internalise** [ɪnˈtɜːnəlaɪz] *ov ww* zich eigen maken

international [ɪntəˈnæʃənl] *bnw* internationaal

internationalization, **internationalisation** [ɪntənæʃənəlaɪˈzeɪʃən] *zn* internationalisatie

internationalize, **internationalise** [ɪntəˈnæʃənəlaɪz] *ov ww* internationaliseren

interne *zn* → **intern**[1]

internecine [ɪntəˈniːsaɪn] *bnw* intern ★ ~ *war* burgeroorlog

internee [ɪntɜːˈniː] *zn* geïnterneerde

Internet [ˈɪntɜːn] *zn* ★ *the* ~ het internet ★ *surf the* ~ op het internet surfen

internment [ɪnˈtɜːnmənt] *zn* internering

interpersonal [ɪntəˈpɜːsənl] *bnw* intermenselijk ★ *good* ~ *skills* goed met mensen kunnen omgaan

interplanetary [ɪntəˈplænɪtərɪ] *bnw* interplanetair

interplay ['ɪntəpleɪ] *zn* wisselwerking
interpose [ɪntə'pəʊz] **I** *ov ww* plaatsen tussen **II** *onov ww* onderbreken, in de rede vallen
interpret [ɪn'tɜ:prɪt] **I** *ov ww* **❶** verklaren, uitleggen **❷** vertolken **II** *onov ww* als tolk fungeren
interpretation [ɪntɜ:prə'teɪʃən] *zn* **❶** vertolking **❷** uitleg, verklaring
interpretative [ɪn'tɜ:prɪtətɪv] *bnw* verklarend
interpreter [ɪn'tɜ:prɪtə] *zn* tolk
interracial [ɪntə'reɪʃəl] *bnw* tussen verschillende rassen
interrelate [ɪntərɪ'leɪt] **I** *ov ww* onderling verbinden **II** *onov ww* met elkaar in verband staan
interrogate [ɪn'terəgeɪt] *ov ww* ondervragen
interrogation [ɪn'terəgeʃən] *zn* ondervraging, verhoor
interrogative taalk **I** *zn* vragend voornaamwoord **II** *bnw* vragend, vraag- ★ taalk ~ *pronoun* vragend voornaamwoord
interrupt [ɪntə'rʌpt] **I** *ov ww* **❶** onderbreken, afbreken **❷** storen, belemmeren **❸** in de rede vallen **II** *onov ww* in de rede vallen, storen
interruption [ɪntə'rʌpʃən] *zn* **❶** interruptie, onderbreking **❷** storing ★ *an ~ to the power supply* een storing in de elektriciteitstoevoer
intersect [ɪntə'sekt] **I** *ov ww* **❶** doorsnijden **❷** verdelen **II** *onov ww* elkaar snijden
intersection [ɪntə'sekʃən] *zn* **❶** snijpunt **❷** kruispunt ⟨van wegen⟩
intersperse [ɪntə'spɜ:s] *ov ww* **❶** strooien, mengen **❷** afwisselen
interstice [ɪn'tɜ:stɪs] *zn* tussenruimte, opening, spleet
intertwine [ɪntə'twaɪn] **I** *ov ww* dooreenvlechten **II** *onov ww* met elkaar verweven zijn, zich in elkaar strengelen
interval ['ɪntəvəl] *zn* **❶** tussenpoos ★ *at regular ~s* regelmatig ★ *cloudy with sunny ~s* bewolkt met nu en dan zon **❷** tussenruimte **❸** muz interval **❹** pauze
intervene [ɪntə'vi:n] *onov ww* **❶** tussenbeide komen, ingrijpen **❷** in de rede vallen **❸** zich (onverwachts) voordoen **❹** ertussen liggen
intervention [ɪntə'venʃən] *zn* **❶** tussenkomst, interventie **❷** (chirurgische) ingreep
interview ['ɪntəvju:] **I** *zn* **❶** onderhoud **❷** vraaggesprek **❸** sollicitatiegesprek **II** *ov ww* **❶** ondervragen **❷** interviewen **❸** een sollicitatiegesprek voeren met
interviewee [ɪntəvjʊ'i:] *zn* **❶** geïnterviewde **❷** ondervraagde
interviewer ['ɪntəvju:ə] *zn* **❶** interviewer **❷** ondervrager
interweave [ɪntə'wi:v] **I** *ov ww* vervlechten, dooreenvlechten **II** *onov ww* met elkaar verweven zijn, zich in elkaar strengelen, zich dooreenweven
intestate [ɪn'testət] *bnw* zonder testament (overleden)
intestine [ɪn'testɪn] *zn* darm ★ ~*s* ingewanden ★ *the large / small* ~ de dikke / dunne darm
intimacy ['ɪntɪməsɪ] *zn* **❶** intimiteit **❷** innigheid **❸** grondigheid ⟨van kennis⟩ **❹** geslachtsgemeenschap

intimate¹ ['ɪntɪmət] **I** *zn* boezemvriend **II** *bnw* **❶** intiem ★ *be* ~ *with* boezemvriend zijn van, een (seksuele) verhouding hebben met **❷** privé, vertrouwelijk **❸** grondig (van kennis)
intimate² ['ɪntɪmeɪt] *ov ww* te kennen geven, laten doorschemeren
intimation [ɪntɪ'meɪʃən] *zn* wenk, teken, aanduiding
intimidate [ɪn'tɪmɪdeɪt] *ov ww* intimideren
intimidation [ɪntɪmɪ'deɪʃən] *zn* intimidatie
into ['ɪntʊ] *vz* **❶** in, binnen ★ *translate into French* in het Frans vertalen ★ *she was forced into a car* zij werd een auto ingeduwd **❷** tot, tot in ★ *he was beaten into submission* hij werd geslagen tot hij zich onderwierp ★ *well into the night* tot diep in de nacht **❸** tegenaan, tegenin ★ *he crashed into a car* hij botste tegen een auto aan ★ *they were driving into the sun* ze reden tegen de zon in **❹** naar ★ *an inquest into her death* een gerechtelijk onderzoek naar haar dood ▼ *two into eight is four* acht gedeeld door twee is vier ▼ inform *nowadays he's into jazz* tegenwoordig doet hij aan jazz
intolerable [ɪn'tɒlərəbl] *bnw* on(ver)draaglijk
intolerance [ɪn'tɒlərəns] *zn* onverdraagzaamheid
intolerant [ɪn'tɒlərənt] *bnw* onverdraagzaam
intonation [ɪntə'neɪʃən] *zn* intonatie
intoxicant [ɪn'tɒksɪkənt] *zn* bedwelmend middel, sterkedrank
intoxicate [ɪn'tɒksɪkeɪt] *ov ww* **❶** dronken maken **❷** fig in extase brengen
intoxicated [ɪntɒksɪ'keɪtɪd] *bnw* **❶** dronken ★ *driving while* ~ rijden onder invloed **❷** fig in vervoering ★ ~ *by her success* ze was in een roes door haar succes
intra- ['ɪntrə] *voorv* intra-, in-, binnen
intractable [ɪn'træktəbl] form *bnw* lastig
intramural [ɪntrə'mjʊərəl] *bnw* voor studenten van de eigen school / universiteit
intransitive [ɪn'trænsɪtɪv] taalk *bnw* onovergankelijk
intravenous [ɪntrə'vi:nəs] *bnw* intraveneus, in de ader(en)
intrench [ɪn'trentʃ] *ov ww* → **entrench**
intrepid [ɪn'trepɪd] *bnw* onverschrokken, moedig
intricacy ['ɪntrɪkəsɪ] *zn* ingewikkeldheid
intricate ['ɪntrɪkət] *bnw* ingewikkeld, complex ★ *the chest has* ~ *details* de kast is fijn gedetailleerd
intrigue [ɪn'tri:g] **I** *ov ww* intrigeren, nieuwsgierig maken **II** *onov ww* form 't aanleggen met **III** *zn* **❶** intrige, kuiperij, samenzwering ★ *sexual* ~*s* geheime seksuele verhoudingen **❷** verwikkeling, mysterie ★ *his sudden disappearance added to the* ~ zijn plotselinge verdwijnen maakte het nog geheimzinniger
intrinsic [ɪn'trɪnsɪk] *bnw* wezenlijk, innerlijk, intrinsiek
introduce [ɪntrə'dju:s] *ov ww* **❶** voorstellen ⟨van persoon⟩ ★ *she* ~*d him to art* ze bracht hem met de kunst in aanraking **❷** ter tafel brengen, indienen ⟨van wetsvoorstel⟩, invoeren
introduction [ɪntrə'dʌkʃən] *zn* **❶** inleiding, voorwoord **❷** invoering **❸** voorstelling
introductory [ɪntrə'dʌktərɪ] *bnw* inleidend

introspection [ɪntrə'spekʃən] *zn* zelfonderzoek

introspective [ɪntrə'spektɪv] *bnw* introspectief, zelfonderzoekend ★ *as he grew older he became increasingly* ~ met de jaren raakte hij steeds meer in zichzelf gekeerd

introverted [ɪntrə'vɜ:rtɪd], **introvert** [ɪntrə'vɜ:t] *bnw* introvert, naar binnen gekeerd

intrude [ɪn'tru:d] *onov ww* ❶ onuitgenodigd binnenkomen, zich indringen, zich opdringen ❷ storen ★ *his private life* ~d *on his presidency* zijn privéleven had een negatief effect op zijn presidentschap

intruder [ɪn'tru:də] *zn* indringer

intrusion [ɪn'tru:ʒən] *zn* inbreuk, binnendringen

intrusive [ɪn'tru:sɪv] *bnw* ❶ indringerig ❷ opdringerig

intuition [ɪntju:'ɪʃən] *zn* intuïtie, ingeving

intuitive [ɪn'tju:ətɪv] *bnw* intuïtief

inundate ['ɪnʌndeɪt] *ov ww* onder water zetten, overstromen, overstelpen

inundation [ɪnʌn'deɪʃən] *zn* ❶ overstroming, onderwaterzetting ❷ *fig* stortvloed, stroom

inure [ɪ'njʊə] *form* ov ww ~ **to** wennen aan ★ *the loss of his family* ~d *him to death* het verlies van zijn gezin hardde hem tegen de dood

invade [ɪn'veɪd] *ov ww* ❶ binnenvallen (van vijand) ❷ bestormen, overstromen ❸ aantasten, aangrijpen (van emotie) ❹ inbreuk maken op

invalid¹ [ɪn'vælɪd] *bnw* ❶ ongeldig, onwettig ❷ ongegrond, zwak

invalid² ['ɪnvɜ:lɪd, 'ɪnvəli:d] **I** *zn* zieke, invalide **II** *ov ww* ❶ bedlegerig maken, invalide maken ❷ ~ **(out)** afkeuren, voor de dienst ongeschikt maken

invalidate [ɪn'vælɪdeɪt] *ov ww* ❶ ongeldig maken ★ *change of ownership will* ~ *the warranty* bij verandering van eigendom komt de garantie te vervallen ❷ ontzenuwen ⟨argumenten⟩

invalidation [ɪnvælɪ'deɪʃən] *zn* het ongeldig maken

invalidism ['ɪnvælɪdɪzm] *zn* chronische ziekte

invalidity [ɪnvə'lɪdətɪ] *zn* ❶ ongeldigheid ❷ invaliditeit

invaluable [ɪn'væljʊəbl] *bnw* onschatbaar

invariable [ɪn'veərəbl] *bnw* onveranderlijk, constant

invariably [ɪn'veərəblɪ] *bijw* altijd, steeds

invasion [ɪn'veɪʒən] *zn* ❶ inval ★ *an* ~ *of locusts* een sprinkhanenplaag ❷ inbreuk, schending

invasive [ɪn'veɪsɪv] *bnw* ❶ invallend, binnendringend ★ ~ *surgery* ingrijpende chirurgie ❷ zich snel verspreidend ★ *an* ~ *cancer* een zich snel uitbreidend kankergezwel

invective [ɪn'vektɪv] *zn* scheldwoord(en)

inveigh [ɪn'veɪ] *form* ov ww ~ **against** (heftig) uitvaren tegen, schelden op

inveigle [ɪn'veɪgl, ɪn'vi:gl] *form* ov ww (ver)lokken, verleiden, overhalen ★ *he* ~d *her into marrying him* hij bracht haar ertoe met hem te trouwen

invent [ɪn'vent] *ov ww* ❶ uitvinden ❷ verzinnen

invention [ɪn'venʃən] *zn* ❶ uitvinding ❷ verzinsel ❸ vindingrijkheid ★ *his films are full of* ~ zijn films zijn erg vindingrijk

inventive [ɪn'ventɪv] *bnw* vindingrijk, creatief

inventor [ɪn'ventə] *zn* uitvinder

inventory ['ɪnvəntərɪ] *zn* ❶ inventaris, boedelbeschrijving ❷ lijst, overzicht

inverse ['ɪnvɜ:s] **I** *zn* het omgekeerde **II** *bnw* omgekeerd ★ ~*ly proportional to* omgekeerd evenredig met

inversion [ɪn'vɜ:ʃən] *zn* ❶ omkering ❷ *taalk* inversie

invert [ɪn'vɜ:t] *ov ww* omkeren

invertebrate [ɪn'vɜ:tɪbrət] **I** *zn* ❶ ongewerveld dier ❷ zwakkeling **II** *bnw* ❶ ongewerveld ❷ zwak

inverted commas [ɪn'vɜ:tɪd 'kɒməz] *zn mv* aanhalingstekens

invest [ɪn'vest] **I** *ov ww* ❶ beleggen, investeren, steken ★ *humor it's time to* ~ *in a new couch* het wordt tijd om in een nieuw bankstel te investeren ❷ *form* bekleden, omkleden ★ *the author* ~*s ordinary events with mystery* de schrijver hult gewone gebeurtenissen in mysterie ❸ *form* installeren **II** *onov ww* investeren, geld beleggen

investigate [ɪn'vestɪgeɪt] **I** *ov ww* onderzoeken **II** *onov ww* een onderzoek instellen

investigation [ɪnvestɪ'geɪʃən] *zn* onderzoek ★ *the matter is still under* ~ de zaak wordt nog onderzocht ★ *an* ~ *into traffic congestion* een onderzoek naar verkeersopstoppingen

investigative [ɪn'vestɪgətɪv], **investigatory** [ɪn'vestɪgətərɪ] *bnw* onderzoekend, onderzoeks-

investiture [ɪn'vestɪtʃə] *zn* inhuldiging, bekleding

investment [ɪn'vestmənt] *zn* geldbelegging, investering ★ ~ *banking* investering, belegging

investor [ɪn'vestə] *zn* investeerder, belegger

inveterate [ɪn'vetərət] *bnw* ❶ verstokt, aarts- ★ *an* ~ *liar* een onverbeterlijke leugenaar ❷ ingeworteld, chronisch

invidious [ɪn'vɪdɪəs] *bnw* ❶ naar, netelig ★ *be in an* ~ *position* in een netelige positie verkeren ❷ discriminerend

invigilate [ɪn'vɪdʒɪleɪt] *onov ww* surveilleren ⟨bij examen⟩

invigilation [ɪnvɪdʒə'leɪʃən] *zn* surveillance

invigilator [ɪn'vɪdʒəleɪtə] *zn* surveillant

invigorate [ɪn'vɪgəreɪt] *ov ww* versterken, stimuleren, kracht bijzetten

invincible [ɪn'vɪnsɪbl] *bnw* onoverwinnelijk ★ *she has an* ~ *belief in herself* ze gelooft onwankelbaar in zichzelf

inviolable [ɪn'vaɪələbl] *bnw* onschendbaar

invisibility [ɪnvɪzə'bɪlətɪ] *zn* onzichtbaarheid ★ *slide into* ~ onzichtbaar worden

invisible [ɪn'vɪzɪbl] *bnw* onzichtbaar, verborgen ★ ~ *to the naked eye* met het blote oog niet te zien

invitation [ɪnvɪ'teɪʃən] *zn* uitnodiging ★ *she went at the* ~ *of the president* ze ging op uitnodiging van de president

invite [ɪn'vaɪt] **I** *zn inform* uitnodiging **II** *ov ww* ❶ uitnodigen ★ *she's been* ~d *to a party* zij is uitgenodigd op een feestje ❷ beleefd vragen ❸ aanlokken ★ *to carry a gun is to* ~ *trouble* een pistool dragen is om moeilijkheden vragen ❹ ~ **in** vragen om naar binnen te komen ❺ ~ **out** mee uit vragen ❻ ~ **over** uitnodigen om langs te komen

inviting [ɪn'vaɪtɪŋ] *bnw* uitnodigend, aanlokkelijk

invocation [ɪnvəˈkeɪʃən] *zn* inroeping, aanroeping, afsmeking

invoice [ˈɪnvɔɪs] **I** *zn* factuur **II** *ov ww* factureren

invoke [ɪn'vəʊk] *ov ww* ❶ inroepen, aanroepen ❷ afsmeken, bidden om ❸ zich beroepen op

involuntary [ɪn'vɒləntərɪ] *bnw* onwillekeurig ★ *an ~ muscle contraction* een reflex ★ *the protesters were removed involuntarily* de demonstranten werden tegen hun zin verwijderd

involve [ɪn'vɒlv] *ov ww* ❶ betrekken, verwikkelen ★ *our interests are ~d* het gaat om onze belangen ❷ insluiten, (met zich) meebrengen, betekenen ★ *there are no costs ~d* er zijn geen kosten mee gemoeid

involvement [ɪn'vɒlvmənt] *zn* ❶ verwikkeling, betrokkenheid ❷ deelname ❸ (seksuele) verhouding

invulnerable [ɪn'vʌlnərəbl] *bnw* onkwetsbaar

inward [ˈɪnwəd] **I** *bnw* ❶ inwendig, innerlijk ❷ naar binnen, binnenwaarts **II** *bijw* → **inwards**

inwardly [ˈɪnwədlɪ] *bijw* ❶ innerlijk ❷ in zichzelf ❸ naar binnen

inwardness [ˈɪnwədnəs] *zn* innerlijke betekenis

inwards [ˈɪnwədz], **inward** *bijw* naar binnen, inwaarts

iodine [ˈaɪədiːn] *zn* jodium

iota [aɪˈəʊtə] *zn* jota, zeer kleine hoeveelheid ★ *not an iota of sense* geen greintje verstand

IOU *afk, I Owe You* schuldbekentenis

ir- [ɪ] *voorv* on-, niet

Iranian [ɪˈreɪnɪən] **I** *zn* Iraniër, Iraanse **II** *bnw* Iraans

Iraq [ɪˈrɑːk] *zn* Irak

Iraqi [ɪˈrɑːkɪ] *bnw* Irakees

irascible [ɪˈræsɪbl] *bnw* opvliegend ⟨van aard⟩

irate [aɪˈreɪt] *bnw* woedend

ire [ˈaɪə] *zn* toorn

Ireland [ˈaɪələnd] *zn* Ierland

iridescence [ɪrɪˈdesns] *bnw* kleurenspel ⟨als van een regenboog⟩

iridescent [ɪrɪˈdesənt] *bnw* met de kleuren van de regenboog, regenboogkleurig, schitterend

iris [ˈaɪərɪs] *zn* ❶ iris ⟨van oog⟩ ❷ lis, iris ⟨plant⟩

Irish [ˈaɪərɪʃ] **I** *zn* het Iers ★ *the ~* de Ieren **II** *bnw* Iers

Irishman [ˈaɪərɪʃmən] *zn* Ier

Irishwoman [ˈaɪərɪʃwʊmən] *zn* Ierse

irk [ɜːk] *ov ww* vervelen, ergeren, tegenstaan

irksome [ˈɜːksəm] *bnw* vervelend

iron [ˈaɪən] **I** *zn* ❶ ijzer ★ *wrought iron* smeedijzer ★ *cast iron* gietijzer ★ *strike while the iron is hot* het ijzer smeden als het heet is ★ *rule with a rod of iron* met ijzeren hand / vuist regeren ❷ brandijzer ★ *have too many irons in the fire* te veel hooi op je vork nemen ❸ strijkijzer ❹ *sport* golfstok ❺ *USA inform* revolver **II** *bnw* ❶ ijzeren ❷ onbuigzaam, meedogenloos **III** *ov ww* ❶ strijken ❷ ~ *out* gladstrijken, oplossing vinden voor

iron-hearted *bnw* hardvochtig

ironic [aɪˈrɒnɪk], **ironical** [aɪˈrɒnɪkl] *bnw* ironisch

ironing [ˈaɪənɪŋ] *zn* ❶ het strijken ❷ strijkgoed

ironing board *zn* strijkplank

ironmonger [ˈaɪənmʌŋgə] *zn* ijzerhandelaar

ironmongery [ˈaɪənmʌŋgərɪ] *zn* ❶ ijzerwaren ❷ ijzerwinkel

ironworks [ˈaɪənwɜːks] *zn mv* ijzergieterij

irony [ˈaɪrənɪ] *zn* ironie, spot ★ *the ~ is that she is not popular in her own country* het is ironisch dat ze niet geliefd is in eigen land

irrational [ɪˈræʃənl] *bnw* irrationeel, onredelijk

irreconcilable [ɪˈrekənsaɪləbl] *bnw* ❶ onverzoenlijk ❷ onverenigbaar, onoverbrugbaar

irrecoverable [ɪrɪˈkʌvərəbl] *bnw* ❶ onherroepelijk verloren ❷ onherstelbaar ❸ oninbaar

irredeemable [ɪrɪˈdiːməbl] *bnw* ❶ onherstelbaar ❷ onaflosbaar ❸ niet inwisselbaar ⟨van geld en waardepapieren⟩

irrefutable [ɪˈrefjʊtəbl] *bnw* onweerlegbaar

irregular [ɪˈregjʊlə] *bnw* ❶ ongeregeld ❷ onregelmatig ★ *he eats ~ly* hij eet op onregelmatige tijden ❸ ongelijk ❹ niet in orde

irrelevance [ɪˈreləvəns], **irrelevancy** [ɪˈreləvənsɪ] *zn* irrelevantie

irrelevant [ɪˈrelɪvənt] *bnw* irrelevant, niet ter zake (doend)

irremediable [ɪrɪˈmiːdɪəbl] *bnw* onherstelbaar

irreparable [ɪˈrepərəbl] *bnw* onherstelbaar, niet meer ongedaan te maken

irreplaceable [ɪrɪˈpleɪsəbl] *bnw* onvervangbaar

irrepressible [ɪrɪˈpresɪbl] *bnw* ❶ niet te onderdrukken ❷ onstuitbaar

irreproachable [ɪrɪˈprəʊtʃəbl] *bnw* onberispelijk, keurig

irresistible [ɪrɪˈzɪstɪbl] *bnw* onweerstaanbaar, onbedwingbaar

irresolute [ɪˈrezəluːt] *bnw* aarzelend, besluiteloos

irresolvable [ɪrɪˈzɒlvəbl] *bnw* onoplosbaar

irrespective [ɪrɪˈspektɪv] *bnw* ★ ~ *of* ongeacht ★ ~ *of whether the answer is correct or not* of het antwoord juist is of niet

irresponsible [ɪrɪˈspɒnsɪbl] *bnw* ❶ ontoerekenbaar ❷ onverantwoordelijk

irretrievable [ɪrɪˈtriːvəbl] *bnw* reddeloos (verloren), onherstelbaar, niet meer terug te krijgen ★ ~ *breakdown* duurzame ontwrichting ⟨van huwelijk⟩

irreverent [ɪˈrevərənt] *bnw* oneerbiedig ★ *the program takes an ~ look at parenting* het programma geeft een vrijpostige kijk op ouderschap

irreversible [ɪrɪˈvɜːsɪbl] *bnw* onomkeerbaar, onherstelbaar, onherroepelijk

irrevocable [ɪˈrevəkəbl] *bnw* onherroepelijk, onomkeerbaar

irrigate [ˈɪrɪgeɪt] *ov ww* ❶ besproeien, irrigeren ❷ *med* uitspoelen ⟨van wond⟩

irrigation [ɪrɪˈgeɪʃən] *zn* irrigatie

irritability [ɪrɪtəˈbɪlətɪ] *zn* prikkelbaarheid

irritable [ˈɪrɪtəbl] *bnw* prikkelbaar, geprikkeld ★ *she turned away irritably* ze draaide zich geïrriteerd om

irritant [ˈɪrɪtnt] **I** *zn* prikkelend middel **II** *bnw* prikkelend

irritate [ˈɪrɪteɪt] *ov ww* irriteren, prikkelen, ergeren ★ *that man ~s me* ik erger me aan die man

irritation [ɪrɪˈteɪʃən] *zn* ❶ geprikkeldheid,

ir

irritatie, ergernis ❷ branderigheid
is [ɪz, z, s] *ww* → **be**
Islam [ɪz'læm] *zn* islam
Islamic [ɪz'læmɪk] *bnw* islamitisch
island ['aɪlənd] *zn* eiland ★ *a traffic ~* een verkeersheuvel
islander ['aɪləndə] *zn* eilandbewoner
isle [aɪl] *zn* eiland
ism ['ɪzəm] humor *zn* theorie, filosofisch systeem ★ *there are a lot of 'isms' in modern art* de moderne kunst kent veel ismes
isn't ['ɪzənt] *samentr, is not* → **be**
isolate ['aɪsəleɪt] *ov ww* isoleren, afzonderen
isolated ['aɪsəleɪtɪd] *bnw* ❶ afgelegen ❷ afzonderlijk
isolation [aɪsə'leɪʃən] *zn* ❶ afzondering, isolement ★ *many migrant women live in ~* veel migrantenvrouwen leven in een isolement ❷ isolatie ★ *the ~ of the HIV virus* het isoleren van het hiv-virus
isosceles [aɪ'sɒsɪliːz] meetk *bnw* gelijkbenig ⟨van een driehoek⟩
Israeli [ɪz'reɪlɪ] **I** *zn* Israëliër, Israëli **II** *bnw* Israëlisch
issue ['ɪʃuː] **I** *zn* ❶ kwestie, zaak, onderwerp ★ inform *a hot ~* een actueel onderwerp ★ *raise the ~ of safety* de veiligheid aan de orde stellen ★ form *I must take ~ with you on that matter* ik ben het hierover niet met u eens ❷ euf probleem ★ *a young woman with ~s* een jonge vrouw met problemen ★ *make no ~ of it* maak er geen punt van ❸ uitgave ⟨van tijdschriften enz.⟩, uitgifte ⟨van postzegels, bankbiljetten enz.⟩, emissie ⟨van aandelen⟩ ❹ nummer, editie ❺ form nageslacht ★ *die without ~* kinderloos overlijden **II** *ov ww* ❶ uitgeven, publiceren, in circulatie brengen ❷ verstrekken, uitvaardigen ❸ uitstorten, uitspuwen ❹ *~ with* voorzien van **III** *onov ww* uitkomen, voortkomen, verschijnen ★ *lava ~d from the volcano* er stroomde lava uit de vulkaan ★ dicht *a sigh ~d from her lips* een zucht ontsnapte aan haar lippen
isthmus ['ɪsməs] *zn* istmus, landengte
it [ɪt] *pers vnw* het ⟨met nadruk: hét⟩, hij, zij ★ *who is it?* wie is daar? ★ *it's me* ik ben het ★ *it's my car: it won't start* het is mijn auto: hij wil niet starten ★ *stop it!* hou op! ★ *let's face it: we've had it* laten we er geen doekjes om winden: we hebben geen kans meer ★ *we had a hard time of it* we hadden een moeilijke tijd ★ *she won't talk about it* ze wil er niet over praten ★ *that's it: no more fighting* zo is het genoeg: ophouden met vechten ★ *that's just it* dat is het hem nu juist ★ inform *no doubt about it: he's it* hij is de juiste man ★ jeugdt *Emily is it* Emily is nu aan de beurt ★ inform *this is it!* dit is het helemaal! ★ inform *OK, this is it: time to get to work* OK, genoeg getreuzeld, tijd om aan het werk te gaan ★ inform *go it!* vooruit!, zet 'm op!
Italian [ɪ'tæljən] **I** *zn* Italiaan, Italiaanse **II** *bnw* Italiaans
italic [ɪ'tælɪk] *bnw* cursief ★ *in ~ script* cursief
italicize, italicise [ɪ'tælɪsaɪz] *ov ww* cursiveren
italics [ɪ'tælɪks] *zn mv* schuinschrift ★ *in ~* cursief gedrukt
Italy ['ɪtəlɪ] *zn* Italië

itch [ɪtʃ] **I** *zn* ❶ jeuk, kriebel ★ iron *the seven-year itch* de kriebels ⟨na relatie van 7 jaar⟩ ❷ inform hunkering ★ *an itch to go skiing* zin om te gaan skiën **II** *onov ww* ❶ jeuken ★ *my fingers are itching to...* mijn vingers jeuken om... ❷ inform hunkeren ★ *he was itching to go* hij popelde om te gaan
itchy ['ɪtʃɪ] *bnw* jeukend
it'd ['ɪtəd] *samentr* ❶ *it had* → **have** ❷ *it would* → **will**
item ['aɪtəm] *zn* ❶ agendapunt, programmaonderdeel ❷ artikel ❸ post ⟨op rekening⟩ ❹ nieuwsbericht ▼ inform *they're an item* ze hebben een relatie
itemize, itemise ['aɪtəmaɪz] *ov ww* specificeren
itinerant [aɪ'tɪnərənt] *bnw* rondreizend ★ *~ labour* seizoenarbeid
itinerary [aɪ'tɪnərərɪ] *zn* routebeschrijving, reisbeschrijving
it'll ['ɪtl] *samentr, it will* → **will**
its [ɪts] *bez vnw* zijn, haar ★ *have you any idea of its contents?* heb je enig idee van de inhoud?
it's [ɪts] *samentr* ❶ *it is* → **be** ❷ *it has* → **have**
itself [ɪt'self] *wkd vnw* ❶ zich(zelf) ★ *of ~* vanzelf ★ *in ~* op zichzelf ★ *by ~* alleen ❷ zelf
I've [aɪv] *samentr, I have* → **have**
ivory ['aɪvərɪ] **I** *zn* ivoor ★ *Ivory Coast* Ivoorkust **II** *bnw* ivoren
ivy ['aɪvɪ] *zn* klimop

J

j [dʒeɪ] *zn, letter* j ★ *J as in Jack* de j van Johan
jab [dʒæb] **I** *zn* ❶ steek, por ❷ inform prik ⟨injectie⟩ **II** *ov+onov ww* porren, steken ★ *she jabbed him in the ribs* zij gaf hem een por in de ribben
jabber ['dʒæbə] *onov ww* kletsen, kwebbelen, ratelen ★ *what are those women ~ing about?* waar kletsen die vrouwen over?
jack [dʒæk] **I** *zn* ❶ boer (in kaartspel) ★ *the jack of spades* de schoppenboer ❷ krik, hefboom ❸ mannetje ⟨van dier⟩ **II** *ov ww* ❶ ~ **up** opkrikken, opkrikken ❷ inform ~ **in** kappen met **III** *onov ww* vulg ~ **off** zich aftrekken
jackal ['dʒækl] *zn* jakhals
jackaroo, jackeroo [dʒækə'ruː] Aus NZ *zn* jackaroo / jackeroo ⟨jongeman die op een veeboerderij werkt om ervaring op te doen⟩
jackass ['dʒækæs] *zn* ezel ⟨ook fig.⟩
jackboot ['dʒækbuːt] *zn* kaplaars ★ *under the military* ~ onder militaire dictatuur
jackdaw ['dʒækdɔː] *zn* kauw, torenkraai
jacket ['dʒækɪt] *zn* ❶ jasje, colbert ★ *a dinner* ~ een smoking ❷ mantel, omhulsel ❸ omslag ⟨v. boek⟩ ❹ schil ⟨van aardappel⟩ ★ *a ~ potato / potato cooked in its* ~ een in de schil gepofte aardappel
jackhammer ['dʒækhæmə] *zn* pneumatische boor
jack-in-the-box ['dʒækɪnðəbɒks] *zn* duveltje in 'n doosje
jackknife ['dʒæknaɪf] **I** *zn* groot knipmes **II** *onov ww* scharen, dubbelklappen
jack-of-all-trades *zn* manusje-van-alles ★ *a jack of all trades and master of none* 12 ambachten, 13 ongelukken
jackpot ['dʒækpɒt] *zn* pot ⟨bij poker⟩ ★ inform *hit the* ~ winnen, groot succes hebben
jade [dʒeɪd] *zn* ❶ jade ❷ helder (blauw)groen
jaded ['dʒeɪdɪd] *bnw* ❶ verveeld, moe, landerig ★ *a ~ appetite* een afgestompte eetlust ❷ moe
jagged ['dʒægɪd] *bnw* ❶ hoekig, getand, gekarteld ★ *he cut himself on the ~ glass* hij sneed zich aan het gekartelde glas ❷ geprikkeld, gespannen ★ *the music soothed her ~ nerves* de muziek kalmeerde haar gespannen zenuwen
jaguar ['dʒægjʊə] *zn* jaguar
jail, gaol [dʒeɪl] **I** *zn* ❶ gevangenis ❷ gevangenisstraf **II** *ov ww* gevangen zetten
jailbird ['dʒeɪlbɜːd] inform *zn* bajesklant
jailbreak ['dʒeɪlbreɪk] *zn* uitbraak ⟨uit gevangenis⟩
jailer, gaoler ['dʒeɪlə] *zn* cipier, gevangenbewaarder
jam [dʒæm] **I** *zn* ❶ jam ❷ klemming, gedrang, (verkeers)opstopping ❸ inform moeilijkheden ★ *we're in a jam* we zitten in de problemen **II** *ov ww* ❶ (samen)drukken, (samen)duwen, (vol)proppen ❷ blokkeren, verstoppen ❸ drijven, dringen ★ *jam on the brakes* krachtig remmen ❹ storen ⟨radio⟩ **III** *onov ww* ❶ knellen, blokkeren, klemmen ★ *this machine*

has jammed de machine is vastgelopen ❷ muz improviseren, jammen
jamb [dʒæm] *zn* deur- / raamstijl
jam-packed [dʒæm'pækt] *bnw* propvol
jam session *zn* jamsessie
Jan. *afk, January* jan, januari
jangle ['dʒæŋgl] **I** *zn* ❶ gerinkel ❷ wanklank **II** *ov ww* ❶ doen rinkelen, schril doen klinken ★ *he ~d his keys impatiently* hij rammelde ongeduldig met zijn sleutels ❷ irriteren **III** *onov ww* ❶ ratelen, rinkelen ❷ onaangenaam lawaai maken, irriteren ★ *the sound ~d on her nerves* het geluid werkte haar op de zenuwen
janitor ['dʒænɪtə] *zn* ❶ portier ❷ USA conciërge
January ['dʒænjʊərɪ] *zn* januari
Japanese [dʒæpə'niːz] **I** *zn* ❶ Japanner, Japanse ❷ het Japans **II** *bnw* Japans
jar [dʒɑː] **I** *zn* ❶ pot, kruik, fles ★ inform *fancy a jar of beer?* zin in een glas bier? ❷ schok ★ *the news gave me a nasty jar* het nieuws was een onaangename verassing voor me **II** *ov ww* doen trillen, schudden, schokken ★ *the shock jarred every bone in his body* de schok deed elk bot in zijn lijf trillen **III** *onov ww* ❶ niet harmoniëren, botsen ★ *those colours jar with each other* die kleuren gaan niet samen ★ *that radio is starting to jar on my nerves* die radio begint me op de zenuwen te werken ❷ stoten ★ *his spade jarred on a rock* zijn schop stootte tegen een steen
jargon ['dʒɑːgən] *zn* ⟨vaak afkeurend⟩ jargon, vaktaal
jasmine ['dʒæzmɪn] *zn* jasmijn
jaundice ['dʒɔːndɪs] **I** *zn* geelzucht **II** *ov ww* verbitteren ★ *his views have been ~d by his wealth* zijn rijkdom heeft zijn opvattingen verwrongen
jaundiced ['dʒɔːndɪst] *bnw* ❶ aan geelzucht lijdend ❷ verwrongen ⟨beeld van iets⟩
jaunt [dʒɔːnt] *zn* uitstapje ★ *go on a* ~ een uitstapje maken
jaunty ['dʒɔːntɪ] *bnw* luchtig, vrolijk ★ *he wears his hat at a ~ angle* hij draagt zijn hoed zwierig schuin
Javanese [dʒɑːvəʹniːz] **I** *zn* ❶ Javaan, Javaanse ❷ het Javaans **II** *bnw* Javaans
javelin ['dʒævəlɪn] *zn* ❶ sport speer ❷ werpspies
jaw [dʒɔː] **I** *zn* ❶ kaak ★ *his jaw dropped* hij keek verbaasd ★ *the lion opened its jaws* de leeuw deed zijn muil open ★ *snatched from the jaws of death* uit de klauwen van de dood gered ❷ geklets ❸ inform brutale mond ★ *no more jaw from you!* je moet je brutale mond houden **II** *onov ww* inform kletsen
jawbone ['dʒɔːbəʊn] *zn* kaakbeen
jawbreaker ['dʒɔːbreɪkə] inform *zn* ❶ hard snoepje ❷ moeilijk uit te spreken woord
jay [dʒeɪ] *zn* Vlaamse gaai
jaywalk ['dʒeɪwɔːk] *onov ww* roekeloos de straat oversteken ⟨strafbaar⟩
jay-walker ['dʒeɪwɔːkə] *zn* iemand die roekeloos de straat oversteekt
jazz [dʒæz] **I** *zn* jazz ★ inform *...and all that jazz* ...en nog meer van die dingen **II** *bnw* jazz- **III** *ov ww* inform ~ **up** levendiger maken, opvrolijken, opleuken
jealous ['dʒeləs] *bnw* ❶ jaloers ★ *be ~ of sb* jaloers

op iem. zijn ❷ waakzaam ★ *he's ~ of his privacy* hij waakt zorgvuldig over zijn privacy

jealousy ['dʒeləsɪ] *zn* jaloezie, afgunst

jeans [dʒi:nz] *zn mv* ★ *(blue)* ~ spijkerbroek

jeep [dʒi:p] *zn* jeep ⟨open legerauto⟩

jeer [dʒɪə] I *zn* hoon, spot ★ *the remark was greeted with jeers* de opmerking werd met hoongelach begroet II *ov ww* ❶ uitjouwen ❷ ~ *at* spotten met, uitlachen III *onov ww* jouwen

jell, gel [dʒel] *onov ww* ❶ stollen, vaste(re) vorm krijgen ❷ succesvol samenwerken ★ *the group didn't gell* de groep werd geen eenheid ★ *it didn't jell between us* het klikte niet tussen ons

jellied ['dʒelɪd] *bnw* in gelei

jelly ['dʒelɪ] *zn* ❶ gelei(achtige stof) ★ *beat to a* ~ tot moes slaan ★ *blackberry* ~ bramenjam ★ *turn to* ~ slap worden ❷ gelatinepudding

jellyfish ['dʒelɪfɪʃ] *zn* kwal

jemmy, USA **jimmy** ['dʒemɪ] *zn* breekijzer, koevoet

jeopardize, jeopardise ['dʒepədaɪz] *ov ww* in gevaar brengen, riskeren

jeopardy ['dʒepədɪ] *zn* gevaar ★ *his return to football is in* ~ zijn terugkeer op het voetbalveld is twijfelachtig

jerk [dʒɜːk] I *zn* ❶ ruk, trek, schok ★ *she woke up with a jerk* ze werd plotseling wakker ★ inform *physical jerks* gymnastische oefeningen ❷ inform idioot II *ov ww* ❶ rukken, trekken ★ *she jerked the drawer open* ze trok de la met een ruk open ❷ inform, *jerk around* belazeren III *onov ww* ❶ schokken ★ *jerk to a halt* met een schok stil komen te staan ❷ vulg ~ *off* zich aftrekken

jerkin ['dʒɜːkɪn] *zn* mouwloos vest

jerky ['dʒɜːkɪ] *bnw* hortend, krampachtig

jerry-built *bnw* in elkaar geflanst

jerrymander → **gerrymander**

jersey ['dʒɜːzɪ] *zn* ❶ jersey ⟨gebreide stof⟩ ❷ (sport)trui

jest [dʒest] I *zn* scherts, spotternij, grap ★ *in jest* voor de grap II *onov ww* schertsen, aardigheidjes verkopen

jester ['dʒestə] *zn* ❶ grappenmaker ❷ nar

jet [dʒet] I *zn* ❶ straalvliegtuig ★ *a jet fighter* een straaljager ❷ (water)straal ❸ vlam II *bnw* gitzwart III *ov ww* ❶ (uit)spuiten ❷ per jet vervoeren IV *onov ww* per jet reizen

jetsam ['dʒetsəm] *zn* overboord gegooide lading, aangespoelde goederen

jettison ['dʒetɪsən] *ov ww* overboord gooien

jetty ['dʒetɪ] *zn* havenhoofd, steiger, pier

Jew [dʒu:] *zn* ❶ jood ⟨m.b.t. geloof⟩ ❷ Jood ⟨m.b.t. volk⟩

jewel ['dʒu:əl] *zn* juweel ⟨ook fig.⟩, edelsteen

jewelled, USA **jeweled** ['dʒu:əld] *bnw* met juwelen bezet

jeweller, USA **jeweler** ['dʒu:ələ] *zn* juwelier

jewellery, USA **jewelry** ['dʒu:əlrɪ] *zn* juwelen

Jewess ['dʒu:es] *zn* ❶ jodin ⟨m.b.t. geloof⟩ ❷ Jodin ⟨m.b.t. volk⟩

Jewish ['dʒu:ɪʃ] *bnw* ❶ joods ⟨m.b.t. geloof⟩ ❷ Joods ⟨m.b.t. volk⟩

Jewry ['dʒuərɪ] *zn* Jodendom ⟨m.b.t. volk⟩ ★ *British* ~ de Britse Joden

jib [dʒɪb] I *zn* ❶ scheepv kluiver ❷ arm ⟨v. kraan⟩ II *ov ww* ❶ verleggen ⟨van zeil⟩ ❷ ~ *at* niet aandurven, terugdeinzen voor

jibe, gibe [dʒaɪb] *zn* schimpscheut, spottende opmerking

jiffy ['dʒɪfɪ] inform *zn* ogenblikje ★ *in a jiff(y)* in een wip, zo meteen

jig [dʒɪg] I *zn* ❶ jig ⟨dans⟩ ❷ sprongetje ❸ spangereedschap, mal II *ov ww* op en neer bewegen / schudden III *onov ww* huppelen, op en neer springen, hossen

jiggle ['dʒɪgl] I *ov ww* schudden, wiegelen, rammelen met II *onov ww* heen en weer bewegen ★ *stop jiggling around!* zit niet zo te wiebelen!

jigsaw ['dʒɪgsɔ:] *zn* ❶ decoupeerzaag ❷ jigsaw puzzle legpuzzel

jihad [dʒɪ'hæd] *zn* heilige oorlog

jilt [dʒɪlt] *ov ww* de bons geven ★ *he jilted her for a younger woman* hij liet haar in de steek voor een andere vrouw

jimmy ['dʒɪmɪ] USA *ov ww* → **jemmy**

jingle ['dʒɪŋgl] I *zn* ❶ geklingel, gerinkel ❷ deuntje II *ov+onov ww* (doen) klingelen, (laten) rinkelen

jinks [dʒɪŋks] *zn mv* ★ *high* ~ dolle pret

jinx [dʒɪŋks] I *zn* ❶ doem, vloek ★ *put a jinx on sb* iem. beheksen ❷ ongeluksbrenger II *ov ww* beheksen ★ *be jinxed* door pech worden achtervolgd, een pechvogel zijn

jitters ['dʒɪtəz] inform *zn mv* kriebels, zenuwen ★ *give sb the* ~ iem. op de zenuwen werken

jittery ['dʒɪtərɪ] inform *bnw* gejaagd, zenuwachtig, nerveus

jive [dʒaɪv] I *zn* jive ⟨dans⟩ II *onov ww* de jive dansen

job [dʒɒb] *zn* ❶ baan(tje), functie, vak ★ *she's been out of a job for a year* ze is al een jaar werkloos ★ *he's never had a steady job* hij heeft nooit regelmatig gewerkt ★ *jobs for the boys* vriendjespolitiek ❷ werk, karwei, klus ★ *he made a good job of the repairs* hij heeft de reparaties goed uitgevoerd ★ *that should do the job* daarmee moet het lukken ★ *I had quite a job getting the car to start* het kostte me veel moeite om de auto te starten ★ *no smoking on the job* verboden te roken tijdens het werk ★ *good job!* goed gedaan! ★ inform zaak, toestand ★ *...and a good job too!* ...en maar goed ook! ★ *a put-up job* doorgestoken kaart ❸ inform ding, geval ★ *just the job* net wat ik hebben moet ★ *this bike is not one of those cheap jobs* deze fiets is niet zo'n goedkoop gevalletje ★ *after a second try I gave it up as a bad job* na de tweede poging gaf ik het op als een hopeloze zaak ▼inform *get a nose / chin job* je neus / kin laten doen ⟨kosmetisch⟩

job-centre, USA **jobcentre, jobcenter** ['dʒɒbsentə] *zn* arbeidsbureau

job description *zn* taakomschrijving

jobless ['dʒɒblɪs] *bnw* zonder baan, werkloos

job satisfaction *zn* arbeidsvreugde

job-sharing, jobsharing *zn* deeltijdwerk

Jock [dʒɒk] *zn* ❶ inform Schot ❷ min boerenkinkel

jockey ['dʒɒkɪ] I *zn* jockey II *ov ww* ❶ manoeuvreren ★ *Germany was ~ed into a* *difficult position* Duitsland was in een moeilijke positie gemanoeuvreerd ★ *he was ~ed out of his job* hij werd weggewerkt uit zijn baan ❷ knoeien met **III** *onov ww* manoeuvreren ★ *~ for position* met de ellebogen werken

jocks [dʒɒks] inform *zn mv* onderbroek ⟨voor jongens / mannen⟩

jockstrap ['dʒɒkstræp] *zn* suspensoir

jocular [dʒɒkjulə] *bnw* schertsend, grappig

jocularity [dʒɒkju'lærətɪ] *zn* grappigheid, scherts

jodhpurs ['dʒɒdpəz] *zn mv* rijbroek

jog [dʒɒg] **I** *zn* ❶ duwtje, klopje, schok ❷ sukkeldraf ❸ een stukje joggen **II** *ov ww* ❶ aanstoten, aanporren ❷ opfrissen ★ *she said sth that jogged my memory* ze zei iets dat een herinnering bij mij opriep **III** *onov ww* ❶ joggen, trimmen ❷ op een sukkeldrafje lopen ❸ ~ **along** voortsukkelen

jogger ['dʒɒgə] *zn* jogger, trimmer

joggle ['dʒɒgl] *ov ww* schudden, heen en weer bewegen

jogtrot ['dʒɒgtrɒt] *zn* sukkeldrafje

john [dʒɒn] USA inform *zn* wc

join [dʒɔɪn] **I** *ov ww* ❶ zich aansluiten bij, deelnemen aan ★ *join a club* lid worden van een club ★ *join the club!* ik ook! ★ *join the army* dienst nemen in het leger ★ *join forces* gezamenlijk optreden ★ *join the ranks of the unemployed* werkeloos worden ★ *do you mind if I join you?* mag ik erbij komen zitten? ★ *please join me in welcoming our guest* laten wij samen onze gast welkom heten ★ *50 people joined the search* 50 mensen deden mee aan de zoekactie ❷ verenigen, verbinden ★ *join hands* elkaar de hand geven, fig de handen ineenslaan ★ *glue the two sections then join them* lijm aanbrengen op beide delen en dan samenvoegen ★ *the road joins the motorway in both directions* de weg komt aan beide kanten op de snelweg uit ❸ ~ **up** vastmaken, vastbinden **II** *onov ww* ❶ samenkomen, zich verenigen, zich verbinden ★ *the roads join at a roundabout* de wegen komen samen bij een rotonde ❷ lid worden ❸ ~ **in** meedoen ❹ ~ **up** in militaire dienst gaan, lid worden **III** *zn* verbindingslijn / -punt, las, naad

joiner ['dʒɔɪnə] *zn* schrijnwerker, meubelmaker

joinery ['dʒɔɪnərɪ] *zn* ❶ schrijnwerk ❷ meubelmakerij

joint [dʒɔɪnt] **I** *zn* ❶ verbindingsstuk, koppeling ★ techn *universal* universeel ❷ gewricht ★ *a ball-and-socket ~* een kogelgewricht ★ *out of ~* ontwricht ⟨ook fig.⟩ ★ inform *his nose is out of ~* hij is jaloers / ontstemd ❸ verbinding, geleding ❹ stuk vlees, braadstuk ❺ inform tent, kroeg, speelhol ★ *case the ~* de boel verkennen ⟨voor beroving⟩ ❻ inform joint **II** *bnw* gezamenlijk, mede- ★ *a ~ venture* een gezamenlijke onderneming ★ *he runs the business ~ly with his wife* hij runt de zaak samen met zijn vrouw **III** *ov ww* in stukken snijden, verdelen ⟨vlees⟩

joist [dʒɔɪst] *zn* bint, dwarsbalk

joke [dʒəʊk] **I** *zn* ❶ grap, mop, bespotting ★ *this is no joke* dit is ernst ★ *this is beyond a joke* dit is niet grappig meer ★ *she can't take a joke* ze kan

niet tegen een grapje ★ *the joke fell flat* niemand lachte om de mop ★ inform *the joke's on me* ik ben er ingetuind ❷ inform bespottelijk iets / iemand ★ *this man is a joke* die man kun je niet serieus nemen **II** *onov ww* grappen maken, schertsen ★ *you're joking! / you must be joking!* je meent het!, toch niet heus! ★ *only joking!* grapje! ★ *(all) joking aside* nou even serieus

joker ['dʒəʊkə] *zn* ❶ grappenmaker ❷ inform kerel ❸ joker ⟨in kaartspel⟩

jokey, joky ['dʒəʊkɪ] *bnw* grappig

jokingly ['dʒəʊkɪŋlɪ] *bijw* als grap

jolly ['dʒɒlɪ] **I** *bnw* ❶ vrolijk ❷ euf een beetje aangeschoten ❸ buitengewoon aardig, verrukkelijk **II** *bijw* inform heel, zeer ★ *~ good!* prima! ★ *a ~ good fellow* een moordvent ★ *he can ~ well wait* laat hem maar lekker wachten **III** *ov ww* ❶ overhalen, vleien ❷ ~ **along** zoet houden, bepraten ❸ ~ **up** opvrolijken

jolt [dʒəʊlt] **I** *zn* schok, stoot **II** *ov ww* schokken, stoten, schudden ★ *the song jolted my memory* het liedje riep herinneringen bij me op ★ *fear jolted her into action* haar angst deed haar tot actie overgaan **III** *onov ww* (voort)schokken, horten ★ *the car jolted to a halt* de auto kwam schokkend tot stilstand

joss stick ['dʒɒsstɪk] *zn* ⟨Chinees⟩ wierookstaafje

jostle ['dʒɒsəl] **I** *ov ww* stoten, duwen **II** *onov ww* dringen ★ *people ~d to catch a glimpse of her* de mensen verdrongen zich om een glimp van haar op te vangen ★ *~ for the best position* dringen om het beste plekje

jot [dʒɒt] **I** *zn* kleine hoeveelheid, fig jota ★ *there's not a jot of truth in it* er zit geen greintje waarheid in **II** *ov ww* ~ **down** vlug opschrijven

jotter ['dʒɒtə] *zn* aantekenboekje

journal ['dʒɜːnl] *zn* ❶ journaal ⟨bij boekhouden⟩ ❷ dagboek ❸ tijdschrift, dagblad

journalese [dʒɜːnə'liːz] *zn* krantentaal

journalism ['dʒɜːnəlɪzəm] *zn* journalistiek

journalist ['dʒɜːnəlɪst] *zn* journalist

journey ['dʒɜːnɪ] *zn* reis ★ *have a safe ~!* goeie reis! **II** *onov ww* reizen

joust [dʒaʊst] **I** *zn* steekspel **II** *onov ww* ❶ steekspel houden ❷ fig wedijveren ★ *he enjoys ~ing with the media* hij houdt er van om met de media in debat te gaan

Jove [dʒəʊv] *zn* Jupiter ⟨god⟩ ★ *by Jove!* lieve deugd!

jovial ['dʒəʊvɪəl] *bnw* opgewekt, joviaal

jowl [dʒaʊl] *zn* kaak, wang ★ *cheek by jowl* dicht bij elkaar, intiem

joy [dʒɔɪ] *zn* ❶ vreugde, genot, bron van vreugde ★ *for joy* uit vreugde ★ *the garden is a joy to behold* de tuin is een genot om te zien ❷ inform geluk, succes, mazzel ★ *have you had any joy with your job hunting yet?* heb je al succes gehad bij het zoeken naar een baan?

joyful ['dʒɔɪfʊl] *bnw* ❶ vreugdevol, blij, opgewekt ❷ verblijdend

joyless ['dʒɔɪləs] *bnw* treurig

joyous ['dʒɔɪəs] *bnw* vreugdevol, blij

joyride ['dʒɔɪraɪd] *zn* joyride ⟨plezierritje in gestolen auto⟩

joystick ['dʒɔɪstɪk] *zn* ❶ comp joystick, bedieningshendel ❷ luchtv knuppel, stuurstok

Jr, Jnr *afk, junior* jr., junior

jubilant ['dʒu:bɪlənt] *bnw* ❶ juichend ❷ opgetogen, uitbundig ★ *the team is ~ over its win* het team is in de wolken met hun winst

jubilation [dʒu:bɪ'leɪʃən] *zn* gejubel

jubilee ['dʒu:bɪli:] *zn* jubileum

judder ['dʒʌdə] *onov ww* hevig schudden ★ *the bus ~ed to a halt* de bus kwam schokkend tot stilstand

judge [dʒʌdʒ] **I** *zn* ❶ rechter ★ *I'll be the ~ of that!* dat maak ik wel uit! ❷ kenner ★ *she's a good ~ of character* zij heeft veel mensenkennis ❸ jurylid **II** *ov ww* ❶ beoordelen ★ *the exercise was ~d to be a great success* de oefening werd als een groot succes gezien ❷ schatten (waarde, afstand enz.) **III** *onov ww* rechtspreken, oordelen, uitspraak doen ★ *judging by the tone of her last letter...* om op de toon van haar laatste brief af te gaan... ★ *don't ~ by appearances* je moet niet op de buitenkant afgaan

judgement, USA judgment ['dʒʌdʒmənt] *zn* ❶ oordeel, uitspraak ★ *pass / pronounce ~ (against sb)* een oordeel (over iemand) uitspreken ★ *sit in ~* beoordelen ★ *in my ~...* naar mijn mening... ❷ kritisch vermogen, (gezond) verstand ★ *against my better ~* tegen beter weten in

judicial [dʒu:'dɪʃəl] *bnw* rechterlijk, gerechtelijk

judiciary [dʒu:'dɪʃɪərɪ] *zn* rechterlijke macht

judicious [dʒu:'dɪʃəs] *bnw* verstandig, voorzichtig ★ *be ~ with the amount of salt you use* wees zuinig met de hoeveelheid zout die je gebruikt

judo ['dʒu:dəʊ] *zn* judo

jug [dʒʌg] *zn* kan, kruik

juggernaut ['dʒʌgənɔ:t] *zn* grote vrachtwagen

juggle ['dʒʌgl] **I** *ov ww* ❶ jongleren met, goochelen met ❷ manipuleren, frauderen ★ *~ the books* knoeien met de boekhouding **II** *onov ww* jongleren, goochelen **III** *zn* gegoochel ★ *studying and looking after children is quite a ~* studeren en tegelijkertijd op kinderen passen is een hele kunst

juggler ['dʒʌglə] *zn* ❶ goochelaar ❷ jongleur

jugular ['dʒʌgjʊlə] **I** *znw* keel-, hals- ★ *the ~ vein* de halsader **II** *zn* halsader ★ *inform go for the ~* bloed ruiken

juice [dʒu:s] **I** *zn* ❶ sap, vocht, kooknat ★ *gastric ~s* maagsap ❷ *inform* fut, energie ★ *run out of ~* geen fut meer hebben ❸ *inform* benzine (in motor) ★ *step on the ~* plankgas geven ❹ *inform* stroom (elektriciteit) **II** *ov ww* uitpersen ❷ *inform ~ up* oppeppen

juicer *zn* sapcentrifuge

juicy ['dʒu:sɪ] *bnw* ❶ sappig ❷ *inform* pikant ❸ *inform* aantrekkelijk

Jul. *afk, July* juli

July [dʒu:'laɪ] *zn* juli

jumble ['dʒʌmbl] **I** *zn* ❶ troep, rommelzooi, warboel ❷ mengelmoes **II** *ov ww* door elkaar gooien / rollen

jumble sale GB *zn* rommelmarkt, liefdadigheidsbazaar

jumbo ['dʒʌmbəʊ] **I** *zn* ❶ *inform* olifant ❷ *inform* kolossaal mens / dier / ding ❸ jumbo jet jumbo(jet) **II** *bnw* reuzen-

jump [dʒʌmp] **I** *ov ww* ❶ springen over, bespringen ❷ laten / helpen springen, doen opspringen ❸ vliegen uit ★ *the train jumped the rails* de trein ontspoorde ❹ overslaan ★ *we jumped Chapter 9* we hebben hoofdstuk 9 overgeslagen▼ *jump the lights* door rood licht rijden▼ *jump the gun* het startschot niet afwachten, *inform* voorbarig zijn▼ *jump the queue* zijn beurt niet afwachten▼ *jump ship* het schip verlaten, *fig* een organisatie plotseling verlaten **II** *onov ww* ❶ (op)springen ★ *the driver managed to jump clear* de machinist wist zich met een sprong in veiligheid te brengen ★ *a sudden sound made me jump* een plotseling geluid liet me schrikken ★ *his heart jumped when he heard that* zijn hart sloeg over toen hij dat hoorde ★ *he jumped at the proposal* hij nam het voorstel met beide handen aan ❷ omhoogschieten (prijzen) ❸ zich haasten, plotseling iets doen ★ *he jumped to his feet* hij sprong op ★ *jump to it* zich haasten ★ *jump to conclusions* overhaaste conclusies trekken ★ *jump into your clothes* je kleren aanschieten ★ *the story jumps from the past to the present* het verhaal verspringt van het verleden naar het heden ❹ ~ **down** naar beneden springen ★ *inform jump down sb's throat* iem. aanvliegen ❺ ~ **in** in de rede vallen, tussenbeide komen, iets onbesuisd doen ❻ ~ **out** meteen opvallen **III** *zn* ❶ sprong ★ *be one jump ahead* één stap vooruit zijn ★ *make the jump to* de overstap maken naar ❷ (snelle / plotselinge) stijging ❸ schok ★ *he gave me a jump* hij liet me schrikken ❹ *sport* hindernis

jumped-up *inform bnw* gewichtig, omhooggevallen ★ *the 'luxury hotel' was a ~ boarding house* het 'luxehotel' was een omhooggevallen pension

jumper ['dʒʌmpə] *zn* ❶ gebreide trui ❷ *USA* overgooier ❸ springer, springpaard

jump leads, jumper leads, jumper cables *zn mv* startkabel

jump-start *ov ww* starten met behulp van startkabels en door hem aan te duwen

jumpsuit, jump suit ['dʒʌmpsu:t] *zn* ❶ jumpsuit ❷ overall

jumpy ['dʒʌmpɪ] *inform bnw* zenuwachtig, opgewonden

Jun. *afk, June* juni

junction ['dʒʌŋkʃən] *zn* ❶ verbinding ❷ knooppunt, kruispunt

juncture ['dʒʌŋktʃə] *zn* ❶ (kritiek) ogenblik ★ *at this ~* op dit ogenblik, toen (dit gebeurde was) ❷ *techn* verbindingspunt, naad

June [dʒu:n] *zn* juni

jungle ['dʒʌŋgl] *zn* ❶ oerwoud, rimboe ❷ warwinkel, chaos ★ *a ~ of regulations* een doolhof van regels ★ *a ~ of weeds* een wildernis van onkruid

junior ['dʒu:nɪə] **I** *zn* ❶ junior ❷ jongere, kleinere ★ *he's my ~ by ten years / he's ten years my ~* hij is tien jaar jonger dan ik ❸ mindere, ondergeschikte ❹ *inform* zoon **II** *bnw* ❶ jonger ❷ ondergeschikt

juniper ['dʒu:nɪpə] *zn* jeneverbes(struik)

junk [dʒʌŋk] **I** *zn* ❶ rommel, rotzooi ❷ jonk

❾ <u>inform</u> nonsens **II** *ov ww* <u>inform</u> afdanken, wegdoen

junket ['dʒʌŋkɪt] *zn* ❶ dessert van melk ⟨gestremd⟩ ❷ <u>inform</u> snoepreisje

junk food *zn* junkfood

junkie ['dʒʌŋkɪ] <u>inform</u> *zn* junkie, drugverslaafde

junk mail *zn* junkmail, ongevraagde post

junk shop *zn* uitdragerij, rommelwinkel

jurisdiction [dʒʊərɪs'dɪkʃən] *zn* ❶ rechtspraak ❷ rechtsbevoegdheid, rechtsgebied ★ *the matter is not within the court's* ~ de zaak valt niet onder de bevoegdheid van de rechtbank

juror ['dʒʊərə] *zn* jurylid

jury ['dʒʊərɪ] *zn* jury ★ <u>inform</u> *the jury is still out (on that)* we zijn het er nog niet helemaal over eens

just [dʒʌst] **I** *bnw* ❶ eerlijk, rechtvaardig, verdiend ❷ gegrond **II** *bijw* ❶ juist, precies ★ *just so!* juist!, precies! ★ *dinner's just about ready* het eten is bijna klaar ★ *I was just about to ring you* ik stond net op het punt om je te bellen ❷ (maar) net, amper ★ *I only just managed to catch the bus* ik kon op het nippertje de bus halen ❸ zo-even ★ *they were here just a minute ago* ze waren net hier ★ *just now* zo net, daarstraks, nu ★ *not just yet* (voorlopig) nog niet ❹ (alleen) maar, eens ★ *just come here* kom eens even hier ★ *just a minute!* één minuutje! ★ *just a bit nervous* 'n klein beetje zenuwachtig ❺ gewoon(weg), zomaar ★ *the music was just splendid* de muziek was gewoonweg schitterend ★ *just call me Peter* noem me maar gewoon Peter ★ *won't I just give it to him!* zal ik het 'm niet geven! ★ <u>min</u> *and then he walked off, just like that* en toen liep hij weg ★ *I'm just looking, thanks* ik kijk alleen maar rond ⟨in winkel⟩ ❻ misschien ★ *try his mobile: he might just have it with him* probeer zijn mobieltje eens, misschien heeft hij hem bij zich ▼ *'a lovely garden!' 'isn't it just!'* 'een mooie tuin!' 'nou en of!' ▼ *just the same, I'd like you to ring* toch zou ik graag willen dat je belde

justice ['dʒʌstɪs] *zn* ❶ rechtvaardigheid, gerechtigheid, recht ★ *temper* ~ *with mercy* genade voor recht laten gelden ★ *that photo doesn't do him* ~ die foto flatteert hem niet ★ *but to do him* ~... maar om hem recht te doen... ★ *I couldn't do the meal* ~ ik kon de maaltijd geen eer aandoen ★ *you didn't do yourself* ~ *in the second game* in de tweede partij heb je je niet van je beste kant laten zien ❷ justitie, gerecht ★ *bring sb to* ~ iem. voor het gerecht brengen ❸ rechter ⟨vooral in Engels hooggerechtshof⟩

justifiable ['dʒʌstɪfaɪəbl] *bnw* ❶ gerechtvaardigd ❷ verdedigbaar, te rechtvaardigen

justifiably *bijw* terecht ★ ~ *so* en terecht

justification ['dʒʌstɪfɪkeɪʃən] *zn* rechtvaardiging, verantwoording ★ *in* ~ als rechtvaardiging ★ *an audience favourite, and with some* ~ geliefd bij het publiek en terecht ★ *there can be no* ~ *for torture* er is geen enkele gegronde reden voor marteling

justify ['dʒʌstɪfaɪ] *ov ww* ❶ rechtvaardigen ★ *the end justifies the means* het doel heiligt de middelen ★ *he was justified in coming* het was goed dat hij kwam ❷ verdedigen

justly ['dʒʌstlɪ] *bijw* terecht

jut [dʒʌt] **I** *ov ww* uitsteken **II** *onov ww* ❶ uitsteken ❷ ~ *out* uitsteken, (voor)uitspringen

jute [dʒuːt] *zn* jute

juvenile ['dʒuːvənaɪl] **I** *zn* jeugdig persoon, jongeling **II** *bnw* ❶ jong, jeugdig ★ ~ *delinquency* jeugdcriminaliteit ❷ <u>min</u> kinderachtig

juxtapose [dʒʌkstə'pəʊz] *ov ww* naast elkaar plaatsen

ju

K

k [keɪ] **I** *zn, letter* k ★ *K as in King* de k van Karel **II** *afk* **❶** inform 1000 ★ *earn 20k per month* 20.000 per maand verdienen **❷** *kilometre(s)* kilometer(s)

kale, kail [keɪl] *zn* (boeren)kool

kaleidoscope [kə'laɪdəskəʊp] *zn* caleidoscoop

kangaroo [kæŋgə'ru:] *zn* kangoeroe

kaolin ['keɪəlɪn] *zn* porseleinaarde

kart [kɑːt] *zn* (go-)kart, skelter

kayak ['kaɪæk] *zn* kajak

keel [ki:l] **I** *zn* kiel (v. schip) ★ *back on an even keel* in evenwicht, rustig **II** *onov ww* ~ **over** kapseizen, inform omvallen

keen [ki:n] **I** *bnw* **❶** scherp, hevig, intens ★ *a keen southerly wind* een felle zuidenwind ★ *they take a keen interest in politics* ze hebben een levendige belangstelling voor de politiek ★ *she has a keen eye for detail* ze heeft een scherp oog voor detail **❷** scherpzinnig, pienter **❸** enthousiast ★ *a keen chess player* een verwoed schaker ★ *the team is keen to win* het team erop gebrand om te winnen ★ *I'm not keen on being told what to do* ik hou er niet van als ze me vertellen wat ik moet doen ★ *she's keen on him* zij is een beetje verliefd op hem **❹** concurrerend (prijzen) **II** *onov ww* weeklagen

keep [ki:p] **I** *zn* **❶** fort, versterkte toren **❷** onderhoud, kost ★ *earn your keep* de kost verdienen ▼inform *for keeps* voorgoed, om te houden **II** *ov ww* [onregelmatig] **❶** houden, behouden ★ *keep house* het huishouden doen ★ *sorry to keep you waiting* sorry dat ik u heb laten wachten ★ *he barely earns enough to keep himself* hij verdient nauwelijks genoeg om zich in leven te houden **❷** onderhouden, bijhouden, eropna houden **❸** ophouden, tegenhouden ★ *he's late: I wonder what's keeping him?* hij is laat, ik vraag me af wat het oponthoud is **❹** vasthouden, bewaren ★ *keep the change* het is goed zo (ik hoef het wisselgeld niet) ★ *please keep your opinions to yourself* hou je opmerkingen alsjeblieft voor je ★ *he keeps himself to himself* hij bemoeit zich weinig met anderen **❺** beschermen, behoeden **❻** in acht nemen, vervullen ★ *she kept her promise* ze kwam haar belofte na **❼** ~ **away** uit de buurt houden, afhouden **❽** ~ **back** terug- / achterhouden, bedwingen **❾** ~ **down** (onder)drukken, bedwingen ★ *keep it down a bit!* kalm aan!, rustig a.u.b. ★ *he can't keep his food down* hij moet steeds overgeven **❿** ~ **from** afhouden van, verbergen houden voor, verhinderen te, weerhouden van ★ *he kept the news from his wife* hij heeft het nieuws voor zijn vrouw verborgen **⓫** ~ **in** inhouden, binnen houden, school laten blijven ★ *he doesn't earn enough to keep in with drugs* hij verdient niet genoeg om hem aan voldoende drugs te helpen ★ inform *keep in with sb* op goede voet blijven met iem. **⓬** ~ **off** afweren, op afstand houden, afblijven van ★ *keep off the grass!* verboden op het gras te lopen! **⓭** ~ **on** ophouden, blijven

houden, aanhouden (bv. van huis) **⓮** ~ **out** buiten houden **⓯** ~ **over** bewaren (tot later) **⓰** ~ **to** beperken, zich houden aan, blijven bij ★ *keep (yourself) to two glasses a day* drink niet meer dan twee glazen per dag ★ *she keeps to her room a lot* ze trekt zich vaak terug in haar kamer **⓱** ~ **together** bijeen houden **⓲** ~ **under** onderdrukt houden **⓳** ~ **up** omhooghouden, in stand houden, doorgaan met, volhouden, wakker houden, ophouden, onderhouden (contact) ★ *keep it up!* houd vol! **III** *onov ww* [onregelmatig] **❶** goed houden, goed blijven (v. voedsel) ★ inform *it'll keep* het kan wachten, er is geen haast bij, ik hoor het later wel **❷** blijven doen, doorgaan met ★ *he kept at it until it was finished* hij bleef eraan werken tot het af was ★ *I wish you wouldn't keep (on) interrupting* ik wou dat je me niet steeds in de rede viel **❸** ~ **away** wegblijven **❹** ~ **back** zich op een afstand houden ★ *keep well back from the cliff!* blijf bij de rotswand vandaan! **❺** ~ **down** bukken, verborgen blijven **❻** ~ **on** doorgaan, volhouden, doorkletsen ★ *stop keeping on about it* hou op met erover te zeuren **❼** ~ **out** (er)buiten blijven **❽** ~ **together** bijeenblijven **❾** ~ **up** op dezelfde hoogte blijven ★ *I can't keep up with you* ik kan je niet bijhouden ★ *keep up with the Joneses* niet voor de buren (willen) onderdoen

keeper ['ki:pə] *zn* **❶** bewaarder, opzichter, oppasser **❷** doelverdediger, keeper

keeping ['ki:pɪŋ] *zn* hoede, bewaring ★ *in safe ~* in veilige bewaring ▼ *in ~ with* in overeenstemming met ▼ *not in ~ with* niet passend bij

keepsake ['ki:pseɪk] *zn* aandenken, souvenir

keg [keg] *zn* vaatje

kelp [kelp] *zn* zeewier

ken [ken] *zn* ★ *beyond my ken* buiten mijn gezichtsveld, boven mijn pet

kennel ['kenl] *zn* **❶** hondenhok, hondenverblijf **❷** hondenfokkerij

Kenyan ['kenjən] **I** *zn* Keniaan, Keniaanse **II** *bnw* Keniaans

kept [kept] **I** *bnw* (goed) onderhouden **II** *ww* [verleden tijd + volt. deelw.] → **keep**

kerb [kɜːb] *zn* trottoirband, stoeprand

kerchief ['kɜːtʃiːf] *zn* hoofddoek, halsdoek

kerfuffle [kə'fʌfəl] inform *zn* drukte, opschudding, commotie

kernel ['kɜːnl] *zn* pit, kern

kerosene, kerosine ['kerəsiːn] *zn* kerosine, lampolie

kestrel ['kestrəl] *zn* torenvalk

kettle ['ketl] *zn* ketel ★ inform *a different ~ of fish* heel wat anders ★ *a fine / pretty ~ of fish* 'n mooie boel ★ *put the ~ on* theewater opzetten

kettledrum *zn* pauk

key [ki:] **I** *zn* **❶** sleutel (ook fig.) ★ *get a key cut* een sleutel laten maken **❷** toets **❸** grondtoon, toonaard, stemming ★ *in key with* harmoniërend met ★ *out of key with* niet passend bij **❹** lijst met antwoorden, verklaring, oplossing **II** *bnw* voornaamste-, sleutel-, onmisbaar ★ *the key witness* de hoofdgetuige **III** *ov ww* **❶** afstemmen ★ *the course is keyed to* *teenagers* de cursus is vooral bedoeld voor teenagers ❷ ~ **down** afzwakken ❸ ~ **in** intoetsen, intikken ❹ ~ **up** opschroeven, verhogen, opdrijven

keyboard ['ki:bɔ:d] *zn* ❶ toetsenbord ❷ klavier ❸ keyboard ⟨elektronisch muziekinstrument⟩

keyed up *bnw* gespannen

keyhole ['ki:həʊl] *zn* sleutelgat

keynote ['ki:nəʊt] *zn* ❶ grondgedachte, hoofdthema ❷ muz grondtoon

key ring *zn* sleutelring

keystone ['ki:stəʊn] *zn* ❶ sluitsteen ❷ hoeksteen ⟨ook fig.⟩

kg *afk, kilogram(me)* kg, kilogram

khaki ['kɑ:kɪ] *zn* kaki(kleur)

kibbutz [kɪ'bʊts] *zn* [*mv*: **kibbutzim**] kibboets

kick [kɪk] I *zn* ❶ schop, trap ★ inform *get the kick* zijn congé krijgen ★ inform *a kick in the pants* een schop onder de kont ❷ inform kick, stimulans ★ *get a kick out of sth* een kick van iets krijgen ★ *for kicks* voor de lol ❸ inform fut, prik ❹ terugslag ⟨van geweer bij afgaan⟩ II *ov ww* ❶ trappen, schoppen ★ inform *kick the bucket* het hoekje omgaan ❷ stoppen met ⟨een verslaving⟩ ❸ ~ **about/around** inform ruw behandelen, inform commanderen, inform bespreken ❹ ~ **off** uittrappen ⟨bv. van schoenen⟩ ❺ ~ **out** inform eruit trappen ❻ ~ **up** tegenwerpingen maken, ruzie veroorzaken ★ *kick up a fuss* herrie schoppen III *onov ww* ❶ schoppen, trappen ❷ terugslaan ⟨van geweer⟩ ❸ zich verzetten, protesteren ❹ ~ **around/about** rondzwerven, rondslingeren ❺ ~ **back** zich ontspannen ❻ ~ **in** in werking treden ❼ ~ **off** beginnen ❽ ~ **out** om je heen schoppen, woedend uithalen ❾ ~ **up** aanwakkeren ⟨wind, storm⟩

kickback ['kɪkbæk] *zn* ❶ terugslag ❷ inform smeergeld

kick-off ['kɪkɒf] *zn* ❶ aftrap ❷ inform begin

kid [kɪd] I *zn* ❶ inform jochie, kind ❷ jonge geit ❸ geitenleer ★ *handle / treat sb with kid gloves* iem. voorzichtig en tactvol behandelen II *bnw* inform jongere broer / zus III *ov ww* inform voor het lapje houden ★ *don't kid yourself that...* maak jezelf niet wijs dat... ★ *you're kidding yourself if you think that...* je houdt jezelf voor de gek als je denkt dat... IV *onov ww* inform plagen, schertsen ★ *no kidding!* echt waar! ★ *you're kidding!, you must be kidding!* dat meen je niet! ★ *only kidding!* grapje!

kiddie, kiddy ['kɪdɪ] inform *zn* kindje, jochie

kidnap ['kɪdnæp] *ov ww* ontvoeren, kidnappen

kidney ['kɪdnɪ] *zn* nier

kill [kɪl] I *ov ww* ❶ doden, vermoorden ★ *six people were killed in the accident* zes mensen kwamen om bij het ongeluk ★ *he's threatening to kill himself* hij dreigt zich van kant te maken, hij dreigt met zelfmoord ★ inform *he killed himself laughing* hij lachte zich dood ★ inform *my feet are killing me* mijn voeten doen vreselijk pijn ★ *we killed time watching TV* we doodden de tijd met televisiekijken ★ *kill sb with kindness* iem. doodknuffelen ★ *kill two birds with one stone* twee vliegen in één klap slaan ❷ afmaken, slachten ❸ teniet doen, onmogelijk maken

❹ afzetten ⟨motor⟩ ❺ ~ **off** afmaken, uitroeien, monddood maken II *onov ww* ❶ doden ★ *be dressed to kill* er piekfijn uitzien ★ *kill or cure* erop of eronder ❷ dodelijk zijn III *zn* ❶ het doden ★ *go / move in for the kill* de genadestoot geven ❷ ⟨gedode⟩ prooi, vangst

killer ['kɪlə] *zn* ❶ moordenaar, slachter ❷ inform iets moeilijks ★ *the exam was a ~* het examen was heel zwaar

killer whale *zn* orka

killing ['kɪlɪŋ] I *zn* ❶ doden ❷ slachting ★ inform *make a ~* een fortuin verdienen II *bnw* ❶ dodelijk ❷ uitputtend

killjoy ['kɪldʒɔɪ] *zn* ❶ spelbreker ❷ feestverstoorder

kiln [kɪln] *zn* ❶ steenoven ❷ pottenbakkersoven

kilo ['ki:ləʊ] *zn* kilo

kilogram, GB kilogramme ['kɪləgræm] *zn* kilo(gram)

kilometre, USA kilometer ['kɪləmi:tə, kɪ'lɒmətə] *zn* kilometer

kilt [kɪlt] *zn* kilt ⟨Schotse rok, gedragen door mannen⟩

kilter ['kɪltə] *zn* ★ *out of ~* niet in orde

kin [kɪn] *zn* familie, verwanten ★ *next of kin* naaste familieleden

kind [kaɪnd] I *zn* soort, aard, wijze ★ *what kind of thing...* wat voor ding... ★ *these kinds of things* dit soort dingen ★ *nothing of the kind* niets daarvan ★ *sth of the kind* iets dergelijks ★ *pay in kind* in natura betalen, met gelijke munt betalen II *bnw* aardig, vriendelijk ★ *he was kind to me* hij was aardig voor me ★ *this brush is kind to curly hair* deze borstel is vriendelijk voor krullend haar

kinda ['kaɪndə] *samentr, kind of* → kind of

kindergarten ['kɪndəgɑ:tn] *zn* kleuterschool

kind-hearted [kaɪnd'hɑ:tɪd] *bnw* goedaardig, vriendelijk

kindle ['kɪndl] I *ov ww* ❶ ontsteken, aansteken ❷ opwekken, aanvuren II *onov ww* vlam vatten

kindliness ['kaɪndlɪnəs] *zn* ❶ vriendelijkheid ❷ mildheid

kindling ['kɪndlɪŋ] *zn* aanmaakhout

kindly ['kaɪndlɪ] I *bnw* ❶ gemoedelijk, vriendelijk, humaan ❷ aangenaam, gunstig ⟨v. klimaat⟩ II *bijw* ❶ vriendelijk ★ *she didn't take ~ to my suggestion* ze stelde mijn suggestie niet op prijs ❷ alstublieft ★ *~ show me the book* wees zo goed mij het boek te laten zien

kindness ['kaɪndnəs] *zn* ❶ vriendelijkheid ❷ (vrienden)dienst

kind of ['kaɪndəv], **kinda** ['kaɪndə] inform *bijw* min of meer ★ *I ~ thought so* dat dacht ik wel half en half / zo'n beetje ★ *I was ~ sorry that I didn't go* ik vond het best wel jammer dat ik niet was gegaan

kindred ['kɪndrɪd] I *zn* ❶ bloedverwantschap ❷ verwanten II *bnw* verwant ★ *a ~ soul / spirit* een geestverwant

kinetics [kɪ'netɪks] *zn mv* kinetica, bewegingsleer

king [kɪŋ] *zn* ❶ koning, vorst ★ *crown sb king* iem. tot koning kronen ❷ heer ⟨in kaartspel⟩, dam ⟨in damspel⟩

kingdom ['kɪŋdəm] *zn* ❶ (konink)rijk ❷ terrein, domein, gebied

ki

kingfisher ['kɪŋfɪʃə] zn ijsvogel
kingly ['kɪŋlɪ] bnw koninklijk
kingpin ['kɪŋpɪn] zn ❶ hoofdbout ❷ fig leider, spil waar alles om draait
kink [kɪŋk] zn ❶ kink, slag, knik ❷ inform kronkel, afwijking, gril
kinky ['kɪŋkɪ] inform bnw ❶ kinky (enigszins seksueel pervers) ❷ opwindend, sexy
kinship ['kɪnʃɪp] zn verwantschap
kinsman ['kɪnzmən] zn mannelijke bloedverwant
kinswoman ['kɪnzwʊmən] zn vrouwelijke bloedverwant
kiosk ['ki:ɒsk] zn stalletje, kiosk
kip [kɪp] inform I zn bed, slaap ★ get a bit of kip een dutje doen II onov ww ~ (down) maffen
kipper ['kɪpə] zn gerookte haring
kirk [kɜ:k] zn kerk (in Schotland)
kiss [kɪs] I zn kus ★ a French kiss een tongzoen ★ the kiss of death de genadestoot ★ the kiss of life mond-op-mondbeademing ★ blow sb a kiss iem. een kushandje geven II ww (elkaar) kussen, (elkaar) zoenen ★ kiss sth better een kusje op de zere plek om het beter te maken (bij kinderen) ★ kiss sb goodbye iem. een vaarwel kus geven ★ you can kiss goodbye to that dat kun je wel vergeten, zeg maar dag met je handje
kissable ['kɪsəbl] bnw om te zoenen
kit [kɪt] I zn ❶ gereedschap, uitrusting ★ a first-aid kit een verbanddoos ★ a drum kit een drumstel ❷ spullen, kleren ★ he changed into his football kit hij trok zijn voetbalkleren aan ❸ bouwpakket, kit ★ in kit form als bouwpakket II onov ww ~ out/up uitrusten (vooral met kleren)
kitbag ['kɪtbæg] zn plunjezak
kitchen ['kɪtʃɪn] zn keuken
kitchenette [kɪtʃɪ'net] zn keukentje
kitchen sink ['kɪtʃɪn sɪŋk] zn aanrecht, afwasbak ★ inform everything but the ~ alles wat los en vast zit
kite [kaɪt] zn ❶ vlieger ★ fly a kite vliegeren ★ as high as a kite beneveld (door drank of drugs), erg opgewonden ❷ wouw (roofvogel)
kitten ['kɪtn] zn katje ★ have ~s jongen krijgen (v. poes), inform nerveus zijn
kittenish ['kɪtənɪʃ] bnw speels
kitty ['kɪtɪ] zn ❶ poesje ❷ (huishoud)potje ❸ pot (bij kaartspel)
kiwi ['ki:wi:] zn ❶ kiwi (dier) ❷ humor Nieuw-Zeelander
klaxon ['klæksən] zn claxon
kleptomaniac [kleptəʊ'meɪnɪæk] zn kleptomaan
km afk, kilometre km, kilometer
knack [næk] zn ❶ handigheid, slag ★ get the ~ de slag te pakken krijgen ★ there's a ~ to it er zit een trucje bij ❷ talent, kunst ★ she has a real ~ for remembering names ze kan heel goed namen onthouden
knacker ['nækə] inform ov ww ❶ uitputten ❷ versjteren
knackered ['nækəd] inform bnw bekaf, afgepeigerd
knapsack ['næpsæk] zn rugzakje
knave [neɪv] zn ❶ schurk ❷ boer (in kaartspel)
knead [ni:d] ov ww ❶ kneden ❷ masseren
knee [ni:] I zn knie ★ on bended knees knielend II ov ww een knietje geven, met de knie aanraken
kneecap ['ni:kæp] I zn knieschijf II ov ww door de knieschijven schieten
knee-deep [ni:'di:p] bijw ❶ tot aan de knieën ❷ fig tot over de oren
knee-high bnw tot aan de knieën ★ inform ~ to a grasshopper nog klein
kneel [ni:l] onov ww [onregelmatig] ❶ knielen ❷ ~ (down) neerknielen
knees-up inform zn feestje
knell [nel] zn (geluid van) doodsklok
knelt [nelt] ww [verleden tijd + volt. deelw.] → kneel
knew [nju:] ww [verleden tijd] → know
knickerbockers ['nɪkəbɒkəz] zn mv knickerbocker, wijde kniebroek
knickers ['nɪkəz] inform zn mv slipje, onderbroek (van vrouw) ★ get your ~ in a twist / knot boos / geïrriteerd worden
knick-knack ['nɪknæk] zn snuisterij, prulletje
knife [naɪf] I zn [mv: knives] mes ★ an accent that you could cut with a ~ een heel dik accent ★ twist / turn the ~ (in the wound) extra zout in de wond strooien, nog een trap nageven II ov ww steken (met mes)
knife-edge ['naɪfedʒ] zn snede van mes ★ on a ~ vreselijk gespannen, onzeker (van situaties)
knight [naɪt] I zn ❶ ridder ❷ paard (in schaakspel) ★ USA Knights of Labor arbeidersvereniging ★ a ~ in shining armour een prins op het witte paard, de ware jakob II ov ww tot ridder slaan, ridderen
knighthood ['naɪthʊd] zn ridderschap ★ receive a ~ geridderd worden
knit [nɪt] I zn geknit kledingstuk II ov ww ❶ knopen, breien ★ knit one, purl one een recht, een averecht ❷ ~ (together) zich verenigen, verbinden ★ the community is closely knit het is een hechte gemeenschap ❸ fronsen, samentrekken III onov ww ❶ breien ❷ ~ (together) samengroeien
knitted ['nɪtəd] ww [verleden tijd + volt. deelw.] → knit
knitting ['nɪtɪŋ] zn ❶ het breien ❷ breiwerk
knitting needle zn breinaald
knitwear ['nɪtweə] zn gebreide kleding
knives [naɪvz] zn mv → knife
knob [nɒb] zn ❶ knop ★ inform with knobs on! en hoe! ❷ brok, kluitje, knobbel ★ a knob of butter een klont(je) boter
knobbly ['nɒblɪ], **knobby** ['nɒbɪ] bnw bultig, knobbelig
knock [nɒk] I zn ❶ klop, geklop ★ there was a ~ (at the door) er werd geklopt ❷ klap, duw, slag ★ take a ~ een zware klap krijgen ★ playground equipment should be able to take a ~ speeltuintoestellen moeten bestand zijn tegen een stootje II ov ww ❶ slaan, stoten ★ the blow ~ed him flat de klap vloerde hem ★ the rooms were ~ed into one de kamers werden bij elkaar getrokken ★ ~ sth into sb iem. iets inhameren ❷ verstomd doen staan, verpletteren ★ the news ~ed her sideways ze was overweldigd door het nieuws ★ the experience ~ed her confidence de ervaring gaf haar zelfvertrouwen een deuk

★ inform *her dress ~ed the guests dead* de gasten sloegen steil achterover van haar jurk ❸ inform bekritiseren ★ *don't ~ it until you've tried it* je moet het niet afkraken voordat je het hebt geprobeerd ❹ ~ **about/around** ruw behandelen, inform bespreken ❺ ~ **back** versteld doen staan, inform achteroverslaan ⟨borrel⟩ ★ inform *how much did that car ~ you back?* wat heeft je die wagen gekost? ❻ ~ **down** neerslaan, naar beneden halen / krijgen, slopen, verslaan, toewijzen ⟨v. artikel op veiling⟩, inform afprijzen, aanrijden ★ *you could have ~ed me down with a feather* ik stond er paf van ★ *she managed to ~ him down to $100* ze wist hem tot $100 af te dingen ❼ ~ **off** afslaan, korting geven, aftrekken ⟨v. kosten⟩, inform vlug afwerken, inform vermoorden, inform stelen, vulg naaien ⟨figuurlijk⟩ ★ ~ *it off!* hou ermee op!, duvel op! ❽ ~ **out** uitkloppen ⟨pijp⟩, vloeren, verslaan, uitschakelen, verdoven, doodmoe maken, in elkaar flansen, inform met stomheid slaan ❾ ~ **over** omverrijden, inform versteld doen staan ❿ ~ **together** inform samenflansen, bij elkaar trekken ⓫ ~ **up** omhoog slaan, vlug in elkaar zetten ⟨huis / plan⟩, sport snel achter elkaar runs maken, (op)wekken, afmatten, bij elkaar verdienen ⟨geld⟩, inform zwanger maken **III** *onov ww* ❶ kloppen ⟨ook van motor⟩ ★ *she ~ed at / on the door* ze klopte aan ★ ~ *on wood!* afkloppen! ❷ botsen, stoten ★ *her knee ~ed against his* haar knie raakte de zijne aan ❸ ~ **about/around** rondslenteren, ronddolen ❹ ~ **off** afnokken, stoppen ❺ sport ~ **up** vooraf inslaan, een opwarming doen

knockabout ['nɒkəbaʊt] *bnw* ❶ gooi-en-smijt, slapstick ❷ tegen een stootje kunnend ⟨van kleding⟩

knock-back inform *zn* tegenvaller, teleurstelling

knock-down, knockdown ['nɒkdaʊn] *bnw* ❶ verpletterend ❷ minimum ★ *een knockdown price* een afbraakprijs

knocker ['nɒkə] *zn* ❶ deurklopper ★ inform *on the ~* direct ❷ inform vitter

knockers vulg *zn mv* tieten

knock-kneed *bnw* met X-benen

knock-knees *zn mv* X-benen

knock-off, knockoff ['nɒkɒf] inform *zn* kopie, namaak

knockout ['nɒkaʊt] **I** *zn* ❶ sport genadeslag ❷ inform overweldigend iets / iemand ★ *the latest model is a ~* het laatste model sta je paf van **II** *bnw* ❶ knock-out ⟨wedstrijd⟩ ❷ inform eerste klas ★ *a ~ song* een tophit

knock-up *zn* warming-up ⟨vooral bij tennis⟩

knoll [nəʊl] *zn* heuveltje

knot [nɒt] **I** *zn* ❶ knoop (in touw) ★ inform *tie the knot* in het huwelijksbootje stappen ★ *tie sb up in knots* iem. volledig van de kook brengen ❷ knobbel ★ *my stomach was in knots* ik had vlinders in de buik ❸ knoest (in hout) ❹ moeilijkheid, complicatie ❺ kluitje ⟨mensen⟩ ❻ scheepv knoop **II** *ov ww* ❶ vast-/ dichtknopen, een knoop leggen in, dichtbinden ❷ in de knoop / war maken **III** *onov ww* in de knoop / war raken

knotty ['nɒtɪ] *bnw* ❶ in de knoop ❷ knobbelig, knoestig ❸ ingewikkeld

know [nəʊ] **I** *zn* ★ inform *be in the know* er alles van weten, op de hoogte zijn **II** *ov ww* [onregelmatig] ❶ weten, kennen, bekend zijn (met) ★ *it's known as a nice restaurant* het staat bekend als een leuk restaurant ★ inform *he knows what's what* hij weet z'n weetje ★ *I know I was wrong* ik besef dat ik fout zat ★ *not if I know it!* niet als het aan mij ligt! ★ inform *don't I know it!* moet je mij vertellen! ★ *there's no knowing what may happen* niemand weet wat er kan gebeuren ❷ herkennen, (kunnen) onderscheiden ★ *he doesn't know right from wrong* hij kent het verschil tussen goed en kwaad niet ★ *he knows a good wine when he sees one* hij heeft een goed oog voor wijn ❸ ervaren, ondervinden ★ *I've never known it to be so hot in May* ik heb nog nooit meegemaakt dat het in mei zo heet was ❹ kunnen ★ *do you know how to knit?* kun jij breien? **III** *onov ww* [onregelmatig] weten, zich bewust zijn van ★ inform *well, what do you know!* krijg nou wat! ⟨uitroep van verbazing⟩ ★ *I know better than to break the rules* ik ben niet zo dom om de regels te overtreden ★ *I don't know about you, but...* ik weet niet wat jij daarvan denkt, maar... ★ *I know of a man who...* ik heb gehoord van een man die...

know-all ['nəʊɔːl] inform *zn* weetal, wijsneus

know-how ['nəʊhaʊ] *zn* knowhow, vakkennis, vaardigheid

knowing ['nəʊɪŋ] *bnw* begrijpend, wetend ★ *a ~ look* een veelbetekende blik

knowingly ['nəʊɪŋlɪ] *bijw* ❶ bewust, met opzet ❷ veelbetekend

knowledge ['nɒlɪdʒ] *zn* kennis, wetenschap, voorkennis ★ *to my ~* voor zover ik weet ★ *it's common ~* het is algemeen bekend ★ *general ~* algemene ontwikkeling ★ *she denied all ~ of the matter* ze ontkende er iets van te weten

knowledgeable ['nɒlɪdʒəbl] *bnw* ❶ slim ❷ goed ingelicht

known [nəʊn] **I** *bnw* ❶ erkend ❷ berucht ❸ bekend ★ *there is no ~ cure for the disease* er is geen remedie voor de kwaal bekend **II** *ww* [volt. deelw.] → **know**

knuckle ['nʌkl] **I** *zn* ❶ knokkel ★ inform *near the ~* gewaagd, nogal schuin ⟨mop⟩ ★ *rap sb over the ~s* iem. een ernstige berisping geven ❷ schenkel, kluif, varkenskluif **II** *onov ww* ❶ ~ **down** hard aan het werk gaan ❷ ~ **under** zich gewonnen geven, door de knieën gaan

knuckleduster ['nʌkldʌstə] *zn* boksbeugel

koala [kəʊˈælə] *zn* koala

kohlrabi [kəʊlˈrɑːbɪ] *zn* koolrabi

kooky ['kuːkɪ] inform *bnw* raar, geschift

Korean [kəˈriːən] **I** *zn* ❶ Koreaan, Koreaanse ❷ het Koreaans **II** *bnw* Koreaans

kowtow [kaʊˈtaʊ] inform *onov ww* ★ ~ *to sb* voor iem. door het stof gaan

kph *afk, kilometres per hour* kilometer per uur

KS *afk, Kansas* staat in de VS

kudos ['kjuːdɒs] *zn* eer, roem

KY *afk, Kentucky* staat in de VS

ky

L

l [el] **I** zn, letter l ★ *L as in Lucy* de l van Lodewijk **II** afk, litre l

L afk, Large groot ⟨kledingmaat⟩

LA afk, Louisiana staat in de VS

L.A., LA afk, Los Angeles ⟨stad in USA⟩

lab [læb] zn, inform laboratory lab

label ['leɪbl] **I** zn ❶ etiket, plakzegel, label ❷ fig benaming **II** ov ww ❶ van etiket voorzien ❷ bestempelen (als), beschrijven (als) ★ *she ~led the class as unteachable* ze omschreef de klas als hardleers

labial ['leɪbɪəl] **I** zn labiaal **II** bnw lip-, labiaal

labile ['leɪbaɪl] bnw labiel, onstabiel

labor ['leɪbə] zn USA → labour

laboratory [lə'bɒrətərɪ] zn laboratorium

Labor Day zn USA Labor Day ⟨1e maandag in september, vrije dag⟩

laborious [lə'bɔːrɪəs] bnw zwaar, moeizaam, geforceerd ⟨van stijl⟩

labour ['leɪbə] **I** zn ❶ arbeid, taak, werk ★ *hard / forced ~* dwangarbeid ★ *~ of love* werk verricht uit naastenliefde ❷ arbeidskrachten, arbeiders(klasse) ❸ moeite, inspanning ★ *~ lost / lost ~* verspilde moeite ❹ bevalling, barensweeën ★ *go into ~* beginnen met bevallen ★ *be in ~* aan het bevallen zijn **II** ov ww uitputtend behandelen ★ *~ the point* uitputtend op een (twist)punt ingaan **III** onov ww hard werken, zich inspannen ★ *~ away at sth* hard werken voor iets

Labour ['leɪbə] zn → Labour Party

Labour Day zn GB Dag van de Arbeid

laboured ['leɪbəd] bnw ❶ moeizaam ★ *his breathing is ~* zijn ademhaling is moeizaam ❷ geforceerd ⟨van stijl⟩

labourer ['leɪbərə] zn arbeider ★ *casual ~* tijdelijke arbeidskracht

labour force zn werkkrachten, arbeidskrachten

labour-intensive bnw arbeidsintensief

labour market zn arbeidsmarkt

labour pains zn mv barensweeën

Labour Party zn, GB pol Engelse sociaaldemocratische partij

labour-saving ['leɪbəseɪvɪŋ] bnw arbeidsbesparend

laburnum [lə'bɜːnəm] zn goudenregen

labyrinth ['læbərɪnθ] zn labyrint, doolhof

lace [leɪs] **I** zn ❶ veter ❷ kant, vitrage ❸ galon, tres **II** bnw kanten **III** ov ww ❶ rijgen ❷ borduren ❸ galonneren, dooreenstrengelen, dooreenweven ❹ scheutje sterkedrank toevoegen ❺ ~ up vastrijgen, strikken

lacerate ['læsəreɪt] ov ww ❶ (ver)scheuren, verwonden ★ *the dog's teeth ~d his skin* de tanden van de hond doorboorden zijn huid

laceration [læsə'reɪʃən] zn scheur, verwonding ★ *she had ~s to her head* ze had verwondingen aan haar hoofd

lace-up bnw ★ *~ boots / shoes* schoenen met veters

lack [læk] **I** zn gebrek, tekort, gemis, behoefte

★ *for (the) lack of* bij gebrek aan **II** ov ww gebrek hebben aan **III** onov ww ontbreken ★ *be lacking in money* geen geld hebben

lackadaisical [lækə'deɪzɪkl] bnw ❶ lusteloos ❷ nonchalant, traag ★ *I don't like her ~ manner* ik houd niet van haar nonchalante houding

lacker ['lækə] zn lacquer

lackey ['lækɪ] zn ❶ lakei ❷ kruiperig iemand

lacking ['lækɪŋ] bnw ❶ ontbrekend, afwezig ❷ ontoereikend, tekortschietend ★ *he was ~ in his work* hij schoot tekort in zijn werk

lacklustre ['læklʌstə] bnw ❶ dof ❷ ongeïnspireerd ★ *a ~ game* een saaie wedstrijd

laconic [lə'kɒnɪk] bnw kortaf, laconiek

lacquer ['lækə] **I** zn vernis, lakwerk **II** ov ww vernissen, lakken

lactation [læk'teɪʃən] zn het zogen, het afscheiden van melk

lactose ['læktəʊs] zn lactose

lacy ['leɪsɪ] bnw kanten, kantachtig

lad [læd] zn ❶ knaap, jongeman, jongen ❷ inform maat, makker ★ inform *he is a bit of a lad* hij is een vrolijke frans

ladder ['lædə] **I** zn ladder, GB ladder ⟨in kous⟩ **II** onov ww ladderen ⟨van kous⟩

laddie ['lædɪ] zn Schots jochie

laden ['leɪdn] bnw ❶ geladen ❷ ★ *~ with* beladen met, bezwaard met / door ★ *the tree is ~ with plums* de boom hangt vol met pruimen

la-di-da [lɑːdɪˈdɑː] bnw ❶ inform opschepperig ❷ inform bekakt

ladies' man zn charmeur

ladies room zn USA damestoilet

ladle ['leɪdl] **I** zn ❶ soeplepel, gietlepel ❷ schoep ⟨van molenrad⟩ **II** ov ww opscheppen, uitscheppen ★ *~ out advice* strooien met advies

lady ['leɪdɪ] zn ❶ dame ❷ vrouwe ⟨adellijke titel⟩ ★ *The First Lady* Vrouw van de President ★ inform *the old lady* mijn oudje ★ *lady in waiting* hofdame ★ *Our Lady* Onze Lieve Vrouw

ladybird ['leɪdɪbɜːd] zn lieveheersbeestje

ladykiller ['leɪdɪkɪlə] zn donjuan, vrouwenjager

ladylike ['leɪdɪlaɪk] bnw damesachtig, beschaafd, elegant

lag [læg] **I** zn ❶ achterstand, vertragingsfactor ❷ verschil in tijd ★ *time lag* tijdsverloop ❸ straatt recidivist **II** ov ww ❶ van bekleding voorzien ⟨van stoomketel⟩, isoleren ❷ straatt arresteren, inrekenen **III** onov ww ★ *lag (behind)* achterblijven, achter raken

lager ['lɑːgə] zn ★ *~ (beer)* lager, ≈ pils

laggard ['lægəd] zn treuzelaar

lagging ['lægɪŋ] zn techn isolatiemateriaal

lagoon [lə'guːn] zn lagune

laid [leɪd] ww [verleden tijd + volt. deelw.] → lay ★ inform *laid back* kalm, ontspannen ★ inform *laid up* bedlegerig

lain [leɪn] ww [volt. deelw.] → lie

lair [leə] zn leger ⟨van dier⟩, hol

laird [leəd] zn ⟨in Schotland⟩ grondeigenaar, landheer

laissez-faire [leseɪ'feə] bnw ★ *~ policy* niet-inmenging van de staat met particulier initiatief

laity ['leɪətɪ] zn ❶ de leken, niet-geestelijken ❷ niet-deskundigen

lake [leɪk] *zn* ❶ meer ❷ roodachtige lakverf

la-la land USA inform *zn* ❶ Hollywood ❷ droomwereld

lam [læm] **I** *zn* ★ straatt *be on the lam* op de vlucht zijn ⟨voor politie⟩ **II** *onov ww* ★ USA *lam (it)* er tussenuit knijpen ★ *lam into sb* iem. een pak slaag geven

lama ['lɑːmə] *zn* rel lama ⟨monnik⟩

lamb [læm] **I** *zn* ❶ lam ❷ fig lammetje ★ *in lamb* drachtig ★ *like lambs to the slaughter* als lammetjes naar de slachtbank **II** *onov ww* lammeren werpen

lamb chop *zn* lamskotelet

lambskin ['læmskɪn] *zn* lamsvel

lambswool *zn* lamswol

lame [leɪm] **I** *bnw* ❶ lam, kreupel ❷ slap ⟨van excuus⟩ ❸ inform flauw ⟨van grap enz.⟩ **II** *ov ww* verlammen ★ *the accident lamed the horse* het ongeluk maakte het paard kreupel

lame duck I *bnw*, USA pol demissionair **II** *zn* een niet succesvol iem. ★ *her boy-friend was a ~* haar vriend was een mislukkeling

lament [lə'ment] **I** *zn* klaaglied, jammerklacht **II** *ww* ❶ (be)treuren, lamenteren ★ *the late ~ed* de betreurde dode(n) ❷ ~ **for** weeklagen over

lamentable ['læməntəbl] *bnw* jammerlijk, betreurenswaardig

lamentation [læmən'teɪʃən] *zn* weeklacht, klaaglied

laminate ['læmɪnət] **I** *zn* laminaat **II** *ov ww* ❶ lamineren ❷ in lagen verdelen ❸ pletten

lamp [læmp] *zn* lamp, lantaarn

lamplighter ['læmplɑːtə] *zn* lantaarnopsteker

lamplit ['læmplɪt] *bnw* door lamplicht verlicht

lampoon [læm'puːn] **I** *zn* satirisch pamflet **II** *ov ww* aanvallen in een satirisch pamflet

lampoonist [læm'puːnɪst] *zn* schrijver van satirische pamfletten

lamp post *zn* lantaarnpaal ★ *between you and me and the ~* onder vier ogen

lampshade ['læmpʃeɪd] *zn* lampenkap

LAN [læn] *afk*, comp *Local Area Network* LAN ⟨plaatselijk computernetwerk⟩

lance [lɑːns] **I** *zn* lans, speer ★ *break a ~ with* argumenteren met **II** *ov ww* doorsteken ⟨met lans⟩, doorprikken ⟨met lancet⟩

lancer ['lɑːnsə] *zn* lansier

lancet ['lɑːnsɪt] *zn* lancet

lancet arch *zn* spitsboog

lancet window *zn* spitsboogvenster

land [lænd] **I** *zn* ❶ land, landstreek, landerijen ★ *by land* te land, over land ★ *on land* aan land, te land ★ *make land* land in zicht krijgen, land aandoen ★ *see how the land lies* zien hoe de zaken staan ★ *the land of Nod* de slaap, het rijk der dromen ❷ grond **II** *ov ww* ❶ doen landen ⟨van vliegtuig⟩, doen belanden, lossen, afzetten ⟨uit rijtuig⟩, slaan, klap geven, toedienen ⟨van klap of slag⟩, ophalen ⟨van vis⟩, in de wacht slepen ⟨van prijs⟩ ❷ ~ **with** opschepen met ★ *she was landed with a huge debt* ze werd met een grote schuld opgescheept **III** *onov ww* landen, aan land gaan, aankomen, bereiken, terechtkomen

land agent *zn* rentmeester

landau ['lændɔː] *zn* landauer

landed ['lændɪd] *bnw* ❶ grond-, land- ★ *~ property* grondbezit ❷ grond bezittend ★ *~ gentry* landadel ❸ ontscheept ❹ inform in moeilijkheden

landfall ['lændfɔːl] *zn* ❶ het in het zicht krijgen van land ❷ aardverschuiving

landfill ['lændfɪl] *zn* vuilstort

landing ['lændɪŋ] *zn* ❶ landing ★ *forced ~* noodlanding ❷ landingsplaats, losplaats ❸ overloop ⟨tussen twee trappen⟩

landing craft *zn* [mv: id.] landingsvaartuig

landing gear *zn* landingsgestel

landing-net ['lændɪŋnet] *zn* schepnet

landing stage *zn* steiger

landing strip *zn* landingsbaan

landlady ['lændleɪdɪ] *zn* ❶ hospita ❷ waardin ❸ huiseigenares

landlocked ['lændlɒkt] *zn* door land ingesloten

landlord ['lændlɔːd] *zn* ❶ hospes ❷ herbergier ❸ huisbaas

landlubber ['lændlʌbə] *zn* landrot

landmark ['lændmɑːk] *zn* ❶ fig mijlpaal ❷ baken, bekend punt, herkenningsteken

landmine ['lændmaɪn] *zn* landmijn

landowner ['lændəʊnə] *zn* grondbezitter

land reform *zn* landhervorming

land registry *zn* kadaster

landscape ['lændskeɪp] *zn* landschap

landscape gardening *zn* tuinarchitectuur

landscapist ['lændskeɪpɪst] *zn* landschapschilder

landslide ['lændslaɪd] *zn* ❶ aardverschuiving ❷ overweldigende verkiezingsoverwinning

landsman ['lændzmən] *zn* landrot

landward ['lændwəd] *bnw + bijw* land(in)waarts

landwards ['lændwədz] *bijw* in de richting van het land, landinwaarts

lane [leɪn] *zn* ❶ landweg, weggetje ❷ rijstrook ★ *fast lane* inhaalstrook ▼ *live in the fast lane* een hectisch leven leiden ❸ steeg ❹ route ⟨van schepen, vliegtuigen⟩ ❺ (kegel)baan ★ *form a lane* zich opstellen in dubbele rij met tussenruimte

lane markings *zn* rijstrookmarkering

language ['læŋgwɪdʒ] *zn* taal, spraak ★ *bad / strong / explicit ~* grof taalgebruik ★ *native ~* moedertaal ★ *taalk universal ~* wereldtaal ★ *written ~* schrijftaal

language laboratory *zn* talenpracticum

languid ['læŋgwɪd] *bnw* traag, lusteloos, zwak, slap, flauw ⟨van markt⟩ ★ *his ~ manner irritated her* zijn slome houding ergerde haar

languish ['læŋgwɪʃ] *onov ww* ❶ (weg)kwijnen, verzwakken ★ *he ~ed in jail for five years* hij zat vijf jaar in de gevangenis ❷ smachten ★ *~ for* smachten naar

languor ['læŋgə] *zn* ❶ slapheid, loomheid ❷ zwoele atmosfeer

languorous ['læŋgərəs] *bnw* ❶ slap, mat ❷ smachtend ❸ zwoel

lank [læŋk] *bnw* ❶ mager en lang ❷ sluik ⟨van haar⟩

lanky ['læŋkɪ] *bnw* lang en mager, slungelachtig

lantern ['læntən] *zn* lantaarn ★ *Chinese ~* lampion

Laotian ['laʊʃɪən] **I** *zn* ❶ Laotiaans ⟨de taal⟩ ❷ Laotiaan **II** *bnw* van / uit Laos

lap [læp] **I** *zn* ❶ schoot ★ *in the lap of luxury*

la

badend in weelde ★ *drop sth in s.o.'s lap* iem.
met iets belasten / opzadelen ❷ ronde (bij
wedstrijd), etappe ★ *lap of honour* ereronde
II *ov ww* ❶ ronde vóórkomen (bij wedstrijd)
★ *she lapped her rivals in the race* ze was haar
rivalen in de wedstrijd een ronde voor
❷ kabbelen ★ *the waves lapped the shore* de
golven kabbelden tegen het strand ❸ ~ **up**
gretig luisteren of aannemen
lapdog [læpdɒg] *zn* schoothondje
lapel [lə'pel] *zn* revers (van jas)
Lapp [læp] **I** *zn* Laplander **II** *bnw* Laplands
Lappish ['læpɪʃ] *bnw* Laplands
lapse [læps] **I** *zn* ❶ verloop (van tijd) ❷ kleine
vergissing, vergeetachtigheid ★ *memory ~*
moment van vergeetachtigheid ❸ misstap ★ *a
criminal ~* een misdadige misstap
❹ (geloofs)afvalligheid ❺ achteruitgang, verval
❻ het vervallen (van recht) **II** *onov ww* afvallen,
afdwalen, (ver)vallen, verlopen ★ *the country has
~d into chaos* het land is terechtgekomen in een
staat van chaos ★ *his concentration ~d* zijn
concentratie nam af
lapsed ['læpst] *bnw* ❶ jur verlopen ❷ rel niet
meer praktiserend, afvallig ★ *a ~ Christian* een
niet meer praktiserend christen ❸ in onbruik
geraakt
laptop ['læptɒp] *zn* comp laptop,
schootcomputer
lapwing ['læpwɪŋ] *zn* kievit
larceny ['lɑːsənɪ] *zn* diefstal
larch [lɑːtʃ] *zn* lariks, larikshout
lard [lɑːd] **I** *zn* varkensvet **II** *ov ww* larderen,
doorspekken
larder ['lɑːdə] *zn* provisiekast, provisiekamer
large [lɑːdʒ] *bnw* ❶ groot, omvangrijk, fors ★ *in ~*
op grote schaal ❷ breed of ruim (van
opvatting), veelomvattend ★ *at ~* in het
algemeen, breedvoerig (van uitleg), op vrije
voeten, los(gebroken) ★ *by and ~* over het
geheel genomen
large-handed *bnw* royaal, mild
large-hearted [lɑːdʒ'hɑːtɪd] *bnw* grootmoedig,
goedhartig
largely ['lɑːdʒlɪ] *bijw* ❶ op grote schaal ★ *her
work went ~ unnoticed* haar werk bleef
grotendeels onopgemerkt ❷ voornamelijk
large-minded [lɑːdʒ'maɪndɪd] *bnw* ruimdenkend
largeness ['lɑːdʒnəs] *zn* ❶ grootheid, grootte
❷ ruime blik
large-scale *bnw* op grote schaal, grootschalig
largesse, largess [lɑː'dʒes] *zn* (overdreven)
vrijgevigheid
largish ['lɑːdʒɪʃ] *bnw* nogal groot
lark [lɑːk] **I** *zn* ❶ leeuwerik ❷ dolle grap, lolletje
❸ vermakelijk voorval ★ *go along for a lark* een
geintje uithalen **II** *ov ww* ❶ streken uithalen
❷ iemand voor de gek houden **III** *onov ww*
~ **about/around** keet trappen, tekeergaan
larkspur ['lɑːkspɜː] *zn* plantk ridderspoor
larrikin ['lærɪkɪn] Aus I *zn* (jeugdige)
straatschender **II** *bnw* baldadig
larrup ['lærəp] *ov ww* inform 'n pak slaag geven
larva ['lɑːvə] *zn* larve
laryngitis [lærɪn'dʒaɪtɪs] *zn* ontsteking van het
strottenhoofd

laryngologist [lærɪŋ'gɒlədʒɪst] *zn* keelarts
larynx ['lærɪŋks] *zn* strottenhoofd
lascivious [lə'sɪvɪəs] *bnw* wellustig, wulps
laser ['leɪzə] *zn* laser, laserstraal
lash [læʃ] **I** *zn* ❶ zweep ★ fig *under the lash of*
onder de plak van ❷ zweepslag ❸ wimper **II** *ov
ww* ❶ geselen ❷ vastsjorren ★ *lash o.s. into a
fury* zich razend maken, zich opzwepen **III** *onov
ww* ❶ slaan ❷ wild stromen ★ *the rain lashed
down* het stroomde van de regen ❸ ~ **at** slaan
naar ❹ ~ **out** at uitvaren tegen
lasher ['læʃə] *zn* ❶ waterkering ❷ over een dam
stortend water ❸ watermassa beneden
(rivier)dam
lashing ['læʃɪŋ] *zn* ❶ geseling ❷ scheepv sjorring
lash-up ['læʃʌp] *zn* inform vlugge improvisatie
lass [læs] *zn* ❶ (Schots) meisje ❷ liefje
lassitude ['læsɪtjuːd] *zn* moeheid, traagheid
lasso [lə'suː] **I** *zn* lasso **II** *ov ww* met een lasso
vangen
last [lɑːst] **I** *zn* ❶ leest ❷ last (bepaald gewicht)
❸ (de) laatste ★ *at (long) last* uiteindelijk, ten
slotte ★ *to / till the very last* tot het allerlaatste
ogenblik ★ *you will never see the last of her* je
zult nooit van haar afkomen **II** *bnw* ❶ laatste,
laatstgenoemde ★ *the Last Day / Last
Judgement / Latter Day* de jongste dag, de dag
van het Laatste Oordeel ★ *last but not least* wel
het laatst genoemd, maar daarom niet minder
belangrijk ★ *last but one* voorlaatste ❷ verleden
❸ vorig ★ *last week* vorige week ★ *last night*
gisterenavond, afgelopen / vorige nacht
❹ uiterst ★ *sth of the last importance* iets van het
grootste belang **III** *ov ww* ❶ het laatst zijn ★ *it
will last you another week* je zult er nóg wel een
week genoeg aan hebben **IV** *onov ww* ❶ goed
blijven (van voedsel), lang meegaan ❷ blijven,
duren, voortduren ★ *she won't last long* ze houdt
het niet lang meer uit **V** *bijw* het laatst ★ *when I
last saw him* toen ik hem laatst / kort geleden
zag
last-ditch *bnw* ★ *a ~ attempt* een allerlaatste,
vertwijfelde poging
lasting ['lɑːstɪŋ] *bnw* voortdurend, blijvend,
duurzaam
lastly ['lɑːstlɪ] *bijw* ten slotte, uiteindelijk, laatst
last-minute *bnw* allerlaatst, uiterst ★ *a ~ decision*
een op het allerlaatst genomen beslissing
lat. afk, latitude breedte
latch [lætʃ] **I** *zn* klink, slot (in deur) **II** *ov ww* op
de klink doen **III** *onov ww* ❶ ~ **on** het
begrijpen ❷ ~ **on to** begrijpen, zich realiseren,
niet loslaten, zich vastklampen aan
latchkey ['lætʃkiː] *zn* huissleutel
latchkey child *zn* sleutelkind
late [leɪt] **I** *bnw* ❶ laat, te laat ★ *I'm sorry, but you
are late* het spijt me maar je bent te laat
❷ wijlen, overleden, gewezen, vorig, vroeger
★ *Morrison, late Falconer* Morrison, voorheen
Falconer ❸ van de laatste tijd ★ *of late years* in
de laatste jaren ★ *Sunday at the latest* uiterlijk
zondag **II** *bijw* laat, te laat ★ *we arrived late* we
kwamen te laat aan ★ *sooner or later* vroeg of
laat ★ *as late as the 14th century* nog in de 14e
eeuw ★ *that's rather late in the day* da's nogal
laat ★ *of late* (in) de laatste tijd ★ *later on* later

latecomer ['leɪtkʌmə] *zn* laatkomer
lately ['leɪtlɪ] *bijw* ❶ onlangs, kort tevoren ❷ de laatste tijd ★ *I haven't seen him* ~ ik heb hem de laatste tijd niet gezien
latency ['leɪtnsɪ] *zn* ★ ~ *period* incubatietijd
latent ['leɪtnt] *bnw* ❶ latent, verborgen ❷ slapend
later ['leɪtə] *bnw* [vergrotende trap] → **late**
lateral ['lætərəl] *bnw* zijdelings, zij-
latest ['leɪtɪst] **I** *bnw* [overtreffende trap] → **late** **II** *zn* ❶ laatste nieuws ❷ laatste mode
latex ['leɪteks] *zn* latex, melksap van rubberboom
lath [lɑːθ] *zn* lat
lathe [leɪð] *zn* draaibank
lather ['lɑːðə] **I** *zn* ❶ zeepsop ❷ schuimend zweet ⟨bij paard⟩ **II** *ov ww* ❶ inzepen ❷ _inform_ afranselen **III** *onov ww* ❶ schuimen ❷ schuimend zweet afscheiden ⟨van paard⟩
Latin ['lætɪn] **I** *zn* Latijn **II** *bnw* Latijns
latish ['leɪtɪʃ] *bijw* aan de late kant
latitude ['lætɪtjuːd] *zn* ❶ aardk breedte ★ *low ~s* streek rond de evenaar ❷ _form_ vrijheid van handelen
latitudinal [lætɪ'tjuːdɪnl] *bnw* breedte-
latrine [lə'triːn] *zn* latrine
latter ['lætə] *bnw* laatstgenoemde ⟨van de twee⟩ ★ ~ *end* het einde ⟨vnl. van het leven⟩, achterste
latter-day [lætə'deɪ] *bnw* modern, van de laatste tijd ★ ~ *Van Gogh paintings* een moderne versie van Van Gogh schilderijen
latterly ['lætəlɪ] *bijw* tegen het eind van, de laatste tijd
lattice ['lætɪs] *zn* raster, ruitpatroon, traliewerk
Latvia ['lætvɪə] *zn* Letland
Latvian ['lætvɪən] **I** *zn* ❶ Let ❷ de Letse taal **II** *bnw* Lets
laud [lɔːd] **I** *zn* lof(lied) **II** *ov ww* _form_ loven
laudable ['lɔːdəbl] *bnw* prijzenswaardig, lofwaardig
laudatory ['lɔːdətərɪ] *bnw* lovend
laugh [lɑːf] **I** *ov ww* ❶ lachen ★ *he ~ed his head off* in zijn vuistje lachen ❷ ~ *away* weglachen, met een lach afdoen ★ ~ *away the time* de tijd doden met grapjes ❸ ~ *off* met een lach afdoen **II** *onov ww* ❶ lachen ★ ~ *in the face of* uitdagen, uitlachen ★ ~ *on the wrong side of one's face* lachen als een boer die kiespijn heeft ★ ~ *in one's sleeve* heimelijk lachen ★ *he ~s that wins* wie het laatst lacht, lacht het best ★ ~ *away!* lach maar gerust! ★ ~ *to scorn* spottend uitlachen ★ *don't make me* ~ laat me niet lachen ❷ ~ *at* lachen om / tegen, uitlachen ❸ ~ *out* luid lachen ❹ ~ *out of* afleren door uitlachen ★ *I've ~ed him out of biting nails* ik heb 'm zo belachelijk gemaakt om zijn nagelbijten dat hij het niet meer doet ❺ ~ *over* lachen om **III** *zn* (ge)lach ★ *for ~s* voor de lol
laughable ['lɑːfəbl] *bnw* belachelijk, lachwekkend
laughing ['lɑːfɪŋ] *bnw* ★ *no* ~ *matter* een ernstige kwestie
laughter ['lɑːftə] *zn* gelach ★ *canned* ~ ingeblikt / van tevoren opgenomen gelach
launch [lɔːntʃ] **I** *ov ww* ❶ werpen, slingeren ❷ te water laten, uitzetten ⟨van boten⟩ ❸ van wal steken ❹ afschieten, lanceren, de wereld inzenden / sturen, uitbrengen, op de markt brengen ★ ~ *into the world* de wereld inzenden ❺ loslaten, laten gaan ❻ op touw zetten ❼ ontketenen **II** *onov ww* ❶ ~ *forth* beginnen ❷ ~ *into* zich storten in, zich begeven in ★ ~ *into expense* onkosten maken ❸ ~ *out (into)* iets royaal aanpakken, royaal met zijn geld zijn, zich te buiten gaan **III** *zn* ❶ tewaterlating, lancering ❷ sloep, boot ❸ begin
launcher ['lɔːntʃə] *zn* lanceerinrichting
launching ['lɔːntʃɪŋ] *bnw* ★ ~ *pad* lanceerplatform ★ ~ *site* lanceerterrein
launder ['lɔːndə] **I** *ov ww* ❶ wassen (en strijken) ❷ witwassen ⟨van zwart geld⟩ **II** *onov ww* wasecht zijn
launderette [lɔːn'dret] *zn* wasserette
laundress ['lɔːndrəs] *zn* wasvrouw
laundry ['lɔːndrɪ] *zn* ❶ wasserij ❷ was(goed)
laureate ['lɒrɪət] **I** *zn* laureaat, prijswinnaar, hofdichter ★ *(Poet) Laureate* gelauwerd dichter, hofdichter ⟨in Engeland⟩ **II** *bnw* omkranst, gelauwerd
laurel ['lɒrəl] *zn* ❶ laurier ❷ lauwerkrans ★ *look to one's ~s* waken voor prestigeverlies ★ *rest / sit on one's ~s* op z'n lauweren rusten ★ *win ~s* lauweren oogsten
laurel wreath *zn* lauwerkrans
lav *afk, inform lavatory* plee
lava ['lɑːvə] *zn* lava
lavabo [lə'vɑːbəʊ] *zn* ❶ lavabo ❷ bak en handdoek voor handwassing v. priester ❸ wasbak ★ *~s* toilet
lavatory ['lævətərɪ] **I** *zn* wasvertrek, wc **II** *bnw* was-
lave [leɪv] *ov ww* ❶ wassen ❷ stromen langs ⟨van rivier⟩, spoelen tegen
lavender ['lævɪndə] *zn* ❶ lavendel ❷ zacht lila
lavish ['lævɪʃ] **I** *bnw* verkwistend, kwistig **II** *ov ww* kwistig geven ★ *he ~ed money on his daughter* hij gaf kwistig geld aan zijn dochter
law [lɔː] *zn* ❶ wet ★ *it is bad law* het is niet volgens de wet ★ *go to law* gaan procederen ★ *have / take the law of a person* iem. een proces aandoen ★ *lay down the law* de wet voorschrijven ★ *necessity knows no law* nood breekt wet ★ *read law* rechten studeren ★ *by law* wettelijk, volgens de wet ★ *break the law* de wet breken ★ *licensing law* drankwet ❷ recht ★ *law of the jungle* recht van de sterkste ★ *common law* gewoonterecht ★ *constitutional law* staatsrecht ★ *international law* volkenrecht ★ *civil law* burgerlijk recht ★ *criminal law* strafrecht ★ *martial law* staat van beleg ★ *moral law* moreel recht ★ _jur_ *municipal law* staatsrecht ❸ justitie, _inform_ politie ❹ regel, wetmatigheid ★ *by the law of averages* naar alle waarschijnlijkheid
law-abiding ['lɔːəbaɪdɪŋ] *bnw* gezagsgetrouw
lawbreaker ['lɔːbreɪkə] *zn* wetschender
law court *zn* rechtbank, rechtszaal
lawful ['lɔːfʊl] *bnw* rechtmatig, wettig
lawless ['lɔːləs] *bnw* ❶ wetteloos ❷ losbandig
law lord *zn* lid van Hogerhuis die daar rechtskundig advies kan verlenen
lawmaker ['lɔːmeɪkə] *zn* wetgever
lawn [lɔːn] *zn* ❶ gazon, grasperk, grasveld ⟨om

la

op te sporten⟩ ❷ kamerdoek, batist

lawn tennis zn tennis(spel) op grasbaan

lawsuit ['lɔːsuːt] zn rechtzaak

lawyer ['lɔːɪə] zn advocaat, jurist, rechtsgeleerde ★ *criminal* ~ strafpleiter ★ *personal injury* ~ letselschadeadvocaat

lax [læks] I zn Noorse zalm II bnw ❶ laks, slordig, vaag, slap ❷ aan diarree lijdend ★ *have lax bowels* diarree hebben

laxative ['læksətɪv] I zn laxeermiddel II bnw laxerend

laxity ['læksətɪ] zn ❶ laksheid ❷ onnauwkeurigheid

lay [leɪ] I ww [verleden tijd] → **lie** II ov ww [onregelmatig] ❶ leggen, zetten, plaatsen, neervlijen, installeren ★ *they will lay it at his door* zij zullen hem ervan beschuldigen ❷ beleggen, bekleden, bedekken, dekken ⟨de tafel⟩ ❸ aanleggen, richten ⟨van kanon⟩ ⟨van vuur⟩ ❹ inform neuken ❺ ontwerpen ⟨plan⟩, smeden ⟨samenzwering⟩ ❻ aanbieden, opleggen ⟨straf⟩ ★ *lay sth upon a person* iets op iem. schuiven ❼ ~ **aside/by** opzij leggen, sparen ❽ ~ **down** neerleggen, voorschrijven, opgeven ⟨hoop⟩, in kaart brengen, grasland maken van, opslaan ⟨wijn⟩ ★ *he laid down his life* hij offerde zijn leven ❾ ~ **in** voorraad inslaan ❿ ~ **off** aflegen, aanleggen ⟨straten⟩, zich niet inlaten met, ontslaan ⓫ ~ **on** opleggen, toedienen ⟨klappen⟩, aanleggen ★ *lay on a party* een feestje organiseren ★ *lay it on* overdrijven ⓬ ~ **out** klaarleggen / -zetten, laten zien, afleggen ⟨van lijk⟩, aanleggen, ontwerpen, buiten gevecht stellen, om zeep brengen ⓭ ~ **out on** geld besteden aan ⓮ ~ **to** wijten aan ⓯ ~ **up** sparen, bewaren, uit de vaart nemen, het bed doen houden III onov ww [onregelmatig] ❶ leggen, aan de leg zijn ❷ scheepv liggen ★ *lay at anchor* voor anker liggen ★ *lay aboard* langszij komen ❸ ~ **about** wild slaan ★ *lay about you* om je heen slaan ❹ ~ **over** een reis onderbreken ❺ scheepv ~ **to** stilleggen IV zn ❶ aardk ligging ★ fig *the lay of the land* stand van zaken ❷ leger ⟨van dier⟩ ❸ leg ⟨van kip⟩ ★ *straatt in lay* aan de leg ❹ laag ⟨van metselwerk⟩ ❺ straatt nummertje ★ *an easy lay* gemakkelijk in bed te krijgen V bnw leken-, wereldlijk ★ *he is not an expert he is a layperson* hij is geen expert, hij is een leek

layabout ['leɪəbaʊt] zn leegloper

lay brother zn rel lekenbroeder

lay-by ['leɪbaɪ] zn parkeerplaats, parkeerhaven ⟨langs autoweg⟩

layer ['leɪə] I zn ❶ laag ❷ plantk aflegger ⟨van blad⟩ II ov ww plantk afleggen ⟨wortel schieten na aflegging van blad⟩

layered ['leɪəd] bnw gelaagd

layette [leɪ'et] zn babyuitzet

layman ['leɪmən] zn leek

lay-off zn (tijdelijk) ontslag, afvloeiing, tijdelijke werkloosheid

layout ['leɪaʊt] zn ❶ aanleg ⟨van park⟩ ❷ schema ❸ lay-out, ontwerp, opmaak ⟨van drukwerk⟩

lay person zn leek

lay sister zn rel lekenzuster

lay term zn lekenterm

laze [leɪz] onov ww luilakken, uitrusten ★ *we like to laze about on Sundays* we luieren graag op zondag graag wat rond

lazy ['leɪzɪ] bnw lui, traag, loom

lazybones ['leɪzɪbəʊnz] zn luilak

lb, USA **lb.** afk, libra(e) pond ⟨gewicht, ca. 454 gram⟩

lbs, USA **lbs.** afk, libra(e) pond ⟨gewicht, ca. 454 gram⟩

LCD afk ❶ liquid crystal display lcd ❷ lowest common denominator grootste gemene deler

lcm afk, lowest / least common multiple kleinste gemene veelvoud

L-driver ['eldraɪvə] zn leerling-automobilist

lea [liː] zn weide, landouw

LEA afk, Local Education Authority ≈ Gemeentelijke Dienst Onderwijs

leach [liːtʃ] I zn loog II ov ww logen

lead¹ [liːd] I ov ww [onregelmatig] ❶ leiden, tot iets brengen, (aan)voeren ★ *it will lead him to fame* het maakt hem beroemd ★ *lead sb a (merry) dance* iem. veel last veroorzaken om zijn doel te bereiken ★ *lead sb a life* iem. het leven zuur maken ★ *lead sb up / down the garden path* iem. voor de gek houden ★ *lead the way* vóórgaan ❷ ~ **astray** misleiden, verleiden ❸ ~ **away** wegleiden, verleiden ❹ ~ **on** verder leiden, aanmoedigen, uithoren ❺ ~ **on to** brengen op, aansturen op II onov ww [onregelmatig] ❶ leiden, aanvoeren, bovenaan staan ❷ de eerste viool spelen, de toon aangeven ❸ vóórspelen ⟨kaartspel⟩ ❹ ~ **off** beginnen, openen ❺ ~ **off with** uitkomen met ❻ ~ **out** ten dans leiden, beginnen ❼ ~ **out of** in directe verbinding staan met ❽ ~ **up to** aansturen op III zn ❶ leiding ⟨het leiden⟩, bestuur, techn leiding ⟨pijp, buis-⟩ ❷ hoofdrol ❸ hoofdartikel ❹ spoor ⟨achtergebleven teken⟩ ❺ hondenriem IV bnw voorste, voornaamste

lead² [led] I zn ❶ lood ❷ peillood ❸ drukk interlinie II bnw loden, van lood III ov ww ❶ verloden, in lood vatten ❷ drukk interliniëren

leaded ['ledɪd] bnw ❶ lood bevattend ❷ gelood ⟨van benzine⟩

leaden ['ledn] bnw ❶ loden, loodzwaar ❷ drukkend ❸ loodkleurig

leader ['liːdə] zn ❶ leider, gids, geleider ❷ concertmeester ❸ USA dirigent ❹ hoofdartikel ❺ comm introductie ⟨v. film, tv-programma enz.⟩ ❻ stippellijn als leidraad voor het oog ❼ voorste paard in een span ❽ advocaat die de leiding in bep. zaak heeft

leadership ['liːdəʃɪp] zn leiding, leiderschap

lead-in ['liːdɪn] zn ❶ inleidende opmerkingen ❷ verbinding tussen antenne en radiotoestel

leading ['liːdɪŋ] bnw leidend, voornaamste, hoofd- ★ ~ *article* hoofdartikel ⟨in krant⟩ ★ ~ *light* prominente figuur ★ ~ *question* suggestieve vraag ★ ~ *man / lady* acteur / actrice in de hoofdrol

lead-up [liːd'ʌp] zn aanleiding, aanloop

leaf [liːf] I zn [mv: **leaves**] ❶ blad, gebladerte ★ fig *take a leaf from s.o.'s book* iemands gedrag overnemen ★ *turn over a new leaf* een nieuw leven beginnen ❷ deurvleugel, vizierklep **II** *ov ww* ~ **over/through** doorbladeren **III** *onov ww* bladeren krijgen

leaflet ['li:flət] *zn* blaadje, circulaire

leaf mould *zn* bladaarde

leafy ['li:fɪ] *bnw* bladachtig, bladerrijk ★ ~ *vegetables* bladgroente

league [li:g] **I** *zn* ❶ (ver)bond ❷ ± 4800 m ⟨op land⟩ ❸ ± 5500 m ⟨op zee⟩ ❹ (voetbal)competitie ★ *be in* ~ *with* samenspannen met **II** *ov ww* verbinden ⟨tot een alliantie, verbond⟩ **III** *onov ww* zich verbinden ⟨een verbond aangaan⟩

leak [li:k] **I** *ov ww* lekken, laten uitlekken **II** *onov ww* ❶ lek zijn, lekken, uitlekken ❷ straatt pissen ❸ ~ **out** uitlekken, bekend worden **III** *zn* lek(kage) ★ *spring a leak* lek slaan / raken

leakage ['li:kɪdʒ] *zn* lek(kage), uitlekking

leaky ['li:kɪ] *bnw* lekkend, loslippig

lean [li:n] **I** *ov ww* [regelmatig + onregelmatig] laten steunen, zetten ★ *lean it against the wall* zet het tegen de muur **II** *onov ww* [regelmatig + onregelmatig] ❶ leunen, schuin staan ★ *the walls were leaning* de muren stonden schuin ❷ ~ **over** overhellen ★ *lean over backwards* alle mogelijke moeite doen ❸ ~ **towards** begunstigen, meegaan met ❹ ~ **(up)on** steunen op **III** *zn* ❶ het magere gedeelte van vlees ❷ schuine stand ★ *it's on the lean* het staat scheef **IV** *bnw* schraal, mager, slank

leaned [li:nd] *ww* [verleden tijd + volt. deelw.] → lean

leaning ['li:nɪŋ] *zn* neiging ★ *political* ~*s* politieke neigingen

leant [lent] *ww* [verleden tijd + volt. deelw.] → lean

lean-to ['li:ntu:] **I** *zn* aangebouwde schuur, afdak **II** *bnw* aangebouwd, leunend

leap [li:p] **I** *onov ww* [regelmatig + onregelmatig] springen ▾ *leap at a chance* iets aangrijpen **II** *zn* sprong ★ *fig by leaps and bounds* met sprongen

leaped [li:pd] *ww* [verleden tijd + volt. deelw.] → leap

leapfrog ['li:pfrɒg] *zn* ★ *to play at* ~ haasje-over spelen

leapt [lept] *ww* [verleden tijd + volt. deelw.] → leap

leap year *zn* schrikkeljaar

learn [lɜ:n] *ov+onov ww* [regelmatig + onregelmatig] ❶ leren ❷ vernemen, horen, erachter komen

learned[1] ['lɜ:nɪd] *bnw* ❶ geleerd ❷ wetenschappelijk ★ jur *my* ~ *friend / brother* mijn hooggeachte confrater

learned[2] [lɜ:nd] *ww* [verleden tijd + volt. deelw.] → learn

learner ['lɜ:nə] *zn* ❶ leerling, beginner ❷ GB leerling-automobilist

learner-driver *zn* leerling-automobilist

learner's permit *zn* USA voorlopig rijbewijs

learning ['lɜ:nɪŋ] *zn* geleerdheid, wetenschap ★ *the new* ~ renaissance

learning disabilities *zn* leerproblemen

learnt [lɜ:nt] *ww* [verleden tijd + volt. deelw.] → learn

lease [li:s] **I** *zn* ❶ huur, pacht, lease ★ ~ *of life* levensduur / -verwachting ❷ verhuur,

verpachting ★ *let out on / by* ~ verhuren, verpachten ★ *put out to* ~ verpachten, verhuren **II** *ov ww* ❶ huren, pachten, leasen ❷ verhuren, verpachten

leasehold ['li:shəʊld] **I** *zn* pacht(goed) **II** *bnw* gepacht, pacht-

leaseholder ['li:shəʊldə] *zn* huurder, pachter

leash [li:ʃ] **I** *zn* riem, band, koppel ★ *give full* ~ *to* de vrije teugel laten ★ *hold in* ~ in bedwang houden **II** *ov ww* koppelen, aangelijnd houden

leasing ['li:sɪŋ] *zn* pacht, verpachting, leasen

least [li:st] *bnw* kleinst, geringst, minst ★ *at* ~ ten minste ★ *at the* ~ minstens, op zijn minst ★ ~ *of all* zeker niet ★ *not in the* ~ helemaal niet ★ *not* ~ in belangrijke mate ★ *to say the* ~ *of it* op z'n zachtst gezegd ★ ~ *said* hoe minder er over gesproken wordt des te beter het is ★ wisk ~ / *lowest common multiple* kleinste gemene veelvoud

leather ['leðə] **I** *zn* ❶ leder, leertje ❷ straatt huid **II** *bnw* leren

leathery ['leðərɪ] *bnw* leerachtig, taai ⟨van vlees⟩

leave [li:v] **I** *ov ww* [onregelmatig] ❶ verlaten, nalaten, laten, overlaten, achterlaten ★ ~ *hold (of)* loslaten ★ *he* ~*s his books about* hij laat zijn boeken slingeren ★ ~ *him alone* laat hem met rust, laat hem begaan ★ ~ *it at that* laat het daarbij ★ straatt ~ *go (of)* loslaten ★ *take it or* ~ *it* graag of niet ★ ~ *the house on the left* laat het huis aan de linkerkant liggen ★ ~ *well alone* ga niet veranderen wat eenmaal goed is ★ ~ *her to herself* bemoei je niet met haar ❷ ~ **behind** achterlaten, achter zich laten, thuislaten, nalaten ❸ ~ **off** afleggen, uitlaten ⟨van kleren⟩, ophouden (met) ❹ ~ **on** laten liggen (op), aan laten (staan) ❺ ~ **out** overslaan **II** *onov ww* ❶ achterlaten, nalaten ★ *the house was left to another* het huis werd aan een ander vermaakt ★ *she is well left* er is goed voor haar gezorgd ❷ in de steek laten ★ *inform he got left* hij werd aan zijn lot overgelaten ❸ weggaan, vertrekken ★ ~ *for* vertrekken naar **III** *zn* verlof, vakantie ★ ~ *of absence* verlof ★ *compassionate* ~ verlof wegens familieomstandigheden ★ *French* ~ afwezigheid zonder verlof ★ *take French* ~ er stiekem vandoor gaan ★ *by / with your* ~ met uw verlof ★ *take (your)* ~ afscheid nemen ★ form *beg* ~ *to do sth* permissie vragen iets te doen

leaven ['levən] **I** *zn* zuurdeeg, zuurdesem **II** *ov ww* ❶ zuren ⟨van deeg⟩ ❷ doordringen

leaves [li:vz] *zn mv* → leaf

leave-taking ['li:vteɪkɪŋ] *zn* afscheid

leavings ['li:vɪŋz] *zn mv* afval, kliekjes, wat overblijft

Lebanese [lebə'ni:z] **I** *zn* Libanees **II** *bnw* Libanees

lecher ['letʃə] *zn* geilaard

lecherous ['letʃərəs] *bnw* wellustig, geil

lechery ['letʃərɪ] *zn* ontucht, wellust

lectern ['lektɜ:n] *zn* lessenaar

lecture ['lektʃə] **I** *ov ww* de les lezen **II** *onov ww* college geven **III** *zn* ❶ lezing ❷ college ❸ berisping ★ *read sb a* ~ iem. de les lezen

lecturer ['lektʃərə] *zn* ❶ spreker ❷ lector

le

lectureship ['lektʃəʃɪp] *zn* lectoraat, het ambt van lector

led [led] *ww* [verleden tijd + volt. deelw.] → **lead¹**

LED *afk, light-emitting diode* (elektronisch) lampje

ledge [ledʒ] *zn* ❶ rif ❷ mijnader ❸ overstekende rand, lijst, richel

ledger ['ledʒə] *zn* ❶ platte grafsteen ❷ USA register ❸ grootboek ❹ liggende plank of balk van steiger ★ ~ *(bait)* vastliggend aas

lee [li:] *zn* lijzijde, luwte ★ *under the lee of* in de luwte van

leech [li:tʃ] I *zn* ❶ *ook fig* bloedzuiger ❷ lijk ⟨van zeil⟩ ★ *stick like a ~* aanhangen als een klit II *ov ww* aderlaten met bloedzuigers

leek [li:k] *zn* look, prei

leer [lɪə] I *zn* wellustige, sluwe blik II *onov ww* ❶ loeren, grijnzen ❷ geile blikken werpen ❸ ~ *at* lonken naar

leery ['lɪərɪ] *bnw* handig, sluw

lees [li:z] *zn mv* bezinksel, droesem

lee shore *zn* lagerwal

leeward ['li:wəd] I *zn* lijzijde II *bnw + bijw* lijwaarts

leeway ['li:weɪ] *zn* ❶ bewegingsruimte, speelruimte ❷ koersafwijking ★ *make up ~* achterstand inhalen

left [left] I *zn* linkerhand, linkerkant II *bnw* links, linker III *ww* [verleden tijd + volt. deelw.] → **leave** IV *bijw* links

left-hand *bnw* links, linker ★ ~ *drive* linkse besturing ⟨van auto⟩

left-handed [left'hændɪd] *bnw* ❶ linkshandig ❷ *fig* dubbelzinnig, twijfelachtig

left-hander [left'hændə] *zn* ❶ iemand die links is ❷ slag met de linkerhand

leftist ['leftɪst] I *zn* links iemand, radicaal II *bnw* links, radicaal

leftover ['leftəʊvə] *zn* ⟨vaak mv⟩ kliekje, restant

left-winger *zn* ❶ pol lid van de linkervleugel ❷ sport linksbuiten

lefty ['leftɪ] *zn* ❶ inform linkshandige ❷ pol lid van de linkervleugel

leg [leg] I *zn* ❶ been, schenkel, poot ★ *he was on his legs* hij voerde het woord, hij was op de been ★ *he got on his legs* hij stond op, hij nam het woord ★ *give a leg (up)* helpen ★ *pull s.o.'s leg* iem. voor de gek houden ★ *shake a leg* dansen, zich haasten ★ *stretch one's leg* de benen strekken ★ *take to one's legs* er vandoor gaan ★ *he walked us off our legs* hij liet ons lopen tot we er bij neervielen ❷ *upper / lower leg* boven- / onderbeen ❷ broekspijp ❸ etappe, één spel van een serie van twee ❹ uithoudingsvermogen ★ *he was off his legs* hij was slecht ter been, hij was afgepeigerd II *ov ww* met voeten voortduwen ⟨van boot⟩ ★ *leg it* de benen nemen III *onov ww* ❶ (zich) uit de naad lopen ❷ zich met de voeten voortduwen ⟨in boot⟩

legacy ['legəsɪ] *zn* ❶ legaat ❷ erfenis, nalatenschap

legacy duty *zn* successierecht

legal ['li:gl] *bnw* ❶ wets- ❷ wettelijk, wettig, rechtsgeldig ★ ~ *offence* strafbaar feit ★ ~ *tender* wettig betaalmiddel ★ ~ *status* rechtspositie ★ ~ *charges* overschrijvingskosten ⟨bij koop van huis⟩ ❸ rechterlijk ❹ rechtskundig

legalisation *zn* GB → **legalization**

legalise *ww* GB → **legalize**

legalism ['li:gəlɪzəm] *zn* bureaucratie

legalistic [li:gə'lɪstɪk] *bnw* bureaucratisch

legality [lɪ'gælətɪ] *zn* ❶ wettigheid ❷ → **legalism**

legalization [li:gəlaɪ'zeɪʃən] *zn* legalisatie

legalize ['li:gəlaɪz] *ov ww* ❶ legaliseren ❷ wettigen

legate ['legət] *zn* ❶ pauselijk legaat ❷ lid van gezantschap

legation [lɪ'geɪʃən] *zn* gezantschap, legatie

legator [lɪ'geɪtə] *zn* erflater

legend ['ledʒənd] *zn* ❶ legende ★ *urban ~* broodje aap ❷ inscriptie ❸ legenda

legendary ['ledʒəndərɪ] *bnw* legendarisch

legging ['legɪŋ] *zn* ❶ legging ❷ beenkap ★ ~*s* [mv] broek

legguard [leg'gɑːd] *zn* beenbeschermer

leggy ['legɪ] *bnw* ❶ met lange of mooie benen ❷ hoog opgeschoten ⟨van plant⟩

leghorn [le'ghɔːn] *zn* ❶ leghorn (kip) ❷ Italiaans(e) stro(hoed)

legibility [ledʒə'bɪlətɪ] *zn* leesbaarheid

legible ['ledʒɪbl] *bnw* leesbaar

legion ['li:dʒən] *zn* ❶ legioen ❷ enorm aantal, legio

legionary ['li:dʒənərɪ] I *zn* legioensoldaat II *bnw* ❶ legioens- ❷ zeer talrijk

legislate ['ledʒɪsleɪt] *onov ww* ❶ wetten maken ❷ maatregelen treffen

legislation [ledʒɪs'leɪʃən] *zn* wetgeving

legislative ['ledʒɪslətɪv] *bnw* wetgevend

legislator ['ledʒɪsleɪtə] *zn* wetgever

legislature ['ledʒɪsleɪtʃə] *zn* wetgevende macht

legit [lɪ'dʒɪt] *bnw* inform → **legitimate¹**

legitimacy [lɪ'dʒɪtɪməsɪ] *zn* wettigheid, geldigheid

legitimate¹ [lɪ'dʒɪtəmət] I *zn* ❶ wettig kind ❷ (aanhanger van) wettig vorst II *bnw* ❶ wettig, rechtmatig, gerechtvaardigd ❷ echt ❸ zoals het behoort, volgens standaardtype ★ ~ *drama / theatre* echt toneel, klassiek stuk ❹ logisch ⟨van gevolgtrekking⟩

legitimate² [lɪ'dʒɪtəmeɪt] *ov ww* ❶ wettigen, rechtvaardigen ❷ als echt erkennen

legitimize, legitimise [lɪ'dʒɪtəmaɪz] *ov ww* wettigen, als wettig erkennen ⟨van kind⟩

legless ['legləs] *bnw* ❶ zonder benen ❷ GB stomdronken, inform ladderzat

leg-pulling ['legpʊlɪŋ] *zn* inform bedotterij

legroom ['legruːm] *zn* beenruimte

legume ['legjuːm] *zn* ❶ peulvrucht ❷ groente

leguminous [lɪ'gjuːmɪnəs] *bnw* peul-

leg-up *zn* steuntje, zetje

legwork ['legwɜːk] *zn* inspannend werk, voorbereidend werk ★ *much ~ was needed beforehand* er was vooraf veel voorbereiding nodig

leisure ['leʒə] I *zn* vrije tijd ★ *at your ~* als het u schikt ★ *be at ~* niet bezet zijn, zich op zijn gemak voelen II *bnw* ❶ onbezet, vrij ❷ vrijetijds- ★ ~ *clothing* vrijetijdskleding

leisured ['leʒəd] *bnw* ❶ met veel vrije tijd ❷ bedaard, rustig

leisurely ['leʒəlɪ] I *bijw* op zijn gemak ★ *he travelled ~* hij reisde op zijn gemak II *bnw*

bedaard, rustig ★ *a ~ pace* een rustig tempo
lemon ['lemən] *zn* ❶ citroen(boom)
❷ citroenkleur(ig) ❸ straatt onaantrekkelijk
meisje ❹ straatt strop, tegenvaller ❺ gemene
truc
lemonade [lemə'neɪd] *zn* limonade
lemon drop *zn* citroenzuurtje
lemon sole *zn* tong ⟨vis⟩
lemon squash *zn* citroenlimonadesiroop
lend [lend] *ov ww* [onregelmatig] (uit)lenen,
verlenen ★ *lend o.s. to* zich lenen voor ★ *lend a
(helping) hand* een handje helpen ★ *lend itself to
sth* geschikt zijn voor iets
lender ['lendə] *zn* iemand die uitleent (aan)
length [leŋθ] *zn* ❶ lengte, duur ❷ grootte ❸ stuk
⟨vnl. van touw⟩ ★ *keep at arm's ~* op een afstand
houden ★ *go to all / any ~s* al het mogelijke
doen ★ *at ~* ten slotte, omstandig, uitvoerig ★ *at
some ~* uitvoerig, gedetailleerd
lengthen ['leŋθən] **I** *ov ww* (ver)lengen ★ *a ~ed
stay* langdurig verblijf **II** *onov ww* langer
worden
lengthways ['leŋθweɪz] *bijw* in de lengte
lengthy ['leŋθɪ] *bnw* ❶ langdurig ❷ langdradig,
wijdlopig
lenience ['liːnɪəns], **leniency** ['liːnɪənsɪ] *zn*
mildheid
lenient ['liːnɪənt] *bnw* toegevend, mild
lenity ['lenɪtɪ] *zn* zachtheid, neerbuigende
goedheid
lens [lenz] *zn* lens
lent [lent] *ww* [verleden tijd + volt. deelw.] → **lend**
Lent [lent] *zn* veertigdaagse vasten voor Pasen
lentil ['lentɪl] *zn* linze
Leo ['liːəʊ] *zn* Leeuw ⟨sterrenbeeld⟩
leonine ['liːənaɪn] *bnw* leeuwen-
leopard ['lepəd] *zn* luipaard ★ *American ~* jaguar
★ *a ~ can't change its spots* een vos verliest wel
zijn haren, maar niet zijn streken
leotard ['liːətɑːd] *zn* nauwsluitend tricot,
gympak, maillot
leper ['lepə] *zn* melaatse, lepralijder
leprosy ['leprəsɪ] *zn* melaatsheid, lepra
leprous ['leprəs] *bnw* melaats
lesbian ['lezbɪən] **I** *zn* lesbienne **II** *bnw* lesbisch
lese-majesty [liːz 'mædʒɪstɪ] *zn* hoogverraad,
majesteitsschennis
lesion ['liːʒən] *zn* ❶ schade, nadeel ❷ med laesie,
stoornis
less [les] **I** *bnw* kleiner, minder ★ *this is no less
true than what you say* dit is niet minder waar
dan wat jij zegt ★ *no less a person than* niemand
minder dan **II** *bijw* ★ iron *less than...*
allesbehalve... ★ *not any the less* helemaal niet
minder ★ *nothing less* niets liever **III** *onbep vnw*
★ *none / not the less* niettemin minder ★ *a less
quality* een mindere kwaliteit **IV** *vz* min,
zonder, exclusief ★ *1200 pound less tax* 1200
pond exclusief belasting
lessee [le'siː] *zn* huurder, pachter
lessen ['lesən] **I** *ov ww* doen afnemen **II** *onov ww*
verminderen, afnemen, kleiner worden
lesser ['lesə] *bnw* kleiner, minder ★ *Lesser Asia*
Klein-Azië ★ *Lesser Bear* Kleine Beer ★ *the ~ of
two evils* de minste van twee kwaden
lesson ['lesən] **I** *zn* les ★ *teach / give sb a ~* iem.

een lesje geven ★ *I hope you have learnt your ~*
ik hoop dat je je lesje hebt geleerd **II** *ov ww*
❶ de les lezen ❷ onderwijzen
lessor [le'sɔː] *zn* verhuurder, verpachter
lest [lest] *vw* opdat niet, uit vrees dat ★ *we
stopped, lest we disturbed the animal* we stopten
om het dier niet te storen
let [let] **I** *ov ww* [onregelmatig] ❶ laten, toestaan
★ *let alone* met rust laten, zich niet bemoeien
met, laten staan ★ *I wouldn't even think of it, let
alone go there* ik wil er niet eens aan denken,
laat staan er heengaan ★ *let be* zich niet inlaten
met, met rust laten ★ *let it be* houd er mee op
★ *let drive* erop los slaan ★ *let fall* laten vallen,
zich laten vallen ★ *let go* loslaten, losraken ★ *let
it go at that* laat het daar maar bij ★ *let o.s. go*
zich laten gaan, zich verwaarlozen ★ *let sb have
it* iem. ervan langs geven ★ *let loose* loslaten,
uitpakken (figuurlijk) ★ *let slip* laten schieten,
loslaten, missen ★ *let sth into / in on sth* iem. iets
toevertrouwen ★ *let sth into sth* iets aanbrengen
in ★ *let blood* aderlaten ❷ verhuren ❸ oud
verhinderen ❹ ~ **down** neerlaten, in de steek
laten, teleurstellen, moeten afzeggen, uitleggen
⟨van zoom⟩, verminderen, vernederen,
bedriegen, verwaarlozen, verraden ★ *let o.s.
down* zich laten zakken, zich verlagen
❺ ~ **from** beletten om / te ❻ ~ **in** binnenlaten,
inlassen, ergens in aanbrengen, beetnemen ★ *I
won't let you in for it* ik zal je er niet voor laten
opdraaien ❼ ~ **off** afvuren, laten ontsnappen,
vrijlaten, ontslaan van, verhuren ❽ ~ **out**
uitlaten, verklappen, GB verhuren, uitleggen
⟨kledingstuk⟩, meer vaart geven ⟨auto⟩,
aanbesteden ★ *he let the cat out of the bag* hij
verklapte het geheim **II** *onov ww*
[onregelmatig] ❶ ★ *the house lets well* het huis
is gemakkelijk te verhuren ❷ inform ~ **on** iets
verklappen, zich uitlaten, doen alsof ❸ ~ **out**
opspelen, uitgaan ⟨van bioscoop⟩ ★ *let out at*
schoppen / slaan naar ❹ ~ **up** minder streng /
sterk worden, ophouden **III** *zn* huurhuis / -flat
let-down *zn* teleurstelling
lethal ['liːθl] *bnw* dodelijk, moord- ★ *~ weapon*
moordwapen ★ *~ chamber* gaskamer
lethargic [lə'θɑːdʒɪk] *bnw* loom, slaperig
lethargy ['leθədʒɪ] *zn* loomheid, onnatuurlijk
lange slaap, apathische toestand, slaperigheid
let-off *zn* ❶ ontsnappingsmogelijkheid
❷ kwijtschelding
letter ['letə] **I** *zn* ❶ letter ❷ brief ★ *~ of attorney*
volmacht ★ *~ of credence* geloofsbrief ★ *~ of
credit* kredietbrief ★ *~ of indication*
legitimatiebewijs ★ *~ of recommendation*
aanbevelingsbrief ★ *~ of regret* bericht van
verhindering, advies van niet-toewijzing ★ *~ to
the editor* ingezonden stuk ★ *capital ~*
hoofdletter ★ *circular ~* circulaire ★ *covering /*
USA *cover ~* begeleidende brief ★ inform *French
~ by ~* schriftelijk ★ *follow
instructions to the ~* instructies letterlijk
opvolgen **II** *ov ww* van letters voorzien
letter bomb *zn* bombrief
letter box *zn* brievenbus
letter carrier *zn* brievenbesteller
lettered ['letəd] *bnw* ❶ geleerd ❷ voorzien van

letters
letterhead ['letəhed] *zn* briefhoofd
lettering ['letərɪŋ] *zn* belettering, opschrift, titel
letter-perfect *bnw* ❶ rolvast ❷ USA vlekkeloos
letterpress ['letəpres] *zn* ❶ tekst ❷ presse-papier ❸ kopieerpers
Lettish ['letɪʃ] *bnw* Lets
lettuce ['letɪs] *zn* sla, krop sla
let-up *zn* vermindering, rust, onderbreking, het ophouden
leukaemia [lu:'ki:mɪə] *zn* leukemie
levee ['levɪ] *zn* ❶ natuurlijke oeverwal, rivierdijk ❷ USA aanlegsteiger
level ['levəl] I *zn* ❶ peil, stand, niveau ★ inform *on the* ~ eerlijk, werkelijk *on a* ~ *with* op één hoogte met ❷ horizontale mijngang ❸ waterpas ❹ vlak(te) II *bnw* ❶ horizontaal ★ *make* ~ *with (the ground)* slechten, met de grond gelijk maken ★ ~ *spoonful* afgestreken theelepel ❷ even hoog / ver, naast elkaar ★ *be* ~ *with each other* met elkaar afrekenen ★ *come* ~ *with* inhalen ★ *draw* ~ gelijkspelen ★ *play* ~ *with sb* zonder voorgift tegen iem. spelen ❸ gelijk(elijk), evenwichtig ★ *have a* ~ *head* 'n evenwichtig iem. zijn ★ *speak in a* ~ *voice* spreken op één toon III *ov ww* ❶ gelijkmaken, op gelijke hoogte plaatsen ❷ waterpassen ❸ nivelleren, met de grond gelijkmaken ❹ aanleggen (geweer) ❺ ~ *at/against* richten tegen ⟨kanon, beschuldiging⟩ ❻ ~ *down* afronden naar beneden, fig neerhalen ❼ ~ *out* vlak maken, stabiliseren ❽ ~ *up* ophogen, op hoger peil brengen, verheffen IV *onov ww* ❶ een niveau bereiken ❷ ~ *out* vlak worden, horizontaal (gaan) vliegen, zich stabiliseren ❸ straatt ~ *with* open / eerlijk spreken met
level-headed [levəl'hedɪd] *bnw* evenwichtig, nuchter, met gezond verstand
lever ['li:və] I *zn* ❶ hefboom ❷ koevoet ❸ versnellingspook II *ov ww* ❶ met een hefboom opheffen ❷ opvijzelen
leverage ['li:vərɪdʒ] *zn* ❶ hefboomwerking, hefboomkracht ❷ invloed, macht ❸ USA kredietspeculatie ★ ~*d buyout* overname met geleend geld
leveret ['levərɪt] *zn* jonge haas
leviathan [lɪ'vaɪəθən] I *zn* zeemonster, gevaarte, krachtpatser II *bnw* reuzen-
levitate ['levɪteɪt] I *ov ww* doen opstijgen II *onov ww* opstijgen
levitation [levɪ'teɪʃən] *zn* levitatie
levity ['levətɪ] *zn* ❶ onstandvastigheid, lichtzinnigheid ❷ ongepaste vrolijkheid
levy ['levɪ] I *zn* ❶ beslaglegging, vordering ❷ heffing ⟨van belasting⟩ II *ov ww* ❶ beslag leggen, vorderen ❷ heffen ★ *levy a tax* belasting heffen ★ *levy blackmail* chantage plegen ❸ ~ (up)on heffen op ★ *levy a sum (up)on sb's goods* beslag leggen op iemands goederen om bepaalde som betaald te krijgen
lewd [lju:d] *bnw* wellustig, wulps, obsceen
lexicographer [leksɪ'kɒɡrəfə] *zn* lexicograaf, woordenboekschrijver
lexicographic [leksɪkə'ɡræfɪk], **lexicographical** [leksɪkə'ɡræfɪkl] *bnw* lexicografisch
lexicography [leksɪ'kɒɡrəfɪ] *zn* lexicografie

lexicon ['leksɪkən] *zn* woordenboek, lexicon
lexis ['leksɪs] *zn* woordenschat
Leyden ['laɪdn] I *zn* Leiden II *bnw* Leids
liability [laɪə'bɪlətɪ] *zn* ❶ (betalings)verplichting ❷ (wettelijke) aansprakelijkheid ★ *limited* ~ *company* naamloze vennootschap ❸ blok aan het been
liable ['laɪəbl] *bnw* ❶ geneigd, het risico lopend, onderhevig ★ ~ *to* onderhevig aan, vatbaar voor, blootgesteld aan ★ *this area is* ~ *to flooding* dit gebied is onderhevig aan overstromingen ★ *it is* ~ *to rain* het gaat zeer waarschijnlijk regenen ★ *accidents are* ~ *to happen* een ongeluk zit in een klein hoekje ❷ (wettelijk) verplicht ❸ aansprakelijk ★ ~ *for* verantwoordelijk voor, aansprakelijk voor
liaise [lɪ'eɪz] *onov ww* zich in verbinding stellen, verbinding onderhouden met ★ ~ *with the teachers* contact onderhouden met de docenten
liaison [lɪ'eɪzən] *zn* liaison ★ *in close* ~ in nauwe samenwerking
liaison officer *zn* verbindingsofficier, contactpersoon
liana [lɪ'ɑːnə], **liane** [lɪ'ɑːn] *zn* liaan
liar ['laɪə] *zn* leugenaar
lib [lɪb] *zn*, *liberation* emancipatie ★ *women's lib* emancipatie(beweging) van de vrouw
libation [laɪ'beɪʃən] *zn* ❶ plengoffer ❷ iron drinkgelag
libber ['lɪbə] *zn* vechter voor emancipatie
Lib Dem *afk*, GB *inform pol Liberal Democrats* Liberale Democraten
libel ['laɪbl] I *zn* ❶ jur schriftelijke aanklacht ❷ smaadschrift ★ *the work is a* ~ *on human nature* het werk is een karikatuur van de menselijke natuur II *ov ww* ❶ valselijk beschuldigen ❷ belasteren
libellous ['laɪbələs] *bnw* lasterlijk
liberal ['lɪbərəl] I *zn* liberaal II *bnw* ❶ liberaal ★ ~ *arts* vrije kunsten, alfawetenschappen ⟨in de VS⟩ ❷ overvloedig, royaal ★ ~ *education* brede ontwikkeling ★ ~ *of* royaal met ❸ ruimdenkend, onbevooroordeeld
liberalism ['lɪbərəlɪzəm] *zn* liberalisme
liberality [lɪbə'rælətɪ] *zn* ❶ royale gift ❷ vrijgevigheid ❸ brede opvatting
liberalization, **liberalisation** ['lɪbərəlɪzeɪʃən] *zn* liberalisatie
liberal-minded [lɪbərəl'maɪndɪd] *bnw* vrijzinnig, ruimdenkend
liberate ['lɪbəreɪt] *ov ww* bevrijden, vrijmaken, emanciperen
liberated ['lɪbəreɪtɪd] *bnw* bevrijd, geëmancipeerd
liberation [lɪbə'reɪʃən] *zn* bevrijding, emancipatie
liberator ['lɪbəreɪtə] *zn* bevrijder
libertarian [lɪbə'teərɪən] I *zn* vrijdenker II *bnw* gelovend in een leer van de vrije wil
libertine ['lɪbəti:n] I *zn* vrijdenker, losbol II *bnw* vrijdenkend, losbandig
liberty ['lɪbətɪ] *zn* vrijheid ★ *be at* ~ vrij / onbezet zijn ★ *set at* ~ in vrijheid stellen ★ *liberties* [mv] rechten, privileges ★ *take liberties* zich (ongepaste) vrijheden veroorloven (met iemand)
Liberty Hall *zn fig* een vrijgevochten bende
libidinous [lɪ'bɪdɪnəs] *bnw* wellustig

Libra ['li:brə] *zn* Weegschaal ⟨sterrenbeeld⟩
librarian [lar'breərɪən] *zn* bibliothecaris
library ['laɪbrərɪ] *zn* bibliotheek ★*lending /
circulating* ~uitleenbibliotheek ★*public* ~
openbare leeszaal
librate [lar'breɪt] *onov ww* ❶ zich in evenwicht
houden ❷ schommelen, trillen
Libyan ['lɪbɪən] **I** *zn* Libiër **II** *bnw* Libisch
lice [laɪs] *zn mv* → **louse**
licence ['laɪsəns], USA **license** *zn* ❶ verlof,
vergunning, licentie ⟨vnl. om drank te
verkopen⟩, vrijheid, losbandigheid ★*artistic* ~
artistieke vrijheid ❷ diploma, (rij)bewijs, brevet
licence number *zn* GB kenteken
license ['laɪsəns] **I** *zn* USA → **licence** **II** *ov ww*
veroorloven, vergunning geven, patenteren
licensed ['laɪsənst] *bnw* met officiële vergunning,
erkend ★*a* ~*restaurant* een restaurant met
drankvergunning
licensee [laɪsən'si:] *zn* vergunninghouder
license plate *zn* USA nummerbord
licenser ['laɪsənsə] *zn* vergunninggever,
patentgever
licentiate [lar'senʃɪət] *zn* licentiaat,
gediplomeerde
licentious [lar'senʃəs] *bnw* ongebreideld,
losbandig, wellustig
lichen ['laɪkən, lɪtʃɪn] *zn* korstmos
lichenous ['laɪkənəs] *bnw* mosachtig
licit ['lɪsɪt] *bnw* wettig
lick [lɪk] **I** *ov ww* ❶ likken ★fig *lick sb's shoes /
boots* iem. de hielen likken ❷ lekken ⟨van
vlammen⟩ ❸ zacht overspoelen ⟨van golven⟩
❹ straatt overtreffen ❺ straatt onder de knie
hebben ❻ straatt afranselen ❼ straatt verslaan
II *onov ww* straatt rennen **III** *zn* ❶ lik, veeg
★*give it a lick and a promise* met een de Franse
slag doen ⟨i.h.b. schoonmaken⟩ ★*I haven't
worked a lick* ik heb geen klap uitgevoerd ★*give
sb a lick with the rough side of one's tongue* iem.
een veeg uit de pan geven ❷ snelheid, vaart
★*inform at a lick* in een handomdraai
❸ zoutlik, liksteen ⟨voor vee⟩
licking ['lɪkɪŋ] *zn* straatt pak slaag, nederlaag
lickspittle ['lɪkspɪtl] *zn* vleier, slijmerd
licorice ['lɪkərɪs] USA *zn* → **liquorice**
lid [lɪd] *zn* ❶ deksel ★*blow / take the lid off* de
waarheid aan het licht brengen ★*keep a / the
lid on* geheimhouden ★*that puts the lid on it* dat
doet de deur dicht ★*with the lid off*
onverbloemd, open en bloot, in volle glorie
▼inform *flip your lid* over de rooie raken
❷ ooglid ★*without batting an eye(lid)* zonder
een spier te vertrekken ❸ USA drankverbod
lidded ['lɪdɪd] *bnw* voorzien van een deksel
lido ['li:dəʊ] *zn* lido, badstrand, openluchtbad
lie [laɪ] **I** *onov ww* [regelmatig] ❶ liegen ★inform
you're lying through your teeth! je liegt! ★*I don't
want to be lied to* ik wil niet worden
voorgelogen ❷ ~ *away* door leugens iets
verliezen **II** *onov ww* [onregelmatig] ❶ liggen,
gaan / blijven liggen, rusten ★*lie low* ⟨dood⟩
terneer liggen, zich schuil / koest houden ★*lie
in state* opgebaard liggen ★*lie waste* braak
liggen ★inform *lie-off* rust ❷ zich bevinden
★*the problem lies in his lack of self-esteem* het

probleem zit hem in zijn gebrek aan
zelfvertrouwen ★*you know how the land lies* jij
weet hoe de zaken ervoor staan ❸ ~ *about*
rondslingeren, lui zijn, niets uitvoeren
❹ ~ *back* achterover (gaan) liggen ❺ ~ *by* zich
rustig houden, ongebruikt liggen ❻ ~ *down*
zich iets laten welgevallen, liggen te rusten,
lijntrekken, gaan liggen, het opgeven ❼ ~ *in* in
het kraambed liggen, lang uitslapen ❽ ~ *off*
afstand bewaren ⟨t.o.v. kust of ander schip⟩, zich
terugtrekken ❾ ~ *over* blijven liggen
❿ scheepv ~ *to* bijleggen, bijgedraaid liggen
⓫ ~ *under* gebukt gaan onder ⓬ ~ *up* zich
terugtrekken, het bed houden, zich verborgen
houden, in dok gaan ⟨van schip⟩, buiten dienst
zijn ⓭ ~ *with* liggen bij, slapen met, zijn aan,
berusten bij ★*the decision lies with you* de
beslissing is aan jou **III** *zn* ❶ leugen ★*blatant lie*
flagrante leugen ★*white lie* leugentje om
bestwil ★*tell lies* liegen ★*give the lie to*
logenstraffen ★*lies have no legs* al is de leugen
nog zo snel, de waarheid achterhaalt haar wel
❷ ligging, richting ★*the lie of the land* toestand,
stand van zaken ❸ leger ⟨van dier⟩
lie-detector *zn* leugendetector
lie-down *zn* inform dutje
liege [li:dʒ] *zn* gesch leenheer, leenman, trouw
onderdaan
liege lord *zn* gesch leenheer, soeverein
liegeman ['li:dʒmæn] *zn* ❶ trouwe volgeling
❷ vazal
lie-in [laɪ'ɪn] *zn* het uitslapen
lieu [lju:] *zn* plaats ★*in lieu of* in plaats van
lieutenancy [lef'tenənsɪ, lu:'tenənsɪ] *zn* ❶ rang of
plaats van luitenant ❷ ambt van gouverneur
lieutenant[1] [lef'tenənt] *zn* ❶ luitenant
❷ plaatsvervanger ★~*s* officieren
lieutenant[2] [lu:'tenənt] *zn* USA inspecteur ⟨van
politie⟩
life [laɪf] *zn* [mv: **lives**] ❶ leven,
levensbeschrijving, levensduur ★*lead / live a
double life* een dubbelleven leiden ★*you can bet
your life on it* daar kun je gif op innemen ★*as
large as life* levensgroot, in levenden lijve ★*for
dear life* of zijn / haar leven ervan afhangt, in
ernst ★*not for the life of me* dat nooit! ★*I can't
for the life of me remember that* ik kan me dat
absoluut niet herinneren ★*drawn from (the) life*
naar het leven getekend ★*low / high life*
lagere / hogere sociale klasse ★*long life to him!*
hij leve lang! ★*a cat has nine lives* een kat komt
altijd op zijn pootjes terecht ★*(up)on my life* op
mijn woord ★*see life* levenservaring opdoen
★*sound in life and limb* gezond van lijf en leden
★*take one's life in one's hands* zijn leven wagen
★*this life* dit ⟨aardse⟩ leven ★*have the time of
one's life* zich reusachtig amuseren ★*a
description to the life* beschrijving naar het leven
★*each player has two lives* iedere speler heeft
twee kansen ★*friends / enemies for life*
vrienden / vijanden voor het leven ★*there was
no loss of life* het heeft geen mensenlevens
gekost ★*the life and times of Robin Hood* het
roemruchte leven van Robin Hood ❷ USA
straatt levenslang ⟨gevangenisstraf⟩ ❸ energie,
levendigheid, bezieling ★*bring sb to life* iem.

li

weer bijbrengen

life-and-death [laɪfən'deθ] *bnw* van levensbelang

life annuity *zn* lijfrente

lifebelt ['laɪfbelt] *zn* reddingsgordel

lifeboat ['laɪfbəʊt] *zn* reddingsboot

lifebuoy ['laɪfbɔɪ] *zn* reddingsboei

life coach *zn* personal coach

life expectancy *zn* levensverwachting

life-giving [laɪf'gɪvɪŋ] *bnw* bezielend

lifeguard ['laɪfgɑːd] *zn* ❶ bad- / strandmeester ❷ lijfwacht ★ *Life Guards* Life Guards ⟨Engels cavalerieregiment⟩

life imprisonment *zn* levenslange gevangenisstraf

life insurance *zn* levensverzekering

life jacket *zn* reddingsvest

lifeless ['laɪfləs] *bnw* ❶ levenloos ❷ saai, vervelend

lifelike ['laɪflaɪk] *bnw* levensecht, naar het leven

lifeline ['laɪflaɪn] *zn* ❶ reddingslijn ❷ belangrijke verbindingslijn

lifelong ['laɪflɒŋ] *bnw* levenslang

life peer *zn* lid van het Hogerhuis ⟨benoemd voor het leven⟩

life preserver *zn* reddingsboei, reddingsvest

lifer ['laɪfə] *zn* ❶ <u>straatt</u> tot levenslang veroordeelde ❷ <u>straatt</u> veroordeling tot levenslang

life raft *zn* reddingsboot / -vlot

life sentence *zn* levenslange gevangenisstraf

life-size ['laɪfsaɪz], **life-sized** ['laɪfsaɪzd] *bnw* levensgroot

life term *zn* levenslange gevangenisstraf

lifetime ['laɪftaɪm] *zn* mensenleven, levensduur ★ *a ~ career* een beroep voor het leven ★ *the chance of a ~* de kans van je leven

life vest *zn* <u>USA</u> reddingsvest

lifework [laɪf'wɜːk] *zn* levenswerk

lift [lɪft] **I** *ov ww* ❶ verheffen, opslaan ⟨van ogen⟩, omhoog steken ★ *lift up one's horn* eerzuchtig of trots zijn ❷ opheffen, hijsen ★ *lift up a hand* een hand uitsteken ⟨om iets te doen⟩ ★ *lift one's hand* een eed afleggen ★ *lift up one's heel* schoppen ★ *lifting power* hefvermogen, trappen ❸ inpikken, stelen, wegvoeren ⟨van vee⟩ ❹ rooien ⟨van aardappelen⟩ **II** *onov ww* ❶ omhoog getild worden, zich verheffen, kromtrekken ⟨van vloer⟩ ❷ wegtrekken, optrekken ⟨van mist⟩ ❸ ~ **off** opstijgen ⟨van vliegtuig⟩ **III** *zn* ❶ <u>GB</u> lift ❷ ⟨terrein⟩verhoging ❸ opwaartse druk, stijgkracht ⟨van vliegtuigvleugel⟩ ❹ het ⟨iemand laten⟩ meerijden ★ *give sb a lift* iem. een lift geven

lift bridge *zn* hefbrug

lift-off ['lɪftɒf] *zn* lancering ★ *have ~* los zijn van de aarde vlak na een lancering

lift shaft *zn* liftkoker

ligament ['lɪgəmənt] *zn* gewrichtsband

ligate [lɪ'geɪt] *ov ww* <u>med</u> afbinden

ligature ['lɪgətʃə] **I** *zn* band, verband **II** *ov ww* med afbinden

light [laɪt] **I** *zn* ❶ licht ★ *the ~ of sb's life* iemands lieveling ★ *see the ~* het levenslicht aanschouwen, <u>fig</u> het licht zien ★ <u>fig</u> *shed a ~ on*

a matter licht werpen op een zaak ★ *don't stand in my ~* sta me niet in het licht, verhinder me niet vooruit te komen ⟨figuurlijk⟩ ▼ *in the cold ~ of day* na er een nachtje over geslapen te hebben ❷ gezichtsvermogen ❸ verlichting, lamp ★ *reversing ~* achteruitrijlamp ❹ vonk, vuurtje, lucifer ❺ raam, venster, ruit [mv: mv] verkeerslicht **II** *bnw* ❶ licht ⟨van gewicht⟩, licht ⟨niet donker⟩ ★ ~ *traffic* weinig verkeer ★ *make ~ of a matter* een kwestie licht opvatten, zich weinig aantrekken van een kwestie ❷ te licht ⟨van goud⟩, licht ⟨van kleur⟩ ❸ sierlijk ⟨gebouw⟩, te licht, luchtig ★ ~ *reading* lichte lectuur **III** *bijw* licht ⟨niet zwaar⟩ ★ *travel ~* lichtbepakt reizen, weinig bagage meenemen **IV** *ov ww* [regelmatig + onregelmatig] ❶ lichten, verlichten, belichten, voorlichten ❷ aansteken, opsteken ❸ ~ **up** aansteken, verlichten, verhelderen **V** *onov ww* [regelmatig + onregelmatig] ❶ vlam vatten, aangaan ❷ ~ **up** aangaan, opsteken, vlam vatten, opvrolijken ⟨van gezicht⟩ ❸ ~ **(up)on** toevallig aantreffen

light bulb *zn* ⟨gloei⟩lamp

lighted [laɪtɪd] *ww* [verleden tijd + volt. deelw.] → light

lighten ['laɪtn] **I** *ov ww* ❶ verlichten, verhelderen ❷ verlichten ⟨van taak⟩ **II** *onov ww* ❶ lichter worden, opklaren ❷ flikkeren, bliksemen, weerlichten, schijnen

lighter ['laɪtə] *zn* ❶ aansteker ❷ <u>scheepv</u> lichter

light-fingered [laɪt'fɪŋgəd] *bnw* met vlugge vingers ★ ~ *gentry* de heren gauwdieven

light-footed *bnw* snelvoetig

light-handed *bnw* ❶ tactvol ❷ met onvoldoende bemanning of personeel ❸ licht beladen

light-headed [laɪt'hedɪd] *bnw* ❶ ijlend ❷ lichtzinnig

light-hearted [laɪt'hɑːtɪd] *bnw* luchthartig

lighthouse ['laɪthaʊs] *zn* vuurtoren

lighthouse-keeper *zn* vuurtorenwachter

lighting ['laɪtɪŋ] *zn* verlichting ★ *concealed ~* indirecte verlichting

lighting shaft *zn* lichtschacht

lightly ['laɪtlɪ] *bijw* ❶ licht, luchtig ❷ lichtvaardig, gemakkelijk

light meter *zn* belichtingsmeter

light-minded *bnw* frivool, lichtzinnig

lightness ['laɪtnəs] *zn* lichtheid ⟨van beweging, gevoel⟩

lightning ['laɪtnɪŋ] **I** *zn* bliksem ★ *like (greased) ~* als de gesmeerde bliksem **II** *bnw* bliksemsnel ★ ~ *sketcher* sneltekenaar ★ ~ *strike* onverwachte staking

lightning conductor *zn* bliksemafleider

lightning-proof *zn* beveiligd tegen blikseminslag

lightning rod *zn* <u>USA</u> bliksemafleider

lightrail ['laɪtreɪl] *zn* lightrail

lightsome ['laɪtsəm] *bnw* ❶ licht, vrolijk, opgewekt ❷ vlug ❸ helder verlicht, lichtgevend

lightweight ['laɪtweɪt] *zn* lichtgewicht

lightwood ['laɪtwʊd] *zn* ❶ aanmaakhout ❷ harsachtig hout

light year *zn* lichtjaar

ligneous ['lɪgnɪəs] *bnw* houtachtig

like [laɪk] **I** *ov ww* ❶ graag mogen ⟨iemand⟩

❷ **houden van** ⟨iets⟩ ★ *I like it, but it does not like me* ik vind het wel fijn, maar ik kan er niet tegen ★ iron *I like that!* die is goed! ★ *I'm shy if you like, but...* ik ben dan wel verlegen, maar... ❸ [met would / should] (graag) willen ★ iron *I should like to know* dat zou ik wel eens willen weten **II** *vz* (zo)als ★ *that's more like it* dat is beter ★ *don't talk like that* praat zo toch niet ★ *a fellow like that* zo'n vent **III** *zn* ❶ gelijke, weerga ★ *and the like* en dergelijke ★ *did you ever see the like of it?* heb je ooit zoiets gezien? ★ inform *the likes of you* zulke lui als jullie / u ❷ voorliefde ★ *likes and dislikes* sympathieën en antipathieën ❸ gelijk makende slag ⟨bij golf⟩ **IV** *bnw* gelijk(end), dergelijk ★ *in like manner* op dezelfde wijze ★ *what is she like?* wat is ze voor iemand?, hoe ziet ze er uit? ★ *sth like £10* zoiets als £10 ★ *nothing like as good* lang niet zo goed ★ *just like dad* typisch pa, net iets voor pa ★ inform *this is like só cool!* dit is supergeweldig! **V** *bijw* ★ inform *(as) like as not* zeer waarschijnlijk ★ inform *like enough* zeer waarschijnlijk ★ inform *very like* zeer waarschijnlijk

likeable ['laɪkəbl] *bnw* aangenaam, aantrekkelijk, aardig, prettig

likelihood ['laɪklɪhʊd] *zn* waarschijnlijkheid ★ *in all* ~ naar alle waarschijnlijkheid

likely ['laɪklɪ] **I** *bnw* waarschijnlijk, aannemelijk ★ *they called at every* ~ *house* ze bezochten ieder huis dat hen geschikt voorkwam ★ *that's a* ~ *story* je kunt mij nog meer vertellen **II** *bijw* waarschijnlijk, vermoedelijk ★ *as* ~ *as not* misschien wel, misschien niet ★ *he is not* ~ *to come* hij komt waarschijnlijk niet

like-minded *bnw* gelijkgestemd

liken ['laɪkən] *ov ww* vergelijken ★ ~ *to* vergelijken met

likeness ['laɪknəs] *zn* ❶ gelijkenis, voorkomen ★ *an enemy in the* ~ *of a friend* een vijand in de gedaante van een vriend ★ *a living* ~ een treffende gelijkenis ❷ portret, getrouwe kopie

likewise ['laɪkwaɪz] *bijw* eveneens, bovendien, ook

liking ['laɪkɪŋ] *zn* voorkeur, zin, smaak ★ *have a* ~ *for* een voorliefde hebben voor, houden van ★ *take a* ~ *to* op krijgen met, zin krijgen in

lilac ['laɪlək] **I** *bnw* lila **II** *zn* sering

lilo ['laɪləʊ] *zn* luchtbed

lilt [lɪlt] **I** *zn* ❶ wijsje ❷ ritme **II** *onov ww* (melodieus en ritmisch) zingen

lily ['lɪlɪ] *zn* lelie ★ *a lily pad* een drijfblad ⟨van waterlelie⟩

lily-livered [lɪlɪ'lɪvəd] *bnw* laf

lily of the valley *zn* lelietje-van-dalen

lily-white [lɪlɪ'waɪt] *bnw* ❶ lelieblank ❷ moreel zuiver ⟨vaak ironisch⟩

limb [lɪm] *zn* ❶ lid(maat) ❷ tak ❸ arm ⟨van kruis⟩ ❹ uitloper ⟨van gebergte⟩ ❺ passage ⟨in vonnis⟩ ❻ rand ★ *out on a limb* alleen, zonder steun van anderen

limber ['lɪmbə] *bnw* lenig, buigzaam, meegaand

limbo ['lɪmbəʊ] *zn* ❶ limbo ⟨dans⟩ ❷ inform nor ❸ toestand van vergetelheid ★ *be in* ~ in onzekerheid verkeren

lime [laɪm] **I** *zn* ❶ vogellijm ❷ kalk ★ *quick lime*

ongebluste kalk ★ *slaked lime* gebluste kalk ❸ limoen ❹ linde **II** *ov ww* ❶ behandelen / bemesten met kalk ❷ bestrijden met vogellijm ❸ ook fig lijmen

lime juice *zn* limoensap

limelight ['laɪmlaɪt] *zn* ★ fig *be in the* ~ in de schijnwerpers staan

limerick ['lɪmərɪk] *zn* limerick

limestone ['laɪmstəʊn] *zn* kalksteen

Limey ['laɪmɪ] *zn* ❶ USA straatt Engelse matroos / schip ❷ USA straatt Engelsman

limit ['lɪmɪt] **I** *zn* grens(lijn), eindpunt, limiet, beperking ★ *that is the* ~ dat is het toppunt ★ *isn't he the* ~? heb je ooit zo'n onuitstaanbaar iem. gezien? ★ *go the* ~ tot het uiterste gaan ★ *be off* ~s op verboden terrein zijn, niet op de juiste plaats zijn ★ *set* ~s to paal en perk stellen aan ★ *within* ~s tot op zekere hoogte **II** *ov ww* begrenzen, beperken

limitation [lɪmɪ'teɪʃən] *zn* ❶ begrenzing, grens ★ jur *a* ~ *clause* een beding tot beperking van aansprakelijkheid ★ ~s *period* verjaringstermijn ❷ beperktheid

limited ['lɪmɪtɪd] *bnw* ❶ begrensd, beperkt ★ ~ *liability* beperkte aansprakelijkheid ★ ~ *liability company* Naamloze Vennootschap ★ ~ *partnership* commanditaire vennootschap ★ ~ *monarchy* constitutionele monarchie ❷ bekrompen

limitless ['lɪmɪtləs] *bnw* onbeperkt, grenzeloos

limo ['lɪməʊ] *afk* inform limousine

limousine ['lɪməzi:n] *zn* ❶ limousine ❷ USA taxibusje

limp [lɪmp] **I** *zn* kreupele gang ★ *he has a limp in his walk* hij loopt mank **II** *bnw* buigzaam, lusteloos ★ *a limp handshake* een slappe handdruk **III** *onov ww* ❶ kreupel / mank lopen, hinken ❷ met moeite vooruitkomen ⟨van beschadigd schip of vliegtuig⟩

limpet ['lɪmpɪt] *zn* ❶ soort zeeslak ❷ iemand die niet te bewegen is zijn post te verlaten ★ *stick on like a* ~ aanhangen als 'n klit

limpid ['lɪmpɪd] *bnw* helder, doorschijnend

limpidity [lɪm'pɪdətɪ] *zn* helderheid

limy ['laɪmɪ] *bnw* ❶ kleverig ❷ kalk-

linage ['laɪnɪdʒ] *zn* ❶ aantal regels, aantal regels per bladzijde ⟨bij drukwerk⟩ ❷ betaling per regel

linchpin, lynchpin ['lɪntʃpɪn] *zn* belangrijkste deel / persoon

linden ['lɪndən] *zn* linde(boom)

line [laɪn] **I** *zn* ❶ lijn, streep ★ *dotted line* stippellijn ★ *finishing line* eindstreep ★ *hard lines* tegenslag ★ *line of fortune* gelukslijn ⟨bij handlezen⟩ ★ *line of life* levenslijn ⟨bij handlezen⟩ ★ *be in line with* op één lijn staan met, overeenkomen met ★ *bring into line with* in overeenstemming brengen met ★ *draw the line* paal en perk stellen ★ fig *go over the line* te ver gaan ★ straatt *get a line on* er achter komen ❷ reeks ❸ linie ★ *all along the line* over de gehele linie ★ *line of battle* slagorde ❹ USA rij ⟨van wachtenden⟩ ★ USA *stand / wait in line* in de rij staan ❺ grens(lijn) ★ *on the line* tussen twee in, op de grens ★ *dividing line* scheidslijn ★ *toe the line* in de pas blijven (lopen), de partijlijn volgen ⟨onder druk⟩, zich neerleggen bij de situatie **❻** mil loopgraaf **❼** rij tenten **❽** rimpel ⟨in gezicht⟩ **❾** omtrek, contour **❿** regel, versregel ★*read between the lines* tussen de regels lezen ★*line by line* langzaam maar zeker **⓫** lettertje, briefje **⓬** lijndienst, spoor **⓭** afkomst, familie **⓮** gedragslijn, beleid ★*line of conduct* gedragslijn **⓯** gedachtegang ★*line of thought* gedachtegang **⓰** vak, branche ★*it is out of my line* het is mijn vak niet, het is niets voor mij ★*that's in my line* dat is mijn vak, net iets voor mij **⓱** artikel ⟨uit assortiment⟩ **⓲** richting ★*take one's own line* z'n eigen gang gaan **⓳** (stuk) touw, koord, snoer **⓴** mooie praatjes **㉑** telefoonlijn ★*hold the line, please* blijft u even aan de lijn **II** *ov ww* **❶** liniëren, strepen **❷** opgesteld staan langs, opstellen **❸** afzetten ⟨met soldaten⟩ **❹** ⟨van binnen⟩ bekleden, voeren, als voering dienen **❺** vullen ⟨van maag⟩, spekken ⟨van beurs⟩ **❻** ~ **in** omlijnen **❼** ~ **off** afscheiden door streep **❽** ~ **out** omlijnen ⟨plan⟩ **❾** USA ~ **through** doorstrepen **III** *onov ww* **❶** ~ **up** zich opstellen, aantreden, naast elkaar voortbewegen ⟨van schepen / vliegtuigen⟩ ★*line up with* één lijn trekken met ★*line up behind* steunen, helpen **❷** ~ **with** grenzen aan

lineage ['lɪnɪɪdʒ] *zn* **❶** geslacht **❷** nakomelingen
lineal ['lɪnɪəl] *bnw* rechtstreeks, afstammend in rechte lijn
lineament ['lɪnɪəmənt] *zn* (gelaats)trek
linear ['lɪnɪə] *bnw* lineair, lang, smal en van gelijke breedte, lengte-, lijn-
line drawing *zn* pentekening, potloodtekening
lineman ['laɪnmən] *zn* lijnwerker
linen ['lɪnɪn] **I** *zn* linnen, linnengoed ★ **fig** *wash one's dirty* ~ *in public* de vuile was buiten hangen **II** *bnw* linnen, van linnen
liner ['laɪnə] *zn* **❶** lijnboot / -vliegtuig **❷** techn voering ⟨van cilinder⟩
linesman ['laɪnzmən] *zn* sport grensrechter
line-up *zn* **❶** het aantreden **❷** opstelling **❸** samenstelling ⟨van groep⟩ **❹** confrontatie (bv. met verdachte op politiebureau)
linger ['lɪŋgə] **I** *ov ww* ★ ~ *away time* tijd verknoeien **II** *onov ww* **❶** talmen, dralen, weifelen ★ ~ *on sth* uitweiden over iets ★ ~ *over a report* lang bij een rapport stilstaan **❷** blijven zitten, blijven hangen **❸** kwijnen
lingerer ['lɪŋgərə] *zn* talmer, treuzelaar
lingerie ['lãːʒəriː, USA lãːʒə'reɪ] *zn* lingerie
lingering ['lɪŋgərɪŋ] *bnw* langzaam, slepend ⟨van ziekte⟩
lingo ['lɪŋgəʊ] *zn* inform groepstaal, jargon
lingual ['lɪŋgwəl] **I** *zn* tongklank **II** *bnw* **❶** tong- **❷** taal-
linguist ['lɪŋgwɪst] *zn* **❶** talenkenner **❷** taalkundige
linguistic [lɪŋ'gwɪstɪk] *bnw* taal-, taalkundig
linguistics [lɪŋ'gwɪstɪks] *zn mv* taalwetenschap
liniment ['lɪnɪmənt] *zn* smeersel
lining ['laɪnɪŋ] *zn* voering, bekleding ★*every cloud has a silver* ~ achter de wolken schijnt de zon
link [lɪŋk] **I** *zn* **❶** schakel, verbinding, verband ★*missing link* ontbrekende schakel **❷** comp

link, doorklikmogelijkheid **❸** USA voet (±30 cm) **❹** manchetknoop **II** *ov ww* **❶** schakelen, verbinden **❷** ineenslaan ⟨van handen⟩ **❸** steken door ⟨van armen⟩ **III** *onov ww* zich verbinden, zich aansluiten
linkage ['lɪŋkɪdʒ] *zn* verbinding, koppeling
linkman ['lɪŋkmæn] *zn* presentator ⟨tussen programma's⟩
link-up ['lɪŋkʌp] *zn* verbinding
linnet ['lɪnɪt] *zn* kneu
lino ['laɪnəʊ] *zn* inform linoleum
linseed ['lɪnsiːd] *zn* lijnzaad
lint [lɪnt] *zn* pluis, pluksel
lintel ['lɪntl] *zn* kalf, latei ⟨balk⟩
lion ['laɪən] *zn* **❶** leeuw ★*in the lion's den* in het hol van de leeuw **❷** man van grote moed
lioness ['laɪənəs] *zn* leeuwin
lion-hearted [laɪən'hɑːtɪd] *bnw* zeer moedig
lionize, lionise ['laɪənaɪz] *ov ww* als beroemdheid behandelen, op een voetstuk plaatsen
lion's den *zn* leeuwenkuil
lion's share *zn* leeuwendeel
lip [lɪp] **I** *zn* **❶** lip ★*bite your lip* je verbijten ★*hang one's lip* beteuterd staan te kijken ★*keep a stiff upper lip* geen emotie tonen **❷** rand **❸** straatt brutale praat, onbeschaamdheid ★*none of your lip!* hou je grote mond! **II** *bnw* **❶** lip(pen)- **❷** schijn- **III** *ov ww* **❶** murmelen, mompelen **❷** straatt zingen **❸** aanraken met de lippen **❹** even aanraken, kabbelen tegen of over ⟨van water⟩
lip-read *onov ww* liplezen
lip-service ['lɪpsɜːvɪs] *zn* lippendienst ★*pay / give* ~ *to* lippendienst bewijzen aan, alleen met de mond belijden
lipstick ['lɪpstɪk] *zn* lippenstift
liquefaction [lɪkwɪ'fækʃən] *zn* vloeibaarheid
liquefy ['lɪkwɪfaɪ] *ov+onov ww* smelten, vloeibaar maken ⟨van gas⟩
liqueur [lɪ'kjʊə] *zn* likeur
liquid ['lɪkwɪd] **I** *zn* vloeistof **II** *bnw* **❶** waterig, vloeibaar **❷** harmonieus of vloeiend ⟨van klanken⟩ **❸** onvast, vlottend ⟨van kapitaal⟩ ★ ~ *fire* vuur uit vlammenwerper ★ ~ *manure* drijfmest, gier
liquidate ['lɪkwɪdeɪt] *ov ww* **❶** liquideren **❷** vereffenen ⟨van schuld⟩ **❸** uit de weg ruimen
liquidation [lɪkwɪ'deɪʃən] *zn* **❶** liquidatie **❷** vereffening
liquidator ['lɪkwɪdeɪtə] *zn* liquidateur
liquidity [lɪ'kwɪdətɪ] *zn* **❶** onvastheid **❷** econ liquiditeit **❸** vloeibaarheid
liquidize, liquidise ['lɪkwɪdaɪz] *ov ww* uitpersen, vloeibaar maken
liquidizer, liquidiser ['lɪkwɪdaɪzə] *zn* mengbeker
liquid measure *zn* inhoudsmaat voor vloeistoffen
liquor ['lɪkə] **I** *zn* **❶** drank, sterkedrank ★*be in* ~ dronken zijn ★*be the worse for* ~ dronken zijn ★*spirituous* ~ sterkedrank **❷** aftreksel, brouwsel **❸** vocht, nat **II** *ov ww*, USA inform ~ *up* dronken voeren **III** *onov ww* straatt ~ *up* borrelen
liquorice ['lɪkərɪs] *zn* **❶** zoethout **❷** drop ★ ~ *all sorts* ≈ Engelse drop

li

liquor store *zn* USA slijterij
lisp [lɪsp] I *zn* gelispel II *onov ww* lispelen, krompraten ⟨van kind⟩
lissom, lissome ['lɪsəm] *bnw* lenig, buigzaam
list [lɪst] I *zn* ❶ lijst, catalogus ★ *the wine list* de wijnkaart ❷ jur rol ❸ slagzij ❹ het overhellen ⟨bv. van muur⟩ II *ov ww* ❶ een lijst opmaken van, catalogiseren, noteren, registreren ★ *a listed building* een op de monumentenlijst geplaatst gebouw ★ *a listed hotel* een aanbevolen hotel ❷ opnemen, opsommen, vermelden III *onov ww* ❶ overhellen ❷ slagzij maken
listen ['lɪsən] *onov ww* ❶ luisteren ❷ ~ **in (to)** afluisteren, luisteren naar radiostation ❸ ~ **out** goed / aandachtig luisteren ❹ ~ **to** luisteren naar
listener ['lɪsənə] *zn* ❶ iemand die luistert ❷ straatt oor
listless ['lɪstləs] *bnw* lusteloos
list price *zn* adviesprijs
lit [lɪt] I *bnw* ★ straatt *lit (up)* wat aangeschoten, tipsy II *ww* [verleden tijd + volt. deelw.] → **light**
litany ['lɪtənɪ] *zn* litanie
liter *zn* USA → **litre**
literacy ['lɪtərəsɪ] *zn* geletterdheid
literal ['lɪtərəl] *bnw* ❶ letterlijk ❷ letter- ★ *~ error* drukfout ❸ prozaïsch, nuchter
literary ['lɪtərərɪ] *bnw* ❶ letterkundig ❷ geletterd
literate ['lɪtərət] I *zn* ❶ geletterde ❷ iemand die kan lezen en schrijven II *bnw* ❶ kunnende lezen en schrijven ❷ geletterd
literature ['lɪtərətʃə] *zn* ❶ literatuur, letterkunde ❷ de publicaties over een bep. onderwerp ❸ inform propaganda- / voorlichtingsmateriaal
lithe ['laɪð] *bnw* lenig, buigzaam
lithograph ['lɪθəgrɑːf] *zn* litho, steendruk(prent)
lithography [lɪ'θɒgrəfɪ] *zn* lithografie, steendrukkunst
Lithuania [lɪθjʊ'eɪnɪə] *zn* Litouwen
Lithuanian [lɪθjʊ'eɪnɪən] I *zn* Litouwer II *bnw* Litouws
litigant ['lɪtɪgənt] *zn* jur procederende partij
litigate ['lɪtɪgeɪt] I *ov ww* procederen over, betwisten II *onov ww* procederen
litigation [lɪtɪ'geɪʃən] *zn* proces(voering)
litigious [lɪ'tɪdʒəs] *bnw* ❶ betwistbaar ❷ proces-
litmus ['lɪtməs] *zn* lakmoes
litre ['liːtə] *zn* liter
litter ['lɪtə] I *zn* ❶ afval-, rommelboeltje ★ *everything was in a ~* alles lag overhoop ❷ worp ⟨van dieren⟩ ★ *be in ~* drachtig zijn ❸ stalstro, strobedekking ❹ kattenbakkorrels ❺ draagstoel, draagbaar II *ov ww* ❶ rommel maken ❷ jongen werpen ❸ van stro voorzien, bedekken met stro ❹ ~ **about/around/over** bezaaien, door elkaar gooien
litter bin *zn* prullenbak
litter lout, litter bug *zn* inform sloddervos
little ['lɪtl] I *bnw* ❶ klein ★ *the ~ ones* de kleintjes, de jongen ❷ kleinzielig ❸ weinig, beetje ★ *~ things please ~ minds* eenvoudige mensen zijn met een beetje tevreden, een kinderhand is gauw gevuld II *vnw* ★ *~ by ~* langzamerhand ★ *after a ~* na een tijdje ★ *by ~ and ~* langzamerhand ★ *for a ~* (gedurende) korte tijd

★ *in ~* op kleine schaal ★ *make ~ of* als onbelangrijk behandelen, weinig begrip tonen voor III *bijw* ❶ weinig, amper ★ *he did his ~ best* hij deed wat hij kon (al was het dan niet veel) ❷ geenszins, helemaal niet ★ *he ~ knows the story* hij kent het verhaal helemaal niet
littleness ['lɪtlnəs] *zn* klein(zielig)heid
littoral ['lɪtərəl] I *zn* kuststreek II *bnw* kust-
liturgy ['lɪtədʒɪ] *zn* liturgie
livable *bnw* → **liveable**
live¹ [lɪv] I *ov ww* ❶ leven ❷ doorléven ❸ in praktijk brengen ❹ ~ **down** te boven komen ★ *never live sth down* iets voor de rest van zijn leven moeten horen ❺ ~ **out** zijn leven slijten ★ *live out one's fantasies* zijn fantasie realiseren ★ *she did not live out the night* ze haalde de morgen niet ❻ ~ **over** doorkomen ⟨tijd⟩ II *onov ww* ❶ leven, bestaan ★ *as I live* zowaar (ik leef) ★ *he lived to a great age* hij bereikte een zeer hoge leeftijd ★ *if I live to see the day* als ik de dag nog beleef / meemaak ★ *live again* herleven ★ *live and learn!* ondervind het maar eens! ★ *live from hand to mouth* van de hand in de tand leven ★ *live well* 'n goed leven leiden, er goed van eten ❷ wonen ❸ leven van, aan de kost komen ❹ blijven leven ❺ ~ **by** leven van ❻ ~ **in** inwonend zijn ★ *the room was not lived in* de kamer werd niet bewoond ❼ ~ **off** leven (op kosten) van ❽ ~ **on** blijven leven ★ *he lives on potatoes* hij leeft van aardappelen ❾ ~ **out** uitwonend zijn ❿ ~ **through** doormaken ⓫ ~ **up to** naleven, nakomen, waarmaken
live² [laɪv] *bnw* ❶ levend, in leven ❷ levendig ❸ comm rechtstreeks uitgezonden, niet vooraf opgenomen, live ❹ muz ter plekke uitgevoerd, niet vooraf opgenomen, live ❺ scherp ⟨van munitie⟩ ❻ onder stroom ⟨van elektriciteitskabel⟩ ❼ gloeiend heet ⟨van kolen⟩
liveable, livable ['lɪvəbl] *bnw* ❶ leefbaar, bewoonbaar ❷ draaglijk ⟨van leven⟩ ❸ gezellig ⟨van mensen⟩
live-in ['lɪvɪn] *bnw* ❶ inwonend ❷ samenwonend
livelihood ['laɪvlɪhʊd] *zn* levensonderhoud
liveliness ['laɪvlɪnəs] *zn* levendigheid, vrolijkheid
lively ['laɪvlɪ] *bnw* ❶ levendig, krachtig ★ *a ~ conversation* een levendig gesprek ❷ vrolijk, opgewekt ❸ iron moeilijk, opwindend, gevaarlijk ★ *a ~ child* een druk kind ❹ helder, fris ⟨van kleur⟩
liven ['laɪvən] *ov+onov ww* ~ **up** opvrolijken
liver ['lɪvə] *zn* ❶ lever ★ *chopped ~* leverpastei ❷ leverkleur ❸ iemand die leeft, levende ★ *he is a good ~* hij leidt een behoorlijk / goed leven, hij leeft er goed van
liveried ['lɪvərɪd] *bnw* in livrei
liver sausage *zn* leverworst
liverwort ['lɪvəwɜːt] *zn* plantk levermos
livery ['lɪvərɪ] *zn* ❶ huisstijl ⟨uniforme kleur van auto's⟩ ❷ livrei
livery stable *zn* stalhouderij
lives¹ [lɪvz] *ov ww* [o.t.t.] → **live¹**
lives² [laɪvz] *zn mv* → **life**
livestock ['laɪvstɒk] *zn* veestapel, levende have
livid ['lɪvɪd] *bnw* ❶ loodkleurig, blauwgrijs, lijkkleurig ❷ inform razend, boos
living ['lɪvɪŋ] I *zn* ❶ levensonderhoud, leven

li

❷ predikantsplaats ⟨in anglicaanse Kerk⟩ ★ *the ~* de levenden ★ *good ~* lekker eten en drinken ★ *earn / make a ~* de kost verdienen **II** *bnw* levend ★ *within ~ memory* sinds mensenheugenis

living room *zn* woonkamer

living wage *zn* aanvaardbaar salaris ⟨waarmee je goed kunt leven⟩

lizard ['lɪzəd] *zn* hagedis

ll *afk, lines* regels

'll *hww* ❶ → **will** ❷ → **shall**

llama ['lɑːmə] *zn* lama(wol)

lo [ləʊ] *tw* iron kijk!, zie! ★ iron *lo and behold* (en) ziet!

load [ləʊd] **I** *ov ww* ❶ laden, inladen, beladen, verzwaren, belasten ❷ overladen ❸ vervalsen door zwaarder / sterker te maken ⟨vnl. van dobbelstenen⟩ ❹ veel kopen ⟨op effectenbeurs⟩ ❺ comp installeren, in het computergeheugen opslaan ❻ *~ up* (be)laden ⟨van vervoermiddel⟩ / -raken ⟨van vervoermiddel⟩ **III** *zn* ❶ last, vracht, lading, belasting ❷ kracht ❸ hoeveelheid ★ inform *loads of* een overvloed aan, hopen van ❹ druk ★ *it took a load off my mind* het was een pak van mijn hart

loaded ['ləʊdɪd] *bnw* ❶ geladen ★ *a ~ question* een strikvraag ❷ dronken ★ *he's ~* hij barst van het geld, hij is schatrijk ★ *air ~ with* lucht bezwangerd met

loader ['ləʊdə] *zn* ❶ lader van geweer op de jacht ❷ type geweer dat op bep. manier wordt geladen

loading ['ləʊdɪŋ] *zn* ❶ vracht, het laden ❷ techn belasting

loadstar *zn* poolster, lit leidster → **lodestar**

loadstone *zn* magneetsteen → **lodestone**

loaf [ləʊf] **I** *zn* [mv: **loaves**] brood ★ *French loaf* stokbrood ★ fig *half a loaf is better than no bread* een half ei is beter dan een lege dop ★ straatt *use your loaf!* gebruik je hersens! **II** *ov ww* rondslenteren, lummelen ★ *loaf away one's time* z'n tijd verlummelen

loafer ['ləʊfə] *zn* ❶ leegloper ❷ ⟨comfortabele⟩ herenschoen

loam [ləʊm] *zn* ❶ leem ❷ potgrond, bloemistenaarde

loamy ['ləʊmɪ] *bnw* leem-, leemachtig

loan [ləʊn] **I** *zn* lening, krediet ★ *on loan* te leen ★ *bridging loan* overbruggingskrediet ★ *government-backed loans* leningen met overheidsgarantie **II** *bnw* ❶ in bruikleen ❷ ontleend ★ *a loan collection* een in bruikleen afgestane verzameling **III** *ov ww ~ out* uitlenen

loan shark *zn* woekeraar

loanword *zn* taalk leenwoord

loath *bnw* afkerig, ongenegen, onwillig

loathe [ləʊð] *ov ww* verafschuwen, walgen van

loathing ['ləʊðɪŋ] *zn* afschuw, walging

loathsome ['ləʊðsəm] *bnw* walgelijk

loaves [ləʊvz] *zn mv* → **loaf**

lob [lɒb] **I** *zn* ❶ homp, klomp ❷ straatt geldlade ❸ hoog geslagen bal ⟨bij tennis⟩ **II** *ov ww* gooien of slaan ⟨van bal⟩

lobby ['lɒbɪ] **I** *zn* ❶ portaal, vestibule ❷ ⟨wandel⟩gang ❸ USA foyer, wachtkamer, conversatiezaal ⟨in hotel⟩ ❹ lobby ⟨pressiegroep⟩ ❺ lobbyist **II** *ov+onov ww* ❶ lobbyen, bewerken van invloedrijke personen ❷ druk uitoefenen op ⟨politieke⟩ besluitvorming

lobe [ləʊb] *zn* ❶ ⟨oor⟩lel ❷ lob ❸ kwab

lobotomy [lə'bɒtəmɪ] *zn* lobotomie, medische ingreep in de hersenen

lobster ['lɒbstə] *zn* zeekreeft

lobworm ['lɒbwɜːm] *zn* aasworm

local ['ləʊkl] **I** *zn* ❶ plaatselijke bewoner ❷ inform ⟨dorps⟩café **II** *bnw* ❶ plaatselijk, gewestelijk, plaats- ❷ alhier ⟨op brief⟩

locale [ləʊ'kɑːl] *zn* plaats van handeling, toneel

localise *ww* GB → **localize**

localism ['ləʊkəlɪzəm] *zn* plaatselijke eigenaardigheid, gehechtheid aan bep. plaats

locality [ləʊ'kælətɪ] *zn* ligging, plaats, streek

localize ['ləʊkəlaɪz] *ov ww* ❶ lokaliseren ❷ een plaatselijk karakter geven ❸ decentraliseren ❹ *~ upon* ⟨aandacht⟩ concentreren op

locate [ləʊ'keɪt] *ov ww* ❶ in 'n plaats vestigen ❷ de plaats bepalen van

location [ləʊ'keɪʃən] *zn* ❶ plaats(bepaling) ❷ ligging ❸ verblijfplaats ❹ kraal ⟨in Zuid-Afrika⟩ ★ *on ~* op locatie

loch [lɒx] *zn* ❶ ⟨in Schotland⟩ meer ❷ ⟨in Schotland⟩ smalle zeearm

loci ['ləʊfaɪ] *zn mv* → **locus**

lock [lɒk] **I** *ov ww* ❶ op slot doen ❷ vastzetten ⟨van kapitaal⟩ ❸ *~ away* wegsluiten ❹ *~ down/in/out/through* schutten ⟨van boot⟩ ❺ *~ in* insluiten, opsluiten, omsluiten ❻ *~ out* buitensluiten, uitsluiten ❼ *~ up* opsluiten ⟨van patiënt⟩, op (nacht)slot doen, vastzetten ⟨van geld⟩, sluiten **II** *onov ww* ❶ vastlopen ⟨van wiel⟩ ❷ klemmen ❸ op slot kunnen ❹ *~ on* doel zoeken en automatisch volgen ⟨van raket, radar⟩ **III** *zn* ❶ slot ★ *lock, stock and barrel* alles inbegrepen, geheel en al ★ *under lock and key* achter slot en grendel ❷ ⟨haar⟩lok ❸ sluis ❹ houdgreep ❺ dol ⟨van roeiboot⟩ ❻ verkeersopstopping

lockage ['lɒkɪdʒ] *zn* ❶ verval in sluis ❷ schutgeld ❸ sluiswerken

locker ['lɒkə] *zn* ❶ doosje of kastje met slot ❷ bagagekluis

locker room *zn* kleedkamer met kasten

locket ['lɒkɪt] *zn* medaillon

lock gate *zn* sluisdeur

lock-in *zn* het bezetten van fabriek, enz. uit protest

lockjaw ['lɒkdʒɔː] *zn* tetanus

lock-keeper *zn* sluiswachter

lockout ['lɒkaʊt] *zn* uitsluiting ⟨van personeel bij dreigende staking⟩

locksmith ['lɒksmɪθ] *zn* slotenmaker

lock-up ['lɒkʌp] *zn* ❶ iets dat op slot gedaan kan worden ❷ sluitingstijd ❸ het vastzetten ⟨van geld⟩ ❹ arrestantenlokaal ❺ garagebox

lock-up shop *zn* winkel zonder woongelegenheid

loco ['ləʊkəʊ] **I** *zn* locomotief **II** *bnw* straatt niet goed snik

locomotion [ləʊkə'məʊʃən] *zn* ⟨voort⟩beweging, verkeer, vervoer

locomotive [ləʊkə'məʊtɪv] **I** *zn* locomotief **II** *bnw* zich ⟨voort⟩bewegend, bewegings-, beweeg-

locum ['ləʊkəm] zn ★ ~ *(tenens)* plaatsvervanger

locus ['ləʊkəs] zn [mv: **loci**] (meetkundige) plaats

locust ['ləʊkəst] zn sprinkhaan

locution [lək'ju:ʃən] zn spreekwijze, manier van (zich) uitdrukken

lode [ləʊd] zn ❶ afvoerkanaal ❷ ertsader in bodem

lodestar ['ləʊdstɑ:] zn ❶ Poolster, leidster ❷ iets wat men najaagt

lodestone ['ləʊdstəʊn] zn magneet

lodge [lɒdʒ] I ov ww ❶ ook fig plaatsen, leggen ❷ logies verschaffen, herbergen ★ ~ *an appeal in hoger beroep gaan* ❸ opslaan ⟨van goederen⟩ ❹ indienen ⟨van klacht⟩, inzenden ❺ ~ **with** deponeren ⟨bij rechtbank⟩ II onov ww ❶ wonen, huizen, zetelen ❷ blijven steken, blijven zitten ⟨van splinter⟩ ❸ ~ **with** (in)wonen bij III zn ❶ (schuil)hut, optrekje, huisje ❷ jachthuis, buitenhuis ❸ portierswoning, portierskamer, leger van bever of otter ❹ vrijmetselaarsloge

lodge-keeper zn portier

lodgement zn → lodgment

lodger ['lɒdʒə] zn kamerbewoner

lodging ['lɒdʒɪŋ] zn logies, verblijf ★ *live in ~s op kamers wonen*

lodgment ['lɒdʒmənt] zn logies, onderdak, plaatsing

loess ['ləʊɪs] zn löss

loft [lɒft] I zn ❶ vliering, zolder ❷ tribune, galerij ❸ duiventil II ov ww ❶ hoog slaan ⟨van bal bij golf⟩ ❷ de ruimte inschieten ⟨van satelliet⟩

lofty ['lɒftɪ] bnw hoog, verheven, hooghartig

log [lɒg] I zn ❶ blok hout ★ *I have no log to roll ik ben niet op eigen baat uit* ★ *sleep like a log slapen als een os* / blok ★ *in the log niet gekapt, onbehouwen* ❷ logboek II ov ww ❶ in blokken kappen ❷ USA hout hakken en vervoeren ❸ optekenen ⟨in dagboek⟩ ❹ scheepv afstand afleggen, lopen ❺ comp ~ **in/on** inloggen ❻ comp ~ **out** uitloggen III afk wisk logaritme

loganberry [ˈləʊgənbrɪ, -berɪ] zn loganbes ⟨kruising framboos en braam⟩

logarithm ['lɒgərɪðəm] zn logaritme

logbook ['lɒgbʊk] zn ❶ logboek ❷ dagboek

log cabin zn blokhut

logged [lɒgd] bnw ❶ vol water ❷ stilstaand ⟨van water⟩ ❸ vastgelopen

logger ['lɒgə] zn houthakker

logic ['lɒdʒɪk] zn logica

logical ['lɒdʒɪkl] bnw logisch

logically ['lɒdʒɪklɪ] bijw logischerwijze

logician [lə'dʒɪʃən] zn beoefenaar van de logica, logicus

logistics [lə'dʒɪstɪks] zn mv ❶ logistiek ❷ verplaatsing en legering van troepen ❸ USA bevoorrading en onderhoud van een vloot

logjam ['lɒgdʒæm] zn ❶ stremming in rivier ⟨van houtvlotten⟩ ❷ fig sta-in-de-weg

logo ['ləʊgəʊ] zn logo, beeldmerk

loin [lɔɪn] zn ❶ lende ❷ lendenstuk ★ *one's loins zijn eigen kroost* ★ *gird (up) one's loins zich op de strijd voorbereiden*

loincloth ['lɔɪnklɒθ] zn lendendoek

loiter ['lɔɪtə] I ov ww dralen, talmen, rondhangen ★ ~ *away one's time z'n tijd verbeuzelen* II onov ww ❶ talmen, treuzelen ❷ ~ **about/away** rondslenteren

loiterer ['lɔɪtərə] zn draler, slenteraar

lol afk, laughing out loud ≈ hihi ⟨in tekstberichten⟩

loll [lɒl] onov ww ❶ los (laten) hangen, lui liggen / hangen ❷ ~ **about/around** rondslenteren, rondhangen

lollipop ['lɒlɪpɒp] zn ❶ (ijs)lolly ❷ straatt geld, poen ❸ stopbordje ⟨van klaar-over⟩

lollop ['lɒləp] onov ww ❶ inform lui liggen / hangen ❷ inform slenteren, zwalken

lone [ləʊn] bnw eenzaam, verlaten, alleenstaand ★ *play a lone hand met niemand rekening houden* ★ *lone wolf eenzelvig iem.*

loneliness ['ləʊnlɪnəs] zn eenzaamheid

lonely ['ləʊnlɪ] bnw eenzaam, verlaten

loner ['ləʊnə] zn eenzame, verlatene, eenzelvig mens

lonesome ['ləʊnsəm] bnw eenzaam, alleen, verlaten

long [lɒŋ] I bnw lang(gerekt), langdurig, ver reikend, saai, vervelend ★ *long in the tooth afstands* ★ *a long hundred 120* II bijw ★ *all day long de hele dag door* ★ inform *so long! tot ziens!* ★ *before long weldra, spoedig* ★ *for long lange tijd* ★ *I will help you, as long as you do what I tell you ik wil je wel helpen, als je maar doet wat ik zeg* ★ *no longer niet langer, niet meer* ★ *not any longer niet langer, niet meer* III onov ww ~ **for** verlangen naar IV zn ★ *the long and the short of it is het komt hierop neer* ★ USA *longs lange broek*

longboat ['lɒŋbəʊt] zn sloep

longbow ['lɒŋbəʊ] zn handboog ★ *draw the ~ opscheppen*

long-distance bnw langeafstands-, interregionaal

long-drawn-out bnw langdurig

longevity [lɒn'dʒevətɪ] zn lang leven

longhand ['lɒŋhænd] zn (gewoon) handschrift

longing ['lɒŋɪŋ] zn verlangen

longitude ['lɒŋgɪtju:d] zn geografische lengte

longitudinal [lɒŋgɪ'tju:dɪnl] bnw lengte-, in de lengte(richting)

long-lasting bnw langdurig

long-lived [lɒŋ'lɪvd] bnw ❶ lang levend ❷ langdurig

long-range [lɒŋ'reɪndʒ] bnw ❶ op lange termijn ❷ ver reikend, langeafstands-

longshoreman ['lɒŋʃɔ:mən] zn USA havenarbeider, dokwerker

long-sighted bnw vérziend

long-standing [lɒŋ'stændɪŋ] bnw van oude datum, al lang bestaand ★ ~ *friends goede vrienden*

long-suffering [lɒŋ'sʌfərɪŋ] bnw lankmoedig

long-term [lɒŋ'tɜ:m] bnw langetermijn-, op lange termijn

long-time [lɒŋ'taɪm] bnw ★ ~ *friend oude vriend*

longways ['lɒŋweɪz] bnw + bijw lengte-, in de lengte

long-winded [lɒŋ'wɪndɪd] bnw ❶ met lange adem ❷ langdradig

loo [lu:] zn inform plee

look [lʊk] I ov ww ❶ bekijken, aankijken ❷ inform zorgen, te kennen geven ★ *look sb*

lo

down iem. de ogen doen neerslaan ★_he looks himself again_ hij is weer de oude ❸ ~ **over** doorkijken, onderzoeken, door de vingers zien ★_look a person over_ iem. opnemen ❹ ~ **up** opzoeken ⟨van woord / persoon⟩ ★_look sb up and down_ iem. van onder tot boven opnemen **II** _onov ww_ ❶ kijken, zien ❷ ergens van opkijken ❸ een bepaalde kant uitgaan ★_look before you leap_ bezint eer ge begint ★_look sharp_ op zijn hoede zijn, vlug voortmaken ★_look you!_ denk erom!, luister 'ns! ❹ ~ **about** rondkijken ★_he looked about him_ hij keek om zich heen, hij was op zijn hoede ❺ ~ **after** zorgen voor, waarnemen ⟨van dokterspraktijk⟩ ❻ ~ **ahead** vooruitzien ❼ ~ **at** kijken naar, bezien, beoordelen, bekijken, overwegen ★_I won't look at it_ ik wil er niet naar kijken, ik wil er niets mee te maken hebben ★_inform he could not look at you_ hij bleef ver bij je achter ★_it is not much to look at_ zo te zien lijkt het niet veel zaaks ★_to look at him, you would not say so_ naar z'n uiterlijk te oordelen zou je het niet zeggen ★_here's looking at you!_ proost! ❽ ~ **back** achterom kijken, zich herinneren ❾ ~ **down** neerzien, de ogen neerslaan ★_ook fig look down upon_ neerkijken op ❿ ~ **for** zoeken naar, verwachten, vragen om ⟨moeilijkheden⟩ ⓫ ~ **forward to** ⟨verlangend⟩ uitzien naar ⓬ ~ **in** aanlopen ★_look in on sb_ bij iem. aanlopen ⓭ ~ **into** onderzoeken ⓮ ~ **on** toekijken ⓯ ~ **out** uitkijken ⓰ ~ **out for** uitzien naar, verwachten, zorgen voor ⓱ ~ **out (up)on** uitzicht geven op / over ⓲ ~ **over** uitzien op / over ⓳ ~ **round** omkijken, om zich heen zien ⓴ ~ **round for** uitkijken naar ㉑ ~ **through** kijken door, doorkijken, doorzien ★_look through sb_ iem. met zijn blik doorboren ㉒ ~ **to** zorgen voor, denken om, nazien, tegemoet zien, vertrouwen ★_I look to her for help_ ik verwacht / hoop dat zij me zal helpen ★_look to yourself!_ denk om jezelf! ㉓ ~ **towards** uitzien op, overhellen naar ㉔ ~ **up** opkijken, stijgen ⟨van prijzen⟩, beter worden ⟨van weer⟩ ★_look up to_ opkijken naar, opzien tegen ㉕ ~ **upon** als beschouwen als **III** _kww_ ❶ lijken, uitzien, eruitzien ★_look small_ er dwaas / onbelangrijk uitzien ★_he looks it_ hij ziet ernaar uit ★_look alive!_ schiet op! ❷ ~ **like** eruitzien als, lijken op ★_you look like winning_ het lijkt wel of jij zult winnen ★_it looks like a storm_ het ziet er uit alsof we storm krijgen **IV** _zn_ ❶ blik, gezicht ★_have / take a (close) look at_ eens ⟨goed⟩ kijken naar ❷ uiterlijk, aanzien ★_good looks_ knap uiterlijk ★_lose one's looks_ er niet knapper op worden ★_I don't like the look of him_ hij staat me niet aan ★_by the look of it_ zo te zien ★_for the look of it_ voor de schijn ❸ uitzicht ❹ look, mode ★_new look_ nieuwe mode, nieuwe zienswijze / aspect ⟨van bepaalde zaak⟩
lookalike ['lʊkəlaɪk] _zn_ USA evenbeeld, dubbelganger
looker ['lʊkə] _zn_ ❶ kijker ❷ fig lekker ding, stuk
looker-on [lʊkər'ɒn] _zn_ toeschouwer
look-in ['lʊkɪn] _zn_ ❶ kans om mee te doen ❷ kans op succes ❸ kort bezoek ❹ vlugge blik ★_he gave me a_ ~ hij kwam even bij me

aanlopen
lookout ['lʊkaʊt] _zn_ ❶ uitkijkpost ❷ (voor)uitzicht ★_on the_ ~ for op de uitkijk naar, uitziende naar ★_that's my_ ~ dat is mijn zaak
look-over ['lʊkəʊvə] _zn_ kort onderzoek ★_give sth a_ ~ ergens wel even naar kijken
look-see [lʊk'si:] _zn_ straatt vluchtige blik, haastig onderzoek
loom [lu:m] **I** _zn_ weefgetouw **II** _onov ww_ opdoemen ★_the danger loomed large_ het gevaar doemde in al zijn omvang op
loon [lu:n] _zn_ ❶ USA ⟨zee⟩duiker ⟨vogel⟩ ❷ inform deugniet
loony ['lu:nɪ] _bnw_ inform gek
loony bin _zn_ inform gekkenhuis
loop [lu:p] _zn_ ❶ lus, strop, bocht ❷ comp lus, loop ⟨zich herhalende reeks in een programma⟩ ❸ spiraaltje ★_loop(-line)_ ringlijn **II** _ov ww_ ❶ een lus maken in ★_looping the loop_ een lus vliegen / maken ⟨door vliegtuig of fietsacrobaat⟩ ❷ met een lus vastmaken
loo paper _zn_ inform pleepapier
looper ['lu:pə] _zn_ ❶ spanrups ❷ lussenmaker ⟨in naaimachine⟩ ❸ lusvlieger
loophole ['lu:phəʊl] _zn_ ❶ schietgat, kijkgat, lichtgat ❷ fig uitvlucht, uitwijkmogelijkheid ★_fig legal_ ~ maas in de wet
loopy ['lu:pɪ] _bnw_ ❶ bochtig ❷ inform niet goed wijs
loose [lu:s] **I** _zn_ vrije loop ★_straatt be on the_ ~ ontsnapt zijn ⟨van gevangene⟩, aan de boemel zijn ★_give (a)_ ~ to de vrije loop laten, lucht geven aan **II** _bnw_ ❶ los ❷ loslijvig ❸ oud losbandig ❹ scheik niet verbonden ❺ ruim, vrij ❻ slap ❼ onnauwkeurig, vaag ❽ onjuist, oppervlakkig, slordig ⟨van stijl⟩ **III** _ov ww_ ❶ loslaten, losmaken ★~_one's hold_ loslaten ❷ afschieten
loose-leaf _bnw_ losbladig
loose-limbed [lu:s'lɪmd] _bnw_ lenig
loosen ['lu:sən] **I** _ov ww_ ❶ los(ser) maken ❷ doen verslappen **II** _onov ww_ ❶ los(ser) worden ❷ losraken ❸ verslappen ❹ ~ **up** vrijuit praten, opdokken, opwarmen ⟨voor het sporten⟩ ★~ _up!_ doe eens relaxed!
loosestrife ['lu:sstraɪf] _plantk zn_ ❶ wederik ❷ kattenstaart
loose-tongued _bnw_ loslippig
loot [lu:t] **I** _zn_ ❶ buit, plundering ❷ straatt luitenant, luit **II** _ov ww_ plunderen, (be)roven
lop [lɒp] **I** _zn_ ❶ dunne takken en twijgen ❷ hangoorkonijn ❸ golvende zee **II** _ov ww_ ❶ slap laten hangen ❷ ~ **away/off** snoeien ❸ ~ **off** afhakken **III** _onov ww_ ❶ slap hangen ❷ rondslenteren ❸ korte golven maken
lope [ləʊp] **I** _zn_ sprong **II** _onov ww_ ❶ zich met grote sprongen voortbewegen ⟨van dier⟩ ❷ draven
lop-eared [lɒp'ɪəd] _bnw_ met hangende oren
lopsided [lɒp'saɪdɪd] _bnw_ ❶ scheef ❷ onevenwichtig
loquacious [ləʊ'kweɪʃəs] _bnw_ ❶ praatziek ❷ kwetterend ⟨van vogels⟩ ❸ kabbelend ⟨van water⟩
loquacity [lə'kwæsɪtɪ] _zn_ babbelzucht

lord [lɔːd] **I** zn ❶ heer, meester ❷ heer ⟨adellijke titel⟩ ★ iron lord (and master) echtgenoot ★ live like a lord royaal leven ★ swear like a lord vloeken als een ketter ★ (as) drunk as a lord zo dronken als een kanon ❸ lord ⟨lid van het Hogerhuis⟩ **II** ov ww in de adelstand verheffen ★ lord (it) de baas spelen

Lord [lɔːd] zn rel Heer ⟨God⟩ ★ the Lord's Day de dag des Heren ⟨zondag⟩ ★ the Day of the Lord de Dag van het Laatste Oordeel ★ the Lord's Prayer het onzevader ★ the Lord's Supper het Avondmaal

Lord Chancellor zn voorzitter van het Hogerhuis

Lord Chief Justice zn hoogste rechterlijke ambtenaar na de Lord Chancellor

lordly [ˈlɔːdlɪ] bnw ❶ hooghartig ❷ groots, vorstelijk, als van een heer

Lord Mayor zn GB burgemeester ⟨van grote stad⟩

lordship [ˈlɔːdʃɪp] zn ❶ titel van baron / graaf ❷ landgoed, adellijk domein ★ His Lordship meneer de baron / graaf, iron mijnheer

lore [lɔː] zn kennis ⟨van oudsher overgeleverd⟩

lorry [ˈlɒrɪ] zn ❶ lorrie ❷ vrachtwagen

lory [ˈlɔːrɪ] zn papegaai

lose [luːz] [ov ww [onregelmatig] ❶ (doen) verliezen, verspelen, verlies lijden ★ lose ground terrein verliezen, terugtrekken ★ lose one's head de kluts kwijtraken ★ lose one's temper kwaad worden ★ lose one's way verdwalen ★ the story does not lose in the telling het verhaal wordt smeuïg verteld ★ lose one's grip ook fig zijn greep verliezen ★ lose to sb verliezen van iem. ❷ verknoeien ⟨van tijd⟩ ❸ achterlopen ⟨van uurwerk⟩ **II** onov ww ❶ verliezen, te kort komen ★ they stand to lose ze zullen waarschijnlijk verliezen ❷ ~ out (to/with) het afleggen (tegen)

loser [ˈluːzə] zn ❶ verliezer ❷ sukkel ★ be a good / bad ~ goed / slecht tegen zijn verlies kunnen

losing [ˈluːzɪŋ] bnw ★ a ~ game 'n verloren spel ★ a ~ business niet renderende zaak **II** ww → lose

loss [lɒs] zn ❶ verlies ❷ schade ★ at a loss onzeker, het spoor bijster ★ at a loss for words met de mond vol tanden

loss-leader zn lokartikel ⟨onder kostprijs verkocht⟩

lost [lɒst] **I** ww [verleden tijd + volt. deelw.] → lose **II** bnw ★ get lost verloren gaan, verdwalen, weg raken ★ get lost! duvel op! ★ the motion was lost de motie werd verworpen ★ be lost omkomen, verdwaald zijn ★ be lost in thought in gedachten verdiept zijn ★ be lost upon sb aan iem. niet besteed zijn, iem. ontgaan ★ fig be lost without... nergens zijn zonder... ★ lost and found (depot van) gevonden voorwerpen ⟨op stations, luchthaven enz.⟩

lot [lɒt] **I** zn ❶ heel wat, een boel, veel ★ lots of / a lot of friends veel / een heleboel vrienden ★ lots and lots hopen, ontzettend veel ★ the lot de hele boel ❷ inform groep ⟨mensen, dieren, dingen⟩ ★ a bad lot een gemeen stel ★ a lazy lot een luiwammes, een lui zootje ❸ lot, deel ★ by lot bij loting ★ cast / draw lots loten ★ he cast in his lot with me hij sloot zich bij me aan ★ cast in your lot with je scharen aan de kant van ❹ aandeel ❺ partij, portie ❻ stuk grond, perceel **II** ov ww ❶ ~ out verkavelen, verdelen ❷ USA ~ (up)on rekenen op

lotion [ˈləʊʃən] zn lotion

lotta [ˈlɒtə] samentr, inform lot of → lot

lottery [ˈlɒtərɪ] zn loterij ★ ~ ticket loterij briefje

lotus [ˈləʊtəs] zn lotusplant, lotusbloem, lotusstruik

lotus-eater [ˈləʊtəsiːtə] zn ❶ zweefhommel ❷ fig een dromer

lotus position zn lotushouding, kleermakerszit

loud [laʊd] bnw ❶ luid, lawaaierig ❷ opvallend ★ she is a loud person zij is opvallend en ordinair ❸ sterk ruikend, schreeuwend ⟨van kleuren⟩

loudly [ˈlaʊdlɪ] bijw luid, krachtig

loudmouth [ˈlaʊdmaʊθ] zn luidruchtig iemand, schreeuwer

loudness [ˈlaʊdnəs] zn (geluids)volume, kracht

loudspeaker [laʊdˈspiːkə] zn luidspreker

lough [lɒk] zn ❶ ⟨in Ierland⟩ meer ❷ ⟨in Ierland⟩ zeearm

lounge [laʊndʒ] **I** zn ❶ zitkamer ❷ grote hal ⟨in luchthaven / hotel⟩ ★ departure ~ vertrekhal **II** onov ww slenteren, lui (gaan) liggen, luieren ★ ~ away one's time de tijd verluieren

lounge bar zn (nette) bar

lounge chair, lounge seat zn luie stoel

lounge lizard zn klaploper ⟨die rijk en modieus wil lijken⟩

lounger [ˈlaʊndʒə] zn slenteraar, iemand die z'n tijd verluiert

louring [ˈlaʊərɪŋ] bnw USA somber, dreigend

louse [laʊs] **I** zn [mv: lice] ❶ luis ❷ USA ploert **II** ov ww ❶ ontluizen ❷ ~ up in de soep laten lopen, verknoeien

lousy [ˈlaʊzɪ] bnw ❶ luizig ❷ gemeen, laag ❸ armzalig, slecht (kwalitatief) ★ ~ with vol van, bulkend ⟨van geld⟩

lout [laʊt] zn lummel, boerenpummel

louvre, louver [ˈluːvə] zn jaloezielat

louvred [ˈluːvəd] bnw louvre- ★ ~ door louvredeur

louvres [ˈluːvəz] zn mv jaloezieën

lovable [ˈlʌvəbl] bnw lief, beminnelijk

lovage [ˈlʌvɪdʒ] zn lavas (maggiplant)

love [lʌv] **I** zn ❶ liefde, verliefdheid ★ love for / of / to(wards) liefde voor ★ be in love with verliefd zijn op ★ be out of love with niet meer verliefd zijn op, genoeg hebben van ★ fall in love verliefd worden ★ make love vrijen ★ marry for love uit liefde trouwen ★ old love lies deep oude liefde roest niet ★ there's no love lost between them ze hebben niet veel met elkaar op ★ for the love of God om Godswil ❷ groet(en) ★ send one's love to de groeten doen ❸ geliefde ❹ lief(je), schat(je) ❺ plezier, genoegen ★ play for love voor je plezier / lol spelen ★ not to be had for love or money voor geen geld of goede woorden te krijgen ❻ sport nul ★ sport love all nul-nul ★ sport 15-love 15-nul **II** ov ww ❶ houden van, beminnen ❷ dol zijn op, dolgraag doen ❸ liefkozen ★ iron I love that! die is goed! ★ love me, love my dog als je mij mag, moet je mijn vrienden maar op de koop toe nemen

lo

love affair *zn* liefdesaffaire
lovebird ['lʌvbːd] *zn* parkiet ★ *couple of ~s* dolverliefd paar
love bite *zn* zuigzoen
love child *zn* buitenechtelijk kind
love game *zn* sport love game
love handle *zn* zwembandje (vetrol)
love letter *zn* liefdesbrief
lovelorn ['lʌvlɔːn] *bnw* ● in de steek gelaten door geliefde ● hopeloos verliefd
lovely ['lʌvli] I *zn* schoonheid (m.b.t. vrouw) II *bnw* ● mooi ● leuk, fijn, lekker, enig
love-making ['lʌvmeɪkɪŋ] *zn* vrijage
lover ['lʌvə] *zn* ● minnaar ● bewonderaar ★ *two ~s* verliefd paar
loverboy ['lʌvəbɔɪ] *zn* vrouwenversierder
lovesick ['lʌvsɪk] *zn* smoorverliefd
love story *zn* liefdesgeschiedenis
loving ['lʌvɪŋ] I *zn* ★ *give some ~* een beetje liefde geven II *bnw* liefhebbend, teder
low [ləʊ] I *zn* ● dieptepunt, laagterecord ● geloei, gebulk ● gebied van lagedrukgebied II *bnw* ● laag, (laag) uitgesneden (van japon), diep (van buiging) ★ *low in fat* vetarm ● gedempt (van stem) ● gemeen, ruw, plat, minnetjes ● bijna leeg (van batterij) ● neerslachtig ● niet veel, gering ★ *a low income* een gering inkomen ● lager, inferieur III *bijw* ● laag, diep ★ *lie low* zich koest houden ★ *bring low* aan lager wal brengen, vernederen ● zachtjes (spreken) ● tegen lage prijs IV *onov ww* loeien (van koe)
low-born [ləʊˈbɔːn] *bnw* van lage afkomst
low-bred *bnw* onbeschaafd
lowbrow ['ləʊbraʊ] I *zn* niet-intellectueel II *bnw* alledaags, gewoon, ordinair
low-budget [ləʊˈbʌdʒɪt] *bnw* economisch, goedkoop, voordelig
low-calorie *bnw* caloriearm
low-class *bnw* ● van lage afkomst ● van inferieure kwaliteit
Low Countries *zn mv* de Lage Landen (Nederland, België en Luxemburg)
low-cut *bnw* laag uitgesneden
low-down ['ləʊdaʊn] I *zn* straatt ware feiten, het fijne van de zaak II *bnw* laag, gemeen, eerloos ★ *play things ~* gemeen zijn
lower¹ ['ləʊə] I *bnw* onder-, onderste-, beneden- ★ *scheepv ~ deck* onderste dek ★ *~ world* aarde, hel II *ov ww* ● lager maken, lager draaien ● temperen ● verlagen (van prijs) ● strijken (van vlag, zeil) ● vernederen, verminderen ★ *~ one's voice* zachter spreken III *onov ww* afnemen, afdalen, zakken
lower² ['laʊə] I *zn* dreigende (aan)blik II *onov ww* dreigend / somber kijken, er dreigend uitzien
lowermost ['ləʊəməʊst] *bnw* laagst
low-fat *bnw* vetarm
low-key *bnw* rustig, ingehouden ★ *her birthday party was ~* haar verjaardag was een rustige aangelegenheid
lowland ['ləʊlənd] I *zn* laagland II *bnw* van het laagland
Lowlands *zn mv* de Schotse Laaglanden
lowly ['ləʊlɪ] *bnw* ● nederig, bescheiden ● laag

low-lying *bnw* laag(gelegen)
low-minded [ləʊˈmaɪndɪd] *bnw* gemeen
low-necked *bnw* met lage hals, gedecolleteerd
low-pitched *bnw* ● laag (van toon), diep ● laag (niet steil / hoog)
low-profile *bnw* onopvallend
low-rise *bnw* laagbouw- ★ *~ flat* laagbouwflat
low season *zn* laagseizoen, kalme periode
low-slung *bnw* laag ★ *~ jeans* laag zittende spijkerbroek
low-spirited [ləʊˈspɪrɪtəd] *bnw* neerslachtig
low-tech *bnw* technisch laagwaardig, eenvoudig
low tide *zn* eb, laagwater
loyal ['lɔɪəl] I *zn* trouwe onderdaan of volgeling II *bnw* (ge)trouw, loyaal
loyalist ['lɔɪəlɪst] *zn* regeringsgetrouwe
loyalty ['lɔɪəltɪ] *zn* loyaliteit, trouw
lozenge ['lɒzɪndʒ] *zn* ● wisk ruit (geometrische figuur) ● (hoest)tablet
LP *afk, Long-Playing (record)* lp, langspeelplaat
LPG *afk, liquefied petroleum gas* LPG
L-plate ['elpleɪt] *zn* L-plaat (op lesauto)
LSD *afk, lysergic acid diethylamide* lsd
Lt, USA Lt. *afk, Lieutenant* luitenant
Ltd *afk, Limited* nv, naamloze vennootschap
lubricant ['luːbrɪkənt] I *zn* ● med glijmiddel ● smeermiddel II *bnw* gladmakend
lubricate ['luːbrɪkeɪt] I *ov ww* ● smeren ● dronken voeren II *onov ww* drinken
lubrication [luːbrɪˈkeɪʃən] *zn* ● het smeren, het oliën ● omkoperij
lubricator ['luːbrɪkeɪtə] *zn* ● smeermiddel ● smeerbus
lubricious [luːˈbrɪʃəs] *bnw* ● glad, glibberig ● wulps
lucent ['luːsənt] *bnw* ● schijnend, glanzend ● transparant
lucid ['luːsɪd] *bnw* helder, klaar, stralend ★ *~ interval* helder ogenblik (van geesteszieke)
lucidity [luːˈsɪdətɪ] *zn* helderheid, klaarheid
luck [lʌk] I *zn* geluk, toeval, succes ★ *be in luck* boffen ★ *be out of luck* pech hebben ★ *bad / hard / tough luck* pech, ongeluk ★ *good luck* geluk, succes ★ *good luck to you!* succes!, het beste! ★ *worse luck* ongelukkig genoeg ★ *have the worst of luck* pech hebben ★ *just my luck!* dat heb ik weer! (bij tegenslag) ★ *as luck would have it* zoals het toeval wilde II *onov ww* ~ out pech krijgen
luckily ['lʌkɪlɪ] *bijw* ● toevallig ● gelukkig
luckless ['lʌkləs] *bnw* ongelukkig, onfortuinlijk
lucky ['lʌkɪ] *bnw* ● gelukkig, fortuinlijk ★ *count o.s. ~* zichzelf gelukkig prijzen ● geluks-, geluk brengend ★ *third time ~* driemaal is scheepsrecht
lucrative ['luːkrətɪv] *bnw* winstgevend
lucre ['luːkə] *zn* geld, voordeel, gewin ★ iron *filthy ~* (onrechtvaardig verkregen) geld
ludicrous ['luːdɪkrəs] *bnw* belachelijk, koddig
ludo ['luːdəʊ] *zn* ≈ mens-erger-je-niet
lug [lʌg] I *zn* fruitkrat II *ov ww* ● sleuren, slepen ● ~ along meeslepen ● ~ in met de haren erbij slepen III *onov ww* ~ at rukken aan
luggage ['lʌgɪdʒ] *zn* GB bagage ★ *left ~* (depot voor) afgegeven bagage (op station, luchthaven enz.)

luggage rack zn bagagerek, bagagenet
lugger ['lʌgə] zn logger ⟨klein zeilschip⟩
lugubrious [luː'guːbrɪəs] bnw luguber, somber, treurig
lukewarm [luːk'wɔːm] bnw ❶ lauw ❷ onverschillig
lull [lʌl] I ov ww in slaap wiegen / sussen II onov ww ❶ gaan liggen ⟨van wind⟩ ❷ kalm worden III zn ❶ tijdelijke stilte ★ a lull in the fight een gevechtspauze ❷ slapte in bedrijf
lullaby ['lʌləbaɪ] zn slaapliedje
lumbago [lʌm'beɪgəʊ] zn spit ⟨in de rug⟩
lumbar ['lʌmbə] bnw lumbaal, lenden-
lumber ['lʌmbə] I zn ❶ USA hout ❷ rommel II ov ww ❶ volstoppen met rommel ❷ opzadelen met III onov ww ❶ USA hout hakken, zagen en vervoeren ❷ zich log / onhandig bewegen ★ ~ along voortsjokken
lumbering ['lʌmbərɪŋ] bnw lomp, voortsjokkend
lumberjack ['lʌmbədʒæk] zn houthakker, houtvervoerder
lumberjacket ['lʌmbədʒækt] zn stevige korte jekker
lumberyard ['lʌmbəjɑːd] zn houtwerf
luminary ['luːmɪnərɪ] zn ❶ lichtgevend hemellichaam ❷ USA verlichte geest
luminous ['luːmɪnəs] bnw ❶ lichtgevend, stralend ❷ verlicht, helder
lump [lʌmp] I zn ❶ brok, klont ★ a lump in your throat een brok in je keel ❷ knobbel, gezwel, buil ❸ lomperd, vleesklomp ⟨figuurlijk⟩ II ov ww ❶ bij elkaar doen ❷ over één kam scheren ★ if you don't like it, lump it als het je niet bevalt, pech gehad
lumper ['lʌmpə] zn ❶ bootwerker ❷ kleine aannemer
lumpish ['lʌmpɪʃ] bnw ❶ lomp ❷ traag
lump sum zn bedrag ineens, forfaitair bedrag
lumpy ['lʌmpɪ] bnw ❶ klonterig ❷ met bulten of gezwellen ❸ woelig ⟨van water⟩
lunacy ['luːnəsɪ] zn krankzinnigheid
lunar ['luːnə] I zn ❶ maansafstand ❷ waarneming van de maan II bnw van de maan, maanvormig, sikkelvormig
lunarian [luː'neərɪən] zn maanbewoner
lunate ['luːneɪt] bnw sikkelvormig
lunatic ['luːnətɪk] I zn krankzinnige II bnw krankzinnig, dwaas
lunatic asylum zn min gekkenhuis
lunch [lʌntʃ] I zn ❶ lunch ❷ lichte maaltijd ★ do / have ~ with lunchen met II onov ww lunchen
lunch break zn lunchpauze
luncheon ['lʌntʃən] zn lunch, lichte maaltijd
luncheon meat zn lunchworst
luncheon voucher zn maaltijdbon
lunch hour zn lunchtijd
lune [luːn] zn sikkel, halvemaan
lunette [luː'net] zn kijkglas, bril, plat horlogeglas
lung [lʌŋ] zn long ★ USA black lung stoflong ★ iron lung ijzeren long ⟨beademingsmachine⟩
lunge [lʌndʒ] I zn plotselinge voorwaartse beweging, uitval II onov ww ❶ vooruitschieten ❷ ~ at een uitval doen naar, afstormen op
lurch [lɜːtʃ] I zn plotselinge slingerbeweging, plotselinge zijwaartse beweging, ruk ★ leave in the ~ in de steek laten II onov ww ❶ slingeren

❷ plotseling overstag gaan ⟨figuurlijk⟩
lurcher ['lɜːtʃə] zn GB stropershond
lure [ljʊə] I zn lokaas, lokkertje II ov ww (ver)lokken
lurgy inform zn griepje, onduidelijk ziektetje
lurid ['ljʊərɪd] bnw ❶ schel, gloeiend ⟨van kleur⟩ ❷ sensationeel
lurk [lɜːk] I zn ★ on the lurk op de loer II onov ww zich schuil houden, verscholen zijn
luscious ['lʌʃəs] bnw ❶ heerlijk, zoet ★ a ~ wine een heerlijk zoete wijn ❷ zinnelijk ★ a ~ portrayal een zinnelijke verbeelding ❸ overdadig ★ a ~ interior een overdadig interieur
lush [lʌʃ] I zn USA dronkenlap II bnw ❶ weelderig ❷ mals ⟨van gras⟩
lust [lʌst] I zn (wel)lust ★ lust of zucht naar II onov ww ~ after/for haken naar, begeren, hevig verlangen naar
lustful ['lʌstfʊl] bnw wellustig
lustral ['lʌstrəl] bnw lustrum-
lustre ['lʌstə] zn ❶ luister, glans ❷ schittering ❸ vermaardheid
lustreless ['lʌstələs] bnw glansloos, dof
lustrous ['lʌstrəs] bnw glanzend, schitterend
lusty ['lʌstɪ] bnw krachtig, flink, vitaal, wellustig ★ deal ~ blows harde klappen uitdelen
lute [luːt] zn luit
luxuriance [lʌg'ʒʊərɪəns] zn luxe, weelderigheid
luxuriant [lʌg'ʒʊərɪənt] bnw weelderig, welig
luxuriate [lʌg'ʒʊərɪeɪt] onov ww ❶ zijn gemak er van nemen, welig tieren ❷ ~ in genieten van, zwelgen in
luxurious [lʌg'ʒʊərɪəs] bnw weelderig, luxueus, van alle gemakken voorzien
luxury ['lʌkʃərɪ] zn ❶ luxe, weelde, weelderigheid ❷ weeldeartikel ❸ genot(middel)
luxury goods zn mv luxegoederen
lye [laɪ] zn loog
lying ['laɪɪŋ] I bnw leugenachtig, vals II ww [teg. deelw.] → **lie**
lymph [lɪmf] zn lymf(e), weefselvocht
lymph gland zn lymfeklier
lynch [lɪntʃ] ov ww lynchen
lynching ['lɪntʃɪŋ] zn lynchpartij
lynx [lɪŋks] zn lynx
lyre ['laɪə] zn lier
lyric ['lɪrɪk] I zn lyrisch gedicht ★ ~s [mv] songtekst, lyriek, lyrische poëzie II bnw lyrisch
lyrical ['lɪrɪkl] bnw lyrisch
lyricism ['lɪrɪsɪzəm] zn lyrisme, lyrische stijl

ly

M

m [em] I zn, letter m ★ *M as in Mary* de m van Marie II *afk* ❶ *metre* meter ❷ *mile* mijl ❸ *minute* minuut

M *afk* ❶ onderw *Master* master, ≈ doctorandus ❷ *Mach* mach ❸ *mega* mega- ❹ *million* miljoen ❺ *medium* middelgroot ⟨kledingmaat⟩ ❻ GB *Motorway* snelweg

ma [mɑː] zn inform ma, mama

MA *afk* ❶ *Master of Arts* master in de letteren / sociale wetenschappen ❷ *Massachusetts* staat in de VS

ma'am [mæm, mɑːm] zn mevrouw ⟨aanspreekvorm⟩

mac [mæk] zn regenjas

macabre [məˈkɑːbr] bnw macaber, griezelig, akelig

macaroon [mækəˈruːn] zn bitterkoekje, makroon

macaw [məˈkɔː] zn ara ⟨papegaaiensoort⟩

mace [meɪs] zn ❶ foelie ❷ scepter, staf ❸ strijdknots, knuppel

Mace® zn pepperspray

Mach [mɑːk, mæk] zn mach ⟨snelheid van het geluid⟩

machete [məˈʃetɪ] zn machete, kapmes

machinations [mækɪˈneɪʃənz] zn mv listige streken, intriges

machine [məˈʃiːn] I zn machine, automaat, computer ★ *put the cd in your ~* stop de cd in uw computer ★ *washing ~* wasmachine II ov ww machinaal vervaardigen

machine code [məˈʃiːn kəʊd] zn comp machinetaal

machine gun zn mitrailleur

machine-gun [məˈʃiːn-ɡʌn] ww beschieten ⟨met een mitrailleur⟩

machine-made [məʃiːnˈmeɪd] bnw machinaal gemaakt

machinery [məˈʃiːnərɪ] zn ❶ machines ★ *the ~ in this factory is getting old* de machines in deze fabriek worden oud ❷ systeem, apparaat ★ *the ~ of government* het regeringsapparaat

machine shop zn machinewerkplaats

machine tool zn machinaal werktuig

machinist [məˈʃiːnɪst] zn iemand die een machine bedient

machismo [mætʃɪzməʊ] zn machogedrag

macho [ˈmætʃəʊ] I zn macho II bnw macho-

mackerel [ˈmækrəl] zn makreel

mackerel sky zn lucht met schapenwolkjes

macro- [ˈmækrəʊ] voorv macro-

macroeconomics [ˈmækrəʊ iːkəˈnɒmɪks] zn mv macro-economie, economie op grote schaal

mad [mæd] bnw ❶ gek, krankzinnig ★ *stark raving mad* knettergek ★ *barking mad* knettergek ★ *it drives me mad* ik word er gek van ★ *I'm going mad!* ik word gek! ★ *we were running like mad* we renden ons gek ❷ kwaad (**with/at** op) ★ *are you mad with me?* ben je kwaad op me? ❸ gek op, dol (**about/for/on** op) ★ *I'm mad about her* ik ben gek op haar

madam [ˈmædəm] zn mevrouw

madcap [ˈmædkæp] bnw dwaas

mad cow disease zn gekkekoeienziekte

madden [ˈmædn] ov ww ❶ gek maken ❷ boos maken

maddening [ˈmædənɪŋ] bnw gekmakend ★ *a ~ itch* een gekmakende jeuk

made [meɪd] I ww [verleden tijd + volt. deelw.] → **make** II bnw ★ *a made man* iem. die zeer veel geld heeft verdiend ★ *I'm not made for this work* ik ben niet geschikt voor dit werk

made-up bnw ❶ verzonnen ❷ opgemaakt ⟨v. gezicht⟩

madhouse [ˈmædhaʊs] zn gekkenhuis

madly [ˈmædlɪ] bijw als een bezetene, heel erg ★ *~ in love* waanzinnig verliefd

madman [ˈmædmən] zn krankzinnige

madness [ˈmædnəs] zn ❶ krankzinnigheid, gekte ★ *it was complete ~ in the shop today* het was een echt gekkenhuis in de winkel vandaag ❷ razernij

Madonna [məˈdɒnə] zn Maria, madonnabeeld(je), madonna

madwoman [ˈmædwʊmən] zn krankzinnige vrouw

maelstrom [ˈmeɪlstrəm] zn maalstroom

maestro [ˈmaɪstrəʊ] zn dirigent, iemand die ergens in uitblinkt

mag [mæg] zn → **magazine**

magazine [mægəˈziːn] zn ❶ tijdschrift ❷ actualiteitenrubriek op radio / tv ❸ kruitkamer

magenta [məˈdʒentə] zn magenta ⟨roodpaars⟩

maggot [ˈmæɡət] zn made ★ *there were ~s in our bin* er zaten maden in onze vuilnisbak

magic [ˈmædʒɪk] I zn magie, toverkunst, goochelkunst ★ *black ~* zwarte magie ★ *white ~* witte magie ★ *I can't work ~* ik kan niet toveren ★ *as if by ~* als bij toverslag II bnw magisch, tover-, goochel- ★ *~ potion* toverdrank ★ *~ touch* bijzondere gave ★ *~ tricks* goocheltrucjes ★ *~ wand* toverstokje ★ *first say the ~ word* eerst 'alsjeblieft' zeggen

magical [ˈmædʒɪkl] bnw magisch, tover-, betoverend

magician [məˈdʒɪʃən] zn ❶ goochelaar ❷ tovenaar

magisterial [mædʒɪˈstɪərɪəl] bnw ❶ magistraal, meesterlijk ❷ gezaghebbend, autoritair

magistrate [ˈmædʒɪstrət] zn politierechter ★ *appear before the ~* voor de politierechter verschijnen

magnanimous [mæɡˈnænɪməs] bnw grootmoedig, vergevingsgezind

magnate [ˈmæɡneɪt] zn magnaat, rijk en invloedrijk persoon

magnesium [məɡˈniːzɪəm] zn magnesium

magnet [ˈmæɡnət] zn magneet ★ *this island is a tourist ~* dit eiland trekt veel toeristen

magnetic [mæɡˈnetɪk] bnw magnetisch, onweerstaanbaar

magnetism [ˈmæɡnɪtɪzəm] zn magnetisme, aantrekkingskracht

magnetize, magnetise [ˈmæɡnɪtaɪz] ov ww ❶ magnetiseren ❷ fascineren ★ *the audience was ~d* het publiek werd gefascineerd

magnification [mæɡnɪfɪˈkeɪʃən] zn ❶ vergroting ❷ het vergroten

magnificent [mæg'nɪfɪsənt] *bnw* prachtig, groots, geweldig

magnify ['mægnɪfaɪ] *ov ww* ❶ vergroten ★ *this weather magnifies the problem* dit weer vergroot het probleem ❷ overdrijven

magnitude ['mægnɪtjuːd] *zn* omvang, belangrijkheid

magpie ['mægpaɪ] *zn* ❶ ekster ❷ verzamelaar

mahogany [mə'hɒgənɪ] **I** *zn* ❶ mahoniehout ❷ mahonieboom **II** *bnw* mahoniekleurig, roodbruin

maid [meɪd] *zn* ❶ dienstmeisje, meid ❷ ongetrouwde dame ★ *old maid* oude vrijster ★ *maid of honour* eerste bruidsmeisje

maiden ['meɪdn] **I** *zn* meisje, jonkvrouw ★ *a fair ~* een schone jonkvrouw **II** *bnw* ❶ meisjes-, ongetrouwd ★ *~ name* meisjesnaam ⟨van getrouwde vrouw⟩ ❷ eerste ★ *~ flight* eerste vlucht ⟨van vliegtuig⟩

maidenhead ['meɪdnhed] *zn* maagdelijkheid

maiden name *zn* meisjesnaam ⟨van getrouwde vrouw⟩

maiden speech *zn* eerste toespraak

maiden voyage *zn* eerste reis ⟨van schip⟩

mail [meɪl] **I** *zn* ❶ post, poststukken ★ *it got lost in the mail* het is zoekgeraakt bij de post ★ *certified mail* aangetekende post ★ *direct mail* geadresseerde reclame ❷ e-mail **II** *ov ww* USA per post of e-mail verzenden, op de post doen, (e-)mailen

mailbag ['meɪlbæg] *zn* postzak

mailbox ['meɪlbɒks] *zn* ❶ brievenbus ❷ postbus ❸ mailbox

mail carrier *zn* USA postbode

mailing list *zn* verzendlijst

mailman ['meɪlmən] *zn* postbode

mail order *zn* postorder

maim [meɪm] *ov ww* verminken

main [meɪn] **I** *bnw* hoofd-, belangrijkste ★ *the main entrance* de hoofdingang ★ *main course* hoofdgerecht ★ *the main thing is that* het belangrijkste is dat **II** *zn* ❶ hoofdleiding ⟨water, gas, elektriciteit⟩ ❷ [mv] ★ *the mains* elektriciteitsnet, waternet, gasnet ★ *be connected to the mains* aangesloten zijn op het gas- / elektriciteits- / waternet ★ *first turn the gas off at the mains* draai eerst het gas dicht aan de hoofdkraan

mainframe ['meɪnfreɪm] *zn* mainframe

mainland ['meɪnlənd] *zn* vasteland

mainline ['meɪnlaɪn] **I** *zn* directe spoorverbinding **II** *bnw* USA volgens de heersende stroming, gewoon

mainly ['meɪnlɪ] *bijw* voornamelijk, hoofdzakelijk

mainsail ['meɪnseɪl] *zn* grootzeil

mainspring ['meɪnsprɪŋ] *zn* drijfveer

mainstay ['meɪnsteɪ] *zn* ❶ scheepv grote stag ❷ voornaamste steun

mainstream ['meɪnstriːm] **I** *zn* heersende stroming, gebruikelijke opvattingen **II** *bnw* volgens de heersende stroming, gewoon **III** *ov ww* leerlingen met beperkingen laten integreren in het regulier onderwijs

maintain [meɪn'teɪn] *ov ww* ❶ handhaven, op peil houden ★ *~ your current weight* op je huidige gewicht blijven ★ *we have to ~ the*

quality of our products we moeten de kwaliteit van onze producten op peil houden ❷ onderhouden, steunen ★ *he can't ~ his children* hij kan zijn kinderen niet onderhouden ❸ volhouden, beweren ★ *she ~s her innocence* ze houdt vol dat ze onschuldig is

maintenance ['meɪntənəns] *zn* ❶ handhaving ❷ onderhoud, alimentatie ★ *planned ~* regulier onderhoud ★ *child ~* alimentatie voor de kinderen

maisonette [meɪzə'net] *zn* ❶ maisonnette ❷ appartement met twee verdiepingen

maize [meɪz] *zn* GB maïs

Maj. *afk, Major* majoor

majestic [mə'dʒestɪk] *bnw* majestueus, koninklijk, statig

majesty ['mædʒəstɪ] *zn* ❶ majesteit ★ *Your Majesty* Uwe Majesteit ★ *His / Her Majesty* Zijne / Hare Majesteit ❷ grootsheid

major ['meɪdʒə] **I** *zn* ❶ majoor, sergeant-majoor ❷ student ★ *she's an English ~* ze studeert Engels ❸ hoofdvak ★ *take Spanish as one's ~* Spaans als hoofdvak nemen **II** *bnw* ❶ grootste, belangrijkste ★ *the ~ part* het grootste deel ★ *~ road ahead* u nadert een voorrangsweg ❷ muz majeur ★ *~ third* grote terts **III** *onov ww* USA *~ in* als (hoofd)vak kiezen / hebben ★ *what did you ~ in?* wat had je / u als hoofdvak?

major general *zn* generaal-majoor

majority [mə'dʒɒrətɪ] *zn* ❶ meerderheid ★ *they're in the ~* ze zijn in de meerderheid ★ *a vast ~* een grote meerderheid ❷ meerderjarigheid ★ *reach the age of ~* de meerderjarige leeftijd bereiken

majority leader *zn* leider van de (politieke) meerderheid

majority vote *zn* USA absolute meerderheid van stemmen

majorly *inform bijw* heel erg, heel veel ★ *sth is ~ wrong* er is iets heel erg fout

make [meɪk] **I** *ov ww* [onregelmatig] ❶ maken, fabriceren, bereiden, zetten ⟨van thee, koffie⟩, opmaken ⟨van bed⟩ ★ *this is made out of wood* dit is van hout gemaakt ❷ doen, maken, houden ★ *make a speech* een toespraak houden ★ *make a decision* een beslissing nemen ★ *make an effort* moeite doen ★ *make a sound* geluid maken ★ *make time for sth* tijd voor iets maken ★ *make way for* opzij gaan voor ❸ zorgen dat, dwingen, maken ★ *make it happen* zorg dat het gebeurt ★ *he made her cry* hij maakte haar aan het huilen ★ *that makes me angry* dat maakt me boos ★ *you can't make me do that* je kunt me niet dwingen dat te doen ★ *your visit made my day* jouw bezoek bezorgde me een goede dag ❹ zijn, worden, benoemen tot ★ *I'm sure you'll make an excellent writer* je wordt vast een uitstekende schrijver ★ *two and two makes four* twee plus twee is vier ★ *she was made chairperson* ze werd benoemd tot voorzitter ❺ bereiken, halen ⟨van trein, bus⟩ ★ *did you make it on time?* ben je er op tijd aangekomen? ★ *he didn't make the team* hij is niet in het team opgenomen ★ *make it (big)* het helemaal maken, een (groot) succes zijn ❻ verdienen, behalen ★ *how much did he make?* hoeveel heeft hij verdiend? ★ *can you make a living from* *football?* kun je met voetbal in je levensonderhoud voorzien? ★ *make a profit* winst behalen ★ *make do with* behelpen met ❼ ~ **away with** stelen ★ *they made away with the car* ze stolen de auto ❽ ~ **out** begrijpen ★ *can you make out what he says?* begrijp jij wat hij zegt? ❾ ~ **over** overdragen, veranderen ★ *they made over the whole house* ze hebben het hele huis veranderd ❿ ~ **up** opmaken ★ *she made up her eyes* ze maakte haar ogen op ⓫ ~ **up** verzinnen ★ *make up a story* een verhaal verzinnen ⓬ ~ **up** bijleggen ★ *make up the difference* het verschil bijleggen ⓭ ~ **up for** compenseren ★ *make up for lost time* verloren tijd compenseren ⓮ ~ **up to** goedmaken ★ *I'll make it up to you* ik zal het weer goed met je maken **II** *onov ww* [onregelmatig] ❶ ~ **for** naartoe gaan ★ *she made for the exit* ze ging naar de uitgang ❷ ~ **of** van maken, van vinden ★ *life is what you make of it* het leven is wat je er zelf van maakt ★ *make the best of it* er het beste van maken ★ *what did you make of that film?* wat vond jij van die film? ❸ ~ **off** zich uit de voeten maken ★ *they made off quickly* ze maakten zich snel uit de voeten ❹ ~ **off with** zich met iets uit de voeten maken ★ *they made off with my mobile phone* ze maakten zich uit de voeten met mijn mobieltje ❺ ~ **up** zoenen, vrijen ❻ ~ **up** goedmaken ★ *let's make up* laten we het goedmaken **III** *zn* merk ★ *what make are those jeans?* van welk merk is die spijkerbroek?

make-believe ['meɪkbəliːv] **I** *zn* het doen alsof, verzinsel ★ *a world of ~* een fantasiewereld **II** *bnw* schijn-

makeover ['meɪkəʊvə] *zn* opknapbeurt, metamorfosebehandeling

maker ['meɪkə] *zn* ❶ maker, schepper ★ *euf meet your ~* sterven ❷ fabrikant, apparaat ★ *a coffee ~* een koffieapparaat

makeshift ['meɪkʃɪft] **I** *zn* noodoplossing **II** *bnw* geïmproviseerd

make-up ['meɪkʌp] *zn* ❶ make-up, grime ★ *put on ~* make-up opdoen ★ *~ artist* make-upspecialist ❷ gesteldheid, iets of iemand als geheel ★ *that's not part of his ~* dat is geen onderdeel van wie hij is

making ['meɪkɪŋ] *zn* productie, fabricage ★ *have the ~s of* de juiste eigenschappen hebben van ★ *he has the ~s of a lawyer* er zit een advocaat in hem ★ *in the ~* tijdens het ontstaan ★ *of your own ~* door jezelf veroorzaakt

mal- [mæl] *voorv* slecht, mis-

maladjusted [mælə'dʒʌstɪd] *bnw* onaangepast, niet in staat zich aan te passen

maladroit [mælə'drɔɪt] *bnw* onhandig

malady ['mælədɪ] *zn* ziekte, kwaal

malaise [mə'leɪz] *zn* onbehaaglijk gevoel, malaise

malapropism ['mæləprɒpɪzəm] *zn* komische verspreking

malaria [mə'leərɪə] *zn* malaria

Malay [mə'leɪ] **I** *zn* Maleier, Maleise **II** *bnw* Maleis

Malaysia [mə'leɪzɪə] *zn* Maleisië

Malaysian [mə'leɪzɪən] **I** *zn* Maleisiër, Maleisische **II** *bnw* Maleisische

malcontent ['mælkəntent] *zn* ontevreden persoon

male [meɪl] **I** *zn* ❶ man ★ *two white males* twee blanke mannen ★ *a male-dominated society* een door mannen gedomineerde maatschappij ❷ mannetjesdier ★ *is it a male or a female?* is het een mannetje of een vrouwtje? **II** *bnw* mannelijk, mannen-, van het mannelijk geslacht ★ *a male cat* een kater ★ *a male model* een model van het mannelijk geslacht

malediction [mælɪ'dɪkʃən] *zn* vervloeking

malefactor ['mælɪfæktə] *zn* misdadiger

malevolent [mə'levələnt] *bnw* met kwade bedoelingen

malformation [mælfɔː'meɪʃən] *zn* misvorming

malformed [mæl'fɔːmd] *bnw* misvormd

malfunction [mæl'fʌŋkʃən] **I** *zn* storing ⟨van apparatuur⟩ **II** *onov ww* ❶ storing geven ⟨van apparatuur⟩ ❷ niet naar behoren functioneren ⟨van mensen⟩

malice ['mælɪs] *zn* ❶ kwaadaardigheid ❷ *jur* boze opzet ★ *with ~ aforethought* met voorbedachten rade

malicious [mə'lɪʃəs] *bnw* ❶ boosaardig, kwaadwillig ★ *~ gossip* kwaadaardige roddels ❷ *jur* opzettelijk

malign [mə'laɪn] **I** *bnw* kwaadaardig, schadelijk, slecht ★ *a ~ spirit* een kwaadaardige geest **II** *ov ww* belasteren, kwaadspreken over

malignant [mə'lɪgnənt] *bnw* boosaardig, schadelijk ★ *a ~ tumour* een kwaadaardige tumor

malinger [mə'lɪŋgə] *onov ww* ziekte voorwenden, simuleren

malingerer [mə'lɪŋgərə] *zn* simulant, iemand die zegt dat hij ziek is om niet te hoeven werken

mall [mæl] *zn* USA groot overdekt winkelcentrum

mallard ['mælɑːd] *zn* wilde eend

malleable ['mælɪəbl] *bnw* kneedbaar, smeedbaar, buigzaam

mallet ['mælɪt] *zn* houten hamer

malling ['mɔːlɪŋ] *ww* ❶ rondhangen in een groot winkelcentrum ❷ het bouwen van grote winkelcentra

mallow ['mæləʊ] *zn* kaasjeskruid

malnourished [mæl'nʌrɪʃt] *bnw* ondervoed

malnutrition [mælnjuː'trɪʃən] *zn* ondervoeding, slechte voeding

malodorous [mæl'əʊdərəs] *bnw* stinkend

malpractice [mæl'præktɪs] *zn* kwade praktijk(en), professionele nalatigheid, verkeerde behandeling ⟨(medisch)⟩ ★ *she sued the hospital for ~* ze heeft het ziekenhuis aangeklaagd wegens nalatigheid

malt [mɔːlt] **I** *zn* ❶ mout ❷ USA milkshake met mout ❸ *malt whisky* moutwhisky **II** *ov+onov ww* mouten

Maltese [mɔːl'tiːz] **I** *zn* Maltees, Maltezer **II** *bnw* Maltees

malt liquor USA *zn* sterk bier

maltreat [mæl'triːt] *ov ww* slecht behandelen, mishandelen

maltreatment [mæl'triːtmənt] *zn* slechte behandeling, mishandeling

malt whisky *zn* moutwhisky

malversation [mælvə'seɪʃən] *zn* malversatie, verduistering, corruptie

ma

mam [mæm] *zn* inform mam, moeder
mammal ['mæməl] *zn* zoogdier
mammalian [mə'meɪljən] *bnw* zoogdier-
mammary ['mæmərɪ] *bnw* m.b.t. / van de borst, borst- ★ ~ *gland* borstklier
mammogram ['mæməʊɡræm] *zn* med mammogram
mammography [mæ'mɒɡrəfɪ] *zn* med mammografie
mammoth ['mæməθ] I *zn* mammoet II *bnw* mammoet-, reusachtig
mammy ['mæmɪ] *zn* mammie, moeder
man [mæn] I *zn* [mv: **men**] ❶ man ★ *best man* getuige bij huwelijk ⟨van bruidegom⟩ ★ *a man about town* een man van de wereld ★ *a dirty old man* een oude snoeper / viespeuk ★ *man to man* man tegen man, één op één ★ *a man of...* een man met bepaalde eigenschappen of kwaliteiten ★ *a man of means* een vermogend man ★ *a man of action* een doortastend man ★ *a man of God* een priester, een dominee ★ inform *the / my old man* m'n vader, m'n vent ★ *I pronounce you man and wife* ik verklaar u hierbij tot man en vrouw ⟨bij huwelijk⟩ ★ *a London man* een man uit Londen ★ *I've been here man and boy* vanaf m'n jongensjaren ben ik al hier ★ humor *man's best friend* de hond ★ *be a man!* wees een vent! ★ *are you man enough for this?* ben je hier mans genoeg voor? ❷ mens, persoon, iemand ★ *the origin of man* het ontstaan van de mens ★ *(all) to a man* (allen) zonder uitzondering ★ fig *the inner man* de inwendige mens, het geestelijke leven ★ *the man on the street* de gewone man ★ *I'm your man* ik neem je aanbod aan, ik ben de geschikte persoon ★ *you're the man!* je bent geweldig! ★ *as one man* allemaal tegelijk ★ *to a man* zonder uitzondering ❸ bediende, werkman ★ *his man Friday* zijn toegewijd helper ★ *be your own man* eigen baas zijn ❹ USA ★ *the man* de politie, de autoriteiten ❺ speelstuk, (dam)schijf ❻ mil [mv] *men* manschappen II *ov ww* v. bemanning voorzien, bemannen ★ *man o.s.* zich vermannen
manacle ['mænəkl] I *zn* (hand)boei II *ov ww* boeien, belemmeren
manage ['mænɪdʒ] I *ov ww* ❶ leiden, beheren, besturen ★ *she ~s two large companies* zij leidt twee grote bedrijven ❷ aankunnen, slagen in ★ *can you ~ this today?* lukt het om dit vandaag te doen? ★ *she can't ~ her five children* ze kan haar vijf kinderen niet aan II *onov ww* het redden, slagen, lukken ★ *I can ~ for myself* ik red het wel alleen ★ *can you ~?* lukt het? ★ *she ~d to open the door* het lukte haar de deur te openen
manageable ['mænɪdʒəbl] *bnw* handelbaar, te hanteren
management ['mænɪdʒmənt] *zn* ❶ bedrijfsleiding, management, directie ★ *the ~ of our company* de directie van ons bedrijf ❷ leiding, management, beheer, bestuur ★ *financial ~* financieel beheer ❸ beheersing ★ *anger ~* woedebeheersing
manager ['mænɪdʒə] *zn* ❶ bedrijfsleider, manager, bestuurder, beheerder, chef ★ *sales ~*

hoofd van de verkoopafdeling ★ *general ~* algemeen directeur ❷ impresario ❸ manager, trainer ⟨sport⟩
managerial [mænə'dʒɪərɪəl] *bnw* directeurs-, bestuurs-, management- ★ ~ *experience* bestuurservaring
managing director *zn* directeur
Mancunian [mæn'kju:nɪən] I *bnw* van / uit Manchester II *zn* iemand uit Manchester
mandarin ['mændərɪn] *zn* ❶ mandarijn ⟨vrucht⟩ ❷ bureaucraat
Mandarin ['mændərɪn] *zn* taalk Mandarijn ⟨soort Chinees⟩
mandate ['mændeɪt] I *zn* mandaat, bevel, opdracht II *ov ww* ❶ onder mandaat plaatsen ❷ USA verplicht stellen
mandatory ['mændətərɪ] *bnw* verplicht
mandible ['mændɪbl] anat *zn* (onder)kaak
mandolin [mændə'lɪn, 'mændəlɪn] *zn* mandoline
mane [meɪn] *zn* manen, grote bos haar ★ *a horse with a black mane* een paard met zwarte manen
man-eater *zn* ❶ mensetend roofdier ❷ min mannenverslindster
man-eating *bnw* mensenetend
maneuver *zn* USA → **manoeuvre**
manful ['mænfʊl] *bnw* dapper, moedig
manga ['mæŋɡə] *zn* manga ⟨Japanse strip⟩
manganese ['mæŋɡəniːz] *zn* mangaan
mange [meɪndʒ] *zn* schurft
manger ['meɪndʒə] *zn* kribbe, voerbak
mangle ['mæŋɡl] I *ov ww* mangelen, verminken, verknoeien II *zn* mangel
mangrove ['mæŋɡrəʊv] *zn* mangrove, wortelboom
mangy ['meɪndʒɪ] *bnw* ❶ schurftig ❷ oud en vies
manhandle ['mænhændl] *ov ww* ❶ ruw behandelen ❷ met menskracht verplaatsen
manhole ['mænhəʊl] *zn* mangat
manhood ['mænhʊd] *zn* ❶ mannelijkheid ❷ volwassenheid ⟨van man⟩ ❸ form penis
man-hour *zn* manuur, mensuur
manhunt ['mænhʌnt] *zn* klopjacht, intensieve zoektocht
mania ['meɪnɪə] *zn* ❶ gekte, rage ❷ med manie, waanzin
maniac ['meɪnɪæk] *zn* maniak, waanzinnige
maniacal [mə'naɪəkl] *bnw* dollemans-, waanzinnig
manic ['mænɪk] *bnw* manisch, opgewonden, druk
manic-depressive I *zn* manisch-depressief iemand II *bnw* manisch-depressief
manicurist ['mænɪkjʊərɪst] *zn* manicure, manicuurster
manifest ['mænɪfest] I *zn* ❶ scheepv manifest, vrachtbrief, passagierslijst ❷ manifest, openbaarmaking, verklaring II *bnw* zichtbaar, duidelijk III *ov ww* zichtbaar maken, openbaar maken, vertonen IV *onov ww* zich manifesteren, verschijnen
manifestation [mænɪfe'steɪʃən] *zn* ❶ manifestatie, openbare vertoning, uiting ❷ verschijning ⟨van geest⟩
manifesto [mænɪ'festəʊ] *zn* manifest, openbare verklaring
manifold ['mænɪfəʊld] I *zn* techn spruitstuk, verdeelstuk II *bnw* veelvuldig, veelsoortig

ma

manikin ['mænɪkɪn] zn ❶ etalagepop, paspop ❷ min klein mannetje

manilla [mə'nɪlə] bnw van stevig lichtbruin papier ★ a ~ envelope een stevige lichtbruine envelop

manipulate [mə'nɪpjʊleɪt] ov ww ❶ manipuleren, beïnvloeden, hanteren, bewerken ❷ manipuleren ❸ med kraken

manipulation [mənɪpjʊ'leɪʃən] zn ❶ manipulatie, beïnvloeding, bewerking ❷ het manipuleren, het kraken ⟨van lichaamsdeel⟩

manipulative [mə'nɪpjʊlətɪv] bnw manipulatief, misleidend

manipulator [mə'nɪpjʊleɪtə] zn manipulator, misleider

mankind [mæn'kaɪnd] zn de mensheid ★ for all ~ voor alle mensen op aarde

manky ['mæŋkɪ] bnw groezelig, onfris

manly ['mænlɪ] bnw mannelijk, manly

man-made bnw door de mens gemaakt, kunstmatig ★ ~ fibres kunstvezels

manna ['mænə] zn manna ★ ~ from heaven een geschenk uit de hemel

manned [mænd] bnw bemand ★ ~ space travel bemande ruimtevaart

mannequin ['mænɪkɪn] zn ❶ etalagepop ❷ mannequin, model

manner ['mænə] zn ❶ manier, wijze, soort ★ all ~ of things van alles ★ in a ~ of speaking bij wijze van spreken ★ in a ~ in zekere zin ★ in like ~ op dezelfde manier ★ in the ~ of in de stijl van ★ (as) to the ~ born van nature ervoor geknipt / geschikt ★ what ~ of man is he? wat voor een man is hij? ❷ [mv] ~s manieren, normen en waarden ★ it's bad ~s to do that het past niet dat te doen ★ where are your ~s? heb je geen manieren geleerd?

mannered ['mænəd] bnw ❶ geaffecteerd ❷ met... manieren ★ bad-~ met slechte manieren

mannerism ['mænərɪzəm] zn hebbelijkheid, maniertje

mannerless ['mænələs] bnw ongemanierd

mannikin zn → manikin

manoeuvre [mə'nu:və] I zn ❶ manoeuvre, slinkse beweging, behendige beweging ★ room for ~ bewegingsruimte ❷ mil [mv] ★ ~s gevechtsoefening(en) II ov ww ❶ manoeuvreren, behendig besturen ★ ~ a car through heavy traffic een auto door druk verkeer heen manoeuvreren ❷ op slinkse wijze bereiken ★ to ~ one's way into power op slinkse wijze aan de macht komen III onov ww manoeuvreren

man-of-war zn oorlogsschip

manor ['mænə] zn landgoed, groot herenhuis met grond

manor-house ['mænəhaʊs] zn groot herenhuis met grond

manpower ['mænpaʊə] zn mankracht, arbeidskracht(en), personeel

manservant ['mænsɜ:vənt] zn oud knecht, bediende

mansion ['mænʃən] zn groot herenhuis, mooie villa

man-sized bnw ❶ groter dan gebruikelijk ❷ zo groot als een man, voor één man berekend

manslaughter ['mænslɔ:tə] zn doodslag

mantel ['mæntl] zn USA schoorsteenmantel

mantelpiece zn schoorsteenmantel

mantle ['mæntl] I zn ❶ mantel, dekmantel ❷ gloeikousje II ov ww bedekken

manual ['mænjʊəl] I zn ❶ handboek, handleiding ★ operating ~ bedieningshandleiding ❷ handgeschakelde auto II bnw hand-, handmatig ★ ~ workers handarbeiders, ongeschoolde werkers ★ ~ labour ongeschoold werk ★ a ~ car een handgeschakelde auto

manufacture [mænju:'fæktʃə] I ov ww ❶ fabriceren, produceren ★ ~d articles fabrieksproducten ❷ verzinnen II zn ❶ fabricage ❷ fabricaat, product

manufacturer [mænju:'fæktʃərə] zn fabrikant

manure [mə'njʊə] I zn mest II ov ww bemesten

manuscript ['mænjʊskrɪpt] zn manuscript, ongepubliceerd werk, handgeschreven werk

Manx [mæŋks] I zn ❶ bewoner(s) v.h. eiland Man ❷ taal v.h. eiland Man II bnw Manx-, van het eiland Man

many ['menɪ] I onbep vnw veel, vele ★ many a man menigeen ★ many a time / many's the time menigmaal, steeds weer ★ many a day vele dagen ★ as many as ten wel tien ★ one too many een te veel ★ in as many days in net zoveel dagen ★ as many as you can carry zo veel als je kunt dragen ★ two times as many twee keer zo veel II zn ★ a great many heel veel, heel wat ★ the many de menigte, de meerderheid

many-sided bnw veelzijdig

Maori ['maʊrɪ] zn ❶ Maori ❷ taal v.d. Maori

map [mæp] I zn (land)kaart ★ read a map kaartlezen ★ off the map onbereikbaar, onbelangrijk ★ they live off the map ze wonen in een uithoek ★ wipe off the map van de kaart vegen, met de grond gelijk maken ★ put on the map bekend / beroemd maken ★ iron do I have to draw you a map? moet ik het voor je uittekenen? II ov ww ❶ in kaart brengen ❷ ~ out in detail uitwerken

maple ['meɪpl] zn esdoorn

maple leaf zn esdoornblad ⟨embleem van Canada⟩

maple syrup zn ahornstroop

mar [mɑ:] ov ww ontsieren, bederven

Mar. afk, March mrt, maart

maraud [mə'rɔ:d] ov+onov ww plunderen, stropen

marauder [mə'rɔ:də] zn plunderaar, stroper

marble ['mɑ:bl] I zn ❶ marmer ❷ knikker ★ ~s [mv] knikkerspel ★ play at ~s knikkeren ★ inform lose one's ~s z'n verstand verliezen II bnw marmeren, als marmer, gemarmerd ★ ~ cake marmercake III ov ww marmeren

march [mɑ:tʃ] I onov ww ❶ marcheren, stevig doorstappen, betogen ★ they ~ with the times ze gaan met hun tijd mee ★ time ~es on de tijd loopt wel door ★ ~ing band fanfare ❷ ~ past defileren II ov ww ❶ ~ away lopend wegvoeren ❷ ~ off laten afmarcheren ❸ ~ up laten aanrukken III zn ❶ mars, betoging, ontwikkeling ★ ~ against cancer betoging tegen kanker ★ be on the ~ oprukken, fig groter /

bekender worden ★ *the ~ of history* het voortschrijden van de geschiedenis ❷ marsmuziek

March [mɑːtʃ] *zn* maart

March hare *zn* ▼ *as mad as a ~* stapelgek

march-past *zn* defilé

Mardi Gras *zn* Vastenavond, ≈ carnaval

mare [meə] *zn* merrie

margarine [mɑːdʒəˈriːn] *zn* margarine

marge [mɑːdʒ] *zn* inform margarine

margin [ˈmɑːdʒɪn] *zn* ❶ marge, rand, kantlijn, grens ★ *in the ~* in de kantlijn ❷ verschil, speling, speelruimte ★ *he won by a small ~* hij won met een klein verschil ★ *~ of error* foutmarge ★ *there is no ~ for error* we kunnen ons geen fouten permitteren ❸ econ winst, marge ★ *~ of profit* winstmarge ❹ econ surplus ⟨effectenbeurs⟩

marginal [ˈmɑːdʒɪnl] *bnw* ❶ marginaal, zeer klein, onbelangrijk ❷ kant-, rand- ★ *~ notes* aantekeningen in de kantlijn

marigold [ˈmærɪɡəʊld] *zn* plantk goudsbloem, afrikaantje

marijuana, marihuana [mærɪˈwɑːnə] *zn* marihuana, cannabis

marina [məˈriːnə] *zn* jachthaven

marinade [ˈmærɪneɪd] I *zn* marinade II *ov ww*, **marinate** marineren

marine [məˈriːn] I *zn* ❶ marinier ★ *the Marines* het Korps Mariniers ❷ vloot ★ *the merchant ~* de koopvaardijvloot II *bnw* zee-, scheeps-, maritiem ★ *a ~ biologist* een zeebioloog ★ *~ life* de dieren en planten in de zee ★ *the Marine Corps* het Korps Mariniers ★ *~ traffic* scheepsverplaatsingen, scheepvaart

mariner [ˈmærɪnə] oud *zn* matroos, zeeman

marionette [mærɪəˈnet] *zn* marionet

marital [ˈmærɪtl] *bnw* huwelijks- ★ *~ bliss* een gelukkig huwelijk ★ *~ status* huwelijkse staat

maritime [ˈmærɪtaɪm] *bnw* zee(vaart)-, kust-, maritiem

marjoram [ˈmɑːdʒərəm] *zn* marjolein ⟨kruid⟩

mark [mɑːk] I *zn* ❶ teken, markering, signaal ★ *on my mark* op mijn teken ★ *on your marks... get set... go!* op uw plaatsen... klaar... af! ★ *reach the halfway mark* halverwege komen ★ *as a mark of* ten teken van, als blijk van ★ *be quick / slow off the mark* snel / langzaam op gang komen ❷ vlek, spoor ★ *scratch marks* krassen ★ *leave a mark* een vlek maken ❸ cijfer, punt ★ *top marks* [mv] het hoogst haalbare cijfer ⟨bij examen⟩ ★ *full marks to the staff for a wonderful day* hulde aan de leiding voor een geweldige dag ★ *deduct a mark* een punt aftrekken ❹ stempel, zegel, merk, kruisje ⟨i.p.v. handtekening⟩ ★ *leave a mark on sth* een stempel zetten op ⟨ook figuurlijk⟩ ★ *make one's mark* zich onderscheiden ❺ doel, doelwit, roos, niveau ★ inform *an easy mark* een gemakkelijke prooi ★ *(right) on the mark* in de roos ★ *hit the mark* de spijker op de kop slaan ★ *feel up to the mark* zich fit / geschikt voelen ★ *overstep the mark* over de schreef gaan, te ver gaan ★ *above the mark* meer dan voldoende ★ *off the mark* niet correct, niet relevant ★ *up to the mark* voldoende, op peil ★ *the bullet missed its mark* de kogel trof geen doel ❻ mark ⟨munt⟩ II *ov ww* ❶ noteren, onderscheiden, (ken)merken, aangeven, laten blijken, aantonen, betekenen, opmerken, letten op ★ *X marks the spot* het eindpunt / doel is aangegeven met een kruisje ⟨in speurtocht / spelletje⟩ ★ *a letter marked 'Confidential'* een brief met het kenmerk 'Vertrouwelijk' ★ *mark time* pas op de plaats maken, geen vooruitgang boeken ★ *mark my words!* let op mijn woorden! ❷ vieren, herdenken ★ *mark the occasion* de gelegenheid niet ongemerkt voorbij laten gaan, vieren ❸ nakijken, cijfer / punt toekennen ❹ prijzen ⟨van goederen⟩ ❺ *~ down* afprijzen, in prijs verlagen, een lager cijfer geven ❻ *~ down* opschrijven, bestemmen ❼ *~ off* onderscheiden, afscheiden, aftikken ⟨van lijst⟩ ❽ *~ out* bestemmen, afbakenen, onderscheiden ❾ *~ up* in prijs verhogen, een hoger cijfer geven ❿ *~ up* van commentaar voorzien, corrigeren III *onov ww* markeren ⟨bij jacht⟩ ★ *mark you!* denk erom!

marked [mɑːkt] *bnw* ❶ opvallend ❷ gemerkt, getekend ⟨dier⟩ ★ *a ~ man / woman* ten dode opgeschreven man / vrouw, iem. die bespied wordt

marker [ˈmɑːkə] *zn* ❶ teken, baken ❷ dikke stift ❸ sport mandekker

market [ˈmɑːkɪt] I *zn* markt, handel, beurs, afzetgebied ★ *~ forces* vrijemarktmechanisme ★ *~ economy* vrijemarkteconomie ★ *be in the ~ for* nodig hebben, willen kopen ★ *come / be on the ~* in de verkoop komen / zijn ★ *black ~* zwarte markt, zwarte handel ★ *common ~* gemeenschappelijke markt ★ *foreign ~s* buitenlandse handel ★ *play the ~* speculeren op de beurs II *ov ww* verkopen, verhandelen, proberen te verkopen d.m.v. marketing

marketable [ˈmɑːkɪtəbl] *bnw* verkoopbaar, goed in de markt liggend

marketeer [mɑːkəˈtɪə] *zn* marketingdeskundige ★ *black ~* zwarthandelaar

market garden *zn* tuinderij, groentekwekerij

marketing [ˈmɑːkɪtɪŋ] *zn* ❶ marketing, marktanalyse ★ *direct ~* geadresseerde reclame, telefonische verkoop ❷ handel, verkoop, afzet

marketplace [ˈmɑːkɪtpleɪs] *zn* markt, handel ★ *in the ~* in de handel

market research *zn* econ marktonderzoek

marking [ˈmɑːkɪŋ] *zn* ❶ markering, tekening ⟨v. dier⟩ ❷ nakijkwerk ★ *het dekken* ⟨in de sport⟩

marksman [ˈmɑːksmən] *zn* (scherp)schutter

markup [ˈmɑːkʌp] *zn* ❶ econ winstmarge ❷ opmaak ⟨van documenten⟩

marmalade [ˈmɑːməleɪd] *zn* marmelade

marmot [ˈmɑːmət] *zn* marmot

maroon [məˈruːn] *bnw* kastanjebruin

marooned *bnw* aan zijn lot overgelaten

marquee [mɑːˈkiː] *zn* grote tent, partytent, USA markies ⟨luifel⟩

marquis [ˈmɑːkwɪs] *zn* markies ⟨edelman⟩ (niet-Brits)

marquise [mɑːˈkiːz] *zn* markiezin ⟨niet-Brits⟩

marriage [ˈmærɪdʒ] *zn* huwelijk ★ *~ of convenience* verstandshuwelijk ★ *by ~* aangetrouwd ★ *ask sb's hand in ~* iem. ten

ma

huwelijk vragen ★ ~ *guidance / counselling* relatietherapie

marriageable ['mærɪdʒəbl] *bnw* huwbaar ★ *of ~ age* op huwbare leeftijd

marriage certificate *zn* trouwakte

marriage settlement *zn* huwelijksvoorwaarden

married ['mærɪd] *bnw* getrouwd, huwelijks- ★ *be ~ to sb* met iem. getrouwd zijn ★ *be ~ to sth* ergens heel veel tijd aan besteden ★ ~ *life* het huwelijksleven [verleden tijd + volt. deelw.] → **marry**

marrow ['mærəʊ] *zn* ❶ merg ★ *chilled to the ~* koud tot op het bot ❷ pompoen, courgette

marrowbone ['mærəʊbəʊn] *zn* mergpijp, soepbot

marry ['mærɪ] **I** *ov ww* ❶ trouwen (met) ❷ samenbrengen ❸ ~ **off** uithuwelijken **II** *onov ww* trouwen, in de echt verbinden ★ ~ *above / beneath o.s.* boven / beneden je stand trouwen ★ *he is not the ~ing type* hij is geen man om te trouwen ★ ~ **into** door middel van het huwelijk bij... horen

marsh [mɑːʃ] *zn* moeras

marshal ['mɑːʃəl] **I** *zn* ❶ maarschalk ❷ ceremoniemeester ❸ ≈ griffier ❹ USA hoofd van politie, brandweercommandant **II** *ov ww* rangschikken, opstellen, aanvoeren, leiden ★ ~ *one's thoughts* zijn gedachten verzamelen

marshalling yard *zn* rangeerterrein

marshmallow [mɑːʃˈmæləʊ] *zn* marshmallow, spekkie

marshy ['mɑːʃɪ] *bnw* moerassig

marsupial [mɑːˈsuːpɪəl] *zn* buideldier

mart [mɑːt] *zn* USA markt

marten ['mɑːtɪn] *zn* marter

martial ['mɑːʃəl] *bnw* oorlogs-, gevechts- ★ ~ *law* oorlogsrecht ★ ~ *arts* gevechtssport

Martian ['mɑːʃən] **I** *zn* Marsmannetje **II** *bnw* van Mars, Mars-

martyr ['mɑːtə] **I** *zn* martelaar ★ *be a ~ to* veel te lijden hebben van **II** *ov ww* de marteldood doen sterven, martelen

martyrdom ['mɑːtədəm] *zn* martelaarschap, marteldood, marteling

marvel ['mɑːvəl] **I** *zn* wonder **II** *onov ww* ❶ zich afvragen, zich verwonderen ❷ ~ *at* zich verwonderen over

marvellous ['mɑːvələs] *bnw* fantastisch, geweldig, wonderbaarlijk

marzipan ['mɑːzɪpæn] *zn* marsepein

masc. taalk *afk, masculine* mannelijk

mascara [mæˈskɑːrə] *zn* mascara

mascot ['mæskɒt] *zn* mascotte, talisman

masculine ['mæskjʊlɪn] **I** *zn* taalk mannelijk geslacht, masculinum **II** *bnw* mannelijk, mannen-

mash [mæʃ] **I** *zn* ❶ aardappelpuree ❷ mengvoer, beslag ⟨brouwerij⟩, mengsel **II** *ov ww* pureren, stampen, mengen

masher ['mæʃə] *zn* (aardappel)stamper

mask [mɑːsk] **I** *zn* masker ⟨ook figuurlijk⟩, vermomming ★ *ski mask* bivakmuts ★ *gas mask* gasmasker **II** *ov ww* vermommen, maskeren, verbergen

masochism ['mæsəkɪzəm] *zn* masochisme

masochist ['mæsəkɪst] *zn* masochist

mason ['meɪsən] *zn* steenhouwer ★ *Mason* vrijmetselaar

masonry ['meɪsənrɪ] *zn* metselwerk

masquerade [mɑːskəˈreɪd] **I** *zn* maskerade, valse schijn, verkleedpartij **II** *onov ww* zich vermommen (**as** als), zich voordoen (**as** als)

mass [mæs] **I** *zn* ❶ merendeel, massa, grote hoop ★ *the masses* het gewone volk ❷ mis ★ *Low Mass* stille mis ★ *say Mass* de mis lezen ❸ natk massa **II** *bnw* massa-, massaal ★ *weapons of mass destruction* massavernietigingswapens ★ *mass unemployment* massale werkloosheid **III** *ov ww* verzamelen, samentrekken ⟨v. troepen⟩ **IV** *onov ww* zich verzamelen

massacre ['mæsəkə] **I** *zn* bloedbad, slachting **II** *ov ww* afslachten

massage ['mæsɑːʒ, məˈsɑːʒ] **I** *zn* massage ★ ~ *parlour* massagesalon, bordeel **II** *ov ww* masseren

masseur [mæˈsɜː] *zn* masseur

masseuse [mæˈsɜːz] *zn* masseuse

massif ['mæsiːf] *zn* berggroep, massief

massive ['mæsɪv] *bnw* ❶ massief, enorm ★ *a ~ amount* een enorm aantal ❷ indrukwekkend, gigantisch

mass media *zn* massamedia

mass-produce *ov ww* in zeer grote hoeveelheden produceren

mass transit *zn* USA openbaar vervoer

mast [mɑːst] *zn* mast ★ *at half mast* halfstok

mastectomy [mæsˈtektəmɪ] *zn* borstamputatie, mastectomie

master ['mɑːstə] **I** *zn* ❶ baas, werkgever, directeur, hoofd ⟨v. college⟩, (leer)meester, leraar ★ ~ *of ceremonies* ceremoniemeester ★ *be one's own ~* eigen baas zijn ★ *be a ~* **at/of** een meester in... zijn ★ *the old ~s* de oude meester(schilder)s ★ *serve two ~s* twee heren dienen ❷ master ⟨academische graad⟩, ≈ doctorandus ★ *Master of Science* master in de bètawetenschappen ❸ heer des huizes, jongeheer, mijnheer, meester ❹ techn master ⟨origineel exemplaar⟩ **II** *bnw* voornaamste, hoofd- ★ ~ *bedroom* grootste slaapkamer van het huis **III** *ov ww* beheersen, overmeesteren, de baas worden, besturen ★ ~ *the art of sth* de kunst van iets onder de knie krijgen

master class *zn* masterclass ⟨les door bekend artiest⟩

masterful ['mɑːstəfʊl] *bnw* ❶ meesterlijk, magistraal ❷ bazig, autoritair

master key *zn* loper ⟨sleutel⟩

masterly ['mɑːstəlɪ] *bnw* + *bijw* meesterlijk

mastermind ['mɑːstəmaɪnd] **I** *zn* genie **II** *ov ww* uitdenken, uitwerken, plannen, organiseren

masterpiece ['mɑːstəpiːs] *zn* meesterwerk

master stroke *zn* meesterlijke zet

master switch *zn* hoofdschakelaar

masterwork ['mɑːstəwɜːk] *zn* meesterwerk, meesterlijk staaltje

mastery ['mɑːstərɪ] *zn* meesterschap ★ ~ *of* beheersing van, heerschappij over

masticate ['mæstɪkeɪt] *ov+onov ww* kauwen

mastiff ['mæstɪf] *zn* buldog

mastodon ['mæstədɒn] *zn* mastodont ⟨soort mammoet⟩, reus(achtig dier)

masturbate ['mæstəbeɪt] *onov ww* masturberen

mat [mæt] *zn* ❶ mat(je), kleedje ❷ verwarde massa

match [mætʃ] **I** *ov ww* ❶ passen bij, in overeenstemming zijn met, in overeenstemming brengen met ★ *the colour of your shirt ~es that of your eyes* de kleur van je overhemd past bij die van je ogen ★ *he ~es the description of the thief* hij voldoet aan de beschrijving van de dief ❷ evenaren, zich kunnen meten met, hetzelfde bieden als ★ ~ *the same amount* hetzelfde bedrag bijpassen ★ *you can't ~ it* dat doe je me niet na ❸ ~ **against** tegenover elkaar stellen (als tegenstanders) ★ *England is ~ed against Wales* Engeland moet tegen Wales spelen **II** *onov ww* ❶ bij elkaar passen ★ *with ~ing earrings* met bijpassende oorbellen ★ *your socks don't ~* je hebt twee verschillende sokken aan ★ *this colour is hard to ~* het is moeilijk iets te vinden dat bij deze kleur past ★ *be well ~ed* goed bij elkaar passen, aan elkaar gewaagd zijn ❷ ~ **up** kloppen, bij elkaar passen ★ *that doesn't ~ up* dat klopt niet ❸ ~ **up to** opgewassen zijn tegen, net zo goed zijn als ★ *Bill doesn't ~ up to Dave* Bill is niet zo goed als Dave **III** *zn* ❶ lucifer ★ *strike a ~* een lucifer afsteken ❷ wedstrijd, partij ★ *away ~* uitwedstrijd ★ *friendly ~* vriendschappelijke wedstrijd ★ *qualifying ~* kwalificatiewedstrijd ❸ gelijke, tegenhanger ★ *be a ~ for sb* tegen iem. opgewassen zijn ❷ ~ *be more than a ~ for sb* iem. de baas zijn ★ *find one's ~* zijn gelijke vinden ❹ stel, paar, goede combinatie ★ *make a ~ of it* trouwen ★ *he has made a good ~* hij is goed getrouwd ★ *this material is a good ~* deze stof past er goed bij

matchbox ['mætʃbɒks] *zn* lucifersdoosje

matchless ['mætʃləs] *bnw* weergaloos, niet te evenaren

matchmaker ['mætʃmeɪkə] *zn* koppelaar(ster)

matchmaking ['mætʃmeɪkɪŋ] *zn* ❶ fabricage van lucifers ❷ het koppelen (voor relatie)

match point *zn* sport matchpoint, beslissende punt

matchstick ['mætʃstɪk] *zn* lucifershoutje

matchstick figure *zn* dun (getekend) figuurtje

matchwood ['mætʃwʊd] *zn* ❶ hout voor lucifers ❷ kleine splinters ★ *make ~ of* tot brandhout maken

mate [meɪt] **I** *zn* ❶ maat, kameraad, vriend ★ *my best mate* mijn beste vriend ❷ partner, mannetje, wijfje ★ *running mate* kandidaat voor vicepresident (in USA en Ierland) ❸ (schaak)mat **II** *ov ww* mat zetten (schaken) **III** *onov ww* paren, zich verenigen ★ *swans mate for life* zwanen vormen een paar voor het leven

material [mə'tɪərɪəl] **I** *zn* stof, materiaal, bestanddeel ★ *curtain ~* gordijnstof ★ *raw ~s* grondstoffen ★ *writing ~s* schrijfbenodigdheden **II** *bnw* ❶ stoffelijk, materieel, lichamelijk ★ ~ *rewards* beloning in de vorm van geld of goederen ❷ wezenlijk, essentieel, belangrijk ★ ~ *to* van belang / relevant voor

materialise *ww* GB → **materialize**

materialism [mə'tɪərɪəlɪzəm] *zn* materialisme, gerichtheid op geld en bezit

materialist [mə'tɪərɪəlɪst] *zn* materialist

materialistic [mə'tɪərɪə'lɪstɪk] *bnw* materialistisch, op geld en bezit gericht

materialize [mə'tɪərɪəlaɪz] *onov ww* verschijnen, ontstaan, verwezenlijkt worden ★ *he ~d out of nowhere* hij verscheen uit het niets ★ *the promised job never ~d* van de beloofde baan kwam niets terecht

materiel [mətɪər'el] *zn* materieel, beschikbare middelen

maternal [mə'tɜːnl] *bnw* moederlijk, moeder- ★ ~ *grandfather* grootvader van moederszijde

maternity [mə'tɜːnɪti] **I** *zn* moederschap **II** *bnw* moederschaps-, zwangerschaps-

maternity dress *zn* positiejurk

maternity hospital *zn* kraamkliniek

maternity leave *zn* zwangerschapsverlof

maternity ward *zn* kraamafdeling

matey [meɪti] **I** *zn* inform maat, vriend **II** *bnw* kameraadschappelijk, gezellig

mathematical [mæθə'mætɪkl] *bnw* wiskundig, wiskunde- ★ *with ~ precision* met wiskundige precisie

mathematician [mæθəmə'tɪʃən] *zn* wiskundige

mathematics [mæθə'mætɪks] *zn mv* wiskunde, cijfermatige aspecten

maths [mæθs] *zn mv* inform wiskunde ★ *do the ~!* reken maar uit!, dat snap je toch wel?

matinée ['mætɪneɪ] *zn* matinee, middagvoorstelling

matriarch ['meɪtrɑːk] *zn* matriarch, belangrijkste vrouw ⟨van een familie⟩

matriarchal [meɪtrɪ'ɑːkl] *bnw* matriarchaal ⟨door vrouwen geleid⟩

matrices ['meɪtrɪsiːz] *zn mv* → **matrix**

matricide ['meɪtrɪsaɪd] *zn* moedermoord

matriculate [mə'trɪkjʊleɪt] *onov ww* als student toegelaten worden, zich als student inschrijven

matriculation [mətrɪkjʊ'leɪʃən] *zn* inschrijving ⟨als student aan universiteit⟩

matrimonial [mætrɪ'məʊnjəl] *bnw* huwelijks-, echtelijk

matrimony ['mætrɪmənɪ] *zn* huwelijk, huwelijkse staat

matrix ['meɪtrɪks] *zn* [mv: **matrices**] ❶ wisk comp matrix, netwerk ⟨van wegen⟩ ❷ bakermat, voedingsbodem ❸ gietvorm, matrijs

matron ['meɪtrən] *zn* ❶ matrone, getrouwde dame ❷ zuster, directrice, hoofd, moeder ⟨v. instituut⟩

matronly ['meɪtrənlɪ] *bnw* ❶ matroneachtig, degelijk, bazig ❷ aan de dikke kant

matt [mæt] *bnw* dof, mat

matted ['mætɪd] *bnw* aan elkaar geklit ⟨v. haarbos⟩

matter ['mætə] **I** *zn* ❶ materie, stof ★ *subject ~* onderwerp ★ *dark ~* zwarte materie ❷ zaak, aangelegenheid, kwestie, iets ★ *what is the ~?* wat is er (aan de hand)? ★ *what is the ~ with it?* wat is er mis mee? ★ *there's nothing the ~* er is niets (aan de hand) ★ *no ~* het geeft niets ★ *to make ~s worse* om het nog erger maken ★ *no laughing ~* niet om te lachen ★ *it is a ~ of £ 10* het gaat om £ 10 ★ *the fact of the ~ is* waar het om gaat is ★ *a ~ of fact* feit, feitelijke kwestie ★ *as a ~ of fact* inderdaad, in werkelijkheid, trouwens ★ *for that* ~ wat dat betreft, trouwens ★ *it was only a* ~ *of time before* het duurde niet lang meer tot ★ *a* ~ *of 20 years* een jaar of twintig ★ *no* ~ *who / what* wie / wat dan ook ★ *no* ~ *what!* in geen geval! ★ *that's a* ~ *of opinion* daarover valt te twisten ★ ~ *of law* juridische kwestie ★ ~ *of course* vanzelfsprekende kwestie ★ *a delicate* ~ een gevoelige kwestie, een netelige zaak ★ *a* ~ *of life and death* een kwestie van leven of dood ❸ etter ⟨substantie⟩ **II** *onov ww* van belang zijn, betekenen ★ *it* ~*s to me* ik vind het belangrijk ★ *does it* ~ *if* maakt het uit of ★ *what does it* ~? wat geeft 't?

matter-of-fact [mætərəv'fækt] *bnw* nuchter, zakelijk

matting ['mætɪŋ] *zn* matwerk, gewoven mat

mattress ['mætrəs] *zn* matras

maturation [mætʃʊ'reɪʃən] *zn* rijping, ontwikkeling

mature [mə'tjʊə] **I** *bnw* ❶ volwassen, volledig ontwikkeld, rijp ★ *a* ~ *elephant* een volwassen olifant ★ ~ *cheese* belegen / oude kaas ★ ~ *behaviour* volwassen gedrag ❷ vervallen ⟨van investering e.d.⟩ **II** *onov ww* ❶ volwassen worden, tot ontwikkeling komen, rijpen ❷ vervallen ⟨van investering e.d.⟩

maturity [mə'tʃʊərətɪ] *zn* ❶ volwassenheid, rijpheid ❷ vervaltijd ⟨van investering e.d.⟩ ★ *at* ~ op de vervaldag

maudlin ['mɔːdlɪn] *bnw* overdreven sentimenteel

maul [mɔːl] *ov ww* ❶ toetakelen, ruw behandelen ❷ afkraken ⟨boek, film, enz.⟩

Maundy Thursday ['mɔːndɪ 'θɜːzdeɪ] *zn* Witte Donderdag ⟨de donderdag vóór Goede Vrijdag⟩

mausoleum [mɔːsə'liːəm] *zn* mausoleum, graftombe

mauve [məʊv] *bnw* mauve, zacht paars

maverick ['mævərɪk] **I** *zn* eenling, buitenbeentje, non-conformist **II** *bnw* ★ *a* ~ *politician* een onafhankelijk politicus

mawkish ['mɔːkɪʃ] *bnw* ❶ overdreven sentimenteel ❷ walgelijk ⟨v. smaak⟩

max. *afk, maximum* max., maximum ★ *two years max.* niet langer dan twee jaar ★ *live life to the max.* alles uit het leven halen wat er in zit

maxim ['mæksɪm] *zn* maxime ⟨stelregel, principe⟩

maximal ['mæksɪml] *bnw* maximaal

maximize, maximíse ['mæksɪmaɪz] *ov ww* maximaliseren, tot het uiterste vergroten

maximum ['mæksɪməm] **I** *zn* maximum ★ *to the* ~ volledig **II** *bnw* maximaal, maximum-

may [meɪ] **I** *zn* meidoorn **II** *hww* ❶ mogen ⟨toestemming⟩ ★ *you may go now* je kunt nu gaan ★ *may I have a banana?* mag ik een banaan? ★ *if I may say so* als ik zo vrij mag zijn ★ *may you have a happy Christmas* ik wens u een mooie kerst ❷ kunnen ⟨mogelijkheid⟩, ≈ misschien ★ *it may well be true* het zou best eens waar kunnen zijn ★ *he may have gone home* hij is misschien naar huis gegaan ★ *be this as it may* hoe dan ook

May [meɪ] *zn* mei

maybe ['meɪbiː] *bijw* misschien

mayday ['meɪdeɪ] *zn* noodsein ★ ~, ~! SOS, SOS!

May Day *zn* eerste mei, Dag van de Arbeid

mayfly ['meɪflaɪ] *zn* eendagsvlieg, kokerjuffer

mayhem ['meɪhem] *zn* chaos, wanorde

mayonnaise [meɪə'neɪz] *zn* mayonaise

mayor [meə] *zn* burgemeester

mayoral ['meərəl] *bnw* burgemeesters-, burgemeesterlijk ★ ~ *election* burgemeestersverkiezing

maypole ['meɪpəʊl] *zn* meiboom

maze [meɪz] *zn* doolhof

mazuma [mə'zuːmə] *zn*, plat USA geld, pegels

MBA *afk, onderw Master of Business Administration* ≈ master in de bedrijfskunde

MBE *afk, Member of the Order of the British Empire* lid van de orde van het Britse rijk ⟨onderscheiding⟩

MC *afk* ❶ *Master of Ceremonies* mc, ceremoniemeester ❷ USA *Member of Congress* Congreslid

MD *afk* ❶ *Doctor of Medicine* master in de geneeskunde ❷ *Managing Director* directeur ❸ *Maryland* staat in de VS

MDT *afk, Mountain Daylight Time* ⟨tijdzone in westelijk-centraal VS⟩

me [miː] *pers vnw* ❶ mij ❷ inform ik ★ *dear me!* lieve hemel! ★ *it's me* ik ben het

ME *afk, Maine* staat in de VS

mead [miːd] *zn* mede ⟨drank⟩

meadow ['medəʊ] *zn* wei(de)

meagre ['miːgə] *bnw* mager, schraal

meal [miːl] *zn* ❶ maal(tijd) ★ *go out for a meal* uit eten gaan ★ *make a meal of sth* nodeloos veel drukte maken om iets ★ *we had to make a meal of it* we moesten het er mee doen ★ *meals on wheels* thuisbezorging van maaltijd ⟨voor ouderen en gehandicapten⟩ ★ *he's her meal ticket* hij betaalt alles voor haar ❷ meel, maïsmeel

mealtime ['miːltaɪm] *zn* etenstijd

mealy ['miːlɪ] *bnw* ❶ melig, meelachtig, zoetsappig ❷ wit gespikkeld ⟨v. paard⟩, bleek ⟨v. gelaatskleur⟩

mealy-mouthed [miːlɪ-maʊðd] *zn* zoetsappig, eromheen draaiend

mean [miːn] **I** *ov ww* ⟨onregelmatig⟩ ❶ betekenen ★ *what does this word mean?* wat betekent dit woord? ❷ bedoelen, menen, van plan zijn ★ *what do you mean by that?* wat bedoel je daar mee?, waarom doe je zoiets? ★ *how do you mean?* hoe bedoel je? ★ *you were meant to do sth* het was de bedoeling dat je iets deed ★ *well-meaning* welgemeend, goed bedoeld ★ *it was meant to be* het was voorbestemd ★ *mean business* het menen ★ *mean sb well* het goed met iem. voorhebben ★ *it was meant for you* het was (eigenlijk) voor jou bedoeld **II** *bnw* ❶ USA gemeen ❷ GB gierig ❸ gering, onbelangrijk ★ *no mean feat* niet gering, niet mis ★ *think meanly of* geen hoge dunk hebben van ❹ gemiddeld, middelste, midden- ★ *mean rate* middenkoers ❺ USA heel goed ★ *she plays a mean guitar* zij kan heel goed gitaar spelen **III** *zn* gemiddelde, midden(weg) ★ *the golden / happy mean* de gulden middenweg

meander [mɪ'ændə] **I** *onov ww* ❶ meanderen, kronkelen ⟨van rivier⟩, (rond)dolen ❷ afdwalen, uitweiden **II** *zn* meandering, kronkeling ⟨van rivier⟩

meanie ['mi:nɪ] *zn* gemenerik

meaning ['mi:nɪŋ] *zn* bedoeling, betekenis ★ *get /
catch sb's ~* begrijpen wat iem. zegt ★ *what's the
~ of this?* wat is hier aan de hand?, wat gebeurt
hier? ★ *you don't know the ~ of...* je hebt geen
idee van...

meaningful ['mi:nɪŋfʊl] *bnw* veelbetekenend,
belangrijk

meaningless ['mi:nɪŋləs] *bnw* ❶ nietszeggend
❷ zinloos

means [mi:nz] *zn mv* ❶ middelen, manier(en) ★ *~
of transport* vervoermiddelen ★ *by ~ of* door
middel van ★ *by all* ~ op een andere manier
★ *by all* ~ in ieder geval, beslist, natuurlijk, op
alle mogelijke manieren ★ *inform by all ~!* ga je
gang! ★ *not by any* ~ in geen geval ★ *by no* ~ in
geen geval ★ *by* ~ *of* door middel van ★ *a ~ to
an end* een middel om iets te bereiken ★ *by fair
~ or foul* met geoorloofde en ongeoorloofde
middelen ❷ inkomsten ★ *of* ~ bemiddeld ★ *live
beyond one's* ~ boven zijn stand leven

meant [ment] *ww* [verleden tijd + volt. deelw.] →
mean

meantime ['mi:ntaɪm] *zn* ★ *in the* ~ ondertussen,
inmiddels ★ *for the* ~ voorlopig

meanwhile ['mi:nwaɪl] *bijw* inmiddels, intussen

measles ['mi:zəlz] *zn mv* mazelen ★ *German* ~
rodehond

measly ['mi:zlɪ] *bnw* armzalig, miezerig

measurable ['meʒərəbl] *bnw* meetbaar

measure ['meʒə] **I** *ov ww* ❶ meten, de maat
nemen, toemeten, afmeten, opmeten
❷ onderzoekend aankijken, opnemen ❸ ~ *out*
uitdelen, afmeten **II** *onov ww* ❶ meten, bep.
lengte hebben ❷ ~ *up (to)* voldoen aan ★ *he
doesn't ~ up* hij is niet goed genoeg **III** *zn*
❶ maatregel ★ *take* ~*s against* maatregelen
nemen tegen ★ *half* ~*s* halve maatregelen
❷ grootte, afmeting, maat, maatstaf ★ *a
generous* ~ een royale hoeveelheid ★ *made to* ~
op maat gemaakt ★ *take sb's* ~ iem. de maat
nemen, onderzoeken met wat voor iem. men te
doen heeft ★ ~ *of capacity* inhoudsmaat ★ *long* ~
lengtemaat ★ *keep* ~ maat houden ★ *in large* ~
voornamelijk ★ *the full* ~ *of sth* iets in zijn volle
grootte ★ *within* ~ binnen bepaalde grenzen,
met mate ★ *beyond* ~ bovenmate, onmeetbaar
★ *for good* ~ op de koop toe, om het af te
maken ❸ <u>muz</u> maat

measured ['meʒəd] *bnw* ❶ weloverwogen
❷ gelijkmatig, gematigd

measureless ['meʒələs] *bnw* onmetelijk

measurement ['meʒəmənt] *zn* (af)meting
★ *inside / outside* ~ binnenmaat / buitenmaat

meat [mi:t] *zn* ❶ vlees, vruchtvlees ★ *minced meat*
gehakt ★ *be dead meat* de pineut zijn ★ *one
man's meat is another man's poison* smaken
verschillen ★ *it is meat and drink for me* het is
een eitje voor me, ik doe het ontzettend graag
❷ kern, (diepere) inhoud

meatball ['mi:tbɔ:l] *zn* ❶ gehaktbal(letje) ❷ <u>USA</u>
domme vent

meat loaf *zn* gehaktbrood

meat pie *zn* vleespastei

meaty ['mi:tɪ] *bnw* ❶ vlezig, vleesachtig, vlees-

❷ degelijk, stevig, pittig

mechanic [mɪ'kænɪk] *zn* monteur,
werktuigkundige, mecanicien

mechanical [mɪ'kænɪkl] *bnw* ❶ mechanisch,
machinaal, automatisch ★ ~ *engineering*
werktuig(bouw)kunde ★ ~ *pencil* vulpotlood
❷ werktuiglijk, zonder nadenken

mechanics [mɪ'kænɪks] *zn mv* mechanica,
werktuig(bouw)kunde, techniek

mechanisation *zn* <u>GB</u> → **mechanization**

mechanise *ww* <u>GB</u> → **mechanize**

mechanism ['mekənɪzəm] *zn* mechaniek,
mechanisme, techniek ★ *defence* ~
afweermechanisme

mechanistic [mekə'nɪstɪk] *bnw* mechanistisch,
mechanisch

mechanization [mekənaɪ'zeɪʃən] *zn*
mechanisatie

mechanize ['mekənaɪz] *ov ww* mechaniseren

med. *afk* ❶ *medical* medisch ❷ *medieval*
middeleeuws ❸ *medium* gemiddeld ❹ *the Med*
de (vakantie)landen rond de Middellandse Zee

medal ['medl] *zn* medaille

medallion [mɪ'dæljən] *zn* medaillon, grote
hanger ⟨aan ketting⟩

medallist ['medəlɪst] *zn* medaillewinnaar

meddle ['medl] *onov ww* ★ ~ **in/with** zich mengen
in, zich bemoeien met

meddler ['medlə] *zn* bemoeial

meddlesome ['medəlsəm] *bnw* bemoeiziek

media ['mi:dɪə] *zn mv, the media* de media
⟨televisie, kranten enz.⟩

mediaeval *bnw* → **medieval**

median ['mi:dɪən] **I** *zn* ❶ mediaan, zwaartelijn,
gemiddelde ❷ <u>USA</u> middenberm ★ ~ *strip*
middenberm **II** *bnw* midden-, middel-,
middelste, mediaan-, gemiddeld

mediate ['mɪdɪeɪt] *ov+onov ww* als bemiddelaar
optreden, bemiddelen

mediation [mi:dɪ'eɪʃən] *zn* (conflict)bemiddeling,
voorspraak

mediator ['mi:dɪeɪtə] *zn* bemiddelaar

mediatory ['mi:dɪətərɪ] *bnw* bemiddelend,
bemiddelings-

medic ['medɪk] *zn* dokter, medisch student,
medisch hulpverlener, <u>USA</u> kliniekassistent

medical ['medɪkl] **I** *bnw* medisch, geneeskundig
★ *be in need of ~ attention* medische hulp nodig
hebben ★ ~ *examination* medisch onderzoek,
consult ★ *go to ~ school* geneeskunde studeren
II *zn* medisch onderzoek ★ *a free* ~ een gratis
medisch onderzoek

medical examiner *zn* patholoog-anatoom

medicament [mə'dɪkəmənt] *zn* geneesmiddel

Medicare ['medɪkeə] *zn* <u>USA</u> gezondheidszorg
voor bejaarden

medicated ['medɪkeɪtɪd] *bnw* ❶ aan de
medicijnen ❷ sanitair, medicinaal

medication [medɪ'keɪʃən] *zn* geneesmiddel ★ *are
you on any* ~? gebruikt u medicijnen?

medicinal [mə'dɪsɪnl] *bnw* genezend,
geneeskrachtig

medicine ['medsən] *zn* ❶ geneesmiddel(en)
★ *take* ~ medicijnen gebruiken ★ *a taste / dose of
your own* ~ een koekje van eigen deeg ★ ~
cabinet medicijnkast ❷ geneeskunde

me

★ *complementary* ~ alternatieve geneeskunde
medicine man [zn] medicijnman, toverdokter
medieval [medr'i:vəl] *bnw* middeleeuws, <u>humor</u> zeer ouderwets
mediocre [mi:dr'əʊkə] *bnw* middelmatig
mediocrity [mi:dr'ɒkrətɪ] *zn* middelmatigheid
meditate ['medɪteɪt] **I** *ov ww* overdenken **II** *onov ww* mediteren ~ **on/over** peinzen over, overdenken
meditation [medɪ'teɪʃən] *zn* meditatie, overdenking
meditative ['medɪtətɪv] *bnw* nadenkend, bespiegelend
Mediterranean [medɪtə'reɪnɪən] **I** *zn* ★ *the* ~ de Middellandse Zee, het Middellandse Zeegebied **II** *bnw* mediterraan
medium ['mi:dɪəm] **I** *zn* [mv: **media**] ❶ medium, middel ★ *the media* [mv] de media ⟨televisie, kranten enz.⟩ ★ *through the* ~ *of* door middel van ★ *a* ~ *of exchange* een betaalmiddel ❷ middenweg, medium ⟨maat⟩ ★ *strike a happy* ~ een gulden middenweg vinden ★ *do you have this in a* ~? heeft u dit in een medium? ❸ medium, helderziende **II** *bnw* gemiddeld, middelmatig, medium ⟨maat⟩
medium-sized *bnw* middelgroot
medium-term *bnw* op middellange termijn
medium wave *zn* middengolf ⟨radio⟩
medley ['medlɪ] *zn* ❶ mengelmoes, <u>muz</u> potpourri, mix, mengsel ❷ wisselslag ⟨zwemmen⟩

me

meek [mi:k] *bnw* zachtmoedig, gedwee, braaf
meet [mi:t] **I** *ov ww* [onregelmatig] ❶ ontmoeten, (aan)treffen, kennis maken met, bij elkaar komen, tegenkomen ★ *meet Mr A.* mag ik u aan de heer A. voorstellen? ★ *have you met Mr B.?* kent u de heer B. al? ★ *meet for lunch* samen gaan lunchen ★ *meet to do sth* bij elkaar komen om iets te doen ★ *meet sb off the train* iem. van de trein afhalen ★ *meet one's death* de dood vinden ★ *meet one's Maker* zijn Schepper begroeten ⟨overlijden⟩ ★ *meet s.o.'s eye* onder iemands ogen komen, een blik van iem. opvangen <u>inform</u> ★ *there's more (to it) than meets the eye!* daar zit meer achter! ❷ tegemoet komen, voldoen aan, voorzien in ★ *meet sb halfway* iem. tegemoet komen ★ *meet sth head on* iets voortvarend aanpakken ★ *meet the needs of sb* aan iemand's behoeften tegemoetkomen ★ *it met with resistance* het riep weerstand op ★ *meet expenses* kosten dekken ★ *make ends meet* de eindjes aan elkaar knopen ★ *meet the case* voldoende zijn **II** *onov ww* ❶ elkaar ontmoeten, samenkomen ❷ ~ **up (with)** ontmoeten ❸ ~ **with** ontmoeten, ervaren, ondervinden, tegenkomen ★ *meet with sb* een (formele) ontmoeting hebben met iem. ★ *meet with an accident* een ongeluk krijgen ★ *meet with approval* goedkeuring wegdragen **III** *zn* wedstrijd, samenkomst ★ *meet and greet* kennismaking
meeting ['mi:tɪŋ] *zn* ❶ bijeenkomst, vergadering, ontmoeting ★ *a chance* ~ een toevallige ontmoeting ★ *general* ~ algemene vergadering, ledenvergadering ★ *attend a* ~ een bijeenkomst bijwonen ★ *a* ~ *on climate change* een

vergadering over klimaatverandering ★ *a* ~ *of minds* een overeenstemming, eendracht ❷ wedstrijd
mega- ['megə] *voorv* een miljoen (maal), mega-
megalomania [megələ'meɪnɪə] *zn* megalomanie, grootheidswaanzin
megalomaniac [megələ'meɪnɪæk] *zn* megalomaan, grootheidswaanzinnige
megaphone ['megəfəʊn] *zn* megafoon
megastar ['megəsta:] *zn* superster ⟨beroemdheid⟩
melancholia [melən'kəʊlɪə] *zn* melancholie, zwaarmoedigheid
melancholic [melən'kɒlɪk] **I** *zn* melancholicus, zwaarmoedig iemand **II** *bnw* melancholiek, melancholisch
melancholy ['melənkəlɪ] **I** *zn* melancholie, zwaarmoedigheid, droefgeestigheid **II** *bnw* zwaarmoedig, droefgeestig
melee ['meleɪ] *zn* <u>USA</u> strijdgewoel, warboel
mellifluous [mɪ'lɪfluəs] *bnw* honingzoet, zoetvloeiend
mellow ['meləʊ] **I** *bnw* ❶ zacht, rijp, belegen ⟨v. wijn⟩, vol, zuiver ⟨v. klank, kleur⟩ ★ ~ *age* rijpere leeftijd ❷ vriendelijk, zachtaardig, gemoedelijk, tevreden, lichtelijk aangeschoten **II** *ov+onov ww* ❶ rijpen, zacht maken / worden ❷ ~ **out** zich ontspannen ★ ~ *out!* rustig aan!
melodic [mɪ'lɒdɪk] *bnw* melodisch, melodieus
melodious [mɪ'ləʊdɪəs] *bnw* melodieus, welluidend
melodrama ['melədrɑːmə] *zn* melodrama, overdreven gedoe
melodramatic [melədrə'mætɪk] *bnw* melodramatisch, overdreven
melody ['melədɪ] *zn* melodie
melon ['melən] *zn* meloen
melt [melt] **I** *ov ww* ❶ doen smelten, vertederen ★ *it melts my heart* smelt mijn hart ervan ❷ ~ **down** versmelten **II** *onov ww* ❶ smelten, zich oplossen, vertederd worden ★ *melting point* smeltpunt ★ *melting pot* smeltkroes ❷ ~ **away** wegsmelten, verdwijnen ❸ ~ **into** langzaam overgaan in ★ *she melted into tears* ze versmolt in tranen
meltdown ['meltdaʊn] *zn* ❶ diepe crisis ❷ meltdown ⟨bij kernreactor⟩
member ['membə] *zn* ❶ lid, afgevaardigde, onderdeel ★ *Member of Parliament* parlementslid ★ *full* ~ volwaardig lid ★ ~ *state* lidstaat ❷ lichaamsdeel ❸ penis
membership ['membəʃɪp] *zn* lidmaatschap, ledental
membrane ['membreɪn] *zn* membraan, vlies ★ <u>biol</u> *mucous* ~ slijmvlies
memento [mə'mentəʊ] *zn* herinnering, aandenken
memo ['meməʊ] *zn* memo, korte notitie
memoir ['memwɑː] *zn* (auto)biografie ★ ~*s* [mv] memoires
memo pad *zn* notitieboekje
memorabilia [memərə'bɪlɪə] *zn mv* verzamelobjecten, souvenirs
memorable ['memərəbl] *bnw* gedenkwaardig
memorandum [memə'rændəm] *zn* [mv: **memoranda**] memorandum,

aantekening, akte, diplomatieke nota
memorial [mɪˈmɔːrɪəl] **I** *zn* gedenkteken, monument, aandenken **II** *bnw* gedenk-, herinnerings- ★ ~ *service* herdenkingsdienst ★ ~ *hospital* ziekenhuis dat naar iets of iem. vernoemd is
Memorial Day *zn* USA herdenking van de gevallenen
memorize, memorise [ˈmeməraɪz] *ov ww* uit het hoofd leren, in het geheugen prenten
memory [ˈmeməri] *zn* ❶ geheugen, herinnering ★ *commit to ~* v. buiten leren ★ *from ~* uit het hoofd ★ *if my ~ serves me well* als mijn geheugen me niet in de steek laat ★ *to the best of my ~* zo goed als ik mij kan herinneren ★ *in living ~* sinds mensenheugenis ★ *rake your ~* je geheugen pijnigen ⟨proberen je iets te herinneren⟩ ★ *take a trip down ~ lane* een reis terug in de tijd maken, herinneringen ophalen ❷ (na)gedachtenis ★ *in ~ of* ter nagedachtenis aan
men [men] *zn mv* → **man**
menace [ˈmenɪs] **I** *zn* ❶ bedreiging ★ *jur with ~s* onder bedreiging ❷ vervelend iemand, lastig iets **II** *ov+onov ww* (be)dreigen
ménage, menage [meˈnɑːʒ] *zn* huishouden ★ *~ à trois* triootje
menagerie [mɪˈnædʒərɪ] *zn* menagerie, verzameling (wilde) dieren
mend [mend] **I** *ov ww* verbeteren, herstellen, repareren, stoppen ⟨v. kousen⟩ ★ *mend fences (with sb)* het bijleggen ★ *mend your ways* je leven beteren **II** *onov ww* herstellen, zich (ver)beteren ★ *the bone has mended* het bot is weer aangegroeid ★ *least said soonest mended* hoe minder er over gezegd wordt, des te beter **III** *zn* gerepareerde / verstelde plaats ★ *be on the mend* aan de beterende hand zijn
mendacious [menˈdeɪʃəs] *bnw* leugenachtig
mendacity [menˈdæsɪtɪ] *zn* leugen(achtigheid)
mendicant [ˈmendɪkənt] *zn* bedelmonnik, bedelaar
mending [ˈmendɪŋ] *zn* verstelwerk, reparatie
menfolk [ˈmenfəʊk] *zn* manvolk, mannen
menial [ˈmiːnɪəl] **I** *zn* min bediende, knecht **II** *bnw* ondergeschikt, laag, vies ★ *a ~ job* een laag baantje
meningitis [menɪnˈdʒaɪtɪs] *zn* hersenvliesontsteking
menopause [ˈmenəpɔːz] *zn* menopauze
men's room *zn* USA herentoilet
menstrual [ˈmenstruəl] *bnw* menstruatie-, ongesteldheids- ★ *~ pain* menstruatiepijn ★ *~ cycle* (menstruatie)cyclus
menstruate [ˈmenstruert] *onov ww* menstrueren, ongesteld zijn
menswear [ˈmenzweə] *zn* herenkleding
mental [ˈmentl] *bnw* ❶ geestelijk, geest(es)-, verstandelijk ★ *~ly ill* geestesziek, met een psychische aandoening ★ *~ly handicapped* geestelijk gehandicapt ★ *~ age* intelligentieleeftijd, mentale leeftijd ★ *~ arithmetic* hoofdrekenen ★ *~ health* geestesgesteldheid, mentale gezondheid ★ *~ block* blokkade (in het hoofd) ★ *~ state* geestesgesteldheid, mentale toestand ★ *make a*

~ *note of sth* iets moeten / willen onthouden ★ *have a ~ picture of sth* een plaatje voor je zien, ergens een voorstelling van maken ❷ inform gek, raar, idioot ★ *go ~* over de rooie gaan, heel boos worden
mental home *zn* min gekkenhuis
mental hospital *zn* psychiatrisch ziekenhuis
mentality [menˈtælɪtɪ] *zn* mentaliteit, denkwijze
mention [ˈmenʃən] **I** *zn* (ver)melding ★ *make ~ of* noemen ★ *get a ~* genoemd worden **II** *ov ww* noemen, (ver)melden, zeggen ★ *it is worth ~ing that* we moeten niet vergeten dat ★ *don't ~ it!* geen dank! ★ *not to ~* niet te vergeten ★ *now you ~ it* nu je het er toch over hebt
mentor [ˈmentɔː] *zn* mentor, begeleider, USA raadgever, trainer
menu [ˈmenjuː] *zn* menu(kaart) ★ *would you like to see the menu?* wilt u de kaart zien? ★ comp *drop-down menu* rolmenu, keuzemenu ★ comp *menu bar* menubalk
MEP *afk*, Member of European Parliament lid v.h. Europees Parlement
mercantile [ˈmɜːkəntaɪl] *bnw* handels-, koopmans-, commercieel
mercenary [ˈmɜːsɪnərɪ] **I** *zn* huurling **II** *bnw* geldbelust, geldwolverig
merchandise[1] [ˈmɜːtʃəndaɪs] *zn* koopwaar, handelswaar
merchandise[2] [ˈmɜːtʃəndaɪs, ˈmɜːtʃəndaɪz] *ov ww* aan de man brengen, aanprijzen ⟨v. koopwaar⟩
merchandizing [ˈmɜːtʃəndaɪzɪŋ] *zn* ❶ productiestrategie, marktbewerking ❷ producten die afgeleid zijn van of direct samenhangen met een reeds populair product ⟨bv. speelgoed, bekers, kleding met afbeelding van een popgroep⟩
merchant [ˈmɜːtʃənt] **I** *zn* handelaar, USA winkelier **II** *bnw* koopmans-, koopvaardij, handels- ★ *~ navy* koopvaardijvloot, handelsvloot ★ *~ bank* handelsbank, financieringsbank
merciful [ˈmɜːsɪfʊl] *bnw* ❶ barmhartig, genadig ❷ gelukkig, fortuinlijk ★ *~ly she was unharmed* gelukkig was ze ongedeerd
merciless [ˈmɜːsɪləs] *bnw* genadeloos, meedogenloos
mercurial [mɜːˈkjʊərɪəl] *bnw* ❶ veranderlijk ❷ levendig, gevat
mercury [ˈmɜːkjʊrɪ] *zn* kwik(zilver), temperatuur ★ *the ~ dropped to minus 10* het kwik daalde tot min 10
Mercury [ˈmɜːkjʊrɪ] *zn* Mercurius ⟨planeet⟩
mercy [ˈmɜːsɪ] *zn* ❶ genade, barmhartigheid ★ *at the ~ of* in de macht van, overgeleverd aan ★ *leave to the tender mercies of* overgeleverd worden aan de genade / ongenade van ★ *have ~ on us!* wees ons genadig!, lieve hemel! ★ *beg for ~* genade smeken ★ *~ me!* goede genade! ★ *be on a ~ mission* aan liefdadigheid doen, iets goeds doen voor een ander ❷ geluk (bij een ongeluk), zegen ★ *be thankful for small mercies* dankbaar zijn voor de goede dingen, je zegeningen tellen
mercy killing *zn* euthanasie
mere [mɪə] *bnw* louter, alleen maar, niets anders dan, (nog) maar ★ *she's a mere child* ze is nog

maar een kind ★ *a mere shadow of* slechts een schaduw van ★ *the mere fact that* alleen al het feit dat

merely ['mɪəlɪ] *bijw* slechts, louter, enkel

merge [mɜːdʒ] **I** *ov ww* doen opgaan in **II** *onov ww* **❶** opgaan in **❷** ~ **into** (geleidelijk) overgaan in ★ ~ *into the background* je op de achtergrond houden, je onopvallend opstellen **❸** ~ **with** fuseren met, samengaan met

merger ['mɜːdʒə] *zn* fusie, samensmelting, vermenging

meridian [mə'rɪdɪən] *zn* meridiaan, lengtecirkel, energiebaan ⟨acupunctuur⟩

meringue [mə'ræŋ] *zn* schuimpje, schuimgebak

merit ['merɪt] **I** *zn* **❶** verdienste, waarde ★ *the ~s of sth* de voordelen van iets ★ *be of ~* verdienstelijk zijn, waarde hebben ★ *judge sb on their own ~s* iem. op zijn eigen kwaliteiten beoordelen **❷** cijfer, punten **II** *ov ww* verdienen ★ *it ~s your attention* het verdient je aandacht

meritocracy [merɪ'tɒkrəsɪ] *zn* meritocratie, prestatiemaatschappij

mermaid ['mɜːmeɪd] *zn* (zee)meermin

merman ['mɜːmæn] *zn* meerman

merriment ['merɪmənt] *zn* vreugde, vrolijkheid

merry ['merɪ] **I** *zn* zoete (wilde) kers ★ ~ *Andrew* ≈ clown **II** *bnw* vrolijk, prettig, heerlijk, aangenaam, aangeschoten ★ *make* ~ pret maken ★ *the more the merrier* hoe meer hoe beter ★ *he continued merrily* hij ging vrolijk door ★ ~ *Christmas!* gelukkig kerstfeest! ★ *go on your* ~ *way* gewoon je weg vervolgen, doorgaan met waar je mee bezig was

merry-go-round ['merɪɡəʊraʊnd] *zn* draaimolen

merrymaking ['merɪmeɪkɪŋ] *zn* pret, feestelijkheid

mesh [meʃ] **I** *zn* maas, net(werk) ★ *wire mesh* gaas **II** *onov ww* in elkaar grijpen, samenwerken

mesmeric [mez'merɪk] *bnw* hypnotisch

mesmerize, mesmerise ['mezməraɪz] *ov ww* hypnotiseren, biologeren

mess [mes] **I** *zn* **❶** knoeiboel, (vuile) rommel, zootje ★ *make a mess* rommel maken ★ *make a mess of sth* iets door de war gooien, ergens een zootje van maken ★ *in a mess* rommelig, door / in de war ★ *be in a mess* in de problemen zitten ★ *be in a pretty mess* lelijk in de knoei zitten ★ *he is a complete mess* hij is helemaal in de war, hij is een wrak **❷** mil kantine, mil gemeenschappelijke tafel **❸** uitwerpselen **II** *ov ww* bevuilen ~ **up** in de war sturen, verknoeien, verknallen, vuil maken, in elkaar slaan ★ *you messed it up* je hebt fouten gemaakt, je hebt er een zootje van gemaakt ★ *it messed up my life* het heeft mijn leven verknald ★ *be messed up in sth* er iets mee te maken hebben **III** *onov ww* **❶** knoeien, in de war maken **❷** vervelend zijn, het niet menen, een grapje maken ★ *no messing!* echt waar! ★ *I'm only messing* ik maak maar een grapje ~ **about (with)** (rond)scharrelen (met), (aan)rommelen (met / aan) ★ *she doesn't mess about* zij weet van aanpakken ★ *he likes messing about with cars* hij rommelt graag aan auto's ~ **around (with)** (aan)rommelen (met) ★ *she was messing around with him* ze rommelde wat met hem ~ **up**

verknallen, ergens een zootje van maken ★ *she messed up* ze heeft veel fouten gemaakt, ze heeft er een zootje van gemaakt ~ **with** zich bemoeien met, (iemand) last veroorzaken ★ *stop messing with my head* speel geen spelletjes met me ★ *don't mess with him* laat hem maar met rust, hij is gevaarlijk

message ['mesɪdʒ] **I** *zn* bericht, boodschap ★ *get the* ~ het begrijpen, het doorhebben ★ *leave a* ~ een boodschap achterlaten ⟨bv. op voicemail⟩ ★ *get a* ~ *across* een boodschap overbrengen **II** *ov ww* overbrengen, versturen

messenger ['mesɪndʒə] *zn* **❶** bode, boodschapper ★ *don't shoot the* ~ geef de boodschapper niet de schuld van de boodschap **❷** voorbode

Messiah [mɪ'saɪə] *zn* Messias, verlosser

Messrs. USA **Messrs.** *afk, messieurs* de Heren, de firma

mess-up *zn* warboel

messy ['mesɪ] *bnw* **❶** rommelig, vies, in de war **❷** onaangenaam ★ *a* ~ *business* een onaangenaam zaakje

met [met] *ww* [verleden tijd + volt. deelw.] → meet

meta- ['metə-] *voorv* meta-

metabolic [metə'bɒlɪk] *bnw* stofwisselings- ★ ~ *rate* tempo van de stofwisseling

metabolism [mɪ'tæbəlɪzəm] *zn* metabolisme, stofwisseling

metal ['metl] **I** *zn* **❶** metaal ★ ~ *detector* metaaldetector ★ ~ *fatigue* metaalmoeheid **❷** heavy metal ⟨muzieksoort⟩ **II** *bnw* metalen, van metaal

metalled *bnw* verhard ★ *a* ~ *road* een verharde weg

metallic [mɪ'tælɪk] *bnw* metaal-, metalen, metaalachtig

metalwork ['metlwɜːk] *zn* metaalwerk, metaalbewerking

metamorphosis [metə'mɔːfəsɪs] *zn* metamorfose, gedaanteverwisseling

metaphor ['metəfɔː] *zn* taalk metafoor, beeldspraak

metaphorical [metə'fɒrɪkl] *bnw* taalk metaforisch, figuurlijk

metaphysical [metə'fɪzɪkl] *bnw* metafysisch, bovennatuurlijk

metaphysics [metə'fɪzɪks] *zn mv* metafysica

metatarsus [metə'tɑːsəs] *anat zn* middenvoetsbeentje

mete [miːt] *ov ww* ~ **out** toedienen, uitdelen ⟨van straf⟩

meteor ['miːtɪə] *zn* meteoor ★ ~ *shower* sterrenregen

meteorite ['miːtɪəraɪt] *zn* meteoriet, meteoorsteen

meteorologist [miːtɪə'rɒlədʒɪst] *zn* meteoroloog, weerkundige

meteorology [miːtɪə'rɒlədʒɪ] *zn* meteorologie, weerkunde

meter ['miːtə] **I** *zn* **❶** meetinstrument ★ *parking* ~ parkeermeter **❷** USA meter **II** *ov ww* meten

meterage ['miːtərɪdʒ] *zn* metrage, aantal meters

metered ★ ['miːtəd] *bnw* afgemeten, van een meter voorzien ★ ~ *parking* betaald parkeren ★ ~ *dose*

vaste dosis ⟨medicijnen⟩
meter maid *zn* vrouwelijke parkeerwacht
methadone ['meθədəʊn] *zn* methadon
methane ['mi:θeɪn] *zn* methaan(gas)
method ['meθəd] *zn* methode, manier ★ *there is ~ in his madness* hij is niet zo gek als hij lijkt
methodical [me'θɒdɪkl] *bnw* methodisch, ordelijk
Methodist ['meθədɪst] **I** *zn* rel methodist **II** *bnw* rel methodistisch
methodology [meθə'dɒlədʒɪ] *zn* methodeleer, methodologie
meths [meθs], **methylated spirits** *zn mv* brandspiritus, gedenatureerde alcohol
meticulous [mə'tɪkjʊləs] *bnw* ❶ nauwgezet, nauwkeurig ❷ pietluttig
metre ['mi:tə] *zn* ❶ meter ❷ metrum
metric ['metrɪk] *bnw* metriek ★ *a ~ tonne* 1000 kilo ★ *the ~ system* het metrieke stelsel
metrical ['metrɪkl] *bnw* metrisch
metrics ['metrɪks] *zn mv* metriek
metro ['metrə] *bnw* ondergrondse
metronome ['metrənəʊm] *zn* metronoom
metropolis [mə'trɒpəlɪs] *zn* wereldstad, hoofdstad
metropolitan [metrə'pɒlɪtn] *bnw* tot hoofd- / wereldstad behorend ★ *~ area* stadsgebied ★ *the Metropolitan Police* de Londense politie
mettle ['metl] *zn* moed, pit, kracht, karakter ★ *show / prove your ~* je karakter tonen
mettlesome ['metlsəm] *bnw* pittig, dapper
Meuse ['mɜːz] *zn* Maas
mew [mju:] *onov ww* miauwen, piepen
mews [mju:z] *zn mv* ❶ stallen, garages ★ *the Royal Mews* de koninklijke stallen ❷ woning(en) in voormalige stallen
Mexican ['meksɪkən] **I** *zn* Mexicaan(se) **II** *bnw* Mexicaans
mezzanine ['metsəni:n] *zn* ❶ tussenverdieping ❷ (eerste) balkon ⟨toneel⟩
mg *afk, milligram* milligram
MI *afk, Michigan* staat in de VS
miaow [mɪ'aʊ] **I** *zn* miauw **II** *onov ww* miauwen
mica ['maɪkə] *zn* mica
mice [maɪs] *zn mv* → **mouse**[1]
Michaelmas term *zn* eerste trimester ⟨op universiteit, school⟩
mickey ['mɪkɪ] *zn* ★ *take the ~ (out of sb)* (iemand) voor de gek houden
micro- ['maɪkrəʊ] *voorv* micro-, zeer klein
microbe ['maɪkrəʊb] *zn* microbe, micro-organisme
microbiology [maɪkrəʊbaɪ'ɒlədʒɪ] *zn* microbiologie
microchip ['maɪkrəʊtʃɪp] *zn* microchip
microcosm ['maɪkrəkɒzəm] *zn* microkosmos
microeconomics [maɪkrəʊ i:kə'nɒmɪks] *zn mv* micro-economie
microelectronics [maɪkrəʊelek'trɒnɪks] *zn* micro-elektronica
micron ['maɪkrɒn] *zn* micron ⟨miljoenste meter⟩
micro-organism [maɪkrəʊ'ɔ:gənɪzəm] *zn* micro-organisme
microphone ['maɪkrəfəʊn] *zn* microfoon
microscope ['maɪkrəskəʊp] *zn* microscoop

microscopic [maɪkrə'skɒpɪk] *bnw* microscopisch, zeer klein
microwave ['maɪkrəʊweɪv], **microwave oven** *zn* magnetron
mid- [mɪd] *voorv* midden- ★ *he's in his mid-twenties* hij is halverwege de twintig
mid-air *zn* ★ *in ~* in de lucht, tijdens het vliegen
midday [mɪd'deɪ] *zn* 12 uur 's middags
middle ['mɪdl] **I** *zn* midden, middel ★ *in the ~ of* midden op, midden in, in het midden van, middenin, halverwege ★ *be in the ~ of sth* bezig zijn met iets ★ *down the ~* doormidden ★ *be stuck in the ~* tussen twee vuren zitten ★ *~ of the road* doorsnee **II** *bnw* midden(-), middel-, middelste ★ *~ age* middelbare leeftijd ★ *~ finger* middenvinger ★ *~ name* tweede voornaam ★ *~ school* GB school voor kinderen tussen de 8 en 12 jaar, USA school voor kinderen tussen de 11 en 14 jaar ★ *~ course / way* middenweg ★ *the Middle Ages* de middeleeuwen ★ *the Middle East* het Midden-Oosten
middle-aged [mɪdl'eɪdʒd] *bnw* v. middelbare leeftijd
middle class *zn* middenklasse, burgerij ★ *the upper ~es* de gegoede burgerij
middle-class *bnw* middenklasse-, burgerlijk
middleman ['mɪdlmæn] *zn* tussenpersoon, tussenhandel ★ *cut out the ~* rechtstreeks met iem. in zee gaan ⟨zonder tussenkomst van een derde⟩
middle-sized *bnw* middelgroot
middleweight ['mɪdlweɪt] **I** *zn* sport middengewicht **II** *bnw* ★ *~ champion* kampioen in het middengewicht
middling ['mɪdlɪŋ] *bnw* middelmatig ★ *fair to ~* iets beter dan gemiddeld
midfield ['mɪdfi:ld] *zn* ❶ middenveld ❷ middenvelder
midge [mɪdʒ] *zn* mug
midget ['mɪdʒɪt] **I** *zn* dwerg **II** *bnw* mini-, miniatuur-
Midlands ['mɪdləndz] *zn* (graafschappen in) het midden van Engeland
midlife crisis [mɪd'laɪf 'kraɪsɪs] *zn* midlifecrisis, identiteitscrisis op middelbare leeftijd
midnight ['mɪdnaɪt] **I** *zn* middernacht **II** *bnw* middernachtelijk ★ *~ sun* middernachtzon
midpoint ['mɪdpɔɪnt] *zn* middelpunt ★ *by the ~* halverwege
mid-range *bnw* doorsnee, middelmatig
midriff ['mɪdrɪf] *zn* middenrif
midst [mɪdst] *zn* form midden ★ *there was an enemy in their ~* er was een vijand onder hen ★ *in the ~ of* te midden van, tijdens
midsummer [mɪd'sʌmə] **I** *zn* midzomer, zonnewende **II** *bnw* midzomers
midterm [mɪd'tɜ:m] **I** *zn* midden v.e. academisch trimester / politieke ambtstermijn **II** *bnw* halverwege een academisch trimester / politieke ambtstermijn ★ *~ break* vrije periode halverwege een academisch trimester
midway [mɪd'weɪ] **I** *zn* USA amusementsafdeling, kermis **II** *bijw* halverwege, in het midden
midweek [mɪd'wi:k] *zn* het midden v.d. week
Midwest [mɪd'west] *zn* het Midwesten ⟨van de

mi

VS)

midwife ['mɪdwaɪf] *zn* vroedvrouw, verloskundige

midwifery [mɪd'wɪfərɪ] *zn* verloskunde

midwinter [mɪd'wɪntə] *zn* midwinter, zonnewende

mien [miːn] *zn* *form* houding, manier v. doen, gelaatsuitdrukking

miffed [mɪfd] *ov ww* beledigd, geërgerd

might[1] [maɪt] *zn* kracht, macht ★ *with all his* ~ uit alle macht

might[2] *hww* kunnen ⟨mogelijkheid⟩, ≈ misschien ★ *it* ~ *be true* het zou waar kunnen zijn ★ *you* ~ *have to wait* u moet misschien wachten ★ *you* ~ *have been killed* je had wel dood kunnen zijn ★ *I* ~ *have known* ik had het kunnen weten ★ *try as he* ~ hoe hard hij het ook probeerde → **may**

mightily ['maɪtəlɪ] *bijw* erg, zeer

mighty ['maɪtɪ] **I** *bnw* machtig, geweldig ★ *a* ~ *empire* een machtig rijk ★ *act high and* ~ uit de hoogte doen **II** *bijw* inform zeer ★ ~ *easy* een peulenschil

migraine ['miːgreɪn] *zn* migraine

migrant ['maɪgrənt] **I** *zn* ❶ migrant, zwerver ❷ trekvogel **II** *bnw* migrerend, zwervend, trek-

migrate [maɪ'greɪt] *onov ww* ❶ migreren, verhuizen ❷ trekken ⟨v. vogels⟩

migration [maɪ'greɪʃən] *zn* ❶ verhuizing, migratie ❷ trek ⟨v. vogels⟩

migratory ['maɪgrətərɪ] *bnw* migrerend, trekkend, zwervend, trek-

mike [maɪk] *zn* microfoon

milady [mɪ'leɪdɪ] *zn* mevrouw, edele vrouw ⟨als aanspreekvorm⟩

milage *zn* → **mileage**

mild [maɪld] *bnw* mild, zacht, gematigd, licht ★ *to put it mildly* om het zachtjes uit te drukken ★ *a mild attempt* een zwakke poging

mildew ['mɪldjuː] *zn* meeldauw, schimmel

mildewy ['mɪldjuːɪ] *bnw* beschimmeld

mile [maɪl] *zn* mijl ⟨1609 m⟩ ★ *nautical mile* zeemijl ⟨1853 m⟩ ★ *this car does... miles to the gallon* deze auto rijdt... mijl op 1 gallon brandstof (in GB 4,55 liter, in de VS 3,79 liter), ≈ deze auto rijdt 1 op... ★ *miles away* mijlen ver weg ★ *go the extra mile* je extra inspannen ★ *a mile a minute* erg snel ★ *spot sth a mile off* iets van verre zien aankomen ★ *stand / stick out a mile* erg opvallen

mileage ['maɪlɪdʒ] *zn* ❶ afgelegde afstand in mijlen ❷ voordeel, profijt ❸ (brandstof)kosten per mijl

mileometer [maɪ'lɒmiːtə], **milometer** *zn* mijlenteller, ≈ kilometerteller

milepost ['maɪlpəʊst] *zn* mijlpaal

milestone *zn* mijlpaal

militancy ['mɪlɪtnsɪ] *zn* strijd(lust)

militant ['mɪlɪtnt] **I** *zn* militant persoon **II** *bnw* strijdend, strijdlustig, strijdbaar

militarism ['mɪlɪtərɪzəm] *zn* militarisme

militarize, militarise ['mɪlɪtəraɪz] *ov ww* militariseren

military ['mɪlɪtərɪ] **I** *zn* soldaten, leger **II** *bnw* militair ★ *a* ~ *man* een militair ★ ~ *service* dienst(plicht)

militate ['mɪlɪteɪt] *onov ww* ~ **against** pleiten tegen, strijden tegen

militia [mɪ'lɪʃə] *zn* militie, burgerwacht, landweer

milk [mɪlk] **I** *zn* melk ★ *condensed milk* gecondenseerde melk ★ *dry milk* melkpoeder ★ *it's no use crying over spilt milk* gedane zaken nemen geen keer ★ *the milk of human kindness* de menselijke goedheid ★ *milk run* routineklus, regelmatig terugkerende reis / missie **II** *ov ww* melken, uitmelken ★ *to milk sth for all it is worth* het onderste uit de kan halen

milk float *zn* elektrisch melkwagentje ⟨v. leverancier⟩

milkmaid ['mɪlkmeɪd] *zn* melkmeisje

milkman ['mɪlkmən] *zn* melkboer

milk tooth *zn* melktand

milky ['mɪlkɪ] *bnw* melkachtig, troebel ★ *the Milky Way* de Melkweg

mill [mɪl] **I** *zn* molen, (maal)machine, fabriek ★ *put sb through the mill* iem. doorzagen, iem. een lastige tijd bezorgen ★ *they have been through the mill* ze kennen het klappen van de zweep, ze hebben een zware tijd gehad **II** *ov ww* ❶ malen ❷ polijsten ❸ frezen **III** *onov ww* ~ **about/around** krioelen, (ordeloos) rondlopen

millepede ['mɪləpiːd] *zn* → **millipede**

miller ['mɪlə] *zn* molenaar

millet ['mɪlɪt] *zn* gierst

mill hand *zn* molenaarsknecht, fabrieksarbeider

milli- ['mɪlɪ] *voorv* milli-, een duizendste

milliard ['mɪljəd] *zn* ❶ miljard ❷ USA tien miljoen

milligram, GB **milligramme** ['mɪlɪgræm] *zn* milligram

millilitre, USA **milliliter** ['mɪlɪliːtə] *zn* milliliter

millimetre, USA **millimeter** ['mɪlɪmiːtə] *zn* millimeter

milliner ['mɪlɪnə] *zn* hoedenmaker

million ['mɪljən] *zn* miljoen ★ *look like a* ~ *dollars* er zeer goed uitzien ★ *not in a* ~ *years* van mijn leven niet

millionaire [mɪljə'neə] *zn* miljonair

millipede ['mɪlɪpiːd] *zn* duizendpoot, pissebed

millstone ['mɪlstəʊn] *zn* molensteen ★ *a* ~ *around one's neck* een groot probleem, een zware last

milord [mɪ'lɔːd] *tw* edele heer, meneer ⟨als aanspreekvorm⟩

mime [maɪm] **I** *zn* ❶ mime(spel), gebarenspel ❷ mimespeler **II** *ov ww* mimisch uitbeelden, door gebaren voorstellen, zonder geluid zingen of praten

mimetic [mɪ'metɪk] *bnw* nabootsend, nagebootst

mimic ['mɪmɪk] **I** *zn* imitator, na-aper **II** *bnw* nagebootst, schijn- **III** *ov ww* imiteren, nabootsen, na-apen

mimicry ['mɪmɪkrɪ] *zn* ❶ nabootsing, imitatie ❷ biol mimicry, nabootsing, camouflage

minaret ['mɪnə'ret] *zn* minaret

mince [mɪns] **I** *zn* GB gehakt ⟨vlees⟩ **II** *ov ww* fijnhakken ★ ~ *(your) words* op je woorden letten **III** *onov ww* met kleine pasjes lopen

mincemeat ['mɪnsmiːt] *zn* zoetige pasteivulling ★ *make* ~ *of sb* iem. in de pan hakken, niets heel laten van iem.

mince pie ['mɪnspaɪ] *zn* zoetig pasteitje ⟨gevuld met 'mincemeat'⟩

mi

mincer ['mɪnsə] *zn* ❶ vleesmolen ❷ geaffecteerd iemand

mind [maɪnd] **I** *zn* ❶ verstand, gedachten ★ *at / in the back of your mind* in je achterhoofd ★ *keep sth in mind* iets in het achterhoofd houden ★ *there is no doubt in my mind* ik twijfel er niet aan ★ *in my mind's eye* naar mijn idee ★ *to my mind* volgens mij ★ *read sb's mind* iemands gedachten lezen ★ *have sth in mind* iets in gedachten hebben, iets van plan zijn ★ *bear sth in mind* om iets denken, iets in het achterhoofd houden ★ *keep your mind on sth* ergens je gedachten bij houden ★ *what's on your mind?* waar denk je aan? ★ *put your mind to sth* je toeleggen op / inzetten voor iets ★ *of sound mind* bij (zijn) volle verstand ★ *great minds think alike* slimme mensen hebben dezelfde mening ★ *it didn't cross my mind* ik heb er niet aan gedacht, ik heb er niet bij stilgestaan ★ *it slipped my mind* ik ben het helemaal vergeten ★ *lose your mind* je verstand verliezen ★ *it's all in your mind* je beeldt het je in, het zit tussen je oren ★ *you're out of your mind* je bent niet goed bij je verstand ★ *you're not in your right mind* je bent niet bij je volle verstand ★ *mind over matter* de zege van de geest over de materie ★ *a mind game* een denkspelletje, een manier om iem. in de war te maken* ❷ gemoed, gevoelen(s), herinnering, aandacht ★ *state of mind* gemoedstoestand ★ *ease sb's mind / set sb's mind at ease* iem. geruststellen ★ *bring to mind* doen denken aan ★ *come to mind* in zich opkomen, herinneren ★ *call to mind* zich herinneren, herinneren aan ★ *take your mind of sth* je (laten) afleiden ★ *put sb in mind of sth* iem. aan iets herinneren ★ *I have a lot on my mind* ik maak me veel zorgen ★ *that's a load off my mind* dat is een pak van mijn hart ★ *get sth out of your mind* iets uit je gedachten bannen ★ *don't pay him any mind* let maar niet op hem ★ *keep an open mind* je geen mening vormen ★ *speak your mind* eens goed zeggen waar het op staat ★ *cast your mind back* terugdenken aan, herinneren ❸ zin, neiging, wil ★ *have a good mind to* er veel voor voelen om ★ *have no mind to* geen zin hebben om ★ *have a dirty mind* bij bijna alles aan seks denken ★ *set your mind on sth* je zinnen op iets zetten ★ *have a mind of one's own* een eigen wil hebben ★ *he knows his own mind* hij weet wat hij wil ★ *that is the last thing on my mind* dat is wel het laatste wat ik wil ❹ mening, opinie ★ *make up your mind* een beslissing nemen, tot een besluit komen ★ *change your mind* je bedenken, van gedachten veranderen ★ *give sb a piece of your mind* iem. eens goed de waarheid zeggen ★ *be in two minds about sth* nog twijfelen, (nog) niet kunnen beslissen ★ *be of one / like / the same mind* het met elkaar eens zijn ★ *blow your mind* je in extase brengen, je onthutsen / verbijsteren **II** *ov ww* ❶ bezwaar hebben (tegen), er iets op tegen hebben ★ *I wouldn't mind a cup of tea* ik zou wel een kopje thee lusten ★ *would you mind?* zou je het erg vinden? ★ *do you mind?!* pardon?! ★ *if you don't mind* als je het goed vindt ★ *never mind* maak je er maar geen zorgen over, stoor je er maar niet

aan, laat maar ★ *he can't walk, never mind run* hij kan niet lopen, laat staan rennen ❷ bedenken, denken om, geven om ★ *mind your own business!* bemoei je met je eigen zaken! ★ *mind your p's and q's* je netjes gedragen ❸ zorgen voor, passen op ★ *mind the shop* op de winkel letten **III** *onov ww* ❶ bezwaren hebben ★ *I don't mind if I do!* graag! ★ *mind!* pas op!, aan de kant! ★ *mind you* trouwens, overigens ★ *never mind* laat maar, dat doet er niet toe ★ *never you mind!* dat gaat je niets aan! ❷ → **out (for)** oppassen (voor)

mind-bending ['maɪndbendɪŋ] *bnw* hallucinogeen, absoluut onbegrijpelijk

mind-blowing *bnw* hallucinogeen, hoogst verwonderlijk, krankzinnig

mind-boggling ['maɪndbɒglɪŋ] *bnw* hoogst verwonderlijk, krankzinnig

minded ['maɪndɪd] *bnw* ❶ geneigd, van zins ❷ aangelegd, -bewust, -gezind, georiënteerd ★ *be technically ~* technisch aangelegd zijn

minder ['maɪndə] *zn* verzorger, oppas

mind-expanding *bnw* bewustzijnsverruimend

mindful ['maɪndfʊl] *bnw* opmerkzaam, bedachtzaam, voorzichtig ★ *be ~ of* goed in gedachten houden

mindfulness *zn* opmerkzaamheid, aandachtgerichtheid

mindless ['maɪndləs] *bnw* ❶ doelloos, stompzinnig ❷ onbedachtzaam, gedachteloos ★ *~ of* niet lettend op

mine [maɪn] **I** *zn* ❶ mijn ⟨bv. goud, steenkool⟩, groeve, bron ⟨figuurlijk⟩ ★ *a mine of information* een schat aan informatie ❷ (land / zee)mijn ⟨explosief⟩ **II** *ov ww* winnen, ontginnen **III** *onov ww* ❶ graven ⟨v. onderaardse gang⟩ ❷ (land / zee)mijnen leggen **IV** *bez vnw* ❶ de / het mijne, van mij ❷ de mijnen ★ *me and mine* ik en mijn familie

minefield ['maɪnfiːld] *zn* mijnenveld ⟨ook figuurlijk⟩

miner ['maɪnə] *zn* mijnwerker

mineral ['mɪnərəl] **I** *zn* mineraal, delfstof **II** *bnw* mineraal

mineralogy [mɪnə'rælədʒɪ] *zn* mineralogie

mineral water *zn* mineraalwater, bronwater

minesweeper ['maɪnswiːpə] *zn* mijnenveger

mingle ['mɪŋgl] *ov+onov ww* mengen, zich vermengen, zich begeven onder ★ *let's ~* laten we ons onder de gasten begeven

mingy ['mɪndʒɪ] *bnw* gierig, krenterig

mini ['mɪnɪ] **I** *zn* ❶ minirok ❷ *Mini* mini ⟨auto⟩ **II** *bnw* miniatuur-, klein

miniature ['mɪnɪtʃə] **I** *zn* ❶ klein exemplaar van iets ★ *in ~* op kleine schaal ❷ miniatuurportret **II** *bnw* klein, op kleine schaal ★ *~ railway* modelspoorbaan ★ *~ golf* midgetgolf

minibus ['mɪnɪbʌs] *zn* minibus

minicab ['mɪnɪkæb] *zn* alleen telefonisch te bestellen taxi

minimal ['mɪnɪml] *bnw* minimaal

minimize, minimise ['mɪnɪmaɪz] *ov ww* minimaliseren, kleiner maken

minimum ['mɪnɪməm] **I** *zn* minimum ★ *the absolute / bare ~* het allernoodzakelijkste ★ *keep sth to a ~* tot een minimum beperken, zo klein

mogelijk houden **II** *bnw* minimaal, minimum-
★ ~ *wage* minimumloon

mining ['maɪnɪŋ] *zn* mijnbouw

minion ['mɪnjən] *zn* humor slaafse dienaar,
iemand met een onbelangrijke positie

miniskirt ['mɪnɪskɜːt] *zn* minirok

minister ['mɪnɪstə] **I** *zn* ❶ minister ★ *Prime
Minister* minister-president ★ *Minister of State*
onderminister, staatssecretaris ❷ gezant
⟨beneden rang v. ambassadeur⟩ ❸ predikant
II *ov ww* toedienen, verschaffen **III** *onov ww*
~ *to* hulp verlenen, bedienen, bijdragen tot

ministerial [mɪnɪ'stɜərɪəl] *bnw* ministerieel

ministrations [mɪnɪ'streɪʃənz] *zn mv* geestelijke
bijstand, hulp, bijstand

ministry ['mɪnɪstrɪ] *zn* ❶ ministerie ★ *Foreign
Ministry* ministerie van buitenlandse zaken
❷ ministerschap ❸ predikantschap ★ *the* ~ de
geestelijkheid

mink [mɪŋk] *zn* nerts(bont)

minnow ['mɪnəʊ] *zn* ❶ witvis ❷ onbelangrijk iets
of iemand

minor ['maɪnə] **I** *zn* ❶ minderjarige ❷ USA bijvak,
keuzevak ★ *take Spanish as one's* ~ Spaans als
bijvak nemen **II** *bnw* ❶ klein, onbelangrijk
❷ muz mineur ★ *in a* ~ *key* in mineurstemming
III *onov ww* ~ *in* als bijvak nemen

minority [maɪ'nɒrətɪ] **I** *zn* ❶ minderheid ★ *ethnic
minorities* etnische minderheden ★ *a* ~ *of one* de
enige met een afwijkende mening
❷ minderjarigheid **II** *bnw* minderheids- ★ *from
a* ~ *background* afkomstig uit een
minderheidsgroepering ★ ~ *interest*
minderheidsbelang

minster ['mɪnstə] *zn* kloosterkerk, kathedraal

minstrel ['mɪnstrəl] *zn* minstreel

mint [mɪnt] **I** *zn* ❶ munt ⟨plaats waar geld
gemunt wordt⟩ ★ *he made a mint* hij heeft een
bom geld verdiend ★ *in mint condition* puntgaaf
❷ munt ⟨plant⟩, pepermuntje **II** *ov ww*
❶ munten ❷ uitvinden, fabriceren ★ *newly
minted* kakelvers, vers van de pers ⟨figuurlijk⟩

mint drop *zn* pepermuntje

mint sauce *zn* muntsaus

minuet [mɪnjʊ'et] *zn* menuet ⟨dans⟩

minus ['maɪnəs] **I** *bnw* ❶ min, minus ★ *25* ~ *4
equals 21* 25 min 4 is 21 ★ *it's* ~ *ten outside* het is
buiten min tien ★ *an A* ~ ≈ een 9 ⟨rapportcijfer⟩
❷ negatief ★ *a* ~ *quantity* een negatief aantal
★ *a* ~ *point* een minpunt ❸ iron zonder ★ *we
arrived* ~ *our luggage* we kwamen aan zonder
bagage **II** *zn* ❶ minteken ❷ minpunt ★ *pluses
and* ~*es* voor- en nadelen

minus sign *zn* minteken

minute¹ ['mɪnɪt] **I** *zn* ❶ minuut, ogenblik ★ *any* ~
op elk ogenblik ★ *it changes by the* ~ het
verandert zeer snel ★ *three a* ~ drie per minuut
★ *I enjoyed every* ~ ik heb ontzettend genoten
★ *the* ~ *(that) I arrived* zodra ik aankwam
★ *punctual to the* ~ op de minuut af ★ *hold on a*
~ wacht even ★ *just a* ~ een ogenblikje ★ *at the
last* ~ op het laatste moment ★ *not for one* ~*!*
absoluut niet!, geen sprake van! ❷ minutes
[mv], notulen ★ *take the* ~*s* notuleren **II** *ov ww*
notuleren, noteren

minute² [maɪ'njuːt] *bnw* ❶ zeer klein, nietig

❷ zeer nauwkeurig, minutieus

minute hand *zn* grote wijzer ⟨v. klok, die
minuten aangeeft⟩

minutely [maɪ'njuːtlɪ] *bijw* zeer klein, minutieus

minutiae [maɪ'njuːʃiː] *zn mv* details, kleinigheden

minx [mɪŋks] *zn* brutale meid, mannenverleidster

miracle ['mɪrəkl] *zn* wonder ★ *perform* / *work* ~*s*
wonderen doen

miraculous [mɪ'rækjʊləs] *bnw* miraculeus,
wonderbaarlijk

mirage ['mɪrɑːʒ, mɪ'rɑːʒ] *zn* luchtspiegeling,
waan

mire ['maɪə] **I** *zn* modder, slijk, moeilijkheden
★ *drag sb's name through the mire* iemands
naam door het slijk halen **II** *onov ww* vastzitten,
in een slechte situatie zitten

mirror ['mɪrə] **I** *zn* ❶ spiegel ★ *dead angle* ~
dodehoekspiegel ★ *distorting* ~ lachspiegel
❷ afspiegeling **II** *ov ww* spiegelen, weerkaatsen

mirror image *zn* spiegelbeeld

mirth [mɜːθ] *zn* vrolijkheid

mirthless ['mɜːθləs] *bnw* vreugdeloos, triest,
somber

mis- [mɪs] *voorv* mis-, slecht, verkeerd

misadventure [mɪsəd'ventʃə] *zn* tegenspoed,
ongeluk

misalliance [mɪsə'laɪəns] *zn* ongelukkige
verbintenis

misanthrope ['mɪsənθrəʊp] *zn* misantroop
⟨mensenhater⟩

misanthropic ['mɪsənθrɒpɪk] *bnw* misantropisch

misanthropy [mɪ'sænθrəpɪ] *zn* misantropie

misapplication [mɪsæplɪ'keɪʃən] *zn* verkeerde /
onjuiste toepassing

misapply [mɪsə'plaɪ] *ov ww* ❶ verkeerd
gebruiken ❷ malversatie plegen

misapprehension [mɪsæprɪ'henʃən] *zn*
misverstand, het verkeerde idee ★ *to be under
the* ~ *that* het verkeerde idee hebben dat

misappropriate [mɪsə'prəʊprɪeɪt] *ov ww* stelen,
verduisteren, zich wederrechtelijk toe-eigenen

misbegotten [mɪsbɪ'gɒtn] *bnw* slecht, niet goed
uitgewerkt, rot-

misbehave [mɪsbɪ'heɪv] *ov+onov ww* zich
misdragen

misbehaviour [mɪsbɪ'heɪvjə] *zn* wangedrag

misc. *afk, miscellaneous* gemengd, allerlei

miscalculate [mɪs'kælkjʊleɪt] **I** *ov ww* verkeerd
berekenen **II** *onov ww* zich misrekenen

miscalculation [mɪskælkjʊ'leɪʃən] *zn*
misrekening, rekenfout

miscarriage ['mɪskærɪdʒ] *zn* ❶ miskraam
❷ mislukking ★ ~ *of justice* gerechtelijke
dwaling

miscarry [mɪs'kærɪ] *onov ww* ❶ een miskraam
krijgen ❷ mislukken, niet slagen

miscegenation [mɪsɪdʒɪ'neɪʃən] *zn*
rassenvermenging

miscellanea [mɪsə'leɪnɪə] *zn mv* ❶ diversen,
allerlei ❷ gemengde collectie, gemengde
berichten ⟨in krant⟩

miscellaneous [mɪsə'leɪnɪəs] *bnw* gemengd,
allerlei

miscellany [mɪ'selənɪ] *zn* gemengde collectie,
verhandelingen op allerlei gebied

mischance [mɪs'tʃɑːns] *zn* ongeluk ★ *by* ~

ongelukkigerwijs

mischief ['mɪstʃɪf] zn streken, ondeugendheid, onrust ★ get / be up to ~ kattenkwaad uithalen, geen goeds in de zin hebben ★ get into ~ op het verkeerde pad belanden ★ make ~ onrust stoken ★ do sth out of ~ iets uit moedwil doen ★ <u>humor</u> do sb a ~ iem. iets aandoen

mischievous ['mɪstʃɪvəs] bnw ❶ ondeugend ❷ boosaardig

misconceive [mɪskən'si:v] ov+onov ww verkeerd begrijpen ★ be ~d ondeugdelijk zijn, niet deugen ⟨van plan, wet, enz.⟩

misconception [mɪskən'sepʃən] zn verkeerd begrip, onjuiste opvatting

misconduct [mɪs'kɒndʌkt] zn wanbeheer, wangedrag, ambtsovertreding

misconstrue [mɪskən'stru:] ov ww verkeerd interpreteren, verkeerd begrijpen

miscount[1] ['mɪskaʊnt] zn verkeerde telling

miscount[2] [mɪs'kaʊnt] **I** ov ww verkeerd tellen **II** onov ww zich vertellen

miscreant ['mɪskrɪənt] zn onverlaat, crimineel

misdeed [mɪs'di:d] zn wandaad, misdaad

misdemeanour [mɪsdɪ'mi:nə] zn wangedrag, misdrijf, overtreding

misdirect [mɪsdaɪ'rekt] ov ww verkeerd gebruiken, de verkeerde richting op sturen, verkeerde inlichtingen geven

miser ['maɪzə] zn gierigaard, vrek

miserable ['mɪzərəbl] bnw ellendig, miserabel, armzalig

miserly ['maɪzəlɪ] bnw + bijw gierig, vrekkig

misery ['mɪzərɪ] zn ❶ ellende ★ make sb's life a ~ iemands leven verpesten ★ put sb out of his / her ~ in laten slapen ⟨dier⟩, <u>humor</u> niet langer in spanning laten zitten ❷ ongelukkig, klagerig persoon

misfire[1] ['mɪsfaɪə] zn ketsschot, hapering ⟨v. motor⟩

misfire[2] [mɪs'faɪə] onov ww ketsen, niet afgaan ⟨v. geweer⟩, haperen, overslaan ⟨v. motor⟩ ★ the plan ~d het plan mislukte

misfit ['mɪsfɪt] zn buitenbeentje, mislukkeling

misfortune [mɪs'fɔ:tʃən] zn ongeluk, tegenslag ★ have the ~ to de pech hebben om..., ≈ helaas

misgiving [mɪs'gɪvɪŋ] zn twijfel, (angstig) voorgevoel, wantrouwen

misguided [mɪs'gaɪdɪd] bnw misplaatst, ondoordacht

mishandle [mɪs'hændl] ov ww verkeerd behandelen, verkeerd aanpakken

mishap ['mɪshæp] zn <u>inform</u> ongelukje ★ without ~ zonder problemen

mishear [mɪs'hɪə] ov ww verkeerd horen

mishmash ['mɪʃmæʃ] zn mengelmoes, allegaartje

misinform [mɪsɪn'fɔ:m] ov ww verkeerd inlichten

misinterpret [mɪsɪn'tɜ:prɪt] ov ww verkeerd begrijpen, verkeerd uitleggen

misinterpretation [mɪsɪntɜ:prɪ'teɪʃən] zn verkeerde interpretatie, verkeerd begrip ★ be subject to ~ verkeerd begrepen kunnen worden

misjudge [mɪs'dʒʌdʒ] ov+onov ww verkeerd (be)oordelen, zich vergissen (in)

mislay [mɪs'leɪ] ov ww op verkeerde plaats leggen, zoek maken

mislead [mɪs'li:d] ov ww misleiden

misleading [mɪs'li:dɪŋ] bnw misleidend, bedrieglijk

mismanage [mɪs'mænɪdʒ] ov ww verkeerd besturen, verkeerd beheren, verkeerd aanpakken

mismanagement [mɪs'mænɪdʒmənt] zn wanbestuur, wanbeheer

mismatch[1] ['mɪsmætʃ] zn slechte combinatie, wanverhouding

mismatch[2] [mɪs'mæts] ov ww onjuist combineren, niet bij elkaar passen, vloeken ⟨kleuren⟩

misnomer [mɪs'nəʊmə] zn verkeerde benaming, niet-passende naam ★ that is a bit of a ~ for die naam past niet echt bij

misogynist [mɪ'sɒdʒənɪst] zn vrouwenhater

misplace [mɪs'pleɪs] ov ww kwijtraken

misprint ['mɪsprɪnt] zn drukfout

mispronounce [mɪsprə'naʊns] ov ww verkeerd uitspreken

mispronunciation [mɪsprənʌnsɪ'eɪʃən] zn verkeerde uitspraak

misquote [mɪs'kwəʊt] ov+onov ww iemands woorden onjuist weergeven

misread [mɪs'ri:d] ov ww verkeerd lezen, verkeerd interpreteren

misrepresent [mɪsreprɪ'zent] ov ww een verkeerde voorstelling geven van, verdraaien, onjuist beschrijven

misrepresentation [mɪsreprɪzen'teɪʃən] zn onjuiste voorstelling

misrule [mɪs'ru:l] zn ❶ wanbestuur ❷ wanorde, anarchie

miss [mɪs] **I** ov ww ❶ missen, ontlopen, ontsnappen aan ★ you can't miss it je ziet het meteen ★ miss the boat de boot missen ★ not miss a trick geen kans onbenut laten ★ he narrowly missed being caught by the police hij werd bijna door de politie opgepakt ❷ niet begrijpen ★ miss the point niet begrijpen wat wordt bedoeld ★ he doesn't miss much hij weet precies wat er gaande is ❸ ~ out overslaan **II** onov ww ❶ haperen, overslaan ⟨v. motor⟩ ❷ ~ out (on) mislopen **III** zn ❶ misstoot, misslag, gemiste kans ★ give sth a miss iets overslaan, iets niet doen ★ a near miss net naast ❷ juffrouw, ongetrouwde dame ★ little miss jongedame ⟨tegen meisje⟩

misshapen [mɪs'ʃeɪpən] bnw mismaakt, misvormd

missile ['mɪsaɪl, USA 'mɪsl] zn projectiel, raket ★ guided ~ geleid wapen

missing ['mɪsɪŋ] bnw ontbrekend, vermist ★ ~ link ontbrekende schakel ★ ~ person vermiste ★ report sb ~ iem. als vermist opgeven ★ mil ~ in action vermist (na militair optreden) ★ mil ~, presumed dead vermist, vermoedelijk overleden

mission ['mɪʃən] zn ❶ missie ★ peacekeeping ~ vredesmissie ★ USA foreign ~ ambassade ★ mercy ~ hulpactie ★ ~ accomplished met goed resultaat afgerond ❷ roeping ★ have a ~ in life een roeping hebben ★ ~ statement doelstelling

missionary ['mɪʃənərɪ] zn missionaris, zendeling ★ ~ position missionarisstandje ★ with ~ zeal met veel toewijding

mission control zn controlecentrum ⟨in de

mi

ruimtevaart〉

missive ['mɪsɪv] zn form brief, formeel bericht

misspell [mɪs'spel] ov ww verkeerd spellen

misspend [mɪs'spend] ov ww verkwisten

missus, missis ['mɪsɪz] zn humor ❶ moeder de vrouw ★ how's the ~? hoe is het met je vrouw? ❷ inform mevrouw 〈als men niet weet hoe iemand heet〉 ★ is this your bag, ~? is dit uw tas, mevrouw?

mist [mɪst] I zn mist, nevel, waas ★ the mists of time de nevelen van de geschiedenis II ov ww benevelen, nat worden ★ her eyes misted over haar ogen werden nat III onov ww ~ over/up benevelen, beslaan

mistake [mɪ'steɪk] I zn fout, vergissing, dwaling ★ by ~ per ongeluk ★ my ~ mijn fout, ik heb me vergist ★ make no ~ about it! ga daar maar vanuit!, zeker weten! ★ and no ~ absoluut ★ we all make ~s vergissen is menselijk ★ there must be a ~ dat klopt niet II ov ww [onregelmatig] verkeerd begrijpen ★ there's no mistaking this fact dit staat nu eenmaal vast ★ ~ sb for sb else iem. aanzien voor een ander ★ I must be be ~n ik vergis me ★ you're sadly ~n je ziet het echt fout ★ if I'm not ~n als het goed is

mistaken [mɪ'steɪkən] I bnw verkeerd, onjuist ★ ~ identity persoonsverwisseling II ww [volt. deelw.] → mistake

mister ['mɪstə] zn mijnheer, de heer ★ Mr Right de ware Jacob

mistime [mɪs'taɪm] ov ww op het verkeerde ogenblik doen / zeggen

mistletoe ['mɪsəltəʊ] zn maretak

mistook [mɪ'stʊk] ww [verleden tijd] → mistake

mistreat [mɪs'triːt] ov ww mishandelen, slecht behandelen

mistress ['mɪstrəs] zn ❶ geliefde, maîtresse ❷ bazin, hoofd, meesteres ★ she is the ~ of her emotions ze is haar emoties de baas ❸ oud mevrouw, vrouw des huizes ❹ oud onderwijzeres

mistrial [mɪs'traɪəl] zn nietig geding, nietig verklaarde rechtszaak 〈wegens procedurefout〉

mistrust [mɪs'trʌst] I zn wantrouwen II ov ww wantrouwen

mistrustful [mɪs'trʌstfʊl] bnw wantrouwend

misty ['mɪstɪ] bnw ❶ mistig, beslagen, wazig, vaag ❷ vol tranen ★ ~-eyed met ogen vol tranen, met een roze bril

misunderstand [mɪsʌndə'stænd] ov ww [onregelmatig] verkeerd begrijpen

misunderstanding [mɪsʌndə'stændɪŋ] zn misverstand

misunderstood [mɪsʌndə'stʊd] ww [verl. tijd + volt. deelw.] → misunderstand

misuse[1] [mɪs'juːs] zn misbruik, verkeerd gebruik

misuse[2] [mɪs'juːz] ov ww misbruiken, verkeerd gebruiken

mite [maɪt] zn ❶ beetje, zier ★ a mite een beetje ★ inform not a mite helemaal niet, geen zier ❷ inform (arm) kind, (arm) dier ❸ mijt

miter USA → mitre

mitigate ['mɪtɪgeɪt] ov ww verlichten, verzachten, matigen 〈v. straf〉 ★ mitigating circumstances verzachtende omstandigheden

mitigation [mɪtɪ'geɪʃən] zn ★ in ~ als

verzachtende omstandigheid

mitre ['maɪtə], USA **miter** I zn ❶ mijter ❷ verstek 〈timmerwerk〉 II ov ww in verstek maken, afschuinen

mitt [mɪt] zn ❶ want, handschoen 〈als bij honkbal〉 ❷ inform hand ★ get your mitts off me! haal je tengels van me af!

mitten [mɪtn] zn want 〈handschoen〉

mix [mɪks] I ov ww ❶ mengen, vermengen, door elkaar roeren, kruisen 〈v. dieren〉 ★ mix a drink een drankje klaarmaken ★ mix and match van alles wat ★ mix business with pleasure werk en vrije tijd combineren ★ drinking and driving don't mix alcohol en autorijden gaat niet samen ❷ ~ in doorheen roeren ❸ ~ up verwarren, door elkaar gooien ★ mixed up in de war ★ get mixed up in sth ergens bij betrokken raken II onov ww ❶ zich (ver)mengen ★ they don't mix well ze kunnen niet goed met elkaar overweg ❷ ~ with omgaan met III zn ❶ mengeling, mengsel ❷ muz remix

mixed [mɪkst] bnw gemengd, vermengd ★ ~ salad gemengde salade ★ ~ company gemengd gezelschap ★ a ~ blessing voor- en nadelen inéén ★ a ~ review een gematigd enthousiaste recensie ★ give a ~ message een onduidelijke boodschap afgeven, A zeggen maar B doen → mix

mixer ['mɪksə] zn ❶ (keuken)mixer ❷ menger ★ bad ~ iem. die zich moeilijk aanpast

mixer tap zn mengkraan

mixture ['mɪkstʃə] zn mengsel, mengeling

mix-up zn verwarring, misverstand

ml afk, millilitre(s) milliliter

MN afk, Minnesota staat in de VS

mnemonic [nɪ'mɒnɪk] zn geheugensteuntje, ezelsbruggetje

mo [məʊ] zn, inform moment ogenblikje ★ he'll be there in a mo hij is er zo

MO afk ❶ mil Medical Officer officier van gezondheid ❷ Missouri staat in de VS

moan [məʊn] I onov ww kreunen, jammeren, zeuren ★ moaning and groaning zuchten en steunen II zn gekreun ★ have a moan about sth ergens over zeuren

moat [məʊt] zn slotgracht

mob [mɒb] I zn ❶ (wanordelijke) menigte, massa opgewonden mensen ★ mob violence groepsgeweld ★ mob rule heerschappij van het gepeupel 〈situatie waarin een (overheersende) groep de regels bepaalt〉 ❷ kliek, groep mensen ★ the Mob de maffia ★ min the mob het gepeupel II ov ww drommen, opdringen naar, het lastig maken

mobile ['məʊbaɪl] I zn ❶ mobieltje 〈telefoon〉 ❷ mobile (beweegbaar model) II bnw ❶ beweeglijk, mobiel ★ ~ hands beweeglijke handen ★ ~ home (sta)caravan ★ be ~ kunnen lopen, vervoer hebben ★ be upwardly ~ maatschappelijk stijgen, het goed doen ❷ mobiel 〈m.b.t. mobiele telefonie〉

mobility [məʊ'bɪlətɪ] zn mobiliteit, beweeglijkheid ★ upward ~ het maatschappelijk stijgen, opklimmen

mobilization, mobilisation [məʊbəlar'zeɪʃən] zn mobilisatie, inzet

mobilize, mobilise ['məʊbɪlaɪz] *ov ww* mobiliseren, inzetten, aansporen

mobster ['mɒbstə] *zn* bendelid, gangster

moccasin ['mɒkəsɪn] *zn* mocassin, instapper

mock [mɒk] **I** *ov ww* uitlachen, de spot drijven met, na-apen **II** *bnw* imitatie-, onecht, nep, proef- ★ *mock combat / fight* schijngevecht

mockery ['mɒkərɪ] *zn* bespottelijk iets, schijnvertoning ★ *you're make a ~ of me* je maakt me belachelijk

mockingbird ['mɒkɪŋbɜːd] *zn* spotvogel

mock-up *zn* model op ware grootte, proefmodel

modal ['məʊdl] *bnw* modaal, hulp-★ *~ verb* hulpwerkwoord

mode [məʊd] *zn* ❶ manier, wijze, stijl ★ *mode of communication* communicatiemiddel ★ *apple pie à la mode* appeltaart met vanille-ijs ❷ modus, stand, stemming ★ *the off mode* de uitstand ★ *he's in party mode* hij is in feeststemming

model ['mɒdl] **I** *zn* ❶ model, mannequin ★ *fashion ~* modemodel ★ *nude ~* naaktmodel ❷ model, maquette ★ *a working ~* een werkend model ★ *he's a ~ of good behaviour* hij vertoont modelgedrag ❸ model, type ★ *what ~ car is it?* welk type auto is het? **II** *bnw* model-, voorbeeldig ★ *a ~ wife* een voorbeeldige echtgenote **III** *ov ww* ❶ als model presenteren, modelleren, vormen, boetseren ★ *he ~s underwear* hij is ondergoedmodel ❷ *~ after/on* vormen naar, modelleren naar ★ *~ o.s. on sb* zich modelleren naar iem. **IV** *onov ww* als model optreden / werken ★ *she wants to work in ~ling* ze wil model worden

modem ['məʊdəm] *zn* <u>comp</u> modem

moderate¹ ['mɒdərət] **I** *zn* <u>pol</u> gematigde **II** *bnw* gematigd, matig

moderate² ['mɒdəreɪt] **I** *ov ww* ❶ matigen ❷ bemiddelen **II** *onov ww* bedaren, zich matigen

moderation [mɒdə'reɪʃən] *zn* matiging, matigheid, gematigdheid ★ *in ~* met mate

moderator ['mɒdəreɪtə] *zn* ❶ bemiddelaar, moderator ❷ voorzitter v. universitaire examencommissie

modern ['mɒdn] *bnw* modern

modern-day *bnw* modern, hedendaags, van tegenwoordig

modernisation *zn* <u>GB</u> → modernization

modernise *ww* <u>GB</u> → modernize

modernism ['mɒdənɪzəm] *zn* <u>kunst</u> modernisme

modernist ['mɒdənɪst] *zn* <u>kunst</u> modernist

modernization [mɒdənaɪ'zeɪʃən] *zn* modernisering

modernize ['mɒdənaɪz] *ov+onov ww* moderniseren

modest ['mɒdɪst] *bnw* ❶ bescheiden ❷ ingetogen, zedig

modesty ['mɒdɪstɪ] *zn* ❶ bescheidenheid ❷ zedigheid

modicum ['mɒdɪkəm] *zn* een beetje, een weinig

modification [mɒdɪfɪ'keɪʃən] *zn* wijziging, aanpassing

modify ['mɒdɪfaɪ] *ov ww* ❶ wijzigen, matigen ❷ taalk bepalen

modish ['məʊdɪʃ] *bnw* modieus

modulate ['mɒdjʊleɪt] *ov ww* ❶ regelen, moduleren ❷ *~ to* in overeenstemming brengen met

modulation [mɒdjʊ'leɪʃən] *zn* modulatie, aanpassing

module ['mɒdjuːl] *zn* module, element, onderdeel ★ *space ~* ruimteraket

moggie, moggy <u>inform</u> *zn* kat, poes

mogul ['məʊgl] **I** *zn* ❶ invloedrijk iemand, magnaat ❷ ★ *Mogul* Mongool **II** *bnw* ★ *Mogul* Mongools

mohair ['məʊheə] *zn* mohair (zachte geitenwol)

moist [mɔɪst] *bnw* vochtig, klam

moisten ['mɔɪsən] **I** *ov ww* bevochtigen **II** *onov ww* vochtig worden

moisture ['mɔɪstʃə] *zn* vocht, vochtigheid

moisturize, moisturise ['mɔɪstʃəraɪz] *ov ww* bevochtigen, hydrateren

molar ['məʊlə] **I** *zn* kies **II** *bnw* ❶ m.b.t. de kiezen, maal- ❷ <u>scheik</u> molair

molasses [mə'læsɪz] *zn* melasse, stroop

mold ['məʊld] → **mould**

mole [məʊl] *zn* ❶ mol ★ *as blind as a mole* stekeblind ❷ spion ❸ moedervlek ❹ <u>scheik</u> mol

molecular [mə'lekjʊlə] *bnw* moleculair

molecule ['mɒlɪkjuːl] *zn* molecule

molehill ['məʊlhɪl] *zn* molshoop ★ *make a mountain out of a ~* van een mug een olifant maken

moleskin ['məʊlskɪn] *zn* ❶ mollenvel ❷ Engels leer (zeer dicht geweven stof) ★ *~s* broek v. Engels leer

molest [mə'lest] *ov ww* lastig vallen, aanranden, misbruiken

mollify ['mɒlɪfaɪ] *ov ww* bedaren, matigen, vertederen

mollusc ['mɒləsk] *zn* weekdier

mollycoddle ['mɒlɪkɒdl] *ov ww* vertroetelen, in de watten leggen

molt ['məʊlt] *onov ww* <u>USA</u> → **moult**

molten ['məʊltn] *bnw* gesmolten, vloeibaar (steen, metaal, glas)

mom [mɒm] *zn,* <u>inform</u> <u>USA</u> mam, mama

moment ['məʊmənt] *zn* moment, ogenblik ★ *any ~* op elk ogenblik ★ *do it this ~* doe het onmiddellijk ★ *at the / this (present) ~* op dit ogenblik, nu ★ *just / in a ~* even wachten ★ *it will take a ~* het duurt even ★ *half a ~* een ogenblik(je) ★ *if you have a spare ~* als je even hebt ★ *from that ~ on* vanaf dat moment ★ *that was not a ~ too soon* dat was maar net op tijd ★ *it is the ~ for it* het is er het juiste ogenblik voor ★ *I've seen him this ~* ik heb hem zo-even gezien ★ *a matter of great ~* een zaak van groot belang ★ *never a dull ~* er is altijd wel wat aan de hand ★ *not for a ~* absoluut niet ★ *it has its ~s* het is af en toe wel aardig

momentarily ['məʊməntərəlɪ] *bijw* ❶ eventjes ❷ <u>USA</u> straks

momentary ['məʊməntərɪ] *bnw* kortstondig, gedurende een ogenblik, vluchtig

momentous [mə'mentəs] *bnw* gedenkwaardig, gewichtig, belangrijk

momentum [mə'mentəm] *zn* ❶ <u>techn</u> moment ❷ stuwkracht, voorwaartse kracht ★ *gather ~* aan kracht winnen ★ *keep the ~ going* de gang

mo

erin houden

momma [mɒmə], **mommy** [mɒmɪ] *zn* <u>USA</u> mam, mama

Mon. *afk. Monday* maandag

monarch ['mɒnək] *zn* monarch, vorst(in) ★ ~ *butterfly* monarchvlinder

monarchical [mə'nɑːkɪkl] *bnw* monarchaal, vorstelijk

monarchy ['mɒnəkɪ] *zn* ❶ monarchie ❷ ★ *the* ~ de koninklijke familie

monastery ['mɒnəstərɪ] *zn* klooster

monastic [mə'næstɪk] *bnw* klooster- ★ *a* ~ *life* een zeer rustig en eenvoudig leven

Monday ['mʌndeɪ] *zn* maandag ★ *(on)* ~*s* elke maandag ★ *this* ~ aanstaande maandag

monetary ['mʌnɪtərɪ] *bnw* monetair, financieel-, munt- ★ ~ *value* geldwaarde

money ['mʌnɪ] **I** *zn* geld ★ *make* ~ geld verdienen ★ *spend* ~ geld uitgeven ★ *raise* ~ geld ophalen ⟨bv. voor goed doel⟩ ★ <u>USA</u> *inform folding* ~ papiergeld ★ *inform funny* ~ waardeloos geld, vals geld ★ *pocket* ~ zakgeld ★ *dirty* ~ geld afkomstig uit de misdaad ★ *ready* ~ contant geld ★ ~*back guarantee* niet goed, geld terug ★ *be made of* ~ bulken van het geld ★ *be in the* ~ (plotseling) rijk zijn ★ *spend* ~ *like water* geld uitgeven als water ★ *have* ~ *to burn* onnodige zaken kopen ★ ~ *is no object* geld speelt geen rol ★ *be out of* ~ blut zijn ★ *there is no* ~ *coming in* er komt geen geld binnen, er is geen brood op de plank ★ *put* ~ *into* investeren in ★ *for my* ~ naar mijn mening ★ *my* ~ *is on sth / sb* ik denk dat iets / iemand gaat winnen / gebeuren ★ *I want my* ~*'s worth* ik wil waar voor mijn geld ★ *he has more* ~ *than sense* hij mag dan wel rijk zijn, maar slim is hij niet ★ *throw good* ~ *after bad* blijven investeren in een hopeloze zaak ★ *the best that* ~ *can buy* het beste wat er is ★ ~ *doesn't grow on trees* het geld ligt niet op straat / groeit niet op mijn rug ★ ~ *talks (and bullshit walks)* praatjes vullen geen gaatjes, geen woorden maar daden ★ *put your* ~ *where your mouth is!* laat eerst maar 'ns zien! ★ *give sb a run for their* ~ het iem. lastig maken ★ *right on the* ~ precies goed, exact **II** *ov ww* te gelde maken

money box *zn* spaarpot

moneyed ['mʌnɪd] *bnw* vermogend, rijk

money-grabber ['mʌnɪɡrebə] *zn* geldwolf

money-grabbing ['mʌnɪɡrebɪŋ], **money-grubbing** *bnw* inhalig, geldbelust

moneylender ['mʌnɪlendə] *zn* geldschieter

moneymaker ['mʌnɪmeɪkə] *zn* ❶ iemand die veel geld verdient ❷ <u>fig</u> winstgevende zaak, goudmijntje

money order *zn* postwissel, ≈ (internationale) overschrijving ≈ eenmalige machtiging

money-spinner *zn* goudmijntje

mongrel ['mʌnɡrəl] *zn* bastaardhond, vuilnisbak ⟨hond van gemengd ras⟩

moniker ['mɒnɪkə] *zn* <u>inform</u> naam, bijnaam

monitor ['mɒnɪtə] **I** *zn* ❶ monitor, beeldscherm ❷ controleur, klassenhulp ❸ varaan ★ ~ *lizard* komodovaraan **II** *ov ww* controleren, monitoren

monk [mʌŋk] *zn* monnik

monkey ['mʌŋkɪ] **I** *zn* aap, deugniet ★ *cheeky* ~ brutaaltje ★ ~ *nut* doppinda ★ ~ *suit* apenpakkie ★ *make a* ~ *of* voor schut zetten ★ *it's brass* ~ *weather / it's brass* ~*s* het is stervenskoud ▼ *I don't give a* ~*'s* het kan me geen bal schelen **II** *onov ww* ~ *about/around* streken uithalen, donderjagen, aanklooien

monkey business *zn* gesjoemel

monkey wrench *zn* bahco, pijptang

mono ['mɒnəʊ] **I** *bnw* mono **II** *zn* ziekte van Pfeiffer

mono- ['mɒnəʊ] *voorv* mono-, een-

monochrome ['mɒnəkrəʊm] *bnw* eenkleurig, monochromatisch, zwart-wit

monogamous [mə'nɒɡəməs] *bnw* monogaam

monogamy [mə'nɒɡəmɪ] *zn* monogamie

monogram ['mɒnəɡræm] *zn* monogram

monolith ['mɒnəlɪθ] *zn* ❶ monoliet ⟨grote staande steen⟩ ❷ iets waar absoluut geen beweging in zit ★ *corporate* ~ starre bedrijfscultuur

monolithic [mɒnə'lɪθɪk] *bnw* monolithisch, star, onbeweeglijk

monologue ['mɒnəlɒɡ] *zn* monoloog, alleenspraak

monopolize, monopolise [mə'nɒpəlaɪz] *ov ww* monopoliseren, totaal in beslag nemen

monopoly [mə'nɒpəlɪ] *zn* monopolie, alleenrecht ★ *have / hold a* ~ *on* het alleenrecht hebben op ★ *Monopoly money* waardeloos geld

monosyllabic [mɒnəsɪ'læbɪk] *bnw* eenlettergrepig ★ ~ *answers* zeer korte antwoorden

monotonous [mə'nɒtənəs] *bnw* eentonig, saai

monotony [mə'nɒtənɪ] *zn* eentonigheid, saaiheid

monsoon [mɒn'suːn] *zn* moesson, regenseizoen

monster I *zn* ❶ monster ❷ zeer groot iets, uit de hand gelopen zaak **II** *bnw* zeer groot ★ *a* ~ *victory* een monsterzege

monstrosity [mɒn'strɒsətɪ] *zn* monster, afschuwelijk iets

monstrous ['mɒnstrəs] *bnw* monsterlijk, gedrochtelijk, kolossaal

month [mʌnθ] *zn* maand ★ ~ *after* ~ maand na maand ★ *100 Euros a* ~ 100 euro per maand ★ *a* ~ *from today* vandaag over een maand ★ *never in a* ~ *of Sundays* nooit ⟨en te nimmer⟩

monthly ['mʌnθlɪ] **I** *zn* maandelijks tijdschrift **II** *bnw* + *bijw* maandelijks

monument ['mɒnjʊmənt] *zn* monument, gedenkteken

monumental [mɒnjʊ'mentl] *bnw* ❶ enorm, monumentaal ★ *a* ~ *mistake* een monumentale fout ❷ gedenk-, monumentaal

moo [muː] **I** *zn* geloei, boe ⟨geluid dat een koe maakt⟩ **II** *onov ww* loeien

mooch [muːtʃ] **I** *zn* ★ *on the* ~ aan het lummelen / schooien / bietsen **II** *ov ww* bietsen **III** *onov ww* ~ *around/about* rondhangen

mood [muːd] *zn* ❶ stemming, gevoel ★ *in the mood* in de stemming ★ *in no mood for* helemaal niet in de stemming om ★ *he is in one of his moods* hij heeft weer een van zijn buien ★ *the mood of the moment* de huidige opinie ★ *when the mood takes me* wanneer ik er zin in

mo

heb ❷ <u>taalk</u> wijs ★ *imperative mood* gebiedende wijs

mood swing *zn* stemmingswisseling

moody ['mu:dɪ] *bnw* humeurig, somber

moola [mu:lə] *zn*, <u>USA</u> <u>plat</u> poen, geld

moon [mu:n] **I** *zn* maan ★ *be over the moon* in de wolken zijn ★ *ask / wish for the moon* het onmogelijke willen ★ *once in a blue moon* heel zelden ★ *many moons ago* lang, lang geleden ★ *promise sb the moon* iem. gouden bergen beloven ★ *the man in the moon* het mannetje van de maan **II** *onov ww* ❶ <u>inform</u> je blote billen aan iemand tonen ⟨als teken van minachting⟩ ❷ ~ **around/about** rondhangen ❸ ~ **over** zwijmelen over

moonbeam ['mu:nbi:m] *zn* manestraal

moonboot ['mu:nbu:t] *zn* moonboot, sneeuwlaars

moonlight ['mu:nlaɪt] **I** *zn* maanlicht ★ ~ *flit(ting)* vertrek met de noorderzon **II** *onov ww* zwartwerken, beunhazen, bijbeunen

moonlit ['mu:nlɪt] *bnw* door de maan verlicht

moonscape ['mu:nskeɪp] *zn* maanlandschap

moonshine ['mu:nʃaɪn] *zn* ❶ onzin ❷ <u>USA</u> illegale sterkedrank

moonstone ['mu:nstəʊn] *zn* maansteen

moonstruck ['mu:nstrʌk] *bnw* gek (van verliefdheid)

moor [mʊə] **I** *zn* heide(gebied), veen(gebied) **II** *ov+onov ww* aan- / afmeren

moorhen *zn* waterhoen

Moorish ['mʊərɪʃ] *bnw* Moors

moorland ['mʊələnd] *zn* heide(gebied)

moose [mu:s] *zn* eland

moot [mu:t] **I** *bnw* ❶ betwistbaar, geschil- ★ *a moot point / question* een geschilpunt ❷ <u>USA</u> niet meer relevant, onbelangrijk **II** *ov ww* opperen, te berde brengen

mop [mɒp] **I** *ov ww* ❶ dweilen, betten ★ *mop the floor with sb* de vloer met iem. aanvegen ★ *she mopped the sweat off her brow* ze veegde het zweet van haar voorhoofd ❷ ~ **up** opvegen, verslinden, afmaken, uit de weg ruimen **II** *zn* zwabber, dikke bos ★ *a mop of hair* een dikke bos haar

mope [məʊp] *onov ww* ~ **(around/about)** kniezen, zielig doen, zich vervelen

moped ['məʊped] *zn* bromfiets, scooter

moral ['mɒrəl] **I** *zn* moraal ★ ~s zeden, normen en waarden ★ *the ~ of the story* de moraal van het verhaal **II** *bnw* moreel, volgens normen en waarden ★ ~ *obligation* morele verantwoordelijkheid / verplichting ★ ~ *support* mentale ondersteuning

morale [mə'rɑ:l] *zn* moreel, zelfvertrouwen, geestkracht ★ *boost* ~ zelfvertrouwen opkrikken

moralise *ww* <u>GB</u> → **moralize**

moralist ['mɒrəlɪst] *zn* moralist, zedenpreker

morality [mə'rælətɪ] *zn* ❶ zedenleer ⟨opvattingen van goed en kwaad⟩ ❷ zedelijkheid, juistheid

moralize ['mɒrəlaɪz] *onov ww* moraliseren, zedenpreken

moratorium [mɒrə'tɔ:rɪəm] *zn* moratorium, (tijdelijk) verbod / uitstel

morbid ['mɔ:bɪd] *bnw* ❶ morbide, somber ❷ <u>med</u> ziek, ziekelijk

mordant ['mɔ:dnt] *bnw* scherp, bijtend

more [mɔ:] **I** *onbep vnw* meer ★ *more is the pity* jammer (genoeg) ★ *nothing / no more* niet(s) meer ★ *one more* nog één **II** *bijw* meer, verder ★ *more and more* steeds meer ★ *more or less* min of meer ★ *more than ever* meer dan ooit ★ *more of the same* meer van hetzelfde ★ *more about that later* later meer ★ *no more excuses!* en nu geen smoesjes meer! ★ *the more the merrier* hoe meer hoe beter ★ *the more..., the more...* hoe meer..., hoe meer... ★ *more than likely* zeer waarschijnlijk

moreover [mɔ:'rəʊvə] *bijw* bovendien

morgue [mɔ:g] *zn* lijkenhuis, morgue ★ *like a* ~ doods, doodstil

moribund ['mɒrɪbʌnd] *bnw* stervend, zieltogend

Mormon ['mɔ:mən] **I** *zn* mormoon ⟨lid van De Kerk van Jezus Christus van de Heiligen der Laatste Dagen⟩ **II** *bnw* mormoons

morn [mɔ:n] *zn* <u>form</u> morgen, ochtend(stond)

morning ['mɔ:nɪŋ] *zn* morgen, voormiddag ★ ~! goedemorgen! ★ *good* ~ goedemorgen ★ *in the* ~ 's ochtends, morgenochtend ★ *this* ~ vanochtend ★ ~, *noon and night* de hele tijd

morning coat, morning dress *zn* jacquet

morning sickness *zn* zwangerschapsmisselijkheid

morning wood *zn* <u>inform</u> ochtenderectie

Moroccan [mə'rɒkən] **I** *zn* Marokkaan **II** *bnw* Marokkaans

Morocco ['mə'rɒkəʊ] *zn* Marokko

moron ['mɔ:rɒn] *zn* <u>min</u> imbeciel, sukkel

morose [mə'rəʊs] *bnw* somber, chagrijnig

morph *onov ww* (langzaam) veranderen ⟨zoals in animatie⟩

morphine [mɔ:'fi:n] *zn* morfine

morphology [mɔ:'fɒlədʒɪ] *zn* morfologie, vormleer

morris dance *zn* traditionele Engelse dans

morrow ['mɒrəʊ] *zn* <u>form</u> morgen, volgende dag

Morse code *zn* morse(alfabet)

morsel ['mɔ:səl] *zn* hapje, klein stukje

mortal ['mɔ:tl] **I** *zn* sterveling, mens ★ *a mere* ~ een gewone sterveling, ook maar een mens **II** *bnw* ❶ sterfelijk ★ ~ *remains* stoffelijk overschot (lijk) ❷ dodelijk ★ *a* ~ *disease* een dodelijke ziekte ★ ~ *enemy* aartsvijand ★ ~ *fear* doodsangst ★ <u>rel</u> ~ *sin* doodzonde

mortality [mɔ:'tælətɪ] *zn* sterfelijkheid, sterfte(cijfer)

mortally ['mɔ:tlɪ] *bijw* dodelijk, heel erg ★ ~ *wounded* dodelijk verwond ★ ~ *offended* tot op het bot beledigd

mortar ['mɔ:tə] *zn* ❶ mortel, (metsel)specie ❷ vijzel ★ ~ *and pestle* vijzel en stamper ❸ mortier ⟨wapen⟩

mortar board *zn* academische baret ⟨met kwast en platte bovenkant⟩

mortgage ['mɔ:gɪdʒ] **I** *zn* hypotheek ★ *take out a* ~ *(on)* een hypotheek nemen (op) **II** *ov ww* ❶ hypotheek nemen op ❷ verpanden ⟨figuurlijk⟩

mortgagee [mɔ:gɪ'dʒi:] *zn* hypotheekhouder

mortgager, mortgagor ['mɔ:gɪdʒə] *zn* hypotheekverstrekker

mortician [mɔ:'tɪʃən] *zn* <u>USA</u>

mo

begrafenisondernemer

mortification [mɔːtɪfɪˈkeɪʃən] *zn* gekwetstheid, vernedering

mortify [ˈmɔːtɪfaɪ] *ov ww* kwetsen, vernederen ★ *I was mortified* ik schaamde me dood

mortuary [ˈmɔːtjʊərɪ] **I** *zn* mortuarium, lijkenhuis, lijkenkamer **II** *bnw* graf-, begrafenis-, lijk-

mosaic [məʊˈzeɪɪk] *zn* mozaïek

mosey [ˈməʊzɪ] *onov ww* (voort)slenteren, (doelloos) rondlopen

Moslem [ˈmɒzləm] → **Muslim**

mosque [mɒsk] *zn* moskee

mosquito [məˈskiːtəʊ] *zn* mug, muskiet

mosquito net *zn* klamboe, muggennet

moss [mɒs] *zn* mos

mossy [ˈmɒsɪ] *bnw* ❶ met mos bedekt ❷ mosachtig

most [məʊst] **I** *onbep vnw* meest, grootst, meeste(n) ★ *at (the) most* op zijn meest / hoogst ★ *make the most of it* er het beste van maken ★ *the most I can do* het beste / enige dat ik kan doen ★ *for the most part* over het algemeen **II** *bijw* meest, hoogst, zeer

mostly [ˈməʊstlɪ] *bijw* meestal, voornamelijk

MOT *afk, Ministry of Transport* ministerie van verkeer ★ *MOT (test)* apk-keuring

mote [məʊt] *zn* stofje

motel [məʊˈtel] *zn* motel

moth [mɒθ] *zn* mot, nachtvlinder ★ *attracted to him like a moth to the flame / candle* als een magneet tot hem aangetrokken

mothball [ˈmɒθbɔːl] *zn* mottenbal

moth-eaten *bnw* aangetast door de mot, mottig, aftands

mother [ˈmʌðə] **I** *zn* moeder ★ *every ~'s son* iedereen ★ *Mother Earth* Moeder Aarde ★ *Mother Nature* Moeder Natuur ★ *Mother Superior* moeder-overste ★ *the Virgin Mother* de Moedermaagd (Maria) ★ *the ~ of all...* de grootste / beste / eerste van alle... **II** *ov ww* ❶ *fig* het leven schenken aan, in het leven roepen ❷ bemoederen

motherboard [ˈmʌðəbɔːd] *zn comp* moederbord

mother country *zn* moederland, land van oorsprong

motherfucker [ˈmʌðəfʌkə] *zn, USA vulg* klootzak

motherhood [ˈmʌðəhʊd] *zn* moederschap

mother-in-law *zn* schoonmoeder

motherless [ˈmʌðələs] *bnw* moederloos

motherly *bnw* moederlijk

mother-of-pearl *zn* parelmoer

Mother's Day *zn* Moederdag

mother-to-be *zn* aanstaande moeder, zwangere vrouw

mother tongue *zn* moedertaal

motif [məʊˈtiːf] *zn* motief, thema

motion [ˈməʊʃən] **I** *zn* ❶ beweging, gebaar ★ *~ sickness* wagenziekte ★ *set sth in ~* iets in beweging zetten ★ *go through the ~s* ongeïnteresseerd iets doen, doen alsof ❷ voorstel, motie ★ *to second a ~* een voorstel steunen ★ *~ of censure* motie van afkeuring ★ *~ of no-confidence* motie van wantrouwen ❸ stoelgang, ontlasting ★ *loose ~s* dunne ontlasting **II** *ov+onov ww* wenken, gebaren

motionless [ˈməʊʃənləs] *bnw* onbeweeglijk

motion picture *zn* film

motivate [ˈməʊtɪveɪt] *ov ww* motiveren, ingeven, aanzetten

motivation [məʊtɪˈveɪʃən] *zn* motivatie

motive [ˈməʊtɪv] **I** *zn* motief, reden, bedoeling ★ *ulterior ~* bijbedoeling **II** *bnw* beweging veroorzakend, aandrijf-

motiveless [ˈməʊtɪvləs] *bnw* ongemotiveerd, zonder reden

motley [ˈmɒtlɪ] *zn* gemengd, bont

motocross [ˈməʊtəʊkrɒs] *zn* motorcross

motor [ˈməʊtə] **I** *zn* ❶ motor ❷ GB auto **II** *bnw* ❶ motor-, gemotoriseerd, m.b.t. gemotoriseerd vervoer ★ *~ vehicle* gemotoriseerd voertuig ⟨auto, vrachtauto, motor, enz.⟩ ★ *~ home* camper ★ *~ insurance* auto- / motorverzekering ❷ motorisch, bewegings- ★ *~ skills* motorische vaardigheden **III** *ov+onov ww* in auto rijden / vervoeren

motorbike [ˈməʊtəbaɪk] *zn* motorfiets

motor boat *zn* motorboot

motorcade [ˈməʊtəkeɪd] *zn* autocolonne

motor car *zn* GB auto

motorcycle [ˈməʊtəsaɪkl] *zn* motorfiets

motorcyclist [ˈməʊtəsaɪklɪst] *zn* motorrijder

motoring [ˈməʊtərɪŋ] *zn* (rond)toeren met de auto, het autorijden

motorist [ˈməʊtərɪst] *zn* automobilist

motorized, motorised [ˈməʊtəraɪzd] *ov ww* gemotoriseerd

motorway [ˈməʊtəweɪ] *zn* GB snelweg

mottled [ˈmɒtld] *bnw* gevlekt, gespikkeld

motto [ˈmɒtəʊ] *zn* motto, devies, spreuk

mould, USA **mold** [məʊld] **I** *ov ww* kneden, vormgeven **II** *zn* ❶ schimmel ❷ (giet)vorm, mal ★ *break the ~* buiten de gebaande paden treden ★ *fit the ~* ergens goed bij passen, ergens geschikt voor zijn

moulder [ˈməʊldə] *onov ww* (weg)rotten, vervallen

moulding [ˈməʊldɪŋ] *zn* ❶ (plafond)lijst, profiel ❷ afgietsel

mouldy [ˈməʊldɪ] *bnw* beschimmeld, muf

moult [məʊlt] *onov ww* verharen, vervellen, ruien

mound [maʊnd] *zn* ❶ heuvel, hoop, stapel ❷ werpheuvel ⟨honkbal⟩

mount [maʊnt] **I** *ov ww* ❶ monteren, plaatsen, opstellen, opzetten, ophangen, zetten ⟨v. juwelen⟩ ★ *a ~ a photograph* een foto in een passe-partout plaatsen ★ *~ an offensive* een offensief voorbereiden ❷ bestijgen ★ *~ a horse / stairs* een paard / trap bestijgen ★ *~ed police* bereden politie **II** *onov ww* ~ (up) stijgen, opstijgen, oplopen ★ *tension is ~ing* de spanning loopt op ★ *it all ~s up* alles bij elkaar is het best veel **III** *zn* ❶ berg ★ *Mount Everest* Mount Everest ❷ omlijsting, montuur, passe-partout, lijst ❸ onderstel, standaard ❹ rijpaard, rijwiel

mountain [ˈmaʊntɪn] *zn* berg ★ *make a ~ out of a molehill* van een mug een olifant maken ★ *she can move ~s* zij kan bergen verzetten

mountain ash *zn* lijsterbes

mountain bike *zn* mountainbike

mountain dew *zn* whisky

Deze Prisma cd-rom is alleen geschikt voor cd-romspelers met een horizontale lade. De cd-rom kan niet worden gebruikt in cd-romspelers met sleuf (slotloading drive).

Installatie op Windows 2000 / Windows XP / Vista / Windows 7

Sluit alle andere programma's alvorens de installatie te starten. Op veel pc's zal de installatie starten zodra de cd-rom in de drive wordt gedaan. Mocht dit echter niet gebeuren, klik dan in het menu Start op 'Uitvoeren' en typ in het invoervak: 'd:\setup', waarbij 'd' de aanduiding van uw cd-romdrive is. Klik vervolgens op 'ok' om de installatie te starten en volg de aanwijzingen op het scherm

Het programma starten

Deze cd-rom bevat het complete A-Z-bestand van het Prisma woordenboek.

Om het programma te starten gaat u via 'Start' naar 'Programma's' en u klikt op de map waarin het woordenboek is geïnstalleerd (standaard is dat 'Prisma'). Klik vervolgens op het gewenste woordenboek.

Het programma bedienen

Tik een zoekwoord in het zoekvenster en druk op de Enter-toets: het bij het zoekwoord horende woordenboekartikel verschijnt razendsnel op het scherm, in een speciaal voor het beeldscherm ontwikkelde opmaak.

Het Help-bestand

Als u meer informatie over het woordenboek en/of het programma wenst, klik dan op de 'Help'-knop. Daar vindt u o.a. de aanwijzingen voor het gebruik van het woordenboek, alsmede de uitleg van de in het woordenboek gebruikte redactionele afkortingen.

Voor meer informatie: www.prisma.nl

mountaineer [maʊntɪ'nɪə] **I** *zn* bergbeklimmer
  II *onov ww* bergbeklimmen
mountaineering [maʊntɪ'nɪərɪŋ] *zn* bergsport
mountainous ['maʊntɪnəs] *bnw* ❶ bergachtig
  ❷ gigantisch
mountain range *zn* bergketen
mountainside ['maʊntɪnsaɪd] *zn* berghelling
mountebank ['maʊntɪbæŋk] *zn* bedrieger
mounting ['maʊntɪŋ] **I** *zn* bevestiging, montage,
  zetting, beslag ⟨op kist⟩ **II** *bnw* oplopend,
  stijgend
Mounty ['maʊnti] *zn* <u>inform</u> bereden
  politieagent in Canada
mourn [mɔːn] **I** *ov ww* betreuren, rouwen om
  II *onov ww* rouwen ★ ~ *for / over* treuren /
  rouwen om
mourner ['mɔːnə] *zn* treurende, aanwezige bij
  een begrafenis
mournful ['mɔːnfʊl] *bnw* treurig, droevig
mourning ['mɔːnɪŋ] *zn* ❶ het treuren
  ❷ rouw(kleding) ★ *be in ~* in de rouw zijn
mouse[1] [maʊs] *zn* [mv: **mice**] ❶ muis
  ⟨knaagdier⟩, muizig persoon ⟨onopvallend en
  stil⟩ ★ *quiet as a ~* muisstil ❷ <u>comp</u> muis
mouse[2] [maʊz] *onov ww* ❶ muizen vangen
  ❷ ~ *(about)* (rond)snuffelen
mouse mat *zn* <u>comp</u> muismat
mouse pad ['maʊspæd] *zn*, <u>USA</u> <u>comp</u> muismat
mouse potato *zn* <u>iron</u> internetfreak
mousetrap ['maʊstræp] *zn* muizenval
mousse [muːs] *zn* ❶ mousse ❷ haarversteviger
moustache [mə'stɑːʃ] *zn* snor ★ *a droopy ~* een
  hangsnor
mousy ['maʊsɪ] *bnw* ❶ muisachtig, verlegen,
  schuw ❷ grijsbruin
mouth [maʊθ] **I** *zn* ❶ mond, bek, muil ★ *by word
  of* ~ mondeling, mond-tot-mond ★ *be all ~*
  praatjes hebben ★ *a big* ~ een opschepper
  ★ *have a big* ~ een grote mond hebben, je mond
  voorbij praten ★ *me and my big* ~! ik kon
  natuurlijk mijn mond weer niet houden! ★ *he
  keeps his* ~ *shut* hij zegt / verraadt niets ★ *down
  in the* ~ ongelukkig ★ *laugh on the wrong side of
  one's* ~ het lachen vergaan zijn, er niet meer om
  kunnen lachen ★ *have many* ~*s to feed* veel
  mensen te eten moeten geven ★ *put your money
  where your* ~ *is!* laat eerst maar 'ns zien!
  ❷ opening, monding ★ *tunnel* ~ gat van een
  tunnel ★ *river* ~ riviermonding **II** *ov ww* ❶ met
  de lippen vormen ★ ~ *the words* de woorden
  met de lippen vormen ❷ zwammen, lullen
  III *onov ww* ❶ ~ *away* maar raak schreeuwen
  ❷ ~ *off* je gal spuwen, commentaar leveren
mouthful ['maʊθfʊl] *bnw* ❶ mond(je)vol, kleine
  hoeveelheid ★ <u>USA</u> *say a* ~ veel zeggen met
  weinig woorden ❷ <u>inform</u> hele mond vol,
  moeilijk uit te spreken woord ★ *that's quite a* ~
  dat is een hele mond vol ★ *give sb a* ~ iem.
  uitschelden
mouth organ *zn* mondharmonica
mouthpiece ['maʊθpiːs] *zn* ❶ mondstuk, hoorn
  ⟨v. telefoon⟩ ❷ spreekbuis ⟨figuurlijk⟩ ❸ <u>straatt</u>
  advocaat
mouthwash ['maʊθwɒʃ] *zn* mondspoeling
mouthy ['maʊðɪ] *bnw* luidruchtig, grof in de
  mond

movable ['muːvəbl] *bnw* beweegbaar, beweeglijk
movables ['muːvəbəlz] *zn mv* roerende
  goederen, meubels
move [muːv] **I** *ov ww* ❶ bewegen ★ *move it!*
  wegwezen! ❷ verhuizen, verzetten, vervoeren,
  verplaatsen ★ *move heaven and earth* hemel en
  aarde bewegen ★ *move one's bowels* zich
  ontlasten ❸ aanzetten tot, opwekken ⟨v.
  gevoelens⟩, ontroeren ★ *I was moved* ik was
  ontroerd ❹ ~ **down** naar een lagere klas
  terugzetten, in rang terugzetten **II** *onov ww*
  ❶ zich bewegen, in beweging komen,
  opschieten ★ *move with the times* met de tijd
  meegaan ★ *move along, please!* doorlopen a.u.b.!
  ❷ optreden, stappen nemen, een voorstel doen,
  (doen) veranderen ★ *the police moved quickly* de
  politie kwam snel in actie ★ *he refuses to move*
  hij blijft voet bij stuk houden ❸ verhuizen
  ❹ ~ **down** naar een lagere klas teruggezet
  worden, in rang teruggezet worden ❺ ~ **in**
  intrekken ⟨in woning⟩ ★ *move in with sb* bij iem.
  intrekken ❻ ~ **in on** dichterbij komen, in
  proberen te nemen ❼ ~ **on** verdergaan,
  veranderen ★ *let's move on!* volgende
  onderwerp! ❽ ~ **off** weggaan, wegrijden
  ❾ ~ **out** verhuizen, vertrekken ❿ ~ **over**
  opschuiven ⓫ ~ **up** opschuiven, overgaan
  (naar hogere klas), promoveren, vooruitgaan
  ★ *she's moving up in the world* ze klimt op in de
  maatschappij **III** *zn* ❶ zet, beurt ★ *whose move is
  it?* wie is er aan de beurt? ❷ beweging,
  verandering, vertrek ★ *on the move* in
  beweging, en route ★ *get a move on!* schiet eens
  op! ★ *make a move* een stap doen, bewegen,
  vertrekken ★ *make a move on sb* iem. versieren
  ★ *watch sb's every move* iem. nauwlettend in de
  gaten houden ❸ verhuizing
movement ['muːvmənt] *zn* ❶ beweging,
  verplaatsing ★ *free* ~ *of goods* vrije verplaatsing
  van goederen ❷ mechaniek ⟨klok⟩ ❸ deel v.e.
  muziekstuk ★ stoelgang
mover ['muːvə] *zn* ❶ iemand die iets voorstelt,
  drijfveer ★ *a* ~ *and shaker* iem. die dingen voor
  elkaar krijgt ❷ verhuizer
movie ['muːvɪ] *zn* <u>USA</u> film ★ ~ *theater* bioscoop
  ★ *the* ~s de bioscoop, de filmindustrie ★ *blue* ~
  pornofilm
moviegoer ['muːvɪɡəʊə] *zn* bioscoopbezoeker
moving ['muːvɪŋ] *bnw* ❶ ontroerend, aandoenlijk
  ❷ beweeg-, bewegend ★ *a* ~ *force* een stuwende
  kracht
mow [məʊ] *ov ww* [onregelmatig] ❶ maaien
  ❷ ~ **down** omvermaaien
mowed [məʊd] *ww* [verleden tijd] → **mow**
mower ['məʊə] *zn* (gras)maaier
mown [məʊn] *ww* [volt. deelw.] → **mow**
moxie ['mɒksiː] *zn*, <u>plat</u> <u>USA</u> moed
MP *afk* ❶ *Member of Parliament* parlementslid
  ❷ *Military Police* Militaire Politie
mph *afk*, *miles per hour* mijl per uur
Mr., <u>GB</u> **Mr** ['mɪstə] *afk*, *Mister* dhr., de heer ★ *Mr.
  Big* grote leider ★ *Mr. Fixit* handige Harry, iem.
  die problemen oplost ★ *Mr. Right* de ware Jacob
Mrs., <u>GB</u> **Mrs** ['mɪsɪz] *afk*, *Mistress* mevr.,
  mevrouw
Ms., <u>GB</u> **Ms** [mɪz] *afk*, *Miss* mevrouw ★ *Ms. Right*

ms

de ware Jacoba

MS *afk* ❶ *Mississippi* staat in de VS ❷ *multiple sclerosis* MS

MSc *afk, Master of Science* master in de natuurwetenschappen

Mt., mt. *afk, mount(ain)* berg

MT *afk, Montana* staat in de VS

much [mʌtʃ] **I** *onbep vnw* zeer, ten zeerste, veel ★ *just as much as* net zo veel als ★ *as much as that?* zo veel? ★ *twice as much* twee keer zo veel ★ *not much* niet veel, niet echt ★ *not much of a...* geen goede... ★ *it became too much for her* het werd haar te veel ★ *much to my surprise* tot mijn grote verbazing ★ *he said as much* hij heeft iets dergelijks gezegd ★ *see much of sb* iem. vaak zien ★ *much the same as* ongeveer hetzelfde als ★ *we thought as much* dat dachten we wel ★ *so much for that* dat was dat, dat stelt ook niets voor ★ *make much of sth* veel verdienen aan iets ★ *make much of sb* hoog van iem. opgeven ★ *as much as I like it,...* ondanks dat ik het leuk vind,... ★ *without so much of a...* zonder ook maar een... **II** *bijw* veel, zeer ★ *much as we regret it* hoezeer wij het ook betreuren ★ *it's not so much A as it is B* het is niet zo zeer A; het is meer B ★ *she never so much as looked at him* ze keek hem niet eens aan

muchness [ˈmʌtʃnəs] *zn* ★ *it's much of a ~* het is allemaal ongeveer hetzelfde

muck [mʌk] **I** *zn* ❶ mest ❷ viezigheid, troep, vuile boel, smeerlapperij ★ *make a muck of sth* de zaak verknoeien **II** *ov ww* ❶ ~ **out** uitmesten ❷ ~ **up** bederven, verknoeien **III** *onov ww* ❶ ~ **about/around** rondhangen, lummelen ❷ ~ **about with** rommelen met, verpesten ❸ *inform* ~ **in (with)** meehelpen (met), een handje helpen (met)

muckraker [ˈmʌkreɪkə] *zn* iemand die altijd uit is op schandaaltjes

muckraking [ˈmʌkreɪkɪŋ] *zn* zoeken naar schandaaltjes, vuilspuiterij

mucky [ˈmʌkɪ] *bnw* vuil, smerig, vies

mucous [ˈmjuːkəs] *bnw* slijm-, slijmerig ★ *~ membrane* slijmvlies / -vliezen

mucus [ˈmjuːkəs] *zn* slijm, snot

mud [mʌd] *zn* modder, slijk ★ *mud sticks to him* lelijke praatjes blijven hem achtervolgen ★ *as clear as mud* onduidelijk ★ *his name is mud* hij staat slecht bekend

muddle [ˈmʌdl] **I** *zn* warboel, wanorde ★ *make a ~ of sth* iets verknoeien, iets in de war sturen **II** *ov ww* ~ **(up)** door elkaar gooien, verknoeien, door de war halen ★ *get things ~d* dingen door de war halen **III** *onov ww* ❶ ~ **along** aanmodderen ❷ ~ **through** zich er doorheen scharrelen

muddled [ˈmʌdld] *bnw* in de war, troebel

muddy [ˈmʌdɪ] **I** *bnw* ❶ modderig, wazig, troebel, diep ⟨v. stem⟩ ❷ mat ⟨v. kleur⟩ **II** *ov ww* bemodderen, troebel maken ★ *to muddle the waters* iets ingewikkelder maken dan het is

mudflat [ˈmʌdflæt] *zn* wad, slik

mudguard [ˈmʌdgɑːd] *zn* ❶ GB spatbord ❷ USA spatlap

mud pack *zn* kleimasker, modderpakking

mud pie *zn* zandtaartje

mud-slinging [ˈmʌdslɪŋɪŋ] *zn* laster, het voeren van een lastercampagne

muesli [ˈmuːzlɪ] *zn* GB muesli

muff [mʌf] **I** *zn* mof ⟨om handen warm te houden⟩ **II** *ov ww* verknoeien ★ *muff a ball* een bal / slag missen ★ *don't muff it!* bederf het niet!

muffin [ˈmʌfɪn] *zn* muffin ⟨gebakje⟩

muffle [ˈmʌfəl] *ov ww* ❶ omfloersen, dempen ⟨v. geluid⟩ ★ *a ~d cry* een gedempte schreeuw ❷ instoppen

muffled [ˈmʌfld] *bnw* gedempt ⟨geluid⟩

muffler [ˈmʌflə] *zn* ❶ sjaal ❷ (geluid)demper, uitlaat

mufti [ˈmʌftɪ] *zn* moefti ⟨Islamitisch rechtsgeleerde⟩ ★ *in ~* in burger(kleding)

mug [mʌg] **I** *zn* ❶ mok ⟨beker met oor⟩ ❷ smoel, kop ❸ sul, sukkel **II** *ov ww* ❶ ⟨gewelddadig⟩ beroven ❷ ~ **up** snel doornemen ⟨examenstof⟩

mugger [ˈmʌgə] *zn* straatrover

mugging [ˈmʌgɪŋ] *zn* straatroof

muggins [ˈmʌgɪnz] *zn* [zonder lidwoord] onnozele hals, sukkel

muggy [ˈmʌgɪ] *bnw* drukkend, benauwd ⟨v. weer⟩

mug shot *zn inform* politiefoto

mulberry [ˈmʌlbərɪ] *zn* moerbei

mulch [mʌltʃ] **I** *zn* mulch, muls **II** *ov ww* bedekken met mulch

mule [mjuːl] *zn* ❶ muildier, muilezel ★ *as stubborn as a mule* zo koppig als een ezel ❷ straatt drugskoerier ❸ muiltje, pantoffel

mull [mʌl] *ov ww* ~ **(over)** overdenken, overpeinzen

mullet [ˈmʌlɪt] *zn* ❶ harder, zeebarbeel ⟨vis⟩ ❷ matje ⟨haardracht⟩

mullion [ˈmʌljən] *zn* (verticale) raamstijl

multi- [ˈmʌltɪ] *voorv* veel-, meervoudig, multi-

multicoloured, USA multi-colored [ˈmʌltɪkʌləd] *bnw* veelkleurig, bont

multifaceted [ˈmʌltɪˈfæsɪtɪd] *bnw* veelzijdig, complex

multifarious [mʌltɪˈfeərɪəs] *bnw* veelsoortig, verscheiden

multilateral [mʌltɪˈlætərəl] *bnw* multilateraal, met drie of meer partijen

multilingual [mʌltɪˈlɪŋgwəl] *bnw* meertalig, veeltalig

multimedia [mʌltɪˈmiːdɪə] *zn comp* multimedia

multinational [mʌltɪˈnæʃənl] **I** *zn* multinational, internationaal bedrijf **II** *bnw* multinationaal, internationaal

multiple [ˈmʌltɪpl] **I** *zn* veelvoud ★ *14 is a ~ of 7* 14 is een veelvoud van 7 **II** *bnw* veelvoudig, veelsoortig ★ *~ birth* bevalling van een meerling ★ *~ store* winkelketen ★ *~choice* meerkeuze(vragen) ★ *~ sclerosis* multiple sclerosis, MS

multiplex [ˈmʌltɪpleks] *zn* (mega)bioscoop

multiplication [mʌltɪplɪˈkeɪʃən] *zn* vermenigvuldiging ★ *~ sign* vermenigvuldigingsteken

multiplication table *zn* tafel ⟨v. vermenigvuldiging⟩

multiplicity [mʌltɪˈplɪsətɪ] *zn* veelheid, verscheidenheid

multiply [ˈmʌltɪplaɪ] **I** *ov ww* ❶ vergroten,

vermenigvuldigen ❷ ~ by vermenigvuldigen met ★ ~ *3 by 5* 3 met 5 vermenigvuldigen **II** *onov ww* zich voortplanten, zich vermenigvuldigen **III** *zn* multiplex ⟨hout⟩

multi-purpose [mʌltɪ'pɜ:pəs] *bnw* voor meerdere doeleinden te gebruiken

multiracial [mʌltɪ'reɪʃəl] *bnw* multiraciaal

multi-storey [mʌltɪ'stɔ:rɪ] *bnw* met meerdere verdiepingen ★ ~ *carpark* parkeergarage met verdiepingen

multitude ['mʌltɪtju:d] *zn* menigte, groot aantal ★ *the* ~ de grote hoop, de massa ★ *a* ~ *of* een groot aantal

multitudinous [mʌltɪ'tju:dɪnəs] *bnw* talrijk

mum [mʌm] *zn* mama, mam ▼ *mum's the word!* mondje dicht! ▼ *keep mum* een geheim bewaren

mumble ['mʌmbl] **I** *zn* gemompel **II** *ov+onov ww* mompelen, prevelen

mumbo-jumbo [mʌmbəʊ'dʒʌmbəʊ] *zn* onzin, bijgeloof

mummification [mʌmɪfɪ'keɪʃən] *zn* mummificatie

mummify ['mʌmɪfaɪ] *ov ww* mummificeren, laten verschrompelen

mummy ['mʌmɪ] *zn* ❶ mummie ❷ mama ★ ~*'s boy* moederskindje

mumps [mʌmps] *zn mv* bof ⟨ziekte⟩

munch [mʌntʃ] *ov+onov ww* (hoorbaar) kauwen (op), knabbelen (aan)

munchies ['mʌnʃɪz] *zn* inform hapjes ★ *have the ~ trek hebben*

mundane [mʌn'deɪn] *bnw* mondain, gewoontjes, werelds

municipal [mju:'nɪsɪpl] *bnw* gemeentelijk, gemeente-, stads-

municipality [mju:nɪsɪ'pælətɪ] *zn* gemeente, gemeentebestuur

munificence [mju:'nɪfɪsəns] *zn* gulheid, vrijgevigheid

munificent [mju:'nɪfɪsənt] *bnw* gul

munition [mju:'nɪʃən] *zn* munitie, krijgsvoorraad

mural ['mjʊərəl] *zn* muurschildering

murder ['mɜ:də] **I** *zn* ❶ moord ★ *commit (a)* ~ een moord plegen ★ *attempted* ~ poging tot moord ★ *get away with* ~ van alles kunnen doen zonder gesnapt te worden ★ *scream blue* ~ moord en brand schreeuwen ❷ fig hels karwei, hel, gruwel ★ *it's* ~ het is verschrikkelijk **II** *ov ww* ❶ vermoorden ★ *I could* ~ *a sandwich* ik heb erge trek in een broodje ❷ in de pan hakken, totaal verknoeien ❸ zeer boos zijn **III** *onov ww* moorden

murderer ['mɜ:dərə] *zn* moordenaar

murderess ['mɜ:dərəs] *zn* moordenares

murderous ['mɜ:dərəs] *bnw* ❶ moorddadig ❷ zeer boos ❸ verschrikkelijk

murk [mɜ:k] *zn* duisternis, troebelheid

murky ['mɜ:kɪ] *bnw* ❶ donker, troebel, dicht ⟨v. mist⟩ ❷ schimmig ★ ~ *business* schimmig zaakje

murmur ['mɜ:mə] **I** *zn* gemurmel, geruis, gemopper ★ *without a* ~ zonder klagen **II** *ov+onov ww* ❶ mompelen, murmelen, ruisen ❷ ~ *against* mopperen op / over

muscle ['mʌsəl] **I** *zn* spier, (spier)kracht ★ *she did not move a* ~ ze vertrok geen spier ★ *put some* ~ *into it!* doe je best eens! **II** *onov ww* ~ **in (on)**

indringen (in), zich bemoeien (met)

muscle-bound ['mʌsəlbaʊnd] *bnw* gespierd, opgepompt ⟨door veel trainen⟩

muscleman ['mʌsəlmæn] *zn* krachtpatser, zware jongen

Muscovite ['mʌskəvərt] **I** *zn* Moskoviet ⟨iemand uit Moskou⟩ **II** *bnw* Moskovisch ⟨van / uit Moskou⟩

muscular ['mʌskjʊlə] *bnw* ❶ gespierd ❷ spier-★ ~ *dystrophy* spierdystrofie

musculature ['mʌskjʊlətʃə] *zn* spierstelsel

muse [mju:z] **I** *zn* muze, inspiratie **II** *onov ww* ~ **(about/on/over/upon)** zorgvuldig overdenken, peinzen (over), peinzend kijken (naar)

museum [mju:'zi:əm] *zn* museum

museum piece *zn* museumstuk ⟨ook fig.⟩

mush [mʌʃ] **I** *zn* ❶ pulp ★ *turn to mush* tot pap worden ❷ sentimenteel gedoe ❸ USA maïsmeelpap **II** *ov ww* tot pap maken

mushroom ['mʌʃrʊm] **I** *zn* (eetbare) paddenstoel, champignon ★ *magic* ~ paddo **II** *onov ww* zich snel ontwikkelen, als paddenstoelen uit de grond springen

mushroom cloud *zn* atoomwolk, paddenstoelwolk

mushroom growth *zn* snelle ontwikkeling, explosieve groei

mushy ['mʌʃɪ] *bnw* ❶ papperig, gestampt ★ ~ *peas* gestampte erwten ❷ slap, sentimenteel

music ['mju:zɪk] *zn* ❶ muziek ★ *a piece of* ~ een muziekstuk ★ *that's* ~ *to my ears* dat klinkt me als muziek in de oren ★ *face the* ~ de kritiek trotseren, de gevolgen aanvaarden ❷ bladmuziek ★ *read* ~ noten (kunnen) lezen

musical ['mju:zɪkl] **I** *zn* musical **II** *bnw* muzikaal, muziek- ★ *play* ~ *chairs* de stoelendans doen ★ ~ *instrument* muziekinstrument

musicale [mju:zɪ'kɑ:l] *zn* USA muziekavondje

music hall *zn* ❶ concertzaal ❷ variététheater

musician [mju:'zɪʃən] *zn* musicus, muzikant

music stand *zn* muziekstandaard

music stool *zn* pianokruk

musk [mʌsk] *zn* muskus, muskusplant

musket ['mʌskɪt] *zn* musket

musketeer [mʌskɪ'tɪə] *zn* musketier

muskrat ['mʌskræt] *zn* bisamrat, muskusrat

musky ['mʌskɪ] *bnw* muskusachtig

Muslim ['mʊzlɪm] **I** *zn* moslim **II** *bnw* moslim-, mohammedaans

Muslima [mʊz'lɑ:] *zn* moslima

muslin ['mʌzlɪn] *zn* mousseline, dunne katoen

muss [mʌs] *ov ww* ~ **(up)** in de war brengen, bederven, bevuilen

mussel ['mʌsəl] *zn* mossel

must [mʌst] **I** *zn* inform noodzaak, must **II** *hww* moeten, mogen ★ *I must say...* ik moet zeggen... ★ *if you must* als je zo graag wilt ★ *he must have done it* hij moet het gedaan hebben ★ *you must not / mustn't go in* je mag niet naar binnen gaan ★ *you mustn't* je moet het niet doen

mustache [mə'stɑ:ʃ] *zn* snor

mustang ['mʌstæŋ] *zn* mustang, prairiepaard

mustard ['mʌstəd] *zn* mosterd, mosterdplant ▼ *that doesn't cut the* ~ dat voldoet niet (meer) aan de verwachtingen ▼ *as keen as* ~ zeer

mu

enthousiast

muster ['mʌstə] I *ov ww* ❶ bijeenbrengen ⟨voor inspectie⟩ ❷ opwekken, verzamelen ★ *~ up what courage you have* al de moed verzamelen die je hebt II *onov ww* aantreden ⟨voor inspectie⟩, zich verzamelen ★ *~ to ~ into service* aantreden, aanmonsteren III *zn* groep (soldaten) ★ *~ station* verzamelplaats ⟨bv. bij brand⟩ ★ *in full ~* voltallig ★ *pass ~* de toets (kunnen) doorstaan, door de inspectie komen

musty ['mʌstɪ] *bnw* muf, schimmelig

mutable ['mju:təbl] *bnw* veranderlijk, wispelturig

mutate [mju:'teɪt] *onov ww* veranderen, muteren

mutation [mju:'teɪʃən] *zn* mutatie, verandering

mute [mju:t] I *~ min* (doof)stomme ★ *deaf mute* doofstomme ❷ muz demper II *bnw* zwijgend, stom, sprakeloos III *ov ww* dempen, matigen ★ *muted light* gedempt licht

mutilate ['mju:tɪleɪt] *ov ww* verminken

mutilation [mju:tɪ'leɪʃən] *zn* verminking

mutineer [mju:tɪ'nɪə] *zn* muiter

mutinous ['mju:tɪnəs] *bnw* opstandig, muitend, oproerig

mutiny ['mju:tɪnɪ] I *zn* muiterij, opstand II *onov ww* muiten, in opstand komen

mutt [mʌt] *zn* ❶ hond van het vuilnisbakkenras, mormel ❷ dwaas, sukkel

mutter ['mʌtə] I *zn* gemompel, gemopper II *ov+onov ww* ❶ mompelen, mopperen ❷ *~ against/at* mopperen over / tegen

mutton ['mʌtn] *zn* schapenvlees ★ *min ~ dressed as lamb* oudere dame met te jonge kleding

mutton chop *zn* ❶ schaapskotelet ❷ grote bakkebaard

mutual ['mju:tʃʊəl] *bnw* wederzijds, wederkerig, gezamenlijk ★ *the feeling is ~* ik mag jou ook niet ★ *a ~ friend* een gezamenlijke vriend ★ *~ fund* beleggingsfonds ★ *a ~ interest* gezamenlijk belang ★ *it is to our ~ benefit* het is gunstig voor ons allebei

muzak ['mju:zæk] *zn* muzak, muzikaal behang

muzzle ['mʌzəl] I *zn* ❶ bek, snuit ❷ muilkorf ❸ mond, loop ⟨v. vuurwapen⟩ II *ov ww* ❶ ook fig muilkorven ❷ besnuffelen

muzzy ['mʌzɪ] *bnw* wazig, beneveld ⟨door drank⟩

my [maɪ] *bez vnw* mijn ★ *on my own* in mijn eentje, alleen ★ *my dear* lieverd ★ *(oh) my!* lieve hemel! ★ *my, my!* tjongejonge!

myopia [maɪ'əʊpɪə] *zn* bijziendheid

myopic [maɪ'ɒpɪk] *bnw* bijziend

myriad ['mɪrɪəd] I *zn* groot aantal II *bnw* ontelbaar

myrrh [mɜ:] *zn* mirre

myrtle ['mɜ:tl] *zn* ❶ mirte ⟨struik⟩ ❷ USA maagdenpalm

myrtle berry *zn* mirtenbes, blauwe bosbes

myself [maɪ'self] *wkd vnw* mijzelf, (ik)zelf ★ *have sth all to ~* iets helemaal voor mij alleen hebben ★ *I'm not ~* ik voel me niet goed, ik sta niet voor mezelf in ★ *(all) by ~* (helemaal) in mijn eentje

mysterious [mɪ'stɪərɪəs] *bnw* mysterieus, geheimzinnig

mystery ['mɪstərɪ] *zn* ❶ mysterie, geheimzinnigheid ★ *solve a ~* een mysterie oplossen ★ *it's a ~ to me* ik snap er niets van ★ *shrouded in ~* in nevelen gehuld ★ *~ shopper*

iem. die dienstverlening in winkels e.d. beoordeelt zonder zich bekend te maken ❷ detective ⟨roman, enz.⟩

mystic ['mɪstɪk] *zn* mysticus

mystical ['mɪstɪkl] *bnw* mystiek

mysticism ['mɪstɪsɪzəm] *zn* mystiek, mysticisme

mystification [mɪstɪfɪ'keɪʃən] *zn* mystificatie, bedotterij

mystify ['mɪstɪfaɪ] *ov ww* ❶ voor een raadsel stellen ❷ bedotten

mystique [mɪ'sti:k] *zn* mystiek

myth [mɪθ] *zn* mythe, legende ★ *contrary to public myth* in tegenstelling tot wat de meeste denken

mythic ['mɪθɪk] *bnw* fig legendarisch ⟨beroemd⟩

mythical ['mɪθɪkl] *bnw* mythisch, fictief, zogenaamd

mythological [mɪθə'lɒdʒɪkl] *bnw* mythologisch

mythology [mɪ'θɒlədʒɪ] *zn* mythologie

mu

N

n¹ [en] *zn, letter* n ★ *N as in Nelly* de n van Nico
n², **n.** *afk* zelfstandig naamwoord
N *afk* ❶ *North* N., noord ❷ *Northern* N., noordelijk
n/a *afk* ❶ *not applicable* n.v.t., niet van toepassing
❷ *not available* niet verkrijgbaar / beschikbaar
nab [næb] *ov ww* ❶ <u>inform</u> vangen, te pakken krijgen ❷ pakken
nadir ['neɪdɪə] <u>form</u> *zn* dieptepunt
naff [næf] GB **I** *bnw* <u>inform</u> smakeloos, waardeloos **II** *onov ww* euf ~ **off** opdonderen
nag [næg] **I** *ov ww* ❶ vitten op ★ *she kept nagging him to mow the lawn* ze bleef maar aan zijn kop zeuren over het gras dat gemaaid moest worden ❷ treiteren ❸ knagen aan ★ *doubts nagged her* twijfel knaagde aan haar **II** *onov ww* ❶ (blijven) zeuren ★ *a nagging pain* een zeurende pijn ❷ dwarszitten ★ *doubts nagged at her* twijfel knaagde aan haar **III** *zn* ❶ <u>inform</u> zeurpiet ❷ <u>oud inform</u> (oud) paard
nail [neɪl] **I** *zn* ❶ nagel ❷ spijker ★ *as hard / tough as nails* spijkerhard, onverbiddelijk ★ *a nail in your coffin* een nagel aan je doodskist ▼ GB *on the nail* contant ▼ USA *you got it right on the nail* je slaat de spijker op zijn kop **II** *ov ww* ❶ (vast)spijkeren ❷ betrappen ❸ aan de kaak stellen, doorprikken ⟨leugen⟩ ❹ <u>inform</u> binnenhalen ⟨baan, overwinning⟩, te pakken krijgen ❺ ~ **down** dicht- / vastspijkeren, vastpinnen, achterhalen, vaststellen ★ *nail sb down to a price / date* met iem. een prijs / datum afspreken ⟨waar niet meer vanaf geweken wordt⟩ ❻ ~ **up** dicht- / vastspijkeren, ophangen
nail-biting *bnw* zenuwslopend, zeer spannend
nail brush *zn* nagelborsteltje
nail clippers *zn mv* nagelknipper
nail file ['neɪlfaɪl] *zn* nagelvijl
nail scissors *zn mv* nagelschaartje
nail varnish, nail polish *zn* nagellak
naive, naïve [naɪ'iːv/nɑːˈiːv] *bnw* ❶ naïef, onnozel ❷ ongedwongen
naivety, naïvety [nɑːˈiːvətɪ/naɪˈiːvətɪ] *zn* naïviteit
naked ['neɪkɪd] *bnw* ❶ naakt, bloot ★ *the ~ eye* het blote oog ❷ weerloos ❸ kaal, onopgesmukt ★ ~ *exploitation* pure uitbuiting ★ *the bathroom is lit by a single ~ bulb* een enkel kaal peertje verlicht de badkamer ★ *the ~ truth* de naakte waarheid
Nam [næm] USA <u>inform</u> Vietnam
namby-pamby [næmbɪˈpæmbɪ] <u>inform</u> *bnw* zwak, slap, sentimenteel
name [neɪm] **I** *zn* ❶ naam ★ *first name* voornaam ★ *Christian name* voornaam ★ USA *given name* voornaam, doopnaam ★ *last name* achternaam ★ *X by name* X van naam, genaamd X ★ *by the name of X* genaamd X ★ *enter your name* je aanmelden ★ *give your name to sb* iem. naar je vernoemen ★ *go by the name of X* bekend zijn onder de naam X ★ *have sth to your name* iets op je naam hebben staan ⟨als bezit⟩ ★ *in all but name* niet officieel ★ *in the name of...* in naam van..., onder de naam van... ★ *call sb names* iem.

uitschelden ★ *name names* namen noemen, beschuldigen ❷ benaming ★ *put a name to sb / sth* iemand / iets precies aanduiden ❸ reputatie ★ *make a name for o.s.* beroemd worden ★ *big name* grote naam ⟨belangrijk persoon⟩ ▼ *the name of the game* waar het om gaat ▼ humor *his name is mud* hij is uit de gratie **II** *ov ww* ❶ noemen ★ *you name it!* noem maar op! ★ *name and shame sb* iemands slechte reputatie publiceren, iem. publiekelijk aan de schandpaal nagelen ❷ benoemen, bepalen ★ *name a price* een prijs noemen / bepalen ❸ ~ **after** /USA for vernoemen naar
name badge *zn* naambordje
name day *zn* naamdag
name-dropping *zn* dikdoenerij met namen v. bekende personen
nameless ['neɪmləs] *bnw* ❶ naamloos, onbekend ❷ anoniem ❸ <u>dicht</u> onuitsprekelijk, walgelijk
namely ['neɪmlɪ] *bijw* namelijk, dat wil zeggen
nameplate ['neɪmpleɪt] *zn* naambordje
namesake ['neɪmseɪk] *zn* naamgenoot
name tag *zn* naamplaatje ⟨op jas enz.⟩
nan GB <u>inform</u> *zn* oma
nancy ['nænsɪ], **nancy boy, nance** GB <u>min</u> *zn* mietje, nicht
nanna, nana ['nænə] GB <u>inform</u> *zn* oma
nanny ['nænɪ] *zn* ❶ kinderjuffrouw, gouvernante ❷ <u>inform</u> oma
nanny goat *zn* geit
nanny state GB *zn* betuttelende verzorgingsstaat
nano- ['nænəʊ] *voorv* nano- ⟨in meeteenheden⟩
nanotechnology *zn* nanotechnologie
nap [næp] **I** *zn* ❶ dutje ★ *have / take a nap* een dutje doen ❷ nop, vleug ⟨v. stof⟩ **II** *onov ww* dutten ★ *catch sb napping* iem. betrappen / overrompelen
napalm ['neɪpɑːm] *zn* napalm
nape [neɪp] *zn* nek ★ *nape of the neck* nek
napkin ['næpkɪn] *zn* ❶ servet, doekje ❷ USA maandverband ★ *a sanitary ~* een maandverband
nappy ['næpɪ] *afk* GB luier ★ *change a ~* een luier verschonen
nappy rash *zn* <u>inform</u> luieruitslag
narcissus [nɑːˈsɪsəs] *zn* narcis
narcotic [nɑːˈkɒtɪk] **I** *zn* verdovend middel **II** *bnw* ❶ verdovend ❷ slaapverwekkend
nark [nɑːk] **I** *zn* <u>inform</u> politiespion **II** *ov ww,* GB <u>inform</u> kwaad maken ★ *get narked about sth / with sb* kwaad worden over iets / op iem.
narrate [nəˈreɪt] *ov ww* <u>form</u> vertellen, verhalen
narration [nəˈreɪʃən] *zn* vertelling
narrative ['nærətɪv] **I** *zn* verhaal **II** *bnw* verhalend
narrator [nəˈreɪtə] *zn* verteller
narrow ['nærəʊ] **I** *bnw* ❶ smal, nauw ❷ klein, beperkt ★ ~ *circumstances* armoede ★ *a ~ majority* een krappe meerderheid ★ *have a ~ escape* ternauwernood ontsnappen ❸ bekrompen ❹ precies, strikt ⟨van betekenis, definitie⟩ **II** *ov ww* ❶ vernauwen ❷ verminderen ❸ ~ **down** beperken, terugbrengen **III** *onov ww* ❶ zich vernauwen ❷ verminderen ❸ ~ **down** ★ *it ~s down to*

na

uiteindelijk komt het neer op

narrowly ['nærəʊlɪ] *bijw* ❶ ternauwernood, net ❷ precies ❸ zorgvuldig, nauwlettend

narrow-minded *bnw* bekrompen ⟨van opvatting⟩

narrows ['nærəʊz] *zn mv* (zee-)engte ⟨smal water tussen twee zeeën, meren⟩

NASA ['nɑsə/'næsə] *afk,* <u>USA</u> *National Aeronautics and Space Administration* NASA ⟨Amerikaanse ruimtevaartorganisatie⟩

nasal ['neɪzəl] **I** *zn* neusklank **II** *bnw* nasaal, neus-

nascent ['næsənt] form *bnw* in wording, ontluikend, opkomend

nasturtium [nə'stɜːʃəm] *zn* Oost-Indische kers

nasty ['nɑːstɪ] *bnw* ❶ akelig, gemeen, naar, lelijk ★ ~ *weather* afschuwelijk / guur weer ★ *get / turn* ~ onaangenaam worden ⟨van situaties, personen⟩ ★ <u>GB</u> inform *a* ~ *bit / piece of work* een stuk ongeluk ❷ gevaarlijk, ernstig ★ *a* ~ *cold* een zware verkoudheid ★ *a* ~ *accident* een ernstig ongeluk ❸ onsmakelijk, goor

natch [nætʃ] *bijw* inform natuurlijk, uiteraard

nation ['neɪʃən] *zn* natie, volk

national ['næʃənl] **I** *bnw* nationaal, landelijk, volks-, staats- **II** *zn* staatsburger

nationalism ['næʃənəlɪzəm] *zn* ❶ nationalisme, vaderlandsliefde ❷ streven naar nationale onafhankelijkheid

nationalist ['næʃənəlɪst] **I** *zn* nationalist **II** *bnw* nationalistisch

nationality [næʃə'nælətɪ] *zn* nationaliteit ★ *have dual* ~ een dubbele nationaliteit hebben

nationalize, nationalise ['næʃənəlaɪz] *ov ww* onteigenen (door de Staat), nationaliseren

nationwide [neɪʃən'waɪd] *bnw* + *bijw* landelijk, nationaal

native ['neɪtɪv] **I** *bnw* ❶ geboorte-★ *his* ~ *land* zijn geboorteland ★ *a* ~ *New Yorker* een geboren (en getogen) New Yorker ❷ natuurlijk, aangeboren ❸ inheems, inlands (to aan) ★ *humor* *go* ~ zich aanpassen aan de plaatselijke bevolking **II** *zn* ❶ inwoner, bewoner ❷ autochtoon ★ *speak Dutch like a* ~ Nederlands spreken als een geboren Nederlander ❸ <u>min</u> inboorling, inlander ❹ inheemse dier- / plantensoort

Native American *zn* (afstammeling van) oorspronkelijke bewoner van Noord-Amerika, ≈ (afstammeling van) indiaan ★ ~ *music* muziek van de oorspronkelijke bewoners van Noord-Amerika

nativity [nə'tɪvətɪ] *zn* ★ rel *the Nativity* geboorte(dag) v. Christus ⟨ook als afbeelding⟩

nativity play *zn* kerstspel

NATO ['neɪtəʊ] *afk, North Atlantic Treaty Organization* NAVO, Noord-Atlantische Verdragsorganisatie

natter ['nætə] GB inform **I** *onov ww* kletsen, babbelen **II** *zn* kletspraatje ★ *have a good* ~ eens lekker kletsen

natty ['nætɪ] inform *bnw* ❶ keurig ❷ handig

natural ['nætʃərəl] **I** *bnw* ❶ natuurlijk ★ *a* ~ *leader* een geboren leider ❷ natuur-★ ~ *resources* natuurlijke hulpbronnen ★ ~ *food* natuurvoeding ❸ gewoon, normaal ❹ ongekunsteld ❺ muz zonder kruis- of

molteken **II** *zn* ❶ inform natuurtalent ★ *be a* ~ *for* geknipt zijn voor ❷ muz herstellingsteken, stamtoon

naturalisation *zn* GB → naturalization

naturalism kunst lit *zn* naturalisme

naturalist ['nætʃərəlɪst] *zn* bioloog, natuurkenner

naturalistic [nætʃərə'lɪstɪk] kunst lit *bnw* ❶ naturalistisch ❷ natuurhistorisch

naturalization [nætʃərəlaɪ'zeɪʃən] *zn* naturalisatie

naturalize, naturalise ['nætʃərəlaɪz] **I** *ov ww* ❶ naturaliseren ❷ natuurlijk maken, inheems maken ★ *become* ~*d* inheems worden ⟨van plant / dier⟩ **II** *onov ww,* dierk plantk zich aanpassen, inheems worden

naturally ['nætʃərəlɪ] *bijw* ❶ uiteraard, vanzelfsprekend ❷ van nature ★ *it comes* ~ *to him* het gaat hem gemakkelijk af ❸ op natuurlijke wijze

nature ['neɪtʃə] *zn* ❶ (de) natuur ★ *against / contrary to* ~ tegennatuurlijk, onnatuurlijk ❷ aard, karakter ★ *by* ~ van nature ★ *the* ~ *of the beast* de aard van het beestje ★ *in the* ~ *of things* uit de aard der zaak ❸ soort ★ *be in the* ~ *of a cross-examination* veel weg hebben van een kruisverhoor, lijken op een kruisverhoor

nature trail *zn* natuurpad

naturism ['neɪtʃərɪzəm] *zn* naturisme, nudisme

naturist ['neɪtʃərɪst] *zn* naturist, nudist

naught [nɔːt] → nought

naughty ['nɔːtɪ] *bnw* ❶ ondeugend, stout ❷ inform gewaagd

nausea ['nɔːzɪə] *zn* (gevoel v.) misselijkheid

nauseate ['nɔːzɪeɪt] *ov ww* misselijk maken ★ *be* ~*d by sth* walgen van iets ★ *their nauseating behaviour* hun walgelijk gedrag

nauseous ['nɔːzɪəs] *bnw* ❶ USA misselijk ❷ form walgelijk, misselijkmakend

nautical ['nɔːtɪkl] *bnw* de zeevaart betreffende, zee-, scheepvaart-

nautical mile *zn* zeemijl (1852 m)

naval ['neɪvəl] *bnw* ❶ marine-, vloot- ❷ zee-★ *a* ~ *battle* een zeeslag

nave [neɪv] *zn* schip ⟨van kerk⟩

navel ['neɪvəl] *zn* navel

navigable ['nævɪgəbl] *bnw* bevaarbaar ⟨van rivier⟩

navigate ['nævɪgeɪt] **I** *ov ww* ❶ bevaren, varen (op) ★ ~ *a ship into port* een schip de haven binnenvaren ❷ besturen, rijden op ★ ~ *your way through the mountains* je weg door de bergen vinden ❸ loodsen door ⟨moeilijke situatie, ingewikkelde materie⟩ **II** *onov ww* ❶ varen ❷ sturen ⟨van schip, vliegtuig⟩ ❸ navigeren ⟨ook op internet⟩, kaartlezen

navigation [nævɪ'geɪʃən] *zn* navigatie, stuurmanskunst

navigational [nævɪ'geɪʃənəl] *bnw* navigatie-

navigator ['nævɪgeɪtə] *zn* ❶ navigator ⟨van schip / vliegtuig⟩ ❷ www zoekprogramma

navvy ['nævɪ] GB *zn* grondwerker

navy ['neɪvɪ] **I** *zn* marine ▼ *merchant navy* koopvaardij(vloot) **II** *bnw* marineblauw

Nazi ['nɑːtsɪ] **I** *zn* nazi **II** *bnw* nazi-

Nazism ['nɑːtsɪzəm] *zn* nazisme

NC *afk* ❶ USA *no children under 17* boven de 16 ⟨voor film⟩ ❷ *North Carolina* staat in de VS

na

ND *afk, North Dakota* staat in de VS
NE *afk* ❶ *northeast(ern)* N.O., noordoost(elijk) ❷ *Nebraska* staat in de VS
Neapolitan [ni:ə'pɔlɪtən] **I** *zn* Napolitaan **II** *bnw* Napolitaans
neap tide [ni:p taɪd] *zn* doodtij
near [nɪə] **I** *bnw* ❶ nabij, dichtbij(zijnd) ★ *in the near future* in de nabije toekomst ★ *to the nearest € 10* tot op € 10 nauwkeurig ❷ nauw (verwant) ★ *inform your nearest and dearest* je familie en beste vrienden ❸ grenzend aan, veel lijkend op ★ *a near disaster* bijna een ramp ★ *it was a near thing* het scheelde niet veel **II** *bijw* ❶ dichtbij, nabij ★ *near at hand* op handen, bij de hand ★ *come / draw near* dichterbij komen ★ *she was near to tears* het huilen stond haar nader dan het lachen ★ *nowhere / not anywhere near* op geen stukken na ❷ bijna, nagenoeg ★ *near upon a week* bijna een week **III** *ov ww* naderen **IV** *onov ww* dichterbij komen, naderen **V** *vz* dicht bij, naast ★ *near the church* dicht bij de kerk
nearby [nɪə'baɪ] **I** *bnw* nabij gelegen **II** *bijw* in de buurt
nearly ['nɪəlɪ] *bijw* bijna, haast ▾ *not ~ (as good as...)* lang niet (zo goed als...)
nearness ['nɪənəs] *zn* nabijheid
nearside ['nɪəsaɪd] GB **I** *bnw* aan de linkerkant ★ *~ lane* linker rijstrook **II** *zn* linkerkant
nearsighted [nɪə'saɪtɪd] USA *bnw* bijziend
neat [ni:t] *bnw* ❶ net(jes), keurig ❷ sierlijk, slank ❸ handig, knap ❹ onvermengd, puur ⟨v. drank⟩ ❺ USA *inform* gaaf, geweldig
nebula ['nebjʊlə] *zn* sterrenk nevelvlek
nebulous ['nebjʊləs] *bnw* vaag, wollig
necessarily [nesə'serəlɪ, GB 'nesəsərəlɪ] *bijw* noodzakelijkerwijs, onvermijdelijk ★ *not ~* niet per se
necessary ['nesəsərɪ] **I** *bnw* ❶ noodzakelijk ❷ onvermijdelijk **II** *zn* ★ *necessaries* [mv] primaire levensbehoeften, benodigdheden
necessitate [nɪ'sesɪteɪt] *ov ww* noodzaken, dwingen
necessity [nɪ'sesətɪ] *zn* noodzaak ★ *the basic / bare necessities* de basisbehoeften, de eerste levensbehoeften ★ *a car is a ~ here* je kunt hier niet zonder auto ★ *~ for* behoefte aan ★ *from / out of ~* uit nood ★ *of ~* noodzakelijkerwijze
neck [nek] **I** *zn* nek, hals ★ *inform breathe down sb's neck* iem. op de vingers kijken ★ *inform be up to your neck in (debt)* tot aan je nek in (de schuld) zitten ★ *neck and neck* nek aan nek ★ *by a nek* met een halslengte ⟨winnen⟩ ▾ *inform neck of the woods* buurt, omgeving ★ GB *inform get it in the neck* het voor zijn kiezen krijgen, het zwaar te verduren hebben ▾ *have the neck to do sth* zo brutaal zijn om iets te doen **II** *onov ww*, *oud inform* vrijen
neckerchief ['nekətʃɪf] *zn* halsdoek
necklace ['nekləs] *zn* halssnoer, collier
neckline ['neklaɪn] *zn* halslijn ★ *a dress with a low / plunging ~* een diep uitgesneden jurk, een jurk met een (diep) decolleté
necktie [nektaɪ] USA *form zn* (strop)das
necromancy ['nekrəʊmænsɪ] *zn* ❶ zwarte kunst ❷ necromantie ⟨voorspelling van de toekomst

door met geesten van doden te praten⟩
necropolis [ne'krɒpəlɪs] *zn* ❶ dodenstad ❷ (grote) begraafplaats
nectar ['nektə] *zn* ❶ nectar ⟨uit bloemen⟩ ❷ godendrank, heerlijke drank
nectarine ['nektərɪn] *zn* nectarine
née [neɪ] *form bnw* geboren ★ *Mrs Smith, née Jones* Mevr. Smith, geboren Jones
need [ni:d] **I** *ov ww* nodig hebben, vereisen ★ *need help / money* hulp / geld nodig hebben ★ *they need to go now* ze moeten nu (echt) gaan ★ *you didn't need to help me* je hoefde me niet te helpen ★ *do I need to come now?* moet ik nu komen? ★ *she needs knowing* je moet haar kennen **II** *hww GB* hoeven ⟨in ontkennende zinnen; en "need not" wordt dan vaak geschreven als "needn't"⟩, moeten ⟨in vragende zinnen⟩ ★ *he need not / needn't help me* hij hoeft me niet te helpen ★ *you / he need not / needn't have done it* je / hij had het niet hoeven doen ★ *need you have paid so much?* had je zo veel moeten betalen? **III** *zn* ❶ nood(zaak) ★ *there's no need for you to stay here* je hoeft hier niet te blijven ❷ behoefte ★ *need for / of* behoefte aan ★ *be in / have need of* nodig hebben ★ *meet the needs of sb* aan de behoeften van iem. voldoen ❸ armoede, tekort ★ *people in need* mensen die in armoe leven, mensen met bijna niets ▾ *if need be* desnoods, in geval van nood
needle [ni:dl] **I** *zn* ❶ naald ⟨om te naaien⟩, pen ⟨om te breien⟩ ❷ *plantk techn* naald ❸ injectienaald ▾ *look for a ~ in a haystack* zoeken naar een speld in een hooiberg **II** *ov ww* *inform* ergeren, jennen
needle-point *zn* borduurwerk
needless ['ni:dləs] *bnw* onnodig ▾ *~ to say* vanzelfsprekend
needlewoman ['ni:dlwʊmən] *zn* naaister
needlework ['ni:dlwɜːk] *zn* naaldwerk ⟨borduren, haken e.d.⟩, naaiwerk
needn't ['ni:dnt] *samentr, need not →* **need**
needy ['ni:dɪ] *bnw* arm, hulpbehoevend
nefarious [nɪ'feərɪəs] *bnw form* misdadig, schandelijk
neg. [neg] *afk, negative* negatief
negate [nɪ'geɪt] *form ov ww* ❶ tenietdoen ❷ ontkennen
negation [nɪ'geɪʃən] *zn* ❶ ontkenning ❷ weigering ★ *shake your head in ~* nee schudden
negative ['negətɪv] **I** *bnw* ❶ negatief ❷ ontkennend, afwijzend ❸ weigerend **II** *zn* ❶ ontkenning ★ *answer in the ~* ontkennend antwoorden ❷ weigering ★ *it was decided in the ~* het voorstel werd verworpen ❸ *audio-vis* negatief ❹ negatieve kant ⟨aan een zaak, overeenkomst⟩ ❺ negatieve uitslag ⟨van test, onderzoek⟩ **III** *ov ww* ❶ verwerpen ⟨voorstel⟩ ❷ weerspreken ⟨theorie⟩
negativity [negə'tɪvətɪ] *form zn* negativiteit, negatieve / afwijzende houding
neglect [nɪ'glekt] **I** *ov ww* ❶ verwaarlozen, veronachtzamen ❷ *form* verzuimen, nalaten **II** *zn* ❶ verwaarlozing ❷ verzuim ★ *~ of duty* plichtsverzuim
neglectful [nɪ'glektfʊl] *form bnw* nalatig ★ *be ~ of*

verwaarlozen, veronachtzamen

negligence ['neglɪdʒəns] zn nalatigheid, onachtzaamheid, achteloosheid

negligent ['neglɪdʒənt] bnw nalatig, achteloos ★ be ~ of verwaarlozen

negligible ['neglɪdʒɪbl] bnw te verwaarlozen

negotiable [nɪ'gəʊʃəbl] bnw ❶ bespreekbaar, onderhandelbaar ❷ econ verhandelbaar

negotiate [nɪ'gəʊʃɪeɪt] I ov ww ❶ onderhandelen over ❷ tot stand brengen, (af)sluiten ⟨overeenkomst, verdrag, contract⟩ ❸ nemen ⟨moeilijk(e) weg / pad / bocht⟩, zich een weg banen door ⟨moeilijke / ingewikkelde situatie⟩ II onov ww ❶ onderhandelen ★ the negotiating table de onderhandelingstafel ❷ ~ for/about onderhandelen over

negotiation [nəgəʊʃɪ'eɪʃən] zn onderhandeling ★ these contracts are still under ~ over deze contracten wordt nog (steeds) onderhandeld

negotiator [nɪ'gəʊʃɪeɪtə] zn onderhandelaar

Negro ['niːɡrəʊ] oud min zn [mv: **negroes**] neger

neigh [neɪ] I onov ww hinniken II zn gehinnik

neighbour, USA **neighbor** ['neɪbə] zn ❶ buurman / -vrouw, iets / iemand ernaast ★ this lake is smaller than its ~ dit meer is kleiner dan dat wat er naast ligt ★ next-door ~ naaste buur ❷ buurland

neighbourhood, USA **neighborhood** ['neɪbəhʊd] zn buurt, omgeving ▼ in the ~ of in de buurt van, ongeveer ⟨m.b.t. getallen / bedragen⟩

neighbourhood watch zn buurtpreventie

neighbouring, USA **neighboring** ['neɪbərɪŋ] bnw nabijgelegen, naburig

neighbourly, USA **neighborly** ['neɪbəlɪ] bnw ❶ met / van de buren ★ ~ help hulp van de buren ★ good ~ relations goede relaties met de buren ❷ vriendelijk en behulpzaam

neither ['naɪðə, 'niːðə] I bijw ook niet, evenmin ★ Pete couldn't come and ~ could I Pete kon niet komen en ik ook niet ★ ~ inform me ~ ik ook niet ★ ~ X nor Y noch X noch Y ★ ~ big nor small niet groot en ook niet klein ▼ it's ~ here nor there het is niet van belang II onbep vnw geen ⟨van meerdere(n)⟩ ★ ~ answer is correct geen van de antwoorden is goed ★ ~ of us has a car geen van ons heeft een auto

nelly ['nelɪ] zn ▼ oud inform not on your ~ geen sprake van

neo- ['niːəʊ] voorv neo-, nieuw

Neolithic [niːə'lɪθɪk] bnw neolithisch

neologism [niː'ɒlədʒɪzəm] zn neologisme, nieuw woord

neon ['niːɒn] zn neon

neon light zn neonlicht, tl-buis

neophyte ['niːəfaɪt] form zn ❶ nieuweling ❷ nieuwbekeerde

nephew ['nevjuː] zn neef ⟨zoon v. broer / zuster⟩, oom- / tantezegger

nepotism ['nepətɪzəm] zn min vriendjespolitiek, nepotisme ⟨bevoordelen van familieleden / vrienden⟩

nerd [nɜːd] zn ❶ min stuudje, computerfreak, nerd ❷ min lul(letje)

nerve [nɜːv] I zn ❶ zenuw ★ ~s [mv] zenuwen ★ my ~s were on edge ik was erg gespannen ★ be a bag / bundle of ~s een bonk zenuwen zijn ★ get on sb's ~s op iemands zenuwen werken ★ have ~s of steel stalen zenuwen hebben ★ hit / touch a raw / sensitive ~ een gevoelige snaar raken ★ strain every ~ zich tot het uiterste inspannen ❷ moed, zelfbeheersing ★ lose your ~ de moed verliezen ★ keep your ~ kalm blijven ❸ inform brutaliteit ★ you've got a ~! jij durft! II ov ww kracht / moed geven ★ he ~d himself (for sth / to do sth) hij vermande zich (voor iets / om iets te doen)

nerve centre, USA **nerve center** ['nɜːvsentə] zn zenuwcentrum

nerveless ['nɜːvləs] bnw ❶ krachteloos, slap ❷ zonder vrees

nerve-racking, **nerve-wracking** bnw zenuwslopend

nervous ['nɜːvəs] bnw ❶ zenuwachtig, nerveus ❷ bezorgd, bang ★ he is ~ about the future hij is bezorgd over de toekomst ❸ zenuw- ★ a ~ twitch een zenuwtrekje, een tic

nervy ['nɜːvɪ] bnw ❶ GB zenuwachtig ❷ USA vrijpostig, brutaal

nest [nest] I zn ❶ nest ❷ broeinest, haard ❸ stel ⟨van dingen die in / onder elkaar passen⟩ ★ nest of tables stel mimitafeltjes II ov ww nesten ook comp, inbedden III onov ww zich nestelen

nest egg zn appeltje voor de dorst

nestle ['nesəl] I onov ww ❶ zich (neer)vlijen, zich nestelen ❷ half verborgen liggen ❸ ~ against dicht aankruipen tegen II ov ww vlijen

nestling ['neslɪŋ] zn nestvogel, nestkuiken

net [net] I zn ❶ net ❷ fig valstrik, web ❸ netwerk ★ inform the Net internet II bnw econ netto ★ the net result het uiteindelijk resultaat, per saldo III ov ww ❶ netto opbrengen / verdienen ❷ met een net vangen ❸ inform in de wacht slepen, verwerven ❹ inform maken ⟨een (doel)punt, bij voetbal enz.⟩ ❺ met een net afdekken

netball ['netbɔːl] zn ≈ korfbal

net curtains GB zn mv vitrage

nether ['neðə] bnw, lit humor onder-, beneden- ★ ~ world onderwereld

Netherlands ['neðələndz] zn mv Nederland ★ the ~ is / are a democracy Nederland is een democratie

netizen zn (enthousiast) internetter

netphone zn (inter)nettelefoon

nett [net] I bnw → **net** II ov ww → **net**

netting ['netɪŋ] zn gaas, net(werk)

nettle ['netl] I zn brandnetel ★ stinging ~ brandnetel ▼ grasp the ~ of police reform het hete hangijzer van de politiehervorming kordaat aanpakken II ov ww ergeren, irriteren

nettlerash ['netlræʃ] zn netelroos

network ['netwɜːk] I zn ❶ netwerk ook comp ❷ radio- / tv-station II ov ww ❶ via een netwerk uitzenden ❷ comp d.m.v. netwerk verbinden III onov ww netwerken ⟨voor je carrière⟩

neural ['njʊərəl] med bnw zenuw-, m.b.t het zenuwstelsel

neuralgia [njʊə'rældʒə] zn med zenuwpijn

neuro- [njʊərəʊ] voorv neuro-, zenuw-

neurologist [njʊə'rɒlədʒɪst] med zn neuroloog

neurology [njʊə'rɒlədʒɪ] med zn neurologie

neurosis [njʊə'rəʊsɪs] *zn* [mv: **neuroses**] med neurose

neurosurgery [njʊərəʊ'sɜ:dʒərɪ] *zn* neurochirurgie

neurotic [njʊə'rɒtɪk] **I** *zn* neuroot **II** *bnw* neurotisch, extreem gevoelig / bezorgd

neuter ['nju:tə] **I** *ov ww* ❶ castreren, steriliseren ❷ neutraliseren **II** *bnw* taalk onzijdig

neutral ['nju:trəl] **I** *bnw* ❶ neutraal, onpartijdig ★ *on ~ ground / territory* op neutrale bodem ❷ neutraal ⟨v. kleur / toon⟩ ❸ natk scheik neutraal **II** *zn* ❶ neutrale stand ⟨v. versnelling⟩ ★ *in ~* in z'n vrij ❷ neutraal iemand / land ❸ gedekte kleur

neutrality [nju:'trælətɪ] *zn* neutraliteit

neutralization, neutralisation [nju:trəlaɪ'zeɪʃən] *zn* neutralisatie, neutralisering

neutralize, neutralise ['nju:trəlaɪz] *ov ww* ❶ opheffen, neutraliseren ❷ scheik neutraal maken ❸ onschadelijk maken ⟨bom⟩ ❹ euf doden, vernietigen

neutron ['nju:trɒn] natk *zn* neutron

never ['nevə] **I** *bijw* nooit ★ *~ ever* nooit of te nimmer ★ oud *~ fear!* maak je geen zorgen! ★ *~ mind!* geeft niet!, dat deert er niet toe! ★ *~ you mind* dat gaat je niets aan ★ *she ~ so much as looked at me* ze keek niet eens naar me ★ *that would ~ do!* dat kunnen we niet hebben! ▼ oud *well, I ~!* heb ik ooit van m'n leven! **II** *tw* ★ *~!* dat meen je niet!, toe toch!

never-ending *bnw* altijddurend, eindeloos

nevermore [nevə'mɔ:] *bijw* lit nooit meer

never-never GB inform *zn* huurkoop ★ *on the ~* op afbetaling, op de pof

never-never land *zn* sprookjesland

nevertheless [nevəðə'les] *bijw* desalniettemin, desondanks

new [nju:] *bnw* ❶ nieuw, recent, ongebruikt ❷ onbekend (**to** met) ★ *I'm new to the job* ik werk hier nog maar pas ▼ inform *that's a new one on me* dat / die heb ik niet eerder gehoord ▼ inform *what's new?* hoe gaat 'ie?

newbie *zn* nieuwkomer op het internet

newborn [nju:'bɔ:n] *bnw* pasgeboren

newbuild *zn* ❶ nieuwbouwwoning ❷ nieuwbouw

newcomer ['nju:kʌmə] *zn* nieuweling, nieuwkomer

newfangled [nju:'fæŋgld] *bnw* min nieuwerwets

new-laid *bnw* net gelegd ★ *~ eggs* verse eieren

newly ['nju:lɪ] *bijw* onlangs, pas

newly-wed *zn* [meestal mv] pasgetrouwde

news [nju:z] *zn* ❶ nieuws ★ *this is good news for the rich people* dit is goed nieuws voor de rijken ★ *be on the news* in het nieuws zijn ★ *break the news* als eerste het (slechte) nieuws meedelen ★ inform *that is news to me* dat is nieuw voor mij ❷ journaal, nieuwsberichten ★ *on the news* op het nieuws / journaal ▼ inform *be bad news* slecht en / of gevaarlijk zijn

news agency *zn* persagentschap, persbureau

newsagent ['nju:zeɪdʒənt] *zn* GB kioskhouder, krantenverkoper

newscast ['nju:zkɑ:st] USA *zn* nieuwsberichten ⟨op radio / tv⟩

newscaster ['nju:zkɑ:stə] USA *zn* nieuwslezer

news conference USA *zn* persconferentie

newsdealer USA *zn* kioskhouder, krantenverkoper

news desk *zn* ❶ nieuwsdienst ❷ perskamer

newsflash ['nju:zflæʃ] GB *zn* extra nieuwsbericht ⟨tijdens normaal programma⟩

newsgroup comp *zn* nieuwsgroep

newsletter ['nju:zletə] *zn* mededelingenblad, nieuwsbrief

newspaper ['nju:speɪpə] *zn* ❶ krant ❷ krantenpapier

newspaper clipping, newspaper cutting *zn* krantenknipsel

newspaperman ['nju:speɪpəmæn] *zn* (kranten)journalist

newsprint ['nju:zprɪnt] *zn* krantenpapier

newsreader ['nju:zri:də] GB *zn* nieuwslezer

newsreel ['nju:zri:l] *zn* (bioscoop)journaal

newsroom ['nju:zru:m] *zn* redactiekamer

news-sheet ['nju:zʃi:t] *zn* nieuwsblad / -bulletin

news-stand *zn* krantenkiosk

newsvendor ['nju:zvendə] *zn* krantenverkoper

newsworthy ['nju:zwɜ:ðɪ] *bnw* met voldoende nieuwswaarde, actueel

newsy ['nju:zɪ] *bnw* inform vol nieuwtjes

newt [nju:t] *zn* watersalamander ★ *as pissed as a newt* straalbezopen

New Year's Day *zn* nieuwjaarsdag

New Year's Eve *zn* oudejaarsavond, oudejaar(sdag)

New Zealand I *zn* Nieuw-Zeeland **II** *bnw* Nieuw-Zeelands

next [nekst] **I** *bnw* (eerst)volgende, aanstaande ★ *the next best* op één na de beste ★ *the next thing I knew I was on the floor* voor ik het wist lag ik op de grond ★ *not till next time* pas de volgende keer ★ *as energetic as the next man / woman / person* even energiek als wie dan ook **II** *bijw* daarna, de volgende keer, vervolgens ★ *next after seeing him, I....* direct nadat ik hem gezien had... ▼ *what(ever) next?* wat nu?, kan het nog gekker? → **next to III** *zn* [meestal: the next] de / het (eerst)volgende ★ *I'll tell you in my next* dat zal ik je in m'n volgende brief vertellen ★ *next please!* de volgende! ★ *the next in size* de maat die er op volgt

next door [nekst'dɔ:] *bijw* hiernaast ★ *she lives ~* zij woont hiernaast ★ *they live ~ to the shop* zij wonen naast de winkel ★ *the boy / girl ~* de jongen / het meisje van hiernaast

next-door *bnw* naast, van hiernaast ★ *the ~ neighbours* de naaste buren

next to *vz* naast, volgende (in rang), bijna, in vergelijking met ★ *the woman ~ him* de vrouw naast hem ★ *~ impossible* zo goed als onmogelijk ★ *~ nothing* bijna niets ★ *it is ~ murder* het staat bijna gelijk met moord

nexus ['neksəs] *zn* form band, schakel, verbinding

NGO *afk, Non-Governmental Organization* ngo, omschr niet-overheidsgebonden organisatie ⟨m.n. liefdadigheidsorganisatie in Derde Wereld⟩

NH *afk, New Hampshire* staat in de VS

NHS *afk, National Health Service* Nationale Gezondheidszorg

nh

nib [nɪb] zn punt ⟨v. pen / gereedschap⟩

nibble ['nɪbl] I onov ww ❶ knabbelen ❷ voorzichtige interesse tonen ❸ ~ **at** knabbelen / knagen aan ook fig ❹ ~ **away at** aanvreten, uithollen II ov ww knabbelen aan / op, oppeuzelen III zn hapje, knabbeltje ★ ~s [mv] (borrel)hapjes

nice [naɪs] bnw ❶ aardig, prettig, leuk, mooi ★ nice to meet you aangenaam ★ inform USA have a nice day! tot ziens! ❷ lekker ★ a nice long way behoorlijke afstand ★ nice and warm / fast lekker warm / snel ❸ fatsoenlijk, keurig, netjes ★ no nice girl should do this geen fatsoenlijk meisje zou dit doen ★ don't be nice about going schaam je maar niet om te gaan ❹ genuanceerd, subtiel, nauwgezet, nauwkeurig ▼ inform GB nice one! goed zo! ⟨tegen de verwachting in⟩ ▼ inform nice work if you can get it je moet maar geluk hebben

nice-looking [naɪs'lʊkɪŋ] inform bnw mooi, knap

nicely ['naɪslɪ] bijw ❶ mooi, leuk ❷ aardig, vriendelijk ❸ goed, uitstekend ★ her business is doing very ~ haar bedrijf draait / loopt zeer goed ★ that'll do ~, thank you dat is prima / voldoende, dank je, zo kan ie wel weer, hoor!

nicety ['naɪsətɪ] zn ❶ nauwgezetheid ★ to a ~ heel precies, tot op de millimeter nauwkeurig ❷ finesse ★ niceties [mv] kleine details / verschillen

niche [nɪtʃ] zn ❶ plek(je), stek ★ find your ~ je draai vinden ❷ econ niche ⟨specifiek segment van de markt⟩ ❸ nis

nick [nɪk] I zn ❶ inkeping, kerf ❷ GB inform bajes, nor, politiebureau ▼ GB inform in good / bad nick in prima / slechte conditie ▼ in the nick of time net op tijd II ov ww ❶ inkepen, kerven ❷ GB inform pikken, gappen ❸ GB inform arresteren ❹ Aus inform snel ergens heen gaan III onov ww Aus inform ~ off weggaan

nickel ['nɪkl] zn ❶ nikkel ❷ USA stuiver ⟨5 dollarcent⟩

nickel-and-dime USA inform bnw goedkoop, waardeloos

nick-nack ['nɪknæk] → knick-knack

nickname ['nɪkneɪm] I zn bijnaam II ov ww bijnaam geven

nicotine ['nɪkəti:n] zn nicotine

niece [ni:s] zn nicht ⟨oom- / tantezegger⟩

nifty ['nɪftɪ] inform bnw ❶ handig ❷ mooi, aardig

Nigerian [naɪ'dʒɪərɪən] I zn Nigeriaan II bnw Nigeriaans

niggardly ['nɪgədlɪ] bnw form gierig, karig

nigger ['nɪgə] zn, min plat nikker, zwarte

niggle ['nɪgl] I ov ww irriteren, dwarszitten ★ doubt ~d her onzekerheid knaagde aan haar II onov ww ❶ irriteren ★ doubt ~d at her onzekerheid knaagde aan haar ❷ muggenziften, vitten III zn lichte kritiek / ongerustheid / irritatie

niggling ['nɪglɪŋ] bnw ❶ irritant, knagend ⟨v. twijfel⟩, zeurend ⟨v. pijn⟩ ❷ onbeduidend, klein(zielig)

night [naɪt] zn ❶ nacht ★ at ~ 's nachts ★ by ~ 's nachts ★ in the ~ gedurende de nacht ★ a dirty ~ stormachtige regennacht ★ good ~ welterusten!

★ make a ~ of it de hele nacht doorfeesten ★ dance the ~ away de hele nacht door dansen ★ inform ~ (-y)! welterusten! ★ ~ and day / day and ~ dag en nacht ★ inform have an early / late ~ vroeg / laat naar bed gaan ★ have a good / bad ~ goed / slecht slapen ❷ avond ★ at ~ 's avonds ★ first ~ première ★ a ~ out een avondje uit ★ the other ~ een paar avonden geleden ★ GB inform have a ~ on the tiles een avondje stappen ❸ duisternis

nightcap ['naɪtkæp] zn ❶ slaapmutsje ⟨drankje voor het slapen gaan⟩ ❷ oud slaapmuts

nightclothes ['naɪtkləʊðz] zn mv nachtgoed

nightclub ['naɪtklʌb] zn nachtclub

nightdress ['naɪtdres] zn nachthemd, nacht(ja)pon

night duty zn nachtdienst ★ be on ~ nachtdienst hebben

nightfall ['naɪtfɔ:l] zn lit het vallen v.d. avond, schemering

nightie ['naɪtɪ] zn inform nachtpon

nightingale ['naɪtɪŋgeɪl] zn nachtegaal

nightjar ['naɪtdʒɑ:] zn nachtzwaluw

nightlife ['naɪtlaɪf] zn nachtleven

nightly ['naɪtlɪ] I bnw nachtelijk, avond- ★ the ~ news programme het avondnieuws II bijw ❶ iedere nacht / avond ❷ 's avonds / nachts

nightmare ['naɪtmeə] zn nachtmerrie ★ their worst ~ has come true hun ergste vrees is werkelijkheid geworden

nightmare scenario zn het ergste wat je kan overkomen

night owl ['naɪtaʊl] inform zn nachtbraker / -mens

nights bijw USA 's avonds laat, 's nachts

night school zn avondschool

nightshade ['naɪtʃeɪd] plantk zn nachtschade ★ deadly ~ wolfskers

night shift zn ❶ nachtdienst ★ be on the nightshift nachtdienst hebben ❷ nachtploeg

nightshirt ['naɪtʃɜ:t] zn nachthemd

nightspot ['naɪtspɒt] zn inform nachtclub

night stand, night table zn USA nachtkastje

nightstick [naɪtstɪk] zn USA gummistok, knuppel

nightwatchman ['naɪtwɒtʃmən] zn nachtwaker

nightwear ['naɪtweə] zn nachtgoed

nighty-night [naɪtɪ'naɪt] tw inform truste, welterusten

nihilism ['naɪɪlɪzəm] zn nihilisme

nil [nɪl] zn nul, niets ★ win by three goals to nil / win three nil met drie-nul winnen ★ their chances are nil ze hebben geen enkele kans

Nile [naɪl] zn Nijl

nimble ['nɪmbl] bnw ❶ vlug, handig ❷ schrander, gevat

nimbus ['nɪmbəs] zn [mv: nimbi, nimbuses] ❶ regenwolk ❷ stralenkrans

nimby ['nɪmbɪ] bnw, not in my backyard niet in mijn achtertuin ⟨afwijzend⟩ ★ a ~ attitude een niet-in-mijn-buurt-opstelling

nine [naɪn] telw negen ★ nine times out of ten negen van de tien keer ★ from nine to five tijdens kantooruren ▼ a nine days' wonder een modeverschijnsel, een kortstondige rage ▼ 9 / 11 11 september 2001 ⟨dag van de aanslagen op het World Trade Center in New York⟩

ninepins ['naɪnpɪnz] zn mv kegels, kegelspel▼ go down / drop / fall like~ bij bosjes omvallen
nineteen [naɪn'tiːn] telw negentien▼ talk~ to the dozen honderduit praten
nineteenth [naɪn'tiːnθ] bnw negentiende
ninetieth ['naɪntɪəθ] bnw negentigste
nine-to-five [naɪntə'faɪv] bnw★ a~ job een vaste (kantoor)baan, een van-negen-tot-vijfbaan
ninety ['naɪntɪ] telw negentig★ the nineties de negentiger jaren★ he is in his nineties hij is in de negentig★ ~-nine times out of a hundred bijna altijd
ninny ['nɪnɪ] oud inform zn onnozele hals, sukkel
ninth [naɪnθ] telw negende II zn negende deel
nip [nɪp] I ov ww ❶ knijpen, bijten ❷ beschadigen, doen verkleuren ⟨door vorst / kou⟩ ❸ ~ off afknijpen▼ nip in the bud in de kiem smoren II onov ww ❶ inform snellen, rennen★ nip home even naar huis vliegen★ nip in binnenwippen★ nip out vlug ervandoor gaan ❷ ~ at knijpen, bijten ook fig van de kou / wind III zn ❶ kneep, beet ❷ bijtende kou★ there was a nip in the air het was nogal fris ❸ inform borreltje, slokje
nip and tuck I zn inform facelift II bnw + bijw USA nek aan nek
nipper ['nɪpə] GB inform zn (klein) ventje
nipple ['nɪpl] zn ❶ tepel ❷ USA speen ❸ techn nippel
nippy ['nɪpɪ] bnw ❶ GB vlug, snel ❷ inform fris(jes), koud
niqab [nɪ'kaːb] zn nikab, gezichtssluier
nit [nɪt] zn ❶ luizenei, neet ❷ GB inform stommeling
nit-picking zn inform muggenzifterij
nitrate ['naɪtreɪt] zn nitraat(meststof)
nitrogen ['naɪtrədʒən] zn stikstof
nitty-gritty ['nɪtɪ'ɡrɪtɪ] inform zn kern, essentie ★ get down to the (real)~ tot de kern van de zaak komen
nitwit ['nɪtwɪt] inform zn leeghoofd, stommeling
nix [nɪks] ov ww, USA inform niet toestaan, nee zeggen tegen
NJ afk, New Jersey staat in de VS
NM afk, New Mexico staat in de VS
no [nəʊ] I tw II bijw niet★ no later than 1 March niet later dan 1 maart★ it's no better het is helemaal niet beter★ no less than ten people have told me wel tien mensen hebben me verteld★ no more niet(s) meer★ he is no more a rich man than I am hij is evenmin als ik rijk★ I did not come, and no more did he ik kwam niet en hij ook niet★ no sooner... than nauwelijks... of★ inform no can do onmogelijk III vnw geen (enkele)★ he's no fool hij is niet gek★ no one man can lift it niemand kan het alleen optillen ★ there's no saying onmogelijk te zeggen★ in no time heel gauw IV zn [mv: noes] ❶ neen, weigering, ontkenning★ not take no for an answer er op staan ❷ tegenstemmer★ the noes have it de tegenstemmers zijn in de meerderheid
No., no. afk, number nr., nummer
nob [nɒb] GB inform zn hoge piet, rijke stinkerd
nobble ['nɒbl] GB inform ov ww ❶ sport ongeschikt maken om te winnen ⟨een paard

voor een race, bv. door doping⟩ ❷ omkopen ❸ aanklampen, aanschieten ❹ dwarsbomen
nobility [nəʊ'brɪlətɪ] zn ❶ adel(stand) ❷ edelmoedigheid
noble ['nəʊbl] I bnw ❶ edel, edelmoedig, nobel ❷ adellijk ❸ dicht statig, indrukwekkend II zn edelman / -vrouw
nobleman ['nəʊblmən] zn edelman
noblewoman ['nəʊblwʊmən] zn vrouw van adel, edelvrouw
nobody ['nəʊbɒdɪ] I onbep vnw niemand II zn onbelangrijk persoon, nul★ she was a~ before she became actress ze was een nul voordat ze actrice werd
no-brainer inform zn fig eitje ⟨simpele vraag / kwestie⟩
no-claims bonus GB zn no-claimkorting
nocturnal [nɒk'tɜːnl] bnw nacht-, nachtelijk
nocturne ['nɒktɜːn] zn muz nocturne
nod [nɒd] I ov ww knikken★ he nodded assent hij knikte toestemmend II onov ww ❶ knikken ★ nod at / to sb naar iem. knikken★ I have a nodding acquaintance with him ik ken 'm oppervlakkig ❷ knikkebollen ❸ inform ~ off in slaap vallen III zn knik(je)★ fig get the nod het groene licht krijgen★ GB inform fig his proposal was accepted on the nod zijn voorstel werd als hamerstuk / met algemene stemmen aangenomen★ a nod is as good as a wink 'n goed verstaander heeft maar 'n half woord nodig
node [nəʊd] zn ❶ knoop(punt) ❷ plantk knoest, knoop ❸ anat knobbel ❹ comp node
nodule ['nɒdjuːl] zn ❶ knoestje ❷ knobbeltje, klein gezwel
Noel [nəʊ'el] zn Kerstmis
noes [nəʊs] zn mv → no
no-frills bnw zonder franje, eenvoudig
no-go bnw verboden voor bepaalde personen, verboden zonder speciale vergunning★ ~ area verboden terrein ook fig , te gevaarlijke buurt / wijk ⟨door misdaad en geweld⟩
no-good bnw, USA inform waardeloos
no-hoper GB inform zn mislukkeling, hopeloos geval
nohow ['nəʊhaʊ] bijw, inform USA van geen kant, helemaal niet
noise [nɔɪz] zn ❶ lawaai, geluid, rumoer★ inform make a ~ (about sth) luidruchtig (over iets) klagen★ inform make~s (about sth) (iets) laten doorschemeren, (over iets) klagen★ make all the right~s zeggen wat mensen willen horen ★ make optimistic / hopeful ~s (about sth) zich optimistisch / hoopvol (over iets) uitlaten ❷ techn ruis, brom ⟨in geluidsweergave⟩
noiseless ['nɔɪzləs] bnw geruisloos, zonder lawaai
noise pollution zn geluidshinder
noisy ['nɔɪzɪ] bnw lawaaierig, luidruchtig, druk
nomad ['nəʊmæd] zn nomade
nomadic [nəʊ'mædɪk] bnw nomadisch, nomaden-, zwervend
no-man's-land zn niemandsland ook fig
nomenclature [nəʊ'menklətʃə] zn naamgeving ⟨volgens een systeem⟩
nominal ['nɒmɪnl] bnw ❶ in naam ❷ heel klein, symbolisch ⟨geldbedrag⟩★ at a ~ price voor zo

no

goed als geen geld, voor een spotprijs ❸ **taalk** naamwoordelijk

nominate [ˈnɒmɪneɪt] *ov ww* ❶ kandidaat stellen, voordragen, nomineren ❷ benoemen ❸ kiezen ⟨tijdstip, titel⟩ ★ *the 3rd of March has been ~d as the day of the election* de verkiezingen zijn vastgesteld op 3 maart

nomination [nɒmɪˈneɪʃən] *zn* ❶ voordracht, kandidaatstelling ❷ benoeming

nominee [nɒmɪˈniː] *zn* kandidaat, genomineerde

non- [nɒn] *voorv* non-, niet-, -vrij

nonagenarian [nəʊnədʒɪˈneərɪən] *zn* negentigjarige

non-aggression pact [nɒnəˈgreʃən pækt] *zn* niet-aanvalsverdrag

non-alcoholic *bnw* niet-alcoholisch, alcoholvrij

non-aligned *bnw* **pol** ★ *~ countries* niet-gebonden / neutrale landen

non-appearance *zn* **jur** afwezigheid, verstek

nonce word [nɒns wɜːd] *zn* gelegenheidswoord, voor de gelegenheid verzonnen woord

nonchalant [ˈnɒnʃələnt] *bnw* nonchalant, onverschillig

non-combatant *zn* ❶ iemand die niet bij de gevechtshandelingen betrokken is ❷ burger ⟨in oorlogstijd⟩

non-commissioned *bnw* zonder officiersbenoeming ★ *a sergeant is a non-com(missioned officer)* een sergeant is een onderofficier

non-committal [nɒn-kəˈmɪtl] *bnw* neutraal, vrijblijvend, een slag om de arm houdend

nonconformist [nɒnkənˈfɔːmɪst] **I** *zn* ❶ non-conformist ❷ ★ *Nonconformist* een niet-anglicaanse protestant **II** *bnw* non-conformistisch

nonconformity [nɒnkənˈfɔːmətɪ], **nonconformism** [nɒnkənˈfɔːmɪzəm] *zn* non-conformisme

non-count noun **taalk** *zn* niet telbaar zelfstandig naamwoord

nondescript [ˈnɒndɪskrɪpt] *bnw* nietszeggend, saai, onopvallend

none [nʌn] **I** *bijw* ❶ helemaal niet ★ *be none the wiser / richer* niets wijzer / rijker geworden ❷ niet erg ★ *none too bright / happy* niet al te slim / blij **II** *vnw* niemand, niet een, totaal geen, niets ★ *is there any bread? no, there's none at all* hebben we ook brood? nee, helemaal niets ★ *none other than* niemand / niets minder dan ★ *have none of sth* iets niet willen hebben

nonentity [nɒˈnentətɪ] *zn* **min** onbeduidend iemand, nul

nonetheless, none the less [nʌnðəˈles] **form** *bijw* (desal)niettemin, toch

non-event *zn* **inform** afknapper

non-existent *bnw* niet-bestaand

non-fiction *zn* non-fictie ⟨informatieve boeken / lectuur⟩

non-iron **GB** *bnw* zelfstrijkend, kreukvrij

no-nonsense *bnw* zakelijk, nuchter, praktisch

nonpareil [nɒnpəˈreɪl] **form** *zn* weergaloos iemand / iets, onvergelijkelijk iemand / iets

nonplussed, **USA nonplused** [nɒnˈplʌst] *bnw* perplex, verbijsterd

non-profit *bnw* non-profit, niet-commercieel, zonder winstoogmerk

non-proliferation *zn* non-proliferatie, het tegengaan van uitbreiding ⟨i.h.b. van chemische wapens en kernwapens⟩

non-resident **I** *zn* iemand die ergens tijdelijk verblijft, bezoeker ★ *the hotel pool is open to ~s* het zwembad van het hotel is toegankelijk voor niet-gasten / voor mensen die niet in het hotel verblijven **II** *bnw* niet-inwonend, extern

nonsense [ˈnɒnsəns] *zn* onzin, nonsens, gekheid ★ *talk ~* onzin uitkramen ★ *make (a) ~ of sth* een lachertje van iets maken

nonsensical [nɒnˈsensɪkl] *bnw* onzinnig, absurd

non-smoking *bnw* ❶ rookvrij ⟨ruimte⟩ ❷ niet-rokend ⟨persoon⟩

non-stick [nɒn-ˈstɪk] *bnw* anti-aanbak-

non-stop *bnw + bijw* voortdurend, zonder onderbreking ★ *~ express* doorgaande trein ★ *~ flight* vlucht zonder tussenlanding

non-union *bnw* niet bij een vakbond aangesloten

noodles [ˈnuːdlz] *zn mv* noodles ⟨deegwaar in sliertvorm⟩, ≈ mie

nook [nʊk] *zn* (gezellig) hoekje ★ *a garden full of nooks and crannies* een tuin met veel verborgen plekjes ★ **fig inform** *search every nook and cranny* in alle hoeken en gaten zoeken

nooky, nookie [ˈnʊkɪ] *zn* **plat** partijtje vrijen, potje neuken

noon [nuːn] *zn* 12 uur 's middags

noonday [ˈnuːndeɪ] **dicht** *bnw* middag- ★ *the ~ sun* de middagzon

no one, no-one *onb vnw* niemand

noose [nuːs] *zn* lus, strop, strik ★ **fig** *put your head in a ~* je hoofd in de strop steken

nope [nəʊp] *bijw* **inform** nee

nor [nɔː] *vw* noch, en ook niet, evenmin ★ *nor must we forget that...* en ook mogen wij niet vergeten dat... ★ *neither he nor she* noch hij, noch zij ★ *I told him I hadn't gone there; nor had I* ik zei hem dat ik er niet heen was gegaan; en dat was ook zo ★ *you haven't seen it, nor have I* jij hebt het niet gezien en ik ook niet

Nordic [ˈnɔːdɪk] **I** *zn* Noord-Europeaan **II** *bnw* Noord-Europees

norm [nɔːm] *zn* norm, standaard, regel ★ *be / become the norm* de norm zijn / worden ★ *social values and norms* sociale normen en waarden ★ **onderw** *detailed education norms* gedetailleerde eindtermen

normal [ˈnɔːml] **I** *bnw* normaal ★ *lead a ~ life* een gewoon leven leiden **II** *zn* het normale ★ *return to ~* weer normaal worden ★ *above / below ~* boven / beneden het gemiddelde

normality [nɔːˈmælətɪ], **USA normalcy** [ˈnɔːməlsɪ] *zn* normale toestand

normalization, normalisation [nɔːməlarˈzeɪʃən] *zn* normalisatie, het (weer) normaal maken / worden

normalize, normalise [ˈnɔːməlaɪz] **I** *ov ww* normaliseren, (weer) normaal maken, herstellen **II** *onov ww* normaliseren, (weer) normaal worden

Norman [ˈnɔːmən] *bnw* Normandisch ⟨ook m.b.t. bepaalde romaanse bouwstijl in Engeland, in

11e en 12 e eeuw⟩ ★ ~ *church* Normandische kerk

normative ['nɔːmətɪv] *bnw* volgens bepaalde norm, normatief

Norse [nɔːs] *gesch zn* Oudnoors, Scandinavisch

Norseman ['nɔːsmən] *gesch zn* Noorman

north [nɔːθ] **I** *zn* het noorden ★ *to the ~ of* ten noorden van **II** *bnw* noordelijk, noord(en)-, noorder- ★ *the ~ wind* de noordenwind ★ *the ~ side* de noordkant **III** *bijw* in / naar het noorden

northbound ['nɔːθbaʊnd] *bnw* in noordelijke richting, (op weg) naar het noorden

north-east [nɔːθ'iːst] **I** *zn* noordoost(en) **II** *bnw* noordoostelijk

north-easter [nɔːθ'iːstə] *zn* noordoostenwind

north-easterly [nɔːθ'iːstəlɪ] **I** *zn* noordoostenwind **II** *bnw* noordoostelijk

north-eastern [nɔːθ'iːstən] *bnw* noordoostelijk

northerly ['nɔːðəlɪ] **I** *bnw* noordelijk, noorden- **II** *zn* noordenwind

northern ['nɔːðən] *bnw* noordelijk, noorder-

northerner ['nɔːðənə] *zn* noorderling, iemand uit het noorden

northernmost ['nɔːðənməʊst] *bnw* meest noordelijk

North Pole ['nɔːθ pəʊl] *zn geo* Noordpool

northward ['nɔːθwəd] *bnw + bijw* noordwaarts

northwards ['nɔːθwədz] *bijw* naar het noorden, in noordelijke richting

north-west [nɔːθ'west] **I** *zn* noordwest(en) **II** *bnw* noordwestelijk

north-wester [nɔːθ'westə] *zn* noordwestenwind

north-westerly [nɔːθ'westəlɪ] **I** *zn* noordwestenwind **II** *bnw* noordwestelijk

north-western [nɔːθ'westən] *bnw* noordwestelijk

Norway ['nɔːweɪ] *zn* Noorwegen

Norwegian [nɔː'wiːdʒən] **I** *zn* Noor **II** *bnw* Noors

nos, Nos *afk, numbers* nummers

nose [nəʊz] **I** *zn* ❶ neus, neusstuk ⟨van instrument⟩ ★ *blow your nose* je neus snuiten ★ *cut off your nose to spite your face* je eigen glazen ingooien ★ *fig follow your nose* je neus achterna gaan, je gevoel / instinct volgen ★ *GB inform get up sb's nose* iem. irriteren ★ *inform have your nose in sth* iets aandachtig zitten lezen ★ *GB inform have a nose round* rondneuzen ★ *inform keep your nose clean* je nergens mee bemoeien ★ *keep your nose out of sth* je niet bemoeien met iets ★ *inform keep your nose to the grindstone* ploeteren, zwoegen ★ *fig lead by the nose* bij de neus nemen ★ *GB inform look down your nose at sb / sth* je neus ophalen voor iemand / iets ★ *GB inform nose to tail* kop aan staart, bumper aan bumper ★ *pay through the nose* afgezet / overvraagd worden ★ *poke / stick your nose into sth* je ergens mee bemoeien ★ *inform put sb's nose out of joint* iem. van zijn stuk brengen, iem. jaloers maken ★ *inform turn your nose up at sth* je neus ergens voor optrekken ★ *inform under sb's nose* vlak onder je neus ★ *inform with your nose in the air* uit de hoogte, hooghartig ❷ reuk, geur ★ *have a good nose for sth* een goede neus hebben voor iets ⟨bv. voor belangrijk / schokkend nieuws⟩ ▼ *USA inform on the nose* precies **II** *ov ww* ❶ ruiken (aan), (be)snuffelen ❷ *inform ~ out* ontdekken,

erachter komen **III** *onov ww* ❶ zich voorzichtig een weg banen ⟨in voertuig⟩ ❷ snuffelen ⟨van dieren⟩ ❸ ~ *about/around* rondneuzen, rondsnuffelen ❹ ~ *into fig* je neus steken in

nosebag ['nəʊzbæg] *GB zn* voederzak ⟨v. paard⟩

nosebleed ['nəʊzbliːd] *zn* bloedneus, neusbloeding

nosedive ['nəʊzdaɪv] **I** *zn* ❶ luchtv duikvlucht ❷ plotselinge (prijs)daling **II** *onov ww* ❶ kelderen ⟨van prijzen⟩, snel dalen ❷ duiken ⟨van vliegtuig⟩

nosegay ['nəʊzgeɪ] *oud zn* boeketje

nose job *inform zn* neuscorrectie / -operatie ★ *get a ~* je neus laten doen / opknappen

nosey ['nəʊzɪ] → **nosy**

nosh [nɒʃ] **I** *zn* ❶ oud GB luchtv eten ❷ USA snelle hap tussendoor **II** *ww inform* eten

no-show *inform zn* iemand die niet op komt dagen

nosh-up *zn*, GB *inform* grote maaltijd

nostalgia [nɒ'stældʒə] *zn* nostalgie, heimwee

nostalgic [nɒ'stældʒɪk] *bnw* nostalgisch ★ *look back ~ally to the good old days* met heimwee terugkijken naar de goede oude tijd

nostril ['nɒstrɪl] *zn* neusgat

nostrum ['nɒstrəm] *form zn* wondermiddel, oplossing voor alles

nosy, nosey ['nəʊzɪ] *bnw*, *inform min* nieuwsgierig ★ *GB nosy parker* nieuwsgierig aagje

not [nɒt] *bijw* niet ▼ *he said nothing, not a / one word* hij zei niets, geen woord ▼ *thanks a lot! - not at all* heel erg bedankt! - geen dank ▼ *she is not at all pretty* ze is helemaal niet knap ▼ *not only... but also* niet alleen... maar ook

notable ['nəʊtəbl] **I** *bnw* opmerkelijk, opvallend **II** *zn form* vooraanstaand persoon, notabele

notably ['nəʊtəblɪ] *bijw* ❶ in het bijzonder, met name ❷ bijzonder, opmerkelijk

notary ['nəʊtərɪ], **notary public** *zn* notaris

notation [nəʊ'teɪʃən] *zn* notatie

notch [nɒtʃ] **I** *zn* ❶ inkeping, graadje, stukje ❷ gaatje ⟨in riem⟩ **II** *ov ww* ❶ inkepen, kerven ❷ ~ *up* scoren, behalen ⟨punten / prijs⟩

note [nəʊt] **I** *zn* ❶ aantekening, notitie ★ *make a note of sth* iets noteren ★ *make a mental note of sth* iets in je geheugen prenten ★ *take note of* nota nemen van, aandacht schenken aan ★ *take notes of* aantekeningen / een verslag maken van ★ *your medical notes* je medisch dossier ❷ briefje ★ *leave a note for your friend* een briefje achterlaten voor je vriend(in) ❸ (voet)noot, annotatie ★ *marginal notes* kanttekeningen ❹ GB bankbiljet ❺ muz noot, toon ★ *fig hit / strike the right / wrong note* de juiste / verkeerde toon treffen ★ *fig change your note* een toontje lager (gaan) zingen- ★ *sound / strike a note (of warning)* een (waarschuwend) geluid laten horen ★ *end on a more optimistic note* eindigen / afsluiten in een optimistischere stemming ❻ brief(je) ⟨bv. doktersbriefje, vrachtbrief⟩ ▼ *of note* belangrijk, van belang **II** *ov ww* ❶ notitie nemen van, opmerken ❷ **note down** aantekenen, opschrijven

notebook ['nəʊtbʊk] *zn* ❶ aantekenboekje ❷ comp notebook, laptop

note card *zn* briefje, kaartje
noted ['nəʊtɪd] *bnw* beroemd ★ ~ *for* bekend om
notelet ['nəʊtlət] GB *zn* briefje
notepad *zn* notitieblok
notepaper ['nəʊtpeɪpə] *zn* post- / briefpapier
noteworthy ['nəʊtwɜːðɪ] *bnw* opmerkelijk
nothing ['nʌθɪŋ] **I** *vnw* niets, niets (bijzonders / van belang) ★ *for* ~ voor niets, gratis, tevergeefs ★ ~ *else matters to her apart from her boyfriend* zij geeft nergens meer om behalve om haar vriendje ★ *I'm* ~ *to her* Ik beteken niets voor haar ★ *be / have* ~ *to do with sb / sth* niets te maken hebben met iemand / iets ★ *inform have* ~ *on sb* niets hebben / kunnen in vergelijking met iem., geen harde bewijzen hebben (politie) ★ ~ *but* alleen maar ★ ~ *if not* uitermate ★ ~ *less than* minstens, niets minder dan ★ *inform be / look* ~ *like her father* helemaal niet op haar vader lijken ★ *(there's)* ~ *to it* (het is) heel gemakkelijk, (het is) simpel ★ *there was* ~ *for it but...* er zat niets anders op dan... ★ *there is / was* ~ *in it* het is / was niet zo (gerucht) ★ *there's* ~ *like...* er gaat niets boven... **II** *zn* ★ ~*s* [mv] onbenulligheden ★ *soft / sweet* ~*s* lieve woordjes
nothingness ['nʌθɪŋnəs] *zn* het niets, de leegte
notice ['nəʊtɪs] **I** *zn* ❶ aandacht ★ *bring sth to sb's* ~ iets onder iemands aandacht brengen ★ *this made them sit up and take* ~ dit maakte dat ze het belang van de zaak inzagen ★ *take no* ~ *of sth* geen aandacht aan iets schenken ❷ mededeling (bv. op een prikbord), bekendmaking, aankondiging (via advertentie) ❸ kennisgeving vooraf, opzegging (van contract), waarschuwing ★ *one month's* ~ opzegtermijn van een maand ★ *at a moment's* ~ ogenblikkelijk ★ *at* / USA *on short* ~ op korte termijn ★ *until further* ~ tot nadere orde ★ *hand in your* ~ je baan opzeggen ❹ recensie (van boek / film) **II** *ov ww* merken, opmerken ★ *get (yourself)* ~*d* de aandacht trekken, opvallen
noticeable ['nəʊtɪsəbl] *bnw* (duidelijk) merkbaar, zichtbaar
noticeboard ['nəʊtɪsbɔːd] GB *zn* aanplakbord, prikbord
notifiable ['nəʊtɪfaɪəbl] *bnw* met aangifteplicht (van ziekten / misdaden), aangifteplichtig
notification [nəʊtɪfɪ'keɪʃən] form *zn* mededeling, aankondiging, informatie
notify ['nəʊtɪfaɪ] *ov ww* informeren, meedelen, bekendmaken ★ ~ *sb of sth* iem. informeren over iets, iem. op de hoogte stellen van iets
notion ['nəʊʃən] *zn* begrip, concept, notie, idee
notoriety [nəʊtə'raɪətɪ] *zn* beruchtheid
notorious [nəʊ'tɔːrɪəs] *bnw* berucht (**for** om)
notwithstanding [nɒtwɪð'stændɪŋ] form **I** *bijw* niettemin **II** *vz* niettegenstaande, ondanks
nougat ['nuːgɑː] *zn* noga
nought [nɔːt] *zn* ❶ GB nul ❷ niets ★ *come to* ~ op niets uitlopen
noun [naʊn] *zn* taalk zelfstandig naamwoord
nourish ['nʌrɪʃ] *ov ww* ❶ voeden ❷ form koesteren
nourishing ['nʌrɪʃɪŋ] *bnw* voedzaam
nourishment ['nʌrɪʃmənt] *zn* voeding ook fig , het voeden
nous [naʊs] GB inform *zn* gezond verstand

Nov. *afk, November* nov, november
novel ['nɒvəl] **I** *zn* roman **II** *bnw* nieuw, baanbrekend
novelette [nɒvə'let] *zn* romannetje
novelist ['nɒvəlɪst] *zn* romanschrijver
novella [nə'velə] *zn* novelle, vertelling
November [nə'vembə] *zn* november
novice ['nɒvɪs] *zn* ❶ nieuweling ❷ rel novice
novitiate , noviciate [nə'vɪʃɪət] *zn* noviciaat (proeftijd voor nieuwe kloosterlingen)
now [naʊ] **I** *bijw* nu, dit ogenblik ★ *for now* voorlopig, tot dit moment ★ *from now on* voortaan ★ *up till now* tot nu toe ★ *I've seen him just now* ik heb hem zo pas nog gezien ★ *she'll be home by now* ze zal onderhand wel thuis zijn ★ *(every) now and again / then* nu en dan ★ *now for (the good news)* en nu (het goede nieuws) ★ *now...now / then / again...* nu eens...dan weer... ★ *now what?* wat nu weer?, wat nu? ★ *what's it now?* wat nu weer?▼ *now now* kom kom (als kalmering / troost) zeg!, kalm aan (als waarschuwing) **II** *vw* ★ *now (that) I am grown up, I think otherwise* nu ik volwassen ben, denk ik er anders over
nowadays ['naʊədeɪz] *bijw* tegenwoordig
nowhere ['nəʊweə] *bijw* nergens ★ ~ *to be found / seen* nergens te vinden / zien▼ *a settlement is* ~ *in sight / near* een regeling is nog lang niet in zicht▼ *from / out of* ~ uit het niets ▼ *get / go* ~ niets opleveren / bereiken
noxious ['nɒkʃəs] form *bnw* schadelijk ★ ~ *fumes* giftige dampen
nozzle ['nɒzəl] *zn* ❶ tuit, pijp ❷ techn mondstuk, spuitstuk
nr *afk, near* (na)bij
NSPCC *afk, National Society for the Prevention of Cruelty to Children* Kinderbescherming
n't [ənt] *samentr, not*(in combinatie met werkwoorden) → **not**
nth inform *bnw* zoveelste, tigste ★ *for the nth time* voor de zoveelste keer ★ *boring to the nth degree* heel erg / ontzettend saai
nuance ['njuːɑːns] *zn* nuance, schakering
nub [nʌb] *zn* essentie ★ *the nub of the matter* de kern van de zaak ★ *the real hub of the problem* het hele punt van het probleem
nubile ['njuːbaɪl] *bnw* (seksueel) aantrekkelijk (meisje / vrouw)
nuclear ['njuːklɪə] *bnw* kern-, nucleair, atoom-★ ~ *energy* kernenergie, atoomenergie ★ ~ *waste* kernafval
nuclear-free *bnw* kernvrij, atoomvrij ★ *a* ~ *zone* een kernvrije zone
nucleus ['njuːklɪəs] *zn* [mv: **nuclei**] kern
nude [njuːd] **I** *zn* kunst naakt(model)▼ *in the nude* naakt **II** *bnw* naakt, bloot ★ *a nude scene / beach* een naaktscène / -strand
nudge [nʌdʒ] **I** *ov ww* ❶ zachtjes aanstoten (met elleboog) ❷ zachtjes duwen, fig een beetje pushen ★ ~ *your way through a crowd* je lichtjes duwend door een menigte wurmen ❸ naderen ★ *with temperatures nudging 40 degrees Celsius* met temperaturen die tegen de 40 graden Celsius lopen **II** *zn* por, duwtje
nudism ['njuːdɪzəm] *zn* nudisme
nudist ['njuːdɪst] *zn* nudist

nudity ['nju:dətɪ] *zn* naaktheid

nugatory ['nju:gətərɪ] *bnw* form onbenullig, waardeloos, futiel

nugget ['nʌgɪt] *zn* klompje (goud enz.)★ *a ~ of information* informatie die goud waard is

nuisance ['nju:səns] *zn* overlast, onaangenaam iets, lastpost★ *what a ~ !* wat 'n vervelend iemand!, wat vervelend!★ *be a ~* iem. tot last zijn★ *make a ~ of yourself* vervelend / lastig zijn ★ *public ~* verstoring van de openbare orde, iets dat / iemand die de openbare orde vervelend maakt

nuke [nju:k] inform **I** *zn* kernwapen **II** *ov ww* ❶ met kernwapen aanvallen / uitschakelen ❷ opwarmen in de magnetron

null [nʌl] *bnw* nul-★ *a null result* zonder resultaat ▼ jur *null and void* van nul en generlei waarde, ongeldig, nietig

nullify ['nʌlɪfaɪ] *ov ww* ❶ nietig / ongeldig verklaren ❷ opheffen, tenietdoen

nullity ['nʌlətɪ] *zn* jur nietigheid, ongeldigheid

numb [nʌm] **I** *bnw* gevoelloos, verdoofd, verstijfd, verkleumd★ *numb with cold / fear* verstijfd van de kou / schrik **II** *ov ww* verdoven ook fig , doen verstijven (door kou)

number ['nʌmbə] **I** *zn* ❶ getal, nummer, telefoonnummer★ *cardinal ~* hoofdtelwoord ★ *even / odd / round ~* even / oneven / rond getal★ *wrong ~* verkeerd verbonden (telefoon) ★ *~ one* nummer een, de beste, de / het belangrijkste★ *look after ~ one* eerst voor jezelf zorgen★ inform *your ~ is up* je bent er geweest / er bij / geruïneerd★ inform *have (got) sb's ~* iem. doorhebben ❷ aantal★ *we were seven in ~* we waren met z'n zevenen★ *~s* [mv] een groot aantal★ form *he is one of our ~* hij is een van ons, hij hoort bij ons★ *I can give you any ~ of reasons* ik kan je ontzettend veel redenen geven★ *without ~* talloos★ *by force / weight of ~s* door overmacht ❸ nummer, uitgave (v. tijdschrift) ❹ lied, dans ❺ inform iets dat bewondering wekt (kledingstuk / auto)★ *she was wearing a elegant little ~* zij had een elegant gevalletje / jurkje aan★ inform *do a ~ on sb / sth* iemand / iets geen goed doen, iemand / iets slecht behandelen **II** *ov ww* ❶ nummeren ❷ tellen ❸ *~ among* rekenen tot, beschouwen als **III** *onov ww ~* **among** gerekend worden tot, beschouwd worden als

numberless ['nʌmbələs] *bnw* talloos

number plate *zn* GB nummerplaat / -bord

numbskull ['nʌmskʌl] *zn* inform domkop

numeral ['nju:mərəl] *zn* cijfer★ *Roman ~s* Romeinse cijfers

numerate ['nju:mərət] *bnw* met een goede basiskennis rekenen★ *people should be literate and ~* mensen moeten kunnen lezen, schrijven en rekenen

numerator ['nju:məreɪtə] wisk *zn* teller (v. breuk)

numerical [nju:'merɪkl] *bnw* getal(s)-, numeriek ★ *~ order* numerieke volgorde, volgorde op getal

numerous ['nju:mərəs] *bnw* talrijk, vele

numinous ['nju:mɪnəs] *bnw* form spiritueel, goddelijk

numskull ['nʌmskʌl] *zn* → **numbskull**

nun [nʌn] *zn* non

nuncio ['nʌnʃɪəʊ] *zn* nuntius (soort ambassadeur van de paus)

nunnery ['nʌnərɪ] oud *zn* nonnenklooster

nuptial ['nʌpʃəl] form *bnw* bruilofts-, huwelijks- ★ *a ~ mass* een huwelijksmis

nurse [nɜ:s] **I** *zn* ❶ verpleegkundige, zuster★ GB *dental ~* tandartsassistent(e)★ *male ~* verpleegkundige, broeder★ *registered ~* gediplomeerd verpleegkundige ❷ oud kindermeisje, kinderjuffrouw★ *wet ~* voedster, min **II** *ov ww* ❶ verplegen★ *~ back to health* weer gezond maken ook fig ❷ behandelen (blessure / ziekte)★ *~ a cold* een verkoudheid uitzieken ❸ koesteren (wens)★ *~ a grievance / grudge* wrok koesteren★ *~ a secret* 'n geheim zeer zorgvuldig bewaren★ inform *~ a drink* (heel) lang doen met een drankje ❹ grootbrengen, zorgen voor, letten op, vertroetelen (plantjes) ❺ zogen, voeden (baby) **III** *onov ww* aan de borst zijn (van baby)

nursemaid ['nɜ:smeɪd] *zn* oud kindermeisje

nurse practitioner *zn* nurse-practitioner (verpleegkundige als hulp voor dokter / huisarts)

nursery ['nɜ:sərɪ] *zn* ❶ onderw ≈ peuterspeelzaal, kleuterschool ❷ GB kinderdagverblijf, crèche ❸ afdeling neonatologie (in ziekenhuis) ❹ oud kinderkamer, speelkamer ❺ kwekerij

nursery education *zn* onderw onderwijs aan peuters en kleuters

nurseryman ['nɜ:sərɪmən] *zn* (boom)kweker

nursery rhyme *zn* kinderversje / -rijmpje

nursery school *zn* onderw ≈ peuterspeelzaal, kleuterschool

nursery slope *zn* oefenpiste (voor beginners)

nursing ['nɜ:sɪŋ] *zn* verpleging, verzorging

nursing home *zn* particulier verpleeghuis / verzorgingstehuis

nurture ['nɜ:tʃə] **I** *ov ww* ❶ opvoeden (jong kind), opkweken (jonge plant) ❷ koesteren (hoop / plan), voeden, bevorderen **II** *zn* de opvoeding, het onderwijs en het milieu van een opgroeiend kind, verzorging, aanmoediging en ondersteuning (bij opvoeding)★ *nature or ~* aangeboren of aangeleerd, aanleg of opvoeding en milieu

nut [nʌt] **I** *zn* ❶ noot★ fig *a hard / tough nut* een lastig persoon★ fig *that is a hard nut to crack* dat is een harde noot om te kraken ❷ moer (van schroef)★ inform *the nuts and bolts of* de grondbeginselen / hoofdzaken ❸ inform kop, knar★ GB inform *be off one's nut* gek zijn ❹ inform halvegare, mafkees ❺ inform fanaat, freak★ *a sports / opera nut* een sportfanaat / operafanaat▼ vulg *nuts* [mv] kloten▼ GB inform *do your nut* razend worden **II** *ov ww*, GB inform een kopstoot geven

nut-brown *bnw* donkerbruin

nutcase ['nʌtkeɪs] *zn* inform idioot

nutcracker ['nʌtkrækə] *zn* (ook mv) notenkraker

nutmeg ['nʌtmeg] *zn* nootmuskaat

nutrient ['nju:trɪənt] *zn* voedingsstof / -middel

nutrition [nju:'trɪʃən] *zn* ❶ voeding ❷ voedingsleer

nutritional [nju:'trɪʃnəl] *bnw* voedings-★ *~ value* voedingswaarde

nu

nutritionist [nju:'trɪʃənɪst] *zn*
voedingsdeskundige
nutritious [nju:'trɪʃəs] *bnw* voedzaam
nutritive ['nju:trɪtɪv] form *bnw* voedzaam
nuts [nʌts] *bnw* inform gek, getikt ★ *be nuts about
sb* gek zijn op iem. ★ *drive sb nuts* iem. gek
maken ★ *go nuts* gek worden, razend worden,
uit je bol gaan
nutshell ['nʌtʃel] *zn* notendop ▼ *(put sth) in a* ~
(iets) in een paar woorden (samenvatten)
nutter ['nʌtə] *zn* inform mafkees
nutty ['nʌtɪ] *bnw* ❶ noten-, nootachtig ★ *a* ~ *taste*
een notensmaak ❷ vol noten ❸ inform idioot
★ *his* ~ *ideas* zijn idiote ideeën
nuzzle ['nʌzəl] **I** *ov ww* zachtjes met de neus
wrijven tegen, besnuffelen **II** *onov ww* ★ *the
child ~d up against her mother* het kind nestelde
zich lekker tegen haar moeder
NV *afk, Nevada* staat in de VS
NY *afk, New York* staat in de VS
NYC *afk, USA New York City* New York Stad
nylon ['naɪlən] *zn* nylon ★ <u>oud</u> ~*s* [mv] paar
nylonkousen, panty
nymph [nɪmf] dicht *zn* nimf, bekoorlijk meisje
nymphet *zn* jong, vroegrijp meisje, lolita
nymphomaniac [nɪmfə'meɪnɪæk] *zn* nymfomane
NZ *afk, New Zealand* NZ, Nieuw-Zeeland

O

o [əʊ] *zn* ❶ *letter* o ★ *O as in Oliver* de o van Otto
❷ nul, in telefoonnummer, jaartal ★ *my number
is six o double four double two seven* mijn
nummer is zes-nul-vier-vier-twee-twee-zeven
(6044227)
o' [ə] *vz* ★ *it's ten o'clock* het is tien uur
oaf [əʊf] *zn* pummel, (domme) boerenlul
oafish ['əʊfɪʃ] *bnw* dom, onnozel
oak [əʊk] **I** *zn* eik, eikenhout **II** *bnw*
eiken(houten)
OAP [əʊeɪ'piː] GB *afk, old age pensioner* AOW'er
oar [ɔ:] *zn* roeiriem ★ *boat the oars* de riemen
binnenhalen ★ GB inform *stick / put / shove your
oar in* je ermee bemoeien
oarlock ['ɔ:lɒk] *zn* USA dol(pen)
oarsman ['ɔ:zmən] *zn* roeier
oarswoman ['ɔ:zwʊmən] *zn* roeister
oasis [əʊ'eɪsɪs] *zn* [mv: **oasis**] oase
oast house [əʊst haʊs] *zn* hopdrogerij
oatcake ['əʊtkeɪk] *zn* haverkoek
oath [əʊθ] *zn* ❶ eed ★ *swear / take an oath* een
eed doen ★ *on / under oath* onder ede ❷ oud
vloek
oatmeal ['əʊtmiːl] *zn* ❶ GB havermeel,
havervlokken ❷ USA havermout(pap)
❸ beige-grijs
oats [əʊts] *zn mv* haver ★ GB *rolled oats*
havermout ★ *sow one's wild oats* er wild op los
leven ★ inform *get one's oats* aan zijn trekken
komen ⟨m.b.t. seks⟩
obduracy ['ɒbdjʊrəsɪ] form *zn* onverzettelijkheid,
halsstarrigheid
obdurate ['ɒbdjʊrət] form *bnw* koppig,
halsstarrig, onverzettelijk
OBE *afk, Officer of the Order of the British Empire*
officier in de Orde van het Britse Rijk
⟨onderscheiding⟩
obedience [əʊ'biːdɪəns] *zn* gehoorzaamheid ★ *in*
~ *to* gehoorzamende aan
obedient [əʊ'biːdɪənt] *bnw* gehoorzaam
obeisance [əʊ'beɪsəns] form *zn* ❶ (diepe) buiging
❷ eerbetoon
obese [əʊ'biːs] *bnw* corpulent, (te) dik
obesity [əʊ'biːsətɪ] *zn* zwaarlijvigheid, het (te) dik
zijn
obey [əʊ'beɪ] *ov ww* gehoorzamen (aan)
obfuscate ['ɒbfʌskeɪt] form *ov ww* verwarren,
vertroebelen
obit ['əʊbɪt] inform *zn* overlijdensbericht
obituary [ə'bɪtʃʊərɪ] *zn* necrologie
⟨overlijdensbericht met levensbeschrijving erbij⟩
★ ~ *notice* in memoriam, overlijdensbericht
object[1] ['ɒbdʒɪkt] *zn* ❶ voorwerp ★ *plastic* ~*s*
plastic voorwerpen / dingen ★ *an* ~ *of ridicule*
een voorwerp van spot ❷ doel ★ taalk voorwerp
★ *direct* ~ lijdend voorwerp ▼ *money is no* ~ geld
speelt geen rol, op geld hoeven we / ze / jullie
niet te letten
object[2] [əb'dʒekt] *onov ww* ❶ bezwaar hebben /
maken ❷ ~ **to** bezwaar maken tegen
objectify [əb'dʒektɪfaɪ] form *ov ww* tot
voorwerp / object maken ⟨bv. vrouwen in

bepaalde tijdschriften⟩
objection [əb'dʒekʃən] *zn* bezwaar ★ *raise ~s* tegenwerpingen maken
objectionable [əb'dʒekʃənəbl] *bnw*
❶ aanstootgevend, verwerpelijk
❷ onaangenaam
objective [əb'dʒektɪv] **I** *zn* ❶ doel, oogmerk ★ *his main / principal ~ was to...* zijn hoofddoel / belangrijkste doel was om ... ❷ audio-vis objectief **II** *bnw* objectief, onpartijdig
objectivity [ɒbdʒek'tɪvətɪ] *zn* objectiviteit, onpartijdigheid
object lesson *zn* fig praktische les ★ *an ~ in how not to run a bookstore* een praktijkvoorbeeld van hoe je niet een boekhandel moet runnen
objector [əb'dʒektə] *zn* tegenstander, iemand die bezwaar maakt / tegen is ★ *conscientious ~* principiële dienstweigeraar
obligate ['ɒblɪgeɪt] *ov ww* verplichten, verbinden ★ *be / feel ~d to do sth* verplicht zijn / zich verplicht voelen iets te doen
obligation [ɒblɪ'geɪʃən] *zn* verplichting ★ *be under no ~ to do sth* niet verplicht zijn iets te doen ★ *legal / financial ~s* wettelijke / financiële verplichtingen
obligatory [ə'blɪgətərɪ] *bnw* verplicht
oblige [ə'blaɪdʒ] **I** *ov ww* ❶ (ver)binden, (aan zich) verplichten ★ *feel ~d to do sth* zich verplicht voelen iets te doen, iets moeten doen ★ form *much ~d* dank u zeer ★ form *I would be ~d (to... / if...)* ik zou het zeer op prijs stellen (om... / als...) ❷ form van dienst zijn ★ *~ clients with information* klanten van dienst zijn met informatie **II** *onov ww* van dienst zijn ★ *be happy to ~* graag van dienst zijn
obliging [ə'blaɪdʒɪŋ] *bnw* behulpzaam, gedienstig
oblique [ə'bliːk] **I** *bnw* ❶ schuin, scheef ⟨hoek, lijn⟩ ❷ indirect ★ *an ~ glance* een zijdelingse blik ★ *an ~ reference to Kennedy* een indirecte verwijzing naar Kennedy **II** *zn* GB schuine streep, slash
obliterate [ə'blɪtəreɪt] *ov ww* ❶ vernietigen, wegvagen ❷ uitwissen
obliteration [əblɪtə'reɪʃən] *zn* ❶ vernietiging ❷ uitwissing
oblivion [ə'blɪvɪən] *zn* vergetelheid ★ *fall / sink into ~* in vergetelheid raken
oblivious [ə'blɪvɪəs] *bnw* onbewust, zich niet bewust ★ *~ of / to* zich niet bewust van
oblong ['ɒblɒŋ] *zn* GB rechthoek USA langwerpig figuur *bnw* ❶ GB rechthoekig ❷ USA langwerpig
obloquy ['ɒbləkwɪ] form *zn* ❶ laster ❷ schande
obnoxious [əb'nɒkʃəs] *bnw* (zeer) onaangenaam, (uiterst) vervelend, afschuwelijk ★ *an ~ habit* een verfoeilijke gewoonte
oboe ['əʊbəʊ] *zn* hobo
oboist ['əʊbəʊɪst] *zn* hoboïst
obscene [əb'siːn] *bnw* schunnig, onzedelijk, obsceen ★ fig *pay sb an ~ salary* iem. een absurd / wanstaltig (hoog) salaris betalen
obscenity [əb'senətɪ] *zn* iets obsceens ★ *obscenities* [mv] vuile taal, obscene handelingen
obscure [əb'skjʊə] **I** *bnw* ❶ obscuur, onbekend,

onduidelijk ❷ donker, duister, vaag ★ *for some ~ reason* om de een of andere vage reden **II** *ov ww* verduisteren, verdoezelen, verbergen, in de schaduw stellen
obscurity [əb'skjʊərətɪ] *zn* ❶ onbekendheid ★ *fade into ~* langzaam onbekend raken, langzaam vergeten worden ★ *die in total ~* totaal onbekend sterven ❷ onduidelijkheid
obsequies ['ɒbsəkwɪz] form *zn* uitvaart
obsequious [əb'siːkwɪəs] *bnw* overgedienstig, kruiperig
observable [əb'zɜːvəbl] *bnw* waarneembaar
observance [əb'zɜːvəns] *zn* ❶ inachtneming, naleving ⟨van wet, regel⟩ ❷ viering
observant [əb'zɜːvənt] *bnw* ❶ opmerkzaam ❷ in acht nemend, nalevend ⟨regels, m.n. van een geloof⟩
observation [ɒbzə'veɪʃən] *zn* ❶ waarneming, observatie ★ *keep sb under ~* iem. in de gaten houden ★ *be admitted to hospital for ~* ter observatie in een ziekenhuis opgenomen worden ★ *her powers of ~* haar waarnemingsvermogen ❷ opmerking
observation post *zn* observatiepost
observatory [əb'zɜːvətərɪ] *zn* sterrenwacht
observe [əb'zɜːv] *ov ww* ❶ waarnemen, zien, observeren ❷ in acht nemen, vieren ⟨feestdag⟩, nakomen ⟨regels⟩, naleven ❸ form opmerken, opmerkingen maken
observer [əb'zɜːvə] *zn* ❶ waarnemer ★ *a political ~* een politiek waarnemer ❷ toeschouwer
observing [əb'zɜːvɪŋ] *bnw* opmerkzaam
obsess [əb'ses] **I** *ov ww* vervolgen ⟨van idee⟩, kwellen, geheel vervullen ★ *~ed by / with* bezeten door / van, geobsedeerd door **II** *onov ww* inform piekeren, tobben ★ *be ~ing about / over his health / hair* obsessief / steeds bezig zijn met zijn gezondheid / haar
obsession [əb'seʃən] *zn* obsessie
obsessional [əb'seʃnəl] *bnw* obsessief, dwangmatig
obsessive [əb'sesɪv] *bnw* ❶ obsessief, dwangmatig ★ *~ compulsive disorder* dwangneurose ❷ bezeten ★ *be ~ about food* het alleen nog maar kunnen hebben over voeding
obsolescence [ɒbsə'lesəns] *zn* veroudering
obsolescent [ɒbsə'lesənt] *bnw* in onbruik gerakend, verouderend
obsolete ['ɒbsəliːt] *bnw* verouderd
obstacle ['ɒbstəkl] *zn* hindernis, obstakel, belemmering
obstacle race *zn* hindernisloop
obstetric [əb'stetrɪk] *bnw* verloskundig ★ *~ nurse* kraamverpleegster
obstetrician [ɒbstə'trɪʃən] *zn* verloskundige
obstetrics [əb'stetrɪks] *zn* mv verloskunde
obstinacy ['ɒbstɪnəsɪ] *zn* koppigheid
obstinate ['ɒbstɪnət] *bnw* ❶ koppig, halsstarrig ❷ hardnekkig ⟨vlek, probleem⟩
obstreperous [əb'strepərəs] form *bnw* luidruchtig (en onwillig), recalcitrant
obstruct [əb'strʌkt] *ov ww* ❶ blokkeren, versperren ❷ belemmeren, obstructie voeren tegen
obstruction [əb'strʌkʃən] *zn* ❶ belemmering, het hinderen, sport obstructie ❷ versperring,

ob

verstopping, med obstructie

obstructionism [əb'strʌk(ʃ)ənızəm] *zn* het voeren van obstructie

obstructive [əb'strʌktɪv] *bnw* hinderlijk, obstructie voerend ★ ~ *of / to* belemmerend voor

obtain [əb'teɪn] **I** *ov ww* verkrijgen, verwerven **II** *onov ww* heersen, gelden, bestaan ⟨van regels, gewoontes e.d.⟩

obtainable [əb'teɪnəbl] *bnw* verkrijgbaar

obtrude [əb'truːd] **I** *ov ww* opdringen **II** *onov ww* ~ (up)on zich opdringen aan

obtrusive [əb'truːsɪv] *bnw* ❶ opdringerig ❷ opvallend

obtuse [əb'tjuːs] form *bnw* traag v. begrip, dom

obverse ['ɒbvɜːs] form *zn* ❶ voorzijde ⟨van munt, medaille⟩ ❷ tegengestelde

obviate ['ɒbvɪeɪt] form *ov ww* verhelpen, uit de weg ruimen

obvious ['ɒbvɪəs] *bnw* duidelijk, voor de hand liggend, vanzelfsprekend ★ *she doesn't have to be so* ~ *about it* ze hoeft het er niet zo duimendik bovenop te leggen ★ *state the* ~ een open deur intrappen

obviously ['ɒbvɪəslɪ] *bnw* duidelijk, kennelijk

occasion [ə'keɪʒən] **I** *zn* ❶ gelegenheid ★ *on that* ~ bij die gelegenheid ★ *on* ~ zo nodig / nu en dan ★ *if the* ~ *arises* als de gelegenheid zich voordoet ❷ plechtige gelegenheid ★ *on the* ~ *of* bij / ter gelegenheid van ❸ grond, aanleiding, reden ★ *on* ~ *of* naar aanleiding van ★ *if the* ~ *arises* als er aanleiding toe is ★ form *have* ~ *to do sth* iets moeten doen ★ *rise to the* ~ 'n zaak flink aanpakken, tegen een situatie opgewassen zijn **II** *ov ww* form aanleiding geven tot, veroorzaken

occasional [ə'keɪʒənl] *bnw* af en toe plaatsvindend ★ *an* ~ *visit* zo nu en dan 'n bezoek ★ *an* ~ *drinker* iem. die af en toe wel eens een glaasje drinkt ▼ ~ *table* bijzettafeltje

occasionally [ə'keɪʒənlɪ] *bijw* nu en dan

Occident ['ɒksɪdənt] *zn* form Westen, Avondland

occidental [ɒksɪ'dentl] form *bnw* westelijk, westers

occult [ɒ'kʌlt] **I** *zn* het occulte **II** *bnw* occult, geheim

occupancy ['ɒkjʊpənsɪ] form *zn* bewoning, verblijf ★ ~ *rates* bezettingsgraad ⟨van hotel⟩

occupant ['ɒkjʊpənt] *zn* ❶ bewoner ❷ inzittende ⟨van auto⟩ ❸ bezitter, bekleder ⟨van ambt⟩

occupation [ɒkjʊ'peɪʃən] *zn* ❶ beroep, bezigheid ★ *he is a teacher by* ~ hij is leraar van beroep ❷ bezetting ⟨van gebied, land⟩ ★ *be under* ~ bezet zijn ❸ bewoning

occupational [ɒkjʊ'peɪʃənl] *bnw* beroeps-★ ~ *hazard / risk* beroepsrisico ★ ~ *disease / illness* beroepsziekte ★ ~ *therapy* ergotherapie

occupier ['ɒkjʊpaɪə] *zn* ❶ bewoner ❷ – bezetter

occupy ['ɒkjʊpaɪ] *ov ww* ❶ innemen, in beslag nemen ⟨tijd, ruimte⟩, bezighouden ★ *be occupied with* bezig zijn met ★ ~ *o.s. with* bezig zijn met ❷ form bewonen ❸ – bezetten ⟨land, gebied⟩ ❹ bezetten, bekleden ⟨ambt⟩

occur [ə'kɜː] *onov ww* ❶ gebeuren ❷ form voorkomen, aangetroffen worden ❸ ~ **to** in gedachte komen bij, opkomen bij

occurrence [ə'kʌrəns] *zn* ❶ gebeurtenis ★ *be a common / frequent / rare* ~ veel / niet vaak voorkomen ❷ het voorkomen ★ *the number of* ~*s of a certain word in a text* het aantal keren dat een bepaald woord voorkomt in een tekst

ocean ['əʊʃən] *zn* oceaan ★ inform fig ~*s of... / an* ~ *of...* een zee van..., zeeën van...

oceanic [əʊʃɪ'ænɪk] *bnw* oceaan-, in / uit / van de oceaan ★ *an* ~ *island* een eiland in de oceaan

oceanography [əʊʃə'nɒɡrəfɪ] *zn* oceanografie

ocelot ['ɒsɪlɒt] *zn* ocelot, wilde tijgerkat

ochre ['əʊkə] *zn* oker⟨kleur⟩

Oct. *afk, October* okt., oktober

octagon ['ɒktəɡən] *zn* achthoek

octagonal [ɒk'tæɡənl] *bnw* achthoekig

octane ['ɒkteɪn] *zn* octaan

octave ['ɒktɪv] muz *zn* octaaf

October [ɒk'təʊbə] *zn* oktober

octogenarian [ɒktəʊdʒɪ'neərɪən] *zn* tachtigjarige

octopus ['ɒktəpəs] *zn* octopus ⟨achtarmige inktvis⟩

ocular ['ɒkjʊlə] form *bnw* oog-★ ~ *muscles* oogspieren

oculist ['ɒkjʊlɪst] oud *zn* oogarts

OD inform **I** *zn, overdose* overdosis **II** *onov ww* een overdosis innemen ★ *OD on* een overdosis nemen van ook fig

odd [ɒd] *bnw* ❶ vreemd, eigenaardig ★ *be the odd one / odd man out* het buitenbeentje zijn ❷ ongeregeld ★ *she has the odd glass of wine with dinner* zo af en toe neemt zij wijn bij het eten ★ *odd bits of paper* allerlei papiertjes ★ *at odd times* zo nu en dan ★ *earn some odd money* wat extra geld verdienen ★ *an odd number / issue* losse aflevering, los nummer ⟨van tijdschrift⟩ ★ ... *when you've got an odd moment / an odd few minutes* ... wanneer je even een momentje / een paar minuten ⟨tijd⟩ hebt ❸ overblijvend ★ *odd socks* ⟨twee⟩ verschillende sokken ★ *odd job* karweitje, klusje ★ *be the odd one / odd man out* niet in het rijtje thuishoren, overblijven ❹ oneven ⟨getal⟩ ❺ inform ongeveer, ietsje meer dan ★ *thirty odd* in de dertig ⟨van leeftijd⟩ ★ *600 odd people* een stuk of zeshonderd mensen

oddball ['ɒdbɔːl] *zn* inform zonderling

oddity ['ɒdətɪ] *zn* ❶ eigenaardigheid ❷ zonderling

odd-job man *zn* klusjesman, manusje-van-alles

odd-looking [ɒd'lʊkɪŋ] *bnw* vreemd uitziend

oddly ['ɒdlɪ] *bijw* vreemd, vreemd genoeg

oddments ['ɒdmənts] *zn* restanten, ongeregelde goederen

oddness ['ɒdnəs] *zn* eigenaardigheid

odds [ɒdz] *zn mv* ❶ statistische ⟨grotere⟩ kans / waarschijnlijkheid ★ *against the odds* tegen de verwachtingen in ★ *(pay) over the odds* meer (betalen) dan verwacht, te veel (betalen) ★ *the odds are in his favour* zijn kansen zijn het best, hij staat er het best voor ★ *the odds are that he...* waarschijnlijk zal hij... ★ *what's the odds?* wat doet dat er toe? ❷ verhouding tussen winstkansen bij weddenschappen ★ *take odds of ten to one* een inzet accepteren van tien tegen één ⟨bij winst krijg je dan voor elke ingezette euro tien euro terug⟩ ★ *give / lay odds on* wedden op ★ *I'll lay odds on her doing it again* ik durf erom te wedden dat zij het weer zal doen ★ *long odds* zeer ongelijke kans ★ *by long odds* verreweg ★ *it's long odds* het is tien tegen één ❸ verschil ★ *be at odds with* in tegenspraak zijn met, verschillen van ★ GB inform *it makes no odds* het maakt niets uit ❹ geschil, onenigheid ★ *be at odds (with sb over sth)* ruzie hebben (met iem. over iets)▼ *odds and ends* rommel, allerlei karweitjes

odds-on [ɒdz'ɒn] *zn* meer kans vóór dan tegen, bijna zeker ★ *the~ favourite* de torenhoge favoriet

ode [əʊd] *zn* ode

odious ['əʊdɪəs] form *bnw* afschuwelijk, verfoeilijk

odium ['əʊdɪəm] *zn* haat, afschuw

odometer [əʊ'dɒmɪtə] *zn* USA kilometer- / mijlenteller

odour, USA **odor** ['əʊdə] *zn* ❶ geur, lucht, stank ❷ fig luchtje

odourless, USA **odorless** ['əʊdələs] *bnw* geur- / reukloos

odyssey ['ɒdəsɪ] *zn* lange, avontuurlijke reis ook fig

OECD *afk*, *Organization for Economic Cooperation and Development* OESO, Organisatie voor Economische Samenwerking en Ontwikkeling

o'er ['əʊə] I *bijw* oud → over II *vz* oud → over

oesophagus, USA **esophagus** [i:'sɒfəgəs] *zn* slokdarm

oestrogen ['i:strədʒən] *zn* oestrogeen

of [əv] *vz* van ★ *she of all people* juist zij ★ *the city of W.* de stad W. ★ *he died of fever* hij stierf aan de koorts ★ GB *of an evening* 's avond ★ GB *of an weekend* in het weekend ★ USA *a quarter of ten* kwart voor tien ★ *I heard nothing of him* ik hoorde niets over hem ★ *north / south of* ten noorden / zuiden van ★ *battle of A.* de slag bij A. ★ *think of* denken aan / over ★ *the two of us* wij samen / tweetjes

off [ɒf] I *vz* ❶ van(af) ★ *he fell off the ladder* hij viel v. de ladder (af) ★ *I'm off smoking* ik ben gestopt met roken ★ *you're off it* je hebt het mis ❷ naast, op de hoogte van ★ *a street off the Strand* een straat uitkomende op de Strand ❸ vrij ★ *off duty* vrij II *bijw* ❶ weg, (er)af ★ *ride off* wegrijden ★ *make off* er vandoor gaan ★ *off with you!* maak dat je wegkomt! ❷ af, uit ★ *take off one's coat* zijn jas uittrekken ★ *switch off* uitschakelen, uitdoen ★ *10% off* 10% korting, 10% eraf ❸ vrij ★ *we have a day off* we hebben 'n vrije dag ❹ er aan toe ★ *they are well off* zij zijn goed af ★ *comfortably off* in goeden doen ★ *are well off for* zijn goed voorzien van▼ *off and on* steeds weer, nu en dan III *bnw* ❶ ver(der), verst ❷ GB rechts ❸ niet goed (meer), bedorven ★ *an off year for wheat* een ongunstig jaar voor tarwe ★ *the meat is a bit off* het vlees is niet helemaal fris ❹ uit(geschakeld) ★ *the gas is off* het gas is afgesloten ❺ afgelast, afgezegd ★ *it's off* het is van de baan / voorbij ❻ vrij, niet op het werk ★ *off moments* vrije ogenblikken▼ *be off for* gaan naar▼ *he is off* hij slaapt, hij staat klaar om te gaan, hij is (al) weg, hij zit op zijn stokpaardje▼ GB inform *it's a bit*

off het is niet helemaal zoals het hoort, het is een beetje onbeleefd / onvriendelijk IV *ov ww*, USA inform afmaken, doden V *zn* GB ★ *from the off* vanaf het begin

offal ['ɒfəl] *zn* afval, slachtafval

offbeat ['ɒfbi:t] *bnw* inform onconventioneel, ongewoon

off-Broadway *bnw* USA experimenteel, niet-commercieel ⟨van theaterproductie⟩

off-colour USA, **off-color** *bnw* ❶ ongepast, onfatsoenlijk ❷ GB onwel, niet lekker

off-day ['ɒf.deɪ] *zn* pech- / rotdag

offence [ə'fens], USA **offense** *zn* ❶ jur overtreding, vergrijp ★ *capital* ~ halsmisdaad ★ *a criminal* ~ een strafbaar feit ❷ belediging ★ *take no* ~ geen aanstoot nemen, iets niet (als) beledigend / persoonlijk opvatten ★ *no* ~ *!* het was niet kwaad / persoonlijk bedoeld! ★ *take* ~ *(at)* aanstoot nemen (aan) ★ *cause / give* ~ aanstoot geven ❸ form aanval

offend [ə'fend] I *ov ww* beledigen, ergeren ★ *be* ~ *ed by / with sb* kwaad zijn op iem. ★ *be* ~ *ed at / by sth* kwaad zijn over iets II *onov ww* ❶ zondigen, de wet overtreden ❷ ~ **against** inbreuk maken op, ingaan tegen

offender [ə'fendə] *zn* ❶ overtreder, delinquent ★ *first* ~ delinquent met een blanco strafblad ❷ zondaar ★ *carbon dioxide is one of the biggest* ~*s* kooldioxide is een van de grootste schuldigen

offense *zn* USA → offence

offensive [ə'fensɪv] I *zn* ❶ offensief, aanval ★ *go on / take the* ~ aanvallend optreden, in de aanval gaan ❷ (grote) campagne, offensief II *bnw* ❶ aanvals-, aanvallend ❷ beledigend, aanstootgevend ❸ weerzinwekkend, smerig ruikend

offer ['ɒfə] I *zn* ❶ aanbod, offerte ★ *accept sb's* ~ *of help* iemands aanbod om te helpen accepteren ★ *be on* ~ aangeboden worden, te koop zijn ❷ bod ★ GB *the house is under* ~ er is een bod gedaan op het huis ❸ aanbieding ★ GB *be on* ~ in de aanbieding zijn II *ov ww* ❶ (aan)bieden ★ *I'll* ~ *to go if...* ik wil wel gaan als... ★ *have a lot to* ~ een hoop te bieden hebben ★ form *the first chance that* ~*s itself* de eerste gelegenheid die zich voordoet ❷ ~ **up** offeren ⟨aan God⟩

offering ['ɒfərɪŋ] *zn* ❶ (op de markt gebracht) product ★ *the latest* ~ *from Dan Browne* het nieuwste / laatste product / boek van Dan Browne ❷ offerande, offergave

offertory ['ɒfətərɪ] *zn* ❶ offertorium, offerande ❷ collecte

offhand [ɒf'hænd] I *bnw* ❶ nonchalant ❷ ondoordacht, terloops II *bijw* zomaar, voor de vuist weg

office ['ɒfɪs] *zn* ❶ kantoor ★ *the Oval Office* het kantoor van de president van de USA, het presidentschap van de USA ❷ ministerie ★ *Foreign Office* ministerie van Buitenlandse Zaken ❸ USA spreekkamer ⟨van dokter, tandarts⟩ ❹ ambt, taak ★ *be in* ~ aan het bewind zijn, in functie zijn, een (openbaar) ambt bekleden ★ *take* ~ een / zijn / haar ambt aanvaarden ❺ dienst ★ form *through the good*

of

~s of B. op voorspraak van B.

office boy zn loopjongen, kantoorjongen

office hours zn mv kantooruren

officer ['ɒfɪsə] zn ❶ ambtenaar, beambte, functionaris ★ *medical* ~ med arts van de geneeskundige dienst ❷ politieagent ❸ mil officier ★ *army military* ~ legerofficier

official [ə'fɪʃəl] I bnw officieel, ambtelijk ★ *an ~ residence* een ambtswoning ★ *~ duties* ambtsbezigheden II zn ambtenaar, beambte, functionaris

officialese [əfɪʃə'li:z] zn ambtelijke taal

officiate [ə'fɪʃɪeɪt] onov ww ❶ rel de dienst leiden, de mis opdragen ❷ als voorzitter / scheidsrechter optreden

officious [ə'fɪʃəs] bnw ❶ overgedienstig, overijverig ❷ opdringerig, bemoeiziek

offing ['ɒfɪŋ] zn ★ *be in the* ~ in het verschiet liggen, staan te gebeuren, ophanden zijn

offish ['ɒfɪʃ] bnw inform op 'n afstand, gereserveerd

off-key [ɒf'ki:] bnw vals

off-licence ['ɒflaɪsəns] GB zn winkel met vergunning voor alcoholische dranken, slijterij

off-limits bnw verboden (terrein)

offline comp bnw + bijw ❶ offline (niet verbonden met een netwerk / internet) ❷ niet aangesloten (bv. printer op je computer)

offload [ɒf'ləʊd] ov ww ❶ v.d. hand doen, dumpen ❷ afladen, lossen ❸ van je af praten ★ ~ *your problems* je problemen van je af praten, je hart luchten

off-peak bnw tijdens de daluren, buiten het hoogseizoen

offprint ['ɒfprɪnt] zn overdruk (van een artikel)

off-putting GB bnw ❶ afstotelijk, onaantrekkelijk ❷ ontmoedigend

off-ramp USA zn afrit, afslag (van de autoweg)

off-road bnw terrein- ★ ~ *vehicle* terreinwagen

off-season [ɒf-'si:zən] bnw + bw buiten het (hoog)seizoen

offset ['ɒfset] I ov ww opwegen tegen, neutraliseren, compenseren ★ ~ *against tax* van de belasting aftrekken II zn ❶ offset(druk) ★ ~ *printing* offsetdruk ❷ tegenhanger, compensatie

offshoot ['ɒfʃu:t] zn ❶ zijtak ❷ fig aftakking (bv. van groot bedrijf)

offshore ['ɒfʃɔ:] bnw + bijw ❶ vóór de kust ❷ buitengaats, in open zee ❸ aflandig (van wind) ❹ buitenlands, in het buitenland (m.b.t. banken, investeringen)

offside [ɒf'saɪd] I bnw + bw ❶ sport buitenspel ❷ GB aan de rechterkant ★ ~ *lane* rechter rijstrook II zn ❶ verste zijde ❷ GB rechterkant

offspring ['ɒfsprɪŋ] zn ❶ kroost, nakomeling(schap) ❷ resultaat

offstage bnw + bijw ❶ achter de coulissen / schermen ❷ privé

off-the-peg GB bnw confectie- (van kleding)

off-the-rack USA bnw confectie- (van kleding)

off-the-record bnw [alleen attributief] vertrouwelijk niet voor publicatie bestemd, onofficieel

off-the-wall bnw [alleen attributief] gek, bizar

off-white [ɒf'waɪt] zn gebroken wit

oft [ɒft] bijw oud vaak

often ['ɒfən] bijw vaak, dikwijls ★ *all too* ~ al te vaak ★ *as* ~ *as not* meestal ★ *every so* ~ nu en dan ★ *more* ~ *than not* meestal

ogle ['əʊgl] ov ww lonken naar II onov ww lonken ★ *ogle at the women* lonken naar de vrouwen, de vrouwen (met zijn ogen) opvreten

ogre ['əʊgə] zn ❶ boeman ❷ menseneter (in sprookjes)

oh [əʊ] tw o!, och!, ach!

OH afk, Ohio staat in de VS

oho [əʊ'həʊ] tw aha

oil [ɔɪl] I zn ❶ aardolie ★ fig *be (like) oil and water* water en vuur zijn ★ *crude oil* ruwe olie ★ *strike oil* olie aanboren ★ fig *pour oil on troubled water(s)* olie op de golven gooien, de gemoederen bedaren ❷ olie (product uit aardolie, planten) ★ *essential oil* etherische olie ★ *burn the midnight oil* tot diep in de nacht werken ❸ [vaak mv] olieverf ★ *oils* [mv] olieverf(schilderijen) II ov ww ❶ smeren, oliën ❷ met olie bereiden / insmeren

oilcan ['ɔɪlkæn] zn oliekan / -busje, oliespuit

oilcloth ['ɔɪlklɒθ] zn zeildoek

oil-fired bnw met olie gestookt

oil heater zn ❶ petroleumkachel ❷ olieradiator (met olie i.p.v. water)

oil paint zn olieverf

oil painting ['ɔɪlpeɪntɪŋ] zn olieverfschilderij

oil rig ['ɔɪlrɪg] zn booreiland

oilskin ['ɔɪlskɪn] zn ❶ oliejas ❷ geolied doek ★ ~*s* [mv] oliepak

oil slick ['ɔɪlslɪk] zn olievlek (op water)

oil tanker zn olietanker

oil well zn oliebron

oily ['ɔɪlɪ] bnw ❶ olieachtig, olie- ❷ vleiend, kruiperig ★ *an oily man* een slijmerd

ointment ['ɔɪntmənt] zn zalf

OK, **okay** [əʊ'keɪ] I bnw + bijw redelijk (niet slecht), oké II tw ❶ oké! (akkoord!), goed ❷ oké! (begrepen?) III ov ww goedkeuren, het oké vinden IV zn goedkeuring, fiat ★ *give the OK* (zijn) toestemming geven

OK² afk, Oklahoma staat in de VS

old [əʊld] I bnw ❶ oud, bejaard ★ *the old* [mv] de bejaarden, de oude mensen ★ *old age* ouderdom ★ *old bachelor* verstokte vrijgezel ★ inform *as old as the hills* zo oud als de weg naar Rome ❷ vroeger, voormalig, oud ★ *old boy* ouwe jongen, oud-leerling ★ *the old country* het moederland (van emigrant) ★ inform *good old...!* goeie ouwe...! ★ inform *have a good old time* zich ontzettend amuseren ★ *any old... will do* ieder... is afdoende ★ *any old thing* om het even wat ★ *in any old place* waar dan ook ▼ inform *any old how* hoe dan ook, slordig, lukraak ▼ *Old Glory* de Am. vlag II zn form ★ *of old* van weleer

old-age pensioner zn AOW'er

old-boy network zn netwerk van oud-leerlingen, vriendjespolitiek

olden ['əʊldn] bnw oud oud, vroeger ★ *in (the)* ~ *days / times* in vroegere tijden

old-established [əʊldɪ'stæblɪʃt] zn gevestigd, sinds lang bestaand

old-fashioned [əʊld'fæʃənd] bnw ouderwets

oldie ['əʊldɪ] zn inform oudje, ouwetje ★ *golden ~* gouwe ouwe

oldish ['əʊldɪʃ] bnw ouwelijk, aan de ouwe kant

old-time [əʊld'taɪm] bnw oud, ouderwets, van de oude stempel

old-timer [əʊld'taɪmə] zn ❶ oudgediende, oude rot ❷ USA oudje

old wives' tale zn oudewijvenpraat

old-world [əʊld'wɜːld] bnw ❶ (mooi) ouderwets ❷ v.d. Oude Wereld 〈niet Amerikaans〉

O level ['əʊlevəl] GB afk, ordinary level laagste eindexamenniveau van de middelbare school, examenvak op laagste eindexamenniveau 〈ongeveer gelijk aan havo; sinds 1988 vervangen door GCSE〉

olfactory [ɒl'fæktərɪ] form bnw reuk-★ ~ *sense* reukzin

oligarch ['ɒlɪgɑːk] zn lid van een oligarchie

oligarchy ['ɒlɪgɑːkɪ] zn oligarchie 〈regeringsvorm van een paar mensen uit bevoorrechte klasse / familie〉

olive ['ɒlɪv] I zn ❶ olijf ❷ olijfkleur ❸ olijfboom II bnw olijfkleurig

olive branch zn olijftak ★ *hold out / extend an ~* de hand reiken, de vrede tekenen

olive oil zn olijfolie

Olympiad [ə'lɪmpɪæd] zn olympiade

Olympian [ə'lɪmpɪən] bnw ❶ goddelijk, verheven ❷ Olympisch 〈m.b.t. de Olympus〉

Olympic [ə'lɪmpɪk] bnw olympisch ★ *the ~ Games* de Olympische Spelen ★ *the ~s* de Olympische Spelen

omelette, USA **omelet** ['ɒmlət] zn omelet ★ *you can't make an ~ without breaking eggs* om iets te scheppen moet men iets vernietigen, om iets te bereiken moet je wat opoff016een

omen ['əʊmən] zn voorteken

ominous ['ɒmɪnəs] bnw onheilspellend, dreigend

omission [ə'mɪʃən] zn weglating, het weglaten, verzuim ★ *a glaring ~* een opvallend hiaat, iets dat opvallend ontbreekt

omit [ə'mɪt] ov ww ❶ weglaten, eruit laten ❷ form verzuimen, nalaten

omni- ['ɒmnɪ] voorv omni-, al-, alom-

omnibus ['ɒmnɪbəs] I zn ❶ omnibus 〈verzameling romans / verhalen in een band〉 ❷ oud autobus 〈voertuig〉 II bnw allerlei zaken omvattend, verzamel-

omnipotence [ɒm'nɪpətəns] form zn almacht

omnipotent [ɒm'nɪpətnt] form bnw almachtig

omnipresence [ɒmnɪ'prezəns] form zn alomtegenwoordigheid

omnipresent [ɒmnɪ'prezənt] form bnw alomtegenwoordig, overal

omniscience [ɒm'nɪsɪəns] form zn alwetendheid

omniscient [ɒm'nɪsɪənt] form bnw alwetend

omnivorous [ɒm'nɪvərəs] bnw ❶ biol omnivoor, allesetend ❷ form allesverslindend 〈vnl. v. boeken〉

on [ɒn] I vz ❶ op, aan, in 〈m.b.t. plaats〉 ★ *on page 15* op bladzijde 15 ★ *on the table* op de tafel ★ *I met him on the train* ik ontmoette hem in de trein ★ *he is on the staff* hij behoort bij het personeel ★ *it's on me* ik trakteer ★ *have you any money on you?* heb je geld bij je? ★ *what's on TV?* wat is er op tv? ❷ op, bij 〈m.b.t. tijd〉 ★ *on*

Sunday op zondag ★ *on his arrival* bij zijn aankomst ★ *on three o'clock* tegen drieën ★ *on time* op tijd ❸ aan, in 〈m.b.t. toestand〉 ★ *be on fire* in brand staan ★ *be on duty* dienst hebben ★ *live on hamburgers* leven van / op hamburgers ❹ over, aangaande ★ *a book on money* een boek over geld ★ *take pity on him* heb medelijden met hem II bijw ❶ verder, door ★ *go on* ga door / verder ★ *what's going on?* wat is er aan de hand? ★ *from then on* van toen af ★ *we are getting on well* we vorderen goed ★ *well on in the fifties* een eind in de 50 ★ *on and off* af en toe ★ *and so on* enzovoorts ❷ aan 〈van kleding, apparaten〉 ★ *put on a blue dress* een blauwe jurk aantrekken ★ *switch on* inschakelen, aanzetten ❸ (er)op, (er)aan, ernaar, toe ★ *I've a large sum on* ik heb een grote som ingezet ★ *he was looking on* hij keek toe III bnw ❶ aan(gesloten), ingeschakeld ★ *the gas is on* het gas is aan(gelegd) ❷ aan de gang, gaande, gepland staand ★ *what's on at the movies* wat draait er in de bioscoop ★ *the game / wedding is still on* de wedstrijd / bruiloft gaat nog steeds door 〈niet afgelast / afgezegd〉

once [wʌns] I bijw eens, een keer ★ *once or twice* een enkele keer ★ *once and again* van tijd tot tijd ★ *once more / again* nog eens ★ *once and for all* voor eens en altijd ★ *at once* onmiddellijk, tegelijk ★ *all at once* plotseling, allen tegelijk ★ *once upon a time there was* er was eens ★ *once in a way / while* een enkele keer ★ *(just) this / for once* voor deze ene keer ★ *once too often* een keer te veel ★ *once bit(ten), twice shy* een ezel stoot zich geen tweemaal aan dezelfde steen II vw zodra, toen, wanneer (eenmaal)

once-over ['wʌnsəʊvə] inform zn ▼ *give sb the ~* iem. vluchtig opnemen ▼ *give sth the ~* iets snel bekijken, iets snel schoonmaken / een beurt geven

oncoming ['ɒnkʌmɪŋ] bnw ❶ tegemoetkomend ★ *~ traffic* tegemoetkomend verkeer, tegenliggers ❷ aanstaande

one [wʌn] I telw ❶ één ★ *at one (o'clock)* om 1 uur ★ *they are at one* ze zijn het eens ★ *be at one with nature* een zijn met de natuur ★ *form one and all* allen tezamen ★ *one by one* een voor een ★ *one with another* gemiddeld ★ *the one and only truth* de alleenzaligmakende waarheid ★ *the one and only Michael Jackson* de enige echte Michael Jackson ★ GB inform *got it in one!* in één keer goed! ❷ enige ★ *her one concern was her husband* haar enige zorg was haar man ❸ een (zekere) ★ *one Peterson* een zekere Peterson, ene Peterson ★ *one day* op zekere dag, op een dag ❹ dezelfde ★ *all go in one direction* allemaal dezelfde kant op gaan ★ *it's all one to me* het maakt mij niet uit ★ *be one and the same* een en dezelfde persoon zijn ▼ *for one thing, he gambles* om te beginnen gokt hij ▼ *Mr A. for one* de heer A. o.a. / bijvoorbeeld ▼ *I for one don't believe it* ik voor mij geloof het niet ▼ *he was one too many for him* hij was hem te slim af II onbep vnw ❶ iemand, iets, een ★ *a white rose and a red one* een witte en een rode roos ★ *one of his best songs* een van zijn beste liedjes / nummers ★ GB inform *a one* een rare / mooie ★ *no one*

on

niemand ★ *that's a good one* dat is een goede bak ★ *a nasty one* een flinke opstopper ★ *that one / the one there* die | dat daar ★ *many a one* menigeen ★ *you're a nice one!* je bent me er eentje! ★ *the little ones were put to bed* de kleintjes werden naar bed gebracht ★ *that's one on you!* dat | die kun je in je zak steken! ★ inform *be one up on sb* iem. een slag voor zijn ❷ form men ★ *one should do one's duty* men behoort zijn plicht te doen

one another *wkg vnw* elkaar

one-armed [wʌn'ɑːmd] *bnw* eenarmig ★ inform ~ *bandit* eenarmige bandiet ⟨fruitautomaat⟩

one-horse *bnw* ★ ~ *town* gehucht

one-liner ['wʌnlaɪnə] *zn* oneliner ⟨kernachtige opmerking / grap⟩

one-man [wʌn'mæn] *bnw* eenmans-★ ~ *show* onemanshow ⟨voorstelling door een persoon⟩

oneness ['wʌnnəs] *zn* het één zijn, eenheid ★ *a sense of* ~ *with nature* een gevoel van een zijn met de natuur

one-night stand *zn* avontuurtje / liefje voor één nacht

one-off GB I *bnw* eenmalig, uniek II *zn* ❶ eenmalig iets ❷ uniek persoon

one-piece *bnw* uit één stuk, eendelig ★ ~ *bathing suit* badpak

onerous ['ɒnərəs] form *bnw* zwaar, lastig ★ *an* ~ *responsibility / task* een zware verantwoordelijkheid / taak

oneself [wʌn'self] form *wkd vnw* (zich)zelf ★ *by o.s.* alleen, eigenhandig ★ *all to o.s.* helemaal voor zichzelf

one-shot USA *bnw* eenmalig

one-sided [wʌn'saɪdɪd] *bnw* ❶ bevooroordeeld, partijdig ❷ eenzijdig ★ *a* ~ *relationship* een eenzijdige verhouding ⟨waarbij de liefde maar van één kant komt⟩ ★ *a* ~ *match* een eenzijdige wedstrijd ⟨waarbij een partij / ploeg in alles domineert⟩

one-time ['wʌntaɪm] *bnw* ❶ voormalig, gewezen ❷ eenmalig

one-to-one *bnw* ❶ een op een, punt voor punt ★ *a* ~ *correspondence* een een-op-eenovereenkomst, een overeenkomst op alle punten ❷ individueel ⟨van onderwijs, les⟩

one-track [wʌn'træk] *bnw* eenzijdig (geïnteresseerd) ★ *have a* ~ *mind* altijd maar aan een ding denken

one-upmanship *zn* de kunst een ander steeds een slag voor te zijn

one-way [wʌn'weɪ] *bnw* eenrichtings-★ ~ *traffic* eenrichtingsverkeer ★ USA ~ *ticket* enkele reis ★ ~ *mirror* doorkijkspiegel

ongoing ['ɒngəʊɪŋ] *bnw* lopend, voortdurend, aanhoudend

onion ['ʌnjən] *zn* ui

online *bnw + bijw* ❶ online ⟨verbonden met een netwerk / internet⟩, gekoppeld ★ ~ *banking* internetbankieren ❷ aangesloten ⟨bv. printer op je computer⟩

onlooker ['ɒnlʊkə] *zn* toeschouwer

only ['əʊnlɪ] I *bijw* ❶ (alleen) maar, nog maar ★ *she was only seventeen* ze was nog maar zeventien ★ *it's only a suggestion* het is alleen maar een voorstel ★ *if only I knew* als ik maar

wist ★ *only too true / happy* maar al te waar | blij ★ *only just enough money to buy milk* maar net genoeg geld hebben om melk te kopen ❷ pas, eerst ★ *we met only last week* we hebben elkaar pas vorige week ontmoet ★ *she's only just arrived* ze is (pas) net aangekomen II *bnw* enig ★ *their only child* hun enig kind ★ *he was the only one who...* hij was de enige die... III *vw* inform maar ★ *I'd like to buy a new TV, only I can't afford it* ik zou graag een nieuwe tv kopen, maar ik kan het niet betalen

on-ramp USA *zn* oprit ⟨naar de autoweg⟩

onrush ['ɒnrʌʃ] *zn* toeloop, toestroom, stormloop

on-screen *bnw + bijw* ❶ in beeld ⟨tv, film⟩, in de film, op televisie ★ *his* ~ *father* zijn vader in de film / tv-serie ❷ op het scherm / de monitor

onset ['ɒnset] *zn* begin, eerste symptomen

onshore ['ɒnʃɔː] I *bnw* ❶ aan / langs de kust ★ ~ *fishing* kustvisserij ❷ aanlandig ★ ~ *wind* zeewind II *bijw* ❶ land(in)waarts ❷ aan land

onslaught ['ɒnslɔːt] *zn* woeste aanval

on-the-job *bnw* ★ ~ *training* praktijkopleiding

onto ['ɒntuː] *vz* op, naar ⟨... toe⟩ ★ *climb onto the roof* op het dak klimmen ★ *move onto the next subject* naar het volgende onderwerp gaan

onus ['əʊnəs] *zn* plicht, verantwoordelijkheid, last ★ jur *the onus of proof* de bewijslast

onwards ['ɒnwədz], USA **onward** ['ɒnwəd] *bijw* voorwaarts ★ *from this day* ~ vanaf vandaag ★ *open from 8 a.m.* ~ open vanaf acht uur 's ochtends

oomph [ʊmf] *zn* inform energie, pit

oops [uːps] *tw* oeps!, jeetje!, verdorie!

ooze [uːz] I *ov ww* ❶ afscheiden, uitzweten ★ *the wounds were oozing blood* er druppelde / sijpelde bloed uit de wonden ❷ blaken van, uitstralen ⟨zelfvertrouwen, charme⟩ II *onov ww* sijpelen ⟨van dikkere vloeistoffen⟩, druppelen III *zn* ❶ slib, slijk ❷ het sijpelen ⟨van dikkere vloeistoffen⟩

oozy ['uːzɪ] *bnw* modderig

opacity [ə'pæsətɪ] *zn* ❶ ondoorschijnendheid ❷ onduidelijkheid

opal ['əʊpl] *zn* opaal

opaque [əʊ'peɪk] *bnw* ❶ ondoorschijnend ❷ onduidelijk, duister

OPEC ['əʊpek] *afk, Organization of the Petroleum Exporting Countries* OPEC, organisatie van olie producerende en exporterende landen

open ['əʊpən] I *bnw* ❶ open, geopend, vrij ★ *most of the shops are open on Sundays* de meeste winkels zijn open op zondag ★ *in the open air* in de openlucht ★ *keep one's options open* zich nergens op vastleggen ★ *open market* vrije markt ❷ openbaar, toegankelijk (to voor), openlijk ★ *open to the public* voor het publiek toegankelijk ★ *open contempt* onverholen minachting ★ *an open quarrel* een openlijke ruzie ❸ blootgesteld (to aan) ★ *that point is open to debate* dat staat nog ter discussie ★ *open to question* aanvechtbaar ❹ openhartig, onbevangen ★ *have / keep an open mind* open (blijven) staan voor ★ *be open with sb* openhartig zijn tegenover iem. ★ *be open to sth* openstaan voor iets II *ov ww* ❶ openen, openmaken, opendoen ★ *open the door* de deur openen /

opendoen ★ *open one's heart / mind* zijn hart uitstorten ❷ ~ out openvouwen, uitspreiden ⟨kaart, boek⟩, verbreden, breder trekken ⟨discussie⟩, uitbreiden ❸ ~ up openen ⟨winkel, markt⟩, openstellen, toegankelijk maken, openvouwen / -leggen ⟨boek⟩, wijder maken ★ *open up a patient* een patiënt opensnijden / opereren III *onov ww* ❶ (zich) openen, opengaan ★ *the door opened* de deur ging open ★ *the new library opens in July* de nieuwe bibliotheek opent in juli / gaat in juli open ★ *the door opens into the corridor* de deur komt uit op de gang ❷ ~ out zich openvouwen, opengaan, zich verbreden ⟨van weg, rivier⟩, loskomen, ontdooien ⟨van persoon⟩ ❸ ~ up openen, beginnen te vuren ⟨van geschut, kanonnen⟩, toegankelijk worden, vrijuit (beginnen te) spreken, loskomen ★ *open up!* doe open ★ *new restaurants are opening up everywhere* overal gaan nieuwe restaurantjes open IV *zn* ❶ open plek ★ *in the open* in de openlucht, buiten ❷ openbaarheid ★ *be out in the open* openbaar / bekend zijn ★ *bring (out) into the open* aan het licht brengen ★ *come (out) into the open* aan het licht komen, bekend worden, zich nader verklaren ❸ open kampioenschap

open-air *bnw* openlucht-, buiten-

open-and-shut [əʊpənən'ʃʌt] *bnw* (dood)eenvoudig ★ *an ~ case* een duidelijke zaak

opencast ['əʊpənkɑːst] GB *bnw* bovengronds ★ *~ mining* dagbouw

open-ended [əʊpən'endɪd] *zn* open, vrij(blijvend) ★ *an ~ question* een open vraag ★ *an ~ contract* een contract voor onbepaalde tijd

opener ['əʊpənə] *zn* ❶ blik- / flesopener ❷ openingsnummer / -ronde / -wedstrijd / -doelpunt

open-eyed ['əʊpənə] *bnw* ❶ met de ogen wijd open, aandachtig ❷ met grote ogen, verbaasd

open-handed [əʊpən'hændɪd] *bnw* vrijgevig, royaal, gul

open-hearted [əʊpən'hɑːtɪd] *bnw* hartelijk

opening ['əʊpənɪŋ] I *zn* ❶ opening, begin ❷ kans ❸ vacature II *bnw* ❶ openend, inleidend ❷ openings- ★ *the ~ goal* de openingsgoal, het eerste doelpunt

openly ['əʊpənlɪ] *bijw* openlijk ★ *talk ~ about your problems* openlijk over je problemen praten

open-minded [əʊpən'maɪndɪd] *bnw* onbevooroordeeld

open-mouthed [əʊpən'maʊðd] *bnw* stomverbaasd

openness ['əʊpənəs] *zn* ❶ openheid, eerlijkheid, onpartijdigheid ❷ het openstaan voor ★ *~ to change* bereidheid tot verandering(en)

open-plan *bnw* met weinig tussenmuren ★ *an ~ kitchen* een open keuken ★ *an ~ office* een kantoortuin

opera ['ɒprə] *zn* opera

operable ['ɒpərəbl] *bnw* ❶ operationeel, bruikbaar, in gebruik ❷ uitvoerbaar ❸ med te opereren

opera glasses ['ɒprəglɑːsɪz] *zn mv* toneelkijker

opera house ['ɒprəhaʊs] *zn* opera(gebouw)

operate ['ɒpəreɪt] I *ov ww* ❶ bedienen ⟨machine, apparaat⟩ ★ *~ a crane* een hijskraan besturen ❷ exploiteren, leiden ★ *~ trains to B and C* treindiensten onderhouden op B en C ★ *~ a theatre* een theater exploiteren ❸ bewerken, teweegbrengen II *onov ww* ❶ werken, uitwerking hebben, van kracht zijn, te werk gaan ★ *~ from a new office in Amsterdam* opereren / werken / zaken doen vanuit een nieuw kantoor in Amsterdam ★ *trains~ every day of the year* elke dag van het jaar rijden er treinen ★ *these restrictions will not ~ till January 1* deze bepalingen gaan pas op 1 januari in ❷ opereren ★ *he has been ~d on* hij is geopereerd

operatic [ɒpə'rætɪk] *bnw* opera- ★ *~ composer* operacomponist

operating ['ɒpəreɪtɪŋ] *bnw* ❶ werkzaam, functionerend ❷ bedrijfs- ★ *~ costs* bedrijfskosten

operating theatre, USA **operating room** *zn* operatiekamer

operation [ɒpə'reɪʃən] *zn* ❶ operatie ★ *a military ~* een militaire operatie / actie ★ *perform an ~ on sb* iem. opereren ❷ (financiële) transactie ❸ exploitatie ⟨van diensten, gebouwen⟩, bediening ⟨van apparaten, machines⟩ ❹ werking, geldigheid ★ *come into ~* in werking treden, van kracht worden ★ *in ~* in gebruik / bedrijf, in werking ❺ bewerking ⟨bv. door computer⟩, handeling ⟨om iets te doen⟩ ★ *connecting the DVD recorder is a very simple ~* de dvd-recorder aansluiten is heel eenvoudig

operational [ɒpə'reɪʃənl] *bnw* operationeel, gebruiksklaar ★ *~ costs* bedrijfskosten ★ *be ~* in werking zijn

operative ['ɒpərətɪv] I *bnw* ❶ in werking, van kracht ★ *become ~* van kracht worden, in werking treden ★ *be~* werken, het doen, draaien ★ *the new airport will be~ in November* het nieuwe vliegveld zal in november in gebruik genomen worden ❷ voornaamst ★ *the ~ word* het sleutelwoord ❸ operatief ★ *~ treatment* operatieve behandeling, operatie II *zn* ❶ werkman, fabrieksarbeider ❷ USA detective, medewerker ⟨van de geheime dienst / CIA / FBI⟩

operator ['ɒpəreɪtə] *zn* ❶ iemand die machine bedient, operateur, bestuurder ❷ telefonist(e) ❸ ondernemer, exploitant ★ *a bus / ferry ~* een ondernemer die / een bedrijf dat een busdienst / ferrydienst onderhoudt ❹ inform ritselaar, regelaar ★ *a smooth ~* een gladjanus, een gewiekste regelaar

operetta [ɒpə'retə] *zn* operette

ophthalmic [ɒf'θælmɪk] *bnw* oogheelkundig

ophthalmologist [ɒfθæl'mɒlədʒɪst] *zn* oogarts

ophthalmology [ɒfθæl'mɒlədʒɪ] *zn* oogheelkunde

opiate ['əʊpɪət] form *zn* pijnstillend / slaapverwekkend middel ⟨met opium als bestanddeel⟩

opine [əʊ'paɪn] form *ov ww* v. mening zijn ★ *~ that Obama is a racist* van mening zijn dat Obama een racist is

opinion [ə'pɪnjən] *zn* ❶ overtuiging, opinie,

op

mening, gedachte ★ *in my* ~ naar mijn mening
★ *be of the* ~ *that* van mening zijn dat ★ *a*
matter of ~ 'n kwestie v. opvatting ★ ~ *is divided*
de meningen zijn verdeeld ★ *have a high / low* ~
of een hoge / lage dunk hebben van ❷ advies
★ *a second* ~ een advies van een tweede
deskundige, een second opinion ★ *take counsel's*
~ rechtskundig advies inwinnen
opinionated [ə'pɪnjənertɪd] *bnw* eigenzinnig,
koppig, dogmatisch
opinion poll *zn* opiniepeiling, enquête
opium ['əuprəm] *zn* opium
opossum [ə'posəm] *zn* USA buidelrat
opponent [ə'pəunənt] *zn* tegenstander,
tegenpartij
opportune ['ɔpətju:n/ɔpə'tju:n] *form bnw* a
gelegen, geschikt, op het juiste moment
komend
opportunism [ɔpə'tju:nɪzəm] *zn* opportunisme
opportunist ['ɔpə'tju:nist] **I** *zn* opportunist
II *bnw* opportunistisch
opportunistic [ɔpətju:'nɪstɪk] *bnw*
opportunistisch
opportunity [ɔpə'tju:nəti] *zn* (gunstige)
gelegenheid, kans ★ *golden* ~ buitenkans ★ *at*
the earliest / first ~ bij de eerste de beste
gelegenheid ★ *equal opportunities (for women)*
gelijke kansen (voor vrouwen) ★ *take the* ~ *to do*
sth van de gelegenheid gebruikmaken om iets
te doen
oppose [ə'pəuz] *ov ww* zich verzetten tegen,
bestrijden
opposed [ə'pəuzd] *bnw* ❶ vijandig ★ ~ *to* gekant
tegen ❷ tegenovergesteld ★ ~ *to* tegengesteld
aan ★ *form* *as* ~ *to* tegen(over), in tegenstelling
tot
opposing [ə'pəuzɪŋ] *bnw* ❶ tegenstrijdig,
tegenovergesteld ❷ tegen-, vijandig ★ *the* ~
team de tegenpartij
opposite ['ɔpəzɪt] **I** *bnw* tegenovergelegen,
overstaand (v. blad of hoek), ander(e), tegen-,
over- ★ *on the* ~ *side of the road* aan de andere
kant van de weg ★ *have an* ~ *effect* een
tegenovergesteld effect hebben ★ ~ *from / to*
tegen(over)gesteld aan ★ ~ *number* tegenspeler /
-stander **II** *vz* ❶ tegenover ★ ~ *the station*
tegenover het station ★ *he plays* ~ *me* hij is mijn
tegenspeler ❷ aan de overkant **III** *bijw* ❶ aan
de overkant ❷ tegenover **IV** *zn*
tegen(over)gestelde, tegenpool
opposition [ɔpə'zɪʃən] *zn* ❶ verzet, tegenstand
★ *meet with fierce* ~ op felle tegenstand stuiten
★ *be in* ~ *to sth* tegen iets zijn ❷ [altijd met het]
de tegenstander(s), de concurrent(ie) ❸ pol
[altijd met het] de oppositie ❹ tegenstelling ★ *in*
~ *to* in strijd met, tegenover
oppress [ə'pres] *ov ww* ❶ onderdrukken,
verdrukken ❷ bezwaren, drukken op ★ ~*ed by*
neerslachtig door
oppression [ə'preʃən] *zn* onderdrukking,
verdrukking
oppressive [ə'presɪv] *bnw* ❶ onderdrukkend,
verdrukkend ❷ benauwd, drukkend (van het
weer) ❸ benauwend (relatie), beklemmend
(stilte)
oppressor [ə'presə] *zn* onderdrukker, tiran

opprobrium [ə'prəubrɪəm] *form zn* schande,
afkeer, smaad
opt [ɔpt] *onov ww* ❶ kiezen, opteren ★ *opt for sth*
voor iets kiezen ★ *opt to leave your job* ervoor
kiezen je baan op te zeggen ❷ ~ **in** mee (willen)
doen ❸ ~ **out** niet meer (willen) meedoen, zich
terugtrekken
optic ['ɔptɪk] *bnw* gezichts- ★ ~ *nerve* oogzenuw
optical ['ɔptɪkl] *bnw* gezichts-, optisch ★ ~ *illusion*
gezichtsbedrog ▼ ~ *fibre* glasvezel
optician [ɔp'tɪʃən] *zn* opticien
optics ['ɔptɪks] *zn mv* optica, leer v. het zien, leer
v. het licht
optimal ['ɔptɪml] *bnw* optimaal
optimism ['ɔptɪmɪzəm] *zn* optimisme
optimize, optimise ['ɔptɪmaɪz] *ov ww*
optimaliseren, optimaal maken
optimum ['ɔptɪməm] **I** *zn* optimum, beste /
hoogste (resultaat) **II** *bnw* optimaal
option ['ɔpʃən] *zn* ❶ keus, mogelijkheid, optie ★ *I*
have no ~ *but to go* ik moet wel gaan ★ *keep /*
leave one's ~*s open* alle mogelijkheden open
laten, zich nergens op vastleggen ★ *run out of*
~*s* langzamerhand geen mogelijkheden meer
zien (om een probleem op te lossen) ★ *a soft /*
easy ~ een makkie ❷ GB keuzevak ❸ econ optie
optional ['ɔpʃənl] *bnw* naar keuze, facultatief,
niet verplicht ★ *be an* ~ *extra* tegen meerprijs
verkrijgbaar zijn
opulence ['ɔpjuləns] *form zn* rijkdom,
weelderigheid
opulent ['ɔpjulənt] *form bnw* rijk, weelderig,
overvloedig
opus ['əupəs] *zn* [mv: opuses, opera] opus,
(muziek)werk
or [ɔ:] *vw* of ★ *four or five* vier à vijf, een stuk of
vijf ★ *five or so* een stuk of vijf ★ *an hour or so*
ongeveer een uur
OR *afk, Oregon* staat in de VS
oracle ['ɒrəkl] *zn* orakel *ook fig*
oracular [ə'rækjulə] *form bnw* ❶ als een orakel
❷ dubbelzinnig, cryptisch
oral ['ɔ:rəl] **I** *bnw* mondeling, mond-, oraal **II** *zn*
mondeling examen
orange ['ɒrɪndʒ] **I** *zn* ❶ (de kleur) oranje
❷ sinaasappel **II** *bnw* oranje
orangeade [ɒrɪndʒ'eɪd] *zn* sinaasappellimonade
orange juice *zn* sinaasappelsap, jus d'orange
oration [ɔ:'reɪʃən] *form zn* redevoering, rede
orator ['ɒrətə] *zn* redenaar
oratorio [ɒrə'tɔ:rɪəu] *muz zn* oratorium
oratory ['ɒrətərɪ] *zn* ❶ welsprekendheid ❷ r.-k.
(huis)kapel, bidkapel
orb [ɔ:b] *zn* ❶ *dicht* (hemel)bol ❷ rijksappel
orbit ['ɔ:bɪt] **I** *zn* ❶ (gebogen) baan (van
hemellichaam, satelliet) ★ *put into* ~ *round the*
moon in een baan rond de maan brengen
❷ (invloeds)sfeer **II** *ov ww* in een baan draaien
om (van hemellichaam, satelliet)
orbital ['ɔ:bɪtl] **I** *bnw* ❶ GB ring- ★ *an* ~ *road* een
ringweg ❷ sterrenk omloop- ★ *an* ~ *path* een
omloopbaan **II** *zn* GB ringweg
orbiter ['ɔ:bɪtə] *zn* satelliet
orchard ['ɔ:tʃəd] *zn* boomgaard
orchestra ['ɔ:kɪstrə] *zn* ❶ orkest ❷ USA stalles
orchestral [ɔ:'kestrəl] *bnw* orkestraal, orkest-

op

orchestra pit zn orkestbak
orchestra stalls, USA **orchestra seats** zn mv stalles
orchestrate ['ɔ:kɪstreɪt] ov ww ❶ voor orkest bewerken, orkestreren ❷ organiseren
orchestration [ɔ:kɪs'treɪʃən] zn orkestratie
orchid ['ɔ:kɪd] zn orchidee
ordain [ɔ:'deɪn] onov ww ❶ (tot priester) wijden ❷ form verordenen, bepalen ❸ form beschikken, voorschrijven
ordeal [ɔ:'di:l] zn beproeving
order ['ɔ:də] I zn ❶ orde ⟨toestand van rust en regelmaat⟩ ★ call sb to ~ iem. tot de orde roepen ★ keep the class in ~ orde houden in de klas ★ put in ~ in / op orde brengen ★ in ~ form in orde, aan de orde, gepast, toelaatbaar ⟨v. bewijs of verklaring tijdens rechtzaak⟩ ★ out of ~ niet in / op orde, buiten werking, defect, in de war, buiten de orde zijnde ⟨v. spreker⟩, ongepast ★ be the ~ of the day aan de orde v.d. dag zijn ❷ orde ook biol , categorie, soort ★ of the highest / first ~ van de hoogste / eerste orde ★ of / in / USA on the ~ of ongeveer zoals, in de orde van grootte van ❸ volgorde ★ in ~ op volgorde ★ put in ~ of importance volgens belangrijkheid rangschikken ★ in ascending ~ van klein naar groot (opklimmend) ❹ order, bevel ★ by ~ of op bevel van ★ USA executive ~ presidentieel besluit ★ inform doctor's ~s! op doktersvoorschrift!, moet van dokter! ❺ bestelling ★ place an ~ een bestelling plaatsen / doen ★ take an ~ een bestelling opnemen ★ be on ~ in bestelling zijn ★ to ~ op bestelling, naar maat ★ GB last ~s laatste ronde ⟨in café⟩ ❻ orde, rang, stand ★ lower ~s [mv] lagere sociale klasse ❼ orde ⟨religieus genootschap⟩ ★ (holy) ~s de geestelijke staat ★ be in ~s geestelijke zijn ★ take ~s gewijd worden ⟨tot priester⟩ ❽ orde ⟨medaille of ander kenteken van zo'n genootschap⟩ ★ ~ of knighthood ridderorde ❾ betalingsopdracht ★ to ~ aan order ⟨cheque⟩ ★ as per ~ enclosed volgens ingesloten order ▼ in ~ to teneinde, om ▼ in ~ that opdat, zodat ▼ USA in short ~ snel ▼ inform be a tall ~ een onredelijke eis zijn, erg moeilijk zijn II ov ww ❶ bestellen ❷ ordenen, regelen ❸ verordenen, bevelen ★ he was ~ed home hij werd naar huis / 't vaderland gezonden ★ ~ sb about / around iem. commanderen ★ she ~ed me up zij liet me boven komen ❹ USA ~ in laten bezorgen ⟨eten⟩ ❺ ~ out wegsturen, laten uitrukken III onov ww USA ~ out eten laten bezorgen
order book zn econ orderboek
order form zn bestelformulier
orderly ['ɔ:dəlɪ] I bnw ordelijk, geregeld II zn ❶ ordonnans ❷ ziekenoppasser
order number zn bestelnummer
ordinal ['ɔ:dɪnl], **ordinal number** zn rangtelwoord
ordinance ['ɔ:dɪnəns] zn verordening
ordinarily ['ɔ:dɪnərəlɪ] bijw ❶ gewoonlijk ❷ gewoon ★ behave ~ zich gewoon gedragen
ordinary ['ɔ:dɪnərɪ] bnw gewoon, alledaags, normaal ★ GB in the ~ way gewoonlijk, normaliter ★ out of the ~ bijzonder, speciaal,

ongewoon ❷ min gewoontjes
ordination [ɔ:dɪ'neɪʃən] zn wijding ⟨tot geestelijke⟩
ordnance ['ɔ:dnəns] zn ❶ (tak v. openbare dienst voor) militaire voorraden en materieel ❷ geschut
ordnance survey zn topografische verkenning / opmeting
Ordnance Survey map GB zn topografische kaart, stafkaart
ordure ['ɔ:djʊə] form zn uitwerpselen, drek
ore [ɔ:] zn erts ★ iron ore ijzererts
organ ['ɔ:gən] zn ❶ orgel ❷ ook fig orgaan ❸ spreekbuis, blad ❹ euf penis
organ-grinder ['ɔ:gəngraɪndə] zn orgeldraaier
organic [ɔ:'gænɪk] bnw ❶ biologisch, natuurlijk ★ ~ food natuurvoeding ★ ~ farmer biologische boer, bioboer ★ ~ waste biologisch afval, gft-afval ❷ organisch ❸ orgaan-, m.b.t. een orgaan / de organen
organisation zn GB → organization
organisational zn GB → organizational
organism ['ɔ:gənɪzəm] zn organisme
organist ['ɔ:gənɪst] zn organist
organization [ɔ:gənaɪ'zeɪʃən] zn organisatie ★ a charitable ~ een liefdadigheidsinstelling ★ the ~ of the local elections het organiseren van de plaatselijke verkiezingen
organizational [ɔ:gənaɪ'zeɪʃnəl] bnw organisatorisch, organisatie-
organize, organise ['ɔ:gənaɪz] I ov ww organiseren ★ the workers ~d themselves de arbeiders verenigden zich in een vakbond II onov ww zich organiseren / verenigen ⟨in een vakbond⟩
organized, organised ['ɔ:gənaɪzd] I ww [o.v.t. + volt. deelw.] → organize III bnw ❶ georganiseerd ❷ aangesloten ⟨v. vakbondsleden⟩
organizer, organiser ['ɔ:gənaɪzə] zn ❶ organisator ❷ systematische agenda, organizer, elektronische agenda ★ electronic ~ elektronische agenda ★ personal ~ elektronische agenda, agenda in ringband
orgasm ['ɔ:gæzəm] zn orgasme
orgy ['ɔ:dʒɪ] zn orgie ★ fig an orgy of spending geldsmijterij
oriel ['ɔ:rɪəl] zn erker
orient ['ɔ:rɪənt] ov ww richten, oriënteren ★ ~ o.s. zich oriënteren ★ be ~ed to / towards gericht zijn op ★ an export-~ed economy een op de export gerichte economie
Orient ['ɔ:rɪənt] oud zn Oosten
oriental bnw oosters
Oriental [ɔ:rɪ'entl] zn, oud min oosterling
orientalist [ɔ:rɪ'entəlɪst] zn oriëntalist, kenner van het oosten
orientate ['ɔ:rɪənteɪt] GB ov ww orient
orientation [ɔ:rɪen'teɪʃən] zn ❶ gerichtheid ★ sexual ~ seksuele gerichtheid ★ theoretical in ~ op de theorie gericht ❷ oriëntering ❸ voorlichting, informatie ★ an ~ day / week een voorlichtingsdag / -week, een oriëntatiedag / -week ❹ richting, ligging, plaatsing ★ the building's ~ de ligging van het gebouw

or

orifice ['ɒrɪfɪs] zn opening, mond

origin ['ɒrɪdʒɪn] zn afkomst, oorsprong, begin ★ *country of ~* land van herkomst

original [əˈrɪdʒɪnl] I bnw oorspronkelijk, origineel, aanvankelijk, eerste ★ ~ *sin* erfzonde II zn ❶ origineel ❷ origineel iemand, vernieuwer

originality [ərɪdʒɪˈnælətɪ] zn oorspronkelijkheid, originaliteit

originate [əˈrɪdʒɪnert] I onov ww ❶ ontstaan ❷ ~ *from/in* voortkomen uit, zijn oorsprong vinden in ❸ ~ *with* opkomen bij II ov ww voortbrengen, in het leven roepen

originator [əˈrɪdʒɪnertə] zn schepper, grondlegger, verwekker

oriole zn, **golden oriole** wielewaal, goudmerel ⟨zangvogel⟩

ornament ['ɔːnəmənt] I zn sieraad, versiersel, ornament ★ *by way of ~* als versiering ★ *for ~* voor de sier II ov ww versieren, tooien

ornamental [ɔːnəˈmentl] bnw decoratief, ornamenteel, sier- ★ ~ *fountain* sierfontein

ornamentation [ɔːnəmenˈterʃən] zn versiering

ornate [ɔːˈnert] bnw ❶ rijk versierd ❷ sierlijk, bloemrijk ⟨v. taal⟩

ornery ['ɔːnərɪ] bnw USA nors, knorrig, onaangenaam

ornithologist [ɔːnɪˈθɒlədʒɪst] zn ornitholoog, vogelkenner

ornithology [ɔːnɪˈθɒlədʒɪ] zn vogelkunde

orotund ['ɒrətʌnd] form bnw ❶ gezwollen, bombastisch ⟨van taalgebruik⟩ ❷ indrukwekkend ⟨van stem⟩

orphan ['ɔːfən] I zn wees II bnw wees-, ouderloos ★ ~ *boy / girl* weesjongen / -meisje III ov ww tot wees maken

orphanage ['ɔːfənɪdʒ] zn weeshuis

orthodontic [ɔːθəˈdɒntɪk] bnw orthodontisch

orthodontics [ɔːθəˈdɒntɪks] zn orthodontie

orthodox ['ɔːθədɒks] bnw ❶ orthodox, rechtzinnig ❷ algemeen aangenomen, gebruikelijk, gewoon, conventioneel ❸ oosters-orthodox ★ *the Greek / Russian Orthodox Church* de Grieks- / Russisch-orthodoxe Kerk

orthodoxy ['ɔːθədɒksɪ] zn ❶ orthodoxie ❷ algemeen geaccepteerde praktijk / idee

orthography [ɔːˈθɒgrəfɪ] zn orthografie, spellingsleer

orthopaedic, USA **orthopedic** [ɔːθəˈpiːdɪk] bnw orthopedisch ★ ~ *shoes* orthopedische schoenen

orthopaedics, USA **orthopedics** [ɔːθəˈpiːdɪks] zn orthopedie

orthopaedist, USA **orthopedist** [ɔːθəˈpiːdɪst] zn orthopedist, orthopeed

oscillate ['ɒsɪlert] onov ww ❶ schommelen, slingeren ❷ oscilleren ⟨v. radio⟩

oscillation [ɒsɪˈlerʃən] zn ❶ schommeling, slingering ★ ~s *of mood* stemmingswisselingen ❷ besluiteloosheid ❸ techn oscillatie

osier ['əʊzɪə] zn katwilg, teenwilg

osmosis [ɒzˈməʊsɪs] zn osmose

osprey ['ɒsprer] zn visarend

ossify ['ɒsɪfaɪ] I ov ww ❶ (doen) verstenen ❷ form fig verharden II onov ww ❶ in been veranderen, verstenen ❷ form fig verharden, verstarren

ostensible [ɒˈstensɪbl] bnw ogenschijnlijk, zogenaamd

ostentation [ɒstenˈterʃən] zn uiterlijk vertoon

ostentatious [ɒstənˈterʃəs] bnw ❶ opzichtig, in het oog lopend ❷ pronkerig

osteopath ['ɒstɪəpæθ] zn osteopaat

ostracism ['ɒstrəsɪzəm] form zn uitbanning, uitsluiting

ostracize, ostracise ['ɒstrəsaɪz] form ov ww verbannen, uitstoten, boycotten

ostrich ['ɒstrɪtʃ] zn struisvogel

OTC afk, over the counter vrij verkrijgbaar ⟨v. geneesmiddelen⟩

other ['ʌðə] I bnw ❶ ander ★ *some ~ time* een andere keer ★ *the ~ side* de andere kant ★ *the ~ day* onlangs ★ *every ~ day* om de andere dag ★ *the ~ morning* onlangs op een morgen ★ *on the ~ hand* daarentegen ★ *the ~ world* het hiernamaals ❷ anders, verschillend ★ ~ *than* anders dan, verschillend van, afgezien van II vnw de / het andere ★ *have no respect for ~s* geen respect hebben voor anderen ★ *some time or ~* een of andere keer ★ *sb or ~* de een of ander ★ *he of all ~s* juist hij!

otherwise ['ʌðəwaɪz] bijw ❶ anders ★ *go, ~ you'll be late* ga, (of) anders kom je te laat ★ *the merits or ~ of his conduct* de verdiensten of de fouten van zijn gedrag ★ *I would rather go than ~* ik zou liever wel gaan dan niet ★ *Mr. Simister, ~ known as Grossman* de Heer Simister, alias Grossman, de Heer Simister, ook bekend als Grossman ❷ verder, afgezien daarvan ★ *he is unruly, but not ~ blameworthy* hij is wel onhandelbaar, maar verder valt er niets op hem aan te merken

other-worldly [ʌðəˈwɜːldlɪ] bnw niet van deze wereld, bovenaards

otiose ['əʊtɪəʊs] form bnw overbodig, v. geen nut

OTT afk, inform over the top overdreven, te veel van het goede

otter ['ɒtə] zn otter

ottoman ['ɒtəmən] zn voetenbank, poef

ouch [aʊtʃ] tw au!

ought [ɔːt] hww (zou) moeten, behoren ★ *she ~ to be here by now* ze had hier nu moeten zijn ★ *teachers ~ to earn more* onderwijzers horen meer te verdienen ★ *you ~ to see his new car* je zou zijn nieuwe auto moeten zien ★ *he ~ to have apologized* hij zou zijn excuses moeten hebben aanbieden

ounce [aʊns] zn ❶ ounce ⟨GB 28,35 gram, USA 29,56 gram⟩ ★ *fluid ~* ounce ⟨voor vloeistoffen: GB 28,35 ml, USA 29,56 ml⟩ ❷ fig klein beetje ★ *an ~ of sense* een beetje (gezond) verstand ★ *an ~ of practice is worth a pound of theory* 'n klein beetje praktijk is evenveel waard als veel theorie

our ['aʊə] bez vnw ons ★ *our friend(s)* onze vriend(en)

ours ['aʊəz] bez vnw het onze, de onze(n) ★ *a friend of ours* een vriend van ons, een van onze vrienden

ourselves [aʊəˈselvz] wkd vnw ons(zelf), wij(zelf), zelf ★ *all by ~* helemaal alleen, in ons eentje ★ *we got the swimming pool all to ~* we hadden

or

het zwembad helemaal voor onszelf

oust [aʊst] *ov ww* ❶ afzetten, verdrijven ★ *be ousted as prime minister* afgezet worden als minister-president ❷ ~ **from** verdringen uit, verdrijven uit ★ *oust sb from power* iem. uit de macht ontzetten, iem. de macht ontnemen

out [aʊt] **I** *bijw* ❶ weg, (er)uit, (er)buiten ★ *a night out* een avondje uit ★ *jump out* naar buiten springen, eruit springen ★ *jump out of the window* uit het raam springen ★ *out there* daarginds ★ *he is out in A.* hij zit helemaal in A. ★ *out with him!* gooi 'm eruit! ★ *out with it!* voor de dag ermee! ★ *my arm is out* mijn arm is uit het lid ★ *the girl has come out* het meisje heeft haar debuut gemaakt ★ *a reward was out* 'n beloning werd uitgeloofd ★ *be out for* eropuit zijn om ★ *out of* buiten, uit, niet inbegrepen, zonder ★ *out of school* van school (af) ★ *out of the army* uit het leger ★ *out of work* werkloos ★ *be out of it* er buiten staan, er niet bij horen, het mis hebben, er niet bij zijn ⟨met je hoofd⟩ ❷ voorbij, afgelopen, om ★ *before the year is out* voor het jaar om is ❸ verschenen, publiek ★ *his book isn't out yet* zijn boek is nog niet uit / verschenen ❹ buiten bewustzijn, bewusteloos ❺ uit de mode ❻ uit, niet meer in werking ❼ zonder betrekking, af ⟨in spel⟩, uit ❽ ernaast ★ *you are far out* je zit er ver naast ★ *I am ten euro's out* ik kom er tien euro aan te kort ❾ – uitgesloten, niet gewenst ▼ *four out of ten* vier van de tien, vier op de tien ▼ *out of interest / respect* uit interesse / respect ▼ *out of metal / wood* van metaal / hout (gemaakt) ▼ *all out* af, totaal mis, met de grootste inspanning ▼ *they went all out* ze gaven zich geheel aan het werk ▼ GB *out and about* weer hersteld, op de been, in de weer **II** *bnw* uit de kast gekomen, openlijk homoseksueel **III** *ov ww* ❶ bekendmaken ❷ de homoseksualiteit bekendmaken van **IV** *zn* uitweg, uitvlucht ★ *the ins and outs of the matter* de details v.d. zaak ★ *at outs / on the outs with* overhoop liggend met **V** *vz* langs, uit ★ *from out of uit* ★ inform *run out the door* de deur uit rennen

out- *voorv* meer, groter, beter, harder

outage [ˈaʊtɪdʒ] USA *zn* (stroom)onderbreking

out-and-out [aʊtnˈaʊt] *bnw* volledig, door en door, totaal ▼ ~ *Conservatives* aartsconservatieven

outback [ˈaʊtbæk] *zn* binnenland ⟨van Australië⟩

outbid [aʊtˈbɪd] *ov ww* meer bieden dan

outboard [ˈaʊtbɔːd] *bnw* buitenboord ★ ~ *motor / engine* buitenboordmotor

outbound [ˈaʊtbaʊnd] *bnw* op de uitreis, uitgaand ★ ~ *passengers* vertrekkende passagiers

outbox [ˈaʊtbɒks] *zn* ❶ comp ≈ postvak UIT ❷ USA brievenpakje voor uitgaande post

outbreak [ˈaʊtbreɪk] *zn* uitbraak ⟨v. oorlog, ziekte⟩, uitbarsting

outbuilding [ˈaʊtbɪldɪŋ] *zn* bijgebouw

outburst [ˈaʊtbɜːst] *zn* uitbarsting

outcast [ˈaʊtkɑːst] **I** *zn* verschoppeling **II** *bnw* verbannen, verstoten

outcaste [ˈaʊtkɑːst] *zn* paria

outclass [aʊtˈklɑːs] *ov ww* overtreffen, overklassen

outcome [ˈaʊtkʌm] *zn* resultaat, uitslag

outcrop [ˈaʊtkrɒp] *zn* tevoorschijn komend(e) aardlaag / gesteente

outcry [ˈaʊtkraɪ] *zn* luid protest, verontwaardiging ★ *public* ~ *over sth* algemene grote verontwaardiging over iets

outdated [aʊtˈdeɪtɪd] *bnw* verouderd, achterhaald, ouderwets

outdistance [aʊtˈdɪstns] *ov ww* achter zich laten

outdo [aʊtˈduː] *ov ww* overtreffen, de loef afsteken ★ *not to be ~ne* om niet achter te blijven

outdoor [ˈaʊtdɔː] *bnw* openlucht-, buiten(shuis) ★ *an ~ type* een buitenmens ★ ~ *clothing* buitenkleding, outdoorkleding

outdoors [aʊtˈdɔːz] **I** *zn* openlucht ★ *the great ~* de vrije natuur **II** *bijw* buiten(shuis)

outer [ˈaʊtə] *bnw* buiten-, buitenste ★ ~ *space* de (kosmische) ruimte ★ ~ *garments* bovenkleren

outermost [ˈaʊtəməʊst] *bnw* buitenste, uiterste

outerwear *zn* bovenkleding

outface [aʊtˈfeɪs] *ov ww* trotseren, in verlegenheid brengen

outfall [ˈaʊtfɔːl] *zn* mond(ing), uitloop (bv. van riool), lozing

outfield [ˈaʊtfiːld] *zn* sport verre veld, buitenveld

outfielder [ˈaʊtfiːldə] *zn* sport verrevelder

outfit [ˈaʊtfɪt] **I** *zn* ❶ uitrusting, kleding, stel kleren ❷ inform zaakje, bedrijfje ❸ inform gezelschap, troep, stel ⟨mensen⟩, ploeg ⟨werklui⟩ ❹ uitrusting, setje ★ *a bicycle repair ~* een fietsreparatiesetje **II** *ov ww* USA uitrusten ★ ~ *sth with* iets voorzien van, iets uitrusten met

outflank [aʊtˈflæŋk] *ov ww* ❶ aftroeven, te vlug af zijn ❷ mil omtrekken

outflow [ˈaʊtfləʊ] *zn* af- / uitvloeiing, uitstroom, vlucht ⟨van kapitaal⟩

outfox [aʊtˈfɒks] *ov ww* te slim af zijn

outgoing [aʊtˈɡəʊɪŋ] *bnw* ❶ hartelijk, vriendelijk, open ★ *be* ~ makkelijk met mensen omgaan ❷ vertrekkend, aftredend ❸ uitgaand ⟨van post, vlucht⟩

outgoings [ˈaʊtɡəʊɪŋz] *zn mv* onkosten

outgrow [aʊtˈɡrəʊ] *ov ww* ❶ groeien uit ⟨kleren⟩, te groot worden voor, harder groeien dan, boven het hoofd groeien ❷ ontgroeien ⟨vrienden, een oude hobby⟩

outgrowth [ˈaʊtɡrəʊθ] *zn* ❶ product, resultaat ❷ uitgroeisel, uitwas

outgun [aʊtˈɡʌn] *ov ww* overtreffen, overtroeven

outhouse [ˈaʊthaʊs] *zn* ❶ GB schuurtje, bijgebouw ❷ USA wc buiten

outing [ˈaʊtɪŋ] *zn* ❶ uitstapje ❷ bekendmaking van iemands homoseksualiteit ⟨vooral van vooraanstaande mensen⟩

outlandish [aʊtˈlændɪʃ] *bnw* vreemd, bizar

outlast [aʊtˈlɑːst] *ov ww* langer duren dan, het langer uithouden dan

outlaw [ˈaʊtlɔː] **I** *zn* vogelvrij verklaarde **II** *ov ww* ❶ verbieden, illegaal maken / verklaren ❷ vogelvrij verklaren

outlay [ˈaʊtleɪ] *zn* uitgave(n), investering

outlet [ˈaʊtlet] *zn* ❶ fig uitlaat(klep), manier om je te uiten ❷ verkooppunt, winkel ❸ fabriekswinkel, outlet ⟨waar bv. restpartijen van een fabrikant / merk met korting verkocht

ou

worden⟩ ❹ afvoerbuis, uitlaat ❺ USA
stopcontact
outline ['aʊtlaɪn] **I** zn ❶ schets, overzicht, opzet
❷ (om)trek, omlijning **II** ov ww ❶ schetsen, in
grote lijnen aangeven ❷ omlijnen ★ be ~d
against zich aftekenen tegen
outlive [aʊt'lɪv] ov ww langer leven dan,
overleven ⟨iemand anders⟩ ★ have ~d its
usefulness geen nut meer hebben, zichzelf
overleefd hebben
outlook ['aʊtlʊk] zn ❶ (voor)uitzicht,
verwachting ★ the long term ~ for the economy is
still good de langetermijnvooruitzichten van /
voor de economie zijn nog steeds goed ❷ – kijk
★ his ~ on life zijn levensopvatting ❸ uitkijk /
-zicht ★ an ~ on the river een uitzicht op / over
de rivier
outlying ['aʊtlaɪŋ] bnw afgelegen
outmanoeuvre [aʊtmə'nu:və] ov ww te slim af
zijn
outmoded [aʊt'məʊdɪd] bnw ouderwets,
verouderd
outnumber [aʊt'nʌmbə] ov ww overtreffen in
aantal ★ we were ~ed two to one by our
opponents de tegenpartij had twee keer zoveel
mensen
out-of-date [aʊtəv'deɪt] bnw ❶ verouderd
❷ verlopen ⟨van paspoort, rijbewijs⟩ ❸ voorbij
de houdbaarheidsdatum ⟨van levensmiddelen⟩
out-of-the-way [aʊtəvðə'weɪ] bnw afgelegen
out-of-work [aʊtəv'wɜːk] bnw werkloos ★ the ~
[mv] de werklozen
outpace ov ww sneller gaan dan, overtreffen
outpatient ['aʊtpeɪʃənt] zn poliklinisch patiënt
outpatient clinic zn polikliniek
outplace [aʊtpleɪs] ov ww tewerkstellen ⟨bij
andere werkgever⟩
outplacement ['aʊtpleɪsmənt] zn
ontslagbegeleiding, uitplaatsing
outplay [aʊt'pleɪ] ov ww beter spelen dan,
overspelen
outpost ['aʊtpəʊst] zn ❶ buitenpost ❷ mil
voorpost
outpouring ['aʊtpɔːrɪŋ] zn ❶ uitstorting, stroom
❷ gemoedsuitstorting, ontboezeming
output ['aʊtpʊt] **I** zn ❶ uitkomst, opbrengst,
productie ❷ output ⟨van computer⟩, uitvoer
❸ prestatie, vermogen ⟨van elektriciteit⟩
❹ uitgang ⟨in elektronica⟩ **II** ov ww uitvoeren
⟨van computer⟩, als uitvoer leveren
outrage ['aʊtreɪdʒ] **I** zn ❶ grote
verontwaardiging ❷ grove belediging,
schandaal ❸ gewelddaad, aanslag **II** ov ww grof
beledigen ★ ~d diep verontwaardigd
outrageous [aʊt'reɪdʒəs] bnw ❶ schandelijk,
ongehoord, beledigend, verschrikkelijk
❷ extravagant, buitensporig
outrank [aʊt'ræŋk] ov ww hogere rang hebben,
overtreffen
outré ['u:treɪ] form bnw onbehoorlijk, buitennissig,
excentriek
outreach [aʊt'riːtʃ] zn hulpverlening
outride [aʊt'raɪd] ov ww sneller rijden dan
outrider ['aʊtraɪdə] zn escorte, begeleider ⟨te
paard of op motor, bij rijtuig, auto⟩
outright ['aʊtraɪt] **I** bnw ❶ totaal, volslagen ★ the

~ winner de absolute winnaar ❷ – openlijk
II bijw ❶ ronduit ❷ ineens, op slag ★ they were
killed ~ ze waren op slag dood ❸ helemaal
outrun [aʊt'rʌn] ov ww ❶ harder lopen dan,
ontlopen ❷ voorbij streven
outsell [aʊt'sel] ov ww ❶ meer verkopen dan
❷ meer verkocht worden dan
outset ['aʊtset] zn begin ★ from / at the very ~
vanaf het allereerste begin
outshine [aʊt'ʃaɪn] ov ww uitblinken boven,
overtreffen, overschaduwen
outside[1] [aʊt'saɪd] **I** zn ❶ buiten(kant) ★ from the
~ van buiten ★ on the ~ aan de buitenkant,
buiten ❷ uiterlijk ★ be calm on the ~ uiterlijk
kalm zijn ❸ uiterste ★ nine at the ~ op zijn
hoogst negen **II** bnw ❶ buitenste ★ the ~ wall de
buitenmuur ★ GB the ~ lane de buitenste
rijstrook ❷ van buiten, extern ★ ~ experts
externe deskundigen ★ ~ help hulp van buitenaf
★ ~ interests interesses buiten je werk, hobby's
❸ (naar) buiten ★ an ~ line een buitenlijn ⟨van
telefoon⟩ ❹ klein, miniem ⟨van kans⟩ **III** bijw
❶ buiten ★ wait ~ buiten wachten ❷ naar / van
buiten ★ look ~ naar buiten kijken
outside[2] ['aʊtsaɪd] vz buiten ★ ~ New York buiten
New York ★ the house bij / naast / voor het
huis ★ USA ~ of behalve, afgezien van ★ USA ~
of his family buiten zijn familie
outsider [aʊt'saɪdə] zn ❶ buitenstaander,
outsider ❷ sport kansloos paard ⟨in wedren⟩
outsize, outsized bnw abnormaal groot
outskirts ['aʊtskɜːts] zn mv buitenwijken, rand
★ on the ~ of town aan de rand van de stad
outsmart [aʊt'smɑːt] ov ww te slim af zijn
outsource ['aʊtsɔːs] ov ww uitbesteden ⟨van
niet-kernactiviteiten⟩
outspoken [aʊt'spəʊkən] bnw openhartig,
ronduit
outspread [aʊt'spred] bnw uitgespreid
outstanding [aʊt'stændɪŋ] bnw ❶ uitstekend,
voortreffelijk ❷ opvallend, markant ❸ onbeslist,
uitstaand, nog niet gedaan / afgehandeld ★ ~
debts onbetaalde schulden
outstare [aʊt'steə] ov ww iemand v. z'n stuk
brengen, brutaal blijven kijken naar
outstay [aʊt'steɪ] ov ww langer blijven dan ★ ~
one's welcome te lang blijven hangen, langer
blijven dan je welkom bent
outstrip [aʊt'strɪp] ov ww ❶ overtreffen
❷ inhalen, voorbijlopen
outta ['aʊtə] samentr, out of → out
outtake zn fragment ⟨dat niet in de film, show of
op cd / dvd is opgenomen⟩
out tray GB zn brievenbakje voor uitgaande post
outvote [aʊt'vəʊt] ov ww meer stemmen
behalen dan ★ be ~d by the Tories minder
stemmen hebben dan de Tories
outward ['aʊtwəd] bnw + bijw ❶ uiterlijk,
uitwendig ★ no ~ signs of pain or illness geen
zichtbare tekenen van pijn of ziekte ★ to all ~
appearances schijnbaar, naar het schijnt ★ judge
by ~ appearance op het uiterlijk afgaan ★ ~
things de wereld om ons heen ❷ buitenwaarts,
naar buiten ★ ~ bound op de uitreis / heenreis
★ ~ flight heenvlucht, heenreis ⟨van vliegtuig⟩
outwardly ['aʊtwədlɪ] bijw ogenschijnlijk,

klaarblijkelijk

outwards ['aʊtwədz] *bijw* naar buiten, buitenwaarts

outweigh [aʊt'weɪ] *ov ww* belangrijker zijn dan, zwaarder wegen dan

outwit [aʊt'wɪt] *ov ww* te slim af zijn

outwork ['aʊtwɜ:k] GB *zn* thuiswerk

outworn [aʊt'wɔ:n] *bnw* verouderd, achterhaald

ova ['əʊvə] *zn mv* → **ovum**

oval ['əʊvəl] **I** *zn* ovaal ★ *the Oval* cricketterrein in Londen **II** *bnw* ovaal

ovarian [əʊ'veərɪən] *bnw* v.d. eierstok

ovary ['əʊvərɪ] *zn* ❶ eierstok ❷ plantk vruchtbeginsel

ovation [əʊ'veɪʃən] *zn* ovatie ★ *get a standing ~* een staande ovatie krijgen

oven ['ʌvən] *zn* oven, fornuis ★ *inform like an oven* snikheet

ovenproof *bnw* ovenvast

ovenware ['ʌvənweə] *zn* vuurvaste schalen

over ['əʊvə] **I** *bijw* ❶ om, over, naar de andere kant ★ *fall over* omvallen ★ *cross over* oversteken ★ *over here* hier, op deze plek ★ *do you see the people going over there?* zie je die mensen daarginds / daar gaan? ★ USA *over there* in Europa ★ *over against this you can put...* hiertegenover kun je... stellen ❷ voorbij ★ *school is over* de school is uit ★ *it's all over with him* het is met hem gedaan ★ *it's all over now* het is allemaal voorbij ★ *we shall tide over the difficulties* we zullen de moeilijkheden te boven komen ❸ opnieuw, over ★ *over again* opnieuw ★ *over and over (again)* telkens weer ❹ te ★ *he is not over particular* hij neemt het niet zo precies ▼ *it's him all over* hij is het precies, dat is nu precies iets voor hem (om te doen) **II** *vz* ❶ over, boven, bij ★ *all over the world* over de hele wereld ★ *the lamp over the table* de lamp boven de tafel ★ *a view over the river* een uitzicht over de rivier ★ *we talked about the matter over a bottle of wine* we bespraken de zaak bij 'n fles wijn ★ *he went asleep over his work* hij viel bij z'n werk in slaap ★ *my neighbour over the road* mijn overbuur ★ *over the road* aan de overkant ❷ over, aangaande ★ *quarrel over sth* over iets ruziën ❸ over... heen ★ *over and above this you get also...* behalve dit krijg je ook nog... ★ *we stayed over Wednesday* we bleven (er) tot en met woensdag ★ *over the noise of the cars* boven het lawaai van de auto's uit ★ *be over sixty* boven de zestig zijn ★ *over sixty years ago* meer dan zestig jaar terug ❹ door, via ★ *over the phone* door / over de telefoon

over- *voorv* over-, te ★ *overabundant* al te overvloedig / overdadig ★ *overanxious* overbezorgd

overachiever *zn* iemand die beter / meer presteert dan verwacht

overact [əʊvər'ækt] **I** *onov ww* overdrijven, overacteren **II** *ov ww* overdrijven

overall[1] ['əʊvərɔ:l] *zn* ❶ GB jasschort, stofjas ❷ USA overall ▼ GB *~s* [mv] overall ▼ USA *~s* [mv] tuinbroek, werkbroek

overall[2] [əʊvər'ɔ:l] **I** *bnw* geheel, totaal, globaal **II** *bijw* ❶ in het algemeen ❷ in totaal ★ *come third ~* in het eindklassement op de derde

plaats komen

overarm ['əʊvərɑ:m] GB *bnw* + *bijw* bovenarms ⟨van worp, serve⟩

overawe [əʊvər'ɔ:] *ov ww* ontzag inboezemen, intimideren, imponeren

overbalance [əʊvə'bæləns] **I** *onov ww* het evenwicht verliezen **II** *ov ww* het evenwicht doen verliezen

overbearing [əʊvə'beərɪŋ] *bnw* dominerend

overbid [əʊvə'bɪd] *onov ww* te veel bieden ★ *~ for sth* te veel bieden voor iets

overboard ['əʊvəbɔ:d] *bijw* overboord ★ *fall / jump ~* overboord vallen / springen ★ fig *throw ~* opgeven, overboord gooien ▼ *go ~ (in / with / for sth)* te ver gaan (in iets), te enthousiast zijn ⟨over iets⟩

overburden [əʊvə'bɜ:dn] *ov ww* overbelasten, overladen

overcast [əʊvə'kɑ:st] *bnw* bewolkt ★ *an ~ sky* een betrokken hemel

overcautious [əʊvə'kɔ:ʃəs] *bnw* te voorzichtig

overcharge [əʊvə'tʃɑ:dʒ] *ov ww* ❶ overvragen, te veel in rekening brengen ★ *~ sb for sth* iem. te veel laten betalen voor iets ❷ te sterk laden, overladen ⟨batterij⟩

overcoat ['əʊvəkəʊt] *zn* overjas, lange jas

overcome [əʊvə'kʌm] **I** *ov ww* te boven komen, overwinnen **II** *bnw* overmand, overweldigd ★ *~ with / by grief / emotion* overmand door leed / emotie ★ *~ by the heat* door de hitte bevangen ★ *~ by smoke / gas* bedwelmd door rook / gas

overconfident [əʊvə'kɒnfɪdnt] *bnw* overmoedig

overcrowded [əʊvə'kraʊdɪd] *bnw* overvol, overbevolkt ★ *in ~ conditions* te dicht op elkaar, in een te krappe ruimte

overdo [əʊvə'du:] *ov ww* ❶ overdrijven ★ *the ending is a little bit ~ne* het einde is een beetje te / overdreven ★ *~ it / things* te hard werken, te veel doen ❷ te gaar koken / bakken / braden ★ *~ne steaks* overgare steaks ❸ te veel gebruiken (van)

overdose ['əʊvədəʊs] **I** *zn* te grote dosis, overdosis ook fig **II** *onov ww* een overdosis nemen ★ *~ on pain killers* een overdosis pijnstillers nemen ★ fig *I ~d on chocolate this weekend* ik heb dit weekend (veel) te veel chocolade gegeten

overdraft ['əʊvədrɑ:ft] GB *zn* ❶ debetstand, bankschuld ★ *have a £200 ~* £200 rood staan ❷ voorschot in rekening-courant, kredietlimiet

overdraw [əʊvə'drɔ:] GB *ov ww* te veel opnemen ⟨geld van bankrekening⟩ ★ *~ one's account* debet staan ⟨bij de bank⟩ ★ *be ~n by £300* £300 debet / rood staan ⟨bij de bank⟩ ★ *my account is £300 ~n* ik sta voor £300 in het rood ★ *go ~n* in het rood komen te staan

overdressed [əʊvə'drest] *bnw* ❶ te feestelijk / formeel gekleed voor de gelegenheid ❷ te warm gekleed

overdrive ['əʊvədraɪv] *zn* auto overdrive ★ fig *go into ~* hyperactief worden, er flink tegenaan gaan ⟨van personen⟩, enorm versnellen / omhooggaan ⟨van carrière / productie⟩

overdue [əʊvə'dju:] *bnw* ❶ te laat, niet op tijd, over tijd, achterstallig ❷ reeds lang noodzakelijk ★ *this work is long ~* dit had allang

ov

gedaan moeten worden ★ *this debate is long ~* deze discussie had allang moeten hebben plaatsvinden ★ *be ~ for a shave* hard aan een scheerbeurt toe zijn

overeat [əʊvər'i:t] *onov ww* te veel eten, zich overeten

overestimate[1] [əʊvər'estɪmət] *zn*
❶ overschatting ❷ te hoge raming / schatting ⟨van aantal, getal⟩

overestimate[2] [əʊvər'estɪmeɪt] *ov ww* ❶ – overschatten ❷ te hoog schatten / ramen ⟨aantal, getal⟩

overexpose [əʊvərɪk'spəʊz] *ov ww* ❶ te lang blootstellen ⟨aan kou, zon⟩ ❷ ook fig overbelichten ⟨foto⟩ ★ fig *not let young actors be ~d* jonge acteurs niet te veel in de aandacht laten staan

overfeed [əʊvə'fi:d] *ov ww* te veel eten / voedsel geven, overvoeden

overflow[1] ['əʊvəfləʊ] *zn* ❶ overschot, teveel ❷ overstroming ❸ overloop(pijp)

overflow[2] [əʊvə'fləʊ] I *onov ww* ❶ overstromen ❷ overlopen, overvloeien ★ *~ing with students* lokalen die uitpuilen van de studenten ★ *~ing with joy* overvloeiend van vreugde ★ *filled to ~ing* boordevol, stampvol II *ov ww* overstromen, stromen over

overground ['əʊvəgraʊnd] *bnw* bovengronds

overgrown [əʊvə'grəʊn] *bnw* ❶ overwoekerd, verwilderd ❷ uit zijn krachten gegroeid ⟨dorp, stad⟩, opgeschoten ⟨jongen, meisje⟩ ★ *act like a ~ child* je gedragen als een klein kind ⟨gezegd tegen volwassene⟩

overgrowth ['əʊvəgrəʊθ] *zn* te sterke / welige / hoge groei

overhand ['əʊvəhænd] USA *bnw* bovenhands ⟨van worp, serve⟩

overhang ['əʊvəhæŋ] I *ov ww* hangen boven / over II *onov ww* overhangen ★ *~ing trees* overhangende bomen III *zn* ❶ overhangend / uitstekend gedeelte ★ *have an ~ of 10 cm* 10 cm uitsteken ❷ USA overschot

overhaul[1] ['əʊvəhɔ:l] *zn* ❶ revisie, demontage ⟨van machine, apparaat⟩ ❷ herziening ★ *an ~ of the financial system* een herziening van het financiële stelsel

overhaul[2] [əʊvə'hɔ:l] *ov ww* ❶ reviseren, demonteren ⟨machine, apparaat⟩, helemaal nakijken en repareren ❷ ⟨grondig⟩ herzien ⟨stelsel⟩ ❸ inhalen

overhead[1] ['əʊvəhed] *zn* USA overheadkosten, vaste bedrijfskosten ★ GB *~s* [mv] overheadkosten, vaste bedrijfskosten

overhead[2] [əʊvə'hed] I *bnw* ❶ boven het hoofd, bovengronds ⟨kabels⟩ ★ *~ locker* bagageruimte boven je hoofd ⟨in vliegtuig⟩ ❷ algemeen, vast ★ *~ charges / costs / expenses* vaste bedrijfskosten, overheadkosten II *bijw* boven het hoofd

overhear [əʊvə'hɪə] *ov ww* toevallig horen

overheat [əʊvə'hi:t] I *ov ww* oververhitten, te heet maken II *onov ww* oververhit raken ⟨van machine, economie enz.⟩ ★ *an ~ed debate* een al te verhitte discussie

overindulge I *ov ww* te veel toegeven aan II *onov ww* zich te veel laten gaan ⟨met eten,

drank⟩

overjoyed [əʊvə'dʒɔɪd] *bnw* opgetogen, dolblij

overkill ['əʊvəkɪl] *zn* te veel van het goede, overkill

overlap[1] ['əʊvəlæp] *zn* overlap, gedeeltelijk samenvallend(e) stuk / iets / tijd

overlap[2] [əʊvə'læp] I *ov ww* ❶ overlappen, gedeeltelijk bedekken ❷ gedeeltelijk samenvallen met II *onov ww* ❶ elkaar overlappen, elkaar gedeeltelijk bedekken ❷ gedeeltelijk samenvallen, gedeeltelijk hetzelfde doen / zijn / behandelen

overlay[1] ['əʊvəleɪ] *zn* ❶ bedekking, bekleding ❷ transparante sheet ⟨met extra gegevens voor onderliggend vel⟩

overlay[2] [əʊvə'leɪ] *ov ww* bedekken, bekleden

overleaf [əʊvə'li:f] *bijw* aan de andere kant v.d. bladzijde ★ *see ~* z.o.z.

overload[1] ['əʊvələʊd] *zn* te zware last

overload[2] [əʊvə'ləʊd] *ov ww* te zwaar (be)laden, overbelasten

overlook [əʊvə'lʊk] *ov ww* ❶ over het hoofd zien ★ *~ sb for promotion* iem. negeren / passeren voor (een) promotie ❷ door de vingers zien ❸ uitzien op

overlord ['əʊvəlɔ:d] gesch *zn* opperheer

overly ['əʊvəlɪ] *bijw* al te, te zeer

overmanned [əʊvə'mænd] *bnw* overbezet, met te veel personeel

overmuch [əʊvə'mʌtʃ] *bijw* te veel / zeer

overnight[1] [əʊvə'naɪt] *bijw* ❶ gedurende de nacht ★ *stay ~* blijven slapen ★ *travel ~* 's nacht reizen ❷ zo maar, ineens ★ *become famous ~* in een klap beroemd worden

overnight[2] ['əʊvənaɪt] *bnw* ❶ nacht-, nachtelijk ★ *an ~ train / flight* een nachttrein / nachtvlucht ★ *an ~ stay* een overnachting ❷ plotseling ⟨van succes, beslissing⟩

overpass ['əʊvəpɑ:s] *zn* USA viaduct

overpay [əʊvə'peɪ] I *ov ww* te veel betalen II *onov ww* te veel betalen

overplay [əʊvə'pleɪ] *ov ww* te veel benadrukken, overdrijven ▼ *~ one's hand* te veel wagen, je hand overspelen

overpopulated [əʊvə'pɒpjʊletɪd] *bnw* overbevolkt

overpopulation [əʊvəpɒpjʊ'leɪʃən] *zn* overbevolking

overpower [əʊvə'paʊə] *ov ww* ❶ overmannen, overweldigen ⟨door emotie e.d.⟩, (totaal) overheersen ⟨van smaak, geur⟩ ❷ overmeesteren

overpowering [əʊvə'paʊərɪŋ] *bnw* ❶ overweldigend ❷ onweerstaanbaar

overprice [əʊvə'praɪs] *ov ww* te veel vragen voor ★ *~d shoes* te dure schoenen

overprint[1] ['əʊvəprɪnt] *zn* opdruk ⟨op postzegel⟩

overprint[2] [əʊvə'prɪnt] *ov ww* van een opdruk voorzien ⟨postzegel⟩, drukken op / over ★ *Christmas cards ~ed with your custom message* kerstkaarten met jouw eigen tekst erop (gedrukt)

overprotective *bnw* overbezorgd

overrate [əʊvə'reɪt] *ov ww* overschatten

overreach [əʊvə'ri:tʃ] *ov ww* ★ *~ o.s.* te veel willen / wagen, al te slim willen zijn

override [əʊvə'raɪd] *ov ww* ❶ belangrijker zijn dan, voorrang hebben boven ❷ zich niet storen aan, terzijde schuiven, tenietdoen

overriding [əʊvə'raɪdɪŋ] *bnw* v. het allergrootste belang

overrule [əʊvə'ru:l] *ov ww* ❶ verwerpen, tenietdoen ❷ overstemmen

overrun [əʊvə'rʌn] **I** *ov ww* ❶ overstromen, overspoelen ★ *be ~ by tourists* vergeven zijn van de toeristen, overspoeld worden door de toeristen ❷ overschrijden ⟨tijd, geldbedrag⟩ ❸ onder de voet lopen ⟨een land⟩ **II** *onov ww* langer duren / meer kosten dan gepland, uitlopen ★ *~ by half an hour* een halfuur uitlopen **III** *zn* overschrijding ⟨van kosten, tijd⟩

overseas [əʊvə'si:z] **I** *bnw* overzees, buitenlands ★ *~ students / visitors* buitenlandse studenten / bezoekers ⟨m.n. uit een overzees land⟩ **II** *bijw* overzee, in / naar het buitenland ⟨m.n. een overzees land⟩ ★ *from ~* uit het buitenland ★ *work ~* in het buitenland werken

oversee [əʊvə'si:] *ov ww* controleren, toezicht houden op

overseer ['əʊvəsi:ə] *zn* ❶ opzichter, inspecteur ❷ toezichthouder

oversell [əʊvə'sel] *ov ww* ❶ meer verkopen dan afgeleverd kan worden ❷ overdreven aanprijzen ★ *~ yourself* te hoog opgeven van jezelf

overshadow [əʊvə'ʃædəʊ] *ov ww* ook *fig* overschaduwen

overshoe ['əʊvəʃu:] *zn* overschoen

overshoot [əʊvə'ʃu:t] **I** *ov ww* voorbijschieten ★ *~ the runway* doorschieten op de landingsbaan **II** *onov ww* doorschieten ⟨bv. van vliegtuig op landingsbaan⟩

oversight ['əʊvəsaɪt] *zn* ❶ onoplettendheid, vergissing ❷ *form* toezicht

oversimplify [əʊvə'sɪmplɪfaɪ] *ov ww* oversimplificeren, al te eenvoudig voorstellen

oversized [əʊvə'saɪzd], **oversize** [əʊvə'saɪz] *bnw* ❶ te groot ❷ extra groot

oversleep [əʊvə'sli:p] *onov ww* zich verslapen

overspend [əʊvə'spend] **I** *ov ww* meer uitgeven dan ★ *~ your budget by $3000* $3000 meer uitgeven dan je budget **II** *onov ww* te veel uitgeven ★ *~ on sth* te veel uitgeven aan iets

overspill ['əʊvəspɪl] *zn* ❶ *GB* overloop ⟨bevolkingsoverschot dat naar elders, een overloopgemeente, verhuist⟩ ❷ teveel

overstaffed [əʊvə'stɑ:ft] *bnw* met te veel personeel, overbezet

overstate [əʊvə'steɪt] *ov ww* overdrijven ★ *~ one's case* te veel beweren ★ *the importance of proper communication cannot be ~d* het belang van juiste communicatie kan niet overschat worden, juiste communicatie is van het allergrootste belang

overstay [əʊvə'steɪ] *ov ww* langer blijven dan

overstep [əʊvə'step] *ov ww* overschrijden ★ *~ the mark* over de schreef gaan, te ver gaan

overstock[1] ['əʊvəstɒk] *zn* te grote voorraad

overstock[2] [əʊvə'stɒk] *ov ww* ❶ overladen, overvoeren ⟨markt⟩ ❷ een te grote voorraad hebben / aanhouden / maken van ★ *they ~ed the new collections* ze hadden een te grote

voorraad van de nieuwe collecties **II** *onov ww* een te grote voorraad hebben / aanhouden / maken

overstretch *ov ww* overbelasten ★ *~ed muscles / services* overbelaste spieren / diensten ★ *~ yourself* te veel hooi op je vork nemen, te veel doen / ver gaan

overt [əʊ'vɜ:t] *bnw* openlijk, open ★ *~ criticism / racism* openlijk(e) kritiek / racisme

overtake [əʊvə'teɪk] *ov ww* ❶ inhalen ⟨in het verkeer; iemand die beter / sneller is⟩; voorbijgaan ★ *~n by the events* achterhaald door de gebeurtenissen ❷ overvallen ★ *~n by emotion* overvallen / overmand door emotie

overtax [əʊvə'tæks] *ov ww* ❶ overbelasten, te zwaar belasten ❷ te veel belasting laten betalen

over-the-counter *bnw* zonder recept verkrijgbaar ⟨van geneesmiddelen⟩

over-the-top GB *inform bnw* overdreven, overtrokken, te

overthrow[1] ['əʊvəθrəʊ] *zn* omverwerping, val, nederlaag

overthrow[2] [əʊvə'θrəʊ] *ov ww* omverwerpen, ten val brengen

overtime ['əʊvətaɪm] *zn* ❶ overuren, overwerk ★ *work ~* overwerken ❷ USA sport verlenging

overtone ['əʊvətəʊn] *zn* ❶ bijbetekenis, fig ondertoon ❷ muz boventoon

overture ['əʊvətjʊə] *zn* ❶ (eerste) voorstel, eerste stap ★ *make ~s to* toenadering zoeken tot ❷ muz ouverture

overturn [əʊvə'tɜ:n] **I** *ov ww* ❶ doen omslaan, omgooien, omverwerpen ❷ tenietdoen, terugdraaien ⟨beslissing, uitspraak⟩ ❸ ten val brengen **II** *onov ww* kantelen, omslaan

overvalue [əʊvə'vælju:] *ov ww* overschatten, overwaarderen

overview ['əʊvəvju:] *zn* overzicht

overweening [əʊvə'wi:nɪŋ] *bnw* ❶ verwaand, arrogant ❷ overdreven ★ *~ pride / ambition* overdreven trots / ambitie

overweight [əʊvə'weɪt] *bnw* te zwaar ⟨in (lichaams)gewicht⟩ ★ *luggage ~ by three kilos* bagage die drie kilo te zwaar is, bagage met een overgewicht van drie kilo

overwhelm [əʊvə'welm] *ov ww* ❶ overstelpen ★ *~ sb with work* iem. bedelven onder het werk ★ *the city centre was ~ed by tourists* in het centrum van de stad wemelde het van de toeristen ❷ overweldigen ★ *~ed with grief* overweldigd / overmand door leed ❸ verpletteren, in de pan hakken ⟨tegenstanders⟩

overwhelming [əʊvə'welmɪŋ] *bnw* overweldigend, verpletterend

overwork[1] ['əʊvəwɜ:k] *zn* te zwaar / veel werk

overwork[2] [əʊvə'wɜ:k] **I** *ov ww* ❶ te veel / hard laten werken ★ *~ed teachers* overspannen / overwerkte leraren ❷ te vaak gebruiken ⟨smoes, idee⟩ ★ *an ~ed phrase* een cliché **II** *onov ww* zich overwérken, te veel / hard werken

overwrite [əʊvə'raɪt] comp *ov ww* overschrijven ⟨bestand⟩

overwrought [əʊvə'rɔ:t] *bnw* overspannen, gespannen, overwerkt

oviduct ['əʊvɪdʌkt] *zn* eileider

oviparous [əʊ'vɪpərəs] <u>dierk</u> *bnw* eierleggend
ovoid ['əʊvɔɪd] *form bnw* eivormig
ovulate ['ɒvjʊleɪt] *onov ww* ovuleren
ovum ['əʊvəm] *zn* [mv: **ova**] ei(cel)
ow [aʊ] *tw* au
owe [əʊ] *ov ww* ❶ schuldig / verschuldigd zijn ★ *how much do I owe you (for it)?* hoeveel moet ik je nog (ervoor) betalen? ★ *owe sb $300 / $300 to sb* iem. $300 schuldig zijn ★ *he owes me an explanation* hij is me een uitleg verschuldigd, hij heeft me wat uit te leggen ★ *we owe you much for your help* wij zijn u zeer verplicht voor uw hulp ★ *owe it to your fans to make another CD* het aan je fans verplicht zijn nog een cd op te nemen ★ <u>inform</u> *I owe you one* ik sta bij je in het krijt ❷ te danken hebben ★ *owe everything to your uncle* alles aan je oom te danken hebben
owing ['əʊɪŋ] *bnw + bijw* schuldig, verschuldigd, te betalen
owing to *vz* als gevolg van, te danken / wijten aan
owl [aʊl] *zn* uil
owlet ['aʊlət] *zn* uiltje
owlish ['aʊlɪʃ] *bnw* uilachtig
own [əʊn] **I** *bnw* eigen ★ *in your own home* in je eigen huis ★ *cook your own meals* zelf koken ★ *be your own man* onafhankelijk zijn ★ *my very own room* een kamer die helemaal voor mezelf is **II** *vnw* eigen (bezit) ★ *a PC / room of your own* een eigen pc / kamer ★ *a room of my very own* een kamer helemaal alleen voor mij ★ *on your own* alleen, op eigen houtje, op jezelf, zelfstandig ★ *my time is my own* ik heb de tijd aan mezelf ★ <u>inform</u> *get one's own back (on sb)* het (iemand) <u>betaald</u> zetten, (iemand) terugpakken ★ *we could not hold our own* wij wisten ons niet staande te houden ★ *on these bad roads, a four-wheel drive vehicle really comes into its own* op deze slechte wegen zie je pas echt wat een auto met vierwielaandrijving waard is **III** *ov ww* ❶ bezitten, (in eigendom) hebben ★ *as if they owned the place* alsof zij de baas waren ★ *be privately owned* eigen bezit / privé-eigendom zijn ❷ <u>inform</u> ~ **up** opbiechten **IV** *onov ww* ❶ <u>oud</u> toegeven, erkennen ★ *own to sth* iets bekennen ⟨vooral een fout⟩ ❷ <u>inform</u> ~ **up to** opbiechten
own-brand GB *bnw* van eigen merk
owner ['əʊnə] *zn* eigenaar
owner-occupier *zn* eigenaar-bewoner, bewoner van eigen woning
ownership ['əʊnəʃɪp] *zn* eigendom(srecht), bezit
own-label GB *bnw* van eigen merk
ox [ɒks] *zn* [mv: **oxen**] ❶ os ❷ <u>oud</u> rund
oxbow ['ɒksbəʊ] *zn* U-bocht ⟨in rivier⟩
Oxbridge ['ɒksbrɪdʒ] *zn* (de universiteiten van) Oxford en Cambridge
oxen ['ɒksən] *zn mv* → **ox**
oxidation [ɒksɪ'deɪʃən] *zn* oxidatie
oxide ['ɒksaɪd] *zn* oxide
oxidize, oxidise ['ɒksɪdaɪz] **I** *onov ww* oxideren, roesten **II** *ov ww* oxideren
Oxonian [ɒk'səʊnɪən] **I** *zn* (oud-)student v. Oxford **II** *bnw* van Oxford
oxtail ['ɒksteɪl] *zn* ossenstaart

oxyacetylene torch [ɒksɪə'setɪliːn tɔːtʃ] *zn* snijbrander
oxygen ['ɒksɪdʒən] *zn* zuurstof
oxygen mask *zn* zuurstofmasker
oxygen tent *zn* zuurstoftent
oyster ['ɔɪstə] *zn* oester
oyster bed *zn* oesterbed
oystercatcher ['ɔɪstəkætʃə] *zn* scholekster
oyster mushroom *zn* oesterzwam
oz *afk, ounce(s)* ounce ⟨gewicht, 28,35 gram⟩
Oz [ɒz] *inform* Australië
ozone ['əʊzəʊn] *zn* ❶ ozon ❷ GB *inform* frisse lucht

P

p [pi:] **I** *zn, letter* p ★ *P as in Peter* de p van Pieter **II** *afk* ❶ <u>muz</u> piano ❷ *penny, pence* p ❸ *page* blz.

pa [pɑ:] *inform zn* pa

PA [pi:eɪ] *afk* ❶ *public address (system)* p.a. ❷ *personal assistant* privésecretaris ❸ *Pennsylvania* staat in de VS

pace [peɪs] **I** *zn* ❶ pas, stap, gang ★ *keep pace with* gelijke tred houden met ★ *put sb through their paces* iem. op de proef stellen ★ *stay the pace* bijblijven, op gelijke hoogte blijven ★ *go through / show your paces* tonen wat je waard bent ★ *set the pace* het tempo aangeven ❷ telgang ⟨van paard⟩ **II** *ov ww* ❶ de snelheid meten ❷ het tempo aangeven ❸ ~ **(off/out)** afpassen, afmeten **III** *onov ww* stappen ★ *pace up and down* ijsberen **IV** *wkd ww* zijn krachten verdelen

pacemaker ['peɪsmeɪkə] *zn* ❶ <u>med</u> pacemaker ❷ gangmaker

pacesetter ['peɪssetə] *zn* ❶ <u>sport</u> gangmaker ❷ koploper

pacific [pə'sɪfɪk] <u>dicht</u> *bnw* vreedzaam, vredelievend

Pacific [pə'sɪfɪk] *zn* ★ *the ~ (Ocean)* de Stille Oceaan

pacifier ['pæsɪfaɪə] *USA zn* fopspeen

pacifist ['pæsɪfɪst] **I** *zn* pacifist **II** *bnw* pacifistisch

pacify ['pæsɪfaɪ] *ov ww* stillen, kalmeren, tot rust / vrede brengen

pack [pæk] **I** *zn* ❶ pak(je), bundel ★ *a pack of cigarettes / chewing gum* een pakje sigaretten / kauwgum ❷ hoop, partij ⟨hoeveelheid⟩ ★ *a pack of lies* een hoop leugens ❸ bepakking, rugzak ❹ stel ⟨groep⟩, bende, meute ⟨van jachthonden⟩ ★ *a pack of fools* een stelletje idioten ❺ spel kaarten ❻ kompres **II** *ov ww* ❶ pakken, inpakken, verpakken ★ <u>inform</u> *pack one's bags* zijn spullen pakken ⟨weggaan⟩ ❷ omwikkelen ★ *pack some ice around the knee* doe wat ijs om de knie heen ❸ beladen ❹ aanstampen, samenpersen ❺ ~ **away** opbergen, <u>inform</u> iets naar binnen werken ❻ ~ **in** <u>inform</u> binnenhalen ⟨iemand als toeschouwer⟩, <u>inform</u> ophouden met ⟨bezigheid⟩ ★ <u>inform</u> *his newest film is packing them in* zijn nieuwste film trekt volle zalen ★ <u>inform</u> *you're too noisy: pack it in, kids!* jullie maken teveel lawaai: hou ermee op jongens! ❼ ~ **off** wegsturen ❽ ~ **out** volproppen ★ *Wembley Stadium was packed out* het Wembley Stadion was stampvol ❾ ~ **up** (in)pakken, <u>inform</u> ophouden met **III** *onov ww* ❶ (in)pakken **II** *zich laten inpakken* ★ *send sb packing* iem. de bons geven ❷ ~ **away** ingepakt kunnen worden ★ *the hood packs away into the collar* de capuchon wordt opgevouwen in de kraag ❹ ~ **up** inpakken, stoppen / ophouden met het begeven ⟨van machine⟩

package ['pækɪdʒ] **I** *zn* ❶ pakket ❷ verpakking **II** *ov ww* ❶ inpakken, verpakken ❷ presenteren ❸ groeperen, ordenen

package deal *zn* ❶ speciale aanbieding ❷ package deal ⟨aanbieding die in haar geheel geaccepteerd moet worden⟩

package holiday, package tour *zn* geheel verzorgde vakantie

pack animal ['pæk 'ænɪml] *zn* lastdier

packed [pækt] *bnw* ❶ opeengepakt ★ *sheep are carried in tightly ~ trucks* schapen worden vervoerd in volgepakte vrachtwagens ❷ overvol ★ *a ~ house* een volle / uitverkochte zaal ★ *action-~* barstensvol actie

packed lunch [pækt lʌntʃ] *zn* lunchpakket

packet ['pækɪt] *zn* ❶ pakje ⟨vnl. van sigaretten⟩ ❷ pakket ⟨post⟩ ❸ <u>inform</u> vermogen ★ *make a ~* dik geld verdienen

pack horse ['pækhɔ:s] *zn* lastpaard

pack ice [pæk aɪs] *zn* pakijs

packing ['pækɪŋ] *zn* ❶ verpakking ❷ (het) verpakken

pact [pækt] *zn* ❶ pact, verdrag ❷ contract, overeenkomst

pacy *inform bnw* snel

pad [pæd] **I** *zn* ❶ kussen(tje), wattenschijfje, vulsel ★ *a sanitary pad* een maandverband ★ *a scouring pad* een schuurspons ❷ beschermer ★ *knee pads* kniebeschermers ❸ onderlegger ⟨bij het schrijven⟩ ❹ kladblok, blocnote ❺ zool ⟨van dierenpoot⟩ ❻ platform ⟨voor helikopters⟩, lanceerinrichting ⟨voor ruimtevaartuigen⟩ ❼ <u>inform</u> kamer, flat **II** *ov ww* ❶ (op)vullen ★ *pad one's pocket* zijn beurs spekken ❷ ~ **out** (op)vullen, langer maken, rekken ⟨toespraak enz.⟩ **III** *onov ww* lopen ⟨met lichte tred⟩, trippelen

padded cell ['pædɪd 'sel] *zn* (gecapitonneerde) isoleercel

padding ['pædɪŋ] *zn* ❶ vulsel ❷ (blad)vulling

paddle ['pædl] **I** *zn* ❶ peddel ❷ schopje ❸ zwemvoet, vin ❹ geploeter ⟨in water⟩ ★ *have a ~* pootjebaden **II** *ov ww* roeien, peddelen ★ <u>inform</u> ~ *one's own canoe* op eigen wieken drijven **III** *onov ww* ❶ peddelen ❷ pootjebaden ❸ wiegelen

paddle boat *zn* raderboot

paddle wheel *zn* schoeprad

paddling pool ['pædlɪŋpu:l pu:l] *zn* kinderbadje

paddy ['pædɪ] *zn* ❶ rijstveld ❷ <u>inform</u> boze bui

padlock ['pædlɒk] **I** *zn* hangslot **II** *ov ww* afsluiten, op slot zetten ⟨met hangslot⟩

padre ['pɑ:drɪ] *zn* dominee, aalmoezenier ⟨in het leger⟩

paediatrician, <u>USA</u> **pediatrician** [pi:dɪə'trɪʃən] *zn* kinderarts

paediatrics [pi:dɪ'ætrɪks], <u>USA</u> **pediatrics** *zn mv* pediatrie, kindergeneeskunde

paedophile, <u>USA</u> **pedophile** ['pi:dəfaɪl] *zn* pedofiel

paedophilia, <u>USA</u> **pedophilia** [pi:də'fɪlɪə] *zn* pedofilie

pagan ['peɪgən] **I** *zn* heiden **II** *bnw* heidens

page [peɪdʒ] **I** *zn* ❶ pagina, bladzijde ❷ page ❸ bruidsjonker **II** *ov ww* oproepen ⟨via geluidsinstallatie⟩, oppiepen ⟨met een pieper⟩ ★ *paging Mr Smith* is de heer Smith aanwezig?

pageant ['pædʒənt] *zn* ❶ (historische) optocht / vertoning, schouwspel ❷ <u>USA</u> ≈ schoonheidswedstrijd

pa

pageantry ['pædʒəntrɪ] *zn* praal
pageboy ['peɪdʒbɔɪ] *zn* ❶ page ❷ piccolo 〈bediende〉 ❸ bruidsjonker ❹ pagekopje 〈haardracht〉
pager ['peɪdʒə] *zn* pieper 〈oproepapparaatje〉
pagoda [pə'ɡəʊdə] *zn* pagode
paid [peɪd] **I** *bnw* betaald 〈werk, verlof enz.〉 ★ *put paid to sth* een eind maken aan iets **II** *ww* [verleden tijd + volt. deelw.] → **pay**
pail [peɪl] *zn* emmer
pain [peɪn] **I** *zn* ❶ pijn, lijden ★ *are you in (any) pain?* heb je pijn? ★ *on / under pain of* op straffe van ★ *go to / take great pains* zich veel moeite geven ★ *labour pains* (barens)weeën ❷ inform lastpost ★ *a pain in the neck / vulg arse* een lastpost ★ *it's a pain having to drive so far* het is vervelend om zo ver te moeten rijden **II** *ov ww* pijn doen
pained [peɪnd] *bnw* gepijnigd
painful ['peɪnfʊl] *bnw* pijnlijk
painkiller ['peɪnkɪlə] *zn* pijnstiller
painless ['peɪnləs] *bnw* pijnloos
painstaking ['peɪnzteɪkɪŋ] *bnw* gedegen, ijverig, nauwgezet
paint [peɪnt] **I** *zn* verf ★ *face ~* schmink **II** *ov ww* ❶ schilderen, beschilderen ★ *he was ~ed as a traitor* hij werd als verrader afgeschilderd ★ *~ a gloomy / rosy & picture* een somber / rooskleurig & beeld schetsen ★ inform *~ the town red* de bloemen buiten zetten ❷ *~ out/over* overschilderen
paintbox ['peɪntbɒks] *zn* kleurdoos, verfdoos
paintbrush ['peɪntbrʌʃ] *zn* verfkwast, penseel
painter ['peɪntə] *zn* (kunst / huis)schilder
painting ['peɪntɪŋ] *zn* ❶ schilderij ❷ schilderkunst
paintwork ['peɪntwɜːk] *zn* verfwerk, verflaag
pair [peə] **I** *zn* ❶ paar 〈tweetal〉 ★ *a pair of shoes* een paar schoenen ★ *a pair of trousers* een broek ★ inform *I could do with an extra pair of hands* ik kan wel wat extra arbeidskrachten gebruiken ❷ tweetal, stel ★ *the pair are planning to marry* het stel wil trouwen ★ *in pairs* twee aan twee ★ *one of a matching pair* een van een stelletje ★ *the pair of them* allebei **II** *ov ww* ❶ paren, koppelen ❷ *~ off (with)* koppelen (aan) ❸ *~ up (with)* paren (aan), koppelen (aan) **III** *onov ww* ❶ zich paren, zich koppelen ❷ *~ off* een koppel / koppels vormen ❸ *~ up* paren vormen
paisley ['peɪzlɪ] *zn* paisley 〈patroon op textiel〉
pajamas [pə'dʒɑːməz] USA *zn mv* → **pyjamas**
Pakistani [pɑːkɪ'stɑːnɪ] **I** *zn* [mv: **Pakistani**] Pakistaan, Pakistaanse **II** *bnw* Pakistaans
pal [pæl] inform **I** *zn* makker **II** *onov ww ~ up* bevriend worden
palace ['pæləs] *zn* ❶ paleis ❷ het hof
palaeontology, USA **paleontology** [pælɒn'tɒlədʒɪ] *zn* paleontologie, fossielenleer
palatable ['pælətəbl] *bnw* ❶ smakelijk, eetbaar, aangenaam ❷ geschikt, aanvaardbaar
palate ['pælət] *zn* ❶ verhemelte ❷ smaak
palatial [pə'leɪʃəl] *bnw* groots, schitterend
palaver [pə'lɑːvə] inform *zn* ❶ gedoe, rompslomp ❷ gewauwel
pale [peɪl] **I** *zn* ★ *beyond the pale* onaanvaardbaar,

onbehoorlijk **II** *bnw* ❶ bleek, mat, dof ❷ licht **III** *onov ww* bleek worden, verbleken ★ *pale into insignificance* verbleken, niet te vergelijken zijn
Palestinian [pælɪ'stɪnɪən] **I** *zn* Palestijn, Palestijnse **II** *bnw* Palestijns
palette ['pælɪt] *zn* (schilders)palet
paling ['peɪlɪŋ] *zn* ❶ paal, staak ❷ afzetting, omheining
palisade [pælɪ'seɪd] *zn* palissade
pall [pɔːl] **I** *zn* ❶ sluier, schaduw ★ *a pall of smoke* een rooksluier ❷ lijkkleed **II** *onov ww* vervelen ★ *life in the country was starting to pall* het leven op het platteland begon zijn aantrekkelijkheid te verliezen
pall-bearer ['pɔːlbeərə] *zn* slippendrager
pallet ['pælət] *zn* ❶ pallet, laadbord ❷ strozak, stromatras
palliative ['pælɪətɪv] **I** *zn* ❶ verzachtend middel ❷ lapmiddel **II** *bnw* ❶ palliatief ❷ verzachtend
pallid ['pælɪd] *bnw* ❶ bleek ❷ flauw, lusteloos
pallor ['pælə] *zn* bleekheid
pally ['pælɪ] inform *bnw* ❶ bevriend ★ *I got ~ with him* ik werd goeie maatjes met hem ❷ vriendschappelijk
palm [pɑːm] **I** *zn* ❶ palm(tak) ❷ handpalm ★ *grease sb's palm* iem. omkopen **II** *ov ww* inform *~ off* aansmeren, afschepen ★ *she palms the worst jobs off on me* ze laat mij de slechtste baantjes opknappen ★ *they palmed me off with an excuse* ze probeerden me met een smoes zoet te houden
palmistry ['pɑːmɪstrɪ] *zn* handlijnkunde
palmreader ['pɑːmriːdə] *zn* handlijnkundige
palpable ['pælpəbl] *bnw* tastbaar
palpate [pæl'peɪt] med *ov ww* bekloppen
palpitate ['pælpɪteɪt] *onov ww* kloppen 〈van hart〉, trillen
palpitation [pælpɪ'teɪʃən] *zn* hartklopping, trilling
paltry ['pɔːltrɪ] *bnw* ❶ onbeduidend, nietig ❷ verachtelijk
pamper ['pæmpə] *ov ww* te veel toegeven aan, verwennen
pamphlet ['pæmflət] *zn* brochure
pan [pæn] **I** *zn* ❶ (koeken)pan, schotel, schaal ★ *bring a pan of water to the boil* breng een pan vol water aan de kook ❷ toiletpot **II** *ov ww* ❶ afkammen, (af)kraken, vitten op ❷ meedraaien 〈filmcamera〉 ❸ *~ off/out* wassen 〈van goudaarde〉 **III** *onov ww* ❶ wassen 〈van goudaarde〉 ★ *pan for gold* goud wassen met een pan ❷ meedraaien 〈filmcamera〉 ❸ inform *~ out* (goed) uitvallen, uitwerken, zich ontwikkelen
panacea [pænə'siːə] *zn* panacee, wondermiddel
panache [pə'næʃ] *zn* zwier, verve
pancake ['pænkeɪk] *zn* pannenkoek ★ *as flat as a ~* zo plat als een dubbeltje
pancreas ['pæŋkrɪəs] *zn* alvleesklier
pancreatic [pæŋkrɪ'ætɪk] *bnw* van de alvleesklier
pandemic [pæn'demɪk] *zn* pandemie, volksziekte
pandemonium [pændɪ'məʊnɪəm] *zn* pandemonium, grote verwarring, hels kabaal
pander ['pændə] *ov ww ~ to* in de hand werken, uitbuiten, toegeven aan
pane [peɪn] *zn* (glas / venster)ruit

pa

panel ['pænl] **I** zn ❶ paneel, vak, plaat ❷ inzetstuk, tussenzetsel ❸ instrumentenbord, bedieningspaneel ❹ panel, jury, comité **II** ov ww lambrisering aanbrengen ★ the walls are ~led with / in wood de wanden zijn met hout gelambriseerd

panel beater zn uitdeuker

panelling, USA **paneling** ['pænəlɪŋ] zn paneelwerk, lambrisering

pang [pæŋ] zn (pijn)scheut ★ hunger pangs knagende honger ★ a pang of conscience gewetenswroeging

panic ['pænɪk] **I** zn paniek ★ she got into a ~ ze raakte in paniek **II** bnw panisch **III** ov ww in paniek brengen **IV** onov ww in paniek raken

panic-stricken ['pænɪkstrɪkən] bnw in paniek (geraakt)

pannier ['pænɪə] zn ❶ fietstas, zadeltas ❷ mand, korf

panorama [pænə'rɑːmə] zn panorama, vergezicht

panoramic [pænə'ræmɪk] bnw panorama-, panoramisch

pan pipes ['pænpaɪps] zn mv panfluit

pansy ['pænzɪ] zn ❶ driekleurig viooltje ❷ min nicht, verwijfde vent

pant [pænt] **I** ov ww ❶ ~ (out) hijgend uitbrengen ❷ ~ after/for snakken naar, verlangen naar **II** onov ww hijgen **III** zn gehijg, zucht ★ his breath came in pants hij ademde stotend

panther ['pænθə] zn panter

panties ['pæntɪz] zn mv (dames)onderbroek, slipje

pantihose zn → pantyhose

pantomime ['pæntəmaɪm] zn ❶ pantomime, gebarenspel ❷ kindermusical, sprookjesvoorstelling ❸ farce

pantry ['pæntrɪ] zn provisiekast, provisiekamer

pants [pænts] zn mv ❶ (lange) broek ❷ onderbroek ★ wet one's ~ in zijn broek plassen ★ inform scare the ~ off sb iem. wezenloos laten schrikken ★ inform bore the ~ off sb iem. doodvervelen ★ fig catch him with his ~ down hem in een penibele situatie aantreffen

pantyhose, pantihose ['pæntɪhəʊz] zn panty

pantyliner ['pæntɪlaɪnə] zn inlegkruisje

pap [pæp] zn ❶ pap, moes ❷ fig pulp

papacy ['peɪpəsɪ] zn ❶ pausdom ❷ pausschap

papal ['peɪpl] bnw pauselijk

paparazzo [pæpə'rætsəʊ] zn [mv: **paparazzi**] paparazzo

papaya [pə'paɪjə] zn papaja

paper ['peɪpə] **I** zn ❶ papier ★ brown ~ pakpapier ★ blotting ~ vloei(papier) ❷ krant, blad ★ a daily ~ een dagblad ❸ examenopgave ❹ opstel, voordracht, (wetenschappelijk) artikel ★ give / deliver / read a ~ een lezing houden **II** bnw ❶ papieren ★ ~ money papiergeld ❷ op papier (niet in werkelijkheid) **III** ov ww ❶ behangen ❷ ~ over overplakken, fig verdoezelen ★ ~ over the problem het probleem onder het tapijt vegen

paperback ['peɪpəbæk] zn ingenaaid boek, pocket(boek)

paper boy zn krantenjongen

paper knife zn briefopener

paper round zn krantenwijk

paperweight ['peɪpəweɪt] zn presse-papier

paperwork ['peɪpəwɜːk] zn administratie, administratief werk ★ the job involves a lot of ~ het werk brengt veel administratieve rompslomp met zich mee

paprika ['pæprɪkə, pə'priːkə] zn paprikapoeder

par [pɑː] zn ❶ gelijkheid ★ on a par with gelijk aan, op één lijn met ❷ gemiddelde ★ above par boven het gemiddelde, zeer goed, boven de nominale waarde ★ below par beneden het gemiddelde, ondermaats, onder de nominale waarde ★ up to par voldoende ★ her work is not up to par haar werk is ondermaats ❸ par (bij golf) ★ fig par for the course wat te verwachten valt, typisch

parable ['pærəbl] zn parabel, gelijkenis

parabola [pə'ræbələ] meetk zn parabool

parachute ['pærəʃuːt] **I** zn parachute **II** ov ww met parachute neerlaten **III** onov ww met parachute afdalen ★ the crew was able to ~ to safety de bemanningsleden wisten zich met hun parachute te redden

parade [pə'reɪd] **I** zn ❶ parade, optocht ★ go on ~ parade houden ★ a floral ~ een bloemencorso ❷ fig vertoon, show ★ an ostentatious ~ of wealth een overdadig vertoon van rijkdom ❸ appel, aantreden ❹ promenade, boulevard **II** ov ww ❶ pronken met ❷ laten marcheren **III** onov ww ❶ paraderen ★ opinion parading as science een persoonlijke mening die als wetenschappelijk feit wordt gepresenteerd ❷ aantreden

paradigm ['pærədaɪm] zn paradigma, voorbeeld, model

paradise ['pærədaɪs] zn paradijs

paradox ['pærədɒks] zn paradox, tegenstrijdigheid

paradoxical [pærə'dɒksɪkl] bnw paradoxaal

paraffin, paraffin oil ['pærəfɪn (ɔɪl)] zn kerosine

paraffin wax zn (harde) paraffine

paragliding ['pærəglaɪdɪŋ] zn paragliden, parapenten

paragon ['pærəgən] zn toonbeeld (van volmaaktheid) ★ a ~ of virtue een toonbeeld van deugd

paragraph ['pærəgrɑːf] zn ❶ alinea ❷ krantenartikeltje

parakeet ['pærəkiːt] zn parkiet

parallel ['pærəlel] **I** zn ❶ parallel ★ ~ (of latitude) breedtecirkel ★ draw a ~ between... een parallel trekken tussen... **II** bnw ❶ parallel, evenwijdig ★ the road is ~ to / with the freeway de weg loopt evenwijdig met de snelweg ❷ overeenkomstig, vergelijkbaar **III** ov ww ❶ op één lijn stellen, vergelijken ❷ evenaren ★ a feat that has never been ~ed een prestatie die nog nooit is geëvenaard ❸ evenwijdig zijn met

parallel bars zn mv brug (met gelijke leggers)

paralyse ['pærəlaɪz] ov ww verlammen, lam leggen

paralysis [pə'rælɪsɪs] zn verlamming

paralytic [pærə'lɪtɪk] bnw ❶ verlammend ❷ inform straalbezopen

paramedic [pærə'medɪk] zn paramedicus

pa

parameter [pə'ræmɪtə] *zn* ❶ parameter
❷ beperking, limiet
paramilitary [pærə'mɪlɪtərɪ] *bnw* paramilitair
paramount ['pærəmaʊnt] *bnw* opper-, hoogst, opperst ★ *of ~ importance* van het allergrootste belang ★ *your health is ~* je gezondheid gaat voor alles
paramour ['pærəmʊə] *zn* minnares, minnaar
paranoia [pærə'nɔɪə] *zn* paranoia, vervolgingswaanzin
paranoid ['pærənɔɪd] *bnw* ❶ paranoïde ❷ dwaas, krankzinnig
parapet ['pærəpɪt] *zn* ❶ borstwering ❷ muurtje, leuning
paraphernalia [pærəfə'neɪlɪə] *zn mv* ❶ spullen, eigendommen, toebehoren ❷ rompslomp
paraphrase ['pærəfreɪz] **I** *zn* parafrase **II** *ov ww* parafraseren
parasite ['pærəsaɪt] *zn* ❶ parasiet ❷ klaploper, profiteur
parasitic [pærə'sɪtɪk], **parasitical** [pærə'sɪtɪkl] *bnw* ❶ parasitair ❷ parasitisch ★ *they are forced to live a ~ life* ze zijn gedwongen op kosten van anderen te leven ❸ *fig* profiterend
parasol ['pærəsɒl] *zn* parasol, zonnescherm
paratrooper ['pærətru:pə] *zn* para, paratroeper
paratroops ['pærətru:ps] *zn mv* paratroepen
parboil ['pɑ:bɔɪl] *ov ww* blancheren
parcel ['pɑ:səl] **I** *zn* ❶ pak(je), pakket ★ *be part and ~ of sth* een essentieel deel uitmaken van iets ❷ perceel, kavel **II** *ov ww* ~ **up** inpakken
parch [pɑ:tʃ] *ov ww* opdrogen, versmachten, verdorren
parchment ['pɑ:tʃmənt] *zn* perkament(papier) ★ *baking ~* bakpapier
pardon ['pɑ:dn] **I** *zn* ❶ vergiffenis, vergeving, pardon ★ *(I beg your) ~* neem me niet kwalijk ★ *(I beg your) ~?* wablief?, wat zei u? ❷ gratie(verlening), amnestie **II** *ov ww* ❶ vergiffenis schenken, vergeven ❷ verontschuldigen ★ *~ me for forgetting your birthday* neem me niet kwalijk dat ik je verjaardag vergeten heb ★ *~ me for breathing / living!* nee maar! ⟨geeft aan dat men zich oneerlijk / onbeleefd behandeld voelt⟩
pardonable ['pɑ:dnəbl] *bnw* vergeeflijk
pare [peə] *ov ww* ❶ schillen ❷ ~ **(off/away)** afsnijden, wegsnijden ❸ ~ **(back/down)** besnoeien, beperken
parent ['peərənt] *zn* ouder, vader, moeder ★ *a single ~* een alleenstaande ouder
parentage ['peərəntɪdʒ] *zn* afkomst
parental [pə'rentl] *bnw* ouderlijk, van / door de ouders
parenthesis [pə'renθəsɪs] *zn* [mv: **parentheses**] ❶ rond haakje ★ *in parentheses* tussen haakjes (geplaatst) ❷ tussenzin
parenthetic [pærən'θetɪk] *bnw* tussen haakjes
parenthood ['peərənthʊd] *zn* ouderschap
parent-teacher association *zn* oudercommissie
pariah [pə'raɪə] *zn* paria, uitgestotene ★ *refugees have become social ~s* vluchtelingen zijn sociale verschoppelingen geworden
paring ['peərɪŋ] *zn* schil, knipsel
parish ['pærɪʃ] *zn* parochie, (kerkelijke) gemeente

parishioner [pə'rɪʃənə] *zn* parochiaan, gemeentelid
Parisian [pə'rɪzɪən] **I** *zn* ❶ Parijzenaar ❷ Parisienne **II** *bnw* Parijs, van / uit Parijs
parity ['pærətɪ] *zn* ❶ gelijkheid ★ *women are demanding pay ~* vrouwen eisen gelijke beloning ❷ *econ* pariteit
park [pɑ:k] **I** *zn* park, (natuur)terrein ★ *a car park* een parkeerterrein **II** *ov ww* ❶ parkeren ❷ *inform* deponeren ★ *she parked herself on the bed* ze plofte neer op het bed **III** *onov ww* parkeren
parka ['pɑ:kə] *zn* parka, anorak
parking ['pɑ:kɪŋ] *zn* (het) parkeren, parkeergelegenheid ★ *no ~* verboden te parkeren ★ *there is ~ for 50 cars* er kunnen 50 auto's parkeren
parking lot *zn* parkeerterrein
parking ticket *zn* parkeerbon
parkway ['pɑ:kweɪ] *USA zn* autoweg ⟨landschappelijk verfraaid⟩
parlance ['pɑ:ləns] *zn* taal ★ *in legal ~* in wetstermen uitgedrukt ★ *in common ~* zoals men dat in alledaagse taal weergeeft
parley ['pɑ:lɪ] **I** *zn* onderhandeling, onderhoud **II** *onov ww* onderhandelen
parliament ['pɑ:ləmənt] *zn* parlement
parliamentarian [pɑ:ləmən'teərɪən] *zn* parlementariër
parliamentary [pɑ:lə'mentərɪ] *bnw* parlements-, parlementair ★ *~ elections* kamerverkiezingen
parlour ['pɑ:lə] *zn* ❶ zitkamer ❷ salon ★ *a beauty ~* een schoonheidsinstituut
parlour maid ['pɑ:ləmeɪd] *zn* dienstmeisje
parochial [pə'rəʊkɪəl] *bnw* ❶ parochiaal, gemeente- ❷ kleinsteeds, bekrompen
parochialism [pə'rəʊkɪəlɪzəm] *zn* bekrompenheid
parody ['pærədɪ] **I** *zn* parodie, karikatuur **II** *ov ww* parodiëren, imiteren, nabootsen
parole [pə'rəʊl] **I** *zn* voorwaardelijke invrijheidstelling ★ *on ~* voorwaardelijk vrijgelaten **II** *ov ww* voorwaardelijk vrijlaten
paroxysm ['pærəksɪzəm] *zn* hevige aanval ★ *we were in ~s of laughter* we kregen gigantische lachbuien
parquet ['pɑ:kɪ/'pɑ:keɪ] *zn* parket(vloer)
parquetry ['pɑ:kɪtrɪ] *zn* parketwerk, parketvloer
parricide ['pærɪsaɪd] *zn* ❶ moordenaar ⟨van een naast familielid⟩ ❷ moord ⟨op een naast familielid⟩
parrot ['pærət] **I** *zn* papegaai **II** *ov ww* nadoen, napraten
parrot-fashion *bijw* onnadenkend, uit het hoofd
parry ['pærɪ] *ov ww* ❶ pareren, afweren ⟨van slag⟩ ❷ vermijden, ontwijken ⟨van vraag⟩
parse [pɑ:z] *ov ww* (taal- / redekundig) ontleden
parsimonious [pɑ:sɪ'məʊnjəs] *bnw* spaarzaam, gierig, krenterig
parsley ['pɑ:slɪ] *zn* peterselie
parsnip ['pɑ:snɪp] *zn* pastinaak
parson ['pɑ:sən] *zn* dominee ★ *the ~'s nose* de stuit ⟨van gebraden gevogelte⟩
parsonage ['pɑ:sənɪdʒ] *zn* pastorie
part [pɑ:t] **I** *bnw* deel- ★ *she's part owner of the the company* ze is mede-eigenaar van het bedrijf

II *bijw* gedeeltelijk, deels ★ *he's part English, part Dutch* hij is half Engels en half Nederlands **III** *zn* **❶** deel, onderdeel, gedeelte ★ *for the most / better part* voor het grootste deel ★ *the best part was opening the presents* het leukste was het openen van de cadeautjes ★ *the nasty part of it is that...* het vervelende is, dat... ★ *she took it all in good part* ze nam het goed op ★ *in part* gedeeltelijk ★ *part of me feels sorry for her* ik heb een beetje medelijden met haar ★ <u>inform</u> *be part of the furniture* tot de inventaris behoren ★ *take part in* deelnemen aan **❷** aandeel ★ *it's important to do one's part* het is belangrijk om je plicht te doen ★ *I want no part of this business* ik wil hier niet bij betrokken zijn, ik wil hier niets mee te maken hebben **❸** (toneel)rol ★ *he looks the part* hij lijkt er geknipt voor **❹** zijde, kant ★ *for my part* wat mij betreft ★ *she always takes his part* ze kiest altijd partij voor hem ★ *he took the part of his brother* hij nam het op voor z'n broer **❺** aflevering **❻** scheiding (in haar) **❼** <u>muz</u> stem **IV** *ov ww* **❶** verdelen, scheiden ★ *part company* uit elkaar gaan ★ *she won't be parted from her dog* zij en haar hond zijn onafscheidelijk **❷** scheiding maken (in haar) **❸** *~ with* afstand doen van, van de hand doen **V** *onov ww* **❶** zich verdelen **❷** uit elkaar gaan ★ *they parted on bad terms* ze gingen met ruzie uit elkaar **❸** breken ★ *the ship parted from its moorings* het schip brak los van zijn trossen

partake [pɑː'teɪk] *onov ww* [onregelmatig] deelhebben / deelnemen aan ★ <u>humor</u> *we had ~n of too much wine* wij hadden te veel wine gedronken

partaken [pɑː'teɪkn] *ww* [volt. deelw.] → **partake**

partial ['pɑːʃəl] *bnw* **❶** partijdig **❷** gedeeltelijk **❸** verzot ★ *I'm ~ to oysters* ik ben gek op oesters

partiality [pɑːʃɪ'ælətɪ] *zn* **❶** voorliefde ★ *she has a ~ for dark chocolate* ze heeft een zwak voor donkere chocola **❷** partijdigheid

partially ['pɑːʃəlɪ] *bijw* gedeeltelijk ★ *the building is only ~ completed* het gebouw is nog maar voor een deel klaar

participant [pɑː'tɪsɪpənt] *zn* deelnemer

participate [pɑː'tɪsɪpeɪt] *onov ww* delen (in), deelnemen aan, deelhebben in

participation [pɑːtɪsɪ'peɪʃən] *zn* deelneming, deelname

participatory [pɑːtɪsɪ'peɪtərɪ] *bnw* deelnemend

participle ['pɑːtɪsɪpl] *taalk zn* deelwoord

particle ['pɑːtɪkl] *zn* **❶** deeltje, greintje ★ *there's not a ~ of evidence* er is geen enkel bewijs **❷** taalk partikel

particular [pə'tɪkjʊlə] **I** *zn* bijzonderheid **II** *bnw* **❶** veeleisend ★ *he's very ~ about food* hij is erg kieskeurig op zijn eten **❷** speciaal, afzonderlijk ★ *in ~* in het bijzonder **❸** nauwkeurig, precies

particularity [pətɪkjʊ'lærətɪ] *zn* **❶** nauwkeurigheid, precisie **❷** bijzonderheid

particularize, particularise [pə'tɪkjʊlərɑɪz] **I** *ov ww* specificeren **II** *onov ww* in bijzonderheden treden

particularly [pə'tɪkjʊlərlɪ] *bijw* **❶** vooral **❷** bijzonder ★ *the waiter was not ~ helpful* de ober was niet bepaald behulpzaam

particulars [pə'tɪkjʊləs] *zn mv* persoonsgegevens

★ *take sb's ~* iemands gegevens noteren

parting ['pɑːtɪŋ] *zn* **❶** afscheid **❷** scheiding (van haar)

parting shot *zn* uitsmijter

partisan ['pɑːtɪzæn] *zn* **❶** partizaan, guerrilla **❷** aanhanger, voorstander

partition [pɑː'tɪʃən] **I** *zn* **❶** (ver)deling, scheiding **❷** tussenschot, afscheiding **II** *ov ww* **❶** (ver)delen **❷** *~ off* afscheiden

partly ['pɑːtlɪ] *bijw* gedeeltelijk

partner ['pɑːtnə] **I** *zn* **❶** partner **❷** vennoot, compagnon **❸** deelgenoot, (levens)gezel(lin) **❹** <u>inform</u> kameraad, makker ★ *~ in crime* mededader ★ *dormant / sleeping ~* stille vennoot ★ *managing ~* beherend vennoot **II** *ov ww* **❶** tot (levens)gezel(lin) geven **❷** de deelgenoot zijn van

partnership ['pɑːtnəʃɪp] *zn* deelgenootschap, vennootschap ★ *civil ~* homohuwelijk ★ *enter into ~ with sb* zich associëren met iem.

part of speech taalk *zn* woordsoort

partook [pɑː'tʊk] *ww* [verleden tijd] → **partake**

part-payment [pɑːt-'peɪmənt] *zn* afbetaling

partridge ['pɑːtrɪdʒ] *zn* patrijs

parts [pɑːts] *zn mv* gebied, streek ★ *in these ~* in deze streek

part-time [pɑːt'tɑɪm] **I** *bnw* in deeltijd ★ *a ~ worker* een deeltijdwerker **II** *bijw* in deeltijd ★ *he works ~ from 4 till 10* hij heeft een deeltijdbaan van 4 tot 10

part-timer [pɑːt'tɑɪmə] *bnw* deeltijdwerker

party ['pɑːtɪ] **I** *zn* **❶** partij **❷** feest ★ *throw a ~* een feestje bouwen ★ *she can't come to my ~* ze kan niet op mijn feestje komen **❸** gezelschap, groep **❹** persoon, mens ★ *a third ~* een derde ★ *she is the guilty ~* zij is de schuldige ★ *be a ~ to sth* deelnemen aan iets, meedoen aan iets **II** *onov ww* feesten, uitgaan

party dress *zn* galajurk

party line *zn* partijlijn, partijpolitiek ★ *toe the ~* de partijlijn volgen

party piece *zn* vast nummer

party-pooper <u>inform</u> *zn* spelbreker, sfeerbederver

pass [pɑːs] **I** *zn* **❶** voldoende ★ *the school has a pass rate of 85%* de school heeft een slaagpercentage van 85% ★ *the pass mark is 60%* om te slagen moet 60% gehaald worden **❷** verlofpas, paspoort, vrijkaartje ★ *visitors to Parliament need a pass* bezoekers aan het parlement moeten een toegangsbewijs hebben **❸** handbeweging, pass (voetbal), uitval (schermen) **❹** toestand, stand van zaken ★ *things had come to / reached such a pass that...* de stand van zaken was zodanig geworden dat... **❺** (berg)pas **❻** avance ★ *make a pass at sb* iem. proberen te versieren **II** *ov ww* **❶** inhalen, passeren, voorbijgaan / voorbijlopen **❷** door-/ aangeven, geven, aanreiken ★ *I'll now pass you across / on to my colleague* ik geef u nu door aan mijn collega ★ *pass criticism on sb* kritiek uitoefenen op iem. ★ *pass money* geld in circulatie brengen **❸** laten gaan over (van oog, hand), strijken over ★ *pass a rope round it* doe er een touw omheen **❹** doorbrengen ★ *pass the time away* de tijd verdrijven **❺** slagen voor

❻ overtreffen, te boven gaan, overschrijden ❼ goedkeuren, aangenomen worden ❽ uiten, vellen ⟨v. vonnis⟩, uitoefenen ⟨v. kritiek⟩ ❾ afscheiden ★ *pass water* urineren ★ *pass blood* bloed ophoesten, bloed in de urine / ontlasting hebben ❿ sport een pass geven ⓫ ~ **(a)round** de ronde laten doen, laten rondgaan ⓬ ~ **as/for** doorgaan voor ⓭ ~ **by** vergeten, links laten liggen ★ *life had passed her by* het leven was aan haar voorbijgegaan ★ *she'll pass the idea by her husband* ze zal het idee aan haar man voorleggen ⓮ ~ **down** doorgeven ⓯ ~ **into** overgaan in ★ *many sports terms have passed into the language* veel sporttermen zijn in het taalgebruik overgenomen ⓰ ~ **off** zich uitgeven voor, maken ⟨opmerking⟩ ★ *she passed it off with a laugh* ze maakte zich er met een lachje vanaf ⓱ ~ **on** doorgeven, verder vertellen ★ *the cost is passed on to the consumer* de kosten worden doorberekend aan de consument ⓲ ~ **over** laten voorbijgaan / schieten, overslaan / over het hoofd zien, passeren ⟨bij promotie⟩, overhandigen / aanreiken ⓳ ~ **through** ervaren, meemaken, doormaken ⓴ ~ **up** laten voorbijgaan / schieten ★ *she passed up on the offer* ze bedankte voor het aanbod **III** *onov ww* ❶ voorbijgaan, overgaan ★ *time passed quickly* de tijd ging snel voorbij ★ *let sth pass* ergens niet op reageren, iets negeren ❷ eindigen ★ *all things pass* alles vergaat ❸ overgaan ★ *it has passed from being a hobby to being an obsession* het veranderde van een hobby in een obsessie ❹ passeren, inhalen ★ *could you let me pass, please?* mag ik er alsjeblieft even door? ❺ gebeuren, plaatsvinden ★ *not after all that passed between them* niet nas alles wat er tussen hen was voorgevallen ★ **form** *come to pass* gebeuren ❻ slagen ⟨bij examen⟩ ❼ laten lopen, laten gaan, onbenut laten ★ *'who won the cup in 1990?' 'pass'* 'wie heeft de cup gewonnen in 1990?' 'weet ik niet' ★ *I'll pass on the champagne, thanks* ik hoef geen champagne, dank je ❽ gewisseld worden ★ *angry words passed between them* er werden boze woorden gewisseld tussen hen ❾ passen ⟨bij kaartspel⟩ ❿ sport een pass geven ▼ *he passed by the name of Bob* hij was bekend onder de naam Bob ⓫ ~ **away** overlijden ⓬ ~ **by** voorbijgaan ⓭ ~ **off** gaan, verlopen ★ *the demonstration passed off without incident* de demonstratie verliep zonder incidenten ⓮ ~ **on** overlijden, verder gaan ★ *let us pass on to the next item* laten we het volgende onderwerp overgaan ⓯ ~ **out** flauwvallen, promoveren / zijn diploma halen ⓰ ~ **through** op doorreis zijn

passable ['pɑːsəbl] *bnw* ❶ tamelijk, redelijk, toelaatbaar ❷ begaanbaar, doorwaadbaar

passage ['pæsɪdʒ] *zn* ❶ gang, passage, over- / doorgang ❷ voorbijgaan ★ *with the ~ of time* met het verstrijken van de tijd ❸ overtocht ❹ passage ⟨in boek⟩

passageway ['pæsɪdʒweɪ] *zn* gang, passage, doorgang

passenger ['pæsɪndʒə] *zn* ❶ passagier ❷ klaploper

passer-by [pɑːsə'baɪ] *zn* [mv: **passers-by**] voorbijganger

passing ['pɑːsɪŋ] **I** *zn* ❶ (het) voorbijgaan ❷ overlijden ★ *in ~* in het voorbijgaan, terloops **II** *bnw* ❶ voorbijgaand ❷ terloops, oppervlakkig ★ *she bears a ~ resemblance to me* zij lijkt een beetje op mij

passing lane *zn* inhaalstrook

passion ['pæʃən] *zn* ❶ hartstocht, passie ❷ woede, toorn ★ *fly into a ~* in woede uitbarsten

passionate ['pæʃənət] *bnw* ❶ hartstochtelijk ★ *she's ~ about her garden* ze is gek met haar tuin ❷ driftig

passion fruit *zn* passievrucht

passionless ['pæʃənləs] *bnw* koel, koud

passive ['pæsɪv] **I** *zn* taalk lijdende vorm **II** *bnw* ❶ taalk lijdend ❷ lijdelijk ★ *~ smokers* meerokers

passivity [pæ'sɪvətɪ] *zn* lijdelijkheid

pass key *zn* loper ⟨sleutel⟩

Passover ['pɑːsəʊvə] *zn* Pesach, Joods paasfeest

passport ['pɑːspɔːt] *zn* ❶ paspoort ❷ fig toegang ★ *the ~ to success* de sleutel tot succes

password ['pɑːswɜːd] *zn* wachtwoord

past [pɑːst] **I** *zn* verleden (tijd) **II** *bnw* ❶ voorbij(gegaan), afgelopen ★ *past attempts had failed* vorige pogingen waren mislukt ★ *going by / from past experience* uit vroegere ervaring ❷ verleden ★ *he has been here for many weeks past* hij is al vele weken hier ❸ vroeger, ex- ★ *the past president* de voormalige president **III** *bijw* voorbij ★ *he walked past* hij liep voorbij **IV** *vz* ❶ voorbij ★ *they drove past an orchard* ze reden langs een boomgaard ★ *in times past* in het verleden ★ *past help* niet meer te helpen ★ *he's past caring* het kan hem niet meer schelen ★ *she is past her childhood* ze is geen kind meer ★ *the shop just past the intersection* de winkel net voorbij de kruising ❷ vorige, afgelopen ★ *the past three months* de laatste drie maanden ❸ over, na ★ *a quarter past two* kwart over twee ★ *half past two* half drie

paste [peɪst] **I** *zn* ❶ plaksel ❷ smeersel, pap, pasta ★ *mix to a smooth ~* meng het tot een gladde pasta **II** *ov ww* ❶ plakken ❷ ~ **up** aanplakken, dichtplakken **III** *onov ww* plakken

pastel ['pæstl] *zn* ❶ pastel(tekening) ❷ pastelkleur

pasteurize, pasteurise ['pɑːstjəraɪz] *ov ww* pasteuriseren

pastiche [pæ'stiːʃ] *zn* ❶ pastiche, nabootsing ❷ mengelmoes

pastie *zn* → **pasty**[1]

pastime ['pɑːstaɪm] *zn* tijdverdrijf

pastor ['pɑːstə] *zn* dominee, pastoor

pastoral ['pɑːstərəl] *bnw* ❶ landelijk ❷ pastoraal ★ *~ care* zielzorg ❸ veeteelt-

pastry ['peɪstrɪ] *zn* ❶ gebak(jes) ❷ (korst)deeg ★ *puff ~* bladerdeeg

pastry cook *zn* banketbakker

pasture ['pɑːstʃə] **I** *zn* gras, weide ★ *move on to / leave for greener ~s* ≈ aan iets nieuws beginnen **II** *ov ww* laten grazen **III** *onov ww* (af)grazen

pasty[1], **pastie** ['pɑːstɪ] *zn* vleespastei

pasty[2] ['peɪstɪ] *bnw* bleek ★ *~-faced* bleek

pat [pæt] **I** *ov ww* ❶ zachtjes slaan, zachtjes kloppen op ★ *he's always patting himself on the back* hij is altijd ingenomen met zichzelf ★ *pat sth dry* iets droog deppen ❷ aaien, strelen **II** *zn* ❶ tikje ❷ klompje, kluitje ⟨vnl. van boter⟩ **III** *bnw* pasklaar, voorgekauwd **IV** *bijw* ★ *know / have sth off pat* iets uit zijn duimpje kennen ★ *he had his answer off pat* hij had zijn antwoord onmiddellijk klaar

patch [pætʃ] **I** *zn* ❶ (oog)lap, pleister ❷ plek, stukje grond ❸ <u>inform</u> periode ★ *go through a bad / difficult ~* een moeilijke periode doormaken ▼ *their new CD isn't a ~ on the others* hun nieuwe cd haalt het niet bij de andere **II** *ov ww* ❶ (op)lappen, een lap zetten op ❷ *~ together* haastig tot stand brengen ❸ *~ up* oplappen, bijleggen ⟨van geschil⟩, in elkaar flansen

patchwork ['pætʃwɜːk] *zn* ❶ patchwork, lapwerk ★ *a ~ quilt* een lappendeken ❷ mengelmoes

patchy ['pætʃɪ] *bnw* ❶ onregelmatig, ongelijk ❷ in elkaar geflanst ★ *my knowledge of French is ~* mijn kennis van het Frans is fragmentarisch

pâté ['pæteɪ] *zn* vlees- / vis- / wildpastei, paté

patella [pə'telə] *anat zn* knieschijf

patent ['peɪtnt] **I** *zn* patent, octrooi ★ *~ pending* patent is aangevraagd ⟨maar nog niet verleend⟩ **II** *bnw* ❶ gepatenteerd ❷ open, zichtbaar ★ *a ~ lie* een klinkklare leugen **III** *ov ww* patenteren, patent nemen op

patentee [peɪtən'tiː] *zn* patenthouder

patent leather *zn* lakleer

paternal [pə'tɜːnl] *bnw* ❶ vaderlijk, vader- ❷ van vaderszijde

paternity [pə'tɜːnətɪ] *zn* vaderschap

path [pɑːθ] *zn* (voet)pad, weg, baan ★ *beat a path to sb's door* de deur bij iem. plat lopen

pathetic [pə'θetɪk] *bnw* ❶ aandoenlijk, bedroevend, zielig ❷ <u>inform</u> zwak, waardeloos

pathfinder ['pɑːθfaɪndə] *zn* ❶ verkenner ❷ pionier, baanbreker

pathless ['pɑːθləs] *bnw* ongebaand

pathological [pæθə'lɒdʒɪkl] *bnw* pathologisch, ziekelijk ★ <u>inform</u> *a ~ liar* een compulsieve leugenaar ★ <u>inform</u> *she's ~ about tidiness* ze heeft een netheidsobsessie

pathologist [pə'θɒlədʒɪst] *zn* patholoog

pathos ['peɪθɒs] *zn* pathos, aandoenlijkheid

pathway ['pɑːθweɪ] *zn* (voet)pad, baan, weg ⟨ook figuurlijk⟩

patience ['peɪʃəns] *zn* ❶ geduld ★ *the party is out of ~ with / has lost ~ with the leader* de partij heeft genoeg van de leider ★ *I'm running out of ~* mijn geduld is bijna op ❷ volharding

patient ['peɪʃənt] **I** *zn* patiënt, zieke **II** *bnw* ❶ geduldig ❷ volhardend

patina ['pætɪnə] *zn* ❶ patina, roestlaag ❷ <u>fig</u> schijn

patio ['pætɪəʊ] *zn* patio, terras

patriarch ['peɪtrɪɑːk] *zn* ❶ patriarch ❷ <u>fig</u> grondlegger

patriarchal [peɪtrɪ'ɑːkəl] *bnw* patriarchaal

patriarchy ['peɪtrɪɑːkɪ] *zn* patriarchaat

patrician [pə'trɪʃən] **I** *zn* patriciër, aristocraat **II** *bnw* patricisch, aristocratisch, vooraanstaand

patricide ['pætrɪsaɪd] *zn* ❶ vadermoord

❷ vadermoordenaar

patrimony ['pætrɪmənɪ] *zn* ❶ (vaderlijk) erfdeel ❷ erfgoed, erfenis

patriot ['peɪtrɪət] *zn* patriot

patriotic [peɪtrɪ'ɒtɪk] *bnw* patriottisch, vaderlandslievend

patriotism ['peɪtrɪətɪzəm] *zn* patriottisme, vaderlandsliefde

patrol [pə'trəʊl] **I** *zn* patrouille, ronde ★ *a school-crossing ~* een klaar-over **II** *ov ww* surveilleren ★ *~ the streets* patrouilleren op straat **III** *onov ww* patrouilleren, de ronde doen

patrolman [pə'trəʊlmən] *zn* ❶ <u>USA</u> politieagent ❷ <u>GB</u> wegenwachter

patrol wagon <u>USA</u> *zn* boevenwagen

patron ['peɪtrən] *zn* ❶ patroon, beschermheer / vrouw, begunstiger ★ *a ~ of the arts* een mecenas ❷ (vaste) klant

patronage ['pætrənɪdʒ] *zn* ❶ minzame begejening ❷ bescherming, steun ❸ klandizie, clientèle

patroness [peɪtrə'nes] *zn* beschermvrouw

patronize, patronise ['pætrənaɪz] *ov ww* ❶ beschermen, begunstigen ❷ geregeld bezoeken ★ *a well-~d shop* een winkel met veel klanten ❸ neerbuigend behandelen, kleineren

patter ['pætə] **I** *zn* ❶ taaltje, jargon ❷ geklets ❸ gekletter, getrippel **II** *onov ww* ❶ trippelen, ritselen ❷ kletteren ❸ kletsen

pattern ['pætn] **I** *zn* ❶ patroon, dessin, model ❷ toonbeeld, voorbeeld, staal ★ *set the ~ for* een voorbeeld stellen voor **II** *ov ww* ❶ schakeren ❷ *~ after/on* vormen naar, modelleren naar ★ *~ed on the English approach* naar Engels voorbeeld

patty ['pætɪ] *zn* pasteitje

paucity ['pɔːsətɪ] *zn* schaarste, gebrek ★ *a ~ of time* een gebrek aan tijd

paunch [pɔːntʃ] *zn* buik, pens

paunchy ['pɔːntʃɪ] *bnw* dikbuikig

pauper ['pɔːpə] *zn* arme

pause [pɔːz] **I** *zn* pauze, onderbreking, rust **II** *onov ww* ❶ even ophouden, pauzeren ❷ nadenken, aarzelen

pave [peɪv] *ov ww* bestraten, bevloeren ★ *pave the way* de weg banen

pavement ['peɪvmənt] *zn* ❶ bestrating, wegdek ❷ <u>GB</u> trottoir, stoep ❸ <u>USA</u> rijbaan

pavilion [pə'vɪljən] *zn* tent, paviljoen

paving ['peɪvɪŋ] *zn* bestrating, plaveisel, bevloering ★ *crazy ~* bestrating in fantasiepatroon

paving stone *zn* straatsteen

paw [pɔː] **I** *zn* poot (met klauw) **II** *ov ww* ❶ krabben ★ *the horse pawed the ground* het paard schraapte de grond ⟨met de hoef⟩ ❷ <u>inform</u> betasten ❸ <u>inform</u> ruw / onhandig aanpakken **III** *onov ww* krabben, klauwen ⟨met hoef⟩

pawn [pɔːn] **I** *zn* ❶ onderpand ❷ pion, <u>fig</u> marionet **II** *ov ww* belenen, verpanden

pawnbroker ['pɔːnbrəʊkə] *zn* pandjesbaas, lommerdhouder

pawnshop ['pɔːnʃɒp] *zn* pandjeshuis, lommerd

pay [peɪ] **I** *zn* betaling, loon, salaris ★ *he's in the pay of the Mafia* hij staat op de loonlijst van de

pa

maffia **II** *ov ww* [onregelmatig] **❶** (uit)betalen
★ *pay cash* contant betalen **❷** vergoeden,
belonen, vergelden ★ *it would pay us to get some
legal advice* het zou ons lonen goed juridisch
advies te krijgen ★ *the sector is not paying its
way* de sector is niet rendabel **❸** geven, maken,
verlenen ★ *pay sb attention* aandacht schenken
aan iem. ★ *pay sb a call / visit* iem. bezoeken
❹ ~ **back** betaald zetten, terugbetalen
❺ ~ **down** contant betalen **❻** ~ **in** storten
⟨geld⟩ **❼** ~ **off** (af)betalen, uitbetalen,
afrekenen, inform omkopen, inform betaald
zetten **❽** ~ **out** betalen, laten vieren ⟨touw⟩
III *onov ww* [onregelmatig] **❶** betalen, boeten
★ inform *pay through the nose* afgezet worden
❷ renderen ⟨van zaak⟩ **❸** ~ **off** de moeite
lonen, vruchten afwerpen / succes hebben
❹ ~ **up** betalen, volstorten ⟨van aandelen⟩
payable ['peɪəbl] *bnw* **❶** te betalen, betaalbaar
★ *make the cheque ~ to me* maak de cheque uit
aan mij **❷** lonend
pay cheque, USA **paycheck** ['peɪtʃek] *zn*
looncheque, salaris
pay claim *zn* looneis
pay day *zn* betaaldag
PAYE *afk, pay as you earn* loonbelasting
payee [peɪ'iː] *zn* begunstigde
payer ['peɪə] *zn* betaler
paying ['peɪɪŋ] *bnw* betalend, lonend ★ *a ~ job*
een betaalde baan
payment ['peɪmənt] *zn* **❶** (af)betaling ★ *in ~ for*
als betaling voor ★ *a down ~* een aanbetaling
❷ beloning, vergoeding
pay-off ['peɪɒf] *zn* **❶** beloning **❷** inform
omkoopsom, smeergeld **❸** inform afrekening
❹ resultaat
payola [peɪ'əʊlə] USA inform *zn*
❶ steekpenningen **❷** omkoperij
pay packet ['peɪpækɪt] *zn* loonzakje
payphone USA *zn* (publiek) telefooncel,
munttelefoon(toestel)
pay rise *zn* loonsverhoging
payroll ['peɪrəʊl] *zn* **❶** loonlijst **❷** loonkosten
PC *afk* **❶** *personal computer* pc **❷** *Police Constable*
politieagent **❸** *politically correct* politiek correct
pd *afk, paid* betaald
PE *afk, physical education* lichamelijke opvoeding
pea [piː] *zn erwt* ★ *they're like two peas in a pod* zij
lijken precies op elkaar
peace [piːs] *zn* vrede, rust ★ *make ~* vrede sluiten
★ *at ~* in vrede ★ *leave sb in ~* iem. met rust
laten ★ *keep the ~* de openbare orde niet
verstoren ★ *he kept his ~* hij hield zijn mond
★ *they have made their ~* ze hebben zich
verzoend
peaceable ['piːsəbl] *bnw* **❶** vreedzaam **❷** vredig
peaceful ['piːsfʊl] *bnw* vredig
peacemaker ['piːsmeɪkə] *zn* vredestichter
peacetime ['piːstaɪm] *zn* vredestijd
peach [piːtʃ] **I** *zn* **❶** perzik **❷** inform schat, snoes
★ *a ~ of an idea* een prachtidee **II** *bnw* perzik
⟨kleur⟩
peacock ['piːkɒk] *zn* (mannetjes)pauw
peak [piːk] **I** *zn* **❶** piek, spits **❷** hoogtepunt,
toppunt, maximum **❸** klep ⟨van pet⟩ **II** *bnw*
hoogste ★ *peak season* hoogseizoen **III** *onov ww*

een hoogtepunt bereiken
peaked [piːkt] *bnw* **❶** puntig, scherp ★ *a ~ cap*
een pet **❷** USA inform pips
peak hour *zn* spitsuur
peaky ['piːkɪ] inform *bnw* mager ⟨van gezicht⟩,
pips
peal [piːl] **I** *zn* **❶** gelui ⟨van klokken⟩ ★ *peals of
laughter* geschater **❷** gerommel ⟨van de
donder⟩, (donder)slag **II** *onov ww* **❶** klinken,
weergalmen **❷** rollen ⟨van de donder⟩
peanut ['piːnʌt] *zn* pinda
peanut butter *zn* pindakaas
peanuts inform *zn mv* habbekrats ★ *she gets paid
~* ze wordt onderbetaald
pear [peə] *zn* peer, perenboom
pearl [pɜːl] *zn* parel ★ *~ buttons* paarlemoeren
knopen ★ *~s of wisdom* wijze opmerkingen
⟨meestal ironisch bedoeld⟩
pear-shaped ['peəʃeɪpt] *bnw* peervormig
★ inform *go ~* mislukken
peasant ['pezənt] *zn* **❶** boer **❷** inform hufter
peat [piːt] *zn* **❶** veen **❷** turf
pebble ['pebl] *zn* kiezelsteen
peccadillo [pekə'dɪləʊ] *zn* kleine zonde
peck [pek] **I** *zn* **❶** pik ⟨met de snavel⟩ ★ *the bird
gave a peck at the fruit* de vogel pikte naar het
fruit **❷** inform vluchtige kus **II** *ov ww* **❶** pikken
❷ vluchtig kussen **❸** ~ **at** pikken in / naar ★ *she
pecked at her food* zij zat met lange tanden te
eten
pecker ['pekə] inform *zn* piemel, lul ★ *keep your ~
up* hou je taai
pecking order *zn* pikorde, rangorde, hiërarchie
peckish ['pekɪʃ] inform *bnw* hongerig ★ *I'm a bit
~* ik heb trek
pectorals ['pektərəls], inform **pecs** *zn mv*
borstspieren
peculiar [pɪ'kjuːlɪə] *bnw* **❶** bijzonder,
karakteristiek ★ *~ to* eigen aan, karakteristiek
voor **❷** eigenaardig, raar ★ inform *he felt ~* hij
voelde zich niet lekker
peculiarity [pɪkjuːlɪ'ærətɪ] *zn* **❶** eigenaardigheid,
bijzonderheid **❷** (typisch) kenmerk
peculiarly [pɪ'kjuːlɪəlɪ] *bnw* **❶** eigenaardig,
vreemd **❷** individueel, typisch **❸** ongewoon,
uitzonderlijk
pecuniary [pɪ'kjuːnɪərɪ] *bnw* geldelijk, geld(s)-
pedagogic [pedə'gɒdʒɪk], **pedagogical**
[pedə'gɒdʒɪkl] *bnw* pedagogisch, opvoedkundig
pedal ['pedl] **I** *zn* pedaal ★ *she can't reach the ~s
yet* ze kan nog niet bij de pedalen **II** *onov ww*
peddelen, fietsen, trappen **III** *ov ww* rijden
⟨fiets⟩
pedant ['pednt] *zn* **❶** schoolmeester,
boekengeleerde **❷** muggenzifter
pedantic [pɪ'dæntɪk] *bnw* **❶** schoolmeesterachtig,
eigenwijs, pedant **❷** (louter) theoretisch
pedantry ['pedəntrɪ] *zn* muggenzifterij
peddle ['pedl] **I** *ov ww* **❶** rondventen, aan de
man brengen, dealen ⟨drugs⟩ **❷** rondstrooien
⟨van praatjes⟩ **II** *onov ww* venten
pedestal ['pedɪstl] *zn* voetstuk, sokkel ★ *put sb on
a ~* iem. verafgoden / aanbidden
pedestrian [pɪ'destrɪən] **I** *zn* voetganger **II** *bnw*
❶ voetgangers-, wandel- **❷** alledaags, saai
pedestrian crossing *zn* oversteekplaats

pediatrician [pi:dɪə'trɪʃən] *zn* →**paediatrician**
pediatrics *zn mv* →**paediatrics**
pedicure ['pedɪkjʊə] *zn* pedicure
pedigree ['pedɪgri:] *zn* ❶ stamboom★ ~ *cattle* stamboekvee★ *a* ~ *dog* een rashond ❷ afkomst
pedlar ['pedlə] *zn* ❶ venter ❷ handelaar ⟨in verdovende middelen⟩ ❸ rondstrooier ⟨van praatjes⟩
pedophile *zn* →**paedophile**
pedophilia *zn* →**paedophilia**
pee [pi:] *inform* **I** *zn* plasje★ *go for a / have a pee* een plasje gaan doen **II** *ov+onov ww* plassen
peek [pi:k] **I** *zn* kijkje, blik★ *she had a quick peek at it* ze bekeek het vluchtig **II** *onov ww* gluren, kijken
peekaboo ['pi:kə'bu:], **peep-bo** [pi:p'bəʊ] *zn* kiekeboe
peel [pi:l] **I** *zn* schil★ *candied peel* sukade **II** *ov ww* ❶ (af)schillen, villen, (af)stropen ❷ ~ **off** afschillen, afstropen, lostrekken **III** *onov ww* ❶ schillen ❷ *inform* zich uitkleden ❸ ~ **(away/ off)** afschilferen, afbladderen, vervellen ❹ ~ **away/off** zich afsplitsen
peeler ['pi:lə] *zn* schilmachine, schilmesje
peelings ['pi:lɪŋz] *zn mv* schillen ⟨van fruit⟩
peep [pi:p] **I** *zn* ❶ gepiep ❷ kijkje, steelse blik **II** *onov ww* ❶ gluren, (vluchtig) kijken ❷ piepen, tjirpen ❸ (opeens) te voorschijn komen★ *snowdrops are peeping (up) out of / peeping through the ground* de sneeuwklokjes beginnen hun kopjes uit de grond te steken
peep-bo *zn* →**peekaboo**
peephole ['pi:phəʊl] *zn* kijkgaatje
peeping Tom *zn* gluurder, voyeur
peer [pɪə] **I** *zn* ❶ gelijke★ *without peer* uniek ❷ edelman **II** *onov ww* turen, (be)kijken★ *he peered closely at the letter* hij bekeek de brief goed
peerage ['pɪərɪdʒ] *zn* adel(stand)
peeress [pɪə'res] *zn* edelvrouw
peer group *zn* peergroup, leeftijdsgenoten
peerless ['pɪələs] *bnw* ongeëvenaard, weergaloos
peer pressure *zn* groepsdwang, groepsdruk
peeve [pi:v] **I** *zn inform* ergernis★ *her pet~ is people who smoke* ze stoort zich vooral aan mensen die roken **II** *ov ww* ergeren, irriteren★ *she's easily~d* ze is lichtgeraakt, ze is snel op haar teentjes getrapt
peevish ['pi:vɪʃ] *bnw* chagrijnig, slechtgehumeurd
peg [peg] **I** *zn* ❶ wasknijper ❷ kapstok, klerenhanger, haak★ *off the peg* confectie ⟨kleding⟩ ❸ pen, pin, haring ⟨van tent⟩★ *be a round peg in a square hole* zich als een vis op het droge voelen★ *I'll take him down a peg or two* ik zal 'm wel 'n toontje lager laten zingen ❹ schroef ⟨van snaarinstrument⟩ ❺ *inform* houten been **II** *ov ww* ❶ vastpinnen, vastmaken ⟨met een pin⟩ ❷ ophangen ⟨met wasknijpers⟩ ❸ koppelen ❹ stabiliseren, bevriezen ❺ *inform* plaatsen, classificeren★ *he has been pegged as a conservative* hij wordt als conservatief beschouwd ❻ ~ **down** binden★ *it's hard to peg him down to a date* het is moeilijk om hem vast te pinnen op een datum ❼ ~ **out** afpalen, afbakenen, ophangen ⟨wasgoed⟩ **III** *onov ww*

❶ *inform* ~ **away** doorwerken, zwoegen
❷ *inform* ~ **out** doodgaan
peg leg *inform zn* houten been
pejorative [prɪ'dʒɒrətɪv] *bnw* ❶ ongunstig, negatief ❷ kleinerend
pelican ['pelɪkən] *zn* pelikaan
pelican crossing *zn* zebrapad
pellet ['pelɪt] *zn* ❶ kogeltje ❷ balletje, propje, korrel
pell-mell [pel'mel] *bijw* holderdebolder, halsoverkop
pelt [pelt] **I** *zn* vacht, huid▼ *at full pelt* zo hard als maar kan **II** *ov ww* beschieten **III** *onov ww* ❶ *inform* rennen ❷ ~ **(down)** kletteren
pelvic ['pelvɪk] *bnw* bekken-
pelvis ['pelvɪs] *zn* bekken
pen [pen] **I** *zn* ❶ pen ❷ schaapskooi, hok ❸ (baby)box ❹ *inform* bak, bajes **II** *ov ww* ❶ opsluiten ❷ (op)schrijven, neerpennen
penal ['pi:nl] *bnw* ❶ strafbaar ❷ straf-★ ~ *reform* herziening van het strafrecht
penalization, penalisation [pi:nəlaɪ'zeɪʃən] *zn* (het opleggen van) straf
penalize, penalise ['pi:nəlaɪz] *ov ww* ❶ straffen ❷ benadelen, handicappen ❸ *sport* straf opleggen ⟨strafschop, gele kaart, vrije schop, enz.⟩
penalty ['penəltɪ] *zn* ❶ straf, boete★ *on~ of* op straffe van ❷ nadeel ❸ *sport* handicap ❹ *sport* strafschop, strafbal
penalty area *zn* strafschopgebied
penalty clause *zn* strafbepaling, boetebepaling, boeteclausule
penance ['penəns] *zn* ❶ boetedoening ❷ straf
pen-and-ink *bnw* pen-★ *a* ~ *drawing* een pentekening
pence [pens] *zn mv* →**penny**
penchant ['pãʃã] *zn* neiging, hang★ *he has a* ~ *for fast cars* hij is gek op snelle auto's
pencil ['pensɪl] **I** *zn* potlood, stift **II** *ov ww* ❶ (met potlood) tekenen, (met potlood) kleuren ❷ ~ **in** voorlopig noteren
pencil case *zn* schooletui
pencil sharpener *zn* puntenslijper
pendant ['pendənt] *zn* hanger(tje)
pending ['pendɪŋ] **I** *bnw* ❶ hangende, onbeslist ❷ ophanden★ *a storm is* ~ er komt een storm aan **II** *vz* in afwachting van
pendulous ['pendjʊləs] *bnw* ❶ hangend ❷ schommelend
pendulum ['pendjʊləm] *zn* slinger
penetrable ['penətrəbl] *bnw* doordringbaar
penetrate ['penətreɪt] **I** *ov ww* ❶ doordringen, binnendringen★ *the arrow~d his armour* de pijl doorboorde zijn harnas ❷ doorgronden **II** *onov ww* doordringen
penetrating ['penətreɪtɪŋ] *bnw* ❶ doordringend ❷ luid, snijdend, scherp ❸ scherpzinnig
penguin ['peŋgwɪn] *zn* pinguïn
penicillin [penɪ'sɪlɪn] *zn* penicilline
peninsula [pə'nɪnsjʊlə] *zn* schiereiland
penis ['pi:nɪs] *zn* penis
penitence ['penɪtns] *zn* berouw
penitent ['penɪtnt] **I** *zn* boetvaardige zondaar, biechteling, boeteling **II** *bnw* berouwvol
penitential [penɪ'tenʃəl] *bnw* berouwvol

pe

penitentiary [penɪ'tenʃərɪ] *zn* gevangenis
penknife ['pennaɪf] *zn* zakmes
penmanship ['penmənʃɪp] *zn* ❶ schrijfstijl ❷ schrijfkunst
pen-name, pen name *zn* schrijversnaam, pseudoniem
pennant ['penənt] *zn* ❶ wimpel ❷ (kampioenschaps)vlag
penniless ['penɪlɪs] *bnw* arm, zonder geld
penny ['penɪ] *zn* [mv: **pence, pennies**] penny, inform cent ★ *deserve / waste every* ~ alles verdienen / verspillen ★ *cost a pretty* ~ een aardige cent kosten ★ *not a* ~ geen rooie cent ★ *a* ~ *for your thoughts* waar zit je over te peinzen? ★ inform *pubs are ten a* ~ *in these parts* kroegen zijn dertien in het dozijn hier ★ inform *the* ~ *dropped* de zaak werd duidelijk ★ inform *spend a* ~ naar het toilet gaan ★ inform *turn up like a bad* ~ telkens ongewenst verschijnen ★ *in for a* ~, *in for a pound* wie A zegt, moet ook B zeggen
penny-pinching ['penɪpɪntʃɪŋ] *bnw* zuinig, vrekkig
penny-wise *bnw* zuinig op nietigheden ★ ~ *and pound-foolish* misplaatste zuinigheid ⟨zuinig in kleine zaken en royaal in grote⟩
pennyworth ['penɪwɜ:θ] *zn* voor een stuiver ★ *I put in my* ~ ik deed ook een duit in het zakje ★ *not a* ~ totaal niets / geen
pen pal *zn* penvriend(in)
pen-pusher ['penpʊʃə] inform *zn* pennenlikker, grijze kantoormuis
pension ['penʃən] **I** *zn* pensioen **II** *ov ww* ~ off pensioneren, afdanken
pensioner ['penʃənə] *zn* gepensioneerde
pension scheme, pension plan *zn* pensioenregeling
pensive ['pensɪv] *bnw* peinzend
pentagon ['pentəgən] *zn* vijfhoek
pentathlon [pen'tæθlən] *zn* vijfkamp
Pentecost ['pentɪkɒst] *zn* Pinksteren
penthouse ['penthaʊs] *zn* dakappartement
pent up *bnw* opgekropt ★ *pent-up anger* opgekropte woede ★ *she's too* ~ *to focus on her work* ze is te gespannen om zich op haar werk te kunnen concentreren
penultimate [pə'nʌltɪmət] *bnw* voorlaatste, een na laatste
penury ['penjʊrɪ] *zn* armoede
peony ['pi:ənɪ] *zn* pioen(roos)
people ['pi:pl] **I** *zn* ❶ mensen ★ *young* ~ jongelui ★ *he of all* ~ *should know that* als me iem. is die het zou moeten weten is hij het wel ❷ men ❸ volk ❹ naaste familie **II** *ov ww* bevolken
pep [pep] **I** *zn* fut, vuur, pit **II** *ov ww* inform ~ up oppeppen, opkikkeren, pikanter maker
pepper ['pepə] **I** *zn* ❶ peper ❷ bell pepper paprika ⟨vrucht⟩ ★ *green / red* ~ groene / rode paprika **II** *ov ww* ❶ peperen ❷ beschieten, bombarderen, bestoken ❸ bezaaien, bespikkelen
pepper-and-salt [pəpərən'sɔ:lt] *bnw* peper-en-zoutkleurig
peppercorn ['pepəkɔ:n] *zn* peperkorrel
peppermint ['pepəmɪnt] *zn* ❶ pepermunt ⟨kruid⟩ ❷ pepermuntje

peppery ['pepərɪ] *bnw* ❶ peperachtig, gepeperd ❷ driftig
pep talk *zn* aanmoediging
peptic ['peptɪk] *bnw* maag-
per [pɜ:] *vz* per ★ *per annum* per jaar ★ *per cent* procent ★ *per capita* per hoofd ★ *as per your instructions* volgens uw instructies ★ *as per usual* zoals gewoonlijk
perceivable [pə'si:vəbl] *bnw* waarneembaar
perceive [pə'si:v] *ov ww* (be)merken, waarnemen, beschouwen
percentage [pə'sentɪdʒ] *zn* percentage
perceptible [pə'septɪbl] *bnw* waarneembaar, merkbaar ★ *her condition is improving perceptibly* haar conditie wordt zienderogen beter
perception [pə'sepʃən] *zn* ❶ waarneming, gewaarwording ❷ inzicht ❸ voorstelling
perceptive [pə'septɪv] *bnw* ❶ opmerkzaam ❷ waarnemend
perch [pɜ:tʃ] **I** *zn* ❶ baars ❷ roest ⟨van vogel⟩, hoge plaats ★ *knock sb off his* ~ iem. op zijn nummer zetten ❸ roede ⟨lengte- / oppervlaktemaat⟩ **II** *ov ww* ❶ doen zitten ❷ (hoog) plaatsen ★ *the town was ~ed on a hill* de stad was op een heuvel gelegen **III** *onov ww* ❶ neerstrijken ❷ (hoog) gaan zitten, roesten ⟨vogels⟩ ★ *she sat ~ed on the edge of her chair* ze zat op de rand van haar stoel gebalanceerd
perchance [pɜ:'tʃɑ:ns] humor *bijw* misschien
percolate ['pɜ:kəlert] **I** *ov ww* filtreren **II** *onov ww* ❶ filtreren ❷ sijpelen, doordringen
percolator ['pɜ:kəlertə] *zn* ❶ filter ❷ koffiezetapparaat
percussion [pə'kʌʃən] *zn* slaginstrumenten, slagwerk
percussionist [pə'kʌʃənɪst] *zn* slagwerker
percussive [pə'kʌʃɪv] *bnw* ❶ schokkend, stotend ❷ slag-
peremptory [pə'remptərɪ] *bnw* gebiedend, beslissend
perennial [pə'renɪəl] **I** *zn* overblijvende plant ★ *a hardy* ~ een ⟨vorstbestendige⟩ overblijvende plant **II** *bnw* ❶ het hele jaar durend ❷ eeuwig(durend) ❸ telkens weer opduikend ❹ plantk overblijvend
perfect[1] ['pɜ:fɪkt] **I** *bnw* ❶ volmaakt, perfect, foutloos ❷ voortreffelijk ★ *she's the* ~ *neighbour* ze is de ideale buurvrouw ★ *11.30 is* ~ 11:30 schikt me prima ❸ volledig, volslagen, totaal ★ *that's* ~ *nonsense* dat is je reinste onzin ★ *she's ~ly capable of driving* ze is heel goed in staat om te rijden ★ *you know ~ly well what I mean* je weet heel goed wat ik bedoel ❹ taalk voltooid ⟨van tijd⟩ **II** *zn* taalk voltooide tijd
perfect[2] [pə'fekt] *ov ww* ❶ voltooien, volbrengen ❷ perfectioneren, verbeteren
perfection [pə'fekʃən] *zn* ❶ perfectie, volmaaktheid ★ *cooked to* ~ voortreffelijk klaargemaakt ❷ voltooiing
perfidious [pə'fɪdɪəs] *bnw* trouweloos, verraderlijk
perforate ['pɜ:fəreɪt] *ov ww* perforeren, doorboren, doorprikken
perforated ['pɜ:fəreɪtɪd] *bnw* geperforeerd, met kleine gaatjes ★ *a* ~ *eardrum* een gescheurd

pe

trommelvlies

perforation [pɜ:fə'reɪʃən] *zn* ❶ doorboring, perforatie ❷ gaatje(s)

perform [pə'fɔ:m] **I** *ov ww* ❶ volbrengen, verrichten, doen ★ *the operation can be ~ed by a dentist* de operatie kan door een tandarts worden uitgevoerd ❷ opvoeren ⟨van toneelstuk⟩ **II** *onov ww* ❶ optreden ❷ presteren

performance [pə'fɔ:məns] *zn* ❶ voorstelling, optreden, uitvoering ★ *a repeat ~* een herhaling ❷ prestatie(s) ❸ <u>inform</u> aanstellerij, scène ★ *put on a ~* zich aanstellen

performer [pə'fɔ:mə] *zn* ❶ toneelspeler, artiest ❷ uitvoerder

performing arts *zn mv* ★ *the ~* de podiumkunsten

perfume ['pɜ:fju:m] **I** *zn* geur, parfum **II** *ov ww* parfumeren

perfunctory [pə'fʌŋktərɪ] *bnw* ❶ oppervlakkig, nonchalant ❷ plichtmatig

perhaps [pə'hæps] *bijw* misschien

peril ['perɪl] *zn* gevaar ★ *he was in ~ of his life* hij verkeerde in levensgevaar ★ *at your ~* op uw (eigen) verantwoording

perilous ['perɪləs] *bnw* hachelijk, gevaarlijk, riskant

perimeter [pə'rɪmɪtə] *zn* omtrek ★ *a ~ fence* een grensschutting

period ['pɪərɪəd] **I** *zn* ❶ periode, tijdsduur, tijd ❷ lesuur ❸ menstruatie ★ *she's got her ~* ze is ongesteld ★ *she's missed her ~* zij is overtijd ❹ <u>USA</u> punt ⟨leesteken⟩ ★ *the answer is no, ~!* het antwoord is nee, punt uit! **II** *bnw* historisch ★ *they went in ~ costume* ze gingen historisch gekleed

periodic [pɪərɪ'ɒdɪk] *bnw* periodiek, regelmatig

periodical [pɪərɪ'ɒdɪkl] **I** *zn* periodiek, tijdschrift **II** *bnw* periodiek, regelmatig

peripheral [pə'rɪfərəl] *bnw* perifeer, rand-

periphery [pə'rɪfərɪ] *zn* ❶ periferie, omtrek ❷ buitenrand

periscope ['perɪskəʊp] *zn* periscoop

perish ['perɪʃ] **I** *onov ww* ❶ omkomen ❷ (ver)rotten, vergaan **II** *ov ww* ★ <u>inform</u> *~ the thought!* ik moet er niet aan denken!

perishable ['perɪʃəbl] *bnw* ❶ vergankelijk ❷ beperkt houdbaar

perishables ['perɪʃəblz] *zn mv* beperkt houdbare waren

perishing ['perɪʃɪŋ] <u>inform</u> *bnw + bijw* bitterkoud ★ *it was ~ in the room* het was steenkoud in de kamer

peritonitis [perɪtə'naɪtɪs] <u>med</u> *zn* buikvliesontsteking

perjure ['pɜ:dʒə] *wkd ww* ★ *~ o.s.* zich schuldig maken aan meineed

perjury ['pɜ:dʒərɪ] *zn* meineed

perk [pɜ:k] **I** *zn* ≈ bonus, ≈ voordeeltje **II** *ov ww* *~ up* opvrolijken, opfleuren **III** *onov ww* *~ up* weer moed krijgen, opfleuren, opleven

perky ['pɜ:kɪ] <u>inform</u> *bnw* vrolijk

perm [pɜ:m] **I** *zn* permanent ⟨in haar⟩ **II** *ov ww* permanenten

permanence ['pɜ:mənəns], **permanency** ['pɜ:mənənsi] *zn* duurzaamheid, bestendigheid

permanent ['pɜ:mənənt] **I** *bnw* blijvend,

duurzaam, permanent ★ *a ~ job* een vaste baan **II** *zn* permanent ⟨in haar⟩

permanently ['pɜ:mənəntlɪ] *bijw* ❶ voorgoed ❷ blijvend ★ *the temperature is kept ~ at 22°* de temperatuur wordt constant op 22° gehouden

permeate ['pɜ:mɪeɪt] **I** *ov ww* doordringen **II** *onov ww* zich verspreiden ★ *his enthusiasm has ~d down to his employees* zijn enthousiasme is overgegaan op zijn werknemers

permissible [pə'mɪsɪbl] *bnw* toelaatbaar, geoorloofd

permission [pə'mɪʃən] *zn* ❶ toestemming ❷ vergunning

permissive [pə'mɪsɪv] *bnw* ❶ veroorlovend ❷ (al te) toegeeflijk ★ *the ~ society* de tolerante maatschappij

permit[1] ['pɜ:mɪt] *zn* ❶ vergunning, toestemming ❷ verlofbrief, pasje

permit[2] [pə'mɪt] **I** *ov ww* toestaan **II** *onov ww* het toelaten ★ *weather ~ting* als het weer het toelaat

permutation [pɜ:mjʊ'teɪʃən] *zn* omzetting, verwisseling

pernicious [pə'nɪʃəs] *bnw* schadelijk, kwaadaardig

pernickety [pə'nɪkətɪ], <u>USA</u> **persnickety** [pə'nɪkətɪ] <u>inform</u> *bnw* kieskeurig, overdreven netjes

perpendicular [pɜ:pən'dɪkjʊlə] **I** *zn* loodlijn, verticaal, loodrechte stand **II** *bnw* loodrecht, steil, recht(op) ★ *the surfaces are ~ to each other* de oppervlakken staan loodrecht op elkaar

perpetrate ['pɜ:pɪtreɪt] *ov ww* bedrijven, begaan, plegen

perpetration [pɜ:pə'treɪʃən] *zn* het plegen, het bedrijven

perpetrator ['pɜ:pətreɪtə] *zn* dader

perpetual [pə'petʃʊəl] *bnw* ❶ eeuwig, levenslang, blijvend ❷ geregeld, herhaaldelijk

perpetuate [pə'petʃʊeɪt] *ov ww* doen voortduren, handhaven, vereeuwigen

perpetuity [pɜ:pɪ'tju:ətɪ] <u>form</u> *zn* ★ *in ~* voor altijd

perplex [pə'pleks] *ov ww* in de war brengen, verwarren, onthutsen

perplexed [pə'plekst] *bnw* perplex, verward, onthutst

perplexity [pə'pleksətɪ] *zn* verwarring

persecute ['pɜ:sɪkju:t] *ov ww* ❶ vervolgen ❷ lastig vallen

persecution [pɜ:sɪ'kju:ʃən] *zn* vervolging

persecution complex *zn* achtervolgingswaan

persecutor ['pɜ:sɪkju:tə] *zn* vervolger

perseverance [pɜ:sɪ'vɪərəns] *zn* volharding, doorzetting(svermogen)

persevere [pɜ:sɪ'vɪə] *onov ww* volharden, volhouden, doorzetten

persevering [pɜ:sɪ'vɪərɪŋ] *bnw* volhardend

Persia ['pɜ:ʃə] *zn* Perzië

Persian ['pɜ:ʃən] **I** *zn* ❶ het Perzisch ❷ Pers, Perzische **II** *bnw* Perzisch

persist [pə'sɪst] *onov ww* ❶ volhouden ★ *she ~ed in asking* ze bleef maar vragen ❷ voortduren, aanhouden

persistence [pə'sɪstəns], **persistency** [pə'sɪstənsɪ] *zn* ❶ volharding, voortduring ❷ hardnekkigheid

pe

persistent [pə'sɪstnt] *bnw* ❶ hardnekkig ❷ blijvend, aanhoudend

persnickety USA zn→**pernickety**

person ['pɜːsən] *zn* persoon, iemand ★ *in~* persoonlijk, in levende lijve ★ *I once met a~ who...* ik heb eens iem. ontmoet die... ★ *drugs were found on his~* er werden drugs bij hem aangetroffen

personable ['pɜːsənəbl] *bnw* innemend, knap ⟨van uiterlijk⟩

personage ['pɜːsənɪdʒ] *zn* personage, persoon

personal ['pɜːsənl] *bnw* persoonlijk ★ *from~ experience* uit eigen ervaring

personality [pɜːsə'næləti] *zn* ❶ persoonlijkheid ❷ beroemdheid

personalize, personalise ['pɜːsənəlaɪz] *ov ww* verpersoonlijken

personally ['pɜːsənəli] *bijw* ❶ persoonlijk ❷ wat mij betreft ❸ onder vier ogen

personification [pəsɒnɪfɪ'keɪʃən] *zn* verpersoonlijking

personify [pə'sɒnɪfaɪ] *ov ww* verpersoonlijken

personnel [pɜːsə'nel] *zn* ❶ personeel, werknemers ❷ personeel zaken

perspective [pə'spektɪv] **I** *zn* ❶ perspectief ★ *let's not let things get things out of~* laten we de zaken in hun juiste verhoudingen zien ❷ vooruitzicht **II** *bnw* perspectivisch

perspicacious [pɜːspɪ'keɪʃəs] *bnw* scherpzinnig, schrander

perspicacity [pɜːspɪ'kæsəti] *zn* schranderheid, scherpzinnigheid

perspicuity [pɜːspɪ'kjuːəti] *zn* ❶ duidelijkheid ❷ scherpzinnigheid

perspicuous [pə'spɪkjʊəs] *bnw* scherpzinnig, duidelijk

perspiration [pɜːspɪ'reɪʃən] *zn* zweet, transpiratie

perspire [pə'spaɪə] *onov ww* transpireren

persuade [pə'sweɪd] *ov ww* ❶ overreden, overhalen ★ *he let himself be~d into agreeing* hij liet zich overhalen om akkoord te gaan ❷ overtuigen ★ *~d of* overtuigd van

persuasion [pə'sweɪʒən] *zn* ❶ overreding(skracht), overtuiging(skracht) ❷ overtuiging, geloof▼ *being of the male / female ~ zijnde* van het mannelijke / vrouwelijke slag

persuasive [pə'sweɪsɪv] *bnw* ❶ overredend, overredings- ❷ overtuigend

pert [pɜːt] *bnw* ❶ vrijpostig, brutaal ❷ (klein en) welgevormd ⟨van lichaamsdelen⟩

pertain [pə'teɪn] form *ov ww* ~ **to** betrekking hebben op

pertinence ['pɜːtɪnəns] *zn* toepasselijkheid

pertinent ['pɜːtɪnənt] *bnw* toepasselijk, ter zake, relevant ★ form ~ *to* betrekking hebbend op

perturb [pə'tɜːb] *ov ww* verontrusten, van streek brengen

perturbed [pə'tɜːbd] *bnw* ontdaan ★ *he didn't seem~ by the news* hij scheen niet erg onder de indruk te zijn van het nieuws

perusal [pə'ruːzəl] *zn* (nauwkeurig) lezen ★ *for your~* ter inzage

peruse [pə'ruːz] *ov ww* bestuderen, aandachtig bekijken, (nauwkeurig) lezen

Peruvian [pə'ruːvɪən] **I** *zn* Peruviaan, Peruviaanse **II** *bnw* Peruviaans

pervade [pə'veɪd] *ov ww* doordringen, doortrekken, vervullen

pervasive [pə'veɪsɪv] *bnw* doordringend

perverse [pə'vɜːs] *bnw* ❶ onredelijk, koppig, dwars ❷ pervers, verdorven, tegennatuurlijk

perversion [pə'vɜːʃən] *zn* ❶ verdraaiing ⟨vnl. van woorden⟩ ★ *a~ of justice* een verdraaiing van het recht ❷ perversie

pervert¹ ['pɜːvɜːt] *zn* viezerik ★ *a sexual~* iem. met afwijkend seksueel gedrag

pervert² [pə'vɜːt] *ov ww* ❶ verdraaien ⟨vnl. van woorden⟩ ❷ bederven ★ misbruiken★ jur ~ *the course of justice* verhinderen dat het recht zijn loop heeft

perverted [pə'vɜːtɪd] *bnw* pervers, ontaard

pesky ['peskɪ] inform *bnw* vervelend, lastig

pessimism ['pesɪmɪzəm] *zn* pessimisme

pest [pest] *zn* ❶ schadelijk dier / plant★ *garden pests* ongedierte ⟨in de tuin⟩ ❷ inform last(post) ★ *that boy is being a real pest* die jongen is erg vervelend

pest control *zn* ongediertebestrijding

pester ['pestə] *ov ww* plagen, lastig vallen ★ *she keeps~ing me to fix the fence* ze zeurt steeds dat ik de schutting moet repareren

pesterer [pestərə] *zn* kwelgeest

pesticide ['pestɪsaɪd] *zn* pesticide, verdelgingsmiddel

pestilence ['pestɪləns] *zn* pest

pestle ['pesəl] *zn* stamper ⟨van vijzel⟩

pet [pet] **I** *zn* ❶ huisdier ❷ lieveling **II** *bnw* ❶ huis-★ *they have two pet rabbits* ze hebben twee tamme konijnen ❷ favoriet★ *his pet hate / aversion is cleaning* hij heeft een hekel aan schoonmaken **III** *ov ww* liefkozen, vertroetelen, aaien ⟨van een huisdier⟩ **IV** *onov ww* vrijen

petal ['petl] *zn* bloemblad

peter ['piːtə] *onov ww* ~ **out** uitgeput raken ⟨van mijn⟩, doodlopen ⟨van spoor⟩, mislukken, verlopen, uitsterven

petite [pə'tiːt] *bnw* klein en tenger

petition [pɪ'tɪʃən] **I** *zn* verzoek(schrift), smeekschrift, petitie ★ *file a~ for divorce* een verzoek tot echtscheiding indienen **II** *ov ww* ❶ verzoeken ❷ ~ **for** smeken om **III** *onov ww* een petitie indienen ★ *they have successfully~ed against removal of the trees* ze hebben met succes geprotesteerd tegen het kappen van de bomen

petitioner [pə'tɪʃənə] *zn* verzoeker, eiser

pet name *zn* koosnaam, troetelnaam

petrel ['petrəl] *zn* stormvogel

petrifaction [petrɪ'fækʃən] *zn* verstening

petrify ['petrɪfaɪ] **I** *ov ww* ❶ doen verstenen ❷ versteend doen staan ★ *the idea petrifies me* het idee geeft me de koude rillingen **II** *onov ww* verstenen

petrol ['petrəl] *zn* benzine

petroleum [pə'trəʊlɪəm] *zn* petroleum, aardolie

petroleum jelly *zn* vaseline

petrol gauge *zn* benzinemeter

pet shop *zn* dierenwinkel

petticoat ['petɪkəʊt] *zn* onderrok

petty ['petɪ] *bnw* ❶ klein, onbeduidend, nietig ❷ kleinzielig

petty cash *zn* kleine uitgaven, kleine kas

petty thief *zn* kruimeldief
petulance ['petjʊləns] *zn* prikkelbaarheid
petulant ['petjʊlənt] *bnw* prikkelbaar, humeurig
pew [pju:] *zn* kerkbank★ <u>inform</u> *take / grab a pew* pak een stoel en ga zitten
pewter ['pju:tə] **I** *zn* ❶ tin ❷ tinnegoed **II** *bnw* tinnen
PG *afk, Parental Guidance* meekijken gewenst ⟨classificering voor films⟩
phalanx ['fælæŋks] *zn* [mv: **phalanxes** of **phalanges**] ❶ [mv: phalanxes] falanx ⟨slagorde⟩ ❷ [mv: phalanxes] vingerkootje, teenkootje
phallic ['fælɪk] *bnw* fallisch, fallus-
phallus ['fæləs] *zn* fallus, penis
phantom ['fæntəm] **I** *zn* spook, geestverschijning **II** *bnw* ❶ schijn-, denkbeeldig ❷ spook-
pharaoh ['feərəʊ] *zn* farao
pharmaceutical [fɑ:mə'sju:tɪkl] *bnw* farmaceutisch
pharmaceutics [fɑ:mə'sju:tɪks] *zn mv* farmacie
pharmacist ['fɑ:məsɪst] *zn* ❶ farmaceut ❷ apotheker
pharmacy ['fɑ:məsɪ] *zn* ❶ farmacie ❷ apotheek
pharynx ['færɪŋks] *anat zn* keelholte
phase [feɪz] **I** *zn* fase, stadium, periode★ *out of* ~ niet in fase **II** *ov ww* ❶ ~ **in** geleidelijk invoeren ❷ ~ **out** langzamerhand opheffen
PhD *afk* ❶ *Doctor of Philosophy* doctor ⟨academische graad⟩ ❷ doctorstitel★ *she's working on her PhD* ze werkt aan haar proefschrift
pheasant ['fezənt] *zn* fazant
phenomena [fə'nɒmɪnə] *zn mv* → **phenomenon**
phenomenal [fə'nɒmɪnl] *bnw* merkwaardig, buitengewoon
phenomenon [fə'nɒmɪnən] *zn* [mv: **phenomena**] verschijnsel, fenomeen
phew [fju:] *tw* oef!, tjonge! ⟨uitroep van verbazing, opluchting enz.⟩
phial ['faɪəl] *zn* medicijnflesje
philanderer [fɪ'lændərə] *zn* beroepsflirt(er), donjuan
philanthropic [fɪlən'θrɒpɪk] *bnw* filantropisch, menslievend
philanthropist [fɪ'lænθrəpɪst] *zn* filantroop, mensenvriend
philanthropy [fɪ'lænθrəpɪ] *zn* filantropie, menslievendheid
philatelist [fɪ'lætəlɪst] *zn* filatelist, postzegelverzamelaar
philately [fɪ'lætəlɪ] *zn* filatelie, het verzamelen van postzegels
philharmonic [fɪlhɑ:'mɒnɪk] *bnw* filharmonisch
philistine ['fɪlɪstaɪn] **I** *zn* cultuurbarbaar **II** *bnw* onbeschaafd
philosopher [fɪ'lɒsəfə] *zn* filosoof, wijsgeer
philosophical [fɪlə'sɒfɪkl], **philosophic** [fɪlə'sɒfɪk] *bnw* ❶ filosofisch ❷ kalm★ *he's* ~ *about his loss* hij is nogal kalm onder zijn verlies
philosophize , **philosophise** [fɪ'lɒsəfaɪz] *onov ww* filosoferen
philosophy [fɪ'lɒsəfɪ] *zn* ❶ filosofie, wijsbegeerte ❷ levensbeschouwing★ *his* ~ *is 'live for today'* zijn motto is 'pluk de dag'
phlegm [flem] *zn* ❶ fluim, slijm ❷ flegma, nuchterheid

phlegmatic [fleg'mætɪk] *bnw* flegmatisch, nuchter
phobia ['fəʊbɪə] *zn* fobie
phobic ['fəʊbɪk] **I** *zn* iemand met een fobie★ *they are dog* ~ *s* zij zijn bang voor honden **II** *bnw* fobisch★ *many people are* ~ *about height* veel mensen hebben hoogtevrees
phoenix ['fi:nɪks] *zn* feniks
phone [fəʊn] **I** *zn* <u>inform</u> telefoon★ *the* ~ *rang* de telefoon ging★ *you're wanted on the* ~, *Dad* er is telefoon voor je, Pa **II** *ov ww* telefoneren, (op)bellen **III** *onov ww* ❶ telefoneren, (op)bellen ❷ ~ **in** telefonisch meedoen ⟨aan radio / TV-programma⟩★ *she* ~ *d in sick* ze belde op dat ze ziek was
phone booth *zn* telefooncel
phone-in *zn* phone-in ⟨radio- / tv-programma, waarbij luisteraars / kijkers deelnemen via de telefoon⟩
phone-tapping *zn* het afluisteren van telefoons
phonetic [fə'netɪk] *bnw* fonetisch, klank-
phonetics [fə'netɪks] *zn mv* fonetiek
phoney ['fəʊnɪ], **phony** **I** *zn* ❶ <u>inform</u> bedrieger ❷ <u>inform</u> namaak **II** *bnw* nagemaakt, onecht, vals
phonology [fə'nɒlədʒɪ] *zn* klankleer
phony ['fəʊnɪ] → **phoney**
phooey ['fu:ɪ] *tw* poeh!, bah!, onzin!
phosphate ['fɒsfeɪt] *zn* fosfaat
phosphor ['fɒsfə] *zn* fosfor
phosphorus ['fɒsfərəs] **I** *zn* fosfor **II** *bnw*, **phosporous** fosfor-
photo ['fəʊtəʊ] *zn* foto★ *take* ~ *s* foto's maken
photocopier ['fəʊtəʊkɒpɪə] *zn* fotokopieerapparaat
photocopy ['fəʊtəʊkɒpɪ], **photostat** ['fəʊtəstæt] **I** *zn* fotokopie **II** *ov ww* fotokopiëren
photofit ['fəʊtəʊfɪt] *zn* compositiefoto
photogenic [fəʊtəʊ'dʒenɪk] *bnw* fotogeniek
photograph ['fəʊtəgrɑːf] **I** *zn* foto, portret★ *I've had my* ~ *taken* ik heb me laten fotograferen **II** *ov ww* fotograferen, een foto maken van **III** *onov ww* fotograferen
photographer [fə'tɒgrəfə] *zn* fotograaf
photographic [fəʊtə'græfɪk] *bnw* fotografisch, fotografie-
photography [fə'tɒgrəfɪ] *zn* fotografie★ *the* ~ *was marvellous* de fotografische beelden waren fantastisch
photon ['fəʊtɒn] *natk zn* lichtdeeltje
photosensitive [fəʊtəʊ'sensɪtɪv] *bnw* lichtgevoelig
photostat ['fəʊtəstæt] *zn* → **photocopy**
phrasal verb ['freɪzl vɜ:b] *zn* woordgroep die als werkwoord fungeert ⟨werkwoord + bijwoord / werkwoord + voorzetsel⟩
phrase [freɪz] **I** *zn* ❶ uitdrukking, bewoording, woorden★ *to coin a* ~ zoals het spreekwoord luidt ❷ <u>taalk</u> zinsdeel **II** *ov ww* onder woorden brengen, formuleren
phrase book *zn* taalgids
phraseology [freɪzɪ'ɒlədʒɪ] *zn* ❶ manier van zeggen / uitdrukken ❷ woordkeus★ *legal* ~ juridisch jargon
phrasing ['freɪzɪŋ] *zn* ❶ bewoording, uitdrukking ❷ <u>muz</u> frasering

ph

physical ['fɪzɪkl] **I** *zn*, **physical examination** lichamelijk onderzoek **II** *bnw* ❶ natuurkundig, natuur- ★ *it's a ~ impossibility* het is absoluut onmogelijk ❷ materiaal ❸ lichamelijk ★ *you need to get more ~ exercise* je moet meer aan lichaamsbeweging doen ★ **inform** *things started to get a bit ~* het begon een beetje agressief te worden

physical education *zn* lichamelijke oefeningen, gymnastiek

physical jerks inform *zn mv* gym, lichamelijke oefening(en)

physical sciences *zn mv* natuurwetenschappen

physician [fɪ'zɪʃən] *zn* dokter, geneesheer

physicist ['fɪzɪsɪst] *zn* natuurkundige

physics ['fɪzɪks] *zn mv* ❶ natuurkunde ❷ natuurkundige wetten

physiognomy [fɪzɪ'ɒnəmɪ] *zn* ❶ gelaatkunde ❷ gelaat, voorkomen

physiology [fɪzɪ'ɒlədʒɪ] *zn* ❶ fysiologie ❷ (levens)functies

physiotherapist [fɪzɪəʊ'θerəpɪst] *zn* fysiotherapeut(e)

physiotherapy [fɪzɪəʊ'θerəpɪ] *zn* fysiotherapie

physique [fɪ'ziːk] *zn* lichaamsbouw, gestel

piano [pɪ'ænəʊ] *zn* piano ★ *a ~ player* een pianist ★ *a grand ~* een vleugel

pianoforte [pɪænəʊ'fɔːtɪ] *zn* piano

pic [pɪk] inform *zn* [mv: **pics** of **pix**] foto

piccolo ['pɪkələʊ] *zn* piccolo ⟨kleine fluit⟩

pick [pɪk] **I** *zn* ❶ keuze ★ *take your pick* zoek maar uit ★ *they got first pick of the prizes* ze mochten als eersten een prijs uitkiezen ★ *the pick of the bunch* het neusje van de zalm ❷ houweel ❸ pluk, oogst **II** *ov ww* ❶ (uit)kiezen, (uit)zoeken, selecteren ★ inform *pick sb's brains* iemands advies inwinnen ★ *pick pockets* zakkenrollen ★ *pick a quarrel* ruzie zoeken ★ *pick the winner / the winning horse* op het winnende paard wedden ★ *he picked his way carefully through the wreckage* hij ging voorzichtig vooruit door het wrak ❷ oogsten, plukken ⟨vruchten, bloemen, gevogelte⟩ ★ *the gorilla picked lice from his fur* de gorilla plukte luizen uit zijn vacht ❸ (open)hakken, bikken ★ *vandals had picked a hole in the wall* vandalen hadden een gat in de muur gemaakt ★ *pick holes in an argument* een argument ontzenuwen ★ *pick sth to pieces* iets uit elkaar halen, iets sterk bekritiseren ❹ uitpeuteren, peuteren in ⟨neus, tanden⟩ ★ *pick a lock* een slot openpeuteren ❺ (af)kluiven ★ *the bones had been picked clean* alle vlees was van de botten gekloven ❻ pikken ⟨van vogels⟩ ❼ ~ **apart** uit elkaar halen ❽ ~ **at** plukken / trekken aan, vitten / afgeven op ★ *she picked at her meal* ze zat te kieskauwen ❾ ~ **off** afplukken, uitpikken, inform de een na de ander neerschieten ❿ ~ **on** (uit)kiezen, afgeven / vitten op ⓫ ~ **out** uitpikken / uitkiezen, onderscheiden, ontdekken, op het gehoor spelen ★ *the letters were picked out in gold* de letters waren in goud uitgevoerd ⓬ ~ **up** oppikken / oprapen, opdoen, op de kop tikken, vinden / te pakken krijgen, terugvinden ⟨van spoor⟩, hervatten ⟨verhaal⟩, opvangen ⟨geluid⟩, opnemen

⟨telefoon⟩, ophalen / een lift geven, ontvangen / krijgen ⟨van inlichtingen⟩, inform versieren, aanhouden ⟨door politie⟩, opkikkeren ★ *he picked himself up* hij kwam weer overeind ⟨na een val⟩ ★ *they picked up courage* ze vatten weer moed ★ *pick up speed* snelheid maken ★ inform *pick up the bill* de rekening betalen **III** *onov ww* ❶ kiezen ★ *pick and choose* kieskeurig zijn ❷ ~ **up** opknappen, beter worden, gezondheid hervinden, aanwakkeren ⟨van wind⟩, aanslaan ⟨van motor⟩ ★ *let's pick up where we left the story* laten we verder gaan met het verhaal waar we waren gebleven ★ inform *she's constantly picking up after her kids* ze ruimt de hele tijd de rommel van de kinderen op

pickaxe, USA **pickax** ['pɪkæks] *zn* (pik)houweel

picket ['pɪkɪt] **I** *zn* ❶ paal, staak ❷ post ⟨van stakers⟩ ★ *a ~ line* een groep posters ⟨bij staking⟩ **II** *ov ww* ❶ posten ⟨bij staking⟩ ❷ omheinen met palen

pickings ['pɪkɪŋz] *zn mv* winst ⟨oneerlijk / gemakkelijk verkregen⟩

pickle ['pɪkl] **I** *zn* ❶ tafelzuur, ingemaakte groente, soort chutney ★ inform *I was in a ~* ik zat lelijk in de klem ❷ augurk **II** *ov ww* inmaken

pickled ['pɪkld] *bnw* ❶ ingelegd, ingemaakt ❷ inform lazarus

pick-me-up ['pɪkmɪʌp] inform *zn* hartversterkertje, opkikkertje

pickpocket ['pɪkpɒkɪt] *zn* zakkenroller

pickup ['pɪkʌp] *zn* ❶ pick-up, bestelauto ❷ inform scharreltje ❸ lifter, vrachtje, taxipassagier ❹ herstel, opleving ❺ het ontvangen

pickup truck *zn* bestelwagen

picky ['pɪkɪ] *bnw* kieskeurig

picnic ['pɪknɪk] **I** *zn* picknick ★ *go for a ~* gaan picknicken ★ inform *be no ~* geen pretje zijn, geen kleinigheid zijn **II** *onov ww* picknicken

pictorial [pɪk'tɔːrɪəl] **I** *zn* geïllustreerd blad **II** *bnw* ❶ beeld- ❷ geïllustreerd

picture ['pɪktʃə] **I** *zn* ❶ afbeelding, schilderij, plaat ★ *she had her ~ painted* ze heeft haar portret laten schilderen ★ *slip from the ~* van het toneel verdwijnen ★ *enter / come into the ~* belangrijk worden, een rol gaan spelen ★ *be in the ~* erbij zijn, van belang zijn ★ *be out of the ~* er niet bij zijn, niet van belang zijn ★ *put sb in the ~* iem. op de hoogte brengen / houden ★ *leave sb / sth out of the ~* iemand / iets er buiten laten ★ fig *the big ~* het hele plaatje ⟨overzicht⟩ ❷ foto ★ *we had our ~ taken* we zijn op de foto gezet ❸ televisiebeeld ❹ beeld, indruk ★ *the ~ was very different ten years ago* tien jaar geleden zag alles er anders uit ★ *the overall ~ is encouraging* de algemene vooruitzichten zijn gunstig ★ inform *get the ~* het snappen ❺ film ★ *go to the ~s* naar de bioscoop gaan ❻ toonbeeld ★ *she's the (very) ~ of health* ze blaakt van gezondheid **II** *ov ww* ❶ afbeelden, schilderen ❷ zich voorstellen ★ *~ this* stel je dit eens voor ★ *I can still ~ him* ik zie hem nog voor mij

picture book ['pɪktʃəbʊk] *zn* prentenboek

picture gallery *zn* schilderijenmuseum

picture-perfect *bnw* ❶ beeldschoon ❷ precies

zoals het hoort

picture postcard *zn* ansichtkaart

picturesque [ˌpɪktʃəˈresk] *bnw* schilderachtig

piddle [ˈpɪdl] <u>inform</u> **I** *zn* plasje **II** *onov ww* een plasje doen

piddling [ˈpɪdlɪŋ] <u>inform</u> *bnw* onbenullig

pidgin [ˈpɪdʒɪn] *zn* pidgin, mengtaal ★ *he couldn't understand my ~ French* hij begreep mijn steenkolenfrans niet

pie [paɪ] *zn* pastei(tje), USA taart ★ <u>inform</u> *have a finger in every pie* overal een vinger in de pap hebben ★ <u>inform</u> *eat humble pie* zoete broodjes bakken ★ <u>inform</u> *a pie in the sky* een luchtkasteel

piebald [ˈpaɪbɔːld] *bnw* bont, gevlekt (van paard)

piece [piːs] **I** *zn* ❶ stuk, portie, deel ★ *a ~ of paper* een stuk papier ★ *a ~ of music* een muziekstuk ★ *a ~ of advice* een goede raad ★ *a ~ of string* een eindje touw ★ *a ~ of cake* een stuk koek, <u>inform</u> een stuk ⟨meisje⟩, <u>inform</u> een makkie ★ *a ~ of the profits* een deel van de opbrengst ★ *he wants a ~ of the action* hij wil meedoen ★ *~ by ~* stuk voor stuk ★ *we're all in one ~* we zijn ongedeerd ★ *all of a ~* van één soort, van hetzelfde slag ★ *fall to ~s* stukgaan, <u>inform</u> het afleggen, <u>inform</u> mislukken ★ <u>inform</u> *go to ~s* instorten ★ *tear sth to ~s* iets uit elkaar halen ★ *smash sth to ~s* iets aan stukken gooien ★ *let him say his ~* laat hem zijn zegje doen ★ *I gave her a ~ of my mind* ik heb haar flink de waarheid gezegd ❷ voorbeeld, geval ★ *a ~ of (good) luck* een buitenkansje, een meevaller ★ *a nasty ~ of work* een misbaksel (akelig persoon) ❸ eenheid ★ *these are one euro a ~* deze kosten één euro per stuk **II** *ov ww* ~ **together** stukje bij beetje tot een geheel maken, reconstrueren

piecemeal [ˈpiːsmiːl] **I** *bnw* te hooi en te gras **II** *bijw* stukje voor stukje, geleidelijk

piecework [ˈpiːswɜːk] *zn* stukwerk

pie chart *zn* cirkeldiagram

pied [paɪd] *bnw* bont, gevlekt

pier [pɪə] *zn* ❶ pijler ⟨van brug⟩ ❷ havenhoofd, pier

pierce [pɪəs] **I** *ov ww* ❶ prikken ❷ doordringen, doorboren ★ *she's having her ears ~d* ze krijgt gaatjes in haar oren **II** *onov ww* doordringen, doorboren

piercing [ˈpɪəsɪŋ] **I** *zn* piercing **II** *bnw* ❶ doordringend ❷ onderzoekend ❸ scherp, snijdend

piety [ˈpaɪətɪ] *zn* piëteit, vroomheid

piffle [ˈpɪfəl] <u>inform</u> *zn* onzin

piffling [ˈpɪflɪŋ] <u>inform</u> *bnw* ❶ pietluttig, onbeduidend ❷ belachelijk

pig [pɪɡ] **I** *zn* ❶ varken, (wild) zwijn ★ *pigs might fly* de wonderen zijn de wereld nog niet uit ★ <u>inform</u> *bleed like a pig* bloeden als een rund ★ <u>inform</u> *sweat like a pig* zweten als een rund ★ <u>inform</u> *a pig of a day* een rotdag ❷ <u>inform</u> schrokop ★ *she made a pig of herself at the dinner table* ze zat te eten als een varken aan tafel ❸ <u>inform</u> smeerlap, stijfkop ❹ <u>straatt</u> smeris **II** *ov ww* <u>inform</u> zich volvreten aan ★ *she pigged all the chocolates* ze vrat alle chocolaatjes op **III** *onov ww* <u>inform</u> ~ **out** te veel eten ★ *we pigged out on icecream* we vraten ons vol aan ijs

pigeon [ˈpɪdʒɪn] *zn* duif ★ *a carrier / homing ~* een postduif ★ *a ~ pair* een tweeling van verschillend geslacht, jongen en meisje als enige kinderen ★ *set / put the cat among the ~s* de knuppel in het hoenderhok gooien

pigeon fancier [ˈpɪdʒən fænsɪə] *zn* duivenmelker

pigeon-hole, pigeonhole [ˈpɪdʒənhəʊl] **I** *zn* loket, (post)vakje **II** *ov ww* ❶ opbergen ❷ op de lange baan schuiven, in de ijskast stoppen ❸ classificeren, aanmerken als

piggery [ˈpɪɡərɪ] *zn* ❶ varkensfokkerij, varkensstal ❷ zwijnerij ❸ <u>inform</u> koppigheid

piggy [ˈpɪɡɪ] **I** *zn* varkentje ⟨kindertaal⟩ **II** *bnw* varkens-

piggyback [ˈpɪɡɪbæk] **I** *zn* ritje op de rug / schouders **II** *bijw* ★ *carry sb* ~ iem. op de rug / schouders dragen **III** *ov ww* op de rug / schouders dragen

piggy bank *zn* spaarvarken

pig-headed [pɪɡˈhedɪd] *bnw* stijfkoppig, eigenwijs

piglet [ˈpɪɡlət] *zn* big

pigment [ˈpɪɡmənt] *zn* ❶ pigment, kleurstof ❷ verfstof

pigmy [ˈpɪɡmɪ] *zn* → **pygmy**

pigskin [ˈpɪɡskɪn] *zn* varkensleer

pigsty [ˈpɪɡstaɪ] *zn* varkenshok, zwijnenstal ⟨ook figuurlijk⟩

pigtail [ˈpɪɡteɪl] *zn* vlecht ⟨haardracht⟩

pike [paɪk] *zn* ❶ snoek ❷ piek, spies

pilchard [ˈpɪltʃəd] *zn* soort sardien

pile [paɪl] **I** *zn* ❶ hoop, stapel ❷ pool, nop ⟨op stof⟩ ❸ (hei)paal ❹ <u>inform</u> fortuin, geld **II** *ov ww* ❶ opstapelen ❷ ~ **on** opstapelen, ophopen ★ <u>inform</u> *she's been piling on the weight recently* ze is de laatste tijd behoorlijk aangekomen ★ <u>inform</u> *now you're piling it on* nu overdrijf je toch ★ *pile on the pressure* de druk verhogen **III** *onov ww* ❶ ~ **in/out** met drommen naar binnen / buiten stromen ❷ ~ **up** zich opstapelen, zich ophopen

piles [paɪlz] <u>inform</u> *zn mv* aambeien

pile-up *zn* ❶ kettingbotsing ❷ opeenstapeling, op(een)hoping

pilfer [ˈpɪlfə] **I** *ov ww* gappen **II** *onov ww* jatten ★ *she was caught ~ing* ze werd op stelen betrapt

pilferer [ˈpɪlfərə] *zn* kruimeldief

pilgrim [ˈpɪlɡrɪm] *zn* pelgrim

pilgrimage [ˈpɪlɡrɪmɪdʒ] *zn* bedevaart ★ *go on a ~* een pelgrimstocht maken

pill [pɪl] **I** *zn* pil ★ *sweeten the pill* de pil vergulden **II** *onov ww* pluizen

pillage [ˈpɪlɪdʒ] **I** *zn* plundering **II** *ov+onov ww* plunderen, roven

pillar [ˈpɪlə] *zn* (steun)pilaar, zuil ★ *a ~ of smoke* een rookkolom ★ *be driven / pushed from ~ to post* van het kastje naar de muur gezonden worden

pillar box *zn* ronde brievenbus ⟨op straat⟩

pillbox [ˈpɪlbɒks] *zn* ❶ pillendoosje ❷ rond dameshoedje ❸ kleine bunker

pillion [ˈpɪljən] **I** *zn* duozitting **II** *bijw* ★ *ride ~* duo rijden

pillory [ˈpɪlərɪ] **I** *zn* schandpaal ★ *put sb in the ~* iem. belachelijk maken **II** *ov ww* aan de kaak stellen

pi

pillow ['pɪləʊ] zn hoofdkussen
pillowcase ['pɪləʊkeɪs], **pillowslip** ['pɪləʊslɪp] zn kussensloop
pillow talk zn slaapkamergesprek(ken)
pilot ['paɪlət]I zn ❶ piloot ❷ loods, leidsman, gids ❸ proefexemplaar, proefaflevering ⟨v.e. nieuwe tv-serie⟩II ov ww ❶ besturen, loodsen, geleiden ❷ uitproberen ⟨v. nieuw product, idee, enz.⟩
pilot light zn ❶ waakvlam ❷ controlelampje
pilot plant zn proeffabriek
pilot project · **pilot scheme** zn proefproject
pilot's licence zn vliegbrevet
pimp [pɪmp]I zn pooierII onov ww pooier zijn ★ he pimps for her hij is haar pooier
pimple ['pɪmpl] zn puistje
pimply bnw puistig
pin [pɪn]I zn ❶ speld, broche★ I've got pins and needles in my leg mijn been slaapt★ inform be on pins and needles erg zenuwachtig zijn ★ inform for two pins I'd... wat let me of ik... ★ inform he doesn't care a pin het interesseert hem geen zier ❷ pen ❸ bout, schroef ❹ kegel ❺ vlaggenstok (bij golf)II ov ww ❶ (op)prikken ❷ vastspelden★ they're pinning all their hopes on him ze vestigen al hun hoop op hem ❸ vastklemmen, vastzetten★ he pinned her against the wall hij drukte haar tegen de muur ❹ ~ **down** tegen de grond drukken, te pakken krijgen★ the exact time is hard to pin down het is moeilijk de juiste tijd vast te stellen★ it's hard to pin her down to fixing a date het is moeilijk haar op een datum vast te pinnen ❺ ~ **on** schuld schuiven op ❻ ~ **up** opprikken, opspelden, stutten
pinafore ['pɪnəfɔ:] zn schortje
pinball ['pɪnbɔ:l] zn flipper(spel)
pincers ['pɪnsəz] zn mv ❶ schaar ⟨van kreeft, krab⟩ ❷ nijptang
pinch [pɪntʃ]I zn ❶ kneep ❷ druk, nood, kritieke toestand★ feel the~ (financieel) krap zitten ★ when it comes to the~ in geval van nood★ at a~ desnoods ❸ heel klein beetje, snuifjeII ov ww ❶ knijpen, knellen, klemmen★ a nerve is being~ed er zit een zenuw bekneld ❷ verkleumen, verschrompelen★ a frost had ~ed the vine een nachtvorst had de wijnstruik doen verschrompelen ❸ inform jatten ❹ inform pakken, inrekenen ⟨dief⟩III onov ww ❶ zuinig zijn★ she had to~ and save to get the money together ze moest kromliggen om het geld bij elkaar te krijgen ❷ knellen, pijn doen
pinched [pɪntʃt] bnw ingevallen, mager, benepen ⟨gezicht⟩★ be~ for money / time krap genoeg geld / tijd hebben
pine [paɪn] zn ❶ grenenhout, vurenhout ❷ **pine tree** pijnboom III ov ww ~ **after/for** smachten / verlangen naarIII onov ww ~ **away** wegkwijnen
pineapple ['paɪnæpl] zn ananas
pine cone zn dennenappel
pine needle zn dennennaald
ping [pɪŋ]I zn ping ⟨kort, fluitend geluid⟩II onov ww tinkelen
ping-pong ['pɪŋpɒŋ] zn tafeltennis
pinhead ['pɪnhed] zn ❶ speldenknop ❷ inform idioot

pinion ['pɪnjən] boeien, vastbinden ⟨van de armen⟩
pink [pɪŋk] bnw ❶ roze ❷ homo-★ the pink dollar de homobijdrage aan de economie ❸ inform linksig ⟨gematigd socialistisch⟩II zn ❶ roze★ inform in the pink kerngezond ❷ anjelierIII onov ww kloppen ⟨v. motor⟩
pinko ['pɪŋkəʊ] inform zn gematigde liberaal / radicaal
pinnacle ['pɪnəkl] zn ❶ top ❷ hoogtepunt ❸ torentje
pinny ['pɪnɪ] zn schortje
pinpoint ['pɪnpɔɪnt]I zn speldenpunt★ the island was just a~ on the horizon het eiland was maar een stipje aan de horizonII bnw nauwkeurig ★ with~ accuracy uiterst nauwkeurigIII ov ww nauwkeurig aanwijzen, vaststellen
pinprick ['pɪnprɪk] zn speldenprik
pins [pɪnz] inform zn mv benen
pinstripe ['pɪnstraɪp] zn dun streepje★ a~ suit een streepjespak
pint [paɪnt] zn ❶ pint ⟨6 dl⟩ ❷ glas bier
pint-sized inform bnw minuscuul, piepklein
pioneer [paɪə'nɪə] zn pionierII ov ww de weg bereiden, het eerst aanpakken★ the Romans~ed this technique de Romeinen hebben deze techniek ontwikkeld
pious ['paɪəs] bnw vroom, godsdienstig
pip [pɪp]I zn ❶ pit ❷ ster ⟨op uniform⟩ ❸ toon, tijdsignaal ⟨op de radio⟩▼ inform give sb the pips iem. op de zenuwen werkenII ov ww inform op het nippertje verslaan★ pip sb at / to the post vlak voor iem. finishen
pipe [paɪp] zn ❶ pijp★ put that in your pipe and smoke it! die kun je in je zak steken! ❷ buis ❸ fluitjeII ov ww ❶ door buizen laten lopen ★ water is piped hundreds of kilometres to the town water wordt naar de stad geleid door honderden kilometer buis ❷ door kabelverbinding overbrengen ❸ fluiten★ the admiral was piped aboard de admiraal werd door een fluitsignaal verwelkomd ❹ piepen ❺ versieren★ their names were piped on the cake in pink icing hun namen waren in roze glazuur op de cake aangebrachtIII onov ww ❶ inform ~ **down** rustig worden ❷ inform ~ **up** zich laten horen
pipe dream zn luchtkasteel, dromerij
pipeline ['paɪplaɪn] zn pijpleiding★ in the~ onderweg / op komst
piper ['paɪpə] zn doedelzakspeler, fluitspeler ★ pay the~ het gelag betalen
pipes [paɪpz] zn mv~ the~ de doedelzak
piping ['paɪpɪŋ]I zn ❶ pijpen, buizen, buizenstelsel ❷ fluitspel ❸ biesversiering ❹ suikerglazuurII bnw schel, schrill III bijw~ hot kokend heet
pipsqueak ['pɪpskwi:k] inform zn praatjesmaker, nul ⟨onbeteekenend / verachtelijk iemand⟩
piquant ['pi:kənt] bnw ❶ pikant ❷ prikkelend
pique [pi:k]I zn wrok★ a fit of~ een nijdige bui II ov ww prikkelen, kwetsen, irriteren
piqued [pi:kt] bnw gepikeerd
piracy ['paɪrəsɪ] zn piraterij
pirate ['paɪərət]I zn zeerover II bnw illegaal,

piraten-, clandestien ⟨zender⟩ III *ov ww* ongeoorloofd nadrukken / kopiëren

pirouette [pɪrʊˈet] *zn* pirouette II *onov ww* een pirouette maken

Pisces [ˈpɪskɪz] *zn* Vissen (sterrenbeeld)

piss [pɪs] *vulg* I *zn* pis★ *be on the piss* aan de zuip zijn★ *take the piss* iem. in de maling nemen II *ov ww* ~ **around/about** aan het lijntje houden ❷ ~ **off** ergeren III *onov ww* ❶ pissen ❷ stortregenen★ *it's pissing (down) outside* het regent buiten dat het giet ❸ ~ **around/about** (aan)rotzooien ❹ ~ **off** wegwezen★ *piss off!* sodemieter op!

pissed [pɪst] *vulg* I *bnw* ❶ GB bezopen ⟨dronken⟩ ❷ USA boos, geërgerd

pistachio [pɪˈstɑːʃɪəʊ] *zn* pistache

pistil [ˈpɪstɪl] *zn* stamper ⟨van bloem⟩

pistol [ˈpɪstl] *zn* pistool

piston [ˈpɪstn] *zn* (pomp)zuiger

pit [pɪt] I *zn* ❶ kuil, groeve, put★ *he went to work in the pit* hij ging in een kolenmijn werken ❷ putje, kuiltje, pok ❸ orkestbak ❹ werkkuil, smeerkuil, pits ⟨op autocircuit⟩ ❺ steen, pit ⟨van vrucht⟩ II *ov ww* ❶ inzetten★ *he'll pit his wits against other chess players* hij zal zijn krachten meten met de andere schakers ❷ putjes / kuiltjes maken in★ *the roof had been pitted by hailstones* het dak had deuken door de hagelstenen ❸ ~ **against** opzetten tegen, stellen tegenover

pitch [pɪtʃ] I *zn* ❶ hoogte★ *fly a high*~ hoog vliegen, een hoge vlucht nemen ❷ graad ❸ toonhoogte ❹ helling, steilheid ⟨v. dak⟩ ❺ afstand ⟨v. tanden bij tandrad⟩ ❻ pek★ ~ *sticks* wie met pek omgaat wordt ermee besmeurd ❼ het smeren (v. schip) ❽ worp ❾ verkooppraatje ❿ poging iets te bemachtigen ⓫ standplaats ⓬ sportterrein ▼ GB *inform queer sb's*~ iemands kansen verknoeien II *ov ww* ❶ in bep. stijl uitdrukken ❷ bestraten ❸ muz aangeven v. toon ❹ gooien, werpen ❺ straat vertellen, opdissen ❻ pekken ❼ opslaan ⟨van tent⟩, kamperen ❽ stellen, plaatsen★ *a*~*ed battle* een vooraf in elkaar gezette veldslag ❾ uitstallen ❿ *inform* ~ **into** te lijf gaan ⓫ ~ **(up) on** kiezen, ergens opkomen III *onov ww* ❶ voorover vallen, zich storten ❷ stampen ⟨van schip⟩ ❸ schuin aflopen ❹ *inform* ~ **in** de hand aan de ploeg slaan, 'm van katoen geven

pitch-black *bnw* pikzwart

pitch-dark *bnw* pikdonker

pitcher [ˈpɪtʃə] *zn* ❶ kruik, kan ❷ werper ⟨bij honkbal⟩

pitchfork [ˈpɪtʃfɔːk] *zn* hooivork

piteous [ˈpɪtɪəs] *bnw* treurig, droef, beklagenswaardig

pitfall [ˈpɪtfɔːl] *zn* valkuil, valstrik (figuurlijk)

pith [pɪθ] *zn* ❶ wit ⟨onder schil van sinaasappel enz.⟩ ❷ essentie, kern

pithead [ˈpɪthed] *zn* mijningang

pithy [ˈpɪθɪ] *bnw* pittig, krachtig

pitiable [ˈpɪtɪəbl] *bnw* meelijwekkend

pitiful [ˈpɪtɪfʊl] *bnw* ❶ medelijdend, armzalig ❷ verachtelijk

pitiless [ˈpɪtɪlɪs] *bnw* meedogenloos

pits [pɪts] *zn mv*★ *the pits* de pits ⟨op autoracecircuit⟩, *inform* het ergste wat er is★ *a London winter is the pits* winter in Londen is het ergste wat er is

pittance [ˈpɪtns] *zn* hongerloon★ *he left his wife a mere*~ hij liet zijn vrouw achter met een armzalig bedrag

pitted [ˈpɪtɪd] *bnw* ❶ met putjes ❷ gepit★ ~ *cherries* kersen zonder pit

pitter-patter *zn* tiktik, (ge)tikketak, triptrap

pituitary [pɪˈtjuːɪtərɪ], **pituitary gland** *zn* hypofyse

pity [ˈpɪtɪ] I *zn* ❶ medelijden★ *take pity on sb* medelijden hebben met iem.★ *for pity's sake* in 's hemels naam ❷ jammerlijk feit★ *what a pity!* wat jammer!★ *more's the pity* des te erger is het II *ov ww* medelijden hebben met★ *he's more to be pitied than blamed* hij is eerder te beklagen dan dat hij schuld heeft

pitying [ˈpɪtɪɪŋ] *bnw* medelijdend, vol medelijden

pivot [ˈpɪvət] I *zn* spil, draaipunt★ *she is the*~ *of the novel* ze is de centrale figuur in de roman II *ov ww* ~ **(up)on** draaien om

pivotal [ˈpɪvətl] *bnw* hoofd-, centraal★ *a*~ *figure* een sleutelfiguur

pix [pɪks] *inform mv* →**pic**

pixie [ˈpɪksɪ], **pixy** *zn* fee

placard [ˈplækɑːd] *zn* aanplakbiljet

placate [pləˈkeɪt] *ov ww* tevredenstellen, verzoenen, sussen

placatory [pləˈkeɪtərɪ] *bnw* verzoenend, verzoenings-

place [pleɪs] I *zn* ❶ plaats, ruimte, plek★ *in the first / second*~ ten eerste / tweede★ *take*~ gebeuren, plaatsvinden★ *take sb's*~ iemands plaats innemen★ *take the*~ *of* vervangen ★ *inform go*~*s* succes hebben, overal heenreizen★ *lay / set a*~ *for sb* voor iem. dekken★ *fall into*~ duidelijk worden★ *what you said was out of*~ wat jij zei was misplaatst ★ *inform the news is all over the*~ iedereen / de hele stad weet ervan★ *inform she was all over the*~ ze was totaal in de war★ *calculated to 5 decimal*~*s* berekend tot 5 decimalen nauwkeurig ❷ passage ⟨in boek⟩★ *I've lost my*~ ik ben mijn plek kwijt (in boek) ❸ plaats ❹ huis, gebouw, buitengoed★ *a*~ *of worship* een bedehuis★ *at your*~ bij u thuis ❺ pleintje, hofje ❻ rang, positie, post★ *it's not my*~ *to judge* het is niet aan mij om te oordelen II *ov ww* ❶ plaatsen, stellen★ ~ *an order* bestellen ★ ~ *sb under arrest* iem. arresteren★ *the company*~*s great value on creativity* de firma hecht veel waarde aan creativiteit★ *how are you*~*d for time / money* heb je genoeg tijd / geld? ❷ herinneren, thuisbrengen (figuurlijk) ❸ aanstellen, benoemen★ *he was*~*d* hij behoorde tot de eerste drie ⟨bij race⟩

placebo [pləˈsiːbəʊ] *zn* placebo, neppil

placement [ˈpleɪsmənt] *zn* plaatsing

place setting *zn* couvert

placid [ˈplæsɪd] *bnw* vredig, rustig, kalm

plagiarism [ˈpleɪdʒərɪzəm] *zn* plagiaat

plagiarist [ˈpleɪdʒərɪst] *zn* plagiaris

plagiarize, **plagiarise** [ˈpleɪdʒəraɪz] *ov ww*

pl

plagiaat plegen

plague [pleɪg] I *zn* ❶ pest ❷ plaag ❸ lastpost II *ov ww* ❶ bezoeken ⟨figuurlijk⟩ ❷ pesten, treiteren

plaice [pleɪs] *zn* schol

plaid [plæd] *zn* plaid ⟨(geruite) wollen stof⟩

plain [pleɪn] I *zn* ❶ vlakte ❷ rechte steek ⟨bij breien⟩ II *bnw* ❶ duidelijk ★ *it is all ~ sailing* het loopt als vanzelf, het is allemaal doodeenvoudig ★ *as ~ as a pikestaff / as the nose on your face* zo klaar als een klontje ★ *I will be ~ with you* ik zal je precies zeggen waar het op staat ❷ eenvoudig, onversierd, puur ★ *a ~ card* een kaart onder boer ★ ~ *cooking* burgerpot ★ ~ *water* alleen maar water, (dood)gewoon water ★ ~ *chocolate* pure chocola ❸ openhartig ★ ~ *speaking* duidelijke taal ❹ gewoon ★ *good ~ food* simpele kost ★ ~ *common sense* gezond verstand ❺ lelijk, alledaags ❻ vlak, glad ⟨van ring⟩ ❼ niet gekleurd, ongelinieerd ❽ rechts ⟨breisteek⟩ III *bijw* inform duidelijk, gewoon ★ ~ *stupid* gewoon dom

plain-clothes [pleɪn'kləʊðz] *bnw* in burger(kleren)

plainly [ˈpleɪnlɪ] *bijw* ❶ ronduit ❷ zonder meer ❸ eenvoudig, heel gewoon

plaint [pleɪnt] *zn* ❶ jur beschuldiging, aanklacht ❷ weeklacht

plaintiff [ˈpleɪntɪf] *zn* eiser, aanklager

plaintive [ˈpleɪntɪv] *bnw* klagend

plait [plæt] I *zn* vlecht II *ov ww* vlechten

plan [plæn] I *zn* ❶ plan ★ *a plan of action* een plan de campagne ★ *your best plan would be to...* je kunt het beste... ★ *there are no plans to build a new school* het ligt niet in de bedoeling dat een nieuwe school komt ❷ schema, ontwerp, voorstel ❸ schets, tekening ❹ plattegrond II *ov ww* ❶ schetsen, ontwerpen ❷ een plan maken, van plan zijn ★ *everything had been carefully planned* alles was tot in de details geregeld ❸ ~ *on* er op rekenen, van plan zijn ★ *we hadn't planned on twins* we hadden niet op een tweeling gerekend

plane [pleɪn] I *zn* ❶ plataan ❷ schaaf ❸ vlak ❹ niveau, peil ★ *he exists on a ~ of his own* hij leeft in zijn eigen wereldje ❺ vliegtuig II *bnw* vlak III *ov ww* schaven IV *onov ww* glijden, vliegen, zweven

planet [ˈplænɪt] *zn* planeet

planetary [ˈplænɪtərɪ] *bnw* planetarisch, planeet-

plank [plæŋk] *zn* ❶ plank ★ inform *as thick as a ~ / as two short ~s* oliedom ❷ programmapunt

planking [ˈplæŋkɪŋ] *zn* ❶ beplanking ❷ planken

planner [ˈplænə] *zn* ontwerper, planoloog

planning [ˈplænɪŋ] *zn* ❶ planning ❷ beramen, ontwerpen

planning permission *zn* bouwvergunning

plant [plɑːnt, plænt] I *zn* ❶ plant ❷ fabriek, bedrijf ❸ installatie, uitrusting, bedrijfsmaterieel ❹ inform doorgestoken kaart, vals bewijsmateriaal ★ *he claims that the drugs were a ~* hij beweert dat de drugs stiekem bij hem verborgen waren ❺ infiltrant II *ov ww* ❶ planten, poten, beplanten ★ *he ~ed doubt in their minds* hij zaaide twijfel bij hen ❷ plaatsen, neerzetten, vestigen ★ *she ~ed herself in front of the TV* ze installeerde zich voor de tv ❸ verbergen, onderschuiven ❹ ~ *out* vanuit pot in de open grond zetten, uitpoten

plantain [ˈplæntɪn] *zn* ❶ bakbanaan ❷ weegbree ⟨wilde⟩

plantation [plæn'teɪʃən] *zn* ❶ (be)planting, aanplanting ❷ plantage

plaque [plæk] *zn* ❶ (gedenk)plaat ❷ tandplak

plasma screen *zn* plasmascherm

plaster [ˈplɑːstə] I *zn* ❶ pleister ❷ pleisterkalk ❸ gips(verband) ★ *his leg is in ~* zijn been zit in het gips II *bnw* gipsen III *ov ww* ❶ bepleisteren ❷ besmeren, bedekken ★ *she always ~s her face with make-up* ze plamuurt haar gezicht altijd met make-up ★ *the news was ~ed all over the papers* het nieuws stond op de voorpagina van alle kranten ❸ ~ *over* dichtpleisteren

plasterboard [ˈplɑːstəbɔːd] *zn* gipsplaat

plastered inform *bnw* dronken

plasterer [ˈplɑːstərə] *zn* stukadoor, gipswerker

plaster of Paris *zn* modelgips

plastic [ˈplæstɪk] I *zn* ❶ plastic, kunststof ❷ inform plastic geld ⟨creditcards enz.⟩ II *bnw* ❶ beeldend, vormend ❷ kneedbaar, onecht, onnatuurlijk, smakeloos ★ ~ *surgery* plastische chirurgie

plastic wrap *zn* huishoudfolie

plate [pleɪt] I *zn* ❶ plaat ❷ bord, schotel, schaal ★ *we have enough on our* ~ we hebben (al) genoeg te doen ★ inform *he was handed the job on a* ~ de baan werd hem in de schoot geworpen, hij kreeg de baan op een presenteerblaadje aangeboden ❸ tafelzilver, metalen vaatwerk II *ov ww* plateren

plateau [ˈplætəʊ] *zn* ❶ plateau ❷ stilstand ⟨in groei⟩

plateful [ˈpleɪtfʊl] *zn* bordvol

plate glass *zn* spiegelglas

platform [ˈplætfɔːm] *zn* ❶ platform ❷ perron ❸ podium ❹ partijprogramma, politiek programma

plating [ˈpleɪtɪŋ] *zn* ❶ verguldsel ❷ pantsering

platinum [ˈplætɪnəm] *zn* platina

platitude [ˈplætɪtjuːd] *zn* gemeenplaats, banaliteit

platonic [pləˈtɒnɪk] *bnw* platonisch

platoon [pləˈtuːn] *zn* peloton

platter [ˈplætə] *zn* plat bord / schaal

plaudits [ˈplɔːdɪt] *zn mv* lof, goedkeuring, applaus

plausible [ˈplɔːzəbl] *bnw* ❶ aannemelijk ❷ geloofwaardig ★ *he was a ~ choice for vice-president* hij was een geloofwaardige kandidaat voor het presidentschap

play [pleɪ] I *ov ww* ❶ spelen ★ *play the game* eerlijk spel spelen ★ *play sb false* iem. bedriegen ❷ spelen tegen ★ *Ajax is playing HSV* Ajax speelt tegen HSV ❸ bespelen ★ *he plays the violin* hij speelt viool ❹ uithalen ⟨v. grap⟩ ★ *play a joke / trick on sb* iem. een poets bakken ❺ spelen, uitspelen ⟨v. kaart⟩ ★ *play your cards well* de gelegenheid goed benutten ❻ spelen voor ★ *play the fool* de dwaas uithangen ❼ ~ *against* uitspelen tegen ★ *you can't play them against each other* je kunt ze niet tegen elkaar uitspelen ❽ ~ *away* verspelen ❾ ~ *back*

afspelen ⟨geluids- of beeldmateriaal⟩
⓾ ~ down bagatelliseren, kleineren **⓫ ~ off**
uithalen ⟨v. grap⟩, pronken met ★ *play X off as Y*
X laten doorgaan voor Y **⓬ ~ out** uitspelen
⓭ ~ up benadrukken ★ *play sb up* iem. pijn
doen **⓮ ~ up to** vleien, helpen, steunen
⓯ ~ (up)on bespelen, beïnvloeden, misbruik
maken van ▼ *play it cool* je onverschillig
voordoen **II** *onov ww* **❶** spelen ★ *play down to
sb* zich aan iem. aanpassen ★ *play fair* eerlijk
spel spelen ★ *he plays about with her* hij houdt
haar voor de gek ★ *play at cards* kaarten ★ *what
are you playing at?* waar ben je in vredesnaam
mee bezig? ★ *he played at the plan* hij deed zo
maar half met het plan mee ★ *he plays at
gardening* hij tuiniert zo'n beetje voor z'n
plezier ★ *two can play that game!* dat kan ik
ook! ★ *play for time* tijd proberen te winnen
★ *play on words* woordspelingen maken ★ *play
round the law* de wet ontduiken ★ sport *play!*
los! ★ *play low* laag inzetten ⟨bij spel⟩ **❷** speling
hebben **❸** inform meedoen, van de partij zijn
❹ ~ off de beslissende wedstrijd spelen **❺ ~ up**
slecht functioneren, handelen / spelen zo goed
men kan, last bezorgen **III** *zn* **❶** spel ★ *the boys
were at play* de jongens waren aan het spelen
★ *he said it in play* hij zei het voor de grap
★ *play of words* woordenspel ★ *a play on words*
een woordspeling ★ *bring into play* laten
gelden, erbij betrekken ★ *call sth into play* een
beroep doen op iets **❷** toneelstuk ★ *musical play*
operette / musical ★ *they will make great play
with what he said* ze zullen wel erg schermen
met wat hij zei ★ *it was as good as a play* het was
net een film **❸** speling, bewegingsvrijheid
★ *give full play* de vrije loop laten **❹** manier v.
spelen ★ *fair play* eerlijke behandeling
❺ activiteit, werking ★ *I'll keep him in play* ik zal
'm wel bezighouden ★ *everything was in full
play* alles was volop in werking
playable ['pleɪəbl] *bnw* (be)speelbaar
play-act ['pleɪækt] *onov ww* komedie spelen,
doen alsof
play-actor ['pleɪæktə] *zn* komediant ⟨ook
figuurlijk⟩
playback ['pleɪbæk] *zn* playbacken ⟨het afspelen
van een band in opnameapparatuur⟩
playbill ['pleɪbɪl] *zn* affiche ⟨voor toneelstuk⟩
playboy ['pleɪbɔɪ] *zn* playboy ⟨rijk uitgaanstype⟩
playful ['pleɪfʊl] *bnw* **❶** speels **❷** schertsend
playgoer ['pleɪgəʊə] *zn* schouwburgbezoeker
playground ['pleɪgraʊnd] *zn* **❶** speelplaats
❷ recreatiegebied
playgroup ['pleɪgruːp] *zn* kleutercrèche
playhouse ['pleɪhaʊs] *zn* **❶** schouwburg
❷ poppenhuis
playing card ['pleɪŋkɑːd] *zn* speelkaart
playing field ['pleɪŋfiːld] *zn* sportveld ★ *a level ~*
een situatie waarin iedereen gelijke kansen
heeft
playmate ['pleɪmeɪt] *zn* speelmakker
play-off ['pleɪɒf] *zn* beslissende wedstrijd
playpen ['pleɪpen] *zn* babybox
playroom ['pleɪruːm] *zn* speelkamer
plaything ['pleɪθɪŋ] *zn* **❶** stuk speelgoed
❷ speelbal ⟨figuurlijk⟩

playtime ['pleɪtaɪm] *zn* speelkwartier / -tijd
playwright ['pleɪraɪt] *zn* toneelschrijver
plaza ['plɑːzə] *zn* **❶** modern winkelcomplex
❷ plein
plea [pliː] *zn* **❶** pleidooi, betoog ★ *enter a plea of
guilty* schuld bekennen **❷** smeekbede, verzoek
plead [pliːd] **I** *ov ww* ⟨regelmatig + onregelmatig⟩
❶ bepleiten **❷** aanvoeren, voorwenden, zich
beroepen op ★ *I ~ ignorance* sorry, ik weet
nergens van **II** *onov ww* ⟨regelmatig +
onregelmatig⟩ **❶** zich verdedigen, pleiten ★ *he
~ed guilty / not guilty* hij bekende / ontkende
schuld **❷** smeken ★ *he ~ed with me to be patient*
hij smeekte me om geduld te hebben
pleasant ['plezənt] *bnw* **❶** aangenaam, prettig,
mooi ⟨weer⟩ **❷** aardig, vriendelijk, sympathiek
pleasantry ['plezəntrɪ] *zn* aardigheid ★ *exchange
pleasantries* beleefdheden uitwisselen
please [pliːz] **I** *tw* **❶** alstublieft ⟨bij vraag of
verzoek⟩ ★ *could you ~ be quiet?* zou u alstublieft
stil kunnen zijn? ★ *'may I borrow that book?'
'Please do'* 'mag ik dat boek lenen?' 'Ja, dat mag'
❷ graag **II** *ov ww* **❶** tevredenstellen ★ *we were
very ~d with it* we waren er zeer mee
ingenomen ★ *~ yourself* doe zoals je wilt
❷ bevallen, behagen, believen ★ *~ God* als het
God / de hemel behaagt **III** *onov ww* ★ *if you ~*
alstublieft, als ik zo vrij mag zijn, iron nota bene
★ *as you ~* zoals je wilt
pleasing ['pliːzɪŋ] *bnw* aangenaam, behaaglijk,
innemend ★ *~ to the ear* prettig om naar te
luisteren
pleasurable ['pleʒərəbl] *bnw* prettig, aangenaam
pleasure ['pleʒə] *zn* plezier, genoegen, genot
★ *she takes ~ in being unkind* ze geniet ervan
om onvriendelijk te zijn ★ *my ~!* graag gedaan!
⟨als antwoord op dankbetuiging⟩ ★ *it's a ~ to
meet you* aangenaam kennis met u te maken
pleat [pliːt] **I** *zn* plooi ⟨plat⟩ **II** *ov ww* plooien
plebeian [plɪˈbiːən] **I** *zn*, inform **pleb** plebejer,
proleet ⟨iemand uit de lagere sociale klasse⟩
II *bnw* proleterig, onbeschaafd
pled [pled] *ww* ⟨verl. tijd + volt. deelw.⟩ → **pled**
pledge [pledʒ] **I** *zn* **❶** onderpand **❷** belofte,
gelofte ★ *he took the ~* hij werd
geheelonthouder **II** *ov ww* **❶** in pand geven,
belenen, verpanden **❷** plechtig beloven,
(ver)binden
plenary ['pliːnərɪ] *bnw* geheel, volledig ★ *~
powers* volmachten ★ *a ~ session* een voltallige
vergadering
plentiful, dicht **plenteous** ['plentɪəs] *bnw*
overvloedig
plenty ['plentɪ] **I** *zn* overvloed ▼ *she's got ~ going
for her* alles loopt haar mee **II** *bnw*, USA inform
overvloedig **III** *bijw* **❶** veel ★ *there's ~ more in
the fridge* er is veel meer in de koelkast ★ USA
he talks ~ hij kletst een hoop **❷** inform
ruimschoots ★ *it's ~ large enough* het is meer
dan groot genoeg **❸** USA inform zeer, heel ⟨erg⟩
plethora ['pleθərə] form *zn* overvloed, overdaad
★ *a ~ of information* een overvloed aan
informatie
pliable ['plaɪəbl] *bnw* **❶** buigzaam **❷** volgzaam
pliant ['plaɪənt] *bnw* **❶** plooibaar **❷** gedwee
pliers ['plaɪəz] *zn mv* buigtang, nijptang

pl

plight [plaɪt] *zn* (hopeloze) toestand, (onaangename) situatie★ *many refugees are in a desperate~* veel vluchtelingen zijn er slecht aan toe

plimsolls ['plɪmsəlz] *zn mv* gymschoenen

plinth [plɪnθ] *zn* plint

plod [plɒd] I *ov ww* ❶ ploeteren, zwoegen★ *he plodded his way through school* hij maakte al zwoegend zijn school af ❷ **~ at** zwoegen aan, ploeteren aan, zwaar werken aan II *onov ww* **~ along/on** voortsukkelen III *zn* gezwoeg

plodder ['plɒdə] *zn* zwoeger, blokker

plonk [plɒŋk] I *zn* ❶ plof, smak ❷ inform goedkope wijn II *bijw* met een plof III *ov ww* ❶ neerkwakken★ *he~ed himself on the couch* hij plofte neer op de bank ❷ **~ down** neersmijten IV *onov ww* neerplofffen

plop [plɒp] I *zn* plons, plof II *bijw* pardoes III *ov ww* doen neerplonzen IV *onov ww* plonzen

plot [plɒt] I *zn* ❶ stukje grond ❷ plot, intrige★ inform *lose the plot* de zaak niet meer kunnen bijbenen★ *the plot thickens* de zaak begint ingewikkelder te worden ❸ samenzwering, complot II *ov ww* ❶ smeden, beramen ❷ ontwerpen, in kaart brengen, traceren III *onov ww* ❶ samenzweren ❷ plannen smeden / beramen

plough, plow [plaʊ] I *ov ww* ❶ (door)ploegen ❷ ploeteren★ *he~ed his way through the crowd* hij baande zich een weg door de menigte ❸ **~ back** onderploegen, herinvesteren (winst) ❹ **~ into** inrijden op ❺ **~ through** doorworstelen, doorheen ploeteren ❻ **~ up** omploegen, omwoelen II *onov ww* ploegen III *zn* ploeg

Plough [plaʊ] sterrenk *zn★ the~* de Grote Beer

ploughman ['plaʊmən] *zn* ploeger, boer

ploughman's lunch *zn* kaassandwich met pickles (vaak geserveerd in een pub)

plover ['plʌvə] *zn* pluvier

plow [plaʊ] →**plough**

ploy [plɔɪ] *zn* truc, tactische zet

pluck [plʌk] I *ov ww* ❶ plukken (ook van gevogelte), trekken (aan)★ *the hiker was~ed to safety by a helicopter* de wandelaar werd in veiligheid gehesen door een helikopter ❷ tokkelen op (snaarinstrument) ❸ **~ out** uittrekken★ *~ sth out of the air* iets uit zijn duim zuigen (getallen)★*~ up courage* zich vermannen, moed verzamelen II *zn* durf, moed

plucky *bnw* moedig

plug [plʌg] I *zn* ❶ stekker★ *pull the plug on sth* ergens de stekker uit trekken (iets beëindigen) ❷ GB inform stop contact ❸ bougie ❹ stop, plug, prop ❺ aanbeveling, reclame, gunstige publiciteit (in radio-uitzending enz.) II *ov ww* ❶ pluggen (publiciteit geven) ❷ USA inform neerknallen ❸ **~ (up)** dichtstoppen, (op)vullen ❹ **~ in** in stopcontact steken, inschakelen ❺ **~ into** aansluiten op★ *the company has plugged into the global market* de firma heeft aansluiting gevonden bij de wereldmarkt III *onov ww* **~ away** doorploeteren, doorzwoegen

plughole ['plʌghəʊl] *zn* gootsteengat★ inform *profits are going down the~* de winst gaat naar de knoppen

plum [plʌm] I *zn* ❶ pruim★ *he speaks with a plum in his mouth* hij praat bekakt ❷ pruimenboom ❸ donkerrood / -paars ❹ iets heel begerenswaardigs, het neusje van de zalm II *bnw* ❶ donkerrood / -paars ❷ droom, fantastisch (van baan enz.)

plumage ['plu:mɪdʒ] *zn* gevederte, veren(kleed)

plumb [plʌm] I *zn* (schiet)lood★ *out of~* uit het lood II *bijw* ❶ loodrecht, verticaal ❷ USA inform volkomen, volslagen III *ov ww* ❶ peilen (ook figuurlijk) ❷ van gas / water voorzien ❸ **~ in** aansluiten

plumber ['plʌmə] *zn* loodgieter

plumbing ['plʌmɪŋ] *zn* ❶ loodgieterswerk ❷ sanitair

plume [plu:m] *zn* ❶ pluim ❷ vederbos ❸ sliert, wolkje★ *a~ of smoke* een rookpluim

plummet ['plʌmɪt] *onov ww* snel / scherp dalen★ *the plane~ed to earth* het vliegtuig stortte neer★ *house prices have~ed* huizenprijzen zijn gekelderd

plummy ['plʌmɪ] *bnw* ❶ pruimachtig, vol pruimen ❷ bekakt (accent) ❸ inform prima, vet (baan)

plump [plʌmp] I *bnw* mollig, vol, vlezig II *ov ww* ❶ (neer)kwakken★ *she~ed herself into the armchair* ze plofte in de leunstoel ❷ **~ (up)** opschudden ❸ inform **~ for** als één man stemmen op, zich verklaren voor III *onov ww* ❶ **~ (down)** neerploffen ❷ **~ up** dikker worden, uitzetten

plunder ['plʌndə] I *ov ww* plunderen, beroven II *onov ww* plunderen, roven III *zn* ❶ plundering ❷ buit, roof

plunge [plʌndʒ] I *zn* ❶ duik, sprong★ *take the~* de sprong wagen ❷ diepe val★ *Wall Street has taken a~* Wall Street heeft een grote daling ondergaan II *ov ww* ❶ storten, naar beneden doen vallen★ *~d in thought* in gedachten verzonken ❷ onderdompelen ❸ **~ into** duiken in★ *the country has been~d into recession* het land is in een diepe recessie beland III *onov ww* ❶ duiken, zich storten ❷ kelderen (van prijzen) ❸ **~ in** binnenstormen

plunger ['plʌndʒə] *zn* ❶ ontstopper ❷ zuiger★ *a coffee~* een cafetière

plunk [plʌŋk] I *zn* zware slag, plof II *ov ww* ❶ neerkwakken ❷ tokkelen op ❸ **~ down** neersmijten, betalen III *onov ww* **~ down** neerploffen

plural ['plʊərəl] I *bnw* meervoudig, meervoud(s)- II *zn* meervoud, meervoudsvorm

plus [plʌs] I *zn* ❶ plusteken ❷ pluspunt, voordeel II *bnw* ❶ extra ❷ positief★ *the plus side is that...* het voordeel is dat... ❸ ten minste★ *you have to be 16 plus to get in* je moet tenminste 16 zijn om binnen te mogen ❹ wisk plus★ *a plus sign* een plus(teken)★ *she got B plus for maths* ze kreeg een B plus voor wiskunde III *vz* ❶ plus, vermeerderd met ❷ boven★ *the temperature is plus 2* de temperatuur is twee graden boven nul IV *vw* inform en bovendien★ *it's fun, plus you get to know the other students* het is leuk en je leert bovendien de andere studenten kennen

plush [plʌʃ] I *zn* pluche II *bnw* ❶ chic, luxueus

plushy ['plʌʃɪ] bnw ❶ plucheachtig ❷ <u>inform</u> chic, luxueus

ply [plaɪ] I zn laag, streng, draad II ov ww ❶ (krachtig) hanteren ⟨van wapen⟩ ❷ bezig / in de weer zijn met ❸ overstelpen met, overladen met★ *they plied him with questions* ze bestookten hem met vragen III onov ww pendelen, (heen en weer) rijden▼ *ply for customers* klanten proberen te krijgen

plywood ['plaɪwʊd] zn multiplex, triplex

p.m., pm afk, post meridiem na de middag, 's middags★ *8.30 p.m.* 20:30, half negen 's avonds

PM inform zn, Prime Minister premier

pneumatic [njuː'mætɪk] bnw pneumatisch, lucht(druk)-★ *a ~ tyre* een luchtband

pneumonia [njuː'məʊnɪə] zn longontsteking

PO afk ❶ Post Office postkantoor ❷ Postal Order postwissel

poach [pəʊtʃ] I ov ww ❶ <u>cul</u> pocheren ❷ stropen ❸ op oneerlijke manier verkrijgen, afpakken II onov ww stropen★ *~ on sb's territory* zich op andermans gebied begeven, fig aan iemands zaken komen

poacher ['pəʊtʃə] zn ❶ stroper ❷ indringer ❸ pocheerpan

pocket ['pɒkɪt] I zn ❶ zak★ *accommodation to suit every~* logies voor elke portemonnee★ *be out of~* geen geld hebben★ *dig deep into your~* diep in de buidel tasten★ *be / live in each other's ~s* bij elkaar op de lip zitten★ *children are a drain on the~* kinderen kosten een hoop geld ★ *that house is beyond our~* dat huis is te duur voor ons ❷ pocketbook, paperback ❸ geïsoleerd gebied, haard★ *a~ of resistance* een kern van verzet★ *an air~* een luchtbel II bnw in zakformaat, miniatuur, zak-III ov ww ❶ in de zak steken ❷ ontvangen, zich toe-eigenen ❸ onderdrukken ⟨van gevoelens⟩, verbergen, opzij zetten ❹ potten ⟨bij poolbiljart⟩

pocketbook ['pɒkɪtbʊk] zn ❶ pocketboek, paperback ❷ portefeuille ❸ notitieboekje

pocketful ['pɒkɪtfʊl] zn ❶ zak vol ❷ <u>inform</u> heel veel

pocket knife zn zakmes

pocket money zn zakgeld

pockmark ['pɒkmɑːk] zn pokputje

pockmarked ['pɒkmɑːkt] bnw pokdalig

pod [pɒd] I zn ❶ dop, peul, omhulsel★ <u>inform</u> *in pod* zwanger ❷ kleine school robben / walvissen II ov ww doppen

podgy ['pɒdʒɪ] bnw dik, rond, propperig

podia ['pəʊdɪə] zn mv → **podium**

podiatrist [pə'daɪətrɪst] zn chiropodist, pedicure

podium ['pəʊdɪəm] zn [mv: **podia**] podium

poem ['pəʊɪm] zn gedicht

poet ['pəʊɪt] zn dichter

poetess [pəʊɪ'tes] zn dichteres

poetic [pəʊ'etɪk], **poetical** [pəʊ'etɪkl] bnw dichterlijk

poetry ['pəʊətrɪ] zn dichtkunst, poëzie

po-faced [pəʊ'feɪst] inform bnw met een plechtig / doodernstig gezicht

poignant ['pɔɪnjənt] bnw ❶ pijnlijk, schrijnend ❷ aangrijpend, ontroerend

point [pɔɪnt] I zn ❶ decimaalteken, stip, punt ★ *six~* five zes komma vijf★ *possession is nine~s of the law* hebben is hebben, krijgen is de kunst ❷ (kompas)streek ❸ spits, naald ❹ (doel)punt, cijfer★ *score~s* punten scoren ❺ zin, nut★ *I don't see the~* ik zie de aardigheid / het nut er niet van in★ *without~* zinloos ❻ idee, opmerking★ *what's your~?* wat wil je daarmee zeggen / bereiken?★ *~ taken* die slag is voor jou ★ *press the~* op iets aandringen★ *get / take the ~* iets snappen ❼ onderwerp, kwestie, zaak★ *the main ~s of the news* de hoofdpunten van het nieuws★ *he made a~ of avoiding her* hij vermeed haar bewust★ *don't make a~ of it* maak er geen punt van, laat het maar zitten★ *a case in~* een toepasselijk geval ❽ detail★ *the finer~s* de finesses★ *stretch a~* door de vingers zien★ *not to put too fine a~ on it* om het maar botweg te zeggen, om er geen doekjes om te winden ❾ het voornaamste, kern, essentie ★ *that's beside the~* dat doet niet ter zake★ *in~ of fact* in feite, werkelijk★ *when it comes to the ~* als puntje bij paaltje komt★ *to the~* ter zake ★ *brief and to the~* kort en zakelijk★ *stick to the ~* voet bij stuk houden★ *miss the~* niet begrijpen waar het om gaat, er naast zitten ❿ plek, standpunt★ *a~ of reference* een referentiepunt★ *a~ of view* een gezichtspunt ★ *what was your~ of departure?* wat was jouw vertrekpunt?★ *up to a~* tot op zekere hoogte ⓫ moment★ *be at the~ of death* op sterven liggen★ *be at the~ of departure* op het punt staan om te vertrekken▼ *a policeman on~ (duty)* verkeersagent II ov ww ❶ richten ❷ aanscherpen ❸ voegen ⟨v. muur⟩ ❹ *~ at* richten op, wijzen op / naar ❺ *~ out* wijzen op, aanwijzen, aanduiden ❻ *~ to* wijzen op, aangeven ❼ *~ up* benadrukken III onov ww ❶ gericht zijn ❷ wijzen ❸ staan ⟨v. jachthond⟩

point-blank ['pɔɪnt'blæŋk] I bnw ❶ bot★ *a~ refusal* een botte weigering ❷ korte afstands-★ *he was shot at~ range* hij werd van dichtbij neergeschoten II bijw ❶ botweg ❷ van vlakbij ★ *he fired~ at the intruder* hij vuurde recht op de inbreker af

point duty zn★ *be on~* het verkeer regelen ⟨van verkeersagent⟩

pointed ['pɔɪntɪd] bnw ❶ puntig, spits, scherp ❷ gericht, persoonlijk★ *a~ comment* een gevatte opmerking ❸ opvallend, ondubbelzinnig, duidelijk★ *a~ lack of interest* een duidelijk gebrek aan belangstelling

pointer ['pɔɪntə] zn ❶ wijzer, aanwijsstok ❷ aanwijzing, wenk, tip ❸ staande hond

pointing ['pɔɪntɪŋ] zn voegwerk

pointless ['pɔɪntləs] bnw zinloos, doelloos, zonder betekenis★ *assigning blame is a~ exercise* het heeft geen nut om iem. de schuld te geven

poise [pɔɪz] I zn ❶ zelfbeheersing ❷ evenwicht, houding ⟨van hoofd enz.⟩ II ov ww balanceren, in evenwicht houden III onov ww hangen, zweven

poised [pɔɪzd] bnw ❶ zelfverzekerd, evenwichtig ❷ klaar, gereed★ *~ for attack* klaar om aan te vallen

poison ['pɔɪzən] I zn vergif, gif★ <u>inform</u> *what's*

po

your ~? wat wil je drinken? **II** *ov ww*
❶ vergiftigen **❷** verpesten, bederven, vervuilen
poisoner ['pɔɪzənə] *zn* gifmeng(st)er
poisonous ['pɔɪzənəs] *bnw* **❶** vergiftig
❷ negatief, verderfelijk
poke [pəʊk] **I** *zn* stoot, duw, por **II** *ov ww*
❶ porren, prikken, steken ★ *stop poking your
nose into my business* bemoei je niet met mijn
zaken **❷** oppoken ★ *they poke fun at him* ze
plagen hem **III** *onov ww* **❶** snuffelen
❷ ~ **about/around** (nieuwsgierig)
rondsnuffelen ★ *he poked around for his pen* hij
zocht naar zijn pen
poker ['pəʊkə] *zn* **❶** pook **❷** poker
poker-faced ['pəʊkəfeɪst] *bnw* met een
uitgestreken gezicht
poky ['pəʊkɪ] inform *bnw* **❶** benauwd **❷** sloom
⟨van auto⟩
Poland ['pəʊlənd] *zn* Polen
polar ['pəʊlə] *bnw* polair, pool-
polar beer *zn* ijsbeer
polarize, polarise ['pəʊləraɪz] *ov ww* polariseren
pole [pəʊl] *zn* **❶** paal, stok, staak **❷** pool,
tegenpool ★ *be poles apart* hemelsbreed
verschillen
Pole [pəʊl] *zn* Pool
polecat ['pəʊlkæt] *zn* **❶** bunzing **❷** USA skunk
polemic [pə'lemɪk] *zn* polemiek, woordenstrijd
pole-vault *zn* polsstoksprong ★ *the* ~ het
polsstokspringen
police [pə'li:s] **I** *zn* politie ★ *the mounted* ~ de
bereden politie **II** *ov ww* **❶** onder
politietoezicht stellen **❷** toezicht houden op
police constable *zn* politieagent
police force *zn* politie(macht)
policeman [pə'li:smən] *zn* politieagent
police officer *zn* politieagent
police record *zn* strafblad
police state *zn* politiestaat
police station *zn* politiebureau
police van *zn* politiewagen
policy ['pɔlɪsɪ] *zn* **❶** beleid, politiek, gedragslijn
❷ polis **❸** tactiek ★ *honesty is the best* ~ eerlijk
duurt het langst ★ ~ *statement* beleidsnota ★ *be
bad / good* ~ on- / verstandig zijn ★ *honesty is the
best* ~ eerlijk duurt het langst
polio ['pəʊlɪəʊ] *zn* polio, kinderverlamming
polish ['pɔlɪʃ] **I** *zn* **❶** politoer, poets ★ *she gives it
an occasional* ~ af en toe poetst ze het wat op
★ *all it needs it some spit and* ~ het hoeft alleen
maar een beetje gepoetst te worden **❷** glans
❸ beschaving **II** *ov ww* **❶** polijsten, poetsen
❷ bijschaven **❸** inform ~ **off** afmaken,
verorberen **❹** ~ **up** verfraaien, oppoetsen,
opfrissen ★ *the company needs to* ~ *up its act* de
firma moet iets aan zijn dienstverlening doen
Polish ['pəʊlɪʃ] *bnw* Pools
polisher ['pɔlɪʃə] *zn* polijster
polite [pə'laɪt] *bnw* **❶** beleefd **❷** beschaafd
politic ['pɔlɪtɪk] *bnw* **❶** politiek ★ *the body* ~ de
staat **❷** verstandig, diplomatiek, slim
political [pə'lɪtɪkl] *bnw* staatkundig, politiek ★ ~
science politicologie
politician [pɔlɪ'tɪʃən] *zn* politicus
politicize, politicise [pə'lɪtɪsaɪz] *ov ww*
politiseren ★ *Aborigines are becoming*

increasingly ~d de aborigines raken meer en
meer politiek bewust
politics ['pɔlɪtɪks] *zn mv* **❶** politiek, staatkunde
★ *domestic* ~ binnenlandse politiek **❷** politieke
overtuiging **❸** intriges
polka ['pɔlkə] *zn* polka
polka dots *zn mv* stippels
poll [pəʊl] **I** *zn* **❶** opiniepeiling **❷** stemming
★ *Britain goes to the polls today* Groot-Brittannië
gaat vandaag naar de stembus **II** *ov ww*
❶ stemmen behalen **❷** ondervragen **III** *onov
ww* **❶** stemmen **❷** stemmen behalen ★ *the
Democrats polled poorly* de Democraten hebben
het slecht gedaan in de verkiezingen
pollen ['pɔlən] *zn* stuifmeel ★ *the* ~ *count* het
stuifmeelgehalte
pollinate ['pɔlɪneɪt] *ov ww* bestuiven
polling ['pəʊlɪŋ] *zn* stemming
polling booth *zn* stemhokje
polling day *zn* verkiezingsdag
pollster ['pəʊlstə] *zn* enquêteur
poll tax *zn* personele belasting
pollutant [pə'lu:tənt] *zn* milieuverontreinigende
stof, gif
pollute [pə'lu:t] *ov ww* **❶** verontreinigen ⟨vnl.
van milieu⟩ **❷** besmetten, bederven
pollution [pə'lu:ʃən] *zn* **❶** verontreiniging,
vervuiling **❷** bederf, besmetting
polo ['pəʊləʊ] *zn* polo ⟨paardensport⟩
polo neck ['pəʊləʊnek] *zn* col, rolkraag
poly ['pɔlɪ] *zn* → **polytechnic**
polygamous [pə'lɪɡəməs] *bnw* polygaam
polygamy [pə'lɪɡəmɪ] *zn* polygamie,
veelmannerij / -wijverij
polygon ['pɔlɪɡən] meetk *zn* polygoon, veelhoek
polyp ['pɔlɪp] *zn* poliep
polyphonic [pɔlɪ'fɒnɪk] *bnw* polyfoon,
meerstemmig
polystyrene [pɔlɪ'staɪəri:n] *zn* polystyreen,
piepschuim
polysyllabic [pɔlɪsɪ'læbɪk] *bnw* veellettergrepig
polytechnic [pɔlɪ'teknɪk], inform **poly** *zn* ≈
school voor hoger beroepsonderwijs
polythene ['pɔlɪθi:n] *zn* polytheen, polyethyleen
pom [pɒm] inform *zn* Engelsman, Engelse
pomander [pə'mændə] *zn* reukbal
pomegranate ['pɒmɪɡrænɪt] *zn* **❶** granaatappel
❷ granaatappelboom
pommel ['pʌml] *zn* **❶** degenknop **❷** oplopend
voorgedeelte v. zadel
pomp [pɒmp] *zn* pracht, luister ★ *pomp and
circumstance* pracht en praal
pompom ['pɒmpɒm] *zn* pompon, kwastje
pomposity [pɒm'pɒsətɪ] *zn* pretentie,
gewichtigheid
pompous ['pɒmpəs] *bnw* hoogdravend, statig,
gewichtig
ponce [pɒns] inform *zn* **❶** pooier **❷** verwijfd type,
nicht
pond [pɒnd] *zn* vijver
ponder ['pɒndə] *ov ww* **❶** overpeinzen
❷ ~ **on/over** peinzen over
ponderous ['pɒndərəs] *bnw* **❶** zwaar, log,
zwaarwichtig **❷** zwaar op de hand, langdradig,
saai ⟨van stijl⟩
pong [pɒŋ] inform **I** *zn* stank **II** *onov ww* stinken

pontiff [ˈpɒntɪf] *zn* paus
pontifical [pɒnˈtɪfɪkl] *bnw* ❶ pauselijk
❷ pontificaal, autoritair
pontificate [pɒnˈtɪfɪkeɪt] *onov ww* gewichtig
doen, orakelen
pontoon [pɒnˈtuːn] *zn* ❶ ponton ❷ caisson
❸ eenentwintigen
pony [ˈpəʊnɪ] *zn* ❶ pony ⟨klein paard⟩ ⋆ inform
(on) Shanks's pony lopend ❷ GB inform £ 25
ponytail [ˈpəʊnɪteɪl] *zn* paardenstaart
⟨haardracht⟩
poo, pooh [puː] inform **I** *zn* poep **II** *onov ww*
poepen
poo diaper [ˈpu daɪəpə] *zn* poepluier
poodle [ˈpuːdl] *zn* poedel
poof [pʊf] **I** *tw* poef ⋆ *then she vanished: poof!*
toen was ze plotseling verdwenen: poef! **II** *zn*
vulg, **poofter** flikker, mietje
poofy [ˈpʊfɪ] vulg *bnw* flikkerachtig
pooh [puː] inform **I** *tw* bah! **II** *zn* → poo
pooh-pooh [puːˈpuː] inform *ov ww*
geringschatten, niets willen weten van ⟨vnl. van
plan⟩
pool [puːl] **I** *zn* ❶ zwembad ❷ poel, plas ❸ depot,
reservoir, gemeenschappelijke voorziening ⋆ *a
pool of cheap labour* een reservoir van goedkope
arbeidskrachten ⋆ *a typing pool* een typekamer
❹ pot ⟨bij spel⟩ ❺ pool ⟨soort biljart⟩ **II** *ov ww*
verenigen, samenbundelen, bijeenbrengen
poolroom [ˈpuːlruːm] USA *zn* biljartlokaal
pools *zn mv* ⋆ *the* ~ de voetbalpool
poop [puːp] **I** *zn* ❶ achtersteven ❷ inform poep
II *ov ww* ❶ inform poepen ❷ ~ (out) uitputten
pooped [puːpt] inform *bnw* doodop, uitgeput
pooper scooper [ˈpuːpə ˈskuːpə], **poop scoop**
inform *zn* hondenpoepschepje
poor [pɔː] **I** *zn* ⋆ *the poor* de armen **II** *bnw*
❶ behoeftig, arm ❷ matig, slecht ⋆ *poor results*
teleurstellend ⋆ *she came a poor second in the
race* ze werd een teleurstellende tweede in de
race ❸ gering, mager, schraal ⟨grond⟩ ⋆ *take a
poor view of sth* zich weinig voorstellen van iets
⋆ *in my poor opinion* naar mijn bescheiden
mening ❹ zielig, armzalig
poorhouse [ˈpɔːhaʊs] *zn* armenhuis
poorly [ˈpɔːlɪ] **I** *bnw* niet lekker ⋆ *he's feeling* ~ hij
voelt zich niet lekker **II** *bijw* ❶ slecht ⋆ *she did* ~
in the exam ze deed het slecht in het examen
⋆ *they must think* ~ *of us* ze hebben
waarschijnlijk geen hoge pet op van ons
❷ armoedig ⋆ *the population lives* ~ de
bevolking leeft in armoede
poorly off *bnw* arm
pop [pɒp] **I** *tw* paf!, floep! **II** *bnw* populair **III** *bijw*
⋆ *go pop* barsten **IV** *zn* ❶ knal, plof, klap ❷ pop
⟨popmuziek⟩ ❸ inform limonade ⟨met prik⟩
❹ USA inform papa **V** *ov ww* ❶ doen of laten
knallen / klappen ❷ snel of plotseling zetten /
brengen / leggen ⋆ *can you pop these clothes
into the washing machine?* kun je deze kleren
even in de wasmachine doen? ⋆ *just pop the
keys on the table when you leave* gooi de sleutels
maar op de tafel als je weggaat ⋆ *he popped his
head out of the window* hij stak zijn hoofd uit
het raam ❸ plotseling stellen, afvuren ⟨vraag⟩
⋆ inform *has he popped the question yet?* heeft

hij je / haar al ten huwelijk gevraagd? ❹ poffen
⟨van maïs⟩ ❺ slikken ⟨pillen⟩ ❻ inform ~ **down**
gauw opschrijven ❼ inform ~ **on** aanschieten /
snel aantrekken ⟨van kleren⟩, aanzetten /
aandoen ⟨apparaat, licht, enz.⟩ **VI** *onov ww*
❶ knallen, klappen, ploffen ❷ snel of plotseling
gaan / komen, glippen, wippen ❸ inform
~ **down** even naar beneden gaan ❹ inform
~ **in** even binnenlopen ❺ inform ~ **off**
wegglippen, doodgaan ❻ inform ~ **out** ineens
tevoorschijn komen, een minuutje weg zijn
⋆ *her eyes nearly popped out of her head* ze stond
met grote ogen te kijken ❼ inform
~ **over/(a)round** even aanwippen, even
binnenlopen ❽ inform ~ **up** weer boven water
komen, ineens opduiken
pop. *afk, population* bevolking
popcorn [ˈpɒpkɔːn] *zn* popcorn ⟨gepofte maïs⟩
pope [pəʊp] *zn* paus
pop-eyed [ˈpɒpaɪd] inform *bnw* + *bijw* met
uitpuilende ogen, met grote ogen
popgun [ˈpɒpɡʌn] *zn* proppenschieter
poplar [ˈpɒplə] *zn* ❶ populier ❷ populierenhout
poplin [ˈpɒplɪn] *zn* popeline
poppa [ˈpɒpə] USA inform *zn* pa
popper [ˈpɒpə] *zn* drukknoop
poppet [ˈpɒpɪt] inform *zn* popje, lieverd
poppy [ˈpɒpɪ] *zn* papaver, klaproos
poppycock [ˈpɒpɪkɒk] inform *zn* lariekoek
populace [ˈpɒpjʊləs] *zn* gewone volk, massa
popular [ˈpɒpjʊlə] *bnw* ❶ populair, geliefd ⋆ *the
park is* ~ *among / with tourists* het park is in trek
bij toeristen ❷ volks- ⋆ *his candidate got the* ~
vote zijn kandidaat kreeg de steun van het volk
❸ algemeen
popularity [pɒpjʊˈlærətɪ] *zn* populariteit
popularly [ˈpɒpjʊləlɪ] *bijw* ❶ algemeen ⋆ *he's* ~
known as... hij is algemeen bekend als... ❷ van /
door het volk ⋆ ~ *elected* door het volk /
democratisch gekozen
populate [ˈpɒpjʊleɪt] *ov ww* bewonen, bevolken,
koloniseren
population [pɒpjʊˈleɪʃən] *zn* bevolking ⋆ *per
head of* ~ per hoofd van de bevolking ⋆ *the bird*
~ *has decreased* het vogelbestand is afgenomen
populous [ˈpɒpjʊləs] *bnw* dichtbevolkt, volkrijk
porcelain [ˈpɔːsəlɪn] **I** *zn* porselein **II** *bnw*
porseleinen
porch [pɔːtʃ] *zn* ❶ portiek ❷ USA veranda
porcupine [ˈpɔːkjʊpaɪn] *zn* stekelvarken
pore [pɔː] **I** *zn* porie **II** *ov ww* ~ **over** zich
verdiepen in ⟨vnl. boek⟩, peinzen over, turen
naar / op
pork [pɔːk] *zn* varkensvlees
porker [ˈpɔːkə] *zn* mestvarken ⋆ inform *he's a bit
of a* ~ hij is wel een dikzak
porky [ˈpɔːkɪ] **I** *bnw* ❶ varkensvleesachtig
❷ inform vet **II** *zn*, **porkie** inform leugen
porn [pɔːn] *zn* porno
pornography [pɔːˈnɒɡrəfɪ] *zn* pornografie
porosity [pəˈrɒsətɪ] *zn* poreusheid
porous [ˈpɔːrəs] *bnw* poreus
porpoise [ˈpɔːpəs] *zn* ❶ bruinvis ❷ dolfijn
porridge [ˈpɒrɪdʒ] *zn* pap ⋆ inform *do* ~
brommen ⟨in de gevangenis⟩
port [pɔːt] *zn* ❶ haven(plaats / stad) ⋆ *a port of*

po

call een aanloophaven ★ *any port in a storm* nood breekt wet ❷ bakboord ❸ port(wijn)

portable ['pɔ:təbl] *bnw* ● draagbaar, verplaatsbaar ★ *a~ kitchen* een veldkeuken ❷ *fig* overdraagbaar

portal ['pɔ:tl] *zn* ingang, poort

portcullis [pɔ:t'kʌlɪs] *zn* valpoort

portend [pɔ:'tend] *ov ww* voorspellen

portent ['pɔ:tent] *zn* voorteken ⟨vooral van iets ongunstigs⟩

portentous [pɔ:'tentəs] *bnw* onheilspellend

porter ['pɔ:tə] *zn* ● drager, besteller, kruier ❷ GB portier

portfolio [pɔ:t'fəʊləʊ] *zn* map, portefeuille

porthole ['pɔ:thəʊl] *zn* patrijspoort

portico ['pɔ:tɪkəʊ] *zn* zuilengang, portiek

portion ['pɔ:ʃən] **I** *zn* (aan)deel, portie **II** *ov ww* ● verdelen, uitdelen ❷ ~ *off* afschermen ❸ ~ *out* uitdelen, verdelen

portly ['pɔ:tlɪ] *bnw* gezet, stevig

portmanteau [pɔ:t'mæntəʊ] *zn* valies

portrait ['pɔ:trɪt] *zn* ● portret ❷ beeld, beschrijving

portraiture ['pɔ:trɪtʃə] *zn* ● portret ❷ portretschilderkunst

portray [pɔ:'treɪ] *ov ww* (af)schilderen, beschrijven

portrayal [pɔ:'treɪəl] *zn* schildering

Portuguese [pɔ:tjʊ'gi:z] **I** *zn* ● Portugees, Portugese ❷ ★ *the~* [mv] de Portugezen **II** *bnw* Portugees

pose [pəʊz] **I** *zn* ● pose, houding ❷ aanstellerij **II** *ov ww* ● stellen ⟨van vraag of stelling⟩ ❷ vormen ⟨een bedreiging⟩ **III** *onov ww* zich aanstellen, een houding aannemen, poseren ★ *the two men posed as policemen* de twee mannen gaven zich uit voor politieagenten

poser ['pəʊzə] *zn* ● aansteller ❷ moeilijke vraag, moeilijk probleem

posh [pɒʃ] *inform bnw + bijw* ● chic ❷ bekakt

posit ['pɒzɪt] *form ov ww* poneren, veronderstellen

position [pə'zɪʃən] **I** *zn* ● ligging, positie ★ *his parents are not in a ~ to help him* zijn ouders zijn niet in staat om hem te helpen ❷ standpunt, bewering ❸ stand, rang, plaats(ing) ❹ betrekking, baan, post ❺ toestand ❻ stelling **II** *ov ww* plaatsen

positive ['pɒzətɪv] **I** *zn* ● positief getal ❷ iets positiefs ★ *focus on the~s rather than the negatives* concentreer je op de voordelen in plaats van op de nadelen ❸ positief ⟨van foto⟩ **II** *bnw* ● positief ❷ zeker, vast ★ *are you ~ you saw him there?* weet je zeker dat je hem daar hebt gezien? ❸ *inform* volstrekt, compleet ❹ *inform* echt, werkelijk ★ *it's a ~ delight to be here* het is een waar genoegen om hier te zijn

posse ['pɒsɪ] *zn* ● groep ⟨gewapende mannen⟩ ❷ *inform* troep

possess [pə'zes] *ov ww* bezitten, hebben, beheersen ★ *form he is ~ed of a quick wit* hij heeft een scherp verstand ★ *whatever~ed you to buy that purple hat?* hoe krijg je het in je hoofd om zo'n paarse hoed te kopen?

possessed [pə'zest] *bnw* ● bezeten, geobsedeerd ★ *he carries on like a man~* hij gaat te keer als

een bezetene ❷ kalm, beheerst, rustig

possession [pə'zeʃən] *zn* ● bezit, bezitting ★ *we take~ of the house today* we krijgen vandaag de sleutel van het huis ❷ bezetenheid

possessive [pə'zesɪv] **I** *zn* *taalk* bezittelijk voornaamwoord ★ *the~* de tweede naamval **II** *bnw* ● bezitterig, hebberig ❷ dominerend ❸ *taalk* bezittelijk

possessor [pə'zesə] *zn* bezitter

possibility [pɒsɪ'bɪlətɪ] *zn* mogelijkheid, kans ★ *there is no ~ of a full recovery* volledig herstel is uitgesloten

possible ['pɒsɪbl] **I** *zn* mogelijke kandidaat ⟨voor sportploeg, elftal⟩ **II** *bnw* ● mogelijk ★ *there are two~ reasons* er zijn twee redenen mogelijk ★ *if ~* zo mogelijk ❷ aannemelijk, redelijk ★ *selling the house is the only~ option* het huis verkopen is het enige redelijke alternatief

possibly ['pɒsɪblɪ] *bijw* mogelijk(erwijs), misschien ★ *how could you~ do this?* hoe heb je dit in 's hemelsnaam kunnen doen? ★ *I can't~ get there in time* ik kan er onmogelijk op tijd zijn

possum ['pɒsəm] *zn* buidelrat, (o)possum ★ *inform play~* zich ziek / dood houden

post [pəʊst] **I** *zn* ● post, stijl, paal ★ *sport the winning post* de finish ⟨eindmarkering van parcours⟩ ❷ post(bestelling) ★ *by post* per post ★ *by return post* per ommegaande ★ *catch the first / last post* de eerste / laatste lichting halen ❸ (stand)plaats ❹ betrekking, post **II** *ov ww* ● op de post doen, posten ❷ plaatsen, posteren ❸ (aan)plakken, beplakken ★ *post no bills* verboden aan te plakken ❹ bekendmaken, opgeven ★ *the company has posted a loss* de firma heeft een verlies bekendgemaakt ★ *he was posted as missing* hij werd opgeven als vermist ❺ aanstellen tot, (over)plaatsen ★ *he was posted to Washington as the ambassador* hij werd naar Washington gezonden als ambassadeur ★ *he was posted to a different regiment* hij werd ingedeeld bij een ander regiment ❻ op de hoogte brengen, inlichten ★ *keep me posted* hou me op de hoogte

post- *voorv* na-, post-

postage ['pəʊstɪdʒ] *zn* porto ★ ~ *paid* franco

postage stamp ['pəʊstɪdʒ stæmp] *zn* postzegel

postal ['pəʊstl] *bnw* post- ★ ~ *address* postadres ★ ~ *applications only* alleen schriftelijke aanmeldingen

postbox ['pəʊstbɒks] *zn* brievenbus

postcard ['pəʊstkɑ:d] *zn* briefkaart

post-date [pəʊst'deɪt] *ov ww* later dateren

poster ['pəʊstə] *zn* affiche, aanplakbiljet

posterior [pɒ'stɪərɪə] *zn* *humor* achterste

posterity [pɒ'sterɪtɪ] *zn* nageslacht

post-free [pəʊst'fri:] *bnw* franco

postgraduate [pəʊst'grædjʊət] **I** *zn* postdoctorale student **II** *bnw* postuniversitair

post-haste *bijw* in vliegende vaart

posthumous ['pɒstjʊməs] *bnw* na de dood, postuum

posting ['pəʊstɪŋ] *zn* stationering, (over)plaatsing ★ *she got a ~ to America* zij is overgeplaatst naar America

postman ['pəʊstmən] *zn* postbode

po

postmark ['pəʊstmɑ:k] I zn poststempel II ov ww stempelen

postmaster ['pəʊstmɑ:stə] zn postdirecteur

postmistress ['pəʊstmɪstrəs] zn directrice van postkantoor

post-mortem [pəʊst'mɔ:təm] zn ❶ autopsie, sectie ❷ nabeschouwing, nabespreking

post-natal [pəʊst'neɪtl] bnw postnataal, (van) na de geboorte

post-paid ['pəʊstpeɪd] bnw franco

postpone [pəʊst'pəʊn] ov ww uitstellen, opschorten ★ the meeting has been ~d until next week de vergadering is naar volgende week verschoven

postscript ['pəʊstskrɪpt] zn ❶ postscriptum ❷ nagekomen bericht

postulate ['pɒstjʊleɪt] form ov ww als bewezen aannemen, vooronderstellen

posture ['pɒstʃə] I zn houding II onov ww zich aanstellen, poseren

post-war [pəʊst'wɔ:] bnw naoorlogs

posy ['pəʊzɪ] zn (bloemen)ruiker(tje), boeket

pot [pɒt] I zn ❶ kan, beker, pot ★ it's the pot calling the kettle black de pot verwijt de ketel dat hij zwart ziet ★ inform a big pot een belangrijk persoon ★ inform go to pot op de fles gaan ★ inform pots of money een bom duiten ❷ prijs ⟨bij wedstrijd⟩, pot, inzet ⟨bij gokken⟩ ❸ inform marihuana ❹ → potshot ❺ → pot belly II ov ww ❶ inmaken ⟨in pot⟩ ❷ potten ⟨van plant⟩ ❸ potten ⟨bij biljart⟩ ❹ neerschieten

potable ['pəʊtəbl] bnw drinkbaar

potassium [pə'tæsɪəm] zn kalium

potato [pə'teɪtəʊ] zn aardappel(plant) ★ mashed ~(es) aardappelpuree ★ fig a hot ~ een linke zaak, een heet hangijzer

pot-bellied [pɒt'belɪd] bnw met dikke buik

pot belly, inform **pot** zn buikje, dikke buik

potency ['pəʊtnsɪ] zn kracht

potent ['pəʊtnt] bnw machtig, krachtig, sterk ⟨van medicijn⟩ ★ a ~ argument een overtuigend argument

potentate ['pəʊtənteɪt] zn vorst, heerser

potential [pə'tenʃəl] I zn ❶ potentieel, talent ❷ mogelijkheid II bnw potentieel, mogelijk, latent ★ ~ buyers eventuele kopers

pothole ['pɒthəʊl] zn gat, kuil ⟨in een weg / in rivierbedding⟩

potion ['pəʊʃən] zn drankje ⟨van medicijn of vergif⟩

potluck [pɒt'lʌk] zn ★ inform take ~ eten wat de pot schaft, iets nemen zoals het is

potpourri [pəʊ'pʊərɪ] zn ❶ mengsel van gedroogde bloembladen en kruiden ❷ potpourri, mengelmoes

potshot ['pɒtʃɒt], inform **pot** zn lukraak schot ★ she took a ~ at the thief ze schoot in het wilde weg op de dief ★ he took a ~ at the country's foreign policy hij bekritiseerde de buitenlandse politiek van het land

potted ['pɒtɪd] bnw ❶ ingemaakt ❷ ~ music ingeblikte muziek ❷ gepot ❸ verkort, in het kort ⟨van nieuws⟩

potter ['pɒtə] I zn pottenbakker ★ the ~'s wheel de pottenbakkersschijf II onov ww ❶ beuzelen, liefhebberen ❷ ~ about/around

rondscharrelen ❸ ~ along boemelen ⟨van trein enz.⟩

pottery ['pɒtərɪ] zn ❶ aardewerk ❷ pottenbakkerij

potty ['pɒtɪ] I zn pot, po ★ ~ training het zindelijk maken ⟨v. kind⟩ II bnw inform gek ★ drive sb ~ iem. gek maken

potty-trained bnw zindelijk ⟨van kind⟩

pouch [paʊtʃ] zn ❶ zak ❷ krop, buikje, buidel ⟨van buideldier⟩ ❸ wal ⟨onder ogen⟩

pouf, pouffe [pu:f] zn poef, zitkussen

poulterer ['pəʊltərə] zn poelier

poultice ['pəʊltɪs] zn kompres

poultry ['pəʊltrɪ] zn pluimvee

pounce [paʊns] I onov ww (op)springen, plotseling aanvallen ★ the press ~d on his comments de pers sprong bovenop zijn opmerking II zn plotselinge beweging / sprong

pound [paʊnd] I zn ❶ pond ⟨454 gram⟩ ★ fig demand / want one's ~ of flesh het volle pond eisen ❷ pond ⟨munteenheid⟩ ❸ asiel, depot ⟨bewaarplaats voor vee, goederen⟩ ❹ harde klap, dreun, stomp II ov ww ❶ fijnstampen ❷ hameren ★ they need to ~ the idea into his head that... ze moeten het idee in zijn hoofd hameren dat... ❸ beuken op, bonzen op III onov ww ❶ bonken, beuken, bonzen ★ his heart was ~ing with excitement zijn hart bonsde van opwinding ★ she would ~ (away) on her typewriter for hours ze zat urenlang achter haar schrijfmachine te zwoegen ★ the horses ~ed around the bend de paarden kwamen de bocht om stampen ❷ zwaar onder vuur nemen, herhaaldelijk bombarderen ★ their guns ~ed at the enemy lines hun kanonnen bombardeerden de vijandelijke linies

pounding ['paʊndɪŋ] zn ❶ (ge)dreun, (ge)bons ❷ afstraffing, pak slaag

pour [pɔ:] I ov ww ❶ gieten, schenken, doen neerstromen ★ pour oil on troubled waters kalmeren ★ he poured cold water on my idea hij was erg negatief over mijn idee ❷ ~ out inschenken, uitstorten ⟨van hart⟩ II onov ww ❶ gieten, stromen ★ it never rains but it pours een ongeluk komt nooit alleen ❷ ~ down in stromen neerkomen ❸ ~ in binnenstromen

pout [paʊt] I onov ww pruilen II zn gepruil

poverty ['pɒvətɪ] zn ❶ armoede ❷ gebrek ★ a ~ of ideas een gebrek aan ideeën

poverty-stricken ['pɒvətɪstrɪkən] bnw straatarm

POW afk, Prisoner Of War krijgsgevangene

powder ['paʊdə] I zn ❶ poeder ❷ buskruit II ov ww ❶ poederen ❷ besprenkelen ❸ tot poeder maken

powder blue [paʊdə'blu:] I zn lichtblauw II bnw lichtblauw

powdered milk ['paʊdəd mɪlk] zn melkpoeder

powder puff zn poederdons

powder room zn euf damestoilet

powdery ['paʊdərɪ] bnw ❶ poederachtig ❷ gepoederd

power ['paʊə] I zn ❶ macht ★ inform the ~s that be de machthebber(s) ★ in ~ aan het bewind ★ the party in ~ de regerende partij ★ he was the ~ behind the throne hij was de sterke man achter de schermen ❷ kracht ★ under its own ~

po

op eigen kracht ❸ volmacht, recht,
bevoegdheid ★ ~ *of attorney* volmacht ❹ gezag,
invloed ❺ mogendheid ★ *China is becoming a
world ~* China is een wereldmacht aan het
worden ❻ vermogen, kunnen ★ *he has lost the ~
of speech* hij kan niet meer praten ★ *she
summoned up all her ~s of persuasion* ze
verzamelde al haar overredingskracht
❼ drijfkracht, energie, stroom ❽ sterkte ⟨van
lens⟩ ❾ <u>inform</u> partij, hoop ★ *a holiday would do
him a ~ of good* een vakantie zou hem een hoop
goed doen **II** *bnw* machinaal gedreven **III** *ov
ww* aandrijven ⟨motor e.d.⟩, van energie
voorzien

powerboat ['paʊəbəʊt] *zn* motorboot
power broker *zn* machthebber ⟨achter de
schermen⟩
power cut *zn* stroomstoring
-powered [-'paʊəd] *voorv* -aangedreven ★ *a
nuclear~ submarine* een atoomonderzeeër
powerful ['paʊəfʊl] *bnw* ❶ krachtig, sterk
❷ machtig, invloedrijk, effectief
❸ indrukwekkend
powerhouse ['paʊəhaʊs] *zn* ❶ stuwende kracht
❷ dynamisch mens
powerless ['paʊələs] *bnw* machteloos
power plant ['paʊə plɑ:nt] *zn*
elektriciteitsinstallatie
power point *zn* stopcontact
power steering *zn* stuurbekrachtiging
power supply *zn* energievoorziening
power tool *zn* elektrisch gereedschap
powwow ['paʊwaʊ] *zn* ❶ indianenbijeenkomst
❷ <u>inform</u> conferentie, (rumoerige) bespreking
pox [pɒks] *zn* pokken ★ <u>inform</u> *the pox* syfilis
pp *afk* ❶ *pages* pagina's ❷ *pianissimo* pp
practicable ['præktɪkəbl] *bnw* ❶ uitvoerbaar,
doenlijk, haalbaar ❷ bruikbaar
practical ['præktɪkl] *bnw* ❶ praktisch, toegepast,
praktijk- ❷ doelmatig, geschikt, handig
❸ verstandig ❹ virtueel ★ *victory is a ~ certainty*
een overwinning is vrijwel onvermijdelijk
practicality [præktɪ'kælətɪ] *zn* ❶ het praktische
★ *let's get down to the practicalities* laten we
naar de praktische details kijken
❷ verstandigheid ❸ uitvoerbaarheid
practical joke *zn* poets, practical joke
practically ['præktɪkəlɪ] *bijw* ❶ bijna, zo goed als
❷ in (de) praktijk ★ ~ *speaking* feitelijk
practice ['præktɪs] *zn* ❶ praktijk ★ *in ~* in de
praktijk ❷ (uit)oefening ★ *he's out of ~* hij is uit
vorm ★ *~ makes perfect* oefening baart kunst
❸ gewoonte, toepassing, gebruik ❹ (doctors /
tandartsen)praktijk **II** *ww* → **practise**
practise, <u>USA</u> **practice** ['præktɪs] **I** *ov ww*
❶ studeren ⟨op muziekinstrument⟩
❷ uitoefenen (van beroep) ★ *a ~d businessman*
een ervaren zakenman ★ *can I ~ my French on
you?* kan ik mijn Frans op je uitproberen?
II *onov ww* oefenen ★ *she ~d as a vet for many
years* ze is jarenlang dierenarts geweest
practitioner [præk'tɪʃənə] *zn* beoefenaar ★ *a
medical ~* een arts
pragmatic [præg'mætɪk] *bnw* pragmatisch,
feitelijk, zakelijk
pragmatism ['prægmətɪzəm] *zn* zakelijkheid,

praktische zin
pragmatist ['prægmətɪst] *zn* pragmaticus
praise [preɪz] **I** *zn* ❶ lof ★ *he's full of ~ for the
nursing staff* hij is vol lof voor de verpleging
★ *sing sb's ~s* de loftrompet over iem. steken
❷ glorie, eer ★ *~ be to God!* God zij dank! **II** *ov
ww* loven, prijzen
praiseworthy ['preɪzwɜ:ðɪ] *bnw* lofwaardig
pram [præm] *zn* kinderwagen
prance [prɑ:ns] *onov ww* ❶ steigeren ❷ vrolijk
springen, huppelen ❸ zich arrogant gedragen,
pronken
prang [præŋ] <u>inform</u> **I** *ov ww* te pletter rijden
II *zn* ongeluk ⟨van auto⟩
prank [præŋk] *zn* (dolle) streek, poets ★ *play ~s*
streken uithalen ★ *play a ~ on sb* iem. ertussen
nemen
prankster ['præŋkstə] *zn* grappenmaker
prat [præt] <u>inform</u> *zn* idioot
prattle ['prætl] **I** *zn* gebabbel **II** *onov ww*
babbelen ★ *what are you prattling (on) about?*
waar heb je het in hemelsnaam over?
prattler ['prætlə] *zn* babbelaar
prawn [prɔ:n] *zn* steurgarnaal
prawn cracker *zn* (stukje) kroepoek
pray [preɪ] *ov+onov ww* bidden ★ *pray to God*
bidden tot God ★ *pray for a good harvest* bidden
voor een goede oogst ★ *pray for mercy* smeken
om genade ★ *pray for a good match* hopen op
een goede wedstrijd
prayer [preə] *zn* ❶ gebed, verzoek ★ *my ~ is that
she will become president* ik hoop dat zij
president wordt ❷ het bidden
praying mantis [preɪŋ 'mæntɪs] *zn*
bidsprinkhaan
pre- [pri:] *voorv* vooraf, voor-, pre- ★ *a pre-dinner
drink* een drankje voor het eten
preach [pri:tʃ] **I** *ov ww* preken ★ *~ fire and
brimstone* hel en verdoemenis preken **II** *onov
ww* ❶ preken, een zedenpreek houden ★ *she's
forever ~ing at me* ze zit me altijd de les te lezen
★ *save your breath: you're ~ing to the converted*
hou maar op: we / ze zijn al overtuigd
❷ ~ **at/to** een preek houden tegen ❸ ~ **down**
afgeven op (iemand) ❹ ~ **up** ophemelen **III** *zn*
<u>inform</u> (zeden)preek
preacher ['pri:tʃə] *zn* prediker, predikant
preamble [pri:'æmbl] *zn* inleiding, voorwoord
★ *without ~ she announced that she was
pregnant* zonder omhaal maakte ze bekend dat
ze zwanger was
prearrange [pri:ə'reɪndʒ] *ov ww* van te voren
regelen
precarious [prɪ'keərɪəs] *bnw* ❶ wisselvallig,
onzeker ★ *the country is ~ly close to collapse* het
land staat op de rand van de afgrond
❷ onveilig, gevaarlijk
precaution [prɪ'kɔ:ʃən] *zn* voorzorgsmaatregel
★ *take ~s* maatregelen treffen ★ *I took the ~ of
locking the door* ik heb uit voorzorg de deur op
slot gedaan
precautionary [prɪ'kɔ:ʃənərɪ] *bnw* voorzorgs-
precede [prɪ'si:d] *ov ww* voorafgaan, voorgaan
★ *he ~d me in the job* hij was mijn voorganger
in de baan
precedence ['presɪdns] *zn* prioriteit, (recht van)

voorrang ★ *take ~ over* voorrang hebben boven, gaan vóór ★ *in order of ~* in volgorde van belangrijkheid

precedent ['presɪdənt] *zn* ❶ precedent ★ *without ~* ongekend ❷ traditie, gewoonte ★ *the company broke with ~ and appointed a woman* de firma brak met de gewoonte en stelde een vrouw aan

preceding [prɪ'si:dɪŋ] *bnw* voorafgaand

precept ['pri:sept] *zn* voorschrift, principe

precinct ['pri:sɪŋkt] *zn* ❶ gebied, omgeving, terrein ❷ USA (politie / kies)district

precious ['preʃəs] **I** *zn* ★ *my ~!* schat! **II** *bnw* ❶ kostbaar, edel ⟨van steen of metaal⟩ ❷ dierbaar ★ *she's quite ~ about her reputation* ze vindt haar reputatie heel belangrijk ❸ gekunsteld ❹ iron mooi ★ *you and your ~ chess!* jij en dat kostelijke schaken van je! ★ *a ~ lot you know about it!* alsof jij er iets van af weet! **III** *bijw* inform buitengewoon, verduiveld ★ *~ little* ontzettend weinig

precipice ['presɪpɪs] *zn* ❶ steile rotswand ❷ fig afgrond

precipitate[1] [prɪ'sɪpɪtət] *bnw* onbezonnen, overhaast

precipitate[2] [prɪ'sɪpɪtert] *ov ww* ❶ bespoedigen, aanzetten, (ver)haasten ★ *his death ~d a struggle for power* zijn dood gaf aanleiding tot een machtsstrijd ❷ (neer)werpen, (neer)storten ❸ scheik (doen) neerslaan, precipiteren ⟨in oplossing⟩

precipitation [prɪsɪpɪ'teɪʃən] scheik *zn* neerslag

precipitous [prɪ'sɪpɪtəs] *bnw* ❶ steil ❷ plotseling ❸ overhaast

précis ['preɪsi:] **I** *zn* beknopte samenvatting **II** *ov ww* kort samenvatten

precise [prɪ'saɪs] *bijw* juist ⟨van tijdstip⟩, nauwkeurig, precies ★ *to be ~* om precies te zijn ★ *at that ~ moment* juist op dat moment

precisely *bijw* ❶ juist, inderdaad, precies ❷ nauwkeurig, stipt ★ *their plane touched down at 6 am ~* hun vliegtuig landde precies om 6 uur 's morgens

precision [prɪ'sɪʒən] *zn* nauwkeurigheid

preclude [prɪ'klu:d] *ov ww* ❶ uitsluiten ❷ beletten, voorkómen, verhinderen ★ *icy roads ~d him from arriving sooner* door ijs op de wegen kon hij niet eerder komen

precocious [prɪ'kəʊʃəs] *bnw* vroegrijp, vroeg wijs

preconceived [pri:kən'si:vd] *bnw* vooraf gevormd ★ *a ~ opinion* een vooroordeel

preconception [pri:kən'sepʃən] *zn* vooroordeel, vooropgezette mening

precondition [pri:kən'dɪʃən] *zn* eerste vereiste / voorwaarde

precook, pre-cook [pri:'kʊk] *ov ww* van tevoren bereiden / (even) koken ★ *~ed meals* kant-en-klaar maaltijden

precursor [pri:'kɜ:sə] *zn* voorloper

precursory [prɪ'kɜ:sərɪ] *bnw* inleidend ★ *he hasn't had time to take more than a ~ look at the figures* hij heeft niet de kans gehad om meer dan een vluchtige blik op de cijfers te werpen

pre-date ['pri:dert] *ov ww* ouder zijn dan

predator ['predətə] *zn* ❶ roofdier ❷ plunderaar, rover

predatory ['predətərɪ] *bnw* plunderend, roof-, roofzuchtig

predecessor ['pri:dɪsesə] *zn* ❶ voorganger ❷ voorvader

predestination [pri:destɪ'neɪʃən] *zn* voorbestemming, voorbeschikking

predestine *ov ww* voorbestemmen

predetermine [pri:dɪ'tɜ:mɪn] *ov ww* ❶ vooraf bepalen ❷ voorbeschikken

predicament [prɪ'dɪkəmənt] *zn* netelige / moeilijke positie ★ *realising her dire ~, she panicked* toen ze besefte hoe precair haar positie was, raakte ze in paniek

predicate[1] ['predɪkət] taalk *zn* gezegde

predicate[2] ['predɪkert] form *ov ww* ~ on/upon baseren op

predict [prɪ'dɪkt] *ov ww* voorspellen

predictable [prɪ'dɪktəbl] *bnw* voorspelbaar

prediction [prɪ'dɪkʃən] *zn* voorspelling

predilection [pri:dɪ'lekʃən] *zn* voorliefde, voorkeur

predispose [pri:dɪ'spəʊz] *ov ww* ❶ aanleg hebben ⟨vnl. voor ziekte⟩ ❷ vatbaar maken ★ *smoking ~s you to lung cancer* roken maakt je vatbaar voor longkanker

predisposition [pri:dɪspə'zɪʃən] *zn* aanleg, neiging

predominance [prɪ'dɒmɪnəns] *zn* ❶ overheersing, overhand ★ *there is a ~ of men in the medical profession* mannen hebben de overhand in de medische beroepen ❷ heerschappij

predominant [prɪ'dɒmɪnənt] *bnw* overheersend ★ *oil is the ~ export* olie is het belangrijkste exportproduct

predominantly [prɪ'dɒmɪnəntlɪ] *bijw* overwegend, hoofdzakelijk

predominate [prɪ'dɒmɪnert] *onov ww* overheersen, de overhand hebben ★ *women ~ in the lowest paid jobs* in de slechtst betaalde banen zijn vrouwen het sterkst vertegenwoordigd

pre-eminence [pri:'emɪnəns] *zn* ❶ superioriteit ❷ voorrang

pre-eminent [pri:'emɪnənt] *bnw* uitblinkend, voortreffelijk, vooraanstaand

pre-eminently [pri:-'emɪnəntlɪ] *bijw* bij uitstek

pre-empt [pri:'empt] *ov ww* ❶ anticiperen op, vóór zijn, vooruitlopen op ❷ bij voorbaat onschadelijk maken ★ *you have ~ed my question* je hebt mijn vraag overbodig gemaakt ❸ USA vervangen

pre-emptive [pri:'emptɪv] *bnw* voorkomend, preventief

preen [pri:n] *ov ww* gladstrijken ⟨van veren⟩ ★ *~ o.s.* zich mooi maken ★ *stop ~ing yourself: the others did well too* je hoeft niet zo trots op jezelf te zijn: de anderen hebben het ook goed gedaan

pre-existing ['pri:-ɪg'zɪstɪŋ] *bnw* vooraf bestaand ★ *a ~ medical condition* een al bestaande medische aandoening

prefab ['pri:fæb] inform *zn* montagewoning, geprefabriceerd gebouw

prefabricate [pri:'fæbrɪkert] *ov ww* prefabriceren

preface ['prefəs] **I** *zn* voorwoord, inleiding **II** *ov*

pr

ww ❶ van een inleiding voorzien, inleiden ❷ laten voorafgaan, voorafgaan aan

prefect ['pri:fekt] *zn* ❶ prefect ❷ toezicht houdende oudere leerling ⟨in Britse scholen⟩

prefecture ['pri:fektʃə] *zn* prefectuur

prefer [prɪ'fɜ:] *ov ww* ❶ verkiezen, liever hebben ★ *I ~ not to think about it* ik denk er liever niet over na ★ *he ~s classical music to jazz* hij houdt meer van klassieke muziek dan van jazz ❷ prefereren

preferable ['prefərəbl] *bnw* te verkiezen

preferably ['prefərəblɪ] *bijw* bij voorkeur ★ *I want a new job, ~ one closer to home* ik wil een nieuwe baan, liefst eentje dichter bij huis

preference ['prefərəns] *zn* ❶ voorkeur ★ *for ~* bij voorkeur ★ *I'd like tea in ~ to coffee* ik heb liever thee dan koffie ❷ voorkeursbehandeling

preferential [prefə'renʃəl] *bnw* voorkeur gevend / hebbend

prefigure [pri:'fɪgə] *ov ww* vooraf schaduwen, aankondigen ★ *the war in Spain ~d the Second World War* de oorlog in Spanje was een voorbode van de Tweede Wereldoorlog

prefix ['pri:fɪks] **I** *zn* ❶ voorvoegsel ❷ titel, voornaam **II** *ov ww* vóór plaatsen, voorvoegen

pregnancy ['pregnənsɪ] *zn* zwangerschap

pregnant ['pregnənt] *bnw* ❶ zwanger, drachtig ⟨van dieren⟩ ★ *she is ~ with her second child* ze verwacht haar tweede kind ❷ veelzeggend ⟨stilte⟩ ❸ dicht vol, vruchtbaar ★ *silences ~ with unspoken thoughts* stiltes die bol staan van onuitgesproken gedachten

prehensile [pri:'hensaɪl] *bnw* wat grijpen kan ★ *a ~ tail* een grijpstaart

prehistoric [pri:hɪ'storɪk] *bnw* prehistorisch

prehistory [pri:'hɪstərɪ] *zn* prehistorie

prejudge [pri:'dʒʌdʒ] *ov ww* ❶ van te voren beoordelen, (ver)oordelen ❷ vooruitlopen op

prejudice ['predʒʊdɪs] *zn* ❶ vooroordeel ▼ jur *without ~* alle rechten voorbehouden ❷ schaden, benadelen ❸ ~ *against* innemen tegen

prejudiced ['predʒʊdɪst] *bnw* bevooroordeeld

prejudicial [predʒʊ'dɪʃəl] *bnw* schadelijk, nadelig ★ *evidence ~ to his case* bewijs dat nadelig is voor zijn zaak

prelate ['prelət] *zn* prelaat

preliminary [prɪ'lɪmɪnərɪ] **I** *zn* inleiding, voorbereiding ★ *the preliminaries* de voorronden **II** *bnw* ❶ inleidend ★ *a ~ examination* een tentamen ❷ voorlopig

prelude ['prelju:d] **I** *zn* ❶ inleiding ❷ prelude, voorspel **II** *ov ww* inleiden, aankondigen

premarital [pri:'mærɪtl] *bnw* voor het huwelijk

premature ['premətjʊə] *bnw* ❶ vroegtijdig, te vroeg ❷ voorbarig

premeditated [pri:'medɪteɪtɪd] *bnw* met voorbedachten rade ★ *~ murder* moord met voorbedachten rade

premeditation [pri:medɪ'teɪʃən] *zn* opzet

premier ['premɪə] **I** *zn* premier, eerste minister **II** *bnw* voornaamste, eerste

premiere ['premɪeə] **I** *zn* première **II** *ov ww* in première brengen **III** *onov ww* in première gaan

premiership ['premɪəʃɪp] *zn* ❶ ambt van eerste minister ❷ sport kampioenschap

premise ['premɪs] *zn* veronderstelling

premises ['premɪsɪz] *zn mv* huis (en erf), zaak ★ *our company also has business ~ in Tokyo* onze firma heeft ook een kantoor in Tokio ★ *no smoking on the ~* verboden te roken op het terrein ★ *the adjacent ~* de belendende percelen

premium ['pri:mɪəm] *zn* ❶ premie ❷ meerprijs, toeslag ★ *an ideal size for when space is at a ~* een ideaal formaat als je ruimtetekort hebt ❸ beloning, bonus ★ *the company sets / puts a high ~ on punctuality* het bedrijf vindt stiptheid heel belangrijk

premonition [premə'nɪʃən] *zn* voorgevoel

prenatal [pri:'neɪtl] *bnw* prenataal, (van) vóór de geboorte

preoccupation [pri:ɒkjʊ'peɪʃən] *zn* ❶ obsessie ★ *his ~ with his health is understandable* het is te begrijpen dat hij geobsedeerd is met zijn gezondheid ❷ verstrooidheid, afwezigheid

preoccupied [pri:'ɒkjʊpaɪd] *bnw* ❶ in gedachten verzonken, afwezig ❷ geobsedeerd

preoccupy [pri:'ɒkjʊpaɪ] *ov ww* geheel in beslag nemen

prep [prep] **I** *zn* ❶ leerling van voorbereidende school ❷ - huiswerk **II** *bnw* voorbereidend

pre-packed [pri:'pækt] *bnw* voorverpakt

preparation [prepə'reɪʃən] *zn* ❶ voorbereiding ❷ preparaat ❸ huiswerk, studie

preparatory [prɪ'pærətərɪ] *bnw* ❶ voorbereidend ❷ voorafgaand ★ *~ to* alvorens

prepare [prɪ'peə] **I** *ov ww* ❶ bereiden, klaarmaken ★ *she had been preparing herself for this moment* ze had zich op dit moment voorbereid ❷ bewerken ★ *his work ~d the ground for a new vaccine to be developed* zijn werk legde de basis voor de ontwikkeling van een nieuw vaccin ❸ (in)studeren, nazien ⟨lessen⟩ **II** *onov ww* voorbereidingen treffen

prepared [prɪ'peəd] *bnw* ❶ voorbereid ★ *he's ~ for the worst* hij is op het ergste voorbereid ❷ bereid ★ *I'm ~ to leave it at that* ik wil het daarbij laten

prepay [pri:'peɪ] *ov ww* ❶ frankeren ⟨post⟩ ❷ vooruitbetalen

prepayment [pri:'peɪmənt] *zn* vooruitbetaling

preponderance [prɪ'pɒndərəns] *zn* overwicht ★ *there was a ~ of young people* jonge mensen waren in de meerderheid

preponderate [prɪ'pɒndəreɪt] *onov ww* zwaarder wegen, van overwegend belang zijn ★ *girls ~ over boys* meisjes hebben de overhand over jongens

preposition [prepə'zɪʃən] *zn* voorzetsel

prepositional [prepə'zɪʃənəl] *bnw* voorzetsel- ★ *a ~ phrase* een voorzetselvoorwerp

prepossessing [pri:pə'zesɪŋ] *bnw* aantrekkelijk ★ *the view was anything but ~* het uitzicht was allesbehalve fraai

preposterous [prɪ'pɒstərəs] *bnw* dwaas, belachelijk, absurd

preppie, preppy ['prepɪ] USA inform **I** *zn* bekakt meisje / school jongen ⟨van een dure privéschool⟩ **II** *bnw* bekakt

prerequisite [pri:'rekwɪzɪt] **I** *zn* eerste vereiste ★ *money is not a ~ for happiness* je hoeft geen

pr

geld te hebben om gelukkig te zijn II *bnw* noodzakelijk, vereist

prerogative [prɪˈrɒɡətɪv] *zn* (voor)recht ★ *education is no longer the ~ of the rich* onderwijs is niet langer alleen voor de rijken

presage[1] [ˈpresɪdʒ] *zn* ❶ voorteken ❷ voorgevoel

presage[2] [ˈpresɪdʒ, prɪˈseɪdʒ] *zn of ww* voorspellen, aankondigen

presbytery [ˈprezbɪtərɪ] *zn* ❶ presbyterium, priesterkoor ⟨kerkarchitectuur⟩ ❷ pastorie

preschool [priːˈskuːl] I *zn* peuterspeelzaal II *bnw* onder de schoolleeftijd, peuter-

preschooler [priːˈskuːlə] *zn* kleuter ⟨nog niet schoolgaand kind⟩

prescience [ˈpresɪəns] *zn* vooruitziende blik

prescribe [prɪˈskraɪb] *ov ww* voorschrijven

prescription [prɪˈskrɪpʃən] *zn* ❶ voorschrijving, voorschrift ❷ recept ⟨van dokter⟩

prescriptive [prɪˈskrɪptɪv] *bnw* voorschrijvend

presence [ˈprezəns] *zn* ❶ tegenwoordigheid, aanwezigheid, bijzijn ★ *the baby certainly makes its ~ felt* de baby maakt duidelijk dat hij / zij er is ❷ voorkomen, verschijning ★ *a ghostly ~* een geest(verschijning)

present[1] [prɪˈzent] *ov ww* ❶ aanbieden, uitreiken, uitdelen ⟨prijzen⟩ ★ *please ~ yourself at head office* meldt u zich alstublieft aan bij het hoofdkantoor ★ *he ~ed me with a beautiful scarf* hij deed mij een mooie shawl cadeau ❷ vertonen, bieden ⟨van aanblik⟩ ★ *~ a united front* een gemeenschappelijk front bieden ❸ geven, opleveren ⟨van moeilijkheden⟩ ★ *a major problem has ~ed itself* er heeft zich een ernstig probleem voorgedaan ★ *a solution ~ed itself* er bood zich een oplossing aan ❹ opvoeren ⟨van toneelstuk⟩, presenteren ❺ aanleggen ⟨van geweer⟩ ★ *~ arms!* presenteer geweer! ❻ form voorstellen, introduceren

present[2] [ˈprezənt] I *zn* ❶ geschenk ❷ (het) heden ★ *at ~* op het ogenblik ★ *for the ~* voorlopig ★ *up to the ~* tot op heden ❸ taalk tegenwoordige tijd II *bnw* ❶ aanwezig ★ *those ~* de aanwezigen ★ *~ company excepted* met uitzondering van de hier aanwezige ❷ tegenwoordig, huidig ★ *past and ~ members* huidige en vroegere leden ❸ form in kwestie ★ *the ~ writer* schrijver dezes

presentable [prɪˈzentəbl] *bnw* toonbaar, acceptabel

presentation [prezənˈteɪʃən] *zn* ❶ presentatie, demonstratie, voorstelling ❷ indiening, overlegging ★ *on ~ of* op vertoon van ❸ schenking, gift

present-day *bnw* hedendaags, modern ★ *by ~ standards* volgens de huidige maatstaven

presenter [prɪˈzentə] *zn* presentator

presentiment [prɪˈzentɪmənt] *zn* (angstig) voorgevoel

presently [ˈprezntlɪ] *bijw* ❶ dadelijk, aanstonds, binnenkort ❷ nu, op dit moment

preservable [prɪˈzɜːvəbl] *bnw* houdbaar

preservation [prezəˈveɪʃən] *zn* ❶ onderhoud ❷ behoud ★ *in fair ~* in behoorlijke staat

preservative [prɪˈzɜːvətɪv] I *zn* conserverend middel II *bnw* conserverend

preserve [prɪˈzɜːv] I *ov ww* ❶ bewaren,

beschermen ❷ in stand houden, behouden ❸ goed houden, conserveren, inmaken II *zn* ❶ wildpark ❷ eigen gebied ❸ voorrecht ★ *nursing is no longer the ~ of women* de verpleging is niet alleen meer voor vrouwen ❹ jam, confituur

preset [ˈpriːset] *ov ww* ❶ vooraf instellen ⟨van apparatuur⟩ ❷ vooraf overeenkomen

preshrunk, pre-shrunk [priːˈʃrʌŋk] *bnw* voorgekrompen

preside [prɪˈzaɪd] *onov ww* ❶ als voorzitter optreden ★ *~ over a meeting* een vergadering voorzitten ❷ de leiding hebben ★ *he ~d over the worst attack in US history* hij was aan de macht toen de ergste aanval in de geschiedenis van de VS plaatsvond

presidency [ˈprezɪdənsɪ] *zn* presidentschap

president [ˈprezɪdnt] *zn* ❶ president ❷ voorzitter ❸ USA directeur ⟨v. bank of bedrijf⟩

presidential [prezɪˈdenʃəl] *bnw* ❶ presidents- ★ *a ~ candidate* een presidentskandidaat ❷ voorzitters-

press [pres] I *zn* ❶ pers ★ *~ agency* persbureau ★ *~ conference* persconferentie ★ *~ coverage* verslaggeving ★ *~ cutting* krantenknipsel ★ *~ gallery* perstribune ★ *~ release* persbericht, perscommuniqué ★ *at / in (the) ~* ter perse ★ *have a bad ~* bekritiseerd worden door de media ❷ gedrang, menigte ❸ druk(te) ❹ (linnen)kast II *ov ww* ❶ uitpersen, oppersen ★ *~ed beef* vlees in blik ❷ dringen ★ *time is ~ing* de tijd dringt ❸ pressen, aandringen (op) ★ *they were hard ~ed* ze werden erg in het nauw gedreven ★ *~ for an answer* op antwoord aandringen ★ *I was much ~ed for time* ik verkeerde in tijdnood ❹ drukken, de hand drukken ❺ bestoken ⟨van vijand⟩ III *onov ww* ❶ drukken, knellen ❷ dringen ★ *~ on, boys!* schiet op, jongens! ❸ urgent zijn, presseren

pressing [ˈpresɪŋ] *bnw* ❶ dringend ❷ opdringerig, aandringend

press release [pres rɪˈliːs] *zn* persbericht

press stud [ˈprestʌd] *zn* drukknoopje

press-up *zn* opdrukoefening

pressure [ˈpreʃə] I *zn* ❶ druk, spanning ★ *apply ~ to sth* druk uitoefenen op iets ★ *put ~ on sb* iem. onder druk zetten ★ *be under ~* onder druk staan, gespannen zijn ★ *~ work* werkstress ❷ dwang, pressie II *ov ww* onder druk zetten

pressure cooker [ˈpreʃəkʊkə] *zn* hogedrukpan

pressure group *zn* pressiegroep, lobby

pressure point *zn* drukpunt

pressurize, pressurise [ˈpreʃəraɪz] *ov ww* ❶ de (lucht)druk regelen ❷ ook fig onder druk zetten

prestige [preˈstiːʒ] I *zn* ❶ prestige, aanzien ❷ gezag, invloed II *bnw* prestigieus

prestigious [preˈstɪdʒəs] *bnw* gerenommeerd, prestigieus

prestressed [priːˈstrest] *bnw* voorgespannen ★ *~ concrete* spanbeton

presumably [prɪˈzjuːməblɪ] *bijw* vermoedelijk, waarschijnlijk ★ *you're taking the train, ~?* je gaat met de trein neem ik aan?

presume [prɪˈzjuːm] I *ov ww* ❶ aannemen, vermoeden, geloven ★ *all ninety people on board are ~d dead* aangenomen wordt dat alle

pr

negentig mensen aan boord zijn omgekomen ❷ zich veroorloven ❸ aanspraak maken ★ *I don't ~ to have all the answers* ik beweer niet dat ik alle antwoorden heb ❹ ~ **(up)on** misbruik maken van, zich laten voorstaan op **II** *onov ww* zich vrijheden veroorloven

presumption [prɪ'zʌmpʃən] *zn* ❶ arrogantie ❷ veronderstelling ❸ vermoeden

presumptive [prɪ'zʌmptɪv] *bnw* vermoedelijk ★ *the heir ~* de vermoedelijke erfgenaam

presumptuous [prɪ'zʌmptʃʊəs] *bnw* arrogant, brutaal

presuppose [pri:sə'pəʊz] *ov ww* vóóronderstellen, veronderstellen

pretence, USA **pretense** [prɪ'tens] *zn* ❶ voorwendsel, het doen alsof, schijn ★ *by / under / on false ~s* onder valse voorwendselen ★ *on the slightest ~* bij de geringste aanleiding ★ *she could not keep up the ~ that all was well* ze kon de schijn niet ophouden dat alles goed was ❷ uiterlijk vertoon ★ *devoid of all ~* zonder enige pretentie ❸ aanspraak ★ *I make no ~ to being an expert* ik heb niet de pretentie een expert te zijn

pretend [prɪ'tend] **I** *ov ww* ❶ voorwenden, doen alsof, zich uitgeven voor ❷ aanspraak maken ★ *I don't ~ to be an expert* ik wil niet zeggen dat ik een expert ben **II** *onov ww* komedie spelen, doen alsof ★ *just ~ing!* grapje! ★ *yes, I was wrong and I won't ~ otherwise* ja, ik vergiste me en ik ben de laatste om dat te ontkennen **III** *bnw* inform namaak, zogenaamd ⟨kindertaal⟩

pretender [prɪ'tendə] *zn* ❶ pretendent ❷ komediant

pretense USA *zn* → **pretence**

pretension [prɪ'tenʃən] *zn* ❶ aanmatiging, schijn, uiterlijk vertoon ❷ aanspraak ★ *I make no ~ to be an authority* ik heb niet de pretentie een autoriteit te zijn

pretentious [prɪ'tenʃəs] *bnw* ❶ aanmatigend, pretentieus ❷ opzichtig

pretext ['pri:tekst] *zn* voorwendsel, excuus ★ *on / under the ~ of / that* onder voorwendsel van

prettify ['prɪtɪfaɪ] *ov ww* opsieren

pretty ['prɪtɪ] **I** *bnw* ❶ schattig, mooi, aardig ★ inform *I'm not just a ~ face!* ik kan wel wat! ★ iron *a ~ mess* 'n mooie boel ❷ inform aanzienlijk, veel ★ *a ~ penny* een aardig centje **II** *bijw* inform nogal, tamelijk, vrij ★ *~ well everyone was there* zo'n beetje iedereen was er ★ *he ~ nearly died* het scheelde niet veel of hij was doodgegaan ▼ *be sitting ~* goed zitten, het aardig voor elkaar hebben **III** *zn* ★ *my ~!* schat! **IV** *ov ww* ~ **up** netjes / mooi maken ★ *~ o.s. up* zich opmaken

pretzel ['pretsəl] *zn* zoute krakeling

prevail [prɪ'veɪl] **I** *onov ww* ❶ de overhand krijgen / hebben ❷ (over)heersen ★ *the conditions that ~ in the country* de omstandigheden die in het land heersen **II** *ov ww* ❶ ~ **over/against** zegevieren ★ *they ~ed over / against the enemy* ze overwonnen de vijand ❷ form ~ **(up)on** overreden, overhalen ★ *he ~ed (up)on me not to go* hij overreedde me om niet te gaan

prevailing [prɪ'veɪlɪŋ] *bnw* heersend, gangbaar

prevalence ['prevələns] *zn* algemeen voorkomen ★ *there is an increase in the ~ of asthma* astma komt steeds vaker voor

prevalent ['prevələnt] *bnw* heersend, algemeen ★ *AIDS is ~ in parts of Africa* aids komt veel voor in delen van Afrika

prevaricate [prɪ'værɪkeɪt] form *onov ww* er omheen draaien

prevent [prɪ'vent] *ov ww* (ver)hinderen ★ *illness ~ed her from attending school* wegens ziekte kon ze niet naar school

preventable [prɪ'ventəbl] *bnw* te voorkomen

prevention [prɪ'venʃən] *zn* voorkoming, preventie ★ *~ is better than cure* voorkomen is beter dan genezen

preventive [prɪ'ventɪv], **preventative** [prɪ'ventətɪv] **I** *zn* voorbehoedmiddel **II** *bnw* preventief verhinderend

preview ['pri:vju:] **I** *zn* voorvertoning ⟨van film of boek⟩ **II** *ov ww* ❶ voorvertonen ❷ in voorvertoning zien ❸ voorbespreken

previous ['pri:vɪəs] **I** *bnw* ❶ voorafgaand ❷ vorig ★ *the ~ day* de vorige dag ❸ form voorbarig **II** *vz* ★ *~ to* vóór

previously ['pri:vɪəslɪ] *bijw* vroeger, tevoren ★ *a ~ unpublished novel* een niet eerder uitgegeven roman

pre-war [pri:'wɔ:] *bnw* vooroorlogs

prey [preɪ] **I** *zn* prooi ★ *a bird of prey* een roofvogel **II** *ov ww* ~ **(up)on** azen op, plunderen ★ *it's preying on his mind* het knaagt constant aan zijn gedachten

price [praɪs] **I** *zn* ❶ (kost)prijs ★ *fame / happiness comes at a ~* de roem / het geluk wordt duur betaald ★ *not at any ~* voor geen geld ★ *laptops have come down in ~* laptops zijn goedkoper geworden ★ *what ~ fame?* was de roem de moeite wel waard? ❷ koers ★ *the closing ~* de slotkoers **II** *ov ww* ❶ prijzen, de prijs bepalen / aangeven van ★ *the tickets are ~d at $50* de kaartjes kosten $50 ❷ schatten, taxeren

price bracket *zn* prijsklasse

price freeze *zn* prijsstop

priceless ['praɪsləs] *bnw* ❶ onschatbaar ❷ inform vermakelijk, kostelijk

price range *zn* prijsklasse

price tag *zn* prijskaartje

pricey ['praɪsɪ] inform *bnw* duur, prijzig

prick [prɪk] **I** *zn* ❶ prik ★ *the ~ of conscience* gewetenswroeging ❷ punt, stekel ❸ vulg pik, lul ★ *don't be such a ~!* doe niet zo lullig! **II** *ov ww* ❶ (door)prikken ❷ knagen ⟨van geweten⟩ ❸ prikkelen ▼ ~ *up one's ears* z'n oren spitsen

prickle ['prɪkl] **I** *zn* doorntje, stekel, prikkel **II** *ov+onov ww* prikk(el)en

prickly ['prɪklɪ] *bnw* ❶ stekelig ❷ kriebelig ❸ inform prikkelbaar

pride [praɪd] **I** *zn* ❶ trots ★ *losing his job was a blow to his ~* zijn baan verliezen was een deuk in zijn zelfrespect ★ *take ~ in* trots zijn op ★ *his ~ and joy* zijn oogappel ❷ hoogmoed ★ *~ comes / goes before a fall* hoogmoed komt voor de val ❸ groep (leeuwen) ▼ ~ *of place* voorrang, aanmatiging **II** *wkd ww* ★ *~ o.s. (up)on* trots zijn op

priest [pri:st] *zn* geestelijke, priester, pastoor

priestess ['pri:s'tes] *zn* priesteres
priesthood ['pri:sthʊd] *zn* priesterschap ★ *he entered the ~* hij werd priester
prig [prɪg] *zn* pedant iemand ★ *a conceited prig* een verwaande kwast
priggish ['prɪgɪʃ] *bnw* pedant
prim [prɪm] *bnw* ❶ vormelijk, stijf, preuts ❷ keurig, (overdreven) netjes
primacy ['praɪməsɪ] *zn* voorrang, eerste plaats
prima donna [pri:ma 'dɒnə] *bnw* ❶ prima donna ❷ temperamentvol iemand ⟨afkeurend⟩
primaeval [praɪ'mi:vəl] *bnw* → primeval
primal ['praɪml] *bnw* oer-
primarily ['praɪmərəlɪ] *bijw* voornamelijk, in hoofdzaak
primary ['praɪmərɪ] I *zn* USA voorverkiezing ⟨voor presidentschap⟩ II *bnw* eerst, basis- ★ *~ education* lager onderwijs ★ *a ~ colour* een primaire kleur ❷ voornaamste ❸ oorspronkelijk
primate ['praɪmeɪt] *zn* ❶ primaat ⟨aap, halfaap, mens⟩ ❷ aartsbisschop
prime [praɪm] I *zn* bloeitijd, hoogtepunt ★ *in the ~ of life* in de bloei der jaren II *bnw* ❶ hoofd-, voornaamste ★ *of ~ importance* van het hoogste belang ❷ prima, best, uitstekend ★ *a ~ example of* een goed voorbeeld van ★ *~ quality* topkwaliteit III *ov ww* ❶ op gang brengen, voeren ⟨pomp⟩, injecteren ⟨van motor⟩ ❷ inlichten, instrueren ❸ prepareren, klaarmaken, voorbereiden ❹ in de grondverf zetten
prime mover *zn* voornaamste drijfkracht
prime number *zn* priemgetal
primer ['praɪmə] *zn* ❶ boek voor beginners, inleiding, abc-boek ❷ grondverf
prime time *zn* meest bekeken / beluisterde zendtijd op radio / tv
primeval, primaeval [praɪ'mi:vəl] *bnw* oorspronkelijk, oer- ★ *a ~ forest* een oerwoud
primitive ['prɪmɪtɪv] I *zn* kunstenaar behorende tot de primitieven II *bnw* ❶ oorspronkelijk, oer- ❷ primair, instinctief ❸ primitief, ruw, gebrekkig ★ *the facilities were ~* de voorzieningen waren erg eenvoudig
primordial [praɪ'mɔ:dɪəl] *bnw* oer-, oorspronkelijk
primp [prɪmp] I *ov ww* versieren II *onov ww* (zich) opdoffen
primrose ['prɪmrəʊz] I *zn* ❶ sleutelbloem ❷ lichtgeel II *bnw* lichtgeel
prince [prɪns] *zn* ❶ prins ★ *she's waiting for Prince Charming to come along* ze wacht tot haar droomprins komt ❷ vorst
princely ['prɪnslɪ] *bnw* ❶ prinselijk ❷ vorstelijk ★ *iron the ~ sum of $2* het vorstelijke bedrag van $2
princess [prɪn'ses, 'prɪnses] *zn* ❶ prinses ❷ vorstin
principal ['prɪnsɪpl] I *zn* ❶ hoofdpersoon ❷ directeur / directrice, rector ❸ hoofd, chef ❹ kapitaal, hoofdsom II *bnw* voornaamste, hoofd-
principality [prɪnsɪ'pælətɪ] *zn* prinsdom, vorstendom
principally ['prɪnsɪpəlɪ] *bijw* hoofdzakelijk
principle ['prɪnsɪpl] *zn* ❶ principe ★ *on ~* principieel ★ *it's against my ~s* dat gaat tegen mijn principes in ❷ grondbeginsel ★ *the Archimedean ~* de wet van Archimedes
principled ['prɪnsɪpld] *bnw* met (hoogstaande) principes
print [prɪnt] I *zn* ❶ drukwerk, gedrukt werk, druk ★ *this edition is no longer in ~ / is out of ~* deze uitgave is niet meer te krijgen ★ *get into ~* gepubliceerd worden ★ *in bold ~* vet gedrukt ★ *the fine ~* de kleine lettertjes ⟨in contract enz.⟩ ❷ afdruk, merk ★ *his ~s were on the knife* zijn vingerafdrukken zaten op het mes ❸ bedrukte stof ★ *a ~ dress* een katoenen jurkje ❹ reproductie, gravure, prent II *ov ww* ❶ (af)drukken ★ *~ed matter* drukwerk ❷ publiceren, laten drukken ❸ in blokletters schrijven ❹ bedrukken, bestempelen ❺ inprenten ★ *~ed in his memory* in zijn geheugen gegrift ❻ ~ off/out afdrukken ⟨van foto's⟩
printable ['prɪntəbl] *bnw* geschikt om te drukken ★ *his comment was not ~* zijn opmerking was niet geschikt voor publicatie ⟨= was niet netjes⟩
printer ['prɪntə] *zn* ❶ drukker, eigenaar v. drukkerij ★ *a ~'s error* een drukfout ❷ drukpers ❸ printer
printing ['prɪntɪŋ] *zn* ❶ (boek)drukkunst ❷ druk, oplage ❸ het schrijven in blokletters
printing press ['prɪntɪŋpres] *zn* drukpers
printout ['prɪntaʊt] *zn* uitdraai
prior ['praɪə] I *zn* prior II *bnw* vroeger, eerder ★ *a ~ appointment* een eerdere afspraak ★ *~ knowledge* voorkennis
priority [praɪ'ɒrətɪ] *zn* voorrang
prior to *vz* voorafgaande aan, vóór, voordat
prise [praɪz], USA **prize** *ov ww* ❶ openbreken ❷ ~ out (of)/from lospeuteren, fig ontfutselen
prism ['prɪzəm] *zn* prisma
prison ['prɪzən] *zn* ❶ gevangenis ❷ gevangenisstraf
prisoner ['prɪznə] *zn* gevangene
prisoner of war *zn* krijgsgevangene
prissy ['prɪsɪ] *inform bnw* preuts
pristine [prɪsti:n] *bnw* ❶ oorspronkelijk ❷ ongerept, zuiver
privacy ['prɪvəsɪ/'praɪvəsɪ] *zn* ❶ afzondering ★ *she prefers to work in the ~ of her home* ze werkt het liefst in de beslotenheid van haar eigen huis ❷ privacy ★ *in strict ~* strikt vertrouwelijk
private ['praɪvət] I *zn* gewoon soldaat ▼ *in ~* het geheim, achter gesloten deuren, alleen II *bnw* ❶ geheim, vertrouwelijk ★ *a ~ conversation* een gesprek onder vier ogen ★ *please keep this ~* hou dit alsjeblieft onder ons ★ *his funeral will be ~* hij wordt in besloten kring begraven ❷ privé, persoonlijk, eigen ★ *one's ~ parts* zijn geslachtsdelen ❸ afgelegen, afgezonderd ★ *they lead a ~ life* ze leiden een teruggetrokken leven ❹ particulier ★ *~ individuals* particulieren ★ *in ~ ownership* in particulier bezit
privately ['praɪvətlɪ] *bijw* ❶ privé ★ *her baptism will take place ~* haar doop wordt in besloten kring gevierd ❷ in stilte ❸ particulier
privation [praɪ'veɪʃən] *zn* ontbering, gebrek
privet ['prɪvɪt] *zn* liguster
privilege ['prɪvɪlɪdʒ] I *zn* ❶ (voor)recht, privilege

pr

★ *that is your* ~ dat is uw goed recht ★ *it's a ~ to help you* het is mij een eer u te kunnen helpen ❷ onschendbaarheid ★ *enjoy diplomatic ~* diplomatieke onschendbaarheid ❸ bevoorrechting ★ *they live a life of ~* ze leiden een bevoorrecht leven **II** *ov ww* bevoorrechten

privy ['prɪvɪ] **I** *zn* toilet, privaat **II** *bnw* ★ *form be ~ to sth* ingewijd zijn in iets, bekend zijn met iets

prize [praɪz] **I** *zn* ❶ prijs, beloning ❷ buit **II** *bnw* ❶ bekroond ⟨op tentoonstelling⟩ ❷ beste, eersteklas ★ *inform he's a ~ idiot!* hij is een eersteklas idioot! **III** *ov ww* ❶ waarderen ❷ USA → *prise*

prizefight ['praɪzfaɪt] *zn* bokswedstrijd ⟨voor geld⟩

pro [prəʊ] **I** *zn* ❶ voordeel ★ *the pros and cons* de voors en tegens ❷ inform → **professional II** *bnw* prof-, professioneel

probability [prɒbə'bɪlətɪ] *zn* waarschijnlijkheid ★ *in all ~* hoogst waarschijnlijk ★ *there is a strong ~ of snow* er is een grote kans op sneeuw

probable ['prɒbəbl] *bnw* waarschijnlijk, vermoedelijk

probably ['prɒbəblɪ] *bijw* ❶ waarschijnlijk, vermoedelijk ❷ ongetwijfeld, vast wel

probation [prə'beɪʃən] *zn* ❶ proef(tijd) ★ *a period of ~* een proeftijd ❷ voorwaardelijke invrijheidstelling ★ *he's out on ~* hij is voorwaardelijk in vrijheid gesteld

probationary [prə'beɪʃənərɪ] *bnw* proef-

probe [prəʊb] **I** *zn* ❶ sonde ❷ onderzoek **II** *ov ww* ❶ sonderen ❷ onderzoeken, peilen ★ *searchlights ~d the sky* zoeklichten tastten de hemel af **III** *onov ww* onderzoeken, peilen ★ *she never ~s into his past* ze delft nooit in zijn verleden

problem ['prɒbləm] *zn* ❶ probleem ★ *I don't have a ~ with that* ik heb er geen moeite mee ❷ vraagstuk

problematic [prɒblə'mætɪk], **problematical** [prɒblə'mætɪkl] *bnw* problematisch, moeilijk

proboscis [prəʊ'bɒsɪs] *zn* ❶ slurf ❷ humor neus

procedure [prə'si:dʒə] *zn* methode, werkwijze, procedure ★ *a surgical ~* een chirurgische ingreep

proceed [prə'si:d] **I** *onov ww* ❶ verder (voort)gaan, doorgaan ★ *if it rains we will not ~ with the picnic* als het regent gaat de picknick niet door ★ *work is ~ing slowly* het werk vordert langzaam ★ *he opened the window and ~ed to climb out* hij deed het raam open en klom vervolgens naar buiten ❷ gaan, zich begeven **II** *ov ww* ~ *against* gerechtelijk vervolgen

proceedings [prə'si:dɪŋz] *zn mv* ❶ gebeurtenissen ❷ werkzaamheden handelingen, notulen ❸ actie, proces ★ *take legal ~ against sb* een proces aanspannen tegen iem.

proceeds ['prəʊsi:dz] *zn mv* opbrengst

process ['prəʊses] **I** *zn* ❶ proces ★ *it's all part of the learning ~* het hoort er allemaal bij ❷ (ver)loop ★ *in the ~ of construction* in aanbouw ★ *in the ~ of time* na verloop van tijd ★ *he jumped down and in the ~ he broke his leg* hij sprong naar beneden en brak zo zijn been

★ *they're in the ~ of moving house* ze zijn aan het verhuizen ❸ verrichting, methode, werkwijze **II** *ov ww* verwerken, behandelen, bewerken ★ *most of our food has been ~ed* het grootste deel van ons voedsel heeft een behandeling ondergaan

procession [prə'seʃən] *zn* ❶ defilé, stoet, processie ❷ opeenvolging, reeks

processor ['prəʊsesə] *zn* ❶ bewerker ❷ computer, verwerkingseenheid

pro-choice *bnw* vóór abortus

proclaim [prə'kleɪm] *ov ww* ❶ afkondigen, bekendmaken, verklaren ⟨oorlog⟩ ★ *he was ~ed king* hij werd tot koning uitgeroepen ★ *the dessert was ~ed a success* iedereen was lovend over het toetje ❷ aanduiden, duidelijk tonen ★ *his accent ~ed his French origins* uit zijn accent bleek zijn Franse afkomst

procrastinate [prəʊ'kræstɪneɪt] *onov ww* uitstellen, treuzelen

procreate ['prəʊkrɪeɪt] *onov ww* voortplanten

procure [prə'kjʊə] **I** *ov ww* ❶ (ver)krijgen, verwerven ❷ (een prostituee) verschaffen **II** *onov ww* bordeel houden

prod [prɒd] **I** *ov+onov ww* ❶ prikken, porren ❷ prikkelen, (aan)sporen **II** *zn* ❶ por, steek, por ❷ prikkel ❸ prikstok

prodigal ['prɒdɪgl] *bnw* verkwistend ★ *the ~ son* de verloren zoon

prodigious [prə'dɪdʒəs] *bnw* wonderbaarlijk, ontzaglijk

prodigy ['prɒdɪdʒɪ] *zn* wonder(kind)

produce¹ ['prɒdju:s] *zn* ❶ (landbouw)producten ❷ resultaat, product, opbrengst

produce² [prə'dju:s] *ov ww* ❶ produceren, vervaardigen ❷ opleveren, opbrengen ★ *Diana ~d an heir to the throne* Diana bracht een troonsopvolger voort ★ *he's the greatest player the country has ever ~d* hij is de beste speler die het land ooit heeft voortgebracht ❸ veroorzaken, teweegbrengen ★ *chocolate ~s the same effect as coffee* chocola heeft hetzelfde effect als koffie ❹ tevoorschijn halen, voor de dag komen met, aanvoeren ⟨van bewijs⟩ ❺ opvoeren ⟨van toneelstuk⟩

producer [prə'dju:sə] *zn* ❶ producent ❷ regisseur

product ['prɒdʌkt] *zn* ❶ product ❷ resultaat, gevolg

production [prə'dʌkʃən] *zn* ❶ productie ❷ opvoering, vertoning ❸ overlegging ★ *on ~ of* op vertoon van

production line *zn* lopende band

productive [prə'dʌktɪv] *bnw* ❶ producerend ★ *the soil is highly ~* de grond is erg vruchtbaar ❷ productief

productivity [prɒdʌk'tɪvətɪ] *zn* productiviteit

profane [prə'feɪn] *bnw* ❶ godslasterlijk ❷ profaan, werelds

profanity [prə'fænətɪ] *zn* ❶ goddeloosheid ❷ vloekwoord

profess [prə'fes] *ov ww* ❶ betuigen ⟨van gevoelens⟩ ❷ verklaren, beweren ★ *he ~ed to be a meter reader* hij gaf zich uit voor meteropnemer ❸ belijden ⟨van godsdienst⟩ ★ *a ~ing Catholic* een praktiserend katholiek ❹ uitoefenen, beoefenen

pr

professed [prəˈfest] *bnw* ❶ overtuigd, openlijk ❷ zogenaamd

profession [prəˈfeʃən] *zn* ❶ beroep, vak ★ *by ~* van beroep ★ *the medical ~* de medische stand ❷ verklaring, betuiging

professional [prəˈfeʃənl] I *zn* ❶ beroepsspeler ❷ vakman II *bnw* ❶ beroeps-, vak- ★ *iron he's a ~ cheat* hij is een onverbeterlijke bedrieger ❸ met een hogere opleiding ★ *~ women* hoog opgeleide vrouwen ❹ vakkundig, professioneel ★ *seek / get ~ help* een expert op het gebied raadplegen, <u>euf</u> zich door een psychiater laten behandelen

professorship [prəˈfesəʃɪp] *zn* professoraat

proffer [ˈprɒfə] *ov ww* aanbieden, aanreiken

proficiency [prəˈfɪʃənsɪ] *zn* bedrevenheid, bekwaamheid, vakkundigheid

proficient [prəˈfɪʃənt] *bnw* bekwaam ★ *~ at / in* bedreven in

profile [ˈprəʊfaɪl] I *zn* ❶ profiel, doorsnede, zijaanzicht ★ *keep a low ~* zich op de achtergrond houden, zich gedeisd houden ❷ silhouet ❸ korte levensbeschrijving, karakterschets ⟨in de journalistiek⟩ II *ov ww* ❶ zich aftekenen ★ *a figure ~d against the sky* een tegen de lucht afgetekende gestalte ❷ een (karakter)schets geven van

profit [ˈprɒfɪt] I *zn* ❶ winst ★ *at a ~* met winst ★ *show a ~* winst maken ★ *paper ~* denkbeeldige winst ❷ voordeel, nut ★ *it may ~ you to read this report* misschien heeft u iets aan dit rapport II *ov ww* van nut zijn, helpen III *onov ww* profiteren, profijt trekken ★ *~ by* profiteren van

profitable [ˈprɒfɪtəbl] *bnw* ❶ winstgevend ❷ nuttig

profitably [ˈprɒfɪtəblɪ] *bnw* met winst ★ *you'd be more ~ employed doing your homework* je kunt beter je huiswerk maken

profiteer [prɒfɪˈtɪə] *onov ww* woekerwinst maken

profound [prəˈfaʊnd] *bnw* ❶ diepgaand, grondig ★ *her death had a ~ effect on the family* haar overlijden had een enorm effect op het gezin ❷ diepzinnig, wijs

profundity [prəˈfʌndətɪ] *zn* diepte

profuse [prəˈfjuːs] *bnw* overvloedig ★ *~ thanks for your help!* heel veel dank voor uw hulp! ★ *bleed ~ly* hevig bloeden

progeny [ˈprɒdʒɪnɪ] *zn* ❶ nageslacht ❷ <u>fig</u> resultaat

prognosis [prɒgˈnəʊsɪs] *zn* prognose

programme, <u>USA</u> **program** [ˈprəʊgræm] I *zn* ❶ program(ma) ❷ agenda ★ *what's on the ~ today?* wat gebeurt er vandaag? II *ov ww* ❶ programmeren ❷ plannen

progress[1] [ˈprəʊgres] *zn* voortgang, vordering(en) ★ *in ~* aan de gang ★ *how much ~ has been made?* hoe ver zijn ze gekomen?

progress[2] [prəˈgres] *onov ww* ❶ vooruitgaan, vorderen ★ *how is his health ~ing?* gaat zijn gezondheid vooruit? ★ *the crowd grew more restless as the day ~ed* de menigte werd onrustiger naarmate de dag vorderde ❷ aan de gang zijn

progression [prəˈgreʃən] *zn* ❶ vooruitgang, vordering, progressie ★ *not much ~ is being made* er zit weinig progressie in ❷ reeks,

aaneenschakeling

progressive [prəˈgresɪv] I *zn* vooruitstrevend iemand, voorstander van progressieve politiek II *bnw* ❶ vooruitgaand, vooruitstrevend, progressief ❷ geleidelijk, voortschrijdend ★ *a ~ loss of vision* geleidelijk gezichtsverlies

prohibit [prəˈhɪbɪt] *ov ww* ❶ verbieden ❷ verhinderen ★ *the high price of petrol is ~ing travel* de hoge benzineprijs maakt reizen moeilijk

prohibition [prəʊhɪˈbɪʃən] *zn* verbod

prohibitive [prəʊˈhɪbɪtɪv] *bnw* ❶ verbiedend ❷ belemmerend ★ *the cost of the vaccine is ~* de prijs van het vaccin is buitensporig

project[1] [ˈprɒdʒekt] *zn* ❶ project, plan ❷ (school)taak

project[2] [prəˈdʒekt] I *ov ww* ❶ beramen, plannen ❷ ramen, schatten ❸ werpen ★ *he ~s his voice well* hij richt zijn stem uitstekend ❹ *~ onto* projecteren op ⟨gedachten⟩ II *onov ww* vooruitsteken

projectile [prəʊˈdʒektaɪl] *zn* projectiel

projection [prəˈdʒekʃən] *zn* ❶ uitsteeksel ❷ raming, prognose ★ *current ~s are for a 10% rise in the birth rate* volgens de huidige vooruitzichten zal het geboortecijfer 10% stijgen ❸ projectie, voorstelling ❹ werpen

projectionist [prəˈdʒekʃənɪst] *zn* filmoperateur

prolapse [ˈprəʊlæps] *zn* verzakking ⟨van baarmoeder⟩

proletarian [prəʊlɪˈteərɪən] I *zn* proletariër II *bnw* proletarisch

pro-life *bnw* anti-abortus- ★ *a ~ activist* een anti-abortusactivist

proliferate [prəˈlɪfəreɪt] *onov ww* ❶ zich snel vermenigvuldigen ❷ zich verspreiden

proliferation [prəʊlɪfəˈreɪʃən] *zn* ❶ snelle toename, woekering, vermenigvuldiging ❷ verspreiding

prolific [prəˈlɪfɪk] *bnw* ❶ overvloedig ★ *deer occur in ~ numbers* herten komen in groten getale voor ❷ vruchtbaar, productief

prologue [ˈprəʊlɒg] *zn* proloog, inleiding, voorspel

prolong [prəˈlɒŋ] *ov ww* verlengen, rekken, langer maken ★ *don't ~ the agony - just tell me if I got in!* hou me niet langer in spanning - vertel me of ik aangenomen ben of niet!

prolongation [prəʊlɒŋgeɪʃən] *zn* verlenging

prom [prɒm] *zn* ❶ <u>USA</u> schoolbal, gala ❷ prom concert promenadeconcert

promenade [prɒməˈnɑːd] I *zn* wandeling II *ov ww* wandelen met, lopen te pronken met III *onov ww* wandelen

prominence [ˈprɒmɪnəns] *zn* bekendheid ★ *political issues are given too much ~* politieke kwesties krijgen teveel aandacht ★ *she rose to ~ in the 1980s* ze kreeg bekendheid in de tachtiger jaren

prominent [ˈprɒmɪnənt] *bnw* ❶ vooraanstaand, voornaam ❷ vooruitstekend ❸ opvallend ★ *the actress was ~ by her absence* de actrice schitterde door afwezigheid

promiscuity [prɒmɪsˈkjuːətɪ] *zn* vrije omgang ⟨vooral seksueel⟩

promiscuous [prəˈmɪskjʊəs] *bnw* met veel

pr

seksuele relaties

promise ['prɒmɪs] **I** zn belofte ★ she broke her ~ zij hield zich niet aan haar belofte ★ a violinist of ~ een veelbelovend violist **II** ov+onov ww beloven ★ ~ well veel beloven

promising ['prɒmɪsɪŋ] bnw veelbelovend

promontory ['prɒməntəri] zn voorgebergte, kaap

promote [prə'məʊt] ov ww ❶ bevorderen, promoveren ★ he's been ~d to general manager hij is tot algemeen manager bevorderd ❷ aankweken, stimuleren ❸ reclame maken voor ★ a campaign to ~ awareness of breast cancer een campagne om mensen meer bewust te maken van borstkanker

promotion [prə'məʊʃən] zn ❶ promotie, bevordering ❷ reclame(actie)

promotional [prəʊ'məʊʃənəl] bnw reclame-

prompt [prɒmpt] **I** bnw vlug, vlot, prompt ★ ~ payment snelle betaling **II** bijw precies **III** zn ❶ geheugensteuntje ★ give sb a ~ iem. souffleren ❷ comp prompt (vraag / instructie vanuit systeem) **IV** ov ww ❶ aanzetten, aanmoedigen, ertoe brengen ★ the discovery ~ed a search of the area de ontdekking vormde de aanleiding om het gebied te verkennen ❷ souffleren, herinneren

prompter ['prɒmptə] zn souffleur

prone [prəʊn] bnw ❶ voorover(liggend), voorovergebogen ★ he lay ~ on the ground hij lag languit voorover op de grond ❷ ~ to geneigd tot, vatbaar voor ★ motorcyclists are ~ to accidents / are accident-~ motorrijders krijgen vaak een ongeluk

prong [prɒŋ] zn punt, tand (van vork) ★ a three-~ed attack een aanval op drie flanken

pronoun ['prəʊnaʊn] zn voornaamwoord

pronounce [prə'naʊns] ov ww ❶ uitspreken, uiten ❷ verklaren, zeggen ★ ~ judgement uitspraak doen

pronounceable [prə'naʊnsəbl] bnw uit te spreken

pronounced [prə'naʊnst] bnw duidelijk, onmiskenbaar ★ she has a ~ lisp ze slist behoorlijk ★ he has ~ views on animal rights hij heeft een uitgesproken mening over dierenrechten

pronto ['prɒntəʊ] inform bijw meteen, onmiddellijk

pronunciation [prənʌnsɪ'eɪʃən] zn uitspraak

proof [pru:f] **I** zn ❶ proef, bewijs ★ you will need to provide ~ of identity je moet je kunnen legitimeren ★ put to the ~ op de proef stellen ❷ drukproef ❸ alcoholgehalte **II** bnw ❶ beproefd, bestand ❷ met een alcoholgehalte van ★ 50% ~ 50% alcohol **III** ov ww ondoordringbaar / waterdicht enz. maken

proofread ['pru:fri:d] ov ww proeflezen, corrigeren (van drukproeven)

prop [prɒp] **I** zn ❶ decorstuk, rekwisiet ❷ stut, steunpilaar **II** ov ww ❶ stutten, steunen, schragen ❷ zetten (ladder tegen muur) ❸ ~ up overeind houden, ondersteunen

propagate ['prɒpəgeɪt] **I** ov ww ❶ propageren, verspreiden, voorplanten ❷ telen, kweken **II** onov ww zich voortplanten

propagation [prɒpə'geɪʃən] zn ❶ verbreiding ❷ voortplanting

propane ['prəʊpeɪn] zn propaan

propel [prə'pel] ov ww ❶ (voort)drijven, aandrijven ★ the talent show ~led him to fame de talentenshow maakte hem plotseling beroemd ❷ aanzetten, stimuleren ★ his illness ~led him to research the disease zijn ziekte leidde ertoe dat hij onderzoek ging doen naar de ziekte

propellant [prə'pelənt] zn ❶ drijfkracht ❷ drijfgas

propellent [prə'pelənt] bnw voortstuwend

propeller [prə'pelə] zn propeller, schroef

propensity [prə'pensəti] zn geneigdheid, neiging

proper ['prɒpə] bnw ❶ juist, goed ★ be sure to put it back in its ~ place zorg ervoor dat je het teruglegt waar het hoort ❷ echt, onvervalst ★ he's never had a ~ job hij heeft nog nooit een reguliere baan gehad ❸ gepast, netjes ★ that's not a ~ way of dressing dat is geen fatsoenlijke manier om je te kleden ❹ eigenlijk ★ the story begins on page 10 het eigenlijke verhaal begint op bladzijde 10 ❺ inform eersteklas ★ he's a ~ little rascal hij is een echt duveltje ★ a ~ row een flinke ruzie

properly ['prɒpəli] bijw ❶ correct, juist ★ parents should teach their children to behave ~ ouders moeten hun kinderen leren zich correct te gedragen ★ the letter was not ~ addressed de brief was niet goed geadresseerd ❷ terecht, eigenlijk ★ ~ speaking strikt genomen

proper noun taalk zn eigennaam

property ['prɒpəti] zn ❶ pand, land(goed) ❷ eigendom, bezit, bezittingen ★ lost ~ gevonden voorwerpen ❸ eigenschap

property developer zn projectontwikkelaar

property settlement zn boedelscheiding

prophecy ['prɒfəsi] zn profetie, voorspelling ★ the gift of ~ een profetische / voorspellende gave

prophesy ['prɒfɪsaɪ] ov ww profeteren, voorspellen

prophet ['prɒfɪt] zn ❶ profeet ★ a ~ of doom een onheilsprofeet ❷ fig voorstander

prophetic [prə'fetɪk] bnw profetisch

prophylactic [prɒfɪ'læktɪk] zn ❶ preventief middel ❷ USA condoom

propitious [prə'pɪʃəs] bnw gunstig

proponent [prə'pəʊnənt] zn voorstander, aanhanger

proportion [prə'pɔːʃən] **I** zn ❶ proportie, evenredigheid, verhouding ★ keep sth in ~ iets binnen de perken houden ★ out of ~ niet in verhouding ★ the punishment is out of all ~ to the crime de straf staat niet in verhouding tot het misdrijf ❷ deel, gedeelte ★ a high ~ of women are illiterate een groot aantal vrouwen is analfabeet **II** ov ww evenredig maken ★ a well-~ed woman een goedgeproportioneerde vrouw

proportional [prə'pɔːʃənl], **proportionate** [prə'pɔːʃənət] bnw evenredig ★ ~ to evenredig aan

proposal [prə'pəʊzəl] zn ❶ voorstel ❷ huwelijksaanzoek

propose [prə'pəʊz] **I** ov ww ❶ voorstellen, voordragen (als lid) ★ ~ a toast to sb's health op iemands gezondheid drinken ❷ zich voornemen, van plan zijn ‖ *onov ww* huwelijksaanzoek doen ★ *he ~d to her on a beach* hij vroeg haar op het strand ten huwelijk

proposition [prɒpə'zɪʃən] *zn* ❶ bewering, stelling ❷ voorstel ❸ karweitje, zaak(je), kwestie ★ *arranging visas is not a simple ~* visa regelen is geen eenvoudige zaak

propound [prə'paʊnd] *ov ww* voorstellen, opperen

proprietary [prə'praɪətəri] *bnw* ❶ eigendoms-, bezits- ★ *a ~ name* een gedeponeerd handelsmerk ❷ → **proprietorial**

proprietor [prə'praɪətə] *zn* eigenaar

proprietorial [prəpraɪə'tɔːriəl], **proprietary** *bnw* als een eigenaar ★ *he put a ~ hand on her arm* hij legde zijn hand op haar arm alsof zij van hem was

propriety [prə'praɪəti] *zn* ❶ geschiktheid, gepastheid ❷ fatsoen, correctheid ★ *please observe the proprieties* gedraagt u zich aub netjes

propulsion [prə'pʌlʃən] *zn* ❶ voortstuwing ★ *jet ~* straalaandrijving ❷ drijfkracht

prosaic [prəʊ'zeɪɪk] *bnw* prozaïsch ⟨alledaags⟩

proscribed [prə'skraɪbd] *bnw* verboden, verbannen, verworpen ⟨van bepaalde praktijk⟩

prose [prəʊz] *zn* proza ★ *in academic ~* in academische / wetenschappelijke taal

prosecute ['prɒsɪkjuːt] I *ov ww* vervolgen ★ *trespassers will be ~d* verboden voor onbevoegden ‖ *onov ww* een gerechtelijke vervolging instellen

prosecution [prɒsɪ'kjuːʃən] *zn* (gerechtelijke) vervolging ★ *the ~* de aanklager / eiser

prosecutor ['prɒsɪkjuːtə] *zn* aanklager ★ *the public ~* de officier van justitie

prospect ['prɒspekt] I *zn* ❶ vooruitzicht, verwachting, hoop ❷ denkbeeld, idee ❸ uitzicht, panorama, vergezicht ❹ potentiële klant / gegadigde / kandidaat ‖ *ov ww* ~ *for* zoeken naar ⟨goud enz⟩

prospective [prə'spektɪv] *bnw* ❶ te verwachten ❷ aanstaand, toekomstig ★ *a ~ buyer* een mogelijke koper

prosper ['prɒspə] *onov ww* zich gunstig ontwikkelen, gedijen, bloeien

prosperity [prɒ'sperəti] *zn* voorspoed, bloei

prosperous ['prɒspərəs] *bnw* voorspoedig, welvarend

prostate ['prɒsteɪt], **prostate gland** *zn* prostaat

prostitute ['prɒstɪtjuːt] I *zn* prostituee ‖ *ov ww* ❶ zich prostitueren ❷ *fig* vergooien, verlagen, misbruiken

prostitution [prɒstɪ'tjuːʃən] *zn* prostitutie

prostrate ['prɒstreɪt] I *bnw* ❶ vooroverliggend, uitgestrekt ★ *fig ~ with grief* overmand door verdriet ❷ kruipend ⟨plant⟩ ‖ *wkd ww* zich ter aarde werpen ★ *he ~d himself before her* hij wierp zich voor haar op de knieën

protagonist [prəʊ'tægənɪst] *zn* ❶ hoofdpersoon ❷ kopstuk ❸ kampioen, voorvechter

protect [prə'tekt] *ov ww* ❶ beveiligen ❷ beschermen

protection [prə'tekʃən] *zn* ❶ bescherming ❷ beveiliging

protective [prə'tektɪv] *bnw* beschermend, beschermings- ★ ~ *clothing* veiligheidskleding

protein ['prəʊtiːn] *zn* proteïne, eiwit

protest[1] ['prəʊtest] *zn* ❶ protest ★ *lodge a ~* bezwaar aantekenen, protesteren ★ *he did wear a suit, but only under ~* hij droeg een kostuum, maar zeer tegen zijn zin ❷ (protest)demonstratie

protest[2] [prə'test] I *ov ww* plechtig verklaren, betuigen ‖ *onov ww* protesteren

protester [prə'testə] *zn* demonstrant

proto- [prəʊtəʊ] *voorv* proto-, oer-, eerste

protract [prə'trækt] *ov ww* rekken, verlengen

protractor [prə'træktə] *zn* gradenboog, hoekmeter

protrude [prə'truːd] *onov ww* ❶ (voor)uitsteken ❷ uitpuilen

protrusion [prə'truːʒən] *zn* uitsteeksel

proud [praʊd] I *bnw* ❶ trots, fier ★ ~ *of* trots op ❷ vereerd ❸ prachtig, indrukwekkend ★ *the once ~ buildings lay in ruins* de vroeger zo imposante gebouwen lagen in puin ‖ *bijw* ★ *the students have done themselves ~ with their exam results* de studenten kunnen trots zijn op hun examenuitslagen

provable ['pruːvəbl] *bnw* bewijsbaar

prove [pruːv] I *ov ww* bewijzen, aantonen, waarmaken ★ *she ~d herself able to manage on her own* ze liet zien dat ze voor zichzelf kon zorgen ★ ~ *sb right / wrong* aantonen dat iem. gelijk / ongelijk heeft ‖ *onov ww* ❶ blijken ★ *it ~d to be true* het bleek waar te zijn ❷ rijzen ⟨van deeg⟩

proven ['pruːvən] *bnw* bewezen ★ *a ~ remedy* een patent middel

provenance ['prɒvɪnəns] *zn* (plaats van) herkomst

proverb ['prɒvɜːb] *zn* spreekwoord, gezegde, spreuk

proverbial [prə'vɜːbɪəl] *bnw* spreekwoordelijk

provide [prə'vaɪd] I *ov ww* ❶ voorzien, leveren ★ *a band ~d some light entertainment* een band zorgde voor wat lichte ontspanning ★ *he ~d me with some suggestions* hij deed me een aantal suggesties aan de hand ★ *the law ~s that parents must look after their children* in de wet staat dat ouders voor hun kinderen moeten zorgen ‖ *onov ww* voorzieningen treffen ★ *she has to ~ for her two children* ze moet voor haar twee kinderen zorgen ★ *the system does not ~ for such situations* het systeem voorziet niet in dergelijke situaties

provided, **providing** *vz* op voorwaarde dat, mits ★ *I'll lend you the money ~ / providing (that) you repay it soon* ik leen je het geld op voorwaarde dat je het binnenkort terugbetaalt

providence, **Providence** ['prɒvɪdns] *zn* voorzienigheid, het lot ★ *he believed that ~ would assist him* hij geloofde dat God hem zou helpen

provider [prə'vaɪdə] *zn* ❶ kostwinner ❷ verzorger ❸ leverancier

province ['prɒvɪns] *zn* ❶ provincie, gewest ★ *a girl from the ~s* een meisje van het platteland ❷ gebied ★ *this is outside my ~* dit ligt buiten mijn vakgebied

pr

provincial [prə'vɪnʃəl] I *zn* min provinciaal, plattelander II *bnw* ❶ provinciaal ❷ bekrompen

provision [prə'vɪʒən] *zn* ❶ voorziening ★ *make ~ for* zorgen voor, voorzieningen treffen voor, voorzien in ❷ wetsbepaling

provisional [prə'vɪʒənl] *bnw* voorlopig, tijdelijk, provisorisch

provisions [prə'vɪʒənz] *zn mv* voorraad, levensmiddelen

proviso [prə'vaɪzəʊ] *zn* voorwaarde ★ *with the ~ that* onder voorbehoud dat

provocation [provə'keɪʃən] *zn* ❶ provocatie, uitdaging ★ *at the slightest ~* bij de minste / geringste aanleiding ★ *he committed the crime under ~* hij werd gedreven tot zijn misdaad ❷ prikkel

provocative [prə'vokətɪv] *bnw* ❶ provocerend ❷ prikkelend

provoke [prə'vəʊk] *ov ww* ❶ (op)wekken, veroorzaken ❷ uitlokken, tarten, verlokken ❸ ergeren, kwaad maken ★ *he's easily ~d* hij wordt gauw kwaad

prow [praʊ] *zn* boeg, voorsteven ⟨van schip⟩

prowess ['praʊɪs] *zn* expertise, bekwaamheid ★ *boast of one's ~* opscheppen over wat men kan

prowl [praʊl] I *zn* ★ *be on the ~* op roof uit zijn, snorren II *ov ww* ❶ patrouilleren ❷ zwerven door III *onov ww* ❶ rondsluipen, zoeken naar prooi, loeren ⟨op buit⟩ ★ *I caught him ~ing around in my computer* ik betrapte hem op het snuffelen in mijn computer ❷ rondzwerven

prowler ['praʊlə] *zn* loerder, sluiper

proximity [prok'sɪmətɪ] *zn* nabijheid ★ *in close ~ to schools* dicht bij scholen

proxy ['proksɪ] *zn* ❶ gevolmachtigde ❷ volmacht ★ *marry by ~* met de handschoen trouwen

prude [pru:d] *zn* preuts persoon

prudence ['pru:dəns] *zn* ❶ voorzichtigheid, omzichtigheid ★ *she threw ~ to the winds* ze liet alle voorzichtigheid varen ❷ wijsheid, tact

prudent ['pru:dnt] *bnw* voorzichtig, omzichtig, verstandig

prudery ['pru:dərɪ] *zn* → prudishness

prudishness ['pru:dɪʃnəʃ], **prudery** *zn* → prudery

prune [pru:n] I *zn* gedroogde pruim II *ov ww* ❶ snoeien ❷ *fig* korten op, verminderen

pry [praɪ] *ov ww* ❶ USA openbreken ❷ ~ *into* zijn neus steken in ★ *she's always prying into my affairs* ze bemoeit zich altijd met mijn zaken II *onov ww* ❶ gluren, snuffelen ❷ nieuwsgierig zijn ❸ ~ *about* rondloeren III *zn*, pry bar breekijzer

psalm [sɑ:m] *zn* psalm, lofzang

pseud [sju:d] inform *zn* snoever, opgeblazen figuur

pseudo- ['sju:dəʊ] *voorv* onecht, pseudo-, schijn-

pseudonym ['sju:dənɪm] *zn* pseudoniem

psych [saɪk] inform I *ov ww* ❶ ~ *out* analyseren, begrijpen, intimideren ❷ ~ *up* zich geestelijk voorbereiden, zich instellen ★ *she had to ~ herself up to look at him* ze moest eerst moed verzamelen voor ze hem aankeek II *onov ww* ~ *out* in de war raken, instorten

psyche ['saɪkɪ] *zn* psyche, geest, ziel

psychiatric [saɪkɪ'ætrɪk] *bnw* psychiatrisch

psychiatrist [saɪ'kaɪətrɪst] *zn* psychiater

psychiatry [saɪ'kaɪətrɪ] *zn* psychiatrie

psychic ['saɪkɪk] I *zn* paranormaal begaafd persoon, medium ⟨persoon⟩ II *bnw* ❶ psychisch ❷ psychical paranormaal, mediamiek

psycho ['saɪkəʊ] inform I *zn* psychoot, psychopaat II *bnw* ❶ psychotisch ❷ verknipt, gestoord

psychoanalyse, USA **psychoanalyze** [saɪkəʊ'ænəlaɪz] *ov ww* psychoanalytisch behandelen

psychoanalysis [saɪkəʊə'næləsɪs] *zn* psychoanalyse

psychoanalyst [saɪkəʊ'ænəlɪst] *zn* psychoanalyticus

psychological [saɪkə'lodʒɪkl] *bnw* psychologisch

psychologist [saɪ'kolədʒɪst] *zn* psycholoog

psychology [saɪ'kolədʒɪ] *zn* ❶ psychologie ❷ aard, karakter ★ *salespeople need to understand the ~ of buying* verkopers moeten verstand hebben van koopgedrag

psychopath ['saɪkəpæθ] *zn* psychopaat

psychosis [saɪ'kəʊsɪs] *zn* psychose

psychosomatic [saɪkəʊsə'mætɪk] *bnw* psychosomatisch

psychotherapist [saɪkəʊ'θerəpɪst] *zn* psychotherapeut

psychotherapy [saɪkəʊ'θerəpɪ] *zn* psychotherapie

psychotic [saɪ'kotɪk] *bnw* psychotisch

pt, pt. *afk* ❶ *part* deel ❷ *pint* pint ❸ *point* punt ❹ *port* haven

PT *afk, physical training* lichamelijke oefening

PTA *afk, Parent-Teacher Association* oudercommissie

pto *afk, please turn over* z.o.z.

pub [pʌb] inform *zn* café, kroeg

pub crawl inform *zn* kroegentocht

puberty ['pju:bətɪ] *zn* puberteit

pubes [pju:bs] inform *zn mv* ❶ schaamhaar ❷ schaamstreek

pubescence [pju:'besəns] *zn* puberteitsleeftijd

pubescent [pju:'besnt] *bnw* in de puberteit

pubic ['pju:bɪk] *bnw* schaam- ★ ~ *hair* schaamhaar

public ['pʌblɪk] I *zn* ★ *the ~* het publiek, mensen ★ *in ~* in het openbaar ★ *the general ~* het grote publiek, mensen in het algemeen II *bnw* ❶ publiek, openbaar ★ *a ~ library* een openbare bibliotheek ★ ~ *minded* de belangen van het publiek behartigend ★ *a ~ figure* een bekend persoon ★ *as vice-president, she is in the ~ eye* als vicepresident staat ze in de publieke belangstelling ★ *go ~* (iets) openbaar maken ❷ staats-, overheids-, volks- ★ ~ *spending* overheidsuitgaven ★ ~ *health* volksgezondheid

public address system *zn* geluidsinstallatie

publican ['pʌblɪkən] *zn* caféhouder

publication [pʌblɪ'keɪʃən] *zn* ❶ publicatie, openbaarmaking ❷ publicatie, uitgave ❸ het uitgeven

public holiday *zn* nationale feestdag, vrije dag

public house *zn* café, kroeg

public housing *zn* sociale woningbouw

publicity [pʌb'lɪsɪtɪ] *zn* ❶ openbaarheid, bekendheid ★ *give ~ to* bekend maken ❷ reclame

publicize, publicise ['pʌblɪsaɪz] *ov ww*

bekendmaken, publiciteit geven aan

publicly ['pʌblɪklɪ] *bijw* ❶ voor / door de gemeenschap, nationaal-★ *a ~ owned company* een staatsbedrijf ❷ in het openbaar

public nuisance *zn* ❶ jur verstoring van de openbare orde ★ *cause (a) ~* de openbare orde verstoren ❷ inform vervelend persoon, oproerkraaier

public opinion poll *zn* opiniepeiling

public prosecutor *zn* officier van justitie, openbare aanklager

public servant *zn* ambtenaar

public-spirited *bnw* maatschappelijk / sociaal ingesteld

publish ['pʌblɪʃ] *ov ww* ❶ publiceren, uitgeven ❷ afkondigen, bekendmaken, openbaar maken

publisher ['pʌblɪʃə] *zn* ❶ uitgeverij ❷ uitgever

publishing ['pʌblɪʃɪn] *zn* uitgeversbranche ★ *she has a job in ~* ze werkt voor een uitgever

publishing house *zn* uitgeverij

pucker ['pʌkə] I *zn* rimpel, plooi, kreuk II *ov ww* ~ (up) rimpelen, plooien, samentrekken ★ *she ~ed (up) her mouth* ze trok een pruimenmondje III *onov ww* ~ (up) zich fronsen, samentrekken

pudding ['pʊdɪn] *zn* ❶ pudding ★ *the proof of the ~ is in the eating* de praktijk zal het leren ★ *black ~* bloedworst ❷ toetje, dessert

puddle ['pʌdl] *zn* poel, plas

pudgy ['pʌdʒɪ] *bnw* dik, rond, propperig

puerile ['pjʊəraɪl] *bnw* kinderachtig

puerility [pjʊə'rɪlətɪ] *zn* ❶ kinderachtigheid ❷ kinderleeftijd

puff [pʌf] I *zn* ❶ rook- / stoomwolkje ★ *a puff of smoke* een rookwolkje ❷ wind- / ademstoot, zuchtje ★ *a puff of wind* een zuchtje wind ★ inform *be out of puff* geen adem meer hebben, buiten adem zijn ❸ poederdonsje ❹ soes ❺ trekje, pufje ★ *he had / took a few puffs on his cigarette* hij nam een paar trekjes van zijn sigaret II *ov ww* ❶ roken, trekken ⟨aan sigaret, pijp enz.⟩ ❷ uitblazen ★ *the exhaust puffed smoke* er kwam rook uit de uitlaat ❸ ~ out uitblazen ★ *puff out the candle* blaas de kaars uit ❹ ~ up opblazen ★ *she puffed up her cheeks* ze blies haar wangen op ★ *be puffed up with pride / self-importance* verwaand zijn III *onov ww* ❶ puffen, blazen, hijgen ★ *huff and puff* puffen en blazen ★ *he puffed away at his pipe* hij nam trekjes aan zijn pijp ★ *she puffed with outrage* zij brieste van woede ❷ ~ up opbollen, opzwellen

puffball ['pʌfbɔːl] *zn* ❶ poederdonsje ❷ stuifzwam

puffed [pʌft], **puffed out** *bnw* buiten adem

puffer ['pʌfə] *zn* snoever, opschepper

puffin ['pʌfɪn] *zn* papegaaiduiker

puffy ['pʌfɪ] *bnw* ❶ dik, opgeblazen, pafferig ❷ kortademig ▼ *~ clouds* schapenwolkjes

pug [pʌg] *zn* mopshond

pugilist ['pjuːdʒɪlɪst] *zn* ❶ bokser ❷ vechtjas

pugnacious [pʌg'neɪʃəs] *bnw* strijdlustig, twistziek

puke [pjuːk] inform I *zn* braaksel, kots II *ov ww* ~ up uitbraken III *onov ww* ~ (up) braken, kotsen

pukka ['pʌkə] GB inform *bnw* cool, fantastisch

pull [pʊl] I *ov ww* ❶ trekken (aan), rukken ★ *he*
pulled the car to the left hij stuurde naar links ★ *pull the curtains* de gordijnen ope / dicht doen ★ *pull faces / a face* rare gezichten trekken ★ *he pulled himself free* hij rukte zich los ★ *pull a gun / knife on sb* iem. bedreigen met een pistool / mes ★ *pull sb's hair* iem. aan de haren trekken ★ inform *pull the other one (it's got bells on)* maak dat de kat wijs ★ inform *pull the plug on sth* een eind aan iets maken ⟨door de geldkraan dicht te draaien⟩ ★ *pull sth out of a hat* met een oplossing op de proppen komen ★ *pull rank* op zijn strepen staan ★ fig *pull the rug from under sb's feet* iem. onderuit halen ★ *pull strings / wires* gebruik maken van je invloed ⟨meestal achter de schermen⟩ ★ *pull the strings* de baas zijn ★ *pull the trigger / a handle* de trekker / een hendel overhalen ★ *pull your weight* je voor 100% inzetten ★ *pull the wool over sb's eyes* iem. misleiden / voorliegen ❷ scheuren aan, plukken aan ★ *pull sb to bits / pieces* geen spaan van iem. heel laten ★ *pull sth to bits* iets uit elkaar trekken, fig iets afkammen ❸ tappen ⟨bier⟩ ❹ verrekken ⟨spier⟩ ❺ inhouden ★ *pull your punches* niet hard toeslaan, fig toegeeflijk zijn ❻ aantrekken ★ *pull customers* klanten binnenhalen ★ *pull votes* stemmen trekken ❼ inform voor elkaar krijgen, bereiken ★ *what's he trying to pull?* wat voor spelletje is hij aan het spelen? ★ *pull a bank robbery* een bankoverval plegen ★ *pull a fast one / a trick (on sb)* een grap uithalen (met iemand) ❽ inform afgelasten ❾ ~ about toetakelen, overhoop halen ❿ ~ along meeslepen ⓫ ~ apart uit elkaar halen, sterk bekritiseren ★ *the teacher pulled the two boys apart* de leraar haalde de twee vechtjassen uit elkaar ⓬ ~ at trekken aan ⓭ ~ back terugtrekken, terugroepen, weerhouden ⓮ ~ back from afzien van ⓯ ~ down neerhalen, afbreken, doen aftakelen, afbreuk doen aan, inform binnenhalen (geld) ⓰ ~ in inrekenen, binnenhalen, aantrekken, strakker maken ★ *they pulled in large audiences* ze haalden een groot publiek binnen ★ inform *pull your head in!* hou je mond! ⓱ ~ off uittrekken, winnen, klaarspelen ⓲ ~ on aantrekken ⓳ ~ out uittrekken ★ *pull out all the stops* alles uit de kast halen ⓴ ~ out of verlaten ★ *pull out of a crisis* een crisis te boven komen ㉑ ~ over gebaren om te stoppen ㉒ ~ through ergens doorheen helpen ㉓ ~ together bijeentrekken ★ *pull yourself together!* beheers je! ㉔ ~ up optrekken, uit de grond trekken, opbreken ⟨v. weg⟩, tot staan brengen, onder handen nemen ★ *pull up a chair* een stoel bijschuiven ★ *he has to pull up his socks* hij moet beter zijn best doen ★ *pull sb up short* iem. tot zijn positieven brengen II *onov ww* ❶ trekken, optrekken ★ *the car pulls to the right* de auto trekt naar rechts ❷ een flinke teug nemen ❸ zich voortslepen ★ *the car pulled hard* de auto had het zwaar te verduren ❹ gaan ⟨van voertuig, roeiboot⟩ ★ *pull toward the shore* koers zetten naar de oever ★ *the train pulled into / out of the station* de trein reed het station binnen / uit ★ *pull ahead of sb* iem. voorbijgaan ❺ ~ apart uit elkaar

gehaald kunnen worden ❺ ~ **away/ahead** optrekken, wegrijden, <u>sport</u> demarreren ❼ ~ **back** zich terugtrekken, terugkrabbelen ❽ ~ **in** binnenrijden ★ *pull in to the side of the road* naar de kant van de weg gaan en stoppen ❾ ~ **out** vertrekken, zich terugtrekken ❿ ~ **over** aan de kant gaan, stoppen ⓫ ~ **through** er doorheen komen ⓬ ~ **together** één lijn trekken, samenwerken ⓭ ~ **up** stilhouden, stoppen **III** *zn* ❶ trek, ruk ❷ inspanning, moeite ★ *a stiff pull* 'n heel karwei ❸ teug, trekje (aan pijp enz.) ❹ trekkracht, aantrekkingskracht ❺ invloed, macht ★ *have a pull on sb* invloed op iem. uitoefenen ❻ handvat, trekker

pullet [ˈpʊlɪt] *zn* jonge kip

pulley [ˈpʊlɪ] *zn* ❶ katrol ❷ riemschijf

pull-in, pull-up GB <u>inform</u> *zn* wegcafé

pull-up [ˈpʊlʌp] *zn* ❶ optrekoefening ❷ instap luier ❸ → **pull-in**

pulmonary [ˈpʌlmənərɪ] <u>med</u> *bnw* long-

pulp [pʌlp] **I** *zn* ❶ vruchtvlees ❷ moes, pap, brij ★ *beat sb to pulp* iem. tot moes slaan ❸ houtpap, pulp ❹ <u>inform</u>, **pulp fiction** goedkoop roman **II** *ov ww* ❶ tot pulp maken ❷ van bast ontdoen (van koffiebonen) **III** *onov ww* pappig worden

pulpit [ˈpʊlpɪt] *zn* kansel, preekstoel

pulsate [pʌlˈsert] *onov ww* kloppen, slaan, trillen

pulse [pʌls] *zn* ❶ pols(slag), slag ★ *take / feel sb's* ~ iem. polsen, iemands hartslag opnemen ★ *his* ~ *quickened* zijn hart ging harder kloppen ❷ peulvrucht ❸ slag, trilling, geklop

pulverize, pulverise [ˈpʌlvəraɪz] *ov ww* fijnwrijven, doen verstuiven, tot poeder / stof maken

puma [ˈpjuːmə] *zn* poema

pumice [ˈpʌmɪs], **pumice stone** *zn* puimsteen

pummel [ˈpʌml] *ov ww* afrossen, toetakelen, (bont en blauw) slaan

pump [pʌmp] **I** *zn* ❶ pomp ❷ pump (schoen) **II** *ov ww* ❶ (uit)pompen ❷ heftig op en neer bewegen, krachtig schudden (van hand) ❸ uithoren ❹ ~ **out** leegpompen, <u>inform</u> eruit stampen (muziek) **III** *onov ww* ❶ pompen ❷ bonzen (van hart)

pumpernickel [ˈpʌmpənɪkl] *zn* roggebrood

pumpkin [ˈpʌmpkɪn] *zn* pompoen

pun [pʌn] **I** *zn* woordspeling **II** *onov ww* woordspelingen maken

punch [pʌntʃ] **I** *zn* ❶ pons(machine), stempel ❷ (vuist)slag ★ *inform beat sb to the* ~ iem. te snel af zijn ★ *pack a* ~ veel impact hebben ★ *in his speech he pulled no* ~*es* hij hield zich niet in in zijn toespraak ★ *throw a* ~ slaan ❸ fut, kracht ★ *the film lacks* ~ het ontbreekt de film aan impact ❹ punch (drank) **II** *ov ww* ❶ stompen, slaan (op) ★ *he* ~*ed the air triumphantly* hij maakte een triomfantelijke vuistslag in de lucht ❷ proforeren, ponsen, knippen ❸ ~ **out** intoetsen, <u>inform</u> bewusteloos slaan ★ <u>inform</u> ~ *sb's lights out* iem. in elkaar slaan **III** *onov ww* ~ **out** uitklokken

Punch [pʌntʃ] *zn* ★ ~ *and Judy* Jan Klaassen en Katrijn ★ *a* ~ *and Judy show* poppenkast ★ *he was as pleased as* ~ hij was erg in zijn sas ★ *he was as proud as* ~ hij was zo trots als een pauw

punchball [ˈpʌntʃbɔːl] *zn* boksbal

punch-drunk *bnw* ❶ versuft, duizelig ❷ verward

punchline *zn* clou, slotzin, pointe

punch-up [ˈpʌntʃʌp] <u>inform</u> *zn* knokpartij

punchy [ˈpʌntʃɪ] *bnw* slagvaardig, pittig, dynamisch

punctilious [pʌŋkˈtɪlɪəs] *bnw* zeer precies, attent

punctiliously *bijw* stipt, nauwgezet

punctual [ˈpʌŋktʃʊəl] *bnw* punctueel, stipt ★ *the bus arrived* ~*ly* de bus kwam precies op tijd aan

punctuality [pʌŋktʃʊˈæləti] *zn* stiptheid

punctuate [ˈpʌŋktʃʊert] *ov ww* ❶ leestekens aanbrengen ❷ onderbreken (van redevoering)

punctuation [pʌŋktʃʊˈeɪʃən] *zn* interpunctie

punctuation mark *zn* leesteken

puncture [ˈpʌŋktʃə] **I** *zn* prik, gaatje, lek (in fietsband) ★ *my tyre has a* ~ ik heb een lekke band **II** *ov ww* ❶ (door)prikken ❷ <u>fig</u> vernietigen ★ *her hopes were* ~*d* haar hoop werd de grond in geboord ❸ lek maken **III** *onov ww* lek worden (band)

pundit [ˈpʌndɪt] *zn* expert, autoriteit (op een bepaald gebied)

pungency [ˈpʌndʒənsɪ] *zn* scherpheid

pungent [ˈpʌndʒənt] *bnw* scherp, prikkelend, pikant

punish [ˈpʌnɪʃ] *ov ww* ❶ bestraffen, afstraffen ❷ kastijden

punishable [ˈpʌnɪʃəbl] *bnw* strafbaar ★ *treason is* ~ *by death* op landverraad staat de doodstraf

punishing [ˈpʌnɪʃɪŋ] *bnw* vermoeiend, zeer zwaar, slopend ★ *the team kept up a* ~ *tempo* het team hield een moordend tempo aan

punishment [ˈpʌnɪʃmənt] *zn* ❶ straf, bestraffing ❷ ruwe behandeling ★ *the spine of a book takes the most* ~ de rug van een boek heeft het meest te verduren

punitive [ˈpjuːnətɪv] *bnw* ❶ straffend, straf- ❷ zeer hoog / streng ★ ~ *taxes* buitensporige / moordende belastingen

punk [pʌŋk] *zn* ❶ punker ❷ <u>muz</u> punk ❸ <u>inform</u> klier, etterbak, rotjongen / rotmeid

punnet [ˈpʌnɪt] *zn* spanen mandje

punt [pʌnt] **I** *zn* ❶ punter ❷ gok **II** *ov ww* <u>voetb</u> punteren **III** *onov ww* ❶ wedden, gokken ❷ varen in een punter, bomen **IV** *onov ww* tegen de bank spelen (bij kaartspel) **V** *ov+onov ww* ❶ in een punter vervoeren ❷ bomen (van vaartuig)

punter [ˈpʌntə] *zn* ❶ gokker, speculant ❷ <u>inform</u> klant

puny [ˈpjuːnɪ] *bnw* klein, miezerig, nietig

pup [pʌp] *zn* jonge hond ★ *in pup* drachtig (van hond)

pupa [ˈpjuːpə] *zn* [mv: **pupae**] pop (larve)

pupae [ˈpjuːpiː] *zn* *mv* → **pupa**

pupate [pjuːˈpert] *onov ww* zich verpoppen

pupil [ˈpjuːprl] *zn* ❶ leerling, scholier ❷ pupil

puppet [ˈpʌprt] *zn* marionet

puppeteer [pʌprˈtɪə] *zn* poppenspeler

puppet government *zn* schijnregering, marionettenregering

puppetry [ˈpʌprtrɪ] *zn* marionetten(spel, -theater)

puppet show *zn* poppenspel, poppenkast(voorstelling)

puppy [ˈpʌprɪ] *zn* ❶ jonge hond ❷ snotneus

puppy fat *zn* babyvet
puppy love *zn* kalverliefde
purchase ['pɜːtʃɪs] **I** *zn* ❶ inkoop, aankoop ★*make a ~* iets kopen ❷ greep, vat **II** *ov ww* (aan)kopen
purchase price *zn* (in)koopprijs, (aan)koopsom
pure [pjʊə] *bnw* ❶ zuiver, kuis ❷ louter ★*their motive was greed, pure and simple* hun motief was je reinste hebzucht
pure-bred ['pjʊə-bred] *bnw* rasecht, volbloed-
purée ['pjʊəreɪ] **I** *zn* puree, moes **II** *ov ww* tot moes maken
purely ['pjʊəlɪ] *bijw* uitsluitend ★*a ~ businesslike proposal* een zuiver zakelijk voorstel
purgative ['pɜːgətɪv] **I** *zn* purgeermiddel **II** *bnw* purgerend, laxerend, zuiverend
purgatory ['pɜːgətərɪ] *zn* ❶ vagevuur ❷ inform beproeving, kwelling
purge [pɜːdʒ] **I** *ov ww* zuiveren, reinigen, schoonwassen ⟨zonden⟩ ★*nothing could ~ the image from her mind* niets kon het beeld uit haar geheugen wissen ★*the party was ~d of radicals* de radicalen zijn uit de partij gezet **II** *zn* zuivering
purify ['pjʊərɪfaɪ] *ov ww* ❶ reinigen, zuiveren, louteren ❷ klaren (van vloeistof)
puritan ['pjʊərɪtən] **I** *zn* puritein **II** *bnw*, **puritanical** puriteins
purity ['pjʊərətɪ] *zn* zuiverheid, reinheid, onschuld
purl [pɜːl] **I** *zn* averechtse steek **II** *bnw* averechts ⟨breisteek⟩ **III** *ov ww* averechts breien
purloin [pəˈlɔɪn] vaak humor *ov ww* stelen, gappen
purple ['pɜːpl] **I** *bnw* purper, paars ★*he turned ~ with rage* hij werd rood van kwaadheid **II** *zn* purper, paars
purport[1] ['pɜːpət] form *zn* strekking, betekenis
purport[2] [pəˈpɔːt] form *ov ww* beweren
purpose ['pɜːpəs] *zn* ❶ doel, plan, opzet ★*on ~* met opzet, opzettelijk ★*serve a ~* aan een doel beantwoorden ★*for all practical ~s* praktisch (gezien) ★*for the ~ of* met het doel om ★*for tax ~s* voor belastingdoeleinden ❷ vastberadenheid ★*his step was full of ~* hij liep met een vastberaden tred ❸ zin, nut ★*religion gave meaning and ~ to her life* godsdienst gaf zin en betekenis aan haar leven ★*to no / little ~* zonder (veel) resultaat
purpose-built *bnw* speciaal gebouwd / vervaardigd
purposeful ['pɜːpəsful] *bnw* ❶ met een doel, opzettelijk ★*the unemployed need ~ work* de werklozen hebben zinvol werk nodig ❷ doelbewust
purposely ['pɜːpəslɪ] *bijw* met opzet
purr [pɜː] **I** *zn* ❶ gespin ❷ gegons, gezoem **II** *ov ww* flemen ★*'buy me a drink', she purred* 'mag ik iets van je te drinken?', vroeg ze poeslief **III** *onov ww* ❶ spinnen ⟨van kat⟩ ❷ gonzen ❸ tevreden brommen
purse [pɜːs] **I** *zn* ❶ beurs, zak(je) ★*prices to suit every ~* prijzen voor elke portemonnee ★*the public ~* de schatkist ❷ USA damestas, handtas(je) ❸ geldprijs ⟨bij sport, vooral boksen⟩ **II** *ov ww* samentrekken, tuiten ⟨van lippen⟩

purser ['pɜːsə] *zn* administrateur ⟨vooral op schip⟩
purse strings ['pɜːsstrɪŋz] *zn mv* ★*the ~* het financieel beheer ★*hold the ~* de financiën beheren ★*loosen the ~* het geld laten rollen
pursue [pəˈsjuː] *ov ww* ❶ achtervolgen, achternalopen, vervolgen ❷ najagen, nastreven ❸ voortzetten ⟨vnl. van gedragslijn⟩ ❹ volgen ⟨plan, weg enz.⟩ ★*he decided to ~ a career in journalism* hij besloot om een carrière te bouwen in de journalistiek
pursuit [pəˈsjuːt] *zn* ❶ achtervolging ★*in hot ~* in felle achtervolging ❷ jacht ★*the ~ of profit* winstbejag ❸ form beoefening ★*in the ~ of his duties* in de uitoefening van zijn taken ❹ bezigheid, hobby ★*they enjoy outdoor ~s* ze houden van bezigheden buitenshuis
purvey [pəˈveɪ] form *ov+onov ww* verschaffen, leveren
pus [pʌs] *zn* pus, etter
push [pʊʃ] **I** *ov ww* ❶ drukken, duwen ★*he pushed the boat off from the quay* hij duwde de boot weg van de kade ★*push the button* op de knop drukken ★*inform be pushing up (the) daisies* dood zijn ❷ schuiven ★*he's pushing forty* hij loopt tegen de veertig ★*push the country into recession* het land in een recessie doen belanden ★*push sth to the back of your mind* proberen om ergens niet aan te denken ❸ stoten, dringen ★*he pushed his way through the crowd* hij baande zich een weg door het publiek ❹ stimuleren, promoten ★*supermarkets are pushing organic food* supermarkten maken reclame voor biologisch voedsel ★*push an advantage (home)* een voordeel benutten ★*push one's claim* vasthouden aan zijn eis ★*inform don't push your luck!* ga niet te ver! ★*push the point* ergens op hameren ❺ druk uitoefenen op ★*he pushes his team hard* hij zet zijn team onder druk ★*he needs to push himself a little harder* hij moet wat beter zijn best doen ★*be hard pushed to make ends meet* ternauwernood kunnen overleven ★*be pushed for sth* iet tekort komen (tijd, geld, enz.) ★*he pushed me into applying for the job* hij bracht mij ertoe naar de baan te solliciteren ❻ inform handelen in ⟨drugs⟩ ❼ ~ *about/around* commanderen, ruw behandelen ❽ ~ *aside* terzijde schuiven ❾ ~ *for* aandringen op ⟨antwoord e.d.⟩ ★*push for the next village* het volgende dorp proberen te bereiken ★*push for power* op zoek zijn naar macht ❿ ~ *forward* vaart zetten achter, vooruitschuiven, naar voren schuiven ★*push o.s. forward* zich naar de voorgrond dringen ⓫ ~ *in* naar binnen duwen ★*push one's way in* zich opdringen ⓬ ~ *on* aanzetten tot ⓭ ~ *on with* opschieten met, stug doorgaan met ⓮ ~ *out* eruit werken ⓯ ~ *through* doorzetten, erdoor drijven **II** *onov ww* ❶ duwen, dringen ★*push from shore* van wal steken ⟨boot⟩ ★*push and shove* duwen en trekken ❷ mil doorstoten ❸ persen ⟨bij bevalling⟩ ❹ ~ *ahead* doorgaan ❺ ~ *forward* voortgang maken ❻ ~ *in* voordringen ❼ ~ *off* zich afzetten, inform opstappen ★*inform push off!* hoepel op! ❽ ~ *on* doorgaan **III** *zn* ❶ duw,

pu

stoot, zetje ★ *at the push of a button* met een druk op de knop, heel gemakkelijk ★ inform *when / if push comes to shove* als het puntje bij het paaltje komt ★ inform *get the push* de bons / ontslag krijgen ★ *give the car a push* de auto aanduwen ★ inform *give sb the push* iem. de bons geven, iem. ontslaan ❷ inspanning, energieke poging ★ *a push for political reform* een poging tot politieke verandering ★ *make a push for home* zo gauw mogelijk zien thuis te komen ❸ stuwkracht, energie ★ *he has a lot of push* hij is erg energiek ❹ fig druk, drang ★ *at a push* als het echt nodig is, desnoods ★ *when it came to the push* toen het erop aankwam ❺ promotie(campagne) ❻ mil offensief, aanval

push-button I *zn* drukknop / -toets II *bnw* drukknop-, druktoets-

pushcart ['pʊʃkɑːt] *zn* handkar

pusher ['pʊʃə] *zn* ❶ streber ❷ (drugs)dealer ❸ **pushchair** (opvouwbaar) wandelwagentje

pushover ['pʊʃəʊvə] inform *zn* ❶ gemakkelijk karweitje ❷ eitje ⟨iemand die makkelijk te beïnvloeden / over te halen is⟩ ★ *despite his age, this player is no ~* ondanks zijn leeftijd biedt deze speler goed weerstand

push-up ['pʊʃʌp] *zn* opdrukoefening

pushy ['pʊʃɪ] *bnw* ❶ ambitieus ❷ opdringerig ❸ brutaal

puss [pʊs] *zn* ❶ poes ★ *Puss in Boots* de Gelaarsde Kat ❷ inform poesje, schatje

pussy ['pʊsɪ] *zn*, **pussy cat** poesje vulg kutje

pussyfoot ['pʊsɪfʊt] *onov ww* ~ **(about/ around)** (overdreven) voorzichtig zijn, besluiteloos zijn, omzichtig te werk gaan, stiekem doen, ergens omheen draaien

pustule ['pʌstjuːl] *zn* puistje

put [pʊt] *I ov ww* [onregelmatig] ❶ zetten, leggen, plaatsen ★ *put a new fan in the bathroom* een nieuwe ventilator installeren in de badkamer ★ *put a question* een vraag stellen ★ inform *put the question* een aanzoek doen ★ *put work above / before pleasure* werk belangrijker vinden dan plezier ★ *the damage has been put at $100,000* de schade wordt geraamd op $100.000 ★ *put sth beyond all doubt* alle twijfel over iets opheffen ★ *put sb in charge of sth* iem. verantwoordelijk maken voor iets ★ *put a lot of effort / money into sth* ergens veel energie / geld in steken ★ *put o.s. in sb's place / position / shoes* zich in iem. anders verplaatsen ★ *put money on a horse* op een paard wedden ★ *put the blame on sb* iem. de schuld geven ★ *put sb on a diet* een dieet voorschrijven ★ *put sth out of action* iets buiten werking stellen ★ *I wouldn't put it past him* ik zie hem er wel voor aan ★ *put sth / sb right* iets / iemand corrigeren ★ *put sb straight (on sth)* iem. de juiste informatie geven (over iets) ★ *put sth straight* iets op een rijtje zetten ★ *put a bullet through sb's head* iem. een kogel door het hoofd schieten ★ *put an end / a stop to sth* ergens een eind aan maken ★ *be hard put to do sth* moeite hebben iets te doen ❷ steken, bergen, doen ★ *put sb in as nursing home* iem. laten opnemen in een verpleeghuis ❸ (in een toestand) brengen ★ *it put her in a bad mood* het bracht

haar in een slecht humeur ★ *put sb out of his / her misery* iem. uit zijn / haar lijden verlossen ★ *put sb to bed* iem. naar bed brengen ★ *put sb to great expense* iem. op hoge kosten jagen ★ *put sb to sleep* iem. naar bed brengen, euf iem. laten inslapen ★ *put sb to work* iem. aan het werk zetten ❹ fig uitdrukken, zeggen, onder woorden brengen ★ *to put it another way* in andere woorden ★ *to put it bluntly / mildly / simply* om het maar ronduit / voorzichtig / eenvoudig te zeggen ❺ schrijven, opschrijven ❻ voorstellen ⟨motie⟩ ❷ ~ **about/around** laten rondgaan, rondstrooien ⟨praatjes⟩ ❽ ~ **across** overbrengen ★ *put o.s. across* zichzelf duidelijk maken ❾ ~ **aside** opzij leggen / zetten, van de hand wijzen, negeren ❿ ~ **away** wegleggen, opzijleggen, van zich afzetten, inform verorberen, gevangen zetten ⓫ ~ **back** weer op zijn plaats zetten / leggen, terug- / achteruitzetten, vertragen, uitstellen, inform wegwerken ⟨voedsel⟩ ★ *that put me back two days / $100* dat heeft me twee dagen / $100 gekost ⓬ ~ **behind** ★ *put sth behind you* iets te boven komen ⓭ ~ **by** opzijleggen ⓮ ~ **down** neerzetten, neerleggen, onderdrukken ⟨v. opstand⟩, op zijn plaats zetten ⟨figuurlijk⟩, wegdoen ★ *put a dog down* een hond laten inslapen ★ *put the baby down* de baby in bed stoppen ★ *she put down the phone on me* ze liet me niet uitspreken ⟨aan de telefoon⟩ ★ *what do you put him down for?* wat denk jij dat hij voor iem. is?, voor welk bedrag noteer je hem? ★ *I put it down to pride* ik schrijf het toe aan trots ⓯ ~ **forward** naar voren brengen, verkondigen, vervroegen ★ *don't put yourself forward* dring je niet op ★ *put sb forward* iem. naar voren schuiven ⓰ ~ **in** poten, installeren, indienen ⟨v. vordering⟩, verzetten ⟨werk⟩, in dienst nemen ★ *he put in an appearance* hij kwam even kijken ★ *will you put in a word for me?* wil je een goed woordje voor me doen? ★ *how much time have you got to put in?* hoeveel tijd heb je beschikbaar? ★ *how have you put in your time?* hoe heb je je tijd doorgebracht? ★ *are you going to put in for the post?* solliciteer je naar de betrekking? ⓱ ~ **into** erin zetten ★ *put into circulation* in omloop brengen ★ *put into effect* van kracht doen worden ★ *put it into Russian* vertaal het in het Russisch ★ *put it into words* onder woorden brengen ⓲ ~ **off** uitstellen, uitstellen, afzeggen, afschrijven, tegenmaken, misselijk maken, afzetten ⟨passagier⟩ ⓳ ~ **on** aanzetten, aantrekken, opzetten, aannemen ⟨een houding⟩, er boven op zetten, organiseren, opvoeren ⟨v. toneelstuk⟩, verbinden ⟨per telefoon⟩, inform voor de gek houden ★ *put on weight* aankomen ⓴ ~ **onto** op de hoogte stellen ㉑ ~ **out** ontwrichten ⟨lichaamsdeel⟩, uitzetten, uitplanten, uittrekken, investeren, uitbesteden, uitdoen, in de war brengen, blussen ★ *I hope I don't put you out* ik hoop dat ik u niet stoor ★ *put o.s. out* zich uitsloven ★ *he's easily put out* hij is gauw kwaad, hij is gauw de kluts kwijt ★ *put out the rubbish* het vuilnis buiten zetten ★ *put the washing out* de was

ophangen ㉒ ~ **over** overzetten ★ *he put one over me* hij heeft me bij de neus genomen ㉓ ~ **through** uitvoeren, doorverbinden ★ *he put his parents through a lot* hij heeft zijn ouders veel aangedaan ★ *they put him through high school* ze hebben hem de middelbare school laten doorlopen ㉔ ~ **together** samenstellen, samenvoegen, in elkaar zetten ★ *put two and two together* de dingen met elkaar in verband brengen ★ *inform he can't put two words together* hij drukt zich heel slecht uit ㉕ ~ **towards** bijdragen aan ㉖ ~ **up** opsteken, omhoog steken, logies verlenen, opstellen, ophangen, verhogen ⟨v. prijs⟩, bouwen ★ *the goods were put up for sale* de goederen werden te koop aangeboden ★ *put your feet up* rust maar even uit ★ *she put him up to it* ze heeft hem ertoe aangezet ★ *I won't put up with that* dat accepteer / pik ik niet **II** *onov ww* [onregelmatig] ❶ ~ **down** landen ⟨vliegtuig⟩ ❷ ~ **in** binnenlopen ⟨v. schip⟩, even aangaan (bij) ❸ ~ **up** ★ inform *put up or shut up* bewijs leveren of je mond houden **III** *zn* ❶ *sport* stoot, worp ❷ optie van verkoop ⟨effectenbeurs⟩ **IV** *bnw* ★ *stay put* op zijn plek blijven
put-down inform *zn* ❶ terechtwijzing, schampere opmerking ❷ vernedering
putrefy ['pju:trɪfaɪ] **I** *ov ww* doen verrotten **II** *onov ww* (ver)rotten
putrid ['pju:trɪd] *bnw* ❶ (ver)rot, vuil ❷ inform voos, onsmakelijk
putsch [pʊtʃ] *zn* staatsgreep
putt [pʌt] **I** *zn* (golf)slag ⟨met een putter⟩ **II** *onov ww* putten ⟨bal in hole proberen te slaan met een putter⟩
putter ['pʌtə] **I** *zn* (golf)putter ⟨soort club⟩ **II** *onov ww* ❶ tuffen ⟨auto⟩ ❷ beuzelen, liefhebberen
putty ['pʌtɪ] **I** *zn* stopverf, plamuur **II** *ov ww* met stopverf dichtstoppen, plamuren
put-up inform *bnw* afgesproken ★ *a ~ job* doorgestoken kaart
put-upon *bnw* misbruikt
puzzle ['pʌzəl] **I** *zn* ❶ raadsel ❷ puzzel **II** *ov ww* ❶ verbijsteren, in de war brengen ★ inform *don't ~ your head about it* daar moet je je hoofd niet over breken ❷ voor een raadsel stellen **III** *onov ww* piekeren
puzzled ['pʌzəld] *bnw* perplex, in de war
puzzlement ['pʌzəlmənt] *zn* verwarring, verlegenheid
puzzler ['pʌzlə] inform *zn* probleem, moeilijke vraag
puzzling ['pʌzlɪŋ] *bnw* onbegrijpelijk, raadselachtig
pygmy, pigmy ['pɪgmɪ] **I** *zn* dwerg, onbeduidend persoon **II** *bnw* dwergachtig
Pygmy ['pɪgmɪ] *zn* pygmee
pyjama, USA **pajama** [pə'dʒɑ:mə] *bnw* pyjama- ★ *~ trousers* pyjamabroek
pyjamas, USA **pajamas** [pɪ'dʒɑ:məz] *zn mv* pyjama
pylon ['paɪlən] *zn* elektriciteitsmast
pyramid ['pɪrəmɪd] *zn* piramide
pyre ['paɪə] *zn* brandstapel
pyromania [paɪərəʊ'meɪnɪə] *zn* pyromanie
pyromaniac [paɪərəʊ'meɪnɪæk] *zn* pyromaan

pyrotechnic [paɪərəʊ'teknɪk] *bnw* vuurwerk-
pyrotechnics [paɪərəʊ'teknɪks] *zn mv* vuurwerk
python ['paɪθən] *zn* python

Q

q [kju:] **I** zn, letter q ★ Q as in Queenie de q van quotiënt **II** afk, question vraag
QC afk, jur Queen's Counsel ≈ advocaat van hogere rang
qt afk, quart(s) kwart gallon
Q-tip ['kju:tɪp] zn USA wattenstaafje
quackery ['kwækərɪ] zn kwakzalverij
quad [kwɒd] zn → quadrangle, quadruplet
quad bike GB zn quad ⟨vierwielige motor⟩
quadrangle ['kwɒdræŋgl] zn ❶ ⟨vierkant⟩ binnenplein ❷ vierhoek
quadrangular [kwɒ'dræŋgjʊlə] bnw vierhoekig
quadrant ['kwɒdrənt] zn kwadrant ⟨van een cirkel⟩
quadratic [kwɒ'drætɪk] bnw vierkant ★ wisk a ~ equation een vierkantsvergelijking
quadrilateral [kwɒdrɪ'lætərəl] **I** zn vierhoek **II** bnw vierzijdig
quadruped ['kwɒdrʊped] zn viervoetig dier
quadruple ['kwɒdrʊpl] **I** onov ww zich verviervoudigen **II** ov ww verviervoudigen **III** bnw viervoudig ★ ~ time vierkwartsmaat **IV** zn viervoud
quadruplet ['kwɒdrʊplɪt] zn een van een vierling
quaff [kwɒf] dicht ov ww drinken met grote teugen
quagmire ['kwɒgmaɪə] zn ❶ fig moeras ★ a political ~ een politiek moeras ❷ dicht moeras, drassige boel
quail [kweɪl] **I** zn kwartel **II** onov ww dicht de moed verliezen, terugschrikken ★ ~ at sth terugdeinzen voor iets
quaint [kweɪnt] bnw vreemd, eigenaardig, typisch, (aandoenlijk) ouderwets
quake [kweɪk] **I** onov ww beven ★ ~ with fear / anger beven van angst / woede **II** zn inform ⟨aard⟩beving, trilling
Quaker [kweɪkə] zn quaker, lid v. Society of Friends ⟨een godsdienstige groepering⟩
qualification [kwɒlɪfɪ'keɪʃən] zn ❶ GB [vaak mv] bevoegdheid, diploma ★ leave school with no ~s van school gaan zonder (enig) diploma ★ a teaching ~ een onderwijsbevoegdheid ❷ capaciteit, geschiktheid, voorwaarde, (vereiste) eigenschap ❸ beperking, restrictie ★ without ~ zonder meer, zonder wijziging ❹ kwalificatie, het voldoen (aan de eisen / voorwaarden) ★ upon ~ als je je diploma / papiertje hebt, als je voldoet aan de eisen / voorwaarden ★ ~ for the World Cup plaatsing voor het wereldkampioenschap
qualified ['kwɒlɪfaɪd] bnw ❶ bevoegd, bekwaam, gediplomeerd ❷ getemperd ⟨van optimisme⟩, onder voorbehoud
qualifier ['kwɒlɪfaɪə] zn ❶ iemand die zich heeft geplaatst ⟨voor volgende ronde⟩, kwalificatiewedstrijd ❷ bepalend woord
qualify ['kwɒlɪfaɪ] **I** ov ww ❶ bevoegd / geschikt maken ★ be qualified to do sth bevoegd / gerechtigd zijn om iets te doen ★ a ~ing match een kwalificatiewedstrijd ❷ kwalificeren, (nader) bepalen ⟨mededeling⟩, beperken

❸ ~ for geschikt maken voor, het recht geven op ★ ~ sb for sth iem. het recht geven op iets **II** onov ww ❶ zich kwalificeren ★ ~ as a teacher zijn onderwijsbevoegdheid behalen ★ not ~ as refugee niet in aanmerking komen voor de status van vluchteling ❷ ~ for in aanmerking komen voor ⟨korting, uitkering⟩, zich plaatsen voor ⟨volgende ronde, finale⟩
qualitative ['kwɒlɪtətɪv] bnw kwalitatief
quality ['kwɒlətɪ] **I** zn ❶ kwaliteit, karakter, gehalte ★ of good / top ~ van goede kwaliteit / topkwaliteit ★ with a reputation for ~ bekend om zijn goede kwaliteit ★ the ~ of life de kwaliteit van het bestaan, de leefbaarheid ❷ (goede) eigenschap, kwaliteit, deugd **II** bnw kwaliteits-, van goede kwaliteit ★ ~ paper vooraanstaande krant
quality control zn kwaliteitscontrole
quality time zn kwaliteitstijd ⟨met bv. aandacht voor kinderen⟩
qualm [kwɑːm] zn angstig gevoel, scrupule, gewetensbezwaar ★ have no ~s about doing sth geen moeite hebben iets te doen
quandary ['kwɒndərɪ] zn moeilijke situatie
quanta ['kwɒntə] zn mv → **quantum**
quantifiable bnw kwantificeerbaar, meetbaar, telbaar
quantify ['kwɒntɪfaɪ] ov ww kwantificeren, meten, bepalen
quantitative ['kwɒntɪtətɪv] bnw kwantitatief, de hoeveelheid betreffende
quantity ['kwɒntətɪ] zn ❶ hoeveelheid, aantal ★ in small / large quantities in kleine / grote hoeveelheden ★ buy sth in ~ iets in grote hoeveelheden kopen ❷ kwantiteit, omvang ★ be put off by the ~ of text afgeschrikt worden door de grote hoeveelheid tekst
quantity surveyor GB zn kostendeskundige ⟨in de bouw⟩
quantum ['kwɒntəm] natk zn [mv: **quanta**] kwantum
quantum leap zn spectaculaire vooruitgang, reuzensprong voorwaarts, doorbraak
quarantine ['kwɒrəntiːn] **I** zn quarantaine ★ be in ~ in quarantaine liggen / zitten / zijn **II** ov ww afzonderen in quarantaine
quarrel ['kwɒrəl] **I** zn ❶ ruzie, twist ★ pick a ~ (with sb) ruzie zoeken (met iemand) ❷ kritiek ★ have no ~ with sth niets aan te merken hebben op iets ★ have no ~ with sb geen kritiek hebben op iem., geen meningsverschil hebben met iem. **II** onov ww ❶ ruzie hebben, ruzie maken ★ ~ with sb about / over sth met iem. ruzie maken ❷ kritiek hebben ★ ~ with sb / sth kritiek hebben op iemand / iets, het niet eens zijn met iemand / iets
quarrelsome ['kwɒrəlsəm] bnw twistziek, ruziezoekend
quarry ['kwɒrɪ] **I** zn ❶ prooi, slachtoffer, achtervolgd wild ❷ (steen)groeve **II** ov ww (uit)graven
quart ['kwɔːt] zn 1 / 4 gallon ⟨in GB ruim 1 l; in USA iets minder dan 1 liter⟩
quarter ['kwɔːtə] **I** zn ❶ kwart, vierde deel ❷ kwartier ⟨van tijd, maan⟩ ★ ~ of an hour kwartier ★ at a ~ past / USA after four om kwart

over vier ★ *at a* ~ *to* / USA *of six* om kwart voor zes ❸ kwartaal ❹ USA kwartje ‹munt van 25 dollarcent› ❺ wijk ‹van stad› ❻ (wind)streek, hoek ★ *in some* ~s in sommige kringen ★ *from all* ~s uit alle windstreken, overal vandaan ★ *from that* ~ van die kant, uit die hoek ❼ dicht genade ★ *give* ~ genade schenken ★ *he cried for* ~ hij smeekte om genade ▼ ~s [mv] kamers, huisvesting ▼ *at close* ~s van dichtbij II *ov ww* ❶ in vieren delen ❷ form inkwartieren

quarter-deck [ˈkwɔːˌtǝdek] *zn* halfdek, officiersdek

quarterly [ˈkwɔːtǝlɪ] I *bnw* + *bijw* driemaandelijks II *zn* driemaandelijks tijdschrift

quartermaster [ˈkwɔːtǝmɑːstǝ] *zn* mil intendant, kwartiermeester

quarter note USA muz *zn* kwartnoot

quartet [kwɔːˈtet] *zn* kwartet, viertal

quartz [kwɔːts] *zn* kwarts

quash [kwɒʃ] *ov ww* ❶ jur vernietigen ❷ een einde maken aan, verijdelen, onderdrukken

quasi- [ˈkweɪzaɪ] *voorv* ❶ quasi-, zogenaamd ★ ~*scientific* pseudowetenschappelijk ❷ half-, bijna ★ ~*legal* semilegaal ★ *semi-official* bijna officieel

quatercentenary [kwætǝsǝnˈtiːnǝrɪ] *zn* vierhonderdste gedenkdag

quatrain [ˈkwɒtreɪn] *zn* vierregelig vers, kwatrijn

quaver [ˈkweɪvǝ] I *zn* ❶ trilling ❷ GB een achtste noot II *onov ww* trillen, beven

quavery [ˈkweɪvǝrɪ] *bnw* beverig, trillend

quay [kiː] *zn* kade

queasy [ˈkwiːzɪ] *bnw* ❶ misselijk, zwak ‹van maag› ★ *feel* ~ je misselijk voelen ★ *her stomach felt* ~ ze had last van een zwakke maag, ze was misselijk ❷ teergevoelig, ongemakkelijk ★ *feel* ~ *about sth* moeite hebben met iets

queen [kwiːn] I *zn* ❶ koningin ook fig, bv. van het bal, ook van bijen ❷ vrouw ‹in kaartspel› ★ ~ *of clubs* schoppenvrouw ❸ dame, koningin ‹in schaken› ❹ straatt nicht, verwijfde flikker II *ov ww* tot koningin maken ‹pion, bij schaken›, tot koningin kronen ▼ inform ~ *it over sb* de koningin spelen over iem., de belangrijke dame uithangen ten opzichte van iem.

queen consort *zn* gemalin ‹v.d. koning›, koningin

queenly [ˈkwiːnlɪ] *bnw* als (van) een koningin

Queen's speech *zn* troonrede

queer [kwɪǝ] I *bnw* ❶ oud vreemd, eigenaardig ❷ min homo(seksueel) II *zn* min homo, poot III *ov ww* ★ GB inform ~ *sb's pitch* iemands kansen verknoeien

queer-bashing inform *zn* potenrammen

quell [kwel] form *ov ww* onderdrukken, met kracht een einde maken aan

quench [kwentʃ] *ov ww* ❶ lessen ‹dorst› ❷ blussen ‹vuur›, doven

querulous [ˈkwerʊlǝs] *bnw* klagend

query [ˈkwɪǝrɪ] I *zn* ❶ vraag ❷ vraagteken ★ *put a* ~ *against sth* een vraagteken zetten bij iets ❸ comp query, zoekopdracht II *ov ww* ❶ een vraag stellen, vragen (naar) ❷ betwijfelen, zich afvragen

quest [kwest] form I *zn* speurtocht, het zoeken ★ *in* ~ *of* op zoek naar II *onov ww* speuren,

zoeken ★ ~ *for sth* op zoektocht gaan naar iets

question [ˈkwestʃǝn] I *zn* ❶ vraag ★ *a leading* ~ een suggestieve vraag ★ *an open* ~ een open vraag ★ *a rhetorical* ~ een retorische vraag ‹waarop men geen antwoord verwacht› ★ *accept sth without* ~ iets accepteren zonder vragen te stellen ★ *raise a* ~ een vraag opwerpen ★ inform *pop the* ~ iem. ten huwelijk vragen ★ *beg the* ~ wat bewezen moet worden als zodanig aannemen, de vraag ontwijken ❷ (examen)opgave ❸ twijfel ★ *there's no* ~ *about it* er is geen twijfel over mogelijk, dat is zeker ★ *beyond (all)* ~ boven alle twijfel verheven ★ *be in* ~ ter discussie staan, twijfelachtig zijn ★ *call / bring / throw into* ~ in twijfel trekken ★ *out of the* ~ geen sprake van ★ *without* ~ ongetwijfeld, onbetwistbaar ❹ kwestie, probleem, vraagstuk ★ *a* ~ *of time and money* een kwestie van tijd en geld ★ *an open* ~ een onuitgemaakte zaak ★ *the book in* ~ het boek in kwestie, het bewuste boek, het boek waar het om gaat ★ *come into* ~ ter sprake komen ★ *that is the* ~ daar gaat het om ★ *there's no* ~ *of a love affair* er is geen sprake van een liefdesverhouding II *ov ww* ❶ (onder)vragen ❷ betwijfelen, in twijfel trekken

questionable [ˈkwestʃǝnǝbl] *bnw* ❶ twijfelachtig ❷ verdacht ‹gedrag, praktijken›

questioner [ˈkwestʃǝnǝ] *zn* ondervrager

questioning [ˈkwestʃǝnɪŋ] I *bnw* vragend II *zn* ondervraging, verhoor ★ *bring sb in for* ~ iem. meenemen (naar het politiebureau) voor verhoor

question mark *zn* taalk vraagteken ★ fig *there's a big question over his fitness and form* het is zeer de vraag of zijn conditie en vorm goed genoeg zijn

question master GB *zn* quizmaster, spelleider

questionnaire [kwestʃǝˈneǝ] *zn* vragenlijst

question time *zn*, GB pol vragenuurtje ‹voor leden van het Lagerhuis›

queue [kjuː] I *zn* ❶ GB rij, queue ★ *jump the* ~ voordringen ❷ comp wachtrij II *onov ww* GB, **queue up** een rij vormen, in de rij (gaan) staan

quibble [ˈkwɪbl] I *zn* punt van kritiek, minpunt ★ *a few minor* ~s een paar puntjes van kritiek ★ *the only* ~ *about this book is the price* het enige minpunt van dit boek is de prijs ★ *have a* ~ *about sth* een beetje hakketakken / kibbelen over iets II *onov ww* kibbelen, bekvechten, ruziën ★ ~ *about / over sth* wat hakketakken / kibbelen over iets

quiche [kiːʃ] *zn* (hartige) taart, quiche

quick [kwɪk] I *bnw* snel, vlug ★ *a* ~ *learner* een snelle leerling ★ *a* ~ *decision* een snelle beslissing ★ *be* ~ *to learn* snel leren ★ *he is* ~ *at figures* hij kan goed rekenen ★ *be* ~ *to deny the whole story* er snel bij zijn om met hele verhaal te ontkennen ★ *in* ~ *succession* snel achter elkaar ★ *have a* ~ *temper* opvliegend zijn, snel aangebrand zijn II *bijw* vlug, snel ★ *(as)* ~ *as a flash* bliksemsnel ★ *as* ~ *as you can* zo vlug mogelijk III *zn* levend vlees ★ *bite one's nails to the* ~ z'n nagels afbijten tot op het leven ▼ *the* ~ *and the dead* de levenden en de doden ▼ *cut to the* ~ diep krenken

quick-and-dirty <u>inform</u> *bnw* snel en slordig, geïmproviseerd

quicken ['kwɪkən] <u>form</u> **I** *onov ww* ❶ versnellen, sneller gaan / worden ❷ sterker worden, toenemen (van gevoelens) **II** *ov ww* ❶ versnellen ★ ~ *your pace* je pas versnellen ❷ stimuleren, versterken (gevoelens)

quickie ['kwɪkɪ] <u>inform</u> *zn* ❶ iets dat zeer snel gedaan kan worden, iets dat weinig tijd kost ❷ vluggertje

quicklime ['kwɪklaɪm] *zn* ongebluste kalk

quickness ['kwɪknəs] *zn* snelheid

quicksand ['kwɪksænd] *zn* drijfzand

quicksilver ['kwɪksɪlvə] <u>oud</u> *zn* kwik(zilver)

quickstep ['kwɪkstep] *zn* quickstep, snelle foxtrot

quick-tempered *bnw* opvliegend, lichtgeraakt

quick-witted [kwɪk'wɪtɪd] *bnw* gevat, vlug van begrip

quid [kwɪd] <u>GB</u> <u>inform</u> *zn* pond sterling

quid pro quo <u>form</u> *zn* vergoeding, tegenprestatie

quiescence [kwaɪ'esəns/kwɪ'esəns] <u>form</u> *zn* rust, kalmte

quiescent [kwaɪ'esənt/kwɪ'esənt] *form bnw* ❶ rustig, stil, vredig ❷ slapend (van ziekte)

quiet ['kwaɪət] **I** *bnw* ❶ rustig, stil, kalm ★ *a ~ night-in* een rustig avondje thuis ★ ~, *please* stilte, a.u.b. ★ *be ~!* stil! ❷ zonder veel omhaal (van diner), informeel ❸ geheim ★ *on the ~* heimelijk, stiekem ★ *keep ~ about sth / sth ~* iets geheim houden **II** *zn* ❶ rust, stilte ❷ vrede **III** *onov ww* <u>USA</u>, **quiet down** rustig worden, kalmeren **IV** *ov ww* <u>USA</u>, **quiet down** tot rust brengen, kalmeren

quieten ['kwaɪətn], **quieten down** <u>GB</u> **I** *ov ww* kalmeren, tot bedaren brengen **II** *onov ww* rustig worden, bedaren

quietly *bijw* ❶ zachtjes ★ '*come here*' *she said* – "kom hier" zei ze zachtjes ❷ stilletjes, geruisloos ★ *be ~ confident that...* er stilletjes van overtuigd zijn dat...

quietude ['kwaɪətju:d] <u>form</u> *zn* rust, vrede

quietus [kwaɪ'i:təs] <u>dicht</u> *zn* genadeslag, dood

quiff [kwɪf] *zn* (vet)kuif

quill [kwɪl] *zn* ❶ slagpen (van vogel) ❷ ganzenpen ❸ stekel (van stekelvarken)

quilt [kwɪlt] **I** *zn* ❶ gewatteerde deken, dekbed ★ *continental ~* donzen dekbed ❷ sprei **II** *ov ww* watteren, doorstikken ★ *a ~ed bath robe* een gewatteerde badjas

quin [kwɪn] <u>inform</u> *zn* → quintuplet

quince [kwɪns] *zn* kwee(peer)

quinine ['kwɪni:n] *zn* kinine

quintessence [kwɪn'tesəns] <u>form</u> *zn* ❶ perfect voorbeeld, toonbeeld ❷ het wezenlijke, essentie, kern

quintessential [kwɪntɪ'senʃəl] *bnw* wezenlijk, typisch ★ *the ~ bad guy* de ultieme schurk, dé schurk

quintet [kwɪn'tet] *zn* kwintet

quintuplet ['kwɪntjuplɪt] *zn* één v.e. vijfling

quip [kwɪp] **I** *zn* geestige opmerking ★ *make a quip about his new shoes* iets geestigs zeggen over zijn nieuwe schoenen **II** *ov ww* grappen, schertsen

quirk [kwɜːk] *zn* eigenaardigheid, gril ★ *by a*

(strange) ~ of fate door een (vreemde) speling van het lot

quirky *bnw* eigenaardig, eigenzinnig ★ *a ~ sense of humour* een eigenaardig gevoel voor humor

quisling ['kwɪzlɪŋ] <u>oud</u> *zn* landverrader

quit [kwɪt] **I** *ov ww* [regelmatig + onregelmatig] ❶ <u>inform</u> stoppen met, ophouden met ★ *quit smoking* stoppen met roken ★ *quit it!* hou ermee op!, kappen! ❷ <u>inform</u> weggaan van, ontslag nemen uit, opzeggen ★ *quit your job* je baan opzeggen ★ *quit school* school niet afmaken ★ *quit business* zich uit de zaken terugtrekken ❸ <u>form</u> verlaten ★ *quit the premises* het pand verlaten **II** *onov ww* [regelmatig + onregelmatig] ❶ <u>inform</u> (ermee) stoppen, (ermee) ophouden ★ *let's quit* laten we ermee kappen / nokken ❷ <u>inform</u> weggaan, er vandoor gaan, ontslag nemen, opzeggen ❸ <u>form</u> huis ontruimen (door huurder) ★ *give notice to quit* de huur / dienst opzeggen

quite [kwaɪt] *bijw* ❶ geheel, volkomen, absoluut ★ ~ *impossible* absoluut / totaal onmogelijk ★ ~ *the worst / most expensive* verreweg het slechtst / duurst ★ ~ *frankly* eerlijk gezegd ★ ~ *so* juist!, zo is het! ★ *it isn't ~ what we were looking for* het is niet helemaal / precies wat wij zochten ★ ~ *another* een heel andere ★ ~ *other* heel anders ★ *it is ~ the thing now* het is nu zeer in de mode ❷ <u>GB</u> tamelijk, nogal, best ★ ~ *tired* nogal vermoeid ★ *I ~ like meat* ik houd best wel van vlees ★ ~ *a few / bit* heel wat ★ *it took ~ some time* het duurde nogal een tijdje ❸ <u>USA</u> zeer ★ *examine sth ~ thoroughly* iets zeer grondig onderzoeken ★ ~ *a lady* een hele dame

quits [kwɪts] <u>inform</u> *bnw* quitte ★ *be ~* quitte staan ★ *call it ~* quitte staan, zand erover, besluiten te stoppen

quitted *ww* [verleden tijd + volt. deelw.] → quit

quitter ['kwɪtə] *zn* iemand die bij moeilijkheden ervandoor gaat, iemand die het opgeeft

quiver ['kwɪvə] **I** *onov ww* trillen, beven **II** *zn* ❶ trilling ❷ pijlkoker

quiz [kwɪz] **I** *zn* ❶ quiz ❷ <u>USA</u> tentamen, test **II** *ov ww* ondervragen

quizmaster ['kwɪzmɑːstə] *zn* quizmaster, spelleider

quizzical ['kwɪzɪkl] *bnw* ❶ vragend ❷ spottend, geamuseerd

quoit [kɔɪt] *zn* werpring ★ *(game of) ~s* ringwerpen

Quorn <u>GB</u> *zn* quorn (vleesvervanger op basis van paddenstoelen)

quorum ['kwɔːrəm] *zn* quorum (aantal leden vereist voor het geldig zijn v.e. vergadering)

quota ['kwəʊtə] *zn* ❶ aandeel, deel ★ *have done your ~ of the work* jouw deel van het werk gedaan hebben ❷ quota, quotum ★ *set ~s for sth* quota's instellen voor iets

quotable ['kwəʊtəbl] *bnw* wat aangehaald / genoteerd kan worden, het citeren waard

quotation [kwəʊ'teɪʃən] *zn* ❶ aanhaling (van passage), citaat, het aanhalen / citeren ❷ prijsopgave (van aannemer, verzekeraar), offerte ❸ notering (van prijs, aandeel)

quotation marks *zn mv* aanhalingstekens

quote [kwəʊt] **I** *ov ww* ❶ citeren, aanhalen ★ ~...

un~ begin citaat... einde citaat ❷ noemen, opgeven ⟨bepaald voorbeeld, bepaalde informatie⟩ ❸ opgeven ⟨prijs van offerte⟩, noteren ⟨prijs van valuta, aandelen⟩ ★ ~ *sb (a price of) £8,000 for sth* iem. £8000 vragen voor iets **‖** *zn* ❶ citaat ❷ – prijsopgave, offerte ▼ inform ~*s* [mv] aanhalingstekens
quoth [kwəʊθ] *onov ww* oud zei
quotidian [kwɒ'tɪdɪən] *bnw* ❶ alledaags ❷ dagelijks
quotient ['kwəʊʃənt] *zn* quotiënt
Qur'an [kər'ɑːn] *zn* Koran
q.v. *afk, quod vide* q.v., zie ⟨dit / daar⟩

R

r [ɑːr] *zn, letter* r ★ *R as in Robert* de r van Rudolf ★ *the three R's (reading, (w)riting, (a)rithmetic)* ≈ lezen, schrijven en rekenen
R USA *afk, restricted* ⟨van film, beneden de 18 jaar alleen toegankelijk onder begeleiding van volwassen iemand⟩
rabbi ['ræbaɪ] *zn* rabbi, rabbijn
rabbit ['ræbɪt] **I** *zn* konijn **II** *onov ww,* GB inform ~ on wauwelen, doorkakelen
rabbit hutch *zn* konijnenhok
rabbit punch *zn* nekslag
rabbit warren *zn* ❶ konijnenveld, konijnengebied ⟨met veel holen⟩ ❷ *fig* doolhof
rabble ['ræbl] *zn* ❶ min gepeupel ❷ tuig, gespuis
rabble-rouser *zn* volksmenner, demagoog
rabble-rousing *bnw* opruiend
rabid ['ræbɪd] *bnw* ❶ woest, dolzinnig ❷ verbeten ❸ hondsdol
rabies ['reɪbiːz] *zn* hondsdolheid
RAC [ɑːreɪ'siː] *afk, Royal Automobile Club* Koninklijke Automobilistenvereniging
raccoon [rə'kuːn] *zn* USA wasbeer
race [reɪs] **I** *zn* ❶ race, wedstrijd ★ *race against time / the clock* race tegen de klok ★ *the races* [mv] paardenrennen ⟨groot evenement⟩ ❷ ras, afkomst ★ *the human race* de mensheid **II** *ov ww* ❶ snel laten gaan, voortjagen ★ *be raced to hospital* met een rotvaart naar het ziekenhuis gebracht worden ❷ een wedstrijd houden met ★ *race your brothers* een wedstrijd houden met je broers ❸ om het hardst laten rijden / lopen, enz. ⟨honden, duiven, paarden⟩, racen met ⟨motor, auto⟩ **III** *onov ww* ❶ snellen, jagen, vliegen ★ *race through sth* door iets heen vliegen / schieten ★ *race to do sth* zo snel mogelijk proberen iets te doen ❷ racen, om het hardst rijden / lopen, enz. ❸ op hol slaan ⟨van hart, gedachten⟩ ❹ ~ **against** racen tegen
racecourse ['reɪskɔːs] *zn* (paarden)renbaan
racehorse ['reɪshɔːs] *zn* renpaard, harddraver
racer ['reɪsə] *zn* ❶ hardloper ❷ renpaard ❸ racewagen, racefiets, raceboot
racetrack ['reɪstræk] *zn* ❶ racebaan, circuit ❷ USA (paarden)renbaan
racial ['reɪʃəl] *bnw* ras(sen)- ★ ~ *discrimination* rassendiscriminatie
racing ['reɪsɪŋ] *zn* ❶ het wedrennen ❷ de rensport ⟨vaak in samenstellingen⟩ ★ *motorcycle* ~ motorsport ★ *horse* ~ paardensport, paardenrennen
racism ['reɪsɪzəm] *zn* racisme
racist ['reɪsɪst] **I** *zn* racist **II** *bnw* racistisch
rack [ræk] **I** *zn* ❶ rek ⟨voor kleren, kruiden, wijn enz.⟩, bagagerek ★ USA *buy clothes off the rack* confectiekleding kopen ❷ *gesch* pijnbank ★ fig *put sb on the rack* iem. op de pijnbank leggen ★ fig *be on the rack* in angstige spanning zitten, in onzekerheid verkeren ❸ ribstuk ⟨van lam⟩ ▼ *go to rack and ruin* naar de maan gaan **II** *ov ww* ❶ pijnigen, teisteren, afbeulen ★ *rack your brains* je het hoofd breken ❷ inform ~ **up** binnenhalen, behalen ⟨punten, winst⟩

ra

racket ['rækɪt] zn ❶ herrie, lawaai, drukte ❷ sport racket ❸ zwendel
racketeer [rækə'tɪə] zn geldafperser, chanteur, zwarthandelaar
racketeering [rækə'tɪərɪŋ] zn gangsterpraktijken ⟨afpersing, chantage, omkoperij⟩
racoon zn → raccoon
racquet ['rækɪt] zn sport racket
racquets, rackets, racquetball sport zn soort squash
racy ['reɪsɪ] bnw pittig, pikant, gewaagd
radar ['reɪ:da:] zn radar ★fig be back on the ~ weer op de radar verschijnen, weer (de) aandacht krijgen ★fig go off the ~ van de radar verdwijnen, uit de aandacht verdwijnen
radial ['reɪdɪəl] I bnw straalvormig, stervormig, straal- II zn, **radial tyre** radiaalband
radiance ['reɪdɪəns] zn straling, schittering
radiant ['reɪdɪənt] bnw ❶ stralend ★a ~ bride / smile / sun een stralende bruid / glimlach / zon ❷ stralings- ★~ energy stralingsenergie
radiate ['reɪdɪeɪt] I ov ww uitstralen ⟨licht, warmte, vertrouwen⟩ II onov ww ❶ stralen, uitstralen ★the love that ~d from her de liefde die zij uitstraalde ❷ straalsgewijs uitlopen
radiation [reɪdɪ'eɪʃən] zn straling
radiation sickness zn med stralingsziekte
radiator ['reɪdɪeɪtə] zn ❶ radiator ⟨van centrale verwarming⟩ ❷ koeler, radiateur ⟨van motor⟩
radical ['rædɪkl] I bnw ❶ radicaal ook pol , drastisch ★~ reforms drastische / ingrijpende hervormingen ❷ wezenlijk, fundamenteel ★a ~ difference een fundamenteel verschil II zn ❶ pol radicaal ❷ scheik radicaal, vrije radicaal ★free ~s vrije radicalen
radicalism ['rædɪkəlɪzəm] zn radicalisme
radicalize, GB radicalise ov ww radicaler / radicaal maken
radii ['reɪdɪaɪ] zn mv → radius
radio ['reɪdɪəʊ] I zn ❶ radio ★on the ~ op de radio ❷ radiotelefonie ★contact sb by ~ met iem. in contact treden via (de) radio II onov ww berichten, seinen ⟨via radio⟩ ★~ for help via de radio(zender) om hulp vragen / seinen III ov ww berichten, seinen ⟨via radio⟩ ★~ sb for help via de radio(zender) iem. om hulp vragen / seinen
radioactive [reɪdɪəʊ'æktɪv] bnw radioactief
radioactivity [reɪdɪəʊæk'tɪvətɪ] zn radioactiviteit
radio button comp zn checkbox ⟨hokje dat aangevinkt kan worden⟩
radiography [reɪdɪ'ɒgrəfɪ] zn radiografie, röntgenologie
radiologist [reɪdɪ'ɒlədʒɪst] zn radioloog
radiology [reɪdɪ'ɒlədʒɪ] zn radiologie
radio play zn hoorspel ⟨op de radio⟩
radio set zn radio
radio telescope zn radiotelescoop
radiotherapy [reɪdɪəʊ'θerəpɪ] zn radiotherapie ⟨behandeling met radioactieve stralen⟩, bestraling(stherapie)
radish ['rædɪʃ] zn radijs
radium ['reɪdɪəm] zn radium
radius ['reɪdɪəs] zn [mv: **radii**] ❶ straal, halve middellijn ⟨van cirkel⟩ ★within a 6-mile ~ binnen een straal van zes mijl ❷ anat

spaakbeen
RAF afk, mil Royal Airforce RAF ⟨Britse Koninklijke Luchtmacht⟩
raffish ['ræfɪʃ] dicht bnw liederlijk
raffle ['ræfəl] I zn loterij II ov ww, **raffle off** verloten
raft [ra:ft] I zn ❶ vlot ⟨van hout, rubber enz.⟩ ❷ inform lading, hoop ★a raft of new measures een lading / massa nieuwe maatregelen II onov ww per vlot reizen ★white-water rafting wildwatervaren, rafting
rafter ['ra:ftə] zn dakspar, balk
rag [ræg] I zn ❶ doek, lap ❷ populair krantje ❸ muz ragtime ❹ vod, lomp(en) ★in rags in lompen, in kapotte kleren ★not a rag to cover yourself geen kleren aan je lijf ★inform glad rags zondagse kloffie ★(from) rags to riches van armoede naar rijkdom ▼inform lose your rag over de rooie gaan II ov ww GB plagen, pesten, stangen, een streek leveren III onov ww, USA inform ~ on ★rag on sb iem. plagen / pesten, iem. aan het hoofd zeuren, vitten / hakken op iem.
ragamuffin ['rægəmʌfɪn] dicht zn schooiertje
ragbag ['rægbæg] zn ❶ allegaartje ❷ inform slons
rag doll zn lappenpop
rage [reɪdʒ] I zn ❶ woede ★fly into a rage woedend worden ★be in a rage woedend zijn ❷ inform rage, manie ★be all the rage een rage zijn, hartstikke in zijn II onov ww ❶ woeden, razen ★a raging fire een felle / hevige brand ★a raging headache een barstende hoofdpijn ★a raging debate een heftige discussie ❷ ~ at/ against tekeergaan tegen
ragged ['rægɪd] bnw ❶ haveloos, gerafeld, onverzorgd ❷ ruig, ruw, rauw ❸ ongelijk, met uitsteeksels / kartels, grillig (lijn), onregelmatig ⟨ademhaling⟩ ▼inform run sb ~ iem. afpeigeren, iem. afbeulen
raglan ['ræglən] bnw ❶ raglan-, zonder schoudernaad ★~ sleeves raglanmouwen ❷ met raglanmouwen ⟨jas, sweater⟩
ragtag ['rægtæg] bnw bij elkaar geraapt, ongeorganiseerd
ragtime zn ragtime ⟨Amerikaanse zwarte dansmuziek uit het begin van de 20e eeuw⟩
rag week zn liefdadigheidsweek ⟨georganiseerd door studenten⟩
raid [reɪd] I zn ❶ inval, overval, razzia ❷ rooftocht ❸ (lucht)aanval II ov ww ❶ een inval doen in, een razzia houden in, overvallen ★raid a bank een bank overvallen ❷ aanvallen ❸ plunderen, leegroven ★humor raid the fridge de koelkast plunderen
raider ['reɪdə] zn overvaller
rail [reɪl] I zn ❶ hek(werk), leuning, reling ❷ [meestal mv] spoorrails ★by rail per spoor ★fig get back on the rails er weer bovenop komen ★fig go off the rails ontsporen, het spoor bijster raken ❸ stang, staaf, rail ⟨voor schilderijen, gordijnen⟩, roede II ov ww ❶ van een afrastering / hek voorzien ★rail sth in iets omheinen ★rail sth off iets afrasteren, iets met hekken afscheiden ❷ per spoor verzenden III onov ww ❶ schelden ❷ ~ at/against

tekeergaan tegen
railhead ['reɪlhed] *zn* begin- / eindpunt v. spoorweg
railing ['reɪlɪŋ] *zn* ❶ hek, leuning, reling ❷ spijl ⟨van hek⟩
raillery ['reɪlərɪ] *form zn* scherts, grappen
railroad ['reɪlrəʊd] **I** *zn* USA spoorweg ★ *on the ~* over het spoor **II** *ov ww* inform haastig afdoen, jagen ★ *~ a bill through* een wet erdoor drukken ★ *~ sb into doing sth* iem. onder flinke druk dwingen om iets te doen
railway ['reɪlweɪ] *zn* GB spoorweg, spoor ★ *light ~* smalspoor ★ *use the ~* per trein reizen ★ *work on the ~s* bij de spoorwegen werken
railway line GB *zn* spoorlijn
railway yard *zn* spoorwegemplacement
rain [reɪn] **I** *zn* regen ★ *acid rain* zure regen ★ *(as) right as rain* helemaal in orde, kerngezond ★ *soft rain* gezapig buitje regen ★ *torrential / driving rain* slagregen ★ *the rains* [mv] regentijd ★ *(come) rain or shine* weer of geen weer **II** *onov ww* ❶ regenen, neerstromen ★ *it's raining* het regent ❷ ~ **down** neerkomen, neerdalen ★ *stones were raining down on his head* het regende stenen op zijn hoofd ▼ *it never rains but it pours* een ongeluk komt zelden alleen **III** *ov ww* ❶ regenen, doen neerstromen / -dalen ❷ ~ **down** doen neerkomen / -dalen ★ *rain down blows on sb's chest and head* iem. bekogelen met klappen op de borst en het hoofd ❸ ~ **rain off/out** ★ *be rained off* / USA *out* niet doorgaan / afgelast worden vanwege de regen ⟨van wedstrijd, evenement⟩
rainbow ['reɪnbəʊ] *zn* regenboog
rain check *zn* nieuw kaartje ⟨voor afgelaste wedstrijd⟩ ★ inform *take a ~ on sth.* iets te goed houden
raincoat ['reɪnkəʊt] *zn* regenjas
raindrop ['reɪndrɒp] *zn* regendruppel
rainfall ['reɪnfɔːl] *zn* regen
rainforest ['reɪnfɒrɪst] *zn* regenwoud
rainproof ['reɪnpruːf] *bnw* regendicht, waterdicht
rainstorm ['reɪnstɔːm] *zn* stortbui
rainwater ['reɪnwɔːtə] *zn* regenwater
rainy ['reɪnɪ] *bnw* regenachtig
raise [reɪz] **I** *ov ww* ❶ heffen, opsteken, optillen, opslaan ⟨ogen⟩ ★ *~ your hand* je hand opsteken / optillen ❷ rechtop zetten, opheffen, omhoog brengen ★ *~ yourself* je oprichten ★ *~ clouds of dust* stofwolken opwerpen ★ *~ a ship* een schip lichten ❸ verhogen ⟨prijs, belasting enz.⟩, verheffen ⟨stem⟩ ❹ oprichten ⟨monument⟩, doen ontstaan ⟨gevoelens, gebouwen⟩, op de been brengen ⟨leger⟩, bij elkaar brengen ⟨geld⟩ ★ *~ a laugh* gelach ontketenen ★ *~ £10,000 for sth* £10.000 bij elkaar brengen voor iets ❺ naar voren brengen, opwerpen ⟨vraag, enz.⟩ ★ *~ doubts* twijfels oproepen ★ *~ an issue with sb* een zaak ter sprake brengen bij iem. ❻ grootbrengen ⟨kind⟩, fokken ⟨dier⟩, kweken, telen ⟨gewas⟩ ❼ dicht wekken, doen opstaan ⟨uit de dood⟩ ❽ opheffen ⟨embargo, blokkade⟩, opbreken ⟨beleg⟩ ❾ bereiken ⟨via radio / telefoon⟩ ❿ meer bieden ⟨bij kaartspel⟩ ★ *~ sb fifty dollars* vijftig dollar meer bieden dan iem. ⓫ wisk verheffen tot ⟨een macht⟩ ★ *3 ~d to the*

power of 3 is 27 3 tot de 3e macht is 27 **II** *zn* USA salarisverhoging, opslag
raised *bnw* ❶ verhoogd ★ *on a ~ platform* op een verhoging ★ *in a ~ voice* met stemverheffing ★ *~ temperatures* verhoogde temperatuur ❷ opgetild, omhoog ★ *with their legs ~* met hun benen omhoog
raisin ['reɪzən] *zn* rozijn
rake [reɪk] **I** *zn* ❶ hark ❷ oud losbol, boemelaar ❸ helling **II** *ov ww* ❶ bijeenharken, (aan)harken, krabben, rakelen, (bijeen)schrapen, verzamelen ★ *rake the soil smooth* de grond egaal harken ★ *rake your fingers through your hair* je vingers door je haar heen halen ❷ bestrijken ⟨van kanon, licht, camera⟩ ❸ inform ~ **in** (met hopen) binnenhalen ★ *be raking it in* bakken geld verdienen ❹ ~ **over** ★ *rake over the past* het verleden oprakelen ❺ ~ **up** oprakelen ⟨het verleden⟩, bijeenharken, bij elkaar brengen **III** *onov ww* ❶ harken ❷ krabben ❸ ~ **around** (door)snuffelen, doorzoeken ★ *rake around in your pockets for your keys* in je zakken zoeken naar je sleutels ❹ ~ **through** (door)snuffelen, doorzoeken ★ *rake through your pockets for some coins* in je zakken zoeken naar wat munten
rake-off inform *zn* (illegale) provisie
rakish ['reɪkɪʃ] *bnw* ❶ zwierig, vlot ★ *wear your hat at a ~ angle* je hoed losjes schuin op je hoofd dragen ❷ oud liederlijk, lichtzinnig
rally ['rælɪ] **I** *zn* ❶ bijeenkomst, demonstratie, betoging ★ *hold / stage a ~* een bijeenkomst houden / organiseren ❷ sterrit, rally ❸ sport slagenwisseling ❹ herstel ⟨van koersen, krachten⟩ **II** *ov ww* verzamelen, groeperen, bijeenbrengen ★ *~ support for sb* steun verzamelen voor iem. **III** *onov ww* ❶ zich verzamelen, bijeenkomen ❷ zich herstellen ⟨van krachten, koersen⟩ ❸ ~ **round** ★ *~ round sb* zich scharen om iem., (met zijn allen) iem. te hulp schieten ❹ ~ **to** zich aansluiten bij ★ *~ to the defence of sb* achter iem. gaan staan
ram [ræm] **I** *ov ww* ❶ rammen ★ *ram a van* een busje rammen ★ *ram sth home* iets erin hameren, iets overduidelijk maken ❷ aan- / vaststampen ❸ stoten (met), proppen ★ *ram the key into the lock* de sleutel in het slot rammen / stoten ★ *ram al your things into one suitcase* al je spullen in een koffer proppen **II** *onov ww* ~ **into** rammen (in / op) ★ *ram into a bus* een bus rammen **III** *zn* ❶ dierk ram ❷ stormram ❸ hydraulische ram, plunjer
RAM [ræm] *afk, comp random access memory* RAM, werkgeheugen
ramble ['ræmbl] **I** *onov ww* ❶ afdwalen, kakelen, bazelen ❷ GB rondtrekken, (lange) wandeling / wandeltocht maken, eropuit gaan ⟨in de natuur⟩ ❸ tieren, welig groeien, woekeren ❹ ~ **on** raaskallen, doorkakelen **II** *zn* ❶ GB (lange) wandeltocht ❷ lange uitweiding, verward verhaal / stuk
rambler ['ræmblə] *zn* ❶ GB wandelaar, trekker ❷ klimroos
rambling ['ræmblɪŋ] **I** *bnw* ❶ rommelig uitgebouwd ⟨van stad, enz.⟩, alle kanten

ra

opgaand ❷ onsamenhangend ⟨van tekst⟩, verward ❸ wildgroeiend II *zn* GB het wandelen ⟨in de natuur⟩, het rondtrekken ★ ~s [mv] wartaal, verward verhaal / stuk, lange uitweiding

rambunctious [ræm'bʌŋkʃəs] USA *bnw* onstuimig, uitgelaten

ramekin *zn* eenpersoonsovenschaaltje

ramification [ræmɪfɪ'keɪʃən] *zn* [vaak mv] (meestal onaangenaam / ingewikkeld) gevolg, complicatie

ramp [ræmp] I *zn* ❶ glooiing, talud, helling(baan) ⟨bv. voor invaliden⟩ ❷ GB oneffenheid ⟨in wegdek⟩, drempel, uitholling ❸ USA oprit, afrit ❹ vliegtuigtrap II *ov ww* ~ **up** opvoeren, verhogen, vergroten ★ *ramp up production* de productie opvoeren

rampage [ræm'peɪdʒ] I *zn* ~ *be on the ~* tieren, tekeergaan II *onov ww* als een gek tekeergaan ★ *hooligans ~d through the streets* vandalen trokken een spoor van vernieling door de straten

rampant ['ræmpənt] *bnw* ❶ alom heersend, onstuitbaar ★ ~ *inflation* gierende inflatie ★ *corruption is ~ in the Third World countries* corruptie tiert welig in de derdewereldlanden, corruptie viert hoogtij in de derdewereldlanden ❷ (te) weelderig ⟨van plantengroei⟩

rampart ['ræmpɑːt] *zn* wal, bolwerk

ram-raid GB I *zn* ramkraak II *ov ww* een ramkraak plegen op, ramkraken

ramrod ['ræmrɒd] *zn* laadstok ⟨van ouderwets geweer⟩ ★ *straight as a ~* kaarsrecht

ramshackle ['ræmʃækl] *bnw* bouwvallig, gammel, krakkemikkig

ran [ræn] *ww* [verleden tijd] → run

ranch [rɑːntʃ] USA *zn* ❶ (vee)boerderij, fokkerij ❷ zaak, bedrijf ❸ **ranch house** bungalow

rancher ['rɑːntʃə] USA *zn* ❶ veeboer, fokker ❷ boerenknecht, knecht op een ranch

rancid ['rænsɪd] *bnw* ranzig

rancorous ['ræŋkərəs] *bnw* haatdragend, rancuneus

rancour ['ræŋkə] *zn* wrok, rancune

rand [rænd] *zn* rand ⟨munt(eenheid) van Zuid-Afrika⟩

random ['rændəm] I *zn* ~ *at ~* zomaar, op goed geluk, in het wilde weg II *bnw* willekeurig ★ *a ~ selection* een willekeurige selectie

randy ['rændɪ] *bnw* geil, wellustig, wulps

rang [ræŋ] *ww* [verleden tijd] → ring

range [reɪndʒ] I *zn* ❶ assortiment, reeks ★ *a wide ~ of health products* een ruime sortering gezondheidsproducten ❷ rij, serie ❸ bereik, gebied, sfeer, draagwijdte, omvang, (schoots)afstand, schootsveld ★ *at close ~* van dichtbij ★ *cars in the same price ~* auto's van dezelfde prijsklasse ★ *out of ~* of buiten bereik van ★ *out of her ~ of vision* uit haar gezichtsveld ★ *with a ~ of 7000 km* met een bereik van 7000 km ★ *medium ~* middellange afstand ❹ (berg)keten ❺ verspreiding(sgebied), sector ❻ schietbaan ❼ (kook)fornuis ❽ weide- / jachtgebied ★ *free ~ eggs* scharreleieren II *onov ww* ❶ zich uitstrekken, reiken, bestrijken ★ ~ *from... to* variëren van... tot ❷ ~ **between** zich

bewegen tussen, gevonden worden tussen ★ *their ages ~d between 12 and 18* hun leeftijden liepen van 12 tot 18 ❸ ~ **over** zich uitstrekken over, omvatten, zwerven over III *ov ww* ❶ opstellen, rangschikken, plaatsen, ordenen ❷ zwerven over (groot gebied) ❸ laten gaan langs / over ❹ ~ **against** ★ ~ *yourself against sb / sth* je opstellen tegen iemand / iets ❺ ~ **with** ★ ~ *yourself with sb* je achter iemand scharen

range hood *zn* afzuigkap

ranger ['reɪndʒə] *zn* ❶ boswachter, parkopzichter ❷ padvindster ⟨14-19 jaar⟩, scout ❸ USA commando

rangy ['reɪndʒɪ] *bnw* rank, slank

rank [ræŋk] I *zn* ❶ rang, stand, graad ★ *of the first rank* van de eerste rang, eersteklas ★ *promote sb to the rank of captain* iem. tot (de rang van) kapitein bevorderen ★ *people of all ranks* mensen uit alle rangen en standen ★ *a family of rank* een familie van stand ★ *pull rank (on sb)* op je strepen gaan staan (tegenover iemand) ❷ gelid, rij ★ *the ranks* manschappen, de groep ★ *in our ranks* in onze groep, in ons midden ★ *break ranks* de gelederen verbreken ★ *close ranks* de gelederen sluiten ★ *join the ranks of the 50-plus* zich voegen bij het leger van 50-plussers ★ *keep rank* in het gelid blijven ★ *rank and file* soldaten en onderofficieren, het gewone volk ★ *rise from the ranks* uit de troep voortkomen, zich opwerken ❸ taxistandplaats II *ov ww* ❶ een plaats geven, ordenen, rangschikken ★ *be ranked third* op de derde plaats staan ❷ **form** in een rij zetten / plaatsen ❸ USA hoger zijn in rang dan ❹ ~ **among** rekenen tot III *onov ww* ❶ een plaats hebben ★ *rank next to* in rang volgen op ★ *rank third in the world* derde zijn in de wereld, op de derde plaats staan in de wereldranglijst ★ *rank high / low with sb* hoog / laag scoren bij iem., belangrijk / niet belangrijk zijn voor iem. ❷ ~ **among/as** behoren tot, gelden als ❸ ~ **with** ★ *rank with sth / sb* even goed / belangrijk zijn als iets / iemand, op een lijn staan met iets / iemand IV *bnw* ❶ smerig, walgelijk ⟨stank⟩ ❷ puur, absoluut, onmiskenbaar ★ *rank nonsense* klinkklare onzin ★ *rank poison* puur vergif ❸ te weelderig, overwoekerend

ranking ['ræŋkɪŋ] I *bnw* USA hoog(st), belangrijk(st) ★ ~ *officer* hoogste officier II *zn* ❶ klassement, ranglijst ★ *be fourth in the world ~s* vierde staan op de wereldranglijst ❷ klassering, plaats in een klassement

rankle ['ræŋkl] I *onov ww* knagen, (blijven) pijn doen ★ *her betrayal still ~d with him* haar verraad zat hem nog steeds dwars II *ov ww* pijn doen, dwarszitten, verbitteren

ransack ['rænsæk] *ov ww* ❶ plunderen ❷ doorzoeken

ransom ['rænsəm] I *zn* losgeld ★ *dicht worth a king's ~* met geen goud te betalen ★ *hold sb to ~* losgeld eisen voor iem., iem. het mes op de keel zetten II *ov ww* loskopen, vrijkopen, losgeld betalen voor

rant [rænt] I *onov ww* ❶ razen, tekeergaan ★ *rant and rave* razen en tieren ❷ ~ **against** uitvaren tegen **II** *zn* tirade, boze jammerklacht

rap [ræp] **I** *zn* ❶ tik, klop ★ fig *give a person a rap on / over the knuckles* iem. op de vingers tikken 〈bekritiseren〉 ❷ muz rap 〈stijl〉 ❸ muz rap 〈tekst〉 ❹ USA inform beschuldiging, schuld, straf ★ *a bum / bad rap* een vals beschuldiging, een oneerlijke behandeling ★ *beat the rap* zijn straf ontlopen ★ *take the rap for sth* opdraaien, de schuld krijgen van iets **II** *ov ww* ❶ tikken (op), kloppen(op) ★ *rap the table* op de tafel tikken / kloppen ★ fig *rap sb on / over the knuckles* iem. op de vingers tikken 〈bekritiseren〉 ❷ muz rappen ❸ fel bekritiseren ❹ ~ **out** eruit flappen ★ *rap out orders* bevelen snauwen **III** *onov ww* ❶ tikken, kloppen ★ *rap on the table* op de tafel tikken / kloppen ❷ muz rappen

rapacious [rə'peɪʃəs] form *bnw* roofzuchtig, hebzuchtig

rapacity [rə'pæsətɪ] form *zn* roofzucht, hebzucht

rape [reɪp] **I** *ov ww* verkrachten, onteren **II** *zn* ❶ verkrachting ❷ verwoesting, vernieling 〈van een gebied, oerbos e.d.〉 ❸ koolzaad

rapid ['ræpɪd] **I** *bnw* snel, vlug **II** *zn* [vaak mv] stroomversnelling

rapid-fire *bnw* ❶ razendsnel (op elkaar volgend) ❷ snelvuur-, snel vurend 〈wapen〉

rapidity ['ræpɪdətɪ] *zn* snelheid

rapier ['reɪpɪə] **I** *zn* rapier 〈soort degen〉 **II** *bnw* dicht scherp ★ *her* ~ *wit* haar vlijmscherpe humor

rapist ['reɪpɪst] *zn* verkrachter

rappel [ræ'pel] *onov ww* USA abseilen

rapper muz *zn* rapper

rapport [ræ'pɔ:] *zn* relatie, verstandhouding

rap sheet USA inform *zn* strafblad

rapt [ræpt] *bnw* in vervoering, in hoger sferen ★ *listen to sth / sb with rapt attention* helemaal in vervoering naar iets / iemand luisteren ★ *rapt in thought* in gedachten verzonken ★ *a rapt audience* een verrukt publiek

rapture ['ræptʃə] *zn* vervoering, extase ★ *be in* ~*s about sth* verrukt / lyrisch zijn over iets ★ *go into* ~*s about / over sth* in extase raken over iets

rapturous ['ræptʃərəs] *bnw* verrukt, hartstochtelijk, lyrisch

rare [reə] *bnw* ❶ zeldzaam ❷ dun, ijl 〈van lucht〉 ❸ niet gaar 〈van vlees〉

rarebit ['reəbɪt] *zn* warme toast met gesmolten kaas

rarefied ['reərɪfaɪd] *bnw* ❶ exclusief, esoterisch, verheven ❷ dun ★ ~ *air* ijle lucht

rarely ['reəlɪ] *bijw* zelden

raring ['reərɪŋ] *bnw* inform dolgraag, enthousiast ★ *be* ~ *to do sth* iets dolgraag willen doen ★ ~ *to go* staan te trappelen van ongeduld

rarity ['reərətɪ] *zn* zeldzaamheid

rascal ['rɑ:skl] *zn* ❶ kwajongen, deugniet ❷ oud schelm, schurk

rash [ræʃ] **I** *zn* ❶ huiduitslag ★ *come / break out in a rash* huiduitslag krijgen ❷ uitbarsting, explosie ★ *a rash of armed robberies* een explosie van gewapende roofovervallen **II** *bnw* overhaast, onbezonnen

rasher ['ræʃə] *zn* plakje spek of ham

rasp [rɑ:sp] **I** *zn* ❶ rasp ❷ raspend geluid **II** *ov ww* ❶ raspen ❷ raspend / krassend zeggen

III *onov ww* krassen, schrapen, raspen ★ *with a rasping voice* met raspende / krassende stem

raspberry ['rɑ:zbərɪ] *zn* ❶ framboos ❷ GB inform boegeroep, het blè roepen ★ *blow a* ~ *at sb* iem. uitjoelen

rat [ræt] **I** *zn* ❶ rat ★ *smell a rat* lont ruiken ★ inform *look like a drowned rat* er als een verzopen kat uitzien ❷ rotzak, klootzak, vuile hond ▼ *rats!* verdorie! **II** *onov ww* ❶ inform ~ **on** verraden, GB niet nakomen 〈beloftes〉 ❷ USA inform ~ **out** verraden

ratchet ['rætʃɪt] **I** *zn* techn palrad, palwiel 〈dat door pal slechts een kant op kan draaien〉 **II** *onov ww* ~ **up** steeds in stapjes toenemen, steeds groter worden **III** *ov ww* ~ **up** steeds in stapjes verhogen / opvoeren, steeds in stapjes doen toenemen, steeds groter maken

rate [reɪt] **I** *zn* ❶ cijfer 〈vaak in samenstellingen〉 ★ *crime rate* misdaadcijfer ★ *unemployment rate* werkloosheidspercentage, werkloosheidscijfer ★ *at a / the rate of* ten getale van ★ *at a rate of sixty a month* met zestig per maand ❷ snelheid ★ *at a / the rate of* met een snelheid van ★ *at that rate* als dit uitgangspunt juist is, als het zo doorgaat ❸ tarief, prijs ★ *the hourly rate (of pay)* het uurtarief ★ *going rate* gangbaar tarief ★ *prime rate* laagste bankdisconto ❹ koers ★ *the rate of interest* de rentevoet ★ *the rate of exchange* de wisselkoers ▼ *at any rate* in ieder geval ▼ GB *rates* [mv] plaatselijke belasting 〈tot 1990〉 **II** *ov ww* ❶ achten, schatten, aanslaan ★ *be rated very highly by sb* zeer gewaardeerd worden door iem., zeer hoog aangeslagen worden door iem. ❷ rekenen (tot), waarderen, classificeren (als), een waarde toekennen ★ *be rated as* beschouwd worden als ★ *films rated 15* films voor 15 jaar en ouder ★ *be rated number four in the world* de nummer vier in de wereld zijn ❸ USA inform verdienen, waard zijn 〈vermelding, bedankje〉 ❹ GB inform goed vinden, op prijs stellen **III** *onov ww* ❶ gerekend worden ❷ ~ **among/with** behoren tot ❸ ~ **as** behoren tot, gelden als

ratepayer ['reɪtpeɪə] GB gesch *zn* ❶ belastingbetaler 〈van onroerend goed〉 ❷ huiseigenaar

rather ['rɑ:ðə] **I** *bijw* ❶ liever (nog), eerder (nog) ★ *I would* ~ *stay* ik zou liever blijven ★ ~ *than* liever dan, in plaats van ★ *our apartment, or* ~ *my fiancée's* ons appartement, of beter gezegd dat van mijn verloofde ★ inform ~ *you than me* jij liever dan ik ❷ tamelijk, nogal, vrij(wel), een beetje ★ *a* ~ *sad story* een nogal / tamelijk droevig verhaal ★ ~ *a good book* nogal een goed boek ★ *she left* ~ *suddenly* ze vertrok vrij plotseling **II** *tw*, GB oud nou en of!, (heel) graag!

ratification [rætɪfɪ'keɪʃən] *zn* bekrachtiging, ratificatie

ratify ['rætɪfaɪ] *ov ww* bekrachtigen, ratificeren

rating ['reɪtɪŋ] *zn* ❶ waardering, waarderingscijfer, klasse, classificatie, klassering ★ *receive a high / low* ~ een hoge / lage waardering krijgen ★ *get an X* ~ voor boven de 18 gekeurd worden 〈film〉 ❷ GB matroos

ratings ['reɪtɪŋz] *zn mv* kijkcijfers

ra

ratio [ˈreɪʃɪəʊ] *zn* verhouding ★*a doctor-nurse ~ of 1:7* een dokter-verpleegkundige verhouding van 1 op 7

ration [ˈræʃən] **I** *zn* rantsoen ★*be on short ~s* op rantsoen staan **II** *ov ww* **❶** rantsoeneren, op rantsoen stellen ★*~ yourself to ten cigarettes a day* jezelf op een rantsoen zetten van tien sigaretten per dag **❷** **ration out** distribueren ⟨in tijden van schaarste⟩ ★*meat is ~ed* vlees is op de bon

rational [ˈræʃənl] *bnw* **❶** redelijk, verstandelijk **❷** rationeel

rationale [ræʃəˈnɑːl] *form zn* basis, grond(reden), redenering, achterliggende gedachte

rationalise *ww* GB → **rationalize**

rationalism [ˈræʃənəlɪzəm] *zn* rationalisme

rationalist [ˈræʃənəlɪst] *zn* rationalist

rationalistic [ræʃənəˈlɪstɪk] *bnw* rationalistisch

rationality [ˌræʃəˈnæləti] *zn* **❶** rationaliteit **❷** rede

rationalize [ˈræʃənəlaɪz] **I** *ov ww* **❶** rationaliseren, verstandelijk verklaren **❷** reorganiseren ⟨bedrijf⟩ **II** *onov ww* **❶** rationaliseren, iets verstandelijk verklaren **❷** reorganiseren

ration book *zn* bonboekje

rationing *zn* distributie, rantsoenering

rat race *zn* concurrentiestrijd, onderlinge rivaliteit

rat run GB *zn* sluipweg

rattan [rəˈtæn] *zn* rotan, rotting

rat-tat [ˈræt ˈtæt], **rat-a-tat** GB *zn* klopklop

rattle [ˈrætl] **I** *ov ww* **❶** doen rammelen / ratelen, rammelen (met), ratelen (met) **❷** nerveus maken, op stang jagen, van zijn / haar stuk brengen ★*~d by the questions / by her smile* nerveus door de vragen / haar glimlach ★*her confidence was ~d* haar zelfvertrouwen wankelde **❸** **~ off** afraffelen, opdreunen **II** *onov ww* **❶** rammelen, ratelen, kletteren ★*an old truck ~d by / past* een oude vrachtwagen ratelde / rammelde voorbij **❷** **~ around** verloren rondlopen / ronddwalen / raken (in) ⟨te groot huis⟩ **❸** **~ away/on** er op los kletsen, maar door ratelen **❹** GB *inform* **~ through** ★*~ through sth* iets afraffelen, door iets heen vliegen **III** *zn* **❶** gerammel, geratel **❷** rammelaar **❸** GB ratel

rattler [ˈrætlə] *zn*, USA *inform* ratelslang

rattlesnake [ˈrætlsneɪk] *zn* ratelslang

rattletrap [ˈrætltræp] USA *zn* rammelkast

ratty [ˈræti] *bnw* **❶** ratachtig **❷** GB *inform* prikkelbaar, nijdig **❸** USA *inform* sjofel

raucous [ˈrɔːkəs] *bnw* **❶** rauw, schor **❷** luidruchtig, lawaaierig

raunchy [ˈrɔːntʃɪ] *bnw* ordinair, vulgair, goor, geil

ravage [ˈrævɪdʒ] **I** *ov ww* verwoesten, teisteren **II** *zn* ★*~s* vernielingen ★*survive the ~s of time* de tand des tijds doorstaan

rave [reɪv] **I** *zn*, **rave review** zeer lovende recensie, groot housefeest **II** *onov ww* **❶** razen, ijlen ★*rave at sb* tekeergaan tegen iem. **❷** lyrisch zijn / worden ★*rave about / over sth* dwepen met iets, lyrisch zijn / worden over iets

ravel [ˈrævəl] *ww* **❶** in de war maken, compliceren **❷** **~ out** ontwarren *ook fig*

raven [ˈreɪvn] **I** *zn* raaf **II** *bnw* dicht,

raven-haired ravenzwart

ravenous [ˈrævənəs] *bnw* **❶** uitgehongerd **❷** enorm ★*a ~ appetite* een ontzettende trek / honger

raver [ˈreɪvə] *zn* **❶** bezoeker v. houseparty **❷** GB *oud* feestnummer, feestbeest

ravine [rəˈviːn] *zn* ravijn

raving [ˈreɪvɪŋ] **I** *bnw + bijw* buitengewoon, extreem, hartstikke ★*a ~ beauty* een spetterende schoonheid ★*~ mad* stapelgek **II** *zn* [*mv*] ★*the ~s* het geraaskal, de wartaal ⟨van gek, oude man / vrouw⟩

ravish [ˈrævɪʃ] *ov ww* **❶** dicht onteren, verkrachten **❷** verwoesten, ruïneren

ravishing [ˈrævɪʃɪŋ] *dicht bnw* verrukkelijk, betoverend

raw [rɔː] **I** *bnw* **❶** rauw, ongekookt **❷** ruw, onbewerkt, puur ★*raw materials* grondstoffen ★*raw silk* ruwe zijde ★*fig* USA *raw language* grove taal **❸** onbewerkt, ongecorrigeerd ⟨gegevens, cijfers⟩, realistisch, openhartig ⟨portret⟩ **❹** onervaren, ongeoefend **❺** pijnlijk, gevoelig, ontveld **❻** guur, ruw ⟨van weer, wind⟩ **II** *zn* rauwe plek ★*touch sb on the raw* iem. tegen het zere been schoppen ★*in the raw* rauw, in ruwe staat, USA *inform* naakt ★*life in the raw* het leven zoals het is

rawhide [ˈrɔːhaɪd] *zn* ongelooide huid

ray [reɪ] *zn* **❶** straal ⟨licht e.d.⟩ ★*inform catch / grab some rays* (even) wat zon pakken ★*fig inform be a ray of sunshine* het zonnetje in huis zijn **❷** sprankje, beetje ★*a ray of hope* een sprankje hoop **❸** rog ⟨vis⟩

rayon [ˈreɪɒn] *zn* rayon, kunstzijde

raze [reɪz] *ov ww* met de grond gelijkmaken ★*be razed to the ground* met de grond gelijkgemaakt worden, volledig vernietigd worden

razor [ˈreɪzə] *zn* scheerapparaat, scheermes ★*an electric ~* een elektrisch scheerapparaat ★*a disposable ~* een weggooischeermes ★*cut-throat ~* (lang) scheermes

razorbill *zn* alk

razor blade *zn* scheermesje

razor's edge [ˈreɪzəz ˈedʒ], **razor edge** [ˈreɪzər ˈedʒ] *zn* ▼*fig on the ~ ≈* op het scherp van de snede, zeer kritiek

razor-sharp *bnw* messcherp, vlijmscherp *ook fig*, bv. van opmerking, beeld

razor wire *zn* prikkeldraad met scheermesjes

razzle [ˈræzl] *zn* ★ GB *inform be on the ~* aan de zwier zijn, uit (stappen) zijn

Rd, rd *afk, road* str., weg, straat

re [riː] *zn muz re* **II** *vz* betreffende ★*re: Order No 2692* betreft: Order nr. 2692

re- [riː] *voorv* her-, weer-, opnieuw, terug- ★*rewrite* herschrijven ★*remarry* opnieuw trouwen ★*replace* terugzetten

reach [riːtʃ] **I** *ov ww* **❶** bereiken, (aan)komen bij ★*~ London* in Londen aankomen ★*you can always ~ me on my mobile* je kunt me altijd bereiken op mijn mobieltje ★*~ an audience of over 30 million* een publiek van meer dan 30 miljoen bereiken, door meer dan 30 miljoen mensen bekeken / gezien worden ★*~ a certain age / point* een bepaald(e) leeftijd / punt bereiken ★*not ~ the top shelf* niet bij de

ra

bovenste plank kunnen ★ ~ *a conclusion /
compromise* tot een conclusie / compromis
komen ★ *the news has not ~ed here* het nieuws is
hier nog niet binnengekomen ❷ reiken,
uitstrekken, uitsteken ★ ~ *out your hand to
touch sth* je hand uitsteken / uitstrekken om iets
aan te raken ❸ aanreiken, aangeven ★ *can you
~ me down those two books* kun je me die twee
boeken aangeven ❹ pakken ★ ~ *down a book
from the top shelf* een boek van de bovenste
plank (af) pakken / nemen **II** *onov ww* ❶ reiken,
zich uitstrekken ★ *his hair ~ed to his shoulders*
zijn haar kwam tot zijn schouders ★ ~ *out to
touch sth* je hand uitsteken / uitstrekken om iets
aan te raken ★ ~ *across the table* over de tafel
reiken ★ ~ *into your pocket for your keys* je
sleutels uit je zak pakken ❷ ~ **for** grijpen naar,
pakken ❸ ~ **out to** ★ ~ *out to sb* iem. proberen
te bereiken, met iem. in contact proberen te
komen **III** *zn* ❶ bereik ★ *within easy* ~
gemakkelijk te bereiken ★ *keep out of the ~ of
children* buiten het bereik van kinderen houden
❷ kring, invloedssfeer ★ *beyond the ~ of the law*
buiten het bereik van de wet ★ *in the upper /
lower ~es of* in de bovenste / laagste regionen
van ❸ rak ⟨v.e. rivier⟩ ★ *the upper / lower ~es of a
river* de bovenloop / benedenloop van een rivier
❹ dicht uitgestrektheid ★ *the outer ~es of space*
de uiterste streken / gebieden van de ruimte

react [rɪˈækt] *onov ww* ❶ reageren ook scheik ★ ~
badly to sth slecht op iets reageren ⟨bv.
bepaalde medicijnen⟩ ❷ ~ **against** in opstand
komen tegen, zich afzetten tegen

reaction [rɪˈækʃən] *zn* reactie ook scheik ★ *what's
your ~ to that?* wat is jouw reactie / antwoord
daarop? ★ *an allergic ~ to certain foods* een
allergische reactie op bepaalde
voedingsmiddelen ★ *sb with quick ~s* iem. met
snelle reflexen, iem. met een snel
reactievermogen

reactionary [rɪˈækʃənərɪ] **I** *zn* reactionair **II** *bnw*
tegen politieke of sociale vooruitgang,
reactionair, uiterst conservatief

reactivate [rɪˈæktɪveɪt] *ov ww* reactiveren, nieuw
leven inblazen

reactive [rɪˈæktɪv] *bnw* reagerend

reactor [rɪˈæktə] *zn* reactor

read[1] [riːd] **I** *ov ww* ⟨onregelmatig⟩ ❶ lezen,
oplezen, voorlezen, aflezen ★ *read a book* een
boek lezen ★ *read the clock* op de klok kijken
★ *read the meter* de meter opnemen ★ *read
music* muziek lezen ★ *read a paper* een lezing
houden ★ *the thermometer reads 33°* de
thermometer wijst 33° aan ❷ uitleggen,
begrijpen, (kunnen) verstaan, horen ★ *we didn't
know how to read her silence* we wisten niet wat
haar stilte moest betekenen ★ *she read him right*
ze had hem door ❸ GB oud studeren ★ *read law*
rechten studeren ❹ ontvangen ⟨radio⟩ ★ *do you
read me?* ontvang je mij?, hoor je mij? ❺ comp
lezen ⟨schijf⟩, inlezen ⟨gegevens⟩ ❻ ~ **back**
voorlezen ⟨wat net geschreven is⟩ ❼ ~ **into** ⟨een
betekenis⟩ willen leggen in ❽ ~ **off** aflezen
⟨gegevens, van instrument, apparaat⟩
❾ ~ **out** hardop (voor)lezen ❿ ~ **to** voorlezen
★ *read a story to sb* iem. een verhaal voorlezen

⓫ ~ **through/over** doorlezen, doornemen
⓬ ~ **up** ⟨grondig⟩ bestuderen **II** *onov ww*
⟨onregelmatig⟩ ❶ lezen ★ *read and write* lezen
en schrijven ★ *your story reads well* je verhaal is
goed geschreven ★ *be well read* belezen zijn
❷ klinken, luiden ★ *a telegram reading* een
telegram dat luidt ❸ GB oud studeren ★ *read for
a degree in law* rechten studeren ❹ ~ **to**
voorlezen ❺ ~ **up on** ⟨grondig⟩ bestuderen
III *zn* het lezen, leesstof ★ *have a read* ⟨even⟩
lezen ★ *it's a good read* het is een goed boek, het
leest lekker weg

read[2] [red] *ww* [verl. tijd + volt. deelw.] → **read**[1]

readability [riːdəˈbɪlətɪ] *zn* leesbaarheid

readable [ˈriːdəbl] *bnw* ❶ lezenswaard ❷ leesbaar
⟨letter, handschrift⟩

readdress [riːəˈdres] *ov ww* doorsturen

reader [ˈriːdə] *zn* ❶ (voor)lezer ★ *a slow ~* een
langzame lezer ❷ GB universitair hoofddocent
❸ leesboek, bloemlezing ★ *graded ~* bewerkt
boek ⟨voor bep. niveau⟩ ❹ lezer ⟨elektronisch
apparaat⟩, leesapparaat, reader

readership [ˈriːdəʃɪp] *zn* ❶ de lezers ❷ GB
universitair hoofddocentschap

readily [ˈredɪlɪ] *bijw* ❶ graag ★ *he'll ~ help you* hij
helpt je graag ❷ gemakkelijk ★ ~ *available
everywhere* overal gemakkelijk te krijgen

readiness [ˈredɪnəs] *zn* ❶ gereedheid ★ *be in ~ for*
klaarstaan voor, gereedstaan voor ★ *salt stock
increased in ~ for winter* zoutvoorraad vergroot
alvast ter voorbereiding op de winter
❷ bereidheid, bereidwilligheid ★ *express your ~
to do sth* je bereid tonen iets te doen

reading [ˈriːdɪŋ] *zn* ❶ (het) lezen, lees- ⟨vaak in
samenstellingen⟩ ★ ~ *list* leeslijst ★ ~ *matter /
material* leesstof, lectuur ★ ~ *room* leeszaal ★ *on
first ~* bij het de eerste keer lezen ★ *your report
makes (for) interesting ~* je verslag is interessante
lectuur ❷ lezing, voordracht ❸ lectuur, leesstof
★ *light ~* lichte lectuur ★ *background ~*
achtergrondliteratuur ❹ (meter)stand ❺ lezing,
interpretatie, opvatting ❻ behandeling ⟨van
wetsontwerp⟩ ★ *first / second / third ~* eerste /
tweede / derde behandeling in de Kamer

reading comprehension *zn* leesvaardigheid

readjust [riːəˈdʒʌst] **I** *onov ww* zich weer
aanpassen ★ ~ *after a divorce* het leven weer
oppakken na een scheiding **II** *ov ww* weer
aanpassen, weer goed zetten

readjustment [riːəˈdʒʌstmənt] *zn* heraanpassing,
het weer goed zetten, herschikking

readmission [riːədˈmɪʃən] *zn* het opnieuw
toelaten

readmit [riːədˈmɪt] *ov ww* opnieuw toelaten ★ *be
~ted to hospital* opnieuw opgenomen worden in
het ziekenhuis

read-out comp *zn* uitdraai, uitlezing ⟨van
computeroutput, op scherm of papier⟩

ready [ˈredɪ] **I** *bnw* ❶ klaar ★ GB ~ *meal*
kant-en-klare maaltijd ★ *be ~ and waiting to do
sth* klaarstaan om iets te doen ★ ~ *to (leave)*
klaar om (te vertrekken), op het punt om (te
vertrekken) ★ *be ~ for a new job* klaar zijn voor
een nieuwe baan, toe zijn aan een nieuwe baan
★ *be ~ for a holiday* aan vakantie toe zijn ★ *get ~*
(zich) klaarmaken ★ *make ~ for* (zich)

re

voorbereiden voor / op, (zich) klaarmaken voor ★ ~, stead, go! klaar? af! ❷ bereid(willig) ★ be ~ to help klaarstaan om te helpen ★ she is very ~ at excuses ze staat direct klaar met een excuus ❸ vaardig, vlug, gemakkelijk ★ have ~ access to sth snelle toegang hebben tot iets ★ ~ to hand bij de hand ★ a ~ answer to your question een snel antwoord op je vraag ★ ~ wit gevatheid ❹ contant ★ ~ money / cash contant geld **II** zn ★ at the ~ in de aanslag, paraat ★ always have your camera at the ~ houd je camera altijd bij de hand / paraat ★ GB inform readies [mv] contanten, het nodige geld **III** ov ww form voorbereiden, klaarmaken **IV** bijw kant-en-klaar, van tevoren ⟨vaak in samenstellingen⟩ ★ ~-salted crisps zoute chips ★ ~-cooked meals kant-en-klare maaltijden

ready-made [redɪˈmeɪd] bnw ❶ confectie-⟨kleding⟩, kant-en-klaar ⟨maaltijd⟩ ❷ voorgekauwd, stereotiep

ready-to-wear [redɪtəˈweə] oud bnw confectie-

reaffirm [riːəˈfɜːm] ov ww opnieuw bevestigen

reafforest [riːəˈfɒrɪst] GB ov ww herbebossen

reafforestation [riːəfɒrɪˈsteɪʃən] GB zn herbebossing

real [riːl] **I** bnw + bijw echt, werkelijk, reëel ★ real money baar geld ★ in real life in het echt, in de echte wereld ★ a real life scene een levensecht tafereel ★ that's the real thing dat is het pas, dat is het ware ★ get real! doe eens normaal! ★ be for real echt zijn, serieus zijn ★ inform do sth for real iets echt doen ★ inform are you for real? meen je dat? **II** bijw, USA inform echt, erg ★ she's real cute zij is erg / echt leuk

real estate zn onroerend goed, onroerende zaken

real estate agent zn USA vastgoedmakelaar

realisation zn GB → realization

realise ww GB → realize

realism [ˈriːəlɪzəm] zn realisme, werkelijkheidszin

realist [ˈriːəlɪst] zn realist

realistic [rɪəˈlɪstɪk] bnw realistisch ook kunst , praktisch, nuchter ★ ~ally, there's little difference between X and Y reëel beschouwd / in werkelijkheid is er weinig verschil tussen X en Y

reality [rɪˈæləti] zn werkelijkheid, realiteit ★ virtual ~ virtual reality, virtuele werkelijkheid

reality check inform zn iets dat je weer met beide benen op de grond zet

realizable, realisable [rɪəˈlaɪzəbl] bnw realiseerbaar, te verwezenlijken

realization [rɪəlaɪˈzeɪʃən] zn ❶ bewustwording, besef ❷ realisatie, verwezenlijking

realize [ˈrɪəlaɪz] ov ww beseffen, inzien, zich realiseren ❷ form verwezenlijken ⟨droom, ambitie⟩, realiseren ❸ form (te gelde) maken ⟨bezittingen⟩, verkopen ❹ form opbrengen ★ ~ $7000 7000 dollar opbrengen ★ ~ a large profit een flinke winst opleveren

really [ˈrɪəli] **I** bijw ❶ werkelijk, echt ★ I don't know what ~ happened ik weet niet wat er echt is gebeurd ❷ echt, beslist, heus ★ I ~ must go now ik moet er nu echt vandoor ❸ inform heel, erg ★ be ~ hungry ontzettende honger hebben **II** tw inderdaad, heus ★ ~? o ja? ★ not ~! och kom!

realm [relm] zn ❶ gebied, domein ★ the ~ of literature de wereld van de literatuur ❷ dicht rijk ⟨van koning, keizer enz⟩

realtor [ˈrɪəltə, -tɔː] zn USA makelaar in onroerende goederen

realty [ˈriːəlti] zn huizen- / grondbezit, onroerend goed

ream [riːm] **I** zn ❶ stapel, massa ★ reams of information bergen informatie ❷ GB riem ⟨hoeveelheid papier⟩ **II** ov ww, USA inform belazeren

reanimate [riːˈænɪmeɪt] form ov ww reanimeren

reanimation [riːænɪˈmeɪʃən] [form] zn reanimatie

reap [riːp] ov ww oogsten ook fig , maaien ★ reap the benefits of sth de vruchten plukken van iets ★ you reap what you sow wat men zaait, zal men oogsten ⟨zoals jij anderen behandelt, zo zullen ze jou behandelen⟩

reaper [ˈriːpə] zn maaier, oogster, maaimachine ★ the Grim Reaper Magere Hein

reappear [riːəˈpɪə] onov ww weer verschijnen

reappearance [riːəˈpɪərəns] zn het opnieuw verschijnen

reappoint [riːəˈpɔɪnt] ov ww opnieuw aanstellen

reappraisal [riːəˈpreɪzl] zn herwaardering

rear [rɪə] **I** zn ❶ achterkant, achterste gedeelte ★ at the rear aan de achterkant ★ bring up the rear fig de achterhoede vormen, achteraan komen ❷ inform achterste, kont **II** bnw achter-, achterste ★ the rear door de achterdeur ★ rear end achterkant, inform achterste, inform achterwerk **III** ov ww ❶ grootbrengen ⟨kinderen, jonge dieren⟩, kweken, fokken ★ be reared on computer games opgegroeid zijn met computerspelletjes ❷ bouwen, oprichten ❸ verheffen, opheffen **IV** onov ww, rear up steigeren form, rear up zich verheffen, oprijzen

rear-admiral zn schout-bij-nacht

rearguard [ˈrɪəgɑːd] zn achterhoede

rearguard action ★ fight a ~ een achterhoedegevecht leveren

rear light zn achterlicht

rearm [riːˈɑːm] **I** ov ww herbewapenen **II** onov ww (zich) herbewapenen

rearmament [riːˈɑːməmənt] zn herbewapening

rearmost [ˈrɪəməʊst] form bnw achterste

rearrange [riːəˈreɪndʒ] ov ww ❶ herschikken ❷ verplaatsen ⟨afspraak⟩, verschuiven ★ the meeting has been ~d for next week de vergadering is naar volgende week verschoven

rearrangement [riːəˈreɪndʒmənt] zn ❶ herschikking ❷ verplaatsing, verschuiving ⟨van afspraak⟩

rearward [ˈrɪəwəd] bnw + bijw ❶ achterste, achteraan ❷ achterwaarts

rearwards [ˈrɪəwədz] bijw ❶ achterste, achteraan ❷ achterwaarts

reason [ˈriːzən] **I** zn ❶ reden ★ all the more ~ een reden te meer ★ be beyond (all) ~ onredelijk zijn ★ form by ~ of vanwege, op grond van ★ for obvious ~s om redenen die voor de hand liggen ★ for some ~ om de een of andere reden ★ for whatever ~ om welke reden dan ook ★ for ~s of safety om veiligheidsredenen ★ she asked him the

~ *for his decision* zij vroeg hem de reden van zijn besluit ★ *no* ~ daarom ⟨als antwoord op een waarom-vraag⟩ ★ *with (good)* ~ met reden, terecht ★ *without* ~ zonder reden, onterecht ❷ redelijkheid, rede, billijkheid ★ *listen to* ~ naar rede luisteren ★ *see* ~ tot rede komen ★ *within* ~ redelijkerwijs, binnen wat redelijk is ★ *it stands to* ~ het spreekt vanzelf ❸ verstand, rede ★ *lose your* ~ je verstand verliezen **II** *ov ww* beredeneren, redeneren, aannemen ★ ~ *sth out* iets beredeneren **III** *onov ww* redeneren ★ *try to* ~ *with sb* iem. proberen tot rede te brengen, met iem. proberen te praten

reasonable ['ri:zənəbl] *bnw* ❶ redelijk ❷ billijk, schappelijk ⟨van prijs⟩

reasonably ['ri:zənəblɪ] *bijw* ❶ vrij, tamelijk ★ *in* ~ *good weather* in tamelijk goed weer ❷ redelijk ★ *behave* ~ zich redelijk gedragen ❸ redelijkerwijs

reasoning ['ri:zənɪŋ] *zn* redenering

reassemble [ri:ə'sembl] **I** *ov ww* weer in elkaar zetten **II** *onov ww* opnieuw bijeenkomen

reassert [ri:ə'sɜːt] *ov ww* ❶ opnieuw beweren ❷ weer laten gelden

reassertion [ri:ə'sɜːʃən] *zn* herhaalde bewering

reassess [ri:ə'ses] *ov ww* ❶ opnieuw onderzoeken, heroverwegen, herwaarderen ❷ opnieuw schatten ⟨kosten, schade⟩

reassessment [ri:ə'sesmənt] *zn* ❶ heroverweging, herwaardering ❷ nieuwe schatting

reassurance [ri:ə'ʃɔːrəns] *zn* geruststelling

reassure [ri:ə'ʃɔː] *ov ww* geruststellen

reassuring [ri:ə'ʃɔːrɪŋ] *bnw* geruststellend

rebate ['ri:beɪt] *zn* korting, aftrek, rabat

rebel[1] ['rebl] **I** *zn* opstandeling, oproerling, rebel **II** *bnw* opstandig, rebellen- ★ ~ *leader* rebellenleider

rebel[2] [rɪ'bel] *onov ww* in opstand komen, rebelleren ★ ~ *against your parents* zich afzetten tegen je ouders

rebellion [rɪ'beljən] *zn* opstand, oproer ★ *rise in* ~ *against* in opstand komen tegen

rebellious [rɪ'beljəs] *bnw* opstandig, rebels

rebirth [ri:'bɜːθ] *zn* wedergeboorte, wederopleving

reboot [ri:'bu:t] *ov ww* comp rebooten ⟨systeem herstarten⟩

reborn [ri:'bɔːn] *bnw* herboren

rebound[1] ['rɪbaʊnd] *zn* terugspringende bal, rebound ★ *on the* ~ van de weeromstuit, als reactie, zich herstellend ★ *I met her when she was on the* ~ ik ontmoette haar toen het net uit was haar vorige vriend

rebound[2] [ri:'baʊnd] *onov ww* ❶ terugspringen, terugstuiten ❷ zich herstellen ⟨van prijzen, koersen⟩ ❸ ~ *on* (weer) neerkomen op ★ *the effects of their tampering with nature are* ~*ing on themselves* zij ondervinden nu zelf last van de effecten van hun geknoei met de natuur

rebuff [rɪ'bʌf] form **I** *zn* afwijzing, weigering **II** *ov ww* afwijzen, afstoten, weigeren

rebuild [ri:'bɪld] *ov ww* herbouwen, weer opbouwen

rebuke [rɪ'bju:k] form **I** *ov ww* berispen **II** *zn* berisping

rebut [rɪ'bʌt] form *ov ww* weerleggen

rebuttal [rɪ'bʌtl] form *zn* weerlegging

recalcitrance [rɪ'kælsɪtrəns] form *zn* verzet, weerspannigheid, recalcitrant gedrag

recalcitrant [rɪ'kælsɪtrənt] form *bnw* recalcitrant, weerspannig

recall [rɪ'kɔːl] **I** *ov ww* ❶ zich herinneren ❷ weer in het geheugen / voor de geest roepen, herinneren aan ❸ terugroepen ⟨producten naar fabriek, ambassadeur⟩ ❹ weer oproepen ⟨speler, voor een team⟩ **II** *onov ww* zich herinneren **III** *zn* ❶ herinnering, geheugen ★ *have total* ~ *of sth* zich alles van iets herinneren ❷ terugroeping ⟨van producten naar fabriek, van ambassadeur⟩ ▾ *beyond / past* ~ onherroepelijk

recant [rɪ'kænt] **I** *ov ww* (openlijk) herroepen **II** *onov ww* zijn mening herroepen, zijn dwaling (openlijk) toegeven

recapitulate [ri:kə'pɪtjʊleɪt], inform **recap** ['ri:kæp] **I** *ov ww* recapituleren, kort samenvatten **II** *onov ww* recapituleren, het kort samenvatten

recapitulation [ri:kəpɪtjʊ'leɪʃən], inform **recap** ['ri:kæp] *zn* recapitulatie, korte samenvatting

recapture [ri:'kæptʃə] **I** *ov ww* ❶ heroveren, terugnemen ❷ weer oproepen, weer tot leven brengen ❸ weer vangen **II** *zn* terugname, herovering

recast [ri:'kɑːst] *ov ww* ❶ omwerken ❷ een andere rol geven ⟨acteur⟩, aan een andere acteur / actrice geven ⟨rol⟩

recede [rɪ'si:d] *onov ww* ❶ achteruitgaan, (terug)wijken, zich terugtrekken ❷ geleidelijk verdwijnen, langzaam minder worden ⟨bv. van pijn⟩

receipt [rɪ'si:t] *zn* ❶ kwitantie, reçu ❷ form ontvangst ★ *on* ~ *of* na ontvangst van ▾ ~*s* [mv] inkomsten, recette

receivable [rɪ'si:vəbl] *bnw* nog te innen, nog te ontvangen ⟨van rekeningen, schulden⟩

receive [rɪ'si:v] **I** *ov ww* ❶ ontvangen, krijgen ★ ~ *information* informatie ontvangen ★ ~ *a phone call* een telefoontje krijgen ★ ~ *a visit from sb* bezoek krijgen van iem. ★ *be* ~*d well by the public* goed ontvangen worden door het publiek ★ *are you receiving us?* ontvang je ons?, hoor je ons ⟨via de radio⟩ ❷ GB helen ★ ~ *stolen goods* gestolen goederen helen **II** *onov ww* GB helen

received [rɪ'si:vd] *bnw* algemeen aanvaard, standaard- ★ *Received Pronunciation* Algemeen Beschaafd Engels

receiver [rɪ'si:və] *zn* ❶ ontvanger ⟨voor radio, tv⟩ ❷ hoorn ⟨van telefoon⟩ ❸ ontvanger, iemand die iets ontvangt ❹ GB heler ❺ official receiver curator ⟨van failliete boedel⟩

recent ['ri:sənt] *bnw* kortgeleden, van onlangs, recent ★ *in* ~ *years* (in) de laatste jaren ★ *the* ~ *past* het recente verleden ★ *a* ~ *development* een nieuwe / recente ontwikkeling

recently ['ri:səntlɪ] *bijw* onlangs, kort geleden, de laatste tijd ★ *until* ~ tot voor kort

receptacle [rɪ'septəkl] form *zn* vergaarbak, container, bak, vat

reception [rɪ'sepʃən] *zn* ❶ ontvangst, onthaal,

re

receptie ⟨officiële ontvangst⟩, opvang ⟨bv. van vluchtelingen⟩ ★ *meet with a warm ~* warm onthaald worden ⟨van boek, film, persoon⟩ ❷ receptie ⟨in hotel e.d.⟩ ★ *we'll meet you in ~* we treffen elkaar bij de receptie ❸ ontvangst ⟨van radio, tv, mobieltje⟩ ★ *bad / poor ~* slechte ontvangst / verbinding

receptionist [rɪˈsepʃənɪst] *zn* receptionist
reception room GB *zn* ontvangkamer
receptive [rɪˈseptɪv] *bnw* ontvankelijk, vatbaar ★ *be ~ to new ideas* openstaan voor nieuwe ideeën
receptivity [rɪsepˈtɪvəti] *zn* → **receptive**
receptor [rɪˈseptə] *biol zn* receptor
recess [rɪˈses] I *zn* ❶ reces, vakantie ★ *be in ~* op reces zijn ❷ opschorting, verdaging ⟨van rechtzaak⟩ ❸ USA pauze ⟨op school⟩ ❹ nis, alkoof, hoek ❺ schuilhoek, uithoek ★ *in the dark ~es of his mind* in de donkere krochten van zijn geest, diep verborgen in zijn geest II *ov ww* laten inspringen, verzinken, inbouwen III *onov ww* USA op reces gaan, op vakantie gaan
recession [rɪˈseʃən] *zn* achteruitgang, recessie ★ *be in deep ~* in een diepe recessie verkeren
recessive [rɪˈsesɪv] *biol bnw* recessief ⟨van genen, eigenschappen, tegenover dominant⟩
recharge [riːˈtʃɑːdʒ] I *ov ww* herladen, weer opladen ★ *fig ~ your batteries* jezelf weer opladen II *onov ww* inform zichzelf weer opladen, nieuwe energie krijgen
rechargeable *bnw* oplaadbaar ⟨van batterij⟩
recharger *zn* oplader ⟨voor batterij, mobieltje enz.⟩
recidivism [rɪˈsɪdɪvɪzəm] *zn* recidive, herhaling van misdrijf
recidivist [rɪˈsɪdɪvɪst] *zn* recidivist
recipe [ˈresɪpi] *zn* recept
recipient [rɪˈsɪpiənt] form *zn* ontvanger ★ *undisclosed ~s* anonieme ontvangers ⟨bv. van e-mails⟩
reciprocal [rɪˈsɪprəkl] *bnw* wederzijds, wederkerig, als tegenprestatie
reciprocate [rɪˈsɪprəkeɪt] form I *ov ww* ❶ wederdienst bewijzen, wederkerig van dienst zijn ★ *~ sb's hospitality* iem. op zijn beurt gastvrij onthalen ❷ uitwisselen, beantwoorden ⟨liefde, gevoelens van een ander⟩ II *onov ww* ❶ (op zijn / haar beurt) antwoorden, iets terugdoen
reciprocity [resɪˈprɒsəti] form *zn* ❶ gelijke behandeling v. weerskanten, wederkerigheid ❷ wisselwerking
recital [rɪˈsaɪtl] *zn* ❶ concert, recital ❷ voordracht ⟨van poëzie⟩ ❸ (lang) verhaal, (lange) opsomming
recitation [resɪˈteɪʃən] *zn* ❶ voordracht ❷ (lang) verhaal
recitative [resɪtəˈtiːv] *zn* recitatief ⟨in opera⟩
recite [rɪˈsaɪt] I *ov ww* ❶ voordragen, opzeggen ❷ opnoemen, opsommen II *onov ww* voordragen, opzeggen
reckless [ˈrekləs] *bnw* roekeloos ★ *~ driving* roekeloos rijgedrag
reckon [ˈrekən] I *ov ww* ❶ inform denken, menen, aannemen, vermoeden ★ *what do you ~?* wat denk jij ★ *do you ~ he'll come?* denk je

dat hij komt? ★ *they ~ to finish by tomorrow* zij denken / verwachten morgen klaar te zijn ❷ houden voor, beschouwen ★ *be ~ed to be his best film yet* beschouwd worden als zijn beste film tot nu toe ❸ berekenen, uitrekenen II *onov ww* ❶ inform menen, denken ★ *you ~?* denk je dat? ❷ *~ on* rekenen op ❸ *~ with* rekening houden met, afrekenen met ★ *a man to be ~ed with* een man met wie je rekening moet houden ★ *if he hits you again, he'll have me to ~ with* als hij je nog een keer slaat, dan krijgt hij met met mij te maken ❹ *~ without* geen rekening houden met
reckoning [ˈrekənɪŋ] *zn* ❶ berekening ❷ verrekening, vergelding, afrekening ▼GB *be in / into the ~ for* kandidaat / kanshebber zijn voor ▼GB *be out of the ~ for* geen kandidaat / kanshebber (meer) zijn voor
reclaim [rɪˈkleɪm] *ov ww* ❶ terugwinnen ❷ terugvorderen, terugeisen ❸ recyclen, hergebruiken ❹ droogmaken, ontginnen
reclamation [rekləˈmeɪʃən] *zn* ❶ terugwinning ❷ ontginning, drooglegging ❸ terugvordering
recline [rɪˈklaɪn] *onov ww* ❶ (achterover)leunen ❷ liggen ❸ steunen
reclining seat *zn* stoel met verstelbare rugleuning
recluse [rɪˈkluːs] *zn* kluizenaar
reclusive *bnw* afgezonderd, teruggetrokken
recognise *ww* GB → **recognize**
recognition [rekəgˈnɪʃən] *zn* ❶ herkenning ❷ erkenning ⟨van een staat, probleem, feit⟩ ❸ erkenning, waardering ★ *in ~ of* als waardering voor, uit erkentelijkheid voor
recognizable [rekəgˈnaɪzəbl] *bnw* herkenbaar
recognize [ˈrekəgnaɪz] *ov ww* ❶ herkennen ❷ erkennen ⟨staat, probleem, feit⟩ ★ *~ sth as a problem* iets als probleem erkennen, toegeven dat iets een probleem is ★ *be ~d as a brilliant scientist* erkend worden als briljant wetenschapper
recoil[1] [ˈrɪkɔɪl] *zn* terugslag, terugstoot ⟨van vuurwapen⟩
recoil[2] [rɪˈkɔɪl] *onov ww* ❶ terugdeinzen, terugschrikken ★ *~ in horror* vol afschuw terugdeinzen ❷ terugstoten ⟨van vuurwapen⟩ ❸ *~ from* terugdeinzen voor
recollect [rekəˈlekt] I *ov ww* zich (weten te) herinneren II *onov ww* het zich (weten te) herinneren
recollection [rekəˈlekʃən] *zn* herinnering
recommence [riːkəˈmens] I *ov ww* opnieuw beginnen II *onov ww* opnieuw beginnen
recommend [rekəˈmend] *ov ww* aanbevelen, aanraden, adviseren ★ *~ed price* adviesprijs ★ *this book has much to ~ it* dit boek is zeer aanbevelenswaardig ★ *strongly ~ that* ten stelligste aanraden dat
recommendable [rekəˈmendəbl] *bnw* aanbevelenswaardig
recommendation [rekəmenˈdeɪʃən] *zn* ❶ aanbeveling, advies ★ *on the ~ of* op aanraden van ❷ USA aanbevelingsbrief
recompense [ˈrekəmpens] form I *zn* ❶ vergoeding, schadeloosstelling ❷ beloning II *ov ww* ❶ vergoeden, schadeloosstellen

❷ belonen
reconcile ['rekənsaɪl] *ov ww* ❶ verzoenen,
overeenbrengen, (met elkaar) in
overeenstemming brengen ★ *try to ~ socialism
with democracy* socialisme met democratie
proberen te verenigen ★ *father and son were ~d*
vader en zoon hadden zich verzoend
❷ ~ **to/with** verzoenen met ★ *become ~d with
your family* je verzoenen met je family ★ ~ *o.s.
to sth* zich schikken in iets
reconciliation [rekənsɪlɪ'eɪʃən] *zn* verzoening,
vereniging
recondite ['rekəndaɪt] *bnw* obscuur, duister
recondition [ri:kən'dɪʃən] *ov ww* herstellen,
opknappen, renoveren
reconnaissance [rɪ'kɒnɪsəns] *zn* verkenning
reconnoitre, USA **reconnoiter** [rekə'nɔɪtə] *ov
ww* verkennen
reconquer [ri:'kɒŋkə] *ov ww* heroveren
reconsider [ri:kən'sɪdə] *ov ww* ❶ heroverwegen
❷ herroepen
reconsideration [ri:kənsɪdə'reɪʃən] *zn*
heroverweging
reconstitute form *ov ww* ❶ opnieuw
samenstellen, reorganiseren ⟨bedrijf⟩ ❷ water
toevoegen aan ⟨gedroogd voedsel⟩ ★ *~d orange
juice* sinaasappelsap ⟨van poeder met water⟩
reconstruct [ri:kən'strʌkt] *ov ww* ❶ opnieuw
opbouwen ❷ reconstrueren ⟨gebeurtenis⟩
reconstruction [ri:kən'strʌkʃən] *zn*
❶ reconstructie ⟨van gebeurtenis⟩
❷ wederopbouw
reconstructive [ri:kən'strʌktɪv] *bnw*
reconstruerend ★ ~ *surgery*
reconstructiechirurgie
record[1] ['rekɔ:d] I *zn* ❶ verslag, rapport,
aantekening ★ *medical ~s* medisch dossier
★ *keep a ~ of* aantekeningen houden van,
bijhouden ★ *for the ~* voor de goede orde,
officieel ★ *off the ~* vertrouwelijk, niet voor
publicatie bestemd ★ *put / set the ~ straight* de
zaken recht zetten ❷ reputatie, antecedenten,
staat van dienst ⟨ook in samenstellingen⟩ ★ *have
a (criminal) ~* een strafblad hebben ★ *have a
good safety ~* een goede staat van dienst hebben
op het gebied van de veiligheid ★ *a war ~* een
oorlogsverleden ★ *be on ~ (as)* te boek staan
(als), algemeen bekend staan (als) ★ *the coldest
winter on ~* de koudste winter in de
geschiedenis, de koudste winter ooit ★ *go on
(the) ~ as saying that* publiekelijk verklaren dat
❸ opname, (grammofoon)plaat ❹ record,
hoogste prestatie ★ *beat / break / cut a ~* een
record breken ★ *set a new ~* een nieuw record
vestigen ❺ afschrift, document ❻ getuigenis
★ *bear ~ of* getuigenis afleggen van II *bnw*
record-★ *in ~ time* in een recordtijd ★ *a ~
audience* een recordpubliek
record[2] [rɪ'kɔ:d] *ov ww* ❶ registreren, te boek
stellen, optekenen, aantekenen ❷ vastleggen
⟨op geluidsdrager⟩, een geluidsopname maken
van, opnemen ❸ vermelden, melding maken
van
record-breaking *bnw* die / dat een record
breekt, record-
recorder [rɪ'kɔ:də] *zn* ❶ blokfluit

❷ (band)recorder ❸ rechter ❹ griffier
❺ archivaris
record-holder *zn* recordhouder
recording [rɪ'kɔ:dɪŋ] *zn* opname
record player *zn* platenspeler, grammofoon
records ['rekɔ:dz] *zn mv* archieven
recount[1] ['ri:kaʊnt] I *zn* nieuwe telling II *ov ww*
opnieuw tellen
recount[2] [rɪ'kaʊnt] form *ov ww* ⟨uitvoerig⟩
vertellen
recoup [rɪ'ku:p] *ov ww* terugwinnen,
terugverdienen
recourse [rɪ'kɔ:s] form *zn* toevlucht ★ *have ~ to*
zijn toevlucht nemen tot
recover [rɪ'kʌvə] I *ov ww* ❶ terugkrijgen,
terugvinden ★ ~ *the use of your left arm* je
linkerarm weer kunnen gebruiken ★ ~
consciousness weer bijkomen ★ ~ *damages from*
schadevergoeding krijgen van ★ ~ *o.s. / one's
senses* bijkomen, tot bezinning komen
❷ terugwinnen, terugverdienen ★ ~ *the costs* de
kosten eruit halen II *onov ww* genezen,
herstellen, bijkomen, er weer bovenop komen
recoverable [rɪ'kʌvərəbl] *bnw* ❶ terug te krijgen
❷ winbaar ⟨bv. olie-, gasvoorraden uit de
grond⟩
recovery [rɪ'kʌvərɪ] *zn* ❶ herstel ★ *best wishes for
your ~!* beterschap! ★ *beyond / past ~*
onherstelbaar, ongeneeslijk ❷ het terugkrijgen,
het terugwinnen
recovery room med *zn* verkoeverkamer,
recovery
recreate [ri:krɪ'eɪt] *ov ww* herscheppen
recreation[1] [rekrɪ'eɪʃən] *zn* ❶ ontspanning,
recreatie, vermaak ❷ GB vrijetijdsbesteding
recreation[2] ['ri:krɪeɪʃən] *zn* herschepping
recreational [rekrɪ'eɪʃənəl] *bnw* recreatie-,
recreatief, ontspannings-
recreation ground *zn* speelterrein, speeltuin,
recreatieterrein
recreation room *zn* speelkamer, recreatiekamer
recrimination [rekrɪmɪ'neɪʃən] *zn* ❶ tegenverwijt,
tegenbeschuldiging ❷ het elkaar beschuldigen
recruit [rɪ'kru:t] I *ov ww* werven, rekruteren,
aantrekken II *onov ww* rekruten / personeel
werven III *zn* ❶ rekruut ❷ nieuweling
recruitment [rɪ'kru:tmənt] *zn* rekrutering,
(personeels)werving
rectal anat *bnw* rectaal, van / via de endeldarm
rectangle ['rektæŋgl] *zn* rechthoek
rectangular [rek'tæŋgʊlə] *bnw* rechthoekig
rectification [rektɪfɪ'keɪʃən] *zn* rectificatie,
rechtzetting, verbetering
rectify ['rektɪfaɪ] form *ov ww* rechtzetten,
verbeteren, herstellen
rectilinear [rektɪ'lɪnɪə] *bnw* rechtlijnig
rectitude ['rektɪtju:d] form *zn* rechtschapenheid,
oprechtheid
rector ['rektə] *zn* ❶ rector ❷ predikant ⟨van
anglicaanse kerk⟩
rectorship ['rektəʃɪp] *zn* ambt v. rector, rectoraat
rectory ['rektərɪ] *zn* pastorie, predikantswoning
rectum anat *zn* rectum, endeldarm
recumbent [rɪ'kʌmbənt] form *bnw*
(achterover)liggend
recuperate [rɪ'ku:pəreɪt] I *onov ww* herstellen, er

re

weer bovenop komen **II** *ov ww* <u>GB</u> terugwinnen 〈verliezen〉, terugkrijgen
recuperation [rɪku:pəˈreɪʃən] *zn* herstel
recuperative [rɪˈku:pərətɪv] *bnw* herstellend, herstellings-
recur [rɪˈkɜ:] *onov ww* terugkeren, terugkomen, zich herhalen ★ *~ring decimals* repeterende decimalen
recurrence [rɪˈkʌrens] *zn* herhaling, terugkeer
recurrent [rɪˈkʌrənt] *bnw* (telkens) terugkerend
recycle [ri:ˈsaɪkl] *ov ww* recyclen, hergebruiken, verwerken tot nieuw product
recycling [ri:ˈsaɪklɪŋ] *zn* ❶ het recyclen, hergebruik ❷ herbruikbaar afvalmateriaal 〈oud papier, lege flessen e.d.〉
red [red] **I** *bnw* ❶ rood ❷ *go / turn red* blozen, rood worden ★ *roll out the red carpet for sb* de rode loper uitrollen voor iem. ★ *give sb the red carpet treatment* de rode loper uitrollen voor iem. ★ *Red Cross* Rode Kruis ★ *red herring* afleidingsmanoeuvre ★ *red meat* rood vlees ★ *red tape* bureaucratie, bureaucratische rompslomp ★ *red wine* rode wijn **II** *zn* ❶ rood, (de) rode ★ *be in / get into the red* rood (komen te) staan ★ *see red* woedend worden ❷ rode wijn
Red [red] *zn* ★ *the Reds* de roden / rooien, de communisten
red-blooded *bnw* levenslustig, viriel ★ *a ~ man* een echte man
redbreast [ˈredbrest] *zn* roodborstje
redbrick [ˈredbrɪk], **redbrick university** *zn* Britse universiteit v. eind 19e eeuw of begin 20e eeuw 〈in tegenstelling tot de oudere universiteiten van Oxford en Cambridge〉
redcoat [ˈredkəʊt] *zn* gesch Eng. soldaat
redcurrant *zn* aalbes, rode bes
redden [ˈredn] **I** *onov ww* rood worden, blozen **II** *ov ww* rood maken
reddish [ˈredɪʃ] *bnw* roodachtig, rossig
redecorate [ri:ˈdekərert] **I** *ov ww* opknappen, opnieuw schilderen en behangen **II** *onov ww* de boel opknappen, opnieuw schilderen en behangen
redeem [rɪˈdi:m] *ov ww* ❶ goedmaken ★ *~ing feature* verzachtende omstandigheid ★ *~ yourself* je fout goedmaken, je fout herstellen ❷ inwisselen, te gelde maken ★ *~ coupons* coupons inruilen / inwisselen ❸ terugkopen, afkopen, vrijkopen, aflossen, inlossen ★ *~ your golden ring from the pawnshop* je gouden ring terugkopen van de bank van lening ★ *~ a loan / mortgage* een lening / hypotheek aflossen ❹ rel bevrijden, verlossen ❺ form nakomen, vervullen ★ *~ a promise / an obligation* een belofte / verplichting nakomen
redeemable [rɪˈdi:məbl] *bnw* ❶ aflosbaar ❷ inwisselbaar
redeemer [rɪˈdi:mə] *rel zn* verlosser
redemption [rɪˈdempʃən] *zn* ❶ aflossing, inwisseling, het te gelde maken, inlossing ❷ rel verlossing
redemptive [rɪˈdemptɪv] *bnw* reddend
redeploy [ri:dɪˈplɔɪ] *ov ww* ❶ hergroeperen ❷ een andere taak / plaats geven, herplaatsen
redevelop [ri:dɪˈveləp] *ov ww* ❶ opnieuw ontwikkelen ❷ renoveren, saneren

red-handed [red'hændɪd] *bnw* op heterdaad ★ *be caught ~* op heterdaad betrapt worden
redhead *zn* roodharige
redheaded *bnw* roodharig
red-hot [red'hot] *bnw* ❶ roodgloeiend, gloeiend heet ❷ ontzettend ★ *~ anger* blinde woede, razernij ★ *GB the ~ favourite* de torenhoge favoriet ❸ sensationeel, opwindend, sexy ❹ zeer gewild, hot, razend populair
redirect [ri:daɪˈrekt] *ov ww* ❶ opnieuw richten, een andere bestemming geven 〈geld, energie〉 ❷ GB doorsturen 〈naar ander adres〉
rediscover [ri:dɪˈskʌvə] *ov ww* herontdekken
rediscovery [ri:dɪˈskʌvərɪ] *zn* herontdekking
redistribute [ri:dɪˈstrɪbju:t] *ov ww* opnieuw verdelen, opnieuw distribueren
redistribution [ri:dɪstrɪˈbju:ʃən] *zn* herverdeling, nieuwe verdeling, herdistributie
red-letter *zn* ★ *~ day* heuglijke / gedenkwaardige dag, feestdag, geluksdag
red-light *bnw* ★ *~ district* rosse buurt
redneck [ˈrednek] *zn*, USA min (blanke, conservatieve) arbeider 〈in de zuidelijke staten〉, ultrarechtse bekrompen plattelander
redo [ri:ˈdu:] *ov ww* ❶ overdoen, opnieuw doen ❷ opknappen, anders inrichten
redolent [ˈredələnt] *bnw* ❶ (wel)riekend ★ *~ of / with* geurend naar, ruikend naar ❷ herinnerend ★ *be ~ of* herinneren aan, doen denken aan
redouble [ri:ˈdʌbl] *ov ww* verdubbelen
redoubtable [rɪˈdaʊtəbl] *dicht bnw* geducht
redound [rɪˈdaʊnd] *form onov ww* grotelijks bijdragen ★ *~ to sb's credit / honour* iem. tot eer strekken
redraft [ri:ˈdrɑ:ft] **I** *ov ww* opnieuw ontwerpen / opstellen, herschrijven **II** *zn* gewijzigd(e) ontwerp / opzet
redraw [ri:ˈdrɔ:] *ov ww* ❶ opnieuw tekenen ❷ opnieuw trekken 〈grens〉
redress [rɪˈdres] *form* **I** *zn* herstel, vergoeding **II** *ov ww* weer goedmaken, herstellen, vergoeden
red-rimmed *bnw* roodomrand 〈van ogen〉
redskin [ˈredskɪn] min oud *zn* roodhuid
red snapper *zn* rode snapper 〈vissoort〉
reduce [rɪˈdju:s] **I** *ov ww* ❶ verlagen, verminderen, verzwakken ★ *~ costs* kosten verlagen ★ *~ inflation* de inflatie terugbrengen ★ *~ to £20* afprijzen op 20 pond, in prijs verlagen tot 20 pond ★ *~ by half* met de helft verminderen ❷ (laten) inkoken 〈soep, saus〉 ❸ *~ to* (terug)brengen tot, herleiden tot ★ *~ to ash / dust* in de as leggen ★ *~ sb to tears / silence* iem. tot tranen / zwijgen brengen ★ *be ~d to poverty* tot armoede vervallen ★ *~ to powder* fijnmaken ★ *~ a problem to* een probleem herleiden tot ★ *~ sb to a nervous wreck* een geestelijk wrak van iem. maken ★ *be ~d to do sth* gedwongen worden iets te doen **II** *onov ww* ❶ inkoken 〈van soep, saus〉 ❷ USA afvallen, afslanken
reducible [rɪˈdju:səbl] *bnw* reduceerbaar, herleidbaar
reduction [rɪˈdʌkʃən] *zn* ❶ vermindering,

verlaging ❷ korting ❸ verkleining ⟨van foto, kopie⟩

reductive [rɪ'dʌktɪv] <u>form</u> *bnw* vereenvoudigend, reducerend

redundance pay GB *zn* afvloeiingspremie, ontslagvergoeding

redundance scheme *zn* afvloeiingsregeling

redundancy [rɪ'dʌndənsɪ] *zn* ❶ GB ontslag, werkloosheid ★ *face* ~ ontslag te wachten staan, werkloos dreigen te worden ★ *compulsory / voluntary redundancies* gedwongen / vrijwillig ontslagen ★ *take / accept (voluntary)* ~ je ontslag accepteren, vrijwillig ontslag nemen ❷ overtolligheid ❸ overvloed(igheid)

redundant [rɪ'dʌndənt] *bnw* ❶ GB werkloos, boventallig verklaard ★ *be made* ~ werkloos worden ❷ overbodig, overtollig

reduplicate [rɪ'dju:plɪkeɪt] **I** *ov ww* verdubbelen **II** *onov ww* verdubbelen

redwood ['redwʊd] *zn* sequoia(boom)

re-echo [ri:'ekəʊ] **I** *ov ww* ❶ weerkaatsen, laten weerklinken ❷ (steeds) herhalen **II** *onov ww* weerklinken, weergalmen

reed [ri:d] *zn* ❶ riet ⟨plant⟩ ❷ riet ⟨in mondstuk van hobo, klarinet e.d.⟩

re-educate [ri:'edjʊkeɪt] *ov ww* ❶ heropvoeden ❷ herscholen, omscholen

re-education *zn* ❶ heropvoeding ❷ herscholing, omscholing

reedy ['ri:dɪ] *bnw* ❶ schel ⟨van geluid⟩ ❷ vol riet

reef [ri:f] **I** *zn* ❶ rif ❷ reef ⟨zeilen⟩ **II** *ov ww*, reef in reven ⟨zeilen⟩

reefer ['ri:fə] *zn*, **reefer jacket** jekker, jopper ⟨soort jas⟩ oud <u>inform</u> joint

reef knot GB *zn* platte knoop

reek [ri:k] **I** *onov ww* ❶ stinken ★ *reek of rotten eggs* naar rotte eieren stinken / ruiken ❷ fig rieken ★ *reek of racism* naar racisme rieken **II** *zn* stank

reel [ri:l] **I** *zn* ❶ klos(je), haspel, spoel ★ *off the reel* vlot, zonder haperen ❷ film(strook), filmrol ❸ reel ⟨Schotse, Ierse dans(muziek)⟩ **II** *ov ww* ~ in ophalen, inhalen ⟨vis⟩, binnenhalen ⟨publiek, geld⟩ ❶ ~ off afraffelen, opdreunen ❷ ~ out uitrollen, afwinden, afrollen **III** *onov ww* ❶ wankelen, waggelen ❷ duizelen, draaien ★ *my head reels* het duizelt me ❸ de 'reel' dansen

re-elect [ri:ɪ'lekt] *ov ww* herkiezen

re-election [ri:ɪ'lekʃən] *zn* herverkiezing

re-eligible [ri:'elɪdʒəbl] *bnw* herkiesbaar

re-emerge [ri:ɪ'mɜ:dʒ] *onov ww* opnieuw verschijnen

re-enact [ri:ɪ'nækt] *ov ww* weer opvoeren, reconstrueren, naspelen

re-enactment [ri:ɪ'næktmənt] *zn* reconstructie ⟨bv. van misdaad⟩, het naspelen, het opnieuw opvoeren

re-enter [ri:'entə] **I** *ov ww* ❶ terugkeren, herintreden, opnieuw meedoen aan ❷ weer inschrijven ❸ weer binnengaan **II** *onov ww* weer binnenkomen

re-entry [ri:'entrɪ] *zn* herintreding, terugkeer

reeve [ri:v] gesch *zn* baljuw

re-examination [ri:ɪgzæmɪ'neɪʃən] *zn* nieuw onderzoek

re-examine [ri:ɪg'zæmɪn] *ov ww* opnieuw onderzoeken

ref [ref] *zn* inform scheids → **referee**

ref. [ref] *afk*, **reference** verwijzing

refashion [ri:'fæʃən] *ov ww* een nieuwe vorm geven, omvormen

refectory [rɪ'fektərɪ] *zn* refter ⟨eetzaal op school, universiteit⟩

refer [rɪ'fɜ:] **I** *onov ww* ~ **to** verwijzen naar, betrekking hebben op, doelen op, zinspelen op, vermelden, zich wenden tot, een beroep doen op, form raadplegen ★ ~*ring to* onder verwijzing naar ★ ~ *to your notes / a dictionary* je aantekeningen / een woordenboek raadplegen **II** *ov ww* ~ **to** ★ ~ *sb to* iemand (door)verwijzen naar, iemand (door)sturen naar

referable [rɪ'fɜ:rəbl] form *bnw* toe te schrijven

referee [refə'ri:] **I** *zn* ❶ scheidsrechter ❷ GB referentie ⟨bij sollicitatie⟩ **II** *ov ww* scheidsrechter zijn van / bij, fluiten **III** *onov ww* scheidsrechter zijn

reference ['refərəns] *zn* ❶ verwijzing, vermelding ★ *make* ~ *to* verwijzen naar, vermelden ★ *make a passing* ~ *to* terloops verwijzen naar ❷ zinspeling, toespeling ❸ het naslaan, raadpleging ★ *for easy* ~ om makkelijk na te slaan, om makkelijk op te zoeken ★ *for future* ~ om later te gebruiken ★ *a work of* ~ een naslagwerk ❹ verwijzingsteken ★ *our* ~ ons kenmerk ❺ USA referentie ⟨bij sollicitatie⟩, getuigschrift ❻ betrekking, verband ★ *in / with* ~ *to* met betrekking tot, naar aanleiding van ★ *without* ~ *to* zonder te letten op ★ *frame of* ~ referentiekader ★ *point of* ~ referentiepunt **II** *ov ww* ❶ verwijzen naar ❷ van verwijzingen voorzien

reference book *zn* naslagwerk

reference library *zn* bibliotheek met naslagwerken (niet om uit te lenen)

referendum [refə'rendəm] *zn* [mv: referendums, referenda] volksstemming

referral [rɪ'fɜ:rəl] *zn* (door)verwijzing

refill[1] ['ri:fɪl] *zn* ❶ (nieuwe) vulling ⟨voor potlood, pen enz.⟩, hervulling ❷ tweede portie / drankje / aanvulling

refill[2] [ri:'fɪl] opnieuw vullen, (weer) aanvullen, hervullen

refine [rɪ'faɪn] *ov ww* ❶ zuiveren, raffineren, veredelen ⟨ruwe grondstoffen⟩ ❷ verfijnen, verbeteren

refined [rɪ'faɪnd] *bnw* ❶ geraffineerd ⟨olie, suiker⟩ ❷ verfijnd, elegant, beschaafd

refinement [rɪ'faɪnmənt] *zn* ❶ verfijning, verbetering ❷ verfijndheid, beschaafdheid ❸ raffinage ⟨van olie, suiker⟩

refinery [rɪ'faɪnərɪ] *zn* raffinaderij

refit[1] ['ri:fɪt] *zn* opknapbeurt ⟨met nieuwe uitrusting / inrichting en apparatuur⟩

refit[2] [ri:'fɪt] *ov ww* (helemaal) opknappen ⟨met nieuwe uitrusting / inrichting en apparatuur⟩

reflate [ri:'fleɪt] *ov ww* reflatie veroorzaken van ★ *a plan to* ~ *the economy* een economisch herstelplan

reflect [rɪ'flekt] **I** *ov ww* ❶ weerspiegelen, terugkaatsen ★ ~ *credit (up)on* tot eer strekken ❷ weergeven **II** *onov ww* ❶ nadenken,

re

(over)peinzen **★ ~** *that* bedenken dat
❷ ~ (up)on nadenken over, effect hebben op,
in een kwaad daglicht stellen, en blaam
werpen op **★** *their mistakes ~on me* hun
vergissingen bezorgen mij een slechte naam **★ ~**
well on sb / sth iemand / iets tot eer strekken,
iemand / iets een goede naam bezorgen **★ ~**
badly on sb / sth iemand / iets in een kwaad
daglicht stellen, nadelig zijn voor iemand / iets
reflection [rɪ'flekʃən] *zn* **❶** weerspiegeling ook fig
, (spiegel)beeld, weerkaatsing **★** fig *be a ~on*
today's society iets zeggen over de
tegenwoordige maatschappij **❷** overdenking,
het nadenken, gedachte **★** *on ~* bij nader inzien
reflective [rɪ'flektɪv] *bnw* **❶** nadenkend, peinzend
❷ reflecterend, weerspiegelend **★** fig *be ~ of sth*
iets zeggen over iets, iets laten zien
reflector [rɪ'flektə] *zn* reflector
reflex ['riːfleks] *zn* **❶** reflex(beweging) **★** *have*
good / quick ~es een goed reactievermogen
hebben **II** *bnw* reflex-, vanzelf reagerend **★** *a ~*
action een reflexbeweging
reflexive [rɪ'fleksɪv] *bnw* **❶** taalk wederkerend
❷ reflex-
refloat [riː'fləʊt] *ov ww* vlot trekken, vlot brengen
⟨schip⟩
reforestation *zn* herbebossing
reform [rɪ'fɔːm] **I** *ov ww* hervormen, verbeteren,
bekeren, tot inkeer brengen **II** *onov ww* zich
bekeren, zich beteren **III** *zn* hervorming
★ *economic / democratic ~s* economische /
democratische hervormingen
re-form [riː'fɔːm] **I** *onov ww* zich opnieuw
vormen **II** *ov ww* opnieuw vormen
reformation [refə'meɪʃən] *zn* form hervorming,
verbetering
Reformation [refə'meɪʃən] *zn* rel Hervorming,
Reformatie ⟨in 16e eeuw⟩
reformer [rɪ'fɔːmə] *zn* hervormer
refract [rɪ'frækt] *ov ww* breken ⟨licht(stralen)⟩
refraction [rɪ'frækʃən] *zn* (straal)breking
refractive [rɪ'fræktɪv] *bnw* brekend, brekings-
refractory [rɪ'fræktərɪ] *bnw* **❶** form
onhandelbaar, weerspannig **❷** moeilijk te
genezen / behandelen
refrain [rɪ'freɪn] **I** *onov ww* zich onthouden **★ ~**
from sth afzien van iets **★** *please ~ from smoking*
niet roken s.v.p. **II** *zn* refrein
refresh [rɪ'freʃ] *ov ww* **❶** opfrissen, verfrissen,
weer fit / fris / energiek enz. maken **★ ~** *yourself*
with a cold drink / a light meal een verfrissend
koud drankje / een lichte maaltijd gebruiken
★ ~ *your memory* je geheugen opfrissen **❷** USA
bijvullen ⟨drankje⟩ **❸** verversen, vernieuwen
⟨internetpagina⟩
refresher course [rɪ'freʃə kɔːs], USA **refresher**
zn bijscholingscursus
refreshing [rɪ'freʃɪŋ] *bnw* **❶** verfrissend
❷ aangenaam, verrassend
refreshment [rɪ'freʃmənt] *zn* **❶** opfrissing,
verfrissing, verkwikking **❷** ⟨vaak mv⟩ iets te eten
en te drinken **★** *stop for ~* stoppen om ergens
iets te nuttigen **★ ~s will be sold on board* aan
boord kunt u een hapje en een drankje kopen
refrigerate [rɪ'frɪdʒəreɪt] *ov ww* koelen
refrigeration [rɪfrɪdʒə'reɪʃən] *zn* koeling **★** *keep*

under ~ koel / gekoeld bewaren
refrigerator [rɪ'frɪdʒəreɪtə] *zn* koelkast, ijskast
refuel [riː'fjuːəl] **I** *ov ww* **❶** (opnieuw) voltanken
❷ weer doen oplaaien ⟨gevoelens, angst⟩, weer
aanwakkeren **II** *onov ww* (opnieuw) tanken
refuge ['refjuːdʒ] *zn* **❶** toevlucht(soord),
schuilplaats, bescherming, opvang **★** *take / seek*
~ from the heat / rain beschutting zoeken tegen
de hitte / regen, schuilen voor de hitte / regen
★ *take ~ in* zijn toevlucht nemen tot **★** *a ~ for*
abused children een opvang(tehuis) voor
misbruikte kinderen **❷** GB vluchtheuvel
★ *central ~* vluchtheuvel
refugee [refjʊ'dʒiː] *zn* vluchteling
refund¹ ['riːfʌnd] *zn* terugbetaling **★** *receive a ~* je
geld terugkrijgen
refund² [rɪ'fʌnd] *ov ww* terugbetalen
refurbish [riː'fɜːbɪʃ] *ov ww* renoveren, weer (als)
nieuw maken, opknappen
refusal [rɪ'fjuːzəl] *zn* weigering **★** *a blunt ~* een
botte weigering **★** *first ~* optie, eerste keus
★ *have (the) first ~ of a house* een optie hebben
op een huis **★** *meet with ~* geweigerd worden
refuse¹ ['refjuːs] form *zn* afval
refuse² [rɪ'fjuːz] **I** *ov ww* weigeren **★** *politely ~ an*
invitation beleefd een uitnodiging afslaan **★ ~** *sb*
admission iem. de toegang ontzeggen **II** *onov*
ww weigeren **★** *flatly ~ to do sth* botweg
weigeren iets te doen **★ ~** *to help sb* iem. niet
willen helpen
refuse collector *zn* vuilnisophaler
refuse dump *zn* vuilnisbelt
refuser [rɪ'fjuːzə] *zn* weigeraar
refutable ['refjuːtəbl] *bnw* weerlegbaar
refutation [refjʊ'teɪʃən] *zn* weerlegging
refute [rɪ'fjuːt] *ov ww* weerleggen
regain [rɪ'geɪn] *ov ww* **❶** herkrijgen,
terugwinnen **★ ~** *your balance* je evenwicht
herstellen **★ ~** *your confidence* je zelfvertrouwen
terugkrijgen **❷** form weer bereiken
regal ['riːgl] *bnw* koninklijk
regale [rɪ'geɪl] *ov ww* **~ with** onthalen op,
trakteren op ⟨eten, drank⟩, vermaken met
⟨verhaal⟩
regalia [rɪ'geɪlɪə] form *zn* **❶** regalia, koninklijke
attributen, kroonjuwelen **❷** staatsiegewaad,
galakostuum
regard [rɪ'gɑːd] **I** *zn* **❶** aandacht, zorg **★** *without*
~ to zonder te letten op **★** *have (little) ~ for*
(weinig) rekening houden met **★** *have ~ to* in
aanmerking nemen **★** *pay no ~ to* niet letten op
❷ achting **★** *hold sb in high ~* iem. hoogachten,
iem. respecteren **★** *have high ~ for sb* iem.
hoogachten, iem. respecteren **▼** *in / with ~ to*
met betrekking tot **▼** *in this / that ~* in dit / dat
opzicht, wat dit / dat betreft **II** *ov ww*
❶ beschouwen **★ ~** *as* beschouwen als, aanzien
voor **★** *be highly ~ed* zeer gerespecteerd worden,
hooggeacht worden **❷** form aankijken, bekijken
★ ~ *sth thoughtfully* iets peinzend aanschouwen
▼ form *as ~s* wat betreft
regarding [rɪ'gɑːdɪŋ] form *vz* betreffende, wat...
betreft **★** *I have no comment ~ these accusations*
ik heb geen commentaar wat deze
beschuldigingen betreft
regardless [rɪ'gɑːdləs] *bw* hoe dan ook,

desondanks, in ieder geval ★ *carry on* ~ desondanks / sowieso doorgaan ▼ ~ *of* zonder te letten op, ongeacht ▼ ~ *of whether there is a credit crunch* of er nou wel of niet een kredietcrisis is

regards [rɪ'gɑːdz] *zn mv* ★ *give my* ~ *to* doe van mij de groeten aan ★ *with kind* ~ met vriendelijke groet(en) ⟨aan het slot van brief / mailtje⟩

regatta [rɪ'gætə] *zn* roeiwedstrijd, zeilwedstrijd

regency ['riːdʒənsɪ] *zn* regentschap

Regency ['riːdʒənsɪ] *zn* Regency ⟨tijdperk v. 1811 - 1820, met kenmerkende bouwstijl; vaak in samenstellingen⟩

regenerate [rɪ'dʒenəreɪt] **I** *ov ww* ❶ doen herboren worden, nieuw leven inblazen, vernieuwen ⟨bv. stadscentrum⟩ ❷ biol regenereren, weer doen (aan)groeien ⟨cellen⟩ **II** *onov ww* biol regenereren, weer (aan)groeien ⟨van cellen⟩

regeneration [rɪdʒenə'reɪʃən] *zn* ❶ herstel, vernieuwing, nieuw leven ★ *economic* ~ economisch herstel ★ *urban* ~ stadsvernieuwing ❷ biol regeneratie, het weer (doen) aangroeien

regent ['riːdʒənt] *zn* regent

regicide ['redʒɪsaɪd] *zn* ❶ koningsmoord ❷ koningsmoordenaar

regime [reɪ'ʒiːm] *zn* ❶ regime, staatsbestel, bewind ★ *a military* ~ een militair regime ❷ stelsel, systeem ★ *the new tax* ~ het nieuwe belastingstelsel ❸ regime, dieet, leefregel(s) ★ *a slimming* ~ een vermageringskuur ★ *a dietary* ~ een dieet

regimen ['redʒɪmen] *zn* leefregel(s), dieet, kuur ★ *a strict dietary* ~ een streng dieet ★ *a daily* ~ *of physical exercises* een dagelijks vast programma van lichamelijke oefeningen

regiment ['redʒɪmənt] **I** *zn* ❶ regiment ❷ groot aantal **II** *ov ww* strak indelen, kort houden, reglementeren

regimental [redʒɪ'mentl] *bnw* regiments-

regimentation *zn* discipline, tucht

regimented [redʒɪ'mentɪd] *bnw* gereglementeerd, gedisciplineerd, strak

region ['riːdʒən] *zn* ❶ streek, gebied ook fig ★ *coastal* ~s kustgebieden ★ *pain in the lower back* ~ pijn in de onderrug ★ *nether* ~s euf de onderste regionen ⟨de schaamstreek⟩, de onderwereld ★ *in the* ~ *of 80* om en nabij de 80 ❷ GB [meestal mv] provincie, regio ⟨tegenover de hoofdstad⟩ ★ *in the* ~s in de provincie(s), in de regio('s)

regional ['riːdʒənl] *bnw* gewestelijk, regionaal

register ['redʒɪstə] **I** *ov ww* ❶ (laten) inschrijven, aangeven, registreren ★ ~ *a birth* een geboorte aangeven ★ ~ *o.s.* zich laten inschrijven op kiezerslijst ❷ aanduiden, aangeven ⟨bv. temperatuur⟩ ❸ in zich opnemen, opmerken ❹ form uitdrukken, tonen ★ *her face* ~*ed anger* woede stond op haar gezicht te lezen ❺ form indienen ⟨klacht, protest⟩ ❻ (laten) aantekenen ⟨brief⟩ **II** *onov ww* ❶ zich (laten) inschrijven ★ ~ *at a hotel* je inschrijven in een hotel ❷ in zich opnemen, doordringen ★ *it didn't* ~ *(with her)* het drong niet (tot haar) door **III** *zn* ❶ register, lijst ❷ muz register, toonomvang ❸ taalk

stijlniveau, register ❹ schuif ⟨van kachelpijp⟩

register office GB *zn* (bureau v.d.) burgerlijke stand

registrar ['redʒɪs'trɑː] *zn* ❶ ambtenaar v.d. burgerlijke stand ❷ hoofd administratie ⟨op universiteit⟩ ❸ GB aankomend (medisch) specialist

registration [redʒɪ'streɪʃən] *zn* ❶ registratie, inschrijving, aangifte ⟨van klacht⟩, het aangetekend versturen ⟨van brief, pakketje⟩ ❷ USA kentekenbewijs ❸ GB **registration number** (auto)kenteken

registry ['redʒɪstrɪ] *zn* archief

registry office *zn* (bureau van de) burgerlijke stand ★ *married at a* ~ getrouwd voor de wet

regress [rɪ'gres] form *onov ww* achteruitgaan

regression [rɪ'greʃən] *zn* achteruitgang, terugval

regressive [rɪ'gresɪv] *bnw* regressief, achteruitgaand, teruglopend

regret [rɪ'gret] **I** *zn* spijt, berouw ★ *much to his* ~ tot zijn grote spijt ★ *express (your)* ~ *at / over sth* (je) spijt betuigen over iets **II** *ov ww* betreuren, spijt hebben van ★ *I* ~ *to say* het spijt mij te moeten zeggen ★ *you won't* ~ *it* je zult er geen spijt van krijgen

regretful [rɪ'gretfʊl] *bnw* spijtig, treurig

regretfully [rɪ'gretfʊlɪ] *bijw* ❶ met spijt / leedwezen ❷ form helaas, spijtig genoeg

regrets [rɪ'grets] *zn mv* berouw, verontschuldigingen, spijt ★ *have no* ~ *about* geen spijt hebben over ★ *form* give / send your ~ je laten verontschuldigen

regrettable [rɪ'gretəbl] *bnw* betreurenswaardig

regrettably [rɪ'gretəblɪ] *bijw* jammer genoeg, helaas ★ ~ *few of them attended the meeting* helaas bezochten weinig van hen de vergadering

regroup [riː'gruːp] **I** *onov ww* zich hergroeperen **II** *ov ww* hergroeperen

regular ['regjʊlə] **I** *bnw* ❶ regelmatig, geregeld, vast ⟨klant, inkomen, werk⟩, gebruikelijk ⟨procedure⟩ ★ *a* ~ *heartbeat / pulse* een regelmatige hartslag / pols ★ *on a* ~ *basis* regelmatig ★ *my* ~ *doctor* de dokter die ik gewoonlijk heb ★ *keep* ~ *hours* zich aan vaste (werk)uren houden ★ *a* ~ *verb* een regelmatig werkwoord ❷ USA gewoon, normaal, standaard- ★ *a* ~ *coke* een gewone cola ★ ~ *fries* een gewone portie patat ★ *a* ~ *guy* een prima vent ★ ~ *petrol* gewone benzine ❸ beroeps-, gediplomeerd ★ ~ *soldiers* beroepssoldaten ❹ inform echt ★ *a* ~ *disaster* een regelrechte ramp ★ ~ *treat* waar genot **II** *zn* ❶ vaste klant, stamgast ❷ vaste kracht ⟨in team⟩, basisspeler ❸ beroepsmilitair ❹ USA gewone benzine

regularity [regjʊ'lærətɪ] *zn* regelmatigheid, regelmaat

regularization, regularisation [regjʊlərar'zeɪʃən] *zn* regularisatie

regularize, regularise ['regjʊləraɪz] *ov ww* regulariseren

regulate ['regjʊlert] *ov ww* ❶ regelen, reguleren, reglementeren ❷ afstellen ⟨apparaat⟩, bijstellen

regulation [regjʊ'leɪʃən] **I** *zn* ❶ voorschrift, regel ★ *comply with the* ~s zich aan de voorschriften houden ❷ regulering ⟨bv. van een markt⟩

re

II *bnw* voorgeschreven ★ ~ *speed* maximum snelheid ★ ~ *uniform* modelkleding, dienstkleding

regulative ['regjʊlətɪv] *bnw* regelend, regulerend

regulator ['regjʊlətə] *zn* ❶ techn regulateur ❷ waakhond, toezichthouder

regurgitate [rɪ'gɜːdʒɪteɪt] *ov ww* ❶ uitbraken ❷ als een kip zonder kop napraten / herhalen, papegaaien

rehab ['riːhæb] **I** *zn* inform → **rehabilitation** ★ *in* ~ aan het afkicken **II** *ov ww* inform → **rehabilitate**

rehabilitate [riːhə'bɪlɪteɪt] *ov ww* ❶ rehabiliteren, herstellen ⟨in eer, ambt⟩, reclasseren ⟨ex-gedetineerden⟩ ❷ revalideren ❸ renoveren ⟨gebouw, buurt⟩

rehabilitation [riːhəbɪlə'teɪʃən] *zn* ❶ rehabilitatie, eerherstel ★ ~ *of prisoners* reclassering ❷ revalidatie ★ *medical* ~ revalidatie ❸ ontwenningskuur, (het) afkicken ❹ renovatie ⟨van gebouw, buurt⟩

rehash [riː'hæʃ] **I** *zn* herbewerking, fig oude kost **II** *ov ww* weer uit de kast halen, opnieuw brengen

rehearsal [rɪ'hɜːsəl] *zn* repetitie, oefening

rehearse [rɪ'hɜːs] **I** *ov ww* ❶ repeteren ⟨tekst, muziek⟩, oefenen ★ *a well~d excuse* een goed voorbereid excuus ❷ herhalen, weer opzeggen **II** *onov ww* repeteren ⟨voor toneel, concert⟩

reheat *ov ww* opwarmen ⟨eten, drinken⟩

rehouse [riː'haʊz] *ov ww* een nieuw onderdak geven, herhuisvesten

reign [reɪn] **I** *zn* regering ★ ~ *of terror* schrikbewind ★ fig *Nadal ended the* ~ *of Roger Federer* Nadal maakte een eind aan de heerschappij van Roger Federer **II** *onov ww* regeren, heersen ★ fig *the* ~*ing champion* de regerend / huidige kampioen

reimburse [riːɪm'bɜːs] *ov ww* terugbetalen, vergoeden ★ ~ *expenses* onkosten vergoeden ★ ~ *sb for travelling expenses* iemands reiskosten vergoeden

reimbursement [riːɪm'bɜːsmənt] *zn* terugbetaling, vergoeding

reimport [riːɪm'pɔːt] *ov ww* weer importeren

rein [reɪn] **I** *zn* teugel ★ fig *give (full / free) rein to* de vrije teugel / loop laten ★ fig *hold the reins* de baas zijn, de touwtjes in handen hebben ★ fig *keep a tight rein on* stevig in toom houden ★ fig *take over the reins* de leiding in handen nemen **II** *ov ww* ~ **back/in** inhouden, beteugelen, laten stoppen, vaart laten minderen

reincarnation ['riːɪnkɑː'neɪʃn] *zn* reïncarnatie

reindeer ['reɪndɪə] *zn* rendier

reinforce [riːɪn'fɔːs] *ov ww* versterken ★ ~*d concrete* gewapend beton

reinforcement ['riːɪn'fɔːsmənt] *zn* versterking ★ *send in* ~*s* versterkingen sturen

reinstate [riːɪn'steɪt] *ov ww* ❶ herstellen, weer aannemen in zijn / haar vorige baan ★ *she was sacked and then ~d one month later* zij werd ontslagen en een maand later weer aangenomen in dezelfde baan ❷ opnieuw invoeren ⟨wet, doodstraf⟩

reinstatement [riːɪn'steɪtmənt] *zn* ❶ herstel, het

opnieuw aangenomen worden in je vorige baan ❷ het opnieuw invoeren ⟨van wet, doodstraf⟩

reinvent *ov ww* opnieuw uitvinden ★ ~ *yourself* jezelf opnieuw uitvinden, jezelf vernieuwen

reinvest [riːɪn'vest] *ov ww* herinvesteren

reinvestment [riːɪn'vestmənt] *zn* herinvestering

reinvigorate [riːɪn'vɪgəreɪt] *ov ww* opnieuw (ver)sterken ★ *feel ~d after a night's sleep* je weer goed / fit voelen na een nachtje slapen

reissue [riː'ɪʃuː] **I** *ov ww* opnieuw uitgeven / uitbrengen **II** *zn* heruitgave, nieuwe uitgave

reiterate [riː'ɪtəreɪt] form *ov ww* herhalen

reiteration [riːɪtə'reɪʃən] form *zn* herhaling

reiterative [riː'ɪtərətɪv] form *bnw* herhalend

reject [rɪ'dʒekt] **I** *ov ww* ❶ verwerpen, afwijzen, weigeren ❷ med afstoten ⟨orgaan⟩ **II** *zn* ❶ afgekeurd product, tweedekeusartikel ❷ afgekeurde, uitgestotene

rejection [rɪ'dʒekʃən] *zn* ❶ afwijzing, verwerping ❷ med afstoting ⟨van orgaan⟩

rejoice [rɪ'dʒɔɪs] *onov ww* ❶ zich verheugen ❷ ~ **at/in** zich verheugen over

rejoicing [rɪ'dʒɔɪsɪŋ] dicht *zn* (feest)vreugde

rejoicings [rɪ'dʒɔɪsɪŋz] dicht *zn mv* (feest)vreugde

rejoin[1] [rɪ'dʒɔɪn] *ov ww* (bits) antwoorden

rejoin[2] [riː'dʒɔɪn] *ov ww* ❶ zich weer verenigen met, zich weer voegen bij ❷ weer lid worden van ❸ weer nemen ⟨weg⟩, terugkeren naar

rejoinder [rɪ'dʒɔɪndə] form *zn* (bits) antwoord

rejuvenate [rɪ'dʒuːvɪneɪt] *ov ww* weer jong maken, verjongen ★ *feel ~d* zich weer jong(er) voelen

rekindle [riː'kɪndl] *ov ww* opnieuw doen opvlammen, weer doen oplaaien, weer tot leven brengen, nieuw leven brengen in

relapse [rɪ'læps] **I** *zn* terugval, instorting **II** *onov ww* (weer) instorten, (weer) terugvallen

relate [rɪ'leɪt] **I** *ov ww* ❶ (onderling) verband leggen ❷ form vertellen ❸ ~ **to/with** in verband brengen met **II** *onov ww* ❶ in verband staan ❷ ~ **to** in verband staan met, betrekking hebben op, (goed) omgaan met, begrijpen, zich kunnen vinden in ★ *he couldn't* ~ *to her emotions* hij begreep niets van haar gevoelens, hij kon niet omgaan met haar gevoelens ★ *a subject that people can* ~ *to* een onderwerp waar mensen zich in kunnen vinden, een onderwerp dat mensen aanspreekt

related [rɪ'leɪtɪd] *bnw* verwant, samenhangend ★ *be distantly* ~ in de verte familie van elkaar zijn ★ *be* ~ *to sb* familie zijn van iem. ★ *pollution~ diseases* met vervuiling samenhangende ziektes

relation [rɪ'leɪʃən] *zn* ❶ betrekking, verhouding, relatie ★ *diplomatic / international* ~*s* diplomatieke / internationale betrekkingen ★ *in* ~ *to* in verhouding tot, met betrekking tot ★ *bear no* ~ *to* in geen verhouding staan tot ★ *public ~s* public relations ⟨het zorgen voor goede betrekkingen naar buiten toe, van bedrijf / persoon⟩, pr-afdeling ★ form *have sexual ~s with* seks hebben met ❷ familielid, (bloed)verwant(schap) ★ *is she any* ~ *to you?* is zij familie van jou? ★ fig *the poor* ~ het ondergeschoven kindje, het zwakke broertje

relational [rɪ'leɪʃənl] *bnw* verwant ★ comp ~ *database* relationele database

relationship [rɪ'leɪʃənʃɪp] *zn* ❶ verhouding, betrekking ★ *be in a* ~ een relatie / verhouding hebben ★ *have a close* ~ *with sb* een nauwe band hebben met iem. ★ *the* ~ *between drinking and heart disease* het verband tussen drinken en hartaandoeningen ❷ verwantschap

relative ['relətɪv] **I** *bnw* ❶ betrekkelijk, relatief ★ ~*ly speaking* relatief beschouwd, verhoudingsgewijs ★ taalk ~ *pronoun / clause* betrekkelijk(e) voornaamwoord / bijzin ❷ in betrekking staand ★ ~ *to* in verhouding tot, met betrekking tot **II** *zn* familielid, verwant

relativity [relə'tɪvətɪ] *zn* ❶ betrekkelijkheid ❷ natk relativiteit

relax [rɪ'læks] **I** *onov ww* zich ontspannen, relaxen **II** *ov ww* ❶ ontspannen ❷ verslappen, verzachten ★ ~ *the rules* de regels versoepelen ★ ~ *your concentration* je aandacht laten verslappen ★ ~ *your grip / hold* de teugels (laten) vieren

relaxation [ri:læk'seɪʃən] *zn* ❶ ontspanning ❷ versoepeling 〈van regels e.d.〉, verzachting

relaxed *bnw* ontspannen, ongedwongen ★ *a* ~ *atmosphere* een ontspannen sfeer

relay¹ ['ri:leɪ] *zn* ❶ aflossing 〈van wacht, paarden〉 ★ *work in* ~*s* in ploegen(dienst) werken ❷ relais ❸ relay race estafette

relay² ['ri:leɪ, rɪ'leɪ] *ov ww* ❶ doorgeven 〈informatie〉 ❷ relayeren 〈ontvangen en weer〉 uitzenden 〈radio-, tv-programma's〉

relay³ [ri:'leɪ] *ov ww* opnieuw leggen

release [rɪ'li:s] **I** *ov ww* ❶ loslaten, bevrijden, vrijlaten ★ ~ *a prisoner* een gevangene vrijlaten ★ ~ *the tension in your muscles* de spanning in je spieren loslaten ★ ~ *the handbrake* van de handrem zetten ❷ vrijgeven 〈informatie, gereserveerd geld〉 ❸ uitbrengen, voor het eerst vertonen 〈film〉, op de markt brengen ❹ ~ *from* ontheffen van, bevrijden uit, verlossen van **II** *zn* ❶ bevrijding, vrijlating, verlossing ★ ~ *from pain* verlossing van de pijn ★ *a sense of* ~ een gevoel van bevrijding ❷ nieuwe film / cd / dvd ❸ het uitbrengen 〈van film, toneelstuk, muziek e.d.〉, vrijgeving 〈van informatie〉 ★ *go on general* ~ *next Thursday* overal te zien zijn volgende week donderdag ❹ uitlaat(klep) 〈voor gevoelens〉 ★ *a* ~ *from work* een uitlaatklep van het werk ❺ uitstoot 〈van gassen〉, uitstroom, het vrijkomen 〈van stoffen〉

relegate ['relɪgeɪt] *ov ww* ❶ verbannen, overplaatsen, degraderen ❷ GB sport degraderen

relegation [relɪ'geɪʃən] *zn* ❶ verbanning, overplaatsing, degradatie ❷ GB sport degradatie

relent [rɪ'lent] *onov ww* ❶ medelijden tonen, zich laten vermurwen ❷ afnemen 〈van regen〉, verslappen

relentless [rɪ'lentləs] *bnw* ❶ meedogenloos ❷ onophoudelijk, niet-aflatend

relevance ['relɪvəns] *zn* relevantie, belang, betekenis

relevancy ['relɪvənsɪ] *zn* → relevance

relevant ['relɪvənt] *bnw* relevant, toepasselijk,

van belang ★ *be* ~ op zijn plaats zijn, (ermee) te maken hebben ★ ~ *to* betrekking hebbend op

reliability [rɪlaɪə'bɪlətɪ] *zn* betrouwbaarheid

reliable [rɪ'laɪəbl] *bnw* betrouwbaar

reliance [rɪ'laɪəns] *zn* vertrouwen, afhankelijkheid ★ ~ *on* vertrouwen op, afhankelijkheid van

reliant [rɪ'laɪənt] *bnw* vertrouwend ★ *be* ~ *on* vertrouwen op, afhankelijk zijn van

relic ['relɪk] *zn* ❶ overblijfsel ❷ relikwie

relief [rɪ'li:f] *zn* ❶ verlichting, opluchting, welkome afwisseling ★ *comic* ~ vrolijke noot ★ *a sigh of* ~ een zucht van verlichting ★ *(much) to her* ~ tot haar (grote) opluchting ❷ steun, hulp 〈bij ramp〉, ontheffing 〈van belasting, rente〉 ❸ ontzet 〈van stad〉, ontslag ❹ aflossing(sploeg), versterking, extra bus / trein ❺ reliëf ★ *in* ~ in reliëf ★ *throw into* ~ doen uitkomen

relief fund *zn* rampenfonds, steunfonds

relief road GB *zn* rondweg, omlegging

relief train *zn* extra trein

relief work *zn* hulpverlening

relief worker *zn* hulpverlener

relieve [rɪ'li:v] *ov ww* ❶ verlichten, opluchten, verzachten ★ ~ *one's feelings* lucht geven aan zijn gevoelens ★ ~ *a headache* een hoofdpijn verzachten ★ ~ *o.s.* zijn behoefte doen ★ ~ *stress* de stress verminderen ★ ~*d* opgelucht ❷ aflossen ❸ onderbreken, afwisseling brengen in ★ ~ *the boredom* de verveling doorbreken ❹ ontzetten 〈stad〉, bevrijden ❺ ~ *of* ~ *sb of* ontheffen van, ontslaan van, beroven van

religion [rɪ'lɪdʒən] *zn* godsdienst, religie ★ inform *get* ~ religieus worden

religious [rɪ'lɪdʒəs] *bnw* religieus, godsdienstig

religiously [rɪ'lɪdʒəslɪ] *bijw* ❶ godsdienstig ❷ gewetensvol, nauwgezet

relinquish [rɪ'lɪŋkwɪʃ] *ov ww* ❶ opgeven, afstand doen van ❷ loslaten

reliquary ['relɪkwərɪ] *zn* reliekschrijn

relish ['relɪʃ] **I** *ov ww* ❶ genieten van, genoegen scheppen in, houden van ❷ verlangen naar, zich verheugen op **II** *zn* ❶ koude, pikante saus 〈van vruchten en / of groente〉 ❷ genoegen, plezier ★ *with great* ~ met groot genoegen

relive [ri:'lɪv] *ov ww* opnieuw beleven

reload [ri:'ləʊd] *ov ww* herladen

relocate [ri:ləʊ'keɪt] **I** *ov ww* verhuizen, verplaatsen **II** *onov ww* verhuizen

relocation [ri:ləʊ'keɪʃən] *zn* verhuizing, verplaatsing

reluctance [rɪ'lʌktns] *zn* tegenzin, onwil

reluctant [rɪ'lʌktnt] *bnw* onwillig ★ *be* ~ *to talk about it* er niet graag over praten ★ *have a* ~ *admiration for sb* een niet graag toegegeven bewondering hebben voor iem. ★ *a* ~ *smile* een aarzelende glimlach ★ ~*ly* met tegenzin

rely [rɪ'laɪ] *onov ww* ~ **on/upon** vertrouwen op, afgaan op, rekenen op, steunen op ★ *you may rely (up)on it* wees daar maar zeker van

remain [rɪ'meɪn] *onov ww* ❶ blijven ★ ~ *silent / unchanged* stil / onveranderd blijven ★ *it* ~*s true that* het blijft waar dat, het blijft een feit dat ★ *that* ~*s to be seen* dat moet je nog maar afwachten ★ ~ *at home / in New York* thuis / in New York blijven ❷ (over)blijven, nog over zijn

re

★ *with ten minutes ~ing* met nog tien minuten te gaan ★ *~ behind* achterblijven

remainder [rɪ'meɪndə] **I** *zn* overblijfsel, rest, restant **II** *ov ww* opruimen

remaining *bnw* overgebleven, overblijvende ★ *the only ~ problem is* het enige probleem dat overblijft is

remains [rɪ'meɪnz] *zn mv* ❶ overblijfselen ❷ stoffelijk overschot

remake [rɪ'meɪk] *ov ww* ❶ overmaken, een nieuwe versie maken van ❷ nieuwe versie, remake

remand [rɪ'mɑːnd] **I** *ov ww* ★ *be ~ed (in custody)* in voorarrest (vast)zitten ★ *~ on bail* onder borgstelling vrijlaten **II** *zn* voorarrest ★ *on ~ in* voorarrest

remand centre GB *zn* huis van bewaring

remark [rɪ'mɑːk] **I** *zn* opmerking **II** *ov ww* opmerken **III** *onov ww* opmerkingen maken ★ *~ on sth* opmerkingen maken over iets

remarkable [rɪ'mɑːkəbl] *bnw* opmerkelijk, opvallend, buitengewoon

remarkably [rɪ'mɑːkəblɪ] *bijw* ❶ opmerkelijk, buitengewoon ❷ opmerkelijk genoeg

remarriage [riː'mærɪdʒ] *zn* nieuw huwelijk, tweede huwelijk

remarry [riː'mærɪ] **I** *onov ww* hertrouwen **II** *ov ww* opnieuw trouwen (met)

remediable [rɪ'miːdɪəbl] *bnw* te verhelpen, te genezen

remedial [rɪ'miːdɪəl] *bnw* verbeterend, genezend ★ *~ course* inhaalcursus ⟨voor mensen met achterstand⟩ ★ *~ measures* maatregelen tot herstel ★ *~ teacher* speciale docent voor kinderen met achterstand en andere problemen ★ *~ work* herstelwerk

remedy ['remɪdɪ] **I** *zn* ❶ (genees)middel ❷ remedie, middel ★ *there's no simple ~ for that problem* er is geen simpele oplossing voor dat probleem ❸ (rechts)herstel **II** *ov ww* verhelpen, genezen

remember [rɪ'membə] **I** *ov ww* ❶ zich herinneren, nog weten, niet vergeten, onthouden ★ *~ to lock the door* vergeet niet de deur op slot te doen ★ *I ~ locking the door* ik herinner me dat ik de deur op slot heb gedaan ❷ denken aan, gedenken ❸ bedenken ⟨met fooi, legaat⟩ ★ *~ me to your parents* doe mijn groeten aan je ouders **II** *onov ww* (het) zich herinneren, (het) nog weten, (het) niet vergeten, (het) onthouden ★ *you phoned me yesterday, ~?* je hebt me gisteren gebeld, weet je wel / nog?

remembrance [rɪ'membrəns] *zn* herinnering, herdenking, aandenken ★ *in ~ of* ter nagedachtenis van

Remembrance Day *zn* oorlogsherdenkingsdag ⟨op de zondag het dichtst bij 11 november⟩

remind [rɪ'maɪnd] *ov ww* ❶ herinneren ★ *that ~s me!* dat is waar ook! ★ *~ me to buy beer on the way home* help me eraan herinneren bier te kopen op de terugweg ❷ *~ of* doen denken aan

reminder [rɪ'maɪndə] *zn* ❶ waarschuwing, aanmaning ❷ herinnering, geheugensteuntje

reminisce [remɪ'nɪs] *onov ww* herinneringen

ophalen, mijmeren

reminiscence [remɪ'nɪsəns] *zn* herinnering

reminiscent [remɪ'nɪsənt] *bnw* ❶ herinnerend ★ *be ~ of* herinneren aan, doen denken aan ❷ dicht met plezier terugdenkend

remiss [rɪ'mɪs] *form bnw* nalatig, onachtzaam ★ *it was ~ of them not to invite you* het was een nalatigheid van hun kant dat je niet uitgenodigd bent ★ *be ~ in your duties* in je plichten tekortschieten

remission [rɪ'mɪʃən] *zn* ❶ (straf)vermindering ❷ kwijtschelding ⟨van belasting, collegegeld e.d.⟩ ❸ med remissie ⟨(tijdelijke) vermindering of verdwijning van ziekteverschijnselen⟩ ★ *be into ~* in remissie zijn ⟨(geen / weinig ziekteverschijnselen vertonen⟩

remit [rɪ'mɪt] **I** *zn*, GB form competentie, bevoegdheid ★ *fall outside the ~ of sb* buiten iemands bevoegdheid vallen **II** *ov ww* ❶ form overmaken ⟨geld⟩, toezenden ❷ jur (terug)verwijzen ❸ kwijtschelden ⟨straf, boete⟩

remittance [rɪ'mɪtns] *zn* overschrijving ⟨van geld⟩, overgemaakt bedrag ★ *on ~ of* na overmaking / betaling van

remittent [rɪ'mɪtnt] *bnw* op- en afgaand, schommelend ⟨van koorts⟩

remnant ['remnənt] *zn* ❶ rest, restant ❷ coupon ⟨stof⟩

remodel [riː'mɒdl] *ov ww* opnieuw modelleren, een nieuwe vorm geven, omvormen

remonstrance [rɪ'mɒnstrəns] *zn* protest, bezwaarschrift

remonstrate ['remənstreɪt] *onov ww* protesteren ★ *~ with sb about sth* bij iem. zijn beklag doen over iets

remorse [rɪ'mɔːs] *zn* wroeging, berouw

remorseful [rɪ'mɔːsfʊl] *bnw* berouwvol

remorseless [rɪ'mɔːsləs] *bnw* meedogenloos

remote [rɪ'məʊt] **I** *bnw* ❶ ver weg, afgelegen ★ *~ from* ver weg van ★ *a ~ ancestor* een verre voorouder ★ *~ control* afstandsbediening ★ *a ~ village* een afgelegen dorp ❷ gering ★ *a ~ chance* een heel kleine kans ★ *not the ~st idea* geen flauw idee ★ *she wasn't even ~ly interested in his music* zij was totaal niet / in de verste verte niet geïnteresseerd in zijn muziek ❸ afstandelijk ⟨van persoon⟩ **II** *zn*, inform techn remote control ab ⟨afstandsbediening⟩

remould [riː'məʊld, riː'moʊld] **I** *ov ww* omvormen **II** *zn* GB vernieuwde / gecoverde autoband, coverband

removable [rɪ'muːvəbl] *bnw* afneembaar

removal [rɪ'muːvəl] *zn* ❶ verwijdering, verplaatsing, opheffing ❷ afzetting, ontslag ❸ GB verhuizing ★ *~ van* verhuiswagen

remove [rɪ'muːv] **I** *ov ww* ❶ verwijderen, afnemen, wegnemen, uit af doen ★ *~ doubts* twijfels wegnemen ★ *~ your glasses* je bril afdoen ★ *~ your jacket* je jas uitdoen ★ *~ stains* vlekken verwijderen ★ *first cousin once ~d* achterneef ★ *be far ~d from sth* ver verwijderd zijn van iets ❷ opruimen, uit de weg ruimen ⟨obstakels⟩, opheffen ⟨embargo⟩ ❸ afzetten, ontslaan ★ *~ sb from office* iem. ontslaan, iem. uit zijn ambt ontzetten **II** *zn*, GB form afstand ★ *at a safe ~* op een veilige afstand

remover [rɪ'muːvə] *zn* ❶ vlekkenwater, afbijtmiddel, remover ⟨van nagellak⟩ ❷ GB verhuizer

remunerate [rɪ'mjuːnəreɪt] *form ov ww* belonen

remuneration [rɪmjuːnə'reɪʃən] *form zn* beloning

remunerative [rɪ'mjuːnərətɪv] *form bnw* lonend

Renaissance [rɪ'neɪsns, 'renə'sɑ̃s] *zn* renaissance, *fig* (her)opleving

renal ['riːnl] *bnw* v.d. nieren, nier- ★ ~ *disease* nierkwaal, nierziekte

rename [riː'neɪm] *ov ww* hernoemen

renascent [rɪ'næsənt] form *bnw* weer oplevend, herboren

rend [rend] [onregelmatig] *dicht ov ww* ❶ verscheuren, stukscheuren ❷ klieven ★ *rend the air* de lucht doorklieven ❸ pijn doen, kwellen ⟨hart⟩

render ['rendə] *ov ww* ❶ form maken, doen worden ★ ~ *possible* mogelijk maken ★ *be ~ed homeless* dakloos geworden zijn ❷ form verlenen, geven ★ ~ *sb a service* iem. een dienst bewijzen ★ *for services ~ed* voor bewezen diensten ★ ~ *assistance to* hulp verlenen aan ★ ~ *judgement* een vonnis uitspreken ★ ~ *a report* een verslag uitbrengen ❸ form vertolken, spelen, weergeven ❹ vertalen ★ ~ *into Russian* in het Russisch vertalen ❺ bepleisteren ❻ **render down** uitsmelten ⟨vet⟩

rendering ['rendərɪŋ] *zn* ❶ weergave, vertolking, versie ❷ vertaling ❸ pleisterlaag

rendezvous ['rɒndɪvuː] **I** *zn* ❶ afspraakje, rendez-vous ❷ plaats van samenkomst, ontmoetingsplaats **II** *onov ww* samenkomen, afspreken

rendition [ren'dɪʃən] *zn* uitvoering, weergave, vertolking

renegade ['renɪgeɪd] *zn* afvallige, overloper

renege [rɪ'niːg] *onov ww* ~ **on** niet nakomen ⟨belofte⟩, zich niet houden aan ⟨afspraak, contract⟩

renew [rɪ'njuː] *ov ww* ❶ vernieuwen, hernieuwen, vervangen, verversen ★ *with ~ed enthusiasm* met nieuw / hernieuwd enthousiasme ★ *feel ~ed* zich als herboren voelen ❷ hervatten, doen herleven ❸ herhalen, opnieuw doen ⟨oproep, verzoek⟩ ❹ verlengen ⟨paspoort, bibliotheekboek⟩, prolongeren

renewable [rɪ'njuːəbl] **I** *bnw* ❶ vernieuwbaar, herwinbaar, duurzaam ★ ~ *energy* duurzame energie ❷ verlengbaar **II** *zn* duurzame energiebron

renewal [rɪ'njuːəl] *zn* ❶ vernieuwing ★ *urban* ~ stadsvernieuwing ❷ verlenging ❸ hervatting

rennet ['renɪt] *zn* stremsel

renounce [rɪ'naʊns] *ov ww* ❶ afstand doen van, afzien van ❷ verwerpen, niet meer erkennen, verloochenen

renovate ['renəveɪt] *ov ww* vernieuwen, opknappen, renoveren

renovation [renə'veɪʃən] *zn* renovatie

renown [rɪ'naʊn] *zn* roem ★ *win international* ~ internationale roem vergaren

renowned [rɪ'naʊnd] *bnw* vermaard, beroemd

rent [rent] **I** *ov ww* ❶ huren, pachten ❷ **rent out** verhuren, verpachten **II** *onov ww* ❶ huren ❷ USA verhuurd worden ★ *rent at / for $750 a week* voor $750 te huur zijn **III** *zn* ❶ huur, pacht ★ *for rent* te huur ❷ form scheur, spleet **IV** *ww* [verl. tijd + volt. deelw.] → **rend**

rental ['rentl] **I** *zn* ❶ huur ❷ verhuur ❸ huursom, pachtsom ❹ USA iets dat je huurt, huurauto, huurhuis **II** *bnw* ❶ huur- ★ ~ *agreement* huurovereenkomst ★ ~ *value* huurwaarde ❷ USA gehuurd, huur- ★ *a ~ car* een huurauto

renter ['rentə] *zn* ❶ huurder, pachter ❷ USA verhuurder

rent-free *bnw* vrij van huur, pachtvrij

rentier ['rɑ̃tɪeɪ] *zn* rentenier

renumber [riː'nʌmbə] *ov ww* hernummeren, opnieuw nummeren

renunciation [rɪnʌnsɪ'eɪʃən] *zn* het afstand doen, verwerping, verloochening

reopen [riː'əʊpən] **I** *ov ww* ❶ heropenen ❷ hervatten **II** *onov ww* weer opengaan, weer beginnen

reorder [riː'ɔːdə] *ov ww* ❶ nabestellen ❷ anders ordenen, herschikken, reorganiseren

reorganization, reorganisation [riːɔːgənaɪ'zeɪʃən] *zn* reorganisatie

reorganize, reorganise [riː'ɔːgənaɪz] **I** *ov ww* reorganiseren **II** *onov ww* reorganiseren

rep [rep] *zn* ❶ inform *sales representative* vertegenwoordiger, handelsreiziger ❷ inform *representative* afgevaardigde, vertegenwoordiger ★ *a union rep* een vakbondsman ❸ inform *repertory theatre* repertoiregezelschap, repertoiretheater ❹ inform *repetition* herhaling ★ *do 20 reps of this exercise* doe deze oefening 20 keer

Rep. [rep] *afk* ❶ *Representative* vertegenwoordiger, afgevaardigde ❷ *Republican* republikein

repaint [riː'peɪnt] *ov ww* overschilderen

repair [rɪ'peə] **I** *ov ww* ❶ repareren, herstellen ❷ form vergoeden, weer goedmaken **II** *onov ww* form ~ **to** zich begeven naar **III** *zn* ❶ reparatie, herstel ★ *be in need op* ~ dringend hersteld moeten worden ★ *beyond* ~ niet meer te repareren ★ *carry out ~s* herstelwerk uitvoeren ★ ~*s to roads* herstelwerkzaamheden aan de wegen ★ *running* ~*s* klein onderhoud ⟨terwijl de machines doordraaien⟩ ★ *under* ~ in reparatie ❷ onderhoud ★ *in good / bad* ~ goed / slecht onderhouden ★ *keep in good* ~ goed onderhouden

repairable [rɪ'peərəbl] *bnw* herstelbaar

repairer [rɪ'peərə] *zn* reparateur, hersteller

repairman [rɪ'peəmən] *zn* (onderhouds)monteur

repair shop *zn* reparatiewerkplaats

reparation [repə'reɪʃən] *zn* schadeloosstelling, herstelbetaling ★ *make* ~ *to sb for sth* iem. schadeloosstellen voor iets

repartee [repɑː'tiː] *zn* gevatte conversatie

repatriate [riː'pætrɪeɪt] *ov ww* naar het vaderland terugzenden, repatriëren

repay [riː'peɪ] *ov ww* ❶ terugbetalen ❷ vergelden, vergoeden, belonen

repayable [riː'peɪəbl] *bnw* terug te betalen

repayment [riː'peɪmənt] *zn* terugbetaling, aflossing ★ *the* ~ *of the mortgage* de aflossing van de hypotheek ★ *meet the* ~*s* de aflossing(stermijnen) betalen

repeal [rɪˈpiːl] **I** ov ww herroepen, afschaffen ⟨wet⟩ **II** zn herroeping, afschaffing

repeat [rɪˈpiːt] **I** ov ww ❶ herhalen ★ ~ *a year / class* een jaar / klas overdoen ★ ~ *yourself* in herhalingen vervallen ❷ nadoen, nazeggen, navertellen, opzeggen ❸ doorvertellen **II** onov ww ❶ repeteren, (zich) herhalen ❷ GB opbreken ⟨van voedsel⟩ ★ *avoid any food that might ~ on you* vermijd voedsel waar je oprispingen door krijgt **III** zn ❶ herhaling ❷ muz reprise, herhalingsteken

repeated [rɪˈpiːtɪd] bnw herhaald

repeatedly [rɪˈpiːtɪdli] bnw herhaaldelijk

repeater [rɪˈpiːtə] zn repeteergeweer

repeat order GB zn nabestelling

repeat performance zn herhaling

repeat prescription GB zn herhaalrecept

repel [rɪˈpel] ov ww afstoten, afslaan, terugdrijven, terugslaan

repellent [rɪˈpelənt] **I** zn afweermiddel **II** bnw weerzinwekkend, afstotend

repent [rɪˈpent] form **I** ov ww berouw hebben over, spijt hebben van **II** onov ww berouw hebben

repentance [rɪˈpentəns] zn berouw

repentant [riːˈpentənt] bnw berouwvol

repercussion [riːpəˈkʌʃən] zn terugslag, (onaangenaam) gevolg ★ *have serious ~s for* ernstige gevolgen hebben voor

repertoire [ˈrepətwɑː] zn ❶ repertoire, gehele werk, scala van mogelijkheden ❷ lijst van mogelijkheden ⟨computer⟩

repertory [ˈrepətəri] zn repertoire, repertoiretheater

repertory theatre zn repertoiretheater

repetition [repɪˈtɪʃən] zn herhaling

repetitious [repɪˈtɪʃəs] bnw (zich) herhalend

repetitive [rɪˈpetɪtɪv] bnw (zich) herhalend ★ ~ *strain injury* RSI, herhalingsoverbelasting ⟨bv. muisarm⟩

rephrase [riːˈfreɪz] ov ww opnieuw formuleren

replace [rɪˈpleɪs] ov ww ❶ vervangen, de plaats innemen van ★ ~ *sth with* iets vervangen door ❷ terugzetten, terugleggen

replaceable [rɪˈpleɪsəbl] bnw vervangbaar

replacement [rɪˈpleɪsmənt] zn vervanging, vervanger ★ med *a hip / knee* ~ een nieuwe heup / knie

replay[1] [riːˈpleɪ] ov ww ❶ overspelen ⟨wedstrijd⟩ ❷ afspelen, terugspelen ⟨opname⟩ ❸ herhalen

replay[2] [ˈriːpleɪ] zn ❶ overgespeelde wedstrijd ❷ herhaling ⟨van beeldscène / geluidsfragment⟩

replenish [rɪˈplenɪʃ] form ov ww bijvullen, aanvullen

replenished [rɪˈplenɪʃt] form bnw vol

replenishment [rɪˈplenɪʃmənt] form zn aanvulling

replete [rɪˈpliːt] form bnw vol, verzadigd

replica [ˈreplɪkə] zn model, kopie

replicate [ˈreplɪkeɪt] form **I** ov ww een kopie maken van, herhalen **II** onov ww zich vermenigvuldigen door celdeling

replication [replɪˈkeɪʃən] zn ❶ kopie, herhaling ❷ vermenigvuldiging door celdeling

reply [rɪˈplaɪ] **I** onov ww ❶ antwoorden ❷ ~ to beantwoorden, antwoorden op **II** ov ww

antwoorden **III** zn antwoord ★ *in* ~ *to* in antwoord op, als antwoord op ★ *make no* ~ geen antwoord geven

reply-paid GB bnw met betaald antwoord ★ *a* ~ *envelope* een antwoordenveloppe

repoman USA inform zn repoman ⟨iemand die auto's terughaalt bij mensen die niet meer (af)betalen⟩

repopulate [riːˈpɒpjʊleɪt] ov ww opnieuw bevolken

report [rɪˈpɔːt] **I** ov ww ❶ verslag doen van, rapport uitbrengen van ❷ melden, van zich laten horen, rapporteren, opgeven ★ ~ *missing* als vermist opgeven ★ ~ *sb to the police (for sth)* iem. (voor iets) aangeven bij de politie ★ ~ *sth to the police* aangifte doen van iets bij de politie ❸ vertellen, overbrengen ★ *it is ~ed* men zegt ★ *~ed speech* indirecte rede **II** onov ww ❶ verslag doen / uitbrengen, rapport uitbrengen ★ ~ *on sth* verslag uitbrengen van iets, iets verslaan ❷ zich melden ★ ~ *sick* zich ziek melden ❸ verslaggever zijn ❹ ~ **back** zich weer melden, verslag uitbrengen, rapporteren ★ ~ *back with the results* verslag uitbrengen van de resultaten ❺ ~ **in** zich melden ❻ ~ **to** zich melden bij, verantwoording moeten afleggen aan **III** zn ❶ verslag, rapport, bericht ★ *annual* ~ *and accounts* jaarverslag en jaarrekening ★ *unconfirmed ~s of a revolution* onbevestigde berichten over een revolutie ❷ GB (school)rapport ❸ roep, reputatie ★ *of good* ~ met goede reputatie, goed bekend staand ❹ form knal, schot

report card USA zn (school)rapport

reportedly [rɪˈpɔːtɪdli] bijw naar verluidt, naar men zegt

reporter [rɪˈpɔːtə] zn verslaggever, reporter

repose [rɪˈpəʊz] dicht **I** zn rust **II** onov ww ❶ rusten ❷ zich bevinden **III** ov ww stellen ★ ~ *trust in* vertrouwen stellen in

repository [rɪˈpɒzɪtəri] zn ❶ opslagplaats, bewaarplaats ❷ magazijn, depot ❸ schat(kamer) ⟨figuurlijk⟩

repossess [riːpəˈzes] ov ww weer in bezit nemen ⟨auto, huis e.d. omdat er niet meer afbetaald wordt⟩, de huur of pacht opzeggen van, onteigenen

repossession [riːpəˈzeʃən] zn het weer in bezit nemen, terugneming

repot [riːˈpɒt] ov ww verpotten

reprehensible [reprɪˈhensɪbl] bnw laakbaar, afkeurenswaardig

represent [reprɪˈzent] ov ww ❶ vertegenwoordigen ❷ vormen, betekenen ★ ~ *a major change* een grote verandering vormen / betekenen ❸ voorstellen ❹ voorhouden, wijzen op, kenbaar maken

representation [reprɪzenˈteɪʃən] zn ❶ voorstelling ❷ vertegenwoordiging, inspraak ❸ GB protest, bezwaar(schrift) ★ *make ~s to* protest aantekenen bij

representative [reprɪˈzentətɪv] **I** zn ❶ (volks)vertegenwoordiger ★ USA *House of Representatives* Huis van Afgevaardigden ❷ vertegenwoordiger, handelsreiziger ❸ representant, exponent, vertegenwoordiger

⟨typerend voor een bepaalde groep mensen⟩ II *bnw* ❶ representatief, kenmerkend, typisch ❷ vertegenwoordigend, op vertegenwoordiging gebaseerd

repress [rɪ'pres] *ov ww* ❶ onderdrukken, bedwingen ❷ verdringen

repressed [rɪ'prest] *bnw* onderdrukt, niet geuit, gefrustreerd

repression [rɪ'preʃən] *zn* ❶ onderdrukking ❷ verdringing

repressive [rɪ'presɪv] *bnw* onderdrukkend

reprieve [rɪ'priːv] I *ov ww* ❶ gratie verlenen ❷ uitstellen, opschorten II *zn* ❶ gratie ★ *grant a ~ to sb* iem. gratie verlenen ❷ uitstel, opschorting

reprimand ['reprɪmɑːnd] I *zn* officiële berisping II *ov ww* berispen ★ *~ sb for sth* iem. om iets berispen

reprint[1] ['riːprɪnt] *zn* herdruk

reprint[2] [riː'prɪnt] *ov ww* herdrukken

reprisal [rɪ'praɪzəl] *zn* vergelding, represaille ★ *in ~ of* ter vergelding van ★ *take ~(s) against* represaillemaatregelen nemen tegen

reprise I *zn* herhaling, reprise II *ov ww* herhalen

reproach [rɪ'prəʊtʃ] I *zn* ❶ verwijt ★ *above / beyond ~* onberispelijk ❷ blaam, schande II *ov ww* verwijten

reproachful [rɪ'prəʊtʃfʊl] *bnw* verwijtend

reprobate ['reprəbeɪt] *form* I *zn* onverlaat, snoodaard II *bnw* ontaard, verdorven

reprocess [riː'prəʊses] *ov ww* hergebruiken, recyclen, opnieuw verwerken

reproduce [riːprə'djuːs] I *ov ww* ❶ weergeven, reproduceren, kopiëren ❷ (opnieuw) voortbrengen ★ *~ yourself* jezelf voortplanten II *onov ww* zich voortplanten

reproducible [riːprə'djuːsəbl] *bnw* reproduceerbaar

reproduction [riːprə'dʌkʃən] *zn* ❶ reproductie, weergave, kopie ❷ voortplanting

reproductive [riːprə'dʌktɪv] *bnw* voortplantings- ★ *~ organs* voortplantingsorganen

reproof [rɪ'pruːf] *zn* verwijt, berisping, afkeuring

reprove [rɪ'pruːv] *ov ww* berispen, afkeuren ★ *a reproving glance* een verwijtende / afkeurende blik

reptile ['reptaɪl] *zn* ❶ reptiel ❷ inform (laaghartige) kruiper, verachtelijk iemand

reptilian [rep'tɪlɪən] *bnw* ❶ kruipend, reptiel- ❷ verachtelijk, kruiperig, laag

republic [rɪ'pʌblɪk] *zn* republiek

republican [rɪ'pʌblɪkən] I *zn* republikein ★ USA *Republican* lid v.d. Republikeinse Partij II *bnw* republikeins

repudiate [rɪ'pjuːdɪeɪt] *form ov ww* verwerpen, afwijzen, niet (meer) erkennen

repudiation [rɪpjuːdɪ'eɪʃən] *form zn* verwerping, afwijzing

repugnance [rɪ'pʌgnəns] *form zn* afkeer, weerzin

repugnant [rɪ'pʌgnənt] *bnw* weerzinwekkend ★ *it was ~ to her* zij vond het afschuwelijk, zij walgde ervan

repulse [rɪ'pʌls] *ov ww* ❶ afslaan, terugslaan ⟨vijand(elijk leger)⟩ ❷ afwijzen ⟨aanbod⟩ ❸ doen walgen

repulsion [rɪ'pʌlʃən] *zn* ❶ tegenzin, walging

❷ natk afstoting

repulsive [rɪ'pʌlsɪv] *bnw* ❶ weerzinwekkend ❷ natk afstotend

repurchase [riː'pɜːtʃɪs] *ov ww* terugkopen

reputable ['repjʊtəbl] *bnw* fatsoenlijk, goed bekend staand

reputation [repjʊ'teɪʃən] *zn* (goede) naam, reputatie ★ *enjoy a good ~* een goede naam hebben ★ *have a ~ for being very friendly* bekend staan als zeer vriendelijk, de naam hebben zeer vriendelijk te zijn ★ *live up to one's ~* zijn naam eer aandoen

repute [rɪ'pjuːt] *zn* vermaardheid, (goede) naam ★ *by ~* bij gerucht ★ *I know him by ~* ik heb veel over hem gehoord ★ *an artist of (some) ~* een artiest van naam / faam

reputed [rɪ'pjuːtɪd] *bnw* ★ *his ~ father* zijn vermeende vader ★ *be ~ to be very friendly* bekend staan als zeer vriendelijk

reputedly [rɪ'pjuːtɪdlɪ] *bijw* naar men zegt

request [rɪ'kwest] *zn* ❶ verzoek ★ *at your ~* op uw verzoek ★ *by / on ~* op verzoek ★ *grant a ~* een verzoek inwilligen ★ *make a ~* een verzoek doen ❷ form verzoeken

request stop GB *zn* halte op verzoek

requiem ['rekwɪem] *zn* requiem, uitvaartdienst

require [rɪ'kwaɪə] *ov ww* nodig hebben, vereisen, eisen ★ *~d* vereist, verplicht

requirement [rɪ'kwaɪəmənt] *zn* ❶ eis, vereiste ★ *meet the ~s* aan de gestelde eisen voldoen ❷ behoefte ★ *our daily ~ of vitamins* onze dagelijks behoefte aan vitaminen

requisite ['rekwɪzɪt] *form* I *bnw* vereist II *zn* vereiste ★ *~s* benodigdheden

requisition [rekwɪ'zɪʃən] I *zn* (op)vordering ★ *bring into / call into / put in ~* vorderen II *ov ww* vorderen

requite [rɪ'kwaɪt] *ov ww* ❶ beantwoorden ⟨liefde⟩ ❷ vergoeden, vergelden

reread [riː'riːd] *ov ww* herlezen

re-release I *ov ww* opnieuw uitbrengen II *zn* het opnieuw uitbrengen, opnieuw uitgebrachte cd / dvd / film

re-route [riː'raʊt] *ov ww* omleiden ⟨verkeer⟩

rerun [riː'rʌn] I *zn* herhaling ⟨van film, tv-programma e.d.⟩ II *ov ww* herhalen ⟨film, tv-programma e.d.⟩

resale [riː'seɪl] *zn* wederverkoop, doorverkoop

reschedule *ov ww* verzetten, verplaatsen ★ *~ the meeting for April 21* de vergadering verzetten naar 21 april

rescind [rɪ'sɪnd] *form ov ww* opheffen, intrekken, herroepen, nietig verklaren

rescue ['reskjuː] I *zn* ❶ redding ❷ hulp ★ *come to the ~ of…* … te hulp komen II *ov ww* redden, bevrijden

rescuer ['reskjuːə] *zn* redder

rescue worker *zn* reddingswerker

research [rɪ'sɜːtʃ] I *zn* (wetenschappelijk) onderzoek ★ *carry out / do ~ into* onderzoek doen naar ★ *~ and development* onderzoek en ontwikkeling II *ov ww* ❶ (wetenschappelijk) onderzoeken, onderzoek doen naar ❷ onderzoek doen voor ⟨nieuw boek, reportage⟩ III *onov ww* onderzoek doen ★ *~ into sth* onderzoek doen naar iets

re

researcher [rɪ'sɜːtʃə] *zn* onderzoeker, wetenschapper

research paper *zn* wetenschappelijk artikel, scriptie

research scientist *zn* (wetenschappelijk) onderzoeker

resell [ri:'sel] *ov ww* opnieuw verkopen, doorverkopen

resemblance [rɪ'zembləns] *zn* gelijkenis ★ *close ~* sprekende gelijkenis ★ *bear a ~ to* lijken op

resemble [rɪ'zembl] *ov ww* lijken op ★ *closely ~ sb* sprekend op iem. lijken

resent [rɪ'zent] *ov ww* kwaad zijn over, kwalijk nemen

resentful [rɪ'zentfʊl] *bnw* kwaad, boos

resentment [rɪ'zentmənt] *zn* rancune, wrevel, boosheid

reservation [rezə'veɪʃən] *zn* ❶ reservering, boeking ★ *make a ~ for* reserveren voor ★ *have a ~* gereserveerd hebben ❷ voorbehoud, reserve ★ *have serious reserves about sth* ernstige reserves hebben over / tegen iets ★ *without ~* zonder voorbehoud ❸ indianenreservaat ❹ USA reservaat ▼ GB *central ~* middenberm

reserve [rɪ'zɜːv] I *zn* ❶ reserve, (nood)voorraad ★ *oil / gas ~s* olie- / gasvoorraden ★ *keep sth in ~* iets in reserve houden ❷ reservespeler, invaller ❸ reservetroepen ❹ voorbehoud, reserve ★ *without ~* zonder voorbehoud ❺ gereserveerdheid ❻ GB reservaat ❼ ophoudprijs (vastgestelde minimumprijs bij veiling) II *ov ww* ❶ reserveren, bespreken, boeken ★ *~ a table for two / a room* een tafel voor twee personen / een kamer reserveren ❷ reserveren, achterhouden, bewaren, wegleggen, sparen ★ *~ a judgement (on sth)* een oordeel (over iets) opschorten, nog geen oordeel geven (over iets) ❸ voorbehouden ★ *~ the right to do sth* zich het recht voorbehouden iets te doen

reserved [rɪ'zɜːvd] *bnw* ❶ gesloten, gereserveerd, zwijgzaam ❷ besproken (plaatsen), gereserveerd

reserve price *zn* ophoudprijs (vastgestelde minimumprijs bij veiling)

reservist [rɪ'zɜːvɪst] *zn* reservist

reservoir ['rezəvwɑː] *zn* ❶ (water)reservoir, stuwmeer, spaarbekken ❷ *fig* reserve(voorraad) ★ *a huge ~ of manpower* een reusachtig reservoir van / aan arbeidskrachten ❸ bak (voor vloeistof, bv. olie), reservoir, tank

reset [ri:'set] *ov ww* ❶ opnieuw zetten (gebroken arm / been, edelsteen) ❷ (opnieuw) zetten, (opnieuw) instellen ★ *he ~ the alarm for 7.15* hij zette de wekker nu op kwart over zeven ❸ terugzetten op nul (meter) ❹ comp opnieuw opstarten

resettle [ri:'setl] I *ov ww* opnieuw vestigen, een nieuwe woonplaats / vaderland geven (vluchtelingen) II *onov ww* zich opnieuw vestigen

resettlement [ri:'setlmənt] *zn* nieuwe vestiging

reshape [ri:'ʃeɪp] *ov ww* een nieuwe vorm geven, hervormen

reshuffle [ri:'ʃʌfəl] I *zn* herverdeling ★ *a Cabinet ~* een portefeuillewisseling II *ov ww* herschikken,

herverdelen, wijzigen

reside [rɪ'zaɪd] *onov ww* ❶ wonen, zijn standplaats hebben ❷ ~ **in** (gaan) wonen in ★ *writer in ~* gastschrijver ❸ ~ **in** berusten bij (van macht e.d.), bestaan uit

residence ['rezɪdns] *zn* ❶ (grote) woning, herenhuis ❷ woonplaats, standplaats ★ *your place of ~* je woonplaats ★ *have / take up one's ~ in* (gaan) wonen in ★ *writer in ~* gastschrijver (schrijver die op uitnodiging van een universiteit daar verblijft en o.a. gastcolleges geeft) ❸ verblijf (met een officiële verblijfsvergunning) ★ *she has been denied US ~* zij heeft geen verblijfsvergunning gekregen voor de VS ❹ residentie (van vorst, staatshoofd)

residence permit *zn* verblijfsvergunning

residency ['rezɪdənsɪ] *zn* ❶ verblijf (met officiële verblijfsvergunning of op uitnodiging van een universiteit) ★ *a writer in ~* een gastschrijver ★ *they have been granted permanent ~* zij hebben een vaste verblijfsvergunning gekregen ❷ USA med klinische opleidingsperiode

resident ['rezɪdnt] I *zn* ❶ inwoner, vaste bewoner ❷ gast (in hotel) ❸ USA med specialist in opleiding II *bnw* ❶ (in)wonend ★ *be ~ in New York* in New York wonen ❷ vast (van inwoner) ★ *the ~ population* de vaste inwoners ★ *~ bird* standvogel

residential [rezɪ'denʃəl] *bnw* woon- ★ *~ district* woonwijk ★ *~ hotel* familiehotel ★ *~ school* kostschool ★ *~ street* straat met woonhuizen

residual [rɪ'zɪdjʊəl] *bnw* resterend, overblijvend ★ *~ income* netto-inkomen

residuary [rɪ'zɪdjʊərɪ] *bnw* overblijvend, overgebleven

residue ['rezɪdjuː] *zn* rest, restant, (netto) overschot

resign [rɪ'zaɪn] I *ov ww* afstand doen van, overgeven, opgeven ★ *o.s. to* zich neerleggen bij, berusten in ★ *~ your post* je ambt neerleggen II *onov ww* ontslag nemen, aftreden, opstappen

resignation [rezɪg'neɪʃən] *zn* ❶ ontslag, aftreden ★ *send in one's ~* zijn ontslag indienen ❷ berusting, gelatenheid

resigned [rɪ'zaɪnd] *bnw* gelaten ★ *be ~ to sth* iets gelaten accepteren, berusten in iets

resilience [rɪ'zɪlɪəns] *zn* veerkracht ook fig

resilient [rɪ'zɪlɪənt] *bnw* veerkrachtig ook fig

resin ['rezɪn] *zn* hars

resinous ['rezɪnəs] *bnw* harsig, harsachtig

resist [rɪ'zɪst] I *ov ww* ❶ weerstand bieden aan, weerstaan, bestand zijn tegen ★ *~ (the) temptation* de verleiding weerstaan ★ *he couldn't ~ asking her about her new boyfriend* hij kon het niet nalaten haar naar haar nieuwe vriend te vragen ❷ zich verzetten tegen II *onov ww* weerstand bieden, zich verzetten

resistance [rɪ'zɪstns] *zn* ❶ weerstand, verzet ★ *the body's ~ to infection* de weerstand van het lichaam tegen infectie(s) ★ *passive ~* passief verzet ★ *put up / offer ~* weerstand bieden, zich verzetten ★ *the Resistence* het Verzet (tijdens een oorlog) ❷ techn weerstand

resistant [rɪ'zɪstnt] *bnw* weerstand biedend, bestand, immuun ★ *heat~* hittebestendig ★ *shock-~* stootvast ★ *~ to antibiotics* resistent tegen antibiotica, immuun voor antibiotica ★ *be ~ to change* zich verzetten tegen verandering(en), tegen verandering(en) zijn

resistor [rɪ'zɪstə] elek *zn* weerstand(je)

resit GB **I** *ov ww* overdoen, opnieuw afleggen ⟨examen⟩ **II** *zn* herexamen, herkansing

reskilling GB *zn* omscholing

resolute ['rezəlu:t] *bnw* vastberaden, vastbesloten, ferm

resolution [rezə'lu:ʃən] *zn* **①** besluit, resolutie ★ *pass / adopt / carry a ~* een resolutie aannemen ⟨door een vergadering, overheid⟩ **②** ontknoping, oplossing ⟨van probleem⟩ **③** vastberadenheid **④** voornemen ⟨bv. met Nieuwjaar⟩ ★ *make good ~s* goede voornemens maken **⑤** resolutie ⟨van beeldscherm, printer, tv⟩

resolve [rɪ'zɒlv] **I** *ov ww* **①** oplossen ⟨probleem e.d.⟩ **②** ontbinden, herleiden ★ *~ into sth* herleiden tot iets, veranderen in iets **II** *onov ww* besluiten, beslissen ★ *~ to tell the truth* besluiten de waarheid te vertellen ★ *she ~d on leaving England as soon as possible* ze besloot Engeland zo snel mogelijk te verlaten **III** *zn* vastberadenheid

resolved [rɪ'zɒlvd] form *bnw* vastbesloten ★ *be ~ to do sth* vastbesloten zijn iets te doen

resonance ['rezənəns] *zn* resonantie, weerklank

resonant ['rezənənt] *bnw* weerklinkend, resonerend, klankvol

resort [rɪ'zɔːt] **I** *zn* **①** (vakantie)oord ⟨vaak in samenstellingen⟩, populaire plaats ★ *beach ~* badplaats met strand ★ *seaside ~* badplaats aan zee ★ *ski ~* skicentrum **②** redmiddel ★ *in the last ~* als niets meer helpt, in laatste instantie **③** form toevlucht ★ *without ~ to* zonder zijn toevlucht te nemen tot **II** *onov ww* ★ *~ to* zijn toevlucht nemen tot

resound [rɪ'zaʊnd] *onov ww* weerklinken, galmen ★ *~ with laughter* weergalmen van het lachen

resounding [rɪ'zaʊndɪŋ] *bnw* **①** luid klinkend, galmend **②** eclatant, daverend, zeer groot ★ *a ~ defeat* een verpletterende nederlaag ★ *a ~ victory* een klinkende overwinning

resource [rɪ'zɔːs] **I** *zn* **①** ⟨vaak mv⟩ hulpbron ★ *human ~s* personeel, personeelszaken ★ *natural ~s* natuurlijke hulpbronnen / rijkdommen **②** middel, hulpmiddel **③** vindingrijkheid, initiatief ★ *show considerable ~ in* het voortouw nemen in / bij ★ *a man of ~* iem. die zich goed weet te redden ★ *he is full of ~* hij weet altijd raad ★ *have no inner ~s* zichzelf niet weten te redden ★ *be left to your own ~s* aan je lot overgelaten zijn **II** *ov ww* form financieren, van geldmiddelen voorzien

resourceful [rɪ'zɔːsfʊl] *bnw* inventief, vindingrijk

resources [rɪ'zɔːsɪz] *zn mv* (financiële) middelen ★ *pool your ~* hutje bij mutje leggen, je geld bij elkaar leggen ★ *I'm at the end of my ~* ik zie geen uitweg meer, ik heb gedaan wat ik kon ★ *a man of no ~* iem. die zichzelf niet bezig kan houden, iem. zonder middelen

respect [rɪ'spekt] **I** *zn* **①** eerbied, achting, respect ★ *have ~ for sb* respect / eerbied hebben voor iem. ★ *with all (due) ~* met alle respect ★ *without*

~ to zonder aandacht te schenken aan **②** opzicht ★ *in one / this ~* in een / dit opzicht ★ *in every / some ~* in alle / zekere opzichten ★ *form in ~ of* met betrekking tot ★ *form with ~ to* met betrekking tot, wat betreft **II** *ov ww* eerbiedigen, (hoog)achten, respecteren ★ *a highly ~ed man* een zeer geacht / gerespecteerd man, een man die in hoog aanzien staat

respectability [rɪspektə'brɪlətɪ] *zn* fatsoen, fatsoenlijkheid

respectable [rɪ'spektəbl] *bnw* **①** fatsoenlijk, achtenswaardig **②** behoorlijk ⟨inkomen, resultaat⟩, goed, aanzienlijk

respectful [rɪ'spektfʊl] *bnw* eerbiedig ★ *be ~ of sth* iets eerbiedigen, eerbied hebben voor iets

respecting [rɪ'spektɪŋ] form *vz* wat betreft

respective [rɪ'spektɪv] *bnw* onderscheidenlijk, respectief ★ *they went back to their ~ countries* ze gingen (ieder) terug naar hun eigen land

respectively [rɪ'spektɪvlɪ] *bijw* respectievelijk

respects [rɪ'spekts] *zn mv* eerbetuigingen, beleefde groeten ★ *give / send your ~ to sb* iem. de groeten doen ★ *pay one's ~ to sb* iem. komen begroeten ★ *pay one's last ~ to sb* iem. de laatste eer bewijzen

respiration [respɪ'reɪʃən] *zn* ademhaling

respirator ['respɪreɪtə] *zn* **①** ademhalingsapparaat, beademing(sapparaat) **②** gasmasker

respiratory ['respɪrətərɪ] *bnw* ademhalings- ★ *~ organs* ademhalingsorganen

respire [rɪ'spaɪə] *onov ww* ademen, ademhalen

respite ['respaɪt] *zn* uitstel, opschorting, pauze ★ *bring a brief ~ from the pain* even van de pijn verlossen ★ *without ~* zonder onderbreking

respite care *zn* respijtzorg ⟨voor bejaarde, chronisch zieke, zodat de verzorger even vrij is van de verzorging⟩

resplendence [rɪ'splendəns] dicht *zn* luister, pracht

resplendent [rɪ'splendənt] dicht *bnw* schitterend, prachtig ★ *look ~ in a red silk dress* er schitterend uitzien in een rode zijden jurk, schitteren in een rode zijden jurk

respond [rɪ'spɒnd] *onov ww* **①** antwoorden **②** *~ to* reageren op, antwoorden op

respondent [rɪ'spɒndənt] *zn* **①** ondervraagde ⟨bij opinieonderzoek⟩ **②** jur gedaagde ⟨bij echtscheiding⟩

response [rɪ'spɒns] *zn* **①** antwoord ★ *in ~ to your letter* als antwoord op je brief **②** reactie, weerklank ★ *in ~ to* als antwoord op, naar aanleiding van, ten gevolge van ⟨bv. klachten, publieke druk⟩ **③** tegenzang, responsorium

responsibility [rɪspɒnsɪ'brɪlətɪ] *zn* verantwoordelijkheid ★ *claim ~ for the bombing* de verantwoordelijkheid voor de bomaanslag opeisen ★ *diminished ~* verminderde toerekeningsvatbaarheid ★ *it is your ~ to...* het is jouw taak om..., het is aan jou om... ★ *on your own ~* op eigen verantwoordelijkheid ★ *take / assume ~ for sth* de verantwoordelijkheid voor iets op je nemen

responsible [rɪ'spɒnsɪbl] *bnw* **①** verantwoordelijk, aansprakelijk ★ *be ~ for sth* verantwoordelijk zijn voor iets, de schuld zijn /

re

dragen van iets ★ *be ~ to* verantwoording moeten afleggen aan ★ *hold sb ~ for sth* iem. aansprakelijk stellen voor iets ❷ belangrijk ⟨kwestie⟩, verantwoordelijk ⟨baan⟩ ❸ betrouwbaar, degelijk ★ *behave responsibly* je verantwoord gedragen

responsive [rɪ'spɒnsɪv] *bnw* ❶ reagerend ★ *be ~ to* (snel) reageren op ❷ ontvankelijk, open, bereid te antwoorden ★ *be ~ to* ontvankelijk zijn voor, instemmen met

rest [rest] **I** *onov ww* ❶ rusten, uitrusten ★ *her eyes rested on her daughter's face* haar ogen bleven rusten op haar dochters gezicht ❷ leunen, steunen, rusten ★ *rest against sth* tegen iets (aan)leunen ★ *rest on* steunen op, rusten op, gevestigd zijn op ⟨van hoop⟩ ❸ blijven ★ *rest assured that* u kunt er van op aan dat ★ *and there the matter rested* en daar bleef het bij ❹ ~ *with* berusten bij ★ *it rests with you to decide* het is aan u om te beslissen **II** *ov ww* ❶ laten rusten, rust geven ❷ steunen, liggen **III** *zn* ❶ rest, wat overblijft, overschot ★ *for the rest of his life* zijn hele verdere leven ★ *for the rest* voor het overige, voor de rest ★ *and the rest is history* en de rest is geschiedenis, en de rest weten jullie al ★ *the rest of your pizza* wat over is van je pizza ★ *two of the terrorists were killed, the rest escaped* twee terroristen werden gedood, de anderen / overigen ontsnapten ❷ rust, pauze ★ *at rest* in rust ★ *give it a rest!* hou eens op! ★ *lay sb to rest* iem. te ruste leggen, iem. begraven ★ *lay / put sth to rest* een einde maken aan iets ⟨geruchten, schandaal⟩ ★ *take a rest* even pauzeren / uitrusten ❸ steun, houder ❹ *muz* rust(teken)

rest area USA *zn* parkeerplaats, langs snelweg, met toiletten en eetgelegenheid

restart [riː'stɑːrt] *ov ww* opnieuw beginnen / starten, herstarten

restate [riː'steɪt] *ov ww* herformuleren

restatement [riː'steɪtmənt] *zn* herformulering

restaurant ['restərɒnt] *zn* restaurant

restaurant car GB *zn* restauratiewagen

restful ['restfʊl] *bnw* ❶ rustig ❷ kalmerend, rustgevend

resting place *zn* rustplaats *ook fig*

restitution [restɪ'tjuːʃən] *form zn* ❶ teruggave ❷ schadeloosstelling ★ *make ~ to sb for sth* iem. iets vergoeden

restive ['restɪv] *form bnw* ❶ koppig, prikkelbaar, onhandelbaar ❷ ongedurig

restless ['restləs] *bnw* ongedurig, rusteloos ★ *a ~ night* een woelige / rusteloze nacht

restock [riː'stɒk] *ov ww* (opnieuw) aanvullen

restoration [restə'reɪʃən] *zn* ❶ restauratie ⟨van gebouwen⟩ ❷ herstel, herinvoering ❸ teruggave

Restoration [restə'reɪʃən] *zn gesch* Restauratie ⟨herstel v. Engels koningschap in 1660⟩

restorative [rɪ'stɒrətɪv] **I** *bnw* herstellend, versterkend **II** *zn oud* versterkend middel

restore [rɪ'stɔː] *ov ww* ❶ herstellen, restaureren ⟨gebouwen e.d.⟩, weer invoeren ⟨wet, doodstraf⟩ ★ ~ *to health* genezen ★ ~ *order / peace* de orde / vrede herstellen ★ ~ *sth to its original state* iets in de oorspronkelijke staat terugbrengen

❷ teruggeven, weer op zijn plaats zetten ★ ~ *sth to its owner* iets aan de eigenaar teruggeven

restorer [rɪ'stɔːrə] *zn* restaurateur ⟨van kunstwerken⟩

restrain [rɪ'streɪn] *ov ww* ❶ bedwingen, weerhouden, in bedwang houden ★ ~ *o.s.* zich inhouden ★ ~ *your anger* je woede bedwingen ❷ beperken ⟨bv. prijsstijgingen⟩

restrained [rɪ'streɪnd] *bnw* beheerst, rustig, kalm

restrainedly [rɪ'streɪnɪdlɪ] *bijw* gematigd, beheerst, kalm

restraint [rɪ'streɪnt] *zn* ❶ beperking ⟨ook in samenstellingen⟩ ★ *export ~s* exportbeperkingen ★ *without ~* onbeperkt ★ *head ~* hoofdsteun ❷ terughoudendheid, (zelf)beheersing ★ *show / exercise ~* zich beheerst gedragen ❸ dwang ★ *under ~* onder dwang

restrict [rɪ'strɪkt] *ov ww* beperken

restricted [rɪ'strɪktɪd] *bnw* ❶ beperkt ★ GB ~ *area* gebied met snelheidslimiet ❷ vertrouwelijk ★ ~ *document* geheim document

restriction [rɪ'strɪkʃən] *zn* beperking ★ *impose / place ~s on* beperkingen opleggen aan ★ *lift / remove speed ~s* snelheidsbeperkingen opheffen

restrictive [rɪ'strɪktɪv] *bnw* beperkend

restroom ['restruːm] *zn* USA toilet ⟨in openbare gelegenheden⟩

result [rɪ'zʌlt] **I** *zn* ❶ gevolg, resultaat ★ *as a ~ of* ten gevolge van ★ *with the ~ that* met als gevolg dat ❷ afloop, uitkomst, uitslag, resultaat ★ *for best ~s* om het beste resultaat te krijgen ★ *the ~s of this research* de resultaten van dit onderzoek ★ GB *need to get a ~* een goed resultaat nodig hebben ★ *get ~s* resultaat / resultaten boeken **II** *onov ww* ❶ ~ *from* volgen uit, het gevolg zijn van ❷ ~ *in* uitlopen op, resulteren in

resultant [rɪ'zʌltnt] *form bnw* eruit voortvloeiend

resume [rɪ'zjuːm] *form* **I** *ov ww* ❶ weer beginnen (met), hervatten, hernemen ❷ weer innemen, weer gaan naar ★ ~ *your seat* weer gaan zitten **II** *onov ww* weer beginnen, hervatten, hernemen

resumé ['rezjuːmeɪ] *zn* ❶ resumé, samenvatting ❷ USA curriculum vitae, cv

resumption [rɪ'zʌmpʃən] *form zn* hervatting

resurface [riː'sɜːfɪs] **I** *ov ww* van nieuw wegdek voorzien **II** *onov ww* (weer) bovenkomen, weer opduiken

resurgence [rɪ'sɜːdʒəns] *zn* heropleving

resurgent [rɪ'sɜːdʒənt] *bnw* weer oplevend, herlevend

resurrect [rezə'rekt] *ov ww* ❶ weer ophalen, weer uit de kast halen ⟨oude plannen, ideeën⟩ ❷ weer tot leven brengen, uit de dood doen opstaan ★ *fig* ~ *your career* je carrière nieuw leven inblazen

resurrection [rezə'rekʃən] *zn* ❶ verrijzenis ❷ opleving ⟨in je carrière⟩, het weer uit de kast halen ⟨van oude plannen⟩

resuscitate [rɪ'sʌsɪteɪt] *ov ww* ❶ weer tot leven wekken, bijbrengen, reanimeren ❷ weer tot leven brengen, doen opbloeien ⟨bv. de economie⟩

resuscitation [rɪ,sʌsɪteɪʃən] *zn* ❶ reanimatie, opwekking uit de dood ❷ opleving, opbloei

retail[1] ['riːteɪl] **I** *bnw* detailhandels-, kleinhandels-

★ ~ *price* detailhandelsprijs, winkelprijs, verkoopprijs ★ ~ *shop / store* winkel, detailhandel ★ ~ *trade* detailhandel, kleinhandel **II** *ov ww* in het klein verkopen, in de (detail)winkel verkopen **III** *onov ww* in het klein verkocht worden ★ ~ *for / at* in de winkel te koop zijn voor **IV** *zn* detailhandel, kleinhandel

retail[2] [ri:'teɪl] *ov ww* uitvoerig vertellen, rondvertellen

retailer ['ri:teɪlə], **retail dealer** *zn* detailhandelaar, kleinhandelaar, winkelier

retain [rɪ'teɪn] *ov ww* **❶** behouden ★ ~ *control over sth* de controle houden over iets ★ ~ *your independence* je onafhankelijkheid behouden **❷** onthouden ⟨feiten, herinneringen⟩ **❸** tegenhouden, vasthouden **❹** nemen ⟨advocaat⟩, inhuren ★ ~*ing fee* vooruitbetaald honorarium

retainer [rɪ'teɪnə] *zn* **❶** vooruitbetaald honorarium **❷** USA beugel ⟨voor gebitscorrectie⟩

retake [ri:'teɪk] **I** *ov ww* **❶** opnieuw nemen **❷** opnieuw opnemen ⟨geluid, beeld⟩ **❸** opnieuw afleggen ⟨examen⟩ **II** *zn* **❶** nieuwe opname ⟨van beeld, geluid⟩ **❷** herkansing **❸** het opnieuw nemen ⟨van strafschop, foto enz.⟩

retaliate [rɪ'tælɪeɪt] *onov ww* wraak nemen, terugslaan ★ ~ *against sb for sth* wraak nemen op iem. voor iets ★ ~ *against an attack* represailles nemen tegen een aanval

retaliation [rɪtælɪ'eɪʃən] *zn* vergelding, wraak ★ *in ~ for* als vergelding voor

retaliatory [rɪ'tælɪətɔ:rɪ] *bnw* vergeldings- ★ ~ *attack* vergeldingsaanval ★ ~ *measures* vergeldingsmaatregelen

retard[1] [rɪ'tɑ:d] *form ov ww* ophouden, vertragen

retard[2] ['rɪtɑ:d] *zn min* imbeciel

retardation [rɪtɑ:'deɪʃən] *zn* vertraging, het achterblijven ⟨in groei⟩

retarded [rɪ'tɑ:dɪd] *min bnw* achterlijk

retch [retʃ] *onov ww* kokhalzen

retd *afk, retired* gep., gepensioneerd

retell [ri:'tel] *ov ww* navertellen, opnieuw vertellen, anders vertellen

retention [rɪ'tenʃən] *zn* **❶** behoud, het vasthouden **❷** geheugen, het onthouden **❸** *med* retentie ⟨het vasthouden van stoffen in het lichaam⟩

retentive [rɪ'tentɪv] *bnw* vasthoudend ★ ~ *memory* sterk geheugen

rethink [ri:'θɪŋk] **I** *ov ww* heroverwegen, nog eens bekijken **II** *zn* heroverweging, het opnieuw bekijken

reticence ['retɪsəns] *zn* zwijgzaamheid, terughoudendheid

reticent ['retɪsnt] *bnw* zwijgzaam, gesloten, terughoudend

retina ['retɪnə] *zn* netvlies

retinue ['retɪnju:] *zn* gevolg ⟨van vorst, belangrijk persoon⟩

retire [rɪ'taɪə] **I** *onov ww* **❶** met pensioen gaan, ontslag nemen, stil gaan leven, afscheid nemen ⟨van een sport⟩ **❷** zich terugtrekken ★ ~ *from public life* zich terugtrekken uit het openbare leven **❸** *sport* opgeven ★ *he had to ~ injured* hij moest gewond opgeven **❹** *dicht* naar bed gaan **II** *ov ww* **❶** ontslaan, pensioneren, met pensioen sturen **❷** buiten gebruik stellen, wegdoen ⟨oude apparaten⟩

retired [rɪ'taɪəd] *bnw* **❶** gepensioneerd ★ ~ *teacher* leraar met pensioen, gewezen leraar **❷** teruggetrokken

retiree USA *zn* gepensioneerde

retirement [rɪ'taɪəmənt] *zn* **❶** pensionering, pensioen, ontslag, afscheid ⟨van een sport⟩ ★ *take ~* met pensioen gaan, stoppen met werken ★ *sport come out of ~* na je afscheid terugkeren **❷** teruggetrokkenheid, afzondering, eenzaamheid

retirement pension *zn* ouderdomspensioen, AOW

retiring [rɪ'taɪərɪŋ] *bnw* **❶** pensioen-, met pensioen gaand ★ ~ *age* pensioengerechtigde leeftijd ★ *the ~ director* de scheidende directeur **❷** bescheiden

retort [rɪ'tɔ:t] **I** *ov ww* vinnig antwoorden **II** *zn* **❶** vinnig antwoord **❷** retort, distilleerkolf

retouch [ri:'tʌtʃ] *ov ww* retoucheren, bijwerken

retrace [rɪ'treɪs] *ov ww* volgen, (weer) nagaan ★ ~ *one's steps* op zijn schreden terugkeren

retract [rɪ'trækt] **I** *ov ww* **❶** intrekken, terugtrekken, herroepen ⟨bewering⟩ **❷** intrekken ⟨klauwen, landingsgestel e.d.⟩ **II** *onov ww* ingetrokken (kunnen) worden ⟨van klauwen, landingsgestel e.d.⟩

retractable [rɪ'træktəbl] *bnw* intrekbaar, inklapbaar

retraction [rɪ'trækʃən] *zn* **❶** intrekking, herroeping ⟨van bewering⟩ **❷** intrekking ⟨van klauwen, landingsgestel e.d.⟩

retrain [ri:'treɪn] **I** *ov ww* omscholen **II** *onov ww* zich (laten) omscholen ★ ~ *as an architect* zich omscholen tot architect

retread [ri:'tred] *zn* band met nieuw loopvlak, coverband

retreat [rɪ'tri:t] **I** *onov ww* (zich) terugtrekken, terugwijken ★ ~ *from sth* zich terugtrekken uit iets, afzien van iets ★ ~ *to the country* zich terugtrekken op het platteland **II** *zn* **❶** terugtocht, signaal tot terugtocht ★ *beat a ~* er vandoor gaan, zich terugtrekken ★ *sound the ~* de aftocht blazen **❷** toevluchtsoord, wijkplaats **❸** retraite, (periode van) afzondering **❹** het zich terugtrekken, het afzien van ★ *a ~ from reality* een ontvluchting van de werkelijkheid ★ *this seems a ~ from his earlier views* dit lijkt erop dat hij zich distantieert van zijn vroegere opvattingen

retrench [rɪ'trentʃ] *onov ww* bezuinigen

retrenchment [rɪ'trentʃmənt] *zn* bezuiniging

retribution [retrɪ'bju:ʃən] *zn* vergelding, genoegdoening, straf

retributive [rɪ'trɪbjʊtɪv] *bnw* vergeldend

retrieval [rɪ'tri:vəl] *zn* **❶** het terughalen, het terugvinden ★ *beyond ~* onherstelbaar, reddeloos verloren **❷** comp retrieval ⟨opzoeken en zichtbaar maken van data⟩

retrieve [rɪ'tri:v] *ov ww* **❶** terugkrijgen, terugvinden, terechtbrengen **❷** comp oproepen ⟨informatie uit database⟩, ophalen **❸** herstellen **❹** apporteren

retriever [rɪ'tri:və] *zn* retriever ⟨jachthond⟩

re

retro- ['retrəʊ] *voorv* retro-, terug-
retroactive [retrəʊ'æktɪv] *bnw* met terugwerkende kracht
retrofit *ov ww* aanpassen, vernieuwen ⟨met nieuwe onderdelen / spullen⟩, aanbrengen ⟨nieuwe onderdelen / spullen in oude modellen / machines⟩
retrograde ['retrəgreɪd] *bnw* achteruitgaand, achterwaarts ★ *a ~ step* fig een stap achteruit / terug
retrogressive [retrəʊ'gresɪv] *bnw* achteruitgaand ★ *a ~ step* fig een stap achteruit / terug ★ *a ~ change* een verandering ten slechte
retrospect ['retrəspekt] *zn* terugblik ★ *in ~* achteraf, terugblikkend
retrospection [retrə'spektʃən] form *zn* terugblik
retrospective [retrə'spektɪv] I *bnw* ❶ terugziend, terugblikkend ❷ met terugwerkende kracht ⟨van wet, beslissing⟩ ★ *with ~ effect from 1 January* met terugwerkende kracht vanaf 1 januari II *zn* overzichtstentoonstelling, retrospectief
retrovirus ['retrəʊvaɪərəs] *zn* med retrovirus
return [rɪ'tɜːn] I *ov ww* ❶ terugplaatsen, terugzetten, terugstellen, terugsturen ★ *~ a ball / blow* terugslaan ★ *~ a verdict of guilty* schuldig bevinden ❷ beantwoorden, terugbetalen ★ *too busy to ~ the call* te druk om terug te bellen ★ *~ the compliment* het compliment beantwoorden ★ *~ fire* terugschieten ❸ opleveren, opbrengen ★ *~ a profit* een winst opleveren ❹ GB afvaardigen, (ver)kiezen II *onov ww* terugkeren, terugkomen, teruggaan ★ *~ home from her trip to...* terugkeren / thuiskomen van haar reis naar... ★ *~ to Ireland* terugkeren naar Ierland ★ *~ to work* weer aan het werk gaan ★ *have ~ed to normal* weer normaal zijn ★ *~ to a question* op een vraag terugkomen III *zn* ❶ terugkeer ★ *on his ~ from Spain* bij zijn terugkeer uit Spanje ★ *many happy ~s (of the day)!* nog vele jaren! ★ *by ~ (of post)* per omgaande ❷ teruggave, terugbetaling ❸ GB retour(tje) ❹ omzet, opbrengst, rendement ❺ opgave, rapport, aangifte ★ *a tax ~* een belastingaangifte ❻ tegenprestatie ★ *in ~* als tegenprestatie, in ruil ★ *there's no ~* er is geen weg terug ❼ sport terugspeelbal, return IV *bnw* ❶ GB retour-, terug- ★ *~ address* (adres van de) afzender, retouradres ★ *~ journey* terugreis ★ *~ ticket* retourbiljet ❷ tegen-, terug- ★ *~ match* revanchewedstrijd, returnwedstrijd ★ *a ~ visit* een tegenbezoek
returnable [rɪ'tɜːnəbl] *bnw* ❶ terug te betalen ⟨van borg e.d.⟩, terug te geven ❷ met statiegeld ★ *~ bottles* statiegeldflessen ❸ in te leveren ★ *is ~* kan / moet ingeleverd worden
returner GB *zn* herintreedster, herintreder
returning officer GB *zn* voorzitter v. stembureau
reunion [riː'juːnjən] *zn* ❶ hereniging ❷ reünie
reunite [riːjuː'naɪt] I *ov ww* herenigen II *onov ww* zich herenigen
rev [rev] I *ov ww*, **rev up** het toerental opvoeren van ★ *rev up the engine* de motor sneller laten lopen, **rev up** stimuleren, oppeppen II *onov ww*, **rev up** er een schepje bovenop gooien,

een paar stappen harder zetten III *zn* omwenteling ⟨van motor⟩, toer
Rev. [rev] *afk*, *Reverend* Eerw., Eerwaarde
revalidation centre *zn* revalidatiecentrum
revalidation clinic *zn* ontwenningskliniek, afkickcentrum
revaluation [revæljuː'eɪʃən] *zn* revaluatie, herwaardering, opwaardering
revalue [riː'væljuː] *ov ww* revalueren, herwaarderen, opwaarderen
revamp [riː'væmp] *ov ww* moderniseren, vernieuwen, opknappen
rev counter inform *zn* toerenteller
reveal [rɪ'viːl] *ov ww* openbaren, bekendmaken, onthullen ★ *~ o.s.* zich tonen ★ *~ o.s. as a talented writer* zich ontpoppen als talentvol schrijver
revealing [rɪ'viːlɪŋ] *bnw* ❶ veelzeggend ❷ (veel) onthullend ★ *a ~ dress* een gewaagde / blote jurk ★ *~ outfit* kleding die niets te raden laat
revel ['revəl] I *onov ww* ❶ pret maken ❷ *~ in* genieten van, zwelgen in II *zn* dicht feestelijkheid ★ *the ~s begin at 10.00 p.m.* de feestelijkheden beginnen / het feest begint om tien uur 's avonds
revelation [revə'leɪʃən] *zn* onthulling, openbaring
reveller ['revələ] *zn* pretmaker
revelry ['revəlrɪ] *zn* pretmakerij
revenge [rɪ'vendʒ] I *zn* ❶ wraak ★ *take ~ on / against* wraak nemen op, zich wreken op ★ *have your ~ on sb* je wreken op iem. ❷ revanche II *ov ww* wreken ★ *~ yourself on sb* je wreken op iem. ★ form *she swore to be ~d on all* zij zwoer zich op allen te wreken
revengeful [rɪ'vendʒfʊl] *bnw* wraakzuchtig
revenue ['revənjuː] *zn* ❶ inkomen, inkomsten ⟨soms in meervoud met dezelfde betekenis als het enkelvoud⟩ ★ *lost ~s* gederfde inkomsten ❷ belastinginkomsten ★ *tax ~s* belastinginkomsten
reverberate [rɪ'vɜːbəret] *onov ww* weerkaatsen, weerklinken, natrillen ★ fig *~ through* doorklinken in, doorwerken in
reverberation [rɪvɜːbə'reɪʃən] *zn* ❶ weerkaatsing, nagalm, natrilling ❷ doorwerking, weerslag
revere [rɪ'vɪə] form *ov ww* (ver)eren, met eerbied opzien tegen
reverence ['revərəns] form *zn* eerbied, verering
reverend ['revərənd] I *zn* geestelijke II *bnw* eerwaarde ★ *the Reverend John Smith* de eerwaarde heer J.S. ★ *(the) Reverend Father* (de) weleerwaarde pater ★ *Reverend Mother* (zeer)eerwaarde Moeder ⟨moeder-overste⟩
reverent ['revərənt] form *bnw* eerbiedig
reverential [revə'renʃəl] form *zn* eerbiedig
reverie ['revərɪ] *zn* mijmering
reversal [rɪ'vɜːsəl] *zn* ❶ omkering, het wisselen, ommekeer ❷ tegenslag, terugslag
reverse [rɪ'vɜːs] I *ov ww* ❶ omkeren, omschakelen ★ *~ charges* degene die gebeld wordt de gesprekskosten laten betalen ★ *~ roles* van rol wisselen ❷ achteruitrijden ❸ herroepen, intrekken ★ *~ a sentence* een vonnis vernietigen ★ USA *~ yourself on a decision* terugkomen van een beslissing II *onov ww* achteruitrijden III *zn*

❶ tegenovergestelde, omgekeerde ★ *in ~* achterstevoren, in omgekeerde volgorde ❷ achterkant ❸ tegenslag ❹ achteruit ⟨van auto⟩ ★ *put in ~* in zijn achteruit zetten **IV** *bnw* tegenovergesteld, omgekeerd ★ *~ gear* de achteruit ⟨van auto⟩ ★ *in ~ order* achterstevoren, in omgekeerde volgorde ★ *~ side* achterkant

reversible [rɪˈvɜːsəbl] *bnw* omkeerbaar ★ *a ~ jacket* een jasje dat je ook binnenstebuiten kan dragen

reversing light GB *zn* achteruitrijlicht

reversion [rɪˈvɜːʃən] *zn* ❶ terugkeer ❷ teruggave ⟨aan vorige eigenaars⟩

revert [rɪˈvɜːt] *onov ww ~ to* terugkeren naar, terugkomen op, teruggaan naar ⟨bepaald onderwerp⟩, terugvallen in ⟨oude gewoonte⟩, terugvallen aan ⟨oorspronkelijke eigenaar⟩ ★ *~ to normal* weer normaal worden ★ *~ to type* de / zijn oude gewoonten weer oppakken

review [rɪˈvjuː] **I** *zn* ❶ herziening, heroverweging, beoordeling, overzicht, terugblik ★ *be under ~* in kwestie ❷ recensie, bespreking ❸ inspectie, parade ★ *pass in ~* de revue laten passeren ❹ tijdschrift **II** *ov ww* ❶ nog eens onder de loep nemen, opnieuw bekijken / beoordelen ❷ terugkijken op, de revue laten passeren ❸ inspecteren ⟨bij parade⟩ ❹ recenseren, bespreken

reviewer [rɪˈvjuːə] *zn* recensent

revile [rɪˈvaɪl] *ov ww* uitschelden, tekeergaan tegen

revise [rɪˈvaɪz] **I** *ov ww* ❶ herzien, wijzigen ★ *~ your opinion* je mening herzien ❷ corrigeren, verbeteren, herzien ★ *a ~d edition* een herziene uitgave ❸ GB bestuderen, herhalen ⟨leerstof, voor test, examen⟩ **II** *onov ww* GB leerstof herhalen, studeren ⟨voor test, examen⟩

revision [rɪˈvɪʒən] *zn* ❶ herziening, wijziging, correctie ❷ herziene uitgave ❸ GB herhaling ⟨van leerstof⟩, studie ⟨voor een test, examen⟩

revitalize, revitalise [riːˈvaɪtəlaɪz] *ov ww* nieuwe kracht geven, er weer gezond laten uitzien

revival [rɪˈvaɪvl] *zn* ❶ (her)opleving ❷ reprise ⟨toneel⟩, heropvoering

revive [rɪˈvaɪv] **I** *ov ww* ❶ doen herleven, weer tot leven brengen, doen opbloeien, opnieuw invoeren ⟨oud gebruik⟩ ❷ bijbrengen, weer tot leven brengen ❸ weer opvoeren ⟨toneelstuk⟩ **II** *onov ww* ❶ herleven, opleven, opbloeien ❷ bijkomen

revocation [revəˈkeɪʃən] *zn* herroeping ⟨van wet⟩, intrekking ⟨van vergunning⟩

revoke [rɪˈvəʊk] *ov ww* herroepen ⟨wet⟩, intrekken ⟨vergunning⟩

revolt [rɪˈvəʊlt] **I** *zn* opstand ★ *rise in ~ against* in opstand komen tegen **II** *ov ww* doen walgen ★ *be ~ed by sth* van iets walgen **III** *onov ww* in opstand komen ★ *~ against* in opstand komen tegen

revolting [rɪˈvəʊltɪŋ] *bnw* weerzinwekkend, walgelijk

revolution [revəˈluːʃən] *zn* ❶ revolutie ook *fig*, ommekeer ★ *the Industrial / Digital Revolution* de industriële / digitale revolutie ★ *a sexual ~* een seksuele revolutie ❷ omwenteling, toer,

omloop

revolutionary [revəˈluːʃənəri] **I** *bnw* revolutionair ★ *~ armies* revolutionaire strijdkrachten ★ *~ ideas* revolutionaire / opzienbarende / grensverleggende ideeën **II** *zn* revolutionair

revolutionize, revolutionise [revəˈluːʃənaɪz] *ov ww* 'n ommekeer teweegbrengen in

revolve [rɪˈvɒlv] **I** *onov ww* draaien ★ *~ around the sun* om de zon draaien ★ *his whole life ~s around music* zijn hele leven draait om muziek **II** *ov ww* omwentelen, (om)draaien

revolver [rɪˈvɒlvə] *zn* revolver

revolving [rɪˈvɒlvɪŋ] *bnw* draaiend ★ *~ door* draaideur ★ *~ stage* ronddraaiend podium, draaitoneel

revue [rɪˈvjuː] *zn* revue

revulsion [rɪˈvʌlʃən] *zn* walging, weerzin

reward [rɪˈwɔːd] **I** *zn* beloning ★ *a ~ for good behaviour* een beloning voor goed gedrag ★ *reap the ~s of sth* de vruchten van iets plukken **II** *ov ww* belonen

rewarding [rɪˈwɔːdɪŋ] *bnw* lonend, de moeite waard

rewind [riːˈwaɪnd] *ov ww* terugspoelen

reword [riːˈwɜːd] *ov ww* anders stellen, anders formuleren

rework [riːˈwɜːk] *ov ww* bewerken

rewrite [riːˈraɪt] *ov ww* omwerken, bewerken, herschrijven

rhapsodize, GB rhapsodise *onov ww* lyrisch / zeer enthousiast zijn

rhapsody [ˈræpsədi] *muz zn* rapsodie

rhetoric [ˈretərɪk] *zn* ❶ retoriek, holle frasen ★ *empty ~* holle retoriek ❷ retorica, redenaarskunst

rhetorical [rɪˈtɒrɪkl] *bnw* gekunsteld, hoogdravend, retorisch

rheumatic [ruːˈmætɪk] *bnw* reumatisch ★ *~ fever* acuut reuma

rheumatism [ˈruːmətɪzəm] *zn* reuma

rheumatoid [ˈruːmətɔɪd] *bnw* reumatoïde, reumatisch ★ *~ arthritis* chronisch(e) gewrichtsreuma, reumatische artritis

Rhine [raɪn] *zn* (de) Rijn

rhino [ˈraɪnəʊ] *zn* neushoorn

rhinoceros [raɪˈnɒsərəs] *zn* neushoorn

rhododendron [rəʊdəˈdendrən] *zn* rododendron

rhomboid [ˈrɒmbɔɪd] *zn* (scheefhoekig) parallellogram

rhombus [ˈrɒmbəs] *zn* ruit ⟨als vorm⟩

rhubarb [ˈruːbɑːb] *zn* rabarber

rhyme [raɪm] **I** *zn* ❶ rijm(pje), poëzie ★ *without ~ or reason* zonder slot of zin, zonder enige reden ❷ rijmwoord **II** *ov ww* laten rijmen ★ *~ with* laten rijmen op **III** *onov ww* rijmen

rhyming slang [ˈraɪmɪŋ slæŋ] GB *zn* rijmend slang ⟨Engels jargon waarin bv. "loaf of bread" gebruikt wordt voor "head"⟩

rhythm [ˈrɪðəm] *zn* ritme ★ *have no sense of ~* geen maatgevoel hebben

rhythmic [ˈrɪðmɪk], **rhythmical** [ˈrɪðmɪkəl] *bnw* ritmisch

rhythm method *zn* periodieke onthouding

RI *afk, Rhode Island* staat in de VS

rib [rɪb] **I** *zn* ❶ rib ★ *a bruised / broken rib* een gekneusde / gebroken rib ❷ ribstuk ★ *rib(s) of*

ri

beef ribstuk ★ *spare rib* sparerib ❸ rib, spant ⟨van boot⟩ ❹ ribbel, richel **II** *ov ww* inform plagen

ribald ['rɪbld] *bnw* onbehoorlijk, schunnig

ribaldry ['rɪbəldrɪ] *zn* schunnige taal

ribbed [rɪbd] *bnw* geribbeld ⟨van kledingstukken⟩

ribbing ['rɪbɪŋ] *zn* ribbelpatroon

ribbon ['rɪbən] *zn* ❶ lint, strook ★ *blue* ~ eerste prijs ★ *cut / tear sth to* ~s iets aan flarden scheuren ❷ gesch schrijfmachinelint

ribbon development GB *zn* lintbebouwing

ribcage ['rɪbkeɪdʒ] *zn* ribbenkast

rice [raɪs] *zn* rijst ★ *brown rice* bruine rijst ★ *fried milk* gebakken rijst, nasi ★ *(plain) white rice* (gewone) witte rijst

rice paper *zn* rijstpapier

rice pudding *zn* rijstebrij

rich [rɪtʃ] *bnw* ❶ rijk ★ *rich in* rijk aan ★ *the rich* [mv] de rijken ❷ vruchtbaar ⟨van land⟩ ❸ machtig ⟨van voedsel⟩ ❹ vol, warm ⟨van kleur, klank⟩ ❺ kostbaar▼ *that's rich!* dat is een goeie!▼ *that's rich coming from you!* Ja, dat moet jij zeggen!

riches ['rɪtʃɪz] *zn mv* rijkdom(men)

richly ['rɪtʃlɪ] *bijw* ❶ ten volle ★ *deserve a thing* ~ iets dubbel en dwars verdienen ❷ rijkelijk ★ ~ *decorated* rijkelijk / uitbundig versierd ❸ sterk, diep, warm ⟨van klank, kleur⟩ ❹ zeer ★ ~ *varied / comic* zeer gevarieerd / komisch

richness ['rɪtʃnəs] *zn* ❶ rijkdom ❷ rijkheid ❸ diepte, warmte, volheid

rick [rɪk] **I** *zn* hoop hooi, hooischelf ⟨op het land⟩ **II** *ov ww* GB verdraaien, verstuiken, verrekken

rickets ['rɪkɪts] *zn* Engelse ziekte, rachitis

rickety ['rɪkətɪ] *bnw* wankel, gammel

rickshaw *zn* riksja

ricochet ['rɪkəʃeɪ] **I** *onov ww* terugstuiten, opstuiten ⟨van kogel, steen e.d.⟩ ★ ~ *off the rock* afketsen op de rots, opstuiten / terugstuiten van de rots **II** *zn* terugstuitende / opstuitende kogel / steen, verdwaalde kogel

rid [rɪd] *ov ww* [onregelmatig] ❶ bevrijden ★ *be / get rid of* af zijn / afkomen van ★ *be well rid of sth* ergens mooi vanaf zijn ★ *we're well rid of her* we zijn gelukkig van haar af ★ *want rid of sb /* *sth* van iemand / iets af willen ❷ ~ *of* ontdoen van

riddance ['rɪdns] *zn* ★ *good* ~ *to him* die zijn we gelukkig kwijt

ridden ['rɪdn] *ww* [volt. deelw.] → **ride**

riddle ['rɪdl] **I** *zn* raadsel ★ *talk / speak in* ~s in raadselen spreken **II** *ov ww* doorzeven

riddled ['rɪdld] *bnw* ❶ vol, bezaaid ★ *be* ~ *with* vol zitten van, barsten van, wemelen van ❷ doorzeefd ★ ~ *with bullets* met kogels doorzeefd

ride [raɪd] **I** *ov ww* [onregelmatig] ❶ berijden, rijden op / in ★ *ride a bike* fietsen ★ USA *ride the bus / subway to school* de bus / metro nemen naar school ★ USA *ride the elevator* met de lift gaan, de lift nemen ❷ te paard / op de fiets / op een motor rijden door / op / over ❸ laten rijden ⟨kind, op knie⟩ ❹ drijven op, varen op, zweven op / in ⟨water, lucht⟩ ❺ plagen, pesten ❻ ~ *down* omverrijden ❼ ~ *out* doorstaan **II** *onov ww* [onregelmatig] ❶ rijden ★ *ride in a*

car in een auto (mee)rijden ⟨als passagier⟩ ★ *ride on a bike* fietsen ★ *ride on the bus* met de bus gaan ★ *ride on a horse* paardrijden ★ *ride on sb's shoulders / back* op iemands schouders / rug zitten ★ *go riding* uit rijden gaan ★ *be riding for a fall* (te) roekeloos handelen / rijden, zijn ondergang tegemoet gaan ★ *let it ride!* laat maar zitten! ★ *be riding high* succes hebben ❷ drijven, varen, zweven ⟨in lucht, op water⟩ ★ *ride at anchor* voor anker liggen ❸ ~ *off* wegrijden ❹ ~ *on* afhangen van ❺ ~ *up* omhoogkruipen, opkruipen ⟨bv. van rok, jurk⟩ **III** *zn* ❶ rit, reis, tocht ★ *a ride on the roller coaster* een ritje in de achtbaan ★ *a ride in a balloon* een ballontocht ★ fig *be in for a bumpy ride* het moeilijk krijgen ★ fig *give sb a rough ride* het moeilijk maken ★ fig *go for a ride (on your bike)* een ritje (gaan) maken (op de fiets) ★ *come / go along for the ride* voor de lol / gezelligheid meedoen ★ fig *take sb for a ride* iem. er tussen nemen ❷ USA lift ★ *hitch a ride to Denver* naar Denver liften ★ *give sb a ride* iem. een lift geven ❸ kermisattractie waar je ritjes in kan maken ⟨bv. achtbaan, draaimolen⟩ ❹ dicht ruiterpad

rider ['raɪdə] *zn* ❶ ruiter, (be)rijder ❷ toegevoegde clausule, toevoeging

ridge [rɪdʒ] *zn* ❶ heuvelrug, bergkam ❷ richel ❸ vorst, nok ❹ rug ⟨van hogedrukgebied⟩

ridged [rɪdʒd] *bnw* ❶ ribbelig, geribbeld ❷ kamvormig

ridicule ['rɪdɪkju:l] **I** *zn* spot ★ *hold sb / sth up to* ~ iemand / iets belachelijk maken **II** *ov ww* belachelijk maken

ridiculous [rɪ'dɪkjʊləs] *bnw* belachelijk

riding ['raɪdɪŋ] *zn* het (paard)rijden ⟨ook in samenstellingen⟩ ★ *go* ~ / USA *horseback* ~ uit rijden gaan, gaan paardrijden ★ ~ *breeches* rijbroek ★ ~ *crop* rijzweepje

riding school *zn* ruiterschool, manege

rife [raɪf] *bnw* algemeen heersend, wijdverbreid ★ *rife with* vol van, wemelend van

riffle ['rɪfəl] **I** *ov ww* snel doorbladeren **II** *onov ww* ~ *through* snel doorbladeren

riff-raff *zn* gepeupel, tuig

rifle ['raɪfəl] **I** *zn* geweer **II** *ov ww* ❶ doorzoeken ❷ (leeg)plunderen, leegroven ❸ sport hard schieten / gooien, knallen **III** *onov ww* ~ *through* doorzoeken

rifleman ['raɪfəlmən] *zn* infanterist, schutter

rifle range *zn* schietbaan

rift [rɪft] *zn* ❶ breuk, tweedracht ★ *heal the rift* de breuk helen ❷ spleet, scheur

rig [rɪg] **I** *zn* ❶ boortoren, booreiland, boorplatform ❷ tuigage ⟨van schip⟩ ❸ installatie, apparaat, toestel ❹ USA truck met oplegger **II** *ov ww* ❶ manipuleren, knoeien met ★ *rig the market* kunstmatig prijsdaling / prijsstijging bewerken ❷ optuigen ⟨schip⟩ ❸ installeren, in elkaar zetten, (stiekem) monteren ★ *a car rigged with explosives* een auto met (verstopte) explosieven ❹ ~ *out* optuigen, uitdossen, uitrusten ❺ ~ *up* in elkaar flansen

rigged [rɪgd] *bnw* opgetuigd

rigging ['rɪgɪŋ] *zn* tuigage ⟨van schip⟩

right [raɪt] **I** *bnw* ❶ juist, goed, waar, rechtmatig, rechtvaardig ★ *(that's)* ~! dat is juist!, gelijk heb je! ★ ~ *you are!* natuurlijk!, gelijk heb je! ★ *you were ~ to punish them* je had gelijk / deed er goed aan ze te straffen ★ *Mr Right* de ware Jacob ★ *get sth* ~ iets goed begrijpen ★ *on the ~ side of forty* nog geen veertig (jaar oud) ★ *~ side up* niet kantelen ❷ in orde ★ *(all)* ~ oké, afgesproken, in orde ★ ~ *(all)* ~ oké, afgesproken, in orde ★ *that's* ~ zit je goed?, ben je weer (helemaal) opgeknapt? ★ *not feel quite* ~ zich niet helemaal in orde voelen ★ *get sth* ~ iets in orde brengen / maken ★ *set / put* ~ verbeteren, in orde brengen / maken, terechtwijzen, gelijkzetten ❸ recht(s) ★ *take a ~ turn* rechts afslaan ★ *the ~ wing of a political party* de rechtervleugel van een politieke partij ❹ inform echt, volkomen ★ *a ~ idiot* een ontzettende / echte idioot ★ *make a ~ mess of sth* een grote puinhoop maken van iets **II** bijw ❶ precies ★ ~ *on time* precies op tijd ★ ~ *now* nu, op dit moment ❷ direct ★ ~ *after eight o'clock* direct na acht uur ★ ~ *away / off* direct ★ *I'll be ~ back* ik ben zo terug ❸ helemaal ★ *be ~ behind sb* helemaal achter iem. staan ★ *go ~ to the end of the platform* ga helemaal naar het einde van het perron ★ *Right Honourable* Zeer Geachte ❹ juist, goed ★ *she did ~ to call the police* zij deed er goed aan de politie te bellen ★ *guess ~* goed gokken ★ *serves you ~!* net goed!, je verdiende loon! ★ *everything went ~* alles ging goed ❺ rechts ★ ~ *and left* overal ★ *turn ~* rechts afslaan **III** zn ❶ recht ★ *be in the ~* de zaak bij het juiste eind hebben, in zijn recht staan ★ *(as) of ~* rechtens ★ *by / of ~* rechtens ★ *by ~ of* krachtens ★ *by ~s* eigenlijk ★ *equal ~s for women* gelijke rechten voor vrouwen ★ *have a ~ to* recht hebben op / om ★ *in his own ~* op zichzelf, van zichzelf ★ *be within your ~s* in je recht staan ★ *sell the ~s of your new book* de rechten van je nieuwe boek verkopen ★ ~ *of way* recht van overpad, recht van doorgang, overpad, voorrang (in het verkeer) ★ *have ~ of way* voorrang hebben ❷ rechterkant, rechterhand ★ *inform* make / take a ~ naar rechts gaan, rechts afslaan ★ *on your ~* rechts van je ★ *to the ~* rechts, rechts van je ★ *to the ~* rechts pol *the Right* rechts, de conservatieven, de rechtervleugel ❸ sport rechtse ❹ gerechtigheid, billijkheid ★ *the difference between ~ and wrong* het verschil tussen goed en kwaad ★ *the ~s and wrongs of sth* de goede en slechte kanten van iets ★ *do ~ by sb* billijk zijn jegens iem., iem. rechtvaardig behandelen ★ *put / set to ~s* rechtzetten, in orde brengen **IV** tw ❶ goed, in orde, oké ★ ~, *let's do it* oké, laten we beginnen ★ *GB inform too ~!* inderdaad! ★ *inform* ~ *on!* zo is het!, zo mogen we het horen!, goed zo! ❷ afgesproken **V** ov ww ❶ rechtzetten, herstellen, weer in orde brengen ★ *it will ~ itself* het komt vanzelf weer in orde ★ *a wrong* een onrecht herstellen ❷ rechtop zetten ★ *the ship ~ed itself* het schip kwam weer recht **VI** → **alright**

right angle zn rechte hoek
right-angled ['raɪtæŋgld] bnw rechthoekig
righteous ['raɪtʃəs] bnw ❶ rechtvaardig, rechtschapen ❷ gerechtvaardigd ★ *her ~ indignation* haar terechte verontwaardiging

rightful ['raɪtful] bnw ❶ rechtmatig ★ *return sth to the ~ owner* iets aan de rechtmatige eigenaar teruggeven ❷ rechtvaardig
right-hand [raɪt'hænd] bnw ❶ rechts ★ ~ *man* fig rechterhand, trouwe helper ❷ voor / aan de rechterhand ⟨bv. handschoen⟩
right-handed [raɪt'hændɪd] bnw rechts, rechtshandig, met de rechterhand, voor de rechterhand gemaakt
right-hander [raɪt'hændə] zn ❶ iemand die rechts is ❷ klap met de rechterhand
rightist ['raɪtɪst] **I** zn rechts georiënteerde, rechts iemand **II** bnw rechts(georiënteerd)
rightly ['raɪtlɪ] bnw ❶ terecht ★ *and ~ so* en terecht, en met recht ❷ juist, goed ★ *if I remember* ~ als ik het me goed herinner ★ *I can't ~ say what went wrong* ik kan niet goed zeggen wat er fout ging, ik kan niet met zekerheid zeggen wat er mis ging
right-minded [raɪt'maɪndɪd] bnw weldenkend
rightness ['raɪtnɪs] zn juistheid, billijkheid, rechtmatigheid
rightsize I ov ww afslanken, inkrimpen ⟨bedrijf⟩ **II** onov ww afslanken, inkrimpen ⟨van een bedrijf⟩
right-wing bnw pol rechts, tot de rechtervleugel behorend
right-winger zn ❶ pol lid v.d. rechtervleugel ❷ sport rechtsbuiten
rigid ['rɪdʒɪd] bnw onbuigzaam, streng, star bnw stijf ★ ~ *with fear* verstijfd van angst
rigidity [rɪ'dʒɪdətɪ] zn ❶ starheid, onbuigzaamheid, strengheid ❷ stijfheid
rigmarole ['rɪgmərəʊl] zn ❶ rompslomp ❷ gezwam, onzinnig verhaal
rigor mortis zn lijkverstijving, rigor mortis
rigorous ['rɪgərəs] bnw streng, hard
rigour ['rɪgə] zn ❶ strengheid, hardheid ★ ~*s* verschrikkingen, ontberingen, ongemakken ⟨van de winter, de moderne tijd⟩ ❷ accuratesse, grote nauwkeurigheid
rile [raɪl] ov ww kwaad maken
rill [rɪl] zn beekje
rim [rɪm] **I** zn ❶ rand ★ *spectacles with silver rims* een bril met een zilveren montuur ❷ velg **II** ov ww form van een rand voorzien, omranden ★ *golden-rimmed glasses* een bril met een gouden montuur ★ *red-rimmed eyes* roodomrande ogen
rime [raɪm] zn dicht zn rijp
rimless ['rɪmləs] bnw zonder rand(en), zonder montuur ⟨van bril⟩
rind [raɪnd] zn ❶ schil ⟨van citroen, sinaasappel⟩ ❷ (kaas)korst ❸ (spek)zwoerd
rinderpest ['rɪndəpest] zn veepest
ring [rɪŋ] **I** zn ❶ ring ★ *a silver ring* een zilveren ring ★ *a wedding ring* een trouwring ❷ kring, cirkel, piste, circus, (ren)baan ★ *sit in a ring* in een kring zitten ★ *the ring* het boksen, de bokswereld, het circus ★ *run rings round sb* iem. ver achter zich laten ❸ gelui, gebel, gekletter ★ *there's a ring (at the door)* er wordt gebeld ★ *answer on the third ring* opnemen bij het de derde keer overgaan ★ *three rings* driemaal bellen ★ *GB* inform *give sb a ring* iem. bellen, iem. opbellen ★ *the ring of hooves* het

hoefgekletter ❹ klank ★ *have a familiar ring* vertrouwd / bekend klinken ★ *have a hollow ring to it* niet oprecht / gemeend klinken ★ *have a ring of truth* oprecht / echt klinken ❺ kliek, combinatie, bende **II** *ov ww* [onregelmatig] ❶ bellen, rinkelen, (laten) klinken, luiden ★ *ring the bell* bellen ❷ GB (op)bellen, telefoneren ❸ GB ~ **back** terugbellen ❹ ~ **in** inluiden ⟨het nieuwe jaar⟩ ❺ ~ **round** rondbellen naar, afbellen ❻ ~ **up** GB opbellen, aanslaan ⟨op kassa⟩, optellen, noteren ⟨een bedrag⟩ **III** *ov ww* [regelmatig] ❶ ringen ⟨vogel⟩ ❷ omringen, omcirkelen **IV** *onov ww* [onregelmatig] ❶ rinkelen, overgaan ⟨van telefoon⟩, luiden ⟨van klokken⟩, bellen ❷ GB (op)bellen, telefoneren ❸ weerklinken ★ *ring with laughter* weerklinken van het gelach ❹ klinken ★ *ring hollow* onoprecht / ongemeend klinken ★ *ring true* oprecht / gemeend klinken ❺ GB ~ **back** terugbellen ❻ GB ~ **in** (op)bellen ★ *ring in to a tv-programme* bellen naar een tv-programma ★ *ring in sick* je ziek melden ⟨over de telefoon⟩ ❼ GB ~ **off** het gesprek beëindigen, ophangen ❽ d͟i͟c͟h͟t ~ **out** weerklinken ❾ ~ **round** rondbellen, iedereen afbellen ❿ GB ~ **up** opbellen

ring binder *zn* ringband, multomap

ringer ['rɪŋə] *zn* ❶ klokkenluider ❷ bel ⟨van telefoon⟩ ▾ inform *be a dead ~ for sb* het evenbeeld zijn van iem., sprekend op iem. lijken

ringfence GB *ov ww* oormerken, reserveren ⟨voor een bepaald doel⟩ ⟨geld, fondsen⟩

ring finger *zn* ringvinger

ringleader ['rɪŋliːdə] *zn* leider, baas ⟨van een bende, groep raddraaiers⟩

ringlet ['rɪŋlɪt] *zn* haarkrulletje

ringmaster ['rɪŋmɑːstə] *zn* spreekstalmeester, ceremoniemeester ⟨in circus⟩

ring-pull GB *zn* lipje ⟨om blikje te openen⟩ ★ *ringopener*

ring road GB *zn* rondweg

ringside ['rɪŋsaɪd] *bnw* dicht bij de ring ⟨bij boksen⟩, dicht bij de circuspiste ★ *a ~ seat* een plek op de eerste rij

ringtone ['rɪŋtəʊn] *zn* ringtoon, beltoon

ringworm ['rɪŋwɜːm] *zn* ringworm

rink [rɪŋk] *zn* ❶ schaatsbaan, (kunst)ijsbaan ❷ ijshockeybaan ❸ rolschaatsbaan

rinse [rɪns] **I** *zn* ❶ spoeling, spoelbeurt ★ *give sth a ~* iets (om)spoelen ❷ kleursspoeling ❸ mondwater **II** *ov ww* ❶ (om)spoelen ❷ ~ **out** omspoelen, uitspoelen, afspoelen

riot ['raɪət] **I** *zn* ❶ oproer, rel ★ *run riot* de vrije loop laten ⟨van verbeelding, gevoelens⟩, wild opgroeien / worden, doorslaan ⟨bv. van kinderen⟩, woekeren ⟨van planten⟩ ❷ vrolijke bende ★ *a riot of colour* een bonte kleurenpracht ★ *a riot of emotions* een krachtige mix van gevoelens ❸ oud inform giller, knaller **II** *onov ww* rellen schoppen, in opstand komen

riot act *zn* ★ *read sb the ~* iem. flink de les lezen, iem. ernstig waarschuwen

rioter ['raɪətə] *zn* relschopper

riotous ['raɪətəs] *bnw* ❶ oproerig, rellerig ❷ luidruchtig

rip [rɪp] **I** *ov ww* ❶ scheuren, openscheuren, openrijten ★ *rip apart* aan stukken scheuren ★ *rip a hole in* een gat scheuren / maken in ★ *rip open* openscheuren ★ *rip to shreds* aan stukken scheuren ❷ rukken, losscheuren, afpakken ★ *the storm ripped the roof off* door de storm waaide het dak eraf ★ *rip off your tie* je stropdas afrukken ❸ inform ~ **off** ★ *rip sb off* iem. oplichten, iem. afzetten ★ *rip off sth* iets stelen, iets jatten ❹ ~ **up** verscheuren ⟨brief⟩, beëindigen ⟨plan⟩ **II** *onov ww* ❶ scheuren ❷ zich laten gaan ★ *let rip* zich helemaal laten gaan, uit je bol gaan, de vrije hand laten ★ *let rip at sb* tekeergaan tegen iem., iem. flink uitkafferen ★ *let it / things rip* de boel maar laten waaien ❸ snellen, vliegen ★ *let rip* vol gas geven ★ *let her rip* vol gas met die auto, trap 'm op zijn staart ❹ ~ **into** ★ *rip into sb* inhakken op iem. ⟨met kritiek⟩ **III** *zn* scheur

riparian [raɪ'peərɪən] *bnw* aan / op de oever

ripcord ['rɪpkɔːd] *zn* trektouw ⟨v. parachute⟩

ripe [raɪp] *bnw* ❶ rijp, belegen ★ *ripe lips* volle rode lippen ★ *be ripe for change* rijp voor verandering zijn ❷ inform stinkend, smerig ⟨van geur⟩ ❸ inform op het randje, gewaagd ⟨van humor, taal⟩

ripen ['raɪpən] **I** *onov ww* rijp worden, rijpen **II** *ov ww* rijp maken, (doen) rijpen

rip-off inform *zn* ❶ afzetterij, zwendel ❷ slechte, illegale kopie ⟨bv. van dure merkartikelen⟩

riposte [rɪ'pɒst] form **I** *zn* gevat antwoord **II** *onov ww* ad rem antwoorden

ripping ['rɪpɪŋ] GB oud inform *bnw* fantastisch, reuze

ripple ['rɪpl] **I** *zn* ❶ rimpeling, golfje(s) ★ *it excited ~s of interest* het wekte hier en daar / nu en dan wat belangstelling ★ *a ~ of fear went through the crowd* er ging een golf van angst door de menigte ❷ gekabbel, geroezemoes **II** *ov ww* rimpelen, laten golven **III** *onov ww* ❶ rimpelen, golven, zich als een golf verspreiden ❷ kabbelen, murmelen

ripple effect *zn* uitdijend effect

rip-roaring *bnw* luidruchtig, oorverdovend, geweldig

rise [raɪz] **I** *onov ww* [onregelmatig] ❶ groter / hoger worden, opkomen ⟨van zon, maan⟩, rijzen ⟨ook van brood⟩, (op)stijgen, wassen ★ *her colour rose* zij kreeg (meer) kleur ★ *smoke rising from the chimneys* rook die opstijgt uit de schoorstenen ★ *spirits rose* de stemming werd beter ★ *rising unemployment / sales* stijgende werkloosheid / verkoop ★ *her voice rose* haar stem steeg / werd luider ❷ (zich) opsteken, (zich) verheffen, in opstand komen ★ *rise against sb* in opstand komen tegen iem. ★ *rise in arms* de wapens opnemen ★ *rise in rebellion* in opstand komen ❸ opstaan ★ form *rise early* vroeg opstaan ★ *rise from the dead* uit de dood opstaan ★ *rise from the table* van tafel opstaan ★ oud *rise and shine!* op en monter!, kom je bed uit! ❹ opgaan, omhooggaan, vooruitkomen ★ *rise to be sth* opklimmen tot iets ★ *rise to fame* beroemd worden ★ *rise to the top* de top bereiken ★ *rise in the world* carrière maken ❺ ontstaan, ontspringen ⟨van rivier⟩, opsteken

⟨van de wind⟩ ❻ oplopen ⟨van grond⟩ ❼ _form_
uiteengaan ⟨van vergadering⟩ ❽ ~ **above** zich
verheffen boven, uitsteken boven, verheven zijn
boven ★ _rise above sth_ boven iets staan
❾ ~ **from** ontspringen uit, voortkomen uit
❿ ~ **to** het aankunnen, ingaan op ★ _he did not_
rise to the occasion hij wist niet wat hem te doen
stond ⓫ ~ **up** in opstand komen, zich
verheffen, stijgen **II** _zn_ ❶ stijging, verhoging,
het rijzen, het omhooggaan ★ _the rise and fall of_
het op- en neergaan van, het stijgen en dalen
van ★ _prices are on the rise_ de prijzen gaan
omhoog ❷ helling, verhoging ❸ GB
loonsverhoging ❹ opkomst ★ _the rise and fall of_
de opkomst en ondergang van ★ _the story of her_
rise to the top het verhaal over hoe zij de top
bereikt / carrière maakt ❺ oorsprong,
aanleiding ★ _give rise to_ aanleiding geven tot,
veroorzaken ▾ _get / take a rise out of a p._ iem.
nijdig maken

risen [rızn] _ww_ [volt. deelw.] → **rise**

riser ['raızə] _zn_ ★ _an early ~_ iem. die (altijd) vroeg
opstaat

risible ['rızıbl] _bnw_ belachelijk, bespottelijk

rising ['raızıŋ] **I** _zn_ ❶ opstand ❷ opgang,
opkomst ⟨van zon, maan⟩ ❸ stijging, verhoging
II _bnw_ ❶ opkomend, aankomend, stijgend ★ GB
the ~ generation de aankomende generatie ★ _fig_
a ~ star een rijzende ster ❷ oplopend,
omhooggaand ★ _~ ground_ oplopend terrein

risk [rısk] **I** _zn_ risico, gevaar ★ _run risks_ gevaar
lopen, risico (durven) lopen ★ _run the risk of_ het
risico lopen te / van ★ _at the risk of_ voor risico
van, op gevaar van ★ _at your own risk_ op eigen
risico ★ _put at risk_ in gevaar brengen ★ _take risks_
risico's nemen ★ _take the risk of leaving them_
alone for fifteen minutes het erop wagen ze voor
een kwartier alleen te laten **II** _ov ww_ riskeren,
wagen ★ _risk your life_ je leven op het spel
zetten, je leven riskeren

risky ['rıskı] _bnw_ gewaagd, riskant

rissole ['rısəʊl] _cul_ _zn_ rissole

rite [raıt] _zn_ rite, plechtigheid ★ _rites of passage_
overgangsriten

ritual ['rıtʃʊəl] **I** _zn_ ritueel **II** _bnw_ ritueel

ritzy ['rıtsı] _bnw_ chic, luxueus

rival ['raıvəl] **I** _zn_ mededinger, concurrent, rivaal
★ _have no ~s_ ongeëvenaard zijn **II** _bnw_
mededingend, concurrerend, rivaliserend **III** _ov_
_ww_ wedijveren met, (trachten te) evenaren

rivalry ['raıvəlrı] _zn_ rivaliteit, wedijver,
concurrentie

rive [raıv] _ov ww_ ⟨vaneen⟩ scheuren, rukken,
splijten ★ _a country riven by civil war_ een land
verscheurd door een burgeroorlog

river ['rıvə] _zn_ rivier, stroom ★ _down ~_
stroomafwaarts ★ _up ~_ stroomopwaarts ★ _sell sb_
down the ~ iem. bedriegen, iem. laten vallen

riverbank ['rıvəbæŋk] _zn_ rivieroever, waterkant

river bed _zn_ rivierbedding

riverside ['rıvəsaıd] **I** _zn_ rivieroever **II** _bnw_ aan
de rivieroever ★ _a ~ restaurant_ een restaurant
aan de rivier / aan het water

rivet ['rıvıt] **I** _zn_ klinknagel **II** _ov ww_
❶ (vast)klinken ★ _be ~ed on the spot_ als aan de
grond genageld zijn ⟨van ontzetting, verbazing⟩

❷ _ook fig_ boeien ★ _be ~ed by_ geboeid zijn door
❸ vestigen ⟨ogen⟩, concentreren ⟨de aandacht⟩
★ _all eyes were ~ed on / to the screen_ alle ogen
waren gericht op het scherm

riveting ['rıvıtıŋ] _bnw_ betoverend, meeslepend,
fantastisch

rivulet ['rıvjʊlət] _zn_ riviertje, beekje

RN _afk_ ❶ _Royal Navy_ Koninklijke Marine
❷ _registered nurse_ gediplomeerd
verpleegkundige

roach [rəʊtʃ] _zn_ ❶ voorn ❷ USA _inform_ kakkerlak
❸ _inform_ stickie

road [rəʊd] _zn_ weg ⟨ook _fig_ , straat⟩ ★ _be in sb's /_
the road in de weg staan ★ _by road_ over de weg,
met de auto / bus ★ _inform_ _down the road_ in de
toekomst, later ★ _get out of sb's / the road_ uit de
weg gaan ★ _main road_ hoofdstraat ★ _on the road_
op / bij de weg, op weg, onderweg, op tournee,
zwervend ★ _fig be on the road to recovery_ aan de
beterende hand zijn ★ _inform_ _one for the road_
afzakkertje ★ _fig the road to success_ de weg naar
succes ★ _inform_ _hit the road_ vertrekken,
weggaan

roadblock ['rəʊdblɒk] _zn_ ❶ wegversperring
❷ USA belemmering, hindernis

road hog _zn_ wegpiraat

roadhouse ['rəʊdhaʊs] USA _oud_ _zn_
wegrestaurant

road map _zn_ wegenkaart

road pricing GB _zn_ rekeningrijden

road rage _zn_ agressie in het verkeer

road sense _zn_ verkeersinzicht

roadshow ['rəʊdʃəʊ] _zn_ ❶ radio- / tv-programma
op locatie ❷ promotietour

roadside ['rəʊdsaıd] **I** _zn_ kant v.d. weg **II** _bnw_
aan de kant v.d. weg ★ _a ~ restaurant_ een
wegrestaurant

road sign _zn_ verkeersbord

road test _zn_ testrit, wegtest, USA rijexamen

road toll _zn_ verkeersongelukken op de weg

roadway ['rəʊdweı] _zn_ rijweg

roadworks ['rəʊdwɜːks] _zn mv_ werk aan de
weg(en), werk in uitvoering

roadworthy ['rəʊdwɜːðı] _bnw_ geschikt voor het
verkeer

roam [rəʊm] **I** _onov ww_ zwerven ★ _fig_ _her eyes_
roamed over the pages haar ogen dwaalden over
de bladzijden **II** _ov ww_ zwerven door / in
★ _roam the streets_ op straat zwerven ⟨van
kinderen⟩

roan [rəʊn] _zn_ roan ⟨paard met witte haren in de
vacht van de romp⟩

roar [rɔː] **I** _onov ww_ ❶ brullen ⟨ook van leeuw⟩,
bulderen ★ _roar with laughter_ bulderen van het
lachen ❷ loeien, razen ❸ rollen ⟨van donder⟩
II _ov ww_ brullen, bulderen **III** _zn_ ❶ gebrul,
gebulder ★ _a roar of laughter_ een bulderende
lach ★ _set the table in a roar_ de gasten doen
schateren ❷ geloei, geraas

roaring ['rɔːrıŋ] _bnw_ ❶ brullend, bulderend,
loeiend ❷ laaiend ⟨van vuur⟩ ❸ _inform_
geweldig, flink ★ _~ drunk_ stomdronken ★ _be a ~_
success een geweldig succes zijn ★ _do a ~ trade_
gouden zaken doen

roast [rəʊst] **I** _ov ww_ ❶ braden, roosteren ⟨vlees,
vis, groente⟩ ❷ branden ⟨koffiebonen⟩, poffen

ro

⟨aardappelen, kastanjes⟩ ❸ een flinke uitbrander uitbrander braden, roosteren **III** *zn* ❶ gebraad, stuk gebraden / geroosterd vlees ❷ USA barbecue **IV** *bnw* geroosterd, gebraden, gepoft

roaster ['rəʊstə] *zn* ❶ braadpan, braadslee, braadrooster ❷ braadoven ❸ koffiebrander

roasting ['rəʊstɪŋ] inform **I** *zn* uitbrander ★ *give sb a ~* iem. de mantel uitvegen **II** *bnw*, **roasting hot** gloeiend heet ★ *I'm ~* ik zweet me te pletter

rob [rɒb] *ov ww* ❶ beroven, bestelen ★ *they robbed him of his mobile* ze hebben zijn mobieltje gestolen ★ *she was robbed of her bag* haar tas was (van haar) gestolen ★ *rob Peter to pay Paul* het ene gat met het andere stoppen ❷ inform rob somebody blind iemand een poot uitdraaien

robber ['rɒbə] *zn* dief, rover

robbery ['rɒbəri] *zn* roof, diefstal ★ *an armed ~* een gewapende overval

robe [rəʊb] **I** *zn* ❶ kamerjas, peignoir, badjas ❷ [vaak mv met zelfde betekenis als enkelvoud] toga, ambtsgewaad, robe ★ *in purple robes* in paarse toga's, in een paarse toga **II** *ov ww* (be)kleden, zich kleden ★ *robed in* gekleed in

robin ['rɒbɪn] *zn* roodborstje

robot ['rəʊbɒt] *zn* robot

robotic *bnw* ❶ robot- ★ *a ~ arm* een robotarm ❷ robotachtig, als een robot ⟨bv. van bewegingen⟩

robust [rəʊ'bʌst] *bnw* ❶ robuust, sterk ❷ fors, flink ❸ stevig, krachtig ⟨van smaak⟩

rock [rɒk] **I** *zn* ❶ rots, grote steen ★ *the Rock* de Rots v. Gibraltar ★ *solid as a rock* betrouwbaar, oersolide, zo stevig als wat ★ *be (caught / stuck) between a rock and a hard place* tussen twee kwaden in zitten ❷ USA steen(tje) ★ *throw rocks at the police* stenen gooien naar de politie ❸ GB zuurstok, kaneelstok, suikerstok ❹ muz rock ▼ *on the rocks* met ijsblokjes ⟨van drankje⟩ mislukt, in de vernieling **II** *ov ww* ❶ schommelen, wiegen ❷ (doen) schudden ⟨door explosie, aardbeving⟩, schokken **III** *onov ww* ❶ schommelen, wiegelen ❷ schudden, schokken ❸ inform geweldig zijn

rock bottom [rɒk'bɒtəm] *zn* laagste punt ★ *hit ~* een absoluut dieptepunt bereiken

rock-bottom [rɒk'bɒtəm] *bnw* allerlaagst ★ *~ prices* laagst mogelijke prijzen

rock climbing *zn* het bergbeklimmen

rocker ['rɒkə] *zn* ❶ USA schommelstoel ❷ muz rocker ❸ gebogen hout onder wieg / schommelstoel ▼ inform *off one's ~* gek, niet goed wijs

rockery ['rɒkəri] GB *zn* rotspartij ⟨in tuin⟩, rotstuin

rocket ['rɒkɪt] **I** *zn* ❶ raket, vuurpijl ❷ rucola, raketsla ❸ GB inform uitbrander ★ *give sb a ~* iem. op zijn donder geven **II** *onov ww* ❶ omhoogschieten ⟨van prijzen e.d.⟩ ❷ inform flitsen, schieten, vliegen ★ *~ out of a side street* uit een zijstraat schieten ★ *~ to number one* razendsnel op nummer een staan ★ *~ to stardom* pijlsnel een ster / sterren worden **III** *ov ww* ❶ met raketten bestoken ❷ inform pijlsnel

laten worden ★ *~ sb to stardom* iem. pijlsnel het sterrendom brengen, iem. pijlsnel tot ster maken

rocket launcher *zn* raketwerper, bazooka

rocket science inform *zn* ★ *it isn't ~* je hoeft er niet het buskruit voor uitgevonden te hebben, je hoeft er geen Einstein voor te zijn

rock face *zn* rotswand

rock garden *zn* rotstuin, tuin met rotspartijen erin

rock-hard *bnw* keihard

Rockies [rɒkɪz] *zn mv* inform Rocky Mountains

rocking chair *zn* schommelstoel

rocking horse *zn* hobbelpaard

rock-solid *bnw* keihard ook fig , oersterk

rocky ['rɒki] *bnw* ❶ rotsachtig ★ *the Rocky Mountains* de Rocky Mountains, het Rotsgebergte ⟨in de USA⟩ ❷ gammel, wankel

rod [rɒd] *zn* ❶ staaf, stang, stok, staf, roe(de) ★ *rule with a rod of iron* met ijzeren vuist regeren ★ *a rod to beat sb with* een stok om de hond mee te slaan ❷ hengel ★ *fishing rod* hengel ▼ *make a rod for your own back* je eigen graf graven

rode [rəʊd] *ww* [verleden tijd] → **ride**

rodent ['rəʊdnt] *zn* knaagdier

rodeo [rəʊ'deɪəʊ] *zn* rodeo

roe [rəʊ] *zn*, **roe deer** ree, kuit ⟨van vis⟩ ★ *hard roe* kuit ★ *soft roe* hom

roger ['rɒdʒə] *tw* begrepen ⟨in mobiele communicatie in vluchtverkeer enz.⟩

rogue [rəʊg] **I** *zn* ❶ humor kwajongen ❷ oud schurk ❸ uitgestoten buffel / olifant **II** *bnw* ❶ uitgestoten, solitair ⟨van buffel / olifant⟩ ❷ louche, van het rechte pad geraakt, schurkachtig ★ *a ~ state* een schurkenstaat

roguish ['rəʊgɪʃ] *bnw* ondeugend, kwajongensachtig

role [rəʊl] *zn* ❶ toneel- of filmrol ★ *the leading role* de hoofdrol ★ *play the role of Othello* Othello spelen ❷ rol, functie ★ *play a significant role in a conflict* een belangrijke rol spelen in een conflict

role model *zn* rolmodel ⟨als goed voorbeeld⟩

role play *zn* rollenspel

roll [rəʊl] **I** *ov ww* ❶ (op)rollen, wentelen ★ *roll sb onto his side* iem. op zijn zij rollen ★ *roll the trolley to the checkout* het winkelwagentje naar de kassa rijden ★ *he was a writer, singer and actor, all rolled into one* hij was schrijver, zanger en acteur, alles in een ❷ uitrollen ⟨deeg⟩ ❸ laten lopen ⟨camera⟩, laten draaien ⟨pers⟩ ❹ doen rollen / slingeren / schommelen ❺ *~ back* terugdraaien ⟨wet, regel e.d.⟩, terugschroeven, verlagen ⟨kosten, prijzen⟩, terugdringen, terugdrijven ❻ *~ down* naar beneden draaien ⟨autoraampje⟩, naar beneden rollen ⟨mouwen, broekspijpen⟩ ❼ *~ out* uitrollen ⟨deeg, rol papier⟩, lanceren, op de markt brengen ⟨nieuw product⟩ ❽ *~ over* omdraaien, omverrollen, omvergooien ❾ *~ up* oprollen ⟨mouwen⟩, naar boven draaien ⟨autoraampje⟩ **II** *onov ww* ❶ rollen, wentelen, rijden ★ *roll down the hill* van de heuvel af rollen ★ *roll to a stop* tot stilstand komen ⟨van auto⟩ ★ *Russian tanks started rolling into the city* *of G.* Russische tanks reden de stad G. binnen ★ *be rolling in money* zwemmen in het geld ★ inform *be ready to roll* klaar zijn om te beginnen / vertrekken ★ inform *let's roll!* aan de slag! ❷ schommelen, waggelen 〈van manier van lopen〉, rollen, slingeren 〈van schip, vliegtuig〉, deinen, golven ❸ draaien 〈van camera, pers〉 ❹ roffelen, donderen, rommelen ❺ ~ along/on voortrollen ❻ ~ in binnenstromen 〈van geld〉, binnenvallen, arriveren 〈van persoon〉 ❼ ~ over zich omdraaien, inform zich zomaar gewonnen geven ❽ ~ up zich oprollen **III** *zn* ❶ rol ★ *rolls of fat* vetrollen ★ *a roll of film* een filmrolletje ★ *a roll of wallpaper* een rol behang(papier) ❷ broodje ★ *Swiss roll* opgerolde cake ❸ buiteling, koprol ★ *forward / backward roll* een koprol voor- / achterover ★ inform *a roll in the hay* een vrijpartij ❹ slingering 〈van schip〉, rol(vlucht) 〈van vliegtuig〉 ❺ (officiële namen)lijst ★ *electoral roll* kieslijst ❻ gedreun, gerommel 〈van onweer〉, geroffel ❼ het rollen 〈bv. van dobbelsteen〉 ▼ inform *be on a roll* lekker bezig zijn

rollator [ˈrəʊˈlertə] *zn* rollator
rollback *zn* ❶ prijsverlaging ❷ het terugdraaien 〈van een wet, belastingverhoging〉
roll-call [ˈrəʊlkɔːl] *zn* appel 〈het afroepen van de namen〉
rolled gold *zn* doublé
rolled oats *zn mv* havermout
roller [ˈrəʊlə] *zn* ❶ roller, rol(letje), wals ❷ krulspeld ❸ roller, breker 〈soort grote golf〉
rollerblade *zn* (inline)skate, rollerblade
roller blind *zn* GB rolgordijn
roller coaster *zn* achtbaan
roller skate *zn* rolschaats
roller towel *zn* handdoek op rol
rollicking [ˈrɒlɪkɪŋ] *bnw* uitgelaten, (erg) vrolijk
rolling [ˈrəʊlɪŋ] *bnw* golvend, glooiend 〈van landschap〉, deinend
rolling pin *zn* deegroller
rolling stock *zn* rijdend materieel
roll-on *zn* (deodorant)roller
roll-on-roll-off *bnw* ★ *roll-on roll-off ferry* rij-op-rij-afveerboot
roll-out *zn* lancering 〈van nieuw product〉, introductie op de markt
roll-top desk *zn* cilinderbureau
roll-up GB inform *zn* sjekkie
roly-poly [ˈrəʊlɪˈpəʊlɪ] **I** *zn*, **roly-poly pudding** vruchtenpudding 〈van opgerold, met jam belegd deeg〉 **II** *bnw* inform mollig
ROM [rɒm] *afk*, comp *Read-Only Memory* ROM
roman *bnw* romein ★ ~ *letter(s)* type romein, staande drukletter
Roman [ˈrəʊmən] **I** *zn* Romein **II** *bnw* ❶ Romeins ★ ~ *nose* arendsneus ★ ~ *numerals* Romeinse cijfers ❷ rooms(-katholiek) ★ ~ *Catholic* rooms-katholiek
romance [rəʊˈmæns] **I** *zn* ❶ romance, idylle ❷ het romantische, romantiek ❸ romantisch verhaal ❹ middeleeuws ridderverhaal **II** *onov ww* fantaseren **III** *ov ww* oud het hof maken
Romance [rəʊˈmæns] *bnw* Romaans ★ ~ *languages* Romaanse talen

Romanesque [rəʊməˈnesk] *bnw* romaans, in de romaanse stijl 〈van gebouwen〉
Romania [rəʊˈmeɪnɪə] *zn* Roemenië
Romanian [rəʊˈmeɪnɪən] **I** *zn* ❶ Roemeen(se) ❷ Roemeens (taal) **II** *bnw* Roemeens
romantic [rəʊˈmæntɪk] **I** *bnw* romantisch **II** *zn* romanticus
romanticism [rəʊˈmæntɪsɪzəm] *zn* romantiek
romanticize, romanticise [rəʊˈmæntɪsaɪz] *ov ww* romantisch(er) voorstellen (dan het is), romantiseren
Romany [ˈrɒmənɪ] *zn* ❶ zigeuner ❷ Romani 〈zigeunertaal〉
romp [rɒmp] **I** *zn* ❶ inform stuk / film / boek vol actie en avontuur ❷ stoeipartij ❸ inform avontuurtje, vrijpartij ❹ sport gemakkelijke overwinning **II** *onov ww* ❶ stoeien, ravotten ❷ inform gemakkelijk behalen ★ *romp to a win / victory* makkelijk winnen ★ *romp home* op zijn sloffen winnen ★ *romp through sth* iets met gemak halen, door iets heen vliegen
rompers [ˈrɒmpəz] USA *zn mv* kruippakje
romper suit GB *zn* kruippakje
roof [ruːf] **I** *zn* dak ★ *roof of the mouth* verhemelte ★ *be under a p.'s roof* iemands gast zijn ★ inform *go through the roof* de pan uit rijzen 〈van prijzen〉, ontploffen, uit je vel springen ★ *have a roof over your head* een dak boven je hoofd hebben ★ inform *hit the roof* ontploffen, uit je vel springen ★ *raise the roof* een ontzettend kabaal maken, tekeergaan **II** *ov ww* onder dak brengen, overdekken
roof garden *zn* daktuin
roofing [ˈruːfɪŋ] *zn* ❶ dakbedekking ❷ dakwerk
roof rack GB *zn* imperiaal
rooftop [ˈruːftɒp] *zn* dak ★ *shout sth from the ~s* iets van de daken schreeuwen
rook [rʊk] *zn* ❶ roek ❷ toren 〈schaakspel〉
rookery [ˈrʊkərɪ] *zn* ❶ roekennesten, roekenkolonie ❷ kolonie 〈v. pinguïns, zeehonden e.d.〉
rookie [ˈrʊkɪ] *zn* groentje, nieuweling
room [ruːm] **I** *zn* ❶ kamer, zaal ★ *a double room* een tweepersoonskamer ★ *a single room* een eenpersoonskamer ★ USA *room and board* kost en inwoning ❷ ruimte, plaats ★ *make room for* ruimte maken voor ★ *take up too much room* te veel ruimte innemen ★ *there's no room / not enough room to swing a cat* je kunt je er je kont niet keren ❸ gelegenheid, aanleiding ★ *there's room for improvement* er kan nog wel wat verbeterd worden ★ *no room for hope* geen hoop meer **II** *onov ww* USA ~ *up* (een) kamer(s) wonen ★ *room together* met iem. op één kamer wonen, een kamer / flat delen met iem. ★ *room with a p.* met iem. op één kamer wonen, een kamer / flat delen met iem.
roomer [ˈruːmə] USA *zn* kamerbewoner
roomie [ˈruːmɪ] *zn*, *roommate* slapie, huisgenoot, flatgenoot, kamergenoot
room-mate *zn* ❶ GB kamergenoot ❷ USA huisgenoot, flatgenoot, kamergenoot
room service *zn* bediening op de (hotel)kamer
roomy [ˈruːmɪ] *bnw* ruim, breed
roost [ruːst] **I** *zn* roest, (kippen)stok, nachthok ★ *go to* ~ op stok gaan ★ *rule the* ~ de baas zijn,

de lakens uitdelen **II** *onov ww* op stok gaan ★ *his curses came home to* ~ zijn vloeken kwamen op zijn eigen hoofd neer ★ *he had his chickens come home to* ~ hij kreeg zijn trekken thuis

rooster ['ru:stə] USA *zn* haan

root [ru:t] **I** *zn* ❶ wortel ⟨van plant, tand, haar⟩ ★ *pull up by the roots* met wortel en tak uitroeien ★ *put down roots* wortelen, wortel schieten ⟨van plant⟩, zich ergens vestigen / thuis gaan voelen ★ *take root* wortel schieten ⟨van planten, ideeën⟩ ★ *root and branch* grondig, totaal ❷ kern, bron, oorsprong, grondslag, oorzaak ★ *the root of the problem* de kern / oorzaak van het probleem ★ *have its root(s) in* wortelen in, zijn oorsprong hebben in ★ *be / lie at the root of* ten grondslag liggen aan ★ *be proud of your Ghanaian roots* trots zijn op je Ghanese oorsprong / roots ★ *root idea* kerngedachte, grondgedachte ❸ wisk wortel ★ *3 is the square root of 9* 3 is de vierkantswortel van 9 **II** *ov ww* ❶ doen wortel schieten ★ *deeply rooted in* diepgeworteld in ★ *rooted to the ground / spot* als aan de grond genageld ❷ ~ *out* uitroeien ⟨corruptie⟩, tevoorschijn brengen, opscharrelen, opsnorren ❸ ~ *up* ontwortelen, met wortel en al uitrukken / uitgraven **III** *onov ww* ❶ wortelen, wortel schieten ❷ snuffelen, wroeten ★ *root through your papers for sth* tussen je papieren zoeken naar iets ❸ ~ *for* zich inzetten voor, steunen

root canal *zn* ❶ wortelkanaal ❷ inform **root canal treatment** wortelkanaalbehandeling

root crop *zn* wortelgewas

rootless ['ru:tləs] *bnw* ontworteld, ontheemd

rootstock ['ru:tstɒk] *zn* wortelstok

root vegetable *zn* knolgewas

rope [rəʊp] **I** *zn* ❶ (dik) touw, kabel, koord ★ *the rope* de strop ★ *the ropes* de touwen ⟨van boksring⟩ ★ *be on the ropes* in de touwen liggen, bijna verslagen zijn ★ *give sb (enough) rope (to hang himself)* iem. de vrije hand laten (om zijn eigen ondergang te bewerken) ★ *know the ropes* het klappen van de zweep kennen, van wanten weten ★ *show sb the ropes* iem. wegwijs maken, iem. de kneepjes van het vak leren ❷ snoer ★ *a rope of pearls* een parelsnoer **II** *ov ww* ❶ (vast)binden ❷ USA met 'n lasso vangen ❸ ~ *in* afperken met touw(en), inpalmen ★ *be roped in to do sth* zich laten strikken om iets te doen ❹ ~ *into* strikken voor, verleiden tot ★ *have been roped into doing sth* zich hebben laten verleiden iets te doen ❺ ~ *off* afzetten ⟨met touwen⟩ ❻ ~ *up* vastbinden

rope ladder *zn* touwladder

ropy, ropey ['rəʊpɪ] GB inform *bnw* ❶ slecht, krakkemikkig ❷ zwakjes ★ *feel a bit ropy* zich wat zwakjes voelen

ro-ro *afk, roll-on roll-off* → **roll-on-roll-off**

rosary ['rəʊzərɪ] *zn* rozenkrans

rose [rəʊz] **I** *zn* ❶ roos ★ GB inform *it's not all roses* het is niet allemaal rozengeur en maneschijn ★ *everything's coming up roses (for him)* het pakt allemaal goed uit (voor hem) ★ GB inform *put the roses back in sb's cheeks* iem. weer een gezonde kleur geven ❷ roze

❸ sproeidop **II** *bnw* roze **III** *ww* [verleden tijd] → **rise**

roseate ['rəʊzɪət] dicht *bnw* rooskleurig, roze

rosebed ['rəʊzbed] *zn* rozenperk

rosebud ['rəʊzbʌd] *zn* rozenknopje

rose-coloured, USA **rose-colored** *bnw* rooskleurig ook fig ★ *view the world through* ~ *spectacles / glasses* de wereld door een roze bril zien, een optimistische kijk op de wereld hebben

rose hip *zn* rozenbottel

rosemary ['rəʊzmərɪ] *zn* rozemarijn

rose-tinted GB *bnw* rooskleurig, optimistisch ★ *see everything through* ~ *spectacles / glasses* alles door een roze bril zien

rosette [rəʊ'zet] *zn* rozet

rose water *zn* rozenwater

rose window *zn* roosvenster

rosewood ['rəʊzwʊd] *zn* rozenhout

rosin ['rɒzɪn] **I** *zn* (viool)hars **II** *ov ww* met hars bestrijken

roster ['rɒstə] **I** *zn* dienstrooster **II** *ov ww* inroosteren

rostra ['rɒstrə] *zn mv* → **rostrum**

rostrum ['rɒstrəm] *zn* [mv: **rostra**] spreekgestoelte, podium

rosy ['rəʊzɪ] *bnw* ❶ roze ❷ rooskleurig ★ *paint a rosy picture of sth* een rooskleurig beeld schetsen van iets

rot [rɒt] **I** *ov ww* doen rotten, bederven **II** *onov ww* rotten, verrotten, bederven ★ *rot away* wegrotten **III** *zn* ❶ rotheid, bederf, rotte plek ★ *dry rot* droogrot, bruine rot ⟨in hout⟩ ★ GB *then the rot sets in* dat was het begin van het einde, vanaf toen ging het mis / bergafwaarts ★ GB *stop the rot* het verval / de neergang stoppen ❷ GB oud onzin ★ *talk rot* onzin verkopen

rota ['rəʊtə] *zn* (dienst)rooster

rotary ['rəʊtərɪ] **I** *bnw* roterend, ronddraaiend ★ *a* ~ *engine* een rotatiemotor **II** *zn* USA rotonde

rotate [rəʊ'teɪt] **I** *onov ww* ❶ draaien, wentelen ❷ rouleren **II** *ov ww* ❶ (doen) draaien, wentelen ❷ laten rouleren

rotation [rəʊ'teɪʃən] *zn* ❶ draaiing, omwenteling, het draaien ❷ het rouleren, afwisseling ★ *in* ~ bij toerbeurt, om de beurt ★ ~ *of crops* wisselbouw

rote [rəʊt] *zn* ★ *say by rote* van buiten / machinaal opzeggen ★ *learn sth by rote* iets uit het hoofd leren

rotor ['rəʊtə], **rotor blade** *zn* (draai)wiek ⟨v.e. helikopter⟩

rotten ['rɒtn] *bnw* ❶ (ver)rot ❷ corrupt ★ ~ *to the core* door en dor corrupt ❸ inform waardeloos, beroerd, slecht ★ *a* ~ *actor* een waardeloos acteur ★ *a* ~ *day* een klotedag, een rotdag ★ *feel* ~ je beroerd / rot voelen ❹ inform verdomd, stom ★ *they didn't want her* ~ *money* dat stomme geld van haar wilden ze niet

rotund [rəʊ'tʌnd] form *bnw* mollig, gezet, rond

rotunda [rəʊ'tʌndə] *zn* rotonde ⟨rond bouwwerk met koepel⟩

rouble ['ru:bl] *zn* roebel

rouge [ru:ʒ] oud **I** *zn* rouge **II** *ov ww* mer rouge opmaken

rough [rʌf] **I** *bnw* ❶ ruw, ruig ★ ~ *terrain* ruw terrein ★ *a ~ neighbourhood* een ongure buurt ❷ globaal, ruw, onaf ★ ~ *copy* klad ★ *a ~ draft* een ruwe schets, een onaffe versie ★ *a ~ estimate* een ruwe schatting ★ *give sb a ~ idea of sth* iem. een globaal idee geven van iets ❸ guur, stormachtig ❹ rauw, ruw, onbehouwen, wild ★ *be ~ on sth* wild / onzorgvuldig / ruw omgaan met iets ★ *be ~ on sb* onvriendelijk / naar zijn tegen iem., iem. hard aanpakken ❺ hard, zwaar, moeilijk ★ *a ~ night* een zware nacht ⟨door weinig slaap⟩ ★ *have had a ~ time* een zware tijd achter de rug hebben ★ ~ *work* zwaar werk ❻ GB *inform* niet lekker ★ *feel a bit ~* zich niet erg lekker voelen **II** *ov ww* ❶ ~ *out* ruw schetsen, in grote lijnen schetsen ❷ ~ *up* aftuigen **▼** ~ *it* zich ontberingen getroosten, (even) heel primitief leven / wonen **III** *zn* ❶ voorlopige opzet, ruwe schets, klad ★ *in* ~ in het klad ❷ ruw terrein, ruig, niet gemaaid deel van golfterrein **▼** *the ~ and tumble* de harde / ruwe strijd, het gerouwdouw, wild gedrag **▼** *take the ~ with the smooth* het leven nemen zoals het is **IV** *bijw* GB wild, ruw ★ *live* ~ zwerven, op straat / in de openlucht leven ★ *sleep* ~ in de buitenlucht / op straat slapen, zwerven

roughage ['rʌfɪdʒ] *zn* vezelrijk voedsel

rough-and-ready [rʌfən'redɪ] *bnw* ❶ eenvoudig, primitief, bruikbaar ❷ onbehouwen, ruw, ongemanierd

rough-and-tumble [rʌfən'tʌmbl] *bnw* wild, woest ⟨van gedrag, bij het spelen⟩

rough-cast I *zn* ruwe pleisterkalk **II** *bnw* ruw gepleisterd

roughen ['rʌfən] **I** *ov ww* ruw maken **II** *onov ww* ruw worden

rough-hewn [rʌf'hju:n] *ov ww* ❶ ruw (gehakt / gesneden) ❷ figruw, grof, onbehouwen

rough-house USA **I** *onov ww* keet / heibel maken **II** *ov ww* ongenadig op de kop geven, heibel maken met

roughly ['rʌflɪ] *bijw* ❶ ruwweg, ongeveer ★ ~ *speaking* globaal genomen ❷ ruw, grof ★ *grab sb* ~ iem. ruw beetpakken ★ ~ *chopped onions* grofgehakte uien

roughneck ['rʌfnek] *inform zn* ruwe klant

roughshod ['rʌfʃɒd] *bnw* ★ *ride* ~ / USA *run* ~ *over* met voeten treden, ringeloren, zich niet storen aan

roulette [ru:'let] *zn* roulette ★ *Russian* ~ Russische roulette ⟨met revolver met één kogel⟩

round [raʊnd] **I** *bijw* ❶ rond, om ★ ~ *about half past seven* rond halfacht, om ongeveer half acht ★ ~ *about 60 men* ongeveer zestig man ★ *I'll be* ~ *at 6* ik kom om 6 uur ★ *dance* ~ in een kring / cirkel dansen ★ *look* ~ omkijken, rondkijken ★ *order the car* ~ de wagen laten voorkomen ★ *show sb* ~ iem. rondleiden ★ *turn* ~ omkeren, omdraaien ★ *walk* ~ *to the back* omlopen naar de achterkant ❷ in het rond, rondom ★ *all* ~ rondom, overal, naar alle kanten, in alle opzichten ★ *measure eight inches* ~ twintig centimeter in doorsnee zijn / meten **II** *vz* rond, om ★ ~ *the world* de wereld rond ★ *come* ~ *the corner* de hoek om komen ★ *look* ~ *the room* de kamer rond kijken ★ *put your arms* ~ *sb* je

armen om iem. heen slaan ★ ~ *here* hier in de buurt **III** *bnw* ❶ rond ★ ~ *cheeks* ronde / bolle wangen ★ ~ *trip* rondreis, heen- en terugreis, retourtje ❷ afgerond ★ *a ~ figure / sum* een rond bedrag ★ *a ~ dozen* een heel / vol dozijn **IV** *zn* ❶ ronde, rondte, omvang, kring, reeks ★ *a ~ of applause* een applaus ★ *do / go / make the ~s* de ronde doen ⟨van gerucht⟩, langsgaan ★ *in the* ~ vrijstaand ⟨van kunstwerk⟩, op een rond toneel in het midden, van alle kanten (beschouwd) ★ *play a ~ of golf* een ronde golf spelen ⟨18 holes⟩ ★ *the daily* ~ de dagelijkse routine, de dagelijks bezigheden ★ *order a ~ of drinks* een rondje bestellen ❷ snee, schijf, plak ★ *a ~ of bread* een boterham, een sandwich ★ *a ~ of toast* een stuk / snee toast ★ *cut a cucumber into* ~s een komkommer in plakjes / schijfjes snijden ❸ schot, geweerschot ★ ~ *of fire* salvo ★ *ten ~s of ammunition* tien patronen ❹ *muz* canon **V** *ov ww* ❶ rondmaken, ronden, afronden ❷ gaan om, varen om, komen om ★ ~ *a corner* een hoek omgaan ❸ ~ *down* afronden ❹ ~ *off* afronden, afmaken ❺ ~ *out* vervolledigen, afmaken ❻ ~ *up* bijeendrijven, razzia houden, oppakken, naar boven afronden **VI** *onov ww* ❶ rond worden, zich ronden ❷ ~ *on* zich keren tegen, plotseling uithalen naar

roundabout ['raʊndəbaʊt] **I** *zn* ❶ GB verkeersrotonde ❷ GB draaimolen **II** *bnw* ❶ een omweg makend ★ *take a ~ route* een omweg maken ❷ omslachtig, wijdlopig ★ *in a ~ way* op een indirecte manier, op een omslachtige wijze

rounded ['raʊndɪd] *bnw* ❶ (af)gerond, met ronde hoeken ❷ compleet, evenwichtig, afgerond

roundel ['raʊndl] *zn* ❶ schijfje, rond plaatje ❷ medaillon

rounders ['raʊndəz] GB *zn mv* soort honkbal

round-eyed [raʊnd'aɪd] *bnw* met grote ogen

roundly ['raʊndlɪ] *bijw* botweg, rondweg, ronduit

round robin *zn* competitie / toernooi waarin elke deelnemer tegen elke andere uitkomt

round-table *bnw* rondetafel- ★ ~ *talks* rondetafelgesprekken

round-the-clock *bnw* de klok rond, de hele tijd door ★ ~ *nursing care* 24 uurszorg

round-trip USA *bnw* retour- ★ ~ *ticket* retourtje

round-up *zn* ❶ overzicht ❷ het bijeendrijven ⟨van vee, verdachten⟩, razzia

rouse [raʊz] *ov ww* ❶ *form* wakker maken ❷ (op)wekken, opschrikken, opporren ★ ~ *o.s.* zich vermannen ★ ~ *o.s. to do sth* zich ertoe aanzetten iets te doen ★ ~ *sb's anger* iem. woedend maken ❸ *form* prikkelen ★ *be easily* ~*d* snel geprikkeld / kwaad zijn

rousing ['raʊzɪŋ] *bnw* ❶ opwindend, bezielend ❷ enthousiast ★ *a ~ applause* een enthousiast applaus

roust [raʊst] USA *ov ww* verdrijven, verjagen ★ ~ *sb out of bed* iem. zijn bed uit jagen

roustabout ['raʊstəbaʊt] USA *zn* (los) werkman, ongeschoolde arbeider, dokwerker

rout [raʊt] **I** *zn* totale nederlaag ★ *put to rout* totaal verslaan **II** *ov ww* totaal verslaan

route [ru:t] **I** *zn* route, weg ★ *take the shortest* ~ de kortste weg nemen ★ *en* ~ onderweg **II** *ov ww*

(ver)zenden, sturen ★ *be~d via Newcastle* over / via Newcastle gaan
route planner *zn* routeplanner
router ['rautə] *zn* comp router
routine [ruː'tiːn] I *zn* ❶ routine, normale / dagelijkse gang van zaken ❷ sleur ❸ nummer (in een show) II *bnw* routine-, gewoon ★ *~ check* routinecontrole ★ *~ duties* dagelijkse plichten ★ *~ tasks* routineklussen
rove [rəuv] I *onov ww* rondzwerven, ronddolen, dwalen ★ oud *have a roving eye* (steeds) naar andere vrouwen / mannen kijken ★ *a roving reporter* een reizende reporter II *ov ww* rondzwerven door, ronddolen door
rover ['rəuvə] dicht *zn* zwerver
row¹ [rau] I *zn* ❶ ruzie ★ *be in a row with* ruzie hebben met ★ *have a blazing row about / over* een knallende ruzie hebben over ❷ herrie, drukte ★ *what's the row?* wat is er aan de hand? ★ *make / kick up a row* herrie schoppen II *onov ww* ruzie hebben / maken, ruziën
row² [rəu] I *zn* ❶ rij ★ *in a row* op een rij, achter elkaar ❷ huizenrij, straat ❸ roeitochtje ★ *go for a row* gaan roeien II *onov ww* roeien III *ov ww* roeien ★ *row a boat* (in) een boot roeien ★ *row sb back to the island* iem. terug naar het eiland roeien
rowboat USA *zn* roeiboot
rowdy ['raudɪ] I *bnw* lawaaierig, rumoerig II *zn* oud lawaaischopper, ruwe klant
rower ['rəuə] *zn* roeier
rowing ['rəuɪŋ] *zn* het roeien
rowing boat GB *zn* roeiboot
rowlock ['rɒlək] GB *zn* dol(pen)
royal ['rɔɪəl] I *bnw* ❶ konings-, koninklijk ★ *Royal Academy / Society* Koninklijk Academie v. Schone Kunsten / Wetenschappen ★ *~ blue* diepblauw ★ *the ~ family* de koninklijke familie ❷ vorstelijk, schitterend ★ *be given a ~ welcome* een vorstelijk onthaal krijgen II *zn* inform lid v. Koninklijk huis
Royalist ['rɔɪəlɪst] I *zn* royalist, koningsgezinde II *bnw* koningsgezind
royalty ['rɔɪəltɪ] *zn* ❶ vorstelijke personen, (leden van het) koninklijk huis ❷ [meestal mv] royalty (percentage van de opbrengst)
rpm [ɑːpiː'em] *afk, revolutions per minute* omwentelingen per minuut
RSI [ɑːres'aɪ] *afk,* comp *Repetitive Strain Injury* RSI, herhalingsoverbelasting
RSPCA *afk,* GB *Royal Society for the Prevention of Cruelty to Animals* dierenbescherming
Rt Hon *afk,* GB *Right Honourable* Zeer Geachte
Rt Revd, Rt. Rev. *afk,* GB *Right Reverend* zeereerwaarde
rub [rʌb] I *ov ww* ❶ wrijven, inwrijven, afwrijven ★ *rub your eyes* je ogen uitwrijven ★ *rub one's hands* zich in de handen wrijven ★ *rub noses* de neuzen tegen elkaar wrijven ★ inform *rub shoulders with* in aanraking komen met, omgaan met ★ inform *rub sb up the wrong way* iem. prikkelen, iem. kwaad maken ❷ poetsen, boenen ❸ masseren ❹ schuren ❺ **~ down** afwrijven, stevig afdrogen, masseren, afschuren, roskammen ❻ **~ in** inwrijven, (blijven) doorzagen over ★ *rub it in (to a p.)* het iem.

inpeperen ❼ **~ off** eraf wrijven ❽ **~ out** GB uitgummen, GB uitvegen, USA inform om zeep helpen ❾ **~ together** tegen elkaar wrijven II *onov ww* ❶ poetsen, wrijven ★ *rub harder* harder wrijven ❷ schuren ★ *his new shoes were rubbing* zijn nieuwe schoenen schuurden ❸ GB inform **~ along** ★ *rub along together / with sb* goed op kunnen schieten met elkaar / met iem. ❹ **~ off** er langzaam af gaan, eraf slijten ★ *rub off on sb* overgaan op iem. ★ *let's hope some of her enthusiasm rubs off on the others* laten we hopen dat de anderen iets van haar enthousiasme overnemen / meekrijgen III *zn* ❶ poetsbeurt, wrijfbeurt ★ *give it a rub* het eens opwrijven ❷ massage ★ *give sb a rub* iem. masseren ❸ form moeilijkheid ★ *there's the rub* daar zit 'm de kneep
rubber ['rʌbə] I *zn* ❶ rubber ❷ GB gum ❸ GB bordenwisser ❹ USA inform condoom ❺ robber (serie wedstrijden) II *bnw* ❶ rubberen, van rubber ❷ elastieken ★ *~ band* elastiekje
rubberneck ['rʌbənek] USA inform *onov ww* nieuwsgierig (om)kijken ★ *~ at the scene of the accident* nieuwsgierig (om)kijken naar de plaats van het ongeluk
rubber plant *zn* rubberplant, ficus
rubber-stamp *ov ww* als vanzelfsprekend goedkeuren
rubbery ['rʌbərɪ] *bnw* ❶ rubberachtig ❷ slap, rubberen (benen, knieën)
rubbing ['rʌbɪŋ] *zn* drukk rubbing (afdruk van een reliëfversiering)
rubbing alcohol *zn* ontsmettingsalcohol
rubbish ['rʌbɪʃ] GB I *zn* ❶ afval, vuilnis ★ *household ~* huisvuil, huishoudelijk afval ❷ rotzooi, troep ❸ onzin ★ *talk a load of ~* een hoop onzin uitkramen ❹ inform waardeloos ★ *~ music* waardeloze muziek II *ov ww* waardeloos vinden, als onzin bestempelen, afkraken
rubbishy ['rʌbɪʃɪ] GB inform *bnw* ❶ waardeloos ❷ onzinnig
rubble ['rʌbl] *zn* puin
rub-down *zn* ❶ wrijfbeurt, schuurbehandeling ❷ USA massage
rubella med *zn* rodehond
rubicund ['ruːbɪkʌnd] dicht *bnw* blozend
rubric ['ruːbrɪk] *zn* rubriek
ruby ['ruːbɪ] I *zn* ❶ robijn ❷ robijnrood II *bnw* robijnrood
ruche [ruːʃ] *zn* ruche (aan dameskleding, gordijnen e.d.)
ruck [rʌk] I *zn* ❶ kluwen (vechtende) mensen, menigte ❷ (de) massa, (het) gewone, dagelijks leven II *ov ww,* **ruck up** (ver)kreukelen III *onov ww,* **ruck up** verkreukelen
rucksack ['rʌksæk] *zn* rugzak
ructions ['rʌkʃənz] inform *zn mv* herrie, gelazer, ontevredenheid
rudder ['rʌdə] *zn* roer (van schip, vliegtuig)
rudderless ['rʌdələs] *bnw* stuurloos
ruddy ['rʌdɪ] *bnw* ❶ rood, blozend ❷ GB inform verdomd(e)
rude [ruːd] *bnw* ❶ onbeleefd, onbeschoft, lomp, grof ★ *be rude to sb* iem. beledigen ❷ ruw, grof ★ *rude things* grofheden ❸ dicht primitief ★ *a rude bench* een eenvoudige bank ❹ hard, streng

★ *a rude awakening* een koude douche ★ *get a rude shock* een zeer onaangename verrassing te verwerken krijgen

rudeness ['ru:dnəs] *zn* onbeschoftheid, lompheid, grofheid

rudimentary [ru:dɪ'mentəri] *bnw* ❶ elementair, basis-★ ~ *knowledge* basiskennis ❷ rudimentair, niet (verder) ontwikkeld

rudiments ['ru:dɪmənts] form *zn mv* eerste beginselen, kern

rue [ru:] form *ov ww* berouw hebben over / van, betreuren

rueful ['ru:fʊl] *bnw* verdrietig, treurig

ruff [rʌf] *zn* ❶ verenkraag ❷ gesch Spaanse plooikraag

ruffle ['rʌfəl] **I** *ov ww* ❶ verfrommelen, verstoren, in de war brengen, verwarren ★ ~ *the leaves of a book* een boek doorbladeren ★ *the bird ~d its feathers* de vogel zette zijn veren op ★ ~ *sb's feathers* iem. kwaad maken ❷ rimpelen ❸ over zijn stuk brengen, van de wijs brengen **II** *zn* kanten manchet, (geplooide) kraag / boord

rug [rʌg] *zn* ❶ (haard)kleedje ❷ GB (reis)deken

rugby ['rʌgbi] *zn* rugby

rugged ['rʌgɪd] *bnw* ❶ ruw, ruig, rotsachtig, hoekig ❷ woest aantrekkelijk ★ *his* ~ *good looks* zijn woest aantrekkelijke schoonheid ❸ hard, nors ★ *a* ~ *individualist* een strenge / verbeten individualist ❹ krachtig, sterk, robuust, solide ⟨van machines, kleding⟩

rugger ['rʌgə] GB *inform zn* rugby

ruin ['ru:ɪn] **I** *ov ww* ❶ vernielen, verwoesten ❷ verpesten ⟨kans⟩, bederven ⟨sfeer⟩ ❸ ruïneren, te gronde richten **II** *zn* ❶ ondergang, verval ★ *bring to ruin* te gronde richten ★ *come / run to ruin* te gronde gaan ★ *gambling was the ruin of him* door het gokken ging hij ten onder ❷ ⟨vaak in mv⟩ ruïne ★ *be in ruins* in puin liggen ⟨van gebouw e.d.⟩, in duigen liggen, kapot zijn ⟨van huwelijk, droom⟩ ★ *fall into ruin* in verval raken, instorten ★ fig *the ruins of his life* de puinhopen van zijn leven ★ *Roman ruin(s)* Romeinse ruïne(s)

ruination [ru:ɪ'neɪʃən] form *zn* ❶ vernieling ❷ ondergang

ruinous ['ru:ɪnəs] *bnw* ❶ rampzalig, desastreus ❷ vervallen, ingestort, in puin

rule [ru:l] **I** *zn* ❶ regel ★ *cold winters are the rule* koude winters zijn normaal / zijn de regel ★ *as a rule* in de regel, doorgaans ★ *bend / stretch the rules* de regels soepel interpreteren, de regels naar je hand zetten ★ *break the rules* de regels overtreden ★ *follow / obey the rules* zich aan de regels houden, de regels / voorschriften volgen ★ *golden rule* gulden regel ★ *there are no hard and fast rules for...* er zijn geen vaste regels voor... ★ *make it a rule not to drink coffee after 4 pm* er een gewoonte van maken geen koffie te drinken na vier uur 's middags ★ *rules and regulations* regels en voorschriften ★ *rules of the road* verkeersregels, het rechts / links houden ★ *rule of thumb* vuistregel ★ *work to rule* modelactie houden ❷ heerschappij, bestuur ★ *under military rule* onder militair bewind ❸ oud liniaal, duimstok **II** *ov ww* ❶ heersen over, besturen, regeren, fig beheersen ★ *rule the*

roost de baas zijn, de lakens uitdelen ★ *be ruled by* zich laten leiden door, helemaal bepaald worden door ❷ bepalen, beslissen ❸ trekken, liniëren ★ *ruled paper* geliniëerd papier ❹ ~ **off** een lijn trekken onder ❺ ~ **out** uitsluiten **III** *onov ww* ❶ heersen, regeren ★ fig *rule supreme* alleen aan de top staan, de allerbeste zijn ❷ bepalen, beslissen ★ *rule on a case* beslissen over een zaak, een uitspraak doen over een zaak

rule book *zn* reglement, gedragscode, gedragsregels

ruler ['ru:lə] *zn* ❶ regeerder, heerser, bestuurder ❷ liniaal

ruling ['ru:lɪŋ] **I** *zn* beslissing, rechterlijke uitspraak **II** *bnw* ❶ leidend, heersend ★ *the* ~ *classes* de heersende klassen ❷ alles bepalend, overheersend

rum [rʌm] **I** *zn* rum **II** *bnw*, GB oud vreemd, raar ★ *a rum fellow* een gekke / rare kerel

Rumania [ru:'meɪnɪə] *zn* Roemenië

Rumanian [ru:'meɪnɪən] **I** *zn* ❶ Roemeen(se) ❷ het Roemeens **II** *bnw* Roemeens

rumble ['rʌmbl] **I** *onov ww* ❶ rommelen, dreunen, denderen ★ *tanks rumbling past the church* tanks die langs de kerk denderen ❷ GB ~ **on** eindeloos (voort)duren, maar doorgaan **II** *zn* ❶ gerommel, gedreun ❷ storend signaal, brom ⟨elektronica⟩

rumbling ['rʌmblɪŋ] *zn* ❶ gemopper ★ *there have been ~s about...* er wordt geklaagd / gemopperd over ❷ gerommel ❸ gerucht ★ *there were ~s of a war* er deden geruchten de ronde over een oorlog

rumbustious [rʌm'bʌstʃəs] GB *bnw* lawaaierig, druk, uitgelaten

ruminant ['ru:mɪnənt] dierk **I** *zn* herkauwer **II** *bnw* herkauwend ★ ~ *animals* herkauwers

ruminate ['ru:mɪneɪt] *onov ww* ❶ form (nog eens) overdenken, diep nadenken ★ ~ *on / over / about sth* over iets piekeren / peinzen ❷ herkauwen

rumination [ru:mɪ'neɪʃən] form *zn* overdenking, overpeinzing, gepeins

ruminative ['ru:mɪnətɪv] form *bnw* peinzend, beschouwend

rummage ['rʌmɪdʒ] **I** *onov ww* rommelen, snuffelen ★ ~ *about / around in sth* rondsnuffelen in iets ★ ~ *in a drawer for a pair of clean socks* een la overhoophalen op zoek naar een schoon paar sokken **II** *zn* het rondsnuffelen, het doorzoeken ★ *have a* ~ *around in the drawer* op zoek naar iets de la overhoophalen, rondsnuffelen in de la

rummage sale USA *zn* rommelmarkt, liefdadigheidsbazaar

rummy ['rʌmi] *zn* rummy ⟨kaartspel⟩

rumour ['ru:mə] *zn* gerucht ★ ~ *has it that* er wordt gezegd dat ★ *spread ~s* geruchten verspreiden / rondstrooien

rumoured ['ru:məd] *bnw* ★ *it is* ~ *that* het gerucht gaat dat ★ *Jackson is* ~ *to have a fourth child* het gerucht gaat dat Jackson een vierde kind heeft

rump [rʌmp] *zn* ❶ overschot(je), restant ❷ staart(stuk), achterste ❸ humor billen

rumple ['rʌmpl] **I** zn rimpel, kreukel **II** ov ww in de war maken, verkreukelen

rumpsteak ['rʌmpsterk] zn lendenbiefstuk, entrecote

rumpus ['rʌmpəs] zn hooglopende ruzie, tumult, herrie ★ make / kick up a ~ lawaai schoppen

run [rʌn] **I** ov ww [onregelmatig] ❶ lopen (over) ★ run its course gewoon doorgaan ★ run one's head against met het hoofd lopen tegen ★ run sb home doen we er het eerste thuis is ★ run a marathon een marathon lopen ★ run a mile een mijl afleggen ★ run a race deelnemen aan een wedstrijd ❷ houden (race), geven (cursus) ★ run a race een wedstrijd organiseren ❸ leiden, aan het hoofd staan van, sturen ★ run errands boodschappen doen ★ run a hotel een hotel runnen / exploiteren ★ run the show de touwtjes in handen hebben ❹ laten lopen (machine, trein, bus enz.), laten gaan, rijden, laten stromen ★ run hot water for a bath heet water laten stromen voor een bad ★ run blood bloed verliezen, bloeden ★ we can't afford to run a car we kunnen ons geen auto veroorloven ★ run extra trains extra treinen laten rijden ★ run sb home iem. thuis brengen (met de auto) ❺ brengen (artikel, toneelstuk), verkopen ❻ halen (door), strijken met, snel laten gaan ★ run your fingers through your hair je vingers door je haar halen ★ run your eyes over the page je ogen / blik snel over de bladzijde laten gaan ❼ rijgen ❽ (binnen)smokkelen (drugs, geweren) ❾ comp draaien, starten (programma), uitvoeren (bewerking) ❿ (na)jagen, achterna zitten ★ run sb close iem. vlak op de hielen zitten ⓫ laten meedoen ⓬ ~ **by/past** ★ run sth by / past sb iets aan iem. voorleggen ★ run that by me again zeg dat nog eens ⓭ ~ **down** overrijden, aanrijden, omverrijden, laten leeglopen (accu, batterij), opmaken, uitputten, opsporen, vinden, verminderen (bv. productie), afgeven op ★ he was much run down hij was zo goed als op ⓮ **GB** ~ **in** inrijden (auto), oud inrekenen (crimineel) ⓯ ~ **into** ★ she ran her car into the car in front of her zij botste op de auto voor haar ⓰ ~ **off** laten weglopen / wegstromen, uit de mouw schudden, afdrukken, wegjagen, verdrijven, houden (wedstrijd), eraf lopen / rennen (overgewicht) ★ run off some more copies nog wat kopieën maken ★ run sb off his legs iem. van de sokken lopen ★ run off a race een wedstrijd houden / organiseren ⓱ ~ **over** overrijden, laten gaan over, repeteren, herhalen ★ be / get run over overreden worden ★ run over an account een rekening nalopen ★ run sth over in your mind nog een keer nagaan in je gedachten ⓲ dicht ~ **through** doorsteken ⓳ ~ **up** doen oplopen (rekening, schuld), opdrijven, haastig bouwen, in elkaar flansen, optellen, ophijsen (vlag) **II** onov ww [onregelmatig] ❶ hardlopen, rennen ★ run in the 100 metres / in a race de honderd meter / een race lopen ★ run for it het op een lopen zetten ❷ zich haasten ★ just run and wash your hands ga even snel je handen wassen ★ run around rondrennen ❸ gaan (van machine, trein, bus enz.), lopen, rijden, stromen

★ run on diesel op diesel rijden / lopen ★ it runs in the family het zit in de familie ★ run in one's head iem. door het hoofd spelen ★ your nose is running je hebt een loopneus ★ the road runs through the valley de weg loopt door de vallei ★ run on the rocks te pletter lopen ★ run behind schedule op het schema achterlopen ★ run smooth gesmeerd gaan ★ this software will run on any PC deze software doet het op elke pc ★ his thoughts ran to his dead parents zijn gedachten gingen naar zijn dode ouders ★ leave the tap running de kraan laten lopen ★ tears were running down her cheeks de tranen stroomden over haar wangen ★ all trains are running ten minutes late alle treinen hebben tien minuten vertraging ★ this train only runs at weekends deze trein rijdt alleen in het weekend ❹ luiden (van tekst) ★ the story ran as follows het verhaal ging als volgt ❺ (voort)duren, gelden ★ your contract has still four months to run je contract is nog vier maanden geldig ★ this discussion will run and run deze discussie gaat maar door ★ his new film ran for six months zijn nieuwe film heeft zes maanden gedraaid ❻ doorlopen, uitlopen (van kleurstoffen), zich snel verspreiden, smelten (van was) ❼ worden, raken ★ my blood ran cold het bloed stolde me in de aderen ★ run dry opdrogen, op raken ★ run to fat dik worden ★ run low op raken ★ run low on... bijna geen... meer hebben ★ run high hoog oplopen / zijn, hooggespannen zijn ★ feeling ran high de gemoederen raakten verhit ★ run wild in het wild opgroeien ❽ **USA** laddderen (van nylonkousen) ❾ ~ **across** (toevallig) tegenkomen, toevallig vinden ❿ ~ **after** achternalopen ook fig , m.b.t. vrouwen ★ much run after zeer gezocht ⓫ **USA** ~ **around with** optrekken met, omgaan met ⓬ ~ **at** innerenen op, bedragen ★ inflation is running at 5% de inflatie bedraagt momenteel 5% ⓭ ~ **away** weglopen, ervandoor gaan, op hol slaan ★ run away from home van huis weglopen ★ run away from a situation / problem weglopen voor een situatie / probleem ★ run away with a lot of money met een hoop geld ervandoor gaan ★ don't let your imagination run away with you laat je niet meeslepen door je verbeelding ★ don't run away with the impression that all beers are tasteless geloof niet al te snel dat alle bieren smakeloos zijn ⓮ ~ **back** teruglopen ★ run back over sth iets nog eens nagaan ⓯ ~ **down** aflopen, leeglopen, opraken, uitgeput raken, vervallen ⓰ **USA** ~ **for** kandidaat zijn voor ⓱ ~ **into** in botsing komen met, vervallen tot, binnenlopen, binnenrijden (gebied met slecht weer), toevallig ontmoeten, tegen het lijf lopen ★ run into debt schulden maken ★ run into five editions vijf drukken beleven ★ it runs into millions het loopt in de miljoenen ★ run into problems / trouble in de problemen raken ⓲ ~ **off** de benen nemen, weglopen, wegstromen, wegvloeien ★ run off with sth er met iets vandoor gaan ⓳ ~ **on** doordraven, doorratelen, doorlopen, doorgaan ★ run on longer than expected langer duren dan verwacht ❷ ~ **out** aflopen, opraken, verlopen, ongeldig worden, op z'n eind raken, lekken / lopen uit ★ *time is running out* de tijd dringt ★ *their money ran out* hun geld raakte op ❷ ~ **out of** gebrek krijgen aan, zonder komen te zitten, geen voorraad meer hebben van ★ *we have run out of water* ons water is op ★ *run out of money* door je geld heen raken ❷ ~ **out on** ★ *run out on your wife* weglopen van je vrouw ❷ ~ **over** overlopen, overstromen, uitlopen ⟨van vergadering⟩ ❷ ~ **through** doorlopen, lopen / gaan door, doornemen ⟨rol, stukken, lijst⟩, opmaken ⟨geld, erfenis⟩ ❷ ~ **to** (op)lopen tot, gaan tot, toereikend zijn voor, GB zich kunnen permitteren ★ *our budget won't run to buying new clothes for ourselves* ons budget staat het niet toe nieuw kleren voor onszelf te kopen ★ *I don't think you can run to a new car* ik denk niet dat je je een nieuwe auto kunt permitteren ❷ ~ **together** in / door elkaar lopen ❷ ~ **up against** oplopen tegen, stuiten op ❷ ~ **with** druipen van ⟨het bloed⟩ **III** *zn* ❶ looppas, het rennen, loop, galop, vaart ★ *at a run* op een drafje ★ *break into a run* gaan rennen ★ *dry run* proef, repetitie ★ *go for a run* (een stuk) gaan rennen ★ *have a run for one's money* waar voor z'n geld krijgen ★ *make a run for it* er snel vandoor gaan ★ *on the run* op de loop, in de weer, aan de gang ❷ looptijd, periode, reeks ★ *in the long run* op den duur, uiteindelijk ★ *in the short run* op korte termijn ★ *she had a long run of power* ze was lang aan de macht ★ *the play had a run of 50 nights* het stuk werd 50 maal achter elkaar gespeeld ★ *run of office* ambtsperiode ★ *a run of good luck* een lange periode (van) geluk ★ *have a run of bad luck* de wind tegen hebben ⟨figuurlijk⟩ ★ *a ten-match unbeaten run* een serie van tien ongeslagen wedstrijden ❸ uitstapje, rit ★ *the daily school run* het dagelijkse ritje van en naar school ❹ oplage ❺ toeloop, stormloop, run ⟨op de dollar, euro⟩ ★ *a run on* een plotselinge vraag naar ★ *there was a run on the bank* de bank werd bestormd ❻ run ⟨bij cricket, honkbal⟩ ❼ vrije toegang, vrij gebruik ★ *she was allowed the run of their house* zij mocht overal komen ❽ (kippen)ren ❾ piste, baan, parcours ❿ soort ★ *the common run of men* het gewone slag mensen ★ *in the normal run of events* bij een normale gang van zaken ⓫ USA ladder ⟨in panty⟩ ⓬ USA kandidaatstelling ⓭ muz loopje ▾ *inform the runs* [mv] diarree, de schijterij

runabout ['rʌnəbaʊt] GB inform *zn*, **runabout-car** toerwagentje

runaround ['rʌnəraʊnd] *zn* ★ *he'll give me the ~* hij zal me met een kluitje in het riet sturen

runaway ['rʌnəwer] **I** *zn* weggelopen kind, vluchteling **II** *bnw* ❶ weggelopen, op de vlucht ★ *~ marriage / match* huwelijk waarbij bruid geschaakt is ❷ op hol geslagen ⟨paard⟩, onbestuurbaar, zonder bestuurder ⟨auto⟩ ❸ op hol geslagen ★ *a ~ inflation* een op hol geslagen inflatie ★ *a ~ victory* een gemakkelijk behaalde overwinning

rundown *zn* ❶ vermindering, afname ❷ overzicht

run-down *bnw* ❶ vervallen ❷ uitgeput

rung [rʌŋ] **I** *zn* sport ⟨van ladder⟩ ★ *fig be a few rungs above sb on the social ladder* een paar treden boven iem. staan op de maatschappelijke ladder **II** *ww* [volt. deelw.] → **ring**

run-in ['rʌnɪn] *zn* ❶ aanvaring ⟨fig⟩ ❷ GB aanloop ⟨naar een wedstrijd⟩

runnel ['rʌnl] dicht *zn* ❶ goot ❷ beekje

runner ['rʌnə] *zn* ❶ renner, hardloper ★ GB inform *do a ~* er snel vandoor gaan ❷ renpaard ❸ koerier ❹ smokkelaar ❺ techn ijzer ⟨onder slee, schaats⟩, glijder ❻ techn sleuf, roede ❼ plantk uitloper ❽ loper ⟨stuk tapijt / stof⟩

runner bean *zn* plantk pronkboon

runner-up *zn* (gedeelde) tweede in een wedstrijd

running ['rʌnɪŋ] **I** *zn* ❶ het rennen, hardlopen ★ *be out of the ~* eruit liggen ★ GB inform *make the ~* het tempo aangeven, de leiding hebben ★ *be in the ~* kans hebben ❷ leiding, bestuur, exploitatie ❸ het smokkelen **II** *bnw* ❶ doorlopend, achter elkaar ★ *a ~ battle* een gevecht / strijd zonder eind ★ *a ~ joke* een zich steeds herhalende grap ★ *six weeks ~* zes weken achter elkaar ★ *keep a ~ total of your expenses* een totaalstand bijhouden van je onkosten ❷ etterend ★ *a ~ sore* een etterende wond ❸ strekkend

running costs *zn mv* lopende kosten, bedrijfskosten

running order *zn* volgorde ⟨van een programma, show⟩ ★ *be in ~* goed werken ⟨van een machine⟩

running time *zn* speeltijd, (speel)duur

runny *bnw* lopend, druipend ★ *a ~ nose* een loopneus

run-of-the-mill *bnw* doodgewoon, alledaags

runt [rʌnt] *zn* ❶ kleinste / zwakste dier van een worp ❷ min onderdeurtje, kleintje

run-through ['rʌnθru:] *zn* herhaling, repetitie

run-up *zn* aanloop ook fig ★ fig *in the ~ to Christmas* in de aanloop naar Kerstmis

runway ['rʌnwer] *zn* ❶ startbaan, landingsbaan ❷ plankier, catwalk

rupee [ru:'pi:] *zn* roepie

rupture ['rʌptʃə] **I** *ov ww* ❶ een breuk veroorzaken, doen breken / barsten ❷ doorbreken, verbreken **II** *onov ww* een breuk hebben, breken, barsten **III** *zn* breuk, scheuring

rural ['rʊərəl] *bnw* landelijk, plattelands-

ruse [ru:z] *zn* list

rush [rʌʃ] **I** *onov ww* ❶ (zich) haasten, jachten, overijld te werk gaan, stormen, vliegen, rennen ★ *rush to answer the phone* zich haasten om de telefoon op te nemen ★ *rush to conclusions* al te snel conclusies trekken ❷ zich storten, stromen ⟨van water, bloed⟩ ❸ ~ **around/about** zich haasten ❹ ~ **at** afstormen op ❺ ~ **in** binnenvallen, naar binnen stormen ❻ ~ **into** zich storten in ❼ ~ **off** wegsnellen ❽ ~ **on** voortsnellen ❾ ~ **out** naar buiten stormen **II** *ov ww* ❶ haastig vervoeren / zenden, meeslepen ★ *rush sb to the hospital* iem. met grote spoed naar het ziekenhuis brengen ❷ opjagen, haastig doen, overrompelen ★ *refuse to be rushed* zich niet laten haasten ★ *rush a bill* *through* een wetsontwerp erdoor jagen ★ *rush your meal* je maaltijd snel naar binnen werken ★ *rush sb into doing sth* iem. dwingen iets (te) snel te doen ❸ bestormen, stormenderhand nemen, afstormen op ★ *rush the stage* het toneel / podium op stormen ❹ ~ **out** snel op de markt brengen, snel produceren III *zn* ❶ haast ★ *be in a rush* haast hebben ★ *make a rush for the doors* naar de deuren stormen / vliegen ★ *what's the rush?* waarom heb je zo'n haast? ★ *rush order* spoedorder ❷ toeloop, bestorming, stormloop, aandrang ★ *a rush for / on* een plotselinge vraag naar ❸ stroom ⟨van vloeistof, wind, mensen⟩, vloed ★ *a rush of cold air* een stroom koude lucht ★ *a rush of excitement* een golf van opwinding ★ *rush of tears* tranenvloed ❹ drukte, geren, gedrang ★ *the Christmas rush* de kerstdrukte ❺ geraas, geruis ⟨van water⟩ ❻ roes, sterk gevoel, kick ❼ plantk bies

rushed *bnw* gehaast ★ *be ~* haast hebben ★ *feel ~* zich gehaast voelen

rush hour *zn* spitsuur

rush job [ˈrʌdʒɔb] *zn* haastklus

rusk [rʌsk] *zn* ≈ beschuit

russet [ˈrʌsɪt] *zn* ❶ dicht roodbruin ❷ goudrenet

Russia [ˈrʌʃə] *zn* Rusland

Russian [ˈrʌʃən] I *zn* ❶ Rus(sin) ❷ het Russisch II *bnw* Russisch ★ ~ *salad* gemengde salade met mayonaise ★ ~ *roulette* Russische roulette ⟨met revolver met één kogel⟩

rust [rʌst] I *zn* roest II *ov ww* doen roesten III *onov ww* roesten, verroesten ★ *rust away* wegroesten

rustic [ˈrʌstɪk] I *zn* min boer(enkinkel) II *bnw* ❶ landelijk, boers ❷ rustiek, van onbewerkt hout / materiaal

rustle [ˈrʌsəl] I *onov ww* ruisen, ritselen II *ov ww* ❶ doen ritselen ❷ stelen ⟨vee⟩ ❸ USA ~ **up** bij elkaar scharrelen, in elkaar flansen III *zn* geritsel, geruis

rustproof [ˈrʌstpruːf] *zn* roestvrij

rusty [ˈrʌstɪ] *bnw* ❶ roestig, verroest ❷ fig stroef ⟨door gebrek aan oefening of studie⟩ ★ *his French is a little ~* zijn Frans is een beetje stroef ❸ roestbruin, roestkleurig

rut [rʌt] *zn* ❶ karrenspoor ❷ fig sleur ★ *be (stuck) in a rut* vastzitten in een sleur ★ *get into a rut* in een sleur raken ❸ bronst

ruthless [ˈruːθləs] *bnw* meedogenloos

rutted [ˈrʌtɪd] *bnw* ingesleten ⟨van weg⟩

rutting [ˈrʌtɪŋ] *bnw* bronstig, bronst- ★ *the ~ season* de bronsttijd

RV USA *zn, recreational vehicle* camper, kampeerwagen

rye [raɪ] *zn* ❶ rogge ❷ **rye bread** roggebrood

S

s [es] I *zn* ❶ *letter* s ❷ *S as in Sugar* de s van Simon II *afk* ❶ *second* s., seconde ❷ *shilling* s., shilling

S *afk* ❶ *Small* S, Small, klein ⟨kledingmaat⟩ ❷ *South(ern)* Z., zuid(elijk)

SA *afk* ❶ *South Africa* Z.-Afr., Zuid-Afrika ❷ *South America* Z.-Am., Zuid-Amerika ❸ *South Australia* Zuid-Australië

Sabbath [ˈsæbəθ] *zn* ❶ sabbat ★ *keep the ~* sabbat houden / vieren ❷ rustdag ⟨zaterdag voor de joden, zondag voor de christenen⟩

sabbatical [səˈbætɪkl] I *zn* sabbatsjaar, verlofperiode II *bnw* ★ ~ *year* sabbatsjaar ★ ~ *leave / term* verlofperiode ⟨voor studiereis e.d.⟩

saber USA *zn* → **sabre**

sable [ˈseɪbl] I *zn* ❶ sabelmarter ❷ sabelbont II *bnw* zwart

sabotage [ˈsæbətɑːʒ] I *zn* sabotage II *ov ww* saboteren

saboteur [sæbəˈtɜː] *zn* saboteur

sabre [ˈseɪbə] *zn* sabel

saccharin [ˈsækərɪn] *zn* sacharine, zoetstof

saccharine [ˈsækəriːn] *bnw* ❶ zoet ❷ zoetsappig, sentimenteel

sachet [ˈsæʃeɪ] *zn* ❶ sachet ★ *a ~ of shampoo* een klein zakje shampoo ❷ geurzakje ★ *she kept a ~ of lavender in her drawer* ze bewaarde een zakje met lavendel in haar la

sack [sæk] I *zn* ❶ zak, USA ⟨papieren⟩ boodschappentas ★ inform *get the sack* ontslagen worden, eruit vliegen ★ inform *give sb the sack* iem. ontslaan, iem. de laan uit sturen ★ inform *hit the sack* z'n bed in duiken ❷ plundering ★ *the sack of Rome* de plundering van Rome II *ov ww* ❶ inform de laan uit sturen, ontslaan ❷ plunderen

sackcloth [ˈsækklɒθ] *zn* jute ★ *wear ~ and ashes* berouw tonen

sackful [ˈsækfʊl] *zn* zak ★ *a ~ of rice* een zak rijst ★ *by the ~* met zakken vol, in enorme hoeveelheden

sacking [ˈsækɪŋ] *zn* ❶ inform het ontslaan ❷ jute

sack race [ˈsækreɪs] *zn* ⟨het⟩ zaklopen

sacrament [ˈsækrəmənt] *zn* sacrament ★ *the Sacrament* de eucharistie

sacramental [sækrəˈmentl] *bnw* sacramenteel ★ ~ *wine* miswijn

sacred [ˈseɪkrɪd] *bnw* ❶ heilig, gewijd ★ *a ~ site* heilige grond, een heilige plaats ★ *nothing is ~ to them* ze hebben nergens ontzag voor, niets is heilig voor hen ❷ onschendbaar

sacrifice [ˈsækrɪfaɪs] I *ov ww* (op)offeren, opgeven II *zn* ❶ opoffering, offer ★ *make ~s to do sth* zich veel ontzeggen om iets te doen ★ *make the final / supreme ~* voor zijn vaderland sterven ❷ offerande

sacrificial [sækrəˈfɪʃəl] *bnw* offer- ★ *a ~ animal* een offerdier

sacrilege [ˈsækrɪlɪdʒ] *zn* heiligschennis ⟨ook fig.⟩

sacrilegious [sækrəˈlɪdʒəs] *bnw* heiligschennend

sacristy [ˈsækrɪstɪ] *zn* sacristie

sacrum [ˈseɪkrəm] anat *zn* heiligbeen

sad [sæd] *bnw* ❶ droevig, treurig, triest ★ *sad to*

say... helaas... ❷ hopeloos, schandalig ❸ *inform* saai, suf

sadden ['sædn] *ov ww* droevig maken

saddle ['sædl] **I** *zn* ❶ zadel ★ ~ *cover* zadeldek ★ *fig to be in the* ~ de baas zijn ❷ GB lendenstuk ★ ~ *of lamb* lamszadel **II** *ov ww* ❶ zadelen ★ ~ *(up) a horse* een paard zadelen ❷ belasten, in de schoenen schuiven ★ ~ *sb with sth* iem. met iets opzadelen

saddlebag ['sædlbæg] *zn* zadeltas(je) ⟨m.b.t. paard, fiets, motor⟩

saddler ['sædlə] *zn* zadelmaker

saddlery ['sædlərɪ] *zn* ❶ zadelmakerij ❷ zadelmakersartikelen

saddlesore *bnw* met zadelpijn

saddo GB *inform zn* saaie piet / muts ★ *she's a ~ who never wants to go out* ze is saai en gaat nooit uit

sadism ['seɪdɪzəm] *zn* sadisme

sadist ['seɪdɪst] *zn* sadist

sadistic [sə'dɪstɪk] *bnw* sadistisch

sadly ['sædlɪ] *bijw* ❶ bedroefd ❷ helaas, jammer genoeg, heel erg ★ ~ *neglected* compleet verwaarloosd ★ *be ~ mistaken* er helemaal naast zitten

sadness ['sædnəs] *zn* ❶ verdriet ❷ droefheid

sadomasochism [seɪdəʊ'mæsəkɪzəm] *zn* sadomasochisme

sae *afk* ❶ stamped addressed envelope antwoordenvelop ❷ self-addressed envelope retourenvelop

safari [sə'fɑːrɪ] *zn* safari

safari suit *zn* safaripak

safe [seɪf] **I** *zn* ❶ brandkast ❷ (bewaar)kluis **II** *bnw* ❶ veilig ★ *safe from* beveiligd / beschut tegen ★ *in safe keeping* in veilige bewaring ★ *keep sth safe* iets veilig opbergen ★ *be on the safe side* het zekere voor het onzekere nemen ★ *safe and sound* gezond en we ★ *better safe than sorry* voor alle zekerheid ❷ gerust ★ *it is safe to touch* je kunt er gerust aankomen ❸ betrouwbaar ❹ GB *inform* cool, gaaf

safe-deposit box USA *zn* kluis ⟨in bank⟩

safeguard ['seɪfgɑːd] **I** *zn* ❶ vrijgeleide ❷ bescherming ❸ beveiliging **II** *ov ww* beschermen, beveiligen ★ *it is best you* ~ *him against her* je kunt hem het best tegen haar beschermen

safe house *zn* schuilplaats, onderduikadres

safety ['seɪftɪ] *zn* veiligheid ★ ~ *first!* veiligheid gaat vóór alles! ★ *there's* ~ *in numbers* met meer mensen is het veiliger, in een grote groep is het veiliger

safety belt *zn* veiligheidsgordel ⟨in auto⟩

safety catch *zn* ❶ veiligheidspal ⟨van vuurwapens⟩ ❷ veiligheidsgrendel ⟨op machine⟩

safety curtain *zn* brandscherm

safety-deposit box GB *zn* kluis ⟨in bank⟩

safety lock *zn* veiligheidsslot

safety net *zn* vangnet

safety pin *zn* veiligheidsspeld

safety valve *zn* ❶ veiligheidsklep ❷ *fig* uitlaatklep

saffron ['sæfrən] **I** *zn* saffraan(geel) **II** *bnw* saffraan(geel)

sag [sæg] **I** *onov ww* ❶ doorbuigen / -zakken ❷ afnemen, minder worden ❸ (scheef) hangen ❹ *econ* dalen, teruglopen **II** *zn* ❶ verzakking ❷ doorhanging ❸ (prijs)daling

saga ['sɑːgə] *zn* ❶ (lang) verhaal ❷ sage ❸ familiekroniek

sagacious [sə'geɪʃəs] *form bnw* ❶ schrander

sage [seɪdʒ] **I** *zn* ❶ salie ❷ wijze ⟨persoon⟩ **II** *bnw* wijs

saggy *bnw* doorzakkend / -buigend, met een kuil ⟨bv. van matras⟩

Sagittarius [sædʒɪ'teərɪəs] *zn* Boogschutter ⟨sterrenbeeld⟩

said [sed] **I** *bnw* voornoemd(e) **II** *ww* [verleden tijd + volt. deelw.] → **say**

sail [seɪl] **I** *ov ww* ❶ besturen ❷ zweven (door) ❸ varen / zeilen op ★ *sail the seas* de zeeën bevaren **II** *onov ww* ❶ (uit)varen ❷ zweven ❸ zeilen ★ *it's plain sailing* het gaat van een leien dakje, er is niets aan ★ *sail close to / near the wind* scherp bij de wind varen, iets doen / zeggen wat op het kantje af is ★ *fig sail through sth* iets met gemak halen ⟨bv. een examen⟩ ❹ ~ **into** aanpakken ★ *sail into sth* onmiddellijk iets aanpakken ★ *sail into sbd* iem. onder handen nemen **III** *zn* ❶ zeil ★ *set sail for America* naar Amerika varen ❷ schip, schepen ❸ zeiltochtje ★ *10 days' sail* 10 dagen varen

sailboard *zn* surfplank, zeilplank

sailcloth ['seɪlklɒθ] *zn* zeildoek

sailing ['seɪlɪŋ] *zn* ❶ het zeilen ★ *go* ~ (gaan) zeilen, een zeiltochtje maken ★ *plain* ~ makkelijk ⟨van karwei⟩ ❷ bootreis ❸ afvaart

sailing boat GB *zn* zeilboot

sailing ship *zn* zeilschip

sailor ['seɪlə] *zn* ❶ zeeman ❷ matroos ★ *be a good* ~ zeebenen hebben, nooit zeeziek worden

sailor suit *zn* matrozenpakje

saint [seɪnt] *zn* ❶ heilige, sint ★ ~*'s day* naamdag, heiligendag ★ *All Saints' Day* Allerheiligen ⟨1 november⟩ ★ *provoke a* ~ iem. het bloed onder de nagels vandaan halen ❷ iemand met engelengeduld, engel ★ *Latter-day Saints* mormonen

sainthood ['seɪnthʊd] *zn* heiligheid

saintly ['seɪntlɪ] *bnw* ❶ vroom ❷ volmaakt

sake [seɪk] *zn* ★ *for the sake of...* omwille van... ★ *for my sake* voor mij! ★ *for God's / goodness' / heaven's / Pete's sake* in godsnaam, in hemelsnaam

salable USA *bnw* → **saleable**

salacious [sə'leɪʃəs] *form bnw* ❶ wellustig, wulps ❷ obsceen, gewaagd ⟨grap, roddel⟩

salad ['sæləd] *zn* salade, sla

salad cream *zn* slasaus

salad dressing *zn* dressing

salad oil *zn* slaolie

salamander ['sæləmændə] *zn* salamander

salami [sə'lɑːmɪ] *zn* salami

salaried ['sælərɪd] *bnw* bezoldigd, met een salaris

salary ['sælərɪ] *zn* salaris, bezoldiging

sale [seɪl] *zn* ❶ verkoop ★ *on sale* te koop, verkrijgbaar ★ *for sale* te koop ★ *put up for sale* te koop aanbieden ★ *make a sale* (erin slagen) iets (te) verkopen ★ *lose a sale* iets niet verkopen

sa

★ *on sale or return* in commissie ★ USA *on sale* in de uitverkoop ❷ verkoping, veiling ★ *bring-and-buy sale* rommelmarkt ⟨voor een goed doel⟩ ★ GB *a sale of work* een liefdadigheidsveiling

saleable ['seɪləbl] *bnw* verkoopbaar ★ ~ *value* verkoopwaarde

saleroom ['seɪlru:m] GB *zn* verkooplokaal, veilinglokaal

sales *zn mv* ❶ omzet, afdeling verkoop ❷ uitverkoop

sales campaign *zn* verkoopcampagne

sales clerk USA *zn* winkelbediende, verkoper

salesgirl oud *zn* verkoopster

salesman ['seɪlzmən] *zn* ❶ vertegenwoordiger ★ *travelling* ~ vertegenwoordiger ❷ USA verkoper

sales manager *zn* verkoopleider

salesperson *zn* ❶ winkelbediende, verkoper ❷ vertegenwoordiger

sales pitch *zn* verkooppraatje

salesroom ['seɪlzru:m] USA *zn* verkooplokaal, veilinglokaal

sales slip USA *zn* kassabon

sales talk *zn* verkooppraatje

sales tax *zn* omzetbelasting

sales volume *zn* omzet

saleswoman ['seɪlzwʊmən] *zn* ❶ verkoopster ❷ vertegenwoordigster

salient ['seɪlɪənt] *bnw* in het oog vallend, opvallend

saline ['seɪlaɪn] I *zn* zoutoplossing II *bnw* ❶ zout(houdend), zilt ★ ~ *solution* zoutoplossing ★ ~ *drip* infuus ❷ zilt

salinity [sə'lɪnətɪ] *zn* zoutgehalte

saliva [sə'laɪvə] *zn* speeksel

salivary [sə'laɪvərɪ] *bnw* speeksel- ★ ~ *glands* speekselklieren

salivate ['sælɪveɪt] *onov ww* kwijlen

sallow ['sæləʊ] *bnw* vaal / ziekelijk geel

sally ['sælɪ] I *zn* ❶ uitval ❷ uitstapje ❸ geestige opmerking II *onov ww* oud ~ *forth/out* eropuit trekken

salmon ['sæmən] *zn* ❶ zalm ★ ~ *steak* zalmmoot ❷ zalmkleur

salmonella [sælmə'nelə] *zn* salmonella(bacterie)

salon ['sælɒn] *zn* ❶ (kap)salon ❷ chique kledingboetiek ❸ salon, ontvangkamer ❹ salon ⟨bijeenkomst van kunstenaars⟩

saloon [sə'lu:n] *zn* ❶ grote luxe kajuit, salon ⟨op boot⟩ ❷ USA bar ❸ GB sedan ⟨personenauto⟩

saloon bar GB *zn* rustige bar ⟨in pub⟩

salt [sɔːlt] I *zn* zout ★ *take with a pinch / grain of salt* met een korreltje zout nemen ★ *rub salt into sb's wounds* zout in de wonden strooien, het nog erger maken (voor iemand) ▾ *to be worth one's salt* efficiënt / capabel zijn, deugen ▾ *salt of the earth* iemand / mensen van wie je op aan kunt II *ov ww* ❶ zouten, pekelen ❷ pittig maken ❸ zout strooien ❹ ~ *away* apart zetten (geld) ❺ ~ *down* (in)pekelen

salt-and-pepper *bnw* peper-en-zoutkleurig

salt cellar GB *zn* zoutvaatje

salted ['sɔːltɪd] *bnw* gezouten

saltpetre [sɒlt'piːtə] *zn* salpeter

salt shaker USA *zn* zoutvaatje

---

saltwater ['sɔːltwɔːtə] *zn* zeewater

salty ['sɔːltɪ] *bnw* ❶ zout(ig) ❷ pittig ❸ oud pikant

salubrious [sə'luːbrɪəs] *bnw* gezond

salutary ['sæljʊtərɪ] *bnw* heilzaam ★ *a ~ experience* een goede ervaring

salutation [sælju:'teɪʃən] *zn* ❶ (be)groet(ing) ❷ aanhef ⟨in brief⟩

salute [sə'luːt] I *zn* ❶ (militaire) groet ❷ saluut(schot) ★ *take the ~* de parade afnemen II *ov ww* ❶ begroeten, salueren voor ❷ huldigen, prijzen III *onov ww* salueren, groeten

salvage ['sælvɪdʒ] I *zn* ❶ berging, redding ❷ geborgen / geredde goederen II *ov ww* bergen, redden

salvage company *zn* bergingsmaatschappij

salvation [sæl'veɪʃən] *zn* ❶ redding ❷ zaligheid, verlossing

Salvation Army *zn* Leger des Heils

salve [sælv] I *zn* ❶ zalf ❷ II *ov ww* sussen ★ *to ~ one's conscience* zijn geweten sussen

salver ['sælvə] *zn* dienblad

salvo ['sælvəʊ] *zn* salvo ★ *opening ~ (against)* openingsaanval (op) ★ *a ~ of applause* een daverend applaus

SAM [sæm] *afk, surface-to-air missile* grondluchtraket

Samaritan [sə'mærɪtn] *zn* ▾ *a good ~* een barmhartige samaritaan ⟨iemand die je helpt als je problemen hebt⟩

same [seɪm] *aanw vnw* zelfde, dezelfde, hetzelfde ★ *same again?* nog eentje? ★ *same here!* ik ook zo! ★ *all the same* toch, niettemin ★ *just the same* in ieder geval, toch wel ★ *one and the same* precies dezelfde / hetzelfde ★ *much the same* nagenoeg het zelfde ★ *at the same time* tegelijk(ertijd) ★ *same to you* van hetzelfde, insgelijks ★ *it's all the same to me* het maakt mij niet(s) uit ★ *if it's all the same to you, I'd like to go now* als je het niet erg vindt, wil ik nu weg

sameness ['seɪmnəs] *zn* ❶ gelijkheid ❷ eentonigheid

same-sex *bnw* homo- ★ ~ *marriage* homohuwelijk

samey GB inform *bnw* saai, monotoon

samovar ['sæməvɑː] *zn* samowaar

sample ['sɑːmpl] I *zn* ❶ monster, staal ★ *free ~* gratis monster ❷ proef, proeve ★ *random ~* steekproef ★ *take a ~* een proef nemen ❸ voorbeeld ❹ muz sample II *ov ww* ❶ proeven ⟨voedsel⟩ ❷ een monster geven / nemen v. ❸ keuren ❹ proeven van ★ ~ *country life* (even) proeven van het buitenleven ❺ een steekproef nemen uit ❻ muz samplen

sampler ['sɑːmplə] *zn* ❶ merklap ❷ monster(boek), staal(kaart) ❸ muz sampler ❹ muz verzamel-cd

sanatorium [sænə'tɔːrɪəm] *zn* sanatorium, herstellingsoord

sanctification [sæŋtɪfɪ'keɪʃən] *zn* ❶ heiliging ❷ wijding

sanctify ['sæŋktɪfaɪ] *ov ww* heiligen, wijden

sanctimonious [sæŋktɪ'məʊnɪəs] *bnw* schijnheilig

sanction ['sæŋkʃən] I *zn* sanctie ★ *apply / impose ~s against* sancties instellen / opleggen tegen

★ *lift ~s* sancties opheffen **||** *ov ww*
❶ bekrachtigen ❷ sanctie geven aan
sanctity ['sæŋktətɪ] *zn* ❶ heiligheid
❷ onschendbaarheid
sanctuary ['sæŋktʃʊərɪ] *zn* ❶ heiligdom, kerk
❷ allerheiligste ❸ vrijplaats, asiel ★ *take / seek ~*
z'n toevlucht zoeken, asiel vragen ❹ reservaat
★ *bird ~* vogelreservaat
sanctum ['sæŋktəm] *zn* heiligdom
sand [sænd] **I** *zn* ❶ zand ★ *sands* zandvlakte ★ *the
sands are running out* de tijd is bijna om
❷ zandbank **||** *ov ww* ❶ zand strooien op
(gladde wegen) ❷ ~ **down** polijsten, schuren
sandal ['sændl] *zn* sandaal
sandalwood *zn* sandelhout
sandbag ['sændbæɡ] **I** *zn* zandzak **||** *ov ww* met
zandzakken versterken
sandbank ['sændbæŋk] *zn* zandbank
sandblast ['sændblɑːst] *ov ww* zandstralen
sandbox USA *zn* zandbak
sandcastle ['sændkɑːsəl] *zn* zandkasteel
sand dune *zn* duin
sander ['sændə] *zn* schuurmachine
sandglass ['sændɡlɑːs] *zn* zandloper
sandman ['sændmæn] *zn* Klaas Vaak
sandpaper ['sændpeɪpə] **I** *zn* schuurpapier **||** *ov
ww* schuren
sandpiper ['sændpaɪpə] *zn* oeverloper (vogel)
sandpit ['sændpɪt] GB *zn* zandbak
sandstone ['sændstəʊn] *zn* zandsteen
sandstorm ['sændstɔːm] *zn* zandstorm
sandwich ['sænwɪdʒ] **I** *zn* sandwich (dubbele
boterham) ★ *ride / sit ~* tussen twee anderen te
paard zitten **||** *ov ww* ❶ inklemmen (tussen)
★ *be ~ed between the needs of elderly parents and
kids* klem zitten tussen de zorg voor bejaarde
ouders en zorg voor kinderen ❷ inschuiven
sandwich bar *zn* ≈ lunchroom
sandwich board *zn* advertentiebord (vóór en
achter van iemand af hangend)
sandwich course *zn* cursus afgewisseld met
praktijkstages, duaalopleiding
sandy ['sændɪ] *bnw* ❶ zanderig ❷ rossig (van
haar)
sane [seɪn] *bnw* ❶ gezond ❷ verstandig
sang [sæŋ] *ww* [verleden tijd] → **sing**
sanguine ['sæŋɡwɪn] *bnw* ❶ optimistisch,
opgewekt ❷ fris, gezond
sanitarium [ˌsænɪˈtɛərɪəm] USA *zn* sanatorium
sanitary ['sænɪtərɪ] *bnw* ❶ gezondheids-,
hygiënisch ★ *a ~ towel / pad /* USA *napkin* een
maandverband ❷ schoon
sanitation [ˌsænɪˈteɪʃən] *zn* ❶ (bevordering van
de) volksgezondheid ★ USA *~ department*
ministerie van volksgezondheid ❷ sanitatie
(sanitaire voorzieningen en
rioolwaterverwerking) ❸ waterhuishouding
sanity ['sænɪtɪ] *zn* ❶ (geestelijke) gezondheid
❷ gezond verstand ★ *doubt one's ~* aan iemands
gezonde verstand beginnen te twijfelen ❸ *jur*
toerekeningsvatbaarheid
sank [sæŋk] *ww* [verleden tijd] → **sink**
Santa [sæntə] *zn* ★ *~ (Claus)* de Kerstman
sap [sæp] **I** *zn* ❶ (levens)sap ❷ kracht ❸ *oud* sul
|| *ov ww* ❶ uitputten ★ *sap sb's strength / energy*
iemands kracht(en) ondermijnen, iemands

energie uitputten ❷ het sap onttrekken aan
sapient ['seɪpɪənt] *form* wijs
sapling ['sæplɪŋ] *zn* jonge boom
sapphic ['sæfɪk] *bnw* lesbisch, saffisch
sapphire ['sæfaɪə] **I** *zn* saffier **II** *bnw* saffierblauw
sarcasm ['sɑːkæzəm] *zn* sarcasme ★ *biting ~*
bijtende spot
sarcastic [sɑːˈkæstɪk] *bnw* sarcastisch
sarcophagi [sɑːˈkɒfəɡaɪ] *zn mv* → **sarcophagus**
sarcophagus [sɑːˈkɒfəɡəs] *zn* [mv: **sarcophagi**]
sarcofaag (stenen doodskist)
sardine [sɑːˈdiːn] *zn* sardientje ★ *like ~s* als
haring(en) in een ton
sardonic [sɑːˈdɒnɪk] *bnw* sardonisch, cynisch,
bitter ★ *~ laughter* hoongelach
sarge [sɑːdʒ] *inform* → **sergeant**
sari ['sɑːrɪ] *zn* sari
sarky GB *inform* *bnw* sarcastisch
SARS *afk, severe acute respiratory syndrome* SARS
(besmettelijke longziekte)
sartorial [sɑːˈtɔːrɪəl] *bnw* kleermakers-,
(maat)kledings-
sash [sæʃ] *zn* ❶ sjerp ❷ schuifraam
sash window [sæʃˈwɪndəʊ] *zn* schuifraam
sassy ['sæsɪ] USA *bnw* brutaal
sat [sæt] *ww* [verleden tijd + volt. deelw.] → **sit**
Sat. *afk, Saturday* zaterdag
SAT USA *onderw* *afk, scholastic aptitude test* ≈
havo- / vwo-examen
Satan ['seɪtən] *zn* Satan
satanic [səˈtænɪk] *bnw* satanisch
satchel ['sætʃəl] *zn* ❶ pukkel (schooltas) ❷ geldtas
sate [seɪt] *form* *ov ww* verzadigen ★ *be sated with*
genoeg hebben van
satellite ['sætəlaɪt] *zn* ❶ satelliet ❷ aanhanger
satellite dish *zn* schotelantenne
satellite state *zn* satellietstaat
satiate ['seɪʃɪeɪt] *ov ww* (over)verzadigen
satiation [ˌseɪʃɪˈeɪʃən] *zn* verzadiging
satiety [səˈtaɪətɪ] *zn* *form* oververzadiging ★ *to ~*
te overvloedig
satin ['sætɪn] **I** *zn* satijn **II** *bnw* satijnen
satire ['sætaɪə] *zn* satire, hekeldicht
satirical [səˈtɪrɪkl], **satiric** [səˈtɪrɪk] *bnw* satirisch
satirist ['sætɪrɪst] *zn* ❶ satiricus ❷ hekeldichter
satirize, satirise ['sætɪraɪz] *ov ww* hekelen, een
satire maken / zijn op
satisfaction [ˌsætɪsˈfækʃən] *zn* ❶ tevredenheid,
genoegen, voldaanheid ★ *to everybody's ~* naar /
tot ieders tevredenheid ❷ voldoening,
bevrediging ★ *get / take ~ from* voldoening
krijgen van, plezier hebben aan ★ *in ~ of* ter
voldoening van ❸ genoegdoening ★ *demand ~*
genoegdoening eisen
satisfactory [ˌsætɪsˈfæktərɪ] *bnw* ❶ bevredigend
★ *the patient's condition was ~* de toestand van
de patiënt was naar tevredenheid ❷ voldoende,
goed genoeg ★ *a ~ answer* een afdoend
antwoord
satisfied ['sætɪsfaɪd] *bnw* ❶ tevreden ★ *~ with*
tevreden met / over ❷ voldaan ❸ overtuigd ★ *be
~ that* ervan overtuigd zijn dat
satisfy ['sætɪsfaɪ] **I** *ov ww* ❶ tevredenstellen,
bevredigen ★ *~ sb's curiosity* iemands
nieuwsgierigheid bevredigen ❷ voldoen aan
★ *~ all the requirements* aan alle vereisten

voldoen ★ ~ a need / demand aan een vraag
voldoen ❸ overtuigen ★ ~ o.s. of zich overtuigen
van ❹ stillen ⟨v. honger⟩ II onov ww voldoen(de
zijn)
saturate ['sætʃəreɪt] ov ww ❶ verzadigen ★ ~ the
market de markt verzadigen ★ the towns are ~d
with refugees de steden zitten vol vluchtelingen
❷ doordrenken
saturation [sætʃə'reɪʃən] zn (over)verzadiging
Saturday ['sætədeɪ] zn zaterdag ★ rel Holy ~
paaszaterdag
saturnine ['sætənaɪn] form bnw somber,
zwaarmoedig
satyr ['sætə] zn sater
sauce [sɔːs] zn ❶ saus ❷ USA reg gestoofd fruit,
compote ❸ oud inform brutaliteit ★ none of
your ~! houd je brutale mond!t ▼ what is ~ for
the goose is ~ for the gander gelijke monniken,
gelijke kappen
sauce boat zn sauskom
saucepan ['sɔːspən] zn steelpan
saucer ['sɔːsə] zn schotel(tje)
saucy ['sɔːsɪ] bnw ❶ brutaal ❷ oud pikant,
ondeugend ⟨bv. ansichtkaart⟩
sauerkraut ['saʊəkraʊt] zn zuurkool
sauna ['sɔːnə] zn sauna
saunter ['sɔːntə] I zn wandelingetje II onov ww
❶ slenteren, kuieren ❷ flaneren
sausage ['sɒsɪdʒ] zn worst(je)
sausage roll zn worstenbroodje
sauté ['saʊteɪ] I zn gerecht van licht gebakken
hapjes II bnw licht gebakken III ov ww licht (en
snel) bakken, sauteren
savage ['sævɪdʒ] I bnw ❶ wreed, woest ❷ fel,
heftig ★ his pay cut was a ~ blow zijn
salarisverlaging was een zware slag ★ a ~ report
een vernietigend verslag ❸ oud wild, primitief
II zn ❶ wilde, woesteling III ov ww ❶ bijten ⟨v.
paard⟩, vertrappen, aanvallen ★ he was ~d by a
dog hij werd wild aangevallen door een hond
❷ neerhalen, kraken ★ the film was ~d de film
kreeg een vernietigende kritiek
savagery ['sævɪdʒərɪ] zn ❶ wreedheid ❷ wilde
staat
savannah, savanna [sə'vænə] zn savanne,
(sub)tropische grasvlakte
savant ['sævənt] zn (hoog)geleerde
save [seɪv] I ov ww ❶ redden ★ save sb from
himself iem. tegen zichzelf beschermen ★ be
saved zalig worden ★ save one's skin zijn hachje
redden ❷ bewaren, houden, comp saven ★ save
a seat for sb een plaats vrijhouden voor iem.
★ comp save as... opslaan als... ❸ sparen,
besparen ★ save (your) money on petrol geld
besparen op benzine ★ save o.s. zich ontzien
❹ voorkómen ★ that would save us phoning
them dan hoeven wij hen niet te bellen ★ save
me from... praat me niet van... II onov ww
sparen ★ save (up) for sth sparen voor iets III zn
sport redding ★ make a save de bal
(tegen)houden IV vz behalve ★ save (for) one
woman op een vrouw na, met uitzondering van
een vrouw
saver ['seɪvə] zn ❶ spaarder ❷ bespaarder, vnl. in
samenstellingen ★ energy ~ energiebesparend(e)
apparaat / gewoonte ★ time ~ tijdbespaarder

saving ['seɪvɪŋ] I zn besparing II bnw besparend
⟨vaak in samenstellingen⟩ ★ energy~
energiebesparend ★ time~ tijdbesparend
saving clause zn voorbehoud
savings ['seɪvɪŋz] zn mv ❶ spaargeld(en)
❷ bezuinigingen
savings account zn spaarrekening
savings bank zn spaarbank
saviour, USA savior ['seɪvjə] zn verlosser
savour, USA savor ['seɪvə] I ov ww ❶ proeven
❷ genieten (van) II onov ww ~ of smaken naar,
rieken naar III zn ❶ smaak ❷ aroma ❸ form
bekoring ★ lose its ~ zijn glans verliezen
savoury, USA savory ['seɪvərɪ] I zn ❶ (pikant)
tussengerecht ❷ open tosti II bnw ❶ smakelijk
❷ hartig, pikant
savoy [sə'vɔɪ] zn savooiekool
savvy ['sævɪ] inform I bnw ❶ gis, wijs ❷ gewiekst,
schrander II zn gewiekstheid, gezond verstand
III ov ww oud snappen ★ ~? gesnopen?
saw [sɔː] I zn ❶ zaag ★ circular saw cirkelzaag
★ musical saw zingende zaag ❷ oud gezegde,
spreuk II ww [verleden tijd] → see III ov ww
❶ (door)zagen ★ saw a tree down een boom
omzagen ❷ (door)snijden IV onov ww zagen
sawdust ['sɔːdʌst] zn zaagsel
sawed ww [verleden tijd + volt. deelw.] → saw
sawmill ['sɔːmɪl] zn houtzagerij
sawn [sɔːn] ww [volt. deelw.] → saw
sax [sæks] zn sax
Saxon ['sæksən] gesch I zn Angelsakser II bnw
Angelsaksisch
saxophone ['sæksəfoʊn] zn saxofoon
saxophonist [sæk'sɒfənɪst] zn saxofonist
say [seɪ] I ov ww [onregelmatig] ❶ zeggen ★ what
do you say to... wat zou je ervan zeggen als we
eens... ★ what does the letter say? wat staat er in
de brief? ★ I wouldn't say no graag, ik zeg geen
nee ★ USA inform say what? wat? ★ there's no
saying how she'll react het valt niet te
voorspellen / zeggen hoe zij zal reageren
★ inform that said dat gezegd hebbend ★ to say
nothing of the money wasted om nog maar te
zwijgen over het weggegooide geld ★ who's to
say (that...) wie zal het zeggen (of...), wie weet
(of...) ★ who says she won't get the job? wie zegt
dat zij die baan niet krijgt? ★ you can say that
again! dat kun je wel zeggen, ja!, zeg dat wel!
★ you said it! dat kun je wel zeggen, ja!, zeg dat
wel!, USA goed idee! ❷ opzeggen ★ say one's
prayers bidden ★ say grace dankgebed
uitspreken voor / na de maaltijd II onov ww
[onregelmatig] zeggen ★ I say! zeg! ★ well, I say
nou, nou ★ says you volgens jou, dan ★ it says in
the paper in de krant staat ★ that's to say... dat
wil zeggen..., tenminste... ★ you don't say so! je
meent het! ★ it says much for het pleit ten
zeerste voor ★ say when! zeg maar ho!, zeg
maar tot hoe ver! ★ when all is said and done al
met al ★ not to say om niet te zeggen III zn
❶ wat men te zeggen heeft ★ have / say one's
say zijn zegje doen ❷ zeggenschap ★ have a say
in sth iets te zeggen hebben over iets
saying ['seɪɪŋ] zn gezegde ★ as the ~ goes / is zoals
het spreekwoord zegt
say-so zn ❶ toestemming ★ on my ~ op mijn

woord / gezag, met mijn toestemming
❷ beslissingsrecht ★ *have the final ~ on sth*
uiteindelijk beslissen over iets
SC *afk, South Carolina* staat in de VS
scab [skæb] *zn* ❶ korstje ⟨v. wond⟩ ❷ schurft
❸ onderkruiper ⟨bij staking⟩
scabbard ['skæbəd] *zn* schede ⟨v. zwaard enz.⟩
scabby ['skæbɪ] *bnw* ❶ met korsten bedekt
❷ schurftig
scabies ['skeɪbi:z] *zn* schurft
scabrous ['skeɪbrəs] *bnw* ❶ schunnig ❷ ruw,
oneffen
scaffold ['skæfəʊld] *zn* ❶ stellage, steiger
❷ schavot
scaffolding ['skæfəʊldɪŋ] *zn* steigers, stellage
scald [skɔ:ld] **I** *ov ww* ❶ branden ⟨aan hete
vloeistof of stoom⟩ ❷ met heet water uitwassen
❸ tegen de kook aan brengen ★ *fig like a ~ed
cat* als de gesmeerde bliksem **II** *zn* brandwond
en / of blaar
scalding ['skɔ:ldɪŋ] *bnw* kokend (heet) ★ *~ tears*
hete tranen
scale [skeɪl] **I** *zn* ❶ schaal, maat ★ *draw to ~* op
schaal tekenen ★ *out of ~* buiten proportie ★ *on
a large / small ~* op grote / kleine schaal ❷ USA
weegschaal ★ GB USA *(pair of) ~s* weegschaal
★ *tip / turn the ~s* de doorslag geven ❸ schub,
schil ★ *she touched the fish's ~s* ze raakte de
schubben van de vis aan ★ *remove the ~s from
s.o.'s eyes* iem. de ogen openen ❹ ketelsteen,
tandsteen ❺ talstelsel ★ *binary ~* tweetallig
stelsel ★ *~ of notation* talstelsel ❻ rangorde ★ *the
social ~* de maatschappelijke ladder ❼ *muz*
toonladder **II** *ov ww* ❶ (be)klimmen ★ *fig
they ~d new heights* ze bereikten nieuwe /
ongekende hoogten ❷ van de schubben
ontdoen, schubben ⟨vis⟩ ❸ tandsteen
verwijderen van ★ *the dental hygienist ~d his
teeth* de mondhygiënist(e) verwijderde het
tandsteen ❹ op schaal voorstellen ★ *he ~d the
area* hij stelde het gebied op schaal voor
❺ aanpassen ⟨bv. lettergrootte⟩ ❻ **~ down/
back** verlagen, verkleinen ★ *the search
operation was ~d down* de zoekcampagne werd
verkleind ❼ **~ up** verhogen, vergroten
scallion USA *zn* sjalot
scallop ['skæləp] *zn* sint-jakobsschelp, kamschelp
scallywag ['skæləwæg] *zn* deugniet, apenkop,
rakker
scalp [skælp] **I** *zn* ❶ scalp ❷ hoofdhuid **II** *ov ww*
❶ scalperen ❷ USA inform zwart handelen in
⟨toegangskaartjes⟩
scalpel ['skælpl] *zn* scalpel, ontleedmes
scaly ['skeɪlɪ] *bnw* geschubd
scam [skæm] inform *zn* bedrog, zwendel
scamp [skæmp] oud *zn* rakker, deugniet
scamper ['skæmpə] *onov ww* weghollen, snel
maken dat je wegkomt ★ *the boy ~ed up the tree*
de jongen klom snel in de boom
scampi ['skæmpɪ] *zn* ❶ grote garnalen
❷ garnalengerecht
scan [skæn] **I** *zn* ❶ (het) scannen, (het) (punt voor
punt) afzoeken ❷ comp scan ❸ med scan, (met
scanner gemaakte) opname **II** *ov ww*
❶ aftasten, (punt voor punt) afzoeken ❷ comp
scannen ★ *scan in a document* een document

inscannen ★ *they scanned the photos into their
computer* ze hebben de foto's op hun computer
ingescand ❸ med scannen, een scan maken van
❹ aandachtig / kritisch bekijken, scherp
opnemen, doornemen ★ *Sue scanned through
the tv times* Sue keek de tv-gids aandachtig door
scandal ['skændl] *zn* ❶ schandaal, schande
❷ opspraak, laster ❸ ergernis
scandalize, scandalise ['skændəlaɪz] *ov ww*
ergernis wekken bij, choqueren
scandalmonger ['skændlmʌŋə] *zn*
kwaadspreker, roddelaar
scandalous ['skændələs] *bnw* ❶ ergerlijk,
schandelijk ❷ lasterlijk
Scandinavian [skændɪ'neɪvɪən] **I** *zn*
❶ Scandinaviër ❷ Scandinavisch **II** *bnw*
Scandinavisch
scanner comp med *zn* scanner ⟨aftastapparaat⟩
scansion ['skænʃən] *zn* scandering ⟨in een
gedicht⟩
scant [skænt] *bnw* gering, weinig ★ *a ~ ten
minutes* een kleine tien minuten ★ *pay ~
attention to* weinig / nauwelijks aandacht
besteden aan
scanty ['skæntɪ] *bnw* ❶ krap ❷ schaars ★ *scantily
dressed* schaars gekleed
scapegoat ['skeɪpgəʊt] *zn* zondebok
scapula ['skæpjʊlə] anat *zn* schouderblad
scapular ['skæpjʊlə] *bnw* v.d. schouder(bladen)
scar [skɑ:] **I** *zn* ❶ litteken ❷ aardk steile rotswand
II *ov ww* ❶ een litteken bezorgen ❷ met
littekens bedekken ★ *scarred* vol met littekens
III *onov ww* een litteken vormen
scarab ['skærəb] *zn* mestkever, scarabee
scarce [skeəs] *bnw* schaars, zeldzaam ★ *make o.s.
~* zich uit de voeten maken
scarcely ['skeəslɪ] *bijw* ❶ nauwelijks ❷ haast niet
★ *~ any* bijna geen
scarceness [skeəsnəs] *zn* schaarste, gebrek,
schaarsheid
scarcity ['skeəsətɪ] *zn* schaarste
scare [skeə] **I** *ov ww* ❶ bang maken, laten
schrikken ★ *~ the hell out of sb* iem. de stuipen
op het lijf jagen ❷ **~ away** wegjagen ❸ **~ off**
afschrikken **II** *onov ww* bang worden ★ *she ~s
easily* ze schrikt erg gauw **III** *zn* ❶ schrik,
paniek, angst ⟨ook in samenstellingen⟩ ★ *have a
little ~* een beetje schrikken ★ *~ story*
ijzingwekkend verhaal, sensatieverhaal ★ *health
~* gezondheidsalarm ⟨bij een nieuwe ziekte,
nieuw virus⟩ ❷ bangmakerij
scarecrow ['skeəkrəʊ] *zn* ❶ vogelverschrikker
❷ boeman
scared [skeəd] *bnw* bang ★ *be ~ stiff / ~ to death*
doodsbang zijn
scaredy-cat ['skeədɪkæt] *zn* bangerik
scaremonger ['skeəmʌŋə] *zn* onrustzaaier
scarf [skɑ:f] *zn* [mv: **scarves**] ❶ sjaal, das
❷ hoofddoek
scarlet ['skɑ:lət] *bnw* scharlaken, (vuur)rood
scarlet fever *zn* roodvonk
scarp [skɑ:p] *zn* steile helling
scarper ['skɑ:pə] *onov ww* weglopen, 'm smeren
scarves [skɑ:vz] *zn mv* → **scarf**
scary ['skeərɪ] *bnw* eng, schrikaanjagend
scathing ['skeɪðɪŋ] *bnw* vernietigend, bijtend

scatter ['skætə] I *ov ww* ❶ (uit)strooien, verstrooien ❷ (ver)spreiden ★ ~ *hope* hoop doen vervliegen II *onov ww* zich verspreiden

scatterbrain ['skætəbreɪn] *zn* warhoofd

scatterbrained ['skætəbreɪnd] *bnw* warhoofdig

scatter cushion *zn* sierkussentje

scattered ['skætəd] *bnw* sporadisch ★ ~ *fighting continued* hier en daar werd nog steeds gevochten ★ ~ *showers* verspreide buien

scatty ['skætɪ] *bnw* getikt, warrig

scavenge ['skævɪndʒ] I *ov ww* ❶ doorzoeken ⟨afval⟩ ❷ eten ⟨aas⟩ II *onov ww* ❶ afval doorzoeken op zoek naar eten, enz. ❷ aas eten

scavenger ['skævɪndʒə] *zn* ❶ aaseter ❷ aaskever ❸ morgenster ⟨iem. die in de ochtend het vuilnis dat klaarstaat op straat doorzoekt⟩

scenario [sɪ'nɑːrɪəʊ] *zn* scenario, draaiboek ★ *cancellation is the likely* ~ afzegging is zeer waarschijnlijk ★ *in the worst-case* ~ in het ergste geval

scene [siːn] *zn* ❶ plaats, plek ★ ~ *of action* plaats v. handeling ★ *the police arrived at the* ~ de politie arriveerde ter plekke ★ ~ *of the crime* plaats delict, plaats van het misdrijf ❷ tafereel, toneel, decor, scène ★ *behind the* ~s achter de schermen / coulissen ★ *the* ~ *is laid / set in* de scène speelt zich af in ★ *quit the* ~ van het toneel verdwijnen ★ *steal the* ~ de show stelen ★ *he appeared on the* ~ hij verscheen ten tonele ★ *set the* ~ *for sth* iets voorbereiden ❸ scène ★ *she made quite a* ~ ze maakte een hele scène ❹ landschap, uitzicht ★ *she admired the* ~ *from the window* ze bewonderde het landschap door het raam ❺ scene, wereldje ★ *it's not my* ~ het ligt mij niet, dat is niets voor mij ★ *the political* ~ het politieke wereldje

scene-of-crime *bnw* ★ ~ *officer* technisch rechercheur

scenery ['siːnərɪ] *zn* ❶ natuurschoon, landschap ❷ decor(s)

scenic ['siːnɪk] *bnw* schilderachtig ★ ~ *route* toeristische route

scent [sent] I *zn* ❶ geur, reuk, parfum ★ *he has a wonderful* ~ *for* hij heeft een fijne neus voor ❷ spoor, lucht ⟨van bv. wild⟩ ★ *get* ~ *of* de lucht krijgen van ★ *put / throw off the* ~ misleiden II *ov ww* ❶ ruiken, fig vermoeden ❷ met geur vervullen, parfumeren

scentless ['sentləs] *bnw* reukloos, zonder geur

scepter *zn* USA → sceptre

sceptic ['skeptɪk] *zn* scepticus

sceptical ['skeptɪkl] *bnw* sceptisch, twijfelend

scepticism ['skeptɪsɪzəm] *zn* scepticisme

sceptre ['septə] *zn* scepter

schedule ['ʃedjuːl] I *zn* ❶ programma, schema ★ *a full / busy* ~ een vol / druk programma ★ *on* ~ zoals gepland, op schema ❷ USA dienstregeling, rooster ★ *on* ~ precies op tijd ❸ tabel, lijst II *ov ww* ❶ plannen, op het programma zetten ★ *be* ~*d for* op het programma staan voor ❷ een tabel / lijst / rooster maken in, in een tabel / lijst / rooster opnemen ★ *is* ~*d to leave now* moet volgens de dienstregeling nu vertrekken

schema ['skiːmə] *techn* korte schets, schema

schematic [skɪ'mætɪk] *bnw* schematisch

scheme [skiːm] I *zn* ❶ plan ❷ schema, stelsel ★ *in the grand* ~ *of things* in het grote algemene plan ❸ (gemeen) spelletje, intrige II *ov ww* beramen III *onov ww* konkelen, samenspannen ★ *they are scheming against her* ze spannen samen tegen haar ★ ~ *to do sth* (in het geheim) plannen maken om iets te doen

schemer ['skiːmə] *zn* intrigant

scheming ['skiːmɪŋ] *bnw* listig, uit op slinkse streken

schism ['skɪzəm] *zn* ❶ schisma, (kerkelijke) afscheiding ❷ sekte

schismatic [skɪz'mætɪk] *bnw* schismatiek, een schisma veroorzakend

schizophrenia [skɪtsə'friːnɪə] *zn* schizofrenie

schizophrenic [skɪtsə'frenɪk] I *zn* schizofreen persoon II *bnw* schizofreen

schmuck [ʃmʌk] *zn* straatt schlemiel, mafkees

scholar ['skɒlə] *zn* ❶ geleerde ★ *not much of a* ~ geen studiebol ❷ leerling, beursstudent

scholarly ['skɒləlɪ] *bnw* ❶ wetenschappelijk ❷ geleerd

scholarship ['skɒləʃɪp] *zn* ❶ studiebeurs ❷ geleerdheid

scholastic [skə'læstɪk] *bnw* ❶ school-, academisch ❷ schools ❸ scholastisch

school [skuːl] I *zn* ❶ school ★ *at* ~ op school ★ USA *in* ~ op school ★ *skip / cut* ~ spijbelen ★ *comprehensive* ~ scholengemeenschap ★ GB *first / primary* ~ ≈ basisschool ★ USA *high / secondary* ~ ≈ havo / vwo ★ *lower* ~ lagere klassen v. public school ★ *public* ~ particuliere kostschool, openbare basisschool ⟨buiten Groot-Brittannië⟩ ❷ inform universiteit, faculteit II *ov ww* scholen, trainen, africhten

school age *zn* leerplichtige leeftijd

school bag *zn* schooltas

schoolboy ['skuːlbɔɪ] *zn* schooljongen

schooldays ['skuːldeɪz] *zn mv* schooljaren / -tijd

schoolgirl ['skuːlɡɜːl] *zn* schoolmeisje

schooling ['skuːlɪŋ] *zn* ❶ onderwijs, scholing ❷ dressuur

school leaver *zn* schoolverlater

schoolmate ['skuːlmeɪt] *zn* schoolkameraad / -makker

school patrol *zn* verkeersbrigadier, klaar-over

schoolroom ['skuːlruːm] *zn* leslokaal, klaslokaal

schoolteacher ['skuːltiːtʃə] *zn* onderwijzer(es), leraar, lerares

schoolwork ['skuːlwɜːk] *zn* huiswerk, schoolwerk

schooner ['skuːnə] *zn* ❶ schoener ❷ USA (groot) bierglas

sciatic [saɪ'ætɪk] *bnw* heup-

sciatica [saɪ'ætɪkə] *zn* ischias

science ['saɪəns] *zn* ❶ natuurwetenschap(pen) ★ *natural* ~ natuurwetenschappen ❷ wetenschap, wetenschappelijk onderzoek ★ *engineering* ~s technische wetenschappen ★ *veterinary* ~ diergeneeskunde ❸ techniek, vaardigheid ★ ~ *and art* theoretische en praktische vaardigheid ★ *the (noble)* ~ schermen, boksen

science fiction *zn* sciencefiction

scientific [saɪən'tɪfɪk] *bnw* wetenschappelijk

scientist ['saɪəntɪst] *zn* ❶ wetenschapper, geleerde ⟨m.n. in de exacte vakken⟩

❷ natuurkundige ❸ bioloog ❹ scheikundige

sci-fi ['saɪfaɪ] *zn* sciencefiction

scintillating *bnw* sprankelend ★ *a ~ conversation / performance* een sprankelende conversatie / voorstelling

scion ['saɪən] *zn* ❶ ent, loot ❷ form spruit, telg

scissors ['sɪzəz] *zn mv* schaar ★ *~ and paste* knip- en plakwerk

sclerosis [sklɪə'rəʊsɪs] *zn* sclerose, (weefsel)verharding

scoff [skɒf] **I** *ov ww*, GB inform gulzig opeten, naar binnen schrokken **II** *onov ww* ~ **at** spotten met, lachen om

scold [skəʊld] *ov ww* een uitbrander / standje geven

scone [skɒn, skəʊn] *zn* klein rond cakeje

scoop [sku:p] **I** *zn* ❶ schop, schep(je) ❷ spatel ❸ het scheppen ⟨in één beweging⟩ ★ *with a ~* in één keer ★ *at one ~* in één slag ❹ primeur, scoop ⟨van bv. krant⟩ **II** *ov ww* ❶ (uit)scheppen, hozen ❷ naar zich toe halen ⟨in één beweging⟩ ❸ te slim / vlug af zijn ❹ ~ **out** uithollen ❺ ~ **up** opscheppen, oppakken, opstrijken ★ *they ~ed up the big prize* ze wonnen de grote prijs

scoopful ['sku:pfʊl] *zn* schep, lepel ★ *a ~ of sugar* een schep suiker

scoop neck *zn* (laag uitgesneden) ronde hals ⟨in jurk, T-shirt⟩

scoot [sku:t] *onov ww* ❶ rennen ❷ 'm smeren

scooter ['sku:tə] *zn* ❶ step, autoped ❷ scooter

scope [skəʊp] **I** *zn* ❶ (draag)wijdte, bereik, omvang ★ *they broadened their ~* ze verbreedden hun bereik ❷ strekking ★ *what is the ~ of this programme?* waar gaat dit programma over? ❸ gelegenheid ⟨tot ontplooiing⟩ ★ *~ for improvement* ruimte voor verbetering ★ *free / full ~* vrij spel **II** *ov ww*, **scope out** onderzoeken, in kaart brengen

scorch [skɔ:tʃ] **I** *ov ww* ❶ (ver)schroeien ❷ bijtend bekritiseren **II** *onov ww* ❶ (ver)schroeien ❷ woest rijden, scheuren

scorcher ['skɔ:tʃə] inform *zn* ❶ snikhete dag ❷ iets heel bijzonders / goeds ❸ snelheidsduivel

scorching ['skɔ:tʃɪŋ] *bnw* snikheet, bloedheet, gloeiend (heet)

score [skɔ:] **I** *ov ww* ❶ behalen, scoren ★ *~ a success* succes hebben ★ *~ a goal* een goal scoren, een (doel)punt maken ❷ opschrijven, aantekenen ★ *~ sth against / to a p.* iets op iemands rekening schrijven ❸ door-/ onderstrepen ❹ orkestreren, arrangeren ❺ ~ **off** bakzeil doen halen, aftroeven ❻ ~ **out/through** doorhalen, wegstrepen **II** *onov ww* ❶ een punt maken, winnen, succes hebben ❷ (drugs) scoren ❸ inform iemand in bed krijgen, een nummertje maken **III** *zn* ❶ aantal punten, stand van spel ❷ stand van zaken ★ *on that ~* wat dat betreft ★ *know the ~* weten hoe de vork in de steel zit ❸ partituur, filmmuziek ❹ kras, schram, striem, streep ❺ twintigtal ★ *~s of times* honderden keren ★ *by ~s* bij hopen ❻ rekening ★ *settle a ~* een rekening vereffenen ★ *pay off old ~s* even afrekenen (met iemand) ❼ rake opmerking / zet, bof, treffer

scoreboard ['skɔ:bɔ:d] *zn* scorebord

scorecard ['skɔ:kɑ:d] *zn* scorekaart, scoreformulier

scorer ['skɔ:rə] *zn* ❶ (doel)puntenmaker, scorer ❷ puntenteller

scorn [skɔ:n] **I** *ov ww* verachten, minachten, beneden zich achten ★ *~ an invitation* minachtend een uitnodiging afwijzen **II** *zn* (voorwerp van) verachting ★ *heap / pour ~ on* min-/ verachten

scornful ['skɔ:nfʊl] *bnw* minachtend

Scorpio ['skɔ:prəʊ] *zn* Schorpioen ⟨sterrenbeeld⟩

scorpion ['skɔ:prən] *zn* schorpioen

Scot [skɒt] *zn* [mv: **Scots**] Schot

scotch [skɒtʃ] *ov ww* een eind maken aan ⟨bv. geruchten⟩

Scotch [skɒtʃ] **I** *zn* whisky ⟨uit Schotland⟩ **II** *bnw* Schots ★ *~ broth* stevige soep gebonden met gerst ★ *~ cap* Schotse muts / baret ★ *~ egg* gekookt ei met worstvlees en paneermeel als omhulsel ★ *~ fir* grove den ★ *~ mist* zeer fijne motregen ★ USA *~ tape®* (doorzichtig) plakband

scot-free [skɒt'fri:] *bnw* ❶ ongestraft, straffeloos ★ *go ~* vrijuit gaan ❷ ongedeerd

Scotland ['skɒtlənd] *zn* Schotland

Scotland Yard [skɒtlənd jɑ:d] *zn* Scotland Yard ⟨hoofdbureau v.) Londense politie⟩

Scots [skɒts], **Scottish** ['skɒtɪʃ] **I** *zn* taalk Schots **II** *bnw* Schots **III** *zn mv* → **Scot**

Scotsman ['skɒtsmən] *zn* Schot

Scotswoman ['skɒtswʊmən] *zn* Schotse

scoundrel ['skaʊndrəl] *zn* schurk

scour ['skaʊə] *ov ww* ❶ aflopen, afstruinen ★ *~ the shops* de winkels aflopen ❷ reinigen, (op)wrijven, (uit)schuren

scourer ['skaʊərə] *zn* schuurspons

scourge [skɜ:dʒ] **I** *zn* ❶ plaag, gesel ★ *the ~ of drugs* de (overlast gevende) drugsplaag ★ *the ~ of war* de gesel van de oorlog ❷ criticus **II** *ov ww* teisteren

scout [skaʊt] **I** *ov ww* ❶ verkennen ❷ sport scouten ❸ minachtend afwijzen ❹ ~ **out** opsporen **II** *onov ww* ❶ op verkenning zijn ❷ ~ (**around**) **for** speuren naar **III** *zn* ❶ scout, padvinder ❷ mil verkenner ❸ mil verkenningsvaartuig / -vliegtuig ❹ mil verkenning ❺ ontdekker, scout, begeleider ★ *talent ~* talentenjager

scout leader *zn* hopman

scowl [skaʊl] **I** *zn* dreigende / kwade blik **II** *onov ww* ❶ dreigend kijken, fronsen ❷ ~ **at** ★ *~ at sbd* iem. kwaad / dreigend aankijken

scrabble ['skræbl] **I** *ov ww* bijeengraaien **II** *onov ww* ❶ graaien ★ *they ~d for the sweets* ze graaiden naar de snoepjes ❷ krabbelen ★ *the dog ~d to get out* de hond krabbelde om eruit te komen ❸ stoeien

scraggy ['skrægɪ] *bnw* mager, schriel

scram [skræm] *onov ww* opkrassen ★ *~!* donder op! ★ *go ~* 'm smeren

scramble ['skræmbl] **I** *ov ww* ❶ klutsen ★ *~d eggs* roereieren ❷ vervormen, verdraaien ⟨bv. telefoongesprek, tegen afluisteren⟩ **II** *onov ww* ❶ klauteren ★ *~ through one's exam* door een examen rollen ❷ zich verdringen ★ *~ for sth* vechten om iets **III** *zn* ❶ klimpartij ❷ gedrang,

wedloop ❸ motorcross
scrambler ['skræmblə] zn geluidsvervormer
scrap [skræp] **I** zn ❶ stukje, beetje, zweem ★ *it didn't make a ~ of difference* het maakte geen enkel verschil ★ ~s [mv] kliekjes, restjes ❷ (kranten)knipsel, uitgeknipt plaatje ★ ~ *of paper* vodje papier ❸ oud ijzer, schroot, afval ★ *sell sth for ~* iets als oud ijzer verkopen ★ ~ *iron* schroot, oud roest ❹ ruzie, herrie **II** ov ww ❶ schrappen, afgelasten, cancelen ❷ afdanken, aan de kant zetten ❸ slopen **III** onov ww herrie / ruzie hebben
scrapbook ['skræpbʊk] zn plakboek
scrape [skreɪp] **I** ov ww ❶ (af)krabben, schrap(p)en ★ ~ *one's chin* zich scheren ★ ~ *one's boots / shoes* zijn schoenen schoonmaken ★ ~ *one's plate* zijn bord helemaal leegeten ★ ~ *the (bottom of the) barrel* de laatste reserves bijeenschrapen ❷ schuren (langs), krassen ❸ ~ **away/off** (er) afkrabben, wegkrabben ❹ ~ **back** ★ ~ *back one's hair* je haar strak naar achteren kammen ❺ ~ **down** afschrap(p)en ❻ ~ **out** uithollen / -krabben ❼ ~ **together/up** bijeenschrapen **II** onov ww ❶ schuren (langs), krassen ❷ zuinig leven ❸ ~ **in** net halen, op het nippertje bereiken ❹ ~ **through** (het) nèt halen ★ ~ *through an exam* met de hakken over de sloot slagen ▼ ~ *home* nipt / net winnen **III** zn ❶ schaafwond ❷ moeilijkheid ★ *be in / get into a ~* in de knel zitten / raken ❸ (het) krassen, krabbel(tje)
scraper ['skreɪpə] zn ❶ (voet)schrapper ❷ (verf)krabber
scrap heap zn schroothoop ★ *go on the ~* afgedankt worden
scraping ['skreɪpɪŋ] zn [vaak mv] afschrapsel, krullen (van hout), restjes, kliekjes
scrap paper zn kladpapier
scrappy ['skræpɪ] bnw ❶ onsamenhangend ❷ USA vechtlustig
scratch [skrætʃ] **I** ov ww ❶ (zich) krabben, krassen, schrammen ❷ schrappen ❸ afgelasten ❹ ~ **out** doorhalen, wegschrappen ❺ ~ **together/up** bij elkaar schrapen **II** onov ww ❶ krassen, krabben ❷ muz scratchen **III** zn ❶ schram ❷ (ge)kras ❸ krabbeltje ★ ~ *of the pen* krabbel(tje) ★ *start* startlijn ★ *start from ~* helemaal van voren af aan beginnen, zonder voorbereiding beginnen ★ sport *to come (up) to ~* aan de start verschijnen, klaar zijn, aan de eisen / voorwaarden voldoen ★ *bring (up) to ~* klaar maken, aan de eisen laten voldoen **IV** bnw bij elkaar geraapt
scratch card zn kraskaart
scratch pad USA zn kladblok
scratch paper USA zn kladpapier
scratchy ['skrætʃɪ] bnw ❶ krassend ★ *a ~ record* een grammofoonplaat vol krassen ❷ krabbelig (van handschrift) ❸ kriebelig
scrawl [skrɔːl] **I** zn krabbel(tje) **II** ov ww krabbelen, (slordig / haastig) opschrijven
scrawny ['skrɔːnɪ] bnw broodmager
scream [skriːm] **I** onov ww gillen, krijsen, schreeuwen, gieren ★ *he ~ed at me* hij schreeuwde tegen mij ★ *he ~ed out in pain* hij schreeuwde van de pijn **II** ov ww gillen, krijsen,

schreeuwen **III** zn ❶ gil, schreeuw, (ge)krijs ❷ inform giller ★ *she is a ~* ze is een giller
scree [skriː] zn (berghelling met) steenslag
screech [skriːtʃ] **I** zn krijs, gil **II** onov ww ❶ krijsen ❷ knarsend piepen ★ *the car ~ed to a halt* de auto kwam piepend tot stilstand
screed [skriːd] zn ❶ lange en vervelende brief / toespraak ❷ waslijst met klachten
screen [skriːn] **I** zn ❶ scherm, beeldscherm, doek ★ *small ~* beeldscherm (tv, monitor) ★ *the big ~* het witte doek (bioscoop(scherm)) ❷ scherm, (tussen)schot, koorhek ❸ scherm, bescherming ★ ~ *of indifference* masker v. onverschilligheid ❹ rooster, hor ❺ ruit (v. auto) **II** ov ww ❶ doorlichten ❷ verfilmen, vertonen (film) ❸ af-/ beschermen, maskeren ★ *they ~ed off their garden* ze hebben hun tuin afgeschermd ❹ screenen, iemands antecedenten nagaan ★ *they ~ed out unsuitable applicants* ze hebben ongeschikte sollicitanten uitgeselecteerd ★ ~ *your phone calls* even snel je telefoonberichten bekijken (om te kijken welke je direct wilt horen)
screen door USA zn hordeur
screen dump comp zn screendump, afbeelding van het scherm
screening ['skriːnɪŋ] zn ❶ doorlichting, onderzoek, screening ❷ vertoning (v. film)
screenplay ['skriːnpleɪ] zn scenario, script
screen saver zn screensaver, schermbeveiliging
screenwasher ['skriːnwɒʃə] zn ruitensproeier
screenwiper ['skriːnwaɪpə] zn ruitenwisser
screenwriter ['skriːnraɪtə] zn scenarioschrijver
screw [skruː] **I** ov ww ❶ vastdraaien / -schroeven, aandraaien, opschroeven ❷ omdraaien ❸ plat naaien (oplichten) ❹ vulg neuken ❺ ~ **down** dichtschroeven ❻ ~ **out of** ★ ~ *money out of sb* iemand geld afpersen ❼ ~ **up** verzieken, verpesten, verminken, verkreukelen ★ ~ *sth up* iets verprutsen ★ ~ *up one's face* z'n gezicht vertrekken ★ ~ *sbd up* iem. in de war brengen ★ ~ *one's courage up* iem. vermannen ★ ~ *one's eyes up* de ogen samenknijpen ▼ ~ *you!* val dood!, je kan m'n reet kussen! **II** onov ww ~ **around** rondlummelen, vreemdgaan **III** zn ❶ schroef, bout ★ *there's a ~ loose* de zaak zit niet (helemaal) goed ★ *he has a ~ loose* hij is niet helemaal snik ★ *put the ~(s) on sb* iem. de duimschroeven aanzetten ★ *a turn of the ~* een verdere aanscherping (v.e. maatregel) ❷ draai(ing) ❸ inform cipier ❹ vulg sekspartner ★ *have a ~* neuken
screwball ['skruːbɔːl] USA inform zn halvegare
screw cap zn schroefdop
screwdriver ['skruːdraɪvə] zn schroevendraaier
screwed-up bnw ❶ van streek ★ *he is ~ about his exam* hij zit in de rats over zijn examen ❷ verpest ❸ verfrommeld
screwy ['skruːɪ] bnw getikt, idioot
scribble ['skrɪbl] **I** zn ❶ gekrabbel ❷ kattebelletje, krabbeltje **II** ov ww, **scribble down** pennen, (be)krabbelen **III** onov ww krabbelen
scribbler ['skrɪblə] zn (prul)schrijver
scribe [skraɪb] zn kopiist

scrimmage ['skrɪmɪdʒ] *zn* ❶ scrimmage, worsteling om de bal ⟨bij rugby, American football⟩ ❷ gedrang, vechtpartij

scrimp ['skrɪmp] *onov ww* ❶ bezuinigen ❷ het zuinig aan doen

scrip [skrɪp] *zn* recepis, voorlopig aandeel

script [skrɪpt] **I** *zn* ❶ tekst, draaiboek ❷ schrift, handschrift ❸ origineel geschrift ❹ GB ingeleverd (examen)werk **II** *ov ww* (uit)schrijven, het draaiboek schrijven voor ★ ~*ed jokes* van tevoren voorbereide grappen

script girl *zn* regieassistente

scriptural ['skrɪptʃərəl] *bnw* m.b.t. de Bijbel

scripture ['skrɪptʃə] *zn* ❶ de Bijbel ★ *Holy Scripture* de Bijbel ❷ Bijbelteskst ❸ heilig boek

Scriptures ['skrɪptʃəz] *zn mv* de Bijbel

scriptwriter ['skrɪptraɪtə] *zn* scenarioschrijver

scroll [skrəʊl] **I** *zn* ❶ (boek)rol ❷ lijst, krul, volute **II** *onov ww* scrollen, op en neer (laten) schuiven ⟨op beeldscherm⟩ ★ ~ *through a list* door een lijst scrollen **III** *ov ww* scrollen door, op en neer (laten) schuiven ⟨op beeldscherm⟩ ★ ~ *a list* door een lijst scrollen

scroll bar *zn* comp scrollbar, schuifbalk

scrooge *zn* vrek

scrotum ['skrəʊtəm] *zn* scrotum, balzak

scrounge [skraʊndʒ] **I** *zn* bietser, scharrelaar **II** *ov ww* bietsen

scrounger ['skraʊndʒə] *zn* bietser, klaploper

scrub [skrʌb] **I** *ov ww* ❶ wassen, schrobben ❷ schrappen (bv. plan, reis) **II** *onov ww* ❶ wassen, schrobben ❷ ~ *up* schrobben tot het steriel is ⟨van handen v. chirurg⟩ **III** *zn* ❶ wasbeurt, schoonmaakbeurt ★ *a good* ~ een flinke beurt ★ *give a p. a good* ~ iem. eens goed onder handen nemen ❷ (terrein met) struikgewas

scrubber ['skrʌbə] *zn* ❶ schrobber ❷ vulg slet, lellebel

scrubbing ['skrʌbɪŋ] *zn* schrobbeurt ★ *a good* ~ een flinke beurt

scrubbing brush ['skrʌbɪŋ brʌʃ], USA **scrub brush** ['skrʌb brʌʃ] *zn* schrobber

scrubby ['skrʌbɪ] *bnw* ❶ klein, nietig ❷ bedekt met struikgewas ❸ borstelig

scruff [skrʌf] *zn*, GB inform smeerpoets ▼ *seize / take by the* ~ *of the neck* bij het nekvel pakken

scruffy ['skrʌfɪ] *bnw* smerig, min

scrum ['skrʌm], form **scrummage** ['skrʌmɪdʒ] *zn* scrum ⟨bij rugby⟩

scrummage ['skrʌmpʃəs] *zn* verrukkelijk ⟨vnl. eten⟩

scrumptious ['skrʌmpʃəs] *zn* verrukkelijk ⟨vnl. eten⟩

scrunch [skrʌntʃ] **I** *ov ww* ❶ verfrommelen ★ *he* ~*ed up the paper* hij verfrommelde het papier ❷ ineenpersen ★ *she* ~*dried her hair* ze kneep haar krullen droog **II** *onov ww* knerpen ⟨v. sneeuw⟩

scruple ['skru:pl] **I** *zn* gewetensbezwaar, scrupule, schroom ★ *have no* ~*s about...* geen scrupules voelen over... ★ *make no* ~ *to...* er niet voor terugschrikken om... **II** *onov ww* aarzelen, schromen

scrupulous ['skru:pjʊləs] *bnw* ❶ angstvallig, scrupuleus ❷ (al te) punctueel

scrutinize, scrutinise ['skru:tɪnaɪz] *ov ww* kritisch onderzoeken

scrutiny ['skru:tɪnɪ] *zn* ❶ kritisch onderzoek ★ *come under close* ~ onder de loep genomen worden ❷ officieel onderzoek inzake (betwijfelde) juistheid v.e. stemming

scuba ['sku:bə] *zn* aqualong ⟨cilinder(s) met gecomprimeerde lucht voor een duiker⟩

scuba diving *zn* scubaduiken

scud [skʌd] dicht *onov ww* (voort)jagen, snellen ⟨v. wolken⟩

scud missile *zn* mil scudraket

scuff [skʌf] **I** *ov ww* schaven, schuren ★ ~ *one's feet* sloffen, schuifelen **II** *zn*, **scuff mark** slijtplek

scuffle ['skʌfəl] **I** *zn* handgemeen, vechtpartijtje **II** *onov ww* ❶ vechten, slaags raken ❷ schuifelen, sloffen

scull [skʌl] **I** *zn* ❶ roeiriem ❷ scull ⟨roeiboot met 2 riemen per roeier⟩ **II** *onov ww* roeien

scullery ['skʌlərɪ] *zn* bijkeuken

sculpt [skʌlpt] *ov ww* beeldhouwen

sculptor ['skʌlptə] *zn* beeldhouwer

sculptress ['skʌlptrəs] *zn* beeldhouwster

sculptural ['skʌlptʃərəl] *bnw* ❶ (als) gebeeldhouwd ❷ beeldhouwers-

sculpture ['skʌlptʃə] **I** *zn* ❶ beeldhouwwerk ❷ beeldhouwkunst **II** *ov ww* beeldhouwen

scum [skʌm] *zn* ❶ schuim ❷ uitschot ★ *scum of the earth* tuig (van de richel), slecht volk

scumbag inform min *zn* schoft, ploert

scummy ['skʌmɪ] *bnw* ❶ schuimachtig, met schuim bedekt ❷ ploerterig

scupper ['skʌpə] **I** *zn* spuigat **II** *ov ww* ❶ dwarsbomen, laten mislukken ❷ tot zinken brengen

scurf [skɜːf] *zn* hoofdroos

scurrilous ['skʌrɪləs] *bnw* gemeen, schunnig ★ *he made* ~ *remarks about her* hij maakte gemene opmerkingen over haar

scurry ['skʌrɪ] **I** *zn* ❶ getrippel, drukte ❷ draf, holletje ▼ *a* ~ *of snow* sneeuwjacht ▼ ~ *of dust* stofwolk **II** *onov ww* zich haasten, dribbelen ★ ~ *for cover* haastig dekking zoeken

scurvy ['skɜːvɪ] *zn* scheurbuik

scuttle ['skʌtl] **I** *ov ww* ❶ dwarsbomen, laten mislukken ★ *he deliberately* ~*d the plan* hij verstoorde met opzet het plan ❷ tot zinken brengen **II** *onov ww* zich ijlings uit de voeten maken, gejaagd (weg)lopen ★ *he took her purse and* ~*d off* hij pakte haar portemonnee en ging er snel vandoor

scuttlebut USA plat *zn* praatjes, roddels, geruchten

scuzzy inform *bnw* smerig

scythe [saɪð] **I** *zn* zeis **II** *ov ww* maaien

SD *afk*, *South Dakota* staat in de VS

SE [es'i:] *afk*, *southeast(ern)* Z.O., zuidoost(elijk)

sea [si:] *zn* ❶ zee ★ *by sea* over zee ★ *by the sea* aan zee ★ *on the high seas* in volle zee ★ *be at sea* de kluts kwijt zijn, varen ★ *put to sea* uitvaren ★ *within the four seas* in Groot-Brittannië ❷ massa, overvloed, zee ★ *a sea of spam* een grote hoeveelheid ongevraagde mail

sea air *zn* zeelucht

sea bass *zn* zeebaars

seabed ['si:bed] *zn* zeebedding / -bodem

seabird ['si:bɜːd] *zn* zeevogel

seaboard ['si:bɔ:d] *zn* kustlijn
seaborne ['si:bɔ:n] *bnw* over zee vervoerd, overzees
sea breeze *zn* zeebries
sea change *zn* aardverschuiving, grote verandering
sea chest *zn* scheepskist
sea dog inform *zn* zeerob, zeebonk
seafarer ['si:feərə] *zn* zeeman / -vaarder
seafaring ['si:feərɪŋ] **I** *zn* het varen **II** *bnw* varend ★ ~ *man* zeeman, matroos
seafood ['si:fu:d] *zn* zeevis (als gerecht), schaal- / schelpdieren (als gerecht)
seafront ['si:frʌnt] *zn* ❶ boulevard aan zee ❷ zeekant
seagoing ['si:gəʊɪŋ] *bnw* voor de grote vaart, zee-
sea horse USA *zn* zeepaardje
seal [si:l] **I** *ov ww* ❶ be- / verzegelen, sluiten, (dicht)plakken ★ *the deal was sealed* de overeenkomst werd bezegeld ★ *he sealed the box with tape* hij plakte de doos met plakband dicht ★ *a sealed envelope* een gesloten enveloppe ★ *my lips are sealed* ik mag niets zeggen ❷ ~ **in** insluiten ❸ ~ **off** ★ *the scene of crime was sealed off by the police* de plaats van de misdaad werd door de politie hermetisch afgesloten ❹ ~ **up** sluiten, dichten ★ *the doors had been sealed up by the painter* de deuren waren door de schilder dichtgeschilderd **II** *zn* ❶ zeehond, zeehondenbont, rob ❷ (lak)zegel, bezegeling, stempel ★ *seal of approval* goedkeuring ★ *return the seals* aftreden als minister ★ *given under my hand and seal* door mij getekend en gezegeld ★ *set / put the seal on* bezegelen, fig bekronen ❸ afsluiter, sluiting
sea lane *zn* vaarroute
sealant *zn* afdichtmiddel (kit of impregneermiddel om materiaal te beschermen tegen water, lucht e.d.)
sea legs *zn mv* zeebenen ★ *find / get one's* ~ zeebenen krijgen
sealer ['si:lə] *zn* robbenjager
sea level *zn* zeespiegel
sealing wax ['si:lɪŋwæks] *zn* zegelwas, -lak
sea lion *zn* zeeleeuw
sealskin ['si:lskɪn] *zn* robbenbont
seam [si:m] **I** *zn* ❶ naad ★ *come apart at the seams* bij de naden losraken, fig uit elkaar beginnen te vallen, fig (geestelijk) instorten ❷ litteken ❸ aardk dunne tussenlaag **II** *ov ww* zomen
seaman ['si:mən] *zn* zeeman, matroos ★ *ordinary* ~ lichtmatroos
seamanship ['si:mənʃɪp] *zn* bekwaamheid als zeeman, zeevaartkunde
sea mile *zn* zeemijl (1852 meter)
seamless ['si:mləs] *bnw* ❶ naadloos ❷ fig probleemloos
seamstress ['si:mstrɪs] *zn* naaister
seamy ['si:mɪ] *bnw* fig duister, onguur, minder fraai ★ *the* ~ *side* de zelfkant v. het leven, de verkeerde kant, de keerzijde
seance ['seɪɑs, 'seɪɑːns] *zn* seance, zitting (waarin men bv. probeert contact te leggen met geesten van overleden personen)
sea nettle *zn* kwal

seaplane ['si:pleɪn] *zn* watervliegtuig
seaport ['si:pɔ:t] *zn* zeehaven
sea power *zn* zeemogendheid, marine
sear [sɪə] *onov ww* ❶ schroeien ★ *sear meat* vlees dichtschroeien ❷ verzengen
search [sɜ:tʃ] **I** *ov ww* ❶ doorzoeken, zoeken, natrekkenen, onderzoeken ★ ~ *the Internet for sth* op internet zoeken naar iets ❷ fouilleren ❸ ~ **out** grondig nasporen, goed uitzoeken, opsporen ▼ inform ~ *me!* weet ik veel! **II** *onov ww* ❶ zoeken ❷ ~ **for** zoeken naar **III** *zn* (het) zoeken, (het) doorzoeken, zoekactie, zoekopdracht ★ *in* ~ *of* op zoek naar ★ *do a* ~ *on the internet for* op internet zoeken naar
search command *zn* comp zoekopdracht
search engine *zn* comp zoekmachine
searching [sɜ:tʃɪŋ] *bnw* ❶ onderzoekend ★ *a* ~ *look* een onderzoekende blik ❷ streng ❸ diepgaand, doordringend ★ *a* ~ *question* een diepgaande vraag
searchlight ['sɜ:tʃlaɪt] *zn* zoeklicht
search party ['sɜ:tʃpɑ:tɪ] *zn* ❶ reddingsploeg ❷ zoektocht
search warrant *zn* huiszoekingsbevel
searing ['sɪərɪŋ] *bnw* ❶ verzengend, brandend ❷ intens, fel, heftig ★ *a* ~ *pain* een intense pijn ★ ~ *criticism* felle kritiek
seascape ['si:skeɪp] *zn* zeegezicht
seashell ['si:ʃel] *zn* (zee)schelp
seashore ['si:ʃɔ:] *zn* kust, strand
seasick ['si:sɪk] *bnw* zeeziek
seasickness ['si:sɪknəs] *zn* zeeziekte
seaside ['si:saɪd] *zn* kust (ook in samenstellingen) ★ ~ *resort* badplaats ★ ~ *hotel* badhotel, hotel aan de kust ★ *go to the* ~ naar (een badplaats aan) de kust gaan
season ['si:zən] **I** *zn* ❶ jaargetijde, seizoen, (geschikte) tijd ★ *dry* ~ droge jaargetijde ★ *rainy* ~ regentijd, regenseizoen ★ *GB the festive* ~ de feestdagen, kerst en Nieuwjaar ★ *close* ~ gesloten jacht- / vistijd ★ *low / high* ~ laag- / hoogseizoen ★ *dead / dull / off* ~ slappe tijd ★ *silly* ~ komkommertijd ★ *spawning* ~ paartijd (v. vissen) ★ *in* ~ verkrijgbaar (v. seizoengevoelige goederen), tochtig, bronstig (v. dieren) ★ *oysters are in* ~ nu is het de tijd voor oesters ★ *out of* ~ niet te krijgen (v. seizoengevoelige goederen), buiten het (jacht)seizoen **II** *ov ww* ❶ kruiden, toebereiden ❷ laten drogen / liggen (hout)
seasonable ['si:zənəbl] *bnw* overeenkomstig de tijd v.h. jaar ★ ~ *temperatures* temperaturen normaal voor de tijd van het jaar
seasonal ['si:zənl] *bnw* seizoen-, van het seizoen ★ ~ *work* seizoenarbeid
seasoned ['si:zənd] *bnw* ❶ gehard, doorgewinterd, geroutineerd, verstokt ❷ gekruid (v. eten) ❸ uitgewerkt (v. hout)
seasoning ['si:zənɪŋ] *zn* ❶ (het) kruiden ❷ kruiderij
season's greetings *zn* ≈ fijne feestdagen en gelukkig nieuwjaar (op ansichtkaarten enz.)
season ticket *zn* seizoenkaart, abonnement
seat [si:t] **I** *zn* ❶ (zit)plaats, stoel, bank ★ *take a seat* gaan zitten ❷ zetel (bv. in parlement) ★ *a safe seat* plaats / district waar een politieke

partij vrijwel zeker gaat winnen ❸ zitvlak, zitting ★ *fly by the seat of your pants* iets op je gevoel doen ❹ zetel, centrum, haard ★ *seat of war* toneel v.d. strijd ❺ houding ⟨te paard⟩ ❻ oud buiten(goed) ★ *the Duke's seat* het landgoed van de hertog **II** *ov ww* ❶ doen zitten, plaatsen, een plaats geven ★ *seat o.s.* gaan zitten ★ *this car seats four people* deze auto biedt plaats aan vier mensen ★ *form please be seated* neemt u alstublieft plaats ❷ v. zitting of zitvlak voorzien ❸ een zetel bezorgen ⟨in het Parlement⟩

seat belt ['si:tbelt] *zn* veiligheidsgordel

seating ['si:tɪŋ] *zn* (zit)plaatsen ⟨meestal in samenstellingen⟩ ★ *~ accommodation* zitplaatsen ★ *the ~ arrangements* de tafelschikking

sea urchin *zn* zee-egel

sea wall *zn* zeedijk, zeewering

seaward ['si:wəd] *bnw + bijw* zeewaarts

seawards ['si:wədz] *bijw* zeewaarts

seaway ['si:weɪ] *zn* ❶ vaarroute naar zee ❷ vaarroute ⟨op zee⟩

seaweed ['si:wi:d] *zn* zeewier

seaworthy ['si:wɜ:ðɪ] *zn* zeewaardig

sebaceous [sɪ'beɪʃəs] *bnw* talg- ★ *~ gland* talgklier

sec [sek] *afk* ❶ *second(s)* seconde(n) ★ *inform I'll be back in a sec* ik ben zo terug ❷ *secretary* secretaresse, secretaris

secateurs [sekə'tɜ:z] *zn mv* snoeischaar

secede [sɪ'si:d] *onov ww* zich afscheiden, zich terugtrekken (uit) ★ *Belgium ~d from the Netherlands in 1830* België scheidde zich in 1830 van Nederland af

secession [sɪ'seʃən] *zn* afscheiding ★ *War of Secession* Am. Burgeroorlog

seclude [sɪ'klu:d] *ov ww* afzonderen, uitsluiten

secluded [sɪ'klu:dɪd] *bnw* afgezonderd ★ *live a ~ life* een teruggetrokken leven leiden ★ *~ spot* eenzaam / rustig plekje

seclusion [sɪ'klu:ʒən] *zn* ❶ afzondering ★ *keep sbd in ~* iem. in afzondering houden ❷ uitsluiting

second¹ ['sekənd] **I** *bnw* tweede, ander, op tweede plaats komend ★ *be ~ to none* voor niemand onderdoen ★ *every ~ day* om de andere dag ★ *~ childhood* kindsheid ★ *~ cousin* achterneef / -nicht ★ *~ sight* helderziendheid ★ *~ string* reserve, slag om de arm ★ *~ teeth* blijvend gebit ★ *on ~ thoughts* bij nader inzien **II** *zn* ❶ seconde, ogenblikje ★ *in / within ~s* binnen een paar seconden, even later ❷ tweede ★ *be a good ~* niet ver na nr. 1 binnenkomen ★ *~s* [mv] → **tweede portie** ❸ artikel met klein gebrek, artikel van mindere kwaliteit ❹ *muz* tweede stem ❺ met veel genoegen ⟨als beoordeling v. examen op universiteit⟩ ★ *upper ~* ≈ goed ★ *lower ~* ≈ruim voldoende ❻ secondant, begeleiding, helper **III** *bijw* ten tweede **IV** *ov ww* (onder)steunen, helpen

second² [sɪ'kɒnd] *ov ww* ~ **to** detacheren bij, overplaatsen naar

secondary ['sekəndərɪ] *bnw* ❶ bij-, bijkomend, ondergeschikt, secundair ❷ onderw voortgezet ★ *~ education* voortgezet onderwijs ★ *~ school* middelbare school

second best *zn* niet de / het allerbeste, op een na de beste ★ *come off ~* op de tweede plaats eindigen ★ *settle for ~* met minder genoegen (moeten) nemen

second-best [sekənd-'best] *bnw* op één na de beste, minder ★ *my ~ suit* mijn op een na beste pak ★ *~ seats* niet de allerbeste plaatsen

second-class *bnw* tweedeklas-, tweederangs- ★ *a ~ citizen* een tweederangsburger

second-degree *bnw* tweedegraads- ★ *~ burn* tweedegraadsverbranding

seconder ['sekəndə] *zn* voorstander ★ *he was a ~ of the motion* hij steunde de motie

second-guess *ov ww* ❶ voorspellen ❷ USA achteraf kritiek hebben op

second hand *zn* secondewijzer

second-hand [sekənd'hænd] *bnw* ❶ tweedehands ★ *~ coat* tweedehands jas ❷ uit de tweede hand ★ *~ news* nieuws uit de tweede hand

secondly ['sekəndlɪ] *bijw* ten tweede

second-rate [sekənd'reɪt] *bnw* tweederangs, inferieur ★ *this hotel is ~* dit hotel is inferieur

secrecy ['si:krəsɪ] *zn* geheimhouding ★ *in ~* in het geheim

secret ['si:krɪt] **I** *zn* geheim ★ *keep a ~* een geheim bewaren ★ *keep sth a ~ from sb* iets geheim / verborgen houden voor iem. ★ *in ~* in het geheim ★ *be in on a ~* ervan weten, op de hoogte zijn ★ *open ~* publiek geheim **II** *bnw* ❶ geheim ★ *~ service* geheime inlichtingendienst ❷ vertrouwelijk ★ *a ~ conversation* een vertrouwelijk gesprek ❸ verborgen ★ *the letters were kept ~ under the mattress* de brieven waren verborgen onder de matras

secretarial [sekrət'eərɪəl] *bnw* secretariaats-

secretariat [sekrə'teərɪət] *zn* secretariaat

secretary ['sekrətərɪ] *zn* ❶ secretaresse, secretaris ★ *confidential ~* privésecretaris / -esse ❷ minister, staatssecretaris ★ *GB Secretary of State* minister ⟨van een belangrijk ministerie⟩ ★ *USA Secretary of State* minister v. Buitenlandse Zaken ★ *GB Foreign Secretary* minister v. Buitenlandse Zaken

Secretary General *zn* secretaris-generaal

secretaryship ['sekrətərɪʃɪp] *zn* secretariaat

secrete [sɪ'kri:t] *ov ww* ❶ form verbergen ❷ afscheiden ★ *the skin ~s perspiration* de huid scheidt transpiratie af

secretion [sɪ'kri:ʃən] *zn* afscheiding, uitscheiding(sproduct)

secretive [sɪ'kri:tɪv] *bnw* terughoudend, gesloten, geheimzinnig

secretly ['si:krɪtlɪ] *bijw* in het geheim, heimelijk

secretory [sɪ'kri:tərɪ] *bnw* de afscheiding bevorderend, afscheidend

sect [sekt] *zn* sekte

sectarian [sek'teərɪən] **I** *zn* (fanatiek) lid v.e. sekte **II** *bnw* ❶ sektarisch ❷ fanatiek

sectarianism [sekt'eərɪənɪzəm] *zn* sektarisme, sektegeest

section ['sekʃən] **I** *zn* ❶ sectie, (ge)deel(te), paragraaf, (wets)artikel ❷ afdeling, groep ★ *a large ~ of the population* een groot deel van de bevolking ★ *the fruit and vegetables ~* de

se

groente- en fruitafdeling ❸ (baan)vak,
weggedeelte ❹ partje ⟨v. citrusvrucht⟩
❺ (door)snede ❻ med insnijding, snee, incisie
★ *perform a ~ on* snijden in ❼ USA (stads)wijk,
district **II** med insnijding, snijden in
❷ biol prepareren ❸ GB gedwongen in
psychiatrisch ziekenhuis opnemen ❹ in secties
verdelen ❺ **~ off** afscheiden, afbakenen ★ *the
road was ~ed off* de weg was afgebakend
sectional ['sekʃənl] *bnw* ❶ in secties, enz.
verdeeld, uit losse delen bestaand ❷ sectie-,
groeps-
section mark *zn* paragraafteken
sector ['sektə] *zn* sector ★ *the private ~* de private
sector, de marktsector ★ *the public ~* de
publieke sector, de overheidssector
secular ['sekjʊlə] *bnw* seculier, wereldlijk, leken-
★ *a ~ school* een openbare school ★ *a ~ state* een
wereldlijke staat ★ *a ~ order* een lekenorde
secularism ['sekjʊlərɪzəm] *zn* secularisme,
secularisatie
secularize, secularise ['sekjʊləraɪz] *ov ww*
seculariseren, aan de invloed van de kerk
onttrekken
secure [sɪ'kjʊə] **I** *bnw* veilig, zeker, vast **II** *ov ww*
❶ versterken, beveiligen, waarborgen,
vastleggen / -zetten, op- / neerleggen ★ *a ~d
loan* een gedekte lening, een lening met
onderpand ❷ bemachtigen, (te pakken) krijgen
❸ **~ against** ★ *he ~d himself against losses* hij
verzekerde zich tegen verliezen
security [sɪ'kjʊərətɪ] *zn* ❶ veiligheid,
geborgenheid, zekerheid, beveiliging ★ *national
~* nationale veiligheid ★ *for the child's ~* voor de
geborgenheid van het kind ★ *heightened ~*
verhoogde veiligheid(smaatregelen)
❷ beveiligingsdienst, bewakingsdienst
❸ waarborg, onderpand ★ *on ~ of his house* met
zijn huis als borg ❹ econ effect
security blanket *zn* knuffeldeken
Security Council *zn* pol Veiligheidsraad ⟨v.d.
Verenigde Naties⟩
security guard *zn* beveiligingsbeambte
security risk *zn* veiligheidsrisico
security service *zn* veiligheidsdienst
sedan [sɪ'dæn] *zn* ❶ draagstoel ❷ USA sedan
⟨personenauto⟩
sedan chair *zn* draagstoel
sedate [sɪ'deɪt] **I** *bnw* bedaard, rustig, stil ★ *at a ~
pace* in een rustig tempo ★ *a ~ area* een stille
buurt **II** *ov ww* kalmeren ⟨d.m.v.
kalmeringsmiddel⟩
sedation [sɪ'deɪʃən] *zn* verdoving, slaaptoestand
★ *under ~* onder de kalmerende middelen,
onder verdoving
sedative ['sedətɪv] **I** *zn* kalmerend middel **II** *bnw*
kalmerend ⟨medicijn⟩
sedentary ['sedəntərɪ] *bnw* ❶ zittend ★ *a ~ job*
zittend werk ❷ een vaste woon- of standplaats
hebbend ★ *~ bird* standvogel
sedge [sedʒ] *zn* moerasgras, zegge
sediment ['sedɪmənt] *zn* ❶ neerslag, bezinksel
❷ afzetting
sedimentary [sedɪ'məntərɪ] *bnw* sedimentair ★ *~
rock* afzettingsgesteente
sedimentation [sedɪmən'teɪʃən] *zn* sedimentatie,

bezinking, afzetting
sedition [sɪ'dɪʃən] *zn* opruiing
seditious [sɪ'dɪʃəs] *bnw* oproerig, opruiend
seduce [sɪ'djuːs] *ov ww* verleiden
seducer [sɪ'djuːsə] *zn* verleider
seduction [sɪ'dʌkʃən] *zn* verleiding
seductive [sɪ'dʌktɪv] *bnw* verleidelijk, verlokkend
sedulous ['sedjʊləs] *bnw* ijverig, naarstig
see [siː] **I** *ov ww* [onregelmatig] ❶ zien ★ *seeing is
believing* eerst zien, dan geloven ★ *see you (soon)*
tot ziens ★ *I'll be seeing you* tot kijk ★ *I'll see him
damned / hanged first!* hij kan doodvallen! ★ *he
will never see fifty again* hij is over de vijftig ★ *I
have seen better days* ik heb betere dagen
gekend ★ *see things* dingen zien, hallucineren
❷ brengen ★ *see sb to bed* iem. naar bed
brengen ★ *see a p. home* iem. thuisbrengen
❸ bezoeken, (als gast) ontvangen ★ *please see
him in* laat jij hem binnen? ★ *see the doctor* de
dokter raadplegen, naar dokter gaan ❹ zorg
dragen voor, oppassen op ★ *see sth done* zorgen
dat iets gedaan wordt ★ *mind you see the lights
out* zorg dat het licht uit is ❺ snappen,
begrijpen ★ *see the problem* het probleem
begrijpen ❻ **~ off** wegjagen, wegjagen ★ *I
will see him off to the bus* Ik breng hem wel
naar de bus ❼ **~ out** uitlaten, naar de deur
brengen, overleven ★ *please see her out* breng
haar even naar de deur ★ *these strong shoes will
see me out* deze sterke schoenen zullen mij
overleven ❽ **~ through** ★ *see sth through* iets
doorzetten / afmaken, iets tot een goed einde
brengen ★ *see a p. through* iem. er door heen
helpen **II** *onov ww* [onregelmatig] ❶ zien,
inzien, snappen ★ *we'll see* we zullen (wel) zien
★ *I see* zit dat zo!, ik begrijp het ★ *you see?* snap
je? ★ *see if I don't* reken er op! ❷ vinden, menen
★ *see fit / good to* het raadzaam achten om
❸ **~ after/about** zorgen voor ❹ **~ into**
onderzoeken, inzicht hebben in ❺ **~ over**
bezichtigen ❻ **~ through** doorzien ★ *he saw
through my plan* hij doorzag mijn plan ❼ **~ to**
zorgen voor, zorg dragen voor ★ *will you see to
it that Billy is picked up at the station* zorg jij
ervoor dat Billy van het station wordt afgehaald
III *zn* zetel ⟨m.n. van bisschop⟩ ★ *Holy See*
Heilige Stoel
seed [siːd] **I** *zn* ❶ zaad ★ *go / run to seed* verlopen,
verwilderen, in het zaad schieten ★ *he has really
gone to seed* hij heeft zijn beste jaren wel gehad
★ *raise from seed* kroost verwekken ★ *grow from
seed* vanuit zaad (op)kweken ❷ sport geplaatst
speler **II** *ov ww* ❶ sport selecteren ★ *be seeded
fourth* als vierde geplaatst zijn ❷ ontpitten
❸ (be)zaaien **III** *onov ww* zaad vormen
seedbed ['siːdbed] *zn* ❶ zaaibed ❷ broeinest ★ *a
~ for terrorists* een broeinest van terroristen
seedcorn ['siːdkɔːn] *zn* ❶ zaaigraan ❷ USA maïs
seedless ['siːdləs] *bnw* zonder pit(ten)
seedling ['siːdlɪŋ] *zn* kiemplant, zaailing
seed money *zn* startkapitaal
seed potato *zn* pootaardappel
seedy ['siːdɪ] *bnw* sjofel, verlopen ★ *a ~ hotel* een
onfris hotel
seeing ['siːɪŋ] **I** *bnw* ziend **II** *vw* aangezien
★ *inform ~ it is you* aangezien jij het bent

Seeing Eye dog USA *zn* blindengeleidehond
seek [si:k] **I** *ov ww* [onregelmatig] ❶ zoeken, trachten te bereiken / verkrijgen ★ *seek help* hulp zoeken / vragen ★ *seek compensation* vergoeding proberen te verkrijgen ★ *(much) sought after* (zeer) gewild ❷ ~ **out** (op)zoeken **II** *onov ww* [onregelmatig] ❶ proberen ★ *they sought to restore order* ze probeerden de orde te herstellen ❷ ~ **after/for** (op)zoeken naar
seem [si:m] *onov ww* schijnen ★ *it should / would seem* naar het schijnt ★ *it seemed like a good idea* het leek een goed idee ★ *it seems like your marriage is over* het ziet ernaar uit dat je huwelijk voorbij is ★ *is seems as if / though...* het lijkt (erop) alsof...
seeming ['si:mɪŋ] *bnw* schijnbaar
seemingly ['si:mɪŋlɪ] *bijw* schijnbaar
seemly ['si:mlɪ] *oud bnw* betamelijk
seen [si:n] *ww* [volt. deelw.] → **see**
seep [si:p] *onov ww* sijpelen ★ *seep away* wegsijpelen, fig geleidelijk opraken / weggaan
seepage ['si:pɪdʒ] *zn* lekkage
seer ['si:ə] *zn* ziener, profeet
seersucker *zn* seersucker ⟨dunne, op crêpe lijkende stof⟩
seesaw ['si:sɔ:] **I** *zn* ❶ wip ❷ op- en neergaande beweging, schommeling **II** *bnw* op- en neergaand **III** *onov ww* ❶ wippen ❷ op- en neergaan, wisselen, schommelen
seethe [si:ð] *onov ww* ❶ zieden, koken ⟨v. woede⟩ ❷ ~ **with** ★ *the beach is ~d with German tourists* op het strand wemelt het van de Duitse toeristen
see-through *bnw* doorkijk-, doorschijnend
segment ['segmənt] **I** *zn* ❶ segment, deel, stukje, partje ❷ lid ⟨v. insect⟩ **II** *ov ww* ❶ verdelen, in segmenten onderverdelen ❷ biol zich delen
segmentation [segmən'teɪʃən] *zn* segmentatie, celdeling
segregate ['segrɪgeɪt] *ov ww* scheiden, afzonderen
segregation [segrɪ'geɪʃən] *zn* (af)scheiding, segregatie ★ *racial* ~ rassenscheiding
segue **I** *zn* naadloze / vloeiende overgang **II** *onov ww* naadloos overgaan ★ ~ *into* vloeiend overgaan in
seismic ['saɪzmɪk] *bnw* aardbevings-
seismograph ['saɪzməgrɑ:f] *zn* seismograaf
seismology [saɪz'mɒlədʒɪ] *zn* seismologie
seize [si:z] **I** *ov ww* ❶ grijpen, pakken, nemen ★ ~ *a chance / an opportunity* een kans / gelegenheid aangrijpen ★ ~*d by / with* aangegrepen door, getroffen door ❷ jur confisqueren, in beslag nemen **II** *onov ww* ❶ ~ **up** het begeven, vastlopen ❷ ~ **(up)on** aangrijpen, afkomen op
seizure ['si:ʒə] *zn* ❶ inbeslagname ❷ (machts)greep ❸ aanval, vlaag ★ *an epileptic* ~ een epileptische aanval
seldom ['seldəm] *bijw* zelden
select [sɪ'lekt] **I** *ov ww* uitkiezen, kiezen **II** *bnw* ❶ select, uitgelezen ❷ gedistingeerd, chic, exclusief
selection [sɪ'lekʃən] *zn* ❶ keuze, keur ★ *natural* ~ natuurlijke selectie ❷ bloemlezing
selection committee *zn* benoemingscommissie,

sollicitatiecommissie, keuzecommissie
selective [sɪ'lektɪv] *bnw* (uit)kiezend, selectief, op keuze gebaseerd
selectivity [sɪlek'tɪvətɪ] *zn* selectiviteit
selector [sɪ'lektə] *zn* ❶ lid van keuzecommissie, selecteur, keuzeheer ❷ keuzeschakelaar
self [self] *zn* ❶ (eigen) ik, ego ★ *my former self* wat ik was ★ *think only about / of self* alleen maar aan zichzelf / jezelf denken ❷ persoon ★ *cheque drawn to self* cheque aan eigen order
self- *voorv* zelf-, eigen-, van / voor zichzelf
self-absorbed [selfəb'sɔ:bd] *bnw* in zichzelf verdiept, totaal in zichzelf gekeerd ★ *he is totally* ~ hij denkt alleen maar aan zichzelf
self-abuse [selfə'bju:s] *zn* ❶ zelfverwijt ❷ oud zelfbevrediging
self-addressed *bnw* aan zichzelf geadresseerd ★ ~ *envelope* antwoord- / retourenvelop
self-advertise *onov ww* reclame maken voor jezelf / voor eigen zaak
self-appointed [selfə'pɔɪntɪd] *bnw* zonder autoriteit, zichzelf opgelegd, zich opwerpend (als) ★ *he is a* ~ *leader* hij heeft zichzelf opgeworpen als leider
self-assembly GB *zn* het zelf monteren ★ ~ *kitchen unit* zelfbouwkeuken
self-assertion [selfə'sɜ:ʃən] *zn* geldingsdrang, aanmatiging
self-assertive *bnw* assertief, erg zelfverzekerd
self-assurance *zn* zelfverzekerdheid
self-assured *bnw* zelfverzekerd
self-aware *bnw* zelfbewust, zichzelf kennend
self-belief *zn* zelfvertrouwen, geloof in jezelf
self-build *zn* ❶ zelfbouw ❷ zelfbouwhuis
self-catering *bnw* met kookgelegenheid / keukentje
self-centred [self'sentəd], USA **self-centered** [self'sentərd] *bnw* egocentrisch
self-certification *zn* eigen verklaring ⟨bij ziekte, i.t.t. doktersverklaring⟩
self-command [selfkə'mɑ:nd] *zn* zelfbeheersing
self-complacency *zn* zelfvoldaanheid
self-complacent [selfkəm'pleɪsənt] *bnw* zelfvoldaan
self-conceit [selfkən'si:t] *zn* verwaandheid
self-conceited *bnw* verwaand
self-confessed *bnw* openlijk, onverholen ★ *he is a* ~ *liar* hij is naar eigen zeggen een leugenaar
self-confidence [self'kɒnfɪdns] *zn* zelfvertrouwen
self-confident *bnw* vol zelfvertrouwen
self-congratulatory *bnw* zelfgenoegzaam, verwaand
self-conscious [self'kɒnʃəs] *bnw* verlegen, zich van zichzelf bewust
self-contained [selfkən'teɪnd] *bnw* autonoom, eenzelvig, vrij(staand), afzonderlijk ★ *a* ~ *flat* een etage met vrije opgang, een zelfstandige flat ⟨met eigen keuken, badkamer enz.⟩
self-contradictory *bnw* tegenstrijdig, met zichzelf in tegenspraak
self-control [selfkən'trəʊl] *zn* zelfbeheersing
self-controlled *bnw* beheerst
self-critical *bnw* vol zelfkritiek
self-defeating [selfdɪ'fi:tɪŋ] *bnw* zichzelf in de weg staand
self-defence, USA **self-defense** [selfdɪ'fens] *zn*

❶ zelfverdediging ❷ jur noodweer ★ *in ~* uit noodweer

self-denial [selfdɪ'naɪəl] *zn* zelfverloochening, zelfopoffering

self-destruction [selfdɪ'strʌkʃən] *zn* zelfvernietiging, zelfmoord

self-determination *zn* ❶ zelfbeschikking(srecht) ❷ vrije wil

self-determined *bnw* onafhankelijk

self-discipline [self'dɪsɪplɪn] *zn* zelfdiscipline

self-discovery *zn* het zichzelf leren kennen, zelfontdekking

self-doubt *zn* onzekerheid

self-drive [self'draɪv] *bnw* zonder chauffeur 〈huurauto〉, met eigen auto 〈vakantie〉

self-educated [self'edju:keɪtɪd] *bnw* autodidact, ontwikkeld zonder scholing

self-effacement *zn* wegcijfering v. zichzelf, bescheidenheid

self-effacing [selfɪ'feɪsɪŋ] *bnw* bescheiden

self-employed [selfɪm'plɔɪd] *bnw* zelfstandig, zijn eigen baas ★ *go* ~ voor jezelf beginnen

self-esteem [selfɪ'sti:m] *zn* zelfrespect

self-evident [self'evɪdnt] *bnw* vanzelfsprekend

self-explanatory [selfɪk'splænətərɪ] *bnw* onmiskenbaar, (zonder meer) duidelijk ★ *the phrase is ~* de uitdrukking verklaart zichzelf

self-expression *zn* zelfexpressie

self-fulfilling [selffʊl'fɪlɪŋ] *bnw* vanzelf in vervulling gaand

self-governing *bnw* onafhankelijk, autonoom

self-government *zn* zelfbestuur

self-harm I *zn* zelfverminking, automutilatie II *onov ww* zichzelf verwonden, automutileren

self-help [self'help] *zn* ❶ onafhankelijkheid, zelfstandigheid ❷ zelfhulp

self-importance [selfɪm'pɔːtns] *zn* eigendunk

self-important *bnw* gewichtig (doend)

self-imposed [selfɪm'pəʊzd] *bnw* zichzelf opgelegd

self-induced *bnw* zelf teweeggebracht / toegebracht

self-indulgence *zn* genotzucht

self-indulgent [selfɪn'dʌldʒənt] *bnw* gemak- / genotzuchtig

self-inflicted [selfɪn'flɪktɪd] *bnw* zichzelf toegebracht

self-interest [self'ɪntrəst] *zn* eigenbelang

self-interested *bnw* uit eigenbelang, zelfzuchtig

selfish ['selfɪʃ] *bnw* egoïstisch

selfless ['selfləs] *bnw* onbaatzuchtig

self-made [self'meɪd] *bnw* ★ ~ *man* iem. die zichzelf opgewerkt heeft

self-opinionated *bnw* eigenwijs

self-pity [self'pɪtɪ] *zn* zelfbeklag / -medelijden

self-portrait [self'pɔːtrɪt] *zn* zelfportret

self-possessed [selfpə'zest] *bnw* kalm, beheerst

self-possession *zn* zelfverzekerdheid, zelfbeheersing

self-preservation [selfprezə'veɪʃən] *zn* zelfbehoud

self-proclaimed *bnw* zichzelf noemend, zichzelf uitgevend voor

self-raising [self'reɪzɪŋ] GB *bnw* zelfrijzend ★ ~ *flour* zelfrijzend bakmeel

self-regard [selfrɪ'gɑːd] *zn* egoïsme, eigenbelang

self-regarding *bnw* egoïstisch

self-reliance [selfrɪ'laɪəns] *zn* onafhankelijkheid

self-reliant *bnw* onafhankelijk

self-respect [selfrɪ'spekt] *zn* zelfrespect

self-respecting *bnw* zichzelf respecterend, met zelfrespect

self-restraint [selfrɪ'streɪnt] *zn* zelfbeheersing

self-righteous [self'raɪtʃəs] *bnw* zelfingenomen

self-rising USA *bnw* ★ ~ *flour* zelfrijzend bakmeel

self-rule [self'ru:l] *zn* autonomie, zelfbestuur

self-sacrifice [self'sækrɪfaɪs] *zn* zelfopoffering

self-sacrificing *bnw* zelfopofferend

selfsame ['selfseɪm] *bnw* precies de- / hetzelfde ★ *he asked me the ~ question* hij stelde me precies dezelfde vraag

self-satisfaction [selfsætɪs'fækʃən] *zn* eigendunk, zelfvoldaanheid

self-satisfied *bnw* zelfvoldaan

self-seeker *zn* egoïst

self-seeking ['selfsi:kɪŋ] I *zn* egoïsme II *bnw* egoïstisch

self-service *zn* zelfbediening(s-)

self-serving *bnw* uit eigenbelang, goed voor zichzelf zorgend

self-starter [self'stɑːtə] *zn* ❶ zelfstandige medewerker die van aanpakken weet ❷ oud starter, startmotor

self-styled ['selfstaɪld] *bnw* zichzelf aangemeten, zichzelf noemend

self-sufficiency *bnw* ❶ onafhankelijkheid ❷ autarkie

self-sufficient [selfsə'fɪʃənt] *bnw* ❶ onafhankelijk ★ *be fully ~ in oil production* de olieproductie volledig in eigen hand hebben ❷ autarkisch

self-supporting [selfsə'pɔːtɪŋ] *bnw* zichzelf bedruipend, in eigen behoeften voorziend

self-willed [self'wɪld] *bnw* eigenzinnig

self-worth *zn* eigenwaarde

sell [sel] I *ov ww* [onregelmatig] ❶ verkopen ★ *sell short* te kort doen, onderschatten ★ *sell up a p.* de bezittingen van iem. (laten) verkopen ★ *sell sb a pup* knollen voor citroenen verkopen ★ *sell yourself* jezelf goed verkopen 〈bv. bij een sollicitatie〉 ❷ verraden, er tussen nemen ★ *I felt sold* ik voelde me bekocht ❸ ~ *off* uitverkopen ❹ ~ *on* doorverkopen ★ *the car was sold on* de auto werd doorverkocht ★ *be sold on sth* enthousiast zijn over iets II *onov ww* [onregelmatig] ❶ verkocht worden ★ *they sell like hot cakes / wild fire* ze gaan als warme broodjes over de toonbank ❷ ~ *out* de idealen voor geld of roem laten varen, verraden, (uit)verkopen, al zijn aandelen verkopen ★ *be sold out of sth* iets niet meer in voorraad hebben, door de voorraad van iets heen zijn III *zn* ❶ verkoop(methode) ★ *a hard / soft sell* een agressieve / vriendelijke verkoopmethode ❷ inform verlakkerij ★ *a real sell* je reinste verlakkerij

sell-by date *zn* uiterste verkoopdatum

seller ['selə] *zn* ❶ verkoper, handelaar ❷ verkoopsucces

selling point *zn* aanbeveling, positief aspect ★ *is a selling-point* strekt tot aanbeveling

selling price *zn* verkoopprijs, winkelprijs

Sellotape ['seləteɪp] *zn* GB plakband

sell-out *zn* ❶ uitverkochte voorstelling ❷ verraad
selvedge, USA **selvage** ['selvɪdʒ] *zn* zelfkant (v.e. stof)
selves [selvz] *pers vnw* [mv] → **self**
semantics [sɪ'mæntɪks] *zn* semantiek, betekenisleer
semaphore ['seməfɔ:] *zn* seinsysteem met vlaggen, het seinen (met vlaggen)
semblance ['sembləns] *zn* gedaante, schijn, gelijkenis ★ *there is little ~ between them* ze lijken weinig op elkaar ★ *some ~ of normality* iets dat lijkt op een normale toestand
semen ['si:mən] *zn* sperma
semi ['semɪ] *zn* → **semi-detached²**, **semi-final**
semi- *voorv* semi-, half-
semibreve ['semɪbri:v] *muz* *zn* hele noot
semicircle ['semɪsɜ:kl] *zn* halve cirkel
semicircular [semɪ'sɜ:kjʊlə] *bnw* halfrond
semicolon [semɪ'kəʊlən] *zn* puntkomma
semiconductor [semɪkən'dʌktə] *zn* halfgeleider
semi-detached¹ [semɪdɪ'tætʃt] *bnw* ★ *~ house* twee-onder-een-kapwoning
semi-detached² *zn* halfvrijstaand huis, twee-onder-een-kapwoning
semi-final [semɪ'faɪnl] *zn* halve finale
semi-finalist *zn* halvefinalist
seminal ['semɪnl] *bnw* kiem-, zaad- ★ *a ~ piece of music* een toonaangevend / oorspronkelijk muziekstuk
seminar ['semɪnɑ:] *zn* ❶ cursus, studiegroep, groep studenten ❷ congres
seminary ['semɪnərɪ] *zn* seminarie
semi-official [semɪə'fɪʃəl] *bnw* officieus
semi-precious [semɪ'preʃəs] *bnw* ★ *~ stone* halfedelsteen
semiquaver ['semɪkweɪvə] *zn* zestiende noot
semi-skilled *bnw* halfgeschoold
semi-skimmed GB *bnw* ★ *~ milk* halfvolle melk
Semite ['si:maɪt] *zn* Semiet
Semitic [sɪ'mɪtɪk] *bnw* semitisch
semitone ['semɪtəʊn] *zn* halve toon
semolina [semə'li:nə] *zn* griesmeel
senate ['senɪt] *zn* senaat
senator ['senətə] *zn* senator, lid v.d. Am. Senaat
senatorial [senə'tɔ:rɪəl] *bnw* senaats-
send [send] **I** *ov ww* [onregelmatig] ❶ zenden, verzenden, uitzenden, op- / versturen ★ *send sb an email* iem. een mailtje sturen ★ *send a p. away / packing* iem. de laan uit sturen ★ *send a p. to Coventry* iem. negeren, iem. gezamenlijk boycotten ★ *send word* berichten ★ *send a p. about his business* iem. de laan uit sturen ❷ doen gaan / worden ★ *send a p. crazy / mad* iem. gek maken ★ *send a p. flying* iem. op de vlucht jagen ★ *send a p. rolling / tumbling* iem. omver doen vallen ❸ gooien, schieten ❹ **~ down** wegsturen (van de universiteit wegens wangedrag), naar beneden doen gaan / zenden, GB opsluiten (in de gevangenis) ❺ **~ forth** uitgeven / -zenden, afgeven ❻ **~ in** inzetten (bv. troepen), inzenden ★ *send in one's card* zijn kaartje afgeven ★ *have one's name sent in* zich laten aandienen ❼ **~ off** ver- / wegzenden, afgeven, uitgeleide doen, GB het veld uit sturen ❽ **~ on** doorsturen ❾ **~ out** uitzenden, verspreiden, uitstoten ❿ **~ up** persifleren,

parodiëren, USA opsluiten (in de gevangenis) ▼ *send forth / out leaves* bladeren krijgen **II** *onov ww* [onregelmatig] ❶ **~ for** laten komen ❷ **~ out for** bestellen, laten bezorgen
sender ['sendə] *zn* afzender ★ *return to ~* retour afzender
send-off ['sendɒf] *zn* ❶ uitgeleide, afscheid ★ *he was given a wonderful ~* hij kreeg een fantastisch afscheid ❷ gunstige recensie
send-up ['sendʌp] *zn* parodie
senile ['si:naɪl] *bnw* seniel, ouderdoms-
senility [sə'nɪlətɪ] *zn* seniliteit
senior ['si:nɪə] **I** *zn* ❶ oudere, superieur, *sport* gevorderde, leerling uit de bovenbouw ★ *he is my ~ by two years* hij is twee jaar ouder dan ik, hij heeft twee dienstjaren meer dan ik ★ *he is my ~* hij is ouder dan ik, hij heeft langere diensttijd dan ik ❷ USA eindexamenleerling, ouderejaars leerling / student **II** *bnw* oudere, oudste, hoogste (in rang), senior ★ *~ partner* oudste vennoot ★ *~ citizen* 65-plusser, 60-plusser
seniority [si:nɪ'ɒrətɪ] *zn* hogere leeftijd, anciënniteit
senior moment *inform zn* ogenblik van vergeetachtigheid ★ *have a ~* het even kwijt zijn
sensation [sen'seɪʃən] *zn* ❶ gewaarwording, gevoel ★ *he had no ~ in his left hand* hij had geen gevoel meer in zijn linkerhand ❷ sensatie ★ *cause / make a ~* opschudding verwekken ★ *~ among the audience* grote reactie bij het publiek
sensational [sen'seɪʃənl] *bnw* sensationeel, opzienbarend
sensationalism [sen'seɪʃənəlɪzəm] *zn* sensatiezucht
sensationalist [sen'seɪʃənəlɪst] *bnw* sensatie-
sensationalize, GB **sensationalise** *ov ww* opblazen, tot een sensatieverhaal maken
sense [sens] **I** *zn* ❶ verstand, besef, betekenis, zin ★ *in a ~* in zekere zin ★ *in the broadest ~* in de ruimste zin / betekenis ★ *~ of* gevoel van / voor, besef van ★ *~ of duty* plichtsbesef ★ *~ of humor* gevoel voor humor ★ *common ~* gezond verstand ★ *it does not make ~* het kan niet juist zijn, het heeft geen betekenis ★ *are you out of your ~s?* ben je gek (geworden)? ★ *bring sb to his ~s* iem. tot bezinning brengen ★ *come to one's ~s* tot inkeer komen, zijn verstand terugkrijgen ★ *have the good ~ to* de tegenwoordigheid van geest hebben om ★ *frighten sb out of his ~s* iem. de doodsschrik om het lijf jagen ★ *talk ~* verstandig praten ★ *take the ~ of the meeting* de algemene stemming bij een vergadering peilen ★ *moral ~* moraal ❷ gevoel(en), zintuig ★ *~ of direction / locality* oriëntatievermogen ★ *~ of smell* reukvermogen **II** *ov ww* ❶ (aan)voelen, bespeuren ❷ USA begrijpen
senseless ['sensləs] *bnw* ❶ bewusteloos ★ *he was knocked ~* hij werd bewusteloos geslagen ❷ zinloos, onverstandig ★ *their actions were ~* hun acties waren zinloos
sense organ *zn* zintuig
sensibility [sensə'bɪlətɪ] *zn* ❶ gevoeligheid (v. kunstenaar), ontvankelijkheid ❷ lichtgeraaktheid
sensible ['sensɪbl] *bnw* ❶ verstandig, praktisch ★ *a ~ pair of shoes* praktische schoenen ❷ zich

se

bewust (**to, of** van)
sensitive ['sensətɪv] bnw ❶ gevoelig ★ ~ *plant* kruidje-roer-mij-niet ❷ lichtgeraakt, (over)gevoelig ❸ vertrouwelijk, geheim ⟨informatie⟩
sensitivity [sensə'tɪvətɪ] zn gevoeligheid
sensitize, sensitise ['sensətaɪz] ov ww gevoelig maken
sensor ['sensə] zn sensor, voeler, aftaster
sensorial [sen'sɔːrɪəl] bnw zintuiglijk
sensory ['sensɔ:rɪ] bnw zintuiglijk
sensual ['sensjʊəl] bnw sensueel, zinnelijk
sensualist ['sensjʊəlɪst] zn zinnelijk iemand
sensuality [sensjʊ'ælətɪ] zn sensualiteit, zinnelijkheid
sensuous ['sensjʊəs] bnw zinnelijk ★ ~ *lips* zinnelijke lippen
sent [sent] ww [verleden tijd + volt. deelw.] → send
sentence ['sentəns] I zn ❶ zin ❷ jur vonnis, oordeel, straf ★ *custodial* ~ gevangenisstraf ★ *pass / pronounce* ~ het vonnis uitspreken II ov ww jur veroordelen, vonnissen ★ ~ *sb to one year in prison* iem. veroordelen tot een jaar gevangenisstraf
sententious [sen'tenʃəs] bnw opgeblazen, bombastisch, banaal ★ *he is a* ~ *man* hij is een pompeuze man
sentient ['senʃənt] form bnw met waarnemingsvermogen / gevoel ★ ~ *beings* wezens met gevoel
sentiment ['sentɪmənt] zn ❶ emotie, gevoel(ens) ★ *my* ~ *exactly* daar ben ik het helemaal mee eens ❷ sentimentaliteit
sentimental [sentɪ'mentl] bnw gevoelvol, wat tot het hart spreekt, sentimenteel ★ *of great* ~ *value* van grote emotionele waarde
sentimentalist [sentɪ'mentəlɪst] zn sentimenteel iemand
sentimentality [sentɪmen'tælɪtɪ] zn sentimentaliteit
sentinel ['sentɪnəl] zn wacht(post), schildwacht ★ *stand* ~ op wacht staan
sentry ['sentrɪ] zn wacht(post), schildwacht ★ *keep / stand* ~ op wacht staan
sentry box zn schildwachthuisje
separable ['sepərəbl] bnw scheidbaar
separate¹ ['seprət] bnw afzonderlijk, apart, gescheiden ★ *they have gone* ~ *ways* ieder is zijn eigen weg gegaan ★ *they have* ~ *bedrooms* ieder heeft zijn eigen slaapkamer ★ ~ *maintenance* alimentatie
separate² ['sepəreɪt] I ov ww ❶ sorteren, (af)scheiden, afzonderen, ontbinden ⟨in factoren⟩ ❷ ~ **out** onderscheiden, afscheiden, eruit halen II onov ww ❶ scheiden, uiteengaan ★ *they're* ~d zij zijn uit elkaar ❷ zich afscheiden
separates zn mv afzonderlijk combineerbare kledingstukken
separation [sepə'reɪʃən] zn scheiding, (het) uit elkaar / uiteen gaan / zijn ★ *judicial / legal* ~ scheiding van tafel en bed
separation allowance zn kostwinnersvergoeding
separatism ['sepərətɪzəm] zn separatisme, streven naar afscheiding

separatist ['sepərətɪst] I zn separatist, voorstander van afscheiding II bnw ★ *a* ~ *movement* een afscheidingsbeweging
separator ['sepəreɪtə] zn separator, (melk)centrifuge, roomafscheider
sepia ['si:pɪə] zn sepia, donkerzwart, roodbruin ⟨m.n. de kleur van oude foto's⟩
sepsis ['sepsɪs] zn infectie, bloedvergiftiging
Sept. afk, September sept, september
September [sep'tembə] zn september
septic ['septɪk] bnw smerig, infecterend, geïnfecteerd, ontstoken ★ ~ *matter* pus, etter ★ *go / become sceptic* ontsteken, geïnfecteerd raken ▼ ~ *tank* septic tank ⟨als opvang voor afvalwater⟩
septicaemia [septɪ'si:mɪə] zn bloedvergiftiging
septuagenarian [septjʊədʒə'neərɪən] zn zeventigjarige
sepulchral [sɪ'pʌlkrəl] bnw ❶ somber ❷ graf-, begrafenis-
sepulchre ['sepəlkə] oud zn graf
sequel ['si:kwəl] zn ❶ vervolg, gevolg, resultaat ❷ vervolgaflevering
sequence ['si:kwəns] zn ❶ volgorde, opeenvolging, reeks ★ *in* ~ achter elkaar, op volgorde ★ ~ *of events* opeenvolging van gebeurtenissen ❷ scène ⟨v. film⟩
sequential [sɪ'kwenʃəl] bnw (erop)volgend, als gevolg, als complicatie
sequester [sɪ'kwestə] ov ww ❶ afzonderen ❷ jur beslag leggen op
sequestrate [sɪ'kwestreɪt] ov ww ❶ in beslag nemen ❷ jur beslag leggen op
sequestration [si:kwəs'treɪʃən] zn jur beslaglegging
sequin ['si:kwɪn] zn lovertje
sequoia [sɪ'kwɔɪə] zn sequoia, mammoetcipres
seraph ['serəf] zn [mv: **seraphim**] seraf ⟨engel v.d. hoogste rang⟩
seraphim ['serəfɪm] zn mv → **seraph**
Serb [sɜ:b] I zn Serviër II bnw Servisch
Serbia ['sɜ:brə] zn Servië
Serbo-Croat [sɜ:bəʊ'krəʊæt] I zn ❶ Servo-Kroaat ❷ Servo-Kroatisch II bnw Servo-Kroatisch
serenade [serə'neɪd] I zn serenade II ov ww een serenade brengen (aan)
serene [sɪ'ri:n] bnw kalm, bedaard
serenity [sɪ'renətɪ] zn sereniteit, kalmte
serf [sɜ:f] zn slaaf, lijfeigene
serfdom [sɜ:fdəm] zn slavernij, lijfeigenschap
sergeant, serjeant ['sɑ:dʒənt] zn ❶ sergeant, wachtmeester ❷ brigadier ⟨v. politie⟩ ★ *Sergeant at Arms* deurwaarder in Hoger- en Lagerhuis
sergeant major [sɑ:dʒənt 'meɪdʒə] zn sergeant-majoor
serial ['sɪərɪəl] I zn tv-serie, feuilleton II bnw ❶ serie- ★ *in* ~ *form* als vervolgverhaal / feuilleton ★ ~ *killer* seriemoordenaar ❷ opeenvolgend ★ ~ *port* seriële poort ⟨op je computer, om iets aan te sluiten⟩
serialize, serialise ['sɪərɪəlaɪz] ov ww in afleveringen publiceren / uitzenden
series ['sɪəri:z] zn serie(s), reeks(en)
serious ['sɪərɪəs] bnw ❶ ernstig, serieus, oprecht, belangrijk ★ *are you* ~? meen je dat? ★ *you can't be* ~ dat meen je toch niet ★ *a* ~ *matter* /

se

problem een ernstig(e) zaak / probleem ❷ zwaar ★ ~ *damage* zware schade ❸ **inform** aanzienlijk ★ ~ *money* een hoop geld ❹ **straatt** echt, absoluut ★ ~ *bad* echt slecht

seriously ['sɪərɪəslɪ] *bijw* in ernst, zonder gekheid ★ *take sb / sth* ~ iemand / iets serieus nemen ★ ~ *wounded* zwaargewond ★ ~? meen je dat?, werkelijk?

seriousness ['sɪərɪəsnəs] *zn* ernst

sermon ['sɜːmən] *zn* preek ★ **rel** *Sermon on the Mount* Bergrede

sermonize, sermonise ['sɜːmənaɪz] *onov ww* preken

serotonin [ʃɪərə'təʊnɪn] *zn* **biol** serotonine

serpent ['sɜːpənt] *zn* slang

serpentine ['sɜːpəntaɪn] *bnw* kronkelend, slingerend ⟨weg, rivier⟩

serrated [se'reɪtɪd] *bnw* getand als een zaag, gezaagd

serried ['serɪd] *bnw* ★ ~ *ranks* gesloten gelederen

serum ['sɪərəm] *zn* ❶ serum, vaccin ❷ serum ⟨(bloed)wei⟩

servant ['sɜːvənt] *zn* ❶ bediende, knecht, dienstbode ★ *public / civil* ~ ambtenaar ❷ diena(a)r(es)

serve [sɜːv] **I** *ov ww* ❶ voldoende zijn (voor), dienst doen, baten, helpen ★ *this will* ~ *four people* dit is genoeg voor vier personen ★ *nothing would* ~ *him but the best* hij was niet tevreden voor hij het beste had ★ ~ *a need* in een behoefte voorzien ★ ~ *a purpose* beantwoorden aan een doel ★ ~ *one's purpose* in de kraam te pas komen ★ ~ *the purpose of* dienst doen als ★ *it has* ~*d its turn* het heeft zijn dienst gedaan ★ ~ *sb a turn* iem. een dienst bewijzen ★ *when occasion* ~*s* als de gelegenheid zich voordoet ★ *as the tide* ~*s* wanneer het getij gunstig is ❷ in dienst zijn (bij) ★ ~ *a company* in dienst zijn van / bij een onderneming ★ ~ *one's apprenticeship* als leerling in dienst zijn, het vak leren ★ ~ *an office* een ambt bekleden ❸ uitdienen ★ ~ *time* (in de gevangenis) zitten ★ ~ *one's time* zijn tijd uitdienen, zijn straf uitzitten ★ ~ *a sentence* een straf uitzitten ❹ behandelen ★ ~*s you right* het goed! ★ *if memory* ~*s* als ik me goed herinner ★ ~ *sb a trick* iem. een poets bakken ❺ bedienen ⟨in winkel⟩ ❻ opdienen, serveren ★ ~ *sb with* iem. bedienen van / met ❼ **sport** serveren ▼ ~ **out** uitdelen, verstrekken, uitdienen ⟨contract⟩, **GB** opdienen ❽ ~ **round** ronddelen, uitdelen ❾ ~ **up** opvoeren ⟨show, vermaak⟩, opdienen ▼ ~ *a summons* 'n dagvaarding betekenen **II** *onov ww* ❶ dienen, dienst doen ★ ~ *as* dienst doen als, dienen tot ★ ~ *on a committee* zitting hebben in een comité ❷ bedienen ⟨in winkel, restaurant⟩ ★ ~ *at table* bedienen ❸ **sport** serveren **III** *zn* **sport** serve, service

server ['sɜːvə] *zn* ❶ **comp** server ❷ **sport** serveerder ❸ (serveer)lepel / -vork ❹ **USA** ober, serveerster ❺ misdienaar, koorknaap

servers ['sɜːvəz] *zn mv* set opscheplepels

service ['sɜːvɪs] **I** *zn* ❶ dienst, instelling, dienstbaarheid ★ *at your* ~ tot uw dienst ★ *be out of* ~ buiten dienst zijn, niet (meer) rijden ⟨v. bus, trein⟩ ★ **mil** *active* ~ actieve dienst ★ *civil* ~ overheidsdienst ★ *military* ~ militaire dienst ★ *national* ~ dienstplicht ★ *can I be of* ~ *to you?* kan ik u van dienst zijn? ★ *can this be of any* ~ *to you?* heb je hier (nog) wat aan? ★ *do sb a* ~ iem. een dienst bewijzen ★ *On Her Majesty's* ~ Dienst ⟨op poststuk⟩ ❷ *have seen* ~ veel gebruikt zijn ★ *local* ~ buurtverkeer ★ *merchant* ~ koopvaardij(vloot) ❷ onderdeel van de krijgsmacht ⟨leger, marine. luchtmacht⟩ ★ *have seen* ~ een ervaren soldaat / zeeman zijn ❸ bediening, service ⟨in restaurant⟩ ❹ vakkundige verzorging, onderhoud ❺ kerkdienst, liturgische muziek ★ *choral* ~ gezongen kerkdienst ★ *divine* ~ kerkdienst, godsdienstoefening ★ *plain* ~ stille (niet gezongen) kerkdienst ★ **sport** service, opslag ❻ betekening ⟨v. vonnis⟩ **II** *bnw* ❶ dienst- ★ ~ *lift* dienstlift ❷ militair **III** *ov ww* ❶ een onderhoudsbeurt geven ❷ – voorzien van, verzorgen

serviceable ['sɜːvɪsəbl] *bnw* nuttig, bruikbaar, praktisch ★ *these shoes have been very* ~ deze schoenen hebben zeer goed voldaan

service area *zn* stopplaats ⟨aan autoweg, met wegrestaurant, benzinestation enz.⟩

service centre *zn* servicepunt

service charge *zn* ❶ administratiekosten, behandelingskosten ❷ bedieningsgeld ❸ servicekosten

service contract *zn* onderhoudscontract

service flat *zn* verzorgingsflat

service hatch *zn* doorgeefluik

service industry *zn* dienstverlenend bedrijf, tertiaire sector

serviceman ['sɜːvɪsmən] *zn* ❶ militair ❷ (onderhouds)monteur

service pipe *zn* gas- of waterleiding

service provider *zn* ❶ dienstverlener ❷ **IT** provider

service road *zn* ventweg

services GB *zn mv* stopplaats ⟨aan autoweg, met wegrestaurant, benzinestation enz.⟩

service station *zn* benzinestation, servicestation

serviette [sɜːvɪ'et] **GB** *zn* servet

servile ['sɜːvaɪl] *bnw* slaafs, kruiperig

servility [sɜː'vɪlətɪ] *zn* kruiperigheid, slaafsheid

serving ['sɜːvɪŋ] *zn* portie

serving spoon *zn* opscheplepel

servitude ['sɜːvɪtjuːd] *zn* ❶ slavernij ❷ dienstbaarheid ★ *a life of* ~ een leven van dienstbaarheid

sesame ['sesəmɪ] *zn* sesamzaad

session ['seʃən] *zn* ❶ zitting(speriode), bijeenkomst, sessie ⟨ook in samenstellingen⟩ ★ *a recording* ~ een opnamesessie ★ *a drinking* ~ een zuipparti j ★ *be in* ~ zitting houden ❷ academiejaar, schooljaar ❸ **muz** (jam)sessie

sestet [ses'tet] *zn* sextet

set [set] **I** *ov ww* **(onregelmatig)** ❶ zetten, stellen, plaatsen ★ *set eyes on* zien, aanschouwen ★ *set foot on* betreden ★ *set limits to* paal en perk stellen aan ★ *set high / low standards* hoge / lage eisen stellen ❷ brengen, veroorzaken, richten ★ *set everybody laughing* iedereen doen lachen ★ *set fire to* in brand steken ★ *set on fire* in brand steken ★ *set sail* uitvaren ★ *set free* bevrijden, vrijlaten ★ *set loose* vrijlaten, loslaten ★ *set going* op gang brengen ★ *set on edge* prikkelen, irriteren ★ *set right* in orde brengen, verbeteren, rechtzetten, rehabiliteren ★ *set at rest* kalmeren, tot bedaren brengen ❸ instellen ⟨apparaat⟩, gelijkzetten ⟨klok⟩ ❹ vaststellen, opstellen ★ *set a date / price for sth* een datum / prijs voor iets vaststellen ❺ opgeven ⟨taak, huiswerk⟩ ❻ laten plaatsvinden / afspelen ★ *the film is set in Sweden* de film speelt zich af in Zweden ❼ klaarzetten ★ *set the table* de tafel dekken ❽ zetten ⟨gebroken been⟩ ★ *his leg was set in hospital* zijn been is in het ziekenhuis gezet ❾ vatten, inzetten ⟨edelstenen⟩ ▼ *set one's face against* stelling nemen tegen ▼ *set little / much by* weinig / veel waarde hechten aan ▼ *set store by* grote waarde hechten aan ❿ ~ **against** stellen tegenover, opzetten tegen ★ *he set himself against me* hij stelde zich tegenover mij ★ *she set him against me* ze zetten hem tegen me op ⓫ ~ **apart** opzijleggen ★ *my tickets were set apart* mijn kaartjes werden opzijgelegd ⓬ ~ **aside** aan de kant zetten ★ *our drawings were set aside* onze tekeningen werden aan de kant gezet ⓭ ~ **back** terugzetten, achteruitzetten, hinderen ★ *he was set back a year* hij is een jaar teruggezet ★ *the chairs were set back* de stoelen werden achteruitgezet ★ *they were set back by the crisis* ze werden door de crisis gehinderd ⓮ ~ **before** voorleggen ★ *the plans were set before them* de plannen werden aan hen voorgelegd ⓯ ~ **by** terzijde leggen, reserveren ⓰ ~ **down** neerzetten ★ *set down as* beschouwen als, houden voor ★ *set down to* toeschrijven aan ⓱ ~ **forth** uiteenzetten ⓲ ~ **off** doen uitkomen, doen afgaan, aan het... brengen ★ *the pretty necklace set off her neck* de leuke ketting deed haar hals mooi uitkomen ★ *they set off the fireworks* ze deden het vuurwerk afgaan ★ *she set the baby off crying* ze bracht de baby aan het huilen ★ *set off against* stellen tegenover ⓳ ~ **on** ophitsen tegen ★ *they set the dog on the cat* ze hitsten de hond tegen de kat op ⓴ ~ **out** uitstallen, klaarzetten, uiteenzetten ★ *the books were set out at the fair* de boeken waren op de markt uitgestald ★ *the table was set out beautifully* de tafel was mooi klaargezet ★ *the ideas were set out* de ideeën werden uiteengezet ㉑ ~ **up** rechtop zetten, opstellen, beginnen, installeren, veroorzaken, klaarzetten ★ *he set up the statue* hij zette het beeld rechtop ★ *he set up a new file* hij begon aan een nieuw bestand ★ *they set up the bookcase* ze installeerden de boekenkast ★ inform *she is innocent and he set her up* ze is onschuldig en hij heeft haar erin laten lopen ★ *set sb up in business* iem. in een zaak zetten ★ *set yourself up for* zich voorbereiden op ★ *have a drink to set yourself up* neem een borrel ter voorbereiding ㉒ ~ **upon** aanvallen ★ *set upon by a dog* aangevallen door een hond **II** *onov ww* ⟨onregelmatig⟩ ❶ ondergaan ⟨v. zon, maan⟩ ❷ vast worden, stollen ❸ zetten ⟨v.e. vrucht⟩ ❹ ~ **about** beginnen, aanpakken ★ *she set about the problem* ze pakte het probleem aan ❺ ~ **forth** op weg gaan ❻ ~ **in** definitief

beginnen ★ *the rain set in* het begon echt te regenen ❼ ~ **off** vertrekken ❽ ~ **out** vertrekken, beginnen, zich ten doel stellen ★ *they set out to conquer Rome* ze wilden Rome gaan veroveren ★ *set out on a journey* op reis gaan ❾ ~ **to** beginnen, aanvallen ★ *set to work* aan het werk gaan ❿ ~ **up** ★ *set up in business* een zaak beginnen **III** *zn* ❶ stel ⟨bijeenhorende zaken⟩, rij, serie, set ★ *set of teeth* gebit ❷ toestel, installatie, apparatuur ❸ set ⟨onderdeel v.e. partij tennis, volleybal⟩ ❹ filmlocatie ❺ stand, kring⟨en⟩ ★ *he belongs to the top set* hij hoort bij de hoogste stand ❻ richting, loop ❼ ⟨wiskundige⟩ verzameling **IV** *bnw* ❶ vast⟨gesteld⟩ ★ *set price* vaste prijs ★ *the books are set* verplichte lijst met boeken ❷ gesteld ❸ opgesteld, vastgesteld ❹ strak, stijf, onveranderlijk ★ *set in his ways* eigengereid ★ *set ideas* vastgeroeste ideeën ★ *set fair* bestendig ⟨v. weer, omstandigheden⟩ ★ *set teeth* opeengeklemd tanden ❺ klaar, gereed ★ *all set* iedereen klaar ★ *be set on sth* ergens zijn zinnen op gezet hebben, verzot zijn op iets

setback ['setbæk] *zn* tegenslag, terugval, fig klap ★ *suffer a ~* tegenslag ondervinden

set point *zn* setpoint, setpunt ⟨beslissend punt voor de set⟩

settee [se'tiː] *zn* sofa, bank

setter ['setə] *zn* setter ⟨(jacht)hond⟩

setting ['setɪŋ] *zn* ❶ omgeving, achtergrond ★ *what a beautiful ~* wat een prachtige omgeving ★ *the ~ of the story* de achtergrond van het verhaal ❷ in- / afstelling, stand ⟨thermostaat⟩ ❸ muzikaal arrangement ★ *the ~ of the poem* het muziekarrangement van het gedicht ❹ montuur ⟨v. edelstenen⟩, montering ★ *the ~ of a microscope* de montering van een microscoop ❺ couvert ⟨bij diner⟩

settle ['setl] **I** *ov ww* ❶ regelen, afspreken, in orde maken, vereffenen ★ *~ one's affairs* zijn zaken in orde maken, zijn zaken regelen ★ *let's ~ the bill* laten we de rekening betalen ❷ vestigen, installeren, koloniseren ★ *he ~d himself in the best chair* hij ging in de beste stoel zitten ★ *the islands were ~d in 1653* de eilanden werden in 1653 gekoloniseerd ❸ beslissen, besluiten ❹ doen bedaren ★ *~ one's children* zijn kinderen kalmeren ❺ ~ **down** tot bedaren / rust brengen ❻ ~ **up** (definitief) in orde brengen, vereffenen, afrekenen **II** *onov ww* ❶ zich vestigen, vaste woonplaats kiezen ★ *he ~d in London* hij vestigde zich in Londen ❷ gaan zitten, zich installeren ★ *~ to sleep* gaan liggen om te slapen ❸ geregeld gaan leven ❹ bedaren ★ *the baby ~d* de baby werd rustig ❺ bezinken, neerslaan ⟨in vloeistof⟩ ★ *stand beer to ~* bier neerzetten om helder te laten worden ★ *the sediment ~d at the bottom* het bezinksel bleef onderin liggen ❻ zich vastzetten ★ *the snow ~d on the roofs* de sneeuw bleef op de daken liggen ❼ ~ **down** geregeld gaan leven, wennen, vast worden, tot bedaren / rust komen ★ *~ down in front of the telly* zich installeren voor de tv ★ *~ down to sth* zich toeleggen op iets, aan iets beginnen ❽ ~ **for** genoegen nemen met ❾ ~ **in** zich installeren / vestigen

⓾ ~ on ★ *they ~d on this house* ze besloten dit huis te nemen ★ *~ on a date* een datum vaststellen **⓫ ~ out** neerslaan ⟨in vloeistof⟩
settled ['setld] *bnw* ❶ geregeld, verrekend ★ *~ matter* uitgemaakte zaak ❷ gevestigd ❸ vast, bedaard, bezadigd ★ *~ habit* vaste gewoonte ★ *~ weather* rustig, bestendig weer
settlement ['setlmənt] *zn* ❶ kolonie, nederzetting, kolonisatie ❷ overeenkomst, regeling ★ *make a ~ with* een schikking treffen met ❸ verrekening ★ *in ~ of* ter vereffening van
settler ['setlə] *zn* kolonist
set-to ['settu:] *zn* ruzie ★ *they had ~'s* zij hadden woorden
set-up *zn* ❶ structuur, organisatie ★ *the club's present ~* de huidige structuur van de club ★ *the whole ~ is run by one person* de hele organisatie wordt door een persoon geleid ❷ regeling ❸ inform valstrik, hinderlaag ❹ comp installatieprocedure
seven ['sevən] **I** *telw* zeven **II** *zn* zeven
seventeen [sevən'ti:n] *telw* zeventien
seventeenth [sevən'ti:nθ] *telw* zeventiende
seventh ['sevənθ] *telw* zevende
seventieth ['sevəntrəθ] *telw* zeventigste
seventy ['sevəntɪ] *telw* zeventig ★ *be in one's seventies* in de zeventig zijn
sever ['sevə] *ov ww* (af)scheiden, afhouwen, verbreken ★ *~ o.s. from* breken met
several ['sevrəl] *bnw* verscheiden(e) ★ *~ times / people* een aantal keren / mensen ★ *they went their ~ ways* ieder ging zijn eigen weg ★ *they ~ly identified the prisoners* ieder voor zich identificeerden zij de gevangenen ★ jur *jointly and ~ly* hoofdelijk en gezamenlijk
severance ['sevərəns] *zn* verbreking, scheiding ★ *the ~ of links with the government* de verbreking van banden met de regering
severance pay *zn* ontslagvergoeding
severe [sɪ'vɪə] *bnw* ❶ streng, meedogenloos, hard ★ *a ~ punishment* een meedogenloze straf ★ *leave ~ly alone* ver van afhouden van ❷ ernstig, zwaar ★ *~ injuries* ernstige / zware verwondingen ★ *~ problems* ernstige / serieuze problemen ❸ sober, eenvoudig ★ *a ~ hairstyle* een eenvoudig kapsel ❹ hevig, ruw ⟨v. weer⟩
severity [sɪ'verətɪ] *zn* ❶ strengheid, hevigheid, hardheid ❷ soberheid
sew [səʊ] [onregelmatig] *ov ww* ❶ naaien, vastnaaien, innaaien, hechten ❷ **~ on/in** aannaaien, aanzetten ❸ **~ up** dichtnaaien ★ ⟨bv. wond⟩, inform regelen, met succes afsluiten ★ inform *they had it all sewn up* ze hadden het helemaal voor elkaar
sewage ['su:ɪdʒ] *zn* rioolvuil / -water
sewage farm GB *zn* rioolwaterzuivering(sinstallatie)
sewage works GB *zn* waterzuivering(sinstallatie)
sewed *ww* [verleden tijd + volt. deelw.] → **sew**
sewer ['su:ə] *zn* riool
sewerage ['su:ərɪdʒ] *zn* ❶ riolering ❷ rioolwater
sewing ['səʊɪŋ] *zn* (het) naaien, naaiwerk
sewing machine ['səʊɪŋməʃi:n] *zn* naaimachine
sewn [səʊn] *ww* [volt. deelw.] → **sew**
sex [seks] **I** *zn* ❶ seks ★ *have sex* vrijen ★ *(have)*

safe sex veilig vrijen ❷ geslacht ★ *the opposite sex* het andere geslacht ★ *the fair(er) sex* het zwakke geslacht ⟨vrouwen⟩ **II** *ov ww* ❶ seksen ⟨geslacht bepalen⟩ ❷ inform **~ up** opvrijen, opleuken, sappiger maken ⟨v. tekst⟩
sexagenarian [seksədʒə'neərɪən] *zn* zestigjarige
sex appeal *zn* sexappeal, seksuele aantrekkingskracht
sex bomb [seksbɒm] *zn* seksbom
sex change *zn* geslachtsverandering
sex drive *zn* geslachtsdrift, zin in seks
sex education *zn* seksuele voorlichting
sexism ['seksɪzəm] *zn* seksisme
sexist ['seksɪst] *zn* seksist
sexless ['seksləs] *bnw* ❶ geslachtloos ❷ seksueel ongevoelig ❸ seksloos, niet sexy
sex object *zn* lustobject, seksobject
sex offender *zn* zedendelinquent
sexology *zn* seksuologie
sexpot inform *zn* ❶ seksbom, stoeipoes ❷ sexy vrouw
sextet [seks'tet] *zn* ❶ muz sextet ❷ zestal
sexton ['sekstn] *zn* koster
sexual ['sekʃʊəl] *bnw* geslachtelijk, seksueel ★ *~ reproduction* geslachtelijke voortplanting
sexuality [sekʃʊ'ælətɪ] *zn* seksualiteit
sex worker *zn* sekswerker, prostituee
sexy ['seksɪ] *bnw* ❶ sexy, pikant ❷ inform aantrekkelijk ★ *hunger is not a sexy subject for journalists* journalisten lopen niet echt warm voor het onderwerp honger
sez [sez] *ww* ★ *sez you!* je kan wel zo veel zeggen!
SF *afk, Science Fiction* sf, sciencefiction
sh [ʃ] *tw* sst!
shabby ['ʃæbɪ] *bnw* ❶ haveloos, onverzorgd ❷ armoedig, armzalig ❸ schandalig ★ *that was ~ behaviour* dat was schandalig gedrag
shack [ʃæk] **I** *zn* hut, keet, huisje **II** *onov ww* **~ up (with)** samen (gaan) wonen (met), hokken (met)
shackle ['ʃækl] **I** *zn* ❶ boei ★ *throw off the ~s of slavery* de ketenen van de slavernij verbreken ❷ beugel, sluiting **II** *ov ww* ❶ boeien, kluisteren ❷ form belemmeren
shade [ʃeɪd] **I** *zn* ❶ schaduw(plek) ★ *sit in the ~* in de schaduw zitten ★ fig *put sth in the ~* iets in de schaduw stellen ❷ scherm, lampenkap, zonneklep, stolp, USA rolgordijn ❸ schakering, tint, nuance ❹ schim ❺ zweem(pje), schijntje ★ *I feel a ~ better* ik voel me een klein beetje beter **II** *ov ww* ❶ beschermen, afschermen ★ *~ one's eyes* zijn hand boven de ogen houden ❷ **shade in** arceren **III** *onov ww* **~ into** overgaan in
shades [ʃeɪds] USA inform *zn mv* zonnebril
shading ['ʃeɪdɪŋ] *zn* ❶ (het) schaduwen, arcering ⟨in tekeningen⟩ ❷ nuance, nuancering
shadow ['ʃædəʊ] **I** *zn* ❶ schaduw ⟨bv. op een muur, de grond⟩ ★ fig *in the ~ of* onder de schaduw van, vlak bij ★ fig *live in the ~ of sb* bij iem. in de schaduw staan ★ inform *five o'clock ~* stoppelbaard die tegen de avond verschijnt ❷ schim, geest ❸ kring ★ *~s under the eyes* kringen onder de ogen ❹ schijn(tje), zweem ★ *beyond / without the ~ of a doubt* zonder ook maar de minste twijfel **II** *ov ww* ❶ schaduwen, volgen (als een schaduw) ❷ in de schaduw

sh

zetten

shadow cabinet *zn* schaduwkabinet

shadow minister *zn* schaduwminister

shadowy ['ʃædəʊɪ] *bnw* ❶ schaduwrijk ❷ onduidelijk ★ ~ *arms deals* onduidelijke / schimmige wapentransacties

shady ['ʃeɪdɪ] *bnw* ❶ schaduwrijk ❷ onbetrouwbaar, twijfelachtig, louche ★ *a ~ person* een onbetrouwbare persoon

shaft [ʃɑːft] **I** *zn* ❶ schacht ⟨v. lift, mijn⟩ ★ *ventilating* ~ luchtschacht ❷ schacht ⟨v. pijl, speer⟩, steel ⟨v. gereedschap⟩ ❸ stang ❹ straal ★ ~ *of light* lichtstraal ❺ dicht pijl, schicht ❻ disselboom **II** *ov ww* ❶ inform belazeren ❷ vulg neuken

shag [ʃæg] **I** *zn* ❶ aalscholver ❷ vulg nummertje ⟨seks⟩ ❸ shag ⟨tabak⟩ **II** *ov ww* vulg neuken **III** *onov ww* vulg neuken

shagged, shagged out GB vulg *bnw* afgepeigerd, doodop

shaggy ['ʃægɪ] *bnw* ruig(harig)

shah [ʃɑː] *zn* sjah

shake [ʃeɪk] **I** *ov ww* [onregelmatig] ❶ (doen) schudden ★ ~ *your fist at sb* iem. dreigen met de vuist ★ ~ *hands* een hand geven ❷ doen wankelen, van streek brengen, schokken ❸ ~ **down** af-/ uitschudden, USA afpersen ❹ ~ **off** (van zich) afschudden, USA ❺ ~ **out** leeg-/ uitschudden, uitspreiden ★ *the seeds were ~n out on the grass* de zaadjes werden over het gras uitgespreid ❻ ~ **up** door elkaar schudden, wakker maken, reorganiseren **II** *onov ww* [onregelmatig] ❶ schudden ★ *he shook with laughter* hij schudde van het lachen ★ *let's ~ on it* geef me de vijf!, je hand erop! ★ USA ~! geef me de vijf!, je hand erop! ❷ wankelen, van streek raken, schokken ❸ trillen, beven, vibreren ★ ~ *in your shoes* beven v. schrik ❹ inform ~ **down** (beginnen te) wennen, op orde komen, gaan slapen ⟨niet in bed, maar in stoel, op grond⟩ ★ *the company was shaking down after the merger* het bedrijf kwam weer op orde na de fusie **III** *zn* ❶ schok, ruk, het schudden ★ *give it a good ~* goed schudden ★ *in a ~ / two ~s* in een wip ❷ (t)rilling ★ *he was all of a ~* hij stond te rillen als een rietje ★ *get the ~s* de bibbers krijgen, trillen ⟨v.d. zenuwen, alcohol⟩ ❸ milkshake

shakedown ['ʃeɪkdaʊn] *zn* ❶ grondig onderzoek, (politie)inval ❷ USA afpersing ❸ laatste test(rit / -vlucht)

shaken ['ʃeɪkən] *ww* [volt. deelw.] → **shake**

shake-out inform *zn* reorganisatie ⟨waarbij de zwakkere bedrijven afvallen of overgenomen worden⟩

shaker ['ʃeɪkə] *zn* shaker ⟨voor cocktails⟩

shake-up inform *zn* reorganisatie ⟨om de efficiëntie te verhogen⟩

shaky ['ʃeɪkɪ] *bnw* wankel, beverig, zwak ★ ~ *promise* vage belofte ★ *get off to a ~ start* moeizaam op gang komen ★ *my English is a bit* ~ mijn Engels is een beetje zwak

shale [ʃeɪl] *zn* zachte leisteen

shall [ʃæl] *hww* zal, zullen, zult, moet ★ *I* ~ *never forget his kindness* ik zal zijn vriendelijkheid nooit vergeten ★ *nobody* ~ *be permitted*

niemand mag worden toegelaten ★ ~ *I do the cooking?* zal ik koken?

shallot [ʃə'lɒt] *zn* sjalot

shallow ['ʃæləʊ] *bnw* ❶ ondiep, laag ★ *the* ~ *end of the pool* het ondiepe gedeelte van het zwembad ★ ~ *breathing* vlakke ademhaling ❷ oppervlakkig ★ ~ *arguments* oppervlakkige argumenten

shallows ['ʃæləʊz] *zn mv* ondiepe plaats, ondiepte, zandbank ★ *fish from the* ~ *of the Atlantic* vis uit de ondiepe delen van de Atlantische Oceaan

shalt [ʃælt] *ww* form (gij) zult ★ *thou* ~ *not kill* gij zult niet doden

sham [ʃæm] **I** *zn* ❶ namaak, schijn, verlakkerij, kitsch ★ *the reforms are a sham* de hervormingen zijn een schijnvertoning ❷ komediant, bedrieger ★ *he was a sham* hij was niet wat hij zei dat hij was **II** *bnw* vals, niet echt, voorgewend ★ *a sham marriage* een schijnhuwelijk **III** *onov ww* simuleren, voorwenden ★ *sham dead / ill / sleep* zich dood / ziek / slapend houden

shamble ['ʃæmbl] *onov ww* sloffen, schuifelen

shambles ['ʃæmblz] *zn* janboel, bende, rotzooi ★ *the room is a* ~ de kamer is een een grote bende ★ *my life was in a* ~ mijn leven lag in puin

shame [ʃeɪm] **I** *zn* ❶ schaamte ★ *for* ~! foei!, schaam je! ★ *put to* ~ beschamen ★ ~ *on you!* foei!, schaam je! ★ *have no* ~ geen schaamte kennen, schaamteloos zijn ❷ schande, zonde ★ *what a* ~! zonde!, wat jammer! **II** *ov ww* beschamen, te schande maken, schande brengen over ★ *their behaviour has ~d the team* hun gedrag beschaamde het team ★ ~ *sb into doing sth* iem. zich zo laten schamen dat hij iets gaat doen ⟨wat hij eerst niet wilde⟩

shamefaced [ʃeɪm'feɪst] *bnw* bedeesd, schuchter

shamefacedly [ʃeɪm'feɪsɪdlɪ] *bijw* beschaamd

shameful ['ʃeɪmfʊl] *bnw* schandelijk

shameless ['ʃeɪmləs] *bnw* schaamteloos

shammy ['ʃæmɪ] *zn* gemzenleer, zeemleer

shampoo [ʃæm'puː] **I** *zn* ❶ shampoo, haarwasmiddel ❷ haarwassing, wasbeurt ★ *give yourself a* ~ je haar wassen met shampoo **II** *ov ww* het haar wassen, shampooën, met shampoo reinigen

shamrock ['ʃæmrɒk] *zn* klaverblad ⟨embleem van Ierland⟩

shank [ʃæŋk] *zn* ❶ anat (scheen)been ❷ schacht, steel ★ *the* ~ *of a key* de steel van een sleutel

shan't [ʃɑːnt] *samentr, shall not* → **shall**

shanty ['ʃæntɪ] *zn* hut, keet

shanty town *zn* sloppen(wijk), krotten

shape [ʃeɪp] **I** *zn* ❶ vorm, gedaante ★ *take* ~ vaste vorm aannemen ★ *is that the* ~ *of things to come?* staat ons dat te wachten? ★ *lick / knock / whip into* ~ fatsoeneren, in een betere vorm brengen ❷ (lichamelijke) conditie ★ *be in* ~ in (goede) conditie zijn, in vorm zijn ★ *be out of* ~ in slechte conditie zijn **II** *ov ww* ❶ vormen, modelleren, maken, regelen, beïnvloeden ★ *it* ~*d my life* het beïnvloedde mijn leven ❷ ~ **to** aanpassen aan ★ ~ *according to the latest fashion* aanpassen aan de laatste mode **III** *onov ww* ❶

★ ~ **well** er goed voorstaan ★ *it is shaping (up)
well* het begint er aardig op te lijken ❷ ~ **up**
zich ontwikkelen ★ *he ~d up well* hij presteerde
goed
shaped [ʃeɪpt] *bnw* gevormd ★ *egg-~* eivormig
shapeless [ˈʃeɪpləs] *bnw* vormeloos ★ *a ~ garment*
een vormeloos kledingstuk
shapely [ˈʃeɪplɪ] *bnw* goedgevormd, mooi, knap
shard [ʃɑːd] *zn* scherf
share [ʃeə] **I** *ov ww* ❶ delen, verdelen ★ *we ~d our
chocolate with him* we hebben onze chocola
met hem gedeeld ★ *we ~d our lunch* we hebben
onze lunch verdeeld ★ *we ~d the bad news* we
hebben het slechte nieuws verteld ❷ ~ **out**
verdelen, uitdelen **II** *onov ww* ❶ delen,
verdelen ★ ~ *and ~ alike* gelijk opdelen
❷ meedelen, vertellen ★ *thanks for sharing* dank
je dat je het met ons hebt willen delen **III** *zn*
❶ (aan)deel, portie ★ *go ~s* samen delen ❷ *econ*
aandeel, effect ❸ ploegschaar ▾*fig a ~ of the
cake / pie* een stuk van de koek ⟨een deel van de
opbrengst⟩
shareholder [ˈʃeəhəʊldə] *zn* GB aandeelhouder
share-out *zn* uitdeling, verdeling
share price *zn* aandelenkoers
shareware [ˈʃeəweə] *zn comp* shareware
⟨software die je eerst gratis kunt uitproberen⟩
sharia *zn* sharia ⟨islamitische wetgeving⟩
shark [ʃɑːk] *zn* ❶ haai ❷ afzetter, woekeraar
❸ USA uitblinker
sharp [ʃɑːp] **I** *bnw + bijw* ❶ scherp, puntig ★ *a ~
contrast* een scherp / duidelijk contrast ❷ goed
bij, pienter, gehaaid ★ *a ~ mind* een heldere
geest ★ ~ *at sums* vlug in het rekenen ❸ bits,
vinnig, gemeen ★ ~ *words* gemene woorden
★ *oud ~ practices* oneerlijke praktijken ❹ vlug,
plots, scherp ★ *a ~ bend* een scherpe bocht ★ *a ~
pain* plotseling een scherpe pijn ★ *look ~!* vlug,
opschieten! ★ ~*'s the word* opschieten geblazen,
dus ❺ hevig ★ ~ *frost* hevige vorst ❻ *muz* (met
een halve toon) verhoogd, te hoog, kruis ★ *muz
A ~* aïs **II** *bijw* ❶ scherp ★ *turn ~ left* scherp naar
links draaien ❷ precies ★ *at 6 o'clock ~* klokslag
zes uur, om zes uur precies **III** *zn* ❶ *muz* kruis,
noot met kruis ❷ lange, dunne naald
sharpen [ˈʃɑːpən] *ov ww* ❶ scherp maken, slijpen
❷ verscherpen ★ ~ *(up) your skills* je
vaardigheden aanscherpen / verbeteren
❸ halve toon verhogen
sharpener [ˈʃɑːpənə] *zn* (punten- / messen)slijper
sharp-eyed *bnw* scherpziend, oplettend
sharpshooter [ˈʃɑːpʃuːtə] *zn* scherpschutter
sharp-witted [ʃɑːpˈwɪtɪd] *ov ww* gevat,
scherpzinnig, ad rem
shat [ʃæt] *ww* [verl. tijd + volt. deelw.] → **shit**
shatter [ˈʃætə] *ov ww* ❶ verbrijzelen, vernietigen,
(in stukken) breken ❷ schokken ⟨zenuwen⟩, in
de war brengen ❸ uitputten ★ *I was ~ed* ik was
volkomen uitgeput, ik was afgepeigerd ❹ de
bodem inslaan ★ *he ~ed my hopes* hij sloeg mijn
hoop de bodem in
shatterproof [ˈʃætəpruːf] *bnw* onsplinterbaar
shave [ʃeɪv] **I** *ov ww* [onregelmatig] ❶ scheren
❷ scheren langs ★ *his shot ~d the goalpost* zijn
schot scheerde langs de doelpaal ❸ ~ **off**
afscheren, afschaven, er afhalen ★ *he ~d a*

second off the Olympic record hij haalde een
seconde van het olympisch record af **II** *onov
ww* [onregelmatig] zich scheren **III** *zn* het
scheren ★ *have a ~* zich (laten) scheren ★ *it was
a close ~* het was op het nippertje, het was op
het kantje af
shaved *ww* [verleden tijd + volt. deelw.] → **shave**
shaven *ww* [volt. deelw.] → **shave**
shaver [ˈʃeɪvə] *zn* scheerapparaat
shaving [ˈʃeɪvɪŋ] *zn* (het) scheren ★ ~*s* [mv]
(hout)krullen
shaving brush *zn* scheerkwast
shaving cream *zn* scheercrème
shaving foam *zn* scheerschuim
shaving tackle *zn* scheergerei
shawl [ʃɔːl] *zn* sjaal, omslagdoek
she [ʃiː] **I** *pers vnw* zij **II** *zn* inform vrouwtje, wijfje
★ *is it a he or a she* is het een mannetje of een
vrouwtje ★ *a she-bear* een berin
sheaf [ʃiːf] *zn* [mv: **sheaves**] schoof ⟨graan⟩,
bundel ⟨papieren⟩
shear [ʃɪə] [onregelmatig] **I** *ov ww* ❶ scheren
⟨schapen⟩ ❷ knippen ⟨metaal⟩ ❸ ★ *shorn of*
beroofd van ❹ ~ **off** afbreken, afknappen ★ *the
plane ~ed off the tops of the trees* het vliegtuig
heeft de toppen van de bomen afgeschoren
II *onov ww* ~ **off** afbreken, afknappen ⟨bv. van
bout, vliegtuigvleugel⟩
shears [ʃɪəz] *zn mv* grote schaar ★ *edging ~*
tuinschaar ★ *pinking ~* kartelschaar
sheath [ʃiːθ] *zn* ❶ schede ❷ omhulsel, hoes
❸ nauwsluitende jurk
sheathe [ʃiːð] *ov ww* ❶ in de schede steken,
steken in ❷ dicht bekleden ★ *the fields were ~d
in snow* de velden waren bedekt met sneeuw
sheathing [ˈʃiːðɪŋ] *zn* (beschermende) bekleding,
omhulsel
sheath knife *zn* dolk
sheaves [ʃiːvz] *zn mv* → **sheaf**
shebang [ʃɪˈbæŋ] USA *zn* zootje ★ *the whole ~* het
hele zootje
shed [ʃed] **I** *zn* ❶ schuur, keet, afdak ❷ loods **II** *ov
ww* [onregelmatig] ❶ zich ontdoen van,
afwerpen ⟨van horens⟩, verliezen ⟨van haar⟩,
wisselen ⟨van tanden⟩, ruien ★ *he shed layers of
clothing* hij ontdeed zich van diverse lagen
kleding ★ *shed a few pounds* een paar ponden
afvallen / kwijtraken ❷ vergieten ★ *much blood
was shed* er werd veel bloed vergoten
she'd [ʃiːd] *samentr* ❶ *she had* → **have** ❷ *she would*
→ **will**
she-devil *zn* duivelin
shedloads *zn mv* ladingen, massa's ★ *that'll cost
~* dat kost scheppen / bakken met geld
sheen [ʃiːn] *zn* glans, pracht
sheep [ʃiːp] *zn* schaap ★ *the black ~* het zwarte
schaap ★ *separate the ~ from the goats* het kaf
van het koren scheiden
sheepdog [ˈʃiːpdɒɡ] *zn* herdershond
sheepfold [ˈʃiːpfəʊld] *zn* schaapskooi
sheepish [ˈʃiːpɪʃ] *bnw* schaapachtig, stompzinnig
★ *she gave him a ~ look* ze keek hem
stompzinnig aan
sheep-pen *zn* schaapskooi
sheepskin [ˈʃiːpskɪn] *zn* ❶ schapenleer,
nappa(leer) ❷ schapenvacht

sh

sheepstation ['ʃiːpsteɪʃən] *zn* AUS schapenfokkerij

sheer [ʃɪə] I *bnw* + *bijw* ❶ louter, puur ★ *by ~ luck* door zuiver / puur geluk ★ *~ chocolate* zuivere chocolade ❷ niets anders dan ★ *the ~ size / weight* de omvang / het gewicht alleen al ❸ klinkklaar ★ *~ nonsense* klinkklare onzin ❹ loodrecht, steil ★ *the cliff dropped ~ into the sea* de klif ging loodrecht naar beneden de zee in ❺ ijl, doorschijnend ★ *~ cloth* zeer dunne stof II *onov ww ~ off* uit de weg gaan, (erg) uitwijken III *zn* ❶ dunne stof ❷ zwenking

sheet [ʃiːt] I *zn* ❶ vel (papier), blad, krantje ★ *a free ~* een huis aan huis blad ❷ laken ★ *as white as a ~* lijkbleek ★ *fitted ~* hoeslaken ❸ plaat (van glas, staal, plastic) ❹ vlak(te) ★ *a ~ of ice* een ijsvlakte ❺ scheepv schoot ❻ grote hoeveelheid ★ *a ~ of fire* een vuurzee ★ *come down in ~s* in stromen neerkomen (neerslag) ★ *a clean ~* een schone lei II *ov ww* met een laken, enz. bedekken ★ *~ (home)* met schoot vastzetten ⟨v. zeil⟩

sheet anchor *zn* ❶ plechtanker ❷ fig laatste redmiddel

sheeting ['ʃiːtɪŋ] *zn* ❶ lakenstof ❷ bekleding ★ *plastic / metal ~* plastic / metalen bekleding

sheet lightning *zn* weerlicht

sheet metal *zn* ❶ gewalst metaal ❷ plaatstaal, plaatijzer

sheet music *zn* muz bladmuziek

sheikh [ʃiːk, ʃeɪk] *zn* sjeik

sheikhdom ['ʃeɪkdəm] *zn* sjeikdom

shekel ['ʃekl] *zn* ❶ sikkel ⟨oud(e) Hebreeuws(e) munt / gewicht⟩, zilverling ❷ sjekel ⟨Israëlische munt⟩

shelf [ʃelf] *zn* [mv: **shelves**] ❶ plank, schap, vak ★ *off the ~* uit voorraad leverbaar ★ *take sth off the shelves* iets uit de schappen / winkels halen ⟨onveilig product⟩ ★ fig *on the ~* aan de kant (gezet) ❷ (rots)rand ❸ klip, zandbank ★ *continental ~* continentaal plat

shelf company *zn* brievenbusfirma

shelf filler *zn* vakkenvuller

shelf life *zn* houdbaarheid ⟨van levenswaren e.d.⟩ ★ *limited ~* beperkte houdbaarheid

shell [ʃel] I *zn* ❶ schelp, schaal ★ fig *come out of one's ~* loskomen ★ fig *retire / withdraw into one's ~* in zijn schulp kruipen ❷ dop, peul ★ *in the ~* in de dop ❸ (om)huls(el) ❹ granaat ★ *blind ~* blindganger ⟨explosief⟩ ❺ geraamte, romp ❻ USA patroon II *ov ww* ❶ schillen, pellen, uit dop / schaal halen ❷ mil bombarderen, onder artillerievuur nemen ❸ *~ inform out* dokken, betalen ★ *have to ~ out $900 000 for a small apartment* $900.000 moeten neerleggen voor een klein appartement III *onov ww ~ inform out* (flink) dokken, (veel) betalen ★ *have to ~ out for sth* flink moeten dokken voor iets

she'll [ʃiːl] *samentr, she will* → **will**

shellac [ʃəˈlæk] I *zn* schellak II *ov ww* met schellak vernissen

shell company *zn* lege vennootschap

shell crater *zn* granaattrechter

shellfire ['ʃelfaɪə] *zn* granaatvuur

shellfish ['ʃelfɪʃ] *zn* schaal- en schelpdieren

shellproof ['ʃelpruːf] *bnw* bomvrij

shell shock ['ʃelʃɒk] *zn* shocktoestand ⟨in oorlog⟩

shell suit *zn* (nylon) trainingspak

shelter ['ʃeltə] I *zn* ❶ beschutting, bescherming, onderdak ★ *take / seek ~ from the rain* schuilen voor de regen ❷ schuilplaats, doorgangshuis, asiel ❸ ligtent ❹ tram- / wachthuisje II *ov ww* beschutten, beschermen, een schuilplaats / onderdak verlenen ★ *~ed life* onbezorgd leven ★ *~ed trades* beschermde bedrijven III *onov ww* (zich ver)schuilen

shelve [ʃelv] I *ov ww* ❶ op de plank zetten, wegzetten ★ fig *he ~d the idea for a little while* hij heeft het idee een tijdje uitgesteld ❷ van planken / schappen voorzien II *onov ww* glooien, geleidelijk aflopen

shelves [ʃelvz] *zn mv* → **shelf**

shelving ['ʃelvɪŋ] *zn* ❶ (kast)planken, schappen ❷ materiaal voor planken

shenanigans [ʃɪˈnænɪɡənz] *zn mv* ❶ verlakkerij ❷ uitgelaten, dolzinnig gedoe, keet

shepherd ['ʃepəd] I *zn* herder II *ov ww* hoeden, (ge)leiden ★ *teachers ~ed parents into the hall* docenten leidden de ouders de zaal in

shepherd's pie *zn* (lams)gehakt met puree

sherbet ['ʃɜːbət] *zn* ❶ USA sorbet ❷ GB bruispoeder ⟨om te eten of frisdrank v. te maken⟩

sheriff ['ʃerɪf] *zn* USA hoofd van de politie ⟨in een county of district⟩ ★ GB *High Sheriff* ≈ commissaris v.d. koningin

she's [ʃiːz] *samentr* ❶ *she is* → **be** ❷ *she has* → **have**

shh *tw* → **sh**

shield [ʃiːld] I *zn* ❶ schild, wapenschild ❷ bescherming, beschermer II *ov ww* beschermen, afschermen, de hand boven het hoofd houden ★ *he ~ed his children from the press* hij beschermde zijn kinderen tegen de pers

shier [ʃaɪə] *bnw* [vergrotende trap] → **shy**

shiest ['ʃaɪɪst] *bnw* [overtreffende trap] → **shy**

shift [ʃɪft] I *ov ww* ❶ (ver)schuiven, verleggen ★ *he ~ed the blame on me* hij gaf mij de schuld ★ *~ one's ground* het over een andere boeg gooien ★ *he can ~ his food* hij weet wel raad met zijn eten ❷ verwisselen ★ *he ~ed the gears* hij schakelde ❸ verwijderen ★ *he ~ed the stains* hij verwijderde de vlekken ❹ kwijtraken ★ *try and ~ stock* de voorraad proberen kwijt te raken ★ *she had ~ed her cold* ze was haar verkoudheid kwijt II *onov ww* ❶ veranderen (van), wisselen (van) ★ *the wind had ~ed to the east* de wind was naar het oosten gedraaid ❷ (ver)schuiven, zich verplaatsen ★ *the cargo ~ed* de lading begon te werken ❸ zich (zien te) redden ★ *they will have to ~ for themselves* ze zullen zichzelf moeten zien te redden ❹ draaien ★ *he ~ed about in his chair* hij draaide op zijn stoel ❺ schakelen ★ *~ into third gear* schakelen naar de derde versnelling III *zn* ❶ verandering, verschuiving ★ *there has been a recent ~ towards involving more staff* onlangs deed men een poging om het personeel er meer in te betrekken ★ *~ of crops* wisselbouw ❷ verhuizing ❸ ploeg ⟨van arbeiders⟩ ❹ werktijd

shifting ['ʃɪftɪŋ] *bnw* ★ *~ sands* drijfzand, fig steeds veranderende wereld ⟨bv. van de mode,

sociale zekerheid⟩
shift key *zn* hoofdlettertoets
shiftless ['ʃɪftləs] *bnw* zonder initiatief, waar niets vanuit gaat
shifty ['ʃɪftɪ] *bnw* louche, onbetrouwbaar, schichtig ★ ~ *look* schichtige blik
Shiite *zn* sjiiet ⟨lid v. bepaalde stroming binnen de islam⟩
shilling ['ʃɪlɪŋ] *zn* shilling ⟨munt / geldeenheid in gebruik tot 1971⟩
shilly-shally ['ʃɪlɪʃælɪ] *onov ww* weifelen, aarzelen
shimmer ['ʃɪmə] **I** *zn* glinstering **II** *onov ww* glinsteren
shimmy ['ʃɪmɪ] **I** *zn* USA shimmy ⟨dans waarbij je flink met je schouders en heupen naar voren en achteren beweegt⟩ **II** *onov ww* ❶ de shimmy dansen, met ruime schouder- en heupbewegingen dansen / lopen ❷ abnormaal slingeren ⟨van voorwielen⟩, trillen
shin [ʃɪn] **I** *zn* scheen ★ *shin of beef* runderschenkel ★ *kick in the shins* tegen de schenen trappen **II** *onov ww* klauteren ★ *shin up a tree* een boom in klauteren
shin bone ['ʃɪnbəʊn] *zn* scheenbeen
shindig ['ʃɪndɪɡ] inform *zn* ⟨wild⟩ feestje
shindy ['ʃɪndɪ] inform *zn* ruzie, heibel
shine [ʃaɪn] **I** *onov ww* [regelmatig + onregelmatig] ❶ schijnen, (uit)blinken, schitteren, glanzen ★ ~ *at* uitblinken in ❷ ~ *out* helder uitkomen ❸ ~ *through* doorheen schijnen ★ *the meaning finally shone through* de betekenis werd eindelijk duidelijk **II** *ov ww* [regelmatig + onregelmatig] ❶ schijnen ★ *John shone the torch in his face* John scheen met zijn zaklantaarn in zijn gezicht ❷ USA poetsen **III** *zn* ❶ zonneschijn ★ *rain or ~* weer of geen weer ❷ glans, schittering ★ *take the ~ out of* van zijn glans beroven, in de schaduw stellen ❸ USA poetsbeurt▼ USA *take a ~ to* aardig / leuk beginnen te vinden
shiner ['ʃaɪnə] *zn inform* blauw oog
shingle ['ʃɪŋɡl] **I** *zn* ❶ dakspaan, plank ⟨van dak⟩ ❷ kiezelsteen, kiezels ❸ USA naambord ★ *hang out one's ~* een eigen bedrijf vestigen **II** *ov ww* dekken ⟨met dakspanen⟩
shingles ['ʃɪŋɡlz] *zn mv* med gordelroos
shingly ['ʃɪŋlɪ] *bnw* vol kiezel(s)
shin guard ['ʃɪnɡɑːd] *zn* scheenbeschermer
shining ['ʃaɪnɪŋ] *bnw* ★ ~ *example* lichtend voorbeeld
shin pad *zn* scheenbeschermer
shinty ['ʃɪntɪ] *zn* sport shinty ⟨soort hockey⟩
shiny ['ʃaɪnɪ] *bnw* glimmend
ship [ʃɪp] **I** *zn* schip ★ *when one's ship comes in* als het schip met je geld binnenkomt ★ *leave / abandon / desert a sinking ship* een zinkend schip verlaten **II** *ov ww* ❶ aan boord nemen ★ *ship the oars* de riemen inhalen ★ fig *ship a sea* 'n stortzee overkrijgen ❷ verzenden, versturen ★ *the new version will be shipped in November to all users* de nieuwe versie zal in november aan alle gebruikers verstuurd worden ❸ **ship out** verschepen ~ **off** wegsturen **III** *onov ww* aanmonsteren, aan boord gaan

shipboard ['ʃɪpbɔːd] *zn* (scheeps)boord ★ *on ~* aan boord
ship broker *zn* scheepsmakelaar, cargadoor
shipbuilding ['ʃɪpbɪldɪŋ] *zn* scheepsbouw
shipload ['ʃɪpləʊd] *zn* scheepslading, scheepsvracht
shipmaster ['ʃɪpmɑːstə] *zn* kapitein, kapitein-reder
shipmate ['ʃɪpmeɪt] *zn* scheepsmaat, kameraad
shipment ['ʃɪpmənt] *zn* (ver)zending, lading
shipowner ['ʃɪpəʊnə] *zn* reder
ship owner *zn* reder
shipper ['ʃɪpə] *zn* ❶ verscheper ❷ importeur, exporteur
shipping ['ʃɪpɪŋ] *zn* ❶ scheepvaart, schepen ❷ verscheping ❸ verzending, expeditie ★ USA *$9,95 ~ and handling* $9.95 (aan) verzendingskosten
shipping agent *zn* expediteur
shipping lane *zn* scheepvaartroute
shipshape ['ʃɪpʃeɪp] *bnw + bijw* netjes, in orde
shipwreck ['ʃɪprek] **I** *zn* schipbreuk **II** *ov ww* schipbreuk doen lijden **III** *onov ww* schipbreuk lijden ★ *~ed crew* schipbreukelingen
shipwright ['ʃɪpraɪt] *zn* scheepsbouwer
shipyard ['ʃɪpjɑːd] *zn* scheepswerf
shire ['ʃaɪə] *zn* graafschap ★ *the Shires* Leicestershire en Northamptonshire
shirk [ʃɜːk] *ov ww* zich onttrekken aan, verzuimen, ontduiken, spijbelen, lijntrekken
shirker ['ʃɜːkə] *zn* lijntrekker
shirt [ʃɜːt] *zn* ❶ overhemd, sport shirt ★ *keep one's ~ on* zich kalm houden ★ *get a p.'s ~ off* iem. nijdig maken ★ *put one's ~ (up)on sth* zijn laatste cent zetten op iets ★ inform *he would give you the ~ off his back* hij zou alles doen om je te helpen ❷ overhemdbloes
shirt front ['ʃɜːtfrʌnt] *zn* frontje ⟨kledingstuk⟩
shirtsleeves *zn mv* hemdsmouwen ★ *in (one's) ~* in hemdsmouwen
shirt tail *zn* hemdslip
shirty ['ʃɜːtɪ] GB inform *bnw* nijdig, pissig
shit [ʃɪt] vulg **I** *zn* ❶ stront ★ *have a shit* schijten ★ *have the shits* diarree hebben ★ fig *be in deep shit* echt goed in de problemen zitten ★ *feel like shit* je hondsberoerd voelen ★ *treat sb like shit* iem. honds behandelen ❷ rotzooi, onzin ★ *talk shit* onzin verkopen, uit zijn nek lullen ❸ klootzak ★ *he's an arrogant shit* hij is een arrogante lul ❹ has▼ *no shit!* je meent het!▼ *not give a shit about sth / sb* schijt hebben aan iets / iemand▼ *then the shit will hit the fan* dan heb je de poppen aan het dansen, dan breekt de pleuris uit▼ *beat the shit out of sb* iem. helemaal tot moes slaan **II** *onov ww* [onregelmatig] schijten **III** *ov ww* ★ *shit o.s.* het in zijn broek doen ⟨ook van angst, de zenuwen⟩ **IV** *tw* verdomme, shit
shitless vulg *bnw* enorm, te pletter ★ *be scared ~* je het apelazarus schrikken
shitty ['ʃɪtɪ] *bnw* vulg kloterig, klote-
shiver ['ʃɪvə] **I** *onov ww* rillen, trillen ★ ~ *with cold / fear* rillen van de kou / van angst **II** *zn* rilling ★ ~*s down my back* de rillingen over mijn rug ★ *give sb the ~s* iem. doen rillen
shivery ['ʃɪvərɪ] *bnw* rillerig

sh

shoal [ʃəʊl] *zn* ❶ school ⟨van vissen⟩ ★ *in* ~s bij de vleet ❷ zandbank

shock [ʃɒk] I *zn* ❶ schok, ergernis, ontzetting ★ *come as a* ~ *to sb* een complete verrassing zijn voor iem. ❷ zenuwinstorting, shock(toestand) ❸ (elektrische) schok ❹ bos ⟨haar⟩ II *ov ww* ❶ schokken, ergernis wekken, aanstoot geven, choqueren ★ *be* ~*ed at* zich ergeren aan, hevig ontsteld zijn door / over, geschokt zijn door ❷ een (elektrische) schok / stoot geven

shock absorber *zn* schokbreker

shocker [ʃɒkə] *inform zn* ❶ schokkend iets / nieuws / bericht, gruwelroman / -film enz. ❷ onmogelijk iemand ❸ GB schrikbarend slecht iets ★ *the match was a* ~ de wedstrijd was ongelooflijk slecht

shock horror GB *humor tw* schokkend hoor

shocking [ʃɒkɪŋ] *bnw* schokkend, ergerlijk, gruwelijk, zeer onbehoorlijk ★ ~ *news* schokkend nieuws ★ ~ *behaviour* onbehoorlijk / stuitend gedrag

shocking pink *bnw* knalroze

shockproof [ʃɒkpru:f] *bnw* shockproof, schokbestendig

shock therapy *zn* shocktherapie

shock wave *zn* schokgolf, (lucht)drukgolf

shod [ʃɒd] *form bnw* geschoeid ★ *poorly shod* slecht geschoeid

shoddy [ʃɒdɪ] *bnw* (van) slechte kwaliteit, flut-, inferieur

shoe [ʃu:] I *zn* ❶ schoen ★ *if I were in your shoes,...* als ik jou was...., in jouw plaats... ★ USA *if the shoe fits(, wear it)* wie de schoen past(, trekke hem aan) ★ USA *athletic shoe* tennisschoen ★ USA *the shoe is on the other foot* het is precies andersom ❷ hoefijzer II *ov ww* schoeien, beslaan

shoehorn [ʃu:hɔːn] I *zn* schoenlepel II *ov ww* proppen, persen

shoelace [ʃu:leɪs] *zn* schoenveter

shoemaker [ʃu:meɪkə] *zn* schoenmaker

shoe polish *zn* schoensmeer

shoeshine [ʃu:ʃaɪn] *zn* poetsbeurt, het schoenpoetsen

shoestring [ʃu:strɪŋ] *zn* USA schoenveter ★ *live on a* ~ *(budget)* van erg weinig rond moeten komen

shoetree [ʃu:tri:] *zn* schoenspanner

shone [ʃɒn] *ww* [verleden tijd + volt. deelw.] → **shine**

shoo [ʃu:] I *ov ww* ❶ 'kst' roepen tegen ❷ ~ **away** verjagen, wegjagen II *tw* kst!

shook [ʃʊk] *ww* [verleden tijd] → **shake**

shoot [ʃu:t] I *ov ww* ❶ schieten ⟨ook bal, pijl⟩, doodschieten, aanschieten, neerschieten ★ ~ *sb dead* iem. doodschieten ❷ jagen op, afjagen, afschieten ❸ uitsteken, vooruitsteken ★ *his hand shot out to catch it* hij stak zijn hand uit om het te grijpen ❹ toewerpen ⟨blik⟩, afvuren ⟨vragen⟩ ❺ audio-vis filmen, kieken, opnemen ★ *the film was shot in the USA* de film is in de VS opgenomen ❻ spuiten ⟨heroïne⟩ ▼ ~ *a line* opscheppen ★ *be* / *get shot of sth* iets kwijt zijn / kwijtraken ★ ~ **down** neerschieten ★ ~ *down (in flames)* niets heel laten van iets ⟨bv. een voorstel⟩ II *onov ww* ❶ een geweer / pistool enz.

afvuren, schieten ❷ (pijnlijk) steken ★ *a* ~*ing pain* een stekende pijn ❸ (weg)schieten, snel bewegen ★ *a ball of fire shot across the sky* een vuurbal schoot door de lucht ★ ~ *to fame* / *celebrity* heel snel beroemd worden ★ *a* ~*ing star* een vallende ster ❹ ~ **ahead of** voorbijschieten ❺ ~ **up** omhoogschieten ⟨in lengte, van prijzen⟩ ★ *the child shot up* het kind was snel gegroeid III *zn* ❶ scheut, loot ❷ filmopname, fotosessie ❸ jacht IV *tw* ❶ verdomme ❷ USA spreek op

shooter [ʃu:tə] *zn* ❶ schutter ⟨ook in sport⟩, jager ❷ vuurwapen

shooting [ʃu:tɪŋ] *zn* ❶ (het) schieten, schietpartij ❷ (het) jagen, jacht(partij) ❸ (het) opnemen, draaien ⟨van film⟩, opname

shooting gallery *zn* schiettent

shooting match *zn* schietwedstrijd ▼ *the whole* ~ de hele santenkraam

shooting range *zn* schietbaan

shooting stick *zn* zitstok

shoot-out *zn* schietpartij, vuurgevecht

shop [ʃɒp] I *zn* ❶ winkel, zaak, inform kantoor ★ *come to the wrong shop* aan het verkeerde adres zijn ★ *mind the shop* op de winkel passen, (de zaak) waarnemen ★ *shut up shop* de zaak sluiten ⟨'s avonds⟩, de zaak opdoeken ★ *set up shop* een (eigen) zaak beginnen ★ *set up shop (as a translator)* voor jezelf beginnen (als vertaler) ★ *talk shop* over het vak praten ★ *closed shop* bedrijf met verplicht vakbondslidmaatschap voor werknemers ★ *duty-free shop* winkel met belastingvrije artikelen ❷ werkplaats ▼ *all over the shop* overal ▼ *be all over the shop* de kluts kwijt zijn II *ov ww*, GB inform verlinken III *onov ww* ❶ winkelen, boodschappen doen, shoppen ❷ ~ **around** kijken en vergelijken ⟨in winkels⟩

shopaholic [ʃɒpə'hɒlɪk] I *zn* koopziek persoon II *bnw* koopziek

shop assistant GB *zn* winkelbediende

shop floor [ʃɒp'flɔ:] *zn* werkvloer, personeel ⟨tegenover het management⟩

shopkeeper [ʃɒpkiːpə] *zn* winkelier

shoplifter [ʃɒplɪftə] *zn* winkeldief

shoplifting [ʃɒplɪftɪŋ] *zn* winkeldiefstal

shopper [ʃɒpə] *zn* ❶ koper, klant ❷ boodschappentas (op wieltjes) ▼ *personal* ~ iem. die de boodschappen voor je doet of je daarbij adviseert

shopping [ʃɒpɪŋ] *zn* ❶ boodschappen, inkopen ★ *do the* ~ de boodschappen doen ❷ het winkelen ★ *go* ~ gaan winkelen / shoppen ★ ~ *cart* / *trolley* winkelwagentje

shopping bag *zn* boodschappentas

shopping centre *zn* winkelcentrum

shopping list *zn* boodschappenlijstje

shopping mall *zn* (overdekt) winkelcentrum

shopping precinct *zn* autovrij winkelcentrum

shopping spree *zn* extreme koopbui ★ *go on a* ~ eens flink gaan shoppen

shop-soiled [ʃɒpsɔɪld] *bnw* GB licht beschadigd ⟨v. showmodel⟩

shop steward *zn* vakbondsgedelegeerde

shop window *zn* etalage

shopworn [ʃɒpwɔ:n] *bnw* USA licht beschadigd ⟨v. showmodel⟩

shore [ʃɔː] **I** zn ❶ kust, oever, strand ★ on ~ aan land ★ in ~ (dichter) bij de kust ★ off ~ buitengaats, vóór de kust ❷ schoor, stut **II** ov ww, **shore up** stutten, fig (onder)steunen **III** ww [verleden tijd] → **shear**

shoreline [ʃɔːlaɪn] zn kustlijn, oever, waterkant

shorn [ʃɔːn] ww [volt. deelw.] → **shear**

short [ʃɔːt] **I** bnw ❶ kort, klein ★ for one ~ hour een uurtje ★ ~ mile zowat een mijl ★ at ~ range van dichtbij, op korte afstand ★ ~ story novelle ★ ~ cut kortere weg (binnendoor) ★ make ~ work of kort metten maken met ★ for ~ kortweg, in het kort ★ Maddy, that's ~ for Matilda Maddy, dat is een verkorting van Matilda ★ in ~ in het kort, kortom ★ in the ~ run op korte termijn ❷ kortaf ★ be very ~ with sb erg kortaf zijn tegen iem. ❸ te kort, bekrompen, karig ★ ~ measure / weight (te) krappe maat / gewicht ★ in ~ supply beperkt leverbaar ★ they were one player ~ ze hadden een speler te weinig / kort ★ be ~ of sth gebrek hebben aan iets, zonder iets zitten ★ ~ of funds slecht bij kas ★ ~ of six nog geen zes ▼ ~ circuit kortsluiting ▼ ~ drink borrel, cocktail, aperitief **II** bijw ❶ niet genoeg ★ come / fall ~ (of) te kort schieten (in), niet voldoen (aan) ★ cut ~ besnoeien, een eind maken aan, afbreken, onderbreken ★ cut it ~ het kort maken ★ go ~ of gebrek hebben aan ★ jump ~ niet ver genoeg springen ★ run ~ op raken ★ run ~ of gebrek krijgen aan, zonder komen te zitten ★ little / nothing ~ of marvellous bijna / beslist wonderbaarlijk ★ nothing ~ of a miracle alleen maar een wonder (nog) ★ somewhere ~ of London ergens in de buurt van Londen ★ ~ of lying I'll see what I can do for you ik zal mijn uiterste best voor je doen, maar ik ga me niet wagen aan een leugen ★ keep it ~ and sweet houd het kort en krachtig ❷ plotseling, opeens ★ stop ~ opeens stilstaan ★ take sb up ~ iem. onderbreken ★ be caught / taken ~ overvallen worden, plotseling naar de wc moeten ★ turn ~ (round) zich plotseling omdraaien ❸ econ à la baisse ★ sell ~ speculeren à la baisse **III** zn ❶ korte (voor)film ❷ borrel ❸ kortsluiting

shortage [ʃɔːtɪdʒ] zn tekort ★ ~ of tekort aan ★ ~ of staff personeelstekort

shortbread [ʃɔːtbred] zn sprits

shortcake [ʃɔːtkeɪk] zn gebak met vruchten en room

short-change ov ww afzetten, te weinig wisselgeld geven aan, bedriegen

short-circuit [ʃɔːtsɜːkɪt] ov ww ❶ kortsluiten ❷ verijdelen ❸ bedriegen

shortcoming [ʃɔːtkʌmɪŋ] zn tekortkoming

shortcrust pastry zn kruimeldeeg

short cut fig zn kortere weg, efficiëntere werkwijze

shorten [ʃɔːtn] ov ww (ver)minderen, verkorten, korter maken

shortening [ʃɔːtənɪŋ] zn ❶ bakvet ❷ verkorting, verkorte vorm

shortfall [ʃɔːtfɔːl] zn tekort, deficit

shorthand [ʃɔːthænd] zn steno (met behulp van afkortingen en tekens zeer snel opschrijven van gesproken tekst)

short-handed [ʃɔːthændɪd] bnw met te weinig

personeel

shorthand typist zn stenotypiste

short-haul bnw over korte afstand ★ ~ flights korte vluchten

shortish [ʃɔːtɪʃ] bnw nogal klein

shortlist [ʃɔːtlɪst] **I** zn lijst van genomineerden, shortlist **II** ov ww nomineren, op de shortlist plaatsen

short-lived bnw van korte duur, kortlevend

shortly [ʃɔːtlɪ] bijw ❶ binnenkort, kort daarna ★ ~ before / after kort ervoor / erna ❷ kortaf

shortness [ʃɔːtnəs] zn gebrek ★ ~ of breath kortademigheid ★ ~ of money gebrek aan geld

short-range [ʃɔːtreɪndʒ] bnw ❶ op korte termijn ❷ korteafstands- ⟨raket⟩

shorts [ʃɔːts] zn mv ❶ korte broek ❷ USA boxershort

short-sighted [ʃɔːtsaɪtɪd] bnw ❶ bijziend ❷ kortzichtig ⟨van beleid, plannen⟩

short-staffed bnw onderbezet, met te weinig personeel ★ be ~ een personeelstekort hebben

short-tempered bnw kortaangebonden, opvliegend

short-term [ʃɔːttɜːm] bnw op korte termijn ★ ~ credit kortlopend krediet ★ ~ memory kortetermijngeheugen

short-termism zn kortetermijndenken

short wave zn korte golf ⟨radio⟩

short-winded [ʃɔːtwɪndɪd] bnw kortademig

shorty [ʃɔːtɪ] zn kleintje ⟨persoon⟩

shot [ʃɒt] **I** zn ❶ schot ⟨ook in sport⟩, hagel, kogel(s) ★ have / take a shot at sb schieten op iem. ★ be a good / bad shot een goede / slechte schutter zijn ★ a shot at goal een schot op het doel ★ fig the opening shot de eerste opmerking / woorden ⟨in een discussie⟩ ❷ audio-vis (korte) opname, beeldje ★ take shots opnamen maken ★ the opening shot de openingsscène ❸ poging, kans, gooi ★ have / get / take a shot at sth een gooi doen naar iets, iets proberen (te bereiken) ★ give sth your best shot je uiterste best doen ⟨voor iets⟩ ❹ borrel ❺ injectie, spuitje ⟨heroïne⟩ ★ fig a shot in the arm een stimulans, een opsteker ▼ like a shot meteen, als de wind ▼ inform big shot hoge pief ▼ not by a long shot bij lange na niet ▼ put the shot kogelstoten ▼ a shot in the dark een slag in de lucht, een gok **II** bnw ❶ inform kapot, vernield ❷ inform uitgeput, afgepeigerd ❸ changeant (geweven) **III** ww [verleden tijd + volt. deelw.] → **shoot**

shotgun [ʃɒtgʌn] zn jachtgeweer ▼ USA inform ride ~ voorin zitten ⟨naast de bestuurder⟩

shotgun wedding oud iron zn gedwongen huwelijk, moetje

shot put zn ★ the ~ ⟨het⟩ kogelstoten

should [ʃʊd] hww [verleden tijd] → **shall** ❶ moeten ★ I wonder whether he ~ know ik vraag me af of hij het wel moet weten ❷ mocht(en) ★ ~ you like a copy, please tell me mocht u een exemplaar willen, zeg het me ❸ zou(den) ★ why ~ I waarom zou ik ★ I ~ think not geen sprake van

shoulder [ʃəʊldə] **I** zn ❶ schouder ★ ~ to ~ schouder aan schouder, tegen elkaar aan ★ put / set one's ~s to the wheel zijn schouders eronder

sh

zetten, (flink) aanpakken ★ *have broad ~s* 'n brede rug hebben ▼ *rub ~s with* in aanraking komen met, omgaan met ❷ *USA* vluchtstrook, verharde berm ▼ *give sb the cold ~* iem. met de nek aankijken, iem. negeren ▼ *GB hard ~* vluchtstrook, verharde berm **II** *ov ww* ❶ op de schouder(s) nemen ★ <u>mil</u> *~ arms!* schouder het geweer! ★ *~ it* zet je schouders eronder ★ *~ the responsibility / blame* de verantwoordelijkheid / schuld op zich nemen ❷ (weg)duwen (met de schouder), (ver)dringen ★ *~ your way through a crowd* je een weg banen door de menigte ★ *~ sb aside* iem. opzijdringen **III** *onov ww* duwen (met de schouder), dringen ★ *~ past sb* iem. opzij duwen

shoulder blade ['ʃəʊldəbleɪd] *zn* schouderblad

shoulder pad *zn* schoudervulling

shoulder strap ['ʃəʊldəstræp] *zn* ❶ schouderband(je) ❷ draagriem ⟨voor over je schouder⟩

shouldn't ['ʃʊdnt] *samentr, should not* → **shall**

shout [ʃaʊt] **I** *onov ww* ❶ schreeuwen, juichen ★ *it's all over but the ~ing* de zaak is (zo goed als) beslist ❷ *~ at* schreeuwen tegen, uitjouwen ❸ *~ out* uitschreeuwen ★ *she was ~ing out in pain* ze schreeuwde het uit van de pijn **II** *ov ww* ❶ schreeuwen, gillen ❷ *~ at* schreeuwen tegen ★ *~ insults at sb* iem. beledigingen naar het hoofd slingeren ❸ *~ down* overschreeuwen ❹ *~ out* hard (op)roepen ⟨bv. bevelen⟩, uitschreeuwen **III** *zn* schreeuw ★ <u>inform</u> *give me a ~ when they're ready* geef even een kik wanneer ze klaar zijn ★ *GB* <u>inform</u> *my ~!* ik trakteer!

shove [ʃʌv] **I** *ov ww* duwen, schuiven, dringen ★ *~ it aside* duw het opzij ★ *~ in one's pocket* in de zak steken ★ <u>inform</u> *~ it!* sodemieter op ★ <u>inform</u> *they can ~ it* ze kunnen mijn rug op, ze kunnen het in hun reet steken **II** *onov ww* ❶ duwen, dringen ★ *~ harder* harder duwen ❷ <u>inform</u> *~ off* ophoepelen ★ *~ off!* donder op! ❸ *~ over/up* ★ *~ over / up* schuif eens op **III** *zn* zet, duw

shovel ['ʃʌvəl] **I** *zn* (laad)schop **II** *ov ww* ❶ scheppen ❷ naar binnen werken / schuiven ⟨grote hoeveelheden voedsel⟩

shovelful ['ʃʌvəlfʊl] *zn* schop(vol)

show [ʃəʊ] **I** *ov ww* [onregelmatig] ❶ (aan)tonen, tentoonstellen, uitstallen, vertonen ⟨film, tv-programma⟩, laten zien, showen ★ *show your emotions / feelings* je emoties / gevoelens tonen ★ *show o.s.* je (ergens) laten zien ★ *show sb over / around the house* iem. het huis laten zien ★ *show one's hand / cards* zijn kaarten op tafel leggen ⟨figuurlijk⟩ ❷ wijzen, bewijzen ★ *it shows / goes to show that...* het maakt (over)duidelijk dat..., het bewijst dat... ❸ blijk geven van ❹ brengen, leiden ★ *let me show you to the bathroom* ik zal je even laten zien waar de badkamer is ★ *show sb the way* iem. de weg wijzen ❺ *~ in* binnenlaten ❻ *~ off* pronken met, laten zien, goed doen uitkomen ❼ *~ out* uitlaten ❽ *~ round* rondleiden ❾ *~ up* boven laten komen, aan het licht brengen ★ *show sth up* iets duidelijk doen uitkomen ★ *show sb up* iem. in verlegenheid brengen **II** *onov ww*

[onregelmatig] ❶ zich laten zien, te zien zijn, vertoond worden ⟨van film, tv-programma⟩ ★ *they used cheap cotton, and it shows* ze hebben goedkoop katoen gebruikt, en dat is te zien ook ❷ *~ off* zich aanstellen, opscheppen ❸ *~ through* doorschijnen ⟨bv. van onderkleding door bovenkleding⟩ ❹ *~ up* zich vertonen, verschijnen ★ *show up well* een goed figuur slaan **III** *zn* ❶ ⟨uiterlijk⟩ vertoon, de buitenkant, schijn ★ *show of force / strength* machtsvertoon ★ *only for show* voor het oog ★ *make a show of sth* iets voor de schijn doen ❷ show, voorstelling ★ <u>fig</u> *put up a good / bad show* goed / slecht voor de dag komen, een goed / armzalig figuur slaan ★ *get the show on the road* aan de slag gaan ★ *steal the show* de show stelen, alle aandacht trekken ❸ tentoonstelling ★ *on show* te zien, tentoongesteld ❹ ⟨radio- / tv⟩programma ❺ <u>inform</u> organisatie, zaak(je), boel ★ *run the show* de baas zijn, de touwtjes in handen hebben ★ *give away the show* de boel verklappen ▼ *vote by show of hands* stemmen door de handen op te steken

showbiz ['ʃəʊbɪz] *zn* → **show business**

showboat ['ʃəʊbəʊt] *zn* showboot, drijvend theater

show business ['ʃəʊbɪznəs] *zn* amusementsbedrijf / -industrie

showcase ['ʃəʊkeɪs] **I** *zn* ❶ vitrine ❷ iets waarmee je laat zien wat je kan of in huis hebt ★ *the festival was a ~ for world music* het festival biedt een goede staalkaart van wereldmuziek, het festival laat goed zien wat er allemaal is aan wereldmuziek **II** *ov ww* goed laten zien, onder de aandacht brengen

showdown ['ʃəʊdaʊn] *zn* ❶ onthulling, ontknoping ❷ confrontatie

showed *ww* [verleden tijd + volt. deelw.] → **show**

shower ['ʃaʊə] **I** *zn* ❶ (regen)bui ❷ douche ★ *have / take a ~* (je) douchen, een douche nemen ❸ <u>fig</u> stortvloed ❹ *USA* feestje met veel cadeaus ⟨voor baby die op komst is, voor aanstaande bruid⟩ **II** *ov ww* doen neerstorten, doen dalen, zich uitstorten ★ *~ sth upon a p.* iem. met iets overstelpen **III** *onov ww* douchen

shower cap *zn* douchemuts

showerproof *bnw* waterafstotend ⟨niet waterdicht in zware buien⟩

showery ['ʃaʊərɪ] *bnw* buiig, regenachtig

showgirl ['ʃəʊgɜːl] *zn* revuemeisje

show house *GB zn* modelwoning

showing ['ʃəʊɪŋ] *zn* voorstelling ★ *attend a private ~* een besloten voorstelling bijwonen

showman ['ʃəʊmən] *zn* ❶ showman ⟨iemand die het publiek bespeelt⟩ ❷ eigenaar v. circus e.d.

showmanship ['ʃəʊmənʃɪp] *zn* kunst om zijn nummer / politiek te verkopen

shown [ʃəʊn] *ww* [volt. deelw.] → **show**

show-off ['ʃəʊɒf] *zn* opschepper, showbink

showpiece ['ʃəʊpiːs] *zn* 'paradepaard', pronkstuk

showplace ['ʃəʊpleɪs] *zn* bezienswaardigheid

showroom ['ʃəʊruːm] *zn* toonzaal, showroom

showstopper <u>inform</u> *zn* ❶ succesnummer ❷ succes, topper

show trial *zn* schijnproces, showproces

showy ['ʃəʊɪ] *bnw* ❶ schitterend ❷ opzichtig, pronkerig

shrank [[ræŋk] *ww* [verleden tijd] → shrink

shrapnel ['ʃræpnl] *zn* granaatsplinters

shred [ʃred] **I** *zn* reep, flard ★ *not a ~ of evidence* geen spoor v. bewijs ★ *a reputation in ~s* een reputatie aan flarden ★ *tear sth to ~s* iets aan flarden scheuren, fig niets heel laten van iets **II** *ov ww* ❶ aan flarden / repen scheuren / snijden, rafelen ★ *~ded wheat* ≈ tarwevlokken (ontbijtgerecht met melk) ❷ versnipperen ⟨papier⟩

shredder ['ʃredə] *zn* shredder, papierversnipperaar

shrew [ʃru:] *zn* ❶ spitsmuis ❷ oud feeks

shrewd [ʃru:d] *bnw* schrander, gewiekst, scherp(zinnig) ★ *have a ~ idea of what is wrong* heel goed weten wat er mis is ★ *a ~ guess* een intelligente gok

shriek [ʃri:k] **I** *onov ww* ❶ gieren, krijsen, gillen ❷ gillen, schreeuwen **II** *zn* krijs, gil

shrift [ʃrɪft] *zn* ★ *give short ~ to* korte metten maken met, te kort doen ★ *get short ~ from sb* te kort gedaan worden door iem.

shrill [ʃrɪl] **I** *bnw* schril, schel ★ *a ~ voice* een schelle stem ★ *~ protests* felle protesten **II** *onov ww* gieren, gillen, schel / schril klinken **III** *ov ww* gillen

shrimp [ʃrɪmp] *zn* ❶ garnaal ❷ inform klein kereltje

shrine [ʃraɪn] *zn* ❶ graf v.e. heilige, heiligdom ❷ reliekschrijn ⟨kistje / kastje waarin relikwieën bewaard worden⟩

shrink [ʃrɪŋk] **I** *onov ww* [onregelmatig] ❶ (in elkaar) krimpen, verschrompelen, verminderen ★ *~ rapidly / fast* snel minder worden ⟨van aantallen⟩ ❷ *~ at* huiveren voor ❸ *~ (back) from* terugdeinzen voor, huiveren voor **II** *ov ww* [onregelmatig] doen krimpen, verminderen **III** *zn*, USA inform psych ⟨psychiater⟩

shrinkage ['ʃrɪŋkɪdʒ] *zn* inkrimping, krimp, vermindering (v. waarde)

shrinking violet inform *zn* erg verlegen iemand

shrink-wrap *ov ww* in krimpfolie verpakken

shrivel ['ʃrɪvəl] **I** *ov ww* doen ineenschrompelen **II** *onov ww* ❶ ineenkrimpen ❷ shrivel up ineenschrompelen ★ *the leaves had ~led up in the sun* de bladeren waren in de zon verschrompeld, **shrivel up** opdrogen ⟨bv. van een geldbron⟩

shroud [ʃraʊd] **I** *zn* ❶ doodskleed ❷ waas, sluier **II** *ov ww* ❶ in doodskleed wikkelen ❷ hullen ★ *~ed in secrecy* gehuld in een waas van geheimzinnigheid

Shrove Tuesday [ʃrəʊv] *zn* Vastenavond

shrub [ʃrʌb] *zn* heester, struik

shrubbery ['ʃrʌbərɪ] *zn* heesters

shrug [ʃrʌg] **I** *ov ww* ❶ ★ *~ one's shoulder* de schouders ophalen ❷ *~ off* naast zich neerleggen, negeren, van zich af schudden **II** *zn* het schouderophalen ★ *give a ~* de schouders ophalen

shrunk [ʃrʌŋk] *ww* [volt. deelw.] → shrink

shrunken [ʃrʌŋkən] *ww* [volt. deelw.] → shrink

shuck [ʃʌk] USA **I** *zn* dop, peul, schil ★ inform oud *~s!* verdorie!, waardeloos! **II** *ov ww* ❶ doppen, openen ❷ *~ off* afschudden, uitgooien ⟨kleding⟩

shudder ['ʃʌdə] **I** *onov ww* huiveren, rillen, trillen ★ *I ~ to think...* ik huiver bij de gedachte... ★ *~ at sth* huiveren voor / bij iets **II** *zn* huivering, rilling ★ *give the ~s* doen huiveren

shuffle ['ʃʌfəl] **I** *ov ww* ❶ (dooreen)schuiven, door elkaar doen ★ *~ the cards* de kaarten schudden, fig de taken anders verdelen ★ *~ the papers on your desk* met de papieren op je bureau rommelen, de papieren op je bureau herschikken ★ *~ one's feet* met je voeten steeds heen en weer schuiven ❷ (eromheen) draaien ★ *don't ~, give a straight answer* draai er niet omheen, geef een eerlijk antwoord ★ *~ off the responsibility* de verantwoordelijkheid van zich afschuiven **II** *onov ww* ❶ niet stil (kunnen) zitten ❷ schuifelen, sloffen ❸ *~ through* rommelend / bladerend zoeken in **III** *zn* schuifelende loop, geschuifel ★ *give the cards a good ~* schud de kaarten goed door elkaar

shun [ʃʌn] *ov ww* ❶ (ver)mijden, ontlopen ❷ links laten liggen

shunt [ʃʌnt] **I** *zn* ❶ med shunt, bypass ❷ – (ketting)botsing **II** *ov ww* (op zijspoor) rangeren, omleiden ⟨via andere route⟩, fig op een zijspoor zetten ★ *the blame was ~ed onto me* de schuld werd op mij geschoven

shunter ['ʃʌntə] *zn* rangeerder

shush [ʃʊʃ] **I** *ov ww* sst zeggen tegen, doen zwijgen **II** *onov ww* **III** *tw* sst

shut [ʃʌt] **I** *ov ww* [onregelmatig] ❶ sluiten, dichtdoen ★ *shut the door on sb* de deur sluiten voor iem. ❷ *~ away* ★ *shut away sth* iets (veilig) wegbergen ★ *shut o.s. away* je afzonderen ❸ *~ down* stopzetten, uitzetten, dichtdoen ❹ *~ in* klemmen, in- / opsluiten, het uitzicht belemmeren ★ *we were shut in by trees* we konden door de bomen niets zien ❺ *~ off* afsluiten ⟨gas, water e.d.⟩, uitzetten ⟨apparaat⟩, uitsluiten ★ *shut o.s. off* zichzelf afzonderen / uitsluiten ❻ *~ out* buitensluiten, uitsluiten ❼ *~ to* dicht doen ❽ *~ up* (helemaal) sluiten, opsluiten, insluiten, afsluiten, de mond snoeren, tot zwijgen brengen ★ *shut up shop* de zaak sluiten **II** *onov ww* [onregelmatig] ❶ dichtgaan, (zich) sluiten ★ *shut up!* hou je mond! ❷ *~ down* stoppen, dichtgaan ⟨van school, fabriek⟩ **III** *bnw* dicht, gesloten

shutdown ['ʃʌtdaʊn] *zn* stopzetting, stillegging ★ *a production ~* een tijdelijke stopzetting van de productie

shut-eye inform *zn* dutje

shutter ['ʃʌtə] *zn* ❶ luik ⟨voor raam⟩ ★ GB *put up the ~s* de zaak sluiten ❷ audio-vis sluiter

shuttle ['ʃʌtl] **I** *zn* ❶ pendel(dienst) ❷ schietspoel ❸ schuitje ⟨van naaimachine⟩ **II** *onov ww* pendelen, heen en weer reizen ★ *the bus ~s between airport and station* de bus pendelt tussen luchthaven en station heen en weer **III** *ov ww* per pendeldienst vervoeren

shuttlecock ['ʃʌtlkɒk] *zn* shuttle ⟨in badminton⟩

shuttle train *zn* pendeltrein

shy [ʃaɪ] **I** *bnw* ❶ verlegen, schuw ★ *don't be shy, have another biscuit* wees niet zo verlegen, neem nog een koekje ★ *be shy about doing sth*

sh! (margin tab)

iets niet zo graag doen ★ *be shy of* zich niet inlaten met, vies zijn van ❷ USA inform te kort ★ *win just shy of a million* net iets minder dan een miljoen winnen ★ *the were still one member shy* ze kwamen nog een lid te kort II *ov ww* gooien III *onov ww* ❶ schichtig worden, opzij springen ★ *the horse shied* het paard sprong opzij ❷ ~ **away from** (terug)schrikken voor

shyster ['ʃaɪstə] USA *zn* beunhaas, advocaat v. kwade zaken

Siamese [saɪə'miːz] I *zn* siamees, Siamese kat II *bnw* ★ ~ *cat* siamees, Siamese kat ★ ~ *twins* Siamese tweeling

Siberian [saɪ'bɪərɪən] I *zn* Siberiër II *bnw* Siberisch

sibilant ['sɪbɪlənt] I *zn* sisklank II *bnw* sissend

sibling ['sɪblɪŋ] *zn* broer, zuster

sibling rivalry *zn* rivaliteit tussen broers en zussen

sibyl ['sɪbɪl] *zn* waarzegster, profetes

sick [sɪk] I *bnw* ❶ ziek, misselijk, naar ★ *the sick* [mv] de zieken ★ GB *be sick* (moeten) overgeven, braken ★ *get sick* ziek worden ★ *call in sick* je ziek melden ★ *I am sick (and tired) of it* ik ben het spuugzat ★ *sick to the stomach* misselijk, ontdaan, onthutst ★ dicht *be sick at heart* bedroefd / treurig zijn ★ *turn sick* misselijk worden ★ *be laid sick* te ziek zijn om te werken ★ *be worried sick* doodongerust zijn ★ *sick headache* migraine ❷ wrang, luguber ★ *sick humour* wrange / zwarte humor ❸ ziek, gestoord ★ *a sick mind* een perverse / gestoorde geest II *zn,* GB inform braaksel, kots III *ov ww,* GB inform ~ **up** (uit)kotsen

sick bag GB *zn* kotszakje

sickbay ['sɪkbeɪ] *zn* ziekenboeg

sickbed ['sɪkbed] *zn* ziekbed

sicken ['sɪkən] I *ov ww* ziek maken, doen walgen II *onov ww* ziek worden, walgen ★ GB *she is ~ing for measles* ze krijgt de mazelen ★ ~ *of sth* iets beu worden, genoeg krijgen van iets

sickening ['sɪkənɪŋ] *bnw* walgelijk, ziekelijk

sickle ['sɪkl] *zn* sikkel

sick leave ['sɪkliːv] *zn* ziekteverlof

sickly ['sɪklɪ] *bnw* ❶ ziekelijk, ongezond, bleek ★ ~ *smile* flauw lachje ❷ wee (van smaak, lucht), weeïg ★ ~ *sweet* mierzoet

sickness ['sɪknəs] *zn* ❶ ziekte ❷ GB misselijkheid

sickness benefit GB *zn* ziekte-uitkering (door de staat)

sick note GB *zn* doktersverklaring, verklaring / briefje van ouders (bij ziekte)

sick pay *zn* ziekte-uitkering, door werkgever of staat

sickroom ['sɪkruːm] *zn* ziekenzaal

side [saɪd] I *zn* ❶ kant, zijkant, zijde ★ *side by side* zij aan zij ★ *by / at sb's side* naast iem. ★ *by the side of* naast ★ *be lying on your side* op je zij liggen ★ *do sth on the side* iets erbij / ernaast doen ★ *have sth on the side* iets als bijgerecht hebben ★ *on the right side of 40* geen 40 jaar ★ *on the wrong side of 40* over de 40 ★ *on your mother's / father's side* van je moederskant / vaderskant ★ *on the left-hand / right-hand side* aan de linkerkant / rechterkant, links / rechts ★ inform *be on the fat / short side*

aan de dikke / korte kant zijn, nogal dik / kort zijn ★ *get on the wrong / right side of sb* iem. tegen / voor je innemen ★ *sunny side up* ≈ spiegelei ★ *be on the safe side* het zekere voor het onzekere nemen ★ *put sth to one side* iets terzijde leggen ⟨bv. een probleem⟩ ★ *this side of Christmas* voor Kerstmis ★ *laugh on the wrong side of one's face* lachen als een boer die kiespijn heeft ❷ flank, helling ⟨van berg⟩ ❸ aspect, kant ★ *your feminine side* je vrouwelijke kant ★ *she wanted to hear his side of the story* ze wilde zijn kant / versie van het verhaal horen ★ *the darker side of life* de schaduwzijde van het leven ★ *look on the bright side!* zie / bekijk het positief! ★ *the other side of the coin* de keerzijde van de medaille ❹ partij ★ *be at sb's side* aan iemands kant staan ★ *on the side of* op de hand van ★ inform *whose side are you on?* aan wiens kant sta je ★ *take sides (with)* partij kiezen (voor) ❺ elftal, team ★ fig *let the side down* teleurstellen II *onov ww* ~ **with** partij kiezen voor ★ *he sided with me* hij koos mijn kant

side benefit *zn* gunstig neveneffect

sideboard ['saɪdbɔːd] *zn* ❶ GB dressoir ❷ buffet ▼ GB inform ~s bakkebaarden

sideburns ['saɪdbɜːnz] *zn mv* USA bakkebaarden

sidecar ['saɪdkɑː] *zn* zijspan

side chapel *zn* zijkapel ★ *a ~ to the church* een zijkapel bij de kerk

side dish ['saɪddɪʃ] *zn* bijgerecht

side drum *zn* kleine trom

side effect ['saɪdɪfekt] *zn* neveneffect, bijwerking

side issue ['saɪdɪʃuː] *zn* nevenprobleem, bijzaak

sidekick ['saɪdkɪk] inform *zn* ❶ (vaste) assistent, hulp(je), sidekick ❷ makker, kameraad

sidelight ['saɪdlaɪt] *zn* ❶ GB zijlicht, stadslicht ⟨op auto⟩ ❷ fig bijkomstige / toevallige informatie ★ ~ *information* verhelderende informatie

sideline ['saɪdlaɪn] I *zn* ❶ zijlijn ★ *watch from the ~s* toeschouwer zijn, niet meedoen / ingrijpen ★ *wait on the ~s* klaar staan ⟨om in te vallen of mee te doen⟩, afwachten ⟨tot de situatie duidelijker is geworden⟩, niet meedoen / ingrijpen ❷ bijbaantje ❸ nevenartikel ★ *sell books as a ~* boeken ernaast verkopen II *onov ww* ★ *be ~d* uitgeschakeld zijn ⟨door blessure⟩, aan de kant gezet zijn

sidelong ['saɪdlɒŋ] *bnw + bijw* zijdelings

side mirror *zn* zijspiegel ★ *the ~ of the car was broken* de zijspiegel van de auto was stuk

side-on GB I *bijw* van opzij ★ *the car was hit side on* de auto werd van opzij aangereden II *bnw* van opzij ★ *a ~ view* een blik van opzij

side order *zn* bijgerecht

side road *zn* zijweg, zijstraat

side-saddle *zn* ❶ zijwaarts zit op paard ★ *ride ~* paardrijden in amazonezit ❷ dameszadel

sideshow ['saɪdʃəʊ] *zn* ❶ extra attractie ❷ bijzaak

side split *zn* spagaat

side-splitting ['saɪdsplɪtɪŋ] *bnw* om je dood te lachen ⟨grap⟩

sidestep ['saɪdstep] *ov ww* opzij gaan voor, ontwijken ★ ~ *the issue* de kwestie omzeilen

side street *zn* zijstraat

sidestroke ['saɪdstrəʊk] *zn* zijslag ★ *swim the ~* de

zijslag zwemmen

side swipe zn ❶ kritische opmerking tussendoor ❷ USA het aan de zijkant schampen van twee auto's

sidetrack ['saɪdtræk] **I** zn zijspoor **II** ov ww afleiden, doen afdwalen ★ she got ~ed by the design ze werd afgeleid door het ontwerp

sidewalk ['saɪdwɔːk] USA zn trottoir

sideways ['saɪdweɪz] **I** bnw, **sideward**, USA **sidewise** (van) terzijde, zijdelings ★ she gave me a ~ glance ze keek me van opzij / zijdelings aan **II** bijw, **sidewards**, USA **sidewise** (van) terzijde, zijdelings ★ he looked ~ at me hij keek me van opzij / zijdelings aan

siding ['saɪdɪŋt] zn ❶ rangeerspoor ❷ USA gevelbekleding, van hout, aluminium e.d. op buitenmuren

sidle ['saɪdl] onov ww ❶ zijdelings lopen ★ a beggar ~d up to me een bedelaar kwam zijdelings naar mij toegelopen ❷ met eerbied / schuchter naderen

SIDS afk, sudden infant death syndrome wiegendood

siege [siːdʒ] zn belegering, beleg ★ lay ~ to belegeren ★ raise / lift the ~ het beleg opheffen ★ in a state of ~ in staat van beleg ★ under ~ onder beleg

siege mentality zn gevoel dat iedereen tegen je / jullie is, defensieve, wantrouwende houding

sieve [sɪv] **I** zn zeef ★ have a head / memory like a ~ erg vergeetachtig zijn **II** ov ww zeven

sift [sɪft] ov ww ❶ zeven, ziften ❷ strooien ⟨o.a. suiker⟩ ❸ nauwkeurig uitpluizen ❹ ~ **through** onderzoeken, doorzoeken ★ he sifted through the documents hij doorzocht de documenten

sifter ['sɪftə] zn ❶ zeef(je) ❷ strooier ⟨om suiker, meel te strooien⟩

sigh [saɪ] **I** zn zucht ★ a sigh of relief een zucht van opluchting **II** onov ww ❶ zuchten ❷ ~ **for** smachten naar

sight [saɪt] **I** zn ❶ gezichtsvermogen ★ lose one's ~ blind worden ❷ (ge)zicht, blikveld, gezichtsveld ★ a common ~ een normaal verschijnsel ★ on ~, at (first) ~ op het eerste gezicht ★ in ~ in zicht, in het gezicht ★ get out of my ~! uit mijn ogen! ★ in their ~, he can do nothing wrong wat hen betreft, kan hij niets verkeerd doen ★ inform out of ~! geweldig! ★ fig out of ~, out of mind uit het oog, uit het hart ★ catch ~ of beginnen te zien, in het oog krijgen ★ lose ~ of uit het oog verliezen ★ know sb by ~ iem. kennen van gezicht ❸ bezienswaardigheid, schouwspel ★ see all the ~s alle bezienswaardigheden bekijken / aflopen ★ fig you're a ~ for sore eyes! ik ben blij dat ik je (eens) zie ❹ vertoning ★ what a ~ you look! wat zie je eruit! ❺ inform heleboel ★ a ~ smarter beduidend slimmer ▼ raise / lower one's ~s verwachtingen / ambities hoger / lager stellen ▼ set one's ~s on sth iets op het oog hebben, iets willen hebben / halen / bereiken **II** ov ww in het oog krijgen, waarnemen ★ land was ~ed ze kregen land in zicht ★ two storks were ~ed er werden twee ooievaars waargenomen

sighted ['saɪtɪd] bnw ziende ★ partially ~ slechtziend

sighting ['saɪtɪŋ] zn waarneming ★ there has been no ~ of the bird de vogel is niet waargenomen

sightless ['saɪtləs] bnw blind

sightly ['saɪtlɪ] bnw fraai

sight-read ov ww van het blad spelen / zingen

sightseeing ['saɪtsiːɪŋ] zn bezichtiging van bezienswaardigheden ★ ~ tour rondrit voor toeristen ★ ~ bus bus voor rondritten

sightseer ['saɪtsiːə] zn toerist

sign [saɪn] **I** zn ❶ teken, voorteken ★ negative sign minteken ★ a sign of spring een teken van de lente ★ there is no sign of him hij is nergens te vinden ★ sign of life levensteken ★ there was no sign of life in the flat uit niets bleek dat er iem. aanwezig was in het appartement ★ a sign of the times een teken des tijds ★ in sign of ten teken van ★ give a sign een teken geven ★ sign of the zodiac sterrenbeeld ❷ bord, uithangbord, reclameplaat ★ follow the signs! volg de borden! ★ an exit sign een uitgangsbord ★ an illuminated sign een lichtreclame **II** ov ww ❶ (onder)tekenen ★ sign one's name (to) ondertekenen ❷ **sign up** contracteren, laten tekenen ★ sign (up) a new player een nieuwe speler contracteren ❶ door een teken aanduiden ★ sign assent toestemmend knikken ❷ ~ **away** schriftelijk afstand doen van ❸ ~ **in** de presentielijst tekenen voor, inchecken ★ sign sb in iem. inchecken / inschrijven, voor iem. de presentielijst tekenen ❹ ~ **off** afsluiten, voor akkoord verklaren / tekenen ⟨bv. urenbriefje, accountantsverklaring⟩ ★ he signed off the programme hij sloot het programma af ❺ ~ **on** contracteren ⟨nieuwe werknemer, speler⟩, aanmonsteren ★ the sailors signed on de zeelieden werden aangemonsterd ❻ ~ **out** uitchecken, een lijst tekenen bij vertrek voor ★ sign sb out iem. uitchecken / uitschrijven, voor iem. de lijst tekenen bij vertrek ★ the librarian signed out the book de bibliothecaris leende het boek uit ❼ ~ **up** inschrijven, opgeven **III** onov ww ❶ (onder)tekenen ★ sign with a big record company bij een grote platenmaatschappij tekenen ❷ in gebarentaal spreken, een teken geven ★ he signed to her to go hij gaf haar een teken dat ze kon gaan ❸ ~ **for** tekenen voor ⟨bestelling⟩, tekenen bij ⟨club, bedrijf⟩ ★ sign for Arsenal voor / bij Arsenal gaan spelen ❹ ~ **in** de presentielijst tekenen, inchecken ❺ ~ **off** afsluiten, afnokken ★ they signed off at four ze nokten om vier uur af ❻ ~ **on** tekenen ⟨als o.a. lid⟩, aanmonsteren, GB zich inschrijven als werkloos ★ sign on for three years voor drie jaar tekenen, een contract voor drie jaar krijgen / nemen ❼ ~ **out** uitchecken, een lijst tekenen bij vertrek ❽ ~ **up** zich inschrijven / opgeven, tekenen ⟨als o.a. lid⟩, aanmonsteren ★ the sailors signed up to go de zeelieden monsterden aan om mee te gaan

signal ['sɪgnl] **I** zn signaal, teken, sein, verkeerslicht ★ a ~ of respect een teken van respect ★ an engaged ~ een ingesprektoon ★ a ~ failure een seinstoring **II** ov ww seinen, (door signalen / tekens) te kennen geven, aankondigen ★ he ~led that he was ready hij gaf een teken dat hij klaar was ★ ~ sb to follow

si

iemand een teken geven om te volgen **III** *onov ww* seinen, (door signalen / tekens) te kennen geven ★ ~ *to sb to follow* iemand een teken geven om te volgen **IV** *bnw form* buitengewoon, opmerkelijk ★ *a ~ victory* een schitterende overwinning

signal box ['sɪgnlbɒks] *zn* seinhuisje

signalize, signalise ['sɪgnəlaɪz] *ov ww* ❶ signaleren, markeren, doen opvallen ★ *a ~ change in stature* een veranderde status aangeven ❷ Aus USA verkeerslichten plaatsen

signaller, USA signaler ['sɪgnələ] *zn* mil seiner

signatory ['sɪgnətərɪ] **I** *zn* ondertekenaar **II** *bnw* ondertekend hebben ★ *a ~ country* een land dat ondertekend heeft

signature ['sɪgnətʃə] *zn* ❶ handtekening, signatuur, ondertekening ★ *digital ~* digitale handtekening ❷ muz vóórtekening ★ *~ tune* herkenningsmelodie

signboard ['saɪnbɔ:d] *zn* ❶ (uithang)bord ❷ USA aanplakbord

signer ['saɪnə] *zn* ondertekenaar

signet ['sɪgnɪt] *zn* zegel

signet ring [sɪgnɪtrɪŋ] *zn* zegelring

significance [sɪg'nɪfɪkəns] *zn* betekenis, gewichtigheid ★ *of no ~* van geen betekenis

significant [sɪg'nɪfɪkənt] *bnw* veelbetekenend ★ *~ figure* elk cijfer behalve 0

signification [sɪgnɪfɪ'keɪʃən] *zn* betekenis

signify ['sɪgnɪfaɪ] *ov ww* betekenen, aanduiden, te kennen geven ★ *it signifies nothing* het betekent niets

sign language *zn* gebarentaal

signpost ['saɪnpəʊst] **I** *zn* ❶ handwijzer, wegwijzer ❷ stok v. uithangbord **II** *ov ww* bewegwijzeren

silage ['saɪlɪdʒ] **I** *zn* ingekuild veevoer **II** *ov ww* inkuilen

silence ['saɪləns] **I** *zn* stilte, (het) zwijgen ★ *stunned ~* oorverdovende stilte ★ *put to ~* tot zwijgen brengen ★ *break ~* stilzwijgen verbreken ★ *the right to ~* het zwijgrecht **II** *ov ww* tot zwijgen brengen

silencer ['saɪlənsə] *zn* ❶ geluiddemper ❷ GB knalpot

silent ['saɪlənt] *bnw* stil, zwijgend, zwijgzaam ★ *~ film* stomme film ★ *be ~* zwijgen ★ gesch *William the Silent* Willem de Zwijger

silhouette [sɪlu:'et] **I** *zn* silhouet, schaduwbeeld **II** *ov ww* ★ *be ~d against* zich aftekenen tegen

silicon ['sɪlɪkən] *zn* silicium

silicone ['sɪlɪkəʊn] *zn* silicone

silk [sɪlk] **I** *zn* ❶ zijde ★ *watered silk* moiré zijde, gevlamde zijde ❷ koninklijk raadgever ★ *take silk* koninklijk raadgever worden **II** *bnw* ★ *you can't make a silk purse out of a sow's ear* je kunt geen ijzer met handen breken, je kunt van een boer geen heer maken

silken ['sɪlkən] *bnw* zijdeachtig, zijdezacht, zijden

silkworm ['sɪlkwз:m] *zn* zijderups

silky ['sɪlkɪ] *bnw* → **silken**

sill [sɪl] *zn* ❶ drempel ❷ vensterbank

silly ['sɪlɪ] **I** *bnw* ❶ dwaas, idioot ❷ flauw, kinderachtig ★ *become ~* gek / seniel worden ★ *knock a p. ~* iem. suf slaan ★ *spoil sb ~* iem. schandalig verwennen ★ *the ~ season* de

komkommertijd **II** *zn* mallerd, gekkie

silo ['saɪləʊ] **I** *zn* (graan)silo, kuil voor groenvoer **II** *ov ww* inkuilen

silt [sɪlt] **I** *zn* slib **II** *ov ww* ~ **up** doen dichtslibben **III** *onov ww* ~ **up** dichtslibben

silver ['sɪlvə] **I** *zn* zilver, (zilver)geld, tafelzilver **II** *bnw* zilveren, zilverachtig **III** *ov ww* verzilveren, zilverwit maken

silver foil *zn* zilverpapier

silver leaf *zn* bladzilver

silver-plated [sɪlvə'pleɪtɪd] *bnw* verzilverd

silversmith ['sɪlvəsmɪθ] *zn* zilversmid

silverware ['sɪlvəweə] *zn* tafelzilver, zilverwerk

silvery ['sɪlvərɪ] *bnw* met zilveren klank, zilverachtig

SIM [sɪm] *afk, Subscriber Identity Module* sim

simcard ['sɪmka:d] *zn* simkaart

simian ['sɪmɪən] **I** *zn* aap **II** *bnw* aap-, apen-

similar ['sɪmɪlə] *zn* gelijke **II** *bnw* ★ ~ *(to)* gelijk(vormig) aan, gelijkend op, dergelijk

similarity [sɪmɪ'lærətɪ] *zn* gelijkvormigheid, overeenkomst

similarly ['sɪmɪlərlɪ] *bijw* evenzo, op dezelfde manier, gelijk

simile ['sɪmɪlɪ] *zn* uitgebreide vergelijking ⟨stijlfiguur⟩

similitude [sɪ'mɪlɪtju:d] *zn* gelijkenis, evenbeeld

simmer ['sɪmə] **I** *ov ww* laten sudderen **II** *onov ww* sudderen, koken ⟨van woede⟩ **III** *zn* gesudder

simper ['sɪmpə] **I** *zn* onnozele glimlach **II** *onov ww* gemaakt / onnozel lachen

simple ['sɪmpl] *bnw* eenvoudig, enkelvoudig, ongekunsteld, gewoon, onnozel ★ *it's ~ madness* het is gewoonweg dwaasheid

simple-hearted [sɪmpl'ha:tɪd] *bnw* oprecht, eenvoudig

simple-minded [sɪmpl'maɪndɪd] *bnw* eenvoudig, zwakzinnig

simpleton ['sɪmpltn] *zn* dwaas, sul

simplicity [sɪm'plɪsətɪ] *zn* eenvoud, ongekunsteldheid

simplify ['sɪmplɪfaɪ] *ov ww* ❶ vereenvoudigen ❷ te eenvoudig voorstellen

simplistic [sɪm'plɪstɪk] *bnw* simplistisch, oppervlakkig

simply ['sɪmplɪ] *bijw* simpel(weg), eenvoudig(weg), domweg

simulate ['sɪmjʊleɪt] *ov ww* veinzen, nabootsen

simulation [sɪmjʊ'leɪʃən] *zn* simulatie

simulator ['sɪmjʊleɪtə] *zn* simulant, simulator

simultaneity [sɪməltə'neɪətɪ] *zn* gelijktijdigheid

simultaneous [sɪml'teɪnɪəs] *bnw* gelijktijdig

sin [sɪn] **I** *zn* zonde ★ *capital / cardinal / mortal sin* doodzonde ★ *original sin* erfzonde ★ *seven deadly sins* zeven hoofdzonden ★ *swear like sin* vloeken als een ketter ★ *ugly as sin* spuuglelijk **II** *onov ww* zondigen

sin bin GB *zn* ❶ strafbankje ❷ tuchtschool, afkickcentrum

since [sɪns] **I** *vz* sinds, sedert ★ *he has worked here ~ 1995* hij werkt hier al sinds 1995 **II** *vw* ❶ (aan)gezien ★ *they took the bus ~ they were rather late* ze namen de bus aangezien ze aan de late kant waren ❷ sedert, sinds ★ *it is long ~ I saw you* ik heb je al lang niet gezien **III** *bijw*

❶ sindsdien ★ *she has been writing ever ~* ze schrijft sindsdien **❷** geleden ★ *a long ~ vanished tribe* een lang verdwenen stam

sincere [sɪn'sɪə] *bnw* oprecht ★ *please accept our ~ sympathy* van harte gecondoleerd

sincerely [sɪn'sɪəlɪ] *bijw* oprecht ★ *I ~ hope so* Ik hoop oprecht van wel ★ *yours ~* hoogachtend

sincerity [sɪn'serətɪ] *zn* eerlijkheid, oprechtheid

sinew ['sɪnju:] *zn* **❶** pees **❷** samenbindend element ★ *taxes are the ~s of the state* belastingen zijn de basis voor de structuur van de staat

sinews ['sɪnju:z] *zn mv* spieren, spierkracht ★ *the ~ of war* dat waar de oorlog op drijft: geld

sinewy ['sɪnju:ɪ] *bnw* **❶** pezig **❷** gespierd, sterk

sinful ['sɪnfʊl] *bnw* **❶** zondig **❷** schandelijk, schandalig ★ *a ~ waste of money* een schandalige geldverspilling ★ <u>humor</u> *a ~ chocolate cake* een verleidelijke chocoladetaart

sing [sɪŋ] **I** *ov ww* [onregelmatig] **❶** zingen, bezingen ★ *sing another tune* uit een ander vaatje tappen ★ *sing s.o.'s praises* iem. ophemelen **❷** USA ~ *out* uitzingen, brullen **II** *onov ww* [onregelmatig] **❶** zingen ★ *sing flat / sharp* vals zingen ★ *to sing for one's supper* moeten werken voor de kost ★ *sing small* een toontje lager zingen **❷** zoemen, suizen **❸** ~ *of* bezingen

singe [sɪndʒ] **I** *zn mv* schroeiplek **II** *ov ww* afschroeien, (ver)schroeien ★ *have one's hair ~d* het haar laten krullen ★ <u>fig</u> ~ *one's feathers / wings* de vingers branden

singer ['sɪŋə] *zn* zanger(es)

singing ['sɪŋɪŋ] *zn* (het) zingen, gezang, zang(kunst) ★ *he had a fine ~ voice* hij kon mooi zingen

single ['sɪŋgl] **I** *bnw* **❶** enkel, afzonderlijk **❷** vrijgezel, alleenstaand ★ ~ *room* eenpersoonskamer ★ ~ *combat / fight* tweegevecht **II** *zn* **❶** kaartje enkele reis **❷** alleenstaande, vrijgezel **❸** enkelspel **III** *ov ww* ~ *out* uitkiezen, eruit pikken

single-breasted [sɪŋgl'brestɪd] *bnw* met één rij knopen

single carriage way GB *zn* tweebaansweg

single cream GB *zn* dunne room

single currency GB *zn* eenheidsmunt

single-decker GB *zn* gewone bus

single-engined GB *bnw* éénmotorig

single file GB *zn* enkele rij ★ *walk in ~* in ganzenpas lopen

single-handed [sɪŋgl'hændɪd] *bnw* eigenhandig ★ *a ~ accomplishment* een prestatie door een persoon, zonder hulp v. anderen ★ *he achieved this ~ly* hij kreeg dit zonder hulp voor elkaar

single-hearted GB *bnw* oprecht

single-income household GB *zn* huishouden met één inkomen

single-lens reflex camera GB *zn* spiegelreflexcamera

single market GB *zn* gezamenlijke markt

single-minded [sɪŋgl'maɪndɪd] GB *bnw* doelbewust

single-mindedness GB *zn* doelbewustheid

singleness ['sɪŋglnəs] GB *zn* concentratie ★ ~ *of mind / purpose* doelbewustheid

single parent GB *zn* alleenstaande ouder

single room GB *zn* eenpersoonskamer

single-seater GB *zn* eenpersoonsvliegtuig

single-sex GB *bnw* niet gemengd

singlet ['sɪŋglət] *zn* singlet ★ (mouwloos) hemd

singleton ['sɪŋgltn] *zn* één enkele kaart in een kleur ⟨kaartspel⟩

single-use *bnw* wegwerp- ★ ~ *camera* wegwerpcamera

singly ['sɪŋglɪ] *bijw* apart-, één voor één

singsong ['sɪŋsɒŋ] *zn* dreun-, zangavondje

singular ['sɪŋgjʊlə] **I** *bnw* zonderling, vreemd, uniek, enkelvoudig ★ *all and ~* allen en ieder in het bijzonder ★ ~*ly* bij uitstek **II** *zn* <u>taalk</u> enkelvoud(ig woord)

singularity [sɪŋgjʊ'lærətɪ] *zn* → singular

Sinhalese [sɪnhə'li:z] **I** *zn* Singalees **II** *bnw* Singalees

sinister ['sɪnɪstə] *bnw* sinister, onheilspellend, kwaadaardig, onguur

sink [sɪŋk] **I** *zn* gootsteen, wasbak ★ *sink of iniquity* poel v. ongerechtigheid **II** *ov ww* [onregelmatig] **❶** ook fig doen zinken, laten zakken, dalen ★ *the enemy sank the ship* de vijand bracht het schip tot zinken ★ *they sank the bucket down slowly* ze lieten de emmer langzaam zakken **❷** graven, boren ★ *they sank the drill into the rocks* ze dreven de boor de rotsen in **❸** laten hangen ★ *she sank her head* ze liet haar hoofd hangen ★ *sink o.s. / one's own interests* de eigen belangen opzij zetten **III** *onov ww* [onregelmatig] **❶** zinken, dalen, zakken ★ *sink or swim* pompen of verzuipen, erop of eronder ★ *we're sunk* we zijn verloren ★ *sunken cheeks* ingevallen wangen ★ *sunken eyes* diepliggende ogen **❷** achteruitgaan ★ *interest in the project sank* belangstelling voor het project verflauwde **❸** bezwijken ★ *his heart sank* de moed begaf hem **❹** gaan liggen ⟨wind⟩ **❺** ~ *back* terugvallen ★ *she sank back in a chair* ze liet zich in een stoel terugvallen **❻** ~ *in* tot iemand doordringen, bezinken, inzinken

sinker ['sɪŋkə] *zn* zinklood

sinking ['sɪŋkɪŋ] *zn* **❶** (het) (doen) zinken **❷** beklemd gevoel ★ *that ~ feeling* dat bange gevoel

sinking fund *zn* amortisatiefonds

sink unit *zn* aanrechtblok

sinner ['sɪnə] *zn* zondaar ★ *as I am a ~* zowaar ik leef

Sinn Fein [ʃɪn 'feɪn] *zn* pol Sinn Fein ⟨Ierse nationalistische partij⟩

sinology [saɪ'nɒlədʒɪ] *zn* sinologie

sinuosity [sɪnjʊ'ɒsətɪ] *zn* bocht(igheid)

sinuous ['sɪnjʊəs] *bnw* bochtig, kronkelend

sinus ['saɪnəs] *zn* **❶** holte **❷** schedelholte

sip [sɪp] **I** *zn* teugje, slokje **II** *ov+onov ww* nippen aan, met kleine teugjes drinken

siphon ['saɪfən] *zn* **❶** hevel **❷** sifon

sir [sɜ:] **I** *zn* mijnheer **II** *ov ww* met 'sir' aanspreken

Sir [sɜ:] *zn* Sir ⟨titel⟩ ★ *Dear Sir,* Geachte heer, ⟨in brief⟩

sire ['saɪə] **I** *zn* **❶** stamvader, (voor)vader **❷** Sire **II** *ov ww* de vader zijn van ⟨bij dieren⟩

siren ['saɪərən] *zn* **❶** sirene **❷** zeekoe

sirloin ['sɜːlɔɪn] *zn* lendenstuk v. rund

sis [sɪs] *zn* zus(je)

SIS [esar'es] *afk, Secret Intelligence Service* Britse geheime dienst

sisal ['saɪsəl] *zn* sisal ★ ~ *grass* sisal

siskin *zn* sijs

sissy ['sɪsɪ] **I** *zn* min mietje **II** *bnw* min mietjesachtig

sister ['sɪstə] *zn* ❶ zus, zuster ❷ non ❸ hoofdverpleegster

sisterhood ['sɪstəhʊd] *zn* zusterschap

sister-in-law ['sɪstərɪnlɔː] *zn* schoonzuster

sisterly ['sɪstəlɪ] *bnw* zusterlijk

Sistine ['sɪstaɪn, 'sɪstiːn] *bnw* ★ *the ~ Chapel* de Sixtijnse Kapel

sit [sɪt] **I** *ov ww* ❶ neerzetten ★ *she sat the child down* ze zette het kind neer in een stoel ❷ laten zitten / plaatsnemen ★ *the hall will sit 100 people* in de zaal kunnen 100 personen plaatsnemen ❸ afleggen ★ *sit an examination* examen doen ❹ berijden ★ *she sits a horse well* ze berijdt een paard goed **II** *onov ww* [onregelmatig] ❶ zitten ★ *sit at home* werkeloos thuis zitten ★ *sit heavy on* bezwaren, zwaar zijn ★ *sit slight / loosely on* van weinig betekenis zijn voor ★ *sit in judgement* stem in het kapittel hebben ★ *ook fig sit tight* stevig in het zadel zitten ❷ liggen, zich bevinden ★ *the tv was sitting in a pool of water* de tv stond in een plas water ❸ passen, staan ★ *sit ill on* niet passen bij ❹ (zitten te) broeden ★ *the swan sat on its nest* de zwaan zat te broeden ❺ ~ **back** achterover gaan zitten ❻ ~ **down** gaan zitten ❼ ~ **for** poseren, vertegenwoordigen, doen, afleggen ★ *he sat for an exam* hij legde examen af ❽ ~ **in** bezetten, aan bezetting deelnemen ❾ ~ **in on** aanwezig zijn bij ★ *they sat in on the meeting* ze woonden de vergadering bij ❿ ~ **in for** vervangen, de plaats innemen van ⓫ ~ **out** niet deelnemen aan, buiten blijven, tot het eind toe blijven (bij), langer blijven dan ⓬ ~ **under** (geregeld) onder het gehoor zijn van ⓭ ~ **up** rechtop gaan zitten ★ *that will make him sit up* daar zal hij van opfrissen / -kijken ⓮ ~ **(up)on** blijven, behandelen, beraadslagen over, zitting hebben in, op z'n nummer zetten, op de kop zitten ★ *don't be sat on* laat je niet op de kop zitten ★ *sit on a p.'s head* iem. onder de duim houden of negeren ★ *sit on the fence* zich afzijdig houden **III** *zn* houding te paard

sitcom ['sɪtkɒm] *zn, situation comedy* komische tv-serie

sit-down [sɪt'daʊn] *zn* ❶ staking (waarbij de werkplaats bezet wordt) ❷ adempauze

site [saɪt] **I** *zn* ❶ terrein, perceel, kavel ❷ plaats, ligging, locatie ❸ zetel ❹ vindplaats (van informatie) (internet) **II** *ov ww* plaatsen

sit-in ['sɪtɪn] *zn* bezetting

sitter ['sɪtə] *zn* ❶ model ❷ oppas, babysitter

sitting ['sɪtɪŋ] *zn* ❶ zittingsperiode ❷ poseren ★ *a portrait ~ can be tiring* poseren voor een portret kan vermoeiend zijn ❸ broedsel ❹ terechtzitting

sitting duck *zn* gemakkelijk doelwit, eenvoudige prooi

sitting room *zn* zitkamer

situate ['sɪtʃʊeɪt] *ov ww* plaatsen

situated ['sɪtʃʊeɪtɪd] *bnw* gelegen ★ *be ~ on* liggen aan / op ★ *well ~* in goeden doen

situation [sɪtʃʊ'eɪʃən] *zn* ❶ toestand, situatie ❷ ligging, stand ❸ gelegenheid ★ *take advantage of the ~* van de gelegenheid gebruik maken ❹ betrekking ❺ euf problematische situatie, noodgeval

sit-up *zn* sit-up (buikspieroefening)

six [sɪks] *telw* zes ★ *six of one and half a dozen of the other* lood om oud ijzer ★ *at sixes and sevens* in de war, overhoop

sixfold ['sɪksfəʊld] *bnw* zesvoudig

sixpack *zn* ❶ verpakking van zes stuks (vooral blikjes drank) ❷ inform wasbord (gespierde buik)

sixpence ['sɪkspəns] gesch *zn* zesstuiverstuk

sixpenny ['sɪkspənɪ] gesch *bnw* ❶ van zes stuivers ❷ kwartjes- ★ ~ *bit / piece* zesstuiverstuk

sixteen [sɪks'tiːn] *telw* zestien

sixteenth [sɪks'tiːnθ] **I** *bnw* zestiende ★ *she came ~* ze werd zestiende **II** *zn* zestiende deel

sixth [sɪksθ] **I** *telw* zesde ★ ~ *form* bovenbouw vwo **II** *zn* zesde deel

sixthly [sɪksθlɪ] *telw* ten zesde

sixties ['sɪkstiːz] *zn mv* ★ *the ~* de jaren zestig (van de twintigste eeuw)

sixtieth ['sɪkstɪəθ] *bnw* zestigste

sixty ['sɪkstɪ] *telw* zestig ★ *the sixties* de jaren zestig ★ *in one's sixties* in de zestig ★ ~ *four dollar question* de hamvraag

size [saɪz] **I** *zn* ❶ grootte, omvang ★ *of some size* behoorlijk groot ★ *is the size of* is zo groot als ★ *of a size* even groot ❷ maat, afmeting ★ *what size do you take?* welke maat hebt u? **II** *ov ww* ❶ naar grootte of maat sorteren, passend maken ❷ lijmen, gladmaken van papier ❸ ~ **up** taxeren, schatten, een beeld vormen van

sizeable, sizable ['saɪzəbl] *bnw* nogal groot, aanzienlijk

sizzle ['sɪzəl] **I** *zn* gesis **II** *onov ww* sissen ★ *sizzling hot* bloedheet

sizzler ['sɪzlə] *zn* ❶ sisser ❷ bloedhete dag ❸ straatt lekker stuk ❹ straatt knoert

skate [skeɪt] **I** *zn* ❶ schaats ❷ vleet (vis) **II** *onov ww* ❶ schaatsen ❷ skaten ★ ~ *over thin ice* een gevoelig onderwerp behandelen

skateboard ['skeɪtbɔːd] **I** *zn* rol- / schaatsplank, skateboard **II** *onov ww* skateboarden

skater ['skeɪtə] *zn* schaatser

skating rink ['skeɪtɪŋrɪŋk] *zn* ijsbaan, rolschaatsbaan

skeet [skiːt] *zn* (het) kleiduivenschieten

skein [skeɪn] *zn* ❶ knot, streng ❷ vlucht wilde ganzen

skeletal ['skelɪtəl] *bnw* ❶ skelet-, v.h. skelet ❷ broodmager ❸ schematisch ★ *a ~ storyline* een summier plot

skeleton ['skelɪtn] *zn* ❶ geraamte, skelet ❷ schema, kern ★ *a ~ staff* een absoluut minimum aan personeel ★ *a ~ in the closet / cupboard* een lijk in de kast (onaangename verrassing) ★ ~ *key* loper ★ ~ *service* zeer beperkte dienst

skeptical USA *bnw* → **sceptical**

skerry ['skerɪ] *zn* klip, rif

sketch [sketʃ] **I** *zn* ❶ schets ⟨afbeelding⟩ ❷ ton sketch ⟨humoristisch toneelstukje⟩ ❸ *fig* schets ⟨kort verslag⟩ **II** *ov ww* ❶ schetsen ⟨afbeelden⟩ ❷ *fig* schetsen ⟨kort verslag geven⟩

sketchbook ['sketʃbʊk] *zn* schetsboek

sketchy ['sketʃɪ] *bnw* oppervlakkig, niet afgewerkt ★ ~ *meal* haastige maaltijd

skew [skju:] **I** *zn* schuinte, schuin **II** *ov ww* afbuigen ★ *the taxes have been skewed towards the rich* de belastingen zijn scheef in het voordeel van de rijken **III** *onov ww* hellen ★ *the car skewed to the other side* de auto helde over naar de andere kant ★ *skewed vision* scheef beeld

skewbald ['skju:bɔ:ld] *bnw* met witte vlekken

skewer ['skju:ə] **I** *zn* vleespen, spit **II** *ov ww* doorsteken met vleespen

skew-eyed *bnw* scheel

skew-whiff *bnw* schuin

ski [ski:] **I** *zn* ski ★ *ski lift* skilift **II** *onov ww* skiën

skid [skɪd] **I** *zn* ❶ het slippen, slip ❷ remblok, remschoen ❸ USA weg v. boomstammen voor houttransport ❹ ★ *skid mark* remspoor **II** *onov ww* ❶ slippen, glijden ❷ USA vervoeren over weg van boomstammen

skid lid ['skɪdlɪd] GB *zn* veiligheidshelm

skier ['ski:ə] *zn* skiër

skiff [skɪf] *zn* skiff ⟨eenpersoonsroeiboot⟩

ski jump *zn* skischans

ski jumping *zn* (het) skispringen, (het) schansspringen

skilful ['skɪlfʊl] *bnw* bedreven, bekwaam

skill [skɪl] *zn* vaardigheid, (verworven) bedrevenheid

skilled [skɪld] *bnw* geschoold, vakkundig ★ ~ *labour* geschoold werk

skillet ['skɪlɪt] *zn* USA koekenpan

skillful *bnw* USA → **skilful**

skim [skɪm] *ov ww* ❶ langs (iets) strijken / scheren ❷ afromen, afschuimen ❸ ~ **over** vluchtig bekijken, oppervlakkig behandelen ★ *skimmed milk* magere melk ★ *skimmed money* zwart geld ★ *skim stones on the water* steentjes keilen ★ *ook fig* skim the cream off afromen

skimmer ['skɪmə] *zn* schuimspaan

skimp [skɪmp] **I** *ov ww* kort houden, karig (toe)bedelen ★ *he ~ed his speech* hij bekortte zijn toespraak **II** *onov ww* zuinig zijn, bekrimpen ★ ~ *on portions* beknibbelen op hoeveelheden

skimpy ['skɪmpɪ] *bnw* krap, karig, krenterig ★ *she wore a ~ black dress* ze droeg een kort zwart jurkje

skin [skɪn] **I** *zn* ❶ huid, huid van vliegtuig of schip, vlies, schil ❷ leren wijnzak ★ *inner / true skin* lederhuid ★ *outer skin* opperhuid ★ *jump out of one's skin* buiten zichzelf zijn, zich doodschrikken ★ *save one's skin* het er levend afbrengen ★ *I would not be in your skin* ik zou niet graag in jouw schoenen staan ★ *thick skin* een dikke huid ★ *get under a p.'s skin* iem. irriteren, iem. fascineren ★ *by / with the skin of one's teeth* op het kantje af, ternauwernood ★ *wear sth next to the skin* iets op het blote lijf dragen **II** *ov ww* ❶ villen, ontvellen, (af)stropen, pellen ★ *keep your eyes skinned* kijk goed uit je doppen ❷ ~ **over** genezen

skin cancer *zn* huidkanker

skin colour *zn* huidskleur

skin condition *zn* huidaandoening

skin-deep [skɪn'di:p] *bnw* oppervlakkig ★ *beauty is but ~* schoonheid zit alleen maar aan de buitenkant

skin-dive ['skɪndaɪv] *onov ww* duiken ⟨zonder duikpak⟩

skin-diver *zn* duiker ⟨zonder duikpak⟩

skin diving *zn* onderwatersport, duiksport

skin-flick ['skɪnflɪk] *zn* GB pornofilm

skinflint ['skɪnflɪnt] *zn* vrek, gierigaard

skinful ['skɪnfʊl] *zn* leren (wijn)zak vol ★ *when he's got his ~* als hij flink wat op heeft

skin game *zn* oplichterij, afzetterij

skinhead ['skɪnhed] *zn* kaalkop, skinhead

skinny ['skɪnɪ] *bnw* broodmager, vel over been, nauwsluitend ★ *a ~ dress* een nauwsluitende jurk

skint [skɪnt] *bnw* straatt blut, platzak

skintight [skɪn'taɪt] *bnw* nauw passend

skip [skɪp] **I** *ov ww* overslaan ★ *skip the formalities* de formaliteiten laten voor wat ze zijn ★ *my heart skipped a beat* mijn hart sloeg over **II** *onov ww* ❶ huppelen ❷ (touwtje)springen ★ *skip (it)* er tussenuit knijpen ❸ ~ **over** overslaan **III** *zn* ❶ sprong(etje), dat wat overgeslagen is / moet worden / wordt ❷ bak ❸ kooi ⟨in mijnschacht⟩ ❹ kiepkar

skipper ['skɪpə] **I** *zn* ❶ schipper, (scheeps)kapitein ❷ sport aanvoerder ❸ USA commanderend onderofficier, sergeant **II** *ov ww* aanvoeren, bevel voeren (over) ⟨als kapitein⟩

skipping rope GB *zn* springtouw

skirl [skɜ:l] **I** *zn* geluid v.e. doedelzak **II** *onov ww* geluid maken v.e. doedelzak

skirmish ['skɜ:mɪʃ] **I** *zn* schermutseling **II** *onov ww* schermutselen

skirt [skɜ:t] **I** *zn* ❶ rok ❷ slip, pand ❸ rand, buitenwijk, zoom ⟨van bos⟩ ❹ straatt meid, griet **II** *ov ww* ❶ bewegen langs de rand van ★ *we ~ed the mountains* we reden om de bergen heen ❷ grenzen aan ❸ vermijden ★ *she ~ed the matter* ze vermeed de kwestie

skirting board GB *zn* plint

skit [skɪt] *zn* parodie

skitter ['skɪtə] *onov ww* rennen, snel bewegen

skittish ['skɪtɪʃ] *bnw* ❶ dartel, frivool ❷ schichtig

skittle ['skɪtl] *zn* kegel ★ ~*s* kegelspel

skive [skaɪv] *onov ww* zich drukken, niet komen werken ★ *he wasn't ill, he was skiving* hij was niet ziek, hij drukte zich

skivvy ['skɪvɪ] *zn,* inform *fig* dienstmeisje ★ *he treats me like a ~* hij behandelt mij als een dienstmeisje

skulk [skʌlk] *onov ww* sluipen, op de loer liggen, zich verschuilen, zich onttrekken aan, lijntrekken ★ *journalists ~ed around* er slopen journalisten rond

skull [skʌl] *zn* schedel, doodskop

skullcap ['skʌlkæp] *zn* kalotje

skunk [skʌŋk] **I** *zn* ❶ bunzing ❷ skunk ⟨bont⟩ ❸ straatt vuns, schoft ▼ *drunk as a ~* ladderzat **II** *ov ww* USA totaal verslaan

sky [skaɪ] **I** *zn* ❶ lucht, hemel ❷ klimaat, streek ▼ *fig the sky's the limit* ≈ er is geen grens aan de

sk

mogelijkheden ▾ *out of a clear sky* als een
donderslag bij heldere hemel **II** *ov ww* inform
hoog hangen van schilderij, hoog gooien
sky-blue *bnw* hemelsblauw
skybox ['skaɪbɒks] *zn* viploge ⟨boven aan
stadiontribune⟩
skydiver ['skaɪdaɪvə] *zn* parachutist in vrije val
sky-high *bnw* hemelhoog
skyjack ['skaɪdʒæk] *ov ww* kapen ⟨van vliegtuig⟩
skyjacking ['skaɪdʒækɪŋ] *zn* vliegtuigkaping
skylab ['skaɪlæb] *zn* ruimtelaboratorium
skylark ['skaɪlɑːk] *zn* leeuwerik
skylight ['skaɪlaɪt] *zn* dakraam, bovenlicht
skyline ['skaɪlaɪn] *zn* silhouet ⟨v. landschap / stad⟩
skyrocket ['skaɪrɒkɪt] **I** *zn* vuurpijl **II** *onov ww*
snel de hoogte ingaan, de hoogte in schieten
skyscape *zn* luchtgezicht
skyscraper ['skaɪskreɪpə] *zn* wolkenkrabber
skywards ['skaɪwədz], **skyward** ['skaɪwəd] *bijw*
hemelwaarts
skyway *zn* ❶ luchtroute ❷ USA verkeersweg op
hoog niveau ❸ luchtbrug
skywriting ['skaɪraɪtɪŋ] *zn* luchtschrijven,
luchtschrift
slab [slæb] **I** *zn* ❶ platte steen, trottoirtegel
❷ sectietafel ⟨in mortuarium⟩ ❸ plak ★ *a slab of
chocolate* een plak chocola **II** *ov ww* met tegels
plaveien
slack [slæk] **I** *zn* ❶ slap hangend deel v. bijv. touw
of zeil ❷ dood tij ❸ slappe tijd ❹ kolengruis
▾ *create some* ~ een marge inbouwen ▾ *at least
give me some* ~ geef me dan tenminste een
beetje de kans **II** *bnw* ❶ slap, los ❷ lui, traag,
laks ★ *how* ~ *of you!* wat laks van jou! ★ ~ *water*
dood tij **III** *onov ww* ❶ treuzelen, lijntrekken
❷ nalatig zijn ⟨in⟩ ★ *they were* ~*ing in their
homework* ze waren nalatig in hun huiswerk
❸ ~ *off* verslappen, kalmpjes aan (gaan) doen
★ *the wind* ~*ed off* de wind luwde
slacken ['slækən] **I** *ov ww* laten vieren, slap doen
worden **II** *onov ww* ❶ vieren, slap worden ★ *the
line* ~*ed* het touw begon slap te hangen ❷ vaart
minderen, afnemen
slacker ['slækə] *zn* lijntrekker
slacks [slæks] *zn mv* USA vrijetijdsbroek
slag [slæg] **I** *zn* ❶ GB inform slet ❷ slak(ken),
sintel(s) **II** *ov ww* ❶ inform afkraken ★ *he
slagged his girl-friend* hij kraakte zijn vriendin af
❷ ~ *off* afkraken ★ *they slagged their boss off* ze
kraakten hun baas af
slain [sleɪn] *ww* [volt. deelw.] → **slay**
slake [sleɪk] *ov ww* lessen, blussen ⟨van kalk⟩
slalom ['slɑːləm] *zn* slalom
slam [slæm] **I** *ov ww* ❶ hard dichtslaan, harde
klap geven, plotseling in werking stellen,
neersmijten ★ *he slammed the door* hij sloeg de
deur dicht ★ *the instructor slammed on the
brakes* de instructeur ging op de remmen staan
★ *the teacher slammed the book on the table de
leraar smeet het boek op tafel ❷ inform sterk
bekritiseren ❸ slem maken ⟨bij kaartspel⟩
II *onov ww* ~ *into* met een klap iets doen ★ *the
car slammed into the tree* de auto sloeg met een
klap tegen de boom **III** *zn* ❶ harde klap ❷ slem
slander ['slɑːndə] **I** *zn* laster **II** *onov ww*
(be)lasteren

slanderer ['slɑːndərə] *zn* lasteraar, kwaadspreker
slanderous ['slɑːndərəs] *bnw* lasterlijk
slang [slæŋ] **I** *zn* ❶ taalk slang, Bargoens, platte
taal ❷ groeptaal, jargon **II** *ov ww* uitkafferen
slangy ['slæŋɪ] *bnw* taalk zoals slang ⟨zoals in
straattaal⟩
slant [slɑːnt] **I** *zn* ❶ helling ❷ USA kijk ⟨op de
zaak⟩ ❸ steelse blik ❹ steek onder water
❺ schuine streep ★ *on a / the* ~ schuin **II** *ov ww*
❶ schuin houden / zetten ❷ een andere draai
geven aan, een andere kijk op de zaak geven
★ *the report was* ~*ed against him* het rapport
was partijdig in zijn nadeel **III** *onov ww*
❶ schuin lopen / staan ★ *the sunlight* ~*ed
through the window* het zonlicht kwam schuin
door het raam heen ❷ gekleurd zijn,
bevooroordeeld zijn ★ *the press was* ~*ed towards
the elderly* de pers was gekant tegen de ouderen
slanting ['slɑːntɪŋ] *bnw* schuin, hellend, naar een
kant overhellend ★ ~ *views* rechts / links
georiënteerde politieke opvattingen
slantwise ['slɑːntwaɪz] *bnw* schuin
slap [slæp] **I** *zn* klap ⟨met de vlakke hand⟩, slag
★ ook fig *a slap in the face* een klap in het
gezicht ★ *a slap on the back* schouderklopje,
felicitatie(s) **II** *ov ww* ❶ slaan, klappen ★ *she
slapped him in the face* ze sloeg hem (met de
vlakke hand) in het gezicht ❷ ~ **down**
neerkwakken ★ *she slapped it down in front of
him* ze kwakte het voor hem neer ❸ ~ **on**
opsmijten ★ *she slapped lots of cream on* ze deed
er veel zalf op **III** *bijw* pardoes, met een klap
slapdash ['slæpdæʃ] **I** *zn* nonchalance, geklodder
II *bnw* nonchalant, slordig, achteloos ★ *their
paintwork is* ~ hun schilderwerk is slordig
slap-happy *bnw* ❶ inform uitgelaten ❷ inform
nonchalant, onbekommerd ★ *their methods are*
~ hun methodes zijn ondoordacht
slapstick ['slæpstɪk] **I** *zn* ❶ slapstick ⟨platte
humor⟩ ❷ gooi- en smijtfilm **II** *bnw* lawaaierig,
boertig
slap-up ['slæpʌp] *bnw* ❶ pico bello ❷ chic ★ ~
meal maaltijd met alles erop en eraan
slash [slæʃ] **I** *zn* ❶ houw, jaap ★ *a* ~ *with a sword*
een houw met een zwaard ❷ schuine streep
⟨het teken / ⟩ ★ vulg *have a* ~ gaan pissen **II** *ov
ww* ❶ houwen, snijden, een jaap geven ★ *she
~ed her wrists* ze sneed haar polsen door
❷ striemen ★ *the rain* ~*ed across my face* de
regen striemde over mijn gezicht ❸ drastisch
verlagen / verminderen / inkorten ⟨bv. van
prijzen / personeel / tekst⟩ ★ ~*ed sleeve*
splitmouw ★ ~*ing criticism* meedogenloze
kritiek
slasher ['slæʃə] *zn* messentrekker, moordenaar
★ ~ *film / movie* griezel- / geweldsfilm
slat [slæt] *zn* ❶ dun latje ❷ luchtv neusvleugel
slate [sleɪt] **I** *zn* ❶ lei(steen), leikleur ❷ USA
voorlopige kandidatenlijst ▾ *a clean* ~ een
schone lei **II** *bnw* leien **III** *ov ww* ❶ USA
kandidaat stellen ❷ met leien dekken
❸ uitvaren tegen, scherp kritiseren, met kritiek
afmaken ★ *he* ~*d her* hij voer tegen haar uit
slater ['sleɪtə] *zn* leidekker
slating ['sleɪtɪŋ] *zn* ❶ dakwerk v. lei
❷ afbrekende kritiek

slaty ['sleɪtɪ] *bnw* leiachtig
slaughter ['slɔːtə] I *zn* slachting, bloedbad II *ov ww* (af)slachten
slaughterer ['slɔːtərə] *zn* slachter, (massa)moordenaar
slaughterhouse ['slɔːtəhaʊs] *zn* slachthuis
Slav [slɑːv] I *zn* Slaaf II *bnw* Slavisch
slave [sleɪv] I *zn* slaaf, slavin ★ *ook fig* ~ *labour* slavenarbeid, -werk II *onov ww* zich afbeulen
slave driver *zn* slavendrijver
slaver ['sleɪvə] I *zn* ❶ slavenhandelaar, slavenschip ❷ kwijl II *ov ww* kwijlen
slavery ['sleɪvərɪ] *zn* slavernij
slave trade *zn* slavenhandel
Slavic ['slɑːvɪk], **Slavonic** [slə'vɒnɪk] *bnw* Slavisch
slavish ['sleɪvɪʃ] *bnw* slaafs
slay [sleɪ] [onregelmatig] *ov ww* oud doden ★ *be slain* sneuvelen
sleazy ['sliːzɪ] *bnw* vies, louche en verlopen, vodderig, slonzig ★ *a* ~ *person* een louche persoon ★ *a* ~ *Bed and Breakfast* een vies pension
sled [sled] I *zn* slee II *onov ww* sleeën, per slee vervoeren
sledge [sledʒ] *zn* slee
sledgehammer ['sledʒhæmə] *zn* voorhamer
sleek [sliːk] I *bnw* ook fig glad, glanzend II *ov ww* glad maken, gladstrijken
sleep [sliːp] I *zn* slaap ★ *go to* ~ in slaap vallen ★ *put to* ~ in slaap brengen, wegmaken ⟨onder narcose⟩, laten inslapen ⟨euthanasie plegen⟩ ★ *lose* ~ slaapgebrek lijden, te weinig slapen ★ *fig the big* ~ de lange slaap ⟨de dood⟩ II *ov ww* [onregelmatig] logies geven, laten slapen, (kunnen) bergen ★ ~ *away / off one's headache* zijn hoofdpijn door slapen kwijtraken ★ ~ *it off* zijn roes uitslapen ★ *the hotel can* ~ *300* het hotel heeft 300 bedden III *onov ww* [onregelmatig] ❶ slapen ★ ~ *over / (up)on a matter* (nog eens) 'n nachtje slapen over een kwestie ★ ~ *like a log / top* slapen als een os ❷ ~ *in* lang door blijven slapen, zich verslapen ❸ ~ *out* niet thuis overnachten, niet intern zijn ❹ ~ *with* slapen met ⟨vrijen⟩
sleeper ['sliːpə] *zn* ❶ slaper ❷ slaapwagen ❸ dwarsligger ⟨tussen rails⟩ ★ *heavy* ~ iem. die vast slaapt
sleeping sickness *zn* slaapziekte
sleepless ['sliːpləs] *bnw* slapeloos
sleepwalk ['sliːpwɔːk] *onov ww* slaapwandelen
sleepy ['sliːpɪ] *bnw* slaperig, dromerig
sleepyhead ['sliːpɪhed] *zn* slaapkop
sleet [sliːt] I *onp ww* hagelen, sneeuwen II *zn* hagel met regen, natte sneeuw
sleety ['sliːtɪ] *bnw* → **sleet**
sleeve [sliːv] *zn* ❶ mouw ❷ hoes ★ *an album* ~ een hoes van een album ★ *laugh in one's* ~ heimelijk lachen ★ *have sth up one's* ~ iets achter de hand hebben ★ *wear one's heart upon one's* ~ het hart op de tong dragen ★ *laugh in one's* ~ in zijn vuistje lachen
sleeveless ['sliːvləs] *bnw* zonder mouwen, mouwloos
sleigh [sleɪ] *zn* slee
sleight [slaɪt] *zn* ❶ goocheltruc ❷ handigheidje, slimmigheid

sleight-of-hand *zn* ❶ vingervlugheid ❷ handigheid, truc
slender ['slendə] *bnw* ❶ slank, dun, mager, karig ❷ zwak ★ ~ *abilities* beperkte vermogens
slept [slept] *ww* [verleden tijd + volt. deelw.] → **sleep**
sleuth [sluːθ] *zn* speurder, detective ★ ~*(-hound)* bloedhond, speurhond
slew [sluː] I *zn* ❶ draai, zwenking ❷ poel, moeras II *ww* [verleden tijd] → **slay** III *onov ww* zwenken ★ *the car slewed in the snow* de auto zwenkte in de sneeuw IV *ov ww* omdraaien ★ *the pilot slewed the plane* de piloot keerde het vliegtuig om
slice [slaɪs] I *zn* ❶ schijf ⟨pizza of taart⟩ ❷ snee, plak(je) ❸ deel ❹ stuk ★ *get a* ~ *of the action* meedoen met een evenement ❺ visschep, spatel ★ ~ *of bread and butter* boterham ▼ *fig a* ~ *of the cake / pie* een stuk van de koek ⟨een deel van de opbrengst⟩ II *ov ww* in sneetjes snijden, afsnijden
slicer ['slaɪsə] *zn* ❶ snijder, snijmachine ⟨bv. voor brood⟩ ❷ schaaf ⟨voor groenten enz.⟩
slick [slɪk] I *zn* olievlek II *bnw* ❶ vlot, handig ❷ ook fig glad, soepel ★ ~ *advertising* geraffineerde reclame ❸ gewiekst III *ov ww* ❶ glad maken, polijsten ❷ ~ **down** gladkammen ⟨van haar⟩, plakken IV *bijw* precies, pardoes
slicker ['slɪkə] *zn* ❶ USA olie- / regenjas ❷ gladjanus
slid [slɪd] *ww* [verleden tijd + volt. deelw.] → **slide**
slide [slaɪd] I *zn* ❶ (het) glijden, enz., glijbaan / -plank, hellend vlak ❷ geleider ❸ dia(positief) ❹ objectglaasje ⟨van microscoop⟩ ❺ schuifje, schuifraampje ❻ aardverschuiving II *onov ww* [onregelmatig] schuiven, (uit)glijden ★ ~ *into sin* tot zonde vervallen ★ *let things* ~ Gods water over Gods akker laten lopen III *ov ww* openschuiven
slide fastener *zn* USA rits(sluiting)
sliding ['slaɪdɪŋ] *bnw* ★ ~ *door* schuifdeur ★ ~ *rule* rekenliniaal ★ ~ *scale* variabele schaal ★ ~ *seat* glijbankje ★ USA ~ *time* variabele werktijd
slight [slaɪt] I *zn* geringschatting, kleinering II *bnw* ❶ tenger, licht, klein ★ *she is ever so* ~ ze is vreselijk tenger ❷ zwak, gering, vluchtig, klein ★ *a* ~ *chance* een kleine kans ★ *not the* ~*est* absoluut niet III *ov ww* met geringschatting behandelen, kleineren
slightly ['slaɪtlɪ] *bijw* enigszins
slim [slɪm] I *bnw* slank, dun, zwak, slim II *ov ww* ❶ inkorten ⟨v. programma⟩ ❷ ~ **down** inkrimpen ★ *the company had to slim down* het bedrijf moest inkrimpen III *onov ww* aan de lijn doen
slime [slaɪm] I *zn* ❶ slijk ❷ slib ❸ slijm II *ov ww* ❶ met slijm bedekken ❷ glippen
slimming ['slɪmɪŋ] *zn* ❶ vermageringskuur ❷ afslanken ★ ~ *diet* vermageringsdieet
slimy ['slaɪmɪ] *bnw* ❶ vies, walgelijk ❷ kruiperig ❸ glibberig, (zo) glad (als een aal)
sling [slɪŋ] I *zn* ❶ katapult ❷ lus, strop ❸ mitella, draagverband ❹ USA grog II *ov ww* [onregelmatig] ❶ slingeren, gooien ★ ~ *it over your shoulder* gooi het over je schouder

slink [slɪŋk] [onregelmatig] *onov ww* ❶ sluipen ❷ **~ away ~ off** wegsluipen

slip [slɪp] **I** *ov ww* ❶ loslaten, vieren, laten glijden, ontsnappen ★ *the lion slipped its cage* de leeuw ontsnapte uit zijn kooi ❷ heimelijk toestoppen ★ *she slipped him a note* ze stopte hem een briefje toe ❸ **~ on/off** aan-/ uittrekken ★ *slip on/off a coat* een jas aanschieten/uitgooien **II** *onov ww* ❶ (uit)glijden, los-/ wegschieten, van zijn plaats schieten ★ *the rope slipped* het touw schoot los ❷ 'n fout maken ❸ zich vergissen ★ *it has slipped (from) memory/mind* het is me ontschoten ★ *the car is slipping along splendidly* de wagen loopt prima ★ *slip into another suit* vlug even een ander pak aanschieten ★ *slip carriage* treinrijtuig dat tijdens rijden wordt losgelaten, slipwagen ❹ **~ away/out** er tussenuit knijpen ❺ **~ by** ongemerkt voorbijgaan ❻ **~ up** zich vergissen, wegstoppen ⟨vooral in mouw⟩ **III** *zn* ❶ vergissing ❷ strook, reep(je) ❸ onderjurk ❹ onderbroekje ★ *slip road* af-/ oprit ★ *give a person the slip* iem. ontglippen ★ *Freudian slip* freudiaanse vergissing ★ *slip of the pen* schrijffoutje ★ *slip of the tongue* verspreking ★ *make a slip* misstap begaan ★ *slip of a boy* tenger jongetje

slip cover *zn* hoes
slip-on ['slɪpɒn] *zn* ★ **~ shoe** instapschoen
slipover ['slɪpəʊvə] *zn* slip-over, mouwloze trui, spencer
slipper ['slɪpə] **I** *zn* ❶ pantoffel ❷ remschoen **II** *ov ww* ★ *in ~ed feet* met pantoffels aan
slippery ['slɪpərɪ] *bnw* ❶ glad, glibberig ❷ onbetrouwbaar ★ *a ~ fish* een onbetrouwbaar persoon ❸ gewetenloos
slippy ['slɪpɪ] *bnw* glad
slipshod ['slɪpʃɒd] *bnw* slordig
slipstream ['slɪpstriːm] *zn* luchtstroom, zuiging ⟨achter bewegend voer-/ vaartuig⟩
slip-up ['slɪpʌp] *zn* vergissing, misrekening
slipway ['slɪpweɪ] *zn* scheepshelling
slit [slɪt] **I** *zn* spleet, split **II** *ov ww* af-/ opensnijden, scheuren
slither ['slɪðə] *onov ww* glibberen, glijden
slithery ['slɪðərɪ] *bnw* glibberig
sliver ['slɪvə] **I** *zn* ❶ splinter, stuk(je) ❷ reepje vis ⟨als aas⟩ **II** *ov ww* splijten, een splinter/ stukje afhalen van, in reepjes snijden of breken
slob [slɒb] *zn* inform lui en slordig persoon
slobber ['slɒbə] **I** *zn* kwijl, dom, aanstellerig gepraat **II** *onov ww* ❶ kwijlen ❷ **~ over** sentimenteel doen, natte zoenen geven ★ *the dog ~ed over me* de hond kwijlde over me **III** *onov ww* knoeien, kwijlen, huilen
slobbery ['slɒbərɪ] *bnw* kwijlerig, nat v. kwijl
sloe [sləʊ] *zn* sleedoorn, sleepruim
slog [slɒg] **I** *zn* harde klap, gezwoeg **II** *ov ww* ❶ goed raken, hard slaan ❷ **~ away at** hard werken aan
slogan ['sləʊgən] *zn* strijdkreet, leuze, slagzin
slogger ['slɒgə] *zn* iemand die hard slaat, zwoeger
sloop [sluːp] *zn* sloep
slop [slɒp] **I** *zn* ❶ gemors ❷ sentimenteel gedoe

❸ spoeling ⟨veevoer⟩ **II** *ov ww* ❶ bekladden, bemorsen, morsen ❷ kwakken, smijten **III** *onov ww* ❶ gemorst worden ❷ **~ around** ouds, slordige kleren dragen ❸ **~ out** GB toiletemmer/ po leegmaken ❹ **~ over** overstromen, overlopen
slop basin, **slop bowl** *zn* spoelkom
slope [sləʊp] **I** *zn* helling, talud ★ *dry ~/ dry-ski ~* borstelbaan ★ *on the ~* schuin **II** *ov ww* doen hellen, schuin zetten, afschuinen ★ *mil ~ arms!* geweer op schouder! **III** *onov ww* ❶ hellen, schuin liggen/ staan ❷ **~ about** rondhangen ❸ **~ off** er vandoor gaan
sloping ['sləʊpɪŋ] *bnw* schuin ★ *~ shoulders* afhangende schouders
sloppy ['slɒpɪ] *bnw* ❶ nat, drassig ❷ slordig ★ *~ eater* slordige eter ❸ flodderig ★ *inform ~ joe* losse trui ❹ sentimenteel
slosh [slɒʃ] **I** *zn* ❶ straatt klap, bons ❷ plas, geplas **II** *ov ww* ❶ knoeien (met water) ❷ **~ on** er dik opkwakken/ -smeren **III** *onov ww* klotsen, plassen, ploeteren ★ **~ through the mud** door de modder ploeteren
sloshed [slɒʃt] *bnw* inform dronken
slot [slɒt] **I** *zn* ❶ gleuf, sleuf ⟨insteekplaats⟩ ❷ ruimte, plaats, gaatje ★ *the plane missed its slot to take off* het vliegtuig miste zijn gaatje om te stijgen ❸ zendtijd **II** *ov ww* ❶ gleuf maken in ❷ **~ in** een plaats/ tijd vinden voor ★ *do you have time to slot me in?* kun je tijd voor me vinden? ❸ **~ together** in elkaar passen
sloth [sləʊθ] *zn* ❶ lui-/ traagheid ❷ luiaard ⟨dier⟩
slothful ['sləʊθfʊl] *bnw* lui, traag
slot machine ['slɒtməʃiːn] *zn* ❶ (verkoop)automaat ❷ USA (fruit)automaat
slouch [slaʊtʃ] **I** *zn* slungelige gang/ houding ★ *~ hat* flambard **II** *onov ww* ❶ slungelachtig doen ❷ (slap) naar beneden hangen ❸ **~ about** rondlummelen
slough[1] [slʌf] **I** *zn* ❶ afgestoten slangenhuid ❷ (wond)roof, korst ❸ depressie ★ *the economic ~* de economische depressie **II** *ov ww* **~ off** de huid afwerpen ⟨van slang, reptiel⟩, weg-/ afvallen, laten vallen, opgeven **III** *onov ww* fig afstoten, eraf vallen
slough[2] [slaʊ] *zn* moeras ★ *form ~ of despair* vertwijfeling
slovenliness ['slʌvənlɪnəs] *zn* slonzigheid
slovenly ['slʌvənlɪ] *bnw* slordig
slow [sləʊ] **I** *bnw + bijw* ❶ langzaam, vertraagd, traag (van begrip) ★ *the clock is (ten minutes) slow* de klok loopt (tien minuten) achter ★ *be slow to* niet vlug reageren op ★ *he is slow to anger* hij wordt niet gauw kwaad ★ *be not slow to* er vlug bij zijn (om) ★ *go slow* niet overijld te werk gaan, achter lopen ★ *slow and sure* langzaam maar zeker ★ *slow march* paradepas ★ *slow poison* langzaam werkend vergif ★ *be slow in* geen haast maken met, niet correct zijn in of met ❷ saai **II** *onov ww* **~ down/up** vertragen, langzamer gaan, rijden of laten werken, kalm(er) aan (gaan) doen
slowcoach ['sləʊkəʊtʃ] *zn* treuzelaar, slome
slowdown ['sləʊdaʊn] *zn* ★ *slow-down strike* langzaamaanactie
slow motion [sləʊ'məʊʃən] **I** *zn* ★ *in ~* in een

vertraagde opname, in vertraagd tempo **II** *bnw* vertraagd

slow-worm ['sləʊwɜ:m] *zn* hazelworm

SLR *afk, single-lens reflex* ★ *SLR camera* spiegelreflexcamera

sludge [slʌdʒ] *zn* slik, drab, sneeuwmodder

slue [slu:] *zn →* **slew**

slug [slʌg] **I** *zn* ❶ slak (zonder huisje) ❷ slok ★ *a quick slug of alcohol* een snelle slok alcohol ❸ kogel, prop **II** *ov ww* een klap geven

sluggard ['slʌgəd] *zn* luiwammes, leegloper

sluggish ['slʌgɪʃ] *bnw* lui, traag(werkend), flauw ⟨van markt⟩ ★ *a ~ economy* een trage economie

sluice [slu:s] **I** *zn* sluis, sluiswater **II** *ov ww* ❶ doen uitstromen, uit- / af- / doorspoelen ★ *he ~d the walls* hij spoelde de muren af ❷ ~ **out** laten uitstromen ★ *they ~d out the water* ze lieten het water uitstromen **III** *onov ww* ❶ vrij doorstromen ★ *it is sluicing down* het regent pijpenstelen ❷ ~ **out** uitstromen, uitspoelen ★ *the water ~d out of the lock* het water stroomde de sluis uit

sluice gate ['slu:sgeɪt] *zn* sluisdeur

slum [slʌm] **I** *zn* slop, achterbuurt, krot ★ *slum brat* boefje **II** *ov ww* zich moeten behelpen ⟨in slechtere omstandigheden⟩ ★ *we slummed in during our holidays* we hebben ons tijdens onze vakantie moeten behelpen

slumber ['slʌmbə] **I** *zn* slaap, sluimering **II** *onov ww* slapen, sluimeren

slummy ['slʌmɪ] *bnw* vervallen, vuil

slump [slʌmp] **I** *zn* plotselinge (sterke) prijsdaling, malaise, achteruitgang in populariteit **II** *onov ww* plotseling sterk dalen, kelderen

slung [slʌŋ] *ww* [verl. tijd + volt. deelw.] → **sling**

slunk [slʌŋk] *ww* [verl. tijd + volt. deelw.] → **slink**

slur [slɜ:] **I** *ov ww* ❶ tot één lettergreep verbinden, in elkaar laten lopen ★ *she slurred her speech* ze sprak onduidelijk ❷ ~ **over** (losjes) over (iets) heen praten ★ *he slurred over the fact* hij verdoezelde het feit **II** *onov ww* ❶ muz legato spelen / zingen, slepen ❷ ~ **over** vervagen **III** *zn* muz verbindingsboogje, legatoteken ★ *cast a slur upon* een smet werpen op

slurp [slɜ:p] **I** *zn* geslurp **II** *ov+onov ww* slurpen

slurring ['slɜ:rɪŋ] *bnw* slecht gearticuleerd

slurry ['slʌri] *zn* vloeistof-poedermengsel, brij

slush [slʌʃ] *zn* ❶ modder, sneeuwdrab / -modder ❷ *inform* vals sentiment

slush fund *zn* smeergeldfonds

slushy ['slʌʃɪ] *bnw* ❶ modderig ❷ vals sentimenteel

slut [slʌt] *zn* min slet

sluttish ['slʌtɪʃ] *bnw* hoerig

sly [slaɪ] **I** *zn* ★ *on the sly* in het geniep **II** *bnw* geniepig, geslepen, sluw ★ *sly dog* sluwe vos

slyboots ['slaɪbu:ts] *zn* inform slimme vos, sluw heerschap

SM *afk, sadomasochism* SM, sadomasochisme

smack [smæk] **I** *zn* ❶ smaak(je), geur(tje) ❷ tikje, tikkeltje ❸ smak, klap ★ *fig ~ in the eye* klap in het gezicht ❹ (het) smakken ⟨van o.a. tong⟩, klapzoen ❺ straatt heroïne **II** *ov ww* ❶ meppen ❷ smakken ★ *~ one's lips (over)* likkebaarden (bij), smakken met de lippen **III** *onov ww*

❶ klappen ❷ smakken ❸ ~ **of** rieken / smaken naar, doen denken aan **IV** *bijw* ★ *I had the wind ~ against me* ik had de wind pal tegen

smacker ['smækə] *zn* ❶ klapzoen ❷ dreun ❸ GB inform pond ❹ USA inform dollar

small [smɔ:l] **I** *bnw* ❶ klein ❷ kleingeestig, flauw ❸ onbenullig ❹ zwak ⟨van stem⟩ ★ *~ ad* kleine advertentie ★ inform *~ beer* dun bier, onbenulligheid / -heden ★ *~ change* kleingeld ★ *~ fry* klein grut, onbelangrijke mensen / dingen ★ *~ hand* gewoon handschrift ★ *~ print* de kleine lettertjes ★ *~ hours* eerste uren na middernacht ★ *~ blame to him* hij had groot gelijk ★ *look ~* beteuterd kijken ★ *on the ~ side* nogal klein ★ *sing ~* een toontje lager zingen ★ *~ talk* oppervlakkige conversatie ★ *live in a ~ way* bescheiden leven ★ *~ wonder!* wat een wonder **II** *zn* smal, dun gedeelte ★ *the ~ of the back* onder in de rug ★ *in ~* in het klein

smallholder ['smɔ:lhəʊldə] *zn* kleine boer

smallholding ['smɔ:lhəʊldɪŋ] *zn* klein (boeren)bedrijf

smallish ['smɔ:lɪʃ] *bnw* vrij klein

small-minded [smɔ:l'maɪndɪd] *bnw* kleingeestig

smallness ['smɔ:lnəs] *zn* klein formaat, kleingeestigheid ★ *his ~ over this issue* zijn kleingeestigheid in dezen → **small**

smallpox ['smɔ:lpɒks] *zn* pokken

small-scale *bnw* op kleine schaal, kleinschalig, miniatuur-

small-time [smɔ:l'taɪm] *bnw* derderangs, onbelangrijk

smarmy ['smɑ:mɪ] *bnw,* GB inform flemerig

smart [smɑ:t] **I** *bnw* ❶ bijdehand, slim, vlug, gevat, geestig ★ inform *a ~ guy would not do that* een slimme vent zou dat niet doen ❷ handig ★ *a ~ move* een handige zet ❸ behoorlijk, keurig, chic ★ *she always looks ~* ze ziet er altijd chic uit **II** *onov ww* ❶ pijn doen ★ *the wound ~s* de wond schrijnt ❷ zich gekwetst voelen, lijden ❸ ~ **for** boeten voor ★ *you shall ~ for this!* daar zul je voor bloeden!

smart card *zn* chipkaart

smarten ['smɑ:tn] **I** *ov ww* ~ **up** opknappen, verbeteren, mooi maken **II** *onov ww* ~ **up** zich verstandig gedragen ★ *~ yourself up* gedraag je verstandig

smash [smæʃ] **I** *ov ww* ❶ slaan, smashen ⟨hoge bal hard neerwaarts slaan⟩ ❷ vernielen, verpletteren ★ *~ into a tree* tegen een boom botsen ★ *~ things up* de boel kort en klein slaan ❸ ~ **up** kapot slaan **II** *onov ww* ❶ kapot vallen, te pletter slaan, botsen ❷ op de fles gaan **III** *zn* ❶ smak, hevige klap / slag, vernieling, botsing, ongeluk ★ *he heard a terrible ~* hij hoorde een vreselijke klap ❷ smash ⟨bij tennis⟩ **IV** *bijw* met een klap, pardoes ★ *he landed ~ against a wall* hij landde met een klap tegen een muur

smash-and-grab *bnw* ★ *~ raid* snelle overval

smashed [smæʃt] *bnw* ❶ laveloos, stomdronken ❷ onder de drugs

smasher ['smæʃə] *zn* ❶ iemand die alles breekt / kapot maakt, vernietigend(e) argument / slag ❷ prachtexemplaar, kanjer, toffe vent

smash hit *zn* reuzesucces

smashing ['smæʃɪŋ] *bnw,* GB inform geweldig,

sm

gaaf

smash-up ['smæʃʌp] *zn* <u>inform</u> harde botsing / klap

smattering ['smætərɪŋ] *zn* ❶ oppervlakkige kennis ★ *have a ~ of* een beetje weten van ★ *speak a ~ of French* een heel klein beetje Frans spreken ❷ een klein beetje ★ *a ~ of snow* een dun laagje sneeuw

smear [smɪə] **I** *zn* veeg, <u>med</u> uitstrijkje **II** *ov ww* ❶ besmeren, (in)smeren (met) ❷ vuil maken, lasteren ★ *~ campaign* lastercampagne

smeary ['smɪərɪ] *bnw* vuil, vettig

smell [smel] **I** *zn* reuk, lucht, geur, stank ★ *take a ~ at* ruiken aan **II** *ov+onov ww* [regelmatig + onregelmatig] ❶ ruiken ★ *~ a rat* lont ruiken ❷ ~ **about** rondsnuffelen ❸ ~ **at** ruiken aan ❹ ~ **of** ruiken naar ❺ ~ **out** opsporen, uitvissen

smelled [smeld] *ww* [verleden tijd + volt. deelw.] → **smell**

smelling salts ['smelɪŋsɔːlts] *zn* reukzout

smelly ['smelɪ] *bnw* vies ruikend

smelt [smelt] **I** *ww* [verleden tijd + volt. deelw.] → **smell III** *ov ww* smelten

smelter ['smeltə] *zn* smelter 〈van metaal〉

smile [smaɪl] **I** *zn* glimlach **II** *ov ww* met een lach uitdrukken **III** *onov ww* ❶ glimlachen ❷ ~ **at** lachen om, toelachen ❸ ~ **away** stil voor zich heen lachen

smirch [smɜːtʃ] **I** *zn* smet **II** *ov ww* <u>oud</u> bezoedelen

smirk [smɜːk] **I** *zn* gemaakt lachje **II** *onov ww* gemaakt / hautain lachen

smite [smaɪt] *ov ww* [onregelmatig] ❶ slaan ❷ <u>ook fig</u> treffen ★ *smitten by / with* smoorverliefd zijn op, volledig ondersteboven zijn van

smith [smɪθ] *zn* smid

smithereens [smɪðə'riːnz] *zn mv* ★ *smash to ~* kort en klein slaan

smithy ['smɪðɪ] *zn* smederij

smitten ['smɪtn] *ww* [volt. deelw.] → **smite**

smock [smɒk] **I** *zn* kiel, mouwschort **II** *ov ww* smokken 〈borduren〉

smocking ['smɒkɪŋ] *zn* smokwerk

smog [smɒg] *zn* smog (= smoke + fog)

smoke [sməʊk] **I** *zn* ❶ rook, walm, damp ★ *go up in ~* in rook opgaan ★ *no ~ without fire* waar rook is, moet vuur zijn ❷ sigaret, sigaar ★ *have a ~* roken ❸ rookpauze **II** *ov ww* ❶ roken 〈sigaret e.d.〉 ❷ ~ **out** uitroken **III** *onov ww* roken, walmen

smoke alarm *zn* rookmelder

smoke bomb ['sməʊkbɒm] *zn* rookbom

smoke-dried [sməʊk'draɪd] *bnw* gerookt

smoke-free *zn* rookvrij

smokeless ['sməʊkləs] *bnw* rookloos

smoker ['sməʊkə] *zn* roker

smoke screen *zn* rookgordijn

smokestack ['sməʊkstæk] *zn* schoorsteen

smoking ['sməʊkɪŋ] *zn* (het) roken ★ *no ~* verboden te roken ★ *give up ~* stoppen met roken

smoking ban *zn* rookverbod

smoky ['sməʊkɪ] *bnw* rokerig

smolder <u>USA</u> → **smoulder**

smolt [sməʊlt] *zn* jonge zalm

smooch [smuːtʃ] **I** *zn* ❶ (klap)zoen ❷ vrijpartijtje **II** *onov ww* ❶ knuffelen, vrijen ❷ (langzaam, dicht tegen elkaar) dansen

smooth [smuːð] **I** *bnw + bijw* ❶ kalm 〈van zee of water〉 ❷ zacht 〈van smaak〉 ❸ vleiend ❹ vloeiend, vlot, glad, effen, vlak ★ *everything went ~(ly)* alles ging gesmeerd ★ *~ face* uitgestreken gezicht ★ *~ tongue* mooiprater ★ *~ words* mooie praatjes **II** *ov ww* ❶ glad maken ❷ ~ **away/out/over** glad- / wegstrijken, uit de weg ruimen ★ *the difficulties were ~ed over* de moeilijkheden werden rechtgetrokken ❸ ~ **down** vergoelijken, goed praten, bedaren, kalmeren **III** *onov ww* ❶ glad worden ❷ ~ **down** tot rust komen

smooth-faced *bnw* ❶ met uitgestreken gezicht ❷ gladgeschoren

smoothie ['smuːðɪ] *zn* ❶ gladjanus, charmeur ❷ shake van melk, yoghurt of ijs met vruchten

smote [sməʊt] *ww* [verleden tijd] → **smite**

smother ['smʌðə] **I** *ov ww* ❶ doven, in de doofpot stoppen ❷ smoren, verstikken, doen stikken, onderdrukken ★ *~ed in smoke* in rook gehuld ★ *~ a p. in blankets* iem. inpakken in dekens ❸ ~ **by/with** overladen met **II** *onov ww* stikken **III** *zn* verstikkende rook / stoom, walm, stof(wolk)

smoulder ['sməʊldə] **I** *zn* smeulend vuur **II** *onov ww* smeulen

smudge [smʌdʒ] **I** *zn* veeg, vlek, vuile vlek **II** *ov ww* vuil maken, bevlekken

smudgy ['smʌdʒɪ] *bnw* → **smudge**

smug [smʌg] *bnw* ❶ zelfingenomen ★ *she felt smug after her success* Na haar succes was ze zelfingenomen ❷ (burgerlijk) netjes, precies, braaf ❸ bekrompen

smuggle ['smʌgl] *ov ww* smokkelen

smuggler ['smʌglə] *zn* smokkelaar

smuggling ['smʌglɪŋ] *zn* smokkel, het smokkelen

smut [smʌt] *zn* ❶ roetdeeltje, (zwarte) vlek, vuil(igheid) ❷ pornografie ★ *talk smut* vieze praatjes verkopen

smutty ['smʌtɪ] *bnw* vuil

snack [snæk] **I** *zn* snelle hap, (hartig) hapje **II** *onov ww* iets tussendoor eten

snack bar ['snækbɑː] *zn* snackbar, cafetaria, snelbuffet

snaffle ['snæfəl] **I** *zn* trens 〈paardenbit〉 **II** *ov ww* straatt gappen, mee- / wegpikken ★ *shall we ~ his beer?* zullen we zijn biertje pikken?

snafu [snæ'fuː] *zn*, <u>USA straatt</u> *situation normal: all f***ed up* verwarring, chaos, gedonder

snag [snæg] **I** *zn* ❶ knoest, stomp ❷ ladder ❸ <u>fig</u> moeilijkheid ★ *there is one snag* er is één probleempje **II** *ov ww* scheuren ★ *the thorn snagged her sweater* de doorn haalde haar trui open

snail [sneɪl] *zn* ❶ slak ❷ treuzelaar ★ *at a ~'s pace* met een slakkengang

snailfish ['sneɪlfɪʃ] *zn* zeeslak

snail mail *zn* <u>iron</u> (gewone) post 〈versus e-mail〉

snake [sneɪk] **I** *zn* slang, valsaard ★ *a ~ in the grass* een addertje onder het gras ★ *~s and ladders* gezelschapsspel (verg. ganzenbordspel) **II** *onov ww* kronkelen, kruipen, schuiven

snakebite ['sneɪkbaɪt] *zn* slangenbeet

snake charmer ['sneɪktʃɑːmə] *zn* slangenbezweerder

snake pit ['sneɪkpɪt] *zn* ❶ ook fig slangenkuil ❷ inform gekkenhuis

snaky ['sneɪki] *bnw* ❶ slangachtig, kronkelend ❷ sluw, vals

snap [snæp] I *ov ww* ❶ (doen) afknappen, breken ★ *he snapped the branches* hij brak de takken ❷ knippen (met) ★ *she snapped her fingers* ze knipte met haar vingers ❸ kieken, op de foto zetten ❹ ~ **up** mee-/ wegpikken, gretig aannemen ★ *the food was snapped up* het eten was zo weg ❺ ~ **off** afbreken, afbijten ★ *she snapped the candle off* ze brak het kaarsje eraf ★ *snap a person's head / nose off* iem. bits in de rede vallen, iem. afsnauwen II *onov ww* ❶ (af)knappen ★ *the branch snapped* de tak brak ★ fig *his nerves snapped* zijn zenuwen knapten af ❷ happen, bijten ★ *the dog snapped at his leg* de hond hapte naar zijn been ❸ snauwen ★ *she snapped that he should leave* zij snauwde dat hij moest vertrekken ★ *snap shut* met een klik dichtgaan ❹ ~ **out of** fig uitbreken ★ *snap out of it* abrupt uit een roes ontwaken, abrupt van gewoonte / stemming veranderen ❺ ~ **into** er op af vliegen ❻ ~ **at** happen naar, toehappen, snauwen tegen ★ *he snapped at her* hij snauwde haar af III *zn* ❶ het knappen, knak, breuk ★ *the snap of a branch* de krak van een tak ❷ fut ★ *a brief snap of energy* een korte uitbarsting van energie ❸ korte periode ★ *cold snap* 'n paar koude dagen ❹ kaartspelletje ❺ foto ★ *holiday snap* fotokiekje ❻ knap, krak, klik, pang ★ *snap it went* knap zei 't IV *bnw* haastig ★ *a snap decision* een snelle beslissing

snapdragon ['snæpdrægən] *zn* plantk leeuwenbek

snap fastener ['snæpfɑːsnə] *zn* drukknoop

snappish ['snæpɪʃ] *bnw* ❶ bijterig (van hond) ❷ vinnig

snappy ['snæpɪ] *bnw* pittig ★ *make it ~* vlug, opschieten!

snapshot ['snæpʃɒt] I *zn* op aanslag gericht schot-, momentopname II *ov ww* een kiekje nemen

snare [sneə] I *zn* ❶ strik ❷ verleiding ❸ snaar ⟨van trom⟩ ★ ~ *drum* kleine trom II *ov ww* strikken, vangen

snarl [snɑːl] I *zn* ❶ kwaadaardige grijns ❷ knoop ★ *in a ~* in de knoop II *ov ww* ~ **up** verwarren, verhinderen ★ *the sewing machine ~ed up the material* de stof kwam in de naaimachine vast te zitten III *onov ww* ❶ grommen ❷ grauwen, snauwen ★ *he ~ed at me* hij snauwde mij af ❸ in de war raken ❹ ~ **up** vastlopen, in de knoop raken ★ *the traffic is all ~ed up* het verkeer is helemaal in de knoop

snarl-up *zn* verkeerschaos, warboel

snatch [snætʃ] I *ov ww* ❶ pakken, grissen, pikken, happen ★ ~ *a kiss* een kusje stelen ❷ kidnappen ❸ ~ **away** wegrukken ❹ ~ **up** bemachtigen, oppikken II *onov ww* ~ **at** grijpen naar, aangrijpen III *zn* ❶ greep ❷ (brok)stuk, episode, korte periode ★ *~es of song* flarden muziek ★ *~ of sleep* kort slaapje ★ *by ~es* bij vlagen, te hooi

en te gras

snatchy ['snætʃɪ] *bnw* ongeregeld, zo nu en dan

snazzy ['snæzɪ] *bnw* inform geweldig, fantastisch

sneak [sniːk] I *ov ww* heimelijk (iets) doen ★ *they ~ed him in by the back door* ze brachten hem stilletjes via de achterdeur naar binnen II *onov ww* ❶ (weg)sluipen ❷ zich achterbaks gedragen ❸ ~ **up** on besluipen ❹ ~ **on** klikken ★ *they ~ed on me* ze hebben me verklikt III *bnw* ❶ heimelijk, geheim ❷ onverwacht ★ *a ~ attack* een onverhoedse aanval IV *zn* jeugdt klikspaan

sneaker ['sniːkə] *zn* USA gymschoen, sportschoen

sneaking ['sniːkɪŋ] *bnw* stiekem, gluiperig ★ *have a ~ sympathy for sb* iem. diep in z'n hart wel mogen

sneak thief *zn* zakkenroller, insluiper

sneer [snɪə] I *zn* grijns, hatelijkheid ★ *the ~ on his face* de grijns op zijn gezicht ★ *the ~ was painful* de hatelijkheid was pijnlijk II *onov ww* ❶ spottend lachen, grijnzen ❷ ~ **at** sarcastische opmerkingen maken over, bespotten, honen

sneerer ['snɪərə] *zn* sarcast

sneeze [sniːz] I *zn* nies(geluid) II *onov ww* niezen ★ *not to be ~d at* niet mis, de moeite waard, niet te versmaden

snick [snɪk] I *zn* (kleine) insnijding, keep II *ov ww* inkepen, insnijding maken, afknippen ★ *he ~ed himself while shaving* hij sneed zich onder het scheren ★ *she ~ed her ponytail off* ze knipte haar paardenstaart af III *onov ww* klikkend geluid maken

snicker ['snɪkə] *onov ww* zacht grinniken

snide [snaɪd] *bnw* gemeen, spottend, sarcastisch ★ *a ~ comment* een gemene opmerking

sniff [snɪf] I *ov ww* opsnuiven, in de gaten krijgen II *onov ww* ❶ snuiven, de neus ophalen ❷ ~ **about** de neus steken in ★ *she's always ~ing about in other people's business* ze steekt haar neus altijd in andermans zaken ❸ ~ **at** ruiken aan, inform de neus optrekken voor ★ *~ at a job offer* de neus ophalen voor een aangeboden baan III *zn* ★ *take a ~ of fresh air* een frisse neus (gaan) halen

sniffle ['snɪfəl] I *zn* gesnotter II *onov ww* snotteren

sniffy ['snɪfɪ] *bnw* arrogant, smalend

snifter ['snɪftə] *zn* straatt borrel

snigger ['snɪgə] I *zn* gegrinnik II *onov ww* (gemeen) grinniken

snip [snɪp] I *zn* ❶ knip ❷ stukje, snippertje ★ *a snip of paper* een stukje papier ❸ inform koopje ★ *the jeans are a snip at that price* de jeans zijn tegen die prijs een koopje II *ov ww* (af-/ door)knippen, (af)knijpen (met de nagels)

snipe [snaɪp] I *onov ww* zware kritiek leveren, uit hinderlaag (dood)schieten II *zn* snip

sniper ['snaɪpə] *zn* sluipschutter

snippet ['snɪpɪt] *zn* snipper(tje), stuk(je), fragment ★ *~ of information* stukje informatie

snitch [snɪtʃ] I *zn* verklikker, informant II *onov ww* ❶ klikken ❷ gappen

snivel ['snɪvəl] I *onov ww* ❶ (huichelend) janken, grienen ❷ snotteren II *zn* gejank, gegrien

snob [snɒb] *zn* snob, parvenu

snobbery ['snɒbərɪ] *zn* snobisme

snobbish ['snɒbɪʃ] *bnw* snobachtig, snobistisch

sn

snog [snɒg] I *zn* vrijpartij II *onov ww* knuffelen, vrijen

snook [snu:k] *zn* snoek ★ *cock a ~ at* een lange neus maken naar

snooker ['snu:kə] *zn* snooker, obstructiestoot ★ *play ~* snookeren

snoop [snu:p] I *zn* bemoeial II *onov ww* rondneuzen, de neus in andermans zaken steken

snooper ['snu:pə] *zn* bemoeial

snooty ['snu:tɪ] *bnw* inform verwaand

snooze [snu:z] I *zn* dutje II *onov ww* dutten

snooze button GB *zn* sluimerknop

snore [snɔ:] I *zn* (ge)snurk II *onov ww* snurken

snorkel ['snɔ:kl] I *zn* snorkel II *onov ww* snorkelen

snort [snɔ:t] I *zn* (ge)snuif II *onov ww* ❶ briesen ❷ ronken ★ *~ with laughter* het uitproesten III *ov ww* ❶ snuiven ★ *~ cocaine* cocaïne snuiven ❷ *~ out* briesend uiten

snorter ['snɔ:tə] *zn* snuiver, cocaïnesnuiver

snot [snɒt] *zn* ❶ vulg snot ❷ vulg snotneus

snotty ['snɒtɪ] *bnw + bijw* ❶ snotterig ❷ verwaand

snout [snaʊt] *zn* ❶ snuit ❷ inform informant ❸ straatt sigaret ❹ straatt tabak

snow [snəʊ] I *onp ww* sneeuwen II *zn* ❶ sneeuw ❷ sneeuwval ❸ straatt cocaïne, heroïne III *ov ww* besneeuwen ★ *ook fig be snowed under* ondergesneeuwd raken, overstelpt worden IV *onov ww* sneeuwwit worden

snowball ['snəʊbɔ:l] I *zn* sneeuwbal II *ov+onov ww* sneeuwballen gooien (naar) ★ *keep ~ing* escaleren

snowbird ['snəʊbɜ:d] *zn* sneeuwvink

snowblower GB *zn* sneeuwblazer, sneeuwruimer

snowboard ['snəʊbɔ:d] I *zn* snowboard II *onov ww* snowboarden

snow boot ['snəʊbu:t] *zn* sneeuwlaars

snowbound ['snəʊbaʊnd] *bnw* ingesneeuwd, door sneeuwval opgehouden

snow-capped ['snəʊkæpt] *bnw* met besneeuwde top

snow chain *zn* sneeuwketting

snow-clad ['snəʊklæd], **snow-covered** *bnw* form besneeuwd

snow-covered ['snəʊ-kʌvəd] *bnw* besneeuwd

snowdrift ['snəʊdrɪft] *zn* sneeuwbank

snowdrop ['snəʊdrɒp] *zn* sneeuwklokje

snowfall ['snəʊfɔ:l] *zn* sneeuwval

snowfield ['snəʊfi:ld] *zn* sneeuwvlakte

snowflake ['snəʊfleɪk] *zn* sneeuwvlok

snow goose *zn* sneeuwgans

snow line *zn* sneeuwgrens

snowman ['snəʊmæn] *zn* sneeuwpop ★ *the Abominable Snowman* de verschrikkelijke sneeuwman

snowplough, USA **snowplow** ['snəʊplaʊ] *zn* sneeuwploeg

snowshoe ['snəʊʃu:] *zn* sneeuwschoen

snowslide ['snəʊslaɪd] *zn* sneeuwlawine

snowstorm ['snəʊstɔ:m] *zn* hevige sneeuwbui, sneeuwstorm

snow-white *bnw* sneeuwwit ★ *Snow White* Sneeuwwitje

snowy [snəʊɪ] *bnw* sneeuwachtig, besneeuwd

SNP *afk, Scottish National Party* Nationale Schotse Partij

snub [snʌb] I *zn* hatelijke terechtwijzing II *bnw* stomp III *ov ww* op z'n nummer zetten, bits / hooghartig afwijzen ★ *they snubbed the important invitation* ze wezen de belangrijke uitnodiging hooghartig af

snuff [snʌf] I *zn* ❶ stuk verbrande pit ❷ snuif, snufje ★ *take ~* snuiven ★ *up to ~* niet van gisteren II *ov ww* ❶ inform snuiven, snuiten ⟨van kaars⟩ ★ *~ it* opkrassen, doodgaan ❷ *~ out* uitdoven, fig een eind maken aan, vulg uit de weg ruimen ⟨van persoon⟩ ★ *he was ~ed out with a shot* hij werd met een schot uit de weg geruimd III *onov ww* *~ out* er tussenuit knijpen, doodgaan

snuffle ['snʌfl] I *ov ww* snuffelen aan II *onov ww* ❶ snuiven, snuffelen ❷ door de neus praten, met neusgeluid praten / zingen III *zn* gesnuffel, neusgeluid ★ *the ~(s)* verstopte neus

snuff movie *zn* pornofilm met echte moord

snug [snʌg] I *bnw* ❶ behaaglijk, knus, gezellig ❷ goed gedekt ★ *be as snug as a bug in a rug* een leventje hebben als een prins ★ *he has a snug income* hij verdient een aardig sommetje ★ *lie snug* lekker (warm) liggen, zich gedekt houden II *zn* gezellig klein vertrek in pub of inn III *onov ww* zich behaaglijk nestelen, lekker (knus) gaan liggen ★ *they snugged down in the hay* ze gingen lekker in het hooi liggen IV *ov ww* iets plaatsen zodat het behaaglijk is ★ *the mother snugged her baby down in the cot* de moeder legde haar baby behaaglijk neer in het bedje

snuggery ['snʌgərɪ] *zn* gezellig plekje, knus hokje

snuggle ['snʌgl] I *ov ww* knuffelen II *onov ww* lekker (knus) gaan liggen, zich behaaglijk nestelen ★ *she ~d up to him* ze ging lekker tegen hem aan zitten

so [səʊ] I *bijw* ❶ zo, aldus ★ *it's so kind of you* dat is heel vriendelijk van u ★ *so much* zo zeer, zo veel ★ *and so it continued* en aldus ging het verder ★ *if so* zo ja, als dat zo is ★ *so far, so good* tot dusver gaat het goed ★ *so much for today* genoeg voor vandaag ★ *so much for him* en nu praten we niet meer over hem ★ USA *so long* tot ziens ★ *and so on, and so forth* enzovoorts ★ *five or so* 'n stuk of vijf, ongeveer vijf ★ *so and so* Dinges, je-weet-wel ★ *it rained so much that the river flooded* het regende zo hard dat de rivier overstroomde ★ *he revised well so as to pass his test* hij studeerde hard om voor zijn toets te slagen ★ *so what?* en wat dan nog? ★ *so so* (maar) zozo ❷ dus ★ *and so it was me who lied* en dus was ik het die loog ★ *five or so* vijf dus ❸ hervattend ★ *I hope so* dat hoop ik ★ *I think so* ik denk van wel ★ *just / quite so* precies ★ *so am / did I* ik ook ★ *so I am / did* dat ben / heb ik ook II *vw* ❶ zodat ★ *so that* op- / zodat ★ *they whispered so that no one else would hear* ze fluisterden zodat niemand het zou horen ❷ daarom, dus ★ *it didn't work, so we are back where we started* het werkte niet, dus zijn ze terug bij het begin

soak [səʊk] I *ov ww* ❶ drenken, (door)weken,

soppen, doordringen ★ *soak o.s.* zich verdiepen ★ *soaked* doornat, dronken ★ *soaked through (with)* doornat (van) ❷ zuipen, zat voeren ❸ ~ **off** afweken, losweken ❹ ~ **up** (doen) opzuigen, opnemen, gretig in zich opnemen, laten intrekken ★ *she soaked up the knowledge* ze liet de kennis tot zich doordringen II *onov ww* ❶ ~ **in** doordringen in ★ *the liquid soaked in* de vloeistof werd geabsorbeerd ❷ ~ **into** doordringen in ★ *the rain soaked into my glove* de regen drong in mijn handschoen door ❸ ~ **through** doorsijpelen III *zn* ❶ weken ❷ plensbui, regen ❸ *inform* zuiplap

soaker ['səʊkə] *zn* plensbui
soaking ['səʊkɪŋ] *bnw* ★ ~ *wet* doornat
soap [səʊp] I *zn* ❶ zeep ★ *soap bubble* zeepbel ★ *soap dish* zeepbakje ★ *soap opera* melodramatische radio / tv-feuilleton ★ *soft soap* zachte zeep, *fig* vleierij II *ov ww* inzepen ★ *soap one's hands* zich in de handen wrijven
soapbox ['səʊpbɒks] *zn* ❶ zeepbakje ❷ zeepkist ★ ~ *orator* zeepkistredenaar
soapstone ['səʊpstəʊn] *zn* aardk zeepsteen, speksteen
soapsuds ['səʊpsʌdz] *zn mv* zeepsop
soapy ['səʊpɪ] *bnw* ❶ zeep-, vol zeep ❷ zeepachtig ❸ vleierig, zalvend ★ ~ *water* zeepwater
soar [sɔː] *onov ww* stijgen, zich verheffen, zweven
sob [sɒb] I *zn* snik II *ov ww* snikken III *onov ww* ★ *sob story* sentimenteel verhaal
sober ['səʊbə] I *bnw* ❶ nuchter ❷ matig, sober ❸ beheerst, rustig ❹ stemmig ★ *as ~ as a judge* volkomen nuchter ★ ~ *suit* stemmig pak II *ov ww* ❶ ontnuchteren ❷ doen bedaren ❸ ~ **up** nuchter maken ★ ~ *ed him up* ze maakte hem nuchter III *onov ww* ❶ bedaren ❷ nuchter worden ❸ ~ **up** nuchter worden ★ *I ~ed up* ik werd nuchter
soberness ['səʊbənɪs] *zn* ❶ nuchterheid ❷ matigheid
sobersides ['səʊbəsaɪdz] *zn* bezadigd man, nuchterling
sobriety [sə'braɪətɪ] *zn* nuchterheid, gematigdheid
sobriquet ['səʊbrɪkeɪ] *zn* bij- / scheldnaam
sob stuff *zn* sentimentele kost
so-called [səʊ'kɔːld] *bnw* zogenaamd
soccer ['sɒkə] *zn* voetbal
sociability [səʊʃə'bɪlətɪ] *zn* gezelligheid
sociable ['səʊʃəbl] I *bnw* vriendelijk, prettig in de omgang, gezellig II *zn* tweepersoonsbrik / -driewieler, S-vormige canapé
social ['səʊʃəl] I *zn* gezellig avondje II *bnw* ❶ sociaal, maatschappelijk ❷ levend in maatschappij ❸ gezellig ★ ~ *evil* prostitutie ★ ~ *science* sociologie ★ ~ *security* bijstandsuitkering, sociale zekerheid ★ ~ *service* overheidsvoorziening ★ ~ *studies* sociale wetenschappen, gammavakken, maatschappijleer ★ ~ *work* maatschappelijk werk ★ ~ *worker* maatschappelijk werkende
socialise *ww* GB → **socialize**
socialism ['səʊʃəlɪzəm] *zn* socialisme
socialist ['səʊʃəlɪst] I *zn* socialist II *bnw* socialistisch

socialistic [səʊʃə'lɪstɪk] *bnw* min socialistisch
socialite ['səʊʃəlaɪt] *zn* iemand die tot de grote wereld behoort
sociality [səʊʃɪ'ælətɪ] *zn* gemeenschapsgevoel
socialize ['səʊʃəlaɪz] I *ov ww* ❶ socialistisch inrichten II *ov+onov ww* ❶ socialiseren ❷ nationaliseren ❸ zich sociabel gedragen, zich onder de mensen begeven
society [sə'saɪətɪ] I *zn* ❶ maatschappij, samenleving ❷ vereniging ❸ genootschap ❹ wereld van beroemdheden II *bnw* mondain, betreffende beroemdheden
society pages *zn mv* nieuwsrubriek over beroemdheden
sociological [səʊʃɪə'lɒdʒɪkəl] *bnw* sociologisch
sociologist [səʊʃɪ'ɒlədʒɪst] *zn* socioloog
sociology [səʊʃɪ'ɒlədʒɪ] *zn* sociologie
sock [sɒk] I *zn* ❶ sok ❷ zooltje ⟨los in schoen⟩ ❸ mep II *ov ww* slaan, raken ★ *sock it to sb* iem. er van langs geven
socket ['sɒkɪt] *zn* ❶ GB stopcontact ❷ ⟨oog⟩kas, holte ⟨van tand⟩ ★ ~ *joint* kogelgewricht ★ *her arm had come out of its* ~ haar arm was uit de kom (geschoten)
sod [sɒd] I *zn* ❶ graszode ★ *under the sod* onder de groene zoden ❷ rotzak ★ *silly sod* mafkees II *ov ww* met zoden bedekken III *onov ww* ★ *sod it!* de pot op (ermee)! ★ *vulg sod off!* rot op!, oplazeren!
soda ['səʊdə] *zn* ❶ soda ❷ frisdrank (met prik) ❸ USA ijssorbet ★ *baking soda* zuiveringszout ★ *caustic soda* natronloog ★ *washing soda* soda ⟨om mee te wassen⟩
soda fountain *zn* sifon
soda water *zn* sodawater
sodden ['sɒdn] *zn* ❶ klef, doorweekt ❷ stomdronken
sodium ['səʊdɪəm] *zn* natrium
sodomize, sodomise ['sɒdəmaɪz] *onov ww* sodomie bedrijven
sodomy ['sɒdəmɪ] *zn* sodomie
sofa ['səʊfə] *zn* sofa
sofa bed *zn* bedbank
soft [sɒft] *bnw + bijw* ❶ zacht, slap ★ *this material is soft* deze stof is zacht ❷ zachtaardig, sentimenteel ★ *the dog is soft* de hond is zachtaardig ❸ getikt, onnozel ★ *soft in the head* onnozel ❹ zwak (markt, valuta) ★ *have a soft spot for sb* een zwak hebben voor iem. ❺ makkelijk ★ *it's a soft job* het is een makkelijk baantje
softball ['sɒftbɔːl] *zn* softbal ⟨soort honkbal⟩
soft-boiled *bnw* zachtgekookt
soften ['sɒfən] I *ov ww* ❶ zacht(er) maken, vermurwen ❷ ~ **up** murw maken ★ ~ *up the enemy with a new weapon* de vijand met een nieuw wapen vermurwen II *onov ww* zacht(er) worden, zich laten vermurwen
softener ['sɒfnə] *zn* ❶ wasverzachter, zachtmakend middel
soft focus *zn* zachte focus, onscherpte
soft fruit GB *zn* zacht fruit (bessen, aardbeien, enz.)
soft furnishings GB *zn* stoffering
soft goods GB *zn* textiel
soft-headed *bnw* onnozel

SO

soft-hearted [sɒft'hɑːtɪd] *bnw* weekhartig, toegeeflijk

softie ['sɒftɪ] *zn* doetje, sukkel, softie

softish ['sɒftɪʃ] *bnw* nogal zacht

soft landing *zn* zachte landing

soft lighting *zn* gedempt licht

softness ['sɒftnɪs] *zn* zachtheid

soft-spoken *bnw* met zachte vriendelijke stem, sympathiek

software ['sɒftweə] *zn* comp software, programmatuur

softwood *zn* zachte houtsoort, vurenhout

softy *zn* → **softie**

soggy ['sɒgɪ] *bnw* ❶ drassig, nat ❷ klef ⟨brood of cake⟩ ❸ sullig

soil [sɔɪl] I *zn* ❶ grond, teelaarde ❷ vlek, veeg ❸ vuil, drek ❹ bodem ★ *native soil* geboortegrond II *ov ww* vuil maken III *onov ww* vuil worden

soil pipe *zn* rioolbuis

soil science *zn* bodemkunde

soiree [swɑːˈreɪ] *zn* soiree ★ *musical ~* muziekavond

sojourn ['sɒdʒən] I *zn* verblijf(plaats) II *onov ww* verblijven

solace ['sɒləs] I *zn* (ver)troost(ing) II *ov ww* troosten

solar ['səʊlə] *bnw* m.b.t. de zon, zonne-, zons- ★ *~ system* zonnestelsel ★ *~ panel* zonnepaneel

solar energy *zn* zonne-energie

sold [səʊld] *ww* [verleden tijd + volt. deelw.] → **sell**

solder ['səʊldə] I *zn* soldeer II *ov ww* solderen

soldering iron *zn* soldeerbout

soldier ['səʊldʒə] I *zn* soldaat, militair II *onov ww* ❶ dienen ⟨als soldaat⟩ ❷ ~ **on** moedig volhouden, volharden, stoer doorsjouwen

soldierly ['səʊldʒəlɪ] *bnw* krijgshaftig, soldatesk

sole [səʊl] I *zn* ❶ zool ❷ tong ⟨vis⟩ ★ *Dover sole* tong II *bnw* enig, enkel III *ov ww* (ver)zolen

solecism ['sɒlɪsɪzəm] *zn* ❶ ongemanierdheid ❷ taalfout

solely ['səʊllɪ] *bijw* alleen, enkel

solemn ['sɒləm] *bnw* plechtig, ernstig ★ *a ~ ass* een idioot die belangrijk wil zijn

solemnity [səˈlemnətɪ] *zn* plechtigheid

solemnize, solemnise ['sɒləmnaɪz] *ov ww* plechtig vieren, inzegenen, plechtig maken

sol-fa ['sɒlfɑː] I *zn* solfège II *onov ww* zingen op do-re-mi, enz.

solicit [səˈlɪsɪt] I *ov ww* ❶ jur uitlokken ⟨als strafbaar feit⟩ ❷ dringend vragen (om) ★ *he ~ed their views* hij vroeg om hun mening ❸ lastig vallen ⟨in ongunstige zin⟩ ★ *~ at the door* colporteren ❹ tippelen, aanspreken ⟨door prostituee⟩ II *onov ww* jur zich prostitueren

solicitation [səlɪsɪˈteɪʃən] *zn* ❶ jur uitlokking ⟨als strafbaar feit⟩ ❷ dringend verzoek ❸ het aanspreken op straat ⟨als strafbaar feit⟩

solicitor [səˈlɪsɪtə] *zn* ❶ GB ≈ advocaat-procureur, juridisch adviseur, ≈ notaris ❷ USA colporteur

Solicitor-General [səlɪsɪtəˈdʒenərəl] *bnw* ≈ advocaat-generaal

solicitous [səˈlɪsɪtəs] *bnw* ❶ begerig ❷ bezorgd ★ *~ to* er op uit om

solicitude [səˈlɪsɪtjuːd] *zn* zorg, aandacht ★ *her touching ~ for me* haar ontroerende zorg om mij

solid ['sɒlɪd] I *zn* ❶ vast lichaam ❷ stereometrische figuur II *bnw* ❶ vast, stevig, degelijk ❷ gezond ⟨principes⟩ ❸ eensgezind ❹ kubiek ❺ massief ★ *be / go ~ for* eensgezind zijn in / voor ★ *a ~ hour* een heel uur lang ★ USA *the Solid South* het Democratische Zuiden

solidarity [sɒlɪˈdærətɪ] *zn* solidariteit, saamhorigheidsgevoel

solidify [səˈlɪdɪfaɪ] I *ov ww* in vaste toestand brengen, stevig / vast, enz. maken ★ *they solidified their relationship* ze verstevigden hun relatie II *onov ww* in vaste toestand komen, stevig / vast, enz. worden ★ *the pudding solidified* de pudding werd stevig

solidity [səˈlɪdətɪ] *zn* stevigheid, het solide / vast, enz. zijn

soliloquy [səˈlɪləkwɪ] *zn* ❶ alleenspraak ❷ het in zichzelf praten

solitaire ['sɒlɪteə] *zn* ❶ solitairspel ❷ patience

solitary ['sɒlɪtərɪ] *bnw* eenzaam, enkel, alleenlevend ★ *take a ~ walk* alleen gaan wandelen ★ *~ confinement* eenzame opsluiting, cellulaire gevangenisstraf

solitude ['sɒlɪtjuːd] *zn* eenzaamheid

solo ['səʊləʊ] *zn* solo, alleen- ★ *a solo performance* een solo-optreden

soloist ['səʊləʊɪst] *zn* solist(e)

solstice ['sɒlstɪs] *zn* zonnewende, zonnestilstand

solubility [sɒljʊˈbɪlətɪ] *zn* oplosbaarheid

soluble ['sɒljʊbl] *bnw* oplosbaar ★ *~ tablets* oplostabletten ★ *~ glass* waterglas

solution [səˈluːʃən] *zn* ❶ oplossing ❷ solutie

solvable ['sɒlvəbl] *bnw* oplosbaar

solve [sɒlv] *ov ww* oplossen ★ *~ a problem* een probleem oplossen

solvency ['sɒlvənsɪ] *zn* solventie ⟨vermogen om te betalen⟩

solvent ['sɒlvənt] I *zn* oplossingsmiddel, tinctuur II *bnw* ❶ oplossend ❷ econ solvabel

somatic [səˈmætɪk] *bnw* lichamelijk, lichaams- ★ *~ cell* lichaamscel

sombre ['sɒmbə] *bnw* somber

sombreness ['sɒmbənəs] *zn* somberheid

some [sʌm] I *telw* ❶ wat, een paar, enige, sommige ❷ ongeveer, een ★ *some 40 people* ongeveer 40 mensen ❸ nogal wat, heel wat ★ *you'll need some courage* je zult behoorlijk wat moed nodig hebben ❹ een of ander(e), een zeker(e) ★ *some chap or other* een of andere vent ★ *some little way* een eindje ❺ iron geweldig ★ *some chance* geen schijn of kans ★ *he is some scholar* dat is me nog eens een geleerde ★ *some day* op een (goeie) dag II *onbep vnw* ❶ enige(n), sommige(n), een stuk of wat ★ *some prefer steaks* sommige mensen prefereren steak ❷ een beetje, wat ★ *please take some* neem er wat van III *bijw* een beetje, een tikje ★ *she needs looking after some* er moet een beetje voor haar gezorgd worden

somebody ['sʌmbədɪ] I *onbep vnw* iemand II *zn* ★ *a sb* heel iem.

somehow ['sʌmhaʊ] *bijw* ❶ op één of andere manier ❷ om de één of andere reden ★ *~ or other* op de één of andere manier

someone ['sʌmwʌn] *onbep vnw* één of andere persoon, iemand

someplace ['sʌmpleɪs] *bijw* ergens

somersault ['sʌməsɒlt] I *zn* duikeling, radslag II *onov ww* duikelen

something ['sʌmθɪŋ] *onbep vnw* iets, wat ★ *sth dreadful* iets vreselijks ★ *sth like* zo iets als, ongeveer ★ *sth of* iets van, zo'n soort ★ *sth or other* het een of ander ★ *or sth* of zoiets

sometime ['sʌmtaɪm] I *bijw* ❶ te zijner tijd, wel 'ns een keer ⟨in de toekomst⟩ ★ *~ or other* te zijner tijd, wel 'ns een keer ⟨in de toekomst⟩ ❷ enige tijd ★ *they left ~ after 11* ze vertrokken enige tijd na elven II *bnw* vroeger, voorheen ★ *a ~ president* een vroegere president

sometimes ['sʌmtaɪmz] *bijw* soms

somewhat ['sʌmwɒt] *bijw* enigszins, een beetje

somewhere ['sʌmweə] *bijw* ergens

somnambulist [sɒm'næmbjʊlɪst] *zn* slaapwandelaar

somnolence ['sɒmnələns] *zn* slaperigheid

somnolent ['sɒmnələnt] *bnw* slaperig, slaapwekkend

son [sʌn] *zn* zoon, jongen ⟨aanspreekvorm⟩ ★ *can you tell me the way, son?* kun je me de weg vertellen, jongeman? ★ *son of a bitch* klootzak ★ *son of a gun* stoere bink ★ *inform old son* ouwe jongen

sonar ['səʊnə] *zn* sonar

sonata [sə'nɑːtə] *zn* sonate

sonatina [sɒnə'tiːnə] *zn* sonatine

song [sɒŋ] *zn* ❶ lied(je), gezang, het zingen ❷ poëzie ❸ lyriek ★ *Song of Songs* het Hooglied ★ *burst into song* beginnen te zingen ★ *I got it for a song* ik kreeg het voor een appel en een ei ★ *make a song (and dance) about* een hoop drukte / ophef maken over

songbird ['sɒŋbɜːd] *zn* zangvogel

songbook ['sɒŋbʊk] *zn* zangbundel, liedbundel

songster ['sɒŋstə] *zn* ❶ zanger, zangvogel ❷ lyrisch dichter

songstress ['sɒŋstrəs] *zn* zangeres, liedjesschrijfster, zangvogel

songwriter ['sɒŋraɪtə] *zn* tekstdichter en componist

sonic ['sɒnɪk] *bnw* geluid(s)- ★ *~ barrier* geluidsbarrière

son-in-law *zn* schoonzoon

sonnet ['sɒnɪt] *zn* sonnet

sonneteer [sɒnɪ'tɪə] *zn* sonnettendichter

sonny ['sʌnɪ] *zn* ventje, kereltje

sonority [sə'nɒrətɪ] *zn* sonoriteit

sonorous ['sɒnərəs] *bnw* ❶ geluidgevend ❷ klankvol, sonoor ❸ melodieus ❹ schoon klinkend

soon [suːn] *bijw* spoedig, weldra, gauw ★ *as (so) soon as* zodra ★ *I would just as soon not go* ik ging net zo lief niet

sooner ['suːnə] *bijw* ❶ eerder ❷ liever ★ *she'd ~ die than marry him* ze zou nog liever doodgaan dan met hem trouwen ★ *no ~... than* nauwelijks... of ★ *~ or later* vroeg of laat, vandaag of morgen ★ *the ~ the better* hoe eerder hoe beter

soot [sʊt] I *zn* roet II *ov ww* met roet bedekken

soothe [suːð] *ov ww* sussen, kalmeren

soothsayer ['suːθseɪə] *zn* waarzegger / -ster

sooty ['sʊtɪ] *bnw* roetkleurig, met roet bedekt

sop [sɒp] I *zn* stukje brood in (sju / melk, enz. gedrenkt, zoethoudertje, aanbod ⟨om iemand mee om te kopen⟩ II *ov ww* ❶ soppen, drenken, doornat maken ❷ ~ **up** opnemen / -zuigen

sophism ['sɒfɪzəm] *zn* sofisme, drogreden

sophist ['sɒfɪst] *zn* sofist, drogredenaar

sophisticate [sə'fɪstɪkeɪt] *zn* wereldwijs, sociaal ontwikkeld persoon, intellectueel

sophisticated [sə'fɪstɪkeɪtɪd] *bnw* ❶ wereldwijs, sociaal ontwikkeld ❷ geavanceerd, geraffineerd, subtiel ★ *~ technology* geavanceerde technologie ★ *a ~ hairstyle* een trendy kapsel ❸ intellectueel ontwikkeld

sophistication [səfɪstɪ'keɪʃən] *zn* ❶ wereldwijsheid, sociale ontwikkeling ❷ geavanceerdheid, subtiliteit, raffinement ❸ intellectuele ontwikkeling

sophomore ['sɒfəmɔː] *zn* USA tweedejaarsstudent(e)

soporific [sɒpə'rɪfɪk] I *zn* slaapmiddel, slaapverwekkend middel / medicijn / enz. II *bnw* slaapverwekkend ⟨middel⟩

sopping ['sɒpɪŋ] *bnw* doorweekt

soppy ['sɒpɪ] *bnw* sentimenteel

soprano [sə'prɑːnəʊ] *zn* sopraan

sorbet ['sɔːbeɪ] *zn* sorbet, vruchten(room)ijs met limonade

sorcerer ['sɔːsərə] *zn* tovenaar

sorceress ['sɔːsərəs] *zn* tovenares, heks

sorcery ['sɔːsərɪ] *zn* toverij, hekserij

sordid ['sɔːdɪd] *bnw* onverkwikkelijk ⟨kwestie⟩, vuil, laag, gemeen ★ *I'd prefer not to hear all the ~ details* ik wil de smerige details liever niet horen

sordidness ['sɔːdɪdnəs] *zn* gemeenheid

sore [sɔː] I *zn* zeer, pijnlijke plek, zweer ★ *cold sore* koortsuitslag ★ *fig old sores* oude wonden, oud zeer ★ *an open sore* een open wond II *bnw* ❶ zeer, pijnlijk, gevoelig ★ *sore throat* keelpijn ★ *fig sore point / subject* gevoelige kwestie, teer punt ❷ bedroefd, gekrenkt, kwaad ★ *he feels sore about this matter* hij is hier erg kwaad over ❸ ernstig, dringend ★ *they are in sore need of blood* ze hebben dringend bloed nodig ★ *sore head* hoofdpijn, hoofd met builen en schrammen ★ *he was like a bear with a sore head* hij had gruwelijk de pest in

sorely ['sɔːlɪ] *bijw* erg ★ *I'm ~ tempted to buy it* ik ben sterk geneigd om het te kopen

sorrel ['sɒrəl] I *zn* ❶ vos ⟨paard⟩ ❷ zuring ❸ roodbruin II *bnw* roodbruin, rossig

sorrow ['sɒrəʊ] I *zn* ❶ verdriet, droefheid ❷ leed(wezen), berouw ★ *drown one's ~s* zijn zorgen verdrinken II *onov ww* bedroefd zijn, treuren

sorrowful ['sɒrəʊfʊl] *bnw* treurig, bedroefd

sorry ['sɒrɪ] *bnw* ❶ bedroefd ★ *I'm ~ to hear that* ik vind het jammer dat te horen ❷ berouwvol ★ *(I'm) (so) ~* het spijt me, neem me niet kwalijk ★ *be / feel ~ for* spijt hebben van, het vervelend vinden voor ❸ medelijdend ★ *be / feel ~ for o.s.* met zichzelf te doen hebben, in de put zitten ❹ ellendig ★ *a ~ state of affairs* een miserabel toestand ★ *a ~ excuse* een pover excuus

sort [sɔːt] **I** *ov ww* ❶ sorteren, indelen ★ *sort the good from te bad* het goed van het kwaad scheiden ❷ ~ **out** uitzoeken, sorteren ★ *he sorted out the papers* hij sorteerde de documenten ❸ ~ **through** ❶ sorteren, doorzoeken ★ *sort through the papers looking for* documenten sorteren op zoek naar **II** *onov ww* ★ *you're well sorted* jullie passen goed bij elkaar **III** *zn* soort ★ *all sorts of* allerlei ★ *a good sort* een goede vent ★ *he is a bad sort* hij deugt niet ★ *he's not my sort* ik moet 'm niet ★ *nothing of the sort* geen kwestie van ★ *a meal of sorts* schamele maaltijd ★ *a writer of some sort* een soort (van) schrijver ★ *it's sort of moist* het lijkt wel vochtig, het is wat vochtig, geloof ik ★ *he sort of refused* hij weigerde zo'n beetje ★ *out of sorts* niet lekker, uit zijn humeur, verdrietig
sorter ['sɔːtə] *zn* sorteerder
sortie ['sɔːtɪ] *zn* ❶ mil uitval ❷ luchtv operatie ❸ uitje, het even uitgaan
SOS *afk, save our souls* SOS, noodsignaal
so-so ['səʊ-səʊ] *bnw + bijw* (maar) zozo ★ *I'm feeling* ~ ik voel me niet zo geweldig
sot [sɒt] *zn* zatlap
sottish ['sɒtɪʃ] *bnw* bezopen, idioot
soufflé ['suːfleɪ] *zn* soufflé
sough [saʊ] **I** *zn* gesuis, zucht **II** *onov ww* suiz(el)en
sought [sɔːt] *ww* [verleden tijd + volt. deelw.] → seek
soul [səʊl] *zn* ❶ ziel, geest ❷ muz soul ★ *not a soul* geen levend mens, geen sterveling ★ *poor soul* arme ziel ★ *he was the life and the soul of* hij was het middelpunt van
soul-destroying *bnw* geestdodend
soulful ['səʊlfʊl] *bnw* zielvol, met vuur, gevoelvol ★ *a* ~ *glance* een dieptreurige blik
soulless ['səʊlləs] *bnw* zielloos, dood(s)
soul-searching *zn* gewetensonderzoek
sound [saʊnd] **I** *zn* ❶ geluid, klank ★ ~ *wave* geluidsgolf ❷ sonde, peiling ❸ zee-engte **II** *bnw* ❶ gezond ★ *safe and* ~ gezond en wel, behouden ❷ degelijk, flink, solide ★ ~ *sleep* vaste slaap ★ *a* ~ *thrashing* een flink pak slaag ★ *of* ~ *mind* bij zijn volle verstand ❸ betrouwbaar, deugdelijk **III** *bijw* ★ ~ *asleep* vast in slaap **IV** *ov ww* ❶ laten horen, luiden, doen klinken, blazen op ★ ~ *the retreat* de aftocht blazen ❷ polsen, peilen, onderzoeken ★ ~ *an opinion* meningen peilen **V** *onov ww* ❶ klinken ❷ onderduiken (van walvis) ❸ USA ~ **off** zijn mening zeggen, zich laten horen
sound bite *zn* kernachtige uitspraak
soundboard *zn* klankbord
sound card *zn* comp geluidskaart
sounding ['saʊndɪŋ] *zn* ❶ peiling ❷ gepeilde / te peilen plaats ★ *take* ~s peilen
sounding board ['saʊndɪŋbɔːd] *zn* ook fig klankbord, klankbodem
soundless ['saʊndləs] *bnw* geluidloos
soundness ['saʊndnɪs] *zn* deugdelijkheid, correctheid
soundproof ['saʊndpruːf] **I** *bnw* geluiddicht **II** *ov ww* geluiddicht maken
sound system *zn* geluidsinstallatie, muziekinstallatie

soundtrack ['saʊndtræk] *zn* geluidsband ‹v. film›, filmmuziek
soup [suːp] **I** *zn* soep ★ *clear soup* heldere soep ★ *in the soup* in moeilijkheden **II** *ov ww* ~ **up** opvoeren ‹van motor›
soup kitchen ['suːpkɪtʃɪn] *zn* ❶ gaarkeuken, centrale keuken ❷ mil veldkeuken
sour ['saʊə] **I** *bnw* ❶ zuur, wrang ❷ nors ★ USA inform *be sour on* een hekel hebben aan **II** *ov ww* zuur maken ★ *illness soured their relationship* ziekte verzuurde hun relatie **III** *onov ww* ❶ zuur worden ❷ USA ~ **on** afkerig raken van ★ *the whole affair soured on me* de hele kwestie ging me danig tegenstaan
source [sɔːs] **I** *zn* ook fig bron, oorsprong **II** *ov ww* verkrijgen (uit bepaalde bron), uitzoeken waar iets te krijgen is ★ *the oil was* ~*d in the desert* de olie kwam uit de woestijn
source code *zn* comp broncode
sourcing ['sɔːsɪŋ] *zn* sourcing ‹het zoeken naar geschikte toeleveranciers› ★ ~ *new suppliers* het zoeken naar nieuwe leveranciers
sour cream *zn* zure room
sourdough ['saʊədəʊ] *zn* zuurdesem
sourpuss ['saʊəpʊs] *zn* zuurpruim
souse [saʊs] **I** *zn* ❶ pekel ❷ haring / varkenspoten, enz. in de pekel ❸ onderdompeling ★ *give sb a* ~ iem. kopje onder houden ★ *get a thorough* ~ doornat worden **II** *ov ww* pekelen, onderdompelen ★ *he* ~*d the chips with vinegar* hij sprenkelde flink wat azijn over de patat
soused [saʊst] *bnw* ❶ bezopen, dronken ❷ doornat
south [saʊθ] **I** *zn* zuiden ★ USA *the South* de staten in het zuiden v.d. VS ★ *(to the)* ~ *of* ten zuiden van **II** *bnw* zuidelijk, zuid(en)-, zuider- ★ *the* ~*wind* de zuidenwind ★ *the* ~ *side* de zuidkant ★ *South Sea(s)* Stille Zuidzee **III** *bijw* in / naar het zuiden **IV** *ov ww* ❶ naar het zuiden varen ❷ door de meridiaan gaan
southbound ['saʊθbaʊnd] *bnw* in zuidelijke richting, (op weg) naar het zuiden
south-east [saʊθ'iːst] **I** *zn* zuidoost(en) **II** *bnw* zuidoostelijk
south-easter [saʊθ'iːstə] *zn* zuidoostenwind
south-easterly [saʊθ'iːstəlɪ] **I** *zn* zuidoostenwind **II** *bnw* zuidoostelijk
south-eastern [saʊθ'iːstən] *bnw* zuidoostelijk
southerly ['sʌðəlɪ] **I** *bnw* zuidelijk, zuiden- **II** *zn* zuidenwind
southern ['sʌðən] *bnw* ❶ zuidelijk ❷ zuider-
southerner ['sʌðənə] *zn* zuiderling, iemand uit het zuiden
southernmost ['sʌðənməʊst] *bnw* meest zuidelijk, zuidelijkst
South Pole ['saʊθ pəʊl] *zn* geo Zuidpool
southward ['saʊθwəd] *bnw + bijw* zuidwaarts
southwards ['saʊθwədz] *bijw* naar het zuiden
south-west [saʊθ'west] **I** *zn* zuidwest(en) **II** *bnw* zuidwestelijk
south-wester [saʊθ'westə] *zn* zuidwestenwind
south-westerly [saʊθ'westəlɪ] **I** *zn* zuidwestenwind **II** *bnw* zuidwestelijk
south-western [saʊθ'westən] *bnw* zuidwestelijk
souvenir [suːvə'nɪə] *zn* souvenir

souwester [sau'westə] *zn* zuidwester
sovereign ['sɒvrɪn] I *zn* ❶ soeverein, vorst ❷ gouden munt II *bnw* ❶ soeverein ★ *a ~ state* een volkomen zelfstandige staat ❷ hoogst, onovertroffen
sovereignty ['sɒvrəntɪ] *zn* soevereiniteit, oppergezag
soviet ['səʊvɪət] *zn* sovjet
sow[1] [sau] *zn* ❶ zeug ★ *have the wrong sow by the ear* de verkeerde te pakken hebben, het bij het verkeerde eind hebben ★ *as drunk as a sow* stomdronken
sow[2] [səʊ, USA soʊ] *ov ww* [regelmatig + onregelmatig] zaaien, poten ★ *sow the wind and reap the whirlwind* wind zaaien en storm oogsten ★ *sow one's wild oats* z'n wilde haren nog niet kwijt zijn
sower ['səʊə] *zn* zaaier, zaaimachine
sown [səʊn] *ww* [volt. deelw.] → **sow**[2]
soy [sɔɪ] *zn* soja
soybean ['sɔɪbiːn] *zn* sojaboon
soy sauce *zn* ketjap
sozzled ['sɒzəld] *bnw* dronken
spa [spɑː] *zn* ❶ badplaats, kuuroord ❷ geneeskrachtige bron
space [speɪs] I *zn* ❶ ruimte ❷ tijdsruimte, poos ❸ drukk spatie II *ov ww* ❶ op gelijke afstanden opstellen ❷ spatiëren ★ *~d payments* termijnbetaling(en) III *onov ww* ~ **out** in een roes raken ⟨door drugs⟩ ★ *be ~d out* in een roes verkeren
space-age *zn* ruimtetijdperk
space bar *zn* comp spatiebalk
spacecraft ['speɪskrɑːft] *zn* ruimtevaartuig
spaceman ['speɪsmæn] *zn* ruimtevaarder, kosmonaut
spacer ['speɪsə] *zn* comp spatiebalk
spaceship ['speɪsʃɪp] *zn* ruimteschip
space shuttle *zn* spaceshuttle, ruimteveer
spacesuit ['speɪssuːt] *zn* ruimte(vaarders)pak
space travel *zn* ruimtevaart
space wagon *zn* auto ruimtewagen ⟨ruime (gezins)auto⟩
spacing ['speɪsɪŋ] *zn* ❶ spatiëring, tussenruimte ❷ spatie
spacious ['speɪʃəs] *bnw* ruim, uitgestrekt ★ *a ~ house* een ruime woning
spade [speɪd] I *zn* ❶ spade, schop ★ *call a ~ a ~* het beestje bij de naam noemen ❷ schoppenkaart II *ov ww* (om)spitten
spadework ['speɪdwɜːk] *zn* ❶ grondig werk ❷ fig pionierswerk
Spain [speɪn] *zn* Spanje
spam [spæm] *zn* ❶ USA spam ⟨gekookte ham in blik⟩ ❷ spam ⟨massa ongevraagde e-mail⟩
span [spæn] I *zn* ❶ reik- / spanwijdte ❷ vleugelbreedte ❸ spanne, hoeveelheid ★ *a poor concentration span* een korte concentratieduur ★ *our life is but a span* ons leven is maar kort ❹ USA spanning ⟨boog of overspanningsgedeelte van brug⟩ ★ *bridge of four spans* brug met vier spanningen II *ww* [verleden tijd] → **spin** III *ov ww* (om- / over)spannen, overbruggen
spangle ['spæŋgl] I *zn* lovertje, glinsterend spikkeltje II *ov ww* ❶ met lovertjes versieren

❷ bezaaien ★ *star-~d banner* Amerikaanse vlag, met sterren bezaaide vlag
Spanglish ['spæŋglɪʃ] *zn* taalk Spanglish ⟨mengelmoestaal: Engels / Spaans⟩
Spaniard ['spænjəd] *zn* Spanjaard, Spaanse
spaniel ['spænjəl] *zn* spaniël, patrijshond
Spanish ['spænɪʃ] *bnw* m.b.t. Spanje, Spaans ★ *~ castle* luchtkasteel ★ *~ main* kust- en zeegebied N.O. v. Zuid-Amerika
spank [spæŋk] I *ov ww* slaan ⟨met platte hand⟩, op achterwerk slaan II *zn* klap
spanking ['spæŋkɪŋ] I *zn* billenkoek, pak voor de broek II *bnw* prima, flink, groot ★ *at a ~ pace* in een razendsnel tempo
spanner ['spænə] *zn* moersleutel ★ *adjustable ~* Engelse sleutel, bahco ★ *open-end(ed) ~* steeksleutel ★ *ring ~* ringsleutel ★ *throw a ~ into the works* roet in het eten gooien
spar [spɑː] I *zn* ❶ paal, mast ❷ spaat ⟨mineraal⟩ II *onov ww* ❶ boksen ⟨een vorm van trainen⟩ ❷ twisten, (be)vechten
spare [speə] I *zn* reserve ★ *do you have a ~?* hebt u een reserveonderdeel? II *bnw* ❶ mager, schraal ★ *a ~ meal* een karige maaltijd ❷ reserve-, extra- ★ *~ cash* geld over, spaargeld ★ *~ room* logeerkamer ★ *~ time* vrije tijd, tijd over ★ *~ wheel* reservewiel ★ *~ part* reserveonderdeel ★ *~ part surgery* transplantatie v. organen III *ov ww* ❶ bezuinigen, (be)sparen ★ *~ no expense* kosten noch moeite bepalen ❷ over hebben, missen ★ *can you ~ some money?* heb je wat geld over? ★ *can you ~ me...* kun je... even missen, kan ik... van je hebben / krijgen ★ *~ o.s.* zich ontzien ★ *~ the rod and spoil the child* wie zijn kind lief heeft, kastijdt het ★ *enough and to ~* in overvloed, meer dan genoeg
sparing ['speərɪŋ] *bnw* matig, karig, zuinig ★ *he is ~ with praise* hij is zuinig met zijn complimenten
spark [spɑːk] I *zn* ❶ vonk, ontlading ❷ sprankje, greintje ❸ ★ *a bright ~* een slimme vent II *onov ww* vonken (uitslaan), starten ★ *the engine ~ed* de motor startte III *ov ww* ❶ plotseling doen ontstaan, veroorzaken ★ *the fireworks ~ed a fire* het vuurwerk veroorzaakte brand ❷ ~ **off** fig iets stimuleren ★ *it ~ed off their relationship* zo ontstond hun verhouding
sparkle ['spɑːkl] I *zn* sprankje, schittering ★ *the performance lacked ~* de voorstelling miste levendigheid II *onov ww* ❶ bruisen, mousseren ★ *sparkling wine* mousserende wijn ❷ sprankelen, schitteren, vonken schieten
sparkler ['spɑːklə] *zn* ❶ sterretje ⟨vuurwerk⟩ ❷ diamant
sparkling ['spɑːklɪŋ] *bnw* ★ *~ water* spuitwater ★ *~ wines* mousserende wijnen
spark plug *zn* bougie
sparring ['spɑːrɪŋ] *bnw* ★ *~ match* vriendschappelijke bokswedstrijd ★ *~ partner* tegenstander bij oefenwedstrijd
sparrow ['spærəʊ] *zn* mus ★ *house ~* huismus
sparrowhawk ['spærəʊhɔːk] *zn* sperwer, USA torenvalk
sparse [spɑːs] *bnw* schaars, fig dun gezaaid ★ *~ population* dun gezaaide bevolking

sp

sparseness ['spɑ:snəs] *zn* schaarsheid
sparsity ['spɑ:sətɪ] *zn* → **sparseness**
Spartan ['spɑ:tən] I *zn* Spartaan II *bnw* Spartaans
spasm ['spæzəm] *zn* ❶ kramp ❷ opwelling ★ *~s of laughter* lachstuip
spasmodic [spæz'mɒdɪk] *bnw* ❶ krampachtig ❷ met vlagen, onregelmatig
spastic ['spæstɪk] *bnw* spastisch
spat [spæt] I *zn* ❶ beschermhoes voor vliegtuigwiel ❷ broed / zaad v. oesters, enz. ❸ *inform* ruzie II *ww* [verleden tijd + volt. deelw.] → **spit**
spate [speɪt] *zn* ❶ overstroming, stroom ★ *the river is in* ~ de rivier is hoog / sterk gezwollen ❷ *fig* (toe)vloed
spatial ['speɪʃəl] *bnw* ruimtelijk, m.b.t. ruimte ★ *a ~ representation* een ruimtelijke voorstelling
spatter ['spætə] I *zn* ❶ het bekladden ❷ spat(je) ⟨neerslag⟩, buitje II *ov ww* ❶ besprenkelen, bespatten ❷ *fig* bekladden III *onov ww* spatten, sprenkelen, kladden ★ *the rain ~ed down* de regen spatte omlaag
spatula ['spætjʊlə] *zn* spatel
spawn [spɔ:n] I *zn* kuit, gebroed, zwamdraden / -vlok II *ov ww* voortbrengen III *onov ww* kuitschieten, eieren leggen
spay [speɪ] *ov ww* steriliseren ⟨v. dieren⟩
speak [spi:k] [onregelmatig] *onov ww* ❶ spreken, zeggen, tegen elkaar spreken, van zich laten horen ★ *he hasn't spoken for ages* hij heeft al tijden niets van zich laten horen ★ *strictly ~ing* eigenlijk gezegd ★ *so to* ~ om zo te zeggen ★ *(this is) B. ~ing* spreek ik met B.? ★ *be well spoken* verzorgd / beschaafd spreken ★ *~ one's mind* oprecht zijn mening zeggen, geen blad voor de mond nemen ❷ aanspreken ★ *his performance spoke to the audience* zijn voorstelling sprak het publiek aan ❸ *~ for* spreken namens / voor, bespreken, getuigen van, pleiten voor ★ *~ well for* pleiten voor ★ *that ~s for itself* dat behoeft geen nader betoog, dat is vanzelfsprekend ★ *I'll ~ for his good character* ik sta in voor zijn goede karakter ❹ *~ of* spreken over ★ *nothing to ~ of* niets noemenswaardigs ❺ *~ out* hardop spreken, uitspreken, vrijuit spreken ❻ *~ to* aan- / toespreken, getuigen van ★ *I can ~ to his having been there* ik kan getuigen dat hij er geweest is ❼ *~ up* duidelijk zeggen, zijn mond niet meer houden, harder spreken ★ *she spoke up for him* op ze nam het voor hem op
speak-easy *zn USA* illegaal kroegje
speaker ['spi:kə] *zn* ❶ spreker ❷ luidspreker ★ *the Speaker* de voorzitter van het Lagerhuis *GB*
speakership ['spi:kəʃɪp] *zn* voorzitterschap
speaking ['spi:kɪŋ] *bnw* spreek- ★ *be on ~ terms with a p.* iem. goed kennen ★ *be no longer on ~ terms* niet meer spreken tegen ★ *~ acquaintance* oppervlakkige kennis ★ *have a ~ knowledge of English* Engels kunnen spreken
speaking trumpet *zn* ❶ spreektrompet ❷ (scheeps)roeper
speaking tube *zn* spreekbuis
spear ['spɪə] I *zn* ❶ speer ❷ lansknecht ★ *~ side* mannelijke linie II *ov ww* doorboren, spietsen, aan de speer rijgen

spearhead ['spɪəhed] I *zn* ❶ speerpunt ❷ spits ⟨ook v. leger⟩ II *onov ww* de spits afbijten
spearmint ['spɪəmɪnt] *zn* kruizemunt
spec [spek] *zn, specification* beschrijving, gegeven, kenmerk ▼ *on spec* op de bonnefooi
special ['speʃəl] I *zn* ❶ special ❷ extra editie, extra prijs, extra trein ❸ documentaire ❹ hulpagent II *bnw* ❶ speciaal, bijzonder ★ *jur ~ verdict* vonnis bij bijzondere rechtspleging ★ *~ areas* noodgebieden ★ *~ committee* commissie v. gedelegeerden ★ *~ constable* (burger)hulpagent, politievrijwilliger ★ *~ delivery* expressebestelling ★ *~ licence* machtiging om huwelijk te sluiten zonder afkondiging, enz. ★ *~ pleading* het naar voren brengen v. extra bewijsmateriaal, spitsvondig geredeneer ★ *~ school* school voor bijzonder onderwijs ❷ extra
specialisation *zn GB* → **specialization**
specialise *ww GB* → **specialize**
specialism ['speʃəlɪzəm] *zn* specialisatie, specialisme
specialist ['speʃəlɪst] *zn* specialist ★ *~ service* afdeling voor adviezen en diensten
speciality [speʃɪ'ælətɪ] *zn* specialiteit, bijzondere eigenschap, speciaal onderwerp / vak
specialization [speʃəlar'zeɪʃən] *zn* specialisatie
specialize ['speʃəlaɪz] *onov ww* ❶ specialiseren, nader bepalen ★ *the shop specialised in confectionery* de winkel was in banket gespecialiseerd ❷ *~ in* zich speciaal gaan toeleggen op
specially ['speʃəlɪ] *bijw* speciaal, (in het) bijzonder
specialty ['speʃəltɪ] *zn USA* → **speciality**
species ['spi:ʃɪz] *zn* ❶ soort(en) ⟨levensvormen⟩ ❷ vorm
specific [spə'sɪfɪk] *bnw* ❶ specifiek ❷ soortelijk, soort- ❸ bepaald
specifically [spə'sɪfɪkəlɪ] *bijw* specifiek, met name ★ *I ~ told you not to* Ik heb je met name gezegd dat je dat niet moest doen
specification [spesɪfɪ'keɪʃən] *zn* specificatie
specificity [spesə'fɪsətɪ] *zn* het specifiek zijn, specifieke eigenschap
specifics [spə'sɪfɪks] *zn mv* details
specify ['spesɪfaɪ] *ov+onov ww* specificeren, nader bepalen
specimen ['spesɪmɪn] *zn* ❶ staaltje, (voor)proef ❷ voorbeeld, exemplaar ★ *what a ~!* wat een nummer / vent! ★ *~ copy* present exemplaar
specious ['spi:ʃəs] *bnw* ❶ schoonschijnend ★ *her ~ hair gloss is fake* haar mooi uitziende haarglans is niet echt ❷ (op het oog) aanvaardbaar ★ *a ~ argument* een argument dat juist lijkt maar het niet is
speck [spek] I *zn* stippeltje, vlekje, stip ★ *~ of dust* stofje II *ov ww* (be)spikkelen
speckle ['spekl] I *zn* spikkeltje II *ov ww* (be)spikkelen
speckless ['spekləs] *bnw* smetteloos
specs [speks] *zn* ❶ → **spectacles** ❷ *USA inform* *techn* [mv] gegevens, beschrijvingen, kenmerken → **spec**
spectacle ['spektəkl] *zn* tafereel, schouwspel, gezicht ★ *a strange ~* een vreemd gezicht ★ *he is a sad ~* je krijgt medelijden als je hem ziet ★ *make a ~ of o.s.* zich (belachelijk) aanstellen,

voor schut staan ▼~ *case* brillendoos
spectacled ['spektəkld] *bnw* met een bril op ★ ~ *cobra / snake* brilslang
spectacles ['spektəklz] *zn mv* bril
spectacular [spek'tækjʊlə] I *bnw* opzienbarend, spectaculair, opvallend, sensationeel II *zn* schouwspel, spectaculaire show
spectator [spek'teɪtə] *zn* toeschouwer
spectral ['spektrəl] *bnw* ❶ spookachtig, spook- ❷ spectraal, van het spectrum
spectre ['spektə] *zn* spook(verschijning)
specula ['spekjʊlə] *zn mv* → **speculum**
speculate ['spekjʊleɪt] *onov ww* ❶ peinzen, bespiegelen ★ ~ *about what might happen* filosoferen over wat zou kunnen gebeuren ❷ speculeren ⟨in de handel⟩
speculation [spekjʊ'leɪʃən] *zn* ❶ beschouwing ❷ speculatie
speculative ['spekjʊlətɪv] *bnw* speculatief ★ *those claims are highly ~* die beweringen zijn uiterst speculatief
speculator ['spekjʊleɪtə] *zn* speculant
speculum ['spekjʊləm] *zn* [mv: **specula**] speculum ⟨dokersspiegel⟩
sped [sped] *ww* [verl. tijd + volt. deelw.] → **speed**
speech [spiːtʃ] *zn* ❶ spraak, (het) spreken ★ *have ~ with* spreken met ★ *hold one's ~* zijn mond houden ❷ speech, toespraak ★ *free ~* het vrije woord ★ *taalk part of ~* woordsoort ★ taalk *figure of ~* stijlfiguur
speech day *zn* prijsuitreiking ⟨op school⟩
speechify ['spiːtʃɪfaɪ] *onov ww* oreren, speechen
speechless ['spiːtʃləs] *bnw* ❶ sprakeloos, zwijgzaam ❷ onbeschrijfelijk ★ ~ *admiration* sprakeloze bewondering
speech-reading *zn* (het) liplezen
speech recognition *zn comp* spraakherkenning
speech therapist *zn* logopedist
speech therapy *zn* logopedie
speed [spiːd] I *zn* ❶ snelheid, spoed ★ *at full ~* met / op topsnelheid ❷ versnelling ⟨van fiets⟩ ❸ amfetamine II *onov ww* [regelmatig + onregelmatig] ❶ zich haasten, spoeden ❷ (te) snel rijden ★ *he was caught ~ing* hij werd gepakt voor te snel rijden ★ *~ing ticket* boete voor te snel rijden ❸ ~ *up* het tempo opvoeren
speedboat ['spiːdbəʊt] *zn* raceboot
speed bump *zn* → **speed hump**
speed dating *zn* speeddaten
speeder ['spiːdə] *zn* snelheidsregelaar
speed hump *zn* verkeersdrempel
speeding ['spiːdɪŋ] *zn* (het) te hard rijden
speed limit *zn* maximumsnelheid
speedometer [spiː'dɒmɪtə] *zn* snelheidsmeter
speedo® *zn* zwembroek van een bepaald merk
speed trap *zn* snelheidscontrole
speedway ['spiːdweɪ] *zn* motorracebaan, modderbaan
speedwell ['spiːdwel] *zn* plantk ereprijs
speedy ['spiːdɪ] *bnw* met spoed, spoedig, snel
spell [spel] I *zn* ❶ toverspreuk, betovering ★ *cast a ~ on* betoveren ★ *be under the ~ of* in de ban zijn van ❷ (korte) periode, tijdje ★ *cold ~* periode van koud weer, periode van kou ★ ~ *of rain* tijdje regen ★ *take a ~ at the oars* 'n tijdje roeien II *ov ww* [regelmatig + onregelmatig]

❶ spellens, ontcijferen, betekenen ★ *those clouds ~ rain* die wolken betekenen regen ★ *o-n-e ~s one* o-n-e is de spelling van one ❷ ~ *out* (voluit) spellen
spellbinding ['spelbaɪndɪŋ] *bnw* fascinerend
spellbound ['spelbaʊnd] *bnw* als aan de grond genageld, betoverd, gefascineerd ★ ~ *by the film* geboeid door de film
spell check *ov ww* comp spellingcontrole uitvoeren
spell checker *zn* spellingcontroleprogramma
spelled *ww* [verleden tijd + volt. deelw.] → **spell**
spelling ['spelɪŋ] *zn* spelling ★ ~ *checker* spellingcontrole, -checker
spelt [spelt] I *ww* [verleden tijd + volt. deelw.] → **spell** II *zn* spelt ⟨soort tarwe⟩
spencer ['spensə] *vero* zn korte overjas, slip-over
spend [spend] I *ov ww* [onregelmatig]
❶ besteden, uitgeven ❷ doorbrengen ★ ~ *your holidays abroad* je vakantie in het buitenland doorbrengen ❸ verbruiken, verspelen ★ *she spent all her money foolishly* ze heeft al haar geld verkwist ★ ~*ing money* zakgeld II *wkd ww* [onregelmatig] ★ *the storm has spent itself* de storm is uitgeraasd ★ ~ *o.s.* zich uitputten / -sloven III *zn* uitgave ★ *the average ~* de gemiddelde uitgave
spendable ['spendəbl] *bnw* te besteden ★ ~ *money* geld dat uitgegeven mag worden
spend-all *zn* verkwister
spender ['spendə] *zn* ❶ uitgever ⟨van geld⟩ ❷ opmaker ★ *be a lavish ~* royaal met geld omgaan
spendthrift ['spendθrɪft] *zn* opmaker
spent [spent] I *bnw* uitgeput, op, versleten, leeg ⟨huls⟩ ★ *all my energy was ~* al mijn energie was op ★ *the night is far ~* de avond / nacht is bijna om II *ww* [verleden tijd + volt. deelw.] → **spend**
sperm [spɜːm] *zn* sperma(cel)
sperm whale *zn* potvis
spew [spjuː] *ov+onov ww* spuwen, (uit)braken
sphere [sfɪə] *zn* ❶ bol, hemellichaam ❷ sfeer, terrein ★ ~ *of activity* activiteitengebied
spherical ['sferɪkl] *bnw* bolvormig, bol-
sphinx [sfɪŋks] *zn* sfinx
spic *bnw* → **spick**
spice [spaɪs] I *zn* ❶ vleugje, tikje ❷ specerij ❸ fig het pikante ★ *it added ~ to her life* het voegde iets pikants aan haar leven toe II *ov ww* ❶ ook fig kruiden ❷ ~ *up* iets interessanter maken
spiciness ['spaɪsɪnəs] *zn* kruidigheid
spick [spɪk] *bnw* ★ ~ *and span* op orde, opgeruimd en netjes
spicy ['spaɪsɪ] *bnw* ❶ kruidig, geurig ❷ pikant, pittig
spider ['spaɪdə] *zn* spin
spidery ['spaɪdərɪ] *bnw* spinachtig, spichtig
spiel [ʃpiːl, spiːl] I *zn* inform verhaal, speech, reclametekst ★ *a salesman's ~* verkoopspraatje II *ov ww* ❶ afdraaien ⟨v. speech⟩ ❷ ophangen ⟨v. verhaal⟩
spike [spaɪk] I *zn* ❶ (metalen) punt, piek, pen, lange bout / spijker ★ *a metal ~ on the fence* een metalen punt op de schutting ❷ schoennagel ❸ aar, maïskolf II *ov ww* ❶ van punten, enz. voorzien ❷ vastspijkeren, vernagelen ❸ iets

sp

toevoegen (meestal een drankje)

spikes [spaɪks] zn mv ❶ atletiekschoenen ⟨met metalen punten⟩ ❷ metalen punten ⟨op sneeuwbanden⟩

spiky ['spaɪkɪ] bnw met scherpe punten, stekelig ⟨ook v. personen⟩

spill [spɪl] I ov ww [regelmatig + onregelmatig] morsen, gemorst worden, omgooien, overlopen ★ he ~ed the milk hij liet de melk overlopen ★ ~ the beans de boel verraden ★ ~ blood bloed vergieten II zn ❶ (het) morsen ★ ~ of milk (beetje) gemorste melk / coffee ~s koffievlekken ❷ val(partij) ★ have a ~ een smak maken ★ the horse gave me a ~ het paard wierp me af

spillage ['spɪlɪdʒ] zn gemors, lozing ⟨van bv. olie⟩

spilled ww [verleden tijd + volt. deelw.] → spill

spillway ['spɪlweɪ] zn (water)overlaat

spilt [spɪlt] ww [verleden tijd + volt. deelw.] → spill

spin [spɪn] I ov ww [onregelmatig] ❶ spinnen ⟨draad⟩, snel doen / laten draaien, draaieffect geven ⟨aan bal⟩ ★ spin clothes kleren centrifugeren ★ spin a coin een munt opgooien ❷ fabriceren (van een verhaal) ★ spin a yarn een sterk verhaal vertellen ❸ ook fig ~ off uit de mouw schudden, afdraaien, (af)dalen ★ spin off stories one after the other het ene na het andere verhaal uit de mouw schudden ❹ ~ out uitrekken / -spinnen ★ the plot was spun out II onov ww [onregelmatig] ❶ snel draaien, rondtollen, voortsnellen (bij sport) ★ the top spun fast de tol draaide snel ❷ ~ sb spinning iem. doen duizelen / tollen ❸ ~ along voortrollen, voortpeddelen / -rollen III zn ❶ draaiing, voortsnellen (bij sport) ★ give the wheel a spin geef het wiel een draai ❷ sport draaieffect ❸ tochtje, ritje, draai ★ go for a spin een eindje gaan fietsen / rijden ★ get into a spin lelijk in de knoei zitten

spina bifida ['spaɪnə'bɪfɪdə] zn open rug(getje)

spinach ['spɪnɪdʒ] zn spinazie

spinal ['spaɪnl] I zn stekel, ruggengraat II bnw anat ruggen(graat)- ★ the ~ column de ruggengraat

spindle ['spɪndl] zn ❶ spoel, klos ❷ spil, as, stang ❸ spindle ⟨voor cd's⟩

spindly ['spɪndlɪ] bnw spichtig ★ ~ plant sprieterige plant

spin doctor zn ❶ inform (politieke) woordvoerder ❷ inform mannetjesmaker, spindoctor

spin-dry ov ww centrifugeren

spin dryer zn centrifuge

spine [spaɪn] zn ❶ stekel, doorn ❷ ruggengraat ★ the film sent shivers down my spice de film gaf me rillingen over de rug ❸ rug ⟨v. boek⟩

spine-chiller [spaɪn'tʃɪlə] zn griezelverhaal ⟨film, roman⟩

spine-chilling [spaɪn'tʃɪlɪŋ] bnw griezelig, huiveringwekkend ★ a ~ tale een huiveringwekkend verhaal

spineless ['spaɪnləs] bnw zonder ruggengraat ⟨vooral fig.⟩, futloos ★ min he is ~ hij heeft geen ruggengraat

spinnaker ['spɪnəkə] zn ballonfok

spinner ['spɪnə] zn ❶ spinmachine ❷ effectbal ❸ tolletje ❹ kunstvlieg ⟨als aas bij vissen⟩

spinney ['spɪnɪ] zn bosje, struikgewas

spinning ['spɪnɪŋ] bnw ★ ~ house spinhuis ★ ~ wheel spinnewiel

spin-off zn bijproduct, nevenproduct, derivaat

spinster ['spɪnstə] zn oud jongedochter, oude vrijster

spiny ['spaɪnɪ] bnw stekelig, doornig

spiral ['spaɪərəl] I zn spiraal II bnw spiraalvormig, spiraal- ★ ~ staircase wenteltrap III ov ww spiraalvormig maken ★ ~ the bandage round your leg draai het verband om je been IV onov ww ❶ spiraalvormig lopen ❷ snel stijgen ★ prices ~led out of control de prijsstijging was onbeheersbaar

spire ['spaɪə] zn ❶ (toren)spits, punt, top ❷ (gras)spriet ❸ kronkeling

spirit ['spɪrɪt] I zn ❶ geest ★ corporate ~ teamgeest ★ free ~ onafhankelijk persoon ★ rel Holy Spirit Heilige Geest ★ the poor in ~ de armen van geest ▼ in ~ in gedachten ▼ the ~ is willing (but the flesh is weak) de geest is gewillig (maar het vlees is zwak) ▼ as / if / when the ~ moves me als ik de geest krijg ❷ geest ❸ (levens)moed, energie, pit, fut ❹ spiritus ★ GB white ~ terpentine ❺ [mv] ★ ~s sterke drank, levensgeesten, gemoedsstemming ★ animal ~s levenslust, opgewektheid ★ in high / great ~s opgeruimd, opgewekt ★ in low ~s neerslachtig ★ out of ~s neerslachtig ★ be in low ~s somber zijn ★ raise sb's ~s iem. opbeuren II ov ww ~ away/off heimelijk doen verdwijnen, wegtoveren

spirited ['spɪrɪtɪd] bnw levendig, vurig, geanimeerd, pittig ★ a ~ discussion een levendige discussie

spiritism ['spɪrɪtɪzəm] zn spiritisme

spirit lamp zn spirituslamp

spiritless ['spɪrɪtləs] bnw levenloos, apathisch, zonder geest

spirit level zn waterpas

spiritual ['spɪrɪtʃʊəl] I bnw geestelijk, intellectueel, spiritueel II zn muz ≈ godsdienstig lied

spiritualism ['spɪrɪtʃʊəlɪzəm] zn spiritualisme, spiritisme

spirituality [spɪrɪtʃʊ'ælətɪ] zn spiritualiteit, geestesleven

spit [spɪt] I zn ❶ (braad)spit ❷ landtong ❸ steek ⟨met spade⟩ ❹ speeksel, spuug, schuim ⟨v. schuimwesp⟩ ★ all it needs it some spit and polish het hoeft alleen maar een beetje gepoetst te worden ▼ the dead / very spit of his father het evenbeeld v. zijn vader II ov ww [onregelmatig] spuwen, spugen ★ spit it out! kom / zeg op! ★ spit abuse scheldwoorden naar het hoofd smijten III onov ww [onregelmatig] ❶ blazen ⟨v. kat⟩, sputteren, spuwen ❷ spatten, spetteren, motregenen ★ it is just spitting er valt maar een druppeltje (regen) ★ spit of rain buitje / spatje regen ★ she's the spitting image of her grandmother ze lijkt sprekend op haar grootmoeder ❸ ~ upon spugen op, fig verachten

spite [spaɪt] I zn wrevel, rancune, wrok, boosaardigheid ★ out of ~ uit wraak ★ (in) ~ of in weerwil van, ondanks ★ have a ~ against a p.

iets tegen iem. hebben **II** *ov ww* dwars zitten, ergeren, pesten, plagen

spiteful ['spaɪtfʊl] *bnw* rancuneus, hatelijk

spitfire ['spɪtfaɪə] *zn* driftkop

spittle ['spɪtl] *zn* speeksel

spittoon [spɪ'tu:n] *zn* spuwbak

spiv [spɪv] *zn*, GB *inform* zwendelaar, nietsnut

splash [splæʃ] **I** *zn* ❶ plas ❷ klets, kwak, plek ★ ~ *of soda* scheutje spuitwater ★ ~ *of rye* slokje whisky ❸ sensatie ★ *make a* ~ opzien baren, sensatie verwekken **II** *ov ww* (be)spatten, rondspatten ★ ~ *a story over the front page* een verhaal met vette koppen op de voorpagina zetten **III** *onov ww* ❶ ploeteren, kletsen (met water), klateren, plenzen ❷ ~ **down** ★ *the rain was ~ing down* de regen kwam met bakken uit de hemel ❸ ~ **out (on)** met geld smijten ★ *he ~ed out on lots of beer* hij gaf veel geld uit aan bier

splashdown ['splæʃdaʊn] *zn* landing in zee ⟨v. ruimtecapsule⟩, plons

splatter ['splætə] **I** *ov ww* bespatten ★ *he was ~ed with mud* hij werd met modder bespat **II** *onov ww* klateren, plassen, (op)spatten ★ *heavy drops ~ed on the window* zware druppels spatten op het raam **III** *zn mv* vlek, spat, spetter ★ *a ~ of mud on her clothes* een moddervlek op haar kleren

splay [spleɪ] **I** *zn* afschuining **II** *bnw* schuin, wijd uitstaand **III** *ov ww* afschuiven, schuin zetten ★ *he ~ed his fingers out* hij spreidde zijn vingers uit **IV** *onov ww* zich spreiden, wijder worden ★ *the skirt ~ed from the waste* de rok werd vanuit de taille wijder

spleen [spli:n] *zn* ❶ milt ❷ weltschmerz, zwaarmoedigheid ★ *vent one's* ~ zijn gemoed luchten

splendid ['splendɪd] *bnw* prachtig, groots, prima, schitterend

splendour, USA **splendor** ['splendə] *zn* pracht, luister, glans

splenetic [splɪ'netɪk] *bnw* droevig / slecht gehumeurd

splenic ['splenɪk] *bnw* m.b.t. de milt ★ ~ *fever* miltvuur

splice [splaɪs] **I** *zn* las, houtverbinding **II** *ov ww* splitsen ⟨touw⟩, in elkaar vlechten, verbinden ⟨hout⟩

splicer ['splaɪsə] *zn* plakapparaat ⟨voor beeld- / geluidsband⟩

splint [splɪnt] **I** *zn* ❶ spaan ★ *use a* ~ *to light a fire* een houtspaan gebruiken om vuur aan te steken ❷ med spalk **II** *ov ww* spalken

splinter ['splɪntə] **I** *zn* splinter, scherf ★ ~ *group* splintergroep **II** *ov ww* versplinteren

splinter-proof *bnw* scherfvrij

split [splɪt] [onregelmatig] **I** *ov ww* ❶ splitsen, splijten ★ ~ *the difference* het verschil delen ★ ~ *hairs / words* muggenziften ★ ~ *(one's sides) with laughter* barsten v. het lachen ❷ ~ **on** verlinken ❸ ~ **off** afsplitsen ❹ ~ **up** verdelen ★ *they* ~ *up the party* ze verdeelden het gezelschap **II** *onov ww* ❶ zich splitsen, zich (ver)delen ❷ klikken ❸ **inform** ~ **up** uiteengaan ★ *they* ~ *up* ze gingen uit elkaar **III** *zn* ❶ scheuring, scheur, breuk ❷ afsplitsing, afgescheiden groep / partij

❸ ⟨glas⟩ whisky met spuitwater **IV** *bnw* gespleten, gesplitst ★ ~ *vote* stem(ming) op meer dan één kandidaat ★ ~ *taalk* ~ *infinitive* gedeeld infinitief ★ ~ *personality* meervoudige persoonlijkheid ⟨psychose⟩ ★ ~ *second* fractie van een seconde ★ ~ *level (house)* woning met vloeren op verschillend niveau ★ comp ~ *screen* gesplitst scherm

split personality *zn* meervoudige persoonlijkheid ⟨psychose⟩

split second *zn* fractie van een seconde

splitting ['splɪtɪŋ] *bnw* ★ ~ *headache* barstende hoofdpijn

split-up *zn* ❶ verbreking van de relatie, scheiding, breuk ❷ opsplitsing (bv. v. aandelen)

splodge [splɒdʒ], **splotch** [splɒtʃ] *zn* veeg, vlek, smet, spat

splurge [splɜ:dʒ] **I** *zn* uitspatting, geldsmijterij, vertoon **II** *onov ww* ❶ met geld smijten ❷ ~ **on** veel geld uitgeven aan **III** *ov ww* verspillen, verkwisten

splutter ['splʌtə] **I** *zn* gesputter, gestotter **II** *onov ww* vochtig praten, sputteren

spoil [spɔɪl] **I** *ov ww* [regelmatig + onregelmatig] ❶ schaden, bederven, in de war sturen ★ *the event ~t their party* de gebeurtenis bederf hun feestje ❷ verwennen **II** *zn* [ook als mv] opbrengst, buit

spoiled [spɔɪld] **I** *bnw* verwend ★ ~ *child* verwend kind **II** *ww* [verleden tijd + volt. deelw.] → **spoil**

spoiler ['spɔɪlə] *zn* spoiler ⟨auto⟩

spoilsport ['spɔɪlspɔ:t] *zn* spelbederver

spoilt [spɔɪlt] *ww* [verleden tijd + volt. deelw.] → **spoil**

spoke [spəʊk] **I** *zn* spaak **II** *ww* [verleden tijd] → **speak**

spoken ['spəʊkən] **I** *ww* [volt. deelw.] → **speak** **II** *bnw* gesproken ★ *the* ~ *word* het gesproken woord

spokesman ['spəʊksmən] *zn* woordvoerder

spokesperson ['spəʊkspɜ:sən] *zn* woordvoerder

spokeswoman ['spəʊkswʊmən] *zn* woordvoerster

spoliation [spəʊlɪ'eɪʃən] *zn* plundering, roof

sponge [spʌndʒ] **I** *zn* ❶ spons ★ *give it a* ~ spons het even af ★ ~ *cake* Moskovisch gebak ★ ~ *bag* toilettas ★ *throw in the* ~ zich gewonnen geven ❷ klaploper, parasiet **II** *ov ww* ❶ afsponsen ❷ ~ **down** afsponsen ❸ ~ **out** uitwissen ❹ ~ **up** opnemen / -zuigen met een spons **III** *onov ww* ❶ parasiteren ❷ ~ **off** op (iemands) zak teren

sponge finger *zn* lange vinger ⟨koekje⟩

sponger ['spʌndʒə] *zn* inform klaploper

spongy ['spʌndʒɪ] *bnw* sponsachtig

sponsor ['spɒnsə] **I** *zn* sponsor, borg ★ *stand* ~ *for* borg staan voor **II** *ov ww* borg staan voor, financieel steunen ★ ~ *ed programme* (door derden) gefinancierd programma ★ ~ *ed by* aangeboden door, onder auspiciën van

sponsorship ['spɒnsəʃɪp] *zn* auspiciën, het sponsor zijn ⟨geld geven aan een organisatie ter ondersteuning van het doel⟩ ★ *the* ~ *of arts* financiële steun aan kunst

spontaneity [spɒntə'neɪətɪ] *zn* spontaniteit

spontaneous [spɒn'teɪnɪəs] *bnw* ❶ spontaan

sp

❷ vanzelf, uit zichzelf

spoof [spu:f] **I** *zn* parodie, satire **II** *ov ww* USA bij de neus nemen

spook [spu:k] **I** *ov ww* bang maken ★ *his horse was ~ed by the thunder* zijn paard schrok van de donder ★ *he is easily ~ed* hij is schrikachtig **II** *zn* spook

spooky ['spu:kɪ] *bnw* spookachtig

spool [spu:l] **I** *zn* spoel **II** *ov ww* ❶ op spoel winden ⟨van magnetisch band, draad en overig buigbaar materiaal⟩ ❷ comp sturen, verplaatsen ★ *~ a file to a folder* een bestand naar een map verplaatsen **III** *onov ww* vanzelf afwinden ★ *it ~ed free* het wond zichzelf af

spoon [spu:n] **I** *zn* lepel ★ *wooden ~* houten (pol)lepel ★ GB *win / take the wooden ~* de poedelprijs winnen / krijgen ★ *be born with a silver ~ in one's mouth* van rijke ouders zijn, een gelukskind zijn **II** *ov ww* lepelen, scheppen **III** *onov ww* vrijen

spoonbill ['spu:nbɪl] *zn* lepelaar

spoon-feed *ov ww* ❶ voeren ⟨met lepel⟩ ❷ fig voorkauwen ★ *the students were spoon-fed* de studenten kregen alles voorgekauwd

spoonful ['spu:nful] *zn* lepel ⟨hoeveelheid⟩

spoor [spʊə] **I** *zn* spoor ⟨van wild beest⟩ **II** *onov ww* het spoor volgen

sporadic [spə'rædɪk] *bnw* sporadisch

sporadically [spə'rædɪklɪ] *bijw* sporadisch

spore [spɔ:] *zn* ❶ spore ⟨van plant of zwam⟩ ❷ kiem

sporran ['spɒrən] *zn* tasje gedragen op kilt ⟨door Schotten⟩

sport [spɔ:t] **I** *zn* ❶ sport, spel, vermaak ★ *make ~ of* voor de gek houden ★ *~s jacket* sportjasje ❷ het jagen ❸ fideel / sportief persoon, USA playboy ★ *he's a good ~* hij is een goeie vent ❹ fig speelbal ❺ biol speling der natuur **II** *ov ww* ❶ dragen, pronken met ❷ erop na houden **III** *onov ww* spelen, zich vermaken ★ *the children ~ed in the water* de kinderen vermaakten zich in het water

sporting ['spɔ:tɪŋ] *bnw* ❶ sport-, jacht- ★ *~ event* sportevenement ❷ sportief ❸ fair ★ *it was ~ of him to let me go first* het was aardig dat hij me eerst liet gaan ★ *~ chance* eerlijke kans

sportingly ['spɔ:tɪŋlɪ] *bijw* schertsend

sportive ['spɔ:tɪv] *bnw* speels, voor de grap

sports ['spɔ:ts] *zn mv* ❶ sport, takken van sport ★ *go in for ~* veel aan sport doen ❷ sportwedstrijden ★ *athletic ~* atletiek(wedstrijden) ★ *~ car* sportwagen

sportsman ['spɔ:tsmən] *zn* ❶ sportman, sportliefhebber ❷ jager ❸ sportieve kerel

sportsmanlike ['spɔ:tsmənlaɪk] *bnw* sportief

sportsmanship ['spɔ:tsmənʃɪp] *zn* sportiviteit

sportswear ['spɔ:tsweə] *zn* sportkleding, vrijetijdskleding

sportswoman ['spɔ:tswʊmən] *zn* sportliefhebster

sporty ['spɔ:tɪ] *bnw* sportief (uitziend)

spot [spɒt] **I** *zn* ❶ plek, plaats ★ *on the spot* ter plaatse, direct en bij, op staande voet ★ *be on the spot* er als de kippen bij zijn, bijdehand zijn ★ *be in a (tight) spot* in de knoei zitten ★ *black spot* gevaarlijk verkeerspunt ⟨waar veel ongelukken gebeuren⟩ ★ *blind spot* blinde vlek, dode hoek,

zwakke plek ★ *hot spot* gevaarlijk gebied, interessant, mooi gebied, hippe uitgaansgelegenheid ★ *spot cash* contant geld ★ *have a soft spot for sb* een zwak hebben voor iem. ❷ vlek, spikkeltje ❸ puistje ❹ beetje, tikje ★ *let's have a spot of lunch* laten we wat gaan eten ★ *in a spot of trouble* in de narigheid ❺ acquit(bal) ⟨bij biljarten⟩ ❻ reclamespot ❼ neutje, drankje ★ *knock the spots off* glansrijk de baas zijn ▼ *inform spot on* precies goed, de spijker op zijn kop **II** *ov ww* ❶ vlek(ken) maken (op), een smet werpen (op) ❷ stippelen ❸ plaatsen, lokaliseren ❹ in de gaten krijgen ★ *we spotted him in the crowd* we ontdekten hem in de menigte ★ *well spotted!* goed gezien **III** *onov ww* ❶ vlekken krijgen, vlekken ❷ spetteren

spot check *zn* steekproef

spotless ['spɒtləs] *bnw* smetteloos

spotlight ['spɒtlaɪt] **I** *zn* ❶ spotlight ⟨op toneel⟩ ★ *in the ~* in het middelpunt v.d. belangstelling ❷ zoeklicht **II** *ov ww* ❶ met zoeklichten beschijnen, in volle licht zetten ❷ aller ogen richten op

spotted ['spɒtɪd] *bnw* ❶ gevlekt, bont ★ *~ fever* nekkramp, vlektyfus ⟨alg. ziekte met koorts en vlekken⟩ ❷ met puistjes ▼ *~ dick* jan-in-de-zak, rozijnenpudding

spotter ['spɒtə] *zn* artillerieverkenner ⟨vliegtuig⟩

spotty ['spɒtɪ] *bnw* ❶ gevlekt ❷ ongelijkmatig

spouse [spaʊz] *zn* ❶ echtgenoot, echtgenote, eega ❷ bruid(egom)

spout [spaʊt] **I** *zn* ❶ tuit ❷ spuit(gat), goot, waterpijp ❸ straal ▼ *up the ~* in de knoei **II** *ov ww* ❶ spuiten, gutsen, stromen ❷ inform verkondigen

sprain [spreɪn] **I** *zn* verstuiking **II** *ov ww* verstuiken

sprang [spræŋ] *ww* [verleden tijd] → **spring**

sprat [spræt] *zn* sprot ★ *throw a ~ to catch a herring / mackerel / whale* een spiering uitgooien om een kabeljauw te vangen

sprawl [sprɔ:l] **I** *zn* ❶ luie houding ❷ spreiding ★ *urban ~* de zich uitdijende buitenwijken **II** *onov ww* ❶ languit (gaan) liggen ❷ naar alle kanten uitsteken ⟨van ledematen⟩ ❸ wijd uitlopen ⟨van handschrift⟩

spray [spreɪ] **I** *zn* ❶ sproeier, verstuiver, vaporisator ❷ wolk parfum, stuifwolk ❸ bloemtakje, twijgje ★ *funeral ~* graftak **II** *ov ww* ❶ besproeien ❷ verstuiven

spray can *zn* spuitbus

sprayer ['spreɪə] *zn* sproeier, vaporisator, verstuiver

spray gun *zn* spuitpistool, verfspuit

spread [spred] **I** *ov ww* [onregelmatig] ❶ verspreiden, verbreiden, (uit)spreiden ★ *~ over 10 years* over 10 jaar uitsmeren / verdelen ❷ uitstrekken, wijd uit zetten ★ *~ one's wings* zijn vleugels uitslaan ❸ (uit)smeren ⟨van brood⟩ ❹ dekken ⟨van tafel⟩ ❺ *~ out* uitspreiden **II** *onov ww* [onregelmatig] ❶ wijd uit (gaan) staan ❷ zich verbreiden, zich verspreiden ★ *the news ~ like wildfire* het nieuws verspreidde zich als een lopend vuurtje **III** *zn* ❶ smeerbeleg ★ *sandwich ~* broodbeleg ❷ uitstalling,

spreiding ★ *a nice* ~ een rijk gedekte tafel
❸ omvang, wijdte, breedte ★ *middle-age* ~ buikje
op middelbare leeftijd
spread-eagled *bnw* met armen en benen
gestrekt
spreader ['spredə] *zn* (water)verspreider
spreadsheet ['spredʃi:t] *zn* ❶ comp rekenblad,
werkblad ❷ calculatieprogramma
spree [spri:] *zn* ★ *shopping* ~ extreme koopbui
★ *go on the* ~ aan de zwier gaan
sprig [sprɪg] *zn* twijgje, takje
sprigged [sprɪgd] *bnw* met takjes en loofwerk
versierd ⟨van een jurk⟩
sprightly ['spraɪtlɪ] *bnw* vrolijk, dartel
spring [sprɪŋ] **I** *zn* ❶ lente, voorjaar ❷ veer ⟨van
horloge⟩, veerkracht ★ ~ *bed* springveren matras
★ ~ *mattress* springverenmatras ❸ sprong
❹ bron, oorsprong **II** *ov ww* [onregelmatig]
❶ doen springen ★ ~ *a leak* lek beginnen te
raken ❷ plotseling aankomen met ★ ~ *sth on a
person* iem. met iets op het dak vallen
❸ opjagen ⟨van wild⟩ **III** *onov ww*
[onregelmatig] ❶ springen, ontspringen ★ ~ *at a
person* op iem. afspringen ★ *where do you ~
from?* waar kom jij ineens vandaan? ★ *the trap
sprang shut* de val sprong dicht ★ ~ *to fame*
ineens beroemd worden ★ *tears sprang (in)to her eyes*
tranen sprongen haar in de ogen ❷ plantk
uitkomen, opschieten ❸ ~ *up* opspringen,
opveren, plotseling ontstaan, zich plotseling
voordoen, opschieten ⟨van plant⟩ ❹ ~ *from*
ontstaan uit, voortkomen uit
springboard ['sprɪŋbɔ:d] *zn* springplank
springbok ['sprɪŋbɒk] *zn* gazelle
spring break *zn* ≈ voorjaarsvakantie
spring clean *zn* grote schoonmaak
spring-clean *ov ww* grote schoonmaak houden
springer ['sprɪŋə] *zn* kleine patrijshond
spring roll *zn* loempia
spring tide *zn* springtij
springtime ['sprɪŋtaɪm] *zn* voorjaar
springy ['sprɪŋɪ] *bnw* veerkrachtig, elastisch
sprinkle ['sprɪŋkl] **I** *ov ww* (be)sprenkelen,
(be)strooien **II** *onov ww* licht regenen **III** *zn*
klein beetje, tikje ★ *chocolate* ~*s* hagelslag ★ ~ *of
snow* licht sneeuwbuitje
sprinkler ['sprɪŋklə] *zn* strooier, tuinsproeier,
sproeiwagen
sprinkling ['sprɪŋklɪŋ] *zn* (be)sprenkeling, kleine
hoeveelheid ★ *a* ~ *of snow* een kleine
hoeveelheid sneeuw
sprint [sprɪnt] **I** *zn* sprint **II** *onov ww* sprinten
sprinter ['sprɪntə] *zn* sprinter ⟨iemand die
hardloopt⟩
sprit [sprɪt] *zn* scheepv spriet ⟨voor het zeil⟩
sprite [spraɪt] *zn* kabouter, fee, (bos)geest
spritsail ['sprɪtseɪl] *zn* scheepv sprietzeil
spritz *zn* spuitje met een verstuiver of spuitbus
sprocket ['sprɒkɪt] *zn* tandwiel
sprog [sprɒg] *zn* straatt kind, broekie, groentje
sprout [spraʊt] **I** *zn* scheut, loot ★ *(Brussels)* ~*s*
spruitjes **II** *ov ww* ★ ~ *horns / hair* hoorns / haar
beginnen te krijgen **III** *onov ww* uitbotten,
uitlopen
spruce [spru:s] **I** *zn* spar(renhout) ★ ~ *fir* spar

II *bnw* keurig, netjes **III** *ov ww* netjes maken,
opdirken ★ ~ *yourself (up)* jezelf opknappen
sprung [sprʌŋ] **I** *ww* [volt. deelw.] → **spring**
II *bnw* gebarsten
spry [spraɪ] *bnw* vlug, kwiek, kittig ★ *look spry!*
vlug!
spud [spʌd] **I** *zn* ❶ schoffel ❷ pieper ⟨aardappel⟩
II *ov ww* rooien, wieden, uitsteken
spume [spju:m] **I** *zn* schuim **II** *onov ww* schuimen
spun [spʌn] **I** *bnw* ★ *spun glass* glaswol ★ *spun silk*
zijdegaren **II** *ww* [verleden tijd + volt. deelw.] →
spin
spunk [spʌŋk] *zn* ❶ pit, moed, lef ❷ vulg sperma
❸ vulg Aus sexy man
spunky ['spʌŋkɪ] *bnw* ❶ vurig, moedig ❷ vulg
Aus aantrekkelijk
spur [spɜ:] **I** *zn* ❶ spoor ⟨(metalen) uitsteeksel⟩
❷ uitstekende punt of tak, uitloper ❸ prikkel
★ *on the spur of the moment* spontaan, zo maar
voor de vuist weg ❹ verbindingsweg tussen
twee autosnelwegen ▼ *win one's spurs*
(ge)ridder(d) worden, zijn sporen verdienen
II *ov ww* ❶ de sporen geven ★ *spurred* met
sporen aan ❷ ~ *on* aansporen, aanvuren
spurge [spɜ:dʒ] *zn* wolfsmelk ⟨plant⟩
spurious ['spjʊərɪəs] *bnw* vals, niet echt ★ ~
claims valse aanspraken
spurn [spɜ:n] **I** *ov ww* met verachting afwijzen
★ *he* ~*ed the company of women* hij wees
vrouwelijk gezelschap af **II** *zn* verachting,
versmading
spurt [spɜ:t] **I** *zn* ❶ plotselinge straal ★ *a* ~ *of
water* een plotselinge straal water ❷ uitbarsting
★ *a burst of energy* een uitbarsting van energie
★ *by* ~*s* bij vlagen **II** *onov ww* ❶ spurten,
sprinten ❷ alles op alles zetten ❸ spatten ⟨van
pen⟩ **III** *ov ww* spuiten
sputter ['spʌtə] **I** *zn* gesputter, gestamel **II** *ov ww*
brabbelen **III** *onov ww* sputteren, spetteren,
knetteren
sputum ['spju:təm] *zn* sputum, opgehoest slijm
spy [spaɪ] **I** *zn* spion **II** *ov ww* ❶ ~ *out* ⟨stiekem⟩
opnemen, verkennen, proberen achter... te
komen ★ *spy out the land* terrein verkennen,
poolshoogte nemen ★ *I spy with my little eye...* ik
zie, ik zie wat jij niet ziet... ❷ ~ *(up)on*
bespioneren
spy-hole ['spaɪhəʊl] *zn* kijkgaatje
squab [skwɒb] *zn* ❶ nestjong ⟨van duif of roek⟩
❷ (zacht dik) kussen
squabble ['skwɒbl] **I** *zn* kibbelpartij, ruzie **II** *onov
ww* kibbelen, ruzie maken ★ *they are squabbling
who should be first* ze kibbelen wie de eerste
mag zijn
squad [skwɒd] *zn* ❶ groep, ploeg
❷ (politie)patrouille ★ *The Flying Squad* ME,
Mobiele Eenheid
squad car *zn* USA overvalwagen,
patrouillewagen ⟨politie⟩
squadron ['skwɒdrən] *zn* eskadron ⟨bij de
cavalerie⟩, eskader ⟨bij de marine⟩, escadrille
⟨bij de luchtmacht⟩
squalid ['skwɒlɪd] *bnw* ❶ vunzig, smerig
❷ gemeen
squall [skwɔ:l] **I** *zn* ❶ windstoot ❷ vlaag **II** *onov
ww* gillen, brallen

sq

squally ['skwɔːlɪ] *bnw* winderig, stormachtig
squalor ['skwɒlə] *zn* ❶ vunzigheid, smerigheid ❷ ellende
squander ['skwɒndə] *ov ww* verkwisten, vergooien
square [skweə] I *zn* ❶ vierkant ★ *back to ~ one* terug naar het begin ★ *~ dance* quadrille ❷ wisk kwadraat ❸ plein, exercitieterrein ❹ huizenblok ❺ carré ❻ veld ⟨op dam-, schaakbord⟩ ❼ techn winkelhaak, tekenhaak ❽ oud conservatief ▼ *be out of ~ with the rest* niet in overeenstemming met de rest zijn, uit de toon vallen II *bnw* ❶ vierkant ★ *~ root* vierkantswortel ★ *~ measure* vlaktemaat ❷ stoer, stevig ❸ eerlijk, oprecht, betrouwbaar, ondubbelzinnig ❹ gelijk, quitte ★ *get a ~ deal* eerlijk behandeld worden ★ *get things ~ with sb* het in orde maken met iem., met iem. afrekenen ❺ oud conservatief, conformistisch, burgerlijk III *ov ww* ❶ vierkant maken, recht / haaks maken ★ *~ your shoulders* je schrap zetten ❷ wisk in kwadraat brengen ❸ in orde maken, afrekenen ★ *~ accounts* afrekenen ★ *~ the circle* de oppervlakte v.d. cirkel berekenen, het onmogelijke proberen ❹ omkopen ❺ *~ to/with* in overeenstemming brengen met, aanpassen aan ❻ *~ up* vereffenen, afrekenen, betalen IV *onov ww* ❶ recht / haaks staan op ❷ overeenstemmen ❸ *~ up to* zich schrap zetten tegenover, energiek aanpakken ★ *~ up to sb* een vechtlustige houding aannemen tegen iem. ❹ *~ with* kloppen met ★ *it ~s with my calculations* het klopt met mijn berekeningen V *bijw* ❶ direct ★ *the ball hit me ~ in the face* de bal raakte me direct in het gezicht ❷ oprecht, ronduit ★ *be ~* wees oprecht
squarely ['skweəlɪ] *bijw* vierkant, duidelijk, onomwonden
squash [skwɒʃ] I *zn* ❶ sport squash ★ *sport play ~* squashen ❷ pulp, moes, vruchtvlees v. pompoen ❸ limonade ⟨v. vruchtensap⟩ ❹ gedrang II *ov ww* ❶ kneuzen, plat drukken, tot moes maken / slaan ❷ de mond snoeren ❸ dringen III *onov ww* geplet worden
squashy ['skwɒʃɪ] *bnw* ❶ zacht ❷ sentimenteel
squat [skwɒt] I *zn* hurkende houding II *bnw* kort, gedrongen III *ov ww* kraken ⟨van huis, stuk land⟩ IV *onov ww* ❶ hurken ❷ (gaan) zitten, gaan liggen ❸ kruipen met lichaam tegen de grond
squatter ['skwɒtə] *zn* kraker, iemand die onrechtmatig een stuk land bewoont
squaw [skwɔː] *zn* indiaanse vrouw
squawk [skwɔːk] I *zn* schreeuw II *onov ww* krijsen
squeak [skwiːk] I *zn* gepiep ★ *it was a narrow ~* het scheelde maar een haar II *onov ww* piepen ★ *straatt ~ (on)* ⟨iemand⟩ verraden
squeaker ['skwiːkə] *zn* ❶ piepertje, jong vogeltje ❷ verrader
squeaky ['skwiːkɪ] *bnw* piepend, krakend
squeal [skwiːl] I *zn* gil II *ov ww* (uit)gillen III *onov ww* ❶ gillen, gieren, tekeergaan, een keel opzetten ❷ *straatt ~ on* verraden
squeamish ['skwiːmɪʃ] *bnw* ❶ (gauw) misselijk ❷ kieskeurig, pijnlijk nauwgezet, overgevoelig

★ *she's ~ about snakes* ze is doodsbang voor slangen
squeegee ['skwiːdʒiː] *zn* ❶ vloertrekker, zwabber ❷ inform iem. die autoruiten wast bij stoplichten
squeeze [skwiːz] I *ov ww* ❶ (tegen zich aan)drukken, druk uitoefenen op, knijpen, uitknijpen ★ *she ~d his hand* ze gaf hem een stevige hand ★ *~ to death* doodknuffelen ★ *~ o.s. in* zich nestelen in ❷ uitpersen, afpersen ★ *~ an orange* een sinaasappel uitpersen ❸ knellen ★ *he ~d his thumb in the door* hij knelde zijn duim in de deur II *onov ww* ❶ (zich) dringen ★ *she ~d into the aircraft seat* ze perste zich in de vliegtuigstoel ❷ *~ through* het met moeite halen ★ *he only just ~d through the opening* hij wist zich met moeite door de opening te dringen ❸ *~ up* opschuiven III *zn* ❶ kneep(je), (hand)druk, gedrang, hartelijke omhelzing ★ *she gave him a good ~* ze gaf hem een hartelijke omhelzing ❷ afdruk ⟨van munt⟩ ❸ afpersing ★ *put the ~ on a person* iem. onder druk zetten, chantage plegen op iem. ▼ *it was a ~* het was 'n hele toer ▼ *at a ~* als het er om gaat
squelch [skweltʃ] I *zn* zuigend geluid ⟨als schoenen op een natte vloer⟩ II *ov ww* ❶ de mond snoeren ❷ verpletteren, de kop indrukken ★ *the rebellion was ~ed* de opstand werd de kop ingedrukt III *onov ww* zuigend geluid maken ⟨als bij lopen door modder⟩
squid [skwɪd] *zn* ❶ pijlinktvis ❷ kunstaas
squiffy ['skwɪfɪ] *bnw* ❶ aangeschoten ❷ scheef
squiggle ['skwɪgl] I *zn* golvend lijntje II *onov ww* wriemelen, kronkelen
squint [skwɪnt] I *zn* ❶ scheelzien ★ *have a fearful ~* vreselijk scheel kijken ❷ zijdelingse blik ★ *have a ~ at* eventjes kijken naar II *bnw* scheel III *onov ww* ❶ loensen, scheel kijken ❷ *~ at* turen naar
squint-eyed [skwɪnt'aɪd] *bnw* scheel
squire ['skwaɪə] I *zn* ❶ landjonker ★ *the ~* de (land)heer van het dorp ❷ gesch schildknaap II *ov ww* escorteren
squirm [skwɜːm] I *onov ww* ❶ wriemelen, kronkelen ❷ iets op z'n hart hebben, niet op z'n gemak zijn ★ *he ~ed when he saw her* hij voelde zich niet op zijn gemak toen hij haar zag II *zn* (lichaamsge)kronkel
squirrel ['skwɪrəl] *zn* eekhoorn
squirt [skwɜːt] I *zn* ❶ straal, spuitje ★ *a ~ of water* een straaltje water ❷ kleine opdonder II *onov ww* spuiten III *ov ww* (uit)spuiten ★ *he ~ed cream over the cake* hij spoot room over de taart
squirt gun *zn* waterpistool
squish [skwɪʃ] I *zn* soppend geluid II *ov ww* tot moes maken III *onov ww* nat zijn, soppen, drassig zijn
Sr, USA **Sr.** *afk*, Senior Sr., senior
SRN *afk*, State Registered Nurse gediplomeerd verpleegkundige
SSE *afk*, south southeast zuidzuidoost
SSW *afk*, south southwest zuidzuidwest
St. [sənt] *afk* ❶ *Saint* Sint ❷ *Street* straat
Sta. *afk*, Station station
stab [stæb] I *zn* dolksteek, doodsteek ★ *have / make a stab at* 'n gooi doen naar ▼ *a stab in the*

dark een slag in de lucht **II** *ov ww* ❶ steken ⟨vnl. met dolk⟩ ❷ de doodsteek geven ★ *stab in the back* in de rug aanvallen **III** *onov ww* ~ **at** steken naar

stability [stəˈbrɪlətɪ] *zn* stabiliteit, evenwichtigheid, standvastigheid

stabilization, stabilisation [sterbəlaɪˈzeɪʃən] *zn* stabilisatie

stabilize, stabilise [ˈsterbəlaɪz] *ov+onov ww* stabiliseren

stable [ˈsterbl] **I** *zn* stal **II** *bnw* hecht, vast, standvastig, stabiel **III** *ov ww* op stal zetten **IV** *onov ww* op stal staan

stable boy [ˈsterblbɔɪ] *zn* stalknecht

stableman [ˈsterblmæn] *zn* stalknecht

stabling [ˈsterblɪŋ] *zn* het stallen, stalling

staccato [stəˈkɑːtəʊ] *bnw + bijw* staccato

stack [stæk] **I** *zn* ❶ stapel, hoop, boekenstelling, stapelkast ❷ comp stapelgeheugen ❸ groep schoorstenen ⟨op dak⟩, (schoorsteen)pijp ❹ steile, kale rots **II** *ov ww* ❶ stapelen ❷ steken ⟨valsspelen met kaarten⟩ ★ fig – *the cards* de zaak bekonkelen ❸ ~ **up** opstapelen, BN optassen ★ *a row of cars* ~ed *up behind him* er vormde zich een file achter hem **III** *onov ww* ❶ stapelbaar zijn ★ *the beds* ~ de bedden zijn stapelbaar ❷ luchtv rondvliegen in afwachting van landing

stacked [stækt] *bnw* ❶ opgestapeld ❷ inform welgevormd, met grote borsten ❸ comp als batch, als macro, als een reeks opdrachten

stadium [ˈsterdɪəm] *zn* ❶ stadion ❷ stadium

staff [stɑːf] **I** *zn* ❶ staf, (leidinggevend) personeel ★ *editorial* ~ redactie ❷ stut ❸ [mv staves] notenbalk **II** *ov ww* van personeel e.d. voorzien

staff college *zn* ≈ militaire academie

staff room *zn* docentenkamer

stag [stæg] *zn* ❶ ⟨mannetjes⟩hert ★ *stag beetle* vliegend hert ❷ beursspeculant

stag beetle *zn* vliegend hert ⟨insect⟩

stage [steɪdʒ] **I** *zn* ❶ fase, stadium ★ *it is just a* ~ *he is going through* hij maakt alleen maar een fase door ❷ stellage, steiger, podium, toneel ★ *go on the* ~ bij het toneel gaan ★ ~ *direction* toneelaanwijzing ★ ~ *door* artiesteningang ★ ~ *fright* plankenkoorts ★ ~ *whisper* goed hoorbaar gefluister ★ ~ *fever* vurige bewondering voor toneel ❸ verdieping, etage ★ *the upper* ~ *was built in the previous century* de bovenste verdieping is in de vorige eeuw gebouwd ❹ objecttafel ⟨van microscoop⟩ ❺ gesch postkoets, diligence ❻ etappe, traject **II** *ov ww* ❶ opvoeren, ten tonele / voor het voetlicht brengen ❷ ensceneren, op touw zetten ★ *they* ~d *a demonstration* ze hebben een demonstratie georganiseerd

stagecoach [ˈsterdʒkəʊtʃ] *zn* ❶ diligence ❷ USA postkoets

stagecraft [ˈsterdʒkrɑːft] *zn* toneelkunst

stage-dive *onov ww* stagediven

stage-manage *ov ww* ensceneren

stage manager [sterdʒˈmænɪdʒə] *zn* toneelmeester

stagger [ˈstægə] **I** *ov ww* ❶ doen wankelen, ontstellen ❷ op verschillende tijden doen vallen ★ *they* ~ed *their holidays* ze verspreidden hun

vakanties ★ ~ed *office hours* variabele werktijden ❸ zigzagsgewijs of om en om plaatsen ⟨van spaken in fietswiel⟩ **II** *onov ww* wankelen, waggelen ★ *they* ~ed *home after too much alcohol* ze zwalkten naar huis na te veel alcohol **III** *zn* wankeling ★ *he walks with a slight* ~ hij wankelt bij het lopen een beetje

staggering [ˈstægərɪŋ] *bnw* ❶ wankelend, weifelend ❷ schrikbarend, onthutsend ★ ~ *blow* klap die hard aankomt

staghound [ˈstæghaʊnd] *zn* jachthond

staging [ˈsterdʒɪŋ] *zn* ❶ mise-en-scène ❷ stellage, steiger(werk)

stagnancy [ˈstægnənsɪ] *zn* stagnatie

stagnant [ˈstægnənt] *bnw* ❶ stilstaand ❷ lui, traag, fig dood

stagnate [stægˈneɪt] *onov ww* ❶ stilstaan ❷ op 'n dood punt staan of komen ★ *progress had* ~d vorderingen waren op een dood punt gekomen

stagnation [stægˈneɪʃən] *zn* stagnatie

stag night *zn* hengstenbal ⟨vrijgezellenfeest voor bruidegom⟩

stag party *zn* hengstenbal ⟨vrijgezellenfeest voor bruidegom⟩

stagy [ˈsterdʒɪ] *bnw* theatraal

staid [sterd] *bnw* bedaard, bezadigd, degelijk ★ *she was* ~ *in her ways* ze was niet avontuurlijk

stain [stern] **I** *zn* ❶ vlek, smet ❷ kleurstof, verfstof, beits **II** *ov ww* ❶ vlek(ken) maken op ❷ kleuren, verven, beitsen ❸ onteren, bezoedelen ★ ~ed *glass windows* gebrandschilderde ramen **III** *onov ww* vlekken geven, afgeven ⟨van stoffen⟩

stainless [ˈsternləs] *bnw* ❶ vlekkeloos ❷ vlekvrij, roestvrij

stair [steə] *zn* trede, trap ★ *(flight of)* ~s trap ★ ~ *carpet* traploper

staircase [ˈsteəkers], **stairway** [ˈsteəwer] *zn* trap ⟨constructie met treden⟩ ★ *grand* ~ staatsietrap ★ *moving* ~ roltrap ★ *spiral* ~ wenteltrap

stairwell [ˈsteəwel] *zn* trappenhuis

stake [sterk] **I** *zn* ❶ paal, staak, brandstapel ❷ aandeel, belang ★ *he has a* ~ *in the country* hij heeft belang bij het welzijn van het land ❸ inzet ⟨bij weddenschap enz.⟩ ★ *be at* ~ op het spel staan ★ *play for high* ~s spelen om een hoge inzet **II** *ov ww* ❶ aan een paal vastbinden ❷ op het spel zetten ★ *I* ~ *my life on it* ik verwed er mijn leven onder ❸ ~ **out** als eigendom markeren, als standpunt innemen, observeren ★ *experts have* ~d *out opposite opinions* deskundigen hebben tegenovergestelde standpunten ingenomen

stale [sterl] **I** *bnw* ❶ niet fris meer, muf, verschaald ★ *one's mind gets* ~ *by...* je wordt suf van... ★ sport *go* ~ overtraind raken ❷ oud(bakken) ★ ~ *joke* ouwe mop **II** *onov ww* oud worden, verschalen ★ *the bread was staling* het brood begon uit te drogen

stalemate [ˈsterlmert] **I** *zn* ❶ pat(stelling), schaakmat **II** *ov ww* pat zetten

stalk [stɔːk] **I** *zn* ❶ stengel, steel ★ *have your eyes on* ~s je ogen op steeltjes hebben, je ogen uitkijken ❷ schacht ⟨van veer⟩ **II** *ov ww* ❶ besluipen ⟨van prooi⟩ ❷ (hinderlijk) achtervolgen, lastig vallen, stalken **III** *onov ww*

st

❶ (statig) schrijden ❷ ook fig voortschrijden

stalker ['stɔːkə] zn ❶ sluipjager ❷ stalker

stall [stɔːl] I zn ❶ stalletje, kiosk, kraam ❷ stal, box, hok ❸ koorbank, koorstoel ❹ stallesplaats ❺ douchecel, kleedhokje ❻ het afslaan (van motor) II ov ww ❶ stallen ❷ op stal houden, vetmesten ❸ afschepen ★ I'll ~ her ik zal haar aan de praat houden III onov ww ❶ vastrijden, vastlopen ❷ afslaan (van motor) ❸ luchtv snelheid verliezen en afglijden

stall-fed ['stɔːlfed] bnw vetgemest

stallholder ['stɔːlhəʊldə] zn kraamhouder

stallion ['stæljən] zn hengst

stalwart ['stɔːlwət] I zn getrouwe, trawant II bnw ❶ robuust, stoer, struis ❷ trouw

stamen ['steɪmən] zn meeldraad

stamina ['stæmɪnə] zn (innerlijke) kracht, pit, energie, uithoudingsvermogen ★ moral ~ karaktervastheid

stammer ['stæmə] I zn het stotteren II ov+onov ww stotteren, stamelen

stammerer ['stæmərə] zn stotteraar

stamp [stæmp] I zn ❶ (ge)stamp ❷ stempel, merk ★ set one's ~ (up)on zijn stempel drukken op ★ the ~ of Roman origin de kenmerken van Romeinse oorsprong ★ fig bear the ~ het stempel dragen ❸ postzegel ★ ~ machine postzegelautomaat ❹ soort, karakter II ov ww ❶ stampen ❷ (be)stempelen ❸ frankeren, zegelen ★ ~ed addressed envelope gefrankeerde retourenvelop ❹ karakteriseren, kenmerken ★ ~ flat plattrappen ❺ ~ out uittrappen, vernietigen, verdelgen, uitroeien III onov ww stampen ▼ ~ing ground lievelingsplek(je)

stamp collector ['stæmpkəlektə] zn postzegelverzamelaar

stampede [stæm'piːd] I zn ❶ wilde, massale vlucht (van dieren) ❷ paniek ❸ toeloop, oploop, stormloop ❹ USA massabeweging II onov ww massaal op hol slaan

stance [stɑːns] zn ❶ houding (bij golf) ❷ fig houding ★ his ~ towards the issue had changed zijn standpunt tegenover de kwestie was veranderd

stanchion ['stɑːnʃən] I zn stut II ov ww stutten

stand [stænd] I ov ww [onregelmatig] ❶ doen staan, plaatsen, zetten ★ ~ sb in good stead iem. goed van pas komen ❷ doorstaan, uithouden, volhouden ★ ~ one's ground je positie volhouden ★ ~ the test of time de tand des tijds doorstaan ❸ verdragen, uitstaan, bestand zijn tegen ★ they can't ~ each other ze kunnen elkaar niet uitstaan ★ he can ~ a good deal hij kan heel wat hebben ★ ~ fire vijandelijk vuur trotseren, kritiek trotseren ❹ trakteren (op) ❺ ~ for steunen, voorstaan, betekenen, symboliseren, GB kandidaat zijn voor, peter / meter zijn voor, verdragen ★ I won't ~ for that dat neem ik niet ❻ ~ off tijdelijk ontslaan ❼ ~ up (rechtop) zetten, opstellen, uitsteken II onov ww [onregelmatig] ❶ zijn, staan, gaan staan ★ ~ six feet 1 m 80 lang zijn ★ ~ accused beschuldigd zijn ★ ~ alone bovenaan staan, alleen staan ★ ~ candidate kandidaat zijn ★ ~ (your) trial terechtstaan ★ ~ at ease op de plaats rust staan ❷ blijven staan, er (nog) staan ★ the score ~s at

two all de score is two two ❸ standhouden ★ ~ your ground standhouden, niet toegeven, niet wijken ★ my opinion ~s ik verander niet van mening ❹ van kracht blijven, geldig zijn, steek houden, gehandhaafd blijven ★ the invitation ~s de uitnodiging blijft ★ ~ to lose / win op verliezen / winnen staan ❺ ~ well with goed aangeschreven staan bij, op goede voet staan met ❻ ~ aside aan de kant staan, zich afzijdig houden ❼ ~ away opzij gaan staan ❽ ~ back achteruit gaan staan ❾ ~ by (blijven / gaan) staan, lijdelijk toezien, klaar (gaan) staan om te helpen, een handje helpen, in de buurt blijven ★ ~ by your friend je vriend bijstaan ★ ~ by one's promise zich houden aan zijn belofte ❿ ~ down teruggaan naar zijn plaats, zich terugtrekken ★ the president stood down de president trad af ⓫ ~ in for waarnemen voor, invallen voor ⓬ ~ off aan de kant gaan staan, op een afstand blijven, zich afzijdig houden, scheepv afhouden ⓭ ~ on staan op, aanhouden ★ don't ~ on formality laten we niet formeel zijn ⓮ ~ out in het oog vallen, volhouden, niet toegeven ⓯ ~ to blijven bij, trouw blijven ★ ~ to it that blijven volhouden dat ★ ~ to your guns bij je standpunt blijven, niet toegeven ★ ~ to your word woord houden ⓰ ~ up opstaan, rechtop blijven / gaan staan ★ it wouldn't ~ up in court dat zou geen stand houden in de rechtszaal ★ ~ a chance kans hebben ▼ ~ corrected erkennen dat men schuld heeft ▼ ~ in awe of ontzag hebben voor, respecteren ▼ it ~s to reason het spreekt vanzelf III zn ❶ stand, stilstand, oponthoud ★ be at a ~ stil staan ★ come to a ~ tot stand komen ❷ standaard, rek, tafeltje, statief ❸ tribune ❹ standplaats ❺ standpunt ★ make a ~ (against) stelling nemen (tegen) ★ take your ~ on uitgaan van, je baseren op ★ take your ~ postvatten, zich op het standpunt stellen ❻ kraam, kiosk ★ one-night ~ één enkele voorstelling, korte affaire ⟨figuurlijk⟩

standard ['stændəd] I zn ❶ standaard ❷ vaandel ❸ standaardmaat ❹ maatstaf, norm ★ raise the ~ de norm verhogen II bnw ❶ standaard, normaal ★ ~ joke stereotiepe mop ❷ algemeen erkend / gewaardeerd ★ ~ English algemeen beschaafd Engels ▼ ~ lamp staande (schemer- / lees-)lamp

standard-bearer ['stændədbeərə] zn vaandeldrager

standardization, standardisation [stændədaɪ'zeɪʃən] zn standaardisering

standardize, standardise ['stændədaɪz] ov ww normaliseren, als normaal vaststellen, algemeen erkennen

standby ['stændbaɪ] I zn ❶ hulp in nood, uitkomst, steun ❷ reserve II bnw ❶ nood- ❷ reserve-

stand-in ['stændɪn] zn invaller, plaatsvervanger

standing ['stændɪŋ] I zn ❶ duur, ouderdom ★ of long ~ wat al lang bestaat, van oudsher gevestigd ❷ reputatie, aanzien II bnw ❶ staand ★ ~ jump sprong zonder aanloop ★ ~ room staanplaats(en) ❷ blijvend, voortdurend, permanent ★ ~ invitation altijd welkom ★ ~ joke

vaste grap ★ ~ *orders* reglement
standing committee *zn* vaste commissie
stand-offish [stænd'ɒfɪʃ] *bnw* terughoudend, gereserveerd, hautain
standpoint ['stændpɔɪnt] *zn* standpunt
standstill ['stændstɪl] *zn* stilstand ★ *be at a ~* stilstaan, stilliggen ★ *come to a ~* stil komen te liggen
stand-to ['stændtuː] *zn* mil appel
stand-up ['stændʌp] I *zn* ❶ staande boord ❷ staande lunch II *bnw* staand ★ ~ *comedian* conferencier die staande voor een publiek grappen vertelt ★ ~ *fight* eerlijk gevecht ★ ~ *row* flinke ruzie
stank [stæŋk] *ww* [verleden tijd] → **stink**
stanza ['stænzə] *zn* couplet
staple ['steɪpl] I *zn* ❶ hoofdbestanddeel, hoofdproduct, hoofdexportartikel, basisvoedsel ❷ ruwe grondstof ❸ vezel ❹ kram, hechtnietje II *bnw* hoofd-, stapel- ★ ~ *diet* hoofdvoedsel III *ov ww* ❶ (vast)nieten, krammen ❷ sorteren ⟨van wol⟩
stapler ['steɪplə] *zn* nietmachine
star [stɑː] I *zn* ster(retje), gesternte ★ *stars and stripes* vlag van de VS ★ *star shell* lichtkogel II *bnw* ❶ ster-, hoofd- ★ *star witness* hoofdgetuige ❷ eersterangs, prima III *ov ww* ❶ met sterren tooien / versieren ❷ sterretjes zetten bij ❸ als ster laten optreden ★ *starring* met in de hoofdrol ★ *star it* als ster optreden, de hoofdrol spelen IV *onov ww* de hoofdrol spelen, als ster optreden ★ *she starred in the film* zij was de hoofdrolspeelster in de film
starboard ['stɑːbəd] *zn* stuurboord
starch [stɑːtʃ] I *zn* ❶ zetmeel, stijfsel ❷ fig stijfheid, stijve vormelijkheid II *ov ww* stijven
starched ['stɑːtʃt] *bnw* ❶ in de plooi ❷ fig stijf, vormelijk, in de plooi
starchy ['stɑːtʃɪ] *bnw* ❶ zetmeelrijk ★ ~ *food* meelkost ❷ gesteven ❸ vormelijk
star-crossed *bnw* niet voor het geluk geboren, ongelukkig
stardom ['stɑːdəm] *zn* de status van ster
stardust ['stɑːdʌst] *zn* kosmisch stof, sterrenhoop ⟨bij elkaar horende sterren in het heelal⟩ ★ *have ~ in one's eyes* tot over zijn oren verliefd zijn
stare [steə] I *zn* (hol) starende blik, blik II *onov ww* (nieuwsgierig) kijken, grote ogen opzetten, staren ★ *that will make him ~* dat zal hem doen opkijken ★ *it ~s you in the face* het ligt vlak voor je neus, het is overduidelijk III *ov ww* ❶ aanstaren ★ ~ *a person out of countenance* iem. de ogen doen neerslaan ❷ ~ *at* aangapen
starfish ['stɑːfɪʃ] *zn* zeester
stargazer *zn* sterrenkijker, dromer
stargazing *zn* sterrenkijkerij
stark [stɑːk] I *bnw* ❶ absoluut, volkomen ★ ~ *nonsense* klinkklare onzin ★ ~ *contrast* scherp contrast ❷ spiernaakt ❸ star, stijf ★ ~ *lines* strakke lijnen ❹ grimmig ★ ~ *reality* grimmige werkelijkheid II *bijw* volkomen ★ ~ *blind* stekeblind ★ ~ *mad* stapelgek ★ ~ *naked* spiernaakt
starkers ['stɑːkəz] *bnw* spiernaakt
starlet ['stɑːlət] *zn* sterretje
starlight ['stɑːlaɪt] *zn* sterrenlicht

starling ['stɑːlɪŋ] *zn* spreeuw
starlit ['stɑːlɪt] *bnw* door sterren verlicht, met sterren
starry ['stɑːrɪ] *bnw* met sterren bezaaid, met schittering ★ ~ *sky* sterrenlucht
starry-eyed *bnw* in vervoering, euforisch
star-spangled ['stɑːspæŋgld] *bnw* met sterren bezaaid ★ ~ *banner* vlag v. VS, (woorden uit) volkslied v. VS
star-studded *bnw* ❶ bezaaid met sterren ❷ fig met een sterrenbezetting (toneel, film)
start [stɑːt] I *ov ww* ❶ beginnen ❷ veroorzaken ❸ aan de gang krijgen, op gang / weg helpen, aanzetten ❹ ~ **up** starten, aanzetten II *onov ww* ❶ beginnen, aan de gang gaan, ontstaan, aanslaan (van motor) ★ ~ *to* ~ met om te beginnen ★ ~ *into existence* plotseling ontstaan ★ ~*ing block* startblok ★ ~ *working* beginnen te werken ★ ~ *to work* beginnen te werken ❷ vertrekken ❸ (op)springen, (op)schrikken ❹ ~ *at* schrikken van ❺ ~ *for* vertrekken naar ❻ ~ *from/with* uitgaan van ❼ ~ **off/out** beginnen, aan het werk gaan, vertrekken ❽ ~ **up** opspringen, opschrikken, plotseling ontstaan, aanslaan, starten III *zn* ❶ vertrekpunt, beginpunt, start ★ *make an early ~* (te) vroeg beginnen, vroeg op pad gaan ★ *by fits and ~s* op ongeregelde tijden, onregelmatig ★ *from ~ to finish* van het begin tot het eind ★ *give a person a ~* iem. op weg helpen ❷ voorsprong ★ *get a ~ on a person* iem. vóór zijn ★ *get off to a flying ~* een geweldig goede start maken, vliegende start ❸ schrik ★ *it gave me a ~* het deed me schrikken ★ *wake up with a ~* wakker schrikken
START [stɑːt] *afk, Strategic Arms Reduction Talks* besprekingen tot vermindering van strategische wapens
starter ['stɑːtə] *zn* ❶ starter, beginner ★ *he is a slow ~* hij komt langzaam op gang ❷ deelnemer (aan wedstrijd), degene die startsein geeft (bij wedstrijd) ❸ begin ❹ voorgerecht ★ *for ~s* als voorgerecht, om mee te beginnen
starting ['stɑːtɪŋ] *bnw* ★ ~ *gate* starthek ★ ~ *point* uitgangspunt ★ ~ *post* startpaal
startle ['stɑːtl] *ov ww* ❶ opschrikken, doen schrikken ★ *be ~d* schrikken ❷ opjagen
startling ['stɑːtlɪŋ] *bnw* verrassend, ontstellend, alarmerend ★ *his poor results were* ~ zijn slechte resultaten waren alarmerend
starvation [stɑː'veɪʃən] I *zn* voedselgebrek II *bnw* honger-
starve [stɑːv] I *ov ww* uithongeren, honger laten lijden ★ ~ *a person into submission* iem. door uithongeren tot toegeven dwingen II *onov ww* ❶ honger lijden, honger / trek hebben, verhongeren ❷ niet eten, vasten ❸ ~ *for* hunkeren naar
stash [stæʃ] I *zn* geheime voorraad, voorraad drugs II *ov ww* verbergen, verborgen houden
state [steɪt] I *zn* ❶ staat, rijk ★ *United States (of America)* Verenigde Staten (v. Amerika) ★ *the ~ of the Netherlands* het rijk der Nederlanden ❷ staat, stand, toestand ★ ~ *of affairs* toestand, stand v. zaken ★ *be in a terrible ~* vreselijk opgewonden / overstuur zijn ❸ staatsie, praal

★ *in* ~ in pracht en praal ★ *lie in* ~ opgebaard liggen **II** *bnw* ❶ staats- ★ ~ *funeral* staatsbegrafenis ❷ staatsie- **III** *ov ww* ❶ opgeven, mededelen, melden ★ *as* ~*d above* zie boven ❷ uiteenzetten, formuleren, verklaren, beweren ★ ~ *the obvious* het voor de hand liggende beweren

State [steɪt] *zn* ★ **USA** ~ *attorney* officier van justitie in een staat ★ ~ *Department* ministerie v. buitenlandse zaken der VS ★ ~ *of the Union* jaarlijkse toespraak van president van de VS tot Congres ★ *the* ~*s* de VS ★ ~ *Registered nurse* gediplomeerd verpleegster

statecraft ['steɪtkrɑ:ft] *zn* staatkunde, staatkundig beleid

stated ['steɪtɪd] *bnw* gegeven, vastgesteld ★ *at* ~ *intervals* op gezette tijden

stateless ['steɪtləs] *bnw* staatloos

stately ['steɪtlɪ] *bnw* statig, imposant

statement ['steɪtmənt] *zn* verklaring ★ ~ *of affairs* boekhouding, balans

state of affairs *zn* stand van zaken

state of emergency *zn* noodtoestand

state of mind *zn* gemoedstoestand, mentaliteit

state-of-the-art *bnw* hypermodern, (technologisch) geavanceerd

state-owned *bnw* staats-, overheids-, genationaliseerd

stateroom ['steɪtru:m] *zn* ❶ staatsiezaal ❷ scheepv luxe hut

statesman ['steɪtsmən] *zn* staatsman, politicus

statesmanlike *bnw* als van een goed staatsman

statesmanship ['steɪtsmənʃɪp] *zn* (goed) staatsmanschap, staatkunde

static ['stætɪk] *bnw* ❶ statisch, in evenwicht, gelijkblijvend ★ ~ *caravan* stacaravan ❷ atmosferische storing ★ ~ *electricity* statische elektriciteit

statics ['stætɪks] *zn mv* ❶ statica ⟨leer van het evenwicht van lichamen en krachten⟩ ❷ luchtstoringen ⟨op radio⟩

station ['steɪʃən] **I** *zn* ❶ station ⟨spoorweg, radio, tv⟩ ★ *terminal* ~ eindstation ❷ (stand)plaats, post, politiebureau ★ *naval* ~ marinebasis ❸ positie, rang, stand ★ *above one's* ~ boven zijn stand ★ *of* ~ hooggeplaatst ❹ statie, statiekerk ★ ~*s of the Cross* kruiswegstaties ❺ Aus veeboerderij **II** *ov ww* stationeren, plaatsen ★ *the soldiers were* ~*ed abroad* de soldaten waren in het buitenland gestationeerd ★ *he* ~*ed his car behind mine* hij parkeerde zijn auto achter de mijne

stationary ['steɪʃənərɪ] *bnw* ❶ stationair ❷ stilstaand, vast, onveranderlijk

stationer ['steɪʃənə] *zn* kantoorboekhandelaar

stationery ['steɪʃənərɪ] *zn* kantoorbenodigdheden, postpapier ★ *Stationery Office* staatsdrukkerij / -uitgeverij

Stationery Office *zn* ≈ staatsdrukkerij en -uitgeverij

stationmaster ['steɪʃənmɑːstə] *zn* stationschef

station wagon ['steɪʃənwægən] *zn* USA stationwagon

statistical [stə'tɪstɪkl] *bnw* statistisch

statistician [stætɪ'stɪʃən] *zn* statisticus

statistics [stə'tɪstɪks] *zn mv* statistiek ⟨als kennisgebied⟩

statuary ['stætʃʊərɪ] **I** *zn* beeldhouwkunst, beeldhouwwerk(en), beeldhouwer **II** *bnw* beeldhouw-

statue ['stætʃuː] *zn* standbeeld

statuesque [stætʃʊ'esk] *bnw* statig

statuette [stætʃʊ'et] *zn* beeldje

stature ['stætʃə] *zn* gestalte, postuur ★ *man of* ~ man van formaat

status ['steɪtəs] *zn* status, positie, rechtspositie

status bar *zn* comp statusbalk, taakbalk

status symbol *zn* statussymbool

statute ['stætʃuːt] *zn* wet, statuut, verordening, reglement

statute book ['stætʃuːtbʊk] *zn* ≈ Staatsblad

statute law *zn* jur geschreven recht

statutory ['stætʃʊtərɪ] *bnw* statutair, volgens de wet

staunch [stɔːntʃ] **I** *bnw* ❶ sterk, hecht ❷ betrouwbaar, sterk, trouw **II** *ov ww* stelpen ★ ~ *blood from a wound* bloed uit een wond stelpen

stave [steɪv] **I** *zn* ❶ duig ⟨onderdeel van een ton⟩ ❷ sport ⟨van ladder⟩ ❸ couplet ❹ notenbalk **II** *ov ww* [regelmatig + onregelmatig] ❶ ★ ~ *a cask* een vat / ton maken ❷ ~ **in** in duigen slaan, lek stoten of slaan ❸ ~ **off** afwenden, opschorten

staves [steɪvz] *zn mv* notenbalken → **staff**

stay [steɪ] **I** *onov ww* ❶ blijven, wachten ★ *stay to / for dinner* blijven eten ★ *it's come to stay* het is van blijvende aard gebleken ❷ logeren ★ *come and stay* kom(en) logeren ❸ ~ **behind** achterblijven ⟨ook in ontwikkeling⟩, nablijven ⟨op school⟩ **II** *ov ww* ❶ tegenhouden, terughouden, uithouden, vertragen ★ *stay out the play* blijven tot het stuk uit is ★ *stay the course* uithouden, volhouden ★ *stay sb's hand* iem. nog weerhouden ❷ uitstellen ★ *the judge stayed the case* de rechter stelde de zaak tijdelijk uit ❸ stillen ★ *stay one's appetite* zijn eetlust / honger stillen ❹ ~ **for** wachten op **III** *kww* ❶ ★ *stay gone / away* wegblijven ★ *stay put* daar blijven ❷ ~ **in** binnenblijven **IV** *zn* ❶ verblijf, stilstand, oponthoud ★ *make a stay* blijven, zich ophouden ★ *put a stay on* een halt toeroepen aan, bedwingen ❷ uitstel ❸ stut, steun ❹ scheepv stag ★ *the ship is in stays* het schip gaat overstag

stay-at-home ['steɪəthəʊm] **I** *zn* huismus, iemand die het liefst thuis zit ★ ~ *mother* ≈ niet-werkende moeder **II** *bnw* honkvast

stayer ['steɪə] *zn* ❶ volhouder ❷ langeafstandsrenner, wielrenner achter motor

staying power ['steɪɪŋpaʊə] *zn* uithoudingsvermogen

stays [steɪz] *zn mv* korset

staysail ['steɪseɪl] *zn* scheepv stagzeil

STD *afk*, *Sexually Transmitted Disease* soa, seksueel overdraagbare aandoening ⟨geslachtsziekte⟩

stead [sted] *zn* plaats ★ *it stood me in good* ~ het is mij goed van pas gekomen

steadfast ['stedfɑːst] *bnw* ❶ standvastig, onwrikbaar ❷ strak ⟨van blik⟩

steady ['stedɪ] **I** *zn* straatt vaste vrijer **II** *bnw*

❶ stevig, vast, gestadig, trouw ★ *go ~* vaste verkering hebben ★ *~!* rustig (aan)!, maak je niet zo druk! ❷ bedaard, rustig, oppassend ★ *~ does the trick* kalmpjes aan, dan breekt het lijntje niet ★ <u>scheepv</u> *keep her ~* rechtzo die gaat ★ <u>scheepv</u> *~ as you go* rechtzo die gaat III *ov ww* vastheid geven aan, bestendig maken ★ <u>scheepv</u> *~ the helm* het roer in zelfde stand houden IV *onov ww* **~ down** rustig / kalm worden

steady-going *bnw* + *bijw* bedaard, bezadigd
steak [steɪk] *zn* runderlap, plat stuk vlees, filet, moot vis ★ *T-bone ~* biefstuk van de rib
steal [sti:l] I *ov ww* [onregelmatig] ❶ stelen ❷ stilletjes iets doen ★ *~ a glance* ❶ een steelse blik werpen op II *onov ww* [onregelmatig] ❶ sluipen, glijden, onmerkbaar gaan of komen ★ *he stole to the kitchen* hij liep stilletjes naar de keuken ❷ **~ away** ongemerkt weggaan ❸ **~ out** er stilletjes vandoor gaan ❹ het stelen ❺ <u>inform</u> koopje
stealth [stelθ] *zn* ★ *by ~* heimelijk, in stilte
stealthy ['stelθɪ] *bnw* heimelijk, steels
steam [sti:m] I *zn* stoom, damp, wasem ★ *on / under one's own ~* op eigen kracht, zonder hulp van anderen ★ *to get up ~* moed verzamelen, <u>fig</u> de mouwen opstropen II *ov ww* doen beslaan ★ *~ed (up)* nijdig, opgewonden III *onov ww* ❶ beslaan ❷ **~ up** beslaan
steamboat ['sti:mbəʊt] *zn* stoomboot
steamer ['sti:mə] *zn* ❶ stoomboot ❷ stoomkoker
steam gauge *zn* manometer
steam iron *zn* stoomstrijkijzer
steamship ['sti:mʃɪp] *zn* stoomschip
steamy ['sti:mɪ] *bnw* ❶ beslagen, nevelig ❷ <u>inform</u> hartstochtelijk
stearin ['stɪərɪn] *zn* stearine
steed [sti:d] *zn* paard, strijdros
steel [sti:l] I *zn* ❶ staal, wetstaal ★ *cold ~* stalen wapens (zoals sabel, bajonet) ★ *a foe worthy of his ~* een waardig tegenstander ❷ balein (in korset) II *bnw* stalen, staal- III *ov ww* stalen, harden
steel band *zn* <u>muz</u> steelband
steel-clad ['sti:lklæd] *bnw* geharnast, gepantserd
steel drum *zn* steeldrum
steel-plated [sti:l'pleɪtɪd] *bnw* gepantserd
steel wool *zn* staalwol
steelwork ['sti:lwɜ:k] *zn* staalwaren
steely ['sti:lɪ] *bnw* ❶ van staal ❷ staalachtig
steelyard ['sti:ljɑ:d] *zn* unster (soort weegschaal)
steep [sti:p] I *zn* steile helling II *bnw* ❶ steil ❷ abnormaal (hoog) ★ *the bill was ~* de rekening was erg hoog III *ov ww* ❶ indompelen, onderdompelen, weken, drenken ❷ <u>fig</u> onderdompelen, drenken ★ *to ~ o.s. in* zich verdiepen in ★ *~ed in debts* tot over de oren in de schulden ★ *~ed in history* doordrenkt van het verleden ★ *~ed in liquor* stomdronken
steepen ['sti:pən] I *onov ww* steil worden II *ov ww* steil maken
steeple ['sti:pl] *zn* spitse toren, torenspits
steeplechase ['sti:pltʃeɪs] *zn* atletiekwedstrijd met hindernissen
steeplejack ['sti:pldʒæk] *zn* hoogtewerker (man

die schoorstenen, torens e.d. repareert)
steer [stɪə] I *ov ww* stier, os II *ov ww* sturen, richten ★ *he ~ed her to the table* hij leidde haar naar de tafel ★ *the ship was ~ed to safety* het schip werd in veiligheid geloodst III *onov ww* ❶ sturen, koers zetten ★ *the ship ~ed between the rocks* het schip laveerde tussen de rotsen ❷ naar het roer luisteren, zich laten sturen ★ *the car ~ed well* de auto liet zich goed sturen
steerage ['stɪərɪdʒ] *zn* achtersteven, achterdek, tussendek
steering committee *zn* stuurgroep, beleidscommissie
steering gear *zn* stuurinrichting
steering wheel ['stɪərɪŋwi:l] *zn* stuur(wiel)
steersman ['stɪəzmən] *zn* stuurman
stein [staɪn] *zn* bierkan, bierkroes
stellar ['stelə] *bnw* sterren-
stem [stem] I *zn* ❶ stengel, stam (ook van woord), steel (ook van pijp) ❷ schacht, boeg, voorsteven ★ *from stem to stern* van voor tot achter II *ov ww* ❶ stelpen, dempen ❷ stremmen, stuiten, tegenhouden, ingaan tegen, het hoofd bieden aan ★ *stem the tide* het tij doodzeilen (tegen het getij in zeilen), (moedig) optornen tegen, <u>fig</u> de stroom indammen (van vluchtelingen, e.d.) III *onov ww* **~ from** afstammen, teruggaan op
stench [stentʃ] *zn* stank, (onaangename) lucht
stencil ['stensɪl] I *zn* stencil, sjabloon, mal II *ov ww* stencilen
stenographer [stə'nɒgrəfə] *zn* stenograaf
stenography [stə'nɒgrəfɪ] *zn* steno(grafie)
stentorian [sten'tɔ:rɪən] *bnw* ★ *~ voice* stentorstem
step [step] I *zn* ❶ (voet)stap, pas, tred ★ *step by step* stap voor stap ★ *make / take a step* een stap doen ★ *watch one's steps* behoedzaam / voorzichtig te werk gaan ★ <u>fig</u> *false step* verkeerde stap ★ *turn one's steps to* zijn schreden richten naar ★ *in step* in de pas ★ *keep step* in de pas blijven ★ *keep step to* lopen op (de maat v.) ★ *keep (in) step with* gelijke tred houden met ★ *fall into step* in de pas gaan lopen ★ *out of step* uit de pas ★ *break step* uit de pas gaan ❷ tree, sport (van ladder) ❸ maatregel, daad ★ *the step was not taken lightly* de maatregel werd weloverwogen genomen ❹ <u>muz</u> toon, interval ❺ <u>mil</u> promotie ★ *get one's step(s)* promotie maken II *ov ww* ❶ trapsgewijs plaatsen ❷ **~ on** <u>inform</u> sneller laten gaan ★ *step on the gas* accelereren ❸ **~ up** opvoeren, versnellen III *onov ww* ❶ stappen, treden, trappen, opstappen ★ *step this way* wilt u mij volgen ★ *step high* steppen (van paard) ★ *won't you step inside?* kom je er niet even in? ❷ **~ aside** opzij gaan staan, afdwalen, een misstap doen ❸ **~ aside/down** af- / terugtreden ❹ **~ back** teruggaan (figuurlijk), zich terugtrekken ❺ **~ between** tussenbeide komen ❻ **~ in** er in stappen, naar binnen gaan, er even tussen komen ❼ **~ off** uitstappen (van bus, trein) ❽ **~ out** uitrijden, <u>mil</u> de pas verlengen, uitstappen, naar buiten gaan ★ *step out briskly* flink / stevig doorstappen ❾ **~ outside** naar buiten stappen, eruit gaan ❿ **~ up** naar voren komen, promotie maken

st

stepbrother ['stepbrʌðə] *zn* stiefbroer
stepdaughter ['stepdɔːtə] *zn* stiefdochter
stepfather ['stepfɑːðə] *zn* stiefvader
stepladder ['steplædə] *zn* trapje
stepmother ['stepmʌðə] *zn* stiefmoeder
stepparent ['steppeərənt] *zn* stiefouder
steppe [step] *zn* steppe
stepped-up *bnw* opgevoerd ⟨van een motor⟩
stepping stone ['stepɪŋstəʊn] *zn* ❶ steen om op te stappen ⟨vnl. in beek⟩ ❷ eerste stap op de (maatschappelijke) ladder
steps *zn mv* stoep, trapje
stepsister ['stepsɪstə] *zn* stiefzuster
stepson ['stepsʌn] *zn* stiefzoon
stereo ['sterɪəʊ] I *zn* ❶ stereotype ❷ foto, driedimensionale foto / film ❸ stereo II *bnw* ❶ stereo(fonisch) ★ ~ *recording* geluidsopname in stereo ❷ driedimensionaal
stereophonic [sterɪəˈfɒnɪk] *bnw* stereofonisch
stereoscope ['sterɪəskəʊp] *zn* stereoscoop
stereoscopic [sterɪəˈskɒpɪk] *bnw* stereoscopisch
stereotype ['sterɪəʊtaɪp] I *zn* stereotype II *ov ww* stereotype maken van
stereotyped ['sterɪətaɪpt] *bnw* stereotiep
sterile ['steraɪl] *bnw* onvruchtbaar, onproductief, steriel
sterility [stəˈrɪlətɪ] *zn* steriliteit, (het) steriel zijn
sterilization, sterilisation [steralaɪˈzeɪʃən] *zn* sterilisatie
sterilize, sterilise ['sterɪlaɪz] *ov ww* ❶ onvruchtbaar maken ❷ steriliseren, kiemvrij (en houdbaar) maken ⟨van melk e.d.⟩
sterling ['stɜːlɪŋ] I *bnw* ❶ van standaardgehalte ❷ onvervalst, echt ❸ degelijk II *zn* (pond) sterling ★ *pound* ~ pond sterling ★ ~ *area* sterlinggebied, gebied waar de sterling geldt, de Gemenebest
stern [stɜːn] I *zn* ❶ achtersteven ❷ achterste ⟨van dier⟩ II *bnw* streng, hard
sternmost ['stɜːnməʊst] *bnw* scheepv achterst
sternum ['stɜːnəm] *zn* anat borstbeen
steroids ['stɪərɔɪdz, ˈsterɔɪdz] *zn mv* steroïden
stethoscope ['steθəskəʊp] *zn* stethoscoop
stevedore ['stiːvədɔː] *zn* stuwadoor, iem. die schepen laadt
stew [stjuː] I *zn* stamppot, stoofschotel ★ *Irish stew* Ierse stoofpot ⟨met aardappels, vlees en uien⟩ ★ *be in a (regular) stew* (behoorlijk) in de rats zitten II *ov ww* stoven, smoren III *onov ww* bakken, smoren, inform 't benauwd hebben ★ *the tea is stewed* de thee heeft gekookt ★ *let him stew in his own juice / grease* laat hem maar in zijn eigen sop gaar koken
steward ['stjuːəd] I *zn* ❶ scheepv luchtv steward ❷ beheerder ⟨van landgoed⟩ II *ov ww* beheren
stewardess [stjuːəˈdes] *zn* stewardess
stewardship ['stjuːədʃɪp] *zn* beheer
stick [stɪk] I *zn* ❶ stok, staf ★ *give the* ~ met de stok geven ★ *a* ~ *to beat sb with* een stok om de hond mee te slaan ★ fig *get hold of the wrong end of the* ~ het bij het verkeerde eind hebben ❷ staaf, steel, tak ❸ dirigeerstok ❹ inform stickie, joint ❺ inform onvriendelijke kritiek ❻ bonenstaak, mager persoon ▾ *not a* ~ *was left standing* er werd geen steen op de andere gelaten ▾ *cut one's* ~ (gaan) vertrekken ▾ *be in a*

cleft ~ in een moeilijk parket zitten ▾ *go to* ~s naar de knoppen gaan ▾ *a few* ~s *of furniture* een paar meubeltjes II *ov ww* [onregelmatig] ❶ steken, doorsteken ❷ vastplakken, inform vastzetten ★ ~ *down an envelope* een envelop dichtplakken ★ ~ *bills* affiches aanplakken ❸ zetten, stoppen, plaatsen ❹ uithouden, uitstaan, inform slikken, accepteren ★ *I can't* ~ *him* ik kan hem niet zetten ★ *I won't* ~ *that* dat neem ik niet ❺ ~ *at* blijven bij, doorgaan met, volhouden ★ *I* ~ *at my resolution* ik houd me aan mijn besluit ❻ ~ *in* inplakken, inlassen ❼ ~ *on* plakken op, opplakken ★ ~ *it on* een overdreven prijs vragen, overdrijven ❽ ~ *out* naar buiten / voren steken ★ ~ *it out* het uitzingen, het uithouden ❾ ~ *up* overeind zetten ★ ~ *'em up!* handen omhoog! ★ fig ~ *up for* opkomen voor, in de bres springen voor ❿ ~ *up* bedreigen, in de war brengen, in verlegenheid brengen ★ *that will* ~ *him up* daar zal hij geen raad mee weten III *onov ww* [onregelmatig] ❶ blijven hangen / steken / zitten, vast blijven zitten ★ ~ *where you are* blijf waar je bent ★ ~ *at home* thuis blijven ★ *the nickname stuck* de bijnaam bleef hangen ★ ~ *in the mud* treuzelen, niet met z'n tijd meegaan ❷ klitten, kleven, plakken ★ *it won't* ~ het blijft niet plakken ❸ ~ *around* in de buurt blijven ❹ ~ *by* trouw blijven, zich houden aan ❺ ~ *in* blijven steken in, binnen blijven ★ inform *they stuck in all day* ze bleven de hele dag binnen ❻ ~ *out* naar buiten / voren steken ★ *it* ~s *out a mile* dat ligt er dik bovenop ★ ~ *out for better terms / a higher price* het been strak houden, niet toegeven ❼ ~ *to* trouw blijven aan, blijven bij, volhouden, blijven hangen aan ★ *he stuck to his word* hij bleef trouw aan zijn woord ❽ ~ *up* overeind staan, aanhouden ★ *his hair stuck up* zijn haar stond recht overeind ★ ~ *up out of the water* boven het water uitsteken
sticker ['stɪkə] *zn* ❶ plakkertje, sticker, etiket ❷ fig volhouder, bijter(tje), doorzetter
stick figure *zn* getekend poppetje (eenvoudige lijnen), stereotiep figuur
sticking plaster *zn* hechtpleister
sticking point *zn* geschilpunt ★ *disarmament is the* ~ *in the negotiations* ontwapening is het geschilpunt bij de besprekingen
stick insect *zn* wandelende tak
stick-in-the-mud ['stɪkɪnðəmʌd] *zn* inform ≈ conservatieveling
stickleback ['stɪklbæk] *zn* stekelbaarsje
stickler ['stɪklə] *zn* ★ *be a* ~ *for* erg staan op, een voorstander zijn van
stick-on *bnw* zelfklevend
sticks inform *zn mv* platteland
stick shift *zn* versnellingspook
stick-up ['stɪkʌp] *zn* USA (gewapende) overval
sticky ['stɪkɪ] I *zn* geeltje ⟨zelfklevend memoblaadje⟩ II *bnw* ❶ kleverig, klitterig, taai, lastig, penibel ★ *he'll come to a* ~ *end* het zal slecht met hem aflopen ❷ aarzelend ★ *be very* ~ *about sth* veel bezwaren maken tegen iets
stiff [stɪf] I *zn* inform lijk II *bnw* ❶ stijf, onbuigzaam, stram, stroef, stevig ★ ~ *demand* forse eis ★ ~ *price* gepeperde prijs ★ *keep a* ~

expression ernstig blijven, zich goed houden ★ keep a ~ upper lip zich flink houden ★ ~ denial hardnekkige ontkenning ★ ~ market vaste markt ❷ vormelijk ❸ moeilijk ★ ~ exams moeilijke examens ★ ~ subject (onderwerp / vak waar men) een hele kluif (aan heeft) ★ ~ climb hele klim ❹ inform onredelijk, kras ★ isn't that a bit ~? is dat niet een beetje overdreven? ▼ he bores me ~ hij verveelt me gruwelijk ▼ it scared me ~ het joeg me de doodsschrik op het lijf

stiffen ['stɪfən] **I** ov ww ❶ stijf maken ❷ fig meer ruggengraat geven **II** onov ww verstijven

stiffener ['stɪfənə] zn hartversterkertje, borreltje

stiff-necked [stɪf'nekt] bnw koppig, halsstarrig, hardnekkig

stiff upper lip zn stoïcisme, het zich flink houden

stifle ['staɪfəl] **I** ov ww doen stikken, de kop indrukken, onderdrukken, inhouden ★ she ~d a scream ze onderdrukte een schreeuw **II** onov ww (ver)stikken

stifling ['staɪflɪŋ] bnw verstikkend, zwoel, benauwd

stigma ['stɪgmə] zn ❶ rel stigma, wondteken van Christus ❷ fig stigma, brandmerk, schandvlek

stigmatic [stɪg'mætɪk] bnw gestigmatiseerd

stigmatize, stigmatise ['stɪgmətaɪz] ov ww brandmerken, stigmatiseren

stile [staɪl] zn ❶ verhoging onder een hek ★ help a lame dog over a ~ een arme tobber een handje helpen ❷ tournuiquet

stiletto [stɪ'letəʊ] zn ❶ stiletto, korte dolk ❷ schoen met naaldhak ★ ~ heel stilettohak, naaldhak

still [stɪl] **I** zn ❶ stilte ❷ distilleerketel ❸ filmfoto **II** bnw ❶ stil, rustig ★ ~ waters run deep stille wateren hebben diepe gronden ★ ~ life stilleven ❷ niet mousserend ⟨van wijn⟩ **III** ov ww ❶ distilleren ❷ stillen ❸ kalmeren **IV** bijw ❶ nog, nog altijd ★ she's ~ living at home ze woont nog altijd thuis ❷ toch, toch nog ★ ~, we weren't very happy toch waren we niet erg blij

stillbirth ['stɪlbɜːθ] zn geboorte van dood kind

stillborn ['stɪlbɔːn] bnw doodgeboren

stilt [stɪlt] zn stelt ★ on ~s hoogdravend, bombastisch

stilted ['stɪltɪd] bnw ❶ op stelten ❷ hoogdravend

stimulant ['stɪmjʊlənt] **I** zn prikkel, opwekkend middel **II** bnw prikkelend

stimulate ['stɪmjʊleɪt] ov ww prikkelen, (op)wekken, stimuleren, aansporen

stimulation [stɪmjʊ'leɪʃən] zn stimulatie, prikkeling

stimulative ['stɪmjʊlətɪv] bnw stimulerend, prikkelend

stimulus ['stɪmjʊləs] zn stimulans

sting [stɪŋ] **I** zn ❶ steek, wroeging ❷ angel ❸ plantk brandhaar ▼ the breeze has a ~ in it de wind is verkwikkend ★ ~ ov ww [onregelmatig] inform afzetten, het vel over de neus halen **III** onov ww [onregelmatig] pijn doen, branden ⟨ogen⟩

stinger ['stɪŋə] zn ❶ klap die aankomt of pijn doet ❷ vinnig antwoord

stinging ['stɪŋɪŋ] bnw stekend, grievend ★ ~ blow gevoelige slag

stingy ['stɪndʒɪ] bnw gierig, vrekkig

stink [stɪŋk] **I** ov ww [onregelmatig] ruiken ★ you can ~ it a mile off het stinkt een uur in de wind **II** onov ww [onregelmatig] ❶ stinken ★ ~ of stinken naar ★ fig it ~s of money het stinkt naar geld ❷ waardeloos zijn, niet deugen **III** zn stank ★ ~ trap stankafsluiter

stinker ['stɪŋkə] zn ❶ rotvent, mispunt ❷ moeilijke opgave ⟨probleem⟩

stinking ['stɪŋkɪŋ] bnw ❶ rot, gemeen ❷ ontzettend ★ ~ drunk stomdronken

stint [stɪnt] **I** zn ❶ taak, opgelegde portie werk ★ he worked a ~ as reporter hij heeft een tijdje als verslaggever gewerkt ❷ strandloper ⟨vogel⟩ **II** ov ww karig zijn met, karig toebedelen ★ don't ~ money spaar geen kosten ★ ~ a person for money iem. kort houden

stipend ['staɪpend] zn salaris, bezoldiging

stipendiary [staɪ'pendjərɪ] **I** zn bezoldigd politierechter **II** bnw bezoldigd ★ ~ magistrate bezoldigd politierechter

stipple ['stɪpl] **I** zn punteerets, punteeretswerk **II** ov ww punteren, stippelen

stipulate ['stɪpjʊleɪt] **I** ov ww bepalen, bedingen, erop staan ★ she ~d the time zij bepaalde de tijd **II** onov ww ~ for bedingen

stipulation [stɪpjʊ'leɪʃən] zn stipulatie, bepaling, beding

stir [stɜː] **I** ov ww ❶ roeren, verroeren, bewegen ❷ oppoken ⟨van vuur⟩ ❸ in beweging brengen, (op)wekken ★ stir a person's blood iemands bloed sneller doen stromen, iem. aansporen ★ stir your stumps! opschieten!, doorlopen! ❹ werken op ⟨de verbeelding⟩ ❺ ~ up door elkaar roeren, omhoog doen komen, opwekken, opruien (tot), doen oplaaien **II** onov ww ❶ zich verroeren, zich bewegen ★ be deeply stirred diep getroffen zijn, diep onder de indruk zijn ★ nobody stirring yet? is er nog niemand op?, is er nog niemand bij de hand? ★ no news stirring er is geen nieuws ★ stir out (of the house) buiten komen, het huis uit komen ❷ wakker worden **III** zn ❶ beweging, beroering ★ give it a stir er in roeren, er in poken ★ not a stir of air bladstil ❷ sensatie, herrie ★ make a great stir grote sensatie verwekken

stirrer ['stɜːrə] zn roerapparaat ★ an early ~ iem. die altijd vroeg op is

stirring ['stɜːrɪŋ] bnw emotioneel, sensationeel, (veel)bewogen ★ ~ times veelbewogen tijden

stirrup ['stɪrəp] zn stijgbeugel

stitch [stɪtʃ] **I** zn ❶ steek ★ drop a ~ een steek laten vallen ★ without a ~ of clothing zonder een draad aan het lijf ★ not a ~ on zonder een draad aan het lijf ❷ hechting ★ put a ~ in (een wond) hechten ★ a ~ in time saves nine voorkomen is beter dan genezen ❸ steek in de zij **II** ov ww ❶ (vast)naaien, stikken ❷ hechten ❸ borduren, bestikken ❹ ~ up dichtnaaien, vastnaaien ★ ~ sb up iem. er in luizen

stitching ['stɪtʃɪŋ] zn borduursel, naaisel

stoat [stəʊt] zn hermelijn, wezel

stock [stɒk] **I** zn ❶ voorraad ★ in ~ in voorraad ★ lay / take in ~ voorraad inslaan ★ take ~ inventaris opmaken, de stand van zaken opnemen ★ take ~ of sth de ontwikkelingen

st

overdenken ★ *subject to ~ being unsold* zolang de voorraad strekt ★ *out of ~* niet meer voorhanden, uitverkocht ❷ agrar veestapel ❸ econ [vaak als mv] aandeel, aandelenkapitaal ★ *have money in the ~s* staatsobligaties hebben ❹ afkomst ❺ cul bouillon ❻ schouderstuk (van vuurwapen) ▼ *be on the ~s* op stapel staan ▼ *be the laughing ~ of everyone* door iedereen uitgelachen worden II *bnw* ❶ voorhanden, voorraad- ❷ gewoon, vast, stereotiep, afgezaagd ★ *phrase* vaste uitdrukking III *ov ww* ❶ inslaan (van voorraad), in voorraad nemen ❷ bevoorraden, voorzien van, uitrusten (met) ❸ in voorraad hebben

stockade [stɒˈkeɪd] I *zn* palissade II *ov ww* palissaderen

stockbreeder [ˈstɒkbriːdə] *zn* veefokker

stockbroker [ˈstɒkbrəʊkə] *zn* effectenmakelaar

stockbroking [ˈstɒkbrəʊkɪŋ] *zn* effectenhandel

stock car [ˈstɒkkɑː] *zn* ❶ veewagen (aan trein) ❷ seriemodel auto met speciale voorzieningen voor races

stock company *zn* ❶ ton repertoiregezelschap ❷ econ maatschappij op aandelen

stock cube *zn* bouillonblokje

stock exchange *zn* ❶ econ effectenbeurs ❷ econ beursnoteringen

stock-farmer *zn* veefokker

stockfish [ˈstɒkfɪʃ] *zn* stokvis

stockholder [ˈstɒkhəʊldə] *zn* USA houder v. aandelen / effecten

stocking [ˈstɒkɪŋ] *zn* ❶ kous ❷ sok (van paard)

stockinged [ˈstɒkɪŋd] *bnw* ★ *~ feet* kousenvoeten

stock-in-trade [stɒkɪnˈtreɪd] *zn* ❶ bedrijfsinventaris ❷ goederenvoorraad ❸ gereedschappen ★ *that's his ~* daar weet hij wel weg mee

stockist [ˈstɒkɪst] *zn* leverancier

stockjobber [ˈstɒkdʒɒbə] *zn* hoekman, beursspeculant

stockjobbing [ˈstɒkdʒɒbɪŋ] *zn* effectenhandel, speculatie

stock market *zn* econ effectenbeurs

stockpile [ˈstɒkpaɪl] I *zn* (hamster)voorraad II *ov+onov ww* hamsteren

stockpiling [ˈstɒkpaɪlɪŋ] *zn* voorraadvorming

stockrider [ˈstɒkraɪdə] *zn* Australische veehouder te paard, Australische cowboy

stockroom [ˈstɒkruːm] *zn* magazijn

stock-still [stɒkˈstɪl] *bnw* doodstil

stocktaking [ˈstɒkteɪkɪŋ] *zn* inventarisatie, opmaken van tussentijdse balans

stocky [ˈstɒki] *bnw* stevig, gezet, kort en dik

stockyard [ˈstɒkjɑːd] *zn* omsloten ruimte voor vee op veemarkt

stodge [stɒdʒ] *zn* zware maaltijd, (onverteerbare) kost

stodgy [ˈstɒdʒi] *bnw* zwaar, moeilijk verteerbaar

stoic [ˈstəʊɪk] I *zn* stoïcijn II *bnw* stoïcijns

stoical [ˈstəʊɪkl] *bnw* stoïcijns

stoicism [ˈstəʊɪsɪzəm] *zn* stoïcisme

stoke [stəʊk] I *ov ww* stoken, brandstof / kolen bijgooien II *onov ww* ★ *~ (up)* schransen

stoker [ˈstəʊkə] *zn* stoker

stole [stəʊl] I *zn* stola II *ww* [verleden tijd] → steal

stolen [ˈstəʊlən] *ww* [volt. deelw.] → steal

stolid [ˈstɒlɪd] *bnw* bot, flegmatisch, onaandoenlijk

stolidity [stəˈlɪdəti] *zn* flegmatisme, onaandoenlijkheid

stomach [ˈstʌmək] I *zn* maag, buik ★ *it turns my ~* ik word er misselijk van ▼ *have the ~ to* de moed hebben om (te) ▼ GB *feel sick* / USA *feel sick to your ~* misselijk zijn II *ov ww* verteren, verdragen, (voor lief) nemen

stomach ache *zn* maagpijn, buikpijn

stomp [stɒmp] *zn* ❶ USA hospartij, gehos ❷ stomp (soort jazzdans)

stone [stəʊn] I *zn* ❶ GB steen, kei ★ *leave no ~ unturned* geen middel onbeproefd laten, overal zoeken ★ *mark with a white ~* met een krijtje aan de balk schrijven ★ *operation for ~* operatie voor gal-, nier- en andere stenen ★ *throw ~s at* met stenen gooien, bekladden ★ *~'s throw* steenworp ❷ pit ❸ Eng. gewichtseenheid (6,35 kg) II *bnw* ❶ steen-, van steen ★ *Stone Age* stenen tijdperk ❷ volkomen ★ *~ cold* steenkoud ★ *~ deaf* stokdoof ★ *~ dead* morsdood III *ov ww* ❶ stenigen, met stenen gooien naar ❷ ontpitten

stone-blind [stəʊnˈblaɪnd] *bnw* stekeblind

stone-cold *bnw* volkomen ★ *~ sober* broodnuchter

stoned [stəʊnd] *bnw* ❶ ontpit, zonder pit ❷ stomdronken, onder de (invloed van) drugs

stoneless [ˈstəʊnləs] *bnw* zonder pit

stonemason [ˈstəʊnmeɪsən] *zn* steenhouwer

stoneware [ˈstəʊnweə] *zn* (extra hard) aardewerk

stonework [ˈstəʊnwɜːk] *zn* metselwerk, steenwerk

stony [ˈstəʊni] *bnw* (steen)hard, hardvochtig ★ *~ broke* op zwart zaad, blut

stony-faced *bnw* uiterlijk onbewogen, zonder een spier te vertrekken

stood [stʊd] *ww* [verleden tijd + volt. deelw.] → stand

stooge [stuːdʒ] *zn* ❶ zondebok ❷ USA mikpunt, aangever (van conferencier)

stool [stuːl] I *zn* ❶ kruk, knielbankje, voetbankje ★ *he fell between two ~s* hij miste zijn kans door te lang aarzelen ★ *~ of repentance* zondaarsbankje ❷ stoelgang, ontlasting ❸ jacht lokvogel II *ov ww* USA lokken (met lokvogel)

stool pigeon [ˈstuːlpɪdʒən] *zn,* USA straatt lokvogel

stoop [stuːp] I *ov ww* ★ *~ one's head* het hoofd buigen II *onov ww* ❶ (zich) bukken, voorover houden, voorover lopen / staan / zitten ❷ zich vernederen / verwaardigen ★ *he would not ~ to stealing* stelen was beneden zijn waardigheid III *zn* ❶ kromme rug, gebukte houding ★ *he has a shocking ~* hij loopt vreselijk voorover ❷ neerbuigendheid, vernedering ❸ USA stoep

stop [stɒp] I *ov ww* ❶ stoppen, ophouden met, doen ophouden, afzetten, neerleggen (werk) ★ *stop a gap* als noodhulp / stoplap dienen ★ *stop it!* hou op! ★ *stop sb's mouth* iem. de mond snoeren ★ *stop the way* de weg versperren ★ *stop sb from* iem. beletten te ❷ tegenhouden, stilleggen, weerhouden, stil doen staan ★ *stop a cheque* een cheque blokkeren ★ *stop payment* ophouden te betalen, (uit)betaling staken ★ *stop sb's salary* iemands salaris inhouden ★ *stop sb's salary* iemands salaris inhouden ★ *stop sb's salary* afsluiten, verstoppen, dichtstoppen ★ *stop the leaking hole* stop het lekkend gat dicht ★ *stop a tooth* een kies / tand vullen ★ *stop one's ears* zijn oren dichtstoppen, niet willen luisteren ★ *stopped trumpet* gedempte trompet ❹ versperren, stelpen, tegenhouden, muz dempen ❺ ~ **up** doen verstoppen, dichtstoppen ★ *be stopped up* verstopt raken **II** *onov ww* ❶ stoppen, ophouden, niet meer werken / gaan, stil (blijven) staan ★ *the rain stopped* de regen hield op ★ *stop dead* plotseling stilstaan ★ *stop short* ineens stilstaan, plotseling ophouden ❷ logeren, blijven ★ *let's stop for a while* laten we even blijven ❺ ~ **at** logeren bij / te ❹ ~ **in** binnenblijven ❺ ~ **out** uitblijven ❻ ~ **up** opblijven **III** *zn* ❶ (het) (doen) stoppen, stopplaats, halte, stilstand ★ *put a stop to* blokkeren, vasthouden, een eind maken aan ★ *without a stop* zonder ophouden, zonder tussenstop ★ *come to a (full) stop* (helemaal) vast komen te zitten, (volkomen) tot stilstand komen ★ *make a stop* stilstaan, halt houden, pauzeren ❷ pin, pal ❸ register ⟨v. orgel⟩, klep, demper ❹ punt ⟨leesteken⟩ ★ *GB full stop* punt ▼ *pull out another stop* uit een ander vaatje (beginnen te) tappen ▼ *pull out the sympathetic stop* sympathiek worden, op het gevoel werken

stopcock ['stɒpkɒk] *zn* afsluitkraan

stopgap ['stɒpgæp] *zn* stoplap, noodhulp, noodmaatregel, bladvulling, stopwoord

stop-go *zn*, GB econ hollen-of-stilstaanbeleid

stop light *zn* (rood) stoplicht

stopover ['stɒpəʊvə] *zn* USA reisonderbreking

stoppage ['stɒpɪdʒ] *zn* inhouding, blokkering ★ *there is a ~ somewhere* de zaak stokt ergens ★ *sport ~ time* blessuretijd

stopper ['stɒpə] **I** *zn* stop, stopper ⟨om tabak in pijp te stoppen⟩ ★ *put a ~ on* een eind maken aan **II** *ov ww* stop op een fles doen

stop press [stɒp'pres] *zn* laatste nieuws, nagekomen berichten

storage ['stɔːrɪdʒ] *zn* opslag, (het) opslaan, opslagruimte, pakhuis, opslagkosten ★ *in cold ~* in koelhuis / -cel opgeslagen ★ fig *put your plan into cold ~* je plan in de ijskast zetten

storage battery, storage cell *zn* accu(mulator)

store [stɔː] **I** *zn* ❶ voorraad, hoeveelheid ★ *have / hold in ~* in petto hebben ★ *lay in ~s* voorraden vormen, reserves kweken ★ *~ of information* vraagbaak ★ *~ of knowledge* schat(kamer) v. kennis / wetenschap ★ *what the future may have in ~ for us* wat de toekomst voor ons in petto heeft ❷ goederen ❸ opslagplaats, magazijn, depot ❹ USA winkel ★ *~s* [mv] ★ USA *consignment ~* tweedehandskledingzaak ★ *cooperative ~* coöperatiewinkel ★ *general ~* warenhuis, bazaar ★ *multiple ~* grootwinkelbedrijf, warenhuis ★ USA *mind the ~* op de winkel passen, (de zaak) waarnemen ★ *set great ~ by* veel waarde hechten aan **II** *ov ww* ❶ bevoorraden, voorzien van het nodige ❷ opdoen, opslaan ★ *~ the mind with knowledge* de nodige kennis opdoen ❸ kunnen bergen ★ *~*

cattle mestvee ❹ ~ **up** opslaan, bewaren ❺ ~ **with** voorzien van

storehouse ['stɔːhaʊs] *zn* ❶ pakhuis, voorraadschuur ❷ schatkamer

storekeeper ['stɔːkiːpə] *zn* ❶ mil magazijnmeester ❷ USA winkelier

storeroom ['stɔːruːm] *zn* provisiekamer

storey ['stɔːrɪ] *zn* verdieping, etage ★ *first ~* begane grond ★ *second ~* eerste etage ★ fig *the upper ~* bovenverdieping ⟨hersenen⟩

storeyed ['stɔːrɪd] *bnw* met verdiepingen

storied ['stɔːrɪd] *bnw* met historische taferelen of opschriften versierd, historisch vermaard

stork [stɔːk] *zn* ooievaar

storm [stɔːm] **I** *zn* storm, (hevige) bui / regen, noodweer ★ *take by ~* stormenderhand veroveren ★ *~ of applause* stormachtig applaus ★ *~ in a teacup* storm in een glas water **II** *ov ww* ❶ bestormen ★ *~ing party* stormtroep ❷ ~ **at** tekeergaan tegen **III** *onov ww* ❶ woeden, razen ❷ USA stormen ❸ ~ **out** boos weglopen

stormbound ['stɔːmbaʊnd] *zn* door storm / noodweer opgehouden

storm cloud *zn* donkere wolk, naderend onheil

storm cone *zn* stormkegel ⟨aan seinmast⟩

storm-tossed ['stɔːmtɒst] *bnw* ook fig door de storm(en) geslingerd

storm troops *zn* *mv* stormtroepen

stormy ['stɔːmɪ] *bnw* stormachtig, storm-

story ['stɔːrɪ] *zn* ❶ verhaal, geschiedenis, legende, gerucht, leugentje, mop ★ *the ~ goes* het gerucht gaat / het verhaal wil ★ *that's quite another / a different ~ now* nu liggen de zaken heel anders ★ *but that's another ~* maar dat is weer een ander verhaal, maar dat staat er buiten ★ *to cut / make a long ~ short* om een lang verhaal kort te maken ★ *short ~* novelle ❷ USA verdieping, etage

storybook ['stɔːrɪbʊk] *zn* verhalenboek

story line *zn* plot, intrige (van film, boek)

storyteller ['stɔːrɪtelə] *zn* ❶ verteller ❷ fantast, jokker

stoup [stuːp] *zn* wijwaterbak(je)

stout [staʊt] **I** *zn* donker bier **II** *bnw* ❶ dik, gezet ❷ dapper, krachtig, stoer, stevig

stout-hearted [staʊt'hɑːtɪd] *bnw* dapper, resoluut

stove [stəʊv] **I** *zn* kachel (toe)stel om op te koken **II** *ww* [verleden tijd] → **stave**

stow [stəʊ] *ov ww* ❶ pakken, inpakken, (vakkundig) laden, opbergen, wegbergen ❷ ~ **away** opbergen, wegstoppen, als verstekeling meereizen

stowage ['stəʊɪdʒ] *zn* ❶ → **stow** ❷ stuwage(geld) ★ *in safe ~* veilig opgeborgen

stowaway ['stəʊəweɪ] *zn* verstekeling

str. afk, strait (zee)straat

straddle ['strædl] **I** *ov ww* schrijlings zitten op, wijdbeens staan boven, aan weerskanten liggen van ★ *a horse* schrijlings te paard zitten ★ *he stood straddling the ditch* hij stond schrijlings over de sloot ★ *the white line* midden op de weg rijden **II** *zn* ❶ spreidstand, spreidsprong ❷ econ stellage ⟨dubbele optie⟩

strafe [strɑːf] *ov ww* zwaar bombarderen, beschieten

straggle ['strægl] *onov ww* ❶ slenteren, achterblijven, langzaam trekken of gaan, treuzelen, sjokken ❷ verspreid of verward groeien / hangen / liggen ★ *the town ~s out into the country* de stad breidt zich uit ❸ ~ **behind** achterblijven, niet meekomen ❹ ~ **in/out** in groepjes naar binnen / buiten komen

straggler ['stræglə] *zn* achterblijver

straggling ['stræglɪŋ], **straggly** ['stræglɪ] *bnw* (in groepjes) verspreid, onsamenhangend, loshangend, onregelmatig (gegroeid)

straight [streɪt] **I** *zn* recht stuk of traject **II** *bnw* ❶ recht, rechtstreeks, recht op de man af ★ ~ *hair* sluik haar ★ ~ *thinking* logisch denken ★ *keep one's face* ~ geen spier vertrekken ❷ eerlijk, oprecht, betrouwbaar ★ *get a thing* ~ iets recht zetten, iets goed begrijpen ❸ in orde, op orde ★ *put* ~ in orde brengen ★ *put o.s.* ~ *with the world* zich rehabiliteren ❹ puur, onvermengd ★ *whisky* ~ whisky puur ❺ inform hetero ★ USA *vote the* ~ *ticket* voor het partijprogram stemmen **III** *bijw* recht(streeks), rechtop, direct, zonder omhaal / omwegen, ronduit ★ *I'd better come* ~ *to the point* ik val maar meteen met de deur in huis ★ ~ *off* rechtstreeks, direct ★ ~ *on* rechtdoor, rechttoe, rechtaan ★ ~ *out* ronduit ★ *go* ~ goed / netjes oppassen ★ *hit* ~ *from the shoulder* met een rechte treffen (bij boksen) ★ *ride* ~ dwars door het terrein rijden ★ *shoot* ~ gericht schieten **IV** *zn* recht stuk of traject

straightaway ['streɪtəweɪ] *bijw* meteen, zonder omhaal

straighten ['streɪtn] **I** *ov ww* ❶ rechtmaken / -zetten / -leggen, strekken, in orde brengen ★ ~ *(out)* ontwarren ★ *she* ~*ed her hair* ze ontkroesde haar haar ❷ ~ **up** in orde brengen **II** *onov ww* ❶ recht worden, rechttrekken ❷ ~ **up** rechtop gaan staan

straightforward [streɪt'fɔːwəd] *bnw* ❶ oprecht, ronduit ★ *be* ~ *and tell me* zeg het me ronduit ❷ ongekunsteld, eenvoudig ★ *the job is* ~ het werk is eenvoudig

strain [streɪn] **I** *zn* ❶ (over)belasting, ook fig druk ★ *is a* ~ *on* vergt heel wat van ★ *put a* ~ *on o.s.* zich geweld aandoen ❷ verrekking (van spier), verdraaiing (van de waarheid) ❸ (in)spanning, streven ❹ afkomst, geslacht ★ *of good* ~ van goede afkomst ❺ aard, karakter(trek) ★ *a* ~ *of melancholy* iets droevigs ❻ toon, melodie, stijl, trant ★ *in the same* ~ op dezelfde toon, in dezelfde trant **II** *ov ww* ❶ spannen, (op)rekken ❷ inspannen, zwoegen, overspannen, (te) veel vergen van, verrekken, forceren ★ ~ *one's ears* de oren spitsen ★ ~ *every nerve* alle krachten inspannen, alle middelen te baat nemen ★ ~ *the law* de wet verkrachten ❸ verdraaien (van feiten) **III** *onov ww* ❶ zich inspannen ★ *she had to* ~ *to hear him* ze moest zich inspannen om hem te horen ❷ ~ **at** rukken aan, trekken aan, moeite hebben met ★ *the dog* ~*ed at the lead* de hond trok aan de riem ❸ ~ **through** doorsijpelen ★ *the juice* ~*ed through* het sap sijpelde eroor **IV** *ov ww* ❶ zeven, filteren ❷ ~ **off/out** uitzeven, filtreren ★ *she* ~*ed off the water* ze liet het water uitlekken

strained [streɪnd] *bnw* gespannen (van verhoudingen), gewrongen, geforceerd, gedwongen, onnatuurlijk

strainer ['streɪnə] *zn* zeef, vergiet

strait [streɪt] *zn* ★ *the Straits* Straat v. Malakka ★ *Straits of Dover* Nauw v. Calais ★ *be in dire / desperate* ~*s* ernstig in (de) moeilijkheden zitten ★ ~*(s)* zeestraat

straitened ['streɪtnd] *bnw* ★ *be in* ~ *circumstances* het niet breed hebben, er moeilijk voorzitten ★ *be* ~ *for* gebrek hebben aan

straitjacket ['streɪtdʒækt] *zn* dwangbuis

strait-laced [streɪt'leɪst] *bnw* streng, stipt

strand [strænd] **I** *zn* ❶ streep (in haar), lok, wrong ❷ streng, vezel ❸ lit strand **II** *onov ww* vastlopen, stranden ★ *be* ~*ed* (hulpeloos) vastzitten, stranden, fig aan de grond zitten

stranded ['strændɪd] *bnw* ❶ getwijnd ❷ vastgelopen ★ *hair* ~ *with grey* haar met grijs erdoor

strange [streɪndʒ] *bnw* vreemd, raar, eigenaardig ★ ~ *to say* vreemd genoeg ★ *be* ~ *to* vreemd staan tegenover

stranger ['streɪndʒə] *zn* vreemde(ling) ★ ~ *to* onbekend met, onbekende voor ★ *he is no* ~ *to sorrow* hij weet wat verdriet is ★ inform *don't be a* ~*!* laat nog eens wat van je horen!

strangle ['strængl] *ov ww* ❶ worgen, knellen (om de nek) ❷ onderdrukken ★ *all resistance was* ~*d* elk verzet werd onderdrukt

stranglehold ['strænglhəʊld] *zn* wurggreep, macht

strangler ['strænglə] *zn* wurger

strangulate ['strængjʊleɪt] *ov ww* dichtknijpen, dichtknellen ★ ~*d hernia* beklemde breuk

strangulation [strængjʊ'leɪʃən] *zn* wurging

strap [stræp] **I** *zn* ❶ riem(pje), band(je) ★ *the* ~ aframmeling met riemen ❷ lus (in tram of van laars) ❸ metalen band, beugel ❹ mil schouderbedekking **II** *ov ww* ❶ afranselen ★ ~ *(up)* met riem vastmaken, met hechtpleister hechten ❷ ~ **together** bij elkaar gespen

strapless ['stræpləs] *bnw* zonder schouderbandjes

strapped [stræpt] *bnw* ❶ vastgebonden, verbonden ❷ inform platzak ★ *be* ~ *for cash* krap bij kas zitten

strapping ['stræpɪŋ] **I** *zn* ❶ riemen, riemleer ❷ pleister **II** *bnw* potig, struis ★ *two* ~ *lads came to my aid* twee potige kerels kwamen me helpen

strata ['streɪtə] *zn mv* → **stratum**

strategic [strə'tiːdʒɪk] *bnw* strategisch

strategics [strə'tiːdʒɪks] *zn mv* krijgstactiek

strategist ['strætədʒɪst] *zn* strateeg

strategy ['strætədʒɪ] *zn* strategie, strijdplan, beleidsplan

stratification [strætɪfɪ'keɪʃən] *zn* gelaagdheid ★ *social* ~ maatschappelijke gelaagdheid

stratify ['strætɪfaɪ] *ov ww* laag voor laag (op elkaar) leggen

stratosphere ['strætəsfɪə] *zn* stratosfeer

stratum ['strɑːtəm] *zn* [mv: **strata**] (geologische) laag

stratus ['streɪtəs] *zn* stratus, laagwolk

straw [strɔː] **I** *zn* ❶ stro(halm), rietje, strootje ★ ~*s which show the way the wind blows* tekenen van de naderende storm ★ *catch at a ~* zich aan een strohalm vastgrijpen ★ *it's the last ~ that breaks the camel's back* de laatste loodjes wegen het zwaarst ★ *that's the last ~* dat is de druppel die de emmer doet overlopen ★ *~* stroman, stropop, karakterloos iem. ★ *not worth a ~* geen rooie cent waard ★ *~ poll* opiniepeiling ❷ strohoed **II** *bnw* strooien

strawberry ['strɔːbərɪ] *zn* aardbei ★ *the ~ leaves* de hertogskroon ★ *~ mark* aardbeivlek ⟨op huid⟩

strawboard ['strɔːbɔːd] *zn* strobord, karton

stray [streɪ] **I** *zn* verdwaald persoon of dier, zwerver, dakloze **II** *bnw* ❶ verdwaald, verspreid, los(lopend) ★ *~ bullet* verdwaalde kogel ❷ sporadisch, toevallig **III** *onov ww* ❶ (af)dwalen, zwerven, weglopen ★ *the toddler ~ed from its parents* de peuter bleef niet bij zijn ouders lopen ❷ *fig* de verkeerde kant opgaan

stray cat *zn* zwerfkat

streak [striːk] **I** *zn* ❶ streep ★ *the silver ~* het Kanaal ❷ flits ★ *~ of lightning* bliksemstraal ★ *like a ~* als de weerlicht ❸ beetje, tik(kelt)je ★ *he has a ~ of humour in him* hij heeft gevoel voor humor **II** *onov ww* ❶ snellen, ijlen ❷ *inform* naakt over plein e.d. rennen ❸ *~ off* zich uit de voeten maken ❹ *~ with* strepen ★ *his hair was ~ed with grey* zijn haar had grijze strepen

streaker ['striːkə] *zn* iemand die naakt over plein e.d. rent

streaky ['striːkɪ] *bnw* gestreept, geaderd, doorregen ⟨van vlees⟩

stream [striːm] **I** *zn* ❶ stroom, beek(je) ★ *down-/up~* stroomaf- / -opwaarts ❷ groep met zelfde leerprogram **II** *ov ww* doen stromen **III** *onov ww* ❶ stromen, lopen ⟨van ogen⟩ ★ *~ing cold* hevige verkoudheid ❷ wapperen ★ *the banners ~ed* de vaandels wapperden

streamer ['striːmə] *zn* ❶ loshangend lint, serpentine, wimpel ❷ streamer ⟨korte reclametekst op boek, e.d.⟩

streamline ['striːmlaɪn] *zn* stroomlijn ★ *~d* gestroomlijnd

streamlined ['striːmlaɪnd] *bnw* gestroomlijnd

street [striːt] *zn* straat ★ *the Street* Fleet Street, USA Wall Street ★ *in / on the ~* op straat ★ *~ corner work* straathoekwerk ★ *go on the ~s* gaan tippelen, in de prostitutie gaan ★ *man in the ~* de gewone man ★ *inform he's not in the same ~ with you* hij staat bij jou in de schaduw ★ *that's exactly up my ~* dat is net iets voor mij ★ *USA on easy ~* in goeden doen ★ *~ lighting* straatverlichting ★ *~ value* handelswaarde

streetcar ['striːtkɑː] *zn* USA tram

street cred *zn* straatimago, populariteit ⟨onder de jeugd⟩

streetlamp ['striːtlæmp] *zn* straatlantaarn

street-smart ['striːtsmɑːt] *bnw* doorgewinterd ⟨wat betreft het grotestadsleven⟩

streetwalker ['striːtwɔːkə] *zn* prostituee

streetwise ['striːtwaɪz] *bnw* doorgewinterd ⟨m.b.t. het grotestadsleven⟩

strength [streŋθ] *zn* ❶ kracht(en), sterkte ❷ *mil* sterktelijst ★ *in great ~* in groten getale ★ *on the ~ of* krachtens, op grond van ★ *up to ~* op volle sterkte ★ *brute ~* grof geweld

strengthen ['streŋθən] **I** *ov ww* versterken ★ *~ a person's hands* iem. kracht geven **II** *onov ww* sterker worden

strenuous ['strenjʊəs] *bnw* inspannend, krachtig, energiek ★ *~ life* leven van zwoegen en strijd

stress [stres] **I** *zn* ❶ druk, spanning, gewicht ★ *the material was under ~* het materiaal stond onder spanning ❷ gespannenheid, stress ❸ nadruk, accent ★ *under ~ of weather* in zwaar weer **II** *ov ww* ❶ de nadruk leggen op ❷ belasten ★ *I'd just like to ~ that...* ik zou er alleen op willen wijzen dat...

stressful ['stresfʊl] *bnw* vermoeiend, zorgelijk, zwaar

stress mark *zn* klemtoonteken

stretch [stretʃ] **I** *ov ww* ❶ (uit)strekken, uitrekken, (op)rekken, spannen, (uit)leggen ★ *~ o.s.* zich uitrekken ★ *~ out a tablecloth* een tafelkleed uitrekken ❷ prikkelen, uitdagen ★ *activities that ~ the imagination* activiteiten die de fantasie prikkelen ❸ ruim interpreteren ★ *~ the truth* het niet zo nauw nemen met de waarheid ❹ afleggen ⟨van lijk⟩ ❺ overdrijven ★ *~ the law / truth* de wet / waarheid geweld aandoen ❻ *~ forth* uitsteken **II** *onov ww* ❶ zich (uit)strekken, (zich) uitrekken, reiken (tot), lopen tot ★ *the fields ~ed to the sea* de weilanden reikten tot aan de zee ❷ *~ down to* zich uitstrekken tot, lopen tot ❸ *~ out* flink aanpakken **III** *zn* ❶ uitrekking, spanning, uitgestrektheid, overdrijving, misbruik ❷ periode, duur, een jaar dwangarbeid / gevangenisstraf ❸ afstand-, wandeling, stuk, traject ❹ *scheepv* slag ⟨bij laveren⟩ ★ *at a ~* aan één stuk ★ *at full ~* helemaal gestrekt, tot het uiterste gespannen ★ *by a ~ of language* door de taal geweld aan te doen ★ *give a ~* zich uitrekken ★ *on the ~* in spanning, gespannen

stretcher ['stretʃə] *zn* ❶ brancard, draagberrie ★ *~-bearer* ziekendrager ❷ opvouwbaar bed, stretcher ❸ spanraam

stretchy ['stretʃɪ] *bnw* langgerekt, elastisch

strew [struː] ⟨regelmatig + onregelmatig⟩ *ov ww* bezaaien, verspreid liggen op, (be)strooien

strewn [struːn] *ww* [volt. deelw.] → **strew**

stricken ['strɪkən] *bnw* ❶ getroffen, geteisterd, geslagen ★ *~ in years* hoogbejaard ★ *~ field* veldslag, slagveld ❷ verslagen, bedroefd

strict [strɪkt] *bnw* strikt, stipt, nauwgezet, streng

strictly ['strɪktlɪ] *bijw* ★ *~ speaking* strikt genomen

stricture ['strɪktʃə] *zn* ❶ (ziekelijke) vernauwing, strictuur ❷ kritiek ★ *pass ~s on* kritiek uitoefenen op

stridden *ww* [volt. deelw.] → **stride**

stride [straɪd] **I** *zn* ook fig (grote) stap ★ *take sth in one's ~* iets en passant even meenemen / afdoen ★ *get into one's ~* op dreef komen **II** *ov ww* [onregelmatig] schrijlings staan of zitten op **III** *onov ww* [onregelmatig] ❶ grote stappen nemen, schrijden ★ *make great ~s* grote vorderingen maken ❷ *~ over* stappen over

stridency ['straɪdnsɪ] *zn* schelheid

strident ['straɪdnt] *bnw* ❶ knarsend, schel ❷ scherp ★ *~ criticism* scherpe kritiek

strife [straɪf] *zn* vijandige rivaliteit, strijd, conflict

strike [straɪk] **I** *ov ww* [onregelmatig] ❶ slaan

st

(met), raken ★ *~ a blow for* vechten voor ★ *~ me dead / handsome / ugly if...* ik mag doodvallen als... ★ *~ hands* de hand erop geven, met handslag bekrachtigen ★ *~ it lucky* boffen ❷ toevallig tegenaan lopen, stoten op ★ *the ship struck a rock* het schip voer tegen een rots aan ★ *~ a blow* een slag toebrengen, ❸ aantreffen, komen aan / bij ★ *~ oil* fortuin maken, olie aanboren ★ *~ oil* olie vinden ★ *~ a happy medium* de gulden middenweg vinden ❹ afbreken ⟨van tent⟩, strijken ⟨van vlag, zeil⟩ ★ *~ camp* opbreken ★ *~ one's flag* zich overgeven, het onderspit delven ❺ afstrijken ⟨van zand in een maat⟩ ⟨van lucifer⟩ ❻ aanslaan ★ *~ a different note* een andere toon aanslaan ★ *~ a pose* poseren ❼ aanstrijken, aangaan ★ *~ a deal* een overeenkomst sluiten ❽ opvallen ★ *it struck her he might be ill* het viel haar op dat hij misschien ziek was ❾ opkomen bij ★ *it didn't ~ me* het kwam niet bij me op ★ *be struck dumb* verstomd staan ★ *how does his playing ~ you?* wat denk je van zijn spel? ★ *~ cuttings* stekken nemen ★ *~ root(s)* wortel schieten ★ *~ terror into every heart* alle harten met schrik vervullen ★ *~ into a waltz* een wals inzetten ★ *~ spurs into a horse* een paard de sporen geven ★ *~ upon an idea* een idee krijgen ★ *~ an attitude* een houding aannemen ★ *~ an average* een gemiddelde nemen ★ *~ a balance* balans opmaken ❿ *~ down* neerslaan, vellen ★ *be struck down* tegen de vlakte gaan ⓫ *~ off* afslaan, drukken, afdraaien, doorhalen ★ *~ sb off (the list)* iem. royeren ⓬ *~ out* doorhalen ★ *~ out a new idea* een nieuw denkbeeld ontwikkelen ★ *~ out a new line* nieuwe wegen inslaan ⓭ *~ through* doorhalen ★ *~ through the darkness* door de duisternis dringen ⓮ *~ up* aanheffen, sluiten ★ *~ up the band!* muziek! ★ *~ up a friendship* vriendschap aanknopen **II** *onov ww* [onregelmatig] ❶ toeslaan, treffen ★ *his hour has struck* zijn laatste uur heeft geslagen ★ *~ home* raak slaan ❷ staken ❸ inslaan ⟨van bliksem⟩ ★ *~ into a street* een straat inslaan ❹ zich vastzetten, zich vasthechten ★ *~ at* slaan naar ★ *~ at the root of* in het hart / de kern aantasten ❺ *~ in* naar binnen slaan ⟨van ziekte⟩, er tussen komen, invallen ★ *~ in with* meegaan met, zich aansluiten bij ❼ *~ out* armen en benen uitslaan ★ *~ out for* krachtige pogingen doen om te bereiken ❽ *~ up* inzetten, beginnen te spelen / zingen **III** *zn* ❶ slag ❷ *sport* slag ⟨honkbal⟩ ❸ aanval ❹ vondst ⟨van olie, erts enz.⟩ ❺ staking ★ *air ~* luchtaanval ★ *lucky ~* gelukstreffer ★ *unofficial ~* wilde staking ★ *go on ~* in staking gaan
strike-bound *bnw* lamgelegd, gesloten, dicht ⟨wegens staking⟩
strike-breaker ['straɪkbreɪkə] *zn* stakingsbreker, werkwillige
strike force *zn* aanvalsmacht
strike fund *zn* stakingskas
strike pay *zn* stakingsuitkering
striker ['straɪkə] *zn* ❶ staker ❷ slagpin ❸ harpoen ❹ strijkhout ❺ *sport* slagman, spitsspeler, aanvaller
striking ['straɪkɪŋ] *bnw* opvallend, markant, treffend

string [strɪŋ] **I** *zn* ❶ touw(tje), koord, band, veter ★ *pull ~s* invloed aanwenden ★ *~ of the tongue* tongriem ★ *on a ~* aan een touwtje ❷ snoer, snaar ★ *touch the ~s* de snaren roeren, bespelen ★ *have another ~ to your bow* nog een pijl op je boog hebben ★ *fig first ~* voornaamste troef ★ *I have a second ~* ik heb nog iets achter de hand ★ *harping on the same ~* op het zelfde aambeeld hameren ❸ vezel ❹ draad ⟨van boon⟩ ❺ rij, reeks, file ★ *~ of horses* renstal ★ *~s* [mv] strijkers ⟨van orkest⟩ ★ inform USA *~s* [mv] beperkingen, bepaalde voorwaarden ★ inform USA *no ~s attached* zonder beperkende bepalingen, zonder kleine lettertjes, onvoorwaardelijk ★ *pull the ~s* achter de schermen zitten, de eigenlijke macht hebben **II** *ov ww* [onregelmatig] ❶ besnaren, bespannen ❷ aan snoer rijgen ❸ USA bij de neus nemen ★ *strung up* overgevoelig, hypernerveus ★ *~ along* aan het lijntje houden, beduvelen ❹ *~ out* in rij of reeks plaatsen ❺ *~ up* aan (elkaar) knopen, binden, spannen, overspannen maken, opknopen **III** *onov ww* [onregelmatig] ❶ draderig worden ❷ *~ along* meedoen / -gaan ❸ *~ out* uitgespreid zijn
string band *zn* strijkorkest
string bass *zn* contrabas
string bean *zn* snijboon
stringed [strɪŋd] *bnw* besnaard, snaar-
stringency ['strɪndʒənsɪ] *zn* ❶ bindende kracht, strengheid ⟨van wetten⟩ ❷ (geld)schaarste ❸ klemmend karakter ⟨van betoog⟩
stringent ['strɪndʒənt] *bnw* ❶ bindend, streng, strikt ❷ knellend ❸ krap, moeilijk ⟨van handel⟩
stringer ['strɪŋə] *zn* ❶ correspondent ⟨van krant⟩ ❷ verbindingsbalk, verbindingsstijl
stringy ['strɪŋɪ] *bnw* draderig, pezig
strip [strɪp] **I** *zn* ❶ strook, reep ★ *magnetic ~* magneetstrip ❷ lat ❸ landingsbaan ❹ clubkleuren ★ *comic ~* stripverhaal **II** *ov ww* ❶ uitkleden, uittrekken, ontbloten ❷ (af)stropen, (af)schillen, (er) afhalen ★ *~ a sergeant* een sergeant degraderen ❸ leeghalen ★ *~ a cow* een koe leegmelken ★ *~ a tree* een boom kaalvreten ★ *~ a person naked* iem. totaal uitschudden ❹ *~ of* ontdoen van **III** *onov ww* ❶ zich uitkleden ❷ doldraaien ⟨van schroef⟩
strip cartoon *zn* stripverhaal
stripe [straɪp] *zn* ❶ streep, chevron ❷ striem
striped [straɪpt] *bnw* gestreept
strip light *zn* tl-buis
stripper ['strɪpə] *zn* ❶ stripteasedanser(es) ❷ ≈ iets dat wegneemt ★ *paint ~* verfafbrander
stripy ['straɪpɪ] *bnw* gestreept
strive [straɪv] [onregelmatig] *onov ww* ❶ zich inspannen, vechten, strijden ❷ *~ after/for* streven naar
striven ['strɪvən] *ww* [volt. deelw.] → **strive**
strode [strəʊd] *ww* [verleden tijd] → **stride**
stroke [strəʊk] **I** *zn* ❶ slag, klap, houw ★ *~ of genius* geniale zet ★ *~ of luck / fortune* buitenkansje, bof ★ *finishing ~* genadeslag ★ *row ~* als achterste man roeien, het tempo

aangeven ★ *on the* ~ *of five* op slag van vijven ★ *be off one's* ~ zijn draai niet hebben, de kluts kwijt zijn ❷ streek, haal, streling ❸ **med** beroerte ❹ zwemslag **II** *ov ww* strijken, aaien, strelen ★ ~ *a person down* iem. kalmeren

stroll [strəʊl] **I** *zn* wandeling(etje) ★ *take a* ~ wandeling maken **II** *onov ww* slenteren, op z'n gemak lopen, wandelen, zwerven

stroller ['strəʊlə] *zn* ❶ wandelwagentje ❷ wandelaar

strolling ['strəʊlɪŋ] *bnw* rondtrekkend

strong [strɒŋ] **I** *bnw* ❶ sterk, krachtig, zwaar ⟨van tabak, bier⟩ ★ *be* ~ *on / in* ergens goed in zijn ★ ~ *language* krachttermen ★ *mathematics is not my* ~ *point* ik ben niet sterk in wiskunde ❷ vast ⟨van geldkoers, prijzen⟩ ❸ overdreven **II** *bijw* ★ *he's going it* ~*!* hij overdrijft behoorlijk! ★ *come it* ~ overdrijven ★ *I feel so* ~*ly about it* mijn mening staat vast ★ *still going* ~ nog goed in vorm / conditie, nog steeds actief

strong-arm *bnw* hardhandig

strongbox ['strɒŋbɒks] *zn* geldkist, documentenkist, brandkast

strongheaded [strɒŋ'hedɪd] *bnw* koppig

stronghold ['strɒŋhəʊld] *zn* fort, burcht, bolwerk

strongman ['strɒŋmæn] *zn* sterke man, leider

strong-minded [strɒŋ'maɪndɪd] *bnw* zelfbewust, resoluut

strongroom ['strɒŋruːm] *zn* kluis

strong-willed *bnw* vastberaden, wilskrachtig

strop [strɒp] *zn* scheerriem

stroppy ['strɒpɪ] *bnw* tegendraads, dwars, koppig

strove [strəʊv] *ww* [verleden tijd] → **strive**

struck [strʌk] *ww* [verleden tijd + volt. deelw.] → **strike**

structural ['strʌktʃərəl] *bnw* structureel

structure ['strʌktʃə] **I** *zn* (op)bouw, bouwwerk, structuur **II** *ov ww* structureren ★ *the lessons are* ~*d around the students' interests* de lessen zijn gestructureerd rondom de interesses van de student

struggle ['strʌgl] **I** *zn* ❶ worsteling ★ ~ *for life / existence* strijd om het bestaan ❷ pogingen ❸ probleem ★ *it was a* ~ *to make herself heard* ze had grote moeite om zich verstaanbaar te maken **II** *onov ww* ❶ worstelen, vechten, tegenspartelen ★ ~ *to one's feet* met moeite opstaan ★ ~ *into one's coat* zich met moeite in zijn jas werken ❷ ~ **to** moeite hebben om

strum [strʌm] **I** *zn* getrommel, getjingel **II** *ov ww* trommelen, tjingelen

strumpet ['strʌmpɪt] *zn* *humor* hoer

strung [strʌŋ] *ww* [verl. tijd + volt. deelw.] → **string**

strut [strʌt] **I** *zn* ❶ trotse stap of gang ❷ stut **II** *ov ww* stutten **III** *onov ww* trots stappen

stub [stʌb] **I** *zn* ❶ stronk ❷ stompje ❸ peukje **II** *ov ww* ❶ de stronken verwijderen (uit) ❷ stoten ⟨van teen⟩ ★ *stub out a cigarette* een sigarettenpeukje uitdoven

stubble ['stʌbl] *zn* stoppels

stubbly ['stʌblɪ] *bnw* stoppelig

stubborn ['stʌbən] *bnw* ❶ hardnekkig, moeilijk te bewerken ★ *a* ~ *stain* een lastige vlek ❷ koppig, onverzettelijk ★ *a* ~ *person* een koppig persoon

stubby ['stʌbɪ] *bnw* → **stub**

stucco ['stʌkəʊ] **I** *zn* pleisterkalk, stuc **II** *ov ww* stukadoren

stuck [stʌk] *ww* [verleden tijd + volt. deelw.] → **stick**

stuck-up [stʌk'ʌp] *bnw* verwaand

stud [stʌd] **I** *zn* ❶ dekhengst ❷ fokstal, renstal ❸ knop(je), spijker, knoopje ❹ *inform* kanjer, stuk ★ *studs* beslag **II** *ov ww* ❶ met knopjes beslaan / versieren ❷ verspreiden over, bezaaien ★ *plain studded with trees* vlakte met overal bomen

student ['stjuːdnt] *zn* student, leerling, wetenschapper ★ ~ *nurse* leerling-verpleegkundige ★ ~ *in / of* iem. die studeert in, iem. die zich interesseert voor

studied ['stʌdɪd] *bnw* bestudeerd, gemaakt, gekunsteld

studio ['stjuːdɪəʊ] *zn* atelier, studio

studious ['stjuːdɪəs] *bnw* ❶ vlijtig, ijverig ❷ nauwgezet, precies, opzettelijk bedoeld

study ['stʌdɪ] **I** *ov ww* ❶ (be)studeren ❷ *USA* ~ **up** erin pompen, blokken **II** *onov ww* studeren ★ ~ *for the Bar* voor rechtbankadvocaat studeren ★ ~ *for the Church* voor geestelijke studeren **III** *zn* ❶ studie, etude, studieobject, studeerkamer ❷ ★ *in a brown* ~ verstrooid, afwezig ★ *his face was a* ~ *of concentration* zijn gezicht was één en al concentratie

stuff [stʌf] **I** *zn* ❶ stof, materiaal, spul, goedje ★ *green* ~ groente ★ ~ *and nonsense* klinkklare onzin ★ *man with plenty of good* ~ *in him* man met een hart van goud ★ *that's the (right)* ~*!* dat is 't, zo moet 't ★ *that's the* ~ *to give them* zo moet je ze aanpakken ★ *straatt do your* ~ ga je gang ❷ waardeloze rommel ★ *poor / sorry* ~ niet veel soeps ❸ essentie, eigenschappen ★ *he has the* ~ *to be a good leader* hij heeft de kwaliteiten van een goede leider ❹ heroïne, cocaïne, hasj **II** *bnw* wollen ★ ~ *gown* toga van gewoon advocaat **III** *ov ww* ❶ (vol)stoppen, volproppen ★ ~ *a person (up)* iem. wat op de mouw spelden ★ ~ *o.s.* te veel eten ★ *he can get* ~*ed!* hij kan barsten! ★ ~*ed nose* verstopte neus ❷ stofferen ❸ opvullen, farceren ⟨van wild⟩ ★ *USA* ~*ed shirt* opgeblazen idioot ❹ opzetten ⟨van dier⟩ **IV** *onov ww* schransen, schrokken ★ *he* ~*ed himself* hij schranste

stuffing ['stʌfɪŋ] *zn* vulling, pakking ★ *knock the* ~ *out of sb* iem. van zijn stuk brengen

stuffy ['stʌfɪ] *bnw* ❶ benauwd, bedompt, verstopt ⟨van neus⟩ ❷ conventioneel, bekrompen ★ ~ *ideas* bekrompen ideeën

stultification [stʌltɪfɪ'keɪʃən] *zn* bespotting

stultify ['stʌltɪfaɪ] *ov ww* belachelijk maken, tenietdoen

stumble ['stʌmbl] **I** *onov ww* ❶ struikelen, stuntelen ★ *stumbling stone* steen des aanstoots ❷ hakkelen ★ ~ *through one's speech* zijn speech stuntelig afdraaien ★ *stumbling block* struikelblok, handicap ❸ ~ **across/(up)on** toevallig aantreffen, tegen het lijf lopen ❹ ~ **along** voortstrompelen ❺ ~ **through** moeizaam door iets heen komen ★ *he managed to* ~ *through his exams* hij haalde met moeite zijn examen **II** *zn* misstap, struikeling

st

stump [stʌmp] I zn ❶ stomp(je) ❷ (boom)stronk II ov ww USA uitdagen ❸ in verlegenheid brengen ★ be ~ed for an answer niet weten wat te zeggen ❸ straatt ~ up betalen, dokken III onov ww klossen, stommelen, onbehouwen lopen

stumper ['stʌmpə] zn lastig probleem, moeilijke taak

stumps [stʌmps] zn mv straatt benen ★ stir your ~! doorlopen!

stumpy ['stʌmpɪ] bnw ❶ dik en kort, gezet ❷ met stompjes, afgesleten

stun [stʌn] ov ww ❶ bewusteloos slaan, bedwelmen, verdoven (van hard geluid) ★ stun a person by a blow on the head iem. met een klap op het hoofd overweldigen ❷ schokken ★ the tragedy has stunned the village de tragedie heeft het dorp diep geschokt

stung [stʌŋ] ww [verleden tijd + volt. deelw.] → sting

stunk [stʌŋk] ww [verleden tijd + volt. deelw.] → stink

stunner ['stʌnə] zn ❶ iets waar je van achterover slaat ❷ kanjer ❸ straatt stuk, kei, reuzenvent

stunning ['stʌnɪŋ] bnw ❶ versuffend, oorverdovend ❷ straatt denderend, fantastisch ★ ook fig ~ blow geweldige slag

stunt [stʌnt] I zn stunt, opzienbarende actie ★ ~ man stuntman ★ ~ woman stuntvrouw II onov ww luchtv stunten, (acrobatische) toeren doen

stunted ['stʌntɪd] bnw achtergebleven (in groei), klein gebleven, dwerg-

stupefaction ['stju:pɪfækʃən] zn verdoving, verbijstering

stupefy ['stju:pɪfaɪ] ov ww verdoven, afstompen, versuffen, stomverbaasd doen staan

stupendous [stju:'pendəs] bnw verbluffend, kolossaal

stupid ['stju:pɪd] I zn sufferd, stommerik II bnw dom, stom, suf

stupidity [stju'pɪdətɪ] zn domheid

stupor ['stju:pə] zn ❶ verdoving, bedwelming ★ a drunken ~ een stomdronken toestand ❷ apathie

sturdy ['stɜ:dɪ] bnw fors, krachtig, stevig ★ a ~ child een stevig kind

sturgeon ['stɜ:dʒən] zn steur

stutter ['stʌtə] I zn gestotter II onov ww stotteren, stamelen III ov ww ~ out stamelend uitbrengen

stutterer ['stʌtərə] zn stotteraar(ster)

sty [staɪ] zn ❶ strontje (op oog) ❷ stal, kot

style [staɪl] I zn ❶ stijl ★ that's the right ~ zo moet 't ★ marry in ~ in stijl trouwen ❷ soort, genre, model, trant ★ new hair ~ nieuw haarmodel ❸ distinctie, klasse ★ Old / New Style Juliaanse / Gregoriaanse kalender II ov ww ❶ vormgeven ★ she ~d her hair ze bracht haar haar in model ❷ betitelen ★ be ~d as de titel dragen van

styling ['staɪlɪŋ] zn vormgeving, modellering, styling

stylish ['staɪlɪʃ] bnw stijlvol, chic

stylist ['staɪlɪst] zn stilist

stylistic [staɪ'lɪstɪk] bnw stilistisch

stylize, stylise ['staɪlaɪz] ov ww stileren

stylus ['staɪləs] zn ❶ schrijfstift, etsnaald ❷ naald (van platenspeler) ❸ comp invoerapparaat in de

vorm van een pen

stymie ['staɪmɪ] ov ww dwarsbomen, fig lamleggen, buiten spel zetten

styptic ['stɪptɪk] I zn bloedstelpend middel, aluinstift II bnw bloedstelpend

suave [swɑːv] bnw hoffelijk, minzaam

sub [sʌb] I zn inform plaatsvervanger ★ he asked his sub to step in hij vroeg zijn plaatsvervanger om over te nemen II bnw ondergeschikt III onov ww ❶ invallen ❷ ~ for invallen

sub- [sʌb] voorv ❶ onder-, sub- ❷ adjunct- ❸ bij- ❸ enigszins

subaltern ['sʌbəltn] I zn ❶ subalterne officier ❷ ondergeschikte II bnw ondergeschikt

subclass ['sʌbklɑːs] zn onderklasse

subcommittee ['sʌbkəmɪtɪ] zn subcommissie

subconscious [sʌb'kɒnʃəs] I zn onderbewustzijn II bnw onderbewust

subcontract¹ ['sʌb'kɒntrækt] zn toeleveringscontract

subcontract² [sʌbkən'trækt] I onov ww een toeleveringscontract sluiten II ov ww ~ out uitbesteden ★ they ~ed the work out ze besteedden het werk uit

subcontractor [sʌbkɒn'træktə] zn onderaannemer

subculture ['sʌbkʌltʃə] zn subcultuur

subdivide ['sʌbdɪvaɪd] I ov ww onderverdelen II onov ww zich splitsen

subdivision ['sʌbdɪvɪʒən] zn onderverdeling, afdeling

subdue [səb'dju:] ov ww ❶ temperen, matigen ★ ~d gedempt, ingetogen, stemmig ❷ verzwakken ❸ onderwerpen, bedwingen

subeditor [sʌb'edɪtə] zn redacteur, ander dan hoofdredacteur

subgroup ['sʌbgru:p] zn subgroep(ering)

subheading ['sʌbhedɪŋ] zn kopje, ondertitel

subhuman [sʌb'hju:mən] bnw niet menselijk, dierlijk

subject¹ ['sʌbdʒekt] I zn ❶ onderwerp, thema ★ end of ~! discussie gesloten! ❷ (school)vak, vakgebied, subject (in de logica) ❸ reden, oorzaak ★ ~ for aanleiding tot ❹ patiënt, proefpersoon ❺ onderdaan II bnw ~ to onderworpen aan, onderhevig aan ★ the patient is ~ to migraine de patiënt is onderhevig aan migraineaanvallen III bijw ★ ~ to afhankelijk van ★ ~ to the consent of behoudens toestemming van

subject² [səb'dʒekt] ov ww ❶ onderwerpen ❷ ~ to blootstellen aan

subject index zn zaakregister

subjection [səb'dʒekʃən] zn afhankelijkheid, onderwerping

subjective [səb'dʒektɪv] I bnw subjectief II zn taalk onderwerp

subjectivity [səbdʒek'tɪvətɪ] zn subjectiviteit

subject matter ['sʌbdʒektmætə] zn (behandelde) stof, onderwerp, thema

subjoin [sʌb'dʒɔɪn] ov ww toevoegen

subjugate ['sʌbdʒugeɪt] ov ww onderwerpen ★ public health has been ~d to inspection de volksgezondheid is onderworpen aan inspectie

subjugation [sʌbdʒu'geɪʃən] zn onderwerping

subjunctive [səb'dʒʌŋktɪv] I zn aanvoegende wijs

st

II *bnw* ★ ~ *mood* aanvoegende wijs

sublease [sʌb'li:s] I *zn* onderverhuur(contract) II *ov ww* onderverhuren

sublet [sʌb'let] *ov ww* onderverhuren

sublimate ['sʌblimeit] *ov ww* sublimeren, zuiveren, veredelen

sublime [sə'blaɪm] I *bnw* verheven, subliem, hooghartig II *ov ww* sublimeren, zuiveren, veredelen III *zn mv* verhevene ★ *go from the ~ to the ridiculous* van het ene in het andere uiterste vallen

subliminal [sʌb'lɪmɪnl] *bnw* ❶ in een (zeer korte) flits ★ ~ *advertising* subliminale reclame ⟨wordt onderbewust opgenomen⟩ ❷ onder de bewustzijnsdrempel

sublimity [sʌ'blɪmətɪ] *zn* → **sublime**

submachine gun [sʌbmə'ʃi:n gʌn] *zn* licht machinepistool

submarine [sʌbmə'ri:n] I *zn* onderzeeër II *bnw* onderzees III *ov ww* torpederen vanuit onderzeeër

submerge [səb'mɜ:dʒ] I *ov ww* onder water zetten, (onder)dompelen ★ ~*d rock* blinde klip II *onov ww* onder water gaan, onderduiken

submergence [səb'mɜ:dʒəns], **submersion** [səb'mɜ:ʃən] *zn* onderdompeling, het onder water gaan

submersible [səb'mɜ:sɪbl] *bnw* overstroombaar ★ ~ *boat* onderzeeër

submission [səb'mɪʃən] *zn* onderdanigheid, nederigheid

submissive [səb'mɪsɪv] *bnw* onderdanig

submit [səb'mɪt] I *ov ww* ❶ onderwerpen ❷ vóórleggen, in het midden brengen ★ ~ *a proposal* een voorstel voorleggen ❸ (menen te mogen) opmerken II *onov ww* (zich) onderwerpen ★ *he ~ted* hij gaf zich gewonnen

subnormal [sʌb'nɔ:ml] *bnw* beneden de norm, achterlijk

subordinate¹ [sə'bɔ:dɪnət] I *zn* ondergeschikte II *bnw* ondergeschikt ★ ~ *clause* bijzin

subordinate² [sə'bɔ:dɪneit] *ov ww* ~ **to** ondergeschikt maken aan

subordination [səbɔ:dɪ'neɪʃən] *zn* ondergeschiktheid, onderschikking

subpoena [səb'pi:nə] I *zn* dagvaarding II *ov ww* dagvaarden

subscribe [səb'skraɪb] I *ov ww* ❶ deelnemen in, bijeenbrengen ⟨van geld⟩ ❷ ~ **to** zich abonneren op, onderschrijven II *ov+onov ww* ondertekenen, intekenen, inschrijven, inschrijven voor ★ ~ *one's name (to)* ondertekenen

subscriber [səb'skraɪbə] *zn* intekenaar, inschrijver, abonnee

subscription [səb'skrɪpʃən] *zn* abonnement ★ ~ *fee / rate* abonnementsprijs

subsection ['sʌbsekʃən] *zn* onderafdeling, (sub)paragraaf

subsequent ['sʌbsɪkwənt] *bnw* (daarop)volgend, later ★ ~ *to* volgend op ★ ~ *upon* volgend uit

subsequently ['sʌbsɪkwəntlɪ] *bijw* daarna, later

subserve [səb'sɜ:v] *ov ww* dienen, bevorderlijk zijn voor ★ ~ *the common good* het algemeen welzijn bevorderen

subservience [səb'sɜ:vɪəns] *zn* kruiperigheid,

onderdanigheid

subservient [səb'sɜ:vɪənt] *bnw* onderdanig, kruiperig ★ ~ *to* ondergeschikt aan

subside [səb'saɪd] *onov ww* ❶ inzakken, (ver)zakken ❷ (be)zinken, afnemen ⟨in hevigheid⟩, bedaren ❸ zich neerlaten of neervlijen ★ ~ *into a chair* zich in een stoel laten zakken

subsidence ['sʌbsɪdəns] *zn* ❶ bezinksel, inzinking, verzakking ❷ afname ⟨van wind⟩ ❸ bedaring

subsidiaries [səb'sɪdɪərɪz] *zn mv* hulptroepen

subsidiary [səb'sɪdɪərɪ] I *zn* ❶ hulpmiddel ❷ dochtermaatschappij II *bnw* ❶ hulp- ❷ bij- ❸ ondergeschikt ★ ~ *company* dochtermaatschappij ★ ~ *stream* zijrivier

subsidization, subsidisation [sʌbsɪdaɪ'zeɪʃən] *zn* subsidiëring

subsidize, subsidise ['sʌbsɪdaɪz] *ov ww* subsidiëren, financieel steunen

subsidy ['sʌbsɪdɪ] *zn* subsidie

subsist [səb'sɪst] I *ov ww* provianderen II *onov ww* ❶ bestaan ❷ (voort)leven

subsistence [səb'sɪstns] *zn* ❶ bestaan, middel(en) van bestaan ❷ kost(winning), bestaansminimum ★ ~ *allowance / money* onderhoudstoelage

subsoil ['sʌbsɔɪl] *zn* grond onder de oppervlakte, ondergrond

subspecies ['sʌbspi:ʃi:z] *zn* onderklasse, ondersoort

substance ['sʌbstns] *zn* ❶ stof, substantie ★ jur USA *controlled ~* ≈ verdovend middel ❷ wezen, essentie, hoofdzaak, kern ❸ stevigheid, degelijkheid ❹ vermogen ★ *a man of ~* een vermogend man

substance abuse *zn* drugsgebruik, -misbruik

substandard [sʌb'stændəd] *bnw* onder de norm

substantial [səb'stænʃəl] *bnw* ❶ aanzienlijk, stevig, flink ❷ essentieel, gegrond, werkelijk, bestaand ❸ vermogend

substantials [səb'stænʃəlz] *zn mv* het wezenlijke, de hoofdzaken

substantiate [səb'stænʃɪeɪt] *ov ww* de deugdelijkheid aantonen van, bewijzen, verwerkelijken

substantiation [səbstænʃɪ'eɪʃən] *zn* verwerkelijking

substantive ['sʌbstəntɪv] I *zn* zelfstandig naamwoord II *bnw* ❶ zelfstandig ❷ wezenlijk, aanzienlijk ★ *the ~ verb* het werkwoord 'zijn'

substitute ['sʌbstɪtju:t] I *zn* vervanger, vervangmiddel, surrogaat ★ *there is no ~ for quality* er is bestaat geen substituut voor kwaliteit II *ov ww* vervangen, in de plaats stellen, substitueren

substitution [sʌbstɪ'tju:ʃən] *zn* vervanging, substitutie

substratum ['sʌbstrɑ:təm, sʌb'streɪtəm] *zn* onderlaag, grond(slag)

substructure ['sʌbstrʌktʃə] *zn* onderbouw, grondslag, fundament

subsume [səb'sju:m] *ov ww* onder één noemer brengen, opnemen ★ *the tasks can be ~d under three categories* de taken kunnen in drie categorieën worden onderverdeeld

su

subtenant ['sʌbtenənt] *zn* onderhuurder
subtend [sʌb'tend] *ov ww* ❶ <u>wisk</u> staan tegenover ⟨een hoek⟩ ❷ onderspannen ⟨van boog⟩
subtense ['sʌbtens] *zn* wisk staande zijde, koorde
subterfuge ['sʌbtəfju:dʒ] *zn* uitvlucht, draaierij om eruit te komen ★ *by* ~ onder valse voorwendsel
subterranean [sʌbtə'reɪnɪən] *bnw* ❶ ondergronds ❷ heimelijk
subtitle ['sʌbtaɪtl] **I** *zn* ondertitel ⟨van film⟩, tweede titel **II** *ov ww* ondertitelen
subtle ['sʌtl] *bnw* ❶ ijl, teer ❷ subtiel, (ver)fijn(d) ★ ~ *distinction* uiterst fijne onderscheiding ❸ zeer kritisch ★ *a* ~ *comment* een kritische opmerking ❹ spitsvondig, geraffineerd ★ *let's try a more* ~ *approach* laten we een slimmere manier proberen ❺ sluw ★ *he is* ~ *in his ways* hij heeft een sluwe manier van doen
subtlety ['sʌtəltɪ] *zn* subtiliteit
subtopia [sʌb'təʊpɪə] *zn* saaie, onaantrekkelijke woonwijk(en)
subtract [səb'trækt] *ov ww* aftrekken ⟨bij sommen⟩
subtraction [səb'trækʃən] *zn* aftrekking ⟨bij sommen⟩
subtropical [sʌb'trɒpɪkl] *bnw* subtropisch ★ ~ *fruit* zuidvruchten
suburb ['sʌbɜːb] *zn* voorstad
suburban [sə'bɜːbən] **I** *zn* inwoner van voorstad **II** *bnw* ❶ van / wonend in een voorstad ❷ kleinburgerlijk, bekrompen ★ ~ *line / service* openbaar vervoer verbinding met voorstad
suburbia [sə'bɜːbɪə] *zn* de (mensen in / van de) buitenwijken
subvention [səb'venʃən] **I** *zn* subsidie (geld van de overheid) **II** *ov ww* subsidiëren
subversion [səb'vɜːʃən] *zn* omverwerping ⟨van gezag⟩
subversive [səb'vɜːsɪv] *bnw* subversief ★ ~ *literature* revolutionaire literatuur
subvert [səb'vɜːt] *ov ww* omverwerpen ⟨van gezag⟩
subway ['sʌbweɪ] *zn* ❶ tunnel ❷ <u>USA</u> metro, ondergrondse
sub-zero *bnw* onder nul
succeed [sək'siːd] **I** *onov ww* ❶ slagen ❷ succes hebben ★ *he* ~ed *in escaping* hij slaagde erin te ontkomen **II** *ov+onov ww* ❶ opvolgen ❷ ~ *to* volgen op ★ ~ *to the throne of* opvolger als vorst van
success [sək'ses] *zn* succes, goed gevolg ★ *achieve / meet with* ~ succes behalen / boeken
successful [sək'sesfʊl] *bnw* ❶ succesvol, -rijk, geslaagd ★ *be* ~ *in persuading sb* erin slagen iem. over te halen ❷ voorspoedig
succession [sək'seʃən] *zn* ❶ erfgenamen, nakomelingen ❷ op(een)volging, successie ★ *in* ~ *to* als opvolger van ❸ serie, reeks ★ *in* ~ achter elkaar
successive [sək'sesɪv] *bnw* achtereenvolgend, successievelijk
successively [sək'sesɪvlɪ] *bijw* achtereenvolgens, successievelijk
successor [sək'sesə] *zn* opvolger
succinct [sək'sɪŋkt] *bnw* beknopt, bondig

succour ['sʌkə] **I** *zn* bijstand, steun, hulp **II** *ov ww* helpen, te hulp komen, bevrijden
succulence ['sʌkjʊləns] *zn* sappigheid
succulent ['sʌkjʊlənt] **I** *zn* vetplant, succulent **II** *bnw* sappig
succumb [sə'kʌm] *onov ww* ❶ bezwijken ❷ ~ *to* sterven aan, zwichten voor
such [sʌtʃ] **I** *bnw* ❶ zulk (een), zo'n ★ *another such* nog zo een ❷ zodanig, van dien aard ★ *no such thing* niets van dien aard, geen kwestie van ❸ zo, zodanig, zo groot ★ *such is life* zo is het leven ★ *such as* zoals, zoals bijvoorbeeld ★ *in such and such a house* in dat en dat huis ★ *we note your remarks and in reply to such* wij hebben nota genomen van uw opmerkingen en in antwoord daarop **II** *bijw* ★ *such as* zoals
suchlike ['sʌtʃlaɪk] *bnw* dergelijk, van dien aard
suck [sʌk] **I** *ov ww* ❶ opnemen, zuigen (op) ★ *suck a person's brains* de wijsheid van iem. anders overnemen ★ *suck dry* uitzuigen, leegzuigen ★ *suck one's underlip* op z'n lippen bijten ❷ ~ *from* halen uit ❸ ~ *in* inzuigen, in zich opnemen ❹ ~ *out of* halen uit ❺ ~ *up* opzuigen, opnemen, doen verdwijnen **II** *onov ww* ❶ zuigen ★ *the pump doesn't suck* de pomp zuigt niet ❷ straatt waardeloos zijn, niet deugen **III** *zn* ❶ (het) zuigen ❷ straatt sof ❸ slokje ★ *take a suck at* nippen aan, 'n slokje nemen van ★ *what a suck!* lekker mis, w, at een sof
sucker ['sʌkə] *zn* ❶ sukkel, stommeling ❷ zuignap, zuigleer, zuigbuis ❸ spruit, loot ❹ speenvarken ❺ zuigvis ❻ walvisjong ▼ *be a* ~ *for sth* verzot zijn op iets
suckle ['sʌkl] *ov ww* ❶ zogen ❷ fig grootbrengen
suckling ['sʌklɪŋ] *zn* zuigeling, nog zuigend dier
suction ['sʌkʃən] *zn* (het) zuigen, zuiging
suction cup *zn* zuignap
suction pump ['sʌkʃənpʌmp] *zn* zuigpomp
sudden ['sʌdn] **I** *zn* ★ *(all) of a* ~ plotseling **II** *bnw* plotseling, overijld
suddenly ['sʌdnlɪ] *bijw* plotseling
suds [sʌdz] *zn mv* zeepsop
sue [suː] **I** *ov ww* een proces aandoen ★ *sue sb for negligence* iem. wegens nalatigheid laten vervolgen **II** *onov ww* ~ *for* verzoeken ★ *sue for damages* een eis tot schadevergoeding instellen
suede [sweɪd] *bnw* suède
suet ['suːɪt] *zn* niervet
suffer ['sʌfə] **I** *ov ww* ❶ lijden, de dupe zijn van ★ ~ *the consequences* lijden onder de gevolgen ❷ ondergaan, verdragen, uitstaan ★ *I can't* ~ *her* ik kan haar niet uitstaan ❸ (toe)laten ★ ~ *fools gladly* laat de gekken in vreugde leven **II** *onov ww* ❶ lijden, te lijden hebben, er onder lijden, beschadigd worden ★ *business is* ~*ing from high taxes* het zakenleven lijdt onder hoge belastingen ❷ boeten ★ *you'll* ~ *for this!* hier zul je voor boeten! ❸ ~ *by* schade lijden door, geschaad worden door ❹ ~ *from* lijden aan
sufferance ['sʌfərəns] *zn* stilzwijgende toestemming, geduld worden ★ *be admitted on* ~ ergens geduld worden
sufferer ['sʌfərə] *zn* lijder, slachtoffer
suffering ['sʌfərɪŋ] *zn* beproeving, ellende
suffice [sə'faɪs] **I** *ov ww* voldoende zijn voor ★ ~ *it*

su

to say wij mogen volstaan met te zeggen **II** *onov ww* tevreden stellen, voldoende zijn ★ *it* ~s dat is genoeg

sufficiency [sə'fɪʃənsɪ] *zn* voldoende hoeveelheid, voldoende om (van) te bestaan

sufficient [sə'fɪʃənt] *bnw* voldoende, genoeg

suffix ['sʌfɪks] **I** *zn* achtervoegsel **II** *ov ww* als suffix hechten aan, achtervoegen

suffocate ['sʌfəkeɪt] **I** *ov ww* doen stikken, verstikken ★ *suffocating* zeer benauwd **II** *onov ww* stikken

suffocation [sʌfə'keɪʃən] *zn* verstikking

suffrage ['sʌfrɪdʒ] *zn* stemrecht

suffragette [sʌfrə'dʒet] *zn* gesch suffragette ⟨militante voorvechtster van vrouwenkiesrecht tussen 1900-1910⟩

suffuse [sə'fju:z] *ov ww* vloeien over ⟨van licht⟩, stromen over ⟨van tranen⟩, overdekken, overgieten ★ *eyes* ~d *with tears* ogen vol tranen ★ *sky* ~d *with light* verlichte hemel

suffusion [sə'fju:ʒən] *zn* ❶ verspreiding ❷ schijnsel ❸ blos

sugar ['ʃʊgə] **I** *zn* ❶ suiker ❷ USA schatje ❸ USA heroïne ❹ USA poen, geld ★ *granulated* ~ kristalsuiker ★ *icing / powdered* ~ poedersuiker **II** *ov ww* ❶ (be)suikeren ❷ stroop om de mond smeren ❸ verbloemen ★ ~ *the pill* de pil vergulden

sugar basin, sugar bowl *zn* suikerpot

sugar beet *zn* suikerbiet

sugar candy *zn* kandij

sugar cane ['ʃʊgəkeɪn] *zn* suikerriet

sugar cube, sugar lump *zn* suikerklontje

sugar daddy *zn*, USA humor rijke oudere heer ⟨vriend van jonge vrouw⟩

sugar gum *zn* eucalyptus

sugarplum ['ʃʊgəplʌm] *zn* suikerboontje, bonbon

sugary ['ʃʊgərɪ] *bnw* suikerachtig, suikerzoet

suggest [sə'dʒest] *ov ww* ❶ opperen, wijzen op, voorstellen ★ *an idea* ~*s itself* een idee aan de hand doen, op een idee brengen ★ *the idea* ~*s itself* het idee komt vanzelf bij je op ★ ~*ed list price* adviesprijs ❷ suggereren, doen denken aan ★ *does the name* ~ *anything to you?* zegt de naam u iets? ★ *I* ~ *that* is het niet zo, dat ★ *I don't* ~ *that* ik wil niet zeggen dat

suggestible [sə'dʒestɪbl] *bnw* beïnvloedbaar, suggestibel ★ *children are highly* ~ kinderen zijn erg voor suggestie vatbaar

suggestion [sə'dʒestʃən] *zn* ❶ indruk, vermoeden ★ *any* ~ *of fraud should be reported* elk voermoeden van fraude moet worden gerapporteerd ★ *that is full of* ~ daar zit heel wat in ❷ voorstel, idee ★ *at / on the* ~ *of* op voorstel van ❸ suggestie, insinuatie ❹ zweem, spoor ★ *any* ~ *of fraud, let me know* elk spoor van fraude moet je me laten weten

suggestive [sə'dʒestɪv] *bnw* ❶ waar veel inzit, met veel stof tot nadenken ❷ vol ideeën ❸ suggestief ★ ~ *of* wat doet denken aan

suicidal [su:ɪ'saɪdl] *bnw* zelfmoord-, suïcidaal

suicide ['su:ɪsaɪd] *zn* zelfmoord(enaar)

suit [su:t] **I** *zn* ❶ verzoek(schrift), aanzoek ❷ form verzoek ❸ aanklacht, proces ❹ pak, mantelpak ★ *suit of clothes* pak ★ *suit of armour* wapenrusting ★ *suit of harness* tuig ⟨van paard⟩

❺ ameublement ❻ kleur ⟨in kaartspel⟩ ★ *long / short suit* veel / weinig kaarten van dezelfde kleur ⟨bij kaartspel⟩, iets dat men goed / slecht kent ★ *follow suit* kleur bekennen een voorbeeld volgen **II** *ov ww* ❶ oud verzoeken ❷ naar de zin maken ★ *suit the action to the word* de daad bij het woord voegen ❸ ~ **to** aanpassen aan ❹ ~ **with** voorzien van ▼ *suit yourself!* zoals je wil! **III** *onov ww* ❶ conveniëren, schikken, gelegen komen ❷ passen (bij / voor), staan ★ *the part doesn't suit him* de rol ligt hem niet

suitability [su:tə'bɪlətɪ] *zn* geschiktheid, gepastheid ★ ~ *for the job* geschiktheid voor de baan

suitable ['su:təbl] *bnw* geschikt, gepast, passend

suitcase ['su:tkeɪs] *zn* (platte) koffer

suite [swi:t] *zn* ❶ suite ⟨kamer⟩, ameublement ❷ gevolg ⟨vnl. van koning⟩ ❸ muz suite

suited ['su:tɪd] *bnw* ★ ~ *for / to* geschikt voor ★ *be* ~ *to each other* bij elkaar passen

suitor ['su:tə] *zn* ❶ minnaar ❷ oud verzoeker ❸ jur eiser

sulfate *zn* USA → sulphate

sulfur *zn* USA → sulphur

sulfuric *bnw* USA → sulphuric

sulfurous *bnw* USA → sulphurous

sulk [sʌlk] **I** *zn* mokken, pruilen ★ *to be in the sulks* aan het mokken zijn **II** *onov ww* pruilen, mokken

sulky ['sʌlkɪ] *bnw* nukkig, bokkig, onwillig, chagrijnig, pruilend

sullen ['sʌlən] *bnw* uit zijn / haar humeur, knorrig, nors, somber

sully ['sʌlɪ] *ov ww* een smet zijn op, bevlekken, vuil maken, bezoedelen ★ *her name is sullied* haar naam is bezoedeld

sulphate ['sʌlfeɪt] *zn* scheik sulfaat

sulphur ['sʌlfə] *zn* scheik zwavel

sulphuric [sʌl'fjʊərɪk] *bnw* scheik zwavel- ★ ~ *acid* zwavelzuur

sulphurous ['sʌlfərəs] *bnw* GB zwavelachtig

sultan ['sʌltn] *zn* sultan

sultana [sʌl'tɑːnə] *zn* ❶ soort rozijn ❷ maîtresse ⟨van vorst⟩

sultry ['sʌltrɪ] *bnw* ❶ drukkend ❷ ook fig zwoel

sum [sʌm] **I** *zn* ❶ som, bedrag, somma ★ *do sums* sommen maken ★ *good at sums* goed in rekenen ★ ~*sums* rekenen ❷ totaal ★ *in sum* in totaal ★ *sum total* totaal ❸ samenvatting, kern, waar het op neerkomt ★ *in sum* kort samengevat ★ *the sum (and substance) of...* de essentie van..., in één woord **II** *ov ww* ❶ ★ ~ *a person up* zich 'n oordeel vormen over iem. ❷ ~ **up** opsommen, optellen, samenvatten

summarily ['sʌmərəlɪ] *bijw* summier, beknopt

summarize, summarise ['sʌməraɪz] *ov ww* samenvatten

summary ['sʌmərɪ] **I** *zn* samenvatting **II** *bnw* kort, beknopt, summier ★ *do* ~ *justice / punishment* te standrechtelijk vonnissen / straffen ★ *deal* ~ *with* korte metten maken met

summation [sə'meɪʃən] *zn* optelling, totaal

summer ['sʌmə] **I** *zn* zomer ★ *Indian* ~ warme nazomer **II** *onov ww* de zomer doorbrengen

summer house *zn* zomerhuisje

summer school *zn* zomercursus

summer time ['sʌmə taɪm] *zn* ❶ zomertijd ❷ zomer (seizoen)

summery ['sʌməri] *bnw* zomerachtig

summing-up [sʌmɪŋ'ʌp] *zn* ❶ samenvatting ❷ eindoordeel, (eind)conclusie ⟨van rechter⟩, slotpleidooi ⟨van⟩ ⟨van advocaat⟩

summit ['sʌmɪt] *zn* ❶ top, toppunt ❷ topconferentie

summon ['sʌmən] *ov ww* ❶ dagvaarden, (op)roepen ❷ bijeenroepen, verzamelen ❸ ~ up vergaren, bijeenrapen, optrommelen

summoner ['sʌmənə] *zn* deurwaarder

summons ['sʌmənz] *zn mv* ❶ oproep(ing) ★ *a ~ for non-payment* een oproep wegens niet betalen ❷ dagvaarding ★ *answer a person's ~* gevolg geven aan iemands oproep

sump [sʌmp] *zn* ❶ mijnput ❷ GB oliereservoir ⟨van auto⟩

sumptuous ['sʌmptʃʊəs] *bnw* kostbaar, overdadig, weelderig

sun [sʌn] **I** *zn* zon ★ *against the sun* tegen de klok in ★ *with the sun* met de klok mee ★ *his sun is set* hij heeft zijn tijd gehad ★ *sun visor* doorzichtig zonnescherm ★ *beneath the sun* (hier) op aarde ★ *sun lounge* serre ★ *make hay while the sun shines* men moet het ijzer smeden als het heet is **II** *onov ww* (zich) in de zon koesteren, zonnen

Sun. *afk, Sunday* zondag

sun-baked ['sʌnbeɪkt] *bnw* zonovergoten, uitgedroogd

sunbathe ['sʌnbeɪð] *onov ww* zonnebaden

sunbeam ['sʌnbiːm] *zn* zonnestraal

sunblind ['sʌnblaɪnd] *zn* markies, zonnescherm

sunburn ['sʌnbɜːn] *zn* zonnebrand, zonnebruin ★ *~ed* / *~t* (ge)bruind door de zon

sundae ['sʌndeɪ] *zn* USA sorbet, coupe met vruchtenijs

Sunday ['sʌndeɪ] *zn* zondag ★ *one's ~ best* z'n zondagse kleren, z'n paasbest ★ *Mothering ~* Moederdag ★ *~ paper* zondagskrant ★ *when two ~s come together* met sint-juttemis

sun deck *zn* zonneterras, boven- / zonnedek

sunder ['sʌndə] **I** *zn* scheiding ★ *in ~* in tweeën, van elkaar, gescheiden **II** *ov ww* scheiden, splijten

sundial ['sʌndaɪəl] *zn* zonnewijzer

sundown ['sʌndaʊn] *zn* USA zonsondergang

sundowner [sʌndaʊnə] *zn* ❶ borrel ❷ AUS landloper

sun-dried ['sʌn-draɪd] *bnw* in de zon gedroogd

sundry ['sʌndrɪ] **I** *zn* ★ *all and ~* allemaal en iedereen ★ *sundries* diversen ★ *sundries*, verscheiden(e), allerlei **II** *bnw* diverse, verscheiden(e), allerlei

sunfish ['sʌnfɪʃ] *zn* koningsvis

sunflower ['sʌnflaʊə] *zn* zonnebloem

sung [sʌŋ] *ww* [volt. deelw.] → **sing**

sunglasses ['sʌnglɑːsɪz] *zn* zonnebril

sunk [sʌŋk] *ww* [volt. deelw.] → **sink**

sunken ['sʌŋkən] *bnw* ❶ gezonken, onder water ★ *~ rock* blinde klip ❷ ingevallen ⟨van wangen⟩, diepliggend ⟨van ogen⟩ ❸ hol

sunlamp ['sʌnlæmp] *zn* ❶ hoogtezon ❷ zonlichtlamp ⟨voor filmopnames⟩

sunlight ['sʌnlaɪt] *zn* zonlicht

sunlit ['sʌnlɪt] *bnw* door de zon verlicht

sunny ['sʌnɪ] *bnw* zonnig

sunproof ['sʌnpruːf] *bnw* lichtecht

sunray ['sʌnreɪz] *zn* zonnestraal

sunrise ['sʌnraɪz] *zn* zonsopgang

sunroof ['sʌnruːf] *zn* open dak, schuifdak

sunset ['sʌnset] *zn* zonsondergang ★ *~ slow* avondrood ★ *~ of life* levensavond

sunshade ['sʌnʃeɪd] *zn* parasol, zonnescherm

sunshine ['sʌnʃaɪn] *zn* zonneschijn

sunspot ['sʌnspɒt] *zn* zonnevlek, sproet

sunstroke ['sʌnstrəʊk] *zn* zonnesteek

suntan ['sʌntæn] **I** *zn* gebruinde huid **II** *onov ww* bruinen, bruin branden

suntanned ['sʌntænd] *bnw* bruin, gebruind

sun-up ['sʌn-ʌp] *zn* USA zonsopgang

sunwise ['sʌnwaɪz] *bijw* met de klok mee

sup [sʌp] *zn* → **bite** slokje **II** *ov ww* nippen aan, met kleine teugjes drinken

super- ['suːpə] *bnw* grandioos, prima

super- ['suːpə] *voorv* super-, over-

superabundance [suːpərə'bʌndəns] *zn* grote overvloed

superabundant [suːpərə'bʌndənt] *bnw* meer dan overvloedig, in rijke mate

superannuate [suːpər'ænjʊeɪt] *ov ww* ❶ ontslaan wegens leeftijd, pensioneren ❷ afdanken ★ *~d* gepensioneerd, afgedankt, verouderd ★ *be ~d* met pensioen gaan, van school gaan

superannuation [suːpərænjʊ'eɪʃən] *zn* pensionering

superb [suː'pɜːb] *bnw* voortreffelijk, zeer indrukwekkend, groots, meesterlijk

superbug *zn*, inform med ziekenhuisbacterie, MRSA-bacterie

supercargo ['suːpəkɑːgəʊ] *zn* supercarga

supercharger ['suːpətʃɑːdʒə] *zn* compressor

supercilious [suːpə'sɪlɪəs] *bnw* verwaand

supercup ['suːpəkʌp] *zn* voetb supercup

super-duper [suːpə'duːpə] *bnw* geweldig, grandioos

superficial [suːpə'fɪʃəl] *bnw* oppervlakkig

superficiality [suːpəfɪʃɪ'ælətɪ] *zn* oppervlakkigheid

superfine ['suːpəfaɪn] *bnw* zeer fijn, uiterst geraffineerd, voortreffelijk

superfluity [suːpə'fluːətɪ] *zn* overtolligheid, overvloed

superfluous [suː'pɜːfluəs] *bnw* overbodig, overtollig

supergrass ['suːpəgrɑːs] *zn* verrader, verklikker

superheat [suːpə'hiːt] *ov ww* oververhitten

superhighway *zn* ❶ USA autosnelweg ❷ comp digitale snelweg

superhuman [suːpə'hjuːmən] *bnw* bovenmenselijk

superimpose [suːpərɪm'pəʊz] *ov ww* ❶ (er) bovenop plaatsen ❷ ~ (up)on plaatsen op, bouwen op ★ *a yellow star ~d on a blue cross* een gele ster over een blauwe ster heen

superinduce [suːpərɪn'djuːs] *ov ww* ❶ form (eraan) toevoegen ❷ (er nog bij) veroorzaken

superintend [suːpərɪn'tend] *ov+onov ww* toezicht houden op, met controle belast zijn op

superintendence [suːpərɪn'tendəns] *zn* toezicht

superintendent [suːpərɪn'tendənt] *zn* ❶ inspecteur, opzichter ❷ directeur

❸ hoofdinspecteur ⟨van politie⟩ ★ *medical ~* geneesheer-directeur

superior [su:'pɪərɪə] **I** *zn* meerdere, superieur, overste ★ *Mother Superior* kloostermoeder **II** *bnw* ❶ uitmuntend, voortreffelijk, opper-, boven-, hoofd-, hoger-, beter-, groter- ❷ arrogant, verwaand ❸ biol bovenstandig ★ *~ letter / figure* letter / cijfer boven de lijn ★ *be ~ to* verheven zijn boven, staan boven ★ *~ to* hoger / beter dan, machtiger dan

superiority [su:pɪərɪ'ɒrətɪ] *zn* ❶ superioriteit ❷ *superiority over* voorrang boven ❸ meerderheid, groter aantal ❹ overmacht

superlative [su:'pɜ:lətɪv] **I** *zn* ❶ overtreffende trap ❷ superlatief ★ *we lacked ~s for his work* voor zijn werk kwamen we lovende woorden tekort **II** *bnw* allervoortreffelijkst, grandioos, buitengewoon ★ *~ degree* overtreffende trap

superman ['su:pəmæn] *zn* superman

supermarket ['su:pəmɑ:kɪt] *zn* supermarkt

supermarket trolley ['su:pəmɑ:kɪt 'trɒlɪ] *zn* winkelwagentje

supernatural [su:pə'nætʃərəl] **I** *zn* ★ *the ~* het bovennatuurlijke ★ *~ism* geloof in het bovennatuurlijke **II** *bnw* bovennatuurlijk

supernumerary [su:pə'nju:mərərɪ] **I** *zn* ❶ overtollige persoon / zaak ❷ figurant **II** *bnw* ❶ boventallig, extra ❷ overbodig

superordinate [su:pə'ɔ:dɪnət] *bnw* ❶ bovengeschikt, superieur ❷ taalk hyperoniem

superpose [su:pə'pəʊz] *ov ww* ❶ er boven(op) plaatsen ❷ *~ on* plaatsen op

superposition [su:pəpə'zɪʃən] *zn* superpositie

superpower ['su:pəpaʊə] *zn* supermacht

superscription [su:pə'skrɪpʃən] *zn* opschrift, inscriptie

supersede [su:pə'si:d] *ov ww* vervangen, in de plaats stellen of komen van

supersensitive [su:pə'sensɪtɪv] *bnw* overgevoelig, hypersensitief

supersession [su:pə'seʃən] *zn* vervanging

supersize ['su:pəsaɪz] *zn* grootste portie (van maaltijd, drank) ⟨in restaurant⟩

supersonic [su:pə'sɒnɪk] *bnw* supersonisch

supersonic bang *zn* klap bij het doorbreken van de geluidsbarrière

supersonics *zn mv* (studie van de) hoogfrequente geluidsgolven

superstar ['su:pəstɑ:] *zn* superster

superstition [su:pə'stɪʃən] *zn* bijgeloof

superstitious [su:pə'stɪʃəs] *bnw* bijgelovig

superstore *zn* grote supermarkt

superstructure ['su:pəstrʌktʃə] *zn* ❶ bovenbouw ❷ (op grondstelling opgebouwde) theorie

supertax ['su:pətæks] *zn* extra belasting boven bepaald inkomen

supervene [su:pə'vi:n] *onov ww* er (nog) bij / tussen komen

supervention [su:pə'venʃən] *zn* tussenkomst

supervise ['su:pəvaɪz] **I** *ov ww* het toezicht belast zijn, toezicht houden op, controleren **II** *onov ww* surveilleren, toezicht houden

supervision [su:pə'vɪʒən] *zn* supervisie, controle

supervisor ['su:pəvaɪzə] *zn* ❶ inspecteur, (afdelings)chef, controleur ❷ studiebegeleider, promotor

supervisory [su:pə'vaɪzərɪ] *bnw* toezichthoudend, controle-, toeziend

supine ['su:paɪn] **I** *zn* supinum **II** *bnw* ❶ achteroverliggend ❷ traag, lui

supper ['sʌpə] *zn* lichte avondmaaltijd, souper ★ *rel the Last Supper* het Laatste Avondmaal ★ *the Lord's Supper* de eucharistie, het Avondmaal ★ *have ~* het avondmaal gebruiken ★ *what's for ~?* wat eten we vanavond?

supplant [sə'plɑ:nt] *ov ww* (listig) verdringen, eruit werken

supple ['sʌpl] *bnw* ❶ buigzaam, soepel, lenig ❷ gedwee, gewillig

supplement ['sʌplɪmənt] **I** *zn* supplement, aanvulling, bijvoegsel **II** *ov ww* aanvullen, toevoegen

supplementary [sʌplɪ'mentərɪ] *bnw* aanvullend

suppleness ['sʌplnəs] *zn* gratie ⟨van beweging⟩, soepelheid, souplesse

suppliant ['sʌplɪənt] **I** *zn* smekeling, verzoeker **II** *bnw* smekend

supplicate ['sʌplɪkeɪt] **I** *ov ww* nederig verzoeken of vragen **II** *onov ww* ❶ een nederig verzoek richten tot ❷ *~ for* smeken om

supplication [sʌplɪ'keɪʃən] *zn* smeekbede

supplier [sə'plaɪə] *zn* leverancier

supplies [sə'plaɪz] *zn mv* voorraden, goedgekeurde gelden, budget ★ *vote ~* onkostenbudget goedkeuren ★ *food ~* voedselvoorziening ★ *power ~* stroomvoorziening ★ *water ~* watervoorziening

supply[1] [sə'plaɪ] *zn* ❶ voorraad ❷ levering, bevoorrading, proviandering, voorziening ★ *~ and demand* vraag en aanbod ★ *food supplies* voedselvoorziening ❸ vervanger ★ *~ teacher* vervanger

supply[2] [sə'plaɪ] *ov ww* ❶ voorzien in / van, (kunnen) leveren, geven ★ *~ the demand* voldoen aan de (aan)vraag ★ *~ a want* in een lacune voorzien ❷ aanvullen, vervullen ★ *~ line* toevoerlijn ❸ *~ with* voorzien van

support [sə'pɔ:t] **I** *ov ww* ❶ steunen ❷ stutten, staande houden ❸ onderhouden ★ *she has no means to ~ herself* ze kan zichzelf niet onderhouden ❹ uithouden, verdragen ❺ fig staan achter ❻ volhouden (van bewering), in stand houden **II** *zn* ❶ steun, ondersteuning ★ *in ~ of* ter ondersteuning van ❷ (levens)onderhoud ★ *means of ~* bron van inkomsten ❸ stut, steunsel ❹ mil ★ *troops in ~* steuntroepen

supportable [sə'pɔ:təbl] *bnw* draaglijk, uit te houden

supporter [sə'pɔ:tə] *zn* ❶ aanhanger ❷ supporter ❸ donateur

supportive [sə'pɔ:tɪv] *bnw* (onder)steunend, hulpvaardig

suppose [sə'pəʊz] *ov ww* ❶ veronderstellen ★ *~ he knew* (en) als hij het nu eens wist ❷ vermoeden, geloven, denken ★ *be ~d to* moeten ★ *not be ~d to* niet mogen ★ *the ~d teacher* de vermeende leraar ★ *supposing* als, indien ★ *always supposing* mits ★ *~dly* naar men mag aannemen, vermoedelijk

supposition [sʌpə'zɪʃən] *zn* veronderstelling

suppositional [sʌpə'zɪʃənəl] *bnw* verondersteld,

su

hypothetisch
suppositious [sʌpə'zɪʃəs] *bnw* ❶ vals, niet echt
❷ hypothetisch
suppository [sə'pozɪtərɪ] *zn* zetpil
suppress [sə'pres] *ov ww* ❶ onderdrukken ★ *she
~ed the pain* ze onderdrukte de pijn
❷ verbieden ⟨van krant, boek⟩ ❸ achterhouden
suppression [sə'preʃən] *zn* onderdrukking
suppressive [sə'presɪv] *bnw* onderdrukkend
suppressor [sə'presə] *zn* onderdrukker
suppurate ['sʌpjʊərert] *onov ww* etteren
suppuration [sʊpʊə'reɪʃən] *zn* ettering
supra- ['su:prə] *voorv* ❶ voor- ❷ boven-
supremacy [su:'preməsɪ] *zn* suprematie, hoogste
gezag of macht ★ *naval* ~ overmacht op zee
supreme [su:'pri:m] *bnw* ❶ hoogste, opperste ★ ~
folly het toppunt van dwaasheid ★ ~ *fidelity*
trouw tot in de dood ★ *Supreme Pontiff* de paus
★ *the Supreme Being* de Allerhoogste ⟨God⟩
❷ oppermachtig
supremely [su:'pri:mlɪ] *bijw* → **supreme** in hoge
mate ★ *she is ~ confident* ze is ervan overtuigd
surcharge [sɜ:tʃɑ:dʒ] I *zn* ❶ overlading,
overbelasting ❷ extra betaling, extra belasting
❸ toeslag, strafport, opdruk ⟨op postzegel⟩
❹ overbelasting II *ov ww* ❶ overbelasten,
overladen ❷ extra laten betalen
surcoat ['sɜ:kəʊt] *zn* wapenrok
sure [ʃɔ:] I *bnw* ❶ zeker, waar ★ *I know for sure* ik
weet het zeker ★ *he is sure to come* hij komt
zeker ★ *for sure* zeker ★ *make sure* zich ervan
vergewissen, eraan denken, niet vergeten
❷ veilig, betrouwbaar ★ *a sure thing* een
zekerheid ❸ verzekerd ★ *he is very sure of
himself* hij is erg zelfverzekerd ★ *make sure of*
zich verzekeren van ★ *be sure* er zeker van zijn
★ *to be sure* weliswaar, nog wel ★ *I'm sure I
didn't mean to* het was heus mijn bedoeling niet
om ★ *be sure to* denk eraan dat je ★ *feel sure*
ervan overtuigd zijn II *bijw* USA (ja)zeker ★ *as
sure as eggs is eggs* zo zeker als 2 x 2 vier is
★ *sure enough* zeker, nou en wel
sure-fire *bnw* onfeilbaar, zeker ★ ~ *winner*
geheide winnaar
sure-footed [ʃɔ:'fʊtɪd] *bnw* ❶ stevig op de benen
❷ *fig* betrouwbaar
surely ['ʃɔ:lɪ] *bijw* ❶ gerust ❷ toch (wel) ★ ~ *you
don't expect me to believe that* je verwacht toch
niet dat ik dat geloof ★ USA zeker ★ ~ *not*
beslist niet
surety ['ʃʊ:rətɪ] *zn* borg
surf [sɜ:f] I *zn* branding II *onov ww* surfen
surface ['sɜ:fɪs] I *zn* ❶ oppervlakte ❷ buitenkant
★ *of / on the* ~ aan de oppervlakte, oppervlakkig
★ *break the* ~ aan de oppervlakte komen II *ov
ww* ❶ naar de oppervlakte brengen ❷ van een
wegdek voorzien III *onov ww* opduiken
surface mail *zn* post via land of zee
⟨niet-luchtpost⟩
surfboard ['sɜ:fbɔ:d] *zn* surfplank
surfeit ['sɜ:fɪt] *zn* overlading, oververzadiging
surfer ['sɜ:fə] *zn* surfer, windsurfer
surfing ['sɜ:fɪŋ] *zn* (het) surfen
surf-riding *zn* surfen
surge [sɜ:dʒ] I *zn* ❶ golf, golven ❷ plotselinge
toename ★ *a ~ in electricity* een stroompiek

II *onov ww* ❶ (hoog) golven, deinen
❷ toenemen ❸ ~ **forward** plotseling naar
voren gaan ★ *the crowd ~d forward* de menigte
ging plotseling naar voren ❹ ~ **up** opwellen
surgeon ['sɜ:dʒən] *zn* ❶ chirurg ❷ arts ★ *dental* ~
tandarts ★ *manipulative* ~ manueel therapeut
★ *veterinary* ~ veearts
surgery ['sɜ:dʒərɪ] *zn* ❶ chirurgie, operatieve
ingreep ★ *corrective* ~ plastische chirurgie
★ *cosmetic* ~ plastische chirurgie ★ *dental* ~
tandheelkunde ❷ spreekkamer, spreekuur,
apotheek ⟨van arts⟩
surgical ['sɜ:dʒɪkl] *bnw* chirurgisch ★ ~ *case*
instrumententas
surly ['sɜ:lɪ] *bnw* humeurig, knorrig, nors
surmise [sə'maɪz] I *zn* gissing, vermoeden II *ov
ww* gissen, vermoeden ★ *he ~d that it was her*
hij vermoedde dat zij het was
surmount [sə'maʊnt] *ov ww* ❶ te boven komen,
overwinnen ★ *the opposition has been ~ed* de
tegenstand is overwonnen ❷ staan op ★ ~*ed by
a crown* met een kroon erop
surmountable [sə'maʊntəbl] *bnw* overwinbaar
surname ['sɜ:neɪm] *zn* achternaam
surpass [sə'pɑ:s] *ov ww* overtreffen
surplice ['sɜ:plɪs] *zn* koorhemd
surplus ['sɜ:pləs] I *zn* teveel, overschot ★ *an
operating* ~ bedrijfswinst II *bnw* overtollig ★ ~
goods legergoederen die niet meer gebruikt en
daarom verkocht worden ★ ~ *population*
overbevolking ★ ~ *value* meerwaarde
surprise [sə'praɪz] I *zn* verrassing, verbazing ★ *to
my* ~ tot mijn verwondering ★ *take by* ~
overrompelen, bij verrassing (in)nemen II *ov
ww* verwonderen, verrassen, overrompelen ★ *be
~d at* zich verwonderen / verbazen over ★ *I
should not be ~d if* het zou me niet
verwonderen als ★ *I'm ~d at you* ik sta van je te
kijken ⟨als verwijt⟩ ★ ~ *a person into* iem.
onverhoeds brengen tot III *bnw* verrassings- ★ ~
visit onverwacht bezoek
surprising [sə'praɪzɪŋ] *bnw* verwonderlijk,
wonderbaarlijk
surreal [sə'rɪəl] *bnw* surrealistisch
surrealism [sə'rɪəlɪzəm] *zn* surrealisme
surrealist [sə'ri:əlɪst] *zn* surrealist
surrender [sə'rendə] I *ov ww* ❶ overgeven
❷ opgeven, afstand doen van ★ ~ *a policy* een
polis afkopen II *onov ww* zich overgeven,
capituleren III *zn* overgave
surreptitious [sʌrəp'tɪʃəs] *bnw* heimelijk
(verkregen), clandestien ★ *a ~ look* een stiekeme
blik
surrogate ['sʌrəgət] I *zn* ❶ (plaats)vervanger
⟨speciaal van bisschop⟩ ❷ vervangmiddel,
surrogaat II *bnw* vervangend ★ ~ *mother*
draagmoeder
surround [sə'raʊnd] I *ov ww* omringen,
omsingelen, omgeven II *zn mv* omgeving ★ *the
immediate ~s* de onmiddellijke omgeving
surrounding [sə'raʊndɪŋ] *bnw* naburig
surroundings [sə'raʊndɪŋz] *zn mv* omgeving
surtax ['sɜ:tæks] I *zn* extra belasting II *ov ww*
extra belasten
surveillance [sɜ:'veɪləns] *zn* toezicht
survey[1] ['sɜ:veɪ] *zn* ❶ overzicht, rapport

❷ onderzoek, enquête ❸ inspectie, taxatie ❹ opmeting
survey² [sə'vei] *ov ww* ❶ inspecteren, in ogenschouw nemen, bekijken ❷ opmeten, opnemen, taxeren
surveying [sər'veiiŋ] *zn* ❶ landmeting, landmeter ❷ landmeetkunde
surveyor [sə'veiə] *zn* ❶ opzichter ❷ inspecteur ❸ landmeter ❹ taxateur ★ *~ship* inspecteurschap
survival [sə'vaivəl] *zn* ❶ het overleven ❷ overblijfsel ★ *~ of the fittest* het blijven voortbestaan van de sterksten ★ *~ kit* overlevingsuitrusting
survive [sə'vaiv] **I** *onov ww* ❶ overleven ❷ nog (voort)leven of bestaan **II** *ov ww* overleven ★ *he ~d his son* hij overleefde zijn zoon
survivor [sə'vaivə] *zn* ❶ langst levende ★ *a ~ of last year's football team* iem. overgebleven uit voetbalteam van vorig jaar ❷ overlevende, geredde ★ *he was among the ~s* hij behoorde tot degenen die niet omgekomen waren
susceptibility [səsεptə'brilətɪ] *zn* ontvankelijkheid ★ *increased ~ to colds* vatbaarder voor verkoudheid
susceptible [sə'sεptɪbl] *bnw* ontvankelijk, gemakkelijk te beïnvloeden, lichtgeraakt, gauw verliefd ★ *~ of* vatbaar voor ★ *~ to* gevoelig voor
sushi ['su:ʃi] *zn* sushi ⟨Japanse snack⟩
suspect¹ ['sʌspekt] **I** *zn* verdachte **II** *bnw* verdacht
suspect² [səs'pekt] **I** *ov ww* verdenken, wantrouwen **II** *onov ww* ❶ vermoeden, geloven ❷ argwaan koesteren
suspend [sə'spend] *ov ww* ❶ opschorten, verdragen, uitstellen, schorsen, tijdelijk intrekken ★ *~ payments* de betalingen staken ★ *~ed animation* schijndood ❷ ophangen ★ *be ~ed* zweven ❸ *~ from* ophangen aan, ontheffen van
suspender [sə'spendə] *zn* ❶ sokophouder ❷ jarretelle
suspenders [sə'spendəz] *zn mv* USA bretels
suspense [sə'spens] *zn* (angstige) spanning, onzekerheid ★ *~ account* voorlopige rekening ★ *don't keep us in ~* laat ons niet in onzekerheid
suspension [sə'spenʃən] *zn* ❶ schorsing, (tijdelijke) stopzetting ❷ scheik suspensie ❸ techn ophanging, vering ★ *~ of fighting* gevechtspauze ★ *~ bridge* hangbrug ★ *~ lamp* hanglamp
suspensive [sə'spensɪv] *bnw* form hangende, opschortend
suspensory [sə'spensərɪ] *bnw* opschortend ★ *~ bandage* draagverband, suspensoir
suspicion [sə'spɪʃən] *zn* ❶ argwaan, wantrouwen, verdenking ❷ (flauw) vermoeden, spoortje, tikkeltje ★ *lurking ~* vaag vermoeden
suspicious [sə'spɪʃəs] *bnw* ❶ verdacht ❷ achterdochtig ★ *be ~ of* wantrouwen
sustain [sə'stein] *ov ww* ❶ steunen ❷ verdragen ❸ doorstaan ❹ lijden ❺ in stand houden, staande of gaande houden ❻ volhouden ❼ aanhouden ❽ staven, bevestigen ★ *~ing food* versterkend voedsel
sustainable [sə'steinəbl] *bnw* ❶ houdbaar ❷ duurzaam

sustained [sə'steind] **I** *bnw* aanhoudend, volhoudend, samenhangend **II** *tw* ★ USA *~!* (door rechter) toegewezen!
sustenance ['sʌstɪnəns] *zn* ❶ steun ❷ voeding, voedsel
suture ['su:tʃə] **I** *zn* ❶ hechting ❷ schedelnaad **II** *ov ww* hechten
svelte [svelt] *bnw* soepel, slank
SW *afk, southwest(ern)* zuidwest(elijk)
swab [swɒb] **I** *zn* ❶ zwabber, vaat- / wrijfdoek, ook fig dweil ❷ wattenbolletje ❸ med uitstrijkje **II** *ov ww* opdweilen, schoonmaken
swaddle ['swɒdl] *ov ww* inbakeren, inpakken ⟨van baby⟩
swaddling clothes *zn* oud windsels, luiers ★ *he is just out of swaddling-bands* hij komt pas kijken
swag [swæg] *zn* straatt buit, roof
swagger ['swægə] **I** *zn* ❶ branie, lef ❷ zwierigheid, gepronk **II** *bnw* chic, zwierig **III** *onov ww* ❶ branieachtig lopen ❷ pronken
swain [swein] *zn* ❶ aanbidder ❷ oud boerenzoon
swallow ['swɒləʊ] **I** *ov ww* ❶ (in)slikken ★ *~ the bait* erin vliegen ★ *~ your words* je woorden terugnemen ★ *be ~ed up by* opgaan aan ❷ verslinden ❸ *~ down* inslikken ❹ *~ up* verzwelgen **II** *onov ww* slikken **III** *zn* ❶ zwaluw ★ *one ~ does not make a summer* één zwaluw maakt nog geen zomer ★ *~ dive* zwaluwsprong ❷ slok
swallowtail ['swɒləʊteil] *zn* ❶ zwaluwstaart ❷ koninginnenpage ⟨vlinder⟩ ❸ rok ★ *~ed* gevorkt, in rok ★ *~ed coat* rok
swam [swæm] *ww* (verleden tijd) → **swim**
swamp [swɒmp] **I** *zn* moeras **II** *ov ww* vol of onder water doen lopen ★ *be ~ed with* overstelpt worden met **III** *onov ww* overstromen
swampy ['swɒmpɪ] *bnw* moerassig, drassig
swan [swɒn] *zn* zwaan ★ letterk *Swan of Avon* Shakespeare ★ fig *black swan* witte raaf ★ *mute swan* knobbelzwaan
swank [swæŋk] **I** *zn* branie **II** *onov ww* bluffen
swanky ['swæŋkɪ] *bnw* ❶ opschepperig ❷ piekfijn, chic
swansdown ['swɒnzdaʊn] *zn* zwanendons
swansong ['swɒnsɒŋ] *zn* zwanenzang
swap [swɒp], **swop** **I** *zn* ruil(handel), ruilobject ★ *do a swap* ruilen **II** *ww* ❶ (uit)wisselen ★ *swap stories* elkaar verhalen vertellen ❷ verruilen, (om)ruilen, omwisselen ★ *swap places* van plaats verwisselen
swarm [swɔ:m] **I** *zn* zwerm ★ *a ~ of bees* een zwerm bijen **II** *onov ww* ❶ zwermen ❷ *~ with* wemelen van
swarthy ['swɔ:ðɪ] *bnw* donker(bruin), gebruind, zwart
swash [swɒʃ] **I** *zn* geklots **II** *onov ww* klotsen, kletsen, plonzen
swashbuckler ['swɒʃbʌklə] *zn* ijzervreter, vuurvreter
swashbuckling ['swɒʃbʌklɪŋ] **I** *zn* branie(schopperij), bluf **II** *bnw* branieachtig, blufferig
swastika ['swɒstɪkə] *zn* swastika, hakenkruis
swat [swɒt] **I** *ov ww* (dood)slaan ⟨van vlieg⟩ **II** *zn* mep, klap

SW

swath [swɔ:θ] *zn* strook, stuk ★ *cut a wide ~ through sth* ergens een spoor van vernieling trekken

swathe [sweɪð] **I** *ov ww* inbakeren, zwachtelen, omhullen **II** *zn* strook, stuk ★ *cut a wide ~ through sth* ergens een spoor van vernieling trekken

sway [sweɪ] **I** *ov ww* **❶** beïnvloeden, bewerken **❷** (be)heersen (over) ★ *be swayed by* zich laten beïnvloeden door **II** *onov ww* zwaaien, zwiepen, slingeren ★ *the car swept from side to side* de auto slingerde heen en weer **III** *zn* **❶** zwaai **❷** heerschappij, overwicht, invloed, macht ★ *hold sway over sb* de scepter zwaaien, heersen over iem.

swear [sweə] [onregelmatig] **I** *ov ww* **❶** (be)zweren, beëdigen, onder ede verklaren ★ *~ against* onder ede beschuldigen ★ *not enough to ~ by* een schijntje ★ *~ to secrecy* onder ede geheimhouding laten beloven **❷** ~ **by** zweren bij **❸** ~ **in** beëdigen **❹** ~ **off** afzweren **❺** ~ **to** zweren op **II** *onov ww* **❶** zweren **❷** vloeken **❸** ~ **at** vloeken op

swear word ['sweəwɜːd] *zn* vloek

sweat [swet] **I** *ov ww* [regelmatig + onregelmatig] **❶** doen zweten **❷** afbeulen, uitbuiten **II** *onov ww* [regelmatig + onregelmatig] **❶** zweten **❷** zwoegen **III** *zn* **❶** zweet, het uitzweten ★ *cold ~* het klamme zweet ★ *be in a ~* in de rats zitten ★ *in / by the ~ of one's brow* in het zweet des aanschijns **❷** lastig werk ★ *it's an awful ~* het is een heel karwei

sweatband ['swetbænd] *zn* zweetband

sweated ['swetɪd] **I** *bnw* onderbetaald, tegen hongerloon gemaakt ★ *~ labour* tegen hongerloon verrichte arbeid, slavenarbeid **II** *ww* [verleden tijd + volt. deelw.] → **sweat**

sweater ['swetə] *zn* sportieve pullover

sweat gland *zn* zweetklier

sweatshirt *zn* katoenen sporttrui

sweatshop ['swetʃɒp] *zn omschr* bedrijf waar werknemers worden uitgebuit

sweaty ['swetɪ] *bnw* bezweet

Swede [swiːd] *zn* Zweed

Sweden ['swiːdn] *zn* Zweden

Swedish ['swiːdɪʃ] *bnw* Zweeds

sweep [swiːp] *ov ww* [onregelmatig] **❶** vegen **❷** snellen door, slaan over, woeden over, teisteren ★ *the country was swept by war* het land werd geteisterd door oorlog ★ *~ the keys / strings* zijn vingers (snel) over de toetsen / snaren laten glijden **❸** bestrijken ★ *~ the board* met de hele inzet gaan strijken **❹** afzoeken, afdreggen ★ *~ the horizon with your eyes* je ogen langs de horizon laten gaan **❺** wegvagen, drijven, voeren, meeslepen, in vervoering brengen ★ *~ a constituency* alle stemmen van een kiesdistrict op zich verenigen ★ *be swept along* meegesleept worden ★ *~ the enemy before you* de vijand voor je uit drijven **❻** ~ **away** wegvagen ★ *his memory was swept away* zijn herinnering werd weggevaagd **❼** ~ **off** wegvoeren, met één streek wegvagen ★ *be swept off your feet* ondersteboven geworpen worden, overdonderd worden **❽** ~ **up** opvegen,

aanvegen **❾** ~ **with** meeslepen **II** *onov ww* [onregelmatig] **❶** gaan, snellen, woeden ★ *the cavalry swept down the valley* de ruiters snelden door het dal ★ *~ down on* neerschieten op **❷** strijken over, zich uitstrekken, met een wijde bocht lopen ★ *the mountains swept down to the sea* de bergen strekten zich uit tot aan de zee **❸** vegen ★ *a new broom ~s clean* nieuwe bezems vegen schoon **❹** statig schrijden ★ *~ out of the room* statig de kamer uitschrijden, de kamer uit vliegen **❺** ~ **along** voortsnellen ★ *the wind swept along the windows* de wind suisde langs de ramen **❻** ~ **by** voorbij schrijden / snellen **❼** ~ **over** razen over, slaan over **❽** ~ **through** gaan / snellen door ★ *fear swept through his limbs* angst voer hem door de leden **III** *zn* **❶** schoorsteenveger **❷** lange roeiriem **❸** het vegen ★ *give the room a ~* de kamer vegen **❹** bocht, draai, zwaai, slag **❺** omvang, bereik, sector **❻** stroming, beweging **❼** schoonmaakbeurt ★ *make a clean ~ (of sth)* schoon schip maken, alle prijzen winnen die er te behalen zijn

sweeper ['swiːpə] *zn* **❶** veger **❷** straatveger, schoorsteenveger **❸** veegmachine **❹** libero ⟨voetbal⟩

sweeping ['swiːpɪŋ] *bnw* **❶** vegend, zich uitstrekkend over een (grote) oppervlakte **❷** (te) veelomvattend, (te) algemeen ★ *a ~ statement* een onweerlegbare uitspraak **❸** overweldigend, radicaal, kolossaal

sweepstake ['swiːpsteɪk] *zn* [ook als mv] sweepstake, wedren

sweet [swiːt] **I** *zn* **❶** GB bonbon, snoepje **❷** dessert **❸** inform lieveling ★ *~s* snoep, dessert, aangename dingen ★ USA *~ corn* suikermaïs **II** *bnw* **❶** lief, leuk, zoet ★ *have a ~ tooth* van zoet houden ★ *~ one* lieve schat ★ *be ~ on* verliefd zijn op ★ *at your own ~ will* net zo als je wilt, zo maar vanzelf ★ *~ pepper* paprika ★ *~ potato* bataat **❷** fris ★ *clean and ~* netjes **❸** heerlijk ruikend ★ *~ pea* lathyrus

sweet-and-sour *bnw* zoetzuur

sweetbread ['swiːtbred] *zn* zwezerik

sweeten ['swiːtn] **I** *ov ww* **❶** verzachten, veraangenamen, verlichten ★ *~ it up* aangenamer maken **❷** zoet maken ★ *you like it ~ed?* suiker erin? **II** *onov ww* zoeter worden

sweetener ['swiːtənə] *zn* **❶** zoetstof(tabletje) **❷** douceurtje

sweetening [swiːtnɪŋ] *zn* suiker, zoetstof

sweetheart ['swiːthɑːt] *zn* **❶** oud liefste, schattebout **❷** vriendje / vriendinnetje ⟨romantisch⟩ **❸** verkering ★ *they are ~s* zij hebben verkering

sweetie ['swiːtɪ] *zn* **❶** jeugdt snoepje **❷** schatje

sweeting ['swiːtɪŋ] *zn* zoete appel

sweetish ['swiːtɪʃ] *bnw* zoetig, vrij zoet

sweetly ['swiːtlɪ] *bijw* zoet, lief, charmant ★ *the bike runs ~* de fiets loopt lekker

sweetmeat ['swiːtmiːt] *zn* bonbon, snoepje

sweetness ['swiːtnəs] *zn* zoetheid ★ *~ and light* poeslief gedrag

sweet-scented [swiːt'sentɪd] *bnw* aromatisch, geurend, geparfumeerd

sweet shop ['swiːtʃɒp] *zn* snoepwinkel, kiosk

sweet-tempered [swiːtˈtempəd] *bnw* zacht, lief

swell [swel] **I** *zn* ❶ zwelling ❷ deining ❸ <u>inform</u> grote meneer, hoge piet ❹ <u>straatt</u> kei ⟨in bepaald (school)vak⟩ **II** *ov ww* [regelmatig + onregelmatig] ❶ doen zwellen ❷ opblazen ★ *to ~ the chorus of admiration* in het koor van bewonderaars meezingen **III** *onov ww* [regelmatig + onregelmatig] ❶ zwellen, uitdijen, aanzwellen, opzetten, uitzetten ❷ bol gaan staan, zich opblazen ★ *~ with pride* zich opblazen van trots **IV** *bnw* ❶ <u>USA</u> eersteklas, prima ❷ <u>oud</u> chic **V** *bijw* <u>USA</u> grandioos, prachtig

swell box [swelbɒks] *zn* <u>muz</u> zwelkast

swelling [ˈswelɪŋ] **I** *zn* zwelling, buil, gezwel **II** *bnw* zwellend

swelter [ˈsweltə] *onov ww* stikken van de hitte

sweltering [ˈsweltərɪŋ] **I** *zn* drukkende hitte **II** *bnw* snikheet

swept [swept] *ww* [verleden tijd + volt. deelw.] → **sweep**

swerve [swɜːv] **I** *zn* afbuiging, afwijking **II** *onov ww* afbuigen, afwijken, zwenken **III** *ov ww* doen afbuigen, doen afwijken ★ *he ~d his motorbike round the corner* hij boog met zijn motorfiets om de hoek

swift [swɪft] **I** *zn* gierzwaluw **II** *bnw* ★ *~ to take offence* gauw op zijn teentjes getrapt

swift-footed [swɪftˈfʊtɪd] *bnw* snel ter been

swig [swɪg] **I** *zn* teug **II** *ov+onov ww* <u>straatt</u> drinken, zuipen

swill [swɪl] **I** *zn* spoeling, spoelwater ★ <u>USA</u> <u>plat</u> *swell ~* fijne, chique spullen of kleding, heerlijkheden **II** *ov ww* ❶ spoelen, zuipen ❷ *~ out* uitspoelen

swim [swɪm] **I** *ov ww* [onregelmatig] zwemmen, overzwemmen, laten zwemmen **II** *onov ww* ❶ zwemmen, drijven ★ *swim with the tide* meedoen met de rest ★ *swim a person a 100 yards* 100 yards tegen iem. zwemmen ❷ draaien (voor de ogen), duizelen ★ *she swam into the room* zij kwam de kamer binnen zweven **III** *zn* ❶ (het) zwemmen, zwempartij ❷ kuil (in rivier) waar veel vis zit ★ *have a swim* (gaan) zwemmen ★ *go for a swim* (gaan) zwemmen ★ *be in the swim* meedoen, op de hoogte zijn van wat er zoal gebeurt

swimmer [ˈswɪmə] *zn* ❶ zwemmer ❷ zwemvogel

swimming costume *zn* zwempak

swimmingly [ˈswɪmɪŋli] *bnw* makkelijk, moeiteloos

swimming pool *zn* zwembad

swimsuit [ˈswɪmsuːt] *zn* badpak, zwembroek

swindle [ˈswɪndl] **I** *zn* zwendel, oplichterij ★ *it's a ~* het is zwendel **II** *ov ww* ★ *~ money out of a person* iem. geld afzetten

swindler [ˈswɪndlə] *zn* oplichter

swine [swaɪn] *zn* zwijn(en) ★ *~ plague / fever* varkenspest ★ *~'s snout* paardenbloem

swineherd [ˈswaɪnhɜːd] *zn* varkenshoeder

swing [swɪŋ] **I** *zn* ❶ (het) zwaaien, zwaai, schommeling, slag ★ *~ of the pendulum* wisseling van de macht tussen politieke partijen, het heen en weer gaan ⟨van de publieke opinie⟩ ❷ schommel ❸ vaart, (kwieke)

gang ★ *in full ~* in volle gang, bruisend van activiteit ★ *get intò ~* op dreef komen, zijn draai krijgen ❹ vlot ritme ❺ <u>muz</u> swing ❻ <u>sport</u> slag ★ *fig take one's ~ at sth* iets te lijf gaan ⟨een probleem aanpakken⟩ **II** *ov ww* [onregelmatig] ❶ doen / laten zwaaien, doen / laten slingeren, doen / laten schommelen ★ *~ a child onto one's shoulder* een kind op zijn schouder wippen ★ *there was no room to ~ a cat (in)* je kon je er niet wenden of keren ★ *~ a hammock* een hangmat ophangen ★ *~ into line* in linie brengen of komen ❷ beïnvloeden, manipuleren ★ *~ the lead* zijn snor drukken, lijntrekken ❸ swingen ★ *the door swung to* de deur sloeg dicht **III** *onov ww* ❶ schommelen, zwaaien, slingeren, draaien, zwenken ❷ hangen ❸ <u>inform</u> het goed doen, modieus zijn ❹ <u>muz</u> swingen ❺ kwiek lopen, lustig marcheren ❻ <u>straatt</u> *~ for* opgehangen worden voor ❼ *~ from* hangen aan, bengelen aan ❽ *~ on* draaien om ❾ *~ round* (zich) omdraaien, omzwenken

swing door [swɪŋˈdɔː] *zn* tochtdeur

swinge [swɪndʒ] *ov ww* afranselen

swingeing [ˈswɪndʒɪŋ] *bnw* <u>GB</u> kolossaal ★ *~ tax increases* enorme belastingtoenames

swinger [ˈswɪŋə] *zn* levensgenieter, bon vivant

swinging [ˈswɪŋɪŋ] *bnw* ❶ actief, lustig, kwiek ❷ *fig* bruisend

swing state *zn,* <u>USA</u> <u>pol</u> <u>omschr</u> staat waar Democraten noch Republikeinen een duidelijke meerderheid hebben

swinish [ˈswaɪnɪʃ] *bnw* beestachtig

swipe [swaɪp] **I** *zn* harde slag, mep **II** *ov ww* ❶ hard slaan, flink raken ❷ <u>straatt</u> gappen, wegpikken ❸ door een afleesapparaat halen ⟨van een magneetkaart⟩ **III** *onov ww* slaan, uithalen ★ *she ~d at him with her handbag* ze haalde naar hem uit met haar handtasje

swirl [swɜːl] **I** *zn* snelle beweging van vis **II** *onov ww* warrelen, wervelen **III** *ov ww* draaien ★ *he ~ed her around* hij draaide haar in het rond

swish [swɪʃ] **I** *zn* gesuis **II** *bnw* ❶ exclusief ❷ <u>straatt</u> reuzechic **III** *onov ww* ❶ ruisen (van zijde) ❷ suizen ★ *she ~ed passed* ze suisde voorbij ❸ fluiten ⟨van kogel⟩ ❹ zwiepen **IV** *ov ww* zwiepen ★ *he ~ed the door open* hij zwiepte de deur open

Swiss [swɪs] **I** *zn* Zwitser(s) **II** *bnw* Zwitsers

switch [swɪtʃ] **I** *ov ww* ❶ (plotseling) draaien, wenden, richten ★ *~ allegiance* overlopen naar het andere kamp ❷ aan de knop draaien, (over)schakelen ❸ op ander spoor leiden, rangeren ❹ (ver)wisselen, <u>elek</u> omschakelen ❺ *~ off* uit- / afdraaien, uitschakelen, verbinding verbreken, andere richting geven, afleiden ❻ *~ on* aandraaien, inschakelen, aansluiten, verbinden **II** *onov ww* ❶ omschakelen, overschakelen ★ *the car ~ed to the other lane* de auto veranderde van rijbaan ★ *~ed on* met de ogen open, onder de invloed van drugs ❷ *~ (on/over)* overgaan op **III** *zn* ❶ schakelaar, knop ❷ (spoor)wissel ❸ twijg, roe ❹ haarstukje

switchback [ˈswɪtʃbæk] *zn* ❶ zigzagspoorlijn ⟨tegen helling⟩ ❷ roetsjbaan

switchblade ['swɪtʃbleɪd] *zn* ★ ~ *knife* stiletto
switchboard ['swɪtʃbɔːd] *zn* schakelbord, telefooncentrale
Switzerland ['swɪtsələnd] *zn* Zwitserland
swivel ['swɪvəl] **I** *zn* ❶ wervel ❷ draaibank **II** *ov+onov ww* draaien (als) om een wervel
swivel chair *zn* draaistoel
swizzle stick ['swɪzəlstɪk] *zn* swizzlestick, stokje om dranken te roeren
swollen ['swəʊlən] *ww* [volt. deelw.] → **swell**
swoon [swuːn] *zn* ❶ oud flauwte **II** *onov ww* ❶ oud flauwvallen, in zwijm vallen ❷ langzaam wegsterven
swoop [swuːp] **I** *zn* forse ruk, slag ★ *at / in one fell ~* met / in één klap **II** *onov ww* ❶ een inval doen ❷ ~ **down upon** neerschieten op ⟨als 'n roofvogel⟩, aanvallen ❸ ~ **up** (weg)grissen, inrekenen
swop [swɒp] → **swap**
sword [sɔːd] *zn* zwaard, degen, sabel ★ *a double-edged ~* een tweesnijdend zwaard *ook fig* , zaak met positieve en negatieve kant ★ *cross / measure ~s* de degens kruisen ★ *put to the ~* over de kling jagen ★ ~ *law* militaire dictatuur ★ *the ~ of justice* het zwaard der gerechtigheid ★ ~ *lily* gladiool
swordfish ['sɔːdfɪʃ] *zn* zwaardvis
swordplay ['sɔːdpleɪ] *zn* ❶ (het) schermen ❷ debat
swordsman ['sɔːdzmən] *zn* zwaardvechter, (geoefend) schermer ★ ~*ship* schermkunst
swore [swɔː] *ww* [verleden tijd] → **swear**
sworn [swɔːn] **I** *ww* [volt. deelw.] → **swear II** *bnw* ❶ gezworen ❷ beëdigd ★ *a ~ translator* een beëdigd vertaler
swot [swɒt] **I** *zn* serieuze student, blokker **II** *onov ww* blokken, zwoegen ★ *he swotted for his exam* hij blokte voor zijn examen
swum [swʌm] *ww* [volt. deelw.] → **swim**
swung [swʌŋ] *ww* [verleden tijd + volt. deelw.] → **swing**
sybarite ['sɪbəraɪt] *zn* (verwijfde) genieter
sycamore ['sɪkəmɔː] *zn* ❶ esdoorn ❷ wilde vijgenboom ❸ USA plataan
sycophancy ['sɪkəfənsɪ] *zn* pluimstrijkerij, hielenlikkerij
sycophant ['sɪkəfənt] *zn* verklikker, aanbrenger, vleier
sycophantic [sɪkə'fæntɪk] *bnw* kruiperig, als een hielenlikker
syllabic [sɪ'læbɪk] *bnw* ★ ~ *sound* klank die lettergreep kan vormen
syllable ['sɪləbl] *zn* lettergreep, syllabe ★ *not a ~!* geen woord!, geen kik!
syllabus ['sɪləbəs] *zn* ❶ lijst, overzicht ❷ rooster, program ★ ~ *design* leerplanontwikkeling
syllogism ['sɪlədʒɪzəm] *zn* syllogisme, sluitrede
sylph [sɪlf] *zn* ❶ luchtgeest ❷ lit slank(e) meisje / vrouw
sylvan ['sɪlvən] *bnw* woud-
symbol ['sɪmbl] *zn* ❶ symbool, zinnebeeld ❷ teken ⟨dat begrip, eenheid voorstelt⟩, letter, cijfer
symbolic [sɪm'bɒlɪk] *bnw* symbolisch, zinnebeeldig ★ *be ~ of* het teken zijn van
symbolism ['sɪmbəlɪzəm] *zn* symboliek

symbolize, symbolise ['sɪmbəlaɪz] *ov ww* symbool zijn van, symboliseren
symmetrical [sɪ'metrɪkl], **symmetric** [sɪ'metrɪk] *bnw* symmetrisch
symmetry ['sɪmətrɪ] *zn* symmetrie, evenredigheid
sympathetic [sɪmpə'θetɪk] **I** *zn* sympathische zenuw **II** *bnw* hartelijk, prettig, sympathisch
sympathize, sympathise ['sɪmpəθaɪz] *onov ww* ❶ meevoelen, sympathiseren, deelneming voelen ❷ ~ **with** condoleren
sympathizer, sympathiser ['sɪmpəθaɪzə] *zn* aanhanger, sympathisant
sympathy ['sɪmpəθɪ] *zn* ❶ sympathie ❷ medegevoel, deelneming, solidariteit(sgevoel), eensgezindheid, medelijden, gelijkgestemde gevoelens ❸ correlatie ❹ condoleantie, medeleven
symphonic [sɪm'fɒnɪk] *bnw* symfonisch
symphony ['sɪmfənɪ] *zn* symfonie ★ ~ *orchestra* symfonieorkest
symposium [sɪm'pəʊzɪəm] *zn* ❶ symposium, wetenschappelijke bijeenkomst ❷ reeks artikelen van verschillende schrijvers over hetzelfde onderwerp
symptom ['sɪmptəm] *zn* ❶ symptoom, med klacht ❷ teken
symptomatic [sɪmptə'mætɪk] *bnw* ★ *be ~ of* wijzen op
synagogue ['sɪnəgɒg] *zn* synagoge
sync [sɪŋk] *zn* ★ *be out of sync* niet gelijklopen
synchronic [sɪŋ'krɒnɪk] *bnw* gelijktijdig, synchroon
synchronisation *zn* GB → **synchronization**
synchronise *ww* GB → **synchronize**
synchroniser *ww* GB → **synchronizer**
synchronism ['sɪŋkrənɪzəm] *zn* ❶ gelijktijdigheid, synchronisme ❷ synchronische tabel
synchronization [sɪŋkrənaɪ'zeɪʃən] *zn* synchronisatie
synchronize ['sɪŋkrənaɪz] **I** *ov ww* ❶ synchroniseren ❷ gelijk zetten ⟨van klok⟩ **II** *onov ww* gelijktijdig (laten) gebeuren, samenvallen
synchronizer ['sɪŋkrənaɪzə] *zn* flitscontact ⟨aan camera⟩
synchronous ['sɪŋkrənəs] *bnw* → **synchronic**
syncom ['sɪŋkɒm] *zn* communicatiesatelliet
syncopate ['sɪŋkəpeɪt] *ov ww* syncoperen
syncopation [sɪŋkə'peɪʃən] *zn* syncopering
syncope ['sɪŋkəpɪ] *zn* ❶ flauwte, bewusteloosheid ❷ muz letterk syncope
syndic ['sɪndɪk] *zn* ❶ magistraat ❷ senaatslid van universiteit ⟨in Cambridge⟩ ★ *the Syndics* De Staalmeesters
syndicalism ['sɪndɪkəlɪzəm] *zn* syndicalisme
syndicalist ['sɪndɪkəlɪst] *zn* syndicalist
syndicate¹ ['sɪndɪkət] *zn* ❶ syndicaat, belangengroepering, consortium ❷ vakbond ❸ senaat van universiteit ⟨in Cambridge⟩
syndicate² ['sɪndɪkeɪt] *ov ww* ❶ tot syndicaat e.d. verenigen ❷ gelijktijdig in verschillende kranten publiceren
syndrome ['sɪndrəʊm] *zn* syndroom, ziektebeeld
synod ['sɪnəd] *zn* synode, kerkvergadering

synonym ['sɪnənɪm] *zn* synoniem
synonymous [sɪ'nɒnɪməs] *bnw* synoniem, overeenkomend in betekenis
synopsis [sɪ'nɒpsɪs] *zn* overzicht, korte samenvatting
synoptic [sɪ'nɒptɪk] *bnw* beknopt
syntactic [sɪn'tæktɪk] *bnw* syntactisch, grammaticaal ⟨van zinnen⟩
syntax ['sɪntæks] *zn* syntaxis, grammatica ⟨van zinnen⟩
synthesis ['sɪnθəsɪs] *zn* synthese, samenvoeging
synthesize, synthesise ['sɪnθəsaɪz] *ov ww* ❶ kunstmatig vervaardigen ❷ samenstellen, samenvoegen
synthesizer, synthesiser ['sɪnθəsaɪzə] *zn* synthesizer
synthetic [sɪn'θetɪk] *bnw* synthetisch, kunstmatig, kunst-
syphilis ['sɪfəlɪs] *zn* syfilis
syphilitic [sɪfə'lɪtɪk] **I** *bnw* syfilitisch **II** *zn* syfilislijder
syphon *zn* → **siphon**
Syria ['sɪrɪə] *zn* Syrië
Syrian ['sɪrɪən] **I** *zn* Syriër, Syrische **II** *bnw* Syrisch
syringe [sɪ'rɪndʒ] **I** *zn* ❶ med injectiespuit ❷ med spuit(je) ★ med *hypodermic ~* injectiespuit ⟨onderhuids⟩ **II** *ov ww* med inspuiten, bespuiten
syrup ['sɪrəp] *zn* ❶ stroop ❷ siroop
syrupy ['sɪrəpɪ] *bnw* ❶ stroperig ❷ fig weeïg, zoetsappig
system ['sɪstəm] *zn* ❶ systeem, stelsel ★ *the educational ~* het onderwijssysteem ★ *solar ~* zonnestelsel ★ *read on ~* volgens werkschema studeren ❷ gestel, lichaamsgesteldheid ★ *nervous ~* zenuwgestel ❸ USA maatschappij, politiek stelsel ❹ net ⟨van spoorweg, verkeer⟩ ★ www *distributed ~* aantal computers dat een netwerk vormt ★ www *operating ~* besturingssysteem
systematic [sɪstə'mætɪk] *bnw* systematisch, stelselmatig
systematize, systematise ['sɪstəmətaɪz] *ov ww* systematiseren, rangschikken
system crash *zn* comp totale systeemstoring
systemic [sɪ'stemɪk] *bnw* het (hele) gestel / lichaam betreffende
system requirements *zn mv* comp systeemeisen
systems analyst *zn mv* comp systeemanalist

T

t [tiː] **I** *zn*, *letter* t ★ *T as in Tommy* de t van Theo ★ *to a T* perfect **II** *afk* ❶ *it* 't ❷ *tempo* t ❸ *time* tijd
ta [tɑː] *tw*, inform GB dank u, dank je
tab [tæb] **I** *zn* ❶ label, etiket ❷ lipje, lusje ❸ rekening ★ *pick up the tab* de rekening betalen ★ *put sth on the tab* iets op de rekening zetten ▼ *keep tab(s) on* in het oog houden, controleren **II** *ov ww* voorzien van label / etiket ★ USA fig *he was tabbed as the next coach* hij werd als nieuwe coach genoemd **III** *afk* ❶ *tabulator* tabulator ❷ *tabloid (newspaper)* sensatiekrant
tabard ['tæbəd] *zn* tabberd
tabby ['tæbɪ] **I** *zn* ❶ cyperse kat ❷ poes **II** *bnw* gestreept
tabernacle ['tæbənækl] *zn* ❶ tabernakel ❷ gesch loofhut, tent ★ *Feast of Tabernacles* Loofhuttenfeest ❸ bedehuis ⟨o.a. bij methodisten⟩
tab key *zn* tabtoets
table ['teɪbl] **I** *zn* ❶ tafel ★ *clear the ~* de tafel afruimen ★ *set the ~* de tafel dekken ★ *go to ~* aan tafel gaan ★ rel *go to the ~* aan het Avondmaal deelnemen ★ *lay an account on the ~* een verslag bespreken, USA een verslag uitstellen ★ *the ~s are turned* de rollen zijn omgedraaid ★ *he turned the ~ upon his opponent* hij versloeg zijn tegenstander met diens eigen argumenten ❷ het eten, kost ❸ plateau ❹ tabel ★ *~ of contents* inhoudsopgave ❺ wisk tafel ⟨v. vermenigvuldiging⟩ **II** *ov ww* ❶ rangschikken ❷ indienen ⟨v. voorstel, motie, enz.⟩ ❸ USA uitstellen, opschorten
tableau ['tæbləʊ] *zn* ❶ tableau ❷ tableau vivant
tablecloth ['teɪblklɒθ] *zn* tafelkleed
table lamp *zn* tafellamp
tableland ['teɪbllænd] *zn* plateau ⟨hoogvlakte⟩
table manners *zn mv* tafelmanieren
table mat ['teɪblmæt] *zn* GB onderzetter
tablespoon ['teɪblspuːn] *zn* ❶ opscheplepel ❷ eetlepel ⟨als maat⟩
tablet ['tæblət] *zn* ❶ tablet ★ *~ of soap* stuk zeep ❷ gedenkplaat ★ *the terms are not written on / set in ~s of stone* de voorwaarden kunnen veranderd worden ❸ wastafeltje ❹ kladblok, aantekenboekje
table tennis *zn* tafeltennis
table top ['teɪbltɒp] *zn* tafelblad
tableware ['teɪblweə] *zn* tafelgerei, bestek
tabloid ['tæblɔɪd] *zn* sensatieblad, boulevardblad
taboo, tabu [tə'buː, tæ'buː] **I** *zn* taboe ⟨verboden / te mijden zaak⟩ ★ *put under ~* taboe verklaren, in de ban doen **II** *bnw* ❶ verboden, taboe ❷ heilig **III** *ov ww* ❶ in de ban doen ❷ verbieden
tabular ['tæbjʊlə] *bnw* tabellarisch, tabel-
tabulate ['tæbjʊleɪt] *ov ww* rangschikken in tabellen
tabulator [tæbjə'leɪtə] *zn* tabulator, tabtoets
tachometer [tə'kɒmɪtə] *zn* snelheidsmeter, toerenteller

ta

tacit ['tæsɪt] *bnw* stilzwijgend
taciturn ['tæsɪtɜːn] *bnw* zwijgzaam, stil ★ *William the Taciturn* Willem de Zwijger
taciturnity [tæsɪ'tɜːnətɪ] *zn* zwijgzaamheid
tack [tæk] **I** *zn* ❶ kopspijker, USA punaise ★ *they got down to brass tacks* ze sloegen spijkers met koppen ❷ koers ⟨van schip⟩, fig gedragslijn ★ *change (one's) tack* het over een andere boeg gooien ★ *try a different tack* het over een andere boeg gooien ❸ rijgsteek ❹ scheepv hals ⟨v. zeil⟩ ❺ kleverigheid ⟨v. vernis⟩ ❻ kost ⟨eten⟩ ★ *soft tack* wittebrood, lekkere kost ★ *hard tack* scheepsbeschuit ❼ tuig ⟨v. paard⟩ ❽ inform rotzooi, kitsch **II** *ov ww* ❶ vastspijkeren ❷ rijgen ❸ ~ **on** losjes rijgen, fig terloops toevoegen ★ *tack onto* toevoegen **III** *onov ww* ❶ fig v. koers veranderen ❷ laveren, overstag gaan
tackle ['tækl] **I** *zn* ❶ sport tackle ❷ takel ❸ tuig, gerei ★ *fishing ~* vistuig ❹ inform eten, drinken **II** *ov ww* ❶ (flink / met kracht) aanpakken, bestrijden ★ *~ the crisis* de crisis aanpakken ★ *~ him about his mistakes* hem over zijn fouten aanvallen ❷ beginnen met, aanvallen ⟨aan tafel⟩ ❸ sport tackelen ❹ optuigen ⟨v. paard⟩
tacky ['tækɪ] *bnw* ❶ inform smakeloos, onhandig ❷ USA haveloos ❸ kleverig
tact [tækt] *zn* tact
tactful ['tæktfʊl] *bnw* tactvol, discreet
tactic ['tæktɪk] *zn* tactiek, tactische zet
tactical ['tæktɪkl] *bnw* tactisch ★ *~ voting* strategisch stemmen
tactician [tæk'tɪʃən] *zn* tacticus
tactics ['tæktɪks] *zn mv* tactiek ★ *delayed ~* vertragingstactiek
tactile ['tæktaɪl] *bnw* ❶ tast-, tactiel ★ *~ sense* tastzin ★ *a ~ person* iem. die van lichamelijke aanraking houdt ❷ tastbaar
tactless ['tæktləs] *bnw* tactloos, ontactisch
tadpole ['tædpəʊl] *zn* kikkervisje, dikkopje
taffy ['tæfɪ], USA **toffee** *zn* inform Welshman
tag [tæg] **I** *zn* ❶ etiket, insigne, kenteken, label ❷ lus ❸ aanhangsel, refrein ❹ aanhaling, zegswijze, gemeenplaats ★ *taalk* question tag ⟨aangeplakte vraag⟩ ❺ punt ⟨v. staart⟩, metalen punt ⟨v. veter⟩ ❻ krijgertje ⟨spel⟩ ❼ inform naam ❽ tag ⟨opmaakcode⟩ **II** *ov ww* ❶ aanhechten ★ *tag a few words on to the letter* een paar woorden onder aan de brief toevoegen ❷ van labels / lusjes / chip enz. voorzien, etiketteren, markeren, comp van opmaakcodes voorzien ❸ USA bestempelen als ❹ (af)tikken ⟨bij krijgertje spelen⟩ **III** *onov ww* op de voet volgen ★ *the wives tag along* de echtgenotes komen / reizen mee
tag end *zn* USA restje, laatste stukje
tag line *zn* USA clou, slogan
tail [teɪl] **I** *zn* ❶ staart ★ *turn tail* er vandoor gaan ★ *the tail wags the dog* de minst belangrijke persoon / partij neemt de beslissing ★ *GB be on sb's tail* dicht achter iem. rijden ★ *chase your (own) tail* rondrennen ⟨zonder iets gedaan te krijgen⟩ ★ *inform they're chasing tail* ze zitten achter de meiden aan ❷ (uit)einde ❸ file, queue ❹ aanhang ❺ (na)sleep ❻ inform achterste ❼ sluitcode ❽ pand ⟨v. jas⟩ ❾ steel ⟨v. hark⟩ ❿ econ cijfers achter de komma **II** *ov ww*

❶ schaduwen, in het oog houden ❷ v. steel ontdoen ⟨fruit⟩ ❸ de achterhoede vormen van **III** *onov ww* ❶ GB ~ **back** een file vormen ❷ ~ **after** op de voet volgen ❸ ~ **away/off** geleidelijk afnemen, steeds minder interesse hebben → **tails**
tailback ['teɪlbæk] GB *zn* file
tailboard ['teɪlbɔːd] *zn* USA laadklep
tailcoat ['teɪlkəʊt] *zn* ❶ jacquet ❷ rok
tail end [teɪl'end] *zn* (uit)einde
tailgate ['teɪlgeɪt] **I** *zn* achterklep, laadklep ⟨v. vrachtauto⟩, vijfde / derde deur ⟨v. auto⟩ **II** *ov ww* bumperkleven achter
tailgater ['teɪlgeɪtə] *zn* bumperklever
tailings ['teɪlɪŋz] *zn mv* afval
tail lamp, tail light *zn* achterlicht
tailor ['teɪlə] **I** *zn* kleermaker ★ *the ~ makes the man* de kleren maken de man **II** *ov ww* ❶ maken ⟨kleren⟩ ❷ aanpassen ★ *~ed to your needs* afgestemd op je behoeften **III** *onov ww* kleermaker zijn
tailoring ['teɪlərɪŋ] *zn* kleermakerswerk
tailor-made *bnw* ❶ op maat gemaakt ❷ fig perfect geschikt
tails *zn mv* ❶ muntzijde ★ *heads or ~?* kruis of munt? ❷ jacquet
taint [teɪnt] **I** *zn* smet, vlek, fig bederf ★ *hereditary ~* erfelijke belasting ★ *with no ~ of* met geen spoor / zweem van **II** *ov ww* bevlekken, bezoedelen, aantasten ★ *of a ~ed stock* erfelijk belast
taintless ['teɪntləs] *bnw* vlekkeloos, smetteloos
take [teɪk] **I** *ov ww* [onregelmatig] ❶ nemen, gebruiken ⟨eten, drinken⟩, maken, doen, inwinnen, kopen ★ *not to be taken* niet om in te nemen ★ *take your time!* kalm aan! ★ *take it easy!* kalm aan! ★ *he took his final exam* hij deed eindexamen ★ *have your photo taken* je laten fotograferen ❷ veroveren, betrappen, innemen, afpakken, slaan ⟨schaakstuk bv.⟩ ❸ opnemen ⟨temperatuur bv.⟩ ❹ meenemen ★ *fig the actor takes the audience with him* de toneelspeler sleept het publiek mee ★ *fig she is taken with him* zij is weg van hem ❺ oplopen, vatten ⟨kou⟩ ★ *they were taken ill* ze werden ziek ★ *he was taken with a fever* hij kreeg koorts ❻ behalen ⟨titel bv.⟩ ❼ treffen ❽ begrijpen, beschouwen, opvatten, opnemen ★ *I take it that...* ik neem aan dat... ❾ aanvaarden, aannemen ★ *we take you at your word* we geloven je op je woord ★ *take comfort* troost putten ★ *take it or leave it* kiezen of delen ❿ vergen, nodig zijn ★ *it takes a chemist to see this* je moet chemicus zijn om dit te begrijpen ★ *that takes a lot of doing* het zal niet meevallen ⓫ ~ **about** rondleiden ⓬ ~ **apart** uit elkaar halen, in de pan hakken, scherp bekritiseren ⓭ ~ **away** wegnemen, meenemen, afnemen ★ *take o.s. away* er vandoor gaan ⓮ ~ **back** terugbrengen, terugnemen ⓯ ~ **back to** doen herinneren aan ⓰ ~ **down** afnemen, laten zakken ⟨broek bv.⟩, neerhalen, afbreken, voorbijstreven, noteren, 'n toontje lager doen zingen ⓱ ~ **for** houden voor ⓲ ~ **from** aftrekken, afnemen van, slikken van ★ *take it from me* neem het maar van mij aan ⓳ ~ **in** ontvangen ⟨geld⟩,

binnendringen, inademen, in zich opnemen, omheinen, beetnemen, bezoeken, bijwonen, innemen ⟨kleding bv.⟩, binnenkrijgen ★ *take in his poor cousin* zijn arme neef in huis nemen ⓴ ~ **off** uittrekken ⟨kleding bv.⟩, vrij nemen ⟨van werk⟩, van het repertoire nemen, afnemen, afzetten, opheffen, wegbrengen, ten grave slepen, afdruk maken, imiteren ★ *take o.s. off* weggaan, zich v. kant maken ㉑ ~ **on** aannemen, op zich nemen, overnemen ★ *take on more passengers* meer passagiers aan boord nemen ㉒ ~ **out** uitnemen, verwijderen, aanvragen, inform uitschakelen, inform elimineren ★ *he takes her out* hij gaat met haar uit, hij leidt haar ten dans ★ *take it out in goods* laten betalen met goederen ★ *take it out on you* zich op jou afreageren ★ *such a thing takes it out of you* zoiets vergt veel van je ★ *take out insurance* een verzekering afsluiten ★ USA *take out a pizza* een pizza afhalen ㉓ ~ **over** overnemen, overbrengen ★ *take us over the shop* ons de zaak laten zien ★ *take over to* verbinden met ㉔ ~ **round** rondleiden ㉕ ~ **through** doornemen met ★ *he took me through the report* hij nam het rapport met mij door ㉖ ~ **up** opnemen, afhalen, opbreken ⟨straat⟩, opgraven, afbinden ⟨slagader bv.⟩, betalen, inschrijven op ⟨lening⟩, snappen, arresteren, standje geven, ingaan op, reageren op, zich bemoeien met, bekleden, innemen ⟨korter maken⟩, in beslag nemen, beginnen ★ *take up duties* een ambt aanvaarden ★ *take up arms* de wapens opnemen ★ *take up squash* gaan squashen ⟨sport beoefenen⟩ ★ *I take you up on your promise* ik houd je aan je belofte **II** *onov ww* [onregelmatig] ❶ (wat) worden, een succes zijn ★ *the vaccine didn't take* de pokken kwamen niet op ❷ ~ **after** aarden naar, lijken op ❸ GB inform ~ **against** een hekel hebben aan ❹ ~ **off** afnemen, opstijgen ⟨v. vliegtuig bv.⟩, inform vertrekken, succes hebben ❺ ~ **on** opgang maken, tekeergaan ★ *take on with* het aanleggen met ❻ ~ **over** overnemen ❼ ~ **to** vluchten naar, beginnen te, zich toeleggen op ★ *he takes to her* hij voelt zich tot haar aangetrokken ★ *take to drinking* aan de drank raken ❽ ~ **up** beter worden ⟨v. weer⟩, verder gaan met ⟨verhaal bv.⟩, innemen ⟨ruimte bv.⟩ ★ *take up for* het opnemen voor ★ inform *take up with* het aanleggen met **III** *zn* ❶ media opname, fig visie ★ *what's your take on the royal family* hoe denk jij over de koninklijke familie ❷ ontvangst(en) ★ inform *he was on the take* hij liet zich omkopen ❸ vangst ❹ kopij

takeaway ['teɪkəweɪ] GB *zn* ❶ afhaalmaaltijd ❷ afhaalrestaurant

take-home *bnw* ★ ~ *pay / wages* nettoloon

take-off *zn* ❶ vertrek, start ⟨v. vliegtuig bv⟩, afzet ⟨voor sprong⟩ ❷ parodie

taken ['teɪkən] *ww* [volt. deelw.] → **take**

takeout ['teɪkaʊt] USA *zn* ❶ afhaalmaaltijd ❷ afhaalrestaurant

takeover ['teɪkəʊvə] *zn* overname

taker ['teɪkə] *zn* ❶ afnemer, koper ★ *no ~s for this article* geen kopers voor dit artikel ★ *any ~s?* wie biedt? ❷ gebruiker ❸ aannemer ⟨v.

weddenschap⟩

take-up *zn* gebruikmaking ⟨v. bijstand bv.⟩

taking ['teɪkɪŋ] **I** *zn* (het) nemen, ontvangst ★ *for the* ~ voor het oprapen **II** *bnw* ❶ aantrekkelijk, boeiend ❷ besmettelijk

takings ['teɪkɪŋz] *zn mv* verdiensten

talc [tælk] *zn* ❶ talk, talkpoeder ❷ mica

talcum powder ['tælkəm 'paʊdə] *zn* talkpoeder

tale [teɪl] *zn* ❶ verhaal ★ *be full of tales about* veel te vertellen hebben over ★ *tale of a tub* praatje voor de vaak ★ *tell tales* kletsen, uit de school klappen, klikken ★ *tale of woe* triest verhaal ❷ geschiedenis ❸ smoesje, sprookje, leugen

tale bearer *zn* roddelaar, verklikker

talent ['tælənt] *zn* ❶ talent ★ *a man of many ~s* een man van veel talenten ❷ talentvol persoon

talented ['tæləntɪd] *bnw* getalenteerd, begaafd

talent scout, talent spotter *zn* talentenjager

talisman ['tælɪzmən] *zn* talisman

talk [tɔːk] **I** *ov ww* ❶ spreken over ★ *we're are talking millions of people* we hebben het over miljoenen mensen ★ *talk U.S.* Amerikaans praten ★ *talk business* over zaken praten, spijkers met koppen slaan ★ *talk shop* over je vak praten ★ *talk s.o.'s head off* iem. de oren v.h. hoofd praten ★ *talk nineteen to the dozen* honderduit praten ★ *talk things over* de zaken bespreken ★ *talk it out* het uitpraten ★ *I'll talk him out of it* ik zal het hem uit het hoofd praten ★ *take time to talk out the problem* tijd nemen om het probleem goed door te praten ★ USA *talk turkey* ronduit spreken, geen blad voor de mond nemen ★ *they don't talk the same language* ze zitten niet op dezelfde golflengte ❷ ~ **around/round** ompraten ❸ ~ **away** verpraten ⟨tijd⟩ ❹ ~ **down** tot zwijgen brengen ⟨in debat⟩, kalmeren, GB geringschattend praten over ❺ ~ **into** overreden (om) ❻ ~ **through** doorpraten ❼ ~ **up** ophemelen **II** *onov ww* ❶ praten, spreken ★ *talk big / tall* opscheppen ❷ ~ **about/of** praten over ★ *get talked about* over de tong gaan ❸ ~ **around/round** omheen praten ❹ ~ **at** aanpraten tegen ❺ ~ **away** urenlang praten ❻ ~ **back** brutaal antwoord geven ❼ ~ **down to** neerbuigend praten tegen ❽ ~ **to** spreken / praten met, aanspreken ⟨op gedrag bv.⟩ **III** *zn* ❶ gepraat ★ *it made plenty of talk* het gaf veel stof tot praten ★ *he talks the talk, but doesn't walk the walk* hij praat overtuigend, maar hij doet niet wat hij zegt ❷ gesprek ★ *he is the talk of the town* iedereen praat over hem ❸ voordracht ❹ bespreking ★ *talks* [mv] onderhandelingen ❺ praatjes, gerucht

talkative ['tɔːkətɪv] *bnw* praatziek

talker ['tɔːkə] *zn* ❶ prater ❷ bluffer

talkie ['tɔːkɪ] *zn* oud geluidsfilm

talking ['tɔːkɪŋ] *bnw* sprekend ★ ~ *book* gesproken boek ★ GB ~ *shop* praatcollege

talking point *zn* gespreksthema, discussiepunt

talking-to *zn* strafpreek ★ *he got a sound* ~ er werd een hartig woordje met hem gesproken

talk show *zn* praatprogramma ⟨op tv, radio⟩

tall [tɔːl] *bnw* ❶ lang, hoog, groot ★ *a tall building* een hoog gebouw ★ *a tall person* een lang persoon ★ *a tall drink* een longdrink ★ USA

ta

stand / walk tall zich trots voelen ❷ *inform* overdreven ★ *a tall story* 'n sterk / kras verhaal ★ *talk tall* opscheppen

tallboy ['tɔːlbɔɪ] *zn GB* hoge latafel
tallish ['tɔːlɪʃ] *bnw* nogal hoog / lang
tallow ['tæləʊ] *zn* ❶ talk ⟨dierlijk vet⟩ ❷ kaarsvet
tally ['tælɪ] **I** *zn* ❶ stand, score ★ *keep a ~ of the wins* de gewonnen partijen bijhouden / tellen ❷ aantal ★ *buy goods by the ~* kopen bij het dozijn, de honderd, enz. ❸ overeenstemming, duplicaat ★ *they fit like two tallies* ze passen precies bij elkaar ❹ rekening **II** *ov ww* tellen, optellen ❷ *~ up* optellen **III** *onov ww* kloppen, overeenkomen
talon ['tælən] *zn* klauw ⟨v. roofvogel⟩
TAM *afk, television audience measurement* kijkcijfers
tamable. tameable ['teɪməbl] *bnw* te temmen
tambour ['tæmbʊə] *zn* trom
tambourine [tæmbə'riːn] *zn* tamboerijn
tame [teɪm] **I** *bnw* ❶ tam, getemd, gedwee, mak ❷ saai ★ *a tame party* een saai feest **II** *ov ww* temmen ★ *tame inflation* de inflatie bedwingen
tamer ['teɪmə] *zn* temmer
tamp [tæmp] *ov ww* ❶ aanstampen ⟨grond⟩, opvullen, stoppen ⟨pijp⟩ ❷ *~ out* uitdoven ⟨sigaret⟩
tamper ['tæmpə] *onov ww ~ with* knoeien aan / met, (met de vingers) zitten aan, zich bemoeien met ★ *the brakes have been ~ed with* er is met de remmen geknoeid
tampon ['tæmpɒn] *zn* tampon
tan [tæn] **I** *zn* ❶ (geel)bruine kleur ❷ – gebruinde huidskleur **II** *bnw* ❶ geelbruin ❷ *USA* zongebruind **III** *ov ww* looien **IV** *onov ww* bruin worden ⟨v. huid⟩ ★ *tanned* zongebruind
tang [tæŋ] *zn* ❶ sterke smaak ❷ scherpe geur, lucht ❸ zweem, tikje
tangent ['tændʒənt] **I** *zn* ❶ wisk tangens ❷ raaklijn ▾ *fly / go off at a ~ fig* plotseling v. koers veranderen op een ander onderwerp overgaan **II** *bnw* rakend
tangential [tæn'dʒenʃəl] *bnw* ❶ oppervlakkig, nauwelijks relevant ❷ tangentiaal
tangerine ['tændʒəriːn] **I** *zn* ❶ mandarijn **II** *bnw* oranjerood
tangibility [tændʒə'brilətɪ] *zn* tastbaarheid
tangible ['tændʒɪbl] *bnw ook fig* tastbaar, evident
tangle ['tæŋgl] **I** *zn* ❶ verwarring, verwarde toestand, wirwar ★ *in a ~* in de war ⟨haar⟩ ★ *all knots and ~s* totaal in de war ❷ *inform* conflict **II** *ov ww* in de war maken ★ *get ~d* in de war raken **III** *onov ww* ❶ in de war raken ★ *~d* ingewikkeld ⟨van proces⟩ ❷ *inform ~ with* in conflict raken met
tangly ['tæŋglɪ] *bnw* ingewikkeld, verward
tangy ['tæŋɪ] *bnw* met scherpe smaak ⟨bv. v. citroen⟩
tank [tæŋk] **I** *zn* ❶ tank, reservoir, bassin ❷ poel ❸ mil tank ❹ *USA* politiecel **II** *ov ww USA* tanken ★ *tank the car up* de auto voltanken **III** *onov ww* ❶ *USA* het slecht doen ❷ straatt zuipen
tankard ['tæŋkəd] *zn* (bier)pul
tanked [tæŋkt], *GB* **tanked-up** *bnw inform*

dronken
tanker ['tæŋkə] *zn* ❶ tankschip ❷ tankwagen
tank top *zn* (mouwloos) T-shirt, topje
tanner ['tænə] *zn* looier
tannery ['tænərɪ] *zn* looierij
tannin ['tænɪn] *zn* tannine, looizuur
tanning ['tænɪŋ] *zn* ❶ bruining ❷ afranseling
tantalize, tantalise ['tæntəlaɪz] *ov ww* doen watertanden
tantamount ['tæntəmaʊnt] *bnw* gelijkwaardig ★ *it is ~ to* het komt neer op
tantrum ['tæntrəm] *zn* vervelende bui ⟨humeur⟩, woedeaanval ★ *she went into one of her ~s* ze kreeg weer een woedeaanval ★ *get into / throw a ~* een driftbui krijgen, uit zijn hum raken
tap [tæp] **I** *zn* ❶ kraan, tap ★ *turn a tap on / off* een kraan open- / dichtdoen ★ *the hot / cold tap* de heet- / koudwaterkraan ★ *on tap* op de tap / uit het vat, *fig* altijd beschikbaar, *USA* gepland ❷ tikje, klopje ❸ afluisterapparatuur ❹ het tapdansen ❺ punctie ★ *a spinal tap* een ruggenprik **II** *ov ww* ❶ tikken ❷ afluisteren ❸ aftappen, aansteken ⟨vat⟩, aanbreken ⟨fles⟩ ★ *tap a till* geldlade lichten ❹ v. kraan voorzien ❺ exploiteren, gebruikmaken van ❻ verzoeken ★ *tap my dad for money* mijn vader om geld bedelen ❼ *USA* benoemen ★ *be tapped to replace sb* aangewezen om iem. te vervangen ❽ *~ out* typen, tikken **III** *onov ww* ❶ zacht tikken, zacht kloppen ❷ *~ into* exploiteren, gebruiken
tapas ['tɑːpɑːs] *zn mv cul* tapas
tap-dancing *zn* (het) tapdansen
tape [teɪp] **I** *zn* ❶ lint, band, plakband, finishlint, *GB* meetlint ★ *red tape* bureaucratische rompslomp ★ *masking tape* afplakband ★ *adhesive tape* plakband ❷ geluidsband ★ *magnetic tape* geluidsband ❸ telegrafische koersberichten **II** *ov ww* ❶ opnemen ⟨op geluids- of beeldband⟩ ❷ vastbinden, vastplakken, verbinden ⟨met lint, verband bv.⟩ ★ *inform she got him taped* zij had hem door ❸ *~ up* verbinden, vastplakken
tape deck *zn* bandrecorder
tape measure *zn* meetlint, rolmaat
taper ['teɪpə] **I** *zn* ❶ kaars ❷ (was)pit ❸ zwak licht ❹ taps toelopend voorwerp ❺ geleidelijke vermindering **II** *ov ww* taps / spits doen toelopen **III** *onov ww* ❶ taps / spits toelopen ★ *~ing fingers* spits toelopende vingers ★ *~ed off to a point* spits / in 'n punt uitlopend ❷ *~ off* geleidelijk verminderen
tape recorder *zn* bandrecorder
tape recording *zn* bandopname
tapestry ['tæpɪstrɪ] *zn* ❶ tapijtwerk ❷ wandtapijt ❸ schakering ⟨v. emoties bv.⟩
tapeworm ['teɪpwɜːm] *zn* lintworm
tapioca [tæpɪ'əʊkə] *zn* tapioca
tapir ['teɪpə] *zn* tapir
taproom ['tæpruːm] *zn* gelagkamer
tap water *zn* leidingwater
tar [tɑː] **I** *zn* teer **II** *ov ww* ❶ (be)teren ★ *tar and feather sb* iem. met teer en veren bedekken ⟨als straf⟩ ❷ *fig* zwart maken ★ *they are tarred with the same brush / stick* ze zijn met het zelfde sop overgoten
ta-ra *tw, inform GB* doei, doeg

tarantula [tə'ræntjʊlə] zn tarantula, vogelspin
tardy ['tɑːdɪ] bnw ❶ laat ❷ USA te laat ⟨op school⟩ ❸ langzaam, traag
tare [teə] zn ❶ voederwikke ❷ tarra(gewicht)
target ['tɑːgɪt] I zn ❶ schietschijf ★ off the ~ ernaast ❷ mikpunt ★ a sitting ~ een eenvoudig doelwit, een gemakkelijke prooi ❸ doel, streven ★ meet the ~ het doel bereiken ★ below ~ beneden het gestelde doel II ov ww mikken / richten op
target area zn doelgebied
target date zn streefdatum
tariff ['tærɪf] zn ❶ (tol)tarief ★ ~ duty invoerrecht, uitvoerrecht ❷ GB tarievenlijst
tarmac ['tɑːmæk] zn ❶ teermacadam ❷ platform ⟨v. luchthaven⟩
tarn [tɑːn] zn bergmeertje
tarnish ['tɑːnɪʃ] I zn ❶ matheid ❷ aanslag II ov ww ❶ bezoedelen ⟨bv. reputatie⟩ ❷ mat / dof maken III onov ww ❶ mat / dof worden ❷ aanslaan
tarot ['tærəʊ] zn tarot
tarpaulin [tɑːˈpɔːlɪn] zn zeildoek, dekkleed
tarragon ['tærəgən] zn dragon
tarry ['tɑːrɪ] I bnw teerachtig, geteerd II onov ww oud ❶ talmen ❷ verblijven
tart [tɑːt] I zn ❶ taart(je), vlaai ❷ inform del II bnw ❶ wrang, zuur, scherp ❷ vinnig, bits III ov ww ~ up opkalefateren ★ tart yourself up je opdirken
tartan ['tɑːtn] zn ❶ tartan, (stof / plaid) in Schotse ruit ❷ Schotse Hooglander
tartar ['tɑːtə] zn ❶ tandsteen ❷ wijnsteen ❸ woesteling
Tartar ['tɑːtə] I zn Tartaar II bnw Tartaars
tartaric [tɑːˈtærɪk] bnw ★ ~ acid wijnsteenzuur
task [tɑːsk] I zn ❶ taak ★ take / bring / hold sb to task iem. onder handen nemen ❷ huiswerk II ov ww ❶ taak opgeven ★ be tasked with writing the speech als opdracht krijgen de rede te schrijven ❷ veel vergen van
task bar zn comp taakbalk
task force zn strijdmacht met speciale opdracht
taskmaster ['tɑːskmɑːstə] zn opdrachtgever ★ a hard ~ een harde leermeester
tassel ['tæsəl] I zn kwastje II ov ww v. kwastje(s) voorzien
taste [teɪst] I ov ww ook fig proeven ★ ~ victory de overwinning proeven II onov ww ook fig smaken III zn ❶ smaak, voorkeur ★ add salt to ~ zout naar smaak toevoegen ★ it leaves a bad / nasty ~ in the mouth het nare / vieze smaak achterlaten ★ I have lost my sense of ~ m'n smaak is weg ★ everyone to his ~ ieder z'n meug ★ there is no accounting for ~ over smaak valt niet te twisten ★ she has a ~ for drawing ze tekent graag ★ remark in bad ~ onkiese / onbehoorlijke opmerking ★ it's an acquired ~ je moet het léren waarderen ❷ voorproef ❸ ervaring ❹ inform 'n weinig, slokje
taste bud zn smaakpapil
tasteful ['teɪstfʊl] bnw smaakvol, v. goede smaak getuigend
tasteless ['teɪstləs] bnw ❶ v. slechte smaak getuigend, smakeloos ❷ zonder smaak
taster ['teɪstə] zn ❶ proever, voorproever

❷ proefje
tasty ['teɪstɪ] bnw smakelijk, met een sterke smaak
tat [tæt] zn, inform GB vodden
tater ['teɪtə] zn straatt aardappel
tatter ['tætə] I zn vod, lap ★ in ~s aan flarden II ov ww aan flarden scheuren III onov ww aan flarden gaan, aftakelen
tattered ['tætəd] bnw haveloos
tattle ['tætl] I zn ❶ gebabbel ❷ geklik II onov ww ❶ babbelen ❷ klikken ★ ~ on your sister over je zusje klikken
tattler ['tætlə] zn ❶ babbelaar ❷ klikspaan ❸ ruiter ⟨vogel⟩
tattletale ['tætlteɪl] zn USA klikspaan
tattoo [tə'tuː] I zn ❶ tatoeëring, tatoeage ❷ taptoe, militair schouwspel ★ beat / sound the ~ taptoe slaan / blazen ★ beat the devil's ~ nerveus met de vingers trommelen II ov ww tatoeëren III onov ww trommelen
tatty ['tætɪ] inform bnw kitscherig, haveloos, verward ★ ~ curtains sjofele gordijnen
taught [tɔːt] ww [verleden tijd + volt. deelw.] → teach
taunt [tɔːnt] I zn schipscheut, spotternij, hoon II ov ww honen, beschimpen ★ ~ the boy about his curly hair de jongen pesten om zijn krullen
Taurus ['tɔːrəs] zn Stier ⟨sterrenbeeld⟩
taut [tɔːt] bnw strak, gespannen
tauten ['tɔːtn] I ov ww spannen II onov ww zich spannen
tautology [tɔːˈtɒlədʒɪ] zn tautologie
tawdry ['tɔːdrɪ] I zn goedkope opschik II bnw ❶ opzichtig, opgedirkt ❷ smakeloos
tawny ['tɔːnɪ] bnw getaand, taankleurig ⟨geelbruin⟩
tax [tæks] I zn ❶ belasting ★ value-added tax belasting op toegevoegde waarde ★ raise tax / taxes de belasting verhogen ★ before / after tax bruto / netto ❷ last II ov ww ❶ belasten ❷ veel vergen van ★ tax your patience je geduld op de proef stellen ❸ vaststellen ⟨kosten⟩ ❹ form ~ with beschuldigen van
taxability [tæksəˈbɪlətɪ] zn belastbaarheid
taxable ['tæksəbl] bnw belastbaar
tax assessment zn belastingaanslag
taxation [tæk'seɪʃən] zn belasting
tax bracket zn belastingschijf
tax break zn (tijdelijk) belastingvoordeel
tax collector zn belastingontvanger
tax-deductible bnw aftrekbaar v.d. belastingen
tax dodger zn belastingontduiker
tax evasion zn belastingontduiking
tax-free bnw belastingvrij
tax haven zn belastingparadijs
taxi ['tæksɪ] I zn taxi ★ hail a taxi een taxi (aan)roepen II onov ww ❶ met de taxi gaan ❷ taxiën ⟨v. vliegtuig⟩ III ov ww, ~ in een taxi vervoeren
taxicab ['tæksɪkæb] zn taxi
taxidermy ['tæksɪdɜːmɪ] zn taxidermie
taxi driver ['tæksɪdraɪvə] zn taxichauffeur
taximeter ['tæksɪmiːtə] zn taximeter
taxi rank zn GB taxistandplaats
taxi strip zn startbaan
taxiway zn startbaan

taxman ['tæksmæn] *zn* belastingambtenaar ★ *cheat the* ~ de belasting oplichten
taxpayer ['tækspeɪə] *zn* belastingbetaler
tax return *zn* belastingteruggave
TB [ti:'bi:] *afk, tuberculosis* tbc, tuberculose
tbsp *afk, tablespoonful* eetlepel ⟨maat⟩
tea [ti:] *zn* ❶ thee, kopje thee ★ *have tea* theedrinken ★ *at tea* bij de thee ★ *make tea* thee zetten ★ *not for all the tea in China* voor geen goud ter wereld ★ *tea and sympathy* troost ❷ GB lichte theemaaltijd ★ *afternoon tea / five o'clock tea* lichte maaltijd met thee, broodjes, zoetigheid ❸ GB ⟨vroege⟩ avondmaaltijd ★ *high tea* warme maaltijd met thee ❹ straatt sterkedrank
tea bag *zn* theezakje
tea caddy *zn* GB theebus
teacake ['ti:keɪk] *zn* GB rozijnencakeje
teach [ti:tʃ] [onregelmatig] **I** *ov ww* onderwijzen, leren ★ ~ *history* geschiedenis geven ★ ~ *you (how) to knit* je leren breien ★ USA *she ~es school* ze is onderwijzeres ★ *that will ~ you!* dat zal je leren! **II** *onov ww* lesgeven
teacher ['ti:tʃə] *zn* leraar, onderwijzer
teach-in *zn* discussiebijeenkomst, (politiek) debat / forum
tea cosy, USA tea cozy *zn* theemuts
teacup ['ti:kʌp] *zn* theekopje ★ *storm in a* ~ storm in een glas water
teak [ti:k] *zn* ❶ teakboom ❷ teakhout
teakettle ['ti:ketl] *zn* theeketel
teal [ti:l] *zn* taling ⟨wilde eend⟩
tea leaves *zn mv* theebladeren ★ *read* ~ de toekomst voorspellen ⟨vgl. koffiedikkijken⟩
team [ti:m] **I** *zn* ❶ team, groep, ploeg, elftal ★ *be in a team* in het elftal zitten ❷ span ⟨paarden⟩ ❸ vlucht ⟨vogels⟩ **II** *onov ww* inform ~ **up** een team vormen, (gaan) samenwerken **III** *ov ww* combineren
team spirit *zn* teamgeest
teamster ['ti:mstə] *zn* USA vrachtwagenchauffeur
teamwork ['ti:mwɜ:k] *zn* ❶ teamwerk ❷ samenwerking
tea party *zn* theevisite, theepartij
teapot ['ti:pɒt] *zn* theepot
tear¹ [teə] **I** *ov ww* [onregelmatig] ❶ (ver)scheuren, openrijten ★ *tear in two* in tweeën scheuren ★ *he could not tear himself away* hij kon zich niet losmaken / vrijmaken ★ *torn between good and evil* in tweestrijd tussen goed en kwaad ❷ trekken (aan), uitrukken ⟨haren⟩ ▼ GB inform *that's torn it* nu is alles bedorven ❸ ~ **apart** verscheuren, kapotscheuren, overhoop halen, afkraken ❹ ~ **down** afscheuren, afbreken ⟨gebouw⟩ ❺ ~ **up** verscheuren, verwoesten ★ *tear up the contract* het contract verscheuren **II** *onov ww* [onregelmatig] ❶ scheuren ❷ rennen, vliegen, razen, tekeergaan ★ *tear into the house* het huis binnenrennen ★ *tear up the stairs* de trap opstormen ★ *a storm was tearing through the area* een storm raasde door het gebied ❸ trekken ❹ ~ **at** rukken aan ❺ ~ **about** wild rondvliegen ❻ ~ **along** voortslepen, scheuren ⟨v. auto⟩, voortrennen **III** *zn* scheur
tear² [tɪə] *zn* ❶ traan ★ *reduce you to tears* je in

tranen krijgen ★ *be close / near to tears* bijna moeten huilen ★ *fight back the tears* tegen de de tranen vechten ❷ druppel
teardrop ['tɪədrɒp] *zn* traan
tearful ['tɪəfʊl] *bnw* ❶ vol tranen ❷ betraand
tear gas *zn* traangas
tearing ['teərɪŋ] *bnw* woest ★ ~ *pain* vlammende pijn ★ *be in a* ~ *hurry* een verschrikkelijke haast hebben
tear jerker ['tɪədʒɜ:kə] *zn* smartlap, tranentrekker
tearless ['tɪələs] *bnw* zonder tranen
tear-off ['teərɒf] *bnw* ★ ~ *calendar* scheurkalender
tea room *zn* lunchroom
tear-stained *bnw* betraand ★ ~ *face* behuild gezicht
tease [ti:z] **I** *zn* ❶ plaaggeest ❷ flirt ⟨uitdagende vrouw⟩ ❸ inform teaseradvertentie **II** *ov ww* ❶ plagen, kwellen ⟨dier bv.⟩ ❷ kammen, kaarden ⟨wol⟩ ❸ vulg opgeilen ❹ ~ **for** lastig vallen om ❺ ~ **out** ontwarren
teaser ['ti:zə] *zn* ❶ plager ❷ inform moeilijk geval ❸ teaseradvertentie, lokkertje
tea service, tea set *zn* theeservies
tea shop *zn* ❶ theewinkel ❷ lunchroom
teaspoon ['ti:spu:n] *zn* theelepel
teaspoonful ['ti:spu:nfʊl] *zn* theelepel ★ *two ~s of vinegar* twee theelepels azijn
tea-strainer *zn* theezeefje
teat [ti:t] *zn* ❶ tepel ⟨v. dier⟩, uier ❷ GB speen
tea towel *zn* thee- / droogdoek
tea tray *zn* theeblad
tea trolley *zn* theewagen, theeboy
tech [tek] *zn, onderw inform* technical (college) ≈ hogere technische school
technical ['teknɪkl] *bnw* ❶ technisch ❷ vaktechnisch ★ ~ *terms* vaktermen
technicality [teknɪ'kælət] *zn* ❶ technische term ❷ technisch karakter ★ *only technicalities* slechts formaliteiten
technically ['teknɪklɪ] *bijw* technisch
technicals ['teknɪkəlz] *zn mv* technische details
technician [tek'nɪʃən] *zn* technicus
technicolour ['teknɪkʌlə] *zn* technicolor ★ *in* ~ in felle kleuren
technique [tek'ni:k] *zn* techniek, werkwijze
techno- ['teknəʊ] *voorv* techno-, technologie betreffend
technocracy [tek'nɒkrəsɪ] *zn* technocratie
technocrat ['teknəkræt] *zn* technocraat
technological [teknə'lɒdʒɪkl] *bnw* technologisch
technologist [tek'nɒlədʒɪst] *zn* technoloog
technology [tek'nɒlədʒɪ] *zn* technologie
tectonic [tek'tɒnɪk] *bnw, aardk bouw* tektonisch
teddy bear ['tedɪ beə] *zn* teddybeer
tedious ['ti:dɪəs] *bnw* saai, vervelend
tedium ['ti:dɪəm] *zn* ❶ saaiheid ❷ verveling
tee [ti:] **I** *zn sport* afslagplaats (golf), tee ⟨golf⟩ ★ *to a tee* perfect **II** *ov ww* ~ **off** beginnen, inform USA ergeren ★ *teed off* pissig **III** *onov ww* ~ **off** afslaan ⟨golf⟩
teem [ti:m] *onov ww* ❶ vol zijn, krioelen ❷ ~ **with** wemelen van, gieten van ❸ gieten ★ *the rain is teeming down* het stortregent
teeming ['ti:mɪŋ] *bnw* wemelend

teen [ti:n] inform I zn tiener II bnw tiener-
teenage ['ti:neɪdʒ] bnw tiener-
teenager ['ti:neɪdʒə] zn tiener
teens [ti:nz] zn mv ★ be in one's ~ in de tienerleeftijd zitten ⟨tussen 13 en 19 jaar⟩ ★ in his early / late ~ in zijn vroege / late tienerjaren
teepee zn → tepee
tee shirt zn T-shirt
teeter ['ti:tə] I zn USA wip(plank) II onov ww ❶ wankelen ★ ~ on high heels op hoge hakken wiebelen ★ ~ on the edge / brink of bankruptcy op de rand staan van een faillissement ❷ USA wippen
teeth [ti:θ] zn mv → tooth
teethe [ti:ð] onov ww tanden krijgen
teething ['ti:ðɪŋ] zn het tanden krijgen ★ ~ ring bijtring ★ ~ troubles / problems kinderziekten ⟨figuurlijk⟩, eerste moeilijke periode
teetotal [ti:'təʊtl] bnw geheelonthouders-, alcoholvrij
teetotalism [ti:'təʊtəlɪzəm] zn geheelonthouding
teetotaller [ti:'təʊtələ], USA **teetotaler** zn geheelonthouder
tel. afk, telephone tel.
telecamera ['telɪkæmrə] zn televisiecamera
telecast ['telɪka:st] zn televisie-uitzending
telecommunications [telɪkəmju:nɪ'keɪʃənz] zn mv telecommunicatie
telegram ['telɪgræm] zn telegram
telegraph ['telɪgra:f] I zn telegraaf II onov ww telegraferen III ov ww laten blijken
telegraphese [telɪgrə'fi:z] zn telegramstijl
telegraphy [tɪ'legrəfɪ] zn telegrafie
telemarketing ['telɪmɑ:kətɪŋ] zn telemarketing, telefonische klantenwerving
telemeter ['telɪmi:tə] zn afstandsmeter
telepathy [tɪ'lepəθɪ] zn telepathie
telephone ['telɪfəʊn] I zn telefoon ★ pick up / answer the ~ de telefoon opnemen ★ ~ exchange telefooncentrale ★ is he on the ~? is hij aangesloten?, is hij aan de telefoon / lijn? ★ a message on the ~ telefonische boodschap ★ the ~ is ringing de telefoon gaat II ov ww telefoneren III onov ww telefoneren
telephone box zn GB telefooncel
telephone call zn telefoongesprek
telephone directory zn telefoongids
telephonic [telɪ'fɒnɪk] bnw telefonisch, telefoon-
telephonist [tɪ'lefənɪst] zn GB telefonist(e)
telephony [tɪ'lefənɪ] zn telefonie
telephoto lens [telɪ'fəʊtəʊ lenz] zn telelens
teleprinter ['telɪprɪntə] zn telex
telescope ['telɪskəʊp] I zn telescoop II onov ww in elkaar geschoven / gedrukt worden III ov ww ❶ in elkaar schuiven ❷ inkorten
telescopic [telɪ'skɒpɪk] bnw telescopisch
telethon ['telɪθɒn] zn tv-marathon
Teletype ['telɪtaɪp] I zn telex II ov ww telexen III onov ww een telex sturen
teletypewriter [telɪ'taɪpraɪtə] zn telex
televise ['telɪvaɪz] ov ww uitzenden ⟨via televisie⟩
television ['telɪvɪʒən] zn televisie ★ watch ~ tv kijken
television set zn televisietoestel
teleworking ['teləwɜ:kɪŋ] onov ww telewerk, het thuiswerken

telex ['teleks] I zn telex II ov ww telexen III onov ww een telex sturen
tell [tel] [onregelmatig] I ov ww ❶ vertellen, zeggen ★ tell the truth de waarheid zeggen ★ I couldn't tell you ik zou het niet weten ★ I'll tell you what, why don't we try it weet je wat, we proberen het gewoon ★ tell it like it is zeggen waar het op staat ★ I've told him off ik heb hem goed gezegd waar het op stond ★ inform you're telling me! wat je zegt! ★ I told you (so) ik had je het toch al gezegd ★ tell a person good-bye afscheid nemen van iem. ❷ (op)tellen ⟨stemmen bv.⟩ ★ 25 all told 25 alles bij elkaar ❸ uit elkaar houden ★ can you tell them apart / one from the other? kun je ze uit elkaar houden? II onov ww ❶ vertellen, zeggen ★ blood will tell het bloed kruipt waar het niet gaan kan ★ time will tell de tijd zal het leren ★ you never can tell je kunt nooit weten ★ stupid past telling onbeschrijfelijk dom ❷ klikken ★ that would be telling! dat verklap ik je lekker niet! ★ I will not tell on you ik zal het niet (van je) verklappen ❸ effect hebben, indruk maken ★ every shot told elk schot was raak ★ his work tells on him je kunt het hem aanzien dat hij hard werkt ★ it did not tell in the least with him het maakte helemaal geen indruk op hem ❹ GB ~ against pleiten tegen ❺ dicht ~ of getuigen van
teller ['telə] zn ❶ verteller ❷ stemopnemer ⟨lid v.h. Parlement⟩ ❸ kassier
telling ['telɪŋ] bnw ❶ indrukwekkend ❷ tekenend
telling-off [telɪŋ'ɒf] zn uitbrander
telltale ['telteɪl] I zn ❶ klikspaan, kletskous ❷ verklikker ⟨waarschuwingsinstrument⟩ II bnw onthullend ★ watch out for those ~ signs! let op die veelzeggende tekenen!
telly ['telɪ] GB inform zn tv
temerity [tɪ'merətɪ] zn onbezonnenheid, roekeloosheid, lef
temp [temp] I zn uitzendkracht II onov ww werken als uitzendkracht III afk, temperature temperatuur
temper ['tempə] I zn ❶ aard, aanleg ❷ stemming, humeur ★ keep your ~ kalm blijven ★ have a hot ~ snel kwaad zijn ★ lose your ~ kwaad worden ★ ~s got frayed ze raakten geïrriteerd ❸ boze bui, driftbui ★ have a ~ humeurig zijn ★ fly into a ~ een driftbui krijgen ★ what a ~ he is in! wat heeft hij een boze bui! II ov ww ❶ matigen, verzachten, temperen ❷ harden ⟨staal⟩
temperament ['temprəmənt] zn temperament, aard
temperamental [temprə'mentl] bnw ❶ aangeboren ❷ onberekenbaar, grillig, humor vol kuren
temperamentally [temprə'mentəlɪ] bijw van nature
temperance ['tempərəns] zn ❶ matigheid ❷ (geheel)onthouding ★ ~ drinks alcoholvrije dranken
temperate ['tempərət] bnw matig, gematigd ★ ~ zone gematigde luchtstreek
temperature ['temprɪtʃə] zn ❶ temperatuur ★ fig raise / lower the ~ de opwinding doen toenemen / afnemen ❷ verhoging ★ he had a ~

te

hij had verhoging

tempest ['tempɪst] *zn* ook fig storm ★ USA ~ *in a teapot* storm in een glas water

tempestuous [tem'pestjʊəs] *bnw* onstuimig, stormachtig

Templar ['templə] *zn* gesch tempelier

template ['templət] *zn* mal, patroon, comp sjabloon

temple ['templ] *zn* ❶ tempel ❷ slaap ⟨v.h. hoofd⟩

tempo ['tempəʊ] *zn* tempo

temporal ['tempərəl] *bnw* ❶ tijdelijk, van de tijd ❷ wereldlijk ★ *the Lords Temporal* wereldlijke leden v. Hogerhuis ❸ anat slaap- ★ ~ *bone* slaapbeen ★ ~ *lobe* slaapkwab

temporality [tempə'rælətɪ] *zn* tijdelijkheid ★ *temporalities* wereldlijk bezit

temporary ['tempərərɪ] **I** *zn* noodhulp, tijdelijke kracht **II** *bnw* tijdelijk ★ *delete ~ files* tijdelijke bestanden verwijderen ★ ~ *officer* reserveofficier

temporize, temporise ['tempəraɪz] *onov ww* form tijd rekken / proberen te winnen, slag om de arm houden, laveren

tempt [tempt] *ov ww* verleiden, bekoren ★ *I ~ed to discontinue this* ik voel er veel voor hiermee op te houden ★ ~ *fate* het lot tarten

temptation [temp'teɪʃən] *zn* verleiding, bekoring ★ *give in / yield / succumb to (the) ~* bezwijken voor de verleiding

tempter ['temptə] *zn* verleider

tempting ['temptɪŋ] *bnw* verleidelijk ★ ~ *offer* verleidelijk aanbod

temptress ['temptrəs] *zn* verleidster

ten [ten] *telw* tien ★ *ten to one* tien tegen één, hoogstwaarschijnlijk ▼ *the upper ten* de elite

tenable ['tenəbl] *bnw* houdbaar, te verdedigen, geldend

tenacious [tɪ'neɪʃəs] *bnw* vasthoudend, volhardend ★ *a ~ illness* een hardnekkige ziekte ★ *a ~ memory* 'n sterk geheugen ★ fig *be ~ of life* taai zijn

tenacity [tɪ'næsətɪ] *zn* vasthoudendheid

tenancy ['tenənsɪ] *zn* ❶ huur(termijn), pacht(termijn) ❷ bekleden v. ambt ❸ verblijf

tenant ['tenənt] **I** *zn* huurder, pachter **II** *ov ww* pachten, huren

tend [tend] **I** *onov ww* ❶ geneigd zijn ★ *tend to / towards* neigen tot / naar ★ *people tend to think that...* mensen denken vaak dat... ❷ in een richting gaan ★ *the stock market tends upwards* de aandelenmarkt gaat omhoog ❸ ~ *to* zorgen voor **II** *ov ww* ❶ zorgen voor, hoeden ⟨dieren⟩, bedienen ⟨machine⟩ ★ *tend the garden* de tuin verzorgen ❷ USA de klanten helpen in ★ *tend bar* achter de bar staan

tendency ['tendənsɪ] *zn* ❶ neiging, aanleg ❷ tendens, trend ❸ stemming ⟨op beurs⟩

tendentious [ten'denʃəs] *bnw* form tendentieus

tender ['tendə] **I** *zn* ❶ inschrijving, tender, aanbod, offerte ★ *the work will be put up / out for ~* het werk zal worden aanbesteed ❷ geleideschip ❸ tender ⟨v. locomotief⟩ ❹ betaalmiddel **II** *bnw* ❶ teder, zacht, mals ⟨v. vlees⟩ ★ *the ~ passion* de liefde ★ ~ *of* bezorgd voor ❷ gevoelig, pijnlijk ★ *still ~ and swollen* nog steeds pijnlijk en dik ❸ liefhebbend ★ *the kitten needs ~ loving care* het katje heeft veel

liefde en warmte nodig ❹ jong ★ *his ~ years* prille jeugd **III** *ov ww* aanbieden ★ *he ~ed his resignation* hij diende z'n ontslag in ★ ~ *an oath to sb* iem. 'n eed opleggen **IV** *onov ww* ~ **for** inschrijven op ⟨werk⟩

tenderfoot ['tendəfʊt] *zn,* inform USA nieuweling

tender-hearted *bnw* teergevoelig

tenderize, tenderise ['tendəraɪz] *ov ww* mals maken ⟨vlees⟩

tenderloin ['tendəlɔɪn] *zn* ❶ biefstuk v.d. haas, varkenshaas ❷ USA rosse buurt

tendon ['tendən] *zn* ❶ pees ❷ spanwapening ⟨betonbouw⟩

tendril ['tendrɪl] *zn* scheut, rank, dunne twijg

tenement ['tenɪmənt] *zn* ❶ woning, huurflat, pachtgoed ❷ ★ ~ *house* huurkazerne, flatgebouw

tenet ['tenɪt] *zn* dogma, leerstelling

tenfold ['tenfəʊld] *bnw* tienvoudig

tenner ['tenə] inform *zn* ❶ GB bankbiljet van tien pond ❷ USA bankbiljet van tien dollar

tennis ['tenɪs] *zn* tennis

tennis-court ['tenɪskɔːt] *zn* tennisbaan

tenon ['tenən] *zn* ⟨houten⟩ pen ★ ~*-and-mortise joint* pen-en-gatverbinding

tenor ['tenə] *zn* ❶ tenor ❷ altviool ❸ geest, strekking ★ *the ~ of the questions* de teneur van de vragen ❹ gang ⟨v. zaken⟩ ❺ afschrift

tenpin ['tenpɪn] *zn* kegel ★ ~ *bowling* bowlingspel, bowlen

tense [tens] **I** *zn* taalk grammaticale tijd ★ *the present and the past* ~ de tegenwoordige en de verleden tijd **II** *bnw* ❶ (in)gespannen, strak ★ *those were ~ days* dat waren dagen v. spanning **III** *ov ww* spannen ★ fig *be all ~d up* helemaal zenuwachtig zijn **IV** *onov ww* gespannen worden

tensile ['tensaɪl] *bnw* rekbaar, elastisch ★ ~ *strength* treksterkte

tension ['tenʃən] *zn* ❶ (in)spanning ★ *ease the ~ with a wisecrack* de spanning verminderen met een geintje ❷ spankracht

tensity ['tensətɪ] *zn* spanning

tensor ['tensə] *zn* strekspier

tent [tent] *zn* ❶ tent ★ *pitch a tent* een tent opzetten / opslaan ❷ wiek, prop gaas / watten

tentacle ['tentəkl] *zn* ❶ tentakel, vangarm ⟨v. octopus⟩, voelhoorn ★ *the ~s of the government* de klauwen van de overheid

tentative ['tentətɪv] **I** *zn* poging, proef **II** *bnw* ❶ voorlopig ⟨v. afspraak bv.⟩, voorzichtig ⟨v. stap, conclusie bv.⟩, experimenteel ❷ weifelend ⟨v. blik bv.⟩

tenterhooks ['tentəhʊkz] *zn* ★ *be on ~* ongerust / in spanning zijn

tenth [tenθ] **I** *telw* tiende **II** *zn* ❶ tiende (deel) ❷ muz decime

tenuous ['tenjʊəs] *bnw* subtiel, vaag ⟨v. verband bv.⟩, zwak ⟨v. argument bv.⟩

tenure ['tenjə] *zn* ❶ ambtsperiode ★ *during his ~ of office* gedurende zijn ambtsperiode ❷ vaste aanstelling ❸ eigendomsrecht

tepee ['tiːpiː] *zn* tipi ⟨tent⟩

tepid ['tepɪd] *bnw* lauw

tepidity [te'pɪdətɪ] *zn* lauwheid

tercentenary [tɜːsenˈtiːnərɪ] *zn* driehonderdste gedenkdag

tercet [ˈtɜːsɪt] *zn* drieregelig vers

tergiversate [ˈtɜːdʒɪvɜːseɪt] *form onov ww* ❶ ontwijkend antwoorden ❷ afvallig worden

term [tɜːm] **I** *zn* ❶ termijn, <u>onderw</u> trimester / semester, zittingsduur ⟨van rechtbank⟩ ★ *term has not yet started* de scholen / colleges zijn nog niet begonnen ★ *his term of office expired* zijn ambtsperiode liep af ★ *for a term of years* voor een aantal jaren ★ *serve a 10-year term* een gevangenisstraf van 10 jaar uitzitten ❷ vastgestelde dag, afloopdatum ❸ term, woord ★ *flattering terms* vleiende bewoordingen ★ *guarded terms* bedekte termen ★ *he only thinks in terms of money* hij denkt alleen maar aan geld ★ *be on Christian / first name term* elkaar bij de voornaam noemen ❹ [mv]★ *terms* voorwaarden ★ *terms and conditions* bepalingen en voorwaarden ★ *surrender on terms* zich voorwaardelijk overgeven ★ *terms of trade* ruilvoet ❺ [mv]★ *terms* overeenkomst, relatie ★ *come to terms about sth* het eens worden over iets ★ *come to terms with sth* in het reine komen met iets, <u>psych</u> iets verwerken ★ *they were brought to terms* ze werden overtuigd ★ *I'm on good terms with him* ik sta op goede voet met hem ★ *they met on equal terms* ze gingen op voet v. gelijkheid om met elkaar ★ *marry on equal terms* huwen in gemeenschap v. goederen ★ *they are not on speaking terms* ze praten niet (meer) met elkaar ★ *terms of reference* studie- / onderzoeksopdracht, taakomschrijving / -stelling **II** *ov ww* noemen

termagant [ˈtɜːməɡənt] <u>dicht</u> *zn* feeks

terminal [ˈtɜːmɪnl] **I** *zn* ❶ eindpunt, terminal ⟨v. vliegveld, station, haven⟩ ❷ <u>comp</u> werkstation ❸ (pool)klem ⟨elektriciteit⟩ **II** *bnw* ❶ ongeneeslijk ★ *humor ~ boredom* dodelijke verveling ❷ slot-, eind- ❸ <u>plantk</u> eindstandig

terminate [ˈtɜːmɪneɪt] **I** *ov ww* beëindigen, opzeggen ⟨contract bv.⟩ **II** *onov ww* eindigen, aflopen

termination [tɜːmɪˈneɪʃən] *zn* ❶ afloop, einde, beëindiging ❷ abortus ★ *~ of pregnancy* zwangerschapsonderbreking

terminology [tɜːmɪˈnɒlədʒɪ] *zn* terminologie

terminus [ˈtɜːmɪnəs] *zn* ❶ <u>GB</u> kopstation ❷ eind(punt)

termite [ˈtɜːmaɪt] *zn* termiet

tern [tɜːn] *zn* ❶ stern ❷ drietal

terrace [ˈterəs] *zn* ❶ terras ❷ bordes ❸ <u>GB</u> huizenrij op helling

terraced [ˈterəst] *bnw* ❶ terrasvormig ★ *~ roof* terrasdak, plat dak ❷ <u>GB</u> rijtjes-★ *~ house* rijtjeshuis

terrain [teˈreɪn] *zn* terrein

terrestrial [təˈrestrɪəl] **I** *zn* aardbewoner **II** *bnw* aards, ondermaans, land-★ *~ globe* aardbol, globe ★ *digital ~ tv* digitale ethertelevisie

terrible [ˈterɪbl] *bnw* verschrikkelijk, ontzettend ★ *be ~ at cooking* ontzettend slecht kunnen koken

terribly [ˈterɪblɪ] *bijw* vreselijk, verschrikkelijk, geweldig ★ *it goes ~ wrong* het gaat verschrikkelijk fout

terrier [ˈterɪə] *zn* terriër

terrific [təˈrɪfɪk] *bnw* ❶ uitstekend, fantastisch ❷ schrikbarend

terrifically [təˈrɪfɪklɪ] *bijw* verschrikkelijk

terrified [ˈterɪfaɪd] *bnw* doodsbang ★ *~ of spiders* doodsbang voor spinnen

terrify [ˈterɪfaɪ] *ov ww* doodsbang maken, schrik aanjagen ★ *he was terrified into signing the contract* hij werd zo geïntimideerd dat hij het contract tekende

terrifying [ˈterɪfaɪɪŋ] *bnw* afschuwelijk

territorial [terɪˈtɔːrɪəl] **I** *bnw* territoriaal ⟨ook v. gedrag⟩, land-, grond-★ *~ waters* territoriale wateren / zone **II** *zn* soldaat van de vrijwillige landweer

territory [ˈterɪtərɪ] *zn* ❶ territorium, gebied ★ *fig that comes / goes with the ~* dat hoort erbij ❷ <u>econ</u> rayon ❸ <u>USA</u> gebied dat nog niet alle rechten v.e. staat heeft ★ *mandated ~* mandaatgebied

terror [ˈterə] *zn* ❶ angst, paniek ★ *strike ~ into you* je doodsbang maken ★ <u>form</u> *it doesn't hold any ~s for me* het boezemt mij geen angst in ❷ terreur, verschrikking ❸ pestkop ★ *iron holy ~* schrik van de familie ⟨persoon⟩

terrorism [ˈterərɪzəm] *zn* terrorisme

terrorist [ˈterərɪst] **I** *zn* terrorist **II** *bnw* terroristisch ★ *~ attack* terroristische aanslag

terrorize, terrorise [ˈterəraɪz] *ov ww* terroriseren

terror-stricken *bnw* hevig verschrikt

terse [tɜːs] *bnw* kort, beknopt

tertiary [ˈtɜːʃərɪ] *bnw* tertiair ★ *~ education* tertiair / hoger onderwijs

tessellated [ˈtesəleɪtɪd] *bnw* met mozaïek(en) ingelegd

test [test] **I** *zn* ❶ test, proef(werk), tentamen ★ *oral / written test* mondelinge / schriftelijke overhoring ★ *mental test* intelligentietest ★ *stand the test of time* de tijd trotseren ❷ beproeving, toets(steen) ★ *put to the test* op de proef stellen ❸ <u>scheik</u> reagens ❹ wedstrijd **II** *ov ww* ❶ toetsen, testen, <u>med</u> onderzoeken ★ *test the water(s)* de stemming peilen ★ *test the car out* de auto uitproberen ❷ beproeven, op de proef stellen **III** *onov ww* als resultaat hebben ★ *he tested negative* zijn testresultaat was negatief

testament [ˈtestəmənt] *zn* testament ★ <u>fig</u> *a ~ to* een bewijs van

testamentary [testəˈmentərɪ] *bnw* testamentair

test ban *zn* kernstopverdrag

test case *zn* <u>jur</u> testcase, proefproces

tester [ˈtestə] *zn* ❶ iemand die test ❷ klankbord ❸ tester ⟨met parfum⟩ ❹ baldakijn ❺ hemel ⟨v. ledikant⟩

test flight *zn* testvlucht

test-fly **I** *onov ww* proefvlucht maken **II** *ov ww* invliegen ⟨vliegtuig⟩

testicle [ˈtestɪkl] *zn* testikel, zaadbal

testify [ˈtestɪfaɪ] **I** *ov ww* verklaren, getuigen van **II** *onov ww* ❶ getuigen ❷ *~ to* getuigen van, getuigenis afleggen van

testimonial [testɪˈməʊnɪəl] *zn* ❶ getuigschrift ❷ huldeblijk

testimony [ˈtestɪmənɪ] *zn* getuigenis, verklaring onder ede, bewijs ★ *give ~* getuigenis afleggen ★ *bear ~ against* getuigen tegen ★ *bear ~ to / of*

te

getuigen van

test match *zn* sport testmatch
test paper *zn* ❶ proefwerk ❷ scheik reageerpapier
test pilot *zn* testpiloot
test tube *zn* reageerbuisje
test-tube baby *zn* reageerbuisbaby
testy ['testɪ] *bnw* prikkelbaar
tetanus ['tetənəs] *zn* tetanus, stijfkramp
tether ['teðə] **I** *zn* touw, ketting ⟨v. grazend dier⟩ ★ *he is at the end of his ~* hij is ten einde raad, hij is uitgepraat ★ *it is beyond my ~* het gaat m'n begrip te boven **II** *ov ww* vastbinden ★ *~ the dog by a short rope* de hond kort houden
Teutonic [tju:'tɒnɪk] *bnw* Teutoons, Germaans, Duits
Texan ['teksən] **I** *zn* Texaan **II** *bnw* v. Texas, Texaans
Tex-Mex I *zn* tex-mex **II** *bnw* Mexicaans-Texaans ⟨culinair, muziek⟩
text [tekst] **I** *zn* ❶ tekst ★ *set text* verplicht boek ⟨voor examen⟩ ❷ sms'je ❸ USA leerboek **II** *ov ww* sms'en
textbook ['tekstbʊk] **I** *zn* ❶ leerboek ❷ tekstboek **II** *bnw* volgens het boekje
textile ['tekstaɪl] **I** *zn* textiel **II** *bnw* textiel-, geweven
text message I *zn* sms-bericht ★ *send a ~* een sms'je versturen **II** *ov ww* sms'en
textual ['tekstʃʊəl] *bnw* ❶ m.b.t. de tekst ★ *~ analysis* tekstanalyse ❷ letterlijk
texture ['tekstʃə] *zn* textuur, weefsel ★ *it has a silky ~* het voelt aan als zijde ❷ structuur, bouw
TFT screen *zn* tft-scherm ⟨thin film transistor liquid crystal scherm⟩
Thai [taɪ] **I** *zn* ❶ Thailander, Thaise ❷ Thai (taal) **II** *bnw* Thais, Thailands
thalidomide [θə'lɪdəmaɪd] *zn* ★ *~ baby* softenonkind
Thames [temz] *zn* Theems (rivier) ★ *GB he won't set the ~ on fire* hij heeft het buskruit niet uitgevonden
than [ðən] *vw* dan ★ *larger than* groter dan
thang [θæŋ] *zn*, USA plat ding ★ *it's your ~* het is jouw zaak, je moet het zelf weten
thank [θæŋk] *ov ww* (be)danken ★ *~ you for your message* hartelijk dank voor je bericht ★ *~ you* dank je / u ⟨bij aanneming⟩, alstublieft, ja graag ★ *no, ~ you* nee, dank je / u ⟨bij weigering⟩ ★ iron *~ you for nothing!* daar hebben we veel aan (gehad)! ★ iron *~ you for the potatoes* wil je me de aardappels even aangeven? ★ *I'll ~ you to mind your own business* bemoei je er alsjeblieft met je eigen zaken ★ *~ your lucky stars* je gelukkig prijzen ★ *I have my father to ~ for that* dat heb ik aan mijn vader te danken
thankful ['θæŋkfʊl] *bnw* dankbaar, blij
thankless ['θæŋkləs] *bnw* ondankbaar
thanks [θæŋks] **I** *tw* inform bedankt, dank je, dankjewel ★ *many ~* hartelijk dank, iron dank je hartelijk ★ *no ~* graag gedaan ★ *~ but no ~* bedankt, maar laat maar zitten **II** *zn mv* dank ★ *give / return ~* danken ⟨aan tafel⟩ ★ *~ to you* dankzij jou ★ min *no ~ to you* niet vanwege jouw inzet ★ *~ to your stupidity* als gevolg van jouw domheid ★ *we received your letter with ~* in

dank ontvingen wij uw schrijven ★ *small ~ we had for it* we kregen stank voor dank
thanksgiving ['θæŋksgɪvɪŋ] *zn* form dankzegging
Thanksgiving Day *zn* Thanksgiving Day ⟨feestdag in USA en Canada⟩
thank-you *bnw* dank- ★ *~ speech* dankwoord ★ *~ note* bedankbriefje
that [ðæt] **I** *aanw vnw* dat, die ★ *who is that lady?* wie is die dame? ★ *that's that!* dat is dat, dat is klaar! ★ *that's right!* in orde! ★ *don't talk like that* zó moet je niet praten ★ GB *that's a good boy* dan ben je een brave jongen ★ *he has that trust in you* hij heeft zoveel vertrouwen in je ★ *put that and that together* breng de dingen met elkaar in verband ★ *there was that in his manner* hij had iets in zijn optreden ★ *they did that much (at least)* zóveel hebben ze (in ieder geval) gedaan ★ *and all that* en dergelijke ★ *that is (to say)* dat wil zeggen ★ *and difficult at that!* en bovendien erg moeilijk! **II** *betr vnw* die, dat, welk(e), wat ★ *the book that I sent you* het boek dat ik je gezonden heb ★ *Mrs. Smith, Helen Burns that was* Mevr. Smith, geboren Helen Burns **III** *vw* ❶ dat ❷ opdat
thatch [θætʃ] **I** *zn* ❶ (dak)stro ❷ rieten dak ❸ inform dik hoofdhaar **II** *ov ww* met riet dekken
thaw [θɔ:] **I** *zn* dooi **II** *onov ww* ❶ dooien ❷ ook fig ontdooien ★ *the ice thaws* het ijs smelt **III** *ov ww* (laten) ontdooien
the [ðɪ] *lw* de, het ★ *the more so as* te meer omdat ★ *he is the man for it* hij is dé man ervoor ★ *the more..., the less...* hoe meer..., des te / hoe minder... ★ *all the better* des te beter ★ *the stupidity!* wat stom! ★ *she plays the clarinet* zij speelt klarinet ★ *born on the 12th of August* op 12 augustus geboren
theatre, USA **theater** ['θɪətə] *zn* ❶ theater, schouwburg, aula ⟨v. school bv.⟩ ❷ toneel, dramatische literatuur / kunst ❸ GB operatiezaal ❹ gebied ★ *~ of war* front ❺ med *operating theatre* operatiekamer / -zaal
theatregoer, USA **theatergoer** ['θɪətəgəʊə] *zn* schouwburgbezoeker
theatrical [θɪ'ætrɪkl] *bnw* ❶ theatraal, overdreven ❷ toneel-
theatricals [θɪ'ætrɪklz] *zn mv* ❶ toneel(zaken) ★ *private ~* amateurtoneel ❷ fig vertoning, aanstellerij
thee [ðiː] *pers vnw* oud U ⟨enkelvoud⟩
theft [θeft] *zn* diefstal
their [ðeə] *bez vnw* hun ★ *it's ~ choice* het is hun keuze
theirs [ðeəz] *bez vnw* de / het hunne ★ *she was a friend of ~* zij was één v. hun vrienden ★ *it is not ~ to judge* het is niet aan hen om te oordelen
theism ['θiːɪzm] *zn* theïsme
them [ðəm] *pers vnw* hen, hun, ze, zich ★ *give them instructions* hun instructies geven ★ *Tim saw them first* Tim zag hen / ze het eerst ★ *is it them already?* zijn ze er al? ★ *they closed the door behind them* ze deden de deur achter zich dicht
thematic [θɪ'mætɪk] *bnw* thematisch
theme [θiːm] *zn* ❶ thema, onderwerp ★ *a*

recurrent / recurring ~ een terugkerend onderwerp ❷ herkenningsmelodie
theme park *zn* amusementspark ⟨rond één thema⟩
theme song *zn* titellied ⟨v.e. film e.d.⟩, herkenningsmelodie
themselves [ðəm'selvz] *wkd vnw* zich(zelf), henzelf, zij zelf ⟨meervoud⟩ ★ *they enjoy* ~ zij amuseren zich ★ *they tried to do it* ~ ze probeerden het zelf te doen
then [ðen] **I** *zn* dan ★ *by then* tegen die tijd ★ *not till then* toen pas ★ *till then* tot die tijd ★ *every now and then* nu en dan **II** *bijw* dan, toen, daarop, vervolgens ★ *what happened then?* wat gebeurde er toen / daarna? ★ *then and there* direct, op staande voet ★ *now / right then, no more excuses* nou dan, nu geen smoesjes meer ★ *if you didn't like the party, then you should have left* als je het feest niet leuk vond, dan had je (maar) moeten weggaan **III** *bnw* form toenmalig ★ *the then King* de toenmalige koning
thence [ðens] *bijw* form vandaar, om die reden
theocracy [θɪ'ɒkrəsɪ] *zn* theocratie
theologian [θiːə'ləʊdʒɪən] *zn* theoloog, godgeleerde
theological [θiːə'lɒdʒɪkl] *bnw* theologisch
theology [θɪ'ɒlədʒɪ] *zn* theologie, godgeleerdheid
theoretical [θɪə'retɪkl] *bnw* theoretisch
theoretician [θɪərə'tɪʃən] *zn* theoreticus
theorist ['θɪərɪst] *zn* theoreticus
theorize, theorise ['θɪəraɪz] *onov ww* theoretiseren
theory ['θɪərɪ] *zn* theorie
therapeutic [θerə'pjuːtɪk] *bnw* therapeutisch, geneeskrachtig
therapeutics [θerə'pjuːtɪks] *zn mv* therapie
therapist ['θerəpɪst] *zn* therapeut
therapy ['θerəpɪ] *zn* therapie, behandeling ★ *complementary* ~ alternatieve therapie
there [ðeə] **I** *bijw* ❶ daar, er ★ ~ *are a lot of buildings* er zijn veel gebouwen ★ inform *I've been* ~ ik weet er alles van ★ *he's not all* ~ hij is niet goed wijs ★ *it's neither here nor* ~ het raakt kant noch wal ★ ~ *and then* op staande voet ★ ~'s *a dear* je bent een beste meid ★ ~ *you are!* dáár ben je!, precies! ⟨als bevestiging⟩, alsjeblieft! ⟨ter demonstratie⟩ ★ ~ *it is* het is nu eenmaal niet anders ★ *from* ~ daarvandaan ★ *near* ~ daar in de buurt ❷ daarheen ★ ~ *and back* heen en terug **II** *tw* daar, nou ★ ~, ~! kom, kom, rustig maar!
thereabouts ['ðeərəbaʊts] *bijw* ❶ in de buurt ❷ daaromtrent
thereafter [ðeər'ɑːftə] *bijw* form daarna
thereby [ðeə'baɪ] *bijw* form daardoor, daarbij ★ ~ *hangs a tale* daar zit een verhaal aan vast
therefore ['ðeəfɔː] *bijw* daarom, bijgevolg, dus
therein [ðeər'ɪn] *bijw* daarin, erin ★ ~ *lies the problem* daarin zit het probleem
thereof [ðeər'ɒv] *bijw* form daarvan, ervan
thereupon [ðeərə'pɒn] *bijw* form daarna
thermal ['θɜːml] **I** *zn* ❶ thermiek ❷ [mv] ~s thermische kleding **II** *bnw* warmte- ★ ~ *underwear* thermisch ondergoed ★ luchtv ~

barrier warmtebarrière, warmtegrens ★ ~ *imaging* warmtebeeldtechniek
thermic ['θɜːmɪk] *bijw* ❶ warmte- ❷ heet ⟨bron⟩
thermodynamics [θɜːməʊdaɪ'næmɪks] *zn mv* thermodynamica
thermometer [θɜː'mɒmɪtə] *zn* thermometer ★ *(clinical)* ~ koortsthermometer
thermonuclear [θɜːməʊ'njuːklɪə] *bnw* thermonucleair ★ ~ *bomb* waterstofbom
thermoplastic [θɜːməʊ'plæstɪk] *bnw* thermoplast(isch)
thermos ['θɜːməs] *zn* thermosfles
thermostat ['θɜːməstæt] *zn* thermostaat
thermostatic [θɜːmə'stætɪk] *bnw* ★ *with* ~ *control* met thermostaat
thesaurus [θɪ'sɔːrəs] *zn* ❶ thesaurus, lexicon ❷ fig schatkamer
these [ðiːz] *aanw vnw* deze ⟨meervoud⟩ ★ *I've lived here* ~ 3 *years* ik woon hier al 3 jaar
thesis ['θiːsɪs] *zn* ❶ dissertatie ❷ (te verdedigen) stelling
thews [θjuːz] *zn mv* (spier)kracht, spieren
thewy ['θjuːɪ] *bnw* gespierd
they [ðeɪ] *pers vnw* zij, ze ⟨meervoud⟩, men ★ *as they say* naar men zegt
thick [θɪk] **I** *bnw + bijw* ❶ dik ★ ~ *type* vette letter ❷ vol, dicht opeen ★ ~ *with bushes* dicht begroeid met / vol struiken ★ ~ *with smoke* vol rook ★ *the donations come in* ~ *and fast* de schenkingen stromen binnen ❸ onduidelijk klinkend, hees ⟨v. stem⟩, zwaar ⟨v. accent⟩ ★ *speak* ~ / *with a* ~ *tongue* moeilijk spreken ❹ dik bevriend ★ *they are very* ~ *together* ze zijn dikke vrienden ❺ dom ❻ fig inform sterk, kras ★ *lay it on* ~ drukte maken over, overdrijven **II** *zn* ❶ dikte, dikste gedeelte ❷ kritieke deel, hoogtepunt ★ *the* ~ *of the battle* het heetst v.d. strijd ★ *through* ~ *and thin* door dik en dun
thicken ['θɪkən] **I** *ov ww* verdikken, binden ⟨saus, jus, soep⟩ **II** *onov ww* ❶ dik(ker) worden ★ ~*ing of the arteries* slagaderverkalking ❷ talrijker / ingewikkelder worden
thickener ['θɪkənə] *zn* bindmiddel
thicket ['θɪkɪt] *zn* struikgewas
thickheaded [θɪk'hedɪd] inform *bnw* dom
thickly ['θɪklɪ] *bijw* ❶ dik ❷ met zware tong sprekend, moeilijk sprekend
thickness ['θɪknəs] *zn* ❶ dikte ❷ laag
thickset [θɪk'set] *bnw* ❶ gedrongen ⟨v. figuur⟩ ❷ dicht beplant
thick-skinned *bnw* ook fig dikhuidig
thief [θiːf] *zn* dief ★ *be as thick as thieves* dikke vrienden zijn
thief-proof *bnw* inbraakvrij
thieve [θiːv] *onov ww* stelen
thievery ['θiːvərɪ] *zn* dieverij
thieving ['θiːvɪŋ] **I** *zn* diefstal **II** *bnw* inform ★ *you* ~ *scumbag!* jij vuile dief!
thievish ['θiːvɪʃ] *bnw* diefachtig
thigh [θaɪ] *zn* dij
thimble ['θɪmbl] *zn* ❶ vingerhoed ❷ dopje, kabelkous
thimbleful ['θɪmblfʊl] *zn* ❶ vingerhoed ❷ heel klein beetje
thin [θɪn] **I** *bnw* ❶ dun, mager, schraal ★ *I'm getting a little thin op top* ik word een beetje

kaal ★ *thin as a rake* mager als een lat ★ GB *we had a thin time* we hadden het niet breed ★ *a thin attendance* geringe opkomst ★ fig *on thin ice* op gevaarlijk terrein ❷ ijl ⟨v. lucht⟩ ❸ doorzichtig ★ *thin excuse* pover excuus ★ *a thin joke* flauwe grap II *ov ww* ❶ verdunnen ❷ verminderen ❸ ~ **out** uitdunnen III *onov ww* ❶ dunner worden ⟨bv. v. haar⟩ ❷ afnemen

thine [ðaɪn] oud *bez vnw* ❶ uw, van u ❷ de / het uwe

thing [θɪŋ] *zn* ❶ ding, zaak, iets ★ *among other ~s* onder andere ★ *how are ~s at home?* hoe gaat het thuis? ★ *for one ~... for another...* enerzijds..., anderzijds..., ten eerst..., ten tweede... ★ *neither one ~ nor another* noch dit, noch dat ★ *what with one ~ and another* kortom ★ *there's no such ~ as a free lunch* voor niets gaat de zon op ★ *try to be all ~s to all men / people* proberen alles te zijn voor iedereen ★ *be a ~ of the past* tot het verleden behoren ★ *~s English* wat op Engels betrekking heeft ★ *the first ~ we did* het eerste dat we deden ★ *first ~s first* wat het zwaarst is moet het zwaarst wegen ★ *they made a good ~ of it* ze verdienden er een aardige duit aan ★ inform *no great ~s* niet veel zaaks ★ *the latest ~ in shoes* het laatste snufje op het gebied v. schoenen ★ *she had done any old ~* ze had v. alles bij de hand gehad ★ *~s real* eigendom ★ *that ~ Smith* die Smith, die vent van Smith ★ *it is not quite the ~* het is niet zoals het hoort ★ *skirts are quite the ~* rokken zijn helemaal in ⟨de mode⟩ ★ inform *I am not feeling at all the ~* ik voel me niet in orde / goed ★ *I have a ~ about / for fashion* ik heb iets met mode ★ *he knows a ~ or two* hij is bij de tijd ★ *see ~s* hallucinaties hebben ★ *he takes ~s too seriously* hij neemt het te zwaar op ❷ wezen(tje) ★ *poor ~* arm schepsel / schaap ★ *dear old ~* (beste) jongen / meid ▼ *that was a close ~* dat was op het nippertje

think [θɪŋk] I *ov ww* [onregelmatig] ❶ denken, vinden, achten, geloven ★ *I ~ you're right* ik geloof dat je gelijk hebt ★ *~ no harm* geen kwaad vermoeden ❷ zich herinneren ★ *I can't ~ what it was called* ik kan niet op de naam komen ❸ nadenken over, bedenken ★ *~ money* alleen aan geld denken ❹ ~ **out** uitdenken, ontwerpen ⟨plan⟩, overwegen ❺ ~ **over** overdenken ❻ ~ **through** doordenken, goed nadenken over ❼ ~ **up** bedenken, verzinnen II *onov ww* [onregelmatig] ❶ denken ★ *we ~ not* we denken / vinden v. niet ★ *I thought as much* ik vermoedde het al ★ *not be ~ing straight* niet helder denken ★ *~ (alike) with sb* het met iem. eens zijn ★ *~ aloud / out loud* hardop denken ★ *~ to o.s.* bij zichzelf denken ★ *~ hard* ingespannen denken ★ *~ big* grootschalig denken ❷ (erover) nadenken, denken, bedenken ★ *~ twice / again before doing sth* nog eens goed nadenken voordat je iets doet ★ *he thought better of it* hij bedacht zich ❸ zich voorstellen ★ *just ~!* stel je eens voor!, denk je eens even in! ❹ ~ **about** denken over ★ *don't even ~ about it!* waag het niet! ❺ ~ **back** to terugdenken aan ❻ ~ **of** denken aan / over / van ★ *~ little of sb* niet veel op hebben met, geen hoge dunk hebben v. iem.

★ *~ little of sth* ergens de hand niet voor omdraaien ★ *what were you ~ing of* waar zat je met je gedachten III *zn* inform gedachte, overweging ★ *just have a ~ about it* denk er 'ns even over na ★ *you've got another ~ coming* je hebt het verkeerd begrepen

thinkable ['θɪŋkəbl] *bnw* denkbaar

thinker ['θɪŋkə] *zn* denker

thinking ['θɪŋkɪŋ] I *zn* ❶ het denken ★ *way of ~* zienswijze ★ *put on your ~ cap* denk eens goed na ★ *wishful ~* hoopvol denken ★ *good ~!* goed idee! ❷ gedachte II *bnw* (na)denkend ★ *~ power* denkvermogen

thinner ['θɪnə] *zn* thinner, verdunner

thin-skinned *bnw* overgevoelig

third [θɜːd] I *telw* derde ★ *~ root* derde machtswortel ★ *~ time (is) lucky (time)* driemaal is scheepsrecht ★ *he finished ~* hij eindigde op de derde plaats ★ *~ gear* in de derde versnelling rijden ★ GB *~ age* derde levensfase ⟨55+⟩ II *zn* ❶ derde deel ❷ muz terts

third-class *bnw* ❶ derderangs- ❷ derdeklasse-

thirdly ['θɜːdlɪ] *bijw* ten derde

third-party *bnw* jur m.b.t. derden ★ *~ risks* WA-risico

third-rate *bnw* derderangs, inferieur

thirst [θɜːst] I *zn* dorst ★ *~ after / for / of* dorst naar II *onov ww* ~ **after/for** dorsten naar

thirsty ['θɜːstɪ] *bnw* dorstig ★ *be ~* dorst hebben ★ fig *be ~ for a better world* hunkeren naar een betere wereld ★ inform *my car is ~* mij auto zuipt benzine

thirteen [θɜːˈtiːn] *telw* dertien

thirteenth [θɜːˈtiːnθ] *telw* dertiende

thirtieth ['θɜːtɪəθ] *telw* dertigste

thirty ['θɜːtɪ] *telw* dertig ★ *be in your thirties* in de dertig zijn

this [ðɪs] *aanw vnw* dit, deze ⟨enkelvoud⟩ ★ *this, that and the other* van alles en nog wat ★ *to this day* tot nu toe ★ *from this to A.* v. hier naar A. ★ *it's John this and John that* het is John vóór en John na ★ *this much is true* dit is waar ★ *this is to you!* op je gezondheid! ★ *he can put this and that together* hij kan verband leggen tussen de dingen ★ *this many a day* al vele dagen ★ *this terrible* zo vreselijk ★ *before this* vroeger ★ *they'll be ready by this time* ze zullen nu wel klaar zijn ★ *for all this* niettegenstaande dit alles ★ *it is like this:...* het zit zo:...

thistle ['θɪsl] *zn* distel ⟨ook nationaal embleem v. Schotland⟩

thistly ['θɪslɪ] *bnw* distelachtig, vol distels

thong [θɒŋ] *zn* ❶ string ⟨slipje⟩ ❷ riem ❸ USA teenslipper

thorax ['θɔːræks] *zn* ❶ borstkas ❷ borststuk ⟨v. insect⟩

thorn [θɔːn] *zn* doorn, stekel ★ *it is a ~ in my flesh / side* het is mij 'n doorn in het oog ★ *sit on ~s* op hete kolen zitten

thorny ['θɔːnɪ] *bnw* ❶ doornachtig, stekelachtig ❷ netelig

thorough ['θʌrə] *bnw* ❶ grondig, degelijk, volmaakt ★ *a ~ investigation* een grondig onderzoek ★ *a ~ policy* politiek die van geen compromis wil weten ❷ echt, doortrapt ⟨bv. schurk⟩

thoroughbred ['θʌrəbred] I zn ❶ volbloed paard ❷ welopgevoed persoon ❸ eersteklas auto, enz. II bnw ❶ volbloed, rasecht ❷ welopgevoed

thoroughfare ['θʌrəfeə] zn (hoofd)straat, hoofdweg★ no~ afgesloten voor verkeer, geen doorgaand verkeer

thoroughgoing ['θʌrəgəʊɪŋ] bnw grondig, volledig

thoroughly ['θʌrəlɪ] bijw door en door, grondig

those [ðəʊz] aanw vnw ❶ die (meervoud), zij (meervoud) ❷ degenen★ there are~ who say er zijn er die zeggen

thou [ðaʊ] pers vnw oud gij (enkelvoud), U

though [ðəʊ] I vw hoewel, ofschoon★ as~ alsof ★ even~ ook al★ strange~ it seems hoewel het vreemd lijkt II bijw maar toch, evenwel★ I wish you had told me~ maar ik wou dat je het me gezegd had

thought [θɔːt] I zn ❶ gedachte★ she gave the matter a~ ze dacht over de zaak na★ have second~s van mening veranderen★ on second ~s bij nader inzien★ without a second~ zonder aarzelen★ it's the~ that counts het is de gedachte die telt★ perish the~ de gedachte alleen al ❷ idee, oordeel★ there's a~! daar zeg je wat!★ express your~s on the proposal je mening over het voorstel geven ❸ het denken ★ give up all~ of finding a job alle hoop op het vinden van een baan opgeven II ww [verleden tijd + volt. deelw.] →**think**

thoughtful ['θɔːtfʊl] bnw ❶ attent, zorgzaam ❷ nadenkend, bedachtzaam ❸ serieus (v. discussie bv.)

thoughtless ['θɔːtləs] bnw gedachteloos, onnadenkend, onattent

thousand ['θaʊzənd] telw duizend★ one in a~ één op de duizend★ a~ thanks duizendmaal dank★ a~ to one duizend tegen één★ the upper ten~ de elite★ USA inform bat a~ het uitstekend doen

thousandfold ['θaʊzəndfəʊld] bnw + bijw duizendvoudig

thousandth ['θaʊzənθ] telw duizendste

thrall [θrɔːl] zn slavernij★ be in~ to slaaf zijn van ★ have / hold you in~ je boeien, je tot slaaf maken

thrash [θræʃ] I ov ww ❶ verpletterend verslaan ❷ slaan, afranselen ❸ dorsen ❹ ~ out uitwerken II onov ww ❶ slaan ❷ stampen (v. schip) ❸ ~ about/around (wild) om zich heen slaan, woelen

thrashing ['θræʃɪŋ] zn ook fig pak slaag

thread [θred] I zn draad, garen★ he had not a dry~ on him hij had geen droge draad aan z'n lijf★ his life hangs by a~ z'n leven hangt aan een zijden draadje★ his coat was worn to a~ zijn jas was tot op de draad versleten★ pick up the~s de draad weer opvatten★ there is a common~ running through history er loopt een rode draad door de geschiedenis II ov ww ❶ rijgen ❷ doorboren★ ~ the needle de draad in de naald steken★ ~ your fingers through your hair je vingers door je haar laten gaan★ ~ your way through the debris zich voorzichtig een weg banen door het puin III onov ww draden spannen

threadbare ['θredbeə] bnw ❶ (tot op de draad) versleten ❷ fig afgezaagd

threat [θret] zn bedreiging, dreigement★ pose a ~ to your health een gevaar vormen voor je gezondheid★ come under~ in gevaar gebracht worden

threaten ['θretn] I ov ww ❶ (be)dreigen, een gevaar vormen voor ❷ dreigen met II onov ww dreigen, op komst zijn

threateningly ['θretnɪŋlɪ] bijw dreigend

three [θriː] telw drie★ rel Three in One Drie-eenheid

three-cornered bnw ❶ driehoekig★ ~ hat steek ★ ~ rip / tear winkelhaak ❷ driehoeks- (v. discussie bv.)

three-dimensional bnw ❶ driedimensionaal ❷ stereoscopisch (v. film) ❸ realistisch

threefold ['θriːfəʊld] bnw drievoudig

three-legged race bnw driebeenloop (met aan elkaar vastgebonden benen)

threepence ['θrepəns] zn driestuiver(stuk)

three-piece bnw driedelig★ ~ suit driedelig pak ★ ~ suite (driedelig) bankstel

three-ply bnw ❶ triplex ❷ driedraads

three-quarter bnw driekwart

threescore ['θriːskɔː] telw oud zestig

threesome ['θriːsəm] zn ❶ drietal ❷ triootje ❸ spel voor drie personen

three-wheeler zn driewieler

threnody ['θrenədɪ] zn dicht klaagzang, lijkzang

thresh [θreʃ] ov ww ❶ dorsen ❷ ~ out uitwerken ★ ~ out a question een kwestie grondig bespreken

threshold ['θreʃəʊld] zn ❶ drempel★ on the~ of aan de vooravond van ❷ grens(gebied)

threw [θruː] ww [verleden tijd] →**throw**

thrice [θraɪs] bijw oud driemaal, driewerf

thrift [θrɪft] zn ❶ zuinigheid, spaarzaamheid ❷ USA spaarbank

thriftless ['θrɪftləs] bnw verkwistend

thrifty ['θrɪftɪ] bnw zuinig

thrill [θrɪl] I zn ❶ spanning, (gevoel v.) opwinding ★ it gave me a~ het gaf me een kick★ fig the~ of the chase de spanning van de jacht★ ~s and spills spanning en sensatie ❷ sensatie ❸ ontroering, huivering II ov ww aangrijpen, in vervoering brengen★ be~ed gelukkig / dolblij zijn III onov ww form aangegrepen / ontroerd worden

thriller ['θrɪlə] zn thriller, spannende film, spannend boek

thrilling ['θrɪlɪŋ] bnw ❶ spannend ❷ sensationeel

thrive [θraɪv] [regelmatig + onregelmatig] onov ww ❶ gedijen, floreren, het goed doen ❷ ~ on heel gelukkig worden van

thrived [θraɪvd] ww [verleden tijd + volt. deelw.] →**thrive**

thriven ['θrɪvən] ww [volt. deelw.] →**thrive**

thriving ['θraɪvɪŋ] bnw voorspoedig, bloeiend

throat [θrəʊt] zn keel(gat), strot★ clear his~ zijn keel schrapen★ be at each other's~ elkaar in de haren vliegen★ cut one's own~ z'n eigen glazen ingooien★ lie in one's~ verschrikkelijk liegen★ it sticks in my~ het zit me dwars ★ thrust sth down s.o.'s~ iem. iets opdringen ★ full to the~ stampvol★ I have it up to my~

th

het hangt me de keel uit

throaty ['θrəʊtɪ] *bnw* ❶ keel- ❷ schor, hees

throb [θrɒb] I *zn* (ge)klop, (ge)bons II *onov ww* ❶ kloppen, bonzen ⟨vnl. v.h. hart⟩ ❷ ronken ⟨v. machine⟩

throes [θrəʊz] *zn mv* ❶ hevige pijn ❷ (barens)weeën ★ *in the ~ of* worstelend met, midden in iets ⟨zittend⟩

thrombosis [θrɒm'bəʊsɪs] *zn* trombose ★ *coronary ~* hartinfarct

throne [θrəʊn] *zn* ❶ troon ★ *ascend the ~* de troon bestijgen ❷ humor wc

throng [θrɒŋ] I *zn* menigte, gedrang II *onov ww* zich verdringen, toestromen ★ *~ing with* bomvol III *ov ww* overstromen, bevolken

throttle ['θrɒtl] I *zn* ❶ smoorklep ★ *open the ~* gas geven ⟨motorfiets⟩ ★ *at full ~* vol gas ❷ gaspedaal II *ov ww* ❶ wurgen, doen stikken ❷ fig lam leggen, verstikken III *onov ww* ~ **back/down** gas / vaart minderen

through [θru:] I *vz* ❶ door ★ *~ the window* door het raam ★ *half-way ~ the trip* halverwege de reis ❷ via ⟨personen, instanties, enz.⟩, door middel van ★ *sold ~ Internet* via internet verkocht ❸ wegens ★ *~ no fault of his* buiten zijn schuld om ★ *it's all ~ them* het komt door hen ❹ USA tot en met ★ *Monday ~ Friday* maandag tot en met vrijdag II *bnw* ❶ doorgaand, door- ★ *a ~ train* een doorgaande trein ❷ klaar, er door ★ *I am ~* ik ben er door, ik ben klaar, comm ik heb verbinding ★ USA *I am ~ with you* met jou wil ik niets meer te maken hebben III *bijw* ❶ door ★ *too many papers to read ~* te veel kranten om door te lezen ❷ helemaal, overal ★ *it lasted all ~* het duurde de hele tijd ★ *wet ~* doornat

throughout [θru:'aʊt] *vz* door heel ★ *~ the day* de hele dag door

throughput ['θru:pʊt] *zn* ❶ (totaal van) verwerkte gegevens ❷ productie

throve [θrəʊv] *ww* [verleden tijd] → **thrive**

throw [θrəʊ] I *ov ww* [onregelmatig] ❶ (uit)werpen, (weg)gooien ★ *~ dice* dobbelstenen gooien ★ *~ feathers* ruien ★ *~ a kiss* een kushandje toewerpen ★ *~ the skin* vervellen ★ *~ a vote* een stem uitbrengen ★ *o.s. at a woman* een vrouw nalopen ★ *~ o.s.* zich met hart en ziel geven aan ★ *~ o.s. upon sb's mercy* een beroep doen op iemands medelijden ❷ brengen (tot), maken ⟨scène bv.⟩, geven ⟨feest⟩, krijgen ⟨aanval⟩ ★ *~ a fit* woedend worden ★ *~ into gear* inschakelen ★ *~ two houses into one* twee huizen bij elkaar trekken ★ *they were ~n idle* ze raakten werkloos, ze kwamen stil te liggen ⟨v. fabrieken⟩ ★ *~ into French* vertalen in het Frans ★ *~ a switch* de schakelaar aan- / uitzetten ❸ verslaan ❹ in de war brengen ★ *his negative attitude threw me* de negatieve houding bracht mij van mijn stuk ❺ draaien ⟨hout, pot bv.⟩, vormen, twijnen ⟨draad⟩ ❻ USA met opzet verliezen ❼ ~ **about** heen en weer gooien, smijten ⟨met geld⟩ ❽ ~ **aside** weggooien, terzijde werpen ❾ ~ **away** weggooien, verspelen ⟨kans⟩, verspillen ★ *he ~s himself away on that woman* hij vergooit zich aan die vrouw ★ *kindness is ~n away on him*

vriendelijkheid is niet aan hem besteed ❿ ~ **back** achteruitwerpen, achterover gooien ⟨drank, hoofd⟩, terugzetten ⟨met werk⟩ ★ *~ back on your own resources* helemaal op jezelf aangewezen zijn ⓫ ~ **down** neerwerpen, slopen ⓬ ~ **in** ingooien ⟨bal⟩, (gratis) erbij doen, er tussen gooien ⟨opmerking⟩ ★ *~ in your hand* het opgeven ⓭ ~ **off** uitgooien ⟨kleren⟩, zich bevrijden van, afgeven ⟨geur bv.⟩, produceren, uit de mouw schudden ★ *~ off an infection* een infectie kwijtraken ★ *the question threw him off* de vraag bracht hem in de war ⓮ ~ **on** aanschieten ⟨kleren⟩ ★ *~ on the brakes* krachtig remmen ⓯ ~ **open** openstellen ⓰ ~ **out** eruit gooien, opperen, verwerpen, schieten ⟨bladeren⟩, afgeven ⟨hitte⟩, in de war brengen ★ *~ out of gear* uitschakelen ★ *~n out of work* werkloos ⓱ ~ **together** samenbrengen, in elkaar flansen ★ *they were much ~n together* ze waren vaak bij elkaar ⓲ ~ **up** opgooien, omhoog steken ⟨hand⟩, overgeven, braken, voortbrengen, er aan geven ★ *~ up your cards* je gewonnen geven II *onov ww* [onregelmatig] ❶ gooien ★ *~ in with* meedoen met ❷ ~ **up** overgeven, braken III *ov* ❶ worp, gooi ★ fig *let me have a ~ at it* laat me het eens proberen ❷ kleed, sprei ❸ pottenbakkerschijf ❹ breuk in aardlaag

throwaway ['θrəʊəweɪ] *zn* wegwerppartikel

throw-away *bnw* wegwerp- ★ *~ society* wegwerpmaatschappij ★ *~ remark* opmerking in het wilde weg

throwback ['θrəʊbæk] *zn* ❶ tegenslag ❷ voorbeeld v. atavisme

thrower ['θrəʊə] *zn* werper, gooier

throw-in *zn* inworp

thrown [θrəʊn] *ww* [volt. deelw.] → **throw**

thru [θru:] *bnw* → **through**

thrum [θrʌm] I *zn* gepingel, geroffel II *onov ww* trommelen, tokkelen

thrush [θrʌʃ] *zn* ❶ lijster ★ *song ~* zanglijster ❷ spruw

thrust [θrʌst] I *zn* ❶ stoot, aanval, ook fig steek ❷ stootkracht ❸ teneur II *ov ww* ❶ duwen, steken, werpen ★ *~ o.s. in* tussenbeide komen ❷ ~ **aside** terzijde werpen, negeren ❸ ~ **from** ontzetten uit ⟨rechten⟩ ❹ ~ **on/upon** opdringen ★ *~ o.s. upon* zich opdringen bij III *onov ww* ❶ zich werpen ★ *~ at the burglar* de inbreker aanvallen ❷ ~ **through** zich worstelen door

thruster ['θrʌstə] *zn* (raket)aandrijver

Thu. *afk, Thursday* donderdag

thud [θʌd] I *zn* doffe slag, plof II *onov ww* ploffen, dreunen

thug [θʌg] *zn* (geweld)dadige) misdadiger

thuggery ['θʌgərɪ] *zn* ruw optreden, geweld(dadigheid)

thumb [θʌm] I *zn* duim ★ *be all (fingers and) ~s* erg onhandig zijn ★ *he's got you under his ~* hij heeft je onder de duim ★ *give the plans the ~s down / up* de plannen afkeuren / goedkeuren ★ *~ inform ~s up!* goed zo! ★ *twiddle your ~s* fig duimendraaien ★ *rule of ~* vuistregel II *ov ww* ❶ beduimelen ⟨boek⟩ ❷ vragen ★ GB *~ a lift*,

USA ~ *a ride* een lift (proberen te) krijgen
III *onov ww* ★ ~ *through a newspaper* een krant doorbladeren
thumbnut ['θʌmnʌt] *zn* vleugelmoer
thumbtack ['θʌmtæk] *zn* USA punaise
thump [θʌmp] **I** *zn* ❶ stomp, zware slag ❷ bons
II *ov ww* ❶ dreunen op, beuken, stompen
❷ ~ **out** hard spelen ‹op de piano› **III** *onov ww* dreunen, slaan, bonzen ‹v. hart, v. hoofd›
thumper ['θʌmpə] *zn* iets ontzaglijks ‹vooral een leugen›, knoeperd
thumping ['θʌmpɪŋ] *bnw* geweldig
thunder ['θʌndə] **I** *zn* ❶ donder ★ *the roll of* ~ het geroffel van het onweer ★ *clap of* ~ donderslag ★ GB *a face like* ~ een gezicht op onweer ★ ~*s of applause* donderend applaus
❷ gedonder **II** *onov ww* ❶ donderen ❷ tieren
thunderbolt ['θʌndəbəʊlt] *zn* bliksemstraal, bliksem, *ook fig* donderslag
thunderclap ['θʌndəklæp] *zn* donderslag
thundercloud ['θʌndəklaʊd] *zn* onweerswolk
thunderer ['θʌndərə] *zn* donderaar ★ inform *the Thunderer* de Times
thundering ['θʌndərɪŋ] *bnw* kolossaal
thunderous ['θʌndərəs] *bnw* ❶ donderend
❷ woedend
thunderstorm ['θʌndəstɔːm] *zn* onweer(sbui)
thunderstruck ['θʌndəstrʌk] *bnw* als door bliksem getroffen
thundery ['θʌndərɪ] *bnw ook fig* dreigend ★ ~ *sky* onweerslucht
Thursday ['θɜːzdeɪ] *zn* donderdag ★ rel *Holy* ~ Witte Donderdag ★ ~ *week* = elke donderdag
thus [ðʌs] *form bijw* dus, op deze / die manier, zo, aldus ★ *thus far* tot zo ver
thwack [θwæk] **I** *zn* (harde) klap, dreun **II** *ov ww* een dreun geven
thwart [θwɔːt] **I** *zn* ❶ tegenwerking ❷ roeibank, doft **II** *ov ww* form dwarsbomen, verijdelen
thy [ðaɪ] *bez vnw* oud uw ‹enkelvoud›
thyme [taɪm] *zn* tijm
thyroid ['θaɪrɔɪd], **thyroid gland** *zn* schildklier
thyself [ðaɪ'self] *wkd vnw* oud u zelf
tiara [tɪ'ɑːrə] *zn* tiara, diadeem
tibia ['tɪbɪə] *anat zn* scheenbeen
tick [tɪk] **I** *ov ww* ❶ GB aanstrepen, aankruisen
❷ GB ~ **off** afvinken ‹op lijst›, aftellen ‹op vingers›, een standje geven **II** *onov ww* ❶ tikken
★ inform *what makes her tick?* wat drijft haar?
❷ ~ **away/by** voorbijgaan ‹v. tijd› ❸ GB ~ **over** stationair lopen ‹van motor›, fig op een laag pitje zetten **III** *zn* ❶ (ge)tik ★ *to the tick* op de seconde af ❷ GB vinkje, tekentje ‹om aan te strepen› ❸ GB inform ogenblik ★ teek ▼ GB inform *on tick* op krediet
ticker ['tɪkə] *zn* ❶ tikker *ook comm* ❷ inform horloge, klok ❸ oud inform hart
ticker tape *zn* ❶ serpentine ❷ tickertape
★ *ticker-tape parade* tickertape parade
ticket ['tɪkɪt] **I** *zn* ❶ kaartje, biljet, (loterij)briefje, etiket ★ *complimentary* ~ vrijkaartje ★ ~ *to a better life* het middel zijn tot een beter leven
★ inform *just the* ~*!* dát is het! ❷ bon, bekeuring
❸ inform diploma, brevet ❹ USA kandidatenlijst v. politieke partij, partijprogram
❺ GB mil ontslag **II** *ov ww* ❶ v. etiket voorzien,

prijzen ‹goederen› ❷ v. kaartje voorzien
❸ bekeuren
ticket machine *zn* kaartjesautomaat
ticket office *zn* plaatskaartenbureau
ticket window *zn* loket
ticking ['tɪkɪŋ] *zn* beddentijk
tickle ['tɪkl] **I** *ov ww* ❶ kietelen ❷ amuseren
★ inform *be* ~*d pink* dolblij zijn **II** *onov ww* kriebelen, kietelen **III** *zn* kriebel ★ *give sb a* ~ iem. kietelen
tickler ['tɪklə] *zn* ❶ GB moeilijke kwestie ❷ USA aantekenboekje
ticklish ['tɪklɪʃ] *bnw* ❶ kietelig ★ *be* ~ niet tegen kietelen kunnen ❷ netelig, teer, lastig
tidal ['taɪdl] *bnw* getij(den)- ★ ~ *wave ook fig* vloedgolf, golf van emotie
tidbit ['tɪdbɪt] *zn* USA → titbit
tiddler ['tɪdlə] *zn*, GB inform (klein) visje
tiddly ['tɪdlɪ] GB inform *bnw* ❶ aangeschoten, beetje tipsy ❷ nietig, klein
tiddlywinks ['tɪdlɪwɪŋks] *zn mv* vlooienspel
tide [taɪd] **I** *zn* getij, *ook fig* stroom ★ *low / high tide* laag / hoog tij, eb / vloed ★ *the tide is in* het is hoog water ★ *the tide is out* het is laag water
★ *the tide of events* loop der gebeurtenissen ★ fig *he goes / swims with the tide* hij gaat met de stroom mee ★ *turn the tide* het tij weten te keren **II** *ov ww* ~ **over** tijdelijk (financieel) te steunen, te boven komen ‹tegenslag›
tidemark ['taɪdmɑːk] *zn* ❶ (hoog- / laag)waterlijn
❷ GB inform vieze rand in bad
tidewater ['taɪdwɔːtə] *zn* ❶ vloedwater ❷ USA kuststrook
tidings ['taɪdɪŋz] *zn mv* nieuws, bericht(en)
tidy ['taɪdɪ] **I** *ov ww* ❶ opruimen, in orde brengen ❷ ~ **away** wegbergen ❸ ~ **up** opruimen, opknappen **II** *bnw* ❶ netjes, opgeruimd, proper ❷ inform flink ‹van bedrag›
III *zn* opbergdoosje, bakje
tie [taɪ] **I** *ov ww* ❶ (vast)binden, verbinden, afbinden ‹slagader› ★ *tie a knot* knoop leggen
★ *tie the knot* huwelijk sluiten ★ *tied to time* gebonden aan tijd ★ *you're not tied to this schedule* je hoeft je niet aan dit rooster te houden ❷ ~ **up** vastmaken, vastmeren, vastzetten (geld), verbinden, afbinden ★ *be tied up* druk(bezet) zijn, USA bijna tot stilstand komen ‹van verkeer› **II** *onov ww* ❶ vastgemaakt worden ❷ sport gelijk staan ❸ ~ **in with** aansluiten bij, overeenkomen met ❹ ~ **up** aanmeren ❺ ~ **with** gelijk staan in wedstrijd met, kunnen wedijveren met **III** *zn* ❶ (strop)das
★ *black tie* smoking ★ *white tie* rok(kostuum), avondkleding ❷ touw(tje), koord ❸ band
★ *strengthen the ties* de banden versterken
❹ handenbinder ❺ sport gelijk spel ❻ muz verbindingsbalk ‹in notatie›, boogje
tiebreak ['taɪbreɪk] *zn* beslissende extra game ‹tennis›
tied [taɪd] *bnw* gebonden ★ GB *tied cottage* boerderijtje waarvan de huur wordt betaald met werken ★ GB *tied house* café v.d. brouwerij
★ *tied aid* gebonden hulp
tie-dye *ov ww* knoopverven
tiepin ['taɪpɪn] *zn* GB dasspeld
tier [tɪə] **I** *zn* ❶ rij, rang ❷ laag ‹in organisatie›,

verdieping ⟨van taart⟩ **II** *ov ww* in rijen boven elkaar zetten ★ *tiered hall* hal met oplopende zitplaatsen

tie-up ['taɪʌp] *zn* ❶ verband, verwikkeling ❷ GB fusie ❸ USA staking ❹ USA stilstand, (verkeers)opstopping

tiff [tɪf] *zn* onenigheid ★ *have a tiff* kibbelen

tig [tɪg] *zn* GB krijgertje

tiger ['taɪgə] *zn* ❶ tijger ★ *fig paper ~* papieren tijger ⟨loos dreigement⟩ ❷ formidabele tegenstander

tigerish ['taɪgərɪʃ] *bnw* tijgerachtig

tight [taɪt] *bnw* + *bijw* ❶ krap, strak, gespannen ⟨van touw⟩ ★ *this coat is a ~ fit* deze jas zit vrij krap ★ *have a ~ chest* zich benauwd voelen ★ *she kept her son ~* ze hield haar zoon kort ❷ stevig, vast ⟨van schroef bv.⟩, streng ★ *a ~ group of friends* een hechte groep vrienden ★ *a ~ control* een streng toezicht ★ *hold on ~!* hou je goed vast! ★ *sit ~* rustig blijven zitten ★ *fig he'll sit ~* hij zal voet bij stuk houden ★ *sleep ~, Chloe* welterusten, Chloe ❸ moeilijk ⟨van situatie⟩ ★ *~ corner / spot* netelige situatie ❹ vol, overladen ⟨van programma⟩ ❺ schaars ⟨van geld, tijd⟩ ❻ inform zuinig, gierig ❼ scherp ⟨van bocht⟩ ❽ inform dronken ▼ *a ~ match* wedstrijd met twee even sterke ploegen

tighten ['taɪtn] **I** *ov ww* ❶ aanhalen, spannen, vastmaken ★ *~ one's belt* de buikriem aanhalen ❷ aandraaien ⟨schroef⟩ ❸ verscherpen ⟨maatregelen⟩ ❹ *~ up* aanspannen **II** *onov ww* ❶ zich spannen ❷ krap worden ⟨van geldmarkt⟩ ❸ *~ up on* strenger toezien op

tight-fitting *bnw* nauwsluitend

tight-knit *bnw* hecht ⟨verweven⟩

tight-lipped *bnw* ook *fig* met de lippen stijf op elkaar

tightrope ['taɪtrəʊp] *zn* strakke koord ★ ook *fig walk a ~* koorddansen

tights [taɪts] *zn mv* ❶ maillot, tricot ❷ GB panty

tigress ['taɪgrəs] *zn* tijgerin

tike *zn* → **tyke**

tile [taɪl] **I** *zn* ❶ dakpan ★ *he has a tile loose* hij heeft ze niet allemaal op een rijtje ❷ tegel ★ GB inform *be out on the tiles* aan de zwier zijn **II** *ov ww* ❶ met pannen dekken ❷ plaveien

tiler ['taɪlə] *zn* pannendekker

tiling ['taɪlɪŋ] *zn* ❶ het (be)tegelen ❷ (de) pannen ❸ tegels

till [tɪl] **I** *vz* inform tot, tot aan ★ *wait till tomorrow* tot morgen wachten ★ USA *ten till nine* tien voor negen **II** *vw* inform tot(dat) ★ *shop till you drop* kopen tot je erbij neervalt **III** *zn* geldlade ★ inform *caught with your hand in the till* betrapt met de hand in de kas ⟨van de baas⟩ **IV** *ov ww* oud bebouwen ⟨v. land⟩

tiller ['tɪlə] *zn* ❶ roerpen ❷ scheut, jonge tak **II** *onov ww* uitlopen

tilt [tɪlt] **I** *zn* ❶ schuine stand, overhelling ★ *at a tilt* schuin ❷ lichte voorkeur ❸ aanval ❹ dekzeil ❺ steekspel, ringrijden ★ *at full tilt* in volle vaart **II** *ov ww* ❶ schuin houden, (over)hellen, kantelen ★ *your hat is tilted* je hoed staat schuin ❷ laten doorslaan ⟨balans⟩ **III** *onov ww* ❶ hellen, schuin staan, *fig* neigen ❷ ringsteken, aan steekspel deelnemen ❸ GB *~ at*

aanstormen op, aanval doen op

timber ['tɪmbə] *zn* ❶ hout, timmerhout ❷ bomen, woud ★ *~!* van onderen! ❸ balk, spant ⟨v. schip⟩ ❹ beschoeiing, hekken ⟨bij wedren⟩

timbered ['tɪmbəd] *bnw* ❶ van hout ❷ begroeid met hout

timbering ['tɪmbərɪŋ] *zn* beschoeiing

timber yard *zn* GB houtloods

timbre [tæmbə] *zn* timbre

time [taɪm] **I** *zn* ❶ tijd ★ *what's the time?* hoe laat is het? ★ *what time does the musical start?* hoe laat begint de musical? ★ *keep time* op tijd lopen ⟨van klok bv.⟩, in de pas blijven ★ *the bus was (right) on time* de bus was (precies) op tijd ★ *in good time* op tijd, na verloop van tijd ★ *be out of time* te laat zijn ★ *run out of time* tijd tekort hebben ★ *in due time* te zijner tijd ★ *at the time of writing* toen dit geschreven werd ★ *at one time, I loved ballroom dancing* ooit / vroeger hield ik van stijldansen ★ *by the time* tegen de tijd (dat) ★ *at this time of day* nu (nog), op dit tijdstip ★ *you won't give me the time of day* je geeft me geen enkele kans, je negeert me ★ *mean time* middelbare tijd ★ *time and tide wait for no man* neem de gunstige gelegenheid waar ❷ periode ★ *for the time being* voorlopig ★ *those were the times!* dat was nog eens 'n tijd! ★ *for old times' sake* uit oude vriendschap ★ *have a good time* zich amuseren ★ *I had the time of my life* ik heb een geweldige tijd gehad ★ *what a time I had getting it done!* wat een moeite kostte het me dat gedaan te krijgen! ★ *make (a) good time* opschieten, vooruitgang boeken ★ *serve your time* in de gevangenis zitten ★ *do time* een gevangenisstraf uitzitten ★ *they had a difficult time of it* ze hadden een moeilijke tijd ★ *down time* tijd dat een machine / computer niet gebruikt wordt, tijd over, vrije tijd ★ *long time no see* (wat hebben we elkaar al) lang niet gezien ★ *for some time* voorlopig, een hele tijd ★ *with time to spare* ruimschoots op tijd ★ sport GB *extra time* verlenging ❸ keer, maal, gelegenheid, moment ★ *any time* elk ogenblik ★ *any time!* tot uw dienst!, graag gedaan! ★ *some other time* een andere keer ★ *time after time* keer op keer ★ *time and (time) again* keer op keer ★ *time is up* de tijd is om ★ *at the same time* tegelijkertijd ★ *at times* nu en dan ★ *at one time* eens ★ *it's your time now* nu heb je de gelegenheid ★ *how many times have I told you!* hoe vaak heb ik het je niet verteld! ★ form *many a time* vaak ★ *the first time* de eerste keer ★ *two at a time* twee tegelijk ★ *for weeks at a time* weken achter elkaar ❹ muz maat ★ *in time* in de maat ★ *out of time* uit de maat ★ *in time to the music* op de maat van de muziek ★ *big time lawyer* succesvol advocaat ★ *beat time* de maat slaan ★ *keep time* maat houden ★ *make / hit the big time* een doorslaand succes zijn ★ *mess up sth big time* iets gigantisch verknoeien **II** *ov ww* ❶ regelen, vaststellen ★ *his arrival was so timed to coincide with...* zijn aankomst was zo geregeld dat het samenviel met... ★ *well timed* op het juiste moment ❷ meten, klokken, controleren ⟨horloge⟩ ★ *time the heartbeat* de hartslag

ti

opnemen ❸ ~ **out** indelen, timen ❹ ~ **out** de vertrektijd noteren van, comp afgebroken worden ★ *the operation timed out* de bewerking is afgebroken ❺ ~ **with** in de maat / synchroon lopen met

time bomb zn tijdbom

time clock zn prikklok

time-consuming bnw tijdrovend

time fuse zn tijdontsteker

time-honoured ['taɪmɒnəd] bnw aloud, eerbiedwaardig

timekeeper ['taɪmkiːpə] zn ❶ tijdopnemer ❷ uurwerk ★ GB *be a good ~* altijd op tijd lopen ❸ tijdwaarnemer ★ GB *be a good / bad ~* altijd op tijd / te laat komen

time lag ['taɪmlæg] zn tijdsverschil, vertraging

timeless ['taɪmləs] bnw ❶ oneindig ❷ tijdloos

timely ['taɪmlɪ] bnw tijdig, op het geschikte moment

timeout comp zn time-out

time out zn pauze, korte (spel)onderbreking

time payment zn betaling in termijnen

timepiece ['taɪmpiːs] zn form klok, horloge

timer ['taɪmə] zn ❶ tijdklokje, (keuken)wekkertje ❷ tijdschakelaar

time-server ['taɪmsɜːvə] zn ❶ omschr iemand die zijn tijd uitzit ❷ opportunist

time-sharing zn gebruik om beurten (van gedeeld bezit, m.n. vakantiehuis)

time sheet zn ❶ rooster (v. werkuren), werk- / urenlijst ❷ comp timesharing

time switch zn tijdschakelaar

timetable ['taɪmteɪbl] I zn ❶ GB dienstregeling ❷ tijdschema ❸ rooster II ov ww indelen volgens rooster

time-worn ['taɪmwɔːn] bnw ❶ versleten ❷ afgezaagd

time zone zn tijdzone

timid ['tɪmɪd] bnw bedeesd, verlegen, timide, bang(elijk)

timidity [tɪ'mɪdətɪ] zn bedeesdheid, verlegenheid, timiditeit, angst

timing ['taɪmɪŋ] zn ❶ timing ❷ het tijd opnemen ❸ muz (het) maat houden ❹ afstelling (v. ontsteking)

timorous ['tɪmrəs] form bnw bang, angstig, timide, schuchter

timpani ['tɪmpənɪ] zn mv pauken

timpanist ['tɪmpənɪst] zn paukenist

tin [tɪn] I zn ❶ tin ❷ GB blik(je) ★ *tin of oil* blik met olie ❸ trommel II bnw tinnen, blikken ★ GB *tin can* blik(je) ★ *tin wedding anniversary* tienjarige / tinnen bruiloft ★ *(little) tin god* afgod ★ inform *tin hat* helm ★ USA *have a tin ear* geen muzikaal gehoor hebben ★ GB *it does exactly what it says on the tin* het doet wat het moet doen III ov ww ❶ vertinnen ❷ GB inblikken

tincture ['tɪŋktʃə] zn ❶ tinctuur ❷ form vleugje, spoortje ❸ kleur, tint

tinder ['tɪndə] zn tondel

tinderstick ['tɪndəstɪk] zn zwavelstokje

tine [taɪn] zn ❶ tand (v. vork) ❷ tak (v. gewei)

tinfoil ['tɪnfɔɪl] zn ❶ tinfolie ❷ aluminiumfolie

tinge [tɪndʒ] I zn ❶ tint, kleur ❷ zweem II ov ww een tintje geven ★ fig *~d with regret* met een zweem van spijt

tingle ['tɪŋgl] I zn tinteling II onov ww ❶ tintelen, prikkelen, jeuken ★ fig *tingling with delight* opgewonden van vreugde ❷ tuiten (v. oren)

tinker ['tɪŋkə] I zn ❶ ketellapper ❷ prutser ❸ geknoei ❹ inform GB stout kind II onov ww ❶ liefhebberen ★ *~ing measures* lapmiddelen ❷ ~ **with** prutsen aan

tinkerer ['tɪŋkərə] zn knoeier

tinkle ['tɪŋkl] I zn ❶ (het) rinkelen, gerinkel ❷ GB jeugdt plasje II onov ww ❶ tingelen, rinkelen ❷ GB jeugdt plasje doen

tinny ['tɪnɪ] bnw ❶ blikkerig, schel ❷ derderangs

tin-opener zn GB blikopener

tinsel ['tɪnsəl] zn klatergoud

tint [tɪnt] I zn tint II ov ww een tint geven

tinted ['tɪntɪd] bnw getint, gekleurd

tiny ['taɪnɪ] bnw (zeer) klein ★ *a tiny little dog* een piepklein hondje

tip [tɪp] I zn ❶ punt, eind(je), topje (v. vinger bv.), mondstuk (v. sigaret), pomerans (v. keu) ★ *the tip of the iceberg* het topje van de ijsberg ★ *on the tip of my tongue* op het puntje van mijn tong ❷ fooi ❸ tip, wenk, vertrouwelijke inlichting ★ *a hot tip* een waardevolle tip ❹ GB vuilnisbelt ★ fig *his room is a tip* zijn kamer is een zwijnenstal ❺ lichte duw of slag ❻ kiepkar II ov ww ❶ kantelen, doen hellen, schuin zetten, wippen met (stoel) ★ *tip the balance / scales* de doorslag geven ❷ kieperen, inform achteroverslaan (glas drank), GB storten (afval) ★ *tip sb over the edge / brink* iem. doen instorten ❸ fooi geven ❹ tip / wenk geven, geheime inlichting verstrekken, als goede kandidaat zien ★ *be tipped to become the chairman* getipt worden als de nieuwe voorzitter ★ GB inform *tip a man the wink* iem. 'n wenk geven ❺ (aan)tikken ❻ aanbrengen (aan uiteinde) ❼ ~ **off** waarschuwen, een hint geven ★ *the police were tipped off* de politie was getipt ❽ ~ **up** omkieperen III onov ww ❶ hellen ❷ omkantelen ❸ ~ **up** omhoog klappen

tipi zn → tepee

tip-off zn ❶ waarschuwing ❷ vertrouwelijke informatie, tip ❸ sprongbal (bij basketbal)

tipper ['tɪpə] zn ❶ fooiengever ❷ kiepauto

tippet ['tɪpɪt] zn stola

tipple ['tɪpl] inform I zn (alcoholische) drankje II onov ww pimpelen

tippler ['tɪplə] inform zn pimpelaar

tipster ['tɪpstə] zn tipgever, informant

tipsy ['tɪpsɪ] inform bnw aangeschoten, dronken

tiptoe ['tɪptəʊ] I zn punt(en) v.d. tenen ★ *on ~* op zijn tenen, fig in spanning II onov ww ❶ op de tenen lopen / staan ❷ ~ **around** (te) voorzichtig omgaan met

tip-top bnw uitstekend, prima

tip-up bnw ★ *~ seat* klapstoel

tirade [taɪ'reɪd] zn tirade, scheldkanonnade

tire ['taɪə] I ov ww ❶ vermoeien ❷ vervelen ❸ ~ **out** afmatten ★ *the night shift has tired him out* de nachtdienst heeft hem doodmoe gemaakt II onov ww ❶ - moe worden ❷ ~ **of** beu worden, vermoeid worden van ★ *I tired of his sarcasm* ik werd zijn sarcasme beu III zn USA band (om wiel)

tired ['taɪəd] *bnw* ❶ moe, vermoeid ★ *get* ~ moe worden ❷ zat, vermeld ★ *to be sick and* ~ *of sth* iets helemaal zat zijn ❸ afgezaagd

tireless ['taɪələs] *bnw* onvermoeibaar

tiresome ['taɪəsəm] *bnw* vervelend

tiro *zn* → tyro

tissue ['tɪʃu:] *zn* ❶ weefsel ⟨v. stof of organisme⟩ ❷ zacht papieren doekje, servet ❸ zijdepapier

tissue paper *zn* zijdepapier, vloeipapier, toiletpapier ▼ *a tissue of lies* grote leugen

tit [tɪt] *zn* ❶ mees ★ *blue tit* pimpelmees ★ *great tit* koolmees ❷ inform tiet, tepel ▼ *tit for tat* leer om leer, lik op stuk

titan ['taɪtn] *zn* titaan, reus

titanic [taɪ'tænɪk] *bnw* reusachtig, titanisch

titbit ['tɪtbɪt] *zn* ❶ lekker hapje ❷ interessant / pikant nieuwtje, fig juweeltje, iets moois

tithe [taɪð] *zn* tiende deel, tiend

titillate ['tɪtɪleɪt] *ov ww* strelen, kietelen, prikkelen

titillating ['tɪtɪleɪtɪŋ] *bnw* amusant

titillation [tɪtɪ'leɪʃən] *zn* prikkeling

title ['taɪtl] I *zn* ❶ titel ❷ jur (eigendoms)recht II *ov ww* betitelen, titel verlenen aan ★ *my book will be* ~*d "the Champion"* mijn boek krijgt de titel "de Kampioen"

titled ['taɪtld] *bnw* getiteld, met titel

title deed ['taɪtldi:d] *zn* jur eigendomsakte

titleholder *zn* titelhouder

title page *zn* titelpagina

title role *zn* titelrol

titmouse ['tɪtmaʊs] *zn* mees

titter ['tɪtə] I *zn* gegiechel II *onov ww* giechelen

tittle-tattle ['tɪtltætl] inform *zn* geklets, geroddel

titular ['tɪtjʊlə] *bnw* ❶ titulair ★ ~ *head of state* titulair staatshoofd ★ ~ *saint* schutspatroon ❷ titel- ★ ~ *character* titelrol

tizzy ['tɪzɪ] *zn* inform (zenuwachtige) opwinding ★ *in a* ~ nerveus, gejaagd

T-junction ['ti:dʒʌŋkʃən] *zn* GB T-kruising

TN *afk, Tennessee* staat in de VS

to [tə] I *vz* ❶ naar, tot, aan, tot aan ★ *the room looks to the south* de kamer ziet uit op het zuiden ★ *to arms!* te wapen! ★ *to the day* op de dag af ★ *door to door* deur aan deur ★ *man to man* van man tot man ★ *they rose to a man* ze stonden als één man op ★ *still one week to the end* nog één week vóór we aan het einde zijn ★ *he was appointed to the post* hij werd benoemd voor de betrekking ★ *it fits you to a T* het zit je als gegoten ★ *she sang to the piano* ze zong begeleid op de piano ❷ bij ★ *the key to the safe* de sleutel van de brandkast ❸ tegen ★ *hold it to the light* houd het tegen het licht ★ *I told him to his face* ik heb 'm ronduit gezegd dat ❹ in ★ *three to the minute* drie per minuut ❺ op ★ *it's drawn to scale* het is op schaal getekend ★ *here's to you!* op je gezondheid! ❻ van ★ *they had the room to themselves* ze hadden de kamer voor zich alleen ★ *the ambassador to Spain* de ambassadeur van Spanje ★ *the solution to our problem* de oplossing van ons probleem ❼ om te ★ *I should like to go, but I have no time to* ik zou graag gaan, maar ik heb (er) geen tijd (voor) ★ *when I come to think of it* wanneer ik er aan denk ▼ *ten to one* tien tegen één, GB tien

(minuten) voor één ▼ *3 is to 9 as 9 to 27* 3 staat tot 9 als 9 tot 27 II *bijw* ★ *to and fro* heen en weer ★ *the door is to* de deur is dicht

toad [təʊd] *zn* ❶ pad ⟨dier⟩ ❷ walgelijk persoon, vuilak

toadstool ['təʊdstu:l] *zn* paddenstoel

toady ['təʊdɪ] I *zn* min gemene vleier II *onov ww* min vleien, slijmen

toast [təʊst] I *zn* ❶ heildronk, toost ★ *propose a* ~ een toost uitbrengen ❷ persoon op wie men toost ❸ geroosterd brood ★ *French* ~ wentelteefje ★ *she was the* ~ *of the town* zij werd alom gevierd ★ *she has him on* ~ zij heeft hem totaal in haar macht ★ *as warm as a* ~ lekker warm ▼ inform *be* ~ het haasje zijn II *ov ww* ❶ roosteren ❷ verwarmen ❸ toosten op

toaster ['təʊstə] *zn* broodrooster

toastmaster ['təʊstmɑːstə] *zn* ceremoniemeester ⟨bij een diner⟩

tobacco [tə'bækəʊ] *zn* tabak

tobacconist [tə'bækənɪst] *zn* sigarenwinkelier

toboggan [tə'bɒgən] I *zn* tobogan II *onov ww* met een tobogan sleeën, rodelen

today [tə'deɪ] *bijw* ❶ vandaag ❷ vandaag de dag ★ *the students of* ~ de studenten van tegenwoordig

toddle ['tɒdl] *onov ww* ❶ onzeker lopen ⟨v. kind⟩, waggelen ❷ inform kuieren ❸ GB inform ~ *off* (op weg) gaan

toddler ['tɒdlə] *zn* peuter, dreumes

toddy ['tɒdɪ] *zn* ❶ palmwijn ❷ (cognac- / whisky-)grog

to-do [tə'du:] *zn* inform poeha, drukte

toe [təʊ] I *zn* ❶ teen ★ *dig your toes in* je hakken in het zand zetten ★ inform *dip a toe in sth / into the water* iets voorzichtig uitproberen ★ *keep us on our toes* ons bij de les houden ★ inform *turn up one's toes* het hoekje omgaan ★ *toe to toe* man tegen man ❷ punt, neus ⟨v. schoen⟩ II *ov ww* aanraken met tenen ▼ *toe the line* gehoorzamen

toecap ['təʊkæp] *zn* versterkte neus ⟨van schoen⟩

toehold ['təʊhəʊld] *zn* ❶ houvast, opstapje, voet aan de grond ❷ voetgreep ⟨bij klimmen⟩

toenail ['təʊneɪl] *zn* teennagel

toff [tɒf] inform I *zn* chic / rijk persoon ⟨'het heertje'⟩ II *ov ww* ~ **up** opdirken

toffee ['tɒfɪ] *zn* toffee

tofu ['təʊfu:] *zn* tofoe, tahoe

tog [tɒg] GB inform I *ov ww* ~ **out/up** uitdossen II *zn* [mv] ~ **togs** uitdossing

toga ['təʊgə] *zn* toga

together [tə'geðə] I *bijw* ❶ samen ★ *we must work* ~ we moeten samenwerken ❷ tegelijk ★ *arrive* ~ tegelijk aankomen ★ *all* ~ *now* nu allemaal tegelijk ★ ~ *with* met, alsmede, benevens ❸ aaneen ★ *for days* ~ dagenlang II *bnw* competent

togetherness [tə'geðənəs] *zn* saamhorigheid, solidariteit

toggle ['tɒgl] I *zn* staafje ⟨v. houtje-touwtjesluiting⟩, knevel II *ov ww* ❶ vastmaken (met staafje in lus e.d.), knevelen ❷ aan- / uitschakelen, omschakelen III *onov ww* comp wisselen

toggle switch *zn* techn tuimelschakelaar

toil [tɔɪl] **I** zn zware arbeid, inspanning **II** onov ww ❶ hard werken ❷ zich moeizaam voortbewegen ❸ ~ **at** zwoegen aan

toilet ['tɔɪlət] zn ❶ toilet (wc) ★ we needed the ~ wij moesten naar de wc ❷ toilet (kleding en opmaak)

toilet paper zn toiletpapier

toilet roll zn GB closetrol

toilet-train ov ww zindelijk maken (kind)

toils [tɔɪlz] dicht zn mv netten, strikken

token ['təʊkən] **I** zn ❶ teken, bewijs ★ in ~ of his appreciation ten teken van zijn waardering ★ by the same ~ evenzo, tevens ❷ aandenken ❸ munt, fiche ❹ GB tegoed-/ waardebon **II** bnw symbolisch, obligaat ★ ~ payment symbolisch bedrag ter betaling ★ ~ woman excuustruus

told [təʊld] ww [verleden tijd + volt. deelw.] → tell

tolerable ['tɒlərəbl] bnw ❶ draaglijk ❷ redelijk

tolerably ['tɒlərəblɪ] bijw draaglijk, tamelijk

tolerance ['tɒlərəns] zn ❶ verdraagzaamheid, tolerantie ❷ het dulden ❸ speling (v. machine)

tolerant ['tɒlərənt] bnw verdraagzaam, tolerant

tolerate ['tɒlərєɪt] ov ww verdragen, toelaten

toleration [tɒlə'reɪʃən] zn verdraagzaamheid

toll [təʊl] **I** zn ❶ tol(geld) ★ take toll tol heffen ❷ fig tol, prijs, aantal slachtoffers ★ take its toll zijn tol eisen ❸ gelui, slag (v. klok) **II** ov ww ❶ tol heffen op ❷ luiden (klok) **III** onov ww luiden (v. klok)

toll call USA zn interlokaal gesprek

tom [tɒm] zn mannetjesdier, kater

Tom [tɒm] zn ★ (every) Tom, Dick and Harry Jan en alleman, Jan, Piet en Klaas ★ peeping Tom gluurder

tomahawk ['tɒməhɔːk] zn (indianen)strijdbijl, tomahawk

tomato [tə'mɑːtəʊ, USA tə'mertəʊ] zn tomaat

tomb [tuːm] zn graf, (graf)tombe ★ the Tombs gevangenis, (staats)gevangenis van New York ★ tomb house grafkelder

tombola [tɒm'bəʊlə] zn GB tombola, loterij

tomboy ['tɒmbɔɪ] zn wildebras (meisje)

tombstone ['tuːmstəʊn] zn grafsteen

tomcat ['tɒmkæt] zn kater

tome [təʊm] zn boekdeel

Tommy ['tɒmɪ] zn ★ GB inform ~ (Atkins) gewoon soldaat (bijnaam)

tommy gun ['tɒmɪgʌn] zn pistoolmitrailleur

tomorrow [tə'mɒrəʊ] bijw morgen, de dag van morgen ★ ~ morning morgenochtend ★ ~ is another day morgen komt er weer een dag ★ inform like / as if there's no ~ zonder over de gevolgen na te denken

Tom Thumb Klein Duimpje

tom-tom ['tɒmtɒm] zn tamtam (handtrom)

ton [tʌn] zn ❶ ton (GB ± 1016 kg, USA ± 907 kg) ❷ register ton scheepston (± 2,8 kubieke meter) ❸ inform boel, grote hoeveelheid ★ that suitcase weighs a ton die koffer is loodzwaar ▾ come down on sb like a ton of bricks hevig tegen iem. uitvaren

tonal ['təʊnl] bnw de toon betreffend, tonaal

tonality [tə'nælətɪ] zn ❶ muz toonaard ❷ tonaliteit (v. kleur, geluid)

tone [təʊn] **I** zn ❶ toon, klank, stem(buiging) ★ comm engaged tone bezettoon ★ fundamental tone grondtoon ★ in a surprised tone of voice met een verbaasde stem ❷ stemming, geest, gemoedstoestand ★ set the tone de toon aangeven ★ pessimistic in tone pessimistisch van toon ❸ tint, schakering ❹ tonus (v. spieren, huid) ❺ taalk klemtoon ❻ cachet ❼ muz GB hele toon **II** ov ww ❶ versterken (huid, spier bv.) ❷ kleuren (foto) ❸ stemmen (instrument) ❹ ~ **down** temperen, afzwakken ❺ ~ **up** versterken **III** onov ww ❶ GB harmoniëren, goed samengaan ❷ ~ **in with** harmoniëren met

tone control zn toonregeling (bij opname)

tone-deaf bnw zonder muzikaal gehoor, amuzikaal

toneless ['təʊnlɪs] bnw toonloos, kleurloos

tongs [tɒŋz] zn mv ❶ ★ (pair of) ~ tang ❷ GB krultang

tongue [tʌŋ] **I** zn ❶ tong, spraak ★ bite your ~ je tong afbijten ★ find your ~ weer kunnen spreken ★ ? not get your ~ round the foreign names de buitenlandse namen niet kunnen uitspreken ★ hold your ~! hou je mond! ★ oud keep a civil ~ in your head! hou je brutale mond! ★ ~ in cheek ironisch, spottend (van opmerking) ★ inform wag one's ~ (te veel) kletsen ★ have a loose ~ loslippig zijn ❷ taal ★ native ~ moedertaal ★ speak in ~s in tongen spreken ❸ geblaf ★ the dog gave ~ de hond sloeg aan ❹ klepel ❺ messing (v. plank) ★ ~ and groove messing en groef ❻ dissel **II** ov ww ❶ muz staccato spelen ❷ likken

tongue-tied ['tʌŋtaɪd] bnw met een mond vol tanden (figuurlijk)

tongue twister ['tʌŋtwɪstə] zn tongbreker

tonic ['tɒnɪk] **I** zn ❶ tonic (frisdrank) ❷ versterkend middel, tonicum ★ herbal ~ kruidendrank ❸ lotion ❹ muz grondtoon **II** bnw ❶ toon- ★ ~ accent klemtoon ★ ~ sol-fa tonica-do ❷ versterkend, opwekkend

tonight [tə'naɪt] bijw ❶ vanavond ❷ vannacht, komende nacht

tonnage ['tʌnɪdʒ] zn ❶ tonnenmaat, laadruimte in schip ❷ vracht per ton

tonsil ['tɒnsəl] zn (keel)amandel

tonsillitis [tɒnsɪ'laɪtɪs] zn amandelontsteking

tonsure ['tɒnʃə] zn tonsuur, kruinschering

Tony ['təʊnɪ] zn [mv: Tonys] Tony (theaterprijs in USA)

too [tuː] bijw ❶ (al) te ★ all / only too often al te vaak ★ too bad erg jammer ★ she is too too ze is overdreven (sentimenteel) ★ be none too happy with it er niet erg gelukkig mee zijn ❷ ook ★ he, too, wants to join the navy hij wil ook bij de marine ❸ bovendien, nog wel ★ bad too! en ook nog slecht!

took [tʊk] ww [verleden tijd] → take

tool [tuːl] **I** zn ❶ ook fig werktuig, gereedschap, instrument, hulpmiddel ★ GB down tools in staking gaan ★ be a tool of sb gebruikt worden door iem. ❷ tools[mv] bestek ❸ vulg penis **II** ov ww ❶ bewerken ★ tooled leather bewerkt leer ❷ ~ **up** uitrusten met gereedschap, GB inform een wapen geven **III** onov ww ❶ USA inform rijden ❷ ~ **around** rondtoeren

toolbar ['tuːlbɑː] zn comp werkbalk

to

toolbox ['tu:lbɒks] *zn* gereedschapskist
toot [tu:t] **I** *zn* getoeter **II** *onov ww* toeteren **III** *ov ww* toeteren / blazen op
tooth [tu:θ] **I** *zn* [mv: **teeth**] tand, kies ★ *cut a ~* een tand krijgen ⟨van kind enz.⟩ ★ *he spoke through his teeth* hij sprak binnensmonds ★ *have a sweet ~* een zoetekauw zijn ★ _inform_ *get your teeth into sth* ergens je tanden in zetten ★ *fight ~ and nail* uit alle macht / op leven en dood vechten ★ *set your teeth on edge* door merg en been gaan, je irriteren ★ *in the teeth of the wind* met de wind pal tegen ★ *in the teeth of these objections* niettegenstaande deze bezwaren **II** *ov ww* v. tanden voorzien
toothache ['tu:θeɪk] *zn* tandpijn, kiespijn
toothbrush ['tu:θbrʌʃ] *zn* tandenborstel
toothcomb ['tu:θkəʊm] *zn* stofkam
toothed [tu:θt] *bnw* getand
tooth fairy *zn* tandenfee ⟨geeft een dubbeltje voor een melktand⟩
toothless ['tu:θləs] *bnw* tandeloos
toothpaste ['tu:θpeɪst] *zn* tandpasta
toothpick ['tu:θpɪk] *zn* tandenstoker
toothsome ['tu:θsəm] *bnw* smakelijk, ook _fig_ lekker
toothy ['tu:θɪ] *bnw* getand
tootle ['tu:tl] _inform_ *onov ww* ❶ toeteren ❷ toeren
top [tɒp] **I** *zn* ❶ top, hoogste punt ★ *at the top of the page* bovenaan de bladzijde ★ *(on) the top of the bus* boven in de bus ★ *at the top of your voice / lungs* uit volle borst ★ *at the top her his list* zijn hoogste prioriteit ★ *on top of it all* tot overmaat v. ramp ★ *on top of the world* in de zevende hemel ★ _inform_ *things were getting on top of him* het werd hem allemaal teveel ★ *over the top* overdreven, extravagant ★ *without top or tail* zonder kop of staart ❷ bovenstuk, topje ⟨kledingstuk⟩ ❸ hoofd ⟨v.h. gezin⟩ ❹ kruin ★ *curly top* krullenbol ❺ wat bedekt, deksel, dop ⟨v. vulpen⟩, tafelblad, bovenleer ⟨v. schoen⟩, kap ⟨v. rijtuig⟩, buitenste blad ⟨v. groente⟩ ★ *big top* circustent ★ *black top* asfaltlaag ★ *auto convertible top* linnen kap ❻ oppervlakte ❼ tol ⟨speelgoed⟩ ▼ *blow your top* in woede uitbarsten **II** *bnw* bovenste, hoogste, top ★ *top half* bovenste helft **III** *ov ww* ❶ overtreffen ★ *to top it all, he failed to* overmaat v. ramp lukte het hem niet ❷ groter zijn dan ★ *top a bid / an offer by € 1,000* € 1.000 hoger bieden ❸ bedekken, v. top voorzien ★ *topped with a cream sauce* bedekt met een romige saus ❹ de top bereiken ★ *top the lists / charts* de lijsten aanvoeren ❺ voltooien ★ *he has topped it off* hij heeft het voltooid ❻ v. boven raken ⟨bal⟩ ❼ *~ up* opladen ⟨accu⟩, bijvullen, opwaarderen ⟨chipknip enz.⟩ ★ *top up the earnings* de inkomsten aanvullen ▼ GB *top and tail* doppen ▼ GB _inform_ *top yourself* jezelf van kant maken **IV** *onov ww* *~ out at* opklimmen tot
topaz ['təʊpæz] *zn* topaas
topcoat ['tɒpkəʊt] *zn* ❶ bovenste verflaag ❷ _oud_ overjas
top drawer *zn* ❶ bovenste la ❷ _fig_ de hogere kringen
top-drawer *bnw* ❶ uitstekend ❷ vooraanstaand,

van goeden huize
topee ['təʊpi:] *zn* tropenhelm
top-flight *bnw* eersteklas, beste, hoogste
top gear *zn* GB ook _fig_ hoogste versnelling
top hat *zn* hoge hoed
top-heavy [tɒp'hevɪ] *bnw* ook _fig_ topzwaar
topi *zn* → **topee**
topiary ['təʊpɪərɪ] *bnw* ★ _plantk_ *~ work* vormsnoei
topic ['tɒpɪk] *zn* onderwerp v. gesprek
topical ['tɒpɪkl] *bnw* ❶ actueel ★ *~ song* actueel lied ❷ plaatselijk ❸ uitwendig ⟨van geneesmiddel⟩
topicality [tɒpɪ'kælətɪ] *zn* actualiteit
topknot ['tɒpnɒt] *zn* ❶ haarknot ❷ kuif ⟨v. vogel⟩
topless ['tɒpləs] *bnw* topless, zonder bovenstukje
topmost ['tɒpməʊst] *bnw* bovenste, hoogste
top-notch ['tɒp'nɒtʃ] *zn* _inform_ van de hoogste kwaliteit
topography [tə'pɒgrəfɪ] *zn* topografie, plaatsbeschrijving
topper ['tɒpə] _inform_ *zn* hoge hoed
topping ['tɒpɪŋ] *zn* toplaag, deklaag
topple ['tɒpl] **I** *ov ww* ❶ doen kantelen ❷ ten val brengen ❸ *~ down/over* omvergooien **II** *onov ww* ❶ tuimelen ❷ *~ down/over* omvallen
top-ranking *bnw* hooggeplaatst, elite-
top-secret *bnw* strikt geheim
topside ['tɒpsaɪd] **I** *zn* ❶ GB biefstuk ⟨uit bovenbil⟩ ❷ scheepszij boven waterlijn **II** *bnw* aan dek
topsoil ['tɒpsɔɪl] *zn* bovengrond, toplaag
topspin ['tɒpspɪn] *zn* sport topspin
topsy-turvy [tɒpsɪ'tɜːvɪ] **I** *bijw* op z'n kop **II** *bnw* ❶ omgekeerd ❷ in de war **III** *zn* verwarring
top-up ['tɒpʌp] GB _inform_ *zn* aanvulling ★ *give a ~* bijvullen ⟨drankje⟩
top-up card *zn* prepaidkaart
tor [tɔ:] *zn* rotsachtige piek
torch [tɔ:tʃ] *zn* ❶ fakkel, toorts ★ *carry a / the ~ for sb* ⟨onbeantwoorde⟩ liefde voor iem. koesteren ★ _fig_ *pass (on) the ~ to sb* de fakkel doorgeven aan iem. ❷ GB zaklantaarn ★ *electric ~* elektrische zaklantaarn ❸ USA brander ⟨verf-, soldeer-⟩
torchlight ['tɔ:tʃlaɪt] *zn* ❶ licht v.e. zaklantaarn ❷ fakkel ★ *~ procession* fakkeloptocht
tore [tɔ:] *ww* [verleden tijd] → **tear¹**
torment¹ ['tɔ:ment] *zn* marteling ⟨emotioneel, psychologisch⟩, kwelling, plaag
torment² [tɔ:'ment] *ov ww* kwellen, martelen
tormentor [tɔ:'mentə] _form_ *zn* beul, kwelgeest
torn [tɔ:n] *ww* [volt. deelw.] → **tear¹**
tornado [tɔ:'neɪdəʊ] *zn* wervelstorm, tornado
torpedo [tɔ:'pi:dəʊ] **I** *zn* ❶ torpedo ❷ *torpedo fish* sidderrog **II** *ov ww* ook _fig_ torpederen
torpid ['tɔ:pɪd] *bnw* ❶ verstijfd ❷ traag ❸ in de winterslaap verkerend
torpidity [tɔ:'pɪdətɪ] *zn* ❶ traagheid, apathie ❷ verdoving ❸ gevoelloosheid
torpor ['tɔ:pə] *zn* _form_ apathie
torque [tɔ:k] *zn* techn koppel
torrent ['tɒrənt] *zn* ook _fig_ stroom, stortvloed ★ *it's coming down in ~s* het regent dat het giet
torrential [tə'renʃəl] *bnw* als een stortvloed
torrid ['tɒrɪd] *bnw* ❶ zeer heet, door de zon

verzengd ★ ~ *zone* tropische zone, hete luchtstreek ❷ *hartstochtelijk* ▾ *have a ~ time* een zware tijd doormaken

torsion ['tɔːʃən] *zn techn* torsie, wringing

torsional ['tɔːʃənl] *bnw techn* torsie-, wringing-

torso ['tɔːsəʊ] *zn* torso, tors, romp

tort [tɔːt] *zn jur* onrechtmatige daad

tortoise ['tɔːtəs] *zn* (land)schildpad

tortoiseshell ['tɔːtəʃel] *zn* ❶ schildpad ⟨als materiaal⟩ ❷ lapjeskat ❸ kleine vos-⟨vlinder⟩

tortuous ['tɔːtʃʊəs] *bnw* ❶ bochtig, kronkelend ❷ uiterst gecompliceerd

torture ['tɔːtʃə] **I** *zn* marteling, foltering, kwelling ★ *death by ~* marteldood **II** *ov ww* martelen, folteren, kwellen

torturer ['tɔːtʃərə] *zn* folteraar ⟨iemand die martelt⟩, kwelgeest

Tory ['tɔːrɪ] *zn* ❶ Tory ⟨lid v.d. Engelse conservatieve partij⟩ ❷ conservatief ❸ USA Britsgezinde

Toryism ['tɔːrɪɪzəm] *zn* conservatisme

toss [tɒs] **I** *ov ww* ❶ (de lucht in) gooien, werpen ★ *she tossed her head (back)* ze wierp het hoofd in de nek ★ *toss the ingredients* de ingrediënten door elkaar scheppen ★ *toss aside* van zich afwerpen ❷ (munt) opgooien ⟨kruis of munt gooien⟩ ★ *I'll toss you for it* we loten erom ❸ slingeren ★ *tossed (about) by the waves* heen en weer geslingerd door de golven ❹ GB *~ about/around* wat spreken over ❺ inform *~ down/off* achterover slaan ⟨glas drank⟩ ❻ *~ off* moeiteloos produceren **II** *onov ww* ❶ tossen ⟨van boot⟩, woelen ⟨in bed⟩ ★ *be tossing and turning* liggen woelen en draaien ❸ *~ about* woelen ⟨in bed⟩ ❹ *~ up between* beslissen tussen **III** *zn* (op)gooi ⟨v.e. munt⟩ ★ GB *argue the toss* de beslissing aanvechten ★ GB inform *not give a toss* je niets kunnen schelen

toss-up ['tɒsʌp] *zn* (op)gooi ★ *it's a ~ between those two* we twijfelen tussen die twee

tot [tɒt] **I** *zn* ❶ inform klein kind, hummeltje ❷ borreltje, glaasje **II** *ov ww* inform *~ up* optellen

total ['təʊtl] **I** *zn* totaal, geheel ★ *grand ~* eindtotaal, uiteindelijk resultaat **II** *bnw* totaal, volslagen ★ *~ eclipse* volledige verduistering **III** *onov ww* bedragen, oplopen ★ *the men ~ed one hundred* het aantal mannen bedroeg honderd **IV** *ov ww* ❶ (bij elkaar) tellen ❷ inform total loss rijden ❸ *~ up* optellen

totalitarian [təʊtælɪˈteərɪən] *bnw* totalitair ⟨vnl. van regime⟩

totalitarianism [təʊtælɪˈteərɪənɪzəm] *zn* totalitarisme ⟨dictatoriale staatsvorm⟩

totality [təʊˈtælətɪ] *zn* ❶ totaliteit ❷ totaal, totaal bedrag

tote [təʊt] **I** *zn* inform totalisator **II** *ov ww* USA dragen, brengen, vervoeren

tote bag *zn* grote (boodschappen)tas

tother ['tʌðə] *samentr*, oud *the other* → **other**

totter ['tɒtə] *onov ww* waggelen, ook fig wankelen ★ *he ~ed to his feet* hij stond wankelend op

totty ['tɒtɪ] *zn*, GB min geile meid(en)

touch [tʌtʃ] **I** *ov ww* ❶ (aan)raken, (aan)roeren,

gebruiken ★ *~ glasses* klinken ★ *the patient barely ~ed the food* de patiënt raakte het eten nauwelijks aan ★ *~ wood* afkloppen ★ *you always ~ lucky* jij boft altijd ❷ fig raken, ontroeren ★ *~ed with pity* door medelijden bewogen ★ *he ~ed many lives with his sermons* hij wist veel mensen te beïnvloeden met zijn preken ❸ bereiken, evenaren, aandoen ⟨haven⟩ ★ *the temperature ~ed 42 degrees* de temperatuur liep tot 42 graden op ★ *he is talented, but he can't ~ his brother* hij heeft talent, maar hij kan niet aan zijn broer tippen ❹ betreffen, te maken hebben met ★ *cancer ~es us all* kanker gaat ons allemaal aan ❺ uitwerking hebben op, aantasten ★ *leaves ~ed by frost* bladeren door de vorst aangetast ❻ loskrijgen ★ *~ sb for money* geld lospeuteren van iem. ❼ *~ off* ruw schetsen, afvuren, ontketenen ❽ *~ up* afmaken, bijwerken ⟨verf bv.⟩, retoucheren, opfrissen ⟨geheugen⟩, GB inform lastigvallen **II** *onov ww* ❶ raken, elkaar raken ❷ *~ at* aandoen ⟨haven⟩ ❸ *~ down* neerkomen, landen ❹ *~ on/upon* even aanraken ⟨onderwerp⟩ **III** *zn* ❶ aanraking, betasting ★ *it's warm to the ~* het voelt warm aan ★ *at the ~ of a button* met een druk op de knop ★ *it was a near ~* hij ontsnapte ternauwernood ❷ contact, voeling ★ *get in ~ with you* contact met je opnemen ★ *be out of ~ with the shop floor* geen voeling hebben met de werkvloer ★ *lose ~ with sb* iem. uit het oog verliezen ❸ gevoel ★ *sight, ~ and smell* gezicht, gevoel en reuk ❹ kleine hoeveelheid, tikje ★ *a ~ of irony* een vleugje ironie ❺ toets, penseelstreek, fig stijl, manier ★ *~ of nature* natuurlijke trek ★ *put the finishing / final ~ to* de laatste hand leggen aan ★ *lose your ~* het verleren ★ *find your ~* de slag te pakken krijgen ★ *have the common ~* omschr goed met gewone mensen kunnen omgaan ❻ aanslag ⟨op instrument⟩ ❼ oud gehalte, fig proef, waarmerk ★ *put to the ~* op de proef stellen ❽ deel v. veld buiten de zijlijn ⟨rugby, voetbal⟩ ▾ *play at ~* tikkertje spelen ★ *my brother is no soft / easy ~* het is moeilijk geld los te krijgen van mijn broer

touch-and-go [tʌtʃənˈgəʊ] **I** *zn* riskante zaak **II** *bnw* ❶ riskant ★ *a ~ undertaking* 'n riskante onderneming ❷ een dubbeltje op zijn kant

touchdown ['tʌtʃdaʊn] *zn* ❶ landing ⟨van vliegtuig enz.⟩ ❷ sport touchdown ⟨Am. voetbal, rugby⟩

toucher ['tʌtʃə] *zn sport* treffer

touching ['tʌtʃɪŋ] **I** *bnw* treffend, roerend **II** *vz* aangaande, betreffende

touch-judge ['tʌtʃdʒʌdʒ] *zn* grensrechter ⟨rugby⟩

touchline ['tʌtʃlaɪn] *zn sport* zijlijn

touch screen ['tʌtʃskriːn] *zn comp* aanraakscherm

touchstone ['tʌtʃstəʊn] *zn* toetssteen, criterium

touch-type *onov ww* blind typen

touchy ['tʌtʃɪ] *bnw* ❶ overgevoelig, lichtgeraakt ❷ teer, netelig ★ *a touch subject* een gevoelig onderwerp

tough [tʌf] **I** *bnw* ❶ moeilijk, lastig ★ *the divorce was ~ on us* de scheiding was zwaar voor ons ★ *a ~ decision* een moeilijke beslissing ❷ ook fig

to

taai, sterk ★ ~ *meat* taai vlees ★ *as ~ as old boots*
vreselijk taai, keihard ❸ hard ★ *get ~ with frauds*
hard optreden tegen oplichters ★ inform *a –*
cookie een keiharde ❹ – tegenvallend ★ ~ *luck*
tegenslag, pech 〈gehad〉 ❺ gemeen, misdadig
★ inform *a ~ guy* 'n zware jongen **II** *zn* inform
misdadiger **III** *ov ww* inform ★ ~ *it out* het
volhouden, doorbijten
toughen ['tʌfən] **I** *onov ww* ❶ harder / sterker
worden ❷ taai(er) worden **II** *ov ww* ❶ harder /
sterker maken ❷ strenger maken
toughness ['tʌfnəs] *zn* hardheid
toupee, toupet ['tu:peɪ] *zn* toupet, haarstukje
tour [tʊə] **I** *zn* (rond)reis, tournee, uitstapje ★ *the*
Grand Tour rondreis 〈langs de cultuurcentra in
Europa〉 ★ *conducted / guided tour* rondleiding
★ *tour of duty* diensttijd 〈voor militairen〉,
detachering ★ *tour of inspection* inspectieronde
II *onov ww* een (rond)reis maken **III** *ov ww* een
(rond)reis maken door
tourism ['tʊərɪzəm] *zn* toerisme
tourist ['tʊərɪst] *zn* toerist ★ ~ *office* VVV-kantoor
tourist class *zn* toeristenklasse
touristic ['tʊərɪstɪ] *bnw* toeristisch
tourist season USA *zn* vakantieperiode,
vakantietijd
tournament ['tʊənəmənt] *zn* toernooi
tousle ['taʊzəl] *ov ww* in de war brengen 〈haar〉
tout [taʊt] **I** *ov ww* ❶ aanprijzen, aan de man
proberen te brengen ❷ opdringerig werven
〈leden, medestanders〉 ❸ GB op de zwarte markt
verkopen 〈kaartjes〉 **II** *onov ww* klanten lokken
III *zn* GB zwarthandelaar 〈in kaartjes〉
tow [təʊ] **I** *zn* ❶ sleep ★ *give sb a tow to the*
garage iem. naar de garage slepen ★ *take in tow*
op sleeptouw nemen ❷ sleper, sleepboot
❸ werk 〈hennep- en vlasvezels〉 **II** *ov ww* slepen,
trekken
towards [tə'wɔ:dz, tɔ:dʒ] *vz* ❶ in de richting van,
naar, voor, om te ★ *walk ~ the bridge* naar de
brug lopen ★ *do sth ~ improving education* iets
doen voor de verbetering van het onderwijs
❷ jegens ★ *kind ~ your neighbours* vriendelijk
jegens je buren ❸ tegen ★ ~ *three o'clock* tegen
drie uur
towel ['taʊəl] **I** *zn* handdoek ★ *throw in the ~* de
handdoek in de ring gooien, zich gewonnen
geven **II** *ov ww* afdrogen ★ ~ *dry* droogwrijven
towel horse, towel rack / rail *zn*
handdoekrekje
towelling ['taʊəlɪŋ] *zn* badstof
tower [taʊə] **I** *zn* toren ★ *the Tower (of London)* de
Tower ★ *a ~ of strength* een rots in de branding
II *onov ww* ~ **over/above** hoog uitsteken
boven, overtreffen
tower block *zn* GB torenflat, kantoorflat
towering ['taʊərɪŋ] *bnw* ❶ verheven
❷ torenhoog ❸ geweldig 〈van woede〉
town [taʊn] *zn* ❶ stad ★ *in town* in de stad ★ *go*
(in)to town de stad ingaan, naar het centrum
gaan ★ *be / go out on the town* 'n avondje
stappen ★ *paint the town red* de bloemetjes
buiten zetten ★ *man / woman about town*
wereldwijze man / vrouw ★ inform *go to town*
on sth zich uitsloven met iets ★ *corporate town*
stedelijke gemeente ★ *new town*

nieuwbouwstad ❷ USA gemeente
town clerk *zn* gemeentesecretaris
town council *zn* gemeenteraad
townee, townie [taʊ'ni:] *zn* inform stadsmens
town hall *zn* stadhuis
town house *zn* ❶ huis in de stad, herenhuis
❷ USA rijtjeshuis
townscape ['taʊnskeɪp] *zn* stadsgezicht
townsfolk ['taʊnzfəʊk] *zn* stedelingen
township ['taʊnʃɪp] *zn* ❶ USA Can gemeente
❷ zwart woonoord 〈Z.-Afrika〉
townspeople ['taʊnzpi:pl] *zn* stedelingen
town twinning *zn* jumelage 〈vriendschapsband
tussen steden〉
toxaemia, toxemia [tɒk'si:mɪə] *zn*
bloedvergiftiging
toxic ['tɒksɪk] *bnw* giftig, vergiftigings-, toxisch
★ ~ *waste* giftige afvalstoffen
toxicity [tɒk'sɪsəti] *zn* giftigheid, toxiciteit
toxicology [tɒksɪ'kɒlədʒɪ] *zn* toxicologie,
vergiftenleer
toxin ['tɒksɪn] *zn* toxine 〈bacteriële gifstof〉
toy [tɔɪ] **I** *zn* ❶ speeltje, (stuk) speelgoed ★ *cuddly*
toy knuffel(dier) ❷ fig speelbal **II** *onov ww*
❶ spelen ❷ ~ **with** spelen met, zich vermaken
met ★ *I toyed with the idea for a while* ik heb
even met de gedachte gespeeld
toy dog *zn* speelgoedhond, schoothondje
toyshop ['tɔɪʃɒp] *zn* speelgoedwinkel
trace [treɪs] **I** *zn* ❶ spoor, afdruk ★ *vanish without*
a ~ spoorloos verdwijnen ★ *lose ~ of* het spoor
kwijtraken van ❷ kleine hoeveelheid ★ *without*
a ~ of irony zonder een greintje ironie ❸ streng
〈v. paard〉 ❹ fig *kick over the ~s* uit de band
springen ❹ afbeelding, lijn **II** *ov ww*
❶ opsporen, volgen ❷ overtrekken ❸ schetsen
❹ afbakenen 〈gebied〉 ❺ ~ **back** terugvoeren
★ *he ~s his family back to* zijn familie gaat terug
tot ❻ ~ **out** opsporen, tekenen ❼ ~ **over**
overtrekken, calqueren
traceable ['treɪsəbl] *bnw* na te gaan ★ ~ *to* terug
te brengen tot
tracer ['treɪsə] *zn* mil lichtspoorkogel
tracery ['treɪsərɪ] *zn* ❶ gesch traceerwerk in
gotiek ❷ netwerk 〈vnl. op insectenvleugel〉
trachea [trə'ki:ə] *zn* [mv: **tracheae**] luchtpijp
tracheae [trə'ki:i:] *zn mv* → **trachea**
tracing ['treɪsɪŋ] *zn* ❶ kopie, doordruk
❷ registratie
tracing paper ['treɪsɪŋpeɪpə] *zn* calqueerpapier
track [træk] **I** *zn* ❶ ook fig spoor, weg, pad, baan
★ *off the ~* het spoor bijster ★ *I am on his ~* ik
ben hem op het spoor ★ *the beaten ~* de
gebruikelijke weg, het platgetreden pad ★ *off*
the beaten ~ weg van de gebaande paden,
ongebruikelijk ★ *stop (dead) in your ~s* ter plekke
stil blijven staan ★ *keep ~ of sth* iets in de gaten
(blijven) houden ★ inform *make ~s* ervandoor
gaan ❷ spoorbaan ❸ race- / renbaan
❹ nummer 〈op een cd〉, spoor 〈op
magneetband〉 ❺ rupsband ❻ spoorbreedte
II *ov ww* ❶ het spoor volgen van ❷ trekken
door ❸ slepen 〈boot〉 ❹ sporen nalaten van / op
❺ ~ **down/out** volgen, opsporen **III** *onov ww*
❶ sporen 〈v. wielen〉 ❷ ~ **across** trekken over
tracked [trækt] *bnw* met rupsbanden

tracker ['trækə] *zn* ❶ opspoorder ❷ speurhond ❸ sleepboot

track event, track meet *zn* atletiekwedstrijd

tracking station *zn* grondstation ⟨ruimtevaart⟩

tracksuit ['træksu:t] *zn* trainingspak, joggingpak

tract [trækt] *zn* ❶ gebied, uitgestrektheid ❷ *anat* ademhalings- / spijsverteringsstelsel ❸ verhandeling

tractable ['træktəbl] *bnw* gemakkelijk te behandelen, volgzaam, gedwee

tractate ['træktert] *zn* verhandeling

traction ['trækʃən] *zn* ❶ tractie, trekkracht, (het) (voort)trekken ❷ grip ⟨op weg⟩ ★ *lose* ~ de grip verliezen

tractor ['træktə] *zn* tractor, trekker

trad [træd] *afk, traditional* traditioneel ⟨vooral v. muziek⟩

trade [treɪd] **I** *zn* ❶ (ruil)handel, zaken ★ *foreign* ~ buitenlandse handel ★ *be in the* ~ zaken doen ❷ beroep, vak ★ *by* ~ van beroep ★ *two of a* ~ *never agree* vaklui hebben altijd verschil van mening ❸ bedrijf(stak), branche ❹ (handels)transactie, *sport* transfer **II** *ov ww* ❶ ruilen, verhandelen ★ ~ *secrets / insults* geheimen / beledigingen uitwisselen ❷ ~ **away/off** verhandelen ❸ ~ **in** inruilen **III** *onov ww* ❶ handel drijven, zaken doen ❷ ~ **down/up** inruilen voor iets goedkopers / duurders ❸ ~ **on** misbruik maken van ⟨iemands goedheid bv.⟩ ❹ ~ **to** handel drijven met ⟨vnl. bep. land⟩

trade commissioner *zn* handelsattaché

trade craft *zn* vakkennis

trade deficit *zn* tekort op de handelsbalans

trade embargo *zn* handelsembargo

trade gap *zn* tekort op de handelsbalans

trade-in [treɪd-'ɪn] *bnw* ❶ inruil ❷ inruilobject

trademark ['treɪdmɑ:k] *zn* handelsmerk, *fig* typisch kenmerk ★ *registered* ~ gedeponeerd handelsmerk

trade mission *zn* handelsmissie

trade name *zn* ❶ handelsnaam (v. artikel), merknaam ❷ firmanaam

trade-off *zn* afweging, compromis, wisselwerking

trade price *zn* (groot)handelsprijs

trader ['treɪdə] *zn* handelaar, koopman

tradesfolk ['treɪdzfəʊk] *zn* winkeliers

tradesman ['treɪdzmən] *zn* ❶ winkelier ❷ vakman

tradespeople ['treɪdzpi:pl] *zn* winkeliers

trades union *zn* → **trade union**

trade union, trades union *zn* GB vakbond

trade unionist *zn* GB vakbondslid

trade wind *zn* passaatwind

trading ['treɪdɪŋ] *zn* handel ★ ~ *company* handelsonderneming ★ ~ *post* handelsnederzetting, factorij

tradition [trə'dɪʃən] *zn* traditie, overlevering

traditional [trə'dɪʃənl] **I** *bnw* traditioneel **II** *zn* muz* ≈ volksliedje

traditionally [trə'dɪʃənlɪ] *bijw* traditioneel, traditiegetrouw

traduce [trə'dju:s] *form ov ww* lasteren

traducer [trə'dju:sə] *form zn* lasteraar

traffic ['træfɪk] *zn* ❶ verkeer ❷ (koop)handel ★ ~

in weapons wapenhandel **II** *onov ww* ~ **in** (illegale) handel drijven in

traffic circle *zn* USA rotonde

traffic congestion *zn* verkeersopstopping

traffic control *zn* verkeersregeling

traffic island *zn* vluchtheuvel

traffic jam *zn* verkeersopstopping

trafficker ['træfɪkə] *zn* min (zwart)handelaar

trafficking ['træfɪkɪŋ] *zn* min (zwarte) handel

traffic light *zn* verkeerslicht

traffic sign *zn* verkeersbord

traffic warden *zn* GB parkeerwacht(er)

tragedian [trə'dʒi:dɪən] *zn* ❶ treurspeldichter ❷ treurspelspeler

tragedienne [trədʒi:dɪ'en] *zn* ❶ treurspelschrijfster ❷ treurspelspeelster

tragedy ['trædʒədɪ] *zn* ❶ tragedie, drama ⟨gebeurtenis⟩ ❷ ton tragedie, treurspel

tragic ['trædʒɪk] *bnw* tragisch

tragicomedy [trædʒɪ'kɒmɪdɪ] *zn* lit tragikomedie

trail [treɪl] **I** *zn* ❶ pad, baan, weg, route ★ *off the* ~ het spoor bijster ★ *on the* ~ op het spoor ★ *fig blaze a* ~ de weg banen ❷ spoor ★ *be hot on the* ~ *of sb* iem. op de hielen zitten ❸ reeks ❹ sleep, staart ⟨van komeet⟩ ❺ kruipende / hangende tak (v. plant) ★ *vapour* ~ condensatiestreep ⟨v. vliegtuig⟩ **II** *ov ww* ❶ slepen ❷ een spoor achterlaten van ❸ volgen, schaduwen ❹ achterliggen / -staan op **III** *onov ww* ❶ (zich) slepen ❷ hangen, kruipen (van plant) ❸ ~ **along** (zich) voortslepen ❹ ~ **away/off** wegsterven (van geluid) ❺ ~ **by** achterlopen met ❻ ~ **off** afdruipen

trailer ['treɪlə] *zn* ❶ aanhangwagen, oplegger ❷ USA caravan ❸ voorfilmpje ❹ kruip- / hangplant

trailer park *zn* USA camper- / caravanterrein, woonwagenkamp

trailer truck *zn* USA trekker met oplegger

train [treɪn] **I** *zn* ❶ trein ★ *by* ~ met de trein ★ *on the* ~ in de trein ★ *miss the* ~ te laat komen, achter het net vissen ❷ reeks, rij, karavaan ★ ~ *of thought* gedachtegang ★ *in* ~ aan de gang ★ *GB set sth in* ~ iets in gang zetten ❸ sleep, *fig* nasleep ❹ (lange) staart ❺ gevolg, stoet **II** *ov ww* ❶ opleiden, scholen ❷ trainen, africhten ⟨dier⟩ ❸ leiden (plant) ❹ richten (kanon) ❺ ~ **up** inwerken ▼ ~ *it* per trein gaan **III** *onov ww* ❶ (zich) trainen, een opleiding volgen ❷ ~ **down/off** vermageren door trainen ❸ ~ **for** trainen voor, studeren voor ❹ ~ **off** afwijken ⟨van kogel⟩ ❺ USA ~ **with** zich aansluiten bij

trained ['treɪnd] *bnw* ervaren, geschoold ★ ~ *nurse* gediplomeerd verpleegster ★ ~ *eye* geoefend oog

trainee [treɪ'ni:] *zn* stagiair(e), trainee

trainer ['treɪnə] *zn* ❶ trainer, opleider ❷ africhter ⟨v. dier⟩

training ['treɪnɪŋ] *zn* training, opleiding, oefening, scholing ★ *physical* ~ conditietraining ★ *be out of / in* ~ uit / in vorm zijn

training camp *zn* trainingskamp

training college ['treɪnɪŋkɒlɪdʒ] *zn* GB opleidingsschool

trainman ['treɪnmæn] *zn* USA spoorwegbeambte

traipse [treɪps] *onov ww* ❶ rondslenteren, zwerven ❷ trekken ★ **off to** verzeild raken in

trait [treɪt] *zn* (karakter)trek

traitor ['treɪtə] *zn* verrader

traitorous ['treɪtərəs] *bnw* verraderlijk

traitress ['treɪtrəs] *zn* verraadster

trajectory [trə'dʒektəri] *zn* ❶ baan ⟨van projectiel⟩ ❷ form verloop

tram [træm] *zn* ❶ tram ❷ tramlijn

tramlines ['træmlaɪnz] *zn mv* ❶ tramrails ❷ GB inform dubbele zijlijnen ⟨tennis⟩

trammel ['træml] *ov ww* form belemmeren, hinderen

tramp [træmp] **I** *zn* ❶ zwerver, landloper ❷ zware stap ❸ voetreis ★ **on the~** de boer op, zwerven ❹ USA inform slet **II** *onov ww* ❶ stampen, trappen ❷ sjouwen, ronddolen **III** *ov ww* ❶ trappen op ❷ sjouwen op, zwerven langs ❸ **~ down** vertrappen

trample ['træmpl] **I** *ov ww* ❶ vertrappen, fig met voeten treden ★ **~ out the fire** het vuur uittrappen ★ **be ~d to death** doodgetrapt worden ★ **~ sb underfoot** iem. onder de voet lopen, fig over iem. heen lopen ❷ **~ down/under** vertrappen **II** *onov ww* trappen **III** *zn* gestamp, getrappel

trampoline ['træmpəli:n] *zn* trampoline

tramway ['træmweɪ] *zn* tramrails, tramweg

trance [trɑːns] *zn* ❶ trance, extase, hypnose ❷ muz trance

tranny ['trænɪ] inform *zn* ❶ transseksueel ❷ GB draagbare transistorradio

tranquil ['træŋkwɪl] *bnw* kalm, rustig

tranquillity [træn'kwɪlətɪ] *zn* kalmte, rust

tranquillize, tranquillise ['træŋkwɪlaɪz] *ov ww* kalmeren, tot bedaren brengen

tranquillizer, tranquilliser ['træŋkwɪlaɪzə] *zn* kalmerend middel ★ **be on ~s** kalmerende middelen gebruiken

trans- [træns] *voorv* trans-, over- ★ *transmission* overbrenging

transact [træn'zækt] **I** *ov ww* verrichten ★ **~ business with** zaken doen met **II** *onov ww* onderhandelen, zaken doen

transaction [træn'zækʃən] *zn* ❶ transactie, handelsovereenkomst ❷ afhandeling ❸ jur schikking

transatlantic [trænzət'læntɪk] *bnw* trans-Atlantisch

transcend [træn'send] *ov ww* te boven gaan, overtreffen

transcendent [træn'sendənt] *bnw* ❶ overtreffend ❷ voortreffelijk

transcendental [trænsen'dentl] *bnw* bovenzinnelijk ★ **~ meditation** transcendente meditatie

transcribe [træn'skraɪb] *ov ww* ❶ overschrijven ❷ transcriberen, overbrengen ⟨in bepaald schrift⟩, muz bewerken

transcript ['trænskrɪpt] *zn* ❶ afschrift ❷ USA eindcijferlijst

transcription [træns'krɪpʃən] *zn* ❶ transcriptie, afschrift, het overschrijven ❷ muz arrangement

transection [træn'sekʃən] *zn* dwarsdoorsnede

transfer¹ ['trænsfɜː] *zn* ❶ overdracht, overbrenging, sport transfer ★ **~ of power**

machtsoverdracht ★ *a ~ to another department* een overplaatsing naar een andere afdeling ❷ overmaking, overboeking, overschrijving ❸ plakplaatje, overdrukplaatje ❹ iemand die overgeplaatst is ❺ overdrachtsformulier, USA overstapkaartje ❻ overstapstation

transfer² [træns'fɜː] **I** *ov ww* ❶ overplaatsen, vervoeren ❷ overdragen, overbrengen ★ *Lyme disease is ~red through ticks* de ziekte van Lyme wordt overgedragen door teken ❸ overmaken, overschrijven ⟨op rekening⟩ ❹ overdrukken ❺ GB sport transfereren **II** *onov ww* ❶ overgeplaatst worden ❷ overstappen ★ **~ to a different school** overstappen naar een andere school

transferable [træns'fɜːrəbl] *bnw* over te dragen ★ *not ~* persoonlijk ⟨van kaart⟩ ★ **~ skills** breed inzetbare vaardigheden

transference [træns'fɜːrəns] *zn* overdracht, overbrenging

transferor [træns'fɜːrə] *zn* overdrager

transfiguration [trænsfɪgjʊ'reɪʃən] *zn* gedaanteverandering

transfigure [træns'fɪgə] *ov ww* ❶ veranderen v. gedaante ❷ verheerlijken

transfix [træns'fɪks] *ov ww* ❶ als aan de grond nagelen ★ *we were / stood ~ed* we stonden als aan de grond genageld ❷ dicht doorboren

transform [træns'fɔːm] **I** *ov ww* ❶ ⟨van gedaante / karakter doen⟩ veranderen, vervormen, omvormen ❷ natk omzetten ❸ wisk herleiden **II** *onov ww* ⟨van gedaante / karakter⟩ veranderen

transformation [trænsfə'meɪʃən] *zn* ❶ ⟨gedaante⟩verandering, transformatie ❷ vervorming, ton changement, omzetting

transformer [træns'fɔːmə] *zn* ❶ hervormer ❷ elek transformator

transfuse [træns'fjuːz] *ov ww* overbrengen, overgieten, fig inprenten ★ **~ blood** een bloedtransfusie geven

transfusion [træns'fjuːʒən] *zn* ❶ ⟨het⟩ overbrengen ❷ bloedtransfusie

transgress [trænz'gres] form *ov ww* overtreden, schenden, zondigen tegen

transgression [trænz'greʃən] form *zn* overtreding, schending, zonde

transgressor [trænz'gresə] [form] *zn* overtreder

tranship [træn'ʃɪp] *ov ww* → **transship**

transient ['trænzɪənt] **I** *zn* USA passant **II** *bnw* vergankelijk, v. korte duur ★ **~ workers** tijdelijke werkkrachten

transistor [træn'zɪstə] *zn* transistor(radio)

transit ['trænzɪt] *zn* ❶ doortocht, doorvoer ❷ vervoer ★ **in ~** tijdens het vervoer ❸ doorgang door meridiaan ❹ USA stadsvervoer

transit circle *zn* meridiaancirkel

transit duty *zn* doorvoerrechten

transition [træn'zɪʃən] *zn* overgang(speriode)

transitional [træn'zɪʃnəl] *bnw* overgangs-

transitive ['trænsətɪv] taalk *bnw* overgankelijk

transitory ['trænsətərɪ] *bnw* tijdelijk, niet blijvend, vergankelijk

transit trade *zn* doorvoerhandel

translate [træn'sleɪt] **I** *ov ww* ❶ vertalen ❷ omzetten, omrekenen ★ **~ plans into action**

plannen in actie omzetten ❸ comp converteren ❹ verklaren, uitleggen, duidelijk zeggen ★ *kindly* ~ zeg me duidelijk **II** *onov ww* ❶ vertalen ❷ *ook fig* zich laten vertalen ❸ ~ *into/to* zich laten vertalen in, teweegbrengen

translation [træns'leɪʃən] *zn* ❶ vertaling ★ *simultaneous* ~ simultaanvertaling ❷ overdracht ⟨van goederen⟩ ❸ gravure ⟨van schilderij⟩

translator [træns'leɪtə] *zn* ❶ vertaler ❷ comp vertaalprogramma

translucence [træns'lu:səns], **translucency** [træns'lu:sənsɪ] *zn* doorschijnendheid

translucent [træns'lu:sənt] *bnw* doorschijnend

transmigration [trænzmaɪ'greɪʃən] *zn* ❶ zielsverhuizing ❷ verhuizing

transmission [trænz'mɪʃən] *zn* ❶ transmissie, overbrenging ★ *the* ~ *of a disease* de overdracht van een ziekte ❷ comm uitzending ⟨radio, tv⟩ ★ *a break in* ~ een onderbreking van de uitzending ❸ techn versnellingsbak

transmit [trænz'mɪt] *ov ww* ❶ overbrengen, overleveren ⟨bv. tradities⟩ ★ *sexually ~ted diseases* seksueel overdraagbare ziektes ❷ geleiden ⟨stroom, warmte⟩, doorlaten ⟨licht⟩ ❸ comm uitzenden, overzenden ★ *~ted via satellite* via de satelliet uitgezonden ❹ overmaken ⟨geld⟩

transmitter [træns'mɪtə] *zn* comm zender, zendapparaat

transmutable [trænz'mju:təbl] *bnw* veranderbaar, verwisselbaar

transmutation [trænzmju:'teɪʃən] *zn* transmutatie

transmute [trænz'mju:t] *ov ww* omvormen, veranderen

transom ['trænsəm] *zn* ⟨raam boven⟩ dwarsbalk

transparency [træns'pærənsɪ] *zn* ❶ *ook fig* transparantie, doorzichtigheid ❷ dia ❸ transparant ⟨bij overheadprojector⟩

transparent [træns'pærənt] *bnw* ❶ *ook fig* transparant, doorzichtig ❷ oprecht

transpiration [trænspɪ'reɪʃən] *zn* plantk transpiratie, verdamping

transpire [træn'spaɪə] **I** *ov ww* plantk uitwasemen **II** *onov ww* ❶ plantk transpireren, waterdamp afscheiden ❷ uitlekken, aan het licht komen, bekend worden ❸ inform gebeuren

transplant [træns'plɑ:nt] **I** *zn* ❶ transplantatie ❷ transplantaat ⟨orgaan⟩ ★ ~ *operation* transplantatie **II** *ov ww* ❶ verplanten, overplanten ❷ med transplanteren ❸ verplaatsen ⟨bv. bedrijf⟩

transplantation [trænsplɑ:n'teɪʃən] *zn* ❶ med transplantatie ❷ verplanting

transport¹ ['trænspɔ:t] *zn* ❶ transport, vervoer ❷ vervoermiddel, transportschip, verkeersvliegtuig ❸ dicht vervoering, vlaag van emotie ★ *in ~s* in vervoering ❹ gesch deportatie

transport² [træns'pɔ:t] *ov ww* ❶ vervoeren, transporteren ★ *fig the film ~s you to exotic lands* de film neemt je mee naar exotische landen ❷ verrukken ❸ gesch deporteren

transportation [trænspɔ:'teɪʃən] *zn* ❶ transport,

vervoer ❷ openbaar vervoer ❸ USA vervoermiddel ❹ USA vervoerprijs, kaartje ❺ gesch deportatie

transporter [træns'pɔ:tə] *zn* ❶ ⟨auto⟩vervoerder ❷ transportvliegtuig

transpose [træns'pəʊz] *ov ww* ❶ verplaatsen ❷ omzetten ❸ wisk overbrengen ⟨v. het ene lid v. een vergelijking naar het andere⟩ ❹ muz transponeren

transposition [trænspə'zɪʃən] *zn* ❶ verplaatsing ❷ muz wisk transpositie

transship [træns'ʃɪp] *ov ww* in ander schip laden, overladen

transverse ['trænzvɜ:s] **I** *zn* dwarsspier **II** *bnw* dwars ★ ~ *section* dwarsdoorsnede ★ natk ~ *wave* transversale golf

transvestite [trænz'vestaɪt] *zn* travestiet

trap [træp] **I** *zn* ❶ val⟨strik⟩ ★ *set / lay a trap for sb* een val zetten voor iem. ★ *trap of poverty* armoedeval ★ *fall into the trap of communism* in de val van het communisme lopen ❷ strik⟨vraag⟩ ❸ autoval ⟨radarcontrole⟩ ❹ inform mond ★ *keep your trap shut* het voor je houden ❺ tweewielig rijtuig ❻ techn sifon **II** *ov ww* ❶ 'n val zetten, voorzien v. vallen ❷ strikken, in de val laten lopen ❸ opsluiten ★ *be trapped inside the house* in het huis gevangen / vast zitten

trapdoor ['træpdɔ:] *zn* valluik

trapeze [trə'pi:z] *zn* trapeze

trapper ['træpə] *zn* strikkenzetter, pelsjager

trappings ['træpɪŋz] *zn mv* uiterlijk vertoon, sieraden, versierselen

traps [træps] *zn mv* ❶ slaginstrumenten ❷ inform spullen, boeltje

trash [træʃ] **I** *zn* ❶ USA afval, vuilnis ❷ fig rommel, bocht, rotzooi ★ USA *talk* ~ onzin praten ❸ USA tuig, nietsnut⟨ten⟩ ★ min *white* ~ blank tuig ❹ snoeisel **II** *ov ww* ❶ snoeien ⟨suikerriet⟩ ❷ kapot maken, fig afkraken ❸ USA weggooien

trash can *zn* USA vuilnisbak

trashy ['træʃɪ] inform *bnw* waardeloos, snert-

trauma ['trɔ:mə] *zn* trauma, verwonding, psychische schok

traumatic [trɔ:'mætɪk] *bnw* traumatisch

traumatize, traumatise ['trɔ:mətaɪz] *ov ww* traumatiseren

travel ['trævəl] **I** *onov ww* ❶ reizen ★ ~ *by bus* met de bus reizen ★ *he has to* ~ *far* hij moet een grote afstand afleggen ★ ~ *light* weinig bagage meenemen ★ ~ *out of the record* v. het onderwerp afdwalen ❷ gaan, bewegen, zich voortplanten ⟨v. (geluids)golven⟩, zich verspreiden ⟨v. nieuws bv.⟩ ★ *light ~s faster than sound* licht gaat sneller dan geluid ❸ zich laten vervoeren ★ *these things* ~ *badly* deze artikelen kunnen slecht tegen vervoer ❹ zich bewegen, vertoeven ⟨in bep. kringen bv.⟩ ❺ inform snel gaan, vliegen ❻ lopen ⟨met basketbal⟩ **II** *ov ww* ❶ reizen door ★ ~ *the world* over de hele wereld reizen ❷ afleggen ⟨afstand⟩ **III** *zn* ❶ reis ❷ beweging ⟨van machineonderdeel⟩, slag ⟨v. zuiger⟩

travel agency *zn* reisbureau

travel agent *zn* reisagent

tr

travel guide *zn* reisgids
travel insurance *zn* reisverzekering
travelled ['trævəld] *bnw* bereisd
traveller ['trævələ] *zn* ❶ reiziger ❷ loopkraan
traveller's cheque *zn* travellercheque, reischeque
travelling ['trævəlɪŋ] **I** *zn* (het) reizen **II** *bnw* ❶ reizend ★ ~ *companion* reisgenoot ❷ verplaatsbaar ★ ~ *crane* loopkraan
travelling expenses *zn* reiskosten
travels ['trævəlz] *zn mv* ❶ (het) reizen ❷ reis(verhaal)
travel sickness *zn* reisziekte
traverse¹ ['trævɜːs] **I** *zn* ❶ dwarsbalk, dwarsstuk ❷ het oversteken ❸ traverse 〈horizontale passage〉 **II** *bnw* dwars
traverse² [trə'vɜːs] **I** *ov ww* ❶ (door)kruisen, oversteken ★ *the bridge ~s the canal* de brug ligt over het kanaal ❷ tegenwerken ❸ *jur* ontkennen **II** *onov ww* traverseren 〈van paard〉
travesty ['trævəstɪ] **I** *zn* travestie, parodie, karikatuur **II** *ov ww* parodiëren
trawl [trɔːl] **I** *zn* ❶ sleepnet ❷ onderzoek **II** *onov ww* ❶ treilen ❷ zoeken **III** *ov ww* doorzoeken
trawler ['trɔːlə] *zn* trawler, treiler
tray [treɪ] *zn* ❶ presenteerblad ❷ bak(je), lade ★ GB *baking tray* bakplaat
treacherous ['tretʃərəs] *bnw* verraderlijk, onbetrouwbaar
treachery ['tretʃərɪ] *zn* verraad, bedrog, onbetrouwbaarheid
treacle ['triːkl] *zn* GB stroop
treacly ['triːklɪ] *bnw* ❶ GB stroopachtig ❷ *fig* stroperig, suikerzoet
tread [tred] **I** *zn* ❶ stap, tred ❷ zool ❸ profiel 〈ook van autoband〉 ❹ loopvlak 〈van wiel, lijn〉 ❺ trede, sport 〈van ladder〉 **II** *onov ww* [regelmatig + onregelmatig] stappen, treden ★ ~ *on a spider* op een spin trappen ★ ~ *on air* verrukt zijn ★ ~ *on eggshells* voorzichtig te werk gaan ★ ~ *in s.o.'s footsteps* iem. navolgen ★ ~ *carefully / lightly* omzichtig te werk gaan **III** *ov ww* ❶ betreden, bewandelen ★ *well-trodden paths* platgetreden paden ★ *he ~s the boards / stage* hij is toneelspeler ❷ trappen ★ ~ *grapes* druiven treden ★ ~ *underfoot* met voeten treden ❸ ~ **down** vertrappen ❹ ~ **out** uittrappen 〈vuur〉, dempen 〈opstand〉 ★ ~ *out a path* pad maken
treadle ['tredl] *zn* ❶ trapper 〈van naaimachine〉 ❷ pedaal
treadmill ['tredmɪl] *zn* ❶ *ook fig* tredmolen ❷ loopband 〈fitnessapparaat〉
treason ['triːzən] *zn* verraad
treasonable ['triːzənəbl] *bnw* verraderlijk
treasure ['treʒə] **I** *zn ook fig* schat **II** *ov ww* waarderen, bewaren als een schat, koesteren ★ *a ~d possession* een dierbaar bezit
treasure house ['treʒəhaʊs] *zn* schatkamer
treasure hunt *zn* schatgraverij, vossenjacht 〈spel〉
treasurer ['treʒərə] *zn* ❶ thesaurier ❷ penningmeester
treasure trove ['treʒətrəʊv] *zn* ❶ gevonden schat 〈van onbekende eigenaar〉 ❷ schat, rijke bron

treasury ['treʒərɪ] *zn* ❶ schatkist, schatkamer ❷ kas
Treasury *zn* ministerie v. financiën
Treasury Secretary *zn* minister v. Financiën
treat [triːt] **I** *ov ww* ❶ behandelen ★ ~ *sb with contempt* iem. met minachting behandelen ★ ~ *sth as a joke* iets als een grap opvatten ❷ trakteren ❸ ~ **to** trakteren op **II** *onov ww* ❶ trakteren ❷ onderhandelen ❸ ~ **of** handelen over **III** *zn* ❶ traktatie ★ *stand a* ~ trakteren ❷ feest ★ GB *inform* (you look) *a* ~ je ziet er beeldig uit ★ *iron Dutch* ~ gelegenheid waarbij ieder voor zichzelf afrekent
treatise ['triːtɪs] *zn* verhandeling
treatment ['triːtmənt] *zn* behandeling ★ *course of* ~ behandelmethode ★ *be under* ~ in behandeling zijn
treaty ['triːtɪ] *zn* verdrag, overeenkomst ★ *sell by private* ~ onderhands verkopen
treble ['trebl] **I** *zn* ❶ (het) drievoudige ❷ sopraan, jongenssopraan ❸ hoge tonen 〈van audioapparatuur〉 **II** *bnw* ❶ driemaal, drievoudig ❷ sopraan- ★ *muz* ~ *clef* g-sleutel **III** *ov ww* verdrievoudigen **IV** *onov ww* zich verdrievoudigen
tree [triː] **I** *zn* ❶ boom ❷ stamboom ❸ houten leest, schoenspanner ▼ *inform they are up a tree* ze zitten in de knel ★ *inform be out of your tree* knettergek zijn **II** *ov ww* ❶ in een boom jagen 〈dier〉 ❷ in moeilijkheden brengen
trefoil ['trefɔɪl] *zn* klaver, klaverblad
trek [trek] **I** *zn* lange tocht, voettocht **II** *onov ww* ❶ trekken ★ *go trekking* een trektocht maken ❷ sjouwen
trellis ['trelɪs] **I** *zn* traliewerk, trellisscherm 〈in tuin〉 **II** *ov ww* voorzien v. latten
tremble ['trembl] **I** *onov ww* trillen, rillen, beven ★ *his life ~s in the balance* z'n leven hangt aan een zijden draad ★ *he ~d with fear* hij beefde van angst **II** *zn* trilling ★ *there was a* ~ *in her voice* haar stem beefde ★ *inform I was all of a* ~ ik rilde over mijn hele lijf
tremendous [trɪ'mendəs] *bnw* ❶ verschrikkelijk ❷ reusachtig
tremor ['tremə] *zn* beving, huivering, (t)rilling, *med* tremor
tremulous ['tremjʊləs] *bnw* ❶ bevend, trillend ❷ bedeesd
trench [trentʃ] **I** *zn* ❶ geul, sloot, greppel ❷ loopgraaf ❸ trog 〈in zee〉 **II** *ov ww* ❶ loopgraven / greppels graven in ❷ omspitten **III** *onov ww* ❶ inbreuk maken op ❷ raken aan
trenchant ['trentʃənt] *bnw* ❶ scherp, snijdend ❷ krachtig
trench boot *zn* (hoge) rubberlaars
trench coat *zn* trenchcoat 〈mil. regenjas met ceintuur〉
trencherman ['trentʃəmən] *zn iron* eter
trend [trend] **I** *zn* ❶ richting, trend, tendens ★ *buck a* ~ dwars tegen de trend ingaan ★ *set a* ~ een trend (in gang) zetten ❷ mode ❸ loop 〈van gebeurtenissen〉, strekking ★ ~ *of thought* gedachtegang **II** *onov ww* gaan 〈in bepaalde richting〉, (af)buigen, neigen
trendiness ['trendɪnəs] *zn* modieusheid
trendsetter ['trendsetə] *zn* trendsetter, voorloper

trendy ['trendɪ] **I** *bnw* modieus, in **II** *zn* inform trendy persoon

trepidation [trepr'deɪʃən] form *zn* ongerustheid, angst

trespass ['trespəs] **I** *onov ww* ❶ ook fig op verboden terrein komen, binnendringen ★ *no ~ing* verboden toegang ❷ ~ **on/upon** schenden, beslag leggen op ★ *you ~ (up)on his hospitality* je maakt misbruik van zijn gastvrijheid ❸ overtreding begaan, zondigen ★ *he ~ed against the law* hij overtrad de wet **II** *zn* overtreding, inbreuk, huisvredebreuk

trespasser ['trespəsə] *zn* overtreder ⟨v.e. wet⟩, indringer ⟨op een terrein⟩ ★ *~s will be prosecuted* verboden toegang voor onbevoegden ⟨overtreders zullen worden vervolgd⟩ ★ *~s will be shot* streng verboden toegang ⟨indringers zullen worden beschoten⟩

tresses *zn mv* haarlokken, lang golvend haar

trestle ['tresəl] *zn* schraag, bok ★ ~ *table* schraagtafel

tri- [traɪ] *voorv* drie-, tri- ★ *tricycle* driewieler

triable ['traɪəbl] *bnw* ❶ te proberen ❷ te berechten

triad ['traɪæd] *zn* ❶ drietal, trits ❷ triade ⟨Chinese bende⟩ ❸ muz drieklank

trial ['traɪəl] **I** *zn* ❶ gerechtelijk onderzoek, verhoor ★ *on* ~ voor het gerecht ★ *bring to* ~ voor de rechter brengen ★ *commit for* ~ naar openbare terechtzitting verwijzen ★ *he stood his* ~ hij stond terecht ★ *he'll move for a new* ~ hij zal in hoger beroep gaan ❷ proef, proefneming ★ ~ *and error* met vallen en opstaan ★ *make* ~ *of* beproeven ★ *I'll give you a* ~ ik zal het eens met je proberen ★ *on* ~ op proef ❸ beproeving, last ★ ~*s and tribulations* problemen en zorgen ❹ behendigheids- / oefenwedstrijd, kwalificatiewedstrijd **II** *bnw* proef- ★ ~ *run* proefrit

trial heat *zn* voorronde, halve finale

trial period *zn* proefperiode

trial trip *zn* proefvaart

triangle ['traɪæŋgl] *zn* ❶ driehoek ❷ muz triangel ❸ drietal

Triangle ['traɪæŋgl] *zn* Driehoek ⟨sterrenbeeld⟩

triangular [traɪ'æŋgjulə] *bnw* ❶ driehoekig ❷ driezijdig, met drie partijen

tribal ['traɪbl] *bnw* ⟨volks⟩stam-, tribaal

tribalism ['traɪbəlɪzəm] *zn* stamverband

tribe [traɪb] *zn* ❶ stam ❷ groep, geslacht, onderorde ⟨bij dier- en plantkunde⟩ ❸ humor clan, meute

tribesman ['traɪbzmən] *zn* lid van stam

tribulation [trɪbjʊ'leɪʃən] *zn* tegenspoed, beproeving

tribunal [traɪ'bju:nl] *zn* rechterstoel, rechtbank

tribune ['trɪbju:n] *zn* ❶ tribune, spreekgestoelte ❷ tribuun

tributary ['trɪbjutərɪ] **I** *zn* ❶ schatplichtige staat ❷ zijrivier **II** *bnw* ❶ bijdragend ❷ schatplichtig ❸ bij-, zij-

tribute ['trɪbju:t] *zn* ❶ huldeblijk ★ *floral* ~*s* bloemen als huldeblijk ★ *pay the last* ~ *to* laatste eer bewijzen aan ★ *their success is a* ~ *to their perseverance* hun succes getuigt van doorzettingsvermogen ❷ bijdrage, schatting

trice [traɪs] *zn* ogenblik ★ *in a* ~ in 'n wip

trick [trɪk] **I** *zn* ❶ truc, list ★ ~*s of the trade* kneepjes v. het vak ★ *he knows a* ~ *or two* hij is niet v. gisteren ★ *do the* ~ het klaarspelen, het gewenste resultaat opleveren ★ *he never misses a* ~ hij laat geen kans / gelegenheid voorbijgaan ★ *have a* ~ *up your sleeve* een truc achter de hand houden ❷ handigheid ★ *learn the* ~ de slag te pakken krijgen ★ *a* ~ *of thumb* handigheidje ❸ aanwensel, tic ❹ poets, grap ★ *play a* ~ *upon sb* iem. een streek leveren ❺ slag ⟨bij kaartspel⟩ **II** *ov ww* ❶ bedriegen, beduvelen, oplichten ★ ~ *sb out of his money* iem. zijn geld aftroggelen ❷ ~ **out/up** versieren ★ *she was* ~*ed out in a gaudy dress* ze was gekleed in een opzichtige jurk

tricker ['trɪkə] *zn* ❶ bedrieger ❷ grappenmaker

trickery ['trɪkərɪ] *zn* bedrog, bedotterij

trickle ['trɪkl] **I** *zn* straaltje ★ *traffic moving at a* ~ stapvoets rijdend verkeer **II** *onov ww* ❶ druppelen, druipen, sijpelen ❷ druppelsgewijs komen ★ *the news* ~*d in* het nieuws kwam langzaam binnen ❸ ~ **down to** doorsijpelen naar, uiteindelijk terechtkomen bij

trick question *zn* strikvraag

trickster ['trɪkstə] *zn* ❶ bedrieger ❷ grappenmaker

tricksy ['trɪksɪ] *bnw* ❶ schalks, speels ❷ lastig

tricky ['trɪkɪ] *bnw* ❶ inform lastig, ingewikkeld ❷ bedrieglijk ❸ vol streken, listig

tricycle ['traɪsɪkl] *zn* driewieler

trident ['traɪdnt] *zn* drietand

tried [traɪd] *bnw* beproefd

triennial [traɪ'enɪəl] **I** *zn* driejarige plant / periode **II** *bnw* ❶ driejarig ❷ driejaarlijks

trier ['traɪə] *zn* volhouder, beproever

trifle ['traɪfl] **I** *zn* ❶ kleinigheid, bagatel, fooitje ❷ form beetje ★ *a* ~ *disappointing* een tikje teleurstellend ❸ cake in vla ⟨dessert⟩ **II** *onov ww* ❶ beuzelen ❷ ~ **with** spelen met ⟨potlood of ander klein voorwerp⟩, lichtvaardig behandelen ★ *she is not to be* ~*d with* er valt niet met haar te spotten **III** *ov ww* ★ *he* ~*s away his time* hij verknoeit zijn tijd

trifling ['traɪflɪŋ] *bnw* onbeduidend

trigger ['trɪgə] **I** *zn* ❶ trekker ⟨van geweer⟩ ★ *pull / squeeze the* ~ de trekker overhalen, vuren ❷ ook med uitlokker, aanleiding **II** *ov ww* ❶ teweegbrengen, veroorzaken, in werking stellen ⟨bv. alarm⟩ ❷ afvuren ❸ ~ **off** op gang brengen, aanleiding geven tot

trigger-happy ['trɪgəhæpɪ] *bnw* schietgraag

trigonometry [trɪgə'nɒmətrɪ] *zn* trigonometrie, driehoeksmeting

trike [traɪk] inform *zn* inform driewieler

trilby ['trɪlbɪ] *zn* deukhoed

trill [trɪl] **I** *zn* ❶ trilling ⟨v. stem⟩ ❷ muz triller **II** *onov ww* trillen, vibreren

trillion ['trɪljən] *zn* ❶ USA biljoen ★ *a* ~ *of reasons* duizend en één redenen ❷ GB triljoen

trilogy ['trɪlədʒɪ] *zn* trilogie

trim [trɪm] **I** *ov ww* ❶ in orde brengen, opknappen, versieren, garneren ⟨bv. kleding⟩ ★ *trim the fire* vuur oppoken ★ USA *trim the Christmas tree* de kerstboom versieren ❷ snoeien ⟨in tuin⟩, bijknippen ⟨haar⟩, fig

tr

verminderen ★ *trim the grass* het gras knippen ★ *trim the costs* snoeien in de kosten ❹ luchtv <u>scheepv</u> trimmen, lading gelijk verdelen ★ *trim your sails* je zeilen stellen, je beperken ❹ **~ down** inkorten **II** *onov ww* ❹ **~ down** afslanken ❷ **~ to** zich voegen naar ⟨vnl. omstandigheden⟩ **III** *zn* ❶ (het) bijknippen ❷ rand, versiering ❸ goede staat ★ *in (perfect) trim* goed gestuwd ⟨v. lading⟩, in (uitstekende) conditie ★ *be out of trim* niet goed afgesteld zijn ⟨van vliegtuig, boot⟩ ★ *get the room into trim* maak de kamer in orde ★ *they were in fighting trim* ze waren klaar voor de strijd ❹ (het) trimmen ⟨v. lading⟩ ❺ USA etalagemateriaal **IV** *bnw* ❶ netjes, goed onderhouden, in goede conditie ❷ slank ❸ goed passend ⟨kleding⟩

trimmer ['trɪmə] *zn* ❶ snoeier ❷ snoeimes, trimmer ❸ politieke weerhaan

trimmings ['trɪmɪŋz] *zn mv* ❶ snoeisel ❷ versierselen ❸ toebehoren ★ *with all the ~* met alles erop en eraan

trinity ['trɪnətɪ] *zn* drietal

Trinity ['trɪnɪtɪ] *zn* rel (heilige) Drie-eenheid

trinket ['trɪŋkɪt] *zn* ❶ (goedkoop) sieraad ★ *~ box* bijouteriedoosje ❷ snuisterij

trio ['tri:əʊ] *zn* trio, drietal

trip [trɪp] **I** *zn* ❶ reis(je), uitstapje ❷ trip ⟨hallucinatorische ervaring⟩ ❸ ook fig misstap ❹ trippelpas **II** *ov ww* ❶ doen struikelen, beentje lichten ❷ overhalen ⟨schakelaar⟩ ❸ **~ up** laten struikelen, betrappen, een fout laten maken **III** *onov ww* ❶ struikelen, fig misstap begaan ★ *I caught him tripping* ik betrapte hem op een fout ★ *her tongue tripped* ze viel over haar woorden, ze versprak zich ❷ trippelen, huppelen ★ *trip (it)* dansen ❸ uitstapje maken ❹ trippen ⟨met drugs⟩ ❺ **~ up** struikelen, een fout maken

tripartite [traɪ'pɑːtaɪt] *bnw* ❶ drieledig, driedelig, tripartiet ❷ driepartijen- ⟨van contract bv.⟩

tripe [traɪp] *zn* ❶ (rol)pens ⟨als voedsel⟩ ❷ inform onzin, rommel

triplane ['traɪpleɪn] *zn* driedekker ⟨vliegtuig⟩

triple ['trɪpl] **I** *bnw* drievoudig, driedubbel, driedelig ★ *~ crown* pauselijke kroon / tiara **II** *ov ww* verdrievoudigen **III** *onov ww* zich verdrievoudigen

triple jump *zn* hink-stap-sprong

triplet ['trɪplət] *zn* ❶ één v. drieling ❷ drietal ❸ muz triool ❹ drieregelig vers

triple time *zn* drieslagsmaat

triplets ['trɪpləts] *zn mv* drieling

triplex ['trɪpleks] *bnw* drievoudig

triplicate[1] ['trɪplɪkət] **I** *zn* triplo **II** *bnw* drievoudig, in drievoud

triplicate[2] ['trɪplɪkeɪt] *ov ww* verdrievoudigen

tripod ['traɪpɒd] *zn* ❶ drievoet ❷ statief ⟨van fototoestel⟩

tripper ['trɪpə] *zn* GB toerist

triptych ['trɪptɪk] *zn* triptiek, drieluik

trite [traɪt] *bnw* afgezaagd, versleten, alledaags

triton ['traɪtn] *zn* watersalamander

triumph ['traɪəmf] **I** *zn* ❶ triomf ★ *in ~* zegevierend ❷ zegetocht **II** *onov ww* ❶ zegevieren ❷ **~ over** overwinnen

❸ zegetocht houden

triumphal [traɪ'ʌmfəl] *bnw* triomferend, triomf- ★ *~ arch* erepoort ★ *~ chariot* zegewagen

triumphant [traɪ'ʌmfənt] *bnw* ❶ triomfantelijk ❷ zegevierend

trivet ['trɪvɪt] *zn* ❶ driepoot ❷ onderzetter

trivia ['trɪvɪə] *zn mv* onbelangrijke dingen / zaken

trivial ['trɪvɪəl] *bnw* ❶ onbeduidend, triviaal ❷ alledaags ★ *the ~ name of that plant is...* de populaire naam van die plant is... ★ *the ~ round of life* dagelijkse routine v. het leven

triviality [trɪvɪ'ælətɪ] *zn* trivialiteit

trivialize, trivialise ['trɪvɪəlaɪz] *ov ww* bagatelliseren

trod [trɒd] *ww* [verl. tijd + volt. deelw.] → tread

trodden ['trɒdn] *ww* [volt. deelw.] → tread

Trojan ['trəʊdʒən] **I** *zn* Trojaan **II** *bnw* Trojaans ★ *~ horse* paard van Troje, comp Trojaans paard

troll [trəʊl] **I** *zn* ❶ trol ook comp ❷ sleeplijn **II** *onov ww* ❶ GB inform slenteren ❷ USA vissen ⟨met sleeplijn⟩ ❸ inform **~ for** op zoek gaan naar **III** *ov ww* ❶ vissen naar ❷ zoeken op ⟨bv. internet⟩

trolley ['trɒlɪ] *zn* GB wagentje, karretje, serveerwagen, winkelwagentje

trombone [trɒm'bəʊn] *zn* trombone

troop [truːp] **I** *zn* ❶ troep, menigte ❷ afdeling v. cavalerie ❸ [mv] ★ *~s* troepenmacht, krijgsmacht **II** *onov ww* ❶ als groep gaan, samenstromen ★ *~ into school* de school binnenstromen ❷ marcheren

troop carrier ['truːpkærɪə] *zn* troepentransportvliegtuig

trooper ['truːpə] *zn* ❶ cavalerist ★ *swear like a ~* vloeken als een ketter ❷ troepentransportschip ❸ USA staatspolitieagent

troopship ['truːpʃɪp] *zn* troepentransportschip

trophy ['trəʊfɪ] *zn* trofee, zegeteken, overwinningsbuit / -prijs

tropic ['trɒpɪk] *zn* keerkring ★ *Tropic of Cancer* Kreeftskeerkring ★ *Tropic of Capricorn* Steenbokskeerkring ★ *the ~s* de tropen

tropical ['trɒpɪkl] *bnw* tropisch ★ *~ outfit* tropenuitrusting ★ *~ year* zonnejaar

trot [trɒt] **I** *ov ww* ❶ laten draven / lopen ★ *he trotted me round the town* hij nam me mee door de hele stad ❷ laten rijden ⟨op de knie⟩ ★ *they trot you off your legs* ze laten je je dood lopen ❸ **~ out** laten (op)draven, weer tevoorschijn halen, op de proppen komen met ★ *trot it out!* zeg op! **II** *onov ww* ❶ draven ❷ inform lopen ★ *trot along!* maak dat je wegkomt! **III** *zn* ❶ draf ★ *at a trot* op 'n draf ★ *at full trot* in volle galop ❷ inform tippel ★ *shall we go for a trot* zullen we 'n eindje gaan lopen ★ GB *they'll keep you on the trot* ze zullen je wel aan de gang houden ★ *break into a trot* het op een drafje zetten ❸ GB dreumes ❹ USA spiekbriefje ▼ inform *be on the trots / have the trots* diarree hebben ★ GB inform *on the trot* achter elkaar

trotter ['trɒtə] *zn* ❶ varkenspoot, schapenpoot ❷ draver ⟨paard⟩

trouble ['trʌbl] **I** *zn* ❶ probleem, moeilijkheid ★ *get into ~* zich moeilijkheden op de hals halen ★ *make ~ for sb* iem. moeilijkheden bezorgen

❷ zorg, verdriet ★ *a ~ shared is a ~ halved* gedeelde smart is halve smart ❸ kwaal, ziekte ❹ moeite, (over)last, ongemak ★ *no ~ (at all)!* graag gedaan!, geen moeite! ★ *go to a lot of ~ to help you* zich veel moeite getroosten jou te helpen ★ *put him to a lot of ~* hem veel last bezorgen ★ *it is more ~ than it is worth* het loont de moeite niet ❺ onrust, onlust ★ *make / cause ~* herrie schoppen ★ *the Troubles* het Noord-Ierse conflict ❻ techn storing, pech ⟨v. motor bv.⟩ ❼ lastig persoon **II** *ov ww* ❶ verontrusten, verstoren ★ *ask him what is troubling him* vraag hem waarover hij zich zorgen maakt ❷ kwellen ★ *his conscience / back is troubling him* hij heeft last van zijn geweten / rug ❸ form lastig vallen, storen ★ *we'll ~ you to do this* wilt u zo goed zijn dat voor ons te doen? **III** *onov ww* moeite doen ★ *without troubling to say 'excuse me'* zonder de moeite te nemen om 'pardon' te zeggen

troubled ['trʌbld] *bnw* ❶ verontrust ★ *be ~ about* zich zorgen maken over ★ *be ~ with* last hebben van ★ *what a ~ look you wear!* wat zie je er bezorgd uit! ❷ verdrietig ❸ verstoord ★ *fish in ~ waters* in troebel water vissen

troublemaker ['trʌblmeɪkə] *zn* onruststoker

troubleshooter ['trʌblʃuːtə] *zn* troubleshooter, probleemoplosser

troublesome ['trʌblsəm] *bnw* lastig, vervelend

trough [trɒf] *zn* ❶ trog ★ *GB fig have your snout in the ~* graaien ❷ pijp(leiding) ❸ golfdal ❹ dieptepunt ★ *peaks and ~s* pieken en dalen

trounce [traʊns] *ov ww* ❶ sport volkomen verslaan, in de pan hakken ❷ afstraffen

trouncing ['traʊnsɪŋ] *zn* afstraffing, ook fig pak slaag

troupe [truːp] *zn* troep ⟨van toneelspelers, acrobaten⟩

trouper ['truːpə] *zn* ❶ lid v. een troep ❷ betrouwbare vriend

trouser ['traʊzə] *bnw* → **trousers** broek-★ *~ pocket* broekzak

trousers ['traʊzəs] *zn mv* broek ★ *(pair of) ~* lange broek ★ fig *wear the ~* de broek aan hebben ★ fig *catch him with his ~ down* hem in een penibele situatie aantreffen

trouser suit *zn* broekpak

trousseau ['truːsəʊ] *zn* uitzet ⟨van bruid⟩

trout [traʊt] *zn* forel(len) ★ *~ farm* forelkwekerij

trove [trəʊv] *zn* → **treasure trove**

trowel ['traʊəl] *zn* ❶ troffel ★ *lay it on with a ~* het er dik opleggen ❷ schepje ⟨voor planten⟩

troy [trɔɪ] *zn* ★ *troy (weight)* gewichtsstandaard voor goud, zilver en edelstenen ★ *troy ounce* 31,1 gram

truancy ['truːənsɪ] *zn* het spijbelen

truant ['truːənt] **I** *zn* spijbelaar ★ *play ~* spijbelen **II** *bnw* ❶ spijbelend ❷ rondslenterend **III** *onov ww* ❶ spijbelen ❷ rondslenteren

truce [truːs] *zn* wapenstilstand ★ *call a ~* de wapens (tijdelijk) neerleggen ★ *~ of God* godsvrede

truck [trʌk] **I** *zn* ❶ (zware) vrachtwagen, truck ❷ GB (open) goederenwagon ❸ wagenonderstel ⟨v. trein⟩ ❹ ruil(handel) ❺ inform rommel ❻ USA groente ⟨voor de markt⟩ ▼ GB *have / want no ~ with* niets te maken hebben / willen

hebben met **II** *ov ww* ❶ USA per vrachtwagen vervoeren ❷ (ver)ruilen **III** *onov ww* USA in een vrachtwagen rijden

trucker ['trʌkə] USA *zn* ❶ vrachtwagenchauffeur, trucker ❷ groentekweker

truck farm *zn* USA groentekwekerij, tuinbouwbedrijf

trucking ['trʌkɪŋ] USA *bnw* ★ *~ business (company)* transportbedrijf

truckle ['trʌkl] **I** *zn* wieltje **II** *onov ww* ❶ *~ for* bedelen om ❷ *~ to* fig kruipen voor

truckle bed *zn* onderschuifbed ⟨op wieltjes⟩

truckload ['trʌkləʊd] *zn* (vracht)wagenlading ★ fig *a ~ of talent* heel veel talent

truculent ['trʌkjʊlənt] form *bnw* ❶ strijdlustig, wreed ❷ fig vernietigend

trudge [trʌdʒ] **I** *zn* vermoeiende wandeling ★ *on the ~* aan de tippel **II** *ov ww* sjokkend afleggen ⟨afstand⟩ **III** *onov ww* ❶ sjokken, ploeteren ❷ *~ out* op pad gaan

true [truː] **I** *bnw* + *bijw* ❶ waar, juist ★ *a true story* een waar gebeurd verhaal ★ *it is / holds true for me as well* dat geldt ook voor mij ★ *that may be true, but...* dat moge waar zijn, maar... ❷ zuiver, echt ★ *true copy* gelijkluidend afschrift ★ *true to facts* volgens de feiten ★ *true to life* naar het leven ★ *true to nature* natuurgetrouw ★ *true north* ware / geografische noorden ★ *true to type* rasecht ★ *come true* uitkomen ★ *that rings true* dat klinkt echt ★ *speak true* de waarheid spreken ❸ trouw, loyaal ★ *remain / stay true to her husband* trouw blijven aan haar echtgenoot ❹ techn zuiver ★ *my watch goes true* m'n horloge loopt goed ★ *out of true* scheef ❺ *~ to* (ge)trouw aan **II** *ov ww* in juiste stand brengen ⟨wiel, paal of balk⟩

true-blue [truː'bluː] **I** *zn* betrouwbare kerel **II** *bnw* ❶ eerlijk, trouw ❷ GB (ras)echt, aarts- ❸ GB orthodox

true-born [truː'bɔːn] *bnw* echt, geboren

truffle ['trʌfəl] *zn* truffel

truism ['truːɪzəm] *zn* ❶ onbetwiste waarheid ❷ gemeenplaats

truly ['truːlɪ] *bijw* ❶ waarlijk, oprecht ★ *I'm ~ sorry* het spijt me echt ★ *speak ~* de waarheid zeggen ❷ werkelijk, echt ★ *you're ~ amazing!* je bent echt fantastisch! ❸ juist, terecht ★ *yours ~* hoogachtend ⟨bij ondertekening v. brieven⟩, humor ondergetekende ⟨ik, mij⟩

trump [trʌmp] **I** *zn* ❶ troef(kaart) ★ *no ~(s)* sans atout ⟨bij bridge⟩ ★ *inform it's turned up ~s* het is goed uitgevallen, het is meegevallen ❷ inform fijne vent ❸ oud trompet(geschal), bazijn **II** *ov ww* ❶ aftroeven ❷ overtroeven ❸ *~ up* verzinnen ⟨verhaal bv.⟩

trumpery ['trʌmpərɪ] **I** *zn* rommel, onzin **II** *bnw* prullerig, onbeduidend

trumpet ['trʌmpɪt] **I** *zn* ❶ trompet, bazuin ★ fig *blow your own ~* opscheppen ❷ trompetgeschal, getrompetter ⟨v. olifant⟩ **II** *ov ww* uitbazuinen, met trompetgeschal aankondigen ★ *~ forth s.o.'s praise* iemands loftrompet steken **III** *onov ww* trompetteren ⟨v. olifant⟩

truncate ['trʌŋkeɪt] **I** *bnw* afgeknot **II** *ov ww* besnoeien, afknotten, inkorten

truncation [trʌŋ'keɪʃən] *zn* beknotting, inkorting

tr

truncheon ['trʌntʃən] *zn* (gummi)stok (van politieagent), knuppel

trundle ['trʌndl] **I** *ov ww* ❶ laten rollen / rijden ★ ~ *a hoop* hoepelen ❷ ~ **out** tevoorschijn halen **II** *onov ww* ❶ rollen, rijden ❷ sjokken

trunk [trʌŋk] *zn* ❶ boomstam ❷ hutkoffer, kist ❸ slurf (van olifant) ❹ romp ❺ USA bagageruimte, kofferruimte (van auto) ❻ schacht (van zuil) ❼ hoofdkanaal, hoofdlijn (vnl. van spoorweg)

trunk road *zn* GB hoofdweg

trunks [trʌŋks] *zn mv* sportbroek ★ *swim(ming)* ~ zwembroek

truss [trʌs] **I** *zn* ❶ spant, steun ❷ med breukband **II** *ov ww* ❶ (vast)binden, armen langs lichaam binden ❷ versterken ((dak)constructie) ❸ cul opbinden (kip) ❹ ~ **up** (vast)binden, opbinden (kip)

trust [trʌst] **I** *zn* ❶ vertrouwen, hoop ★ *I don't take it on* ~ ik neem het niet op goed geloof aan ❷ krediet ★ *goods on* ~ goederen op krediet ❸ machtiging, hoede ★ *he is in my* ~ hij is onder mijn hoede ★ *they were committed to my* ~ ze werden toevertrouwd aan mijn zorgen ❹ stichting ❺ USA trust, kartel (combinatie v. zelfst. ondernemingen) **II** *ov ww* ❶ vertrouwen (op), (v. harte) hopen ★ ~ *him for it!* laat dat gerust aan hem over! ★ *inform not* ~ *him as far as you can throw him* hem helemaal niet vertrouwen ❷ toevertrouwen ★ *they* ~*ed it to me* ze vertrouwden het mij toe ★ *they* ~*ed me with it* ze vertrouwden het mij toe ❸ krediet verschaffen **III** *onov ww* ❶ ~ *to o.s.* op eigen krachten vertrouwen ❷ ~ **in** vertrouwen op

trustee [trʌs'tiː] *zn* (gevolmachtigd) beheerder, curator, executeur, regent (van instelling)

trustful ['trʌstfʊl] *bnw* vertrouwend

trust fund *zn* ❶ (beheer)stichting ❷ beheerd kapitaal

trusting ['trʌstɪŋ] *bnw* goedgelovig

trustworthy ['trʌstwɜːðɪ] *bnw* te vertrouwen, betrouwbaar

trusty ['trʌstɪ] *bnw* betrouwbaar

truth [truːθ] *zn* ❶ waarheid, echtheid ★ *in* ~ inderdaad ★ *bald* ~ naakte waarheid ★ *universal* ~ algemeen geldende waarheid ★ *nothing could be further from the* ~ niets is minder waar ❷ waarheidsliefde, oprechtheid ❸ nauwkeurigheid ★ *out of* ~ niet zuiver, scheef

truthful ['truːθfʊl] *bnw* ❶ waarheidlievend, eerlijk ❷ getrouw (van afbeelding)

try [traɪ] **I** *ov ww* ❶ proberen ★ *don't try this at home* probeer dat thuis niet ★ *don't try your hand at it* probeer het maar niet ★ GB *try it on with sb* proberen iem. te bedriegen / versieren ★ GB *try it on with a teacher* een docent uitproberen ❷ beproeven, testen ★ *well tried* beproefd ❸ proeven ❹ jur onderzoeken ★ *try-on room* paskamer ❺ ~ **on** aanpassen (kleren) ★ *try this on for size* kijken of dit past / geschikt is ❻ ~ **out** (uit)proberen, proefrit / proefvlucht maken met ★ *try the matter out* doorzetten **II** *onov ww* ❶ ~ **back** terugkomen op ❷ ~ **for** solliciteren naar ❸ USA ~ **out for** solliciteren naar, auditie doen voor **III** *zn* poging ★ *let me have a try* laat mij het eens proberen ★ *nice /*

good try, but... leuk geprobeerd, maar...

trying ['traɪɪŋ] *bnw* ❶ lastig (van gedrag) ❷ zwaar, inspannend, vermoeiend

try-on ['traɪɒn] *zn* ❶ (het) passen (van kleren) ❷ poging tot bedrog

try-out ['traɪaʊt] *zn* ❶ proef, test ❷ try-out, proefuit- / opvoering (voor publiek) (van toneel, film) ❸ USA oefenwedstrijd

tryst [trɪst] *dicht* afspraak, samenkomst

tsar [zɑː], **tzar** *zn* tsaar

tsarina [zɑː'riːnə] *zn* tsarina

T-shirt ['tiːʃət] *zn* T-shirt

T-square ['tiːskweə] *zn* tekenhaak

tsunami [tsuː'nɑːmi] *zn* tsunami, vloedgolf

TT [tiː'tiː] *afk, Tourist Trophy* snelheidswedstrijd voor motoren

TU [tiː'juː] *afk, Trade Union* vakbond

tub [tʌb] *zn* ❶ kuipje (voor margarine, ijs bv.) ❷ vaatje, tobbe, ton ★ *lucky tub* grabbelton ❸ badkuip, bad ❹ inform dikzak ❺ humor schuit

tuba ['tjuːbə] *zn* tuba

tubby ['tʌbɪ] *bnw* rond, dik

tube [tjuːb] *zn* ❶ pijp, buis, med voedingssonde ★ *bronchial tube* luchtpijp ❷ tube ★ *a tube of paint* een tube verf ❸ tube (binnenband) ❹ inform televisie ❺ GB metro ▼ *go down the tube(s)* naar z'n grootje gaan

tubeless ['tjuːbləs] *bnw* tubeless, zonder binnenband

tuber ['tjuːbə] *zn* knol (van plant), aardappel

tubercle ['tjuːbəkl] *zn* ❶ med knobbel(tje) ❷ knolletje

tubercular [tjuː'bɜːkjʊlə], **tuberculous** [tjuː'bɜːkjʊləs] *bnw* tuberculeus

tuberculosis [tjuːbɜːkjʊ'ləʊsɪs] *zn* tuberculose

tube station *zn* GB metrostation

tubing ['tjuːbɪŋ] *zn* ❶ buizenstelsel ❷ (gummi)slang

tub-thumping ['tʌbθʌmpɪŋ] *zn*, GB min bombast, demagogie

tubular ['tjuːbjʊlə] *bnw* buisvormig ★ ~ *boiler* vlampijpketel ★ ~ *steel furniture* (stalen) buismeubelen

tubule ['tjuːbjuːl] *zn* buisje

TUC [tiːjuːsiː] *afk, Trades Union Congress* Centrale Organisatie van Vakverenigingen

tuck [tʌk] **I** *ov ww* ❶ (weg)stoppen, instoppen ❷ plooien, omslaan ❸ opstropen (mouw) ❹ samentrekken, optrekken ❺ ~ **away** verstoppen, wegstoppen, GB verorberen ★ *be tucked away on an island* verscholen liggen op een eiland ❻ ~ **in** instoppen, intrekken ❼ ~ **up** instoppen **II** *onov ww* ❶ GB ~ **in** lekker beginnen te eten (op eten) ❷ GB ~ **into** zich tegoed doen aan **III** *zn* ❶ plooi, omslag ❷ buikcorrectie (operatie) ❸ inform GB lekkers, snoep

tucker ['tʌkə] **I** *zn*, inform Aus kost, eten **II** *ov ww* USA vermoeien ★ *be* ~*ed out* uitgeput zijn

Tue. *afk, Tuesday* di, dinsdag

Tuesday ['tjuːzdeɪ] *zn* dinsdag

tuff [tʌf] *zn* tuf(steen)

tuft [tʌft] **I** *zn* bosje, groepje bomen **II** *ov ww* versieren met bosje ★ *tufted duck* kuifeend

tug [tʌg] **I** *zn* ❶ ruk ★ *fig I felt a great tug at*

parting scheiden viel me zwaar ❷ felle strijd
❸ GB sleepboot **II** *onov ww* ❶ rukken, trekken
❷ zwoegen **III** *ov ww* trekken aan ★ *he tugged
him in* hij sleepte 'm met de haren erbij

tugboat ['tʌɡbəʊt] *zn* sleepboot

tug of war *zn* touwtrekwedstrijd, fig
touwtrekkerij

tuition [tju:'ɪʃən] *zn* ❶ lesgeld ❷ onderwijs
★ *private* ~ privéles

tulip ['tju:lɪp] *zn* tulp

tumble ['tʌmbl] **I** *onov ww* ❶ vallen, tuimelen,
instorten, omvallen ★ *everything ~d about him*
het was alsof alles om hem heen instortte ★ *I ~d
across on him* ik liep hem tegen het lijf ★ *it has
~d down* het is ingestort ★ ~ *into bed* het bed
inrollen ★ ~ *out / up!* opstaan! ❷ woelen ⟨in bed⟩
❸ duikelen ❹ ~ *in* instorten, binnenvallen
❺ GB inform ~ *to* iets snappen **II** *ov ww*
❶ doen omvallen, omverstoßen gooien
❷ neerschieten ⟨wild⟩ ❸ ~ *over* omvergooien
III *zn* ❶ tuimeling, val ★ *ook* fig *take a* ~ een
duikvlucht maken ❷ warboel ★ *everything was
in a* ~ alles was in de war

tumbledown ['tʌmbldaʊn] *bnw* bouwvallig

tumble dryer, tumble drier *zn* droogtrommel

tumbler ['tʌmblə] *zn* ❶ drinkglas, whiskyglas
❷ duikelaartje ❸ acrobaat ❹ droogtrommel

tummy ['tʌmi] *zn* jeugdt buik

tumour ['tju:mə], USA **tumor** *zn* tumor, gezwel

tumuli ['tju:mjʊlaɪ] *zn mv* → **tumulus**

tumult ['tju:mʌlt] *zn* ❶ tumult, opschudding,
rumoer, oploop ❷ verwarring

tumultuous [tjʊ'mʌltʃʊəs] *bnw* ❶ lawaaierig,
rumoerig ❷ verward

tumulus ['tju:mjʊləs] *zn* [mv: **tumuli**] grafheuvel

tuna ['tju:nə] *zn* tonijn

tundra ['tʌndrə] *zn* toendra

tune [tju:n] **I** *zn* ❶ wijsje, melodie ★ *carry a tune*
wijs houden ★ *I call the tune* ik heb het voor het
zeggen ★ *change your tune* een toontje lager
(gaan) zingen ★ *dance to the tune of sb* naar de
pijpen van iem. dansen ❷ muz toon, stemming
★ *sing in tune* goed op toon zingen ★ *sing out of
tune* vals zingen ★ *be in tune* zuiver gestemd
zijn, fig in goede conditie zijn
❸ overeenstemming ★ *be out of tune with* niet
in overeenstemming zijn met ▼ *he had to pay to
the tune of 100 pound* hij moest maar liefst 100
pond betalen **II** *ov ww* ❶ stemmen ❷ afstellen
⟨motor bv.⟩ ❸ afstemmen ❹ ~ *to* afstemmen
op, aanpassen aan ❺ trainen, ontwikkelen
❻ ~ *up* stemmen ⟨instrument⟩, afstellen
⟨apparaat⟩ **III** *onov ww* ❶ ~ *in* woordje gaan
meespreken, afstemmen ⟨bij radio⟩ ★ fig *be
tuned in to their taste* afgestemd zijn op hun
smaak ❷ ~ *out* ophouden met luisteren
❸ ~ *up* stemmen, zich voorbereiden ❹ ~ *with*
harmoniëren met

tuneful ['tju:nfʊl] *bnw* welluidend

tuneless ['tju:nləs] *bnw* onwelluidend

tuner ['tju:nə] *zn* tuner, radio zonder versterker

tune-up *zn* techn afstelling ★ *give a car a* ~ een
auto (opnieuw) afstellen

tungsten ['tʌŋstn] *zn* wolfraam

tunic ['tju:nɪk] *zn* ❶ tuniek ❷ uniformjas ❸ rok
⟨van bolgewas⟩

tuning fork ['tju:nɪŋfɔ:k] *zn* muz stemvork

tuning peg, tuning pin *zn* muz stemschroef

Tunisian [tjʊ'nɪziən] **I** *zn* Tunesiër, Tunesische
II *bnw* Tunesisch

tunnel ['tʌnl] **I** *zn* ❶ tunnel ★ *drive a* ~ een tunnel
boren ❷ (mollen)gang ★ ~ *shaft* tunnelschacht
II *onov ww* tunnel maken, gang graven

tunny ['tʌni] *zn* GB tonijn

tup [tʌp] **I** *zn* ram **II** *ov ww* dekken

tuppence *zn* → **twopence**

tuppenny ['tʌpəni] *bnw* oud van twee pence →
twopenny

turban ['tɜ:bən] *zn* tulband

turbaned ['tɜ:bənd] *bnw* met tulband

turbid ['tɜ:bɪd] *bnw* ❶ troebel, dik ❷ verward

turbidity [tɜ:'bɪdətɪ] *zn* ❶ troebelheid
❷ verwardheid

turbine ['tɜ:baɪn] *zn* turbine

turbo- ['tɜ:bəʊ] *voorv* turbo-

turbojet ['tɜ:bəʊdʒet] *zn* turbomotor,
turbinestraalvliegtuig

turboprop ['tɜ:bəʊprɒp] *zn* ❶ turbopropvliegtuig
❷ schroefturbine

turbot ['tɜ:bət] *zn* tarbot

turbulence ['tɜ:bjʊləns] *zn* ❶ onstuimigheid,
beroering ❷ turbulentie, werveling

turbulent ['tɜ:bjʊlənt] *bnw* wervelend, onstuimig,
turbulent

turd [tɜ:d] inform *zn* ❶ drol ❷ min rotkerel,
rotmeid

tureen [tjʊə'ri:n] *zn* (soep)terrine

turf [tɜ:f] **I** *zn* [mv: **turves**] ❶ gras(tapijt),
graszode ❷ *the turf* de renbaan ★ *he is on the
turf* hij is betrokken bij de rensport ❸ inform
eigen stek **II** *ov ww* ❶ turf steken ❷ graszoden
leggen op ❸ GB inform ~ *out* eruit gooien

turf accountant *zn* bookmaker

turgid ['tɜ:dʒɪd] *bnw* gezwollen, hoogdravend
⟨van taal⟩

turgidity [tɜ:'dʒɪdətɪ] *zn* hoogdravendheid

Turk [tɜ:k] *zn* Turk ▼ *Turk's head* Turkse knoop

turkey ['tɜ:kɪ] *zn* ❶ kalkoen ❷ USA fiasco, flop
❸ USA domme gans ▼ *talk* ~ duidelijke taal
spreken, ter zake komen ▼ *cold* ~ cold turkey
⟨ontwenningsverschijnselen van drugs⟩ harde
waarheid

Turkey ['tɜ:kɪ] *zn* Turkije

Turkish ['tɜ:kɪʃ] *bnw* Turks ★ ~ *delight* Turks fruit
★ ~ *towel* ruwe handdoek

turmoil ['tɜ:mɔɪl] *zn* verwarring, herrie,
opwinding

turn [tɜ:n] **I** *ov ww* ❶ (doen) draaien, doen keren,
omslaan ⟨bladzijde bv.⟩, naar het hoofd doen
stijgen ★ *not know which way / where to turn*
zich geen raad weten ★ *turn colour* v. kleur
verschieten ★ *it turned the day* het deed de
kansen keren ★ *she didn't turn a hair* ze vertrok
geen spier ★ *turn a penny* een eerlijk stuk brood
verdienen ❷ richten, wenden ★ *turn your
attention to me!* richt je aandacht op mij! ★ *he
turns his hand to it* hij pakt het aan ★ *he turned
his hand to anything* hij deed van alles ❸ doen
worden, maken, veranderen, vertalen ★ *turn sth
to account* zijn voordeel doen met iets, iets
benutten ★ *turn loose* loslaten, afvuren
❹ omzetten ★ *turn a profit* winst maken

❺ omploegen ❻ afwenden ⟨slag bv.⟩ ❼ omgaan ⟨hoek⟩, omtrekken ❽ vormen ★ *they turned me a compliment* ze maakten me een compliment ❾ ~ **away** wegsturen, ontslaan ❿ ~ **back** terugsturen, omslaan ⟨dekens bv.⟩ ⓫ ~ **down** verwerpen, afwijzen, de bons geven, lager / zachter zetten / draaien, omslaan ⟨dekens bv⟩, indraaien ⟨schroef bv⟩ ⓬ ~ **in** inleveren, uitleveren ⟨aan politie bv.⟩, naar binnen draaien, ergens in jagen / sturen ★ *turn yourself in to the police* jezelf bij de politie aangeven ⓭ ~ **into** veranderen in ⓮ ~ **off** uitdraaien, uitzetten, wegsturen, produceren, doen afknappen ★ *turn off the lights* de lichten uitdoen ★ *turn it off!* hou op! ★ *your leaflet turns the voters off* jouw folder jaagt de kiezers weg ⓯ ~ **on** opendraaien, richten op, aanzetten tot, (seksueel) opwinden / prikkelen ★ inform *whatever turns you on* wat je zelf het prettigst vindt ⓰ ~ **out** uitdraaien, naar buiten draaien, eruit gooien, leegmaken ⟨broekzak bv.⟩, GB beurt geven ⟨kamer bv.⟩, produceren, uitschenken ★ *a well turned-out man* een net gekleed man ⓱ ~ **over** omdraaien, overdragen, doorbladeren, omzetten ⟨handel⟩, starten ⟨motor⟩ ★ *the boat was turned over de boot sloeg om ★ *turn over a problem* nadenken over een probleem ⓲ ~ **up** hoger / harder zetten / draaien, aan de oppervlakte brengen, vinden, opslaan, opzetten ⟨kraag bv.⟩, omslaan ⟨mouwen bv.⟩, openleggen ⟨kaart⟩, GB misselijk maken, opgeven II *onov ww* ❶ draaien, zich keren ★ *the tide turns* het tij keert ❷ zich richten ★ *his thoughts turned to his past* zijn gedachten keerden terug naar zijn verleden ❸ veranderen, worden, geel worden ⟨van blad bv.⟩, zuur worden ⟨van melk bv.⟩ ★ *he has turned 70* hij is 70 geworden ★ *he turns after his mother* hij aardt naar zijn moeder ★ *this made my head turn* dit deed me duizelen ★ *turn in on yourself* in jezelf gekeerd raken ❹ ~ **about** ronddraaien ★ *turn about!* rechtsomkeert! ❺ ~ **around/ round** zich omdraaien ❻ ~ **away from** zich afwenden van ❼ ~ **back** terugkeren ★ *there's no turning back* er is geen weg terug ❽ ~ **down** inslaan ⟨straat bv.⟩ ❾ inform ~ **in** naar bed gaan ❿ ~ **into** inslaan ⟨straat bv⟩, veranderen in ⓫ ~ **off** afslaan ⟨in zijweg⟩, inform afhaken, zich afkeren ⓬ ~ **on** zich keren tegen, GB afhangen van ⓭ ~ **out** (tevoorschijn) komen, blijken te zijn, presteren, opstaan, in staking gaan ⓮ ~ **over** zich omkeren, kantelen, aanslaan ⟨van motor⟩ ⓯ ~ **to** zich wenden tot, raadplegen, zich toeleggen op, veranderen in ⓰ ~ **up** zich voordoen, gebeuren III *zn* ❶ draai(ing), wending, richting, bocht ★ *no left turn* linksaf slaan verboden ★ *in the turn of a hand* in 'n ommezien ★ *at every turn* telkens weer ★ fig *you're taking a turn for the better / worse* het gaat de goede / slechte kant op met jou ★ *an elegant turn of phrase* een elegante formulering ❷ keerpunt, verandering ★ fig *turn of the tide* verandering in de algemene toestand ★ *the turn of the century* de eeuwwisseling ★ GB *on the turn* kerend, aan het omslaan ⟨v. weer⟩ ❸ beurt ★ *they took turns* ze wisselden elkaar af

★ *he took his turn* het was nu zijn beurt ★ *it came to my turn* het werd mijn beurt ★ *turn and turn about* om beurten ★ by / in turns achtereenvolgens ★ *have I been speaking / talking out of turn?* heb ik voor mijn beurt gesproken?, heb ik (soms) iets verkeerds gezegd? ❹ dienst ★ *he will do you a good turn* hij zal je 'n goede dienst bewijzen ★ *one good turn deserves another* de ene dienst is de andere waard ❺ aard, aanleg ★ *turn of mind* manier van denken, aangelegd ❻ GB oud vlaag, aanval ⟨v. woede, ziekte⟩, schok ★ *it gave me quite a turn* het bracht me totaal in de war ❼ nummer ⟨v. voorstelling⟩, toer ⟨v. acrobaat⟩ ❽ wandelingetje, ritje, ronde ❾ slag ⟨in touw⟩ ❿ muz dubbelslag teken ▼ *the meat was done to a turn* het vlees was precies gaar genoeg
turnabout ['tɜːnəbaʊt] *zn* ❶ ommekeer ★ ~ *is fair play* je verdiende loon, ieder op zijn beurt ❷ USA draaimolen
turnaround ['tɜːnəraʊnd] *zn* ❶ los- en laadtijd ⟨v. schip⟩, omdraaitijd ⟨v. vliegtuig⟩ ❷ tijd waarin een karwei wordt voltooid, doorlooptijd ❸ ommekeer, verbetering
turncoat ['tɜːnkəʊt] *zn* overloper
turning ['tɜːnɪŋ] *zn* ❶ - (zij)straat, afslag ★ *take a wrong ~* een verkeerde weg inslaan ❷ bocht ❸ omslag
turning point *zn* keerpunt
turnip ['tɜːnɪp] *zn* raap, knol
turnkey ['tɜːnkiː] I *bnw* kant-en-klaar, gebruiksklaar II *zn* cipier
turn-off ['tɜːnɒf] *zn* ❶ inform afknapper, iets afschrikwekkends ❷ afslag, zijweg
turn-on *zn* inform opwindend persoon / iets
turnout ['tɜːnaʊt] *zn* ❶ opkomst ⟨op vergadering, verkiezing⟩, deelname, verzamelde menigte ❷ opmars, (het) uitrukken ❸ GB staking ❹ USA uitwijkplaats ⟨op de weg⟩ ❺ productie ❻ uitrusting ❼ wisselspoor
turnover ['tɜːnəʊvə] I *zn* ❶ omzet ❷ omverwerping ❸ verandering v. politiek ❹ verloop ⟨v. personeel⟩ ❺ omslag ⟨van envelop, kous⟩ ❻ appelflap II *bnw* omgeslagen
turnover tax *zn* omzetbelasting
turnpike ['tɜːnpaɪk] *zn* tolweg
turn signal *zn* USA richtingaanwijzer
turnstile ['tɜːnstaɪl] *zn* tourniquet, draaihek
turntable ['tɜːnteɪbl] *zn* ❶ draaischijf ⟨voor locomotief, v. platenspeler⟩ ❷ draaitafel
turn-up ['tɜːnʌp] *zn* ❶ opstaande rand ❷ omslag ⟨v. broek⟩ ❸ worp ⟨van dobbelsteen⟩ ❹ iets onverwachts ★ *there's a ~ for the books!* dat is nog eens een verrassing!
turpentine ['tɜːpəntaɪn] *zn* terpentijn
turpitude ['tɜːpɪtjuːd] form *zn* verdorvenheid
turps [tɜːps] *zn* inform terpentijn
turquoise ['tɜːkwɔɪz] *bnw* turquoise
turret ['tʌrɪt] *zn* ❶ torentje ❷ geschuttoren
turreted ['tʌrɪtɪd] *bnw* ❶ voorzien v. torentjes ❷ torenvormig ❸ spits ⟨van schelp⟩
turtle ['tɜːtl] *zn* ❶ zeeschildpad ❷ schildpadsoep ▼ *turn ~* omslaan, kapseizen
turtle dove ['tɜːtldʌv] *zn* tortelduif
turtleneck ['tɜːtlnek] *zn* col(trui)
turves [tɜːvz] *zn* mv → **turf**

Tuscan ['tʌskən] **I** *zn* Toscane, Toscaanse **II** *bnw* Toscaans

Tuscany ['tʌskənɪ] *zn* Toscane

tush [tʊʃ] *inform zn* kont(je)

tusk [tʌsk] *zn* (slag)tand

tusked [tʌskt] *zn* met slagtanden

tussle ['tʌsl] **I** *zn* worsteling, strijd **II** *onov ww* vechten

tussock ['tʌsək] *zn* ❶ (gras)pol ❷ (haar)lok

tut [tʌt], **tut-tut I** *tw* kom, kom! **II** *onov ww* 'kom, kom' roepen

tutelage ['tju:tɪlɪdʒ] *zn* ❶ voogdij(schap) ❷ onderwijs ★ *under his ~* onder zijn leiding

tutelary ['tju:tɪlərɪ] *bnw* beschermend

tutor ['tju:tə] **I** *zn* ❶ privéleraar, bijlesleraar ★ *private ~* privéleraar ❷ studiebegeleider, mentor ❸ leerboek **II** *ov ww* ❶ (bij)les geven ❷ de voogdij hebben over **III** *onov ww* als privédocent werken

tutorial [tju:'tɔ:rɪəl] *zn* ❶ werkcollege ❷ leerprogramma

tux [tʌks] **I** *zn inform* → **tuxedo II** *ov ww* ★ *tux up o.s.* z'n smoking aantrekken

tuxedo [tʌk'si:dəʊ] *USA zn* ❶ smoking ★ *~ed* in smoking ❷ smokingjasje

TV *afk, television* tv

TV guide *zn* tv-gids

TV set [ti:vi: set] *zn* televisie(apparaat)

twang [twæŋ] **I** *zn* ❶ getokkel, geploink ❷ neusklank, accent **II** *onov ww* tjingelen, tokkelen ⟨op instrument⟩ ★ *~ on a fiddle* zagen op viool **III** *ov ww* tokkelen op ★ *~ a bow* pijl afschieten

tweak [twi:k] **I** *zn* ❶ ruk, kneep ❷ inform truc **II** *ov ww* ❶ trekken aan ⟨oor bv.⟩, knijpen in ❷ inform verbeteren

twee [twi:] *bnw inform* lief, mooi

tweed [twi:d] *zn* ❶ tweed ⟨ruig wollen weefsel⟩ ❷ [mv] ★ *~s* kostuum van tweed

Tweedledum [twi:dl'dʌm] ▼ *– and Tweedledee* lood om oud ijzer

tweedy ['twi:dɪ] *bnw* gekleed in tweed

'tween-decks *bnw* tussendeks

tweet [twi:t] *zn* getjilp

tweeter ['twi:tə] *zn* tweeter, luidspreker voor hoge tonen

tweezers ['twi:zəz] *zn mv* pincet, epileertang ★ *a pair of ~* een pincet

twelfth [twelfθ] **I** *telw* twaalfde **II** *zn* twaalfde deel

Twelfth Night [twelfθ naɪt] *bnw* Driekoningen

twelve [twelv] *telw* twaalf

twentieth ['twentɪəθ] *telw* twintigste

twenty ['twentɪ] *telw* twintig ★ *be in your twenties* in de twintig zijn

twerp [twɜ:p] *inform zn* vervelende vent, rotvent

twice [twaɪs] *bijw* twee keer ★ *in ~* in twee keer ★ *I'll think ~ before...* ik zal me nog wel eens bedenken voordat...

twiddle ['twɪdl] **I** *zn* ❶ draai ❷ krul ❸ riedeltje ⟨op instrument⟩ **II** *ov ww* spelen met ⟨klein voorwerp⟩ ★ *~ one's thumbs* met de duimen draaien, niets uitvoeren **III** *onov ww* spelen

twig [twɪg] **I** *zn* ❶ twijg ❷ wichelroede ★ inform *hop the twig* sterven ★ *in prime twig* netjes uitgedost **II** *ov ww, GB inform* begrijpen, snappen

twiggy ['twɪgɪ] *bnw* ❶ als een twijg ❷ vol twijgen

twilight ['twaɪlaɪt] *zn* ❶ schemering, schemerlicht ❷ verval, slotfase ★ *the ~ of her career* de nadagen van haar carrière

twin [twɪn] **I** *zn* ❶ tweelingbroer / zus ★ *twins* [mv] tweeling ★ *conjoined twins* Siamese tweeling ★ *fraternal twins* twee-eiige tweeling ★ *identical twins* eeneiige tweeling ❷ één v. een paar, tegenhanger **II** *bnw* ❶ tweeling- ❷ gepaard **III** *ov ww* zich innig verbinden met ★ *these cities are twinned with each other* deze steden zijn zustersteden

twin beds *zn mv* lits-jumeaux

twine [twaɪn] **I** *zn* getwijnd garen, bindtouw **II** *ov ww* ❶ twijnen ❷ vlechten ⟨krans bv.⟩ ★ *~ your arms around sb* je armen om iem. heen slaan **III** *onov ww* (zich) slingeren

twin-engined [twɪn'endʒɪnd] *bnw* tweemotorig ⟨van vliegtuig⟩

twinge [twɪndʒ] *zn* ❶ steek, pijnscheut ❷ knaging ⟨van geweten bv.⟩

twinkle ['twɪŋkl] **I** *onov ww* ❶ glinsteren ★ *his eyes ~d with laughter* zijn ogen schitterden van pret ❷ flikkeren, knipperen, fonkelen ⟨van sterren⟩ **II** *ov ww* knipperen met ⟨ogen⟩ **III** *zn* ❶ knippering ⟨met oogleden⟩, knipoog ★ *in a ~* in een ommezien ❷ schittering

twinkling *zn* ❶ schittering, fonkeling ❷ knippering ★ *in the ~ of an eye* in een oogwenk

twins [twɪnz] *zn mv* → **twin**

twinset ['twɪnset] *zn* truitje met bijpassend vest, twinset

twirl [twɜ:l] **I** *zn* ❶ (snelle) draai ❷ krul ⟨van letter⟩ **II** *onov ww* (rond)draaien **III** *ov ww* (rond)draaien

twirler ['twɜ:lə] *zn USA* majorette

twist [twɪst] **I** *ov ww* ❶ (in elkaar) draaien, wringen ★ *~ your ankle* je enkel verstuiken ★ *~ed intestine* kronkel in de darm ★ *~ the lion's tail* Groot-Brittannië tergen ❷ vlechten ⟨haar bv.⟩ ❸ *fig* verdraaien ⟨woorden bv.⟩ **II** *onov ww* ❶ draaien, kronkelen ★ *the road ~s and turns* de weg kronkelt ❷ zich wringen, vertrekken ⟨van gezicht⟩ ❸ de twist dansen **III** *zn* ❶ draaiing ★ *give it a ~* geef er een draai aan ★ *~ of the wrist* handigheidje ❷ kromming, bocht ★ *the tube has got a ~* de pijp is krom ★ *a ~ of lemon* een citroenschilletje ❸ *fig* wending, afwijking, gril ★ *a cruel ~ of fate / fortune* een wrede speling van het lot ★ *take a new ~* een nieuwe wending krijgen ❹ twist ⟨dans⟩

twist drill *zn* spiraalboor

twister ['twɪstə] *zn* ❶ *USA* cycloon, tornado ❷ GB inform bedrieger, draaier

twisty ['twɪstɪ] *bnw* kronkelig, bochtig

twit [twɪt] *inform* **I** *zn* sufferd, sukkel **II** *ov ww* bespotten

twitch [twɪtʃ] **I** *zn* ❶ zenuwtrek ❷ ruk ❸ pijnscheut **II** *ov ww* rukken (aan), trekken (aan) **III** *onov ww* trillen, trekken ⟨van spier⟩

twitter ['twɪtə] **I** *zn* ❶ gesjilp ❷ zenuwachtigheid ★ *they were all in a ~* ze waren allemaal erg opgewonden **II** *onov ww* ❶ sjilpen ❷ inform

kwetteren

two [tu:] *telw* twee(tal) ★ *divide into two* in tweeën delen ★ *two or three* enkele ★ *in two twos* in 'n oogwenk ★ *he knows how to put two and two together* hij weet hoe de vork aan de steel zit ★ <u>inform</u> *that makes two of us* dat geldt ook voor mij

two-bit *bnw* <u>USA</u> goedkoop, waardeloos

two-dimensional *bnw* tweedimensionaal

two-edged [tu:'edʒd] *bnw* ❶ tweesnijdend ❷ ambigu

two-faced [tu:'feɪst] *bnw* onoprecht, huichelachtig

twofold ['tuːfəʊld] *bnw* tweevoudig

two-handed [tu:hændɪd] *bnw* ❶ tweehandig ❷ voor twee handen ⟨van zwaard⟩ ❸ voor twee personen

two-party system *zn* tweepartijenstelsel

twopence ['tʌpəns] <u>GB</u> *zn* dubbeltje ★ *he doesn't care a ~* hij geeft er geen zier om

twopenny ['tʌpənɪ] <u>GB</u> *bnw* ❶ onbeduidend ❷ ter waarde v. twee stuivers ★ *~ halfpenny* goedkoop, onbeduidend

two-piece *bnw* tweedelig

two-ply ['tu:plaɪ] *bnw* ❶ tweelagig ❷ dubbeldraads

twosome ['tu:səm] *zn* tweetal

two-stroke ['tu:strəʊk] *bnw* ★ *~ motor* tweetaktmotor

two-time ['tu:taɪm] **I** *bnw* tweevoudig **II** *ov ww* <u>USA</u> bedriegen, ontrouw zijn

two-tone *bnw* ❶ tweetonig ❷ tweekleurig

two-way [tu:weɪ] *bnw* tweeweg- ★ *~ traffic / street* tweerichtingsverkeer / -weg ★ *~ switch* hotelschakelaar ★ *~ radio* apparaat met zend- en ontvanginrichting ★ *~ trade* wederzijdse handel ★ <u>GB</u> *~ mirror* doorkijkspiegel

TX *afk, Texas* staat in de VS

tycoon [taɪ'ku:n] *zn* <u>USA</u> groot zakenman, magnaat, tycoon

tying ['taɪɪŋ] *ww* [teg. deelw.] → **tie**

tyke [taɪk] *zn* ❶ ondeugend kind ❷ straathond

tympanum ['tɪmpənəm] *zn* trommelvlies

type [taɪp] **I** *zn* ❶ type, model, voorbeeld, (zinne)beeld ❷ soort ★ *he's not your type* hij is niet je type ★ *this type of behaviour* dit soort gedrag ❸ lettervorm, gegoten letter ❹ zetsel ★ *in bold type* vet gedrukt **II** *ov ww* ❶ typen ❷ symboliseren ❸ bepalen ★ *type the blood* de bloedgroep bepalen ❹ *~ up* typen **III** *onov ww* typen

typecast ['taɪpkɑ:st] *ov ww* ❶ typecasten ⟨selecteren voor film-, tv-rol⟩ ❷ steeds dezelfde soort rol geven

typeface ['taɪpfeɪs] *zn* lettertype, letterbeeld

typescript ['taɪpskrɪpt] *zn* getypte tekst, typoscript

typeset ['taɪpset] *ov ww* <u>drukk</u> zetten

typesetter ['taɪpsetə] *zn* ❶ letterzetter ❷ zetmachine

typewrite ['taɪpraɪt] *ov ww* tikken, typen

typewriter ['taɪpraɪtə] *zn* schrijfmachine

typhoid ['taɪfɔɪd] **I** *zn* tyfus **II** *bnw* tyfeus

typhoon [taɪ'fu:n] *zn* tyfoon ⟨tropische cycloon⟩

typhus ['taɪfəs] *zn* vlektyfus

typical ['tɪpɪkl] *bnw* typisch, kenmerkend ★ *it is ~*

of him het typeert hem

typify ['tɪpɪfaɪ] *ov ww* typeren, kenmerken

typing ['taɪpɪŋ] **I** *zn* (het) typen, tikwerk **II** *bnw* tik- ★ *~ error / mistake* tikfout

typist ['taɪpɪst] *zn* typiste ★ *he is a fast ~* hij kan snel typen

typo ['taɪpəʊ] <u>inform</u> *zn* ❶ typefout ❷ drukker

typographer [taɪ'pɒgrəfə] *zn* grafisch vormgever

typographic [taɪpə'græfɪk], **typographical** [taɪpə'græfɪkl] *bnw* typografisch

typography [taɪ'pɒgrəfɪ] *zn* typografie, grafische vormgeving

typology [taɪ'pɒlədʒɪ] *zn* typologie, typeleer

tyrannical [tɪ'rænɪkl], **tyrannous** ['tɪrənəs] *bnw* tiranniek

tyrannize, tyrannise ['tɪrənaɪz] *ov ww* tiranniseren

tyranny ['tɪrənɪ] *zn* tirannie

tyrant ['taɪərənt] *zn* tiran

tyre ['taɪə] <u>GB</u>, <u>USA</u> **tire** *zn* (buiten)band ⟨van wiel⟩ ★ *spare tyre* reserveband, <u>iron</u> zwembandje ⟨vetrol⟩ ★ *radial tyre* radiaalband

tyre chain *zn* sneeuwketting

tyred [taɪəd] *bnw* voorzien v. band(en)

tyre gauge *zn* bandenspanningsmeter

tyro ['taɪərəʊ] *zn* beginneling

tzar [zɑː], **tsar** *zn* tsaar

U

u [ju:] *zn, letter* u ★ *U as in Uncle* de u van Utrecht
U [ju:] *afk* ❶ *USA* Aus *University* universiteit
  ❷ *universal* voor alle leeftijden ⟨film⟩
  ❸ *ungraded* zeer slecht ⟨toetsresultaat⟩ ❹ *you* jij,
  u ⟨in tekstberichten⟩ ★ *CU* ⟨see you⟩ tot ziens
UAE [ju:er'i:] *afk, United Arab Emirates* Verenigde
  Arabische Emiraten
ubiquitous [ju:'bɪkwɪtəs] *bnw*
  alomtegenwoordig, overal te vinden
ubiquity [jʊ'bɪkwətɪ] *zn* alomtegenwoordigheid
U-boat ['ju:bəʊt] *zn* ⟨Duitse⟩ onderzeeër
udder ['ʌdə] *zn* uier
UEFA [ju:'i:fə, ju:'erfə] *afk, Union of European
  Football Associations* UEFA ⟨Europese Voetbal
  Unie⟩
UFO [ju:ef'əʊ] *afk, unidentified flying object* ufo,
  onbekend vliegend voorwerp
ufology [ju:'fɒlədʒɪ] *zn* literatuur / wetenschap
  omtrent ufo's
ugh [əx] *tw* bah!
uglify ['ʌglɪfaɪ] *ov ww* lelijk maken
ugliness ['ʌglɪnəs] *zn* lelijkheid
ugly ['ʌglɪ] *bnw* ❶ lelijk ★ *ugly duckling* lelijk
  eendje ❷ onaangenaam, kwaadaardig,
  dreigend ★ *an ugly customer* een lastpak ★ *ugly
  tongues* boze tongen ★ *the atmosphere turned
  ugly* de sfeer werd dreigend ★ *crime raises its
  ugly head* criminaliteit steekt helaas weer de
  kop op
UK [ju:keɪ] *afk, United Kingdom* Verenigd
  Koninkrijk, Groot-Brittannië
ulcer ['ʌlsə] *zn* ⟨maag⟩zweer ★ *you're giving me ~s*
  ik krijg nog eens een maagzweer van je, ik
  maak me grote zorgen om je
ulcerate ['ʌlsəreɪt] *ww* etteren, zweren ★ *~d
  stomach* maagzweer
ulna ['ʌlnə] *anat zn* ellepijp
ulster ['ʌlstə] *zn* ❶ lange herenwinterjas ❷
  ★ *Ulster* Noord-Ierland
ulterior motive [ʌl'tɪərɪə 'məʊtɪv] *bnw*
  bijbedoeling, geheime agenda
ultimate ['ʌltɪmət] **I** *zn* ❶ uiterste, beste,
  summum, toppunt ★ *the ~ in luxury* het toppunt
  van luxe ❷ eind- / slotresultaat ★ *in the ~* ten
  slotte **II** *bnw* ❶ laatste, uiterste, ultieme
  ❷ definitief
ultimately ['ʌltɪmətlɪ] *bijw* ten slotte, uiteindelijk
ultimatum [ʌltɪ'meɪtəm] *zn* ultimatum ★ *issue an
  ~* een ultimatum stellen
ultra- *voorv* ultra-, hyper-, zeer
ultramarine [ʌltrəmə'ri:n] **I** *zn* ultramarijn,
  helder blauw **II** *bnw* ultramarijn, helder blauw
ultrasonic [ʌltrə'sɒnɪk] *bnw* ultrasoon
ultrasound [ʌltrə'saʊnd] *zn* med echo(grafie)
  ★ *have an ~* een echo laten maken
ultraviolet [ʌltrə'vaɪələt] *bnw* ultraviolet, uv-
ululate ['ju:lʊleɪt] *onov ww* lang en hoog gillen,
  jammeren
ululation [ju:ljʊ'leɪʃən] *zn* gegil, geweeklaag
umber ['ʌmbə] **I** *zn* omber, geel- / roodbruin
  II *bnw* omberkleurig, geel- / roodbruin
umbilical cord [ʌm'bɪlɪkl kɔ:d] *zn* navelstreng

umbrage ['ʌmbrɪdʒ] *zn* aanstoot ★ *take ~ at*
  aanstoot nemen aan
umbrella [ʌm'brelə] *zn* ❶ paraplu, parasol
  ❷ bescherming, overkoepelingsorgaan
umbrella stand *zn* paraplubak
umph [ʌmf] *tw* hm!
umpire ['ʌmpaɪə] **I** *zn* scheidsrechter, arbiter
  II *ov+onov ww* optreden als scheidsrechter
umpteen ['ʌmp'ti:n] *telw* inform tig, heel wat
umpteenth ['ʌm(p)'ti:nθ] *bnw* zoveelste
un- [ʌn] *voorv* on-, niet ★ *unfair* oneerlijk
  ★ *unhappy* ongelukkig ★ *unable* niet in staat
'un [ən] → **one**
UN [ju'en] *afk, United Nations* VN, Verenigde
  Naties
unabashed [ʌnə'bæʃt] *bnw* onbeschaamd,
  schaamteloos, niet verlegen
unabated [ʌnə'beɪtɪd] *bnw* onverzwakt,
  onverminderd
unable [ʌn'eɪbl] *bnw* niet in staat, onbekwaam
unabridged [ʌnə'brɪdʒd] *bnw* onverkort, volledig
unacceptable [ʌnək'septəbl] *bnw*
  onaanvaardbaar ★ *find sth ~* iets niet juist
  vinden
unaccommodating [ʌnə'kɒmədeɪtɪŋ] *bnw* niet
  inschikkelijk, niet meewerkend
unaccompanied [ʌnə'kʌmpənɪd] *bnw* zonder
  begeleiding, alleen, solo-
unaccountable [ʌnə'kaʊntəbl] *bnw*
  ❶ onverklaarbaar, onbegrijpelijk ❷ niet
  verantwoordelijk, geen verantwoordelijkheid
  nemend
unaccounted [ʌnə'kaʊntɪd] *bnw* ~ **for**
  ontbrekend, kwijt ★ *one is ~ for* er ontbreekt er
  een, er is er een kwijt
unaccustomed [ʌnə'kʌstəmd] *bnw* ongewoon,
  niet gewend ★ *~ to* niet gewend aan
unacquainted [ʌnə'kweɪntɪd] *bnw* onbekend,
  niet bekend ★ *be ~ with* niet kennen
unadulterated [ʌnə'dʌltəreɪtɪd] *bnw* ❶ zuiver,
  echt ❷ volkomen, compleet ★ *an ~ villain* een
  doortrapte schurk
unaffected [ʌnə'fektɪd] *bnw* ❶ eerlijk, open,
  natuurlijk, ongedwongen ❷ niet beïnvloed
unafraid [ʌnə'freɪd] *bnw* niet bang,
  onverschrokken
unaided [ʌn'eɪdɪd] *bnw* zonder hulp ★ *the ~ eye*
  het blote oog
unalloyed [ʌnə'lɔɪd] *bnw* onvermengd, zuiver
unalterable [ʌn'ɔ:ltərəbl] *bnw* onveranderlijk,
  niet te beïnvloeden
unaltered [ʌn'ɔ:ltəd] *bnw* ongewijzigd,
  onaangetast
unambiguous [ʌnæm'bɪgjʊəs] *bnw*
  ondubbelzinnig, duidelijk, helder
unambitious [ʌnæm'bɪʃəs] *bnw* bescheiden, niet
  eerzuchtig
unanimity [ju:nə'nɪmətɪ] *zn* eenstemmigheid,
  eensgezindheid
unanimous [ju:'nænɪməs] *bnw* unaniem,
  eensgezind ★ *a ~ decision* een unaniem besluit
unannounced [ʌnə'naʊnst] *bnw*
  onaangekondigd
unanswerable [ʌn'ɑ:nsərəbl] *bnw*
  ❶ onweerlegbaar ❷ niet te beantwoorden
unanswered [ʌn'ɑ:nsəd] *bnw* onbeantwoord,

un

onpgelost ★ *it remains ~* het blijft een raadsel

unappreciated [ʌnə'priːʃɪeɪtɪd] *bnw* niet gewaardeerd, miskend

unapproachable [ʌnə'prəʊtʃəbl] *bnw* ontoegankelijk, onvriendelijk

unarguable [ʌn'ɑːgjʊəbl] *bnw* ontegenzeggelijk, absoluut

unarmed [ʌn'ɑːmd] *bnw* ongewapend

unashamed [ʌnə'ʃeɪmd] *bnw* schaamteloos

unasked [ʌn'ɑːskt] *bnw* ongevraagd, niet gesteld ⟨vraag⟩ ★ ~ *for advice* ongevraagd advies ★ *the question went ~* de vraag werd niet gesteld

unassailable [ʌnə'seɪləbl] *bnw* onaantastbaar, onverslaanbaar

unassertive [ʌnə'sɜːtɪv] *bnw* bescheiden

unassisted [ʌnə'sɪstɪd] *bnw* ❶ zonder hulp ❷ ongewapend, bloot ⟨oog⟩

unassuming [ʌnə'sjuːmɪŋ] *bnw* niet aanmatigend, bescheiden, pretentieloos

unattached [ʌnə'tætʃt] *bnw* niet gebonden, alleenstaand, ongebonden

unattended [ʌnə'tendɪd] *bnw* niet vergezeld, onbeheerd ★ *any bags left ~ will be destroyed* onbeheerd achtergelaten bagage wordt vernietigd

unattractive [ʌnə'træktɪv] *bnw* onaantrekkelijk

unauthorized, unauthorised [ʌn'ɔːθəraɪzd] *bnw* niet-geautoriseerd, ongeldig, onwettig, niet gemachtigd, zonder toestemming ★ *unauthorised access* toegang zonder toestemming ★ *unauthorised biography* niet-geautoriseerde biografie

unavailable [ʌnə'veɪləbl] *bnw* niet beschikbaar, niet te spreken, niet toegankelijk

unavailing [ʌnə'veɪlɪŋ] *bnw* vergeefs

unavoidable [ʌnə'vɔɪdəbl] *bnw* onvermijdelijk

unaware [ʌnə'weə] *bnw* zich niet bewust van

unawares [ʌnə'weəz] *bijw* onbewust, ongemerkt, onverhoeds ★ *they were taken ~* ze werden (er door) overvallen / verrast

unbalanced [ʌn'bælənst] *bnw* ❶ onevenwichtig, eenzijdig ❷ psychisch niet in orde

unbearable *bnw* onverslaanbaar, onovertroffen

unbeaten [ʌn'biːtn] *bnw* onovertroffen, ongeslagen

unbecoming [ʌnbɪ'kʌmɪŋ] *bnw* ❶ ongepast, niet netjes ⟨gedrag⟩ ★ *conduct ~ a soldier* gedrag dat niet past bij een soldaat ❷ niet flatteus ★ *an ~ dress* een onflatteuze jurk

unbeknownst [ʌnbɪ'nəʊnst], **unbeknown** *bnw* onbekend ★ ~ *to* zonder medeweten van

unbelief [ʌnbɪ'liːf] *zn* ongeloof

unbelievable [ʌnbɪ'liːvəbl] *bnw* ongelofelijk, ongeloofwaardig

unbeliever [ʌnbɪ'liːvə] *zn* ongelovige

unbelieving [ʌnbɪ'liːvɪŋ] *bnw* ongelovig

unbend [ʌn'bend] *onov ww* (zich) ontspannen, losser worden

unbending [ʌn'bendɪŋ] *bnw* onbuigzaam, star

unbiased, unbiassed [ʌn'baɪəst] *bnw* onbevooroordeeld

unbidden [ʌn'bɪdn] *bnw* ongevraagd, onverwacht

unbleached [ʌn'bliːtʃt] *bnw* ongebleekt

unborn [ʌn'bɔːn] *bnw* ongeboren

unbound [ʌn'baʊnd] *bnw* niet gebonden

unbounded [ʌn'baʊndɪd] *bnw* onbegrensd

unbridled [ʌn'braɪdld] *bnw* ongebreideld, tomeloos, oneindig

unbroken [ʌn'brəʊkən] *bnw* ononderbroken, (nog) niet gebroken, ongeschonden

unbuckle [ʌn'bʌkl] *ov ww* losgespen ★ ~ *a belt* een riem losmaken

unburden [ʌn'bɜːdn] *ov ww* zich bevrijden van, ontlasten ★ ~ *yourself* je hart uitstorten

unbutton [ʌn'bʌtn] *ov ww* losknopen

uncalled [ʌn'kɔːld] *bnw* ~ **for** ongewenst, nergens goed voor, grof ★ *that remark is ~ for* die opmerking had je beter voor je kunnen houden

uncanny [ʌn'kænɪ] *bnw* geheimzinnig, griezelig, vreemd

uncaring [ʌn'keərɪŋ] *bnw* zich niet bekommerend om, onverschillig

unceasing [ʌn'siːsɪŋ] *bnw* onophoudelijk

unceremonious [ʌnserɪ'məʊnɪəs] *bnw* bot, informeel

uncertain [ʌn'sɜːtn] *bnw* onzeker, twijfelachtig, onbetrouwbaar, onduidelijk ★ *it remains ~* het blijft onduidelijk ★ *in no ~ terms* in duidelijke bewoordingen

uncertainty [ʌn'sɜːtəntɪ] *zn* twijfelachtigheid, onbetrouwbaarheid, onzekerheid, onduidelijkheid ★ ~ *surrounding sth* onzekerheid over / rond iets

unchain [ʌn'tʃeɪn] *ov ww* ontketenen, loslaten

unchallengeable [ʌn'tʃælɪndʒəbl] *bnw* onbetwistbaar

unchallenged [ʌn'tʃælɪndʒd] *bnw* ❶ ongehinderd, zonder tegenstand ❷ onbetwist, onaangetast ⟨bv. v. record⟩

unchangeable [ʌn'tʃeɪndʒəbl] *bnw* onveranderlijk, niet te veranderen

unchanged [ʌn'tʃeɪndʒd] *bnw* onveranderd

unchanging [ʌn'tʃeɪndʒɪŋ] *bnw* onveranderlijk, niet veranderend

uncharitable [ʌn'tʃærɪtəbl] *bnw* liefdeloos, onbarmhartig

uncharted [ʌn'tʃɑːtɪd] *bnw* niet in kaart gebracht ★ ~ *territories / waters* onbekend terrein

unchecked [ʌn'tʃekt] *bnw* niet gecontroleerd, onbelemmerd ★ *go ~* onbelemmerd doorgaan, doorgaan zonder dat er iets aan gedaan wordt

uncivil [ʌn'sɪvɪl] *bnw* onbeleefd

uncivilized, uncivilised [ʌn'sɪvəlaɪzd] *bnw* onbeschaafd

unclaimed [ʌn'kleɪmd] *bnw* niet opgehaald, niet opgeëist

unclassified [ʌn'klæsɪfaɪd] *bnw* niet (meer) geheim

uncle ['ʌŋkl] *zn* oom ★ *Bob's your ~* klaar is Kees, dik voor elkaar ★ *Uncle Sam* inform de Verenigde Staten ★ *talk like a Dutch ~* iem. streng toespreken, iem. de les lezen ★ *say / cry ~* zich gewonnen geven, genade zeggen

unclean [ʌn'kliːn] *bnw* onrein, smerig, vies ★ ~ *thoughts* onzedige gedachten

unclear [ʌn'klɪə] *bnw* onduidelijk ★ *I am ~ about it* het is me niet duidelijk

unclouded [ʌn'klaʊdɪd] *bnw* onbewolkt ★ ~

happiness onverdeeld geluk

uncoil [ʌn'kɔɪl] *ov+onov ww* (zich) ontrollen, afwikkelen

uncomfortable [ʌn'kʌmftəbl] *bnw* **❶** ongemakkelijk, verontrustend **❷** niet op zijn gemak

uncommitted [ʌnkə'mɪtɪd] *bnw* niet gebonden, neutraal

uncommon [ʌn'kɒmən] *bnw* ongewoon ★ *not ~* vaak voorkomend

uncommunicative [ʌnkə'mju:nɪkətɪv] *bnw* gesloten, gereserveerd

uncompromising [ʌn'kɒmprəmaɪzɪŋ] *bnw* onverzoenlijk, niets ontziend, niet tot schikking bereid, niet inschikkelijk

unconcealed [ʌnkən'si:ld] *bnw* openlijk, onverholen

unconcern [ʌnkən'sɜːn] *zn* onbezorgdheid, onverschilligheid

unconcerned [ʌnkən'sɜːnd] *bnw* **❶** niet betrokken (**in/with** in / bij) **❷** onverschillig (**about** over), onbezorgd

unconditional [ʌnkən'dɪʃənl] *bnw* onvoorwaardelijk

unconditioned [ʌnkən'dɪʃənd] *bnw* **❶** onvoorwaardelijk **❷** niet-geconditioneerd, natuurlijk

uncongenial [ʌnkən'dʒi:nɪəl] *bnw* onsympathiek, onaangenaam

unconnected [ʌnkə'nektɪd] *bnw* **❶** losstaand, zonder verband, onsamenhangend **❷** zonder invloedrijke relaties **❸** niet aangesloten ⟨bv. op elektriciteitsnet⟩

unconscionable [ʌn'kɒnʃənəbl] *bnw* ontzaglijk, onredelijk

unconscious [ʌn'kɒnʃəs] **I** *zn* het onderbewustzijn **II** *bnw* **❶** onbewust ★ *he was ~ of the danger* hij was zich niet van het gevaar bewust **❷** bewusteloos

unconsciousness [ʌn'kɒnʃəsnəs] *zn* bewusteloosheid

unconsidered [ʌnkən'sɪdəd] *bnw* **❶** onbezonnen, ondoordacht **❷** genegeerd, onbelangrijk

uncontested [ʌnkən'testɪd] *bnw* onbetwist

uncontrollable [ʌnkən'trəʊləbl] *bnw* **❶** niet te beheersen, niet te beïnvloeden, onhandelbaar **❷** onbeheerst ★ *~ laughter* onbedaarlijk gelach

uncontrolled [ʌnkən'trəʊld] *bnw* onbelemmerd, niet onder controle

unconventional [ʌnkən'venʃənl] *bnw* onconventioneel, niet gebonden aan vormen, vrij

unconvincing [ʌnkən'vɪnsɪŋ] *bnw* niet overtuigend

uncork [ʌn'kɔːk] *ov ww* ontkurken, opentrekken ⟨van fles⟩

uncountable [ʌn'kaʊntəbl] *bnw* niet te tellen, ontelbaar

uncountable noun <u>taalk</u> *zn* niet telbaar zelfstandig naamwoord

uncouth [ʌn'ku:θ] *bnw* <u>oud</u> onbeleefd

uncover [ʌn'kʌvə] *ov ww* **❶** ontbloten, bloot leggen ★ *~ a secret* een geheim ontdekken **❷** het deksel verwijderen van

uncritical [ʌn'krɪtɪkl] *bnw* klakkeloos, onkritisch

uncrowned [ʌn'kraʊnd] *bnw* ongekroond, nog

niet gekroond ★ <u>fig</u> *~ king of sth* ongekroonde koning van iets

unction ['ʌŋkʃən] *zn* **❶** zalving, sacrament der zieken ★ *Extreme Unction* Heilig Oliesel **❷** zin, animo

unctuous ['ʌŋktʃʊəs] *bnw* zalvend, slijmerig

uncultivated [ʌn'kʌltɪvertɪd] *bnw* **❶** onbebouwd **❷** onbeschaafd, onontwikkeld

uncultured [ʌn'kʌltʃəd] *bnw* **❶** onbeschaafd, onontwikkeld **❷** onbebouwd

uncurbed [ʌn'kɜːbd] *bnw* tomeloos, ongetemd

uncut [ʌn'kʌt] *bnw* **❶** niet geknipt, niet opengesneden, ongesnoeid ★ *~ nails* ongeknipte nagels **❷** ongeslepen ⟨diamant⟩ **❸** onverkort, niet ingekort, ongecensureerd **❹** onversneden ⟨drugs, drank⟩

undaunted [ʌn'dɔːntɪd] *bnw* onverschrokken, onbevreesd

undecided [ʌndɪ'saɪdɪd] *bnw* onbeslist, (nog) niet tot een beslissing gekomen

undemonstrative [ʌndɪ'mɒnstrətɪv] *bnw* gesloten, terughoudend

undeniable [ʌndɪ'naɪəbl] *bnw* ontegenzeglijk, niet te ontkennen

under ['ʌndə] **I** *bijw* hieronder, (daar)onder ★ *kids aged 10 and ~* kinderen van 10 of jonger ★ *go ~* kopje onder gaan, zinken, onder narcose raken **II** *vz* **❶** onder, lager / minder dan, beneden ★ *~ 65* jonger dan 65 ★ *~ attack* onder vuur ★ *be ~ the impression that* de indruk hebben dat ★ *be ~ sb's control* sterk door iem. beïnvloed worden ★ *be ~ investigation* onderwerp van onderzoek zijn ★ *~ the influence (of)* onder invloed (van) ★ *~ the counter* illegaal, onder de toonbank ★ *~ certain conditions* onder bepaalde voorwaarden ★ *~ the circumstances* in deze omstandigheden, in dit geval ★ *~ difficult circumstances* onder moeilijke omstandigheden ★ *~ the regime of* onder / tijdens het regime van **❷** krachtens, volgens ★ *~ Dutch law* volgens de Nederlandse wet

under- ['ʌndə] *voorv* onder-

underage [ʌndər'eɪdʒ] *bnw* minderjarig, te jong voor iets

underbid [ʌndə'bɪd] *ov ww* minder bieden dan, te weinig bieden ⟨bridge⟩

underbrush ['ʌndəbrʌʃ] *zn* kreupelhout

undercarriage ['ʌndəkærɪdʒ] *zn* landingsgestel ⟨v. vliegtuig⟩, onderstel ⟨v. wagen⟩

undercharge [ʌndə'tʃɑːdʒ] *ov ww* te weinig berekenen

underclothes ['ʌndəkləʊðz] *zn mv* onderkleren, ondergoed

underclothing ['ʌndəkləʊðɪŋ] *zn* onderkleding, ondergoed

undercoat ['ʌndəkəʊt] *zn* grondverf(laag)

undercover [ʌndə'kʌvə] *bnw* geheim, heimelijk ★ *~ agent* geheim agent, infiltrant

undercurrent ['ʌndəkʌrənt] *zn* **❶** onderstroom **❷** verborgen invloed, onderdrukte gevoelens

undercut [ʌndə'kʌt] *ov ww* **❶** tegen lagere prijs verkopen dan concurrent ★ *~ competitors* iets aanbieden tegen lagere prijs dan concurrenten **❷** ondermijnen, ondergraven ★ *~ efforts* pogingen ondermijnen **❸** <u>sport</u> bal v. onderen raken

un

underdeveloped [ʌndədɪ'veləpt] *bnw* onderontwikkeld

underdog ['ʌndədɒg] *zn* (waarschijnlijke) verliezer, zwakkere, verdrukte

underdone [ʌndə'dʌn] *bnw* niet doorbakken, niet gaar

underdressed [ʌndə'drest] *bnw* te koud gekleed, niet gepast gekleed

underestimate [ʌndər'estɪmeɪt] **I** *zn* onderschatting, te lage waardering **II** *ov ww* onderschatten, te laag waarderen

underexpose [ʌndərɪk'spəʊz] *ov ww* onderbelichten

underfed [ʌndə'fed] *ov ww* ondervoed ★ ~ *children* ondervoede kinderen

underflow ['ʌndəfləʊ] *zn* → **undercurrent**

underfoot [ʌndə'fʊt] *bijw* onder de voet(en) ★ *trample sb* ~ iem. vertrappen, over iem. heen lopen, iem. vernederen

undergo [ʌndə'gəʊ] [onregelmatig] *ov ww* ondergaan, lijden ★ ~ *an operation* een operatie ondergaan ★ ~ *radical political changes* aan ingrijpende politieke veranderingen onderhevig zijn

undergraduate [ʌndə'grædʒʊət] *zn* onderw student ⟨aan universiteit⟩

underground ['ʌndəgraʊnd] **I** *zn* **❶** GB metro **❷** ondergrondse ⟨(politiek) illegaal verzet⟩ **II** *bnw* **❶** ondergronds ★ ~ *activities* geheime activiteiten **❷** radicaal, experimenteel ★ ~ *movie* experimentele film **III** *bijw* ondergronds ★ *go* ~ zich verbergen (voor politie, overheid), onderduiken

undergrowth ['ʌndəgrəʊθ] *zn* kreupelhout

underhand [ʌndə'hænd] *bnw* **❶** onderhands ⟨worp, serve⟩ **❷** onderhands, slinks, oneerlijk

underhanded [ʌndə'hændɪd] *bnw* onderhands, slinks, oneerlijk

underlay ['ʌndəleɪ] *zn* ondertapijt, ondervloer

underlie [ʌndə'laɪ] [onregelmatig] *ov ww* liggen onder, ten grondslag liggen aan

underline [ʌndə'laɪn] *ov ww* onderstrepen, aandacht vestigen op

underling ['ʌndəlɪŋ] *zn* min ondergeschikte, loopjongen

undermanned [ʌndə'mænd] *bnw* met onvoldoende bemanning / personeel

undermentioned [ʌndə'menʃənd] *bnw* hieronder vermeld

undermine [ʌndə'maɪn] *ov ww* ondermijnen

underneath [ʌndə'ni:θ] **I** *zn* onderkant ★ *the* ~ *of the car* de onderkant van de auto **II** *bnw* onder- ★ *the* ~ *part* de onderkant **III** *bijw* hieronder, daaronder, beneden ★ *with nothing* ~ met niets eronder (aan) ★ ~, *I am very shy* diep van binnen, ben ik erg verlegen **IV** *vz* onder, beneden ★ ~ *the table* onder de tafel

undernourished [ʌndə'nʌrɪʃd] *bnw* ondervoed

underpants ['ʌndəpænts] *zn mv* onderbroek

underpass ['ʌndəpɑ:s] *zn* onderdoorgang, (voetgangers-)tunnel

underpay [ʌndə'peɪ] *ov ww* onderbetalen, niet voldoende uitbetalen

underpin [ʌndə'pɪn] *ov ww* de basis zijn van, onderbouwen, steunen

underplay [ʌndə'pleɪ] *ov ww* **❶** onderwaarderen,

bagatelliseren, minder erg voorstellen dan het is **❷** duiken ⟨kaartspel⟩

underpopulated [ʌndə'pɒpjʊ'leɪtɪd] *bnw* (te) dun bevolkt

underprivileged [ʌndə'prɪvəlɪdʒd] *bnw* kansarm

underrate [ʌndə'reɪt] *ov ww* onderschatten, te laag inschatten ★ *his art is* ~*d* zijn kunst wordt niet op waarde geschat

underscore¹ ['ʌndəskɔ:] *zn* laag streepje ⟨(leesteken)⟩, onderstreping

underscore² [ʌndə'skɔ:] *ov ww* onderstrepen, fig benadrukken

under-secretary [ʌndə'sekrətərɪ] *zn* onderminister, tweede secretaris, hoge ambtenaar ★ ~ *of state* onderminister, staatssecretaris

undersell [ʌndə'sel] *ov ww* goedkoper verkopen dan, onder de waarde verkopen ★ ~ *yourself* jezelf niet goed verkopen, jezelf tekortdoen

underside ['ʌndəsaɪd] *zn* onderkant

undersign [ʌndə'saɪn] *ov ww* ondertekenen ★ *the* ~*ed* de ondertekenaar(s)

undersized [ʌndə'saɪzd] *bnw* onder de gemiddelde maat, te klein

understaffed [ʌndə'stɑ:ft] *zn* onderbezet

understand [ʌndə'stænd] [onregelmatig] *ov ww* begrijpen, snappen, (ergens uit) opmaken, verstaan ★ *I'm sorry, I don't* ~ het spijt me, ik snap het niet ★ *do you* ~? is dat duidelijk?, snap je? ★ *is that understood?!* is dat helder?! ★ *from what you say I* ~... uit wat je zegt, maak ik op... ★ *am I to* ~ *that...*? moet ik hieruit aannemen dat...? ★ *give sb to* ~ *that* iem. te kennen geven dat, iem. laten weten dat ★ *it is understood that...* stilzwijgend wordt aangenomen dat..., naar we vernemen..., het is helder dat... ★ *what do you* ~ *by this?* wat versta je hieronder? ★ *we could not make ourselves understood* we konden ons niet verstaanbaar maken

understandable [ʌndə'stændəbl] *bnw* begrijpelijk (to voor)

understandably [ʌndə'stændəblɪ] *bijw* begrijpelijkerwijs

understanding [ʌndə'stændɪŋ] **I** *zn* **❶** begrip, verstand, interpretatie ★ *this is beyond my* ~ dit gaat mijn verstand te boven ★ *my* ~ *is* zoals ik het begrijp... **❷** afspraak, overeenkomst, verstandhouding ★ *have an* ~ elkaar (goed) begrijpen, een afspraak hebben ★ *on the* ~ *that...* op voorwaarde dat... ★ *come to / arrive at / reach an* ~ tot een overeenkomst komen, een regeling treffen **II** *bnw* begripvol ★ *un* ~ *ear* een luisterend oor

understate [ʌndə'steɪt] *ov ww* minder / lager voorstellen dan het is ★ *he is understating his age* hij doet zich jonger voor dan hij is

understatement [ʌndə'steɪtmənt] *zn* constatering die iets (opzettelijk) te zwak uitdrukt, understatement ★ *to say... would be an* ~ ... is te zwak uitgedrukt

understood [ʌndə'stʊd] *ww* [verleden tijd + volt. deelw.] → **understand**

understudy ['ʌndəstʌdɪ] **I** *zn* doublure ⟨vervanger voor toneelspeler / -speelster⟩ **II** *ov ww* doublure zijn voor, instuderen v.e. rol ter eventuele vervanging v.e. toneelspeler

un

undertake [ʌndə'teik] [onregelmatig] *ov ww*
❶ ondernemen, op zich nemen **❷** garanderen, zich verbinden, zich vastleggen op
undertaker ['ʌndəteikə] *zn* begrafenisondernemer
undertaking ['ʌndə'teikɪŋ] *zn* **❶** onderneming ★ *that's quite an* ~ dat is een hele onderneming **❷** overeenkomst, verbintenis ★ *a written* ~ een schriftelijke overeenkomst **❸** uitvaartverzorging ★ ~ *business* begrafenisonderneming ★ ~ *parlour* rouwkamer
underthings ['ʌndəθɪŋz] *zn mv* ondergoed
undertone ['ʌndətəʊn] *zn* ondertoon, gedempte toon ★ *with an* ~ *of* met een ondertoon van ★ *speak in an* ~ met gedempte stem spreken
undertow ['ʌndətəʊ] *zn* onderstroom ⟨in zee⟩
undervalue¹ ['ʌndəvælju:] *zn* te kleine waarde
undervalue² [ʌndə'vælju:] *ww* onderwaarderen, onderschatten
underwater [ʌndə'wɔ:tə] *bnw* onderzee(s), onderwater-, onder water gelegen
underwear ['ʌndəweə] *zn* ondergoed
underweight [ʌndə'weit] *bnw* onder het (normale) gewicht, te licht
underwent [ʌndə'went] *ww* [verleden tijd] → **undergo**
underworld ['ʌndəwɜ:ld] *zn* **❶** onderwereld, misdadigerswereld **❷** onderwereld, schimmenrijk
underwrite [ʌndə'rait] **I** *ov ww* **❶** verzekeren, afsluiten ⟨verzekering⟩ **❷** investeren in, waarborgen, zich garant stellen voor, zich verplichten tot het kopen van (niet-geplaatste aandelen) **II** *onov ww* verzekeringen afsluiten, assureren, verzekeringszaken doen
underwriter ['ʌndəraitə] *zn* **❶** assuradeur, verzekeraar **❷** bedrijf dat niet geplaatste aandelen koopt
underwriting ['ʌndəraitɪŋ] *zn* **❶** assurantie(zaken), verzekeringsbedrijf **❷** garantie ⟨van emissie⟩
undeserved [ʌndɪ'zɜ:vd] *bnw* onverdiend
undesirable [ʌndɪ'zaiərəbl] **I** *zn* ongewenst persoon **II** *bnw* ongewenst, niet begeerlijk ★ ~ *aliens* ongewenste vreemdelingen
undetermined [ʌndɪ'tɜ:mɪnd] *bnw* onbeslist, besluiteloos
undeterred [ʌndɪ'tɜ:d] *bnw* onverschrokken, niet afgeschrikt
undeveloped [ʌndɪ'veləpt] *bnw* onontwikkeld
undid [ʌn'dɪd] *ww* [verleden tijd] → **undo**
undies ['ʌndiz] *zn mv* inform ondergoed
undigested [ʌndɪ'dʒestɪd] *bnw* niet verteerd, onverteerd
undignified [ʌn'dɪgnɪfaɪd] *bnw* onwaardig, ongepast, onfatsoenlijk
undiluted [ʌndər'lju:tɪd] *bnw* onverdund, puur
undiscerning [ʌndɪ'sɜ:nɪŋ] *bnw* kortzichtig, geen onderscheid makend
undisciplined [ʌn'dɪsəplɪnd] *bnw* ongedisciplineerd, onopgevoed
undisclosed *bnw* geheim, verborgen, anoniem
undisputed [ʌndɪ'spju:tɪd] *bnw* onbetwist
undistinguished [ʌndɪ'stɪŋgwɪʃt] *bnw* onbetekenend, middelmatig
undisturbed [ʌndɪ'stɜ:bd] *bnw* ongestoord,

onverstoord
undivided [ʌndɪ'vaidɪd] *bnw* ongedeeld, onverdeeld, volledig ★ *may I have your* ~ *attention?* mag ik uw volledige aandacht?
undo [ʌn'du:] [onregelmatig] **I** *ov ww* **❶** ongedaan maken, tenietdoen ★ *undo a change* een wijziging ongedaan maken **❷** losmaken, openmaken ★ *undo a belt* een riem losmaken ★ *undo a screw* een schroef losdraaien **II** *onov ww* ongedaan maken
undoing [ʌn'du:ɪŋ] *zn* (oorzaak van) ondergang / ongeluk ★ *be the* ~ *of sb* iemands ondergang zijn ★ *be sb's* ~ iemands ondergang zijn
undone [ʌn'dʌn] *bnw* **❶** niet gedaan, niet af ★ *the work was still* ~ het werk was nog steeds niet gedaan **❷** ongedaan gemaakt, los(gemaakt), niet dicht / vast ★ *what is done cannot be* ~ gedane zaken nemen geen keer ★ *my shoelace came* ~ mijn veter ging los ★ *this button is* ~ deze knoop zit niet dicht **❸** oud geruïneerd
undoubted [ʌn'daʊtɪd] *bnw* ongetwijfeld, ontwijfelbaar
undreamed of [ʌn'dri:md ɒf] *bnw* ongehoord, onvoorstelbaar ★ ~ *possibilities* onvoorstelbare mogelijkheden
undress¹ ['ʌndres] *zn* ★ *in a state of* ~ (half)naakt
undress² [ʌn'dres] **I** *ov ww* blootleggen, uit- / ontkleden **II** *onov ww* uitkleden, blootleggen
undressed [ʌn'drest] *bnw* ongekleed, uitgekleed ★ *get* ~ zich uitkleden
undue [ʌn'dju:] *bnw* ongepast, onredelijk ★ ~ *influence* te grote invloed
undulate ['ʌndjəlert] *onov ww* golven, trillen
undulation [ʌndjʊ'leɪʃən] *zn* golving, trilling
unduly [ʌn'dju:lɪ] *bijw* overdreven, te zeer ★ *not* ~ niet overdreven, niet te veel
undying [ʌn'daɪɪŋ] *bnw* form onsterfelijk ★ *declare* ~ *love for sb* iem. eeuwige liefde beloven
unearned [ʌn'ɜ:nd] *bnw* onverdiend ★ ~ *income* inkomen uit vermogen
unearth [ʌn'ɜ:θ] *ov ww* aan het licht brengen, opdiepen, opgraven ★ ~ *a secret* een geheim blootleggen
unearthly [ʌn'ɜ:θlɪ] *bnw* akelig, griezelig, spookachtig ★ *at an* ~ *hour* op een belachelijk laat / vroeg uur
unease [ʌn'i:z], **uneasiness** [ʌn'i:zɪnəs] *zn* onbehaaglijkheid, ongerustheid ★ *a sense of* ~ een onbehaaglijk gevoel, ongerustheid
uneasy [ʌn'i:zɪ] *bnw* **❶** ongemakkelijk, onbehaaglijk, ongerust ★ ~ *silence* ongemakkelijke stilte ★ ~ *about / at* bezorgd over **❷** onrustig ★ *sleep uneasily* onrustig slapen
uneconomic [ʌni:kə'nɒmɪk] *bnw* verliesgevend, oneconomisch, onrendabel
uneconomical [ʌni:kə'nɒmɪkəl] *bnw* oneconomisch, onrendabel
uneducated [ʌn'edjʊkeitɪd] *bnw* ongeschoold, onontwikkeld
unemployable [ʌnɪm'plɔɪəbl] *bnw* ongeschikt voor werk, kansloos ⟨op de arbeidsmarkt⟩
unemployed [ʌnɪm'plɔɪd] *bnw* werkloos ★ *the* ~ de werklozen
unemployment [ʌnɪm'plɔɪmənt] *zn*

un

❶ werkloosheid ★ ~ *rate* werkloosheidscijfer
❷ <u>USA</u> werkeloosheidsuitkering ★ *be on employment* een werkeloosheidsuitkering ontvangen
unemployment benefit *zn* werkloosheidsuitkering
unending [ʌn'endɪŋ] *bnw* oneindig, onophoudelijk, zonder ophouden
unenviable [ʌn'envɪəbl] *bnw* niet benijdenswaardig, onaangenaam
unequal [ʌn'iːkwəl] *bnw* ❶ ongelijk ★ ~ *treatment* ongelijke behandeling ★ ~ *match* ongelijke wedstrijd ❷ niet goed genoeg ★ *he was~ to the job* hij kon het werk niet aan
unequalled [ʌn'iːkwəld] *bnw* ongeëvenaard
unequivocal [ʌnɪ'kwɪvəkl] *bnw* ondubbelzinnig, duidelijk
unerring [ʌn'ɜːrɪŋ] *bnw* onfeilbaar
unethical [ʌn'eθɪkəl] *bnw* onethisch
uneven [ʌn'iːvən] *bnw* ongelijk, ongelijkmatig
uneventful [ʌnɪ'ventfʊl] *bnw* zonder gebeurtenissen v. belang ★ *these are~ times* het zijn rustige tijden
unexceptionable [ʌnɪk'sepʃənəbl] *bnw* <u>form</u> onberispelijk, voortreffelijk
unexceptional [ʌnɪk'sepʃənl] *bnw* gewoon, niet bijzonder
unexpected [ʌnɪk'spektɪd] *bnw* onverwacht
unexplained [ʌnɪk'spleɪnd] *bnw* onverklaard
unexpressed [ʌnɪk'sprest] *bnw* onuitgedrukt ★ ~ *emotions* niet geuite gevoelens
unfading [ʌn'feɪdɪŋ] *bnw* niet verwelkend, blijvend, kleurecht
unfailing [ʌn'feɪlɪŋ] *bnw* voortdurend, onuitputtelijk
unfair [ʌn'feə] *bnw* oneerlijk, onsportief ★ ~ *dismissal* ontslag zonder reden ★ *an~ advantage* een oneerlijke voorsprong
unfaithful [ʌn'feɪθfʊl] *bnw* ❶ ontrouw, overspelig, niet loyaal ★ *be~ to* ontrouw zijn aan ★ *be~ with* overspel plegen met ❷ niet nauwkeurig ★ *an~ translation* een onnauwkeurige vertaling
unfaltering [ʌn'fɔːltərɪŋ] *bnw* ❶ onwankelbaar, vast ❷ zonder te stotteren, niet aarzelend
unfamiliar [ʌnfə'mɪljə] *bnw* onbekend ★ ~ *with* onbekend met
unfashionable [ʌn'fæʃənəbl] *bnw* niet modieus, ouderwets
unfasten [ʌn'fɑːsən] *ov ww* losmaken, openmaken
unfathomable [ʌn'fæðəməbl] *bnw* niet te peilen, ondoorgrondelijk
unfavourable [ʌn'feɪvərəbl] *bnw* ongunstig
unfeasible [ʌn'fiːzəbl] *bnw* ondoenlijk, ongeloofwaardig
unfeeling [ʌn'fiːlɪŋ] *bnw* onsympathiek, bot, ongevoelig
unfeigned [ʌn'feɪnd] *bnw* ongeveinsd, onvervalst, echt
unfinished [ʌn'fɪnɪʃt] *bnw* ❶ onaf, onafgewerkt, onafgedaan ★ ~ *business* openstaand probleem, niet-afgeronde zaak ❷ onbewerkt ★ ~ *wood* onbewerkt hout
unfit [ʌn'fɪt] *bnw* ❶ ongepast, ongeschikt ❷ niet in goede conditie

unfitting [ʌn'fɪtɪŋ] *bnw* ongeschikt, ongepast
unflagging [ʌn'flægɪŋ] *bnw* onvermoeibaar, voortdurend
unflappable [ʌn'flæpəbl] *bnw* onverstoorbaar, stoïcijns
unfledged [ʌn'fledʒd] *bnw* ❶ onervaren ❷ zonder veren, niet kunnen vliegen
unflinching [ʌn'flɪntʃɪŋ] *bnw* zich niet gewonnen gevend, vastberaden
unfold [ʌn'fəʊld] **I** *ov ww* ontvouwen, openklappen **II** *onov ww* ❶ zich ontvouwen, zich uitspreiden, opengaan ❷ gebeuren, ontwikkelen ★ *he watched the tragedy ~* hij keek toe hoe de ramp zich voltrok
unforeseen [ʌnfɔː'siːn] *bnw* onvoorzien ★ *due to ~ circumstances* wegens onvoorziene omstandigheden
unforgettable [ʌnfə'getəbl] *bnw* onvergetelijk
unforgivable [ʌnfə'gɪvəbl] *bnw* onvergeeflijk
unforgiving [ʌnfə'gɪvɪŋ] *bnw* onverzoenlijk
unfortunate [ʌn'fɔːtʃənət] **I** *zn* ongelukkige **II** *bnw* onfortuinlijk, ongelukkig ★ *it is ~ that* het is jammer dat
unfortunately [ʌn'fɔːtʃənətlɪ] *bijw* ❶ ongelukkigerwijs ❷ helaas, jammer genoeg
unfounded [ʌn'faʊndɪd] *bnw* ongegrond
unfreeze [ʌn'friːz] *ov ww* ontdooien
unfrequented [ʌnfrɪ'kwentɪd] *bnw* niet (vaak) bezocht
unfriendly [ʌn'frendlɪ] *bnw* onsympathiek, onaardig ★ ~ *welcome* koele ontvangst ★ ~ *weather* slecht weer
unfulfilled [ʌnfʊl'fɪld] *bnw* ❶ onbevredigd ❷ onvervuld, niet in vervulling gegaan
unfurl [ʌn'fɜːl] *ov+onov ww* ❶ (zich) ontrollen, (zich) ontplooien ❷ uitspreiden ★ *to~ the sails* de zeilen hijsen ★ ~ *an umbrella* een paraplu opendoen
unfurnished [ʌn'fɜːnɪʃt] *bnw* ongemeubileerd ★ ~ *with* niet voorzien van
ungainly [ʌn'geɪnlɪ] *bnw* onbeholpen, boers
ungenerous [ʌn'dʒenərəs] *bnw* ❶ krenterig, gierig ❷ kleinzielig, hard
ungiving [ʌn'gɪvɪŋ] *bnw* onbuigzaam
unglue [ʌn'gluː] *ov ww* losweken, losgaan ★ *come ~d* mislukken, uit elkaar vallen
ungodly [ʌn'gɒdlɪ] *bnw* ❶ goddeloos, zondig ❷ ergerlijk, onmenselijk ★ *an~ hour* een onchristelijk uur
ungovernable [ʌn'gʌvənəbl] *bnw* niet bestuurbaar, onhandelbaar
ungraceful [ʌn'greɪsfʊl] *bnw* niet charmant, lomp
ungracious [ʌn'greɪʃəs] *bnw* ondankbaar, onvriendelijk, niet aardig ★ ~ *answer* onbeleefd antwoord ★ ~ *task* ondankbare taak
ungrateful [ʌn'greɪtfʊl] *bnw* ❶ ondankbaar ❷ onaangenaam ★ *an~ task* een ondankbare taak
ungrudgingly [ʌn'grʌdʒɪŋlɪ] *bijw* zonder te mopperen
unguarded [ʌn'gɑːdɪd] *bnw* niet beschermd, onbewaakt ★ *in an~ moment* in een onbewaakt ogenblik
unguent ['ʌŋgwənt] *zn* zalf, smeersel
unhampered [ʌn'hæmpəd] *bnw* ongehinderd

un

unhappy [ʌn'hæpɪ] *bnw* ❶ ongelukkig, ontevreden ★ *be* ~ *with* niet gelukkig zijn met ❷ ongepast, noodlottig ★ *an* ~ *remark* een misplaatste opmerking ★ *an* ~ *coincidence* een noodlottig toeval

unhealthy [ʌn'helθɪ] *bnw* ❶ ongezond ❷ verliesgevend

unheard [ʌn'hɜ:d] *bnw* ❶ ongehoord, onfatsoenlijk, ongebruikelijk ★ *this is ~of!* dit is ongehoord!, dit is nog nooit voorgekomen! ★ *~of violence* onvoorstelbaar geweld ❷ niet gehoord, niet verhoord, onbekend ★ *her prayers went* ~ haar gebeden werden niet verhoord

unheeded [ʌn'hi:dɪd] *bnw* verwaarloosd, genegeerd ★ *go* ~ genegeerd worden

unheeding [ʌn'hi:dɪŋ] *bnw* achteloos ★ ~ *of* niet lettend op

unhelpful [ʌn'helpfʊl] *bnw* ❶ niet hulpvaardig ❷ nutteloos

unhesitating [ʌn'hezɪteɪtɪŋ] *bnw* zonder aarzelen, prompt

unhinge [ʌn'hɪndʒ] *ov ww* ontwrichten, iemand uit z'n evenwicht slaan

unhitch [ʌn'hɪtʃ] *ov ww* losmaken, loslaten

unholy [ʌn'həʊlɪ] *bnw* ❶ goddeloos, zondig ★ ~ *alliance* duivels pact ❷ inform verschrikkelijk ★ ~ *noise* hels kabaal

unhook [ʌn'hʊk] *ov ww* loshaken, losmaken

unhoped [ʌn'həʊpt] *bnw* ★ ~ *for* onverhoopt, beter dan verwacht

unhurt [ʌn'hɜ:t] *bnw* ongedeerd

uni inform GB *afk, university* universiteit

uni- ['ju:nɪ] *voorv* één-, uni-

UNICEF, Unicef ['ju:nɪsef] *afk, United Nations International Children's Emergency Fund* Unicef

unicorn ['ju:nɪkɔ:n] *zn* eenhoorn

unicycle ['ju:nɪsaɪkl] *zn* eenwieler

unidentified [ʌnaɪ'dentɪfaɪd] *bnw* niet geïdentificeerd, onbekend, naamloos ★ ~ *flying object* ufo, vliegende schotel

unification [ju:nɪfɪ'keɪʃən] *zn* unificatie, eenmaking / -wording

uniform ['ju:nɪfɔ:m] **I** *zn* uniform ★ *out of* ~ in burger ★ *in full* ~ in groot tenue **II** *bnw* uniform, eenvormig, gelijk ★ *a* ~ *movement* een gelijktijdige beweging

uniformed ['ju:nɪfɔ:md] *bnw* in uniform

uniformity [ju:nɪ'fɔ:mətɪ] *zn* uniformiteit, eenvormigheid

unify ['ju:nɪfaɪ] *ov ww* verenigen, samenbrengen

unilateral [ju:nɪ'lætərəl] *bnw* eenzijdig ★ ~ *declaration* eenzijdige verklaring

unimaginable [ʌnɪ'mædʒɪnəbl] *bnw* onvoorstelbaar, ondenkbaar

unimaginative [ʌnɪ'mædʒɪnətɪv] *bnw* zonder enige fantasie, oninteressant

unimpaired [ʌnɪm'peəd] *bnw* ongeschonden

unimpeachable [ʌnɪm'pi:tʃəbl] *bnw* onbetwistbaar, onberispelijk

unimportant [ʌnɪm'pɔ:tnt] *bnw* onbelangrijk

unimpressed [ʌnɪm'prest] *bnw* niet onder de indruk

unimpressive [ʌnɪm'presɪv] *bnw* niet of weinig indrukwekkend

uninformed [ʌnɪn'fɔ:md] *bnw* niet op de hoogte (gebracht), niet ingelicht

uninhibited [ʌnɪn'hɪbɪtɪd] *bnw* ongeremd, onbevangen

uninitiated [ʌnɪ'nɪʃɪeɪtɪd] *bnw* oningewijd, niet ingewijd ★ *the* ~ mensen die er geen verstand van hebben, leken

uninspired [ʌnɪn'spaɪəd] *bnw* ongeïnspireerd, saai

uninspiring [ʌnɪn'spaɪərɪŋ] *bnw* niet inspirerend, saai, oninteressant

unintelligent [ʌnɪn'telɪdʒənt] *bnw* niet intelligent, dom

unintelligible [ʌnɪn'telɪdʒəbl] *bnw* onbegrijpelijk

unintended [ʌnɪn'tendɪd] *bnw* onbedoeld, onopzettelijk

unintentional [ʌnɪn'tenʃənl] *bnw* onbedoeld, onopzettelijk

uninterested [ʌn'ɪntrəstɪd] *bnw* ongeïnteresseerd

uninteresting [ʌn'ɪntrəstɪŋ] *bnw* oninteressant

uninterrupted [ʌnɪntə'rʌptɪd] *bnw* ononderbroken, ongehinderd, ongestoord

uninvited [ʌnɪn'vaɪtɪd] *bnw* ongevraagd, ongewild, niet uitgenodigd

uninviting [ʌnɪn'vaɪtɪŋ] *bnw* niet aantrekkelijk

union ['ju:njən] *zn* ❶ vereniging, (vak)bond, club ★ GB *student* ~ studentenvereniging ❷ unie, verbond, bondgenootschap ★ *State of the Union (Address)* jaarlijkse toespraak van de president van de VS aan het Congres ★ *monetary* ~ monetaire unie ★ *the European Union* de Europese Unie ❸ verbintenis, huwelijk, form seks ❹ overeenstemming, harmonie, eendracht

unionism ['ju:njənɪzəm] *zn* ❶ vakbeweging ❷ gesch pol unionisme

unionist ['ju:njənɪst] **I** *zn* voorstander v. (politieke) unie **II** *bnw* unionistisch

unionize, unionise ['ju:njənaɪz] *ov ww* verenigen tot een vakbond, lid worden van een vakbond

Union Jack *zn* vlag van het Verenigd Koninkrijk ⟨rode en witte staande en diagonale kruisen op een blauwe achtergrond⟩

unique [jʊ'ni:k] *bnw* ❶ buitengewoon, opmerkelijk, ongeëvenaard ★ *a* ~ *figure* een opmerkelijk figuur ❷ uniek, enig ⟨in soort⟩ ★ *be* ~ *to* alleen voorkomen bij

uniquely [jʊ'ni:klɪ] *bijw* op zeer bijzondere wijze, uniek, enkel en alleen

unisex ['ju:nɪseks] *bnw* uniseks, gelijk ⟨voor beide seksen⟩ ★ ~ *clothing / dress* gelijke kleding voor mannen en vrouwen

unison ['ju:nɪsən] *zn* ❶ muz eenklank ❷ overeenstemming ★ *in* ~ tegelijk, eensgezind, muz unisono

unit ['ju:nɪt] *zn* ❶ onderdeel ⟨van een groter geheel⟩, hoofdstuk, afdeling, appartement ⟨in flatgebouw⟩, apparaat ★ *family unit* gezin ★ *kitchen unit* keukenkastje ★ *the intensive care unit* de intensive care ★ *an air-conditioning unit* een airconditioner ❷ stuk ★ *how many units have you sold?* hoeveel stuks heb je verkocht? ❸ ⟨maat⟩eenheid ❹ aandeel ⟨in een beleggingsmaatschappij⟩ ★ *unit price* prijs per aandeel ★ *unit trust* beleggingsfonds

unitary ['ju:nɪtərɪ] *bnw* ❶ eenheids-, een eenheid vormend ❷ pol gecentraliseerd

un

unite [jʊ'naɪt] **I** ov ww (doen) verenigen **II** onov ww zich verenigen

united [jʊ'naɪtɪd] bnw ❶ verenigd ★ the United Nations de Verenigde Naties ★ the United Kingdom het Verenigd Koninkrijk ⟨Engeland, Schotland, Wales en Noord-Ierland⟩ ★ the United States (of America) de Verenigde Staten (van Amerika) ❷ saamhorig, hecht ★ present a ~ front saamhorigheid tonen, met één mond spreken ❸ gezamenlijk, onverdeeld ★ a ~ effort een gezamenlijke inspanning

unity ['ju:nətɪ] zn eenheid, overeenstemming ★ in ~ eensgezind

universal [ju:nɪ'vɜ:səl] **I** zn algemeen principe **II** bnw universeel, algemeen (geldend) ★ ~ truth universele waarheid ★ ~ remote universele afstandsbediening

universe ['ju:nɪvɜ:s] zn universum, heelal, fig wereld ★ in the ~ in het heelal, humor van de hele wereld

university [ju:nɪ'vɜ:sətɪ] zn universiteit, hogeschool ★ have a ~ degree afgestudeerd zijn ★ go to ~ (gaan) studeren

university extension zn volksuniversiteit

unjust [ʌn'dʒʌst] bnw onrechtvaardig

unjustifiable [ʌn'dʒʌstɪfaɪəbl] bnw niet te rechtvaardigen, onverantwoord

unjustified [ʌn'dʒʌstɪfaɪd] bnw ongerechtvaardigd, oneerlijk

unkempt [ʌn'kempt] bnw slordig, onverzorgd ★ an ~ appearance een onverzorgd uiterlijk

unkind [ʌn'kaɪnd] bnw onvriendelijk, onaardig

unknot [ʌn'nɒt] ov ww losknopen, losmaken

unknowing [ʌn'nəʊɪŋ] bnw onkundig, niet op de hoogte ★ ~ of zich niet bewust van ★ ~ly zonder het in de gaten te hebben, zonder het te weten

unknown [ʌn'nəʊn] **I** zn onbekende ★ the ~ het onbekende, de onbekende(n) **II** bnw ongekend, onbekend ★ an ~ quantity een onbekende grootheid ★ for some ~ reason om een of andere onbekende reden ★ ~ to her, he had left zonder dat zij het wist, was hij weggegaan

unlace [ʌn'leɪs] ov ww losrijgen

unlatch [ʌn'lætʃ] ov ww openen

unlawful [ʌn'lɔ:fʊl] bnw ongeoorloofd, onwettig ★ ~ entry huisvredebreuk ★ ~ killing moord, doodslag

unleaded [ʌn'ledɪd] bnw loodvrij

unlearn [ʌn'lɜ:n] ov ww afleren, verleren

unleash [ʌn'li:ʃ] ov ww loslaten ★ ~ one's rage upon zijn woede op iem. koelen

unleavened [ʌn'levənd] bnw ongedesemd

unless [ʌn'les] vw tenzij ★ not ~ alleen als

unlettered [ʌn'letəd] bnw ongeletterd, met een lage opleiding

unlicensed [ʌn'laɪsənst] bnw zonder vergunning ★ an ~ restaurant een restaurant zonder drankvergunning

unlike [ʌn'laɪk] **I** bnw ongelijk ★ they are very ~ ze zijn erg verschillend **II** vz anders dan, in tegenstelling tot ★ ~ most people in tegenstelling tot de meeste mensen ★ that is ~ her dat past niet bij haar ★ not ~ niet veel anders dan ★ it is ~ anything else het is anders dan al het andere, het is heel bijzonder

unlikely [ʌn'laɪklɪ] bnw ❶ onwaarschijnlijk ★ they are ~ to go zij gaan waarschijnlijk niet ★ in the ~ event that in het onwaarschijnlijke geval dat ❷ atypisch, niet goed bij elkaar passend ★ an ~ couple een bijzonder stel

unlimited [ʌn'lɪmɪtɪd] bnw onbeperkt, niet begrensd, vrij

unlisted [ʌn'lɪstɪd] bnw+ niet geregistreerd ★ USA ~ number geheim nummer ★ econ ~ securities incourante fondsen ★ ~ company private onderneming

unload [ʌn'ləʊd] ov ww ❶ uitladen, lossen ★ ~ the car de auto uitladen ❷ zich ontdoen van, dumpen, ontladen ★ he ~ed his mind hij stortte zijn hart uit

unlock [ʌn'lɒk] ov ww ontsluiten, openbaar maken, openbreken ★ ~ a mystery een geheim ontsluieren

unlooked-for [ʌn'lʊktfɔ:] bnw onverwacht, ongewenst

unloose [ʌn'lu:s], **unloosen** [ʌn'lu:sən] ov ww ontspannen, losmaken

unlovely [ʌn'lʌvlɪ] bnw onaantrekkelijk, lelijk

unlucky [ʌn'lʌkɪ] bnw geen geluk hebbend / brengend, ongeluks-, ongelukkig

unmade [ʌn'meɪd] bnw niet opgemaakt ⟨v. bed⟩, onverhard ⟨v. weg⟩

unmake [ʌn'meɪk] ov ww ❶ tenietdoen ❷ ruïneren ★ ~ sb iem. ruïneren

unman [ʌn'mæn] ov ww ontmannen, castreren

unmanageable [ʌn'mænɪdʒəbl] bnw onhandelbaar, niet te besturen, lastig

unmanly ['ʌn'mænlɪ] bnw niet mannelijk, verwijfd

unmanned [ʌn'mænd] bnw onbemand, onbeheerd

unmannered [ʌn'mænəd], **unmannerly** [ʌn'mænəlɪ] bnw ongemanierd

unmarked [ʌn'mɑ:kt] bnw ❶ niet van tekens voorzien, niet opvallend ★ an ~ police car een onopvallende politieauto ★ an ~ grave een anoniem graf, een graf zonder steen ❷ niet gedekt ⟨sport⟩

unmarketable [ʌn'mɑ:kɪtəbl] bnw onverkoopbaar

unmarried [ʌn'mærɪd] bnw ongetrouwd

unmask [ʌn'mɑ:sk] ov+onov ww ontmaskeren

unmatched [ʌn'mætʃt] bnw ❶ ongeëvenaard, weergaloos ❷ niet bij elkaar passend

unmentionable [ʌn'menʃənəbl] bnw onbeschrijflijk, niet in woorden te vatten

unmentionables [ʌn'menʃənəblz] zn mv ❶ humor ondergoed ❷ geslachtsdelen

unmerciful [ʌn'mɜ:sɪfʊl] bnw ongenadig, onbarmhartig

unmindful [ʌn'maɪndfʊl] bnw onachtzaam, onattent, achteloos ★ ~ of zonder acht te slaan op, zonder te denken aan

unmistakable [ʌnmɪ'steɪkəbl] bnw onmiskenbaar

unmitigated [ʌn'mɪtɪgeɪtɪd] bnw onverminderd, absoluut ★ an ~ lie een absolute leugen

unmoved [ʌn'mu:vd] bnw onbewogen, onaangedaan

unnamed [ʌn'neɪmd] bnw niet met name genoemd, naamloos, onbekend ★ ~ sources niet nader genoemde bronnen

un

unnatural [ʌnˈnætʃərəl] *bnw* onnatuurlijk, geforceerd, tegennatuurlijk

unnaturally [ʌnˈnætʃərəlɪ] *bnw* onnatuurlijk ★ *not ~* vanzelfsprekend

unnecessary [ʌnˈnesəsərɪ] *bnw* onnodig, overbodig

unnerve [ʌnˈnɜːv] *ov ww* zenuwachtig / bang maken ★ *~d* zenuwachtig, bang

unnoticed [ʌnˈnəʊtɪst] *bnw* onopgemerkt ★ *go ~* onopgemerkt blijven

unobservant [ʌnəbˈzɜːvənt] *bnw* onopmerkzaam ★ *be ~ of* niet in acht nemen

unobserved [ʌnəbˈzɜːvd] *bnw* onopgemerkt, ongezien

unobserving [ʌnəbˈzɜːvɪŋ] *bnw* onoplettend

unobtainable [ʌnəbˈteɪnəbl] *bnw* niet te krijgen / bereiken, onverkrijgbaar, onbereikbaar

unobtrusive [ʌnəbˈtruːsɪv] *bnw* niet opdringerig, onopvallend

unoccupied [ʌnˈɒkjʊpaɪd] *bnw* ❶ onbewoond, onbezet ❷ niet bezig

unofficial [ʌnəˈfɪʃəl] *bnw* officieus, niet geautoriseerd ★ *~ strike* wilde staking

unopposed [ʌnəˈpəʊzd] *bnw* ongehinderd, zonder tegenkandidaat

unorganized, unorganised [ʌnˈɔːɡənaɪzd] *bnw* ongeorganiseerd, niet aangesloten bij een vakbond

unorthodox [ʌnˈɔːθədɒks] *bnw* onconventioneel, ongewoon, ongebruikelijk

unpack [ʌnˈpæk] *ov+onov ww* uitpakken

unpaid [ʌnˈpeɪd] *bnw* ❶ niet betaald, onbezoldigd ★ *~ leave* onbetaald verlof ❷ ongefrankeerd

unparalleled [ʌnˈpærəleld] *bnw* zonder weerga

unpardonable [ʌnˈpɑːdənəbl] *bnw* onvergeeflijk, verschrikkelijk

unparliamentary [ʌnpɑːləˈmentərɪ] *bnw* onparlementair

unperturbed [ʌnpəˈtɜːbd] *bnw* onverstoord

unpleasant [ʌnˈplezənt] *bnw* onplezierig, onprettig, onaangenaam

unpleasantness [ʌnˈplezəntnəs] *zn* onprettige toestand, ruzie

unpolished [ʌnˈpɒlɪʃt] *bnw* onbeschaafd, ongepolijst

unpopular [ʌnˈpɒpjʊlə] *bnw* impopulair

unpractical [ʌnˈpræktɪkl] *bnw* onpraktisch

unprecedented [ʌnˈpresɪdentɪd] *bnw* ❶ zonder precedent, niet eerder voorgekomen ❷ weergaloos

unpredictable [ʌnprɪˈdɪktəbl] *bnw* onvoorspelbaar

unprejudiced [ʌnˈpredʒʊdɪst] *bnw* onbevooroordeeld

unprepared [ʌnprɪˈpeəd] *bnw* onvoorbereid ★ *~ for* niet voorbereid op ★ *come ~* onvoorbereid zijn

unpretentious [ʌnprɪˈtenʃəs] *bnw* bescheiden, niet aanmatigend

unprincipled [ʌnˈprɪnsɪpld] *bnw* gewetenloos, zonder scrupules

unproductive [ʌnprəˈdʌktɪv] *bnw* onproductief, weinig opleverend

unprofessional [ʌnprəˈfeʃənl] *bnw* niet professioneel

unprofitable [ʌnˈprɒfɪtəbl] *bnw* onproductief, onrendabel ★ *an ~ business* een verliesgevende zaak

unpromising [ʌnˈprɒmɪsɪŋ] *bnw* weinig belovend

unprompted [ʌnˈprɒmptɪd] *bnw* spontaan, uit zichzelf

unprotected [ʌnprəˈtektɪd] *bnw* onbeschermd ★ *~ sex* onveilige seks

unprovable [ʌnˈpruːvəbl] *bnw* niet te bewijzen

unproved [ʌnˈpruːvd], **unproven** [ʌnˈpruːvən] *bnw* niet bewezen

unprovided [ʌnprəˈvaɪdɪd] *bnw* niet voorzien, niet verschaft ★ *~ with* niet voorzien van ★ *leave sb ~ for* iem. onverzorgd / zonder middelen van bestaan achterlaten

unprovoked [ʌnprəˈvəʊkt] *bnw* onuitgelokt, zonder uitdaging

unqualified [ʌnˈkwɒlɪfaɪd] *bnw* ❶ onbevoegd, ongeschikt ❷ onvoorwaardelijk, volledig ★ *you have my ~ support* u heeft mijn onvoorwaardelijke steun

unquestionable [ʌnˈkwestʃənəbl] *bnw* onbetwistbaar, onomstotelijk, zeker

unquestioned [ʌnˈkwestʃənd] *bnw* onbetwistbaar ★ *go ~* niet in twijfel getrokken worden

unquestioning [ʌnˈkwestʃənɪŋ] *bnw* onvoorwaardelijk ★ *~ obedience* onvoorwaardelijke gehoorzaamheid

unquiet [ʌnˈkwaɪət] *bnw* onrustig, ongerust

unquote [ʌnˈkwəʊt] *tw* einde citaat ★ *it is quote ~ hip* het is zogenaamd hip

unravel [ʌnˈrævəl] **I** *ov ww* ontknopen, ontwarren, uitpluizen **II** *onov ww* ❶ uiteenvallen, mislukken ❷ rafelen

unreadable [ʌnˈriːdəbl] *bnw* onleesbaar

unreal [ʌnˈriːl] *bnw* ❶ irreëel, onwerkelijk, niet realistisch ❷ heel goed / bijzonder ★ *this is ~!* dit is vet!

unrealistic [ʌnrɪəˈlɪstɪk] *bnw* onrealistisch

unreality [ʌnrɪˈælətɪ] *zn* onwerkelijkheid

unreasonable [ʌnˈriːzənəbl] *bnw* onredelijk, oneerlijk

unreasoning [ʌnˈriːzənɪŋ] *bnw* irrationeel

unrecognized, unrecognised [ʌnˈrekəɡnaɪzd] *bnw* niet erkend, niet herkend, onbekend ★ *go unrecognised* niet (h)erkend worden

unrelated [ʌnrɪˈleɪtɪd] *bnw* geen verband met elkaar houdend, niet verwant

unrelenting [ʌnrɪˈlentɪŋ] *bnw* meedogenloos, onverbiddelijk

unreliable [ʌnrɪˈlaɪəbl] *bnw* onbetrouwbaar

unremitting [ʌnrɪˈmɪtɪŋ] *bnw* aanhoudend, voortdurend

unrequited [ʌnrɪˈkwaɪtɪd] *bnw* onbeantwoord ⟨v. liefde⟩

unreserved [ʌnrɪˈzɜːvd] *bnw* ❶ openhartig, vrijmoedig ❷ niet besproken ⟨plaats⟩

unreservedly [ʌnrɪˈzɜːvɪdlɪ] *bijw* zonder voorbehoud

unresponsive [ʌnrɪˈspɒnsɪv] *bnw* niet reagerend, bewusteloos, koel ★ *~ to* niet reagerend op

unrest [ʌnˈrest] *zn* onrust, rusteloosheid ★ *ethnic ~* etnische spanningen

unrestrained [ʌnrɪˈstreɪnd] *bnw* ongedwongen,

un

onbeperkt

unrestricted [ʌnrɪ'strɪktɪd] *bnw* ❶ onbeperkt, onbegrensd ❷ zonder specifieke snelheidslimiet

unrewarding [ʌnrɪ'wɔːdɪŋ] *bnw* onbevredigend, teleurstellend ★ ~ *task* ondankbare taak

unripe [ʌn'raɪp] *bnw* onrijp

unrivalled, unrivaled [ʌn'raɪvəld] *bnw* ongeëvenaard

unroll [ʌn'rəʊl] *ov+onov ww* ontplooien, (zich) ontrollen

unruffled [ʌn'rʌfəld] *bnw* onaangedaan, niet van zijn stuk gebracht

unruly [ʌn'ruːlɪ] *bnw* onstuimig, onhandelbaar, lastig

unsafe [ʌn'seɪf] *bnw* onveilig, gevaarlijk, onbetrouwbaar ★ ~ *sex* onveilige seks

unsaid [ʌn'sed] *bnw* onuitgesproken, verzwegen ★ *be left* ~ niet uitgesproken worden

unsanitary [ʌn'sænɪtərɪ] *bnw* ongezond, onhygiënisch

unsatisfactory [ʌnsætɪs'fæktərɪ] *bnw* onbevredigend

unsatisfied [ʌn'sætɪsfaɪd] *bnw* onbevredigd, ontevreden ★ *go* ~ onbevredigd blijven

unsavoury, USA **unsavory** [ʌn'seɪvərɪ] *bnw* onsmakelijk, onfris ★ *an* ~ *character* een onfris type

unscathed [ʌn'skeɪðd] *bnw* ongedeerd, ongeschonden, onbeschadigd

unscientific [ʌnsaɪən'tɪfɪk] *bnw* onwetenschappelijk

unscrew [ʌn'skruː] *ov ww* losschroeven

unscrupulous [ʌn'skruːpjʊləs] *bnw* gewetenloos

unseasonable [ʌn'siːzənəbl] *bnw* abnormaal voor het seizoen ★ *it is unseasonably cold* het is abnormaal koud voor deze tijd van het jaar

unseat [ʌn'siːt] *ov ww* van zetel beroven / verwijderen, doen vallen, fig wippen ★ ~ *a minister* een minister ten val brengen

unsecured [ʌnsɪ'kjʊəd] *bnw* ongedekt, onbeveiligd, niet vast ★ ~ *loan* ongedekte lening

unseeing [ʌn'siːɪŋ] *bnw* ook fig zonder (iets) te zien, blind ★ *with* ~ *eyes* met wezenloze blik

unseemly [ʌn'siːmlɪ] *bnw* ❶ ongelegen, ongepast ❷ lelijk

unseen [ʌn'siːn] I *zn* het onzichtbare ★ *the* ~ de geestenwereld II *bnw* ongezien, onzichtbaar ★ *sight* ~ zonder het gezien te hebben, zonder te weten wat het inhoudt

unselfish [ʌn'selfɪʃ] *bnw* onbaatzuchtig

unserviceable [ʌn'sɜːvɪsəbl] *bnw* onbruikbaar

unsettle [ʌn'setl] *ov ww* van streek brengen, verwarren

unsettled [ʌn'setld] *bnw* ❶ onopgelost, onbetaald ‹rekening› ❷ onzeker, in de war, onrustig ❸ onbestendig ★ ~ *weather* wisselvallig weer

unshaded [ʌn'ʃeɪdɪd] *bnw* onbeschaduwd, zonder scherm

unshakable [ʌn'ʃeɪkəbl], **unshakeable** *bnw* onwankelbaar

unshaken [ʌn'ʃeɪkən] *bnw* ❶ niet geschokt ❷ onwrikbaar

unshapely [ʌn'ʃeɪplɪ] *bnw* niet mooi gevormd, lelijk

unsightly [ʌn'saɪtlɪ] *bnw* lelijk, onooglijk

unskilful [ʌn'skɪlfʊl] *bnw* onbekwaam

unskilled [ʌn'skɪld] *bnw* ❶ onbedreven ❷ geen bedrevenheid vereisend ★ ~ *labour* ongeschoolde arbeid

unsociable [ʌn'səʊʃəbl] *bnw* ❶ ongezellig ❷ niet te combineren met een sociaal leven ★ *work* ~ *hours* buiten normale werktijden werken

unsocial [ʌn'səʊʃəl] *bnw* niet te combineren met een sociaal leven ★ *work unsociable hours* buiten normale werktijden werken

unsolicited [ʌnsə'lɪsɪtɪd] *bnw* ongevraagd, ongewenst

unsolved *bnw* onopgelost ★ *go* ~ onopgelost blijven

unsophisticated [ʌnsə'fɪstɪkeɪtɪd] *bnw* ❶ eenvoudig, ongekunsteld ❷ niet verfijnd, niet cultureel ontwikkeld

unsound [ʌn'saʊnd] *bnw* ongezond, onveilig, ondeugdelijk ★ *of* ~ *mind* krankzinnig

unsparing [ʌn'speərɪŋ] *bnw* meedogenloos, niets ontziend

unspeakable [ʌn'spiːkəbl] *bnw* onbeschrijfelijk, afschuwelijk

unspecified [ʌn'spesɪfaɪd] *bnw* niet gespecificeerd

unspoiled [ʌn'spɔɪld], **unspoilt** [ʌn'spɔɪlt] *bnw* onaangetast, onbeschadigd

unspoken [ʌn'spəʊkən] *bnw* niet geuit, onuitgesproken

unstable [ʌn'steɪbl] *bnw* ❶ onvast, wankel, onstabiel ❷ licht ontvlambaar, labiel ★ *mentally* ~ (geestelijk) labiel ❸ scheik onstabiel

unstained [ʌn'steɪnd] *bnw* ❶ ongeverfd, ongebeitst ❷ onbesmet

unsteady [ʌn'stedɪ] *bnw* onvast, onrustig, wankel, onbetrouwbaar ★ *be* ~ *on your feet* wankel ter been zijn ★ ~ *behaviour* wisselvallig gedrag

unstinting [ʌn'stɪntɪŋ] *bnw* royaal, kwistig, onbeperkt

unstoppable [ʌn'stɒpəbl] *bnw* onstuitbaar, niet te stoppen

unstrap [ʌn'stræp] *ov ww* (de riemen) losgespen (van), losmaken

unstressed [ʌn'strest] *bnw* zonder nadruk ★ ~ *syllable* lettergreep zonder nadruk / klemtoon

unstring [ʌn'strɪŋ] *ov ww* ❶ ontsnaren ❷ van zijn stuk brengen ★ *be unstrung* van zijn stuk gebracht zijn

unstuck [ʌn'stʌk] *bnw* ❶ los ★ *the tape came* ~ het plakband liet los ❷ mislukt, ontspoord ★ *the plan came* ~ het plan mislukte ★ *during the war he came* ~ tijdens de oorlog is hij ontspoord

unstudied [ʌn'stʌdɪd] *bnw* spontaan, natuurlijk

unsubstantial [ʌnsəb'stænʃəl] *bnw* ❶ onwerkelijk ❷ insolide, niet degelijk, slap ‹voedsel› ★ ~ *food* eten dat de maag niet vult, een slappe hap

unsubstantiated [ʌnsəb'stænʃɪeɪtɪd] *bnw* onbevestigd, ongefundeerd ★ ~ *rumour* onbevestigd gerucht

unsuccessful [ʌnsək'sesfʊl] *bnw* zonder succes, niet geslaagd, zonder resultaat ★ *my attempt was* ~ mijn poging slaagde niet, mijn poging strandde

unsuitable [ʌn'suːtəbl] *bnw* ongeschikt, ongepast ★ ~ *for small children* niet geschikt voor kleine

un

kinderen

unsuited [ʌn'su:tɪd] *bnw* ongeschikt ★ ~ *to / for* niet geschikt voor

unsung [ʌn'sʌŋ] *bnw* niet bezongen, miskend ★ *an ~ hero* een miskende held

unsure [ʌn'ʃʊə] *bnw* onzeker ★ *be ~ of yourself* onzeker zijn

unsuspected [ʌnsə'spektɪd] *bnw* niet vermoed, onontdekt

unsuspecting [ʌnsə'spektɪŋ] *bnw* geen kwaad vermoedend, argeloos

unswayed [ʌn'sweɪd] *bnw* onbevooroordeeld

unswerving [ʌn'swɜ:vɪŋ] *bnw* onwankelbaar, onwrikbaar

unsympathetic [ʌnsɪmpə'θetɪk] *bnw* geen belangstelling tonend, onaardig

untangle [ʌn'tæŋgl] *ov ww* ontwarren, ontrafelen

untapped [ʌn'tæpt] *bnw* fig onaangesproken, (nog) niet aangeboord

untasted [ʌn'teɪstɪd] *bnw* niet geproefd, onaangeroerd ⟨eten⟩ ★ *the food was left* ~ het eten was onaangeroerd

untaught [ʌn'tɔ:t] *bnw* niet onderwezen, onwetend

untaxed [ʌn'tækst] *bnw* onbelast

unteachable [ʌn'ti:tʃəbl] *bnw* hardleers

untenable [ʌn'tenəbl] *bnw* onhoudbaar, niet te verdedigen

untenanted [ʌn'tenəntɪd] *bnw* onbewoond, niet verhuurd

untended [ʌn'tendɪd] *bnw* onverzorgd

unthinkable [ʌn'θɪŋkəbl] *bnw* ondenkbaar, onwaarschijnlijk ★ *the ~* iets onwaarschijnlijks, iets verschrikkelijks

unthinking [ʌn'θɪŋkɪŋ] *bnw* onbezonnen ★ ~ *moment* onbewaakt ogenblik

unthinkingly [ʌn'θɪŋkɪŋlɪ] *bijw* zonder na te denken, onbezonnen

unthought [ʌn'θɔ:t] *bnw* ondenkbaar ★ ~ *of* onvermoed

untidy [ʌn'taɪdɪ] *bnw* slordig, onopgeruimd, rommelig

untie [ʌn'taɪ] *ov ww* losmaken, losknopen, bevrijden ★ ~ *sb's hands* iem. de vrije hand geven

until [ən'tɪl] **I** *vz* tot (aan) ★ ~ *midnight* tot middernacht ★ *(up) ~ now* tot nu toe **II** *vw* tot(dat) ★ *I met him, I was very restless* ik was erg onrustig totdat ik hem ontmoette ★ *not ~ three o'clock* pas om drie uur

untilled [ʌn'tɪld] *bnw* ongecultiveerd, braakliggend

untimely [ʌn'taɪmlɪ] *bnw* ongelegen, niet op de juiste tijd, voortijdig ★ *an ~ death* een voortijdige dood

untiring [ʌn'taɪərɪŋ] *bnw* onvermoeibaar, taai

unto ['ʌntʊ] *vz* oud tot, tot aan

untold [ʌn'təʊld] *bnw* **①** talloos, onnoemelijk veel / groot **②** (nog) niet verteld

untouchable [ʌn'tʌtʃəbl] **I** *zn* **①** iemand die, iets dat onaantastbaar is **②** paria, kasteloze **II** *bnw* onaantastbaar, onovertroffen

untouched [ʌn'tʌtʃt] *bnw* onaangeraakt, ongerept ★ *the food remained* ~ het eten werd niet aangeraakt ★ ~ *countryside* ongerepte

natuur

untoward [ʌntə'wɔ:d] *bnw* ongepast, ongewenst ★ *nothing* ~ niets dat niet door de beugel kan

untrained [ʌn'treɪnd] *bnw* ongeoefend ★ *an ~ eye* een ongeoefend oog, een leek

untrammelled [ʌn'træmld] *bnw* onbelemmerd, onbeperkt

untranslatable [ʌntræns'leɪtəbl] *bnw* onvertaalbaar

untried [ʌn'traɪd] *bnw* **①** (nog) niet geprobeerd **②** onervaren **③** jur (nog) niet berecht / verhoord

untroubled [ʌn'trʌbld] *bnw* ongestoord, kalm, onbewogen ★ ~ *conscience* zuiver geweten

untrue [ʌn'tru:] *bnw* **①** onwaar **②** ontrouw

untruth [ʌn'tru:θ] *zn* onwaarheid

untruthful [ʌn'tru:θʊl] *bnw* leugenachtig

untuned [ʌn'tju:nd] *bnw* ongestemd, niet afgestemd

unused[1] [ʌn'ju:st] *bnw* niet gewend ★ *be ~ to sth* iets niet gewend zijn

unused[2] [ʌn'ju:zd] *bnw* ongebruikt

unusual [ʌn'ju:ʒʊəl] *bnw* niet gebruikelijk, ongewoon, bijzonder ★ *there is nothing ~ about him* er is niets vreemd aan hem

unusually [ʌn'ju:ʒʊəlɪ] *bijw* ongebruikelijk, ongewoon

unutterable [ʌn'ʌtərəbl] *bnw* vreselijk

unvaried [ʌn'veərɪd] *bnw* onveranderd, eentonig, zonder afwisseling, ongevarieerd

unvarnished [ʌn'vɑ:nɪʃt] *bnw* **①** niet gevernist, ongelakt **②** onverbloemd ⟨waarheid⟩

unvarying [ʌn'veərɪŋ] *bnw* zonder afwisseling, onveranderlijk

unveil [ʌn'veɪl] **I** *ov ww* ontsluieren, onthullen ★ ~ *the truth* de waarheid onthullen ★ *the ~ing of a statue* de onthulling van een standbeeld **II** *onov ww* de sluier afdoen

unversed [ʌn'vɜ:st] *bnw* form onervaren

unvoiced [ʌn'vɔɪst] *bnw* **①** onuitgesproken **②** taalk stemloos

unwanted [ʌn'wɒntɪd] *bnw* niet verlangd, ongewenst, niet (meer) nodig ★ ~ *pregnancy* (geval v.) ongewenste zwangerschap ★ *an ~ child* een ongewenst / ongeliefd kind

unwarranted [ʌn'wɒrəntɪd] *bnw* onnodig, oneerlijk

unwary [ʌn'weərɪ] *bnw* onvoorzichtig, onoplettend

unwatered [ʌn'wɔ:təd] *bnw* zonder water, niet besproeid, niet verdund met water

unwavering [ʌn'weɪvərɪŋ] *bnw* onwankelbaar, standvastig

unwearable [ʌn'weərəbl] *bnw* niet te dragen

unwearied [ʌn'wɪərɪd] *bnw* onvermoeid

unwearying [ʌn'wɪərɪŋ] *bnw* onvermoeibaar

unwelcome [ʌn'welkəm] *bnw* onwelkom, vervelend, ongewenst ★ *make sb feel* ~ iem. zich niet welkom laten voelen

unwell [ʌn'wel] *bnw* onwel ★ *I feel* ~ ik voel me niet goed

unwholesome [ʌn'həʊlsəm] *bnw* ook fig ongezond, onaangenaam

unwieldy [ʌn'wi:ldɪ] *bnw* log, lastig te hanteren, zwaar, groot

unwilling [ʌn'wɪlɪŋ] *bnw* met tegenzin, onwillig ★ *he was ~ to help me* hij wilde me niet helpen

un

★ *be unable or ~ to do sth* iets niet kunnen of niet willen doen ★ *~ly* tegen zijn zin
unwind [ʌn'waɪnd] [onregelmatig] **I** *ov ww* afwinden **II** *onov ww* ❶ ontspannen, kalmeren, rustig worden ❷ zich ontrollen
unwise [ʌn'waɪz] *bnw* onverstandig
unwitting [ʌn'wɪtɪŋ] *bnw* zonder het te weten, onwetend
unwittingly [ʌn'wɪtɪŋlɪ] *bijw* onopzettelijk, onbewust, zonder het te weten
unwomanly [ʌn'wʊmənlɪ] *bnw* onvrouwelijk
unwonted [ʌn'wəʊntəd] *bnw* ongewoon, atypisch
unworkable [ʌn'wɜːkəbl] *bnw* onuitvoerbaar, niet te bewerken
unworldly [ʌn'wɜːldlɪ] *bnw* ❶ naïef ❷ onwereldlijk, niet materialistisch ❸ onwezenlijk
unworried [ʌn'wʌrɪd] *bnw* niet geplaagd, onbezorgd
unworthy [ʌn'wɜːðɪ] *bnw* onwaardig, niet passend ★ *be ~ of sth / sb* niet passen bij iets / iemand, niet goed genoeg zijn voor iets / iemand, iets / iemand niet verdienen
unwound [ʌn'waʊnd] *ww* [verl. tijd + volt. deelw.] → **unwind**
unwrap [ʌn'ræp] *ov ww* uitpakken, loswikkelen ★ *~ a present* een cadeautje uitpakken
unwritten [ʌn'rɪtn] *bnw* ongeschreven ★ *an ~ rule* een ongeschreven regel
unyielding [ʌn'jiːldɪŋ] *bnw* onverzettelijk, streng, hard
unzip [ʌn'zɪp] *ov ww* openritsen, losmaken ‹v. ritssluiting›, ontzippen ‹v. computerbestand›
up [ʌp] **I** *bijw* ❶ op, omhoog, (naar) boven, naar ★ *lift sb up* iem. optillen ★ *put your hand up* je hand opsteken ★ *stand up* opstaan ★ *sit up* rechtop (gaan) zitten ★ *from 2 dollars up* vanaf 2 dollar ★ *from my birth up* van mijn geboorte af ★ *children aged 10 and up* kinderen van 10 en ouder ★ *up there* daar / daarboven ★ *up North* in / naar het noorden ★ *up in the mountains* (ergens boven) in de bergen ★ *up in the bathroom* boven in de badkamer ★ *he lives three floors up* hij woont op de derde verdieping ★ *he is high up in the company* hij heeft een hoge positie in het bedrijf ★ *go up to the city* naar de stad gaan ★ *turn up the volume* het geluid harder zetten ★ *sales are going up* de verkoopcijfers gaan omhoog ★ *up and down the country* door het hele land ★ *look sb up and down* iem. van top tot teen bekijken ❷ *~ to* aan, tot ★ *up to now* tot op heden ★ *up to then* tot op dat moment ★ *up to the ceiling* tot aan het plafond ★ *up to 10 dollars* maximaal 10 dollar ★ *I've had it up to here!* ik heb er schoon genoeg van! ★ *what are you up to?* wat ben je aan het doen?, wat doe je nu? ★ *he is up to no good* hij doet dingen die niet mogen ★ *I don't feel up to it* ik voel me er niet sterk genoeg voor ★ *she was up to all kinds of tricks* zij haalde allerlei streken uit ★ *it is not up to much* het stelt niet veel voor ★ *it doesn't come up to what I expected* het beantwoordt niet aan wat ik verwachtte ★ *he is not up to his work* hij kan z'n werk niet aan ★ *it is up to you* het is uw / jouw

beslissing, zegt u / zeg jij het maar ★ *it is up to us to stop this* het komt op ons aan om dit tegen te houden ★ *look up to the sky* omhoog / naar de hemel kijken ★ *go / run up to sb* naar iem. toe gaan / rennen ★ *bring sb up to speed* iem. van de laatste stand van zaken op de hoogte brengen ★ *be up to your neck / ears / eyes in sth* tot aan je nek ergens in zitten ❸ *~ against* ★ *you will be up against much trouble* je zult tegenover veel moeilijkheden komen te staan **II** *vz* op, in ★ *up and down* op en neer ★ *up the stairs* de trap op ★ *up the road / street* verder de straat in ★ *up the hill* de heuvel op ★ *up the river* stroomopwaarts ★ *up hill and down dale* heuvel op, heuvel af, bergop, bergaf ★ *that's right up my street* dat komt mij goed uit, dat is echt iets voor mij ★ *vulg up yours!* je kan me wat!, oprotten! **III** *bnw* ❶ op, omhoog, gestegen ★ *the up escalator* de roltrap omhoog ★ *be in an up mood* een opgewekt humeur hebben ★ *unemployment figures are up* de werkeloosheid is gestegen ★ *the tide is up* het is hoog water ★ *sth is up* er is iets aan de hand ★ *what's up?* wat is er aan de hand? ★ *his blood is up* hij is razend ❷ wakker, werkend, aan de gang ★ *is he up yet?* is hij al wakker? ★ *I've been up since six* ik ben al vanaf zes uur op ★ *be up and about* op de been zijn, uit de veren zijn ★ *my computer is up and running again* mijn computer werkt weer ★ *the hunt is up* de jacht is begonnen ❸ verstreken, afgelopen ★ *time is up!* de tijd is om! ★ *my contract is almost up* mijn overeenkomst loopt bijna af ❹ voor ★ *Ajax was one up at half time* Ajax stond bij rust één punt voor ★ *put yourself up for election* jezelf verkiesbaar stellen ❺ opgebroken ★ *the road is up* de weg is opgebroken ❻ thuis in ★ *he is well up in this subject* hij is goed in dit onderwerp ★ *he is up on this matter* hij is op de hoogte van deze kwestie ❼ *~ for* beschikbaar, bereid ★ *are you up for it?* durf jij het aan?, wil jij het? ★ *I'm up for anything* ik vind alles goed ★ *I was up for an exam* ik moest examen doen ★ *the contract is up for renewal* het contract moet verlengd worden ★ *he was up for murder* hij stond terecht voor moord **IV** *zn* opwaartse beweging, positieve kant ★ *the ups and downs (of life)* voor- en tegenspoed (in het leven) ★ *on the up and up* aan de beterende hand, USA eerlijk, openhartig **V** *onov ww* ❶ verhogen ★ *the landlord upped the rent* de huisbaas verhoogde de huur ★ *up the ante* de inzet verhogen ❷ (plotseling) opspringen ★ *up and do sth* plotseling iets (gaan) doen
up- [ʌp] *voorv* op-, naar
up-and-coming [ʌpən'kʌmɪŋ] *bnw* veelbelovend ★ *an ~ actress* een veelbelovend actrice
upbraid [ʌp'breɪd] *ov ww* berispen, verwijten ★ *~ for / with* iem. berispen om / wegens
upbringing ['ʌpbrɪŋɪŋ] *zn* opvoeding
upcoming ['ʌpkʌmɪŋ] *bnw* aanstaande, verwacht
up-country [ʌp'kʌntrɪ] *bnw* ❶ onwetend, naïef ❷ in het binnenland ★ *~ regions* in het binnenland gelegen gebieden
update[1] ['ʌpdeɪt] *zn* ❶ meest recente informatie, laatste stand van zaken ★ *news ~* laatste nieuws

★ *give sb an ~ on* iem. bijpraten over, iem. het laatste nieuws geven over ❷ comp nieuwe versie, update

update² [ʌp'deɪt] *ov ww* ❶ bijwerken met de laatste informatie, up-to-date maken, actualiseren, moderniseren ★ ~ *sb on* iem. bijpraten over, iem. het laatste nieuws geven over ❷ comp updaten

upend [ʌp'end] *ov ww* ❶ ondersteboven zetten, omkeren ❷ sport tackelen

upfront I *bnw* ❶ vooraf, vooruit, van tevoren ★ ~ *costs* vooruit te betalen kosten ❷ recht voor z'n raap, onverbloemd, eerlijk **II** *bijw*, **up front** ❶ vooraf, vooruit, van tevoren ★ *pay* ~ vooraf betalen ❷ voorin, vooraan ❸ recht voor z'n raap, onverbloemd, eerlijk

upgrade¹ [ʌpgreɪd] *zn* ❶ betere plaats ⟨bv. in vliegtuig⟩ ❷ comp verbeterde versie, upgrade

upgrade² [ʌp'greɪd] *ov ww* ❶ opwaarderen, bevorderen, verbeteren ⟨positie⟩ ❷ comp upgraden ⟨nieuwere versie installeren⟩

upheaval [ʌp'hi:vəl] *zn* omwenteling, opschudding, ontreddering

upheld [ʌp'held] *ww* [verl. tijd + volt. deelw.] → uphold

uphill¹ [ʌphil] *bnw* bergop, moeilijk ★ ~ *struggle* moeilijke strijd

uphill² [ʌp'hil] *bijw* ❶ moeizaam ❷ bergopwaarts

uphold [ʌp'həʊld] [onregelmatig] *ov ww* ❶ bevestigen, handhaven ★ ~ *a decision* een uitspraak bevestigen ❷ (moreel) steunen

upholster [ʌp'həʊlstə] *ov ww* meubileren, stofferen ★ *an ~ed chair* een beklede stoel

upholsterer [ʌp'həʊlstərə] *zn* stoffeerder

upholstery [ʌp'həʊlstəri] *zn* ❶ stoffering, bekleding ❷ stoffeerderij

upkeep [ʌpki:p] *zn* onderhoud(skosten)

upland [ʌplənd] *bnw* in / uit / van het hoogland

uplift¹ [ʌplift] *zn* ❶ opbeuring, beter gevoel, steun ❷ stijging

uplift² [ʌp'lift] *ov ww* opvrolijken, iemand zich beter laten voelen

upmarket [ʌp'mɑ:kɪt] *bnw* exclusief, chic ★ ~ *shop* chique zaak

upon [ə'pɒn] *vz* ❶ op ★ *he fell upon his knees* hij viel op zijn knieën ★ *happen upon sth* stuiten op iets ★ *depend upon* vertrouwen op ★ *thousands upon thousands of birds* vele duizenden vogels ❷ meteen na(dat) ★ *upon entering the room, she sat down* meteen na binnenkomst in de kamer ging ze zitten ❸ vlakbij ★ *the end of year is upon us* het is bijna het eind van het jaar

upper [ʌpə] **I** *zn* ❶ bovengedeelte ⟨v. schoen⟩ ★ *he's on his ~s* hij is (bijna) blut ❷ USA inform pepmiddel, amfetamine **II** *bnw* hoger, boven(ste) ★ ~ *arm* bovenarm ★ ~ *lip* bovenlip ★ ~ *case (letter)* hoofdletter ★ ~ *limit* bovengrens ★ GB ~ *school* school voor kinderen tussen de 14 en 18 ★ *the ~ crust* de bovenlaag, de hoogste kringen ★ *the ~ echelons* de bovenlaag, het hogere management ★ *hold / have the ~ hand* de overhand voeren, een voorsprong hebben ★ *get / take / gain the ~ hand* de overhand krijgen, een voorsprong krijgen

upper-class *bnw* uit de hoogste kringen, van zeer goeden huize

uppercut [ʌpəkʌt] *zn* opstoot ⟨boksen⟩, uppercut

uppermost [ʌpəməʊst] *bnw* + *bijw* hoogst, boven(ste) ★ *it is ~ in my mind* het heeft voor mij de hoogste prioriteit, ik denk er voortdurend aan

uppity [ʌpɪtɪ] *bnw*, USA plat verwaand, brutaal

upraise [ʌp'reɪz] *ov ww* opheffen

upright [ʌpraɪt] **I** *zn* ❶ verticale balk / stut, paal ⟨v. doel⟩ ❷. piano **II** *bnw* ❶ recht, verticaal ★ GB ~ *chair* eetkamerstoel, stoel zonder armleuningen ★ *an ~ piano* een piano ⟨in tegenstelling tot een vleugel⟩ ❷ eerbaar, oprecht, eerlijk **III** *bijw* rechtop ★ *sit / stand bolt ~* plotseling rechtop gaan zitten / staan ★ *pull yourself ~* rechtop gaan staan / zitten

uprising [ʌpraɪzɪŋ] *zn* opstand ⟨rebellie⟩

uproar [ʌprɔ:] *zn* ❶ rumoer, lawaai ❷ grote verontwaardiging ★ *be in ~ about* zeer verontwaardigd zijn over

uproarious [ʌp'rɔ:rɪəs] *bnw* lawaaierig, onstuimig ★ ~ *applause* stormachtig / tumultueus applaus

uproot [ʌp'ru:t] **I** *ov ww* ontwortelen, uit de grond trekken, van huis en haard verdrijven **II** *onov ww* verhuizen, emigreren

uprush [ʌprʌʃ] *zn* opwelling, stroom ★ *an ~ of joy* een opwelling van vreugde

upscale [ʌpskeɪl] *bnw* USA exclusief, chic

upset¹ [ʌpset] *zn* ❶ omslag, omkanteling ❷ schok, ontsteltenis, onaangename verrassing ★ *stomach ~* indigestie, maagpijn

upset² [ʌp'set] **I** *bnw* van streek ★ *he is very ~* hij is erg van streek ★ *my stomach is ~* mijn maag is van streek **II** *ov ww* ❶ v. streek brengen ★ *did I ~ you?* heb ik je / u van streek gebracht? ★ *this is very ~ting* dit is erg onplezierig ★ *this meal has ~ my stomach* mijn maag is van streek door deze maaltijd ❷ in de war sturen, laten mislukken ★ *this ~s our plans* dit stuurt onze plannen in de war ❸ per ongeluk omgooien

upshot [ʌpʃɒt] *zn* resultaat, eind van het liedje ★ *the ~ of it is that...* het komt erop neer dat... ★ *in the ~* uiteindelijk

upside [ʌpsaɪd] *zn* ❶ bovenkant ★ ~ *down* ondersteboven, in de war ★ *turn sth ~ down* iets overhoop halen ★ *turn sb's life ~ down* iemands leven op zijn kop zetten / in de war gooien ❷ positieve kant ★ *the ~ is* het positieve ervan is

upstage¹ [ʌp'steɪdʒ] *ov ww* fig in de schaduw stellen, naar de achtergrond drukken, overschaduwen

upstage² [ʌpsteɪdʒ] *zn* achter op het podium

upstairs [ʌp'steəz] **I** *bnw* boven- ★ *the ~ bathroom* de badkamer boven **II** *zn mv* bovenverdieping ★ *we're redecorating the ~* we zijn de bovenverdieping aan het opknappen **III** *bijw* de trap op, (naar) boven ★ *go ~* de trap opgaan, naar boven gaan

upstanding [ʌp'stændɪŋ] *bnw* oprecht, hoogstaand

upstart [ʌpstɑ:t] **I** *zn* nieuwkomer die het beter lijkt te weten, opschepper **II** *bnw* USA jong en succesvol ★ ~ *company* jong en succesvol bedrijf

upstream [ʌpstri:m] *bnw* tegen de stroom op, stroomopwaarts

upsurge [ʌpsɜ:dʒ] *zn* plotselinge toename

upswing ['ʌpswɪŋ] zn toename, opleving ★ be on the ~ een opleving laten zien

uptake ['ʌpteɪk] zn ❶ interesse, aanmelding ❷ opname, het begrijpen ★ be quick / slow on the ~ snel / langzaam van begrip zijn

uptight [ʌp'taɪt] bnw ❶ snel geïrriteerd, nerveus ❷ stijfjes

up-to-date [ʌptə'deɪt] bnw bij(gewerkt), actueel, modern ★ bring sb ~ with iem. bijpraten over, iem. de laatste informatie verstrekken over ★ keep the books ~ de boeken bijhouden

uptown [ʌp'taʊn] bijw naar de buitenwijken v.d. stad, weg van het centrum

upturn ['ʌpt3:n] zn econ opleving

upward ['ʌpwəd] I bnw stijgend II bijw opwaarts, naar boven ★ ~ of 20 pounds meer dan 20 pond ★ 12 and ~ 12 en hoger / ouder

upwards ['ʌpwədz] bijw opwaarts, naar boven ★ ~ of 20 pounds meer dan 20 pond ★ 12 and ~ 12 en hoger / ouder

upwind ['ʌpwɪnd] bnw + bijw tegen de wind in

uranium [jʊə'reɪnɪəm] zn uranium ★ depleted ~ verarmd uranium

U-rated bnw geschikt voor alle leeftijden ⟨van film⟩

urban ['3:bən] I zn ⟨jeugdcultuur⟩ urban II bnw stedelijk, stads- ★ ~ renewal stedelijke vernieuwing ★ ~ sprawl uitgestrekte buitenwijken ★ ~ warrior stadsguerrilla, activist ★ ~ myth broodje-aapverhaal

urbane [3:'beɪn] bnw hoffelijk, wellevend

urbanize, urbanise ['3:bənaɪz] ov ww verstedelijken, urbaniseren

urchin ['3:tʃɪn] zn ❶ schoffie, straatkind ❷ zee-egel

urge [3:dʒ] I zn aandrang, verlangen ★ feel / have an urge to do sth aandrang voelen om iets te doen, iets willen doen II ov ww ❶ ernstig verzoeken, aandringen op, sterk aanraden, aansporen ★ I urge you to be careful ik raad je sterk aan voorzichtig te doen ❷ bepleiten, aandringen op ★ he urged it on me hij probeerde mij er van te doordringen ❸ ~ on aanmoedigen, aansporen

urgency ['3:dʒənsɪ] zn dringende noodzaak, urgentie ★ it's a matter of ~ er is haast bij ★ a sense of ~ een gevoel van urgentie

urgent ['3:dʒənt] bnw dringend, spoedeisend, urgent ★ we are in ~ need of we hebben dringend behoefte aan

urinal [GB jʊə'raɪnl] [USA 'jʊərɪnəl] zn urinoir

urinary ['jʊərɪnərɪ] bnw urine- ★ ~ tract infections urineweginfecties

urinate ['jʊərɪneɪt] onov ww urineren

urine ['jʊərɪn] zn urine ★ pass ~ urineren ★ give a ~ sample een plastest doen

URL afk, comp Uniform Resource Locator URL

urn [3:n] zn ❶ urn, vaas ❷ koffie- / theeketel

urologist [jʊə'rɒlədʒɪst] zn med uroloog

Ursa ['3:sə] zn ★ Ursa Major Grote Beer ★ Ursa Minor Kleine Beer

us [ʌs] pers vnw ons, wij

US [ju:'es] afk, United States Verenigde Staten

USA [ju:es'eɪ] afk, United States of America Verenigde Staten van Amerika

usable ['ju:zəbl] bnw bruikbaar

usage ['ju:sɪdʒ] zn ❶ (taal)gebruik ★ in common ~ algemeen gebruikt ❷ gebruik ★ ~ fee gebruikskosten ★ water ~ waterverbruik

USB afk, comp Universal Serial Bus USB

use¹ [ju:s] zn ❶ gebruik, toepassing, verbruik ★ make (good) use of (goed) gebruikmaken van ★ have the use of sth iets kunnen gebruiken, ergens toegang toe hebben ★ come into use in gebruik komen ★ put in(to) use in gebruik nemen ★ get / go out of use in onbruik raken ★ have no use for niet kunnen gebruiken, niet kunnen waarderen ★ she lost the use of her right arm zij kan haar rechterarm niet meer gebruiken ❷ nut ★ she is no use at this zij kan hier niets van ★ make yourself of use maak jezelf behulpzaam, doe eens wat ★ it has its uses het is soms wel nuttig ★ it's (of) no use geen zin / nut hebben ★ there's no use (in) talking praten heeft geen zin ★ what's the use of that? wat heeft dat voor zin / nut? ★ put sth to good use goed gebruik maken van iets

use² [ju:z] I ov ww ❶ gebruiken, gebruik maken van, benutten ★ you used me! je hebt me gebruikt! ★ I could use a drink ik kan een drankje wel gebruiken ★ use your head je verstand gebruiken ★ use drugs drugs gebruiken ★ use sth as an excuse iets als excuus gebruiken ❷ ~ up opmaken, verbruiken ★ he used up all the hot water hij heeft al het warme water gebruikt II hww ★ he used to live in A. vroeger woonde hij in A. ★ she used to ze had de gewoonte om ★ he used not to do it vroeger deed hij het niet ★ he didn't use to do it vroeger deed hij het niet

use-by date ['ju:z-baɪ deɪt] zn uiterste houdbaarheidsdatum

used [ju:zd] bnw tweedehands, gebruikt

useful ['ju:sful] bnw nuttig, bruikbaar, handig ★ that comes in ~ dat komt goed van pas ★ prove ~ van pas komen ★ ~ at handig met, goed in ★ make yourself ~ helpen, je verdienstelijk maken ★ inform make yourself ~! doe ook eens wat! ★ my radio is at the end of its ~ life mijn radio is aan het eind van zijn leven

useless ['ju:sləs] bnw ❶ nutteloos, onnuttig ★ prove ~ nutteloos blijken ★ it's ~ het heeft geen zin ★ worse than ~ irritant vervelend ❷ inform niet goed, slecht ★ be ~ at slecht zijn in ★ he's ~ with computers hij snapt niets van computers

user ['ju:zə] zn gebruiker ★ road user weggebruiker ★ drug user druggebruiker ★ user guide gebruiksvoorschrift(en) ★ comp user interface (gebruikers)interface ★ comp user group / base gebruikers(groep)

user-friendly bnw gebruiksvriendelijk

user name zn comp gebruiksnaam

usher ['ʌʃə] I zn zaalwachter, plaatsaanwijzer, ouvreuse, bode II ov ww ❶ binnenleiden ❷ ~ in inleiden, het begin zijn van

usherette [ʌʃə'ret] zn plaatsaanwijsster, ouvreuse

USS [ju:es'es] afk, United States Ship schip uit de VS

usual ['ju:ʒʊəl] I zn het gebruikelijke ★ the ~, sir? uw vaste drankje, meneer? II bnw gewoon, gebruikelijk, normaal ★ more than ~ meer dan normaal ★ *it's ~ practice to* het is gebruikelijk om ★ <u>iron</u> *as per* ~ (zo)als gewoonlijk ★ *as* ~ (zo)als gewoonlijk ★ *he's not his ~ self* hij is zichzelf niet

usually ['juːʒʊəlɪ] *bijw* gewoonlijk, meestal
usurer ['juːʒərə] *zn* woekeraar, iemand die geld uitleent tegen rente
usurious [jʊˈʒʊərɪəs] *bnw* woekerachtig ★ *~ interest rate* woekerrente
usurp [jʊˈzɜːp] *ov ww* onrechtmatig in bezit nemen
usury ['juːʒərɪ] *zn* het in rekening brengen van woekerrente
UT *afk, Utah* staat in de VS
utensil [juːˈtensəl] *zn* gebruiksvoorwerp, werktuig ★ *cooking* ~s keukengerei
uterine ['juːtəraɪn] *bnw* baarmoeder- ★ *intra-~ device* spiraaltje ⟨voorbehoedmiddel⟩
uterus ['juːtərəs] *zn* baarmoeder
utilise *ww* GB → utilize
utilitarian [jʊtɪlɪˈteərɪən] *bnw* nuttigheids-, utilitair, nut beogend
utilitarianism [jʊtɪlɪˈteərɪənɪzəm] *zn* utilisme, nuttigheidsleer
utility [juːˈtɪlɪtɪ] *zn* ❶ (openbare) voorziening ★ *public / private utilities* openbare / private nutsbedrijven ❷ nut ★ *utilities* gebruiksvoorwerpen
utility bill *zn* gas-, water-, elektrarekening
utility company *zn* nutsbedrijf
utility program *zn* <u>comp</u> hulpprogramma
utility room *zn* bijkeuken, wasmachineruimte
utility vehicle *zn* pick-up, open bestelwagen
utilize ['juːtɪlaɪz] *ov ww* gebruik maken van, benutten
utmost ['ʌtməʊst] **I** *zn* het meeste, het beste ★ *make the ~ of sth* het beste uit iets halen ★ *do one's ~* zijn uiterste best doen ★ *at the ~* op z'n hoogst **II** *bnw* hoogste, uiterste, verste
Utopia [juːˈtəʊpɪə] *zn* utopie, Utopia
utopian [juːˈtəʊpɪən] *bnw* utopisch, utopistisch
utter ['ʌtə] **I** *bnw* volkomen, totaal, volslagen ★ *complete and ~ nonsense* volledige onzin **II** *ov ww* zeggen, geluid maken, uiten, uiting geven aan ★ *without ~ing a word* zonder een woord te zeggen
utterance ['ʌtərəns] *zn* uiting, uitspraak ★ *give ~ to sth* iets uitspreken
utterly ['ʌtəlɪ] *bijw* totaal, volkomen
uttermost ['ʌtəməʊst] *bnw* verste, hoogste, uiterste
U-turn ['juːtɜːn] *zn* ❶ U-bocht ★ *do a* ~ keren ★ *no ~* verboden te keren ❷ zwaai van 180 graden, totale ommezwaai
uvula ['juːvjʊlə] *zn* huig
uvular ['juːvjʊlə] *bnw* huig- ★ *~ fricative* harde g-klank

V

v [viː] **I** *zn, letter* v ★ *V as in Victory* de v van Victor **II** *afk* ❶ *versus* tegen ❷ *very* zeer ❸ *vide (see)* zie ❹ *volt(age)* volt
VA *afk, Virginia* staat in de VS
vac [væk] *afk* ❶ *vacation* vakantie ❷ *vacuum cleaner* stofzuiger
vacancy ['veɪkənsɪ] *zn* ❶ lege plaats / kamer ⟨bv. in pension⟩ ★ *vacancies* kamer(s) vrij ❷ vacature ★ *currently no vacancies* momenteel geen vacatures ❸ leegte, ledigheid, wezenloosheid ★ *stare into* ~ in de leegte / ruimte staren
vacant ['veɪkənt] *bnw* ❶ onbezet, leeg(staand), openstaand ★ *the offices are still* ~ de kantoren staan nog steeds leeg ❷ gedachteloos, wezenloos ★ *a ~ look* een wezenloze blik ❸ nietszeggend ❹ vacant
vacate [vəˈkeɪt] *ov ww* ❶ ontruimen ⟨van huis⟩ ❷ neerleggen ⟨van ambt⟩, afstand doen van ⟨troon⟩ ❸ annuleren ⟨van contract⟩
vacation [vəˈkeɪʃən] *zn* ❶ <u>USA</u> vakantie ★ *paid ~* betaald verlof ❷ ontruiming ❸ annulering ⟨van contract⟩
vaccinate ['væksɪneɪt] *ov ww* vaccineren, inenten
vaccination [væksɪˈneɪʃən] *zn* vaccinatie, inenting
vaccine ['væksiːn] *zn* vaccin, entstof
vacillate ['væsɪleɪt] *onov ww* ❶ aarzelen ❷ schommelen ★ *his temperature ~s* zijn temperatuur schommelt
vacillation [væsɪˈleɪʃən] *zn* ❶ schommeling ❷ aarzeling
vacillator ['væsɪleɪtə] *zn* weifelaar
vacua *zn mv* → vacuum
vacuity [væˈkjuːətɪ] *zn* (lucht)ledige ruimte, wezenloosheid, dwaasheid ★ *their conversation was full of vacuities* hun gesprek zat vol dwaasheden
vacuous ['vækjʊəs] *bnw* ❶ (lucht)ledig ❷ leeghoofdig, wezenloos, dom
vacuum ['vækjʊəm] **I** *zn* ❶ [mv: -s & vacua] (lucht)ledige ruimte ★ *~ bottle* thermosfles ❷ [mv: -s] stofzuigers ★ *~ cleaner* stofzuiger **II** *ov ww* inform stofzuigen
vagabond ['vægəbɒnd] **I** *zn* vagebond, zwerver **II** *bnw* zwervend
vagary ['veɪgərɪ] *zn* gril, kuur ★ *the vagaries of the weather* de grilligheden van het weer
vagina [vəˈdʒaɪnə] *zn* ❶ vagina, schede ❷ <u>plantk</u> (blad)schede
vaginal [vəˈdʒaɪnl] *bnw* ❶ vagina-, vaginaal ❷ <u>plantk</u> schedeachtig
vagrancy ['veɪgrənsɪ] *zn* ❶ zwervend leven, landloperij ❷ afdwaling ⟨figuurlijk⟩
vagrant ['veɪgrənt] **I** *zn* zwerver, vagebond **II** *bnw* zwervend, afdwalend
vague [veɪg] *bnw* vaag, onbestemd, onbepaald
vain [veɪn] *bnw* ❶ ijdel, prat (op) ★ *take a person's name in vain* iemands naam ijdel gebruiken ❷ vergeefs, nutteloos ★ *in vain* tevergeefs
vainglorious [veɪnˈglɔːrɪəs] *bnw* ijdel, verwaand, grootsprakig
vainglory [veɪnˈglɔːrɪ] *zn* grootspraak,

verwaandheid

vainly ['veɪnlɪ] *bijw* tevergeefs

vale [veil] *zn* form dal ★ *this vale of tears* dit tranendal

valediction [vælɪ'dɪkʃən] *zn* form vaarwel, afscheid ★ *the pope gave his ~ and left* de paus gaf zijn afscheidsgroet en vertrok

valentine ['væləntaɪn] *zn* ❶ Valentijnslief(je) ❷ Valentijnskaart ★ *Valentine's Day* Valentijnsdag ⟨14 februari⟩

valet ['vælɪt] **I** *zn* bediende ★ *~ parking* het door medewerkers van een hotel parkeren van auto's van gasten **II** *onov ww* bediende zijn **III** *ov ww* auto schoonmaken

valiant ['væljənt] *bnw* dapper, moedig

valid ['vælɪd] *bnw* ❶ valide, geldig ❷ gefundeerd, deugdelijk ★ *~ criticism* gefundeerde kritiek

validate ['vælɪdeɪt] *ov ww* ❶ geldig verklaren ★ *~ a passport* een paspoort geldig verklaren ❷ bekrachtigen, bevestigen

validation [vælɪ'deɪʃən] *zn* bevestiging

validity [və'lɪdətɪ] *zn* ❶ geldigheid ❷ validiteit, deugdelijkheid

valise [və'liːz] *zn* ❶ valies ❷ mil ransel

valley ['vælɪ] *zn* dal, vallei

valorous ['vælərəs] *bnw* moedig

valour ['vælə] *zn* moed, dapperheid

valuable ['væljʊbl] *bnw* ❶ erg waardevol, kostbaar, van grote waarde ❷ te schatten

valuables ['væljʊblz] *zn mv* waardevolle bezittingen, kostbaarheden

valuation [væljʊ'eɪʃən] *zn* schatting, taxatie ★ *at a ~* tegen taxatieprijs ★ *put a ~ on* waarderen, aanslaan

value ['væljuː] **I** *zn* ❶ waarde ★ *~ in exchange* ruilwaarde ★ *you get ~ for your money* je krijgt waar voor je geld ❷ prijs ★ *~ today* valuta per heden ★ *to the ~ of £10* ter waarde van £10 ★ *marketable ~* marktwaarde ★ *appraised ~* taxatiewaarde **II** *ov ww* ❶ waarderen, achten ★ *he ~s himself on it* gaat er prat op ❷ schatten, taxeren

value judgement *zn* waardeoordeel

valueless ['væljʊləs] *bnw* waardeloos

valuer ['væljʊə] *zn* taxateur

valve [vælv] *zn* klep, ventiel, buis ★ *~-connection* ventielslangetje

vamp [væmp] **I** *zn* inform vamp, fatale vrouw, verleidster **II** *ov ww* ❶ oplappen ❷ muz improviseren ❸ verleiden ❹ *~ up* in elkaar flansen, improviseren, oplappen, inpalmen

vampire ['væmpaɪə] *zn* ❶ vampier ★ biol *~ bat* soort vleermuis ❷ uitzuiger ⟨figuurlijk⟩

vampiric [væm'pɪrɪk] *bnw* vampierachtig

van [væn] *zn* ❶ (bestel- / vracht)wagen, USA minibus ★ *removal van* verhuiswagen ❷ voorhoede ❸ pioniers ⟨figuurlijk⟩

vandal ['vændl] **I** *zn* vandaal **II** *bnw* vandalistisch

vandalism ['vændəlɪzəm] *zn* vandalisme

vandalize, vandalise ['vændəlaɪz] *ov ww* vernielen

vane [veɪn] *zn* ❶ weerhaan ❷ wimpel, vaan ❸ wiek ⟨van molen⟩ ❹ schoep ⟨van schroef⟩ ❺ vizier ⟨landmetersinstrument⟩

vanguard ['vænɡɑːd] *zn* voorhoede

vanilla [və'nɪlə] *zn* vanille

vanish ['vænɪʃ] *onov ww* verdwijnen ★ *~ into smoke* in rook opgaan ★ *~ into thin air* in het niets verdwijnen ★ *~ing point* verdwijnpunt

vanity ['vænətɪ] *zn* ❶ ijdelheid ❷ zinloosheid, futiliteit ❸ USA toilettafel

vanity bag, vanity case *zn* toilettas, beautycase

Vanity Fair *zn* letterk Kermis der IJdelheid

vanity plate *zn* USA nummerplaat ⟨met zelfgekozen letter- / cijfercombinatie⟩

vanity unit *zn* ingebouwde wastafel

vanquish ['væŋkwɪʃ] *ov ww* overwinnen, bedwingen

vanquisher ['væŋkwɪʃə] *zn* overwinnaar

vantage point ['vɑːntɪdʒ pɔɪnt] *zn* ook fig uitkijkpunt

vapor *zn* → vapour

vaporization, vaporisation [veɪpəraɪ'zeɪʃən] *zn* verdamping

vaporize, vaporise ['veɪpəraɪz] **I** *ov ww* ❶ vaporiseren, verstuiven ❷ doen verdampen ❸ besproeien **II** *onov ww* verdampen

vaporizer, vaporiser ['veɪpəraɪzə] *zn* verstuiver

vaporous ['veɪpərəs] *bnw* ❶ dampig, damp- ❷ fig opgeblazen, vaag

vapour ['veɪpə] **I** *zn* damp, nevel, wasem **II** *ov ww* doen verdampen **III** *onov ww* ❶ verdampen ❷ uitwasemen ❸ grootsprakig zijn, opscheppen

vapour trail *zn* condensatiestreep ⟨v. vliegtuig⟩

variability [veərɪə'bɪlətɪ] *zn* het veranderlijk zijn

variable ['veərɪəbl] **I** *zn* wisk variabele **II** *bnw* variabel, veranderlijk, ongedurig

variables ['veərɪəblz] *zn mv* veranderlijke winden

variance ['veərɪəns] *zn* onenigheid, verschil, tegenspraak ⟨in verklaring⟩ ★ *they are at ~* ze zijn het niet eens ★ *at ~ with* in strijd met ★ *set at ~* tegen elkaar opzetten

variant ['veərɪənt] **I** *zn* variant **II** *bnw* ❶ afwijkend ❷ veranderlijk

variation [veərɪ'eɪʃən] *zn* ❶ variatie, afwijking ★ *an annual ~ of three degrees* een afwijking van drie graden per jaar ❷ variëteit, verscheidenheid ★ *a variety of plants* allerlei soorten planten ❸ verandering, afwisseling ★ *little ~ in a diet* weinig afwisseling in een dieet

varicella [værɪ'selə] *zn* waterpokken

varicose ['værɪkəʊs] *bnw* spatader- ★ *~ veins* spataderen

varied ['veərɪd] *bnw* gevarieerd, bont ⟨van kleur⟩

variegated ['veərɪəɡeɪtɪd] *bnw* ❶ bont ⟨van kleur⟩ ❷ afwisselend, afgewisseld

variegation [veərɪə'ɡeɪʃən] *zn* (kleur)schakering, verscheidenheid ⟨in kleur⟩

variety [və'raɪətɪ] *zn* ❶ variatie, verscheidenheid ★ *a ~ of reasons* tal van redenen ❷ verandering, afwisseling ★ *~ is the spice of life* verandering van spijs doet eten ❸ soort, variëteit ★ *a new ~* een nieuw soort ❹ variété(theater)

variety store, variety shop *zn* USA bazaar

variform ['veərɪfɔːm] *bnw* met verschillende vormen, veelvormig

various ['veərɪəs] *bnw* ❶ verschillend, verscheiden ❷ afwisselend

varnish ['vɑːnɪʃ] **I** *zn* ❶ vernis, glazuur ❷ vernisje ⟨figuurlijk⟩, schijn **II** *ov ww* ❶ opsmukken, verbloemen ❷ vernissen

varsity ['vɑːsətɪ] USA zn ❶ universiteit
❷ universiteitsteam ⟨voet-, basketbal⟩ ★ ~ *match*
roeiwedstrijd tussen Oxford en Cambridge

vary ['veərɪ] I *ov ww* ❶ variëren, veranderen
❷ *muz* variaties maken op II *onov ww* afwijken,
verschillen ★ *vary inversely as* omgekeerd
evenredig zijn met

vascular ['væskjʊlə] *bnw* vaat-, vasculair ★ ~
system vaatstelsel

vase [vɑːz] *zn* vaas

vasectomy [və'sektəmɪ] *zn* vasectomie,
sterilisatie

vaseline ['væsəliːn] *zn* vaseline

vassal ['væsəl] I *zn* ❶ vazal ❷ *fig* slaaf II *bnw*
slaafs

vast [vɑːst] *bnw* onmetelijk, reusachtig,
veelomvattend ★ *a vast desert* een onmetelijke
woestijn

vat [væt] I *zn* vat, kuip II *ov ww* in vat doen,
kuipen

VAT [viː eɪ tiː, væt] *afk, Value Added Tax* btw,
belasting toegevoegde waarde

Vatican ['vætɪkən] I *zn* Vaticaan II *bnw* Vaticaans

vault [vɔːlt] I *zn* ❶ wijnkelder, gewelf, grafkelder
❷ kluis ⟨bank⟩ ❸ sprong II *ov ww* ❶ springen
⟨steunend op handen of stok⟩ ❷ overwelven

vaulted ['vɔːltɪd] *bnw* gewelfd

vaulter ['vɔːltə] *zn* springer

vaulting ['vɔːltɪŋ] *zn* gewelf

vaunt [vɔːnt] *ov ww* (overdadig) roemen

vaunter ['vɔːntə] *zn* snoever

VC *afk* ❶ *Viet Cong* Vietcong ❷ *Vice Chairman*
vicevoorzitter ❸ *Vice Chancellor* vicekanselier
⟨i.h.b. universiteitsfunctionaris⟩ ❹ *Victoria Cross*
Victoriakruis

VCR [visiˈɑːr] *afk, video cassette recorder*
videorecorder

VD *afk, venereal disease* geslachtsziekte

've [v] *ww* → have

veal [viːl] *zn* kalfsvlees

vector ['vektə] *zn* ❶ *wisk* vector ❷ bacillendrager

vedette [vɪ'det] *zn* ❶ vedette, beroemd persoon
❷ ruiterwacht

veer [vɪə] I *zn* wending, draai II *ov ww* ❶ doen
draaien, wenden ⟨van schip⟩ ❷ ~ *away/out*
vieren ⟨van kabel⟩ III *onov ww* ❶ van koers
veranderen ❷ omslaan ⟨van wind⟩ ❸ draaien
❹ ~ *away* verlaten, afbuigen ❺ ~ *round*
(bij)draaien

veg [vedʒ] *inform zn* ❶ → **vegetable** ❷ →
vegetarian ★ *meat and two veg meal* maaltijd
van vlees met aardappelen en groente

vegan ['viːgən] I *zn* veganist II *bnw* veganistisch

vegetable ['vedʒɪtəbl] I *zn* ❶ plant ❷ groente
★ ~s groenten ⟨ook aardappelen⟩ II *bnw*
plantaardig, planten- ★ ~ *earth / mould*
teelaarde ★ ~ *garden* moestuin ★ ~ *kingdom*
plantenrijk

vegetable oil *zn* plantaardige olie

vegetarian [vedʒəˈteərɪən] I *zn* vegetariër II *bnw*
vegetarisch

vegetarianism [vedʒəˈteərɪənɪzəm] *zn*
vegetarisme

vegetate ['vedʒɪteɪt] *onov ww* ❶ groeien ⟨als
plant⟩ ❷ vegeteren ⟨figuurlijk⟩

vegetation [vedʒɪˈteɪʃən] *zn* ❶ vegetatie, het

vegeteren ❷ plantenleven, plantengroei

vegetative ['vedʒɪtətɪv] *bnw* ❶ vegetatief,
vegeterend ❷ planten-, plantaardig ❸ groei-
❹ *med* onwillekeurig

veggie ['vedʒi] I *zn* vegetariër II *bnw* vegetarisch
★ ~ *burger* vegetarische burger

vehemence ['viːəməns] *zn* onstuimigheid,
vurigheid, heftigheid

vehement ['viːəmənt] *bnw* ❶ onstuimig, vurig
❷ heftig, hevig

vehicle ['viːɪkl] *zn* ❶ voertuig ❷ drager, medium,
vehikel, geleider

vehicular [vɪˈhɪkjʊlə] *bnw* voertuig- ★ ~ *traffic*
verkeer van rij- en voertuigen

veil [veɪl] I *zn* ❶ sluier, voile ★ *beyond the veil* na
dit leven ★ *she took the veil* ze werd non ❷ *rel*
gordijn, voorhang ❸ dekmantel ⟨figuurlijk⟩
★ *they drew a veil over it* ze deden er het
zwijgen toe II *ov ww* ❶ sluieren ❷ bedekken
⟨figuurlijk⟩, vermommen

vein [veɪn] *zn* ❶ ader ❷ nerf ❸ *fig* stemming,
geest ★ *be in a talkative vein* op z'n praatstoel
zitten ❹ vleugje ★ *there is a wilful vein in her* ze
heeft iets eigenwijs over zich II *ov ww*
marmeren, aderen

velcro® ['velkrəʊ] *zn* (nylon) klittenband,
klittenbandsluiting

veld [velt] *zn* open vlakte

vellum ['veləm] *zn* ❶ perkament ❷ manuscript
op perkament

velocity [vɪˈlɒsətɪ] *zn* snelheid

velodrome ['velədrəʊm] *zn* wielerbaan

velvet ['velvɪt] I *zn* ❶ fluweel ★ *be on ~* op fluweel
zitten ❷ zachte huid om groeiend gewei ⟨bij
een hert⟩ II *bnw* fluwelen

velveteen [velvəˈtiːn] *zn* katoenfluweel

velvety ['velvətɪ] *bnw* fluweelachtig

venal ['viːnl] *bnw* omkoopbaar

venality [viːˈnælətɪ] *zn* omkoopbaarheid

vend [vend] *ov ww* verkopen, venten

vendetta [venˈdetə] *zn* bloedwraak

vending machine ['vendɪŋməˈʃiːn] *zn* automaat

vendor, vender ['vendə] *zn* ❶ verkoper
❷ verkoopautomaat ★ *petrol ~* benzinepomp

veneer [vɪˈnɪə] I *zn* ❶ fineer(bladen), fineerhout
❷ vernisje ⟨figuurlijk⟩ II *ov ww* ❶ fineren ❷ met
'n vernisje bedekken ⟨figuurlijk⟩

venerable ['venərəbl] *bnw* ❶ eerbiedwaardig
❷ *oud* hoogeerwaarde ⟨in anglicaanse kerk⟩

venerate ['venəreɪt] *ov ww* vereren

veneration [venəˈreɪʃən] *zn* verering

venereal [vɪˈnɪərɪəl] *bnw* venerisch, geslachts-

Venetian [vɪˈniːʃən] I *zn* Venetiaan(se) II *bnw*
Venetiaans ★ ~ *blind* jaloezie, zonnescherm

vengeance ['vendʒəns] *zn* wraak ★ *with a ~!* van
jewelste!, in het kwadraat, en hoe! ★ *take ~ on /
upon* wraak nemen op

vengeful ['vendʒfʊl] *bnw* wraakzuchtig

venial ['viːnɪəl] *bnw* vergeeflijk ★ ~ *sin* dagelijkse
zonde

veniality [viːnɪˈælətɪ] *zn* vergeeflijkheid

Venice ['venɪs] I *zn* Venetië II *bnw* Venetiaans

venison ['venɪsən] *zn* reebout, wildbraad

venom ['venəm] *zn* vergif, venijn

venomous ['venəməs] *bnw* (ver)giftig, venijnig

vent [vent] I *zn* ❶ opening, luchtgat, uitlaat ★ *air*

vent ventilatierooster ❷ schoorsteenkanaal ❸ uitweg, opening ★ *he gave vent to his indignation* hij gaf lucht aan / uitte z'n verontwaardiging ❹ luchtgat ❺ vingergaatje 〈van instrument〉 ❻ split 〈(in jas)〉 ❼ gat boren 〈in vat〉 ❽ lucht geven aan, uiten ★ *vent itself* een uitweg vinden
ventilate ['ventɪleɪt] *ov ww* ❶ ventileren, luchten ❷ fig kenbaar maken ❸ luchten 〈van grieven〉
ventilation [ventɪ'leɪʃən] *zn* ventilatie
ventilator ['ventɪleɪtə] *zn* ventilator
ventricle ['ventrɪkl] *zn* ❶ ventrikel, (lichaams- / orgaan-)holte ❷ hartkamer
ventriloquism [ven'trɪləkwɪzəm] *zn* het buikspreken
ventriloquist [ven'trɪləkwɪst] *zn* buikspreker
ventriloquy [ven'trɪləkwɪ] *zn* het buikspreken
venture ['ventʃə] I *zn* 〈riskante〉 onderneming, risico, speculatie ★ *joint ~* gezamenlijke onderneming II *ov ww* riskeren, wagen, op het spel zetten ★ *nothing ~d, nothing gained* wie niet waagt, die niet wint III *onov ww ~ out* zich buiten wagen
venture capital *zn* risicodragend kapitaal
venturer ['ventʃərə] *zn* waaghals, avonturier
venturesome ['ventʃəsəm] *bnw* riskant, (stout)moedig, avontuurlijk, gedurfd ★ *~ undertaking* gewaagde onderneming
venue ['venju:] *zn* plaats van bijeenkomst, locatie ★ *the main ~ for live performances* de zaal / locatie bij uitstek voor live optredens
verb [vɜ:b] *zn* werkwoord
verbal ['vɜ:bl] *bnw* ❶ verbaal, mondeling ❷ woord(en)-, letterlijk ❸ werkwoordelijk ★ *~ criticism* tekstkritiek
verbalize, verbalise ['vɜ:bəlaɪz] *ov ww* verwoorden
verbatim [vɜ:'beɪtɪm] *bnw* woordelijk
verbose [vɜ:'bəʊs] *bnw* breedsprakig, woordenrijk
verbosity [vɜ:'bɒsətɪ] *zn* breedsprakigheid
verdict ['vɜ:dɪkt] *zn* ❶ uitspraak 〈van rechter〉 ❷ oordeel, beslissing ★ *deliver / return a ~* uitspraak doen
verdigris ['vɜ:dɪgrɪs] *zn* kopergroen
verdure ['vɜ:dʒə] *zn* groen, gebladerte
verge [vɜ:dʒ] I *zn* ❶ rand, grens ★ *she was on the ~ of fainting* ze viel bijna flauw ❷ berm, grasrand ★ *the car landed on the ~* de auto belandde in de berm II *onov ww ~ on* grenzen aan ★ *fear verging on panic* angst, paniek bijna
verger ['vɜ:dʒə] *zn* koster
verifiable ['verɪfaɪəbl] *bnw* verifieerbaar
verification [verɪfɪ'keɪʃən] *zn* verificatie, bekrachtiging
verifier ['verɪfaɪə] *zn* verificateur 〈iemand die echtheid controleert〉
verify ['verɪfaɪ] *ov ww* ❶ verifiëren, de juistheid van iets controleren ❷ bewijzen, bevestigen
verisimilitude [verɪsɪ'mɪlɪtju:d] *zn* ❶ waarschijnlijkheid ❷ schijnwaarheid
veritable ['verɪtəbl] *bnw* echt, waar

verity ['verətɪ] *zn* waarheid
vermilion [və'mɪljən] I *zn* vermiljoen II *bnw* vermiljoen
vermin ['vɜ:mɪn] *zn* ❶ schadelijke dieren, ongedierte ❷ schoelje
vernacular [və'nækjʊlə] I *zn* ❶ landstaal, spreektaal ❷ vaktaal II *bnw* ❶ inheems ❷ moedertaal-, dialect-
vernal ['vɜ:nl] *bnw* lente-, voorjaars-
verruca [və'ru:kə] *zn* wrat
versatile ['vɜ:sətaɪl] *bnw* ❶ veelzijdig (ontwikkeld) ❷ op veel manieren te gebruiken 〈van apparaat〉 ❸ flexibel 〈van geest〉
versatility [vɜ:sə'tɪlətɪ] *zn* ❶ veelzijdigheid ❷ veranderlijkheid
verse [vɜ:s] *zn* ❶ letterk vers, versregel ★ *letterk blank ~* blank / rijmloos verse ❷ poëzie ❸ muz couplet
versed [vɜ:st] *bnw* ervaren, bedreven ★ *be well ~ in* zeer bedreven zijn in
versification [vɜ:sɪfɪ'keɪʃən] *zn* verskunst, versbouw
versifier ['vɜ:sɪfaɪə] *zn* verzenmaker, rijmelaar
versify ['vɜ:sɪfaɪ] *onov ww* verzen maken
version ['vɜ:ʃən] *zn* ❶ versie, bewerking ❷ vertaling
verso ['vɜ:səʊ] *zn* ❶ ommezijde in boek ❷ keerzijde 〈van penning〉
versus ['vɜ:səs] *vz* contra
vertebra ['vɜ:tɪbrə] *zn* wervel ★ *~e* [mv] wervelkolom
vertebrae ['vɜ:tɪbreɪ] *zn mv* → **vertebra**
vertebral ['vɜ:tɪbrəl] *bnw* ❶ wervel- ❷ gewerveld, vertebraal
vertebrate ['vɜ:tɪbrət] I *zn* biol gewerveld dier, vertebraat II *bnw* ❶ gewerveld ❷ met ruggengraat (figuurlijk)
vertex ['vɜ:teks] *zn* [mv: **vertices**] ❶ (top)punt, kruin ❷ hoekpunt
vertical ['vɜ:tɪkl] I *zn* ❶ loodlijn ❷ verticaal vlak II *bnw* verticaal, loodrecht ★ *~ angle* overstaande hoek, tophoek
vertices ['vɜ:tɪsi:z] *zn mv* → **vertex**
vertiginous [və'tɪdʒɪnəs] *bnw* duizelingwekkend
vertigo ['vɜ:tɪgəʊ] *zn* duizeling 〈vooral door hoogtevrees veroorzaakt〉
verve [vɜ:v] *zn* geestdrift, vuur
very ['verɪ] I *bnw* ❶ waar, echt ★ *they were her very words* dat was letterlijk wat ze zei ❷ juist, precies ★ *in this very room* in deze (zelfde) kamer ★ *he snatched it from under my very eyes* hij griste het vlak onder m'n ogen weg ★ *you are the very man I want* je bent juist de man die ik hebben moet ★ *he is the very picture of his mother* hij is precies z'n moeder ❸ enkel, alleen al ★ *the very fact that you lie...* het feit dat je liegt alleen al... ★ *his very pupils say this* z'n eigen leerlingen zeggen het ★ *it's the very minimum you can do* het is het allerminste wat je kunt doen II *bijw* ❶ aller- ❷ zeer, heel ★ *they did their very best* ze deden hun uiterste best ★ *I was very pleased* ik vond het buitengewoon aardig ★ *the very last drop* de allerlaatste druppel
vesicle ['vesɪkl] *zn* blaar, blaasje
vesper ['vespə] *zn* ❶ vesper ❷ oud avond ★ *Vesper*

Avondster

vessel ['vesəl] *zn* ❶ vat, bloedvat ❷ vaartuig, schip

vest [vest] I *zn* ❶ USA vest ★ *a bullet-proof vest* een kogelvrij vest ❷ GB (onder)hemd II *ov ww* ❶ bekleden (met macht) ★ *he was vested with power* hij was bekleed met macht ❷ begiftigen ★ *be vested in* berusten bij ⟨van bevoegdheid, macht⟩ ★ *vested rights* onvervreemdbare rechten

vestibule ['vestɪbju:l] *zn* ❶ vestibule, portaal ⟨van kerk⟩ ❷ voorhof ⟨ook van oor⟩

vestige ['vestɪdʒ] *zn* spoor, overblijfsel

vestment ['vestmənt] *zn* (ambts)gewaad, priestergewaad

vest-pocket *bnw* ❶ USA in zakformaat ❷ miniatuur

vestry ['vestrɪ] *zn* sacristie, consistoriekamer

vet [vet] I *zn* ❶ → **veterinarian** ❷ → **veteran** II *ov ww* behandelen, grondig onderzoeken ★ *people working with children are vetted* mensen die met kinderen werken, worden gescreend

vetch [vetʃ] *zn* wikke

veteran ['vetərən] I *zn* ❶ veteraan ❷ oud-militair ★ ~ *car* antieke auto II *bnw* ❶ oud, ervaren ❷ vergrijsd in de dienst

veterinarian [vetərɪ'neərɪən] *zn* USA dierenarts, veearts

veterinary ['vetərɪnərɪ] *bnw* veterinair, diergeneeskundig ★ GB ~ *surgeon* dierenarts

veto ['vi:təʊ] I *zn* veto, verbod II *ov ww* verbieden ★ *they have the right to veto* ze hebben het recht om het te verwerpen

vex [veks] *ov ww* plagen, ergeren, hinderen ★ *he was vexed at it* hij ergerde zich erover ★ *a vexed question* veel besproken kwestie

vexation [vek'seɪʃən] *zn* plagerij, kwelling, ergernis

vexatious [vek'seɪʃəs] *bnw* hinderlijk, ergerlijk, verdrietig

vexing ['veksɪŋ] *bnw* plagend, vervelend, ergerlijk

VHF *afk, Very High Frequency* FM

via [vaɪə] *vz* via

viability [vaɪə'bɪlətɪ] *zn* ❶ levensvatbaarheid ❷ uitvoerbaarheid ⟨financieel⟩

viable ['vaɪəbl] *bnw* levensvatbaar, uitvoerbaar ⟨financieel⟩

viaduct ['vaɪədʌkt] *zn* viaduct

vial ['vaɪəl] *zn* medicijnflesje

vibes [vaɪbz] *zn mv, inform vibrations* uitstraling van gevoelens ★ *fig bad* ~ slechte vibraties, slechte sfeer

vibrant ['vaɪbrənt] *bnw* vibrerend, trillend (**with** van)

vibrate [vaɪ'breɪt] I *ov ww* doen slingeren, doen trillen II *onov ww* ❶ slingeren, schommelen ❷ vibreren, trillen

vibration [vaɪ'breɪʃən] *zn* trilling, vibratie

vibrator [vaɪ'breɪtə] *zn* vibrator

vibratory ['vaɪbrətərɪ] *bnw* trillend

vicar ['vɪkə] *zn* predikant, dominee ⟨anglicaanse Kerk⟩

vicarage ['vɪkərɪdʒ] *zn* het huis van de predikant

vicarious [vɪ'keərɪəs] *bnw* ❶ plaatsvervangend, voor anderen gedaan ❷ gedelegeerd

vice [vaɪs] I *zn* ❶ verdorvenheid, fout, gebrek,

ondeugd ❷ inform vice president ❸ techn bankschroef ★ *he held her in a vice* hij hield haar in een ijzeren greep vast II *bijw* ★ *vice versa* vice versa

vice- [vaɪs] *voorv* vice-, plaatsvervangend

vice-chair *zn* vicepresidentschap

vice-chairman *zn* vicevoorzitter

vicegerent [vaɪs'dʒerənt] I *zn* plaatsvervanger II *bnw* plaatsvervangend

viceregal [vaɪs'ri:gl] *bnw* van een onderkoning

viceroy ['vaɪsrɔɪ] *zn* onderkoning

vice squad *zn* zedenpolitie

vicinity [vɪ'sɪnətɪ] *zn* buurt, nabijheid

vicious ['vɪʃəs] *bnw* ❶ lit (moreel) slecht ❷ nijdig, boosaardig, venijnig ★ ~ *criticism* boosaardige kritiek ❸ wreed, vals ⟨hond⟩

vicious circle *zn* vicieuze cirkel

vicissitudes [vɪ'sɪsɪtju:dz] *zn mv* wederwaardigheden, lotgevallen ★ ~ *of fortune* de wisselvalligheden van succes

vicissitudinous [vɪsɪsɪ'tju:dɪnəs] *bnw* wisselvallig

victim ['vɪktɪm] *zn* (slacht)offer ★ *fall (a)* ~ *to* het slachtoffer worden van

victimize, victimise ['vɪktɪmaɪz] *ov ww* tot slachtoffer maken

victor ['vɪktə] *zn* overwinnaar

Victorian [vɪk'tɔ:rɪən] *bnw* ❶ victoriaans ⟨uit de tijd van koningin Victoria⟩ ❷ victoriaans ⟨preuts, hypocriet⟩

victorious [vɪk'tɔ:rɪəs] *bnw* zegevierend

victory ['vɪktərɪ] *zn* overwinning

victual ['vɪtl] *zn oud* ★ ~*s* proviand, levensmiddelen

video ['vɪdɪəʊ] I *zn* ❶ video ⟨recorder⟩ ❷ video ⟨cassette⟩ ❸ video ⟨clip⟩ II *ov ww* op video opnemen

videophone ['vɪdɪəʊfəʊn] *zn* beeldtelefoon

vie [vaɪ] *onov ww* wedijveren

Vienna [vɪ'enə] I *zn* Wenen II *bnw* Wener

Viennese [vɪə'ni:z] I *zn* Weense(n), Wener(s) II *bnw* Wener-, Weens

view [vju:] I *zn* ❶ (ver)gezicht, uitzicht ❷ beschouwing, bezichtiging ★ *leave out of view* buiten beschouwing laten ★ *on view* te kijk, te bezichtigen, ter controle ★ *in view of* in aanmerking genomen, gezien ❸ gezichtskring ★ *in view* in het gezicht, zichtbaar ❹ standpunt, idee, denkbeeld ★ *point of view* standpunt ❺ bedoeling ★ *with the view of* met de bedoeling om ★ *with a view to* met het oog op ★ *have views upon* 'n oogje hebben op ★ *have in view* op het oog hebben ❻ prentbriefkaart, kiekje ★ *to the view* openbaar II *ov ww* bekijken, beschouwen, televisie kijken

viewer ['vju:ə] *zn* ❶ opzichter, inspecteur, kijker ⟨tv⟩ ❷ bezichtiger ⟨om iets te kopen⟩ ❸ zoeker

viewfinder ['vju:faɪndə] *zn* zoeker

viewpoint ['vju:pɔɪnt] *zn* ❶ standpunt ❷ gezichtspunt

vigil ['vɪdʒɪl] *zn* ❶ vigilie, (nacht)wake ❷ dag vóór een heiligendag ⟨vooral vastendag⟩ ★ *keep* ~ waken

vigilance ['vɪdʒɪləns] *zn* ❶ omzichtigheid, waakzaamheid ❷ med slapeloosheid

vigilant ['vɪdʒɪlənt] *bnw* omzichtig, waakzaam

vigilante [vɪdʒɪ'læntɪ] *zn* ❶ lid van de vrijwillige

burgerwacht ❷ nachtwacht ★ *neighbourhood* ~ buurtpreventie

vignette [vɪˈnjet] *zn* ❶ vignet ❷ tafereeltje ❸ karakterschets ⟨figuurlijk⟩

vigorous [ˈvɪɡərəs] *bnw* ❶ krachtig, vitaal, energiek ❷ fig gespierd ⟨van stijl⟩

vigour [ˈvɪɡə] *zn* kracht, gezondheid, vitaliteit, activiteit

vile [vaɪl] *bnw* ❶ walgelijk, verdorven, gemeen ❷ afschuwelijk, vies ⟨weer of sigaar⟩

vilification [vɪlɪfɪˈkeɪʃən] *zn* laster

vilify [ˈvɪlɪfaɪ] *ov ww* belasteren, beschimpen

villa [ˈvɪlə] *zn* villa

village [ˈvɪlɪdʒ] *zn* dorp ★ ~ *green* dorpsplein, dorpswei, brink

villager [ˈvɪlɪdʒə] *zn* dorpsbewoner

villain [ˈvɪlən] *zn* ❶ schurk ❷ iron rakker ❸ gesch horige

villainous [ˈvɪlənəs] *bnw* ❶ schurkachtig, gemeen ❷ abominabel

villainy [ˈvɪlənɪ] *zn* schurkerij

villein [ˈvɪlɪn] *zn* horige

vindicate [ˈvɪndɪkeɪt] *ov ww* ❶ bewijzen ★ *the new study ~s the report* de nieuwe studie bewijst de juistheid van het rapport ❷ van verdenking / blaam zuiveren, rehabiliteren ★ *this information ~s the report* deze informatie rechtvaardigt het rapport ❸ verdedigen, rechtvaardigen ★ *has ~d to himself a place in literature* heeft zich een plaats weten te verwerven in de letterkunde

vindication [vɪndɪˈkeɪʃən] *zn* ❶ rechtvaardiging ❷ rehabilitatie

vindictive [vɪnˈdɪktɪv] *bnw* rancuneus, wraakgierig ★ jur ~ *(of exemplary) damages* boete opgelegd als straf en schadevergoeding

vine [vaɪn] *zn* ❶ wijnstok ❷ klimplant

vinegar [ˈvɪnɪɡə] *zn* azijn ★ *balsamic* ~ balsamicoazijn

vinegary [ˈvɪnɪɡərɪ] *bnw* ook fig azijnachtig, zuur

vinery [ˈvaɪnərɪ] *zn* druivenkas

vineyard [ˈvɪnjəːd] *zn* wijngaard

viniculture [ˈvɪnɪkʌltʃə] *zn* wijnbouw

vinous [ˈvaɪnəs] *bnw* wijn-, wijnachtig

vintage [ˈvɪntɪdʒ] I *zn* ❶ wijnoogst ❷ wijn uit bepaald jaar ❸ merk, gehalte, kwaliteit, soort ★ *a meat pie of dubious* ~ een vleespastei van een twijfelachtige kwaliteit II *bnw* ❶ van bepaald jaar ⟨kwaliteitsaanduiding van wijn e.d.⟩ ❷ klassiek ★ ~ *car* oldtimer, klassieke auto ★ ~ *wine* zeer goede wijn ⟨van bepaald jaar⟩

vintner [ˈvɪntnə] *zn* wijnhandelaar

vinyl [ˈvaɪnəl] *zn* vinyl

viol [ˈvaɪəl] *zn* viola

viola [vɪˈəʊlə] *zn* ❶ muz altviool ❷ plantk viooltje

violate [ˈvaɪəleɪt] *ov ww* ❶ overtreden ❷ breken ⟨van gelofte⟩ ❸ onteren, ontwijden, schenden

violation [vaɪəˈleɪʃən] *zn* ❶ overtreding ❷ schennis, inbreuk

violator [ˈvaɪəleɪtə] *zn* overtreder, schender

violence [ˈvaɪələns] *zn* geweld(dadigheid), gewelddaad ★ *do / use* ~ *to* geweld aandoen ★ *domestic* ~ huiselijk geweld

violent [ˈvaɪələnt] *bnw* ❶ gewelddadig ❷ hevig, heftig ❸ hel ⟨van kleur⟩ ★ *die a* ~ *death* gewelddadige dood sterven ★ *lay* ~ *hands on o.s.* de hand aan zichzelf slaan

violet [ˈvaɪələt] I *zn* plantk viooltje ★ *African* ~ Kaaps viooltje II *bnw* violet

violin [vaɪəˈlɪn] *zn* viool

violinist [vaɪəˈlɪnɪst] *zn* violist

violist [ˈvaɪəlɪst] *zn* altist

violoncellist [vaɪələnˈtʃelɪst] *zn* cellist

violoncello [vaɪələnˈtʃeləʊ] *zn* cello, violoncel

VIP *afk, Very Important Person* vip, zeer belangrijk persoon

viper [ˈvaɪpə] *zn* adder

viperish [ˈvaɪpərɪʃ] *bnw* ❶ venijnig ❷ fig adderachtig

virago [vɪˈrɑːɡəʊ] *zn* feeks

Virgil [ˈvɜːdʒɪl] *zn* Vergilius, Virgil

virgin [ˈvɜːdʒɪn] I *zn* maagd ★ *the Blessed Virgin* de Heilige Maagd ★ *the Virgin Mother* de Heilige Maagd Maria, de Moedermaagd ★ *the Virgin Queen* koningin Elizabeth I II *bnw* ❶ maagdelijk ❷ onbevlekt, ongerept ❸ onbetreden ⟨gebied⟩ ❹ gedegen ⟨metaal⟩ ★ *extra* ~ extra virgine ⟨(olijfolie) uit eerste persing⟩

virginal [ˈvɜːdʒɪnl] *bnw* maagdelijk

virginhood [ˈvɜːdʒɪnhʊd], **virginity** [vəˈdʒɪnətɪ] *zn* maagdelijkheid, kuisheid

Virgo [ˈvɜːɡəʊ] *zn* Maagd ⟨sterrenbeeld⟩

viridescent [vɪrɪˈdesənt] *bnw* groenachtig

virile [ˈvɪraɪl] *bnw* ❶ mannelijk, manmoedig, krachtig ❷ form fors

virility [vɪˈrɪlətɪ] *zn* mannelijkheid

virtu [vɜːˈtuː] *zn* ❶ liefde voor / kennis van de kunst ❷ kunstwaarde ★ *articles of* ~ kunstvoorwerpen

virtual [ˈvɜːtʃʊəl] *bnw* virtueel, schijnbaar, potentieel (aanwezig)

virtuality [vɜːtʃʊˈælətɪ] *zn* ❶ wezen, essentie ❷ latent vermogen

virtually [ˈvɜːtʃʊəlɪ] *bijw* zo goed als ★ *it is ~ completed* het is zo goed als voltooid

virtue [ˈvɜːtʃuː] *zn* ❶ deugd(zaamheid) ★ *make a ~ of necessity* van de nood een deugd maken ❷ (genees)kracht ★ *by / in* ~ *of* krachtens ❸ (goede) eigenschap

virtuosi [vɜːtʃʊˈəʊsiː] *zn mv* → **virtuoso**

virtuosity [vɜːtʃʊˈɒsətɪ] *zn* ❶ virtuositeit ❷ virtuozen, kunstkenners

virtuoso [vɜːtʃʊˈəʊsəʊ] *zn* [mv: **virtuosi**] ❶ kunstkenner ❷ virtuoos

virtuous [ˈvɜːtʃʊəs] *bnw* deugdzaam

virulence [ˈvɪrʊləns] *zn* ❶ kwaadaardigheid ❷ heftigheid, giftigheid ★ *he spoke with great* ~ hij sprak met grote heftigheid

virulent [ˈvɪrʊlənt] *bnw* ❶ vergiftig, kwaadaardig ❷ hevig, heftig

virus [ˈvaɪərəs] *zn* ❶ virus ⟨ook met betrekking tot computers⟩, (ver)gif, smetstof ❷ fig kwaadaardigheid, gif

virus scanner *zn* comp virusscanner

visa [ˈviːzə] *zn* visum

visage [ˈvɪzɪdʒ] *zn* gelaat

vis-à-vis [ˈviːzɑːˈviː] I *zn* ❶ tegenhanger ❷ gesprek onder vier ogen ❸ USA partner II *bijw* recht tegenover elkaar III *vz* vis-à-vis, (recht) tegenover

viscera [ˈvɪsərə] *zn* inwendige organen

visceral [ˈvɪsərəl] *bnw* ❶ ingewands- ❷ inwendig

viscid [ˈvɪsɪd] *bnw* kleverig

viscose ['vɪskəʊz] *zn* viscose

viscosity [vɪ'skɒsɪti] *zn* viscositeit, kleverigheid

viscount ['vaɪkaʊnt] *zn* burggraaf

viscountess [vaɪkaʊn'tɪs] *zn* burggravin

viscous ['vɪskəs] *bnw* kleverig, taai

visibility [vɪzə'bɪlɪti] *zn* zichtbaarheid ★ ~ *good* zicht goed ⟨in verkeersinformatie of weerbericht⟩

visible ['vɪzɪbl] **I** *zn* iets zichtbaars **II** *bnw* ❶ zichtbaar ❷ duidelijk, merkbaar ★ *his love is clearly ~* zijn liefde is duidelijk merkbaar

visibly ['vɪzɪblɪ] *bijw* zichtbaar, zienderogen

Visigoth ['vɪzɪgɒθ] *zn* West-Goot

Visigothic [vɪzɪ'gɒθɪk] *bnw* West-Gotisch

vision ['vɪʒən] *zn* ❶ visie, inzicht ❷ gezichtsvermogen, het zien ❸ visioen, verschijning

visional ['vɪʒənəl] *bnw* ❶ visionair ❷ ingebeeld

visionary ['vɪʒənərɪ] **I** *zn* ❶ ziener ❷ fantast **II** *bnw* ❶ fantastisch ❷ ingebeeld

visit ['vɪzɪt] **I** *zn* ❶ bezoek ★ *domiciliary ~* huisbezoek, huiszoeking ★ *flying ~* bliksembezoek ❷ inspectie, visitatie ❸ USA praatje **II** *ov ww* ❶ bezoeken ★ *~ing hours* bezoekuren ❷ inspecteren ❸ visiteren ★ *~ed* behekst ❹ form rel ~ (up)on wreken **III** *onov ww* ❶ USA een praatje maken ❷ logeren ★ *they ~ at my house* ze logeren bij me / bij me thuis

visitant ['vɪzɪtnt] *zn* ❶ trekvogel ❷ form bezoeker

visitation [vɪzɪ'teɪʃən] *zn* ❶ visitatie, huisbezoek ⟨van geestelijke⟩, inspectie ❷ bezoeking, al te lang bezoek

visiting ['vɪzɪtɪŋ] *bnw* bezoek-, gast- ★ *I am not on ~ terms with him* ik kom niet bij hem thuis ★ sport ~ *team* gasten

visiting card *zn* visitekaartje

visitor ['vɪzɪtə] *zn* ❶ gast, bezoeker ❷ inspecteur ★ *~s' book* gastenboek ⟨in hotel⟩

visor ['vaɪzə] *zn* vizier ⟨van helm⟩, klep ⟨van pet⟩, scherm voor ogen, zonneklep van auto

vista ['vɪstə] *zn* ❶ vergezicht ❷ perspectief

visual ['vɪʒʊəl] **I** *zn* comm beeld **II** *bnw* ❶ visueel, gezichts-, oog- ❷ zichtbaar ★ ~ *arts* beeldende kunsten ★ *we witnessed it ~ly* we waren er ooggetuigen van

visualization, visualisation [vɪʒʊələr'zeɪʃən] *zn* visualisatie, verbeelding

visualize, visualise ['vɪʒʊəlaɪz] *ov ww* visualiseren, verbeelden

visualizer, visualiser ['vɪʒʊəlaɪzə] *zn* ❶ (reclame)ontwerper ❷ visualizer ⟨projecteert afbeeldingen uit boek⟩

visually impaired [vɪʒʊəlɪ ɪm'peəd] **I** *bnw* slechtziend **II** *zn* ★ *the ~* de slechtzienden

vital ['vaɪtl] *bnw* ❶ levens-, vitaal ❷ noodzakelijk, essentieel ★ med ~ *signs* levensfuncties ⟨vnl. hartslag, bloeddruk⟩ ★ ~ *parts* edele delen ★ ~ *statistics* bevolkingsstatistiek

vitality [var'tælətɪ] *zn* vitaliteit, levensvatbaarheid, levenskracht

vitamin ['vɪtəmɪn] *zn* vitamine

vitiate ['vɪʃɪeɪt] *ov ww* ❶ bederven ⟨van lucht⟩ ❷ vervalsen ⟨van waarheid⟩, ongeldig maken ⟨van document⟩

viticulture ['vɪtɪkʌltʃə] *zn* wijnbouw

vitreous ['vɪtrɪəs] *bnw* glasachtig, glas-, glazen

★ ~ *china* glasporselein

vitrify ['vɪtrɪfaɪ] **I** *ov ww* in glas doen veranderen **II** *onov ww* in glas veranderd worden

vitriol ['vɪtrɪəl] *zn* ❶ vitriool ❷ sarcasme

vitriolic [vɪtrɪ'ɒlɪk] *bnw* ❶ vitriool- ❷ sarcastisch, sardonisch, bijtend ★ ~ *remark* sarcastische opmerking

vituperate [vɪ'tju:pəreɪt] *ov ww* ❶ (be)schimpen ❷ (uit)schelden

vituperation [vaɪtju:pər'eɪʃən] *zn* geschimp, scheldwoorden

vivacious [vɪ'veɪʃəs] *bnw* levendig, opgewekt

vivacity [vɪ'væsətɪ] *zn* opgewektheid

vivarium [var'veərɪəm] *zn* [mv: **vivaria**] aquarium, terrarium

vivid ['vɪvɪd] *bnw* levendig, helder ⟨van kleur of licht⟩

vivify ['vɪvɪfaɪ] *ov ww* levend maken, bezielen, opwekken

viviparous [vɪ'vɪpərəs] *bnw* levendbarend

vivisection [vɪvɪ'sekʃən] *zn* vivisectie

vixen ['vɪksən] *zn* ❶ wijfjesvos ❷ feeks, helleveeg

vixenish ['vɪksənɪʃ] *bnw* feeksachtig

viz. [vɪz] *afk, videlicet* namelijk

VJ *afk, muz* video jockey vj, videojockey

vocable ['vəʊkəbl] *zn* woord

vocabulary [və'kæbjʊlərɪ] *zn* woordenlijst, woordenschat

vocal ['vəʊkl] **I** *zn* klinker(teken), vocaal, zang **II** *bnw* ❶ stem-, mondeling, vocaal ★ ~ *ligaments* stembanden ★ ~ *performer* stemkunstenaar ❷ luid(ruchtig), stemhebbend ⟨fonetiek⟩ ★ ~ *with* weerklinkend van

vocalic [və'kælɪk] *bnw* klinker-

vocalist ['vəʊkəlɪst] *zn* zanger(es)

vocalize, vocalise ['vəʊkəlaɪz] *ov+onov ww* ❶ iron spreken, zingen, schreeuwen ❷ stemhebbend maken

vocation [və'keɪʃən] *zn* ❶ roeping ★ *he has never had the sense of ~* hij heeft nooit echt roeping gevoeld ❷ beroep ★ *he mistook his ~* hij heeft het verkeerde beroep gekozen

vocational [və'keɪʃənl] *bnw* ❶ roepings- ❷ beroepsopleiding ★ ~ *guidance* beroepskeuzebegeleiding ★ ~ *teacher* vakonderwijzer

vociferate [və'sɪfəreɪt] **I** *onov ww* schreeuwen, brullen, razen **II** *ov ww* schreeuwen ★ *he was vociferating curses* hij schreeuwde vloeken

vociferation [vəʊsɪfə'reɪʃən] *zn* geschreeuw

vociferous [və'sɪfərəs] *bnw* uitbundig

vodka ['vɒdkə] *zn* wodka

vogue [vəʊg] *zn* het algemeen in gebruik zijn, mode, populariteit, trek ★ *be in / the ~* erg in de mode zijn ★ *out of ~* uit de mode

voice [vɔɪs] **I** *zn* ❶ stemhebbende klank, stem, spraak, geluid, geschreeuw, inspraak ★ *a ~ in the matter* inspraak hebben ★ *give ~ to* uiting geven aan ★ *raise your ~* je stem verheffen ★ *be in ~* goed bij stem zijn ★ *be out of ~* niet bij stem zijn ★ *with one ~* eenstemmig ❷ grammaticale vorm ★ *active / passive ~* bedrijvende / lijdende vorm **II** *ov ww* uitdrukking geven aan ⟨gevoelens⟩, weergeven

voice box *zn* strottenhoofd

voiced [vɔɪst] *bnw* ❶ met stem ❷ taal

vo

stemhebbend ⟨fonetiek⟩
voiceless ['vɔɪsləs] *bnw* ❶ stemloos ❷ monddood
voice-over *zn* voice-over, commentaarstem
void [vɔɪd] **I** *zn* ❶ leegte ❷ (ledige) ruimte ★ *talk in the void* in de ruimte praten **II** *bnw* ❶ ongeduldig, nietig ⟨van contract⟩ ❷ onbezet, ledig ★ *fall void* vacant komen ★ *void of* zonder ★ *void of sense* zonder zin of betekenis ❸ *form* nutteloos **III** *ov ww* ❶ ongeldig maken / verklaren ★ *the marriage was declared void* het huwelijk werd ongeldig verklaard ❷ ledigen ❸ lozen ⟨van urine⟩ ❹ ontlasten
voidable ['vɔɪdəbl] *bnw* jur vernietigbaar
vol. *afk, volume* volume ⟨deel uit reeks⟩
volatile [vɒlə'tɪlaɪt] *bnw* ❶ vluchtig ⟨vloeistoffen⟩ ❷ kortstondig, snel, voorbijgaand ⟨van computergeheugen⟩ ❸ veranderlijk, wispelturig
volcanic [vɒl'kænɪk] *bnw* vulkanisch
volcano [vɒl'keɪnəʊ] *zn* vulkaan ★ *an active ~* een werkende vulkaan
vole [vəʊl] *zn* woelmuis
volition [və'lɪʃən] *zn* (het) willen, wilskracht ★ *by his own ~* uit vrije wil
volley ['vɒlɪ] **I** *zn* ❶ salvo ⟨stroom ⟨figuurlijk⟩, vloed ⟨van woorden⟩ ❸ *sport* volley ⟨bij tennis⟩ **II** *ov ww* ❶ een salvo afvuren ❷ uitstoten ⟨van geluid⟩ ❸ *sport* bal terugslaan vóór hij de grond heeft geraakt ⟨bij tennis⟩ **III** *onov ww* ❶ tegelijk losbarsten ⟨van kanonnen⟩ ❷ losbranden ❸ kronkelen ⟨van rook⟩
volleyball ['vɒlɪbɔːl] *zn* volleybal
volt [vəʊlt] *zn* volt, wending
voltage ['vəʊltɪdʒ] *zn* elektrische spanning ★ *~ regulator* spanningsregelaar
volubility [vɒljʊ'bɪlətɪ] *zn* welbespraaktheid
voluble ['vɒljʊbl] *bnw* ❶ woordenrijk, rad van tong ❷ *plantk* kronkelend
volume ['vɒljuːm] *zn* ❶ volume, geluidssterkte ❷ omvang, massa ★ *~ of traffic* verkeersaanbod ★ *~s of smoke* massa (opkringelende) rook ❸ boekdeel, schriftrol ❹ jaargang
volume control *zn* volumeregelaar
volume discount econ *zn* kwantumkorting
voluminous [və'ljuːmɪnəs] *bnw* ❶ uit vele delen bestaande ❷ productief ⟨schrijver⟩ ❸ omvangrijk, lijvig
voluntarism ['vɒləntərɪzəm] *zn* principe dat bepaalde sociale taken door vrijwilligers worden uitgevoerd
voluntary ['vɒləntərɪ] **I** *bnw* ❶ vrijwillig ★ *~ work* onbetaald werk ❷ gecontroleerd ⟨van spierbeweging⟩ **II** *zn* ❶ vrijwillige bijdrage (in wedstrijd of werk) ❷ *muz* geïmproviseerd tussenspel (in kerk)
volunteer [vɒlən'tɪə] **I** *zn* ❶ vrijwillig ❷ vrijwilligers- ❸ *plantk* vanzelf opkomend **II** *ov ww* ten beste geven ★ *we ~ed our services* we boden vrijwillig onze diensten aan **III** *onov ww* zich als vrijwilliger aanbieden **IV** *zn* vrijwilliger
voluptuary [və'lʌptʃʊərɪ] **I** *zn* wellusteling **II** *bnw* wellustig
voluptuous [və'lʌptʃʊəs] *bnw* weelderig ⟨van vormen⟩, wellustig, wulps
vomit ['vɒmɪt] **I** *zn* braaksel **II** *ov ww* (uit)braken **III** *onov ww* braken

voodoo ['vuːduː] **I** *zn* toverij **II** *ov ww* USA beheksen
voracious [və'reɪʃəs] *bnw* gulzig, vraatzuchtig
voracity [və'ræsətɪ] *zn* gulzigheid, vraatzuchtigheid
vortex ['vɔːteks] *zn* [mv: **vortices**] draaikolk, maalstroom
Vosges [vəʊʒ] *zn* ★ *the ~* de Vogezen
vote [vəʊt] **I** *onov ww* ❶ pol stemmen ❷ voorstellen ★ *I vote that we go* ik stel voor dat we vertrekken ❸ **~ down** verwerpen ⟨van maatregelen⟩, overstemmen ❹ **~ for** stemmen voor, stemmen op ❺ **~ out** door stemmen uitsluiten ⟨van persoon⟩ ❻ **~ in** verkiezen ★ *they voted him in* hij werd verkozen **II** *zn* ❶ pol stem(ming) ★ *by ten votes* met een meerderheid van tien stemmen ★ *put to a / the vote* in stemming brengen ★ *come to a / the vote* tot stemming overgaan ★ *he was within a vote of obtaining the post* het scheelde maar één stem of hij had de baan gekregen ★ *they took a vote on it* ze lieten erover stemmen ★ *vote of censure* motie van wantrouwen ★ *vote in supply* toegestane gelden ★ *a vote of this amount was passed* dit bedrag werd gevoteerd ❷ stembriefje ❸ stemrecht
voter ['vəʊtə] *zn* kiezer, stemgerechtigde
votive ['vəʊtɪv] *bnw* votief, gelofte-
vouch [vaʊtʃ] **I** *ov ww* staven ⟨van bewering⟩ **II** *onov ww* getuigen ❷ **~ for** instaan voor
voucher ['vaʊtʃə] *zn* ❶ bon, cadeaubon, (waarde)coupon ❷ bonnetje, reçu, declaratie ⟨voor vergoeding⟩
vouchsafe [vaʊtʃ'seɪf] *ov ww* ❶ *form* zich verwaardigen toe te geven / staan ★ *they ~d me a visit* zij verwaardigden zich mij een bezoek te brengen ❷ verzekeren, garanderen
vow [vaʊ] **I** *zn* eed, gelofte ★ *be under a vow* zich plechtig hebben verbonden ★ *take the vow(s)* kloostergelofte afleggen **II** *ov ww* ❶ zweren ★ *'never again!', he vowed* 'nooit weer!', zwoer hij ❷ *form* **~ to** wijden aan ★ *he vowed himself to God* hij wijdde zich aan God
vowel ['vaʊəl] *zn* klinker(teken) ★ *~ gradation* ablaut ★ *~ mutation* umlaut
voyage ['vɔɪdʒ] **I** *zn* lit (zee)reis ★ *ook fig ~ of discovery* ontdekkingsreis **II** *ov ww* bevaren **III** *onov ww* reizen
voyager ['vɔɪdʒə] *zn* reiziger, zeevaarder
voyeur [vwɑː'jɜː] *zn* gluurder, voyeur
VP *afk, Vice-President* vicepresident
VR *afk, Victoria Regina* koningin Victoria
vs *afk, versus* tegen
VS *afk, veterinary surgeon* dierenarts
VSOP *afk, Very Special Old Pale* VSOP (ouderdomsaanduiding van cognac)
VT *afk, Vermont* staat in de VS
vulcanite ['vʌlkənaɪt] *zn* eboniet
vulcanize, vulcanise ['vʌlkənaɪz] *ov ww* vulkaniseren
vulgar ['vʌlgə] *bnw* ❶ volks-, gewoon-, algemeen bekend ★ *~ superstition* volksbijgeloof ❷ vulgair, ordinair, grof, laag ★ *~ joke* ordinaire grap
vulgarian [vʌl'geərɪən] *bnw* proleterig, ordinair
vulgarisation *zn* GB → **vulgarization**
vulgarise *ww* GB → **vulgarize**

vulgarism ['vʌlgərɪzəm] *zn* ❶ plat gezegde ❷ laag-bij-de-grondse manier van doen
vulgarity [vʌl'gærətɪ] *zn* vulgariteit
vulgarization [vʌlgərar'zeɪʃən] *zn* vulgarisering, popularisatie, verruwing
vulgarize ['vʌlgəraɪz] **I** *ov ww* vulgariseren, populariseren, verruwen **II** *onov ww* vulgair worden
vulgate ['vʌlgeɪt] *zn* omgangstaal
Vulgate ['vʌlgeɪt] *zn* Vulgaat
vulnerability [vʌlnərə'brɪlətɪ] *zn* kwetsbaarheid
vulnerable ['vʌlnərəbl] *bnw* kwetsbaar
vulpine ['vʌlpaɪn] *bnw* ❶ vosachtig, vossen- ❷ listig, sluw, slim
vulture ['vʌltʃə] *zn* gier
vulva ['vʌlvə] *zn* vulva
vying ['vaɪɪŋ] *ww* [teg. deelw.] → **vie**

W

w ['dʌblju:] **I** *zn, letter* w ★ *W as in William* de w van Willem **II** *afk* ❶ *west(ern)* W., westen, westelijk ❷ *watt(s)* W, watt
WA *afk, Washington* staat in de VS
wacko USA *inform bnw* lijp, idioot
wacky ['wækɪ] *inform bnw* idioot, vreselijk excentriek
wad [wɒd] **I** *zn* ❶ prop ❷ vulsel ❸ pakje ⟨bankbiljetten⟩, rolletje **II** *ov ww* ❶ opvullen, met watten voeren ❷ tot een prop maken
wadding ['wɒdɪŋ] *zn* opvulsel, watten
waddle ['wɒdl] **I** *zn* waggelgang **II** *onov ww* waggelen
wade [weɪd] **I** *ov ww* doorwaden **II** *onov ww* ❶ waden, baggeren (door)★ fig *wade through a book* een boek doorworstelen ❷ inform *~ in* tussenbeide komen ❸ inform *~ into* te lijf gaan
wader ['weɪdə] *zn* ❶ waadvogel ❷ lieslaars
wading bird *zn* waadvogel
wading pool USA *zn* pierenbad
wafer ['weɪfə] *zn* ❶ wafel ❷ hostie
wafer-thin *bnw* flinterdun
waffle ['wɒfəl] **I** *zn* ❶ wafel ❷ geklets **II** *onov ww* ❶ GB kletsen ❷ USA weifelen, geen beslissing nemen
waffle iron *zn* wafelijzer
waft [wɒft, wɑːft] **I** *onov ww* zweven, waaien **II** *ov ww* laten zweven, voeren **III** *zn* vleugje, rookwolkje, sliertje
wag [wæg] **I** *ov ww* ❶ heen en weer bewegen, schudden ★ *wag one's finger* de vinger dreigend heen en weer bewegen ★ *wag one's head* met z'n hoofd schudden ❷ kwispelen **II** *onov ww* ❶ heen en weer bewegen / gaan ★ *set the tongues wagging* de tongen in beweging brengen ❷ kwispelen **III** *zn* ❶ schuddende beweging ★ *with a wag of his head* hoofdschuddend ❷ oud grappenmaker
wage [weɪdʒ] **I** *zn* loon ★ *wage(s)* loon ★ *minimum wage* minimumloon **II** *ov ww* voeren ⟨oorlog, campagne⟩ ★ *wage war on* oorlog voeren tegen
waged GB *bnw* ❶ betaald ⟨werk⟩ ❷ met betaald werk, met een inkomen
wage earner *zn* ❶ loontrekker ❷ kostwinner
wage freeze *zn* loonstop
wage packet GB *zn* loonzakje
wager ['weɪdʒə] oud **I** *zn* weddenschap ★ *lay / make a ~* een weddenschap aangaan, wedden **II** *ov ww* (ver)wedden **III** *onov ww* wedden
waggish ['wægɪʃ] oud *bnw* schalks
waggle ['wægl] **I** *ov ww* heen en weer / op en neer bewegen **II** *zn* beweging heen en weer / op en neer, wiebelende beweging
wagon, waggon ['wægən] *zn* ❶ wagen ★ *covered ~* huifkar ★ *a horse-drawn ~* een paard en wagen ❷ GB goederenwagen, wagon ▼ inform *be on the ~* van de blauwe knoop zijn ⟨geen alcohol gebruiken⟩▼ inform *fall off the ~* weer aan de drank gaan
wagtail ['wægteɪl] *zn* kwikstaart
waif [weɪf] *zn* zwervertje, verwaarloosd / dakloos

kind ★ GB *waifs and strays* dakloze kinderen / dieren

wail [weɪl] **I** *ov ww* jammeren **II** *onov ww* ❶ jammeren, weeklagen ❷ huilen, loeien ⟨v. wind, sirene⟩ **III** *zn* ❶ geweeklaag ❷ gehuil, geloei ⟨v. wind, sirene⟩

wainscot ['weɪnskət] GB *oud zn* plint

waist [weɪst] *zn* middel, taille ★ *stripped to the ~* met ontbloot bovenlijf

waistband ['weɪstbænd] *zn* broeksband, rokband

waistcoat ['weɪskəʊt] GB *zn* vest

waist-deep [weɪst'diːp] *bnw + bijw* tot aan het middel

-waisted ['weɪstɪd] *bnw* met een... taille ★ *a slim~ woman* een vrouw met een slanke taille

waist-high *bnw* tot aan het middel

waistline ['weɪstlaɪn] *zn* taille

wait [weɪt] **I** *onov ww* ❶ wachten ★ *wait and see* rustig afwachten, de kat uit de boom kijken ★ *(just) you wait!* wacht maar af! ★ *keep sb waiting* iem. laten wachten ★ *wait a minute / second* wacht eens even ❷ bedienen ⟨aan tafel⟩ ❸ ~ **about/around** blijven / staan wachten, rondhangen ❹ ~ **behind** nog even blijven ❺ ~ **for** wachten op ★ *there's a taxi waiting for you* er staat een taxi voor je klaar ❻ GB ~ **in** thuisblijven ⟨voor een afspraak⟩ ❼ ~ **on** ★ *wait on sb* iemand bedienen ⟨aan tafel⟩ ★ *wait on sth* op iets wachten, iets afwachten ❽ ~ **up** opblijven ⟨tot iemand thuis komt⟩ ★ USA *wait up!* wacht even! **II** *ov ww* ❶ afwachten ⟨je kans, beurt⟩ ❷ bedienen ★ USA *wait tables* kelneren, bedienen ⟨in restaurant⟩ ❸ ~ **out** ★ *wait out the storm* wachten tot de storm voorbij is **III** *zn* wachttijd ★ *we had a long wait for* we moesten lang wachten op ★ *lie in wait for* op de loer liggen voor

waiter ['weɪtə] *zn* kelner ★ *~!* ober! ▼ *dumb ~* etenslift

waiting ['weɪtɪŋ] *zn* ❶ (het) wachten ★ *no ~* verboden stil te staan (en te parkeren) ❷ bediening

waiting game *zn* afwachtende houding ★ *play a / the ~* de kat uit de boom kijken

waiting list *zn* wachtlijst

waiting room *zn* wachtkamer

waitress ['weɪtrəs] *zn* serveerster

waive [weɪv] *ov ww* afstand doen van, afzien van

wake [weɪk] **I** *ov ww* [onregelmatig] ❶ wekken ❷ oproepen ⟨herinneringen, gevoelens⟩ ❸ ~ **up** wakker maken / schudden **II** *onov ww* [onregelmatig] ❶ wakker zijn / worden, waken ❷ ~ **up** wakker worden ★ *wake up to a consciousness / sense that* beginnen in te zien dat **III** *zn* ❶ (nacht)wake ❷ kielzog, kielwater ★ *fig in the wake of* volgend op, in het spoor van

wakeful ['weɪkfʊl] *form bnw* slapeloos, wakker

waken ['weɪkən] **waken up** *form* **I** *ov ww* ❶ wekken, wakker maken / schudden ❷ oproepen ⟨herinneringen, gevoelens⟩ **II** *onov ww* wakker zijn / worden, waken

wake-up call *zn* ❶ waarschuwing ❷ wektelefoontje

waking *bnw* wakker ★ *every ~ hour* elk uur dat je / iemand niet slaapt

walk [wɔːk] **I** *onov ww* ❶ lopen, wandelen ★ *walk up to sb* naar iem. toe lopen, op iem. af lopen ❷ rondwaren ⟨van spook⟩ ❸ *inform* pootjes hebben, verdwijnen ❹ *inform* je baan opzeggen ❺ ~ **about** wandelen, rondlopen ❻ ~ **away** ★ *walk away from* gemakkelijk achter zich laten ★ *walk away with sth* er met iets vandoor gaan ❼ ~ **in** binnenlopen, eens aanlopen ★ *walk in!* binnen zonder kloppen! ★ *walk in on sb* iem. overvallen, onverwachts bij iem. binnenstappen ❽ ~ **into** ★ *walk into sth* ergens tegenaan lopen / botsen ★ *walk into a job* in een baan rollen ★ *walk into a trap* in een val lopen zich te goed doen aan ❾ ~ **off** ⟨kwaad⟩ weglopen, niet meer meedoen **II** *ov ww* met er vandoor gaan met ❿ ~ **on** doorlopen, verder gaan ⓫ ~ **out** het werk neerleggen, staken ★ *walk out of sth* uit iets weglopen ⟨overleg, vergadering⟩ ★ *walk out on sb* iem. in de steek laten ⓬ ~ **over** de vloer aanvegen met, gemakkelijk de overwinning behalen over ★ *don't let them walk all over you* laten niet over je heen lopen, laat niet met je sollen **II** *ov ww* ❶ lopen / wandelen in / op / met ★ *walk sb home* iem. naar huis brengen ★ *walk it* te voet gaan ★ *walk the streets* flaneren, over straat lopen ★ *walk one's legs off* lopen tot men er bij neervalt ★ GB *walk sb off his feet* iem. laten lopen tot hij er bij neervalt ❷ stapvoets doen gaan ⟨paard⟩, laten stappen, uitlaten ★ *walk the dog* de hond uitlaten ❸ ~ **off** eraf lopen, kwijtraken door wandelen **III** *zn* ❶ wandeling ★ *a ten minutes' walk* 10 minuten lopen ★ *go for / take a walk* (gaan) wandelen ❷ manier v. lopen, gang ❸ wandellaan(tje), wandelpad ▼ *walk of life* beroep, positie ▼ *from all walks of life* uit alle rangen en standen

walkabout ['wɔːkəbaʊt] *zn* ❶ rondgang door het publiek ⟨van vorst, politicus⟩ ★ *fig inform have a go* ~ verdwenen zijn, niet te vinden zijn ❷ trek(tocht) van Aboriginals

walker ['wɔːkə] *zn* ❶ voetganger, wandelaar ❷ USA looprek ⟨voor ouderen, kinderen⟩

walkie-talkie [wɔːkɪ'tɔːkɪ] *zn* walkietalkie, draagbare zender

walk-in *bnw* inloop- ⟨kast, spreekuur⟩

walking ['wɔːkɪŋ] **I** *zn* ❶ (het) lopen, (het) wandelen ❷ (het) snelwandelen **II** *bnw* wandelend

walking bus GB *zn* groep schoolkinderen ⟨van / naar school, onder begeleiding van ouders⟩

walking frame *zn* looprek

walking papers USA *zn* ontslag

walking stick *zn* wandelstok

walk-on *bnw* ★ *~ part* figurantenrol

walkout ['wɔːkaʊt] *zn* (het) (kwaad) weglopen ⟨als protest⟩, werkonderbreking

walkover ['wɔːkəʊvə] *zn* gemakkelijke overwinning

walk-up USA *zn* flat / kantoor zonder lift

walkway ['wɔːkweɪ] *zn* USA gang, passage, loopbrug ⟨in de lucht, tussen gebouwen⟩

wall [wɔːl] *zn* ❶ wand, muur ★ *blank wall* blinde / kale muur ★ *supporting wall* dragende muur ★ *wall of partition* scheidsmuur ★ *fig be up against a brick wall* tegen een muur aanlopen ★ *within these four walls* binnenskamers ❷ stadswal

▼ *drive sb up the wall* iem. razend maken ▼ <u>GB</u> <u>inform</u> *go / climb up the wall* woedend / gek worden, doordraaien ▼ <u>GB</u> <u>inform</u> *go to the wall* het onderspit delven, failliet gaan ▼ <u>USA</u> <u>inform</u> *off the wall* gek ⟨alleen predicatief⟩ bizar ▼ *be bouncing off the walls* staan te springen ⟨van ongeduld / opwinding⟩ **II** *ov ww* ❶ ~ *in* ommuren ❷ ~ *off* afsluiten met een muur ❸ ~ *up* dichtmetselen ⟨ramen, deuren enz.⟩ opsluiten ⟨gevangene⟩

wallaby ['wɒləbɪ] *zn* wallaby ⟨kleine kangoeroe⟩
wallet ['wɒlɪt] *zn* ❶ portefeuille ❷ <u>GB</u> (opberg)map ⟨voor documenten⟩
wallflower ['wɔːlflaʊə] *zn ook fig* muurbloem(pje)
Walloon [wɒ'luːn] **I** *zn* Waal **II** *bnw* Waals
wallop ['wɒləp] <u>inform</u> **I** *zn* klap, mep, opdonder **II** *ov ww* ❶ hard slaan, afranselen, een mep geven ❷ grondig verslaan, inmaken
walloping ['wɒləpɪŋ] <u>inform</u> **I** *zn* afranseling, pak slaag **II** *bnw* kolossaal
wallow ['wɒləʊ] **I** *onov ww* rollen, rondwentelen ★ ~ *in the mud* (zich) wentelen in de modder ★ ~ *in money* zwemmen in het geld ★ ~ *in self-pity* zwelgen in zelfmedelijden **II** *zn* rondwenteling ⟨in de modder, bad⟩
wall painting ['wɔːlpeɪntɪŋ] *zn* muurschildering, fresco
wallpaper ['wɔːlpeɪpə] **I** *zn* ❶ behang(selpapier) ❷ <u>comp</u> wallpaper, achtergrond ⟨van bureaublad⟩ **II** *ov ww* behangen
wall-to-wall *bnw* ❶ kamerbreed, vast ⟨van vloerbedekking⟩ ❷ <u>inform</u> de hele tijd door, alles opvullend
wally ['wɒlɪ] <u>GB</u> <u>inform</u> *zn* sul, sukkel, idioot
walnut ['wɔːlnʌt] *zn* ❶ walnoot ❷ (wal)notenboom ❸ notenhout
walrus ['wɔːlrəs] *zn* walrus
waltz [wɔːls] **I** *zn* wals ⟨dans⟩ **II** *onov ww* ❶ walsen ❷ banjeren ★ ~ *into the house* zomaar / doodleuk het huis in lopen / banjeren ★ <u>inform</u> ~ *off with sth* er met iets vandoor gaan ★ ~ *through sth* door iets heen rollen ⟨iets moeilijks⟩ **III** *ov ww* walsen met
wan [wɒn] *bnw* ❶ bleek, flets, ziekelijk ❷ zwak, flauw ⟨van licht, glimlach⟩
wand [wɒnd] *zn* ❶ (tover)staf ★ *magic wand* toverstokje ❷ stokje, staafje
wander ['wɒndə] **I** *onov ww* ❶ zwerven, dwalen, ronddolen ❷ afdwalen, van de hak op de tak springen ★ ~ *from the subject* van het onderwerp afdwalen ★ *before my mind starts ~ing* voordat ik met mijn gedachten afdwaal ❸ kronkelen ⟨van weg, rivier⟩ ❹ ~ *about* rondzwerven ❺ ~ *off* rondzwerven, afdwalen **II** *ov ww* ronddolen door, zwerven in / op / door **III** *zn* zwerftocht, eindje lopen ★ *go for / take a* ~ zomaar een eindje gaan lopen, een beetje ronddolen
wanderer ['wɒndərə] *zn* zwerver, (rond)trekker
wanderings ['wɒndərɪŋz] *zn mv* omzwervingen
wanderlust ['wɒndəlʌst] *zn* zwerflust, reislust, treklust
wane [weɪn] **I** *zn* het afnemen ★ *be on the wane* afnemen, tanende zijn, minder worden **II** *onov ww* afnemen ⟨ook van maan⟩, tanen, minder

worden
wangle ['wæŋgl] <u>inform</u> *ov ww* voor elkaar krijgen, gedaan krijgen, bekonkelen, regelen ★ ~ *money out of sb* geld van iem. lospeuteren / ontfutselen ★ ~ *an invitation to a party* een uitnodiging voor een feestje versieren
wank [wæŋk] <u>GB</u> <u>vulg</u> **I** *onov ww* zich aftrekken **II** *ov ww* aftrekken
wanker ['wæŋkə] <u>GB</u> <u>min</u> <u>vulg</u> *zn* rukker
want [wɒnt] **I** *ov ww* ❶ wensen, willen ★ *wanted* gevraagd ⟨in advertentie⟩, gezocht ⟨door de politie⟩ ★ *I want you to do it* ik wil dat jij het doet ★ *I want it done at once* ik wil dat het direct gedaan wordt ❷ <u>inform</u> nodig hebben, vereisen ★ *the door wants painting* de deur moet geverfd worden ❸ <u>inform</u> moeten ★ *you don't want to overdo it* je moet het niet overdrijven ❹ <u>form</u> missen, ontberen **II** *onov ww* ❶ gebrek lijden ★ *let him want for nothing* laat het hem aan niets ontbreken ❷ <u>inform</u> ~ *in* naar binnen willen ⟨van hond, kat⟩, mee willen doen ❸ <u>inform</u> ~ *out* naar buiten willen ⟨van hond, kat⟩, ermee willen stoppen ★ *want out of your relationship* met je relatie willen kappen / stoppen **III** *zn* ❶ behoefte ★ *the wants and needs of our customers* de noden en behoeften van onze klanten ★ *be in want of* nodig hebben ❷ gemis, gebrek ★ *for want of money / a better word* bij gebrek aan geld / een beter woord ❸ – armoede ★ *live in want* in armoede leven
want ad <u>USA</u> advertentie onder 'gevraagd'
wanting ['wɒntɪŋ] *bnw* ❶ ontbrekend ★ *they were ~ in discipline* het ontbrak hun aan discipline, ze misten de discipline ❷ onvoldoende ★ *be found ~* niet aan de verwachtingen blijken te voldoen
wanton ['wɒntən] *bnw* ❶ <u>form</u> moedwillig, zinloos ❷ <u>oud</u> wellustig, wulps ⟨van vrouw⟩
WAP [wɒp] *afk, Wireless Application Protocol* wap ⟨voor het internetten via je mobieltje⟩
war [wɔː] *zn* oorlog *ook fig* ★ *a civil war* een burgeroorlog ★ *a war of nerves* een zenuwenoorlog ★ *a war of words* een woordenstrijd ★ *war to the bitter end* strijd op leven en dood ★ *be at war with* in oorlog zijn met ★ *go to war* ten strijde trekken ★ *make / wage war on* oorlog voeren tegen ★ *the war on drugs / against crime* de strijd tegen drugs / tegen de misdaad ★ <u>inform</u> *he has been in the wars* hij is behoorlijk toegetakeld
warble ['wɔːbl] **I** *onov ww* zingen, slaan ⟨van vogel⟩, kwelen ⟨van mens⟩ **II** *ov ww* zingen ⟨van vogel⟩, kwelen ⟨van mens⟩ **III** *zn* gezang ⟨van vogel⟩, gekweel ⟨van mens⟩
warbler ['wɔːblə] *zn* ❶ zanger ⟨zangvogel⟩ ❷ <u>humor</u> kweler, zanger ⟨mens⟩
war crime *zn* oorlogsmisdaad
war cry *zn* strijdkreet
ward [wɔːd] *zn* ❶ zaal, afdeling ⟨in ziekenhuis⟩ ★ *the children's ward* de kinderafdeling ❷ <u>GB</u> stadsdistrict ❸ <u>jur</u> pupil ⟨van voogd⟩ ★ *ward of court* pupil **II** *ov ww* ~ *off* afweren, behoeden voor, pareren
warden ['wɔːdn] *zn* ❶ beheerder, hoofd ❷ opzichter, wachter ★ *traffic* ~ parkeerwacht ❸ <u>USA</u> gevangenisdirecteur

warder ['wɔːdə] GB *zn* cipier, bewaker

wardrobe ['wɔːdrəʊb] *zn* ❶ kleerkast ❷ garderobe

wardroom ['wɔːdruːm] *zn* officiersmess

ware [weə] *zn* ❶ [meestal mv] ware, koopwaar ⟨ook in samenstellingen⟩ ★ *kitchenware* keukenspullen ★ *sell your wares* je spullen / (koop)waar verkopen ❷ aardewerk

warehouse ['weəhaʊs] I *zn* pakhuis, opslagplaats, magazijn II *ov ww* opslaan

warfare ['wɔːfeə] *zn* oorlog(voering), strijd ★ *biological / chemical ~* biologische / chemische oorlogvoering

war game *zn* ❶ militaire oefening ❷ oorlogsspel ⟨in het echt of op computer⟩

warhead ['wɔːhed] *zn* projectielkop, raketkop ★ *nuclear ~s* kernkoppen

warhorse ['wɔːhɔːs] *zn* ❶ *inform* veteraan, ijzervreter ⟨soldaat⟩, oude rot ⟨politicus⟩ ❷ strijdros

warlike ['wɔːlaɪk] *bnw* oorlogszuchtig, krijgshaftig ★ *~ preparations* voorbereidingen tot oorlog

warlock ['wɔːlɒk] *zn* tovenaar

warlord ['wɔːlɔːd] *zn* krijgsheer

warm [wɔːm] I *bnw* ❶ warm, heet ★ *a warm coat* een warme jas ★ *fig warm colours* warme kleuren ★ *inform you're getting warm / warmer!* je bent warm / warmer! ⟨bij zoekspelletje⟩ ❷ hartelijk, enthousiast ★ *a warm welcome* een hartelijk welkom II *ov ww* ❶ (ver)warmen, warm maken, opwarmen ★ *warm the heart of sb* iem. opvrolijken ❷ ~ **up** warm(er) / gezellig(er) maken, ook *fig* opwarmen ⟨eten, spieren⟩, verwarmen, in de stemming brengen ⟨publiek⟩ ★ *warm up the engine* de motor op temperatuur brengen, de motor laten warmdraaien III *onov ww* ❶ warm worden ❷ ~ **to** ★ *warm to sb* wat gaan voelen voor iem., iem. mogen ★ *warm to sth* enthousiast (beginnen te) raken over iets, warmlopen voor iets ❸ ~ **up** warm(er) / gezellig(er) worden, zich warmlopen, een warming-up doen, warmdraaien IV *bijw inform* warm ★ *wrap up warm* je warm kleden / inpakken V *zn* warmte ★ *come into the warm* kom binnen in de warmte

warm-blooded [wɔːmˈblʌdɪd] *bnw* warmbloedig

warm-down *zn* cooldown ⟨oefeningen om af te koelen⟩

warm-hearted [wɔːmˈhɑːtɪd] *bnw* hartelijk

warming ['wɔːmɪŋ] *zn* ❶ opwarming ★ *global ~* broeikaseffect ❷ het hartelijker worden ⟨van betrekkingen⟩

warmonger ['wɔːmʌŋgə] *zn* oorlogshitser

warmth [wɔːmθ] *zn* ❶ warmte ❷ hartelijkheid

warm-up *zn* warming-up ⟨oefeningen om de spieren los te maken⟩

warn [wɔːn] I *ov ww* ❶ waarschuwen ★ *warn sb of sth* iem. waarschuwen voor iets ★ *warn sb against sth* iem. waarschuwen tegen iets ★ *sport warn sb for dangerous play* iem. een waarschuwing geven voor gevaarlijk spel ❷ ~ **off** ★ *warn sb off* iemand wegjagen ★ *warn sb off smoking cigarettes* iem. waarschuwen geen sigaretten te roken II *onov ww* ❶ ~ **against** waarschuwen tegen ❷ ~ **of** waarschuwen voor

warning ['wɔːnɪŋ] I *zn* waarschuwing ★ *give a final ~* een laatste waarschuwing geven ★ *give advance ~ of sth* van tevoren waarschuwen voor iets II *bnw* waarschuwend ★ *a ~ shot* een waarschuwingsschot

warp [wɔːp] I *ov ww* ❶ doen kromtrekken ❷ vervormen, (verkeerd) beïnvloeden ★ *a warped sense of humour* een (erg) vreemd gevoel voor humor ★ *a warped mind* een verdraaide / verknipte geest II *onov ww* kromtrekken III *zn* ❶ kromming, kromtrekking ❷ schering ⟨bij het weven⟩

warpaint ['wɔːpeɪnt] *zn* ❶ oorlogsbeschildering ⟨van indianen⟩ ❷ humor make-up

warpath ['wɔːpɑːθ] *zn* oorlogspad ★ *inform fig be on the ~* kwaad zijn, ruzie zoeken

warrant ['wɒrənt] I *zn* ❶ bevel(schrift) ★ *~ of arrest* bevel tot inhechtenisneming ★ *a ~ is out against...* er loopt een arrestatiebevel tegen... ★ *a ~ to search the house* een huiszoekingsbevel ❷ machtiging ★ *~ of attorney* notariële volmacht ❸ *form* rechtvaardiging, (rechts)grond ★ *there's no ~ for...* er is geen (goede) reden om... II *ov ww* ❶ rechtvaardigen, wettigen ❷ *form* waarborgen ★ *oud I'll ~ (you)!* daar kun je van op aan!

warrant card GB *zn* identiteitsbewijs van politieagent

warrant officer ['wɒrəntɒfɪsə] *zn* ❶ USA dekofficier ❷ GB ≈ adjudant-onderofficier

warranty ['wɒrəntɪ] *zn* garantie ★ *be still under ~* er nog garantie op hebben, nog onder de garantie vallen

warren ['wɒrən] *zn* ❶ konijnenveld, konijnengebied ⟨met veel holen⟩ ❷ wirwar ⟨van straatjes⟩, doolhof

warring ['wɔːrɪŋ] *bnw* strijdend ⟨partijen⟩

warrior ['wɒrɪə] *zn* krijger

warship ['wɔːʃɪp] *zn* oorlogsschip

wart [wɔːt] *zn* wrat ★ *inform love sb warts and all* van iem. houden zoals hij / zij is, van iem. houden met alle gebreken

warthog ['wɔːthɒg] *zn* wrattenzwijn

wartime ['wɔːtaɪm] I *zn* oorlogstijd II *bnw* oorlogs-, in / onder de oorlog

war-torn *bnw* door oorlog verscheurd

warty ['wɔːtɪ] *bnw* vol wratten

war widow *zn* oorlogsweduwe

wary ['weərɪ] *bnw* behoedzaam, voorzichtig ★ *wary of sth* op zijn hoede voor

was [wɒz, wəz] *ww* [verleden tijd] → be

wash [wɒʃ] I *ov ww* ❶ wassen, nat afnemen ★ *wash the car* de auto wassen ★ *wash your hands* je handen wassen ★ *wash one's hands of* niets te maken willen hebben met ❷ spoelen ★ *be washed up / ashore* aanspoelen ★ *be washed overboard* overboord slaan ★ *wash clean* schoonspoelen ❸ ~ **away** wegspoelen ⟨brug, weg⟩ ❹ ~ **down** wegspoelen ⟨bv. eten met drank⟩, helemaal afnemen ⟨aanrecht⟩ ❺ ~ **off** afspoelen, afwassen ❻ ~ **out** uitwassen, uitspoelen ★ *be / get washed out* niet doorgaan / afgelast worden vanwege de regen ⟨van wedstrijd, evenement⟩ ❼ GB ~ **up** afwassen II *onov ww* ❶ wassen ❷ zich wassen

wa

❸ gewassen kunnen worden ★ *wash well* goed in / tegen de was kunnen ⟨zonder te verkleuren e.d.⟩ ❹ spoelen, stromen ★ *wash ashore* aanspoelen ★ *wash overboard* overboord slaan ❺ ~ **off/out** door wassen eruit gaan ❻ ~ **up** GB de afwas doen, USA zich wassen / opfrissen ▼ *your excuse won't wash* je verontschuldiging houdt geen steek, je excuus wordt niet geloofd / geaccepteerd **III** *zn* ❶ wasbeurt, was ★ *have a wash* zich wassen ★ *your skirt is still in the wash* je rok is nog in de was ❷ het spoelen, golfslag ❸ lotion, (haar)water ❹ laagje verf, muurverf ▼ *it will come out in the wash* het zal wel in orde komen ⟨van probleem⟩ het zal wel boven water komen ⟨van de waarheid⟩

washable ['wɒʃəbl] *bnw* (af)wasbaar
washbasin ['wɒsbersən] *zn* wasbak, vaste wastafel
washboard ['wɒbɔːd] *gesch* *zn* wasbord
washcloth ['wɒʃklɒθ] *zn* USA washandje
washed-out *bnw* ❶ verkleurd, verbleekt ❷ flets, bleek, futloos ❸ weggeslagen ⟨van weg, brug⟩
washed-up *inform* *bnw* afgeschreven, uitgerangeerd, geruïneerd
washer ['wɒʃə] *zn* ❶ sluitring, kraanleertje, pakking(ring) ❷ *inform* wasmachine
washerwoman *zn* wasvrouw
washing ['wɒʃɪŋ] *zn* ❶ was(sen) ★ *do the ~* de was doen ❷ GB wasgoed
washing machine *zn* wasmachine
washing powder *zn* waspoeder, wasmiddel
washing-up [wɒsɪn'ʌp] GB *zn* afwas
washing-up liquid GB *zn* afwasmiddel
washout ['wɒʃaʊt] *zn* ❶ *inform* fiasco, totale mislukking ❷ bres, gat ⟨door waterwerking⟩ ❸ evenement / wedstrijd afgelast vanwege de regen
washroom ['wɒʃruːm] *zn* USA toilet, wc
washstand ['wɒʃstænd] *gesch* *zn* wastafel ⟨met kom en kan water⟩
washtub ['wɒʃtʌb] *gesch* *zn* wastobbe
wasp [wɒsp] *zn* wesp
WASP [wɒsp] *afk, White Anglo-Saxon Protestant* blanke Angelsaksische protestant ⟨geslaagde Amerikaan met Britse / Europese voorouders⟩
waspish ['wɒspɪʃ] *bnw* venijnig, nijdig, prikkelbaar
wastage ['weɪstɪdʒ] *zn* ❶ verkwisting, verspilling ❷ GB verloop ⟨van personeel⟩, uitval ⟨van studenten⟩ ★ *natural ~* natuurlijk verloop
waste [weɪst] **I** *zn* ❶ verkwisting, verspilling ★ *it"s a ~ of time / money* het is tijdverspilling / geldverspilling ★ *it's a ~* het is zonde ★ *go to ~* verloren gaan, weggegooid worden, onbenut blijven ❷ afval ★ *toxic ~(s)* giftig afval ❸ [vaak mv] braakliggend land, wildernis **II** *ov ww* ❶ verkwisten, verspillen, verknoeien, verloren laten gaan ★ *~ your time on* je tijd verspillen aan ★ *~ no time (in) doing sth* iets direct doen ★ *~d money* weggegooid geld ★ *a ~d opportunity / chance* een gemiste kans ★ *~ breath on* woorden verspillen aan ★ *that's ~d on her* dat is aan haar niet besteed ❷ USA *inform* vermoorden, omleggen ❸ USA *inform* inmaken ⟨tegenstander⟩ **III** *onov ww* ~ **away** wegkwijnen, wegteren ▼ *not, want not* wie wat

bewaart die heeft wat **IV** *bnw* ❶ woest, braak(liggend) ⟨van land⟩ ★ *lie ~* braak liggen ❷ afval-, niet meer nodig, afgewerkt ★ ~ *paper* oud papier ★ ~ *water* afvalwater ▼ *lay ~* verwoesten
wastebasket ['weɪstbɑːskɪt] USA *zn* prullenmand
waste disposal *zn* afvalverwerking
wasteful ['weɪstfʊl] *bnw* verkwistend, verspillend ★ *be ~ of* verkwisten
waste-paper basket GB *zn* prullenmand
waster ['weɪstə] *zn* ❶ verkwister, verspiller ⟨ook in samenstellingen⟩ ★ *energy ~* energieverspiller ❷ GB *inform* nietsnut
wastrel ['weɪstrəl] *dicht* *zn* nietsnut
watch [wɒtʃ] **I** *ov ww* ❶ bekijken, kijken (naar) ★ ~ *television / a match* televisie kijken / naar een wedstrijd kijken ❷ in de gaten houden, letten op ★ ~ *your luggage* let op je bagage ★ ~ *the time* de tijd in de gaten houden ★ ~ *it! / yourself!* pas op! ★ ~ *your head here* pas op dat je je hoofd hier niet stoot ★ *we're being ~ed* we worden in de gaten gehouden ★ *a ~ed pot never boils* wachten duurt altijd lang **II** *onov ww* ❶ kijken ❷ ~ **for** uitkijken naar ❸ ~ **out** uitkijken, oppassen, op zijn hoede zijn ❹ ~ **over** waken over **III** *zn* ❶ horloge ❷ wacht, waakzaamheid, hoede ★ *be on ~* op wacht staan ★ *be on the ~ for* op de uitkijk staan naar, op je hoede zijn voor ★ *keep (a) ~* de wacht houden ★ *keep ~ on* in de gaten houden
watchable *bnw* het bekijken waard, genietbaar ⟨van film, tv-programma⟩
watchdog ['wɒtʃdɒg] *zn* ❶ waakhond, toezichthouder ❷ *oud* waakhond
watcher ['wɒtʃə] *zn* waarnemer, kenner ★ *industry / market ~s* kenners / volgers van de industrie / markt
watchful ['wɒtʃfʊl] *bnw* waakzaam ★ *keep a ~ eye on sb / sth* iemand / iets goed in de gaten houden
watchmaker ['wɒtʃmeɪkə] *zn* horlogemaker
watchman ['wɒtʃmən] *oud* *zn* nachtwaker, bewaker
watchstrap ['wɒtʃstræp] GB *zn* horlogebandje
watchtower ['wɒtʃtaʊə] *zn* wachttoren
watchword ['wɒtʃwɜːd] *zn* devies, slogan, leus ★ *quality is our ~* kwaliteit is ons devies, kwaliteit is waar wij voor staan
water ['wɔːtə] **I** *zn* ❶ water ★ *hot en cold running ~* warm en koud stromend water ★ *international / territorial ~s* internationale / territoriale wateren ★ *her ~s broke* haar vliezen braken ⟨voor geboorte van kind⟩ ★ *rel holy ~* wijwater ★ *form by ~* over het water, over zee ★ *pour / throw cold ~ on sth* een demper zetten op iets, iets (be)kritiseren ★ *that doesn't hold ~* dat houdt geen steek, dat gaat niet op ★ *still ~s run deep* stille wateren hebben diepe gronden ★ *stormy / murky ~s* stormachtige / donkere tijden ⟨die er aan komen⟩ ★ *be dead in the ~* totaal mislukt zijn, helemaal in het slop zitten ★ *be in deep ~* in grote moeilijkheden zitten ★ *be in / get into hot ~* in moeilijkheden zitten / komen ★ *it brings ~ to my mouth* het doet me watertanden ★ *that's ~ under the bridge* zand erover, dat is verleden tijd ★ *be (like) ~ of a duck's back* niet het minste

effect hebben ★ fig *of the first ~* van het zuiverste water ★ <u>make</u> *~* lek zijn ★ <u>form</u> *make / pass ~* urineren ★ <u>high / low ~</u> hoog- / laagwater ★ fig *be at low ~* aan de grond zitten, op zwart zaad zitten *(spend money) like ~* (geld uitgeven) als water (in overvloed) ★ *test the ~* de stemming peilen, een proefballonnetje oplaten ★ *tread ~* watertrappelen ★ *white ~* wildwater (in rivier), kolkend / schuimend water (op zee) ▼ *blow out of the ~* wegvagen, van de kaart vegen II *ov ww* ❶ besproeien, besprenkelen, water geven, van water voorzien ❷ aanlengen, ❸ *~* **down** aanlengen, verwateren, verzachten, verbloemen III *onov ww* tranen (van je ogen), wateren ★ *it makes my mouth ~* het doet me watertanden, het water loopt me in de mond

water bird *zn* watervogel

water biscuit GB *zn* cracker

waterborne ['wɔːtəbɔːn] *bnw* ❶ over water vervoerd ❷ door (drink)water overgebracht (ziekte)

water bottle ['wɔːtəbɒtl] *zn* ❶ bidon ❷ veldfles

water butt GB *zn* regenton

water cannon *zn* waterkanon

watercolour, USA **watercolor** ['wɔːtəkʌlə] *zn* ❶ waterverf ❷ aquarel, waterverfschilderij

watercourse ['wɔːtəkɔːs] *form zn* rivier, stroom, kanaal

watercress ['wɔːtəkres] *zn* waterkers

water engineering *zn* waterbouwkunde

waterfall ['wɔːtəfɔːl] *zn* waterval

waterfowl ['wɔːtəfaʊl] *form zn* [mv: id.] watervogel

waterfront ['wɔːtəfrʌnt] *zn* waterkant, wijk / gebied aan het water, havenkwartier ★ *luxury ~ apartments* luxe appartementen aan het water

waterhole ['wɔːtəhoʊl] *zn* poel, drinkplaats

watering can *zn* gieter

watering place *zn* ❶ drinkplaats ❷ <u>oud</u> badplaats, kuuroord

water level ['wɔːtəlevəl] *zn* ❶ waterniveau, waterstand ❷ waterpas

water lily *zn* waterlelie

waterline ['wɔːtəlaɪn] *zn* waterlijn (van schip)

waterlogged ['wɔːtəlɒgd] *bnw* vol van / met water, doorweekt, kletsnat

Waterloo [wɔːtə'luː] *zn* beslissende nederlaag ★ *meet one's ~* (ergens) zijn Waterloo vinden

water main *zn* hoofdwaterleiding

watermark ['wɔːtəmɑːk] I *zn* watermerk II *ov ww* van watermerk voorzien

water meadow ['wɔːtəmedəʊ] *zn* overloopgebied, uiterwaard

watermelon ['wɔːtəmelən] *zn* watermeloen

watermill *zn* watermolen

water pipe *zn* ❶ waterleidingsbuis ❷ waterpijp (om te roken)

water polo *zn* waterpolo

water power *zn* waterkracht

waterproof ['wɔːtəpruːf] I *bnw* waterdicht, waterbestendig II *ov ww* waterdicht maken III *zn* GB regenjas ★ *~s* [mv] regenpak, regenbroek en regenjas

water-repellent *bnw* waterafstotend

water-resistant *bnw* bestand tegen water, waterproof

watershed ['wɔːtəʃed] *zn* ❶ keerpunt, omslag ★ GB *the 9 o'clock ~* negen uur 's avonds (tijdstip waarvoor geen programma's vertoond mogen worden op tv die niet geschikt zijn voor kinderen) ❷ waterscheiding (tussen twee stroomgebieden)

waterside ['wɔːtəsaɪd] *zn* waterkant ★ *a ~ pub* een pub aan het water

waterski ['wɔːtəskiː] I *onov ww* waterskiën II *zn* waterski

waterspout ['wɔːtəspaʊt] *zn* waterhoos

water supply ['wɔːtəsəplaɪ] *zn* ❶ watervoorziening ❷ watervoorraad

water table ['wɔːtəteɪbl] *zn* grondwaterpeil

watertight ['wɔːtətaɪt] *bnw* ❶ waterdicht ❷ onaanvechtbaar ★ *a ~ alibi* een waterdicht alibi

water tower *zn* watertoren

water vapour *zn* waterdamp

water vole *zn* waterrat

waterway ['wɔːtəweɪ] *zn* waterweg

waterwheel ['wɔːtəwiːl] *zn* waterscheprad

waterworks ['wɔːtəwɜːks] *zn* ❶ waterleiding(bedrijf) ❷ <u>inform</u> blaas ▼ *turn on the ~* het op een janken zetten

watery ['wɔːtərɪ] *bnw* ❶ waterig ★ *~ eyes* tranende ogen ❷ verwaterd ❸ bleek, zwak (van licht, glimlach e.d.)

watt [wɒt] *zn* watt

wattage ['wɒtɪdʒ] *zn* wattage

wattle ['wɒtl] *zn* ❶ teenwerk, vlechtwerk van takken en twijgen ★ *~-and-daub wall* wand v. rijshout en leem ❷ lel, halskwab

wave [weɪv] I *zn* ❶ golf ook fig natk , vloedgolf ★ *a wave of enthusiasm* een golf v. enthousiasme ★ *waves of demonstrators* golven / massa's demonstranten ★ fig *make waves* problemen veroorzaken ❷ golving, golf in het haar ❸ wuivend gebaar ★ *give a wave* wuiven, zwaaien II *ov ww* ❶ zwaaien (met), wuiven (met) ★ *wave your arms* met je armen zwaaien ★ *wave a hand towards sth* met een hand naar iets wijzen / zwaaien ★ *wave sb goodbye / goodbye to sb* iem. uitzwaaien ❷ doen golven, doen wapperen ❸ met een gebaar te kennen geven ★ *wave sb through* iem. gebaren door te lopen ❹ krullen, golven (haar) ❺ *~* **aside** afwijzen, wegwuiven ★ *~* **away** beduiden weg te gaan ❼ *~* **down** beduiden te stoppen ❽ *~* **off** uitzwaaien III *onov ww* ❶ zwaaien, wuiven ❷ golven, wapperen

waveband ['weɪvbænd] *zn* golfband

wavelength ['weɪvleŋθ] *zn* golflengte ★ fig *be on the same ~* op dezelfde golflengte zitten

waver ['weɪvə] *onov ww* ❶ zwakker / onvast worden, haperen (van stem) ❷ flikkeren (van licht) ❸ aarzelen, weifelen ★ *not ~ from a decision* bij een besluit blijven

wavy ['weɪvɪ] *bnw* golvend

wax [wæks] I *zn* ❶ was, (schoen)smeer ❷ oorsmeer II *ov ww* ❶ boenen, met was inwrijven, poetsen ★ *waxed paper* vetvrij papier ❷ ontharen / epileren met was, harsen III *onov ww* ❶ toenemen, wassen (van de maan) ★ *wax and wane* toenemen en afnemen ❷ <u>form</u> worden ★ *wax lyrical about sth* lyrisch worden

over iets
waxen ['wæksən] *bnw* ❶ wassen ❷ wasbleek
wax paper USA *zn* vetvrij papier
waxwork ['wækswɜ:k] *zn* wassen beeld ★ ~*s* [mv]
wassenbeelddententoonstelling
waxy ['wæksɪ] *bnw* ❶ wasachtig ❷ wasbleek
way [weɪ] I *zn* ❶ wijze, manier (van doen),
gewoonte, methode ★ *by way of* door middel
van, bij wijze van ★ *he is by way of engaged* hij is
zo'n beetje verloofd ★ *either way* hoe dan ook
★ *in a / some way* in zekere zin, in zeker opzicht
★ *in her / his own way* op haar / zijn eigen
manier ★ *things are in a bad way* de zaak zit
niet goed, de zaak staat er beroerd voor ★ *in
this way* zo(doende), op deze manier ★ *in no
way* in geen enkel opzicht ★ *we are all in the
same way* we zitten allemaal in hetzelfde
schuitje ★ *in a small way* op kleine schaal ★ *in a
big way* op een grootse manier ★ *it's not his way
to* het is niets voor hem om ★ *that's only his way*
zo doet hij nu eenmaal ★ *the way you look!* wat
zie jij eruit! ★ *the way she dresses!* en dan moet
je zien hoe ze zich kleedt! ★ *one / some way or
(an)other* op de een of andere manier ★ *be in the
family way* in verwachting zijn ★ *find a way of
doing sth* een manier vinden om iets te doen
★ *get out of the way of* (er) uit raken ★ *get into
the way of doing sth* (eraan) gewend raken iets
te doen ★ *get / have your way* je zin krijgen /
hebben ★ *have it your own way!* zoals je wilt!
★ *he has it all his own way* with hij kan doen
wat hij wil met ★ *have it both ways* van beide
kanten profiteren ★ *he has a way with people* hij
weet hoe hij met mensen om moet gaan ★ *she
has a little way of* ze heeft er een handje van
om ★ *he has a way of blinking* hij knippert altijd
met zijn ogen ★ *way of life* levenswijze, manier
van leven ★ *ways and means* budget,
geldmiddelen ★ *seek new ways and means of...*
nieuwe manieren / wegen zoeken om... ★ *no
way!* nooit!, nietes!, onmogelijk! ★ *to my way of
thinking* naar mijn mening, volgens mij ★ *that's
the way of the world* zo gaat het (nu eenmaal) in
de wereld ★ inform *that's the way the cookie
crumbles* zo gaat het nu eenmaal ★ *(that's / it')
always the way* zo gaat het (nu) altijd ★ *that way
zó* ★ *that's the way zó* moet 't, zó hoort 't ★ *if
you feel that way* als je er zó over denkt
★ inform *no two ways about it* geen twijfel over
mogelijk ★ *take sth the wrong way* iets verkeerd
opvatten ★ *rub sb up the wrong way* iem.
prikkelen, kwaad maken ❷ *way* ★ *across
the way* aan de overkant, hiertegenover ★ *by
way of* via ★ *way of the Cross* Kruisweg ★ *find the
way to sb's heart* de weg naar iemands hart
vinden ★ *lose your way* verdwalen ★ *make your
(own) way* je weg vinden ★ *on the way (to)* op
(de) weg (naar), onderweg (naar) ★ *be on your
way* onderweg zijn, eraan komen ★ *the way in /
out* de ingang / uitgang ★ *a way out* een uitweg
★ *on the way out* op weg naar buiten, uit de
mode rakend ★ *take the easy way out* de weg
van de minste weerstand kiezen ★ *in the way* in
de weg ★ *get in the way* in de weg staan,
hinderen ★ *get sb out of the way* iem.
opzijzetten ★ *give way to* wijken voor, plaats

maken voor, GB voorrang verlenen (aan), zich
overgeven aan ★ *give way* het opgeven,
toegeven ★ *keep / stay out of sb's way* iem.
mijden ★ *make way for* uit de weg gaan voor,
plaats maken voor ★ **sterrenk** *Milky Way*
Melkweg ★ *put out of the way* uit de weg
ruimen ★ *put o.s. out of the way* zichzelf / zijn
eigen belangen opzij schuiven ★ *put sb in the
way of* iem. op weg helpen met, iem. de
gelegenheid geven om ★ *over the way* aan de
overkant ★ *see one's way (clear) to doing sth / to
do sth* de kans / mogelijkheid zien (om) iets te
doen ★ *stand in the way* in de weg staan,
tegenhouden ★ *under way* aan de gang ★ *work
one's way through college* werken tijdens je
studie, werkstudent zijn ★ *work your way
through a book* je door een boek heen werken
★ *work your way up* je omhoogwerken
❸ richting, kant ★ *our way* onze kant op, in ons
voordeel ★ *out of the way* uit de weg, afgelegen,
ongewoon ★ *such chances don't often come your
way* zulke kansen krijg je niet vaak ★ *cut both /
two ways* goede en slechte kanten hebben
★ inform *every which way* alle kanten op ★ *he is
in the retail way* hij is middenstander ★ *in the
way of* op het gebied van ★ *look the other way*
de andere kant op kijken ★ *the other way round*
andersom ★ *this way* hierheen, volgt U maar
❹ eind(je), afstand ★ *a long way off* een heel
eind weg ★ *go a long way (towards)* veel helpen
(aan) / bijdragen (tot), ver reiken ★ *by a long
way* verreweg ★ *make way* vooruit komen ★ *all
the way from China* helemaal uit China
★ inform *go all the way* 'het' doen ⟨seks⟩ ▼ *by the
way* tussen twee haakjes, overigens ▼ *that's only
by the way* dat is maar terloops, daar gaat het
eigenlijk niet om ▼ *go out of your way* je
uitsloven ▼ USA inform *way to go* goed zo, goed
gedaan **II** *bijw* ❶ inform ver, een eind / stuk
★ *way above my budget* ver boven mijn budget
★ *way down* helemaal naar beneden ★ *way back*
lang geleden ❷ USA inform zeer ★ *it's way
better* het is veel beter
wayfarer ['weɪfeərə] dicht *zn* reiziger ⟨te voet⟩,
trekker
waylay [weɪ'leɪ] *ov ww* opwachten
way-out [weɪ'aʊt] inform *bnw* ongewoon,
excentriek, te gek
wayside ['weɪsaɪd] *zn* kant van de weg ★ *go / fall
by the ~* uitvallen, afvallen, niet (meer)
doorgaan
wayward ['weɪwəd] *bnw* ❶ dwars, eigenzinnig
❷ grillig, onberekenbaar
WC ['dʌblju: si:] GB *afk, water closet* wc, toilet
we [wi:] *pers vnw* wij, we
weak [wi:k] *bnw* ❶ zwak ★ *a weak heart* een
zwak / slecht hart ★ *be weak in German* zwak /
niet zo goed zijn in Duits ❷ slap ★ *weak tea*
slappe thee
weaken ['wi:kən] **I** *ov ww* verzwakken, zwak(ker)
maken, verslappen **II** *onov ww* verzwakken,
zwak(ker) worden, verslappen
weak-kneed [wi:k'ni:d] *bnw* zwak, slap,
karakterloos
weakling ['wi:klɪŋ] *zn* zwakkeling
weakly ['wi:klɪ] *bw* zwak(jes) ★ *smile ~* zwakjes

we

glimlachen

weak-minded [wi:k'maɪndɪd] *bnw* ❶ achterlijk, imbeciel ❷ slap (van wil / karakter)

weakness ['wi:knəs] *zn* ❶ zwakheid, zwakte ★ *have a ~ for* een zwak hebben voor ❷ zwak punt

weal [wi:l] *zn* ❶ striem ❷ dicht welzijn ★ *public / common weal* algemeen welzijn

wealth [welθ] *zn* ❶ rijkdom ❷ grote hoeveelheid ★ *a ~ of experience* een schat aan ervaring

wealthy ['welθɪ] *bnw* rijk

wean [wi:n] *ov ww* ❶ spenen ❷ ~ **(away) from** doen vervreemden van, afwennen ❸ ~ **off** ontwennen, afwennen ❹ ~ **on** ★ *be weaned on sth* met iets grootgebracht zijn, iets met de paplepel ingegoten gekregen hebben

weapon ['wepən] *zn* wapen ook fig ★ *smart ~* precisiewapen ★ *chemical / biological ~* chemisch / biologisch wapen ★ *~ of mass destruction* massavernietigingswapen ★ *a ~ against racism* een wapen regen racisme

weaponry ['wepənrɪ] *zn* wapentuig, wapens

wear [weə] **I** *ov ww* [onregelmatig] ❶ dragen, aanhebben, ophebben, gekleed gaan in ★ *wear white* in het wit zijn / gekleed gaan ❷ hebben, tonen ★ *wear a beard* een baard hebben / dragen ★ *wear a smile* glimlachen ★ *wear a troubled look* zorgelijk kijken ❸ afslijten, uitschuren, uitslijten, verslijten ★ *wear holes in your socks* gaten in je sokken krijgen ❹ GB inform pikken ★ *I won't wear it dat* neem ik niet ❺ ~ **away** uitwissen, uitslijten ❻ ~ **down** (af)slijten, afmatten, geleidelijk overwinnen ❼ ~ **in** inlopen (schoenen) ❽ ~ **out** verslijten, afdragen, uitputten ★ *wear yourself out* uitgeput raken **II** *onov ww* [onregelmatig] ❶ afslijten, verslijten ★ *wear thin* dun worden, zwak worden (van excuus), opraken (van geduld) ❷ zich goed houden, het uithouden ★ *it will wear for ever* het gaat nooit kapot ★ *it won't wear very long* het zal niet lang meegaan ★ *wear well* er nog goed uitzien (van personen), goed blijven (van dingen) ❸ ~ **away** (weg)slijten ❹ ~ **down** slijten ❺ ~ **off** (af)slijten, er af gaan, verdwijnen ❻ ~ **on** vorderen, voorbijgaan ❼ ~ **out** slijten, uitgeput raken **III** *zn* ❶ kleding, dracht ★ *casual wear* vrijetijdskleding, gemakkelijke kleren ❷ het dragen, gebruik ★ *for everyday wear* voor dagelijks gebruik (van kleding) ★ *you'll get years of wear out of this coat* deze jas gaat jaren mee, je zult jaren plezier hebben van deze jas ★ *is in excellent state of wear* ziet er nog zeer goed uit ❸ slijtage ★ *wear and tear* slijtage ★ *fair / normal wear and tear* normaal gebruik ★ *much the worse for wear* danig versleten

wearable ['weərəbl] *bnw* (geschikt om) te dragen

weariness ['wɪərɪnəs] *zn* ❶ vermoeidheid ❷ verveling

wearing ['weərɪŋ] *bnw* vermoeiend

wearisome ['wɪərɪsəm] *bnw* ❶ vermoeiend ❷ vervelend

weary ['wɪərɪ] **I** *bnw* ❶ moe, vermoeid ❷ beu ★ *be ~ of waiting* het wachten beu zijn ❸ vermoeiend ❹ vervelend **II** *ov ww* vermoeien, afmatten **III** *onov ww* ❶ moe

worden ❷ ~ **of** beu worden, genoeg krijgen van

weasel ['wi:zəl] **I** *zn* ❶ wezel ❷ inform gluiperd **II** *onov ww*, USA inform ~ **out** ★ *~ out of sth* ergens onderuit proberen te komen

weasel word inform *zn* [meestal mv] verhullend woord

weather ['weðə] **I** *zn* weer ★ *have bad / good ~* slecht / goed weer hebben ★ *listen to the ~* naar het weerbericht luisteren ★ GB *in all ~s* weer of geen weer, wat voor weer het ook is ★ *feel a bit under the ~* je niet zo lekker voelen **II** *ov ww* ❶ doen verweren ❷ doorstaan ★ *~ the storm* de storm doorstaan, (de) zware tijden doorkomen **III** *onov ww* verweren

weather-beaten ['weðəbi:tn] *bnw* verweerd, in weer en wind gehard

weathercock ['weðəkɒk] *zn* windhaan, windwijzer

weather eye *zn* ★ *keep a ~ on* goed in de gaten houden

weather forecast *zn* weerbericht

weathering ['weðərɪŋ] *zn* verwering

weatherman ['weðəmæn] *zn* weerman

weatherproof ['weðəpru:f] *bnw* weerbestendig, water- en winddicht

weather strip *zn* tochtstrip, tochtlat

weathervane ['weðəveɪn] *zn* windvaan, windwijzer

weave [wi:v] **I** *ov ww* [regelmatig + onregelmatig] ❶ weven, vlechten ❷ in elkaar zetten (verhaal), bedenken (plan) ❸ zich zigzaggend banen ★ *~ your way through the crowd* door de menigte heen zigzaggen **II** *onov ww* [regelmatig + onregelmatig] ❶ weven ❷ zwenken, zigzaggen ★ *~ in and out of the traffic* door het verkeer slalommen / zigzaggen **III** *zn* weeftrant, patroon, weefsel

weaver ['wi:və] *zn* wever

web [web] *zn* ❶ (spinnen)web ❷ netwerk, web ★ *a web of lies and deceit* een web van leugens en bedrog ❸ comp netwerk, internet ★ *on the web op* het web, op internet ❹ zwemvlies

web address *zn* comp webadres

webbed [webd] *bnw* met zwemvliezen

webbing ['webɪŋ] *zn* ❶ singel(band) (onder stoelzitting) ❷ boordband

webcam ['webkæm] *zn* comp webcam

webcast ['webkɑ:st] *zn* comp live uitzending via het internet

web designer comp *zn* websiteontwerper

webhead inform comp *zn* internetjunk (iemand die altijd op internet zit en er alles van weet)

weblog ['weblɒg] *zn* comp weblog (dagboek op internet)

webmaster ['webmɑ:stə] *zn* comp webmaster, websitebeheerder

webpage ['webpeɪdʒ] *zn* comp webpagina

website ['websaɪt] *zn* comp website

wed [wed] **I** *ov ww* ❶ trouwen ❷ verenigen **II** *onov ww* trouwen

we'd [wi:d] *samentr* ❶ *we had* → **have** ❷ *we would* → **will**

Wed. *afk, Wednesday* woensdag

wedded ['wedɪd] *bnw* ❶ huwelijks- ★ *~ bliss* huwelijksgeluk ❷ verknocht ★ *he's ~ to his job* hij is met zijn werk getrouwd ★ *be ~ to sth* ergens nauw mee verbonden zijn, verknocht zijn aan iets, vast zitten aan iets ⟨idee, oplossing⟩

wedding ['wedɪŋ] *zn* huwelijksplechtigheid, bruiloft ★ *golden / silver ~* gouden / zilveren bruiloft, 50- / 25 jarig huwelijk(sfeest)

wedding anniversary *zn* trouwdag ⟨als gedenkdag⟩

wedding breakfast *zn* huwelijksmaal

wedding cake *zn* bruidstaart

wedding day *zn* trouwdag

wedding ring *zn* trouwring

wedge [wedʒ] **I** *zn* ❶ wig ★ *fig drive a ~ between* een wig drijven tussen, tweedracht zaaien tussen ★ *fig the thin end of the ~* het eerste (nog onbelangrijke) begin ❷ stuk ⟨kaas⟩, punt ⟨taart⟩ ❸ wedge ⟨golfstick⟩ **II** *ov ww* ❶ proppen, klemmen ★ *~d (in) between* bekneld tussen ★ *with the phone ~d under her chin* met de telefoon onder haar kin geklemd ★ *~ o.s. into a seat* zich in een stoel wurmen / proppen ❷ een wig slaan / steken in, vastzetten ★ *~ a door open / shut* een deur met een wig open- / dichthouden

wedge-shaped [wedʒ'ʃeɪpt] *bnw* wigvormig

wedgie [wedʒɪ] *inform zn* ≈ het bij de bilnaad snel omhoog trekken van iemands onderbroek ⟨practical joke⟩

wedlock ['wedlɒk] *zn* echtelijke staat ★ *oud born in / out of ~* (on)echt, (on)wettig ⟨v. kind⟩

Wednesday ['wenzdeɪ] *zn* woensdag

wee I *bnw* heel klein ★ *a wee bit* een heel klein beetje ★ *USA the wee hours* de kleine uurtjes (na middernacht) **II** *zn*, **wee-wee** *GB inform* plasje ⟨in kindertaal⟩ ★ *have / do a wee* een plasje doen **III** *onov ww*, **wee-wee** *GB inform* een plasje doen

weed [wi:d] **I** *zn* ❶ onkruid ❷ wier ❸ *inform* tabak ❹ *inform* marihuana ❺ *GB inform* lange slungel, slapeling **II** *ov ww* ❶ wieden ❷ ~ **out** verwijderen

weedkiller ['wi:dkɪlə] *zn* onkruidverdelger

weedy ['wi:dɪ] *bnw* ❶ vol onkruid ❷ *inform* opgeschoten, lang en mager, spichtig ❸ *inform* niet sterk ⟨van karakter⟩

week [wi:k] *zn* week ★ *GB today / Tuesday week* vandaag / donderdag over een week ★ *a week from Sunday / Monday* zondag / maandag over een week ★ *GB a week (on) Sunday / Monday* zondag / maandag over een week ★ *rel Holy Week* Goede Week

weekday ['wi:kdeɪ] *zn* werkdag, doordeweekse dag

weekend [wi:k'end] **I** *zn* weekeinde ★ *at / USA on the ~s* in de weekenden ★ *GB dirty ~* weekendje met buitenechtelijke relatie **II** *onov ww* een weekeinde doorbrengen

weekender [wi:k'endə] *zn* weekendgast, -toerist

weekly ['wi:klɪ] **I** *bnw + bijw* wekelijks **II** *zn* weekblad

weeknight *zn* doordeweekse nacht

weeny *inform bnw* heel klein ★ *a ~ bit scared* een heel klein beetje bang

weep [wi:p] [onregelmatig] **I** *onov ww* ❶ wenen ★ *weep for sth* wenen / huilen om iets ❷ vocht

afscheiden ⟨van wond⟩ **II** *ov ww* vergieten ★ *weep tears* tranen schreien / storten

weepy ['wi:pɪ] **I** *bnw* huilerig **II** *zn*, **weepie** *inform* erg sentimente(e)l(e) film / verhaal / boek, huilfilm

weevil ['wi:vɪl] *zn* snuitkever

weft [weft] *zn* inslag ⟨bij het weven⟩

weigh [weɪ] **I** *ov ww* ❶ wegen ★ *fig ~ a ton* loodzwaar zijn ★ *~ 70 kilos* 70 kilo wegen ★ *fig ~ the benefits against the costs* de voordelen tegen de kosten afwegen ❷ **weigh up** overwegen, inschatten, opnemen ⟨situatie, persoon⟩ ★ *~ (up) the pros and sons* de voor- en nadelen tegen elkaar afwegen ❶ lichten ★ *~ anchor* het anker lichten ❷ ~ **down** zwaar beladen ⟨met bagage e.d.⟩, (terneer)drukken, doen (door)buigen ★ *be ~ed down by grief* onder verdriet gebukt gaan ❸ ~ **out** afwegen **II** *onov ww* ❶ gewicht in de schaal leggen, (mee)tellen ★ *~ against sb* tegen iem. werken / spreken ❷ wegen ❸ ~ **in with** in het midden brengen, zijn / haar steentje bijdragen met ❹ ~ **in/out** gewogen worden voor / na wedstrijd ★ *~ in at 45 kilos* voor de wedstrijd 45 kilo wegen ❺ ~ **on** (zwaar) drukken op, belasten ❻ ~ **with** tellen bij, gewicht in de schaal leggen bij

weighbridge ['weɪbrɪdʒ] *zn* weegbrug

weight [weɪt] **I** *zn* ❶ gewicht ★ *put on ~* aankomen, zwaarder worden ★ *lose ~* afvallen ★ *you shouldn't lift heavy ~s* je moet geen zware dingen tillen ★ *lift ~s* gewichten tillen, met gewichten werken ⟨voor je conditie⟩ ★ *inform take the ~ of your feet* gaan zitten ❷ druk, last ★ *a great ~ from my mind* een pak van mijn hart ❸ belang, gewicht, invloed ★ *carry ~* gewicht in de schaal leggen ★ *it had no ~ with me* het legde bij mij geen gewicht in de schaal ★ *pull one's ~* z'n steentje bijdragen ★ *inform throw one's ~ about / around* zich laten gelden, gewichtig doen, de baas spelen ★ *throw your ~ behind sth* je helemaal achter iets stellen ❹ grootste deel, overgrote deel ★ *the ~ of public opinion is behind the employers* de publieke opinie staat voor het grootste gedeelte achter de werkgevers ★ *win by sheer ~ of numbers* winnen omdat je met veel meer bent **II** *ov ww*, **weight down** verzwaren

weighted ['weɪtɪd] *bnw* ★ *be ~ in favour of* in het voordeel werken van, bevoordelen ★ *be ~ against* in het nadeel werken van, benadelen

weighting ['weɪtɪŋ] *zn* toelage, toeslag, standplaatstoelage

weightlifter ['weɪtlɪftə] *zn* gewichtheffer

weightlifting ['weɪtlɪftɪŋ] *zn* gewichtheffen

weighty ['weɪtɪ] *bnw* ❶ gewichtig, belangrijk ❷ zwaar

weir [wɪə] *zn* (stuw)dam

weird [wɪəd] *bnw* ❶ vreemd, onwerkelijk ❷ akelig, griezelig, eng

weirdo ['wɪədəʊ] *zn* rare snuiter, excentriekeling

welch [weltʃ] *ww* → **welsh**

welcome ['welkəm] **I** *ov ww* verwelkomen *ook fig* , welkom heten, (graag) ontvangen ★ *~ a decision / change* een beslissing / verandering toejuichen **II** *bnw* welkom ★ *a ~ change / guest* een welkome verandering / gast ★ *make sb ~*

we

iem. welkom heten ★ *you're ~* tot je dienst, graag gedaan, niets te danken ★ *you're ~ to use our car* je mag gerust onze auto gebruiken ★ *you're ~ to it!* van mij mag je!, ga je gang! ⟨gezegd wanneer je zelf iets niet wilt⟩ ★ *you're ~ to your own opinion!* jouw mening interesseert mij geen zier! **III** *zn* ontvangst, verwelkoming ★ *give sb a warm ~* iem. hartelijk ontvangen, iem. een warme ontvangst bereiden ★ *outstay / overstay one's ~* langer blijven dan gewenst, langer blijven dan je welkom bent

welcoming *bnw* vriendelijk, hartelijk, gastvrij ★ *a ~ smile* een uitnodigende / hartelijke glimlach

weld [weld] **I** *ov ww* **❶** lassen **❷** samenvoegen, samenbinden **II** *onov ww* lasbaar zijn, zich laten lassen **III** *zn* las(naad)

welder ['weldə] *zn* lasser

welfare ['welfeə] *zn* **❶** welzijn **❷** maatschappelijk werk, welzijnszorg **❸** USA bijstand ★ *be on ~* in de bijstand zitten

welfare state *zn* verzorgingsstaat

welfare work *zn* maatschappelijk werk

well [wel] **I** *bijw* **❶** goed, behoorlijk ★ *speak German very well* zeer goed Duits spreken ★ *they know each other well* ze kennen elkaar goed ★ *behave well* je goed / behoorlijk gedragen ★ *do well* het goed doen, slagen, winst maken ★ *she's doing well at school* ze doet het goed op school ★ *mother and child are doing well* moeder en kind maken het goed ★ *do well by sb* iem. goed behandelen ★ *well done!* goed zo ★ *as well* ook (nog) ★ *as well as* evengoed als, zowel als ★ *I can't very well refuse* ik kan toch eigenlijk niet weigeren ★ inform *we might as well wait for her* we kunnen net zo goed op haar wachten **❷** zeer, ruim, een heel eind ★ *well worth the effort* zeer de moeite waard ★ *well after midnight* ruim na middernacht ★ *be well aware aware of sth* zich zeer goed bewust zijn van iets ★ GB inform *well away* flink opschieten, ver heen zijn ⟨dronken⟩ ★ *be well in with sb* in een goed blaadje staan bij iem., het (erg) goed kunnen vinden met iem. **II** *bnw* **❶** in orde ★ *I hope all is well with the family* ik hoop dat het goed gaat met jullie / het hele gezin ★ *all's well that ends well* eind goed, al goed ★ *it's all very well to say...* dat kun je nu wel zeggen... maar ★ *it would be as well to* het zou geen slecht idee zijn om ★ *it's just as well that she has come right away* het is maar goed dat zij direct gekomen is ★ *well enough* goed genoeg, vrij behoorlijk ★ *(that's) all well and good, but...* alles wel en goed, maar... **❷** wel, beter, gezond ★ *feel well* je goed voelen ★ *get well (soon)* (van harte) beterschap **III** *tw* **❶** nou, en, zo ★ *well, what did she say?* en / nou, wat zei ze? ★ *well, she has a nerve!* zo / nou, zij durft! ★ *well, well, I didn't think that would happen* nounou / zozo, ik had niet gedacht dat dat zou gebeuren **❷** nou ja ★ *she's rich.* well, *she makes more money than me* zij is rijk. nou ja, ze heeft meer geld dan ik ★ *well, he could have phoned me* nou ja, hij had me kunnen bellen **❸** och ja ★ *oh well, you can't win all the time* och ja, je kunt niet altijd winnen **❹** welnu, goed ★ *well, that's it for now* goed / nou, dat is het voor dit moment **IV** *zn*

❶ ook fig bron **❷** (boor)put **❸** trappenhuis, liftkoker, -schacht **❹** het goede ★ *leave / let well alone* als het goed is, laat het dan zo **V** *onov ww*, **well up** opwellen ⟨van tranen, gevoelens⟩, ontspringen

we'll [wi:l] *samentr* **❶** *we shall* → **shall** **❷** *we will* → **will**

well adjusted *bnw* goed aangepast, evenwichtig ★ *well-adjusted children* goed aangepaste kinderen

well advised *bnw* **❶** verstandig ★ *you would be ~ to accept this job* je zou er goed aan doen deze baan te accepteren **❷** weloverwogen ★ *a well-advised plan* een goed doordacht plan

well appointed *bnw* goed ingericht / uitgerust ★ *a well-appointed room* een goed ingerichte kamer

well balanced *bnw* **❶** evenwichtig, verstandig ★ *a well-balanced man* een evenwichtige man **❷** (goed) uitgebalanceerd ★ *a well-balanced diet* een uitgebalanceerd dieet

well behaved *bnw* beschaafd, fatsoenlijk, net ★ *well-behaved children* zich goed gedragende kinderen

well-being [wel'bi:ɪŋ] *zn* welzijn

well born form *bnw* van goede huize

well bred form *bnw* goed opgevoed, beschaafd

well built *bnw* goedgebouwd

well chosen *bnw* goedgekozen ★ *with a few well-chosen words* met een paar welgekozen woorden

well connected *bnw* **❶** van goede familie **❷** met goede connecties

well defined *bnw* duidelijk omschreven / afgebakend

well disposed *bnw* welgezind ★ *~ towards* welwillend jegens, vriendelijk tegen

well done *bnw* goed doorbakken ★ *well-done meat* goed doorbakken vlees

well earned *bnw* welverdiend ★ *a well-earned holiday* een welverdiende vrije dag

well endowed *bnw* **❶** inform fors geschapen ⟨met grote penis⟩, met flinke borsten **❷** goed voorzien ★ *well-endowed universities* universiteiten met veel geld

well established *bnw* lang bestaand / gevestigd ★ *a well-established hotel / tradition* een reeds lang bestaand(e) hotel / traditie

well fed *bnw* goed gevoed, doorvoed ★ *well-fed pigs* weldoorvoede varkens

well founded *bnw* gegrond, (goed) gefundeerd ★ *have well-founded fears* gegronde vrees hebben, terecht bang zijn

well groomed *bnw* (goed) verzorgd, gesoigneerd

well grounded *bnw* **❶** gegrond, (goed) gefundeerd, terecht **❷** goed onderlegd ★ *be ~ in sth* goed onderlegd zijn in iets

well heeled inform *bnw* rijk, goed bij kas ★ *well-heeled publishers* uitgevers met veel geld ★ *be ~* goed in de slappe was zitten

wellies ['weltz] *zn mv*, *wellingtons* rubberlaarzen

well informed *bnw* **❶** goed ingelicht, goed op de hoogte ★ *be ~ about a subject* goed ingevoerd zijn in een materie / onderwerp **❷** deskundig, goed gefundeerd ★ *a well-informed debate* /

decision een goed gefundeerde discussie / beslissing

wellington ['welɪŋtən], **wellington boot** GB *zn* rubberlaars, regenlaars

well intentioned [wel ɪn'tenʃənd] *bnw* goed bedoeld, welgemeend

well kept *bnw* ❶ goed onderhouden ★ *a well-kept garden / building* een goed onderhouden tuin / gebouw ❷ goed bewaard ★ *a well-kept secret* een goed bewaard geheim

well known *bnw* bekend, algemeen bekend ★ *a well-known fact* een algemeen bekend feit ★ *she's ~ for her role in Batman* zij is bekend vanwege haar rol in Batman

well mannered [wel'mænəd] *bnw* welgemanierd, beleefd

well matched *bnw* ❶ goed bij elkaar passend ★ *be ~* goed bij elkaar passen ❷ aan elkaar gewaagd ★ *be ~* aan elkaar gewaagd zijn ★ *well-matched opponents* gelijkwaardige tegenstanders

well meaning *bnw* ❶ goedbedoeld, welgemeend ★ *well-meaning criticism* goedbedoelde kritiek ❷ goed bedoelend, welmenend ★ *a well-meaning friend* een welmenende vriend ★ *be ~* het goed bedoelen

well-nigh [wel'naɪ] *form bijw* nagenoeg, bijna

well-off [wel'ɒf] *bnw* rijk, welgesteld, gesitueerd ★ *be well off for theatres* genoeg / veel theaters in de buurt hebben

well oiled inform *bnw* ❶ gesmeerd lopend, goed geolied ★ *a well-oiled machine* een goed geoliede machine ❷ GB dronken, zat

well preserved *bnw* goed geconserveerd ★ *well-preserved ruins* goed geconserveerde ruïnes ★ *be rather ~ for her age* er tamelijk goed uitzien voor haar leeftijd

well read *bnw* belezen ★ *a well-read man* een belezen man ★ *be very ~* zeer belezen zijn

well spoken *bnw* ❶ treffend, welgekozen ★ *with well-spoken words* met welgekozen woorden ❷ beschaafd, welsprekend ★ *be ~* verzorgd / beschaafd spreken

well thought of *bnw* geacht, gerespecteerd

well thought out *bnw* weldoordacht

well thumbed *bnw* beduimeld ★ *a well-thumbed book* een beduimeld boek

well timed *bnw* goed getimed, op het juiste moment (komend / gedaan) ★ *a well-timed intervention* een ingreep op het juiste moment ★ *be ~* op het juiste moment komen

well-to-do [weltə'du:] *bnw* welgesteld, rijk

well tried *bnw* beproefd ★ *a well-tried method* een beproefde methode

well trodden *bnw* veel betreden ★ *well-trodden paths* platgetreden / veel betreden paden ★ fig *well-trodden territory* bekend terrein

well turned ❶ welgekozen, goed geformuleerd ★ *a well-turned phrase* een prachtige volzin ❷ welgevormd

well versed *bnw* (zeer) bedreven, (zeer) ervaren ★ *be ~ in* zeer bedreven / ervaren zijn in

well-wisher ['welwɪʃə] *zn* gelukwenser, iemand die iemand anders het beste toewenst, begunstiger

well worn *bnw* ❶ afgezaagd ★ *a well-worn*

phrase een cliché ❷ versleten, veel gedragen / gebruikt ★ *a well-worn jacket* een afgedragen jasje

welly ['welɪ] *zn*, *wellington* rubberlaars

welsh [welʃ] *onov ww* zijn woord niet houden ★ *~ on a promise* zijn belofte niet nakomen ★ *~ on a bet* er vandoor gaan zonder (een verloren weddenschap) te betalen ★ *~ on a deal* je niet aan een afspraak houden

Welsh [welʃ] I *zn* ❶ taal van Wales ❷ ★ *the ~* de bewoners v. Wales II *bnw* van / uit Wales ★ *~ rabbit / rarebit* toast met gesmolten kaas

Welshman ['welʃmən] *zn* bewoner v. Wales

welt [welt] *zn* striem

welter ['weltə] *zn* ❶ chaos, warboel ❷ stortvloed, lading ★ *a ~ of information* een berg aan / stortvloed van informatie ❸ weltergewicht

welterweight ['weltəweɪt] *zn* weltergewicht ⟨bokser tussen lichtgewicht en middengewicht⟩

wench [wentʃ] humor *zn* meisje, deerne

wend [wend] *ov ww* ★ dicht *wend one's way to* zich begeven naar, zijn schreden richten naar

went [went] *ww* [verleden tijd] → **go**

wept [wept] *ww* [verleden tijd + volt. deelw.] → **weep**

were [wə] *ww* [verleden tijd] → **be**

we're [wɪə] *samentr*, *we are* → **be**

weren't [wɜːnt] *samentr*, *were not* → **be**

west [west] I *zn* westen ★ *to the west of* ten westen van ★ *the West* het Westen II *bnw* westelijk ★ *the west wind* de westenwind ★ *the west side* de westkant ★ *the West End* het West End ⟨van Londen⟩ ★ *West Point* West Point ⟨militaire academie in de VS⟩ ★ *the West Country* het Z.W. van Engeland ★ *the West Bank* de Westelijke Jordaanoever III *bijw* in / naar het westen ★ *west of* ten westen van ★ *go west* het hoekje om gaan

westbound ['westbaʊnd] *bnw* in westelijke richting, (op weg) naar het westen

westerly ['westəlɪ] I *bnw* westelijk, westen- II *zn* westenwind

western ['westən] I *bnw* ❶ westelijk, westen- ❷ westers II *zn* western ⟨film⟩

Western ['westən] *bnw* westers ★ *~ Empire* West-Romeinse Rijk

westerner ['westənə] *zn* ❶ westerling ❷ iemand uit het westen

westernize, westernise ['westənaɪz] *ov ww* westers maken

westernmost ['westənməʊst] *bnw* meest westelijk

westward ['westwəd] *bnw* + *bijw* westwaarts

westwards ['westwədz] *bijw* naar het westen, in westelijke richting

wet [wet] I *bnw* ❶ nat, vochtig ★ *wet with sweat* nat van het zweet ★ *wet through* doornat, kletsnat ★ *soaking / dripping wet* kletsnat, zeiknat ★ fig *wet behind the ears* nog niet droog achter de oren ❷ regenachtig ⟨dag, weer⟩ ❸ GB inform zwak, slap ▼ USA inform *be all wet* ernaast zitten, het mis hebben II *ov ww* [regelmatig + onregelmatig] ❶ natmaken, bevochtigen ❷ plassen (in) ★ *wet the bed* in bed plassen ★ *nearly / almost wet yourself* het bijna in je broek doen ⟨van angst, van het lachen⟩

we

III *zn* **❶** nat(tigheid), regen ★ *come in out of the wet* uit de regen naar binnen komen **❷** GB gematigd conservatief **❸** GB inform slappeling
wetland *zn* nat / waterrijk natuurgebied
wet-look [wet-lʊk] *bnw* wetlook-, alsof het nat is ★ *a ~ hairdo* een wetlookkapsel
wetness ['wetnəs] *zn* vochtigheid, natheid
wetsuit ['wetsu:t] *zn* duikpak, surfpak
wetted [wetɪd] *ww* [verleden tijd + volt. deelw.] → **wet**
we've [wi:v] *samentr*, we have → **have**
whack [wæk] inform **I** *ov ww* **❶** slaan (op), meppen **❷** GB gooien, smijten ★ *~ sth in the corner / on the floor* iets in de hoek / op de grond smijten **II** *onov ww*, GB vulg *~ off* zich aftrekken **III** *zn* **❶** smak, klap, mep ★ *give the ball a ~* de bal een mep geven **❷** (aan)deel, portie ★ *have done your fair ~ of sth* je (afgesproken) aandeel aan iets geleverd hebben ★ *pay the full ~* de volle mep betalen ▼ *have / take a ~ at* een slag slaan naar, proberen ▼ USA *be out of ~* kapot / defect zijn, het niet goed doen, je niet lekker voelen
whacked [wækt], **whacked out** GB *bnw* zeer moe, afgepeigerd
whacking ['wækɪŋ] GB inform *bnw* + *bijw* kolossaal, enorm ★ *a ~ great lie* een kolossale leugen
whacky ['wækɪ] *bnw* → **wacky**
whale [weɪl] *zn* walvis ★ inform *have a ~ of a time* zich geweldig / reusachtig vermaken ★ *blue ~* blauwe vinvis
whalebone ['weɪlbəʊn] *zn* balein
whaler ['weɪlə] *zn* walvisvaarder ⟨ook schip⟩
whaling ['weɪlɪŋ] *zn* walvisvangst
wham [wæm] **I** *tw* boem, pats **II** *zn* klap, dreun **III** *onov ww* knallen, dreunen **IV** *ov ww* met een dreun / hard slaan
whammy inform *zn* tegenspoed, pech ★ *a double ~* dubbele pech, een dubbele tegenvaller
wharf [wɔ:f] *zn* kade, laad- / lossteiger
what [wɒt] **I** *vr vnw* **❶** wat voor, welk(e), wat ★ *what time is it?* hoe laat is het? ★ *what kind of car does she drive?* in wat voor auto rijdt zij? ★ *what do you call that?* hoe noem je dat?, hoe heet dat? ★ *what is today?* de hoeveelste is het vandaag? ★ *what's his name?* hoe heet hij? ★ *what little he knew* het kleine beetje dat hij wist ★ *he made the best of what shelter could be found* hij profiteerde zoveel mogelijk van het beetje beschutting dat hij kon vinden ★ *what about a cup of tea?* zin in een kopje thee? ★ *what about...?* hoe staat / zit het met...? ★ *what for?* waarom?, waarvoor? ★ *what if we... en als we nu eens... ★ *... and what's more ...* en bovendien, ... en sterker nog ★ *what next?* wat zullen we nou krijgen? ★ *what of it?* wat zou dat?, nou en? ★ *... and what not ...* en wat al niet ★ *... and what have you ...* en wat al niet ★ *... or what ...* of zo, ... of iets dergelijk ★ *are we leaving now or what?* vertrekken we nu nog? ★ *so what?* nou en?, wat dan nog? ★ *what though* wat zou het als ★ *I'll tell you what* ik zal je eens wat vertellen ★ *what with* bij, met, aangezien ★ *I didn't get any sleep, what with the loud music and car alarms* ik deed geen oog dicht door de

luide muziek en de autoalarmen ★ inform *what's (up) with you?* wat is er met jou aan de hand? ★ inform *what's with all these happy people?* waarom al deze blije mensen? **❷** wat (een) ⟨in uitroepen⟩ ★ *what music!* wat een muziek ★ *what a nuisance / surprise!* wat een ellende / verrassing! **II** *betr vnw* wat, dat wat ★ *she gave me what she had* zij gaf mij wat ze had ★ *we knew what was going to happen* we wisten wat er ging gebeuren ★ *he told me what is what* hij legde me (precies) uit hoe de zaak zat ★ *know what's what* de feiten kennen, weten hoe de zaak in elkaar steekt **III** *tw* hè, wat
whatchamacallit [wɒtʃəmə'kɔ:lɪt] *zn* inform hoe heet het ook weer, dinges
whatever [wɒt'evə] **I** *onbep vnw* wat / welke... ook ★ *we'll stay here ~ happens* we blijven hier wat er ook gebeurt ★ *take ~ help you can get from others* maak gebruik van elke hulp die je maar kunt krijgen van anderen ★ *~ you do, don't listen to him* wat je ook doet, luister niet naar hem ★ *for ~ reason* om welke reden dan ook ★ *or ~* of zoiets, of iets dergelijks **II** *vr vnw* wat / welke... (toch) ★ *~ happened to...?* wat is er toch gebeurd met...? ★ *~ does he want?* wat moet hij toch? **III** *bijw* **❶** helemaal, totaal ★ *show no interest ~* helemaal geen belangstelling tonen ★ *it has nothing ~ to do with you* het heeft helemaal niets met jou te maken **❷** inform hoe dan ook ★ *back sb ~* iem. altijd steunen **IV** *tw* mij best!, zal wel!
whatnot ['wɒtnɒt] inform *zn* wat al niet, noem maar op
whatsoever ['wɒtsəʊ'evə] *bijw* helemaal, totaal ★ *show no interest ~* helemaal geen belangstelling tonen ★ *it has nothing ~ to do with you* het heeft helemaal niets met jou te maken ★ *no money ~* absoluut geen geld
wheat [wi:t] *zn* tarwe
wheaten ['wi:tn] GB *bnw* tarwe-
wheatmeal ['wi:tmi:l] GB *zn* tarwemeel, volkorentarwemeel
wheedle ['wi:dl] *ov ww* met gevlei gedaan krijgen (van) ★ *~ sb out of sth* iets v. iem. aftroggelen ★ *~ sb into* iem. door mooipraten krijgen tot ★ *~ your way into a club* met geslijm een club binnenkomen
wheel [wi:l] **I** *zn* **❶** wiel, rad ★ *reinvent the ~* het wiel opnieuw uitvinden ★ *fig ~s* [mv] raderwerk, machinerie ★ *the ~s of government* de ambtelijke molen(s) ★ inform *~s* [mv] auto ★ *set the ~s in motion* de zaak aan het rollen / in beweging brengen ★ *~s within ~s* zeer ingewikkelde zaak ★ *big ~* reuzenrad, hoge pief **❷** stuur ★ *at / behind the ~* aan het stuur, belast met de leiding ★ *take the ~* rijden ★ *on (oiled) ~s* gladjes, gesmeerd **II** *ov ww* **❶** duwen, rijden ★ *she ~ed him into his bedroom* ze reed / rolde hem zijn slaapkamer binnen ★ *~ one's bicycle* met de fiets aan de hand lopen ★ *~ your shopping trolley to the exit* je winkelwagentje naar de uitgang duwen / rijden **❷** (doen) omdraaien, doen zwenken **❸** *~ in* presenteren ⟨nieuw product⟩ **❹** *~ in/out* ★ *~ in / out the same arguments again* weer met dezelfde argumenten aan komen (dragen) **III** *onov ww*

❶ rijden, rollen ❷ zwenken, (om)draaien ★ fig *a lot of ~ing and dealing* een hoop geritsel / gesjoemel / gekonkel ❸ cirkelen ⟨van vogels⟩ ❹ *~ round* (om)zwenken, (zich) omdraaien

wheelbarrow ['wi:lbærəʊ] *zn* kruiwagen

wheelbase ['wi:lbeɪs] *zn* wielbasis

wheelchair ['wi:ltʃeə] *zn* rolstoel

wheelchair access *zn* toegangsmogelijkheid voor rolstoelers ★ *~ to all facilities* alle faciliteiten zijn toegankelijk voor rolstoelers

wheel clamp GB *zn* wielklem

wheeled [wi:ld] *bnw* met / op wielen ★ *a six-~ car* een auto met zes wielen

wheeler-dealer inform *zn* konkelaar, ritselaar, regelaar, gladjanus

wheelhouse ['wi:lhaʊs] *zn* stuurhut

wheelie ['wi:lɪ] *zn* wheelie ⟨het op één wiel rijden⟩

wheelie bin GB *zn* kliko, afvalcontainer

wheelwright ['wi:lraɪt] *zn* wagenmaker

wheeze [wi:z] **I** *onov ww* piepen ⟨bij het ademhalen⟩, hijgen **II** *ov ww* hijgend / piepend uitbrengen **III** *zn* ❶ gepiep, gehijg ❷ USA mop met een baard, oud(e) grap(je) ❸ GB oud plannetje, trucje

wheezy ['wi:zɪ] *bnw* piepend, hijgend

whelk [welk] *zn* wulk ⟨(schelp van) zeeslak⟩

whelp [welp] **I** *zn* welp, jonge hond **II** *onov ww* jongen, werpen

when [wen] **I** *bijw* wanneer ★ *when did you meet him?* wanneer heb je hem ontmoet ★ *I'll tell you when to start* ik zeg het wel wanneer je kunt beginnen ★ *say when* zeg maar hoeveel ⟨bij inschenken⟩ ★ *that's when* toen ★ *since when?* sinds wanneer? ★ *her parents separated in 2007, since when she has seen her father only twice* haar ouders zijn in 2007 gescheiden en sindsdien heeft ze haar vader maar twee keer gezien ★ *a day when everything seems to go wrong* een dag waarop alles mis lijkt te gaan **II** *vw* ❶ toen, wanneer ★ *when I was a young boy...* toen ik nog een klein jongetje was... ★ *when it stops raining, we'll go for a walk* wanneer het stopt met regenen, maken we een wandeling ★ *he'd just gone outside when the phone rang* hij was net naar buiten toen de telefoon ging ❷ als, wanneer ★ *... when you never listen to one another ...* als je nooit naar elkaar luistert ❸ terwijl ★ *why does she rent a car when she could easily buy one?* waarom huurt ze een auto terwijl ze er makkelijk een kan kopen **III** *zn* ★ *the when and the where* de plaats en de tijd

whence [wens] oud *bijw* vanwaar ★ *~ comes it that* hoe komt het dat

whenever [wen'evə], **whensoever** [wensoʊ'evə] **I** *bijw* ❶ wanneer ook maar, om het even wanneer ★ *call me ~ you want. This week or next week, ~* bel me wanneer je maar wilt. Deze of volgende week, het maakt niet uit ❷ wanneer... (toch) ★ *~ did I do that?* wanneer heb ik dat (toch) gedaan? **II** *vw* telkens wanneer / als ★ *~ I hear that piece of music, I think of my mother* telkens als ik dat muziekstuk hoor, moet ik aan mijn moeder denken

where [weə] **I** *bijw* waar, waarheen ★ *~ are you*

going? waar ga je naartoe ★ *do you know ~ this road leads to?* weet jij waar deze weg naartoe gaat? ★ *~ do they live?* waar wonen zij? ★ *that's ~ the two lovers met* daar ontmoetten de twee geliefden elkaar ★ *this is ~ I live* hier woon ik ★ *New York, ~ we stayed for three weeks* New York, waar we drie weken hebben doorgebracht **II** *vw* ❶ terwijl ★ *~ she liked wine, he preferred beer* terwijl zij van wijn hield, had hij liever bier ❷ daar waar ★ *everything has changed ~ she is concerned* alles is veranderd wat haar betreft **III** *zn* waar ★ *the ~ and when* de plaats en de tijd

whereabouts ['weərəbaʊts] **I** *zn mv* verblijfplaats **II** *bijw* waar ongeveer

whereas [weər'æz] *vw* ❶ form terwijl toch, terwijl daarentegen ★ *we thought the new system was complicated ~ in fact it was really simple* we vonden het nieuwe systeem ingewikkeld terwijl het in feite erg eenvoudig was ❷ jur aangezien

whereby [weə'baɪ] form *betr vnw* waardoor, waarbij

wherefore ['weəfɔ:] **I** *bijw* oud waarom **II** *zn* ★ *the whys and the ~s* de redenen waarom

wherein [weər'ɪn] form *bijw* waarin

whereof [weər'ɒv] oud *bijw* waarvan

whereon [weər'ɒn] oud *bijw* waarop

whereupon [weərə'pɒn] form *vw* waarna, waarop

wherever [weər'evə], **wheresoever** ['weərsoʊ'evə] **I** *bijw* waar toch (heen) ★ *~ did you find that ring?* waar in 's hemelsnaam heb je die ring vandaan ★ *or ~* of waar dan ook **II** *vw* waar(heen) ook, overal waar(heen) ★ *she's followed by screaming fans ~ she goes* waar zij ook heen gaat, ze wordt achtervolgd door schreeuwende fans

wherewithal ['weəwɪðɔ:l] *zn* [altijd met the] benodigde middelen, geld

whet [wet] *ov ww* ❶ scherpen, aanzetten ❷ prikkelen, opwekken

whether ['weðə] *vw* of ★ *he asked ~ I liked reggae* hij vroeg of ik van reggae hield ★ *~... or of...* of, hetzij... hetzij... ★ *~ you like it or not* of je het nu leuk vindt of niet ★ *doubts about ~ or not to send new troops to Iraq* twijfels over het wel of niet nieuwe troepen sturen naar Irak

whetstone ['wetstəʊn] *zn* slijpsteen

whew [hwju:] *tw* pff, poeh, oef

whey [weɪ] *zn* wei ⟨van melk⟩

which [wɪtʃ] **I** *vr vnw* wie, wat, welk(e) ★ *DVD did you like best?* welke dvd vond je het mooist? ★ *~ of the sisters is the richest?* welke van de zussen / welke zus is het rijkst ★ *I can't tell ~ is ~* ik kan ze niet uit elkaar houden **II** *betr vnw* die, dat, welke, wat ★ *the DVD's ~ you bought the* dvd's die je gekocht heb ★ *choose any book - it doesn't matter ~* kies een boek - het maakt niet uit welke ★ *his best book, ~ sold more than a million copies, was about Kurt Cobain* zijn beste boek, waarvan er meer dan een miljoen exemplaren zijn verkocht, ging over Kurt Cobain

whichever [wɪtʃ'evə] *betr vnw* welk(e) ook ★ *~ player / ~ of them wins will earn $60,000* de

wh

speler / hij die wint, verdient $60.000 ★ ~ *way you look at it* hoe je het ook bekijkt ★ *take ~ flight is cheaper* boek de vlucht die het goedkoopst is

whiff [wɪf] *zn* zuchtje, vleugje ★ *a ~ of perfume* een vleugje parfum ★ *a ~ of danger / adventure* een zweem van gevaar / avontuur

Whig [wɪg] *gesch zn* whig, liberaal

while [waɪl] I *vw* ❶ terwijl ★ *my husband watches the kids ~ I do the shopping* mijn man past op de kinderen terwijl ik de boodschappen doe ❷ form hoewel ★ ~ *I see what you mean, I partly disagree* hoewel ik begrijp wat je bedoelt, ben ik het gedeeltelijk met je oneens II *zn* tijd(je), poosje ★ *all the ~* de hele tijd ★ *for a ~* even, een tijdje ★ *in a little ~* zometeen, spoedig ★ *once in a ~* af en toe ★ *between ~s* zo nu en dan, tussen de bedrijven door ★ *worth ~* de moeite waard ★ *it's not worth the / my ~* het is (voor mij) de moeite niet waard III *ov ww* ★ ~ *away the time* de tijd doorkomen / verdrijven

whilst [waɪlst] GB form *vw* terwijl

whim [wɪm] *zn* gril, nuk ★ *on a whim* in een opwelling ★ *do sth at whim* iets lukraak / in het wilde weg doen

whimper ['wɪmpə] I *onov ww* janken, jammeren II *zn* zacht gejank / gejammer ★ fig *end with a ~* een zachte dood sterven

whimsical ['wɪmzɪkl] *bnw* ❶ grillig, speels ❷ eigenaardig

whimsy ['wɪmzɪ] *zn* ❶ grilligheid, speelsheid ❷ eigenaardigheid

whine [waɪn] I *onov ww* ❶ zeuren, dreinen, jengelen ❷ janken ❸ gieren, loeien 〈van apparaten, machines〉 II *zn* ❶ gezeur, geklaag, klacht ❷ gejammer, gejank ❸ het gieren, geloei 〈van apparaten, machines〉

whiner ['waɪnə] *zn* zeurpiet

whinge GB inform I *onov ww* klagen, zeuren II *zn* (jammer)klacht

whinny ['wɪnɪ] I *onov ww* hinniken II *zn* gehinnik

whip [wɪp] I *zn* ❶ zweep ★ fig *crack the whip* de zweep erover leggen, achter de broek zitten ❷ lid dat voor stemming zijn partijleden oproept ❸ oproeping door whip, partijdiscipline ★ *three-line whip* dringende oproep, dwingend stemadvies ★ cul *mousse* II *ov ww* ❶ de zweep leggen over, met de zweep slaan / geven, geselen ❷ snel (doen) bewegen, zwiepen, schieten ★ *the wind whipped his long hair into his face* de wind zwiepte zijn lange haar in zijn gezicht ❸ opzwepen 〈golven, publiek〉 ★ *whip into a frenzy* tot razernij opzwepen ❹ kloppen 〈room, eiwitten〉 ❺ GB inform jatten, gappen ❻ ~ **off** weggrissen, uitgooien ❼ ~ **out** snel tevoorschijn halen, eruit flappen ❽ ~ **up** haastig in elkaar draaien / flansen 〈bv. maaltijd〉, opzwepen, aanvuren III *onov ww* ❶ wippen, schieten, zwiepen ★ *with the wind whipping into his face* met de wind die zijn gezicht geselde / die hem in het gezicht striemde ★ *rain was whipping across the window panes* regen striemde de ruiten ❷ ~ **round** zich snel omdraaien ❸ ~ **through** ★ *whip through sth* door iets heen schieten, snel door iets heen gaan

whip hand *zn* ★ *have the ~ of sb* de baas zijn over iem., iem. in zijn macht hebben

whiplash ['wɪplæʃ] *zn* ❶ zweepslag, slag van / met een zweep ❷ med **whiplash injury** whiplash, zweepslag 〈nekletsel〉

whipped [wɪpt] *bnw* ★ ~ *cream* slagroom

whippet ['wɪpɪt] *zn* whippet 〈kleine hazewind〉

whipping ['wɪpɪŋ] *zn* ❶ pak slaag met zweep, afranseling ❷ nederlaag

whipping boy *zn* zondebok

whipping cream *zn* slagroom vóórdat het geklopt wordt

whippy ['wɪpɪ] *bnw* zwiepend, lenig

whip-round *zn* geldinzameling ★ *have a ~ for sb / a present* bij iedereen geld ophalen voor iemand / een cadeau

whirl [wɜːl] I *onov ww* ❶ ronddraaien, wervelen, dwarrelen ❷ (rond)tollen 〈van hoofd, gedachten〉, duizelen ★ *my mind is ~ing with all the new information* het duizelt mij van alle nieuwe informatie ❸ ~ **around/about** zich snel omdraaien II *ov ww* ❶ ronddraaien, doen wervelen, doen dwarrelen ❷ ~ **around/about** snel omdraaien III *zn* ❶ drukte, tumult, maalstroom ★ *the social ~ of Berlin* het drukke sociale leven van Berlijn ★ *a ~ of events* een maalstroom van gebeurtenissen ❷ werveling, draaikolk, dwarrelende beweging ❸ roes ★ *my brain / head is in a ~* mijn hoofd loopt (me) om ❹ inform poging ★ *give sth a ~* iets eens (uit)proberen

whirligig ['wɜːlɪgɪg] *zn* ❶ tol 〈speelgoed〉 ❷ fig mallemolen ★ *the ~ of time / fashion* de mallemolen van het leven / van de mode

whirlpool ['wɜːlpuːl] *zn* ❶ draaikolk, maalstroom ook fig ❷ **whirlpool bath** wervelbad, bubbelbad

whirlwind ['wɜːlwɪnd] I *zn* ❶ wervelwind ❷ maalstroom ★ *a ~ of emotions* een maalstroom van gevoelens II *bnw* stormachtig, bliksem-★ *a ~ romance* een stormachtige romance ★ *a ~ tour* een bliksemtour

whirr, whir [wɜː] I *onov ww* gonzen, snorren II *zn* een gonzend / snorrend geluid

whisk [wɪsk] *zn* ❶ garde, eierklopper II *ov ww* ❶ (met garde / snelle beweging) slaan, (op)kloppen ❷ ~ **away/off** (razend)snel wegvoeren / -halen, weggrissen ★ ~ *sb off* iem. snel meenemen / afvoeren / wegbrengen III *onov ww* zich snel bewegen, stuiven ★ ~ *through Africa* in een sneltreinvaart door Afrika gaan, snel door Afrika sjezen

whisker ['wɪskə] *zn* snorhaar 〈van kat / hond〉 ★ oud *~s* [mv] bakkebaard(en) ★ *win by a ~* net aan winnen ★ *within a ~* op een haar na

whiskey ['wɪskɪ] *zn* whiskey 〈niet-Schotse sterkedrank〉

whisky ['wɪskɪ] *zn* whisky 〈Schotse sterkedrank〉

whisper ['wɪspə] I *zn* ❶ gefluister ★ *talk in a ~ / in ~s* fluisterend praten ❷ gerucht II *ov ww* ❶ fluisteren ❷ geruchten / een gerucht verspreiden over ★ *it was ~ed that...* het gerucht deed de ronde dat... III *onov ww* ❶ fluisteren ❷ geruchten / een gerucht verspreiden ★ ~ *about sth* praatjes rondstrooien over iets

gaan

vh

whispering campaign ['wɪspərɪŋ kæm'peɪn] *zn* fluistercampagne

whist [wɪst] *zn* whist (kaartspel)

whistle ['wɪsəl] **I** *zn* **❶** gefluit, fluitend geluid ★ *give a ~* fluiten **❷** fluit(je) ★ *blow a ~* op een fluit(je) blazen ★ *the final ~* het laatste fluitsignaal ★ *wet one's ~* z'n keel smeren **▼** *as clean as a ~* brandschoon **▼** *blow the ~ on sb* een boekje over iem. opendoen, iem. erbij lappen **II** *ov ww* fluiten **▼** *~ a tune* een deuntje fluiten **III** *onov ww* **❶** fluiten ★ *~ at sb* naar iem. fluiten **❷** *~ for* ★ *fig she can ~ for it* ze kan ernaar fluiten

whistle-blower *zn fig* klokkenluider, verrader

whistle-stop tour *zn* reis / tournee waarbij in korte tijd veel plaatsen worden bezocht (m.n. door politicus)

whit [wɪt] *oud zn* ★ *not a / one whit* geen zier

Whit [wɪt] *bnw* pinkster- ★ *Whit Monday* tweede pinksterdag ★ *Whit Saturday* pinksterzaterdag

white [waɪt] **I** *bnw* **❶** wit **❷** (lijk)bleek ★ *go / turn ~* lijkbleek worden ★ *as ~ as a sheet* lijkbleek **❸** blank (huidskleur) **❹** GB met melk / room (koffie, thee) **❺** eerlijk, goed ★ *~r than ~* goudeerlijk **II** *zn* **❶** wit, witheid, wit gedeelte ★ *wear ~* in het wit gekleed zijn ★ *the ~s of their eyes* het wit van hun ogen ★ *~s* [mv] witte kleding, wit tenue, witte spullen (bij de was) **❷** blanke **❸** eiwit **❹** *inform* witte wijn

whitebait ['waɪtbeɪt] *zn* witvis

whiteboard *zn* (wit) (school)bord

white-bread USA *inform bnw* doodgewoon, doorsnee, alledaags

white-collar *bnw* witteboorden- ★ *~ crime* witteboordencriminaliteit ★ *~ workers* ambtenaren, kantoormensen

white elephant *zn* duur en nutteloos voorwerp

Whitehall ['waɪthɔːl] *zn* de (Britse) regering

white-hot [waɪt'hɒt] *bnw* witgloeiend, witheet

White House *zn* ★ *the ~* het Witte Huis, *fig* de Amerikaanse president

white-knuckle *bnw* bloedstollend, doodeng (van rit in achtbaan e.d.)

white meat *zn* wit vlees, kip, kalf enz.

whiten ['waɪtn] **I** *ov ww* **❶** bleken, wit maken **II** *onov ww* wit worden

whitener ['waɪtnə] *zn* bleekmiddel

whitewash ['waɪtwɒʃ] **I** *zn* **❶** witkalk **❷** vergoelijking **II** *ov ww* **❶** witten **❷** vergoelijken, schoonpraten, goed (proberen te) praten

whither ['wɪðə] *oud bijw* waarheen, waarnaar ★ *form ~ socialism?* waar gaat het heen met het socialisme?

whiting ['waɪtɪŋ] *zn* [mv: whiting] wijting

whitish ['waɪtɪʃ] *bnw* witachtig, bleekjes

Whitsun ['wɪtsən] *zn* Pinksteren, pinkstertijd

Whitsuntide ['wɪtsəntaɪd] *zn* Pinksteren, pinkstertijd

whittle ['wɪtl] **I** *ov ww* **❶** (af)snijden, besnijden (hout) **❷** *~ away* laten afnemen, reduceren **❸** *~ down* besnoeien, reduceren, terugbrengen **II** *onov ww* **~ away at** laten afnemen, reduceren, langzaam verminderen

whizz, whiz [wɪz] **I** *zn inform* kei, genie ★ *a culinary ~* een keukenprins **II** *onov ww* suizen,

fluiten, snorren ★ *inform ~ through sth* snel iets doen, door iets heen schieten

whizz-kid, whiz-kid *zn* whizzkid (jonge expert)

who [huː] **I** *vr vnw* wie ★ *who did you give the key to?* aan wie heb je de sleutel gegeven? ★ *who's going to cook?* wie gaat er koken? ★ *know who is who* de verschillende personen kennen **II** *betr vnw* die, wie ★ *I don't know who he is* ik weet niet wie hij is ★ *the man who was driving* de man die reed ★ *her sister, who is married to a doctor, won't come* haar zuster, die getrouwd is met een dokter, komt niet

WHO *afk, World Health Organization* WHO, Wereldgezondheidsorganisatie (van de Verenigde Naties)

whoa [wəʊ] *tw* ho!

who'd [huːd] *samentr* **❶** *who had* → *have* **❷** *who would* → *will*

whodunnit, whodunit [huːˈdʌnɪt] *zn* detective(roman / -film) (waarin de schuldvraag centraal staat)

whoever [huːˈevə] **I** *onbep vnw* wie ook ★ *come here, ~ you are* kom hier, wie je ook bent ★ *~ says this is a total idiot* degene die dit zegt is volkomen gek **II** *vr vnw* wie ook maar ★ *~ can it be?* wie kan dat toch zijn?

whole [həʊl] **I** *bnw* **❶** (ge)heel ★ *feel a ~ lot better* zich heel wat beter voelen ★ *that's the ~ point* dat is het hele punt, dat is juist waar het om gaat **❷** in zijn geheel ★ *eat / swallow ~* in zijn geheel opeten / doorslikken **II** *zn* geheel ★ *the ~ of England* heel Engeland ★ *as a ~* in zijn geheel ★ *on the ~* over het geheel genomen **III** *bijw inform* totaal, geheel

wholefood ['həʊl fuːd] *zn* natuurvoeding ★ *eat plenty of ~s* veel natuurlijke voedingsmiddelen eten

wholehearted [həʊl'hɑːtɪd] *bnw* **❶** hartelijk **❷** oprecht ★ *agree ~ly with sb* het hartgrondig met iem. eens zijn ★ *express your ~ support for sth* iets met hart en ziel steunen

wholemeal ['həʊlmiːl] GB *bnw* volkoren

wholeness ['həʊlnəs] *zn* heelheid

wholesale ['həʊlseɪl] **I** *bnw* **❶** in het groot, massaal ★ *~ dealer* grossier, groothandelaar **❷** op grote schaal ★ *the ~ slaughter of dolphins* het op grote schaal afslachten van dolfijnen **II** *bijw* **❶** in het groot (inkopen, verkopen), via de groothandel **❷** op grote schaal **III** *zn* groothandel

wholesale price *zn* groothandelsprijs

wholesaler ['həʊlseɪlə] *zn* grossier, groothandelaar

wholesome ['həʊlsəm] *bnw* gezond

whole-wheat *bnw* volkoren

who'll [huːl] *samentr, who will* → *will*

wholly ['həʊlɪ] *bijw* geheel, volkomen

whom [huːm] *form* **I** *vr vnw* wie ★ *whom did you invite?* wie heb je uitgenodigd? ★ *to whom should they write?* (naar) wie moeten zij schrijven? **II** *betr vnw* wie, die ★ *the writer whom you have quoted is Martin Amis* de schrijver die je citeerde, is Martin Amis ★ *her sister, whom I had never met before, picked me up at the airport* haar zus, die ik nooit eerder had ontmoet, pikte me op bij het vliegveld

wh

whoop [wu:p, hu:p] **I** *onov ww* schreeuwen, roepen **II** *ov ww* ▾ inform ~ *it up* uitbundig / luid feestvieren, lol trappen **III** *zn* uitroep, kreet

whoopee ['wu:pi:] **I** *zn* ▾ inform *make* ~ lol / pret maken, 'het' doen ⟨seks⟩ **II** *tw* joepie!

whooping cough ['hu:pɪŋkɔf] *zn* kinkhoest

whoops *tw* oeps, oei

whoosh [wʊʃ] inform **I** *zn* geruis, gesuis ⟨van wind⟩, het stromen ⟨van water⟩ **II** *onov ww* suizen, ruisen, flitsen, razen

whopper ['wɒpə] inform *zn* ❶ knaap, kanjer ❷ enorme leugen

whopping ['wɒpɪŋ] *bnw* enorm, kolossaal ★ *a ~ great bridge* een gigantisch grote brug

whore [hɔ:] **I** *zn* hoer **II** *onov ww* hoereren

whorehouse ['hɔ:haʊs] oud *zn* hoerentent, bordeel

whorl [wɔ:l] *zn* ❶ bladerkrans ❷ spiraal ⟨van schelp, vingerafdruk⟩

who's [hu:z] *samentr, who is* → **be**

whose [hu:z] **I** *vr vnw* van wie / welke, van wat, wiens, wier, ervan, waarvan ★ ~ *idea is this?* wiens idee is dit? ★ ~ *is this coat?* van wie is deze jas? **II** *betr vnw* waarvan, van wie / welke, wiens, wier ★ *a house* ~ *doors are painted blue* een huis waarvan de deuren blauw zijn geschilderd ★ *a writer* ~ *books particularly appeal to women* een schrijver wiens boeken vooral vrouwen aanspreken

whosoever [hu:səʊ'evə] form **I** *vr vnw* wie (toch) **II** *onbep vnw* wie dan ook

who've [hu:v] *samentr, who have* → **have**

whup [wɒp], **whop** *ov ww* ❶ verslaan ❷ (af)ranselen, slaan

why [waɪ] **I** *bijw* waarom ★ *why did you kiss her?* waarom heb je haar gezoend? ★ *why so* waarom (dan) ★ *that's / this is why* daarom ★ *why not go to New York?* waarom ga je gewoon niet naar New York? **II** *tw* wel!, wel!, nou! ★ *why, if it isn't John!* als dat John niet is! **III** *zn* reden, ('t) waarom ★ *the whys and (the) wherefores* de redenen waarom, het hoe en waarom

WI *afk,* Wisconsin staat in de VS

wick [wɪk] *zn* ❶ pit ⟨van kaars⟩ ❷ kous ⟨van lamp⟩, pit ▾ GB inform *get on s.o.'s wick* op iemands zenuwen werken

wicked ['wɪkɪd] *bnw* ❶ slecht, verdorven ★ *a most* ~ *price* een schandalig hoge prijs ★ *the* ~ [mv] de slechte mensen ★ *humor (there's) no peace / rest for the* ~ een mens krijgt (ook) nooit even rust ❷ gemeen, boosaardig ❸ ondeugend ⟨glimlach, grap⟩ ❹ gevaarlijk ❺ straatt wreed, vet, gaaf

wicker ['wɪkə] *zn* vlechtwerk, mandwerk ★ ~ *chair* rieten stoel

wickerwork ['wɪkəwɜ:k] *zn* vlechtwerk, mandenwerk, manden

wicket ['wɪkɪt] *zn* wicket ⟨cricket⟩ ★ *be on a sticky* ~ in een moeilijke / vervelende situatie zitten

wide [waɪd] **I** *bnw* ❶ wijd, breed ★ *a wide river* een brede rivier ★ *a wide grin / smile* een brede grijns / lach ★ *wide eyes* wijd open ogen ❷ groot, ruim, uitgestrekt, uitgebreid ★ *a wide choice* een ruime keuze ❸ ernaast ★ *wide of* ver naast ★ *be wide of the mark* ernaast zitten, het mis hebben, (het) doel missen **II** *bijw* ❶ wijd

(open), ver ★ *with his legs wide apart* wijdbeens ★ *spread sth far and wide* iets wijd en zijd verspreiden ★ *wide awake* klaarwakker ★ *wide open* wijd open, helemaal open ook fig ⟨bv. van een wedstrijd⟩ ❷ (er)naast ★ *go wide* missen ★ *shoot wide* misschieten **III** *zn* sport bal die naast gaat

wide-angle *bnw* groothoek- ⟨lens⟩

wide-eyed *bnw* ❶ met de ogen wijd open, met grote ogen ❷ naïef

widely ['waɪdlɪ] *bijw* ❶ breed, wijd, op velerlei gebied ★ *a* ~ *read newspaper* een veelgelezen krant ★ *be very* ~ *read* zeer belezen zijn ★ ~ *known* overal / wijd en zijd bekend ★ *more* ~ *available* veel ruimer verkrijgbaar ★ *he has travelled* ~ *in Europe* hij heeft veel gereisd in Europa ❷ sterk, zeer ★ *vary* ~ sterk wisselen / variëren

widen ['waɪdn] **I** *onov ww* zich verbreden, wijder / groter worden ★ *the ~ing gap between rich and poor* de steeds breder / groter wordende kloof tussen rijk en arm **II** *ov ww* verbreden, wijder / groter maken, verruimen

wide-ranging *bnw* ❶ breed opgezet ❷ verreikend ⟨gevolgen, implicaties⟩

widescreen ['waɪdskri:n] *bnw* breedbeeld- ★ ~ *TV* breedbeeld-tv

widespread ['waɪdspred] *bnw* wijdverbreid, wijdverspreid, (nagenoeg) algemeen

widget inform *zn* dingetje, apparaatje

widow ['wɪdəʊ] **I** *zn* weduwe ★ *black* ~ zwarte weduwe **II** *ov ww* tot weduwe / weduwnaar maken ★ *be ~ed at forty* weduwe / weduwnaar worden op veertigjarige leeftijd

widower ['wɪdəʊə] *zn* weduwnaar

widowhood ['wɪdəʊhʊd] *zn* weduwschap

width [wɪdθ] *zn* ❶ wijdte, breedte ❷ baan ⟨van stuk stof⟩

wield [wi:ld] *ov ww* ❶ gebruiken ⟨gereedschap⟩, zwaaien ⟨met mes⟩ ❷ uitoefenen ⟨macht⟩

wife [waɪf] *zn* [mv: **wives**] vrouw, echtgenote

wi-fi comp *zn,* wireless fidelity wifi ⟨voor draadloos internet⟩

wig [wɪg] **I** *zn* pruik **II** *onov ww,* USA inform ~ *out* gek worden, flip uit je bol gaan

wiggle ['wɪgl] **I** *ov ww* doen wiebelen / schommelen, (snel op en neer) bewegen ★ ~ *your toes* je tenen (op en neer) bewegen **II** *onov ww* wiebelen **III** *zn* gewiebel

wiggle room *zn* fig speelruimte

wiggly inform *bnw* kronkelig ⟨lijn, streep⟩

wigwam ['wɪgwæm] *zn* wigwam

wild [waɪld] **I** *bnw* ❶ wild, verwilderd ★ *wild animals / flowers* wilde dieren / planten ★ *wild boar* wild zwijn ★ *a wild landscape* een woest landschap ★ *run wild* verwaarloosd worden, in het wild leven / opgroeien ★ *he was rather wild in his youth* hij was nog wild / losgeslagen in zijn jeugd ❷ razend, woest ★ *wild with anger / rage* razend van woede ★ *go wild* razend worden ★ *drive wild* razend maken ❸ ondoordacht, onbeheerst, lukraak ★ *wild guess* gissing in het wilde weg, zomaar een gok ★ *wild nonsense* klinkklare onzin ★ *wild rumours* wilde geruchten ★ *state of wild confusion* toestand v.d. grootste verwarring ❹ dol, enthousiast ★ *wild about* gek op, enthousiast over ★ *go wild* gek / enthousiast worden ❸ fantastisch, geweldig ★ *a ~ time in New York* een geweldige tijd in New York ★ *wild story* fantastisch verhaal ❹ stormachtig ⟨nacht, zee⟩, ruw **II** *bijw* in het wild ★ *grow wild* in het wild groeien ⟨van planten⟩ **III** *zn* wildernis ★ *have seen lions in the wild* leeuwen in het wild gezien hebben ★ *the wilds* de woeste gebieden, de wildernis

wildcard ['waɪldkɑːd] *zn* ❶ comp joker ⟨een willekeurig teken⟩ ❷ sport wildcard ⟨recht op deelname aan wedstrijd / toernooi voor niet-geplaatst(e) speler / ploeg⟩

wildcat ['waɪldkæt] **I** *zn* wilde kat **II** *bnw* ❶ wild ★ *a ~ strike* een wilde staking ❷ financieel onbetrouwbaar, insolide ★ *~ schemes* fantastische / onbesuisde plannen

wildebeest ['wɪldəbiːst] *zn* gnoe

wilderness ['wɪldənəs] *zn* wildernis

wildfire ['waɪldfaɪə] *zn* bosbrand, natuurbrand ★ fig *spread like ~* zich als een lopend vuurtje verspreiden

wildfowl ['waɪldfaʊl] *zn* wild gevogelte ⟨m.n. eenden, ganzen⟩

wild-goose chase *zn* dwaze / vruchteloze onderneming

wildlife ['waɪldlaɪf] *zn* wilde natuur, wilde dieren en planten

wildly *bijw* ❶ wild, woest, uitgelaten ❷ ontzettend, zeer ★ *a ~ popular book* een ontzettend geliefd boek

wiles [waɪlz] *zn mv* streken, listen

wilful ['wɪlfʊl] *bnw* ❶ opzettelijk, moedwillig ❷ koppig, dwars

wiliness ['waɪlɪnəs] *zn* listigheid, gehaaidheid, sluwheid

will [wɪl] **I** *hww* ❶ zullen, willen ★ *she'll / she will help you* zij zal je (wel) helpen ★ *will you help me?* zul je me helpen?, help je me? ★ *he promised that he would help me* hij beloofde me te zullen helpen / dat hij me zou helpen ★ *I would like to show you sth* ik zou je graag iets laten zien ★ *would you please shut the door* kun je de deur dichtdoen alsjeblieft ★ *he will sit there for hours doing nothing* hij kan daar uren niets zitten doen ★ *he would sit by the fire* hij zat altijd bij de haard ★ *'he has refused it'* - *'(think) he would'* 'hij heeft geweigerd' - 'dat was te voorzien' ★ *it will be a hard job* het zal wel een moeilijk karweitje zijn ★ *the car won't start* de auto wil niet starten ❷ zullen, moeten ★ *you will have your way* jij moet altijd je zin hebben ★ *she would have her way* ze moest en zou haar zin krijgen **II** *zn* ❶ wil, wens, wilskracht ★ *a strong / iron will* een sterke / ijzeren wil ★ *against his will* tegen zijn wil, tegen wil en dank ★ *with the best will in the world* met de beste wil van de wereld ★ *of your own free will* uit eigen beweging ★ *with a will* energiek, vastberaden ★ *at (one's) will* naar willekeur ★ *where there's a will there's a way* waar een wil is, is een weg ❷ testament ★ *his last will and testament* zijn testament **III** *ov ww* ❶ nalaten, vermaken ❷ dwingen, door je wil oproepen / afdwingen ★ *she willed herself not to go* zij

dwong zichzelf niet te gaan ★ *he had thought he could do it, if he willed it enough* hij had gedacht dat hij het kon (doen), als hij het maar genoeg wilde ❸ willen, wensen ★ *if you will* als je (dat) wilt)

willies ['wɪlɪz] inform *zn mv* kriebels, zenuwen ★ *give sb the ~* iem. op de zenuwen werken

willing ['wɪlɪŋ] *bnw* bereid(willig), gewillig ★ *be ~* wel willen

willingly ['wɪlɪŋlɪ] *bijw* graag

willingness ['wɪlɪŋnəs] *zn* bereidwilligheid

will-o'-the-wisp [wɪləðə'wɪsp] *zn* ❶ dwaallichtje ❷ ongrijpbaar figuur ❸ hersenschim

willow ['wɪləʊ] *zn* wilg ★ *weeping ~* treurwilg

willowy ['wɪləʊɪ] *bnw* slank en elegant ⟨van vrouw⟩

willpower ['wɪlpaʊə] *zn* wilskracht

willy-nilly [wɪlɪ'nɪlɪ] *bijw* ❶ goedschiks of kwaadschiks, of hij / zij nu wil of niet ❷ zomaar, lukraak

wilt [wɪlt] **I** *onov ww* ❶ verwelken, slap gaan hangen ❷ verslappen, lusteloos / moedeloos / moe worden **II** *ov ww* doen verwelken, slap doen hangen

wily ['waɪlɪ] *bnw* sluw, gehaaid

wimp [wɪmp] **I** *zn* doetje, sukkel, (onnozele) hals **II** *onov ww* inform *~ out* terugkrabbelen, ertussenuit knijpen

wimple ['wɪmpl] *zn* kap ⟨v. non⟩

win [wɪn] **I** *ov ww* [onregelmatig] ❶ winnen ★ *win an election / a game / a war* een verkiezing / spel / oorlog winnen ★ *you win some, you lose some* je kunt niet altijd winnen ❷ behalen, verwerven, bereiken ★ *win a contract* een contract binnenhalen ★ *win support* steun verwerven ❸ *~ back* terugwinnen ❹ *~ over/round* ★ *win sb over / round* iem. overhalen, iem. op zijn hand krijgen **II** *onov ww* [onregelmatig] ❶ winnen ★ *win by a head* met een hoofdlengte winnen ★ *win hands down* op zijn sloffen slagen / winnen ★ inform *you can't win* het is nooit goed, je krijgt nooit gelijk ★ *OK, you win* ik geef me gewonnen, jij hebt gelijk ★ inform *win or lose...* of je nu wint of verliest... ❷ *~ out* het winnen ❸ *~ through* te boven komen, zich er doorheen slaan, het winnen **III** *zn* overwinning, succes

wince [wɪns] **I** *onov ww* ineenkrimpen ⟨van pijn, schaamte⟩, pijnlijk vertrekken ⟨van gezicht⟩, huiveren ★ *without wincing* zonder een spier te vertrekken **II** *zn* huivering, ineenkrimping

winch [wɪntʃ] **I** *zn* lier, windas **II** *ov ww* ophijsen (met een lier), omhooghijsen

wind¹ [waɪnd] **I** *ov ww* [onregelmatig] ❶ (op)winden, (omhoog)draaien, wikkelen ★ *wind a tape back(wards)* een band terugspoelen ★ *wind one's arm round* omhelzen, omstrengelen ★ *wind a shawl round* een sjaal omdoen ★ *wind (up) a watch* een horloge opwinden ❷ kronkelen ★ *wind its way through* zich kronkelen door, zich kronkelend een weg banen door ❸ *~ down* naar beneden draaien ⟨raampje⟩, terugdraaien, verminderen ⟨activiteiten⟩ ❹ *~ up* op- / omhoogdraaien ⟨raampje⟩, opwinden, op stang jagen, beëindigen, besluiten, opheffen **II** *onov ww*

wi

[onregelmatig] ❶ kronkelen, draaiend gaan, zich wenden / slingeren ❷ ~ **down** langzamer gaan lopen ⟨van apparaatje⟩, langzaam ten einde lopen, relaxen, zich ontspannen ❸ ~ **round** kronkelen ❹ ~ **up** terechtkomen, afsluiten, eindigen ★ *wind up in prison* uiteindelijk in de gevangenis belanden **III** *zn* ❶ draai, kronkel, bocht ❷ slag, (om)wenteling ★ *give sth a wind* iets opwinden

wind² [wɪnd] **I** *zn* ❶ wind ★ *the wind blows* de wind waait ★ *like the wind* vliegensvlug ★ *it is an ill wind that blows nobody any good* het is 'n slecht land waar het niemand goed gaat, er is altijd wel iem. die er voordeel van heeft ★ *sail close to / near the wind* scherp bij de wind varen, iets doen / zeggen wat op het kantje af is ★ fig *take the wind out of sb's sails* iem. de wind uit de zeilen nemen ★ fig *wind / winds of change* ≈ kentering van het tij ⟨historische verandering⟩ ❷ adem ★ *get one's (second) wind* (weer) op adem komen ★ *knock the wind out of sb* iem. in de maag stompen ⟨zodat hij even geen lucht heeft⟩ ❸ GB winderigheid ★ *bring up (a baby's) wind* (een baby) een boertje laten doen ★ *break wind* winden laten ★ *give wind* winderigheid veroorzaken ▾muz *winds* [mv] blazerssectie ▾inform *get wind of sth* ergens lucht van krijgen ▾inform *get the wind up* 'm knijpen, bang / nerveus worden ▾inform *put the wind up sb* iem. de stuipen op het lijf jagen ▾be *in the wind* op til / komst zijn **II** *ov ww* ❶ buiten adem doen raken ★ *be winded* buiten adem zijn ❷ GB laten boeren ⟨baby⟩

windbag [ˈwɪndbæg] inform *zn* ❶ windbuil ❷ ouwehoer, kletskous

windbreak [ˈwɪndbreɪk] *zn* ❶ windscherm ❷ windkering ⟨heg, rij bomen, schutting⟩

windbreaker [ˈwɪndbreɪkə] *zn* USA windjack

windcheater [ˈwɪndtʃiːtə] *zn* GB windjack

wind chill *zn* gevoelstemperatuur

wind chill factor *zn* windchillfactor ⟨mate waarin de wind de gevoelstemperatuur beïnvloedt⟩

windfall [ˈwɪndfɔːl] *zn* ❶ meevallertje ❷ afgewaaide vrucht ★ ~ *apples* afgewaaide appels

wind farm *zn* windmolenpark

winding [ˈwaɪndɪŋ] *bnw* draaiend, kronkelend, bochtig ⟨van weg, rivier⟩

winding sheet *zn* lijkwade, doodskleed

wind instrument *zn* blaasinstrument

windjammer [ˈwɪnddʒæmə] *zn* windjammer ⟨groot zeilschip⟩

windlass [ˈwɪndləs] *zn* windas, lier

windless [ˈwɪndlɪs] *bnw* windstil

windmill [ˈwɪndmɪl] *zn* ❶ windmolen ❷ GB molentje ⟨kinderspeelgoed⟩

window [ˈwɪndəʊ] *zn* ❶ raam, venster ★ *French ~* openslaande glazen deur ★ fig *a ~ on the world* een venster op de wereld ★ *open a ~ of opportunity for* een kans geven aan, een mogelijkheid bieden aan ❷ loket / etalage ★ *in the ~* vóór het raam, in de etalage ★ inform *out of the ~* afgeschreven, niet meer meetellend ★ *fly / go out of the ~* volledig verdwijnen ❹ comp venster

window box *zn* bloembak

window cleaner *zn* ramenwasser

window dresser *zn* etaleur

window dressing *zn* ❶ (het) etaleren ❷ windowdressing ⟨het mooier / gunstiger voorstellen dat het is⟩, geflatteerde voorstelling van zaken

window frame *zn* raamkozijn

window ledge *zn* vensterbank

windowpane [ˈwɪndəʊpeɪn] *zn* ruit

window-shopping [ˈwɪndəʊʃɒpɪŋ] *zn* (het) etalages kijken

window sill *zn* vensterbank

windpipe [ˈwɪndpaɪp] *zn* luchtpijp

windscreen [ˈwɪndskriːn] GB *zn* voorruit

windscreen wiper GB *zn* ruitenwisser

windshield [ˈwɪndʃiːld] *zn* ❶ windscherm ⟨van motor, scooter⟩ ❷ USA voorruit

windshield wiper USA *zn* ruitenwisser

windstorm *zn* storm ⟨met weinig regen / sneeuw⟩

windsurfing [ˈwɪndsɜːfɪŋ] *zn* (het) windsurfen

windswept [ˈwɪndswept] *bnw* ❶ winderig ❷ verwaaid

wind turbine *zn* windturbine, (moderne) windmolen

wind-up I *zn* ❶ afsluiting, slot, einde ❷ GB inform poging iemand op stang te jagen, pesterijtje, vervelend geintje **II** *bnw* ❶ opwindbaar, opwind- ⟨bv. speelgoed⟩ ❷ slot- ★ *a ~ speech* een slotrede

windward [ˈwɪndwəd] *bnw + bijw* naar de wind gericht ★ *the ~ side* de loefzijde / windzijde ★ *the Windward Islands* de Bovenwindse Eilanden

windy [ˈwɪndɪ] *bnw* ❶ winderig ❷ breedsprakig, gezwollen ⟨van taalgebruik⟩

wine [waɪn] **I** *zn* ❶ wijn ★ *dry / red / white wine* droge / rode / witte wijn ★ *sparkling wine* mousserende wijn, bubbelwijn ❷ wijnrood **II** *ov ww* ★ *wine and dine sb* iem. op een etentje / diner trakteren **III** *onov ww* ★ *wine and dine* uitgebreid dineren

wine cellar *zn* wijnkelder

wine glass [ˈwaɪnɡlɑːs] *zn* wijnglas

wine grower *zn* wijnbouwer

wine list *zn* wijnkaart

winery [ˈwaɪnərɪ] *zn* wijnmakerij, wijnhuis

wing [wɪŋ] **I** *zn* ❶ vleugel ⟨van insect, vogel, vliegtuig⟩ ★ fig *clip sb's wings* iem. kortwieken, iem. kort houden ★ fig *spread / stretch your wings* op eigen benen gaan staan ★ *under the wing of* onder (de) bescherming van ★ *take sb under your wing* iem. onder je hoede nemen ★ dicht *be on the wing* vliegen ⟨van insecten, vogels⟩ ★ dicht *take wing* wegvliegen, (plotseling) vertrekken ❷ vleugel ⟨van gebouw, organisatie⟩ ❸ GB spatbord ❹ sport buitenspeler, vleugelspeler, verre linker- / rechterzijde van een sportveld **II** *ov ww* vliegen ★ *wing one's way to* vliegen naar, snel gaan / verzonden worden naar ▾inform *wing it* (iets) improviseren, (iets) onvoorbereid doen **III** *onov ww* dicht vliegen

wing chair *zn* oorfauteuil ⟨gemakkelijke stoel met hoofdsteunen aan beide kanten⟩

winged [wɪŋd] *bnw* met vleugels, gevleugeld

winger ['wɪŋə] *zn* buitenspeler, vleugelspeler
wing mirror GB *zn* buiten- / zijspiegel
wing nut *zn* vleugelmoer
wings [wɪŋz] *zn mv* ❶ (vliegers)insigne ⟨in de vorm van twee vleugels⟩ ★ *get your* ~ je vliegbrevet halen / krijgen ❷ coulissen ⟨bij toneel⟩ ★ *in the* ~ achter de coulissen ★ fig *be waiting in the* ~ in de coulissen klaarstaan
wingspan ['wɪŋspæn] *zn* vleugelspanwijdte
wink [wɪŋk] I *onov ww* ❶ knipogen ❷ flikkeren, knipperen ⟨van licht⟩ ★ ~ **at** ★ *wink at sb* knipogen naar iem. ★ *wink at sth* iets oogluikend toelaten, iets door de vingers zien II *ov ww* knipperen, knipogen ★ *wink an eye at sb* iem. 'n knipoogje geven III *zn* ❶ knipoog ⟨ook als seintje⟩ ★ *give sb a (big) wink* iem. een (vette) knipoog geven ❷ ogenblik ★ *I have not slept a wink* ik heb geen oog dichtgedaan ★ *not get / have a wink of sleep* geen oog dichtdoen ★ inform *have / take forty winks* (even) een dutje doen
winkle ['wɪŋkl] I *zn* alikruik II *ov ww* ~ **out** los- / uitpeuteren ★ ~ *a secret out of sb* iem. een geheim ontfutselen ★ ~ *sb out of a position of influence* iem. uit een invloedrijke positie loswrikken / wippen
winner ['wɪnə] *zn* ❶ winnaar, winnend paard / punt / lot, winnende goal / ploeg ❷ inform succes ★ *be onto a* ~ *with sth* succes hebben met iets
winning ['wɪnɪŋ] *bnw* ❶ winnend, succesvol ❷ innemend
winnings ['wɪnɪŋz] *zn mv* winst ⟨bij (gok)spel⟩
winnow ['wɪnəʊ] *ov ww* ❶ wannen ⟨graan⟩ ❷ schiften ★ ~ *down to* terugbrengen tot, reduceren tot ★ ~ *sth / sb out* iemand / iets eruit schiften
wino ['waɪnəʊ] inform *zn* zuiplap
winsome ['wɪnsəm] form *bnw* innemend, sympathiek
winter ['wɪntə] I *zn* winter ★ *in (the)* ~ 's winters, in de winter II *onov ww* ❶ de winter doorbrengen ❷ overwinteren III *ov ww* laten overwinteren
winter sports ['wɪntəspɔːts] *zn mv* wintersport
wintertime ['wɪntətaɪm] *zn* winter(seizoen), wintertijd
wintry ['wɪntrɪ] *bnw* ❶ winters ❷ koud, koel ★ *a* ~ *smile* een koele glimlach
win-win *bnw* met alleen maar voordelen ★ *a* ~ *situation* een win-winsituatie
wipe [waɪp] I *ov ww* ❶ (af)vegen, afdrogen ★ *wipe sth clean* iets schoonvegen ★ *wipe the slate clean* met een schone lei beginnen ★ fig *wipe the floor with sb* de vloer met iem. aanvegen, iem. volkomen inmaken ★ *wipe one's eyes* zijn tranen drogen ★ *wipe sth off the face of the earth* iets van de aardbodem wegvagen ★ *wipe sth off the map* iets van de kaart vegen, iets met de grond gelijk maken ❷ wissen ⟨bestand, tape, herinnering⟩ ★ *try to wipe sth from your mind / memory* iets proberen te vergeten, iets proberen uit je geheugen te wissen ❸ ~ **away** wegvegen ❹ ~ **down** ⟨met een nat doekje⟩ afnemen ❺ ~ **off** uitwissen, afvegen ❻ ~ **out**

wegvagen, totaal vernietigen, inform uitputten ★ inform *be wiped out* bekaf / doodop zijn ❼ ~ **up** opvegen, opdeppen II *onov ww* inform ~ **out** onderuitgaan ⟨bij skiën, surfen⟩, een smak maken III *zn* ❶ veeg ★ *give sth a wipe* iets afvegen, schoonvegen ❷ inform zakdoek, (nat) doekje
wiper ['waɪpə] *zn* ruitenwisser
wire ['waɪə] I *zn* ❶ (metaal)draad, telefoonkabel / -lijn, stroomkabel / -draad ★ *live wire* schrikdraad, inform energiek persoon ★ *barbed wire* prikkeldraad ★ *get your wires crossed* elkaar verkeerd begrijpen ❷ USA microfoon ⟨verborgen⟩ ❸ USA telegram ★ *by wire* telegrafisch II *ov ww*, **wire up** aansluiten ⟨apparatuur, machines, op de elektriciteit⟩ ★ *wired up to the Internet* aangesloten op internet ❶ met draad vastzetten / versterken, aaneenrijgen ❷ voorzien van afluisterapparatuur ❸ USA telegraferen ❹ elektronisch overmaken ⟨geld⟩ III *onov ww* USA telegraferen
wire-cutters ['waɪəkʌtəz] *zn mv* draadschaar
wired *bnw* ❶ aangesloten op internet ❷ met afluisterapparatuur ⟨op je lichaam, in je kleren⟩ ❸ USA inform hyper, opgefokt ⟨door koffie, drugs⟩ ❹ (met draad) versterkt ⟨van kleding⟩
wire-haired [waɪə'heəd] *bnw* ruwharig ⟨van hond⟩
wireless ['waɪələs] *bnw* ❶ draadloos ★ ~ *network / Internet* draadloos netwerk / internet ★ ~ *phone* draadloze telefoon ❷ GB oud radio- ★ ~ *set* radiotoestel II *zn* ❶ draadloze telegrafie ❷ GB oud radio
wire netting, USA **wire mesh** *zn* (kippen)gaas
wiretap ['waɪətæp] USA *ov ww* afluisteren ⟨telefoon⟩
wiretapping ['waɪətæpɪŋ] USA *zn* het afluisteren ⟨van telefoon⟩
wire wool GB *zn* staalwol
wiring ['waɪərɪŋ] *zn* ❶ elektrische bedrading, alle elektrische leidingen / kabels ⟨van een gebouw, huis, apparaat⟩ ❷ draad(werk)
wiry ['waɪərɪ] *bnw* ❶ (mager en) gespierd, pezig ⟨van persoon⟩ ❷ stug, springerig ⟨van haar⟩
wisdom ['wɪzdəm] *zn* wijsheid ★ *in his / her (infinite)* ~ in zijn / haar (onmetelijke) wijsheid
wisdom tooth *zn* verstandskies
wise [waɪz] I *bnw* wijs, verstandig ★ *a wise decision* een verstandige beslissing ★ *be wise to leave before midnight* er verstandig aan doen om voor middernacht te vertrekken ★ *be / get wise to sth* in de gaten hebben / krijgen ★ *be / get wise to sb* iem. doorhebben / doorkrijgen ★ *be wise after the event* weten hoe het zit, als het gebeurd is ★ *I'm none the wiser / not any the wiser* ik ben er niets wijzer op geworden ★ *no one will be any the wiser (for it)* niemand zal er iets van in de gaten hebben ★ *put sb wise* iem. inlichten, iem. op de hoogte brengen II *onov ww* inform ~ **up** iets doorkrijgen ★ *wise up to sth* iets doorkrijgen, iets in de smiezen krijgen ★ *wise up!* word eens wakker!
wisecrack ['waɪzkræk] I *zn* ❶ gevatte opmerking ❷ grapje, mopje II *onov ww* geestig / gevat uit

de hoek komen

wise guy *zn* betweter, eigenwijs persoon
wisely ['waɪzlɪ] *bijw* wijselijk
wish [wɪʃ] **I** *zn* wens, verlangen ★ *make a wish* een wens doen ★ *grant sb's wish* iemands wens in vervulling doen gaan ★ *(with) best wishes* met hartelijke groet ⟨aan het einde van brief, mail⟩ ★ *I have no wish to see her ever again* ik heb er geen behoefte aan / geen zin in haar ooit nog te ontmoeten ★ *his wish came true* zijn droom kwam uit **II** *ov ww* ❶ wensen, verlangen, toewensen ★ *wish sb luck / success* iem. geluk / succes (toe)wensen ★ *wish sb well* iem. het beste toewensen ★ *I wish I knew* ik wou dat ik het wist ★ *I wish (that) he were here* ik wou dat hij hier was ★ *don't you wish we were there?* zou je niet willen dat we er waren? ★ *wish o.s. (at home)* wensen dat men (thuis) was ★ *you wouldn't wish it on your worst enemy* dat zou je je ergste vijand nog niet toewensen ★ *you wish!* dat zou je wel willen! ❷ ~ **away** wegwensen, wensen dat iets er niet is **III** *onov ww* ❶ wensen ❷ ~ **for** verlangen, wensen
wishful thinking ['wɪʃfʊl 'θɪŋkɪŋ] *zn* ijdele hoop, wensdenken
wish list inform *zn* verlanglijst(je)
wishy-washy ['wɪʃɪwɒʃɪ] *bnw* ❶ slap, besluiteloos ⟨van persoon⟩ ❷ waterig ⟨van kleur⟩, flauw
wisp [wɪsp] *zn* ❶ (rook)sliert, zweem ★ *a wisp of a girl* een magere spriet ❷ dun plukje ⟨van haar, gras⟩, sliert
wispy ['wɪspɪ] *bnw* ❶ in bosjes, in slierten ❷ sprietig, spichtig
wisteria *zn* blauweregen ⟨plant⟩
wistful ['wɪstfʊl] *bnw* weemoedig, droevig, melancholiek, dromerig
wit [wɪt] **I** *zn* ❶ geestigheid, humor ★ *have a dry wit* een droog gevoel voor humor hebben ❷ geestig persoon ❸ [meestal in mv] verstand ★ *I'm at my wits' end* ik ben ten einde raad ★ *scare / frighten sb out of his wits* iem. de stuipen op het lijf jagen, iem. doodsbang maken ★ *keep / have your wits about you* alert / pienter blijven / zijn, je hoofd erbij houden / hebben ★ *pit your wits against* het opnemen tegen ★ *have quick wits* bij de pinken zijn, pienter zijn ★ *gather / collect your wits* goed (gaan) nadenken ❹ tegenwoordigheid van geest, scherpzinnigheid ★ *have the wit to seek advice from an expert* zo slim zijn om advies te vragen aan een deskundige **II** *onov ww* oud weten ★ *to wit* namelijk, te weten
witch [wɪtʃ] *zn* heks
witchcraft ['wɪtʃkrɑːft] *zn* hekserij, toverij
witch doctor ['wɪtʃdɒktə] *zn* medicijnman, tovenaar
witch-hunt *zn* heksenjacht

wi

with [wɪð] *vz* ❶ met ★ *a hat with feathers* een hoed met veren ★ *he came with his wife* hij kwam met zijn vrouw ★ *cut it with a sharp knife* snij het met een scherp mes ★ *swim with the current* met de stroom mee zwemmen ★ *and with that he left for work* en daarop / daarmee / daarna ging hij naar zijn werk ★ *with all her faults* ondanks / met al haar fouten ❷ van ★ *wet*

with rain nat van de regen ★ *tremble with fear* trillen van angst ❸ bij ★ *live with your mother* bij je moeder wonen ★ *work with Shell* bij Shell werken ★ *leave it with her* laat het maar bij haar achter ★ *I'll be with you in a sec* ik kom zo bij je ★ *I am with you* ik ben het met je eens ★ *are you with me?* kun je me volgen? ★ *be with it* in zijn, hip zijn ★ *not be with it* er niet bij zijn met je hoofd
withdraw [wɪð'drɔː] **I** *ov ww* ❶ terugtrekken ❷ terugnemen, terugtrekken ⟨belofte, beschuldiging, opmerking⟩ ★ *~ subsidies / your support* subsidies / je steun intrekken ❸ opnemen ⟨van bankrekening⟩ ★ *~ money from the bank* geld opnemen van je bankrekening **II** *onov ww* zich terugtrekken ★ *~ into yourself* je in jezelf terugtrekken
withdrawal [wɪð'drɔːəl] *zn* ❶ het (zich) terugtrekken, terugtrekking ❷ het terugnemen, intrekking, stopzetting ❸ geldopname ★ *make a ~ from a cash machine* geld halen uit een betaalautomaat ❹ ontwenning(speriode)
withdrawal symptoms *zn mv* ontwenningsverschijnselen
withdrawn [wɪð'drɔːn] *bnw* teruggetrokken, verlegen
wither ['wɪðə] **I** *onov ww* ❶ verwelken, verschrompelen, verdorren, (uit)drogen ★ *~ed* dor, (uit)gedroogd, verschrompeld ❷ **wither away** vergaan, verdwijnen **II** *ov ww* ❶ doen verwelken, verschrompelen, laten verdorren, (uit)drogen ❷ in elkaar doen krimpen ⟨van schaamte e.d.⟩ ★ *~ sb with a look* iem. vernietigend aankijken ★ *a ~ing look* een vernietigende blik
withers ['wɪðəz] *zn mv* schoft ⟨hoogste deel van rug van paard⟩
withhold [wɪð'həʊld] form *ov ww* onthouden, niet geven ★ *~ information from sb* informatie achterhouden voor iem.
withholding tax USA *zn* voorheffing, loonbelasting
within [wɪ'ðɪn] **I** *vz* binnen (in) ★ *~ reach* binnen bereik ★ *~ the law* binnen de grenzen v.d. wet ★ *~ six months* binnen zes maanden ★ *~ the past six weeks* gedurende de afgelopen zes weken ★ *~ a mile* nog geen mijl ★ *be ~ walking distance* te lopen zijn, binnen loopafstand zijn **II** *bijw* form (van) binnen, in huis ★ *hear voices ~* binnen / in huis stemmen horen ★ *from ~* van binnenuit ★ *~, the church was beautiful* de kerk was prachtig vanbinnen
without [wɪ'ðaʊt] **I** *vz* ❶ zonder ★ *be ~ (sth)* zonder (iets) zitten ★ *we can't do ~ him* we kunnen hem niet missen ★ *go ~ (sth)* het stellen zonder (iets) ★ *it was done ~ his knowing anything about it* het was gedaan zonder dat hij er ook maar iets van wist ★ *it goes ~ saying* het spreekt vanzelf ❷ (aan de) buiten(kant) **II** *bijw* (van) buiten
withstand [wɪð'stænd] *ov ww* ❶ weerstaan, weerstand bieden (aan) ❷ bestand zijn tegen ★ *~ high temperatures* bestand zijn tegen hoge temperaturen
witless ['wɪtləs] *bnw* stom, stupide, dom ★ *be scared / bored ~* zich dood schrikken / vervelen

witness ['wɪtnəs] **I** zn ❶ getuige <u>ook jur</u> ★ be ~ to sth getuige zijn van iets ★ ~ for the prosecution / the crown getuige à charge ★ ~ for the defence getuige à decharge ❷ getuigenis ★ in ~ whereof ten getuige waarvan ★ ~ to getuigenis afleggen van, getuigen van **II** ov ww ❶ getuige zijn van ★ ~ a car accident getuige zijn van een auto-ongeluk ★ recent years have ~ed the fall of communism de laatste jaren hebben de val van het communisme laten zien ❷ <u>jur</u> getuigen ★ call to ~ als getuige oproepen ❸ <u>jur</u> tekenen ⟨als getuige⟩ **III** onov ww ~ to getuigen van, blijk geven van

witness box ['wɪtnəsbɒks], <u>USA</u> **witness stand** zn getuigenbank

witticism ['wɪtɪsɪzəm] zn gevatte opmerking, geestigheid

wittiness ['wɪtɪnəs] zn geestigheid, gevatheid

wittingly ['wɪtɪŋlɪ] <u>form</u> bijw opzettelijk, willens en wetens

witty ['wɪtɪ] bnw geestig, gevat

wives [waɪvz] zn mv → **wife**

wizard ['wɪzəd] zn ❶ tovenaar ❷ genie

wizardry ['wɪzədrɪ] zn ❶ toverkunst ❷ genialiteit, uitzonderlijke begaafdheid ❸ vernuftige dingen / apparaten

wizened ['wɪznd] bnw verdroogd, verschrompeld

wobble ['wɒbl] **I** onov ww ❶ waggelen, wiebelen ❷ weifelen ❸ beven, trillen ⟨van stem⟩ **II** ov ww wiebelen met, schommelen met **III** zn ❶ een waggelende beweging ❷ weifeling, hapering

wobbly ['wɒblɪ] bnw ❶ wiebelend ⟨stoel, tafel⟩ ❷ wankel, onvast ⟨op je benen⟩ ❸ weifelend ❹ bevend, trillend ⟨van stem⟩

woe [wəʊ] zn ❶ smart, wee ★ <u>humor</u> woe is me wee mij ★ <u>humor</u> woe betide you wee u ❷ rampspoed ★ woes [mv] leed, ellende ★ to add to their woes... om het allemaal nog erger te maken...

woebegone ['wəʊbɪgɒn] <u>dicht</u> bnw droevig, smartelijk

woeful ['wəʊfʊl] bnw ❶ jammerlijk, rampzalig ★ a ~ lack of knowledge about our history een rampzalig gebrek aan kennis van onze geschiedenis ❷ <u>dicht</u> droevig, smartelijk, treurig

wog [wɒg] <u>GB</u> <u>min</u> zn neger, kleurling

woke [wəʊk] ww [verleden tijd + volt. deelw.] → **wake**

woken ['wəʊkən] ww [volt. deelw.] → **wake**

wolds [wəʊldz] <u>GB</u> zn mv open heuvelland ⟨vooral in plaats- en streeknamen⟩

wolf [wʊlf] **I** zn [mv: **wolves**] wolf ★ <u>fig</u> a lone wolf een eenzelvig iem., alleenganger ★ a wolf in sheep's clothing een wolf in schaapskleren ★ cry wolf loos alarm slaan ★ keep the wolf from the door zorgen dat men te eten heeft ★ throw sb to the wolves iem. voor de leeuwen gooien **II** ov ww ~ **down** naar binnen schrokken

wolfish ['wʊlfɪʃ] bnw ❶ wolfachtig ❷ wellustig ⟨van grijns⟩

wolf whistle zn het nafluiten ⟨van vrouwen⟩ ★ be fed up with the men's ~s het gefluit van de mannen zat zijn

wolves [wʊlvz] zn mv → **wolf**

woman ['wʊmən] zn [mv: **women**] ❶ vrouw ★ the other ~ de ander ⟨met wie een man iets

heeft naast zijn vrouw / vaste vriendin⟩ ★ be your own ~ onafhankelijk zijn ★ a ~ doctor een vrouwelijke arts ★ <u>oud</u> kept ~ maîtresse ★ <u>GB</u> <u>inform</u> old ~ vrouw, moeder ★ ~ of the world vrouw van de wereld, mondaine vrouw ❷ wijf, mens ★ <u>GB</u> <u>inform</u> old ~ oud wijf ⟨gezegd van man⟩ ❸ werkster

womanhood ['wʊmənhʊd] zn ❶ (het) vrouw-zijn, vrouwelijkheid ❷ de vrouwen

womanish ['wʊmənɪʃ] bnw verwijfd, sentimenteel

womanize, womanise ['wʊmənaɪz] onov ww achter de vrouwen aanzitten

womanizer, womaniser ['wʊmənaɪzə] zn rokkenjager, versierder

womankind ['wʊmənkaɪnd] <u>form</u> zn de vrouwen, het vrouwelijk geslacht

womanly ['wʊmənlɪ] bnw vrouwelijk

womb [wu:m] zn baarmoeder, schoot

women ['wɪmɪn] zn mv → **woman**

womenfolk ['wɪmɪnfəʊk] <u>oud</u> zn vrouwvolk

Women's Lib zn vrouwenemancipatie(beweging), feminisme

women's movement zn vrouwenbeweging

women's refuge <u>GB</u> zn blijf-van-mijn-lijfhuis

won [wʌn] ww [verleden tijd + volt. deelw.] → **win**

wonder ['wʌndə] **I** zn ❶ wonder ★ <u>fig</u> do / work ~s (for sb / sth) wonderen doen / verrichten (voor iemand / iets) ★ (it's) no / small ~ that geen wonder dat ★ <u>inform</u> ~s will never cease de wonderen zijn de wereld nog niet uit ❷ verwondering ★ look at sth in ~ verbaasd / verwonderd naar iets kijken **II** ov ww ❶ zich afvragen, benieuwd zijn naar ★ I ~ what we can do to help them ik vraag me af wat we kunnen doen om hen te helpen ★ I ~ who the winners are ik ben benieuwd wie de winnaars zijn ★ I ~ why you never told me? waarom heb je me dat eigenlijk nooit gezegd? ★ I ~ whether you would let me know if... zou u mij willen meedelen of... ❷ verbaasd staan van, zich verbazen / verwonderen over ★ I shouldn't ~ if... het zou me niet verbazen als **III** onov ww ❶ verbaasd staan, zich verbazen, zich verwonderen ❷ zich iets afvragen, iets betwijfelen ★ ~ about sth je iets afvragen, over iets twijfelen ❸ ~ **at** zich verwonderen over

wonder drug zn wondermiddel

wonderful ['wʌndəfʊl] bnw ❶ wonderlijk, verbazingwekkend ❷ prachtig, schitterend ★ you're ~! je bent / ik vind je fantastisch!

wonderingly ['wʌndərɪŋlɪ] bijw verbaasd, met verbazing, verwonderd

wonderland ['wʌndəlænd] zn wonderland, sprookjesland

wonderment ['wʌndəmənt] <u>form</u> zn verwondering, verbazing ★ look at sb in ~ verwonderd naar iem. kijken

wondrous ['wʌndrəs] <u>dicht</u> bnw (ver)wonderlijk, buitengewoon

wonky ['wɒŋkɪ] <u>GB</u> <u>inform</u> bnw wankel, wiebelend, onstabiel

wont [wəʊnt] **I** zn <u>oud</u> gewoonte ★ as was her wont zoals ze gewoon was te doen, zoals altijd **II** bnw <u>form</u> gewend, gewoon ★ be wont to do sth gewend zijn (om) iets te doen, iets gewoonlijk doen

won't [wəʊnt] *samentr*, will not → **will**

woo [wu:] *ov ww* ❶ verleiden, (voor zich proberen te) winnen, lokken ⟨stemmers, klanten⟩ ❷ *oud* dingen naar de hand / gunst van

wood [wʊd] *zn* ❶ hout ★ *a wood floor* een vloer van hout ★ *a wood stove* een houtkachel ★ *touch / USA knock on wood!* afkloppen! ★ *fig dead wood* overtollig personeel, overbodige ballast ❷ bos ★ *a walk in the woods* een wandeling in het bos / de bossen ★ *be out of the woods* uit de moeilijkheden zijn ★ *not see the wood for the trees* door de bomen het bos niet meer zien

woodcarving ['wʊdkɑ:vɪŋ] *zn* ❶ houtsnijwerk ❷ houtsculptuur

woodchuck ['wʊdtʃʌk] *zn* bosmarmot

woodcock ['wʊdkɒk] *zn* houtsnip

woodcraft ['wʊdkrɑ:ft] *zn* kennis v.h. leven / de jacht in (de) bossen

woodcut ['wʊdkʌt] *zn* houtsnede

woodcutter ['wʊdkʌtə] *oud zn* houthakker

wooded ['wʊdɪd] *bnw* bebost

wooden ['wʊdn] *bnw* ❶ houten ★ ~ *spoon* houten (pol)lepel ★ GB *win / take the ~ spoon* de poedelprijs winnen / krijgen ❷ houterig, stijf

woodland ['wʊdlənd] *zn* bosland, bebost(e) terrein(en) ★ ~*s* [mv] bosland, bebost(e) terrein(en)

woodpecker ['wʊdpekə] *zn* specht

woodpile ['wʊdpaɪl] *zn* stapel brandhout, houtstapel

wood pulp *zn* houtpulp

woodshed ['wʊdʃed] *zn* houtschuur

woodsman ['wʊdzmən] *zn* ❶ bosbewoner ❷ houthakker ❸ iemand die graag door de bossen dwaalt, woudloper

woodwind ['wʊdwɪnd], **woodwind section** *zn* de houtblazerssectie ⟨in orkest⟩ ★ *the ~s* [mv] de houtblazerssectie

woodwork ['wʊdwɜ:k] *zn* ❶ houtwerk ❷ houtbewerking ▼ *come / crawl out of the ~* plotseling (weer) opduiken

woodworm ['wʊdwɜ:m] *zn* houtworm

woody ['wʊdɪ] *bnw* ❶ houtachtig, hout- ❷ bos-, bosrijk, bebost

woodyard ['wʊdjɑ:d] *zn* houtopslagplaats

woof [wʊf] **I** *zn* inslag ⟨bij het weven⟩ **II** *tw* woef **III** *onov ww* blaffen ⟨van hond⟩

woofer ['wu:fə, 'wʊfə] *zn* woofer, luidspreker voor lage tonen

wool [wʊl] *zn* ❶ wol ❷ wollen garen / stof, wollen kleding ▼ *a dyed in the wool conservative* een volbloed conservatief, op-en-top een conservatief ▼ *pull the wool over s.o.'s eyes* iem. zand in de ogen strooien

woollen ['wʊlən] *bnw* wollen, van wol, wol-

woollens ['wʊlənz] *zn mv* wollen goederen / kleding

woolly ['wʊlɪ] **I** *bnw* ❶ wollig, donzig ❷ GB *inform* wollen, van wol ❸ wollig, vaag **II** *zn* GB wollen trui / vest / kledingstuk

woozy ['wu:zɪ] *bnw* licht in het hoofd, duizelig, misselijk

wop [wɒp] *zn* min spaghettivreter ⟨Italiaan⟩

word [wɜ:d] **I** *zn* ❶ woord ★ *the Word (of God)* het Woord Gods ★ *the words of a song* de tekst van een liedje ★ *angry words* boze woorden ★ *dying words* laatste woorden ★ *word of command* bevel ★ *word of honour* erewoord ★ *word of mouth* mond-tot-mondreclame ★ *by word of mouth* mondeling ★ *bandy words with* disputeren met ★ *beyond words* onbeschrijfelijk ★ *not believe a word of sth* er niets van geloven ★ *not get a word in edgeways / edgewise* er geen woord tussen krijgen ★ *eat your words* je woorden terugnemen, je excuses maken ★ *words to that effect* woorden van die strekking ★ *words fail me* woorden schieten (mij) tekort ★ *give sb your word* iem. je woord geven ★ *from the word go* meteen vanaf het begin ★ *go back on your word* je woorden / belofte terugnemen ★ *hang on sb's words* aan iemands lippen hangen ★ *can I have a word with you?* kan ik u even spreken? ★ *have a word in sb's ear* iem. iets onder vier ogen vertellen, iem. iets toefluisteren ★ GB *have words with sb* woorden hebben met iem. ★ *in other words* met andere woorden ★ *in so many words* ronduit gezegd ★ *not in so many words* niet met zoveel woorden ★ *in a word* in één woord ★ *he is as good as his word* je kunt van hem op aan ★ *he hasn't a good word to say for anybody* hij heeft op iedereen wat aan te merken ★ *keep your word* (je) woord houden, je belofte nakomen ★ *a man / woman of his / her word* een man / vrouw van zijn / haar woord ★ *a man of few words* een man van weinig woorden ★ *remember, not a word to your sister* denk erom, geen woord erover tegen je zus / houd je mond tegen je zus ★ *put in a (good) word for sb* een goed woordje voor iem. doen ★ *have the last word* het laatste woord hebben ★ *the last word in* het allernieuwste op het gebied van ★ *mark my words* let op mijn woorden ★ *too stupid for words* te dom voor woorden ★ *(up)on my word!* op m'n erewoord!, nee, nou wordt ie goed! ★ *play upon words* woordspelingen maken ★ *put words into sb's mouth* iem. woorden in de mond leggen ★ *say a few words about* een paar woorden zeggen over, een kort praatje houden over ★ *suit the action to the word* de daad bij het woord voegen ★ *take sb at his word* iem. op zijn woord geloven ★ *take sb's word for it* iem. op zijn woord geloven ★ *take my word for it* neem dat van mij aan ★ *take the words out of sb's mouth* iem. de woorden uit de mond halen ★ *without a word* zonder iets te zeggen ★ *word for word* woord voor woord, woordelijk ❷ bericht, boodschap, nieuws ★ *word has it that...* het gerucht / verhaal gaat dat... ★ *the word is that...* het gerucht / verhaal gaat dat..., men zegt dat... ★ *leave word* een boodschap achterlaten ★ *send word to sb* iem. berichten ★ *receive word* bericht ontvangen ★ *spread the word (around)* het doorvertellen ❸ bevel ★ *give the word* (het) bevel geven, een seintje geven ★ *say the word and I'll leave* zeg het maar en ik vertrek ❹ parool, wachtwoord ★ *quick is the word* vlug zijn is de boodschap ★ *sharp's the word* opschieten! **II** *ov ww* uitdrukken, verwoorden, stellen ★ *a carefully* *worded letter* een nauwkeurig geformuleerde brief

word blindness ['wɜ:d blaɪndnəs] *zn* woordblindheid, dyslexie

wordiness ['wɜ:dɪnəs] *zn* langdradigheid, breedsprakigheid

wording ['wɜ:dɪŋ] *zn* bewoordingen, formulering, verwoording

wordless ['wɜ:dləs] *bnw* ❶ zonder woorden ❷ sprakeloos

word-perfect [wɜ:d'pɜ:frkt] *bnw* tekstvast ⟨toneel⟩ ★ *be ~* de tekst tot in de puntjes kennen, de tekst foutloos uit het hoofd kennen

word processor *zn* tekstverwerker

wordy ['wɜ:dɪ] *bnw* breedsprakig

wore [wɔ:] *ww* [verleden tijd] → **wear**

work [wɜ:k] **I** *onov ww* ❶ werken ★ *work as a teacher* leraar zijn ★ *work in education* in het onderwijs werkzaam zijn ★ *work for a law firm* op een advocatenkantoor werken ★ *work for world peace* zich inzetten voor de wereldvrede ❷ gaan, functioneren, effect hebben ★ *inform it works for me* bij mij werkt dat goed, voor mij is dat prima ★ *the drugs didn't work* de geneesmiddelen werkten niet ★ *work loose* losgaan ⟨van schroef, touw⟩ ★ *your phone isn't working* je telefoon doet het niet ★ *your theory won't work* jouw theorie gaat niet op ★ *work in sb's favour* in iemands voordeel werken ★ *work for / against sb* in iemands voordeel / nadeel werken ❸ form (nerveus) trekken ❹ GB *~ around/round to* naar... toe werken ❺ *~ at* werken aan, doen aan ❻ *~ in* ★ *work in with* samengaan met ❼ *~ on* dóórwerken, werken op, werken aan, (proberen te) beïnvloeden ★ *work on a plan* volgens een plan werken ★ *the door works on a spring* de deur gaat dicht / open met een veer ★ *work on a new story* aan een nieuw verhaal werken ★ *work on sb* inpraten op iem., iem. proberen te overtuigen ❽ *~ out* uitkomen, trainen, lukken, (gunstig) aflopen ★ *work out at* neerkomen op ❾ *~ through* (er) doorkomen, zich werken door, doornemen ❿ *~ towards* toewerken naar ⓫ *~ up to* toewerken naar **II** *ov ww* ❶ laten werken ★ *work sb too hard* iem. te hard laten werken ❷ bedienen (apparaat, machine), drijven, bewegen, exploiteren ★ *she didn't know how to work the video* ze wist niet hoe ze de video moest instellen / bedienen ★ *work a mine* een mijn exploiteren ❸ bewerken, kneden, smeden ★ *work the land* het land bewerken ★ *work clay* klei kneden ★ *prostitutes working the downtown area* prostituees die de binnenstad als werkgebied hebben, prostituees die in de binnenstad werken ❹ tot stand brengen, ten uitvoer brengen, maken ★ *he'll work it* hij lapt het 'm wel, hij krijgt het wel voor elkaar ★ *work long hours* lange uren maken ★ *work sth loose* iets losmaken / loswerken / losdraaien / lospeuteren ★ *work miracles* wonderen verrichten ★ *work your way* je een weg banen ★ *work your way up* je opwerken ❺ USA uitrekenen, oplossen ❻ *~ in* erin (ver)werken, ertussen werken ★ *work in the butter* de boter erbij doen / mengen ❼ *~ into* erin (ver)werken,

tot... brengen ★ *work the butter into the flour* meng / werk de boter door het meel ★ *work o.s. into* zich weten te dringen in ★ *work o.s. into a rage* zich woedend maken ❽ *~ off* door werken aflossen ⟨schuld, lening⟩, wegwerken, door werken verdrijven ⟨woede, zenuwen, slechte bui⟩ ★ *work off your belly* je buik wegwerken, je buik wegkrijgen door je flink in te spannen ❾ *~ out* uitwerken, berekenen, uitrekenen, oplossen ⟨problemen⟩, doorgronden ★ *I can't work her out* ik krijg maar geen hoogte van haar ❿ *~ over* aftuigen ⓫ *~ up* opwerken, opbouwen, aanzetten, opruien ★ *work up an appetite* de eetlust opwekken ★ *work up courage* moed verzamelen ★ *work yourself up* je druk maken, je opwinden ★ *work o.s. up into a passion* zich steeds nijdiger maken ★ *work up your notes into a report* je aantekeningen uitwerken tot een rapport **III** *zn* werk, arbeid ★ *a work of art* een kunstwerk ★ *at work* aan het werk, bezig, op het / zijn / haar werk ★ *be at work upon* bezig zijn met, werken aan ★ *the complete works of Mozart* de volledige werken van Mozart ★ *have your work cut out (for you)* een zware taak vóór je hebben ★ *it's all in a day's work* het is heel gewoon, het hoort er zo bij ★ *dirty work* vies / vuil werk ★ fig *do sb's dirty work* het vuile werk voor iem. opknappen ★ *get / set / go to work* aan het werk gaan ★ *writing books is hard work* boeken schrijven is hard werken ★ *be in work* werk hebben, werken ★ *a nasty piece of work* 'n klier ★ *all work and no play makes Jack a dull boy* de boog kan niet altijd gespannen zijn ★ *work in progress* werk in uitvoering ★ *make short work of* korte metten maken met, tot een gemakkelijke klus maken, snel naar binnen werken ★ *out of work* werkloos

workable ['wɜ:kəbl] *bnw* ❶ bruikbaar, werkbaar, uitvoerbaar ❷ rendabel

workaday ['wɜ:kədeɪ] *bnw* alledaags, saai

workaholic [wɜ:kə'hɒlɪk] *zn* workaholic, werkverslaafde, werkezel

workaround ['wɜ:kəraʊnd] *zn* omweg ⟨om een probleem te omzeilen⟩

work-basket ['wɜ:kbɑ:skɪt] *zn* naaimand

workbench ['wɜ:kbentʃ] *zn* werkbank

workbook ['wɜ:kbʊk] *zn* werkboek ⟨in het onderwijs⟩

workday ['wɜ:kdeɪ] USA *zn* werkdag

worker ['wɜ:kə] *zn* werker, arbeider ★ *a hard / slow ~* een harde / langzame werker ★ *domestic ~* huishoudelijke hulp ★ *skilled / unskilled ~s* geschoolde / ongeschoolde werkkrachten / arbeiders

workflow ['wɜ:kfləʊ] *zn* werkstroom ⟨volgorde van bewerkingen⟩

workforce ['wɜ:kfɔ:s] *zn* ❶ personeel(sbestand) ❷ arbeidspotentieel, werkende bevolking

workhorse ['wɜ:khɔ:s] *zn* werkpaard

workhouse ['wɜ:khaʊs] gesch *zn* armenhuis

working ['wɜ:kɪŋ] *bnw* ❶ werkend ★ *~ classes* arbeiders(klasse) ★ *a ~ mother* een (buitenshuis) werkende moeder ❷ werk-, bedrijfs- ★ *~ conditions* arbeidsvoorwaarden / -omstandigheden ★ *~ life* tijd dat iem. werkt ★ *a ~ lunch* een werklunch ❸ praktisch, bruikbaar

WC

★ ~ **knowledge** elementaire kennis ★ ~ **majority** regeerkrachtige meerderheid ‖ *zn* ➊ [meestal in mv] werking, functionering, proces ★ *know the ~s of a computer* weten hoe een computer werkt ★ *~s of the heart* wat er in het hart omgaat ➋ het werken ★ *part-time ~* het in deeltijd werken, het parttime werken

working capital *zn* werkkapitaal

working-class *bnw* arbeiders- ★ *a ~ background* een arbeidersachtergrond, een arbeidersmilieu

working day GB *zn* werkdag

working group *zn* werkgroep

working paper *zn* discussiestuk

working papers USA *zn mv* werkvergunning

working party GB *zn* werkgroep

working week GB *zn* werkweek

workload ['wɜːkləʊd] *zn* werklast, taak

workman ['wɜːkmən] *zn* arbeider, ambachtsman, vakman

workmanlike ['wɜːkmənlaɪk] *bnw* vakkundig

workmanship ['wɜːkmənʃɪp] *zn* vakmanschap, technisch kunnen ★ *of good ~* goed afgewerkt

workout ['wɜːkaʊt] *zn* (conditie)training

work permit *zn* werkvergunning

workplace *zn* werkplek ★ *in the ~* op de werkplek, op het werk

workroom *zn* werkruimte

works [wɜːks] *zn mv* ➊ fabriek, bedrijf ★ *an engineering ~* een machinefabriek ★ USA *it's in the ~* er wordt aan gewerkt, het komt eraan ➋ binnenwerk, mechanisme ➌ werk ⟨aan de weg, bruggen e.d.⟩ ▼ *inform the (whole) ~* de hele mikmak, alles ▼ *give him the ~* geef 'm de volle laag

works council GB *zn* (centrale) ondernemingsraad

workshop ['wɜːkʃɒp] *zn* ➊ werkplaats ➋ workshop, studiegroep, cursus

workstation ['wɜːksteɪʃən] *zn* ➊ werkplek ➋ comp werkstation

worktop ['wɜːktɒp], **work surface** GB *zn* werkblad ⟨in keuken⟩

work-to-rule [wɜːktəˈruːl] GB *zn* stiptheidsactie, modelactie

world [wɜːld] *zn* wereld ★ *a ~ of* een (hele) massa ★ *a ~ of difference* een heel verschil, een wereld van verschil ★ GB *all the ~ (and his wife)* jan en alleman ★ *all over the ~* overal ter wereld, de hele wereld door ★ *be ~s apart* verschillen als dag en nacht ★ *be / mean (all) the ~ to sb* alles zijn / betekenen voor iem. ★ *have the best of both ~s* twee goede / gunstige dingen tegelijk hebben ★ *dicht come into the ~* ter wereld komen ★ *the ~ to come* het hiernamaals ★ *come down in the ~* aan lagerwal raken ★ *fig dead to the ~* in diepe slaap ★ *have the ~ at your feet* de wereld aan je voeten hebben liggen ★ *(I wouldn't miss it) for the ~* (ik zou het) voor geen goud (willen missen) ★ *for all the ~ as if / like* precies als(of) ★ *a day-off will do her a / the ~ of good* een dagje vrij zal haar erg goed doen ★ *I'm not long for this ~* ik zal het niet lang meer maken ★ *go up in the ~* vooruitkomen in de wereld ★ *in the ~* ter wereld ★ *how / what / who in the ~* hoe / wat / wie in 's hemelsnaam ★ *lower ~* aarde, hel ★ *the next ~* het

hiernamaals ★ *the new / old / Western ~* de nieuwe / oude / westerse wereld ★ *the other ~* de bovennatuurlijke wereld, het hiernamaals ★ *out of this ~* onwezenlijk goed ★ *the outside ~* de buitenwereld ★ *(live) in a ~ of your own* in je eigen wereldje (leven) ★ *the ~ is your oyster* de wereld ligt voor je open, je kunt doen wat je maar wilt ★ *in the real ~* in het echt, in werkelijkheid ★ *want to see the ~* wat van de wereld willen zien ★ *inform set the ~ on fire* een groot succes zijn, iets heel bijzonders doen ★ *humor set / put the ~ to rights* alle wereldproblemen oplossen ★ *think the ~ of* een hoge dunk hebben van ★ *the Third World* de derde wereld

world champion *zn* wereldkampioen

world-class *bnw* van wereldklasse ★ *a ~ cricketer* een cricketer van wereldklasse

world economy *zn* wereldeconomie

world-famous *bnw* wereldberoemd

worldly ['wɜːldlɪ] *bnw* ➊ wereldwijs ➋ werelds, aards

worldly-wise *bnw* wereldwijs

world music *zn* wereldmuziek

world population *zn* wereldbevolking

world power *zn* wereldmacht

world record *zn* wereldrecord

World Series *zn mv* USA World Series ⟨nationale honkbalfinale⟩

world trade *zn* wereldhandel

World Trade Organization *zn* Wereldhandelsorganisatie

world view *zn* wereldbeeld

world war *zn* wereldoorlog ★ USA *World War I / II* de Eerste | Tweede Wereldoorlog ★ *the First / Second World War* de Eerste | Tweede Wereldoorlog

world-weary [wɜːldˈwɪərɪ] *bnw* levensmoe

world-wide [wɜːldˈwaɪd] *bnw + bijw* wereldwijd, wereld-, over de hele wereld ★ *~ reputation* wereldnaam

World Wide Web *zn* comp wereldwijde web ⟨(onderdeel van) internet⟩

worm [wɜːm] I *zn* ➊ worm ➋ comp wormvirus ➌ min rotzak, verachtelijk persoon ★ *even a worm will turn* tenslotte kan men niet alles over zijn kant laten gaan, ik ben wel goed maar niet gek ‖ *ov ww* ➊ ontwormen ➋ wurmen ★ *worm o.s. into* zich op slinkse wijze weten te draaien / dringen in ★ *worm your way into sb's confidence / heart* op slinkse wijze iemands vertrouwen / hart weten te winnen ★ *worm a secret out of sb* een geheim uit iem. weten te krijgen ★ *worm your way out of sth* ergens onderuit (weten te) komen ★ *worm your way through* je door... heen wriemelen / wurmen ‖ *onov ww* zich wurmen ★ *worm through / into sth* je ergens doorheen / in wurmen / werken

worm cast ['wɜːmkɑːst] *zn* wormhoopje

worm-eaten ['wɜːmiːtn] *bnw* ➊ wormstekig ⟨fruit⟩ ➋ door houtworm aangetast

wormwood ['wɜːmwʊd] plantk *zn* alsem

wormy ['wɜːmɪ] *bnw* ➊ wormstekig ➋ vol wormen

worn [wɔːn] *ww* [volt. deelw.] → **wear**

worn-out [wɔːnˈaʊt] *bnw* ➊ uitgeput, doodop

❷ versleten

worried ['wʌrɪd] *bnw* bezorgd, ongerust ★ *be ~ about sth* ergens over in zitten

worrisome ['wʌrɪsəm] *bnw* zorgelijk, zorgwekkend, lastig

worry ['wʌrɪ] **I** *onov ww* ❶ zich zorgen maken, piekeren ★ *don't (you) ~* trek je er niets van aan, wees maar niet bang ★ *not to ~!* maak je geen zorgen! ❷ *~ about* zich zorgen maken over ❸ *~ at* piekeren over ⟨probleem⟩, steeds zitten / friemelen aan, steeds bijten op ⟨lip⟩, heen en weer schudden ⟨bot, stuk vlees, door hond⟩ **II** *ov ww* ❶ ongerust maken, lastigvallen, vervelen, (aan het hoofd) zaniken ★ *it worries me* ik maak me er zorgen om, het baart mij zorgen ★ *~ yourself about sth* je zorgen maken over iets ★ *the music didn't ~ her* ze had geen last van de muziek ★ *~ sb with your questions* iem. lastigvallen met je vragen ❷ aanvallen, bijten naar ⟨schapen, door hond⟩ **III** *zn* ❶ zorg ★ *financial worries* financiële zorgen, geldzorgen ★ *inform no worries* (maak je) geen zorgen, geen probleem ❷ bezorgdheid, ongerustheid

worrying ['wʌrɪɪŋ] *bnw* zorgwekkend, zorgelijk

worse [wɜːs] **I** *bnw + bijw* ❶ slechter, erger ★ *~ off* (financieel) slechter af ★ *want ~* harder nodig hebben ★ *he is none the ~ for it* het heeft hem geen kwaad gedaan ★ *I like him none the ~ for it* ik mag hem er even / wel zo graag om ★ *much the ~ for wear* behoorlijk versleten ★ *the ~ for drink / wear* dronken ★ *to make matters / things ~* tot overmaat v. ramp ★ *it could be ~* het had erger gekund ★ *you could do ~* je kunt het minder goed treffen ❷ zieker, zwakker ★ *get ~* achteruitgaan **II** *zn* iets ergers, iets slechters ★ *from bad to ~* van kwaad tot erger ★ *~ was to come / follow* het ergste kwam nog ★ *a change for the ~* een verandering ten kwade

worsen ['wɜːsən] **I** *onov ww* slechter / erger worden, verergeren, verslechteren **II** *ov ww* slechter / erger maken, verergeren

worship ['wɜːʃɪp] **I** *ov ww* aanbidden, vereren ook *fig* **II** *onov ww* de godsdienstoefening bijwonen, naar de kerk gaan **III** *zn* ❶ verering, aanbidding ❷ eredienst ★ *place of ~* godshuis ▼*GB Your / His Worship* Edelachtbare

worshipful ['wɜːʃɪpfʊl] *form bnw* eerbiedig

worshipper ['wɜːʃɪpə] *zn* ❶ vereerder, aanbidder ★ *a sun ~* een zonaanbidder ❷ gelovige, kerkganger

worst [wɜːst] **I** *zn* slechtst(e), ergst(e) ★ *at (the) ~* in het ergste geval ★ *be at its ~* op zijn slechtst / ergst zijn, het ergste zijn ★ *~ of all was...* het allerergst was... ★ *if the ~ comes to the ~...* in het ergste geval... ★ *inform let them do their ~, I'm leaving anyway* laat ze maar tekeergaan, mij hebben ze er niet mee, ik vertrek toch ★ *fear the ~* het ergste vrezen ★ *get the ~ of it* aan het kortste eind trekken, verliezen **II** *bnw + bijw* ❶ slechtst, ergst ★ *~ dressed actor* slechtst geklede acteur ★ *come off ~* aan het kortste eind trekken, het onderspit delven, verliezen ❷ ziekst

worsted ['wʊstɪd] *zn* wol, kamgaren

worth [wɜːθ] **I** *bnw* waard ★ *be ~ sixty pounds / a fortune* zestig pond / een fortuin waard zijn ★ *it's (not) ~ it* het is de moeite (niet) waard ★ *it's ~ the trouble / effort* het is de moeite waard ★ *~ knowing* wetenswaardig ★ *for all he is ~* uit alle macht, zo hard hij kan ★ *he is ~ two millions* hij bezit twee miljoen ★ *for what it's ~* voor wat het waard is, voor zover ik er iets over kan zeggen ★ *what's it ~ (to you?)* wat heb je ervoor over? **II** *zn* waarde ★ *sixty pounds' ~ of DVD's* voor zestig pond (aan) dvd's ★ *prove your ~* tonen wat je waard bent

worthless ['wɜːθləs] *bnw* waardeloos

worthwhile ['wɜːθwaɪl] *bnw* de moeite waard

worthy ['wɜːðɪ] **I** *bnw* ❶ waardig, waard ★ *~ of a better cause* een betere zaak waardig ★ *~ of praise* prijzenswaardig ❷ (achtens)waardig, braaf **II** *zn* notabele, hoge ome

would [wʊd] *ww* [verleden tijd] → will

would-be ['wʊdbiː] *bnw* ❶ zogenaamd, pseudo- ❷ toekomstig, aspirant-

wouldn't ['wʊdnt] *samentr*, would not → will

wound¹ [wuːnd] **I** *zn* wond ★ *fig lick your ~s* je wonden likken ★ *fig open old ~s* oude wonden openrijten **II** *ov ww* (ver)wonden, krenken ★ *mortally / severely ~ed* dodelijk / ernstig gewond ★ *~ed pride* gekwetste trots ★ *~ing remarks* kwetsende opmerkingen

wound² [waʊnd] *ww* [verleden tijd + volt. deelw.] → wind¹

wove [wəʊv] *ww* [verleden tijd] → weave

woven ['wəʊvən] *ww* [volt. deelw.] → weave

wow [waʊ] *inform* **I** *tw* wow, jeetje **II** *ov ww* overweldigen, in verrukking brengen, imponeren **III** *zn* succes, iets geweldigs

wraith [reɪθ] *dicht zn* geestverschijning, schim

wrangle ['ræŋgl] **I** *zn* ruzie **II** *onov ww* ruzie hebben / maken, kiften ★ *~ with sb about / over sth* met iem. over iets ruziën

wrangler ['ræŋglə] *zn* USA cowboy

wrap [ræp] **I** *ov ww* ❶ inpakken, verpakken, wikkelen, hullen ★ *she wrapped her towel around / round her body* ze wikkelde zichzelf in haar handdoek, ze wikkelde haar handdoek om haar lichaam ★ *wrapped in thought* in gepeins verzonken ❷ *~ up* afronden, hullen, inwikkelen, inpakken ★ *be wrapped up in* geheel opgaan in ★ *wrap up a deal* een overeenkomst sluiten ★ *inform wrap it up!* hou (ermee) op!, kappen! **II** *onov ww* *~ up* zich inpakken, *inform* ophouden ★ *wrap up warm / warmly* zich warm (aan)kleden / inpakken ★ *inform wrap up!* hou op!, kappen! **III** *zn* ❶ verpakkingsmateriaal ★ *plastic wrap* (plastic)folie, huishoudfolie ★ *gift wrap* cadeaupapier ❷ omslagdoek ❸ *cul* wrap (opgerold pannenkoekje met vulling) ▼*inform keep sth under wraps* iets geheim houden ▼*inform take the wraps off sth* iets openbaar maken ▼*inform it's a wrap* we stoppen ermee

wraparound *bnw* wikkel- ★ *~ skirt* wikkelrok ★ *~ sunglasses* halfronde zonnebril

wrapper ['ræpə] *zn* wikkel, papiertje ⟨van snoepje⟩

wrapping ['ræpɪŋ] *zn* verpakking, (in)pakmateriaal

wrapping paper *zn* inpakpapier, cadeaupapier

wrath [rɒθ] *form zn* toorn

w

wrathful ['rɒθfʊl] _form_ bnw toornig, verbolgen
wreak [ri:k] _form_ ov ww aanrichten ★ ~ _havoc /_
destruction on sth iets totaal verwoesten ★ ~
vengeance upon sb wraak nemen op iem.
wreath [ri:θ] zn ❶ krans, guirlande ❷ sliert,
(rook)pluim, kringeltje ⟨rook⟩
wreathe [ri:ð] I ov ww omkransen, bekransen,
omhullen ★ ~d _in mist_ gehuld in mist, door mist
omgeven ★ ~d _with red flowers_ omstrengeld met
rode bloemen II onov ww kronkelen, kringelen
⟨van rook⟩
wreck [rek] I ov ww ❶ vernietigen, vernielen
❷ doen mislukken, verpesten, in het water doen
vallen ❸ doen schipbreuk lijden, doen
verongelukken ★ _be_ ~ed schipbreuk lijden,
verongelukken II zn ❶ wrak ⟨van auto, vliegtuig
e.d., ook fig van persoon⟩ scheepswrak ★ _be a_
nervous ~ een bonk zenuwen zijn, geestelijk een
wrak zijn ❷ ruïne, wrak ⟨krakkemikkige auto⟩,
puinhoop ⟨zeer rommelige kamer⟩
❸ schipbreuk, het vergaan ★ _go to_ ~ _and ruin_ te
gronde gaan ❹ USA inform botsing, ongeluk
wreckage ['rekɪdʒ] zn ❶ wrakstukken
❷ schipbreuk ⟨van huwelijk, plan⟩, ondergang
wrecked [rekt] bnw ❶ verwoest, vernield,
verongelukt, gestrand ❷ inform doodmoe
❸ inform ladderzat, dronken
wrecker ['rekə] zn ❶ verwoester, vernieler ★ _a_
marriage ~ iem. die andermans huwelijk(en)
kapot maakt ❷ USA takelwagen, kraanwagen
wrecking ball zn sloopkogel
wren [ren] zn winterkoninkje
wrench [rentʃ] I ov ww ❶ rukken, wringen,
wrikken ★ ~ _the door open_ de deur openrukken /
openwrikken ★ ~ _yourself free_ jezelf losrukken
❷ ontwrichten, verstuiken, verrekken,
verdraaien II zn ❶ ruk, draai ★ _give sth a_ ~ een
ruk / draai geven aan iets ❷ ontwrichting,
verrekking, verstuiking ★ _give your ankle a_ ~ je
enkel verstuiken / verzwikken ❸ USA
moersleutel ❹ pijnlijke scheiding ★ _it was a_
terrible ~ het afscheid viel mij / hem / haar /
hen zwaar
wrest [rest] ov ww wegrukken, losrukken,
ontrukken ★ ~ _sth from sb_ iets van iem.
losrukken, iets iem. uit handen rukken
wrestle ['resəl] I ov ww worstelen (met) ★ ~ _sb to_
the ground iem. tegen de grond werken II onov
ww worstelen ★ fig ~ _with problems_ met
problemen worstelen
wrestler ['reslə] zn worstelaar
wrestling ['reslɪŋ] zn het worstelen ★ ~ _bout_
worstelpartijtje
wretch [retʃ] zn ❶ stakker ★ _the poor_ ~ de arme
stakker ❷ ellendeling
wretched ['retʃɪd] bnw ❶ slecht, miserabel
❷ ellendig, diep ongelukkig ❸ inform
vervloekt, rot- ★ _I can't find that_ ~ _letter_ ik kan
die vervloekte brief niet vinden
wriggle ['rɪgl] I ov ww wriemelen (met) ★ ~ _your_
toes je tenen snel heen en weer bewegen ★ ~
one's way through sth zich ergens doorheen
kronkelen, zich ergens door wurmen II onov
ww ❶ draaien, kronkelen, wriemelen ❷ fig zich
kronkelen ❸ ~ _out_ ★ ~ _out of sth_ zich ergens uit
draaien, ergens onderuit (proberen te) komen

★ ~ _out of your jeans_ je uit je spijkerbroek
proberen te wurmen III zn kronkelende
beweging, wriemelende beweging
wring [rɪŋ] ov ww [onregelmatig], **wring out**
(uit)wringen ★ ~ing _wet_ kletsnat ★ ~ _sth from /_
out of sb iem. iets afdwingen, iets uit iem.
persen ★ ~ _the neck of_ de nek omdraaien ★ ~ _sb's_
hand iem. (stevig) de hand drukken ★ ~ _one's_
hands de handen wringen
wringer ['rɪŋə] USA zn wringer, mangel ★ inform
be put through the ~ het zwaar gehad hebben,
flink wat voor zijn / haar kiezen gekregen
hebben ★ inform _go through the_ ~ het zwaar te
hebben
wrinkle ['rɪŋkl] I zn ❶ rimpel, plooi, vouw(tje)
❷ probleempje ★ _iron out the_ ~_s_ de problemen
gladstrijken, de problemen uit de wereld
helpen II ov ww rimpelen, plooien ★ ~ _up one's_
forehead zijn voorhoofd fronsen III onov ww
(zich) rimpelen, plooien
wrinkly ['rɪŋklɪ] bnw rimpelig, kreukelig
wrist [rɪst] zn pols(gewricht) ★ _wear sth on your_ ~
iets om je pols dragen
wristband ['rɪstbænd] zn ❶ horlogebandje
❷ polsband(je)
wristwatch ['rɪstwɒtʃ] zn polshorloge
writ [rɪt] I zn bevelschrift, gerechtelijk schrijven,
dwangbevel, dagvaarding ★ _issue / serve a writ_
_on_ een dagvaarding betekenen aan ★ _be served_
with a writ for een dwangbevel krijgen voor /
om ▼ rel _Holy / Sacred Writ_ Heilige Schrift II ww
oud [verl. tijd + volt. deelw.] → **write**
write [raɪt] [onregelmatig] I ov ww ❶ schrijven
★ ~ _in black pen_ met een zwarte pen schrijven
★ ~ _a letter to your brother_ een brief schrijven
aan je broer ★ USA ~ _your sister_ je zus schrijven
★ ~ _a cheque / receipt_ een cheque / kwitantie
uitschrijven ★ ~ _data to a disk_ gegevens
wegschrijven naar een schijf ★ _it is written_ er
staat geschreven ★ ~ _sth into a contract_ iets
zwart-op-wit in een contract opnemen ★ _it is_
written all over / on his face het staat hem op
zijn gezicht te lezen ★ _it is nothing to_ ~ _home_
about het is niet veel bijzonders, het is niets om
over naar huis te schrijven ❷ ~ _back_
antwoorden, terugschrijven ❸ ~ _down_
opschrijven, afschrijven ★ ~ _down capital_ op
kapitaal afschrijven ❹ ~ _in_ invullen ⟨gegevens,
ontbrekende letters⟩, invoegen ❺ ~ _off_
afschrijven ⟨schulden, investeringen⟩ ★ ~ _off sth_
for tax iets afschrijven voor de belasting ❻ fig
~ _off_ afschrijven, dumpen, GB total loss rijden
⟨auto⟩ ❼ ~ _out_ uitschrijven, voluit schrijven, uit
een programma / serie schrijven ⟨acteur⟩ ★ ~
out fair in het net schrijven ❽ ~ _up_ uitwerken
⟨aantekeningen⟩, uitschrijven ⟨verslag, artikel⟩,
bespreken, recenseren II onov ww ❶ schrijven
★ _this black pen won't_ ~ deze zwarte pen doet
het niet ❷ ~ _away_ ★ ~ _away for sth_ iets over de
post bestellen, iets schriftelijk aanvragen
❸ ~ _back_ antwoorden, terugschrijven ★ ~ _back_
_to sb_ iem. antwoorden ❹ ~ _in_ schrijven ★ ~ _in_
(to sb) for information (iemand) schrijven om
informatie te krijgen ❺ ~ _off_ schrijven ★ ~ _off_
for sth iets over de post bestellen, iets schriftelijk
aanvragen

write-down ['raɪtdaʊn] *zn* afschrijving ⟨v. waarde⟩

write-off ['raɪtɒf] *zn* ❶ afschrijving, verliespost ❷ GB total loss ⟨auto⟩ ❸ weggegooide tijd ★ *this year was a ~ for me* dit jaar is een verloren jaar voor mij

writer ['raɪtə] *zn* schrijver

writer's block *zn* writer's block ⟨onvermogen van schrijver om nog iets te schrijven⟩

writer's cramp *zn* schrijfkramp

write-up ['raɪtʌp] *zn* recensie, kritiek, bespreking

writhe [raɪð] *onov ww* ❶ kronkelen ★ ~ *in pain* kronkelen van de pijn ❷ ~ **with** ineenkrimpen van

writing ['raɪtɪŋ] *zn* ❶ schrift, geschrift, geschreven werk(en) ★ *a piece of* ~ een stuk tekst ★ *in* ~ schriftelijk ★ *put in* ~ op schrift stellen ★ ~s [mv] literair oeuvre ★ *the* ~ *on the wall* het teken aan de wand ❷ (hand)schrift ❸ het schrijven

writing materials *zn mv* schrijfbenodigdheden

writing pad *zn* ❶ onderlegger ⟨op bureau⟩ ❷ schrijfblok

writing paper *zn* schrijfpapier, briefpapier

written ['rɪtn] **I** *bnw* schriftelijk, geschreven ★ *a* ~ *test / exam* een schriftelijk(e) overhoring / examen ★ *the* ~ *word* het geschreven woord **II** *ww* [volt. deelw.] → **write**

wrong [rɒŋ] **I** *bnw + bijw* ❶ fout, mis, verkeerd, niet in orde ★ *go* ~ de verkeerde kant opgaan, misgaan ★ *you can't go* ~ *with white wine* met witte wijn zit je altijd goed ★ ~ *side out* binnenste buiten ★ *the* ~ *way round* verkeerd om ★ *on the* ~ *side of 40* over de 40 ★ *be* ~ ongelijk hebben, het mis hebben ★ *what's* ~? wat scheelt eraan?, wat is er mis? ★ *don't get me* ~ begrijp me goed ★ *get it* ~ het bij het verkeerde eind hebben, het verkeerd opvatten, het fout hebben ★ *get in* ~ *with sb* bij iem. in ongenade vallen ★ *spell a name* ~ een naam verkeerd spellen ❷ slecht, verkeerd ★ *have done nothing* ~ niets misdaan hebben ★ *what's* ~ *with eating meat now and then?* wat is er verkeerd / slecht aan het af en toe vlees eten? **II** *zn* ❶ kwaad, onrecht, iets verkeerds ★ *do sb* ~ iem. onrecht aandoen ★ *do* ~ iets verkeerds doen, zondigen ★ *they can do no* ~ zij kunnen geen kwaad doen ★ *two* ~*s don't make a right* je moet geen kwaad met kwaad vergelden ❷ ongelijk ★ *be in the* ~ ongelijk hebben, het mis hebben, het gedaan hebben ⟨iets verkeerds⟩ ★ *put in the* ~ in het ongelijk stellen **III** *ov ww* ❶ verkeerd beoordelen ❷ onrecht aandoen, onheus behandelen

wrongdoer ['rɒŋduːə] *form zn* overtreder, kwaaddoener, zondaar

wrongdoing ['rɒŋduːɪŋ] *form zn* overtreding, delict, onrecht, onrechtmatige handelingen

wrong-foot *ov ww* op het verkeerde been zetten

wrongful ['rɒŋfʊl] *bnw* ❶ onrechtmatig ❷ onterecht, onrechtvaardig

wrong-headed *bnw* eigengereid, eigenwijs, onzinnig ⟨van plan, idee, mening⟩

wrongly ['rɒŋlɪ] *bijw* ❶ ten onrechte ★ *be* ~ *accused of sth* ten onrechte beschuldigd worden van iets ❷ verkeerd ★ *translate sth* ~ iets fout

vertalen

wrote [rəʊt] *ww* [verleden tijd] → **write**

wrought [rɔːt] *ww* oud [verl. tijd] → **work**

wrought iron *zn* smeedijzer

wrung [rʌŋ] *ww* [verleden tijd + volt. deelw.] → **wring**

wry [raɪ] *bnw* ❶ zuur ★ *wry face* zuur gezicht ★ *smile wryly* lachen als een boer die kiespijn heeft ❷ wrang, bitter, ironisch ★ *wry humour* wrange humor

wt *afk, weight* gewicht

WTO *afk, World Trade Organization* Wereldhandelsorganisatie ⟨van de Verenigde Naties⟩

WV *afk* USA West Virginia

WW *afk, World War* wereldoorlog ★ *WWI* Eerste Wereldoorlog ★ *WWII* Tweede Wereldoorlog

WWW *afk,* www *World Wide Web* www

WY *afk, Wyoming* staat in de VS

WYSIWYG [wɪziː'wɪg] *afk,* comp *What You See Is What You Get* wysiwyg ⟨wat je ⟨op het scherm⟩ ziet, krijg je afgedrukt⟩

wy

X

x [eks] *zn, letter* x ★ *X as in Xmas* de x van Xantippe
xenophobia [zenə'fəʊbɪə] *zn* vreemdelingenhaat / -angst
xerox ['zɪərɒks] **I** *ov ww* fotokopiëren **II** *zn* (foto)kopie
XL [eks'el] *afk, Extra Large* extra groot (kledingmaat)
Xmas ['krɪsməs] *zn inform* → **Christmas**
X-rated [eks'reɪtɪd] *bnw* USA met klassering X (verboden voor kinderen, wegens seks of geweld) ★ *an ~ movie* een film voor boven de achttien
X-ray [eks'reɪ] **I** *zn* ❶ röntgenstraal ❷ röntgenfoto, röntgenonderzoek **II** *ov ww* röntgenfoto maken van
xylophone ['zaɪləfəʊn] *zn* xylofoon

Y

y [waɪ] *zn, letter* y ★ *Y as in Yellow* de y van ypsilon
Y2K *afk, Year 2 Kilo* het jaar 2000
yacht [jɒt] *zn* (zeil)jacht (schip) ★ *~ club* zeilclub
yachting ['jɒtɪŋ] *zn* zeilsport
yachtsman ['jɒtsmən] *zn* zeiler
yada yada yada *tw inform* blablabla
yah [jɑː] *tw* ❶ USA ja ❷ och kom!, bah! ★ *yah, yah!* moet je (dat / haar / hem) horen!
yahoo [jə'huː] **I** *zn* bruut, beest (figuurlijk) **II** *tw inform* hoera, jippie
yak [jæk] **I** *zn* jak (soort rund) **II** *onov ww inform* ouwehoeren ★ *yak on* doorkletsen, doorratelen
yam [jæm] *zn* yam(swortel) (als groente gegeten)
yammer ['jæmə] *inform onov ww* ❶ jammeren, klagen ❷ kakelen, veel praten
yank [jæŋk] *inform* **I** *zn* ruk ★ *give sth a yank* iets een ruk geven, aan iets rukken **II** *ov ww* ❶ plotseling (weg)trekken, rukken, trekken aan ★ *yank a door open* een deur openrukken ★ *yank sth away* iets weggrissen ❷ rukken ★ *yank at sth* aan iets rukken
Yank [jæŋk], **Yankee** [jæŋkɪ] **I** *zn* ❶ GB min Amerikaan, yankee ❷ USA inwoner v. New England, iemand uit de noordelijke staten **II** *bnw*, GB vaak min Amerikaans
yap [jæp] **I** *onov ww* ❶ keffen ❷ kletsen **II** *zn* gekef ★ *give a yap* keffen
yard [jɑːd] *zn* ❶ yard (ca. 91 cm) ❷ erf, plaats(je) (bij huis), binnenplaats, plein ❸ emplacement, werf, terrein ❹ USA tuin ❺ ra (van schip) ▼ *inform the Yard* Scotland Yard
yardage ['jɑːdɪdʒ] *zn* lengte in yards
yardbird ['jɑːdbɜːd] USA *inform zn* gevangene, bajesklant
yard sale USA *zn* verkoop van (gebruikte) spullen (vanuit je eigen tuin)
yardstick ['jɑːdstɪk] *zn* ❶ maatstok ❷ maatstaf (figuurlijk)
yarmulke, yarmulka ['jɑːmulkə] *zn* keppeltje
yarn [jɑːn] *zn* ❶ garen, draad ❷ inform sterk verhaal, lang(dradig) verhaal ★ *spin a yarn* een sterk verhaal vertellen
yaw [jɔː] **I** *onov ww* slingeren (van vliegtuig of schip), uit de koers raken **II** *zn* (het) slingeren, verlies v.d. koers
yawl [jɔːl] *zn* ❶ yawl (zeilboot met een groot zeil voor en een klein zeil achter) ❷ jol
yawn [jɔːn] **I** *onov ww* ❶ gapen, geeuwen ❷ wijd geopend zijn, gapen ★ *a yawning gap / hole* een diepe kloof / gapend gat **II** *zn* ❶ geeuw ★ *give a yawn* geeuwen ❷ saai iemand / iets ★ *be a big yawn* oersaai zijn
yaws [jɔːz] *zn* framboesia (tropische huidziekte)
yd *afk, yard(s)* yard(s)
ye [jiː] oud **I** *pers vnw* gij, u **II** *lw* de, het (vooral gebruikt in namen van pubs en winkels, om ze oud te laten lijken)
yea [jeɪ] **I** *zn* een stem vóór, vóórstemmer ★ *yeas and nays* vóór- en tegenstemmers **II** *bijw* oud ja (zelfs)
yeah [jeə] *inform bijw* ja
year [jɪə] *zn* jaar ★ *last / next year* vorig / volgend

jaar ★ *all (the) year round* het hele jaar door
★ *the year dot / one* het jaar nul ★ *a year from
today* vandaag over 'n jaar ★ *it will be years first
before...* het kan nog wel jaren duren voordat...
★ *year after / by year* jaar na jaar ★ *sixteen years
old* zestien jaar oud ★ *sixteen years of age* zestien
jaar oud ★ *be getting on in years* een dagje
ouder worden ★ *for / in years* sinds tijden / jaren
★ *she hadn't been there for years* ze was hier in
geen tijden geweest ★ *in his declining years* op
zijn oude dag ★ *financial year* boekjaar ★ *fiscal
year* fiscaal jaar, belastingjaar ★ *put years on sb*
iem. jaren ouder maken ★ *take years off sb* iem.
jaren jonger maken
yearbook ['jɪəbʊk] *zn* jaarboek
yearling ['jɪəlɪŋ] *zn* eenjarig dier
year-long *bnw* een jaar lang
yearly ['jɪəlɪ] *bnw + bijw* jaar-, jaarlijks ★ *a ~
income of $40,000* een jaarinkomen van
$40.000 ★ *twice ~* twee keer per jaar
yearn [jɜːn] *form onov ww* ❶ verlangen ★ *~ to be
a scientist* ernaar verlangen wetenschapper te
worden ❷ *~ for* smachten naar, hunkeren naar
yearning ['jɜːnɪŋ] *form* **I** *zn* vurig verlangen
II *bnw* smachtend, hunkerend
yeast [jiːst] *zn* gist
yeasty ['jiːstɪ] *bnw* gistachtig, naar gist smakend
yell [jel] **I** *onov ww* ❶ gillen, schreeuwen ❷ USA
inform een gil geven (om hulp te krijgen)
❸ *~ at* schreeuwen naar ❹ *~ out* het uitbrullen
★ *yell out in pain* het uitschreeuwen van de pijn
❺ *~ with* gillen van **II** *ov ww* ❶ gillen,
schreeuwen ❷ *~ out* uitbrullen, schreeuwen
III *zn* ❶ gil, schreeuw ★ *let out / give a yell* een
schreeuw / gil geven, gillen ❷ USA yell (van
supporters, om hun ploeg / idool aan te
moedigen)
yellow ['jeləʊ] **I** *bnw* ❶ geel ❷ laf **II** *zn* geel **III** *ov
ww* geel maken **IV** *onov ww* vergelen, geel
worden
yellowish ['jeləʊɪʃ], **yellowy** ['jeləʊɪ] *bnw* gelig
yelp [jelp] **I** *onov ww* ❶ gillen, een gil(letje) geven
❷ keffen (van hond), janken **II** *zn* ❶ gil(letje)
★ *let out a yelp* een gil geven ❷ gekef, gejank
yen [jen] *zn* ❶ yen (munt) ❷ USA inform intens
verlangen ★ *have a yen to make documentaries*
heel graag documentaires willen maken
yep [jep] *inform* ja
yes [jes] **I** *tw* ja **II** *zn* ❶ ja, bevestigend antwoord
★ *say yes to sth* ja zeggen tegen, instemmen met
❷ ja-stem, een stem vóór, vóórstemmer
yes-man *zn* jaknikker, jabroer
yester- ['jestə] *dicht voorv* gisteren, vorig
yesterday ['jestədeɪ] *bijw* gisteren ★ *the day
before ~* eergisteren
yesteryear ['jestəjɪə] *dicht zn* verleden jaar
yet [jet] **I** *bijw* ❶ nog, tot nog toe, nog altijd ★ *as
yet* tot nu / nog toe ★ *not yet* nog niet ★ *never
yet* nog nooit ★ *yet once (more)* nog eens ★ *even
yet* zelfs nu nog ★ *nor yet* en ook niet ❷ toch,
nochtans ★ *he could yet become a player of great
value* hij zou toch een zeer waardevolle speler
kunnen worden ❸ al ★ *need you go yet?* moet je
al gaan? **II** *vw* en toch, maar ★ *yet what is the
use of it* maar waar dient dit voor
yew [juː] *zn* taxus

YHA *afk, Youth Hostels Association* StayOkay®, ≈
Jeugdherbergcentrale
Yiddish ['jɪdɪʃ] **I** *zn* de Jiddische taal **II** *bnw*
Jiddisch
yield [jiːld] **I** *ov ww* ❶ opbrengen, voortbrengen,
opleveren ★ *~ results* tot resultaat leiden ★ *~ a
return* een rendement opleveren ❷ geven,
verschaffen, afstaan ★ *I ~ the point* ik geef het
argument toe ❸ *~ up* opleveren, afstaan
II *onov ww* ❶ toegeven ❷ zich overgeven
❸ USA voorrang verlenen ❹ meegeven,
doorbuigen ❺ *~ to* bezwijken voor,
plaatsmaken voor ★ *~ to none* voor niemand
onderdoen **III** *zn* productie, opbrengst, oogst
yielding ['jiːldɪŋ] *bnw* ❶ vruchtbaar, productief
❷ meegaand, meegevend
yikes [jaɪks] inform *tw* ai! (bij schrik of afschuw)
yippee [jɪ'piː] *tw* jippie!
YMCA *afk, Young Men's Christian Association*
protestantse organisatie voor jongemannen
yo [jəʊ] *tw* jeugdt hé, hoi
yob [jɒb], **yobbo** ['jɒbəʊ] GB min *zn* vandaal,
pummel
yodel ['jəʊdl] **I** *onov ww* jodelen **II** *ov ww* jodelen
III *zn* gejodel
yoga [jəʊɡə, jəʊɡə] *zn* yoga
yogi ['jəʊɡɪ] *zn* yogi, Hindoestaans asceet
yogurt, yoghurt ['jɒɡət, jəʊɡərt] *zn* yoghurt
yoke [jəʊk] **I** *zn* ❶ juk ook fig ❷ heup- /
schouderstuk, hals(kledingstuk) **II** *ov ww* ❶ het
juk opleggen ❷ aanspannen (ossen)
❸ verbinden ★ *yoke sth to sth* iets aan iets
koppelen
yokel ['jəʊkl] *zn* boerenpummel
yolk [jəʊk] *zn* eidooier
yonder ['jɒndə] *bijw* ginds, daarginds
yore [jɔː] *dicht zn* ★ *of yore* (van) voorheen ★ *in
days of yore* in vroeger dagen
you [juː] *pers vnw* ❶ jij, je, jullie, u, gij ★ *you
people know that...* jullie weten toch dat... ★ *poor
you!* arme ziel die je bent! ❷ men ★ *you never
can tell* je kunt / men kan nooit weten
you'd [juːd] *samentr* ❶ you had → have ❷ you
would → will
you'll [juːl] *samentr, you will → will
young [jʌŋ] **I** *bnw* ❶ jong, jeugdig ★ *the ~ ones* de
jongeren, de jongelui ★ *he isn't getting any ~er*
hij wordt er niet jonger op ★ *~ man* jongeman
★ *~ lady* jongedame ❷ onervaren, nieuw ★ *he is
still a ~ one* hij is nog onervaren ❸ junior ★ *~
mr. A. A.* junior **II** *zn* jongen (v. dieren) ★ *the ~*
de jeugd ★ *with ~* drachtig
youngish ['jʌŋɪʃ] *bnw* jeugdig, vrij jong
youngster ['jʌŋstə] *oud zn* jongmens, jongere
★ *the ~s* de jongelui
your [jɔː] *bez vnw* ❶ uw, je, jullie, inform van
jullie ★ *clean up your mess* ruim je / jullie
rotzooi op ❷ inform zo'n ★ *this band isn't your
typical punk band* deze band is niet een / zo'n
typische punkband
you're [jʊə] *samentr, you are → be*
yours [jɔːz] *bez vnw* de / het uwe, jouwe, van jou,
van jullie ★ *you and ~* gij en de uwen / uw
bezittingen, enz. ★ *you to do this* het was
aan u om het te doen ★ *~ truly* hoogachtend,
iron ondergetekende ★ *a friend of ~* een vriend

y◀

van jou / u ★ *what's ~?* wat wil je gebruiken?
★ *vulg up ~* je kan de pot op

yourself [jɔːˈself] *wkd vnw* ❶ jijzelf, uzelf, je, zich ★ *have you hurt ~?* heb je je bezeerd? ★ *(all) by ~* (helemaal) alleen ★ inform *how's ~?* hoe gaat 't? ★ *be ~!* kalm aan!, bedaar 'n beetje! ❷ u, zelf ★ *you have to do it ~ / yourselves* je zult / jullie zullen het zelf moeten doen

yourselves [jɔːˈselvz] *wkd vnw* [mv] → **yourself**

youth [juːθ] *zn* ❶ jeugd ★ *from my ~ onwards (up)* van jongs af aan ❷ jongelui ❸ jongeling, jongeman

youthful [ˈjuːθfʊl] *bnw* jeugdig, jong

youth hostel *zn* jeugdherberg, StayOkay®

you've [juːv] *samentr, you have* → **have**

yowl [jaʊl] **I** *onov ww* janken, huilen, miauwen **II** *zn* gejank, gehuil, gemiauw

yo-yo [ˈjəʊjəʊ] *zn* jojo

yr *afk* ❶ *year* j., jaar ❷ *your* jouw, uw, jullie

yuck, yuk [jʌk] *tw* gadverdamme!

Yugoslav [ˈjuːɡəslɑːv] *gesch* **I** *zn* Joegoslaaf **II** *bnw* Joegoslavisch

Yugoslavia [ˈjuːɡəˈslɑːvɪə] *gesch zn* Joegoslavië

Yuletide [ˈjuːltaɪd] *zn* kersttijd

yum [jʌm], **yum-yum** [jʌmˈjʌm] *tw* mmm, lekker, heerlijk

yummy [ˈjʌmɪ] *bnw* inform lekker, heerlijk, prachtig

yup I *zn*, USA *young urban professional* yup **II** *tw* inform ja, inderdaad

YWCA *afk, Young Women's Christian Association* protestantse organisatie van jonge vrouwen

Z

z [zed] *zn, letter* z ★ *Z as in Zebra* de z van Zaandam

zany [ˈzeɪnɪ] *bnw* ❶ grappig, geinig ❷ absurd

zap [zæp] **I** *ov ww* ❶ uitschakelen ⟨concurrent⟩, verslaan, vernietigen ❷ opwarmen ⟨in magnetron⟩ ❸ zappen ★ *zap channels* van kanaal naar kanaal zappen ❹ snel brengen / doen, schieten **II** *onov ww* ❶ snel bewegen, racen ★ *zap through sth* door iets heen schieten / vliegen ❷ zappen ⟨tv⟩

zeal [ziːl] *zn* ijver, vuur

zealot [ˈzelət] *zn* fanatiekeling, dweper

zealotry [ˈzelətrɪ] *zn* fanatisme

zealous [ˈzeləs] *bnw* ijverig

zebra [ˈzebrə, ˈziːbrə] *zn* zebra

zebra crossing *zn* zebrapad

zebu [ˈziːbuː] *zn* Indisch bultrund

zenith [ˈzenɪθ] *zn* toppunt ★ *be at its ~* op zijn hoogtepunt zijn

zephyr [ˈzefə] *dicht zn* windje, koeltje

zero [ˈzɪərəʊ] **I** *zn* ❶ nul⟨punt⟩ ★ *above / below zero* boven / onder nul ★ *be at zero* op nul staan ★ *her chances are zero* zij heeft geen enkele kans ❷ laagste punt, dieptepunt ❸ beginpunt **II** *onov ww* richten ⟨geweer, camera⟩ ★ *zero in on* het vuur / je camera richten op, de aandacht richten op

zero hour *zn* ❶ uur nul ❷ kritiek moment, uur U

zest [zest] *zn* ❶ animo, lust ★ *zest for life* levenslust ❷ jeu, pit, iets pikants ★ *add (a) zest to* het genot verhogen van, extra jeu geven aan ❸ stukje citroenschil / sinaasappelschil

zigzag [ˈzɪɡzæɡ] **I** *zn* zigzag **II** *bnw + bijw* zigzagsgewijs, zigzaggend **III** *onov ww* zigzaggen⟨d voortbewegen / gaan⟩

zilch [zɪltʃ] *telw* inform niks, noppes

zillion [ˈzɪljən] *zn* inform onbepaald groot aantal / getal, massa ★ *~s of mosquitoes* ontelbaar veel muggen

Zimmer frame [ˈzɪmə freɪm] GB *zn* looprek ⟨voor ouderen⟩, ≈ rollator

zinc [zɪŋk] *zn* zink

zing [zɪŋ] **I** *zn* energie, enthousiasme, pit **II** *onov ww* fluiten, vliegen, snorren ⟨van kogels e.d.⟩

Zionism [ˈzaɪənɪzəm] *zn* zionisme

zip [zɪp] **I** *zn* ❶ GB ritssluiting ★ *do up / undo a zip* een rits sluiten / openen ❷ inform fut, pit, energie ❸ gefluit / -snor ⟨van kogels of pijlen⟩ ❹ USA inform niets, niks **II** *ov ww* ❶ ritsen ★ *zip open / shut* open- / dichtritsen ★ *zip together* aan elkaar ritsen ❷ comp zippen, comprimeren ❸ *~ up* dichtritsen ★ *could you zip me up?* kun je de rits ⟨op mijn rug⟩ dichtmaken? **III** *onov ww* ❶ vliegen, fluiten ⟨van kogels⟩ ❷ *~ through* ★ *zip through sth* door iets heen schieten / vliegen ⟨bv. boek, vragenlijst⟩ ❸ *~ up* met een rits dichtgaan

zip code *zn* USA postcode

zip fastener *zn* ritssluiting

zip file *comp zn* zipbestand, gecomprimeerd bestand

zipper [ˈzɪpə] USA *zn* ritssluiting

zippy <u>inform</u> *bnw* ❶ snel ⟨van auto⟩ ❷ pittig ⟨van smaak⟩, opwindend

zither ['zɪðə] *zn* citer

zodiac ['zəʊdiæk] *zn* dierenriem

zodiacal [zə'daɪəkl] *zn* zodiakaal, van / in de dierenriem

zombie ['zɒmbɪ] *zn* ❶ levend lijk ❷ apathisch iemand, robot

zonal ['zəʊnl] *bnw* ❶ m.b.t. zones ❷ ingedeeld in zones

zone [zəʊn] **I** *zn* ❶ gebied, zone ★ *pedestrian zone* voetgangersgebied ★ *erogenous zones* erogene zones ❷ luchtstreek, gordel, zone **II** *ov ww* ❶ toewijzen voor bep. gebied, bestemmen ❷ in zones verdelen ❸ USA <u>inform</u> ~ **out** in slaap vallen, de aandacht verliezen

zoning ['zəʊnɪŋ] *zn* indeling v. stad in woonwijken / zones, bestemming(splan)

zonked [zɒŋkt,zɑŋkt], **zonked out** *bnw* <u>inform</u> onder invloed ⟨van alcohol of drugs⟩, van de wereld

zoo [zu:] *zn* dierentuin ★ *the London Zoo* de dierentuin van Londen

zoo-keeper *zn* oppasser in dierentuin, dierenverzorger

zoological [zəʊə'lɒdʒɪkl] *bnw* dierkundig ★ <u>form</u> ~ *garden* dierentuin

zoologist [zəʊ'ɒlədʒɪst] *zn* dierkundige

zoology [zəʊ'ɒlədʒɪ] *zn* dierkunde

zoom [zu:m] **I** *onov ww* ❶ zoemen, zoeven, racen ❷ snel in prijs stijgen, omhoogschieten ❸ <u>audio-vis</u> zoomen ❹ ~ **in (on)** inzoomen (op) ❺ ~ **out** uitzoomen **II** *zn* ❶ gezoem ❷ zoomlens

zoom lens *zn* zoomlens

zoot suit [zu:t su:t] USA *zn* zoot suit ⟨opzichtig twee- of driedelig herenkostuum met brede revers en wijde broekspijpen⟩

zucchini [zu:'ki:nɪ] *zn* USA courgette

Beknopte grammatica

ONREGELMATIGE WERKWOORDEN

infinitief	o.v.t.	volt. deelwoord	vertaling
abide	form abode	form abode	(ver)blijven
	abided	abided	verdragen, dulden
arise	arose	arisen	ontstaan
awake	awoke	awoken	wakker worden
be	was/were	been	zijn, worden
bear	bore	borne	(ver)dragen
beat	beat	beaten	(ver)slaan
become	became	become	worden
begin	began	begun	beginnen
behold	beheld	beheld	aanschouwen
bend	bent	bent	buigen
bet	bet	bet	wedden
bid	bid	bid	bieden
	bid/bade	bid/bidden	wensen
bind	bound	bound	binden
bite	bit	bitten	bijten
bleed	bled	bled	bloeden
blow	blew	blown	blazen, waaien
break	broke	broken	breken
breed	bred	bred	kweken, fokken
bring	brought	brought	brengen
broadcast	broadcast	broadcast	uitzenden
build	built	built	bouwen
burn	burnt/burned	burnt/burned	branden
burst	burst	burst	barsten
buy	bought	bought	kopen
cast	cast	cast	werpen
catch	caught	caught	vangen
choose	chose	chosen	kiezen
cling	clung	clung	zich vastgrijpen
come	came	come	komen
cost	cost	cost	kosten
creep	crept	crept	kruipen
cut	cut	cut	snijden
deal	dealt	dealt	(be)handelen
dig	dug	dug	graven
do	did	done	doen
draw	drew	drawn	tekenen, trekken
dream	dreamt/dreamed	dreamt/dreamed	dromen
drink	drank	drunk	drinken
drive	drove	driven	drijven, besturen
dwell	dwelt/dwelled	dwelt/dwelled	wonen
eat	ate	eaten	eten
fall	fell	fallen	vallen
feed	fed	fed	(zich) voeden
feel	felt	felt	(zich) voelen
fight	fought	fought	vechten
find	found	found	vinden
flee	fled	fled	vluchten
fling	flung	flung	smijten
flee	fled	fled	ontvluchten
fly	flew	flown	vliegen
forbid	forbade	forbidden	verbieden
forget	forgot	forgotten	vergeten
forgive	forgave	forgiven	vergeven
forsake	forsook	forsaken	in de steek laten
freeze	froze	frozen	(be)vriezen
get	got	got	krijgen
		USA inf gotten	
give	gave	given	geven
go	went	gone	gaan

infinitief	o.v.t.	volt. deelwoord	vertaling
grind	ground	ground	malen, slijpen
grow	grew	grown	groeien, kweken, worden
hang	hung	hung	hangen
	hanged	hanged	ophangen
have	had	had	hebben
hear	heard	heard	horen
hide	hid	hidden	(zich) verbergen
hit	hit	hit	slaan, raken, treffen
hold	held	held	(vast)houden
hurt	hurt	hurt	pijn doen, bezeren
keep	kept	kept	houden, bewaren
kneel	knelt	knelt	knielen
	USA ook kneeled	USA ook kneeled	
knit	knit	knit	samentrekken/-voegen
	knitted	knitted	breien
know	knew	known	weten
lay	laid	laid	leggen
lead	led	led	leiden
lean	leaned	leaned	leunen
	GB ook leant	GB ook leant	
leap	leapt/leaped	leapt/leaped	springen
learn	learnt/learned	learnt/learned	leren
leave	left	left	(ver)laten
lend	lent	lent	uitlenen
let	let	let	laten, verhuren
lie	lay	lain	liggen
light	lit	lit	aansteken, verlichten
	lighted (vóór zelfst. nw.)	lighted (vóór zelfst. nw.)	
lose	lost	lost	verliezen
make	made	made	maken
mean	meant	meant	bedoelen, betekenen
meet	met	met	ontmoeten
mow	mowed	mown/mowed	maaien
pay	paid	paid	betalen
put	put	put	leggen, plaatsen, zetten
quit	quit	quit	ophouden, verlaten
	GB ook quitted	GB ook quitted	
read	read	read	lezen
rid	rid	rid	bevrijden
ride	rode	ridden	rijden
ring	rang	rung	bellen, klinken
rise	rose	risen	opstaan, stijgen, rijzen
run	ran	run	rennen, lopen
saw	sawed	sawn	zagen
		USA ook sawed	
say	said	said	zeggen
see	saw	seen	zien
seek	sought	sought	zoeken
sell	sold	sold	verkopen
send	sent	sent	sturen, zenden
set	set	set	zetten, ondergaan
sew	sewed	sewn/sewed	naaien
shake	shook	shaken	schudden, beven
shed	shed	shed	vergieten, storten
shine	shone	shone	schijnen
	shined	shined	poetsen
shoot	shot	shot	schieten
show	showed	shown	tonen
		soms showed	
shrink	shrank	shrunk	krimpen
shut	shut	shut	sluiten
sing	sang	sung	zingen
sink	sank	sunk	zinken, tot zinken brengen
sit	sat	sat	zitten
sleep	slept	slept	slapen
slide	slid	slid	glijden

infinitief	o.v.t.	volt. deelwoord	vertaling
smell	smelled GB ook smelt	smelled GB ook smelt	ruiken
sow	sowed	sown	zaaien
speak	spoke	spoken	spreken
spell	spelt/spelled	spelt/spelled	spellen
spend	spent	spent	uitgeven, doorbrengen
spin	spun	spun	ronddraaien, spinnen
spill	spilled GB ook spilt	spilled GB ook spilt	morsen
spit	spat	spat	spuwen
split	split	split	splijten
spoil	spoiled GB ook spoilt	spoiled GB ook spoilt	bederven, verwennen
spread	spread	spread	(zich ver)spreiden
stand	stood	stood	staan
steal	stole	stolen	stelen
stick	stuck	stuck	steken, kleven
sting	stung	stung	steken, prikken
stink	stank/stunk	stunk	stinken
stride	strode	stridden	schrijden, stappen
strike	struck	struck	slaan, treffen, staken
strive	strove	striven	streven
swear	swore	sworn	zweren, vloeken
sweep	swept	swept	vegen
swell	swelled	swollen/swelled	(op)zwellen
swim	swam	swum	zwemmen
swing	swung	swung	zwaaien, slingeren
take	took	taken	nemen, brengen
teach	taught	taught	onderwijzen
tear	tore	torn	scheuren, rukken
tell	told	told	vertellen, zeggen
think	thought	thought	denken
throw	threw	thrown	gooien
thrust	thrust	thrust	duwen, stoten
understand	understood	understood	begrijpen, verstaan
wake	woke	woken	wekken, wakker worden
wear	wore	worn	dragen
weave	wove	woven	weven
weep	wept	wept	huilen, wenen
wet	wet/wetted	wet/wetted	nat maken
win	won	won	winnen
wind	wound	wound	winden, draaien
wring	wrung	wrung	wringen
write	wrote	written	schrijven

HET ZELFSTANDIG NAAMWOORD, MEERVOUD EN VERKLEINVORM

In het Engels wordt een zelfstandig naamwoord meestal in het meervoud gezet door er een -s achter te plaatsen:
   1 house – 2 houses (huis)
   1 market – 2 markets (markt)
De meeste uitzonderingen zijn gemakkelijk te herkennen:
   1 victory – 2 victories (overwinning)
   1 bus – 2 buses (bus)

In het Engels wordt zelden een verkleinvorm (bv.'huisje') gebruikt, al komt het suffix '-let' nog weleens voor: 'starlet' (sterretje).

HET LIDWOORD

Terwijl het Nederlands twee bepaalde lidwoorden heeft ('de' en 'het'), is er in het Engels maar één: **the**.
   the bike of **the** girl – de fiets van het meisje
Het onbepaalde lidwoord ('een') komt in het Engels daarentegen in twee vormen voor:
a – wanneer er een medeklinker op volgt:
   a call, **a** great song
an – wanneer er een klinker of een *h* op volgt:
   an evening, **an** oval office, **an** hour

HET BIJVOEGLIJK NAAMWOORD

Het bijvoeglijk naamwoord wordt in het Engels niet verbogen:
   a big plane (een groot vliegtuig)
   the big plane (het grote vliegtuig)
   big planes (grote vliegtuigen)

HET BIJWOORD

Engelse bijwoorden worden gevormd door -**ly** te plakken achter een stam:
   the absolute majority (de absolute meerderheid)
   you are absolute**ly** right (je hebt absoluut gelijk)
Als het bijvoeglijk naamwoord eindigt op een y, dan wordt deze vervangen door een **i**:
   a hasty answer (een haastig antwoord)
   he answered hast**i**ly (hij antwoordde haastig)

ENGELSE WERKWOORDEN

regelmatige werkwoorden
Het vervoegen van Engelse werkwoorden is in de regel heel simpel: voor de tegenwoordige tijd wordt altijd het hele werkwoord gebruikt. Alleen in de derde persoon enkelvoud komt er een -**s** achter. Voor de verleden tijd komt er in alle persoonsvormen -**ed** achter het hele werkwoord. Dus:

	tegenwoordige tijd	verleden tijd
I (ik)	work (ik werk)	worked (ik werkte)
you (jij, u)	work	worked
he/she/it (hij/zij/het)	works	worked
we (wij)	work	worked
you (jullie)	work	worked
they (zij)	work	worked

Het voltooid deelwoord wordt gevormd met -**ed** achter het hele werkwoord: I have work**ed** (ik heb gewerkt).

HULPWERKWOORDEN

De hulpwerkwoorden 'be', 'have' en 'do' worden onregelmatig vervoegd:

	be tegenw td	verl td	have tegenw td	verl td	do tegenw td	verl td
I (ik)	am	was	have	had	do	did
you (jij, u)	are	were	have	had	do	did
he/she/it (hij/zij/het)	is	was	has	had	does	did
we (wij)	are	were	have	had	do	did
you (jullie)	are	were	have	had	do	did
they (zij)	are	were	have	had	do	did

Andere hulpwerkwoorden ('shall', 'will') worden regelmatig vervoegd
Bij 'be' en 'have' worden persoonlijk voornaamwoord en hulpwerkwoord in de tegenwoordige tijd vaak samengetrokken; bij shall en 'will' gebeurt dat zowel in de tegenwoordige als in de verleden tijd. Bij 'shall' en 'will' leidt dat tot identieke vormen:

	be	have	shall/will tegenw td	verl td
I (ik)	I'm	I've	I'll	I'd
you (jij, u)	you're	you've	you'll	you'd
he/she/it (hij/zij/het)	he's	he has	he'll	he'd
we (wij)	we're	we've	we'll	we'd
you (jullie)	you're	you've	you'll	you'd
they (zij)	they're	they've	they'll	they'd

be
Engelse werkwoorden worden op twee manieren gebruikt: met de normale vervoeging of samen met het hulpwerkwoord 'be'.

Voor het uitdrukken van de algemene, normale gang van zaken kan men de normale vervoeging gebruiken:
  this is the building I work in (dit is het gebouw waar ik werk)

Voor het uitdrukken van iets dat op het moment zelf gaande is, wordt het werkwoord 'be' vervoegd en gevolgd door het hele (hoofd)werkwoord, waaraan -**ing** is toegevoegd (I am work+ing).
  I'm working now, but I will be ready soon (ik ben nu aan het werken, maar ik ben snel klaar)

have
Alle voltooide werkwoordsvormen worden vervoegd met 'have', ook als je in het Nederlands 'zijn' zou gebruiken:
  we have left (wij zijn weggegaan)
  I had fallen (ik was gevallen)

do
Om iets tegen te spreken kan 'do' worden gebruikt, gevolgd door het hele werkwoord:
  I dó think it's beautiful (ik vind wél dat het mooi is)
Op dezelfde manier kan iets worden benadrukt:
  I dó think it's beautiful (ik vind écht dat het mooi is)

De belangrijkste functie van 'do' is echter die in ontkennende en vragende zinnen.

ONTKENNENDE ZINNEN

In het Nederlands wordt een zin ontkennend gemaakt door er 'niet' of een ander ontkennend woord aan toe te voegen:
  ik woon hier – ik woon hier niet
In het Engels wordt hiervoor meestal het werkwoord 'do' gebruikt, gevolgd door de ontkenning:
  I live here – I do not live here
Maar als andere werkwoorden worden gebruikt die een *zijn* uitdrukken ('be', 'may', 'will'), blijven deze zo staan in de ontkennende zin:
  she is – not – at home (zij is – niet – thuis)
  we may – not – be abroad (we zijn wellicht – niet – in het buitenland)

Het is gebruikelijk om werkwoorden samen te trekken met 'not':
  I do not *wordt* I don't
  he/she/it does not *wordt* he/she/it doesn't

Dus ze worden aan elkaar geschreven en de o van not wordt vervangen door een apostrof (').
Hetzelfde gebeurt bij 'have':
  I have not *wordt* I haven't
Bij 'shall' en 'will' leidt het tot onregelmatige vormen:
  he shall not *wordt* he shan't
  we will not *wordt* we won't
Hetzelfde gebeurt ook bij de verleden tijd:
  I was not *wordt* I wasn't
  he had not *wordt* he hadn't
  we should not *wordt* we shouldn't
  you would not *wordt* you wouldn't

VRAGENDE ZINNEN

Meestal worden vragende zinnen gevormd met het werkwoord 'do', dat vervoegd wordt, gevolgd door het persoonlijk voornaamwoord en het hele werkwoord:
  do you work here? (werkt u hier?)
  does he like candy? (houdt hij van snoep?)
Maar deze regel gaat niet op als er werkwoorden worden gebruikt die een *zijn* uitdrukken ('be', 'may', 'will'):
  are you ill? (ben je ziek?)
  when will you be back? (wanneer zul je weer terug zijn?)
Ook bij andere hulpwerkwoorden gaat de *do*-regel niet op:
  have you seen her? (heb je haar gezien?)
  can you do this?

Om een vraag te beantwoorden, wordt het hulpwerkwoord herhaald dat in de vraag wordt gebruikt:
  – do you know that? (– weet je dat?)
  – yes, I do *of* – no, I don't (– ja *of* – nee)
Als vragende zinnen gevormd zijn met koppelwerkwoorden, worden deze herhaald:
  – are you from Holland? (kom je uit Nederland?)
  – yes, I am *of* – no, I'm not (– ja *of* – nee)

Als de vraag betrekking heeft op iets wat op dat moment gebeurt, wordt de -ing-constructie gebruikt:
  – is she baking cookies? (is ze koekjes aan het bakken?)
  – yes, she is *of* – no, she isn't (– ja *of* – nee)

Vragende zinnen met een voltooid deelwoord worden gevormd met 'have':
  – have you seen her? (heb je haar gezien?)
  – yes, I have *of* – no, I haven't (– ja *of* – nee)

Praktische tips

HET SAMENVOEGEN VAN WOORDEN

In het Nederlands worden dikwijls twee of meer woorden samengevoegd tot één woord. In het Engels wordt dat zelden gedaan. Twee woorden die samen één begrip vormen, staan in het Engels meestal los van elkaar:

food problem	voedselprobleem
insurance company	verzekeringsmaatschappij

Woorden die kort zijn of die erg veel gebruikt worden, worden dikwijls aan elkaar geschreven:

bus stop wordt:	busstop
motor-car wordt:	motorcar

Het verbindingsstreepje wordt wel gebruikt bij samengestelde bijvoeglijke naamwoorden:

a seven-year-old girl	een meisje van zeven jaar
on-the-job training	training binnen het bedrijf

HET AFBREKEN VAN WOORDEN

Bij voorkeur voorkomt men het afbreken van een woord aan het einde van de regel, door het woord aan het begin van de nieuwe regel te schrijven. Er zijn geen eenduidige regels voor het afbreken van woorden, maar de volgende regels worden het meest toegepast.

1 Niet afgebroken wordt:
a bij woorden met één lettergreep:
     care, week, love, enz.
b voor de uitgang *-ed* van de verleden tijd en het voltooid deelwoord:
c voor de uitgangen *cial, cian, cious, sion, tion* die in de uitspraak één lettergreep vormen:
     social, conscious, starvation, mission

2 Bij voorkeur worden niet afgebroken:
a woorden met één letter aan het begin of aan het eind:
     apart, above, windy, enz.
b korte woorden met twee lettergrepen:
     city, water, enz.
c woorden waarvan na het verbindingsstreepje twee letters zouden overblijven (met uitzondering van bijwoorden die eindigen op *-ly*):
     against, mixer, beauty, enz.

3 Indien een woord moet worden afgebroken, gebeurt dit bij voorkeur:
a na een klinker:
     fe-ver, de-pend
b voor de uitgang *ing:*
     think-ing, keep-ing
c tussen twee medeklinkers:
     mil-lion, mes-sage, recom-mend
d voor het tweede deel van een samenstelling:
     anti-hero, tele-phone, happi-ness